馬俊駒法学文集

第 1 卷

马俊驹　著

法律出版社
LAW PRESS·CHINA

马俊驹

1941年生，北京市人，当代著名民法学家。1966年毕业于北京政法学院法律系，曾在基层人民法院从事民事审判工作。1982年毕业于中国政法大学，获民法学硕士学位。1982～1997年3月在武汉大学法律系任教，曾任武汉大学法律系主任、副教授、教授、法学院院长。1997年3～9月在中国政法大学任教。1997年9月在清华大学法学院任教，曾任清华大学学术委员会副主任和法学院学术委员会主任。2008年退休后在西南财经大学法学院任教至今，担任民商法学专业博士研究生导师。曾兼任中国法学会民法经济法学研究会副会长、中国法学会民法学研究会顾问、中国国际经济贸易仲裁委员会委员等职务。

序

俊驹教授是我在北京政法学院(现中国政法大学)指导的首届研究生,40余年来,我们亦师亦友,时间让我们的友谊馨香而醇厚。

在俊驹教授80寿辰之际,欣闻其众多学生自发收集、整理并出版其学术论文集,以示祝寿,我真心为俊驹高兴。翻阅厚厚的论文集初稿,洋洋大观,我颇有感触。

首先,我感慨于俊驹对学术的专注和坚韧。纵览论文集,最早的发表于1981年,最近的发表于2020年,时间跨度近40年!时间易逝,难得的却是在时间的无声流淌中,一个真正热爱学术的人孜孜以求,锲而不舍。近年来,许多很有才华的研究者在职称晋升后鲜有论文发表,个中原因主要还是不能忍受学术研究的异常艰辛和孤独。走到最后的,除了对学术的热爱,更需要的是专注和勤奋。俊驹教授是为数不多的这样的坚守者,老当益壮,愈老弥坚,在学术之路上坚定前行,硕果累累。

其次,我感慨于俊驹教授学术成果的丰富和研究质量的高水准。其学术之论,涉及我国民商事基本制度,涵盖民事法的绝大部分领域。例如,其对法人制度、合伙制度、合作社制度、民事主体功能等方面的研究,丰富了我国民事主体制度理论;对无形财产、集体所有权的研究,深化了我国财产权理论,为完善中国特色的财产权体系贡献了智慧;对人格权的研究独树一帜,为建立中国特色的人格权制度贡献良多;对民法典体系、民法现代化与中西方法律文化整合的研究,也成为我国漫长的《民法典》制定过程中值得倾听的悦耳声音。

最后,我欣赏俊驹教授学术的务实精神和中国立场。俊驹教授的许多真知灼见已经在我国相关的立法中得到体现或验证。客观上讲,俊驹教授是幸运的,他的学术生涯伴随着祖国法治的健全和发展历程;而同时,俊驹教授也是务实的,强烈的使命感促使其将学术研究扎根于国家和社会的法治需求,立足于中国实践,着眼于中国这块辽阔的学术沃土,取得了丰硕成果。

人生八十,桑榆不晚,不必扬鞭自奋蹄,我祝俊驹教授学术之树长青!

以上,是为序。

 *

2021 年 1 月

---

* 江平,中国政法大学教授。

我心目中的马俊驹老师
（代序）

一

1983 年的一个春日，阳光灿烂，我第一次见到马老师。那时的马老师不是一般的帅，高个、笑意、清音，卸着家具的解放牌卡车旁，嬉闹着 3 个马老师的小孩。我、里安、建国、国林，武汉大学法律系首届四位民商法硕士研究生，荣幸地帮马老师搬家。不过，马老师后来不时揭我的“短”——最懒，主要贡献在于指指点点。

研究生的时光如小溪般缓缓流去。马老师给我们讲法人制度，课堂上充满了民法教材欠缺的信息，荡漾着字正腔圆、抑扬顿挫的魅力。论文选题，戴錞隆先生和马老师不约而同地希望出于实际生活，我的硕士论文《论国家财产的民事保护》全优通过，后被《中国人文社会科学博士硕士文库法学卷》（浙江教育出版社 1998 年版）收录，主要就是选对了论题。

毕业后，我自愿支边广西大学。南疆什么都有，就差一点学术风味，1988 年我在《中国社会科学》发表长篇论文，广西大学非常平静，年终表扬的是《兵役法基础知识》。那时的通信和交通很“乡土”，和马老师只有偶尔的联系，但马老师总记得我这个远隔千里的学生。有一次，马老师去北海路过南宁，就在我家的沙发蜷缩午休，当时我已拥有广西大学副教授的住房——50 平方米。

1995 年，马老师要我回武汉大学，充实申报民商法博士点的队伍。母校召唤义无反顾，但我是广西大学唯一的法学教授，广西大学坚决不放。马老师亲自带着余运鹏副书记造访广西大学，与广西大学领导周旋了 3 天，两校终于签下两全的协议——我调入武汉大学，也服务广西大学。2017 年，我离开广西大学，对着从保险柜翻出的那张发黄的协议，不由得感慨马老师的睿智和情商。

武汉大学获京外第一、全国第四的民商法博士点后，马老师功成身退，去了清华大学任校学术委员会副主任、法学院学术委员会主任。1997 年，当时只有硕士学位的我当上了武汉大学的博士研究生导师，像模像样地指导起青年才俊。我的脑袋挤满着“小农意识”，如果没有马老师，我则会沉浸在老友粉、螺蛳粉、桂林米粉中，幸福感满满，不会参与立法机关的物权法研讨会，也不会卷入人格权编的争论。人生就是这样，朋友圈决定品位和价值。

我是马老师的粉丝，是相知相交已 38 年的铁杆粉丝。像我这样的粉丝有很多很多，武汉大学民商法学科年年请马老师主持博士学位答辩，是粉丝们最快乐的时光。我去马老师现任特聘教授的西南财经大学看望马老师，那里有十几个马老师栽培出来的博士教授、副教授，他们有着如我对马老师同样的敬重，还有着我没有的照料机会。

马老师的宅心仁厚温暖着无数与之有缘的晚辈。

二

马老师，正宗的法律科班，1962 年至 1967 年就读于北京政法学院法律本科，1979 年至 1982 年就读于北京政法学院民商法硕士研究生，师从中国民法学人无不敬仰的江平先生、张佩霖先生。那时的民商法硕士屈指可数，珍稀得就像大瑶山中惊鸿一瞥的金斑喙凤蝶。郑成思、梁慧星、张俊浩、马俊驹，四个闪亮的名字组成了当时承前启后的民商法硕士梦之队。

从 1981 年的第 1 篇论文到 2020 年第 1 期《中国法学》上的《中国民法的现代化与中西法律文化的整合》，马老师写了整整 40 年。出版独著、合著、主编著作和教材25部,发表论文140篇,其中19篇在《中国社会科学》《法学研究》《中国法学》上发表。若非心无旁骛、心静如水,怎能有如此深远的学术境界?马老师65岁至80岁年均发表论文3篇,篇篇锦绣、字字珠玑,放眼学界,无出其右。我过了60岁就老眼昏花,不得不写点什么时总泛起苦涩的胃酸,哪有下象棋快活?见面,马老师几乎每次都批评我实在贪玩,但我"知错不改",也是因为心安——当今中国,又有几个像马老师那样活着就是为了学术的?

更让人汗颜的是,马老师的学术成果不是从故纸堆里刨出来的,也不是从域外模仿来的,更不是从逻辑到逻辑推理来的。马老师的论文充满了人间烟火味儿,讨论的都是与生民百姓息息相关的问题。马老师的论文主题集中在法人与合伙、财产与物权、债总与合同、人格与人格权、公司与破产等,这些都是中国社会和中国民法典焦点、热点。马老师通晓德国民法,但不膜拜德国民法,合则留之,不合去之,只以中国社会的现实生活为选择和整合的标准。读了马老师的论文,就能知道:有限责任不是法人天然的要素,而是一国立法的选择;民法典如果设立财产法总则并非"大逆不道",而是有其合理理由;人格权保护不应停留于宣示层面,更应有操作层面的具体规则。因而,我经常告诫我的学生,没读完马老师论文的研究生不可能成为一名合格的硕士或博士。

马老师一直挺立于中国民法的学术潮头,1981年的企业与合伙研究,1987年的国有企业财产权研究,1989年的企业破产研究,1995年的企业法人人格权研究,1996年的财产制度体系研究,2014年的土地权利研究,等等。马老师许多拨云见日的观点在今天已成为常识或通说,读2004年《法学评论》连续3期登载的《法人制度的基本理论和立法问题探讨》(上)(中)(下),看中国民法典法人制度的进步,不难发现,前者是后者的理论依据,后者是前者的思路延伸。同时,马老师许多独树一帜的观点在今天还"非主流",2019年《民法典担保权编的立法模式研究》一文的建议虽未被中国《民法典》采纳,但时间将证明担保物权脱离物权法的趋势不可逆转。

马老师的学术成果闪耀着当代中国民法学的光辉。

三

中国民法学有一个现象：老先生多述而不作，新生代常作而不述。马老师述而有作、作而有述，既承继老先生的大家风范，又引领新生代的不息劳作。每每学习马老师的新作，总觉得马老师有点神秘——没有一丝岁月应有的迟暮之气。因缘际会，我探索了马老师的人生轨迹。

马老师 1941 年 4 月出生于天津市一个知识分子家庭，1949 年就读北京西城区武定侯小学，1953 年转学河南新乡第一小学，1954 年就读新乡二中，1957 年考入新乡第一高级中学。书香门第和完整的中小学教育，决定了马老师的读书人基因。1960 年高中毕业，马老师留校任数学教师和学生教导员，数学是天赋的专利，教导是品德的标志，青年时代的马老师就是一个德才兼备的模特。人生百态，一辈子，或波澜不惊，或跌宕起伏，都可追溯到青少年时的修为。江山易移，本性难改，所谓本性，其实就是青少年时定型的三观和才学。

马老师 1967 年毕业分配至河南延津县，在公安局工作 5 年，在法院从事民事和刑事审判工作 7 年。这是一个读书人深刻体验中国社会底层生活的历程，也是一个法科生深刻理解人类公平正义的历程。民法是什么？不是别的，就是生民百姓衣食住行的需求、利益长短的安排、相安无事的约束，潘德克顿仅仅是民法旅途的一个驿站。知了生民百姓的小利，慈悲生民百姓的负重，呼吁生民百姓的心声，家国情怀充满了马老师的学术生涯。

马老师 1984 年任武汉大学法律系副主任，1991 年至 1997 年任武汉大学法学院院长。学院管理无疑是中国最难的事务管理，没有政府管理的权力，没有企业管理奖勤罚懒的本钱，全凭廉洁、公道、服务吸引自尊自强的教师。马老师在任 14 年，于公，武大法学成绩斐然；于私，两袖清风有口皆碑。知行合一，同马老师的学院管理一样，马老师的学术从来不坐而论道，总是有道有术，正当性、合理性后必有可行性、可操作性，具有悬壶济世的功力。

马老师的丰硕人生凝聚着君子自强不息的精神。

四

在马老师80寿辰之际,数千学生眷眷心愿的《马俊驹法学文集》(全6卷)付梓。这是中国民法学的一大盛事。

作为20世纪90年代的中国民法经济法学研究会副会长、现任中国民法学研究会顾问,马老师全程参与和引领了中国民法的起步、成长与自立,对中国民法作出了有目共睹的重大贡献,是当代中国少有的公认的著名民法学家。马老师1986年任副教授,1991年任教授,1996年任博士研究生导师,自1982年至今,武汉大学、中国政法大学、清华大学、西南财经大学,马老师授课的本科生数千人,指导的硕士研究生135人、博士研究生48人,可谓桃李满天下,是当代中国闻名遐迩的杰出法学教育家。

今天的马老师,身体依然那么康健,思维依然那么活跃,笑声依然那么爽朗,正所谓"智者乐、仁者寿"。我们期待着马老师90大寿时再次欢聚。

孟勤国*

2021年1月

---

* 孟勤国,武汉大学法学院教授。

马俊驹先生主要学术思想及其贡献
（代序）

一、马俊驹先生前期主要学术思想及其贡献

马俊驹先生前期主要从事民事主体制度的研究，其中以法人制度的研究为代表，有“马法人”之雅称。其先后在《法学研究》《中国法学》《法学评论》等刊物发表了《试论法人组织内部责任的划分》《试论法人的机关、意思和过错》《论国家企业法人的财产权性质》《法人制度的基本理论和立法问题之探讨》《论我国企业法人的条件和能力》《试论我国法人的独立财产和有限责任》《略论法人的责任能力》《论法人的违法行为》《公司法人治理结构的当代发展——兼论我国公司法人治理结构的重构》等一系列研究我国法人制度的论文，并于 1988 年在武汉大学出版社出版了我国首部系统研究法人制度的专著——《法人制度通论》。此外，马俊驹先生还在此期间开拓性地研究合作社法律制度，是新中国成立以来最早研究合作社法律制度的学者。其先后在《法学评论》《中国法学》《法学研究》等刊物发表了《论合作社法》《发展合作社的若干法律问题》《合作制与集体所有权》《农村社会进步与合作社立法》《农业专业合作社若干问题研究——兼评我国〈农民专业合作社法〉》等论文，就建立与完善我国的合作社立法提出了许多建设性的意见。

马俊驹先生这一时期的主要学术思想及贡献主要如下。

(一)法人制度

1. 法人的概念与本质

(1)明确提出了“法人”为民法上的概念,所谓“行政法人”“经济法人”“环境法人”等提法是不确切的,这些提法只会混淆“法人”的概念,使它失去本来具有的明确性和优越性。法人的人格化只有在有关法律部门调整财产关系时体现出来,所以它不可能脱离民法的调整原则。① 可能正因如此,我国刑法采用的是“单位”犯罪,而非“法人”犯罪的概念。

(2)法人是一种法律制度,属于上层建筑的范畴,是由一定社会的经济基础所决定的,法人制度的本质归根结底取决于统治阶级赖以存在的物质生活条件。它和其他民事主体一样,是一定阶级的国家政权为了维护本阶级的生产资料所有制,促进生产力的发展,对于那些在社会经济生活中起着越来越重要的作用,且具备独立进行民事活动的社会组织赋予的一种法律形式。法人与自然人虽然同为民事主体,但它们并不是相互拟制的对象。② 可能正因如此,《民法典》在肯定自然人、法人民事主体地位的同时,第 102 条第 1 款规定非法人组织“能够依法以自己的名义从事民事活动”。

2. 法人的成立

明确指出《民法通则》第 37 条将“能够独立承担民事责任”作为法人的成立要件之一,显然是将法人的成立要件与法人的特征混为一谈。能够独立承担民事责任是社会组织取得法人资格的必然法律效果,是法人与非法人组织的重要区别,也是法人与其他社会组织相比较所具有的基本特征。③ 可能正因如此,《民法典》第 58 条不再将“能够独立承担民事责任”规定为法人成立的必要条件之一,而是在第 60 条规定:“法人以其全部财产独立承担民事责任。”

3. 法人的能力

认为法人的民事权利能力并非一种特殊的民事权利能力,法人与自然人的

---

① 参见马俊驹:《法人制度通论》,武汉大学出版社 1988 年版,第 2 页。

② 参见马俊驹、余延满:《民法原论》,法律出版社 2007 年版,第 114 ~ 115 页。

③ 同上书,第 121 页。

民事权利能力是平等的。所谓自身性质或法令的限制，并非限制其民事权利能力，而是限制其具体的民事权利；所谓目的限制，亦非对其民事权利能力的限制。否则，法人超出其目的范围所为行为而产生的民事责任就不应由法人承担。

法人的目的范围限制法人的民事行为能力。这主要是出于维护正常的社会政治、经济秩序；保护发起人或投资人的利益；确保交易安全的考虑。可能正因如此，《民法典》第505条规定："当事人超越经营范围订立的合同的效力，应当依照本法第一编第六章第三节和本编的有关规定确定，不得仅以超越经营范围确认合同无效。"

民事责任能力是以意思能力或识别能力为基础的，而法人的意思是通过其法定代表人和其他工作人员来实现的，那么，法人的民事责任能力确定的标准，即划分法人与其法定代表人和其他工作人员承担民事责任的标准。尽管在我国理论与实践中对此主要有"经营活动说""名义说""执行职务说"，但应该说"执行职务说"更科学合理。法人机关成员在执行法人职务时所表示的意思，应视为法人的意思。法人机关成员和其他法人工作人员，在执行法人职务时所发生的过错，法人代理人在法人授予的代理权范围内的过错，即为法人的过错。判断是否执行职务的标准是，是否以法人的名义；是否在外观上足以被认定属于执行职务；是否依社会共同经验足以认为与法人职务有相当关联。④ 可能正因如此，《民法典》第62条第1款规定："法定代表人因执行职务造成他人损害的，由法人承担民事责任。"

4. 公司法人的治理结构

由于建立在股东本位这一理论基础上的公司法人治理结构难以适应当代经济发展的需要，因此，自20世纪中期以来，随着公司理念的不断更新，公司法人治理结构也出现了新的调整：股东的主权地位日趋衰落；职工参与制度日益得到认同与重视；银行等金融机构在公司法人治理结构中的地位和作用日趋增强。重构我国公司法人治理结构，首先应当彻底地摒弃那种股东或物质资本所

---

④　参见马俊驹、余延满：《民法原论》，法律出版社2007年版，第123～129页；马俊驹：《试论法人的机关、意思和过错》，载《法学研究》1984年第4期。

有者联合体的公司理念，而代之以公司的利益相关者理论。以公司的利益相关者理论为指导来重构我国公司法人治理结构，不仅是为了适应国际潮流发展的需要，更重要的是为了弥补我国现行公司理论研究和公司立法的不足，以摆脱股东主权论的不利影响，因而具有极重要的理论与现实意义。按照公司的利益相关者理论来重塑我国公司法人治理结构，就要求我们在对国有企业进行公司制改造和公司立法时，不仅要重视股东的权益，还要重视其他利益相关者的权益；不仅要强调股东在公司法人治理结构中的地位，还要关注其他利益相关者对公司治理的实际参与。重构我国公司法人治理结构的具体措施主要包括实行国有股权的法人化；允许银行参与公司法人治理结构；大力推行职工董事制度。⑤

（二）合伙

从近现代有关民事立法的规定来看，合伙逐渐成为一个既不同于自然人也不同于法人的第三民事主体。这主要是因为：（1）合伙已不再是一种单纯的合同关系，具有了团体的属性。这主要表现在以下方面：首先，合伙人格的相对独立性。例如，合伙可以拥有自己的字号，并以字号的名义参与民事活动和诉讼活动；由全体合伙人推举的负责人或接受授权的合伙人可以合伙的名义在经营范围内从事民事活动；除两个人组成的合伙外，某一合伙人的死亡、丧失行为能力、破产或退伙并不必然导致合伙的解散，而只导致该合伙人退伙。其次，合伙财产的相对独立性。虽然每个合伙人仍然保留着对自己出资财产的所有权，但是在一般情况下，任何一个或少数合伙人已经不能以自己的意志对合伙财产行使所有权；在合伙关系存续期间，不符合合伙合同约定的条件或经全体合伙人同意，合伙人不得将出资份额转让给第三人；合伙人退伙时，该合伙人的份额或自动转移给其他合伙人，或其他合伙人有优先购买权等。再次，合伙利益的相对独主性。合伙组织的产生是基于合作人的共同意志，是为了合伙人的共同利

---

⑤　参见马俊驹、聂德宗：《公司法人治理结构的当代发展——兼论我国公司法人治理结构的重构》，载《法学研究》2000年第2期；马俊驹、聂德宗：《改善我国公司法人治理结构》，载《理论与实践》2001年第2期。

益。最后,合伙民事责任的相对独立性,如双重优先权规则的采用等,把合伙债务与合伙人个人债务相区分。(2)能够独立承担民事责任并不是社会组织取得民事主体资格的决定性条件。从本质上说,某种社会组织是否能够独立承担民事责任,是立法者从促成交易和保护交易安全两个方面考虑而由法律规定的结果。(3)合伙能否取得民事主体资格取决于其在社会经济生活中的地位与作用。合伙是商品经济发展到一定阶段的产物。尽管随着商品经济的发展,出现了法人这样一种更高级的组织形式,但合伙这种联合经营方式并没有因此而走向衰落,这主要是因为合伙与法人相比仍具有自己的优势。当然,并非所有的合伙都可以取得民事主体资格,合伙要取得民事主体资格仍需一定条件。⑥ 可能正因如此,《民法典》第102条规定合伙企业等非法人组织能够依法以自己的名义从事民事活动。

(三)合作社

合作社是由社员组合而成的法人。它的设立以增进社员自身利益为目标,其直接目的不在于营利,也不在于谋求社会公共利益,是一种特殊类型的法人。从产权结构来看,合作社又往往兼具合伙性质。社员对自己的出资财产仍享有所有权,只是交给合作社统一占有和使用,实际上属于全体社员共有。但合作社须从所创利润中留出一定比例的公积金和公益金,而这部分财产被视为合作社集体所有,任何社员个人无权分割或分配。各类合作社因产权结构上存在差异,所以对外承担责任的性质也有不同。有限责任合社是合作社适应商品经济发展的主要趋势。⑦ 我国应以合作社立法推动农业合作社规范化复兴。⑧ 在制定合作社法时,要明确合作社对其财产享有完整的所有权,同时也要坚持社员

---

⑥ 参见马俊驹、余延满:《民法原论》,法律出版社2005年版,第147~152页;马俊驹:《民法通则与合伙民事主体地位》,载《法学评论》1986年第3期;马俊驹等:《合伙民事主体地位的再探讨》,载《法学评论》1990年第3期。

⑦ 参见马俊驹:《论合作社法》,载《法学评论》1991年第3期。

⑧ 参见马俊驹、吴尚芝:《农村社会进步与合作社立法》,载《改革》2001年第3期;马俊驹:《立法为合作社发展提供更大空间》,载《中国合作经济》2007年第1期。

入社自愿的原则,确立有限责任和保证责任为合作社的主要责任制度。[9] 我国颁布的《农民专业合作社法》是第一部合作社方面的立法,该法有三个方面的重大贡献,即确立合作社的法人地位、促进资金和技术与农村劳动力结合、确保农民在加入合作社后财产权利不受影响。但是,该法也有两个不足,一是限制成员资格,二是不作最低资本金限制。本法还有三个方面的缺失:合作社联社、合作社的社会服务内容以及成员对其权利处分的权利。[10]

二、马俊驹先生中期主要学术思想及其贡献

马俊驹先生中期主要从事物权法律制度的研究,对财产权制度及立法问题、不动产制度与物权法的理论和立法构造问题、国家所有权的基本理论和立法结构问题和集体土地所有权问题等作了广泛深入的探讨,在《中国社会科学》《中国法学》《法学研究》等期刊发表了《财产权制度的历史评析和现实思考》《无形财产的理论和立法问题》《我国未来民法典中设置财产权总则编的理由和基本构想》《不动产制度与物权法的理论和立法构造》《国家所有权的基本理论和立法结构探讨》《借鉴大陆法系传统法律框架构建自然资源法律制度》《公有制下国家所有权制度的变革和完善》《农村集体土地所有权的分解与保留——论农地“三权分置”的法律构造》《论集体土地所有权制度改革的目标》《中国城市化与农村土地财产权结构的变革》《解决小产权房问题的理论突破和法律路径——结合集体经营性建设用地平等入市进行研究》等论文。

马俊驹先生这一时期的主要学术思想及贡献主要如下。

---

⑨ 参见马俊驹、冷铁勋:《发展合作社的若干法律问题》,载《中国法学》1991 年第 3 期。

⑩ 参见宋刚、马俊驹:《农业专业合作社若干问题研究——兼评我国〈农民专业合作社法〉》,载《浙江社会科学》2007 年第 5 期。

(一)财产权制度及立法问题

在传统立法中,无论大陆法系还是英美法系,对物和财产常常不加区分,通常都在不同的意义上使用。这在理论上造成了一些存在至今的误区——物即财产、财产权是对已有财产利益的法律保护、财产权可分离出新的权利。大陆法系上述三误区导致了物、财产和财产权概念运用上的混乱,从而忽视了财产权实际上表现为一系列独立的、完整的和平行的具体财产权利。这决定了传统大陆法系物权法理论具有先天的局限性,即权利人的既得利益受物和所有权框架的约束,对于不涉及"物"和"所有权"的财产权利,或者纳入依附地位,或者无法调整。英美法系也有具体物和抽象物的划分,因而在"物"与"财产"的关系上也存在混乱现象。但因抽象物的基础地位和与所有权平等的地位,使英美法系绕过了上述三大误区。大陆法系的"绝对的所有权"的概念系统,难以适应财产权种类和形式日益复杂的当代社会与经济生活的现实。

无形财产本质上是一种权利,它与有形财产从权利角度而言是相同的。无形财产的存在实际上是传统"物化思维"的产物,它能有效地界定利益、扩展财产范围并对传统财产权体系理论造成冲击。从"权利"和"行为"角度去分析财产、统一财产权的理论是未来财产权理论发展的方向,其中对英美权利分析理论的借鉴是一个必不可少的环节。无形财产的立法实际上涉及整个财产权体系的立法问题,随着权利的多元化、客体的虚位和国家强力的作用进一步加强,财产权立法体系将出现专门化、分散化的趋势。在现代无形财产日益壮大,且无形财产立法呈分散化的态势下,传统民法总则失去了原有概念法学上的价值和地位,仅在立法形式和工具意义上有其保留价值,而财产权总则这种中介性立法层次则可真正有效地整合财产关系、厘清财产关系和人身关系,并在法典的统领性和立法专门化之间寻求一种合理的平衡。

具体而言,保留传统的所有权制度,但引入更高层次的财产权概念,对新型财产权利则赋予它与所有权和债权平等的地位。这样,既保留了现有法律传统,又着重强调和完善了财产权的概念。于民法典中将各种新型财产权利予以总体规定(设财产权总则),物权法和债权法分别调整特定的物权关系和债权关系，其他的无形财产则由知识产权法、公司法、票据法、信托法等法分别予以调整。[11]

（二）不动产制度与物权法的理论和立法构造

两大法系的所有权观念及物权法体系均直接源于不动产制度，不动产法成为两大法系的核心。之所以罗马法和近代大陆法立法未能完全围绕两者区分构建法体系，是因为不动产绝对所有权一定程度上也适用于动产，同时动产相对不发达也使其被不动产法所涵盖。应该说，《德国民法典》对不动产和动产的严格区分，并非不动产日显重要，而只是使不动产取得了原本应有的地位，从英美法系对该项划分的历史连贯性中也可找到强有力的证明。

所谓为不动产和动产的"同化"现象与两者的最终融合是两个不同的问题，两者法律规则的互相渗透只是两种法律规则的局部调整，并不意味着其根本差异的消失。

不动产与动产的二元划分是科学构建当代物权法体系的重要指导；二元划分与"所有权公法化"趋势和我国国情相适应；二元划分有利于与国际立法接轨。我国《物权法》体系的编排仍应包括如下五个部分：总则、所有权、用益物权、担保物权、占有。[12] 我国《民法典》第二编"物权"正是采取此种结构。

（三）国家所有权的基本理论和立法结构

国家所有权在权利性质、权能设置、行使方式、法律保护等方面与传统民法上的所有权存在重大差别，已脱离传统物权和所有权的理论构成和立法结构。在我国，全民所有表示国家所有的概念具有两层法律含义，它不仅蕴含了民法意义上的国家所有权，而且蕴含了行政法意义上的公共用国有财产管理权，这两种不同性质的财产权构成了我国国家所有权制度的基本立法结构。依公物

---

[11] 参见马俊驹、梅夏英：《财产权制度的历史评析和现实思考》，载《中国社会科学》1999 年第 1 期；马俊驹、梅夏英：《无形财产的理论和立法问题》，载《中国法学》2001 年第 2 期；马俊驹、梅夏英：《我国未来民法典中设置财产权总则编的理由和基本构想》，载《中国法学》2004 年第 4 期。

[12] 参见马俊驹、梅夏英：《不动产制度与物权法的理论和立法构造》，载《中国法学》1999 年第 4 期。

法的理论来看,《物权法》中规定的国有财产可类型化为国有自然资源(分为国有私物和国有自然公物)、国有公共用财产(国有人工公物)及国有营运资产(国有私物)等,它们分别具有国有公物或国有私物的属性。

如自然资源作为国家所有权的客体,具有双重属性。它既有财产属性,又有资源属性。自然资源应分为两个部分。一部分如石油、煤炭、森林、水资源、野生动植物等,这些自然资源能够转化为资源产品,能够实现由自然资源所有权向资源产品所有权的转变,所以这些自然资源应当属于国有私物。当它转变成资源产品后,就应由民法调整。还有一部分自然资源如阳光、空气、湖泊、水流、山川、沙滩、原始森林、自然环境等,这些资源是大自然赋予人类的,民众只要不去毁坏它,也不妨碍别人使用、不独占,只是为了满足自身生活和生产活动的需要,就能够享有权利。不能因为它是国家所有的,民众就丧失使用的权利。因为这些财产属于国有公物,是公物制度可以解决的问题,应该由行政法调整。自然资源国家所有权可能存在两个层次上的权利:首先,国家对自然资源享有所有权,具有排他性;其次,民众对某些自然资源享有使用权,这个使用权没有排他性。

国家所有权具有私权和公权的二重性,受私法和公法共同调整,是一种特殊的混合法律关系。国家所有权制度的建构应当超越私法的传统界域。对私物和公物进行明确区分,以国有财产的不同类型和使用方式,确定如何适用私法或公法。我国未来民法典应设置财产权总则,将国家所有权作为一项重要的财产权专章或专节加以规定。在坚持公有制和全民权利、全民利益的原则下,改"国家所有权"为"国家财产权",还原国家财产权的本质属性;区分国有公物和国有私物,赋予不同公法主体法人财产权和国有企业独立财产权,实行不同的国有财产治理方式。⑬

---

⑬ 参见马俊驹:《国家所有权的基本理论和立法结构探讨》,载《中国法学》2011 年第 4 期;马俊驹:《借鉴大陆法系传统法律框架构建自然资源法律制度》,载《法学研究》2013 年第 4 期;马俊驹、王彦:《公有制下国家所有权制度的变革和完善》,载《社会科学研究》2015 年第 4 期。

(四)集体土地所有权

集体土地所有权既是一项公有权,又是一项脱胎于公有权的私权。第一层次的权利,是集体土地所有权主体在公有权内部结构中所享有的一种具有管理性质的公共权力。这种权力是集体土地所有权能够存在和发展的基础性权能,具体可以分为超越市场的公共发展权、非交易的使用分配权、"认地不认人"的土地回收权。第二层次的权利,是集体土地所有权主体在对外经济关系中所享有的一种能够自主参与市场经济活动的财产权,这种财产权的性质属于私权。它的支配方式应遵循物权法调整所有权关系的基本准则。

兼顾公平与效率价值的集体土地所有权才是社会主义公有制的追求。增强集体土地所有权主体的独立性是改革的基点。集体土地所有权制度改革需要从民法理论上科学类型化集体土地所有权,更需要适应土地利用方式和农村社会经济改革的现实要求。集体土地所有权制度改革应当以增强所有权主体的独立性、健全"重在利用"的权利体系、拓展土地的价值支配形式以及逐步实现农民土地权利与农村居民身份分离为目标。在农村集体土地所有权与农民土地使用权长久分离的基础上,按其土地财产权的性质分别建构基层农村综合体和农民多种形式的社会经济组织完善农村集体的双层经营体制,实现国家行政、村民自治、土地管理和土地运营的适当分离,促进农村现代化、城镇化的顺利发展。⑭

通过权利分解实现其财产性功能和保障性功能的合理分化与负担,破除土地承包经营权身份依附性、地域封闭性和交易限制性的制度缺陷;同时,从创新和完善集体所有权的角度出发,强调集体土地所有权公有性质的保留,使集体经济组织在权利分置后依然保有公共发展权、土地回收权和土地收益权等。在权利结构上,分置后的土地承包权作为一项身份性财产权继续承担原有的保障功能,而对于新创设的土地经营权,应当纯化其财产权属性,着力将其推向市场。在立法上顺应"土地资本化"的流转实践,赋予承包经营权主体以明确的处

⑭　参见马俊驹、杨春禧:《论集体土地所有权制度改革的目标》,载《吉林大学社会科学学报》2007年第3期;马俊驹:《中国城市化与农村土地财产权结构的变革》,载《私法研究》2014年第15卷。

分权能并开禁土地经营权抵押。[15]

此外,随着集体经营性建设用地入市交易,应该跳出原有的法律思维,直接承认小产权房为集体土地上的商品房,无须缴纳土地出让金,在补交必要税费的基础上予以确权发证。这是实现帕累托最优的必然选择。[16]

三、马俊驹先生晚期主要学术思想及其贡献

马俊驹先生晚期主要从事人格、身份及人格权方面问题的研究,除 2009 年在法律出版社出版了《人格和人格权理论讲稿》外,在《法学研究》《法学杂志》《现代法学》《法学》《法律科学》《政治与法律》等期刊发表了《人格权的理论基础及其立法体例》《民法上支配权与请求权的不同逻辑构成——兼论人格权请求权之独立性》《私法中身份的再发现》《身份制度的私法构造》《关于人格权基础理论问题的探讨》《论民法个人人格构造中的伦理与技术》《论作为私法上权利的人格权》《人与人格分离技术的形成、发展与变迁——兼论德国民法中的权利能力》《从身份人格到伦理人格——论个人法律人格基础的历史演变》《人格与人格权立法模式探讨》《我国人格权基础理论与立法建构的再思考》《未来我国民法典不宜采用“一般人格权”概念》等论文。

马俊驹先生这一时期的主要学术思想及贡献主要如下。

(一)人格权

1. 人格与人格权

近现代民法的个人人格,是在伦理基础之上的法律技术的产物。罗马法将“身份”作为生物人与法律人的连接点,形成了“界定适格者并使其成为法律主

---

⑮　参见马俊驹、丁晓强:《农村集体土地所有权的分解与保留——论农地“三权分置”的法律构造》,载《法律科学(西北政法大学学报)》2017 年第 3 期。

⑯　参见马俊驹、王彦:《解决小产权房问题的理论突破和法律路径——结合集体经营性建设用地平等入市进行研究》,载《法学评论》2014 年第 2 期。

体”的人格塑造技术，并延续至今。在法律文明的早期，血缘、地域、财产等身份要素充当着法律人格的判别标准，由此所引起的身份人格必然带有不平等的色彩。法国法以自然法观念上的“理性”作为实定法中的人的依据，实现了从“身份人格”向“伦理人格”的转变，而这一转变是从“身份到契约”之结果，或者说契约是实现这种转变的驱动力。德国法在人的伦理属性基础之上，建立起“权利能力”的概念，实现了法律人的依据由伦理到实定法规则的转变。近代法律人格的基本特点，就是个人的伦理属性成为法律人格的适格标准，由此奠定了近代法律面前人人平等的基础。近代民法所开创的“抽象人格”技术，在今天剧变的社会环境下仍然具有生命力。

在近代西方哲学中，人格不过是哲学思想上对于人的本质的总结。以此为基础，内在化的伦理价值观念成为近代大陆法系民法关于人的伦理性认识的核心，其构成了近代民法人格构造的基础。随着现实社会开始显现出人的伦理价值的扩张倾向，由于这些新兴的价值无法被包容于“人所固有的东西”的范畴之内，使近代民法典的“内在化的伦理价值”的观念已经无法为它们提供存在的土壤。无论从自然法观念出发，还是从法律技术逻辑的角度考察，“人的伦理价值外在化”，即通过建立统一的、独立的“人格体”制度，将生命、身体、健康、自由与尊严规定为外在的“人可享有的东西”，不仅是必要的，而且是可能的。

人格与人格权不同，人格权不再是主体制度的一部分。人格本是一个自然法上的概念，它体现的是人的伦理价值；人格权应是一个实在法上的概念，它体现了法律对人的伦理价值的保护方式，人格权概念的确立须以人的伦理价值外在化为前提。从这个意义上来讲，人格与人格权之间既有联系又有区别：一是根源性、原则性的理性信念，二是结果性、制度性的法律规范。人格是一种形而上的自然权利、天赋权利。自然权利、天赋权利代表着自然法的理念世界，体现的是一种抽象的伦理价值。人格权是一种形而下的法律权利，法律权利代表着实在法的实证世界，是一种具体的法律规则。人格作为人所拥有的法律地位，是人格权产生的根据和前提，体现的是发生法律关系的抽象可能性。人格权只能是法律后天赋予人的权利，它是法律外在的加于人之身的东西，并非人所固有的权利。在法律没有规定的情况下，人的各项“人格”伦理价值就无法实现和得到保护。当一种新类型的“人格”伦理价值产生时,也只有被法律确认之后,才可能成为一项新的人格权。

2. 人格权的特性

首先,人格权的本质属性是法定权利,不是固有权利。人格权只能是法律后天赋予人的权利,它是法律外在的加于人之身的东西,并非人所固有的权利。其次,人格权是与主体自身不能分离的人身权,不可能归入财产权。人格商品化只是人的伦理价值,即人格要素在商品经济中的延伸,其内涵在于人利用自己的人格要素,使其人格权的内容得以扩张而已。在人格商品化中,变动和转移的是某些人格要素,而非人格权的变动或转移,人格权不能商品化。对于人格权而言,人格要素是本,而经济利益是末。最后,人格权的客体是人格要素,不是人格利益。“特定的利益”或“人格利益”只是其权利的目的,是权利作用于它的对象所要达到的效果,并非权利的对象即客体。这主要是因为:首先,人格权是人格及其要素在实在法上的体现;其次,人的伦理价值即人格要素已非完全“内在于人”,其“外在于人”已成为社会发展的客观需要。

3. 人格权的内容

人格权的内容应作广义理解,不应局限于侵权法上的理解。人格权的内容不能仅限于“他人不得侵害人格权的消极义务”,人格权的有关“权能”以及基于这些权能对他人所产生的影响,均应被纳入人格权法律关系的内容之中。人格权作为一种绝对性支配权,它的权能可以分为“支配权能”和“请求权能”两个方面。前者为人格权的积极权能,后者为其救济性的消极权能。由于人之存在与其人格的伦理价值之整体存在不能分离,所以人格权的法律支配只可能表现为一种“限制性”的或者“使用许可性”的债权意义上的支配,而不可能表现为“转让性”的支配;请求权能可分为非债权性质的退出式请求权(包括停止侵害、赔礼道歉、恢复名誉和消除影响)与债权性质的割让式请求权(损害赔偿)两种类型。后者所具有的债权性质,使其在民法的抽象技术之下,能够被纳入债权之中,成为侵权之债的组成部分;而前者则保留于“人格权”章节之中,成为人格权请求权,且为一种独立的请求权。

4. 我国人格权立法模式的选择

应在民法典中设立“人格权编”。理由如下:(1)人格权制度独立成编顺应社会进步,是人文精神和人权保护在民法典中的体现,对于丰富与完善民法典的体系具有积极意义。人格权独立成编是理想与现实权衡的较佳选择,将使民法的重心从“财产”转向“财产和人身并重”,引导人们在尊重自己和尊重他人的人性关怀中捍卫自由和平等。(2)人格权制度不能包容在主体制度之中,因为这不利于人格权的开放体系,将限制人格权制度的发展。特别是近年来,随着互联网络和生命科学的进步,人格权得到广泛的发展,人格权的类型呈多样化、复杂化,包容在主体制度中已不可能。(3)侵权行为法也替代不了人格权制度。侵权法是民事权利的保护法,主要保护包括人格权在内的绝对权。侵权法只能对侵害某种权利所造成的后果规定承担责任,它不应该是规范权利规则的法,即侵权行为法不具有确认和规范权利的功能。(4)在现代法律体系中,宪法是具有最高法律效力的根本法,民法的制定和发展自然会受到宪法的约束,但这种约束只能是间接的。宪法中有关人格尊严和人格自由的规定只能通过其体现的人权价值间接影响民法人格权制度的发展,它只能为民法上人格权的存在和发展提供合法性、合理性的依据,民法上人格权仍应由民法来确认。(5)人格权独立成编,其内容是丰富的。除一般人格权外,可能涉及至少二十几种人格权的规定,它们都有自己的特点、适用范围和调整方法。而且新的人格权还在不断涌现,为什么不能用一个开放式的人格权制度作为一编,以适应社会的发展呢?

我国民法上人格权制度的立法模式,应分为四个层次。第一个层次:民法的基本原则构成人格伦理价值的法治基础。民法原则中与构成人格伦理价值关系最密切的是“人格平等原则”和“私法自治原则”。第二个层次:民法的主体制度是人格伦理价值具体化、实证化的结果,也是实现主体对人格伦理价值权利化的逻辑前提。权利能力的设置使人格伦理价值中主体构成和私法因素具体化、实证化,使其成为一项真正私法意义上的法律命令。第三个层次:人格权与主体制度分离,建构独立的权利体系和制度规则。由于人格权具有独特的价值属性,它不可能与任何传统民事权利类型相融合,只能作为独立的一编加以规定,这不是人为的创制,而是逻辑上的必然要求。法人与自然人的人格伦理价值有着内在的结构性关联,完全否定这种关联是不妥的。法人人格权也应该从主体制度中分离,与自然人的人格权一并在人格权编加以规定。人格权立法不规定"一般人格权",而规定"一般条款"即可。第四个层次:人格权保护体系的基本框架和立法模式。以统一的救济权请求权为基础,采用"退出式"与"割让式"救济路径相结合的立法模式。⑰

我国《民法典》基本上采纳了上述观点。

(二)身份权

1. 身份

私法中的身份是个人在社会关系中具有私法意义的定位与相应的利益份额。身份调整结构性的社会关系,体现了综合形态的私益,是社会意思的私法效果。平等人格形成于近代家庭功能裂变,个人从家庭中析出,成为私法调整的基本单位;但是,从家庭中析出的个人,又通过身份契约进入企业等社团之中,获得新的身份。个人拥有人格意味着在私法上"被当作人对待",获得一般的法律主体资格;而身份则解决"被当作什么人对待"的问题,特定身份意味着在法律上被当作特定类别人对待的资格。近代社会契约与身份同时勃兴,而私法只关注于契约。身份顺应社会变化演变出新的功能形式,现代私法中的身份与平等人格相兼容,与自由契约相补充。身份提供包括权利、义务、权力、责任

---

⑰　参见马俊驹:《人格和人格权理论讲稿》,法律出版社2009年版;马俊驹:《关于人格权基础理论问题的探讨》,载《法学杂志》2007年第5期;马俊驹:《人格与人格权立法模式探讨》,载《重庆大学学报》(社会科学版)2016年第1期;马俊驹:《民法上支配权与请求权的不同逻辑构成——兼论人格权请求权之独立性》,载《法学研究》2007年第3期;马俊驹、张翔:《人格权的理论基础及其立法体例》,载《法学研究》2004年第6期;马俊驹、张翔:《论民法个人人格构造中的伦理与技术》,载《法律科学(西北政法学院学报)》2005年第2期;马俊驹:《从身份人格到伦理人格——论个人法律人格基础的历史演变》,载《湖南社会科学》2005年第6期;马俊驹:《论作为私法上权利的人格权》,载《法学》2005年第12期;马俊驹:《人与人格分离技术的形成、发展与变迁——兼论德国民法中的权利能力》,载《现代法学》2006年第4期;马俊驹、曹治国:《人权视野中的人格权》,载《政治与法律》2006年第5期;马俊驹:《我国人格权基础理论与立法建构的再思考》,载《晋阳学刊》2014年第2期;马俊驹、王恒:《未来我国民法典不宜采用"一般人格权"概念》,载《河北法学》2012年第8期。

的制度框架进行综合调整，依“身”定“份”，发挥调整功能。⑱

2. 人格平等与身份差异

人格平等与身份差异共同构成人身法制的基础，两者均不具有无条件的合理性，只在特定条件下符合自由、效率、公平等价值取向。两者在各自的固有领域中发挥功能，彼此兼容、互补，从不同方面满足个人生活与社会秩序需要。人格平等为身份差异设置了限制，实现了特定领域身份差异的均衡化，导致特定身份差异的功能特定化，改变了固有身份关系的内容，并对身份差异在制度上进行弥补。身份差异对于人格平等进行了完善，只有在身份差异基础上才能解读人格平等，身份差异限定了人格平等的内容与实现状况。⑲

3. 身份制度的私法构造

身份制度的私法构造以个人间的组织状态与社会的结构性存在为前提。个人生活在身份体中。身份体是人们赖以生存和发展的组织或群体，是私法秩序的重要载体。身份体作为利益配置单位，通过确定成员身份界定身份体内外关系，实现其内部身份关系的制度安排。身份制度私法构造的基本要素包括身份利益、价值体系、区分机制、行为规则和外部标志。身份制度以某类组织或群体而非原子化个人为调整对象，确认和规范人们实际生活中的强弱共存状态，形成身份权利特有的形式与功能，并以“命令—服从”的治理模式替代平等协商机制，在身份关系的变动中体现对意思自治的限制。⑳

*

2021 年 1 月

⑱　参见马俊驹、童列春：《私法中身份的再发现》，载《法学研究》2008 年第 5 期。

⑲　参见马俊驹、童列春：《论私法上人格平等与身份差异》，载《河北法学》2009 年第 11 期。

⑳　参见马俊驹、童列春：《身份制度的私法构造》，载《法学研究》2010 年第 2 期。

*　余延满，中南财经政法大学法学院教授。

总　目　录

第一卷

民法典与民法基础理论篇

第二卷

主体制度篇

合同债法篇

第三卷

物权与财产制度篇

第四卷

企业制度篇

第五卷

人格权篇

第六卷

农村农地篇

其 他 篇

目　　录

第一卷

民法典与民法基础理论篇

第一卷

民法典与民法基础理论篇

中国民法的现代化与中西法律文化的整合*

马俊驹

回顾中国民法现代化的艰辛进程，检视中国古代固有民法向近现代民法转型的历史变迁，重估传统文化及其价值观对现代民法制度的确立和发展所具有的现实意义，是法学界特别是民法学界讨论如何对待中国传统法律文化的基础性议题。中国民法现代化与传统文化整合，不是要复归传统文化，而是要摄取传统文化的优秀元素以完善新中国的现代法治；不是要拒绝外来的先进文化，而是要择其精华并将其融入我们的法治建设中来。“中国民法现代化转型之核心问题是价值观转型”，①中国传统法律文化与西方民法文化的兼容和整合是实现中国民法现代化的关键。为此，本文就性善与性恶、整体与个体、契约与身份、人情与法律、社会转型与传统美德等相互排斥又相互关联的法律文化理念和价值体系加以评述和探讨，试图从中找出它们之间的共通处和结合点，以达到汇通中西、创新传统，建立高度现代化的，既尊重人性、彰显权利，又崇尚社会公益、弘扬社会公德的民法新格局。

---

* 原载《中国法学》2020 年第 1 期。

① 刘云生：《民法与人性》，中国检察出版社 2005 年版，第 45 页。

一、中国民法现代化的历史进程

自晚清引进西方近现代民法以来,中国的民法如何实现既尊重本国历史和传统,又借鉴和吸纳先进的民法文化,一直是民法学人面临的一大难题。中国民法的现代化是指从以实践理性为核心的儒教人文主义为立法原则转变为以尊重人格、称颂自由的人本主义为立法基础的历史进程。在法治的构建中,民法的现代化不是完全否定自然法关于人类共同遵循的理性原则,而是旨在解构那些阻滞社会进步的传统伦理和体制。现代民法蕴含的世俗理性立基于人世常识、常情和民族传统,采取实用主义立场,以应对社会发展和社会基础的变迁。具体而言,中国民法现代化包含两个方面的内容:一是借鉴和吸纳近现代先进法律文化和价值;二是继受中国优秀的民族文化传统,适应本国社会生产结构方式的变革,修正和改进西方传统民法或民法典不适时宜的价值理念。

法律及其制度体系作为一种文化现象,必然与一定社会的生产方式及其发展状况相适应。中国适应自然经济的生产方式建构了传统的"礼法体制",并由此产生了明显迥异于西方的法治观念。以"德"赋的财产法为例,其特征表现为:"其一,缺乏所有权的理念。对任何财产权利的处分,主体上都是不清晰的,财产权不归属于个人。其二,财产权益的取得和处分,来自封赐的命令,即财产权来自政权或者行政决定,也受政权或行政决定权调整。其三,社会成员的利益,被认为是整体一致的利益,宗族发旺,家庭就富裕,个人也就发达;而宗族败落,家庭则贫困,个人也就困顿。"②所以,相对而言,中国传统法律文化中没有个人,只有群体,没有人格平等,只有差序身份,没有权利概念和与其相对应的民法制度,只有以"刑法"为中心的公法规制,③这些理念和制度在中国源远流长,

---

② 陈晓枫:《中国宪法文化研究》,武汉大学出版社 2014 年版,第 96 页。

③ 中国古代的"公法"并非罗马人意义上的公法,而是韩非子所称道的"公法"。以韩非子为代表的法家认为,法所代表的是大多数人的"公"利,法不允许任何人挟"私"而随意轻重,国家有了"至公大定"的法制,才能定分止争,才能治服于民。参见梁治平:《寻求自然秩序中的和谐》,中国政法大学出版社 2002 年版,第 230 ~ 231 页。

但与现代社会经济的发展不甚适应。当自然经济转变为商品经济或市场经济时,礼法相互分离,公权私权分治,伦理对于法制的统辖性被淡化,世俗理性开始主导立法进程,保障私权的近现代民法逐渐形成。在市场经济条件下,民法已经成为调整平等主体之间人身关系和财产关系,切实保障人身权利、财产权利以及其他合法权益的基本法。

中国近现代民法的确立和发展大致经历了四个阶段。

(一)西学东渐与清末变法

1. 西学东渐

1840 年鸦片战争,西方列强的军舰大炮轰开了“天国上邦”的大门,中国逐步进入半封建半殖民地社会。随着西方民主政治和平等、自由、权利等“个人本位”的法律观念传入中国,我国的法律文化显现出中西交错的多彩风姿,这是一个“旧的东西显然无法维持其故态,但又不甘退出历史舞台,新的东西名噪一时,咄咄逼人,却苦于无坚厚的社会基础而捉襟见肘”的时代。④ 面对西方民主政治、“个人本位”思想的渐入,一批有觉悟的先进人士开始反思民族固有的传统文化,他们基于平等、自由、人的尊严和人身财产安全等现代法律思想,抨击中国传统的君主专制体制、宗法等级观念,大声疾呼“人皆天所生也,同为天之子,同此圆首方足之形,同在一种族之中,至平等也”(康有为:《大同书》)、“生民之初,本无所谓君臣,则皆民也”(谭嗣同:《仁学》)、“自由者,天下之公理,人生之要具,无往而不适用者也”“民权兴则国权立,民权灭则国权亡”(梁启超:《饮冰室文集》)。此间,中国知识界系统地翻译和介绍了西方民主政治学说,以及以“个人本位”为理论基石的法治理念,唤起了中国人法律意识的觉醒,促使清政府在内外交困之下不得不进行变法。

2. 清末变法

清末变法修律活动是中国传统法律文化现代化的起点,中国传统的诸法合体、民刑不分、实体法和程序法不分的旧格局被打破,传统的中华法系的制度构

---

④ 参见武树臣等:《中国传统法律文化》,北京大学出版社 1994 年版,第 510 页。

建被西方大陆法系的立法模式所替代。在民事立法方面,完成了中国第一部民法《大清民律草案》初稿。该草案在体例和结构上以德国民法典为编制蓝本,既注重世界最普遍之法则,又力求适于中国传统之民情;既借鉴各国最精确之法理,又采纳最新成功之经验,可谓思考全面而精细。这部草案首次将民律(民法)定性为私法,清政府民政部上奏《请速定民律折》中将其定性为调整人民与人民之间关系的法,其中"物权法,定财产之主权;债权法,坚交际之信义;亲族法,明伦理之关系;相续法,杜继承之纷争"。[5] 草案内容丰富,结构严谨,文义精当,共分总则编、债权编、物权编、亲属编、继承编等五编,总计1569条。虽然该草案具有半封建半殖民地性质,且未及正式颁布清政府即被推翻,但它仍然是中国历史上第一部具有现代意义的民法草案,标志着中国从此结束了古代民事立法的传统模式,开启了中国民法现代化的历史进程。

需要注意的是,中国政治法律上的现代化主要是由西学东渐等外在因素导致的急剧变革,是一种传导性的政治法律转型,属于外源性的现代化。在此背景下,清末变法修律过程中,以张之洞为代表的"礼教派"与以沈家本为代表的"法理派"之间产生了激烈论争。就变法修律的指导思想而言,"礼教派"主张"中学为体,西学为用",坚持"宗族主义"法律观;"法理派"坚持"会通中西"的原则,推崇"个人本位"的国家主义,主张仿效西方的立法经验和立法技术,从法律的内容到立法的体系都要学习西方。[6] 这场争论的实质是中国传统的政治思想、法律文化和西方现代的民主政治、法治原则的碰撞,这一时期的修律活动和结果,正是"礼""法"两派冲突与妥协的产物,反映了中国半封建半殖民地特定历史条件下的法制特点。

(二)辛亥革命和民国民法

辛亥革命成功推翻了清王朝,在形式上埋葬了数千年的封建专制统治。此

---

⑤ 谢振民编著:《中华民国立法史》(下册),张知本校订,中国政法大学出版社2000年版,第744页。

⑥ 参见王利民:《民法的精神构造——民法哲学的思考》,法律出版社2010年版,第556页、第557页;武树臣等:《中国传统法律文化》,北京大学出版社1994年版,第536~541页。

后的一段历史时期,是中国法律文化现代化的重要时期。随着社会经济生活的发展变迁,在吸取编制《大清民律草案》的经验和教训的基础上,在孙中山先生以民生史观为基础的法律观影响下,这一阶段的中国民法形成了独特的现代化走向和立法框架。

1. 北京国民政府时期的民法

清末民初开展了一场组织严密、规模巨大的民商事习惯调查运动,其范围波及全国,前后耗时近 10 年。“如此庞大之工程在中国法的现代化进程里不失为辉煌的一页。”⑦此次调查所获得的民间习惯内容极为丰富,虽然这些资料未能在立法中得到充分反映,却给以后的民商立法和司法审判活动留下了丰厚的本土资源。这一时期,北洋政府修订出一套民事、经济法规,初步确立了财产所有权和经营自主权,使企业法人化,以鼓励华侨回国投资办实业,萌芽的社会自治力和组织力一度得到发挥。⑧

民国初期,最高审判机关大理院从民事审判的经验理性出发,搁置《大清民律草案》而援用大清律民事有效部分,视民事习惯为判处案件最普通的法源,并以“习惯法成立要件”的判例要旨为核心,创制了一套“习惯法承认规则”,将那些尚能符合时代发展趋势的民事习惯提升为“习惯法”,赋予其强制遵守的效力。事实上,这些“习惯法”已经是固有民法与继受民法的复合体,在一定程度上为民事立法和法律变革奠定了基础。⑨ 同时,大理院在具体审判活动中,通过民事判例及其要旨汇编兼行法律创制职能,促成固有民法与继受民法的相互兼容,将西方私法公法化的价值取向与固有民法注重群体秩序、和谐价值观念相融合。值得肯定的是,大理院的做法矫正了《大清民律草案》建构民法价值的二元化弊端,⑩采取经验理性的价值定位方法和规范选择方法,初步建立了中国近

---

⑦ 胡旭晟:《20 世纪前期中国民商事习惯调查及其意义(代序)》,载前南京国民政府司法行政部编:《民事习惯调查报告录》(上册),中国政法大学出版社 2000 年版,第 14 页。

⑧ 参见虞和平:《民国初期的经济法制建设》,载《二十一世纪》1991 年 10 月号(总第 7 期)。转引自罗荣渠:《现代化新论——世界与中国的现代化进程》(增订本),商务印书馆 2017 年版,第 314 页。

⑨ 参见张生:《民国初期民法的现代化——以固有法与继承法的整合为中心》,中国政法大学出版社 2002 年版,第 103 页。

⑩ 在价值定位上,《大清民律草案》的总则编、物权编、债权编继受西方民法价值准则,而亲属编、继承编承续固有法伦理原则,由此形成一部法典中相互对立割裂的二元价值结构。

现代民法的价值准则,“形成了西方法文化与中国传统法文化的并存的整合基础”“为民国初期乃至南京国民政府时期的民法法典化作出了经验的准备”。[11]

民国十五年(1926年),修订法律馆全部完成民国《民律草案》,亦被称为民律第二次草案。其虽因军阀混战、内阁更迭而未能正式公布施行,但经司法部通令各级法院作为条理适用,仍对法院审理民事案件起到一定规范作用。民国《民律草案》的编制是在新文化运动的推动下,在大理院创制法和民事单行法的基础上完成的,已初步体现了固有民法与继受民法在价值上的整合,较之《大清民律草案》有明显进步。民国《民律草案》将第二编编名由债权编改为债编,旨在保护债之各方当事人合法权益,使之既能与西方民法社会化的价值取向相契合,又能与中国固有民法抑强扶弱的价值理念相适宜;迎合民法社会化潮流,限制所有权绝对自由,相邻关系由道德习俗转为民法调整,将固有典权制度入典;设立以家庭为单元的家产制度,承认夫妇之间的财产契约,认可妻和亲女享有实质意义上的继承权;等等。以上制度的设置和改进,体现了立法者对西方民法及其社会化新发展的借鉴,虽然此时中国固有民法与社会化情境下西方民法的整合只是一种浅层次的联结,但在当时的历史背景下已属不易,对其积极意义仍应给予肯定。

2. 南京国民政府时期的民法

“南京国民政府成立后,宣布‘应以三民主义为最高立法原则’,法律必须以全民为对象、整个社会为目标,以调和个人与社会的利益关系,并促进社会共同福利的发展。”[12]南京国民政府立法院于1929年1月设立由傅秉常、史尚宽等5人组成的民法起草委员会,开始了民法典的制定工作,仅历时9个月就先后完成了总则编、债编、物权编的起草,并经立法机构审议通过后陆续公布实施。亲属、继承二编早于立法院成立前已由燕树棠、罗鼎完成初稿,因其内容与各地习惯关系甚大,故为慎重起见,经详加调研和修订后公布施行。《中华民国民法》以清末和北京国民政府时期制定的民律草案为基础,在立法精神上既否定了中

---

[11] 张生:《民国初期民法的现代化——以固有法与继承法的整合为中心》,中国政法大学出版社2002年版,第43页、第145页。

[12] 叶孝信主编:《中国民法史》,上海人民出版社1993年版,第604页。

国固有民法中的国家本位和家族本位，又在一定程度上抵制了西方“个人本位”思想，顺应了世界民事立法社会化的倾向，符合近现代的私法精神；在“总则编”贯彻社会本位的立法原则，对个人权利的行使、契约的订立和其他民事法律行为作出严格限制；在“债编”确认无过错责任原则，侵权行为的损害赔偿一律以填补受害人所受损害及所失利益为限；在“物权编”规定个人财产所有权必须在法律规定的范围内行使，不得违反社会的意志和行为；在“亲属编”和“继承编”明文规定男女平等，注重种族健康，以夫妻财产制取代传统的家产制，废除宗祧继承，明确配偶有相互继承遗产的权利等。该法典作为我国第一部正式颁布实施的民法典，成为我国民法现代化转型的一个重要标志。当然，这部民法典只是少数几位专家在极其紧迫的时间里赶制出来的精致的比较法作品，并没有实质性地将中国固有法的传承与西方继受法的精髓加以创造性地连接和融通。但是，我们没有理由责备和否定这部民法典的文化价值和历史贡献，它仍然是我国现在和今后健全和完善民事立法所应借鉴的重要法律文献。

(三)新中国成立和探索新民法

1949 年 10 月 1 日中华人民共和国成立，标志着中国开始从新民主主义社会向社会主义社会过渡，也标志着新法制构建的开始。自此，中国共产党领导人民废除旧法制，创建新法制，取得了巨大成就。1954 年至 1957 年是新中国法制建设的奠基期和高潮期。1954 年，中华人民共和国第一部宪法公布施行，国家根据宪法制定和通过了一批重要法律、法令，初步确立了新法制的宏观轮廓，国家组织结构走上正常发展轨道。[13] 在这样的形势下，新中国开始了第一次民法典起草工作。

1. 新中国成立后第一次起草民法典

1954 年，时任全国人大常委会法制委员会主任王明领衔组建民法起草小组，经过广泛开展民间调查研究，吸纳原革命苏区的立法经验，借鉴苏联民法典的立法模式，于 1956 年 12 月完成了新中国第一个民法草稿，并开始在全国征

---

⑬ 参见王人博、程燎原：《法治论》，山东人民出版社 1989 年版，第 286 页。

求意见。草稿共设四编,第一编总则,第二编所有权,第三编债,第四编继承,共525条。这个草稿几乎全盘接受了苏联的立法原则和经验,其影响主要体现在三个方面:一是推崇罗马法的制度体系,采用大陆法民法传统结构和基本概念,实行民商合一体例;二是维护公有制的主导地位,否定民法是私法的观点,只设"所有权编",摒弃物权概念;三是认为婚姻家庭和劳动关系不是民事关系,不能在民法中规定,应另设专门的部门法。[14] 由于"反右斗争"和"三面红旗"等政治运动,此次立法活动被迫中止,但上述立法原则和体例对我国之后的民法理论和立法实践产生了深远影响。

2. 新中国成立后第二次起草民法典

1962年,在"调整、巩固、充实、提高"的国民经济八字方针指引下,为整顿经济秩序,强化法制观念,中央领导十分重视民法起草工作。毛泽东主席指示:"不仅刑法要,民法也需要。……刑法、民法一定要搞。"在这样的背景下,全国人大常委会组建了以中国社会科学院法学研究所所长孙亚明领衔的起草小组,开始了第二次民法典的起草工作。这次起草工作是在"以阶级斗争为纲"的形势下进行的,西方民法典不能借鉴,苏联民法典也被否定,国民党的"六法全书"早已废除,所以在指导思想上强调总结自己的经验,创建自己的立法模式。经过两年时间的努力,最后形成了新中国第二个民法典草案。草案共分三编,第一编为"总则",第二编为"财产的所有",第三编为"财产的流转",共262条。这个草案设计出了一个全新的立法体例,有许多自己的创造,是一部具有中国当时特色的政治化的革命法典,主要表现在以下方面:(1)突出政治挂帅,如规定"高举三面红旗""政治工作是一切经济工作的生命线""联系群众""廉洁奉公""勤俭节约"等;(2)强调计划经济,将与国家计划有关的预算、税收、物资和劳动工资报酬等内容纳入民法;(3)简化结构体例,在批判资本主义、防止修正主义的政治形势下,除去家庭法,砍掉继承法;(4)更改法律概念,反对法言法语,用个人和单位替换自然人和法人,用关系替代合同(如买卖合同改为买卖关

---

⑭ 苏联成立后,取消了公法与私法的划分,将民法视为公法。我国受其影响,长期持民法是公法的观点。民法为公法的理论在苏联和我国的实践,已被历史证明是失败的。参见章礼强:《民法本位论》,上海人民出版社2013年版,第9页。

系等)，删除物权、债权、权利、义务、法律行为、侵权行为等民法基本概念。这次起草工作因社会主义教育运动亦被迫中断。我国在此后相当长的一段时期，重视政治运动，轻视法制建设，缺乏法治观念，忽视民主权利，重视公法规范，轻视民法调整。这种情况下，民法典草案被束之高阁也在情理和预料之中。之后，因“文化大革命”，社会主义法制被全面破坏和摧残，包括民法在内的整个法制建设陷入停顿、倒退的悲辛境地。

(四)改革开放与民法的春天

1978 年 12 月，中国共产党十一届三中全会决定将工作重点转移到经济建设上来，加强社会主义法制。从此，新中国法治建设步入恢复重建、持续发展的新的历史时期。

1. 新中国成立后第三次起草民法典

1979 年 11 月，时任全国人大常委会委员长兼常委会法制委员会主任彭真委任杨秀峰、陶希晋领衔，组建了由法学专家、学者和实务部门工作人员共 36 人组成的民法起草小组，开始了新中国成立后的第三次研拟民法典。此次起草，思想较为开放，在深入各地区、各部门进行调查研究的基础上，不仅借鉴了苏联和东欧社会主义国家的立法经验，而且适当吸取了西方国家的立法体例，还对我国台湾地区适用的“中华民国民法”进行了研究和参考。起草小组认真研讨，集思广益，经过 3 年的辛勤努力，于 1982 年 5 月完成了《民法草案(第四稿)》的起草工作。草案分为八编，即民法的任务和基本原则、民事主体、财产所有权、合同、智力成果权、财产继承权、民事责任和其他规定，共计 465 条，是一个内容较完整、体系较健全、较符合法理和实际的民法草案。但因经济体制改革正在进行，社会生活时常处在变动之中，一时还难以制定一部完善的民法典，所以立法机关最终决定先采取制定有关民事单行法，待条件具备时再制定民法典的立法方针，该民法草案的成功部分和有关内容被之后的民事立法所吸纳，《民法通则》《经济合同法》《涉外经济法》《专利法》《商标法》《继承法》等民事单行法均从该草稿中汲取了营养。此外，该民法草稿还在国内部分地区征求意见，成为一些法院审理案件的重要参考和依据。

2. 制定《民法通则》

1985年4月,全国人大常委会法制委员会民法室开始以《民法草案(第四稿)》为基础起草《民法总则》。1985年8月草拟完成的《民法总则(讨论稿)》在内容上增加了“民事权利”“民事责任”等章;使用了债和知识产权的概念;规定了财产所有权及其相关的财产权,实际上承认了物权的内涵;专门规定了各项人身权。这些规定在民事立法上具有创新意义。《民法总则(讨论稿)》上报后,彭真委员长将它定名为《民法通则》,并召开大型专家座谈会,在全国范围内征求意见,民法室工作人员根据反馈意见反复修改和补充,于1986年4月12日提交第六届全国人大第四次会议审议通过,并自1987年1月1日起施行。《民法通则》分九章,共156条,对民事主体、民事行为、民事权利、民事责任等进行了规定,内容环环相扣,成为我国改革开放历史洪流中调整民商事关系的基本法。

《民法通则》是在我国经济改革的紧迫形势下诞生的,显然需要在建立和发展社会主义市场经济过程中进一步完善,但其为我国之后制定民法典,特别是构思民法典的总体结构和主要内容提供了宝贵经验。其中有以下亮点值得注意:一是专设“民事权利”一章,规定了物权、债权、人身权、知识产权等民事权利,体现了权利保护的广泛性。尤其是对人身权的规定,展示了对人格尊严的尊重,为以后民法典设置“人格权编”以及完善身份权制度奠定了基础。二是建立了较为完备的法人制度,强调对以独立主体为本位的物质利益的保护,激励人民积极创造物质财富,极大地推动了经济建设的蓬勃发展。三是突破了传统的民法体例,将侵权责任从债法中独立出来,强调了对民事权利的保护,为民法典舍弃债法总则提供了可能,使民法结构体系趋于完善,也符合侵权法的发展潮流。四是舍弃了苏联、东欧法系的通常做法,规定了婚姻家庭关系方面的内容,为亲属法重新纳入民法典创造了条件。以上经验是我国后来编纂民法典得以借鉴和发展的重要内容。

3. 新中国成立后第四次起草民法典

20世纪90年代,世界范围内掀起了第三次民法典编纂热潮。在此背景下,我国法学界普遍主张制定民法典,国家立法机关也持积极态度。1998年3月,全国人大常委会法制委员会成立了以江平和王家福领衔的民法起草小组，确定了采取分步单行立法，然后汇总为民法典的做法。2002 年年初，时任全国人大常委会委员长李鹏提出，要在第九届全国人大任期内通过民法典。法制委员会在参考两位法学专家的民法建议稿的基础上，[15]又组织了 6 位法学专家分别起草民法典的总则和部分分编，[16]于 2002 年 4 月初完成了专家建议稿的草拟工作。与此同时，法制委员会民法室也草拟完成了室内稿。同年 8 月，法制委员会以室内稿为基础，参照专家建议稿，反复研究，形成了《中华人民共和国民法典(汇报稿)》，即《新中国民法典草案(第五稿)》。该草案分为九编，共 1209 条，于 2002 年 12 月 23 日提交全国人大常委会审议，并立即引起了社会广泛关注。

鉴于学界争议较大，全国人大常委会决定暂时搁置民法典的制定，恢复原定分步单行立法的方针。在此之前，自 20 世纪 80 年代开始，我国已先后制定或修订了《婚姻法》《继承法》《收养法》《担保法》《合同法》。后来又陆续制定了《物权法》《侵权责任法》等。这一时期，我国的民事立法取得了巨大成就，但总的说来，民事立法落后于市场经济和改革开放的发展，不能满足日益纷繁复杂的经济社会生活需要，民事立法工作有待进一步完善。

4. 新中国成立后第五次起草民法典

2014 年，党的十八届四中全会决议决定编纂民法典。2015 年 3 月，全国人大常委会法制工作委员会明确了两步走的编纂思路，即先编制民法典总则，再整合其他各编内容。2017 年 3 月 15 日，第十二届全国人大第五次会议通过了

---

⑮ 这里所说的“民法建议稿”是指梁慧星主持拟定的民法建议稿(共七编，即总则、物权、债权总则、合同、侵权行为、亲属、继承)和王利明主持拟定的民法建议稿(共八编，即总则、人格权、亲属、继承、物权、债权、知识产权、侵权行为)。此外还有由徐国栋组织中南财经政法大学和厦门大学部分民法教师拟定的民法建议稿，即《绿色民法典》，该法典共分两编：第一编“人身关系法”，下设自然人法、法人法、亲属法、继承法四个分编；第二编“财产关系法”，下设物权法、知识产权法、债法总论、债法各论四个分编。法典开头设一个小总则，规定法律行为、代理、时效等，法典结尾设一个附编，规定国际私法，该建议稿也被称为“人文主义”的民法典草案，对我国民法典的制定也具有积极的参考价值。

⑯ 6 位法学专家及分工如下：社科院梁慧星牵头起草民法总则和债权法；中国人民大学王利明牵头起草人格权和侵权行为；社科院郑成思牵头起草知识产权；中国政法大学巫昌祯牵头起草婚姻家庭；原最高人民法院唐德华牵头起草民事责任；原最高人民法院费宗祎牵头起草涉外民事关系的法律适用。按此分工，物权法的起草成为全国人大法制委员会民法室的工作重点。

《民法总则》(2017 年 10 月 1 日起施行)。之后,全国人大常委会法制工作委员会与最高人民法院、最高人民检察院、司法部、中国社科院、中国法学会五家民法典编纂工作参加单位全力推进民法典各分编的编纂工作,并根据党中央的重要指示精神,不断修改完善,形成了包括物权编、合同编、人格权编、婚姻家庭编、继承编、侵权责任编的民法典各分编草案,并于 2018 年 8 月 27 日作为一个整体提请第十三届全国人大常委会第五次会议进行初次审议。自 2018 年 12 月起,全国人大常委会分别对民法典各分编草案进行二审、三审,按照工作方案,最终准备将《民法典(草案)》提请 2020 年 3 月第十三届全国人大第三次会议审议。

这次民法典的编纂有一个突出特点,就是民法学者的广泛参与,特别是一批中青年学者对法典体例的构建起到了至关重要的作用。立法机关的开放和进取态度促使学者畅所欲言、各抒己见,其中不乏唇枪舌剑的激烈争论。关于法典体例的争论集中在以下几点:第一,民法典编纂体系采取什么模式? 在罗马式或德国式之间,或所谓人文主义民法与物文主义民法之间,立法最终选择了德国式,但凸显了“人法”在法典中的地位。第二,民法典的结构体例如何构建? 这里涉及的问题较多,包括:(1)是民商分置还是民商合一;(2)是制定物权法还是制定财产法;(3)人格权法、侵权责任法以及担保法要不要独立成编;(4)要不要规定亲属编及债法总则;(5)知识产权法和涉外民事关系的适用规则要不要纳入民法典;等等。自改革开放以来,这些问题一直是民法学界讨论的中心议题,这些讨论推动了民商法学的研究和发展,也为民法典的编纂做好了理论准备。[17]

二、中国民法现代化进程的启示

综观中国一个半世纪以来民法的现代化进程,尤其是数次编纂民法典的曲

---

⑰ 对以上议题,笔者坚持民商合一体例,主张人格权法、担保法、侵权责任法独立成编,设置“亲属编”,舍弃债法总则,将知识产权一般性规则纳入民法典,不再设专编规定国际私法规范。

折而艰辛的历史经历,可得出以下几方面启示。

首先,根据马克思的唯物史观,经济基础决定上层建筑,精神文明总是和物质文明相适应。西方社会因工业革命孕育出近现代法治,中国只要实行工业化和现代化,就必然抛弃人治而推崇法治。中国民法的现代化是在以现代生产力推进社会大变革的特定历史发展阶段引发的法律转型。虽然这一转型是在中国特有历史条件下进行的,必然会有自己的法制传统和变革路径,但是,现代大工业和市场已经"把世界各国人民互相联系起来,把所有地方性的小市场联合成为一个世界市场,到处为文明和进步做好了准备,使各文明国家里发生的一切必然影响到其余各国",⑱在这种情况下,中国即便存在本国特殊的情境和文化,但只要实行市场经济,注重现代科学技术及推进生产力的发展,就必然要制定和施行与大致相同或相似的民法或民法典,这就是中国要学习和借鉴西方近现代民法的理性依据。从这个意义上来讲,民法制度的设置没有中外之分,只有古今民族传统的不同。

其次,中国近现代民法的本体是继受法,自清末修律变法以来,从基本概念、基本制度到立法体系均是移植或间接移植西方法制,且又以移植大陆法的德国式民法为主。继受法所以成为中国近现代民法的本体,其根本原因就是中国已被卷入世界性的现代化洪流之中,原有农业经济形态必然转向工业经济形态。正如马克思所预见的那样,那些经济落后、工业不发达的国家将会以工业发达国家作为自己发展的未来景象,这是"历史向世界历史的转变"的必然。⑲从解放发展社会生产力和调整完善生产关系出发,中国的传统法制(包括固有民法)等上层建筑理应随着经济基础的改变而改变。中国的现代化不是一个自下而上的自发的、渐进的变革,而主要是由外在因素导致的突破和巨变,是一种生产力相对落后条件下发生的外源性、诱发性、传导性的现代转型。这种现代化所要求的生产关系乃至上层建筑的变革,就成为社会生产力发展的决定性因素。在法制变革过程中,与发展工业生产力相适应的现代法制必然与中国原有

---

⑱ [德]马克思、恩格斯:《马克思恩格斯选集》(第1卷),中共中央马克思恩格斯列宁斯大林著作编译局译,人民出版社1995年版,第234页。

⑲ 同上书,第88页。

农业生产力下产生和延续的传统法制发生矛盾。就民法而言,从西方借鉴或移植而来的民法与反映中国民族心理、习惯和价值理念的固有民法发生冲突是不可避免的。我们只能通过较长时间的整合和改造,才能促成两者的相互融合和联结。在现代化的进程中,只有与时俱进,敢于冲破阻力和不断开拓创新,才能有效地推进中国自上而下的现代化。值得肯定的是,在从"人治"转向"法治"的道路上,我国制定民法和民法典的立法实践虽然历经曲折和反复,但最终奠定了中国法治平等、自由、民主的现代化基础。

最后,不断革新是中国民法现代化的本质。这里所谓的"革新",是指不断深化中国传统文化与先进民法文化的整合。百余年来,中国始终处于现代化的启动阶段,自20世纪下半叶以来,社会大环境发生重大变化,现代化逐步进入整合阶段,在此阶段,随着现代化经济和科学技术的飞跃发展,对传统文化进行分解性的再估价和选择性的传承,就成为推动社会进步的新动力。正如有学者所言,这一时期,"中国现代化所意含的不是消极地对传统的巨大摧毁,而是积极地去发掘如何使传统成为获致当代中国目标的发酵剂,即如何使传统发生正面的功能"。[20] 就民法现代化而言,要实现现代化就一定需经历中西方法律文化双向运动的整合过程,即传统因素要向现代转化,现代因素要向传统借力,两者相辅相成才能实现融合和联结,才能形成统一的生生不断的民法"连续体"。人类要生存和发展都会遇到一些基本的、共同的问题,但各民族针对这些问题又会根据自己的条件和意念作出不同的文化选择,形成不同的文化传统,进而构成包括民法文化在内的属于整体人类共享的、内容丰富多样的文化宝库。在此背景下,既能够善于从这个宝库中汲取营养,又能够尊重和发扬自己的优秀文化传统的民族和国家,就能够成为真正强盛的民族和国家。

总而言之,当中国民法的现代化进入整合阶段,如何从固有民法的文化传承中寻找与近现代西方民法文化的结合点,加深对传统文化的多重意蕴、内在精神价值的理解,吸取传统文化中那些能够促进现代民法发展的积极因素,就

---

⑳　金耀基:《中国现代化与知识分子》,大学生活社1982年版,第8页。

成为我们研讨民法整合问题的关键所在。这里有三个层面上的问题需要注意：(1)要找到东西方法律文化中所共有的一般性、普遍性的理性和价值观，它们可能在表现形式上是不同的，但在内在精神上是相同的或相似的，这是中国固有民法与西方民法能够整合的基础。所以，我们不能将东西方法律文化的差异定型化、绝对化。(2)没有对中国传统文化的继受，就谈不上民法现代化的整合，但继受中国传统文化要进行一分为二的具体分析：那些能够反映和促进社会生产力发展和社会进步的文化就是民法要继受的文化，那些不能反映和阻碍社会生产力发展和社会进步的文化就是要变革或抛弃的文化。今天，我们重视对传统文化的研究，并不是要复归传统儒家文化的全部，更不是继受那些早已被历史淘汰或解体的腐朽、落后甚至反现代的旧文化。(3)中国的现代化越是向前发展，就越要以开放的态度学习和借鉴先进法律文化。对西方民法文化，只有深入理解才能吸收和超越，只有密切联系中国实际才能发挥其社会效用。因时空环境的改变，我们不能停留在民法文化的原点，要有变通和更新，要有创造和发展。总之，我们不是要把西方文化加以“中国化”，而是把西方文化与中国传统文化相整合而实现“现代化”，现代化是今天的也是未来的，是中国的也是世界的。

三、中西法律文化的整合

根据上述认识，本文从性善与性恶、整体与个体、契约与身份、人情与法律、社会转型与弘扬传统美德等方面，对中国与西方传统民法文化的整合问题，作以下几点思考。

(一)性善文化与性恶文化的交融，民法是保护善意人之法

中国与西方在人文哲学上有着两套不同的文化体系：中国正统的儒家主张

性善论,[21]重视教化的作用,传统社会治理最大的特征是“教”而不是“法”,是“德治”而不是“法治”;西方文化认为人类具有罪恶的本性,假如没有恶的存在,也就不会有对善的追求,因而以性恶论为法治思想的理论根基,将法律作为治理社会、管理国家的主要机制,并以民主型法治为现代法治的基本范式。[22] 事实上,性善论和性恶论都是从特定视域出发所做的理论预设,两者只是理性预设的逻辑元点不同,而其要达到的目标基本是一致的。不同的理论预设要达到共同的治理目标,自然会产生不同的调整和治理手段。中国古代儒家的“性善”文化促成以人治为体的德教至上主义传统,认为通过德教这种内在的约束机制可以复原人的本性,提升统治者和民众的道德境界,从而实现国泰民安。西方文化的“性恶”理念成为法治产生和发展的哲学基础,主张通过法治这种外在的约束机制约制人的恶性和自私性,从而实现社会的和谐有序。

不同的人性观对民法或民法典的生成与运行也产生了不同的影响。我国先秦思想家孟子是“人性善”论者,但他认为,人善良的本性必须通过后天不间断地教化才能得以保持。马基雅维利被认为西方思想界“性恶论”的代表,但他明确指出人的属性是二重的,既有动物的属性或兽性,又有人性或道德性。[23] 荀子是持“人性恶”论的代表人物,但他同时也认为,教化可以改造、消除人们原有的恶劣本性。可见,“人性善”与“人性恶”的分歧不是目的的对立,而是方法的不同,“教化”也是“防恶”,“防恶”也是“向善”,“向善”“至善”或“扬善止恶”是两种本性文化的共同价值目标。不过,性善论者提倡“德治”,性恶论者提倡“法治”,而不同的治道方略会产生不同的社会效果:单纯“教化”式的德治必然走向

㉑　中国思想史上关于人性的讨论,大体可以分为四大阵营:一是为孟子所倡导的性善论;二是为荀子、韩非子所宣扬的性恶论;三是为告子所主张的无善无恶论;四是为董仲舒等所强调的性三品论。参见黄金兰:《我国法律信任缺失的原因——历史、文化视角的解释》,载《法律科学(西北政法大学学报)》2016年第2期。

㉒　其实,西方学者也重视对善的研究,只是侧重于对法的善恶的评判。例如,柏拉图就提倡“善的本体论”,认为善为万物的本源。亚里士多德指出,无论人的情感还是人的行为,过度和不及皆属于恶,只有适宜才为善。康德以“道德律令”为标准区分善与恶,因此理性的法必须是善的。按照黑格尔的观点,评判一种法的善恶关键在于它能否节制人的自然冲动。参见孙文桢:《论民法法典化对于今日中国社会的价值》,载王利民主编:《论传统民法文化与中国民法典——第二届“全国民法基础理论与民法哲学论坛”文集》,法律出版社2015年版,第109页。

㉓　参见严存生:《法律的人性基础》,中国法制出版社2016年版,第458～460页。

以少数人或个人权威和意志为核心的人治，人治下的普通社会成员没有权力和权利，只有义务和责任，只能绝对忠诚和服从于权力者的权威和意志，而以保障民众个体权利为中心的民法也就自然无从确立；相比之下，从人性恶的认识出发的"防恶"，注重法律对人们行为的规范以及对公共权力的制约，通过法律形成一个较为独立的世俗化的法治系统，法律面前人人平等，每个人既是立法者又是守法者，当然也就能够形成以保障个体权利为基本理念的民法体系。

从德治和法治的关系来看，中国传统的德教至上主义有利于对人内在精神和自由的培养，但由于缺少外在约束机制，人生目标又过于理想，使"君子"或"圣人"的崇高人格不易实现。而且单纯的德治强调个人道德因素和个人能力在国家政治上的意义，但忽视法律制度调整国家和社会关系的作用，很容易衍生为人治。所以，为了建立一个良好的社会秩序，不仅需要道德的教化，而且需要法律的规制。历史经验证明，法治优于人治，实行法治已经成为实现国家治理体系和治理能力现代化的基本方略和目标。

但也须看到，伦理理念以及产生伦理的土壤不但不是法治理念形成的障碍，相反，"浓厚的道德伦理氛围还是法治理念得以产生的重要前提条件"。所以，中国深厚的道德遗产是其走向法治社会的宝贵财富，而不是现代法治发展的障碍，我们"对中国当前的法治发展应该抱有信心"。㉔ 再者，道德是法律体系构建的基础，"道德原则既是法律所要达到的最终目标，又是服从法律的依据"。㉕ 因而，实行法治和编纂完善的民法典，仍然需要加强道德教育。对此，无论是主张道德至上的中国思想家，还是提倡法律至上的西方思想家均形成了相当一致的看法。这种一致的认识从理论形态通向了制度形态，即为"道德的法律化"。

需要注意的是，中西方对道德的理解既有相同相似之处，又有不同之处。在中国，儒家将渊源于"天道"的"礼"视为最核心的道德精神，这种精神以"礼法合一"的形式转化为法律原则，使仁爱、平和、互利互惠、诚信、尊重他人、尊老爱幼、与人为善等道德准则成为自古至今在民事立法上始终强调的道德取向。

㉔ 高鸿钧等：《法治：理念与制度》，中国政法大学出版社2003年版，第91页、第92页。

㉕ 同上书，第78页。

在西方,自然法学说所倡导的道德原则,包括博爱、公平、平等、自由、守信等,均转化为近现代民法必须遵循的基本原则。中西方虽文化传统和伦理传统不同,却在为人行事的基本方面有着共同的或相似的道德取向,以及由此形成的“向善”“至善”“扬善止恶”的民法精神。

学界有一种看法,中国的性善文化流弊严重,表现在对人性的恶防备不够,忽视制度建设,虚妄地要求人们重义轻利,因而对民法或民法典的生成形成文化障碍。㉖ 这种看法有一定的片面性。中国的性善文化体现了对人性的关怀、对人的价值的肯定,行善是最基本的伦理原则。而善亦是现代民法理论和制度中的重要范畴,是民法实现自由理性的关键因素,是推定公正与正义的伦理基础,是判断民间是非的行为标准。所以,民法必定与民众的向善、至善相联系,“扬善止恶”是民法的自身属性,促进善德是民法的最终目标之一。正因如此,民法在许多制度层面都是以维护善意人的合法权益为宗旨的,例如,《民法总则》第 65 条规定法人登记信息不实不得对抗善意相对人,第 85 条以及第 94 条规定营利法人和捐助法人决议瑕疵不得对抗善意相对人,第 132 条规定禁止权利滥用原则;《物法权》第 24 条规定的特殊动产物权变动未经登记不得对抗善意第三人,第 106 条规定了善意取得,第 129 条以及第 158 条规定部分不动产物权未经登记不得对抗善意第三人等。㉗ 特别值得一提的,《民法总则》第 184 条规定,“因自愿实施紧急救助行为造成受助人损害的,救助人不承担民事责任”。该条被称为“好人条款”,是匡正社会风气、鼓励见义勇为的扬善之法。从上述意义来讲,中国现代民法是保护善意人之法,是维护善意人合法权益之法。

(二)整体主义与个体主义的整合,民法是聚个体间合作之法

整体主义与个体主义的对立起初是一个哲学命题。整体主义的载体是人类或民族的联合体或共同体,通常作广义理解,即凡是集体的人类组织皆为整

㉖ 参见单飞跃、杨期军:《中国民法典生成的文化障碍——西方民法文化的反衬》,载《比较法研究》2005 年第 1 期。

㉗ 《民法典草案(物权编)》基本保留了《物权法》的以上规定,参见《民法典草案》第 225 条、第 311 条、第 335 条、第 374 条。

体主义的载体。个体主义的载体是自然人或家庭。整体主义与个体主义不仅是对立的,也是统一、融合的,这种辩证关系构成了人类社会整体组织与人之个体并存的二元结构。

"中国古代是国家主导型的群体社会。"[28]中国社会结构以整体主义为特征,表现在两个方面:一是自秦王朝以来,形成了强势的国家体制,皇权至高无上,国家权力无所不至,无公域与私域之分,国家利益至上,集体利益至上,"大河有水小河满"等整体主义的价值观念成为中国传统的社会意识形态和精神支柱。二是家族是中国传统文化的堡垒,家族以亲属伦理为建构基础。有学者认为,家族、家庭就是一个个最基本的民事法人的存在形式。[29] 每个家族、家庭成员依据自己的身份各安其位,依忠孝之义各尽其责,没有个人的权利,只有应尽的义务和责任。整体主义是中国社会长期的文化积淀,根植于民族的内在精神之中,绵延至今仍然影响着国人的信仰和观念。整体主义不仅使中国大一统的局面得以延续,而且使中华民族的主体意识得以维系,使全国上下形成一个成熟而稳定的秩序系统。从这个意义上来讲,整体主义是国家发展壮大的宝贵精神财富,是推进社会文明的丰富思想源泉。

但也必须看到,整体主义也有消极和落后的一面,它在一定程度上维护了封建制下形成的集权和专制理念,限制了个体的自由和发展,阻碍了社会的开放和纳新,它所倡导的重国家轻社会、重权力轻权利、重人治轻法治、重集权轻分权、重集体轻个人等传统观念,[30]是形成团体(群体)内特权、专权的思想和制度基础,不能适应市场经济关系的建构和发展,且已与当今时代精神相抵牾。

个体主义与自由主义和理性主义紧密相关,认为人的理性是最高权威,一

---

[28] 张生:《从社会秩序的角度解读中国"古代民法"》,载王利民主编:《论传统民法文化与中国民法典——第二届"全国民法基础理论与民法哲学论坛"文集》,法律出版社 2015 年版,第 153 页。

[29] 参见范忠信、黄东海:《传统民事习惯及观念与移植民法的本土化改良》,载王利民主编:《论传统民法文化与中国民法典——第二届"全国民法基础理论与民法哲学论坛"文集》,法律出版社 2015 年版,第 171 页。

[30] 参见单飞跃、杨期军:《中国民法典生成的文化障碍——西方民法文化的反衬》,载《比较法研究》2005 年第 1 期。

切知识都来自人的理性,人有了理性就有了按照自己的意志采取行动的自由。既然理性是最高权威,那么人在本质上也应该是自由的、平等的,每一个人都有平等的机会来选择最有利于自己的行为。在经济关系中,理性人能够根据市场需求确定自己的经济行为,从而使其所追求的利益得到最大化的实现。因此,个人主义主张个性解放,张扬个性价值,强调尊重个人自由、自治和自主,对打破特权身份制的束缚,反对专制集权的统治,保护个人的基本权利,促进市场经济发展,无疑具有重要的社会意义。

但是,个人主义从一开始就带有一种浓厚的理想色彩,其产生的理论基础只是立足于理性的假设,这就为极端的效率观和个人主义的泛滥埋下了伏笔。而且个人主义作为一种社会意识形态,只从个体角度解释社会现象,它"把个人从社会中剥离出来,使他成为周围事物和他自己的唯一评判者,赋予他不断膨胀的权利,而没有向他指出他的责任,使他沉湎于自身的力量……"[31]因而忽略了人的社会属性。个人主义促成个人对社会财富的独占欲望,由此生成财产的个别化和利益的特定化,这虽然有助于社会生产效率的提高,但淡薄了人际间的互惠、互助的合作精神,导致了公平与群合价值的失落。当代,个人主义的缺陷愈加凸显,而要解决上述问题,就必须从探讨个体与群体的关系入手,承认人的能力是有限的,人只有融入社会和某些具体的群体才能更好地生存发展,整体主义与个体主义相整合才能促进社会的进步与发展。

正确认识整体主义与个体主义之间对立统一的辩证关系,消除两者之间形成的法治冲突,组建民法基本属性的社会群体是解决上述矛盾的重要途径。无可讳言,个人一出生便与他人发生联系,并成为一个或几个社会群体的成员,但个人在群体中总会感受到自身个体的存在,这是人的一种自然本能。[32] 所以,群体体现的整体主义和个人体现的个体主义都是人类社会真实存在的观念形态。本文所要探讨的是民法如何将以上两种对立的观念形态统一在具体的社会群体的内在构建上。

社会群体包括自愿型群体和强制性群体,本文只讨论与民法原则最为相关

---

[31] [英]史蒂文·卢克斯:《个人主义》,阎克文译,江苏人民出版社2001年版,第8页。

[32] 参见河清:《现代与后现代——西方艺术文化小史》,中国美术学院出版社1998年版,第89页。

的自愿型群体,即由独立自主的个体自愿组合的共同体,其"群体的观念其实只是一种更大基础上的个体,也就是说,是个人主义的集体表现。在群体中的这些个人可以行使他们的自由权……"㉝自愿型群体有以下特征:(1)个体自愿加入或退出,且就此有充分自由,但个体一旦加入群体,就必须让渡或限制自己的部分自由,接受该群体有关规则的约束;(2)组成群体的所有成员地位平等,按照群体规则和成员间的共同协定,享有平等的权利,承担共同的义务,群体中没有享有特权的成员;(3)群体内部管理是民主的,群体的规章制度和重要事务由其成员协商制定和决定,群体管理者由个体成员选举或推举产生并接受其成员的监督;(4)群体对外关系是开放的,主要体现在接纳新成员的开放和吸纳外来经济资源的开放,群体与群体之间的地位是平等的,群体间的交流、合作与互惠成为常态。

与民事主体相关最为典型的是自愿型群体中的实体型群体。实体型群体是指具有完善的组织机构和规章制度、通过法律程序而获得法律主体资格的共同体,如民法中的法人。它们有独立人格,能够以自己的名义对外从事民事活动,并承担由此产生的法律后果。在此,个体成员的人格已经融入群体的统一人格之中,成为群体有机的一分子,而实体型群体一方面凝聚了个体的才干和智慧,另一方面形成了整体稳定的合力,最终有利于个体间的共同利益的实现。从这个意义上讲,现代民法是兼顾个体与整体,聚个体间合作之法。

我国《民法总则》进一步完善了法人的分类及治理结构,既赋予个体权利和自由,也满足了社会组织发展和治理的现实需求,有利于促进社会组织健康发展,提升社会整体利益,推动社会治理现代化。㉞ 此外,《民法总则》还允许个体创设不具有法人资格,但是依法能够以自己名义从事民事活动的组织体,从而扩大了个人结社自由的空间,最大限度地实现了个人与整体之间良性互动,使个体主义的人文精神与整体主义的集体价值得到有机的统一。

㉝ [美]米勒德·J.艾利克森:《后现代主义的承诺与危险》,叶丽贤、苏欲晓译,北京大学出版社2006年版,第363页。

㉞ 参见张新宝:《〈民法总则〉对法人分类的规定及其解读》,载《社会治理》2017年第7期。

(三)契约伦理与身份伦理的融通,民法不能忽视对身份关系的调整

近现代社会中,契约关系与新的身份关系同时勃兴,契约伦理与身份伦理同时展现,两者既相互排斥,又相互依存。民法界许多学者长久迷恋于梅因关于"从身份到契约"的论断,而忽视了身份和身份制度在民法建构中的重要地位,似乎以为身份已从民法中淡然消退。其实不然,在现代民法中,随着形式法治向实质法治的转型,身份正逐渐回到自己的应然位置,成为民法理论和民法建构中的重要组成部分。

传统契约理论崇尚人格平等和自由竞争,强调市场交易的自然秩序,认为在人的理性范围内,每个人都有权按照自己的意志参与契约关系和处置自己的财产。市场均衡需要契约当事人的自由协商、反复调整来实现,在此,契约已经剔除了早期人情式交易中的伦理道德和身份因素,成为一种看似纯粹的市场自然关系。然而,契约理论所塑造的平等人格和人的自由意志,并不能包容私法关系的全部。契约视角中的人是抽象化、原子化、商人形象的人,身份视角中的人是具体化、结构化、类别不同的人;契约关系强调个人意志,身份关系更强调社会意志;契约关系存在不确定性,身份关系具有相对稳定性。例如,人类组织生产有两种基本形式,即市场交易和企业等社团的运行,市场交易需要契约制度,企业运行需要"命令与服从"的身份制度。在企业内部,投资者控制经营管理者,经营管理者支配劳动者,依据不同身份岗位配置不同的职权、职责,这些身份权力维护了企业内部的财产秩序,也为企业对外交易营造了前提条件。[35]有学者认为,契约关系是企业的本质,企业完全是一种法律假设,是一组个人契约关系的一个联结。[36] 而笔者认为,个体通过契约组成企业,形成不同身份类别、岗位、职责和权力,这种契约是身份契约,其功能在于建立身份关系。由此产生的身份关系中,当事人的意志因素只能起到有限的作用。身份契约一般预设典型的行为方式、程式要求和法律后果,属于典型的关系契约,"在关系性契

---

[35] 参见马俊驹、童列春:《私法中身份的再发现》,载《法学研究》2008 年第 5 期。

[36] 参见陈郁编:《所有权、控制与激励——代理经济学文选》,上海三联书店、上海人民出版社 1998 年版,第 5 页。

约中,内容和责任的渊源都来自关系本身,是缓慢进化的习俗与法律模式的结果,个人的承诺只有微不足道的意义”。[37] 事实上,人们不可能永远生活在契约关系的变动之中,身份关系有时是契约产生的结果,有时也是契约发生的根据,身份与契约相互兼容与补充,才是私法关系的一种常态。

近代私法包含三个基本假设:一是抽象均质、“强”而“智”的人;二是生存状态独立、自由的人;三是人生活在平面化、无风险的理想社会。以上假设掩盖了人与人之间的差异性,忽略了人是受约束的社会存在,否定了人的社会结构性。针对上述弊端,现代法学对人的认识已经发生了转变,从完全理性假设走向有限理性假设,提出了有限理性、有限自利等学说。在现代社会,“结构性群体”已经成为提高社会组织化和效率的重要方式,进而弥补平面化社会的不足;“合理的差异对待”成为衡量法律实质正义的重要标准;“弱势群体”的概念被人们普遍认同。这些变化无疑给身份和身份制度的勃兴带来了曙光。其实,身份制度的功能恰恰体现在这样两个方面:一是通过身份定位满足人们追求效率的需要;二是满足保护弱者、抑制强者以实现社会正义的需要。一定意义上来讲,民法就是维护“弱者的武器”。具体而言,身份制度否认了“均质强者”的假设,真实反映了社会成员之间强弱共存的现实,并为此制定身份保护法。例如,《民法总则》第128条规定:“法律对未成年人、老年人、残疾人、妇女、消费者等的民事权利保护有特别规定的,依照其规定。”该条以转介的立法技术明确了《未成年人保护法》《老年人权益保障法》《反家庭暴力法》《消费者权益保护法》等单行法的优先适用地位,对弱势社会成员提供特别保护,体现出现代民法的特殊身份关怀和实质平等思想。

(四)顺乎人情与严明法律的统一,民法辩证的情法观

“法不外乎人情”是“中国传统的民间社会对法律的一般认识”。当法律与人情发生矛盾时,“应屈法律以顾全人情、情理、民心民俗,这就叫‘人情大于王法’”。[38] 但是,这种强烈的“重人情、轻法律”的人情观念,也会造成损害国家和

---

[37] [美]麦克尼尔:《新社会契约论》,雷喜宁、潘勤译,中国政法大学出版社1994年版,第16页。

[38] 范忠信:《中国法律传统的基本精神》,山东人民出版社2001年版,第359页。

社会整体利益的后果。所以,如何在新的历史时期全面认识法律与人情之间的辩证关系,并吸取中国传统法律文化关于“人情是法律建构基础”的理念是一个很有意义的课题。本文着重对人情与民事立法相关联的问题作些思考。

人情的重要内涵是情感的存在和表露。在传统法学理论中,法律与情感是两种相互独立的知识系统,法律是非情绪化的形式理性,情感作为非理性感受是法律实施必须克服的障碍,两者的对立以及关于情感的消极评价一直占据法理学的统治地位。自20世纪始,西方法学界对法律理性至上的思想传统提出异议,至21世纪初,他们开始重新思考法律与情感之间的关系,并逐渐形成了一个独立的研究领域。[39] 近些年来,法学者更是借助于社会学、心理学、神经科学、人工智能科学等交叉学科的研究成果,越来越认识到情感并非与法律理性水火不相容,情感能够揭示理性并服务于理性。这种对情感性能认识的改变,是立法开始重视情感因素的重要原因,是法律与情感凝合的基本动力。当情感与法律相连结成为法律情感时,从实现法律价值的目的考虑,要求兼顾情感、理念和法律,立法、司法和执法应当做到“情理法”相统一,即“合情合理合法”。而“情理法”三位一体也是中国传统法律诉求的理想模式,即“情”为综合意义上的人情,只有与人情以及源于人情的习俗和道德相一致时,法律才具有生命力;“理”为上天意志的本然之性,天理是人与社会应当遵循的社会规律和自然法则,是法律存在的精神内核;“法”为礼法并举的治国之本,天理所涵盖的公平、正义、善良、秩序等价值外化为人间的行为准则即为法律。[40] 法律只有符合天理、顺乎人情,才能助长民风的淳朴和社会的长治久安。

一定意义上来讲,法律是人之情感的载体,法律必须与人之本性相符合,最大限度地反映民情、民意,[41]法律实践是情感表达最显著的场域。情感有积极的

---

[39] 参见李柏杨:《情感,不再无处安放——法律与情感研究发展综述》,载《环球法律评论》2016年第5期。

[40] 参见刘道纪:《法律内的天理人情》,载《政法论坛》2011年第5期;龙大轩:《和谐思想与中国传统法律的价值选择》,载《现代法学》2005年第6期。

[41] 在司法实践中,也应该注意到,有时民意产生于朴素的义愤,具有不独立性、易受外界诸因素诱导而发生变化,呈现“群体极化”、碎片化特征,世界观、人生观和是非观的分裂化等特点。参见孙笑侠:《公案的民意、主题与信息对称》,载《中国法学》2010年第3期。

和消极、负面的情感之分，在一定社会情境中，情感又有强者的情感和弱者的情感之分，由此产生的情感矛盾和冲突，需要法律介入和解决。在法律与情感的互动中，一方面，法律的力量来自情感；另一方面，法律又是情感的调节阀和均衡器，在法治的框架内合宜地为人的情感安排合理的作用空间。[42]

包括民法在内的法律是理性的，但不是纯粹理性的。法律的理性特征并不是法学家的主观臆断，而是他们对人之情感进行长期思索和提炼的结果，只是因为法律一旦形成就具有了稳定性，而情感却是随时代和情势变迁不断变化的心理反应，所以才有了法律的滞后和与情感的冲突和对立。我们倾向性的解决途径是，不要僵守法律纯粹的理性观念，在遇到世间情感变化时，首先应该考虑的是法律的退让和修正。笔者认为，从情感的价值和意义角度出发，法律要成为善法、良法，须注意以下几点：首先，对"人性本情"坚持一种正确的价值取向，立法应当顺应人性的发展，维护人的生存权利、尊重人的尊严和自由、满足人的世俗愿望。[43] 其次，应当最大限度地反映民情、民意，重视对情感因素的吸纳和作用。最后，法律不仅是理性思维，而且应当是化解情感矛盾和冲突的利器。

长期以来，许多民法学者普遍注重理性思维和逻辑推理，往往忽视和排斥世俗的情感世界，谈"情"色变甚至成为学术圈的一种认识情结。然而，民法和其他法律一样，均源自人之情感以及由情感与理性结合的习俗和道德。事实上，民法是所有法律中最接近世俗的，符合人性、尊重人格、讲究人道、体恤人情的行为规范。甚至可以说，民法就是凝结人情之法。民法的力量源于情感，民法的发展源于情感激发出来的社会能量。

民法规则的设定只有顺应社会的真实情感和要求，使人们的自然情感与法律规则相融合，才能够深入人心，获得人们的支持，成为人们自觉遵守的法律。民法原则与民法规范是对情感素材进行理性加工的产物。例如，诚实信用原则要求民事主体秉持诚实、恪守承诺，一方面引导和鼓励了善良、真诚等正面情感的生成，另一方面也控制和制止了邪恶、狡诈等负面情感的滋生。又如，《侵权

---

[42] 参见罗云峰：《人与情——"人情社会学"思考札记》，中国政法大学出版社 2015 年版，第 274 页。

[43] 参见郭景萍：《法律感情探微》，载《社会科学研究》2016 年第 3 期。

责任法》通过为侵权行为人设定不利的法律后果,使其产生羞愧、内疚、悔悟的情感,同时也对社会其他成员产生警诫作用,从而激励和培养人们诚信、友善、互助、公正等道德情感,实现社会关系的和谐和稳定。特别是我国《民法总则》第179条将"赔礼道歉"作为民事责任承担方式,可为受害人愤恨和宽恕的情感以及加害人歉意和悔改的情感提供沟通空间,有利于促进当事人内心冲突的真正和解,是中国现代民法整合情理与法理而创造出的解决社会矛盾的"东方经验"。[44]

(五)社会转型和弘扬传统美德,道德精神是民法内在价值的根基

在社会转型过程中,道德退化、法治滞后与经济发展的内在矛盾日益显现。我们积极的应对方略应该是坚持德法共治,以传统美德滋养法治精神、强化道德对包括民法在内的法治文化的支撑作用,实现法律和道德相辅相成、法治和德治相得益彰。[45] 我国实现德法共治面临如何对待中国传统道德的问题。

中国传统道德建立在自给自足的自然经济之上,人与人之间的关系主要发生在熟人之间,以宗法、血缘和人情关系为纽带,将人们局限在一个相对封闭、狭小的宗法体系或地缘体系之内。[46] 由此产生的传统伦理道德不可一概而论,"大体上可以分为三类:第一类传统价值完全不适合现代社会,比如'三纲'和'三从四德'等,我们可以把它们摒弃;第二类传统价值虽然版本较低,但可资利用,通过升级换代,可以具有现代适用性,比如民本思想等,我们可以把它们提升到民主思想;第三类传统价值则不用升级,可以直接使用,'五常''天人合

[44] 黄忠:《一个被遗忘的"东方经验"——再论赔礼道歉的法律化》,载《政法论坛》2015年第4期。

[45] 2014年10月习近平总书记在党的十八届四中全会发言中指出:"坚持依法治国和以德治国相结合。""以法治体现道德理念、强化法律对道德建设的促进作用,以道德滋养法治精神、强化道德对法治文化的支撑作用,实现法律和道德相辅相成、法治和德治相得益彰。"参见张晋藩:《论中国古代的德法共治》,载《中国法学》2018年第2期。

[46] 参见巩军伟:《我国社会转型期的道德失范与道德治理》,载《西北师大学报》(社会科学版)2014年第6期。

一'以及'己所不欲,勿施于人'等观念,大体就属于此类价值。"[47]第三类价值中的"五常",即"仁义礼智信",它们"除了具有不可避免的时代性,又具有程度不同的超越性。比如,仁所要求的爱人、利他,义所要求的宜、当,礼之恭敬、谦让、文明、礼貌,智之明辨是非、知人自知,信之诚实不欺、信守诺言,等等,这些不仅在今天而且在将来均有普遍价值"。[48] 中国的这些传统美德也是全人类共同的精神财富和历史文化遗产。但是,这些传统美德主要发生在父子、夫妻等家庭、家族关系以及不同社会身份的个人关系之间,它们所维系的只是私人之间的和谐与稳定,故可称其为"私德"。

在向现代社会的转型中,传统的道德价值体系面临冲击,市场经济的发展解构了"熟人社会",构建了"陌生人社会"。因城市化和社会结构的变迁,人们的经济生活和社交活动逐渐从家庭或长期居住的村落走向广阔的公共领域,传统私德观念、私德规范的适用范围逐渐趋于狭小。要将倚重于家庭伦理的私德,转化为公共生活所必需的公德,恰恰需要以民法为促成两者结合和转化的重要力量和手段。

从本质上来讲,近现代民法是商业社会、市场经济社会之法,它所调整的社会关系大多反映了价值规律所要求的平等和等价交换关系。但是,"从19世纪末开始,人类经济生活发生了深刻的变化,首先是作为近代民法基础的两个基本判断即所谓平等性和互换性已经丧失,出现了严重的两极分化和对立"。[49] 中国改革开放后,很快也踵入这个历史阶段,上述社会问题不约而同地显现出来。市场经济和外来文化的契合,无限延伸的原子式个人社会的构建,几乎将个人权利与社会利益隔离,促成了个人私利的膨胀,诚信品格的失落,以及拜金主义和个人利己主义的蔓延,使中国的传统美德、价值体系乃至社会正义面临挑战。

---

[47] 高鸿钧:《法治漫笔》,译林出版社2017年版,第30页。其实中国传统的和合伦理也是应当摒弃的,因为它培育了人们"忍为尚"的消极心态。和合伦理中不可能生长出公平、正义和自由观念,不可能塑造出民众的独立人格和现代法治观念。另外,学界关于"天人合一"的解释也有分歧。有学者指出,"天人合一"观念最早出现时,天是一种人格神,天是百神之大君,"天人合一"是一种神学目的论,并无保护自然和生态之意。参见徐友渔:《自由的言说:徐友渔文选》,长春出版社1999年版,第244页。

[48] 张锡勤:《儒学在中国近代的命运》,人民出版社2011年版,第250页。

[49] 梁慧星:《从近代民法到现代民法——二十世纪民法回顾》,载《中外法学》1997年第2期。

因此,人们逐渐抛弃形式正义的民法而追求实质正义的民法,那些已经凝结在国人心髓且又能够与当代经济基础相适应的一般性道德准则,重新成为民法变革和演化的有力支撑。

现代民法注重对实质正义的追求,主要表现在以下几个方面:其一,保持民法抽象人格规定的同时,重视对具体人格权益的维护;其二,保护财产所有权的同时,承认财产所有权的社会性,设定诚实信用原则和禁止权利滥用原则,限制财产所有权行使的绝对自由;其三,尊重私法自治或契约自由的同时,设定公序良俗原则和诚实信用原则,限制各种不良法律行为的实施;其四,坚持自己责任即过失责任原则的同时,导入无过失责任即严格责任原则,强化对社会责任的倡导。[50] 其中,公序良俗原则、诚实信用原则和禁止权利滥用原则均由道德准则和规范转换而来,这些原则蕴含了对正义、平等、自由、仁慈、友爱、诚信和自律等传统美德的赞许和追求,是立法者为确保民法维护公共秩序和社会妥当性所做的努力。我国《民法总则》第 1 条将弘扬社会主义核心价值观确立为民法的立法目的,意味着民法作为践行社会主义核心价值观的制度载体,在民事活动中应当大力弘扬自由、平等、公正、诚信的社会主义核心价值观。除规定公序良俗等原则性条款外,立法者还将传统美德吸纳到民法制度中,将社会道德与具体制度紧密联结起来,借以推动社会公共秩序和精神文明的建设。例如,在物权法中,强化了所有权自由行使的限制,针对物权变动设定公示公信制度,通过相邻关系、善意取得和添附等制度提高对个人的道德要求;在债法中,限制意思自治原则,扩大传统合同义务,建立了如缔约过失、情势变更、租赁权物权化、附保护第三人效力的合同等理论和制度,特别是逐渐将关系合同中抽象的内在规范向具体的实定法规范移转,有力地维护了社会公共利益、公共道德以及社会经济秩序。

总之,把中国传统文化和现代民法联结起来,不仅能使传统文化具有现代功能,而且能使现代民法获得新的生命力。我们要以开放的胸怀认同法律全球

---

[50] 参见梁慧星:《从近代民法到现代民法——二十世纪民法回顾》,载《中外法学》1997 年第 2 期。梁文对现代民法四种模式列举了四种表现:一是具体人格;二是财产的所有权;三是对私法自治或契约自由的限制;四是社会责任。

化的历史发展趋势,学习和借鉴国外先进法律文化和制度,推进中国的法治建设,解决和排除我们在现代化进程中出现的各种问题和风险。在当下,实现民法和传统文化、民法和现代文明的良性整合,走出一条民法的现代化创新与再生之路,是中国法律人特别是民法学人的热切心愿和共同的历史使命。

就《民法总则》与民法典各分编的衔接问题提几点想法*

各位代表：

大家好！今天能和各位一起学习讨论新公布的《民法总则》，非常荣幸。

《民法总则》的通过，是我国民事立法上的一件大事，是我国民法典编纂中最重要的一环。现在，对这个《民法总则》作怎样高的评价可能也不过分，但这已经不重要，而认真思考"在《民法总则》与之前颁行的合同法、物权法、侵权责任法等编基础上如何构建未来的民法典"才是当务之急。所以，我想就《民法总则》与民法典的各分编和其他部门法的衔接问题谈几点感想。

第一个问题：《民法总则》规定的绿色原则如何在民法典各分编和有关部门法中加以落实。

我国民法学界早就有学者提出绿色民法典、绿色物权法等概念，但将绿色发展理念作为民法的一项基本原则还是第一次。绿色原则传承了我国天地人和、人与自然和谐共生的传统文化理念，又体现了当代可持续发展的新理念，应该成为所有民事主体从事民事活动必须遵循的准则。

但是，以保障绿色发展为目标的资源法、环境法，并不具有传统民法的"品质纯粹性、规范对比性、制度不可兼容性"等特点。民法以个人主义为宗旨，它所保障的是个体权利；资源法和环境法以整体主义为主旨，其所维护的是公共

---

* 本文系作者2017年4月8日在四川省法学会民法学研究会召开的"《民法总则》的理解与适用"学术研讨会上的发言。

利益。在这里,《民法总则》规范的绿色原则,不是只展现了一条空泛的宣示,而是要将绿色发展理念贯彻和体现在民法典的编纂中,落实和规范于民法典的各分编的规则中,是要统领民事活动的各种方式和内容,这包括物权的行使、法律行为的实施、人格权的享有、知识产权的保护、责任的承担等。要实现上述目标,当然还需要立法者和法律学人付出艰辛的努力。

资源和生态环境问题不是靠单一民法来解决的,更多地需要资源法和环境法等公法的调整。这里必然会发生公私法的交融与碰撞。未来民法典如何在公法与私法之间设置接口并为解决人与资源生态的矛盾协同共进,将是对我国法律工作者智慧和胸怀的一次考验。

第二个问题:民法典如何使市场在资源配置中起决定性作用,并成为全面调整市场经济关系的基本法。

关于社会资源的分配主要有三种方式:一是劳动,二是交易,三是使用。但是,无论采用什么方式都离不开市场经济规律和民法制度的保障与制约。市场经济作为一种自由配置资源和最大限度发掘了个人潜能的有效形式,有利于社会进步和经济发展,但其弊端也十分明显。

市场经济实际上是一种非常脆弱的经济形态,每一个参与者一方面必须依赖于市场系统中的其他行为人,另一方面又希望拥有自己独占的财产以降低对市场的依赖程度。总体而言,在市场的自由跑道上,参与者从形式上的平等出发,而到达的终点却往往是实质上的不平等,即贫富悬殊的扩大。所以,它天然地需要法治的规范与管理。

在此情况下,人们往往较为重视公法的直接介入和国家权力的干预,而忽视了民法或民法典自身的制度调整和改进。现实社会中,国家公权力的使用者很难摆脱自私人性的影响,权力很容易进入市场的交换领域,从而产生腐败。其实,最好的一个办法是通过调整市场经济关系的基本法——民法典的改革来解决。

在公法与私法不断呈现融合的背景下,民法典的纯粹性、持久的技术中立性遇到了挑战,那种以公法与私法严格分野、绝对“自治”为中心意旨的立法模式已经与现实经验脱节,许多民法学者渴望编纂一部纯粹的、超越时间和空间的民法典的理想有可能落空。我们如果固守民法典的传统自然法价值,否定公法与私法所应分享的共同价值,独自构建一部属于纯粹私法的民法典已经不现实,因为那种做法等于在私法领域承认了社会达尔文主义弱肉强食的谬说,等于让民法典放弃或部分放弃了调整现代社会和作为市场经济基本法的功能和地位。这绝不是我们编纂民法典所愿意看到的结果。

当然,民法典的改革是非常具有挑战性的。它涉及两个重要问题:一是民法典不仅要从市场的理性“经济人”的假设出发,而且还要承认和调整不同社会阶层、不同社会身份的非经济理性人、具体行为人之间的关系;二是民法典必须为私法自治设下底线,特别是人权保障的底线。我们的民法典既要遵循市场经济的运行规律,又要弘扬我国优秀的法律文化传统,包括讲仁爱、重民本、崇正义、尚和合的核心思想理念,在由形式正义向实质正义转化的法治变革中,逐步实现民法典内在价值的调整和修正,从而使民法典能够成为引领经济社会发展,平衡社会利益,全面调整市场经济关系的基本法。

第三个问题:民法典如何成为一部非强制性的、低成本的、民主自助的、深入民心的社会组织法。

李建国副委员长在《民法总则(草案)》的说明中指出,编纂民法典是实现国家治理体系和治理能力现代化的重要举措。这一认识非常重要。我认为,民法典治理国家和组织社会均具有特殊的统合功能。民法典调整的应当是一个充满民间共识,焕发活力,和谐共存的人间苑景。民众有了市民和公民的双重人格标准,它们是权利、义务的享有者,又是公共权力的承担者,即组织和管理社会的主体,能够通过自律自治和与政府对话协商的方式,实现自身的物质与精神需求。政府管理社会的职能和义务,应该是尊重和保障所有社会成员的市民权(民事权利)和公民权,为维护社会安全和促进社会福祉提供公共服务产品。

20世纪80年代初起,我国就把“大社会,小政府”作为改革的目标,但是30多年来,我们并没有实现这个目标。相反,现实给我们的印象是,政府越来越大,社会越来越小。长期以来,我们只注重了公法和公权力的实施,而忽视了民法或民法典这个重要的社会组织法。必须认识到,民法典是一部非强制的、低成本的、民主自助的、深入民心的社会组织法。在我国,以宪法为轴心,整合公法和私法规范民间社会的运行机制,充分发挥民法典组织社会的特殊功能,逐步改变我国国家社会一体化、混同化的大社会结构,实现社会自治和政府与社会的协调治理,才能构建出一个真正的社会主义和谐社会。

第四个问题:处理好民法典与民事特别法的关系是我国民法典编纂能否成功的重要环节。

《民法总则》第 11 条、第 12 条对民事特别法的适用作了原则性规定,从而明确了民法典与民事特别法的关系。从 20 世纪中期开始,域外民法学界就展开了一场关于民法典还能否存在和如何存在的大讨论了,其中一个重要原因就是各国为适应社会发展,不断颁行大量的民事特别法,进而使民法典调整社会经济关系的作用受到削弱。

近年来,关于民法典与民事特别法的关系问题已引起我国民法学界的关注。中国科学院法学所谢鸿飞研究员对这一问题作过深入研究。他将民事特别法分为补充型、政策型和行政型三类。① 参考这种分类方法,我想谈谈自己的看法。

第一种类型,我们所颁行的商法、知识产权法的有关单行法,是实行民商合一体例国家通常的做法,不违反民法典的价值取向和基本原则。

第二种类型,我们所颁行的以保护弱者权益和维护社会公共利益为宗旨的有关单行法,又以消费者权益、劳动法和中小企业法为代表,是对民法传统理念和基本原则的挑战,应对这种挑战是各国进行民法改革的基本动因。这一改革要解决的核心问题是如何提升现代民法的社会共生理念,阻遏强弱分化的社会异变,从法律上实现从形式平等向实质平等的转变。我在讲第二个问题时已经表达了这个意思,就是民法作为调整市场化的基本法也负有割除和限制由市场带来的弊端和社会负面产品的使命,要做到这一点就必须对传统民法的价值理念和相关制度进行改革和修正。

第三种类型,国家机构为达到特定的政治和经济目的,运用公法手段对私

① 参见谢鸿飞:《民法典与特别民法关系的建构》,载《中国社会科学》2013 年第 2 期。

人生活的干预。这类单行法又可以分为两种情况:一是调整国家与私人关系的“公法搀入私法”类型的单行法,其本质上属于公法,如经济法、环保法等,这一类单行法不属于民法,当然也不属于民事特别法;二是调整私人与私人关系的“私法搀入公法”类型的单行法,如产品责任法、不动产登记办法等,虽然这些单行法的规则具有强制性,但目的在于保护私人权利和服务于市场,所以本质上属于私法,这些单行法只是对民法典内容的重要补充。

由此以来,真正与民法典理念、价值发生冲突的只是第二类型的民事特别法。所谓“民法典已经被民事特别法所分解”的说法是夸大其词了。

第五个问题:民法典中设置人格权分编是我国实现公民人身自由、人格尊严的法治保障。

《民法总则》对人格权的规定有了突破性的进展,从理论上正确把握了人格与人格权的关系,将人格权作为一类重要的民事权利与亲属身份权、物权、债权、知识产权、继承权、投资权利一起规定在“民事权利”一章。这样,从法律上否定了人格权是“天赋的权利”,肯定了它是一项“获得的权利”,否定了人格权是固有的权利,肯定了它是一项法定的权利,从此人格权成为实在法上的概念,成为形而下的法律权利。正因如此,我们没有像瑞士等多个国家那样将人格权放在主体制度中加以规定,也没有像德国那样将人格权放在侵权法部分加以规定,而是将人格权规定在民事权利体系之中,这样就为我国人格权制度的发展预留了空间。

《民法总则》第110条规定了自然人的9种人格权和法人的3种人格权,第111条规定了与人格权相关的个人信息权。以上这些规定,仅仅是对各种人格权的列举,而调整每种人格权的具体规范还需要在分则中设置相应编章加以规定。但是,在李建国副委员长的“说明”中讲道:“民法典由总则和各分编组成,立法机关目前考虑的分编包括物权编、合同编、侵权责任编、婚姻家庭编和继承编等。”显然,当下还没有考虑设置人格权编。然而,有关人格权的具体规则也不可能在其他编章中加以规定。这样,人格权的有关规定是否就到此为止呢?从立法逻辑上来讲,不应如此,因为《民法总则》的民事权利一章仅是规定了权利体系和基本的权利类型,而调整每项权利的具体规范只能由相对应的分编加以规定,其他权利类型都有对应的分编或单行法,唯独人格权没有是显然不符合立法规律的。在人格权无意用单行法(也不适宜)统一加以规范的情况下,如果民法典不对各项人格权的基本规则作出规定,如果在其分则中不给人格权的相关规范找到位置,那么《民法总则》规定的人格权也就等于是开出了一个无法适用、无法落实的空头支票。

最后,再重述我的基本观点——加强人格权立法是我国历史经验和立法实践所促成的结果,它是我国民事立法的核心内容之一。人格权独立成编,符合基本法理和各国人格权立法的发展趋势,有利于我国宪法规定的公民基本权利的具体化和规范化,有利于促进我国社会主义法治的完善和发展。

以上讲的诸点,主要是提出问题,还没有认真研究,有错误和不妥之处,还请各位批评。谢谢!

对民法典编纂中几个问题的看法*

各位同行：

大家好！参加这次研讨会，非常荣幸。这段时间，法学界主要是参加对《民法总则》二审稿（以下简称审议稿）的讨论，为完善这个审议稿提出建议。今天我想就这个审议稿的内容，联系民法、商法学界多年来关于编纂民法典所争论的问题谈些看法，观点不成熟，欢迎批评。

关于编纂或制定民法典，学界争议的问题很多，其中争议最大的有四个问题：一是在民商合一的立法思路下，如何在民法典特别是民法总则中对其予以体现；二是对于财产法中，债法总则存废的问题；三是人格权法能否独立成编；四是民事责任能否与债法脱离，成为一个相对独立于财产法体系的民事制度。对于这些问题，《民法总则》二审稿作了一些回应，但有些问题仍然是模糊的，还没有完全从立法上给出明确的结论。看来，在今后编纂民法典的过程中，这方面的争论可能还将持续一段时间。

1. 关于民商合一

对于民商合一，《民法总则》审议稿的拟定者为此作出了很大的努力。特别在主体制度方面，对个体工商户、法人中的营利法人、非法人组织中的个人独资企业、合伙企业、登记、商号、破产及清算等都作了规定。从整体上来讲，构成了商人主体的基本规范。在法律行为制度中，关于意思表示及其效力的规定，也

---

* 本文系作者2016年11月26日在“四川省法学会民法学研究会2016年会暨学术研讨会”上所作的主旨发言。

和商事买卖、商事承揽、保险、融资、运输、仓储、行纪等大部分商事活动密切相关。代理制度中,有关规则也适用了商事代理以及对代理商行为的调整。应该说,这个审议稿基本满足了商法学界强烈呼吁制定商法通则的要求。

但仍感不足的是,《民法总则》中还应该规定营业自由。营业自由是市场经济的本质要求,是我国加快形成企业自主经营、公平竞争的法治前提,所以是民商法特别是商法的重要原则,是商法制度的核心价值。在法律行为和民事权利的章节中,对营业行为(商法学上称商行为,采用“营业行为”的概念同样能体现商行为的盈利、经营和交易的基本特征)也应该加以明确规定。在民商合一的国家,营业行为是法律行为的下位概念,营业行为与法律行为不是对立的,但它们所发生的法律效果彼此不同。对此,《民法总则》应该有所界定。营业权利与一般民事权利也有差异,也应给予区别。这样便于使民法上的概念和制度转换为具体的商事规则。另外,为了适应交易模式的变化和发展,还应该对事实行为作出规范。

2. 关于债法总则的存废

对于债法总则的存废问题,这是法学界争论多年的难题。多数学者是赞成有债法总则的,有的赞成“大债总”,有的赞成“小债总”。而我赞成少数学者的意见,建议不设债法总则。我认为,只要适当充实法律行为制度的内容,完善合同总则的规定,在侵权行为以民事责任的形式脱离债法的情况下(这个问题我在后边将讲到),就没有必要再制定债法总则。至于无因管理、不当得利以及一些非典型之债,均可以放在《民法总则》中规定,缔约过失可以放在《合同法》中规定,也可以将无因管理放在《合同法》中规定,不当得利放在侵权法中规定。所以,处在边界模糊、属于灰色地带的某些法律制度,我们无法从法理上和现有法律框架中给它们找到完美无缺的好去处,那么唯一可行的方法,就是以其互动关系和实际效果来确定它们在法律体系中的位置。

这次审议稿对上述几种制度就是这样大致处理的,我很赞同。还有关于债的关系的障碍和法律救济,主要体现在《合同法》关于违反合同的义务,即违约的各种情形,可以在《合同法》中规定,相应的违约责任可以在民事责任制度中规定。在对各项制度的体系安排上,应该允许修正或突破一些传统的法理学说和立法模式。例如,我们不可能绝对地依照总分式的立法要求来设计民法典的结构,不能要求总则中的每一项规定都要在分则中找到对应。我们的民法典只是在总体上实现总分式的逻辑体系。

3. 关于人格权能否独立成编

对于人格权能否独立成编,学者之间意见分歧较大。在立法上,人格权能不能独立成编,关键在于人格权能不能从主体制度中分离出来。人格与人格权是两个相互关联、含义又不同的概念。人格是自然法的抽象概念,它是主体制度中的核心价值理念。人格权是实在法上的民事权利的具体类型。这次审议稿把人格自由、人格尊严以及10余种具体人格权放在“民事权利”一章中加以规定,说明审议稿是把人格权作为民事权利体系中的一员看待了,这是很大的一个立法进展。从现在“民事权利”一章的设置来看,只是对人格权的价值理念作出宣示,并列举了若干人格权的具体类型,还没有对各项权利作出界定,更没有对其构成要件等作出规定。所以给人的印象是,人格权还会在分则中作出具体规定。如果这个推测符合立法者的预想,那么人格权独立成编或成章或许有望。但是有学者告诉我,民法典的立法框架已定,没有必要再设“人格权编”,在总则中规定这两三条已经足够了。果真如此,有些让人失望。

我为什么赞成并坚持人格权独立成编?因为在我国,保护人格权非常重要。如今像我们这一代全程经历过“文化大革命”的人,谁都不会忘记不讲人格尊严,不讲人格权保护,是一种什么样的社会场景。在我国,人们关于人格平等、人格自由、人格尊严的观念薄弱,我们如果在民法典中给人格权留有一个较大的法律空间,有利于我国现代社会的建设和发展。实现这一立法构想是一件流芳千秋的好事,也是中国实现法治梦在民事立法上的重要一环。

4. 关于民事责任的独立成编

民事责任独立成编包含两个议题:一是民事责任能否脱离债法;二是违约行为和侵权行为能否统一在民事责任之下。从广义上来讲,责任是债的发生根据,它既包括财产意义上的债,也包括人身性质上的债。从狭义上来讲,债只是财产法上的概念,所以人身性质的责任不能产生债,那些因精神损害转为赔偿之债的情形除外。应该说,对责任的狭义理解才符合传统民法的基本制度架构和逻辑。随着现代社会的发展,责任的内涵和形式不断丰富,更多的责任形式脱离债而形成独立的制度体系。责任与义务的概念从混同到区分,以致债已经包容不了责任关系的全部,责任也并非一定是债的发生根据。在强调责任功能的前提下,一些国家的立法视线已经逐步从"原因"转向"后果",而违约行为与侵权行为的法律后果,就是违反义务的后果。所以,统一民事责任制度,应该说是符合民法改革和发展的趋势的。

实现这一立法目标的障碍在哪里?主要来自传统理论绝对权和相对权的严格区分,认为物权和人格权受到侵害也必然要从绝对权转变为相对权的债上来,进而形成特定人之间债的关系,即任何一种责任形式都要转变为特定人的债务承担,所以民事责任不能脱离债而独立存在。这种认识虽有一定的道理,但它只是从债的发生原因的视角论证问题,这是一种传统的纯概念的思维方法,它把广义上的责任均归结为债了。我们为什么不能换一个视角,从法律后果的角度分析问题呢?任何一种责任形式都是实现对受害人权益的保护功能。无论是侵害侵权的相对权益,还是侵害物权、人格权的绝对权益,由此产生的责任都能统一在具有普遍性法律义务的范畴之中,这种普遍性法律义务的确立,改变和突破了特定人之间发生的债的关系,它能够适应和容纳物权请求权、人格权请求权以及各种新型侵权行为的责任形态,能够为民事责任制度的发展留下开放的空间。举例而言,民事责任从债法中脱离,就如同孩子长大成人离开自己的父母,另建一个新家庭一样,虽然他们与父母有着血缘关系,但是他们已经独立建设了一个属于自己的家庭。法律制度的发展和结构演变又何尝不是如此呢!

这次审议稿将"民事责任"专列一章,这是继承了《民法通则》的立法模式,值得称赞。但是在审议稿第115条仍然将侵权行为囊括在债的发生原因的范围内,实在没有必要。我们要淡化以债的发生原因框定责任的传统思维,弘扬和完善《民法通则》中关于责任制度的创制。所以,这一条款关键是把债权的概念和特质规定清楚就行了。

现在看来,这次《民法总则》审议稿如果能够通过,那么一部大体总分式的民法典的各项制度构件基本具备,编纂或者整合为一部完整的民法典的日子可能就不远了。有学者说,民法典是制定的不是编纂的,编纂的结果就是汇编,汇编不是法典。这说法不对,汇编也能成为法典。汇编也并非没有逻辑体系,也并非不讲总分结构,它只是更注重于法律框架的开放性、灵活性和适用性,更能适应于我国的国情和社会发展。所以,我赞成民法典的编纂采纳“汇编+现实”的立法模式。

谢谢大家。

当代中国民法的基本体系、挑战与发展趋势

——为《民法》一书所写的导论*

一、民法整体之概观

民法是国家重要的基本法之一,是调整平等主体之间社会关系或人们日常生活的法律规范体系。民法是商品经济一般条件在法律上的反映,其存在和发展与人类平等思想的形成直接相关。民法原则蕴含了对个人的至高无上的价值观念和尊严的尊重,是法治社会得以产生和成长的精神基石。在身份等级社会,不会有近代意义上的民法。只有承认人类在本质上是平等的,才会产生民法的构成原理和制度规则。民法确认人的个体的独立性,允许和保护个人所拥有的财产利益和精神价值,促进了社会进步和经济发展。民法强调主体的意志自由、行为自主,非法律规定的情形下,国家不得对其进行制约和干预。民法规范大多为任意性规范,虽然有一些强制性规范,但也是为保障平等主体的意志自由和协调其利益关系服务的。民法是以保护个人权利即私权为宗旨,实行权利本位,以权利为中心的规范体系。其内容包括权利主体的确认、权利的种类和构成、权利的行使方式、权利的保护方法等。在我国,立法

---

* 原载冷传莉主编:《法治知行》(第1辑),人民法院出版社2011年版。

上实行民商合一体例,民法包含商法,商法是民事特别法,民法的基本原则适用于商法。

民法调整的社会关系包括财产关系和人身关系。民法调整的财产关系,是指人与人之间因财产而发生的具有经济内容的社会关系,它包括财产的支配关系和流转关系。调整财产支配关系的规范构成物权制度,调整财产流转关系的规范构成债权制度,由此构成传统民法财产权制度的二元体系。财产关系不仅包括有形财产关系,还包括无形财产关系,而且随着科学技术的发展和社会的变革,无形财产关系已成为民法调整的重要内容。民法调整的人身关系,是指与人身相联系又不直接体现为物质利益的社会关系,它包括人格关系和身份关系。调整人格关系的规范构成人格权制度,体现民法对人格尊严和相关伦理价值的确认和保护;调整身份关系的规范构成身份权制度,体现民法对因不同社会身份产生的个人利益的确认和保护。为什么民法也要调整身份关系?因为人格平等与身份差异是人类社会结构中两个不可分离的元素,它体现了人与人之间共性与个性的共存。一方面,我们须在社会中树立一个普遍的、一致的平等理念,以此作为人们保护自身利益、实现个体权利的原则和尺度,但这里所谓的"平等"只具有抽象的、理性的、相对的和法律形式上的意义;另一方面,我们也须承认人性是独特的也是多元的,在任何社会或群体中,每个人都有自己的位置,即不同的角色或身份。民法是一项维护社会公平与和谐的重要法律,就要承认个人的身份差异,针对不同身份人群的切实需求以及社会现有资源和储存,运用相关民法规范调整社会的分配和占有关系,引导和规制人与人之间的团结、协作关系,使每一个人都能有尊严地生活在这个世界上,从而实现人间大同与和谐、个性自由与人格独立的理想社会。①

根据民法调整社会关系的内容和性质,为了实现社会的公平正义,其调整方式具有以下特点:(1)维护民事主体的平等地位。由于民法只调整平等主体之间的社会关系,所以必须将这些社会关系的参与者置于平等的地位,将其视为各自独立的、彼此互不依赖的当事人,排除任何个人、团体的政治权利、经济

---

① 参见马俊驹:《人格和人格权理论讲稿》,法律出版社2009年版,第21页。

实力、行为能力的差异等因素对处理民事关系的不利影响。(2)尊重民事主体的自主意志。民法遵循意思自治原则,所以民法规范以任意性规范为主,任意性规范对民事主体实施行为仅起指导性作用,在法律许可的范围内,其当事人可以根据自己的意愿选择和决定实施某项行为。(3)肯定解决争议方式的多样性。与民法尊重民事主体的平等地位和自主意志相联系,民法允许民事主体选择解决纠纷的方式,这包括选择诉讼或选择仲裁、第三人调解或自行和解等。(4)强调救济措施的公正性。民法规定的民事责任既是对违法行为的制裁,也是对受侵害人权利的救济。民事责任除了根据责任构成的有关原则和规则认定外,还应本着社会公正、弥补损失、合理负担、团结协作的原则和方式承担。②

民法在法律体系中的地位。在国内法中,宪法是国家的最高法律,是保证公民基本权利、实现国家兴旺发达与长治久安的法律。民法是调整民事关系的基本部门法,是维护公民民事权利、促进经济发展和社会文明与和谐的法律。宪法规定公民享有的财产权和以人的尊严为核心的各项基本权利,也是民法应当给予保护的。在法治社会,公民的自由、平等与国家发生关系时是由宪法规定的,与他人发生关系时是由民法规定的。在划分公法与私法的传统下,民法及其商法属于私法,宪法、行政法、刑法、诉讼法属于公法,他们针对不同的调整对象以不同的调整方式构筑了国家的整个法律体系。

近代民法有大陆法系和英美法系之分。大陆法系以罗马法为共同的法学基础,形成并盛行于欧洲大陆,始为规定公民之间关系而制定,其他部门法均从民法原则出发逐步得以发展。大陆法系重视法律的法典化,《法国民法典》《德国民法典》是近代民法典的代表。中国自晚清西学东渐以来,民法采大陆法系成文法模式,1911 年起草的《大清民律草案》,1925 年起草的《中华民国民律草案》,1929 年至 1931 年陆续颁布实施的《中华民国民法典》,均采纳了德国的民法结构。新中国成立后,民事立法虽经历了曲折复杂的发展过程,但始终未脱离大陆法系概念化的基本立法体系。英美法系以英国普通法为基础,其渊源主

② 参见马俊驹、余延满:《民法原论》(第 3 版),法律出版社 2008 年版,第 6 页;江平主编:《民法学》,中国政法大学出版社 2000 年版,第 42 页。

要为判例法,以解决现实社会生活中的问题和诉讼为目的,表现出立法的浓厚经验色彩。随着政治、经济、文化的交流和融合,法律全球化的发展趋势日益显见,使两大法系的传统区别已越趋模糊,这也明显地体现了我国的民事立法中。

二、民法是市场经济关系的本质要求

我国实行社会主义市场经济,民法是调整市场经济的基本法律。市场经济,是指在社会经济的运行中市场机制居于主导地位,社会资源的配置主要通过市场进行调节的一种经济组织模式。市场经济的发展需要平等、自由和秩序。这恰恰是民法所能赋予的。民法作为调整商品生产和商品交换关系的规范体系,是市场经济正常、有序、高效运行的根本保证。民法集中体现市场经济条件下平等、自愿、公平、诚实信用等原则的本质要求,在生产、分配和交换过程中规范经济活动中各个主体的权利、义务和行为,是发展社会主义市场经济的重要法律基石。民法和商法在规范市场经济的法律体系中,以规范市场主体、市场行为为主,而市场调控、市场管理、社会福利由经济法、行政法或社会保障法加以调整。根据私法和公法在市场经济法律体系中的不同作用,民法作为私法主要是规范民事主体行为的,公法是规范至少一方为国家或国家公权者之间的行为的,它们以不同的调整方法共同维护着市场经济秩序,保障市场经济的进步,促进生产力的发展和社会正义的实现。

在我国,建立平等、自由的社会主义市场经济的竞争秩序是经济流畅运行的核心。民法是确认市场主体资格的法律,是明确市场主体的平等地位、权利义务、法律责任及其设立、变更和终止的法律规范。平等是商品交换关系在观念形态上的反映,商品经济的基本规律是价值规律。首先,其体现在民法上就是平等原则。民法坚持平等原则,承认和维护商品生产者、经营者、消费者间的平等地位,是实行市场经济必不可少的前提条件,也是贯彻自愿、公平、等价有偿、诚实信用原则的基础和前提。在市场经济活动中,市场主体具有平等、独立的人格，与他人在财产、行为上互不相识，与政府部门也不存在依附关系，有完全的权利能力和行为能力，能够自主实施法律行为，有完全的责任能力，能够对自己的行为承担责任，从而使每一个自然人和法人在遵守同样的竞争规则下，获得了选择参与经济活动的自由，有了张扬个性和发挥个人才干的机会，激发了人们参加经济建设的积极性和创造性。

民法坚持意思自治原则，我国《民法通则》称为自愿原则，实质意义是一样的。意思自治是私法的灵魂，是民法的基本理念和法律准则。意思自治原则，是指民事主体在参与市场经济活动时意志自由、行为自主，根据自己的意志和愿望来设立、变更和终止民事法律关系。意思自治的法律意义在于，一是民事主体享有自主决定权，各自生产和经营活动不受他人或政府部门的非法干预，有利于形成当事人所预期的法律效果，提高竞争能力和经济效率；二是民事主体要为自己所为法律行为的后果负责，违反意思自治而为的法律行为不受法律保护，例如，规定因欺诈、胁迫、有重大误解或显失公平的行为，为无效或可撤销的法律行为。合同关系最能体现意思自治的精神。合同是由法律地位平等的双方当事人，通过自主协商，共同决定合同的签订、内容、变更或解除。合同的精髓就是当事人之间的合意，即意思表示的一致。物权关系中，物权的占有、使用、转让和处分也由权利人的自由意志决定。婚姻家庭和继承关系中，民法维护结婚自由、离婚自由、遗嘱自由等。承担的民事责任表现为自己责任，既然民事主体意志是自由的，行为是自主的，理所当然也要为自己产生的不良后果承担责任。

民法不仅赋予民事主体以平等与自由，而且还要求民事主体担负起维护社会秩序的责任。市场经济是社会化、国际化大生产的产物，特别是随着金融市场的形成，社会经济运行的信用程度不断提高。为了保证市场经济的有序进行，就必须依据法律规范而不是其他社会规范调整各种经济关系。民法首先设定条件界定市场主体的范围和形式，制定完善的法人制度，使市场主体符合现代企业制度的要求。其次建构科学的法律行为制度。法律行为是私法自治的实现手段，又是对私法自治的限制，正像有学者所言："一方面私法不能不自治，他方面私法自治确有堪虑之处；为寻求其间之平衡，遂为私法自治设置门槛，此门槛即法律行为也。”[3]民法除任意性规范外,也有些强制性规定。例如,《物权法》实行物权法定主义,物权的种类和内容是由法律直接规定的,而不是由当事人的自由意志任意设立和变更的。《合同法》依据公序良俗原则,限制消极的合同自由,对合同当事人在签订和履行合同过程中违背公序良俗的行为作出限制性规定,以维护经济秩序和社会公正。《民法通则》第6条、第7条规定,民事活动不得违反法律,不得违背社会公德。由此确认了公序良俗原则,以此项原则协调个人利益与社会公共利益的关系。在市场经济活动中,每一民事主体都须参与社会的分工与合作,而这要依赖于和谐、稳定的社会秩序和善良的社会风俗,民法则要求民事主体须对社会承担一定的义务,不得违反法律和损害社会公共利益。可见,民法一方面奉行私法自治和私权神圣原则,确认和保护私权;另一方面又维护社会整体利益,防止和禁止侵害社会公共利益的行为,使人类社会得以健康发展。

三、民法的制度体系和基本内容

我国民法沿袭了大陆法系传统,尤以德国民法的逻辑体系为制度借鉴,结合我国国情和立法实践,形成了民法总则、民事权利、民事责任三个基本组成部分。民法总则又主要包括民重主体和民事法律行为。目前,我国民法典正在制定中,民法还是由《民法通则》及其统率下的各单行民事法律、法规的规范构成。改革开放后,我国先后颁布了《婚姻法》《继承法》《收养法》《担保法》《拍卖法》《合同法》《物权法》《侵权责任法》等一系列民事法律,构成了民法的基本制度体系。以全国人大常委会2002年12月审议的民法典草案为基础,加之笔者的认识和基本观点,对我国民法的制度体系和基本内容作以下阐述。

(一)民法总则

民法总则立法模式肇始于德国的《撒克逊民法典》,是近代潘德克顿法学的

---

③ 曾世雄:《民法总则之现在与未来》,中国政法大学出版社2001年版,第189页。

产物。我国法学界多认为未来民法典应设置总则,且《民法通则》已将总则的主要内容作了规定,民法典设置总则是力求在结构上遵从“先一般后特殊”的原则,形成总则、编、章、节的逻辑体系,达到总则的一般规定适用于各编的特殊规则的目的。在总则设置的内容和体例上,法学界还有一些不同的主张。有学者认为,我国在制定民法典时应将民事主体独立成编,一方面,总则既将民法共同适用的规则确定下来;另一方面,又能适应民事主体制度不断发展的客观要求。④ 也有学者认为,《德国民法典》模式的总则并不能足够地统领民法制度体系,如法律关系中最重要的民事权利制度就没有包含在内,且人法、代理、物等制度也是民法的具体制度,并非“提取公因式”持的产物。⑤ 现在,法学界较一致的意见是:总则的内容包括民法的任务、调整对象、基本原则、法律行为、民事权利、民事责任的一般规定,以及代理、物、诉讼时效、法律适用和法律解释等制度规则。其中,法律行为制度是民法总则的核心制度。

(二)人格权法

在近代民法上,人格是人以人的伦理价值为实质基础的,而人的伦理价值又具体表现为“生命、身体、健康、自由、尊严、名誉”等内容。至现代,各国民法虽然开始使用“人格权”的概念,但它仍然与物权、债权、亲属权、继承权诸“外在于人”的权利不同,是一种“内在于人”的民事权利,或者是自然权利体系中的“天赋权利”,它的内涵与罗马法以及承继罗马法各国的传统权利观念相距甚远。人格权引入民法,经历了漫长和艰难的历程。1804 年《法国民法典》只是承认形式上的人格平等,还不承认实质意义上的人格权。1900 年《德国民法典》仅有了人格权益的规定,将姓名权和一些具体的人格利益放在债编,作为侵权行为的客体加以保护。1907 年《瑞士民法典》虽然规定了一般人格权,并将人格法作为独立的一编,但因对人格概念的片面认识,该编实际上是总则编中

---

④　参见房绍坤等:《中国民事立法专论》,青岛海洋大学出版社 1995 年版;马俊驹:《现代民法的发展与我国未来民法典体系的构想》,载《清华法律评论》1998 年第 1 期。

⑤　参见马俊驹、梅夏英:《我国未来民法典中设置财产权总则编的理由和基本构想》,载《中国法学》2004 年第 4 期。

的民事主体制度,而有关人格权制度的内容仍是在债务法中规定的。

人格权制度的逐步确立,代表了民法现代化、文明化的潮流。各国通对民法典的修改或通过判例阐引,不仅使民法摆脱了财产法的偏狭,而且促进了民法平等观念的深入。现在,人格权已不限于是一项基本的民事权利,而且成为现代民法的基本理念之一。[⑥] 正因如此,把人格权单独列出并放在民事权利体系的第一位,已是多数学者的意见。[⑦] 在民事权利的体系中,人格权应为诸民事权利的前提和统率,将其放在第一位符合民法发展的潮流,也与我国《民法通则》对人身权和财产权的保护并重的立法思想相吻合。目前,人格权独立成编的最大困难是立法技术上的障碍。由于人格权是现代社会人权运动的产物,许多新类型的人格价值要素还在不断涌现。虽然有关条文较少,但通过制定一个开放的人格权法,可以适应人格权不断扩张的社会现实。在人格权制度与侵权责任制度之间,人格权制度规范的是一般人格权和各项具体人格权,强调人格尊严、人身自由、人身完整,界定其权利的内容和范围;侵权责任制度规范的是人格权受到侵害时的确认原则、条件和救济手段。

人格权法首先应对人格与身份作出一般规定,之后主要规定三类人格权:第一类为维护人身完整的人格权,如生命权、身体权、健康权等;第二类为维护人格尊严的人格权,如名誉权、荣誉权、隐私权、肖像权、形象权等;第三类为维护人格自由的人格权,如身体自由权、思想自由权、表述自由权、创造自由权等。人格权法还应确认法人人格权,这包括法人名称权、名誉权、荣誉权、秘密权等。在特殊人格权方面,包括人格商品化权、器官捐赠权、死者生前人格权等。为了认定人格与身份,还应从民法的功能出发,对户籍和身份证、身份登记的效力、身份公证作出一般规定。人格权制度是一项正在建立中的民法制度,立法应为它的发展留下空间,形成一个较为开放的人格权制度体系。

大陆法系各国均将婚姻家庭法纳入民法典中,该法适用于民法的基本原则和相关规定。在我国,《民法通则》第 103 条与第 105 条规定了婚姻家庭关系方面的内容,把婚姻家庭法也纳入了民法体系。

---

⑥ 参见王利明主编:《人格权法新论》,吉林人民出版社 1994 年版,第 214 ~ 215 页。

⑦ 参见谢怀栻:《论民事权利体系》,载《法学研究》1996 年第 2 期。

依照传统民法和我国习惯，还应将调整婚姻家庭关系的法律规范扩大为调整亲属关系的法律规范，即亲属法。现在，将亲属法纳入民法体系已成为我国许多司法工作者和法学界人士的共识。但是，亲属法在民法典中的地位和位置还需进行研究。

亲属法编入民法典的体例，有罗马式编制法和德国式编制法之分，前者以《法国民法典》为代表，将亲属法列入人法编，后者以《德国民法典》为代表，将亲属法作为民法典的独立的一编。在德国式编制法中，有将亲属法列为第四编的，如《德国民法典》《日本民法典》；也有将亲属法列为第二编的，如《瑞士民法典》《土耳其民法典》。我国由于近代民法的历史传统，不可能采取罗马式编制法，只能采取德国式编制法。但是否按《德国民法典》的体例将亲属法列为第四编，这倒不一定是因为《瑞士民法典》将亲属法编排在人格法之后也有充分的理由。

亲属法在本质上是身份法而不是财产法，亲属财产关系也以亲属身份关系为其发生的基础。依据一般民法理论，人身权分为人格权与身份权，而身份权是存在于一定身份关系上的权利。由于社会的文明和发展，许多身份关系（如贵族、商人、家长）已不存在，所以，民法学者通常认为，身份关系主要是父母子女之间、配偶之间、其他亲属之间发生的亲属关系，所以身份权也称亲属权。亲属权与人格权同属人身权，均具有专属性、排他性和明显的人格色彩。我们如果将人格法列为第二编，亲属法自然应列为第三编。有学者认为，继承法上的权利也属身份权，是否应将继承法与亲属法并列或在其后列为第四编？继承权虽与身份关系相关联，但不是严格意义上的身份权，而是一种由期待权转化而来的既得权，具有明显的财产权性质。所以，继承法在民法典中的位置没有必要一定与亲属法并列或接续。

亲属法编应包括婚姻、亲子、监护三个部分。除亲属法的一般规定外，可以分为三章。第一章规定婚姻，应将我国新修订的《婚姻法》（实际上是婚姻家庭法）的有关规定移植于民法典中，其内容主要包括婚姻的成立和解除、婚姻的效力、夫妻间的权利和义务。结合社会经济的变迁与发展，应对夫妻财产作出更详细的规定。第二章规定亲子关系，亲子法是关于调整亲子关系即父母子女关系的法律规范,其内容主要包括亲子关系的发生、变更和消灭,以及亲子间的权利和义务,特别是关于亲权的确定和效力、消灭和恢复等同还需作出明确的规定。[⑧] 第三章规定监护,监护与行使亲权有所不同,应作为独立的一章加以规定,其内容包括监护的种类、监护人的设立和职责、监护的终止等。

(三)物权法

物权法是民法的重要组成部分。它是调整民事主体对于物的直接管领和支配关系的法律规范的总和。物权法有广义和狭义之分,广义的物权法是指所有规范和调整民事主体对物的支配关系的法律,不仅包括民法典中的物权篇,而且包括诸如《海商法》《土地管理法》《农村土地承包法》《森林法》《草原法》《矿产资源法》《水法》《文物保护法》等;狭义的物权法专指民法典中关于物权的规定。大陆法系国家(德国、日本)物权法上的物权仅指有体物,主要是不动产和动产,而民事主体对专利、商标等无形财产的支配关系,则由民法中一个新的相对独立的部分,即知识产权法调整。

我国《物权法》共 5 编 19 章 247 条。其总则部分,规定了《物权法》的基本原则、物权的设立、变更、转让和消灭以及物权的保护方法。物权特的基本原则主要有两项:一是物权法定原则;二是物权公示原则,即不动产原则上经过登记发生效力,动产原则上通过交付发生效力。为保障债权人的合法权益,《物权法》还设立了预告登记制度。物权包括所有权、用益物权和担保物权。所有权,是指物权人依法对自己的物享有全面支配的权利,并从我国国情和实际出发,对国家、集体和私人的所有权分别作了规定,并对它们实行平等保护的原则。用益物权是指物权人依法对他人的物享有占有、使用和收益的权利,如土地承包经营权、建设用地使用权、宅基地使用权、地役权等。担保物权是为了确保债务履行而设立的物权,包括抵押权、质权、留置权,当债务人不履行债务时,债权人依法享有就担保物优先受偿的权利。该法还对占有作了规定,占有是指占有

---

⑧ 参见陈明侠:《亲子法基本问题研究》,载梁慧星主编:《民商法论丛》(第 6 卷),法律出版社 1997 年版,第 71 ~ 73 页。

人对物在事实上的管领和控制，[9]为维护市场交易安全和社会的和谐与正义，民法对占有关系给予《物权法》专章规定，对物权的保护途径、保护方法作了明确规定。当物权受到侵害时，物权人可以通过和解、调解、仲裁、诉讼等途径解决。并规定当事人可以通过请求确认物权、返还原物、消除危险、排除妨害、修理、重作、更换或者恢复原状、损害赔偿等方式保护自己的物权。这些保护方式既可以单独适用，也可以根据物权被侵害的情形合并适用。侵权人侵害他人物权要承担民事责任；违反行政管理规定的，依法要承担行政责任；构成犯罪的，依法还要追究刑事责任。[10]

(四)合同法

在我国未来的民法典中，是设债权法编还是设合同法编，民法学界曾有长时间的讨论。各国民法关于债的发生根据规定不尽相同，[11]但合同既是债的最普遍的发生根据，也是债的最重要的法律形式。在传统的债权法体系中，无因管理、不当得利均属缺乏主观要件的事实行为，而且是较少发生的情况。一般来说，这些事实行为没有必要专章规定，可以依其主要特征分别放在侵权法通则或合同法分则中规定，如将不当得利放在无过错责任的侵权行为之后规定，将无因管理放在委托合同之后规定，也能够为受损害的一方提供适当的法律救济，实现法律上的公正。严格意义上来讲，侵权行为所产生的民事责任不能与

[9] 马克思在研究罗马法时指出："私有财产的真正基础，即占有，是一个事实，是不可解释的事实，而不是权利。只是由于社会赋予实际占有以法律的规定，实际占有才具有合法占有的性质，才具有私有财产的性质。"参见[德]马克思、[德]恩格斯：《马克思恩格斯全集》(第1卷)，中共中央马克思恩格斯列宁斯大林著作编译局译，人民出版社1964年版，第382页。

[10] 参见胡康生：《物权法的基本原则及其主要内容》，载胡康生主编：《中华人民共和国物权法释义》，法律出版社2007年版，第3页、第16页。

[11] 各国民法关于债的发生根据规定各异。《法国民法典》沿袭罗马法的规定，将合同、准合同(包括无因管理、不当得利等)、侵权行为、准侵权行为列为债的发生根据；《德国民法典》未列举债的发生根据，在第二章规定合同通则，第七章规定各种合同，该章还分别规定无因管理、不当得利、侵权行为；《瑞士民法典》(债务法)规定合同、侵权行为、不当得利三项为债的发生根据，无因管理的规定则散见于各种债的关系中；《日本民法典》规定合同、无因管理、不当得利、不法行为四项为债的发生根据；我国《民法通则》未集中列举债的发生根据，在第五章第二节"债权"中，除规定合同的基本规则外，分别在第92条、第93条规定不当得利和无因管理，侵权行为放在第六章"民事责任"部分规定；英美国家的合同法与侵权法相互独立，并不强调合同、侵权行为是债的发生根据，在合同判例中，则承认准合同理论。

债相提并论。债是法的当为,责任为法的强制,二者相区分的理念已被越来越多的国家的民事立法所接受。[12] 我国《民法通则》对债务与责任即持区分态度,侵权行为问题不放在债权中规定,而是放在第六章"民事责任"中规定。

由此看来,债权法的核心内容是合同问题,债权法的一般规则就是合同法的一般规则。如果我们在合同法编中对债权债务关系作出一般规定,自然无须再为债权法设立专编,否则难免架床叠屋,而且合同通则又明显单薄。债权法不设专编并不等于废弃债权、债务的概念。在我国,合同的性质是债权合同,它的定义就与设立、变更、终止债权债务密切相关。我们设立合同法专编,至少有以下意义:(1)突出合同法在民法典中的地位,符合现实经济活动和法律生活的实际;(2)集中规定债权债务关系的一般规则,有利于民法体系的完善和法律上的适用;(3)摆脱传统民法体系的束缚,适应现代合同法的发展趋势。

我国 1981 年颁布了《经济合同法》,1985 年颁布了《涉外经济合同法》,1987 年又颁布了《技术合同法》,为了适应建立社会主义市场经济体制的需要,更好地与国际合同法衔接,维护合同当事人的合法权益,于 1999 年 3 月统一颁布了《合同法》,并于同年 10 月开始实施。该法分总则和分则,共 23 章,428 条。总则内容包括合同法的一般规定、合同的订立、合同的效力、合同的变更和转让、合同的权利义务终止、违约责任等;分则规定了买卖合同,供用电、水、气、热力合同,赠与合同,借款合同,租赁合同等 15 类合同规则。这部《合同法》实施后,原《经济合同法》《涉外经济合同法》《技术合同法》废止。

根据《民法通则》规定的基本原则,合同是指平等主体之间设立、变更、终止债权债务关系的协议。《合同法》强调平等、自愿和公平、诚实信用原则。在合同订立方面,规定了合同主体资格、合同形式和订立方式,并对缔约过失责任作了规定。在合同效力方面,规定了依法成立的合同自成立时生效,应当办理批准、登记等手续的,依照其规定。在合同履行方面,规定了同时履行抗辩权、不安抗辩权以及代位权和撤销权。在《合同法》制定过程中,曾多次讨论情势变更制度,但情势变更的事实难以界定,特别是其与商业风险的界线难以划清,又缺

---

[12] 参见孔祥俊:《民商法新问题与判解研究》,人民法院出版社 1996 年版,第 115 页。

乏司法实践经验，对此作出规定的条件尚不成熟，所以该《合同法》没有规定情势变更的相关规则。在违约责任方面，规定了一方当事人未支付价款或报酬的，对方可以请求其支付价款或报酬及其逾期利息；对于一方当事人不履行非金钱债务的，对方可以请求强制履行；一方当事人不履行债务给对方造成损失的，其赔偿额应当相当于因违约所给对方造成的损失，包括合同履行后可以获得的利益。《合同法》还规定了预期违约制度，即一方当事人明确表示或者以自己的行为表明不履行合同的，对方可以在履行期届满前请求其承担违约责任。

在《合同法》的分则部分，有几种合同规则应予关注。在买卖合同中，规定了标的物的权利瑕疵担保义务，即出卖人就交付的标的物，负有保证第三人不得向买受人主张任何权利的义务，但买受人订立合同时知道或者应当知道第三人对买卖的标的物享有权利的除外。在赠与合同中，则采取大陆法系的做法，规定赠与合同为诺成合同，但赠与可以附义务，并规定赠与的财产依法可以办理登记，登记后即移转财产所有权并产生对抗善意第三人的效力。在借款合同中，强调借款人负有信息披露和按期返还借款的义务，贷款人应当按约定的日期、数额提供借款，否则应当赔偿损失。在租赁合同中，双方当事人之间既引起债权法律关系，又引起物权法律关系，即一般就不动产的租赁而言，导致承租人获得物权性质的租赁权和先买权。⑬ 在运输合同中，强调从事公共运输的承运人不得拒绝旅客、托运人通常合理的运输要求，以及向旅客及时就有关情况履行告知义务和救助义务，以保证旅客安全和运输工具正常运行。在技术合同中，对技术合同的内容和报酬计算、技术风险负担和技术秘密均作了详细规定，并进一步明确技术成果的权属和分享，更好地促进了技术的开发和转让，使技术成果及时转化为生产力。在委托合同中，突破了《民法通则》显名代理制度，借鉴了英美法及《国际货物销售代理公约》的规定，规定了隐名代理制度和未披露委托人的代理制度。《合同法》除规定典型合同外，也允许当事人之间依据《合同法》的基本原则和相关规则订立无名合同。无名合同的成立、生效及纠纷解决，除适用民法关于民事法律行为和《合同法》的一般规定外，可以就合同的

---

⑬ 参见佘延满：《合同法原论》，武汉大学出版社 1999 年版，第 606 页、第 692 页。

目的及当事人的意思,依民法的处分原则类推适用有名合同的法律规定。⑭

(五)继承法

在各国民法中,继承法的编制方法有两种:一种为特别法主义,另一种为法典主义。从我国的民事立法实践来看,我国的继承法最终将采取法典主义。在法典主义国家,继承法在民法典中的位置也不尽相同。有的将继承法列入物权法编,如荷兰民法、奥地利民法;有的将继承法列入财产取得法编,如法国民法;有的将继承法列为民法典的单独编,并编排在亲属法之后,如瑞士民法、德国民法、日本民法。为什么会产生如此差异?这主要是因各国立法对继承法的性质认识不同。例如,认为继承法是财产所有权转移的方式或财产所有权于所有人死亡后的自然延伸,继承法即为财产法,并被列入物权法编或财产取得法编;再如,认为继承是与身份关系密不可分的独立权利,继承法即为身份法,是为亲属法的补充,故将继承法作为单独一编放在亲属法编之后。

在我国,如何确定继承法在民法典中的位置?这就必须对继承法的性质作出判断。根据《继承法》的规定,继承人的继承权可以因一定的法定事由而剥夺,也可以因被继承人的遗嘱而剥夺,相反,无一定身份关系的人却可以因法律的规定而享有继承遗产的权利。⑮ 可见,继承权的实际取得与一定的民法身份并无绝对的联系,继承权并非身份权。在一般情况下,继承权的取得虽然以一定的身份关系为前提,但继承法的本质仍然是调整因继承而发生的财产关系。所以,继承法应归属于财产法。⑯ 但是,由于继承法的特殊属性,它与物权和债权有明显的区别,因而不能将继承法并入物权法或合同法中,继承法是民法上一种特殊的财产法,在民法典中应有其独立的位置。又因为遗产作为继承法律关系的客体,既可能是物权性质的财产权利,也可能是债权性质的财产权利,还可能是某种财产义务。另外,遗产的转移也是一种财产转移的方式,物权法和

⑭ 参见江平、王家福总主编:《民商法学大辞书》,南京大学出版社1998年版,第765页。

⑮ 《继承法》第14条规定:“……继承人以外的对被继承人抚养较多的人,可以分给他们适当的遗产。”

⑯ 参见郭明瑞、房绍坤:《继承法》,法律出版社1996年版,第14页。

合同法中的某些规定也适用于继承法。所以,从前后承接的逻辑上考虑,应将继承法放在其后的各类财产法(如物权法、合同法)之后,而不是放在亲属法之后,列为民法典第六编较为合适。

《继承法》分为总则、法定继承、遗嘱继承和遗赠、遗产的处理、附则5章,共37条。该法作为未来法典的独立一编,其内容分为4章。第一章"通则",包括立法根据,继承开始的时间,遗产的范围,继承种类,遗赠和遗赠抚养协议的关系,继承权的行使和丧失等规定。第二章"法定继承",包括男女继承人的平等权利,法定继承人的范围和顺序,代位继承,转继承,遗产的分配原则和分配方法等规定。第三章"遗嘱继承和遗赠",包括自然人立遗嘱的权利,遗嘱的内容和形式,对缺乏劳动能力又无生活来源的继承人的保护等规定。第四章"遗产的处理",包括继承的通知,遗产的保管、使用和处分,继承和遗赠的接受、放弃,遗产的分割以及遗产税等规定。而"附则"的有关内容,则包括涉外继承关系的法律适用等。我国《继承法》是一部先进的社会主义继承法,它对法定继承范围的界定,配偶在继承法上的地位加强,非婚生子女的地位的提高等方面作出的规定,不仅符合我国的国情和民间习惯,而且顺应了继承法的世界性的发展倾向。所以,这部《继承法》移植于我国未来的民法典中,可能不会遇到很大的困难。

(六)侵权法

侵权法即《侵权责任法》。它是民法的重要组成部分,应成为我国未来民法典中独立的编。在大陆法系国家,侵权法通常被纳入债权法编。侵权行为与不当得利、无因管理、单方法律行为等一起构成非合同之债。而与《合同法》相比较,侵权法显得过于简略,[17]因而不利于侵权法的发展,也不能适用社会生活的需要。虽然这些国家根据司法实践的需要,先后颁布了一些侵权法方面的特别民事法规,但适用起来又非常烦琐,与原来追求的简捷的立法思想背道而驰。

---

⑰ 《法国民法典》中有关合同的规定有268条,侵权行为的规定有5条;《德国民法典》中有关合同的规定有367条,侵权行为的规定有31条;《日本民法典》中有关合同的规定有176条,侵权行为的规定有16条。

在英美法系国家,由于侵权法的开放性和独立性,使它成为英美法系中与财产法、合同法相并列的民事法律三大支柱之一,从而保持了侵权法应有的活力。[18]我国《民法通则》突破传统的民法体例,将侵权责任和违反合同责任并列规定在“民事责任”一章,这是民事立法中的一大创举和进步,它使侵权法在债权法之外获得了一个宽松的发展空间。侵权责任和违反合同责任都是侵害民事权利的法律后果,它们在构成要件、名免责条件、责任形式等方面均具有共性。但是,构成民事责任的侵权行为和违反合同的行为毕竟各有自身质的规定性,两者在适用法律规范的性质、发生法律后果的根据、承担责任的内容等方面均有明显的区别。应当认为,侵权法和合同法是民法中相互独立的法律,侵权责任和违反合同责任也是不同性质的责任。将侵权法和违反合同责任的有关规则放在同一章中加以规定,容易混淆两法的性质,模糊两法的界限,不仅会打扰民法的内在和谐体系,而且会对司法实践中处理民事纠纷产生不利影响。[19] 实际上,将侵权法作为统一的一编,其中包括侵权责任和合同责任两种责任形式,这在立法体例上并非不可,还可能更便于法律的适用。有关民事责任的一般规定可以列为侵权法总则的内容,它不仅适用于合同法,也适用于侵权法,而且适用于合同及侵权之外,如监护人、代理人、不当得利、无因管理受益人、破产责任人的民事责任的承担。

我国2009年12月颁布《侵权责任法》2010年7月开始实施,该法共十二章92条。该法根据《民法通则》的规定,明确我国侵权责任认定实行过错责任和无过错责任相结合的原则,过错责任原则包括过错推定,为有效地保护受害人,强调行为人损害他人民事权益,无论行为人有无过错,法律规定应当承担侵权责任的,依照其规定。该法规定了产品责任、机动车交通事故责任、医疗损害责任、环境污染责任、高度危险责任、饲养动物损害责任等具体侵权责任形式。该法还对精神损害赔偿作出规定,即侵害他人人身权益,造成他人严重精神损害的,被侵权人可以请求精神损害赔偿,但对精神损害赔偿的范围做了严格限制。

《侵权责任法》规定其救济方式,包括停止侵害、排除妨碍、返还财产、恢复

---

[18] 参见张新宝:《中国侵权行为法》,中国社会科学院出版社1995年版。

[19] 参见王利明主编:《民法、侵权行为法》,中国人民大学出版社1993年版。

原状、赔偿损失、赔礼道歉、消除影响及恢复名誉。这里,我们需要关注这样的问题:因侵权行为产生救济权法律关系,归纳起来,其被侵权人的救济权包括“退出式”和“割让式”两种请求方式。“退出式”是指请求侵权人因非法侵入原权支配的“领地”,而必须承担退出该“领地”的责任,如返还财产、排除妨碍、排除危险等;“割让式”救济权是指请求侵权人必须承担从其自身支配的“领地”中割让相应的财产给被侵权人的责任,如赔偿损失。可见,作为请求权的原权受到侵害时,应产生“割让式”的民事责任。但作为支配权的原权受到侵害时,则应依侵权人的入侵是否造成“领地”的缺失区分为承担“退出式”的民事责任或承担“割让式”的民事责任。根据这种二元救济权理论,侵权责任法可以选择两种立法模式:一是对支配权如物权、人格权的侵害,仍在相关的物权编和人格权编中加以规范,因此形成物权请求权、人格权请求权;二是对请求权如债权的侵害以及支配权的侵害而造成原权支配的“领地”缺失的侵害,则以侵权之债的形式在传统债法中加以规范。这就需要制定统一的侵权责任法,将前述两种救济权均规定在其中,并分别规定在两个部分,一部分规定预防与排除,另一部分规定损害赔偿。实际上,在侵权责任法中把不同性质的救济权分别加以规定,与在民法典的有关编中分开规定,只是立法技术问题,在效果上是一样的。我国自《民法通则》颁布以来的立法、司法实践在事实上已经将这两种不同性质的救济权统一规定在了民事责任部分。这次新颁布的《侵权责任法》对此也没做出根本性的改变。

侵权法独立成编后放在民法典中何处位置也值得研究。侵权法所保护的对象十分广泛。它不仅包括人身权,而且包括各种财产权。一般来说,侵权法保护的是绝对权,所以人格权、身份权、物权、知识产权、继承权都在其内。侵权法是否保护合同债权?随着现代民事责任制度的演化,尤其是违约责任和侵权责任竞合现象的发展,在某种情况下,侵权法也保护合同债权。侵权法是否保护继承权?我国学术界也有异议。我认为,既然继承权是绝对权,即继承人以外的一切人都负有不侵害继承人继承权的不作为义务,那么一旦有人采取欺骗、胁迫等违法行径,迫使继承人不能正常行使继承权,显然是对继承人财产权的一种侵害,理应按侵权法的有关规定加以保护。在具体的保护方法上,可以采取各种物权的保护方法,在特殊的情况下,也可以采取债权的保护方法。此外,侵权法还保护那些未形成为权利的财产利益和人身利益。所以,我们把侵权法作为民法典的最后一编,即侵害各项民事权利的责任编。

以上对我国民法的制度体系和基本内容的阐述,实际上也是对我国未来民法典体系和内容的思考,这只是个粗线条的、不成熟的构想。本文所应论及的问题还有许多方面,如知识产权法是否列入民法典?要不要设置财产权总则?民事主体若独立成编,法律行为仍在总则编中规定,这在内容上、逻辑上是否协调?分则各编在民法典中的位置如何编制等,都还需要进行深入的研究。如果我们对上述问题有了比较成熟的思考,恐怕距民法典的最后颁布也就为时不远了。

四、民法所遇挑战及其发展趋势

(一)民法全球化趋势与民事立法

经济的全球化及其国际社会的历史性变迁,促进了各国法律的趋同化和一体化进程。这在世界范围内首先表现在民商法领域。就民法而言,一方面,各国民法大量借鉴和移植外国民法规范、制度、原则,并在法律中规定涉外民事法律关系的适用,而使国内民法出现全球化趋势;另一方面,由于国际贸易组织和国际经济联合市场的形成,全球经济纽带的空前紧密,为调整共同市场的关系,又制定了一些共同的民事关系为各国共同遵守。再者,民法作为国内法与国际法之间的界限正在变得模糊不清,而这种联结的实现就在于国际法高于国内法的信念也得到普遍的确认。[20] 因此,民法出现了全球化的发展趋势。

在立法技术上,各国制定民法时有其超越国界、超越地域、超越民族的共同标准。这是因为:第一,各国制定民法时,在法律规则与法律制度方面都有不同的市场经济背景和近代以来逐步形成的文化传统;第二,民法在形式上力求简

---

⑳　参见车丕照:《法律全球化是现实?还是幻想》,载陈安主编:《国际经济法论丛》(第4卷),法律出版社2001年版,第32~33页。

洁、规范及无背景解释的特征，意味着任何国家的民法起草者都可以轻而易举地参照任何别国的民事立法；第三，制定民法典时，要求概念精确、逻辑严谨、体系完整，所以起草起来非常困难，因而各国都不愿改弦更张也是很自然的。

当今，任何一个国家在制定和修正自己的法律，特别是民事法律时，都不得不重视比较法的研究，都不得不力争从各国包括不同社会制度、不同法系国家的法律文化和立法经验中汲取更多的营养。例如，荷兰重新编纂民法典时，仅第六编（债务法总则）的注释“包含有 220 个脚注，其中 120 个涉及制定法、法院决议以及其他国家法律文献（这些国家是奥地利、比利时、英国、法国、德国、瑞士、匈牙利、意大利、葡萄牙、瑞典、挪威、丹麦、加拿大、美国、南非、日本）。并且立法中还参考了法律史、国内外的法学著作以及立法”，[21]以致“新法典是否还属于法国法传统很令人怀疑。正如有关资料所证实的那样，法典是在欧洲大陆同法的基础上建立起自己的风格”。[22] 荷兰对民法典所作的重大修改，从编纂方法和修正内容上都反映了现代民法的发展动向。荷兰和其他国家在民事立法中所取得的经验，正是我们制定民法典时所应参考和借鉴的。

民法全球化趋势也反映在两大法系的差距日趋缩小上。在大陆法系国家，判例的重要性被普遍承认，判例法逐渐成为这些国家法律的渊源；在英美法系国家，法条的优越性被普遍重视，成文法在法律中的比重不断增加。这一趋势必然影响我国民法的发展和民法典结构体系的形成。如前所述，中国近代民法属于大陆法系传统，即借鉴了德国、日本、瑞士等国家的民法原则和体系。新中国成立后，我国几部民法典草案大致采取了苏联民法典的体例，从法律形式来看，也是属于大陆法系的。现在我国编纂的民法典，需要借鉴大陆法系国家的立法经验，在法典的结构体系上不可能摆脱大陆法系的影响。但是，我们也应当重视英美法系国家的判例法及制定法的优越之处。例如，英美法国家把合同法和侵权法作为民法中相对独立的部分，并各自构成一个完整的体系，因而突出合同法和侵权法在民法中的地位，有利于自然人、法人和非法人团体合法权

---

[21] 参见［荷兰］阿瑟·S. 哈特坎普：《1947 年至 1992 年间荷兰民法典的修改》，姜字、龚馨译，载梁慧星主编：《民商法论丛》（第 6 卷），法律出版社 1997 年版，第 428～439 页。

[22] 同上。

益的法律保护。

（二）民法社会化趋势与民法修正

民法社会化是从私权的社会化理论演绎而来的，私权的社会化又是法社会化的组成部分。民法社会化是公法、私法二元法律结构矛盾运动及公法、私法融合的产物。人们将利益分为个人利益和公共利益，并以其对立关系为思维模式构造了公法、私法的二元法律结构，进而表明对民事权利的保障和对公权力的限制的法治状态，成为近现代整个法秩序的基础。

但是，公法与私法的划分也有明显的弊端。社会法学派认为，公法和私法的界限模糊，二者之间是相互渗透、融合的。特别是在国家以自己名义参与物权或债权关系的场合，就使国家有了权力主体和私权主体的双重身份，这时，公权力与私权、公法与私法的划分更为困难。依照现代的法治理念，当国家与其他民事主体之间发生权利和义务争端时，就应适用民事法则加以处理，而不是将国家从私法的领域移出。在社会法学派看来，公法要社会化，私法也要社会化，民事权利不过是公益和私益的统一体。因此，公法与私法没有划分的必要。当然，这种观点并未得到法学界广泛认同。

民法的社会化大致有以下含义：(1)民法的生命力在于社会。民法制度的设置要以适应社会和推动社会发展为宗旨。(2)个人本位与社会本位并重。个人利益独立于社会利益，个人利益难以实现；社会利益只能以人们的个人利益为基础，才能具有存在价值。(3)个体权利必须受到限制。任何权利都是应受限制的，无限制就无所谓权利。当民事主体享有自由和行使个人权利时，也要顾及社会公共利益和他人的自由与权利。(4)人格的抽象性与现实性的统一。民法倡导的平等与自由，只是一种抽象的、形式的理念和奋斗目标，它只有实现具体的、实质上的平等与自由，才能达到真正的平等社会。因此，加强对弱者的权利保护是民法社会化的一项重要内容。就具体制度而言，民法社会化包括对契约自由的限制、他物权的优位趋势、民事责任判断标准的客观化与承担责任的社会化等方面。

在大陆法系国家，原有民法典已经难以涵盖和调整迅速发展的社会生活。

为了适应社会化倾向的日益发展，有些国家和地区对民法典进行了大规模修正，各种名目的单行法也大量出现。在德国，一方面继续赋予合同自由、所有权自由和遗嘱自由；另一方面又强调所有权的社会性义务及对合同自由的限制。法院的裁判在其允许的管辖能力范围内创造性地起到了完善法律的作用，以致德国现行民法包括两方面——成文法典与法官立法。[23] 法国曾多次对民法典进行修改，如增加了为社会公共利益而限制个人利益的规定，明确了对个人契约自由的限制，加强了家庭成员在法律上的平等地位，增加了以危险为基础的无过错责任等。各国民法的社会化倾向还表现为，公法人（国营企业）和公私混合法人（公私合营企业）的出现，所有权以集体形式行使，国家强制保险制度的推广，等等。与此同时，在某些领域又表现出个人主义的倾向。由于宪法加强了对人权的保障，在人法和亲属法等方面下对自然人行为限制进一步放宽。例如，当事人有充分的自由选择夫妻财产制，已婚子女和非婚生子女、养子女地位有所提高，等等。但是在这些国家，民法典的结构体系并没有发生明显的变化。在这个阶段，希腊 1940 年的民法典、意大利 1942 年的民法典、葡萄牙 1966 年的民法典、荷兰 1970 年后陆续生效的民法典、加拿大魁北克省 1978 年的民法典等均沿袭了《德国民法典》或《法国民法典》，或者融合两法典形式的结构体系。这说明，民法典的内容虽然不断丰富，规则也有变更，但其结构并未发生根本性变化。民法典的各编、各章、各节，如同多彩的“七巧板”可以有创意地变幻着图形，而核心的内容、基本框架的构成是不容易发生质的改变的。

（三）可持续发展与民法价值的思考

20 世纪中叶以后，人类挟其运用核能及电子、基因技术的能力，将人类社会推进到科技时代。这波科技革命虽带给人类前所未有的便利与文明，但对社会造成的冲击也百倍于过去的工业革命，特别是公害的频生、生态环境的恶化、自然资源的耗竭和退化以及物种灭绝的危机等，不仅伴随而生，而且日益趋重。此种情形下，人类开始反省自己的行为模式，逐渐意识到对生态环境肆意地破

[23] 参见［德］海尔穆特·库勒尔：《德国民法典的过去与现在》，孙宪忠译，载梁慧星主编：《民商法论丛》（第 2 卷），法律出版社 1994 年版，第 235～236 页。

坏、对自然资源无情地掠夺,已经严重威胁到当代人和后代人的生活。因此,可持续发展成为解决“人与自然和谐共处”,促进经济社会和人的全面发展的宏大主题。

“可持续发展”是指:(1)这样一种发展观——“既满足当代人的需要,又不对后代人满足其需要的能力构成危害”;(2)作为一种发展模式,主要满足所有人的基本需求,向所有人提供实现美好生活愿望的机会;(3)作为一种社会策略,号召人们改变现行经济社会体制中的不可持续性,以达到人与人,当代人与后代人,国与国,人与自然之和谐共处。[24] 可持续发展观的提出,源于全球性的环境和资源问题威胁着人类的生存和发展,其基本目标是实现当代人与后代人的公平,代际间的公平又须以当代人间公平的实现为前提,而当代人间实现公平的一个重要方面就是改变“人定胜天”的征服自然的哲学观念,建立“人与自然和谐”的行为模式,依法实施可持续发展战略。

传统民法理论认为,民法的价值在于对个体的尊重和保护,进而追求人与人之间关系的和谐。然而,在日益严重的环境和资源问题面前,人们不得不对这种价值重新进行思考。民法所尊重与保护的个体,仅限于人类社会内部民众之间。人域之外的自然界,一概被民法作为客体,人类可对其进行任意的支配。那些供人类使用的自然产物为不同的个人或团体所分别占有、使用、处分和收益。这种价值取向可以用一个词概括——“人类利益主义”,即以人为中心,人处于支配和统治的地位,自然物处于被支配和被统治的地位。因此,有学者指出,现代民法中,世界远不是人类的“家”,而是“被图像化”的等待人们去征服的客体,是一个可以计算、预测、消耗的材料。[25] 今天我们认识到为了解决环境和资源问题,实现社会的可持续发展,除利用国家公权力和使用行政手段外,还须运用市场手段和民法手段来进行调整。但是,民法注重于保护民事主体特别是自然人的人身权和财产权,按照传统民法的价值取向,无疑是把他人的利益

---

[24] 参见郑少华:《从对峙走向和谐:循环型社会法的形成》,科学出版社2005年版,第6页。尽管上述定义并不全面,只是信念上、道德上的解释,但它还是为我们规划全人类的发展模式给予了重要启示。

[25] 参见谢鸿飞:《现代民法中的“人”》,载《北大法律评论》编辑部编:《北大法律评论》(第3卷第2辑),法律出版社2001年版,第149~150页。

放在第一位，而对环境和资源的保护只是间接的，是依附于对人的利益的保护的。

当然，民法的价值内涵也是不断发展变化的。民法以人为根本，我们治理环境、保护资源，也还是为了解决环境恶化、资源缺失对人类造成的生存危机。从根本上来说，民法要尊重生态利益，是为了求得人类生活环境的改善以及人类社会的可持续发展，最终达到人与自然和谐共处的状态。事实上，从近代民法到现代民法，民法正在朝着个人本位兼顾社会本位的方向发展。现代民法已经对绝对的“人类利益中心主义”有所修正，比如对所有权的限制，规定所有权的行使不能损害他人、社会的利益乃至破坏环境。结合法律思想的不断变化，将民法的价值进一步加以发展与修正是可行的。我们是否可以作出这样的推论：民法不能仅仅局限在对人类社会本身的关怀，还应该考虑对自然与生态利益的关怀与注重。也有学者将这种思想称为“有责任的人类中心论”，[26]民法的价值要实现对人类利益与生态利益的并重，探求环境保护和资源合理开发和利用，也是民法对人的终极关怀，是为了更好地促进人类的幸福。

至于民法能否直接调整人与自然的关系，能否赋予自然物体如动物、森林以法律人格，能否将某些“私权性”的环境权如通风权、采光权等植于民事权利体系，能否在物权和债权制度中融入新的环境保护理念，强调对自然资源的合理开发和持续利用，能否运用民法的公序良俗原则协调人与自然的各种利益的冲突等，这些问题均是对民法价值观念和基本原则、具体制度的冲击，我们应将“可持续发展”作为一项重要的法治原则，从理论上探讨、确立民法的新理念，在制度上完善对生态环境和自然资源关系的调整和保护。

（四）民法的权利客体呈现多样化和复杂化

现代科学技术的高度发展，将人类社会推进到了知识经济时代，这给以有体物为主的传统财产权制度带来巨大的挑战。随着商品交易形式的变化和发

---

[26] 李建良：《论环境保护与人权保障之关系》，载《东吴法律学报》2000年第12卷第2期。

展,民事权利客体呈现多样化和复杂化的趋势。其中最明显的特点,就是民法调整的社会关系发生重大变化,它从调整有形商品(有体物)市场到调整技术、信息、产权等无形商品(无体物)市场,从而使民事权利的客体得以迅速扩张。传统民法理论认为,物权的客体是有体物,债权的客体是债务人的给付行为。而对人身权和继承权客体的明确表述较少。通常认为,人格权的客体是人格利益或人格伦理要素,身份权的客体是身份要素,继承权的客体是集合财产或某项权利。此外,知识产权的客体是无体物,即精神和智力成果,股权的客体主要是公司的给付行为,经营权的客体是财产权利等。由此可见,"权利客体的事物是多种多样的,它们既可以是物质上的存在,也可以是观念上的存在;既可以是实际存在的事物,也可以是制度上的建构,及法律上的权利"。㉗

在现代社会中,财产权种类和形式日益复杂,无体物时常充当着财产权的客体角色。传统民法上的无体物,包括所有权以外的各种权利,如他物权、债权、知识产权等。而今天无体物还包括营业资产、商誉、商业秘密、顾客、政府的经营特许、知识产品以及现代商业信息等所享有的权利,也还包括有价证券、股票流通中的权利等。但是,无体物一旦成为客体就会直接冲撞德国法和日本法的财产权二元结构的理念。所以,无体物能否成为权利的客体,法学界还有不同的认识。有的学者认为,将无体物作为权利客体混淆了权利和权利客体的界限,令人难以把握,特别是使所有权与其他民事权利无法区分,进而会使民事权利的逻辑体系发生动摇。目前,我国多数学者认为,无体物只是不能成为所有权的客体,但可以成为他物权的客体,这主要体现在担保物权方面。显然,这种认识还有待于进一步思考和探索。

有的学者针对《合同法》第130条的规定,提出这样的主张:"买卖标的并不限于有体物,一切可让与的财产权皆可成为买卖标的;买卖标的也不限于出卖人享有所有权的现在物,订约时尚不存在或者出卖人不享有处分权的将来物,

---

㉗ 方新军:《权利客体的概念及层次》,载《法学研究》2010年第2期。

亦可成为买卖标的。”[28]我赞成这种意见。事实上，无体物作为交易的客体已经层见叠出，将来物成为合同的标的已习以为常。我国现行立法已经对土地使用权的有偿出让与转让，商标权、专利权有偿转让和股票、期货交易、房地产预售等加以规范。此外，《合同法》第 80 条、第 81 条对合同债权的转让已经作出明确规定，在这里，合同债权是以无体物的形态作为转让权利的客体存在的。所以在民法上，权利可以成为另一种权利的客体已是不争的事实，这也是民事主体自由竞争意志的表现。

我们讨论权利客体的扩张趋势，其目的还是从理论上和立法上正视无体财产权的自身特点和独立性，逐步建立适应当代财产权制度实际状况的财产权体系。因此，如何采取适当的方式使无体财产权制度体系化并与我国未来民法典恰如其分地加以衔接，这是法学界极需关注和研究的问题。

㉘ 陈本寒、周平：《买卖标的之再认识》，载《法学评论》2000 年第 2 期。我国《合同法》第 130 条规定：“买卖合同是出卖人转移标的物的所有权于买受人，买受人支付价款的合同。”在这里，标的物的概念是模糊的，它是否既包括有体物又包括无体物呢？另外，客体与标的概念也有区别。学者通常认为，买卖合同所转移的客体是有体物的所有权。

关于我国民法制度中有争议的一些具体问题*

我国民法制度是一个庞大的体系，它所涉及的问题很多，有争议的问题几乎在各个民法制度中都有，我们只能从中介绍一些具体问题，也不一定是最重要的，主要是供同学们参考。

一、关于法律行为的概念

“法律行为”这个概念是德国潘德克顿学派所首创的，它在德国法系的民事立法中占有重要的地位，是德国民法学研究的最重要的成果（没有法律行为制度就没有德国的民法总则），也是19世纪以来为各大陆法系国家（包括我国和苏联）所继受了的重要制度。

什么是法律行为？我们知道，它是以意思表示为要素，因意思表示而发生一定私法效果的法律事实。[①] 它是一个完整的概念和制度体系，所以，法律行为

---

* 本文系根据作者2010年3月在西南财经大学法学院民商法博士研究生讨论课上的讲课记录整理。

① 参见王泽鉴：《民法概要》，中国政法大学出版社2003年版，第80页。对于民事法律行为这个概念，目前有三种观点，一是意思表示说，认为民事法律行为是以意思表示为要素，以其意思表示的内容而引起法律关系设立、变更和终止的行为；二是合法行为说，这种观点和《民法通则》的看法一致；三是法律事实说，这种观点强调私法效果的产生，不过同样以意思表示为要素。这几种观点侧重点不同，其实都不无道理，我以前在与我的学生余延满所编著的《民法原论》中也持意思表示这种观点，无论是哪种观点，民事法律行为都是以意思表示为要素，产生私法效果的法律事实，这种事实也是一种行为。

包括发生当事人预期效果的合法行为,也包括违法法律行为、可撤销法律行为和效力待定的法律行为。

我国《民法通则》作了一个创新,虽然我们也使用了法律行为的概念,但它仅仅指的是合法行为。为了能够包含原来法律行为的全部内容,也就是要说明其他那些也属于表意行为,却是不合法的行为,另外还要包括那些无效的、可撤销的、效力待定的行为,所以又创设了一个概念——“民事行为”,而在内涵上又是与德国法上的“法律行为”相一致的。

现在看来,这种对“民事行为”概念的创新没有实际的价值,而且往往给我们同域外学者的交流带来麻烦,另外,也给我们在具体制度中的运用带来混乱。所以,许多学者认为,将来制定民法典或修改《民法通则》时,还是使用“法律行为”的概念为好。

二、关于直接代理与间接代理

我国《民法通则》是这样规定代理规则的:代理是指代理人在代理权限范围内,以被代理人的名义独立与第三人为民事法律行为,由此产生的法律后果直接归属于被代理人的一种民法制度。在这里,我们强调的是以被代理人的名义实施代理行为,坚持的是一种公开性原则,对外明确我就是代理人,我是为谁代理的。因此,我们称这种代理是直接代理,英美法系中也叫显名代理。从直接代理的内涵来看,其不包括某人以自己的名义却为授权人的利益而与他人为法律行为的情形。而英美法系的代理制度中却包含这种情况,我为他人代理,但是以自己的名义(不是以被代理人的名义)为法律行为,这种代理在英美法中叫作隐名代理。显然,从《民法通则》的规定来看,我国的代理是不包含这种隐名代理的。

但是,我们为适应国际贸易的发展,在《合同法》中规定了隐名代理,开始是放在行纪合同中,后来又放在委托合同中(实际上商务部是希望能放在合同总则中加以规定)对隐名代理和不公开身份的代理给出了较为详细的规定。显然,这与《民法通则》中规定的代理制度是矛盾的,所以在学术界也备受争议。

我们知道,大陆法系也存在某人以自己的名义却为授权人的利益而与他人为法律行为的现象。对于这种情况,大陆法系各个国家是采取行纪制度加以规定的,这样与直接代理制度形成互补。而我国的《合同法》确立的隐名代理等制度在很多方面又超越了行纪的界限,发生与直接代理相同的法律效果,因此形成了制度冲突。② 对《合同法》的规定及其同《民法通则》之间的协调,还需要研究达成共识,并形成制度之间的协调一致。

三、关于取得时效问题

时效分为两种,一是消灭时效,消灭时效又可分为除斥期间和诉讼时效两种。除斥期间,是指法律规定某种权利预定存在的期间,权利人在此期间不行使其权利,预定期间届满,便发生了该项权利消灭的法律效果。诉讼时效,有些国家也称消灭时效,是指因不行使权利的事实状态持续经过法律规定的期间而丧失权利即胜诉权或权利不受保护法律效果的法律制度。③ 二是取得时效,它指因占有他人财物的事实状态持续经过法律规定的期间而取得该财产的权利。

按德国法系的逻辑,诉讼时效规定在总则中,取得时效规定在物权篇中,认为取得时效是所有权取得的一种方法。我国立法实践和学术界的一般认识也

---

② 这里存在两个问题:一是《合同法》第402条、第403条规定了隐名代理的情况,目前我国实际上是采用的英美的规则,但《民法通则》、最近的全国人大常委会法工委的《民法典》总则部分对代理的规定,与《合同法》中的委托存在巨大差异;二是《合同法》中的第二十一章"委托合同"、第二十二章"行纪合同"、第二十三章"居间合同"的关系没有理顺,因为不管是传统的代理合同还是行纪合同、居间合同本质上都是委托合同,虽然这里对委托、行纪、居间作了法律解释,但从日常用语来看都是委托。所以,在适用法律的时候会产生歧义。

③ 这个概念是目前学术界通用的观点,但就我国目前的司法实践来看,最高人民法院在司法解释《关于审理民事案件适用诉讼时效制度若干问题的规定》中规定:当事人未提出诉讼时效抗辩,人民法院不应对诉讼时效问题进行释明及主动适用诉讼时效的规定进行裁判。据此规定,其实诉讼时效期间届满,权利人并未丧失胜诉权,因为法官不能主动适用诉讼时效,也不能向对方释明,除非对方当事人以时效进行抗辩。因此,诉讼时效与其说是权利人胜诉权的丧失,还不如说是义务人的一种抗辩权。或许我们可以如此定义诉讼时效:诉讼时效,是指权利人在法律规定的期间内不行使权利,义务人便享有以期间届满为由拒绝履行义务的抗辩权的法律制度。

是这样的。但是,我国《民法典(草案)》(2002 年 12 月)的第八章“时效”分为两节,第一节是诉讼时效,第二节是取得时效,采取了统一式的时效体制,都放在总则中。后来的《物权法》也没有规定取得时效。

取得时效是所有权的一种取得方法,至于能不能作为其他物权的取得方法?也可以研究。按照各国民法的通例和学说,占有人只有以“所有的意思”“公开的而非隐蔽的”“持续经过法定的期间”的情况下才能主张时效取得。在这里,取得时效期间的完成是独立于诉讼时效的,是不以返还原物请求权的诉讼时效的完成为必要前提的。所以,取得时效是一项独立的法律制度。

在德国法上,取得时效是一项法律制度,它所适用的对象只能是物权,但也不是所有的物权都适用,其适用的条件大致要考虑三个方面。

(一)取得时效是基于长时间的占有事实为前提,不以占有为基础的物权不适用取得时效。所以,抵押权不能适用取得时效(因为要取得权利的人没有占有物,物还在原权利人手中)。

(二)取得时效所针对的物权一定是可以转移的物权,不具有可转让性的权利不适用取得时效。所以,那些属于法律禁止流通的物、赃物、毒品、武器弹药、军用设施等就不适用取得时效。另外,担保物权因为属于从权利,不能脱离主权利而转让,所以也不适用取得时效(但抵押权经过资产证券化之后,或者会有新的情况出现)。

(三)取得时效是对新秩序的确认,对旧秩序的否认。如果财产秩序是确定的,就不能适用取得时效。比如,依照租赁关系,即使承租人长期占有该租赁货物多年,也不能取得该物的所有权,即使超过了租期也只是债权问题。租赁、保管、借用这些是由双方签订的合同加以确定的财产秩序,另外还有的情况是因为登记而产生的这种效果。所以,已经登记的不动产,其财产秩序具有确定性,不应适用取得时效。

这样看来,在我国,取得时效的适用范围实际上是十分有限的,禁止流通物、公用物、不具有可转让性的权利以及已经登记的不动产,都不在取得时效适用的范围。当然,我国在是否规定取得时效的争论,还涉及认为不符合我国的道德标准,不劳而获等问题。尽管学术界包括王利明、梁慧星等专家草案中都有取得时效的规定,但这次《物权法》中仍然没有加以规定,包括先占。

四、关于撤销权与撤回权

在民法上,当事人取消他所实施的某种行为的现象很普遍,经常发生。这里包括取消法律行为,如要约人取消他所发出的要约的意思表示,通常还根据他取消的时间或情形分为撤销或撤回,其效果也有所不同;另外,也包括取消事实行为,如法院取消所作的禁治产宣告、死亡宣告,主管机关取消其所作的许可等。

在取消法律行为方面,根据当事人意思表示的不同,通常区分为两种不同的形态:一是撤销,是指意思表示有瑕疵,取消这一意思表示的行为称为撤销;二是撤回,是指意思表示无瑕疵,取消这一行为是为撤回。也可以这样说,撤销是指利害关系人依法律的规定,使有瑕疵的行为归于消灭;撤回是指因某种事实的发生,法律准许利害关系人收回他所作的无瑕疵的法律行为。前者如受欺诈、胁迫或危难时作出的意思表示,后者如对无民事行为能力人、限制民事行为能力人所作的意思表示。

在这里需要讨论的一个问题,就是在赠与合同中,赠与人怎么撤销他的赠与行为,也就是赠与人在合同成立后,财产权利转移之前是可以撤销他的赠与行为的。但是,这是撤销,还是撤回呢?这在学术界和各国立法上是有差别的,比如德国、日本称撤回。我国《合同法》上规定有任意撤销权和法定撤销权,这里,任意撤销权是不是就是撤回?法定撤销权是不是就是撤销?总之,概念有些混乱,值得研究。

五、不安抗辩权与预期违约

我国《合同法》规定了不安抗辩权,这是大陆法上的制度,它是在合同中,先履行义务方发现对方经营状况严重恶化、转移财产、抽逃资金以逃避债务的情况下，可以行使不安抗辩权。你要是不履行义务，我也就不履行了。这种不安抗辩权开始是中止权，在此基础上可以进一步行使解除权。相比之下，我国《合同法》的规定比其他大陆法系国家还要具体，还更符合实际。

在适用不安抗辩权的条件方面，我们也吸收了国际上的通例，如《联合国国际货物销售合同公约》，所以，我国在不安抗辩权制度上的规定是很完备、先进的。

但是，我国《合同法》又规定了预期违约制度，这是一项英美法上的制度。它的意思是，一方当事人在合同的履行义务期限尚未到来时，明确表示将不履行合同，或有证据证明他将不能或无能力履行合同的情况，称预期违约。预期违约包括明示预期违约和默示预期违约。所以我们看，当发生默示的预期违约，即一方当事人未明确表示不履行，但有证据证明他可能或无能力履行合同时，就和不安抗辩权发生竞合。这就是我们在一部法律中，在制定相同或相类似规则的问题上，采取混合继受的办法，既吸收大陆法的，又吸收英美法的制度，就有可能会产生矛盾。还有英美的有限合伙，大陆法的隐名合伙和两合公司；英美法的合同落空，大陆法的情势变更和不可抗力等。

当然，不安抗辩权与预期违约还是有些不同。

（一）不安抗辩权限定的当事人是先履行合同义务的一方，预期违约的当事人不分先后，因此，享有不安抗辩权，进而享有解除合同的当事人只能是先履行合同的当事人，而预期违约制度中的权利人可以为任何一方。

（二）在适用的条件上，不安抗辩权不包括明示毁约，在法律后果上，不安抗辩权的后果就是中止合同，对方如果未提供担保的，另一方就可以解除合同；而预期违约，守约方可以追究其违约责任，不仅可以解除合同，还可以要求对方承担违约所引起损害的赔偿责任。

当然，不安抗辩权与预期违约还是有一些细微的不同，当时还是应该明确二者适用的界限，如果界限模糊，就要考虑是否只继受一种制度，如有的学者认为，采用大陆法系的不安抗辩权就可以了。

六、关于风险负担的一般规则

我国《合同法》规定了买卖、租赁、运输、技术开发等有名合同的风险负担规则,但没有规定一般规则。我们知道在风险负担上大陆法国家分成两种主义:一是德国法的、泰国法的物权形式主义,它们都要求在进行了一定的公示方法(如登记)后,才发生物权变动的效果。也就是说,在合同成立后,债权人并不能立即取得所有权,所以,未登记或未交付,虽然签订了合同,但标的物如果发生了意外毁损,还应由债务人负担。二是法国法(包括日本法、意大利法等)的债权意思主义,即合同一旦达成,所有权就发生了变动,所以这时如果标的物发生了意外,其负担就应由债权人承担了。

所以,我们应该给予注意,为什么不同国家或地区在风险负担的一般规则上有不同?他们主要差异在什么地方?这就是由于这些国家或地区在民法制度上的物权变动模式上存在不同,我国研究物权变动的学术成果很多。我国《物权法》在物权变动上采取的是德国物权变动模式,但也有些弹性,有人也称折中主义。例如,《物权法》第 9 条规定:"不动产物权的设立、变更、转让和消灭,应当登记,未经登记,不发生物权变动的效力,但法律另有规定的除外。"第 23 条规定:"动产物权的设立和转让,自交付时发生效力,但法律另有规定的除外。"在不动产变动中,除登记外,有的还有特殊的要求;在动产变动中,有的动产实际上是按不动产对待的,只交付还不行,还要登记。

在风险负担上,我国《合同法》与各国通说相同,采纳了交付主义,即"标的物毁损、灭失的风险,交付前由出卖人承担,交付后由买受人承担"。当然也要注意,交付也包括现实交付与观念交付,包括简单交付、占有改定、指示交付等形式。

我们讲这个问题,就是我国在制定民法典时,在设计我国风险负担规则时,必须要在物权编中确定好物权的变动模式,并且要与"合同法编"的规定协调一致。比如,有学者提出可以把双务合同区分为转移所有权的合同和非转移所有权的合同。转移所有权的合同(如买卖合同)可以采取债权人主义,由债权人负担风险,非转移所有人的合同(如租赁合同)可以采取债务人主义,由债务人承担风险,这实际上是日本的做法。当然,我们也可以采纳统一的债务人主义,即债务人负有交付标的物并转移其所有权的义务。总之,这个问题值得我们重视,也值得研究。

七、无权处分与其相关的民法制度

我国《合同法》继受德国法,在第51条规定了无权处分制度。其第51条规定:“无处分权的人处分他人的财产,经权利人追认或者无处分权的人订立合同后取得处分权的,该合同有效。”也就是说,无权处分的规定就是关于无处分权人在处分他人财产的行为,其行为效力待定,或者是效力待定的合同。

这种合同有如下特点:

(一)处分他人财产的一方在订立合同时无处分权,所以叫无权处分;

(二)无处分权是以自己的名义与相对人订立处分他人财产的合同,所以他不是无权代理(无权代理是以被代理人的名义,这是《合同法》第48条和第49条的规定);

(三)这种合同除了处分他人财产一方缺少处分权之外,其他有效要件都具备。

无权处分的合同能否发生效力,取决于权利人是否追认或该合同订立之后是否取得对该项财产的处分权。所以,不仅权利人的追认权非常重要,而且还要看无权处分人是否又取得(如继承、买卖等)处分权。

在这里,有一个问题就是无权处分合同与瑕疵担保责任的关系问题。在出卖他人之物和私卖共有物时,当出卖人无处分权,其相对人(买受人)从出卖人处取得标的物后,如果有第三人追索时怎么办?这种情况下,出卖人应承担什么责任?买受人是否能取得这项财产?显然,对于出卖人要承担瑕疵担保责任(当然,这时的合同一定是有效合同,这是承担这种责任的基础)。所以,我们要注意,我们的法律确立了权利瑕疵担保责任制度,就意味着这种无权处分人所签订的合同是有效合同,不能作无效合同处理。如果这样,权利瑕疵担保责任制度与无权处分制度没有矛盾,是和谐的。

那么,在这种情况下,第三人是否能取得这项财产呢?这又涉及善意取得制度;另外,如果出卖人所得到的是收益,就又可能涉及不当得利制度。在这种情况下,是否采取物权行为理论,也会有不同的结果。物权行为理论是萨维尼创设的,学者之间虽然对物权行为理论的理解不同,但是都认为物权行为是一种民事法律行为,其后果是产生物权变动。所以,物权行为就是一种以物权变动的意思表示为要素,并能够产生物权的设立、变更、终止的民事法律行为。

物权行为有两个原则。(1)区分原则:就是把债权行为和物权行为区分开来,认为两者是相互独立的。签订合同——债权行为只能产生债的关系的效果;处分——物权行为只能够产生物权变动的效果。所以买卖关系中,就应存在两个合意,两个行为,两个效果,一是买卖合同,二是物权合意、物权合同。(2)无因原则:通常认为债权行为是原因,是原因行为,物权行为是后果,是处分行为,先签订了合同才有物权变动的效果。无因原则就是不承认这种因果关系。无因性,即物权行为的效力不依赖于债权行为,即使债权行为无效或丧失也不影响物权行为的效力。中国学者一般承认区分原则,不承认无因原则。所以在买卖关系中,如果采取物权行为理论,对善意的第三人非常有利,即使买卖合同有问题,比如,出卖人没有处分权,但是买受人根据物权行为理论照样可以取得买卖标的物的所有权。

在我国,通说是否定物权行为的无因性理论的,所以法律上的债权行为(包括财产的出让、赠与、在财产上设定抵押的债权的合同)如果无效,就也认为其不能产生物权变动的效果。

八、关于动产租赁权的对抗力与善意取得

我国合同法确立了"买卖不破租赁"制度,这一制度通过赋予本为纯粹债权

的承租人的租赁权以对抗租赁物受让人的效力，实际上是债权限制了租赁物所有人的权利，限制了物权。这是债权物权化的一个典型。我们知道，在传统民法中，善意取得的适用对象是以动产为限的，不动产还要登记，故不太可能有善意取得。但是随着社会的需要，善意取得的适用范围也在扩大，比如扩大到动产质权、动产留置权，也有了不动产的情况，如果债券证券化、有体化了也可适用善意取得。

有人问，这种债权物权化的财产权，能否适用善意取得？这一问题值得研究。比如，在出租他人之物的场合，甲将一把提琴交给乙保管，乙未经甲的同意将提琴租给了丙。这时甲向丙要求返还，丙作为承租人是否可对该提琴主张善意取得租赁权？从传统民法上，许多人就会认为善意取得不适用租赁权，因为它是债权，所以提琴的所有人完全有权请求丙返还提琴。但是，这时要不要保护承租人的信赖利益呢？我们不可能让承租人了解得那么清楚，乙对提琴有没有所有权？或是否得到所有人的同意，这太影响交易的速度或成本。所以，从实际上分析，得承认承租人可以善意取得。

我们再假设，乙不仅把提琴租给丙，同时还把提琴卖给了丁，在这时丁依据善意取得制度取得了所有权，这时丁能否有权请求租赁的占有者返还财产呢？两边都是善意取得，丙善意取得的是租赁权，乙善意取得的是所有权。在这种情况下，多数人会主张，丁是所有权人可以请求承租人返还财产。但是，这时为什么就不保护弱者了呢？承租人是弱者吗？要提升弱者的权利，似乎应该首先保护承租人的权利。像碰到这样的问题时，我们就要研究，有时我们确立了一种制度，比如承认债权物权化，就得按物权去保护，否则就会与其他制度发生冲突。所以，我国《合同法》既然已经将租赁权物权化了，就得按物权去保护，立法者在设计善意取得制度时，就必须配套地考虑物权化的租赁权的善意取得问题，从而注意制度之间的协调与配合。

九、关于法定担保物权

我们知道，担保物权有两种：一是意定担保，如抵押、质押，这方面讨论得比较多;二是法定担保,人们关注的还比较少。在我国因为民法典还没有制定出来,所以,完善的法定担保物权体系还没有建立起来。现在,除了留置权以外,还有一条就是《合同法》关于承揽人的优先受偿权,实际上也是留置权。除此之外,我们现行立法包括物权法并无其他关于法定担保物权的规定。

如果从优先权的角度来看,如关于不动产承租人对出租人物品的优先受偿权、旅店主人对旅客所携带物品的优先受偿权,应该说这些权利形态还是应当得到法律保护的。近几年,民法学界有人对优先权进行了研究(如烟台大学的郭明瑞),这是有实际意义的。

现在,我们看看其他大陆法系国家在这方面是怎么规定的。在法国,法定担保物权包括优先权和法定抵押权,其中优先权是法定担保物权的主要形态,法国民法继受了罗马法关于优先权的规定,将优先权分为一般优先权、动产优先权与不动产优先权三种类型,这三种优先权之下又包括多种亚类型。此外,《法国民法典》还规定了妻对夫的财产、未成年人及禁治产人对监护人的财产,国家、区乡、公共机关对税收人员及会计人员的财产均享有法定抵押权。

在德国,由于立法者担心设定优先权会有害于交易安全,所以民法中没有采用在债务人的全部财产上成立的一般优先权,也没有在特定的不动产上设定优先权,仅以法定质权的形式承认在特定的动产上的优先权,但是德国民法典上确立了承揽人可以请求定作人设定承揽人的法定抵押权。我国民法规定,承揽人对定作物享有留置权,当然有许多限制条件,留置权当然是一种法定的担保物权。

在瑞士,法律上也没有设置优先权制度,并在它的债务法中设立了一般留置权与特殊留置权。此外,瑞士民法在它的物权篇中规定了法定不动产抵押权。在理论上,法定不动产抵押权以是否需要登记为标准,又分为直接的法定不动产抵押权和间接的法定不动产抵押权。

在日本,虽然民法也主要继受的是德国法,但在担保物权方面,也包括法定担保物权,日本民法主要沿袭了法国民法的做法,设立了优先权制度,并规定了留置权这一法定担保物权。

从以上对各国民法的介绍,大致在法定担保物权方面有这样两种模式:一是“留置权＋优先权”模式，如法国和日本；二是“法定抵押权＋法定质权”，如德国和瑞士。这两种模式我们在立法上都可以借鉴，但要注意不能去混合各种模式，比如，我们如果设置优先权（我国有学者这样主张），就不能再设置法定抵押权和法定质权；反过来，如果设置了法定抵押权或法定质权，就不需要再设置优先权了。这个问题值得研究，我们的《物权法》似乎还没有完全解决。

十、关于请求权问题——物权请求权与侵权请求权

在传统的大陆法系的民法理论中，在基于侵权产生的请求权之外，还存在一种独立的请求权类型，这就是物权请求权，它一直被视为对物权的重要保护方法，物权请求权不是在侵权行为法中加以规定的，我国的《物权法》就是这样。

按照民法理论，物权请求权所以能够独立于侵权请求权，是由物权的绝对权的性质决定的（实际上，人格权也是绝对权，也涉及请求权），是对物权的一种特有的保护手段。由于物权请求权与侵权请求权在构成要件、归责原则、时效限制等方面有着很大区别，所以它们应作为两种不同的请求权加以规定。

在这方面，北大魏振瀛教授有专门的研究，最开始他研究这方面的文章是《论债与责任的融合与分离》，该文于1998年在《中国法学》发表；此后，他先后在2001年、2003年在《中外法学》上发表了《论民法典中的民事责任体系》和《论请求权的性质与体系》两篇文章。他认为债务与责任这两个概念是不同的，侵权责任的承担方式除了损害赔偿这一典型形式外，还包括停止侵害、排除妨碍、消除危险、返还财产等形态，这就是我国《民法通则》所采取的办法，当时是作为一个特色被加以赞扬的，魏老师也是在这一基础上形成了他的独特的请求权体系。也就是说，用一个内容广阔的基于侵权的请求权体系，包含了传统民法上的物权请求权，觉得都是属于法律保护或救济问题。我也觉得，侵权请求权主要是损害赔偿，在债权遭到侵犯时，还包括修理、重作、更换、支付违约金等方式；而停止侵害、排除妨害、返还财产只适用对物权的侵害。这里似乎存在两种方法：一是按传统的来，物权的保护以物权请求权的方式在物权法中去规定；

二是在侵权法中区分两种情况,即对相对权的侵害和对绝对权的侵害,物权是绝对权,债权是相对权,它们分别有不同的构成条件和承担责任的方式,所以放在侵权法加以规定也无妨,但不能像在《民法通则》中那样不加区分,混合在一起规定是不严密的。

在民法典的制定过程中,如何反思这一既存模式的优劣并构建我国的请求权体系需要作出慎重的思考。实际上我国《物权法》已经确认了物权请求权,最近的《侵权责任法》也没有把物权请求权放入侵权法,实际上是恢复到传统民法的理论和结构上来了。魏老师等一批较老的学者,特别是参加过《民法通则》制定的一部分学者也就比较坚持用基于侵权的请求权取代物权请求权,认为对侵权责任作了专门规定后,对物权请求权可不在"物权法编"再作规定。我刚才的想法,是一种折中的想法。

现在,有实力又有精力的一些学者,认为既然我们在民事立法上承认绝对权与相对权的区分,而物权请求权与侵权请求权的区分正是因为这一点,所以用一个广义的民事责任方式体系来掩盖或取消物权请求权与债权请求权(看作债权的一个取得方式)的差异是不对的,容易造成理论上的混乱,影响了请求权体系的科学化。

但是,这个问题还是可以讨论的,即使立法已经确立了,因为世界上也不是不存在将停止侵害、消除危险等纳入侵权责任法的做法。比如,在普通法系,侵权行为法领域就存在"返还不法扣留动产之诉""返还不法取得动产之诉""复回不动产之诉""侵害禁止令"等。当然,英美法国家之所以能这样规定,因为他们没有明确的物权和债权概念,也没有绝对权和相对权的划分。

我们这次2009年12月26日通过的《侵权责任法》(没用"行为法"),不仅保护债权,也保护物权,所以我们似乎采用了一个折中的办法(这是王利明的看法)。对于物权,在物权法中也保护,在侵权法中也保护,统称"被侵权人的请求权"。在侵权责任的方式上,也包括返还财产、排除妨害、消除危险——这些在《物权法》的第三章"物权的保护"中也规定了。那么,在将来合成《民法典》时怎么处理呢?这是个问题。

最后,关于人格权的立法问题,现在越来越多的学者倾向于将人格权独立成编,这个问题我们就不讨论了,但是我想强调一点,人格权立法必须将对人格尊严的维护作为核心的内容。人格尊严是一种人的精神价值,是一种人的灵魂尊严,是一种人的高尚的人格、品格,人格尊严超出了人的生理界限。人格尊严虽然不直接体现为权利的对象,不可能设置一个尊严权,但它的内涵涉及多种具体的人格权,如名誉权、隐私权、知情权、人身自由权、思想自由权等。我们的法律不仅要求每一个人尊重自我,而且要求尊重他人。通过这样的立法,方可促进我们国家、社会的文明和进步。

关于民法典制定问题的讨论*

马俊驹:“非典”终于过去了,我很高兴大家都顺利地渡过了这一关。“非典”的到来虽然令人猝不及防,一时限制了我们的活动,但同时也使我们在宿舍或家里能专心地读书。我发现,这一阵子学术界的成果明显地多起来。所以,我想在这时候进行一次学习讨论可能比较适时,你们一定也有许多想法要谈,这也算对你们几位我的一年级博士研究生补一次讨论课。特别是梅夏英博士今天也来了,他近来有一些学术观点很有意思,也请他和我们交流一下。江海波为大家作记录,会后再作一下整理,当然你也应该多发表意见。

大家知道,学术界对于我国未来民法典的立法模式和结构体系正在进行广泛的讨论。民法典的制定是一件举国上下瞩目的大事,它不是一项简单的立法事件,它涉及我国未来社会关系和社会观念的塑造,将对社会产生巨大影响,其深度与广度是空前的,从某种意义上来说,民法典的制定是一个复杂的社会系统工程。我们都是社会的一员,又是研究民法的,更应该有自己的见解。今天就是让大家畅所欲言。对学术问题的讨论没有老师和学生之分,大家都是专家。既然是专家,那么你们就应当对我国民法典的制定尽可能地提出自己的想法和意见。

梅夏英:马老师在这里给了我们一个当“专家”的机会,我想我们应该好好珍惜。民法典所涉及的内容纷繁复杂,大而言之,可以涉及民法典在当代的功

---

* 本文系根据作者与其指导的清华大学法学院博士研究生就民法典制定问题进行的课堂讨论记录,原载马俊驹主编:《民法典探索与展望》,中国民主法制出版社2005年版。

能和价值取向,以及民法典的方法论问题;中而言之,涉及民法典的谋篇布局,这体现为传统民法典这一稳固体系的局部解构问题;小而言之,也可涉及具体制度的取舍和构建。当然,在此之上和之下也有许多值得讨论的地方。我认为,目前的学界讨论主要局限于中间层次,但是我们不应受此局限。按照通常的认识规律,我们今天最好按照从宏观到微观的顺序来进行讨论。

一、关于中国民法典的立法基础

(一)对于近代民法立法价值的评析

江海波:为了让大家对关于民法典目前的争论有一个认识,我大致先说一下主要的观点。从目前来看,关于民法典的立法模式,有几种观点。江平教授认为应制定一部开放的民法典,但在结构上不搞大而全的、无所不包的大民法,而是制定相对而言松散、法典编纂式的民法典。在民法体系结构上,不能以传统民法的观点来看现行民法的制定,而是要突破传统民法僵化的、封闭的体系,学理与立法应区分开来。他还主张,不能以大陆法尤其是德国法的体系来考虑中国民法典的制定,应该尽量容纳英美法中好的东西。梁慧星教授认为,未来中国的民法典应该从现实出发,采取德国民法典的结构模式,注意概念的逻辑性和体系性,基本保留传统德国民法的一套概念和制度,如在立法上应坚持债权、物权等概念和民法总则、债法总则等既有的立法模式。也就是说,未来中国民法典是传统大陆法系德国式立法的延续。王利明教授则认为,民法典是最高形式的成文法。逻辑体系不仅是民法典的内在要求,也是其生命所在。一个缺乏体系的法律就不是真正的法典,而不过是一个法律的汇编。但他认为,我们不能简单照搬德国五编制的体例。因为时代和立法是发展、变化的。现代社会人格权的出现和合同法自身功能的增强,使原有的五编制已不适合社会的发展,立法者应对此予以关注,在法典结构编排上可以拓展。以上我基本上将民法典的争论焦点摊开了,当然还有其他的争论,但大多都是从上述观点派生出来的。上述各种观点都有一套自己的讲法。江平教授的方案以开放和进取为特征,梁慧星老师以注重传统和概念体系的维护为特征,王利明教授则兼而有之,显得务实些。从我个人来看,我觉得王利明老师的方案似乎更有可行性,在传统和开放之间起到了一个桥梁作用。

宋刚:听了上面的介绍,我就抢先对目前民法典的制定提出自己的疑问了。我总的看法是,我国目前对于民法典的制定好像存在两个不可推翻的前提:一个是民法典当然要制定;另一个就是民法典当然地应当依照德国民法典的结构模式。我认为,如果存在这两个前提,那么在这两个前提之外所产生的争论中的许多有益因素,就会一定程度上被扼杀掉,在具体制定时就会对所面临的许多问题在自身狭隘的体系内无法得到完全解决。比如,当代民法之外大量游离的专门法使我们不得不提出疑问:当代民法究竟是一个法规体系还是一部有特定理论和立法结构的法律。另外,当代社会无形财产的膨胀这一问题在传统民法体制内也是无法解决的。

刘阅春:宋刚的问题恐怕是对民法典制订必要性的怀疑。据我所知,对此持否定态度的不乏其人。但很遗憾,否定观点大多没能从根本上将这个问题讲透,只是从目前社会关系复杂、法律日益分化这些技术因素去进行论述。我的初步想法是,如果将民法典作为一个近代意义上的法典去看待,应该从理性主义和形式逻辑的必要性去考虑。如果抛开近代大陆法系国家的理论基础去看待,又没必要死抱着德国民法典不放。对于前者抱着近代民法典的乐观的理性主义,我是持怀疑态度的,对于理性的无知、社会构建论的狂妄,已日益取得大家的认同。例如,波普尔、哈耶克和福柯等的学术观点无一不是对笛卡尔至黑格尔以来的极端理性主义的批驳,现代分析哲学的兴起和繁荣实际上已经否定和消解了近代民法典概念体系的合理性。另外,德国民法学界自身在近年来也有了一定的变化,对于概念法学的僵化也有了一定修正,日本民法学界更是在判例上大作文章,这些都是值得我们关注的动向。

曹治国:我对刘阅春的讲法有不同意见。她是从认识论的角度来看待民法典的。我认为,虽然从认识论上讲,概念法学不可能完整地设计社会关系,也不利于社会自发形成开放的外部秩序,因此,对概念法学提出否定是可以理解的,但是应当注意民法典更多地是表现为成文法的高级形式,而不必然一定与概念法学相联系。当然,分析哲学和后现代主义虽然对语言和概念的局限性进行剖析和批判,但是成文法本身还是必要的,虽然成文的法律系统一定程度上会忽视社会关系的复杂性和特殊性,但成文法本身确定了一项社会秩序,这种意义是无法抹煞的。也许一般性和特殊性之间的矛盾是人类的悲剧,我们只能面对它,而不能绕过它。我还认为,在确定未来民法典制定的必要性时,历史因素是最不能忽视的问题。我们之所以热衷于制定民法典,是因为我们已经习惯了大陆法系的这一套立法和实践模式。梁慧星教授认为,中国人的思维传统和成文法历史决定了民法典制定的必然性,有一定的道理。但是,我们也应当清醒地认识到,民法典是欧洲人的历史,而不是我们的历史。我们的历史体现在近代一定程度上人为地继承了这种法典式的立法模式,但我们是否享受了法典在历史上给西欧国家所带来的独特价值呢? 这一点还有疑问。我的意见是,所谓法典在我国的意义更多地停留在形式上,其创立之始所蕴含的哲学意义和司法传统我们并没有享受到,这从我国对法典的争论仅仅集中于法典的体例形式上,便可见一斑。当前并没有诸如德国当时历史法学派和自然法学派、日本实施派和延期派的深刻争论。因此,我们对国外法典的移植与借鉴,不仅要在民法理论和民法典体系方面下功夫,更要看到在其背后作为支撑的社会经济、政治、文化等方面的基础。我想,这可能就是梅师兄前面所说的"大而言之"的民法典涉及的内容。

马俊驹:刚才大家都对未来民法典制定的必要性和可行性进行了讨论,其中不乏一些有启示意义的思路,我很高兴你们阅读了一些书。我的意见是,对于民法典的制定一定要慎重,在此之前不能简单地肯定或否定。未来民法典制定的许多问题,或多或少地使我们怀疑制定民法典现时的必要性和可行性,我认为,关键要看我们将制定一部什么样的民法典,如果制定的一部民法典是一部适时的法律,那么负面因素在一定程度上可以消解掉,如果仅机械地沿袭德国民法典,将其视作圣经,那么问题便会越来越明显。依我看,法国民法典和现代的荷兰民法典较有弹性,这一点较德国民法典显得包容性强一点。法典是要拿来用的,而不是光拿来看的,不好用或者过时的东西,我们就不能坚持,德国民法典对我们来讲,只是一部法律而已,如果其中蕴含很深的道理,却不是中国社会所能理解或没有传统基因的道理,那么我们只能以是否能有效地实施作为评价标准了。法律是在不断地发展变化的,没有一种法律形式和法律理念是亘古不变的,这也是历史的宿命。现在欧洲国家也在探求民法典结构体系的创新问题,法典是他们的传统,他们创新的难度比我们要大,我们目前对于许多理论问题还没有研究清楚,没有抛开德国人为我们设计的概念前提,或者说还没有去独立研究问题,这才是我们该注意的,这方面我们还有大量的工作要做。

(二)法律价值对于法律形式的影响

梅夏英:听了刚才大家的发言,觉得很有意思。马老师的态度我比较赞同。以前我对于民法典的制定感到时机不成熟,或者说直接就是否认,但最终我认为还是制定什么样的民法典的问题。我认为,目前我国理论界还没有真正看到中国民法典在当代的自身价值和功能。这里我尝试用尼采至福柯的谱系学方法来加以解释。罗马人的民法所面对的是世俗社会的组织功能,其民法与今天所讲的大不相同,自然法和自然秩序是其价值所在;中世纪的民法是对抗封建庄园制法律的,罗马法的复兴首先施惠于城市自由人,代表了一种先进的生产关系;近代民法典则为反神学统治的结果,也是理性主义的结晶,民法典承载了诸如平等、自由和权利等基本价值体系,成为近代对抗政府权力的基本法。当代民法典则成了调和社会利益和维护社会秩序的工具,欧洲的民法社会化和英美的社会法学派的兴起便是例证。所以,我总的看法是,民法的价值和功能是在不断变化的,这种变化肯定会影响民法典的结构。例如,法国和德国民法典的制定其理论基础就有不同。那么,对我国而言,我觉得我国民法典的价值没有以往民法典那么单一,既涉及市场基本理念的建立,也涉及社会利益的平衡,还涉及人的基本价值的维护。这样,民法典便不能固守一种立法理论,而应通盘考虑。葡萄牙法学家桑托斯写了一篇文章,叫《法律——一张误读的地图》,里面就提到法律的价值与法律本身的冲突,当代价值观的多元与冲突,使法律承载着多元价值,变成了负重的"骆驼",那么法律本身也就在体系上倾向于破碎,不可能由一种理想的模式主导。也就是说,每种理念所支配的法律都有一定的调整限度,未来法律更倾向于一种"变色龙"式的法律。我想这里可以对德国民法典的单一的概念模式的局限性提供一个很好的注解。

江海波:夏英的看法似有道理。德国民法典是一逻辑严密的体系,在概念体系内要容纳其他价值的可能性不大。但我想问的是,如果权利本位和权利体系占主导的概念和立法思维模式,成为民法的精髓,如何对此进行创新,以适应多元价值的需要?诚实信用原则和公序良俗原则等也是在概念体系外求发展,并没有改变原有的概念体系。其他价值也是这样。在一个自足的体系内,如何扩展以更好地调整民法的功能模式?

梅夏英:你说的这正是大陆法德国民法典的致命的地方。法国民法典要好些,因为其概念基点稍宽,容纳性稍强。大家不难看到,德国民法典在法典概念体系内已成僵局,现代诸如人格权的问题都不能很好地容纳,只能通过基本法来解决,好像这不是民法的东西似的。另外,国家调控利益的法律也在法典外求发展,导致民法典成了一列火车,物权和债权统领着不相关的大量法律,似乎使人觉得民法除了物法和债法以外,其他都是附庸。这些都是近代理性主义和概念法学惹的祸。大家注意,后现代哲学对语言结构进行了反思,认为特定时期的概念和理论有一种强势迁移的功能,为了说明某种价值是重要的,不惜运用全部语言能量去说明他,形成话语控制。例如,罗马人强调自然秩序,一切哲学和制度均围绕所谓自然、正义来进行,连法律本身也与正义的词语相同。民法也是如此,近代民法典为了突出人的权利、自由和平等,将民法又改造为权利语言。物的制度和债的制度本来是法律关系,权利和义务同等地位,却将此关系命名为"物权"和"债权",其实我们并不能在物权和债权法里处处体会到权利的存在,感觉到调整时其方法与罗马法并没有两样。

江海波:你讲的意思是,我们过于尊重德国民法典的概念和理论体系,其实就是受近代的话语统治吗?

梅夏英:对此我们应有清楚的认识,我并不是说以往的东西是错误的,而是认为我们应对其历史的情境进行透视。然后才能跳出来,更少地受其束缚,增加创新的勇气。对于民法的规则体系,我总的看法是,当代法律倾向于碎裂化,成文法典不可能体现为一种由单一价值决定的自足的体系,理性主义、人本主义和社会法学理论穿插其间,各种语言概念界限模糊,缺少讨论问题的共同前提。未来的民法典只可能是一部倾向实用、技术设计精巧、理论争论淡化的民法典。

(三)理想主义与现实主义相结合:摆脱概念法学民法体系的束缚

马俊驹:夏英刚才总体来说是从宏观方面进行探讨的。讲得也有一定的道理,但似乎感觉离我国目前理论界所涉及的问题较远。不过,我还是赞同你所讲的法哲学理论的特定社会适用问题。但是我认为,德国民法典所倾向的社会价值如权利观等,在我国今天仍有实际意义,只是我们在形式上不能太拘泥于此。

民法是社会生活的反映,它随着社会生活的发展而发展。社会生活一旦发生变化,民法也要作相应的变化和调整。所以,一些国家的民法典,几乎每年都要进行修订。特别是遇到社会的巨大变革时,一个国家民法原有的理论体系和制度体系就可能遇到剧烈的冲撞,这时,那些星星点点的修改就已经无济于事了。现在,我就朦朦胧胧地感到大家所熟悉的传统民法的许多方面正在衰替,似乎一个新民法将要升起,或者说正在孕育之中。中国酝酿和制定民法典,这确是一个历史的机遇。自从 19 世纪初法国民法典开近代法典编纂之先河,100 年后德国民法典将法典编纂技术推向高峰,现在又过去了 100 年,为适应社会生活的变迁与发展,中国民法典的制定已成为法律界的关注焦点,同时对于立法界和学术界是一个巨大挑战。

宋刚:我也感到民法总的说来好像已经发展到了一个转折点,其具体表现为近代民法的体系趋于松散。比如,在法国民法典和德国民法典基本规定了绝大多数的私人关系,但可以发现,现当代私人关系日益丰富,法律规则无限扩充,传统民法典之外存在大量规定财产关系和人身关系的单行法。法典的万能主义时代早已结束,概念法学尚在发挥作用。

我个人的观点是,民法体系朝着解构的方向发展。如果我们今天将物权法、合同法和侵权法单独立法,与机械放入民法典并没有两样,那么所谓的“几编制”就仅仅是在形式上有意义了。我很疑惑,民法典好像很神圣,但具体操作时,却又可以以单行法的形式代替。但找出形式之外的东西在现代又好像没有多大可能。那么,结构的意义在当代究竟在哪里?与德国和法国民法典对结构的注重相比,现代对结构的追求力度以及意义又有什么根本不同呢?如果不能回答这个问题,也许松散式的思路就是合理的了,法典制定也就成了法典编纂了。

曹治国:梁老师也曾经为民法典的制定定性为三种思路:江平老师的开放立法方式为"松散式、联邦式"思路;徐国栋老师的"新人文主义"为理想主义思路,他本人的思路则为现实主义思路。徐国栋老师的提法目前受到了较广泛的质疑,所以是否真的是一种具有确定基础的"理想主义"还值得考虑。梁老师认为从近代我国对德国民法的继受已构成我国的现实,但我总觉得这种现实与现实生活还是有差别的。徐国栋老师提出的新人文主义问题,是以实在的问题作基础的,这问题就是,当代民法在财产和人本身的价值之间如何协调?当然,其论述的角度主要是从价值论、民法的功能及体例编排来论述的。我认为,在基于财产问题而形成的一整套民法概念和制度体系中,对人身问题特别是人格方面的重视是不够的,对民法典的体例安排是不妥当的。主体制度中的主体的定性问题也是值得思考的。我们不能在传统的以财产为纽带的主体制度中获得伦理意义上的人的价值,只能通过另外的专门立法来体现。

马俊驹:梁老师给这三种思路起的三个名字,从字面上都没有任何贬义的意思。要我说,制定民法典的确现实一点好,现实是存在的基础,但是有理想也不错,理想是进步的希望;所谓"松散式"的思路也是现实主义的一种具体形式。这三条思路都有可取之处。应当说,理想加现实是我们这次民法典编纂的原则之一。我认为,以德国概念法学派为主导制定的民法典,也有相当成分的理想主义色彩,想用一个封闭的金字塔式的概念堆积去解决所有的,而且是发展变化的现实社会问题——但这是不可能的。我们要讲现实,但重要的是当前的现实,是社会发展的现实,若不研究这些问题,制定民法典就是没有根基的。这就是我先列出一些问题的原因,因为这些问题能否较好的解决,是我们能否制定完善的民法典的重要前提。

刘阅春:我认为,民法典关注的重点已由社会变革的宣示和司法制度设计的功能逐步转向成文法立法技术这一层面,民法典已不能承载太多的社会功能。具体而言,首先,我国目前已成功地由计划经济转向市场经济,社会制度的变革早已发生,民法典至少目前已没必要类似法国成为权利宣言式的法典。其次,我国一直是一个大一统的国家建构,法律的统一也不能成为一件令人瞩目的事情。剩下的就是,民法典作为对成文法的系统化在立法上具有的重要意义了,但我认为,这一意义在《民法通则》颁布时期已提前分享了这个殊荣,所以目前民法典的制定其实就是对以前的民事法律进行整理,纯粹是一个立法技术问题。在此前提下,民法典本身仅成为一件当然的事情,成文法发展到了一定阶段就要制定民法典,这是成文法国家的必然发展趋势。实际上,不仅是中国,在世界各国范围内,法典化的工作仍在进行,尤其是发展中国家和第三世界国家更是如此。我认为,这些国家引进民法典恐怕更多的在于实现成文法典的引进,实现从无到有的突破,节约立法资源是其主要目的,这种机械的效仿是否奏效,并不是他们目前关心的主要问题。一句话,在现代市场经济国家,外国成文法典的引进仅仅是立法技术问题,至于法典化的传统语境、法典化的演进、法典化的利弊、法典化在当代功能的重新审视、外国民法典的国内适用性等根本问题并不在考虑之列。其带来的后果必然是,在不久的将来,大规模的反思和修正将不可避免。

曹治国:我们都注意到了马老师从1996年以来一直研究民法典的结构体系问题,对民法典体系的创新颇为关注。从目前争论的焦点来看,学界大多局限于与传统民法典篇章结构密切联系的部分,如债法总则问题、人格权问题和侵权行为法独立等问题。马老师您认为除此之外,还有哪些问题对民法典的传统体系构成根本的冲击?

马俊驹:我不妨列举几个问题:一是由于经济的全球化,加上政治方面的原因,带来各国法律之间趋同化的趋势,特别是民商法。实际上从20世纪40年代开始修改的荷兰民法典,就融合了法国法和德国法。另外,两大法系也在融合,加拿大魁北克民法典就兼容了法国法和英美法。而现在,欧洲正在制定的统一民法典,更是对如何融合大陆法系与英美法系两大法系的尝试。二是民法是一个权利体系,当代是一个权利爆炸的时代,各种新型的财产权和人格权不断涌现,以致从罗马法到德国民法典设计的权利体系,已经不能完全适应现代社会的需要。三是由于知识经济的到来,人力资本价值的提高,冲击着企业、公司的基本结构,以资本为中心的企业组合形式,以及“股东至上”的传统观念,正受到猛烈的撞击。四是科学技术的飞跃发展,无时无刻不在影响民商法制度赖以存在的基础。当代,科学技术的进步有两个方面最为突出,而这两个方面直接与民商法相关:一是信息技术,二是基因技术。五是环境、资源问题对民法的冲击。现在,环境恶化、资源危机已经严重地威胁着人类的生存。环境法、资源法、能源法受到各国普遍的重视,并与民法传统的价值观念、调整对象、民事主体范围、民法权利体系发生猛烈碰撞,产生了诸多问题。

以上一共是五个方面的问题,有些问题已经在学术界产生了激烈的争论,但我感到这些争论还不够深入,无论是有创新观点的,还是具有保守倾向的,都难以作出圆满的解答。我们不得不认识到,一些传统的民法理念、民法理论、民法制度已经遇到了时代的挑战,这是我们必须面对的现实。我们这个突飞猛进的年代,日新月异的世界,既是推动我国制定民法典的巨大动力,又是制定我国民法典的限制因素,这两者我们必须清醒地看到。

二、关于设置民事财产法总则

(一)作为法典化产物的“民商对峙”

宋刚:上述问题我发现在民法传统概念体系内很难自身完善。比如,就无形财产而言,诸如知识产权、票据制度,在传统民法物权范围内很难容纳,这导致了民法和商法事实上处于相互隔离的状态。我又疑惑为何当初大陆法系制定万能的民法典时,对商事财产关系却又如此畏惧?看来,民法典好像自始就不能有效地调整商事关系。同样,关于环境问题、英美法制度的借鉴、基因问题和人力资本问题,本质上也与民法典的基调相异。学界目前仍倡导民商合一为立法潮流,但在规则体系上又无法有效地体现,其他问题也是如此,应属民法调整的社会关系不能在民法典上进行反映时,那么民法原有的体系和立法技术可真就令人怀疑了。

梅夏英:关于民法和商法的问题,目前谈民商合一和民商分立都是没有多大意义的。就民商合一而言,倡导者无法提出有效的途径使商法和民法在规则上相通。比如,关于证券和票据的规则,在民法制度上就无从体现。又如,关于股权的性质,在民法上也是付之阙如,无法推断;其他如商事活动的无因性,与物权法上的无因性有很大区别,虽有相通之处,但在规则上却不可相提并论。所以,如果说商法是民法的特别法,那么即使在具体规则上无法体现,至少在总则中也应留下一定空间供其适用。所以,民商合一仅是理论和名义上的解说,在立法上商法仍有不顾民法而自行运行之势。就民商分立而言,倡导者也很难抽象出商法独立于民法的基本理论体系。虽然各国商法学者不乏努力草拟商法总则者,但都收效甚微。一是由于商法本身是由各自独立的法律构成,本来就不易从规则上找出共同的总则;二是由于商人和商行为的本质界定,似乎又是建立在民法中财产性人格和法律行为的假定上。至于其他如商业登记和商业账簿的规定,似乎又是操作规程,不构成总则的本质内容。因此,也可以认为,民商分立之说也是一个理论和名义上的解说。造成这一问题的根本原因在于,法典化思想本身必然会造成条块分割,从而造成类似于国家主权式的思维,以此概念系统容纳彼概念系统。其实,如果将法律放在规范而不是规范系统的层次上去认识,也许就没有这样的困境了。

刘阅春:对于民法和商法,我也有同样的感觉。历史上的民商分立思想和民商合一思想好像就是一个法典统领权之争,从立法的实际效果来看,差别不大。比如,近代法国、德国、日本等制订的商法典制度,就以特别法形式规定,还有如瑞士和意大利放在民法典当中规定,在适用上没有多大区别,因为即使将商法放入民法典中,其并不能与民法典原有的概念系统有效地融合,在实质上商法并不能沾民法多大的光,倒显得有点不伦不类。我有时突然会想,是不是民商合一和民商分立仅仅是一种形式的争议,如果没有法典,这个问题就不会存在?我们可以想象,如果没有概念法学,民商分立或合一都不成问题,存在一个概念系统,反倒使商法与民法之间存在一个很大的鸿沟。所以,民商分立或合一难在民法的基本理论和体系源于古罗马法,其中并没有完全包含近现代商事关系的调整手段,这才是根本原因。我们考虑这个问题时,实际上是依照外国学者的观点来考虑的,有先入为主之嫌。其实目前民商分立和合一问题,只是一个法律形式与内容之间的矛盾体现而已,这种矛盾只能缓冲而不能以一种观点来解决。

除此之外,我所疑惑的是,为什么商法和民法都调整平等主体间的财产关系,近代以前两者各自发展,到现代商人泛化时,仍然难以统一,这其中肯定有些决定性的因素我们没有发现。

(二)作为“民商对峙”的结果的民事财产权利范围的狭隘性

江海波:对这一问题我有所注意,这或许可以从民法和商法的起源和功能角度进行解释。可以确定的是,传统大陆法系的财产观点是建立在朴素的财产观基础上的。罗马法的财产观是小商品经济中原始的物的交换的反映,而这种交换的法律规则被视为自然秩序的一种形式,所以,对于有形物的占有秩序的规定为其主要内容。而对于近代法国和德国而言,虽然商事活动和商事规则已经形成,但民法却肩负着完成从封建社会至资本主义生产关系的转变,而对人权规定仍脱离不了对罗马法物法制度的借鉴。因为,近代法律所对抗的是政府权力,其目的是实现整个社会关系的变革,在此前提下,近代民法只能从最基本的关系入手,确立社会成员的基本权利,权利成为社会成员对抗权力的屏障,也成为民法的语言。所以,以物权为代表的财产与生命、自由一起成为基本人权。商法却是早期商人阶层的规范,所以商法没有厚重的理论气息。

梅夏英:商法的规则有另一番语境。其原因在于近代商法并不肩负社会变革的使命,也不以确立社会成员的基本人权为己任,而是特殊商人群体的金钱游戏规则,这种规则在西欧封建体制内就已产生了。所以,商法并不以权利为语言,而仅表现为一系列严谨的、务实的操作规程。所以,在传统民法的权利体系内,商法的财产流通形态很难用民法权利语言进行解说。也就是说,民法和商法在功能上的层面不一样。民法调整财产关系和人身关系是为了建立整个社会的基本秩序,所以其概念体系基础而直观;而商法则是特定社会阶层使用的游戏规则,没有价值负荷,语言表述为一种中性的表述。

江海波:夏英说的我也考虑过,按此思路延伸下去,可以发现一个明显的事实，自罗马法以来的民事权利是以最贴近市民生活的财产关系为基础的，因此，以民法最基础的“物”的概念决定的财产权利系统也处于社会关系的最基本层次，由于“物”“物权”“债权”等基本概念所构建的民法规范已经形成了稳固的规范群，所以在概念上拓展将会牵一发而动全身，很难有所突破。而商法制度所确立的财产规则是开放的、多层次的，在商业中，即使没有物的介入，仅通过无形的票据、营业权和股权的流转就能获得大量金钱财富，这在现当代更是经济的常态。所以，当代民法和商法的矛盾主要在于民法财产制度的基调过于狭窄，不能涵盖商事财产形态，这事实上导致了民法和商法在规则上很难融合。

曹治国：前一段时间我接触过一个案件，是关于物业经营权担保问题的。物业经营权是经济活动中广泛存在的一种权利态，它主要由财产所有权中的使用、收益权能集合而成。但是由于严格物权法定的局限，加上我国《担保法》在抵押权标的物范围上规定得不完整，导致物业经营权抵押这一在交易活动中切实存在的行为得不到现行法律的有效保障。从物业经营权的权利属性来讲，它与物权设定的担保没什么两样，但为什么物业经营权担保问题就找不到法律依据呢？后来我看了相关材料，发现诸如在高速公路收费权上设定的担保是抵押还是质押，在学理上都没有任何结论，这充分暴露出传统民法从“物”这一概念出发，忽视了物的担保就是物权担保这一个本质特点。当抽象的权利设定担保时，就无法在以是否有“物”而划定边界的担保制度中找不到位置。其实很多商业上的担保都是如此，只不过立法上尽量往权利质押里装，当这种权利涉及不动产，而又不是不动产物权时，就没办法了。所以，我总觉得传统的物权理论过于僵化，实际上阻碍了新的交易关系的设立。

宋刚：我接着曹治国的话讲，其实不仅仅是物业经营担保权存在问题，这一问题在让与担保中也存在。所谓大陆法上的让与担保制度，实际上就是为了担保某种债权的实现，将某种权利转移给债权人，等债务人清偿债务后，债务人再将权利收回。英美上的按揭自始至终也是以权利的转移和回赎为其核心特征的，因而按大陆法系的说法，按揭实际上可看作一种让与担保的形式。现在的情况是，由于让与担保是以物的权利的转移为特征的、涉及物权变动，因而学者都将它作为担保物权的一种形式。我个人认为，这里面实际上也犯了一个思维模式上的错误,混淆了价值判断上的担保和制度形式上的担保制度这一错误。严格说来,让与担保是一种价值判断意义上的担保,而与担保物权有着本质差别。担保物权是通过担保合同设立的,它表现为一种不流质的契约,对债务而言,物的担保约束只是一种潜在的威胁,它伴随着主债务履行的始终,它的后果是不确定的。但对让与担保而言,从债权债务成立开始,债务已将权利转移至对方,权利归属已经明确,若其履行债务,则债权人依约应将权利返还,这也是明确的。而整个过程中,权利归属一直是明确的,只要顺着合约走,一切都是确定的。因此,让与担保与担保物权的制约机制具有本质的区别,其原因在于让与担保中并没有一个专门的担保方式存在,更没有一个所谓的担保权存在。

(三)民事财产法总则:民事财产权利狭隘性之克服

刘阅春:传统的物权法理论和制度的确有僵化的一面。这种局限于"物"的持有这一外观的思维严重阻碍了民法规则适用于商事领域。商法在近代与民法有着不同的产生机制和技术传统,那么社会发展到当代,在财产占有和运行这一领域内,两者却趋向统一。在规则上如何使民法和商法融为一体,对大陆法系国家而言,仍是一个难以解决的问题。请问马老师,对于这种尴尬局面,在法律上怎么解决呢?

马俊驹:是否可以考虑设置一个财产权总则,我有这个想法已经有很长时间了,但一直考虑得不成熟,最近我和梅夏英准备写一篇这样的文章。自20世纪下半叶,在财产权领域就始终存在一种在法律史上绝无仅有的自发衍生的现象,有的学者称,这是一个"权利爆炸"的时代。财产权不再局限于传统私法领域的物权、债权、继承权等,而是随着物权和债权的相互交融,介于物权和债权之间的权利日益增多,有时则表现为各种具有经济价值的权利的总和,形成了一种十分明显的权利耦合的现象。比如,最初学者在讨论法人财产权的性质时,都力图从传统的权利体系中去寻找它的位置,但始终无人能够圆满地找到答案。然而,当研究进一步深入,人们发现法人财产权是权利束,即权利的集合,它不仅是一组静态的权利,而且是动态的。因此,人们开始怀疑传统的权利体系以及分隔式的研究方法,主张对权利体系进行重新梳理,从各种权利的相互关系中去研究权利的体系和结构。

特别是在大陆法系,从罗马法沿袭下来的一套逻辑严密的财产权体系,在纷繁复杂的商品世界受到强有力的挑战。大陆法系财产权的二元结构,即严格分为物权和债权的理论和法则,直接发轫于德国民法,并为大陆法系各国立法所继受。如前所述,如果把这种划分作为衡量所有民事权利的模式,则其弊端日渐明显。当代社会人们实际享有利益的范围和种类日益丰富,并非完全表现为"物的支配权"或"请求权",而往往是游离于两者之外的。现在,越来越多的学者已经意识到了这一点,在理论上对这种划分的涵盖性提出质疑,甚至怀疑这种划分本身的科学性。我认为,物权和债权这种划分方法有其合理的一面,主要问题在于理论上形成了过于僵化的分析模式,为什么不能在保留其合理性面的同时,开拓财产权更宽广的领域?这就是我曾提出的一个设想:打破大陆法财产权体系的二元结构,建立一种多元结构、富有弹力的财产权体系,使它能够更好地适应社会经济的发展和需要。

目前,我们对于那些无法在民法典中找到其位置的财产权,不妨暂且放在这个财产权总则中,这样既能保留和继受大陆法系传统民法的财产权分类,又不破坏民法典原有的逻辑体系,仍然设有物权、债权和知识产权、继承权等,给不断出现的新的财产权类型作出原则性规范。

江海波:知识产权在民法中如何规定,也有不同意见。从世界范围来看,关于知识产权有以下几种立法例:第一种是德国民法典;第二种是单独编撰知识产权法,也就是依据民法典来编撰知识产权特别法;第三种是在民法典中规定知识产权法。但我发现,凡是将知识产权编进民法典中的,结果都不理想。吴汉东老师主张有条件地将知识产权编进民法典,对其作一般性规定,而将知识产权的具体制度作特别法规定。如果按他的设想,知识产权写入民法典应如何与传统民法整合?如果考虑设计财产法总则,是否在财产法总则里就可以较好地解决这个问题呢?

梅夏英:这正是设立财产法总则的好处。如果没有财产法总则,知识产权在民法的任何一部分进行规定都是不恰当的。完全按照传统理论,知识产权最有可能放入的是物权法,但物权法的基本原则和基本制度实际上并不适用于知识产权法。民法典主要是调整债权和物权关系,调整的范围确实有限,经过一千多年的发展,这种调整模式已经僵化了。用物权法的方法解决知识产权的问题,实际上是不可能的,应当注意到传统民法封闭的体系不能把所有的民事权利作完全的规定。除非把物权和债权扩充,但过于扩充,民法也就变异了。所以,知识产权问题就同商事权利一样,存在与传统民法的整合问题。而这种整合通过财产法总则的设立可以在一定程度上实现。

曹治国:郑成思教授曾提出通过将物权法在立法上扩展成财产法。这一思路也是基于知识产权等无形财产的出现这一个事实而得出的。他认为当代财产应不限于有形物,基于知识产品而形成的权利也是重要的财产,在民法里,只能对物权法进行拓展,才能使知识产权这一财产得到确认。但依梅师兄的上述见解,物权法的整套理论解决不了知识产权的问题,我也有同感。比如,物权法里的公示、交付、物上请求权等主要是基于有形物的规则也难适用于知识产权。我深深感到,我们不能将传统物权法的封闭性理解为立法者的作茧自缚,而只能说调整每项权利的法律制度都是不同的。

三、关于民法总则的反思

(一)反思之一:以财产关系为调整模型

宋刚:我们曾经认真读过马老师的相关文章,对设立财产法总则的设想基本理解。

由于民法的传统规范体系很难扩展,那么,要体现民商合一,在民法典的设计上通过财产法总则将其财产形态拓展至商事动产,是一个必不可少的步骤。就必要性而言,在现代社会中,民法和商法的功能趋于同一,市场经济基本规则的宣示作用已蜕变为高度发达市场经济中财产关系和人身关系的调整作用,商人这一特殊群体的游戏规则也已全面渗透社会的每个角落,社会的政治和经济结构在高度的市场化条件下得到了统一,因此,市场经济下的民法和商法财产关系也应放入同一体系进行规制。而财产法总则恰恰能为其提供这一体系。

另外,财产法总则也在一定程度上缓解了民法上具体权利的“性质”之争,在体系上对于“性质不明”的民事权利也可以进行规范。也就是说,财产法总则基本解决了民商实现真正合一、民法财产权体系统一的技术问题。

我的疑惑是,如果未来民法典设立财产法总则,那么便与原有的民法总则产生冲突。再者,财产法总则的设立是否也意味着人身法总则的设立也成为必要呢?

马俊驹:宋刚这个问题提得好。民法总则本来主要就是规定民事财产关系的一般规则。我们应该首先弄清楚,我们目前所学习的民法究竟是个什么样的法律。我认为,现在沿袭下来的民法具有特定的含义,就是自古罗马至现代的关于人法、物法和债法的规范群,这纯粹是由传统造成的。在此基础上,我们很容易发现,这个规范群之所以如此坚固,就在于其是围绕财产关系展开的。我认为,从近代法典化运动时开始,民法概念和理论体系就是关注财产关系的,人身关系一直倾向于独立规定,即使在民法典中把调整人身关系的规范抽出去也不会影响民法理论和立法结构的完整。也就是说,对民法的自足体系不会构成大的破坏,不会让人觉得少了点什么。

从民法总则中我们也可以看到,总则其实是就商品关系所作的抽象,总则的绝大多数内容并不适用于人身关系。对这一点学者们好像一直视而不见。那么,我们为什么在此前提下,又要倡导设立时产法总则呢?因为我认为,如果真要制定民法典,就应该使民法典真正起到调整相关民事关系的作用,不然,民法典也许只能称作“调整物权和债权关系的法律”了。要解决这一问题当然得从体系上进行梳理,无论民法典是否要设定人身法总则,将财产关系与人身关系加以区分,运用不同手段进行调整和界定却是必然的。至于民法总则和财产法总则的关系,我想如果一定要设民法总则,那么这个总则的内容是要同时能够适用于财产关系和人身关系的。

江海波:问题转到民法总则的问题上了。关于民法总则是否有必要设立,其实各国立法有肯定和否定两种模式。民法总则是近代潘德克顿法学的产物,最早设置总则的民法典是1863年的《撒克逊民法典》。早期德国民法设立总则编的目的在于,基于概念法学的需要,为了避免过多的条文之间的引用,为同一类法律关系设立一个抽象的构架，从而便于法律的适用。但是，很显然，传统民法总则的“总则性”在当代遇到了巨大的挑战。

（二）反思之二：权利制度的缺位

梅夏英：理论上，民法总则是以法律关系为线索设计的。也就是说，法律关系的各要素如主体、内容和客体成为民法总则的规制对象，在总则中分别表现为人法、物和法律行为。按照梅迪库斯的观点，民法总则的核心内容为民事权利和民事行为，但在各国的民法总则中，我们却无从看到民事权利制度。相反，其后的债编和物权编都无法在总则中找到对应的权利抽象物，仅此一条，民法总则的统领性便令人怀疑。如果民法总则是为了解决生活中的一般性与特殊性的矛盾而设立的，那么值得抽象的就只有三种制度——基本原则制度、权利制度和行为制度。但民法总则恰恰忽视了最重要的权利制度，导致了一系列的理论困境。比如，人身权法和财产法的规制，使实际操作无法进行有效的适用和区分。除此之外，民法总则往往对一些事实视而不见，如对于人格权、家庭法和继承法等人身关系，在总则里找不到任何踪影，只能嗅到浓厚的财产法的味道。所以，从统摄性而言，民法总则并不能轻松解决问题。北川善太郎也提出，从概念法学角度来看，民法总则并不是真正的总则，分则中的许多内容并没有在总则中得到体现。

刘阅春：民法总则的许多制度似乎有点缺乏“总则性”，比如，总则中的“物”的制度，可以看出，在物的界定中，其实就是对物的所有权的规定，相关的每一个条文都涉及物的权属。所以，物的规定不如说是物的所有权的规定。另外，总则中的代理制度、诉讼时效制度实际上就是具体的民法制度，代理、诉讼时效制度能对分则有指导作用吗？显然不能。所以，民法总则究竟是“提取公因式”的产物，还是一个容纳分则之外零散规定的总则，我一直很困惑。

江海波：我认为，在考虑传统大陆法系总则的功能和体系设计时，应当参照其历史传统因素。从《德国民法典》制定时的情形来看，其参考的对象主要是《法国民法典》，虽然两者有很大差别，但对于民法典所调整的核心内容是一致的。也就是说，民法典必须以权利为线索来构建，关于这一点理论上几乎没有争议。换句话说,物权和债权终归是民法典体系的主干,除非总则对权利进行抽象规定,不然,总则永远不是严格意义上的总则。在此前提下,民法总则恰恰忽视了权利的抽象,对其他一些具体制度却予以囊括。但为何德国人又美其名曰“总则”,并将其视为《德国民法典》的过人之处呢?

梅夏英:这是潘德克顿法学体系化思维的结果。他们认为,以权利为中心的民法,如果不设立总则,那么零散的人法、代理和行为制度会对权利制度有所冲淡,在民法适用上便没有一个逻辑的起点。所以,民法总则中的人法、物、代理等实际上是一个大杂烩,人为地纳入总则,以保持权利制度的纯洁性。

(三)反思之三:以概念改造作为立法技术

曹治国:德国人曾一度想制定与《法国民法典》相似的法典,只是萨维尼以立法技术不足为由阻挡了这一进程,萨维尼所说的立法技术其实就是概念体系,他并不反对制订法典,只是说,法典没有严密的概念体系的支撑不可能建立。所以,他回到古罗马法,终于找到了一些概念并经后来的学者如温德夏特等的发展,形成了概念法学。在此基础上,他们开始以新的概念工具对《法国民法典》予以改造了。但为什么德国人一直没有抽象出民事法律关系的所有要素来设定总则,只是将一些物权和债权制度容纳不了的内容纳入总则呢?

梅夏英:从今天的观点来看,当时德国人的改造无非有两种途径:一是建立彻底的以形式逻辑为基础的民法典;二是对传统的民法体系进行适当的逻辑性的改造。就第一种途径而言,是一种法律逻辑对生活事实的完全加工和制作,以往基于生活逻辑而逐步发育的法律体系将彻底摒弃。这样民法总则将成为人的总则、权利总则、行为总则、民事责任总则和人身关系总则的综合,具体制度则为人法、权利法、行为法、责任法和人身法等。但这样的结局又超出了德国学者的心理承受力,因为他们的概念源自罗马法,所以自然不能背叛罗马法的基本体系,不能让自己概念的正当性将受到质疑。所以,他们适时地采取了第二种策略。也就是说,以概念为工具,对《法国民法典》进行了概念改造。但此时,已经预示着德国人在处理自罗马法法律体系传统和概念工具的适用上陷入了一个僵局。这种僵局最后体现为民法总则的诞生,通过将人法、物和代理等内容纳入总则,德国人的概念法学才体面地收场。当然,不可否认,《德国民法典》所抽象的行为制度不失为真正总则的内容,同时也一定程度上代表了自身的科学特色。

马俊驹:夏英对民法总则的分析有一定的道理,不过,有的观点论据还显得不足。我们不能否认,民法总则的上述局限在当代确实受到许多国家学者的质疑。对此种总则先天之不足的回应表现为三种态度:一是在立法上不采取总则这一篇,将总则的主要内容还原为民法具体制度,如瑞士民法典和意大利民法典就是如此。二是学说上对总则进行重新整合,拟将各分则的共同适用价值的制度列入总则,真正起到总则的作用。例如,北川善太郎就抱有此种观点。三是沿袭《德国民法典》的总则模式,然后进行一定的修正。

我认为,对我国目前来说,第一种和第二种不谈合理性与否,学者的心理承受能力这一关就过不了。学者过不了这一关,更不用谈老百姓了。所以,对传统总则进行一定的重组,是一个稳妥的做法。但是我发现现在讨论总则问题时,连对其进行一定改造的声音都没有。前面我已经讲了,财产法总则的设立对于维护民法体系的合理性是有好处的,现在都在讲可持续发展,如果民法的总则都没有开放性,那么今后制定出来的民法典实行的时间不会很长,民法典则极可能会成为调整少数民事关系的具体法了。

(四)反思之四:民法总则的品格所决定的民法的品格

江海波:按照马老师和梅师兄刚才的讲法,既然人身法和财产法在民法中存在一个界限,原有的民法总则绝大多数内容是从财产关系当中抽象出来的,那么是否民法的基本制度和理念也是财产性的呢?换句话说,是否传统民法典本质上是财产法,而非人身法?

刘阅春:我认为,从本质上说,近代民法典的一套理论和制度体系其实是以交易关系为基础的。例如,我们熟知的自然人和法人制度、权利制度、物法、债法等都是从这个角度去定义的。民法的主体制度、物权制度和债权制度本质上反映了市场交易的逻辑。在民法的整个体系中,民事主体主要是在一种财产性的秩序中作为一种主体存在。它作为权利和义务的承受者,明确了财产的占有秩序。在民法上,向来有一种说法,即“无财产无人格”,一个一文不名的人无权参与财产游戏,不能参与交易与经营,甚至连维持生命都很困难,显然在交易上不能构成民事法律关系的主体,所以自然也就不成其为民法上的人。但我们很难想象在家庭关系中,人身性的权利义务还需要借助什么权利能力、法律行为和财产占有来构成和实现。

曹治国:亲属法里法律行为适用的空间很小。亲属法主要以法定主义为主,个人缺少自治的空间。有些行为并不能认为是法律行为,如结婚问题,当事人合意并不能被视为合同,不然婚姻就成契约了。完全契约型的婚姻关系严格讲来,就是合同法的内容,谈不上人身法。当然,亲属法里也有以法律行为为手段的,如遗嘱问题、夫妻财产协议等,但这种财产关系只是由人身关系派生出来的,不能代替人身关系的本体规定。就像我们平常所说的“亲兄弟,明算账”一样,兄弟关系是人身关系,而算账关系则为财产关系,两者并不矛盾,这一说法正是区别人身关系与财产关系的最好说明。

江海波:我好像突然觉得对整个民法有一个新的观察了,这种观察大致可由民法的“特点”来描述。按照刚才大家讲的观点,民法的整个传统核心内容其实是对商品关系的一种抽象描述,其整个理论和结构体系的基调又好像既不是现代商事关系,也不是社会伦理关系,而活生生的就是100年前社会中的小商品经济和小农关系。正是因为这小商品经济和小农经济在各种社会都存在,所以民法才有普适性,但它又不能完全解决许多现实问题。说到这里,我又想起前一阵子徐国栋教授所倡导的以“新人文主义”取代原有民法的“物文主义”。但总觉得没有讲到问题的实质。如果以刚才我们分析的角度来看,好像这个问题以重人或重物这种目的性很强的语言来描述,并不能说明问题。如果我们将民法的基调解释为一种财产性的规则体系,那么它就不可能解决“重人”的问题,我们认识问题似乎需要换一个角度。

梅夏英:徐老师论述问题的基础是现实的。也就是说,当代社会的发展,对人本身的关怀在法律上应有更多体现。他实际上为民法本身规则的财产属性作了一个很好的注解。但他主张在财产法规则体系内解决重人轻物这一问题,反而使问题更复杂了。罗马法上的人法是组织社会的工具,跟近代民法上的人不太一样,近现代社会的组织功能应由公法来实现了。罗马法本来就有诸法合体的特征,法国民法典中的人法在商品经济交易者的假设上,与大陆法系各国并没有大的区别,只不过它在人法中规定了一部分人身关系而已,后来各国立法如德国、日本等的人法完全确立了财产性人格,这就说明人身关系在传统人法中并不是完全必要的。所以,将人身关系规定在人法中来实现重人轻物,丝毫没有解决实质问题。民法在调整社会关系时,是受目的律支配的,但这种目的的实现是需要手段的,不同的手段达到不同的目的。在传统民法“经济人”的假设范围内,解决的就是财产占有及运行这一目的,而对于人自身的人文关怀,只能通过另外的假设和规则来达到,这个假设就是人的生物性和情感性假设,也可以说在传统民法中就有体现,这就是人身法。通俗地讲,法律要达到什么目的,就必须从不同的角度去看待人,由此去设计规则。

四、关于人格区分与人格权立法

(一)二元人格:财产性人格与人身性人格

马俊驹:夏英说的实际上就是人格的问题。我在研究法人制度的时候,发现财团法人居然都可以成为民法上的人,这和我们通常所说的自然人相差太远。我就思考,只有找出两者共同的地方才能揭示法人的本质,这共同的地方是什么呢?就是独立财产。只要有独立的财产就可以成为民法上的人。自然人能成为民法上的人,就不是因为他是通常的人、生物意义上的人,而是因为这些人存在财产占有和交易这一前提,才赋予其为民法上的“人”了。这样想来的确很有意思。所以,我认为,对民法上的人格是可以进行区分的。一旦区分,财产法和人身法在体系上就可以得到清晰的界定和解释。

其实,包括《法国民法典》在内的各国民法尽管结构上有所不同,均偏重于调整财产关系,其调整手段也多是按照财产关系的规则打造而成。有些学者把作为客体的财产关系凌驾于作为主体的人身关系之上,这种讲法是不妥当的。目前关于编纂民法典的争论,远没有深入哲学理论层面,也没有必要处处都提升到哲学高度。徐教授的贡献就是通过自己的努力,希望把法学者引导到哲学的理性研究上来,这当然是一件很有意义的事。我也认为,在法律上分辨财产性人格与人身性人格具有理论意义。梁慧星教授说:“一个毫无财产、一文不名的人,连生存都难以维持,能算是真正的人吗?”这显然是将人身性人格完全理解到财产性人格去了。按照近现代人们公认的法制思想,人格地位和人格权的享有决不能以财产的有无、多寡而定,人身性人格是人所固有的自然属性、生物属性在社会关系中的客观存在,我们通常所说的人格和人格权就是指人身性的人格和人格权。人格与人格权既有联系又相区别,民事主体制度不能包容人格权制度。

曹治国:但是区分财产性人格和人身性人格真的有实际意义吗?民法上的人与权利在通常领域内并没有区分的必要,如一个人享有人身权与享有财产权往往是一回事,根本没必要区分所谓的财产性人格和人身性人格。在侵权救济和诉讼上,我们并没有感到有区分的必要性。

刘阅春:我也有同样的想法,如果将人格划分为财产性人格和人身性人格,那么我们可以发现,即使是在人身法领域,一切也是围绕财产进行的。也就是说,人身法也与财产密切相关,甚至也是其暗含的语境,这样岂不是把一个统一的体系人为地切割,反而显得不伦不类了?法律是调整人与人之间的关系,法律关注的当然是社会上具有自然属性的个人,法律最终关怀的是自然人,即使在财产性人格制度体系中,法律最终关注的难道不是自然属性的人的财产和生存吗?

梅夏英:上述问题我也的确产生过迷惘,但我觉得还是有区分的必要。就第一种质疑而言,我觉得一个人享有财产权和人身权虽然在法律技术上看似没有必然的区别,其身份却是不同的,享有财产权的人是与法人相对而言的个人,而享有人身权的人则是与非人的事物相对的个人,一种区分的意义并不能时刻显现,只有在遇到难题的时候才会发挥其作用。虽然我们都熟知民法的具体制度,但对民法真正的特征和其竞技规则并没有关注,只是以简单的生活逻辑来取代法律逻辑,所以民法上出现的诸如法人的精神损害赔偿和法人犯罪的提出,本身就是没有对其进行区分的结果。法人是在财产性人格中出现的概念,它不可能到解决生物属性的人身性人格关系的规则中去找答案。法律上基于人的思维惯性往往会形成一种预设的前提,在思维惯性下并没有进行有效的拆解,这导致后来在解决这一问题时,必须追根溯源才能讲清楚。

江海波:如果遵循人格分类这一思路,人身关系也大多涉及财产这一问题。因为人身关系并不意味着离开财产,而是说在人身关系中,是以人的自然属性来分配权利义务关系,而不是以交易原则来分配权利义务关系。人在人身关系中,是一个自然属性的人,而在商品交易中,则是一个财产的载体或财产的主人。其实人身关系里也有不涉及财产的情形,如婚姻法里规定的夫妻同居的义务,父母对子女的扶养和教育义务等就是纯粹的人身义务。人身权的规定就没有直接涉及财产,对人身权侵害的责任也不一定是财产性的,比如,赔礼道歉和消除影响的责任方式就不涉及财产。

梅夏英:更重要的是,法律的最终关怀与法律调整手段和立法技术是不同的概念。即使法律最终关怀的是个人,也得区分自然人在不同关系中的不同角色,一个商人在交易中的地位与回家作为父亲的地位显然是不同的。就好比我们同情足球竞赛中的弱者,却只能希望他以球员的身份多踢进一个球,除此之外,别无所求。我们不能指望一个自动售货机给一个一文不名的乞丐施舍一块面包,也不能指望一个父亲在商场上把顾客都当作他的亲人。社会生活的目的和手段往往是割裂的,现当代社会制度的工具理性特征和人的局部异化向来就是思想家们关注的对象,在民法中又何尝不是如此!

曹志国:民法是以财产为手段来调整社会关系的,但人身关系和财产关系的基础不一样,所以调整方式也不相同。具体而言,比如精神受到侵害后,受害人可享有精神损害赔偿请求权,但法人就不存在这一说法,就是因为法人没有预设的伦理意义上的人的生理基础。也就是说,在调整精神损害关系时,法律对法人和自然人的调整手段不同。

宋刚:是否可以说,从法律作为一种社会治理工具这一意义上理解,财产性人格就是一项法律技术,这项技术的使用使人与人之间的关系成为工具性的存在,就像一把“双刃剑”,交易人格在创造财富的同时,也在一定程度上抹去了人与人之间的温情。当代社会在私人领域关注人的表现只能从人的角度看待人,建立完善的人格权和身份权制度。

不过,从分析法学来理解,所谓财产型的人格可能根本上就是一种形而上学。凯尔森在分析法人概念的时候,否认有一个真实的法人实体的存在,而认为法人只不过是自然人基于财产汇合而形成的对内及对外各种法律关系的统称,法人指的就是自然人有关法律关系的集束,是一个纯粹的立法技术,实际上,不存在一个基于共同独立财产而形成的独立的法人人格。如果这样理解的话,社会上的法律关系都应该还原成自然人之间的关系。若真是这样,概念的作用如此苍白,所谓人格区分问题也就根本不存在了。

梅夏英:大陆法系本来就是一种概念体系,概念的区分和层次结构为其体系的灵魂。人格区分正是概念法学的思想方法,因为没有概念就没有体系,就没有民法典,所以涉及注重结构体系的民法典的立法,人格区分只是其中一个重要的抽象概念分析方法。也就是说,这种区分只在形式逻辑上才有意义。

(二)人格权立法设想:以二元人格理论为基础

刘阅春:人格权问题也是民法典起草过程中的敏感问题,关于这一问题的争论体现在,人格权究竟应放在民法典中的何处进行规定。具体而言,其在民法典中的位置有三种说法:一为放在总则中的主体部分规定;二为放在侵权行为法中规定;三为独立规定人格权制度,主张人格制度不能包容人格权制度。但问题是,如果将人格进行分类,人格权本身是否也要做分类呢?

马俊驹:传统民法体系中,由于没有给人格权定位,所以今天在讨论这一问题时很具有挑战性。由于侵权行为法只解决侵权问题,而不能解决确权问题,所以侵权行为编显然解决不了人格权制度。讨论的焦点主要在前二种观点之间进行,但总体而言,我觉得并没有形成真正的交锋。我认为,人格权是民事主体基于人格的存在而享有的权利。也就是说,这种权利是人格内在的权利,所以与人格密不可分。但人格与人格权显然是两个范畴:一个是主体;另一个是主体的权利,实际上是人与权利的关系。但人格主体享有的权利是否一定要规定在人格部分呢?

我认为,人格权与物权、债权等从权利角度而言,并没有本质的不同,只不过是权利赋予的基础、权利表现形式和权利保护机制存在具体差别，但在交易人格和财产体系中，人本身的权利很难融入，也可以说是传统民法体系的缺陷。我们可以看到，关于最基本的人身权，各国都是在宪法中规定的，在宪法里，人还原为社会群体中有血肉之躯的人。即使在民法里，我认为依照人格二元性的规则，传统人身权的内容实际上还是在人身法里规定为宜。因为从两种人格的预设出发，民法实际上形成了人身法和财产法两部分，基于人身而享有的权利当然在人身法里规定比较妥当。

曹志国：如果依照梅师兄的逻辑来讲，民法上的人格权如果是基于生物性的人格而授予的，那么其就不能融入抽象的交易人格的理论和立法体系中，而应在人身法中规定，以便与人的假设一致。只要建立与财产法相对应的人身法制度，人格权问题就会得到解决。

宋刚：但是问题在于传统意义上的姓名权、健康权、生命权、名誉权、自由权、肖像权等，这些都是纯粹生物性的个人基于生物性和情感性的存在而享有的权利，但同时交易人格也有一些基本属于此种人格基础的人格权，这种人格权却是财产性的，如法人的名称权、商誉权、商标权和专利权中的人身权利等，也就是商事人格权，这些权利只具有财产意义而不具有人身意义，最明显的区别是商事人格权大多可以转让，并且商事人格权如果不与财产价值联系起来，也就没有什么实际意义。

梅夏英：非常正确。两种人格权共同组织了民法的人格权制度，在讨论此问题时必须将其区分开来。这样，财产法中应规定的商事人格权与人身法应规定的个人人身权混合在一起，组成了完整的民事人格权制度，所以在传统民法中的交易人格制度里规定商事人格权和个人人身权，显然在理论上讲不通。这样，人格权制度应是跨越财产法和人身法的一个法律制度，只能独立进行规定。

江海波：现在仍有学者认为，应在侵权法中规定人格权制度。最近张新宝教授在一篇关于侵权行为草案的理由概说中说到，在民法典中设立人格权一编似乎已经成为共识。但是他认为，从目前的进展来看，这样的体例安排有比较多的困难：一是条文比较少，与其他编的比例不协调；二是与侵权行为法的许多内容重复。我认为,人格权独立出来仅是理论上的划分,在立法技术上显得有些不协调。

马俊驹:张新宝教授所言真切,这也是许多专家学者的担心所在。我只能谈谈大致的思路。由于人格权是近代社会人权运动的产物,许多新类型的人格利益还在不断涌现,虽然目前有关的条文较少,但通过制定人格权法却可以形成一个开放的体系,来适应人格权不断扩张的社会现实。在人格权制度与侵权责任制度之间,人格权制度规范的是一般人格权和各项具体人格权,强调人格尊严、人身自由、人身完整,界定其权利的内容和范围;侵权责任制度规范的是人格权受到侵害时的确认原则、条件和救济手段。

在民法上,人格权受到侵害是通过侵权责任制度实现救济的,侵权责任制度是人格权的法律保障。但是,侵权责任制度只能起到保障权利的作用,却不能发挥确认权利的功能。我国在制定《民法通则》时就已经意识到这个问题,在"民事权利"一章中单独规定了"人身权"一节,这一立法模式对我国公民权利意识的提高、人格权制度的完善起到了很大作用。现在我们制定民法典,只能在总结《民法通则》立法经验基础上,继续往前走,进一步完善和发展这一立法模式,而不宜后退。我非常同意王利明教授的意见,在民法中直接列举各种人格权,确定法律保护的人格利益,不仅使侵权法明确了保护客体,而且更重要的是使广大公民、法人明白受法律保护的人格权,这种功能是侵权法律难以企及的。毋庸讳言,作为一种创新的制度体系,不仅会遇到一些观念上的障碍,还会遇到许多技术性的困难,但只要我们认准方向,做出努力,就会有可喜的收获。

五、关于债权法的立法体例

(一)侵权法应当独立成编

刘阅春:我发现马老师和江海波好像是以侵权法必然独立规定为前提的。侵权行为法能否独立成编,涉及债法性质和体系的问题,所以在民法学界引起很大争议。当然,大多数学者是赞成侵权行为法独立成编的,如江平教授、王利明教授、魏振瀛教授、梁慧星教授、张新宝教授、杨立新教授等。但也有不同意将侵权行为法独立的,如徐国栋教授。他认为,如将侵权行为法从债法中独立出去,定会导致债的制度的动摇,从而引起整个民法体系的混乱。

宋刚:学术界有的学者仍然反对侵权法独立成编,我认为这是理论对生活的背离,对此问题再进行争论已不合时宜。第二次世界大战以来,由于社会经济、科学技术、人权运动的兴起,侵权行为类型多样化,归责原则开始多元化,责任承担与社会化已密不可分。这决定了侵权行为法调整的范围不断扩大,它的社会功能在历史上也是空前的强大,从而形成了相对独立、内容丰富的理论和制度体系。我甚至怀疑侵权法是否一开始就与权利本位的民法具有不同之处,只不过债法容纳了它以后,才束缚了它,使它一直安心地待在民法典里。近10年来,我国法学界不仅研究了大陆法系的侵权行为法,也研究了英美法系的侵权行为法,也考察了我国从古至今的侵权行为法的发展历程。越来越多的学者认为,大陆法系国家的民法一般将侵权行为作为债的发生原因之一,放置于债法部分加以规定,其空间狭窄,在一定程度上限制了该法的发展,不利于法律的适用和对民事权利的保护。

江海波:英美法国家不存在独立的民法和债法概念,这反而给侵权行为法的发展创造了空间,但其一般性、系统性的法律规范较少,各类复杂的判例仍处于主导地位。所以,我们在制订侵权行为法时,不能绝对化,既不应受大陆法模式的束缚,也不能照搬英美法的模式。侵权行为法的制定必须同时考虑两大法系的模式,具体来讲,一是要使其独立成编,以突破传统债法体系,适应债权行为法调整内容不断拓展的趋势;二是保持大陆法一般性规范统领具体侵权行为规则的逻辑结构。

马俊驹:侵权行为法能否从债法中独立出来,是一个关系对债的性质的理解以及如何设计民法整体结构的重大理论问题。从立法宗旨分析,合同法与侵权行为法具有明显差别,对此,早年曾留学法国的老一辈法学家沈达明教授对合同法和侵权法进行过比较。他说,侵权行为法旨在保护财产,并不创造财产,而合同法给予债权人的保护将成为财产,因此,合同法所处理的是财富的创造。

这一认识是很有内涵意义的,它在一定程度上阐述了侵权法和合同法在质上的不同。而且侵权行为法还要保护人身权及相关利益。从具体规范分析,合同法与侵权行为法在责任主体、归责原则、构成要件、责任方式、免责条件、诉讼时效等方面的规定各不相同,大量的合同法规范乃至部分债的一般规则,并不能适用于侵权行为。《民法通则》能够一改传统民法的立法模式,将违约责任和侵权责任从债法中独立出来,成为单独的"民事责任"一章,尽管在立法技术上还存在逻辑缺欠,但它的确是一个创造、一个进步,这一立法经验值得我们发扬。我非常赞同现在《民法典草案》的结构安排:在"总则"一编设"民事责任"一章,作为统领违约责任和侵权责任的一般规范,违约责任以及缔约过失责任、违反合同后义务责任等放置在《合同法》总则中规定,侵权责任另作独立一编规定。

(二)债与责任在法律概念、法律功能上的不同

刘阅春:在侵权法和债法关系上,还存在一个根本概念的界定问题,这就是侵权行为的后果是债务还是责任这个问题。在罗马法上,它主要是从形式上同等看待债务与责任,债务关系包括一般债务与责任,债务与责任两者之间是不可分离的关系。到了德国法,债务和责任已开始相区别,从功能和作用上来看,债务为应为给付的义务,责任则是此项义务财产的担保。在此前提下,既可以有债务而无责任,如自然债,也可以无债务而有责任,当然也可以债务和责任同时并存。大体上说,债务与责任是不同的。一般而言,先有债务,后有责任,债务是责任产生的前提,责任是债务履行的保障。

责任主要体现为责任人承担的不利的法律后果,从责任内容来看,既有财产性责任,又有非财产性责任,并由国家强力予以实施,而债务则表现为一种正常的法律关系,它与债权相辅相成。侵权行为的法律后果是一种责任,违反义务为因,承担责任为果。我们称民事责任,它所体现的是一种非利益、补偿性、强行性的后果,这与通常对债务的理解是截然不同的。现在,我们将二者分开,债务与其职权统一在债的法律关系中,由债法调整,侵权行为产生责任从债法中分离出去,并无不妥。

宋刚:侵权行为法与债放在一起割裂了侵权法与确权制度、社会利益协调

功能的紧密联系,侵权法的一般条款无法在债法当中体现。当代社会侵权行为增多,并且权利呈爆炸趋势。例如,前一阵我们都知道的“悼念权”和“亲吻权”案就说明了这一点,伤害他人嘴唇是否构成侵害“亲吻权”、未通知亲属参与追悼会是否构成侵害“悼念权”,本身就显示了侵权法理论上的困惑。侵权法应对合乎道德基础的应然私权进行确认,而不是“照单全收”,这就对侵权法的一般条款提出了很高的要求。而一般条款在当代侵权法上的地位是令人难以想象的。如果仅仅将侵权法限于债的制度,那么一般条款就成了债法中的一般条款了。

梅夏英:从法律关系上区分责任和债有一定的意义,但我认为想说明侵权法的独立性,从功能上考察可能更有说服力。依我看,侵权法在民法典中归入债编规定,完全是一种形式主义的产物。也就是说,是《德国民法典》“提起公因式”这一立法技术在合同法和侵权法上的反映。应明确一个前提,形式上的东西合不合理从形式本身上很难拆解。侵权法与民法的关系问题本身很微妙,无论我们怎样定义民法,我们都可以发现,在民法产生之前侵权法就存在了。侵权法本身只是对各种社会一种侵犯他人行为的责任承担的法律,它本身主要起的是纠偏作用,而不是法律关系的创设作用。也就是说,侵权法所谓的“侵权”只是近代的定义,这也是民法上权利思维模式的反映。尤其在当代,侵权法通过保险制度和社会保障制度已成为国家的一个维护秩序的手段,是国家操纵的一种分配方式,与民法的基本理念相距甚远。所以,从功能上来看,作为私法主要工具的债法与作为国家直接干预和调控的侵权法是有本质区别的。

曹治国:当代侵权法也逐渐支离破碎,本身也很难以一种形式统一起来,比如,随着知识产权和人格权的产生和发展,其权利保护的范围不断扩张,仅用损害赔偿一种方式已经不足以解决各种形式的侵权行为问题,因此,侵权行为法逐步形成了一些新的责任形式,如停止侵害、消除危险、消除影响、恢复名誉、赔礼道歉等。这些承担责任的方式,在内容上都不是以金钱给付为标的,尽管是发生在特定人之间的请求关系,但它们不是以金钱为内容的请求关系。这就显然不仅仅是债的问题了。

马俊驹:我插一句话,不是以金钱为内容的请求关系,并不一定就不是债,当然,也不是所有的请求关系都是债,什么是债?这的确还是一个非常复杂的问题。

刘阅春:对于侵权法的社会性功能,从惩罚性赔偿中可以看出来。惩罚性赔偿之所以从未被大陆法系国家确认为一种民事责任形式,就是受了“侵权责任属于债的范畴”的影响,因为惩罚性赔偿好像显然违反了等价有偿和公平原则,但我认为惩罚性赔偿在我国仍然具有非常重要的意义。比如,我国《消费者权益保护法》第49条就对惩罚性赔偿有了规定,但范围过于狭窄。惩罚性赔偿正体现了债法无法具有的功能,也就是侵权法对社会不法行为的威慑功能和惩罚功能。当然,惩罚性赔偿制度也是一把“双刃剑”,用得好当然可以起到很好的作用,用得不好反而会造成对当事人利益的侵害。我的意思是,侵权法已自成一套理论体系,如果仅在形式上将请求权因素剥离,而人为地列入债法,那么其他的问题就无从规定了。

(三)未来民法典是否应设债法总则

江海波:如果侵权法从债法中逃逸出来,那么传统债法中就只剩下合同、不当得利、无因管理了。这样,债法总则是否有必要?我看过维特根斯坦关于概念的一些观点,他谈到概念其实是没有本质的涵摄性的,就债的概念而言,界定其本质含义无非有两个特点:一是请求权,二是相对性。但实际生活中,好像又有许多例外,或者具备两者不属于债,或者不具备两者而又属于债。现在许多学者认为,如果不要债权总则,那么民法上关于债的理论就会被抛弃,这样就存在一个法律理论与法律形式的矛盾,但我对这种矛盾现象始终怀疑,却又找不到有力的说明方法。

马俊驹:在民法典中可以不设债法总则,也没有必要规定。即使是不规定债法总则,也没有否认债的地位。债的含义具有不确定性,德国和法国都没有对债下一个明确的定义。其实债权就有两个特征:一是请求权,二是相对性。但我们应该认识到,关于债的第一个特点,债权为请求权,但请求权并非皆为债权。实际上,有几类请求权已经脱离了债的体系,到民法其他编中找自己的位置去了。我认为,这几位“请求权兄弟”,有的可以留下,有的可以出走,将来还可能有新的兄弟进来,这完全取决于立法者判断其实用价值和逻辑的意志,立法者在权衡利弊之后都可以给他们找到各自合适的位置,比如,“侵权行为”长大成人了,他要从债的家门出走另立门户有什么不可。至于债的第二个特点,债属于相对法律关系,债权为相对权,而这一原则正在受到越来越多现实的冲击,各国民法针对相对权的例外情形均及时地作出修订和补充。这些事态的发展,都说明债的凝聚力并没有那么神秘,不设立债法总则,并不等于否认债权债务的概念和体系。债权法的核心问题就是合同问题,侵权行为法独立之后,无因管理和不当得利如何处理,并不是严重的问题,只是一个技术性的问题,用法国的方法即准合同的方法,也可以解决。还有一个模式,就是放在民法总则中规定。假如搞一个财产权总则,还可以放在财产权总则里规定,不必为这个问题而设立一个总则。

曹治国:现在有些学者认为,如果不设债权总则,那么传统债权、债务的概念就会遭到破坏。比如,关于债的担保、债的变更等普遍性的规定,这些规定并不限于合同法。所以债权总则必须保留。

刘阅春:民法典中不设债法总则,并不等于废弃债权、债务的概念或用语,因为债权、债务已经不仅是法律体系与法律思维的产物,而且更是商品经济社会人人知晓而又不可缺少的交易的目的和内容。但实际上,债法总则的大部分内容,如关于债的概述性内容、债的概念和要素、债的分类和原因等,都没有从法律上加以规范的意义,它们只存在于民法学的著作之中。当然,合同的订立与侵权行为的发生、违约责任与侵权行为的成立等均无共性可言,有关的内容应由侵权行为编作专门的规定。还有的学者主张在债法总则之后规定合同之债、侵权行为之债,既然已将合同、侵权行为分编规定了,一定程度上已经解决了侵权行为法的发展空间问题,那么基于体系的完整性和系统性,还应再回到债法的体系中来,由债法总则统领合同法、侵权行为法,这三编仍然是一个完整的债法体系。也就是说,不论侵权行为“跑”到哪里,在涵摄性上,它总归是属于债的范畴。我不同意这一看法。

宋刚:按照马老师的观点延续下去,可以这样理解。既然已将侵权行为从债法中分离出去,就没有必要再维护原有的债法体系。在形式上似乎缩小了债法的调整空间,但在实质上可以通过扩大合同法的调整范围,甚至通过设立财产法总则,去容纳更为丰富的债权债务关系。因为侵权行为法所保护的对象十分广泛,它不仅包括人身权,而且包括各种财产权。而且随着现代民事责任制度的演化,尤其是因第三人对他人合同关系的侵害以及违反合同责任和侵权责任竞合现象的出现,在某种特殊情况下,侵权行为法也保护合同债权。在具体的保护方法上,可以采取各种物权的保护方法,在特殊情况下,也可以采取债权的保护方法。此外,侵权行为法还保护一些未形成为权利的财产利益和人身利益。

所以,我们应当将侵权行为法作为民法典实体法部分的最后一编,使它成为以上各编所规定的各项基本民事权利的保护编,侵害各项基本民事权利的责任编。

六、关于物权法的立法体例

(一)法律的工具性与公共权力驱动

江海波:现在学界对于物权法里是否应该规定国家和集体所有权(这又常称为"三分法"),争议很大。普遍的观点好像是,民法中规定国家所有权,导致了三种所有权主体地位不同,另外,"三分法"不能穷尽所有权的所有主体形式。现实存在对国家所有权和集体所有权规定的需求,只存在于土地问题,没有其他需要特别规定的理由,因此不需要单独规定这两种所有权。当然,也有赞成的意见。但我觉得这些论述都没有足够让人信服,好像各说各的,没有实质的交锋。

梅夏英:这个问题从形式上讨论,是没有结果的。因为讨论双方都有一个前提,就是物权法是私法,在私法里规定国家和集体等体现团体因素和公共利益的制度,从习惯上与传统民法理论和制度体系能否相容的层面上来看,其本来就是一个问题。我想指出的是,我们思维上习惯于以传统民法体系的结构来度量社会关系,从而在一定程度上将社会关系简单化和狭窄化了。按照传统的所有权和他物权理论,民法规制的只是所有权和他物权,至于谁是所有权人或他物权人好像不予考虑。在此前提下,所有权和他物权的行使和流转依照法律就行了。就其中暗含着的一种浓厚的理想主义气息,是私法精神对民法的一种话语控制,使民法远远脱离公共区域。

如果说这种理论大体合理,那么在社会化程度极高的今天,这种思维惯性就受到了挑战。如果对财产比重很大的国有财产的权属不在物权法中进行界定,我们还能在其他更合适的基本法律中规定吗?如果仅仅规定一种抛弃主体具体性的物权法,在体系上是纯粹了,在实施和适用上是否会遇到难题?这些问题无法避免。我认为,私法自治是民法的一种价值理念,而不是立法规律的体现。民事立法本来就是政府或立法机构推动的,是社会工程。私法自治并不意味着法律本身自动遵守因果律,公共机构只是被动地适应,事实上,立法遵循的是目的律,是要解决现实问题的。没有政府和立法机关的推动,就没有《罗马民法大全》《法国民法典》《德国民法典》《日本民法典》等。私法体系只是法律制定以后的对国家法律精神和立法技术的一种归纳,甚至对立法有很大的反作用,但我们不应忘了法律的根本作用。假如世界上能以一套纯粹的、理想的概念体系去有效地统治社会,而抛弃了立法目的和公共权威机构的推动,这些纯粹的理论能自动地调整社会关系吗?当代私法公法化的趋势与其说是私法的变化,不如说是法律工具性的真实重现。所以我认为,规定国家和集体所有权是需要解决的问题,至于学者谈到的许多问题,仅仅需要的是考虑如何在立法上把这些问题讲清楚。

江海波:按照梅师兄的说法,作为私法的民法就是一种人为的规则体系了。这么说来,传统民法中那些超脱于公法独有的自治精神和对抗权力的品性将如何体现呢?不管怎么说,总体说来,我觉得这种看法确实具有冲击性。

梅夏英:近代民法制度的设计是由近代社会的理念决定的,这种理念也是由立法者认可后加以实行的。可以说,如果拿破仑当时无视法国大革命的潮流,想制定类似希特勒的法律,也是完全可能的,只不过是历史有其偶然性和必然性而已。其中立法者意图的合理与否是一个立法目的正当性评价的问题,在此不谈。以概念体系的结构体系为标准,并不能衡量立法者的目的是否正当。

当目的可行的时候,立法应该服务于这一目的,我们不能说传统法律是不可变的。比如,民法上的私法自治、权利本位思想使我们往往觉得民法与政府和立法机构无关,将自治和权利等归纳为精神超越于实证法之上,而忽视了立法在确认和设计方面的能动作用,从而束缚了立法的发展,对于市场经济是否是一种人类的自发规律,有学者对此也有了很大质疑,比如,像布罗代尔等就发现,资本主义及其理论体系的产生,恰恰是由政府调控产生的,其实质依赖于政治、经济和文化的互动。比如,国际贸易中的重商主义就是资本主义早期的主要形式,而不是自发的市场。到今天,市场人为的痕迹无处不在。当然,我说民法独特的私法自治精神本身是虚妄的。当以一种传统理念为指导去立法的时候,应该问问自己,我们目前需要什么。确定了立法目的后,至于是以私法自治精神去立法,还是以诸如社会法学派的观点去立法,那就是立法技术取舍的问题了。

(二)公示与物权的关系

刘阅春:谈到物权立法,民法界对于“租赁权是债权”好像达成了共识,除非租赁权经过登记而变成物权。类似的问题也可以见之于农村土地承包经营权。登记和公示在物权的确定中起着至关重要的作用,但我觉得没有登记的租赁权虽然没有物权的效力,但也不能说它就是债权,或债权性的关系,因为它毕竟是一种对物的使用权。

曹治国:在民法中,物权指的就是经过公示的权利。如果没有公示,那么这个权利就不具有约束第三人效力,自然物权的效力也就无法体现。所以,这种对物的权利只有相对的效力,受产生这种权利的债的关系约束。在这一意义上称其为债权性的权利也不为过。另外,有些权利本身不体现对物的权利,但如果经过公示,产生了普遍的约束力以后,它也在一定程度上具有了物权效力。比如,知识产权就是如此,记名证券背书转移后,持有人也享有物权的效力。所以,物权这一概念在民法中实际上不是一种权利形态的规定,而是从效力角度上来定义的。我觉得,公示与否是民法上权利分类的分界线,而不是简单地以物权和债权来划分。

宋刚:如果说物权必须要经过公示,那么也存在一定的问题。比如,对动产而言,在理论上我们认为占有和交付是公示方法。但如果动产租赁给他人,第三人如何知道其所有人是谁呢?善意取得只是在一定程度上体现了交付的效力,在大多数无权处分情形下,交付并没有公示效力,这与不动产物权以登记作为公示方法大不相同。所以,我甚至怀疑动产的占有和交付能否成为公示方法。也就是说,动产本身并没有一个真正的公示方法。如果说有,那就仅存在于货币和无记名有价值证券的交付上,在这两种情况下,一经交付,权利即刻转移,但奇怪的是,现代民法倒将这种真正的动产交付当作特例来看了……

梅夏英:我打断大家的谈话,民法的问题太多,由于时间的关系,今天不能一一在这里讨论。我自己的体会是,今天听了马老师和大家的观点,受益很多,我想大家也是如此。我越发感到,民法里有太多的问题值得我们下功夫去研究,在这方面,我们这些刚入学术园地的学子做得还很不够。多余的话就不说了,最后听听马老师为今天的讨论所做的总结吧。

马俊驹:今天大家发言都很好,虽然观点不一致,有的观点也不成熟,但还算有自己的说法。终归一条,学术讨论中畅所欲言是值得鼓励的事情。今天,我发现大家对于民法典都有了较新的认识,这次讨论也意味着我们在学问上都有了进步。另外,大家也要对我国学者的创新能力充满信心。实际上,许多学者都是在自己能够把握的领域里不断地进行着创新的工作,尽管有的学者对"创新"一词并不感兴趣。民法典所涉理念深邃、内容庞杂,人们在具体编纂之中产生不同意见是非常正常的,这恰恰表明我国立法趋于民主、趋于科学,法律界的整体素质在提高。这次民法典在编纂和讨论过程中确有一些问题存在不同意见和争议,但在我参加关于民法典问题的一些讨论中,学者、专家和官员之间不仅畅所欲言地发表自己的意见,而且还能虚心地听取他人的意见,这说明每种观点都有其合理的一面,应该客观地对待,不要武断地说哪种观点就一定错误、一定不行。

但是我们的着眼点、我们的目标、我们的理想是创新。社会是进步的,我们的民法也应该是发展的。两个世纪前的《法国民法典》,一个世纪前的《德国民法典》,有许多值得我们学习借鉴的经验,而且我们国家也有许多需要继承的东西。但是,只要时代变革和发展,我们就应该有所创新。创新不应该是想入非非、哗众取宠,也不应该是空想,它必须以社会的进步和民法的发展为契机,它必须以中国的实际为基点。创新的东西可能是有欠缺的,是不圆满的,甚至在理论上还不能自圆其说,然而,现有民法的理论难道都能自圆其说吗?许多理论不也是甲说、乙说、折中说吗?谁又能说服谁呢?的确,创新的东西要有一个在观念上被接受的过程。我们未来的民法典得有自己的东西,如果我们还完全恪守大陆法系传统的一套,而不能根据时代精神和本国国情有所发展,甚至连一点创新的念头都不敢想、不愿想,这样制定出来的民法典是不会成功的。

民事法律行为的基本理论*

一、私法自治与法律行为

私法自治原则,能够赋予民事主体依照自己的自由意愿,去塑造与四周的法律关系,以享有各种权利。民事主体的自由意愿不能是内在的,它必须将内在的意愿(意思)表达于外部,才能发生民法上的效果,这就是意思表示;而因意思表示发生的民法效果的法律事实,就称为法律行为。可以认为,法律行为是私法自治实现的手段,而意思表示又是法律行为的核心要件,也是法律行为实施的方法。民事主体只有借助于法律行为的实施,才能实践私法自治。

法律行为与私法自治原则是一个什么关系?法律行为的效力是私法自治的体现,因为法律行为的核心是意思表示,而意思表示只有在私法自治原则下才有实际的法律意义。法律行为的目的是什么?显然,一个民事主体要实施法律行为,是为了引起私法上法律关系的变动,也就是产生私法上的效果。法律行为之所以能产生法律效果,不仅是因为法律如此规定,也是由于实施法律行为的人希望其行为能产生法律效果。由于法律对于内在的,未表示于外部的意思无法确认其效力,只有当意思被表达于外部时才能受到注意,法律效果也只能基于对外表达的意思而产生。

---

* 本文系根据作者 2004 年 11 月在清华大学法学院研究生民法专题课程的讲座稿整理,在编辑校对本文时作了一些资料的增补。

但是,我们必须明确,民事主体意思对法律关系的塑造力,并非不受任何限制,只有当民事主体的意思符合法律行为有效要件时,才能产生民事主体预期的法律效果。有时候,法律也可以要求特定的行为必须符合个别规范所规定的形式,否则该行为不发生效力。这是一种强制性的规定,比如在物权法上,要贯彻法定主义,法律只提供了有限的权利形态,其内容大体上是确定不变的,为什么会这样?主要考虑到物权是绝对权,可对任何人主张,基于法律往来安全的利益,物权的种类和内容不能以当事人的自由意志任意设定和变更。此外,在亲属关系方面实施法律行为也受到较多的强制性规范的限制。

私法自治在适用于合同法时,就是体现为契约自由原则。在具体的合同行为中,法律设定的规范并不需要当事人一定遵守。也就是说,法律允许当事人对合同内容作出不同于法律规定的约定。合同有合同法明文规定的典型合同与合同法没有明确规定的非典型合同之分,非典型合同只要符合法定有效要件,其效力仍然得到民法承认。当然,在经济关系中,私法自治的基础是当事人之间的经济均衡,是法律的公正;但实际情况是,弱势的一方当事人对于缔约的内容常常没有参加决定的可能,法律为了保护经济上的弱者,有时必须限制强势一方的权利,干预合同内容的自由。比如,合同法中的格式条款、消费者权益保护、有关劳动法的规范就是这样。

二、法律行为与事实行为的分立

法律行为与事实行为都是能够发生、变更法律关系的法律事实,而且都是人的行为。为什么要把法律行为与事实行为分开?从表面上来看,产生法律关系的较多场合是因法律行为的实施,事实行为相对较少。但是真正的原因是两者的性质不同。法律行为是与私法自治直接相联系的,一方面,法律行为必须以私法自治为原则、为基础;另一方面,私法自治使当事人有了自治的权利,这种权利有可能达到无序和损害社会的程度,所以立法者不得不考虑对个人自治的限制,从这个意义上讲,法律行为制度又是对私法自治的限制。诚如我国台湾地区学者曾世雄所言："一方面私法不能不自治，他方面私法自治确有堪虑之处；为寻求其间之平衡，遂为私法自治设置门槛，此门槛即法律行为也。"[①]民法上规定法律行为的要件，就是对当事人、行为人实施法律行为、自治行为的限制，使人们的自治行为还能在相对确定的轨道上运作。

虽然事实行为要产生民事法律关系，也必须符合法律的直接规定，但是两者是不同的。有一种解释，先有事实行为——这是一种广义的事实行为；法律行为是从事实行为当中分出来的、开发出来的，而且法律行为自成体系，有了自己的特征，受到国家、社会的重视。相比之下，事实行为却被冷落，民法学界对它研究得甚少。事实行为只要实施了，就要产生法律后果，没有生效不生效的问题，而且它与其他民法制度、民法概念很少有牵连，比如，事实行为就和行为能力（五六岁儿童创作行为产生著作权）、代理、条件、期限没有关系。事实行为主要是指物的原始取得行为、对物直接消费行为、家务行为、无因管理与不当得利行为、拾得遗失物、发现埋藏物、隐藏物的行为、正当防卫行为、自甘冒险和自杀行为。添附行为有时是事实行为，有的是法律行为，值得研究，还有侵权行为、履行行为也值得研究。

三、法律行为与其相关的概念

法律行为包括合法行为和违法行为。表意行为包括法律行为，即以意思表示为核心内容的法律行为，还包括准法律行为。所谓准法律行为，是指不以产生法律效果为目的，但是由于法律有关规定而又产生了法律效果的行为，比如债权移转时，对债务人的通知行为；又如瑕疵通知、代理授权的通知、遇到不可抗力的通知，还有催告的行为，应该看作准法律行为。值得一提的是，我国《民法通则》将法律行为界定为合法行为，将违法行为排除在外，是否恰当值

---

① 曾世雄：《民法总则之现状与未来》，中国政法大学出版社2001年版，第79页。

得斟酌。②

违法行为也产生其法律后果,这主要是指侵权行为、债务不履行(违约行为)、缔约过失。侵权行为在我国,有时被认为是事实行为。债务的履行行为也有的认为是事实行为,我比较同意这样的看法。无主物的先占行为、动产的抛弃行为,还应属法律行为,因为这两种行为中的意思是明确的,后果是可以预料到的。

还有一个概念叫中间行为,它又包括两种情况:一方面,是合法又要承担责任的行为,这种行为具有合法和违法的两面性,按理说合法了就没有责任了,但有的场合会发生这种情况,比如,一方当事人撤销其错误的意思表示,这是法律赋予当事人的权利,这是当事人依法行使形成权,所以这种意思表示是合法的;另一方面,确实因为你的错误表示,现在又要撤销,很可能给对方造成损害,从这个意义上是违法的,是要承担责任的,所以叫合法(或适法)有责行为。另外,撤销悬赏广告的行为等也属这一类。但是按照法律行为的设计,只要是合法行为、适法行为(完全符合法律规范的行为),不可能还承担什么责任,因此,合法有责行为与法律行为还是不同的,应该为一种特殊的类型。我们知道,从民事责任的类型方面来看,违约责任有它的构成要件,侵权责任也有它的构成要件,而合法有责行为要承担责任,它的构成要件是什么?值得研究,这是属于未有定论的东西。

所谓放任行为,是指行为虽不符合法律规范的要求,但也没有达到违法的程度,处于一种中间状态,所以也无承担民事责任的情况。比如,紧急避险行为,一方当事人因为实施紧急自救行为,可能损害他人的权利,我国对紧急避险的行为就认为是合法的,所以原则上不承担责任,但对受损害一方应给予适当补偿,而且紧急避险行为应该是适度的,超过一定尺度就可能成为侵权行为,这在法律尺度上不好具体规定。再如,相邻关系中,土地所有权人(我国是使用权

② 《民法通则》第54条规定,民事法律行为是公民或者法人设立、变更、终止民事权利和民事义务的合法行为。但是,2017年颁布的《民法总则》第133条规定,民事法律行为是民事主体通过意思表示设立、变更、终止民事法律关系的行为。显然,这一规定摒弃了《民法通则》的立法态度,不再强调法律行为必须是合法的。

人)应该容忍他人轻微的侵入,到你的土地上捉了蝴蝶,采些野生花草,这也不能算是合法、适法的,但也承担不了什么责任,这就等于是放任进入、放任侵入。显然这种行为也具有两面性,通常把放任行为作为一种与法律规范要求不相符合的事实行为,有时又可以把它归入违法行为中的事实行为,只是在法律效力上法律规范尚能容忍,因此可以不负责任。放任行为我们研究得也比较少。我们民法把行为分为两个范围:一是法律规定的范围,二是私法自治的范围。而放任行为显然超过了法律规定的范围,对于私法自治来说,显然自治不能接受放任。放任行为属于民法上的边缘事物、中间状态的东西,但也是少不了的,人们的生活丰富多彩,它的活动范围往往超过法律规定的范围,私法自治的范围又是用法律行为规范加以限制的,而法律行为没有把放任行为,也包括合法有责行为放在其中,那么这些处于中间状态的行为要不要用民法加以规范呢?值得研究。

四、关于意思表示的几个理论问题

(一)意思表示与法律行为的关系

这似乎是个简单问题,法律行为是以意思表示为要素的,所以意思表示如果有虚伪、错误不一致,或者有被欺诈、胁迫等不自由、不自愿的情况发生,就构成"法律行为的无效或可撤销"。另外,法律行为有效要件中有一条,就是当事人要有行为能力,行为能力是产生意思表示的基础资格。法律行为离不开意思表示,但意思表示并不能完全代替法律行为。有些法律关系的构成除了有当事人的意思表示之外,还得有一定的实践活动、实践行为(如保管合同行为),那么这种实践行为是不是事实行为,这就是说像保管合同的行为,不仅是法律行为(包括交付保管物),而且也包括事实行为(保管→履行行为)。要不要区分这两种行为,如果区分,法律行为就是意思表示,两者是等同的;如果不区分,法律行为有时还包括事实行为的因素。看起来简单,实际上法律行为与意思表示的关系争议很大,以至于反映在立法上也不一致。当然,法律行为与事实行为也是难解难分的患难兄弟。这些概念对于自己的面貌并不是认识得很清楚的,有时候照照镜子,也不知道自己是谁。

(二)意思表示并非发生法律效力的唯一根据或要素,有些法律关系的产生是和意思表示无关的

我们前面讲的事实行为就是如此。无因管理、不当得利、侵权行为产生债的法律关系,就是在没有意思表示的情况下发生的。在这种情形下,法律为了确保法律效果的正确性,并不追究当事人的"意思"。但是,法律行为无法在没有意思表示的情况下成立,因为法律行为的法律效果恰恰就是行为人所希望达到的效果,如果行为人没有"希望的结果"、没有"效果意思",又怎么能产生相应的法律效果,所以法律行为至少要有一个意思表示的存在为前提。

另外,有些社会生活中,一方当事人并没有明确的"意思表示",只是从他的实际行为可以判断他是有"意思表示"的,如你上公共汽车,就说明你有与汽车公司签订客运合同的"意思表示",又如你将硬币投入自动售货机也应该这样理解,这些产生合同关系的理论就称"事实契约"理论。但是按照这个理论并不能完全解决实际问题,比如,小偷在超市里偷东西被抓,小偷声称其跟超市之间存在"事实契约"关系,只是还没付款而已。又如欠缺行为能力人,没有意思表示的能力,但有时又得承认他们的行为能够产生法律效果,这种情况下,欠缺行为能力人是否可以实施法律行为,尽管他们没有发生意思表示的资格。这些问题在理论上应如何解释?

我们还应该注意的,就是电子商务环境下的交易问题。当当事人的意思表示是借助电子设备所为时,显然这时我们看不到人的"意思",但是电子设备是在执行人的指令,所以电子设备的"表示"仍然可以回溯到人的"意思"。问题是在电子设备发生错误,这种行为能不能撤销?在一般的合同关系中,允许在一定时间、条件下可以撤销合同,但是在电子商务中,这种情况通常是不能撤销的,发出信息就难以收回。

(三)对"意思表示"构成要素的分析

就汉语的文字而言,一是"意思",二是"表示"。"意思"是内在的,"表示"

是外在的。我们可以分别加以分析。先分析内在的构成要素——“意思”。按德国学者的思维,“意思”可以分为:(1)目的意思,是指明法律行为具体内容的意思要素,它是意思表示据以成立的基础。如果不具备目的意思,或者目的意思不完整、有矛盾,就不能构成意思表示。比如,遗嘱中对继承遗产的份额规定不明确;签订买卖合同但对标的物规定的不明确,这都属于法律行为的具体内容欠缺,当然,这样的意思表示是不成立的。针对不同的法律行为,对目的意思具体内容要求也不同,即所谓的要素、常素、偶素。(2)效果意思,又称法效意思,是指行为人欲使其目的意思发生法律上的效力的内在意思要素。在这里,表示了行为人有意识追求设立、变更或终止某一个特定民事法律关系的意图。效果意思显然以目的意思为基础,在意思表示的过程中,行为人先有目的意思(具体要做什么事情),后有效果意思(要做的事情要达到法律上的效力),德国人认为这是两个要素是不能互相替代的,也不能互相融合。只有目的意思而没有效果意思,不能构成意思表示,发生不了行为人希望达到的法律效力,如家庭协议就没有法律效力,双方签订的意向书在确认之前也没有法律效力,虽然它们都有详细具体的内容,但那只是目的意思,还必须有效果意思。

德国人觉得只划分目的意思和效果意思还不够,目的意思和效果意思还应该各自再分为两项要素。目的意思只是具体内容,还得有把这些具体内容表示出来的意思,那么这种为了表示目的意思而产生的意思就叫表示意思;同样道理,效果意思只有发生法律效力的意图还不行,还必须把这种意图表示出来才行,那么这种为了表示效果意思而产生的意思就叫行为意思。这样,德国人就把意思表示的内在要素分为四项——目的意思和表示意思,这是一对;效果意思和行为意思,这又是一对。

以上这四项要素,实在太抽象。我国台湾地区学者对此意见分歧很大。比如,刘清波认为是效果意思和行为意思;[③]史尚宽认为是目的意思和表示意识;[④]曾荣根认为是目的意思和效果意思。[⑤] 我国大陆学者的认识也不同,如张

---

③ 参见刘清波:《民法概论》,台北,开明书店1976年版。

④ 参见史尚宽:《民法总论》,中国政法大学出版社2000年版。

⑤ 参见曾荣根:《民法总整理》,台北,三民书局1981年版。

俊浩认为由效果意思、表示意识、行为意思构成;[⑥]董安生认为由目的意思、效果意思构成;[⑦]佟柔早时认为就是一项——效果意思;[⑧]江平老师主编的《民法学》认为是两项,即效果意思和行为意思;[⑨]我和余延满那本《民法原论》认为由目的意思和效果意思构成,而目的意思和效果意思就不要再往下细分了。[⑩]

至于外在要素——表示行为,大家都没有什么疑义,这是必不可少的,内在的意思总得表示出来,而且表示行为只能是统一的,不能再分了。这里所说的表示行为,显然是指行为人在有了内在要素之后,总要通过一定方式将它表示于外部,使相对人能够了解,其方式包括明示、默示,这些问题我们就不讲了。

(四)意思表示的真实

所谓意思表示真实,就是指行为人的内在意思与外在表示相一致或相符合,它反映了意思表示行为的最基本的要求,也是意思表示行为的典型品质。民法中对意思表示真实的贯彻,主要是通过对不真实意思表示行为的效力评价规则来实现的。具体来讲,意思表示不真实可能是由于行为人故意所为,也可能是由于行为人无意识的、非故意的行为。行为人故意使内心意思和所为表示不一致的情况,有这样几种:(1)真意保留,也叫心中保留,是指行为人把真实意思保留在心中,所做出的表示行为并不代表他的真实意思。但是这种意思表示一旦作出,对不知情的相对人来说这一意思表示有效,这是基于保护交易安全的强制要求;如果相对人知道行为人的真意保留,此时这一意思表示无效,因为这样对相对人没有必要进行保护,他也没有受欺骗。德国民法把真意保留和非诚意意思表示是分别规定的。(2)虚伪表示,是指行为人和相对人通谋、不表示内心真实意思的假装实施法律行为的意思表示。虚伪表示与真意保留不同,就在于是行为人与相对人的通谋,我国《民法通则》没有这个概念,用的是"恶意串通",但《民法总则》既明确规定了虚伪表示(虚假意思表示),也规定了恶意串

⑥ 参见张俊浩主编:《民法学原理》,中国政法大学出版社1997年版,第210~211页。
⑦ 参见董安生:《民事法律行为》,中国人民大学出版社2002年版。
⑧ 参见佟柔:《中国民法讲稿》,北京大学出版社2008年版。
⑨ 参见江平主编:《民法学》,中国政法大学出版社2007年版。
⑩ 参见马俊驹、余延满:《民法原论》,法律出版社2005年版,第190~191页。

通。另外,与虚伪表示相关的还有一个概念,叫隐藏行为,它指的是如果虚伪表示的目的,在于掩饰另一个真实要实现的行为,这一个要实现的行为就叫隐藏行为。隐藏行为既可能是合法行为,也可能是法律禁止的行为。前者如某人欲赠与朋友一幅字画,又怕生是非,双方签订了一个虚假的买卖合同。后者如通过一个虚假的合法合同掩盖违法交易的目的。根据《民法总则》,以虚假的意思表示实施的法律行为无效,但虚假意思表示隐藏的法律行为,依据法律的有关规定处理,其实就是告诉我们,被隐藏的行为可能有效,也可能无效,关键在于是否存在无效情形。例如,上述第一个例子里的隐藏行为是有效的,第二个例子里的隐藏行为就是无效的。

但有的情况下,意思与表示不一致不是因为行为人故意而发生的,是非故意的不一致。在传统民法上,如果属于行为人(表意人)自身的原因造成的不一致,就称为“错误”;如果是属于相对人或第三人的不当行为造成的不一致,实际上行为人是受害人,就是诈欺和胁迫。因为诈欺和胁迫我们比较熟悉,所以下边我们只简单介绍和回顾“错误”的情况。

错误是对事物、过程、关联的不正确认识,也是想象与实际的不一致。这里的“错误”是指行为人(表意人)实施意思表示时认识的错误,所以法律通常给予行为人撤销这一表示的效力,尽可能地允许行为人从自身的错误中解脱出来,但是因为它又涉及相对人的利益,所以对行为人必须给予限制,这就要有一个平衡机制,比如规定:允许行为人撤销错误,但要赔偿给相对人所造成的损失。值得注意的是,动机错误不属于这里的错误,不能据此撤销法律行为。什么是动机错误?它指的是对某项意思表示内容以外的事项发生认识的错误,实际上与本意思表示、本法律行为的内容无关,比如,丈夫给妻子买香水,买了一种名贵的香水,结果妻子不喜欢,甚至无法忍受这种香水的气味,这时,丈夫说我错误了,找到商店说我要撤销错误,我退货!人家商店肯定不愿意,你妻子不喜欢,对你来说是动机错误,动机错误不得撤销。又如,朋友要结婚,你买了礼物,结果你朋友的婚礼取消了,这时你给买的礼物也退不回去了,这也是动机错误。

错误和误解这两个概念不同。错误是指行为人(表意人)的错误认识;误解是指相对人对意思表示了解的错误,它对意思表示的效力不产生影响,如果双方互为相对人,也可能发生误解的情况,这就涉及单方误解和双方误解的问题。错误的内容,可能是表示错误(漫不经心地签名,结果不是在这份合同),也可能是表示内容错误(如找错了相对人、弄错了标的),还可能是性质错误(人没有找错,但是对这个人能力没了解清楚,比如,没有对人寿保险的投保人的状况了解清楚,对物的性质如土地上是否设置了抵押权没有了解清楚,这属于性质错误)。

我国民法,无论是当初的《民法通则》还是后来的《民法总则》都没有用“错误”这个概念,用的是“重大误解”。为什么会这样?按照梁慧星老师的解释,我国民事立法的思想,在于保护双方当事人利益务求平衡,若仅允许无过失(非故意)的表意人因错误有撤销权,却不允许相对人无过失因重大误解而享有撤销权,显然违背了我国民法的公平原则。因此,我国民法所说的误解,实际上包括了传统民法中错误和误解这两个概念了。实际上,错误是指行为人(表意人)的错误,误解是指相对人的错误,只是发生主体不同,错误的性质和内容是一致的,其效果也是一致的。[11] 所以我国没有必要使用“错误”这个概念,我觉得有一定道理。当然,我们也有人主张用“错误”这个概念。我们研究这个问题时,可以参考沈达明老师编的那本《德意志法上的法律行为》一书的有关部分。

(五)意思主义与表示主义

意思表示最基本的因素,一是意思,二是表示,它们二者的关系是怎样。刚才第四个问题,讲的是意思表示的真实,也就是意思与表示要一致。那么,是不是意思表示要真实,其法律行为就有效;意思表示不真实,也不见得其法律行为就无效。这是一个价值判断的问题。所谓意思主义,就是强调主观的、内在的因素;所谓表示主义,就是强调客观的即社会的因素。

一般来说,原始的法律倾向于重视客观的、形式的和要式主义的概念,即倾向于表示主义。例如,古日耳曼法开始完全不考虑意思的瑕疵,包括暴力和欺

---

[11] 参见梁慧星:《民法总论》,法律出版社2011年版,第76页。

诈造成的瑕疵,人们满足于表面现象,表见的行为是完全有效的;罗马法最初也是如此,完全拘泥于形式主义,就像十二铜表法上说的:“凡是嘴说过的,就是法律。”但是往后发展,到了优士丁尼(优帝)时代,才开始采用意思主义,把真正的意思作为债的基础,因欺诈、胁迫产生的债的关系是无效的。这种意思主义在15世纪开始影响日耳曼法国家。这种强调意思的重要性,是以扩张意思自主、意思自治的作用价值出发的,并且得出两条规则:(1)只有同时包括意思与表示两个因素,而且两者相符合的意思表示才有效;(2)没有相应的表示的意思,没有相应的意思的表示都不生效力。这样可以看出,在意思表示这个概念中,内在的、内心的意思具有绝对的重要地位。表示只是意思的渠道,真正的意思才是主要的,它才是真正能够产生效力的事物,只是因为意思是内在的、看不到的,所以我们才不得不借助一个信号,这就是“表示”。为什么这样重现个人“意思”?这是跟19世纪西方国家奉行个人主义是分不开的,看重意思自治,看重意思自主。法国法是采用意思主义,强调合同是合意行为,是两个意思的合意。但是意思主义显然也是有缺欠的。

什么是表示主义呢?表示一旦作出,就视为行为人所表达的意思是真实的,就是行为人的意思,即使行为人是由于错误或虚假行为并没有表达出自己的真正意思,也得这样看。因为第三人只知道你的表示,看不到你的意思,为了保护第三人的利益,保护交易安全,就得承认“表示”的真实性,并让它发生效力。德国到制定民法典时,在民法典上基本上采用了表示主义,也称削弱了的表示主义,弱化了的表示主义。按照表示主义,合同是由两个意思表示的符合而成立的,即使这种符合只是表面的(其实真正的意思并不符合),合同也成立。总之,只有表示的产生法律效力。我们通常说,法国是意思主义,德国是表示主义。实际上,两者都有缺欠,都不能不加限制地加以实施,其实两者都有弹性,所以结果两国处理问题的结论大致是相同的。比如,法国虽说是采用意思主义,但不允许举证证明与书面表示不同的意思,你还得在表示的意思范围内去判断真实意思,也不能用内心的意思去对抗第三人;德国虽然说是采用表示主义,实际上也作一些限制,当意思与表示不符合时,行为人可以主张有错误,法官对有错误的法律行为有撤销权,法官在解释意思表示时,也不应该拘泥于行为人所使用的文词,也要追求、探索其真正的意思。所以,意思主义也好,表示主义也好,都是不完整的。我看还是折中主义,既要重意思,也要重表示,都是意思表示的要素。只是在处理具体问题时,有时偏重于意思,有时偏重于表示,两者的关系,一是内容,二是形式,是内容与形式的关系,是一种哲学上的辩证统一关系。当然,具体案件的处理,还要看法官的判断能力和水平了。

五、物权行为理论问题

所谓物权行为,是以物权直接变动为内容的法律行为(债权行为,是以发生、变更和消灭债权债务为内容的法律行为)。物权直接变动,包括物权的发生、变更和消灭。物权行为直接使物权发生、变更和消灭,履行行为就属于物权行为的范畴。在物权变动的问题上,法国法与德国法是不同的:法国法采取意思主义,即依当事人之间设定债权债务的意思表示直接就发生物权变动;而德国法采取形式主义,即物权的变动除了有当事人之间设定债权债务的意思表示外,还得有使物权变动的形式如交付或登记。以买卖关系为例,按照法国法的意思主义,双方当事人就买卖达成合意时,不仅发生标的物买卖的债权债务,而且标的物的物权也随之发生变动,即使标的物还没有交付或办转移登记,物权也变动了;但是按照德国的形式主义,当双方当事人就买卖达成合意了,只是产生了双方的债权债务关系,买受人只享有请求权,标的物在出卖没有交付以前,或在移转登记以前,物权并没有变动,买受人并没有取得标的物的所有权。有人考察,之所以法国采取意思主义,是因为受个人主义、自由主义的影响,个人的意思要受到绝对的尊重。德国法则重视形式,是为了社会的利益,保护交易的安全。也有的学者认为,德国法是因为概念法学和社会法学派的影响。

什么是物权行为?王泽鉴先生认为,物权行为是指直接引起物权变动为内容的法律行为。物权变动应具备双重要件,就不动产而言,为法律行为与登记,就动产而言,为让与合意与交付。登记与交付属物权变动的生效要件(承认物权行为是合同履行行为,是合同履行的组成部分,是法律行为)。[12]

按照物权行为理论,一个买卖行为(如动产的买卖),它包含了三个合意:一是债权行为的合意,二是交付价金的物权行为的合意,三是交付标的物的物权行为的合意。这三个合意同时发生,这是法学家的看法和分析,而买卖当事人是不会在意它是几个合意的。所以物权行为的概念过于抽象,几近虚构,有些不切生活实际。但是,在有些情况下,物权行为理论还有明显的意义,比如,在动产期货买卖,还有动产隔地买卖的情况下,买卖成交和交割时间是有时间或空间差距的,所以债权行为和物权行为明显是区分的,买卖成交时产生债权债务关系,到交割或送货到达时产生物权。这两者的间隔时间,会产生不同的法律意义。为什么德国人要承认物权行为?原因就是它把物权和债权严格区分开,债权是请求权,物权是支配权,仅有债权的合意只能产生债权,有了债权,当事人还达不到目的,那么债权怎么能变成物权?而通过债权行为取得不了物权,只能再实施一个物权行为才能取得物权,尽管许多情况下,债权行为和物权行为是混合在一起。另外,我们知道法律行为还有一种划分的方法,就是把它分为负担行为和处分行为。负担行为是指以发生债权为其内容的法律行为,就是债权行为,对于买方来说,只有交付约定标的物的义务。处分行为是指直接使某种权利发生、变更或消灭的法律行为,这主要是指物权行为,还有准物权行为。按照王泽鉴的解释,准物权行为包括债权让与、债务免除这一类情况。[13]

物权行为理论,主要涉足物权行为的独立性和无因性。

所谓独立性,是指物权的变动须有一个独立于债权行为之外,而以物权变动为其内容的物权行为。物权行为和债权行为是分离的,这样物权变动有一个清晰的界点。物权变动与基础行为、原因行为要分开,我国《物权法》也贯彻了这一原则,即不动产物权变动中,如果没有办理登记,尽管物权不发生变动,但合同仍然有效。物权行为的独立性我们不讲了。难点在于理解物权行为的无因性。何谓有因和无因?有因,是指物权行为的效力为债权行为(也叫原因行为)所左右,债权行为不成立、不生效力、被撤销或无效,对物权行为而言,并不

---

[12] 参见王泽鉴:《民法物权》,北京大学出版社2009年版,第56页。

[13] 同上。

受其影响,仍然会发生物权变动的效果。当然,这是以物权行为本身有效为前提的。

从理论角度,我国近几年关于物权行为的争论,主要围绕物权行为是否具有无因性而展开。物权行为的无因性是对独立性的进一步深化,强调的是物权行为不仅和债权行为相分离,而且人为地割裂二至之间的因果关系。比如,甲把自行车卖给乙,合同签订了,车也交付给乙了,发现合同无效、因意思表示错误(误解)被撤销或因违反公序良俗无效,合同无效但车已经交付,这样会产生什么后果呢?(1)买卖合同(也就是债权行为)不成立、被撤销、无效,其物权行为也不成立、被撤销、无效,这是有因。结果是什么呢?乙不能取得这辆车的所有权,乙成了无权占有,车的所有权还在甲方,所以甲有权向乙请求返还这辆自行车。(2)如果是无因的理解,乙依物权行为对车就取得了所有权,这时物权行为是成立的、有效的,只是债权行为不成立、无效,所以甲这时只能按照返还不当得利请求返还自行车。我们看,在有因的情况下,甲对自行车的请求返还,是物权请求权;在无因情况下,甲对自行车的请求返还,是债权请求权(不当得利嘛)。如果在这个过程中,乙又已经把自行车卖给了丙,情况会怎样呢?按照有因理论,因为乙还没有取得自行车的所有权,所以乙又把自行车转让给丙,是无权处分,丙只有在善意取得的条件具备时才能取得车的所有权;如果按照无因理论,乙已经取得自行车的所有权,卖给丙是有权处分,丙当然取得这辆车的所有权,这对丙来说,不管甲乙之间的合同是否有效还是无效,其都能获得这辆车的所有权,这无疑是更加有利的。另外,可能还牵连其他相关的法律,如破产法。如果乙破产了,在有因的情况下,甲对自行车还有所有权,所以乙破产了,甲有取回权,因为是物权;在无因的情况下,甲对自行车只是享有债权了,乙破产,甲只能作为债权人参加破产财产的分配了。

这样来看,按照有因或无因的理论,会对自行车的归属或权利产生不同的结果,哪一种结果更好呢?主张无因性的人认为,无因性理论可以保护交易安全,降低处理问题的成本。就按上面这个例子,两种处理的办法都是解决权利冲突的方法,区别在于有因性理论重在稳定物权关系,无因性则重在保护交易安全,都是一种立法价值的选择,我看不出来无因就一定胜于有因。反对物权行为无因性的学者,认为债权行为如果因为误解或者行为能欠缺无效,那么物权行为也是无效,这就是共同瑕疵说,怎么会没有联系呢?这个问题我们还可以进行研究。

六、法律行为的标的

法律行为的标的,就是指法律行为的内容。也就是行为人意图通过法律行为所欲实现的目的和所欲达到的效果。标的在法律行为中占有重要地位的,没有标的,也就谈不上法律行为了,所以标的是法律行为的生效要件,具体体现在标的要合法、要可能、要确定。所谓合法,是指不得违反法律的强行性规定,不得违反公序良俗。有的学者认为公序良俗、不得进行暴力行为是妥当性的问题,我们这里暂且把它们都叫作合法(广义上的合法)。所谓标的确定,是指法律行为的内容在该法律行为成立时就已经确定或者可以确定。所谓可能,是指法律行为内容实现具有可能性。违背自然规律的事情、违反法律禁止性规定的,或者经济上巨大浪费等,这些都是不能的,除此之外就认为是可能的。

首先,我们讲一下合法问题。所谓标的合法是指这三个方面的情况:一是遵守国家法律,不得违反国家强行性法律,也包括遵守行政法规中强制性规定;二是不得违反国家社会公共利益即违反公序良俗,这就是所谓不得违反妥当性的问题;三是不得规避法律,现在这是常有的情况,法律总是有漏洞的,漏洞可以用民法的基本原则来补救的。以上这三种情况都应该是判断法律行为是否合法的内容。

其次,关于标的的确定问题。标的确定分为两种情况,一是已经确定,即在实施法律行为时标的已经明确、肯定、具体化了,行为人的权利、义务、责任都是明确的,过去我们只承认这种情况。二是可以确定,现在法律已经有了改变,除了承认已经确定的标的外,也承认可以确定的标的,即行为人在实施法律行为时,标的还没有具体化,行为人的权利、义务、责任还没有得到明确,但是,这些内容在行为人在实现这种法律行为所规定的权利、义务、责任时可以通过一定的方式加以确定,这种法律行为仍然是有效的,如购买预售商品房经过登记。

如何确定标的有四种方法:一是通过当事人事后达成补充协议;二是通过合同解释的方法;三是通过当事人或当事人之间所为的交易习惯确定;四是通过法律规定的方式,比如,《合同法》第62条规定,质量要求不明确的,按照国家标准、行业标准履行,没有此种标准的,则按照通常标准或者符合合同目的的特定标准履行。除此之外,对价款或报酬不明确的以及履行地点、时间不明确的,都规定了解决的方法。

最后,关于标的的不能问题。一个法律行为要有效,它的标的、它的内容一定是可能实现的。什么为可能?我们只能从反面加以解释,也就是要解释什么情况是不能,如果我们把不能范围划定了,可能的范围也就确定了。

标的不能的情况很多,根据原因不同,标的不能可以分为事实上的不能和法律上的不能;根据发生时间不同,可以分为自始不能和嗣后不能;根据原因与当事人的关系不同,可以分为主观不能和客观不能;根据原因的存在是否超过法律行为的有效期间,可以分为永久不能和一时不能。此外,还有全部不能和一部不能。上述不能的情况不同、种类不同,它所产生的效力也不同。下面,我们简单介绍几种情况。如事实不能,是指法律行为的内容在目前的科学技术情况下是不可能实现的,当然这不是绝对的,有些事实不能只是暂时的,随着社会的发展变化,在将来某个时候就会变成可能。法律不能,是因为法律上的原因而导致不能,比如,买卖合同签订之后、履行之前,国家通过立法规定相关标的物禁止买卖;客观不能不仅受到自然的、物理的限制,也受到观念上的限制,如"大海捞针",人们观念上就认为得不偿失,是不能。这就是客观不能。主观不能,是指不能的原因只存在于行为人本身。只是因为行为人或允诺人个人的原因造成的,不一定是主观意识造成的,比如,订立了演出合同后演员生病而不能演出,这就是主观不能了。所以,客观不能与主观不能有时不好分辨,有时发生的具有主观不能和客观不能的双重性质。主观不能并非绝对导致法律行为无效,比如,债务人承诺交付种类物或支付金钱,那么,即使因为他在订立合同时就没有这些东西,到该履行时还没有这些东西,这样也不能免除他履行此项合同的义务,此种情况下,主观不能并不绝对导致法律行为无效。只有相对行为人(对方)明知该行为履行不能时,该法律行为才无效,比如,演出单位明明知道某演员生病了,仍和对方签订合同。

七、意思表示的解释

意思表示的解释,是指依照法律规定的原则和方式,阐明并确定意思表示内容的活动,它和法律行为的解释是同义语。但是,我们要注意,解释只是针对就意思表示的内容,法律行为的其他事实要素不属于意思表示解释的范围,而是属于在司法适用中的法律解释,这两者是不同的。

前面,我们已经就意思主义和表示主义作了介绍。按照意思主义的理论,法律行为的实质在于行为人的内心意思;按照表示主义的理论,认为法律行为能够成立完全在于意思是如何表示的,或是意思怎样才能被理解(所谓确定、解释行为人的法律意图,不是看他心里有什么,而要看他说了什么、写了什么、做过什么)。当然,大陆法系国家往往是采取折中主义的做法,学者们也通常主张在意思表示解释问题上,应以表示主义为原则,以意思主义为补充。我们也同意这种看法。但是,我们认为意思表示的解释,必须要从表示所使用的文词语句等表达的外部的、客观的内容开始,其目的又在于探求行为人、表意人的真实意图。在这一点上,法国法、德国法都是如此。

探求真意只是目的,但是意思表示的解释所针对的对象,应当是行为人表示于外部的客观意思,而隐藏在行为人内心的意思是难以知晓的。当然,如果发生意思与表示不一致,法律行为就会产生效力瑕疵,所以也不能不考虑意思,这恐怕就是解释意思表示的困难所在。对表示的意思的解释应该作广义上的理解,它不仅包括明示意思,也包括默示意思。意思表示的解释主要是对目的意思内容的解释,这是意思表示、法律行为得以成立的基础,也是最容易产生争议的,所以各国民法中有关意思表示解释的探求真意原则、当事人目的规则、意思推定规则也主要是为目的意思的解释而设置的;至于效果意思,行为人之间往往是相同的。在实践中,对意思表示的解释有不同的认识,分歧主要在于以表意人的理解为准呢？还是以相对人的理解为准呢？还是以一般人客观的理解为准呢？如果是双方法律行为，当然要依他们共同的意思为准，看重当事人的共同意思，而不拘泥于文字，这点特别重要；如果表意人和相对人的理解不一致(甲说是借给乙 1000 元，乙说是送给他 1000 元，又没有合同，或虽有合同，但对支付 1000 元没有说明性质)，就应按照一般人客观地去分析，即一般情况下，甲没有可能送给乙 1000 元，那就推定为是借给乙 1000 元。

意思表示的解释方法很多，有文义解释、目的解释、整体解释、习惯解释、公平解释、诚信解释等，这些我们不讲了。还有一种叫补充解释，我们要给予注意，它是指在意思表示之后，发现还有一些次要问题没有明确，这时可以参酌任意性的法律规定，或根据示范合同文本(也称定型化合同)，或根据当事人所要达到的目的或交易习惯，通过补充解释作出合同的附属条款。

代理制度的基本理论*

一、关于代理的概念

代理是一个发展中的概念,在罗马法上,还没有被称为代理的法律制度,但在商品交易的过程中,委任契约得到了发展。委任契约不仅涵盖今天的代理关系,而且还混存着信托、寄托、承揽等法律关系。委任契约,是指当事人约定一方委托他方处理事务,他方接受委任并处理该项事务而形成的一种法律关系。现在人们在研究代理制度时,都是把委任契约的研究作为起点。的确,在代理还没有成为一项独立的法律制度之前,它只不过是作为委任契约中受任人处理受任事务的手段而存在的。

正是代理与委托契约关系非常密切。所以 1804 年《法国民法典》是把代理关系规定在委托契约之中。例如,《法国民法典》第 1984 条规定:"委托或委托书为一方授权他方以委托人的名义处理其事务的行为。委托契约须经受托人的承诺而成立。"第 1988 条规定:"委托人对于受托人依授予的权限所缔结的契约,负履行的义务。委托人对于受托人权限外的行为,仅在其为明示或默示追认时,始负责任。"从以上规定来看,实际上使代理的三方责任关系得以确立,代理人因享有代理权而避免了与第三人的合同责任。另外,《法国民法典》在委托

---

* 本文系根据作者 2004 年 11 月在清华大学法学院研究生民法专题课程的讲座稿整理,在整理时作了一些资料的增补。

契约中,也对无权代理和越权代理作了规定。虽然《法国民法典》没有完整、单独地规定代理制度,但也不能说法国就不重视代理行为的独立价值,这恐怕是思维习惯问题。同样,我们知道,法国民法也没有“法律行为”的抽象概念,在法国人的眼中,认为代理是委托契约的法律后果,这一点与英美法关于代理的认识基本相同。

《德国民法典》关于代理制度,则作了一项重大的改进。它的理论基础是代理关系中的区别论,首先是由德国法学家耶林提出的,又由德国法学家拉班德加以完善的理论。他的基本观点是:(1)代理权与委托契约并不是同一法律关系的两面,而是互相独立的法律概念;(2)代理权与委托契约的区别不仅在概念上,而且还体现在法律效果方面。例如,在代理人的行为违反了委托契约的义务,而对第三人而言,并不能因此排除被代理人在代理权限内所应该承受的责任。应当说,代理区别论的本质在于强调代理并非委托契约的必然产物,只有授权行为才是代理发生的唯一根据。1896 年《德国民法典》采纳了这一理论,将代理和代理权的概念和内容规定在总编,将委任作为一种“债的关系”放在债权篇去规定。

根据《德国民法典》的规定,代理分内部关系和外部关系。代理的内部关系,是由委托契约确定的,它是指委托人(以后的被代理人)与代理人之间的合同关系;代理的外部关系,是指代理人与第三人的关系,也包括被代理人与第三人的关系。在这里,关键是如何理解代理的授权行为与契约关系的区分。德国人认为:代理关系不是基于委任契约而存在的,而是基于代理权的存在而存在。代理权从何而来呢?它只能根据委任人(被代理人)的授权而产生,至于委任契约(这里也包括合伙契约、雇佣契约等)只是授权行为的基础法律关系,这些契约与代理的形式没有必然的因果关系,契约中规定的权利义务完全不会影响代理行为发生的在被代理人与第三人之间的权利义务关系。它们二者虽然有联系,但是相互独立的。这就像德国的物权行为理论一样,在一个买卖关系中,不仅存在一个债权契约,而且还存在一个物权契约。

我们知道,物权行为理论很少被其他国家所接受,但是德国的代理区别理论为许多大陆法系国家所接受,我国民法也采纳了这一理论。

德国人立法特别讲究形式的完美性和逻辑性，这是优点，但它往往也会脱离现实。在商业社会，商业现实的需要并不可能完全服从完美的理论设计，恰恰相反，任何理论制度只能在实践中寻求发展。在商业领域，授权行为至少在形式上无法表现出完全独立的状态，代理总是与产生它的基础法律关系“生死与共”的。特别是在商业代理中，通过签订委任契约，直接对委任内容的规定和限制比授权行为更具有实质意义。实际上，《德国民法典》也承认，代理商所接受的企业主的“委托”，就是指“被授予代理权”，在这种情况下，授权与委托合二为一，委托中已经包括了授权。

英美法上的代理理论与罗马法没有直接的渊源，而是通过英国法院的判决予以确立的。大约在15世纪，英美法发展了本人与第三人可以有直接合同关系的情况，并且由此奠定了英美法上的代理理论基础。英美法上的代理理论是等同论，它与德国的区别论的抽象逻辑不同，等同论表现了一种直观的思维效果。在等同论者看来，既然代理人得到了本人的信任和授权，那么在其授权的范围内，由代理人实施的行为应当视同本人亲自做的一样，代理行为或代理关系完全是基于委任的后果。实际上，等同论只是描述了本人与代理人之间的委任关系，不必然涉及第三人的利益。至于代理人是以本人的名义还是以自己的名义对第三人实施行为（缔约合同），都不会影响本人与代理人之间代理关系的形成。在英美法的代理关系中，本人既可以因代理人的行为直接对第三人承担契约责任，也可以不直接负责，而是由代理人直接对第三人承担契约责任。代理人承担契约责任是基于他在契约中对第三人的允诺，本人承担责任是基于他与代理人之间签订的委任契约。至于代理人与第三人之间签订的契约，是由本人直接履行，还是由代理人履行，这完全取决于他们之间的契约约定。这样看来，等同论具有明显的宽容性、灵活性，它的理论逻辑与商业现实之间的冲突、矛盾范围显然要比大陆法的区别论小得多。

以上大陆法与英美法关于代理制度的不同，主要集中在这样一个问题上：大陆法的代理制度的核心是看“以谁的名义”，凡是“以被代理人名义”实施的法律行为，才算代理，否则不能视为代理；英美法的代理制度的核心是看“有无被代理人的授权”，而授权与委任是一致的行为，所以，凡是被代理人与受托人

(代理人)之间有委任关系,即为代理,而不论是以谁的名义。由于两大法系对代理制度的不同解释和理论上的撞击,给我国民事立法,在规定代理、委托合同、行纪合同、居间合同以及外贸代理时带来了很大争论。

二、代理权的性质与代理权的授予问题

(一)代理权的性质问题

代理权是否存在?代理权是什么?自《德国民法典》采用"代理权"的用语以来,逐渐被大陆法各国普遍继受,但是对代理权的性质还是争论很大。主要有如下几种学说。(1)权利说。该学说认为,代理权是代理人依法享有的一项民事权利。但有人提出异议,认为民事权利必须以利益为基本要素,代理人行使代理权并不会给自己带来任何利益,所以代理权不能看作民事权利。(2)权限说。该观点认为,代理权不属于民事权利,而是一种权限,它的内容包括权利和义务两个方面,我国《民法通则》就规定:"代理人在代理权限内,以被代理人的名义实施民事法律行为。"这里就使用了"权限"一语,它与利益无关。这种认识似乎也说明不了代理权的性质。因为权限只能指权利的范围、权利的大小,没有说明代理权的性质。(3)权力说(梁慧星的观点)。梁慧星在其《民法总论》中指出:"在关于代理权性质的学说中,更具合理性的是权利说。此说将代理权解释为一种法律上之力……此法律上之力不仅来源于本人的授权行为(如委托代理),也来源于法律的直接规定(如法律代理和表见代理)。因此,代理权在性质上属于一种因授权行为或法律规定所产生的,可以直接改变本人与第三人之间的法律关系的权力。"这种改变是所有权、债权所不能做到的,所以梁慧星认为,代理权在法律效力上已经超过了民法上的其他权利。(4)资格说或民事能力说。把代理权看作一种能以本人的名义为法律行为的资格和地位,这是一种较普遍的通行的学说。代理权是一种资格,也称民事能力——民事能力是权利能力还是行为能力呢?如果把权利能力看作一种静态资格,把行为能力看作动态资格,那么代理权就应该属于行为能力了。

我认为,代理权是一种民事权利,尽管它与物权、所有权不同,也与债权不同,难道不是物权、不是债权的,就不是民事权利了吗?民事权利的本质在于它是民事主体自由意志的体现;代理行为的实施依赖于代理人具有权利能力和行为能力,代理人具有民事能力是代理权能够实现的基本前提;代理权所表现出来的法律效力,恰恰也是民事权利必然产生的法律效果,而不仅仅是资格问题;否认代理权是民事权利的学者,主要理由是代理权不能给代理人带来任何利益,其利益是属于被代理人的。通常,是我们也有受耶林的"权利利益论"的影响,梁慧星老师也讲有权利必有利益,没有利益还算什么权利。在这里,我们应该思考,代理人行使代理权,到底能不能给代理人带来利益?利益既包括物质利益,也可能是精神利益,代理人通过实施代理行为获得精神上的满足是否属于获得利益?另外,代理人从中取得的报酬与行使代理权利到底有没有关系?

(二)授权行为问题

前面我们已经讲到,自"代理权"这个用语被德国人载入民法典以来,本人授予代理权的行为即被视为单方法律行为,它不需要代理人的同意,而由被代理人一方意思表示而成立,因此在逻辑上,应由被代理人承担其实施代理行为的法律后果。梁慧星在《民法总论》中讲道:"授权行为仅是委托人单方的意思表示,而并不要求受托人的同意,可是授权行为是独立于委托合同的单方行为。"以上是我国的通说(这完全是一种推理,实际代理人不同意,是办不成的)。

授权行为是为了建立一种代理法律关系,即一方当事人的授权行为使另一方当事人获得代理权,而代理权向第三人行使,从而在授权行为人(被代理人)与第三人之间发生权利义务关系。也可以这样讲,某一个当事人为了实现自己的民事权利,可以按照法律行为的原理直接作出实现该民事权利的意思表示,也可以按照授权行为的原则将这种意思表示授权给某人,再由这个人代他实现自身的民事权利。这就形成代理关系。按照以上对授权行为的理解,授权行为是在委任等基础法律关系之外,由本人一方单独完成的,无须以上代理人或第三人的同意(或承诺),就会产生法律效果,所以它符合单方法律行为的特点。这种授权行为理论,最大的功绩在于使民事代理制度得以独立。但是,有一点是无论如何都不能承认的,就是授权行为的法律效果都必须受到基础法律关系的制约。所以这里就出现了一个授权行为与独立性与无因性的问题,它与物权行为的独立性与无因性一样让人难以理解。因为授权行为也好,物权行为也好,都是一种观念上的产物。

我们说,授权行为是一种单方法律行为,还容易让人理解,但是授权行为的独立性和无因性问题就比较让人费解了。

1. 首先,关于授权行为的独立性。对此,我国台湾地区学者王泽鉴举了三个例子。一是有授权行为,并没有基础的法律关系,如甲托乙代订一桌酒席,这仅属于社交行为,但乙即取得代理权。二是虽有基础的法律关系,但未授予代理权的情况,如甲雇用乙,双方之间有雇佣关系,有基础法律关系,但乙只能观察实习,如果乙以甲的名义与顾客订立合同,应属于无权代理。三是授权行为,并有基础法律关系的情况,如乙与甲之间订立甲为乙出卖土地的委任契约,在这种情况下,甲负责处理出卖土地的行为,应认为是来自委任契约,与代理权和授予无关。由此,王泽鉴先生得出结论:代理权与授予,并非委任等基础法律的关系的外部效力,而是独立的法律制度,这就是授权行为的独立性。当然,王泽鉴先生举的这三个例子,并不是很充分的,如第一个例子,实际上,甲乙之间存在一个口头的委托合同;第二个例子,在雇用学徒的关系中,雇主只是指定学徒完成具体的事务,雇佣契约中,并不包括对外活动,当然也没有授权行为的存在,不可能发生代理关系,但即便如此,假如第三人基于信赖,也有可能发生表见代理的情况;第三个例子,实际上可以理解为授权的意思已经具体化为委任合同中的权利义务内容了,所以授权行为更没有独立性可言了。所以,有的学者认为,授权行为必须以基础法律关系中的权利义务关系为载体,授权行为不可能是独立的。①

2. 关于授权行为的无因性问题。无因性就是指基础法律关系即使不成立,无效或者被撤销,也不怕影响授权行为的效力,两者是独立的,也没有必然的因果关系。这种理解过于绝对了。大陆法各国立法也没有采取无因性理论,这只

① 参见江帆:《代理法律制度研究》,中国法制出版社2000年版。

是折中的、模糊的一种规定。

另外，授权行为还可能涉及两个问题：一是授权主体，应该具有民事能力，否则很难形成有效的授权；二是授权行为的方式，“以意思表达为之”，授权行为与民事法律行为一样，可以明示，也可以默示。默示是根据本人的行为，按照公认的准则推定是本人的授权行为，比如，合伙关系中，合伙人之间互为代理，彼此之间存在授权意思。

三、关于代理行为的有关理论问题

（一）代理行为的性质

代理行为是一种特殊的民事法律行为，特殊在什么地方？就是代理人的意思表示与意思表示的法律后果发生分离，所以它突破了罗马法以来非本人不得订立契约的意思自治原则。在这里，我们讨论代理行为的性质，就是要说明意思自治原则是如何在代理关系、代理行为中体现出来的，或者说，这个意思自治原则如何来说明上述分离现象，或者更通俗地说，代理行为是谁的行为？

下面我们简单地介绍几种学说：(1)本人行为说。该学说认为代理是基于本人的授权行为而实施的，代理人所表示的意思是本人的意思。在代理行为中，真正的行为人不是代理人，而是本人。本人行为说以德国萨维尼为代表，佟柔老师在《民法原理》这本教材中说，“代理人在代理权限内所为的行为在法律上被视为被代理人自己的行为”。王利明在《民法新论》上，大致也是这样一种观点。这种观点可以维护意思自治原则的同一性，而不去割裂行为人与行为后果之间的一致。但是，这一观点抹杀了代理人独立的意思能力，使代理人成为一种工具，使代理人丧失了独立的法律主体的价值。(2)共同行为说。该学说认为在代理行为中，本人的授权行为已实施了部分意思表示，代理人的代理行为又实现了部分意思表示，由此，本人与代理人共同完成了代理行为。这种学说，否定了授权行为与代理行为的区别。授权行为是本人的行为，是产生代理行为的基础。代理行为是代理人的行为，并将产生代理的法律后果。对二者不加区别,只强调相互合作,恐怕是不行的。(3)统一要件说。该学说是对共同行为说的进一步完善和论证。这种学说认为,代理由授权行为与代理行为共同构成,其中,本人授予代理权的行为,既含有效果意思又含有目的意思和表示行为,因而属于法律行为;而代理人的代理行为,却因为欠缺自己取得法律效果的意思而不能成为法律行为。因此,代理行为只有与授权行为相结合,才能构成法律行为。根据这种学说,代理行为只是实现授权意思的辅助工具,并不具有独立法律行为的本质。(4)代理人行为说。该学说认为代理行为就是代理人自己的行为,不过,因代理人明示以本人名义,表明旨在使法律效果直接归属于本人的意思,但是代表行为还是代理人的行为。显然,这种学说对代理行为的独立性有明确的认识,但对代理行为的效果归属于被代理人如何进行学理解释,似乎也没有从本质上给予回答。

以上这些学说,似乎都不能自圆其说。这是代理制度的一个矛盾。一方面,代理人是代理行为的主体;另一方面,其法律效果又要被代理人承担。在代理活动中,代理行为的意思表示只能由代理人自己完成,这就是所谓独立意思表示,虽然这个意思表示的内容与被代理人(本人)有直接的利益关系,但代理人进行意思表示的方式、对象等因素并不受本人(被代理人)的干扰,所以,代理行为是代理人独立的行为。如果我们否定了代理行为是代理人自己的行为,也就否定了代理权的独立性(这是北大尹田教授的观点,他著有《民事法律行为与代理制度研究》)。

我认为,授权行为强调的是被代理人的意志,代理行为应强调在授权范围内的代理人的行为自主性,这样才能发挥代理制度的优越之处,否则干脆被代理人自己去做好了,何必还找代理人呢?代理人不是附属主体,是代理行为的主体,有自己独立的意思,这也是被代理人所希望的,这和由被代理人承担法律后果并不存在绝对的矛盾。被代理人选择代理人是基于对代理人的人品和能力的充分信任,只要代理人实施代理行为不超过授权范围,代理人完全可以也应当发挥自己的聪明才智和主观能动性,帮助被代理人实现自己的利益。

(二)代理行为的成立与生效

我们讨论过民事法律行为的成立与生效,而代理行为的成立与生效和民事法律行为的情况非常相似,它也涉及在性质上的不同判断。代理行为和成立属于事实判断,它着眼于代理行为是否已经存在,比如,代理人所从事的某一具体的行为是否包含了"代理的意思表示";代理行为的生效属于法律价值判断,它着眼于代理人从事的代理行为是否符合法律的精神和规定,能否获得法律的认可,能否发生当事人期望的法律效力。

在代理行为中,行为人(代理人)的行为不仅仅关系自己的利益,其有效与否将直接影响本人、代理人、第三人之间代理关系的构成。因此,从这个角度上来讲,在实践中都是以"有效成立要件"去概括代理行为的成立规则和生效规则,也就是采取成立与生效统一说。

代理行为是一种特殊的民事法律行为,所以,代理行为首先必须符合一般民事法律行为有效成立的条件,而且还要满足代理行为的特殊条件:一是要有本人和被代理人(除非被代理人死亡,生前约定由其继承人继承的);二是要有代理权,那些没有代理权的代理行为可能符合一般民事法律行为的要求,但并不能构成有效的代理行为。在这里,我们着重讨论两个问题。

1. 关于代理人的主体资格的要求。或者说,代理人在代理活动中,是否应该具备实施某项代理行为的民事权利能力和民事行为能力。大陆法系国家(法国、德国、日本)一般持否定态度,胡长清在《中国民法总论》中是这样论述的:"关于权利能力,代理人无须有之,良以代理人非取得权利,承担义务之主体故也。关于行为能力,代理人无须有之,即其所为或所受意思表示,仅足以拘束本人,而不足以拘束代理人,故代理人所为或所受意思表示之效力自不因其为限制行为能力而受影响。"所以,可得到这样一个逻辑关系:代理权是独立的,代理人不承担法律后果,因此,代理人无须有民事能力。

英美法系认为本人在选择代理人时,有极大的自主性,本人完全有权利选择限制行为能力或无行为能力人做自己的代理人,只要本人愿意承担因代理人行为能力有缺欠而发生的风险。比如,让一个小孩去办事,认为是可以的。所以,大陆法系和英美法系在这一点上认识比较相似。不过,前面我们已经讲了,大陆法系特别重视是以谁的名义实施代理行为,最后强调由谁承担法律后果;英美法系重视本人的委任,谁委任谁最终承担法律后果。

对此,我国学者尹田教授有不同看法,他认为:“代理人应当具备与代理实施的法律行为相适应的行为能力,即无行为能力人完全无意思能力,故不能充当委托代理人;限制行为能力人具有部分意思能力,故在其意思能力范围内,可以充当代理人,但对超出其意思能力之外的行为,无权进行代理……大陆法系国家的立法抛弃法律行为关于行为人意思能力的一般原则,根源在于其对‘私法自治’原则的彻底贯彻(或者不妨说是对这一原则的夸张及滥用)。在他们看来,当事人对自身利益的选择具有绝对的任意性。当被代理人委托欠缺行为能力的人为代理人时,表明其已将自身利益心甘情愿地置于‘可以放弃’的境地。既然如此,法律又何须对之强行干预呢?这是立法上的极端放任主义,显然是不可取的。”

至于代理人是否应该具备相应的权利能力,也是值得讨论的。自然人具有平等的权利能力,但是法人呢?在对外贸代理中,代理人必须要有从事进出口贸易的权利,才能代理。即使在国内的代理中,一个法人自己都不能做的事,如超过自己经营范围,难道他能为别人代理实施?这需要研究。

2. 代理行为中的意思表示问题,一般认为,代理行为当中的意思表示是代理行为有效成立的基本前提。代理意思的存在,实际上表明代理权的存在,没有代理权,行为人(代理人)的意思表示将不具有代理意思的法律效力。所以,“代理意思表示”也正是代理行为与一般民事法律行为不同、特殊的地方。

代理行为当中意思表示的特殊之处在什么地方呢?一是由于代理人的代理源于本人的授权意思,所以在代理意思表示中,不仅表达了代理人的意愿(设立、变更、终止民事法律关系),而且还包含了“为本人”的意思。二是代理人的意思表示必须在授权意思的范围之内。也就是说,在一个具体的代理行为中,代理人与第三人所设立的权利义务内容需符合代理权限的要求。以上这两点,就是代理意思表示的特殊之处了。

如何判断代理行为意思表示的真实性,这涉及代理行为的有效成立问题。所谓意思表示的真实,是指当事人的内在意思与其外在表示相一致,这在代理关系中比较复杂,因为代理人的意思表示受制于本人的授权意思的范围,其意思表示是否真实或者说其意思表示是否有瑕疵应由谁来判定呢?按照大陆法的一般规定,应该根据代理人的情况决定,而不是根据被代理人的情况决定。所以,代理人应当成为判断代理意思表示真实性的行为主体。这里我们认为,代理行为在本质上就是代理人的行为,虽然本人的授权是代理行为有效成立的前提,但代理行为中的意思表示却是代理人完成的,本人的意思并不直接体现在代理行为当中,代理行为的相对人(第三人)也只能在代理人的客观行为当中去判断其意思表示的真实性。

讨论题:

1. 关于代理权性质的探讨;
2. 关于代理授权行为性质的探讨;
3. 代理行为的本质与有效成立;
4. 试进代理与行纪、居间制度的关系;
5. 理论上如何分辨三个概念:无权代理、表见代理、狭义无权代理;
6. 两大法系代理理论、代理立法的比较;
7. 我国外贸代理的实践与国际贸易代理的立法范式。

《民法总论》提纲*

一、本课程的主要内容

(一)民法的本质、理念、价值和功能,以及当代民法发展的趋势

本质:私法。

理念:私权神圣、人格平等、意思自治。

价值:核心是“自由”(如秩序稳定、公平正义),是权利本位,是义务本位,还是社会本位?解决权利冲突之法。

功能:我们注意到一个问题——它对国家、社会的管理的功能(大社会、小政府?)如何建立法治国家。

当代民法的发展,注意以下几方面的问题:

1. 经济、科技的发展;
2. 环境资源、可持续发展;
3. 各国立法例趋势。

(二)关于民法的现代化和社会化问题,这里涉及这样一些问题

1. 民法的近代化和现代化的关系。
2. 个人、国家、社会的关系。

---

* 本文系作者2004年9月为清华大学法学院民商法专业博士研究生开设的“民法总论”授课提纲。

3. 民法的西方化、本土化、社会化问题。

4. 公法与私法的划分，公法与私法的关系。

关于私法社会化问题：

(1)法的生命在于社会。

(2)个人本位与社会本位并重。

(3)三个重点：

私法以意思自治、私法神圣为根基；

私法对私权要限制；

私法自治被限制。

(三)民法的调整对象问题

1. 财产关系与人身关系。

↓　　　↓

暂时性　　永久性

2. 是否调整法律关系。

3. 民法与经济法、商法的关系，与诉讼法的关系。

4. 权利体系问题。

(四)民法总则的设置过程，利弊的分析，当前遇到的问题

(五)民事主体制度

1. 人格、人格权(与民事主体以及权利能力的关系)。

2. 法人概念的重新理解：

(1)抽象财产(所有权?)；

(2)有限责任；

(3)法人权利能力问题；

(4)合伙是不是主体。

(六)法律行为制度

1. 法律行为与私法自治的关系;
2. 法律行为与事实行为;
3. 意思表示的若干理论问题;
4. 如何区分误解和错误;
5. 物权行为的理论问题。

(七)代理与时效

1. 代理制度方面
(1)法德与英美比较研究。
(2)基本理论:
①代理权的性质;
②代理行为的性质;
③代理责任的承担;
④代理与相关制度的关系。
2. 时效制度
(1)时效与其他制度的冲突,如担保法;
(2)如何平衡债务人和债权人的关系,关键是对时效中止、中断、延长的设计;
(3)时效与除斥期间的区分。

(八)民法典的制定

1. 指导思想
2. 体系设计
(1)人格权;
(2)侵权法。

二、讨论:民法本质[①]

(杜军)私法。

(张金海)民法的价值。

(吴莉婧)民法功能、作用;解决冲突(界线);对社会的管理;文化功能。

(申海思)民法的发展趋势(注意:参考梁慧星教授的文章;[②]关于后代现代主义的法学;中国民法的转型与发展趋势,可参考李显冬的著作[③])。

(吕英杰)以人为中心,解释几个概念。

(张宗敏)人格权是否能够成立。

(刘哲)人格权的性质。

(许可)人格权的立法技术问题。

三、关于法律行为制度的有关问题[④]

这是总论部分一个核心的问题,大致有以下一些问题:

1. 法律行为与私法自治

首先,由人—生灵—有思维意识—效果;

其次(物权、债权领域),是意思表示,自主的权利,也是限制,一个空间;

最后,法律行为是私法自治的工具,反过来说没有私法自治,不能独立为意思表示,也没有法律行为(增加自治—可撤销)。

---

① 这是2004年9月27日清华大学法学院民商法专业博士研究生《民法总论》课程讨论发言。

② 参见梁慧星:《从近代民法到现代民法》,载《中外法学》1997年第2期。

③ 参见李显冬:《从〈大清律例〉到〈民国民法典〉的转型》,中国人民公安大学出版社2003年版。

④ 这是作者的授课提纲第六部分的内容提要。

2. 法律行为与事实行为,还有其他人的行为

共同点:都是人的行为,都会产生法律效果。

不同点:缺乏意思表示,法律行为与私法自治相联系;两者之间的联系。

法律行为是自治—要限制—要件(事实契约—电子商务:意思表示并非发生法律效力的唯一根据)。

事实行为没有要件,没有无效的问题,如儿童创作、消费行为、家务行为、拾得物、不当得利、无因管理等。

另外,中间行为——既合法又要承担责任,如紧急避险;既合法又违法,如因错误而撤销。

准法律行为(合法行为)——债务人通知行为,代理的授权行为。

放任行为(事实行为,类似侵权)——不符合法律规范要求,但也没有达到违法程度,如进入他人之属地。

法律行为生效要件,包括三要件说、四要件说。

重要的问题是两个——违法行为与合法行为,即违法行为能不能产生法律效果;我国《民法通则》合法行为两层次好不好?

3. 意思表示的有关问题

(1)意思表示与法律行为的关系。

(2)意思表示的构成要素,包括目的意思、法效意思、表示行为。

(3)意思要真实(是法律行为效力构架的基本要素)。

故意的不真实:真意保留,虚伪表示(行为人与相对人合谋)。

非故意的不真实:行为人的错误(撤销权)动机错误不行;相对人(或第三人)的错误——欺诈、胁迫;误解(指相对人对意思表示了解的错误)双方互为相对人,双方误解(学者见解:为了平衡行为人和相对人,我们立法采用的"重大误解"包含了两个概念)。

(4)意思主义与表示主义:涉及意思表示解释问题。

意思主义,探求表意人的真意,开始以表示主义为主(文字表述),最终是探求其真意,在法国是个人主义、意思自主、自由合意之债、以真实为基础。

意思表示要真实,就是意思和表示要一致。那么,怎么判断是一致还是不

一致呢？

4. 法律行为内容的调整规范（标的）

法律行为内容的调整规范，指法律行为所预期要达到的目的、达到的后果。要达到目的，达到预期的效果，须具备以下三个要素。

（1）合法性（妥当性）：不违反法律法规的强制性规定，有效、无效（《民法通则》对违法、合法的规定）。

（2）内容到确定性：明确（已经确定）或在以后确定（如预售房）。

确定的四种方法：①协议中规定；②通过合同解释；③《合同法》第 62 条规定，国家、行业标准确定；[⑤]④交易习惯。

（3）可能性，内容不能或叫标的不能。可以分以下类型概括：事实上不能与法律上不能；主观不能与客观的不能（注意：主观不能，是指行为人本身的原因导致的不能，演员生病主观不能参加预定演出）。

5. 物权行为理论

物权行为，是指以物权变动为内容的法律行为，与债权行为相对应。大陆法系中法国法不采纳；德国法采纳，当然，许多受德法影响的国家也不采纳。

为什么产生这个理论？

（1）物权与债权的区分问题：

①物权和债权的严格划分（法国没有这样的划分，二者的划分使得国法的成果）；

②意思主义与表示主义中形式的意义。

法国法的意思主义：直接就受发生物权变动（因债）；

德国法的形式主义：要登记、交付才行；债权只是请求权；物权是支配权，不

---

⑤ 《合同法》第 62 条规定："当事人就有关合同内容约定不明确，依照本法第六十一条的规定仍不能确定的，适用下列规定：（一）质量要求不明确的，按照国家标准、行业标准履行；没有国家标准、行业标准的，按照通常标准或者符合合同目的的特定标准履行。（二）价款或者报酬不明确的，按照订立合同时履行地的市场价格履行；依法应当执行政府定价或者政府指导价的，按照规定履行。（三）履行地点不明确，给付货币的，在接受货币一方所在地履行；交付不动产的，在不动产所在地履行；其他标的，在履行义务一方所在地履行。（四）履行期限不明确的，债务人可以随时履行，债权人也可以随时要求履行，但应当给对方必要的准备时间。（五）履行方式不明确的，按照有利于实现合同目的的方式履行。（六）履行费用的负担不明确的，由履行义务一方负担。"

交付怎么支配——以买卖为例,须有三个法律行为;日常小宗的买卖可以忽略,但隔地买卖,预交付期限的买卖就有意义。

(2)负担行为与处分行为:

负担行为——债权行为,债务人有负担;

处分行为——主要指物权行为,直接使权利发生、变更和消灭;

准物权行为——债权让与、债务免除。

(3)独立性(物权行为与债权行为分开)与无因性(没有因果关系)。

四、期末课程论文(选做一题,字数不少于4000字)

1. 试论近代以来民法理念和原则的变迁;
2. 试论"从身份到契约"与人格自由、平等;
3. 试论创设法律行为制度对《德国民法典》逻辑体系形成的意义。

对制定民法典的几点看法*

几年来,在民法学界以至法学界,大家最为关注的问题是民法典制定。2002 年 12 月全国人大常委会法工委亮出了一个民法典草案,立即在全国引起广泛的关注,在学界的反应也不一致。但总体来说,我们已经把制定民法典真正提到立法议程上来了。这是一件好事。

现在,我就争议的几个焦点问题,向各位作一介绍,顺便也谈谈个人的看法。

第一,民事主体制度的设计,是采二元结构,对法人概念扩大,还是承认第三类民事主体?另外,国家能否作为民事主体?

第二,物权法,核心是不动产的调整。土地是公有制,但在一定程度上限制了转流,而不能流转就显现不出价值。城市土地流转的问题已逐渐解决(由于城市化问题),但农村土地流转仍然是一个问题。成都平原:对农村土地问题的探索,核心是解决土地流转问题。①

第三,债权法包括债总、合同、侵权,这是德国法的一个完整体系。现在问题是,侵权法相对独立,债务与责任的概念不同;债总与合同总则,包括民法总则中的法律行为制度有重复,前后没有统领关系。主要争议是要不要债法

---

* 本文是作者 2003 年 10 月 18 日下午在全国博士生论坛所作学术报告的要点。题目为编辑本书时添加。

① 2003 年以来,四川省成都市开始进行以“统筹城乡”为纲领的综合改革,意在“还权赋能”,并经由打破城乡壁垒的土地合法流转和统一的土地交易市场,形成农民与各方利益主体共享城镇化土地增值的新格局。对该项改革的情况,有学者专门进行了考察和研究。参见北京大学国家发展研究院综合课题组:《还权赋能——成都土地制度改革探索的调查研究》,载《国际经济评论》2010 年第 2 期。

总则。

第四,人格权在民法典的位置。人格权的重要性没有人否认。理论上,只要划分清楚人格与人格权的界限,人格权与侵权的界线,分辨财产性人格权与人身性人格权,人格权独立成编并没有大的问题。但有技术困难。核心问题要规定清楚:(1)人格尊严;(2)人身自由;(3)人身完整。此外,对人格权立法要留有空间。

总之,我希望这个民法典:

第一,继承又发展。发展就要创新。

第二,西方又本土。既可以借鉴发达国家的经验,又要立足于中国本土结合中国的实际,但这个实际不是落后的实际。一般来说,在交易法方面,可以较多的借鉴发达国家经验;在人身法方面,应更多地关注本土。

守成与创新*

——对制定我国民法典的几点看法

民法典作为调整平等主体之间人身关系和财产关系的基本法律，在各国法律体系中都占有重要的位置，在大陆法系国家中，是否制定有民法典可以说是衡量一个国家法制发展水平的重要标准，因此，在大陆法系国家自法国1807年颁布《法国民法典》、德国自1898年通过《德国民法典》以来，可以说，此后大陆法系国家的民法典均是以法国和德国的民法典为基础构建的，虽说此后各国民法典各有特色，但在民法理论、民法典构建技术和民法典体例等方面都不过是在法国和德国民法典基础上的改进。我国自清末变法改制以来，在法制发展的道路上主要是沿袭大陆法系国家的模式，而且这也契合我国古代法律制度成文化的传统，因此，我国在法律的制定上是采取成文法模式的。鉴于民法典在调整民事生活关系中的重要性，新中国成立后，我国也进行了多次民法典的起草，但由于政治运动的影响，民法典的真正研究是在改革开放后，由于当时法学理论研究水平不高，社会体制正处于转变之中，因此制定民法典的工作一直未能完成。经过二十几年的发展，我国法学理论研究水平有了突飞猛进的发展，而且社会主义市场经济体制已经确立，社会经济生活的发展迫切需要作为民事生活宪法的民法典的制定，因此制定民法典已成为我国当前立法工作的重点，也

---

* 原载《法律科学(西北政法学院学报)》2003年第5期。本文以马俊驹教授2003年2月17日、20日、27日在清华大学法学院所作题为“对我国民法典制定中几个焦点问题的粗浅看法”的讲座为基础，后又由笔者双方共同对讲座中涉及的几个主要问题作了进一步思考和完善，以就教于诸位同仁。

是法学工作者的责任和愿望。去年岁末(2002 年 12 月 23 日)全国人大常委会法工委正式将《中华人民共和国民法(草案)》(以下简称《民法典草案》)提交给全国人大常委会审议,并立即引起社会各界和人民群众的广泛关注,成为各种新闻媒体追逐报道的焦点。就制定民法典的意义而言,它对我国民事主体权利的尊重和保障、社会经济的促进和发展、文明政治的建立和完善所能产生的影响,将是无法估量的。

从我国近代以来的法律传统来看,我国属于大陆法系国家,尤其是以德国模式为主要参照对象,就民法而言,我们所接受的民法思维、民法原则、民法概念、民法具体制度等大部分来自德国或以之为基础,因此,我们在制定民法典的时候应在此基础上进行,这也是本文标题中所谓“守成”的一面;但民法典作为调整现实社会生活的基本法律,又应该随社会的发展而发展,应该与所服务的社会的具体环境相适应,因此,又没有哪一个国家的民法典是完全一致的,均是在继承的基础上,又适应本国具体情况的需要,进行了一定程度的变革,这就是本文标题中所谓的“创新”的一面。所以我们制定民法典时,在基本原则、概念、制度等方面,要坚持传统民法的合理成分,如法律行为制度、物权与债权的区分、法典制定中的总则—分则的立法技术等,这些在我国民法典的制定中已达成一定的共识。

对于民法典的创新而言,由于民法典所涉理念深邃、内容庞杂,人们看问题的视角可能有所不同,因此在具体编纂之中产生不同意见是非常正常的,这恰恰表明我国立法趋于民主、趋于科学,法律界的整体素质在提高。这次民法典在编纂和审议过程中确有一些问题存在不同意见和争议。争论最为激烈、分歧最大的主要是在民事主体方面、财产权整体立法方面、集体所有权问题、人格权能否独立成编、是否保留债法总则、侵权行为法在民法典中如何定位等方面,本文主要想就以上问题谈一下自己的看法。

一、民事主体的重构

我国现行民事主体制度是以 1986 年通过的《民法通则》为基础的,是自然人、法人二元立法模式，未把合伙作为独立的主体规定；对于法人的分类，我国《民法通则》中主要是基于主体的身份不同进行的分类，而这种分类模式在现在我国发展社会主义市场经济的背景下已经不适应法人制度的发展；同时明确国家的民事主体地位既有利于实现民事主体的地位平等，也有利于以国家为民事主体的法律关系的顺利展开，因此在本节中着重对以上三个问题作些探讨。

（一）应该赋予合伙组织民事主体地位

早在20世纪80年代制定《民法通则》时，参与制定工作的专家之间曾就合伙的民事主体地位问题展开过激烈地争论，双方各持己见，都没有能够说服对方，结果形成了《民法通则》的折中立法模式，即一方面将合伙分别规定在第二章“公民（自然人）”的第五节“个人合伙”，和第三章法人部分的第四节“联营”中；另一方面在“个人合伙”和“联营”的规定中又没有明确合伙是民事主体。此后，在民商法学界，逐渐有越来越多的学者开始赞成将合伙列入民事主体的范畴。①

合伙应该成为民事主体是多数学者的共识，主要有以下几点理由：其一，现代合伙在人格、财产、利益结构和责任承担等方面已经具有了相对的独立性，具有了团体的属性。团体性的取得使合伙完成了对它固有契约性的超越，使它成为集契约性与团体性于一身的组织体。可以说，合伙的契约性仅是一种合伙人

---

① 最早是《民法新论》（王利明、方流芳、郭明瑞、吴汉东等著，中国政法大学出版社1988年版），首次将合伙列为民事主体；随后在《中国民法》（佟柔主编，王利明、马俊驹副主编，法律出版社1990年版），又一次将合伙列为民事主体，并进一步作了较系统的论述。不过，在最近出版的《民法》（王利明主编，中国人民大学出版社2000年版）一书，则没有再承认合伙的民事主体地位，不知当时又作何种考虑了。最近，据笔者统计手头的10余年来我国出版的35部民法教材（包括少数几部民法总论的专著）中（当然，现在出版的民法教材已远远不止35部了），其中将合伙作为一种民事主体加以阐述的19部，按照《民法通则》二元主体（自然人、法人）划分阐述的14部，其他阐述方法的2部。可见，在这个问题上，合伙作为第三民事主体的存在已为学界较多的学者所承认，而且其内容也逐步形成了完整的学理体系。2002年9月，在笔者参加全国人大常委会法工委召开的一次《民法典草案》的讨论会上，几乎一个上午与会的大部分专家都在讨论并表示要确认合伙的民事主体地位，甚至没有什么相反的论辩。当然也应该承认，还有相当多的学者是不同意将合伙直接规定为民事主体的。可能正是由于这种原因，这次《民法典草案》没有将合伙作为独立的民事主体加以规定，而且也没有采取《民法通则》的折中路线，而是完全回避和否定了合伙的民事主体地位，这种立法方案有些让人遗憾。不过，在顾昂然主任所作《民法典草案》的说明报告中，表示对此问题并未作定论，显然还有讨论的余地。

之间关系的黏合剂,是构成合伙内部凝聚作用的手段,而真正的目的在于通过内部的凝聚形式,共同对外发生民事法律关系,以聚合后的组织体从事对外活动。合伙的上述属性为它取得民事主体地位提供了法理上的根据。同时,作为合伙成立的必经过程——签订合同,它的有关规则可以在合同法中加以规定,这并未与传统民法体系发生冲突。其二,以不能独立承担民事责任为由否认合伙的主体地位欠缺说服力。从本质上来讲,某种社会组织是否能够独立承担民事责任,是立法者在权衡"交易效率"与"交易安全"两方面的利益得失之后,实行特定立法政策的结果。因此,是否能够独立承担民事责任并不是社会组织取得民事主体资格的决定性条件,况且合伙对外承担民事责任并非没有相对的独立性。正如有的学者认为:"人被完全抽象化了,个人和组织在交易关系中没有必然界限,只要能成为财产载体,完成交易的使命,就可以是法律确认的主体。"②因此,现实中的合伙作为财产的载体当然应该能够成为独立的民事主体。其三,合伙能否取得独立的民事主体资格最终取决于它在社会经济生活中的地位和作用。在现代商品社会,商事主体集资和经营的基本形态有三种——独资企业、合伙和公司。大陆法系还有无限公司,无限公司在本质上也是合伙。现在,我国法律已经根据人们从事经济活动的需要赋予独资企业和公司以民事主体地位,唯独否定合伙成为第三民事主体,这种立法模式已不适应社会经济的发展和自然人从事商事活动的需要(当然,那些临时性的简易合伙,特别是非经营性的合伙也可以用合伙合同规则去调整)。虽然在《民法通则》中未承认合伙独立的民事主体地位,但我国基于社会经济发展的需要,已制定了《合伙企业法》,其第2条明确规定:"本法所称合伙企业,是指依照本法在中国境内设立的由各合伙人订立合伙协议,共同出资、合伙经营、共享收益、共担风险,并对合伙企业债务承担无限连带责任的营利性组织。"实际上,我们在具体的民商事立法中,也包括在理论上早已把合伙看作民事主体了。即使在德国,从有关合伙的司法判例和相关立法规定的发展来看,其对于合伙的性质的认识也发生了变化。德国现行司法判例承认从事营利性企业经营,并设有内部机关,对外从事

② 参见梅夏英:《民法上人格的变迁与民法价值体系的衰落》,载中国民商法律网(2003年1月15日更新)。

大量交易的合伙企业享有独立的权利与义务能力,并能以合伙财产对外承担责任。1999年《支付不能程序法》也规定民法上的合伙的财产亦可以进行独立的支付不能程序。[③] 由此可见,德国司法实践和立法也是朝着赋予合伙独立民事主体地位的方向发展的。

(二)关于法人的分类问题

由《德国民法典》确立的将法人在性质上区分为公法人与私法人,然后将私法人划分为社团与财团,继而又将社团细化为营利法人和公益法人的分类方法,得到了大多数大陆法系国家的认可。即使在未采纳上述法人分类的俄罗斯和英美国家,其立法也均不同程度地吸收了上述划分理念。在我国,理论界缺乏对法人分类问题的深入探讨,而目前《民法通则》对法人分类的规定则与各国通行的立法模式存在明显的不同。《民法通则》把法人分为企业法人、国家机关法人、事业单位法人和社会团体法人。现在看来,这种划分方法有着明显的缺陷。首先,由于缺少公私法人的严格划分,致使民法无法实现制约公权力对私权利不当侵夺的社会功能。公法人与私法人承担的社会责任是不同的,它们享有权利的类型是不同的,法律给予保护的方式也是不同的。特别应该指出,公法人不能享有和私法人一样的人格权。其次,《民法通则》未采用财团法人的概念,因而限缩了法人制度的功能,同时又因基金会等财团法人形态被归入社会团体法人或合伙,结果带来了理论上的混乱。按照大陆法系学者的认识,财团法人只是财产的组合,虽然它没有组织成员,但同样可以成为主体,它可以享有权利,可以独立对外承担责任,这是财产性人格的重要体现。可见,一项财产在符合创设人设立目的和经济秩序之下,是可以成为法人的,这是由商品经济的规律和逻辑决定的。财团法人是按照财产捐赠人的意愿设立的,所以财团法人制度附载着个人意志自由的价值取向,是法律尊重个人权利和人本意识的重要体现。如果能将这项制度引入我国民法典,将为解决一些现实的社会问题提供一种新的制度工具。最后,我国现有的法人分类的方法存在逻辑缺陷。这种基

---

③ 参见[德]托马斯·莱赛尔:《德国民法中的法人制度》,张双根译,载《中外法学》2001年第1期。

于经济功利考虑的分类方式,忽视了法人自身发展规律在法人类型化过程中的意义。由于在每种分类内部的具体类型之间往往不具有共性,致使法律无法完成对亚分类层面具体类型共同特征的再次抽象,而使分类本身丧失了意义。比如,《民法通则》中的事业单位法人包含的类型就过宽,其中既有国家拨款成立的兼有部分行政职能的准公法人,又有依国家行政命令组建的公益法人,还有基于自然人、法人自愿组建并办理登记的法人等。由于在这些具体的法人类型之间不具有再抽象的基础,所以法律又要分别对其设立、组织机构、责任承担等事项作出规定。这既浪费了有限的立法资源,又造成了体系上的混乱。因此,我们应该考虑采纳大陆法系的通行分类方法,即以公、私法人二元论为基础,以社团、财团两分法为主体,同时对社团法人辅之以营利、公益和中间法人的立法模式。特别应该指出,承认中间法人的存在和合法地位,是国家政治开化和民主的一种体现。另外,对一人公司、合作社等特殊法人形式应作单独规定,这样来全面重构我国的法人分类可能是一种较好的立法选择。

(三)应该明确国家的特殊民事主体地位

实际上,现代国家享有广泛的民事权利,如国家所有权、知识产权、投资者的权利等,还要独立地参加相关的民事活动。在现代法治国家中,国家只有以民事主体的身份才能享有上述民事权利和进行相关的民事活动。从法律的角度来看,国家(通过其机关)既是公权力的主体,又是私权利的主体,而我们往往忽视国家作为私权利主体的身份。确立国家的民事主体地位,是改变国家管理模式的重要基础,是保障民事权利实现的基本前提。我们从法律上明确国家的特殊民事主体地位,有利于国家公权力与其私权利的适当分离,实现现代法治国家的行为模式,树立权利是基础,权力是保障,权力为权利服务的观念,使国家的行为受到规范和约束,使自然人、法人和其他民事主体的民事权利得到进一步保障和发展。从一定意义上来讲,公有制国家确立国家的特殊民事主体地位显得更为重要,当国家代表全国人民的利益进行民事活动时,它必定是民事权利的享有者和民事义务的承担者。国家以民事主体的资格参加民事活动时,是以国库作为保证的,如以国家的名义发行公债和国库券,或在国际上进行对外贸易的某些场合，等等。可见，国家有独立的民事权利能力，具有独立承担民事责任的财产基础，它在参加民事活动时，与国有企业法人（私法人）和国家机关法人（公法人），也包括与自然人的法律地位是平等的。当然，国家是一个特殊的法律主体，它除了可以以民事主体的身份与自然人和其他民事主体签订民事合同外，还可能以自己特殊的地位和权力与其他民事主体签订所谓的“行政合同”（公法合同），这种合同表现为其合同的成立、变更和终止，以及合同的履行或执行均具有明显的公法性质。总之，国家立法机关应该重视这个问题，因为它涉及民法理念的培养和各项民法制度的完善，涉及民法结构上的逻辑性和实用性。这次，我们制定民法典时不应该忽视这个问题，否则它将使我国民事法律关系系统的大厦失去一根有力的支柱。

二、集体所有权与农村土地使用权

（一）集体所有权应作为一种单独的所有权形式在民法典中加以规定

近年来，我国学术界对集体所有权问题始终存在不同意见，在这次制定民法典的过程中这个问题再次成为讨论的焦点。其主要争议在于两个方面：其一，在民法典中是否规定集体所有权；其二，如何理解集体所有权的概念，特别是集体所有权的主体是谁？

第一个问题，关于在民法典中是否规定集体所有权？有学者持否定说，其中又分为两种见解：一是完全否定集体所有权的存在；二是虽然承认集体所有权，但不主张在民法典中区分国家所有权、集体所有权以及个人所有权。第一种见解中又包括两种观点：一种观点认为，集体所有权其实是不存在的，现有的集体所有权其实就是国家所有权。有学者认为“国家依然是土地的真正所有者，乡村集体只是最低一级的代理人”。④ 另一种观点认为，一些法学界和经济学界的学者主张借助制定民法典的机会，实现土地所有权制度的非集体化改

---

④ 参见邓大才：《农村土地集体所有权的实践、悖论、诠释与出路》，载《岭南学刊》2002年第3期。

革。至于第二种见解,即不主张在民法典中区分国家所有权、集体所有权和个人所有权。[⑤] 他们认为,现在是多种所有制经济形式并存,各种所有制经济形式并无高低贵贱之分,这当然要求法律给予平等的保护,在物权法中,确定所有权分类的标准应依立法目的为本。就笔者的看法,第二种见解并无不当之处,关键是民法典中要不要单独规定集体所有权。

比较而言,主张在民法典中规定集体所有权的学者相对多些。[⑥] 综观众学者的著作或论文,可以看出,赞成规定集体所有权的理由主要有这样两个方面:一是我国有大量的集体财产存在,而且又有大量的正在日益增长的私人财产存在,如果只是笼统讲财产所有权,很难体现出我国的基本经济制度;二是规定集体所有权是确认和巩固集体经济成果、实现商品流通和集体经济组织建设的需要,是完善所有权法制的需要,是解决集体所有财产遭到侵犯之严峻现实问题的需要。笔者同意上述观点,认为应该在民法典中规定集体所有权。第一,中国现实中存在大量集体所有财产,除了土地之外,还有其他财产的集体所有,集体所有权将长期存在。在民法典中规定集体所有权,是为了明确集体所有权的性质、主体、构成、行使方式,这是由集体所有权具有不同于其他形式所有权的特点决定的。民法典主要针对其特点作出规定,并不表示其效力优于或劣于其他形式的所有权,各种形式的所有权具有同等效力。第二,如果不在民法典中

---

⑤ 这主要是梁慧星教授的观点,由他所主持的物权法研究课题组的《物权法草案建议稿》就是采用了这种见解。在这个建议稿的说明中写道:“本法原则上不采依主体性质对所有权的分类。但关于土地应就国家所有权与农村土地集体所有权作特别规定。”可见,梁老师并没有否定集体所有权。另外,中国政法大学物权法课题组《关于〈中华人民共和国物权法〉(征求意见稿)的修改意见》中,还提出其他一些理由,认为所有权主体的多样化已经非可以由所有制性质来对应,公有制也有多种表现形式,公有并不仅仅是国家所有和集体所有。

⑥ 有关学者及其相关著作有韩松教授著《集体所有权研究》以及论文《农民集体所有权的实现机制》[载《法律科学(西北政法学院学报)》1994 年第 5 期]、《论集体所有权的主体形式》(载《法制与社会发展》2000 年第 5 期);王利明教授主编的《物权法专题研究》(吉林人民出版社 2002 年版)以及由他所主持的《物权法草案建议稿》中都对集体所有权作了规定。还有王卫国教授著《中国土地权利研究》(中国政法大学出版社 1997 年版);马俊驹教授著《发展合作社的若干法律问题》(载《中国法学》1991 年第 3 期);《论合作制和集体所有权》(载《吉林大学学报》1993 年第 5 期);马俊驹、宋刚:《合作制与集体所有权》(载《法学研究》2001 年第 6 期);陈小君教授《物权法制订的若干问题研究》[载王利明主编《物权法专题研究(上)》,吉林人民出版社 2002 年版];高富平教授著《土地使用权和用益权——我国不动产物权体系研究》(法律出版社 2001 年版)。

规定集体所有权,则其地位就无法在法律关系中得到体现,实际上是忽视了集体所有权的现实存在。我国《宪法》中明确了集体所有的财产,2003 年 3 月 1 日施行的《农村土地承包法》也是以土地集体所有权为基础的。如果不规定集体所有权,则宪法的精神就无法在民法典中得到具体的体现,《农村土地承包法》(尽管对这个法可能有学者还存有疑义)也会成为无本之木。第三,改变过去对国有、集体财产优先保护的理念和实践,强调各种所有权形式的平等性无疑是正确的,但是如果仅以不做规定或回避集体所有权来实现这一原则,则难免有矫枉过正之嫌。另外,在区分国家所有权、集体所有权以及个人所有权的同时,我们并不排除采用其他的所有权分类方式,如动产所有权与不动产所有权以及有学者所提到的社团法人所有权⑦等。

第二个应该讨论的问题是,如果在民法典中规定集体所有权,如何界定集体所有权的概念,其关键又在于确定集体所有权的主体。曾有学者认为:“要想在物权法中规定集体所有权,就必须按照法律自身的逻辑对劳动群众集体经济组织进行重新构造。”⑧我同意这种看法。长期以来,除少数学者外,⑨人们对集体所有权理论没有进行过深入的研究,没有形成较完整的理论体系。现在,关于集体所有权主体的理论主要有以下几种观点:(1)组织体说,认为集体所有权是由集体经济组织享有的单独所有权。(2)新型总有说,认为集体所有权是一个集体组织内的全体成员享有所有权,类似古日耳曼法上的总有。(3)法人所有说,认为集体所有权是个人化与法人化的契合,集体财产应当为集体组织法人所有,而集体组织成员对集体财产享有股权或社会权。⑩ (4)社区成员说,认为农村社区集体所有制表现为农村集体所有权,它是一种农村社区全体成员所有的形式。城镇社区集体所有权,其主体应该是城镇社区居民的自治组织,主要指城镇街道和居民委员会。各类专业集体组织范围的集体所有制表现为专业集体组织所有权,其主体是各类专业集体经济组织。⑪ (5)创办人所有说,认

---

⑦ 参见孙宪忠:《我国物权法中所有权体系的应然结构》,载《法商研究》2002 年第 5 期。

⑧ 孙宪忠:《物权法基本范畴及主要制度的反思》(上),载《法学研究》1999 年第 5 期。

⑨ 主要是孙宪忠教授、史际春教授、韩松教授等人。

⑩ 参见温世扬:《集体所有土地诸物权形态剖析》,载《法制与社会发展》1999 年第 2 期。

⑪ 参见韩松:《论集体所有权的主体形式》,载《法制与社会发展》2000 年第 5 期。

为集体所有权的主体是创办人本人,这实际上是否认了集体所有权。(6)集体成员共同所有说,认为其主体是劳动群体集体组织成员。⑫

笔者认为,集体所有权是一种单独类型的所有权,它不同于按份共有和共同共有,也不同于成员间的分别所有。集体所有权的主体是集体经济组织,该集体经济组织是由所有集体成员组成,遵循成员平等的组织原则,由其成员大会或者成员代表大会通过民主的方式形成集体意思,选举出集体经济组织的执行机构,由其直接行使集体所有权,而这种形式恰恰是典型合作社的组织结构和财产构成的模式。所以,我们应当按照世界通行的合作社规则和合作社基本的构成理论与实践,逐步建立和完善我国的集体经济组织,在此基础上形成集体所有权。物权法应该对集体所有权制度作出规定,为促进我国集体所有权的健康发展作出贡献。

(二)农村土地使用权的流转问题

民法典中关于用益物权的规定,主要涉及城镇国有土地和农村集体土地问题。在我国,土地所有权不可能进入市场,但土地使用权可以在法律规定的范围内参与流转。一般来说,城镇国有土地使用权的出让、转让、抵押、出租等问题,我们已经有了比较完善的法律规范,也积累了较多的实践经验。但农村集体土地使用权的流转问题,我国现行立法还没有很好地适应现实经济发展的需要,总体来看,是一种趋于保守的态势。在市场经济的大背景下,土地作为一种特殊的商品,虽然其使用目的必须遵守国家的土地规划和用途管制,但是其价值的实现和一般商品并没有本质的区别,它也必须通过市场机制来实现自己的价值,这就不可避免地涉及土地使用权的流转问题,即使是农村集体土地也不例外。在我国,农地使用权因其用途的不同可以分为农村建设用地使用权和农业用地使用权(我国《农村土地承包法》称土地承包经营权),这两种土地使用权的流转问题是值得我们关注的。

农村建设用地使用权。它包括农村居民宅基地和其他建设用地。依据现

---

⑫ 参见王利明主编:《中国物权法草案建议及说明》,中国法制出版社2001年版,第280~282页。

行法律的规定,农村建设用地的使用权原则上禁止转让。我国 1998 年《土地管理法》第 43 条规定:“任何单位和个人进行建设,需要建设用地的,必须依法申请使用国有土地;但是,兴办乡镇企业和村民建设住宅经依法批准使用本集体经济组织农民集体所有的土地的,或者乡(镇)村公共设施和公益事业建设经依法批准使用农民集体所有的土地除外。”该法第 63 条规定:“农村集体所有的土地的使用权不得出让、转让或者出租用于非农业建设;但是,符合土地利用总体规划并依法取得建设用地的企业,因破产、兼并等情形致使土地使用权依法发生转移的除外。”可见,农村建设用地使用权的流转几乎成为不可能。居民宅基地使用权由于是村民基于其身份而无偿取得的,因而不具有可交易性,当然不能参与市场流转。从法律对农村其他建设用地的规定来看,实际上排除了使用权人自主转让其土地使用权的可能性。按照有关立法背景资料的解释,法律之所以作出这种禁止性规定,其本意就是为了防止农村集体建设用地进入市场冲击房地产市场。其所谓的“冲击房地产市场”,实质上就是打破政府对房地产一级市场的垄断。近年来,在沿海地区,乡镇企业的集体建设用地使用权的流转已成为较为普遍的现象,因为它符合市场经济发展的客观要求。在我国大力提高城市化程度的过程中,城市因规模的扩大而占用农村集体土地的数量会急剧增加,有的政府试图通过征收的方式将这部分农村土地变为国有土地后再进入土地市场的做法是不切实际的,而且这种做法实际上是将本应由集体获得的土地的市场价值通过国家再分给集体,而集体再分配到农民手中的可能已经很少。此外,还有学者从经济和法理的角度分析,认为集体经济组织有权以出让和出租的方式设立农业建设用地使用权,其理由是:(1)集体经济组织作为土地所有人,应当拥有平等的所有者权利。(2)集体经济组织所有的土地当中,也包括法律许可为基地的土地,在集体所有的土地上设立基地使用权,是充分利用土地资源的需要。(3)当前在集体所有的土地上也存在建设用地的土地使用权,如农民对其宅基地的使用权,乡镇企业对其建设用地的使用权。既然这些土地使用权可以设立,为何不准许以出让方式设立土地使用权?(4)现在基地使用权的出让为国家所垄断,国家得到的是市场决定的基地使用权出让金,而集体经济组织得到的却是非市场决定的补偿费和安置费,这种先由国家征收集体土地,再由国家出让的做法,实际上使集体利益受到损失。(5)国家实行了严格的土地用途管制制度。如果土地用途管制制度得到严格有效的实施,即使允许集体经济组织出让基地使用权,也不会导致土地资源的浪费;如果土地用途管制制度得不到有效的实施,即使是国家垄断基地使用权的出让,照样会导致土地资源的极大浪费。[13] 因此,集体经济组织对其土地应该享有和国家平等的所有权,国家可以对其土地以出让方式设立建设用地使用权,集体经济组织同样也享有这样的权利,国家只能作为公共利益的代表者对土地的合理使用实行土地管制,但这不是民法上的权利,而是基于公法享有的行政权。所以笔者认为,对于农村的商业性用地,国家不便对农村集体土地实行征收,在符合国家土地规划和用途情况下,农村建设用地可以自主进入土地市场。当然,这需要对我国现行的有关集体土地的法律、法规进行系统的修订或清理。

农业用地使用权。它包括按农业人口均分取得的家庭承包经营权和通过招标、拍卖或协议等方式取得的"四荒"等土地承包经营权。依据现行国家政策,在坚持土地集体所有和不改变土地农业用途的前提下,经发包方同意,允许承包方在承包期内依法转让。根据2002年《农村土地承包法》第32条、第34条、第36条和第37条的规定,通过家庭承包取得的土地承包经营权可以依法采取转包、出租、互换、转让或者其他方式流转。作为土地承包经营权主体的承包方有权依法自主决定土地承包经营权是否流转和流转的方式。土地承包经营权流转的收益归承包方所有,任何组织和个人不得擅自截留、扣缴。而且承包方除采取转让方式流转应当经发包方同意外,其他方式流转的,只需要报发包方备案即可。这与梁慧星教授主持起草的《中国物权法草案建议稿》关于农地使用权流转的规定(农地使用权可以出租、继承、可以作为出资,但禁止转让和抵押)相比较,《农村土地承包法》的开放程度又有了进一步的发展。

既然我们将农地使用权作为一种物权来规范,就应该在法定范围内允许农地使用权人享有一定的处分权,但人们对处分权的内容则存在不同的意见,如是否允许转让、出租或抵押等。应该指出,禁止农地使用权转让的态度并不可

---

[13] 参见梁慧星主编:《中国物权法草案建议稿》,社会科学文献出版社2000年版,第464~465页。

取,认为允许农地使用权转让会导致社会问题的理由难以成立。在这里,农业用地使用权(土地承包经营权)能否进行抵押?2002 年《农村土地承包法》没有明确,笔者认为应该允许,因为我国根据前述 2002 年《农村土地承包法》第 32 条规定,通过家庭承包取得的土地承包经营权可以依法转让,转让的结果是承包人失去承包经营权,而土地承包经营权的抵押不仅适应承包人融资的需要,且抵押权人是否实行抵押还取决于债务人能否及时偿还债务,即使因债务未及时清偿而实现抵押权,对农地承包经营权人来说,也仅是发生和转让土地承包经营权同样的后果,因此,根据举重以明轻的原则,实在是没有理由禁止用土地承包经营权抵押;至于农业用地使用权的出租问题,我国台湾地区"民法修正草案"是禁止的,其制定理由是防止出租人从中得利,并且这种做法违背设立该项权利的愿意,⑭笔者认为此种理由是不充分的。我国城市化飞速发展,数千万农民涌进城市,而城镇的大批投资者又在瞄准农业用地这块肥田,这些人愿意到农村投资,农业又需要有人投资,当然,他们的投资要以取得土地使用权为前提,对此,我们又为什么不通过立法去适应、推进、主导这一经济发展的形势呢?反对农地使用权自由流转的强有力的理由是,如果允许农地使用权的自由流转,会使农民失去农地使用权而没有生活保障。应该认识到,我国农民的纯农业收入在农民的总收入中的比重逐年下降已成客观趋势,而且目前我国农村户均耕地面积非常有限,许多地方单靠务农本身已经不足以维持农业的简单再生产,普遍存在的农村耕地抛荒现象也足以说明种田往往不能为农民提供生活保障。同时对这个问题还应作具体分析。首先,农地使用权分为农民因集体经济组织成员身份而无偿获得的土地承包经营权和通过招标、拍卖等形式有偿取得的土地承包经营权,生活保障的问题只涉及前一种土地承包经营权。其次,即使是允许农民自由处分其土地承包经营权,如出让、出租和抵押等,也并不一定会产生很多社会问题,农民作为一个思维正常的人,他会根据自身利益的需要来决定是否处分其土地承包经营权,如果他没有其他的收入来源,他就不会轻易处分;如果他从事其他经营,不需要靠土地承包经营权来保障,他就既可以出

---

⑭ 参见王泽鉴:《民法物权》(第 2 册),中国政法大学出版社 2001 年版,第 66 页。

让其权利,也可以在拥有土地承包经营权的情况下,以出让之外的其他方式处分其权利,如出租。现在我国正在进行社会保障制度的改革,国家社会保障基金不断得到充实,城市居民的社会生活保障问题已在很大程度上得到解决,对农民社会生活保障的问题是下一步要着力解决的问题,有些较发达的省份已将社会生活保障的范围扩及农民,如浙江省。因此,我们应该在较宽泛的范围内允许农地使用权流转,应该为农村土地承包经营权的顺利流转提供多种形式,使农民能够根据自身利益的需要采取其认为最合适的方式处分其土地承包经营权,这样既符合农民的意愿,也有利于通过土地使用权自由流转实现土地资源的合理配置,因此,在此次民法典中,我们应将农地使用权的流转问题在民法典物权编作为一项重要制度来规定。

三、债法总则的存废

在民法典的起草过程中,学界对是否设立债法总则产生很大的分歧,争论非常激烈。总体来讲,赞成其独立成编的学者是多数。梁慧星教授认为,民法典中应当规定债法总则,由债法总则来统领合同法和侵权行为法,并将不当得利和无因管理规定在债法总则中。⑮ 王利明教授也认为应当规定债法总则,但要重点突出合同总则的内容,另外,主张侵权行为法独立成编,并在民法典总则中规定统一的民事责任一章。⑯ 魏振瀛教授也认为应当设立债法总则,但主张侵权行为法应独立成编。持相反意见的是江平教授、费宗袆教授,他们认为债法总则的内容可以规定在合同法总则中,我们没有必要迷信德国法的体系。⑰笔者认为,只要民法典总则部分还要规定民事法律行为,合同法部分还要规定

---

⑮　参见梁慧星:《当前关于民法典编纂的三条思路》,载徐国栋编:《中国民法典起草思路论战》,中国政法大学出版社 2001 年版,第 14 页。

⑯　参见王利明于 2002 年 11 月 8 日在中国政法大学题为《中国民法典的立法思路和立法体例》中的发言,文字内容源于法律思想网。

⑰　江平老师的观点也可参见其于 2002 年 11 月 8 日在中国政法大学题为《中国民法典的立法思路和立法体例》中的发言,文字内容源于法律思想网。

合同总则,又要承认侵权行为法独立成编,那么就没有必要再设债法总则一编。因此笔者同意第二种观点,民法典中可以不规定债法总则。

在德国民法体系中,债法是其最核心部分。传统民法把民事法律关系分为绝对法律关系和相对法律关系,民事权利分为绝对权和相对权,与此相对应民事权利又可分为支配权和请求权。在财产权中,以支配权和请求权为基本的划分方法,认为物权是支配权、债权是请求权(民法除债法编外,其他各编也有请求权的规定,如物上请求权、抚养请求权、继承回复请求权等),进而形成德国财产权体系的物权——债权的二元结构,并且在抽象、归纳、总结这两大财产权体系的二元结构的基础上,形成了富有特色的民事法律行为制度,在此基础上构成了《德国民法典》的总则编。这一结构的确立是对罗马法财产权制度的重大发展,是概念法学为《德国民法典》的制定作出的突出贡献,它使《德国民法典》富于体系性和逻辑性,具有了韦伯(Max Weber,1864—1920 年)所称的"形式理性"的特征,进而使《德国民法典》成为其他国家进行法律移植的对象,这由它产生以后对 20 世纪各国民法的制定和修订产生的重要影响可以作为佐证。我国近现代民法均为直接或间接继受《德国民法典》的产物。所以,我们现在讨论民法典的体系问题,无论学者、专家之间存在何种的不同意见,都还没有否认债在民法中的重要地位,毕竟它对于规范人们之间的债权债务关系以及进行民法的理论研究有着重要的意义。

但是,这并不妨碍我们对债的内涵和外延进行重新思考。在学界,历来对债的理解就有广义和狭义之分,广义的债往往包含多项权利和义务,比如,一项买卖关系中,双方当事人所享有的权利和承担义务就是多项的,实际上它是由多个狭义之债组成的。债(包括债权)的含义的这种不确定性,使德国、法国、日本、意大利等国民法都未能给它下一个明确的概念。我们知道,依不同的发生根据,债可以分为两大类:一是因法律行为发生的债,包括单方法律行为和合同行为,而合同行为发生的债是最普通、最重要的债;二是因法律规定发生的债,包括缔约过失、侵权行为、不当得利、无因管理以及因物权关系、亲属关系、继承关系而产生的各种债。传统民法认为,因以上原因产生的法律关系均具备两个最重要的特点:一是在这类关系中,一方享有请求权,即请求对方为一定行为或不为一定行为的权利;二是这类关系具有相对性,即是在特定的当事人之间发生的权利义务关系。由此,法学家们就从上述如此之多的各类法律关系中,抽象出债的概念,形成较为严密的债法体系。但我们应该认识到,债法体系不是一个封闭的体系,它是在适应当时社会环境的基础上产生的,随着社会生活的发展,债法体系也要不断调整来适应社会环境的变化。关于债的第一个特点,债权为请求权,但请求权并非皆为债权。实际上,有几类请求权已经逐渐脱离了债的体系,在民法典中已经有了自己的独立地位,如物权法上的物上请求权。笔者认为,这完全取决于立法者的价值判断和对法典体系逻辑的认识,立法者在权衡利弊之后对各种请求权都可以在民法典中进行合理的安排。现在"侵权行为"的类型、内容随着社会的发展而不断扩张,其于债法的联系仅具有形式上的意义,侵权行为法独立成编更有利于侵权行为法的发展,因此,侵权行为法脱离债法就将可能成为现实。关于侵权行为法独立成编的问题,随后我们再作专题讨论。至于债的第二个特点,债属于相对法律关系,债权为相对权,这一原则正在受到越来越多的现实的冲击,债权物权化的各种形式出现,如第三人侵害债权、租赁权的物权化等,各国民法针对相对权的例外情形均及时地作出修订和补充。这些事态的发展,都说明债的凝聚力已大大削弱,实际上它已经不足以维持原有债法体系的完整统一了,如有学者指出合同之债与因侵权行为而产生的请求权存在极大的区别,[18]债除了保留它最核心的以及与其核心密切相关的部分(这一部分显然指的是合同和缔约过失、不当得利、无因管理等)外,没有必要再维护原有的债的体系,也没有必要再设置债法总则。

有学者从债总的体系化功能和制度整合功能的角度对债法总则的存在必要性进行了较有力的论述,认为总则—分则的模式不仅是构建债法结构的技术,也是构建整个民法典的技术,它使得法律具有可接近性和为普通人所理解;就其制度整合功能而言,指的是总则来自对具体制度的概括和提升,对各种制度有提纲挈领的作用,一个债法总则的存在有助于维持各项具体制度之体系上

---

⑱　参见王利明:《合久必分:侵权行为法与债法的关系》,载徐国栋编:《中国民法典起草思路论战》,中国政法大学出版社2001年版。

的统一。[19] 体系化功能和制度整合功能的实现都要靠总则对分则具体内容的抽象概括和归纳,在总则与分则之间应该存在实质的联系和总则对分则的广泛适用性。上述观点,笔者也表示赞同,但是对于债法总则—分则体系的建构而言,它主要是依据债的发生原因来建立的,即契约、无因管理、不当得利和侵权行为,同时在契约和侵权行为项下又有大量具体的有名契约和各种侵权行为,“各种债的关系几乎囊括绝大多数民事关系,从而使债的体系表面上看富有逻辑性,实际上是极为杂乱的……”[20]因此,债法体系的建立,只是基于各种债的发生原因在形式上产生了相同的法律效果,即债是一方当事人依据约定或法定原因请求另一方当事人为特定行为而形成的特定当事人之间的法律关系。各种债的发生原因除了形式上产生特定的法律关系这一共同性外,在价值取向、构成要件等实质方面均有不同,因此,债法总则与分则之间主要存在形式上的联系,没有或很少有实质的关联。而且债法总则的构建主要是以合同法为中心的,对于其他债的发生原因而言,适用的并不多。同时在民法典的体例安排中,如《德国民法典》将物权法和债权法各作为独立一编,并不是因为物权与债权是并立的两种权利,实际上它们分别属于对物权和对人权的一部分,只是因为它们在对物权和对人权中占有重要的地位,才使它们独立成编,因此,物权编与债权编之间并不存在多大的逻辑关联性,同样不要债法总则而分别规定合同和侵权并不妨碍民法典的构建和适用。

民法典中不设债法总则,并不等于废弃债权、债务的概念或用语,因为债权、债务不仅是法律体系与法律思维的产物,更是商品经济社会人人知晓而又不可缺少的交易目的和内容。通常情况下,债权、债务主要发生在合同关系或与其密切相连的关系之中。在一般情况下来讲,债权法的核心内容就是合同问题,债权法的一般规则就是合同法的一般规则,债权、债务的有关规则均可在合同总则中加以规范。至于侵权行为所产生的法律效果与合同之债之间存在的

---

[19] 参见薛军:《论未来民法典债法编的结构设计》,载徐国栋编:《中国民法典起草思路论战》,中国政法大学出版社 2001 年版,第 373～374 页。

[20] 王利明:《合久必分:侵权行为法与债法的关系》,载徐国栋编:《中国民法典起草思路论战》,中国政法大学出版社 2001 年版,第 340 页。

共性规则完全可以在侵权行为法的相关部分作出准用性规定,不当得利和无因管理则可以分别规定在合同总则或合同分则中,这在立法技术上是较容易解决的问题。这样,合同总则的内容就要作适当调整,关于合同的一般原则如平等原则、诚信原则等为民法的一般原则,应放在民法总则中规定。从逻辑上来看,合同总则为债法总则所涵盖,它不可能包揽债法总则的所有内容,但从立法的实际情况来看,二者绝大多数的内容是吻合的。关于债的概述性内容,如债的概念和要素、债的分类和原因,均没有从法律上加以规范的意义,它们只存在于民法学的著作之中。当然,合同的订立与侵权行为的发生、违约责任与侵权行为的成立等均无共性可言,有关的内容应由侵权行为法作专门规定。以上就是笔者就不设债法总则的粗略思考。

四、财产法总则的设立

20 世纪下半叶,在个人权利领域就始终存在一种在法律史上绝无仅有的自发衍生的现象,平等主义的革命,不过只是权利膨胀时代的一个阶段罢了。[21] 也有学者称这是一个“权利爆炸”的时代。财产权不再局限于传统私法领域的物权、债权、继承权等,随着物权和债权的相互交融,介于物权和债权之间的权利日益增多,有时表现为各种具有经济价值的权利的总和,形成了一种十分明显的权利耦合的现象。例如,最初学者在讨论法人财产权的性质时,都力图从传统的权利体系中去寻找它的位置,但始终无人能够圆满地找到答案。然而当进一步深入研究,人们发现法人财产权是权利束,即权利的集合,它不仅是一组静态的权利,而且是动态的权利。因此,人们开始怀疑传统的权利体系以及分隔式的研究方法,主张对权利体系进行重新梳理,从各种权利的相互关系中去研究权利的体系和结构。

在大陆法系,从罗马法沿袭下来的一套逻辑严密的财产权体系,在纷繁复

---

[21] [美]伯纳德·施瓦茨:《美国法律史》,王军等译,中国政法大学出版社 1997 年版,第 309 页。

杂的商品世界受到了强有力的挑战。一些新生权利不断涌现,主要表现在以下几个方面:[22]一是新的法律关系产生了新的财产权。例如,随着当代网络技术的发展,网络设计、运营和使用过程中所产生的财产权关系迫切需要立法予以界定。又如,信托制度引入大陆法系,学者们关于信托财产权性质的讨论一筹莫展,终不能自圆其说,进而成为传统理论无法涵盖的新领域。由于物权与债权的相互融合,二者界限出现模糊的现象。一方面,法律赋予某些债权具有对抗第三人的效力,即"债权物权化",如买卖不破租赁原则、预告登记制度等;另一方面,"物权债权化"的趋势也开始出现。在担保物权方面,各种特殊抵押权的创立,权利质权作用的加强,都使担保物权的种类遽然增多,其内容越加丰富。二是当代无形财产的大量涌现。既包括创造性成果、经营性标记,也包括经营性资信。[23] 三是政府授予个人和团体的福利性财产权利已成为一项新的财产权形式,如养老金、各种政府补贴已不单是一种奖金,更是一种民事权利,它也理应受到民法的保护。

大陆法系财产权的二元结构,即严格区分物权和债权的理论和法则,直接发轫于德国民法,并为大陆法系多数国家立法所继受。如前所述,如果把这种划分作为衡量所有民事权利的模式,则其弊端日渐明显。当代社会人们实际享有利益的范围和种类日益丰富,并非完全表现为"对物的支配权"或"对人的请求权",而往往是两者的交融或游离于两者之外。现在,越来越多的学者已经意识到这一点,在理论上对这种划分的涵盖性提出质疑,甚至怀疑这种划分本身的科学性。笔者认为,物权和债权这种划分方法有其合理的一面,主要问题在于理论上形成了过于僵化的分析模式,为什么不能在保留其合理性一面的同时,开拓财产权更宽广的领域?这就是笔者曾提出的一个设想:打破大陆法财产权体系的二元结构,建立一种具有多元结构、富有弹力的财产权体系,使它能够更好地适应社会经济的发展和需要。

英美法上的财产权,是指一切具有财产价值的排他性权利,这与罗马法和法国民法典中对财产权的理解大致相同,既包括对有形财产的权利,又包括对

---

[22] 参见梅夏英:《财产权构造的基础分析》,人民法院出版社2002年版,第67~68页。

[23] 参见吴汉东:《无形财产权的若干理论问题》,载《法学研究》1997年第4期。

无形财产的权利。在我国,《民法通则》使用了财产权的用语,但在当时立法的背景下,其含义是指除所有权以外的其他物权而言的。从传统民法的意义上讲,我国法律上没有“财产权”这个概念,而在学理上财产权通常指除人格权、亲属权之外的所有具有财产价值的权利,如物权、债权、知识产权、继承权,也包括股权、信托权等。以上这些权利有其共同的属性,它们都能为权利人所占有、享有或支配,都能给权利人带来经济价值和利益,都应得到法律的平等保护,都能在一定范围内参加市场的流转。这些共性的方面,我们可以加以归纳形成一些基本的规则,作为财产法的总则加以规定。这样做的重要意义在于为现时已经出现的以及今后可能出现的各种财产权利,留下一个宽阔的发展空间。目前,我们对于那些无法在民法典中找到其位置的财产权,不妨暂且放在这个财产权总则中。同时,我们还要保留传统民事立法中的合理的一面,如物权与债权的区分,所有权与他物权的物权法立法构建,在此基础上还要引入更高层次的财产权概念,对新型财产权利赋予它与物权和债权的平等地位,这样既能保留和继受大陆法系传统民法的财产权分类,不破坏民法典原有的逻辑体系,仍然设有物权、债权(合同债权)和知识产权、继承权等,又能使不断出现的新的财产权类型在财产法总则中有原则性的规定。[24] 由于新型财产权利主要出现在商法方面,不宜在民法典中详细规范,因此应由相应的单行立法为辅助。而对于财产法总则的内容具体应如何来建构,则是应认真、仔细探讨的。[25]

有的学者也对我国未来民法典的财产法的构造提出了一些建议。例如,有学者在考察大陆法系主要国家民法典立法的基础上,主要参考荷兰民法典,主张在我国民法典中应设财产法编,并首先规定财产法总则,建立物和财产权的上位概念——财产,在财产法总则中规定适用于财产法的法律行为、代理和时效等制度,然后就财产法的不同客体,分别设立调整有体物的物权法分编、调整知识产品的知识产权分编和债权法分编。与此相适应,在其设计的民法典中则

㉔ 参见马俊驹、梅夏英:《财产权制度的历史评析和现实思考》,载《中国社会科学》1999 年第 1 期。

㉕ 马俊驹教授曾为财产法总则设计过一个大致的框架,财产法总则的主要内容为:财产法总则的一般规定,财产及其分类,财产权及其保护与限制等。参见马俊驹教授讲座文稿《对我国民法典制定中几个焦点问题的粗浅看法》,载中国民商法网(2003 年 3 月 27 日更新)。

不设总则，只设序编，其内容包括民法的渊源，民法的法律适用，基本原则，权利的行使、期日和期间等。[26] 这种立法模式是在对大陆法系主要国家民法典借鉴的基础上构建的，它与大陆法系主要的法国模式和德国模式均有不同，尤其是对《德国民法典》的重大突破，实际上废除了《德国民法典》别具特色的总则，而我国现有的民事理论和民事立法，及学者提出的民法典的建议和全国人大提出的民法典草案，均是以《德国民法典》为基本模式，可见《德国民法典》的立法模式有其科学性，尤得我国民事立法的青睐。因此，对《德国民法典》重大突破的这种模式在我国立法中很可能只是一种理想模式。而在笔者主张的财产法总则及民法典的构建中，仍主张要设立统摄整部民法典的总则，对权利主体、权利客体联系主客体间的关系的法律行为及有关权利行使的规定，仍要在总则中规定，而财产法总则作为民法总则之下的分编总则，应仅对各种财产权利的共性内容作出规范，而不应越俎代庖，规定本应由民法典总则规范的内容。

对于出现的新型财产权利如何在民法典中规范，建议将其作为物权客体在物权法加以规范也是一种看法。权利作为客体在罗马法中是将其作为无体物来规范的，法国民法典从之。因此，在法国法系的国家，虽然新型财产权利的不断出现，但它们均可以作为无体物受财产法的调整。但在德国法系国家的民法典中，物权法原则上仅调整有体物，权利成为物权客体仅是例外，因此，对新型财产权利的出现如何在民法典中加以规范是这些国家亟待解决的问题。将产生的新型财产权利作为无体物在物权法中规范在一定程度上解决了这些权利的归属、流转的问题，如俄罗斯民法典在总则中单独规定了“民事权利客体”一编，确认了多种民事权利客体，包括出现的新型财产权利的客体，但这些权利本身的性质问题仍没有得到解决，因此，这种模式是治标不治本的做法。而笔者主张，首先，将这些财产权利在财产法总则中加以规定，解决了这些权利的性质问题；其次，又主张以单行立法对不宜在民法典中详细规定的财产权利进行具体规范，这可以说是较为适宜的做法。

---

[26] 参见徐涤宇：《范式民法典体系之解析和中国民法典体系的建构》，载梁慧星主编：《民商法论丛》（第17卷），金桥文化出版（香港）公司2000年版。

五、民法典中“人法”与“物法”的体例编排及人格权编的独立

(一)民法典中“人法”与“物法”的编排体例及其争议

关于人格权制度在现代民法体系中的重要地位,学界并没有人否认。民法作为调整财产关系和人身关系的基本法,其调整对象之间不存在高低、贵贱之分。梁慧星教授认为:“学说上所谓‘人法’与‘物法’的划分,并没有严格的科学根据,严格说来都是‘人法’。因此,我们不能硬从民法规则中区分出哪一个高,哪一个低,哪一个更重要。”[27]显然,这里所说的“人法”并非指民事主体或人格权制度,而是指调整人与人之间关系的法。笔者赞同这种看法,但民法调整的对象是财产法律关系和人身法律关系这两种不同的法律关系,虽说两者没有高低、贵贱之分,但在现实生活和立法实践中,却有可能对两者区别对待,过于注重对财产法律关系的调整,对人身法律关系却关注不够。

有学者对人格问题进行了剖析,认为“自近代以来,大陆法系各国对于法律上的人格规定,隐含着两个不同的面孔,一是财产性的人格;二是人身性人格。这构成了民法上不同的人格模式。财产性人格是由市场逻辑决定的,这导致了民法上抽象人格的建立……财产成为人们之间关系基本的纽带……人身性人格则是着眼于个人对其作为生物意义上的人所享有的人格,这种人格自法律之始既已存在”。[28] 笔者理解,法律上之人格是在一定的社会关系中体现出来的个体性、主体性和价值性,该社会关系既包括财产关系,也包括人身关系。与此相适应,人格也可以分为财产性人格和人身性人格,这两种人格即构成民法上相对分开的财产法和人身法的主体。财产法和人身法并非所谓的物法和人法,它们有时是“交错”、融合的,所以在民法中无法辨别其高低和贵贱。但因为民法

---

[27] 梁慧星:《当前关于民法典编纂的三条思路》,载徐国栋编:《中国民法典起草思路论战》,中国政法大学出版社2001年版,第8页。

[28] 梅夏英:《民法上人格的变迁与民法价值体系的衰落》,载中国民商法律网(2003年1月15日更新)。

的诸多原则直接来自对财产人格的假设，即对财产关系规则（主要是商品经济规律）的总结和归纳，而自然的、生物的、人身所固有的和因家庭、家族而形成的血缘关系等人身性人格（暂且先不谈法人人格），却与前述规则没有直接的联系。既然我们把眼光集中在财产关系的调整上，所以人身性人格往往被人所忽视。在我国，长期以来人们认为民法是财产法，主要是调整社会经济生活的基本法。这种重财产关系轻人身关系的观念在民法学界是普遍存在的事实。现在看来，这种认识应该有所改变了。但笔者这里强调对人格权关系的重视并不是说它比财产权关系更重要，而是要把它从过去被忽视、轻视的位置上重新摆到与财产权关系平等的位置上来，使人们认识到人格权关系也是民法调整的一个重要组成部分。

改革开放后，人本主义像潮水一般地涌入中国，它对中国近年来思想文化、制度建设等上层建筑领域产生了重大影响。人本主义、人文主义、人道主义在英语上是同一个词“humanism”，它们的基本含义是一致的，其核心是强调人的价值、人的地位、人的尊严。不过，它们所涉范围和视角也有差别，人本主义是哲学概念，人文主义是一种文化意识，人道主义是一种伦理价值观。人文主义也是一种思潮，自文艺复兴以后，在西方社会不同的历史阶段得到不断的发展和深化。现代社会，人们更加注重人与自然的关系，从而形成可持续发展的共同战略，而这正与人文主义、人道主义的理想相契合。所以，人文主义、人道主义本身就是一种发展变化的思潮，并无新旧之分。但人文主义不仅是一种思想观念，它还通过对人们思想观念的影响，指导人们从事的具体工作，具体到当前民法典制定这个问题上来。

有学者就提出了所谓的“新人文主义”与“物文主义”两种民法典起草思路的论战。[29] 徐国栋教授认为，目前中国起草民法典有两种思路：一是以梁慧星教授为代表的物文主义民法学派，实际上是以佟柔教授的“商品经济的民法观”为理论基础的；二是以徐国栋教授本人为代表的人文主义民法学派，他强调民法是市民法，是以人为中心，人是目的，物是手段，人比物重要。笔者非常赞成民

---

[29] 参见徐国栋编：《中国民法典起草思路论战》，中国政法大学出版社 2001 年版。此处的“新人文主义”和“物文主义”采徐文中原义，不代表作者观点。

法应该发扬人文精神,而且也认为《德国民法典》因为历史的局限没有足够重视对人格权关系的调整,这和它在结构设计上的缺陷有重要关系,这也是笔者为什么主张不要迷信德国民法,要进一步思考我国民法典的体系结构的原因。但是,以抽象人性论为思想基础的人文主义,也不可能代替民法理念的全部,即使是徐国栋教授所创建和描述的"新人文主义"也不能完全体现民法的基本原则。现在,徐教授打算用自己理解的新人文主义,(这里的新人文主义,在有些方面,实际是后现代主义对主体客体二元论的一种重新理解,也非别的什么主义)作为一种崭新的民法哲学体系来统领民法理论和民法编纂。我们认为,这种人文主义的民法是不存在的。民法不可能完全依据这种哲学为指导安排和设计民法的内容和结构,人文主义只能指导和影响人身性人格的确立,而不能直接"干预"财产性人格,财产性人格的形成来自社会的经济结构,它的哲学基础是历史唯物主义,即民法作为上层建筑必须适应现实的经济基础,而最基本的经济基础则是商品经济关系,所以"商品经济的民法观"是民法存在的重要理论渊源,但它并不全面。佟柔教授也认为民法显然不只是调整商品经济关系,人身关系作为民法的又一重要调整对象就不能或很少能遵照商品经济的规则,正如民法总则中的许多原则和制度不能适用于人身关系的调整。

那么,将梁慧星教授对民法典体系的构建视为物文主义是否成立。何谓物文主义?在徐文中,物文主义是以物为世界之中心的观点,它与一些既有的理论如商品拜物教、商品经济的民法观和旧唯物主义都有关联,而之所以将梁慧星教授的做法视为物文主义,是由于梁在其民法典体系的构建中把"物法"前置于"人法",即所谓的物法前置主义。而且认为罗马法和《法国民法典》是人文主义的民法,《德国民法典》是宏观物文主义的民法,所以,凡坚持或主张基本按德国民法体系编纂民法的就是物文主义的民法。[30] 这种看法和结论不妥。其实,包括《法国民法典》在内的各国民法尽管结构上有所不同,均偏重于调整财产关系,其调整手段也多是按照财产关系的规则打造而成。我国《民法通则》主要规定调整平等主体间的财产关系,但在"民事权利"一章中专设了"人身权

---

[30] 参见徐国栋:《两种民法典起草思路:新人文主义对物文主义》,载徐国栋编:《中国民法典起草思路论战》,中国政法大学出版社 2001 年版。

利”一节,这已经是一个很大的体系突破,表明我们对自然人、法人人身权利的保护开始重视。徐教授认为《德国民法典》为宏观物文主义民法典模式的根源,加以反对,笔者认为其观点有待商榷。各国民法典的体例安排均有其相应的逻辑结构,有学者通过对大陆法系国家民法典编排体例及其逻辑的分析,认为“无论是人法前置的民法典,还是物法前置的民法典,都有其内在的合理逻辑”。[31]在“人法”前置的瑞士民法典中首先规定“人法”的逻辑是,民法典中的所有规范都以人为起点,离开了人,民法规范就没有任何意义了。而在“物法”前置的《德国民法典》中,由于其与“人法”前置国家的民法典的体例结构不一样,《德国民法典》中抽象出了总则,其他作为具体分则适用总则的规定,在总则中也是有一定的逻辑顺序的,它先规定民事主体,即人,接着将作为人的生活所必需的物作为民事客体加以规范,接着又对人与人之间因物而发生的民事法律行为,最后对民事权利的行使所必需的时效、期日、期间等作了规范。因此,《德国民法典》的体系编排也有其内在的逻辑性。至于徐教授认为梁教授是“物法前置主义”,表现在梁教授主持编定的《中华人民共和国民法典大纲(草案)》的总则中,把权利客体置于权利主体之前。笔者认为,徐教授指出的此点是值得赞同的,因为无论是基于人文主义的思想,还是从逻辑上看,都应该先规定权利主体。

通过对上述两种民法典起草思路的论战的评论,我们可以看出,民法典平等地调整财产关系和人身关系(主要是人格权关系),两者之间无贵贱、高低之分。各国民法典的体系构建均有其相应的逻辑结构为支撑。但在民法典的具体构建中,对于民法典各部分的具体编排则有值得探讨的地方。对于人格权而言,笔者主张人格权应独立成编。人格权作为一种独立的民事权利引入民法,经历了漫长和艰难的历程,而人格权制度的逐步确立,代表了民法现代化、文明化的潮流。在民法典中对人格权独立加以规范,不仅是彰显人文主义精神,弘扬人的尊严、价值的需要,也是对现实生活中把人格利益作为一种独立的民事权利加以确认、保护的必要性的回应。因此,把人格权单独列出并放在民事权

---

[31] 参见谢鸿飞:《论人法与物法的两种编排体例——兼求教于徐国栋先生》,载徐国栋编:《中国民法典起草思路论战》,中国政法大学出版社2001年版,第279~281页。

利体系的显殊位置,已是多数学者的意见。建立独立的人格权编,首先要认识到分辨财产性人格与人身性人格有理论意义。财产性人格是由经济规律决定的,主体的人格及其平等取决于财产独立、意思自治、责任独立。在此种情况下,财产成为人们之间关系的基本纽带,一个人没有财产或财产甚少就不可能成为真正的人。人身性人格则不然,它是每一个作为生物意义上的人都应具有的平等地位,从这个意义上讲,人身性人格不是来自或者不是完全来自经济地位,而主要是来自自身、自我,即由身体的构造而表现出的对生活的渴望和要求。有学者谓:"一个毫无财产、一文不名的人,连生存都难以维持,能算是真正的人吗?"[32]这显然是将人身性人格完全理解到财产性人格去了,按照近现代人们公认的法制思想,人格地位和人格权的享有决不能以财产的有无、多寡而定,人身性人格是人所固有的自然属性、生物属性在社会关系中的客观存在。我们通常所说的人格和人格权就是指人身性的人格和人格权。

(二)人格权应独立成编

人格权能否独立成编涉及对以下几个问题的认识。(1)人格与人格权既有联系又相区别。对于法律上的"人格"概念,有学者认为它有三种不同的含义。其一,人格指具有法律地位的权利主体,即人格为"主体"的同义语;其二,人格为作为权利主体法律资格的民事权利能力,即人格为"权利能力"的同义语;其三,人格为一种受法律保护的利益,如自然人的生命、身体、健康、自由、尊严和名誉等,即人格为"人格利益"的同义语。[33] 民事主体应规范的是前两种含义的人格,即自然人或法人参加民事法律关系的地位和资格,是民事权利能力。而人格权是一类民事权利,它的本质是由法律上之力所保证实现的自由。具体而言,是指人格尊严、人身自由、人身完整等方面的人格利益。人格是产生人格权的基础和前提,人格权是人格利益的现实体现。(2)民事主体制度不能包容人

---

[32] 梁慧星:《当前关于民法典编纂的三条思路》,载徐国栋编:《中国民法典起草思路论战》,中国政法大学出版社 2001 年版,第 9 页。

[33] 参见王利明主编:《人格法新论》,吉林人民出版社 1994 年版,第 4 ~ 5 页。转引自尹田:《论自然人的法律人格与权利能力》,载《法制与社会发展》2002 年第 1 期。

格权制度。民事主体制度主要确立的是自然人和人的集合体,如法人,作为民事主体的地位和资格,它赋予自然人和人的集合体参与民事活动所必需的平等机会,因此,民事主体的确立只能成为民事法律关系中的主体要素。人格权是一种民事权利,是民事法律关系的内容,它是法律对在人与人之间产生的一种相互尊重、相互关爱的人身利益确认的结果。它以人格利益为客体。因此,人格权“这样的主体间的关系制度,在逻辑上与主体资格制度没有联系。而且人格权的某种缺损状态也不会影响民事主体资格,而只是影响到民事主体的人身利益问题”。[34] 人格权与物权都是绝对权,既然物权能够独立成编,人格权也有自己明显的特点,当然在逻辑上也能够独立成编。当代,人身利益还在不断发展和丰富之中,例如,环境权、公开权、隐私权、迁徙自由权、器官捐赠权、保守秘密权中所体现的人身利益,均须在法律上给予明确的界定。而这是民事主体制度所不可能完成的,只有通过建立相对独立的人格权制度才能完成此任,至于国外已有的相关立法例只能供我们参考。(3)侵权责任制度不能代替人格权制度。在民法上,人格权受到侵害是通过侵权责任制度实现救济的,侵权责任制度是人格权的法律保障。例如,《德国民法典》在总则中仅规定了姓名权,其他的人格权均由侵权责任制度加以保护。但是,侵权责任制度只能起到保障权利的作用,却不能发挥确认权利的功能。我国在制定《民法通则》时就已经意识到这个问题,在“民事权利”一章中单独规定了“人身权”一节,这一立法模式对我国公民权利意识的提高、人格权制度的完善起到了重要作用。正如有学者认为,“在民法中直接列举各种人格权,确定法律保护的人格利益,不仅使侵权法明确了保护客体,而且重要的是使广大公民、法人明白受法律保护的人格权,这种功能是侵权法律难以企及的”。[35] 现在我们制定民法典,只能在总结《民法通则》立法经验基础上,继续往前走,进一步完善和发展这一立法模式,而不宜后退。

---

[34] 薛军:《理想与现实的距离——评徐国栋教授的民法典结构设计理论》,载徐国栋编:《中国民法典起草思路论战》,中国政法大学出版社2001年版,第205页。

[35] 王利明:《论中国民法典的体系》,载徐国栋编:《中国民法典起草思路论战》,中国政法大学出版社2001年版,第119页。

但是人格权作为独立一编还须克服许多技术性问题。最近,张新宝教授在一篇关于侵权行为法草案的理由概说中讲道:“在民法典中设立人身权(我理解这里指的是人格权)一编似乎已经成为共识。但是从目前的进展来看,这样的体例安排有比较多的困难,一是条文比较少,与其他编的比例不协调;二是与侵权行为法的许多内容重复。”这也是许多专家学者的担心所在。依笔者之见,人格权独立成编的最大困难是立法技术上的障碍。由于人格权是近代社会人权运动的产物,许多新类型的人格利益还在不断涌现,虽然目前有关条文较少,但通过制定人格权法可以形成一个开放的体系,来适应人格权不断扩张的社会现实。将人格权独立成编,我们可以在其中规定人格权的定义、种类、内容和行使等,如《乌克兰民法典草案》的第二编“自然人的人身非财产权”中,共规定了32种权利,[36]如果再加上法人的人格权,恐怕内容会更多,因此,人格权独立成编,其内容并不会少。即使是条文比较少,在民法典体系中似乎显得与其他编不协调,但在民法典体系的构建中,首先应考虑的是逻辑问题,在不损害逻辑的情况下,才可以顾及协调性的问题。[37] 在确定民法典的调整对象上,即确定哪些社会关系应由民法典来调整,我们应该以重要性、必要性为标准,但在确定了民法典的调整对象后,为实现民法典所具有的认知功能,使它具有可接近性和为普通人所理解,它就必须按照一定的逻辑来编排,否则民法典的认知功能就会大打折扣,使人们在适用民法典时产生困难。在人格权制度与侵权责任制度之间,人格权制度规范的是一般人格权和各项具体人格权,强调人格尊严、人身自由、人身完整,界定其权利的内容和范围;侵权责任制度规范的是人格权受到侵害的确认原则、条件和救济手段。毋庸讳言,作为一种创新的制度体系,不仅会遇到一些观念上的障碍,还会遇到许多技术性的困难,但只要我们认准方向,做出努力,就会取得一定的成果。

人格权独立成编为某些人格权的价值化、可转让性提供了便利,也为法人人格权制度的发展留下了空间。财产法与人身法调整范围的交错和融合,也使

---

[36] 参见徐国栋编:《中国民法典起草思路论战》,中国政法大学出版社2001年版,第168页。

[37] 参见薛军:《理想与现实的距离——评徐国栋教授的民法典结构设计理论》,载徐国栋编:《中国民法典起草思路论战》,中国政法大学出版社2001年版,第208页。

人格利益在某种场合超出了精神利益的范畴,而成为经济活动的客体,即体现为经济利益,这就是所谓的人格权商业化趋势。在自然人方面,其姓名权、肖像权甚至包括死者的姓名权、肖像权,均在不同程度上具有一种经济利益的内涵,而并非只有名人才能享有这种经济利益。在法人方面,首先就遇到一个问题——法人有没有人格权?这显然涉及对法人本质的理解。如果我们采取法人拟制说或否认说,法人就不可能有独立的人格,当然也就无所谓人格权了;如果我们采取法人实在说,法人是一种客观的社会实在,它是有机体也好、组织体也好,均有独立的人格,具有除自然人所专有的权利和利益之外的所有权利和利益。由于法人种类的繁多,不同类型的法人其利益内涵也不同,一般认为,企业法人(也包括其他营利法人)的人格权具有更为明显的经济利益属性,其人格权既可以许可他人使用,又可以在法律规定的范围内转让,可见法人的人格权的内容还有越来越丰富的趋向。在商法中,商号作为区别商事主体的外在标志,商事主体对其享有商号权,具有可转让性。我国制定民法典实行民商合一的模式,这些人格权显然应该在民法典中规定。同时,如将人格权与民事主体制度放在一起,难免会使人认为是民事主体的商业化,这在我们讨论精神损害赔偿制度时就遇到这样的问题,本来精神损害赔偿是对自然人人格权受到侵害、人格利益受损而对自然人的一种救济方式,却被认为是自然人作为民事主体的地位受到损害的赔偿,是人的商业化,是人的价值、尊严的贬低。而设立独立的人格权编,将其与民事主体制度分开,为法人人格权的商业化的发展开拓了发展的空间。同时,对自然人和法人的人格权同时加以规范,也有利于对不断出现的新型人格权的保护。

六、侵权行为法应独立成编

侵权行为法能否独立成编,因为涉及债法性质和体系问题,所以在民法学界引起很大争议。但民法学界关于侵权行为法独立成编的问题,基本达成了一致意见。[38] 也有一些学者不同意将侵权行为法独立，认为如将侵权行为法从债法中独立出去，定会导致债的制度的动摇，从而引起整个民法体系的混乱。认为如果侵权行为独立成编，那么它的性质将不易界定：如果是债，但又不在债编，逻辑上必将产生问题；如果是民事责任，则将产生两个弊端，一是它应该与其他民事责任形式规定在一起，如此，独立成编的不是侵权行为，而是民事责任；二是把侵权行为理解为民事责任，具有太强的国家主义色彩，把致害—债—债的不履行—民事责任四个环节缩减为致害—民事责任两个环节，减少了当事人意思自治的空间，提前了公权力介入的时间，这与民法的私法性质不合。[39] 显然，这种担心是有道理的。然而，笔者认为，侵权行为法的独立，当然也就意味着债法结构的重新整合。

半个多世纪来，由于社会经济、科学技术的飞速发展，人权运动的蓬勃兴起，侵权行为的类型多样化，归责原则呈多元化，责任承担呈社会化。侵权行为法调整的范围不断扩大，其社会功能空前重要，在民法中的地位不断加强，形成了相对独立、内容丰富的理论和制度体系。我国学者不仅研究了大陆法系的侵权行为法，也研究了英美法系的侵权行为法，还考察了我国自古至今侵权行为法的发展历程。[40] 越来越多的学者认为，大陆法系国家民法一般将侵权行为作为债的发生原因之一，放置债法部分加以规定，其空间狭窄，一定程度上限制了

---

[38] 赞成侵权行为法独立成编的学者有江平教授、王利明教授、魏振瀛教授、梁慧星教授、马俊驹教授、张新宝教授、杨立新教授等。其中有两篇文章影响较大：一是王利明教授在《法学前沿》（第1辑）（《法学前沿》编辑委员会编，法律出版社1997年版）发表的《合久必分：侵权行为法与债法的关系》；二是魏振瀛教授在《中国法学》（1998年第1期）发表的《论债与责任的融合与分离——兼论民法典体系之革新》。马俊驹教授在1997年为中国民法、经济法年会所著《现代民法的发展与我国未来民法典体系的构想》一文中，也明确提出了侵权行为法应当独立成编的主张。2002年年初，梁慧星教授、张新宝教授主持完成了侵权行为法的建议稿，并于同年发表在《法学研究》第2期。另外，梁慧星教授在他主持编纂的《中华人民共和国民法典大纲（草案）》中，将“侵权行为”作为第五编。几乎同时，王利明教授、杨立新教授等也完成了一部侵权行为法建议稿。

[39] 参见徐国栋：《民法典草案的基本结构——以民法的调整对象理论为中心》，载徐国栋编：《中国民法典起草思路论战》，中国政法大学出版社2001年版，第98～100页。

[40] 近10年来，我国法学界研究侵权行为法影响较大的著作有王卫国：《过错责任原则：第三次勃兴》，中国法制出版社2000年版；王利明：《侵权行为法归责原则研究》，中国政法大学出版社1992年版；王利明主编：《民法·侵权行为法》，中国人民大学出版社1993年版；张新宝：《中国侵权行为法》，中国社会科学出版社1995年版；李仁玉：《比较侵权法》，北京大学出版社1996年版；于敏：《日本侵权行为法》，法律出版社1998年版；徐爱国：《英美侵权行为法》，法律出版社1999年版；等等。

该法的发展,不利于法律的适用和对民事权利的保护。比较而言,英美法国家因为不存在独立的民法和债法概念,给侵权行为法的发展创造了空间,但其一般性、系统性的法律规范较少,各类复杂的判例仍处于主导地位。显然,我们编纂侵权行为法,既不应受大陆法模式的束缚,也不能照搬英美法的传统。张新宝教授主张:中国侵权行为法理论体系和法律制度,应当是一个以大陆法框架为基础、吸收英美法先进理论,务实进取的和面向21世纪的理论与制度。[41] 笔者理解,侵权行为法的编纂,一是突破传统债法体系,使其独立成编,以适应侵权行为法调整内容不断拓展的趋势;二是保持大陆法一般性规范统领具体侵权行为规则的逻辑结构。因此,侵权行为法独立成编,使它脱离原有债法体系的束缚,获得独立的发展空间,同时也是对传统民法体系的发展与完善。

侵权行为法能否从债法中独立出来?却是一个关系对债的性质的理解以及如何设计民法整体结构的重大理论问题。债是一种民事法律关系,基于其内在的共性使各类不同形式的法律事实产生了相同的法律效果,即一方当事人得以请求另一方当事人为一定的行为(包括作为和不作为)。早在罗马法,债就分为契约之债和不法行为(主要是侵权行为)之债,这对后世各国债法体系的形成产生了重大影响。但在类型繁杂、基础各异的各种债的关系之间,既有共性,又有个性。其共性主要表现为各种债的关系均发生请求关系。笔者在前边第三个焦点论题中,已经阐述了这样一个观点:债的关系是请求关系,但请求关系不一定是债的关系,侵权行为产生请求关系,但侵权行为不一定归结为债的关系。实际上,在合同之债与侵权行为之债之间,个性大于共性,合同之债的个性在于交易性、合法性、自主性,侵权行为之债的个性在于非交易性、不法性、强行性。从立法宗旨分析,合同法与侵权行为法有明显差别,侵权法主要是保护当事人拥有的民事权利,当其受到侵害时,使其恢复到权利未受损害前的原有状态,但并未使受害人因此而获得意外的收益;而合同法主要是通过保障交易的顺利完成,实现资源的优化配置,创造新的社会财富。而且侵权行为法还要保护人身权及相关利益。从具体规范分析,合同法与侵权行为法在责任主体、归责原则、

---

[41] 参见张新宝:《中国侵权行为法》,法律出版社1998年版,“第二版序言”。

构成要件、责任方式、免责条件、诉讼时效等方面的规定各不相同,大量的合同法规范乃至部分的债的一般规则,并不能适用于侵权行为法。现在回想起来,《民法通则》能够一改传统民法的立法模式,将违约责任和侵权责任从债法中独立出来,成为单独的民事责任一章,尽管在立法技术上还存在逻辑缺欠,但它的确是一种创造、一个进步,这一立法经验,给我们提供了一条新的思路,为侵权行为法的发展留下广阔的空间。笔者非常赞同现在《民法典草案》的结构安排:在"总则"一编设"民事责任"一章,作为统领违约责任和侵权责任的一般规范,违约责任以及缔约过失责任、违反合同后义务责任等放置在合同法总则中规定,侵权责任另作独立一编规定。

再一个重要理论问题,就是侵权行为的法律后果是债务还是责任?债务和责任这两个概念在民法上有何区别?在罗马法,债务与责任合而成为债务,债务与责任两者之间是不可分离的关系。至德国法,债务和责任已相区别,债务为应为给付的义务,责任则是此项义务的财产担保。两者可离可分,既可以有债务而无责任,即自然债,也可以无债务而有责任,当然,更多的是债务和责任同时并存。应当说,债务与责任是不同的。一般而言,先有债务,后有责任,债务是责任产生的前提,责任是债务履行的保障。在侵权行为法上,侵权人违反义务为因,承担责任为果。责任主要体现为责任人承担的不利益,既有财产性责任,也有非财产性责任,并且以国家的强制力为后盾。而债务存在于正常的法律关系中,它与债权相反相成。债务的承担不以债务人违反民事义务为前提,并且对债务人而言也并非完全不利益。只有在债务不履行的场合,违约人才要承担违约责任,这是债务向责任的转化,债务本身并不体现为责任。由此可见,侵权行为的法律后果是一种责任,我们称民事责任,它所体现的是一种不利益、补偿性、强行性的后果,这与通常对债务的理解是截然不同的。现在,我们将其二者分开,债务与债权统一在债(合同)的关系之中,由合同法调整,侵权行为产生责任从债法中分离出去,并无不妥,这恐怕就是"合久必分"之理。

我们还应看到,债法已经不足以完全调整侵权责任。传统民法之所以把侵权行为规定在债法中,主要是基于这样一种考虑,侵权行为之法律后果就是一种损害赔偿之债,它是债发生的原因,因此,应该是债法的组成部分。就这一认识角度而言，将侵权行为规则纳入债法不无道理。但是传统侵权行为规则的保护对象主要是物权，而且损害赔偿几乎是唯一的侵权责任形式。随着知识产权和人格权的产生和发展，其权利保护的范围不断扩张，仅用损害赔偿一种方式已经不足以解决各种形式的侵权行为问题，因此，侵权行为法逐步形成了一些新的责任形式，如停止侵害、消除危险、消除影响、恢复名誉、赔礼道歉等。这些承担责任的方式，在内容上都不是以金钱给付为标的的，尽管是发生在特定人之间的请求关系，但它们不是以金钱为内容的请求关系。如果把上述责任方式也称为债，显然扩大了对债的理解，也未免过于牵强。所以，我们说它们不是债，而是一种单纯的责任。

最后要讨论的是侵权行为编在民法典中的位置。前面笔者已经介绍了梁慧星教授的观点，他主张在债法总则之后规定合同之债、侵权行为之债，既然已将合同、侵权行为分编规定了，解决了侵权行为法的发展空间问题，就应再回到债法的体系中来，由债法总则统领合同法、侵权行为法，这三编仍然是一个完整的债法体系。而笔者的观点是，既然已将侵权行为从债法中分离出去，就没有必要再维护原有的债法体系，所以前面在讨论第三个焦点问题时，笔者就主张不要再设债法总则。按照笔者的想法，这种做法在形式上似乎缩小了债法的调整空间，但在实质上可以通过扩大合同法的调整范围（甚至通过设立财产法总则）去容纳更为丰富的债权债务关系。而侵权行为法所保护的对象也十分广泛，它不仅包括人身权，而且包括各种财产权。一般来说，侵权行为法保护的是绝对权，所以人格权、身份权、物权、知识产权、继承权都在其内。随着现代民事责任制度的演变，尤其是因第三人对他人合同关系的侵害以及在履行合同的过程中造成损害而产生的合同责任和侵权责任竞合现象的出现，在这些特殊情况下，侵权行为法也保护合同债权。另外，侵权行为法能否保护继承权？我国学术界还有异议，但笔者认为，既然继承权是绝对权，即继承人以外的一切人都负有不得侵害继承人继承权的不作为的义务，那么一旦有人采取欺诈、胁迫等违法行为，迫使继承人不能正常行使继承权，显然是对继承人财产权的一种侵害，理应按侵权行为法的有关规定加以保护。在具体的保护方法上，可以采取各种物权的保护方法，在特殊情况下，也可以采取债权的保护方法。此外，侵权行为法还保护一些未形成为权利的财产利益和人身利益。所以,我们应当将侵权行为法作为民法典实体法部分的最后一编,使它成为以上各编所规定的各项基本民事权利的保护编,侵害各项基本民事权利的责任编。

到此,我们就可以回答前面有的学者所提出的两个问题。首先,笔者不认为侵权行为所产生的法律关系是债之一种,且主张不设债法总则,因此不存在因侵权行为法独立而产生与债法的逻辑问题;其次,虽然因侵权而产生的民事责任也是特定当事人之间的关系,但它不是债,它是对侵害他人民事权利的行为否定性评价,是对受害人的法律救济,是对不正常的法律关系的纠正,是补偿性与惩罚性的统一。因侵权而产生的责任是以国家的强制力为后盾的,当然体现了国家干预的色彩,但当事人的意思自治并未丧失,表现为诉讼法中的"不告不理"原则。因此,侵权行为法独立成编是使侵权行为获得广阔发展空间,保护各种民事权利、法益的需要。

以上我们谈了对制定我国民法典过程中的几个争议较大的问题的看法,但这并不是制定民法典的唯一思路,正所谓"条条大路通罗马",对民法典制定中的问题可以从不同的角度来分析,对民法典体系的构建可以有不同的逻辑,不同的构建标准,只要密切联系实际,符合前后一致的逻辑性,可以有不同的制度设计和体系构建的民法典。我国制定民法典,要在守成与创新的观念下,既要保持我国法律传统的连续性,又要吸收他国的最新立法经验,还要注意与我国的具体国情相适应。虽然制定民法典是一项艰巨而又繁重的工作,但为了中国法制的逐步完善,这既是中国法学界的责任,同时也是对中国法学界的挑战,愿我们共同努力,为我国民法典的制定贡献自己的一点力量。

漫谈民法走势和我国民法典的制定*

各位同学、老师：

你们好！

今天我不是作学术报告，是向大家谈谈自己学习民法的感想。所以会议的组织者让我提出一个讲演的题目，我就随便起了个名字，叫民法漫谈。

我是北京政法学院1966届的毕业生。从我在基层法院从事民事审判工作，到上民法专业研究生，最后到高校（先在武大，后到清华）作民法教师，算起来也有三十几年了。但是，我并没有把民法了解得很清楚，特别是近些年，民法似乎遇到了一些前所未有的挑战，我常常感到困惑。一般来说，就民法制度、民法规范本身去了解它、把握它已不容易，因为它是一个不断熟悉和积累的过程；要瞻望民法的未来，摸清民法的走向，更是件困难的事。

民法是社会生活的反映，它随着社会生活的发展而发展。社会生活一旦发生变化，民法也要作相应的变化和调整。所以，一些国家的民法典，几乎每年都要进行修订。特别是遇到社会的巨大变革时，一个国家民法原有的理论体系和制度体系就可能遇到剧烈的冲撞，这时，那些星星点点的修改就已经无济于事了。现在，我就朦朦胧胧地感到大家所熟悉的传统民法的许多方面正在衰替，似乎一个新民法将要升起，或者说正在孕育之中。恰在此时，中国酝酿和制定民法典，这真是一个历史的机遇。自19世纪初法国民法典开近代法典编纂之先河，100年后德国民法典将法典编纂技术推向高峰，现在又过去了100年，为

---

* 原载《清华法学》（第3辑），清华大学出版社2003年版。

适应社会生活的变迁与发展,中国的法典的制定已成为法律界的关注焦点。我们希望,中国这个民法典能够成为新世纪将要升起的太阳。

我说这种话,有的学者一定会批评我是比徐国栋教授还要理想的理想主义。说实在的,我是一个少有理想的人,我是一个在学术上很容易动摇的人,经常遇到一些困难的问题就不知所措。有人问,你都遇到哪些问题,我不妨列举几个。

(1)由于经济的全球化,加上政治方面的原因,带来各国法律之间趋同化的趋势,特别是民商法。实际上从20世纪40年代开始修改的荷兰民法典,就融合了法国法和德国法;另外,两大法系也在融合,加拿大魁北克民法典就兼容了法国法和英美法;而现在,欧洲正在制定的统一民法典,更是对如何融合大陆法系与英美法系两大法系的考验。我们中国自20世纪初,民法主要学的是德国民法,几乎所有的民法概念、民法制度和基本框架都是习自德国,现在我们如果继续按德国的路子走,比较有基础,编纂起来比较方便,这可能就是有的学者所说的现实主义模式。第二种路子是作较大的手术,参考和借鉴各国民法典的编纂经验,特别是这些国家民法修改的经验,也包括一些新近制定民法典的国家的经验,较大程度上突破德国法模式,重新设计一个能够更好地适应当代社会发展要求,体现更多的人文精神,能够解决更多的现实矛盾的民法典。当然,第二条路子比较难,一是我们还没有坚实的法学理论基础,这些年,大家的主要精力还是研究制度层面的问题;二是我们的法律专家并不十分了解社会,就我本人而言,就很少走出课堂、饭堂和书房。即使如此,我仍主张走第二条路子,哪怕多用几年的时间也好。我们如果要搞德国式的民法典,还不如就我国现行的民事立法加以调整和完善,暂且使用它一段时间再说。同时我们必须看到,德国民法也不是一成不变的民法,它不仅影响了他国的民法,而且也会被他国的民法所影响,这可能就是世界各国法律趋同化的趋势。我国制定民法典必须适应这种趋势。

(2)民法是一个权利体系,当代是一个权利爆炸的时代,各种新型的财产权和人格权不断涌现,以致从罗马法到德国民法典设计的权利体系,已经不能完全适应现代社会的需要。首先,民事权利分两大类——财产权和人身权(主要是人格权)这种基本的分类就受到了冲击,由于人格权的商品化,带来了人格权的价值体现和部分转让功能,这使原来财产权与人身权的界线模糊了。其次,大陆法系财产权的二元结构——物权和债权,也在一定程度上出现两者了互为融合的情况,即"物权债权化"和"债权物权化",出现了一些界于物权和债权之间的或集合型的权利。有的学者说,德国主要是以请求权和支配权划分权利种类的,这有一定道理,但它仍然会遗漏一些权利,比如继承权仍然不能归入上述种类。另外,对物上请求权的性质也难有定论。最后,无形财产的形式不断增多,它们在社会中的地位也不断提高,这不是知识产权所能解决的问题,它还包括越来越多的有价证券和大量可以作为交易客体的权利形式,民法如何收纳它们?它们对传统民法权利体系会带来什么影响?当然,对民法权利体系的影响,必然会涉及民法典体系的设计。讲到这个问题时,我必须说明,德国法的权利体系的设计并没有到要崩溃的地步,应当说,财产权与人身权的划分,物权与债权的划分,有着严密的逻辑性和科学性,也经受了历史的验证。但是,它并不完善,其实什么事物都是这样,我们应该允许和鼓励人们去研究它、批评它,提出有价值的创新理论来。在这方面,我特别赞赏中南财经政法大学吴汉东教授,他向来支持年青学者的创新意识。所以我们不要迷信过去,要向往未来。

(3)由于知识经济的到来,人力资本价值的提高,冲撞着企业、公司的基本结构,以资本为中心的企业组合形式,以及"股东至上"的传统观念,正受到猛烈的撞击。在英美国家,早就有人运用经济分析的方法去分析公司的组成结构,并在20世纪80年代形成了新的公司法理论。我没有研究过这种新理论,但我似乎感到时代在变、制度也在变。今后,不见得是资本家炒职工的鱿鱼,很可能那些具有知识专长的职工成为"知本家",在许多情况下,"知本家"可能要炒"资本家"的鱿鱼呢!一个企业、公司中,拥有不同的资本构成和各类利益相关者,这些人在企业、公司中的地位,以及相互间的权利义务关系可能会发生显殊的变化,甚至是根本性的变化。郑成思教授极力主张把知识产权作为一种无形财产,也应在制定物权法时加入进来,而且不应叫物权法,而应叫财产法。梁慧星教授不同意,物权的客体是有体物,知识产权是无体物,进来就打乱了物权乃至财产权的整个体系。但是,也确实有无体物作为物权客体的,如权利质权。

所以,我们在规定物权的客体是有体物时,还必须有一个但书,即法律另有规定的除外。可见,再严密、再逻辑性强的理论体系也会有漏洞,而且这种漏洞还会随着社会的发展不断增加,这些漏洞还可能越来越大,到了法律用“另有规定除外”的办法来解决已经无能为力时,最后它将被新的理论体系所代替。有同学要问,你到底想怎么办?我大致的想法是,在保留物权、债权的前提下,设计一个开放的、多元的财产权结构,为此,可以考虑设一个财产权总则。

(4)科学技术的飞跃发展,无时无刻不在影响民商法制度赖以存在的基础。当代,科学技术的进步有两个方面最为突出,而这两个方面直接与民商法相关:一是信息技术,二是基因技术。信息技术直接影响法律行为规则,近年来电子商务、电子货币、电子支付的研究形成热潮,但仅仅是开始;基因技术带来的隐私权问题、基因歧视问题、基因资源的合理使用和基因资源保护问题,以及对婚姻家庭关系的冲击等,这些都是民法即将遇到的难题。实际上,在人类基因组计划的研究中就有一项子课题,即对社会伦理、法律影响的研究。2001 年布什一上任就做了一个电视演说,讲的是关于是否资助人类胚胎干细胞研究的决策,他认为这是我们这个时代最具有深远意义的问题之一。在这里,对民法而言,它可能影响人的生命起始界线的确定,从而涉及对人格权、民事主体、权利能力等一系列民法基本概念的思考。据报道,英国已有试管婴儿 5 万人,美国有试管婴儿 10 万人,最近又传出两个爆炸性的新闻,一是一名意大利医生通过应用基因技术克隆的胚胎即将出生;二是英国三名女大学生、研究生到美国高价出卖自己的卵子以助学。法律面对这些情况该怎么办?难道只有禁止一条路吗?能禁止吗?

(5)环境、资源问题对民法的冲击。现在,环境恶化,资源危机,已经严重地威胁着人类的生存。环境法、资源法、能源法受到各国普遍的重视,并与民法传统的价值观念、调整对象、民事主体范围、民法权利体系发生猛烈碰撞,产生了诸多问题,例如,民法是否调整人与物之间的关系?似乎这又回到耶林和萨维尼争论的时代。另外,近些年来,哲学上新的自然观念对民法观念产生什么样的影响?有人早就提出,大熊猫能否作为民事主体?还有后代人能否作为民事主体?还有环境权是属于人格权还是财产权?还有物权法的“绿化”问题,等等。

以上一共是五个方面的问题,我归纳得很笼统。有些问题已经在学术界产生了激烈的争论,但我感到这些争论还不够深入,无论是有创新观点的,还是具有保守倾向的,都难以作出圆满的解答。我们不能不认识到,一些传统的民法理念、民法理论、民法制度已经遇到了时代的挑战,这是我们必须面对的现实。我们这个突飞猛进的年代,日新月异的世界,既是推动我国制定民法典的巨大动力,又是制定我国民法典的限制因素,这两者我们必须清醒地看到。

中国目前正在酝酿和制定民法典,已经掀起了全国上下法律界的极高的热情,好像民法典很快就要诞生了似的。我看,不然。我们需要讨论的问题太多了,前边我列举了五个方面的问题,我认为这些问题直接影响民法典制定的指导思想、具体架构的设计和有关制度的重新思考。这两年,民法学界对民法典的结构体系争论较大,多数人主张按照德国的五编制,少数人主张按照法国的三编制,也有一部分学者希望多借鉴一些普通法的做法。这就是梁慧星教授所说的现在民法典制定的三条思路(我目前还划不到哪条思路上去),一是费宗祎、江平教授主张的“松散式、联邦式”的思路;二是以徐国栋教授为代表的理想主义思路;三是梁慧星教授自己的现实主义思路。

我觉得,梁老师给这三种思路起的三个名字,从字面上都没有任何贬义的意思。要我说,制定民法典的确现实一点好,现实是存在的基础;但是有理想也不错,理想是进步的希望;所谓“松散式”的思路也是现实主义的一种具体形式。这三条思路都有可取之处。应当说,理想加现实是我们这次民法典编纂的原则之一。我认为,以德国概念法学派为主导制定的民法典,也有相当成分的理想主义色彩,想用一个封闭的金字塔式的概念堆积去解决所有的,而且是发展变化的现实社会问题——这是不可能的;我们要讲现实,但重要的是当前的现实,是社会发展的现实,不研究这些问题,制定民法典是没有根基的。这就是我先列出一些问题的原因,因为这些问题能否较好的解决,是我们能否制定完善的民法典的重要前提和条件,尽管这并不是问题的全部。

关于民法典方面的争论,我很关注,但是掌握的情况不是很全面,我只想就下面几个问题,谈谈自己的看法,错误在所难免,请各位老师、同学批评、指正。

第一,调整人身权和财产权这两者的民法规范在民法典中的编排体例问题。根据民法典草案设计中的调整人身权与财产权的法律规范的前后顺序及对此种编排体例的解释,徐国栋教授说他是人文主义,梁老师是物文主义,物文主义的确切含义还不太清楚(哲学上好像没有这个概念)。人格权是一种精神权利,有时也表现出一定的物质属性。没有物质哪有精神,没有财产权哪有人格权,这可能是梁老师的观点。我说这个观点对,但是也需要作点补充:精神也是物质的升华,精神离不开物质;但是人也离不开精神,人之所以能与自然界包括动物相区别,就是人有意识、有精神,它能适应世界,还能改造世界和改造自身,人类进步到今天,很大程度上在于精神的解放和发扬光大。现在,人们越来越重视精神权利、人格权利,这是人类社会文明进步的标志。作为一项民事权利来说,人格权有它自己的属性和调整规则,它的主要内容涉及人格尊严、人身自由、人身完整,所以我主张将人格权独立成篇,并放在显著的位置上。应该承认,人格权独立成篇在立法技术上有一定的困难,一是和总则部分的民事主体制度如何衔接,徐国栋教授设计的"人法"方案是否可行;二是和宪法对公民基本权利的规定的衔接,如何区分公权利和私权利,并有不同的保护方法。

第二,关于"西方化"和"本土化"的争论,可能对民法典制定的影响。本来"西方化"和"本土化"的争论在20世纪初就开始了,只不过近些年又形成了一个小小的高潮,而这次争论又恰在酝酿和制定民法典的过程中,所以不可避免地会产生一些影响。一百年来,中国学习西方民法,或者叫中国民法的近代化,其整个过程是怎样的?效果又如何?我们应该进行一次较为彻底的反思。对此,法理、法史学者有较深入的研究,较多的学者认为,借鉴先进的近现代法文化、法规则是时代的要求,但是植根于中国本土社会的法文化、法规则是基础。这么大个中国,还是个正在崛起的中国,人口13亿人,56个民族,怎么能没有自己的一些东西呢?照搬西方,肯定不行。我理解,本土社会应包括中国传统的法文化、法规则和中华人民共和国成立后社会现实新创造的法文化和具体制度。我们现在制定民法典就是把上述这些因素中的优胜之处有机地整合在一起,这是一个非常艰难的过程。从民法的现代化出发,我们要找到"西方化"和"本土化"方面的一个结合点,中国传统的及现实中好的东西要保留,但对糟粕也要勇于剔除;西方的经验要借鉴,但也要有所取舍。非常明显,民法中有关基本原理和交易规则必须与国际接轨,而亲属、继承和资源保护等方面的制度应该有中国自己的特点。应当说,民法学界对这些问题思考得还不够,甚至没有认真思考。我现在似乎体会出一个道理,我们这些被人家称为民法学家的人,恐怕还得在有资格被称为法学家的时候,才能真正具备承担这项中西合璧、融会贯通的重任。实事求是讲,我个人是没有这个能力的,所以才敢在这里说些类似旁观者的话。

第三,关于民法典的逻辑性和实用性。民法典是一个完整的逻辑体系,我也赞成严密的逻辑。但是,我不赞成把逻辑性、体系性看成唯一的追求目标。一项民事立法,实用性是第一位的,逻辑性是第二位的,当实用性与逻辑性发生矛盾时,逻辑性应当服从实用性。逻辑是一种思维方式和规律,是一种认识客观真理的工具。我们的民法典关键要反映现实的生活,指导现实的生活,促进社会的发展。我们制定的法要让人民、让司法人员好学习、好掌握、好适用,我不赞成把民法典搞成法学家才能看得懂的法,况且中国的法学家也太少。民法典的确也是一本教科书,既然如此,那么具有一定文化程度的人就应该看得懂,当然,一个非法律专业的人士不可能也没有必要让他们了解过多的法理和立法背景。在一部民法典中肯定会有一些专用的术语和概念,但民法典并不是概念的堆积,不仅是概念与概念之间的联系,它还是民法各种规则的有机组合并形成一个完整的体系,以给法律的适用带来方便,给人们了解和认识法律带来方便。我不主张在民法典中设置和解释过多的概念,因为每一个概念所涉及的内容是变化的,人们对它的认识也是变化的,所以许多国家的民法典,甚至也包括德国民法典和瑞士债法典在内,也没有给一些法律用语下概念,如法人、物权、债权、法律行为等。在一定意义上讲,对一个概念的理解,或设定一个新的概念,主要是学者的事,立法更多考虑的是对实际规则的严密表述和它的可操作性。在这样的认识之下,我认为民法典的设计不必受德国民法典模式的约束,甚至应突破德国民法典的逻辑体系。比如,可以不设债法总则,它的内容完全可以在法律行为和合同总论部分加以规定,但这不等于不要债权、债务的概念,把它们放在合同中规定完全可以,也不见得一定要下定义。至于侵权行为部分,可以适用合同的相关规定,这也完全可以通过立法技术去解决。所以,我也同意将侵权行为部分独立成篇。如此,原有德国民法的逻辑体系受到破坏,但它实际上是在一种新的意义上建立一个新的逻辑体系。符合社会存在和发展的理性,必定是符合逻辑的理性。

第四,关于继承与创新。我这里所说继承的含义,包括对中国传统的和近代的民法理念和制度的继承,特别是继承中国近代以来法制改革和建设的经验,也包括对各国民事立法经验的借鉴和吸收。所以,在内容上,我国未来的民法典肯定继承的内容是多数,这也是基础。相比之下,创新的内容不见得很多。但是我们的着眼点、我们的目标、我们的理想是创新,这倒不是我们要标新立异,而是因为时代是新的,社会是进步的,我们的民法也应该是发展的。别忘了,我们是在制定21世纪的民法典。2个世纪前的法国民法典,1个世纪前的德国民法典,有我们许多值得学习借鉴的东西,而且我们一直也在学;但是,我们还必须往前看,路得往前走,只要时代在变革和发展,我们就应该有所创新。创新不应该是想入非非、哗众取宠,也不应该是空想,它必须以社会的进步和民法的发展为契机,它必须以中国的实际为基点。创新的东西可能是有缺欠的,是不圆满的,在理论上往往还不能自圆其说,然而,现有民法的理论难道都能自圆其说吗?许多理论不也是甲说、乙说、折中说吗?谁又能说服谁呢?的确,创新的东西要有一个在观念上被接受的过程。我们未来的民法典得有自己的创新,如果我们还完全恪守大陆法传统的一套,而不能根据时代精神和本国国情有所创新,甚至连一点创新的念头都不敢想、不愿想,这样制定出来的民法典是不会成功的。如果说,现在我们在创新上还缺乏理论基础,就不如再讨论它几年或十几年也无妨。显然,保证民法典的质量比制定民法典的速度要重要。在这个问题上,恐怕我们谁都不是功利主义者。

说句老实话,我对现在制定民法典有一种矛盾的心情,一方面,我作为一个民法教师,很希望能看到中国民法典的出台,这也可能会有自己的一点光荣在里边;另一方面,也觉得中国制定民法典的条件并不十分成熟,除了政治体制和法制建设的缺欠外,民法理论也不发达。我国在新中国成立后几十年是封闭的,改革开放后,外国的法律文化、法学理论,包括法哲学、法社会学等,也包括法律制度传到中国,我们开阔了眼界。这些年,我们的民法教科书越编越厚,一册不行了,上、下册也不行了,要编民法系列教材了。它涉及的内容越来越庞杂,民法真是博大精深！我作为一个民法教师,现在得不断学习、不断充实自己,否则不敢上讲台了。但是,我们发现,这么多东西大多是外国的,许多还是外国过去的东西,因为我们许多人没有见过世面,就认为人家这些东西都是好的东西、新东西。我的意思是说,我们对人家的东西还没有好好消化。我们指导研究生写论文,包括学者写著作,往往叫填补了空白,实际上是填了中国的空白(中国过去没有),但这些论文、著作所讨论的东西都是国外已讨论过的,所以我们的理论工作者拿不到诺贝尔奖。说不好听的,是把那些翻译的资料编成了一本书,就成了你的专著了。这些年,法学界浮躁之风盛行,有的学者一年能写出几十篇论文,还能出版几本大书,过去叫剪刀加糨糊,现在是电脑排版,效率更高了。我敢肯定这些文章、这些书没有大的用途,浪费了纸张;当然说回来,这也不完全怪学者,它是一种不正常的激励机制造成的,这些机制改不了,学术浮躁就解决不了。所以,我说句不客气的话,目前我们制定民法典没有很坚实的理论基础,我们有制度的行家,没有理论的大家,我这句话可能说得有点绝对,至少理论大家不多。反正,我不是。现在有些年青的学者,开始注意哲学、经济学、社会学等领域的学问了,他们想把民法的理论提升一个高度,这是非常应该鼓励的,我们也应该欢迎法学其他领域的学者,和我们一起研究民法问题,听听法理学、法制史学、行政法学、经济法学等学科专家的意见是非常有益的。

除理论上的欠缺外,我们对中国的实际了解得也不多。民法是老百姓要用的法,它来源于生活,而且其本身就是生活,最富有生活的品格。所以制定民法典要搞民间调查,非常广泛而深入的调查,如果专家们只是坐在办公室里讨论,那是不行的。如果我们搞出一个老百姓看不懂、用不惯的法,那一定是一个失败的法,当然,我说的老百姓是指有一定文化程度的人。这一点我不同意有的学者的意见,认为民法典是一个理性的产物,只能是专家立法,我同意立法者应该是专家,但专家必须了解民情——中国的民情,对于中国这样一个幅员辽阔、人口众多的国家,更应该这样做。我们都知道,民情风俗和民间习惯是一个国家民事立法的主要渊源,民法典的制定和实施,必须与民间习惯相协调,各国都是如此。中国近代,曾进行过两次规模较大的民情风俗、民间习惯调查,一是清朝末年(1907~1910年),二是民国初年(1918~1921年),都是为了制定民法典而进行的,以后,再没有进行过这种全国范围的调查了。从民国初年算起,很快就要走过一个世纪了,社会发生了翻天覆地的变化,应该再作一次调查了,而且现在调查起来通信快捷、上下通畅,比过去的民间调查要方便多了。这样看来,我们现在制定民法典的准备工作还不算到位,不过,我并不想泼冷水。因为我们在制定的过程中,许多事情还是可以做的,理论问题要研究、要探讨,实际情况要调查,听取各方面意见。通过我们各方的共同努力,中国的民法典也有可能较快的制定出来,而且可能是一个具有时代特色和前瞻性的民法典。我们还是预祝这一天早日到来,特别是同学们毕业之后很快就能用上民法典,低年级的同学——如果到你们毕业时在你的书包中都有了一部中国民法典,那才算是你们的幸运啊!

我的发言完了,谢谢你们。

我国制定民法典的立法背景和基本架构*

各位老师、同学们，大家好！

来到历史悠久的云南大学，特别是又有机会和各位老师、各位同学见面，非常高兴。云南大学法学院是我国西南地区最早建立的法科。我听徐中起老师介绍过，这里曾先后云集王伯琦、杨鸿烈、瞿同祖、费孝通、陈盛清等一大批著名法学家，是我国培养法学人才的一方重镇。近些年，云南大学法学院又有长足的发展和进步。在此，我祝愿同学们、老师们与你们的法学院一起不断在法学教育的田园里培育出一批批优秀的法律人才，为国家的法治建设做出更大的贡献。

我是一个民商法教师，近年来感触很深。20 世纪 80 年代，我在武汉大学讲授民法，也上些商法课程，那时课程内容单一，上课还觉得轻松；到 90 年代，随着国家改革开放的深入，民商法课程的内容不断丰富，国内外的法学资料浩如烟海，频繁的立法活动如火如荼，备课已感到压力；到近几年，科研与立法实践相结合，成为法学界探讨问题的一个重要特点。这次民法学界在云南丽江召开的研讨会，就是讨论我国民法典制定的有关问题。

今天，我顺便就以民法典的制定为题，和各位作一次学术交流。我们为什么要制定民法典？这个问题大家已经达成共识，不用再讲了。现在的问题是制

* 本文系根据作者 2003 年 3 月 31 日在云南大学所作的演讲整理。

定一个什么样的民法典。

下面,我讲两个方面的问题,一是影响我国民法典制定的社会经济发展的基本因素,二是如何构建我国民法典的制度体系和结构。有一定民法学知识的人都知道,民法是法治社会得以产生和成长的精神基石,它是以调整商品经济和市场经济社会关系为核心内容的法律。我国要发展社会主义市场经济,离不开民法,民法是市场经济能够正常、有序、高效运行的根本保证。我们还应承认,在市场经济条件下,社会的结构是以个体理性为基础,以个人的独立价值为条件的。民法不仅肩负着权力制衡和权利界定及其维护的使命,而且还要肩负着让所有人能够自由、平等、更有尊严的生活。

我们先讲第一个大问题——影响我国民法典制定的社会经济发展的基本因素。我归纳了以下四点。

第一,高科技带来的产业革命对我国民法典制定的影响。自 20 世纪中叶以来,人类有了运用核能、电子和基因技术的能力,将人类社会推进到科技时代。特别是以现代信息技术和基因技术为特征的知识社会的形成,财产权客体的形式呈现多样化,知识、信息作为独立的客体进入法律领域已从假设变成了现实。民法如何应对财产由自然形态到法律形态、由实在形态到拟制形态、由有形形态到无形形态的千转万变?显然,传统民法的权利体系已经容纳不下这些新型的财产权客体,大陆法那种刻板和僵化的财产权调整模式已经无法适应知识社会的存在和发展。在软件化、信息化时代,交易方式和合同类型不断除旧布新,一些以不特定财物和劳务技术为标的的合同屡见不鲜。可见,民法典的制定不能回避这些社会现实的发展和变动。

第二,世界人权运动的勃兴对我国民法典制定的影响。随着世界人权运动的蓬勃兴起,各国立法更加重视对人格权的界定和保护。我国《民法通则》首次明确了生命健康、姓名、名誉和荣誉等人身权在法律体系中的地位,这是对世界民事立法的一大贡献。我们知道,《世界人权宣言》申明"人人生而自由,在尊严和权利上一律平等",并列举和说明了各项权利和自由,其中包括人所享有的生命、自由、人格尊严和人身安全等各种人格权。人格权成为人权的法定权利中最基本、最基础的权利,成为人权运动中核心的内容和举世瞩目的焦点。在制定民法典中，我们首先应该解决两个认识问题：一是摆脱民法为财产权法的偏狭，重视对以人格权为中心的人身权立法；二是确立民法为保障人权的重要法律部门，民法不同于宪法和行政法，它在调整方式和保护手段上对人权和人格权的保护具有特殊的意义和特点。在我国未来的民法典中，人格权立法应该成为社会主义法治的一大特色。

第三，经济的全球化对我国民法典制定的影响。经济的全球化带来各国法律特别是民商法的趋同化。就民法而言，各国彼此大量借鉴和移植他国民法原则、制度和规范，并在法律中规定对涉外民事关系的适用；由于全球经济纽带的空前紧密，为调整共同市场关系，国际贸易组织又制定出一些各国共同遵守的交易规则。现在，民法作为国内法与国际法之间的界线正在变得模糊不清，这一现实说明了国际法高于国内法的理念已经得到人们普遍的认同。显而易见，在欧洲大陆，法国法与德国法在融合；在世界范围，大陆法与英美法在融合。在我国，大陆法是我们的继受法，而不是固有法，我们没有法国人、德国人那种固有的法律观念和立法传统，不会受他们已经定型化的民法思维的钳制。在立法上，我们有更充分的创新动力和选择余地，能够更好地适应世界民商法趋同化的时代要求。

第四，我国的国情必须在民法典中体现。理论上，这涉及"西方化"和"本土化"在我国法学界的长期争论。一般认为，借鉴西方的近现代法文化、法规则是时代的要求，但植根于中国本土社会的法文化、法规则又是一个重要基础。我国历史悠久、文化灿烂，怎么能没有自己的东西呢？完全照搬西方的肯定不行。从民法的现代化出发，我们要找到"西方化"和"本土化"的一个结合点，中国的优良传统和历史经验要保留，那些不良和落后的东西也要舍得抛弃。具体而言，民法作为调整人们日常生活之法，中国传统文化中"与人为善""以和为贵"的伦理应当贯彻其中；在以生产资料公有制为主导经济制度的中国，民法典中必然要突破传统民法权利体系，建立国家所有权、集体所有权等社会主义所特有的法律制度；自 20 世纪 90 年代始，中国城市化进程渐现端倪，城市化必然带来人口和土地的自由、有序的流动和集中，这是当代中国特有的社会现象，我们的民法典如何应对将是一大课题；近百年来，我国已经有了数次制定民法典和相关民商事立法的实践,有经验也有教训。特别20世纪80年代制定的《民法通则》,是反映我国改革开放初期历史国情的法律规范,也是我们今后制定民法典应该参照和传承的立法基础。

以上诸点是我国制定民法典的时代背景和现实基础。

我们接着讲第二个大问题:如何构建我国民法典的制度体系和结构。我国民法现代化自20世纪初开始,主要继受德国民法结构体系,设置总则、债、物权、亲属和继承各编。南京国民政府时期,又吸取瑞士民商合一体制,形成此后中国制定民法典所长期遵循的思维模式,即在概念法学的观念之下,力求构建一个完美而封闭的概念群体系,设想这些概念能够应对和解决当前和未来所发生的所有民间社会问题。然而,社会在发展变化,社会生活千姿百态,试图用一个绝对理性化或完全公理式的法概念体系来解决所有社会问题是不可能的。所以,那些坚持运用形式逻辑的推理构建概念体系的学者越来越少了,甚至有学者提出完全放弃建立法律体系的主张。而我认为,法学概念还是不能少的,否则就没有严格的法律规范,从而给法律的实施和解决实际社会问题带来困难。我倒主张,在不同历史时期以法理念和原则为基础,以基本法概念为元素,建立一个开放性的法律和制度体系。

完整合理的民法结构体系必须建立在现实社会的需要上,并只有在一个开放性的制度框架内才能实现。8年前,我和武汉大学余能斌教授主编过一部民法教材叫《现代民法学》,这部教材将民法的结构体系分为六个部分,即总论、主体论、行为论、权利论(下分概论、债权、物权)、责任论和民法适用。这个体系的构想和形成主要归功于余能斌教授,但我非常赞同这一体系的编排。它突出的特点在于:(1)将主体部分从总论中独立出来,为主体制度的发展提供了宽广的空间;(2)财产权部分首先增设概论,下分债权和物权,为财产权的扩张设置了一个开放的架构;(3)将责任论单独编排,为今后侵权法独立成编奠定了理论基础。不足在于将人身权放在权利概论部分撰写,没有突出人格权的法律地位。为此,我在上述认识的基础上,提出完善我国未来民法典结构体系的四点建议。

第一,改民事主体二元结构为多元结构。现代民法建立了民事主体二元结构,即只有自然人和法人才能享有主体资格,才能平等地成为民事法律关系的参加者或承受者。自然人和法人享有权利能力，是其能够享有主体资格的前提，而权利能力又是一个高度平等化的抽象概念，它并不能完全应对复杂而多样的社会关系。因而在德国已有学者提出“相对权利能力”理论，这一理论的核心观点就是主张承认和建立多元结构的主体制度。当然，民事主体和权利能力不可能完全具体化，不可能摆脱抽象的概念品格。所以，要让所有自然人体和社会组织形态都纳入民法领域是不切实际的。另外，我也不同意那些完全固守自然人和法人的二元主体结构论者。仔细看来，我还是同意龙卫球教授的折中性意见，即在坚持尽可能类型化的基础上，对那些已经被充分论证的在社会生活中具有主体价值的形体加以承认。[①] 在这里，我所说的主体多元结构的意义也仅此而已，并非将民事主体完全具体化，更非将民事主体多元到无限。

近现代民法上，自然人是生物人与法律人的融合一体，进而成为享有权利能力的民事主体。自然人自出生始得平等权利能力和主体资格，因此，自然人主体不会发生多元结构现象。在此只有两个问题值得讨论，一是胎儿虽然在继承关系上，甚至在侵权领域有受预先保护的资格，且这种保护还有扩大的趋势，但它仍不属于主体权利范畴；二是我国农村一般是以农户（家庭）为单位承包集体土地，并取得宅基地使用权，然而，这只是为了适应目前农村的社会结构和生产经营方式所采取的法律措施，而非农户就是民事主体，其家庭成员才是民事主体。所以，我们所称主体多元结构仅指社会共同体或组织而言。

在二元结构的主体制度中，与自然人相对应的是法人。法人不是自然生活中的人，是一种人格化的人，是一种生物人结集的社会组织。就现行制度而言，法人作为主体必须具备这样一些特点：(1)法人与其成员之间在财产上与责任上相互独立；(2)法人是一种民主的自治组织，决议适用多数决原则；(3)法人设置代表机构，该机构成员独立于法人成员。由以上特点得出法人是与自然人相分离、相独立的民事主体。除法人之外，复杂而多变的人类社会中还存在许多其他类型的社会组织，虽然它们与其成员之间有着各自不同的联结方式，但是均具有一定的独立性，否则也就构不成社会组织。也就是说，任何社会组织

---

① 参见龙卫球：《民法总论》（第2版），中国法制出版社2002年版，第169页、第170页。

都是相对独立于成员个人的。

我们常说,法人之所以成为民事主体,是将社会组织人格化的结果。可是什么是人格化呢?难道是把社会组织认定为自然人吗?显然不是这么简单。实际上,生物人并不是天生下来就有人格,而是社会法治进化的结果,或者说自然人所以有人格,是法律赋予的结果,人格是拿在法律手中的一顶帽子,这顶帽子戴在生物人身上,生物人就有了人格,就成为自然人。那么,法人为什么也有了人格呢?原因就在于法律也把"人格"这顶帽子戴在了某些社会组织的头上。至于,哪些社会组织能戴上"人格"这顶帽子,是由制定法律的人来决定的,当然也要有标准、有条件,总不能把所有的社会组织都规定为法人。不过,我们发现这些标准和条件是有弹性的,它会随着经济的发展和社会的进步发生变化,也会依据不同国家或地区社会状况的差异而有不同,这恐怕就是法律免不了要有功利主义色彩的原因。

既然如此,法人的概念就应作扩大解释,《民法通则》中规定的法人要具备独立财产并独立承担责任等特征就应重新考虑,比如,合伙企业、专业合作社虽然没有完全独立的财产和独立承担责任的能力,但是不是一定就没有主体资格?是不是一定就不能成为法人?这个问题真值得研究,否则对这些社会组织参加社会经济活动是非常不利的,而且在事实上它们也在以自己的名义参加着各种经济的或社会的活动。为什么非要把法人概念限制在一个狭窄的空间呢?前几年,在一次全国人大常委会法工委组织讨论民法典的会上,我提出了这个问题,当时参会的学者没有反应,只有王利明教授提出了不同意见。他认为法人的基本含义已经被广大民众所认同,扩大法人的概念范围恐怕不现实,法人就是一种有独立财产并对外承担有限责任的组织,这也是我国企业体制改革的重要成果。他说得也有道理,改变一个大家都已认同的事物确实不容易,立法成本可能也太大。那么怎么办?这样我们就提出在立法上应该承认和规定第三民事主体,进而形成民事主体多元结构的问题。

可是,哪些社会组织属于第三民事主体呢?在市场经济条件下,现代企业的形式很多,除有限责任公司和股份有限公司外,还有独资的一人公司,还有公司之间联合起来的企业集团,还有不同形式的合伙企业、合作社企业,大陆法系国家通常还有无限公司、两合公司等,这些企业都需要享有主体资格或独立参与经营活动的能力。我们以合伙为例,合伙已经超越了合同关系,合伙合同只是凝聚合伙人之间关系的黏合剂,合伙对外就是一种社会实体,这种实体在人格、财产、利益结构和责任承担上已经有了相对的独立性,尽管合伙人对合伙债务承担无限责任,但合伙得首先用合伙组织现已占有的财产承担责任,所以合伙仍然是一个可以保障"交易安全"和"交易效率"的营运组织,我们没有理由否定它的主体资格。事实上,民事主体就是一类多元结构的社会组织体,它本身就是一种抽象化的人,个人也好,组织也好,只要它们能够成为财产的载体,能够完成交易的使命,就是法律上的民事主体,并不需要有太多的法律设计和限制。

第二,设置一个开放的财产权体系。随着社会经济的发展,有着越来越多类型的财产进入了市场的交易过程,作为调整市场经济关系的民法不能视而不见。近年来,法学界在讨论物权法时,首先遇到一个重要的焦点问题,就是我国到底是制定物权法好呢,还是制定财产法好呢?以梁慧星教授为代表的多数民法学者赞同制定物权法,以郑成思教授为代表的一部分学者倡导制定财产法。以上赞同制定物权法的学者,主要是坚持大陆法系物权法的立法模式,而倡导制定财产法的学者,主要是要借鉴英美法系财产法的立法模式。主张制定财产法的学者就认为:物权法调整的范围仅限于有形物,而知识产权、信息权等无形物日益成为主要的财产权形式,但它们不能纳入民法调整,与社会经济发展的现实不符。他们还主张,财产权并不包括债权。这样的立法模式基本上与英美国家调整民商事领域的法律主要包括财产法和合同法的结构相同。然而,大陆法以权利为线索构建整个民法体系,其财产权不仅包括物权,还包括债权,以及其他类型的民事财产权。就物权法规则而言,它是建立在有形物的基础上,是对实体物的占有、使用和转让的特有规则,物权法所有的制度都是针对有形物的,它在财产权制度中形成了一个独立的规则体系。说实在的,我们要打破这一规则体系,破坏其完整性,将影响整个民法的逻辑结构,所以直接在民法中制定财产法所遇到的阻力和困难肯定不小,几乎是不可能实现的。但是,我也非常理解那些主张制定财产法的学者的建议具有前瞻性和创新性,他们的出发点是积极的。我就想,能不能有一个介于两者之间的折中方案呢?

应该说,我们在以大陆法的物权法为基础,结合我国市场经济的特点,借鉴英美国家民商法的立法经验,探讨和构建更能适应现代社会发展的财产权制度还是有思考和运作空间的。现在我们对民法典的设计,是出于这样一种考虑,为了适应社会经济生活的发展和变革,以坚持民商合一为立法体例,扩大民法典的适用范围和涵盖性,将所有的民事关系尽量纳入民法调整的范围,实现民法原则和规范的一体化。就财产权制度而言,由于各种新型的财产权不断出现,原有民法的逻辑体系已经无法容纳。我们按照大陆法系民法的传统思维,必须找到这些财产权的共同点,抽象出一般的规则,形成一个统一的概念内涵。这方面荷兰和加拿大魁北克在民法典中设置财产权总则,从而扩展了财产权发展的空间,使许多新的财产权关系能够适用于民法,这一立法动向对我们有很大的启发。

为此,我和梅夏英博士目前正在作一项研究,就是能否在未来民法典中设置财产权总则。现在我把这一论题的有关构想介绍给大家。首先,我们针对的是这样一种立法困境,当大量新型的民事财产权出现时,却在民法典中找不到它们应有的位置,而只能以一个个单行法形态游离在民法典周围。我们能不能把这些新型的财产权请进民法典,形成一个统一的、完整的财产权体系?其实这个想法是有可能实现的,只要突破物权、债权的二元财产权结构,构建一个多元结构的财产权体系,就能大体实现这一设想。我们不是否定物权和债权的逻辑构成,而是使财产权的概念更具有包容性。这样就需要设置一个能够调整所有发生在平等主体之间财产关系的一般性规则,即能够统领所有民商事财产权的总则。但是,传统民法上的财产权与商法上、知识产权法上的财产权在内涵上大相径庭,如何找出其共同点和交汇点是个挑战。现在我只能做到的是,在保留传统物权和债权规范的基础上,为商事财产权、知识产权等在财产权总则中留下一个具有弹性的开放空间,使民法典能够发挥出更好的纳新和整合作用。具体这个财产权总则包括哪些内容,我们还在研究中,今天只能讲到这了。

第三,人格权在《民法典》中的应有位置。关于人格权能否独立成编的问题,法学界已经讨论多年了,估计再讨论 10 年、8 年也不见得就有一致的意见。

自20世纪中叶以来,人权运动在世界各国勃兴。我国随着改革开放的不断深入,人的伦理价值得到大幅度的提升。现在,人们普遍重视人格尊严、人格自由作为人之为人的本义,学界也都认为保护人格权是民法的一项重要任务。正是在这样的背景下,2002年年底全国人大常委会法工委公布的《民法典草案》将人格权作为单独一编加以规定。但是,人格权在民法典中到底能否独立成编并没有在学界取得共识。在理论上,我们往往还分辨不清人格与人格权的关系,以及人格权与其他民事权利的异同。

在大陆法的传统民法中,是没有人格权这个概念的,即使非常注重人格权保护的瑞士民法典,也是把保护人格权的内容放在人格法中规定的,实际上是把人格权法看作权利主体法。为什么会如此?就是认为人格权与人格是不可分的。可是在我看来,人格与人格权两者具有不同的含义,"人格"是自然法上的概念,体现在权利上是应有之权,人格权是实在法上的概念,其权利的性质是法定之权利;与"人格"相对应的是权利能力,然而,"人格"与权利能力只是享有权利的资格,而非权利本身,它们均属权利主体的范畴。由此可见,"人格"只是"生物人"向"法律人"过渡的桥梁,有了"人格"不等于就有了实在法上的权利。按照康德的权利体系,人格属于"天赋权利",人格权属于"获得的权利",两者处于不同的法律层次,前者为前提,后者为结果。从这个意义上讲,人格与人格权之间既有联系又有区别,既然它们两者还不是同一事物,当然就能够在法律的结构中相分离,"人格"属于主体范畴,"人格权"属于权利体系中的一员。

那么,人格权在民事权利体系中处于什么位置呢?这个问题是个难点,因为我们发现人格权与传统民事权利如物权、债权、亲属权不同,按照罗马法以来形成的权利观念,上述这些权利的客体都是"外在于人"的,而人格权的客体却是"内在于人"的,而我们又很难想象一个人会对自身的机体或伦理要素享有权利。所以,人格权不可能成为民事权利,进而有学者认为人格权只能是宪法权利。但是,事实并非如此,我们发现有些人的伦理要素如肖像、隐私、知情、形体、技能等,已经有了明显商品化的趋势,这种趋势将冲破传统的"内在化"的伦理价值观念。不过,尊严和自由是属于人权范畴,是体现作为人的内在本质属性,它们并不是实体权利的客体,我们总不能将人的尊严和自由推入交易的领域。从社会发展的角度来看,人格权的客体呈多元化,人的伦理价值要素所涵盖的范围急剧扩展,其中越来越多的伦理价值要素会以"外在于人"的形式进入民事法律关系,成为人格权的客体,即由"我之所是"改变为"我之所有"。这种发展趋势就可能使我们把"人格"与"人格权"加以区分,那些与人身不可分割的人格伦理要素,继续留在人格主体部分加以调整,那些与人身可以分割的人格伦理要素,则应放置权利体系中加以规定。重要的是,我们必须打破僵化的人格伦理价值要素只能"内在化"的观念。所以,如何树立人格伦理价值要素的"外在化"观念,是确立民法"人格权"制度的理论基础。

第四,侵权行为法在民法典中可以作为独立的一篇。侵权行为法能否独立成编?因为涉及债法性质和体系问题,所以在民法学界引起很大争论。现在,民法学界关于侵权行为法独立成编的问题,基本达成了一致意见。我们知道,在大陆法国家,侵权行为是作为债的发生根据在债法中规定的,其内容也过于简略,因此不利于侵权法的发展,也不能更好地保护各项民事权利。而英美法系国家,侵权法具有开放性和独立性,能够应对各种侵权行为的发生,能够更好地适应侵权责任社会化的发展趋势。侵权行为法从债法中分离出来,也是在理论上把债务和责任加以区分的结果。侵权责任是一种强制性的法律后果,它与当事人间自愿达成的债权债务关系不同。总之,将侵权行为法独立成编有两个好处,一是使民法的内在逻辑更加和谐;二是为侵权行为法的发展留下广阔的空间。

虽然民法学者大多同意侵权行为法独立成编,但理解上也不尽相同。多数学者还是认为侵权行为是产生债的一种根据,所以应在债权编之后加以规定。而我觉得,侵权行为法放在民法典的位置,应该决定于它的功能。应该说,债权行为法保护的对象十分广泛,不仅包括绝对权,如人格权、物权、知识产权等,而且也包括对相对权的侵害,如第三人侵害合同债权,或在发生违反合同责任和侵权责任竞合的情形下,侵权行为法也具有保护合同债权的功能。此外,侵权行为法也能保护一些未成为权利的财产利益和人身利益。所以,我主张把侵权行为法放在民法典的最后一编加以规定,由此来表明它是保护各种民事权利的法律规范。

以上就是我对制定民法典的基本想法。这些想法不见得对，还请大家批评指正。我们作为一个学者，在立法面前可能是十分渺小的，不要试图用一部完全理性的民法典去统摄人们的全部生活，实际上，人们更多的是生活在非理性、无逻辑的现实中，任何一部法律的逻辑性是相对的，是可以变化的，也必须是变化的。在我国正在制定《民法典》之时，用江泽民同志的话说，恐怕也要“与时俱进”才行。

今天我的演讲该结束了，谢谢大家。

我国民法典制定几个必须重视的问题*

近两年，我国正在制定物权法、制定民法典的过程中，法律界包括在座各位同学在内，给予了充分的关注，投入了很大的热情。而且争议也很激烈。按照梁慧星教授的说法，有三条思路：梁老师说，以费家袆、江平教授为代表，主张的是“松散式、联邦式”的思路；以徐国栋为代表的是“理想主义”思路；梁老师自己是“现实主义”思路。我还不知道自己能划到哪条思路。

我觉得梁老师给出的这三个“方子”，都是好“方子”。从字面上看，没有任何贬义的意思。要我说，制定民法典时，现实是存在的基础，理想是进步的希望，所谓“松散式”的思路也是现实主义的一种具体模式。三条思路都有它的可取之处，大家的争议，目标一致，都会促进我国民法典的顺利制定。以下我谈几点认识。

第一，民法调整人身关系和财产关系。在民事权利体系中，人身权与财产权的关系，这两者在民法典中的地位怎样？徐国栋说他是人文主义，梁老师是物文主义。物文主义的确切含义还不清楚（哲学上好像没这个概念）。人格权是一种精神权利，没有物质哪有精神，没有财产权哪有人格权利，这是梁老师的观点。我说这个观点对，但是对了一半，从另一角度来讲，精神是物质的升华。精神固然离不开物质，但是，人之所以能与自然界包括动物相区别，就是人有意识，有精神。人类进步到今天，很大程度上在于精神的发扬光大，人们越来越重

* 本文系作者2002年11月19日出席由中国政法大学民商经济法学院主办的“民法典论坛”第二场“中国民法典制定中的重大问题”的发言提纲。题目为编辑本书时添加。

视精神权利、人格权利。人格权有自己独特的属性和调整规则,所以我同意徐国栋的基本观点。我主张人格权独立成篇,但不太赞成徐国栋对人法的具体设计。

第二,近年来,法理学界对西方化与本土化的争议极其激烈。就民法而言,是要从民法的现代化的角度,我们要找到“西化”和“本土化”之中的一个结合点。中国传统的东西要保留,一些东西也要扬弃;西方的东西可以借鉴,但一些东西也要修正。

第三,关于民法典的逻辑性和实用性。说民法典是一个完整的逻辑体系,我也赞成,民法学本身就是一门科学,民法要有科学的体系、严密的逻辑。但是,我不赞成把逻辑性、体系性看成唯一的追求目标,逻辑是一种思维方式和规律,是一种认识客观真理的工具。我们的民法典关键是要反映现实的生活,指导现实的生活。我们制定的法要让人民、让司法人员好学习、好掌握、好适用。我不赞成把《民法典》搞成法学家才能看得懂的法,况且中国的法学家也太少。《民法典》的确也是一本教科书,既然是教科书,那么具有一定文化程度的人只要学,就能懂,没有必要搞那么多抽象的概念。逻辑性、体系性是为实用服务的。实用性是第一位的。黑格尔说:“理性,要以现实生活为条件。”在这样的指导思想之下,我认为《民法典》可以打破德国民法典的逻辑体系,比如可以不要债法总则,它的内容完全可以在法律行为部分和合同总论部分加以规定;债权、债务的用语完全可以在合同部分加以规定,但不见得去下定义;侵权行为中一些规则,适用合同的相关规则也完全能够在立法技术上解决。所以,我也同意将侵权行为独立成篇。

第四,关于继承与创新。在内容上,我们未来的《民法典》肯定继承的内容是多数,创新的东西不见得很多。但是,我们的着眼点,我们的目标,我们的理想是创新。这倒不是我们要标新立异,是因为时代是新的,社会是进步的,我们的民法是发展的。别忘了,我们是在制定21世纪的民法典,两个世纪前的法国民法典,一个世纪前的德国民法典,都有许多我们可以借鉴的内容,中国一个世纪来的法制改革和进步也有许多需要继承的。我们必须要往前看,要往前走,只要它反映了时代的变革和发展,我们就应该有所创造,要有中国人的创造,创造一些新的东西填补空白。即使可能还有不完善，理论基础还要欠缺，也得有这样一个目标。如果真不行，我们再讨论它10年、8年！我们未来的民法典得有自己的创新，如果我们搞的民法典还是恪守大陆法系传统的一套，而不能根据本国国情和时代精神有所创造，那是不行的。根据我国具体国情和时代要求进行创新是我的理想，没有这样一个理想，中国的民法典就很难是一个成功的法典。我还是预祝，一个完美精致的中国民法典早日诞生。

制定民法典的指导思想及其体系构想*

1999年3月15日统一合同法出台,使市场经济合同活动的规则由以前纷繁、复杂、冲突与落后的状态走向统一、和谐与完善,为民法典的制定创造了条件。同时,社会主义市场经济的建立与发展为民法典的制定奠定了经济基础,大量的民事立法和司法实践为民法典的制定提供了丰富的实践经验,广大民法学者也为民法典的制定作了比较充分的理论准备,与此同时,国外还有很多反映市场经济的成功的民事立法例,可供我们制定民法典时借鉴。故而,我们认为,总结国内民事立法经验,借鉴外国民法精华,现在要制定一部体系完备、内容充实、符合国情和时代特征的民法典是完全可能的。本文意欲通过对我国发展社会主义市场经济的国情、法律文化、科技发展及民法自身发展变化趋势的简要分析,对制定民法典的指导思想及未来我国民法典的体系安排作一阐述。

一、制定民法典的指导思想

第一,从我国发展市场经济的国情出发。首先,要考虑我国的经济制度和经济体制。我国实行生产资料的社会主义公有制,并且正处于建立和完善社会主义市场经济的关键时期。可以说,市场经济运行的法制化是市场经济的核心。尤其是民法,作为市场经济的基本法和保障人权及社会稳定的基本法,它

---

* 原载《吉林大学社会科学学报》2001年第5期。

在市场经济活动中发挥着极为重要的作用。所以，未来制定民法典要从我国市场经济的实情出发，使之对市场经济的建立与完善起到应有的作用。其次，民法的发展与完善面临着加入世界贸易组织（WTO）后的诸多冲击。加入WTO后，就必须履行相应的国际义务，并对影响国际多边贸易的货物贸易管理、服务贸易管理、知识产权国家保护、外汇行政管理等方面的立法进行修改补充。作为一国的基本大法，未来的民法典应充分考虑加入WTO后可能出现的一系列问题，作出前瞻性的调整和规定。

第二，从我国的传统文化尤其是法律传统和法律文化出发。社会关系的发展变化，决定了法律关系的复杂性与法律调整方式的多样性。在中国古代民法经历的由简单到复杂，由综合到趋于单一法典化的发展过程中，中国古代国情的诸多因素也为古代民法的发展打上了深刻的烙印，这使中国古代民法独有特色，一直在刑法和行政法的夹缝中艰难地孕育、生成，致使民法文化显得苍白而落后。此外，中国在20世纪初进行的法制改革，选择、移植了大陆法系的德国民法模式；新中国虽然废除了旧有的民法体系，但她所接受的苏联立法和理论实际上仍是继受于德国民法，由此决定了中国法仍属大陆法系中的德国法系；改革开放以来的民事立法，以民法通则和合同法为代表，基本上还是这一立法模式。[①] 基于此，我们可以探寻民法文化的时代精神和民族精神，并进行我国民法文化建构。

第三，要反映科学技术发展对民法提出的要求。科学技术的迅猛发展，带来了社会生活的巨大变化，并引发了诸多的社会问题，法律尤其是民事法律应该对此作出积极的回应。特别是进入21世纪，计算机、卫星数字传输、国际互联网、电子商务、生物基因技术等新兴科学技术使人类社会的经济形态和社会生活方式日益多样化、复杂化，也对民事法律提出了许多新的要求。这在未来的民法典中应该有所反映。为了适应这种变化，民法典在调整的具体规范方面需要改进，并进行一些新的立法，提出相应的对策和措施，以实现其自身的现代化。

---

① 参见梁慧星：《当前关于民法典编纂的三条思路》，载《中外法学》2001年第1期。

第四,要符合当代民法的发展趋势。首先,要符合民法国际化的趋势。由于市场经济国际化的要求,使一方面各国民法大量借鉴移植外国民法规范、制度、原则,并在法律中规定对涉外民事关系的适用,而使国内民法出现国际化趋势;另一方面由于国际贸易组织和国际经济联合市场的形成,为调整共同市场,制定了一些共同的民事法律,因而使民法出现统一趋势。② 民法国际化的趋势也反映在两大法系的差距日益缩小,由此影响我国民法典结构体系的形成。现在我国要制定民法典,势必要借鉴我国原有立法的基础即大陆法系国家的立法经验,在法典的结构体系上,不可能完全摆脱大陆法的影响,但应该重视并适当借鉴、吸收英美法国家的判例法和制定法的优越之处。其次,要符合民法社会化的趋势。在大陆法系国家,原有民法典难以涵盖和调整迅猛发展和千变万化的社会生活,尤其随着世界经济国际化和一体化的不断加强,社会生活更呈现与日巨变的发展态势,民法出现了社会化的趋势。同时,各国民法的社会化倾向还表现为公法人(国营企业)和公私混合法人(公私合营企业)的出现,所有权以集体形式行使,国家强制保险制度的推广等。最后,要符合民法商事化的趋势。各国民法典的制定,有民商合一和民商分立两种体例。民商合一是 20 世纪进行民法典编纂的国家所采取的立法体例。我国制定民法典时应充分考虑国际上民法商事化的趋势,坚持民商合一的立法主义。

第五,适当借鉴国外先进制度和立法经验。民法法系发展到今天,是一般法律现象互相借鉴、法律移植的典范。③ 我国亦不应例外。我国古代诸法合体、民刑不分,民事规范在刑律中所占比重甚小,条文简单,并且从属于宗法制度。④ 自 1911 年接受《德国民法典》的体系制定《大清民律草案》以来,虽然这其中经过了诸多变更,包括两种制度和政权的更迭,我国的民事立法模式基本上仍是德国法的立法模式,直到今日,大陆法系优秀的立法经验和实践依旧值得借鉴。因此,不应再持僵化保守的态度,而应对两大法系的先进制度和立法经验予以

---

② 参见余能斌、吕小武:《市场经济与民法现代化》,全国社会主义市场经济与民法经济法理论讨论会论文,1991 年。

③ 参见[美]艾伦·沃森:《民法法系的演变与形成》,李静冰、姚新华译,中国政法大学出版社 1992 年版,第 255 页。

④ 参见马俊驹、余延满:《民法原论》,法律出版社 1998 年版,第 25 页。

借鉴和吸收,使之能够为我所用。

二、未来民法典的体系构想

民法的编纂体例有两种。其一,称为罗马式,又称法学阶梯式;其二,称为德意志式,又称潘德克吞式。罗马式分为三编,分别为人法、物法和诉讼法,《法国民法典》即采用此种体例,只是将诉讼法排除在外,第一编人,第二编财产及对所有权的各种限制,第三编取得财产的各种方法。德意志式为《德国民法典》所沿用,分为五编,分别是总则、债权、物权、亲属和继承。[5] 现在学者的通说,认为德国式五编制优于法国式三编制。20 世纪制定民法典的国家大多是采取德国的五编制或者是以五编制为基础稍作变化。

在我国未来民法典的体系安排上,我们认为可以采用七分法,即分为七编,分别为总则、人格法、亲属法、物权法、合同法、继承法、侵权法。附则内容可在民法实施细则中予以规定。

第一编　总　　则

我国未来的民法典是否设总则编?法学界有不同意见,多数学者主张设总则编,就民法中带有共性的一般问题作出规定,但在内容和体例上有不同的主张。其中一部分学者认为,我国在制定民法典时应将民事主体制度独立成编。也有学者主张不设置总则,而采取《瑞士民法典》的模式。[6] 我们认为,一方面我国未来民法典应设有总则编,将民法共同适用的规则确定下来,使民法典有了统领全部内容的一般规定,避免了立法上的重复与繁琐,结构比较科学;另一方面为适应民事主体制度不断发展的客观需要,将民事主体从总则编中独立出来,以便能够包含更丰富的内容,也使总则编更能贯通整部民法典,在体例上更加协调、合理。总则编的内容应大致包括:民法的任务,调整对象,基本原则,法律行为、民事权利、民事责任的一般规定,代理,物,诉讼时效,法律使用和法律

⑤　参见梁慧星:《民法总论》,法律出版社 1996 年版,第 13 页。

⑥　参见徐国栋:《民法基本原则解释》,中国政法大学出版社 1992 年版,第 365 页。

解释等。

第二编 人 格 法

人格权制度的逐步确立,使民法摆脱了财产法的偏狭,重树了人作为民法首要调整对象的地位,促进了民法平等观念的深入,也代表了民法现代化、文明化的潮流。现在,人格权已成为现代民法的基本理念之一。随着社会的发展,人格权的内容不断丰富,已由具体的人格权发展到一般人格权,即以民事主体全部人格利益为标的的总括性权利,是民事主体依法享有并概括和决定其具体人格权的一般人格利益。⑦ 这种逻辑上的发展过程,实际上是人格权的范围扩张的过程。从这个意义上讲,一般人格权是人格权发展到一定历史阶段的产物,是人格权法发展的重要历史标志。然而《民法通则》对一般人格权并无规定,仅规定了具体人格权,这使一般人格权因找不到法律的明文规定而得不到合法有效的保护,这不能不说是《民法通则》的一个缺憾。制定民法典时,应充分考虑这类问题,在立法上予以完善。正因如此,我们主张突出人格权并将其单列在民事权利体系的第一位。还应该看到,虽然人格是自然人作为民事主体资格的题中应有之义,与自然人本身不可分离。⑧ 但是,人格是民事主体的资格,与人身权是不同的。传统民法上,人身权包括人格权和身份权。人格权是法律赋予民事主体为保持其在法律上的独立人格所必需的权利,包括生命权、健康权、自由权、姓名权、肖像权、名誉权等。身份权是基于民事主体特定身份而产生的权利。在传统民法上,身份权是对特定人的人身支配权,其实质在于对人的支配。随着社会的发展和进步,人格权越来越为人所重视,范围日渐扩大。而身份权因与近代民事立法精神相悖,其范围逐渐趋于缩小,例如父权和夫权在现代民法中已经消亡;亲权也已经转变为集权利与义务为一体的新型权利。⑨ 可见,人格权和身份权这两个制度是不同的。现今,身份权主要是在亲属、夫妻、亲子、家长家属之间产生出来的人身权,应由婚姻家庭法(民法亲属

⑦ 参见王利明、杨立新、姚辉编著:《人格权法》,法律出版社 1997 年版,第 26 页。

⑧ 参见梁慧星:《中国大陆民法典的制定》,2000 年海峡两岸法学学术研讨会论文,第 10 页。

⑨ 参见张广兴:《债法总论》,法律出版社 1997 年版,第 43 页。

编)予以调整和保护。作者的各种身份权,应由相关的知识产权进行调整和保护。[10] 所以,我们主张人格权独立设编。

在内容上,人格法可分为两部分。第一部分为民事主体制度,包括有关自然人、法人和其他社会组织(第三民事主体)人格的一般规定,自然人人格的开始和终止,法人和其他社会组织的定义和分类、设立和解散,法人成员(社员)的地位和权利等。关于民事主体享有的一般人格权可在总则编或本编民事主体部分规定。第二部分为人格权制度,包括直接以权利人的人身为客体的权利如生命权、身体权、健康权和以权利人在精神上和心理上而存在的利益为客体的权利如姓名权、名誉权、肖像权、隐私权、个人情报知悉权,以及由以上两类人格权派生而来的环境权、休息权、安宁权等。有关人格权的保护,即责任制度,则应放在侵权行为法一编中规定。

第三编　亲　属　法

大陆法系各国均将婚姻家庭法纳入民法典中,该法适用于民法的基本原则和相关规定。《德国民法典》在第 1297 ~ 1921 条规定了亲属法,主要内容包括民事婚姻、亲属关系和监护等。[11] 第二次世界大战后,德国陆续颁布了与婚姻、亲属关系的相关的各项专项立法文件,对于民法典的亲属编中原有的带有封建残余的规定进行了重大的修改,而形成了今天的德国民法典的亲属法编。《法国民法典》将亲属法规入人法中,而未独立设编。在我国,《民法通则》第 103 条至第 105 条规定了婚姻家庭关系方面的内容,把婚姻家庭法也纳入了民法体系。按照传统民法和我国习惯,还应将调整婚姻家庭关系的法律规范扩大为调整亲属关系的法律规范,即亲属法。现在,将亲属法纳入民法体系已成为我国许多司法工作者和法学界人士的共识。亲属法的本质上是身份法而非财产法,亲属财产关系也以亲属身份关系的发生为基础。亲属权与人格权同属人身权,均有专属性、排他性和明显的人格色彩。如将人格法列为第二编,亲属法自然应列为第三编,其内容应包括婚姻、亲子、监护和抚养等部分。

---

[10] 马俊驹、余延满:《民法原论》,法律出版社 1998 年版,第 43 页。

[11] 参见何勤华等撰稿:《德国法律发达史》,法律出版社 2000 年版,第 243 页。

第四编 物 权 法

物权是大陆法系的概念,英美法系并没有这一概念,有关物权的规定实质上包含在财产法中,所以,物权法的编制体例问题主要是大陆法系国家立法面临的问题。作为民法的重要组成部分,完善物权法的制定是制定民法典的关键环节。可以说,物权立法是我国民事立法的重点和难点。当今,我国市场经济已有了相当的发展,财产流通十分活跃,为了稳定社会经济秩序,制定物权法已迫在眉睫。所以,我们物权法首先要做到的是从本国实际出发,而不是简单地移植他国的既有制度,要反映我国的经济制度和特色。同时,面临当今世界物权法国际化的潮流、两大法系及物权与债权的融合趋势,我国的物权法还应顺应现代物权法的发展变化。

首先,所有制的基本定位问题是物权法必须要解决的。我国是实行生产资料公有制的社会主义国家,物权法对这一问题不能避而不谈,对于国家所有权和集体所有权应该作出符合市场经济要求和物权法法理的规定。

就国家所有权而言,任何主体都享有所有权,国家享有所有权与个人享有所有权,均是私权,与公权的概念、行使和保护方法是不同的。从民法的角度讲,国家所有权与个人所有权是平等的。关键是公权与私权要分开,尤其是政府的行政权力与私权利包括所有权要分开。对于国家所有权,法律所规定的“全体劳动人民”作为国家所有权法律关系的主体,并不明确,这与物权法理是相背离的。那么,其行使主体究竟是谁,是国家权力机关?还是国务院?还是由国家资产管理局来行使?我们主张实行分级所有权的设想,尝试所有权的分级管理,承认国家法人,即承认中央政府的所有权和地方政府的所有权,明确二者的区别,使地方政府也享有一定的所有权,调动其积极性。事实上,我国 1995 年实行的分税制,实际上等于已经承认了地方政府在某些领域拥有所有权。

集体所有权,主要反映在我国农村,是合作制的财产形态发展的结果,因而应该与经济组织密切联系起来。生产资料虽然承包到户,但所有权属于集体。所谓的劳动群众集体组织,到底是谁;既然是一种民事主体,它是依靠什么民事规则组织起来的;它的法律形态又是什么,这些作为这种所有权立法的基本前途,在立法上和法律政策上并无规定。[12] 从民事主体的角度讲,集体组织既不是法人,也不是法人团体,更不是自然人,其主体形态与现代民法科学无法衔接,这给物权法上集体所有权制度的建立造成很大不便。对此,我们主张逐步建立合作社。集体所有权属于合作社,合作社本身应是法人,具有独立的民事行为能力和民事责任能力,在一定程度上与社员相分离。但是其具体的操作规程仍需进一步研究。

私人所有权作为私权,同样应受到法律的平等保护。在特定情况下,对私有财产予以一定的限制是必要的。但是,私人所有权尤其是生活资料所有权作为公民安身立命的根本条件,不可能由公共权利随意剥夺,只能是出于公共利益的需要或者给予个人以公平补偿的目的,才能给予一定的限制,并且要严格依据法律的规定进行。

关于用益物权和担保物权。因为这两项权利具有限制所有权的效力,在物权法中也是不可或缺的。就用益物权而言,现代社会,人们对物权的关心重点已经不仅是对特定物的占有,而是转移到对物的利用上,即重心从所有权向用益物权的转移。失去利用这一终极目的,归属关系也就失去其存在意义。我国实行生产资料公有制,大量的公的财产如果不能进入流通,将使之丧失利用与增值的机会,将会造成资源的极大浪费,这必然要求完善用益物权方面的立法。就担保物权而言,作为罗马法以来民法的一项重要制度,它是现代民法体系构成上的一个重要组成部分,[13]是债权担保的一种极佳的方式,也是社会融资的基本手段,物权法中亦应作出相应规定。

由上,从物权法在民法中的地位和它包括的丰富内容而言,物权法应作为民法典的独立一编,并且作为财产流转关系得以顺利实现的基础,它应作为财产法的重要组成部分列在民法典的第四编。在其内容体系上,可分为通则和分则两部分。在通则部分,应规定物权的定义、物权设定和行使的原则、不动产物权的变动和公示制度、物权的消灭等。在分则部分,首先,规定所有权,其中包括建筑物区分所有权、不动产相邻关系、财产共有关系及共有物的分割等;其

---

[12] 参见孙宪忠:《我国物权立法中的所有权问题》,载《法学研究》2000 年第 1 期。

[13] 参见梁慧星、陈华彬:《物权法》,法律出版社 1997 年版,第 301 页。

次，规定用益物权，其中包括基地使用权、农地使用权和地役权、采矿权等；再次，规定担保物权，其中包括抵押权、质权和留置权，为适应社会经济生活的需要，特别对各类特殊抵押权如共同抵押、动产抵押、最高额抵押、财团抵押及抵押证券等做出规定；最后，规定占有，其中包括对占有的取得、分类和法律效力的规定。

第五编　合　同　法

1999 年 3 月 15 日统一《合同法》出台，对合同法的体例已作出比较科学的安排。在此，主要想探讨合同法能否独立设编，是设债法编还是设合同法编的问题。我们主张合同法和侵权法独立设编，将合同法作为第五编、侵权法作为第七编在民法典中予以规定，而不设债权法编。有的学者认为，应以债权总则编统领合同编和侵权行为编，不当得利和无因管理制度仍应规定在债权总则中。⑭ 我们认为，虽然侵权行为之债和合同之债权利性质相同，亦有一些相同的适用规则，并在传统民法中将二者放入债权法中共同予以规定。但是，合同是债最普遍的发生根据，也是债的最重要的法律形式。在传统的债权法体系中，无因管理和不当得利均属缺乏主观要件的事实行为，而且是较少发生的情况。一般来说，这些事实行为没有必要专章规定，可以依其主要特征分别放在侵权法通则或合同法分则中规定，如将不当得利放在无过错的侵权行为之后规定，将无因管理放在委托合同之后规定，以能够为受损害的一方提供适当的法律救济，实现法律上的公平和正义。或者，还可以将二者规定为准合同，放在合同一编中予以规定。可见，债权法的核心内容是合同问题，债权法的一般规则就是合同法的一般规则。如果我们在合同法编中对债权债务关系作出一般规定，当然也就没有必要再为债权法设立专编。债权法不设专编，不等于废弃债权债务的概念。在我国，合同的性质主要是债权法合同，它的定义就与设立、变更、终止债权债务密切相关。设立合同法专编，可以集中规定债权债务关系的一般规则，有利于民法体系的完善和法律上的适用；同时可以突出合同法在民法典中的地位，符合现实经济活动和法律生活的实际，也能适应现代合同法的发展趋

---

⑭　梁慧星：《中国大陆民法典的制定》，2000 年海峡两岸法学学术研讨会论文，第 12 页。

势。至于传统债权法的另一组成部分侵权行为法可独立成编。

第六编　继　承　法

在各国民法中,继承法的编制方法有两种:一种为特别法主义,另一种为法典主义。从我国的民事立法实践看,我国的继承法最终将采取法典主义。在法典主义的国家,继承法在民法典中的位置也不尽相同。有的将其列入物权法编,如荷兰民法、奥地利民法;有的将其列入财产取得法编,如法国民法;还有的将其列入民法典的单独一编,排在亲属法编后,如瑞士民法、德国民法、日本民法。差异如此之大,皆因为对继承法的性质认识不同所致。在我国,如何确定其在民法典中的位置,必须对其性质作出判断。我们认为,继承权的取得虽然与一定的身份关系相关联,但不是严格意义上的身份权,而是一种期待权,它具有明显的财产权性质,应归属于财产法,但由于它与物权和债权有明显区别而不能放入物权法或合同法中。作为民法上的一种特殊的财产法,继承法在民法典中应有其独立的位置;同时,遗产作为继承法律关系的客体,既可能是物权性质的财产权利,也可能是债权性质的财产权利,还可能是某种财产义务;另外,遗产的转移也是一种财产转移的方式,物权法和合同法中的某些规定也适用于继承法。所以,从前后承接的逻辑上考虑,应将继承法放在其他各类财产法之后而不是放在亲属法之后,列为民法典第六编较为合适。其内容可分为四章:通则、法定继承、遗嘱继承和遗赠、遗产的处理。

第七编　侵　权　法

侵权法即为侵权行为法,是民法的重要组成部分,应成为我国未来民法典的独立一编。在大陆法系国家,侵权法通常被纳入债权法编,事实上,大陆法系的债权法体系中并没有侵权法的适当位置,债法体系主要以合同法为中心而建立,债法主要是指合同法,而且,学者们对债法性质的表述(债法是交易法、任意法)也与侵权法的本质不相符合。我们认为,侵权行为法在民法体系中应当与债权法相对分离而成为民法中的一个独立部分。它在归责原则、责任构成要件、免责要件等许多方面有其自身的特殊性,还具有强制性和国家干预的特点。并且随着侵权行为法的发展和侵权行为类型的增加,这种特殊性越来越突出。另外,侵权行为的后果是产生损害赔偿之债,然而,由于现代侵权行为法所保护的范围已从主要保护物权向强化对人格权、知识产权等权益的保护方向发展,[15]其责任形式已经不仅是损害赔偿,不能完全适用债法的规定。鉴于此,如果将二者置于同一章中予以规定,容易混淆两法的性质、模糊两法的界限,对司法实践中处理民事纠纷产生不便。实际上将侵权法作为独立一编,有关违反合同责任的规则放在合同法编规定,使两法都有独立的体系,便于法律适用。

在分编的层次上,可将侵权法作为民法最后一编,使之成为以上各编所规定的各项基本民事权利的保护编和侵害各项民事权利的责任编。其结构体系设计,可在民法通则第六章的基础上进行。首先,规定侵权行为的一般规则,包括原则和适用范围,采取概括立法方式,为其发展留下充分的空间。其次,规定各种具体侵权行为。根据我国目前的实际情况,列举出各种常见的侵害人身权、财产权、知识产权的行为。对国家赔偿、产品责任、交通事故责任、医疗事故责任、污染环境责任的问题可以作出原则规定,另外颁行特别民事法规。其他一些特殊侵权行为,也可以采取列举的方式加以规定。再次,规定共同侵权。最后,规定承担责任的方式。

另外,就知识产权而言,由于现行专利法、商标法和著作权法已构成一个相对独立的知识产权法体系,所以建议未来的民法典不设知识产权编,而以专利法、商标法和著作权法为民法典外的民事特别法。况且,知识产权法往往涉及国际间纷争,并且随着科学技术的进步,需要不断变动、修改,继续作为单行法,便于其修改完善。如果将其并入民法典中,必将因其不断变动而影响民法典的稳定性。

---

⑮ 参见王利明、杨立新:《侵权行为法》,法律出版社1996年版,第2页。

我国当前民商法研究的几个重要问题*

近年来,民商法学界繁荣昌明,学术成果丰硕。笔者综合学界的部分研究热点,列举了以下十个方面的问题,并逐一提出一些个人见解,以供学界同仁参与和思索。

一、民事主体的多方位思考

20 世纪 80 年代,我国处于经济体制改革的前期阶段,民法上首先要解决的是企业的主体资格问题,至 1986 年公布的《民法通则》正式确定了法人制度,因而大大加快了经济体制改革的步伐。1993 年,我国提出建立现代企业制度,这又标志着企业改革进入制度创新的阶段。以后,国有企业的公司化改造,成为国有企业改革的重要方向和建设现代企业制度的基本途径。这期间,虽然一些企业通过兼并、重组或联合,呈现大型化、集团化的发展趋向;但是数以千万计的中小企业的发展也日益受到重视。近年来,人们注意到中小企业在国家经济生活中的重要地位,它直接体现了市场经济所要求的经济民主和平等,以及保护弱者权益、经济协调与充分适度的市场竞争等深层次的法律问题。① 同时,随着知识经济的到来,各种形式的民营科技企业不断涌现,其中高科技创业企业

---

* 原载《苏州大学学报》(哲学社会科学版)2001 年第 s1 期。

① 参见史际春、王先林:《建立我国中小企业法论纲》,载《中国法学》2000 年第 1 期。

的发展，必然依赖于创业投资基金的运行，但我国中小企业构建形式单调，不能很好地适应这些企业创设和发展的需要。因此，我们不仅要进一步完善公司立法，而且还要对独资企业、合伙企业（包括有限合伙）、合作社企业、股份合作企业等各种企业类型进行深入的研究，在立法上形成一个多方位、多层次的企业法律形式的框架。

建立现代企业制度的一个关键性问题在于实现企业法人治理结构的创新。在我国，随着国有企业改革措施的不断推进和企业自主权的扩大，出现了诸如对企业经理人员激励机制扭曲、国有资产流失等问题，于是，企业治理结构问题日益受到人们重视。但是，在设计我国企业治理机构的总体方向方面，人们又存在分歧。一种观点认为，应强化物质资本所有权对企业的约束，即从确保国有资产保值和增值的角度出发，来构造我国国有企业的治理结构；另一种观点则认为，企业治理结构应突破“股东至上主义”的历史逻辑，以实现“共同治理”，即在构造我国国有企业治理结构时，不仅要重视物质资本所有者的权益，而且要重现其他利益相关者对企业的监控；不仅要强调经营的权威，还要关注其他利益相关者的实际参与。我们认为，企业的本质在于企业是由不同利益相关者组成的联合体，企业经营的成败不仅关系物质资本所有者或股东的利益，而且还关系其他利益相关者的利益。因此，在我国实现“共同治理”不仅具备相应的理论基础，而且还与我国的社会主义基本国情相适应。同时，“共同治理”的企业治理模式还是世界主要国家法人治理结构变迁的一个基本方向。因此，在企业治理结构方面，实现不同利益相关者的“共同治理”，应是构建我国企业治理结构的一种明智选择。②

在公司企业的利益相关者中，公司股东始终处于一种优势地位，而法律还无法对其形成完全有效的约束机制，致使一些股东滥用公司独立人格和股东有限责任，以出资不足、抽逃资金、回避法律和合同义务等手段，破坏公司利益相关者之间的利益平衡，使公司法人人格制度的公平、正义的价值目标受到挑战。③ 因此，近年来我国一些民商法学者也开始介入这一领域的研究，初步形成

---

② 参见马俊驹主编：《现代企业法律制度研究》，法律出版社2000年版，第9页。

③ 参见朱慈蕴：《公司法人格否认法理研究》，法律出版社1998年版，第2页。

公司法人格否认的法理,从理论上探讨了该法理的适用要件,为司法机关处理滥用公司法人格和股东有限责任的一类案件提供了理论依据。

二、财产权利的耦合与发展

自20世纪下半叶,在财产权利领域就始终存在一种在法律史上绝无仅有的自发衍生的现象,平等主义的革命,不过只是权利膨胀时代的一个阶段。④ 有的学者称:这是一个“权利爆炸”的时代。财产权不再局限于传统私法领域的物权、债权、继承权等,而是随着物权和债权的相互交融,介于物权和债权之间的权利日益增多,有时则表现为各种具有经济价值的权利的总和,形成了一种十分明显的权利耦合的现象。例如,最初学者在讨论法人财产权的性质时,都力图从传统的权利体系中去寻找它的位置,但始终无人能够圆满地找到答案。然而当研究进一步深入,人们发现法人财产权是权利束,即权利的集合,它不仅是一组静态的权利,而且是动态的权利。⑤ 因此,人们开始怀疑传统的权利体系以及分隔式的研究方法,主张对权利体系进行重新梳理,从各种权利的相互关系中去研究权利的体系和结构。

特别是在大陆法系,从罗马法沿袭下来的一套严密逻辑的财产权体系,在纷繁复杂的商品世界受到强有力的挑战。一些新生权利不断涌现,如随着当代网络技术的发展,网络设计、运营和运用过程中所产生的财产权关系迫切需要立法予以界定。又如,信托制度引进大陆法系,学者们关于信托财产权性质的讨论一筹莫展,终不能自圆其说,进而成为传统理论无法涵盖的新领域。由于物权与债权的相互融合,二者界限日益模糊。一方面,法律赋予某些债权具有对抗第三人的效力,即“债权物权化”,如买卖不破租赁原则、预告登记制度;另一方面,“物质债权化”的趋势也开始出现,如大量的有价证券成为所有权的客

---

④　参见[美]伯纳德·施瓦茨:《美国法律史》,王军等译,中国政法大学出版社1990年版,第273页。

⑤　参见乔新生:《中国民法关注五大热点》,载《中国经济时报》1999年9月14日。

体,权利质押在法律上的确认,等等。在担保物权方面,各种特殊抵押权的创立,权利质权作用的加强,都使担保物权的种类遽然增长,其内容越加丰富。另外,政府授予个人和团体的福利性财产权利已成为一项新的财产权形式,如养老金、各种政府补贴已不单是一种奖赏金,而是一种权利,它也理应受到民法的保护。

大陆法系财产权的二元结构,即分为物权和债权的理论和法则,直接发轫于德国民法,并为大陆法各国立法所继受。如前所述,如果把这种划分作为衡量所有民事权利的模式,则其弊端日渐明显,现当代社会人们实际享有利益的范围和种类日益丰富,并非完全表现为"物的支配权"或"请求权",而往往是游离于两者之外的。现在,越来越多的学者已经意识到这一点,在理论上对这种划分的涵盖性提出质疑,甚至怀疑这种划分本身的科学性。⑥ 我们认为,物权和债权这种划分方法有其合理的一面,主要问题在于理论上形成了过于僵化的分析模式,为什么不能在保留其合理性一面的同时,开拓财产权更宽广的领域?这就是我们曾提出的一个设想:打破大陆法学财产权体系的二元结构,建立一种多元结构、富有弹力的财产权体系,使它能够更好地适应社会经济的发展和需要。

三、重视客体的新型化研究

随着商品交易形式的变化和发展,民事法律关系的客体呈现新型化趋势,其突出表现是无形物(在这里,我们暂且不去讨论无形物与无形财产两概念的异同)成为民事法律关系客体的情况急速增加。传统民法上的无形物,包括所有权以外的各种权利(如他物权、债权、知识产权等),而今天它还应当包括权利人就营业资产、商誉、商业秘密、顾客、政府的经营特许、知识产品以及现代商业信息等所享有的权利,也还包括有价证券、股票流通中的权利等。在市场经济

⑥ 参见梅夏英:《财产权的历史评析和立法构造研究》,武汉大学2000年博士学位论文。

条件下,无形物对民事主体而言,不仅是具有广阔内涵的权利,而且时常充当财产权关系的客体角色。但是,无形物一旦成为客体就会直接冲撞着大陆法的财产权二元结构的理念。至今,国内外学者还普遍认为,将无形物作为客体混淆了权利和权利客体的界限,令人难以把握,特别是使所有权与其他民事权利无法区分,进而会使民事权利的逻辑体系发生动摇。然而,无形物作为民事法律关系客体是客观存在的事实,而且其范围正在不断扩展。这一法律逻辑与社会现实之间发生的矛盾,就为法学界提出了一个不可回避的课题。

无形物是相对于所有权而形成的范畴。无形物没有特定的范围限制,因此,所有权以外的权利和无形利益均可以纳入无形物的概念之内。按照德国法的理念,物权(包括所有权和他物权)关系的客体都是有形物,而从权利的角度来看,所有权和他物权均是无形的。但是,无形物能不能成为物权关系的客体,即所谓权利能不能成为权利的客体?比如,权利质权的客体不就是无形物吗?进一步分析,动产质权的客体就仅是有形的动产吗?如果这项动产的移交不包括权利在内,当债权人在实现质权时又怎么能取得该动产的所有权呢?我们认为,未附加权利的单纯物的移交是毫无意义的。实际上,无形的权利不仅可能成为权利的客体,而且权利的客体必然包含着无形的权利。目前,我国多数学者认为,无形物只是不能成为所有权的客体,但可以成为他物权的客体,主要又体现在担保物权方面。显然,这种认识还有待于进一步思考和探索。

不久前,有的学者针对我国《合同法》第130条的规定,提出这样的主张:"买卖标的并不限于有体物,一切可让与的财产权皆可成为买卖标的;买卖标的也不限于出卖人享有所有权的现在物,订约时尚不存在或者出卖人不享有处分权的将来物,亦可成为买卖标的。"⑦笔者十分赞成这种意见。事实上,无形物作为交易的客体层见叠出,将来物成为合同的标的已习以为常。我国现行立法已经对土地使用权的有偿出让与转让,商标权、专利权的有偿转让和股票、期货交易、房地产预售等加以规范。合同法作为民事基本法的重要组成部分,也应对上述特别法规范作出相应的规定,从而在法理上、立法上、实务上形成统一的法

⑦　陈本寒、周平:《买卖标的之再认识》,载《法学评论》2000年第2期。

律原则和规范。实际上,我国《合同法》第 80 条、第 81 条对合同债权的转让已经作了明确规定,在这里,合同债权是以无形物的形态作为转让关系的客体存在的。因此,将无形物、将来物纳入合同法调整的客体范围并非无稽之谈。

我们理解,无形物不应视为民事权利体系之外的特例,它是从更高层次上对于包括物权和债权在内的财产权利的一种抽象,它充分揭示了权利人财产利益的实质。在某一项民事法律关系中,无形物是内容,是一种实际的权利;但它到另一项民事法律关系中,又可能是客体,是一种权利关系的对象。

四、私法的公法化问题辨析

何谓私法的公法化?有学者认为 20 世纪以来,社会经济发生显著变化,自由放任主义的弊端日益显现,整个私法领域面临着前所未有的挑战;于是私法领域的调整或者说革新也就成为必然,主要体现为对所有权绝对的修正,对契约自由的限制以及无过错责任原则等,其基本精神是注重社会公益,强调国家干预。关于私法公法化的具体表现,一些学者认为应当包括以下几点:(1)私法规范体系,如民法典、公司法中存在大量的公法内容,如物权的强制登记、公司的严格登记和公告程序等。(2)私法中强制性规范日益增多,而任意性规范相对减少。(3)私法规范中不仅有民事责任,还有大量行政责任、刑事责任的规定。应当看到,持上述观点的学者大多并不是从民法整体规范来论证,而是从民法规范的亚层面规范体系,如物权法、合同法、公司法、证券法等来说明私法的上述特点或发展趋势。因此,很难从本质的方面认识问题。

我们认为,现当代私法的本质还没有改变,它不是在公法化,而是在社会化。自罗马法以来,私法是建构在权利本位基础之上的。在私法领域,人——主体权利是核心。尽管随着经济和社会的发展,许多法学原理和私法制度发生了变化,但私法始终没有走出人——主体利益或权利保护的范畴。⑧ 所谓物权

⑧ 参见江平:《罗马法精神在中国的复兴》;杨振山、龙卫球:《论罗马法的成就对人类的基本贡献》,载杨振山、[意]斯奇巴尼主编:《罗马法、中国法与民法法典化》,中国政法大学出版社 1995 年版。

法中强制性规范占主体地位,并不是近现代才有的,而是从物权法一产生就有的,也是“物权法定”原则使然。应当看到的是,在早期物权关系领域,没有所谓的意思自治,近代社会才出现某些私法自治的现象。近一个世纪以来,物权自治的空间加大了,如共有物的管理、地上权的存续期限、地租数额及其支付方式、地上权消灭时地上建筑物或工作物的补偿,以及设立不动产抵押权的范围等,当事人均有了较大的自由约定的权利。[9] 因此,物权法的发展趋势,不是私法的公法化,恰恰相反,而是物权关系的私法自治。在公司法领域,强制性规范与任意性规范同时存在,强制性规范确有增多之势,但并不能由此得出私法公法化的结论。公法规范都是强制性规范,但强制性规范并不等于公法规范,私法领域中的强制性规范仍可能是私法性质。作为私法性质的任意性规范、强行性规范之增减,只表明民事主体在某领域活动的自由度有所不同,对任意性规范,当事人可以约定方式加以排除适用,而对强行性规范,当事人则没有上述权利。国家对某个领域调整的手段和方式有不同的侧重,其实质上乃是国家管制与当事人自治在私法领域的运行空间此消彼长的问题。实际上,上述现象应当解释为私法领域意思自治受到社会公益的影响而在一定范围内有所让步,即私法由过分地强调个人主义,自由精神和权利绝对变为私法对个人权利与社会公益都给予关注的状态。确切地说,这是私法的社会化,而不是私法的公法化。

在这里,我们还应该谈谈公权和私权问题。一般意义而言,公权和私权的划分只是对不同种类权利所作的价值评估,而不是一种规范分析。在规范层面上除了具体权利之外,是不存在公权、私权的划分的。规范意义上的权利,仅表现为一种法定的行为选择自由,这种选择自由不能伤害国家利益和社会秩序,所以它必然要受到国家强制性规范的限制,但是被限制的私权仍然是私权,因为私权本身的行为范围就是由国家法律规定的,当其范围发生了变化只能理解为私权内容的变化。实际上,世界上没有不受限制的权利,如果真的没有限制也就不存在权利了。所以我们不能认为,因为私权内容发生了某种变化就得出公权加强了、私权减弱了,以致私法公法化的简单结论。

---

⑨ 参见陈华彬:《物权法原理》,国家行政学院出版社 1998 年版,第 35 页。

我国在计划经济时代,立法上不区分公私法的时期,确实存在私法公法化的问题,即在本应给予当事人自由的法领域中,国家计划无所不在、无所不包,企业不过是完成国家计划的工具,几乎完全没有自己的利益。而各个法律、法规也无非是管理各经济单位的强行性规范,政府过多地进行行政干预,过多地使用公权力干预的手段调整企业、个人的私的利益,因此,有人提出社会主义不存在所谓私法和公法的划分,所有的法律都是公法,这或许应是一种真正意义上的“私法公法化”,但这绝不是一种正常的现象,也决不应是市场经济下私法的发展趋势。特别是在我们这样一个没有私法传统、缺少私法精神的国家,更应该在立法、执法时警惕和防止这种“私法公法化”现象的发生。

五、加强人格权的法律保护

人格是自然人的精神方面主体性要素。把人格作为权利在法律中确认并加以保护,成为法律所规定的人的主体要件,这是人类的自我发现和升华,是人类把自己从一般动物的类别中区分出来的伟大标志。人格权是人身权的主要形式,它是民事主体依法固有的,以人格利益为客体的,为维护民事主体的独立人格所必备的权利,包括生命健康、人格尊严、人身自由以及姓名、肖像、名誉、隐私等,它是公民和法人实现并维护其人格独立所享有的最重要的民事权利;对人格权的侵害不仅涉及对人格的损害,而且会造成对公民的人身利益甚至财产利益的损害。这些认识,已在学界和司法实践中不断得到认同。

人格权的发展得益于人类对人权的重视。《中国人权白皮书》也指出,人权是一个“伟大的名词”“崇高的目标”,是“长期以来人类追求的理想”。尽管不同国家因为种种原因,可能对人权的理解不尽一致,但对人权应受尊重和保护却存在共识。在此种背景下,作为人权保护实现重要形式的人格权制度得到了发展。这是人类社会发展的必然要求,也是时代的必然潮流。人格权是一个发展的概念,从整个人格权制度的发展历史来看,经历了一个由具体人格权(生命健康权、姓名权和名称权、肖像权、名誉权)到一般人格权(身体自由权、婚姻自由权、通信自由和通信秘密自由、住宅自由以及人格尊严等内容)的发展过程。[10]这个从具体到一般的逻辑过程,其实就是人格权范围的扩张事实。在这个意义上说,一般人格权的产生是人格权制度发展到一定历史阶段的产物,是人格权范围扩张和人格权法发展的重要标志。

20世纪中叶以来,世界各国不仅加强对人格权的立法,同时法律对人格权的保护及对侵犯人格权的救济也越来越周密。这主要体现在:一方面,立法和司法逐渐扩大了对人格权的保护范围;另一方面,对人格权的保护从单纯的刑法或行政法的保护向主要采用私法的保护发展。私法保护的特点是用侵权法的损害赔偿方法保护人格权。按照传统民法的观点,由于人格权为非财产权,因此应采取排除妨害的补救方法作为对人格权的民法保护方法。例如,《德国民法典》第12条规定,如有使用姓名权的权利人经他人提出异议,或被他人不正当地使用同一姓名以致利益被侵害时,权利人得请求他人除去其侵害。然而,排除妨害的方法一般只适用于正在进行的侵害,对于已经造成的损害难以提供足够的补救。同时,由于人格权为非财产权,因而在其受到侵害以后,也难以使用恢复原状的补救方法。所以,自21世纪以来,发达国家的民事立法和实践均以金钱抚慰或赔偿的方式作为保护人格权的主要方法,可以说,精神赔偿制度立法,[11]已经在当今世界各国占主流。而且法律对人格保护的周密趋向还体现在,精神赔偿制度已经扩张到侵害物质性人格权的救济。由于那种把人的存在归结为财产权益的拜物教观念已经过时,人们越来越重视精神权利的价值,重视个人感情和感受对于人存在的价值,重视精神创伤、精神痛苦对人格利

---

⑩　关于一般人格权的概念,我国台湾地区学者施启扬先生认为它是一种母权,也是一种发展中的概念,从中析出若干人格利益,具体化为个别人格权(如生命、身体、健康、自由、名誉、姓名)。德国学者胡伯曼针对否定一般人格权的观点,认为否定一般人格权实际上是否定了个人的基本权利,从而将一般人格权界定为一种个人的基本权利。我国学者认为一般人格权是指公民、法人享有的并且决定具体人格权的一般人格利益。这些界定都有一定道理,但尚不尽完善。笔者认为,一般人格权应是指公民、法人享有的,概括人格独立、人格自由和人格尊严等内容的一般人格利益,并由此产生和规定具体人格权的个人基本权利。与具体人格权相比。一般人格权具有如下法律特征:(1)普遍性;(2)法定性;(3)权利客体具有高度概括性;(4)其性质是人的基本权利。

⑪　关于精神损害赔偿制度,通说认为包括两大部分:一是对名誉权等精神性人格权的非财产损害赔偿,即人格精神利益的损害赔偿制度;二是对身体权、健康权、生命权这些物质性利益的非财产损害赔偿,即对人的痛苦、精神创伤的损害赔偿制度。

益的损害。[12] 在物质性人格权方面,既存在物质利益,也存在人身的非物质性利益,此点已为当今大多数人所认识或感觉到。例如,在新西兰最近的一些判例中,甚至认可对违约造成的精神痛苦也有主张精神赔偿的余地。[13] 可见精神赔偿制度越完备,救济范围越大,那么法律对人格权保护也就越周密。

在我国,目前法学界争论较多的有这样几个问题。

第一,建立一般人格权制度的必要性问题。我国《宪法》第 38 条规定"中华人民共和国公民的人格尊严不受侵犯",这一规定是对一般人格利益的确认,也是确立一般人格权的宪法依据。但我国现行《民法通则》没有对一般人格权作出明确规定,而是采取列举的方式规定了公民和法人享有的各项具体人格权,[14] 这为审判人员正确处理人格权侵权案件提供了具体的法律依据,但这并不意味着我国《民法通则》关于人格权的规定已臻于完善。我国台湾地区学者王泽鉴先生在评述我国《民法通则》时指出,此种列举方式对人格权的保护较欠周全,由于无一般人格权制度,因此在自由、贞操、隐私等人格利益遭受侵害时应如何处理缺乏依据。[15] 目前世界各国民事立法通过民法本身或者通过特别立法,或者通过修改民法,或者通过判例,均已确认一般人格权,关于一般人格权的立法已成为通例,从我国现实需要来看,也急需建立一般人格权制度。这不仅有利于全面保护民事主体的人格利益,而且有助于对新的人格利益予以充分保护。我们应当认识到,一般人格权不是单纯的宪法权利,同时是民事权利,是民法人格权制度的组成部分,只有将一般人格权纳入民法的人格权体系之中,才能使一般人格权成为指导具体人格权的权利,并使民法中的人格权制度趋于完善。从立法的角度考虑,可以修改现行《民法通则》,在总则性的规定中,对一般人格权作出原则性规定;在人格权法部分对一般人格权作出具体规定,包括确认一般人格权的人格独立、人格自由、人格尊严等具体内容,使一般人格权真正成为

---

[12] 参见杨立新:《民法判解研究和适用》(第 1 集),中国检察出版社 1994 年版,第 222 页。

[13] Eg. ,Rowland vs. Collow,[1992] INZLRl78.

[14] 《民法通则》确认了生命、健康、姓名、肖像、名誉、荣誉等人格权并概括规定了人格尊严受法律保护等内容,但对社会生活中出现的并已被公认的诸如隐私权、贞操权、信用权等具体人格权尚未在立法中得到确认。

[15] 参见王泽鉴:《民法学说与判例研究》(第 6 册),中国政法大学出版社 1997 年版,第 293 页。

民事主体的基本权利。[16]

第二,关于侵犯物质性人格权的精神损害赔偿问题。在我国,一直有"民法通则没有明文规定就不提供精神损害赔偿"的观点。也就是说,根据《民法通则》第120条的规定,精神损害赔偿只适用于对公民的姓名权、肖像权、名誉权、荣誉权以及对法人的名称权、荣誉权的侵犯这些情况,而对"侵犯其他人格权的行为,不得适用精神损害赔偿。"[17]限于当时的历史条件,民法通则未明文规定侵害物质性人格权的精神损害赔偿是可以理解的,[18]但这不应该成为今天我们明知道立法落后于时代而对其采取反对解释的理由。今年来,我国司法实践已经迈出了艰难的一步。人格权的精神损害赔偿,其适用范围应当包括侵犯身体权、健康权、生命权等情况,给受害人所带来的心灵伤害,并不以受害人的肉体痛苦、物质损失为成立条件。

第三,关于隐私权问题。我国法律有没有对隐私权作规定?最常见的一种说法是,我国的法律对隐私权没有作出明文规定,还没有承认隐私权是公民的人格权。一些专家学者也持这种意见。事实上,我国法律不是对隐私权没有作出规定,而是仅仅在《民法通则》中没有规定隐私权。这是立法上的一个疏漏。《民法通则》实施后不久,人们就认识到了这个问题,在立法和司法上采取一系列的补救措施。例如,1988年最高人民法院在《关于贯彻执行〈中华人民共和国民法通则〉若干问题的意见(试行)》中,采取变通的方法,规定对侵害他人隐私权,造成名誉权损害的,认定为侵害名誉权,追究民事责任。1993年最高人民法院在《关于审理名誉权案件若干问题的解答》中重申上述原则。该解答第7条第3款规定:"对未经他人同意,擅自公布他人的隐私材料或以书面、口头形式宣扬他人隐私,致他人名誉受到损害的,按照侵害他人名誉权处理。"这一司法解释说明我国对隐私权是采用了间接保护的方式。在立法上,如《未成年人

---

[16] 我国《民法通则》第120条规定了我国的精神赔偿制度,"不能不说是我国社会主义民事立法的一个重大进步,是先进的民法理论战胜成旧落后的民法思想的一大胜利"。参见杨立新:《民法判解研究和适用》(第1集),中国检察出版社1994年版,第222页。

[17] 参见刘保玉:《精神损害的赔偿问题探讨》,载《法学》1987年第6期。

[18] 关于我国《民法通则》中对精神损害赔偿使用范围规定过窄的历史原因,可见王利明教授《人格权新论》一书。

保护法》《妇女权益保障法》,对未成年人的隐私权、妇女的隐私权都作了明文规定。在《残疾人保障法》《消费者权益保护法》《老年人权益保障法》中,都设置了保护残疾人、消费者和老年人合法权益的条文,在这些关于合法权益保护的条文中,都包含隐私权保护的内容。另外,《刑事诉讼法》《民事诉讼法》等法律都规定了对隐私权保护的条文。一百年以来,当1890年美国法学家布兰蒂斯和华伦在哈佛大学《法学评论》上发表《隐私权》一文之前,隐私并不是一个权利。只是在此之后,世界才逐渐认识了隐私权及其重要性,各国法律陆续确认其为人格权,并加以严格的法律保护。经过100年的历史发展,在各国的司法实践中,对隐私权的保护形成了两种模式。一是直接保护方式,如美国,对侵害隐私权的行为直接认定为侵害隐私权的侵权行为;二是间接保护方式,如英国,对侵害隐私权的行为不是直接定为侵害隐私权的侵权行为,而是认定为其他类似的侵权行为,按照其他类似的侵权行为承担民事责任。在我国,因为制定《民法通则》时没有规定隐私权,因而采用了目前的这种以保护名誉权的方式保护隐私权的间接保护方式。

实践证明,采用间接保护的方式保护隐私权,是不完备、不周密的。按照我国司法解释确定的对隐私权的保护方法,只有擅自公布、恶意宣扬他人隐私,造成名誉损害后果的,才能认定为侵害名誉权的侵权行为,追究行为人的民事责任;对于其他侵害隐私的行为,如刺探他人私人情报信息,擅闯他人私人住宅,跟踪私人活动等,就都无法追究民事责任。隐私权是不容侵犯的个人人格权,应当采用直接保护的方式保护这种权利,在适当的时候,采用适当的方式,通过立法或者立法解释,确认公民的隐私权,规定对隐私权进行直接保护。

第四,关于形象权问题。有学者从对死者的肖像和姓名保护的法理提出了形象权的概念和理论。[19] 其认为公民死亡后其人格利益已经不存在,以人格尊严和精神利益为理由对死者的肖像和姓名提供保护是难以成立的。因为根据人格权法规定,对死者的肖像和姓名提供保护最关键的问题是如何解决诉讼主体资格。根据继承法的一般原则,能够被继承的权利或者利益只能是财产性

---

⑲ 参见董炳和:《论形象权》,载《法律科学(西北政法学院院报)》1998年第4期。

的,因此,对于对死者姓名或肖像的保护必然要挣脱人格权法的束缚,到财产权法中去寻求理论依据。保护死者姓名和肖像的问题大都与社会知名人士有关。社会知名人物的姓名、肖像、声音以及创作成果等,由于他们在世时的活动而与其人身产生了密切的联系,成为他们的一种象征,一种人身识别因素;而社会知名人士在社会上具有相当的感召力,此种感召力如果被用在商业上,即可产生相当的经济效益。因此,与这种感召力相联系的姓名、肖像、声音、作品、艺术形象等即具有了相当的商业价值。而这种价值是由他们在世时所付出的劳动所成就,应当成为他们的一种财产,他们可以对这些利益享有权利,在他们去世后,对这些利益的权利可以作为财产权利依法继承。这就使死者的近亲属取得了适当的诉讼资格。有的学者称这种权利为形象权。我们同意这种观点,形象权要保护的就是一种财产价值,它是人身权都无法涵盖的,因此,形象权应当作为独立的一种民事权利加以保护。

六、信息经济与民法的适用

信息经济对社会的各个方面都产生了巨大的影响。网上购物、电子政府、网上社区等已经成为大众化的日常词汇。法律必然要回应社会的发展和变革,对于人们的日常生活而言,信息技术最引人注目的成就就是互联网的迅速发展。以信息技术的应用为特征的信息经济对法律提出了新的要求。现在人们对网络时代的法律有各种各样的说法。有人认为网络空间与现实社会完全不同,现有的法律体系根本无法解决网络时代的问题,网络时代需要全新的法律体系;也有人认为网络只是改变了人们生活的方式,而没有改变人与人之间因为经济等联系发生的社会关系,因此,调整这些社会关系的法律制度仍然是适用的,只是在一些具体的规范方面需要调整或者进行新的立法。我们认为,法律最终是由社会经济关系所决定的,法律规范所关注的是一定范围的社会关系。信息经济究竟对民法乃至整个法律体系产生怎样的影响,不妨从电脑、网络所带来的社会的发展变化入手。只有深刻理解科技进步所带来的社会变革,我们才能从本质的意义上理解信息经济对法律制度产生的影响。

目前的信息经济的代表可以说是电子商务。电子商务作为一种新的商务模式,至今还没有一个被广泛接受的概念,国内外的学者、机构以及国际组织对它有不同的解释。一般认为,电子商务有广义和狭义之分。广义的电子商务泛指应用电子和信息技术进行的经济活动,联合国贸易法委员会的《电子商务示范法》就采用了广义的电子商务的概念,把利用电子数据交换(Electronic Data Interchange,EDI)、电子邮件、电报、电传等手段进行的商业活动都包含其中。狭义的电子商务指的是利用网络,主要是互联网进行商品、服务贸易,包括商品、服务的交付、资金的转移过程,按照IT界的语言就是信息流、资金流、物流的统一。现在一般提到电子商务,指的就是通过网络进行的狭义的电子商务。电子商务对民法的影响并未深及原则、基本制度层面,而主要是在技术层面对现有的民法制度规定提出挑战。在民法领域则主要涉及以下一些问题:(1)电子合同法律问题。任何商务活动都是通过缔结合同进行的,电子合同与纸介质合同存在差异。电子合同同其他形式的合同一样通过要约承诺订立。如何确定电子合同的要约和承诺生效的时间和地点、电子合同的要约和承诺是否可以撤销、当事人对要约和承诺存有异议如何处理、如何确定电子商务中大量的格式合同的法律效力等问题就需要探讨。以书面形式鉴定的合同签名生效。在电子合同中就需要采用电子签名的方式。电子签名是包含有交易者独有信息的使用加密算法制成的数字标签,其作用是确认交易双方的身份,从而保证电子合同的有效性。这就涉及电子签名的效力、电子签名认证机构法律制度等问题。(2)电子证据法律问题。电子商务活动中的数据文件能否作为证据被采信,这是国内外电子商务法律研究中的一个重要内容。数据文件的证据效力问题关系到电子商务的参与人能否方便地获得司法救济。电子证据问题有两个难点,一是从技术上如何取得证据,并且证明该证据未遭篡改;二是从人们的思维习惯上接受没有具体物质形式的电子证据。(3)侵权法律问题。由于互联网的开放性、虚拟性、匿名性,侵权问题一直伴随着网络的传播和发展。比较典型的有侵入他人系统、侵犯他人隐私权、传播不当言论和垃圾邮件、侵犯知识产权、商业欺诈等。网上侵权现在已经成为网络世界中难以清除的毒瘤,人们要求加强网络行为的法律约束。(4)知识产权法律问题。网络改变了以前发表作品只是少数人的游戏的状况,但是问题也随之而来。将他人作品上传到网上成为相当普遍的现象。除了传统侵犯知识产权行为的“网络版”外,还有域名恶意强注等特殊问题。此外,以 Linux 为代表的“自由软件”的流行给传统的知识产权观念带来了极大的冲击。知识产权法应该作出怎样的回应也是广为关注的问题。

从目前国内外理论和实践两个方面来看,对于电子商务法律问题主要有两条解决途径。一为通过对现有法律的解释和修改;二为制定单行法规,最后形成独立的电子商务法。以上是从一般意义上来看电子商务的法律问题,具体到中国的电子商务,情况又是怎样的呢?中国电子商务现状的复杂性给中国电子商务法律问题的研究造成了一定的困难。一方面,中国电子商务法应当与国际接轨,顺应全球经济一体化的趋势。中国加入世界贸易组织(WTO)已经是必然之事,中国的电子商务立法必定要遵守国际主流的游戏规则。另一方面,中国的电子商务总体来说落后于发达国家,无论是技术还是商业模式都显现跟随潮流的特点。但是我国的市场经济还远远没有达到完善的程度,电子商务还处在起步阶段。适合电子商务发展的健全的银行信用制度尚未建立,与电子商务相适应的物流体系也相当落后。这些情况决定中国目前的电子商务只能在一个有所欠缺的环境下发展,并且这种欠缺在短期内不可能得到完善。电子商务法律问题的研究必须适应这样的情况,而不能仅关注国际上的立法动向,不能仅以理想的电子商务作为研究对象。

电子商务的法律问题不仅是民法商法的问题,还涉及经济法、刑法、国际私法等领域。这些与电子商务有关的法律规范能否形成一个完整的体系,一方面要看可能性,另一方面还要看必要性。什么时候我们需要新的立法出现?一是出现了新的社会现象,新的权利义务关系,原有法律体系根本就没有相关的规定,需要新的立法;二是虽然现有的法律规范能够解决新出现的问题,但是解决起来很复杂、不经济,这时也需要新的立法。此外,为了保证法律制度的稳定性,一般要在事物发展到一定阶段,有了比较成熟的特征之后才用立法的形式确定其法律关系。现在,很多人都说法律的滞后已经成为制约中国电子商务发展的一个因素，所以呼吁尽快制定统一的《电子商务法》，至少应该先制定一个法律框架，以结束电子商务无法可依的状况。这种说法表达了发展电子商务的急切心情，但却是不确切的。《合同法》中已经将数据电文作为订立合同的形式加以规定，电子商务服务器等中立第三方的法律关系也可以用民法中的居间关系来解释。至于侵权、黑客等问题，主要不是没有法律制裁，而是技术上难以追踪到他们的信息来源的问题。当然，依靠现有的法律体系解决电子商务的问题还是很困难的。我们认为，为尽快使法律适应电子商务发展的需要，当务之急是解决电子证据和电子签名的问题，完善金融法律制度，解决网上支付、电子货币的问题等。至于是否制定统一的电子商务法，仍然需要讨论。目前我国电子商务的整体环境还不完善，而且我国经济发展的地区差异又相当大，建立电子商务、网络经济的秩序单单依靠法律的制定还是远远不够的。信息经济也是信用经济，信息经济的良好秩序有赖于全社会信用的提高。当然，在这个过程中，民商法作为调整平等主体间财产关系的基本法律要发挥非常重要的作用。

七、基因技术对民法的冲撞

由全世界科学家联手合作的“人类基因组计划”（Human Genome Project，HGP），于2000年5月8日呈上了它最重要的框架图，“人类基因组DNA序列图”完成时间也将提前至2001年6月。人类基因组计划将测定人类基因组的全部DNA序列，从而解读所有遗传密码，揭示生命的所有奥秘。这项计划一旦完成，不仅能强有力地改变人类自身，而且直接冲击着人类社会伦理和法律制度。

最近一段时间有很多关于基因组计划的讨论，设想了许多可能发生的问题。例如，对未出生的胎儿进行改良、要求购买健康保险的人提供基因档案，假如掌握了一个人遗传密码的医生确诊说现在这个20多岁的人50多岁会患一种致命的疾病，谁应该知道这个消息呢？伍斯特工艺研究所宗教和社会伦理学教授汤姆·香农说：“绘制基因图谱将帮助我们对所有的问题比如隐私权、保密权和人对自己身体各部分的所有权等等重新加以思考。”[20]当然社会上的一些担心是缺乏科学依据的,事实上,即使 HGP 顺利完成,它得到的信息也是有限的。人类基因组序列的完成,仅仅是人类基因组研究的开始。它的生物学意义如何,现在还不知道。即使对专业人员来说,人类基因组序列也还是一部“天书”。要想了解人类基因的全部功能,还有非常漫长的路要走。[21]

国际上人类基因组计划中就包含着一个子计划,即“人类基因组计划的伦理、法律与社会含义”(Ethical,Legal,and Social Implications,ELSI)研究项目,旨在探讨和解决由 HGP 的实施可能带来的社会、法律和伦理问题。迄今为止,人类基因组计划已经遇到了这样一些问题:[22](1)如何保护 HGP 成果的问题。包括人类基因序列的专利性、DNA 数据库的保护等。(2)基因歧视问题。(3)对缺陷基因的普查和基因治疗问题。(4)“优生”的控制问题。(5)个人遗传信息的合理使用和保护问题。(6)“基因决定论”问题。此外,人类寿命延长带来的资源问题和婚姻家庭问题,从 1997 年开始就争论的克隆人问题等也为人们广泛担忧。HPG 的 ELSI 项目目前将研究集中在以下四个方面:(1)在利用和解释遗传信息时如何保护隐私和达到公正;(2)新基因技术应用到临床时如何处理知情同意的问题;(3)对于参加相关基因研究的人类受试者,如何做到知情同意和保护个人隐私;(4)公众和专业人员的教育。

从法律的角度来看,基因技术主要影响宪法权利和民法制度。具体来说,有这样几个方面:隐私权问题、基因歧视问题、基因操作的合理使用和保护问题等。随着基因技术的发展,新的问题还会不断出现。这些问题冲击着人类社会的基本伦理价值观念。

基因技术带来了前所未有的个人隐私权问题,人的基因组中包含有大量的个人信息,尽管这些信息提供的也许只是一种可能性和倾向性,但是在基因决定的影响之下,就带来很多问题。隐私权问题与基因歧视是相互关联的。一项

---

[20] 《分析:基因图谱绘制完成人类将面临大问题》,载新浪网:http://tech. sina. com. cn/review/media/2000 - 06 - 29/29368. Shtml。

[21] 《评论:基因研究打开潘多拉盒子》,载新浪网:http://www. sina. com. cn 2000/06/29 09:50 光明日报。

[22] 参见刘银良:《人类基因组计划的法律问题研究》,北京大学 2000 年博士学位论文。

对美国44个州和哥伦比亚特区家庭成员有基因病的人的调查显示,由于害怕受到基因歧视,一些人表示要拒绝做基因检测,另一些人表示不愿透漏基因信息给保险公司和雇主。[23] 另一项在美国进行的全国性调查显示,接近2/3的被调查者认为如果雇主或者健康保险提供者能看到检测结果,那么他们就不会做基因检测;85%的被调查者认为,雇主应该被禁止得到一个人的基因状况和遗传倾向性的信息。[24] 而这种担忧并非空穴来风,1997年的一项调查显示,已知有几百人因为仅仅有某种遗传病倾向就被拒绝雇佣和提供保险。[25] 由于这种担忧,人们呼吁通过立法保护基因信息的隐私权。针对这一问题,美国总统克林顿2000年2月9日签署命令禁止联邦政府机构参考雇员的基因检验记录,并要求参议院进行立法操作以保护所有美国公民的权利。[26] 基因歧视还可能表现为"优生"计划。当今许多民族和国家都有优生优育计划。对于人类追求进步的心理而言,优生本身有其合理性。但是人的发展并非完全由基因决定,环境等其他因素也起着非常重要的作用,仅仅从基因组成来判断一个人将来是否健康是片面的。以基因决定论为依据的"优生"观念是不可取的。

我国法律界目前对于隐私权仍然存在争论,《民法通则》中没有关于隐私权的条文,但是最高人民法院《关于贯彻执行〈中华人民共和国民法通则〉若干问题的意见(试行)》(1988年)和最高人民法院《关于审理名誉权案件若干问题的解答》(1993年)中已有涉及隐私权的规定,不过这并非正式的民事立法,并且规定也极为有限。专门针对基因信息的隐私权保护的立法还是一片空白。目前国内基因歧视的问题还没有引起重视,但是随着经济和对外交往的发展,基因信息的隐私权问题和基因歧视问题也将日益突出,因此进行这方面的立法研究是很有必要的。

关于基因操作的合理使用和保护。基因操作主要包括基因治疗、异种器官

---

[23] See E. Virginia Lapham, et al., *Genetic Discrimination: Perspectives of Consumers*, Science, Oct. 25, 1996, 274(5287), p. 621.

[24] See S. Armour, "Workers Fear Genetic Discrimination", *USA Today*, Feb. 25, 1998.

[25] See http://www.healthcarenewsserver.com/stories/HCN1997112000021.shtml.

[26] 美国立法保护基因隐私,载新浪网:http://www.sina.com.cn,最后访问日期:2000年2月12日。

移植和克隆技术。基因操作的合理使用能够造福人类,但是一旦滥用,就会发生严重的后果,因此必须通过法律控制基因操作的利用。判断基因操作的使用是否合理应该遵循生命伦理学的原则,包括人的尊严不受侵犯、自主自由原则、公正原则、知情同意原则、不伤害原则、有利原则、保密原则、允许原则等。[27] 其中人的尊严不受侵犯是基本原则。这表明,作为独立主体的个人的权利高于生物学和遗传学的进步。目前国际上已经有一些针对基因技术的立法,例如,《纽伦堡法典》和《赫尔辛基宣言》规定了在参与医学或生物学实验时的多项权利保护。《关于人类基因组与人权问题的世界宣言》规定不允许不尊重人类尊严的行为,如对人类的再生性克隆。一些国家也在法律之中增加了相关的条文。由于基因技术的许多领域仍然处于探索阶段,过于严格的控制不利于基因技术的进一步发展。因此,目前除了对极少数技术如克隆人实行绝对禁止外,其他的一般都采用"允许但严格限制"的做法。我国与此相关的法律问题研究还处于萌芽阶段,有关立法还十分薄弱,因此,加强基因技术与法律问题研究、完善相关立法和管理措施已是势在必行。

八、加入 WTO 及其立法调整

我国在加入 WTO 后,作为一项必须履行的国际义务,就是按照世界贸易组织法的规定对有关或影响国际多边贸易的货物贸易管理、服务贸易管理、知识产权国家保护和外汇行政管制方面的立法进行修改和补充。[28] 这里包括行政管理事项的立法,也包括大量的民商立法,因此也引起民商法学界的普遍关注和研究,其中主要涉及以下问题。

1. 金融业面临的立法问题

世界金融业最显著的发展当属金融的国际化。《服务贸易总协定》及《全球金融服务协议》的达成,旨在消除各国长期存在的银行、保险和证券业的贸易壁

---

[27] 参见董炳和:《论形象权》,载《法律科学(西北政法学院院报)》1998 年第 4 期。

[28] 参见于安:《WTO 协定的国内实施问题》,载《中国法学》2000 年第 3 期。

垒，确立多边的、统一开放的规则和政策，促使全球金融服务实现市场一体化。[29]目前，我国承诺金融服务对外开放的主要内容如下：在银行方面，逐步取消对外资银行的限制，使外国银行获得充分的市场准入；在证券方面，逐步增加外国证券机构在我国设立代表处和参加相关交易活动，允许设立中外合资的基金管理公司；在保险业方面，逐步取消所有地域限制，扩大外国保险公司在我国开展有限保险业务。在此种情况下，我们如何发挥法律的规范、引导、制约、保障和服务作用，还有待于金融立法的进一步完善。

完善金融立法，主要涉及三个方面的立法调整。[30]（1）国际上，金融业务的融合化已成为全球金融业的发展趋势，一些国家允许商业银行、证券公司和保险公司跨界经营，从而扩大了金融机构选择业务范围的权利，使其能够从事全方位的金融业务。我国应当顺应世界金融业的发展趋势，逐步实现金融分业制度向融合化经营方向的转变，允许银行、证券和保险业相互准入，并最终实现金融融合制度。（2）国际上，金融服务的内容非常丰富，涉及金融领域内的所有营利性业务。在我国，基于防范金融风险，便于加强监管之目的，现行法律不仅将银行、证券公司和保险公司经营义务实施严格的分离，而且将各自的业务严格限制在传统业务领域之内。这种分离和保守的局面应当打破。仅以我国《商业银行法》为例，其就应对资产重组、投资理财、基金管理、信息咨询、消费信贷等作出明确规定。（3）我国改革开放后，对外资金融机构的监管政策是“提供优惠政策与严格进入和限制业务范围相结合”，即通过提供优惠政策来吸引外资金融机构，通过严格限制业务范围来保护国内不发达的金融业，这在改革开放之初还起到一定的积极作用。但是随着国内、国际金融形势的发展，特别是加入WTO后，这种监管政策的弊端日益明显。一方面，使中资与外资金融机构享受不同待遇，双方处于竞争环境不公平的状态，实际上外资金融机构享受了“超国民待遇”；另一方面，又使外资金融机构承受了“歧视待遇”，在某些业务范围和

---

[29] 《服务贸易总协定》对金融服务以下五个方面：（1）市场准入问题；（2）最惠国待遇问题；（3）国民待遇问题；（4）透明度问题；（5）发展中国家的特殊待遇问题均作出原则规范。参见王燕芳：《开放银行业市场的法律思考》，载《法学杂志》1999年第6期。

[30] 参见张忠军：《WTO与中国金融法制的完善》，载《中国法学》2000年第3期。

经营场所上受到限制，没有完全享受到国民待遇，因而影响了我国在国际社会的形象。因此，我国相关金融法律和政策，应以加入 WTO 的承诺为依据，进行全面修订和补充，对外资金融机构逐步实现“国民待遇”。

我国加入 WTO 后，面对国际金融风险的加大，应当借鉴国际规范，加强对金融业的监管，对外资金融机构的资产负债比例和资本充足率进行全面的考察，规定规范化的覆盖资产质量、流动性、资本充足率、管理水平、收益率等指标的报表体系，要求其定期报送有关财务和业务报表，确保在我国经营的外资金融机构具有较高的安全度。在全球金融一体化的形势下，任何一国金融市场想继续保持封闭，独善其身已是不可能的了，因此，我国必须加强与各国金融监管部门的合作与信息交流，有效地避免监管的遗漏，防止因金融机构的内部控制、风险监管不当等而导致的金融危机。[31]

2. 我国竞争法面临的问题及对策

竞争法法律体系应包括反不正当竞争法与反垄断法两个部分，反垄断法是竞争法律体系的核心。我国的竞争性法律并不完善，应当尽快制定反垄断法。反垄断法应以维护市场秩序、维护消费者利益、确保公平竞争、促进经济稳定、协调经济发展为其立法宗旨。反垄断法的规制对象应是行政性垄断和经济性垄断。[32] 随着我国市场与国际市场连为一体，我国经济不但要面对本国企业垄断行为的威胁，更要面对外国企业对市场的控制，随着外资进入我国市场的深度和广度的进一步发展，制定一个符合国际惯例的反垄断法有利于限制外国企业对我国市场的控制，有利于我国经济与世界经济的接轨，而且还有利于我国尽早适应加入 WTO 后经济发展的需要。

3. 域名的知识产权问题

域名始初只是互联网上的计算机代号。从肇起于美国的因特网系统管理制度来看，域名是英文字母代号，与之唇齿相依的是域名系统中的互联网协定数码代号。从信息与网络技术来看，DNS 数码起着指明某计算机在互联网上地址的作用，因此是真正的网址，即数码地址，而相吻合的域名，是为了便于人们

㉛　参见周新军：《加强对外资银行监管的法律问题》，载《国际贸易研究》1999 年第 1 期。

㉜　参见李春生：《论我国竞争法律制度的完善》，载《内蒙古财经学院学报》1999 年第 1 期。

在纵横交叉的互联网地图上识记而设计的。前者由互联网数码分配机构配置给上网厂商,后者由上网厂商根据自身业务特点在某通用顶级域名和二级域名下申请注册域名。只有这种申请注册的域名会引起与商标等知识产权的关系。当然,一般而言,域名的讨论涵盖完整域名。许多专家学者已解释了数码地址与域名的联系与区别,并试图从各方面论证域名的知识产权性质。[33] 但现在没有明确的国内或国际的知识产权法来保护域名。这种“无法”状态会妨碍全球电子商务的进一步发展。由于互联网系统管理制度的特殊性,如今要改革这种制度,建立合理的、稳定的、兼顾全球各区域和各国或地区利益的、商业性的域名管理新体系,单靠因特网发源地——美国一家的行动是不行的。互联网国际协会以及全球产业界、互联网用户等已达成初步协议,成立新的全球性管理顶级域名机构。这说明国际社会正在加紧努力,协调这一基础性领域内错综复杂的问题。基于问题的复杂性和动态性,我仅对域名的知识产权保护国际协调,提几点原则建议。(1)域名系统本身的国际协调涉及信息与网络技术问题。未来对域名的知识产权保护,应充分地注意到技术因素的制约。法律是手段,不是目的。域名的知识产权保护旨在发展和完善互联网,使全球电子商务建立在稳定、可靠、高效的基础上。忽视技术因素的法律设计,要么“一厢情愿”,要么“隔靴抓痒”,解决不了问题。比如,有人曾提出将域名与数码地址分开管理,以便将域名作为商标保护。但是,因特网的技术性质不允许这样做。可见,法律专家必须与技术专家合作,才可能设计新世纪的互联网全球管理体制。(2)域名的知识产权保护,应先国际,后国内。如同相邻权的保护,域名的知识产权保护要先确立国际性法律框架,然后,各国据此制定适合其国情的国内法予以实施。在“无边界”全球电子商务中,域名本身的知识产权保护,从一开始就具有国际性。这就要求国际社会尽快行动,合作构划新的国际法框架。[34]

---

[33] 有的从域名的商标效应方面考虑;有的将之归入商誉;有的明确列为与商标、商号并列的商业标记权。见郑成思先生 1997 年 10 月 31 日在北京大学的报告,参见李朝应:《域名的知识产权分析》,载《电子知识产权》1998 年第 8 期;应明:《因特网域名使用中的知识产权问题》,载《电子知识产权》1998 年第 3 期。

[34] 参见王福新、李勇:《国际互联网上域名的无形价值及其保护》,载《当代法学研究》1998 年第 3 期;李朝应:《域名的知识产权分析》,载《电子知识产权》1998 年第 8 期。

4. 我国反倾销法律面临的问题及对策

反倾销是WTO允许采用的抵制不公平竞争、保护国内产业的补救措施。我国加入WTO后,国内工业将要面临着国外进口产品的不公平竞争的威胁。我国于1997年3月发布并施行了《反倾销和反补贴条例》(以下简称《条例》),就总则、倾销与损害、反倾销调查、反倾销措施等有关问题作出了具体规定。由于该条例的制定借鉴了加拿大、欧共体的立法模式,加上缺乏反倾销实践,故目前的反倾销法规显得较原则性,可操作性不强,还须辅之以包含程序、反倾销组织等具体规定的实施细则。世界贸易组织协定中关于反倾销的规定是各缔约国都必须遵守的,有高于相关国内立法的效力。欧美等国具有丰富的立法经验和反倾销实践经验,所以我国可以GATIS的反倾销法的第六条和乌拉圭回合谈判达成的《关于执行1994年关税与贸易总协定第六条的协议》为指导,综合考察欧共体与美国的反倾销法规,并结合考虑我国国情,对我国现有的《条例》及将要制定的实施细则作出一些实质调整。㉟ (1)在实践的基础上进一步制定实施细则,使反倾销主管机关、反倾销申请方和被诉方在具体问题上均有章可循,并在确定倾销、损害、反倾销调查期限、反倾销征税方面做出更加明确具体的规定,使其朝着统一性、透明性和可操作性的方面发展。我国的反倾销工作起步较晚,缺乏实践和经验,目前对某些问题的规定笼统一些是情有可原的。然而,随着反倾销实际工作的深入展开,就应当从实践中总结出一些规范性的条规来,同时参照世界贸易组织的有关规定吸收其他国家的通行做法,不断修改和完善我国的反倾销立法。(2)由全国人民代表大会制定和通过《反倾销法》,提高法律的档次。目前我国《反倾销条例》是国务院的行政法规,属规范性文件。从外国的反倾销立法来看,其均是最高立法机关通过的法律或在重要法律中一些章节作出规定,具有很高的权威性。

㉟ 参见何新明:《我国反倾销条例及其实施细则制定的若干建议》,载《云南财贸学院学报》1999年第3期。

九、程序法与实体法的关系

实体法与程序法的关系问题,历来是不存在太多疑问的。实体法因其规定了当事人的权利义务,而被定义为主法,而程序法不过是辅助上述权利义务得以实现的法,而被称为辅法,二者之间的主从地位并没有引起过太多争议,而程序法的范围也多被限定在三大诉讼法及仲裁法等范围内,即程序法是当事人用以事后解决纠纷的法。在我国现行实体法中,很少涉及程序法的规定。但是近年来,民法学界也开始重视程序法的研究了。人们认识到,程序是保障实体法的根本,无程序即无权利。民法主要调整的是平等、自愿的商品交换关系,它排斥了强权干预和损人利己,这一目标的实现要依靠公平、公正、程序的保障。重视程序本身就是尊重民事主体的自治意愿和权利。

程序法的范围并不局限于诉讼法、仲裁法的范围内,还应包括公证制度、登记制度、批准制度、公告制度等,这其中有包括民法的部分重要规定,这些规范和制度与诉讼法、仲裁法事后救济模式不同,公证、登记程序的价值在于它即时确认有关法律行为的效力、确认有关法律关系的产生、变更和消灭,有效地预防和减少纠纷的产生,是一种预防程序或非诉讼救济模式。实际上,程序法并非总是处于辅助地位,在某些情况下,可能会直接产生实体法上的效力,例如,公证等程序是实体法上法律行为成立或生效要件。民法中的某些程序规则,如不动产登记所具有的公示、公信作用,使第三人会产生完全的信赖感,一定程度上具有保护交易安全的价值,不经登记不产生物权变动效力或不得对抗第三人。某些特殊登记制度,如在建房屋、抵押权的预登记制度可以使正在形成的物权具有物权效力。可见,程序在民法中的功能是多种多样的,其地位已经引起学界的重视。其中,特别是预防性程序法,我国过去研究得不够,从当今世界各国来看,无论大陆法系还是英美法系国家,公证、登记程序均得到重视,通过公证等程序来证明有关法律行为、法律文书的真实性、合法性、赋予履行法定程序的法律行为以法律效力,有效地预防和减少了法律纠纷的发生,便利了有关民商事活动的顺利进行。目前我国立法上,公证程序等制度在现行实体法规定中还处于欠缺的状态,登记程序显得混乱无序,其中登记机关不统一就是最突出的表现。现在我们应当重视有关法律的程序价值,将正当程序的法治理念贯彻到我国立法中去。应当看到,大陆法的法治理念已由重实体到重程序,由重救济到重预防,程序的公正是实体法的有力保障,也是防止权力滥用的必要手段,民法与程序制度紧密结合是实现国家法治的重要一环。

十、我国民事立法的瞻望

我国迄今已经形成一个以《民法通则》为基本法,由《合同法》《担保法》《婚姻法》《继承法》《收养法》《公司法》《票据法》《证券法》《保险法》《海商法》《专利法》《商标法》《著作权法》等民事单行法构成的民事立法体系。接下来面临的任务,一是修改《婚姻法》,二是制定《物权法》,然后在《民法通则》和各民事单行法的基础上,制定中国的民法典。《婚姻法》的修订已经进行了许多年,修订案几经讨论已比较成熟,有望在 2001 年或 2002 年内通过。《物权法》的制定实际上早在 3 年前也已开始。一年多前,已经有了一个由学者草拟的物权法草稿,目前全国人大常委会法工委正在抓紧这项立法工作,以尽快将草案交全国人大讨论。在新《婚姻法》和《物权法》通过之后,制定民法典就必然要提上立法议事日程。全国人大预订的目标是在 5 年之内颁布民法典。

关于民事立法的模式和体例。(1)立法模式上,中国近代民法属于大陆法系传统。从清末修订《大清民律草案》开始,至南京国民政府时期制定的民法典,即仿效了德国、日本、瑞士等国家的民法原则和体系。新中国成立后,我国几部民法典草案大致采取了苏联民法典的体例,从法律形式来看,也是属于大陆法系的。改革开放以来的民事立法,以《民法通则》《合同法》为代表,基本上仍是德国法系的立法模式。今后我国民事立法显然要借鉴大陆法系国家的立法经验。但是也要注意这样两点:一是与英美法以及国际统一法的融合问题。随着经济的全球化,两大法系的融合已是必然趋势。我国的民事立法也可以吸收英美法国家的先进做法。同时,为了加强与国际社会的交流,民事立法更应注重与国际统一做法的接轨。二是借鉴与创新问题。借鉴是必需的,但创新才有活力。一百多年前,《德国民法典》在借鉴《法国民法典》的基础上,创立了五编制的立法体例,使之屹立于世界民法之林,历久不衰。100年后,我国的民事立法如果仍然恪守大陆法传统的一套,而不能根据本国国情和时代精神有所创新,则这样的立法很难说是成功的。(2)立法体例上,大陆法系民法有民商分立与民商合一两种立法体例。鉴于现代市场经济的高速发展,民法调整商品经济关系的范围不断扩大,商业职能与生产职能融为一体,商人作为特殊阶层及其特殊利益已经消失,原则上一切法人和自然人均可以从事商行为,民商合一主义符合法律发展潮流。因此,我国制定民法典时应充分考虑国际上民法商事化的发展趋势,坚持民商合一的立法主义。民商合一并不意味着将纷繁万端的民商法规范包容在一部法典之中。民法典仍然是调整民事关系的基本法,而更多的商事法律是采取特别法的形式公布实施的。

关于物权法体系的构想。不动产与动产的划分是民法中关于物的最重要的分类。英美法系对于该划分给予了足够的重视,并在此基础上构筑了财产法体系。大陆法系德国民法则更倾向于在同一法律范畴中从具体制度层面上予以适当区分,而往往忽视了不动产对于物权法体系构建和立法的特殊意义。我国近年来已经开始重视不动产和动产的划分,具体表现在《担保法》㊱的有关规定上。当前我国制定《物权法》,应加强此项划分为构建物权法体系的重要线索,具体编排仍应包括如下五部分:总则、所有权、用益物权、担保物权、占有。但在设计内容时,需注意如下一些问题:(1)总则问题。我国《物权法》是否需要总则?学界存在一些异议。我们认为,总则只需在宏观领域进行一些抽象概括,即主要规定下列内容:物权法的基本原则;物权的主体、客体和效力;物权的保护方法(如物上请求物);物权的行使原则,如物权的行使不能损害他人和社会利益等。(2)所有权与用益权制度的内容和编排问题。在所有权制度中,应突出动产和不动产的划分,并以此作为所有权制度的框架。具体而言,在“不动

㊱ 我国《担保法》第92条规定:“本法所称不动产是指土地以及房屋、林木等地上定着物。”不动产以外的物为动产。

产所有权”中,应规定不动产的范围;不动产的取得方式和公示方式;不动产的相邻关系;关于国家土地所有权和农村集体土地所有权的特别规定。在“动产所有权”中则主要规定动产所有权的取得方式,如先占、拾得物、埋藏物、添附、混合、善意取得制度等。关于用益物权,由于其仅适用于不动产,我国《物权法》应就四种用益物权予以规定,即农地使用权、基地使用权、地役权、典权。

关于未来民法典体例结构的设想。民法典的体例结构是当前讨论较多的问题。我们的民法典能不能有所创新,关键是看体例结构。对这个问题,学者的看法不一,有的基本坚持照搬德国五编制的体例,[37]有的则按民法的调整对象把民法典分为二编——人身关系法和财产关系法,再冠以小总则。[38] 我们的看法是采七分法,即分为七编。第一编为总则,其内容大致应包括民法的任务,调整对象,基本原则,法律行为、民事权利、民事责任的一般规定,代理,物,诉讼时效,法律适应和法律解释等。第二编为人格法,其内容可以分为两个部分。第一部分为民事主体制度,第二部分为人格权制度,在这个部分只规定权利制度,包括不同民事主体所享有各项人格权的内容。有关人格权的保护,即责任制度,则应放在“侵权法”一编中规定。第三编为亲属法,它在本质上是身份法而不是财产法,亲属财产关系也以亲属身份关系为其发生的基础。依据一般民法理论,身份权是存在于一定身份关系上的权利。我们如果将人格法列为第二编,亲属法自然应列为第三编。亲属法编应包括婚姻、亲子、监护三个部分。第四编为物权法,它是民法的重要组成部分,应成为民法典的独立一编。第五编为合同法。在我国未来的民法典中,是设债权法编还是设合同法编,民法学界曾有长时间的讨论。我们认为,债权法的核心内容是合同问题,债权法的一般规则就是合同法的一般规则。如果我们在合同法编中对债权债务关系作出一般规定,自无须再为债权法设立专编,否则难免架床叠层,而且合同通则又明显单薄。第六编为继承法,其编制方法有两种:一为特别法主义,二为法典主义。从我国的民事立法实践来看,我国的继承法最终将采取法典主义。继承法是民

---

[37] 参见梁慧星:《关于制定中国民法典的思考》,载《人民法院报》2000年2月5~12日;徐国栋:《民法典草案的基本结构》,载《法学研究》2000年第1期。

[38] 参见徐国栋:《民法典草案的基本结构》,载《法学研究》2000年第1期。

法上一种特殊的财产法,在民法典中应有它独立的位置。因为物权法和合同法中的某些规定也适用于继承法,所以从前后承接的逻辑上考虑,应将继承法放在其他各类财产法之后,列为第六编较为合适。第七编为侵权法,它是民法的重要组成部分,应成为我国未来的民法典中的独立一编。我国可以借鉴英美法系国家侵权法的开放性和独立性,将侵权法作为民法典中的独立一编,并将其作为民法典的最后一编,使它成为以上各编所规定的各项基本民事权利的保护编,侵害各项基本民事权利的责任编。

21 世纪民法展望*

民法的影响遍及社会生活的方方面面。不同时代的民法，既有普遍的共性，又有独特的个性。在新的世纪里展望民法的未来，我们有必要对 20 世纪的民法发展状况作一个简要的回顾。刚刚过去的 20 世纪是人类历史发展的重要阶段，物质文明空前发展，科学技术突飞猛进，使人们享受了空前的物质财富，其成就远非既往时代所能比拟；20 世纪是灾难深重的时代，数千万人沦为战争的牺牲品，无数城市变为废墟，两次世界大战的惨重折磨和冷战盘旋的阴影令人回想起来仍不寒而栗；20 世纪同时也是人们求民主、争权利的时代，爆发了规模浩大的民主运动、民权运动、消费者运动、环境保护运动等，人们的权利意识空前激发，在世界的各个角落人们以不同的方式传达着对法治社会的渴求。

所有这一切都深刻地影响了民法，最终促成了 20 世纪民法制度和民法思想的变迁。构成民法基本模式的契约自由、所有权神圣，过失主义在 20 世纪都得到了程度不同的修正，出现了对契约自由的干预、所有权相对和无过失责任，以上述原则为支撑的民法具体制度也发生了相应变化。在物权法领域，由于财产观念的改变扩大了物权法调整的范围。所有权是财产权的核心，罗马法法谚“行使自己权利者，对任何人均不会构成不法”①长期被奉为至理名言，19 世纪末 20 世纪初，社会经济生活发生了深刻的变化，德国法学大儒耶林首创“社会性的所有权”思想，认为所有权不受侵权之观念，乃是个人恣意、刚愎、利己之思

---

* 原载吴倬主编：《在二十一世纪的地平线上（清华人文社科学者展望二十一世纪）》，东方出版社 2001 年版。

① 参见刘德宽：《民法诸问题与新展望》，台北，三民书局 1980 年版，第 51 页。

想作祟所致,他在《法律的目的论》一书中,特别强调所有权行使的目的,不仅应为个人利益,同时亦应为社会利益,主张以社会的所有权替代个人的所有权。另一德国法学家基尔克则发展了“禁止权利滥用”法理,强调私人所有权必须与社会利益相协调,私人所有权的行使必须有一定限度,这一观念已为各国所接受。在契约法领域,契约自由受到了诸方面的限制。契约自由原则反映了市场经济的本质特征,是自由资本主义时期私法赖以兴旺的最重要的一块基石,但它在促进近代经济繁荣的同时,也给公平交易带来了障碍。进入 20 世纪之后,契约自由原则逐渐被限制,强制缔约的出现,使公用事业、医疗服务等行业负有强制缔约的义务。标准合同或者附和合同的出现,很大程度上限制了处于弱势地位当事人的缔约自由。民法通过确立诚实信用原则、公序良俗原则对契约自由进行限制,或直接通过法律规定某些契约条款的效力等。在侵权法领域,由于工业灾害、环境污染、产品缺陷引起的人身、财产伤害频繁,运用过失责任对受害人已不能实行有力的救济,于是无过失责任被引入,进而大大增强了侵权法填补损害、分担损失的功能。例如,责任保险的出现,一方面将侵权人从巨额的赔偿中解救出来,迅速有效地填补受害人的损失;另一方面则将侵权法的惩罚性功能置于尴尬境地。所有这些变化,深刻地表明民法作为调整平等主体之间的人身与财产关系的基本法,必然会烙上深刻的时代印记。一言以蔽之,民法是与时俱进、反映社会变迁的。②

一、社会进步、经济发展对民法的影响

21 世纪,随着社会的进步,经济的发展必将给民法带来深刻的影响。“民法准则只是以法律的形式表现了社会的经济生活条件。”③一方面,人口的发展

② 参见齐树洁、王建源:《论二十世纪民法的发展趋势》,载《厦门大学学报》(哲社版)1999 年第 1 期。

③ [德]马克思、恩格斯:《马克思恩格斯选集》(第 4 卷),中共中央马克思列宁斯大林著作编译局译,人民出版社 1972 年版,第 248 ~ 249 页。

和社会分工的发展,使人们之间的亲密关系日益退居次要地位;另一方面,又产生了一种在功能上的相互依赖关系,“陌生人”之间的法律关系将占据统治地位。“陌生人”之间的关系,是靠着契约和注意义务彼此依赖的,而契约规则和注意标准在法律上始终是一个随着社会变化和环境变迁时而起伏的变量,这就使“陌生人”之间的关系判断更加具体化,渗透了当时的社会观念。④ 20 世纪民法的变迁正是反映了这一点,为了社会利益而对契约自由限制,扩大企业活动所致伤害的责任等。另外,人口流动性的增加也会对 21 世纪民法产生深远的影响,传统社会人们基本上固守着一个地方,在同一个村庄里生生息息。而现代社会这种情况一去不复返了,人们经常处于难以置信的变动之中。这种流动是社会和经济变动的自然反映,它必然会对社会自身和法律保障体系产生冲击。陌生人之间的相互依赖和人口流动性的增强减少了个人信用和私人契约的力量,同时也会导致法律和诉讼手段的增加。⑤ 社会关系的复杂化和经济利益冲突的加剧促使民法的关注点将不仅是形式上的机会平等与身份平等,而是实质上的社会公平与正义。21 世纪的民法理论将进一步强化弱者的自由权,弱化强者的自由权,更关注个案正义。

世纪之交的人们总有一种除旧布新的紧迫感,在民法方法论上亦如此。例如,在整个 19 世纪占据支配地位的概念法学,⑥在 20 世纪就受到了来自自由法学的强大冲击。概念法学与自由法学的根本差异,有学者归纳为四点。(1)概念法学独尊国家制定的成文法,以国家的实证法为唯一的法源。而自由法学则强调法律应为“科学之自由探求”,除法典而外,社会上“活生生的法律”亦即法源。(2)概念法学对于法律的解释,偏重于形式逻辑的操作,排除法官对具体案件的利益衡量和目的考量。而自由法学则强调活的法律的探求,法官对于具体

---

④ 参见杨振山、王萍:《实现自我、超越自我——民法人文精神的演进》,载中国政法大学民商法教研室主编:《民商法纵论——江平教授七十华诞祝贺文集》,中国法制出版社 2000 年版,第 12 ~ 13 页。

⑤ 参见[美]劳伦斯·M. 弗里德曼:《法治、现代化和司法》,傅郁林翻译、整理,载强世功、李光昱主编:《北大法律评论》(第 1 辑),法律出版社 1998 年版,第 282 ~ 284 页。

⑥ 按照概念法学的观点,法官适用法律,应严格按照三段论作严格的逻辑推演,遇有疑义时,则探索立法者的主观意思。法律之外的一切因素,包括政治、经济、社会等,一概予以排除,不允许有任何利益衡量和价值判断。

案件除应用逻辑的方法外,亦应为利益衡量和目的考量。(3)概念法学否定司法的造法功能,自由法学则肯定法官的造法作用。(4)概念法学认为法学是一门纯粹理论的认识活动,法官无须为价值判断。自由法学则认为法学除是理论的认识活动以外,兼具实践的性格,包括评价的因素在内。⑦ 自由法学对于概念法学的批判,归根结底反映了 20 世纪社会、经济、政治状况。20 世纪是一个极度动荡、社会问题层出不穷、各种矛盾激化的世纪,科技的突飞猛进也要求法律不断与之相适应,以协调各种矛盾冲突,维持基本的社会正义和秩序,自由法学适应了这种需要。⑧ 当然,概念法学也并非一无是处,它以法的安定性价值为原则,至今仍有其存在的一定基础。所以,我们对任何一种占据支配地位的理论,都不可随心所欲地抛弃或替换,它总像语言一样同我们的生活组成密不可分的部分,只能随着情势变化而渐次改变。因此,民法的发展一直是渐进的,总是继承着优秀的部分并将其糟粕剔除。

可以预见 21 世纪,生产力和科技发展水平将大大超过 20 世纪,人类了解和控制自然界的能力将有长足进步,同时人的创造能力也将被进一步地激发,社会环境也将随之变化。由于社会环境的变动不居性,法律也必然是变动不居的、流动的。⑨ 正如梅因所言:"社会的需要和社会的意见总是或多或少地走在法律的前面,我们可能非常接近地达到它们之间缺口的接合处,但永远存在的趋向是要把这缺口重新打开来。"⑩社会前进的速度总是要比相对稳定的法律制度快,因此,为解决法律的相对滞后性问题,就应该吸收自由法学的精华,赋予法官一定的自由裁量权,通过法官的创造性司法活动,实现社会的正义。21 世纪英美法和大陆法在保持各自个性的同时,在这一点上将会出现进一步的融合趋势。

21 世纪法治环境的开放和民众权利意识的增强将更有利于民法的发展。

---

⑦ 参见杨仁寿:《法学方法论》,中国政法大学出版社 1999 年版,第 68 页。

⑧ 整个 19 世纪是欧洲主要国家资本主义的稳定发展时期,经济的发展要求人们对自己行为的预期可能性,要求尽可能高的确定性和安全性的法律秩序,概念法学满足了此种需要。

⑨ 参见徐国栋:《民法基本原则解释——成文法局限之克服》,中国政法大学出版社 1992 年版,第 216 页。

⑩ [英]梅因:《古代法》,沈景一译,商务印书馆 1959 年版,第 15 页。

民法的本质是以权利为中心,以个人为本位。历史上被奉为经典的《法国民法典》《德国民法典》,无一不体现了理性主义、权利本位和人格独立的人文精神。在社会经济生活中,重视民法则权利观念勃兴,贬低民法则权利观念淡薄。法治环境的宽松有利于民法的进步,民法的发展历史充分说明了这一点。中国改革开放以来,宽松的政治环境调动了民法学者的积极性,经济地位的变化、自由平等观念催醒了民众的权利意识、民法恢复了以权利作为立法的中心,《民法通则》明定立法目的为"保障公民法人的合法权益",第二章规定权利主体,第四章规定权利之取得,第五章规定各种权利,第六章规定对权利的保护。《民法通则》一经颁布,就在世界上引起极大的反响,被称为"中国的权利宣言"。[11] 在十五大确定将"依法治国,建立社会主义法治国家"写入宪法之后,民法典的制定正在提上议事日程。现代法治的基本价值在于保障社会生活的井然有序,通过对权利的分配和对权利的制约,促进人类的自由平等和社会的发展进步。而以权利为本位的民法代表了这种价值趋向。的确,没有民法传统的社会,要实现法治是极其困难的,甚至是不可能的。法治环境的开放促进了民法的发展,同时也给人民提供了广泛的实践机会,可以预见 21 世纪,人们将更频繁地运用法律手段来维护自己的权益。"对权利的这种意识的信念和热情,正是使权利得以成为权利、使法律秩序得以成为法律秩序的根本条件。如果没有这些,权利不复存在,被称为权利的内容尽管写在法律的条文上,现实中它也绝不会是权利。"[12]

二、科技发展带来的影响

正如马克思总结 19 世纪三大科学成果——达尔文的进化论、细胞学说、能

---

⑪ 梁彗星:《原始回归,真的可能吗?——读〈权利相对论——权利和(或)义务价值模式的历史建构及现代选择〉一文的思考》,载梁慧星主编:《民商法论丛》(第 4 卷),法律出版社 1996 年版,第 21 ~ 22 页。

⑫ [日]川岛武宜:《现代化与法》,申政武等译,中国政法大学出版社 1994 年版,第 57 页。转引自余能斌等:《世纪之交看新中国民商法的发展》,载《法学评论》1998 年第 5 期。

量守恒定理给人们带来了巨大的变化一样,20 世纪核能的利用和发展、航天技术、计算机的发明和通信手段的更新切实地影响着人类,改变了人们的生活方式和思维模式。科技活动中出现的新事物、新名词给民法研究带来了生机和活力。奉行成文法典的大陆法系国家在墨守着略显陈旧的法典的同时,也通过各种单行立法来适应新的景象。站在新世纪的门槛上,回望 100 年前刚刚跨入 20 世纪时,人们的交通工具、通信方式、对外层空间的知悉程度均不可与今天比拟。20 世纪在近一半时间里惨遭着战争的蹂躏,科技成就仍有目共睹。可以预见,21 世纪科学技术的发展将远远超过 20 世纪的速度,这也必将极大地影响民法。

21 世纪是知识经济时代,例如,信息经济就对社会的各个方面产生了极大的影响,民法必须回应这种社会的发展和变革。计算机网络技术在商业领域的运用,改变了人们传统的交易方式,但并没有改变人与人之间因为经济联系而产生的各种社会关系。因此,调整这些社会关系的法律制度仍然适用,只是在一些具体的规范上要适应新的技术,要作适当的调整或者进行新的立法。目前信息经济的代表是电子商务。电子商务作为一种新型的商务模式,显然已对民法产生重要的影响,但并未深及原则、基本制度层面,而主要在技术层面对某些民法制度规范提出了挑战。在民法领域主要涉及以下一些问题:(1)电子合同法律问题。任何商务活动都是通过缔结合同而进行的,电子合同和纸质媒介合同存在着差异。电子合同与其他的合同一样通过要约承诺订立。如何确立电子合同的要约承诺的生效地点和时间、电子合同的要约和承诺是否可以撤销、当事人对要约承诺存在异议应如何处理、如何确立电子商务中大量的格式合同的法律效力等需要探讨。此外,关于电子签名的效力、电子认证机构法律制度问题也亟待解决。(2)电子证据法律效力问题。电子商务活动中数据文件能否作为证据被采信,关系电子商务的参与人能否方便地获得司法救济。(3)侵权法律问题。由于互联网的开放性、虚拟性、匿名性,侵权问题一直随着网络的传播和发展。“黑客”通过破译他人密码窃取他人隐私、商业秘密等数据资料,或者传播不当言论和垃圾邮件、进行商业欺诈等,侵权成为网络世界难以清除的毒瘤,这就需要法律提供相应的救济原则。(4)知识产权问题。网络时代改变了以前发表作品只是少数人的游戏的状况,但是问题接踵而来。将他人的作品载到互联网上已经成为相当普遍的现象,此外,还有域名恶意抢注等问题。知识产权法对此作出怎样的回应也是人们广为关注的问题。

21 世纪生命科学技术巨大的发展也给民法提出了挑战。人工授精、试管婴儿、子宫代孕等人工生殖技术从根本上改变了人类的自然生育方式,动摇了自罗马法以来"谁分娩,谁为其母"的法律原则,在科学史上有着重要的意义,新的生育方式和技术也带来了诸多法律问题。(1)父母角色多元化,引发亲子身份认定的现实矛盾。人工生殖使第三供精人、第三供卵人、代理孕母、操作医师介入生殖过程,结果产生代孕母亲与养育母亲、生物父亲(基于遗传)与社会父亲(基于抚育)、有婚姻的父母与无婚姻的父母等多重角色并存,生育上的单向联系变成了多重复合关系,多元代替了传统的一元。对此,亲属法应如何规范,否则,此类亲子身份及其权利义务将处于风雨飘摇之中。(2)近亲婚配疏漏难控。在自然生殖状况下,法律依据亲等关系很自然地把握亲属范围及其血缘系统,从而确立一套科学合理的亲属制度。但人工生殖却可能改变亲属的血缘纽带,供精、供卵的多角色化和秘密化,不可避免地形成近于混乱的扑朔迷离的亲属血缘关系,即使现行有关亲属制度感到局促,又将近亲婚配置于两难境地。⑬

另外,基因研究和基因治疗同样也冲击着 21 世纪的民法。正在紧锣密鼓进行的人类基因组计划将测定人类基因组的 DNA 序列,从而解读所有遗传密码,揭示生命的所有奥秘。这项计划一旦完成,不仅增进了对生物进化、人类发展和未来的认识,促进对人类疾病的诊断与防治,而且直接冲击着人类社会伦理和法律制度。⑭ (1)基因技术带来了前所未有的个人隐私权问题,人的基因组中含有大量的个人信息,尽管这些信息提供的也许只是一种可能性和倾向性,但是在基因决定论的影响下也带来一系列的问题。隐私权问题与基因歧视是互相关联的。一项对美国 44 个州和哥伦比亚特区家庭成员有基因病的调查

⑬ 参见陈小君、曹诗权:《浅论人工生殖管理的法律调控原则》,载《法律科学(西北政法学院学报)》1996 年第 1 期。

⑭ 参见刘银良:《人类基因组计划的法律问题研究》,北京大学 2000 年博士学位论文。

显示,由于害怕受到基因歧视,一些人表示拒绝做基因检测,另一些人表示不愿透露基因信息给保险公司和雇主。⑮ 1997 年的一项调查显示,已经有几百万人因为仅仅有某种遗传病倾向就被拒绝雇佣和提供保险。⑯ 人们呼吁通过立法来保护基因信息的隐私权。(2)对缺陷基因的普查和基因治疗问题。基因操作的合理使用(包括基因治疗、异种器官移植和克隆技术)能够造福人类,而一旦滥用,就会发生严重的后果,目前被大多数国家明令禁止的克隆人所带来的法律和伦理问题也令人担忧,因此必须以法律来控制基因操作的利用。(3)“基因决定论”问题和“优生”的控制问题。基因歧视还可能表现为“优生计划”。对于人类追求进步的心理而言,优生有其本身的合理性,但是人的发展并非完全由基因决定,社会环境等其他因素也起着非常重要的作用,以基因决定论为“优生”观念是片面的,不可取的。

人的尊严不受侵犯是基本原则,作为独立个体的人的权利应放在首位,高于遗传学和生物学的进步。但是过于严格的控制又不利于科学的进步与发展。正如 20 世纪,科学家发现了核能将之应用于战争给人类带来了无尽的痛苦,但将之应用于发电却能造福人类。科技的发展在带给人类幸福快乐的同时,其负面影响亦不可小觑。但即便是这样,也不能因噎废食,阻碍科技的进步。民法在面临科技的巨大挑战时,应加强对新生事物的研究,使之更能适应时代的发展,发挥其应有的作用。

三、环境问题与民法的回应

进入 20 世纪以来,环境危机日益严重,地球生态平衡受到了严重的威胁。重大的公害事件层出不穷,如 1930 年比利时河谷工业区的大气污染事件、20 世纪 40 年代美国洛杉矶市和宾夕法尼亚州发生的光化学烟雾事件、1952 年英国伦敦的毒雾事件、20 世纪 60 年代日本四日市哮喘事件和多氯联苯污染造成的

⑮ 参见刘银良:《人类基因组计划的法律问题研究》,北京大学 2000 年博士学位论文。

⑯ See http://www.hcalthcarcnewssever.com/stories/HCN1997.11.2000.021.shtml.

"米糠油"事件。20 世纪 80 年代以来,全球性环境问题日益突出,人们广为关注的环境问题主要是酸雨、臭氧层破坏、全球性气候变化、生物多样性锐减、有毒化学品的污染及越境转移、土壤退化的加速、淡水资源的枯竭与污染、森林面积急剧减少、突发性环境污染事故及大规模的生态破坏。在现代,环境问题已经超越国界,成为大家无法回避的共同问题,关系子孙后代,关系整个人类的生死存亡。因此,21 世纪环境问题将成为困扰人类的头等大事,民法如何针对这种冲击作出回应,已经成为学者们和立法者的当务之急。

任何一件事物,都有其产生的根源。环境问题之所以日益严重,有其深刻的经济、哲学、法律上的根源。从经济学角度出发,在市场经济条件下,市场在资源配置中发挥着基础性作用,市场主体以追求利润最大化为目标,价格和竞争机制推动着资源的最优化。环境问题的重要特点,在于其"外部不经济性",即市场主体行为对环境资源的不利影响由主体之外的第三方——他人或后代人一一承担。在海洋鱼类、公共牧场以及空气、水等共有资源、公共物品方面,"外部不经济性"表现得非常明显。从短期来看,每个市场主体都可以不断地从其过度开发、利用环境资源或排污行为中获得正效益,而由此产生的负效应则分担给其他的开发利用者或后来人。在获利动机的驱使下,每个市场主体都会无节制地开发利用环境资源,从长远来看,必将导致环境资源的枯竭、污染、毁灭,对全体开发、利用者造成不可挽回的损害,这也就是人们所称的"共有物的悲剧"。⑰ 从传统法解释的基本理念来看,西方传统哲学伦理学的价值观奉行的是"人类利益中心主义"。⑱ 这种认知论导致人类在看待环境这一问题上,将自身权利和利益不断往外扩大,使利己主义成为价值判断和善恶观的标准。传统民法保护的是平等主体的财产权和人身权,环境保护通常不是民事主体所关心

⑰ 王明远:《从污染物"末端"处理到"清洁生产"——发达国家依法保护环境资源的理论与实践》,载《外国法译评》1999 年第 3 期。

⑱ 人类利益中心主义肇端于亚里士多德,在其著名论著《政治学》中他这样写道:"……自然为动物生长着丰富的植物,为众人繁育许多动物,以分别供应他们的生计,经过驯养的动物,不仅供人口服,还可供人使用;野生动物虽非全部,也多数可餐……它们有助于人类的生活和安适实在不少……那么天生一切动物都可以供给人类的服用。"参见[古希腊]亚里士多德:《政治学》,吴寿彭译,商务印书馆 1965 年版,第 23 页。

的直接目的，这就与解决环境问题的迫切需要存在激烈的冲突。民法强调人本主义精神，关注个体利益，但当环境问题已经严重地影响了个体利益之后，我们不由得要重新审视民法的价值取向，关注看似超乎个体利益之外的环境问题，实质上也是在关注我们自己，关注人类本身，关注子孙后代的生存。因此，“人类利益中心主义”就必须让位于“生态与人类利益并重主义”。⑲ 经历了从近代民法向现代民法的转变之后，民法必须对绝对的个人本位予以修正，注入社会本位的内涵，民法不仅局限于对人类社会本身的关怀，还应该对生态利益的整体保护。

环境保护对民法的冲击表现在以下几个方面。首先，环境权的概念引入民法的权利体系。环境权的经典定义是《斯德哥尔摩人类环境宣言》中的宣告：“人类有权在一种能够过尊严的和福利的生活环境中，享有自由、平等和充足的生活条件的基本权利，并且负有保证和改善这一代和世世代代的环境的庄严责任。”环境权既有公法意义上的环境权，又有私法意义上的环境权。有学者将日照权、眺望权、嫌烟权等生活环境中与我们密切相关的，私权性质较强的称为环境私权；而将清洁水权，清洁空气权、享有自然权、历史性环境权等“公共性”“公益性”较高、支配“公共的空间意识”、公权性质较强的权利，称为环境公权。⑳ 环境权的概念究竟属于私权还是公权，学界争议颇多。环境权的核心是法律所保护的公民因对环境的利用所取得的物质和精神上的利益。㉑ 若不承认环境权在私法上占有一席之地，民事主体就不能以侵害环境权为由，提起民事诉讼，请求法律予以保护，环境权益损害就无法得到救济。鉴于环境权的公共性质，有必要将之确定为一种宪法权利，但民法也应将之确定为一种新型的民事权利。“只有当我们一方面提出这样的问题，另一方面又意识到将公共权利的正当性作为与传统的私的财产利益相对等的东西来看待时，才能说这时我们走上了建

---

⑲ 生态与人类利益并重主义指将人类利益与人类之外的自然置于一个整体，关注二者共同的利益。

⑳ 参见［日］富井立安等：《环境法的新展开》，日本法律文化社 1995 年版，第 54 ~ 66 页。转引自吕忠梅：《环境法新视野》，中国政法大学出版社 2000 年版，第 125 页。

㉑ 参见吕忠梅：《环境法新视野》，中国政法大学出版社 2000 年版，第 133 页。

立有效的环境法体系的真正道路。”[22]

在这里,我们仅探讨私权意义上的环境权对于民法的冲击。民法发展的过程实质上是权利不断创新的过程。传统的民事权利体系经过数千年的演变与发展,现已基本形成了人身权与财产权的二元体系,一旦确立了环境权,这种兼具公权与私权性质的权利,在民法的权利体系应占据什么样的位置,是一个耐人寻味的问题。有学者认为环境权是一种新型的人格权。我们认为,纳入民法体系的环境权,既有人身权的性质,也具财产权的属性。公民的环境权益包括了人身权益,侵犯环境权的后果往往表现为对公民健康的损害;同时阳光、空气、水、野生动植物等环境要素是全体公民的公有财产,因此,在某种意义上说,环境权又是一种财产权。传统民法在发展变迁过程中,其中心理念由个人移向社会,其最终的目的是在保护个人自由与权利的同时兼顾整个社会的发展与人类生存,在这样的转变过程中,权利体系也在不断地发展和扩张。对于这样的新型权利体系,其理论基础、权利本体、权利价值以及权利运行都必然有着不同于传统民法权利体系的特性,民法权利体系如何为此作出科学而符合逻辑的恰当安排,将是民法能否在环境保护中起到应有作用的保证。

其次,民法所调整的关系是否应继续限于人与人之间的社会关系,也成为我们值得考虑的问题。根据传统的民法概念,法律是社会关系的调整器,[23]民法的调整对象是指民法所调整的各种社会关系。民法体系是一个具有高度包容性的体系。仔细分析因环境问题所产生的各种新的关系,我们不妨这样看,将人与森林的关系看成依靠砍伐森林为生的人与依靠森林保护自身生存环境的人之间的关系,将人与河流的关系理解为利用上流水源的人,利用中流水源的人以及利用下流水源的人之间的关系。如此看来,环境问题对民法调整对象的冲击,仍可以被民法体系自身所消化,尚不需要对民法调整对象进行全新的变革,只是对其解释方法与解释角度的发展。我们甚至可以把人与环境的关系理

㉒ [美]萨克斯:《环境法保护——为公民之法的攻略》(日文),[日]山川洋一郎等译,日本,岩波书店1970年版,第193页。转引自汪劲:《论现代西方环境权益理论中的若干新理念》,载《中外法学》1999年第4期。

㉓ 参见彭万林主编:《民法学》,中国政法大学出版社1996年版,第1页。

解为对环境具有不同利益的人们(主体)之间的关系。这些人可细分为对环境具有财产利益的人,与对环境具有人身利益(主要指健康、生存)的人。这样即可发生三种关系。(1)对环境享有财产利益的人之间的关系,如上下游人群对水权的需求及不同国家人群对水权的需求。(2)对环境享有人身利益的人之间的关系。最典型的是发达地区将污染型工业转移到不发达地区时,发达地区人群对健康的需求与不发达地区人群对健康需求的冲突。扩展到国际范围,则是发达国家人群与发展中国家人群对健康需求的冲突。(3)对环境享有财产利益的人与对环境享有人身利益的人之间的关系。如河流上游依靠砍伐森林,卖出木材为生的人与下游依靠森林防止水患、保护生命健康与生存的人之间的关系。可以看出,对上述三种关系的讨论,已基本上能够将人与自然、人与环境的关系纳入现行民法调整对象的体系中来了。目前来说,这是应对环境问题冲击的一个易行的方法。

最后,环境问题对民事主体制度提出了挑战,引发了人们对民事主体制度的思考。在菲律宾最高法院 1993 年的一个案例中,42 名儿童代表他们这一代及其下一代向法院提起诉讼。他们认为菲律宾政府环境资源部门所签发的木材许可证超出了森林的采伐能力,要求停止大规模出租森林,特别是原始热带雨林的行为。菲律宾最高法院授予 42 名儿童以诉讼权,[24]认为他们可以代表自己和下一代起诉。在司法实践上,这是一个确认下一代人是民事主体的先例。在环境与自然的关系上,甚至有学者提出熊猫等珍稀动植物都是地球村的居民,从生态利益与人类利益并重的角度出发,也应视为其为民事主体。

自然人作为唯一的民事主体,曾经被认为像几何真理一样可靠。[25] 但随着时代的发展,经济社会生活中日益重要的非人的组织体也被赋予了民事主体资格,称为法人、合伙等,甚至国家也成为特殊的民事主体。[26] 从以上民事主体的这种演化过程可以看出,民事主体的范围并不是一成不变的,它也是可以不断

㉔ 参见[美]埃迪斯·布朗·韦斯:《环境公平与国际法》,载孙林主编:《环境法与可持续发展》,中国环境科学出版社 1996 年版,第 14 页。

㉕ 贾桂茹等:《市场交易的第三主体——非法人团体研究》,贵州人民出版社 1995 年版,第 82 页。

㉖ 参见马俊驹、余廷满:《民法原论》,法律出版社 1998 年版,第 81 页。

发展变化的。面对环境问题的冲击,我们有必要探讨民事主体范围进一步扩大的可能性。目前,我们认为动物、森林等自然物质、后代人不是主体的主要原因在于认为其不具有民事权利能力和民事行为能力。从权利能力上说,既然公司、企业乃至合伙人都可以赋予民事主体资格,为什么动物、森林、后代人就不行呢?从行为能力上说,尽管其不具有意思表示能力和承担义务、责任的行为能力,但也不能绝对地说没有行为能力就不能成为民事主体。例如,婴儿和精神病人同样也不具备行为能力,其民事主体资格也并未受到影响。马克思、恩格斯曾经指出,法的关系正像国家的形式一样,既不能从它们本身来解释,也不能从所谓人类精神的一般发展来理解。相反地,它们根源于物质的生活关系。因而,民事主体资格既不是天赋的,也不是与生俱来的,而是法律赋予的,归根结底是由一定社会的生产方式决定的,取决于其在社会生活中的地位与作用。所以,在当代面临的严峻的环境问题的情况下,森林、动物等生态环境在社会生活中的地位日益突出,能否将其也纳入民事主体的范围,也应进行一番认真的研究。

假设我们将动物(当然现在只能限定在珍稀动物)不视为物,技术上可以按照《德国民法典》"不是物,准用物的规定",从侧面肯定其民事主体地位。假设我们将森林视为主体,可否将其视为类似财团法人的地位,即属于一种公共财产的集合体,[27]美国也有类似的公共信托理论。总之,对于民事主体的范围,不应囿于旧有的思维模式,应在实践中循序渐进的审慎扩大,以期更好地适应人类与自然发展的趋势。

四、加强对精神利益的保护

21世纪,法治社会应当进一步提倡和保证人的基本人格要求,重视人的社会化和精神利益。随着社会的发展和科技的进步,人们对精神利益的需求必定

---

[27] 这种财产,意指生态利益作为人类共有的财产。

会随之增长。[28] 民法调整的是社会普通成员之间的人身关系和财产关系。[29] 而人身的概念首先是指精神领域。人身利益和权利说明个人在社会中的地位,它是个人法律地位极其重要的因素。人格利益大都体现为一定的精神利益,它一般不像财产利益那样具有一定的有形的特征,尤其是名誉、肖像、隐私、贞操、自由等,都是以人的精神活动为核心构成的,是行为与精神活动自由的一种体现。对人格利益的侵害,必然造成主体精神上的痛苦,损害的只能是主体的精神利益。[30] 当然,也有些人格权尤其是法人的人格权,其客体不完全体现为精神利益。

人格权作为个别权利在古代法律中就已经存在,例如,在古罗马法中就有关于保护名誉权的规定。人格权法律概念的产生始于 19 世纪。早在 1867 年,法国学者本陶德(Bentauld)在其撰写的《拿破仑法典的原则和实践》一书中就曾提出这一概念。德国学者约瑟夫·科尔勒(Joseph Koher)等提出了一般人格权的概念。人格权作为一项独立的法律制度是在 20 世纪才逐步形成的。把人格作为权利在法律中确认并加以保护,进而成为法律所规定的人的主体要素,是人类的自我发现和升华,是人类把自己从一般动物的类别中区分出来的伟大标志。人格权的发展得益于人类对人权的重视,尽管东西方国家由于各种原因,对人权理论通常将人权分为三个基本方面,即人身人格权利、政治权利与自由、经济、文化和社会权利。人格权与后两方面相比较处于基础地位,如果人格权不受法律保护,那么政治权利与自由、经济、文化和社会权利便无从谈起。

在这种背景下,作为人权保护的重要实现形式的人格权制度得到了发展。人格权是一个发展的概念。从整个人格权的发展历史来看,人格权的主体由有限走向了广泛,在古代社会,享有人格权的基础是人们的身份关系,人格权仅是主体有限的权利。"从身份到契约"的渐进过程发展到现代,决定了身份权的弱化和人格权的不断扩大。从人格权的具体内容来看,经历了一个由具体人格权

---

[28] 参见[苏]H. C. 马列英:《民法发展的趋势》,载法学教材编辑部《民法原理》资料组编:《外国民法资料选编》,法律出版社 1998 年版,第 171 页。

[29] 参见张俊浩主编:《民法学原理》,中国政法大学出版社 1991 年版,第 3 页。

[30] 参见王利明:《论人格权的概念和特点》,载梁慧星主编:《民商法研究》(第 1 辑),法律出版社 1998 年版,第 178 页。

(生命健康权、姓名权和名称权、肖像权、名誉权)到一般人格权(身体自由权、婚姻自由权、通信自由和通信秘密自由、住宅自由以及人格尊严等内容)的发展过程。[31] 这个从具体到一般的逻辑过程,其实就是人格权范围扩张的事实。在这个意义上说,一般人格权是人格权制度发展到一定历史阶段的产物,是人格权范围扩张和人格权法发展的重要标志。

20 世纪中叶以来,世界各国不仅加强了对人格权的立法,同时法律对人格权的保护及对侵犯人格权的救济也越来越周密。这主要体现在:一方面,立法和司法逐渐扩大了对人格权的保护范围;另一方面,对人格权的保护从单纯的刑法或行政法向主要采用私法的保护发展。私法保护的特点是用侵权法的损害赔偿方法保护人格权。按照传统民法的观点,由于人格权为非财产权,因此应采取排除妨害的补救方法作为对人格权的民法保护方法。然而,排除妨害的方法一般只适用于正在进行的侵害,对于已经造成的损害难以提供足够的补救。同时,由于人格权为非财产权,因而在其受到侵害以后,也难以使用恢复原状的补救方法。所以,自 21 世纪以来,发达国家的民事立法和实践均以金钱抚慰或赔偿的方式作为保护人格权的主要方法。人们越来越重视精神权利的价值,重视个人感情和感受对于人存在的价值,重视精神创伤、精神痛苦对人格利益的损害。[32] 而且精神赔偿制度已经扩张到物质性人格权的救济。在物质性人格方面,既存在物质利益,也存在人身的非物质利益。例如,在新西兰最近的一些判例中,甚至认可对违约造成的精神痛苦也有主张精神赔偿的余地。[33] 可见精神赔偿制度越完备,救济范围越大,那么法律对人格权保护也越周密。

人格权的不断发展使立法面临着深刻的挑战,在人格利益日趋复杂化的形

---

[31] 关于一般人格权的概念,我国台湾地区学者旋启扬先生认为它是一种母权,也是一种发展中的概念。立法者由之析出若干人格利益,具体化为个别人格权(如生命、身体、健康、自由、名誉、姓名)。德国学者胡伯曼针对否定一般人格权的观点,认为否定一般人格权实际上是否定了个人的基本权利。我国学者认为一般人格权是指公民、法人享有的并且决定具体人格权的一般人格利益。这些界定都有一定道理,但尚不尽完善。笔者认为,一般人格权是指公民、法人享有的,概括人格独立、人格自由和人格尊严等内容的一般人格利益,并由此而产生和规定具体人格权的个人基本权利。与具体人格权相比,一般人格权具有以下法律特征:(1)普遍性;(2)法定性;(3)权利客体具有高度概括性;(4)其性质是人的基本权利。

[32] 参见杨立新:《民法判解研究和适用》(第 1 集),中国检察出版社 1994 年版,第 222 页。

[33] Eg. ,Rowland v. Collow,[1992]INZLR178.

势下,传统的法典化国家的法官们显得束手无策。尤其一般人格权是一种发展性的权利,随着人类社会变化及社会经济的变迁,其内容也日趋扩大,隐私权的产生即属一例,最近关于形象权的争论引发了人们对人格权范围的思考。目前关于人格权的立法问题,世界上广泛采用的立法模式有三种。第一种是广泛认可、扩张适用的抽象主义,这种模式认为人格权一个内涵十分丰富的概念,一切新的人格利益是否受法律保护完全由法官来自由裁量。第二种是列举项目、限定范围的列举主义,如德国、瑞士、意大利等国家。第三种是特殊确认、一般推论的中心推论主义。英美法系通常采取这种做法。例如,将“生活乐趣的丧失”作为中心项目,然后将名誉、荣誉、隐私权作为具体项目加入其中。如果判例需要承认新的具体项目,则列入中心项目进行一般推论。[34]

人格权概念的外延是受若干因素影响而变动的,科学技术发展到 20 世纪,法律承认了隐私权。精神利益在人们社会生活需要中逐渐增长也会带来一些新型的人格权。因此,民法应适应这种人格权的变动,建立一种弹性的法律保护机制。因此,较之世界各地的立法例,关于民法保护人格权的立法模式应该采取抽象主义与列举主义的结合,是严格规则主义与自由裁量的结合。抽象主义的人格权指的是无具体项目的人格权,是原则上的规定。当一种新的人格利益需要法律保护时,法官便可从抽象人格权中获得自由裁量权,以克服列举主义带来的弊端。

五、结　　语

展望 21 世纪,科技的发展和社会的进步已经成为不可阻挡的历史潮流,宏图美卷令人神往。正如我们不能想象将 19 世纪的法律制度应用于 20 世纪的社会生活一样,同样我们也不能期许 21 世纪能全盘照搬 20 世纪的民法。民法发展进步的历程,就是人类不断回答各种挑战并取得成功的历程,它必须根据

---

[34] 参见刘茂林:《现代人格权的理论基础和发展模式》,载《天津社会科学》1994 年第 4 期。

时代的需要调整自身的规则以期适应变化了的社会生活条件。万能化的法律和永恒不变的法律是不存在的,在兼具个人权利和社会利益的民法制度中,最关键的是要实现法的安定性与妥当性价值的和谐。

21 世纪的社会要求新的、更有弹性的民法理论。民法要适应这种趋向,通过制度化的安排使人们的生活变得更加合理和美好,以实现民法孜孜以求的目标。

中国民事法概览*

中国民事法是在20世纪初继受大陆法系德、日、瑞士等国民事立法的基础上发展起来的。其间,随着中华民族争取民族独立和发展民族经济、走向富国强民的艰难历程,中国民事法的发展也历经艰辛和挫折。直到20世纪末,中国民事立法的发展才迎来了一个稳定的发展时期,一些重要的民事立法工作得以展开,一些重要的民事单行法得以颁布,中国的民事法律体系已形成了它的独特体系。

一、中国民法的历史发展

在中国漫长的封建社会中,长期推行重农抑商的经济政策,自给自足的自然经济占主导地位,商品生产和商品交换被限制在狭小的范围内,市场经济不发达。政治上实行封建专制主义统治,个人自由、平等、权利、义务等观念均无由发生。因此,不具备或不完全具备民法产生和发展的基本条件。

我国古代民法不发达,但并不等于说我国古代没有民法规范。早在《周礼》中就有许多调整民事关系的规范,例如,《周礼》中记载着"田里不'鬻'",即规定土地不能买卖。"人民、中马、兵器、珍异、凡买卖者必须剂焉",说明当时重要的买卖合同必须有书面契约。"凡有责者,有判书以治,则听。""听称责以傅

---

* 本文系根据作者2000年年初为在秦皇岛举办的"法治讲习班"所作的讲座整理。

别。”“责”就是古“债”字,判书和傅别都是契约的书面形式。唐代以后,涉及财产法、契约法、市场法、土地法、亲属法及继承法等方面的内容都有了一些规定。但是,这些涉及民事关系的规定,如户、婚、钱债等,亦仅以采用刑罚制裁为限,实质上仍属于刑法规范,而一般民事关系,主要由习惯法调整。

现代意义上的民法之规定,始于清朝末年之法制改革。1907年光绪皇帝委派沈家本、俞廉三、英瑞为修律大臣,主持民、刑等法典之制定。沈家本当年亲赴日本,邀请了日本大审院判事、民法学者松冈义正。同时还邀请了帝国大学刑法教授冈田朝太郎,司法省事务官小河滋次郎,帝国大学商法教授志田钾太郎,由松冈义正先生担任民法典总则、债权、物权三编的起草工作。四位日本学者除担任各法典起草工作外,还在当时的京师法律学堂任教。

1911年年底,民法典起草工作完成,称为《大清民律草案》,是为现代中国民法之始。该草案由总则、债权、物权、亲属、继承五编构成,共1569条。其编排体例及前三编内容,乃参考德国民法典和日本民法典。这一法典未及正式颁行,清王朝就被辛亥革命所推翻。但是,通过这一民法典草案,大陆法系民法尤其是德国民法典的编排体例及法律概念、原则、制度和理论被引入中国立法,对现代中国民事立法及民法理论有深远的影响,且充分显示了我中华民族如何在外来压力之下,毅然决定抛弃固有传统法制,继受西方法学思潮,以求生存的决心、挣扎及奋斗。

民国成立后,设立修订馆主持起草民刑法典。乃以《大清民律草案》为基础,予以增删修改,于1925年完成民法典,成为《民法修正案》,又称《第二次民律草案》。其中债权编采用了瑞士债务法的一些原则,物权编增设抵押权、典权制度。这部民法典草案曾经司法部通令各级法院作为法条引用,但最终并未成为正式法典。

中国历史上第一部正式的民法典,是国民政府制定的《中华民国民法》。国民政府立法院于1929年设立民法起草委员会,着手起草民法典。该委员会依照中央政治会议决定之民法各编立法原则,经两年工作完成法典,并分编公布施行。该法典分总则、债权、物权、亲属、继承5编,共29章,1225条。这一法典的制定,乃以《民法修正案》为基础,着重参考德国、日本、瑞士立法经验,并且参考了苏俄民法典和泰国民法典。例如,采民商合一主义,乃参考瑞士、苏俄立法经验;规定男女平等原则,废亲权之名而着重规定父母对子女的保护及教养义务,规定权利滥用之禁止,乃参考苏俄民法典。但是,直到新中国成立前,这部民法典只在国民党统治的大中城市才有实际的效力,在广大农村实行的依然是世代相传的宗法制度和风俗习惯。新中国成立后,这一法典被中央人民政府明令废除。

1949 年中华人民共和国成立后,我国的民事立法进入了一个新阶段。然而由于各种原因,却经历了一个步履艰难、曲折复杂的缓慢发展过程,大致来说可分为如下几个阶段。

(1)国民经济恢复时期的民事立法(1949 年至 1952 年)。这一时期的民事立法主要任务是完成民主革命遗留的问题,为有计划地进行社会主义建设创造条件。先后颁布了《没收战犯、汉奸、官僚资本家及反革命分子财产的指示》《土地改革法》《新区农村债务处理办法》《关于国营企业清理资产核定资金的决定》《私营企业暂行条例》《婚姻法》等。此外,国家还相继颁布了有关合同管理、工商企业登记管理、商标管理、货物运输规则、生产发明、技术改进奖励等法规、条例。

(2)社会主义改造时期的民事立法(1953 年至 1956 年)。这一时期民事立法的任务是为逐步实现国家的社会主义工业化,逐步实现国家对农业、手工业和资本主义商业的社会主义改造服务。先后颁布了《公私合营企业暂行条例》《关于目前私营工商业和手工业的社会主义改造中若干事项的决定》《农业生产合作社示范章程》《高级农业生产合作社示范章程》。从 1954 年开始,全国人大常委会组织民法起草小组,着手我国民法典的起草工作,并于 1956 年草拟了民法典征求意见稿,共计 5 编 433 条。

(3)"调整、巩固、充实、提高"时期的民事立法(1960 年至 1966 年)。这一时期的民事立法主要是为了适应国民经济调整与发展的需要,总结"大跃进"的经验教训。先后制定或颁布了《农村人民公社工作条例修正草案》《国营工业企业工作条例(草案)》《国营商业企业工作条例(草案)》《发明奖励条例》《技术改进奖励条例》《商标管理条例》等。此外,全国人大常委会于 1962 年组织了第二次民法典的起草工作,并于1964年正式提出了《民法草案(试拟稿)》,其内容包括总则、所有权和财产流转三编,共24章262条。

(4)改革开放以来的民事立法(1976年至今)。“文化大革命”中,我国社会主义法制建设遭到严重破坏,民事立法工作处于停滞状态。自党的十一届三中全会以来,随着改革开放政策的贯彻执行,社会主义法制建设日益加强,民事立法工作也进入了一个新的历史发展时期,大量民事法规、条例先后颁布。经全国人民代表大会及其常委会颁布的重要民事法规有《经济合同法》《婚姻法》《继承法》《涉外经济合同法》《技术合同法》《外资企业法》《中外合资经营企业法》《中外合作经营企业法》《商标法》《专利法》《企业破产法》《全民所有制工业企业法》《私营企业法》《公司法》《担保法》《保险法》《票据法》《海商法》《合伙企业法》《著作权法》等。同时,国务院还颁布了许多重要民事法规,如《工矿产品购销合同条例》《农副产品购销合同条例》《借款合同条例》《建设工程勘察设计合同条例》《建筑安装工程承包合同条例》《财产保险合同条例》《加工承揽合同条例》《仓储保管合同实施细则》《企业法人登记管理条例》《计算机软件保护暂行条例》等。此外,1979年全国人大常委会再次组织民法起草小组,着手第三次民法典的起草工作,到1982年已先后完成了四稿民法草案。但由于经济体制改革刚刚开始,颁布民法典的时机还不成熟,为适应社会主义商品经济的发展,于1986年颁布了我国的民事基本法——《民法通则》。

进入20世纪90年代以后,对国内经济发展起着重要影响的两部法律又得以颁布,一部是1998年12月30日颁布的《证券法》,另一部是1999年3月15日颁布的《合同法》。自《合同法》于1999年10月1日实施之日起,以往的3部“合同法”同时失效。

二、中国民法的现状

(一)现行民法的渊源

我国民法的渊源主要有如下几种。

1. 制定法

制定法又称为成文法，是指我国不同的国家机关根据法定职权和程序制定的各种规范性文件，以及我国缔结或参加的国际条约。我国与大陆法系国家相似，制定法是我国民法的主要渊源。

作为我国民法渊源的制定法主要有(1)宪法；(2)民事法律；(3)国务院颁布的民事法规、决议和命令；(4)地方各级人民代表大会、民族自治地方的各级自治机关发布的决议、命令、地方性法规、自治条例和单行条例；(5)国务院所属各部委、局及地方政府等发布的命令、指示和规章；(6)有关国家机关对民事立法的法定解释；(7)我国缔结或参加的国际条约。

2. 习惯法

习惯法属于不成文法，在民法法源发展史上，习惯法曾长期作为主要渊源。到18世纪，由于欧陆各国竞相制定法典，谋求法制的统一，习惯法被成文法所取代。然而，成文法国家即使有了完备的民法典，但也不可能做到对全部民事关系都有明确的规定，更何况社会生活总是不断发展变化的，对一些新情况无法从现行法律条文中找到相应的规定。到19世纪末，习惯法逐渐受到重视，有些国家或地区民法典明确规定习惯法对于成文法有补充的效力。

我国是一个历史悠久的文明古国，有着许多良好的习惯和优良传统。我国目前的民事立法尚不完善，即使已颁布的法律，如民法通则、经济合同法、继承法律也规定得十分简略，这就给习惯法的适用留下较大余地。当然，并非一切民事习惯都属于民法的渊源，只有那些与我国现行法律。法规不相抵触的习惯，经国家认可或司法机关引用才能成为我国民法的渊源。

从我国的立法与司法实践来看，是承认习惯法作为我国民法的渊源的。如1950年《婚姻法》第5条第1款规定："为直系亲属，或为同胞的兄弟姊妹或同父异母或同母异父的兄弟姊妹者，禁止结婚；其他五代内的旁系血亲禁止结婚的问题，从习惯。"1951年7月18日《最高人民法院西南分院关于赘婿要求继承岳父母财产问题的批复》中指出："如当地有习惯，而不违反政策精神者，则可酌情处理。"《民法通则》第151条规定："民族自治地方的人民代表大会可以根据本法规定的原则，结合当地民族的特点，制定变通的或者补充的单行条例或者规定。”这里所讲的“结合当地民族的特点”,可以理解为当地民族的符合《民法通则》规定的原则的某些民事习惯。《涉外经济合同法》第5条第3款规定:“中华人民共和国法律未作规定的,可以适用国际惯例。”

3. 判例法

判例法也属于不成文法,是英美法系诸国的主要法源,上级法院对案件的判决,作为先例,对下级法院具有法律的拘束力,成为以后审理同类案件的通则。大陆法系各国则采取制定法主义,法院判决原则上只依据成文法而不受先例拘束。

由于我国民事立法深受大陆法系的影响,判例一直在理论上被排斥在法律渊源之外。然而,从司法实践来看,成文法虽有形式逻辑上的严谨,但在现实生活中的应变能力较差,更何况我国现有的民事立法多是“宜粗不宜细”原则的结果,大多民事立法只是原则性的规定,即使加上立法解释和司法解释之后,还会存在许多有待填补的空白。而判例法的优点正在于它有很强的应变能力,它不仅可以弥补法律规定之不足,而且对相同的案件事实只能作出相同的判决,以发挥法律作为行为规范的作用,维护法律的尊严。可能正是基于这一点,我国的司法实践迎合了成文法与不成文法相互结合的国际趋势,最高人民法院通过批复、复函等方法就有关案件作出解答,并于1985年开始在法院公报中陆续发表典型案例,这些解答和案例对各级人民法院的审判工作有指导意义。在司法实践中,下级人民法院在裁判同类案件时,法官倘无相反的充实理由,莫不受其拘束。可见,在我国的司法实践中已有肯定了判例具有法源的功能。

4. 法理

法理,在日本民法称为“条理”,奥地利民法称为“自然的法原理”,意大利民法称为“法的一般原则”,我国台湾地区“民法”称“法理”。何谓法理?日本学者石田穰认为,法理是依理性判断事物的道理,是指与法律(包括习惯法)调和的法命题;我国台湾地区学者杨仁寿认为,法理是指法律的原理,即由法律之根本精神演绎而得的法律一般原则;我国学者梁慧星认为,法理是依据我国民法之基本原则所应有的原理。以上观点并无实质区别,均可值赞同。

历史上的统治阶级都十分重视法理的作用。在大陆法系国家或地区的民法典中,基于制定法的规定不可能包含一切,当出现法律、法规无明文规定,而习惯和判例又无先例时,裁判官在不能拒绝裁判的情况下,只能依据法理进行裁判,于是法理也被确认为民法的渊源。在我国,无论是根据现行法律还是一般理论,都不承认法理具有法律拘束力,不认为法理是我国民法的渊源。然而,有权解释的机关在对民事法律进行解释时,以及法官在裁判案件遇到法律无前文规定又无习惯与判例可遵循时,又往往以法理作为解释和裁判的根据。这样一来,法理通过解释与判例获得了法律拘束力。解释与判例引为根据的法理,也就成了我国民法的间接渊源。

(二)两部重要的民事法律介绍

1.《民法通则》

《民法通则》于1986年4月12日第六届全国人民代表大会第四次会议通过,1987年1月1日起施行。它是从我国的实际情况出发,在总结30多年来我国经济建设和司法工作的实践经验的基础上制定的。既体现了各国民法的一般性规定,又体现了我国的特殊国情,反映了当时我国社会主义公有制基础上有计划的商品经济的现状和发展趋势,体现了社会主义原则和改革精神。它无论在结构上还是在内容上,都突破了历史上的法国民法典、德国民法典和苏联民法典的框框,是一部具有独创精神和鲜明的中国特色的社会主义民法。

(1)《民法通则》结构上的特点

《民法通则》的结构与欧洲大陆国家以及苏俄东欧国家民法结构相比,有很大的区别。

在有民法典的国家中,法典一般分为两种结构。一种是法国模式的三分体系,即法典分为人法、物法、债法,不设总则篇。属于这种结构的有荷兰、比利时、西班牙、葡萄牙、匈牙利、保加利亚等。另一种是德国模式的五分体系,即总则、物、债、亲属、继承。属于这种体系,设总则部分的有日本、意大利、苏联、捷克斯洛伐克、蒙古、波兰等。在后一种模式中,总则部分规定民事活动应该遵循的一般原则。总则部分的主要内容是人,包括自然人和法人、物、法律行为、期间和期日、时效。

我国民法基本上采取后一种模式,设总则部分。现在的《民法通则》,其形式就类似于民法总则。但是,它又与前述国家的民法总则部分有所不同,多增加了一些内容,主要增加了民事权利、民事责任以及涉外民事关系的法律适用章节,此外,还规定了婚姻家庭、财产继承的基本原则。我国的《民法通则》共分九章:第一章,基本原则;第二章,公民(自然人);第三章,法人;第四章,民事法律行为和代理;第五章,民事权利(物权、债权),第六章,民事责任;第七章,诉讼时效;第八章,涉外民事关系的法律适用;第九章,附则。九章当中共有156个条款。在某种意义上说,我国的《民法通则》是一个民法大纲,是一部浓缩的民法典。

(2)《民法通则》内容上的特点

第一,《民法通则》正确界定了民法的调整对象,确认了民法的私法性质,在法律制度上初步建立起了对民事社会生活关系与国家政治生活分别进行法律调整的新体制。

在《民法通则》制定时,围绕民法的调整对象问题,中国法学界存在尖锐的思想斗争,主要的争议是在社会主义公有制条件下要不要把经济看成一个相对独立的领域,要不要坚持民法传统的问题。在这个观点上形成了经济法学派和民法学派的对立。经济法学派主张公有经济关系中的财产因素与国家领导、管理、计划等组织因素的有机结合,由经济法统一调整公有经济中的纵向经济关系与横向经济关系,为民法调整保留一个极其狭窄的范围——个人消费范围。而民法学派坚持生产、分配、交换、消费的统一性,严格区分纵向经济关系和横向经济关系,由民法按平等原则和等价有偿原则统一调整所有横向经济关系,即平等财产关系,实际上把经济生活与国家生活区分开来。

《民法通则》第2条规定:“中华人民共和国民法调整平等主体的公民之间、法人之间、公民和法人之间的财产关系和人身关系。”表明我国立法机关采纳了民法学派的理论方法。

第二,《民法通则》确定的民法基本原则,符合我国以社会主义市场经济为基础的现代民事社会生活的根本要求,为完善我国民事立法、健全我国司法提供了科学的指导思想。

《民法通则》是在我国经济体制改革刚刚开始的历史时期制定的。面对西方资本主义国家为民法确定的各项基本原则和东方社会主义国家在计划经济体制时期为民法确定的各项基本原则,如何选择确定我国经济体制改革时期民法的基本原则,无疑是十分艰难的。《民法通则》第3条至第7条为我国民法规定的基本原则是平等原则、自愿、公平、等价有偿、诚实信用原则;民事权利受法律保护的原则;遵守法律和政策的原则;扰乱社会经济秩序的原则。这些关于民法基本原则的规定,除个别地方带有历史局限或用语不够准确外,其整体精神不仅在当时是先进的,就是在我国经济改革目标已经基本转变的今天看来,也仍然是科学和符合社会主义市场经济要求的。

第三,《民法通则》庄严宣告了公民、法人依法享有的各种民事权利,发挥了民事权利宣言书的伟大历史作用。

《民法通则》不仅赋予中国公民和法人广泛的人身权利,而且赋予其广泛的财产权利,特别是关于知识产权的规定,是《民法通则》的一大特色。关于知识产权,很多国家的民法都没有规定,或仅作原则规定,如《苏联民法典》只规定了著作权、发明权和发现权。关于人身权利,各国民法一般都是原则性地规定一条。我国《民法通则》在"民事权利"一章中,专门用二节的篇幅分别规定了知识产权和人身权,明确肯定著作权(版权)、专利权、商标权、发现权、发明权及其他科技成果等知识产权,还有生命健康权、姓名权(名称权)、肖像权、荣誉权、婚姻自主权等人身权也都受法律保护。这在当时也具有一定的独创性。此外,《民法通则》在"民事责任"等章中,具体规定了保护措施,特别是明确规定了对人身权利的非财产性侵害可以要求损害等措施。这是对传统的社会主义民法损害赔偿理论的一个突破。

当然,从我们今天看来,《民法通则》因囿于历史的局限和法学理论研究还不够深入,尚存在许多缺点。由于制订时我国经济体制正处于计划经济体制向市场经济转轨时期,《民法通则》就不可避免地成为一部过渡法,简单来说,它存在如下的一些缺陷。

第一,带有计划经济的色彩。在《民法通则》中,一些条文仅反映了旧经济体制的某些要求和在旧的计划经济体制时期形成的某些法律原则和思想观念。

例如,《民法通则》第7条将"不得破坏国家经济计划"列为禁止权利滥用原则之一项内容写进了民诸原则之中。

第二,《民法通则》的许多规定过分的原则、简单,导致立法意旨不明,不具有可操作性,给审判实践中的法律适用带来困难。《民法通则》共有156条,是世界上最简朴的民事基本法。条文太少,必然规范过分原则、简单,不能清楚表达立法意旨,从而欠缺可操作性。

第三,《民法通则》存在大量的法律漏洞,不能满足审判实践的需要,例如,《民法通则》第63条对代理制度的规定只承认直接代理,不承认间接代理,第58条把欺诈、胁迫、乘人之危的民事行为规定为无效行为等。这些法律漏洞的存在使人民法院对诸多案件的审理无所适从,不能妥善地处理很多民事、经济纠纷。

2.《合同法》

《合同法》于1999年3月15日颁布,同年10月1日予以实施。在《合同法》颁布以前,中国存在三个"合同法",它们是《经济合同法》《涉外经济合同法》《技术合同法》。这三个"合同法"均制定于20世纪80年代初改革开放之际,因而都不同程度地保留了计划经济的色彩。随着中国社会主义市场经济体制的建立,这三个"合同法"已经不能适应这种形势的要求,于是,反映现实经济的要求,代表先进民法理念和更臻成熟的立法技术的统一《合同法》的制定就成为迫切需要。从1993年8月开始,由全国人大常委会法工委组织的一部分专家学者进行《合同法》的起草工作,其间几经酝酿,数易其稿,在广泛征求社会各阶层的意见后,凝聚了中国众多法学家的智慧,充分反映中国各利益阶层的要求,颇具理论前瞻性的一部统一《合同法》终于在1999年3月15日诞生了。

(1)《合同法》的体系结构

《合同法》的体系分总则、分则和附则三部分,共428条。

总则有129条,共八章,第一章设一般规定,包括立法宗旨、调整范围和基本原则;第二章是合同的订立;第三章是合同的效力;第四章是合同的履行;此后还分章对合同的变更、转让、终止、违约责任作了规定。第八章是其他规定,所谓其他规定大致包括以下几项内容:一是无名合同(第124条),二是合同解释(第125条),三是涉外合同法律适用(第126条),四是行政监督问题(第127

条),五是关于特殊时效的一般规定(第129条)。

分则有298条,并尽量将性质相近的合同种类安排在相邻近的章、节,各种合同的条文尽量依其逻辑顺序排列。它分为15章,规定了15种合同,包括买卖合同,供用电、水、气、热力合同,赠与合同,借款合同,租赁合同,融资租赁合同,承揽合同等等,其中规定最多的是买卖合同(共154条)、技术合同(共42条)、运输合同(共33条)。

附则只有1条,即第428条,它规定本合同法自1999年10月1日起施行,与此同时,《经济合同法》《涉外经济合同法》《技术合同法》废止。

(2)中国《合同法》的调整范围

《合同法》第2条规定:"本法所称合同是平等主体的自然人、法人、其他组织之间设立、变更、终止民事权利义务关系的协议。"此条的规定,强调了合同法调整的平等主体之间的协议关系属于民事关系,因而排除了行政合同和劳动合同。对于基于身份关系的有关婚姻、收养、监护等协议,也不包括在内。此外,由于我国理论界对物权行为、物权合同理论持否定态度,《合同法》同样极少规定关于物权变动的合同种类。例如,土地使用权出让和转让合同、企业承包和租赁合同、农村土地承包经营合同、抵押合同、质押合同等就没有规定。

(3)中国《合同法》的基本原则

主要包括三个方面的原则。第一,平等、自愿,合同当事人的地位平等,依法有自由订立合同的权利,一方不得将自己的意志强加给另一方,任何单位和个人不得非法干预。第二,公平、诚实信用。当事人应当遵循公平的原则确定双方的权利和义务,在行使权力、履行义务时,应当遵循诚实信用的原则,不得有欺诈和胁迫的行为。贯彻公平、诚实信用原则,在一定程度上也是对法官自由裁量权力的授予。第三,遵守法律。当事人订立、履行合同,应该遵守法律、行政法规,尊重社会公德,不得扰乱社会经济秩序,损害社会公共利益,这也是对合同自由的限制。

(4)中国《合同法》内容上的特点

第一,关于合同的订立

在这一部分,规定了要约、承诺制度,这是前三个合同法所没有的。《合同法》第31条规定,“承诺对要约的内容作出非实质性变更,除要约人及时表示反对外,该承诺有效”。这明显是借鉴了英美法上的规则。在格式合同条款方面,《合同法》从维护公平,保护弱者出发,对格式条款作了三个方面的限制,一是提供格式条款的一方有提示、说明的义务;二是提供格式条款一方免除其责任、加重对方责任、排除对方主要权利的,该条款无效;三是对格式条款有两种以上解释的,应当作出不利于提供格式条款一方的解释。关于缔约过失问题,《合同法》规定,在订立合同过程中,有的合同虽然还没有成立,但是因一方当事人的过错也会给对方造成损失,有过错的当事人应当承担赔偿责任。

第二,关于合同的效力问题

《合同法》第三章对此作了规定。其中有三个问题值得注意。第一个问题是《合同法》第49条确定了表见代理制度,其规定:“行为人没有代理权、超越代理权或者代理权终止后以被代理人名义订立合同,相对人有理由相信行为人有代理权的,该代理行为有效。”第二个问题,在第50条规定:“法人或者其他组织的法定代表人、负责人超越权限订立的合同,除相对人知道或者应当知道其超越权限的以外,该代表行为有效。”第三个问题,关于以欺诈、胁迫的手段订立合同效力的规定,以前几个《合同法》均规定为无效,这次《合同法》制定时对究竟是无效还是可撤销进行了激烈的争论,最后规定,一方以欺诈、胁迫的手段订立合同,损害国家利益的为无效;仅损害当事人个人利益的,受损害方有权请求人民法院或者仲裁机构变更或者撤销该合同。

第三,关于合同的履行问题

为了防范合同欺诈,保护债权人和债务人的合法权益,合同法增加规定了不安抗辩权、代位权和撤销权,《合同法》第68条、第69条规定,在双务合同中,应当先履行债务的当事人,有证据证明对方经营状况严重恶化的;转移财产,抽逃资金以逃避债务的;严重丧失商业信誉或者丧失履行债务能力的,可以中止履行资金的债务。当然,该当事人中止履行时,及时通知对方,对方提供适当担保的,应该恢复履行合同。第73条规定了代位权,因债务人怠于行使其债权,给债权人造成损害的,债权人可以请求人民法院以自己的名义代位行使债务人的债权。第74条规定了撤销权,因债务人放弃债权或者无偿转让财产,对债权人造成损害的,债权人可以请求人民法院撤销债务人的行为;债务人以明显不合理的低价转让财产,对债权人造成损害,并且受让人知道该情形的,债权人也可以请求人民法院撤销债务人的行为。

第四,关于违约责任问题

新《合同法》在《民法通则》和三个旧《合同法》规定的基础上对违约责任主要作了如下规定:第一,当事人一方不履行合同义务或者履行合同义务不符合约定的,应当承担继续履行、采取补救措施或者赔偿损失等违约责任。第二,当事人可以约定违约金,一方当事人违约时,应当支付违约金。对于违约金的性质,《合同法》规定为补偿性质,故第 114 条规定:约定的违约金低于造成的损失的,当事人可以请求人民法院或者仲裁机构予以增加;约定的违约金过分高于造成的损失的,当事人可以请求人民法院或者仲裁机构予以适当减少。第三,为了切实保护受损方的利益,《合同法》规定损失赔偿额应当相当于因违约所造成的损失,包括合同履行后可以获得的利益。第四,《合同法》第 116 条规定,当事人既约定违约金,又约定定金的,一方违约时,对方可以选择适用违约金或者定金条款。第五,《合同法》增加规定了预期违约制度,其第 108 条规定:当事人一方明确表示或者以自己的行为表明不履行合同义务的,对方可以在履行期限届满之前要求其承担违约责任。此外,《合同法》第 121 条规定:当事人一方因第三人的原因造成违约的,应当向对方承担违约责任。当事人一方和第三人之间的纠纷,依照法律规定或者按照约定解决。

三、中国民事法的体系

谈到民事法的体系,就自然涉及中国民法典的制订和体系。民法典的制定是一个国家民法体系的最终成熟并定型的体现,众所周知,我国现在还没有制定民法典,但为制定民法典的努力一直没有停止。目前的步骤是,由于经济发展和法学理论研究的不成熟,只能先对一些构成民法典的基干部分的法律,如合同法、物权法等予以先行制定,待时机成熟时,以各个部分的民事单行法为基本构成框架,在增删修改的基础上,形成中国民法典的体系。

(一)《民法通则》确立的体系结构

上文提到,我国于1986年颁行的《民法通则》是一部浓缩的民法典,它是我国制订民法典的前奏和基础。在民法典尚未颁布之前,《民法通则》是一部民事基本法,按其体例与内容,它主要包括四大部分,即民事主体—民事行为—民事权利—民事责任,这四项内容环环相扣,形成一个法律链条,共同构成了我国民法的简单体例框架。

现在看来,《民法通则》确立的体系为我们今后制定民法典,特别是构思民法典的总体结构的内容方面具有以下价值。

1. 专设《民事权利》一章,包括物权、债权、人身权、知识产权与其他民事权利,体现了权利保护的广泛性。尤其对人身权的规定,展示了对人格尊严的尊重,反映了社会主义法的先进性。

2. 建立较完备的法人制度,强调以独立主体为本位的物质利益,激励人民积极创造物质财富。

3. 突破传统的民法体例,将侵权责任从债权法中独立出来,从而强调了对民事权利的保护,适应了侵权法的发展潮流,使民法结构体系趋于完善。

4. 摆脱苏欧法系的通常做法,规定了婚姻家庭关系方面的内容,从而将婚姻家庭法列入民法体系的基本制度的重要内容。但是,《民法通则》中民法总则的内容是主要的,包括第一章、第二章、第三章、第四章、第七章等,分则的内容是纲要性的,包括第五章、第六章等。所以,未来民法典应在参考上述结构的基础上,结合近年来颁行的有关民事单行法,着重加强分则部分的规定,同时充实总则部分的规定。

(二)我国民法体系的粗略设计

基于民法体系的确立原则,总结我国民事立法和民法理论研究的成果,笔者认为,我国民法典的结构体系可以采取七分法,即分为七编。附则内容可以在民法实施细则中规定。第一编,总则。主要规定民法的任务、调整对象、基本原则、法律行为和代理、民事责任的一般规定、诉讼时效、法律适用和解释等。第二编,人格权。主要民事主体制度,包括自然人、法人、合伙等内容,以及各类具体的人格权等。第三编,亲属法。包括婚姻、亲子、监护三部分内容。第四编,物权法。主要规定物权的内容与效力、各种物权、共有、区分所有权和相邻关系。第五编,合同法。主要包括债的一般规定,合同通则和分则,违约责任等内容。第六编,继承法。主要规定继承的方式,遗产的范围的处理,继承权的接受、放弃与丧失等内容。第七编,侵权行为法。主要规定侵权行为的一般规则以及各种具体侵权行为等。

现代民法的发展趋势与我国民法典立法体系的构想*

20 世纪中叶以来,各国民法正处在由近代法向现代法的快速演进之中。适应社会主义市场经济的客观要求,我国各项民事制度得到了前所未有的发展和进步。现在,我们要制定民法典就必须适应现代民法的发展趋势,总结我国民事立法经验,可以吸收外国民法的精华。在确定立法的指导思想和基本原则之后,应先从民法典的结构体系入手,勾画出我国未来民法典的总体轮廓。

民法现代化的演进主要体现在民法发展的三个趋势,这将对我国民事立法产生直接影响。一是民法国际化趋势。市场经济的国际化以及国际垄断组织瓜分市场的结果,使一方面,各国民法因互相借鉴移植而趋同;另一方面,各国民法又因国际组织统一适用的共同民事法律出现而走向统一。两大法系因相互渗透导致相互的差距日益缩小。立法技术上,各国制定民法典也有共同标准。因此,我国制定民法典要重视比较法研究,既要吸取大陆法系国家的立法经验,又要借鉴英美法系立法的优越之处。二是民法的社会化趋势。适应第二次世界大战后因国家调控经济的加强而导致的立法社会化倾向的发展,民事立法体现为由"个人本位"向"社会本位"过渡。其直接表现形式为民法三大原则的修订,其中法官的裁判起完善法律的作用。社会化趋势对于我国立法已成为必要的考虑因素,但同时应明确民法虽然内容不断丰富,规则也有变更,但其结

---

* 原载《法律科学(西北政法学院学报)》1998 年第 3 期。江平、王利明等人共谈。

构体系并不会发生本质的改变。三是民法商事化趋势。大陆法系民法早期大多采纳民商分立的立法主义,由于近代商事行为和非商事一般民事行为已难以区分,商业职能与生产职能融为一体,商人作为特殊阶层及其特殊利益已经消失,民商合一主义符合法律发展潮流。大陆法系各国纷纷转而采纳民商合一主义,将商法有关内容并入民法典。我国应基于民法商事化的发展趋势,坚持民商合一的立法主义。但应正确处理民法典与特别法的关系。目前,有理由将公司法、证券法、竞争法、保险法、破产法、知识产权法等作为民事特别法,而调整最一般的人身关系和财产关系的部分,应作为民法典的本体部分。

民法内容博大庞杂,相互关系纵横交错,民法典体例框架的构成决不是简便易行的事。《民法通则》为我们构思民法典的结构和内容提供了宝贵经验。但《民法通则》融总则与分则为一体,总则内容是主要的,分则内容则是纲要性的。未来民法典应着重加强分则部分的规定,同时对总则部分予以充实和完善。大致讲来,我国民法典结构体系可采取七分法,即分为如下七编:总则、人格法、亲属法、物权法、合同法、继承法、侵权法。这种七分法具有如下特点。

1. 将人格法独立作为一编。除《瑞士民法典》外,绝大多数国家立法未专编对人格法予以规定。人格权制度的确立,既使民法摆脱了财产法的偏狭,也促进了民法平等观念的深入。目前,人格权已不限于一项基本的民事权利,而已成为现代民法的基本理念之一。因而将人格权置于民事权利之首符合民法发展潮流。由于民事主体是人格权的载体,人格又是民事主体构成要件,故人格法编包括两部分——民事主体制度和人格权制度。将民事主体从总则中独立出来,便于其包含更丰富的内容,也使总则更能贯通整部民法典。

2. 不设债权法编而代之以合同法编。债权法的核心问题是合同问题,债权法的一般规则即合同的一般规则。传统债法体系中,不当得利、无因管理均属事实行为,依其特征可置于侵权法或合同法分则中规定,侵权行为的责任也不能与债相提并论,债是法的当为,责任是法的强制。立法中可在合同法编中对债权债务关系作出一般规定,无须设立专编。另外,待"统一合同法"颁布实施后,可将其基本内容纳入其中。

3. 将侵权法独立于民事责任之外而独立成编。《民法通则》将侵权责任和违约责任纳入“民事责任”一章,是民事立法的进步。但是由于对不同的民事权利所设置的民事责任并不相同,且侵权法和合同法是民法中相互独立的法律,若把两责任放在一起规定不利于分清两法的性质和界限,因而宜将违约责任置于合同法编予以规定,侵权法则独立成编,而将民事责任的一般规定列为总则内容。由于侵权法保护对象日益广泛,将其置于最后一编可使其成为其他各编的保护编。

4. 把亲属法和继承法分别纳入民法典构成二编。将亲属法纳入民法典是大陆法系国家的通常做法。亲属权、人格权同属人身权,但亲属权属于身份权,因而亲属法是身份法而非财产法,我国近代民法历史传统决定我国应仿效《德国民法典》将其列为独立一编,并置于人格权法之后,由于继承权的实际取得与一定的身份并无绝对联系,继承权是一种由期待权转化而来的既得权,具有明显的财产权性质,因而继承权应属财产法。继承法在民法典中的位置没有必要一定与亲属法并列或接续,但也不宜置于物权法和合同法之中。从逻辑上考虑,将继承法放在其他各类财产法之后列为民法典第六编较为合适。

以上对我国未来民法典体系和主要内容的阐述,仅是粗线条、不成熟的构想,尚有许多问题需要进行深入的研究。若对于诸项问题有了较成熟的思考,恐怕距民法典的实际制定也就为时不远了。

中国民法的历史、现状与未来*

尊敬的各位女士、各位先生：

你们好！

非常荣幸地与各位见面，并在你们大学的讲坛上向各位发表演讲。据说，我是第一位用汉语在法学院演讲的中国学者，这无形中加重了我的责任。我在想，我应该用最简洁、最通俗的语言，通过翻译先生的工作，使大家能够在以后一些时间中有所收获。今天我要讲的题目是：中国民法的历史、现状和未来。

近年来，许多外国朋友不仅关心中国的经济改革、经济发展，而且十分关心中国的法制建设。我作为一位中国的民法学者，应该向各位介绍一些中国民法的历史发展以及现状情况，还可以谈一些今后的设想。各位知道，民法的内容浩如烟海，我不可能在短短几个小时内把它介绍全面，我只能就中国民法的一些基本情况、基本问题作一些介绍，其中也谈一些我个人的看法。

一、中国民法的历史发展

（一）中国传统民法的基本特点

1. 没有独立的民法典。虽然中国的民法可以追溯到先秦时代，即公元前 21

* 1996 年作者应邀访问德国特利尔大学，并于 12 月 16 日在特利尔大学法学院发表演讲，本文系根据此次演讲稿整理。本次演讲由当时在该校攻读博士学位的武汉大学张里安副教授担任翻译。

世纪至公元前3世纪,在这段漫长的历史时期,是中国民法的开始阶段,私有财产出现了,债的制度产生了,互易契约、买卖契约、借贷契约、雇佣契约、合伙契约成为最主要的契约形式,婚姻和继承制度初步形成。但是,中国古代没有民法典,民法的有关内容包含在"礼"之中,包含在综合性的法典、法令之中。到了公元7世纪,唐朝开始有了刑法典(唐律),但始终没有民法典。

2. 漠视民事法律关系。在中国古代,有关的民事法规主要集中在身份、婚姻、继承等方面,与商业有关的民事法律规范较少;在司法方面,官府对参与解决民事纠纷态度冷漠,百姓也是不得已才提起民事诉讼。调整民事关系、解决民事纠纷,主要是依据宗族法和习惯。司法官员处理民事案件往往不是依据法律,而是基于"合情合理"的模糊标准作出道德评判。

3. 家族本位。中国传统民法的法律关系的主体不是自然人个人,而是家长、族长。比如,在家庭财产关系方面,家产所有权归属家长;在借贷方面,也是以家长、族长作为主体的,民间习惯于"父债子还",这实际上是子孙对父辈、祖辈的债务承担无限责任;在婚姻关系上,婚姻不是被看作两个人之间的事,而是被看作两个家庭之间的事,所谓"合二姓之好",所以包办婚姻就成了正常的事;在继承关系上,继承取得的不动产,继承人不得随意处分,而要负逐代递传的责任。

4. 民事责任与刑事责任紧密联系。各位可能了解,中国古代的法律是"刑民不分",在一定意义上没有完全独立的民法,民事法律规范往往混合在刑法、行政法之中。所以,违反了民事法律规范,除了要承担民事责任外,一般还要承担刑事责任。比如,《唐律》规定,"负债违契不偿"除"各令备偿"外,按债的数额多少分别处笞、杖刑。此外,"同姓为婚"罪,"非法离婚"罪,"违法收养"罪等,当事人均要承担刑事责任。在民事审判上,也完全套用行使审判方式,常常当堂刑责民事案件的当事人。

(二)制约中国传统民法发展的主要因素

由以上特点可见,中国古代民法是不发达的。为什么会是这样?其原因是多方面的,概括地说,我们认为以下因素制约了古代中国民法的发展。

1. 封建的专制政治对民法发展的制约。众所周知，封建专制国家所关注的重点，在于政权的稳定以及与之相关的国家经济利益，所以，与刑法、行政法相比，民法就得不到应有的重视，国家就更倾向于和习惯于以刑法、行政法手段调整民事法律关系。在封建的政治体制下，统治者无视民众的个人权利义务问题，也使民法的发展举步维艰。中国是一个文明古国，有她光辉灿烂的历史。但是，由于几千年的封建专制统治，严重制约了民法的发展。

2. 长期自然经济状态抑制了民法的发展。中国封建社会长期停滞在自给自足的自然经济状态，生产仅用于自我消费，消费基本上可以从自然经济中得到满足，个别物品的交换往往以物物交换的方式得到实现，因而货币交换与商品经济不发达。历代统治者奉行“以农立国”的基本国策，把商业看成不增加财富的“末业”，从而产生根深蒂固的“重农抑商”政策。在这种体制下，人们普遍鄙视从商，特别是知识分子宁可一贫如洗也不下海从商。[①] 知识分子不从商就只有一条路可走，即通过考试，从政当官。在古代中国，即使是从商的人，有了钱也主要是购置土地，改行成为封建地主。这样一种经济状态，必然导致商业法律关系的简单化，与此相关的民事立法也就不可能发达。

3. 民事法律关系的发展受制于儒家“重义轻利”的思想。中国的儒家思想源远流长，对国家的稳定、人民间的协和有着恒远的影响力。但是，儒家思想也有它不利于社会发展的一面。孔子说，“君子喻于义，小人喻于利”，对知识分子而言，从商不是正道，只有从政当官才是正道。宋明理学进一步提出“存天理（天然的道理），灭人欲”，极力排斥人们在物质利益乃至婚姻方面的正当要求，从而影响了有关民事法律行为规范的内容及其发展。

4. “礼”的宗法原则影响民法的发展。“礼”的内在精神就是区分人们的贵贱尊卑，长幼亲疏，也就是宗法等级原则。这一原则造就了民法上的家族本位主义，家长的权利竞合了其他家庭成员的个人利益，个人本位缺乏成长发展的土壤。“礼”所倡导的“男女有别”原则，也造成了民事法律关系中男女在权利义务方面的严重不平等。宗法原则更决定了传统民法中有关所有权、债、亲族、

① 在今天的中国社会，中国知识分子下海从商已经形成了一个不小的潮流，应该说是进步。

婚姻、继承以及诉讼等方面法规的基本内容,如诉讼法方面,就有子孙不告家长的规定。

以上诸因素,都影响了中国民法的发展。20 世纪以来,中国法学界已经重视东西方法律文化的比较研究。现在中国有两个罗马法研究中心,有 4 个专门研究比较法和外国法方面的学术刊物,还有一个是得到德国康拉德·阿登纳基金资助的中德经济法研究所。我们的态度是,对待中国古代的东西,要留其精华,弃其糟粕;对待西方先进的思想文化法律制度,要学习借鉴。中国有句谚语,叫作"虚心使人进步,骄傲使人落后"。我们要虚心借鉴和吸收一切积极有用的东西为我所用。

(三)中国近代民法的发展与主要内容

古代是这样,那么中国近代的民法又如何呢?应该说,中国近代民法得到了一定的发展。

1. 清末的法制变革与《大清民律草案》。自 19 世纪中叶开始,中国逐渐沦为半殖民地半封建社会,中华法系也随之解体。20 世纪初,清政府实行法制变革,这次变革实际上是以商事法规的编纂为先导的。1903 年颁行《商人通则》《公司律》,1906 年颁行《破产律》,1908 年起草《大清商律草案》,分为总则、商行为、公司法、海船法、票据法五种。1907 年开始编订大清民律草案,1911 年完成。这是我国第一部民法典草案,共计 1569 条,第一编"总则"、第二编"债权"、第三编"物权"、第四编"亲属法"、第五编"继承法"。该草案的编纂及其内容,体现出现代西方法制与中国封建礼教之间的无可奈何的、小心谨慎的结合。

2. 民初法制与对《大清民律草案》的修改。北洋政府时期,中国加速了法制变革,以《大清民律草案》为蓝本进行民法典的起草工作,于 1925 年完成公布。这是中国公布的第二部民法典草案。经对《大清民律草案》修改后,该草案总则增加了"行为能力"一节,规定了消灭时效;债权编改称债编,该编基本采用了瑞士债权法,对原草案改动较多,如增加"债之发生"一节,分为契约、侵权行为、不当得利 3 款;物权编改动较少;亲属编、继承变改动也较少。总的来说趋于保守。

3. 南京国民政府与中国第一部民法典。1929 年至 1931 年,南京国民政府(设立法制局)陆续制定公布了亲属编和继承编(亲属编是武汉大学法学院教授燕树棠主稿。燕先生于 1984 年在武汉逝世,享年 93 岁)、总则编、债编、物权编。与此同时,还颁行了《土地法》《票据法》《海商法》《公司法》等大量单行法。就《民法典》而言,主要是采德国立法例,也在一些方面借鉴了瑞士民法、泰国民法等。

这部《民法典》与前两个民法草案相比,更多地引进了西方法制,较少地受中国传统的法制影响。例如,总则编中规定了人的权利能力和行为能力,废除旧有法制对妇女行为能力的限制,缩短消灭时效期间。债编:确定采用民商统一立法例,参照泰国民法,以契约、无因管理、不当得利及侵权行为、代理权授予作为债之发生原因,契约自由不得违背禁止性的法律规定,侵权行为的赔偿范围扩展到精神、名誉、自由等无形损失。物权编:注意到西方 20 世纪以来对个人所有权绝对观念的修正,这也符合中国传统社会的伦理要求,除典权之外,其余物权分类均采取大陆法系国家民法的设置。亲属编:初步承认男女平等,摒除一些明显的重男轻女习惯,规定了结婚的最低年龄。继承编:废除了宗祧继承和"父债子还",准许被继承人以遗嘱方式自由处置财产。

4. 解放区的法制与民事立法。在国内革命战争和抗日战争期间,中国共产党领导的苏维埃政府在当时边区艰苦的条件下,也先后制定颁行了一些与民法有关的法律,例如,《土地法大纲》规定:"废除封建和半封建性剥削的土地制度,实行耕者有其田的土地制度。"把土地平均分配,地主也分得与其他农民同样的土地,还规定了"保护工商业者的财产及其合法的营业不受侵犯"的原则;又如,《劳动法》的颁行,保护了工人的利益,也改善了劳资关系,有利于生产力的发展;再如,《婚姻法》规定,实行男女婚姻自由、一夫一妻制的婚姻制度,废除一切包办、强迫和买卖婚姻,禁止重婚、纳妾、蓄婢、童养媳以及类似一夫多妻与一妻多夫的各种婚姻,切实保护妇女和子女的合法利益,从而废除了野蛮的封建主义的婚姻制度。这些都是为中华人民共和国成立后的民事立法奠定了基础。

二、中国民事立法的现状

1949 年中华人民共和国成立后,曾先后编纂过三个民法典草案,②其中 1979 年至 1982 年完成的民法典草案第四稿比较成功。但是因为中国正在进行经济改革,也就是从计划经济体制转变为市场经济体制,这是一场大变革。我们改革的目标是明确的,但没有经验,改革的途径还要靠实践,这在中国是一项十分艰巨的工作。在这种情况下,又不能没有民法。因此,我们就决定先公布施行一个《民法通则》。

(一)《民法通则》

现在,我简单地介绍一下《民法通则》的情况。

1.《民法通则》的体系。《民法通则》是全国人大 1986 年 4 月 12 日通过的,1987 年 1 月 1 日起施行。《民法通则》共分九章 156 条,第一章“基本原则”、第二章“公民(自然人)”、第三章“法人”、第四章“民事法律行为和代理”、第五章“民事权利”、第六章“民事责任”、第七章“诉讼时效”、第八章“涉外民事关系的法律适用”、第九章“附则”。可见,《民法通则》概括了民法的基本内容和主要的民法制度。《民法通则》是一个民事基本法。所以,在以后的几年中,我们又先后制定了《公司法》《企业破产法》《海商法》《仲裁法》《担保法》《票据法》《保险法》等,这些法律都是在《民法通则》总的原则下制定的。

2.《民法通则》的性质。《民法通则》既概括了之前就已经颁行的法律,如《经济合同法》《涉外经济合同法》《专利法》《商标法》《婚姻法》《继承法》等法律的基本原则,也为当时尚无实践经验一时还拿不定主意的一些新问题留下了

---

② 新中国成立后,曾在 1954 年、1962 年和 1979 年三次起草制定民法。前两次起草民法中断的根本原因是当时实行的计划经济对民法的排斥而归于失败。第三次起草虽然已经完成了四稿,但因彼时改革开放尚不充分,社会关系处于急剧变动之中,因此,制定民法典的条件不完全具备,立法机关决定暂停民法典起草,改为先制定民事单行法,民法典的编修暂告一段落。

立法的余地。所以,《民法通则》是一个民事基本法,它不同于民法典,也不同于民法典的总则编,它只是在《民法典》没有制定颁行之前,在一定程度上起到民法典的作用。

3.《民法通则》的特点。《民法通则》没有沿袭传统民法的体系,而是以原理原则为中心,吸收了所有权、债权、知识产权和人身权等基本内容,将总则与分则融为一体。有人说它是一部民法典的浓缩本,这似乎有一定道理。因此,从总体上看,《民法通则》有两个特点。

第一,《民法通则》对基本原则的规定,强调了民事主体的平等地位,强调了等价有偿和诚实信用原则,强调权利本位和社会本位的结合。我们总结了极"左"路线否定公民人身权和财产权给国家建设和人民生活造成的严重危害的教训,对公民、法人的人身权利和财产权利作了规定,其立法思想体现了权利本位。同时,《民法通则》也注意兼顾社会和国家的利益,协调国家、集体、公民、企业的利益冲突,因而又体现了社会本位的立法思想。这在当时刚实行经济改革的中国,确实很有针对性的,也是切中时弊的。这一点对中国今后长远的发展,起到重要的作用。一句话,《民法通则》体现了民法的本质属性。

第二,《民法通则》对民法调整范围的规定,从宏观上解决了多年来民法与经济法界限不清的争论。民法和经济法是两个独立而又有密切关系的法律部门,它们都是调整社会经济关系,但在具体划分调整范围上,一直存在不同看法。《民法通则》对这个问题作了一个大体的划分,这就是民法调整平等主体之间发生的横向经济关系;经济法调整领导与被领导,国家、政府与具体企业之间发生的纵向的经济关系。当然,这种划分还有待于进一步研究。

4.《民法通则》的进步性。《民法通则》是在党的十一届三中全会以后,适应改革开放和发展社会主义商品经济的要求下制定的,是改革开放的法律保障,并为我国建设社会主义人权、民主和依法治国提供了初步法律基础。《民法通则》的基本精神和基本内容,无疑具有进步性,这主要表现在以下几个方面。

第一,《民法通则》的基本精神为权利本位与社会本位相结合,我们总结了极"左"路线否定公民人身权和财产权,从而给国家建设和人民生活造成严重危害的教训,对公民、法人的人身权利和财产权利作了充分的规定,其立法思想体现了权利本位。同时,《民法通则》也注意兼顾社会和国家的利益,协调国家、集体、公民、企业的利益冲突,因而又体现了社会本位的立法思想。

第二,《民法通则》反映了改革开放和发展社会主义商品经济、市场经济的要求,规定对国家、集体、公民利益一体保护原则,抛弃了过去长期实行的对国家利益和全民所有制企业利益特殊保护的原则。这体现了社会主义市场经济的机遇平等和公平竞争的要求。

第三,《民法通则》对公民人格权作了比较充分的规定,包括生命健康权、人身自由、名誉、隐私等最基本的人权,这符合现代法律发展趋势并体现了社会主义法的精神。

5.《民法通则》的主要内容。第一,《民法通则》第一次在中国确立了法人制度,有针对性地给法人下了定义,规定了法人组织必须具备的条件,这对于那些符合条件、进行正当活动的法人组织,是一种法律的确认和保护,特别是承认国有企业的法人地位,它们虽然是国家所有,但是,能够独立进行经营,独立进行经济核算,这就是"自主经营、自负盈亏"。这是中国有计划经济走向市场经济在法律上的一个重要开端。

第二,《民法通则》用专章规定了公民(自然人)和法人组织的民事权利,使男女老幼、家家户户都知道自己享有哪些民事权利,这样便于行使和保护这些权利。我大学毕业后,20世纪60年代至70年代,曾经在法院工作过很长时间,那时法院主要是办刑事案件,除了少量婚姻案件外,很少有其他民事、经济案件。合同纠纷、财产纠纷很少碰到,因为那时企业之间、企业与个人之间只能服从政府主管部门的计划。近些年不同了,公民、法人组织的权利意识增强了,他们知道用法律来保护自己的权利。据我所知,现在法院受理的民事案件比改革以前受理的民事案件要增加百倍,法官们很忙。我看这是好事,公民、法人有事愿意去找法官,通过诉讼解决问题,这是法治。

第三,《民法通则》把某些道德规范和善良风俗用法律的形式固定下来成为法律规范,这就是所谓的"道德性条款"。例如,《民法通则》肯定了拾金不昧、物归原主的传统美德,明文规定拾得遗失物、漂流物、埋藏物、隐藏物应归还原主,归属不明的要上交国家,对于为抢救国家、集体或他人财产而受到损害的,有权得到应有的补偿。

第四,《民法通则》用专章对人身权的保护作出规定,其地位与物权、债权、知识产权保护并列,这在世界民事立法史上是没有的,这是一个重要特色。《民法通则》不仅具体规定了生命健康权、荣誉权、婚姻自主权,而且还强调对婚姻、家庭、老人、母亲和儿童的保护,内容是比较全面的。

第五,《民法通则》还专章对各类民事责任集中加以规定,这不仅在结构上突破了传统民法的立法模式,而且突出了民法以权利为中心的问题。其内容包括违反合同的民事责任、侵权行为的民事责任、不履行其他民事义务的民事责任。该章对承担民事责任的原则和条件,以及承担民事责任的方式,均作了比较全面的规定。通过10年的实践,司法部门特别感到这种集中规定的模式比较便于操作。但在学术界,则有不同意见。就我个人的看法而言,侵权行为应该成为我国未来民法典单独的一编。

6.《民法通则》的缺点。刚才已经讲到,《民法通则》用专章分别对自然人、法人、民事权利、民事责任进行了规定,这在民事立法史上是没有的,有一定的创造性。总的来说,《民法通则》的立法是成功的。但是,随着社会经济的发展,民主与法制建设的进步,《民法通则》也越来越多地表现出它的许多缺点和不足。例如,由于过于原则、过于笼统的规定,给回避法律带来了方便,给司法操作带来了困难;由于民法理论研究不够,还有许多立法空白,比如关于债的规定,许多债的基本制度,如债的保全、债的担保、债的转移、债的消灭就没有规定,这显然不能适应经济社会发展的需要;在立法思想上,我国的民事立法往往是一种现实性立法,所谓“成熟一个,制定一个”,立法滞后有余而超前性不足;由于《民法通则》只有156条,法律条文过于原则,所以,不得不大量颁行单行法律法规,而这些单行立法许多又属于部门立法(由政府有关主管部门先拟定出某法律、某法规的草案),时间要求紧迫,内容比较粗糙,甚至法律法规之间还有冲突。基于以上情况,近年来,法学界、司法界以及国家立法机关要求制定民法典的呼声非常高,并且已有迹象表明,中国正在逐步地实现这一目标,用不了多长时间,我们会制定出一部比较完备的民法典。

(二)其他民事立法

从民法渊源的角度来说,除《民法通则》外,还有如下一些民事立法或民法规范性文件。

1. 民事单行法。相对于民事基本法而言,民事单行法为民法的特别法。中国自改革开放以来,制定了许多民事单行法。其中,有的属于民法典债权编的内容,如《经济合同法》《涉外经济合同法》《技术合同法》;有的相当于民法典亲属编的内容,如《婚姻法》《收养法》;有的相当于民法典继承编的内容,如《继承法》;有的则属于商事单行法,如《海商法》《保险法》《公司法》《破产法》《票据法》等。

2. 民事法规。这是指由国务院制定的民事法规,它构成了中国现行民法的组成部分。比如,国务院根据《经济合同法》的规定制定的若干合同条例,如《工矿产品购销合同条例》《加工承揽合同条例》《借款合同条例》等;又如,国务院颁布的《国内航空运输旅客身体损害赔偿暂行规定》。

3. 行政法规中的民法规范。在国务院制定的行政法规中,往往包含有民法方面的规范,这些民法规范也是现行民法的构成部分。比如,关于技术转让的暂行规定,其中就有关于技术合同必要条件的规定;《工业产品质量责任条例》中就有关于瑕疵担保责任的规定;《城市私有房屋管理条例》中就有关于共有人、承租人优先购买权的规定。

4. 习惯法和判例法。民间存在的习惯,因法院的认可而成为习惯法,其中的典型例子就是关于典权的习惯。在中国,至今没有关于典权的成文法规定,但在民间继续存在典权,因此也常常发生纠纷,截至 1989 年年底,最高人民法院肯定典权的批复、解答就有 18 件之多,可见,关于典权的习惯规则已经构成我国现行民法的组成部分。另外,由于新中国成立 40 余年来,民事立法不完善,给判例法的发展留下了很大空间。最高人民法院发布的批复、解答以及裁判中形成的规则,在事实上毫无疑问成为我国现行民法的组成部分。还有最高人民法院为了贯彻实施民事法律法规,时常对法律、法规作出某种补充性、扩张性解释(如对《民法通则》《经济合同法》的解释),这些解释虽然不是法律、法规,但对审判人员的工作起着很重要的指导作用。[③]

5. 其他规范性文件。这主要是指国务院所属部委及地方各级人民代表大会、各级人民政府发布的规范性法律文件,属于部门规章、地方性法规或者地方性规章。这些规范性法律文件在与现行法律、法规不发生冲突的情况下,也具有法律效力。例如,国家体制改革委员会发布的《股份有限公司规范意见》《有限责任公司规范意见》,即属此类。

三、当前中国民法学界讨论的热点[④]

近几年,中国民法学界所关注的理论问题,是与中国社会变革和发展对法制的需求分不开的。由于经济法与民法在研究领域的交叉,所以,这里介绍的问题有的也是经济法学界所关注的。

1. 关于中国物权法的体系

学术界普遍认为,物权法的制定对在市场中明确界定财产权,促进财产的所有者和经营者有效利用财产,促进财富的增长,具有十分重要的意义。所以,中国应该加快这方面的立法。关于物权法的体系问题,近些年讨论颇多,意见也较分歧。主要是如何界定用益物权的类型和范围,除了地上权、地役权外,典权是中国特有的一种物权形式应予保留,而相邻关系则是所有权的限制和延伸,应该在所有权部分规定。结合中国实际,一些学者认为,还应该将企业经营权、承包经营权、自然资源使用权、租赁权列为用益物权。有些年轻学者,如我所在学院的孟勤国教授认为,他物权的核心在于占有,随着物权从抽象的支配到具体利用的发展,更应该强调占有制度的功能。另外,现行立法缺乏善意取得的规定,不利于保护善意买受人的权益,也不利于维护交易安全,因此,在物

③ 在我国,最高人民法院对法律所作的规范性解释(司法解释)其他各级法院可以直接引用来裁判案件,因此构成我国民法当然的渊源。

④ 这一部分内容在原稿中是在第二部分介绍的,考虑到这部分是对理论界的热点的介绍而不是简单的“立法现状”,具有其独立性,因此,在编辑本书时将其单列为一个要点。

权法中应该规定善意取得制度。

2. 国有企业财产权与国有企业改革

在中国,企业改革的焦点在于确定企业独立的主体资格和明晰企业的财产权。这是建立现代企业制度的基本出发点。首先,要解决存在多年的政企不分的问题,这就要加强政府体制改革,转变政府职能,从而使企业成为真正的法人,成为独立自主的市场经济主体,拥有自己能够独立支配的财产,能够独立的对外承担责任。其次,国有企业改革中产权明晰仍然是关键问题。国有企业能不能行使所有人的权利,这是中国讨论多年的问题。主要有两种意见。第一种意见认为,应该实行两权分离,国家掌握企业财产的所有权,企业对其财产享有经营权,经营权是由所有权派生出来的,最终还要服从于国家所有权。第二种意见认为,应该确认企业的法人所有权,但又不能私有化。其基本途径是,国家设立若干信托投资公司,将国有财产和资金委托这些信托投资公司占有和运营,其收益除留有正当费用和报酬外,应该上交国库。在这里国家是受益人,信托投资公司根据市场需求和企业情况,将其国家财产和资金投入具体企业,从而以此为手段控制这些企业。就我的看法而言,第二种意见有一定可行性。

3. 制定统一《合同法》中值得注意的问题

在20世纪80年代,中国先后制定了三个“合同法”,即《经济合同法》《涉外经济合同法》《技术合同法》,所谓“三足鼎立”的局面。自1993年起,全国人大常委会法工委,依靠学者起草统一合同法。1995年年初就已经完成了这个合同法草案。该草案分为34章,共538条,受到各界的高度评价,目前正在修改中。在立法思想上,立足于中国实际,尽量采用国际通用的交易规则,使立法与国际立法“接轨”;其基本原则是实行意思自治和合同自由原则,强调鼓励交易,严格限定合同无效的条件,严格区分合同的无效和不成立等。合同法主要解决债权法问题,在此基础上再制定物权法,以及民法总则,由此形成民法典的框架。在保护合同当事人方面,有的学者结合目前实际,强调保护债权人的利益;有的学者认为,也不能忽视对债务人利益的保护;大多数学者认为,应该平等保护当事人的合法权益。另外,多数学者认为,统一合同法应当规定标准合同,尤其是对标准合同免责条款的效力予以严格限制。

4. 完善外商投资企业的法律制度

目前,我国外商投资企业法主要有这样一些缺陷:一是立法体例不合理,由此导致立法内容重复、冲突和遗漏;二是所规定的企业法律形态不符合现代企业制度的分类要求;三是法律责任规定不完善;等等。有学者主张改革现行立法现状,制定统一的外商投资企业法。但有的学者认为,外商投资企业法应当由两大部分构成:一部分是企业组织法,它应纳入我国公司法、合伙企业法、独资企业法之中,与中国人投资的企业不应该有区别;另一部分是投资管理法,是外国人投资符合我国经济发展的要求,同时保护外国投资者的合法权益。在具体做法上,学者中也有不同看法,有的主张对外资企业实行国民待遇,这是我国加入世界贸易组织的必然要求;有的主张还是继续实行优惠政策,因为我国的投资环境尚不完善,不优惠不足以吸引外资,但是,优惠政策要纳入法制的轨道。

四、中国未来民法典的制定

(一)制定民法典的现实需要和理论准备

随着我国改革开放的逐步深入,大力发展社会主义市场经济已成为不可逆转的趋势。我们需要健全的、完善的民主与法制,特别是要建立现代化的民商法律制度。目前我国的民事立法已经初具规模,但是,从总体上来讲,民事法律体系散乱,缺乏系统性,且法律规定过于简单,民法基本制度尚不健全,这就要求我国民法向体系化、法典化方面发展。民法典的制定不仅是经济生活的要求,而且有其强烈的政治生活的需要。总而言之,制定民法典的现实需求主要体现在以下三个方面:一是巩固改革开放成果、发展市场经济的需要;二是社会主义法治建设的需要;三是保障公民人权的需要。

要制定一部现代化的民法典,必须要有一套现代化的完善的民法理论。我们除了要研究民法典的基础理论,包括法哲学、立法技术、科学方法论等,还要深入开展民法各项基本制度的比较研究,重视借鉴国外民事立法及审判实务的理论与经验,充分总结我国民事司法的实践经验,在此基础上创建我国的民法理论。我们还必须注意第二次世界大战以后,为适应现代市场经济的要求,各国民事立法和民法理论的极大发展,大陆法系各主要国家的民法典均进行过重大修改,发展出许多新的制度和原则。比如,在物权法领域各种新的担保形式——财团抵押、浮动抵押、抵押债券等;债法领域的积极侵害债权、保护第三人效力契约、因果关系的推定等。对于这些新的制度、原则和理论应该进行深入的研究。唯有如此,我们才能制定出一部现代化的民法典。

(二)制定民法典的指导思想与模式选择

1. 充分体现"私法自治"原则。我国民法界长期受计划经济的束缚,直到近些年多数学者才接受了公法、私法划分理论。在现行民事立法中,"私法自治"的精神还未能得到一目了然的反映。但是,平等、自愿原则的确立,权利本位观的树立,行政权力干预民事主体参与民事生活的减弱,任意性法律规范的扩张,均已反映出在我国民事立法和民法研究中,人们开始对"私法自治"的理解。制定民法典应特别体现"私法自治"原则,尽量减少强制性规定,增加任意性规定,保障当事人有充分的意志自由。

2. 充分体现社会主义的公平正义。在市场经济条件下,民法应当担负维护社会公平正义的重要任务,发挥协调各种利益冲突的"调节器"的功能。因此,民法典的各种规定不能容许弱肉强食、巧取豪夺、为富不仁。民法典保护公民和法人在不损害社会公共利益和他人利益的前提下谋求自身的利益,不允许靠损害社会公共利益和他人利益而发财致富。在强调权利本位的立法思想的同时,也要求民事主体必须承担社会义务,即重视社会本位的立法思想。另外,我国制定民法典,应当将保障人的尊严置于优先地位,以维护人的尊严作为立法及解释适用法律的指导原则。

3. 应该坚持民商合一的立法主义。大陆法系民法有民商分立与民商合一两种立法主义。法国、德国、日本、西班牙、荷兰等国采民商分立主义,即分别制定民法典和商法典;瑞士、泰国、俄罗斯、匈牙利等国采民商合一;意大利原采民商分立主义,后改采民商合一主义,于1942年颁布民商合一的新民法典。我国清末法制改革，本采民商分立主义，分别起草民法典草案和商法典草案；国民政府在1929年至1931年制定民法典时，采纳时任立法院院长胡汉民及副院长林森的建议，制定了民商合一的民法典，另外分别制定了公司法、票据法、保险法、海商法等单行法。此后60余年，我国民事立法模式无变更立法主义的迹象。可见，民商合一已成为我国现代民事立法的传统主义。鉴于现代化市场经济的高度发展，商业职能与生产职能融为一体，商人作为特殊阶层及其特殊利益已经逐渐消失，原则上一切法人和自然人均可从事商行为，民商合一主义符合法律发展潮流，因此，我国法学界普遍认为，制定民法典应当坚持民商合一的立法主义。

4. 应当借鉴德意志式法典编纂体例。大陆法系各国在民法典的编制体例上有两种形式，一是罗马式，二是德意志式。罗马式由罗马法学家盖尤斯在《法学阶梯》一书中提出，这种形式将民法分为人法、物法、诉讼法。1804年的《法国民法典》采这一形式，除去诉讼，将民法典分为“人法”“财产法”“财产的取得”等三编。现在荷兰、比利时、西班牙、葡萄牙以及旧日本民法沿用这种形式。这种编制方式的缺陷很多，如缺少统率整部民法典的总则；财产法中未区别物权、债权；将人格、能力及亲属关系的规定也放在财产法中，继承只被看成财产取得的一种方式；等等。德意志式是罗马法大全中《学说汇编》所采用的体例，后来为德国学者胡果等人所完善。1900年的《德国民法典》即采这一形式。其将民法典分为总则、物权、债权、亲属和继承五编。德意志式的优点是，设立总则作为民法共同适用的纲要，区分物权与债权、区分财产法与身份法，并将继承单列一编。当然，无论是罗马式还是德意志式，都各有优劣。但是比较而言，德意志式为优。我国制定民法典，从大清民律草案至民国时期民法均采德意志式。新中国成立后，我们先后起草过三个民法典草案，大致也属于德意志式编纂体例的变型。我国今后编纂制定民法典的体例，应当借鉴德意志式的编纂体例，吸收其成功经验，但不能简单模仿照搬，而应当立足于中国的具体实际推陈出新。

（三）中国未来民法典的结构体系设想

1. 第一编“总则”。总则编的内容主要应包括民法的任务、民法的调整对象、民法的基本原则、民法的效力范围、民事主体及其类型、民事权利的一般规定、民事法律行为、代理、物、时效及期间、期日。在这里我们特别强调民事主体的地位。随着市场经济的发展,民事主体制度呈现多样化、复杂化的趋势,传统民法中关于自然人和法人的分类已经不能概括所有的民事主体。在我国,民事主体应当包括公民(自然人)、法人、合伙以及国家(特殊民事主体),还应包括公民之间、法人之间以及他们相互之间不同性质的联合体。⑤

2.第二编"物权"。在当代各国法律中,物权是一项具有丰富内容并被各国民事立法广泛采用的民事法律制度。长期以来,由于我国片面地强调对所有制的改造,将所有制与所有权两个概念混为一谈,使人们只注重对所有权的考察与研究,不理会其他物权形式的重要作用,所以,直到今天在我国的法律文献中还没有使用"物权"一词,这也是我国在调整财产关系中的一个严重缺陷。通过这些年的讨论,特别是社会经济发展实践的迫切需要,人们已经认识到,建立"物权"制度的重要性,使用"物权"一词也再也不会有什么非议了。

在我国目前的条件下,应该建立一个什么样的物权体系呢?我们认为,这个体系可以分为完全物权和限定物权两个部分。完全物权,又称所有权,它是最充分、最完整、最典型的物权。限定物权,是指非所有权人基于法律、合同或其他法律根据产生的,对属于他人所有的财产依法享有的直接支配权。限定物权是在他人所有的财产上设定的权利,权利人仅享有对财产的某些方面的权能,所以限定物权也称他物权。限定物权可以分为用益物权、和担保物权。用益物权应包括经营权、承包经营权、地上权、典权、采矿权、租赁权等;担保物权应包括抵押权、质押权、留置权。在整个物权体系中,显然是以所有权为中心的,但是,也不能忽视其他物权的重要性。

---

⑤ 其实,这里关于主体范围的界定有两点需要说明:一是关于"公民(自然人)"的表达,很大程度上受《民法通则》第二章标题的影响。作者在后的著作中认为,不能把公民和自然人混为一谈,民法作为私法应采私法范畴的"自然人"概念。参见马俊驹、余延满:《民法原论》,法律出版社2005年版,第76页。二是关于公民之间、法人之间以及他们相互之间不同性质的联合体的问题,同样是基于《民法通则》第三章第四节关于"联营"的规定。不同主体之间当然可以联合经营或者相互投资,但是,应该根据投资方式或者合作方式的不同,选择合适的组织形式,因此,"联营"本身不应该是一种特别的主体。作者在后来的著作中已经放弃了这一观点。

3. 第三编"合同"。我国多数学者认为,为适应市场经济的需要,应建立债权制度并作为民法典的一编,债权编应设置债权总则,规定债权制度的一般原则,如债的标的、债的发生、债的履行、债的转移、债的担保、债的消灭等,并对合同关系、侵权行为、不当得利、无因管理等债的产生根据分别规定。而我个人主张设置合同编,将债权总则的相关内容转移至合同总则,侵权行为独立成编,不当得利和无因管理等债的形式以准合同关系并入合同法。目前,我国有三部合同法,即《经济合同法》《涉外经济合同法》《技术合同法》,此外,还有国务院及各部委颁布的大量的合同法规及条例。这些法律、法规及条例的条文加在一起,恐怕比任何一个国家的民法典债权编的条文还要多,但是因为过于分散、内容不完整甚至还有矛盾,给适用法律造成困难。所以,我国应建立统一的合同制度,以便调整统一的市场关系。这项工作从 1993 年已经开始,我也是起草的参加人。据悉,1997 年春天的全国人民代表大会将要审议通过统一合同法。⑥如果真能通过,那么这个统一的合同法今后稍作修改可以并入民法典而成为合同编。

4. 第四编"人身权"或"人格权"。人身权是现代民法的重要内容之一,是民事主体的存在和成为社会关系中的人的必要条件,属于民法所调整的非财产关系。20 世纪以来,特别是第二次世界大战以后,由于受"人权运动""民主运动"的影响,人格权开始受到立法和司法的重视。一方面,人格权的保护范围在日益扩大;另一方面,人身权的保护从依靠公法的保护向主要采取私法即民法的保护的方向发展。但是,尽管人们日益强调对人身权的保护,但在各国民法中,却未能给予相应的地位,一般在总则中将人身权置于民事主体的有关内容之中,以致物权、债权、继承权能独立成编,内容详尽完备,而人身权的规定却零乱、分散、粗糙。

我国《民法通则》在"民事权利"一章中已列专节规定了人身权,使之与所有权、债权、知识产权并列,这无疑是有重要意义的。但仍有不完善之处,主要表现在《民法通则》所规定的归责原则和要件只适用于损害赔偿,而不适用于其

---

⑥　经过立法机关和学者的努力,统一的《合同法》共 23 章,计 428 条,由中华人民共和国第九届全国人民代表大会第二次会议于 1999 年 3 月 15 日通过,并于 1999 年 10 月 1 日起施行。

他的民事责任;只列举了几项具体的人格权,却无一般性条款,以致对人格权的保护显得狭窄。近些年,我国民法界正在讨论人身权(人格权)能否独立成编的问题,大家的意见还很不一致。就我个人的意见,人格权与人格的主体地位应该区分,人格权的保护与人格权本体应该区分。所以,我主张将人身权或人格权独立成编。

5. 第五编"婚姻家庭"。我国法学界有两种意见:一种意见认为,婚姻关系不是商品关系,以民法调整不适宜,我国《婚姻法》在新中国成立后学习苏联的立法模式,已将其从民法中独立出来,不宜再列入民法中去;另一种意见认为,根据《民法通则》关于婚姻权的规定,考虑到用民法的方法保护婚姻家庭关系是各国普遍的做法,例如,法国规定在其民法典的"人法"中,德国、日本、瑞士等国的民法典均设亲属编,所以我国也应该将婚姻家庭制度包括在民法中。我同意第二种意见,从实际情况来看,婚姻家庭关系中既有财产关系,如夫妻共同财产、抚养、赡养关系等,又有人身关系如因婚姻、血缘形成的家庭关系等,以上这些财产关系、人身关系均属于民法调整的社会关系。另外,在司法实践和人民群众的传统习惯中,都将婚姻家庭法看作民法的组成部分,我国的各级人民法院是由民事庭来解决有关婚姻家庭纠纷的,却从未设立过家庭法庭。所以,我国在制定民法典时,应当将婚姻家庭制度纳入民法典的范围。

6. 第六编"继承权"。自罗马法以来,各国民法无不将继承权作为一项重要的内容加以规定,除《法国民法典》是在第三编第一章规定的,而德国、日本、苏联民法典均是设立独立一编规定的。我国有单行的继承法,因为保护公民的继承权是保护其财产权的重要组成部分,从本质上来看,公民的财产继承不过是其财产所有权在死后的延伸,因此应当将继承法纳入民法典,并作为独立的一编。

7. 第七编"侵权行为"。侵权行为从债法中分离出来,在民法典中成为独立的一编,其理由有以下几点:其一,随着侵权行为的类型多样化,其保护的范围呈扩大趋势,需要提高其在民法典中的地位,以形成相对独立,内容丰富的制度体系;其二,债与责任的分离理论已逐渐成为我国民法界的共识,这使侵权行为独立成编有了法理基础;其三,我国《民法通则》已将民事责任作为专章规定,这为今后立法开拓了发展空间。依大陆法的传统,侵权行为被视为债的一种发生根据,由此产生的法律后果是损害赔偿之债。但是侵权行为法的发展,已使债的理论和制度体系无法包容侵权行为的内涵,也无法规范侵权行为的责任后果,侵权行为只有在立法上相对独立才能顺应当今法制的实践。

关于是否将知识产权列入民法典,我国学术界也是有不同意见的。至今,我国许多高等学校是把知识产权法列入经济法学科的,也有的学者主张把著作权划归民法,把工业产权划归经济法。我认为,在商品经济社会,知识产权同物质产品一样,既有经济价值又有使用价值,具备了商品的基本属性。因此,知识产品的所有和流转关系,应当遵循民法的规范和等价有偿的原则。但是,知识产权的特殊性又使其难以在民法典中作全面规定,所以我赞同我国著名知识产权法专家吴汉东教授的意见,即知识产权的一般性规则在民法典中加以规定,同时保留民事特别法的体例。

8. 第八编"附则"。在这一编中,主要是对民法各编均不宜规定的内容,如概念释义、民族自治地方的变通、生效日期等问题进行规定。

各位女士、各位先生:

10 余年来,我国的民事立法工作取得了举世瞩目的成就,各项民事法律制度体系已经初步形成。我国的民事立法还很不完善,特别是至今还没有一部民法典。这已经不能适应市场经济的发展。从反思的角度来看,我们应当解决立法思想的偏颇,不断提高立法能力,既要发扬中国的优良传统,又可以借鉴外国的先进经验。这样才能使我们的民事立法不断进步和完善。近些年来,民法在中国也受到普遍的重视,报考民法专业的研究生逐年增多,这些研究生毕业后都成为法律界的骨干,他们也十分愿意到你们国家留学,仅武汉大学法学院就有 5 位青年教师和研究生在德国留学。在贵校留学的就有两位,张里安副教授就是其中之一,他们正在这里攻读博士学位。中国人重视德国,特别是重视德国的法律。这次我能有机会来德国,能有机会与各位见面,感到无上的荣幸。我希望我们今后是朋友,欢迎你们到中国去,到武汉大学去!

谢谢各位!也谢谢张里安先生精彩和成功的翻译。

论社会主义市场经济与民法的完善

——纪念《民法通则》颁行10周年*

一

《民法通则》的颁布施行具有重大意义，时至今日仍有深远影响，主要表现在以下几个方面。

1. 有利于巩固经济体制改革的成果，繁荣社会主义商品经济。《民法通则》规定了反映社会主义商品经济条件下的民法基本原则和各项重要制度，为民事活动和经济交往提供了基本规则。适应城乡经济体制改革的需要，《民法通则》确立了公民、集体组织的承包经营权和全民所有制企业的经营权，发展多种经济形式，鼓励横向经济联合，在注重保护社会主义公有制经济的同时，也把对其他经济形式的保护放在了适当位置。《民法通则》赋予外商投资企业以民事主体地位，并保护其合法权益，专门规定了涉外民事关系的法律适用，为进一步扩大改革开放，发展社会主义商品经济提供了法律保障。

2. 有利于保护公民、法人的合法权益。《民法通则》不仅将"公民、法人的合法的民事权益受法律保护"作为民法的一项基本原则确立下来，而且专设"民事权利"一章，包括物权、债权、人身权、知识产权等民事权利，体现了权利保护的

---

* 原载《法学评论》1996年第4期。

广泛性。尤其是对人身权的规定，展示了对人格尊严的尊重，反映了社会主义法的先进性。“民事责任”一章中规定了各种责任形式和救济措施，为权利的实现和被侵害权利的及时恢复提供了切实保障。

3. 有利于推动两个文明建设的进程。民法强调以独立主体为本位的物质利益，激励人民积极创造物质财富，通过主体的普遍自利行为来最终实现社会积累的增长，极大地推动了经济建设的蓬勃发展。《民法通则》中有关诚实信用、遵法重德等基本原则，处理相邻关系的互助精神，民事行为无效和可撤销的条件和责任，民事违法行为的制裁措施等规定，有助于弘扬社会主义道德，创建社会主义精神文明。《民法通则》还重视对知识产权的保护，促进了科技进步和文化繁荣。

4. 有利于发扬社会主义民主，健全社会主义法制。“商品是天生的平等派”，民法反映商品经济的一般规则，要求主体身份平等、行为自愿、交易公平、经济民主，排斥等级观念，特权思想和长官意志，对于保障社会主义人权，推动民主建设有着重要意义。《民法通则》颁行以来，民事立法工作进展迅速，逐步形成以《民法通则》为基本内容和框架，以各民事单行法为重要补充，以大量行政法规和司法解释为配套规则的体系，将平等主体之间的财产关系和人身关系的调整纳入了法制化的轨道。

5. 为民事审判工作提供了法律依据。《民法通则》对民事活动中一些应当共同遵守的准则以立法的形式确定下来，规定了民事主体、民事权利、民事法律行为、民事责任、诉讼时效等基本制度，使各层次的民事立法有了统率，使民事活动有了基本法。民事审判工作由此进入一个有法可依、依法办案的新阶段，从而能够更好地发挥保护主体合法权益，维护社会经济生活秩序的作用。

二

社会主义市场经济体制的确立，为民法的发展提供了广阔的天地，同时又使民法面临着紧迫而严峻的考验。《民法通则》的颁行虽意义重大，但是不可否认,《民法通则》从其制定之初,就有相当的缺憾和局限,随着社会经济的发展,其陈旧与滞后也日益暴露。首先,该法制定于改革开放初期,较多地反映了旧体制的特征与要求,铭刻着计划经济的烙印。例如,以所有制形式为标准对企业进行主体类型的划分,以经营权为核心定位企业的自主权,合同的强制履行原则也是受到了计划经济的影响。其次,该法体系不完善,内容不健全,欠缺很多重要的法律制度。例如,未能系统地规定物权制度,尤其是缺乏用益物权和担保物权的规定;欠缺债的通则性规定,如债的发生、债的保全、债的移转等。最后,该法的条文结构、表述方法也存在瑕疵,且条文过于简单抽象,影响了法律的明确性和可操作性,给准确执法造成了困难。另外,《民法通则》的某些内容已显陈旧,不能涵盖许多新的经济形态和经济要求。例如,由于民事主体和客体范围的不断扩大,物权法领域出现了许多新的用益物权和担保物权形式;随着民商主体法的陆续颁行,划分三种联营形式已没有实际意义;一些具有时代特色的制度如土地的出让与转让、土地使用权的抵押,以及复兴的中国传统的典权制度等,都急需民法加以规范。

民法是市场经济的基本法律,它以规范市场主体之组织、活动规则为己任,是保障市场主体平等、意思自主的重要法律。我国现行民事立法的滞后与不完备有目共睹,这是因为立法手段上的失误,然而究其本源,是由于根植于我国传统文化和计划经济体制的思想局限。长期以来民事生活领域里缺乏民法精神的照耀。这具体表现在,一直以来我们否认或回避公私法的划分,政府权力和公法意识广泛渗透民法的立法体制和制度内容中,反映现代市场经济客观要求的主体平等、权利自由、意思自治等观念未能在民法中得到充分的体现。

公私法的划分源于罗马法。虽然自罗马法以来,有关公法与私法的划分标准颇有歧异,但是现代法以区分公法私法为必要仍是法学界的普遍认识。随着社会关系复杂化,公私法呈现相互渗透的趋势,但民法保障平等主体自由权利的精神实质并未改变。公共权力源自人民授权,也应服务于人民的权利,因此体现国家管理意志的法律在很大程度上是为保护公民、法人的合法权益而设的,同时负担着维护社会正义的职能。我国由于继受苏联的民法理论以及历时甚久的行政经济体制,因而影响了社会主义经济发展的进程。现在,我们有必要强调主体权利与公共权力的划分以及两者之间的界定,正确认识社会生活中客观存在的两类性质不同的社会关系及其应适用的不同法律调整原则,强调主体权利的不可侵犯性,非有重大的正当理由不得限制和剥夺。民事生活领域应实行意思自治,由当事人自己决定他们之间的权利义务关系,原则上国家不进行干预,只在当事人发生纠纷寻求公力裁判或救济的时候,国家才出面进行"第二次的干预"。只有正确认识了民法的上述属性,才有可能摆正民法在社会主义市场经济法律体系中的位置,克服现行民事立法中的行政意志因素。简言之,我国划分主体权利与公共权力的意义,在于保障民事活动中的主体自由,确定国家干预的限度。

市场经济是以市场为资源配置中心的经济,市场经济要求市场主体地位平等,竞争机会平等,享有广泛的权利并获切实的权利保障,以合同为主要纽带构筑彼此之间的社会关系。市场经济的上述属性要求在民法中获得反映。首先是主体地位平等,这就需要改变按所有制形式来划分主体,在权利和负担上区别待遇的立法方法,改变对某种所有制的财产特殊保护的原则,对多元化的主体、多元化的利益给予一体保护。其次,要体现权利本位观。市场经济是法治经济、权利经济,民法应围绕权利的设置、保障和救济来构筑立法体系。《民法通则》虽将保护公民、法人的合法权益置于重要位置,但是计划经济体制遗留下来的权力为本位、管理为本位的观念仍占主导地位,《民法通则》中所规定的重要原则并没有得到全面地贯彻,加之《民法通则》条文简单抽象,又不便于民事权利的实现。因此,要进一步完善民事权利立法体系,实现民事权利的设定要合理,保障要有力。当前尤其迫切需要解决的是,如何使国有企业真正享有市场主体地位,保障其独立自主财产权的问题。对人身权的保护也有待进一步完善。最后,要贯彻意思自主原则。民法应赋予当事人自主决定是否进行和如何进行民事活动的自由,并且允诺当事人在不违反强行法的前提下自愿达成的合同受法律保护。《民法通则》应收缩对合同法领域的限制和干预,赋予当事人充分的合同自由权,同时扩大任意性规范的适用范围,在任意法调整的社会关系中采用"约定优于法定"的原则。只有赋予市场主体尽可能广泛的追求利益的自由和最大限度的活动空间,才能发挥资源的利用效率,同时使民法得以适应社会经济生活复杂多变的需要。

三

民法在社会主义市场经济法律体系中的重要地位毋庸讳言,建立和完善社会主义市场经济法律体系,民法典的制定是其重要内容之一。民法典的起草工作在新中国成立初期就已经开始着手,然而到现在仍处于准备阶段。一直以来我们桎梏于“成熟一个,制定一个”的立法指导思想,习惯于对已有的立法修修补补,甚至片面地追求所谓“中国特色”,而忽视市场经济中的某些共性规则。而今发展社会主义市场经济的客观要求给民法滞后的现状敲响了警钟,我们不得不重新审视我国民事立法的旧措举并展望新的出路。我们将发现,中国民法的振兴在于向系统化、法典化发展。

如前所述,作为我国民事基本法的《民法通则》已落后于现代市场经济的要求。基本原则要进一步加强,体系结构需要调整,许多重要制度和新的内容要予以补充或重新设置,法律条文的结构、表述要加以科学规范等,这绝非简单的修订所能完善。如果按照以往的立法模式,通过颁行单行法和行政法规、司法解释来弥补基本法之不足,则必然加剧现行法在体系、内容、效力等方面的弊端。现行民法体系由于立法分散,法出多门,缺乏整体规划和长远设想,又受到部门利益的局限,导致体系庞杂、混乱,内容上出现重复、矛盾,适用中法律效力的冲突也屡见不鲜,极大地削弱了成文法的作用。有些司法解释超出了法律本身规定的范围,造成了“司法立法”的不正常现象。只有通过制定民法典,才能使民事立法从形式到内容都得到完善,实现法制的统一和民法体系的协调一致。完善立法的同时,也为守法、执法提供了明确的法律依据,有利于充分体现法律的权威性。

当然,我们必须正视制定中国民法典的现实障碍。例如,指导思想上的经验主义、功利主义倾向,民法理论研究还不够深入,立法技术还缺乏科学的方法,干部和群众的民法意识比较薄弱,民法文化与中国传统价值观念的冲突等。

但是,时代已经赋予了我们这样一个重任,为了发展社会主义市场经济,实现梦寐以求的法治理想,我们只能知难而上,不惜穷尽心力为实现中国民法法典化进行艰苦的探索。立法本身就是一个逐渐克服障碍的过程,立法又是一门科学,肩负着总结历史、规范现在、预测将来的使命。社会向前发展,不断会有新的问题、新的要求摆在立法者面前,我们永远都等不到万事俱备、绝对静止的那一刻作为立法的契机,我们也不可能要求法典包罗万象、巨细无遗。法典化并不等于法律发展的停止,我们在法典化的同时,也要合理设计创法的方法,及时修正和补充法典的不足,以符合社会发展的需要。

同时,我们也要用积极而审慎的态度,来考察制定民法典的条件是否已经基本具备。首先,社会主义市场经济体制的确立,为民法典的制定提供了社会经济基础,并且有建设以中国特色社会主义理论作为立法的方向指导。其次,民事立法滞后的现实,已使立法者逐渐认识到超前立法的重要性,在深刻认识市场经济客观规律的基础上对现有社会经济关系进行科学预测不仅可能而且必要。再次,近年来我国民法理论研究取得了丰硕成果,在逐步摆脱苏联民法理论模式的同时,对市场经济发达国家先进、完善的民事立法技术和民法理论研究给予了充分的重视。开始深入地思考市场经济基本规则共性与个性的辩证关系,正确审视我国的民法传统和现代法律本身所具有的趋同化走势。在立足于中国的客观实际,吸收借鉴先进的民法文化,加强国内与国际市场规则沟通的问题上,发表了许多可贵的创见。民法学研究的进一步拓宽和深入,将为民法典的制定奠定坚实的理论基础。最后,在民事立法能力方面,立法机关已经表示“今后要吸收更多的专家参加立法”“有些法律草案可以组织大专院校、科研单位的专家、学者起草”。专家参加立法,有助于解决民法典制定中存在的理论和技术问题。另外,随着社会主义商品经济的发展和普法运动的开展,人民群众的法律意识不断提高。在自身权利不断受到民法保护的过程中,人民群众会日益重视民法这一与自身利益密切相关的法律,把民法作为保护自己财产安全和维护人格尊严的保护神。

民法典的制定并不是一蹴而就的,要循序渐进,有主次之分。首先,要合理构建民法典的体系,建议按总则、人身权、物权、债权、亲属、继承和附则的体例来设置。之所以将人身权单列一编并置于物权、债权之前加以规定,是因为人身权是民事主体的首要权利,是安身立命的前提基础,其他民事权利的取得和实现归根结底都要以人身为依托。重视人身权的保护也是总结历史经验教训、保障社会主义人权的需要。民事责任可以不必单列一编,民事责任的一般规定可涵纳入总则之中,债编再对违反合同和侵权行为的民事责任作具体规定。婚姻、家庭、收养、继承历来为民法的传统内容,应作为民法典的组成部分。知识产权因行政管理的内容较多,可以不纳入民法典。其次,关于民法典的制定步骤,可以采取分步进行,在民法典的整体立法规划的基础上,将各编分别制定单行法颁布施行,比如将《民法通则》《婚姻法》《收养法》《继承法》予以修订,成为民法典的总则、亲属编和继承编;制定《物权法》;以统一《合同法》为基础制定《债权法》等,最后汇总为一部统一的民法典。这样做既可以照顾现实经济生活对法律规则的迫切需要,又能够充分利用现有的立法成果,降低法典编纂的难度。

市场经济体制下经济法与民商法的关系

——读漆多俊先生新著《经济法基础理论》*

经济法兴起近一个世纪以来,它同民商法的关系如何?一直是法学界研究的一个重要问题。中国经济法兴起及人们对它的研究10余年来,法学界围绕这一问题更是争论不休。过去,“大经济法”观点在中国经济法学界长期占据主导地位。所谓“大经济法”,是指人们把经济法调整对象的范围看得过大,把应由民商法调整的某些领域也纳入经济法范畴。这就发生正如民法学界许多同志所说的经济法“抢占”了民法“领地”的现象。其实对于“大经济法”观点,即使在经济法学界内部也有许多人并不赞同,只是过去这种不同意见并未引起人们的足够重视。对经济法和民商法的关系认识不清,不仅影响这两门学科,尤其是经济法这门正在兴起的学科理论体系的建立,而且也给国家经济立法造成某些混乱和困难,影响着国家经济法制建设。当前,我国正在建立社会主义市场经济,需要大力加强经济立法,健全经济法制,这主要就是加强民商法和经济法。正确认识并在立法和法的实施中正确处理这两个部门法的关系,具有十分重要的意义,另外,国家经济体制转换对于我国正确认识这两个部门法的关系,特别是克服“大经济法”观点的片面性,提供了更加明晰的社会经济背景和研究素材。现在应是我们认真进行反思,科学地认识和处理这两个部门法的关系的时候了。

---

* 原载《中国法学》1994年第1期。

在我国经济法学界,漆多俊先生早在20世纪80年代初就形成了独具特色的经济法理论体系。他在研究中坚持从深入分析社会经济关系入手,并从整个法的体系高度,探讨作为一个部门法的经济法的各种基本理论问题,揭示了经济法同民商法的联系和区别,并对当时正处于鼎盛时期的"大经济法"观点提出了尖锐的批评。最近,漆先生出版的新著《经济法基础理论》(武汉大学出版社1993年版),是他10余年来潜心研究的结晶,是他经济法思想的新发展。其中关于经济法与民商法的关系的论述,尤为精辟,具有极大雄辩性,特别是它适应着国家经济体制转换的要求,适应着建立社会主义市场经济对于加强经济立法,建立和完善经济法和民商法立法体系的要求。其理论价值和实践意义应当引起人们足够重视。

一、两类社会经济关系与两个部门法

法归根结底都是"表明和记载经济关系的要求"的。① 这不仅从上层建筑与经济基础的关系上说各种法都是为一定社会经济基础服务的,而且其中有些法律规范更是直接规定经济关系的。社会经济关系有不同的种类和性质,调整它们的法因而也有着不同的特点,区分为不同的种类和部门。② 漆先生指出:自人类社会出现开始,就存在一定的经济关系。国家产生以后,社会经济关系便有了两种基本类型。

一类是民间经济关系,即民间社会个人和组织在生产、分配、交换、消费领域,以平等身份参与经济交换活动而发生的权利义务关系。其基本特征是:(1)在主体身份上,当事人以平等身份参与经济交换活动;(2)在内容性质上,当事人之间是互利、有偿和等价关系;(3)在发生形式上,当事人之间是自愿、协商关系。另一类是国家经济管理关系,即国家在对社会经济进行干预、管理和组织过程中,以国家(或其代表者)为一方主体,同有关各方之间发生的权利义

① 参见[德]马克思、恩格斯:《马克思恩格斯选集》(第4卷),第121页。

② 参见漆多俊:《经济法基础理论》,武汉大学出版社1996年版,第29页。

务关系。其基本特征是:(1)它是在国家对社会经济干预、管理和组织过程中发生的国家经济管理关系;(2)它是以国家(或其代表者)为一方主体,同另一方主体之间发生的管理与被管理关系;(3)不必等价有偿;(4)不必完全自愿协商。

民间经济关系的特性决定,用以调整它们的法,其基本任务是保障民间主体在平等的经济交往中的正当权益,维护正常的(自由主义的)经济秩序,其立法主旨以个体权利为本位,其基本调整原则是平等、自愿、公平、诚实信用,其基本调整方法是以采取任意性规范为主,辅之以强行性规范,对于法律后果则主要采取等价补偿方式。这类性质的法,后来从法的体系中分离出来,形成了一个独立部门,这便是民法。19世纪初,法国又在遵循民法基本原则的前提下,制定了调整商事关系的独立的商法,此后大陆法系国家多采取这种民商分立的立法模式。无论是采取民商分立还是民商合一立法模式的国家,都不得不随着商品经济的发展,制定许多与此相适应的单行商事法规,以至于在一些国家还出现了民法商法化的现象。

国家经济管理关系的特性决定,用以调整它们的法,其基本任务是维护国家经济管理,保障在国家经济管理活动中各有关管理主体和被管理主体的正当权益,以促进社会经济协调、稳定和发展,立法主旨以国家和社会总体利益为本位,其基本调整原则是经济管理中权、责、利、效相结合,即保障国家经济管理权实施,明确经济管理活动中各主体的责任,兼顾各方经济利益,注重社会经济效益;其基本调整方法是采取强行性规范与提倡性规范并重,对于法律后果则主要采取经济制裁与奖励相结合的方式。这类性质的法在现代逐渐形成独立部门,这便是经济法。

漆先生认为:“民法调整民间经济关系,不适合调整国家经济管理关系;经济法调整国家经济管理关系,不适合调整民间经济关系。它们是两种不同性质的法。”③而民商法学界一般认为,民法是一般法,商法是特别法,商法规范或者是对民法中个别规定的补充或变更,或者是体现了民法中一些特殊性规范,或

③　参见漆多俊:《经济法基础理论》,武汉大学出版社1996年版,第31页。

者是创设了民法中所没有的制度,民法与商法的界限并不明晰。所以,我能否这样推论:民法与商法均属于调整民间经济关系的法律。

二、调节社会经济运行的两种机制及两种法律保障体系

现代社会经济运行需要两种调节机制:一种是价值规律的作用及其外部表现的市场调节,它又被人们称为“无形之手”;另一种是国家出面介入经济生活,对社会经济进行干预管理,这便是所谓“国家之手”。为保障对于社会经济的有效调节,促进经济有序运行,国家需要立法,加强经济法制。这里特别重要的是民商法与经济法。漆先生在《经济法基础理论》一书中分析了这两个部门法同两种经济调节机制的关系,指出民商法是保障市场调节,即“无形之手”有效运作的法律机制,经济法是保障国家调节即“国家之手”有效运作的法律机制。它们是市场经济健康运行不可缺少的两种法律保障机制。④ 这就从法的功能与基本任务上透彻地阐析了经济法与民商法的联系与区别。

中国长期实行计划经济,人们忽视和排斥价值规律和市场调节的作用。加之所有制结构上是较单一的公有制,公民和法人之间的经济利益关系比较简单。这些情况决定了民商法不可能发达。特别是在法制未受到足够重视的情况下尤其如此。另外,在实行计划经济条件下,国家经济管理关系十分发达,这本来是经济法发达的基础和前提,但由于我国多年来对法制建设不重视,国家的经济管理主要靠长官意志和行政手段,所以经济法也没有得到应有的发展。自20世纪70年代末,我国在原来计划经济体制基础上引进市场因素,在继续重视计划调节的同时,也逐渐重视发挥市场调节的作用。与此同时,国家重视了法制建设。这时,作为两种调节机制的法律保障——民商法和经济法便得到一定的发展。但在改革之初,由于经济体制的局限,国家对于经济的管理仍过宽过细,企业特别是在国民经济中占主导地位的国有企业作为独立商品生产经

---

④ 参见漆多俊:《经济法基础理论》,武汉大学出版社1996年版,第115页、第129页。

营者的地位仍未真正确立，企业未能独立进入市场。在这种情况下，民商法的发展受到限制，经济法的发展也存在不少问题，例如，对于国家经济管理的某些主要方面，立法不完备，由于国家经济管理面仍然过宽，使经济法调整范围也过宽，在经济法的内容和规范方式上强行性规范较多，而鼓励和提倡性规范较少，微观管理规定较多，而宏观调控法律体系还欠完善。

1992 年开始，我国决定实行社会主义市场经济，国家经济体制发生新的重大转变，就是驱动和调节社会经济运行机制类型的转变。实行市场经济后，我国经济运行的调节机制将更加倚重价值规律的作用和市场调节，使其成为最基本的调节机制。与此相适应，作为市场调节法律保障的民商法必须大力加强；在我国民商法原来不甚发达的情况下，完善民商立法显得尤其重要和迫切。另外，现代社会经济运行必须重视国家管理因素，作为计划调节法律保障的经济法也需加强而不可忽视。

三、发展社会主义市场经济对民商法与经济法调整范围和内容的影响

经济法和民商法的调整范围、内容与国家实行的经济体制和经济管理体制关系密切，漆先生在《经济法基础理论》一书中分析了两种经济体制下两个部门法调整范围和内容的区别，论述了经济体制转换对经济法、民商法的影响。实行市场经济体制和以市场调节为主的经济管理体制的国家，国家管理往往被控制在十分必要的有限范围，管理方式也以指导性和间接调控为主，经济法适用范围受到局限，民商法适用范围较为广泛；而在实行计划经济体制和计划调节为主的经济管理体制的国家，国家对经济的管理范围广泛，指令性的直接管理较多，经济法适用范围较广，民商法适用范围较窄。当前中国经济体制正在发生重大转变，改行市场经济，必然引起我国的经济法与民商法的调整范围和内容的变化。

首先，在对于企业法人和公民的经济活动方面，国家将减少直接指令性的

干预管理,进一步确立他们作为独立商品生产经营者的地位,维护其充分经营自主权。国家对它们的管理方式将主要是完善民商立法,制定他们从事商品经济活动、公平参与市场竞争的规则,保障价值规律和市场调节充分有效地发挥作用。经济法主要是围绕国家对各生产经营单位进行规划、协调、监督和服务等方面作出规定。

其次,对于国家直接投资的各种企业,国家的管理主要是确定投资方向和规模、国有资产经营方式和经营制度以及对于企业经营活动的各种必要监督。经济法主要是在以上这些方面作出规定。国家投资活动及企业经营活动的许多方面可以适用民商法规定,经济法应该放手让民商法在这些领域发生作用。此外,实行市场经济以后,国家投资的方向、重点和规模将逐渐有所变化。国家投资的目的将主要不是为眼前国家的直接利益,而重在调节经济结构,增强社会经济长期稳定发展的后劲。投资的重点将主要是对国计民生具有关键性意义的,或者国民经济中比较薄弱的,或者民间社会不愿投资的产业和公共事业。对于其他行业,民间主体愿意投资,国家不必参与竞争,或者只作一般参股。国家直接投资的企业比重将有所下降,而民间社会投资的企业的比重有所上升。这也使民商法适用范围扩大而经济法的适用受到局限。

最后,国家经济体制变革后,在宏观经济管理方面,国家的工作重点在于宏观决策和规范、组织和协调、监督和检查以及建立和完善宏观调控体系、培育和完善市场体系、建立和完善社会保障体系并提供各种社会服务等。经济法在这些方面必须加强。在国家宏观管理的具体实施过程中,国家指令性计划范围缩小。国家计划基本上是指导性的。商品的国家定价减少、国家与企业、企业与企业之间的经济往来,将主要依照平等协商、等价有偿原则进行。总之,国家将更多采取民商法的方法来实现其宏观经济管理目标。这也是经济法与民商法适用范围和内容上变化的一个方面。

国家经济体制转变引起经济法和民商法适用范围和内容上的变化,对经济法学和民商法学理论研究也将产生重要影响。漆先生指出:“在计划经济体制下,人们容易产生‘大经济法’观点;而在转而实行市场经济的时候,则容易产生轻视或否认经济法作用的思想倾向。”⑤“大经济法”观点产生和流行有多种原因,其根源同国家经济体制和经济管理体制相关。国家经济体制发生转换后,社会经济的运行将主要依靠价值规律的作用和市场调节,因此民商法调整社会经济关系的地位加强了。但这并不意味着完全放弃国家对经济的管理,只是管理方式、手段发生了变化。国家经济管理的存在,决定着调整这种管理关系的经济法的存在。因此认为实行市场经济,经济法不重要甚至可以取消的意见是不正确的。

四、建立适应市场经济发展要求的经济法与民商法立法体系

实行市场经济要求建立与之相适应的完备的经济法与民商法立法体系。新中国成立后长期未制定民法典,后来颁布的《民法通则》内容相当简略。发展市场经济,公民之间、法人之间、公民与法人之间的经济关系越来越复杂,需要完善现行立法,并在条件成熟时尽快制定民法典。由于社会经济生活的广泛性和复杂性,除需要一部完善的民事基本法之外,还要制定或完善各种单项法作为特别法同基本法相补充、配套,对各民事主体在各个经济领域,特别是生产经营领域的各种商事行为进行具体规范。

在经济法方面,中国自改革开放以来,制定了大量法律和行政性法规,但立法体系亟须完善。从立法内容来看,当前迫切需要加强国家宏观经济管理方面的立法,包括对经济活动主体宏观管理方面的立法;对宏观调控和行业管理方面的立法;对培养和完善市场体系的立法,对建立和完善社会保障体系和为企业等经济活动主体提供社会服务的立法。此外,对企业等经济活动主体的微观管理方面的立法内容也需改善。再从立法形式来看,迄今中国的经济法都是关于国民经济各个方面、部门和环节的单项法规,尚无一部经济法法典。在单项法规中,对于国民经济的有些方面立法较为完备,而有些方面则甚为薄弱;国家

⑤ 漆多俊:《经济法基础理论》,武汉大学出版社 1996 年版,第 151 页、第 182 页。

立法机关制定的法律较少,行政性法规和地方性法规较多。这些情况也需完善。

漆先生认为,经济法作为一个独立部门法有其特定的内在体系。为了从立法上揭示该部门法的内在体系,使关于国民经济管理的各种法律规范协调统一和系统化,并便于法的实施,很有必要在条件成熟时制定一部综合性的经济法法典。特别是实行市场经济后,国家经济管理的指导思想、方针、原则将更加定型化。这些都为制定经济法典创造了一定条件。现在,第一步可以考虑制定一个较为简要的经济法纲要,我认为这个建议是可行的。我非常同意漆先生对我国经济立法体系所作的评述,但要制定一部经济法典可不是一件易事。当前,国家经济体制还正处在转变过程中,经济法体系尚有待进一步完善,制定经济法典条件的成熟尚需一个过程。另外,在理论上的准备也不够,在经济法与民商法、行政法以及其他相关法的关系没有真正界定之前,无论经济法典的制定还是民法典的制定,都还是一种美好的愿望。

漆先生清楚地阐析了经济法与民商法两个部门法的立法体系之间的相互关系,指出它们是互相区别又互相关联的。从内容上看,经济法调整国家对国民经济的管理关系。特别侧重于国家宏观经济管理,也包括必要的国家对微观经济的管理。民商法调整公民和法人各平等主体之间的经济关系(此外还调整主体间的人身关系),它主要是国家对微观经济活动的规范。但这两个部门法都对微观经济活动进行规范,这是它们互相关联的表现。从形式上看,两个部门法的发展趋势都要由作为基本法的法典与若干单项法规组成。两个基本法在内容和体系上各不相同。在两个部门法的各单项法中,有些法规其内容的区别十分明显。例如,关于国家宏观经济管理的法规(如计划法、财政法、税法、反垄断法等),内容基本上都属于经济法规范;关于调整物权、债权等财产关系以及婚姻家庭、继承关系的法规,基本上都属于民商法规范。这些单项法在立法时自然可以分别制定,而不发生两个部门法规范互相牵扯的问题。另外一些单项法则不同,对于以微观经济活动为规范对象的立法,经济法与民法所规范的在实际上往往为同一对象,它们只是就该对象不同方面分别进行不同的规范。例如企业法,由于企业在其组织与活动中往往发生多种社会关系,需受多种部门法调整:民商法调整它内部和对外的各平等主体间的关系;经济法调整它同国家之间的国家经济管理关系。这两个部门法都要对企业进行规范。于是就出现在同一法律规范性文件中包含分属于几个部门法的法律规范的情形。这是一种正常现象,也是一种普遍现象。凡以微观经济为规范对象的立法,都往往出现经济法与民商法等部门法的交叉,即既有经济法规范,又有民商法规范;即使经济法中某些关于宏观经济管理的立法,由于在市场经济条件下国家常采用某些民商法的方法实现宏观管理目标,立法中也有对于民商法的适用条款。

对于上述漆先生的观点,我同意经济法与民商法在立法体系上的互相关联、交叉和互相适用的认识。但必须强调,经济法与民商法互相联系和交叉的部分,主要应属于商法的内容。从所属部门法的性质来看,商法是民法的一个相对独立的分支。无论实行民商合一还是实行民商分立的国家,都承认民法和商法是属于私法;而经济法与行政法之间的关系更贴近、更相似,经济法的基本性质是属于公法。商法注重维持私法中传统的"自治原则",经济法注重运用"国家管理原则"。商法规范中具有一定公法的因素,含有一定经济法或行政法规范,但这不是主要的。例如,企业法、公司法、合伙法、买卖法、票据法、破产法、保险法就属于商法。而一些具体的领域、特殊的部门和企业,则必须由国家进行统制管理,以至经济法的成分占主要地位。例如,矿业法、农业法、森林法、邮电法、铁路法、银行法就属于经济法,尽管这些部门法中也具有一定私法的因素,但其主要应属于经济法规范。

在我国逐步建立市场经济体制不断完善经济法制之时,漆先生《经济法基础理论》一书的出版,无疑给我们对经济法和民商法的研究开拓了一条新的思路,增添了许多新的素材。虽然漆先生主要是从经济法的角度进行研究的,但对我们研究民商法也给了许多有益的启迪。现在经济法学界和民商法学界共同担负着完善我国经济法制的光荣使命,需要大家齐心协力,把经济法和民商法理论的研究以及各自学科的建设推向一个新阶段。

民法与商品经济发展*

民法是调整商品经济关系的基本法，这一点已成为我国民法学界的共识。与其他法律部门一样，民法也是建立在一定社会经济基础之上并为其服务的上层建筑，正如恩格斯指出的："民法的准则只是以法律的形式表现了社会的经济生活条件。"①而民法所表现的社会经济生活条件主要就是一定社会的商品经济关系。民法与商品经济的发展密不可分，民法是商品经济的产物，并随着商品经济的发展而发展，反过来，作为商品经济法律形式的民法，又有力地保障和促进了商品经济的发展。

一、从民法的产生和发展看民法与商品经济的关系

民法不是从来就有的，它有一个产生和发展的过程。它是随着商品生产和商品交换的出现而产生的，并随着商品经济的不断发展而发展。

商品生产和交换的首要条件是社会分工。原始社会末期，由于社会生产力的发展，产生了社会分工，逐渐有了剩余产品，这不仅为劳动产品的交换提供了可能，而且也使这种交换成为必要。因为正是分工使生产者和消费者相分离了，交换于是成为生产和消费得以联结、社会再生产得以继续进行的不可或缺

---

* 原载《东亚法律、经济、文化国际学术讨论会论文集》，中国大百科全书出版社 1993 年版。

① ［德］马克思、恩格斯：《马克思恩格斯选集》（第 4 卷），第 248～249 页。

的环节。在交换的基础上,最初的商品经济便产生了。商品生产和交换的出现,打破了原来封闭的经济圈子,加强了经济单位之间的相互联系。商品体现了商品生产者之间的生产关系,也就是劳动互换关系。在交换过程中,商品生产者应以什么方式取得对方的财产,取得财产过程中应享有什么权利、承担哪些义务,取得财产后应得到怎样的保障等一系列问题被提了出来,故商品的交换,必然要求有共同遵守的交换规则,以保证商品交换活动有秩序地、公平合理地进行。商品交换中不可避免地会出现纠纷,这也要求有共同的准则来加以解决。这些共同的规则和准则,首先表现为人们在商品交换中所养成的习惯,后来随着经济的发展、国家的产生,这种习惯便由统治阶级在符合其利益的情况下上升为具有普遍约束力的行为规范——这就是最初的民法规范。恩格斯说:"在社会发展某个很早的阶段,产生了这样一种需要:把每天重复着的生产、分配和交换产品的行为用一个共同规则概括起来,设法使个人服从生产和交换的一般条件。这个规则首先表现为习惯,后来便成了法律。"②这里所说的法律,主要就是指民法。

民法不仅是商品经济的产物,而且随着商品经济的发展而发展。商品经济不是某个社会形态所特有的经济现象,而是存在于多种社会形态之中,在人类社会不同的历史发展阶段和社会形态中,商品生产和交换的状况是不同的,大致呈一种逐步发展的趋势,与此相适应,也就有了调整不同商品生产和交换关系的民法。

综观人类社会商品经济的发展,经历了从简单商品经济到发达的资本主义商品经济以及社会主义商品经济的几个性质不同的发展阶段,与这些阶段相适应的民法也可分为前资本主义民法、资本主义民法和社会主义民法。

前资本主义民法是指反映并调整简单商品经济关系的民法,存在于奴隶社会和封建社会。这里所说的简单商品经济关系,是指以生产资料个体私有制和个体劳动为基础的商品经济关系。它在当时自然经济占统治地位的状况下只是一种次要的和附属的经济形式。与此相适应的前资本主义民法没有成为独

② [德]马克思、恩格斯:《马克思恩格斯选集》(第2卷),第538~539页。

立的法律部门,而只是诸法合体的一个组成部分。古代罗马私法是这类民法的典型代表。古代罗马奴隶制国家由于地理条件等因素,简单商品经济在一段时间内得到了充分发展,从而产生了调整私人财产关系的发达的私法。恩格斯指出:“罗马法是简单商品生产即资本主义前的商品生产的完善的法,但是它也包含着资本主义时期的大多效法权关系。”③因为它对简单商品所有者的一切本质的法律关系,如买主与卖主、债权人与债务人、契约和债务等都作出了“无比明确的规定”。他还认为罗马法是“商品生产者社会的第一个世界性法律”。④ 罗马法对后世影响极大,成为中世纪欧洲子国,特别是近代西方资本主义国家民事立法的根据。法国启蒙思想家孟德斯鸠认为,罗马的政治与法律对于后世是一种“遗惠”,罗马法是“欧洲法制的基础”,德国法学家耶林更宣扬罗马法是罗马帝国继武力和宗教之后用法律对世界的一次“征服”。这是不无道理的。

资本主义民法是指19世纪初叶以来资本主义各国制定的民法,它反映并调整资本主义的商品经济关系,以《法国民法典》和《德国民法典》为典型代表,欧洲中世纪,商品经济关系在封建社会内部不断生长,工业革命以后,资本主义生产方式逐渐占据了统治地位,商品经济空前繁荣。资本主义商品经济是以生产资料资本家占有和雇佣劳动为基础的商品经济,它以大规模的商品生产、流通和劳动力买卖为特征。在此背景下,1804年出现了资产阶级第一个民法典——《法国民法典》。恩格斯称之为以“罗马法为基础”的“典型的资产阶级社会的法典”⑤“成为世界子地编纂法典时当作基础来使用的法典州”⑥1896年的《德国民法典》则是在资本主义由自由竞争进入垄断的过渡时期最完备的一部资产阶级民法典,其内容明显地反映了德国已向垄断资本主义过渡的特点。

社会主义民法是社会主义国家制定的、反映并调整社会主义商品经济关系的民法。社会主义社会,商品经济仍然是一个不可逾越的发展阶段。社会主义商品经济是建立在生产资料公有制基础上的,与以往的商品经济有着完全不同

---

③ [德]马克思、恩格斯:《马克思恩格斯全集》(第36卷),第169页。

④ [德]马克思、恩格斯:《马克思恩格斯选集》(第4卷),第248页。

⑤ [德]马克思、恩格斯:《马克思恩格斯选集》(第2卷),第248页。

⑥ 同上书,第484页。

的性质。但民法调整商品经济关系的规律并不因社会主义公有制而改变其适用性。从1922年制定的第一部社会主义民法典《苏联民法典》到我国1986年制定的《民法通则》,无不表明社会主义民法仍然是调整商品经济关系的基本法律。

综上所述,民法是随着商品经济的发展而产生和发展起来的一个法律部门,商品经济关系决定了民法的内容。但这只是民法与商品经济相互关系的一个方面,在另一方面,民法又反作用于商品经济。恩格斯指出:"政治、法律、哲学、宗教、文学、艺术等的发展是以经济发展为基础的。但是,它们又都互相影响并对经济基础发生影响。并不是只有经济状况才是原因,才是积极的,而其余一切都不过是消极的结果。"⑦民法这一商品经济的法律形式,从它产生之初,就有力地推动了商品经济的发展。罗马法不仅是古代罗马奴隶制国家简单商品经济的反映,其完备的形式和内容又极大地促进了罗马奴隶制社会简单商品经济的发展和繁荣。近现代各资本主义国家的民事立法,更是反映了高度发达的商品经济的要求,巩固了资本主义私有制,促进了资产主义商品经济的发展。而社会主义国家的民事立法则体现了社会主义公有制的特点,为在社会主义条件下发展商品经济开辟了道路。

二、从几项民事基本制度看民法与商品经济的关系

从民法的各项基本制度来看,它们都是反映商品经济关系、适应商品经济的要求而建立起来的。反过来,它们对商品经济的发展又起着重要的作用。

(一)民事主体制度

商品生产和交换,必须在不同的主体之间进行。这要求商品经济主体具有独立的人格和自主的意志,这样他才能成为劳动产品的所有者,才能按自己的

---

⑦ [德]马克思、恩格斯:《马克思恩格斯选集》(第2卷),第506页。

意志去从事交换。同时,他也把交换的对方当作与自己有同样地位的独立自主的人,这样交换才可能顺利进行。因此,反映商品经济要求的民法,首先必须确立商品生产者、经营者或者所有者的法律地位,即在法律上的平等的人格和地位,以此为基础建立民事主体制度。马克思说:“交换,确立了主体之间的全面平等”⑧“还在不发达的物物交换情况下,参加交换的个人就已经默认彼此是平等的个人,是他们用来交换的财物的所有者。”⑨

民事主体从产生时起,就不仅有自然人的形式,而且还有某些社会团体的形式。由于人们的生产活动,不可能全部单独进行,所以在一定的历史阶段中,人们必须组合成一定的团体,随着商品经济的发展,当某些社会团体能够以自己为基本经济单位进行商品生产和交换时,它们就在客观上成为民事主体的重要组成部分。法人制度的确立就是最好的例证。可见民事主体制度是随商品经济的发展而发展的。

民事主体制度确认和保障了商品生产者、所有者或经营者的独立的法律地位和平等的法律人格,允许和鼓励民事主体依法从事广泛的经济活动,保障主体依法对其行为进行自由的选择并承担其独立的经济利益。这是它对商品经济发展的意义所在。

(二)所有权制度

商品交换是商品的相互让渡和转手,而让渡和转手的商品必须是自己所有、能够自主处分的。他人之物显然不能拿去做交易。在法律上,参加交换的商品必须为交换人所有,否则交换就无法进行。也就是说,交换者必须彼此承认对方是交换物的所有者,且交换的目的是取得对方的商品归自己所有。可以说,商品交换的本质是财产所有权的让渡。商品交换的过程也就是商品所有者对其商品行使所有权(在此主要是处分权)的过程。商品经济的这一要求反映在法律上,就形成民法的所有权制度。所有权既是商品生产和交换的前提和基础,又是其目的和归宿。所有权制度保障了商品交换者对于交换的产品拥有法

---

⑧　[德]马克思、恩格斯:《马克思恩格斯全集》(第46卷上),第197页。

⑨　[德]马克思、恩格斯:《马克思恩格斯全集》(第19卷),第422~423页。

律上的支配权利,使交换双方取得对方财产的所有权。

(三)债与合同制度

商品生产和交换必须以社会分工为条件。由于社会分工,导致生产者具体劳动的差异,只有不同的具体劳动创造的不同的使用价值,才能作为商品相互对立并进行交换。马克思说:“一切商品对它们的所有者是非使用价值,对它们的非所有者是使用价值。因此,商品必须全面转手。这种转手就形成商品交换。”[⑩]商品交换是商品经济的核心部分。独立自主的商品经济关系主体之间的商品交换,要求有一定的交换形式,交换的过程和最终的结果要有可靠的保障。于是在交易习惯的基础上,就形成了民法上的债与合同制度。它以法律的强制力保证平等的当事人一方所自愿接受的约束得以实现,即向他方为交付某物或某种行为的给付,以维护正常的财产流转关系。债与合同制度确认了让渡商品和实现商品价值在时间上和空间上的分离,承认这种分离造成不平衡的合理性,并保证这种不平衡趋于平衡。债与合同制度给商品交换带来了巨大方便,使商品交换超出了地域的、时间的和个人能力的限制,从而使商品交换更为迅速,财产的权能分离更为复杂,对物的利用更为充分。

(四)知识产权制度

知识产权是民事主体对其创造性劳动产生的智力成果依法享有的一种民事权利。它以独占实施权为核心内容,从性质上说,不兼具人身权和时产权的双重内容。创造性劳动产生的智力成果推动了人类社会的发展,在满足人们物质和精神需要方面起着重要作用。可以说,人类文明的每一个脚步无不有创造性智力成果的功绩。但对智力成果的保护,并不是一开始就有的,而是商品经济逐步发达的产物。欧洲中世纪末期,文艺复兴运动解放了人的思想,以科学技术革命为核心的产业革命随后勃兴,以牛顿力学体系的建立和蒸汽机的广泛运用为标志的人类智力成果,为大工业发展奠定了基础,促进了商品经济的发

---

⑩　[德]马克思、恩格斯:《马克思恩格斯全集》(第23卷),第103页。

展并加速了其取代自然经济的过程,动摇了封建制度的经济基础。在这一巨大历史变革中,文化和科技革命起着先导的作用,人们由此认识到了文化和科技对未来社会发展的重要作用。另外,随着商品经济的发展,智力成果被商品化了,本身具备了一切商品的基本属性,成了社会财产的一部分,在这种背景下,知识产权制度普遍建立起来,成为民法体系的一个部分。知识产权法律制度的建立,一方面使智力成果能在社会生活各个领域里广泛传播和采用,另一方面又保护了其创造者的利益,调动了创造者的积极性,使更多的创造性智力成果问世。这对智力成果转化为生产力,促进商品经济的发展无疑起着重要的作用。

(五)财产继承制度

财产继承法律制度是由所有制这个经济基础决定的,是所有制发展到一定阶段的产物。马克思主义认为,"继承法最清楚地说明了法对于生产关系的依存性"。[11] 反过来,继承制度又影响经济,因为它涉及财产的分配、财产所有权的转移。一般认为,财产继承关系不属于商品经济关系,[12]但必须承认,财产继承与商品经济的关系非常密切。继承关系的客体在商品经济条件下须用价值、货币的形式来表示,它作为生产资料是商品生产的前提,作为生活资料又是商品生产的归宿。商品交换中所形成的债权债务关系,也是它的组成部分。继承关系的实质是社会产品进入消费领域(包括生产消费)之后,由一定的所有制关系所决定的流转和重新分配的关系。故财产继承制度成为民法的一项传统制度,这是很自然的。

(六)民事责任制度

商品生产和交换过程中,不可避免地会出现对民事义务的违反,它往往导致权利主体的权利受到损害,使商品生产和交换受到阻碍,破坏社会正常的经济流转秩序。这就要求在民法上建立统一的民事责任制度特别是损害赔偿制

---

⑪ [德]马克思、恩格斯:《马克思恩格斯全集》(第3卷),第420页。

⑫ 参见佟柔主编:《中国民法》,法律出版社1990年版,"前言"第6页。

度，以保障商品生产者的权利得以顺利实现，并且恢复或补偿其被损害的权利，民事责任制度对维护商品经济的正常秩序起着特别重要的作用。

此外，民法所确立的平等、自愿、等价有偿、公平、诚实信用等基本原则既是商品经济的反映，又成为市场活动最基本的法律准则，这些原则使进入市场的商品交换者，彼此把对方视为地位平等的商品所有者，并基于双方的自愿而发生等价有偿的交换行为。交换过程中，还必须讲求诚实、信用，使交换公平合理地进行，这有助于协调商品交换者之间的利益冲突，引导其进行公平竞争，保障正常的商品经济秩序。民法上的法律行为制度也严密地控制着商品交换的秩序，把各种交换行为都纳入法律控制的范围。代理制度的出现，适应了商品经济发展，交易范围扩大、交易频繁的需要，使人们不必事必躬亲而能从事广泛的经济活动。同时，委托具有专门知识的代理人代为交易，能够更好地为委托人服务，提高交易质量。民法上的诉讼时效制度，促使民事主体及时行使其权利，这对加速商品的流转也具有重要意义。由此可见，民法的各项原则、制度和方法，是反映商品经济的内在要求而确立的，它们能够有效地调整商品经济关系，保障和促进商品经济的发展。

三、近现代各国民事立法的回顾及社会主义商品经济条件下的我国民事立法

中世纪后期，西欧各国资本主义商品经济萌芽。变化发展了的社会经济条件，亟须新的法律为其服务。这里，新兴的资产阶级发现，原来罗马法所调整的经济关系竟比当时欧洲各国的经济制度还要先进得多，罗马法在为其经济基础服务方面，同样要比欧洲各国的法律制度有效得多，对资产阶级来说，罗马法诸原则正是“在他们兴起时所需要，而在当地的习惯法中找不到的”，⑬于是，罗马法成为各新兴的资本主义国家民事立法所效仿的对象。在民事立法中，《法国

⑬ ［德］马克思、恩格斯：《马克思恩格斯全集》（第36卷），第169页。

民法典》和《德国民法典》是典型代表。

1804年以罗马法(主要是《法学阶梯》)为蓝本的,反映资产阶级革命成果的第一部近代意义上的民法典——《法国民法典》终于诞生了。它反映了自由资本主义时期的商品经济关系,并按其内在要求确立了私有财产神圣不可侵犯、契约自由和过失责任等所谓“私法”三大原则。它把刚刚诞生的现代社会的经济生活条件译成了司法法规的语言,对维护和巩固资本主义私有制和资本主义商品经济的发展都起了积极的作用。同时,它对近现代其他国家的民事立法产生了重要影响。但是,该法典也有局限性,这主要表现在:作为民事主体的人尚未与亲属关系中的人区分开来;在家庭关系中强调以男子为中心的父权和夫权的思想;对法人制度没有规定等。这无疑会对商品经济的发展产生不利影响。

19世纪末,资本主义由自由竞争走向垄断,垄断成为现代资本主义的根本特征。这一时期,生产高度集中,垄断组织不断发展,资本主义商品经济进入了一个新的发展阶段。在这一经济背景下,统一后的德国在1896年颁布了一部反映垄断资本主义特征的、具有世界性历史意义的资本主义民法典——《德国民法典》。它深受罗马法(主要是《学说汇纂》)的影响,有“现代罗马法”之称,并采用了《法国民法典》首倡的资产阶级民法的基本原则,吸取了《法国民法典》的某些成果。但由于法典编纂后期,德国已进入垄断资本主义阶段,为了适应新的经济形势发展的需要,该法典又总结了以往的立法经验,使之成立现代民法的典范。它基本上适应了资本主义发展的新情况,在内容和形式上都有创造性的特点。例如,在内容上,为了适应垄断组织在经济中日益发挥重要作用的情况,法典在总则编中对法人制度作了详尽规定,从而建立了世界上第一个完整的法人制度;为了适应现代经济的需要,也为了赋予法官较大的自由裁量权,法典规定了诚实信用、善良风俗、禁止权利滥用等一般性条款等。在结构形式上,它借鉴罗马法《学说汇纂》的体系,把“总则”作为第一编,打破了当时各国的传统,把民法的基本要素即主体、客体和法律行为概括在一起,将民事主体制度从亲属制度中独立出来,并第一次在总则中规定了法律行为,从而高度概括了契约、遗嘱等行为的共同的本质特征。这使整个法典体系更加严密和完整,具有独特的风格。

《德国民法典》比之《法国民法典》,中国学者大多认为前者比后者更现代化,系统化、条理化,用词更简练,内容更确切。这与前者比后者晚颁布近一个世纪有很大关系。19 世纪的 100 年间,资本主义经济发展迅速,变化也很大,尤其是 19 世纪末资本主义由自由竞争向垄断过渡,这一转变决定了《德国民法典》的优越性。《德国民法典》颁布后,对现代各国民事立法影响很大,逐步形成了“德国法体系”,曾对奥地利、瑞士及东欧各国的民法起过作用,是日本现行民法典的蓝本,对新中国成立前的民法也有很大的影响。《德国民法典》是民法和民法学发展史上的一项重要成就,对民法和民法学的发展起了很大作用,它的某些合理部分对于我们今天完善我国社会主义商品经济条件下的民事立法体系仍具意义。

新中国成立以来,对发展商品经济的认识经历了曲折的过程。1978 年党的十一届三中全会的召开,是我国历史的一个转折点,从此,我国的工作重点转移到经济建设上来,逐步进行的经济体制改革和对外开放,使商品经济在我国得到迅速的恢复和发展。在此基础上,1984 年党的十二届三中全会作出了《关于经济体制改革的决定》,明确指出我国社会主义经济“是公有制基础上的有计划的商品经济”。这就在理论上为我国发展社会主义商品经济廓清了道路。商品经济的发展,必然要求建立相应的民事立法体系。党的十一届三中全会以来,我国陆续制定并颁布了《经济合同法》《涉外经济合同法》等一系列调整商品经济关系的单行民事法规,并加紧了民事基本法的制定工作。鉴于我国经济体制改革工作正在进行,许多重大问题有待进一步实践和总结,故颁布一部完整的民法典时机还不成熟。但商品经济发展,又亟须对民事活动中的一些基本问题作出法律规定,于是,1986 年 4 月 12 日全国人大通过并颁布了《民法通则》,于 1987 年 1 月 1 日起施行,从而使我国民事立法进入了一个新阶段。

《民法通则》是我国第一部调整民事关系的基本法律,它是一部法典式的文件,包括总则和分则,以总则部分内容为主,同时对分则中的一些具体制度也作了必要的规定。《民法通则》总结了我国经济体制改革和对外开放的实践经验,是适应我国社会主义商品经济发展的需要而产生的,具有浓厚的中国特色。例如,在内容上,突破传统的立法体系,将民事责任作了专章规定,建立起比较完整的、统一的民事责任制度,虽然我国学者对此仍有不同意,但这一制度无疑为民事权利的实现、民事义务的履行提供了强有力的保证,使民法在体系上也更加完整。又如,鉴于对智力成果的保护已成为国际上的潮流,《民法通则》确认知识产权为一种独立的民事权利,与所有权、债权等并列,开各国民事立法的先例。体例形式上,联系我国商品经济发展的实际情况,以通则形式把亟须的民事活动共同准则加以规定,也是一项创举。

《民法通则》的颁布,使我国逐步形成了以《民法通则》为核心,以各民事单行法规为配套的比较完整的民事立法体系,这对于保障我国改革开放的顺利进行,对于发展社会主义商品经济都有重要的意义。但是,我们也要看到现行的民事立法还有许多不够完善的地方,尤其是立法还不够健全,现有的某些规定又失于简单和笼统。随着我国社会主义商品经济的发展、司法实践经验的不断完善和立法技术的日益成熟,在适当的条件下,我国终需制定一部民法典。在民法典的制定过程中,我们一方面要反映我国社会主义商品经济的要求,巩固经济体制改革的成果;另一方面也要借鉴国外民事立法的经验,吸收发达国家民法典编纂的成果。总之,深入研究我国经济建设中出现的现实问题,借鉴国外的先进经验,完善我国的民事立法,为深化改革、促进我国社会主义商品经济的发展提供法律保障,无疑是我国民法学者当前面临的一项紧迫的任务。

《资本论》与民法的几个问题*

《资本论》是马克思的主要著作。它既是一部博大精深的马克思主义社会科学的百科全书,又是一部马克思主义经济科学的理论巨著。马克思曾经说:“我要在本书研究的,是资本主义生产方式以及和它相适应的生产关系和交换关系。”①列宁还强调指出:“《资本论》并不以通常意义的经济理论为限;他专门以生产关系说明该社会形态的结构和发展,但又随时随地探索适合于这种生产关系的上层建筑,使骨骼有血有肉。”②列宁在这里所说的上层建筑,当然包括法律这个上层建筑。事实上还是如此,在《资本论》中蕴藏着极其丰富的马克思的法律思想,特别是与民法有关的法律思想。我们作为民法研究生、经济法研究生,应该对《资本论》有所了解,特别是对民法有关的论述。

《资本论》是一部巨著,通常是指《资本论》第1卷、第2卷及第3卷。另外,《政治经济学批判》是初篇,它所讨论的问题是作为《资本论》的一部分写的。后来马克思写《资本论》的时候,实际上也把《政治经济学批判》一书的内容大部分包括进去。《资本论》的第1卷,书名叫《资本的生产过程》;《资本论》的第2卷,书名叫《资本的流通过程》;《资本论》的第3卷,书名叫《资本主义生产的

---

* 武汉大学法学院自20世纪80年代中期,曾为民商法、经济法专业研究生设置“资本论”课程,在专职教师尚未到任之前,由作者担任这门课程的辅导教师,并就《资本论》有关问题特别是与民法有关的问题进行四次讲座,均属知识性和个人学习心得性质的内容。现将当时所用讲稿发表,仅作为作者这段就教学经历的记载。

① 《资本论》(第1卷),第8页。

② 《列宁选集》(第1卷),第8页。

总过程》。前两卷从书名中就知道意思,很明白,第3卷的含义不那么明显。马克思写完第2卷就去世了,恩格斯在编好《资本论》第3卷以后的第二年也去世了。恩格斯去世以后,马克思的《政治经济学批判》遗稿中有关经济学说史部分的草稿,由考茨基编辑出版,书名叫《剩余价值学说》,这就是所说的第四卷。当然,后来考茨基成了叛徒,苏联又根据马克思的原稿重新编辑出版,书名还是一样,不用考茨基编辑的那本,也是第4卷。另外,马克思在写《资本论》时,他与恩格斯有很多的书信往来,后来又编成了《马克思恩格斯〈资本论〉书信集》,这是研究《资本论》极其宝贵的第一手材料。

一、商品的基本理论问题

(一)《资本论》为什么要从商品开始研究

在《资本论》开卷头版序言中,马克思就提出了一个观点:“对资产阶级社会来说,劳动产品的商品形式,或者商品的价值形式,就是经济的细胞形式。”又说“资本主义生产方式占统治地位的社会的财富,表现为‘庞大的商品堆积’,单个的商品表现为这种财富的元素形式。因此,我们的研究就从分析商品开始”。[③]我们可以从以下几个方面来理解马克思研究资本主义生产方式为什么要从分析商品开始。

第一,商品生产和商品交换,在资本主义社会中是占统治地位的经济形式,它是资本主义经济最简单、最普遍、最常见的现象。就像人体是亿万个细胞组成的一样,资本主义的经济“躯体”由无数的商品所组成,商品就是资本主义“躯体”中的“细胞”。在资本主义条件下,不仅劳动产品都是商品,就连劳动力也成了商品。[④] 总之,由于商品生产成了资本主义最一般的特征,并在商品形式中包含着资本主义社会一切矛盾的胚芽,所以,研究资本主义生产方式,首先就必须

③ 《马克思恩格斯全集》(第23卷),第8页、第47页。

④ 我国的劳动力是不是商品,有人说这是最后一关,如果这一关把不住就是资本主义了。我看这个问题可以研究。

从商品的分析着手。

第二，从分析商品入手来研究资本主义的生产方式，它客观地反映了逻辑的发展进程和历史的发展进程相统一的过程。我们知道，在人类社会发展史上，资本主义生产方式正是在简单商品生产的基础上发展起来的。简单地说，我们要研究并掌握资本主义生产方式发生、发展和灭亡的规律，就必须要从对商品的分析入手。

第三，研究资本主义生产方式以商品作为研究的起点，这种从抽象上升到具体的研究方法，完全符合事物发展从简单到复杂的客观规律。我们知道，商品是资本主义社会中最简单、最抽象的经济范畴。只有从分析商品开始，才能进一步阐明货币、资本、剩余价值、利润、利息、地租等复杂的实体的范畴。马克思在《资本论》中正是运用了这种学科的研究方法，从分析商品这种最简单、最抽象的经济范畴开始，进而说明货币、资本、剩余价值等比较复杂、比较具体的经济范畴，最后研究利润、利息、地租等更复杂、更具体的经济范畴，这样就能够更好地揭示资本主义生产方式的本质和发展规律。

以上三点理由，说明马克思在《资本论》中先以分析商品为出发点来研究资本主义生产方式的研究方法，是科学的正确的方法。

(二)什么是商品

简单说，商品就是用于交换的劳动产品，它具有使用价值和价值两个因素。这两个因素我们随后再讲。马克思研究商品不是从产品本身去研究，而是从生产关系方面去研究。所以，马克思对商品有段精彩的描述，把商品人格化、形象化地加以描述。他说："商品不能自己到市场去，不能自己去交换，因此，我们必须找寻它的监护人，商品所有者。"(为什么所有者是他的商品的监护人？道理很简单，谁的东西谁关心，自己用不了就要转让，转让就要核算，所以一般是有价转让)。商品是物，不能反抗人，所以，商品经济关系中，首先是人与人之间的关系，商品是服从人的。为了使这些物作为商品彼此发生关系，商品监护人必须作为有自己的意志体现在这些物中的人彼此发生关系。因此，一方只有符合另一方的意志，就是说每一方只有通过双方共同一致的意志行为，才能让渡自己的商品,占用别人的商品(我们后面还会专门讲这个问题,商品交换既然是人与人之间物质利益的交换,就必须各自有自己的需要、各有自己的意志,就需要协商,就需要平等)。他们必须彼此承认对方是其商品的私有者。社会主义国家有商品经济,每个商品的生产单位、经营单位虽然不必是所有者,但必须有自己的经济利益,是经济实体。“大锅饭”的做法是不能搞好商品经济的。商品交换离不开债的关系,离不开契约关系。马克思说:“这种具有契约形式的债权关系,是一种反映着商品关系的意志关系。这种债权关系或意志关系的内容是由这种经济关系本身决定的。在这里,人们彼此只是作为商品的代表即商品所有者而存在。在研究进程中我们会看到,人们扮演的经济角色不过是经济关系的人格化,人们是作为这种关系的承担者而彼此对立着的。”⑤马克思这里是从债权与经济关系角度探讨问题的。你们学习了法学基础理论,终得法与经济的关系。民法与商品经济的关系,很简单的一个道理,民法为什么这样规定?因为商品交换是这样一种规律,这样的规定才能促进商品的交换,限制也是为了促进和保护商品经济的发展。现在,我们要健全和完善民事立法,但恐怕要找出商品经济(主要是商品生产、商品交换)的规律来,我们叫社会主义的有计划的商品经济,那么这种商品经济是什么规律?没搞清楚,有计划是指什么计划?社会主义有计划,资本主义也有计划。我想,如果我们还闹不清中国的商品经济的特点,甚至连什么是商品还没有搞清楚,是搞不出什么像样的民事立法的。我们是研究民法、经济法、国际私法的,不知道商品、商品经济也就没有研究的基础。

(三)商品的两个因素——使用价值和价值

过去我们学习《政治经济学》时知道,使用价值是商品的自然属性。也就是说,是能够满足人们某种需要的物的有用性,比如粮食可以充饥,衣服可以御寒等等。一件物品必须对他人有用,具有使用价值才有可能来进行交换。没有用处的东西,没有使用价值的东西不能成为商品。当然,有的时候,对这一方没有

---

⑤ 《资本论》(第1卷),第102页。

用处或者用处很小，而对另一方则有用处或用处很大，恰恰在这种时候容易产生交换。但是我们必须注意到，不是有用的东西、有使用价值的东西就一定是商品。有些有用的东西并不是商品，也就是有使用价值而没有价值的东西，比如空气、阳光等自然资源就不是商品；一些社会公共设施、公共物品虽然具有使用价值，也凝结着人类劳动，但不能用于交换，也不是商品；中世纪自给自足的农民，他们生产的粮食是自己使用，也不是商品。农民向地主交的实物地租算不算商品？交了地租取得了土地的使用权，算不算交换？有些书籍里面说实物地租不算商品，我们也可以思考思考。我们都知道，生产商品的目的是进行交换，不交换，自己用不算商品。所以，父亲挣的钱养儿子不是商品关系，是抚养关系；父亲的遗产给儿子继承，一般来说，也不说是商品关系，遗产本身并不是商品，但他的儿子把这部分遗产去出卖，就成了商品。这就表现出商品具有交换价值，只有使用价值还不行，还得具有与其他商品交换的属性。相交换的东西对对方必须有使用价值。

在这里，使用价值既然是商品的自然属性，因此，使用价值本身只是作为交换价值的物质承担者。那么在进行商品交换的时候，是不是使用价值越高的东西，交换价值就越高？不一定，还要考虑所投入的劳动。为什么菜市场上的蔬菜标价这么不同，西红柿 2 角 1 斤、冬瓜 5 角 1 斤？种西红柿和种冬瓜花费的劳动不同？好像差不多，起码种西红柿不比种冬瓜容易，是使用价值不同、营养不同？也不是，是价值问题。

我们平时理解，商品就是一种东西，是物。是不是民法上的物都是商品？是不是商品都可以成为民法上的物？过去我们讲民法上的物，主要强调两点：一是有经济意义的物质财富，二是人们所能够支配利用的。我们说空气、阳光为什么不是民法上的物，一般来说，因为人们不能完全支配它；为什么说它不是商品？因为它没有价值、没有加入劳动，空气加入劳动支撑氧气罐就是商品了。在民法上，物是从民事法律关系的客体来讲的，是从物质形态出发考虑问题的；商品这个概念，是从一定的社会关系去考虑问题的。民法不调整物，不调整物与物之间的关系，它所调整的财产关系、人身关系本质上都是人与人之间的关系。我们可不可以说民法是调整商品、调整商品关系的？我认为，这样说法不准确。

按照马克思的观点,商品不是物,[6]而是通过物联结着的人们之间一定的社会关系。商品是个历史范畴,不同社会制度下的商品,既有共性,又有个性,反映着不同的社会关系。比如,在资本主义条件下,商品成为社会经济的细胞,商品关系渗透社会生活的各个领域,劳动力成为商品,所以资本家剥夺劳动者,资本家与雇佣工人之间形成对立的关系。当然,从另一个角度来看,劳动力成为商品也是商品经济发展的必然产物。我们社会主义国家长期强调的就是,劳动者是主人,劳动力不是商品。可是,一改革一开放,雇主的出现,外资企业的设立、私人企业的建立,工人的劳动力是不是商品?人才流动与劳动力不是商品?建立劳动力市场是什么意思?好像现在都说不清楚了。过去我们吃"大锅饭",多干少干,能干不能干,都一个样,劳动力不好说是商品;现在技术高低、创造的价值明显不同的劳动力,难道不考虑它的价值问题吗?

商品的共同特点、共性是什么?除了有使用价值之外,还得有价值。也就是说,商品不仅具有使用价值,而且要用来进行交换,具有交换价值,只有使用价值不容易进行交换成功,因为没有量化的标准,西红柿和冬瓜怎样交换?为什么现在1斤冬瓜就能相当于2斤半的西红柿?我们说,交换价值首先表现为一种使用价值同另一种使用价值相交换的量的关系或比例。比如,3斤米换1尺布,1尺布就是3斤米的交换价值,反过来说,3斤米就是1尺布的交换价值。在商品交换关系中,只要比例适当,任何一种使用价值都可以和另外一种使用价值相交换。比如,3斤米可以换1斤糖,换6斤盐,换10个鸡蛋,换10斤西瓜,等等。为什么会在不同的情况下,产生不同的交换比例呢?这说明,在交换价值后面,隐藏着一种共同的东西,这个东西是使用价值吗?显然不是,它是一种撇开使用价值,也撇开了劳动的具体形式(体力劳动与脑力劳动,农业劳动与工业劳动……),所以,我们必须找出一个对谁都是无差别的人类劳动,即抽象劳动,抽象劳形成造价值。价值是交换价值的内容,交换价值是价值的表现形

---

⑥ 我理解这里所指的物是从完全自然属性上去理解的,和民法上讲的作为客体的物,是不完全相同的。

式。这就是说，我们交换商品的时候，不是看个别劳动，不是看你做出这个东西费了多大劲儿，付出了多少劳动，付出了多少成本，这不管，人家要看这个商品的价值如何？它所体现的人类一般的劳动是多少？

所以，凝结在商品中的一般的无差别的人类劳动，即抽象的人类劳动，是商品的另一种属性。抽象劳动形成商品的价值。商品的价值看不见摸不着，只有在交换中才能表现出来。价值体现着商品生产者之间的社会关系。

马克思在考察了使用价值和价值的基础上，进一步指出了商品是使用价值和价值的对立统一物。马克思指出了四点：第一，一物如果不是劳动的产品，它可以有使用价值而没有价值，所以不是商品。民法上的物，有使用价值但不见得有价值吧？不能说民法上的物都是商品吧？第二，一物有使用价值，也是人类劳动的产物，但如果这种劳动产品只是为了满足生产者自己的需要，没有进行交换，它依然不是商品。第三，一物要成为商品，不仅要有使用价值，是劳动的产品，而且产品必须通过交换，流转到把它当作使用价值使用的人手里。按照马克思这种说法，⑦产品没有交换出去，没有卖出手，还不算是商品，还是产品。民法上的物，特别是在物权中占有的物，并没有进行交换，还不能算商品，因此，民法物的概念比商品物的范围要广阔。第四，一物如果没有使用价值，也就不能有价值，因为使用价值是价值的物质承担者。

马克思的分析说明，商品、价值都是历史范畴。只有在一定的历史条件下，劳动产品才成为商品，劳动才具有价值。马克思把商品作为使用价值和价值的对立统一物来考察，在政治经济学上有重要的革命意义，资本主义社会的一切矛盾都起源于使用价值和价值的对立。

我们结合民法，在这一部分请大家研究一下民法与商品经济的关系是什么？民法上的物与商品是不是一回事？民法调整的财产关系只是商品经济关系？

---

⑦　参见《资本论》（第1卷），第49~54页。

(四)体现在商品中的劳动的二重性

这也是我们过去就有所了解的问题。马克思认为:"经济学家们毫无例外地都忽略了这样一个简单的事实:既然商品有二重性——使用价值和交换价值,那么体现在商品中的劳动也必须具有二重性,而像斯密、李嘉图等人那样只是单纯地分析劳动,就必然处处都碰到不能解释的现象。实际上,这就是批判地理解问题的全部秘密。"⑧所以,只有掌握住劳动的二重性,才能正确理解商品的二重性,才能正确分析价值实体、价值量、价值形态和价值的本质,才能建立科学的劳动价值论。同时,掌握住劳动的二重性,又是分析剩余价值产生的钥匙。既然交换是平等的、自愿的,劳动力的出卖为什么会给资本家生产出剩余价值?不了解劳动二重性,就无法区分劳动过程和价值增值过程,不能区分不变资本和可变资本,也就不能阐明剩余价值的来源和本质。

我们分析劳动的二重性,就是理解具体劳动和抽象劳动的问题。什么是具体劳动?不同物的使用价值,必须要通过不同形式、不同手段将它生产出来。也就是说,使用价值都是通过具体劳动创造出来。在这里,我们注意两个问题:一是具体劳动在性质上的差别就会形成社会分工。社会分工是商品生产、商品交换产生的一个重要原因;私有制是商品生产、商品交换的另一个重要原因。马克思在《资本论》中有一句话:"只有独立的互不依赖的私人劳动的产品,才作为商品互相对立。"⑨可见,社会分工和私有制是商品生产、商品交换的两个条件,这就是马克思的认识。至于公有制能不能搞商品经济,这就要总结马克思主义了,原因是,马克思没有研究过社会主义商品经济。现在,我们既要公有制,又要商品经济,要搞商品经济就要把对方看作私有者,我们又是公有制,这从理论上怎么解决?这个问题同样涉及民法,中国民法的特色应在什么地方?经济实体、法律实体是什么意思?二是具体劳动是人类生存的永恒条件,但不是形成物质财富的唯一源泉。马克思说:"劳动作为使用价值的创造者,作为有用劳动,是不以一切社会形式为转移的人类生存条件,是人和自然之间的物质

---

⑧ 《资本论》(第1卷),第55页。

⑨ 同上。

转换即人类生活得以实现的永恒的自然必然性。”⑩我们这样理解，生产使用价值的具体劳动是为了改造自然物质使它适合于人类的需要，是维持人类生活所必需的，因此，它是人类生存的永恒条件，和社会制度的性质没有关系。但是，具体劳动不是物质财富的唯一源泉。为了生产产品，具体劳动必须和生产资料结合起来，仅有劳动还不行。所以马克思特别引用了英国的经济学家威廉·配第的说法，劳动是财富之父，土地是财富之母。劳动和生产资料相结合，在资本主义，劳动在劳动者手中，生产资料在资本家手中，通过雇佣关系结合起来。这是个矛盾，应当怎样理解公有制和私有制？

那么，什么是抽象劳动呢？如果我们把具体劳动的有用形式和不同性质撇开，那么剩下的就只是人类劳动力的耗费，也就是人的脑、肌肉、神经、手等的生产消耗。这种抽去具体形态的劳动，这种一般人类劳动的耗费，马克思把它称为抽象劳动。比如，生产面包也好，生产衣服也好，用处各不相同，使用价值是不同的，但是撇开这些不同，它们的共同东西都要通过劳动。交换比什么呢？比付出的劳动吗？不是。因为付出的劳动多，不见得价值就高，劳动是具体形态的具体劳动还不能比，脑力和体力劳动怎么比？脑力劳动创造的价值高所以工资高，这是一个方面。还有个劳动力市场问题，从市场的角度来看，一般人不能干的（如造原子弹）的工资就高。抽象劳动是价值的唯一源泉，商品的价值就是抽象的人类劳动的凝结。我们理解抽象劳动的含义可以从这样四个方面去认识：第一，抽象劳动是撇开劳动具体形式的一般人类劳动，是一种互相可以比较的一般人类劳动，否则劳动产品就不可能平等地进行交换，生产粮食和生产布匹的劳动，怎么直接地进行比较？不好办。第二，抽象劳动是简单劳动，复杂劳动是多倍的简单劳动。一般人类劳动的耗费，只能体现在每一个普通人都能完成的简单劳动。也就是说，这种劳动是每一个平常人都能学会的而且是他必须以某种形式完成的简单劳动。假如甲乙丙三个人，甲能打扫街道，乙能制造计算机，丙能开飞机，恐怕这三个人都能干的只能是打扫街道，这只能是简单劳动。复杂劳动能够转换为数个简单劳动，这样商品进行交换时，才能解决价值

⑩ 《资本论》（第1卷），第56页。

量的问题。有人说,制造计算机这种复杂劳动具体可以转换为几个打扫街道的简单劳动,价值量的问题怎么解决?这只能在商品交换的过程中自发地形成。第三,抽象劳动是无差别的人类劳动,因此,它在质上是相同的,它的差别仅仅在于量的多少或大小。生产商品的劳动,由于形式不同才成为不同使用价值的形成要素,要把这种劳动的不同形式抽去,它们又都具有相同的性质了,这就是抽象劳动。所以,抽象劳动是商品价值的实体。粮食能换布匹,比的是什么东西?我们说是比劳动,是比抽象劳动,而不可能直接比具体劳动。第四,抽象劳动是一个历史范畴。为什么呢?我们知道商品生产者的劳动直接表现为私人劳动,而私人劳动只能通过商品交换才能转化为社会劳动。在商品交换的过程中,我们必须把各种具体劳动还原为无差别的抽象劳动,各种商品才能相互比较。所以,抽象劳动就成为私人劳动借以表现为社会劳动的一种特定的社会形式。分散的私人劳动只有转化为社会劳动,把私人劳动采取抽象一般性的形式,即抽象劳动的形式,才能转变为社会劳动,才能发生商品交换,否则是不能进行交换的。从这个角度来看,抽象劳动体现着商品生产者之间的生产关系,它是一个历史范畴。

我们了解了什么是具体劳动,什么是抽象劳动之后,就需要进一步将两者综合起来加以分析,也就是要说明生产商品的劳动,是具体劳动和抽象劳动的统一。前面已经讲了,具体劳动与抽象劳动不同。具体劳动是指怎么劳动,什么劳动的问题,是种粮食还是织布?这是从质的方面考察问题的。在现实经济生活中,商品的使用价值量的增加,可以和它价值量的减少同时发生。说通俗一点,十分有用的东西不见得很值钱,5 角钱 1 斤的冬瓜与 1 角 5 分 1 斤的西瓜,不见得西瓜便宜就比冬瓜营养差。或者说,生产 1 斤西瓜就比生产 1 斤冬瓜所费的劳动就多、时间就长,这里面显然还有其他因素。

我们要提高生产力,比如,原来 1 天生产 1000 台电视机,现在同样人数可能生产 5000 台。那如果不考虑其他成本方面的问题的情况下,这样电视机使用价值量提高了,这样每一台电视机中所包含的价值量是减少了,但是价值总量没有变化,原来 1000 台电视价值 10 万元,现在 5000 台电视还是价值 10 万元。由此看来,劳动生产力的变化,并不会影响那些形成价值的抽象劳动。因为生产力既然属于劳动的具体有用形式,而作为形成价值的劳动,正好是把劳动的具体有用形式抽去了。所以生产力与形成价值的抽象劳动无关。在商品交换过程中,商品使用价值量的增加和价值量的减少会同时发生,东西生产多了,同样数量的这种东西的价值量减少了,这种商品的使用价值量和价值量的对立运动,是由生产商品的劳动二重性的矛盾,也就是由具体劳动与抽象劳动的矛盾引起的,具体劳动生产使用价值,抽象劳动生产价值,两者是对立的;它们两者能够转换,不能转换就无法平等地交换,既然能够转换,所以又是统一的。

二、货币转化为资本

(一)货币是商品交换过程的必然产物

1. 商品的内在矛盾,即使用价值和价值的矛盾,决定了商品必须进入交换过程。因为在商品生产的社会里,“商品所有者的商品对他自己没有直接的使用价值。否则,他就不会把它拿到市场上去”;“但是他的商品对别人有使用价值,否则也形成不了商品交换”。所以就是那句名言:“一切商品对它们的所有者是非使用价值,对它们的非所有者是使用价值。”⑪所以,商品必须进行交换,只有经过交换,使商品作为价值来实现,商品才能转移到购买者手里,使用价值才能实现。因此,商品在能够作为使用价值实现以前,必须先作为价值实现;同样,商品在能够作为价值实现以前,必须证明自己是使用价值。因为如果生产的物品对别人没有用就没有人购买它,生产者花费的劳动也就得不到社会承认,私人劳动就不能转化为社会劳动,也就不可能形成价值。显然,这是一个矛盾。要解决这个矛盾,就必须通过交换。只有在交换过程中,商品的使用价值才得到了证明,它的价值也同样得到实现,使用价值和价值的矛盾才能得到解决。

---

⑪ 《资本论》(第1卷),第104页。

2. 交换过程中的矛盾和货币的出现。前面讲,商品的二重性是使用价值和价值,劳动的二重性是具体劳动和抽象劳动,私人劳动和社会劳动。交换过程呢?交换过程也有二重性。

交换过程的二重性,表现在这一点上。我们知道,在商品交换的过程中,每个商品所有者都希望把自己的商品卖出去,换取自己所需要的东西,所以对他来说,交换目的是为个人,是为了取得他个人有用的东西,这是问题的实质,为了顾客、为了社会,我看不是商品交换中实质的东西。可见,这是一种个人的过程。但是,商品所有者出卖商品时,对个人来讲,要实现的是价值,并不是要实现使用价值,使用价值是对买者来说的,对卖者是不考虑这个问题的,当然,他要满足买者一定的使用价值才能实现自己商品的价值,这又是统一的。从这个角度来看,交换过程对买者来说,是一般社会的过程。为什么说是一般的社会过程呢?因为商品生产者关心的是他的商品的价值能否实现,也就是他的劳动能否得到社会承认,私人劳动能否转化为社会劳动的问题,在这个限度内,或者从这个角度来看,他的商品对别人有没有使用价值,他是不算的(为什么在实际上还负责保修,包退呢?是信誉问题,商业没有信誉,就不可能继续这种交换过程)。因此,我们说商品的交换过程,既是个人的过程,又是一般社会的过程。这就是交换过程的二重性,也是交换过程的矛盾。

这种矛盾的解决,就是考虑交换过程中要确定一种一般等价物。起初,人们把布匹、羊、牛、粮食可能都做过一般等价物。只有这样,才能当作价值量来互相比较。以羊为中心,1 只羊能换 2 匹布、20 斤粮食、1/4 头牛,那么其他的交换就好办了,大家先把商品的价值以羊为价值量的一个单位,所以,2 匹布就可以换 20 斤粮食,1/4 头牛,反过来,1 头牛可以换 8 匹布、80 斤粮食、4 只羊。在这种情况下,羊就成了一般等价物。这就是说,所有商品生产者一致地确认一种商品作为一般等价物,一切商品都与这个一般等价物发生关系,并以它来表现自己的价值。逐渐地,这个等价物就从商品中分离了出去,就成了一种具有特殊社会职能的东西,这种商品就是货币,所以货币是一种特殊商品。货币开始是实物,后来货币的形态又发生了变化,由贵金属到纸币;货币再往前发展是有价证券、票据,这都是商品经济发展的结果。

(二)劳动力商品的存在是货币转化为资本的前提条件

货币怎么就算转化为资本了?货币向资本转化,其结果应该是货币生出货币,也就是说,要能带来剩余价值,这样才能完成货币向资本的转化。

但是,从货币到资本的转化,又必须根据商品交换的内在规律,即等价交换的规律来说明。那么,在等价交换的前提之下货币是怎么生出货币呢?怎么还会产生剩余价值呢?这是一个谜。马克思关于劳动力商品的学说解决了这个政治经济学上的重大问题,马克思在《资本论》中是这样讲的:"货币所有者要把货币转化为资本,就必须在商品市场上找到自由的工人。"⑫也就是说,劳动力成为商品是货币转化为资本的前提条件。

这个问题,我们不必再多讲,剩余价值不会发生在货币身上,货币在这里仅仅作为支付与购买手段发生功能,在交换过程中不会改变自己的价值量。所以,货币要转化为资本,就只能在商品市场上购买到一种特殊商品,能够产生剩余价值的商品,这种商品就是劳动力。

劳动力成为商品是历史发展的产物,它是与一定的社会生产关系相联系的。马克思曾指出,劳动力要成为商品,必须具备两个条件:一是劳动者必须有人身自由,他能自由地出卖自己的劳动力,这是一个关键问题,劳动力的单位所有制与劳动力的自由流动是矛盾的;二是他们自由得一无所有,不得不出卖唯一所有的劳动力以维持生存。

前两年,在讨论社会主义的问题时,劳动力是不是商品是个界限,现在看来也需要研究。在商品经济社会中,劳动力能不能不成为商品?我们原来叫社会主义的商品经济,社会主义的商品经济是不是关键一条就是劳动力不能成为商品?我记得有人说过,劳动力不是商品是社会主义的最后标志。这个问题是个重要的理论问题,也是一个社会主义实践问题,值得研究。

(三)资本的集中

马克思在《资本论》中还讲了一个重要问题,就是资本的集聚和集中问题。

---

⑫ 《资本论》(第1卷),第197页。

资本的集聚的意思是,它是通过不断的积累,资本家个人手中的资本增大了。资本的集中的意思是,资本已经产生、已经存在,而是在分配上发生变化,简单地讲,资本集中是把多数小资本合并为少数大资本。资本的集聚我们不讲了,资本的集中应该讲一下。

资本集中有两个最有力的杠杆,一个是竞争,另一个是信用。通过竞争,大的资本压倒小的资本,"大鱼吃小鱼"。而信用制度,也是资本集中的一种手段,大资本家不但能够支配自己的资本,而且通过信用制度,还能够支配不是他所有的资本。所以,在资本主义社会里,一个资本家能否取得胜利,当然首先要看他的生产规模大小,其次还是要看他有没有银行的支持。比如,股份有限公司就是通过一种和平的道路,把小资本联合起来成为大资本的。是一种资本集中的重要手段、和平手段。

三、有关民法的几个问题

(一)民法与商品经济

这是一个老问题。商品经济能够产生民法,民法能够促进商品经济的发展,当然,制定的民法不好,也会阻碍商品经济的发展。

马克思在《资本论》中,对民法与商品经济的关系问题,没有直接的和全部的加以说明,但是他比较间接地又是非常本质地进行了论证,即商品交换需要树立与之相适应的自由、平等、权利和权益的法律概念。吉林大学张文显把民法作为研究生必修课,因为民法是体现近现代法律思想和基本理论的最核心的课程之一。我们知道民法就特别重视平等(主体间平等)、自由(自由竞争)、权利(有人说,民法是以权利为核心,这是民法的权利本位;有人说,社会主义还得讲义务,权利义务的一致)、利益(民法主要是保护主体的经济利益,当然也保护人身权利;但是,人身权利也是和财产利益相关的)。

对《资本论》中的法学思想,尤其是"适合商品经济的法律观念"问题,我们可以从以下几个方面加以理解。

第一,商品交换需要自由的法律观。我们知道,进行商品交换时,最基本的前提是交换者本人拥有对商品的所有权。因为买卖的本质就是处分商品的所有权(后来我们解释为处分经营权,全民所有制单位之间的买卖处分的是经营权)。对商品进行处分的权利属于商品所有人,谁对谁也不能强迫,这完全是自由自愿的事。当然,商品交换的价值,根本上是取决于客观经济条件,但是从商品交换的形式上看,从交换者本人的认识角度上看,它完全是自由、自愿的选择结果(这是民法的自愿原则,我们不叫自由)。对于参与交换的商品所有者个人来说,他不会直接考虑客观经济规律,他考虑的是合不合算,能不能自主地决定是否出卖商品,没有自由、没有自愿,他是不会参加这项交换活动的。所以,商品交换之所以能够发生、能够进行,首先是由于商品所有者头脑中有着十分明确的自由观念,他知道自己对自己所有的商品有完全的处分权,想卖就卖,不想卖就不卖;对买者来说,想买就买,不想买就不买。民法应该保护这个自由,否则商品经济进行不下去。这是一种规律性的东西,没有这一点,商品经济无法进行;在民事法律关系中,当事人没有意志自由,就不可能发生商品交换。

第二,商品交换需要平等的法律观。在商品交换中,交换主体都是处于平等的地位。虽然交换主体的经济实力、影响地位不同,他们所要交换的商品的使用价值各不相同,但是他们之间在交换过程中的法律地位是平等的。按照民法来讲,他们的权利能力是平等的,都有平等的资格。前面我们讲过,交换的商品的使用价值各不相同,但要进行交换就必须有能够进行比量的东西,这就是体现在一定量的不同商品中的劳动量是相等的。也就是说,商品所有者认为他自己守着那个要出卖的产品所付出的劳动量,与对方将付给的报酬的劳动量是相等的。如果物换物的交换,更能体现这一点,我的一头牛能够换四只羊,恐怕他们饲养这些动物付的劳动量应该是相等的。所以,我们民法叫作等价交换,在法律形式上,谁也没有占便宜,谁也没有吃亏。因此,当交换双方都意识到他们所进行的交换是公平合理的,他们才会参与交换,交换活动才会顺利进行。如果一个恶霸说我用一只羊换你一头牛,不换也得换。这就没有平等,也就没有商品经济。养牛的人认为不平等,就不愿意进行交换,你非强迫他们进行交换,他可能不再喂养牛,因为太不合算。如果你一定要换,他甚至把牛宰了也不会换。

第三,商品交换需要权利观念。商品交换是自由的、平等的,这种自由平等本身就是一种权利,是民事权利,最重要的是它是基于所有者对商品的所有权而发生的。我们知道,所有权是一种绝对权,自己可以决定对商品的占有、使用、收益、处分,这些权利对所有者来说是自由的,甚至是任意的,我只要不损害别人的利益,我的东西想怎么处理就怎么处理。商品交换,从另外一个角度来看,它也是一种权利的让渡,所有权的让渡。我们可以这样认识,所有权应该是交换活动的前提。由所有权就引申出对物权的自由支配权。马克思说过一句话:"从法律上来看这种交换的唯一前提是每个人对自己产品的所有权和自由支配权。"⑬除了所有权,还有他物权,没有这些权利观念,就没有什么发达的商品经济。权利观念也是商品交换必需的观念之一。

第四,商品交换需要利益观念。为什么在商品交换中,人们要自由、要平等、要权利,显然,自由、平等、权利都不是目的,最终目的是要实现一定的经济利益,不讲利益是不现实的。这些年人们仍讲"钱",叫作"向钱看",其实没有什么不对,问题是还要讲道德。现在假冒商品,欺骗老百姓,这就没有平等,搞搭配,就没有自由,这种损人利己的"向钱看"是不允许的,因为他侵害了别人的权利。经济利益是推动人们进行商品交换的内在动力,离开某种经济利益,空讲风格、精神,是不能长久的。不讲经济利益(我们现在叫经济效益),搞商品经济是不可思议的。所以,民法讲合法权益,实际上又讲权利,也讲利益。

我们通过以上的讲述,是否能够进一步认识民法的本质,认识民法的基本原则?

(二)商品交换主体在法律上的平等

《资本论》第1卷第二章"交换过程"中,一开始,马克思就写道:"商品不能自己到市场去,不能自己去交换。因此,我们必须找寻它的监护人,商品所有者。商品是物,所以不能反抗人。如果它不乐意,人可以使用强力。换句话说,

⑬ 《马克思恩格斯全集》(第48卷),第161页。

把它拿走。为了使这些物作为商品彼此发生关系,商品监护人必须作为有自己的意志体现在这些物中的人彼此发生关系,因此,一方只有符合另一方的意志,就是说每一方只有通过双方共同的意志行为,才能让渡自己的商品,占有别人的商品。可见,他们必须彼此承认对方是私有者。"⑭从这些话,我们看商品交换是人之间的交换,商品交换必须要有主体,主体之间都要承认对方是私有者、所有者,双方必须有平等的地位。商品交换固然要以所有权为前提,但是交换过程中的法权形式是契约形式,即债权的形式,这种形式是一种反映着经济关系的意志关系,是一种法律关系。

马克思接着又说:"商品是天生的平等派和昔尼克派,它随时准备不仅用自己的灵魂而且用自己的肉体去同任何别的商品交换,哪怕这个商品生得比马立托奈斯还丑。商品所缺乏的这种感知其他商品体的具体属性的能力,由商品所有者用他自己的五种和五种以上的感官补足了。"⑮马克思在这里所说的天生的平等派,是泛指主张社会平等的人;昔尼克派(或者译为犬儒学派),是古代希腊的哲学派别,主张对财富、荣誉、婚姻、政治、一切都采取无动于衷的态度。马克思在这里用平等派将一切平等,用昔尼克派对一切都无所谓,不平等就不平等,来比喻商品在交换之时,无论交换的对方采取何种自然形态,只要它们的价值量相等就可以交换。现在,经常有人引用"商品是天生的平等派",恐怕意思还得研究一下。马克思的意思是,只要商品所有者需要时,在价值量相等的条件下,他的商品就会同其他任何商品相交换,而无论这个商品是怎样的,就是丑得像马立托奈斯那样也在所不问。⑯

马克思在第二章的第二自然段中还写道:"商品必须全面转出,这种转出就形成商品交换。"商品交换,我的理解是所有权的转让。

---

⑭ 《资本论》(第1卷),第103页。

⑮ 同上书,第104页。

⑯ 马立托奈斯是《堂吉诃德》中的一个人物,客店奴仆,堂吉诃德做美梦去拥抱,让女仆的情人打了一顿,这个女仆再丑,堂吉诃德还是把她当作美女去拥抱一样。

(三)关于股份公司问题

马克思在《资本论》中一些地方论述了股份公司的问题。[17] 资产阶级把股份公司说成是一种民主制度。实际上股份公司是通过信用制度使资本集中的一种手段,是大资本吞并小资本的一种和平手段。

马克思在《资本论》第3卷,第二十七章“信用在资本主义生产中的作用”一章中讲道:“股份公司的成立,使生产规模惊人地扩大了,个别资本不可能建立的企业出现了。同时,这种以前由政府经营的企业,成了公司的企业。”可见成立公司是资本集中的一种方式,而且是官办企业转变为公司的企业的一种方式。又讲:“那种本身建立在社会生产方式的基础上并以生产资料和劳动力的社会集中为前提的资本,在这里直接取得了社会资本(那些直接联系起来的个人的资本)的形式,而与私人资本相对立。这是作为私人财产的资本在资本主义生产方式本身范围内的扬弃。”[18]这段理论很值得研究,财产是私人的,但生产方式是公有的,这是一种矛盾。这就是说,在资本主义社会,基本矛盾是什么?社会资本的形式与私人所有的矛盾,生产要社会化,又要坚持私有制,所以会产生革命。有的学者就认为,股份公司是一种社会化的资本,社会化的生产,所以延伸为股份公司财产的所有权已经不是某一个资本家的,而是联合的资本家所有,是公司所有,法人所有,这是资本主义生产方式本身的一种扬弃。现在,我们要实行公有制,搞股份公司是不是一种公有制?有的同学就会问,股份公司和我们的集体所有制企业是否是一回事?还不能这样讲,因为我们的集体所有、集体企业的构成,除资本外还包括劳动者的集体劳动,不只是投资关系。所以,我们叫劳动群体集体所有权。

下面,马克思讲了一长段话,不妨慢慢读一读。[19] 他说:在股份公司内,实际执行职能的资本家转化为单纯的经理,即别人的资本的管理人,而资本所有者则转化为单纯的所有者,即单纯的货币资本家。因此,即使后者所得的股息包

---

⑰ 《资本论》(第3卷),第494页。

⑱ 同上书,第494~495页。

⑲ 同上书,第493~494页。

括利息和企业主收入,也就是包括全部利润(注意一下,因为经理的薪金只是,或者应该只是某种熟练劳动的工资,这种劳动的价格同任何别种劳动的价格一样,是在劳动市场上调节的——我们的理解,经理也是出卖熟练劳动而已,按照这种说法,经理是执行公司职能的劳动者,尽管他的工资很高也有很大的权力),那么,那些单纯的货币的资本家所取得的全部利润,仍然只是在利息的形式上,即作为资本所有权的报酬获得的。而这个资本所有权这样一来,现在就同现实再生产过程中的职能完全分离,正像这种职能在经理身上同资本所有权完全分离一样。按照马克思的这些论述,资本所有仍然是属于货币资本家的,即投资者的,只是把执行职能交给了经理,经理有执行职能,但对公司财产没有所有权,这也是一种"两种分离"。为什么资本家投资就会取得额外的利息,变现为对别人的剩余劳动的单纯占有,这种占有之所以产生,是因为生产资料已经转化为资本。这就是说,生产资料已经和实际的生产者相分离。所以,在股份公司内,职能已经同资本所有权相分离。因而劳动也已经完全同生产资料所有权和剩余劳动所有权相分离。

马克思还讲:"资本主义生产极度发展的这个结果,是资本再转化为生产者的财产所必须得过渡点,不过这种财产不再是各个相互分离的生产者的私有财产,而是联合起来的生产者的财产,即直接的社会财产。"⑳我理解这是社会主义革命必然到来的根本原因,按照股份公司的发展,财产已经社会化了,资本家是一种投资关系,逐渐也就失去了这部分财产,要转到生产者手中,是联合的生产者手中,生产关系将发生变化,资本家不愿意也不行,经济发展的客观规律必须走这一步。

(四)关于信用制度的问题

信用是什么?马克思讲,信用实际上"就是贷与借的运动,即货币或商品的只是有条件的让渡的这些独特形式的运动"。㉑ 所以说在资本主义社会,信用是借贷资本的运动形式。在社会主义制度下,信用集中于国家银行,它是国家动

---

⑳ 《资本论》(第3卷),第494页。

㉑ 《马克思恩格斯全集》(第25卷),第390页。

员闲置资金,把它用于满足于经济建设的一种形式。信用的形式有商业信用、银行信用、国家信用、消费信用,总之,信用是一种经济学上的概念。在这里,不是讲诚实信用。

马克思在《资本论》第3卷说:“信用制度是资本主义的私人企业逐渐转化为资本主义的股份公司的主要基础(这一点我前面讲了),同样,它又是按或大或小的国家规模逐渐扩大合作企业的手段。资本主义的股份企业,也和合作工厂一样,应当被看作由资本主义生产方式转化为联合的生产方式的过渡形式,只不过在前者那里,对立是消极地扬弃的,而在后者那里,对立是积极地扬弃的。”㉒

我们先谈第一个问题,为什么信用制度是私人企业转化为股份公司的基础?我们知道,资本集中有两个最有力的杠杆,一是竞争,二是信用。通过竞争,大的资本会打倒小的资本、吞并小的资本,这种方式有些不尽情义,大鱼吃小鱼,小鱼吃虾米;信用制度则是一种和平手段,愿意来吗?愿意联合吗?愿意,就来入股吧。你将成为公司的股东,你有权利,可以分红,取得股息,这样把资本集中起来。这种信用的方式,能够把大量或小量分散在社会表明的货币资源,牵引到资本家个人或结合的资本家手中来。所以,马克思说:信用制度“变成了竞争战上一个新的可怕的武器”。㉓ 的确,在资本主义社会里,一个资本家能否取得胜利,要看他能不能够支配不是他自己所有的资本,要想支配别人所有的资本,就要通过信用制度。

当然,以信用制度的作用来看,不仅是能够促进资本的集中,还能够促进资本的自由转移和利润率的平均化。也就是说,它能够促使资本在各部门之间的再分配,使资本由利润低的部门迅速地转向利润高的部门,这是第二个作用。另外,信用制度有利于流通费用的减少,由于广泛使用信用流通工具,多数交易是通过债权债务相抵销的形式实现的,这种采用信用方式出售商品以及由银行提供货款,就加速了商品流通以及资本的循环和周转,从而减少了流通费用。

在前面我们读的那一段话中,提到股份公司和合作企业的问题。虽然它

㉒ 《资本论》(第3卷),第498页。

㉓ 《资本论》(第1卷),第689页。

们都被看作由资本主义生产方式转化为联合的生产方式的过渡形式，都看作对以资本主义私有为基础的制度的扬弃，但对于股份公司的形式来说，是一种消极的扬弃；对于合作企业、合作工厂、合作社的形式来说，是一种积极的扬弃。

有同学会问，股份公司与合作社、合作企业有什么不同？在这里，我谈谈自己的认识，这不是马克思讲的。我们知道，股份公司，是指用发行股票的形式把社会上的游资集中起来举办的企业。投资者一旦将资本投入公司后，即属于公司支配，个人不得直接支配他所投入的资产，而取得的是股东的身份，依法和依章程享有股东的权利和履行股东的义务。投资者即使想脱离公司，也不能将投入的资产收回，而只能将自己持有的股票转让。在公司中，普通股票持有人按股投票，一股一票。因此，公司的经营是由大股东支配的，一般零星股东参与公司的本质的经营是不可能的。合作社呢？合作社、合作工厂是劳动者之间的组合，从它建立之时起，就须拥有一定数量的集体所有的财产。所以，有些国家的合作社法规定，社员入社时应交纳一定的入社费，以作为合作社独立经营的物质基础。在合作社的经营过程中，应将一部或全部公共积累留作集体所有。合作社也可以采取股份方式集资，但合作社的股份只能由该社社员认购，不能自由转让。社员出社可以依照章程的规定，请求退还其股金的一部或全部。社员表决权一律平等，实行一人一票制，不因出资多少而有差异，人人都是合作社的经营者。合作社盈余分配既有按劳分配也有按资分配。

我认为，劳动者能否成为经济组织中的主体因素，是一个主要问题。在资本主义国家，股份公司虽然能够形成一定的集体化、社会化财产，但它仍是资本所有者的联合，是资本的集中，是以资金金额作为权利分配的原则，从而使劳动从属于资本。在合作社、合作制的其他经济组织中，是以人的因素为主体，特别是在公有制国家，合作社是由劳动者联合而结成为劳动集体，虽然这些经济组织也需要资金，但它是采取联合劳动者入股的形式来集中资金，每个劳动者的权利是平等的，不受入股金额的影响，因而它使资本从属于劳动。

我们知道，有人合公司和资合公司。合作企业是人合，股份公司是资合，合作社呢？这需要讨论,我的初步看法是处于人合与资合之间的,又是以人合为主的组织。

这就是为什么讲股份公司是消极地扬弃,而合作企业是积极地扬弃。这个问题大家可以阅读《资本论》第3卷第497～498页。

马克思在《资本论》第二十七章的结尾段,又进一步揭明了信用制度的二重性质:一方面,它把资本主义生产的动力——用剥削别人劳动的方法来发财致富,发展成为最纯粹最巨大的赌博欺诈制度,是个投资的大市场,并且加速了垄断,使剥削社会财富的少数人的人数越来越减少,资本家越来越大;另外,它又是转变为一种新生产方式的过渡形式,后来变为联合的生产方式,生产资料逐渐与生产者相结合,社会财富实现社会化,发展趋势是要摆脱私人的控制。这种两重性,必然导致资本主义生产方式的基本矛盾的加剧。所以,马克思说:"正是这种二重性质,使信用的主要宣扬者,从约翰·罗到伊萨克·贝列拉,都具有这样一种有趣的混合性质:既是骗子又是预言家。"㉔

(五)所有权及其两权分离问题

马克思的《资本论》第4卷,主要是围绕着剩余价值理论问题进行研究的,通常我们买到的《资本论》是第1卷、第2卷、第3卷。第1卷是马克思写的,并在马克思在世时1867年出版的;第2卷、第3卷是在马克思逝世后,由恩格斯整理草稿,分别于1885年和1894年出版的。第4卷是恩格斯临终前委托考茨基整理原稿的,后来,考茨基把这一部分作为一个独立的部分出版,现在收在马克思全集的第23卷、第24卷、第25卷、第26卷,实际上就是《资本论》第1卷、第2卷、第3卷、第4卷。

马克思在第26卷的第3册的第495页、第507页,在论述资本家从资本中怎样取得剩余价值的问题时,提出这样一个问题,或者叫一种提法,就是法律上的所有权和经济上的所有权的说法,很值得我们研究。

马克思在第495页讲:"资本家是以双重身份存在的,法律上的和经济上

㉔ 《资本论》(第3卷),第499页。

的。”又说,资本的回流(就是资本的再投入)只是“表现为买者和卖者之间的特殊的法律上的交易的结果,这就是说,资本在这种场合是被贷出,不是被卖出,即只是暂时让渡”。我的理解,资本的再投入,就是一种法律上的交易,资本家为什么投入,就是一种法律上的交易,资本家为什么投入,还不是有利可得?资本家把资本投入一个公司,资本家就是卖者,公司是买者,但又不是真卖,而是一种暂时的让渡,相当于贷,贷给公司,还要收回,但已经不是再收回原资本,而是取得新的收入,是股息。

资本家对于他的资本存在两种身份:一是享有法律上的所有权,二是享有经济上的所有权。但是,这两种身份时可以分离的,也就是法律上的所有权和经济上的所有权是可以分离的。马克思在第26卷第507页上,在谈到利息和利润的区别和关系时说(我这里说大意,下课后再看原文):庸俗经济学家认为,利息是由资本本身产生的,是由资本本能的创造出来的收入,而马克思认为,利息是利润中的一部分,这里只是把它们之间的中介过程抽去了,似乎资本本身就会产生利息。实际上,资本为什么会产生出利息来,是由于资本的法律上的所有权同它的经济上的所有权分离,由于一分部利润在利息的名义下被分离了,利息是整个利润的一部分,利息、股息从中分离出来;在这里,资本投入公司,但资本的所有权似乎还归所有者、资本家。我理解,资本家将资本投出,资本家对资本仍然享有所有权,是资本的所有者,他能取得利息,但是他——资本家完全离开了生产过程;或者说,离开了具体的创造利润的过程。那么这个时候,法律上的所有权转到接收投资者那里,经济上的所有权,或叫事实上的所有权仍在投资者手中,这可能就是马克思所说的法律上的所有权与经济上的所有权的分离。这个问题,是不是资本产生的两权分离问题?我看有点像。

如果上述理解正确,就能解决一些问题,股东与公司的财产关系就好说一些,股东享有的是经济上的所有权,也是资本的、股份的所有者;公司是法律上的所有者,享有法律上赋予的许多权利,比如占有、使用、处分的权利,破产后财产的处理都与股东没有直接的关系,公司享有的是什么权利?是不是所有权?公司享有的是所有权,而股东不享有所有权,又凭什么取得股息和红利?不是凭所有权,是凭债权?不是。是社员权,这种理解能不能解决这个问题?再一个,就是我们的“两权分离”,国家办公司,公司有没有所有权?国家是否还享有所有权?

不过,现在研究起来比较困难,就是马克思讲过这两个概念,或叫两个提法,法律上的所有权、经济上的所有权,但是没有作解释,更没有定义;学者们的认识也不一致。以上,是我非常不成熟的理解。到底是什么意思?我们大家去看原著,去研究它,也可以找学经济学的学者去请教。

另外,马克思在《资本论》第3卷中,还有一些地方讲到土地所有权问题,是结合地理问题讲的。

(六)契约关系问题

马克思在《资本论》中没有直接、系统地去论述契约关系,但是在许多地方涉及契约关系。比如在第一篇“商品”,第三章“货币或商品流通”中,就反复提到买卖关系。

《资本论》第1卷的155页开始,在讲到货币作为支付手段时,就谈到买卖关系。最简单的买卖关系是一手交钱一手交货。马克思说:“有人武断地说,因为每一次卖都是买,并且反过来,每一次买都是卖,所以,商品流通包含有卖和买的必然平衡。”这好像没有矛盾了,也不可能发生什么经济危机,这是资产阶级学者的认识。但是,在实际买卖关系中哪有这么简单呢?实际买卖关系是一种债权债务关系,往往一个人先购买商品,后支付货币(当然,也有先支付一定的货币,后购买到商品的)。这样,债权人、债务人形成了,像刚才讲的,先购买商品后支付货币,卖者就成为债权人,买者就成为债务人。所以,债权人或债务人的身份是从简单商品流通中产生的。比如,土地出租实际上是把土地使用权出卖给租赁人一定的时间,出租人就成了债权人。

马克思在第1卷156页中还讲道:“古代世界的阶级斗争主要是以债权人和债务人之间的斗争形式进行的;在罗马,这种斗争以负债平民的破产,沦为奴隶而告终。在中世纪,这种斗争以负债封建主的破产,他们的政治权力,随着它的经济基础一起丧失而告终。”这些论述,对我们研究契约的本质有重要的指导意义。

《资本论》第1卷第四章的第三个问题"劳动力的买和卖"一节中,马克思讲:"劳动力买和卖是在流通领域或商品交换领域的界限以内进行的,这个领域确实是天赋人权的真正乐园。那里占统治地位的只是自由、平等、所有权和边沁(边沁是英国19世纪的以为伦理学家、法学家,他是一个功利主义者,这里用"边沁"一词是指功利的意思——引者注)。自由!因为商品例如劳动力的买者和卖者,只取决于自己的自由意志。他们是作为自由的、在法律上平等的人来缔结契约的。契约是他们的意志借以得到共同的法律表现的最后后果。平等!因为他们彼此只是作为商品所有者发生关系,用等价物交换等价物。所有权!因为他们都只支配自己的东西。边沁!因为双方都只顾自己。"㉕

所以这里就买卖关系来说,就有几个因素:自由、平等、所有权、利益。这些因素之所以能够连在一起并发生关系的唯一力量,是他们的利己心,是他们的特殊利益,是他们的私人利益。这些特点是不是资本主义市场经济的特点,还是一般市场经济普遍具有的?我个人的看法,这四个因素、四个特点,是市场经济中发生契约关系的普遍性特征。

另外,马克思在《资本论》第2卷,全集的第24卷,第193～195页中有一段关于房屋租赁的论述,是一种规范性的论述,他说:"在房屋及其他对所有者来说是固定资本并作为固定资本出租的物品的租约中,法律都承认正常损耗和临时性修理的区别。前者是由时间、自然影响和正常使用本身引起的,通常由所有者负担;后者是在房屋正常寿命和正常使用期间为了保持房屋完好而临时需要的,通常由承租人负担。修理还分小修和大修。大修饰固定资本在实物形式上的局部更新,所以在租约没有明确的相反规定时,也由所有者负担。"接着,马克思还讲了一些类似的问题,着重讲的是英国法律。

总之,马克思在《资本论》中讲到一些契约方面的问题,但不可能是系统的,他是为论述经济学问题而涉及了一些契约问题、债的问题,但对我们还是有一些启发。

㉕ 《资本论》(第1卷),第199页。

(七)继承权的本质问题

马克思在《资本论》第1卷、第2卷、第3卷以及第4卷中没有涉及继承法的问题,但是在马克思、恩格斯《资本论》书信集中有继承方面的论述。马克思在1870年4月19日致保尔·拉法格的一封信中,特别批判了巴枯宁的错误理论,其中涉及继承的本质问题。

马克思是这样讲的:“如果考虑到巴枯宁及其信徒在理论上的极端无知,会觉得这是非常可笑的。但是巴枯宁的纲领就是‘理论’。”实际上包含三点:其一,废除继承权;其二,各阶级的平等;其三,工人阶级不应当从事政治。后两点我们不讲了,这里只讲马克思是怎么批判巴枯宁的第一个“理论”。马克思说道:“社会革命的第一个要求——废除继承权,这是圣西门派的旧废物,骗子手和无知之徒巴枯宁充当了这种废物的责任出版者。十分明显,如果可能通过全民投票在一天之内完成社会革命,那么地产和资产马上会被废除,因而也就根本没有必要研究继承权。另外,如果没有这种可能性(当然,设想有这种可能性是荒谬的),那么宣布废除继承权就不是一个严肃的举动,而是一种愚蠢的威胁,这种威胁会使全体农民和整个小资产阶级团结在反动派周围。”“这种理论完全是以陈旧的唯心主义观点为依据的,这种观点认为现在的法学是我们经济制度的基础,而不是把我们的经济制度看作我们法学的基础和根源!”也就是我们所理解的,废除私有制,不是去解决原因,而是首先去解决结果,这就颠倒了。所以,马克思成巴枯宁的纲领是一个罕见的纲领。

四、地租理论问题

(一)什么是地租?

马克思说:“不管地租有什么独特的形式,它的一切类型总有这个共同点:地租的占有是土地所有权由以实现的经济形式;并且地租总是以土地所有权,以某些个人对地球某些部分拥有所有权的事实作为前提。"㉖这一段话说明了，地租是实现土地使用权的经济形式。这是各种社会形态下的地租的共同性质，而地租的发生，又总是以土地私有权的存在为前提的。

在研究地租问题时，考察一下土地所有权的各种历史形态，特别是现代的土地所有权形式是非常必要的。马克思指出：第一，在原始公社瓦解时期，以民族（部落）军事领袖个人为代表的土地所有权；第二，奴隶主或封建领主的土地所有权；第三，资本主义制度下地主的土地所有权；第四，农民的小土地所有制形成的所有权。

在资本主义生产方式形成的时期存在的土地所有权，主要有下述两种。

第一，封建的土地私有权。这种土地私有权包含着统治和服从的关系，它是和非经济的强制不可分离地联系着的。在这种土地私有制之下，生产者——农奴有自己的经济，但还没有摆脱人身的依附关系。

第二，农民的土地私有权。这种土地所有制，在封建社会中是大量存在的，但是不占主要的决定地位。

资本主义的生产方式出现以后，并不是完全的废除土地私有制，而是改造封建的土地私有制。在当时，封建的土地私有制是不可能适应资本主义的生产方式的。马克思指出："资本主义生产方式开始碰到的土地所有权形式，是和它不相适应的。那种适应于它的土地所有权形式，要由它自己，通过使农业从属于资本的办法，方才创造出来。"㉗

马克思在第3卷第697～698页指出："资本主义生产方式的前提是：实际的工作者是雇佣工人，他们受雇于一个只是把农业作为资本的特殊使用场所，作为在一个特殊生产部门的投资来经营的资本家，即租地农场主。这个作为租地农场主的资本家，为了得到这个特殊生产场所使用自己资本的许可，要在一定期限内按契约规定支付给土地所有者。""一个货币额（这和货币资本的借入者要支付一定利息完全一样），这个货币额，不管是为耕地、建筑地段、矿山、渔场、森林等等支付，统称为地租。"所以，在这里，我们看到了构成资本主义社会

㉖ 《资本论》（第3卷），第714页。

㉗ 同上书，第724页。

骨架的三个互相对立的阶段——雇佣工人、产业资本家、土地所有者。那么,在资本主义发展过程中,对封建的土地私有制要进行改造,一般的改造途径如下。

第一,对于封建的土地所有制,是“使土地所有权完全从统治服从的关系下解放出来”“取得了纯粹经济的形式”。[28] 这就是消除地主在政治上和法律上的特权,使他们只能够依靠土地所有权来分享一部分剩余价值。

第二,对于农民的土地所有权,则采用各种各样的方法来加以剥夺,使农民变为无产者。这一点,我们知道资本主义是怎样进行原始积累的,如英国的圈地运动。

在我们说明了以上一些情况后,就能比较清楚地了解资本主义地租的实质,它的实质是什么?就是剩余价值的一部分。因此,资本主义地租是以资本主义生产方式的存在作为前提的。

什么是资本主义地租?有一种误解,以为资本主义地租的特征,就是用货币来支付。马克思批判了这种观点。他指出,货币地租的出现,曾经促进了资本主义在农业中的发展,但是货币地租并不一定就是资本主义地租。如果货币地租仅是实物地租的转化形式,它就仍然是封建地租,而不是资本主义地租。

的确,资本主义地租的特殊性质,要从它所反映的生产关系来说明。我们知道,由劳动农民支付的地租,和由剥削雇工的资本家支付的地租,二者所反映的生产关系是不同的。因此,它们的性质也是不同的。资本主义地租的交付者,不是自耕的劳动农民,而是剥削雇工的农业资本家。因此,前边我讲了,资本主义地租体现了资本主义社会中的三个阶级——无产阶级、资产阶级和地主阶级之间的关系。农业资本家直接从雇工身上榨取剩余价值,地主则依靠土地私有权,从农业资本家手里分享一部分剩余价值。

(二)级差地租问题

马克思指出,资本主义地租有两种正常的形态:一是级差地租,二是绝对地租。二者在本质上都是剩余价值,不过它们发生的方法不同。马克思首先分析

---

[28] 《资本论》(第3卷),第805~806页。

了级差地租——这是资本主义地租中最大的一个构成部分。

什么是级差地租？最简单的解释，就是指由于耕地的土地条件优劣等级不同而形成的地租。级差地租，资本主义有，社会主义也有。资本主义级差地租，是耕地较优土地所有者的资本主义农场所获得的超额利润，而这些利润又需归于土地所有者。道理很简单，假如说有三块土地——优等、中等、劣等，优等、中等的产量高、效率也高，但是优等、中等的土地被一些资本家垄断之后，必须还有资本家去耕种劣等土地，但是这些资本家也必须获得平均利润，否则，他们就不愿投资，当农产品供不应求时，价格就要上涨，直至涨到使经营劣等地的资本家也有利可图。社会主义级差地租，也称“级差土地收入”。实际上，不仅农业，开放市场也存在这个问题，如上海浦东、海南、武汉、深圳等地5000～7000元一亩，新疆伊犁则几毛钱一亩。

马克思说：“级差地租按它的性质来说，终究不过是若干投在土地上的等量资本的生产率会有所不同的结果。”[29]级差地租又有两种形式——级差地租Ⅰ，级差地租Ⅱ。

我们为什么要重视级差地租的理论问题，因为它涉及土地所有权问题。土地所有权本身，对于利润的创造，对于借助自然条件所生产的商品的个别生产价格的创造也是无关的，但是土地所有权则是超额利润转化为级差地租的原因。“土地价格”是资本化的地租。

现在，我们的房地产开发是热门，有的就是转手倒卖，这是不允许的，有的进行投资，平整一下土地、建筑物，这种投入的资本就称为土地资本，它属于固定资本的范畴。

地租不仅发生在农业上，也可能发生在工业上。马克思在《资本论》中举了一个例子，就是自然瀑布作为动力而产生超额利润的例子。

我们说，《资本论》的研究对象，是资本主义的生产关系及与其适应的分配关系。马克思在《资本论》中，并没有预见性地全面描写社会主义制度下生产关系和分配关系的各个方面。他不过根据资本主义发展的情况，在必要的时候，

㉙ 《资本论》(第3卷)，第790页。

附带地提示在未来的社会主义社会中将会出现的情况。

《资本论》有一段话:“如果我们设想资本主义的社会形式已被推翻,社会已被组成一个自觉的、有计划的联合体,10 夸特就会只代表一定量的独立的劳动时间,而和 240 先令的所包含的劳动时间相等。因此,社会就不会按产品内所包含的实际劳动时间的二倍半来购买这种土地产品;这样,土地所有者阶级存在的基础就会消失。这件事所起的作用,会和外国进口物品使产品价格便宜同样数额完全一样。因此,如果说,维持现在的生产方式,但假定级差地租转归国家,土地产品的价格在其他条件相同时就会保持不变,当然是正确的;但如果说,在资本主义生产由共同结合代替以后,产品的价值还会仍旧不变,确实错误的。”㉚

这段话的意思就是说:如果社会主义制度代替了资本主义制度,农产品的市场价格由最劣等的决定的规律,即市场价值规律在农产品上的应用将会失去作用,农产品的虚假的社会价值将不存在,从而级差地租也会消灭。

当然,马克思的这个论断是建立在这个假定之上:生产资料全部归社会公有以后,商品生产将会消灭,价值规律将会失去作用。

但是,社会主义国家建设的实践证明,社会主义要达到这个目标还有很长的时间,我们超越不了商品经济这个阶段,我们还要搞市场经济。在这种情况下,由于在同一个地区,同种的农产品要按相同的价格出售,所以土地较肥沃,或者位置较便利,或者土地利用效率较高的集体经济单位将会获得一种补充的收益(现在城市郊区比偏远地区的情况就会好些),至于把这种收益叫作什么,是可以研究的。但是在社会主义制度下,存在这种类似级差地租,是我们不容否认的事实。

(三)关于绝对地租问题

绝对地租也是资本主义地租的基本形式之一。因为土地私有权的垄断,无论土地优劣,租佃者都必须向土地所有者交纳地租,这种地租就是绝对

㉚ 《资本论》(第 3 卷),第 745 页。

地租。

我们知道,关于地租这一篇,马克思所批判的,主要是李嘉图的地租学说。李嘉图认为一切地租都是级差地租,他否认有绝对地租存在。李嘉图的这种错误,是和他的价值理论的缺陷联系着的,他不能区别价值和生产价格。在他看来,价值等于生产价格,也等于成本加平均利润。

马克思批评了李嘉图的这种错误,他指出,价值并不等于生产价格。按照价值规律,绝对地租还是可以发生的。这是因为农业部门的资本有机构成低,农产品的价值大于它的市场生产价格的缘故。因此,农产品按照它的价值出卖时,可以提供一个转化为绝对地租的剩余利润。

绝对地租是由农产品的价值和它的生产价格之间的差额形成的。所以它也是剩余价值在平均利润以上的余额,页是剩余利润。不过,这种剩余利润产生的基础是和级差地租的场合不同。这种剩余利润转化成的地租所以叫绝对地租,也就是因为它是一种不以不同土地的丰度差别或同一土地上各个连续投资的丰度差别为转移的地租。

前边,我们在说明级差地租的时候,总是假设农产品按照劣等地决定的生产价格出售,因此劣等地似乎不提供剩余利润从而不支付地租。现在,我们一了解绝对地租,就明白了那只是一种假设。劣等地虽然不能提供级差地租,但能够提供绝对地租。至于较好的土地,既能够提供价差地租,也能够提供绝对地租。

另外,我们知道,马克思关于绝对地租的理论具有重要意义,它是共产党的土地纲领的重要理论根据。

(四)与此相关的一些问题

1. 马克思在论述英国的资本积累过程时指出,市民资本家鼓励这种做法,为是的把土地变成纯粹商品,扩大农业大规模生产范围,当时的圈地运动形成的土地贵族,就是这样增加来自农村的不受法律保护的无产者的供给。所以我们理解,要把土地集中,首先承认土地是商品(对封建的土地、农民的小块土地),还有公有地(在封建制度掩护下保存下来的古代日耳曼制度的土地)。[31]

2. 马克思还指出:"单纯法律上的土地所有权,不会为土地所有者创造任何地租,但这种所有权使他有权不让别人去经营他的土地,直到经济关系能使土地的利用给他提供一个余额,而不论土地是用于真正的农业还是用于其他生产目的(如建筑等)。"这就是说,他可以取得地租,只要拥有土地的所有权,就能不劳而获地取得地租,也不用对土地进行具体的经营。[32]

3. 马克思说:"作为劳动条件的土地所有权和土地所有者完全分离,土地对土地所有者来说,只能代表一定的货币税,这是他凭他的垄断权,从产业资本家即租地农场主那里征收来的;(它)使得这种联系遭到如此严重的破坏,以致在苏格兰拥有土地所有权的土地所有者,可以在君士坦丁堡度过他的一生。这种土地所有权就取得了纯粹的经济形式……"

这里讲了"两权分离"的问题。

这些理论,对理解社会主义存在的商品经济以及需要市场经济的情况有什么参考价值,这是我们需要研究的。

这次《资本论》我们就讲这些内容。的确,《资本论》虽然是研究经济学的巨著,但也涉及许多的法律问题。经济问题是离不开法律问题的。《资本论》我们不可能讲好,因为这方面我也是学生,也没有过认真的研究。所以这次我们是共同学习,希望大家能够谅解。

我提几个问题,大家思考。

(1)马克思研究资本主义生产方式,为什么要从商品开始研究?

(2)商品的两个因素——使用价值和价值的对立统一问题。

(3)体现在商品的劳动二重性是什么?

(4)为什么说劳动力商品的存在是货币转化为资本的前提条件?

(5)在资本主义生产方式形成时期,资本是如何集中的?

(6)民法与商品经济、市场经济的关系问题。

(7)信用制度和股份公司问题。

---

[31] 参见《资本论》(第3卷),第791~793页。

[32] 同上书,第853~854页、第696~697页。

(8)所有权及其两权分离问题。

(9)什么是地租？什么是资本主义的地租？

(10)什么是级差地租和绝对地租理论？其主要内容是什么？

论文合作者

民法典与民法基础理论篇

论文题目	合作者
守成与创新——对制定我国民法典的几点看法	曹治国
制定民法典的指导思想及其体系构想	周瑞芳
论社会主义市场经济与民法的完善——纪念《民法通则》颁行 10 周年	杨　琴

馬俊駒法学文集

第 2 卷

马俊驹　著

法律出版社
LAW PRESS · CHINA

马俊驹

1941年生，北京市人，当代著名民法学家。1966年毕业于北京政法学院法律系，曾在基层人民法院从事民事审判工作。1982年毕业于中国政法大学，获民法学硕士学位。1982～1997年3月在武汉大学法律系任教，曾任武汉大学法律系主任、副教授、教授、法学院院长。1997年3～9月在中国政法大学任教。1997年9月在清华大学法学院任教，曾任清华大学学术委员会副主任和法学院学术委员会主任。2008年退休后在西南财经大学法学院任教至今，担任民商法学专业博士研究生导师。曾兼任中国法学会民法经济法学研究会副会长、中国法学会民法学研究会顾问、中国国际经济贸易仲裁委员会委员等职务。

目　录

第二卷

主体制度篇

合同债法篇

第二卷

主体制度篇

法人制度的基本理论和立法问题之探讨（上）*

法人制度是民法中最深邃和繁复的制度之一。人类自古皆结成团体而生存，但其团体享有法律上之主体地位却经历了漫长的历史年月，法人就是确认这一地位的重要法律形态和规制，并已成为法治社会中最具生命力和创造力的法律现象。但新中国，真正承认和确立法人制度尚不到20年，其间又正值国家处于重大变革时间，故其制度的总体设计和具体规制均有进一步完善的必要。近年来，民商法学界对法人理论的研究有很高的热情，也有一些非常重要的研究课题和成果。这些研究不但学术观点纷繁异呈，而且颇多真知灼见，亦有值得进一步探讨之处。本文拟在以上研究的基础上，提出自己的观点和建议，以供学人讨论和立法机关参考。

一、法人人格·本质学说与权利能力

法人即团体人格。法人人格是所有法人理论中最核心的问题，也是理解法人本质和讨论法人责任形式、组织结构、权利义务等问题的前提。目前，有关法人人格理论如法人人格的缘起、法人人格与法人本质、法人人格与权利能力、法

---

* 原载《法学评论》2004年第4期。

人人格否认等,已经成为学界关注的焦点。因此,本文即从这个问题的讨论开始。

(一)法人人格的历史考察

早在古希腊的法律中,即有人格制度的萌芽。由于城邦制的兴起,逐渐破坏了以自然方式生长起来的家庭和氏族组织,并且形成了古希腊社会以“城邦—家庭”为主的二元结构,塑造了“市民”(自由人)和“家父”这两个形象,作为“市民”的人已经具有了人格与身份的双重意义,而人格乃是古希腊从法律上赋予市民的主体资格。此时,斯多葛学派(Stoicism)的自然法学说已经产生,他们主张所有的人都是平等的,即使在奴隶制度存在的帝国时代也是如此。斯多葛学派还提出自然法与国家法的区别,指出天赋权利是一个人因其人性而应有权获得的东西。① 上述自然法思想对罗马法学和立法产生了有益的影响。

在古罗马时代,人是分三六九等的,不同等级的人拥有不同的公权和私权,即所谓有无人格,有或高或低人格之分。因此就自然人而言,“人格”及“人格变更”构成了罗马法中人法的关键内容,人格制度成为组织社会的工具。当时还没有建立起关于法人的连贯理论。在罗马法学家的眼里,某种团体只是一定数量的并且相互处于一定关系之中的个人,只有自然人才拥有权利,法律上的人也必然是自然人。② 但是,我们必须认识到,罗马法对人格理论的最大贡献就是提出了人和人格的分离的学说,这一学说为团体人格在理论上的存在埋下了珍贵的火种。③ 正是在这种意义上,马克思认为:“罗马法虽然是与交换还很不发达的社会状态相适应,但是从交换在一定的范围内已有所发展来说,它仍能阐明法人。”④尽管这一时期的团体法制还远非成熟,但罗马法简单商品经济的土壤里却孕育了初级的团体人格理论。

随着社会的发展,自中世纪文艺复兴以来,自然法思想广泛传播,启蒙思想

---

① 参见[英]伯特兰·罗素:《西方的智慧》(上册),文化艺术出版社1997年版,第238页。

② 参见[英]巴里·尼古拉斯:《罗马法概论》,黄风译,法律出版社2000年版,第61页、第62页。

③ 参见由嵘主编:《外国法制史》,北京大学出版社1998年版,第75页;周枏:《罗马法原论》,商务印书馆1994年版,第269页。

④ 《马克思恩格斯全集》(第46卷)(上),人民出版社1956年版,第198页。

运动在欧洲大陆逐渐兴起,天赋权利、个人主义的信念不断深入人心,反映在法律上便要求普遍地、无条件地承认自然人的人格。资产阶级革命胜利后,以法国《人权宣言》和《民法典》为代表,确认了任何一个生物人均享有平等的法律人格。此时,生物人与法律人格在形式上趋于一个平等的、一致的层面上,其二者分离的情形出现了人格向生物人的回归,进而形成了自然人的主体架构。但是,附着于团体上的法律人格则基于自身的法理念以及存在的实际价值,已经无法再回还到生物人那里。团体的人格已经与生物人的人格完全分离,它是一种具有独立社会价值的主体,是一种与自然人决然不同的主体,即法人。

经过漫长的发展过程,1900 年《德国民法典》正式确立了法人制度,进而凸显了法律人格范围的扩张,这也是赋予一定自然人或财产为基础的社会组织以民事主体资格的法技术手段。为什么法人制度首先能在德国确立?其中一个重要原因,是因为在日耳曼法系中,立法受到了团体主义和社会本位的法律思想的影响,它是人们之间集体意志的团体观念以及教会法独特的主体观念在法律上的体现。无可否认,无论是自然人还是法人,都是法律中的概念,是法律所赋予的人格,是法律关系中的主体。没有法律的承认,任何生物意义上的人和社会组织都不可能成为法律上的主体,在这个意义上,自然人和法人都是法律所拟制的,是通过人格这种法技术创制的主体。但是,"人格"的确定并不仅仅是一种法技术问题,它同时表明了立法者的价值取向,是当时社会环境的产物,是法律对当时社会政治经济结构的反映。我们知道,在罗马法中,正是为了适应社会经济发展的需要,才开始承认一些团体人格的存在;在《法国民法典》中,虽然还缺乏适合于贸易和商业阶层的法人制度,但它不得不承认经过特许设立的社会组织享有民事主体地位;而《德国民法典》更是由于经济动因和民法理论的发展,促成了法人制度的确立。笔者很同意尹田教授这样的观点:"法人制度的出现纯粹是经济发展的需求导致法律技术进步的结果,是一种经济生活的客观现实与法律技术运用相结合的产物。"⑤当然,法人团体并不仅限于参与经济生活,它也体现了近现代人们结社自由和参与政治生活的需要,它是实现人们

---

⑤ 尹田:《论自然人的法律人格与权利能力》,载《法制与社会发展》2002 年第 1 期。

自身各种利益的工具和手段。

(二)法人人格与法人本质

关于法人本质的三种学说,即拟制说、否认说和实在说,均从不同角度来认识法人的本质,除否认说已遭多数学者和立法者否定外,拟制说和实在说均有一定的合理性。其二者的共同特点是,承认法人的民事主体地位,享有民事权利能力,从一定意义上讲,民事权利能力就是法律人格的同义语,所以法人具有法律上的人格,这为各类团体提供了一个以集体形象从事对外交往的平台。但是,拟制说与实在说对法人人格的取得在认识上是对立的。

《德国民法典》制定之时,"这个国家起主导作用的乃是一个具有自由主义倾向的大市民阶层,它和普鲁士极权国家的保守势力在德意志帝国的民族国家范围内达成妥协"。⑥ 由康德(Kant)创立的伦理人格主义哲学,对法典制定者的精神世界产生了深刻影响,萨维尼(Savigny)正是基于人道主义、民主主义的思想,继承了罗马法中对团体赋予人格、认为团体人格是拟制的看法。萨维尼认为,"所有的法律都为道德的、内在于每个人的自由而存在。因此,人格人和或法律主体的源初概念必须与人的概念相一致,并且可以将这两个概念的源初同一性表述为:每个人,并且只有每个人,才具有权利能力",其弟子普赫塔(Puchta)还认为,"作为一个在其能力中被构思出的意志的主体,人为人格人……即是说,人格是一种法律上的意志或者说是一种法律上的权力在主体上表现出来的那种可能性"。因此,"法学确定了如下因素:内在于作为种属物的人的道德的自由及其意志,该自由与意志的因素证明人具有资格成为人格人"。⑦ 正是由于将自由与意志的存在作为认定是否具有人格的标准,所以只有自然人才符合这种标准,只有自然人才是民事主体。而组织体作为由多数人组成的团体或为一定目的存在的财产并没有自由与意志,只是由于法律将其拟制为自然人,才能使其取得类似于自然人的民事主体地位。

---

⑥ [德]拉德布鲁赫:《法学导论》,米健、朱林译,中国大百科全书出版社1997年版,第63页。

⑦ [德]罗尔夫·克尼佩尔:《法律与历史——论〈德国民法典〉的形成与变迁》,朱岩译,法律出版社2003年版,第62页、第63页。

19世纪中晚期,由于德国资本主义经济进入新阶段,社会结构发生了深刻变化,各种社会矛盾日趋激烈,法律思想逐渐发生重大的转变。从耶林(R. Von Jhering)创立强调个人利益和社会利益相结合的新功利主义法学时起,已对以后产生的社会学法学的勃兴产生了重大影响,人们开始重视国家和团体的存在价值。德国法学家基尔克(Gierke)作为当时社会思想的代表,是法人实在说的创设者。“作为一名私法学家,他对民法学的巨大贡献之一,就是从理论上批判了法人拟制说,确立起了法人实在说。”⑧他认为,由人组成的团体是一个实实在在的组织体,它在法律上的人格是团体固有的,无论国家是否给予承认,它们都是存在的。团体“像自然人一样,也具有思维能力,能够认识建立在物质基础之上的精神性文化发达的规律。这些文化,虽然是一个个个人创造的,但个人的行为都是作为社会性行为出现的,只有通过精神和肉体的社会性协作、相互作用,才能创造人类的文明”。⑨ 甚至他还认为,“法人的观念是包含了自然人和团体人的高层次的法律上的人格观念。自然人的人格也好,团体人的人格也好,都必须以法人格的观念为基础”。⑩ 另外,我们也须注意到,日耳曼法鲜明的团体主义特征也是法人实在说得以确立的一个重要因素,所以基尔克关于团体论和法人论的研究正是从对日耳曼血族团体的性质考察开始的。

法人拟制说和法人实在说的根本差异在于,对权利主体资格产生的理解不同,即对法人人格在认识上的分歧。拟制说认为,人并且只有人才具有法律上的人格,团体作为事实上的权利主体进行活动,但最终还要还原为个人,即使承认团体有人格,也是个人人格向团体的扩张,所以法人人格是法律拟制的。实在说却认为,法人团体的人格是独立的,是与个人不同的法律人格,它们在法律认可的范围内,都是法律抽象和拟制的结果。法人团体是一种拥有意思和欲望,能够通过由个人组成的机关自主从事行为的活的组织体。我国学者通常认为,法人机关是法人团体的重要组成部分,是直接表达法人意思和实施法人行

---

⑧ [德]罗尔夫·克尼佩尔:《法律与历史——论〈德国民法典〉的形成与变迁》,朱岩译,法律出版社2003年版,第259页。

⑨ 何勤华:《西方法学史》,中国政法大学出版社1996年版,第257页。

⑩ 同上书,第259页。

为的代表机构,其机关成员在执行法人职务时已经丧失了个人人格,而成为法人中享有代表职能的一分子。因此,拟制说和实在说对法人组织结构的设计和理解上发生分歧,前者认为,法人不具有行为能力,其行为的实施须经他人代理进行;而后者认为,法人拥有独立的意志,具有行为能力,其行为可以由法人机关代表实施。

德国学者托马斯·莱塞尔(Tomas Raiser)就法人本质的不同学说,提出一种十分客观的评价。他认为,"应将它们理解为从不同的侧面对法人制度及其背后所存在的社会现象所作的不同的解释,由于他们各自只澄清了某一侧面,故而他们可以相互并存,并可相互补充,而其中任何一种学说都不具有绝对正确性"。[11] 因此,也许将拟制说和实在说结合起来更有助于我们对法人本质的认识。拟制说正确地认识到自然人和法人是两类不同的民事主体,强调所有社会组织的内部规范结构,进而承认各种社会组织在法律上的可塑性,为建立一个开放型的民事主体体系奠定了理论基础。但它仅是从存在价值和作用方面而不是从事物本体方面来认识法人,并否认法人团体的行为与团体成员的行为相互独立,试图仅用拟制为自然人的法技术来解释独特的法人现象,难免不能从根本上阐述法人的本质。实在说正确地认识到团体是社会生活中与个人相区别、相独立的活动单元,有自己独立生存的价值和作用,法律不应该将团体拟制为自然人,而应该将其确认为与自然人并列的民事主体,法律在此的作用仅是"发现"而非"创造"。但它过于注重团体的现实存在和自治行为的意义,低估了团体内部法律规范结构的作用,以及国家对其进行限制和引导的功能,必须承认,无论是团体还是个人的主体资格都是法律赋予的结果。所以,我们只有既强调团体的社会存在,又强调法律在赋予团体法人资格中的作用,才可能会对法人本质有一个较全面的理解。

德国学者卡尔·拉伦茨(Karl Larenz)为法人作出这样的表述,他说,法人"是通过私法行为设立的长期存在的人的联合体或组织体,它本身是与其全体组成人员和管理人员互相分开的实体,它本身享有权利并承担义务,通过其机

---

[11] [德]托马斯·莱塞尔:《德国民法中的法人制度》,张双根译,载《中外法学》2001年第1期。

关的行为(在法律上是法人的行为)取得权利并履行债务,由此而发挥自己的作用并参与法律交往"。[12] 但是,这一表述只是注重了法人的实体性,而没有强调法人与自然人之间的必然联系。自然人为了实现自身的利益,他既可以自己行使自己的权利,也可以组成团体实现个人的力量难以企及的利益,这种团体可以有多种形式,其中一部分团体即为法律所承认的法人。在此种意义上,法人是自然人权利的扩张和延伸。"在历史和现实生活中,在每一个法人团体扮演着重要的社会角色、影响着社会生活这一表象背后,总有作为其创造者的自然人之手的控制,法人是自然人权利的扩张物这一本质在自然人与法人关系及法人在历史上的工具性和手段性价值这一背景下,将会有全新而深刻的展现",[13] 法人是自然人结社自由的体现,是自然人实现自身利益的法律手段,为达到这一目的,法律必须赋予法人以独立的人格和地位,使其在社会生活中发挥出更大的优势和作用,而自然人从中才能获取更多的实际利益。

我国台湾地区学者对法人本质的认识多采取"社会作用说"。如郑玉波认为,"然则法人之本质究若如何?一言以蔽之曰,法人能担当社会作用,而具有社会价值,法律有赋予其人格之必要,故赋予之也"。[14] 李宜琛认为,"法人之取得人格与自然人同为法律所赋予,而其人格之根据,则在用于其社会的价值也"。[15] 史尚宽认为,"法人正如自然人,因其能发挥社会的作用,有适于具有权利能力之社会价值,故应予以权利能力"。[16] 上述观点也对中国大陆一些学者产生影响,如王利明等人所著《民法新论》即认为,"社会组织在商品经济社会的实际作用,乃是它们在法律上的主体资格即法人的本质所在"。[17] 现在看来,上述"社会作用说"仅是说明了法律赋予团体以法人人格的原因,并没有指出法人的本质是什么。

---

⑫ [德]卡尔·拉伦茨:《德国民法通论》,王晓晔等译,法律出版社2003年版,第184页。

⑬ 刘成伟:《民事主体演变的历史逻辑与法人本质的解说》,载中国民商法律网:http://www.civillaw.com.cn/lawfore/content.asp?programis+4&id=225。

⑭ 郑玉波:《民法总则》,台北,三民书局1980年版,第121页。

⑮ 李宜琛:《民法总则》,台北,中正书局1978年版,第106页。

⑯ 史尚宽:《民法总论》,中国政法大学出版社2000年版,第140页。

⑰ 王利明、郭明瑞、方流芳:《民法新论》,中国政法大学出版社1988年版,第226页。

近年来,我国有学者重新论证法人拟制说,从而使法人本质的研究得以深入。这些学者所坚持的拟制说与萨维尼时代的拟制说已有明显不同,我们不妨称其为新拟制说。该说的代表是江平教授和龙卫球教授,他们对法人本质的认识是这样阐述的:对于人类社会的团体现象,哲学家和社会学家作了深刻的研究,显示出家庭、国家、教会组织、公司等,明显是具有与个人成员不同功能的实在单位,是实在的、不可避免的社会现象;但法人并不是团体在法律上的自动反映,团体现象的事实在很大程度上只是法律考虑赋予团体以法人资格的思维原材料,在从团体到法人的过程中,正是法律思维发挥作用的领域,正是由于法律的确认和构造,团体才能转化为作为民事主体的法人。[18] 因此,该说中所谓的"拟制",是指法律将团体转化为法人的过程,法人有其实在的社会存在,并不是某些团体因被拟制为自然人才取得法律人格的。可见,这种新拟制说实际上也是传统的拟制说与实在说的有机结合,是对法人本质认识的一次提升。

(三)法人人格与权利能力

19 世纪之后,《法国民法典》中直接作为法律人格依据的自然法观念,受到以萨维尼为代表的历史法学和以康德为代表的先验唯心主义哲学的挑战,而来自实定法本身的法律依据,即由人的目的性表现出来的权利、法益、自由资源或义务等因素受到重视。于是,法律人格的依据从法国民法上"人的理性",演变为德国民法中的"权利能力",从而完成了法律人格的依据从自然法向实定法的转化。从此角度看,权利能力是生物人取得法律人格的条件和基础,是生物人享有民事权利和承担民事义务的前提,进而成为连接生物人与法律人人格以及具体权利义务的逻辑桥梁。

权利能力,是指权利主体和义务主体所应具有的能力。按照通说,权利能力是作为法律关系主体、享有权利承担义务的资格,是"人格"的别称。[19] 有些

---

⑱ 江平、龙卫球:《法人本质及其基本构造研究——为拟制说辩护》,载《中国法学》1998 年第 3 期。

⑲ 参见郑玉波:《民法总则》,台北,三民书局 1980 年版,第 66 页;李宜琛:《民法总则》,台北,中正书局 1978 年版,第 56 页;梅仲协:《民法要义》,中国政法大学出版社 1998 年版,第 53 页;黄立:《民法总则》,中国政法大学出版社 2002 年版,第 74 页。

学者对上述观点提出质疑,认为人格与权利能力不能等同。人格的概念比起权利能力的词义要宽泛,人格不仅是主体和权利能力的同义语,而且还表现为某些“人格利益”。[20] 有的学者认为,人格,是指可以成为民事主体的资格,即构成民事主体的前提和条件;权利能力,是指民事主体享受权利的范围和内涵。[21] 有的学者进一步认为,“‘权利能力’得被赋予不同含义:一为抽象意义上的权利能力,指‘享受权利,成为民事主体的资格’,在此意义上,权利能力等同于法律人格;二为具体的权利能力,指‘享受某一特定权利,成为某类民事法律关系主体的资格’,在此意义上,权利能力与法律人格不能等同”。[22] 有的学者则从探讨权利能力与权利的关系出发提出,“权利能力制度是个选择性制度,它规定了无限丰富的权利供各个人去选择,权利的选择也是一种自由。在这种情况下,民事权利能力包含了人的选择的所有信息,人的各种局限性造成了每一个人享有的权利能力都是非常有限的”。[23] 结合上述观点,笔者认为,权利能力不仅表明了生物人或团体所享有的民事主体资格,而且包含了民事主体享受各种民事权利的可能性,从一定意义上讲,也是民事主体享有特定民事权利的选择性,这些属性体现为包括法人在内的所有民事主体的地位是平等的。但在事实上,各个民事主体因自身的品质、特性和需要不同,他们所享有的权利能力的内涵是不同的,权利能力只能为民事主体提供一个相对广阔的选择的权利空间,却不能帮助任何一个民事主体去实现其民事权利。如对著作权的享有,并不是享有权利能力的人都能享有这项权利,它只是表明民事主体享有这一权利的可能性,而在可能性面前是人人平等的。上述情形不仅在自然人之间是如此,在法人之间以及在自然人与法人之间也是如此。

民事主体地位的平等,并不能说明其享有权利的范围是一致的、是不受限制的。在自然人与法人之间,由于各自不同的特性而享有权利的范围是不同的,自然人不能享有以法人存在为前提的各项权利,如法人名称权、营业秘密权

---

[20] 参见王利明主编:《人格法新论》,吉林人民出版社 1994 年版,第 4 页、第 5 页。

[21] 参见江平主编:《法人制度论》,中国政法大学出版社 1994 年版,第 3 页。

[22] 参见《马克思恩格斯全集》(第 46 卷)(上),人民出版社 1956 年版,第 126 页。

[23] 杨振山:《权力能力与人的解放》,载中国民商法律网:http://www.civillaw.com.cn/weizhang/default.asp? id=8097。

等;而法人也不能享有以自然人特性为前提和各项权利,如生命权、继承权等。即使在自然人之间或法人之间,其行使权利的范围也是不一致的,如对著作权的享有,并不是所有的自然人都能享有的。就法人而言,因种类不同、性质差异、范围有别,国家从总体政策和秩序管理的角度出发须对各法人的业务范围作出限定,由此得出所谓法人特殊权利能力的称谓。既然每一个法人都有自己特殊的权利能力,法人之间的法律地位和权利能力如何能够平等?实际上,上述限制并不是对法人民事主体资格的限制,其主体资格在商品经济条件下应该是平等的,不存在因法律或自身约制而权利能力受到限制的情形,这里所限制的仅是权利能力的内容,即享有具体民事权利的范围。如不同年龄阶段或意思能力有别的自然人尽管其主体资格是平等的,但他们应该享有的某些人身权利有时是被限制的。现阶段的法制主要任务还是实现民事主体资格、地位、竞争机会、获取救济的平等,这还是一种形式上的平等,要达到主体之间实质上的平等还需漫长的历史进程。

在民法学界,人们时常讨论的一个问题是法人所受目的限制或经营范围限制的性质。对此,众说纷纭,主要有权利能力限制说、行为能力限制说、代表权限制说和内部责任说。[24] 权利能力限制说,主张法人目的范围的限制的规定,属于对法人权利能力的限制,法人在其限制的权利能力范围内享有权利、承担义务。为此,法人的行为能力,相应地也应受其范围的限制。该说为日本学者我妻荣所主张,并成为日本通说。日本判例也持权利能力限制说。[25] 而持反对意见者则认为,如直接限制法人的权利能力,即否定了其归属自身,与法人实在说的本质相违背。长期以来,我国实务上坚持凡超出法人目的范围或经营范围的行为一律无效,相当于理论上的权利能力限制说的立场。行为能力限制说,以法人实在说为理论基础,认为法人具有一般行为能力,法人"目的范围内"的限制,只是对法人行为的限制。法人只要作为独自的社会存在,现实地参与民事活动,就只能在其目的范围内享有权利和承担义务,这是对法人行为能力限制的结果。代表权限制说,以法人拟制说为其理论基础,认为法人可以成为一切

---

[24] 梁慧星:《民法总论》,法律出版社 1996 年版,第 128 页。

[25] 参见[日]我妻荣:《新订民法总则》,岩波书店 1965 年版,第 155 页。

权利义务的归属主体,受到限制的不是法人的目的范围,而是法人(实际上是董事、理事——法人代表人)的活动以及作为其活动结果的权利义务的归属范围。根据代理法理,范围外的代表(代理)行为为法人代表的无权代理。㉖ 内部责任说认为,法人章程所规定的目的范围不是限制团体机关代表权的,而是团体机关负有在目的范围内活动的义务,法人代表如果违反法人目的,就构成忠实义务违反。为此,法人章程目的范围,不过是划定法人机关的内部责任而已,目的的限制并不能产生对外的约束力。法人机关以法人名义所为的一切行为均为法人行为,在其他有效要件具备的情况下,均为有效行为。㉗

通过对上述各种学说的分析,我国有学者认为,前述四种学说的共同特点,均在于单纯立足于实施越权行为法人的角度对有关命题进行论证,从而其结论要么与立法应有的政策相悖("权利能力限制说"和"内部责任说"),要么无法在法理上自圆其说("行为能力限制说"和"代表权限制说");主张应基于民法的利益平衡原则,对法人超越经营范围的行为具体判断是否有效,其判断的标准就是:在相对人为善意时,应基于维护交易安全的考虑,认定法人超越经济范围的行为有效,这种观点可以称为"交易安全保护说"。㉘ 此说从交易安全的角度解释法人经营范围问题有积极意义,但这里并未能从正面回答问题。按此说同样可以认为,法律对法人经营范围或目的的限制并不是对其权利能力的限制,而是法律基于交易安全的考虑对法人具体经营范围的限制。这一限制仅是针对权利能力的内容方面,并不涉及权利能力的主体资格的含义本身。因此,权利能力作为享有权利、承担义务的能力,也是自然人和法人享有民事主体资格的基础和前提。从这个意义上讲,权利能力和人格的含义是相同的。

法人人格与权利能力都是法律用以调整现实社会生活的法律技术的产物。从法律调整的需要来看,一切法律关系均以权利义务来表现,而权利义务总是需要有所归属,这样权利才能由确定的人所享有,义务才能由确定的人所承担。

㉖ 参见[日]川岛武宜:《民法总则》,有斐阁 1965 年版,第 112 页、第 113 页。转引自[日]近江幸治:《民法讲义Ⅰ(民法总则)》,成文堂 1994 年版,第 100 页。

㉗ 参见[日]北川善太郎:《民法总则》,有斐阁 1993 年版,第 71 页。转引自梁慧星:《民法总论》,法律出版社 1999 年版,第 128 页。

㉘ 参见尹田:《论法人的权利能力》,载《法制与社会发展》2003 年第 1 期。

我国台湾地区学者认为,民法对这种法律调整的设计分成两个阶段。第一阶段设计权利义务的驻足集散之处,即具备如何之要件方可成为其集散之处?设计之结果,创设了权利能力制度,凡为供权利义务驻足集散之资格,即为权利能力。第二阶段设计何者为符合上述驻足集散之目标,即何者适于赋予权利能力。㉙ 显然,法人要成为具有独立人格的社会团体,应当由法律赋予权利能力。其理由在于:法人享有权利能力,才能以自己的名义参加各种法律关系,成为民事权利义务的归属点,使人们从团体的运行机制中取得生活资源。或者说,承认法人权利能力便于其参与法律交易,并通过其财产独立达到承担责任的限定化,进而形成法人的自主和竞争能力,促进社会进步和经济发展。

(四)法人人格与人格否认

这里所指的人格否认并非泛指所有的法人,而仅指由其成员承担有限责任的典型意义上的社团法人,主要是公司法人。一方面,当法人超越其目的范围为一定行为时,以维护动态安全为原则,应采取相对无效说以保护善意相对人的利益,这已成为较多国家的一种立法倾向。另一方面,当我们承认法人的行为独立于其成员行为,法人的责任独立于其成员责任时,同样不可忽视法人人格滥用问题。在以有限责任公司和股份有限责任公司为典型的法人中,一些法人成员利用法人的独立责任作为自身敲诈舞弊的"护身符",并将法人的独立责任作为自身牟取法外利益、规避法律或合同义务的工具。为克服这种滥用法人人格的行为,"法人人格否认"法理应运而生。法人人格否认法理,由美国法院在审理公司纠纷案件中首创,也称"揭开法人面纱"原则。这一理论后被英国、德国、日本在司法实践中接受并加以运用,法国、意大利等国甚至将该理论立法化。

"法人人格否认",是指在具体法律关系中,基于特定事由,否认法人的独立人格,而要求法人成员对法人的债务或行为承担个人责任。㉚ 综观各国的司法实践,法人人格否认法理适用的类型有三:第一,规避法律型。即以法人形式为

㉙ 曾世雄:《民法总则之现在与未来》,中国政法大学出版社2001年版,第80页。

㉚ 参见马俊驹、余延满:《民法原论》(上),法律出版社1998年版,第176页。

手段或为掩护,实现其非法目的。第二,回避债务型。即法人成员以法人名义承担法人本身并未因此受益的债务或承担与法人本身极不相称的风险,造成法人成员与法人人格的错位,以达成回避债务之目的。第三,违法犯罪型。即利用法人进行违法犯罪活动。[31] 根据法人人格否认法理,其本质特征在于:(1)适用法人人格否认法理的逻辑前提,为法人具备独立人格,即法人人格否认是针对已经合法取得法人独立资格,且该独立人格及法人成员的有限责任又被滥用之情形而设置。(2)法人人格否认法理,只对特定个案中法人独立人格予以否认。即法人人格否认法理适用于个案中法人人格不合目的性质而需要否认其法人人格的场合,其效力不涉及该法人的其他法律关系,并且不影响该法人独立实体合法的继续存在。(3)法人人格否认法理,是对失衡的法人利益关系之事后法律规制。即通过国家公权力对法人人格滥用者课以法律责任,对因法人人格滥用而无法在传统的法人制度框架内获得合法权益者给予一种法律救济。[32] 为此,法人人格否认是对典型意义上法人人格的动摇和弱化,是对此类法人人格的限制。

在我国,由于将法人成员的责任状态限定为有限责任,每个股东或投资者都以实现有限责任利益为自己重要的甚至唯一的目标,在法制不够完善的情况下,滥用法人人格的现象普遍存在,这不仅动摇了法人制度和相关商法制度,而且对社会造成了极其严重的危害。根据上述情况,我国立法与司法实践虽然存在向法人人格否认法理靠近的一些做法,但仍没有确立法人人格否认原则。一些学者认为,目前这种立法与司法状况,不利于社会主义市场经济的培育与发展。为此,正确认识法人人格制度,通过引入法人人格否认制度限制某些法人人格,以遏制滥用法人人格现象,维护利害相关者的合法利益等,已成为现代民商法要解决的突出问题之一。

但是,也有学者认为,"公司法人格否认"的称谓词不达意,且在逻辑上含混了公司法人人格与股东有限责任两个概念。[33] "公司法人格否认"所表达的情

---

[31] 参见胡光志:《公司人格否定与公司人格扩张》,载《现代法学》1998 年第 4 期。

[32] 参见朱慈蕴:《公司法人格否认法理研究》,法律出版社 1998 年版,第 94 ~ 105 页。

[33] 参见郭升选:《"公司人格否认"辨》,载《法律科学(西北政法大学学报)》2000 年第 3 期。

形,是指在个案中暂且无视公司的独立人格,而追究股东的无限责任,以保证债权人利益的实现。所以,“公司法人格否认”在事实上,只是否认了股东的有限责任,并没有否定公司法人格。股东的有限责任与公司法人格之间,既有联系也有区别,其表现为股东的有限责任是公司法人格的具体体现和结果;公司首先取得法人格,而后才有公司的独立责任和股东的有限责任,两者是因果关系,不能因果倒置。[34] 从严格意义上讲,股东一旦向公司履行了出资义务,即与公司分离,即使股东尚未交足出资,也仅负补足出资的义务,对公司再无责任可言。所谓股东的有限责任,其含义仅指股东以出资额为限对公司债务承担责任。通常所说的公司法人人格否认,仅是指对股东与公司责任分离的否认,进而由股东对公司债务负无限责任,但并不影响公司法人人格的继续存在。只有当公司解散、破产或因虚假出资、违法设立被撤销时,则公司法人人格终结,即其法人人格才被彻底否定。当股东应负无限责任的事由与公司法人人格否认的事由同时发生并重合时,自然公司法人格也会被否定。由此可见,“公司法人格否认”之法理仍有进一步完善的空间。

二、法人分类·比较考察与立法思考

法人分类是立法对不同法人形态的组织结构和行为规则进行系统化抽象的结果,因此各国在构建法人制度的过程中,始终将有关法人分类的理论和原则作为重点研讨对象。大陆法系国家的民法典在法人分类问题上保持了高度一致性。由《德国民法典》确立的将法人在性质上区分为公、私法人两部分,然后将私法人划分为社团与财团,继而又将社团法人分为营利法人和公益法人,这种划分方式为大多数国家所接受。就私法人而言,社团法人和财团法人的划分是大陆法国家民法典最具特色和应用价值的分类方式。

---

[34] 参见郭升选:《“公司人格否认”辨》,载《法律科学(西北政法大学学报)》2000 年第 3 期。

(一)社团与财团的历史由来

人类第三次社会大分工后,随着商业成为独立的部门,在古罗马,团体作为与个体相对存在的事物出现了。这个时期的团体的组织形态是以人的组合为主的,类似于近现代的社团。当罗马的法学家提出人和人格分离的学说后,此类团体即有社团法人的主要特征。所以,社团法人是从罗马简单商品经济的土壤里开始诞生的,并在以后的历史发展中不断得到完善。进入中世纪,首先在意大利出现了以股份公司形式存在的“海上协会”和“热那亚银行”。这种企业主联合组织与15世纪末尼德兰和英国建立的合股商业公司具有类似之处。到了17世纪初,出现在荷兰和英国的东印度公司通过国家的认许即成为特许法人。显然,为了适应和保障经济贸易活动的正常进行,这些法人的组织样态已经较完备,但其较之于建立在财产独立、责任独立基础上的社团法人高级形态尚有距离。18世纪末至19世纪中后期是资本主义生产方式在世界范围内普遍确立的时期。随着社会革命和科技创新的进程,资本主义商品经济得到了长足发展。工业革命在对资本及其组织方式提出严重挑战的同时,把原有与简单商品生产和交换相匹配的市场主体远远抛于身后。这使整个商品社会对能够适应这一变化的“价值创造者”的需求达到了前所未有的程度。正是由于这种旺盛的需求,最终通过有限责任公司和股份有限公司制度的确立,而促使社团法人完成了向以财产独立、责任独立和“他营机构原则”为基础的高级法人形态的转化。至此,现代民法意义上的社团法人所需的实体基础全部具备了。

与社团法人不同,尽管确定财产为人格主体要比团体获得人格需要更高的抽象力,[35]但财团法人的形成并不晚于前者。它的历史源头最早可追溯至罗马法的“基金会”。[36] 在罗马早期,基金会并未完全同接受遗赠的团体(教会)相分离。公元313年的“米兰诏令”及公元321年准许教会享有捐赠财产所有权的

---

[35] 参见江平主编:《法人制度论》,中国政法大学出版社1994年版,第2~3页。

[36] 基金会纯属基督教的产物,是对“仁慈”一种全新观念的表达。现今基金会的纯正制度(为某一目的而设立的财产)在当时尚未出现。参见[意]彼德罗·彭梵得:《罗马法教科书》,黄风译,中国政法大学出版社1992年版,第50页。

法令,[37]在强化教会财产独立性的同时并没有使捐赠人、教会管理人与教会之间的关系变得清晰。直到中世纪,教会仍把持捐助财产的控制权。文艺复兴和宗教改革以后,商品经济的发展促进了个人意识的觉醒,教会势力被普遍削弱。这为财团人格的独立创造了条件。随着捐助财产撤销权的废止和僧侣享用捐助物的权利被剥夺,捐助财产开始完全独立于捐助人和管理人;捐助财产的用途和管理方式除取决于捐助人的设立意思外,不再受捐助人意志的制约;捐助财产的范围也由慈善事业扩展至教育文化等其他社会事业。这样,现代法意义上的财团法人所需的实体基础也趋于形成。但是直到产业革命之前,由于经济发展程度、个人财富以及人们现实需要的限制,财团并未普遍存在。

通过以上对两种法人类型演进历程的回顾,使我们清楚地看到现代法上将法人划分为社团和财团两种形式是欧洲大陆国家历史发展的必然结果。社团法人是人们为了一定目的自愿地通过法定的方式,联合建立的长期存在并独立于其各成员个人的团体。社团法人最重要的特征是,由一定的成员组成,这些成员一方面在法律人格上独立于法人团体,另一方面在法人团体内部享有决定法人重大事务和取得收益的权利。财团法人不是人的联合体,而是以设立人提供的一定财产的为基础,为了实现一定目的成立的永久性团体。财团法人只有机关,没有其成员,所有的法人事务均由其机关执行和管理。在资本主义商品经济条件下,经济活动所需的规模以及竞争的残酷程度,迫使功利的世俗个体放弃个性、融入群体,以寻求对广阔生存空间的憧憬和对未来承担风险的回避。那些分身无术的人们为了求得事业的发展和稳定,而以放弃财产所有权为代价,去构造法人团体的独立财产,进而成为一名社团法人的成员;还有一些人将意志与财产的结合体交由他人管理,以缓释个体在复杂社会生活面前的尴尬与无奈,这恐怕就是大部分财团形成的原因。这便使其基于“理性意愿”而形成的社会关系成为现代社会团体的主要形式,而上述两种法人形态的作用也同时被彰显出来。

---

[37] 马俊驹、余延满:《民法原论》(上),法律出版社1998年版,第172页。

(二)各国法人分类之异同

自《德国民法典》正式区分社团法人与财团法人之后,此种法人分类方法很快被大多数国家立法所借鉴和吸收,进而成为大陆法系关于法人的最重要的区分类别。社团法人与财团法人因设立的基础不同,前者以自然人为基础,后者以特定财产为基础,因此形成了二者制度上的重大差别。归纳起来有如下几点:(1)设立方式之差异。社团设立须由数名设立人共同完成订立社团章程的法律行为;财团设立须由设立人完成财产的捐助和订立捐助章程的行为。(2)治理关系之差异。社团成立后,设立人和依据社团章程的参加者,即成为社团成员,享有社团成员的各项权利,直接决定或影响社团的发展或变动;财团成立后,因设立人的意思已经体现在财团章程中,设立人在法律上已与财团相分离,而具体事务由其聘任的执行者或管理者实施,只有在财团遇有重大变动或解散时,才须由法定机关进行处理。(3)组织结构之差异。社团因由成员组成,其成员大会(社员大会)为权力机关,并设执行机关,有的社团还须设监察机关;财团的意思由设立人决定,所以只设执行机关。[38]

也有一些国家没有完全采取大陆法关于法人的划分方法。如俄罗斯民法将法人形态分为三类,即发起人(包括参加人,下同)对法人财产享有债权的法人;发起人对法人财产享有所有权和其他物权的法人;发起人不享有法人财产权利的法人。[39] 这是一种较有创意的法人分类方法,它以法人财产的不同性质以及法人成员与法人财产的不同联结方式来确定法人的种类。从本质上看,它实际上是大陆法以社员权为纽带对社员与社团进行联结的模式的一种隐晦的翻版,而不同之处仅在于将社员权中的收益分配请求权,错误地分成债权请求权和物权请求权,并以此作为划分两种社团法人的标准,第三种发起人不享有法人财产权利的情况,自然是指财团法人。笔者认为,俄罗斯民法之所以没有明确划分社团和财团,主要是考虑单一制企业的存在,不便与传统的社团构成理论相衔接,所以才采取了上述的划分方法,但即使如此,它也没有摆脱大陆法

---

[38] 参见龙卫球:《民法总论》,中国法制出版社 2001 年版,第 376 页、第 377 页。

[39] 参见《俄罗斯联邦民法典》,黄道秀、李永军、鄢一美译,中国大百科全书出版社 1999 年版,第 24 页。

中私法人的两种基本类型。又如,越南民法明确区分了公法人和私法人,将法人分为国家机关、军事单位、政府机构或社会政治机构,以及经济组织和基金会等。就其私法人而言,越南民法关于经济组织和基金会的划分,也是效仿大陆法上的社团和财团的分类,但是因为采取了简单的列举式,并没有对繁多的法人进行抽象分类,让人无法把握各类法人的基本性质,所以笔者不赞成这种分类方法,它在立法技术上过于粗糙。[40] 再如,蒙古民法将法人分为两种类型:一是设立者或参加者对其独立财产保留权利的法人;二是设立者或参加者对其独立财产不保留权利的法人。[41] 而且蒙古民法在规定公共财产时,分别对社会团体和基金会的财产、宗教团体的财产、捐赠的财产等作出规定。[42] 所以,蒙古民法关于法人的分类也是以社团与财团的划分为基础的。

至于英美法系国家,因为没有形式上的民法典,所以也就不存在一般意义上的法人概念和相关分类,但这不等于英美法对法人及其类型划分没有相关的理论和规则。英美法国家所称的法人主要是指与自然人相对应的实体或组织,而实体或组织之中,已经完全包含了大陆法所区分的公法人、社团、财团以及其他法人的种类。[43] 当然,关于法人分类在内的多项法人制度和规则方面,英美法对我国立法显然没有比较和借鉴的意义。

可见,社团和财团作为民法的基本概念,虽是德国法学家们抽象思维的产物,但却是社会经济实践的产物,完全是社会发展规律作用的结果,所以各大陆法系国家尽管在法人分类的具体规定上有些差异,然而都无法摆脱社团和财团的基本分类标准。应该认为,以公、私法人二元论为基础,以社团法人、财团法人两分法为主体的法人分类体系是科学的。它被广泛肯认的事实,是顺应社会历史发展产生的法人类型获得立法尊重的结果。这对我国的民事立法来说,也不应该是例外的。

---

[40] 参见《越南社会主义共和国民法典》,吴尚芝译,中国法制出版社 2002 年版,第 110 条。

[41] 参见《蒙古国民法典》,海棠、吴振平译,中国法制出版社 2002 年版,第 21 条、第 145 ~ 147 条。

[42] 参见《越南社会主义共和国民法典》,吴尚芝译,中国法制出版社 2002 年版,第 110 条。

[43] 参见虞政平:《法人独立责任质疑》,载《中国法学》2001 年第 1 期。

(三)对我国法人分类的立法思考

在我国,依照《民法通则》的规定,法人分为企业法人、机关法人、事业单位法人和社会团体法人4类。企业法人中又以所有制性质和企业组织形式为标准进行了二次划分。对我国法人四分法的理论基础,学术界并未达成共识。㊹现在看来,这种划分的缺陷是明显的。其主要表现为:(1)没有明确公、私法人的分类,减弱了民法的社会功能。民法的首要功能是明晰社会政治生活与世俗生活的界域,推动国家政治架构的健康、稳定发展,促进社会的谐和与进步。这一功能是贯穿民法始终的,而又以民事主体制度的作用最突出。法人制度只有通过清晰的公、私法人分类,严格设定民事生活领域的准入规则,才能完成对公法人进入私法领域的限制,实现对私法人实施自主行为的保障。(2)受计划经济的影响,突出不同所有制企业法人的特殊性,已不能适应当前的经济生活。在市场经济条件下,决定法人分类的标准不是所有制的身份,而是法人的组织结构和运行机制。(3)事业单位法人包含的类型过于宽泛,既有国家拨款成立的兼有部分行政管理职能的公法人,又有依国家行政命令组建的公益法人,还有由自然人或法人组建并办理登记成立的私法人。这些法人没有按其特征抽象出同一类别的因素和基础。(4)没有确认财团法人,不能包容我国现有的法人类型,如基金会、寺庙、捐赠财产构成的各类组织等。

因此,我国未来的民法典首先应将法人划分为公法人和私法人,在严格限制公法人进入私法领域的范围的基础上,将私法人划分为社团法人和财团法人,同时对社团法人辅之以营利、公益和中间法人的立法模式。这种分类方法可以包容《民法通则》中所规定的四种法人类型,其中,机关法人和兼有行政管理职能的事业单位法人,将被作为公法人归入政治生活领域,不得参与经营活动,在以民事主体身份出现时,准用社团法人中有关公益法人的规定。其余法人类型均属私法人,企业法人、事业单位法人中实行企业化管理的法人以及在国家事业单位法人改革方案中剥离出的独立核算实体,将构成社团法人中的营

㊹ 学术界就《民法通则》关于法人分类的理论依据的探讨,形成了4种主要观点,分别是性质说、目的事业说、业务活动说和组织形式说。

利法人,即我国所称的企业法人;以公益为目的的事业单位法人和社会团体法人,将构成社团法人中的公益法人;非以公益(也非营利)为目的的事业单位和社会团体,经特别法程序赋予法人资格后,即构成社团法人中的中间法人,或将此类法人归入社团法人中的公益法人;而事业单位法人和社会团体法人中以国家划拨的专用财产或以指定用途的捐赠财产为成立基础、且设有专门管理机构的法人,将构成财团法人。

以上法人的基本分类,是否能包容所有特殊类型的法人?这里争议较大的是一人公司和合作社法人。关于一人公司的社团性质,学界有潜在社团说、股份社团说、营利财团说等。[45] 一人公司的产生不能认为是对传统社团理论的颠覆,而是对社团理论的延续和发展,它是自然人以较极端的方式追求利益实现的社团法人的一个特例。其社团性至少表现在两个方面:一是一个公司人格的取得是以"人"而非"财产"作为基础的,这与财团相区别;二是一人公司与有限公司或股份有限公司在内部运行机制和责任承担的效果上没有本质不同。为了适应社会经济生活的需要,我们应以更开放和宽容的态度来对待一人公司,对其采取单行立法的方式确认其法人地位,以避免和减少理论上的混乱和争执。关于合作社法人地位的取得,也是非常值得研究的问题。笔者认为,以合作社为主要组织形态的合作经济在现时的社会条件下,还须坚持合作社的各项基本原则,特别它是一种以为社员提供服务为目的的互助性经济组织或社会团体,不宜与营利法人相混淆。虽然现代的合作社已日益体现出雇工经营和向营利转化的倾向,但在合作社的各项本质特征未发生根本性变化之前,还是以采用单行立法的方式对其进行规制为妥。

上述法人分类的构想与《民法通则》规定的法人分类相比,大致有以下优点和意义:(1)由于明晰公、私法人的划分,将促使政府作为社会事务的管理者和国有资产的所有者两种身份的分离,排斥公法人从事营利性商事行为的可能,从而有利于政府职能的转变,克服政企不分的痼疾,预防制度型腐败的滋生。(2)以成立基础要素的不同将私法人划分社团法人和财团法人,又将社团法人

---

[45] 参见王保树、崔勤之:《中国公司法原理》,社会科学文献出版社2000年版,第126~129页;王天鸿:《一人公司制度比较研究》,法律出版社2003年版,第161~166页。

划分为营利法人、公益法人和中间法人,这不仅尊重了法人形态的历史和现存的客观事实,而且符合民法逻辑化、体系化的价值追求。(3)社团法人的确认,以适应不同利益集团对法人类型具体人格化的需要,有利于形成一个开放型的法人体系。依据社团法人与其成员的联结模式的不同,以及其成员权结构上的差异,形成了资合形式的法人和人合形式的法人,这为立法上赋予无限公司、两合公司、股份两合公司、商事合伙等组织以法人地位(或主体资格)提供了理论根据。[46] (4)财团法人的确认,是尊重个人权利和人本意识的体现。财团法人具有三个特点:一是财团法人成立后,设立人与其财团完全分离,有利于财团的自主发展;二是财团法人的组织机构设置灵活,有利于其治理结构的完善;三是财团法人具有成熟的内外部监督机制,有利于督促其工作人员恪尽职守。可见,财团法人具有较强的适应性和针对性,它的引入将为我国解决和确立学校团体、宗教组织、研究机构、基金会等组织的法律地位提供一种新思路。(5)上述法人分类和体系的建立,有利于非营利组织的健康发展,这在我国具有重大的社会意义。非营利组织是不以营利为目的,主要开展各种志愿性的公益或互益活动的非政府的社会组织,它们主要以环境保护、扶贫发展、权益维护、社区服务、经济中介和慈善救济为各自活动的领域。[47] 非营利组织具体以各种协会、学会、联谊会、商会、行会、医院、福利院、文化馆、体育馆、博物馆、文艺团体等形式存在。如何发挥这些组织的功能和作用,调动它们的所有成员或工作人员的积极性、创造性,按其成立基础和宗旨的不同,依据特别法确认其相应类别的法人地位是关键。非营利组织除一部分应属于财团法人外,大部分属于社团法人项下的公益法人和中间法人。这一划分不仅将为高扬人道主义旗帜、发展社会公益事业提供必要的制度载体,还将创造适宜的法制环境。

---

[46] 在欧盟国家中,德国、比利时、丹麦、法国、希腊、意大利、卢森堡、西班牙、葡萄牙已经承认股份两合公司的法人地位。另外,承认商事合伙为法人的国家有法国、日本、意大利、俄罗斯等;直接赋予民事合伙以法人地位的国家或地区有法国、意大利、英国英格兰地区以及美国。参见《欧盟公司法指令全译》,刘俊海译,法律出版社 2000 年版;虞政平:《法人独立责任质疑》,载《中国法学》2001 年第 1 期。

[47] 参见王名编著:《非营利组织管理概论》,中国人民大学出版社 2002 年版,第 2 页。

法人制度的基本理论和立法问题之探讨（中）*

法人制度是民法中最深邃和繁复的制度之一。人类自古皆结成团体而生存,但其团体享有法律上之主体地位却经历了漫长的历史年月,法人就是确认这一地位的重要法律形态和规制,并已成为法治社会中最具生命力和创造力的法律现象。但新中国,真正承认和确立法人制度尚不到20年,其间又正值国家处于重大变革时期,故其制度的总体设计和具体规制均有进一步完善的必要。近年来,民商法学界对法人理论的研究有很高的热情,也有一些非常重要的研究课题和成果。这些研究不但学术观点纷繁异呈,而且颇多真知灼见,亦有值得进一步探讨之处。本文在综合现有研究成果的基础上,就法人人格、分类,法人机关、责任等法人制度的基本理论和立法问题进行了探讨,并提出了自己的观点和建议。

三、法人责任形态·主体形式的多元构想

由《德国民法典》最终确立的法人制度,逐渐为其他国家的民事立法所借鉴。但是,这些国家对法人制度的借鉴并不是盲目的,而是根据本国的政治、经

---

* 原载《法学评论》2004年第5期。

济、文化和法律传统进行了扬弃。其中最重要的表现之一就是,是否将法人独立责任作为法人的特征。根据这个标准,有学者曾总结出四种责任形态的法人:①(1)责任独立型法人,是指法人以其名义下财产为限对外承担责任,而法人成员原则上仅以出资为限对法人债务承担责任的形态,最显著者为有限责任公司和股份有限公司;(2)责任半独立型法人,是指法人以其名义下财产对外承担责任的同时,法人部分成员应当与其连带负责的法人形态,如两合公司;(3)责任非独立型法人,是指法人以其名义下的财产对外承担责任的同时,法人所有成员均应当对法人债务承担无限连带责任的形态,如无限公司;(4)责任补充型法人,是指当法人以其财产不足以清偿其债务时,法人成员或所有者有义务承担补充责任的法人形态,此类法人形态为《俄罗斯联邦民法典》所特设。而德国民法中的法人仅是指第一种形态,即法人承担独立责任、法人成员负有限责任的形态,凡组织体成员承担无限责任、连带责任或补充责任的均不是法人。《德国民法典》颁布后,借鉴德国民事立法的瑞士、日本和我国台湾地区均未将法人独立责任作为法人的特征,也未作为法人成立的条件,而成员承担无限责任的组织体,如无限公司、两合公司,均可经登记而成为法人。由此可见,法人成员是否承担有限责任并不是判断法人的唯一标准,对此不同的国家有不同的认识,以致各国确认民事主体的种类时存在明显差别。我国《民法通则》关于法人概念的规定,则只限于法人成员承担有限责任的社会组织才为法人,未承认由成员承担其他责任形式的组织在民法中的主体地位。现在看来,这个涉及法人基本责任形式的问题值得进一步探讨。

(一)对法人独立责任的理解

何谓法人独立责任?有的学者认为,"法人能够独立承担民事责任,首先是指法人的责任范围是独立的,也就是说,法人只能自己承担清偿债务的责任,法人创立人及法人的内部成员对法人的债务不负责任"。② 这种观点认为,法人独立责任必然意味着法人成员的有限责任。但有的学者却不这样理解,认为"法

① 参见虞政平:《股东有限责任——现代公司法律之基石》,法律出版社 2001 年版,第 167 ~ 173 页。

② 王利明等:《民法新论》,中国政法大学出版社 1988 年版,第 214 页。

人对外能够独立承担民事责任,在法律上的完整表述应该是:法人对以自己的名义从事的活动所产生的债务,要以自己既存的或将来可能取得的全部财产承担责任”。[③] 它是与非独立民事责任相对而言的,“非独立民事责任,则是指一种组织没有可以自身名义支配的财产,故其从事活动所产生的债务不能(也不可能)由其自身承担,而是要由该组织的创办者以他们自己的名义承担”。[④] 从严格意义上讲,法人独立责任是法人具有独立人格的逻辑结果,但它并不当然决定法人创办者和法人成员的责任状态,法人独立责任并不否认法人成员与法人共同对法人债务承担责任。在德国,也有学者认为:“由于法人的概念通过权利能力确定,所以所有具有权利能力的社会组织均被承认为法人,特别是根据《商法典》第124条也包括无限公司、两合公司、合伙公司和欧洲经济利益联合体。经营企业的合伙也由司法活动认定为独立的、不受限制的、具有权利能力的权利主体,因而被归入法人之列。”[⑤]可见,某些组织一旦被法律赋予独立的人格,即享有权利能力,就能独立地开展民事活动,独立地承担责任,但其成员承担责任的方式不一定是单一的。实际上法人具有什么样的责任形式,这是由各国的政治、经济和法律文化传统所决定的,法人的责任形态并没有统一定式,只要适合本国社会生活的发展,就可以在统一的法人人格之下对其责任形式作出具体规定。

(二)法人责任形态的多样化是其发展趋势

从法制史的角度考察,法人人格的独立并不必然与法人成员有限责任相联系。在罗马法中,虽然也有社团和财团,但没有近现代意义上的“法人”概念。《法学汇纂》第三编第四章第7条第1款写道:“如果有什么东西应给付团体,它不应给付团体所属的个人,个人也不应偿还团体所欠之债。”[⑥]一些学者据此认为,罗马法中团体责任形态是法人成员有限责任。但更多的学者对此表示反对,因为诸多中世纪早期以罗马法为蓝本的法律制度体系中,法人成员直接及

③ 任尔昕、王肃元:《我国法人民事责任制度之检讨》,载《政法论坛》2002年第2期。

④ 同上。

⑤ [德]托马斯·莱赛尔:《企业和法人》,赵亮译,载易继明主编:《私法》(第1辑·第1卷),北京大学出版社2001年版,第109页。

⑥ [意]彼德罗·彭梵得:《罗马法教科书》,黄风译,中国政法大学出版社1998年版,第53页。

非直接的责任仍是普遍的现象。[7] 实际上,这类个人不承担团体债务的团体只是罗马法中社团的一部分,其他责任形态的社团仍然存在,我们无法得出罗马法中法人成员只负有限责任的结论。到了中世纪,有关法人的规范主要表现在日耳曼法、教会法和英国的普通法中。通过对上述三种法律规范中法人理念的考察,有学者发现:"尽管它们有多方面的不同,但在对待法人人格与其责任独立的关系上,却皆相同地认为:法人人格并不当然地意味着法人责任之独立,法人之存在与承认与否,与法人应当独立承担责任的要求,皆无必然的法律联系。"[8]中世纪的主要商业组织形式为合伙,各国在法律上均赋予其一定的主体地位,以便利其经营活动的开展。后又出现特许公司这种商业组织形式,它主要是由皇家特许设立以从事海外冒险事业的公司,并在荷兰、英国得到承认和发展。但在早期的特许公司中,有关法人人格之类的授权表述并不明显,只有在特许公司发展到合股公司的阶段时,才真正具备了现代法人的雏形。随着合股公司的出现,自由企业制度的兴起,股东有限责任制最终在立法上得以确立,并极大地推动了社会经济的发展。如《法国商法典》规定了股份有限公司制度,从而也就确认了股东的有限责任,但并不否认其他责任形式的商业组织的主体地位,在同一部商法典中也确认了无限公司和两合公司的主体地位。即使在《德国民法典》中确立了独立责任形态的法人制度,但在《德国商法典》中也承认无限公司和两合公司的主体地位。特别因为公法人和财团法人的存在,不可能完全限定其责任形式。从本质上讲,法律赋予社会组织以法人地位,其功能在于赋予社会组织法人人格以便于从事社会活动,其责任形式应在法定主义的基础上给予组织成员更多的选择空间,以便在私法领域实现意思自治,更好地发挥自然人和法人的主观能动性。因此,从法人制度的历史变迁来看,法人人格的独立并不与法人成员有限责任有必然的联系。

从各国(地区)的立法情况考察,大陆法系大部分国家和地区的立法均不将法人成员有限责任作为法人的特征。如俄罗斯、法国、日本、意大利、韩国、蒙

---

⑦ See Philip L. Blumerg, "Limited Liability and Corporate Grops", *Journal of Corporation Law*, Summer, 1986, p. 578 . 转引自虞政平:《法人独立责任质疑》,载《中国法学》2001 年第 1 期。

⑧ 参见王名编著:《非营利组织管理概论》,中国人民大学出版社 2002 年版,第 53 页。

古、阿尔及利亚和荷兰等,以及我国澳门特别行政区。其中,俄罗斯有关法人制度的立法典型地反映了这种发展趋势。

1922年《苏联民法典》第19条规定,国有企业为与国库无关的法人,以其可自由支配的财产承担民事责任。这一立法精神又为苏俄1964年民法典所继承(见该法典第23条和第32条)。显然,这是由苏联当时的经济状况决定的,为了切断国家可能负有的无限责任,将国有企业法人的独立责任限于法人自身所能支配的财产,并扩及其他一切形式的法人。但到1995年,在自由市场经济的条件下制定的《俄罗斯联邦民法典》,为适应经济的发展,规定了承担各种责任形式的法人组织,既有成员承担无限责任的法人组织——无限公司和两合公司,也有成员承担有限责任的法人组织——有限责任公司和股份有限公司,还有成员承担补充责任的法人组织——补充责任公司。该法典第48条第1款规定:"凡对独立财产享有所有权、经营权或业务管理权并以此财产对自己的债务承担责任,能够以自己的名义取得和实现财产权利和人身非财产权利并承担义务,能够在法院起诉和应诉的组织,都是法人。"该法典第50条第2款规定了作为商业组织的法人形式,即"可以以商业合伙和商业公司、生产合作社、国有和自治地方所有单一企业的形式设立"。该法典第95条规定了补充责任公司,此类"公司由一人或几人成立,其注册资本按其设立文件的规定分成若干份额,公司的股东按公司设立文件规定的所有人相同的投资价值倍比数额以自己的财产对公司的债务连带地承担补充责任"。

又如,我国《澳门民法典》第184条规定,作为法人形式之一种的"合营组织",包括合伙和公司;《意大利民法典》在第二编第二章"法人"中规定法人包括公司与合伙,并在第五编第五章"公司(合伙)"中对公司、合伙的各种组织形式作了具体规定;《蒙古国民法典》第21条第4款规定,公司、合伙、合作社以及这些组织的所有者投资的机构,是设立者或参加者对其独立财产保留权利的法人。另外,法国、日本民事立法均将无限公司和两合公司作为法人。由此可见,虽然这些国家都规定法人要有独立财产,但并没有排斥合伙、无限公司、两合公司作为法人的存在形式。我们只能这样理解,以有限责任公司特别是股份有限公司为典型的法人形式,其股东承担的是有限责任,这是法人最基本、最重要的形式,但不应因此而否定其他责任形式的法人,因为这是社会生活的需要。实际上,法人最本质的就是法律赋予某些社会组织或特定财产的一种人格。

《德国民法典》将法人成员责任限于有限责任,不承认无限公司和两合公司的法人地位。但在1900年新修订的《德国商法典》中,却将股份两合公司作为股份有限公司的一种特别形式加以规定,使其具有了法人资格。这就表明了德国法中是允许部分成员承担无限责任的法人形式存在的。⑨ 在此后的100多年里,德国在立法与司法判例中也逐渐出现了一些重要变化,如司法判例经由法官造法活动废除了对未登记社团的歧视,承认这些社团的权利能力,并认为它们可以社团财产对社团所负的义务承担责任;对于合伙来说,现行司法判例承认从事营利性企业经营、并设有内部机关、对外从事大量交易、并形成自己的财产的合伙企业享有独立的权利能力,并能以合伙财产对外承担责任;从团体内部结构来看,如今在人合公司中,公司可以对其成员行使投资请求权,而在资合公司中,除成员与法人之间有法律关系外,各成员之间也存在法律关系,如大股东负有不得恶意侵害小股东利益的义务,因此法人与共同共有合伙之间的区别也日益减少;司法判例许可法人尤其是有限责任公司可以作为人合公司的股东,导致了法人与共同共有合伙之间对立的相对化;对成立中的公司,联邦最高法院承认其具有独立的法律主体资格,可通过其机关为法律行为,可以取得自己的权利与承担义务,并可进行诉讼;根据1994年颁布的《企业组织形式变更法》的规定,合伙、无限公司、两合公司变更为股份有限公司、有限责任公司无须再新设立一个法人,只要完成了财务上的变更清算即可,从而保持了法律形式的同一性;1999年《支付不能程序法》也规定民法上的合伙财产亦可以进行独立的支付不能程序。从这一系列的立法与司法判例可以推断出“在德国无限公司、两合公司与经营营利性企业的民法上合伙最终都应当作为法人来理解”,与此相适应“法人以其自身财产承担有限责任不应是法人概念之标志……很显然,与自然人以其自己的财产对外承担责任一样,法人也是以其自己的财产对自己所约定的或依法所应负的义务承担责任。但无论是在概念特征上还是依

---

⑨ 参见[德]托马斯·莱塞尔:《德国民法中的法人制度》,张双根译,载《中外法学》2001年第1期。

民法的一般规则,该原则均不排除法人与其他人承担共同责任的可能性”。[⑩] 笔者同意上述的基本看法。

在英美法系国家,由于其判例法传统,没有像大陆法系国家那样在民法典中对法人制度作出一般规定,有关法人的规定主要见于其公司和合伙及其他组织的立法中。英国 1948 年统一的公司法,依据责任形式的不同将公司划分为:其责任受股份限制的公司;其责任受保证限制的公司,它可以有股份资本,也可以没有股份资本;无限责任公司,也可以有股份资本或没有股份资本。对于保证公司来说,其股东的责任以他们已作出的保证在公司歇业时向公司承担提供资产的数额为限。而且根据英国 1967 年《公司法》第 44 条规定,无限公司可以根据 1948 年公司法重新注册为有限公司;第 64 条规定,拥有股份资本的无限公司可以根据本法通过决议注册为有限公司。[⑪] 可见,英国法中公司的责任形式是多种多样的,并不以成员承担有限责任的公司为限,多样的公司形式的存在给英国人提供了根据其需要选择的余地,促进了英国社会经济的发展。在美国法中,对法人的认识一般是将其限于有限责任公司和股份有限公司,合伙不是法人。但他们对法人的认识也在不断发生变化。在 20 世纪初,美国在制定合伙法的过程中,对合伙性质的认识存在两种对立的观点,即合伙法人理论和合伙集合体理论(也有学者称为实体法与集合说)。《统一合伙法》的起草先是由持合伙实体理论的哈佛大学法学院院长詹姆斯·巴尔·恩姆斯主持,在其提交的草案中,合伙被定义为:“两个或两个以上之自然人为了从事商业并分享利润之目的而联合组织的法人。”但詹姆斯未及完成该项立法而去世。《统一合伙法》又由持合伙集合体理论的费城大学法学院院长威廉·查普尔·李维斯起草,并于 1914 年出台,其中对合伙定义为:“合伙是两个或两个以上的人以共同所有人身份从事谋利商业的联合组织。”此后在美国对合伙性质的争论并没有结束。由于 1914 年的《统一合伙法》采纳了集合体理论,存在以下弊端:[⑫]合伙

---

⑩ [德]托马斯·莱塞尔:《德国民法中的法人制度》,张双根译,载《中外法学》2001 年第 1 期。

⑪ 参见[英]R. E. G. 佩林斯、A. 杰弗里斯:《英国公司法》,《公司法》翻译小组译,上海翻译出版公司 1984 年版。

⑫ 参见宋永新:《美国非公司企业法》,社会科学文献出版社 2000 年版,第 45 页、第 46 页。

缺乏稳定性;浪费社会资源,如合伙人退伙,存续的合伙人必须办理转移手续;不便于合伙起诉应诉;还会给合伙及合伙人造成不公平的后果等。因此,美国于1994年、1996年、1997年对《统一合伙法》进行了数次修订,虽然其第101条仍保留了原法关于合伙的定义,但该法的其他规定却体现了合伙法人理论的影响:如关于合伙的性质,其第201条明确规定,合伙是一个与其合伙人不同的实体;关于合伙的财产,第203条规定,合伙所获取的是合伙的财产,而不是合伙人个人的财产;关于合伙与合伙人之间的关系,第307条规定,一个合伙可以合伙的名义起诉和被起诉,第405条还规定了合伙与合伙人之间的诉讼;关于合伙的转换与合并,第904条规定,一个按本条规定转换的合伙或有限合伙在所有方面与转移前的实体保持不变,第905条还规定,一个合伙可以和一个或一个以上的合伙合并。至此,合伙在美国法中实质上已经取得了法人地位,而且在此后的有关合伙的立法中,如在美国《统一商法典》《模范商事公司法》中,合伙大多被视为"人"之实体。

综上所述,世界大部分国家或地区的立法或司法判例承认法人可以包括无限公司和两合公司,其独立责任并非法人承担责任的唯一形式,法人成员的有限责任也非法人的共同特征,法人涉及社会组织的形式和范围在多样化、扩大化,这是法人制度的一个重要发展态势。

(三)重构我国开放型的民事主体制度

我国20世纪80年代,设置法人制度的直接目的在于推动经济体制改革,实现企业的自主经营、自负盈亏,所以把企业法人作为规范的重点,以确认法人的独立财产和独立责任为制度的核心,这也为此后企业法和公司法的制定和实施奠定了基础,形成法人独立责任及其成员有限责任的立法模式,成为我国建立和发展社会主义商品经济和市场经济的基础性法律制度。但是,我们对于法人的其他形式却很少关注和研究,如《民法通则》中规定的事业单位法人、社会团体法人、国家机关法人各自的特征和承担责任的方式,并没有作出明确的规定,因而给司法实践带来许多不便。应该说,即使在我国法律所承认的各类法人中,有的法人也是没有自己独立财产的,也是无法由其独立承担责任的。在这里,我们应该注意到,我国民法理论强调将法人成员的有限责任作为法人的特征,这主要是以对企业法人的认识为基础的,但法人除企业法人外还有大量的公法人或准公法人,这些法人如果按照其创立人和成员只承担有限责任的规则,即在其预算或现有使用的财产范围内承担债务责任,这与法理和社会主义国家的基本理念是矛盾的,所以笔者同意这样的意见,公法人之国家机关应对自己的债务承担无限责任。⑬

现在看来,我国《民法通则》仅从企业法人的责任形式中归纳出来法人成员的有限责任,并以此作为所有法人类型的共同特征既不符合逻辑,也不符合现实生活的实际。还需看到,法人制度不仅具有经济功能,还有实施监控社会团体的政治功能,其责任形式应根据法人类型及其功能的差异作出不同规定。另外,由于我国市场经济的不断完善,非公有制经济的迅速发展,需要多种责任形式的商业组织,为了实现商事主体法定主义与私法自治的充分协调,依照我国现代法制民商合一的传统,使立法体系、体例进一步科学化,应该根据不同类型的法人确认其多元的责任形式。

我国目前正在编纂民法典,对于民事主体制度来说,如何既与大陆法系的传统和我国以往的民事立法经验相衔接,又适应新形势的要求,保持制度的弹性,容纳不断出现的新的民事主体形态,则值得我们认真思考。但是全国人大常委会法制工作委员会向全国人大提交审议的民法典草案中并没有反映民事主体的新发展,仍是采取自然人、法人的二元结构,法人仍以法人独立责任、其成员承担有限责任为成立条件和特征,没有为其他民事主体形式留下任何空间,这样的民事主体制度的确欠妥,有必要对这一制度进行重新构建。

如依据本文前面的论述,民事主体应为自然人、法人的二元结构,但此处的法人不以承担独立责任、其成员承担有限责任为限,还应包括承担无限责任的法人以及其他公法人和财团法人等。对于合伙则分为民事合伙和商事合伙,前者由合同法中的合伙合同调整,后者则采取无限公司和两合公司的相关规则予以调整。对于新出现的人或财产的组织体如不具有法人资格的,则可参照商事

⑬ 参见任尔昕、王肃元:《我国法人民事责任制度之检讨》,载《政法论坛》2002 年第 2 期。

合伙的规定加以规范。上述立法模式可能是一种较好的构想,但它与我国的立法实际和司法实践距离较远。应当承认,法人的独立责任、法人成员的有限责任已经成为我国经济生活中人们熟知的一项制度,如果进行大的立法变动势必会遭遇到较大阻力,而且立法成本和实施中的耗费也过大。因此,我们也可以考虑另外一条思路,即采取民事主体的三元或多元结构。针对我国现行民事主体制度无法包容各种新的社会组织形式的情况,有学者提出了各种各样的解决方案。大致可分为两大类:(1)二元说,认为民事主体只有自然人和法人,其他的组织形式均可归入这两种类型中。(2)多元说,其中又包括三元说(自然人、法人、合伙)、五元说(自然人、法人、合伙、农村承包经营户、个体工商户)和七元说(五元说中加上联营和私营企业)。在此基础上,有学者又提出四元说(自然人、法人、合伙、国家),⑭还有学者提出自然人、法人、非法人团体三元说。⑮

我国《民法通则》规定了农村承包经营户和个体工商户(以下简称"两户"),这是我国进行经济体制改革、搞活城乡经济的产物,也是我国特定时期特有的民事主体种类。这在当时是适合我国社会经济发展的,但在我国已建立社会主义市场经济体制,相关商业组织立法已较完善的情况下,再规定"两户"已不合时宜。实际上,对于个人经营的"两户"可以采用个人独资企业的形式,对于家庭或多人经营的"两户"则可由合伙法加以规范。同样,联营制度也可以将其3种不同的联营形式,分别归入法人制度、合伙制度和合同制度加以调整。因此,"两户"和联营可以不再作为独立的民事主体形式予以规定。至于国家是否单独规定为一类独立的主体形式?还有进一步研究的必要。笔者也认为,国家实质上是一种公法人,虽然与其他法人形式相比具有不同特征,如国家是以国库对外承担责任的,但它具备法人的基本特征。我们只是从立法技术的便利考虑,才将其作为特殊的民事主体对待的。除国家作为特殊民事主体外,笔者主张采用自然人、法人和非法人团体的三元结构。因为合伙还不能包容所有法人之外的组织形式,这些组织形式中还应包括设立中的法人、法人的分支机构等。

关于非法人团体,有学者认为,它亦称为德国法中的"无权利能力社团"或

---

⑭　参见胡光志:《论我国民事主体结构的重建》,载《现代法学》1996年第2期。

⑮　参见贾桂茹等:《市场交易的第三主体——非法人团体研究》,贵州人民出版社1995年版。

日本法中的“非法人社团”“非法人财团”。[16] 但本文这里所指的非法人团体与德国法和日本法中所指的不同,因为德国、日本是民商分离的国家,因此其非法人团体仅是指与合伙有区别的无权利能力社团,不包括商事合伙组织。我国作为民商合一的国家,民事主体中的非法人团体除包括无权利能力社团外,也包括合伙组织。本文主张的非法人团体在学理上也称第三民事主体,它泛指除法人外的不具有法人资格但却能够以自己的名义参加民事法律关系的组织。对非法人团体的立法,应抽象出一般规则,如《中国民法典草案建议稿》中,[17]“非法人团体”一节规定了定义、条件、成立、法定代表人、活动范围和民事责任等内容,没有具体规定非法人团体的种类。笔者赞同这种立法方法,原因在于:一是非法人团体种类繁多,不可能一一列举,主要应由单行法来规范;二是民事主体制度要成为一个开放型的制度,必须要为新的民事主体类型的出现保留一定空间。因此,规定非法人团体的成立条件和成立程序已经足够,这有利于民事主体制度的今后发展。

四、法人组织结构·意思形成与内部关系

法人是社会组织,它的运行必须依赖内部人员的有机组合。法人需要形成自己的独立意思,需要执行自身的各项事务,这些都需要自然人来完成。但是,构成法人的自然人成员,已经与其个人的人格和身份相分离,他们此时是以法人的一分子来行使自己的职责的。法人成员行使职责的基础,是他们在法人的组织结构中彼此形成和确定的权利义务关系。因此,对法人组织结构的研究,就是探讨法人意思的形成和实施机制,以及法人机关与法人、法人机关之间的权利义务构造。

---

⑯　参见尹田:《中国民法典立法中法人制度的构想》,载《中外法学》编辑部、北京大学第22届研究生会编:《中国民法典百年回顾与前瞻学术研讨论文集》,法律出版社2003年版。

⑰　参见梁慧星主编:《中国民法典草案建议稿》,法律出版社2003年版。

(一)意思自治与法人意思的形成和实施

在意思自治思想指导下,民事主体于法律允许的范围内自主确定自己的权利义务,进而成为自己的法律制定者,即自然人和法人可以依其自身的意思去创设自己的权利义务。从哲学上讲,意思自治首先是建立于人"生而自由"的信念基础上的,从经济学上看,意思自治原则直接反映了资本主义自由经济的客观要求,根据自由经济理论,民事主体的自由竞争自发性地维护私人所有权和社会经济之间的平衡。对于法人来说,其意思自治即体现为团体意思的自主形成,并以其自己的名义独立参与民事法律关系,实现法律认可和保护的利益。法人作为社会组织,其团体意思是由法律或章程确认的机关运筹形成的。在社团法人中每一个成员的个人意志都是法人团体意思形成的基础因素,在充分的民主机制运行下,每一成员的意志都会通过法律或章程规定的程序体现出来,并成为构成团体意思的组成部分或影响力量,在一些重大问题上,个别或少数成员的意志甚至可以决定团体意思能否形成。一旦法人的团体意思确立后,每一成员都应理所当然地承担其带来的法律后果。在这里,团体意思的形成是社团自治的重要表现,它必须以民主为基础和前提,这也是法人机关(主要为意思机关)运行所必须遵循的原则。即使在财团法人中,设立人只是为法人确定了总体目标和活动宗旨,法人具体民事法律行为的实施仍需由被委任的法人机关来行使。所以,财团意思的形成不仅来自设立人的主观意定,而且也来自法人机关的实际运作。在多数情况下,财团的法人机关也应依据民主原则处理各项事务,以贯彻已与设立人本人意志分离的团体意思。

还需注意到,就公司法人而言,由于知识经济的到来,人力资本价值的提高,公司资本的基本结构将发生变化,以资本为中心的企业组合形式,以及"股东至上"的传统观念,已开始受到冲击。那些拥有不同的资本构成的成员和各类利益相关者在公司中的地位,以及相互间的权利关系可能会发生显著变化,甚至是根本性变化。尽管如此,法人内部的民主机制不会改变,在不同资本构成的法人成员之间,仍应遵循民主原则协调其各方面的关系,民主是产生法人团体智慧和意思的源泉,是法人生存和发展的推动力。

法人团体意思的实现,是依赖法人机关中的执行机构(如公司董事会)的决策和指挥完成的。在执行机构中,也并非由一人专权,还需尊重其各成员的意见,但其运行机制的设计必须符合高效率的要求。在市场经济条件下,一个法人的运行效率就是生命。为了保障法人团体意思的顺利实现,在法人机关中还应该设置监察机构。监察机构是法人及其全体成员和工作人员利益的代表,在我国,一定意义上也是国家公共利益的代表。监察机构与执行机构的职权分明,它们的工作都应对法人的意思机关负责,监察机构并不干预执行机构的日常工作,但也应该是一个有权威的机构,它可以通过意思机关直接干预执行机构的各项事务,这种以股份有限公司的组织机构为原型的法人机关模式,是贯彻法人意思自治的一种绝妙设计。法人由于种类不同,贯彻意思自治原则的表现也有所不同。对于由法律直接规定为法人的团体,如机关法人,机关的设立、权利范围以及活动方式都须严格遵照法律的规定,因此就没有意思自治的存在空间。而对于其他的私法人,情况就不同了,意思自治几乎是贯串其产生发展到消灭的全过程。从法人成立时起,即表现为法人的设立意思,也就是“结社自由”的表现。无论是社团法人还是财团法人,均以发起人或设立人的意思表示为成立的起点。法人的变更或解散,均由法人成员形成的法人意思来决定。社团法人一般是通过章程事先对将来可能发生的事项作出规定。而法人的章程是由发起人通过合意决定的,并应向社会公开以让未来的法人成员了解其意思,因此,按照章程的规定进行的活动都应认为是法人成员意思自治的结果。

法人虽然体现出很强的意思自治性,但是,国家法律在规范法人中所起的作用也不容忽视。《德国民法典》第21条规定,非经营性社团,在主管初级法院的社团登记簿上登记而取得权利能力。在这里,国家法律对法人的作用有两个方面:一是以法律的形式保证法人的合法成立;二是法人只有经法律的授权才能成立,以此对法人进行适当的限制。由于各种政治因素、社会因素在法人团体的设立和运行中会起重要作用,因此,各国法律对法人均有不同程度的限制。但是,对于私法人来说,它的整体领域应当属于私的范畴,其权利属于私权,更多的应该体现意思自治。现在,一些国家对法人设立采用准则主义,当一团体具备了法律所规定的条件,即认为具有了权利能力。一些国家对于法人资格的授予,条件也越来越宽松了。法院对于法律规定不太明确的情况能够作出自己的解释,那些因司法程序而享有权利能力的团体,也往往得到了法学理论界的支持。

(二)法人机关与法人的关系

法人机关是从事法人事务,执行法人功能的机构。法人机关对于法人意义重大,法人要实现其目的事业,必须依赖法人机关,只有通过机关,法人才能成为法律上组合的整体,形成其统一的团体意思,参与法律交往。而法人机关的性质牵涉的是法人机关与法人的关系问题。法人机关与法人的关系,在学说上有两种观点:一种是代理说;另一种是机构说,在我国,也称代表说。前者认为,法人机关与法人是分离的关系,法人机关为其代理人;后者则认为,法人机关与法人为一体,两者是不可分割的部分。我国通说认为,法人机关的学说为两种:代表说和代理说。代表说是基于法人实在说的立场,认为代表人的行为是法人自身行为。代表人为法人之机关,法人与代表人居于同一人格之内,虽名二而实一,不存在两个主体。而代理说则相反,是站在法人拟制说的立场,认为法人的代表人,只是一个简单的比喻,实质上应为代理人。依此说,法人的代表人不是一项区别于代理人的制度,法人的代表人也就是法人的代理人。日本法即是此说的典型。《日本民法典》第53条规定董事代表法人,但是在民事诉讼法上规定关于法人的代表人,准用关于法定代理人的规定(第58条)。[18]

---

[18] 参见梁慧星:《民法总论》,法律出版社1996年版,第130页、第131页。在我国台湾地区,有学者认为:“代表云者代表人所谓之行为,即视为被代表人之行为是也,代表与代理之观点类似,但有下列之不同。(甲)代表与被代表者混为一个人格,其与第三者之关系,即为被代表者与第三者之关系;而代理人与本人(被代理人)则混为两个人格,其与第三人之行为,仍属代理人之行为,仅其效果直接对于本人发生而已。(乙)代表除得为法律行为外,并得为事实行为;而代理则仅得为法律行为或准法律行为。就其法律行为而言,解释上得准用关于代理之规定。”(郑玉波:《民法总论》,台北,三民书局1979年版,第134页。)有学者认为:“法人有无行为能力,因对于法人本质所采之学说而不同。主拟制说者谓:董事为法人之代理人,董事之行为,为其个人之行为,而非法人之行为,不过其行为效力及于法人而已,故法人无行为能力之可言。(主此说者,H·lder氏。故学者称为代理说。)反之在实在说者谓,董事乃法人之机关,非法人代理人,董事职务上之行为,非其个人之行为,乃法人自身之行为,故法人自有其行为能力,不过依其机关以为行动而已。(主此说者,RegeIsberger氏,Gierke氏。学者称为机关说。)外国民法有明定法人有行为能力者,如苏俄民法、瑞士民法及土耳其民法是(俄民法第16条、瑞民法第54条、土民法第47条)。我国民法虽无明文规定,但既采法人实在说,则法人之有行为能力,是不待言。”(胡长清:《中国民法总论》,中国政法大学出版社1997年版,第108页。)

法人机关代理说(Vertretertheorie)[19]起源于罗马法,萨维尼是此说的主要代表。此说认为,法人机关是法人的法定代理人,法人机关对法人居于其代理人的地位,对外发生代理人与被代理人的关系。法人机关的行为并非法人自身的行为,而是为法人从事行为的机关的自身的行为,所以机关的行为仅仅作为拟制的结果,才视为法人自己的行为,其效力及于法人。代理说根源于对法人本质的认识,其理论基础是拟制说。拟制说认为,只有自然人才能成为真正的权利主体,实际上并无法人存在,法律却作如此规定,当成有"人"存在,以作为权利义务的主体。[20] 在拟制说看来,法人是观念上的整体,缺乏意思上的载体,没有意思能力和行为能力。法人参与法律活动必须通过其代理人,即法人机关的代理行为才能实现。显然,按照上述学说的认识,法人机关与法人是两层人格,彼此是分离的关系。

机构说(Organstheorie)起源于日耳曼法,吉尔克是此说的创始人。机构说认为,法人机关不是法人的代表人,对外不得视为被代理人与代理人的关系,法人机关的行为,就是法人的行为。吉尔克指出:"(机构这一法律概念)具有特殊性,不得同具有个人权利色彩的代理人概念混为一谈。这里涉及的并非代表某一个自成一体的人。而是……如机构在其管辖事务范围内适当地发挥作用,则

---

⑲ 根据德语中"Vertreter"的含义,既指代表也指代理。总结翻译的版本也可以看出端倪。例如,对于《德国民法典》第26条第2款的翻译,有翻译成"董事会在法庭内和法庭外代表社团;董事会具有法定代表人的地位。代表权的范围可通过章程进行限制,其作用可对抗第三人"。(郑冲、贾红梅译:《德国民法典》,法律出版社1999年版,第3页。)也有翻译成"董事会于裁判上及裁判外,代表社团,有法定代理人之地位。代理权之范围,得以章程限制之,此限制对于第三人亦有效力"。(郑玉波:《民法总则》,台北,三民书局1979年版。)在德文中,关于代表和代理有两个单词予以表示,"Stellvertreter"和"Vertreter",这两个单词的汉译都有代表和代理之意思。因此,在龙卫球的《民法总论》中,将"Vertretertheorie"译成代理说或代表说,即是此意。另外代表可能又是一种法人机关的行为方式。有学者称:"法人之机关,应以何种方式为其行为乎?此问题,亦对于法人之本质所采之学说而不同。主法人拟制说者谓应以代理人名义为之,主法人实在说则谓以代表人名义为之。"(胡长清:《中国民法总论》,中国政法大学出版社1997年版,第109页。)有学者称:"法人既有行为能力,而其行为又须假其机关为之,然则法人机关应依何种方式为其行为乎?曰应依代表方式为之,而非依代理方式为之。"(郑玉波:《民法总则》,台北,三民书局1979年版,第129页。)代表和代理在中文中的区别在于:代表有部分和整体之含义,代理则有代理人与被代理人之含义,这或许是中国大陆学者区分为代表说和代理说之原因。

⑳ 参见黄立:《民法总则》,中国政法大学出版社2002年版,第109页、第126页。

整体之生命统一体[法人]得以直接产生效果。”[21]机构说也与法人本质的认识相关联,它以法人实在说为理论基础。实在说认为,法人不仅具有权利能力,而且法人本身是一个具有意思能力和行为能力的“现实的整体人”。因此,法人并非由其机构代表,而是通过其机构,自身所欲和所为。[22] 我国大陆学者将其机构说采代表说之用语,而代表之含义在法律行为部分,并无实益。我国台湾地区学者将“代表”用在法律行为部分,即以代理的规定加以类推适用。[23] 其区别只是在于事实行为或侵权行为部分,因为法人的代表为法人机关,而法人又具有行为能力,自然应负其责。由此可见,无论是法人本质之争还是法人机关与法人关系之争,最终任何一种学说都没有得到完全贯彻。如果完全依机构说,那么也无从解释法律行为部分,只得将代表类推适用代理之规定。实际上,这是立法者的妥协,也是立法者的聪明之处。因为“一枚硬币总有两面”,利之所在,弊亦随生。

代理说与机构说之争,核心问题在于是否以自然人为参照系来对比法人。代理说认为,只有自然人才具有意思能力,而法人是法律上的拟制,不具备意思能力。意思能力是行为能力存在的基础,也是责任能力发生的基准。如自然人对其不法行为的辨别能力,构成规定其责任能力的理由。法人既无意思能力,那么也没有对其不法行为进行辨别的能力,自然也没有责任能力。法人机关只是法人的代理人,其发生职务责任行为时,属于超出代理权限范畴,由代理人自负责任。而赞成机构说的学者,必然论证法人是一个真正的人而不是一个法律虚构主体,这样才能解决法人的意思能力问题,同此逻辑,才能顺理成章地说服他人“法人有行为能力和责任能力”。这种与自然人的对比构成了法人本质、法人机关与法人关系长期争论不休的原因。有学者认为,这种设计思考是对法人制度价值的偏离。[24] 设计自然人具有责任能力,是以识别能力为基础,法律意图

---

[21] 吉尔克:《人类团体之本质》,第30页,转引自[德]福尔克·博依庭:《德国公司法上的代表理论》,载梁慧星主编:《民商法论丛》(第13卷),法律出版社2000年版,第540页。

[22] 参见吉尔克:《人类团体之本质》,第30页,转引自[德]福尔克·博依庭:《德国公司法上的代表理论》,载梁慧星主编:《民商法论丛》(第13卷),法律出版社2000年版,第532页。

[23] 参见王泽鉴:《民法总则》,中国政法大学出版社2001年版,第444页、第445页。

[24] 参见龙卫球:《民法总论》,中国法制出版社2001年版,第378页。

让自然人树立个人负责精神,从而充分发挥个人的理性价值。因此,设计法人是否具有责任能力,其必要性在于是否有利于促进法人价值的合理发挥。如果有此必要,则可以不问有无识别能力,而直接规定其具有责任能力。所以按照法的价值论来解释,其责任能力应以行为主体有无必要独立承担责任为基础,而不是绝对以有无意思能力为基础。但是,这种理论毕竟有些牵强,因为法人是否具有行为能力和责任能力恰恰是拟制说与实在说的分歧所在。对于立法者来说,一项法律制度的设置肯定有其产生的背景和价值上的考虑,但这并不能从理论上完全说明问题。笔者认为,如果把法人确定为一种法律主体,自然也应承认其有独立的意志,并能识别事务和预见将来,而法人作为组织体,这些功能只能由法人机关来实现。法人机关是由自然人组成的,所以法人机关的意思能力,实际上就是其自然人通过一定的聚合过程形成的识别事务的能力。既然我们承认法人意思已与法人成员个人的意思分离了,就应承认法人通过其机关而有自己的意思能力,进而也有自己的行为能力和责任能力。

代理说和机构说之争,如同拟制说与实在说之争一样,看似是学理之争,但其背后蕴藏的深意,会成为很多现实问题的出发点。例如,法人自身能否知悉,能否对意思表示产生误解?法人有无侵权行为能力?诸如此类,不一而足。而在学界众说纷纭的情况下,各国立法仍然不可避免地要面对法人机关的制度设计问题。对此,德国采取的折中主义的态度。在《德国民法典》的《立法理由书》中,有"法人作为人为创造之、缺乏意思之权利载体,必须由他人代表"之词。但是,民法典的制定者最后力争从学说之争中解脱出来,在该民法典的《立法记录》中,立法者强调指出:"法人是具有行为能力的实体,因而通过其机构自身来参与交易,抑或是不具有行为能力,因而需要他人来代表?这个问题,应当由法学界来定夺。"㉕立法者的态度也反映在民法典当中,《德国民法典》第26条第2款规定:"董事会在法庭内和法庭外代表社团;董事会具有法定代表人的地位。代表权的范围可通过章程进行限制,其作用可对抗第三人。"㉖这一规定,立法者

㉕ [德]福尔克·博依庭:《德国公司法上的代表理论》,载梁慧星主编:《民商法论丛》(第13卷),法律出版社2000年版,第533页。

㉖ 郑冲、贾红梅译:《德国民法典》,法律出版社1999年版。

似乎是采纳法人机关代表说,即代理说。但是,依据《德国民法典》第31条的规定:"对于董事会、一名董事会成员或者一名合法任命的代理人由于执行属于权限以内的事务,发生应负损害赔偿责任的行为,致使第三人受到损害时,社团应负损害赔偿责任。"[27]这一规定,似乎表明董事会和董事会成员,而且还包括合法任命的代理人可以将其从事的法律行为的后果归属于法人,还可以将其实施的事实上的、产生损害赔偿的后果归属于法人。从结果上看,该条规定采纳了机构说的根本部分。因此,《德国民法典》名义上,以拟制说为基础,采纳了代理说,称法人机关为代理机关或代表机关,但在法人机关的责任能力方面,却是以实在说为基础的,作了法人机关与法人为一体的处理。这种处理似乎是矛盾的,与德国人追求概念的精确、法典的完美有些不符合。但是,如果从实用主义的角度,完全可以理解德国的双轨制——区分法律行为与责任能力,在法律行为领域,采纳法人机关代理说或代表说;在责任行为领域,采纳机构说。这种做法与创建法人制度的目的相关联,以达至对于法人这一团体形式的合理运用。解决了法人的自然属性与法律属性的矛盾。即在内部认为法人与法人机关可以分离,这样可以约束法人机关在法人的目的事业范围内行事,维护法人的整体性。法人机关及其成员,在它所处的特殊位置,与单纯作为自我的一面不同,此时法人机关或者它的成员,必须合乎逻辑地置于法人整体性原则之下,受到约束,承担相应责任。[28] 而在外部,为了保护交易安全及善意第三人,同时也不让法人复杂的内部结构设计影响到交易安全,只能让法人和法人机关作为一个整体对第三人负责。

德国民法在法人制度上的精心构造,并没有完全得到其他国家的赞同。瑞士立法明确采纳机构说,而不是代理说。《瑞士民法典》第54条规定:"法人依据法律或章程设立必要的机关后,即取得行为能力。"与此相适应,该法典第55条规定,"法人的意思,由其机关表示","法人对其机关的法律行为及其他行为承担责任"。[29] 这些规定所反映的事实是,《瑞士民法典》采纳的是机构说,即法

---

[27] 郑冲、贾红梅译:《德国民法典》,法律出版社1999年版,第3页、第4页。
[28] 参见龙卫球:《民法总论》,中国法制出版社2001年版,第361页。
[29] 殷生根、王燕译:《瑞士民法典》,中国政法大学出版社1999年版,第17页。

人机关是法人的一部分。而法国、意大利的法律则继受罗马法的传统,将法人理解为一种法律上的拟制。法国的学者大多持这样一种观点,法人是一种“无血无肉”的拟制物,就其本质而言,不可能像生物人那样具有行为能力。法人本身没有行为能力,因此只能通过其机构或以法律行为方式任命的代表(代理人)从事行为。意大利在这一方面采纳了法国学者的观点,将法人机关与法人的关系看作一种委托关系。至于本身没有行为能力的法人,又如何在其与机关之间的关系上,能够成为具有授权能力和权限的委托人?这个问题就无人解释了。

而我国《民法通则》虽对法人机关采取了法定代表人的词语,但是实际上是采纳的机构说,即法人机关原则上与法人是一体的关系,在职务范围内法人机关的行为,无论是法律行为还是事实行为,一律被视为法人的自身行为,不发生代理人与被代理人之间的关系。我国《民法通则》第 36 条还规定了法人本身具有行为能力,第 37 条第 4 项和第 43 条实际承认了法人具有责任能力。但是《民法通则》这种单层制规定带来了实践上的一些问题。在法人机关与法人的关系上,《民法通则》没有规定在法人内部责任上适用委任关系。而公司法理论界认为,法人机关对法人负有法定义务。这就带来一个问题,即这种内部责任产生的基础是什么?是准用委任关系还是直接由法律规定?因此,如果不在民法理论中阐明产生这种内部责任的依据,那么在公司法上也就无法解决这类公司治理问题。

(三)法人机关机构之间的关系

不同种类和不同规模的法人,其机关的构造也会有所差异。通常而言,法人应设董事,负责法人事务的执行,对外即代表法人;还应设监事,负责对法人事务执行的监察。我国目前法人的主要类型为企业法人,而且又以股份有限责任公司作为典型的法人形式。所以,社团法人的机关是由三个层面的机构组成的:(1)权力机关,是指社员根据法律和章程组成就社团法人重大事务进行表决的机构,也称意思机关或社员总会。权力机关形成法人意思,是社团法人独有的机构,财团法人并不设这一机构。权力机关在公司为股东会,其职权是:依照法律或者章程形成股东会决议,决定公司法人的根本性事务,选任法人执行机关和监察机关的成员。(2)执行机关,是指执行法人事务的机关,可以由一人担任,也可以由数人组成。在公司中,一般采取复合机构的形式,由数人组成董事会,其活动或董事会内部的意思形成,如章程无相应规定,适用与权力机关相同的规则。董事会决定执行管理事项时,分一般事务与特别事务,在决议中有不同的表决人数的要求。执行管理事务又分内部管理事务和外部执行事务。外部执行事务,是指对外代表法人从事的活动。此项活动的执行,依代理说,执行机关为法人的法定代理人,代理法人从事法律交往,其法律后果归属于法人;依机构说,此时执行机关是法人自身对外执行机构,执行法人的自身行为。在我国,董事会仅为执行事务的内部决议机关和内部事务代表机关,而一般董事在无特别授权情况下并无对外代表职权。(3)监察机关,是指依据法律和章程规定,以监察执行机关的事务执行为为职权范围的机构。监察机关可设一名或数名监事。监察机关并非所有社团法人必备之机关,公司、合作社一般必备,监察机关一般并没有对外执行法人事务的职权,但在例外情形下,如董事为自己或他人与法人交涉时,应由监事就此事项取得对外执行权。财团法人的机关与社团法人的机关有所不同。社团法人一般是由社团成员组成,因此须依成员的集体意思形成权力机关;而财团法人只是财产集合,并无成员存在,因此财团法人无须设置权力机构,其法人意思主要以其设立人的意思为基础,所以只需设置监察机关和执行机关。

法人不同于自然人,法人作为社会组织,必须依存于法人机关。法人机关在内部结构上,往往不是单一的职权结构,而是由一系列的职权机构组成。如社团法人中的公司,法人机关由股东会、董事会、监事会组成,并分享决策、执行和监察职权。职权的多元化意味着这些机构需要分权与相互制约,因此它们之间的关系必须遵从分权与制衡的需要。这些机构在法人内部发生系统的联系,但是对外并不是平行机构,对外究竟谁能代表法人是一个值得关注的问题。笔者认为,法人机关中各机构之间的关系,对内表现在它们之间如何配合协作,共同形成法人的团体意思,并在维护法人整体利益的基础上,不致让法人的目的无法达到。对外则表现在如何体现效率,保护交易安全和善意第三人。因此,法人机关各机构之间的关系直接涉及内部和外部两个层次。本文着重以社团法人,尤其以公司法人为例,来说明法人机关各机构之间的关系。

公司法人机关在对内关系上,强调分权与制衡,其核心是民主和效率思想的运用。民主思想的主要观点在于:小至社团,大至国家,分权是防止专断、集思广益、实现最大共同利益的组织手段。效率思想则蕴含在法人机关的合议规则之上,在公司法人,区别一般决议事项与特别决议事项,实行不同的表决方式,对参与表决的人数和表决比例也有不同要求。这样"区分轻重、分别规定"的办法可以避免法人陷入内部无休止的争论而无法决断,从而适应瞬息万变的社会和经济生活的需要。这种理念充分反映在法人机关的设置之上,在公司内部建立起一个分权与制衡的治理结构:权力机关充分考虑到法人成员的集体意志,执行机关充分虑及公司所有与经营的分离,而监察机关则是对执行机关实行监督。公司内设置股东会、董事会和监事会,实行公司决策权、执行权(代表权)和监察权的分离。并建立和完善股东会、董事会和监事会的议事规则和程序,实行公司的科学管理和民主决策。这一整套法人机关的设置系统极大地提高了公司的生命力和创造力,乃至成为社团组织和所有社会机构运行机制的楷模。

分权与制衡是法人机关各机构之间处理关系的核心。但是不同的公司治理结构下,权力如何在这些机构之间进行分配则存在一定区别。在传统的公司法人治理结构中,股东会占据首要地位,其他法人机构均由股东会选举产生并向股东会负责。这种公司法人机关的内部关系是以股东会为中心的,体现的是"股东本位"。传统的公司理论认为,公司是一个由物质资本所有者或者股东组成的联合体,因此公司治理结构要解决的问题是:公司在营运中如何确保物质资本所有者获得投资回报,即物质资本所有者通过什么机制迫使经营者将公司利润的一部分作为回报返还给自己,以及如何约束经营者的行为并使其在物质资本所有者的利益范围内从事经营活动。[30] 在"股东本位"支配下的法人机关内部的权力配置,必定是围绕股东的权力进行的,股东会被认为是公司的最高

㉚ A. Sheleifer and R. Vishny, "A Survey of Coporate Governance", *The Journal of Finance*, June 1997. 转引自马俊驹、聂德宗:《公司法人治理结构的当代发展——兼论我国公司法人治理结构的重构》,载《法学研究》2000 年第 2 期。

权力机关;董事会与股东会之间被认为是一种信托关系(ficuciary relationship),即董事会作为股东的受托人(trustees),对股东负有信托义务(fiduciary duty),负责掌管股东出资的财产并对公司经理人员的行为进行监督,以维护股东的利益。董事会与高层经理之间是一种委托代理关系,即董事会以经营管理知识、经验和创造能力为"标准",选择和任命适合于本公司的经理人员。而经理人员作为董事会的代理人,在董事会授权范围内从事经营活动并接受董事会的监督。监事会则肩负起监督董事会、经理的职责。因此,传统的公司法人治理结构通过法人机关各机构之间的职权划分,形成了它们之间的制衡关系,以实现物质资本所有者对公司的最终控制。但是,这种设置并没有遏制公司控制权的转移。公司控制权日益从股东手里转移到董事会和高级经理手中,尤其在大型的股份公司,这种沿袭传统思路的治理结构面临严重挑战。近年来,以股东为本位的公司法人治理结构已经受到质疑。有学者提出,以公司的"利益相关者"理论取而代之。其原因主要是因为股东的主权地位日益衰落。传统理论将公司看作股东组成的联合体和为股东营利的工具,而这种传统理论日益受到公司契约理论和公司能力理论的挑战。[31] 这些理论带来的冲击是,公司的定义本身发生动摇,就法律上的概念而言,公司是由物质资本所有者组成的实体,但作为一种社会现实,公司是由股东、雇员等利益相关者组成的实体。因此,在"利益相关者"理论看来,公司的法人治理结构,即公司内部法人机关各机构之间的关系不应仅以股东为本位,也应该虑及公司的利益相关者的合法权益,视利益相关者为公司治理结构的主体。笔者认为,无论是股东本位理论还是利益相关者理论,强调在公司法人内部对权力进行分工与制约都是相同的,不同在于权力如何分工与制约。在股东本位理论下,认为在劳动与资本这两个基本的生产要素中,为公司提供物质资本的股东的权利是资本所有权,为公司提供劳动的雇员的权利只是一种因对资本进行运用而产生的债权。因此,股东的权力是至上的,传统的法人治理结构"神化"了股东的权力,股东拥有对公司事务的最高控制权。在这种理论下的权力分工与制约,制约的并非股东的权力,股东会相比

---

[31] 公司契约理论与公司理论是流行于英美公司理论界的一种关于公司本质的认识,本文限于篇幅,不作详细介绍。

其他法人机关具有优越地位。而在利益相关者理论下,由于利益相关者并不仅限于股东,所以这种法人治理结构不可能以股东会为中心,视股东会为最高权力机关,其他法人机关的权力则相应增大,股东会丧失了优越地位。在这种理念下的法人机关各机构的分工与制约,股东会也将被纳入制约的范畴。但是无论哪种法人治理结构,法人机关内部的分权与制约是一个必须遵循的原则,唯有如此,才能达成法人的目的事业或整体利益的实现。

法人并不是孤立的存在,而是在与外界交往中体现自己的价值。在对外关系的设计上,立法者既要虑及法人内部各种利益关系,更要着眼于法人作为一个整体与第三人之间的利益平衡。第三人受到信息不对称等因素的制约,往往不能了解到法人复杂的内部规程和结构,况且在经济社会中对于降低成本的要求,也不可能让第三人耗费精力去了解这些情况。因此,民法运用精巧的立法技术,在法人的对外关系上,不让法人复杂的内部结构影响法人与第三人的交往,第三人可以信赖法人的对外事务机构或代表人,这种立法技术就是法人的代表制技术。在法人与第三人的交往之中,究竟谁能代表法人?民法在对外法人机构的处理上有两种形式:共同代表和单独代表方式。共同代表方式(Gesamtyerretung),是指法人执行机关整体具有代表权;而单独代表方式(Einzelvertretung),是指为了加强对于第三人的保护,使每一对外机构人员(公司法上每一董事),除章程另有规定外,皆有代表权。[32] 德国采取共同代表与单独代表结合制度,加强对第三人的保护。从《德国民法典》第31条规定可以看出,董事会、一名董事会成员或者合法任命的代理人,都有独立的对外代表权。《德国民法典》第28条第2款规定:"向董事会作出某种意思表示的,只需向董事会的一名成员表示即可。"[33]在董事会对外代表时,其行使应以决议方式作出,可以正式,也可以不正式。在受领意思上,董事会成员无论在何种情形,均有单独代表权。[34] 我国《民法通则》第38条规定:"依照法律或者法人组织章程规定,代表法人行使职权的负责人,是法人的法定代表人。"因此,与大陆法系传统

---

[32] 参见《日本民法典》第53条。

[33] 郑冲、贾红梅译:《德国民法典》,法律出版社1999年版,第3页。

[34] 参见[德]迪特尔·梅迪库斯:《德国民法总论》,邵建东译,法律出版社2000年版,第844页。

民法理论比较,在法人代表权安排问题上,我国现行民法理论与民事立法有独特之处。在我国现行民法理论和民事立法中,在法人机关制度之上,有“法定代表人”之说。法人机关为单一机关的(如厂长、经理),单一的法人机关即为法定代表人;法人机关为集体的(如公司的董事会),并非各董事都有代表权,只有作为法定代表人的董事长才有代表权。法定代表人之代表权直接来自法律的规定,如我国《公司法》规定董事长是公司的法定代表人(第45条、第68条、第113条)。其他董事欲获得法人之代表权,须经作为法定代表人的董事长的授权。由此可见,在我国民法中,法定代表人与法人机关有联系,但更有区别。法定代表人不同于传统民法上的作为法人机关的董事。传统民法上的董事可以是多数,我国民法中的法定代表人只能是单一个人;传统民法上作为法人机关的董事,均有代表权;我国民法上只有法定代表人有代表权,其他董事没有代表权;传统民法上董事之代表权可以依章程规定,实行意思自治,而我国民法上只有依法律规定的法定代表人才有代表权,其他人不具有代表权,即使是公司章程也不得约定董事长以外的人为法定代表人,因而关于代表法人的问题,我国《民法通则》在一定程度上限制了意思自治原则的适用。[35] 笔者认为,代表制技术是法人制度的特殊技术,使法人许多难以处理的问题得以解决,使法人得以以自己的名义享有权利、承担义务,表现其独立的存在。因此,在设计和运用代表制技术时,应当充分考虑法人本身的需要及其与第三人之间的利益平衡。就我国的法定代表人制度而言,这种仅以一人代表法人的方式过于拘谨,影响了法人制度的功能,同时也不利于保护善意第三人。有必要借鉴其他国家的立法经验,重新规定我国的法人代表制度。

㉟ 柳经纬:《论法定代表人——以公司法人为中心》,载中国民商法律网:http://www.civillaw.com.cn/weizhang/default.asp?id=7792。

法人制度的基本理论和立法问题之探讨（下）*

五、法人权利·财产权构造与人格权界定

法人的权利构造包含两个方面：一个是法人作为一个权利主体与外界形成的权利义务关系，就企业法人而言，即指企业组织与市场的关系；另一个则指法人作为一个独立组织在其内部形成的权利义务结构，而中心问题又是分析法人与其成员以及工作人员之间的权利义务关系。因为后者已在本文相关的部分作了讨论，所以这个部分研究的重点是法人对外的权利构造。

一般认为，法人的对外权利主要包括法人财产权和法人人格权两个方面。

（一）法人的财产权

法人财产权，其实是一个极有争议并极具中国特色的概念。在发达国家，没有人对法人财产权发生过如此大的兴趣。① 我国学者在还来不及对"财产

---

* 原载《法学评论》2004 年第 6 期。

① 关于为什么国外没有探讨法人财产权而在我国如此重视，一些学者提出了解释：江平主编的《法人制度论》一书认为，首先是对这个问题的实质取得了共识，没有讨论必要，其次是发达国家公司产权自始明确，并符合市场经济的要求，也没有必要讨论。佟柔、史际春认为，法律拟制企业人格，不是为了使资本所有者丧失所有权，也不是使企业对企业财产享有所有权。（佟柔、史际春：《我国全民所有制企业"两权分离"的财产权结构》，载《中国社会科学》1990 年第 3 期。）史际春在另一篇论文里认为，资本主义国家对产权关系心照不宣，由私人财产权利利益驱动而促使企业有效经营管理，在法律上没有也不须对企业公司或法人的财产权予以规定，只要规定这些组织具有权利能力就可以了。（参见史际春：《国有企业法论》，中国法制出版社 1997 年版。）

权"作出正确判断之前,就已被卷入了关于法人财产权的纷繁争论中。在这一讨论中,学者们从国有企业改革的需要出发,为了达到既要防止国有资产流失,又要使国有企业真正成为独立的市场主体的目标,而艰难地在作为出资者的国家和企业法人之间的权利平衡中作出选择。其间,所出现的学术观点之多,实乃少见。主要有以下观点:[②](1)经营权说。该说以所有权与经营权分离的理论为基础,认为企业法人财产权不是所有权,而只能是经营权。经营权除包括财产权外,还包括人事管理权、内部机构设置权等。也有学者认为,企业法人财产权是经营权和法人制度相结合的产物。(2)用益权说。此说借鉴《法国民法典》中的用益权制度,认为企业法人财产权是一种依法设立的用益权,在用益权存续期间,企业按自己的意志对企业财产使用、收益,出资人不得干预,对国有企业来说,国家所有权因而成为一种"虚有权"。(3)双重所有权说。此说以财产权的价值形成与使用价值形成的分离为理论基础,主张企业法人享有相对所有权、具体所有权或经济所有权,显然,这违反了物权法"一物一权"的原理。(4)所有权说。此说主张将企业法人财产权构建为企业法人所有权。其含义是指企业法人对其财产享有完全独立的支配权,具体权能包括占有、使用、收益和处分的权利,权属范围包括企业法人的全部财产。[③] (5)权利束说。此说借鉴经济学产权概念之含义,认为法人财产权并不是指某个单一权利,而是包括诸多具有财产内容的一种综合性民事权利。

上述各说,均有一定合理因素,也有不够严谨之处,本文不再评述。但近年来,一些学者已经对企业法人财产权理论产生怀疑,甚至厌烦了这种不深不浅的讨论。有的学者认为,企业法人财产权是一种有所有权之实而假经营权之名的折中性权利,是企业经营权与法人所有权妥协的产物。[④] 还有学者认为,法人财产权是一种不规范的产权安排,是含混不清的说法,法人财产权的出现,混淆了原本清楚的股东与法人的关系。[⑤] 这些观点有一定道理,它们指出了法人财

② 以下关于企业法人财产权性质学说的综合与归纳,参见柴振国等:《企业法人财产权的反思与重构》,法律出版社2001年版,第16~18页。

③ 参见柴振国:《论企业法人所有权》,载《河北学刊》1994年第6期。

④ 参见权锡鉴:《论企业法人财产权的完整独立性》,载《东方论坛》1997年第2期。

⑤ 参见居昊:《"法人财产权"与产权规范》,载《财政研究》1997年第2期。

产权是一个含义模糊、矛盾的概念,而这恰是我国在国有企业改革中新旧体制、新旧观念矛盾的反映。笔者认为,关于企业法人财产权问题的研究,是有积极社会意义的,它为我们解决上述矛盾提供了一条重要思路,为法人财产权制度的完善提供了一条可行的途径。

关于企业法人财产权理论,是以企业财产权的界定为核心的。我国实行经济体制改革以来,从放权让利、扩大企业自主权,到所有权与经营权的分离,再到企业法人财产权的确立,这是一个逐步深化认识的过程。但是,财产权在大陆法系中不是一种法定的权利类型,只是法理意义上对财产权利体系的一种归类。一般认为,它应包括物权、债权、继承权和知识产权等,当然法人财产权不会涉及继承权。按照我国现行法规定,国有企业的财产权又不可能包括所有权。⑥ 那么,应如何认识企业法人财产权?笔者认为,法人财产权的考察至少应注意到两个方面:法人的特征和财产权的内涵。前者从主体角度来考察,后者从内容角度来考察。法人的财产权概念内涵丰富,它不是一项具体权利,而是一个权利束,是具体法律权利的上位概念。

构建法人的财产权,对于法人来说非常有必要。其一,法人中的大部分是营利法人。这些法人的经营活动的规模要远远大于自然人,一般自然人的活动主要集中在日常生活领域,法人则为了获取营利,必然在经营活动中不断追求新的利益。在此种情况下,仅靠法律通过列举的方式规定具体的权利来保护法人的新的利益显然滞后。在大陆法系,传统的认识是先有权利再有救济,权利是救济的前提,如果某项利益还没有被法律确认为具体权利,则很难得到法律的保护。所以,在具体财产权利之上,再规定一个上位概念可以弥补其不足。这个上位概念所涵盖的内容包括两个方面:一是已经成为法律权利的权益;二是还没有形成为法律权利的权益。法人财产权是一种"源权利",它的存在基础不仅是现有的权利,还是权利和法益的结合物,即以法律权利为主,并辅之以

---

⑥ 我国《公司法》第4条规定:"公司股东作为出资者按投入公司的资本额享有所有者资产受益、重大决策和选择管理者等权利。公司享有由股东投资形成的全部法人财产权,依法享有民事权利,承担民事责任。公司中的国有资产所有权属于国家。"这是我国立法首次以基本法的形式对企业法人财产权所作的规定,并强调国家作为出资人仍对出资财产享有所有权。因此,国有企业法人财产权中不具有所有权的属性。

"形成中的权利"——法益。用一个公式表示就是:财产权 = 多项具有财产内容的具体权利 + 法益。这些法益的存在使财产权成为一个开放的权利束,可以容纳很多新出现的法益类型。其二,法人的营业转让中也需要法人财产权概念。现代法人中的重要社团类型是公司,而公司的资产重组、资产转让、营业转让等活动十分频繁,而且标的形态涉及广泛,既包括有形财产,也包括无形财产。如此大量的、多样的权利转移过程,不可能就每一项权利逐次的进行交易,只能在其清算基础上以统一的权利形式作为转让的标的。此时引入一个"法人财产权"的概念,用法人财产权涵摄交易中的单项的具体财产权利,便大大简化了交易的过程。当然,对于财产转让中的重要单项财产权利,也应该按法定方式办理转移手续。

以上只是从实际需要的角度,阐述了法人财产权存在的意义。但是,人们总会提出这样的问题:在我国未来的《民法典》中是否要规定财产权的概念?否则怎么会有法人财产权的法律用语呢?(如前所述,我国公司法已经使用了这一概念)我们知道,民法的调整对象为平等主体之间的财产关系和人身关系,这一结论已为世界性的学术通说,就权利形态而言,财产权与人身权应是民事权利系统中最基础的分类,而传统民法典的核心内容是物权制度和债权制度,财产权并没有受到立法者的重视,其实在当代各种财产权经常发生融合、交叉以及新的财产权类型不断涌现的情况下,如何对财产权进行整合是非常必要的。再者,我国在民商合一的立法体例下,如何解决民法与商法在财产权的调整范围上的矛盾,如何实现民法对商法的统领和有效的规制,已成为民事立法的突出的技术问题。民法中的财产权是以"物"为基础的,因"物"的占有而形成"物权",因"物"的流通而形成"债权",这一立法技术体现了一种非常朴素的财产观。商法中的财产权则是开放的、易变的、多层次的,而且往往是无形的,它很难以"物"特别是"有体物"来包容。因此,传统民法的财产权制度的基点已经显得狭窄,不能涵盖所有的商事财产形态。这也是近年来笔者和梅夏英博士为什么主张在民法典中设立财产法总则的原因。当然,如果上述立法设想能够实现,法人财产权这一概念将会在更广泛的基础上得以确立和完善。

法人财产权具有很好的包容性,在不同情况下,不同的法人具有的法人财产权的具体内容是不同的。在财产权范畴下,可以再进行区分。一般而言,法人的财产权包括如下一些内容。

1. 物权。依据物权的基本体系,法人享有的物权包括所有权、用益物权和担保物权三个方面。其中,所有权是法人财产权的基础,是法人得以成立的首要条件,也是法人开展业务活动的重要物质前提。法人所有权是一种最充分的物权,能够独立地、排他地对自己的财产享有完全、直接的支配权。其中,社团法人和财团法人都应对自己的财产或法人部分财产享有所有权。出资人(包括国家)一旦向法人出资后,或财产捐助人一旦实施捐助行为后,即失去了对该项财产的所有权,其所有权自然转至法人名下。因此,法人也就能够为自己的行为后果承担完全的财产责任。法人所有权同样具有所有权的一般法律特征,表现为对物的完全的、独立的支配权,而且其所有权的部分权能也可以部分地甚至一定时间内全部地脱离法人。但是,法人与自然人毕竟不同,不同种类或不同业务范围的法人行使其所有权时,不仅应受到相关法律的限制,而且还应受到自己章程的限制。而对国家机关、军事机构等公法人来说,其财产权构成中则不含所有权,它们只是使用国家的财产,正是因为这些法人对其财产不享有所有权,因而不可能完全独立的对外承担责任,即使是国家划拨的经费,也只能在其有限范围内承担责任,国家还须对其国家机关的行为承担最后的法律后果。

就企业法人而言,法人所有权是建立在企业制度特别是公司制度框架之内的,它体现为出资人享有的社员权(股权)、法人团体享有独立的所有权以及法人机关为其法人权益行使的经营权。法人所有权的享有只能通过自己的机关来行使和实现,它必须与法人的治理结构相结合。而法人的治理结构是与出资人的出资规模和出资方式,即与法人资本构成密切相关的,起初,由于法人财产来自个别或少数出资者的出资,这些出资者基本上是法人财产的占有者和支配者。所以,所谓法人所有权实际上就是出资者的所有权,这种所有权与法人的经营权是统一的,此种情况下,法人并没有完全属于自己的所有权。随着出资规模的不断扩大、出资者由集中趋于分散,法人财产已不能为大部分出资者所独立支配,而只能由少数出资者甚至非出资的专业人员所控制,这一法人财产权的演变,恰是出资者与其出资财产在所有权上的分离过程,也是法人所有权逐渐形成的过程。所以,企业法人所有权的形成是企业制度历史发展的结果。如果没有出资者所有权与其财产经营权的分离,是不可能构成法人所有权及其特殊的行使方式的。从另一角度看,法人所有权的形成是以出资者取得社员权为对价的,而社员权所含风险少、收益丰,又是出资者愿意放弃对出资财产所有权的直接动力。

在发达国家,上述企业法人所有权的形成是一个自然的发展过程,以至人们都还没有理会,财产所有权已由出资者手中转移到法人,这种财产的局部社会化构成了极大的社会生产力。我国与发达国家不同,如果说发达国家是由个人财产逐渐形成局部范围的社会化财产,而社员权仍属于个人,所以其经济本质仍属于私有制;我国的国有企业改革则是由国有财产转化为企业财产,国家通过出资取得出资者权益(或社员权)而丧失了对出资财产的所有权,企业因取得了所有权而产生的最终效益由包括国家在内的各个出资者分享。但是,这一过程在我国不仅需要时间,而且也不一定是必然的。只要国家是企业的最大出资者,它就仍然能够控制和支配企业,在这种情况下,国家作为出资者所享有的所有权因与其对企业的经营权是合一的,也就不可能形成真正的企业法人所有权。所以,这也是在我国为什么人们对法人所有权会产生如此大争议的原因。笔者认为,除非由于企业出资者成分的多元化,个人、集体组织和外商出资者的比例扩大,以至国家在对部分企业的出资已不足以形成对企业的完全控制,进而形成出资者的所有权与企业经营权的分离,也才会有这些企业的法人所有权。这里需要指明的是,过去我们讲的两权分离,是指国家对企业财产享有所有权,而企业对其财产享有经营权,显然企业法人依据的财产权基础是经营权;而我们理解的两权分离,是指企业法人对其财产享有所有权,而其所有权的行使须以法人机关的行为,即实施经营权来完成。因此,就我国的企业状况而言,由于私营企业、外资企业以及混合所有制的企业不断发展,已有越来越多的企业形成了企业法人的所有权,但那些完全或基本上由国家控制的国有企业,无论它是采取何种的企业形式,都还不可能有真正的企业法人所有权。

在企业法人的财产权构成中,虽然所有权是法人运行的基础性条件,但它并不是唯一的条件。就法人享有的物权方面,用益物权也是法人财产权的重要内容,出资人可以用那些享有确定范围和价值并可独立支配的用益物权出资,特别在我国土地国有体制下,作为法人必要的生存和发展条件的土地使用权,在法人成立和运行中占有重要地位,它已成为法人财产权中不可缺少的组成部分。也有学者认为,既然土地使用权是一种可以在当事人之间相互转让的权利,那么它也就可以成为买卖关系的标的,进而成为企业法人所有权的对象。笔者认为,这种推理和见解是有道理的,但是,因为它冲击了大陆法系财产权体系的基本理论和构成,否定了大陆法系所有权概念的基本认识和界定,所以在我们还无法改进或摆脱大陆法系上述理论框架的情况下,只能暂且将其土地使用权归入法人用益物权的范畴。另外,担保物权作为债权实现的重要保障,也是法人财产权的重要组成部分。法人在经营和其他业务活动中发生大量的交易关系,而绝大部分交易关系是通过签订合同确立的,享有担保物权恰是法人实现其合同权利的有力保障。特别是某些担保物权显现出证券化的趋势,这就进一步促进和方便了担保物权的转让和交易,进而成为法人一项具有直接价值和现实意义的财产权。

2. 债权。现代社会的交易的频繁和规模巨大,财产的流转速度加快,许多财产只有在流转中才能体现价值,因此出现了所谓"债法的优越地位"和"财产的大部分都是以债权的形式出现"的局面。债成为一个财产流转的手段,体现为运动中的财产关系。法人作为民事主体,参与各项民事活动,享有各种债权或承担各种债务。特别是营利法人,通常拥有大量的债权,而且债权的形式多种多样,如对外的赊销、持有的债权凭证、买卖合同中的货款等。债权是无形的,价值是实存的。债权的实现即为物权,债权的移转即可抵销债务,或取得新的债权或物权。所以在法人的财产权构成中,其债权所占的比例有不断增长的趋势,法人在清理自己财产权时,谁也不会把债权排除在外。债权是法人一类重要的财产权。

3. 知识产权。知识产权的客体无形,这是与传统物权最根本的差异。但是,在信息化、科技化的现代社会,知识产权的价值却往往大于有形财产的价值。知识产权已经成为许多法人财产权的重要组成部分,也是法人具有市场竞争力和取得高效收益的重要源泉。所以,不仅法人自身投入大量的资金和技术用于知识产权的开发,而且由自然人享有的知识产权也只有转让或许可给具有雄厚经济实力的法人才可以得以实施和运用。由于知识产权具有无形特征,更容易遭受他人侵犯,因此,法律更应注重对法人知识产权的保护,这一方面为法人的生存与发展创造了条件,另一方面也是适应社会科技进步的需要。

4. 经济法益。法人财产权是一个权利束,它既包含了法律明确规定的单项的权利类型,还包括一些不属于权利的财产利益。随着社会的发展,法人获得利益的途径是不断创新和发展的,如景区收费、公路收费。这些财产利益不属于现有法律明确规定的单项的法律权利。而这些利益对于法人来说却是重要的利益来源,必须得到法律的保护。对此,以法人财产权来给予保护比较合理。这是我们主张法人财产权的主要理由,也是使我们的法律可以跟进时代的发展所作的合理选择。

由此可见,法人的财产权以财产利益为中心,它是有如下两个最显著的特征:第一,法人财产权的综合性。它是一种概括性权利,既含有现行法律确认的各种权利类型,还包括现行法律尚未明确规定的其他类型的权利和法益。第二,法人财产权的动态性。它是一种运动中的权利,随着法人业务活动的开展,其财产权的客体不断扩张或减缩,不断有新的权利和法益产生,也会有原有权利的丧失和消灭,但它始终称为法人财产权。

(二)法人的人格权

法人制度虽然起源于罗马法时代,但是其人格权的确认却经历了一个漫长而曲折的过程。至1900年实施的《德国民法典》明确规定了法人制度,但是并没有关于法人人格权的规定。虽然在该法的第二次草案中赋予法人一种人格权——名称权,却遭到学界强烈的反对,使最后的《德国民法典》第12条只规定了保护自然人的姓名权,并没有明确规定该条可以适用于法人。直到1907年《瑞士民法典》在总则部分对人格权作了一般规定。该法第53条规定:“法人能享有一切权利,并负一切义务,但如性别、年龄、或亲属关系等,并以人类之天然性质为其前提者,不在此限。”苏联和东欧国家比较重视人格权立法。1964年

《苏俄民法典》虽未提到人格权概念,但在该法的第7条规定了保护公民和社会组织名誉和威望的规则。1978年修改的《匈牙利民法典》专门设置一章共10条规定了人格权,并极大地扩展了人格权的范围,包括生命、身体、健康、肖像、荣誉、名誉、尊严、姓名、自由、个人生活秘密等。上述对人格权的规定,除专属自然人者均应适用于法人。⑦ 我国《民法通则》在"民事权利"一章专设"人身权"一节,与物权、债权、知识产权各节相并列,并且明确规定了法人享有名称权、名誉权、荣誉权等人格权。

法人的人格权与自然人的人格权相比,更具有财产性质,但法人的人格权与法人的财产权是有区别的。法人的财产权所包含的财产利益,都是纯粹的经济利益,与特定法人人格没有直接关系,某项财产利益,可以由该法人享有,同样也可以由彼法人享有,对于主体人格没有依赖。法人虽因享有人格权可以获利,也可以转让,但是法人的人格权与其财产权比较起来,仍有以下区别:第一,法人的人格权具有财产利益,但不是绝对的。对于非营利性法人来说,法人的人格权一般不具有经济意义。第二,即使是营利性法人的人格权,虽具有一定的财产价值,但它仍具有双重含义,即财产利益和法人人格利益,而且其人格利益是主要的,其财产利益是次要的。法人的人格利益是法人存在的前提,具有特定的主体特性,只能与特定的主体相结合。第三,权利转移方式不同。对法人的财产权来说,由于其与特定的主体无关,因此转让不受主体性因素的限制,而法人的人格权的转让方式则受到诸多法人人格利益的限制,有的国家立法还要求法人人格权的转让必须与其相当的财产权一起转让。

法人人格权与人格之间既有联系又有区别。法人人格,是指其参加民事法律关系的地位和资格,一般而言,它是权利能力的同义语。人格权是一类民事权利,它的本质在于由法律保证实现的自由。可见,人格是产生人格权的基础和前提,人格权所要实现的是人格利益。就自然人而言,人格权,是指人对其人格尊严、人身自由、人身完整等方面伦理价值的支配力,其欲达之目的是人格利益。同时,法人也有人格荣耀、行为自由、结构完整等人格性的需要,但它毕竟

⑦　参见[匈]格奥尔·格拉茨:《〈匈牙利民法典〉的修改》,载法学教材编辑部《民法原理》资料组编:《外国民法资料选编》,法律出版社1983年版,第126页。

不具备像自然人一样在精神上、生理上的特征。因此,法人人格不同于自然人人格,法人人格权也不同于自然人人格权。

所谓法律上之人格,是在一定的社会关系中体现出来的个体性、主体性和价值性,该社会关系既包括财产关系,也包括人身关系。与此相适应,人格也可以分为财产性人格和人身性人格。自然人之人格隐含两种不同的面孔:一是财产性的人格;二是人身性的人格。法人则因不具有自然人所固有的生物属性以及历史形成的人文精神,所以其人格只能是财产性的人格,它是由市场逻辑决定的。这里特别需要强调的是,法人并非没有人格,只是没有自然人所固有的人身性人格。又基于人格与人格权的密切关联,法人并非不享有人格权,只是不享有自然人所独有的人身性人格权。一般来说,法人的人格权与物质利益有密切联系,尤其是企业法人,其人格权也是一种无形财产。如法人拥有良好的声誉,就会使其享有更高信用,从而为其带来更多的商业机会和财产收益。并且法人的某些人格权还可以出售和无偿转让。这就更能体现其财产属性。在德国,"按照联邦最高法院的一项可资赞同的判例,如果法人为维护其作为团体或营利企业所享有的社会名声,而需要借助于人格权之保护手段时,那么法人就应享有人格权"。⑧

综上所述,对于法人享有的具体的某项人格权,在理论上和司法实践中几乎没有大的争议。但是,对于法人是否享有一般人格权,在学界则存在截然不同的观点。

承认法人享有一般人格权的学者相对要多一些。他们认为,法人人格权是独立的权利,有其主体和客体。"法人的一般人格权是具有高度的抽象性与概括性特征,法人一般人格权作为一种渊源权,从中引出各种具体的人格权。""法人一般人格权的客体,是民法所保护的法人在社会关系中所享有的法人人格独立与人格平等的人格利益。"⑨笔者也认为,法人的一般人格权是法人人格权发

⑧ [德]托马斯·莱塞尔:《德国民法中的法人制度》,张双根译,载《中外法学》2001年第1期。

⑨ 王利明:《人格权法》,法律出版社1997年版,第39页。王利明教授此种观点曾在学界产生较大影响,但仍有进一步研究的余地。人格独立和人格平等是人的重要伦理价值,而非人格利益,人格利益应认为是人格权实现其伦理价值所要达到的结果。

展的必然趋势。“法人人格权的范围越来越广泛。到目前为止,一些国家的民事立法已经把名称权、名誉权、荣誉权、营业秘密等列入到法人的人格权。从某种意义上说,法人的人格权已经开始逐步实现从个别人格权到一般人格权的转变。”⑩

反对法人享有一般人格权的学者主要是尹田教授。他虽然承认法人的特别人格权,但是不承认法人的一般人格权。他认为,法人和自然人之间有质的区别,法人人格与自然人人格的法律价值也不同。为此他有过一段明确的论述:“但法人之人格中,完全不包括‘对人类自由和尊严的尊重’等重要价值,由此,法人人格表现出与自然人人格迥然不同的本质。所以,对法人人格的理解,只能局限于财产支配与财产交换领域,绝对不能超越这一领域,认为法人人格在经济生活之外还具有其他更为重要的社会意义。对于法人的人格权的理解也应如此……而法人的人格为团体存在于经济生活领域(而且主要是‘私’的领域)的主体资格,其基本作用在于使团体能够具有与其成员之个人人格相脱离的独立地位,故法人的人格利益必然只能表现为一种财产价值,亦即法人的任何‘人格利益’。实质上只能称其为某种财产价值的载体(这也正是法人的‘人格利益’如名称何以得被转让的根本原因)……法人遭受的只能是商业上利益(商业信用)的损害。”⑪其实,尹田教授的上述观点与笔者和梅夏英博士的看法基本上是一致的,我们也认为法人的人格权主要反映在财产利益上,其性质应属于财产性人格权。但是不能由此断言,法人的人格权就丝毫与其意志上的人格利益无关,因为法人的种类繁多,除营利的企业法人外,还有公法人和公益法人,这些法人并不以获取经济利益和实现财产价值为宗旨或唯一目的,它们还必须考虑对自己进行公务和公益活动的影响,而这一影响与其财产利益往往是无关的,起码与其财产利益无直接的关系,所以,怎么能说法人只能遭受商业上利益的损害?实际上,非财产损害在法人中发生也是屡见不鲜的。如果我们把问题看绝对了,就有可能使自己最终完全否定法人人格权埋下理论的隐患。

---

⑩ 马俊驹、余延满:《试论法人人格权及其民法保护》,载《法制与社会发展》1995年第4期。

⑪ 尹田:《论一般人格权》,载《法律科学(西北政法学报)》2002年第4期。

归纳起来,尹田教授反对法人的一般人格权,主要理由有二:第一,法人一般人格权在民法上没有价值。“仅就侵害法人一般人格权的表现而言,如果认定其有表现为对‘法人人格独立’(财产独立、经营自由)以及‘法人人格平等’的侵害,则这些侵害行为只能由国家权力实施(非法干涉企业自主经营、无偿划拨其财产、非法限制其经营范围等)。但民法上就一般人格权之规定,不能成为裁判公法关系之依据。所以,确认法人的一般人格权,不存在任何民法价值。”⑫第二,在理论上混淆自然人和法人的人格的差异,也会造成实务上的问题。“如果将民法有关自然人一般人格权的规定适用于法人,则不仅混淆了自然人人格与法人人格之界限,冲淡和模糊了一般人格权所包含的重大社会意义,而且还会导致实务上的被动(法人组织得就任何被认为是涉及其‘精神利益’的侵害缠讼,法官得于法律无明文规定的情况下以‘法人一般人格权’为依据裁判对法人实行‘精神损害’赔偿)。综上所述,民法就一般人格权所作规定,仅适用于自然人而不适用于法人。”⑬

对此,笔者却不这样认为。在民法上规定法人一般人格权,其价值和功能在于保护法人的存在和发展。法人作为一种民事主体,其存在和发展不仅需要必要的物质基础,还需要社会各界在精神上的维护和支持。如前所述,法人的人格权具有很强的财产性,但不等于法人没有精神利益。法人的精神来自其设立人或法人中自然人的精神,当它一旦形成法人团体的意志,便与自然人的精神相分离,成为法人自己独立的意志或精神因素。在此基础上,确立法人的人格独立、人格平等具有重要的社会意义,它是保证法人的意思自治和行为自由的法律依据。这不仅是国家权力实施保护法人人格权的依据,而且也是平等当事人之间人格权保护的依据。另外,一般人格权也非仅是侵权法保护的客体,它还在解释具体人格权、弥补法定的具体人格权之不足以及其他人格利益等方面发挥自己独特的功能。

至于法人一般人格权与自然人一般人格权之间存在质的差异,这是人们承认的事实。我们不能以自然人的一般人格权去分析和理解法人的一般人格权。

---

⑫ 尹田:《论一般人格权》,载《法律科学(西北政法学报)》2002年第4期。

⑬ 同上。

法人的一般人格权的确认,是立足于某些社会组织在法律上的独立地位和特殊的人之价值。当其独立地位和人之价值受到损害时,首先应根据法人的具体人格权寻求救济,如果无此具体人格权时,则可以寻求法人一般人格权上的救济,这一救济主要体现为财产性的损害赔偿,但不排除在某些情形下也会涉及精神上的赔偿,因为法人的人格权既然具有无形财产权的性质,而无形财产本身就具有财产性和人身性的两面性质,特别对于公益法人来说,其人身性的精神需求往往还会高于财产性需求。如果我们刻意地以自然人一般人格权的标准去把握法人一般人格权的概念,那么必然导致的不仅是否认法人一般人格权,而是否认整体意义上的法人人格权,由此还会进一步动摇法人人格的独立存在。

(三)法人的几种特殊权利

1. 商事人格权

商事人格权,“是指公民、法人为维护其人格中包含经济利益内涵在内的、具有商业价值的特定人格利益——商事人格利益而享有的一种民(商)事权利”。[14] 此概念的提出,也许对自然人的人格权进行研究更重要。因为自然人的人格权客体是纯粹的人格利益,与财产权的客体截然不同。但是,随着社会的发展,经济活动已成为人类社会生活中极为重要的一部分,自然人的某些人格所要保护的客体已经不再是纯粹的人格利益,而是具有财产权性质的经济利益,如著名人物的肖像、姓名、就能产生经济利益,甚至成为其取得经济利益的重要来源,因此很有必要在法律上把这部分有商业价值的人格权加以规范,以扩大财产法客体的领域和人格权内涵。未来民法所确认的人格权不应再限于精神利益,还应包括经济利益。正因如此才产生了商事人格权的概念。我们承认法人享有人格权,而且法人的人格权一般都具有财产价值,所以法人的人格权是可以转让的。从一定意义上讲,法人商事人格权是一种最典型的法人人格权。但是,法人商事人格权并不是法人人格权的全部。在大多数情况下,法人的人格权虽然具有财产价值,但因为法人分为多种类型,如公益性质的财团法

---

[14] 程合红:《商事人格权论》,中国人民大学出版社2002年版,第13页。

人,它们不以营利为目的,但它们的名称、名誉也具有一定的经济意义,不过因为它们并不从事商业活动,所以就不能认为这些法人具有商事人格权。从产生的背景来看,商事人格权制度是为了规范人格权在商业活动中的运用,那些有经济价值的权利并不一定是商事权利。另外,商事人格权也不能与法人的一般人格权相等同。商事人格权的形成是一个归纳思维的结果,就是把现有的、被法律确认了的法人人格权根据其特征,归纳出了商事人格权概念;而对于法人的一般人格权,是演绎推理的结果,即首先通过法律确认法人的一般人格权,然后通过它推导出其他具体的人格权,是一个从抽象到具体的过程。

我们承认商事人格权的意义就在于从另一个角度揭示出人格权的新特点,探讨其特征和基本规则。这是一项具有重要理论和实践意义的研究课题。应该说,法人的大部分的人格权,在一般情况下,都适用商事人格权的规则。

2. 关于法人人权

人权是一个含义丰富而复杂的概念。随着人权理论研究的不断深入,有人认为人权的主体也在发生变化,其表现为人权由过去单纯的个人人权发展为以种族、民族为构成内容的集体人权。那么,法人是否可以享有人权?这是一个非常值得研究的问题。现在,赞同法人享有人权者有之,并列举出如下一些法律作为依据:"最早对人权主体的传统认识带来冲击的立法,是1919年以普奥为主体而建立的'德意志联邦会议'所制定的宪法。该法首次承认个人之外的其他社会主体享有宪法上的权利,这就是社会组织(Gemeinde)和教会拥有财产权。随后的法兰克福宪法又认可了'法人及团体'的请愿权"[15]德国的波恩宪法首先确认法人是人权主体。该法第19条第3款规定:"基本权利限于其性质上的可能,也适用于国内法人。"[16]1950年《欧洲人权公约第一补充议定书》第1条规定:"每个自然人或法人有权和平等享有其财产。"标志着法人与自然人合并作为人权的主体已经得到国际人权法的承认。[17] 在实践中,支持者举出如下的

---

⑮ 徐显明:《人权主体之争引出的几个理论问题》,载《中国法学》1992年第5期。

⑯ 常健:《人权的理想·悖论·现实》,四川人民出版社1992年版,第61页。

⑰ 参见曲相霏:《人权主体论》,载徐显明主编:《人权研究》(第1卷),山东人民出版社2001年版,第46页。

例子:美国的宪法第 14 条修正案第 1 款的初衷是保护自然人不受州的侵害,但是不久就被扩大适用于法人。1873 年美国联邦最高法院对"屠宰场案"作出判决,把第 14 条修正案解释为保护公司法人不受州的管理的制约。1881 年美国联邦最高法院又对"圣克拉拉县诉南太平洋铁路公司案"作出裁决,把第 14 条修正案的平等保护适用于公司。截至 1939 年,美国联邦最高法院裁决的涉及宪法第 14 条修正案的平等保护的案件数达到 554 件,其中 426 件涉及企业。⑱在日本,《明治宪法》的制定者之一,美浓部达吉在其著作《逐条宪法精义》中说:"有关自然人的规定同样也应当适用于法人,只是兵役、监禁等以肉体的人为前提的规定无法适用于法人。"1946 年日本的宪法制订者之一宫泽俊义说:"海潮中有关国民的权利同样适用于法人。"⑲"在今天,日本团体、法人也是享有人权的主体,实际上为不成问题的公论。"⑳

学者还对法人享有人权的原理试图作出解释。"近代人权宣言对团体持以敌意。然而在今天的社会,无视团体的存在来讲个人生活是不可能的。"㉑"法人作为一种法律上拟制的人格,为了自身的生存和发展,也要求享有自然人所享有的人权,只有将人权的内容赋予法人,法人才能更好地服务于自然人。"㉒

对于哪些法人可以成为人权主体,享有哪些人权,学者也提出观点:"一般来说,作为人权的防范对象和义务主体的公法人是不被视为人权主体的。"而那些有巨大的力量(甚至与国家匹敌)的私团体,也是人权防范的对象,因此,也不享有人权。另外,人权所包含的利益只能为自然人享有的时候,法人也就不能成为主体。㉓

反对法人享有人权者认为:"从 19 世纪 80 年代起,承认法人为人权主体的

---

⑱ 参见路镜生:《美国人权政治》,当代世界级出版社 1997 年版,第 41 页、第 241 页。

⑲ 曲相霏:《人权主体论》,载徐显明主编:《人权研究》(第 1 卷),山东人民出版社 2001 年版,第 46 页。

⑳ [日]浦部法穗:《基本人权总论》,武树臣译,载沈宗灵、黄枬森主编:《西方人权学说》(下),四川人民出版社 1994 年版,第 92 页。

㉑ 同上。

㉒ 曲相霏:《人权主体论》,载徐显明主编:《人权研究》(第 1 卷),山东人民出版社 2001 年版,第 47 页。

㉓ 同上。

法律文件已经不在少数,尽管它的消极影响远较……集体人权轻微,我们也需要对之表达一种谨慎的怀疑。这一理论是那种将权利与人权两概念相互混淆的结果。尽管它宣告了法人人权的重要性,但法人的权利与古典的个人人权之间的区别还是足以让我们坚持上述怀疑。"原因有二:第一,法人人权只是人们所熟知的法人权利的总称,这些权利在法庭上并不以人权的面貌出现,也不产生生存权优先及发展权得到强调时令人担心的政府主义倾向。第二,法人的人权还容易导致损害。因为并不能排除这样一个可能,就是公民的基本权利和法人的基本权利在某个场合发生冲突,如果主张法人的人权就会撼动自然人的人权,难以保护个人人权的至高无上。㉔

笔者认为,对于法人人权,应该持一个比较谨慎的态度。人权从某个意义上讲,是一个公法上的权利,它从产生到发展的全过程都是围绕自然人的生存与发展进行的,因此它是一个具有极强伦理特征的权利。虽然现在一些立法文件上规定某些自然人的权利也适用于法人,但是我们应该看到,人权和民法中的一般人格权不同,虽然两者都有权利源泉的功能,可是他们的区别也很明显,人权的核心在于政治权利,防止国家的侵犯,如政治的压迫、种族的灭绝等不人道的行为,除此重要特征就不称其为人权。而一般人格权是一个民事权利,虽然也是保护自然人的生存与发展,但它是在民法的层次上进行的,它是针对其他自然人和社会组织的,它是防止民事主体受到与其处于平等地位的个人和社会组织的侵犯,这是一般人格权的性质所在。我们可以承认法人的一般人格权,但不宜承认法人的人权。其实,对于法人来说,承认了它的一般人格权,基本上就可以保证法人的存续与发展,完成"法人人权"欲发挥的功能。所以,目前我国还没有必要确认法人之人权。

3. 法人环境权

当今社会,环境问题已经成为困扰全球的世界性难题。人类对美好生活环境的渴求在向传统法学理论提出新挑战的同时,也催生了环境法的诞生,涌现出一些新的法学概念,其中最重要的也许就是环境权。

㉔ 参见姜峰:《多元世界中的人权观念》,载徐显明主编:《人权研究》(第2卷),山东人民出版社2002年版,第16页。

何谓环境权？对此概念是见仁见智。大致来讲,有如下一些观点:(1)认为环境权是人权说。因为环境权的概念是从人权的概念中引申出来的,因此环境权的属性就被冠以“人权”的称呼。[25] (2)人格权说。这种观点在日本学者的观念中比较普遍。环境权的主体是公民,公民享有的财产利益和人格利益受法律保护,对公民环境权利的侵犯往往会造成公民健康的损害,涉及公民的人格利益,因此将环境权定性为人格权。(3)公共财产权说。这种学说是在美国密执安大学萨克斯教授的“环境公共财产论”中提出的。它涉及了普通法国家的公共信托原则。萨克斯认为,大气、水对于市民全体是极其重要的,因此将其作为私的所有权的对象是不明智的。由于人类蒙受自然的恩惠是极大的,与各个企业相比,大气及水与个人的经济地位无关,所有公民应当可以自由的利用,公民为了管理他们的共有财产而将其委托给政府,政府与公民从而建立起委托人和受托人的关系,因此,增进一般公共利益是政府的主要目的。[26] (4)具有公权和私权双重性质的新型权利。[27] 以上的各种学说从不同方面说明了环境权的特征,虽然有许多差异,但也可以看到他们的共同点:第一,都以自然人作为环境权的主体进行讨论。第二,都是以“环境”为客体,环境权是法律主体对于环境享有的权利。这些权利内容主要以对环境的合理期待、利用、保护、求偿方面的权利。

法人是否可以作为环境权的主体,的确值得探讨。也许有人认为,环境一般是指外在于主体之外的客观事物。讨论环境权,都是以自然环境为讨论的对象,只有作为生物体之一的人,才可以受到自然环境的影响。而对于法人来说,虽然法人实在体说已经成为主流学说,但是也得承认,法人是一个制度的产物,它不依赖自然环境,因此法人不应当享有环境权。但在现实生活中却可以发现如下事例:从事养殖事业的法人因为环境遭到破坏而使养殖生物遭受重大损害,或者法人的生产需要依靠特定的自然环境,一旦环境破坏,则法人的目的就

---

[25] 对该观点的论述,参见吕忠梅:《再论公民环境权》,载《法学研究》2000年第6期。作者认为,公民环境权是一项独立、基本的人权,它包括公民对环境的使用权、知情权、参与权和受到环境侵犯时请求有关部门保护的权利。但是,该文没有对法人是否具有环境权作出论述。

[26] 参见秦静雯、郭传新、于海东:《析有关环境权的几个基本问题》,载《中国环境管理》2003年第10期。

[27] 参见张世增:《关于在我国立法中确立公民环境权的思考》,载《当代法学》2003年第8期。

无法达到。对此,我们应该如何解释?当法人的存在目的必须依靠某个特定的自然环境时,而该项环境却遭到破坏,法人则无法依其设立目的继续存在,显然,这样的自然环境无疑就成为法人生存的必要条件,这就如同空气对于人类来说一样重要。所以,法律承认某些类型的法人对于某些特定的环境享有环境权,是很有必要的。当然,不同的法人是否享有环境权及其内容是否相同都应由法律加以规定,而自然人则均享有环境权,且其内容也是相同的。

六、法人设立·终止程序·清算规则

(一)法人的设立

1.法人的设立方式与成立基础

法人成立均须有法律依据。在我国,各种类型法人的成立均须遵守民法或商事法律的规定,此外,机关法人还须根据国家宪法、国家机关组织法的规定成立,特殊行业的法人还须根据有关特别法成立。法人的设立是法人成立的前提,各国对于法人设立的态度又有所差别。这主要有以下设立方式:①自由主义,又称放任主义,即国家对于法人的设立不加以任何的干预和限制,法人的设立完全由当事人自由设立。现代各国民法,除瑞士对于政治、宗教、学术、艺术、慈善等非营利法人的设立采自由设立外,已经很少采自由设立主义。②特许主义。即法人的设立须经专门的法律或国家的特别许可,又分为立法特许主义和行政许可主义。由于特许主义对于法人的设立限制、干预过于严格,因此当前除对于公法人或者某些特定法人的设立采此种主义外,很少有国家对于私法人的设立采此种主义。在我国,机关法人,某些事业单位法人和社会团体法人的设立,原则上应属于特许设立主义。③许可主义,又称核准主义、批准主义,即法人的设立除具备法律所规定的条件外,还须经行政主管机关的审核批准。如德国民法对于财团法人、日本民法对于公益法人的设立,均采此主义。我国对于需要办理法人登记的事业单位法人和社会团体法人,其设立就采许可主义。④准则主义。即法律对于法人的设立,预先规定一定的条件,可遵照该条件自主设立,无须经过行政机关的许可。如德国民法对于社团法人、日本民法对于营利法人的设立,即采此主义。⑤强制主义。国家为了实现对社会生活某一领域的干预,对于某些特殊事业领域活动的主体,法律规定必须设立一定的法人组织,以便对其实施管理。法人的设立人必须符合法律要求,还须依据法律规定完成设立行为,并符合生效条件,法人才能成立。

本文不想对各类法人的成立条件和程序进行详细讨论。但需指出,因法人的类型不同而成立的基础也不同。社团法人以人为基础,以社员权的行使构成法人意思,形成自律的法人;财团法人以财产为基础,所以无意思机关只能以设立人的设立意思为法人意思,并受执法机关干预较强,形成他律的法人。以此为不同私法人成立要素的分界,社团法人须以订立章程和登记为必要,未订立法人章程和未经法人登记的社团,不得使用法人名称,也不得实施法律行为;财团法人关键须有设立人的捐助行为,其捐助行为是一种单方要式行为,它可以是单独行为,也可以是共同行为,并以设立公益法人为目的,该捐助行为实施后并经登记,即取得独立的法律人格。

2. 设立中法人的性质及其效力

关于设立中法人的性质,早期的大陆法系学说一般认为,由于设立中法人尚未登记取得人格,故不得享有权利能力和行为能力,因此准用民法上关于"无权利能力社团"的规定。此类社团虽有法人实体,但不具有法人人格,所以实施法律行为时,准用合伙的有关规定。㉘ 后来从德国的有关学说、判例发展出"同一体说",认为设立中法人与成立后法人乃同一法律现象,两者并非不同主体,只是同一团体之不同发展阶段。然而近年来,德国联邦最高法院判例对"同一体说"予以修正,认为设立中法人与成立后法人的法律性质不同,不能视为同一团体,但两者之目的确为相同,因而设立中法人因设立所须实施的行为而发生的权利义务,应转由已成立的法人享有或负担。学说上也多认为,设立中法人

㉘ 参见史尚宽:《民法总论》,中国政法大学出版社 2000 年版,第 148 ~ 152 页;胡长清:《中国民法总论》,中国政法大学出版社 1997 年版,第 97 ~ 150 页;梅仲协:《民法要义》,中国政法大学出版社 1998 年版,第 71 ~ 75 页。

具有有限的权利能力,其权利能力仅限于设立法人所必要的行为。[29] 笔者认为,设立中法人具有两个最基本的特征,即目的性和过渡性,为此应认定设立中法人具有与设立行为有关的有限权利能力,以更好地满足社会设立各种法人的需要。

"无权利能力社团说",实际上是以法律人格的缺位为由完全否认设立中法人的权利能力。民法上的"无权利能力社团",通常是指社会上既非以营利为目的又非以公益为宗旨,又未达到特别法上确认中间法人的设立条件,而专以促进会员之间精神互助及身心发展为目的的团体,如校内社团、同业公会、游艺社团等。此种团体具有多数的团体成员,以多数决形成团体意思,借助代表人而实施行为,且具有团体的一定独立财产,只是不具备法律人格。[30] 显然,这些团体与设立中法人存在的意义和价值完全不同,设立中法人要尽最大努力去获取法律人格,在这一过程中法律必须为促成这一目的的达成而赋予其一定的"权利能力",此一权利能力的范围应以完成设立行为并最终获取法律人格为限。反观无权利能力社团,其团体性特征只需达到组合的目的,而无须人格性的支撑,所以无权利能力社团并不需要法律赋予其独特的权利能力。可见,设立中法人和无权利能力社团对"法律人格"的态度有很大区别,设立中法人是一个临时性的团体,其目的在于为以后成立的法人服务。而无权利能力社团则是一个相对稳定的组织。

"同一体说"实际上混淆了设立中法人与成立后法人间严格的法律界限。我们强调设立中法人的"过渡性",表明设立中法人还只是法人在获得法律人格前的预备状态,如果处于过渡阶段的法人便已具有本应在登记成立后才享有的种种权利能力并广泛地参与各项民事活动,那么设立前后的法人在法律上势必难于严格区分,由独立财产和独立责任支撑起来的典型法人法律人格制度就会难以成立。

如果说"无权利能力社团说"因对设立中法人过于苛刻(未赋予其丝毫之权利能力)而走向一个极端,那么"同一体说"则由于对设立中法人过于放纵(赋

---

[29] 参见曾世雄:《民法总则之现在与未来》,中国政法大学出版社2001年版,第102~103页。

[30] 参见刘得宽:《民法诸问题与新展望》,中国政法大学出版社2002年版,第507页。

予其十分广泛之权利能力)而走向了另一个极端。“矫枉”不应“过正”,“同一体说”同样不能准确地界定设立中法人的性质。而“修正的同一体说”是对“同一体说”的扬弃。一方面,“修正的同一体说”[31]明确了设立中法人与成立后法人间的严格界限,维护了法人法律人格制度在整个法人制度中的根基地位;另一方面,该说又在合理、有限的范围内赋予设立中法人一定的权利能力,使其参与为法人设立目的所必要的各项民事活动。

讨论设立中法人的法律地位,其中的一个重要意义就在于,解决设立中法人与将来成立的法人的法律后果如何承接的问题。对此,学术界并没有达成共识,主要存在三种不同的观点:第一,无因管理说。该说认为设立中法人对即将成立的法人所做的一切准备工作就如同是一个无因管理人所做的工作。这一说法不能准确地反映出设立中法人与即将成立的法人的关系,不能反映出两者在时间上的先后承继关系。设立中法人所为的法律后果并不是简单地为即将成立的法人全部接受。一旦设立中法人的概念被立法所确认,设立中法人所做的一切就是法定义务了。第二,自然人未出生说,又称同一体说。该说认为,设立中法人是即将成立的法人的前身,就好比自然人的胎儿一样。两者之间超越人格的有无,实质上属于同一体。设立中法人已经具备相当于即将成立的法人的构成成员及法人机关的全部或一部分治理结构,并认为设立中法人出现的时候,即将成立的法人组织机构就已经确定了,而且它的人及物的基础也有相当一部分已经确定下来了。第三,代理说。该说认为,设立中法人对即将成立的法人所作的一切准备工作就如同一个代理人。代理,简言之就是以本人的名义为其对于第三人为独立意思表示,或为本人向第三人受领某一意思表示,而直接使其行为效力归属于本人。显然,该说也不能准确地反映出设立中法人与即将成立的法人的关系,不能反映出两者时间上的承继关系。

设立中法人所为的法律后果并不是简单地为即将成立的法人全部接受。设立中法人所从事的法人设立的必备行为,如发行股份、刊登募股广告等,应当由法人当然承受;对于即将成立的法人所必需的行为,如购买厂房、机器设备、

---

[31] 参见范健:《设立中公司及其法律责任研究》,载王保树主编:《商事法论集》(第2卷),法律出版社1997年版。

征用土地等,应当由法人追认后承受,未获追认的由行为人即设立人(发起人)承受。如果设立中法人因某种原因未能完成设立登记而不能成立时,凡有关设立所为的行为以及设立所支出的费用,应当由何人负责和支付?以公司为例,某些国家公司仅就股份有限公司作出规定:公司不能成立时,发起人关于公司设立所为的行为以及设立所支出的费用,均应负连带责任。设立中法人属于无权利能力社团,如果不能完成设立登记而取得人格,原本应该因为未达到目的而解散,并经过清算而将剩余财产分配给设立人。有的国家公司法为了保护股份有限公司的认股人,仅规定设立中公司机关设立人(发起人)应对公司设立所为的行为及设立所需的费用,承担全部责任,以代替解散及清算。至于认股人则视为与设立中公司的债权人为同一地位,并且可以向公司发起人请求返还其所缴的股款。基于本文持设立中法人的"修正同一体说",认为法律已经赋予设立人按其意思实施有关设立法人的权利能力,并直接参与其民事活动,所以在法人不能成立时,设立中法人担负的债务和费用应由实施其行为的设立人(发起人)按合伙规则承担个人责任。

(二)法人的终止

1. 法人终止之特色和立法例

法人的终止,须有法定事由的出现,并须经过解散、清算等一系列法定程序,其主体资格方可消灭。由此可见,法人的终止表现出了严格的法定主义特征。终止的原因和程序均须按照法定要求进行,甚至由法院或主管机关主持进行。其原因有二:一是法人的团体性质决定了其社会影响力较深远,法人的终止如不审慎进行可能造成社会动荡,因此国家需要对法人这种市场主体的退出机制进行干预;二是法人的终止将导致与其相关的一切法律关系的消灭,为保护第三人信赖利益的需要,须在此程序中严格依照法定要求进行,而不能仅依法人的意思自治为之,否则将会损害第三人的利益。

法人的终止是法人制度中不可或缺的组成部分,各国民法典中都有重要体现,但立法体例上各具特色,内容上也繁简不一。《德国民法典》关于法人终止的规定分别规定在社团、基金会、公法法人各小节中。从内容上看,包括社团终止的原因,清算人的任务、财产的归属、清算人的损害赔偿义务等一整套强制性法律规定。关于基金会规定了终止事由和财产归属的问题。《瑞士民法典》在法人部分采取了总分制编纂方式。关于法人终止的规定既于法人总则部分有一般性规定,即关于法人解散后财产归属、清算程序的规定,又于分则部分规定了社团法人和财团法人各自特殊的解散原因、注销登记等问题。而清算程序由有关特别法加以规定。[32]《日本民法典》在"法人"一章中专设"法人的解散"一节,详细规定了法人的解散事由、剩余财产的归属、清算人地位、清算人的就任和解任规则、清算中的破产等。而对具体类型法人的特殊规则也涵盖在该节中。并沿袭瑞士民法典,将法人清算的具体规则由有关特别法加以规定。[33]

我国《民法通则》关于法人终止规定得较简单。于法人总则部分仅规定了法人清算的法律地位;于企业法人部分规定了法人的终止事由、清算程序、注销登记等问题,但缺乏其他类型法人的终止规则。显然,对比其他各国民法典关于法人终止制度的规定,我国民法关于法人的终止事由、清算人的职责与责任、法人的剩余财产归属等法人终止的一般规则尚不完善;各种具体类型法人的特殊规则也较单薄。尽管我国《公司法》《外商投资企业清算条例》等特别法和有关司法解释中也有关于各种具体法人的终止制度。因此,我国在制定《民法典》之时,应对各国有关立法经验给予研究和借鉴。

2. 法人终止的事由

法人只有满足法定终止事由方可解散。依据大陆法各国民法的规定,一般承认法人的终止事由为:(1)章程所规定的终止事由发生,如期限届满或其他解散事由出现;(2)破产;(3)因违反监督目的而被法院或主管机关撤销或剥夺权利能力;(4)法人目的事业达到或不能达到。社团法人的特殊事由为:社员大会

---

[32] 《瑞士民法典》第58条规定,法人财产的清算程序,依照有关合作社的规定办理。

[33] 各国民法一般均认定社员欠缺为社团法人终止的事由,唯对社员欠缺的认定标准态度不一。如德国民法认定社员人数低于法定最低人数为解散事由;日本民法认定社员全体缺亡为解散事由;我国《民法通则》无明文规定,理论界也无通说。

决议解散;社员欠缺。[34] 财团法人的特殊事由为:因财团危及公共利益或善良风俗的,由主管机关予以解散。

我国《民法通则》没有对法人的终止事由作出总括性规定,只在“企业法人”一节中规定其终止的原因为:(1)依法被撤销;(2)解散;(3)依法宣告破产;(4)其他原因。其中“解散”的具体情形在我国《公司法》得以阐述,表现为:(1)公司章程规定的营业期限届满或公司章程规定的其他解散事由出现;(2)股东会决议解散;(3)因公司合并或者分立需要解散的。以上关于法人终止事由的规定是有缺欠的,我国民法还应在以下方面有待完善:第一,应在法人制度的总则中增订法人终止的一般事由,使所有法人的终止有法可依,社团法人的特殊终止事由可保留在分则中。第二,法人的终止事由应尽量明确、具体。如我国现行民法以“解散”作为终止事由就过于抽象,不利于社会公众理解,应对其表现形式具体规定。第三,补充社员欠缺作为社团法人终止事由。社员乃是社团组成的基础,社员欠缺当然应为社团解散的事由。我国民法没有将其作为社团法人的终止事由,显然不妥。同时,考虑当代公司法发展有逐渐认可“一人公司”存在之趋势,建议以全体社员缺失作为解散事由。

3. 法人终止的程序

(1)解散。法人一旦出现终止事由,有关主体即应着手进行解散申报登记。德国民法规定,社团的解散及剥夺权利能力,应在社团登记簿上登记。如果社团因全体成员大会决议或者因社团所定存续期限届满而解散,由董事会进行解散登记;如果社团被主管机关剥夺权利能力而解散,则由主管行政机关进行解散登记。日本民法则更严格,其规定除破产和设立许可被撤销情形外,其他形式的解散,清算人应将清算人姓名、住所及解散原因、解散年月等向法人主事务所所在地登记机关进行登记,并同时向主管官署申报。解散程序的意义在于拉开法人终止的序幕,使法人的现状及终止原因公诸天下,促使法人停止一切以实现其事业为目的的法律行为。各国民法一般还规定了义务主体未履行以上

[34] 清算的终结通常以清算终结申报或登记为标志,如日本《民法》第83条规定,清算人应向主管官署申报。

解散手续的,应承担行政责任。

(2)清算。即以结束被解散法人法律关系为目的的程序。清算程序完成后,[35]将标志着法人终止程序的终结,即引起法人的人格消灭。清算可分为破产清算和非破产清算。各国民法典中的法人清算程序是指后者,破产程序因其复杂而一般由特别法加以规制。两者虽在终止原因、程序的组织者、强制性程序上有所区别,但其实质都是对即将终止的法人资产进行清理,使法人的法律关系得以消灭,因此均可称为广义上的清算。清算是法人终止程序中最重要的环节(下文将对清算制度进行更详尽的论述),完善的清算制度将使法人终止对社会的不良影响降低至最低程序,因此各国民法对法人终止中的清算制度规定得最详尽。

(3)注销登记。各国民法一般都规定,登记在册的法人清算后需履行注销登记手续方告终止。我国《民法通则》也规定,企业法人终止,应当向登记机关注销登记并公告。在这里,特别值得指出的是,法人终止程序中必须要有完备的公示制度。归纳起来,主要包括以下内容:一是解散申报登记,即有关义务主体向登记机关申报法人解散的登记;二是清算人就任申报登记,即关于清算人的姓名、地址及任命的登记;三是清算终结申报登记,即清算人向主管机关或法院申报清算终结的登记。德国民法为保障以上公示制度的公信力,还采取了有力措施,如要求清算人的申报须经过公证人的公证,允许任何人查阅社团登记簿。德国民法在这方面的规定值得我国借鉴,这些规定有力地保障了与法人利益密切相关的第三人对处于终止程序中法人的知情权,有助于加强社会公众对法人的终止进行监督,防止清算人引发道德风险。而我国民法关于法人终止的公示制度的规定明显不足,应在今后立法中予以加强。

(三)法人的清算

1. 法人清算之意义

清算程序是具有严格法定主义特征的程序。其主要体现在两个方面:一是

---

[35] 参见江平主编:《法人制度论》,中国政法大学出版社1994年版,第159页。

程序法定,即清算是法人终止的法定必经程序,法人不经清算不能终止;二是规则法定,各国立法关于清算具体制度的规定属于强行法范畴,不因法人的章程、捐助章程或决议而变更。民法关于法人清算的规定似乎与意思自治的原则背道而驰,实则不然,法人的强制性清算有深刻的法理价值与实践意义。清算程序的主要内容是法人清偿债务、承担责任,显然这对债权人的合法权益十分重要;而且这一清算程序又不必追索承担独立责任法人的成员责任,因此保障了法人人格的最大独立性。从这个意义上讲,清算程序是体现法人人格独立性价值的重要一环。其实践意义则表现在,清算程序的核心是财产的分配,如果此阶段允许法人意思自治,势必损害法人利益相关者的利益。同时,因清算程序是法人承担责任的最后时刻,此程序经过,法人即告消灭,并无继承者承接其责任,依据我国现行法规定,其投资者因“有限责任原则”也不再承担责任。因此通过制定强制性的清算规则有助于保障与法人利益密切相关者的利益。

2. 清算中法人的性质

关于清算中法人的性质,一直是理论界争论颇多的命题。这里所称清算中法人,是指法人解散后至清算终结阶段的主体形式。对其性质有以下 4 种观点:一是人格消灭说,认为法人一经解散即丧失人格,财产属于法人社员共有;二是清算法人说,认为法人一经解散,人格即归消灭,解散后的法人属于法律为法人清算目的而新设的法人,该清算法人享有对原法人进行清算的权利能力和行为能力;三是拟制存续说,即法人因解散而人格消灭,但法律拟制其至清算终结时止,在清算的必要范围内视为存续;四是同一人格说,主张法人虽经解散,人格并不消灭,必须至清算结束其人格始归消灭,但清算期间其权利能力范围缩减至清算目的范围内。从立法例来看,德国、日本民法采拟制存续说。德国民法、日本民法也有相同规定。我国学界关于解散后的法人的性质通说是同一人格说。[36] 同时,我国学者认为《民法通则》也采纳了该学说。《民法通则》第 40 条规定:“法人终止,应该进行清算,停止清算范围外的活动。”对此规定采取反

---

[36] 我国《公司法》第 189 条、第 191 条、第 192 条规定了清算人选任的规则。即公司破产和被责令关闭情形的,有法院或主管机关指定清算人;公司自行解散的,有限责任公司的法定清算人为股东,股份有限责任公司的法定清算人为股东大会确定的人选。

解释方法,则得出不经清算,法人不消灭之结论。而笔者认为,拟制存续说与同一人格说在实践中不会导致不同结果,即无论拟制也好,同一也罢,法人人格均是持续到清算终结时方告消灭,两种学说只是解释的方式有所区别而已。但采同一人格说更易与我国关于法人本质采实在说的理论相协调。需要指出的是,我国《民法通则》第40条的规定容易造成理解上的误解,即可理解为:法人终止后,才开始进行清算。显然,这就背离了立法的初衷和本意。所以,建议我国民法关于清算中法人的性质进行修改,确立更准确、明确的规定。

3. 清算人之选任及其职责

清算人的选任不仅是开始清算程序的前提,而且对清算程序能否公正进行也会产生重大影响。基于清算人身份的特殊重要性,各国民法一般均对清算人的选任及解任制定了具体规则。依据不同的选任方式,有法定清算人、选任清算人和指定清算人。民法理论认为,指定清算人作为一种公职,法人社员不得随意将其解任。除规定清算人的选任规则外,还应制定相应的解任规则。清算人的解任应根据其选任方式的不同,分别由相应的机关实施解任权。清算人解任规则的制定,有利于加强对清算程序的外部监督和内部监督。我国《民法通则》没有法人清算人的选任和解任的一般规则。但关于企业法人规定了企业法人被撤销、被宣告破产的,主管机关或者人民法院应指定有关机关和有关人员成立清算组织进行清算。但企业法人非因被撤销和破产原因终止的,清算人如何组成没有规定。尽管我国《公司法》中有关于有限责任公司和股份有限责任公司决定清算人人选的规则,但笔者认为,这不能替代法人终止制度中的清算人选任的一般规则,因此我国民法还应完善这方面的规定。在清算人的解任规则中,应对法院行使解任权的情形进行具体化的阐述,而非像日本民法典中使用"有必要时"或"有重要事由时"这样模糊的用语,否则可能造成法院滥用自由裁量权或矫枉过正造成不公平的结果。

清算人作为清算中法人的代表及执行机关,主要职责有:(1)了结现务。是指了结法人解散时已经着手但未完成的事务,即了结法人为实现其事业目的而已开展的事务。但在清算中,清算人为了结现务而新发生的交易,属于为实现清算目的而开展的事务,自然不应包括在内。(2)收取债权。为了结法人清算之前的各种法律关系,收取到期债权成为清算人的重要职责。对于未到期或条件未成就的债权应如何收取,立法无明文规定。各国实践中的做法一般是以转让或换价的方式收取。如果不能收取,则列入法人剩余财产。[37] (3)清偿债务。是清算人的一项重要职责,它的完成关系各债权人的切身利益。鉴于此,各国民法制定了严格的清算中债务清偿规则,如公告或通知债权人,债权人于一定期限申报债权,但清算人不得排斥已知的债权人;清算人对申报期内申报的债权人,应根据法律规定顺序依次清偿其债务;对未列入清算的债权人,只能就未分配财产清偿其债务。而对已分配的剩余财产,其债权人即丧失请求权。清算人如违反法定的债务清偿规则,将对债权人承担赔偿责任。(4)移交剩余财产。此问题于下文论述。清算人在执行清算事务时违反法定义务的,要承担相关责任。清算人责任与董事责任不同,董事的责任主要是一种私法上的责任,而清算人的责任主要表现为公法上的责任,兼带私法上的民事责任;另外,董事在执行法人事业时对第三人造成损失的,应由法人承担或法人与董事连带承担责任,而清算人在执行清算事务使第三人受到损失的,将完全由清算人承担民事责任,即特殊的侵权责任。清算的监督机关对清算人违反其法定义务的,还可以依法进行行政惩罚。我国公司法还规定了清算人的刑事责任。

4. 法人清算的监督

清算程序是公权力机关干预性较强的一种法定程序。这种干预不仅表现在立法者制定了有关强制性规则要求清算人遵从;在有些国家法律还专门指定了有关机关担任清算程序的监督机构。例如,《日本民法典》第82条规定,法人的解散及清算属法院监督。其具体监督的内容主要包括对法人解散的宣告权、对清算人的指定权和解任权,以及对清算事务的检查权和处分权。从法律上规定清算监督机关,有利于加强清算程序的外部监督。我国现行民法制度,除法人被撤销或破产情形由法院主导整个清算进程外,其他场合并无法院或主管机关的任何监督,这非常不利于第三人利益的保护,以致在实践中时有法人不经清算即告终止,或有清算人隐匿财产逃避债务等情形发生。鉴于此,我国实有

---

[37] 参见胡长清:《中国民法总论》,中国政法大学出版社1997年版,第122页;黄立:《民法总则》,中国政法大学出版社2002年版,第141页。

必要在未来民法典中规定法人清算的监督机关,以加强对清算程序的监控。

5. 法人剩余财产的归属

清算人在清理完法人的债权债务后,如有剩余财产的需交付给有权获得此财产的人。据各国民法的规定,剩余财产归属人的确定须依据有关原则和顺序:(1)指定归属人。即由章程或捐助章程指定或依章程所定方法指定财产归属人。(2)决定归属人。章程没有指定时,依社员大会或有关机构决定。当法人为社团法人时,由社员大会决定,如为其他类型法人,则由理事决定。(3)法定归属人。依前两种方法仍不能确定归属人时,归属人为公共团体或法人全体成员。德国民法规定,无法确定归属人时,如为社团法人,剩余由全体成员平均分配,否则收归国库。而日本民法规定,不论法人类型,一律归属公共团体,前者归属国库,后者归属于法人所在地地方自治团体。

我国《民法通则》关于法人剩余财产的归属问题未作明文规定,但在《公司法》中规定:公司财产按前款规定清偿后的剩余财产,有限责任公司按照股东的出资比例分配,股份有限公司按照股东持有的股份比例分配。因此,可以认为我国社团法人剩余财产的法定归属人为全体社员。但对于因全体社员欠缺而引发的法人终止如何确定归属人,还需进一步明确。同时,其他类型法人终止后的剩余财产归属人在我国民法典中还应补充相应规定。

关于民法总则主体立法的探讨*

各位同仁：

大家好！最近中国法学会民法学研究会和中国社科院法学研究所分别起草了《民法总则》建议稿，民法学会的稿子共219条，法学所的稿子共233条，两个稿子各具特点，各有所长。今天的会议是讨论主体制度，而且以法学会的稿子为线索。所以，我的发言重点是对法学会的稿子提出一些修改建议。

在“自然人”一章，我们遇到的第一个问题，就是要不要设置“人格权”部分，因为我看到法学所的稿子是把“人格权”作为一节放在“自然人”部分的。我觉得这个问题值得研究。主张“人格权”放在此处规定的学者有三个理由：一是人格权与人格是不可分离的；二是人格权的对象是人之本体，不符合民事权利客体是身外之物的传统要求；三是人格权在“自然人”一章中加以规定，一些国家已有立法先例。

第一个理由能否成立，关键在于如何认识人格权与人格的关系问题。按照康德的权利体系，人格属于“天赋权利”，人格权属于“获得的权利”。两类法律现象处于不同的逻辑层次：一个是前提，另一个是结果。人格与人格权之间既有联系又有区别：一个是根源性、原则性的理性信念，另一个是结果性、制度性的法律规范。《德国民法典》的总则部分规定了构成民事法律关系的三个条件，即主体、客体和法律事实。以上三者相结合形成民事法律关系，即产生分则部

* 本文系根据作者2015年4月30日在西南政法大学召开的“《中华人民共和国民法典民法总则专家建议稿（征求意见稿）》民事主体立法问题研讨会”上的发言整理。

分所规定的各种民事权利。可见,主体制度只是规定自然人或法人等组织主体资格的取得,以及相关构成方式、终止条件等,同时还规定了现代主体人格的价值理念,如“人人生而自由,在尊严和权利上一律平等”(1948 年 12 月 10 日宣布的《世界人权宣言》)。但这些价值理念并非权利和权利的客体。以尊严为例,尊严作为人的一项最高价值标准,就不能作为权利的客体,我们不可能在法律上设置一项尊严权。尊严的内涵具体表现为生命尊严、心理尊严和社会尊严。生命尊严需设置生命权、身体权、健康权等加以维护,心理尊严需设置名誉权、隐私权、肖像权等加以维护,社会尊严需设置发展自由权、创造自由权、社会知情权等加以维护。因此,正是主体人格与人格权之间存在明显的概念差异,所以德国法学家才为它们搭起了一架桥梁,这就是“权利能力”。有了这个概念,理性的“天赋权利”终于可以使“获得的权利”以法定的形式得以实现。

第二个理由能否成立,关键在于对权利客体不断拓展趋势的基本认识。自罗马法以来,民事权利的客体只限于“身外之物”“内在于人”的各种伦理价值不能成为权利的客体。正因如此,近代大陆法系民法均不愿意承认人格权是一项民事权利,即使要对人的“生命、身体、健康和自由”给予法律保护,也不是把“人格权”作为民事权利加以保护的,而是把“人格权”归入人格的范畴,视为一项天赋权利在主体制度中加以规定。什么是民事权利?简单说来,权利就是连接权利主体与权利客体,即“人”与“人所拥有的东西”的法律上的纽带。按照传统民法的观念,权利客体只能是“外在于人”的事物。但是,人的伦理价值在近现代社会的扩张,却造成了这样一个令人无法回避的事实,即那些新型的人的伦理价值,如肖像、隐私、知情以及居住环境等,已经远远超越了“人之所以为人”的底线。人的伦理价值外在化已经成为社会发展的客观需要。针对上述法律现象,我们需要考虑的是,如何重新界定人的伦理价值与人之间的关系,即由“我之所是”重构为“我之所有”,从而使人对其伦理价值具有更多的支配性。本质上来讲,人的伦理价值并非来自人之本体,而是来自社会“权威”所赋予的“人可得享有的东西”,即外在于人的事物。所谓“人的伦理价值‘内在于人’的认识”只是一个历史范畴,不是一个永恒的、绝对的真理。既然如此,除了受传统观念的制约外,人的伦理价值外在化在理论上和实践上是能够成立的,进而人的伦理价值成为权利的客体也就顺理成章了。当然,这些人格价值能够成为客体,也不是说它就像其他权利客体“物”那样可以自由地转让,因为多数的人格价值与其权利主体之间是难以分离的,不过,这仅是人格权的一个特点而已,并不能由此否定人格权是一项法定的民事权利。在这里,我们要特别注意,生物人成为法律人(有了人格),在此基础上,法律赋予其权利能力,从而使其在法律关系中成为主体。在人格权法律关系中,多数人格权是不能脱离主体的,但这不等于不能脱离人格。所以,我们要注意区别人格是纯粹的价值理念,主体是实体法上具有权利能力并在法律关系中成为中心的要素,是一个实体,人格与主体不是同一概念,它们的存在处于法理的不同逻辑层次上。

第三个理由能否成立,关键在于考察和评价这些国家所作上述立法安排的原因和存在的价值。在“自然人”一章中规定“人格权”的典型立法,属《葡萄牙民法典》和《巴西民法典》。葡巴两国民法典的外壳似德国法结构,但其法理基础和内容却重在借鉴法国法。《法国民法典》不设总则,首先规定人法,人法的内容丰富,涉及多种人法制度。在自然人权利的规定中,既有“公权利”,也有“私权利”,既有“天赋权利”,也有“法定权利”,在逻辑上并未形成权利类型的概念体系。所以,葡萄牙、巴西等受法国法影响较大的国家和地区的民法典,不严格区分“天赋权利”与“法定权利”,不严格区分“人格”与“人格权”也就不足为奇了。但是,我国的民法典不能如此。100 余年来,我国民法典始终是以德国法的总则加分则的立法模式为样板的,是将主体制度与各项民事权利的设置和维护分别加以规定的,这已成为我国民事立法的传统。我们不可能再比照《法国民法典》的理论思维和立法经验来改造自己的立法模式了。

我们还应该看到,随着社会的发展和进步,人格权的内涵层次在扩张,人格权的类型在增多,人格权的内容在丰富,人格权的救济方式在完善,对这样一类急骤发展的法律领域放在自然人部分加以规定,显然会束缚它的成长。况且,在自然人主体部分只能限于规定天赋的权利,以及阐明主体人格的尊严、自由和平等的基本价值观念,这些价值理念不仅是主体制度的,也是民法整体的价值内核。所以在这一部分还不可能去直接规定法定权利。所以,我主张应在民法的权利体系中开辟一个新的空间,为人格权的发展创造条件。

下面,我主要讲讲主体方面的立法。

一、自然人方面——遇到的第一个问题是人格权

(一)为什么我主张人格权不在主体部分规定(前已述及)。

(二)胎儿权利的问题

胎儿的保护问题必须提上日程,应该认为胎儿在出生前,即已经取得了权利能力,将来若为死产者,则溯及其丧失权利能力。所以,我主张采解除条件说。胎儿在母体内,已经享有继承权,对其损害,出生后还有侵权上的请求权。而且胎儿包括私生子,包括利用生殖技术产生的胎儿,均享有这些权利——最重要的有生命权。

这里遇到的理论问题,一是无主体权利问题,二是对生长中生命的保护(许多计划生育政策应该终止了)。

(三)行为能力问题

是采取两段式,还是三段式?法学会的稿子是三段式,法学所的稿子是二段式。完全行为能力 18 岁;限制行为能力 7 ~ 18 岁(实际上以正常上小学为准);无行为能力者为 7 岁以下和精神障碍患者。

这里最难把握的是限制行为能力,法学所的稿子中,第 31 条作了较具体的规定,这比较好。但是仔细看,这些限制行为人能做的事,有一部分应是 16 ~ 18 岁所能做的。

所以就有一个问题,我们还要不要像《民法通则》那样规定,将 16 ~ 18 岁,以自己劳动收入为生活来源的,视为成年人,具有完全行为能力。我认为有必要规定。

(四)监护制度问题

法学会的稿子对监护制度的规定较充实,而法学所的稿子对监护规定得过

于简单。对于监护问题我有这样几点看法或疑问。

其一,监护与亲权的关系,从权利的角度来看,亲权的涉及面宽,监护似是亲权的一部分(余延满作"亲属法"研究,我想听听他的意见)。

其二,监护主要是权利,还是义务,我主张是职责。所以,有必要(对监护人)监督。谁来监督?从民间自治的角度,可由亲属会议来监督;从公权对私权干预的角度,法律保护由法院或检察院监督;我国多主张由居民委员会、村民委员会监督,其性质说不太清,法律上认为是自治组织。

其三,临时监护单位,幼儿园、学校、精神病院对幼儿、儿童、患者的监护问题,应有明确规定。

其四,设置监护人增加自主性、自治性,成年人可以签订监护协议,提早确定监护人。这是一个好办法。

(五)宣告失踪和宣告死亡

这两项制度基本上可以按《民法通则》的规定加以规范,但是对其两者的法律后果应有更明确的规定。

其一,失踪宣告后,财产代管人行使的是职责,是权限,还是权利?我主张用权限。财产代管人对失踪人的财产不仅仅是保管和维护的问题,其有权对其财产进行必要的、较安全的经营行为和处分行为,而只有善良管理人的注意义务。

其二,死亡宣告后,会产生与自然死亡同样的效果。这就相对简单了,婚姻关系、财产关系均可以发生解除、财产继承问题等与自然人死亡一样的效果。

其三,关键是死亡宣告撤销的法律效果。财产返还,如何保护利益关系人的善意行为,赔偿其恶意行为造成的损害;婚姻关系、家庭关系的协调,坚持自愿原则。

其四,和监护一样,宣告失踪和死亡要由法院宣告,这里要不要检察院的介入?

(六)住所问题

如何规定住所,要和我国社会的现状和发展相适应。实行市场经济以来,人们的流动性加强,特别是几亿农民工,城市中的外来人口增多,如何确认他们的住所。一般来说,户籍所在地为住所,住所就是常住的生活场所,不要和户籍联系过于紧密,户籍制度正在改革之中,要淡化户籍给人带来的利益和限制。住所在一定程度涉及迁徙自由的问题,应该有开放的思想。增加选择意愿。取消农业户口和非农业户口已有时间表。还应推行居住证制度。

越南《民法典》对住所规定得就非常详细,包括户籍所在地、常住地(1 年以上)、临时住地(居所)。

(七)个体工商户、农村承包经营户

法学会的稿子对个体工商户、农村承包经营户又作了规定,法学所的稿子对此没再作规定。我主张不要再规定了。个人有经营的自由,不管是在城镇还是在农村,个人经营或家庭经营、夫妻合伙的经营都没有问题,没必要规定得那么死。但是,既然个人可以自由经营,那么就有盈利和破产的问题,所以我主张确定个人从商的破产和清算制度。

二、法　　人

(一)法人要不要下定义?

大多数国家没有对法人下定义。我主张对法人不下定义,法人就是具有人格、具有权利能力的组织体,没有必要强调独立财产、独立责任。在规定法人的设立条件时,最重要的是法人章程,明确组织这个团体是干什么的(宗旨),条件是什么(人才、财产等)。实际上,一个组织只要能够成为财产的载体,能够完成交易的使命,能够以自己的名义参加民事活动,就是一个营利性的社团法人。(这个定义放在社团法人部分加以阐述较好。这里说这个早了。)

(二)关于设立中的法人

这次法学会稿子对设立中的法人作了规定。设立中的法人是一个与设立

后的法人相关联的法人,它所从事的活动就是设立一个全新的法人,这是它的目的。设立之中产生的债权债务由设立人承担;新法人设立后,设立中法人的资格终止,其参与民事活动产生的法律后果由新法人承担。这一项规定非常具有实际意义。

(三)关于法人的分支机构

这里只提一个问题,还要不要设代理机构,分支机构能为法人承担代理事务吗?分支机构在法人授权之下,是以自己的名义参加民事活动的;而代理机构是以法人的名义参加活动的。当然,一个法人不一定有分支机构和代理机构。不过,我觉得作一条规定是有实际意义的。

(四)法人的分类

公法人与私法人也要分开。法学会的稿子,改变了《民法通则》关于法人的分类,而采取大陆法系通常的分法——社团和财团。社团法人又分营利性社团和非营利社团。营利性社团主要是公司、企业,民法典只要作原则性规定就行,具体的由公司法去规定。但是,非营利性社团要重视,要有利于民间社会团体的健康发展,特别是对事业单位法人的规定要有前瞻性,我国事业单位还在改革当中。

事业单位如学校、医院、研究所(无论它是由国库支出经费,还是由社会资助),都不是社团,而是财团。现在我们要逐步取消行政化,至少要淡化行政化,这是改革的方向。这些组织应该是财团,这还需要研究。对于国家正在改革或即将改革的事务,立法即使起不到促进作用,也绝不能起到阻碍作用,这是这次民法典制定中必须注意的问题。过去有些陈旧的规定必须取消,立法必须适应国家和社会的发展。

俄罗斯民法典对法人的分类采取法人成员与法人的法律关系划分,法人成员对法人财产享有物权的是一类,享有债权的是一类,不享有财产权的是一类。实际上还是把法人分成了社团和财团,还有合伙。

三、其他组织(实际上主要是合伙)

(一)什么样的合伙是主体(法学所稿子称非法人团体)?

个人合伙能起字号,能以自己的名义参加民事活动(《民法通则》已有规定)。

商业合伙就是主体?无限公司和两合公司是法人?但中国的《公司法》借鉴英美法系,只设股份有限公司和有限责任公司。另有《合伙企业法》,合伙企业应该是主体。通过签订合同,形成合伙组织的内部关系,但该组织对外已经成为一个实体、主体。

(二)合伙债务和清偿

除了规定要由合伙人按照出资比例或者合伙协议清偿外,还要规定清偿的顺序,即先用合伙的财产清偿,合伙财产不够清偿的,再由合伙人清偿,这样能够维护合伙的整体利益,也较为简便。如果合伙已资不抵债,合伙人还要承担连带责任。

这里有一个问题应该考虑——合伙能不能破产?法人能破产,个人也能破产(法律未规定),合伙破产就要研究如何设定程序以及清算的办法。

(三)关于隐名合伙问题

法学会的稿子中,较详细地规定了隐名合伙,但有些问题还值得研究。隐名合伙是大陆法系的概念,与它相对应的是公司法上规定的两合公司。在英美法系,则是规定有限合伙,有限合伙因为合伙人均出名,所以它实际上包含了大陆法上的隐名合伙和两合公司的内涵。我国《公司法》不设无限公司和两合公司,所以在《合伙企业法》中规定有限合伙(还有有限责任合伙)就已经包含了隐名合伙。我主张规定有限合伙。

(四)其他类型主体问题

法学会的稿子称“其他组织”,法学所的稿子称“非法人团体”,即除法人和合伙之外还有一些社会组织是主体。那么,这是一些什么组织呢?两部稿子都没有说清楚,这种表述虽然给了主体形式的发展留下了空间,但一个没有边界的空间在立法上是违反立法原理的。所以,这个问题值得研究。

总的来看,这两个稿子对于主体的规定有很大进步,为立法机关提供了很好的参考。但是,还有很多问题需要研究、商讨,由于时间关系,我提出的一些问题都没能展开,非常遗憾。但是,我相信,通过我们共同努力,《民法总则》是值得期待的。

法人责任形式与我国民事主体制度的构建*

虽然实质意义上的法人制度远可追溯至罗马法,但形式意义上的法人制度直到1900年才在《德国民法典》中最终确立,并逐渐为其他国家的民事立法所借鉴。其他国家对德国法中法人制度的借鉴并不是盲目的,而是根据本国的政治、经济、文化和法律传统进行了扬弃:法人制度赋予为了共同的目的而组织起来的人或财产的组织体以民事主体的地位,大大便利了各种组织体的社会交往,因此有借鉴的必要性;但各国在法律上确立形式意义上的法人之前,均有对各种组织体进行规范的单行法或习惯法,因此各国又在各自原有法律制度的基础上对德国法人制度作了不同程度的修正,其中最重要的表现之一就是是否将法人成员有限责任作为法人的特征。根据这个标准,有学者曾总结出四种法人责任形态[①]:(1)责任独立型法人,是指法人以其名义下财产为限对外承担责任,而法人成员原则上仅以出资为限对法人债务承担责任的形态,最显著者为有限责任公司和股份有限公司;(2)责任半独立型法人,是指法人以其名义下财产对外承担责任的同时,法人部分成员应当与其连带负责的法人形态,如两合公司;(3)责任非独立型法人,是指法人以其名义下的财产对外承担责任的同时,法人所有成员均应当对法人债务承担无限连带责任的形态,如无限公司;

---

* 原载王利明主编:《中国民法典基本理论问题研究(民商事法律科学研究文丛)》,人民法院出版社2004年版。

① 参见虞政平:《股东有限责任——现代公司法律之基石》,法律出版社2001年版,第167~173页。

(4)责任补充型法人,是指当法人以其财产不足以清偿其债务时,法人成员或所有者有义务承担补充责任的法人形态,此类法人形态为《俄罗斯联邦民法典》所特设。而德国民法中的法人制度仅是指第一种形态,即法人承担独立责任、法人成员负有限责任的形态,凡组织体成员承担无限连带责任的均不是法人。而在《德国民法典》颁布后,借鉴德国民事立法的瑞士、日本均未将法人独立责任作为法人的特征,成员承担无限责任的组织体,如无限公司、两合公司,均可经登记成为法人。由此可见,对法人成员有限责任是否为法人的特征,不同的国家有不同的认识,以至影响了各国对其民事主体种类的规定。我国《民法通则》虽说也规定了法人制度,但只规定成员承担有限责任的组织体才是法人,未承认由成员承担无限责任的组织体在民法中的主体地位。本文拟从分析法人独立责任与其成员有限责任之间的关系入手,探讨两者之间是否有必然联系,进而对我国民事主体制度(主要是法人制度)的重建问题展开分析。

一、法人独立责任与法人成员的有限责任

从上述内容可以看出,各国法人制度的不同,集中体现在对法人独立责任的不同理解上,即法人独立责任是否意味着法人成员的有限责任。要搞清楚两者之间的关系,不仅需要对法人独立责任的概念进行分析,还要对法人制度的产生发展、各国立法例的考察及对法人本质、功能和价值的展开探讨。因此,笔者拟从以下几个方面对此问题进行分析。

(1)法人独立责任的概念分析

在探讨法人责任问题之前,确定法人独立责任的含义是必要的。有学者认为:“法人能够独立承担民事责任,首先是指法人的责任范围是独立的,也就是说,法人只能自己承担清偿债务的责任,法人创立人及法人的内部成员对法人的债务不负责任。”②这种观点认为,法人独立责任必然意味着法人成员的有限

② 王利明等:《民法新论》,中国政法大学出版社1988年版,第214页。

责任,现在看来这是对法人"独立责任"的片面看法,法人独立责任并不必然意味着法人成员的责任状态——有限责任或无限责任或补充责任,他们是分类标准不同的责任种类。"严格来讲,法人对外能够独立承担民事责任,在法律上的完整表述应该是:法人对以自己的名义从事的活动所产生的债务,要以自己既存的或将来可能取得的全部财产承担责任。"③它是与非独立民事责任相对而言的,"非独立民事责任,则是指一种组织没有可以自身名义支配的财产,故其从事活动所产生的债务不能(也不可能)由其自身承担,而是要由该组织的创办者以他们自己的名义承担"。④ 法人独立责任是法人独立人格的体现,是以法人具有独立财产为前提的,法人只有具有可供自己独立支配的财产,才有可能以这些财产对以自己名义从事活动所产生的债务负责,只要一个组织体具有法人资格,有独立的财产,就能够独立承担责任。我国一些民法理论将法人独立责任与法人成员有限责任看作法人责任问题的两个方面,认为法人的独立责任必然推导出法人成员的有限责任,"其核心是将法人与出资人两个主体截然分开,从而突出法人的独立人格"。⑤ 但法人的独立人格只是意味着法人是与自然人相并列的独立的民事主体,并不能推导出法人成员的有限责任。法人独立责任和成员有限责任仅涉及法人的责任能力问题,法人责任能力属于民事能力范畴,而民事能力,"它是法律认可或赋予法律主体胜任某项活动的主观性条件,是一种法律主体本身所蕴含的,待于具体实现的可能范围。它并不是界定是否主体的问题,而是在主体地位确定后解决该主体具有何种特性处于一种怎样的存在状态的问题"。⑥ 因此,组织体是否能够成为民事主体与其承担何种责任形式是两个不同的问题,法人具有什么样的责任形式,这是由各国的政治、经济和法律文化传统所决定的,法人的责任形态并没有统一定式,只要适合本国社会经济的发展,就可以在统一的法人人格之下作出规定。因此,法人的独立责任仅是指法人应以自己独立的财产对以自己名义从事活动产生的债务承担责任,所有

---

③ 任尔昕、王肃元:《我国法人民事责任制度之检讨》,载《政法论坛》2002年第2期。

④ 王利明等:《民法新论》,中国政法大学出版社1988年版,第214页。

⑤ 徐洁:《论法人的独立人格及判断标准》,载《现代法学》2003年第1期。

⑥ 冯兆蕙、冯文生:《民事责任能力研究》,载《河北法学》2001年第6期。

的法人都因具有独立的财产而承担独立责任,但这并不意味着法人成员不能与法人共同承担责任。

(2)法人责任形态的历史考察

从法人制度产生的历史来看,法人人格的独立并不必然与法人成员有限责任相联系。在罗马法中,虽然也有社团和财团人格的存在,前者如政府、国家,后者如寺院、慈善团体,但罗马法中并没有近现代意义上的"法人"理论,在罗马法中与"法人"概念相近的术语大致有:"universitas""corporations""corpus""collegia""sociatas",这些术语大体上概括了罗马社会的各种法人形式。[7] 对于罗马法中被赋予法律人格的社团的责任形态,《法学汇纂》第3编、第4章、第7条第1款写道:"如果有什么东西应给付团体,它不应给付团体所属的个人,个人也不应偿还团体所欠之债。"[8]多数学者据此认为,罗马法中团体成员承担的是有限责任。但更多的学者对此表示反对,因为诸多中世纪早期以罗马法为蓝本的法律制度体系中,法人成员直接及非直接的责任仍是普遍现象。[9] 同时,我们也要认识到,当时的罗马法中并没有法人的概念,被赋予法律人格的不只成员承担有限责任的这类团体。有学者对这句话分析认为,"首先,这里所指的团体——universitas,并不是指任意团体而言的","一般联合起来从事经营的合伙或者并不具备人格权限的商业社团组织,应不在universitas之列",因此,这类个人不承担团体债务的团体只是罗马法中社团的一部分,还有其他责任形态的社团存在;其次,"'个人不应偿还团体所欠之债',可以充分表明团体责任的独立性及团体责任与个人责任的分离性。但是,是否必然得出团体成员承担某种程度的有限责任,这很难作出肯定的回答"。[10] 而为何得出罗马法中法人成员有限责任的结论,可能是某些学者的主观偏见,他们把成员有限责任当然的作为法人的特征。所以罗马法中并没有关于法人的理论,承担有限责任的社团只是罗马法中社团的一部分,在此基础上说罗马法中具有人格的社团都以成员承担有

---

⑦ 参见江平、米键:《罗马法基础》,中国政法大学出版社1987年版,第63页。

⑧ [意]彼德罗·彭梵得:《罗马法教科书》,黄风译,中国政法大学出版社1992年版,第53页。

⑨ Philip L. Blumerg, "Limited Liability and Corporate Grops", *Journal of Corporation Law*, summer, 1986, p. 578. 转引自虞政平:《法人独立责任质疑》,载《中国法学》2001年第1期。

⑩ 虞政平:《股东有限责任——现代公司法律之基石》,法律出版社2001年版,第36页。

限责任为特征是不能令人信服的。到了中世纪,有关法人的规范主要表现在日耳曼法、教会法和英国的普通法中。有学者通过对上述三种法律规范中法人理念的考察发现,“尽管它们虽有多方面的不同,但在对待法人人格与其责任独立的关系上,却皆相同地认为:法人人格并不当然地意味着法人责任之独立,法人之存在与承认与否,与法人应当独立承担责任的要求,皆无必然的法律联系”。[11]中世纪的主要商业组织形式为合伙,包括普通合伙和有限合伙,为利用合伙组织形式以便利经济的发展,各国在法律上均赋予其一定的主体地位。后来又出现了特许公司这种商业组织形式,它主要是由皇家特许设立以从事海外冒险事业的公司,并在荷兰、英国得到承认和发展,但在早期的特许公司中,有关法人人格之类的授权表述并不明显。商业组织在从特许公司发展到合股公司的阶段时,才真正具备了现代法人制度的雏形。最终随着社会经济的发展,工业革命的技术推动,使生产规模社会化,要求有限责任的商业组织的出现以吸引大量的投资;追求平等的政治理念和自由放任的经济思想,兴起了自由企业制度,使人们要求自由选择股东有限责任模式;责任限定的法律实践,如特许合股公司的发展,最终使股东有限责任在立法上得以确立,如《法国商法典》对股份有限公司的规定,确认了股东的有限责任。[12] 但股东有限责任的确立,并不否认其他责任形式的商业组织的主体地位,在同一部《法国商法典》中,也确认了无限公司和两合公司的主体地位。德国即使在其民法典中确立了成员有限责任形态的法人制度,但在其商法典中也承认了无限公司和两合公司的主体地位。因此,从法人制度的变迁来看,法人人格的独立并不与法人成员有限责任有必然联系。

(3)立法例考察

从世界各国和地区的立法情况来看:大陆法系的大部分国家的立法均不将法人成员有限责任作为法人的特征,如俄罗斯、法国、日本、意大利、韩国、蒙古、埃塞俄比亚、阿尔及利亚、荷兰、我国澳门特别行政区等。其中,俄罗斯有关法人制度立法的变化典型地反映了这种趋势。1922 年《苏联民法典》第 19 条规

---

[11] 虞政平:《股东有限责任——现代公司法律之基石》,法律出版社 2001 年版,第 53 页。

[12] 同上书,第 92 ~ 100 页。

定，国有企业为与国库无关的法人，以其可自由支配的财产承担民事责任。这一立法精神不仅为苏俄1964年民法典所继承（见该法典第23条和第32条），还进一步将独立责任扩及一切法人，其第32条规定："法人以属于它的财产（作为法人的国家组织则以拨给它的财产）负责清偿自己的债务。"这主要是由苏联当时占统治地位的公有制经济的状况所决定的，为了切断国家可能承担的无限责任，将国有企业法人的独立责任限于法人自身所能支配的财产，并适用于其他一切形式的法人。但到了1995年，在自由市场经济条件下制定的《俄罗斯民法典》，为适应经济的发展，规定了承担各种责任形式的法人组织，既有成员承担无限责任的法人组织——无限公司和两合公司，也有成员承担有限责任的法人组织——有限责任公司和股份有限公司，还有成员承担补充责任的法人组织——补充责任公司。《俄罗斯民法典》第48条第1款规定了法人的概念："凡对独立财产享有所有权、经营权或业务管理权并以此财产对自己的债务承担责任，能够以自己的名义取得和实现财产权利和人身非财产权利并承担义务，能够在法院起诉和应诉的组织，都是法人。"第50条规定了商业组织与非商业组织，该条第2款规定了作为商业组织的法人的形式："作为商业组织的法人，可以以商合伙和商业公司、生产合作社、国有和自治地方所有单一制企业的形式设立。"第95条规定了补充责任公司："公司由一人或几人成立，其注册资本按其设立文件的规定分成若干份额，公司的股东按公司设立文件规定的所有人相同的投资价值倍比数额以自己的财产对公司的债务连带承担补充责任，这样的公司是补充责任公司。在一个股东破产时，他对公司的债务由其余股东按其投资比例分担，但公司设立文件规定了分担责任的不同办法的除外。"其他国家和地区，如我国《澳门民法典》第184条规定，作为法人形式之一种的"合营组织"，包括合伙和公司；《意大利民法典》在第一编"人与家庭"的第二章"法人"中规定法人包括公司与合伙，并在第五编"劳动"之第五章"公司（合伙）"中对公司、合伙的各种组织形式作了具体规定；法国、日本均将无限公司和两合公司作为法人；《蒙古民法典》第21条第4款规定：公司、合伙、合作社以及这些组织的所有者投资的机构，是设立者或参加者对其独立财产保留权利的法人。由此可见，虽然这些国家和地区都规定法人要有独立财产，是民事主体，但并没有排斥成员承担无限责任的合伙、无限公司、两合公司作为法人形式的一种。

《德国民法典》中的法人制度虽然将法人成员责任限于有限责任,但从其后来的发展看,它也不再将法人成员有限责任作为法人的特征。在《德国民法典》生效时,虽然无限公司和两合公司不能作为法人来看待,但随后对股份两合公司的认识却发生了变化:在1862年《德国商法典》中,它是两合公司的一种特别形式,不具有法人资格;在1900年颁布的新的《德国商法典》中,它却被规定为股份有限公司的一种特别形式,具有了法人资格。[13] 这表明了德国法是允许部分成员承担无限责任的法人形式存在的。同时,虽然在"德国民法典生效后的一百多年里,对各种团体形式法律性质上的划分并未出现重大变化。与以前一样,登记社团、有权利能力之财团、股份有限公司、有限责任公司以及合作社是法人,而民法上的合伙、无限公司以及两合公司(指除股份两合公司外的其他两合公司——笔者注)仍不能取得法人资格,只能是共同共有之合伙";但"在立法与司法判例中却出现了一些重要变化,为将来对法人法律性质的思考创造了新起点……"这些重要变化主要表现为[14]:对于根据《德国民法典》不享有法人资格之团体,司法判例经由法官造法活动废除了对未登记社团的歧视,承认这类社团的权利能力与义务能力,并认为它们可以社团财产对社团所负的义务承担责任;对于合伙来说,现行司法判例承认从事营利性企业经营、并设有内部机关、对外从事大量交易、并形成自己的财产的合伙企业享有独立的权利与义务能力,并能以合伙财产对外承担责任;从团体内部结构来看,如今在人合公司中,公司可以对其成员行使请求权如投资请求权等,而在资合公司中,除成员与法人间有法律关系外,各成员间也存在法律关系,如大股东负有不得恶意侵害小股东利益的义务,因此法人与共同共有合伙之间的区别也日益减少;司法判例许可法人尤其是有限责任公司可以作为人合公司的股东,导致了法人与共同共有合伙之间对立的相对化;对成立中的公司,联邦最高法院承认其具有独立的法律主体资格,可通过其机关为法律行为,可以取得自己的权利与承担义务,

---

[13] 参见[德]托马斯·莱赛尔:《德国民法中的法人制度》,张双根译,载《中外法学》2001年第1期。

[14] 同上。

并可进行诉讼;根据1994年颁布的《企业组织形式变更法》的规定,合伙、无限公司、两合公司变更为股份有限公司、有限责任公司不须再新设立一个法人,进行财产的转让或某一特别的债务负担行为等,从而保持了法律形式的同一性;1999年《支付不能程序法》也规定民法上的合伙财产亦可以进行独立的支付不能程序。从这一系列的立法与司法判例均可以推断出,“由于与登记社团法人、资合公司以及合作社法人已无本质上的差异,在德国无限公司、两合公司与经营营利性企业的民法上合伙最终都应当作为法人来理解”,与此相适应“法人以其自身财产承担有限责任不应是法人概念之标志”,因为“与自然人以其自己的财产对外承担责任一样,法人也是以其自己的财产对自己所约定的或依法所应负的义务承担责任。但无论是在概念特征上还是依民法的一般规则,该原则均不排除法人与其他人承担共同责任的可能性”。⑮ 因此,从德国的立法和判例中我们可以看到,在德国法人制度中,对法人独立责任与成员有限责任之间的必然联系的要求也日趋放松。

在英美法系国家中,由于其判例法传统,没有像大陆法系国家那样在民法典中对法人制度作出一般规定,有关法人的规定主要见于其公司和合伙的立法中。在英国公司立法中,曾出现承担无限责任的公司法人形式。在18~19世纪通过皇家特许证的方式成为法人组织的公司,其股东对法人组织的债务,除特许证上规定外,不承担责任;但是专利公司的股东对公司的债务,除专利证条文所限制者外,须承担全部责任,专利公司在起诉或被起诉时必须以特别指定的公职人员的名义进行。根据英国《1844年公司法》注册成立的公司因注册而取得法人地位,但其股东和合伙组织一样须对债务承担无限责任;虽然此后该法被废止,但有些按该法注册的公司依然存在。后来英国于1948年统一了公司法,根据该公司法的规定,其公司依责任形式的不同可划分为:其责任受股份限制的公司;其责任受保证限制的公司,它可以有股份资本,也可以没有股份资本;无限责任公司。对于保证公司来说,其股东的责任以他们已作出的保证在公司歇业时向公司承担提供资产的数额为限。而且根据《1967年公司法》第43

---

⑮ 参见[德]托马斯·莱赛尔:《德国民法中的法人制度》,张双根译,载《中外法学》2001年第1期。

条的规定,按《1948年公司法》注册为有限公司的公司可以重新注册为无限公司;第44条规定,无限公司可以根据《1948年公司法》重新注册为有限公司;第64条规定,拥有股份资本的无限公司可以根据该法通过决议注册为有限公司。[16] 虽然此后英国公司法进过了多次修改,但其公司的形式却未改变,无限公司仍是具有法人资格的一种公司形式。由此可见,英国法中公司的责任形式是多种多样的,并不以成员承担有限责任的公司为限,多样的公司形式的存在给英国人提供了根据其需要选择的余地,促进了英国社会经济的发展。在美国法中,对法人的认识一般是将其限于公开招股公司(相当于大陆法系的股份有限公司)和不公开招股公司(相当于大陆法系的有限责任公司),合伙不是法人,但它们对法人与合伙之间关系的认识是不断发展变化的。在20世纪初,美国在制定合伙法的过程中,对合伙性质的认识存在两种对立的看法——合伙法人理论和合伙集合体理论(也有学者称为实体说与集合说)。统一合伙法的起草先是由持合伙实体理论的哈佛大学法学院院长詹姆斯·巴尔·恩姆斯主持,在其提交的草案中,合伙被定义为:"两个或两个以上之自然人为了从事商业并分享利润之目的而联合组织的法人。"但詹姆斯未及完成草案而去世。统一合伙法又由费城大学法学院院长威廉·查普尔·李维斯起草,并于1914年出台,其中将合伙定义为:"合伙是两个或两个以上的人以共同所有人身份从事谋利商业的联合组织。"[17]此定义采纳了合伙集合体理论,但此后对合伙性质的认识与争论并没有结束。由于1914年《统一合伙法》采纳了集合体理论,产生了以下弊端:[18]合伙缺乏稳定性;浪费社会资源,如合伙人退伙,存续的合伙人必须办理转移手续;不便于合伙起诉应诉;还会给合伙及合伙人造成不公平的后果等。因此,美国于1994年、1996年、1997年分别对《统一合伙法》进行了修订,虽然其第101条仍规定合伙为两个或两个以上的人以共同所有人身份从事谋利商业的联合组织,但该法的其他规定却体现了合伙实体理论的影响。关于合伙的性

---

[16] 参见[英]佩林斯·R. E. G. 等:《英国公司法》,《公司法》翻译小组译,上海翻译出版公司1984年版。

[17] 以上关于《统一合伙法》制定过程的描述,参见虞政平:《股东有限责任——现代公司法律之基石》,法律出版社2001年版,第165页。

[18] 参见宋永新:《美国非公司企业法》,社会科学文献出版社2000年版,第45~46页。

质，其第 201 条第 a 款明确规定：合伙是一个与其合伙人不同的实体；关于合伙财产，第 203 条规定：合伙所获取的是合伙的财产，而不是合伙人个人的财产；第 501 条规定：一个合伙人不是合伙财产的共有人，对可以自愿或非自愿转移的合伙财产也没有利害关系。关于合伙与合伙人之间的关系，第 305 条规定了合伙对合伙人的可起诉行为的责任；第 307 条第 a 款规定：一个合伙可以合伙的名义起诉和被起诉；第 405 条规定了合伙与合伙人之间的诉讼。关于合伙的转换与合并，第 904 条第 a 款规定：一个按本条规定转换的合伙或隐名合伙在所有方面与转换前的实体保持不变；第 905 条规定：一个合伙可以和一个或一个以上的合伙或隐名合伙进行合并。而且在此后的有关合伙的立法中、在美国《统一商法典》和《模范商事公司法》中，合伙大都被视为"人"之实体。由此，合伙在美国法中实质上取得了法人地位。

因此，从世界各国的立法状况来看，大部分国家的法人均可以包括无限公司和两合公司等法人成员承担无限责任的组织形式，法人成员有限责任并不是法人的特征。

(4)法人本质与价值角度的考察

就法人的本质而言，法人乃组织体之人格。法人最主要的作用在于组织体的对外关系方面。为了某种目的而组织在一起的自然人或财产组织体因法人制度而被赋予民事主体的地位，以便该组织体在从事对外活动时，不必再是每一个成员都与对方交易，而是以一个相对独立于其组织成员的主体身份从事交易活动，这大大提高了交易效率；而且在现实经济生活中，"只要企业对外具有行为能力，并能够对它的行为负责，无论是对于法律上的具体行为，还是经济生活中的法律整体秩序而言，企业内部的意志形成是微不足道的。商业伙伴和立法者可以对企业内部结构不予考虑，而仅将企业在表现形式上看作生产经营中心，看作权利主体即可"。[19] 因此，法人的本质就在于为自然人或财产的组织体提供一个以独立主体形象从事对外交往的平台，无论是成员承担有限责任的股份有限公司、有限责任公司，还是成员承担无限责任的无限公司、两合公司，都

---

[19] ［德］托马斯·莱赛尔：《企业和法人》，赵亮译，载易继明主编：《私法》（第 1 辑·第 1 卷），北京大学出版社 2001 年版，第 106 页。

是对外商业交往中具有行为能力并能对其行为负责的权利主体,至于其责任形式则不是关注的重心。同时,基于意思自治的原则,对于组织体的内部成员之间的关系,包括成员对以组织体名义从事对外交易可能遭受风险的负担,则应交由组织成员自己去决定。有限责任虽然限定了成员的投资风险,但此类法人的成立条件严格;无限责任的法人虽然使成员的风险负担过重,但却易于取得交易对方的信任,且其成立较简便,这两种责任形式各有利弊,组织体成员作为一个理性人、经济人,他们必然会为了自己的利益去选择对自身最有利的责任形式。法人成员责任形式的多样性满足了人们的各种投资需要,激发了人们利用各种法人组织形式从事各种活动的积极性,因而更能体现组织成员的目的和意志。

此外,还可以从法人制度的价值分析入手,法人制度有两个层面的价值:"一是民商事价值,反映了团体在社会生活和商品经济中的作用和客观规律,是各国法人制度均具有的功能。如便利交易、分散风险及集资、长生、管理、公益价值等优势。此价值正是催生法人制度的根本原因。二是各国基于本国不同的社会背景和政策,赋予法人制度特殊的政治功能,如德国民法典制定时赋予法人制度的实施监控团体之政治功能。这一方面的价值,是很多国家对法人责任形式做不同规定,对法人之范围做不同限定的直接原因,很大程度上决定了各国法人制度的内容。"⑳德国在规定法人制度时,对于各种大的人的结合团体,"当时的国家视之为对自己权力的潜在威胁","因此当时的国家在已不能对这种人的结合采取禁止或镇压手段时,必然会试图通过法人设立许可与国家监督的方法而对其予以监控"。㉑ 而诱使人的结合向国家机构申请登记成为法人的益处就是:人之结合一旦具有法人资格,其成员就只对法人债务承担有限责任。因此,法人的发起人为获得限制责任、免除无限责任风险的法律效果,不得不向国家登记机构申请登记,国家借此可以实现对各种人或财产的组织体加以监控的目的,因此,德国法中的法人强调以成员的有限责任为特征。但法人作为一个私法上的主体,它仅应该具有私法上的价值,摆脱它本不应该承担的政治功

⑳　徐振增、张永辉:《法人责任形式与法人人格关系的理论辨析》,载中国民商法网。

㉑　[德]托马斯·莱赛尔:《德国民法中的法人制度》,张双根译,载《中外法学》2001年第1期。

能和公法价值。因此，在大力倡导权利本位，强调政治国家与社会相对独立的现代社会，法人负担的政治功能已经弱化或消失；不能再片面强调国家通过登记监控社会团体的功能，因为“唯团体组织是否存在，是一种事实，初与其是否办理登记无关。政府在诱使团体组织乐于登记之设计上，虽非完全非议，但却有神化登记功能之嫌”，[22]此时再以成员有限责任来吸引组织体、强调组织体只有经登记才能成为民事主体是不适当的。

上述通过对法人制度的产生、发展及当代世界各国对法人制度的规定，我们可以看出，法人的本质是赋予组织体以民事主体的地位，其目的在于通过赋予组织体法人人格以便于对外从事社会活动。对法人成员的责任形式则应由组织成员依意思自治原则来选择，成员有限责任的法人只是法人形式之一种，成员承担无限责任或补充责任的法人同样也能满足组织成员的需求，因此法人虽然承担独立责任，但这并不必然意味着法人成员的有限责任必然是法人的特征。

二、我国法律中有关法人责任规定存在的问题及其成因

虽然在新中国建立之初，政务院财政经济委员会在《关于机关、国营企业、合作社签定合同契约暂行办法》中，明确规定了法人是独立的民事主体；1981 年颁布的《经济合同法》第 2 条也提及了“法人”一词，但在较长时间内，我国民事法律制度中并不存在法人制度。直到 1987 年《民法通则》的颁布实施，我国才真正建立了法人制度。《民法通则》第 37 条规定，能够独立承担民事责任是法人成立的条件之一。虽然《民法通则》中没有清楚阐明法人独立责任是否必然意味着法人成员的有限责任，但从此后的民商事立法中可以看出，其法人责任形式是：法人承担全部责任，法人成员负有限责任。我国《公司法》仅仅规定了成员负有限责任的两种公司形式——有限责任公司和股份有限公司，对无限公

[22] 曾世雄：《民法总则之现在与未来》，中国政法大学出版社 2001 年版，第 91 页。

司和两合公司未作规定;虽然在制定《公司法》的过程中,规定公司种类的立法精神是:"法律对其他公司形式未作规定,并不意味着不能设立,可以在实践中进行探索,有必要时再对公司法进行补充。"㉓但按照现行的成员有限责任为法人特征、公司为法人的观点,其逻辑结论必然是否定无限公司和两合公司的存在。同时,将个体工商户、农村承包经营户和个人合伙规定在《民法通则》第二章"公民(自然人)"中,因此,我国《民法通则》中民事主体制度的格局是自然人——法人二元论,法人以法人独立责任、成员承担有限责任为特征。

造成我国《民法通则》中将"法人独立承担责任"作为法人成立要件的原因是多方面的,但总体来说,主要是基于以下两个方面的考虑:一是对苏联法学理论的继受。自新中国成立之初,我国就废除了六法全书,重新开始新中国的法制建设,当时主要以苏联的法律制度为学习对象,对其他资产阶级国家的法律制度予以排斥。后来经过各种社会运动,法学研究遭到破坏,直到改革开放之初,我国才恢复法制建设,但仍以苏联的法律制度为基础,因此这就不难理解我国《民法通则》中法人制度对苏联立法的借鉴,"《民法通则》第36条关于法人定义的规定和第37条关于法人条件的规定,基本上是按苏俄1964年《民法典》第23条和第32条的精神写成的"。㉔ 二是更深层次的原因,即它是由我国当时的经济体制所决定的。自党的十一届三中全会以后,我国开始进行经济体制改革,主要表现为对国有企业的放权让利,即扩大国有企业的经营自主权,减少政府的行政干预。1984年党的十二届三中全会通过了《关于经济体制改革的决定》,它针对"国家对企业管得太多太死",导致企业缺乏应有活力的问题,提出了要使企业真正成为相对独立的经济实体,成为自主经营、自负盈亏的社会主义商品生产者和经营者,具有自我改造和自我发展的能力,成为具有一定权利和义务的法人。国有企业改革的目的是要实现两权分离,使它成为一个自主经营、独立核算、自负盈亏的法人,以适应商品经济的发展,而法人独立责任与成员有限责任作为法人的成立要件恰好适应了这种要求。法人独立责任是促使国有企业获得发展的动力和压力,使企业摆脱了国家行政机构的干预;成员有

㉓ 江平主编:《新编公司法教程》(第2版),法律出版社2003年版,第20页。

㉔ 李开国:《关于完善〈民法通则〉法人制度的几点思考》,载《现代法学》1996年第3期。

限责任使国家对国有企业的责任限定于国家授权国有企业经营的资产,减少了国家对国有企业的债务负担无限责任的风险。《民法通则》为适应我国社会主义经济体制改革的要求,巩固和推进国有企业的改革,第一次在我国法律中专章规定了法人制度,并以能够独立承担责任作为法人的成立要件。

但随着社会主义市场经济体制的建立与发展,要求有多种多样的商业组织形式来满足人们不同的投资需要,因此规范普通合伙的《合伙企业法》应运而生,合伙企业在现实经济生活中已成为一种独立的民事主体。对于有限合伙来说,有学者认为,它是知识经济时代满足高新技术企业吸收风险投资需求的优良的法律组织形式。㉕ 但由于《民法通则》将法人独立责任、成员有限责任作为法人成立的条件之一,使这些组织体虽然适应社会经济发展,但却因组织成员承担无限责任,而无法在我国《民法通则》中找到法律依据,导致了真正为市场经济所需要的企业形态的缺乏。

三、我国法人责任形式的选择及立法设计

(一)我国民事立法不应将成员有限责任作为法人的条件

当前我国正在进行的民法典的编纂,其中,如何处理民法与商法的关系将会影响我国法人制度的规定。而民商合一则是我国多数学者坚持的立法选择,这主要是因为商人作为一个特殊的阶层在现代社会已不存在,甚至特殊的商行为也失去其特殊性;同时,即使在民商分离的国家也难以确立划分商事行为与民事行为的界限;而且我国清末虽采民商分离,但至民国时期国民政府制定民法典,则改采民商合一,新中国建立后迄今也仍坚持民商合一。㉖ 在民商合一的立法中,民法典中关于法人制度的规定是进一步规范商事主体的基础,决定着商事主体的形式。而商事主体具有强烈的实践性,只要是适应社会经济发展的商业组织形式,无论法律是否明确规定,它都会顽强地存在。如在各种公司组

㉕ 参见江平、曹冬岩:《论有限合伙》,载《中国法学》2000 年第 4 期。

㉖ 参见梁慧星:《为中国民法典而斗争》,法律出版社 2002 年版,第 45 页。

织形式中,除有限责任公司是德国法学家在参考以往商业组织形式的基础上的创造外,其他公司组织形式都是在实践中先发展起来,后来才在法律中加以确认的。因此,为适应民事主体特别是商事主体不断发展的特性,符合民商合一的民事立法原则,民法典关于法人的规定应是开放性的,不应该再将法人成员有限责任作为法人的特征。

民事主体法中的企业法定主义原则也要求我们抛弃认为法人独立责任与法人成员有限责任之间有必然联系的观念,扩大法人的外延。该原则是指:"只有法律规定的企业形态才是合法的,法律没有规定的,任何人不得创制和设立。"[27]由于组织体除实现组织成员的利益外,其中特别常常涉及保护少数人的利益外,还会涉及第三人,特别是债权人的利益,所以在德国的公司类型上存在强制归类的情况,[28]这种强制归类的实质同于企业法定主义原则,主要是限定商事组织体的种类。由此可以看出,企业法定主义限制了人们可以选择的民事主体形式,这是其不利于适应社会经济发展的一面。但采取企业法定主义,能使人们了解其欲与其从事交易的企业的组织结构和责任形态,能对交易的风险作出正确的判断,否则人们对企业的信任关系无从建立,交易安全也难以得到保护,因此采取企业法定主义又是必要的。这就要求我们对民事主体的种类作出科学的规定,如果对组织体能否成为法人规定苛刻的条件,反而减少了人们可以利用的民事主体形式,压抑了社会生活的生机。因此,在坚持企业法定主义的原则下,在承认法人人格的基础上,尽可能多地规定各种法人组织形式,使人们可以基于其利益最大化原则进行相对自由的选择。这在前述的《俄罗斯民法典》中得到了充分的体现,它规定了法人成员承担各种责任的公司组织形式,包括有限责任、无限责任和补充责任。因此,对于法人制度的问题,我们应将企业法定主义与私法自治结合起来,达到既能发挥经济主体的积极性,又能维护社会经济秩序的合理目标。

我国民法理论强调将法人成员有限责任作为法人的特征,它主要是以对营利法人的认识为基础的,但法人除营利法人外还有大量的公法人,根据法人独

---

[27] 江平:《制订民法典的几点宏观思考》,载《政法论坛》1997 年第 3 期。

[28] 参见[德]卡尔·拉伦茨:《德国民法通论》,王晓晔等译,法律出版社 2003 年版,第 179 页。

立责任与法人成员有限责任有必然联系的观点，公法人的设立者（主要是国家和政府）应该在其预算范围内对公法人的债务承担有限责任，但有学者通过法理的分析、我国法律的现行规定和其他国家的情况的分析，认为公法人的设立者对公法人的债务承担的是无限的。㉙ 这样将仅从营利法人的责任中归纳出来的法人成员有限责任作为整个法人制度的特征是不符合逻辑的，也不能解释公法人的设立者所承担的责任状态。在营利法人中，特别是公司中，将法人成员有限责任作为公司的特征，主要是为刺激人们投资的积极性，扩大公司企业的生产规模，实现营利的目的。而在非公司法人企业中，并不以追求营利为目的，则没有规定有限责任制度的必要。

有限责任制度将投资人的责任限于其投资额，与以往承担无限责任的其他商业组织相比具有诸多优点：（1）减少和转移风险；（2）鼓励投资；（3）促使所有权与经营权的分离；（4）增进了市场交易等。㉚ 因此，自有限责任制度产生以来，它确实促进了经济的飞速发展，正如美国前哥伦比亚大学校长巴特勒在1911年所说："有限责任公司是当代最伟大的发明，其产生的意义甚至超过了蒸汽机和电的发明。"㉛美国学者施瓦茨在《美国法律史》一书中描述了有限责任的公司制度在19世纪末、20世纪初的美国经济生活中所起的巨大作用，并称为"公司的时代"。㉜ 但有限责任制度并不是万能的：首先，有限责任制度仅是法人治理结构的一个方面。在我国，它仅是国有企业成为独立法人，建立现代企业制度的一个措施，还需要其他方面的配合才能实现完善公司法人治理结构的目标，其中最主要的是实现法人的独立财产权。其次，有限责任制度虽然具有上述优点，但过分强调和维护有限责任制度也会产生以下弊端：（1）对债权人不公正；（2）为股东特别是董事滥用公司的法律人格提供了机会；（3）对侵权责任

㉙ 参见王利明等：《民法新论》，中国政法大学出版社1988年版，第56页。

㉚ 参见王利明：《公司的有限责任制度的若干问题》，载王利明：《民商法研究》（第2辑），法律出版社1999年版，第49～52页。

㉛ 王利明等：《民法新论》，中国政法大学出版社1988年版，第49页。

㉜ ［美］伯纳德·施瓦茨：《美国法律史》，王军等译，中国政法大学出版社1997年版，第147～151页。

的规避等。[33] 有限责任制度的上述弊端虽然不足以使我们否定有限责任制度,但至少使我们认识到有限责任并不是完美无缺的商业组织责任形式,其他责任形式的法人也是适应社会经济发展的需要的。最后,有限责任在现实经济交往中可以通过各种合法手段加以规避,如与有限责任公司交易的对方为保障其债权的安全,可以要求公司股东提供担保,此时股东承担的实际上是无限责任。因此,虽然有限责任形式的法人是法人形式中至为重要的一种,具有各种优点;但它并非法人的唯一形式,它不能解决法人治理的所有问题,不能满足市场主体对多样化法人组织形式的需求,而承认无限责任形式的法人的存在,使法人制度包括承担有限责任和无限责任的各种法人组织形式,才是法人制度发展的趋势。

综上所述,否认法人成员有限责任为法人的特征,承认多种责任形式的法人存在,实现企业法定主义与私法自治的协调,是适应我国社会经济发展的需要,也是与其他国家法人制度相衔接的需要。

(二)法人民事主体的立法设计

对于民事主体制度来说,如何既与大陆法系的传统和我国以往的民事立法经验相衔接;又适应新形势的要求,保持制度的弹性,容纳不断出现的新的民事主体形态,是我们在制定民法典是应着重加以解决的问题。但目前全国人大常委会法制工作委员会向全国人大提交审议的民法典草案中并没有反映民事主体制度的新发展,仍是自然人——法人二元论,法人仍以法人独立责任、成员有限责任为成立条件和特征,而且没有规定其他民事主体形式,这样的民事主体制度仍欠完善,因此有必要对我国的民事主体制度进行重新构建。

根据本文前面的论述,民事主体的逻辑结论应是建立自然人——法人二元的主体制度,但这里的二元论不同于我国《民法通则》中的二元论,此处的法人既包括承担有限责任的股份有限公司和有限责任公司,也包括承担无限责任的无限公司、两合公司;对于合伙则分为民事合伙和商事合伙,前者由合同法中的

---

[33] 参见王利明等:《民法新论》,中国政法大学出版社1988年版,第53~54页。

合伙合同调整,后者则采取无限公司和两合公司的形式调整,对于新出现的不具有法人资格的人或财产的组织体,则可参照商事合伙的规定加以规范,这种立法模式在其他国家已有实践。如在美国法中,合伙通常被称为“剩余企业”,即只要不是按照有关其他法律设立的、符合合伙法规定定义的所有营利性组织都可以归入合伙企业的范围。㉞ 这种立法模式可以使民事主体制度尽可能地涵盖和规范各种组织体。

无疑,上述模式是依据本文分析得出的较完美的结论,但这种模式与我国以前对法人的理解不一致;而且法人独立责任、法人成员有限责任促进了我国国企改革的成功实施,在我国司法实践中已成为人们熟知的一项制度;同时,虽然在德国的立法和司法实践中对将法人成员有限责任作为法人的特征已有所松动,但作为我国制定民法典主要的借鉴对象的《德国民法典》仍坚持法人独立责任、法人成员有限责任的立法,因此本文主张的这种立法模式势必会遭遇强大阻力,在法律制定和实施中也会耗费过大的成本。所以我们要考虑另外一条思路,即民事主体的三元论或多元论。针对我国现行民事主体制度自然人——法人二元论导致某些商事组织形式无法在现行《民法通则》中定位的问题,学者提出了各种各样的解决方案。有学者总结,这些方案大体可以分为两大类:(1)二元说,认为民事主体只有自然人和法人两种基本类型,其他的均可归入这两种类型。(2)多元说。其中又包括三元说(公民、法人、合伙)、五元说(公民、法人、合伙、农村承包经营户、个体工商户)和七元说(五元说中再加上联营和私营企业),在此基础上,该学者又提出四元说(公民、法人、合伙、国家)。㉟ 此外,还有学者提出自然人、法人、非法人团体三元说。㊱

在我国《民法通则》中,农村承包经营户和个体工商户(以下简称“两户”)是我国进行经济体制改革、搞活城乡经济的产物,是我国特定时期特有的民事主体种类。这在当时是适合我国社会经济发展的,但在我国已建立社会主义市场经济体制,相关商业组织立法已较完善的情况下,再规定“两户”已不合时宜。

㉞ 参见宋永新:《美国非公司企业法》,社会科学文献出版社 2000 年版,第 23 页。

㉟ 参见胡光志:《论我国民事主体结构的重建》,载《现代法学》1996 年第 2 期。

㊱ 参见贾桂茹等:《市场交易的第三主体——非法人团体研究》,贵州人民出版社 1995 年版。

根据对“两户”法律特征的分析,对于个人经营的“两户”可以采用个人独资企业的形式,对于家庭或多人经营的“两户”则可由合伙加以调整。同样,联营制度也是我国20世纪80年代中期为“加强横向经济联合”而规定的制度,它对我国市场经济体制的建立和社会经济的发展也起到了重要作用,但如果仔细对联营的3种形式分析,它们均可归入其他民事主体中规范,其中法人性联营可由法人制度调整,合伙性联营可由合伙制度调整,合同性联营则由合同法调整,因此“两户”和联营不应再作为独立的民事主体。至于是否要将国家单独规定为一类独立的民事主体,笔者认为,国家实质上是一种公法人,虽然与其他法人形式相比具有不同特征,如其是以国库承担责任,但这并不构成它脱离法人制度的理由,只是应该在承认国家具有法人资格的前提下,基于其特殊性另行制定单行法加以规范。

根据上述分析,二元论、四元论、五元论和七元论都不具有合理性,三元论应是我们较合适的选择,但本文的三元论不同于前面的三元论(公民、法人、合伙),笔者所主张的三元论是自然人、法人和非法人团体。因为除自然人、法人外,不仅只有合伙这一种主体形式,还有设立中的法人、法人的分支机构等非法人团体;按照逻辑学中划分必须穷尽的原则,即划分出的子项必须反映出被划分母项的全部外延,不能有所扩大或遗漏,划分出的子项必须互相排斥,不能互相包容,[37]只有将团体划分为法人和非法人团体才符合这个标准,因此笔者建议,我国未来民法典的民事主体制度应是自然人、法人和非法人团体的三元论。

对非法人团体,有学者认为,它亦称为德国法中的“无权利能力社团”或日本法中的“非法人社团”“非法人财团”。[38] 但笔者这里所指的非法人团体与德国法和日本法所指的不同,因为德国、日本都是民商分离的国家,因此其非法人

---

[37] 参见宋永新:《美国非公司企业法》,社会科学文献出版社2000年版,第100页。

[38] 参见尹田:《中国民法典立法中法人制度的构想》,载《中外法学》编辑部、北京大学第22届研究生会编:《中国民法典百年回顾与前瞻学术研讨论文集》,法律出版社2003年版。

团体仅是指与合伙有区别的无权利能力社团,不包括商事合伙组织。[39] 我国作为民商合一的国家,民事主体制度要想涵盖全部民事主体,则非法人团体除包括无权利能力社团外,合伙也应是非法人团体的一种。对无权利能力社团的法律适用来说,由于其"既具组织体的构造,其实质同于社团,而异于合伙,不论对内、对外关系,原则上均应类推适用社团的规定";[40]而合伙则应单独规定其应适用的法律规则;对新出现的组织体如不能归于无权利能力社团中,则应视为合伙,适用有关合伙的法律规范。对非法人团体的立法,主要是抽象出一般规则加以规定,如《中国民法典草案建议稿》中,"非法人团体"一节规定了其定义、条件、成立、法定代表人、活动范围和民事责任等内容,没有具体规定非法人团体的种类。[41] 笔者赞同这种立法方法,原因在于:一是非法人团体种类繁多,不可能逐一列举,主要应由单行法来规范,如我国通过制定《合伙企业法》对无限合伙进行规范;二是民事主体制度要成为一个开放性的制度,必须要为新的民事主体的成立保留一定空间,因此规定仅非法人团体的成立条件和成立程序,有利于涵盖新的民事主体。但笔者对于该建议稿中对"非法人团体"的理解和体系安排有不同意见:根据该建议稿对"非法人团体"的规范来看,其实质上是德国法中的无权利能力社团,与本文所主张的包括合伙的非法人团体的含义是不同的;同时该建议稿将其置于"法人"一章中,作为最后一节加以规范,表明该建议稿中的"非法人团体"是没有独立民事主体地位的,而本文的非法人团体则是与法人相并列的独立的民事主体,应另设一章单独规定。因此,本文的非法人团体泛指除法人以外,不具有法人资格但能够以自己名义参加民事法律关系的组织体,包括无权利能力社团和合伙。

---

[39] 对无权利能力社团与合伙的区别,参见刘得宽:《论无权利能力之社团》,载刘得宽:《民法诸问题与新展望》,中国政法大学出版社 2002 年版。一般认为与合伙相比,无权利能力社团的团体性更强,更接近于社团法人。而《德国民法典》第 54 条第 1 款却规定,有关合伙的规定适用于无权利能力社团。德国之所以如此规定,实际上是一种蓄意的做法,其目的在于促使社团通过登记取得权利能力,以实现国家对这些社团的监控。但后来的实践证明,这一规定并没有达到其预期的目标,这些团体、特别是追求政治宗旨的社团宁愿舍弃权利能力,也不愿接受政府的监控。并且由于依第 54 条第 1 款应予适用的合伙法在很大程度上是任意法,所以它们可以制定社团章程取代合伙法的规定,为社团设置一个法人性质的规范基础,这样也足以对外开展社团的活动。由此可见,规定无权利能力社团应适用有关合伙的规定是当时国家政策的产物,而不是对无权利能力社团性质正确认识的结果。

[40] 王泽鉴:《民法总则》,中国政法大学出版社 2001 年版,第 195 页。

[41] 参见梁慧星主编:《中国民法典草案建议稿》,法律出版社 2003 年版。

法人制度若干问题*

一、法人的概念问题

1. 法人概念的起源(原始社会、奴隶社会、罗马的团体、人格与人的分离)

人类自古以来都是结成团体而生存的,但团体享有法律上的主体地位却经历了漫长的历史年月,法人就是确认这一地位的重要法律形态和规制,并已成为法治社会中最具有生命力和创造力的法律现象。

在历史上,早在古希腊的法律中,就有了人格制度的萌芽。

在罗马,人是分三六九等的,是分等级的,但可能变化——“人格变更”。罗马法对人格理论的最大贡献就是提出了人和人格的分离的学说。

为什么法国民法没有规定法人?因为它遇到了一个理论问题,即人与人格重合。团体的人格可回到生物人去了。法人已经有了独立的价值,起点与自然人有关,法人与自然人已经分离。这就是我们必须要承认法人的原因。

为什么在德国首先承认法人?主要是受日耳曼法律思想的影响,即团体主义(社会本位)。

基尔克——实在说。实在说正确地认识到团体是社会生活中与个人相区别、相独立的活动单元,有自己独立生存的价值和作用。

萨维尼——拟制说。这个时候,法人与个人的是怎样的呢?团体是由个人

---

* 本文系 2006 年 2 月为清华大学法学院民商法专业博士研究生授课的提纲。

组成的吗？

2. 法人是资格、人格，是组织

法人是一顶“帽子”（财产、动植物），戴在谁头上都可以吗？比如，有限责任，无限责任，合伙、合作社。

人格是如何确定的？人格的确定不仅是一个法技术问题，也反映立法者的价值取向，既是当时社会环境的产物，也是法律对当时社会政治经济结构的反映。对法人制度的确定和选择也是如此。

3. 法人的权利能力

权利能力与人格的概念是不同的。

德国法上权利能力的确定，完成了法律人格从自然法理性抽象向实在法的转化。权利能力是生物人享有权利义务的前提，是生物人到权利享有者之间的逻辑桥梁。

主体资格→赋予权利能力→参加民事法律关系成为权利主体。显然，要赋予法人权利能力。但是行为能力呢？

4. 法人特殊权利能力、业务范围的限制

法人与自然人有何不同？它们的法律地位是平等一致的。

法人的权利能力呢？通常说对法人限制，那么限制的什么？有法人权利能力限制说、法人行为能力限制说、代表权限制说（是代理）和内部则人说（只内部，对外不产生约束力）。

这里要注意：公司法的越权行为理论；法人人格否认法理——基于特定事由，否认法人的独立人格。

二、法人的分类

1. 社团法人与财团法人

社团法人：如意大利的股份公司、海上协会、热那亚银行，以人为基础设立，以成员为必要，通过成员结构形成民主机制。

财团法人:罗马法的基金会、教会财产、捐助财产,是财产的结合体,只有机关,没有成员(社员)。

2. 我国法人的划分?

《民法通则》的四种类型。

需要讨论的问题:

(1)公法人与私法人在民事领域地位是平等的,那么还要不要分公法人、私法人(某市案件)?

(2)合作社是不是法人?

三、法人对外的责任形态

法人对外是无限的独立责任——有限责任。

四种责任类型:

1. 责任独立型法人,如有限公司、股份公司。

2. 责任半独立型法人,是指以法人名下的财产承担责任,部分成员承担连带责任,如两合公司。

3. 责任非独立型法人,如无限公司,法人的商业合伙是法人。

4. 责任补充型法人,《俄罗斯民法典》规定的一种特殊法人,法人财产不足清偿债务时,成员或所有者承担补充责任。

当然,上述这四种类型,实际上是社团法人。如果是财团,只能独立承担责任,因为它没有成员。我提出一个观点:法人责任形态的多样化是其趋势。

现在大部分大陆法国家,不把法人成员承担有限责任作为法人的特征。例如,俄罗斯、法国、日本、意大利、韩国、蒙古国、埃塞俄比亚、荷兰等,现在德国也在变。

英美法也在变:英国有保证公司,这样公司成员只以它保证的财产范围承担责任,公司的责任形式多种多样。美国对合伙(原认为是非法人团体)是否享有法人资格,已经有两派之争,结果如何,还不得而知。

我国应建立一个开放型的主体制度。就法人而言,不能只限于有限责任。

四、法人的内部组织结构

1. 法人的组织结构

法人由人组成,不仅社团法人应该有合理组织架构,财团法人也得有机关,机关也由人组成。需要注意的是,组成法人组织或机关的这些人之间的权利义务关系。

2. 法人是主体,对外参加活动,法人的意思如何产生?

法人的机关:股东大会—董事会—监事会—法人代表。法人的权力机关、执行机构、监察机关,相互之间分权与制衡,非常巧妙的制度设计。这是一个民主的机制,和国家机关相似。

3. 资本的力量——股东

在公司法人中,投资人即股东,在公司治理中起着极为重要作用,显现出资本的力量。在今天这个知识经济的时代,知识的力量非常强大,那么知识的力量如何进入法人内部?还有,外界利益相关者的力量如何对法人产生影响?

4. 法人机关与法人的关系

法人机关与法人的关系有不同的学说:代表说(机构说,基尔克)、代理说等,我们该如何认识?

五、法人的财产权

在理论上,对于我国的企业法人的财产权问题有不同观点:经营权说、用益权说、双重所有权说、所有权说、权利束说(经济学界)等。

我比较同意权利束说,我认为法人财产权的概念有很大的包容性(权利形态包括物权、债权、其他无形财产)。

六、法人的人格权

理论上讲,人与人格分离就是法律赋予的地位,没有必要一定与人联系起来。财产、东西都有可能成为主体,成为法人。

但是,承认法人人格权是有意义的,有荣誉、名誉的问题。而且,名誉通常与财产有关。所以,有学者认为名誉就法人而言,可以成为其无形财产,对此我们怎么认识?大家可以讨论。

承认法人的人格权(包括一般人格权)其价值和功能在于,保护法人的存在和发展。法人不仅要有物质基础,还要有精神上的维护和支持,如信誉等。同时,法人不仅有财产利益,还有精神利益。

七、法人的几种特殊权利

现代社会,新的权利形态不断呈现,对此我们要加以关注。这里提出几种法人的特殊权利供大家参考。

1. 商事人格权。这是一种无形资产。

2. 法人人权。人权的概念太丰富了,大家可以关注一些学者的观点,如徐显明、郭道晖等的看法,尤其是所谓“集体人权”。

3. 法人环境权。

八、法人设立、终止程序、清算等问题

1. 设立中的法人性质(筹备处)。

2. 清算中的法人地位。

3. 法人破产，社团、财团都能破产。

4. 剩余财产的归属：归成员；归自治团体；归国库——要分别不同种类的法人。

九、法人的分支机构问题

我国应该建立一个怎样的法人制度？

对法人制度基本问题的思考*

主持人：我们今天非常荣幸地邀请到我国著名民商法学家，德高望重的马俊驹教授来给我们做讲座。对于马俊驹教授，我就不需多介绍了。马老师在民商法的各个领域都有很深的造诣，尤其是在法人制度和财产权方面更是有很多独到的见解。今天晚上马老师给我们做的讲座就是关于法人制度方面的问题。下面我们欢迎马老师开始今天的讲座。

马俊驹教授：各位同学好！

之前人大的同学跟我联系过好几回，希望我能来人大做讲座，但时间总是不凑巧，一直到今天才和同学们见面。

今天我讲的内容是个重要问题，而且是个老问题，是大家都比较熟悉的问题。这就是法人制度。

昨天我们在这里开了一个纪念《民法通则》颁布20周年的纪念会。① 会上赵中孚、郭明瑞等几位老师都提到《民法通则》的一个重要意义就是确认了我们国家的法人制度。法人制度对我们国家这些年的改革开放、经济建设、生产力的提高都起到了很大的作用。也就是说，从《民法通则》开始，法人制度作为一个相对比较完整的制度在我国建立起来了。这是我们发展商品经济、市场经济的需要，也是这种经济关系的反映。

但是，应该说法人制度现在还存在一些问题。这些问题包括理论方面的，

---

* 本文系根据作者2006年4月13日应邀在中国人民大学明德楼所做讲座整理而成。

① 2006年4月12日，由中国法学会民法学研究会、中国人民大学民商事法律科学研究中心、中国人民大学法学院共同举办的“光荣与梦想：纪念中华人民共和国民法通则颁布二十周年”学术研讨会。

也包括制度方面的。我们在今后的民法典中对这项法人制度应该再作哪些考虑把它进一步完善,还有些问题需要研究。今天我想围绕这些方面和大家交换一些想法。

第一个问题,法人的概念,或者说,法人是什么。

按照《民法通则》第 36 条的规定,法人是享有权利能力、行为能力,能够享有权利承担义务的组织。简单说法人就是组织。但是,组织显然替代不了法人的概念。不是所有组织都有法人资格,有法人资格的组织不一定一直以法人的名义对外开展活动。因为法人主要是个民法概念,是在民事法律关系里出现的概念。

在我们国家,大家都觉得法人是个好东西,所以,各个部门都想用这个概念。经济法方面有经济法人,环境法方面有环境法人,行政法有行政法人,刑法有法人犯罪。按照我们现在的说法,法人这个概念挺"火"的,各个学科都想用这个概念。但是,我理解,法人概念是民法的特有概念。它是必须和民事法律关系相结合的概念。在民事法律法律关系之外是否还是法人呢?中国人民大学,在参加民事关系时是法人,做别的事情时,如我们今天上课、做讲座、搞科研,就是以人民大学的名义,不涉及法人的名义。举办体育活动、高校文艺汇演,报幕说今天有多少法人来参加汇演,人家不笑话吗?所以法人的概念必须在民事活动、民事关系中出现。简单地把法人说成一个组织,即使是有权利能力、行为能力的组织,这种定义也不太准确。过去苏俄民法典《俄罗斯苏维埃联邦社会主义共和国民法典》第 13 条大致也是这么下定义的。我们在制定《民法通则》时,为了给法人下定义,可能还是参照了原来列宁时代的苏俄民法典。现在各个大陆法系国家中,法国民法没有规定法人,德国民法正式规定了法人,但是并没有给法人概念下定义。我想,法律上的概念不见得都要由法律下定义,定义并不好下。有时下了定义,便限制了自己。我们只能从学术的角度去探讨法人是什么。

现在比较通行的一种说法是法人是团体的人格。这个解释很简单,但里面的内容很丰富。清华大学前几年博士考试,甚至一次硕士考试就出过这样的题目:要求解释江平老师的“法人,团体人格也”这句话。多数考生解释不大清楚。

团体人格,首先从人格说起。我们知道,在古希腊时就形成了人格制度的萌芽。那时城邦制兴起,逐渐破坏了以自然方式生长起来的家庭和氏族组织,并且形成了古希腊社会以“城邦—家庭”为主的二元结构,塑造了“市民”(自由人)和“家父”这两个形象,作为“市民”的人已经具有了人格与身份的双重意义,而人格乃是古希腊从法律上赋予市民的主体资格。此时斯多葛学派的自然法学说已经产生,他们主张人人平等。而在古罗马时代,人是分三六九等的。不同等级的人拥有不同的公权和私权,即所谓有无人格和人格高低之分。因此,就自然人而言,“人格”及“人格变更”构成了罗马法中人法的关键内容,人格制度成为组织社会的工具。当时,在罗马还没有建立起关于法人的连贯理论。在罗马法学家的眼里,某种团体只不过是一定数量的并且相互处于一定关系之中的个人,只有自然人才拥有权利,法律上的人也必然是自然人。但是,我们必须认识到,罗马法对人格理论的最大贡献就是提出了生物人和人格分离的学说,这一学说为团体人格在理论上的存在埋下了珍贵的火种。人格像一个面具、一顶帽子,戴到谁头上,谁就可以参加市民生活,或者说,谁就可以以主体的资格参加民事活动。从这个意义上说,人格似乎是一种进入市场的身份证。

人格既然可以和人分离,像一顶帽子可以戴在不同的人头上,那么这顶帽子戴到一个团体上,这个团体不就有了人格吗?如果完全按照我们现在的理解认为人格、身份和自身是不能分离的,那么这种生物人的人格又是怎么跑到团体身上的呢?所以我想,罗马时代的人格理论对法人拥有团体人格起到了很大的作用。当然,更重要的是,罗马社会有简单的商品经济,所以我们通常认为法人起源于罗马后期。

应该说,在整个中世纪,法人制度发展得都很缓慢。当然,由于经济的发展,在中世纪地中海沿岸也出现了一些公司、银行。这些机构已经具备了一些社团法人的基本特征。

法国资产阶级革命成功后制定了《法国民法典》。但是,法国的民法典为什么没有规定法人呢?我想这里面可能有两个原因:一是我们通常所说的,法国资产阶级革命刚胜利,担心承认法人会使封建势力借助团体的主体资格进行复辟活动。这是政治上的考虑。二是面临的理论上的问题。因为自中世纪文艺复兴以来,自然法思想广泛传播,启蒙运动在欧洲大陆渐渐兴起,天赋人权、人人平等的观念不断深入人心。在法律上的反映就是要求普遍地、无条件地承认生物人的人格。当时,古典自然法所体现的人人平等、天赋人权的思想与罗马时代的生物人与人格可以分离不同。这时,生物人和人格融合,人格回归到生物人那里,只有自然人(生物人)才具有人格。在这个时候,民法典若要承认法人,显然在理论上就有无法克服的问题。然而,毕竟法人作为一种团体的人格,已然独立于自然人人格,有它自身的法律理念以及存在价值,已经无法回归到生物人那里,团体的人格已经与生物人的人格完全分离,成为一种具有独立社会价值,与自然人决然不同的主体即法人。所以几年之后,法国颁布的商法典,还是承认了法人。

法人理论再往前发展是《德国民法典》。《德国民法典》为什么把法人制度较为完善地确立起来呢?这与《德国民法典》制定时的历史背景相关。《德国民法典》既继承罗马法的精神,同时又受到日耳曼法影响。日耳曼法提倡团体主义,社会本位,强调团体价值。从这个角度来说,《德国民法典》顺理成章地首先确立了法人制度。但是,德国法学家对法人本质的认识是不同的。萨维尼基于人道主义、民主主义的思想,认为团体是从个人而来,团体人格是拟制的。耶林创立了强调个人利益和社会利益相结合的新功利主义法学以后,人们开始重视国家和团体的存在价值。基尔克作为当时社会思想的代表成为法人实在说的创设者。基尔克强调团体价值,所以把法人看作实实在在存在的东西。这两种学说对后世法学都有很大影响。现在一些德国学者认为,法人的本质问题没有太大的讨论意义。实际上,也不能说一点意义也没有。因为按照不同的学说得出的法律制度的逻辑不同。比如,拟制说认为法人有权利能力没有行为能力,需要代理;江平就认为,实在说认为既有权利能力又有行为能力,所以是代表说;按照否认说就什么都没有了,法人不过是财产的不同组合形式。所以,按照不同学说的逻辑对制度的设计就会有不同。

王利明老师是从社会作用的角度去探讨的,认为社会组织在商品经济社会的实际作用是它们在法律上的主体资格即法人的本质所在。江平老师和龙卫球教授持拟制说。② 但是,他们学说中所谓的"拟制",是指法律将团体转化为法人的过程,法人有其实际的社会存在,并不是某些团体因被拟制为自然人才取得法律人格的。可见,这种拟制说实际上是传统的拟制说与实在说的有机结合,是对法人本质认识的一次提升。

谈到法人,就会涉及权利能力。权利能力和人格是什么关系呢?在《法国民法典》中,没有用权利能力的概念。人格是抽象、理性的,用来指导民法典的制定,其条文中并没有提到人格。《法国民法典》第8条讲法国人享有平等的权利,这里的权利不是权利能力,这里的人格是抽象的、理性的,是自然法上的概念。到了《德国民法典》,权利能力的概念产生了。权利能力是实在法上的东西,是一种法律命令。不是抽象的,而是制定法明文规定的。人自出生之日起就享有权利能力,就有资格参加民事活动了。《德国民法典》把自然法转化为实在法,转化为看得见的、可以适用的东西。

自然人的权利能力这样理解,那么法人的权利能力怎么理解呢?如果按照实在说稍微比较好理解一点。因为实在说把一个团体、组织体看作独立于个人真实存在的东西。实在说里面的有机体说更为形象。人有什么法人就有什么。人有头脑、中枢神经,法人有法人机关;人可以作决定,法人机关可以决定法人的意思;人有四肢,法人有分支结构。如果按照拟制说的认识,法人组织实际就是一些个人聚合在一起,所以真正有主体资格的还是自然人个人,由此推出法人只有拟制为自然人,才能视为主体。

在法人的权利能力问题中经常争论的是,法人的权利能力是不是特殊的权利能力。按照苏联的学说,法人的权利能力是特殊的权利能力,和自然人的权利能力不同,每个法人的权利能力也不同。当然法人和自然人的不同好理解,他们的资格所涉及的范围不同。但资格本身都是平等的。从这个角度想,法人的权利能力怎么能说是特殊的呢?其应该跟自然人一样,是普遍平等的。

---

② 参见江平、龙卫球:《法人本质及其基本构造研究——为拟制说辩护》,载《中国法学》1998年第3期。

但是为什么商法规定每个企业都有一定的营业范围？这个限制的是什么？有人说是权利能力，有人说是行为能力。我个人感觉限制的既不是权利能力也不是行为能力。因为我始终认为，法人的权利能力和行为能力是一致的。那么营业范围限制的是什么呢？有些商法学界的学者觉得限制的是商事能力，我不知道这里的“商事能力”是什么意思，但在民商合一的情况下，商事能力就是民事能力。我们只能说各个法人的权利能力所涉及的内容不同，但是从进行民事活动的地位和资格上讲是平等的。当然现在各国对营业范围的限制已经逐渐淡化，但是从便于管理的角度看，恐怕还是要做些限制。同时，政府可以在企业法人变更登记时提供更多帮助。

上面是关于概念的问题。下面，我们谈一谈法人的分类。

第二个问题，法人的分类。

法人的分类，看起来是个简单的问题，但其实并不简单。我们法人的分类不可能按照英美法系的分类划分，没有参照的意义，只能考虑大陆法系的分类方法。大陆法系通常把法人分为两大类，即社团和财团。社团的产生刚才我已经提到了，约在 11 世纪意大利的沿海已经形成了一些公司——海上协会和银行。这些组织，特别是公司的出现，促进了社团法人的形成过程。财团法人是一项财产有了人格，从而形成了一个法人。

社团法人是人的组合，财团法人是财产的组合。但是对这一观点我们中国的学者通常不大同意。我国学者认为，法人作为一个组织有两个要素不可少：一个是财产，另一个是人。缺一不可。比如，由同学组成的足球队，如果只有一个足球，这点财产不能算法人。没有管理的财产怎么参加民事活动呢？但是，发达国家学者不这样认为。当然，他们的理解也不是一项财产本身就是法人了。他们的理解是，财产的所有者和财产分离了，财产所有者委托一些人管理财产，但是管理人和财产之间没有联系。考察起来，财团的形成时间可能比社团还早。在罗马法上，捐助的财产、教会的财产已经形成了最初的财团法人。所以，法人的这两个分类是长期的历史过程、实践发展的结果，而不是法学家主观想象的结果。就私法人而言，社团法人和财团法人的划分是大陆法系国家民法典最具特色和有应用价值的分类方式。《德国民法典》这两个分类确实很合理。任何一个法人不是社团就是财团。所以,此后制定民法典的大陆法系国家都这么分。包括近些年制定的民法典,俄罗斯、蒙古、越南的民法典基本都这么分。但是也略有变化。比如,俄罗斯的民法典是按照人和财产的连接方式来分的。几个人共同创立一个法人,创立人或投资者对法人享有债权(公司),这是第一类;有的法人成员对法人财产享有物权(合伙),这是第二类;第三类是创立者对法人既不享有债权,又不享有物权,实际上就是财团。这三类我们细想起来还是社团和财团。

我国《民法通则》有点特别。《民法通则》将法人分成企业法人、事业法人、社会团体法人和国家机关。改革开放以来,学界的研究目标主要集中于企业法人。在其他法人中,社会团体由民政部管。理论上,社会团体是自治的单位,但我们现在的很多社会团体是半官方的。研究事业单位法人的也不多。比如,中国人民大学是一个法人,中国人民大学里面大法人和小法人之间是什么关系呢?基本还没有人研究。对企业法人的分类,当时是按照所有制分的,现在看来也不适合市场经济了。从国家机关是法人的角度看,我们承认公法人。《民法通则》确实规定了法人享有名誉权,市政府确实也是法人,如果市政府提起诉讼,法院应当受理。但是从民事关系来说,公法人该怎么享有名誉权?显然不应该和私法人一样。

因此,我认为法人现有的四种分类,对有些问题显然还没有说清楚。比如,对公法人和私法人要区分清楚。另外,按照我的想法基本应当分为社团和财团。但是有人说一人公司算什么法人呢?社团是人的组合,一人公司里就一个人怎么组合呢?这个说法有点道理。过去学界认为,一人公司的确认在一定程度上就等于法人制度的破产,就是说一人公司与法人制度构成中的民主机制冲突了。但是我想,这里面也没有太大的冲突。一人公司是从有限公司来的,是有限公司的股东逐个退出,最后只剩一个股东形成的。三个投资人的公司是法人,退出两个人就不是法人了?如果各方面经营活动都正常,为什么不能继续成为法人呢?这是一个历史变化的过程。现在各国,包括我国公司法都开始承认一人公司了。[③] 所以,在这一点上虽然有些矛盾,但不是太大的问题。

第三个问题,法人对外承担责任的问题。

关于法人对外承担责任,现在我们印象比较深的是法人独立对外承担责任。也就是说,法人的成员对法人对外债务以其出资额为限承担有限责任,法人自己独立承担责任。所以我们说法人好,似乎就好在这里。1986 年《民法通则》对法人就是这样规定的。当时的目标主要是解决中国城市企业,特别是国有企业改革的问题。过去吃"大锅饭",现在要考虑怎么让企业自主经营、自负盈亏,不行就破产(我国对破产法实际上是很重视的,企业法还没公布,破产法就出来了)。当时把法人的概念限定在独立承担责任是非常对的,对此后的经济发展也起到了很大的作用。

但是,现在看来,难道法人对外只有一种承担责任的形式吗?法人还有没有其他承担责任的形式?外国有没有其他规定呢?从国外的情况来看,归纳起来,法人对外承担责任至少可以有四种形式:第一,就是刚才讲的独立承担。第二,半独立承担责任,就是法人的一部分成员还要承担连带责任,如两合公司。如果像法国商法典一样进一步承认合伙也是法人,大陆法系的隐名合伙、英美法系的有限合伙也属于这一类法人。第三,法人非独立承担责任,由其成员来承担责任,即无限公司。第四,是俄罗斯的规定,比较有意思,是法人的成员对法人债务承担补充责任。由此看来,法人对外承担责任存在多种形式。另外从各国立法来讲,完全像我国这样立法的只有德国民法。但是,要注意的是,德国是民商分立的国家。在德国,商法规定了两合公司、无限公司,并且认定这些公司有权利能力。有权利能力的组织,也应该是法人。从这个角度讲,德国的法人也不是绝对地独立对外承担责任。其他国家,比如,欧洲的法国、意大利、荷

③ 我国 1993 年《公司法》第 20 条规定,有限责任公司由 2 个以上 50 个以下股东共同出资设立。国家授权投资的机构或者国家授权的部门可以单独投资设立国有独资的有限责任公司。此规定对公司设立作了人数要求。换言之,除国有独资公司外,不允许其他投资主体设立一人公司。但是,并没有将因股权转让等原因而使股东人数减至一人作为公司消灭的事由。也就是说,在公司设立后因股东人数减少而事实上成为一人公司的法律并不禁止。2005 年《公司法》修订时,对一人公司作了"特别规定",正式承认了一人公司的法律地位。

兰、瑞士,亚洲的日本、韩国、蒙古国、越南与非洲的一些国家也没有规定法人一定独立对外承担责任。

我国这样规定是由于当时改革的形势,即特别要解决国有企业自主经营、自负盈亏的问题,因此提出现在的法人概念,应该说是有很重要的意义的。但是,今后发展是否仅限于此,值得研究。因为在现在的经济生活中,特别是商事活动中,出现了多种主体形式。首先就是合伙。法国的商法典没有给法人下定义,但在法国商法典中法人的概念首先是用在商业合伙上,商业合伙是法人。许多国家认为合伙是有权利能力的。有权利能力是不是法人?合伙组织确实需要考虑。按照德国法的逻辑,合伙是一个合同(如果这样讲,广义上的公司也是一种契约组合,是合意的结果)。但是,合伙合同解决的是合伙人内部的关系,合伙合同将各合伙人凝聚为一个组织。而这个组织对外是统一的,所以合伙对外要用字号。我国的个人合伙也承认字号,以字号对外显然是以合伙组织的名义对外。合伙也能够独立自主地开展活动。合伙对外的债务先用合伙的财产承担,不够了再用合伙人自己的财产承担。为什么不给合伙主体地位呢?

这个问题在讨论《民法通则》时争论很厉害。我记得,谢怀栻老师坚持合伙是合同关系,是债的关系的一种。江平老师认为,应当承认第三民事主体。佟柔老师不大表态,但在他主编的《中国民法》④教材中,我负责撰写民事主体部分,跟他表示应该承认合伙是主体,他也表示同意。所以《中国民法》的民事主体部分也包括了合伙。我还跟佟老师说合作社很重要,希望在教材里把合作社作为一种法人形式反映出来,佟老师也同意。但是后来王利明教授编的《民法》教材把这部分去掉了,当然,这也有他的考虑。在制定《民法通则》时,虽然两派存在争论,最后还是形成了两派都同意的模棱两可的立法模式,就是把合伙规定在民事主体中,但不明确承认合伙是民事主体。所以,之前费宗祎老师说,当时的许多规定就是磨合的结果。现在作为学者来看可能对这样的规定不满意,但是限于当时的情况,这样的规定是比较好的了。就像魏振瀛老师说,就“物权”这两个字,当时还是不能用的,还是王家福老师用了 18 个字来表示,即“财

④　佟柔主编:《中国民法》,法律出版社 1990 年版。

产所有权和与财产所有权有关的财产权”。显然,在当时这个表示正是王老师有智慧的表现。

我认为《民法通则》把合伙放到主体里规定是往前走了一步的。尽管现在看来其中的几种联营形式规定不协调,但是还是有意义的。商法学者反对法人之间合伙,认为法人是承担有限责任的,几个承担有限责任的法人和在一起怎么能对外承担无限责任呢?另外,每个公司对外投资是有限制的。在这种情况下,怎么去承担无限责任呢?我个人觉得可以。个人之间可以成立合伙,法人之间也可以成立合伙。且不说有限责任只是法人的责任形式之一,即使只有这一种形式也无不可。2002 年年底,全国人大常委会法工委的民法典草案,在总则部分又去掉了合伙的规定,我认为这不对,这比起《民法通则》又退步了。

在我看来,法人对外承担责任应该放开一点,才能更好地适应经济生活。比如,最近出现一个问题,人大农委正在制定一个关于农业合作经济组织的法律,即合作社法,请我和孙宪忠老师几个人(有一次还有赵旭东)参加讨论。讨论的主要问题是合作社是不是法人,合作社的财产是什么性质。据他们讲现在的农民对合作社这么理解:一方面,我用财产加入合作社,但是财产的所有权还是我的;另一方面,合作社对外独立承担责任,是法人。孙宪忠老师反对该观点。孙宪忠老师认为,一个组织的财产结构和他承担的责任是联系在一起的。既然社员对他投资的财产还享有所有权,实际上合作社并没有自己的财产,是合伙。合伙的债务要由合伙人即社员来承担无限责任。我也同意,如果按照现在《民法通则》规定,合作社难以成为法人。但是,据我了解,从各国立法例来看,合作社可以是法人,关键看怎么理解法人。如果把法人作为一个多元责任形式的组织来理解,合作社就可以是法人。比如,英国的公司法里有一种保证公司,成员以事先承诺的一定财产对公司承担保证责任。这种责任方式不是很灵活吗?另外,从各国的立法例来讲,各国的合作社法对合作社的法人地位的规定各有不同,但是,都规定了合作社对外承担责任的形式。比如,印度的合作社法就规定了几种责任形式:一是对外承担有限责任的,即我们理解的独立责任;二是承担两合责任的,就是合作社里既有承担有限责任的社员,也有承担无限责任的社员;三是承担无限责任。但是这三种形式的合作社都是民事主体,对外都有权利能力,都可以以合作社的名义对外开展活动。从这个角度来说,合作社可以是法人。当然这一点就和《民法通则》有矛盾了。这时候,如果为了适应农村经济的发展,作为特别法先承认合作社的法人地位,并没有什么不妥,而且将来制定民法典时还可能反过来考虑这个特别法。

第四个问题,关于法人的组织结构问题。

法人的组织结构主要是解决意思自治的问题。法人怎么有自己的意志?在参加民事关系时怎么能有自己自主的意思?法人到底是一个团体,是一个组织,和自然人不同。自然人的意志就是他头脑里面的意识,法人的自主意志是集体意识,必须通过一定的组织形式,即法人机关来形成,特别是社团法人。社团法人被认为是人的组合,在这个团体中必须形成一个组织结构。其中,比较有典型意义的是股份有限公司。股份有限公司中有股东大会、董事会、监事会,权力的分配、制衡集中体现的是民主机制,不是某一个人说了算。以股份公司为代表的社团法人的组织机构体现的是民主的精神,最后形成的是团体意志。财团法人也要设立董事会,也不是某一个人说了算,也有民主集中制的问题,所以公司的组织机构就显得非常重要。

前两年,我们一直讨论公司治理结构。现在公司治理结构中不仅有股东至上的问题,还有其他利益相关者,其中重要的一方就是在公司里面工作的劳动者的权利和地位。现在的公司基本是资本的组合,谁出资谁有权力,谁出资多谁控制公司。在股东本位理论下,在劳动与资本这两个基本的生产要素中,为公司提供物质资本的股东的权利是资本所有权,为公司提供劳动的雇员的权利只是一种因对资本进行运用而产生的债权。在这个结构中,当然是资本控制公司。但是,近年来以股东为本位的公司法人治理结构已经受到质疑。有学者提出以公司的“利益相关者”理论取而代之。公司的法人治理结构不应仅以股东为本位,而应该顾及公司的利益相关者的合法权益,视利益相关者为公司治理结构的主体。在公司的“利益相关者”中,很重要的一方就是公司中的劳动者。那么,有科学技术的人在法人里面能做些什么呢?现在,掌握科学技术的劳动者在公司中所起的作用和占有的地位越来越重要。我认为这很有些意思,它会直接影响公司的治理结构。

鼓励高科技发展,必须给高科技的企业适当的企业形式。现在我国公司法规定的企业形式只有有限公司和股份有限公司。有限公司也需要资本投入。科技人员没有资本,能否以知识加入公司并且掌握公司呢?有没有让有钱人出钱,有知识的人出知识的企业形式?在目前的公司形式中,有限公司虽然有人合的成分,但仍然是谁出钱多谁当家,单凭知识不能掌握控制权,这样不能激发科技人员的积极性。北京市海淀区政府就承认有限合伙的企业形式,这种合伙中有两种股东:出资人承担有限责任,可以大胆出资;出资少的,掌握知识技术的股东承担无限责任,还颁布了一个关于有限合伙的条例。但是,目前这个条例颁行的情况还不是太好,至今还没有几个有限合伙的企业。我认为,主要是没有基本法的保证。

这次《合伙企业法》修改时会加上有限合伙,但是这种形式是否可行?还有没有其他的形式?现在法律规定的企业形式太过死板,在改革开放中出现的新的企业组织形式马上就被否定了。这一点我认为不太合适。在不违背基本法的原则、不影响大局的情况下,应该允许对一些组织形式进行尝试,并在它发展成熟的时候以法律承认这种形式。这种多元的主体形式可能更有利于社会经济的发展。当然,这只是我的一种看法,在立法上会遇到很多困难。但是我认为,立法者首先应该有这样的观念,有发展的眼光,不能拘泥于过去的经验。刚才我讲的法人承担有限责任的问题也是这样。王利明教授说,法人的概念已经深入人心,大家都知道法人是承担有限责任的。现在如果把法人的概念扩大,打破已经形成的对法人的基本认识,法律上就不好进行规范了。这个观点有一定道理,从减少立法成本的角度考虑,也可以保持法人概念的既有范围,同时另外寻找一条出路承认第三民事主体。所以我觉得有两种办法,一是扩大法人概念;二是保持对法人概念的现有理解,但是承认第三民事主体。总之,要设计一种开放式的民事主体类型体系。

第五个问题,企业法人的财产问题。

梁慧星教授 1981 年在《法学研究》上发表了一篇名为《论企业法人与企业

法人所有权》的文章,这是梁老师早期的重要著作之一,思想非常先进,认为企业财产所有权是企业的,而不是国家的。梁老师的导师是王家福老师,王老师考虑得多一点,他把所有权加了两个字"相对",这样企业的财产所有权就是相对的,而国家的所有权是绝对的,但是所有权的权能都转移到企业那里去了。即便如此,当时的社会反响依然很大,因为企业所有权是影响国家命脉的大问题。这个观点当时遭到了批评。可是企业已经被承认为法人了,需要独立使用财产,所以,妥协的办法就是所有权和经营权的两权分离。这个处理在一段时间内解决了问题。再往后发展,由于经营权的概念不清,两权分离的处理难免受到挑战。在继续探索企业自主经营的形式的过程中,承包制、租赁制、股份制等形式陆续出现了。股份制的概念和传统法人较为接近。但是,有人开始考虑,在股份制下国家成了股东,但是股权是什么权利呢? 股权是所有权吗? 当时中国人民大学的郭峰和王利明教授分别在《中国法学》上发表文章,郭峰老师认为股权是一种债权,这有些倾向俄罗斯民法的观点;王利明老师认为股权是物权。按照传统的说法,股权叫作社员权。当然,社员权又分为自益权和公益权。虽然我们无法把它归到物权或者债权,但是它仍然是一项财产权,或称商业(事)财产权。如果我们采取民商分立体例,这种财产权民法就不用管,可以通过商法规定。但是我们是民商合一体例,所以民法总得给这种财产权规定一个适当的位置。

用传统的民事财产权去理解商业财产权是不行的。商事财产和民事财产的不同在于,商事财产中有许多是无形财产,是变化的、不确定的动态财产,企业财产就是商事财产。当时,我们用了"财产权"的概念。现在看来,这个概念用得不错,其中包括了物权、债权、知识产权。经济学上把企业财产看作一个财产权利束,我认为从法律的角度也应该这样看。实践中也是这样的,比如,现在人们讨论浮动担保,就是承认了企业的财产是变化中的财产。企业财产包括有形财产和无形财产,有时候无形财产的价值比有形财产的还要高。比如,有外国人想用一两个亿的价钱购买全聚德的商号,但是北京全聚德的固定资产大约只有两三千万元。但是全聚德品牌上承载的商誉,即使是一两个亿的价钱也是换不来的。所以,我认为把法人占有的财产用"财产权"的概念来概括还是合适的。

法人还有一个权利是人格权。对于法人人格权的争议也比较大。对于法人的具体人格权,如名誉权、荣誉权等,大家基本没有异议。一部分学者,如尹田老师主要反对的是一般人格权,认为一般人格权反映的是带有自然人的伦理价值的自由和尊严,而这些伦理价值只能反映在自然人身上,不可能反映在一个团体上。如果仅把法人限定于企业法人,我也同意企业法人的人格权主要体现于无形财产。但是,法人不全是企业法人。有些法人是不营利的、是公益组织,将他们的名誉等人格要素都用无形财产来考虑恐怕不大合适。例如,大学的声誉中是有精神性的因素的,大学对外的活动也要靠社会精神上的支持。当然,法人的这种精神和自然人会有所不同,但是,在社会的伦理价值中也能体现。最关键的一点,就是承认法人的人格权有利于法人的生存和发展。

关于法人有哪些人格权的问题,显然有些自然人的人格权法人不能享有。但是,法人究竟享有哪些人格权,法人的有些人格权如商誉和知识产权如何区分等问题有待进一步研究。我的一个总的想法是,法人的人格权不能轻易否定,应该区分不同种类的法人来确定其享有哪些人格权。

以上是我对法人制度的基本理论几个方面问题的大致考虑。下面欢迎同学们一起讨论。

提问环节:

同学1:尊敬的马老师,您刚才提到人格的概念像一顶帽子,是跟生物人相区分的。那么,这里的人格是不是有身份的意思?因为它标明不同的人有不同的地位。您为什么说它是人格而不是身份呢?

马老师:罗马时代的人格通常被看作一种面具,这个面具不是任何人都可以戴的,只有一定身份的人才有可能戴上这个面具。所以,从今天来看罗马法上的人格就有这样的特点:一个是身份性,另一个是可变性。人格可升可降,奴隶可以升为自然人,自然人也可能降为奴隶。降为奴隶的话,身份变了,原来的人格也变了。所以当时的人格和身份是融合在一起的。当时的人格不像《法国民法典》里所谈的人格是人人平等的。

同学2:马老师,您好!我的问题是,怎么样认定有关人员的行为是法人行为。比如,现在出租车的司机对出租车享有个人所有权,是自己买的车。但是,对外是用公司的名义经营,公司收取非常少的管理费。在这种情况下,如果出租车出了交通事故导致侵权责任产生,这个责任的承担您认为应当由法人还是由出租车司机个人来承担?

马老师:交通肇事的具体规定我不大清楚,我只从民法角度来谈这个问题,是不是与交通规则有冲突,以后我们再讨论。作为一个法人的成员或者工作人员,只要在法人授权的范围内执行法人的公务时就代表法人,法人就应对因其工作人员的过错对外造成的损害负责。但是,负完责以后,内部对具体的工作人员按照企业内部的规定进行处罚。对外来说,是法人统一承担责任。比如,一名外科医生做一台手术出现了问题,首先应当由医院负责。医院负责后再向医生追究,医生如果有重大过错需受刑法的处罚,或者被医院开除,就是另外的事了。但是从民事上来说,病人是要求医院的法人承担责任的。

同学2:但是,我说的这个案件不大一样。您说营运权是公司给的,出租车在营运过程中的责任应该由公司承担。但是,出租车公司对出租车的管理是非常松散的。出租司机说今天上街就上,不上就不上,根本没法管。他们的行为很难跟别的公司员工执行职务的行为相比。

马老师:我不太理解你说的这个公司的运营。当然,这个公司可能像你说的那样仅仅是一个管理的单位,只收很少的管理费,不是我们通常理解的公司。那作为一个管理的单位应当是承担管理责任。可是,从名称上来看都叫公司,出租车司机对于公司收他们钱的意见也很大,出了事出租车公司怎么能不负责任呢?我常听出租车司机说,出租车公司只是给他们买一个保险,保险的数额也不高。总之,要看它是不是真正的公司,如果是真正的公司,就应当按照法人和法人成员的关系来处理,这样做主要是为了保护第三人的利益。这样的例子有很多。前些年四川的石化公司有一个司机驾驶的大油罐车装着12吨的浓硫酸。倒车的时候把阀门碰下来了,浓硫酸全部流出来,农民的几十亩鱼塘、几十亩水田全部毁坏。农民很清楚,司机赔不起,打官司直接找石化公司,当时公司赔了几十万元。公司回过头来处理司机,撤销他的执照,罚款300元。为什么会这样处理?因为公司和司机之间是劳动关系,不是纯粹的民事关系,公司的民事关系是对外的。现在一般对外承担责任的原则是,只要工作人员有法人的授权,或者在执行法人职务时,以法人的名义对外,法人就要承担责任。以自己的名义当然就不是法人承担了。比如,一个医生在家里开私人诊所,做手术出了问题能让医院负责吗?当然是医生自己负责。尽管医生是医院的职工,但并不是在执行职务。所以,一个自然人一旦进入法人就有了几种身份了,要考虑他和法人的关系,在法人中的职务等因素。对于他在外的活动和表现,要考虑它是以哪种身份出现的。以哪种身份出现,就承担哪种身份的责任。从民法的大致原则来说就是这样,再具体的法律法规我也不太清楚。

同学3:马老师,您刚才说法人有两个因素缺一不可。一个是人的因素,另一个是财产的因素。我想举两个极端的例子。如果我们公司一直约定公司的所有经营都通过掷骰子抛硬币来决定,我把这种情况概括为"有人之名而无人之实"。另外,还有一种情况是,现在的人工智能发展得比较好,这样人工智能就可能在某种程度上替代人进行经营活动。我把这种情况概括为"无人之名而有人之实"。我想知道的是,如果交易双方都存在人的要素名实不符的情况,其所进行的交易是否有效?

马老师:你的意思是作出了决策,但是,把抛硬币作为决策的方式。这样对外来讲就能成立了。外面只知道你的决策是什么,而不知道你作出决策的方式。

同学3:如果外面知道呢?比如,我们的章程上就写着我公司通过抛硬币决定公司事务。

马老师:这样的章程是不会被工商行政机关认可的,几乎没有这种可能。我觉得关键是决策本身,不是决策的方式。但是,这种情况比较古怪,我不敢说绝对就具备人的要素。

同学4:马老师,我刚才对于一个问题没有听清楚。想问一下您对于法人的本质、公司经营范围究竟是什么观点?

马老师:对于法人本质的几种学说,我个人比较倾向于实在说。因为实在说比较充分地体现了法人作为一个团体的价值。从立法者的价值取向来说,应该保护、促进团体价值在社会中的地位。所以,用实在说能够比较好地解决这个问题。另外,从我们中国的立法历史来讲,包括清朝末年的《大清民律草案》,

直到国民政府时期的民法,我们主要吸收的是实在说中的组织体说。从我们《民法通则》第36条对法人概念的解释来讲,也是主张实在说。再就法人对外的代表来说,我们一般不用“代理”而用“代表”,也体现出我们是赞成实在说的。总而言之,实在说比较符合我们的国情和历史,所以,我赞成实在说。

关于经营范围,首先,我认为它不是对权利能力或行为能力的限制,权利能力只是一种资格,资格都是一样的,但是,其中包括了许多的选择性,就是一个主体能够参加哪些民事法律关系,在这些关系里能享有哪些权利、承担哪些义务。但是,这种选择权是受限制的。这个限制实际上是对权利能力内容的限制。这个限制既可能源于国家法律的限制,也可能源于法人自身章程的限制。这种限制是应该存在的,但是应当允许企业通过变更登记程序方便地改变其经营范围。这种变更登记是为了方便国家对企业的管理,主要目的并不是限制企业本身。另外,对于这个问题研究商法的同志专门写过论文,我还没写过这方面的论文。

同学5:马老师,刚才您提到农村合作社的问题,说人大农委的观点和《民法通则》的规定似乎存在矛盾。您能不能详细解释一下这个矛盾?

马老师:《民法通则》对法人的解释主要是对外独立承担责任,也就是法人成员对法人的债务承担有限责任。而且法人的财产是独立的。但是,关于法人财产的性质有很多讨论,有人说是所有权,有人说是财产权,前面我已经作了解释。无论怎么说,这个财产是独立的,只有财产独立对外才能独立承担责任。这是《民法通则》规定的法人制度的基本概念。而《合作社法》现在要解决的问题是,合作社的财产不是独立的,要明确写上财产是属于社员的,但是,法人对外承担责任还是独立的。这就和《民法通则》以及我们理解的法人的概念矛盾了。但是现在实践中有需要,这就像前些年我们一直讨论的,股份合作企业也是“四不像”——实际上当时已经存在这个问题了——法律还没有制定出来,各地的股份合作实践一直在进行,如温州模式、山东周村模式、珠江三角洲模式,等等。实践已经突破现有法律的规定了。但是,实践中发展得很好,经济很活跃,这就需要法律给予承认、给予规范。前几年,我的硕士研究生写的是关于股份合作企业的论文,和现在的合作社遇到了同样的问题。他开始是想写怎么承认它的法律地位,结果收集了几个月材料后,越写越觉得不行。他发现股份合作企业其实不是一个具体的东西,在法律上不是一个科学的企业形式。后来我看他也没时间说了,从反面论证吧。后来他的论文主题就是否定股份合作企业的。如果原有的传统法律理论和现实冲突了,我们怎么解决这个冲突呢?是偏向传统理论,还是偏向实际生活,还是找一个中间道路?这个问题是很难的。冲突肯定有。依我的想法,还是偏重于实际生活。理论本身就不是完全严格的,就算是《德国民法典》,漏洞也不少。所以,完全遵循传统,往往解决不了实际问题,我倾向于现实生活。我们的立法应该开放一点,为以后法律的发展留点余地。我和梅夏英老师拟对《财产权总则》进行研究,就是想解决这个问题。我认为民法典应该开放点、留点余地,尽量少下概念。我国的法律有个特点——喜欢下定义,下定义就是抓住本质,就是要说清楚是什么。但是,这个想法是很难实现的,因为经济总在发展,世界总在变化。现在许多国家的立法者是很聪明的,并不在法律上对一些法律用语下定义,连《德国民法典》都是这样。我们说德国法是概念的“金字塔”,但是,它对债权、法人都没下定义。有些概念是说不清楚的。比如,法人的本质。所以我认为法律里面应该少下定义,多写规则。回答实践中遇到问题应该怎么办是主要的,概念的问题应该由学者去讨论。学者的讨论写在教科书里,教科书里的东西不见得都能写进法律。现在我们编写教科书要等法律颁布,法律分几章教科书就分几章,法律上有几个规定教科书就要有几个说法。教科书是从理论上讲的,拿着教科书办案是不行的。教科书是基础,是从科学的角度论证,可能对办案有指导或参考的意义。但是法律和教科书是两码事。教科书当然要反映现有法律,但是安排结构不见得和法律完全一致。

民事主体功能论

——兼论国家作为民事主体*

民事主体①是民事法律关系的参与者。一般认为它与权利能力、人格具有同一意义,是民事法律关系的必要因素之一。但为什么诸多社会存在②中只有自然人和符合特定条件的组织才可以成为民事主体?国家是主权者,对内对外享有最高权力,但它又是民事主体,与其他民事主体同样享有充分的权利,国家的这两种身份之间是怎样的关系?这些问题又包括如下几个方面:

第一,国家是否为民事主体?这是一个事实问题,我国现行法律没有明确规定;为数不多的理论探讨也显得苍白。明确规定国家作为民事主体,意义重大:首先,国家作为民事主体在实践中已成事实,然而立法相对滞后,国家的民事地位混沌不清,使与其处于民事关系中的相对人利益难以得到保障。其次,理论上研究国家作为民事主体,有重要的理论意义。③

---

* 原载《法学家》2003 年第 6 期。

① 此处的民事主体应该是"法律上之主体"在民法中的称谓。曾世雄先生谓"法律上之主体,指依法律之规定,得享有或负担生活资源变动效果之单位实体"。以之区别于权利义务之主体(曾世雄:《民法总则之现在与未来》,中国政法大学出版社 2001 年版,第 73 页)。

② 意识与存在是哲学上的两大对立范畴。此处用"存在"指称人类社会中的客观实体,包括自然人、组织、自然物以及人造物。

③ 如何正确处理社会和国家的关系有不同的理论。邓正来先生主张,建立国家和社会的"结构性互动关系";并且提出"两个阶段发展论"(参见邓正来:《市民社会理论的研究》,中国政法大学出版社 2002 年版)。笔者认为,国家作为民事主体,对于建构国家和社会两者之间的良性互动关系具有重大意义。国家作为民事主体参与社会中,就是两者互动的直接的途径和手段,在这个过程中实现国家和社会的双向交流沟通。

第二,国家何以为民事主体?对此,须得解释国家作为民事主体的根据。现有理论要么坚持国家法人论,要么强调国家区别于其他社会组织的特点,都不甚完美。各种学说没有抽象出各类民事主体之间的共同属性。而国家作为民事主体,必须找到新的根据、新的视野。本文从国家应该实现的民事功能出发,探讨国家作为民事主体的依据,力图合理地解释国家的民事主体地位。

第三,哪些社会存在可以成为民事主体?这是一个立法选择的问题,也是一个理论指导实践的问题。究竟哪些社会存在可以成为民事主体?民事主体制度变化的依据和规律又是什么?在这些问题上,我们必须在研究思路上寻求新的途径,不能仅仅集中于自然人法人或其他民事主体的个别探讨,而要从一个更加抽象或者更"巨视"的角度来看待民事主体制度。民事主体"功能论"④给了我们很大的启示。以功能角度来观察民事主体制度,我们发现:为了实现某种特定功能,法律就可以把一类社会存在确定为民事主体,因此民事主体制度应是一个开放、发展的体系。

---

④ "功能"这个概念在法学研究中有多种含义,我们对此进行了一个大致梳理。低层次的法律功能与法律的职能、法律的作用同义。也有理论把法律的功能解释为法基于固有属性而具有的能够发生一定效用的能力,如法的目标导向功能、规范人们行为的功能、预测功能、保护功能、教育功能等,并且认为,法的功能是法的职能、法的作用产生的前提,法不具有功能就不能发生法的职能和作用。(参见曾庆敏主编:《法学大辞典》,上海辞书出版社1997年版,第1079页。)也是在这个意义上,比较法学者创造了重要的研究方法——功能主义比较法,即比较不同法律体系下具有相同功能的法律制度。(参见[日]大木雅夫:《比较法》,范愉译,法律出版社1999年版,第86页以下。)在法理学的流派划分上,有所谓的功能法理学(或功能法学派)(functional jurisprudence, or functional school of jurists),也被称为社会法学家团体,他们关心的是法律在社会中做什么以及如何发挥作用,而非原则和逻辑推理,或者超越一切的理论原则。他们把法律看作一种可以改进,发展和重建的社会制度。(参见[英]戴维·M.沃克:《牛津法律大辞典》,北京社会与科技发展研究所译,光明日报出版社1988年版,第364页。)一般而言,实证主义法学、法社会学等非自然主义法学的流派都很重视对法律的功能进行分析。同一项功能可以通过不同的法律制度来实现,为了实现某项特定的社会功能,法律必须对此有所反映,虽然从某个意义上讲,功能并非法律的终极价值,但是通过对功能的分析,我们可以更好地探求隐藏在法律规则后面的规律。本文用"功能"一词指称某项法律制度在社会生活中所起的作用,它有可能是已经实现的,也有可能是现有法律没有实现而需要新的法律规则去实现的。功能是法律要实现的目标,而某种法律关系却是实现这个功能的手段。

一、特定功能是民事主体确立的重要依据

民事主体的发展是一个漫长过程。古罗马法就针对不同的人,赋予不同的法律人格,自由民与奴隶之间、市民与非市民之间的法律人格差别很大。奴隶是法律关系的客体,当然不是主体,即使是罗马市民,由于家族或氏族的存在,法律也只赋予家父民事主体地位。但是作为自然人的家父与其说作为民事主体,还不如说是作为家族的代表参与民事关系,家族才是真正的民事主体。“家族人格并不以家父或家子的自我性和个人性为起点,而是以家族的单一性为起点。”⑤在罗马中后期,市民与非市民之间的法律人格趋于平等,个人开始可以自己的名义进行民事活动,法律人格逐渐赋予个人。但是奴隶仍然不具有民事主体地位。而真正全面赋予自然人个人主体地位的是以《法国民法典》为代表的近代民法,该法第8条规定:“一切权利人都享有民事权利。”当时正值新兴资产阶级崛起,高倡天赋人权、理性主义的时期。“无论天赋人权观念还是理性主义,都使之为基础的法律以个人为出发点,并由此确立个人主义主体制度。”⑥《德国民法典》继续坚持并发展了以个人作为民事主体的制度,并创造出“权利能力”(Rechtsfaehigkeit)概念,还在民法中确认了法人制度。继后的瑞士、日本、中国、韩国纷纷仿效,形成了大陆法系近现代的民事主体制度。虽然关于法人性质的争议从未停止过,各国(地区)对法人概念及其范围的理解也存在差异,但是法人仍被普遍确立为民事主体。比较特殊的是合伙,早在《汉谟拉比法典》中就有所规定,远远早于法人的出现。但是关于合伙的民事主体地位,各国(地区)的立法例并不一致。可以看到,对自然人来说,由一个生物意义上的主体到法律意义上的主体;对组织来说,从一个由多人组合的组织体变成一个具有区别于其成员的团体意思的法律主体,都是立法者的选择。正如我国台湾地区学者史尚宽所言:“为权利之主体,第一须于享有权利之社会存在。第二须经

⑤ 龙卫球:《民法总论》,中国法制出版社2001年版,第197页。

⑥ 同上书,第207页。

法律的承认。”[7]但法律承认的依据又为何,还值得探讨。

在古罗马时代,对于自然人来说,自由民中能够直接行使主体权利的只是家父。当时,家族是基本的社会单元,所有的交易都是以家族为交易对象的,个人在社会中的作用并不明显,个人实际上被家族所吸收,因此法律只承认以家父为代表的家族为民事主体。之后,民事主体从家族转向个人的发展过程,至少与两个因素有关:第一,是社会的进步和对人的尊重,即所谓的天赋人权思想,观念上每个人都是平等的,都应该赋予其平等的地位,这不仅是自然法精神的体现,而且也是法律公平理念的弘扬,这个因素是自然人民事主体地位确立的价值基础,是每一个自然人(包括无行为能力人)能够取得民事主体资格的关键依据。第二,随着经济的发展,社会分工的扩大,个人的存在和作用逐渐显现。交易财产的增加,交易关系的频繁和复杂使几乎任何两个人之间都有可能进行交易,一切均由家父代表参与的传统已经不能满足交易的大量发生,在此种历史阶段中,只有由个人参与交易,才可能发挥每一个人的聪明才智,促进经济的发展。可见,个人在经济和社会中发挥重要功能,是法律确立自然人民事主体地位的根本原因。

法律赋予一些社会组织有独立于其成员的民事主体地位,也是为了更好地实现团体的特定功能。“人以群分,物以类聚”,结合为团体,乃人之天性,各类团体即为社会中的重要存在,它能以自己独自的地位和品格实现举足轻重的社会功能。功能之一是团体的维持,即将团体人格与成员人格区别开来。确认团体独立的民事主体地位,才能使团体存续和发展。当个别成员的利益与团体的利益不一致时(比如,通过少数服从多数的规则来确立团体意思时,往往少数人的利益和愿望就受到抑止),必须以团体的名义进行民事活动才可以实现团体的利益,避免团体解散。“团体一旦成立,就将延续下去,哪怕只剩一人,该一人之身份亦不能与团体人格相混淆。”[8]功能之二是简化、促进交易,当团体的利益与成员(包括两种情形:所有成员和在少数服从多数的意思决定机制中占多数票的成员)利益一致的时候,将团体作为一个民事

---

⑦　史尚宽:《民法总论》,台北,政大印书馆1980年版,第71页。

⑧　[意]彼德罗·彭梵得:《罗马法教科书》,黄风译,中国政法大学出版社1992年版,第52页。

主体,能够避免相对人与其成员单独谈判、交易,而使同样的交易更简便迅捷。因此,“法人制度的承认,从根本上减轻了经济交往的负担。法人代替了众多的成员出现在法律交易中,作为合同当事人及权利义务承担者”。⑨ 作为民事主体的公司,还可以集合其成员投入的大量资产,实现个人难以实现的巨额交易。其他的社会存在,如财团是特定人与一项特定财产的分离,强调财产的特殊目的与功能,而不强调具体人的意思与作用,此时法律完全可以把一项特定财产确定为财团法人,让其参与民事活动。之所以如此,乃团体具有与自然人不同的功能。

可见,一些社会存在要对社会的发展和进步发挥功能作用,就必须通过参与一定的民事法律关系才能实现,在此种情况下,法律就有必要赋予某些社会存在民事主体地位。梅夏英博士在《民法上人格的变迁与民法价值体系的衰落》一文(原载于中国民商法律网)中也提出类似观点,“人被完全抽象化了,个人和组织在交易关系中没有必然界限,只要能成为财产载体,完成交易的使命,就可以是法律确认的主体”。法律确立民事主体地位的功能,主要是指经济、交易方面的功能,这也是本文讨论的重点。但是我们也不能忽略政治、社会功能因素。罗马“共和国末年,人民团体多被利用从事政治斗争,给政府造成威胁,故奥古斯都于执政以后即制定《优利亚结社法》(*Lex Julia de collegiis*),规定除宗教团体外,设立其他团体,须经皇帝或者元老院的批准,一经批准,即享有人格”。⑩ 现在,各种政治、社会因素在法律主体的确立过程中仍起重要作用,反动的组织犯罪团伙或者其他非法目的的组织显然不能获得民事主体资格。

因此,法律对于民事主体的规定,至少有两个方面的含义:一是在人文主义的影响下,赋予所有自然人民事主体地位,使其参与民事法律关系,享有相应的权利义务;二是为了达到特定目的和发挥特定功能,而对一定的社会存在赋予民事主体地位,确认其权利能力,这主要是针对社会组织和特定财产而言的。

---

⑨ [德]海尔穆特·库勒尔:《德国民法典的过去与现在》,孙宪忠译,载《梁慧星先生主编之城外法律制度研究集》(第2辑),国家行政学院出版社2000年版。

⑩ 周枏:《罗马法原论》,商务印书馆1994年版,第273页。

“自法律之目的言之,对于有应为权利主体之需要者,即应赋予权利能力,然此需要,不限于自然人。自权利之观念言之,凡有得享有权利能力的实体之存在者,即得为权利主体,法人亦具有此实体之存在。”⑪虽然这仅在于说明法人主体地位的由来,但其他的民事主体又何尝不是如此。

如果没有意识到功能论在确立民事主体时的重要意义,我们对民事主体制度的研究就可能陷入陈旧的“建构”模式,即先确立自然人为民事主体,然后以自然人作为基本原型,找出其作为主体的要素如具有独立的意思、行为能力和责任能力等。当要判定其他社会存在的民事主体地位时,便生硬地为它拟制出与自然人等同的存在要素。以法人为例,法律总是以自然人为依据,去“构建”法人的意思、法人的能力等要件。一些学者已经认识到这一问题,并对此提出了质疑,“对法人而言,其所谓‘人’则具有法律技术上及形式上的意义,乃类推自然人的权利能力,而赋予人格”,⑫而两者是不可比的,“矧法人与自然人被肯定有权利能力之考虑上,两者系立于平等之位阶,亦无法人非比附自然人不可之基因”。⑬ 殊不知,判定自然人与其他社会存在民事主体地位的衡量标准相去甚远,前者主要来自自然法主张之天赋人权,后者仅为社会存在之特定功能。正确的研究方法应该是直接对法人本身分析,不应比照自然人。“自然人外之组织体,如欲认定符合权利义务集散处之设计,赋予权利能力,大可不必影射自然人。”⑭

二、国家因具特定功能而成为民事主体

关于国家作为民事主体,很早就有比较成形的理论,先后出现过不同的

⑪ 史尚宽:《民法总论》,台北,政大印书馆1980年版,第122页。
⑫ 王泽鉴:《民法总论》,台北,三民书局2000年版,第162页。
⑬ 曾世雄:《民法总则之现在与未来》,中国政法大学出版社2001年版,第90页。
⑭ 同上书,第82页。

学说。[15] 起源于罗马的“国家法人说”认为,国家作为一个法人参与民事法律关系,成为民事主体。“国家是国内法律秩序所创造的社团。国家作为一个‘法人’,是这个社团的人格化,或是构成这个社团的国家法律秩序的人格化。”[16]英国法学家梅特兰认为,主权就是以国王为首的集体法人。[17] 此学说始由公法学者和政治学家提出,目的在于解释国家在公法上的地位。后来民法学者认为,把国家视为法人“乃是法律拟制的结果”。对此许多学者提出质疑,如果法人的人格为国家的法律所拟制,那么国家的人格是否也由国家的法律来拟制呢？国家既是“拟制者”,又是“被拟制者”,这在逻辑上难以解释。[18] 此后,“法人目的财产说”成为解释法人本质的新理论,它认为特定的无主财产为了一定的目的而存在,就成为一个法律所拟制的人格,“国库本身就是法人”。[19] 19 世纪末,德国学者基尔克等人提出“法人有机体说”,认为国家所具有的独立意志和能力决定了国家是一个法人。上述理论都把国家作为一个法人组织,只不过对该法人的性质认识不同而已。这些理论有两个问题:首先,不能解释法人理论发达前国家作为民事主体的情形。“在罗马,认国库,行政区域、都市、寺院为私法上权利之主体,然法人观念之发达,为中世纪以后之事。”[20]其次,这种比附法人的理论没有摆脱民事主体自然人与法人二元论的束缚,认为国家要成为民事主体,只能首先成为一个法人。然而,国家即使是法人,也不能当然得出国家可以作为民事主体的结论。因为国家作为法人是享有公权力的公法人,而非私法人。

也有许多学者摒弃法人的分析模式,指出国家作为民事主体的特殊之处,如享有法人和自然人所不能享有特殊的权利能力;国家的民事主体地位由立法

---

⑮　参见王利明:《论国家作为民事主体》,载《法学研究》1991 年第 1 期;刘勇、陈华:《论国家作为民事主体》,载《华侨大学学报》(哲社版)1999 年第 1 期;胡光志:《论我国民事主体结构的重建》,载《现代法学》1996 年第 2 期;余能斌、马俊驹主编:《现代民法学》,武汉大学出版社 1998 年版,第 172～179 页。

⑯　[美]凯尔逊:《纯粹法学》,第 118 页,转引自张宏生主编:《西方法律思想史》,北京大学出版社 1983 年版,第 437 页。

⑰　参见龚祥瑞:《比较宪法和行政法》,法律出版社 1985 年版,第 192 页。

⑱　参见张泽辉:《论国家的民事主体地位》,载《经济体制改革》2000 年第 S1 期。

⑲　[法]狄骥:《宪法论》,钱克新译,商务印书馆 1962 年版,第 369 页。

⑳　史尚宽:《民法总论》,台北,政大印书馆 1980 年版,第 120 页。

程序决定;国家享有更广泛的民事能力。[21] 国家以国库为基础承担责任,代表全体人民利益进行活动;国家作为民事主体在国际民商事活动中享有豁免权;[22]由国家机关代表行使民事行为。[23] 据此,国家应该是一个特殊的民事主体。[24] 苏联和东欧国家的民法典也采此说。其理论依据是国家作为主权者和财产所有者,其双重身份不可分离,在参与民事法律关系时,并不失去其特有的主权和特权,因此其民事权利能力和行为能力是特殊的。[25] 也有观点认为,国家是一个与自然人和法人平等的民事主体,它应该放弃其主权者地位参与民事法律关系中,国家不是一个特殊的民事主体。[26] 这些国家非法人说,从严格意义上讲还算不上一种学说,仅是对国家作为民事主体的现象进行描述,而没有对国家作为民事主体的实质进行探讨。

现在看来,分析国家作为民事主体,必须采用新方法,开拓新视野。

在德国,关于国家作为民事主体理论在传统上是国库理论。考察国库理论的起源,可以上溯到罗马时代,当时的国库就是罗马皇帝的私人金库,属于皇帝任意支配的财产,与元老院所支配管理的事务不同,它不受公法的限制。但 19 世纪国库理论的产生却另有缘由,因为当时法制不承认公民有任何法律救济途径得以对抗国家公权力的侵害,为了使公民至少可以通过法院向国家请求赔偿因其公权力不法侵犯所造成的损害,才创造出近代国库理论。该项理论将国家人格割裂为二,除主权者外还拟制出一个新的独立的私法人——国库,再由国库代替国家负责损害赔偿。这样就把国家割裂成两个独立的法律人格:一是固有意义的,行使公权力的国家;二是具有私法人性质的国家。对于后者,人们以“国库”(Fiskus)一词代替,以区别于前一意义的国家。

自 19 世纪后半叶,由于行政诉讼逐渐完备,国家公权力的行使逐渐被“驯

---

[21] 参见王利明:《论国家作为民事主体》,载《法学研究》1991 年第 1 期。

[22] 参见张泽辉:《论国家的民事主体地位》,载《经济体制改革》2000 年第 S1 期。

[23] 参见刘勇、陈华:《论国家作为民事主体》,载《华侨大学学报》(哲社版)1999 年第 1 期。

[24] 持这个观点的有:王利明:《论国家作为民事主体》,载《法学研究》1991 年第 1 期;余能斌、马俊驹主编:《现代民法学》,武汉大学出版社 1998 年版,第 172 ~ 179 页;张泽辉:《论国家的民事主体》,载《经济体制改革》2000 年第 S1 期。

[25] 参见马俊驹、余延满:《民法原论》(上),法律出版社 1998 年版,第 229 页。

[26] 参见刘勇、陈华:《论国家作为民事主体》,载《华侨大学学报》(哲社版)1999 年第 1 期。

服”,依法行政可以较好地保护公民权利,把国家割裂为两个独立人格的国库理论已经丧失其存在必要。尤其是法治思想更加成熟后,公法行为甚至比私法行为受到更多限制,如果还坚持国库理论,会使私法行为成为国家规避公法限制的手段,进而向私法逃避。随着国家功能的完善,在传统上主权者人格活动的领域,国家也逐渐采用了一些类似于民事活动的规则,而国库行为也被要求遵守公法中对国家公权力限制的规定。更重要的是,国家的主权者人格和国库人格区分没有明确有效的标准,一些活动既可以被主权者所为,也可以被国库人格所为,难于区分国家参与活动时的人格性质。两种人格的逐渐混同,使试图通过把国家的人格分裂成两个相互对立的领域,一个为主权者而享有高权,而另一个为与自然人、法人平等的国库人格,几乎已不太可能。于是,20 世纪传统国库理论终遭彻底扬弃。自魏玛以降,通说已认为公权力主体之国家与私法主体之国家并非两个相互独立的法律人格,两者具有同一性,成为合二而为一的单一法律人格体。纵使国家以私法主体姿态出现,并不改变其国家之本质,“国库”虽然继续使用,但其含义已经发生了变化,它只是国家从事私法行为时使用的一个名称,并非指另一个与国家并立的独立人格体。[27]

无论是国家法人说还是把国家人格分裂的观点,都认为民事主体作为客观现实,是先于民事法律关系而存在的,或者说先有民事主体,后有民事法律关系。因此,把国家拟制为法人或分离出一个独立人格,使其成为民事主体,才可以形成具体的民事法律关系。一般认为,民事主体是民事法律关系三要素之一,没有民事主体也就不可能形成民事法律关系。“民事法律关系是具体民事法律主体之间发生的,符合民法所要求的法权模式要求的,具有明确民事权利义务内容的民事关系”,[28]这反映了认识上的一个误区:民事主体决定法律关系的民事性质,民事主体在逻辑上先于民事法律关系。其实,我们是否可以大胆假设:在某种情况下,某种民事法律关系又可以“塑造”出一个民事主体呢?

---

[27] 参见许宗力:《基本权利对国库行为的限制》,载许宗力:《法与国家权利》,台北,元照出版有限公司 1999 年版。

[28] 江平主编:《民法学》,中国政法大学出版社 2000 年版,第 73 页。

民事法律关系属于法律关系。法律关系的定义有多种，最常见的是："法律关系就是运用法律规范调整人们在行为过程中结成的以具体权利义务为内容的社会关系。法律关系本质上是被赋予法律属性的社会关系，它具有双重属性，即法律性和社会性。"[29]法律关系根据法律规范的部门可以分为民事、行政、刑事等法律关系。社会存在之间，由于社会生活会产生各种关系，当需要法律进行调整时，就把这些社会关系纳入调整范围，形成特定部门的法律关系。因此，从时间先后来看，先有一定特性的社会关系存在，然后由法律对此进行调整而产生了不同部门的法律关系。某一社会关系是否为法律关系和为哪类法律关系，完全由法律确定，同一种社会关系，在此国属于法律关系，而在彼国却不是，在过去是而现在却不是（如人役权、家父权）。对民事法律关系来说，很多社会关系起初并不属于民法调整范围，但是由于民法的发展，调整范围的扩张，这些社会关系也被纳入民法的调整范围中，成为民事法律关系。当民法确认某一类社会关系为民事法律关系时，也就同时确认了该关系的主体是民事主体。[30]可见，在某些情况下，民事主体确立的前提是民事法律关系的确认，民事法律关系实现了对民事主体地位的"塑造"。绝对而言，先有民事主体，再有民事法律关系的说法是不准确的。因此，对于某一社会存在，无论它属于什么性质，只要它与其他社会存在之间的社会关系被民法调整，该社会存在也就成为民事主体。

一个社会存在也许会参与不同的法律部门，成为不同法律关系的主体，把它永远地定性为"民事主体"或者"行政法律主体"也是不对的。至于哪些社会关系可以进入民法的调整范围？其标准之一是社会存在之间发生的社会关系本身的特点，标准之二是社会存在的特定社会功能。如果社会存在之间形成民

㉙ 曾庆敏主编：《法学大辞典》，上海辞书出版社1997年版，第1104页。另外，参见［日］我妻荣等：《新版新法律学辞典》，董璠舆等译，中国政法大学出版社1991年版，第881页。

㉚ 民事法律关系是撷取社会关系的一部分而成立的，其主体当然属于社会关系的主体。马克思认为，社会关系是指人们在共同的实践活动中相互交往、相互影响而结成的各种关系的总称，是物质关系和精神关系的总和，社会关系从本质上说属于阶级关系，故社会关系的主体只能是人。虽然法学把"人"广义解释为自然人和法人，但社会关系主体不能是人以外的物却是传统理论不加质疑的。然而，这些观点也遭到后现代主义、环境伦理学的猛烈抨击，他们认为，应该让人以外的物也成为法律主体。本文从功能的角度也认为，如果出于特定功能的需要，不妨让人以外的某些物也成为法律关系的主体。

事权利义务关系,更能有效实现社会存在的功能,就可以把这类社会关系纳入民事法律关系的范畴,其社会存在就成为民事关系的主体。

"民事法律关系的本质是人身关系和财产关系中的平等人格关系。"[31]何谓平等?自然人、法人没有公权力而国家有,从这点来看三者显然不平等。因此有人认为,国家如果要参与民事法律关系,必须分离出一个私法人格。其实,法律关系的"平等"是一个相对范畴,只要当事人发生民事法律关系过程中没有使用公权力,都遵循私法规则,不行使特权,这就是平等。同样,虽然有些自然人享有特权,但只要他们参加法律关系时与他人平等对待,自然应承认其平等地位。一般意义上,国家是公权力者,对其成员有管理的权力,但是一旦国家与他人的关系被民法调整,形成民事法律关系,国家就必须遵循民法的平等原则,不能再行使公权力,而相对人可以根据民法要求国家履行民事义务承担民事责任。可见,国家在参与民事法律关系前后的身份是同一的,没有任何变化,更没有分离出另一个人格,只是它参与法律关系的性质不同,其行为所遵循的规则发生了变化。

民法调整国家与其他社会存在之间的关系,使国家成为民事主体,这一现象可用民事主体功能论作出很好的解释。虽然国家的人格不分裂,但是并不意味着国家所起的功能是单一的。随着社会的发展,国家理论和结构的完善,国家功能将更加多样化。它不仅扮演主权者的角色,同时还扮演经济管理者、公共管理者的角色,参与经济活动以实现国有资产的保值增值,调节经济秩序,为社会弱势群体提供福利。国家既然要实现不同的功能,也就应该参与不同的法律领域。在行使主权者职能时,国家就成为公法主体,在市场条件下实现经济功能时,国家往往就成为民事主体。根据国家的各项功能辨别其法律地位,避免国家参与民事法律关系时借用公权力损害其他民事主体的利益。国家为了实现特定目的和功能而以民事主体的资格参与民事法律关系,这将极大地丰富民事主体的内涵。

---

[31] 李锡鹤:《论民事(法律)关系的概念和本质》,载《华东政法学院学报》2001年第1期。

三、国家实现特定功能的民事领域

国家由于特定的功能而成为民事主体，在民事领域参与各类民事法律关系。本文拟从以下三个方面来分析，因为这三个方面分别体现了国家在民事领域所实现的功能。

（一）国家作为物权主体

国家可以作为所有权主体，对国有财产享有所有权，这是国家参与的民事法律关系中最主要的类型。国家由于统治和有效的社会管理等需要，都要拥有大量的各种类型的财产。

国有经营性资产的保值增值只有通过商品经济活动才可以实现。但商品经济的前提是交易主体的地位平等。而国家首先是作为一个公权力主体而存在的，享有对内和对外的最高权力，因而没有其他任何主体可以和它在一个层面上进行交易活动。“在一个产权明确，但全部产权归一个所有者的社会中，是不会有市场竞争的。”[32]在这种条件下，国家唯一的途径就是改变自己的地位或身份，下至为与自然人或者法人平等的交易者。为了有效实现国有资产的保值增值，国家应当遵循民事法律规则来实现自己的所有权。

有学者把国家享有所有权看作国家作为民事主体的前提条件，“国家作为民事主体，主要是指国家在以国有财产为基础从事各种交易活动而形成的民事法律关系中的法律地位。显然，国家享有所有权或者作为财产权的主体，是国家作为民事主体的前提”。[33] 这个观点首先确立了国家所有权关系，随之推论出国家应该享有民事主体地位，或者说，国家虽以民事主体地位参与财产交易活动，其民事主体地位却是法律关系塑造的。但是，这一看法似乎忽略了国家在

---

[32] 张树义：《变革与重构：改革背景下的中国行政法理念》，中国政法大学出版社 2002 年版，第 52 页。

[33] 王利明：《论国家作为民事主体》，载《法学研究》1991 年第 1 期。

“所有”法律关系中,也当然被确立为民事主体,只是这个法律关系是一个静态的所有,而非财产交易状态下的动态的所有。应该认为,国家即使在静态所有的情形下,也是名副其实的民事主体。认识到这点对于公用物等非经营性国有资产的保护意义重大。现在,人们已经认识到,国家作为其所有者,可以对损害国家财产的个人或者组织享有赔偿请求权。如果否认国家的民事主体地位,则对于那些损害国有财产的人,国家只能通过公法方式对其进行处罚(如判处损害公私财物罪或其他行政处罚),而不能依据所有权请求民事赔偿,显然这对保护国有财产是不利的。

(二)国家作为合同主体

国家成为债权人或债务人,主要包括:第一,国家作为债务人,发行国债;第二,国家签订合同,购买所需的物资,这主要体现为政府采购;第三,国家通过合同,建设各种重大工程,如工程招标;第四,国家为了实现一些公共管理职能与自然人或各种组织签订合同,如授予一些个人或者组织某些行政特许权。本文主要探讨第四种情形,因为它更能体现作为公权力者的国家为了实现其特定功能而参与民事法律关系,成为民事主体。

“合同被认为是结构上重建管理秩序的核心法律工具,合同和准合同关系已经在公共管理中发挥核心作用。政府管理中的合同文化表达了一种文化转型,行政层级管理走向接近于私人部门的管理。”[34]在英国,20 世纪 70 年代以后,政府就开始运用了大量合同。“市场精神在欧洲和成员国国内的政府合同立法上得到有力表达。英国的撒切尔政府改革,在规模和重要性上导致并且形成了以市场精神为取向的政府合同革命,它首先表现为将合同作为政策执行工具和管制工具,还表现为合同作为政府的组织工具。我们可以理解为,合同问题对于行政法的重要,相当于竞争对于市场的重要。”[35]

这些现象的出现,说明随着国家法治的健全和发展,政府的管理方式日趋

㉞　于安:《政府活动的合同革命——读卡罗尔·哈洛和理查德·罗林斯:〈法与行政〉一书“酝酿中的革命”部分》,载《比较法研究》2003 年第 1 期。

㉟　同上。

民主化,同时也表明了国家作为民事主体,参与民事法律关系已经成为一个普遍现象。相应地,对行政合同性质的探讨也不断深入。因为行政合同与公法因素有关,混淆了私法因素和公法因素,有人把行政合同视为一个混合性质的合同。但是国家在合同中承担的义务、享有的权利都依照合同约定,其地位只是合同的一个缔约人而已,国家此时的特定功能通过合同得到实现。在法国,一方面,承认行政合同的有效性,在政府目的不能实现或者受到严重损害情况下,可以停止履行已经承诺的政府义务;另一方面,对政府不履行合同义务造成他人的损失由政府进行赔偿。"赔偿是防止行政机关滥用合同特权和保护合同当事人利益的制约器。"㊱国家在"命令行政"转化为"合同行政"过程中,从一个对民事主体享有行政命令权的主权者变成了一个受到合同约束、对相对方承担义务的法律主体。虽然在这类合同中国家仍然有异于纯粹民事合同当事人,但是相对于绝对的行政权力来说,国家更倾向受到民事法律关系的约束。从这些现象中可以看到,国家参与合同关系,作为民事主体是为了实现其功能。

需要说明的是,在很多情况下,国家机关法人代表国家直接参与民事法律关系而成为名义上的民事主体,但是它行使的是国家公权力,本质上也是国家作为民事主体。其他情形,一般可以认为是国家直接参与民事法律关系而成为民事主体。但无论何种情形,都是公权力行使者因为实现功能的需要而成为民事主体的。

(三)国家作为责任主体

"基于公务员不法行为之国家损害赔偿责任,是以民事责任发生原因之一的侵权行为责任为基础而产生的。"㊲从国库理论来看,最初的国库设立目的就是为了承担国王的赔偿责任。20 世纪以前,根据国家绝对主权思想和过失责任原则,认为国家与公民之间是权力服从关系,国家对公务人员的违法行为没有"过错",故否定国家的赔偿责任。第二次世界大战后,各国承认国家对公务员

㊱ 于安:《政府活动的合同革命——读卡罗尔·哈洛和理查德·罗林斯:〈法与行政〉一书"酝酿中的革命"部分》,载《比较法研究》2003 年第 1 期。

㊲ 刘春堂:《国家赔偿法》,台北,三民书局 1994 年版,第 3 ~ 5 页。

的侵权行为承担赔偿责任。现代国家赔偿法原理认为,国家就公务员的过错行为,对受害人负有概括赔偿责任,虽然国家相对于公务人员和受害人来说仅仅是侵权行为之第三人。但受害人仍对国家享有损害赔偿请求权,并且该项“国家损害赔偿请求权为私法上之权利,故损害赔偿之范围,原则上应以民法之规定”。[38] 在理论上,国家在私法关系中的责任,吾人认为国家为公法人,唯其私法之活动,则应与私法人无异,自亦应受私法之支配。[39] 可见,国家承担赔偿责任表明国家抛弃了公权力者身份,成为民事责任主体。国家为了实现对自然人或法人的赔偿,由一个不受赔偿法制约的主权者,演变成一个承担民事替代责任的主体。虽然国家赔偿的赔偿范围、责任限制、程序、归责原则有其特点,但与民法的赔偿责任没有本质区别,此时国家就是承担民事责任的法律主体。

为了维护处于弱势地位的自然人、法人的利益,国家必须对公务人员给自然人、法人造成的损失承担赔偿责任,这就是国家参与赔偿关系所要实现的功能。一旦在这些领域确立国家民事主体地位,相对人就可以根据民法请求国家承担赔偿责任。虽然在实践中由具体的国家机关进行赔偿,但是我国 1994 年《国家赔偿法》第 29 条规定:“赔偿费用,列入各级财政预算,具体办法由国务院规定。”国家最终是以国家的财产作为责任财产。应该指出,如果有些机关有自己独立的财产,在国家财政预算之外承担赔偿责任时,不具有国家赔偿的意义。

四、民事主体功能论与开放的民事主体制度

国家能够作为民事主体,其依据在于实现国家特定的社会功能。同理,任何一项社会存在,当它只有参加民事法律关系才能更好地发挥和体现自己的社会功能时,法律就应该赋予其民事主体地位。用功能论的观点来重新审视,民

---

[38] 刘春堂:《国家赔偿法》,台北,三民书局 1994 年版,第 3 ~5 页。

[39] 参见范馨香:《国家对于公务人员执行职务违法侵害人民权利应负损害赔偿责任之商榷》,载《法学论集》[“中华学术与现代文化丛书”(第 9 册)],台北,中国台湾地区“中华学术院”印行 1976 年版。

事主体制度应该是一个开放、发展的体系。

关于民事主体的现有理论有如下几个特点:第一,民事主体是由立法选择的,什么社会存在可以成为民事主体由立法者确定。各国民法典关于民事主体大多以完全列举的方式加以规定,没有被列举的其他任何社会存在均不得享有民事主体资格。这样民事主体的类型虽然明确,但使其成为一个封闭体系,难以适应社会的飞速发展。第二,传统民法是通过赋予个人或者组织体"民事权利能力"的方式来确立民事主体地位,即所谓"得为权利主体之资格或者地位,民法仿德民之规定,成为权利能力。故权利能力者,与人格者有同一意义"。[40]但法律赋予民事主体地位的意义和标准并不明确。第三,从功能角度来审视民事主体制度,还没有引起理论界的足够重视。

"主体地位和资格的开放应是整个民法典成为开放型的基础。从德国民法典至今的一百年左右的发展,充分说明了将民事主体资格仅限于自然人与法人的不足。《民法通则》起草时就有第三主体的争论,《民法通则》通过后17年的历史也证明了主体资格开放是必要的。"[41]理论上对民事主体制度研究不够,也是限制民事主体制度开放的原因之一。不能发现民事主体制度发展的规律和内在动力也就无法确定哪些社会存在可以成为民事主体。

笔者认为,民事主体制度功能论应当为民事主体制度的开放和发展提供一定的理论支持,找到其发展的动力。国家本来不是为了实现民事目的而产生的,但为了更好地发挥其特定经济、社会等功能而成为民事主体。

功能有不同种类,如促进交易、保护特殊法律利益、承担赔偿责任等,功能的多样化决定民事主体制度是开放的体系,根据不同的功能可以确定不同的民事主体。不同时代有不同的功能需求,民事主体制度也会因此成为发展变化的制度体系。

从民事主体功能论出发,我们重新考察权利能力和行为能力。关于主体的能力,其目的可以从两个方面来认识:一方面是根据民事主体要实现的功能,赋予其权利能力使其可以在某一目的范围内进行正常的民事活动;另一方面是限

---

[40] 史尚宽:《民法总论》,台北,政大印书馆1980年版,第71页。

[41] 江平:《制订一部开放型的民法典》,载《政法论坛》2003年第1期。

制民事主体的能力,即把主体的能力限定在使其实现功能的范围内,而不得超出这个范围。“权利能力设计之第一阶段以能包容各种权利(义务)为其范围,因而设计之初貌只有单一之范围,并不带有任何之限制。设计之第二阶段,当权利能力适用于不同之适格者,因各该适格者之因由而受限制,权利能力之范围即不再有初貌之完整,且因具体适格者之不同,而呈现不同之范围矣。”[42]对于新类型的民事主体,其权利能力设计似应遵循前述第二阶段的设计。

随着社会的进步,未来的民事主体制度将是一个开放、多元的系统。为了实现某个目的或某个功能,把某个自然的实体(甚至包括某些生物或者非生物)作为民事主体,只不过应通过不同的“权利能力”的设计,来限制该实体仅在某个具体方面享有民事主体地位。比如,根据对野生动物的保护,我们不妨设定在侵权法关系范围内,把某些野生动物作为民事主体,要求捕猎者进行“民事赔偿”;为了保护古代的建筑或自然风景,在侵权法领域赋予其民事主体地位,要求“侵权行为人”对其进行民事赔偿。[43] 对于这些主体的权利实现,有不同主张。有人提出以“监护人”加以解决。斯通在主张自然物体有法律地位的基础上,监护人或保护人或信托人可以被指定为代表自然物的利益。[44] 还有人提出,建立动物利益代表机构来实现动物的权利。[45] 主张虽不同,但殊途同归,都为民事主体的扩张提供了操作上的可能性。

---

[42] 曾世雄:《民法总则之现在与未来》,中国政法大学出版社 2001 年版,第 86 页。

[43] 如前所述,社会关系有突破人与人之间关系的倾向。江山先生根据“人类摄养能力不充分,摄养方式不周延的事实”,也提出赋予自然、环境以“准主体资格或限制的法律资格”,“其大意是,生态要素和自然环境都是法律赋予人格的资格者,非经法律同意或者法律认为合适,其生命权、存在权、收益权不得无故或故意被侵犯、伤害、毁损、灭失”。(参见江山:《法律革命:从传统到现代——兼谈环境资源法的法律问题》,载《比较法研究》2000 年第 1 期。)

[44] See Christopher Stone, *Should Trees Have Standings? Towands Legal Rights for Nature Objects*, Los Altos, CA: Kaufmen, 1974, p. 24.

[45] 参见高利红:《动物不是物,是什么?》,载梁慧星主编:《民商法论丛》(第 20 卷),金桥文化出版(香港)有限公司 2001 年版,第 287 页以下。

民事主体制度的历史发展、哲学思想和制度构建*

一、权利主体制度的形成和发展

(一)罗马法

在民法史上,权利主体制度经历了非常复杂的历史变迁,从早期家族或家庭主体到后来个人主体地位的确立,表现了法律思想的重要变化。罗马人在实践个人化的进程中,逐渐在认识上将个人与家族或家庭分离开来,因此推动了个人在民法上逐渐获得主体的地位,当然,这是一个漫长的历史过程。下面,我们回顾一下这个过程。

在原始社会,主体与客体是不分的,人与自然也是不分的。由于人类生存的原因,人们必须生活在共同体中,人们之间的整体性比个体性更重要。因此,产生血亲崇拜,原始的宗教就成为非常自然的事。如果我们承认在那个时候也有法律,显然它必须将家族作为法律的主体。在很长的历史阶段,家族或家庭被看作国家最基础的利益组成单元。过去也说家庭是社会的细胞,所以,在罗马早期,民法是把法律主体奠基在家族这一层面上的,而个人不具备独立的法律存在,每一个个人被其所从属的家族集团所吸收。在当时的社会条件下,家

---

* 本文系根据作者2002年10月在清华大学法学院对民商法学博士研究生所作的民法专题讲座整理。

族或家庭作为主体能够成为一个独立的社会单位。但是,一个家族是由若干个人组成的,而每一个人又是有独立思维的,所以在每个家族中必须有一个权威的人,实际上,所有的动物群体都是如此。罗马时代进入一个父权社会,这就形成了家父代表制度,一个家族由家父统领和代表。在法律上,在家族内部关系上,有人格地位的只能是家父,家子、妇女、卑亲属对外是没有主体身份或法律人格的,当然,这是指一个家族的内部关系,对外仍然是以家族为单一性起点的。家族具有独立性,家父只是代表,有人说家族、家庭是法人,也有一些道理。在早期罗马法上,作为生物的人要成为权利主体需具备3个条件:一是自由人,有自由权;二是罗马市民,有市民权;三是家长,有家族权。在那时,虽然家长(家父)拥有广泛的财产决定权,但它不是个人权利,它代表的还是家庭、家族的权利。所以,这个时期个人还不是主体。

到古罗马中后期,商品经济(严格说是简单商品经济)逐渐得到发展,个人之间的商业活动逐渐频繁,其商业目的往往不是为一个家庭、一个家族而进行,而是出现了一些为个人目的而从事的活动,这样,个人的存在意义逐渐突出。在包括战争的社会活动中,个人的作用和价值提高了。例如,为了吸引更多平民参加罗马的连年征战,国家规定,这些军人可以自己而非家父的名义获得军功财产,从而提高了军人的地位;与此同时,希腊个人主义哲学产生并传播到罗马,这些现实使罗马人的思想中开始萌发最初的个人主义,并逐渐形成了个人意识上的自然法观念。起初,罗马境内的居民都可以取得市民的地位,主体的范围逐渐扩大到全部自由人,而且奴隶也逐渐有了一定的私权。在此种情况下,家父权发生了解体,个人主体性得到了社会的承认。但是,在那个时候,个人主体结构中还是具有等级的特征;在法律上,还不是人人平等的。

另外,我们还发现,罗马法还逐渐确立了团体人格。个人与团体有了分立的人格,即使团体只剩下一个成员,这个团体的人格与这个成员的人格还是分开的。在一个团体范围内,如果什么东西应当给付团体,它也不应付给团体所属的个人,个人也不应偿还团体所欠的债务。这不正是今天的法人吗?所以,马克思说,在罗马已经有了法人,虽然从制度上讲,它是不完善的。以上讲的是社团,由数人组成的社团法人。实际上,在罗马,国家和其他公团体更早一些就被赋予了人格,当时,各种政治宗教组织,如国家、城邦、市镇、僧侣会,一开始就促成了罗马人团体实体化思维,不同程度地承认它们为特定的权利主体。在罗马,当时还出现了“基金会”“养老院”“医院”,这些组织是由一笔财产按照一定的使用目标而成立的团体,这就是后来的财团法人。所以,历史地考察,财团法人比社团法人产生还要早。

在罗马,为什么能形成个人主体观念,这是很值得研究的问题。而且,它又为什么为后世各国所吸收和发展,更是值得研究的问题。

(二)法国法

我们知道,《法国民法典》是近代民法的代表。它产生于法国 1789 年资产阶级革命的胜利。资产阶级的胜利,是建立在社会经济发展的规律和与之相适应的个人主义思想的基础之上的。根据个人主义理论,加之启蒙哲学的影响,形成了天赋人权和理性主义的近代道德原则。在这里,无论是天赋人权理念还是理性主义,在法律思想上都是以个人为出发点的,即以个人为中心。在这个意义上,它也是对罗马法精神的继承和发展。所以,近代法律在形式上都是打着“复活”罗马法的旗号,进一步确立了个人主义的主体制度。这是法国民法主体制度的最大特点。法国民法在主体制度上的发展,主要是放弃了罗马法上人格等级制度,原则上采取法国人人平等的原则。《法国民法典》第 11 条规定:凡有法国国籍的,一律平等,具有主体资格。从这个条文上看,外国人只有根据有关条约才能获得与法国人同样的民事权利(这涉及的是法律地域效力问题)。还有,在《法国民法典》上还有“婚姻资格”“交易资格”的区别。“婚姻资格”是以年龄作为决定条件,而不是取决于身份;“交易资格”实际上是处置财产的能力,应属于行为能力。所以,《法国民法典》与我们现在理解的自然人人格的性质是一致的。

在团体人格的确立方面,1804 年制定《法国民法典》时没有规定,原因有两点:一是法国的主体制度是建立在绝对个人主义的思想基础之上,对团体往往采取漠视和敌视态度,在他们看来,团体的存在有可能侵害个人的意识自由;二是资产阶级虽取得了革命的胜利,但还担心封建残余借助团体的力量颠覆他们的革命成果,害怕结社的泛滥。所以,有意地不规定团体人格。但是商业活动的发展使经济共同体的独立性不可或缺,因此,在实践中还是要求承认团体人格,这就是习惯法。到1807年法国制定商法典时,就已经认可了特定类型的商业组织具有主体地位,实际上是承认了法人。但是,在法律结构的深层,法国的立法思维所承认的法律人格,仍然只有个人或自然人,团体、法人组织不是法律价值观念的主体,只是商法所承认的作为商业经营技术意义上的主体,这种团体主体,其价值基础仍然是个人的主体性。

(三)德国法

由于商品经济的进一步发展,即我们通常说的自由竞争发展到垄断时期的资本主义,德国没有动摇近代个人主体思想和个人平等原则,它的主要目标仍然是追求个人有资格享有权利和自由。又由于《德国民法典》产生于深厚的法学理论背景,强调结构体系的严密性,立法中概念法学派占主导地位,所以首次使用了概括性的语言表述,把个人的法律人格改进为实体法上的"权利能力"。所谓权利能力,就是指足以拥有权利或担负义务的资格。而且德国法没有完全固守个人主义,而是在相当程度上接受了经济共同体思想以及社会连带观念,这表现在主体制度上,就是承认了法人制度。

这里,涉及"人"和"主体"这两个概念。在民法史上,从"人"到"权利主体"的变迁,有一个很长的发展过程。从1807年海塞首次使用"法人"的概念之后,就有人提出在"自然人"与"法人"之上要有一个上位概念,这就是后来莱布尼兹提出的"主体"概念,随后,萨维尼在1840年出版的《现代罗马法体系》一书中提出了"权利主体"的概念,这样逐渐形成权利主体制度。权利主体不仅包括"人"——自然人,还包括"法人",当然权利主体的范围还在扩大,合伙、国家甚至其他的一些社会组织还有其他动物、自然物也在讨论中。徐国栋教授认为,"主体"这个概念是"画蛇添足",结果使"人"的概念解体,他认为"主体"和"人"的含义是等同的。他认为,"主体"取代"人",导致了国家对人的凌驾。①

① 参见徐国栋:《民法典草案的基本结构——以民法的调整对象理论为中心》,载《法学研究》2000年第1期。

笔者不同意这种看法。

《德国民法典》的主体制度，从结构上采取了自然人和法人的二元结构，它与传统的个人一元结构相比有重大发展，也说明了团体观念在现代社会有巨大影响。但是团体成为主体的思想基础是什么？它的法哲学基础是什么？德国法在这个问题的立场并不是很清晰。什么是法人？法人的本质是什么？为什么团体可以成为法人？学说就很多，几种法人本质的学说都有自己的市场。一种观点认为，法人纯粹是一种立法技术，就像尹田教授所理解的那样；②另一种观点认为，法人与自然人一样具有成为主体的价值性。所以，多年来，法人的主体性是技术还是与自然人具有相提并论的价值问题，一直争论不清。许多学者（包括尹田教授）始终认为，个人主义是团体的制度基础，法人主体性只是一种技术性的法律表现，真正的主体只能是活生生的人——自然人。在德国，萨维尼是代表人物，称法人具有拟制性，是对自然人所作的拟制，这显然表达了一种根深蒂固的个人主义认识。到了 20 世纪初，在德国开始兴起社会学或社会关系学，他们强调个人的社会性，强调个人主义与团体主义的互存关系，这些学者的主张有时被称为超个人主义。这些学者坚持法律主体的二元结构，认为法人也是实实在在的实体，具有独立存在价值，法人与自然人是相互对应的。在这种学说形成和坚持的过程中，法人实在说渐次形成，我国在立法上是以这一学说作为理论基础的。但同时也有坚持拟制说的，如江平教授、③尹田教授等。

由以上简要梳理可见，早期罗马法存在的是原始家族观念；到中晚期，罗马法逐渐形成了个人主义思想，即个人主体精神；在中世纪的欧洲，出现了因贸易发展促成个人主义和经济共同体观念的商事习惯法。由此，个体商人和商业组织作为主体，在法律上获得认可。当时欧洲流行一句话，“国与国之间，商人才是真正的大使”，是这一事实的佐证。到近代，以《法国民法典》为标志，主体制度选择了个人主义，但原有婚姻家庭观念并没有消失；到《德国民法典》，一方面承认个人主义的主体制度，另一方面也承认一部分团体的主体性，承认法人。

---

② 参见尹田：《论自然人的法律人格与权利能力》，载《法制与社会发展》2002 年第 1 期。

③ 参见江平、龙卫球：《法人的本质及其基本构造研究——为拟制说辩护》，载《中国法学》1998 年第 3 期。

什么样的团体是法人,这是由法律规定的,除实质条件外,还有形式条件,它体现了一种受限制的团体主体思想。法人的概念,或者说对法人团体的范围,显然有一种扩大趋势。这就涉及立法问题,哪些团体是法人?或者说,哪些团体(如合伙)可以成为第三民事主体?还是扩大法人的概念,把这些团体纳入法人的概念之中?

在知识经济时代,由于高科技的迅猛发展,产业结构发生重大变化,生产主体在层次上已经从个人、家族完全转换为企业。所以有人说,现代社会就是由各种各样企业组成的社会,这就出现了企业的社会权力化。特别是出现了一些特大企业、跨国企业,我们有时称为企业集团、联合企业或企业群体等,主体的存在形式不断复杂化、社会化。这种主体发展趋势非常值得重视。

在这个问题上,黑格尔认为,法律的真理知识,来自立法者的教养,即理性,而它们要以现实生活为条件。萨维尼也说:"法律是从民族精神中发现的,而不是制定的。"我觉得,这些话即使对我国现在进行的民事立法也是具有指导意义的。

二、关于主体人格的哲理考察

哲学上讲人的主体性,与民法上讲人的主体资格、讲人格不完全是一回事,但是有联系。在哲学上,人的主体性包括三个层面:一是需要性,它决定了人必须不断地与外界进行物质、能量、信息的交换才能生存,因此形成人类社会。二是精神性,它是指人所具有的不断进行意识活动、情感活动、意志活动的特性。人不仅是物质存在物,而且是精神存在物,是一个精神性的主体。三是实践性,它包括所有主体改造客体的活动。实践活动产生于主体的需要并以主体精神为中介。显然,以上这三个方面,即需要性、精神性和实践性是人与动物,特别是高级动物所共有的,但它们又有质的差异性,如人的精神需求,人的活动的复杂性,人会改造世界和改造自身等。正是人与动物之间的这种质的差异,使人成为主体,动物成为客体。但是,我们也应该承认,除人外的其他动物,如类人猿,黑猩猩甚或鸦鸟,已经包含形成主体性的萌芽,或者说已经具有前主体性的特征,甚至蚂蚁社会、蜜蜂社会都存在这样一些特征。想到这,人与动物区别的界限很不容易表述,当然动物与植物的界限也不容易表述。我记得上小学时就知道人会劳动,会使用工具,动物不会,现在看来也不见得,许多动物会使用木棍、石子等简单的工具。所以,有人说,大熊猫是权利主体并不奇怪。

在哲学上,人和主体不是一个意思。人并不是在任何时候,在任何情况下都是作为主体存在的,如婴儿就不是哲学上的主体。要成为主体,必须形成独立的自我意识。所以,在哲学上,有时人是作为主体存在的,有时是作为客体存在的,在这个意义上,人是具有二重性的,既有主体性又有客体性。主体的概念有别于人的概念。但是,近现代民法上,不存在人的主客体二重性问题,人永远是主体(当然,人体的一部分可以成为客体),所以,婴儿也是民法上的主体。民法在这一点上,的确是把人作为目的的法,以人的利益为中心的法。

20 世纪 60 年代,发达国家开始兴起“经济哲学”;20 世纪 90 年代以来,在中国也兴起了“经济哲学”的讨论。“经济哲学”,顾名思义,就是对经济活动的哲学思考,这与法哲学、政治哲学、自然哲学一样,属于部门哲学的范畴。“经济哲学”研究的问题很多,但是有的问题与民法、与民事主体制度有一定的联系,如它研究人类与自然的经济关系、经济主体(就是亚当·斯密的经纪人假设,它强调人的自由活动,由“看不见的手”带来公益。还有人称经济人)与经济社会客体(指经济制度)的关系;经济效率与经济公平的关系等。

这里,我们讲讲经济人的问题。经济人是以个人主义、个人利益为中心的主体理论,它把人理解为一种趋利、自利的动物,这种经济学上的理论,恰恰也是近现代民法的基本理念,也是民法上人的本质所在。当然,个人主义民法的优越之处我们不讲了,但它也有弊端。所以,民法也要适应形势的发展。就人而言,现代民法上的人与近代民法上的人的要求就不一样。民法不是一个静止的民法,是一个历史性的民法,是一个发展的民法,这一点,首先反映在人上,民法上对人的假设从来不是不变的。现代民法是经济人的假设,人是个人主义的,每个人都是考虑自己的幸福的,这显然有很大的弊端,是有害的。所以,20 世纪 90 年代出现了社群主义哲学。人总还是有一个共同发展的问题,富人带动穷人,共同富裕,这无法靠一个人的自觉来解决,这要靠法律来规制,比如,我们现在讲人格平等,另外还要保护那些特定的群体、特殊的职业、特殊的阶层,法律不就是调和阶级的产物吗?现在不讲阶级,而讲阶层——这需要学者研究这个问题,以及城乡差别问题等。民法上的人不是一个静态的人,也不是同一个层次上的人,是多层次的、多元化的人。我总有一点感觉,对人的认识,无论是哪一个学科,现在都处在一个需要认真思索的年代。

现在还有一个问题:经济全球化和知识经济问题。经济全球化的过程,使我们必须从民族经济主体向人类经济主体转变。虽然这是一个漫长过程,但又是不可避免的,最终会在社会生活的整体层面上形成一个统一、强大的人类主体,它将使人类第一次以统一主体的身份,审视和处理地球的事务和自己的发展。在这样的前提下,人类个体权利的地位和范围肯定会受到影响,就像人类可持续发展这样的大问题,它与个体权益的冲突如何解决?目前,这是我们面前的一个重大课题。还有,知识经济的出现,它意味着人类第一次以智力劳动取代了体力劳动的主导地位,以智力生存方式取代体力生存方式的主导地位,这是人类经济发展方式的一次深刻变革,也是人类社会生活方式的一次深刻变革。在这种情况下,人类的经济发展从摆脱物质性空间的束缚,进入经济发展的精神空间方式,我们是否可以联想,到什么时候人力资本将胜于物质资本,在商事活动中将要重新设计商事主体及其构成成员的地位和权利。在这种情况下,人们的幸福和愿望将从物质生活的满足转移到精神生活的满足,特别是精神的自由和创造的实现,与此相适应,人们对自身人格自由、人格价值的实现有更高要求,这就是对尊严的要求,人活着要有尊严。从这个意义上讲,民法加强人格权方面的规定,只能看作顺应社会的发展。而人格权是什么?在一定意义上,它就是民事主体自身的精神权利,现在我们反过来看,没有人格权也就没有真正的民事主体。

笔者很同意徐国栋关于制定民法典时,要重视人的中心地位的看法。他对《德国民法典》"总则"缺陷的分析也是有道理的,比如,他说:"它以总则湮没了三编制中的人法,由此抹杀了人在私法中的中心地位,是后世人们把民法理解为单纯的财产关系法之观念的始作俑者。”[④]这有一定道理,我觉得值得研究。当我们看到德国法的优点时,也要分析它的缺点和不足,这正是我们在立法上要克服和改进的。不过,在我们主张以人为中心的民法理念时,必须要考虑到自然、环境,民法在一定意义上就是解决人与人,也包括人与动物的对立和矛盾。人与物是什么关系?从哲学上讲主体与客体的对立,民法上也同样遇到这样一个问题,而且是民法的核心问题,是民法的基本理论制度问题,民法的所有问题是从这里开始的。

我们从具体的经济层面考察,市场经济(包括我们的社会主义市场经济)是一种主体性经济,即突出企业主体、个人主体的经济。在市场经济条件下,经济主体是多元的,而且无论哪一种主体都要在统一的市场规则、法律和市场秩序下从事活动,所以,主体地位是平等的,其行为是自由的。平等与自由是市场经济条件下经济主体性的两个方面,是完善的市场经济的两个本质特征。我们的市场经济叫作社会主义市场经济,这是一个新生事物,也是一个矛盾事物。一方面,市场经济的本质要求个体发展的自由和平等,由于优胜劣汰的经济规律,必然存在事实上的不平等;另一方面,社会主义在本质上又要求把社会整体的自由解放放在第一位,要建立和完善公有制经济,要形成一个有效的社会保障体系。所以,我们现在在探寻一个个体和社会整体矛盾运动的最佳机制,怎样才能使两者真正统一起来,这也是政治体制改革的任务。显然,要解决这个矛盾、这个问题,我国目前还在“摸着石头过河”。因为我们的社会主义还处在初级阶段,我们的市场经济还在建立之中,因此,目前我们似乎还无法实现个体和社会整体共同最佳的发展。讨论这个问题,即探讨当前我国社会条件下个体发展与社会整体相互作用的矛盾运动规律,找出二者结合的一个最佳状态,这主要是哲学家的任务,法学界难以完成,但与法关系密切,因此,我们要关注哲学研究的进展。具体来说,这是国内人学(不是人类学)的研究对象,因为人学对法学十分重要,目前我国法学界已经有人涉足人学(如北京大学朱苏力在这方面已经有些研究了)。

---

④ 徐国栋:《民法典草案的基本结构——以民法的调整对象理论为中心》,载《法学研究》2000年第1期。

中国改革开放以后,有个提法叫“第二次睁眼看世界”。在哲学层面上,我们看到了已经发展近百年的丰富多彩的现代西方哲学,人本主义就是现代西方哲学的一大方面。人本主义是20世纪80年代后,中国学术界广泛使用的术语,泛指一种以人为本、以人为目的和以人为尺度的思潮。在一定意义上,人本主义就是人文主义,或称为人道主义。它兴起于14世纪的意大利,15~16世纪在西欧国家广泛传播,是欧洲文艺复兴时期新兴资产阶级反封建的社会思潮。到了19世纪,学者开始使用“人文主义”这个词。所以,现在我们一提“人文主义”,大致知道它是主张人的个性解放和自由平等,推崇人的感性经验和理性思维的,其主流是市民阶级反封建、反中世纪神学世界观的新文化运动。人文主义为欧洲宗教改革运动的兴起、自然科学和唯物主义的发展、人们思想的解放开辟了道路,也为民法精神的发扬,民法制度特别是民事主体制度的完善奠定了理论基础。在哲学界,它对中国近年来的思想文化,以至上层建筑各个领域均产生重大影响。现代西方人学的出发点、中心都是个体或个体的存在,且重在揭示人的感性、自然性本质,着力说明人的多样性、多变化的存在。这些独特的内容恰恰与中国20世纪80年代改革历史过程具有相当的一致性。我们进行的经济体制改革,就包含了对个体存在的凸显,对个体生存发展的自由选择的强调,对个体能力的突出发挥,表明了个体存在多样性时代的到来。

回想一下,20世纪80年代中期我们的《民法通则》就强调“平等主体”,但是我们还没有达到实质平等,甚至形式平等都还没达到,官本位思想、特权现象还是存在的。近年来,我们强调主体权利的扩张和主体形式的多样性,以适应不断变革的经济发展。以上都是指积极的的影响,当然也有明显的负面影响,在此暂且不讲。我们是否要对个体存在给予一定的限制?就民商法而言,如对胎儿权利如何保护?法人是否要有特殊的权利能力?成立一人公司的理论基础是什么?法人是否可以组成合伙?等等。这些问题不仅民商法、法理学要探讨,也要从解释一般规律的哲学层面去分析、思考,它可能给我们带来一个认识问题的更高境界,这不仅是一个看问题的角度问题,也不纯粹是一种方法问题,一切事物需要从本质上去研究,不是了解一个事物的现实状况,而是去探索它为什么会这样,将来还会怎样。

笔者非常同意这样一个观点,近 20 多年来,我们的法律制度(包括民商事法律制度)得到了很大发展,但在法律思想方面,即在寻求指导法律制度发展、铸就法律制度灵魂、建树法律制度精神方面,我们做得还远远不够。所以,法哲学这个领域应当受到更多关注。笔者的看法是,对于各部门法的博士研究生来讲,各个学科很热门的课题,基本让人家写得差不多了,所以现在选题困难,硕士研究生困难,博士研究生更困难,找个好题目不容易。题目找好了就成功了一半,题目选不好就会完全失败。我们能不能从深度上去挖掘一些东西,而不是仅仅从广度上去找空白,这就是我们为什么要重视相关理论,尤其是基础理论研究的原因。

哲学家在研究人类社会时,总是愿意假设从世界上只有一个人的时候开始,一个人当然不可能与自然界分离,他本身就是自然物,也不可能有自我意识,和其他动物一样,恐怕也只是对饥饿、疼痛、寒冷有些感觉罢了;又假如只存在三个人的世界,情况就复杂了些,矛盾就会产生。卢梭在《论人类不平等的起源》一书中这样描述,他们是在一个"没有敌意和友情"的世界中生活着;但是,在财物不足,而且合作的好处还没有被认识到的时候,他们的争斗也是不可避免的。实际上,笔者认为以上这两种情况是不存在的,东方神话里的女娲造人、西方亚当和夏娃的故事难以考证,只有到了达尔文发现了物种起源、赫胥黎出版《进化论与伦理学》时,讨论人的本质和起源才算有了科学基础。

人类社会从一开始可能就是一个个的群体。中国人民大学高铭暄的博士冯军翻译了德国当代学者、波恩大学法哲学研究所研究员雅科布斯的一本书,名为《规范、人格体、社会》。⑤ 书中讲到,在一个群体社会中,每一个个体似乎都与自己分离了,而转移到群体之中,以至个体感觉到自己已经不再是一个统一体,而是群体的一部分。群体不能一盘散沙,得有领导和被领导者,得有主人和屈从者,主人还要为群体制定一种"宪法"("群体宪法"),这种"宪法"赋予屈从者一种地位,使他们成为有人格的人格体。米健在翻译考夫曼的《后现代法

⑤ 参见[德]京特·雅科布斯:《规范·人格体·社会——法哲学前思》,冯军译,法律出版社 2001 年版。

哲学》这本书时,[6]将同一个词“Person”翻译成“人格人”。“人格人”也好,“人格体”也好,都是指相对于其他人和物而存在的人,是作为“关系总和”的人。人格体和主体是一个非常接近的概念,这种人格体的地位使屈从者能够把他们的劳动理解为在为群体履行任务,而且是强制性的任务,即“当为”,也可以理解为“义务”。在构造人格体(主体)的时候也还涉及权利,人格体之所以需要权利,是为了能够满足他们履行义务,这是一种看法。雅科布斯认为,权利是从义务中产生的,而人格体是应该为一个群体完成一项任务的人,人格体是由“当为和自由空间组成的秩序图式”。只有人格体的秩序才能建立一个社会。

黑格尔在《法哲学大纲》上有句名言,“尊重其他人作为人者方得为人”,这样的社会才能被理解为规范性世界。由此看来,人格体、人格人、人格性(考夫曼认为,“人格性”是一个应该由规范来烙印的意识的秩序观)、人格、主体,以及德国民法提出的权利能力都是一些非常抽象的概念,它们和人类学、生物学上讲的人是不同的。人格体是一种地位,是在一个群体内的地位,群体发展到后来就是国家,国家决定了群体组成人员的结构,创设了人格体的行为规范。每一个人格体就是一个社会角色,在这种角色中,各种义务和权利是被绑束在一起的,在这种意义上创立了实际存在的人格和地位。

考夫曼在《后现代法哲学》中指出:“人格体(人)不是实体,人格体是关系。在此意义上,人格体是规范‘主体’和‘客体’的合二为一。”考夫曼认为,“后现代思想首先应该克服现代的两元论,即主体与客体的分离,一切欲望的冲动压抑或自由释放之间的选择以及人们极为看重的唯理性和非唯理性之间的对立”。考夫曼和哈贝马斯有相同的观点,都认为唯理论这个“现代的女神”已经黯然失色了。考夫曼认为,非唯理主义将永久复归。

至于什么是唯理主义,什么是非唯理主义,在此作一简单介绍。唯理主义认为,运用抽象推理就可以达到事物的目的,就可以知道事物的结构,不通过经验就可以获得事物的真理和知识,只要运用理性的、逻辑的推导就能对任何事物作出正确的判断和解释。这显然夸大了理性思维在认识中的作用。而非唯

---

⑥　参见[德]阿图尔·考夫曼:《后现代法哲学——告别演讲》,米健译,法律出版社2000年版。

理主义则主要强调人的精神生活的各种非理性因素，如情感、直觉、本能、无意识等，认为存在本身具有非逻辑性或非理性的性质。本来非唯理主义起源于宗教和宗教哲学，具有神秘主义的色彩，但是 20 世纪以来，又成为风靡西方的思潮，它在基本观点上和马克思主义哲学、马克思主义世界观是对立的，但是它也在人类意识中的某些领域，如本能、欲望、意志、直觉等方面提出许多重要的研究课题，对哲学的发展有一定的启发。

考夫曼是当代德国著名法学家，他是 20 世纪德国著名法学家拉德布鲁赫的门生。拉德布鲁赫又是 19 世纪德国著名法学家李斯特的门生，李斯特又是耶林的学生，可以说，在学术上他们基本上是一脉传承的。考夫曼在离开教学公职发表的名为《后现代法哲学》的演讲时，最后说道："后现代法哲学必须要体现对法权的关怀，即对人类的关怀，更进一步说，对以所有形式存在的生命的关怀。"

三、关于具体主体制度上的考察

在具体主体制度的构建方面，我只想提出一些问题，并不想详细去论述它。对有一些问题，我也没有成熟的观点。总之，笔者有一个感觉，民事主体的范围在扩大，形式也在多样化；对自然人来说，精神权利越来越处于重要地位，相比之下，财产权利的行使受到宏观的国家干预的趋势越来越强。

在自然人方面，有如下问题：(1)如何确认胎儿的权利地位，是采取相对保护原则，还是采取绝对保护原则？例如，出生前被踢伤，出生后是残疾，有没有要求加害人赔偿的权利？在胎儿期间，都有什么权利？如果没有权利能力，怎么享有权利？等等。(2)死亡人的权利问题。死亡人有人格权和财产权吗？权利能力都没有了，怎么还能有人格权？我们受理这样的案件，应如何在理论上加以说明？当然，财产权因死亡而由继承人继承了，无人继承的也成为无主财产了。所以相关的主要问题就是人格权问题，当然，如果涉及知识产权问题，如侵害鲁迅的著作权、肖像权，这其中也包括财产性的内容。(3)宣告失踪、宣告死亡的法律后果问题。被宣告死亡人生还后,如何取得其原有的财产,从财产性质上讲,其被宣告死亡期间,是否还对其原有的财产享有所有权?通常理解就成了无主财产,可以继承或移交他人,那么应该认为其是依法重新取得原有财产的所有权,还是原始取得?再一个是刑法问题。一个被宣告死亡的人在外结婚是否构成重婚罪?这里可能有两个阶段,一是他(她)被宣告死亡后,配偶还没有再婚;二是配偶已经再婚了,这时他(她)在外结婚算不算重婚?还有可能是,他(她)后来知道自己在家乡已经被宣告死亡了,在外干脆结婚吧,这算不算重婚罪?(4)目前,我国智力障碍者有1300万名左右,残疾人有几千万名,是否需要建立无行为能力和限制行为能力的宣告制度?有的学者不同意建立这种宣告制度,认为这对他们来说是一种更大的精神压力。我们还应了解国外的禁治产和准禁治产制度建立的理由和功能如何。(5)监护制度放在哪里?是放在亲属编(我国叫婚姻家庭编),还是像王利明主张的那样放在总则里?还有监护人与被监护人承担责任问题。被监护人对他人的侵害,由谁承担责任?用什么财产承担责任?如果首先用被监护人的财产,那不就是自己承担了吗?那还要监护干什么?这对监护人履行责任不利,这是要考虑的问题。还有一个问题,就是哪些单位或法人可以成为监护人?一是幼儿园和小学校,它们是监护人,还是监护人的代理人?如果是监护人的代理人,那么是法定代理还是要签代理的委托合同?二是精神病院是不是监护人?还有人提出,不满18岁的大学生的监护问题,认为高校不是监护人,应在高校以外寻找监护单位,要不在动物园烧熊的那个学生,学校还得承担赔偿责任。另外,我国《民法通则》对监护的设定作了详细规定,承担监护人的范围很宽泛,包括亲属、朋友和单位,他们在职责上有什么不同?还是完全一样的?

在法人方面,存在如下问题:(1)有限责任问题。法人的特殊权利能力问题,也就是法人的人格问题。过去我们都是这样讲的。从20世纪80年代中期,学术界开始有了疑义。为什么自然人的权利能力是普遍一致的,而法人的就是特殊和特定的?权利能力这个概念到底指的是什么?它指的是一种主体地位、一种资格,权利能力并不是指某些具体的权利和义务,为什么还要特殊?但是法人的种类确实很多,同种类的法人经营的范围也不相同,这种对法人的限制是限制的权利能力,还是限制的权利?或者限制的是行为能力,抑或是其他什么能力,如商业能力?我们也顺便想到婚龄的限制。婚龄是权利能力还是行为能力?有人说是特殊的权利能力,到了婚龄就是说你有结婚的法律地位和资格了,至于你结不结婚不管你;而且婚龄不仅是权利能力的开始,也是行为能力的开始,至于你能不能结婚,例如,法律规定患有某些疾病的人不能结婚,那么这时你虽然有权利能力,但没有行为能力。(2)关于法人本质的问题研究,有拟制说、实在说和否认说,我们为什么采实在说?如果采实在说和拟制说,在法人制度的逻辑体系上有什么不同?比如,法人机关、法人代表与法人的关系,是有权利能力,但没有行为能力;是代理,还是代表?采不同学说所依据的深层次的法哲学理论是什么?等等。(3)法人的内部结构问题——法人中各种人的法律地位和法人中各种人员的关系问题。比如,分为法人、法人成员、法人机关、法人机关成员、法人内部的工作人员、法人的代理人等,在我国有正式工、临时工,现在还有"人员租赁公司"。所谓研究关系,就是研究它们之间的法律关系和各自的权利,以及民主机制的问题。(4)法人的独立财产和独立责任问题——实际上是对法人的独立性研究。法人财产的性质,是经营权,是所有权,还是财产权?笔者同意它是一种集合财产权。不同类型的法人,他们的独立财产是指什么,大学法人的独立财产是什么?法人的有限责任问题是指什么?是指法人成员对法人债务的责任吗?现在有的国家承认商业合伙也是法人,这是否是说法人也可以承担无限责任?这就又涉及什么是法人的问题。在民法典讨论中,大家也提出一个重要问题,是扩大法人的概念,把合伙和无限公司也放在法人中,承认无限公司,还是仅把承担有限责任的组织放进来,大家比较同意后者。(5)法人的分类。一种意见认为,仍按照我国《民法通则》的分法——企业法人、事业法人、国家机关和社会团体。另一种意见认为,可将法人分为社团法人和财团法人。我们要研究一下为什么大陆法系把法人分为社团法人和财团法人。这既有历史的原因,也有结构上的原因。社团是人的组合,而财团是财产的组合。另外,法人还有营利法人与公益法人、公法人与私法人之分。实际上,我国也是分为公法人和私法人的。还有一个问题,就是筹备法人和清算法人的问题。在清算法人中,清算组是法人机关。(6)法人的分支机构问题,这关键是解决法人与其分支机构的关系问题,法人分不分等级?如银行、铁路等。(7)对法人基本性质的突破,有一人公司的问题,还有法人的分级问题(一级、二级),以及合伙法人的问题。

在合伙方面,有如下问题:(1)合伙是不是民事主体?这是争议最大的问题。我们的民法典将怎样规定?(2)合伙的分类,特别是有限合伙、有限责任合伙(特殊普通合伙)、隐名合伙的问题。(3)合伙的财产性质问题。合伙财产的结构复杂,这是由于合伙出资标的灵活性造成的。(4)合伙的债务承担问题。(5)合伙的退伙、入伙问题,主要的法律后果,责任承担问题。应该说,这个是任意性规范,内部可以约定。但对第三人来说,退伙后还要不要承担连带责任?

最后,国家民事主体地位问题。国家的两种主体地位怎么分开?国家成为民事主体后,对整体私法关系的影响的问题,比如,国家所有权、国家签订合同问题等。总之,有许多问题值得研究。

讨论题:

1. 如何理解人格、民事主体、权利能力的概念?
2. 如何理解法人的本质?寻求法哲学上的理论根据。
3. 合伙能否作为民事主体?也要力求探索理论根据。
4. 承认国家作为民事主体对于私法和私权有何影响?
5. 瞻望民事主体制度的发展趋势。
6. 民法的基本理念与法治社会。
7. 何谓民法的现代化和社会化?

论国家在市场经济下的民事主体地位*

一、国家作为民事主体与市场经济

继党的十四大明确提出，我国经济体制改革的目标是建立社会主义市场经济体制后，第八届全国人大第一次会议通过的宪法修正案又以国家根本大法形式明确规定“国家实行社会主义市场经济”。这就必然要求：(1)一切经济活动都直接或间接地处于市场关系之中，通过市场信号把生产条件按照社会需要在各个部门之间进行资源分配，从而形成新的财产关系格局。(2)所在企业(包括那些必须由国家掌握的企业)，作为市场主体参与竞争，行使法律赋予的权利，实现自己独立的经济利益。(3)政府部门不直接干预企业的生产、经营活动，而是通过指导性预期性计划、各种经济杠杆、财政货币政策引导、调节和规范企业的生产经营活动。(4)无论国家、企业或公民个人，只要参与市场交换，就必须以平等的主体地位，遵循市场规则，平等地进入市场参与竞争。在商品交换的砝码上都是不偏不倚的，都应是等量劳动的交换。

在社会主义公有制条件下，国家作为全体人民意志和利益的总代表，既是国家政权的承担者，又是国有财产的所有者。国家基于其政权履行行政管理职能，是行政法的主体；与此同时，国家根据其所有权，作为民事主体可以广泛参与民事活动，根据全体人民的意志，运用国有资产参与市场竞争和商品交换，充

---

* 原载《法学评论》1993 年第 5 期。

分发挥国有资产的效用,实现国有财产的最佳配置。而国家要参与民事流转,作为民事关系的参加者,就必须遵从民法规则,在与其他民事主体进行民事交往中,要按照民法的平等、等价有偿原则进行,而不允许以国家或国家行政机关的身份来调拨其他民事主体的财产,或使其他民事主体处于不利地位。总之,市场经济体制的确立,就为国家成为民事主体提出了现实要求和实现的可能。

我国经济体制改革的进程充分表明,国家作为民事主体参与民事流转,其意义十分重大。

其一,国家作为民事主体广泛参与民事活动,是国家实现其经济职能的有效方式。在原有的高度集中的产品经济体制下,国家单纯运用行政手段管理经济,制约了经济发展,在市场经济体制下,一切经济活动都直接或间接地处于市场关系之中,国家就必须采取与之相适应的管理方式,而国家作为民事主体广泛地参与市场,通过投资、信贷、控股、持股、购买和提供商品等民事活动,影响市场中的商品和劳务价格,弥补市场的缺陷,从而实现国家对市场的宏观控制。

其二,国家作为民事主体广泛参与民事活动,是转换企业经营机制、增强大中型企业活力的重要措施。长期以来,由于政企职责不分,所有权和经营权不分,国家行政权力与民事权利不分,企业实际上成了行政机构的附属物,这样就造成了企业缺乏应有活力、效益低下,阻碍了社会生产力的发展。明确国家可以作为民事主体,使它和企业之间建立平等的民事法律关系,并且在国家机关因违法行为造成企业的损失时,应当承担赔偿损失的责任。这样,将有助于理顺国家和企业之间的财产关系,实行政企分开,落实企业自主权,使企业真正成为法人实体,以承担国有资产保值增值的责任。

其三,市场经济的企业产权商品化和交易过程规范化的特征,要求国家作为民事主体广泛参与民事活动。这样,不仅使国有财产作为经营财产进入商品经济领域,推动国有资产的优化配置,保证国有资产的保值增值;而且在国有资产受到侵害时,国家可以运用民事责任等措施保护国有财产,消除对国有财产在管理中的低效率和无人负责现象。

其四,明确国家的民事主体地位,可以促进对外开放,优化投资环境,吸引更多的外资为我国的经济建设服务。据统计,截至 1992 年年底,我国已同 221

个国家和地区建立了经贸关系,在海外设立的贸易机构已达200多家,对外经贸市场多元化格局初步形成。明确国家的民事主体地位,便于外商投资时明确投资的主体及其法律后果,打消其因国家基于主权主张财产豁免而使其权益得不到保障的顾虑,从而优化投资环境,吸引更多的境外投资。

二、国家作为民事主体的特殊性

由于国家的特殊职能,决定了国家作为民事主体,与法人、合伙、自然人等民事主体相比有许多特别之处。主要表现如下:

第一,国家作为民事主体是代表全体人民利益参加民事活动的。在社会主义条件下,国家财产不是用于满足个人和狭隘的小集体利益,而是用于实现全社会和全体人民的利益,国家作为民事主体以国有财产参与民事活动,直接追求和实现的不是个人或部分整体的利益,而是全体人民的利益。社会主义国家的性质决定了它能够按照全体人民的共同利益,对全民所有制的经济活动进行统一领导和必要的管理。全体劳动者通过国家才能作为一个整体支配全民的生产资料,使社会产品在分配使用上从属于社会的共同利益,保证社会生产迅速发展和人民物质文化生活水平的提高,并且借助于国家强制力保护全民财产不受侵犯。

第二,国家作为民事主体,以国库财产为基础进行民事活动,享有相应的民事权利,承担相应的民事义务,对自己所负债务以国库的财产对外承担清偿责任。国家作为民事主体从事民事活动和国家机关作为民事主体以及国家作为行政主体从事的活动有明显区别。国家机关利用国家拨给的国有财产以自己的名义参加民事法律关系时,仅仅是实现国家机关法人的民事权利。国家作为民事主体,以国家名义进行民事活动时,与其他民事主体之间体现的是一种平等关系,运用协议、合同等民事方式并受民法规则的约束。随着政府职能的转变,国家可以设立国有资产管理机构作为国家所有权代理人与其他民事主体发生民事法律关系,也可以授权其他国家机关以自己的名义运用国家财产从事民事活动来实现国家意志。国家作为行政主体从事体现国家意志的活动虽也是以国家名义进行的,但它与公民、法人的地位是不平等的,是以命令、强制等行政方式进行的管理活动,受行政法的调整与约束,而不受民法规则约束。

第三,国家作为民事主体所享有的民事权利能力和民事行为能力的范围和条件,由国家通过立法程序所决定。国家可以根据客观经济生活的要求,基于国家主权为自己设定民事权利能力和民事行为能力,并由国家法律确定之后,国家就必须在此范围内从事活动,必须遵守民事法规关于民事主体法律地位平等的规定和民事活动应当遵循的规则,在不履行债务时,国家也要承担清偿债务和损害赔偿的责任。

第四,在涉外民事关系中,国家作为民事主体享有财产豁免权。国家财产豁免这是一项公认的国际法原则,任何国家的法院对中华人民共和国国家财产进行扣押和强制执行,都视为对我国国家主权的不尊重和侵害。但是,对于自负盈亏的国有企业来说,由于其财产与国库财产相独立,因此国家对其债务不负无限责任。所以,全民所有制企业法人不能享受财产豁免的待遇。

三、国家作为民事主体的理论和实践障碍

国家成为民事主体,参与广泛的民事活动,是市场经济体制的客观要求。在我国目前的情况下,由于社会主义市场经济体制尚未完全建立,全民所有制工业企业的经营机制尚未彻底转换,国家成为民事主体,在民法理论、立法规定和具体实践上,尚存有一定障碍。

障碍之一:关于国家在民法上的地位问题。在民法理论上,对国家为民事主体的性质是法人,还是特殊的民事主体,存有不同看法,并形成了国家法人说和特殊民事主体说两种基本观点。许多大陆法系国家的民事立法,深受罗马法的影响,承认国家可以作为民事主体,以国库的名义订立合同以及从事其他民事活动;但又认为作为民事主体的国家不过是一个法人,如《德意志联邦共和国民法典》第89条规定,国库及公法上的法人,准用民法关于社团法人对其机关

的责任的规定;国家法人说观点也为一些国际条约所接受,一些国家的法律及一些国际条约规定作为国家私法主体的国家,如同作为国际私法主体的法人一样,如《布斯塔曼特法典》第31条规定,各缔约国作为一个法人具有充分能力在其他缔约国领土内取得民事权利和承担民事义务,不受当地法律明白规定以外的限制。这一学说为许多学者所主张,但它在理论上也存在明显障碍,如果国家是法人,而国家又是法人制度的制定者,这在逻辑上似乎说不通。在我国,法律上尚未对国家在民法上的法律地位作出明确规定,但在理论界学者们都普遍接受特殊民事主体说。我们认为,首先要强调它与其他民事主体之间的共性,把国家看作是与法人、合作组织、自然人地位平等的民事主体,这样,国家才可能真正参与市场经济活动。同时,也要承认国家作为民事主体的特殊性,不能把国家与法人、合作组织、自然人完全等同起来。实际上,国家参与民事法律关系时,是一种特殊的法人组织形式。

障碍之二:国家成为民事主体尚缺乏足够的立法依据。在我国的现行立法中,对国家作为民事主体虽作过一些零星规定,如《民法通则》确立国家为所有权主体;《继承法》规定国家可以作为受遗赠的主体;《著作权法》规定国家可以作为无权利义务承担者的法人或者非法人单位的著作权主体,但这些规定都没有明确国家作为民事主体的法律地位问题,并且不够系统、规范,与国家参与民事活动的客观情况不适应。

障碍之三:国家作为民事主体,在实践上尚存诸多障碍,具体体现在:

1. 由于政企职责不分,在实践中,国家作为行政权主体和作为国家所有权主体并存,行政权力与民事权利混淆不分,且往往习惯于使用行政手段,不善于运用民事手段,公民也不懂得如何同国家进行民事活动。以发行国库券为例,我国1982年开始发行国库券以来,截至1992年年底已累计发行国库券总额达1600余亿元,1993年又将发行370亿元,无疑这对国家经济建设起到促进作用,但发行国库券毕竟是国家以民事主体身份所进行的一种民事行为,它应遵循民法的各项基本原则,如果采用行政手段,进行硬性摊派,甚至未得到公民允许就从预先工资中扣除,那么将挫伤了部分购买者的积极性。又如,前两年在全国范围内开展的清理“三角债”工作,国家为使许多企业从“三角债”中解脱出来,花费了大量人力、财力、物力,注入了数亿元的清欠启动基金,其实际效果并不理想,如果再不注重运用法律手段,“三角债”现象将会长久存在下去。

2.国家作为民事主体的意思机关、执行机关不明确,其结果是都能代表国家,也都代表不了国家。在20世纪80年代中期开始实行的承包制、租赁制,从理论上说国家应是承包合同的发包方,但在实践中,既有企业的上级主管部门,又有财政部门、税务部门、审计部门等,一旦发生问题,却无人负责,即使负责,也只是“负责处理”而不承担相应的法律责任。成立于1988年的国有资产管理局,本应是一个既能管理国有资产又能与企业处于平等法律地位的机构,并赋予了其国有资产所有者的代表权、国有资产监督管理权、国家投资和收益权以及资产处理权等,但现在其对国有资产的管理仍然是凭借行政权力,它与其他民事主体之间不是平等的民事法律关系,而是一种领导与被领导、管理与被管理的行政法律关系。同时,该机构本身也未取得真正独立的地位,仍归财政部归口管理,并未真正实现其国有资产代表者的职能。

3.国家作为民事主体时,承担民事责任的方式和限度不明确,妨碍了国家对民事活动的参与。除此之外,由于我国市场体系不完善,产权交易和转让的渠道不畅,在参与民事活动的范围上也受到限制。

四、国家作为民事主体应解决的几个问题

如何清除国家成为民事主体的理论、立法和实践障碍。笔者认为,应注意解决如下几个问题:

第一,彻底转变政府职能,实行政企分开,实现国家所有权与国家行政权的分离,为国家成为民事主体扫清道路。

商品经济的内在属性和市场竞争机制的本质要求在于平等竞争、等价交换,在商品和市场面前平等,在传统的社会主义经济体制下,国家的行政组织取代经济组织,使生产资料所有权直接依附于国家的政治、行政权力,生产者不是以在市场竞争面前拥有平等权、责、利的商品生产者身份展开竞争,而是被纳入

等级森严的行政权力网络，难以真正接受市场调节。因此，只有逐步实现国家作为资产所有者的职能和作为政权权力主体的职能的分离，才能从根本上改变国家在管理企业上的政企不分状况。在旧体制下，国家所有权与行政权统而不分的状况，使所有权主体具有双重身份和双重权力，即同时以政权主体和所有权主体的身份行使政府职权和国家所有权，又使所有权的行使分解在各级政府及其职能部门。政府机构的行政性质和所有权行使的分散化决定了所有权对行政权的依附性。国家行使所有权必须借助行政手段才能得以实现，这就容易把国家行使所有权的内容演化为对企业的直接行政干预，不仅企业难以抵制和应付，而且国家机关也不可能避免这种干预的产生。我国在经济体制改革的实践中，对两权分离作了许多有益的探索和尝试。笔者认为，实行股份制是实现两权分离的最有效途径，股份制是适应市场经济发展的一种企业组织形式，它有利于促进政企分开、转换企业经营机制。无论是有限责任公司还是股份有限公司，公司的组织规范化，股东权和企业财产权明显分离，国家可以股东身份通过控股、持股实现国家所有权，但股东权是一种民事权利，而非行政权力，国家不能对企业再行干预。

第二，应从立法上确立国家民事主体的法律地位。

国家应成为民事主体，也像法人和公民成为民事主体一样，必须由法律确认其法律地位。对此，笔者认为可通过以下途径：一是在民法典尚未制定之前，由国家立法机关制定单行法规或条例，就国家作为民事主体参与民事活动的方式、范围、意思机关、执行机关、承担民事责任的形式和限度等作出具体规定；二是在《民法通则》修改时，将国家民事主体的有关的内容作为一章加以规定，如果认为国家也是一种特殊的法人，也可以在第三章中补充为一节来规定；三是在将来制定民法典时，将国家作为与公民、法人并列的民事主体规定下来。

第三，建立健全真正的国家资产管理机构，专门负责代表国家行使所有权。

国家作为民事主体从事民事活动，必须通过一定的机构来进行，建立国有资产管理机构专司国有资产所有权职能，这已成为理论界和决策部门的共识，但对这一机构的地位、职责、组织体系，对国有资产的管理方式等方面仍然存在较大分歧。目前，国家及地方设立的国有资产管理部门，大致有两种情况：一种是由财政部门归口管理或干脆隶属财政部门;另一种是作为政府独立的一个部门,不隶属于财政部门。但这两种做法都将国有资产管理部门置于政府之下,并未将政府行政职能和所有权职能分开。笔者认为,国有资产管理部门从性质上来说,应是一个既能管理国有资产又能与企业处于平等法律地位的机构,并赋予其国有资产所有者的代表权、国有资产监督管理权、国家投资和收益权及资产处置权等,对国家来说,它是国有资产的代表,要对国家承担国有资产保值增值的责任;对企业来说,它应是与企业具有平等法律地位的经济实体,它与企业间的民事经济交往应通过协议、合同等民事方式进行。从组织体系上看,笔者认为,国有资产管理机构应脱离现有行政机构体系而单独存在,隶属于全国人大,对国家权力机关负责,从组织序列上切断它与国家行政机构之间的隶属关系,彻底实现国家所有权主体与国家行政权主体的分离。理由是,国有资产管理机构隶属于行政部门,很难实现行政权和所有权的分离,会强化对企业的行政干预,很难适应市场经济的发展。国有资产管理机构对国有资产的管理,可以通过如下途径:一是通过对国有企业的股份制改造,由国有资产管理部门代表国家持股,通过股东权实现国家所有权;二是实行国有资产代理制,建立至少三倍于中央地方两级国有资产管理机构以上的国有资产代理投资公司,接受国有资产管理机构委托,行使对生产资料所有者的权利,并直接参与证券市场交易,国有资产管理机构保有对国有资产收益及其使用的监督检查权,并根据委托合同条款对履行不好的投资公司解除委托,重新委托其他代理机构。

合伙民事主体地位的再探讨*

合伙的民事主体地位，是一个历来有争议的问题。一种观点认为，合伙不具有民事主体资格，它只是自然人、法人进行民事活动的一种特殊形式；另一种观点认为，合伙具有民事主体的资格，它包括"非法人团体说""准法人说""法人说""第三民事主体说"等。我国《民法通则》对合伙的民事法律地位没有作出明确规定。但是，明确合伙的民事法律地位，不仅有利于维护合伙组织的合法权益，而且有利于把合伙组织置于法律的控制之下，对它进行正确的管理和引导，以实现经济协作与联合，促进我国有计划的商品经济的发展。所以，本文试图对合伙的民事主体地位作进一步的探讨。

一

合伙作为一种共同经营的方式，有其悠久的历史。据史料记载，最早出现的合伙是家庭合伙，即商业世家。这种合伙是由父子、兄弟或家族的其他成员共同经营某一事业，它的财产往往是合伙人的共同共有的财产。后来，家族合伙的组织形式发生了变化，其成员不仅可以是家族成员，也可以为家族外人员，合伙财产逐渐演变为按份共有财产。《汉谟拉比法典》第 99 条规定："倘自由民以银与自由民合伙，则彼等应在神前均分其利益。"到了罗马法时期，合伙形式

---

* 原载《法学评论》1990 年第 3 期。

有了很大发展,它主要有共产合伙、特业合伙、所得合伙、佃租征收合伙、单业合伙与隐名合伙等。① 不过由于受个人本位主义思潮的影响,罗马法仍采取的是按份共有制。在此种合伙形式下,合伙人有权按照自己的份额使用和处分共有财产,享有自由退出合伙的权利。这就使合伙缺乏一定的相对独立的、较稳定的财产,合伙成为与合伙人不能分离的"人的组合",成为一种单纯的契约关系。在民法中,合伙往往作为契约的一种形式规定在债编中。

从法理上讲,当合伙只单纯是合伙人之间的契约关系时,合伙只能对契约的当事人即合伙人有约束力。因而只能形成合伙人之间的权利义务关系,显然合伙契约对合伙人以外的人没有约束力。在这种情况下,合伙不是一个相对独立的经济实体,没有资格以自己的名义参加民事活动。反过来说,第三人也只能分别与各个合伙人发生民事法律关系。处理合伙事务的合伙人只有经过其他合伙人的授权,才可以作为其他合伙人的代理人进行民事活动,如果未经其他合伙人的授权,合伙人之一与第三人订立的合同,对其他合伙人不发生效力。在进行诉讼活动时,也只能以全体合伙人作为共同原告或共同被告。

随着商品经济的发展,特别是到了资本主义时期,为了维护合伙的相对稳定性,促使合伙财产的相对集中,以利于合伙经营的发展,各国立法普遍规定,合伙财产为全体合伙人共同共有(或称公同共有)。如《日本民法典》第 668 条规定:"由各组合社员出资及其他方式形成的组合财产,属于整个组合社员共同所有。"合伙采用共同共有财产制,就排斥了某一合伙人对其出资的财产行使个人所有权,合伙人不得自由处分其出资份额;不经合伙人全体同意,合伙财产不得分析,也不得将自己的出资份额转让给第三人。这就使合伙财产具有了相对稳定性。同时,在一般情况下,出资本身就是一种转让所有权的行为,合伙人以出资形式转让所有权的财产就构成了合伙人的共同共有的财产,或者说,构成了区别于合伙人个人财产而相对独立的合伙财产。此外,在资本主义生产方式下,商品市场瞬息万变,合伙企业为了避免繁琐的代理手续,力求对市场信息作出灵活迅捷的反应和决策,越来越多的合伙商行就以其商号的名义对外进行民

---

① 周枏等编写:《罗马法》,群众出版社 1983 年版,第 242 页。

事活动。尤其是在英美国家,合伙商行的商号与合伙人的姓名大相径庭,在经济交往中,人们只习惯问商号而不问合伙人。在诉讼活动中,合伙可以自己的名义起诉和应诉。逐渐地,合伙便以一个独立的经济细胞出现在社会经济生活之中了。

由于合伙已发生了很大变化,近、现代许多国家的有关立法已改变了把合伙看作一种单纯的契约关系的观念,如比利时商法规定,“合伙是一种具有商业名称的业务联合体。它由两个或两个以上的人组成,合伙人对合伙的全部债务负无限责任”;美国《统一合伙法》也规定合伙是“作为共有者从事营利性活动的两个或多个人的联合”。根据我国台湾地区学者郑玉波的解释,“合伙虽为一种契约,但民法上对于已成立之合伙,赋予团体性”。② 我国《民法通则》虽然没有明确规定合伙的民事主体地位,但打破了传统民法中把合伙放在债编中规定的做法,而是把它规定在民事主体部分,且规定“个人合伙可以起字号,依法经核准登记,在核准登记的经营范围内从事经营”;“合伙人投入的财产,由合伙人统一管理和使用。合伙经营积累的财产,归合伙人共有”;“合伙人可以推举负责人。合伙负责人和其他人员的经营活动,由全体合伙人承担民事责任”。此外,按有关法律、法规的规定以及司法解释,合伙是纳税主体;个体工商户从事合伙经营的,要建立账簿、凭证;起字号的个人合伙,在民事诉讼中,应当以依法核准登记的字号为诉讼当事人,并由合伙负责人为诉讼代表人。合伙负责人的诉讼行为,对全体合伙人发生法律效力。由此来看,我国为了适应有计划的商品经济发展的客观需要,通过立法已赋予合伙以团体的性质,并使其具有一种民事主体资格。

因此,合伙已经从一种单纯的契约关系,演变为具有两重属性:一是合伙是一种契约,它是合伙组织产生的前提基础和维系纽带,没有合伙合同就没有合伙组织,同时这种对合伙人有约束力的契约形成了合伙人内部的统一;二是合伙是合伙合同产生的结果。一般来说,合伙一经成立,就具有了团体的性质,就能够以统一体的面目对外进行民事活动。合伙的契约性,仅是一种构成合伙人

② 郑玉波:《民法债编各论》(下),第641页。

内部的凝集作用的手段,充其量只能称其为浅层次的目的,而更深层次的目的即终极目的,则在于通过内部的聚合形式,共同对外发生法律关系,以聚合后的组织体对外活动或对抗第三人。合伙的上述属性,为其取得民事主体资格提供了条件和可能。

二

合伙是一种历久不衰且不断完善的联合经营方式。它与法人制度的关系可以说是:当人类的经济交往处于迅速发展的初级上升时期,它是法人制度诞生的必要准备和前提条件;当人类的经济生活秩序趋于正常完善时期,它是对法人制度难以企及的部分必不可少的补充。那么,为何只承认法人具有民事主体资格,而否定合伙的民事主体地位?综观学者们的论述,一个最重要的理论根据是:法人具有独立财产,对外只承担有限责任;而合伙只是一种契约关系,没有独立财产,合伙人对合伙债务承担无限连带责任。

实际上,正如前面所论述的,早期的合伙确是一种契约关系,是人的组合,没有独立财产。但是,到了近、现代,合伙财产制从按份共有制演变为共同共有制,合伙已不再是一种单纯的契约关系,而具有了相对独立的财产和团体的属性。至于把合伙不能独立承担责任这一点来作为否定合伙具有民事主体地位的理由,忽视了这样一个重要的事实:无论是法人的责任制度,还是合伙承担责任的方式,都经历了并正在经历一个否定之否定的发展过程。

从合伙承担责任的方式来看,早期的合伙采取的是无限责任制原则。到了中世纪,地中海沿岸的商品经济得到了迅速发展,当时的资本家为避免利息禁止法的适用及以企业的危险限于特定财产的目的,设计了一种“柯曼达”(Cemmenda)契约。资本家与企业家以这种契约为纽带,结合成为新型的有限合伙。在这种合伙关系中,一方把金钱或实物作为投资交给另一方经营,前者称为“有限合伙人”,后者称“一般合伙人”。一般合伙人以自己的名义独立经营,并以全部合伙财产及个人财产对合伙债务承担无限责任;有限合伙人并不参加合伙事务的经营,其仅以投资来为合伙承担风险责任,并取得分享收益的权利。此种合伙逐渐演变,形成了两合公司与隐名合伙。不过在英美法系,如在美国根据美国《统一合伙法》的规定仍保留了"有限合伙"这一概念。有限合伙(或者说两合公司)与隐名合伙的出现,使合伙责任制从单一的无限责任制演变为有限责任制与无限责任制并举的混合制。"如果说把团体责任制与团体成员的责任相分离是设计法人制度的根本目的,那么'柯曼达'中的有限合伙人已达到了这一目的"。③ 正因如此,可以说有限合伙是合伙与法人之间的一种过渡形式。

同时,早期的合伙由于只是一种松散的人的组合,是单纯的契约关系,合伙债务被看作合伙人的共同债务,因此合伙人对合伙债务不仅要承担无限责任,而且还要承担连带责任。然而,随着合伙制度的发展,合伙不再单纯是一种契约关系,而且兼有团体的性质。有些国家的立法虽然仍坚持合伙人要对合伙债务承担无限责任,但改变了要合伙人承担连带责任的做法,而是要求合伙人承担按份责任。如《日本民法典》第675条规定:"合伙的债权人,于债权发生当时不知合伙人的损失分担比例时,可以对各合伙人就均一部分行使权利。"有些国家或地区虽仍坚持合伙人对合伙债务承担连带责任,但却采取了补充主义原则,即合伙的债权人须先就合伙财产求偿,对其不足额始得向合伙人单独所有的财产求偿。

此外,当合伙债务与合伙人个人债务并存时,在英美法中有"企业的债权人立足于企业财产,个人的债权人立足于个人财产"的"双重优先权"规则,即合伙财产先用于清偿合伙债务,清偿合伙债务之后有剩余的再用于清偿合伙人的个人债务;合伙人个人财产先用于清偿个人债务,清偿个人债务之后有剩余的再用于清偿合伙债务。④ 我国《民法通则》对此没有明文规定,但最高人民法院1957年第1480号文件曾对这个问题作过如下答复:"关于合伙经营的企业与独资经营的企业均负有债务,独资企业无力偿还时,拍卖合伙企业的财产,应先清

---

③ 王利明等:《民法新论》(上),中国政法大学出版社1988年版,第308页。

④ 在大陆法系有些国家立法上虽未明确确认此原则,但事实上却存在相同的规则。参见西德:《国际比较法百科全书 合伙及其他个人联合体》(英文版),第97~102页。

偿合伙企业所负债务,然后才能就各合伙人按比例分得部分,清偿其独资企业所负债务。”显然,这里采取了“双重优先权”原则。这一原则的采用,实际上把合伙财产与合伙人个人财产、合伙债务与合伙人个人债务区别开来。难怪法学界有人认为,由于“双重优先权”规则如今已成为合伙法的一个组成部分,所以将合伙作为民事主体的理论已经逐渐确立。

从法人的责任制度来看,法人的财产有限责任制是从中世纪地中海沿岸盛行的“柯曼达”有限合伙形式基础上发展起来的,因而最初的法人责任制并不限于单一的有限责任制。直到现在,在大陆法系的某些国家的立法仍然承认无限公司与两合公司的法人地位,规定法人的责任不限于有限责任。1844 年的英国《股份公司法》规定,公司虽取得了法人地位,但其股东则和合伙组织一样须对债务承担无限责任。⑤ 当然,从法人制度的历史发展过程来看,大多数国家立法都确立了法人的有限责任制度,并一度几乎被公认为它是法人这个“神秘体”最本质的东西和最优之所在。然而到了近、现代,随着社会化大生产的发展,原来仅以自然人为分子组合的合伙,进而出现了以法人为分子组合的合伙形式,而且这样合伙不但规模宏大,经营范围也十分广泛,甚至是跨地区、跨国家的。如卡达尔就是若干企业法人,通过契约的形式结合而成的合伙同盟。虽然有些国家或地区的公司法明令禁止法人作为合伙人,但仍有许多国家允许法人作为合伙人,如德国商法规定“像股份有限公司或有限责任公司这样的企业法人可以成为合伙人”,《苏俄民法典》第 434 条所规定的合伙,主要是指若干“社会主义组织”共同经营,但又“不转交给作为法人的组织进行经营管理的企业或机构”。根据我国《民法通则》第 52 条的规定,我国实际上也承认法人具有作为合伙人的民事权利能力。既然法人也可以作为合伙人,那么就应对其所参加的合伙的债务承担无限责任。因为在合伙组织中,法人只能以合伙人的身份出现,那么,它和作为合伙人的公民在合伙组织中的地位就没有什么本质区别了。

同时,根据传统理论,由于法人通常承担的是有限责任,破产是法人有限责任的必然结果。因为只有通过破产制度,才能将法人独立承担财产责任的“有

---

⑤ [英]佩林斯·R. E. G. 等:《英国公司法》,《公司法》翻译小组译,上海翻译出版公司 1984 年版,第 6 页。

限责任制”最终落实下来。然而,随着破产制度的发展,有些国家的破产法规定合伙也可以被宣告破产。如《日本破产法》第126条、第127条和《西德破产法》第207条规定,无限公司和两合公司也可以宣告破产。我国《企业破产法》虽只适用于全民所有制企业。但鉴于并非所有的全民所有制企业都具有法人资格,从这种意义上说,我国《企业破产法》也可适用于属全民所有制性质的合伙企业。既然合伙企业也可以被宣告破产,那么合伙的无限责任制就开始发生质的变化。

因此,随着商品经济的发展,合伙与法人之间的界限越来越模糊。可能正因如此,虽然1804年的《法国民法典》对“法人”只字未提,但在1978年《法国民法典》中唯一出现“法人”一词的条款,正是第1842条和第1844—8条确认合伙为法人的条文。如仅以认为合伙人应对合伙债务负无限责任,就否定合伙的民事主体地位,显然是不能令人信服的。

三

那么,享有民事主体资格究竟应具备什么样的条件?是不是公民和法人天然就享有民事主体的资格,而合伙天然就不具有?

马克思、恩格斯曾指出:法的关系正像国家的形式一样,既不能从它们本身来理解,也不能从所谓人类精神的一般发展来理解,相反,它们根源于物质的生活关系。[⑥] 而且“民法的准则只是以法律的形式表现了社会的经济生活条件”,是“将经济关系直接翻译为法律原则的”。[⑦] 因而,公民和法人具有民事主体资格,不是天赋的,也不是与生俱来的,而是法律赋予的,归根结底是由一定社会生产方式决定的。

在奴隶社会,奴隶是奴隶主的财产,是奴隶主的“会说话的工具”,因而他们根本不具有民事主体的资格;到了封建社会,由于“农民在自己的份地上经营的

⑥ 参见《马克思恩格斯选集》(第2卷),第82页。

⑦ 《马克思恩格斯选集》(第4卷),第248~249页、第484页。

‘自己的’经济,是地主经济存在的条件,其目的不是‘保证’农民有生活资料,而是‘保证’地主有劳动力”,[⑧]因而封建地主阶级已经不再像奴隶主那样对农民享有生杀予夺的权利,而是承认农民的民事主体资格。但是,由于等级制度的存在,以及封建地主拥有大量土地,农民的民事主体资格是不完全的;在资本主义社会,资本家为了保证能从市场上购买到能够自由出卖自己劳动力的劳动者,因而法律上往往赋予全体国民以民事主体资格。到了社会主义社会,公民成为社会财富的所有者,成为社会主义商品关系最广泛的参加者。为了维护“商品监护人”的合法权益,确保商品交换的正常进行,法律也就赋予了公民的民事主体资格。

法人为何具有民事主体的资格,无论是拟制说、否定说,还是实在说,都没有从根本上揭示法人的本质。在罗马法时代,由于简单商品经济的发展,要求以更简便的方式进行经济活动,同时伴随生产力的发展,要求生产者扩大生产规模,筹集资金,频繁地进行商品交换,因而逐步出现了这样或那样一些社会组织,有必要赋予其民事主体的资格。正因如此,尽管罗马法没有确立法人制度,但当时的“地方自治团体”“罗马公民团体”组织已享有民事上的权利,一些学者已提出了“团体的权利义务为其所独有,与属于团体的各个人无干”的主张。[⑨] 马克思在研究罗马法时也指出,“罗马法虽然是与交换还很不发达的社会状态相适应的,但是从交换在一定范围内已有所发展来说,它仍能阐明法人”,[⑩]“在罗马,特别是在罗马帝国,法人即交换过程的主体的规定已得到阐述,资产阶级社会的法就其基本规定来说已经制定出来”。[⑪] 到了资本主义社会,商品经济得到了高度发展,资产阶级为了筹集更多资金,扩大生产规模,同时又尽可能减少风险责任,于是创建了被誉为“十八世纪最大发明”的股份公司。由于这类组织在凝集资本从而在生产规模上实现的“惊人的扩展的‘神大’,在频繁的经济活动中对于促进商品经济发起魔力”,使人仍认为它是最理想、最有典型意义

---

⑧ 《列宁全集》(第3卷),第158页。

⑨ 佟柔主编:《民法原理》,法律出版社1983年版,第53页。

⑩ 《马克思恩格斯全集》(第46卷,上集),第198页。

⑪ 《马克思恩格斯全集》(第46卷,下集),第478页。

的及不容置疑的权利主体。尽管反映资本主义自由竞争时期的《法国民法典》，由于受个人本位主义的影响及害怕封建社会团体(尤指教会)利用法人地位进行复辟，没有规定法人制度，但为了适应商品经济发展的需要，不得不在《法国民法典》制定仅两年后制定的商法典中，承认了股份有限公司形式的存在。为适应进入垄断阶段的资本主义经济发展的需要，1900 年《德国民法典》正式确立了法人制度，并明确了法人的主体地位。从而打破了自然人作为唯一主体的格局。

我国过去否定法人制度的存在，而实践证明这样做是不利于商品经济发展的。我国《民法通则》在总结了我国社会主义建设经验的基础上，首次系统地确立了我国社会主义法人制度。因此，法人的本质所在，或者说法律之所以赋予法人以民事主体的资格，是由于这类组织在社会经济生活中的地位决定的。正因如此，在有的国家，虽然统治阶级基于狭隘与偏见，在法律上不承认法人的存在，然而法人仍然在默默地发展，以致统治阶级最后不得加以承认。

既然如此，合伙是否能享有民事主体资格，关键取决于其在社会经济生活中的地位与作用。正如前面所论述的，合伙是商品经济发展到一定阶段的产物。尽管随着商品经济的发展，出现了法人这种更高级的组织形式，但是，合伙这种联合经营方式并没有因此而走向衰落。无论是在发展中国家，还是在发达国家，合伙仍然是一种相当普遍的经营方式。特别是近年来，发达资本主义国家，越来越重视发展小型企业，因而合伙的经营方式得到了进一步发展。这主要是由于合伙与法人相比，它具有如下优点：一是合伙人之间具有比法人成员更紧密的人际关系，不至于常常因利益的冲突而发生内耗，同时也便于民主管理；二是合伙的设立与解散不必像法人那样必须经过一系列严格的法定程序，这种聚散灵活的经营方式，在激烈的竞争中有较强的应变能力；三是合伙人对合伙债务承担无限连带责任，使其有较高的商业信誉。

近年来，随着我国经济体制改革的不断深入，为适应多层次的生产力发展的需要，不仅个体工商户、承包专业户和私营企业得到了迅速发展，以法人为主体的联营企业也不断增多。这些经营方式中绝大部分就是采取合伙这种经营形式。此外，在涉外经济活动中，中外合作企业等联合经营方式，也多属于合伙性质的。从我国改革的实践来看,这些组织在发展社会主义商品经济的过程中起举足轻重的作用,赋予这类组织民事主体的资格,不仅有利于维护合伙组织及其债权人的合伙权益,而且有利于国家对其进行必要的管理与监督,从而确保社会主义有计划的商品经济稳步向前发展。

四

既然有必要赋予合伙以民事主体的资格,那么是把它视为"法人"还是"第三民事主体"? 是不是说所有的合伙都应具有民事主体的资格?

正如前面所论述的,随着商品经济的发展,合伙与法人之间的界限越来越模糊,因此从发展和长远的眼光来看,把合伙归于法人也未尝不可。但是,从目前现实的情况来看,在大多数情况下合伙仍有许多不同于法人的特点:(1)合伙财产大多是合伙人共同共有的财产;而法人对其财产享有相对的法人所有权,其成员只享有股东权或社员权。(2)合伙人对合伙债务要承担无限责任,并且在大多数情况下对其债权人承担具有补充性质的连带责任;而法人成员对法人的债务只以其出资额承担有限责任。因此,我们不妨把合伙作为"第三民事主体"。

但是赋予合伙以民事主体资格,并不意味着所有的合伙都应具有民事主体的资格,这正如成立法人首先必须具备法定的条件一样。从合伙制度的发展历史来看,即使是承认合伙具有法人资格的《法国民法典》,也把隐名合伙排除在外。按我国台湾地区学者的解释,这主要是由于"合伙虽为契约,但有团体性;而隐名合伙则纯属契约,并无团体性。故合伙有解散之问题,而隐名合伙则有终止契约之问题"。[12] 从立法体例来看,为了把那些临时性的松散合伙与那些较长期稳定的营利性合伙区别开来,在实行民商分离的大陆法系国家,在民事合伙制度之外又建立了商法上的合伙制度。没有民法典的英美法国家则建立了

---

[12] 郑玉波:《民法债编各论》(下),第642页。

单一的商事合伙制度。根据德国学者的解释，商事合伙是一种对外进行业务活动的联合体，它的业务活动必须在商号的名义下进行，如果每一个成员都以自己的名义与第三人发生民事法律关系，那么该种合伙就只能是民事合伙。[13] 按照这个标准，可以说我国的大多数合伙实为商事合伙。

根据我国《民法通则》和其他法规的规定，以及最高人民法院的有关解释，笔者认为合伙的成立并享有民事主体的资格必须具备如下条件：

1. 必须是由两个以上的公民或法人按照协议组成，且参加合伙的人应合伙经营、共同劳动。隐名合伙不享有民事主体资格。

2. 合伙人应当对出资数额、盈余分配、债务承担、入伙、退伙、合伙终止等事项，订立书面协议。

3. 合伙财产应当归合伙人共同共有，由合伙人统一管理和使用。共同共有的财产一般应与其经营规模保持适当比例，必要时法律也可要求合伙人在申请登记时提供担保。

4. 合伙组织一般应主要从事营利性的经营活动。

5. 符合法定程序，经当地行政主管部门核准登记并发给营业执照方可开业。

6. 合伙组织应有自己的字号和负责人，并能以字号名义对外进行民事活动。在民事诉讼中以依法核准登记的字号为诉讼当事人，并由合伙负责人为诉讼代表人。合伙负责人的诉讼行为，对全体合伙人发生法律效力。

---

⑬ 参见西德：《国际比较法百科全书　合伙及其他个人联合体》（英文版），第97～102页。

试论企业租赁当事人的主体资格和地位*

在现代多数国家,企业既可以是民事法律关系的主体,也可以是参加民事流转的特殊客体。企业租赁则是企业转让的一种重要形式。企业租赁与一般租赁关系不同。它租赁的标的是整个企业,包括固定资产、流动资金、知识产权、经营中发生的债权债务,以及企业的字号、信誉、与顾客关系、所处地位等。而且,企业的法人资格也随之转移。一般说来,法律对企业租赁的当事人并无特殊规定,凡享有民事主体资格的公民、法人(甚至包括国家),都可能成为企业租赁的出租人和承租人。近年来,我国在城市经济体制改革的实践中,各地相继出现了企业租赁经营。由于这一经营方式在我国刚刚兴起,人们对它的许多方面还没有一致认识。关于企业租赁出租人的主体资格和承租人的法律地位等问题,就是人们所普遍关注和讨论的。因为这些问题与企业租赁的性质、模式、成立程序、当事人的选择、双方权利义务等都有重要的关系。所以,我们就此问题进行探讨是有现实意义的。

一

在我国,各种经济组织、政府机关、社会团体和公民个人都可以成为财产租赁的出租人,也可以成为财产租赁的承租人。因而财产租赁关系可以在法人之

---

* 原载《法学评论》1988 年第 1 期。

间、公民之间、法人与公民之间广泛建立。但因企业租赁是一种特殊的租赁关系,它对出租人的主体资格须有更明确的规定。这里人们首先遇到的问题是,如何确认国营企业租赁的主体资格,或者说,谁才具有国营企业出租人的权利能力和行为能力?

我国许多学者认为,国营企业租赁的出租主体,只能是国家。只有国家才具备国营企业出租人的权利能力和行为能力。国家又是通过它的代表机构,即政府的行政管理部门来确定企业租赁的,而企业性组织不能享有将所属企业出租的权利。这些学者指出,国营企业的出租人是国家,这是由国家所有权决定的。既然企业财产属于国家所有,所以只能以国家作为企业出租的主体,而企业的行政主管部门只是代表国家行使权利。国营企业因为只享有经营权,不能作为企业租赁的出租人。然而,这种看法是不够全面的。我们知道,租赁关系与买卖关系不同,它是转让的使用权或经营权,不是转让的所有权,不是对财产或企业的最终处分权。所以在某些时候,企业的非所有人在所有人允许的情况下,或在依法享有的经营权限内,是可以自己的名义将国家或他人的企业出租的。这样做,只是转让了企业的经营权,一般并不会影响原所有人的合法权益,也不会改变企业所有制的性质。如果非所有人违背法律或约定,将企业非法租赁给他人经营,进而使所有人的合法权益受到损害,所有人仍享有请求返还原物和不当得利的权利。由此给承租人带来的财产损失,应由出租人承担赔偿责任。

在实行企业租赁经营的过程中,一些城市先后对出租主体资格作了规定。例如,《武汉市国营小型工业企业租赁经营试行规定》第 2 条规定,企业的出租权属于国家,企业的出租由其主管部门(工业局或总公司)决定,并拟定出租方案,报市经委批准后实行;《沈阳市小型国营企业租赁经营试行规定》第 5 条规定,企业的出租权属于国家,企业的出租由其主管局(公司)会同财政局审查批准。应该说,这些规定还没有完全明确出租主体的资格。依照上述规定,国家既然享有出租权,它就应是企业租赁的出租人。然而,国家的任何民事权利又是通过自己的代表机构行使的。在我国,政府管理经济的部门按其职能可以分为三个层次,即综合管理部门、行业管理部门、企业的行政主管部门。那么,谁来代表国家出租企业？这个问题在各城市的暂行规定中有差异，在学者之间也有分歧。在企业租赁的实践中，多数企业是采用由行政主管部门作为出租主体的。有些学者主张，政府财政部门应与企业主管部门一起代表国家作为国营企业租赁经营出租方，只有这样才能保证国家整体利益的实现。而笔者认为，财政部门是否就能代表国家的整体利益，而别的政府部门是否就不能代表国家的整体利益？这是很难以职能部门的划分来确定的。企业租赁作为一种新的经营方式，它只是在一定的经营范围内形成的法律关系，一般来说，它与国家的整体利益还无直接的联系，在这里，我们只有首先明确企业租赁的法律性质，了解企业出租人的必要条件，才可能确定国营企业租赁的主体资格。

企业租赁是一种民事法律关系，它是通过双方当事人签订合同成立的。所以，出租人或承租人都须享有民事主体资格，并处于平等的法律地位。毫无疑问，集体企业和私人企业的租赁就属于这种情况。但是，国营企业属于国家所有，它能否作为一般民事租赁的标的，法学界却有不同见解。多数学者认为，只要不改变国家所有权的性质，不损害国家的根本利益，国营企业是可以作为租赁标的的。但也有学者认为，国家财产(包括企业)是不能出租的。如果依特许行为将国家财产让与他人使用或收益，他人并向国家缴纳一定的规费，这是属于行政法律行为。在这种情况下，国家与他人之间并非平等关系。以上两种见解，对我们思考我国企业租赁的法律性质问题是有启发的。如果说，这种企业租赁是行政法律关系，那么它实际上还不是租赁，只是一种行政特许；如果说它是民事法律关系，那么出租人与承租人都须是民事权利主体，也就是说，它们都须是法人或公民。

国家不是法人，在一般情况下，它不可能直接与国内法人或公民签订租赁合同。国家尽管是国营企业财产所有权的主体，但它不是普遍意义上的民事主体，它只有在个别的民事领域才参加法律关系。企业租赁既然是一种经营方式，国家就没有必要直接参与。所以，国家不应具备企业租赁出租人的资格。企业的行政主管部门是法人，但它是国家机关法人，通常并没有出租企业的权利能力。当然，国家可以赋予企业主管部门享有这种权利能力，但与此同时，还必须赋予它们承担因此可能产生民事责任的能力。如果这样，企业主管部门已经不是一般的国家机关,而是企业化或半企业化的国家经济组织,它们能够以自己名义参加民事流转和经营活动。然而,国家管理经济的部门实行企业化,这在我国不是短时间能够实现的,而且有些管理经济部门也不可能实行企业化。所以,采用由行政主管部门作企业租赁出租人的做法,并不是最佳方案。

企业性公司、总厂是企业法人,它们应在法律允许的范围内,有权出租自己所属的企业,这样并不涉及企业财产的最终处分,而仅是一种特殊的转让和经营方式。国营企业出租所属企业,即形成国家所有权与企业经营权的第二次分离。在企业租赁过程中,直接表现为出租企业将经营权转让给承租人,至于出租企业还保留那些权利,应由法律加以规定,也可由双方协商确定。有学者认为,国营企业出租所属企业,似乎超过了经营权范围,只有行政性公司或机构才有权代表国家出租企业。笔者却认为,经营权的概念应包括企业的部分转让经营,这对正确行使经营权,克服自身缺欠,增强企业活力是有益的。而以行政机关代表国家出租企业的做法,实际上还不是真正的租赁,它缺少租赁关系中的主体要素。那么,单一的国营企业能否将自身租赁给他人经营?在笔者看来,这是不可能的。因为企业租赁之后,法人资格也随之转移,这样原企业也就丧失了出租主体的地位,所以双方的租赁关系也就无法存在。

通过以上分析,说明国家或国营企业自身作为企业出租的主体,是缺乏法理根据的。实践证明,国营企业的出租需要有一个中间环节,即具有出租主体资格的组织形式,它既能充分代表国家的意志,又能平等地与他人建立租赁关系。当前,我国许多企业的租赁是以行政主管部门作为出租人的。这样容易产生两个弊端:一是行政主管部门以国家的代表出现,往往就会以行政权力损害承租人的民事权利,双方很难建立平等的民事法律关系;二是行政主管部门也很难代表国家的意志,它往往只能从本行业出发,不可能考虑到各行业间的关系和平衡。如何消除以上弊端?有的学者主张,我国也应像东欧一些国家那样,建立一个全国性的专门的国家资产管理机构,由它代表国家作为企业租赁的出租人,参与国内外的经济活动和法律关系。当然,这里所说的国家资产管理机构,仍属于国家行政管理机关。而笔者的想法是建立国家的企业租赁公司,由它来办理国营企业的出租业务。企业租赁公司经国家授权,有权出租自己所管辖的国营企业,并以自己的经营活动向国家负责。在行政上,该公司受国家经济综合管理部门的领导,在民事上,它是企业法人,能够平等地与承租人建立租赁关系。总之,企业租赁是一种民事法律关系,它对出租人或承租人来说,都应视为一种经营方式。所以,企业租赁只能在平等的民事权利主体之间发生。我们在确定企业租赁出租人的主体资格时,不能忘记出租人首先应该具备的条件是企业法人,享有出租国营企业的权利能力。目前,我国以行政管理机关作为企业租赁出租人的做法,严格来讲,还无法建立真正的租赁关系。

集体企业租赁的主体资格,也是我们亟待研究解决的问题。当前,我国对集体企业租赁的主体资格还无明确规定,一般是参照国营企业租赁的方法进行,其出租人有的是政府经济管理部门,有的是原厂厂长。这种做法往往会损害集体企业的利益,妨碍集体经济的发展。我们知道,集体企业与国营企业的性质不同,其出租的主体资格也不同。集体企业是以小范围内公有化财产为基础的社会主义企业,它只能由本企业的劳动群众集体支配和经营,任何组织和个人不得非法干涉。集体企业的职工代表大会是企业的最高决策机构。集体企业需要进行租赁经营时,应由该企业职工代表大会决定。但是,职工代表大会是企业的最高领导机构,是该企业法人的意思机关。在法律上,职工代表大会与其企业应视为一体而不可分割。或者说,职工代表大会的意思和行为就是该企业法人的意思和行为,它们只具有一层人格。有人认为,集体企业租赁的出租人是职工代表大会,这种看法与法人原理是相违背的。我们如果以职工代表大会作为集体企业的出租人,实际上就是集体企业以自己的名义出租自身。现在的问题却是,集体企业能否以出租人的资格出租自身?

笔者认为,任何一个企业组织在同一个民事法律关系中,既是主体又是客体的情况是不应该存在的。其实,集体企业租赁经营的真实含义,不是转让企业经营体的全部,而是仅将企业经营体的一个独立部分,如一个工厂或分店租赁给他人经营。在这种情况下,原出租企业法人的资格不发生变动,承租人应以本人的名义独立开展经营活动。原企业的成员(社员或股东)也不发生变化,承租人也不因承租经营而成为集体企业的成员。如果将企业整体全部转让,则不是企业租赁,而是企业的出卖或与他人合并,因此原法人资格也应随之消灭。

如果仅将企业的一个非独立部分,如一个车间或柜台租赁给他人经营,就其租赁标的而言,它还不是完整意义上的企业租赁,而是企业内部承包或招聘他人经营,或是财产租赁,这些承租人在未得到企业允许时,不能以独立主体的资格对外开展经营活动。企业租赁是一种具有物权效力的特别债权关系,对双方当事人的利害关系甚大,所以在成立程序上应要求严格。集体企业的租赁应以职工代表大会多数代表的表决来决定;企业租赁转让时,其动产应以交付为要件,不动产应以登记为要件,债权从正式通知承租人时发生法律效力。根据以上认识,我国目前出现的集体企业租赁形式,并非属于企业租赁经营的性质。它要么是行政干预集体企业经营,由政府管理部门作主出租企业,使企业进而丧失经济实体的地位,要么是企业内部的经营方式,只是将经营构成的个别因素让与他人,因而不发生经营主体资格的转移,其性质类似承包经营。应该说,真正的集体企业租赁经营是很少发生的,在实践中,也没有必要过多地采用这种经营方式。由此可见,集体企业可以成为本企业租赁的出租主体,但它不能将自身作为租赁标的的全部,而仅能出租其个别的独立部分。实践还证明,集体企业租赁只是一种特殊的经营方式,它不可能在我国普遍发生和存在。

至于,私人企业能否实行租赁经营?这在法理上是没有问题的。因为业主既是企业财产的所有者,又是企业的经营者,而所有权与经营权又是可以分离的,所以其完全可以将企业经营权出租,而保留企业财产的所有权。如果私人企业是法人,在出租时也应同时转让法人资格,如此一来,业主只是享有收取租金的所有权主体了。我国私人企业已经出现,但对它的概念和发展前景还应考察和研究,现在讨论它的租赁经营问题当然还为时尚早。

二

依据目前我国有关企业租赁经营的试行规定,实行租赁经营的国营企业可由个人承担,也可由合伙、集体或企业承担。

个人承租是较普遍的一种企业租赁形式,它主要适用于规模较小、经营灵活的小型商业服务性企业。个人承租人是租赁企业的法人代表,在法律规定的范围内,享有自主经营,决定企业内部机构设置、人员配备、财产使用和分配形式,制订企业内部管理制度,实行多种经营和发展横向经济联合等权利。同时,承租人要依照法律和合同规定缴纳租金和税款,并由个人承担企业经营的盈亏责任。

合伙承租,是指两个或者两个以上的承租人共同与企业出租人签订合同,共同经营租赁企业,共同承担其盈亏的连带责任。在合伙租赁经营中,每一个合伙人都是承租主体。所以,合伙租赁经营必须坚持各合伙人共同执行的原则,对租赁企业重大事务的执行,必须经合伙人全体的一致同意。同时,合伙关系也构成一种相对独立的联合体,必须在经营活动中表现为合伙人共同的意志。按照合伙的一般规则,每个合伙人都有代表合伙执行业务的权利,对于不知情的第三人来说,任何一个合伙人都是合伙和其他合伙人的代理人。但是,合伙要正常地开展租赁经营活动,不可能由每个合伙人分别执行,而必须设有一定的执行机构。通常,各合伙人须推举一人作为合伙的代理人,并作为租赁企业的法人代表,并由各合伙人组成租赁经营委员会,共同负责企业的内外经营事务。与个人租赁经营相比,合伙租赁经营可以承担较大风险,也便于各合伙人互相取长补短,在经营中发挥各自优势。

集体承租也称全员承租。它是指由企业职工代表大会推选出厂长(经理),代表全体职工与出租人签订租赁经营合同。企业职工全体是承租主体,每一个职工都要对企业的盈亏承担责任。这种租赁经营形式,能够将企业经营效益与全体职工的利益直接挂钩,有利于促使企业进行民主管理。职工代表大会对企业重大经营决策、内部盈利分配、公积金的使用等都有决定权,对不胜任的厂长(经理)有罢免权。同时,如果企业经营不佳,盈利少或出现亏损,全体职工应共同承担责任。集体租赁经营比较容易克服企业短期化行为、盈利分配不均等问题。但是,集体租赁的概念并不科学。首先,职工代表大会是企业的组织机构,并不是集体组织;其次,集体承租人的集体财产是什么?当经营亏损时用什么财产承担责任?这些方面还须在实践中进一步探索和总结经验。

企业承租,是指由企业作为承租人,向企业出租人签订租赁经营合同,并由承租企业负责租赁企业的盈亏责任。企业间的租赁经营分为两类:一是同行业间的租赁;二是跨行业间的租赁。这种企业租赁形式与紧密型的企业联合十分相似,但承租企业对租赁企业的人财物享有充分的处置权,同时对租赁企业的亏损也要承担更大的责任。人们普遍认为,企业间的租赁经营,有利于实现企业间的动态优化组合和生产要素的合理流动,更好地发挥营利企业的生产能力,帮助困境企业提高经济效益。所以,这种租赁经营是应大力提倡的。

在企业间的租赁经营中,承租企业与租赁企业都是彼此独立的法人,但是前者享有充分支配后者的权利。在一般情况下,承租企业法人的代表,兼任租赁企业法人的代表,统一指挥和协调两家企业的经营活动。承租企业也可委派自己的法人机关成员,兼任租赁企业法人的代表。租赁企业内部的重大经营事务,如经营决策、职能部门的设置、财产使用、招聘临时的工作人员、分配形式、表彰和奖励、处分和辞退职工等,均应由承租企业的法人机关决定。由此可见,企业间的租赁与企业间的合并不同,因为租赁企业仍然保持自己独立的法人资格,而企业合并则等于参加合并企业的法人资格的消灭。而且,企业间的租赁与企业间的联合也不同,企业租赁的承租人与出租人的法律地位是平等的,但在租赁关系中,租赁企业不是租赁的主体,而是租赁的客体,即承租企业经营的对象。租赁企业在租赁期间始终处于被支配的地位。企业联合是在两个或者两个以上的平等主体间发生的经济关系。在企业联合中,不分企业大小、经营效益好坏,均是联合企业的一分子。

企业租赁无论采取哪种方式,承租人与出租人的法律地位是平等的,双方权利义务是对等的。例如,出租人享有按合同规定收取租金和到期收回企业的权利,承租人则承担按照合同规定缴纳租金和到期返还企业的义务;承租人享有在法律规定范围内对租赁企业的经营自主权,出租人则负有落实承租人自主经营租赁企业的义务。可以说,承租人要向出租人缴纳租金,出租人要向承租人转让企业的经营权,这是企业租赁最重要的特征。企业租赁和财产租赁都是一种债权关系,本来没有对抗第三人的效力。但现代多数国家民法,为了安定社会经济生活,保护承租人的合法地位,则赋予租赁权一种物权性质,这种现象就称为租赁权的物权化。企业租赁承租人所享有的租赁权是企业经营权,它也具有物权性质。这主要应表现在以下几点:第一,企业租赁后,承租人能够独立自主地经营企业,行使对企业的占有、使用、收益和一定处分的权利,此种权利不受出租人和其他任何组织和个人的非法干涉;第二,企业租赁后,出租人将租赁企业的所有权让与第三人,则租赁合同对于新的所有人继续存在,不得妨害承租人行使租赁权;第三,租赁企业受到第三人的侵害,承租人有损害赔偿请求权和排除妨害请求权;第四,租赁权具有永续性。租赁关系一旦建立,出租人无正当理由不得收回租赁企业。不过,租赁权的物权化趋势,并没有取消或削弱出租人的合法权利。在企业租赁经营中,出租人仍有指导、监督承租人经营企业的权利。当租赁企业的资产受到损害时,出租人享有损害赔偿的请求权。

在企业租赁关系中,租赁企业对外仍是独立民事主体,但其法人代表由承租人担任。承租人能够以租赁企业的名义对外开展经营活动。所以,在租赁企业与承租人之间,就构成一种特殊关系。从法律上看,租赁企业是承租人享有租赁权的标的,是其支配的对象。但租赁企业仍享有法人资格,它与承租人的主体资格是分离的、独立的,各自仍有自己的切身利益。当然,租赁企业的利益实际上也就是出租人的利益。在经营过程中,租赁企业与承租人又须融合为一个主体,租赁企业原有法人机关由承租人或承租企业的法人机关接替或主持。此时,它们双方的利益又趋于一致。租赁企业能够从承租人那里获取必要的积极因素,承租人能够从租赁企业的盈利中获取收益。在这种情况下,承租人具有了两种身份:一是承租人本人的主体资格,它与租赁企业是互相独立的两个主体;二是作为租赁企业法人的代表,它与租赁企业又形成了一层人格,因而产生共同的利益。企业租赁关系的复杂性恐怕就在于,它往往涉及3个民事主体,其中出租人、承租人是租赁关系的当事人,租赁企业是租赁关系的客体,它自身还具有法人资格。而且,租赁企业既为出租人所有,又为承租人经营。租赁企业又有自己及其职工的利益,它还要扩大生产,进行技术改造,以便走向独立经营的道路。企业租赁关系建立之后,如何处理好承租人与租赁企业及其职工的关系,就成为企业租赁成败的关键。

在承租企业内部,承租人虽然享有充分的经营自主权,形成企业责任和权利的高度统一,但职工群众并非完全处于被支配的地位。处理企业重大事务时,承租人应充分尊重职工群众的民主权利,认真听取职工群众的意见,把厂长(经理)个人决策建立在集体智慧的基础之上。唯有如此,才能把企业的决策变成广大职工的自觉行动,才能避免决策失误。在法律上,广大职工是租赁企业法人的成员或工作人员,他们通过职工代表大会仍然有权行使与自己有关的民事权利,对承租人的租赁活动进行监督。承租人特别要注意解决好企业内部的分配问题,始终坚持按劳分配的原则,既要突出重点,拉开档次,又要照顾一般,保持分配关系的相对稳定,以充分调动职工的社会主义积极性。为了正确处理好承租人与租赁企业职工的关系,一般在签订租赁合同时,就要对企业职工的劳动时间、工资待遇、生活福利等问题,作出职工满意的规定。而且,在选定承租人和议定租赁条款时,都要尊重职工应有权利。

综上所述,企业租赁作为一种合同关系,它的双方当事人都应是民事权利主体,相互享有民事权利和承担民事义务。目前,由行政主管部门出租企业的做法,不利于改变租赁企业与主管部门的行政隶属关系,不利于落实承租人经营租赁企业的自主权。我国应逐步建立专营企业租赁的企业性组织,把企业出租也视为一种特殊的经营方式,或是经营过程中的一种重要的补充手段。这样,有利于实现所有权与经营权的分离,有利于实现企业租赁的预定目标。

民法通则与合伙民事主体地位*

我国《民法通则》第一次把合伙列入“自然人”一章加以规定，这在民事立法上是一个创举。各国民法典总是把合伙作为一种契约放在债编中。但是，我国为适应社会主义商品经济发展的需要，能够从实际出发，把合伙首先看作一种实体组织，放在民事主体部分加以规定，这就突破了传统民法的惯例，表现了积极的求实和创新精神。同时，说明合伙在我国民法中占据重要地位，它是我国民事主体制度的重要组成部分。

关于合伙是不是民事主体，这是一个历来有争议的问题。我国在《民法通则》的制定过程中，也曾出现过两种意见：一种意见不赞成把合伙放在民事主体部分加以规定，理由是民事主体只有自然人和法人，合伙是自然人、法人派生出来的，是自然人、法人进行民事活动的一种形式。外国的民法绝大多数是把合伙写在契约中，不作为独立的民事主体。所以，我们不宜在自然人、法人之外又确立一个“第三民事主体”。另一种意见则赞成把合伙放在民事主体部分加以规定，理由是合伙是大量存在的客观实际，它们在事实上已经不同程度地取得了民事主体资格，我们在法律上给予确认，明确规定其权利义务，有利于对它们的管理和引导，有利于实现经济协作和联合。所以，我们应该勇于创新，建立具有中国特色的民事主体制度。

笔者赞成后一种意见，下面谈谈看法。

---

* 原载《法学评论》1986 年第 3 期。

一、合伙是一种历久不衰的联合经营方式

合伙有着悠久的发展历史。早在公元前 18 世纪,在古巴比伦,《汉谟拉比法典》就规定了合伙的一般原则。到了罗马共和时期,合伙已成为个人之间联合经营的重要方式。到了中世纪,随着商品经济成分的增加,合伙经营日益运用广泛。显然,以上历史时期的合伙,是简单商品经济的产物,它只适用于个人商品生产者之间小规模或临时性的联合经营。

进入资本主义时代,由于资本主义生产规模的不断扩大,法人的经营方式得到充分的发展,但是合伙在经济生活中仍然占据重要地位。近代股份有限公司出现之后,无限公司和两合公司仍然是企业经营的重要方式。特别是近年来,由于深刻的政治和经济原因,资本主义国家越来越重视发展小型企业,因而合伙的经营方式得到进一步发展。

在社会主义国家,随着近年来经济体制改革的深入,各种合资、联营企业的增多,以及个体经济的恢复和发展,各国事实上的合伙已大量涌现。特别在我国,自 20 世纪 80 年代以来,各种合伙性质的联合企业、合作经营组织、中外合作经营组织发展迅速,已成为经济生活中不可忽视的力量。正是这种原因,我国在《民法通则》中,对个人合伙的一般规则作了规定,因为考虑企业联合的经验还不足,一旦作出全面规定有可能不利于经济体制改革的进行,所以对法人之间的合伙未作明确规定。

合伙为什么能够历久而不衰,经历了数千年不同形态的社会发展过程,根源于它们所依赖的物质生活条件一直存在,当人类社会出现商品生产和商品交换之后,人们之间的协作和联合就成为必然趋势。为了稳定和发展这种经济关系,就应以一定的法律形式加以确定,这就是合伙能够作为一种民法制度产生和存在的原因。历史事实说明,合伙不仅随着商品经济的产生而产生,而且随着商品经济的发展而发展。无论在简单商品经济中,还是在资本主义商品经济和社会主义商品经济中,合伙始终是一种独立的联合经营方式。同时,随着社

会化大生产的发展,合伙以灵活多样的联合方式,弥补了自己的某些不足,其内容更加丰富,适用范围日益广泛,成为联合经营所不可缺少的方式之一。

合伙作为一种独立的联合经营方式,是自然人和法人所不能代替的。合伙不是自然人,也不是自然人或法人之间的简单结合,它在一定程度上已经脱离了合伙人个人,成为享有相对独立的权利义务的实体组织。同时,合伙也不是法人,它是以共有财产关系为基础建立的社会组织,各合伙人必须以自己的个人财产对合伙债务承担无限责任。实际上,合伙一方面同时具有自然人和法人的某些特征,另一方面又有自己所独有的特征。有学者认为,合伙是自然人独资经营与法人经营之间的一种过渡性经营方式。所以,合伙在组织形式上具有多样性,在经营方式上具有灵活性。但是,合伙并非仅是过渡性的联合,它在漫长的发展历史中已经形成了自己独立的、稳定的经营方式。它的优点在于:与自然人独资经营相比,合伙经营可以集中较多资金,便于发挥合伙人各自的优势,形成一种新的生产力;与法人经营相比,合伙便于民主经营管理,享有较高的信用,特别适用各种小型企业、事业的组合。这些方面,正是合伙能够独立于自然人和法人之外,稳定地存在数千年,而且今后还将存在下去的原因。

二、合伙是一种不断完善的联合经营方式

合伙作为一种联合经营方式,它所遵循的法律规则不是一成不变的,而是在不断完善的过程中发展变化的。为了适应社会经济的发展,合伙的法律地位也在不断加强。本来不被认为是民事主体的合伙,已经随着各国立法上的进步,开始步入民事主体的行列。这种发展趋势,使传统民法的主体理论遇到挑战。

首先,合伙财产性质方面的变化。古代各国立法,一般规定合伙采取按份共有制度,合伙人各自对共有财产所拥有的份额,分享权益和履行义务,有权按照自己的份额使用和处分共有财产,享有自由退出合伙的权利。近代各国立法,一般规定合伙财产为共同共有财产,合伙人在合伙存续期间,对于全部共有

财产不分份额地、平等地享有所有权,这样合伙人也就实际上失去了自由支配、处分个人所有的财产的权利,只有在合伙解散时,才能确定各自所应得的份额。合伙财产性质的这种演变说明,随着商品经济的发展,为了增强竞争能力,便于合伙经营活动的开展,合伙财产必然趋向更加独立和集中。

其次,合伙成员结构的变化。在简单商品经济条件下,因为法人制度不发达,合伙成员还只能是自然人,所以合伙的规模较小。但是,到了近、现代,由于社会化大生产的发展,各国法人制度不断完善,法人成为经济生活中的重要参加者,进而也出现了以法人为成员组成的合伙。这种合伙不但规模宏大,经营范围也十分广泛,甚至是跨地区、跨国家的,所以合伙的内部结构发生了质的变化。在这种情况下,合伙如果不能享有民事主体资格,而仅以合伙人的名义对外开展经济活动,已经不能达到合伙的目的。因此,到了法人(有时也包括国家)能够成为合伙人的时代,合伙与法人的财产权性质,逐渐趋于一致。也就是说,合伙财产已经在相当程度上脱离了自然人个人,而成为一定范围的社会化的财产,以致合伙与法人的界限越来越模糊。从这个意义上讲,合伙成为民事主体的条件更加成熟了。

最后,合伙立法的发展趋势。在传统民法上,合伙从来不被认为是法人,尽管合伙有时也称为公司,但它必须是以股东负无限责任为前提,所以否定合伙具有民事主体资格。但是,近代一些国家为了适应商品经济的发展,合伙立法有了相应改变。例如,1804 年的《法国民法典》对合伙是否享有法人资格,并未作出明文规定,然而 1966 年生效的《法国商事企业法》以及 1978 年重新修订的《法国民法典》,则明确规定合伙自登记之日起享有法人资格,这样就从法律上承认了合伙是民事主体。除法国外,德国、日本、比利时等大陆法系国家,都承认商业性合伙是独立法人。在英美法系国家,一般把合伙看作非法人团体,以区别合伙与法人的不同,虽然这样排除了合伙是法人,但是并不因此影响合伙作为经济实体在法律上的地位。例如,美国联邦破产法规定,合伙一律作为独立的法人宣告破产。相比之下,英美国家的合伙更具有“第三民事主体”的意义。

从以上几点分析可以看出,如果坚持民法的传统理论,继续把合伙完全留在自然人主体之中,显然是不符合实际的。事实上,合伙与法人相比虽然是一种初级联合形式,但它已经越来越接近于法人,这也正是大陆法系国家多承认合伙的法人资格的原因。但是,合伙与法人之间的本质区别依然存在,这就是合伙基于共有财产关系,而法人基于公有财产关系,合伙人对合伙债务负无限责任,法人成员对法人债务负有有限责任。所以,如果把合伙与法人等同起来,也是不对的,因为那样不仅取消了合伙的概念,而且也否定了法人的最本质属性,进而使民事主体理论破产,这样对社会经济的影响是不堪设想的。

因此,合伙既然与自然人不同,又与法人不同,但又要在实际上成为民事主体,那么在学理上如何解释?现在有人提出承认“第三民事主体”的设想,应该说这是有一定道理的。

三、合伙是一种具备民事主体条件的实体

民事主体是民事法律关系的参加者,民事权利的享有者和民事义务的承担者。合伙能不能成为民事主体?关键要看它是否具备以自己名义参加民事法律关系的条件。

合伙是一种基于共有财产关系组合的经济实体。它在内部关系上,虽然每个合伙人仍然保留对自己出资财产的所有权,但在一般情况下,任何一个或少数合伙人已经不能以自己的意志对合伙财产行使所有权,因此合伙必然具有自己的集体意志和相对独立的财产;在外部关系上,合伙作为一个组织实体,是以自己的合伙财产为基础,开展各项经营活动的,并以这些财产对外承担债务和责任,只有在它不能完全抵偿合伙债务和亏损时,其不足的部分才由各合伙人共同负担,可见,合伙具有相对独立承担财产责任的能力。同时,合伙要存在和发展,还要不断增强自己的经济实力,以巩固在竞争中的地位,所以合伙不可能没有自己的整体利益。这一整体利益与合伙人的个人利益既相联系又相区别,这也是合伙必须保持一定相对独立财产的原因。

合伙不仅具有相对独立的财产,而且有相对稳定的成员,这是合伙能够形

成整体力量的源泉。按照合伙的一般规则，每个合伙人都有代表合伙执行业务的权利，但是为了有效地开展业务活动，还必须设立一定的组织机构，由它根据合伙人的共同授权，对内负责各项业务管理工作，对外代表合伙的集体意志。虽然在法理上，这一组织机构具有代理人的性质，但在一般情况下，它只要不超过合伙的经营范围，仍然是以合伙整体的名义进行活动的，由此产生的法律后果就应由合伙和全体合伙人承担。

合伙的成立和存续，是以合伙合同为必要条件的。合伙合同不仅规定各合伙人之间的权利义务关系，而且规定合伙的经营方式和欲达到的目的。规模较大的合伙以及以公司形式成立的合伙，通常还要制定自己的章程或条例。合伙合同、章程经过公证或批准后，即将严格地约制合伙和各个合伙人的活动，使合伙成为沿着一定轨道、向着特定目标运行的整体。就绝大多数合伙来说，还有相对稳定的存续期间。这样就使合伙在组织形式上，不仅独立于其他社会组织和个人，而且也独立于本合伙的成员个人，成为相对独立的实体组织。

合伙既然作为一个实体存在，就应享有民事权利能力，能够以自己名义参加民事法律关系，并在具体的民事法律关系中享有民事权利和承担民事义务；同时，也应享有民事诉讼权利能力，能够以自己的名义参加民事诉讼，成为原告或被告。如果合伙具备了以上条件，也就成为与自然人或法人地位平等的民事主体。当然，任何民事主体的资格，也包括合伙的民事主体资格，最终还是由国家法律加以确认的。

合伙是一种独立的民事主体形式，与自然人和法人相比，具有自己的法律特征。概括起来主要有 3 点：(1) 合伙是复合主体。它必须由两个以上的民事主体组成，这与单一主体的自然人和法人不同。(2) 合伙的财产权分离。它的财产所有权属于各合伙人，而财产的经营权属于合伙整体，这不仅与自然人不同，也与一般法人不同。如集体法人因加入联合法人便丧失了出资财产的所有权，而取得相应的股东权或收益权，联合法人则取得了该项财产的所有权。(3) 合伙的双层次责任。合伙人对合伙的全部债务负无限的共同责任和个别责任，即在承担责任方面分为两个层次，先以合伙财产承担，不足以清偿时由合伙人以其他个人财产承担。所以，合伙在人员组成、财产权利、承担责任等方面，都表现出明显的相对性和过渡性。

合伙是否都是民事主体？这也是值得研究的。笔者以为,在种类繁多的合伙中,只有那些从事经营活动的企业合伙,才能取得民事主体资格,而那些虽从事经营但不成企业的合伙,如家庭合伙、简易合伙、临时合伙,以及那些从事公益事业的合伙,就可以不赋予民事主体资格。为了区别这两类合伙,可以把享有民事主体资格的合伙称为合伙,把不享有民事主体资格的合伙称为组合。

四、合伙成为民事主体是我国实际的需要

近年来,我国随着社会主义商品经济的发展,为适应多层次生产力结构的客观要求,各种形成的经济联合体得到蓬勃发展,其中合伙就是重要的联合形式之一。目前,我国城乡劳动者合作经营组织,正以惊人的速度向前发展。截至1985年10月,全国已有个体经济合作经营组织22万个。对于这种合作经营组织,多数同志认为其法律性质是合伙。另外,在涉外经济活动中,也出现了一批与外国合营者联合举办的中外合营企业,以及其他合作经营的联合组织,这些组织一般也具有合伙性质。显然,对于如此众多的合伙经营组织,不赋予它们民事主体资格,就会影响其经营活动的正常开展,不利于商品经济和经济体制改革形势的发展。

我国《民法通则》虽然并未明确合伙是民事主体,但是规定个人合伙可以起字号,并且在依法核准登记后,可以在核准登记的业务范围内从事经营。这就说明,我们是把合伙看作一种经济实体的。并可以自己的名义享有民事权利能力。在事实上,这种合伙可以在银行设立账户,并成为独立的纳税单位。而且,合伙可以作为民事诉讼的当事人,到法院起诉或应诉。这些方面说明,合伙已经在一定程度上取得了民事主体地位。我国《民法通则》在“法人”一章还规定,企业之间和企业、事业单位之间的联营组织,只要具备法人成立的条件,依法可以取得法人资格。同时,对于那些具有集体所有制性质的合作经营组织,在法律上也是承认它们的法人资格的。所以,在我国,承认合伙是民事主体,已

经在许多方面成为事实。

当然,就本文所表述的意见,是承认合伙的“第三民事主体”地位的,这样做会有以下好处:(1)适应我国社会主义多种经营方式的特点,促进合伙经营企业的发展,巩固经济体制改革的成果;(2)确认合伙是“第三民事主体”,就与自然人和法人严格区别开来,便于充分发挥合伙经营方式的优点,提高合伙企业的信誉和集体责任感;(3)以法律形式稳定合伙的共有财产关系,更好地保护合伙和各合伙人的合法权益,促进经济协作和企业联合的实现;(4)便于根据合伙的特点,加强对其进行管理和监督,以保证商品生产和商品交换的正常进行,维护社会主义的经济秩序。

我国《民法通则》已经对个人合伙的一般性规则作了规定,这必将促进合伙经营活动的发展,其意义是非常重要的。但是,我国合伙种类繁多,经营特点各异,又发展得很快,仅有个人合伙的一般性规则是不够的。我们还应不断总结实践经验,加强对合伙问题的理论研究,尽快制定合伙组织法,以便使原则性的规定具体化,更好地适应我国社会主义经济发展的需要。

我国《民法通则》虽然在民事主体部分规定了某些合伙规则,但是并未明确规定合伙是民事主体,这说明关于合伙的法律性质问题还有待于进一步探讨。笔者认为,合伙能否成为民事主体,结论首先来自对我国现实经济的考察,以及对国内外立法趋势的研究,不应受传统民法理论的束缚,这样才可能有所创新,逐步建立起具有我国特色的民事主体制度。

法人本质论*

法人的本质问题，是法人理论探讨中的一个核心问题。近两三个世纪以来，发达国家的法学家们对这样一个问题进行了积极的探索，创立了各种各样的学说及其学派，但都未能找到令人信服的答案。马克思主义法学出现后，为研究法人本质问题奠定了科学的理论基础，但是在相当长的时期内，因为所有社会主义公有制国家，对实行法人制度一直抱有戒心，忽视对法人理论特别是对法人本质的研究，所以对这样一个重要的法学理论问题还未能得到全面科学的阐述。

近十几年来，随着世界各国经济的不断增长和经济结构的变化，以及国际经济交往和合作的进一步发展，法人制度在各国民法中的地位更加重要。特别是20世纪60年代后，社会主义公有制国家先后实行经济体制改革，增加了以法律手段调整经济的成分，因而法人制度在立法上得到相应的加强。我国《民法通则》也第一次对法人的一般规则作出了规定。但是，由于法人参与经济生活的范围不断扩大，也为我们提出一系列现实的理论问题，如法人是否还是民法的特有概念？它是否可以成为其他法律关系的主体？法人独立财产的性质怎样？哪些社会组织可以赋予法人资格？法人特殊权利能力的理论，是否已经无法解释现实经济生活中的某些现象？法人的内部关系的性质怎样？各成员、工作人员应享有和承担哪些基本的权利、义务？法人的治理结构是怎样的？法人违法行为的真正含义，以及法人是否可以成为经济犯罪的主体？显然，我们要解决如此众多的理论问题，还必须回到法人本质这样一个最基础、最重要，也是最困难

---

* 本文系“1986年中国社会主义法制建设的理论与实践学术研讨会”会议论文。

的问题上来,如果对法人本质没有一个基本的认识,其他各项问题也就无从谈起,更不可能得出正确的结论。这也正是我们探讨法人本质问题的重要现实意义。

就此问题,本文试图从以下几个方面加以考察和研究。

一、对以往法人学说的评述

关于法人的本质问题,民法学界学说纷纭,其中主要有拟制说、否认说、实在说三种。

拟制说认为,民事权利主体应以自然人为限,法人之所以能够成为权利主体,是法律力量把它拟制为自然人的结果。这种学说,虽然承认法人的法律性,但是否认法人的实在性。这些学者只是看到了事物的结果,并没有解释事物产生的原因。同时,他们以资产阶级的人权理论为研究问题的出发点,而忘记了自然人之所以能够成为权利主体,也仅是近代才有的法律思想,自然人的权利主体资格,也是由国家法律所承认的。所以,法人与自然人的民事主体资格都是法律赋予的,在它们之间不存在谁被拟制为谁的问题。

否认说认为,法人纯属臆想中的虚物,任何社会组织只是各个个人的集合,从来没有什么法人之说。但是,否认说较之拟制说是进步的,它开始探讨法人的财产性质问题,并分成了三派意见:一是无主体说。此说认为,法人的财产是为了一定目的而存在的无主体财产。二是受益者说。此说认为,法人的财产是属于因法人而享受利益的个人。三是管理者说。此说认为,实现管理法人财产的人就是法人的本体。显然,以上各派在探讨法人的财产性质时,都已经注意到研究法人独立财产的重要性,并从不同角度提出了理论构想,为以后在这方面的研究开拓了思路。但是,他们还没有考虑法人能不能成为财产权的主体,他们否认法人存在,没有分清法人财产与个人独有财产、共有财产已有质的不同,这样就又导致否认了法人的独立财产,进而否认了法人的存在。

实在说认为,法人是独立存在的实体。法人具有独立的意思能力,可以以自己的名义享有权利和承担义务,在法律上是独立的民事主体。这一学说又分为两派:一是有机体说。此说认为,法人与自然人一样,也有自己特殊的机体,享有一定的人身权和财产权。法人不仅有表达意思的机关,还有自己所属的各个职能部门,因而形成了法人机体的各种系统。这种形象性的理论,着实地反映了法人实体的客观存在,是对法人本质研究的重要贡献。但是,这一学说仍没有真正找到法人成为权利主体的根据。非常明显,自然人之所以成为权利主体,并不是因为自然人有自己的机体,也不是因为自然人有独立的意思。二是组织体说。此说认为,法人和自然人都是法律规范赋予的人格,它们是构成社会经济生活的基本组织单位。这一学说力图从经济上的和法律上的视角去研究法人的本质,从而弥补了有机体说的不足,成为近代法人理论研究的高点,为世界多数国家和民法学界所承认。然而,这一学说没有指出法人与其他社会组织的根本区别,没有指出法人的本质特征,同时,又认为自然人是具体的实在,法人是抽象的实在,因此有时不免又滑到法人拟制说的路上去。

如上所述,拟制说认为,法人是法律力量的拟制;否认说认为,法人是人们意识的虚构。显然,这两种学说都不是从客观事物出发,而是从法本身出发来研究有关法的本质问题,所以就不能不陷入唯心主义和形而上学的泥坑。实在说分为两派意见:一派认为,法人是自然界固有的生命体,从而否认了法律是一定阶级的意志的表现;另一派认为,法人是人类抽象的实在,所以有时又与自身理论相矛盾,而与拟制说相混淆。以上三种学说,虽然由于具有历史和阶级的局限性,还没有能够科学地揭示法人的本质,但是它们都在不同程度上接近于或已经接触这个问题的本质方面。特别是实在说中的组织体说,能够从客观事实出发,承认法人的存在是一种社会经济现象,这就为以后探讨法人本质问题,提供了重要的学术资源。

二、法人的物质渊源和条件

马克思在《政治经济学批判》序言中指出:“法的关系正像国家的形式一样,既不能从它们本身来理解,也不能从所谓人类精神的一般发展来理解,相反,它们根源于物质的生活关系。"[①]我们要探讨法人的本质，就必须首先考察法人得以存在的现实基础，即分析法人产生和发展的物质生活条件。

法人的物质渊源和条件，可以先从法人产生的物质社会原因加以分析：

一方面，人们的生产活动，不可能单独进行。在原始社会，由于生产力极其低下，人类只有依靠集体的力量，才能在非常艰苦的条件下进行生产斗争，获得生存与发展。因此，人类的劳动一开始就是集体化、社会化的，而任何个人始终不是被视为一个单独的个人，而是被视为一个特定团体的成员。也就是说，在一定的历史阶段中，人们必须组合为一定的团体，进行各种社会活动，这是产生法人的一个重要因素。不过，人们组合为团体，不一定就能成为法人。例如，原始社会的家族团体就不是法人。

另一方面，人们的生产活动，不可能孤立地进行。随着社会生产力的发展，当人们的产品一旦有了剩余之后，就必然在互相接触中引起产品的交换，并逐渐形成为交换而生产的个人或团体，从而产生商品生产和商品交换。这就是说，在一定的历史阶段中，人们必须进行产品交换或商品交换，这是产生法人的另一个重要因素。不过，人们进行产品交换或商品交换，也不一定就能产生法人。例如，奴隶社会和封建社会的个体劳动者以及合伙经营组织就不是法人。

只有以上两个方面有机地结合起来，才可能产生法人。这就是说，它必须是人们的组合团体，同时，又必须是以自己为基本经济单位进行商品生产和商品交换时，才可能成为法人。而且，这种结合不是在所有经济条件下，都能发生和实现的，只有在商品经济发展到一定程度，以至人们组合的一定团体成为商品交换的主体时，法人才能随之产生。

在古罗马时代，由于简单商品经济的发展，它要求有更简便的方式进行经济活动，即要求把许多个权利主体简化为一个权利主体，于是社团法人的组织形式就产生了。马克思对罗马法有着深入的研究，他说："罗马法虽然是与交换还很不发达的社会状态相适应的，但是，从交换在一定的范围内已有所发展来说，它仍能阐明法人。"[②]他又说："在罗马，特别是在罗马帝国，法人即交换过程

① 《马克思恩格斯全集》(第13卷)，人民出版社1962年版，第8页。
② 《马克思恩格斯全集》(第46卷)(上)，人民出版社1979年版，第198页。

的主体的规定已得到阐述,资产阶级社会的法就其基本规定来说已经制定出来。”③可是,法人之所以能够成为交换过程的主体,是由于商品经济在一定范围发展的结果。在古罗马,尽管商品经济还很不发达,但是法人产生的物质生活条件毕竟出现了。

到了资本主义时代,商品经济发展到最高程度,法人制度也随之完善起来。在这一时代,资产阶级要想进一步发展生产,获取最大限度的利润,就必须从法律上解决两个问题:一是由于资本主义大工业的发展和资本有机构成的不断提高,开办一个企业所需要的最低限度的资本也随之增多。企业的规模越大,就越需要巨额的资本,而这又是大多数单个资本家所难以承担的。所以,资本家们就需要把自己分散的单个资本结合起来,使它成为一个巨额的经营资本。二是由于资本主义竞争和生产无政府状态的日趋严重,每个资本家所面临的风险也越来越大。所以,他们就需要一种能够使自己免受和减少风险的联合形式。后来,资产阶级终于发现,能够解决以上两个问题的最好法律形式就是法人。

对于资本家来说,法人的最宝贵之点正在于有限责任利益。它促使资本家可以毫无顾虑地集中资产,发展资本主义商品经济,极大地促进了社会生产力的发展。马克思在《资本论》中多处讲到股份公司的历史作用,他说,股份公司的成立使“生产规模惊人地扩大了,个别资本不可能建立的企业出现了”。④“假如必须等待积累去使某些单个资本增长到能够修建铁路的程度,那么恐怕直到今天世界上还没有铁路。但是,集中通过股份公司转瞬之间就把这件事完成了。”⑤

法人不仅在资本主义性质的国家得到空前发展,而且在社会主义国家也同样被采用,并且逐渐成为一项重要的法律制度。这是因为,社会主义国家在相当长的历史时期内,还不可能消灭商品货币关系,仍必须积极地发展商品经济。所以,各社会主义经济单位还要实行“独立核算,自负盈亏”,在商品流转过程中,以民事权利主体的资格进行活动,这就要求建立相应的法人制度,而且随着

③ 《马克思恩格斯全集》(第46卷)(下),人民出版社1980年版,第478页。
④ 《马克思恩格斯全集》(第25卷)(下),人民出版社1974年版,第493页。
⑤ 《马克思恩格斯全集》(第23卷),人民出版社1972年版,第688页。

社会生产力的不断提高,法人制度在社会主义国家民法中的地位也越来越重要。

由此可见,法人的产生和发展,也和其他上层建筑一样,是人类社会物质生产力的一定发展阶段上必然的产物。在存在商品经济的各种社会形态中,它将不以人们的意志为转移而存在,其发达程度与商品经济的发展水平相适应。法人作为一种法律制度一旦形成和建立,便具有相对的独立性,并循着本性所固有的规律运行,反过来对社会经济基础产生巨大的推动作用。因此,法人的存在是一种历史事实,它根源于一定社会的经济条件,确立于一定社会的国家意志,是统治阶级发展经济和维护其统治的法律工具。

三、法人是独立生存的实体

法人是这样的一种社会组织,它不仅与其他社会组织和自然人相独立,而且与创立人和本组织的成员个人相独立,在社会经济生活中是独立生存的实体。这种社会组织的独立性表现在以下方面:拥有独立财产,能够以自己所有或经营管理的财产,对其债务承担责任;具有自主意志,能够以平等当事人的身份,根据自己的意志和愿望设定、变更和消灭民事权利和义务;具有永续性,其存续期限不因自己成员的更换和死亡而受到影响。有了以上几点,这一社会组织必定是自主经营、自负盈亏、独立生存的经济实体,在法律上享有民事主体的资格。

首先,法人拥有独立财产,是法人本质不可缺少的属性。在法律上,所谓独立财产,是指该法人的财产不仅独立于其他社会组织和自然人的财产,而且独立于自己成员的个人财产,也独立于创立人(包括国家)的其他财产。这就是说,法人财产与法人成员的个人财产,以及创立人的其他财产是分开的。既然如此,除法律另有规定的以外,国家、个人对法人的债务不承担财产责任,只有在法人发生破产时,国家、个人才在事实上以自己的出资或其份额承担有限责任。所以,拥有独立的财产,是法人参加民事法律关系和承担财产责任的前提和根据。

法人财产独立化的程度,是各国民法学界普遍关注的问题。一般理论认为,法人的独立财产直接归结为股东的有限责任。在资本主义社会,法人是随着股份有限公司的出现而逐步完备的,股份有限公司成为法人的最高组织形式。股份有限公司以及较晚出现的有限公司,都是以自己的财产为限对外承担债务责任,而各股东对公司的财产责任只限于他们各自在公司中所占的股份或出资额。这样,公司法人的财产与股东个人的财产就完全分离,对于资本家来说,他们除了存在于股票证券上的一点联系外,与社会生产简直毫不相关。特别到了帝国主义阶段,股份公司得到进一步的发展,极少数的金融寡头通过持股公司或其所控制的公司来控制其他子公司和孙公司,从而支配了比自身资本大几倍甚至几十倍的他人资本。在这里,"以生产资料和劳动力的社会集中为前提的资本,直接取得了社会资本的形式,而与私人企业相对立。这是作为私人财产的资本在资本主义生产方式本身范围内的扬弃"。⑥ 可见,法人的财产已经具有了社会财产的性质。这种财产已经不再是私人生产的资料,它只有在联合起来的生产者手里才能发挥生产资料的作用,这是资本再现化为生产者的财产的过渡点。⑦ 从这个意义上来讲,法人财产是一种较小范围内的公有性财产,它与个人独有财产和共有财产已经有了质的不同。

但是,近代股份有限公司出现之后,无限公司和两合公司仍然是企业经营的重要方式。特别是近些年来,无论是资本主义国家,还是社会主义国家,都越来越重视发展小型企业,因而合伙的经营方式得到进一步发展。与此相适应,一些国家关于合伙立法有了相应的改变,法国、德国、日本、比利时等大陆法系国家,都承认商业性合伙是独立的法人,英美法系国家虽然把合伙看作非法人团体,但并不因此影响合伙作为经济实体在法律上的地位。我国《民法通则》第一次把合伙列入有关主体部分加以规定。这样,对于法人财产的独立化程度就需重新进行探讨。现在,有的学者认为,有限责任不是法人的根本属性。法人除了以其名义取得权利、负担义务,并有诉讼上主体地位之外,其成员责任的补

---

⑥ 《马克思恩格斯全集》(第25卷)(下),人民出版社1974年版,第493页。

⑦ 参见梁慧星:《论企业法人与企业法人所有权》,载《法学研究》1981年第1期。

充性与从属性，或法人财产实质上的独立性，才是法人本质不可缺少的属性。[8]而我认为，抛弃有限责任的企业组织，就不可能有实质上的独立财产。诚然，无限公司或其他合伙企业的财产，也具有相对的独立性，因而也是一种客观存在的经济实体。但是，这种经济实体是基于共有财产关系而产生的，它与法人财产的公有性是有质的区别的。我同意这样的看法，合伙经营组织“具有法人的一些特征，但并不是法人；具有自然人的一些特征，但也不是自然人”。[9] 有些国家承认合伙的法人资格，只是说明合伙享有民事主体地位，并不能理解为合伙就等于法人。根据它们在财产上的独立化的不同性质，可以认为，法人是一种高级组织形式，合伙是一种低级组织形式。

在我国，法人组织是否拥有独立财产，是多年来在理论上、实践中未能很好解决的问题。特别是过去把全民所有同国家机构直接经营企业混为一谈，这样在事实上就否定了国营企业拥有和支配独立财产的权利。同时，即使是对自己财产享有所有权的集体企业，由于受到各种“左”倾错误做法的影响，也在不同程度上丧失了企业的独立财产。在这种情况下，这些企业组织不是或不完全是法人，但是，根据马克思主义的理论和社会主义的实践，所有权同经营权是可以适当分开的。在全民所有制内部，一方面，国家保持着对生产资料的所有权，并凭借这种所有权向企业收取生产资料的租金、占用费、利润、税收等，有权决定企业的创建和关、停、并、转、迁，行使对生产资料的最终处置权；另一方面，国家授权企业直接占有、使用和支配生产资料，使企业拥有自身的财产利益，能够独立自主地开展经营活动，在集体所有制内部，每一个企业都是自己财产的所有者，他们既能够自己独立经营，也能够将其财产转让他人代为经营，从中取得的财产收益仍为集体所有权的客体。因此，无论是全民所有制企业还是集体所有制企业，都应是拥有独立财产的经济实体，在法律上享有法人的资格。

其次，法人具有自主意志，是法人独立生存的重要表现。法人作为民事主体，也和自然人一样，须有自主意志，才可能以平等当事人的身份参加民事活动。根据民法的基本原则，法人与他方设定，变更和消灭民事法律关系时，双方

---

⑧ 参见陈明辉：《论法人之本质》，载《军法专刊》1985 年第 2 期。

⑨ 江平：《共同经营体法律地位初探》，载《中国法学》1986 年第 1 期。

都须本着自愿互利和协商一致的原则,实现其各自的愿望与要求,任何一方都不得强制他方接受自己的意志。但是,法人是一种社会组织,它的意志不是单一自然人的意志,也不是法人内部成员意志的简单集合,而只能是这一组织的集体意志。所谓法人的集体意志,是指在法律规定和创立人设立法人的目的和宗旨范围内,既与其他社会组织、个人的意志相独立,又与本组织各个成员的意志相分离,而为法人整体的经济利益或其他利益所形成的一种独立意志。

法人的自主意志,只有通过它的法人机关加以实现。法人机关是指法人的管理和代表机关,它是由集体的或单一的自然人组成。这些组成法人机关的自然人,一旦脱离了自己个人的身份,而以法人机关的面貌出现时,便成为法人的代表。这时,他们的意志就被看作法人的意志。作为法人机关的成员,在实现法人自主意志时,必须严格遵循自己章程和条例所规定的业务范围,服从法人创立人国家和劳动者集体的意志。如果法人机关违背了上述准则,也就违背了法人意志本身,从而成为他们个人的意志。非常明显,如果没有法人创立人的意志,法人自主意志就无所遵循;如果没有法人机关的意志,法人自主意志就无法实现,它们二者是相互联系的,是统一体。同时,法人机关在实现法人自主意志时,不仅要发挥自己的智慧和才干,而且要倾听本法人组织中的广大成员和工作人员的意见,这对于法人意志的形成不能不给予积极的影响。但是,这种影响毕竟是间接的,他们的意见本身还不能认为就是法人的意志。在我国,特别对企业法人来说,我们一方面要强调现代企业必须有集中统一的领导和生产指挥,企业法人的自主意志必须由法人机关集中加以实现;另一方面也要强调必须保证广大职工和他们选出的代表参加企业民主管理的权利,维护企业法人内部广大成员和工作人员的利益。应当说,没有企业法人的自主意志,固然不可能有广大职工管理企业的民主权利,但是没有广大职工的这种权利,也不可能有企业法人的真正自主意志,它们二者的统一,正是企业法人得以实现自主意志的必要前提。

法人的自主意志是由国家赋予、法人机关具体实现的,它包括两方面的内容:一方面,法人作为民事主体,对外能够以自己的意志,参加各项民事法律关系,享有民事权利和承担民事义务。在这里,法人机关的自主意志就是法人的自主意志。另一方面,法人作为有机组织,内部能够以自己的意志,进行自我调整和改造,以适应多变的社会需求,实现自身的不断发展。在这里,法人机关的自主意志同样表现为法人的自主意志。但这时,法人只是作为一个社会组织存在,而不是作为民事主体存在,它的法人机关对内的自主意志,也不是民法意义上的自主意志,一般则表现为行政性质的意志和权利,所以不属民法调整的范围。这样人们会发现一个有趣的问题,法人一旦走出自己的大门,作为一个民事主体出现在商品流转的社会中时,它的各项外部活动是由民法调整的;而同样是这个法人,当他仅作为一个社会组织进行各项内部活动时,又是由企业法、公司法、行政法、劳动法等法律部门调整的。但是,无论是法人组织的外部活动,还是法人组织的内部活动,都是由同一个法人机关行使着领导职能,这一职能的行使又依赖于统一的、不可分割的自主意志。可以认为,法人对外的自主意志,是其享有民事主体资格的表现,法人对内的自主意志,是其确立民事主体资格的基础,它们二者互相区别、相互依存,共同构成了法人实体的要素之一。

在社会化大生产的条件下,由于社会需求十分复杂而且经常处于变动之中,企业条件千差万别,企业之间的经济联系错综复杂。所以,企业不能没有必要的自主意志,不能没有独立处理自身事务以适应社会经济生活瞬息万变的能力。目前,我国以城市为重点的整个经济体制改革的中心环节,是增强企业的活力,特别是增强全民所有制的大、中型企业的活力。解决这一问题的关键是赋予企业自主权,使它具有自我改造和自我发展的能力。企业法人的自主意志,具体表现为企业在遵守国家法律的前提下,享有各项经营管理的权能,如有权选择灵活多样的经营方式,有权安排自己的产供销活动,有权支配和处分自留资金,有权自行任免,聘用和选举本企业的工作人员,有权自行决定用工办法和工资奖励方式,有权确定本企业产品的价格,等等。应该说,实现经济体制改革的目标,是我国完备法人制度的条件和前提,实行法人制度是经济体制改革得以顺利进行的法律保障。所以,企业能否成为具有自主意志的法人,关键在于通过经济体制改革,企业能否取得经营自主权。

最后,法人具有永续性,是法人区别于自然人的一个重要特征。在法律上,既然法人与其成员是互相独立的,那么它就不会因为法人机关和个别成员的更换与死亡,而发生实质上的变化和终止生命。因此,法人与自然人不同:自然人受自然规律的限制,迟早会死亡;法人的存在则不受时间上的限制,也不受生理原因的制约,它可以根据法律和自身章程的规定,不断依序延续,永远存在。例如,公司股票的持有人就可以随时将它的股份出卖,当他去世时,就可以将股票转给他的继承人,公司并不因此而受到损害。显然,公司与在特定的时间内拥有股票的人不同,它是永存的。法人的这一特征,对于稳定社会经济秩序,保护社会集团生产力,促进商品经济发展是有重要意义的。

法人的永续性,还表现在法人对外权利义务关系的连续性上。在法人内部,法人机关或接受其授权的法人成员,不是独立的权利主体,而是法人的有机组成部分,它们两者只有一层人格。法人机关或有关成员以法人名义对外实施法律行为所产生的权利、义务,应由法人直接享有和承担,而对其个人不发生法律后果。当他们实施法律行为后,由于某种原因而调动、辞职或死亡,也不会影响法人继续享有权利和承担义务。这样,就使法人保持了对外经济活动的连续性,不会因为法人机关和有关成员的更换或死亡而中断权利义务关系,不会因此而免除法人的有关债务责任。

以上三个方面,是法人独立性的主要表现。法人拥有独立财产,是其独立存在的物质基础;法人具有自主意志,是其独立生存的精神条件;法人具有永续性,是其独立存在的必然结果。也就是说,一个社会组织具备了这样三个要素,就能够以自己的名义进行民事活动,并独立地享有权利、义务和承担责任,成为独立生存的法人实体。

四、法人内部的结构特征

关于法人的内部构造问题,也是人们时常讨论的问题。大陆法系的传统民法,把法人分成社团法人和财团法人。社团法人是指以社员权为基础的人的集合,也称人的组合。财团法人,是指创立人为了一定的目的而设立、并委托他人按照规定的目的而经营管理的各种资产,也称财产组合。在英美法中,虽然没有财团法人的概念,但是因为他们的信托制度十分完善,而信托内容与财团性质又极为相似,所以财团法人被信托经营方式代替。在传统民法看来,财团法人与其创立人在财产上是完全分离的,财团法人的内部没有法人成员,只有被聘任或雇用的工作人员。我国台湾地区民法学者一般认为财团法人是以供一定目的的独立财产为中心,而备有一定组织形式的法人,它的创立人不是法人成员,被委托管理财产的人也不是法人成员。苏联有些民法学者也认为,财团法人使个人财产与法人财产达到了最大分离,以致个人和财产之间已经没有任何关系,所以财产本身就能构成法人。

在我国民法学界,有许多学者对以上认识是持怀疑态度或反对意见的。如有的学者认为:"把社团视为人的组合,财团为财产的组合,并不很确切,因为任何法人中,既有人又有财产。不同的是:社团是先有人(社员),然后由人出一定的资金(股份、会费等)构成法人的财产;而财团则是先有财产(一般是由捐赠行为而设立的财产),然后由专门委任的人去管理、经营。"[10]有的学者在探讨合伙问题时指出:"作为一种社会组织,合伙与公司固然有一种独立于成员个人意思之外的团体意思,但仅仅是独立于个人,而不是脱离人的思维活动,而孤立存在的……所以,归根到底,不过是人的组合方式不同罢了,离开人的组合而孤立存在的财产组合在任何时候都不存在。"[11]应当说,以上这些看法是现实的、客观的、正确的。法人作为一种社会组织,它须具有两个最基本的条件,一是拥有一定的独立财产,二是拥有一定的组成人员。法人是充满活力的组织体,它的活力又需来自一定物质利益基础之上的各组成人员的意志和行为。但是,这些人员在法人内部的地位是不同的,他们所享有的权利、义务以及承担的责任是不同的。这正是我们研究法人内部结构的出发点。

法人不是抽象虚构的空物,而是具体实在的组织。法人对外是统一的整体,而内部又是由若干互相独立的自然人组成。但是法人已经不是自然人的简单集合,自然人一旦加入了法人组织,就在规定的范围内与自身相分离,而成为法人组织的一员。也就是说,这些自然人已经有了双重身份,他们既是享有自

---

⑩ 江平编著:《西方国家民商法概要》,法律出版社 1984 年版,第 46 ~ 47 页。

⑪ 方流芳:《合伙的法律地位及其比较法分析》,载《中国法学》1986 年第 1 期。

然人权利、义务的个人,又是法人成员或执行法人公务的工作人员,即法人结构中的组成部分。当他们以自己个人名义进行各项活动时,享有一个自然人主体所应享有的权利和义务,并承担由此产生的法律责任,而与法人组织无关;当他们作为法人的一员进行业务活动时,只要不违背法人设立的宗旨,不超越法人的权利能力,就应由法人承担其法律后果,而与他们个人无关。在后一种情况下,各自然人因直接投资、接受聘任、通过选举、签订合同等加入法人的方式不同,而在法人内部所处的法律地位也不同。一般来说,他们与法人的关系是民法上的社员与团体之间的关系,或是行政法上的隶属关系,或是劳动法上的合同关系,有时也可能其中两种关系或三种关系兼而有之。就多数法人而言,我们可以把组成法人的自然人分为法人机关成员、法人成员和法人工作人员三个部分。

法人机关成员,是指执行法人机关职务的自然人。法人机关根据国家法律、法人章程或条例而设立,负责对内执行法人事务,对外代表法人意思。显然,法人机关的领导职能须由其成员来行使和完成。在外国,社团法人的机关通常又分为意思机关和执行机关,有的国家还设有监察机关,其中执行机关的成员是处理法人日常工作的全权代表。财团法人的机关成员,只能在捐助章程范围内决定法人的意思和行为。在我国,企业法人的经理、厂长、社长,事业法人的校长、院长、所长,国家机关的主要行政领导人,社会团体的会长、干事长等在执行法人职务时就是法人机关的成员。在实行集体领导的法人中,其领导成员都应视为法人机关的成员,分别有权对外代表法人的意思。法人机关成员无论是由团体任命产生,还是由法人聘任或内部人员选举产生,都是法人的有机组成部分。在一般情况下,法人机关成员的意思就是法人的意思,法人机关成员的行为就是法人的行为,由此产生的法律后果由法人承担。但是,法人机关成员非执行法人职务的行为,其法律后果由他们个人承担。在法人内部,法人机关成员的工作须向法人创立人以及全体法人成员、工作人员负责,当他们因自己的过错给法人和第三人带来损害后果时,应依照法律、章程、条例的有关规定承担相应的法律责任,如果已经构成犯罪时还须承担刑事责任。

法人成员,是指法人内部享有社员权(股东权、会员权)的自然人或法人。

传统民法一般认为“社员为社团之构成分子,非法人之直接机关”。[12] 但是,“社员本身虽非社团法人之机关,然却为社团法人成立之基础,且为其最高机关(总会)之构成分子,因而社员对于法人,自有其种种权利与义务”。[13] 在公益权方面,社员享有表决权和请求权或自行召集总会的权利,通过总会可以决定法人的重大事务,如变更章程、任免董事、监督董事职务的执行、开除社员、解散社团等。在自益权方面,营利法人的社员享有盈利和剩余财产的分配请求权,社团设备的利用权等。社员的义务主要是出资义务,如缴纳会费或股款等。在我国,法人的分类与国外不同,无社团法人的概念。但是,集体企业法人和社会团体也是由社员(会员)组成的。集体企业法人的社员,一方面要承担有限责任,即他的损失不会超过他的出资,他对法人的债务不承担个人责任;另一方面作为法人的成员享有平等的表决权,通过职工大会或职工代表大会可以决定“企业的发展规划、生产经营、人员增减、收益分配、职工奖惩等重大问题”,另外还可以决定企业的转业和歇业。[14] 还应指明,集体企业法人的机关成员须由职工大会或职工代表大会选举或聘任产生,以往由国家主管机关任命的方式是违背集体企业性质的。社会团体的会员,除了缴纳会费外无出资的义务。社会团体一般是公益,学术组织,其会员无请求分配收益的权利,但在公益权方面,享有与集体企业法人的社员相类似的权利。

法人成员是法人的情况,是现代各国法人制度出现的新趋势。19 世纪末 20 世纪初,垄断开始成为主要资本主义国家经济生活的基础,为法人以股东身份参加联合企业提供了可能。20 世纪 20 ~ 30 年代,资本主义国家托拉斯类型的联合公司得到很大发展。当时,托拉斯被看作一些工厂组成的工业联合企业,享有法人资格。工厂一旦参加托拉斯便丧失了其原有的法律上和业务上的独立性,但原来的主体资格还应存在,否则便是合并了,而由托拉斯的领导机构(董事会)来经营管理,原来的企业则成为托拉斯的股东,即托拉斯法人的成员。后来,随着这种联合公司的经济中心作用的逐步降低,托拉斯变成了纯粹的行

---

⑫ 参见史尚宽:《民法总论》,台北,正大印书馆 1980 年版,第 199 页。

⑬ 参见郑玉波:《民法总则》,台北,三民书局 1979 年版,第 160 页。

⑭ 国务院《关于城镇集体所有制经济若干政策问题的暂行规定》(1983 年 4 月 14 日)。

政基层组织,而逐渐失去了法人的基本特征。这20年来,资本主义国家的企业之间横的联合发展很快,许多公司选择了组成多种行业的联合公司的办法。这些联合公司在组织形式上是松散的或较为松散的,它们与原托拉斯性质的联合公司已有明显区别。在法律上,他们有的是法人,有的是合伙,但无论哪一种情况,每个参加联合公司的企业仍然是法人。对于那些享有法人资格的联合公司来说,组成联合公司的成员法人不仅是该公司的股东,而且本身还是享有民事主体资格的法人。

近年来,在社会主义国家,各种形式的经济联合体陆续涌现,并已成为国民经济结构的基本环节。经济联合体主要可以分为三种类型:(1)集中型的联合企业。它是集中化的大规模的国营生产企业,统一享有法人资格,所属企业、工厂不是法人,而是联合企业的生产单位。显然,在这种联合企业中,并不存在法人成员的问题。(2)松散型的联合企业。它是既统一又分散的企业联合形式,它的所属企业、工厂已经在不同程度上具有经济和法律的独立性。一般来说,这种联合企业不仅自身享有法人资格,各参加联合的企业、工厂也是法人。这些企业、工厂法人,一方面在联合企业中享有平等的社员权,是联合企业法人的成员,能够决定其有关重大事务;另一方面自身又有独立的财产和各自的资产负债表,可以以自己的名义参加民事活动。(3)经济联合系统。它是由原则上保持独立的企业、工厂,以签订经济合同或通过其他方式为基础建立的联合、协议关系。这种联合方式还没有形成经济实体,在法律上也不是法人。在现阶段,各国最常见的是第二种类型的联合企业,如苏联的生产联合体、匈牙利的托拉斯、波兰的工业联合体、罗马尼亚的工业干线、东德的人民综合工厂、南斯拉夫的联合劳动组织、我国的某些联合公司(如南京无线电公司、重庆标准件工业公司)等。因为,这一类型联合企业的普遍存在,各国又根据自己社会生产性质的集中化、专业化的不同程度而各具特色,这就为我们考察法人的内部结构,提出来新的研究课题,也提供了丰富的实践素材。

目前,我国企业间的联合正朝着群体化和集团型发展,出现了一大批跨地区、跨行业、跨所有制的新型企业经济联合体。它们的形式多种多样,其中最常见的情况是:联合体是由企业自愿联合组建的经济实体,在法律上享有法人资格;联合后的各方企业仍然保持经济上的相对独立性,在法律上也享有法人资格。在组建联合体时,最关键的问题是如何贯彻民法的基本原则,正确处理好联合体与各方企业的关系以及联合体内各方企业之间的关系。联合体的设立,意味着一个新的联合企业法人的产生,各方企业是这一法人的成员。联合体的财产是由各企业投资而形成的,联合体的财产和各企业的财产是相互独立的,各企业仅以自己的投资对联合企业法人的债务承担有限责任。在经济利益上,联合体与各方企业分别计算盈亏,各方企业应以投资比例或章程规定的方式分享利益,所以它们之间的经济往来是有偿的。此外,联合体内的各方企业都是联合企业法人的成员,均享有平等的权利、义务。各方企业都应全面履行章程规定的各项义务,任何一方不应有例外;各方企业按照章程规定所享有的权利,应受到其他成员企业的尊重,能确实地得到行使。依据章程组成的法人机关,应正确行使章程所规定的职权,不能侵害任何一方的合法权益,各方企业对联合企业法人的经营活动和管理等工作均享有监督权,这一权利的行使并不因为未参加法人机关而有所不同。[15] 这样一来,既能充分发挥联合的优势,又能防止"吃大锅饭""搞平调"的情况发生,有利于调动联合体和各方企业的积极性,促进我国横向经济联合的实现。

应该说明,并非所有的法人都有法人成员。在大陆法系国家,财团法人就没有法人成员,也没有总会或其他法定监察机关,只有法人创立人(捐助人)委任的董事。财团董事须于捐助章程规定的范围内,决定其法人的意思和行为。在我国,单一的国家企业法人和享有法人资格的国家机关,也没有法人的成员。这些法人是由国家委任或批准的法人机关成员,来负责执行法人事务的,这些机关成员不是法人成员,而是国家的工作人员,也是法人的工作人员,所以在法律上具有双重身份。他们在执行法人事务时,不仅要对国家负责,而且要对法人负责。

在这里,还有一个问题值得讨论。在发达国家的现代经济生活中,还存在一种"一人公司",即公司的财产已经不是来自多人的股份,而是由企业一人所

---

⑮ 参见王保树:《关于经济联合法律形式的探讨》,载《法学研究》1986年第1期。

有,并由企业主一人独揽公司大权。“一人公司”享有主体资格,企业主对公司的债务也负有限责任。显然,“一人公司”与法人制度的传统原则是相矛盾的,所以引起了各国法学家们的关注。起初,许多法学家认为,“一人公司”的出现和发展,已经孕育着法人理论破产的可能性。但是,也有一些法学家认为:“法人财产独立性和法人参加者负担有限风险的思想,在一人公司或独资公司的形式上获得了最高的表现。”⑯“一人公司”因为受到企业主的衷心欢迎,近些年来在发达国家发展很快。如今,有的国家(德国)已经在法律上承认了“一人公司”是法人,允许独资企业主对公司债务负有限责任,并用强制性的规范明确规定一些措施,以保证公司财产与企业主的其他财产相对分离,公司的利润分配不完全取决于企业主的个人意志。这样,“一人公司”就具备了法人的一般特征,成为一种新的法人形式。在“一人公司”中,企业主并不是法人成员,而是法人的创立人或经营者。“一人公司”与财团法人有些相似,但通常认为企业主仍然享有公司财产的所有权,所以它与财团法人不同,财团法人的创立人对其捐助的财产已经丧失所有权。

近年来,人们还注意到一种新的现象:无限公司。一般来说,合伙企业公司与两合公司在法律上都不是法人,但在实践活动中又是非常接近法人的。实际上,一些大陆法系国家承认合伙公司享有法人资格,其公司股东就应视为法人的成员。两合公司作为一种古老的公司形式,因为内部结构上出现了以法人作为无限责任股东的情况,在基本特征方面也有了明显的变化。两合公司中既有有限责任股东,又有无限责任股东,而无限责任股东往往又是一个有限责任的公司,结果两合公司中实际上并没有一个股东是真正承担无限责任的。依这种认识,这样的公司只是在形式上保存了两合公司的外观,而在内容上已经与享有法人资格的公司毫无区别。如此结构的两合公司的股东,实际上都应视为法人的成员。可见,在复杂的社会经济生活中,法人的内部结构也在不断地发生变化,而研究这个问题又是多么困难。

法人工作人员,是指执行各项法人事务并分享一定法人权益的自然人。法

---

⑯　[苏联]E. A. 弗莱西茨:《为垄断资本服务的资产阶级民法》,郭守康、李群、李光模译,中国人民大学出版社1956年版,第23页。

人工作人员是任何法人组织所不能缺少的,法人集体意志的形成、法人行为的具体实施、法人财产的实际运用,都离不开自然人的思维与活动。在法人组织中,凡实际参加法人工作并成为其稳定成员的领导人、各职能部门的负责人、工人、管理人员、科研人员、老师等,都是法人工作人员。法人机关成员不一定是法人成员,但他一定是法人工作人员。法人成员不一定具体参加法人工作,即不一定是法人工作人员,但他们能享有社员权,能够决定法人的重大事务。有些法人组织如发达国家的财团法人、我国全民所有制性质的单一企业法人,其内部结构中没有法人成员,但法人工作人员却是不可少的。在我国,单一的集体企业法人的成员,也同时是该法人的工作人员。

一般来说,法人工作人员的产生有三种情况:一是由法人创立人直接任命或聘任产生,如我国国家企业法人的机关成员,就是由有关主管部门代表国家任命产生的,这是一种行政法律关系;二是由法人总会招聘和职工选举产生,如我国集体企业法人的机关成员,就是由享有社员资格的职工选举产生的,这是一种民事法律关系;三是法人机关成员以法人的名义招聘一般工作人员,如我国各类企业法人招收工人、事业法人聘任教师、科技人员等,这是一种劳动法律关系。在法人内部,法人与它的工作人员之间主要是劳动关系,它是由劳动法调整的,在我国,劳动关系在很大程度上已经不是财产关系,按照我们的理解,它反映的是劳动者和劳动使用者之间的互助合作关系。因此,身为法人工作人员的劳动者,在法人内部享有充分的民主权利。在国家企业法人中,职工代表由职工直接选举产生,职工代表有选举权、被选举权和表决权,有权参加检查企业内有关单位执行职工代表大会决议和提案落实情况,有权参加对企业领导人员的质询,等等。[17] 这就说明,法人工作人员与法人成员在享有权利方面已经接近。

在法人内部,法人工作人员因为自己的过错给法人造成财产损害,就有义务向法人承担赔偿责任。但是,应分为两种情况:(1)若工作人员是在非执行法人职务时,造成了对法人的财产损害,这时这种损害是在两个民事权利主体间

---

⑰ 《国营工业企业职工代表大会暂行条例》(1981 年 7 月 13 日)。

发生的,该工作人员应向法人承担全部赔偿责任;(2)若工作人员是在执行法人职务时,造成对法人的财产损害,这时这种损害是在同一民事权利主体内发生的,该工作人员虽然也要向法人承担赔偿责任,但它不是一般民法意义上的民事责任。实际上,这两种赔偿责任在性质上是不同的,前者是由民法调整,后者是由劳动法调整。

总而言之,法人必须由自然人组成,不拥有自然人的法人是不存在的。所以,我们研究法人内部结构问题,实际上就是探讨自然人在法人中的地位问题。从自然人与法人财产结合的紧密程度上看,其自然人可分为法人成员和法人工作人员,法人成员是以自己的投资构成法人财产,并以此对法人债务承担有限责任;法人工作人员是以自己的劳动和智慧执行法人事务,为法人创造出财富并从中分享劳动收益,而对法人债务不承担个人责任。从自然人享有执行法人事务的权利区别上看,法人工作人员又可分为法人机关成员和一般工作人员:法人机关成员是法人的代表和领导,对内对外代表法人意志,是法人自身的集中体现;法人工作人员对外不能代表法人,对内没有领导职权,只能在法人机关授权的范围内,就自己分管的工作对法人负责。我们还应看到,在一个法人组织中,有些自然人既是法人成员,也是法人工作人员,或是法人机关成员,因此享有双重权利和承担双重义务。在由法人为分子组成的联合法人中,其构成原理与一般法人相同,不过在这里,联合法人与自然人之间的关系已经分离,自然人的权利必须通过原法人的集体意志才能实现。但是,联合法人参加各项活动的基本动因仍然是自然人,而且,最终都不能损害各自然人在原法人中的权利和利益。

五、法人人格的法律性质

法人人格,是指法人在法律上享有权利和承担义务的资格。法人人格与自然人人格都是由法律赋予的,但其二者含义有所不同。法人人格一般具有以下特点:(1)一个社会组织取得法人人格必须符合法律规定的条件,而且不同类型的法人又有不同的条件要求,这与自然人能够普遍取得人格的情况不同;(2)符合法人条件的社会组织,一般还不能任意取得法人人格,还须依照法定程序得到国家有关主管部门的核准和登记,这与自然人自出生即取得人格的情况不同;(3)取得法人人格的社会组织,必须根据各自的业务性质、内容的不同,分别接受有关专门性法律、法规的调整,并在自己的业务范围内进行活动,表现了法人人格的特定性,这与自然人均享有普遍一致的人格不同;(4)法人人格可因法律规定的原因发生而消灭,如发生连续两年以上亏损的国营企业,就应以改组的形式关闭,其法人人格也应随之消灭,这与自然人只因生理死亡才发生人格消灭的情况不同。可见,法人人格自取得至消灭的整个过程中,都要受到法律的严格制约,所以,法人人格与自然人人格相比,更具有明显的法律属性。

法人作为民事权利主体,是商品生产和商品交换的独立的参与者。在法律地位上,法人之间的人格是平等的。尽管法人种类繁多,各自业务范围不同,但他们在适用统一的法律时,均享有平等的主体资格,不应有任何特权法人的存在。在法人之间进行民事活动时,必须坚持自愿和协商一致的原则,这是实现法人人格平等的前提,同时还须坚持等价有偿的原则,这是实现法人人格平等的目的。在具体的民事法律关系中,法人之间也像自然人之间一样。他们的权利义务是对等的,即任何一个法人若享有权利,必须同时承担相应的义务,若承担义务,必然同时享有相应的权利。当法人的权利受到损害时,法人都有权以自己的名义提起民事诉讼,并获得国家的强制保护。所以,在法人之间,也包括法人与自然人之间,没有大小、高低、贵贱之分,他们都是法律赋予平等人格的民事权利主体。

法人与自然人不同,它是根据社会各方面的实际需要,为了执行特定的社会职能成立的组织体。所以,法人并不需要取得一般的民事权利和义务,而只是需要享有与实现自己任务有关的民事权利和义务,这就要求各个法人的权利能力是特定的。另外,法人是社会组织,它的活动给社会经济造成的影响比起自然人要大得多、重要得多,所以从社会经济总体出发,又从有利于克服社会经济的盲目性出发,法人的权利能力必须限定在一定的范围之内,以便接受国家的监督和管理,维护国家正常的经济秩序。这也是为什么许多国家法人制度都把法人的权利能力,视为一种特殊的权利能力的原因。

但是,法人享有特殊权利能力的情况是否反映了法人的本质属性,这还是一个有争议的问题,各国立法对此规定并不一致,有的国家规定法人仅于其章程或创设目的的范围内,享有权利和承担义务,这说明法人的权利能力是特殊的,如德国、日本、苏联等国民法即如此。有的国家和地区规定除专属于自然人的权利义务外,法人的权利能力应与自然人完全相同,这说明法人是有一般意义上的权利能力,如瑞士、土耳其民法即如此。英国的情况较为特殊,它的公司分为普通法公司和衡平法公司,前者是根据国王、国会法令成立的,其权利能力几乎不受任何限制;后者是指一般商业公司,其权利能力不得超越公司章程所载明的目的,是特殊权利能力。尽管各国对此规定不一,但因法人与自然人毕竟性质不同,所以各国对法人权利能力都作一定的特殊限制,至于限制的范围和程度如何,应以本国的国情而定。

我国《民法通则》第 42 条规定:“企业法人应当在核准登记的经营范围内从事经营。”而对其他法人尚未作明确规定,但从我国现行的有关政策来看,国家机关、事业单位、社会团体如果改变业务范围和增设企业性机构,都应得到国家有关部门的批准,有些还须进行法人登记,可见我国是承认法人特殊权利能力的。我认为,我国是计划经济体制的国家,为了保证国家宏观经济控制的顺利进行,实现国民经济有计划按比例地发展,在法律上确认法人的特殊权利能力是十分重要的。还应说明,我国确认法人特殊权利能力的原则,并不意味着法人不能改变经营方向和较灵活地开展经营活动。实际上,企业法人的分立,合并或其他重要事项的变更是经常发生的,但它们应向登记机关办理登记并公告,这在理论上应认为是原法人资格的消灭,而新法人资格的发生。同时,企业法人在自己权利能力的范围内,仍然可以开展多种经营,实施各种法律行为,只要不违背其章程和条例规定的宗旨和目的,并不受国家法律的约束,这与我国当前提倡发展多种经营的政策是不矛盾的。

现代民法理论一般认为,法人不仅具有权利能力,而且具有行为能力。法人的行为能力与它的权利能力同时发生和消灭,即自成立时发生,至撤销或解散时消灭。而且,法人的行为能力与它的权利能力在范围上是一致的,即一个法人有什么样的权利能力,也就有什么样的行为能力。

法人既然具有行为能力,那么当它实施了违法行为时,也就应当承担相应的民事责任,所以法人也应具有责任能力。实际上,法人的责任能力,是它行为能力的一种特殊形式,即法人在自己权利能力的范围内,对于自己所为的一定违法行为应当承担一定民事责任的资格。任何一个法人,一方面,要有权利能力才能进行各项民事活动,享有民事权利和义务;另一方面,要有责任能力,才能承担民事责任,保证民事活动的正常进行。这两个方面都是不可缺少的。如果在两个社会组织之间,一方只享有权利而不承担责任,另一方只承担责任而不享有权利,那么它们之间的关系就不是民法所调整的关系,法人的责任能力与他的权利能力同时发生和消灭,它们在范围上也是一致的,法人具有责任能力,不是说明它对自己的有关责任人员的任何行为都承担民事责任。只有有关责任人员在法人的权利能力范围内进行职务上的活动,才能代表其法人的意志,该法人才能承担由此产生的民事责任。反之,有关责任人员超出法人权利能力和非职务上所为的行为,原则上已经不是法人的行为,而是这些人员自己的行为,当然其责任也应自负。所以从法人取得权利、义务和承担责任的范围上讲,其责任能力和权利能力是一致的,即一个法人有什么样的权利能力,也就有什么样的责任能力。

显然,以上关于法人权利能力、行为能力和责任能力,同时发生、消灭和范围相一致的理论,对于实现法人在权利、义务和责任上的统一,明确社会各个环节上的有关组织和个人的责任,调动各个方面的积极因素,保证民事活动的顺利进行是有现实意义的。

我国法学界普遍认为,在法律规定的某些场合下,法人也能够成为违法行为的主体,但是,什么是法人的违法行为呢? 这个问题至今还很少有人深入地进行研究。我认为,法人的违法行为与自然人的违法行为的意义不完全相同,法人享有法律赋予的特殊人格,它的违法行为只能在特定范围内发生;自然人则是享有普遍一般权利能力的主体,他的违法行为可能因为违反任何一项调整自然人关系的法律规定而发生。所以,法人违法行为的范围,应当受到自己章程、条例的限制。从这个意义上讲,法人违法行为的范围较之自然人有着更为明确的界限。

法人作为一种社会组织,它的违法行为自然是由法人中的自然人实施的,一般来说,法人机关成员在执行法人职务时,因自己的过错所实施的违法行为,就应视为法人的违法行为。法人的其他人员在法人机关的指示或纵容下所实施的违法行为,也视为法人的违法行为。但是,根据法人特殊权利能力以及权利能力、行为能力、责任能力的范围相一致的原则和理论,法人的违法行为也只能在其权利能力的范围内发生,并在此范围内承担相应的民事责任;如果其行为超出了法人权利能力的范围,也就超出了法人的行为能力和责任能力的范围,因而法人对其法律后果也就没有承担责任的资格。是否可以这样理解,法人是一种由法律承认的、沿着特定方向活动的社会组织,它的内部机构和有关工作人员,并不是在任何情况下,都能代表法人进行活动的。实际上,只有他们在法人的权利能力范围内,依照一定的业务方向执行法人职务时,才能构成法人活动的一部分,法人才能对此产生的后果承担责任。如果这些人员的行为超出了法人的权利能力,不是在执行法人职务时发生的,就不能认为是法人的行为,而只能认为是他们个人的行为。所以,如果这些人员假借法人的名义,违背法人的宗旨和经营方向,对外所实施的行为就是违法的。不过,这一违法事实不是由法人的行为造成的,而是由这些人员个人的行为造成的,当然应由他们自己承担法律责任,而法人只有承担返还不当得利的义务。我以为,这样认识问题才能明确法人违法行为与个人违法行为的界限,正确划分法人与其内部有关人员的责任,有利于保障法人活动的顺利进行、法人设立目的的实现,也有利于制裁那些滥用职权、违法乱纪的个人违法者。

法人能够实施违法行为,是否也能实施犯罪行为?这是我国法学界近几年来争议十分激烈的一个问题。这个问题在理论上涉及刑法学、民法学两个基本学科,我不打算在这里阐述自己的观点。不过,我觉得讨论这个问题,首先就要对法人概念有一个比较全面的认识,否则这种讨论在理论上就难以有所进展。我的意思是,如果要在刑法上承认法人是犯罪主体,就要将法人的概念从民法中解放出来,如果这一点还做不到,那么在理论上就无法解决这个已为各国法学界讨论了近一个世纪而进展甚微的难题。

法人是民法的传统概念,它的成立条件以及活动的基本准则,是由民法直接规定的。我国《民法通则》第36条规定:“法人是具有民事权利能力和民事行为能力,依法独立享有民事权利能力和承担民事义务的组织。”所以法人作为民事主体,它的活动应在民法规定的范围内进行,它的违法行为应指违反民法规范的行为,它所承担的责任也应是民事责任。

民事责任与刑事责任不同,民事责任是指侵权行为和债务不履行所造成的赔偿义务,它主要是一种财产责任。我国刑法中规定的犯罪都是自然人有意识的行为,承担刑事责任必须以自然人具有意识为前提。所以,我国《民法通则》第110条规定,对承担民事责任的公民、法人需要追究行政责任的,应当追究行政责任;构成犯罪的,对公民、法人的法定代表人应当依法追究刑事责任。这就说明,以法人名义实施的违法行为,如果构成犯罪时,承担刑事责任的是法人代表人,而法人自身不承担刑事责任。那么,法人由此所取得的这些收益是否就可以归为己有呢? 也不能,因为法人取得这些收益是没有合法根据的,按照《民法通则》第92条规定:“没有合法根据,取得不当利益,造成他人损失的,应当将取得的不当利益返还受损失的人。”所以,法人虽然不承担刑事责任,但也不能从法人代表人的犯罪活动中得到任何利益。

法人是一种享有主体资格的组织体,它能够以自己的名义参加一定的民事法律关系。但是,并不是任何社会组织都能够取得法人资格,只有那些具备法定的条件,并且得到国家认可和批准的社会组织才能取得法人资格,已经取得了法人资格的社会组织,也不是在任何情况下都是以法人名义进行活动的,只有当他们从事民事活动和进行民事诉讼活动时才是以民事主体资格出现的法人。例如,一所大学是享有法人资格的,当它与其他民事主体签订合同、履行合同或因侵权行为发生损害赔偿关系时,就是法人;而当他对外开展教学活动,进行学术交流,参加文艺会演时就不是法人。从这个意义上讲,法人是社会组织享有民事主体的资格,它的人格具有民法特定性,这一点与自然人显然不同,自然人可以成为参加各种社会活动(包括民事活动)的主体,他的人格具有广泛的法律意义。

法人制度是一项重要的民法制度。但是,随着社会经济生活的发展,调整财产关系的范围日益扩大,“法人”一词也开始进入了行政法、劳动法、工业企业法、商业管理法、财政法、金融法、自然资源法、环境保护法以及其他一些部门法的调整领域,法人组织进而成为这些经济法律关系的主体。在我国有关行政法、经济法规中,凡是讲到国家机关、企事业单位、社会团体时,一般指的就是法人组织,而且有些法律法规在规定一些非民事的经济法律关系时,也直接使用了“法人”一词,这样法人人格的法律性质是否已经发生了变化呢?或者说,法人已经不再仅是民法的概念,而成为所有经济法律关系的主体呢?我认为还不能这样理解,法人并不因此失去民法的本质属性,它仍然保持着原有的基本特性,法人是民法特有的概念,因此,所谓行政法人、经济法人、环境法人等提法使法人失去了本来具有的明确性和优越性。

不久前,有的学者在讨论经济法律关系主体的复杂性时指出:“同一主体参加不同的经济法律关系是以不同的法律资格出现的,例如国家机关、经济组织、社会团体在参加行政经济法律关系时分别以国家机关、经济组织、社会团体的身份出现,但在参加民事、经济法律关系时,却都以法人资格出现。”[18]应当说,这种看法是正确的,我理解一个社会组织可能具有多种身份而成为多种经济法律关系的主体,在广泛的商品经济关系中,他的最基本的身份是法人,这是参加民事法律关系的前提,法人资格虽然必须依附于具体的社会组织之上,但是法人与享有法人资格的社会组织并不能画等号,一个享有法人资格的社会组织,当它参加民事法律关系时就是法人,而当它参加其他经济法律关系时就是有关经济法律关系的主体,目前我国许多经济法著作中所提到的法人,实际上是指的法人组织,在这里只是借用了民法上的“法人”一词。另外,有的学者试图以我国法人制度与其他国家法人制度的区别,来说明我国法人是所有经济法律关系的主体,而不只是民事法律关系的主体,这样就扩大了法人的原有含义,从而也就模糊了法人概念本身,甚至完全否定了法人的概念。所以,这种看法是不可取的。

在这个问题上,苏联一些法学家主张:法人制度可以保留在民事立法中,而

---

⑱ 梁慧星:《经济法律关系论》,载《法学研究》1985 年第 6 期。

在经济法中则不需要使用法人制度。他们还援引了1964年的捷克《经济法典》、1973年的东德《关于国营企业、联合企业和国营联合公司的任务、权利和义务的条例》就没有使用“法人”一词的例子,来证实自己观点的正确性。[19] 还有的苏联法学家指出:“那些打算使用国营企业完全或部分抛弃法人概念的企图,是毫无根据的。对此还可以补充一点,即使是部分地抛弃法人概念,就会意味着放弃对企业的自主性和主动性创设一定保障的尝试。”[20]显然,我们虽然不能完全同意这些苏联法学家的意见,但毕竟可以从他们的讨论中受到一定的启发。在我国现阶段,应该承认在经济法律关系中,民事法律关系是最基础、最核心的部分,所以不管是国营企业还是集体企业,都不可能缺少法人制度的调整。但是,由于经济法律关系主体的广泛性和复杂性,不见得所有参加经济法律关系的主体,都是享有法人资格的,即使享有法人资格,也不可能只有法人一种身份。例如,那些享有法人资格的国营企业,当他们参加民事法律关系时,就是完完全全的法人;当他们参加行政法律关系时就是这一关系的义务主体。在这里,虽然会发生运用民事法律手段与运用行政法律手段的交叉,但是运用民事法律手段的方面是主要的、基本的,而行政法律手段只能在法律规定的有限范围内才能施加影响。所以,对于大多数的经济组织、企业组织来说,他们的主要身份是法人,他们参加经济活动也主要应由民法调整。

从以上分析,我们是否可以得出这样的看法,法人仍然是民法概念,它的民法本质没有改变。一方面,法律赋予法人平等的法律地位,能够以平等当事人的资格,参加各项民事法律关系,享有相应的权利和义务,并对自己的行为承担相应的责任,这是法人能够独立生存的法律基础;另一方面,在复杂的社会经济生活中,法人作为一种社会组织,它在自己生存和发展的过程中,又不可能仅以参加民事法律关系为限,还必须依法参加一些其他的经济法律关系,但是这亦不能证明法人人格的广泛性的法律意义,而只是说明享有法人资格的社会组织,也同时应该享有参加其他经济法律关系的资格。所以,我们探讨法人的本

---

[19] 参见史越:《苏联的经济法学派和经济立法》,载《经济法论文选集》,北京政法学院经济法教研室编印,第97页。

[20] [苏联]P. O. 哈尔芬娜:《国营企业——法人、经营管理权主体》,载《法学译丛》1983年第5期。

质问题,不仅要从它的实体性方面来考察,而且要从它的法律性方面来研究,并且将二者有机地结合起来,才有可能得出法人的完整概念。

六、结　　语

法人是商品经济发展的必然产物,是保证某些社会组织能够参加商品货币性质的经济联系的法律形式。法人这一范畴的最重要的特点,是使社会组织实现了财产独立性、意志独立性,创造了收支可以比量的条件,创造了实行经济责任制的条件,这是社会组织有可能具备参加民事流转关系的物质基础和自主意志。法人是一种社会经济细胞,有着严密的内部结构,各成员、工作人员分别享有权利义务,并承担相应的责任,这是法人能够充满活力、进行各项职能活动的必要前提。法人作为民法概念,它的人格是一种法律赋予的特殊人格,即指参加一定范围内的民事法律关系的资格。以上几个方面便是我们探讨法人本质问题的出发点。

论法人的违法行为*

法人行为有对立的两种,即合法行为和违法行为。在法律上,法人的合法行为得到法律的保证和鼓励,法人的违法行为则招致法律的制裁。在广泛的社会关系中,法人的合法行为固然是其行为的主流,但是法人的违法行为也是经常发生的。随着社会经济生活的发展,人们对加强和扩大法人的合法行为范围,努力消除和制止法人的违法行为影响,已经普遍表示关注。因此,从理论上探讨法人违法行为问题,就有了非常现实的意义。

一

法人与公民都是民事主体,它们依据法律的有关规定,享有民事权利和承担民事义务,其法律地位是平等的。但是,法人与公民的违法行为范围并不相同。在公民的自觉行为中,除了法律和各种法律文件允许实施的以外,还包括那些虽然没有直接得到法律和各种法律文件的规定,但又不违反社会利益和他人利益的行为。所以,一般来说,凡未被禁止的公民行为,就应认为是合法行为。但是,我们不能把未经法律直接规定的公民行为一概认为是违法行为。法人则与公民不同:一方面,它的行为严格受到法律和专门法规的限制,不能像公民那样存在法律未禁止行为的合法推定。法人只能在法律规定的范围内进行

* 原载《武汉大学学报》(社会科学版)1985年第6期。

活动,否则就应认为是违法的。另一方面,它的行为还要严格受到自己章程和有关条例的限制,只能按照其规定的活动宗旨进行某种行为和法律行为。因此,法人违法行为的范围,不仅为一般法律规范所规定,而且为自己的章程、条例所限制。

法人作为民事主体,也和公民一样,应接受一般法律规范的调整。当它们的行为直接违反了法律规定,实施了法律所禁止的行为,即为违法行为。同时,法人又与公民不同,任何公民在法律上享有普遍的、同等的权利能力,而法人之间则因业务范围不同,分别受到国家法令和自己章程的限制,其权利能力的具体内容各不相同。所以,法人的权利能力是特殊权利能力。一个法人的权利能力,既不是由普遍适用的法律直接规定的,也不是完全由自己的意志决定的,而是由国家依法批准的具体章程、条例确定的。如果法人的行为违反了它的章程、条例,而超出了自己的权利能力范围,也就不再是法人的行为,当然也就不会发生法人违法的情况。不难看出,法人在它的权利范围内,其行为范围受到严格的限制。比如,企业法人就必须按照它们的活动宗旨、计划任务和财产用途,行使占有、使用和处分属于它们所有或经营管理的财产的权利。从这个意义上讲,法人违法行为的范围,较之公民有着更为明确的界限。

法人违法行为的内容,主要有三个方面:一是违章行为,即违反自己章程、条例的行为;二是侵权行为,即因法人的过错不法侵害他人权利的行为;三是违约行为,即因法人的过错不履行合同的行为。

在违章方面:法人的违章行为是违法行为。法人的章程是依法订立的,它的任何条款不能与法律相抵触。法人章程一经订立,就在规定的范围内严格制约着法人的行为。法人的行为一旦违反了自己的章程,就要产生相应的法律后果。现在,一些法人擅自更改注册名称,滥用大字号,或擅自变换注册办事处地址,虚设分支机构和代理机构;或夸大企业资产数额,虚报生产能力,进行招摇撞骗活动;或打着合法招牌,私下订立假合同,或利用合同买空卖空、转包渔利;或违反章程规定,侵害有关法人成员或广大职工的合法权益;等等。这些法人的违章行为,严重损害了国家和他人利益,必须坚决加以制止。

在侵权方面:法人侵权行为的侵害客体十分广泛,大致可以分为两类:一是民事主体享有的直接权利,如所有权、经营权、人格权、信用权、专利权、商标权、商号权等;二是法律间接保护的主体权益,如因诈欺胁迫而损害他人的合法权益、因不正当竞争而损害他人的正常营业、因传播淫秽物品而损害他人的身心健康等。当前,有的法人违反物价法,擅自抬高物价,或加价转卖国家供应物资,从中牟取非法收入,损害消费者利益;或违反税法,进行偷税、漏税、抗税,损害国家整体利益;或违反商标法,擅自制造或销售他人注册商标标识,或假冒他人注册商标,侵害他人合法权益;或经营饮食业,违反食品卫生法,销售发霉、变质、有毒食品,危害群众身体健康等,这些都是侵权行为。法人的侵权行为,是直接违反国家法律的,它对社会的危害极大,必须坚决依法制裁。

在违约方面,法人根据生产、经营和开展工作的需要,大量地通过各种合同形式进行经济活动。合同关系是一种法律关系,合同一经签订就具备法律效力,双方都必须严格遵守,任何一方不履行合同债务,就必须承担法律责任。目前,法人违约现象还相当普遍,它是发生经济纠纷案件的主要原因。比较常见的违约行为有,法人签订合同后,随意撕毁合同,或违反有关合同条款,不实际履行合同。实践证明,对于借故不履行合同的法人,不能迁就,必须树立合同的法律权威,明确违约就是违法,违法就要追究其法律责任。

因此,我们可以得出这样的认识:法人的违法行为,既指违反自己章程、条例的行为,也指违反法律和有关法规的侵权行为,以及违反合同的行为。但是,这些行为只能在法人的权利能力范围内发生。如果超出了这一范围而发生的违法行为,实际上已经不是法人的违法行为,而是该法人中有关责任人员个人的违法行为。这样确定法人违法行为的范围,正是为了体现社会主义的法治原则,加强对法人的管理和监督,明确法人内部有关人员的责任界限,有效地预防法人违法行为的发生。

二

如何理解法人违法行为的实质,是个很复杂、很困难的问题。在国外,最受某些法学家赞赏的观点是:如果法人组织成员个人所实施的违法行为,是得到法人机关的指示或纵容时,就应认为是法人的违法行为;如果法人组织成员个人所实施的犯罪行为,是为了实现法人组织的目的和利益时,就应认为是法人的犯罪行为。这种观点是否全面、正确,还不能定论。因为它没有说明法人机关所指示或纵容的行为范围,也没有说明法人违法行为的实质。这里至少还有两个问题需要研究:一是法人机关实施的行为,包括它的指示、纵容和期望,是否都能代表法人;二是法人适用法律的范围怎样,是否还包括刑法。

法人是由公民和一定财产组合的社会机体,公民和财产是构成法人组织的基本要素。在法律和章程规定的范围内,法人与组成它的公民应视为一体,二者只有一层人格,它们能够以单一主体的资格参加民事活动。在法人组织的成员中,起主导作用的又是法人机关成员,他们能够代表法人行使权利,实施各种法律行为。一般来说,法人机关成员在执行法人职务时,因自己的过错所实施的违法行为,就应视为法人的违法行为,法人组织的其他成员在法人机关的指示或纵容下所实施的违法行为,也应视为法人的违法行为。从这个意义上讲,法人机关以及法人组织成员的个人违法行为,就是法人的违法行为。

但是在更多的情况下,法人与组成它的公民是分离的,它们在法律上分别是主体,各自能够以自己的名义参加各项活动,法人不可能包含这些公民的所有活动,也不可能在任何情况下为其承担法律后果。法人是一种由法律承认的、沿着特定方向活动的组织实体,所以,它的内部机构和有关成员,并不是在任何情况下,都能以法人的名义进行活动的,实际上只有他们在法人的权利能力范围内,依照一定的业务方向执行法人职务时,才能构成法人活动的一部分。根据这一理解,法人组织的内部成员所实施的行为,如果超越法人的权利能力,或不是在执行法人职务时发生的,就不能认为是法人的行为,而只能认为是他们个人的行为。如果这些成员假借法人的名义,或违背法人的宗旨,对外进行民事活动就是违法的,这一违法事实不是由法人的行为造成的,而是由这些成员个人的行为造成的,所以理应由他们自己承担法律责任。

我认为,法人概念的含义,不仅在于它必须依附于具体的社会组织之上,而且在于这些社会组织的活动,必须限制在法律、章程规定的范围之中。所以,不能把抽象的法人概念与具体的社会组织等同起来，以致得出法人组织所实施的一切行为都是法人行为的错误结论。实际上，只有这些取得法人资格的社会组织，在民法规范调整的范围内，作为民事流转的参加人、财产权利和义务的体现者时，才是以法人身份实施行为的。同样道理，法人机关成员或有关个人，只有在民法规范和法人章程规定的范围内，代表法人行使民事权利和承担民事义务时，才能视为法人的行为，否则应视为他们个人的行为。例如，目前在改革开放过程中，一些法人组织违背自己的活动宗旨，随意超越章程规定的经营和业务范围，开展各种不正当的竞争，扰乱了正常的经济秩序。特别是一些领导机关利用权力经商、办企业，严重干扰、破坏了改革工作的顺利进行。这些行为都是违法行为。一般来说，它是法人机关或其成员的行为，它并不能代表法人组织的集体意志。所以，我们不能简单地把这些违法行为归结为法人组织，而应看作法人机关或其成员的违法行为，并由有关责任人员承担其法律后果，当然，法人在这一过程中应负有返还其不当得利的义务。在实践中，这样认识问题才能明确个人违法行为与法人违法行为的界限，正确划分法人组织内部的责任，有利于制裁那些有职有权、违法乱纪的个人违法者。

法人作为民事主体，它的活动应在民法规定的范围内进行，它的违法行为应指违反民法规范的行为。同时，在现代条件下，“法人”一词也由其他部门法在调整财产关系时加以使用。例如，在土地、水流、森林、劳动关系中，在工业企业法，商业管理法、财政法、金融法、自然资源法、环境保护法等法规中，凡是讲到企业和组织，一般指的就是法人。这样就在理论上提出以下问题，法人是否还是民法概念？法人能够成为哪些违法行为的主体？法人有否可能实施犯罪行为？

法人是民法的传统概念，它的成立条件以及活动的基本准则，是由民法直接规定的。随着社会经济生活的发展，调整财产关系的范围日益扩大，仅仅采用民法的调整方法已经不够，于是各国相继加强了行政法的调整手段，直至产生现代的经济法概念。法人正是在这一过程中，进入了行政法、经济法以及其他一些部门法的调整领域，成为这些法律关系的主体。但是，法人并没有因此失去民法的本色，仍然保持着原有的基本特征。因此，所谓“行政法人”“经济法人”“环境法人”等提法是不确切的,这些提法只会混淆法人的概念,使它失去本来具有的明确性和优越性。我的看法是,法人仍然是民法概念,它所以能够成为其他一些法律关系的主体,不是因为法人概念的含义改变了,而是因为它们都是财产关系的当事人,在法律上享有平等的权利能力,拥有相应的权利和义务,并且对自己的行为承担相应的责任。

法人能够实施违法行为,是否也能实施犯罪行为?这个问题在理论上涉及民法学、刑法学两个基本学科,本人仅想从民法角度谈谈看法:如果我们承认法人是民法概念的话,那么它的行为只能在民法以及行政法、经济法规范的范围内发生,它的违法行为也只能是指违反民法或有关行政法、经济法规范的行为。这就是说,法人与公民个人不同,它只能在自己的权利能力范围内开展各项民事活动,它的行为能力只能是民法上的,它只能具有承担民事责任和有关行政责任的能力;法人与它的机关只有在法人权利能力范围内行使权利时,才是统一在一个民事主体之中的,若超越这个范围,则应认为法人机关成员已经独立于法人之外,法人也就不能为这些成员承担任何法律责任;法人机关成员在执行法人职务过程中,若违反刑法规范构成犯罪,就在事实上超越了法人的权利能力和行为能力的范围,故只能认为是他们个人的行为,并由他们个人承担刑事责任。因此,法人不可能成为犯罪主体。

三

为了有效地预防法人违法行为,必须分析法人违法行为的原因。显然,解释法人违法行为的原因,比起解释个人违法行为的原因要复杂得多。

法人实施违法行为,不比个人违法者容易偷偷摸摸地进行,它更需要有合理的借口,以便能在公开场合下进行活动。正因如此,法人在实施违法行为时,往往把所宣称的目的合理化,并竭力达到别人无懈可击的程度。特别在我国法制不够健全的情况下,一些法人组织的领导者,更觉得只要有了合理的借口,就可以随心所欲地进行违法活动。从近来揭露的事实来看,更证明法人违法行为的严重性正在于，它们以受人欢迎的合理化目的为借口，干着令人厌恶的违法活动。例如，它们借口发展商品经济的需要，进行投机取巧、就地转卖、损公利己的活动；借口调整物价的需要，擅自抬高物价，损害广大消费者的利益；借口改善职工生活的需要，破坏国家财政制度和正常的劳动分配关系；等等。它们这样做，不是搞活经济，而是搞乱经济；不是实行改革，而是破坏改革。因此，我们考察一个法人的行为是否合法，主要不是看它打出的招牌如何，而是了解它有无违法的事实。

法人实施违法行为，不是由某一个人的意志决定的，是由一些人的集体意志决定的。这种集体意志的形成，不仅有现实的社会经济原因，还有一定的社会心理原因。从根本上说，物质因素在许多场合是产生和形成行为动机和目的的基础。在一个法人组织中，每个成员都有自己的分工，他们都是该组织的一分子，他们的意志结合起来构成整个组织的意志。但是，他们的个人意志对其组织的影响并不相同，其中最起主导作用的是法人机关成员的意志。事实上，只有法人机关成员的意志，才能直接体现为法人的集体意志，其他个人的意志只能在法人机关的指示或纵容下，才能间接表现为法人的集体意志。当各种不良因素的影响，致使法人的集体意志发生过错时，就会导致法人实施违法行为。这一违法行为的法律后果，应由法人组织整体承担。

因为法人是社会组织，它的违法行为的非法收益，直接为法人组织或其成员享有，这样就容易产生三种不利的因素：一是法人组织的某些成员容易被实际利益引诱，从而产生一种集体对抗的心理；二是法人机关认为违法是为集体，只要自己不装腰包（实际上，他们很少有不装腰包的），就不怕追究法律责任；三是上级主管部门纵容，执法机关心慈手软，所以制裁不力。特别在当前，一些企业法人以提高经济效益为名，谋本集团私利为实，严重扰乱了社会主义经济，腐蚀了职工群众的思想，我们必须对此给予高度重视，采取有效措施加以制止。

法人违法行为的原因是多方面的，预防和制止法人违法行为的措施也是多方面的。这里，仅就法制方面，如何有效地预防和制止法人违法行为，概述以下几点看法：

第一，加强法人组织内个人的责任。法人实施违法行为，其法律后果由法人直接承担,但是,这不等于法人组织内个人可以不负任何责任。事实上,只有把法人承担的责任,按照个人的不同职责,以及他们在其违法中的过错,公正地落实到有关个人身上,才会对制止法人违法产生积极的意义。具体来说,当法人组织承担责任之后,它有依照有关法律和自己章程的规定,向其组织内有关责任人员追偿的权利,或者剥夺其个人的成员资格;当这些责任人员的过错造成违反刑法规定的事实,以致构成刑事犯罪时,其刑事责任应由这些人员个人承担,法人只能承担相应的民事赔偿责任或行政责任。

第二,严格执法,决不允许法人组织从违法行为中获利。一般来说,法人实施违法行为的目的,就是直接或间接地获取非法收益,执法机关对其进行法律制裁的目标,就在于制止其目的的实现,所以,为了对违法法人进行有效的制裁,就必须抓住决不允许违法法人获利这一要害。不明确这一点,法人的违法行为就不可能得到预防和制止。过去,我们对法人违法行为的处理,过于强调考虑违法一方的经济赔偿能力,而忽视对受损害一方合法利益的切实保护,往往是象征性的罚款,或"和稀泥"式的赔偿损失,甚至通报批评一下,严厉者撤销其领导人职务就算了事。实践证明,这种办法不仅不能制止法人违法行为,还可能适得其反。

第三,在法人组织内部,实行民主管理和民主监督,是预防和制止法人违法行为发生的重要措施。在多数情况下,法人实施违法行为,决定于法人机关成员或有关人员的意志,而与多数职工群众的意志无直接关系,但是法人一旦因违法受到制裁,就要影响广大职工群众的切身利益,所以职工群众有着制止法人违法的内在动力。再者,职工群众是法人的成员或工作人员,他们通过职工大会或职工代表大会,对法人的重大活动有决定权和监督权。所以,法人机关成员或有关人员不能独断专行,更不能利用职权非法谋取个人利益。做到了这一点,必然会避免或减少法人违法行为的发生。

第四,必须加速立法,特别是经济立法。应当承认,随着社会经济,政治形势的发展,特别在经济体制改革过程中,有一些法律的具体规定已经不能适应新的形势,以至于出现一些所谓"合理不合法"的情况。在这种情况下,一些同志认为,只要法人的行为符合党和国家政策,就不是违法行为。这种认识就目前来说虽不能算错,但它并非治国安邦的长远之计。从法制观点来看,解决这一矛盾的正确途径,不是像过去那样采取以政策代替法律的办法,而是要进一步加速立法工作,特别是加速经济立法工作,使法律的制定、修改与各项改革工作同步进行,或由国家立法机关在一定范围内加以授权,确认改革工作中合法行为范围,从而使法人的行为有明确的法律依据。

略论法人的责任能力*

在我国的民法著述中，虽然无人否认法人的责任能力，却很少有人提起这个概念。现在，人们通常只是把责任能力的有关内容，放在行为能力的章节中作些简略的论述，似乎责任能力没有必要单独进行讨论了。其实不然，如果我们能够强调一下对法人责任能力的研究，对于正确运用民法规范，加强法人的经济责任，是有一定现实意义的。

那么，什么是法人的责任能力呢?

这必须从法人的行为能力谈起。我国民法学界一般认为，法人机关以法人的名义所作的行为，就是法人本身的行为，所以法人是有行为能力的。从广义上讲，所谓法人的行为能力，是指法人在自己权利能力范围内，以自己的民事活动行为，取得行使权利和承担义务的能力。法人的行为能力和它的权利能力同时发生和消灭。法人行为能力的范围不能超出它权利能力的范围。既然法人有行为能力，能够承担民事权利和义务，那么根据民法的权利义务对等原则，在它侵犯了他人的权利和不履行自己的义务，给他人造成损害事实时，也就应当承担相应的民事责任。因此，法人有行为能力，也就应当有责任能力。

法人的责任能力，是法人行为能力中的一种特殊形式，它是指法人在自己权利能力范围内，对于自己所作的一定违法行为，应当承担一定民事责任。当然这种能力是法人承担民事责任的前提，还不是责任本身。只有当法人由于自己的过错，构成各项民事责任的条件时，承担责任的可能性才变成现实性，它的

---

* 原载《河北法学》1985 年第 1 期。

责任能力才变成具有财产内容的民事责任。可以说,法人如果没有行为能力,就不能自己取得权利和义务,那么,法人如果没有责任能力,也就不可能自己承担任何民事责任。

法人的责任能力,是和法人的权利能力同时产生的,它们共同存在于法人存续期间的始终,二者是互相不可分割的法律统一体。任何一个法人组织,一方面要有权利能力,才能进行各项民事活动,享有民事权利和义务;另一方面要有责任能力,才能承担民事责任,保证民事活动的正常进行,这两个方面都是不可缺少的。如果在两个社会组织之间,一方只享有权利而不承担责任,另一方只承担责任而不享有权利,那么,它们之间的关系就不是民法所调整的关系,这样的组织也就不是法人。我们知道,法人作为民事权利的主体,是商品生产和商品交换的独立参加者。在民事法律地位上,由于商品交换规律的客观要求,法人之间的权利能力和责任能力都是平等的。也就是说,法人享有权利必须同时承担义务,承担义务必须同时享有权利;法人享有权利承担义务,同时就有责任。在法人之间,无论任何一方侵犯了他方的权利和不履行自己的义务时,都要承担相应的民事责任。例如,合同定金的法律关系,要求给付定金一方违约而不履行合同时,无权请求返还它的定金;收受定金一方违约而不履行合同时,根据平等的原则,应加倍返还定金。这就说明双方当事人在承担责任上,必须体现民法上平等原则的精神。在民事活动中,任何法人都不能只享有权利,而不承担责任,或只承担责任,而不享有权利。

法人的责任能力,不能超出法人权利能力的范围。我们知道,法人的权利能力,是特殊权利能力,它的范围决定于法律、命令、章程所规定的具体成立目的。法人的责任能力,也是特殊责任能力,它的范围决定于同样的成立目的。法人具有责任能力,不是说明法人对于法人有关责任人员的任何行为,都承担民事责任。而是,法人有关责任人员只有在法人的权利能力范围内进行活动,才能代表法人的真实意思,从而才能承担由此产生的民事责任。反之,法人的有关责任人员超出法人权利能力所为的行为,原则上已经不是法人的行为,而是这些人员自己的行为。这些行为对法人来讲是无任何法律效力的,它不能产生行为人预期的法律后果,而且对于行为人还会产生相应的民事责任、行政责任,直至刑事责任。这些责任的承担者不是法人,而是法人的有关责任人员本人。所以,从法人取得权利、承担义务和责任的范围上讲,其责任能力和权利能力是一致的,即法人有什么样的权利能力,就应有相应的责任能力。

应该说,法人的行为能力有广义和狭义之分。广义的行为能力,兼指合法行为能力和违法行为能力。我们通常所说的法人行为能力,就是从这个意义上讲的;狭义的行为能力,则专指合法行为能力而言。法人的责任能力,则专指违法行为而言。那么,什么是法人的违法行为呢?法人的违法行为,与公民违法行为的意义不完全一致,它不仅包括违反一般民法规范的行为,而且包括违反本法人的章程和条例的行为。所以,法人的行为实际上受到严格的限制。任何法人的机关或其他工作人员所为的法律行为,都必须严格按照他们的职权范围和一定的方式进行,否则就是违法的。例如,法人机关超越法人权利能力的范围,与第三人签订合同的行为就是违法行为,法人工作人员超越本人职权范围,即使不超越法人的权利能力,与第三人签订合同的行为也是违法的。这些违法行为不能视为法人的行为,而是法人机关成员或其他工作人员自己的行为。所以,他们签订的违法合同,对法人不产生权利和义务,当然法人不承担民事责任。但是,如果法人机关成员或其他工作人员不超出法人的权利能力,是在执行职务的过程中,由于本人的违法行为,造成侵犯他人权利或不履行义务的损害事实;这时,他们的违法行为是在法人责任能力范围内发生的,应视为法人自己的违法行为,并由法人承担民事责任。

在我国,由于长期没有建立法人制度,人们没有明确的法人责任观念,一些法人机关成员超越法人的权利能力,私下组织违法经营活动的现象时有发生。尤其在当前的经济体制改革过程中,这样的问题显得更为突出。有的法人组织不经有关主管部门批准,随意改变生产方向和经营范围。据沈阳市铁西区1981年统计,超越经营范围的商店和饭店有84家,占该区企业总数的14.2%。[①] 这些问题给社会主义经济秩序带来了不良的影响。显然,发生这种问题的直接原因,在于法人机关成员的违法行为。因此,由此产生的法律责任由法人机关的

① 参见《工商行政管理》1981年第13期。

有关人员承担,而法人是没有责任的。

在社会主义国家,由于计划经济的客观要求,每个法人组织都是整个国民经济链条上的有机组成部分。所以,我们只有严格限定法人的权利能力和责任能力,使它们在自己业务的范围内享有权利和承担责任,才能确实保证国民经济有计划、按比例的发展。同时,由于社会主义存在按劳分配和物质利益等原因,还须发展商品生产和商品交换。我们从法律上强调法人权利能力和责任能力的一致性,保证法人在权利、责任上的统一,对于明确社会各个环节上的有关组织和人员的经济责任,调动各个方面的积极因素,促进社会主义商品经济的发展,有着重要的现实意义。因此,关于法人权利能力和责任能力的理论、基本要求是符合我国国情的。

目前,由于我国正处在经济体制改革的过程中,国家经济体制的模式还未确定,要求严格限定法人的权利能力和责任能力,严格限制法人机关的职权范围,强调法人和个人的经济责任,虽然在理论上是正确的,但在实践中还会遇到许多实际问题和具体困难。这也是有些同志对于在我国建立法人制度持犹疑态度的原因之一。不过,我们总可以做到以下几点:

第一,通过制定经济法规,下达行政文件,加强对法人组织的管理、监督工作,使它们的业务活动服从于国家计划,并限定在自己权利能力范围之内。对于那些需要改变经营目的和业务范围的法人组织,有关主管部门要加强领导,严格审批和登记制度。

第二,司法和有关行政管理机关在处理有关经济责任案件和问题时,不仅要分清法人与其他民事主体之间的责任,还要分清法人与法人内部人员之间的责任。在具体处理上,既要坚持由有过错当事人承担全部经济责任的原则,又要考虑当事人的具体经济状况。总之,应以达到分清责任、制裁违法、有利生产、教育本人为目的。

第三,结合我国实际,加强对法人理论的研究。在法人责任方面,要从理论上明确法人内部的各种责任关系,以及法人承担责任的过错原因和财产范围。通过这些研究,为在我国建立健全法人制度做好理论准备。

试论法人的机关、意思和过错*

当我们和从事司法实践的同志一起讨论有关法人责任问题时,他们往往会提出:什么是法人机关,什么人是法人的代表人,他们在什么情况下才能代表法人;什么是法人意思,什么是法人机关的意思,什么是法人代理人的意思,什么是法人过错,什么人的过错可能成为法人的过错。这些问题是彼此密切联系的,它们不仅是有关法人责任的理论问题,也是司法实践中时常遇到的实际问题。本文试图对以上几个概念和问题,谈谈看法。

一、法人的机关

法人与自然人不同,它是一种抽象的生命,不可能自己进行活动。法人要行使权利,就必须设立由自然人组成的一定机关来行使。这种能够代表法人行使权利的机关,如管理委员会、董事会、厂长、经理、校长等,民法上一般称为法人机关;而组成法人机关的自然人,一般称为法人机关成员,他们是直接执行法人领导职务的工作人员。在外国,社团法人的机关通常又分为意思机关和执行机关,有的国家还另分有监察机关。其中,执行机关负责对内管理企业,对外代表法人意思和行使法人权利,是法人的全权代表。我们一般讲法人机关,就是指它的执行机关。

---

* 原载《法学研究》1984 年第 4 期。

在以往民法学界，关于法人机关的学说有两种：

1. 代理说，认为法人没有行为能力，凡是代法人活动的自然人所为的行为，乃是自然人自身的行为，只是其法律后果直接及于法人。所以，他们把法人机关看作法人的代理机关，把法人代表人看作法人的代理人。

2. 代表说，认为法人不仅有权利能力，而且还有行为能力，凡法人机关在法人权利能力范围内所为的行为，就是法人本身的行为，自然其法律后果要由法人承担。所以，他们把法人机关和法人视为一体，两者只有一层人格。

以上两种学说，分别溯源于法人的拟制说和实在说。

我国民法学界一般认为：在理论上，法人不是主观虚构的拟制物，而是客观存在的经济实体，法人作为权利主体，也有自己的独立意志，这种意志又是由法人机关加以表现的。法人机关不是独立的权利主体，而是法人的有机组成部分。在实践上，如果运用代理说，把法人机关置于代理的概念以内，便取消了法人机关和法人代理人的区别，增加了法律关系的复杂性，不利于民事流转。而运用代表说，则不仅进行民事活动简便，而且便于发挥法人整体的主动性，利于企业的经营管理。现在，世界上一些国家，如德国、瑞士、日本、苏联等国民法，均采用代表说。在我国，关于法人机关代表说的理论，早已成为实践中和民法上的传统思想。

在我国，法人机关有时又称为法人的组织机构。它根据国家法律、法人章程或条例而设立，负责对内执行法人事务，对外代表法人意思。法人机关的组成，因法人的种类不同又有明显的区别。我们要划分法人与法人机关成员之间的责任，就须弄清什么是法人机关，什么人是法人的代表人，以及他们在什么情况下才能代表法人。

关于国家企业法人。多年来，我国国营企业实行党委领导下的厂长（经理）负责制，这种制度要求：企业的一切组织，必须置于该企业的党委统一领导之下；企业的一切重大问题必须交党委讨论、决定，由厂长（经理）按个人负责的原则组织执行。党委书记和厂长（经理），对企业的生产经营活动负有共同的责任。但在实际上，企业往往是由党委行使最高决策权和指挥权，厂长（经理）只是行使部分指挥权。从行使职权上看，党委成了事实上的法人机关。现在，在广泛的经济活动和司法实践中,许多人正是把企业党委看作法人机关,把党委书记看作法人代表人的。可见,现行的国营企业领导体制与运用民法调整企业经济活动之间,是不协调的,是有矛盾的。可以认为,国营企业是个既广泛又复杂的社会关系的综合,它的许多重要活动并不能包括在法人概念以内。企业党委是一个政治组织,它的任务应该是加强和改善党对企业的思想政治和方针政策的领导,保证和监督企业的各项工作不偏离党的方针和政策。从民法上讲,企业党委所进行的这些工作,并不属于法人机关的职权范围,也完全不必受民法的调整。所以,企业党委不应该是企业法人的组织机构,党委书记也不应该是法人的代表人。从实践中看,企业党委对外并不是以法人机关出面的,它不可能承担任何经济责任和法律责任;而厂长(经理)名义上是企业最高的行政领导,却又不具备全权指挥和代表者的权力,实际上又不能作为法人的代表人。因此必然造成权力与责任的分离,有权力的人没有责任,有责任的人没有权力,到头来还是没有人承担责任。所以,目前这种企业领导体制的状况,的确是需要认真探讨,尽快加以改进的。

1981年6月,由中共中央、国务院转发的《国营工业企业职工代表大会暂行条例》规定,所有企业还要逐步建立和健全党委领导下的职工代表大会制。这种制度要求:职工代表大会在企业党委的统一领导之下,对企业行使一定的决策、管理和监督权。但是,就目前情况看,职工代表大会还不能对企业的生产经营活动行使决策权,对外也不能代表企业法人的意思,所以它不是法人机关。当然,今后随着国民经济的调整和经济制度的改革,职工代表大会的职权还可能逐步扩大,到那时,它有可能成为企业法人的意思机关,即法人机关的重要组成部分。不过,这毕竟是以后的事。

在我国法学界,许多同志认为,国营企业的厂长(经理)应该是法人机关,同时也应该是法人的代表人。他对内应有统一的生产经营指挥权,对外应有代表法人进行业务活动和民事诉讼活动的各种权利。目前,我国实行的企业领导体制,是按民主集中制原则建立起来的,厂长和副厂长(经理和副经理)分别要对党委负责,实际上,厂长和副厂长(经理和副经理)是权力平行的领导机构,他们都是企业法人的代表人。只是在具体的民事活动中,为了处理事务集中和方便，才在厂长或副厂长（经理或副经理）中指定、推选一人为法人的代表人。有的经济学家主张，国营企业应该实行一长制的领导体制，认为这样才能符合社会化大生产的客观要求，更能有利于生产的统一指挥，有利于各种责任制的加强。[①] 如果实行这种领导体制，副厂长（副经理）就要直接向厂长（经理）负责，当然厂长（经理）就是企业法人的唯一代表了。

关于集体企业法人和社会团体。这些法人原则上应设有社员大会或社员代表大会，这是法人的最高权力机关。在农村人民公社，社员代表大会和社员大会是法人的意思机关；人民公社各级管理委员会是法人的执行机关，或叫法人的代表人。在手工业合作社，社员大会或社员代表大会是法人的意思机关，理事会或管理委员会是法人的执行机关，即法人代表人。意思机关，行使市场生产和财政计划、支出预算和基本建设计划等重大问题的权力；执行机关，代表法人意思，实施各种民事法律行为。城镇大、中型集体企业，由于多年来形成的历史事实，它们组织机构的形式基本与国营企业相同，法人机关一般是指企业的管理委员会，法人代表一般是指厂长（经理）。今后，随着经济改革的不断深入，这些集体的企业也要建立职工大会和职工代表大会，并使之逐步作为法人的意思机关，而管理委员会应是法人意思的执行机关，即法人的代表人。这样使它们真正成为名副其实的集体法人组织。在这里，意思机关和执行机关都是集体组织的法人机关。另外，社会团体通常是在政治、道德、文化和教育方面进行活动的社会组织。它们为了完成自己的任务，还必须参加一定的民事活动。所以，社会团体必须要有自己的法人机关，负责对外代表法人意思，实施有关民事法律行为。它们的法人机关可以通过两种形式确定，一是在章程中直接加以规定，二是由它的领导机构加以授权。

在法人组织的许多活动中，如企业开展劳动竞赛、试行浮动工资制，事业单位进行科研和教学工作，社会团体开展学术活动，等等，并不是由法律调整的。在法律调整的范围内，有许多方面也不是由民法调整的，而是由其他法律部门，如行政法、劳动法调整的。实际上，享有法人资格的社会组织，只有参加一定

---

① 参见马洪：《关于改革工业企业领导体制的探讨》，载《人民日报》1980 年 12 月 20 日，第 5 版。

的、被严格规定的活动,才受民法的调整。也就是说,只有这些社会组织作为民事流转的参加人、财产权利和义务的体现者时,才以法人的身份出现在民事法律关系之中。同样道理,在这些社会组织领导人所进行的活动中,有许多方面并不是由民法调整的,如制订生产计划、组织生产和科研、组织文体活动、检查劳动纪律等。只有当他们在民法的调整范围内,代表法人参加民事流转和民事诉讼时,才是法人机关,才是法人的代表人。

法人作为民事权利的主体,在参加民事活动时,必须表示出自己的意思。而法人的意思又只能通过法人机关或法人代表人表示出来。法人代表人所表示的意思并不是个人的意思,而是法人的意思。正因如此,法人代表人所为的法律行为,就是法人所为的行为,由此产生的法律后果应由法人承担。

二、法人的意思

严格来说,法人只有意思能力,而没有自己的意思,这就像法人有行为能力而不能自己实施行为一样。那么,我们通常说的法人意思是指什么呢？我认为,它应该是指以下两个方面的含义:

从实质上讲,所谓法人的意思,就是指在国家和法律的限制内,法人创立人的意思;或者说,法人的意思是由法人创立人的意志决定的。法人创立人可能是自然人或法人,也可能是国家。这里所说法人创立人的意思或意志,并不是指参加民事活动的具体意思表示,而是指创立人创立法人时所确定的活动宗旨和方法。它们的这种意思,经国家批准承认之后,又以法人章程和条例的形式体现出来。所以,法人与自然人不同,它的意思是严格地限制在自己章程和条例所规定的范围以内的。在我国,国家法人的创立人是国家,自然体现的就是国家意志;集体法人的创立人是劳动者集体,自然体现的就是劳动者集体的意志。不难看出,法人创立人的意思,不仅是本身的意志,也是国家意志的表现。所以,如果法人机关违背了法人创立人的意志,也就违背了法人的意思,从而成为自己的意思。这时,法人机关成员所为的行为,已经不能代表法人,而只能代表他们自己;由此产生的法律后果,也应由他们自己承担责任。但是,这仅仅是问题的一个方面。

从形式上讲,法人创立人的意志,只能原则上为法人意思限定一定的范围或指明一定的方向,而法人每一个具体的意思表示,又要通过法人机关的意志加以实现。也就是说,法人的意思还必须以法人机关的意思形式表现出来。非常明显,如果没有法人创立人的意志,法人意思就无所遵循;如果没有法人机关的意志,法人意思就无法实现,二者是相互联系的,是统一体。结合我国实际,这一认识符合于社会主义计划经济的客观要求,符合对于国营企业实行统一领导、分级管理的经济管理原则和思想。它既能体现国家的统一领导,保证国家计划的严肃性和统一性,又能体现企业的分级管理,调动各企业组织的积极性和主动性。由此可见,法人机关只要在法人创立人所希望达到的目的之内,即有全权代表法人表示意思、行使法人各项权利的能力。正是从这个意义上讲,法人机关的意思就是法人的意思。那么,法人机关的意思是指什么呢?

我们知道,法人机关是指法人的管理和代表机关,它是由集体的或单一的自然人组成。这些组成法人机关的自然人,一旦脱离了自己个人的身份,而以法人机关的面貌出现时,便成为法人的代表。这时,他们的意思就被看作法人的意思。在由集体成员组成的法人机关中,各个成员固然在内部应有明确的分工,但是在对外的民事活动中,他们仍然是一个整体,每一个法人机关成员都能单独代表法人。法人也应对他们所表示的意思和实施的行为负责。只有在民事诉讼中,为了进行诉讼活动的方便,才必须由集体指定或推选一个成员作为法人代表人。现在,一些法人的法人机关,借口没有经过集体研究,是个别成员的意思和行为,或借口是前任法人机关某些成员的意思和行为,而推卸法人责任的现象常有发生。在民事活动中,当事人双方都应该了解对方权利能力的范围,否则发生了财产损害,自己也是有责任的。但是,我们不可能要求任何一方,在参加每项民事活动时,还要查明对方法人机关成员的意思是否是法人真实的意思,以及预见该成员是否今后还继续是成员。同时,除重大事务外,也不可能要求法人机关事事经集体讨论,否则就将影响工作效率。所以,为了加强法人机关成员之间的共同责任感,有利于民事流转的顺利进行,应将法人机关成员在执行法人职务时所表示的意思,视为法人的意思。

在国家企业法人中,只有它的法人机关,才能表现法人的意思,才能体现国家的意志。作为法人机关的成员,在表现法人意思时,还要发挥自己的智慧和才干,以实现法人创立人的意思和目标。同时,法人机关在表现法人意思时,还应倾听职工群众的意见,这对于法人意思的形成,不能不给予积极的影响。但是,这种影响毕竟是间接的,不能认为就是法人的意思。企业党委的思想政治领导,对于保证法人意思正确体现国家意志,起着决定性的重要作用。但是,党委的任何指示和决议,只能成为法人意思的成立依据或原则,而不能成为法人意思本身。

在集体企业法人中,因为它们一般是社员共同创立的社会组织,所以法人的意思主要体现在社员代表大会和社员大会所确定的宗旨和活动方式上,并具体以法人章程表现出来。又因为它们是自己财产所有权的主体,所以它们的法人机关在法律规定和自己权限的范围内,就能够直接地代表法人行使所有人的一切权能,以及实施各种民事法律行为。在这里,国家的意志则是通过国家有关主管部门指导性的计划,以及通过有关法律、法规和对法人成立、变更、消灭的审查和登记表现出来。集体企业法人在参加民事活动时,是由法人的执行机关,即法人代表人代表社员意思进行的。法人代表人的权限由全国规范性的有关条例以及法人章程加以规定。

按照传统的民法理论,代理人在代理活动中,是表现他自己的意思。这对于没有行为能力的被代理人,如幼童、精神病患者来说,自然需要代理人为他们全权表示意思,否则就可能有损于他们的切身利益。所以,这种监护性质的代理,是完全符合以往民法理论的。但是,对于有行为能力而且是有特别行为能力的法人来说,它的代理人在代理活动中,是否都能认为是表现自己的意思呢?这个问题需要加以探讨。

我的看法是,在法人通过代理人所为的法律行为中,首先表现的是法人的意思。这种意思决定了代理人的选任、代理人权限的范围、代理人所为法律行为的基本条件,以至决定这种法律行为的一切细节。毫无疑问,代理人在代理活动中,作为独立的民事权利主体,必然要以某种形式表示自己的意思,否则就不能产生任何民事法律关系。但是,代理人表示的意思内容,决定于法人授予的代理权。代理人只有在代理权限内,用法人名义所为的法律行为,才能对法人有约束力,并对法人直接产生权利和义务。正是法人授予的代理权限,才是代理人表示意思的基础和界限,才是法人产生权利和义务的根据。对于代理人超出代理权限所为的法律行为,法人对其法律后果不承担任何责任。因此,在法人代理人所为的法律行为中,实质上是表现着法人的意思。这种意思既可以表现得比较详细而具体,由法人直接规定代理人实施法律行为的各种条件;也可以表现得比较简略而概括,由法人委托代理人自己决定实施某种法律行为的条件和对象。但不管在怎样的情况下,代理人都不能超出代表基本意思的授权,即代理权限的范围。当然,代理人在代理活动中,为了适应民事流转中千变万化的情势需要,灵活地完成法人交给的任务,就必须发挥自己的才干和主动精神,直接地表现出自己的意思。

三、法人的过错

在我国,法人虽然要接受国家的监督和领导,但是它们在法律和自己章程规定的范围内,仍享有一定的、相对的意志自由,这种意志自由是法人能够参加民事活动的必要条件,是法人能够享有权利义务和担负责任的重要前提。由此,我们可以得出这样的结论:法人对于自己的行为结果承担责任,不仅要有客观上的根据,而且要有主观上的根据。也就是说,当法人的行为给他人造成了损害事实时,这种行为不仅具有违法性,而且具有过错性。过错是一种主观的因素,它是人们实施违法行为时的一种心理状态。过错分为两种形式,即故意和过失。故意,是行为人明知其行为将给对方造成损害而有意使损害发生。过失,是行为人应该预见自己的行为会给对方造成损害,或已经预见而又过于自信其损害不会发生,因此未能采取积极有效措施,致使违法行为发生。在民法上,无论是故意,还是过失,只要给对方造成损害事实,行为人都要承担相应的民事责任。这对于自然人来说,当然是比较容易理解的。但是,法人作为一种

社会组织,不可能有自己的主观心理。那么,它的过错又是指什么呢？这个问题应该说明如下两点:

第一,法人具有意思能力,是法人可能发生过错的前提。

如前所述,我们既然承认法人有行为能力,能够以自己的意思取得民事权利和义务,也就应该承认法人有意思能力。所谓意思能力,也称心理能力,它是指具有判断自己行为是否合法的心理上的能力,即包括预期能力和认识能力。意思能力是法人正常表现意思的资格,也是法人可能发生过错的前提。有意思能力的人,在实施法律行为时,是能足以认识和判断自己行为所能产生的法律后果的。但是,他如果因为故意和过失而实施了自己本来不应实施的行为,并给对方造成损害时,就应承担相应的民事责任。对于自然人来说,行为人的行为能否发生法律上的效力,应以该行为人的意思能力是否健全为判断标准。意思能力不健全的自然人,如儿童和精神病患者,他们的行为则不发生法律效力,或不完全发生法律效力。对于法人来说,它的意思能力从法人设立时产生,并于法人消灭时消灭。这是因为,法人作为民事权利主体,要独立进行民事活动,就必须具有判断和认识事务的能力,才能实施一定的法律行为,以取得权利和义务。同时,法人有意思能力,才有可能发生过错,并承担相应的民事责任。反之,如果法人没有意思能力,即没有正确判断和认识事务的能力,也就谈不上法人会有过错,当然,也就不会承担任何责任。所以,法人具有意思能力,是它有可能发生过错的前提。

第二,法人机关成员和其他法人工作人员在执行法人职务时所发生的过错,才是法人的过错。

不言而喻,意思能力是人类大脑活动的自然功能。从实质上讲,意思能力只能为自然人所具有。所以,所谓法人的意思能力,实际上是指法人内部某些自然人的意思能力,所谓法人的过错,实质上是指法人内部某些自然人的过错。就最一般的形式而言,法人的过错是由它的机关成员和其他工作人员的过错造成的。但是,这种过错并不是这些人员过错的简单总和,也不是这些人员过错的机械堆积,它是一种特殊的、集体的过错。从形式上看,这种过错表现在具体实施行为的自然人身上;从实质上看,这种过错并非完全归咎于行为人个人,它首先体现的是法人集体的不良意志,而这种不良意志又总是和法人职务联系在一起的。

据上所述,要说明什么是法人的过错,就必须阐明哪些人的过错才可能成为法人的过错,这些人又在什么情况下发生的过错才能够算是法人的过错。一般说来,有三种人可能成为法人过错的直接行为人,这就是:(1)法人机关成员;(2)其他法人工作人员;(3)法人代理人。我们知道,在法人进行民事活动中,法人机关执行着法人的意志。它在自己职权范围内,以法人的名义和财产并且为了法人的利益而实施一定的行为,就应视为法人的行为,这时,法人机关成员的过错,就是法人的过错。但是,如果法人机关在实施行为时超越或违反了它的职权,这时,法人机关成员的过错,就不再是法人的过错,而是这些成员个人的过错。法人的其他工作人员(既包括法人的正式职工,也包括法人临时雇用的人员)在执行法人职务中,如果有了过错,就应视为法人的过错,这里,不因其工作人员与法人之间的劳动关系有所不同而不同。法人的代理人与法人的机关(或代表人)的不同在于:法人机关进行活动是根据法人的章程或条例,即在法人权利能力范围内进行活动,法人代理人所根据的却是委托书,即在法人授予的代理权范围内进行活动。代理人虽然以法人的名义和财产为了法人的利益而参加民事流转,但是,就他和法人的关系而言,他自己却仍是独立的权利主体。如前所述,法人代理人在法人授权的范围内所实施的行为,实质上是表现了法人的意志(或意思)。这时,法人代理人的行为所关联到的权利和义务与他们自己并无关系,而与整个法人却有直接的关系。因此,此较切合实际的看法应该是:在法人授予的代理权范围内,法人代理人的行为应该看作法人的行为,法人代理人的过错应该看作法人的过错,如果因为代理人的过错给第三人造成损害,应由法人直接承担民事责任。

在社会主义国家,一般来说,法人是社会主义公有化的社会组织。在它们之间,无论给哪一方造成损害,都将损害整个社会主义公有制经济的利益。特别是国家法人,它们的财产都是国家所有的财产。在它们之间,无论对任何一方的财产的损害,从本质上讲,都是对国家财产的损害。因此,我们分清法人责任的目的,主要不在于从经济上制裁法人,而在于通过经济制裁加强法人的责任心,使它们从主观上吸取教训,减少过错。出于这种目的,我们在查清损害事实以及损害事实与法人行为之间的因果关系之后,认真分辨法人是否有过错,就成为认定法人责任的关键。所以,在法人与他人之间,认定民事责任必须贯彻过错责任原则,这样对于促使法人组织遵守国家法律、自觉履行债务、避免和减少各种过错发生是有重要意义的。

合同债法篇

罗马法契约自由思想的形成及对后世法律的影响*

契约自由原则是资产阶级民法的三大基石之一，是当代契约法的核心和灵魂。这一原则在立法上得以确认，首创于1804年的《法国民法典》，其理论渊源却可追溯到罗马法。确切一点说，契约自由思想早在罗马古典法时期(约公元前3世纪至公元2世纪)就已形成，并在公元6世纪东罗马皇帝查士丁尼编纂的《国法大全》中得到了进一步阐述。作为《国法大全》重要组成部分的《法学阶梯》中，有关诺成契约(Contractus consensu)的规定已基本包含了现代契约自由的思想，即契约是当事人合意的产物，当事人间订立的契约具有法律效力，非经当事人双方的同意不得随意变更和解除。这一思想历经数千年的演变，虽然随着社会政治、经济结构的变化而不断受到扩张、限制和修改，但其思想精髓并未发生实质性的变化。如果说罗马法作为大陆法国家民事立法的蓝本，其各项制度对后世的法律都曾产生过不同程度的影响，而尤以债法的影响最甚的话，那么同样可以这样认为，罗马法诺成契约中所体现的契约自由思想，为现代契约制度的形成和发展奠定了理论基础。英国著名法史学家梅因勋爵在研究了罗马契约制度后曾这样指出："罗马法尤其是罗马契约法以各种思想方式、推理方法和一种专门用语贡献给各种各样的科学，这确是最令人惊奇的事。在曾经促进现代人的智力欲的各种主题中，除了物理学外，没有一门科学没有经过罗

* 原载《武汉大学学报》(哲学社会科学版)1995年第1期。

马法律学滤过的。”[①]诺成契约“在契约法史上开创了一个新的阶段,所有现代契约概念都是从这个阶段发轫的”。[②] 因此,认真研究一下罗马契约自由思想形成和演变的历程,以及造成这一变化的社会政治、经济背景,对于我们正确把握当代契约法的发展趋势及契约自由在私法中的地位,或许能提供一点有益的启示。

一

罗马社会早期并无契约自由的观念,甚至连契约概念的表述也是极为原始的。在罗马《十二表法》中用来表示“契约”的名词称为“耐克逊”(Nexum),它的本意是指伴有铜片和衡具的交易行为,其形式要求十分严格,不仅要求交易当事人亲自到场,说出规定的套语,履行铜片的交付手续,而且需有5位证人和一位司秤到场作证,交易方为有效。这种耐克逊形式与罗马市民法上规定的财产所有权的让与方式“曼兮帕蓄”(macipatio)颇为相似。事实上两者确实存在一定的关联性,耐克逊就是由曼兮帕蓄发展而来的。在罗马法早期,所有权“让与”和债“契约”混淆不分,其中一个重要原因就是罗马社会早期简单商品经济并不发达,相应的债法制度也不发达,甚至连“债”(obligario)的概念都不存在。人们在商品交易中并未意识到这会在当事人之间形成债。而更关注的是通过这种方式来实现对交易财产的占有或所有。因而在早期罗马人的观念中,“把一个契约长期地视为一种不完全的让与”。[③] 这就难怪他们把财产让与同契约混为一谈了;另一个重要原因则在于罗马早期社会以农业经济为主、动产在社会财富中所占比例不大,人们对财产交易安全的关注甚于对交易迅捷的渴求。因此,早期罗马社会一切要式行为均需采取庄严的仪式。商品交易是如此,缔

---

① [英]梅因:《古代法》(中译本),沈景一译,商务印书馆1959年版,第191页、第189页、第181页、第181页、第177页。

② 同上。

③ 同上。

结婚姻、解放奴隶、订立遗嘱等也是如此。但早期的仪式种类比较单一,于是财产让与的仪式便被引用到契约缔结中来。当铜衡交易的目的在于让与财产时,其被称为“曼兮帕蓄”,而用于使契约缔结庄严化时,则被称为“耐克逊”。

从契约概念的最初产生中我们不难看出,早期的耐克逊形式具有重缔约形式、轻当事人合意的特点。“仪式不但和允约本身有同样的重要性,仪式甚至比允约更为重要。”[④]耐克逊的有效成立,虽然也要求到场的当事人双方在言辞表达上一致,但这种固定套语式的言辞是否反映了当事人的真实意思,法律是不予过问的。换句话说,只要交易的仪式符合要求,即使当事人的交易协议是在受欺骗或被威胁下达成的,也不影响耐克逊的效力;反之,如果没有履行规定的仪式,或者在规定言辞的表达上出现任何微小的差错,纵然当事人双方已就交易的内容达成合意,契约也无法成立。这种法律效力完全取决于规定的交易仪式,而与当事人的真实意思无关的耐克逊,与其说是一种契约,不如说是财产所有权的让与方式更为恰当。它与现代契约概念相去甚远。正如梅因所指出的,“古代法特别使我看到粗糙形式的和成熟时期的‘契约’间存在着一个很远的距离”。[⑤] 在这种完全排斥当事人合意的商品交易中,契约自由当然无从谈起。

二

契约自由思想的形成应当归功于罗马万民法的发展,查士丁尼在其编纂的《法学阶梯》中就曾明确指出:“几乎全部契约,如买卖、租赁、合伙、寄存、可以实物偿还的借贷以及其他等等,都起源于万民法。”[⑥]这里的“全部契约”并非指罗马历史上出现过的所有契约形式,而是专门针对古典法时期出现的诺成契约而言的。因为买卖、合伙、租赁等在《法学阶梯》中恰恰是诺成契约的具体分类。

---

④ [英]梅因:《古代法》(中译本),沈景一译,商务印书馆 1959 年版,第 191 页、第 189 页、第 181 页、第 181 页、第 177 页。

⑤ 同上。

⑥ [古罗马]查士丁尼:《法学总论——法学阶梯》(中译本),张企泰译,商务印书馆 1989 年版,第 7 页。

从罗马契约制度的演进过程来看,自摆脱了原始的耐克逊形式,把契约作为债的主要发生根据之后,罗马法的契约先后经历了口头契约、文书契约、要物契约和诺成契约(Contractus Verbis, Conrractus Literis, Contractus reais, Contractus consensu)四种形式,其中前两种称要式契约,属市民法调整范畴,后两种称略式契约,是万民法的产物。[⑦] 虽然四种契约在契约效力问题上,都承认当事人间的合意是一个不可缺少的因素,但由市场民法和万民法的不同特点所决定,合意在这四种契约中所处的地位并不完全相同。

市民法对一切要式行为均需采取特定的仪式或形式方为有效。因而口头契约的缔结也以符合特定的仪式为条件,《法学阶梯》中提到的"要式口约"就是一个明显的例证。而文书契约的缔结,虽然不再要求当事人双方像要式口约那样采取"一问一答"的方法进行,但当事人合意的内容只有载入各自的家庭收支簿,取得债务人的认同后,方为有效。[⑧] 同时,依照市民法的理论,"契约"和"协议"并非同一概念。仅有当事人间的"协议"(或称"合约""允约"),并不能构成一个契约;一个契约是一个"协议"加上一个"债",当事人间的"合约"能否成为"契约",关键要看法律是否把"债"附加上去。而特定的仪式或形式正是使债附加于合约之上的不可缺少的纽带。没有这条纽带,当事人间的"合约"就只能是"空虚合约",空虚合约在市民法上是没有法律效力的。由此可见,市民法把契约作为债的发生根据,并承认当事人间的合意为契约成立的一个重要因素,这比早期的耐克逊形式显然前进了一大步,但由于"合意"在此类契约中并不是唯一的、决定性的要素,因而契约自由思想在市民法上还没有得到充分的体现。

万民法的诺成契约则与之不同。这种契约的成立无须任何形式,仅以当事人间的意思合致(Nudo consensu)为要件,契约也只有在征得双方当事人同意后方可解除。查士丁尼的《法学阶梯》在谈到诺成契约时指出:"关于买卖、租赁、合伙、委任等契约,债务以当事人的同意而成立。上列各种契约,其债务的缔结

---

⑦ 参见[意大利]彼德罗·彭梵得:《罗马法教科书》(中译本),黄风译,中国政法大学出版社 1992 年版,第 309 页、第 359 页。

⑧ 同上。

只需双方当事人的同意的说法,乃是因为其缔结既不需要用文书,也不需要当事人在场;此外,也没有必要给予某物,只须进行该法律行为的当事人同意即可。因此,双方不在一处,也可以缔结这种契约,例如利用信函或信使,均无不可。"⑨简言之,在诺成契约中,缔约的一切形式都被省略了,当事人间的合意成为契约成立的唯一的决定性的因素,契约的效力完全取决于当事人的合意,而与缔约形式无关。由于查士丁尼的《法学阶梯》完成于公元6世纪,而诺成契约的出现远早于此,《法学阶梯》关于诺成契约的阐述只不过是对业已存在的此类契约特点的概括。我们无法知道诺成契约刚刚出现时是否采取过某种形式,但有一点可以确信,诺成契约在《法学阶梯》中能够作为一种独立的契约形式而存在,在于它与先前的契约形式相比,把契约完全视为当事人合意的产物,缔约形式被彻底排除在契约有效要件之外,它对契约的有效成立不发生任何影响,只被看作当事人内在意志的象征。

诺成契约将当事人的合意视为一项契约的核心,这是人类契约发展史上一次质的飞跃。它的意义不仅在于缔约形式的省略和缔约程序的简化,更重要的是,它引起人们契约观念的彻底更新。契约不过是当事人间合意的产物,用罗马人的话来说,契约是吸收在"合约"中了。契约的效力完全取决于当事人的共同意思,一切外部形式都不过是当事人内在意志的体现。这其中孕育着一个崭新的、极具生命力的契约法原理——契约的成立与否取决于当事人的意志,契约之债的效力来源于当事人的合意。这一原理被后世概括为契约法的一项基本原则——契约自由。因此,如果说现代契约的概念起源于诺成契约,那么我们同样有理由认为,现代契约自由的理论也是从罗马法的诺成契约中产生的。

契约自由思想产生于罗马古典法时期并体现在诺成契约中,这其中有着深刻的政治、经济和思想背景。

从政治上说,共和国中期以后,罗马统治者一直奉行对外扩张政策,到元首政治时期,罗马已成为世界性帝国。武力扩张的结果引起罗马国家经济生活主

⑨ [古罗马]查士丁尼:《法学总论——法学阶梯》(中译本),张企泰译,商务印书馆1989年版,第173页、第158页、第159页、第173页、第189页。

体的变化,罗马公民以外的外国人被纳入罗马经济生活的范围,他们不可避免地会与罗马公民以及相互之间发生一系列经济交往,而传统的市民法契约以属人主义为原则,仅适用于罗马公民,对外国人无法适用。这就必然要求创设出一种新的契约形式来适应国家经济主体的变化。

从经济上说,武力征服确立了罗马地中海霸主的地位,推动了罗马对外贸易的繁荣和发展;同时,随着国内商品高利贷阶层(骑士)的出现,商品交易和货币活动与日俱增,传统市民法僵化的形式主义特征显然无法适应商品贸易发展的需要了。罗马统治者不得不考虑把贸易从繁琐的形式主义桎梏中解脱出来,以适应商品贸易快速、迅捷的要求。

如果仅有上述两个因素,也许并不必然导致诺成契约的产生。因为这一切完全可以通过变革市民法契约来实现。问题在于罗马统治者一直固守着这样一个观念,即市民法是每一民族为自身治理而制定的法律,它是“永恒不变”的,所谓“罗马人根据罗马法而生活,异邦人则根据自己的城邦法而生活”。[⑩] 强调市民法的属人主义原则,使通过变革市民法契约以适应商品经济发展需要的愿望化为泡影。既要保持古老的市民法传统不变,又要运用巧妙的方式创设出新的规范来满足现实经济生活的需要,罗马统治者终于在市民法之外,借助于最高裁判官的审判实践,找到了解决问题的办法。

罗马裁判官制度分内事裁判官和外事裁判官两部分。罗马统治者授予最高裁判官以颁发告示的权利,裁判官运用告示,事先将根据现实生活变化而拟就的办案原则公之于众,就职期间,根据告示所确定的原则指导审判实践,相沿成习,从而在不触动市民法古老法制的前提下,形成了一整套新的法律规范——万民法规范。由于罗马统治者只授予最高裁判官以颁布告示的特权,而对特权的内容和形式未作硬性规定,这就为裁判官在市民法契约之外创造新的契约形式提供了便利。特别是公元前212年外事裁判官制度的设立,对诺成契约的最终形成起了十分重要的作用。外事裁判官在处理对外贸易纠纷过程中,一方面了解到地中海邻国的交易方式都有趋于简化的倾向;另一方面也确实感

---

⑩　[意大利]朱塞佩·格罗索:《罗马法史》(中译本),黄风译,中国政法大学出版社1994年版,第229页、第237页。

到此类契约比市民法契约更能适应贸易发展的需要。于是,他们通过告示赋予这种非依特定形式而产生的当事人间的"协议"以法律效力,从而导致了罗马法上诺成契约的产生。诺成契约最初只是万民法上的一种契约形式,仅适用于罗马公民与外国人之间的贸易关系。但由于它适应了罗马经济发展的需要,又符合罗马自然法的公平、理性观念,被当时的罗马法学家认为是最符合自然状态的一种合意,因而诺成契约的效力最终得到了市民法的承认,成为与市民法契约并存的一种契约形式。

在诺成契约形成和发展的过程中,裁判官的审判实践、地中海沿岸各国的交易习惯和罗马统治者固有的市民法观念等都曾发挥过重要的影响。但起决定作用的仍是罗马简单商品经济的高度发展。可以这样说,没有高度发达的简单商品经济,便没有以"合意"为核心的诺成契约的形成和发展。这是我们在思考契约自由思想为什么只产生于罗马古典法时期,而在同一时期其他国家的法典中却不曾出现这一问题时所得出的主要结论。正如意大利著名罗马法专家朱塞佩·格罗索所指出的:"典型的体现着诚信效力的诺成契约(尤其是合意的买卖契约)恰恰是罗马人的一种创造,在其他地中海民族的法中均不包括这样规则。"⑪

诺成契约的产生,标志着罗马法上契约自由思想的形成。但罗马毕竟是奴隶制社会,公开主张人与人之间的不平等,是这个社会经济最典型的特征。虽然随着罗马简单商品经济的发展,日益壮大起来的平民阶层在同奴隶主贵族的不懈斗争中,逐步取得了与贵族平等的法律地位和完全意义上的公民权;在对外扩张过程中,为了维持和异邦人的联盟关系,公元212年,卡拉卡拉皇帝颁布的《安东尼尼安宪令》(Constitutio Antoniniana),也使居住在罗马境内的外国人取得了公民权。但就整个罗马社会而言,能够在法律上享有平等地位的人仍是十分有限的。它只是"对自由民来说,产生了私人的平等",⑫他们可以利用诺

---

⑪ [意大利]朱塞佩·格罗索:《罗马法史》(中译本),黄风译,中国政法大学出版社1994年版,第229页、第237页。

⑫ [德]马克思、恩格斯:《马克思恩格斯选集》(第3卷),中共中央马克思恩格斯列宁斯大林著作编译局译,人民出版社1972年版,第143页。

成契约形式进行自由交易;而占罗马社会人口绝大多数的奴隶、妇女和处于家父权之下的家子等,仍不能成为此类契约的主体。因为在罗马法上,无论是市民法还是万民法,都将奴隶视为法律关系的客体而非主体;而依照罗马法人格制度的规定,唯有家父具有完整的人格,可以自由订立契约,处于家父权之下的妇女和家子由于人格不完整,因而不得独立对外订立契约。诺成契约主体范围的局限性,决定了契约自由思想对大多数罗马人而言并不具有普遍意义。

同时,诺成契约本身是在不触动市民法古老传统的前提下,通过外事裁判官的审判实践形成和发展起来的。虽然它的效力最终得到了市民法的承认,但这并不意味着它可以取代市民法契约。由于罗马统治者固有的市民法观念所决定,在诺成契约产生以后,市民法的"要式口约"形式并没有随之消失,相反仍在罗马契约制度中占据着主导地位,从而形成了市民法契约与万民法契约并存的局面,这种局面极大地限制了契约自由思想的广泛传播和进一步发展。

正是由于上述原因,契约自由在罗马法上只是一种思想,并且只反映在诺成契约一种形式中,并未形成罗马契约制度的一项基本原则。尽管如此,罗马万民法的诺成契约对后世法律的影响仍是不可抹杀的,它为近现代契约自由原则的形成和发展埋下了"生命的根"。

三

建立在奴隶制经济基础之上的罗马法,随着罗马帝国的灭亡而成为历史的陈迹,但罗马法中体现的契约自由思想并未永远消失。在经历了漫长的中世纪封建统治之后,随着中世纪后期兴起的"复兴罗马法运动",它又再次引起资产阶级启蒙思想家的关注,在资本主义制度建立之后,相继体现在大陆法各国的民法典中。事实上,无论是1804年以《法学阶梯》为蓝本制定的《法国民法典》,还是1900年以《学说汇纂》为蓝本制定的《德国民法典》,其关于契约自由原则的规定都肇源于罗马法的契约自由思想,是对这一思想系统化、规范化的表达。为了证明这一点,我们不妨将两部法典中有关契约自由的条款与《法学阶梯》中的阐述作一简单对比,就不难发现它们之间的继受关系。

《法学阶梯》中规定:“债是法律关系,基于这种关系,我们受约束而必须依照我们国家的法律给付某物的义务。”“债务得分为四种,即契约之债、准契约之债、不法行为之债和准不法行为之债。”“关于买卖、租赁、合伙、委任等契约,债务以当事人的同意成立。”“以诺成方式缔结的债务,因当事人表达相反的意思而消灭。”⑬

《法国民法典》规定:“契约为一种合意,依此合意,一人或数人对于其他一人或数人负担给付、作为或不作为的债务。”(第1101条)“依法成立的契约,在缔结契约的当事人之间有相当于法律的效力。前项契约,仅得依当事人相互同意或法律规定的原因取消之。”(第1134条)“解释契约时,应寻求缔约当事人的共同意思,而不拘泥于文字。”(第1156条)“文字可能作两种解释时,应采取最适合于契约目的的解释。”(第1158条)

《德国民法典》规定:“债权人因债的关系得向债务人请求给付。给付也可以是不作为。”(第24条)“以通过契约而独立成立债务的方式约定为给付的契约,如未规定用其他方式者,须以书面方式约定,始为有效。”(第780条)“虽仅当事人一方表示,必须全部事项取得合意,契约方始成立的,如果当事人双方对契约中所有各点意思未全部趋于一致,在发生疑问时,应认为契约未成立。在此情况,对个别之点的合意,虽有记载,也无拘束力。”(第154条)。“解除契约,应以意思表示向他方当事人为之。”(第349条)“解释意思表示,应探求当事人的真意,不得拘泥于所用的词句。”(第133条)

从以上的对比中,我们不难看出,两部法典对契约自由原则的表述虽有所不同,但它们都认为,契约是当事人合意的产物,契约的成立与否取决于当事人的意思是否一致,契约的效力来源于当事人的合意,契约的解除也取决于当事人的意志;无论是缔约的方式或对契约内容的解释,都应当是当事人真实意思的体现。上述观念在《法学阶梯》中大体都已反映出来,所不同的是后世法典更加明确、规范,且作为一项基本原则适用于所有契约,而罗马法的表述还不太完

⑬ [古罗马]查士丁尼:《法学总论——法学阶梯》(中译本),张企泰译,商务印书馆1989年版,第173页、第158页、第159页、第173页、第189页。

整,且只作为一种思想反映在诺成契约一种形式中。

《法国民法典》和《德国民法典》在契约自由原则的规定上对罗马法的继受,既有经济方面的原因,也有地域文化传统方面的因素,当然前者是主要的。

从经济的角度来讲,商品经济的共同属性是两部法典直接继受罗马法的前提和基础。资本主义经济是典型的以自由、平等为特征的商品经济,它虽然是在摧毁封建自然经济的基础上发展起来的,但两者之间毫无继承性可言。以身份、等级和王权专制为特征的中世纪封建庄园经济,把农奴牢牢地束缚在土地之上,毫无人身自由可言,同时社会财富以土地为主,动产极少,商品交换极不发达。反映在法律上,决定了中世纪盛行的日耳曼习惯法和带有宗教色彩的寺院法中,不可能包含调整商品交换关系的一般规则。虽然人们注意到,日耳曼法和寺院法在取代罗马法的过程中,也曾受到罗马法的影响,但这种影响主要来自罗马市民法,而非万民法。例如,寺院法就只承认正式宣誓契约的效力,寺院法法院也只对债务人正式宣誓的契约、信用担保契约和高利贷契约三种契约提供保护,⑭因而资产阶级立法者不可能从中获得什么有益的启示。当然,我们并不否认中世纪日耳曼法和寺院法对近代大陆法系各国民法典的制定曾产生过重要影响,但这种影响主要反映在婚姻、家庭和继承领域。而在债法领域,影响主要来自罗马法,而非中世纪的日耳曼法或寺院法。原因在于罗马法虽然建立在奴隶制经济基础之上,但它是罗马简单商品经济高度发展的产物。它对商品交换一般规则的充分反映和概括,使罗马债法要比日耳曼法和寺院法先进得多。正由于罗马法基本包含了资本主义时期大多数法权关系,因而近代大陆法国家将之巧妙地运用于现代生活条件,使之成为制定民法典的主要依据。罗马法中所体现的契约自由思想,也成为大陆法国家契约立法的指导思想。

从地域文化传统的角度来讲,近代的法兰西帝国和德意志帝国与古罗马帝国在地域文化上有着直接的渊源关系。历史上它们同属罗马帝国的版图范围,

---

⑭　参见[美]孟罗·史密斯:《欧陆法律发达史》(中译本),姚梅镇译,商务印书馆1943年版,第210页。

都曾盛行过罗马法。只是由于中世纪封建领主经济的建立，才使罗马法失去了存在的基础。公元11世纪后，随着地中海沿岸城市的兴起和手工业、商业的发展，封建的日耳曼法和寺院法显得越来越不适应，人们把眼光又重新投向罗马法，并随着“复兴罗马法”的运动，罗马法在法国的南部地区和德意志的部分地区得以重新适用，因而人们对罗马法并不陌生；同时，两国的统治者为了证明其政权的合法性，都声称自己是罗马皇帝的合法继承人，例如，德意志当时就自称为“神圣罗马帝国”。既然罗马法是罗马皇帝制定的，那么在原帝国的范围内当然应当继续有效。

在《法国民法典》和《德国民法典》颁布之前，法国和德国都曾出现过罗马法、日耳曼习惯法和寺院法并存的局面，为什么在债法领域两部法典没有直接渊源于日耳曼法和寺院法，而是直接继受了罗马法？这除了上面提到的经济因素外，罗马法的成文化和接受罗马法训练的人直接参与司法实践，不能不说是一个重要的因素。在法国，由于人们认为罗马法比习惯法优越得多，特别是在债法领域，因此在习惯法地区，人们最终摒弃了后者，而采用了外来的罗马法制度。[15] 在德国，一批研究罗马法的法学家和受过罗马法训练的人直接充任帝国法院的法官，他们运用罗马法办案，而把习惯法抛在一边。正是基于以上原因，罗马法以及它所体现的契约自由思想在经历了漫长的中世纪黑暗之后，又以其独特的魅力为大陆法国家的民法所接受。

当然，由于所处的时代不同，《法国民法典》和《德国民法典》对罗马契约自由思想的继受也被深深地打上了那个时代的烙印。处于上升时期的法国，受自由主义和个人主义思潮的影响，为了达到人人参与自由竞争的目的，立法者在民法典中将契约自由思想推到了至高无上的境地，并作了最大限度的发挥。一切权利义务关系的产生都必须基于当事人的合意，这种合意不仅在当事人之间具有相当于法律的效力，任何人包括国家在内不得随意干涉，而且基于合意产生的契约具有排除法律适应的效力，法律的规定只起补充当事人合意的作用；法律的职责也旨在通过法庭保障当事人真实意思的实现；甚至在解释契约时，

---

⑮ ［澳大利亚］瑞安：《民法导论》，楚建译，载法学教材编辑部《民法原理》资料组编：《外国民法资料选编》，法律出版社1983年版，第10页。

也必须充分寻求当事的共同意思,而不必拘泥于书面文字(参见《法国民法典》第1156条及第1627条)。诞生于垄断时期的《德国民法典》则充分注意到契约自由的背后,当事人之间在经济实力方面存在的事实上的不平等,把契约自由表述为过分绝对的信条,无异于赋予垄断财团将自己单方面的意志通过契约形式强加给弱小一方的权力,这必然会损害中小企业的利益,引起社会矛盾的激化。因而立法者在承认契约自由的同时,又从社会本位的角度对这原则的适用设置了诸多限制。最为明显的就是该法典关于诚实信用原则和禁止权利滥用原则的规定(参见《德国民法典》第157条、第242条、第226条),使当事人在契约问题上的“自由意志”降到了十分次要的地位,契约自由被表述为“法律范围内的自由”(《德国民法典》第134条),法院在处理契约纠纷时,无须再探究当事人的共同意思,可以直接从公平和社会公共利益的角度来重新确定当事人之间的权利义务(参见《德国民法典》第138条、第157条、第242条、第224条)。

罗马法契约自由思想对后世法律的影响是巨大的。无论是《法国民法典》对契约自由的极度扩张也好,还是《德国民法典》对契约自由的诸多限制也好,它们都是建立在对罗马契约自由思想的继受基础上的,是这一思想在不同历史时期的不同表现。当然,罗马契约自由思想的影响不限于此,事实上它早已超越了大陆法系和民法范畴。对英美契约法的发展和资产阶级国家学说(如卢梭的“社会契约论”就曾受其启发)的创立都发生过重要影响。

经济学视野下的契约法研究*

我国现在的契约立法及研究,所使用的方法基本上是传统的大陆法系抽象推理的逻辑思维方法。由于契约涉及面宽、对象复杂、经济性强,这种研究和思维方法就显得缺乏适应性。因此,寻找一种合适的工具和分析方法十分必要的,而这种工具和分析方法只能从法学外获得。河北经贸大学柴振国博士新作《契约法律制度的经济学考察》,就是在经济学的视野下,运用经济分析法学的方法对契约制度进行了讨论,填补这方面研究的一个空白。

该书作者认为,成本是竞争供给曲线背后的关键因素,确切地说,供给取决于增加的或"边际"的成本。法律成本是整个法律动态运行过程中所付出的代价。法律收益是通过法律对权利、义务和责任的确认、分配和救济,促进实现社会资源的最佳配置,满足法律主体的最大需求和利益。法律制度和规则在履行中都会给当事人或行为人带来收益和成本,从而可以运用经济学的最大化、均衡和效率条件来分析法律。如何降低交易和制度的成本,是制度选择与改革必须要考虑的事情。对法律规范的经济分析来说,效率是目的,是衡量一切法律乃至所有公共政策适当与否的根本标准。不同的当事人对于权利的不同估价是权利发生交易的源泉,故只能从交易的结果上评价权利的界定和再界定的效率。对权利的明确界定,可以提高交易效率,降低交易成本。

该书突出的特点在于:其一,它是我国首部运用经济分析的方法对契约制度进行考察的著作。经济分析法学作为一种新的法学研究思路自传入我国以

---

* 原载《光明日报》2007年6月19日,第12版。

来,在短时间内取得了快速发展,越来越多的专家、学者和实务界人士开始采用这种研究主法展开研究,并取得了不小的成果,民商法领域先后有对物权法、侵权责任法等的经济分析专著问世。但在契约法领域利用经济分析的方法进行研究的专著还未曾发现。其二,在体系上较完整。该书从分析经济学上的契约和法律上的契约的概念入手,用经济分析的方法对契约的效力、风险分配、违约责任的归责原则、实际履行、损害赔偿等契约法律制度进行了较系统的分析。其三,提供了一些很有见地的观点。笔者认为,所有契约行为都要以资源的有效配置和利用,即效率极大化为目的,效率是目的,是衡量一切法律制度适当与否的根本标准;契约制度的设计与实施,要考虑成本,包括个人成本和社会成本,能使个人成本和社会成本最小化的法律是最好的法律;契约研究新的思维方式要以社会和自然人为出发点和归宿;要使激励(而不是强制)措施成为整个法律制度的核心。在上述观念的基础上对现行契约法的多项制度及法律条款提出了改革的见解。这些见解对将来合同法的修改与完善有一定的参考价值。

违反信息义务应适用侵权责任还是合同责任？*

尊敬的各位同行：

现在我国《物权法》由全国人大表决通过了，但是学术研究没有停止，因为社会经济在飞速发展，司法实践中还将会不断地出现新问题，《物权法》必须要及时跟进与应对。从立法上讲，《物权法》的研究暂告一段落，下边，我国《物权法》的制定列入了立法议程，所以，我愿意参加这一组的论坛。

我一直有一个民法上的困惑：侵权责任适用范围与合同责任适用范围之间相互重合的范围如何清晰界定？现在我们马上要制定侵权法了，这个问题需要解决。尽管英美法和大陆法系都承认侵权责任适用范围和合同责任适用范围的基本划分，但理论基础却有很大差异，具体的救济方式也不尽相同。

如果全面讨论这个问题，实在困难，至少得用一篇博士学位论文才能阐释清楚，但在我以往的学生里还没有人确定要研究这个主题的，所以，我想与大家探讨这个主题，但因为时间有限制，我就谈谈其中比较突出的一个问题：违反信息义务致人损害，应当如何进行民事救济？是适用合同责任，还是适用侵权责任？这可能还是一个时代性、普遍性都比较强的现实问题。我们不妨就以这个问题作为讨论的切入点。

在大陆法系的德国，违反信息义务的责任主要是经由扩展合同法责任的适

---

* 本文系作者2007年4月28日在“中国法学会民法学研究会2007年年会暨两岸民法学研讨会”第3组（侵权责任法小组）所作的发言整理。

用(涵摄)范围来解决,其原因是,《德国侵权法》主要是保护绝对权,并以权利在外观上具有对世性为基础;此外,它的责任构成要件过于严苛,在财产损害保护上有过度的限制,但其《合同法》中缔约过失责任比较有弹性,给予审判案件的法官以较多的自由裁量权。德国有学者说,缔约过失责任是一个灵活适用于各类情形(错误的撤销场合、无权代理的情形、意思表示因非诚意表示无效或因错误或传达不实而撤销的情形)中的工具。[①] 其实也不尽然,实际上适用缔约过失责任,也有局限性,它总得和合同有点关联,即与合同的动态变化相关,而且这也与大陆法系的传统理论有矛盾。特别是"对第三人缔约过失理论"以及所谓的"默示的信息提示合同关系"的认定,这几乎完全突破了德国自己的法律概念和体系。所以,我主张缔约过失责任是侵权性质的,德国人也承认缔约过失责任主要是弥补侵权法规定的不足,那么如果侵权法规定得详细一些,不就可以了吗?具体一点讲,德国债法改革后将"第三人缔约过失责任"也纳入《民法典》合同责任的范畴,这样虽然解决了第三人合同成立前违反信息义务(现在大多数学者称之为先合同义务)的问题。但过度地扩展了"第三人缔约过失责任"。毫无界限地适用信赖责任,会使这些请求权的前提条件变得模糊不清。

---

① 就《德国民法典》所规定的若干缔约上之过失的情形而言,第122条错误的撤销场合"撤销人的损害赔偿义务"并非对于有过错的义务违反的责任,而是一种独立的信赖责任或者外观责任(unabhangige Vertrauens-oder Anscheinshaftung)。Vgl. Karl Larenz. Lehrbuch des Schuldrechts, I. Band: Allgemainer Teil. 14 Auff. 1987, S. 107. 转引自韩世远:《合同法总论》(第4版),法律出版社2018年版,第161～170页。《德国民法典》第179条第2项"无权代理",也属"不以故意或过失为要件"之著例[Larenz语,参见王泽鉴:《民法学说与判例研究》(第5册)(第7版),台北,自版1991年版,第272页],是规定无权代理人的法定担保义务,以保护交易安全及相对人之信赖[Larenz语,参见王泽鉴:《民法学说与判例研究》(第5册)(第7版),台北,自版1992年版,第284页]。另外,《德国民法典》第122条规定,意思表示因非诚意表示无效或因错误或传达不实而撤销时,表意人应赔偿他方因信其意思表示为有效而受之损害。撤销行为不具有任何违法性,因为撤销权为法律所授予,但因撤销系一种消极形成权,在于解除意思表示对表意人之拘束力,相对人蒙受不利,法律斟酌双方利益,乃令撤销权人赔偿相对人之信赖利益,以为行使撤销权之代价。该条所规定是法定担保义务,不是过失责任,也不是缔约上之过失[Larenz语,参见王泽鉴:《民法学说与判例研究》(第5册)(第7版),台北,自版1992年版,第283页]。这类情形,在中国法上也是纳入"重大误解"概念的,而相应的赔偿责任,依通说见解,仍属缔约上之过失责任,属于过错责任范畴。参见韩世远:《合同法总论》(第4版),法律出版社2018年版,第161～170页。合同是否有效成立,缔约上过失分为以下4种类型:(1)合同未成立型;(2)合同成立型;(3)合同无效型;(4)合同有效型。以下分别说明。参见韩世远:《合同法总论》(第4版),法律出版社2018年版,第161～170页。有关缔约过失的探讨,可以参见王泽鉴:《民法学说与判例研究》,中国政法大学出版社2003年版,第108～126页。

而默示得提供信息合同，虽然一定程度上解决了损失分配的难题，却又会遭遇滥用司法权力的责难，从总体上而言，违反信息义务致损的合同法救济路径，在德国法上有其特定的法律背景，也可以说在一定程度上反映了德国概念法学及其过度体系化所面临的困难处境。

英美法将违反信息义务的责任界定为“不实信息责任”，主要运用侵权法予以调整，比如，《美国期权法重述》专门规定了不实表示的侵权责任，并区分了故意和过失的不实表示。英美侵权法是由令状制度发展而来的，它的特点在于多种类型的侵权行为，分别设定了有差异的构成要件，而不实表示只是其中一种独立的侵权类型，对于过失甚至无过失的不实表示导致他人经济损失的，均被纳入侵权法的调整范围。这也是英美侵权法理论不断发展的结果。但是这些不同类型的不实表示在承担责任时，其构成要件和赔偿范围上也是有区别的，通常合理信赖不实表示，只是针对某些交易关系的相对人而产生，对交易关系之外的第三人则是严格限制的，而且仅仅适用于存在过错的不实表示。因此，我们可以得出以下认识：对同一法律问题，在不同法系不同国家，甚至同一法系国家或者地区在不同时期有可能得出不同的答案，有些时候也可能出现非常相近的答案，但他们解决问题所选择的路径却不同。在德国，对于那些因违反信息义务而导致损失的，采取扩张合同责任，将对第三人的保护纳入合同的效力范围内加以解决；在英美，是依据侵权法，给予了基于信赖而产生的金钱损失以救济，其他的损失则按照一般侵权行为的规则予以处理。我国怎么处理这类问题？按照我国现有的法律，违反信息义务或者说不实表示，主要有三种救济途径：第一，在合同关系或者进入合同缔结关系中依据诚实信用原则，一方应当承担合同相对方就与合同订立或履行有关的重大信息予以说明的义务，违反者要承担缔约过失责任，或者积极侵权的违约责任；第二，如果不存在合同关系或者合同前的关系，违反信息义务，可以按照《民法通则》关于侵权责任的一般规定加以规制；第三，我国《证券法》《公司法》等，还有一些关于特殊人群（上市公司、公开发行债权的公司等）在特定条件下适用的特别规定。

全国人大常委会法工委的《侵权法草案》，对上述问题的处理基本上承袭了《民法通则》的做法；王利明教授的《侵权法草案》规定了中介服务机构和专家的责任;梁慧星教授的《侵权法草案》规定了不实信息与不当咨询的责任。总的来说,两位专家的《侵权法草案》在不同程度上仿效了英美法的规定,但规定得过于简单,就目前的草案情况来看,可能还存在一些实际操作上的困难。

下面,我根据两大法系的比较,以及我国这些年的立法现状和司法经验归纳出一些初步想法。

第一层次,信息的提供直接构成合同内容的,其违反信息义务所承担的责任,应当是违约责任,这点应无疑议。在合同主义务之外的警告说明、提示义务属于附随义务,这些义务并没有规定在合同条款当中,而是根据诚实信用原则派生的义务,违反了这些信息义务,也应当是违约责任。但是,当违反了作为合同主义务的信息义务时,已经损害了债权人的人身的或者财产权益,则产生了违约责任与侵权责任的竞合。这可能就是我们对《合同法》第 122 条[②]的理解。当然这里还有一个重要的问题,就是对纯经济损失如何赔偿?大陆法系和英美法系都坚持一般不赔偿原则,我认为不能说对所有情形不赔偿,对符合特定的条件的要给予赔偿,如故意侵权,基于对特定信息披露内容的信赖而产生的损失。

第二层次,在订立合同的过程中,会发生缔约过失责任的情况,依据我国《合同法》第 42 条[③]的规定,因故意隐瞒与订立合同有关的重要事实,或者提供虚假情报给对方造成损失的,应当承担缔约过失责任。实际上是依据诚实信用原则,那些故意未全面、真实向对方披露影响合同订立的重要信息的,又给对方造成损失的,也应属于缔约过失责任。

还有一种情况,合同订立前或者合同订立后一方违反了与合同订立有关的信息说明义务,因而给相对人造成人身或者财产损害的,这时不仅产生了缔约过失责任,也产生了信息瑕疵担保责任。对于物的瑕疵担保责任的性质有不同学说,通常认为是违约责任,而信息瑕疵?我初步认为,在这里形成了缔约过失

---

② 《合同法》第 122 条规定,因当事人一方的违约行为,侵害对方人身、财产权益的、受损害方有权选择依照本法要求其承担违约责任或者依照其他法律请求其承担侵权责任。

③ 《合同法》第 42 条规定,当事人在订立合同过程中有下列情形之一,给对方造成损失的,应当承担损害赔偿责任:(1)假借订立合同,恶意进行磋商;(2)故意隐瞒与订立合同有关的重要事实或者提供虚假情况;(3)有其他违背诚实信用原则的行为。

与违约责任的竞合。

第三层次，合同还在准备阶段，一方违反说明或者回答询问义务是否构成缔约过失责任，还是认定为侵权责任？在德国，承认“默示的信息提供合同”，主要是指专业人士与第三人有过直接接触，可能还互不认识，由于第三人对专业人士的信息，由此产生的损失是按照过失责任处理的。

我认为，以上这些没有进入订立合同过程时违反信息义务，可以按照侵权责任处理，我理解侵权责任法作为调整普通性社会关系的法律，它所调整的更多的是合同之外的法律关系，还有对于卷入合同谈判的第三人违反说明义务的，造成侵权人的损失的，在这种情况下第三人与合同谈判双方不存在合同关系，在德国，是按照缔约过失责任处理，而我们如果选择侵权法进行救济，可能更方便。

第四层次，合同履行中违反信息义务，而且涉及积极的侵害债权，这种情况下构成积极侵害债权的责任，虽然这是以合同有效成立为前提的，但它已经被归结为法定责任，我们就可以突破侵权法只保护绝对权的框架，侵权法也可以保护债权，这时则可以用侵权法来规范这种关系。

以上所谈，我思考得并不成熟，只是提出问题而已。

对保证保险性质的基本认识*

因车贷险引起的关于保证保险有关问题的讨论，一直是实务部门和学术界十分关注的问题。我对保险法的专业知识非常有限，更没有实务经验，所以只能从基本理论方面谈一些看法。

很明显，因车贷险所产生的异议，主要是因为人们对保证保险的性质有不同的理解。保证保险与作为一种担保类型的保证之间有什么不同？保证，是保证人直接向债权人担保其债权的实现，它所体现的是特定人以其个人财产向特定人所承担的担保；保证保险，是保险人（也是特定人）对其所承诺的保险标的（债务人违约）所承担的责任，它所体现的是保险人运用风险分担的原理，承担的是一种社会化责任。如果说保证保险也有担保功能，这没有错，这也是许多制度都具有的功能，但不能说有担保作用，它就是一种特殊的担保形式。据我了解，一开始，最高人民法院和保监会在一些征求意见稿中倾向把保证保险定位为担保，认为保证保险实质上是保险人对债权人的一种担保行为。这种定性还值得思考。实际上，保险公司不可能根据确定保险关系的原理，比如，通过风险控制技术去解决、去承担这种担保责任问题。保险公司是商业性质的机构，按照保险的运行机制，它不可能为众多的债务人去作保证人，它承担不起，保险公司不可能是担保公司。所以，为什么保险公司在推出这个险种之后仅仅两年，甚至不到两年，就纷纷退出了？这本身就说明这项制度存在问题。我们看

---

* 本文系作者2006年6月1日在北京友谊宾馆出席“关于车贷险法律问题研讨会”的发言。题目为编辑本书时添加。

到了,由于对保证保险性质把握得不准确,保险业离开了这个市场,结果损害的是整个汽车销售关系的各方当事人,最终对购车的投保人、债权人(银行)也是不利的。

如果我们把保证保险定位为保险,可能情况会不一样。保证保险就应当按照保险法或者合同法总则的有关规定,而不是担保法进行规范。保险人运用社会分担风险的原理,协调好投保人、债权人、保险人之间的利益关系,就会使这项保险制度顺利实行下去,否则在市场条件下,它是不可能存在和发展的。

另外,借款合同与保证保险的关系、信用保险与保证保险的关系,也是需要讨论的。我的看法是,借款合同与保证合同之间有联系,但又相互独立。当然,借款合同如果无效,就会导致保证保险合同的保险标的消灭,进而保证保险合同也无效了;但是,保证保险合同的无效,并不导致借款合同的无效。如果保险人明知借款合同无效,仍然要承保,保险人就应承担相应的赔偿责任,这就说明保证保险也有独立性。

至于保证保险与信用保险,都是以债务履行为保险标的的,其功能是一致的,它们之间只是由谁来投保有差异,具体的当事人有差异。但是,这不应该影响对保证保险在性质上的判断。保证保险只有把它确定为保险,它才有可能存在和发展,否则,它就是一项仅在理论上的一种推理、片面的、脱离实际特别是脱离中国实际的制度设计。

但是,我们要将保证保险定性为保险,必须还要解决这样两个问题,这两个问题非常关键:

第一,在保证保险关系中,投保人有没有保险利益?按照一般法理,如果对投保人没有保险利益,那么这项保险合同是无效的。实际上,在这种情况下,这个人根本就没有投保人的资格。在保证保险关系中,投保人有没有保险利益?如果没有,这就不是保险;如果有,是指什么?我看到宋刚博士的文章,他认为,从保险法律关系的层面去看,当保险事故发生时,投保人由于办理了保证保险,使因此造成的损失由保险人承担了相应责任,从而在这个范围内避免了投保人(债务人)的责任,这对投保人来说就是一种消极的保险利益(从这个角度看,没有保险利益,投保人也不可能去投保)。我认为,宋刚博士的观点有一定的道理。因为,我们现在对《保险法》第12条,所谓“法律上承认的利益”本来就有不同理解,就有一定的开放性。在不违背保险原则的条件下,可以作出扩大解释。

第二,保证保险对什么样的保险事故承担保险责任?保险事故的危险发生无论在事实上、时间上、后果上应该是不确定的、非故意的,这也是保险法最基本的规则。如果投保人(债务人)故意不履行债务,比如,采取欺诈的手段骗取贷款,这种情况不构成保险危险,保险人原则上不承担保险责任,除非保险人有过错。其他因客观因素造成的不确定的、偶发性的危险,这属于保险的范围,保险人应向被保险人承担保险责任。

我总的想法是,保证保险是一项有利于维护社会经济秩序,有利于调整几方面当事人利益关系的制度,但我们应当把它设计好,法理上要把它考虑清楚,更重要的是,要注重对实践的考察,要总结我们的经验和教训。在保险制度层面,车贷险作为一种特殊的保险类型,允许其突破一些传统的保险规则,在保险制度的发展中去解决保证保险实践中遇到的问题,在保险力所能及的范围内,加强它的担保功能,但不一定把它推向担保制度中去,而是我们在保险制度内解决,这可能更符合实际的需要。作为一种新事物,先要使它能够存在,同时又要考虑完善它,使它能够得到各方当事人的信赖,保证它的生存条件和发展空间。我认为,这恐怕才是最重要的。

日本环境侵权民事责任研究*

一、问题的提出

在日本,所谓公害是指“因伴随事业活动及其他的人的活动而在相当范围内产生的大气污染、水质污浊、土壤污染、噪声、振动、地面下沉以及恶臭,使人的健康或生活环境遭受到的被害”,①它是伴随社会的不平衡发展,对环境造成破坏而产生的。目前,已成为侵权行为类型中最重要的一种。

日本有关环境公害纠纷方面的法律救济手段,始于对人身损害事件的加害者所进行的民事诉讼。判例和学说虽然均承认被害人在因环境公害纠纷而进行的有关民事诉讼中,可以公害为理由,请求侵权人承担损害赔偿和停止行为的民事责任。② 但是,由于受日本《民法》第709条规定的影响,只有在能够证明加害方出于故意或过失而侵害了他人权利的时候,加害者才承担侵权民事责任,并且,被害人必须承担证明加害者已具备法律所规定要件的举证责任。因此,在有关公害纠纷的民事诉讼中,受害人要请求加害人承担损害赔偿和停止侵害的责任,并不容易。为贯彻日本侵权行为法救济被害人的立法宗旨,妥善

* 原载《现代法学》2003年第1期。

① 日本《公害对策基本法》第2条第3款。在我国,一般将这种破坏和污染环境的行为称为环境侵权行为,将根据该侵权行为所应承担的民事责任称为环境侵权民事责任。

② 请求停止行为 = “injunction”。通常而言,它包含我国《民法通则》中“停止侵害”“排除妨碍”“消除危险”之意。

处理20世纪60年代后期大量出现的公害问题,日本法学界与实务界围绕环境侵权民事责任的基本理论问题展开了深入细致的研究,并修正与发展了日本传统民法学理论。本文谨对日本有关环境侵权民事责任的理论构成、环境侵权民事责任理论的修正与发展、对公害所引起的社会问题的民事救济措施等问题进行探讨,为完善与发展我国环境侵权行为民事责任的立法和环境公害的司法救济制度,提供些许借鉴。

二、环境侵权损害赔偿的民事责任

对于公害所引起的环境侵权损害赔偿,日本的判例及通说认为,公害行为侵害了被保护的利益,可以按照一般的侵权行为规定来处理。但是,在日本的法律上,一般侵权行为的规定,是以个别的、偶发的个人违法行为为基础而设定的,并没有在事先将公害这种社会上大量发生的事件考虑在内。因此,在公害事件大量发生的当今日本,对环境公害纠纷的处理仍采取适用一般侵权行为规定,难免会产生种种理论问题。因此,修正和发展日本传统民法理论,以妥善解决环境侵权民事责任的理论问题,便成为20世纪70年代以来的日本判例与学说的研究中心。

(一)对侵权民事责任构成要件的修正与发展

1. 主观方面须有故意或过失

为了对环境侵权行为的加害者追究侵权损害赔偿的民事责任,日本法律要求实施环境侵权行为的加害者,在主观上首先必须具有故意或过失。③ 但是,企业在进行生产活动时,一般均会采取一定的防止环境公害发生的措施,所以,认定行为人具有故意,比较困难。同时,理论上,如何认定过失,日本法学界存在不同意见。

③ 除依《大气污染防止法》第25条、《水质污染防止法》第19条等法律规定,事业者承担无过错责任以外,其他公害纠纷的处理,依据一般侵权行为理论进行。

立法机关认为,过失,是指在一定情况下行为人违反了法定的作为或不作为义务。而在理论界,对于过失,则有预见可能性说与回避可能性说之争。预见可能性说认为,行为人在能够预见而没有预见到的时候,具有过失;而回避可能性说则认为,行为人只有在能够回避该结果而没有能够回避时,才具有过失。通说受德国民法学的影响,认为过失是指"应当预见自己的行为会发生侵害他人权利的结果,由于不注意而没有预见该结果发生的心理状态"。可见,日本通说是持预见可能性说的。④

但与此相对,日本的早期判例却采用了回避可能性说的立场。在大阪强碱化工厂排放亚硫酸、硫酸烟气体而给附近37名居民的稻谷、小麦等农作物造成损害,受害者请求损害赔偿的"大阪强碱事件"中,原审法院认为,只要大阪强碱化工厂存在预见或预见的可能性,就应该认为其具有过失。但是,与此相对,大审院却采取了回避可能性说,较注重被告为回避损害结果而花费的费用。即大审院判决认为,被告如果采取了与其所经营事业的性质相符合的防范措施,则大阪强碱化学工厂不具有故意或过失。大审院以原审法院对于上述"被告采取了与其所经营事业的性质相符合的防范措施"这一点没有进行审理为由,撤销了原审法院的判决。由于有偏袒保护产业界之嫌,该大审院判决遭到了当时学说的批判。⑤ 并且,在对大审院的这种过失论进行反省的过程中,日本法学界产生了各种学说。其中,主张在以结果回避义务为过失的中心要素的见解中,采取以预见可能性为前提的观点成为日本当时的有力学说。⑥

与此相对应,在后来的多数公害诉讼中,关于对过失的判断,判例通常采取了预见可能性和结果回避性相结合的理论构成。即在企业将所排放的污水放进一般河流并准备处理的事件中,强调该企业具有运用最高分析、检测技术以对所排放之污水的有害物质等进行调查、研究的义务,并以此为基础,认为该企业为回避危害结果的发生,应该采取安全有效的防范措施,违反该义务,则具有

---

④ 参见[日]前田达明:《不法行为法》,青林书院新社1980年版,第29页;[日]阿部泰隆等:《环境法》(第262版),有斐阁1995年版。

⑤ 参见《大审院1916年12月22日判决仁》,载《民事判决录》(第22辑),第2474页。

⑥ 参见[日]加藤雅信等:《民法学说百年史》,三省堂1999年版,第621页。

过失。后来,在“四大公害诉讼”的一审判决中,判决认为,在公害具有危及市民生命、身体健康的情况下,完全不应该考虑被告企业为避免危害结果的发生所花费用的多少,只要被告在生产的安全性上存在问题,则应确认被告企业具有停止生产的义务。即日本目前判例采取了承认被告的高度预见义务、结果回避义务的立场。⑦

2. 权利侵害与违法性

日本立法机关认为,在社会生活中,由于造成他人损害的事件时有发生,如果法律中不规定“权利侵害”这一要件,则会使侵权行为责任的范围过于宽泛而于社会不利。因此,在日本,为成立侵权损害赔偿责任,除要求加害者在主观上应具有故意或过失的要件外,还要求被害人必须对加害者的“权利侵害”事实进行举证。日本明治、大正时期的判例严格遵循立法机关的这种立法思想,认为没有“权利侵害”,则不存在侵权行为。⑧ 后来,大审院在“大学汤事件”中,认为日本《民法》第709条所规定的侵害对象并非仅局限于具体的权利,法律上应该抽象地予以保护的利益也应包含其中。⑨ 这种判例立场的变化实际上扩大了被保护的法益,即采取了“结果违法论”的理论。与判例的变动相呼应,学说也发生了巨大变化,即从“权利侵害”向“违法性”转变。日本法学界的有力说认为,日本《民法》第709条所称“权利侵害”只是违法行为的表面特征,侵权行为的本质要件是加害行为的“违法性”。⑩ 这种观点后来成为日本侵权行为法的通说。

第二次世界大战后,随着日本经济的高度增长,公害事件频频发生,日本侵权行为理论进入低迷状态。对于公害事件,日本判例在判断违法性中采取了“忍受限度论”,认为在因公害引起的侵害在社会生活中被认为属于应该忍受的范围内时,不具有违法性。但是,判断是否超过了这种忍受限度的要素与判断是否构成违法性的要素基本上是一致的,即具体地综合判断有关加害者和被害人的各种情况,根据加害者的故意、过失、动机等主观要素与被害者的法益、被

---

⑦ 参见[日]阿部泰隆等:《环境法》,有斐阁1995年版,第262页。

⑧ 参见[日]前田达明:《不法行为法》,青林书院新社1980年版,第67页;《大审院1914年7月4日判决》,载《刑事判决录》(第20辑),第1360页。

⑨ 参见《大审院1925年1月28日判决》,载《民事判例集》(第4卷),第670页。

⑩ 参见[日]末川博:《权利侵害论》,弘文堂1930年版。

害者的态度、被害的程度、加害行为的公共性、防止损害发生的设施的设置状况、加害人与被害人的居住先后关系、周围环境等因素来综合衡量、判断行为人的违法性,以求综合考虑加害人是否承认损害赔偿责任,如承认损害赔偿责任,则加害者应在什么范围内赔偿、如何算定赔偿数额等。

随着日本法学界对日本《民法》第709条的理解从“权利侵害”向“违法性”的转变,如何理解违法性与过失之间的关系的理论问题便油然而生了。对此,日本通说是站在二元论的立场上,将二者分别加以论述的。即认为,在理论上,违法性是基于加害行为的客观评价的归责事由,过失则是着眼于加害者心理方面的主观性归责事由,因此,二者是不同的判断要素。违法性是从加害状况是否超越前述的忍受限度的角度来作出的判断,过失是依据加害者有无违反损害预见义务乃至结果回避义务作出的判断。由于在现实的环境公害诉讼中,法院难以明确区分违法性与过失,并对二者进行裁决,因此,在20世纪70年代的后期,日本学说上出现了“新忍受限度论”,其采取过失违法性一元论的理论构成,认为环境侵权损害赔偿责任的过失,在损害超过“忍受限度”的情况下,无论是否存在预见的可能性,均应该承认具有过失。⑪ 另外,在判断是否具有违法性方面,被害人危险承担的问题较棘手。判例认为,在被害并不涉及生命、身体,而原因行为(环境侵权行为)中包含公共性的情况下,对于那些尽管已经意识到存在公害并受到了该公害的影响,但仍然居住该在地域的人来说,除非从其意识到存在公害时起,发生了超过其推测的被害程度的情况,或在事后发生了被害程度特别地被加大等特殊情况的场合之外,其应该忍受被害。⑫

3. 因果关系

(1)相当因果关系与事实性因果关系

日本《民法》第709条规定:“因故意或过失侵害他人权利者,对因此而产生的损害应承担赔偿责任。”因此,通说认为,日本《民法》第709条所规定的因果

---

⑪ 参见[日]远藤浩等:《民法(7)事务管理、不当得利、不法行为》,有斐阁1999年版,第213页;[日]加藤雅信:《民法学说百年史》,三省堂1999年版,第619页。

⑫ 参见《大阪国际机场诉讼,最高法院大法庭1981年12月16日判决》,载《民事判例集》(第35卷10号),第1369页等。

关系包括两种:一是由侵权行为与权利侵害相结合而构成的关于侵权行为成立要件的因果关系,是纯粹事实的、自然的因果关系,被称为“事实性因果关系”;二是权利侵害与损害相结合而构成的关于加害者应该赔偿损害的范围内的因果关系,是在承认侵权行为与权利侵害之间事实性因果关系的基础上,对加害者应该赔偿受害人损害的法的价值判断,通常称为“相当因果关系”。并且,日本通说认为,由于对因加害行为“而产生的损害”进行赔偿是侵权行为法的效果,它意味着以加害行为与损害之间具有“相当因果关系”为要件。自大审院1926年5月2日判决以来,相当因果关系论成为日本判例的理论。[13] 日本以前的判例、学说虽然明确了二者的区别,但作为因果关系的对象而讨论的,通常是“相当因果关系”。与此相对,“事实性因果关系”则较少受到关注。但是,自20世纪70年代初以来,在公害事件或医疗事故中,随着有关是否存在事实性因果关系的问题成为诉讼的重要争论点的判例不断出现,事实性因果关系的证明问题引起了日本理论界和实务界的关注。

针对日本判例通说的立场,20世纪70年代后期出现的反对见解认为,判例采用的“相当因果关系”的概念所处理的问题包括以下三个方面:①加害行为与损害发生之间的事实上的因果关系上存在的问题;②该因果关系的无限扩大,对根据损害赔偿法的判断所进行的限制问题;③对该范围的损害用金钱评价而存在的问题。由于对这三个方面所进行的判断是不同的,因此,对其所考虑的要素也不相同,因此,使用“相当因果关系”概念进行判断是不妥当的,因此,上述见解主张有必要明确地区别该三个方面,并主张只有①才是关于是否存在科学的、社会的(事实的)因果关系的判断,而②是关于加害人应该承担多大范围的损害的法的价值判断,③是采用金钱赔偿原则的日本损害赔偿法所特有的判断方法。这一学说由于能自觉地区分上述三个方面,使复杂的侵权行为法更容易被理解而受到支持。在日本最近的学说中,多将上述三个方面作为个别的问题区别讨论,特别是在环境公害诉讼中,关于事实的因果关系的论争尤为

---

⑬ 载《民事判例集》(第5卷),第386页。

突出。[14]

(2)事实性因果关系的证明责任

在环境公害的情况下,对公害被害人来说,除在噪声、振动、妨害日照等直接的公害事件中,对因果关系的证明比较容易以外,在关于通过大气、水等自然媒介物而产生或由于多种原因聚积、竞合而产生的公害事件中,明确确定污染发生源和污染线路以及确定污染与损害之间的关联性等问题是非常困难的。[15]此外,作为污染发生源头的企业,通常充分地占有独占性的资料,并且往往作为企业秘密拒绝向外界提供,因此,对于一般市民来讲,科学地、严密地证明该污染物质是引起损害发生的原因也相当困难。这样,受害人对该种因果关系进行举证绝非易事。日本判例与学说也充分地认识到了上述让被害人承担举证责任的不公平,并基于侵权行为法救济被害人的理念,进行了各种努力,提出了各种理论。

"可能性说"主张,在环境公害诉讼中,原告只要就环境污染行为与损害之间的因果关系的可能性进行相当的证明即为充分,而实质上的证明责任应从受害人转换到加害人,即被告企业方必须就环境污染行为与损害之间没有因果关系进行证明,否则,就应该认定它们二者之间存在因果关系。由于"可能性说"被认为是适合于公害诉讼本质的正确见解,曾作为日本学说的通常见解而被主张。在公害诉讼中,依据这一理论而进行的裁判的判例也大量存在。[16]

"可能性说"认为,因果关系是单一的事实要素,主张对此降低证明的心证程度,或者转移举证责任。因此,在20世纪60年代中期,该理论曾发挥重要作用。但从法律构成方面来看,"可能性说"理论在证明责任方面仍存在不妥之处。[17]

与此同时,学说中还存在"间接反证论"。该学说主张,通过分析构成因果

---

⑭ 参见[日]前田达明:《不法行为法》,青林书院新社1950年版,第126页;[日]加藤雅信等:《民法学说百年史》,三省堂1999年版,第567~568页。

⑮ 参见[日]远藤浩等:《民法(7)事务管理、不当得利、不法行为》,有斐阁1996年版,第215页。

⑯ 参见[日]德本镇:《企业的不法行为责任研究》,一粒社1974年版,第128页以下;《前桥地方法院1971年3月23日判决》,载《判例时报》628号,第25页。

⑰ 参见于敏:《日本侵权行为法》,法律出版社1998年版,第186页。

关系的事实,把它作为复合的要件事实加以把握,对各个事实和过程分别地考虑证明。即主张应该援引民事诉讼法上的“间接反证论”的观点来证明公害的因果关系,从而减轻被害人的举证责任。该说认为,被害人提供多个体现存在因果关系的间接事实,从这些间接事实出发,在依据经验法则能够推定出该二者之间存在因果关系的情况下,加害者如果就该因果关系的不存在或该因果关系存在的疑问性不能提供有力证明的情况下,则应该肯定存在因果关系。⑱

日本也存在采取与间接反证说相近立场的判例。如在新潟水俣病第一次诉讼判决中,就因果关系论所涉及的问题点进行如下分类:①被害疾患的特性与病因物质(病因论);②原因物质到达被害人的线路(污染线路);③加害企业关于原因物质的排除(原因物质的产生与流出)。在对上述问题进行分类后,判例认为,被告企业方如果只能就其中两个问题点进行证明,而对于其中所剩下的第三个问题点不能证明其不存在时,则不能否认它们之间的因果关系。⑲

(3)疫学上因果关系的举证

日本判例,一方面承认环境侵权损害赔偿中事实因果关系举证中“高度可能性”必要性;另一方面为缓和被害人的举证负担而使用了“疫学因果关系”理论,认为在对产生公害被害原因进行探明时,沿用法院从前为判明传染病等流行的原因而使用的医学上的手法,认为在“疫学”上能够证明其具有因果关系的场合下,应推定原因与被害之间存在因果关系。在判例理论上,通常认为疫学在以下4个条件得到满足时,就可以认定该因素与疾病之间具有因果关系。该4个条件包括:①在某疾病发生的一定期间以前就存在某种因素;②该因素作用显著时罹患该疾病的比率就提高;③该因素被消除时罹患该疾病的比率就降低;④生物学上能够说明该因素是作为疾病的原因。以往的判例中,往往是就疫学上的因果关系得到证明的情况下,就当然地推定存在法律上的因果关系。

---

⑱ 参见[日]好美清光等:《关于痛痛病第一次诉讼第一审判决的法的探讨》,载《判例时报》1971年版,第616页。

⑲ 参见《新潟水俣病地1次诉讼判决,新潟地方法院1971年9月29日判决》,载《下级民事判例集》(第22卷9=10号别册),第1页等;[日]阿部泰隆等:《环境法》,有斐阁1995年版,第264~265页。

但是,最近判例的立场是,在进行推定时,对其他事实也进行考虑。[20]

在上述疫学上的因果关系的判断上,在大气污染方面,日本学说中最近的有力说将集团水准的因果关系(称为"集团因果关系")和属于集团内部的个人水准的因果关系(称为"个别因果关系")加以区分,认为虽然在特异性疾病的情况下[21]可以认定存在个别的因果关系,但在非特异性疾患的情况下,[22]置身于污染物质之中的集团的罹患率与没有置身于污染物质的集团的罹患率之比,如果不存在相当大的程度上差异的情况下,则不可能推定为具有个别的因果关系。[23]

与此相对,日本也存在认为应该将法律上的因果关系与科学上的因果关系相区分并区别对待,在假定不存在该大气污染就不可能罹患该疾病的举证不能成立的时候,对于非特异性疾患,则从存在集团的因果关系推定出个别的因果关系的存在是合理的学说见解。[24]

判例上,在大气污染方面,虽然肯定了硫黄酸化物与健康被害之间存在一般的因果关系,但是,关于氮素酸化物与健康被害之间是否存在一般因果关系的问题,判例则以目前有关疫学上的调查结果并没有得到充分的资料为理由,否定了二者之间的因果关系。在日本,这样的判例占大多数。[25]

(4)关于因果关系的概然率(比例性)认定

近年来,在具有轻微症状的水俣病事件中,关于因果关系的举证责任,虽然一般认为必须具有"高度可能性",但同时也有一些下级法院的判例认为,即使是在不能证明具有高度可能性的情况下,在确认原告极有可能已罹患水俣病时,就不应否认被告的损害赔偿责任。倒不如在承认的基础上,将该可能性的程度在算定损害赔偿数额时加以考虑。即主张根据因果关系存在的可能性程

---

⑳ 参见[日]阿部泰隆等:《环境法》,有斐阁1995年版,第265页;[日]大直:《环境诉讼的展开》,法学教室2002年版,第3页。

㉑ 疾病由该污染物质引起,并且存在如果没有该污染物质,则没有患该疾病的可能的特异关系。

㉒ 污染物质与疾病之间不存在上述特异的关系,如慢性支气管炎。

㉓ 参见[日]森岛昭夫:《因果关系的认定与赔偿额的减额》,载《现代社会的民法学的动向》(上),有斐阁1922年版,第235页;[日]加藤雅信等:《民法学说百年史》,三省堂1999年版,第621~622页。

㉔ 参见[日]淡路刚久:《公害环境问题与法理论(之一)》,载《法学家》1985年。

㉕ 参见[日]阿部泰隆等:《环境法》,有斐阁1995年版,第266页。

度认定赔偿额。其理由是,一方面,对于较轻症状的水俣病,在不具备高度的可能性,也不能证明其因果关系时,让水俣病患者承担医学原因而导致的负担,就有可能牺牲被害者的利益,这与公平分担损害的理念不一致;另一方面,在罹患水俣病可能性的程度均匀分布的情况下,仅根据唯一的基准来判断是否存在因果关系,则不能认为它与被害的实际情况相符合。[26]

(二)复合污染与共同侵权行为

在多数情况下,环境公害通常是由于多数企业的生产活动中的复合行为而引起的。因此,对复合环境侵权行为的处理显得尤为重要。日本关于复合环境侵权行为的处理,是以共同侵权行为理论为基础来展开的。

1. 民事立法上的规定

日本《民法》第719条规定:"数人在因共同的侵权行为而给他人造成损害时,各自对所产生的全部损害承担连带赔偿责任。在不能确认共同行为人中谁是施加损害行为的加害人时,也各自负连带责任。教唆者、帮助者视为共同行为者。"在日本,这种由数人共同侵害同一权利而产生的侵权行为责任,被称为共同侵权行为。通常认为,本条所规定的共同侵权行为责任的构成要件与日本《民法》第709条所规定的一般侵权行为责任的构成要件是不同的,为此,共同侵权行为被称为"特殊的侵权行为"。

2. 判例、学说的状况

日本大审院以来的判例通说认为,构成日本《民法》第719条第1款前段所规定的共同侵权行为,必须具备以下要件:第一,共同行为人各人的行为必须独立地满足侵权行为的各要件,在结果上,各人的行为与损害的发生之间也必须存在因果关系,这种因果关系被称为"个别的因果关系"。第二,各加害行为之间必须存在共同关系。这种共同关系被称为"关联共同性"。即一般地,即使加害行为人之间不存在共谋或共同的认识等主观上的共同性,但如果在客观上加害行为人之间存在共同关系,则具有"客观的共同"性的情况下,即可构成共同

---

[26] 参见《水俣病东京诉讼判决》,载《判例临时增刊》1992年4月25日,第3页;[日]阿部泰隆等:《环境法》,有斐阁1995年版,第266页。

侵权行为。[27] 但是,由于通说判例所创造的“客观的关联共同性”的内容、定义存在含糊不清的缺陷而遭到学说的批判。

自20世纪80年代开始,日本学说致力于贴切把握民法第719条中“共同”的含义。以淡路刚久为代表的有力说,针对上述第一个要件批判性地认为,在多数公害事件中,要想证明各个企业的煤烟、污水等污染物质的排出行为与损害之间的因果关系是难上加难的,而且,如按照通说判例的主张,各行为人个人还必须构成一般侵权行为责任,则在日本《民法》第709条之外再在第719条特别地规定共同侵权行为制度,就失去其意义,共同行为人之间的“关联共同”要件也不具有意义了。因此,有力说认为,关联共同性要件中不应要求每个人的行为与损害之间的因果关系。即有力说着眼于日本《民法》第719条前项中“共同的侵权行为”之条文的规定,认为各行为人的行为之间如果存在关联共同性,并且该存在关联共同性的共同行为与损害的发生之间存在因果关系,则应该认为构成共同侵权行为。例如,如果A、B、C 3家工厂之间存在民法第719条第1项的关联共同性,对于A来说,即使不能证明其污染物质的排出行为与损害之间存在个别的因果关系,只要能够证明3家工厂的共同行为与损害之间存在因果关系,则A工厂对共同侵权行为所造成的损害承担全部赔偿责任。[28]

在下级审判例中,以四日市公害诉讼判决为契机,西淀川公害诉讼判决、川崎公害诉讼判决、仓敷公害诉讼判决等判决遵循了有力说的主张,形成了如下的理论构成框架:

在关联共同性中,存在“较强的关联共同性”与“较弱的关联共同性”。“较强的关联共同性”,是指在证明了加害者之间存在产品及原材料的交接关系、资本的结合关系、劳动者的交流关系等而被认为形成了如企业集团一样的关系时,企业之间具有紧密的一体性;“较弱的关联共同性”,是指被认为虽然存在相当于社会通常所认为的一个行为的一体性,但不具备相当紧密的一体性的情况

---

[27] 参见《山王川事件判决,最高裁判所1968年4月23日判决》,载《民事判例集》(第22卷4号),第4页;[日]阿部泰隆等:《环境法》,有斐阁1995年版,第267页。

[28] 参见[日]淡路刚久:《公害赔偿的理论》(增补版),有斐阁1978年版,第118页;[日]平井宜雄:《关于共同不法行为的一个考察》,载[日]岛武宜:《还历纪念民法学的现代课题》,岩波书店1972年版,第289页;[日]加藤雅信等:《民法学说百年史》,三省堂1999年版,第619页。

下,如在相当广泛的范围里工厂密集相连,并在发生了都市型大气污染的情况下,被害人仅就加害人之间具有“较弱的关联共同性”,并对共同行为产生的损害结果进行了证明时,则可推定该地区的工厂所排放的大气与损害结果之间具有个别的因果关系。另外,在证明了加害人之间存在“较强的关联共同性”的场合下,实际上个别的因果关系则不成为问题了。[29]

另外,针对上述第二个要件,以有力说的主张为基础,出现了主张民法第719条第1款前段的使加害行为人对与自己的行为并不具备相当因果关系全部损害承担责任的立场,并且,为使该种强有力的效果发生功效,而主张加害人之间还必须具有主观上的共同关系的学说。[30] 对此,日本多数说仍然主张日本《民法》第719条第1款前段的共同侵权行为的理论构成上,一般要求加害行为人之间必须具备主观的共同关系,但从救济被害人的目的出发,日本多数说认为,只要行为人之间存在客观的共同关系,则应承认他们之间具有关连的共同性,[31] 这实际上是采取了主观的共同性与客观的共同性相结合的立场。日本后来的下级审判决多采用该种主张,这种主客观并用的观点已成为日本的有力说。[32] 但日本的判例,基本上是维持了客观共同说的观点。

(三)环境侵权损害赔偿方式

1. 金钱赔偿原则

根据日本《民法》第722条第1款的规定,对于因侵权行为而引起的损害赔偿,在当事人之间没有特别约定的情况下,通常是采取金钱赔偿的方法来进行。之所以如此规定,是因为日本立法者认为,在资本主义社会,原则上“万物”均可用金钱换算而作为商品流通,以“金钱这一最为便利的东西”来赔偿,比恢复损失更便捷。因此,日本采取了“金钱赔偿原则”。日本的判例和通说均忠实地贯

---

[29] 参见[日]阿部泰隆等:《环境法》,有斐阁1995年版,第268~269页。

[30] 参见[日]前田达明:《不法行为归责论》,创文社1978年版,第283页。

[31] 参见[日]淡路刚久:《共同不法行为——以因果关系与关连共同性为中心》,载[日]石田喜久夫、西原道雄:《高木多喜男先生还历纪念论文集(中)损害赔偿法的课题与展望》,日本评论社1990年版,第335页。[日]平井宜雄:《债权各论Ⅱ》,弘文堂1992年版,第193页。

[32] 参见[日]加藤雅信等:《民法学说百年史》,三省堂1999年版,第622页。

彻了这一原则,除法律上有特别规定外,一般不承认非金钱性的救济措施如请求停止侵害等。[33] 但是,在因公害而引起的环境侵权损害赔偿诉讼中,通常存在难以用金钱来恢复的被害。针对这一立法上的不足,日本的学说及判例也逐渐肯定了金钱赔偿以外的救济方法。

2. 请求的方式

采用金钱来评价损害,一般是采取按照财产损害、精神损害等的不同类别,确定具体的损害数额,并进行举证的方式来进行的。在环境侵权损害赔偿诉讼中,被害人通常是采取集团诉讼的方式提起诉讼的。由于采取这种诉讼形式,对原告来说,对其所提出的损害赔偿数额进行举证是极困难的,并且,还会导致案件审理的长期化的弊端。因此,在日本有关环境侵权损害赔偿诉讼的下级审判决中,出现了不以确认赔偿个别的损害为目标,而以包括财产损害、精神损害等一切损害在内的,以"抚慰金"为请求目标的损害赔偿请求的判决。在这种因同一原因而遭受生命侵害或致身体伤残的多数原告请求的损害赔偿事件中,包括财产损害、精神损害等一切损害在内的以"抚慰金"为请求目标的请求形式,在日本被称为"包括请求"。[34] 同时,以上述"包括请求"的理由为基础,为防止原告诉讼集团在诉讼结束后产生混乱,日本下级审判决承认了"一律请求"的请求方式,即承认原告采取的不考虑被害人的收入、被害人死亡的时间等因素的不同,而一律请求同等数额的损害赔偿的请求方式。[35] 另外,在公害损害赔偿请求民事诉讼中,还存在原告只对其中一部分主张权利而请求损害赔偿的情形,对此,日本下级审判例认为,审判的对象应该是对损害赔偿请求权全部的存否进行判断。因此,对这种部分请求损害赔偿的诉讼请求方式采取了否认态度。

3. 损害赔偿给付与公害健康被害补偿给付之间的重复填补调整

在依公害损害赔偿民事诉讼而判决支付一定数额损害赔偿额的情况下,通常还存在该项损害赔偿数额的支付,与依据日本行政上的"公害健康被害补偿

---

[33] 参见[日]前田达明:《不法行为法》,青林书院新社 1980 年版,第 264 页。

[34] 如《新潟水俣病判决,新潟地方法院 1971 年 9 月 29 日判决》,载《下级审民事判例集》(第 22 卷 9 = 10 号别册)等均承认了这种请求形式。

[35] 参见《札幌斯蒙诉讼,札幌地方法院 1979 年 5 月 10 日判决》,载《判例时报》950 号,第 53 页。

制度”而进行的损害赔偿数额的支付之间的重复填补的调整问题。在日本近年的下级审裁判例中,多数判例采取了从损害赔偿数额中扣除依据公害健康被害补偿制度等有关制度而取得的给付部分。[36]

日本的“公害健康被害补偿制度”,是为了使因公害而遭受健康损害的被害人能够得到迅速而公正的保护,而设立的包含有民事责任性质的制度。与环境侵权民事损害赔偿给付相比,它采取总括性救济给付形式,来对公害健康被害者进行补偿。因此,一般地,日本学者认为对上述两种补偿方式进行调整是很有必要的。

关于如何调整民事损害赔偿给付与公害健康被害补偿给付之间重复填补的问题,通常,判例上受以下两方面因素制约:第一,受根据《公害健康被害补偿法》而取得的有关医疗关系给付的影响。从上述下级审判例来看,多数判决对该种给付不进行扣除,如土吕久第二次诉讼判决、国道 43 号线诉讼控诉审判决等。第二,受纯粹的抚慰金部分的制约。例如,土吕久第一次诉讼判决认为,依《公害健康被害补偿法》而进行的给付对象,基本上不包括抚慰金的性质,该抚慰金部分不应成为被扣除的对象。对此,日本学者认为,如果过分强调上述判例的理由,则在需要对二者进行调整的情况下,有必要从包括请求方式退回到个别算定方式。[37]

三、请求停止行为方式

(一)理论根据与要件

1. 理论根据

如上所述,在日本,以侵权行为为依据的损害赔偿请求是以金钱来填补受

㊱ 参见《福冈高级法院宫崎支部 1988 年 9 月 30 日判决》,载《判例时报》1292 号,第 29 页;持相同观点判决还有千叶川铁判决、西淀川判决等。反对意见判例有《大阪高级法院 1992 年 2 月 20 日判决》,载《判例时报》1415 号,第 3 页。

㊲ 参见[日]浅野直人:《公害健康被害补偿制度给付与民事损害赔偿给付的调整》,载《判例タイムズ》1994 年版,第 850 页;[日]阿部泰隆等:《环境法》,有斐阁 1995 年版,第 272 页。

害人所遭受的损害为原则的。但是,在由于煤烟、臭气、噪音、排污等使周围环境恶化,并给人们的生活造成妨害等公害发生的情况下,事先对持续进行的造成健康损害的行为或对污染环境的行为等进行制止,使该种持续的加害状态予以停止是很有必要的。在日本,作为消除该种持续性加害状态的特殊救济措施——停止行为请求民事诉讼。停止行为请求,对于工厂来说,是指请求工厂设置防止公害的设施或停止造成公害的作业;对于道路来说,则是指请求道路所有人或管理人设置道路保护设施、道路地下化等措施,以防止大气污染、噪声、振动等公害的发生。

日本多数说虽然在承认请求停止行为的特殊救济措施上不存在异议。但是,由于日本民法中没有明文规定环境侵权民事诉讼中请求停止行为民事责任的法律根据,因此,日本的判例与学说在停止公害行为诉讼请求的法律构成理论上颇费了一番工夫。具体而言,在理论构成上,存在权利说与侵权行为说之争。前者主张,由于公害对某种绝对权乃至排他的支配权的权利侵害,从而产生了一种由该种绝对权或排他性的支配权自身派生出来的请求权;后者以侵权行为法为基础,认为请求排除妨害、寻求特殊救济措施的请求权是民法第709条所规定的侵权行为的当然法律效果。

有些判例虽然承认了对侵权行为的排除妨害请求权,但是,多数判例与学说则更倾向停止行为请求权实际上是为排除对人格权乃至人格法益的侵害的请求权的法律构成,因此,权利说成为日本目前最通常的见解。[38]

2. 停止行为的构成要件

根据上述权利说和侵权行为说的理论构成,日本判例、学说上虽然承认了被害人的环境侵权民事诉讼中的停止行为请求权。但是,在关于停止行为请求权应该具备的要件方面,日本理论上存在不同见解。由于公害是一种在经过相当期间后,才逐渐趋于明朗化的行为现象。在其明朗化时,加害人一方已经在人力、物力方面进行了巨大的投入,并产生了一定的生活利益。因此,就产生了

---

[38] 参见[日]前田达明:《不法行为法》,青林书院新社1980年版,第270~272页;[日]大直:《环境诉讼的展开》,载《法学教室》2002年第3期,第62页;[日]加藤雅信等:《民法学说百年史》,三省堂1999年版,第622页。

如何衡量由于承认停止行为请求权而给上述加害人已经形成的生活利益带来的打击,与由于不承认停止行为请求权而使被害人的生活利益的侵害状态继续进行之间的利益比较的问题,同时也存在是否应该进行该种利益衡量的问题,以及是否应该考虑金钱损害赔偿与停止行为请求权之间的差异等较棘手的问题。

对此,日本多数人主张,在进行以社会利益为前提的利益衡量的基础上,应该考虑加害人一方的加害行为侵害程度的轻重、违法性的大小、受害人一方的忍受限度等因素。同时,多数说还认为,停止行为的要件应该比损害赔偿民事责任的要件更严格。[39]

与此同时,日本多数判例在采用上述各种理论构成的同时,也采用了在考虑加害人、被害人的各种情况的基础上,对行为人是否存在加害行为的违法性进行判断的"忍受限度论"的法律构成。[40] 而且,由于命令经营者停止行为,不仅对该经营者的事业活动是一个巨大打击,而且还存在使对社会有用的事业活动要予以停止的危险,因此,在考虑停止行为的场合,与金钱损害赔偿相比,要求行为人具有更高的违法性。在"忍受限度论"之下,一般来说,请求停止行为时被考虑的最重要的因素是该事业活动的社会公共性。但是,在日本的今天,无论是判例还是学说,均承认了尽管该事业活动具有高度的社会利益,但在它对人的健康产生侵害具有很高可能性的场合下,仍然还是应当停止。[41]

与上述判例和学说的通常见解相对,日本也存在以环境权说为理论依据而主张承认停止行为请求权的见解。这一主张始于 1970 年大阪律师会的研究会。环境权说指出,存在所谓"为使环境免遭破坏,享有能够支配环境并能够享受良好环境的权利",因此,①就个人而言,即使没有产生具体的被害结果,但如果存在侵害"良好的环境"或具有侵害"良好的环境"的危险时,原则上应该承认停止侵害请求;②从"资源共有"理论出发,认为大气、水、日照、景观等是人类生活中不可缺少的资源,是人类共有的财产,对该资源进行侵害时,有必要取得

---

[39] 参见[日]几代通等:《侵权行为法》,有斐阁 1995 年版,第 317 页。

[40] 参见《广岛高级法院 1973 年 2 月 14 日判决仁》,载《判例时报》693 号,第 27 页等。

[41] 参见[日]几代通等:《侵权行为法》,有斐阁 1995 年版,第 317 ~ 318 页。

该资源的共有人即该地域居民的同意,所以,停止行为请求权的主体范围包括该地域居住的全体居民。[42] 上述环境权说,对日本的立法、行政产生了巨大影响。与此同时,日本法院在判断是否要判令加害人停止行为的民事责任时,逐渐开始考虑了被害人范围的广泛性因素,同时在一定情况下,渐渐地以地域为单位来判断请求停止行为的被害要件等因素。这些方面的变化,正是来自环境权说的影响。这些情况表明,在日本,在承认停止行为请求权的要件上,环境权说正显示出对加害方最严格的态度。

但是,从判例来看,日本并不存在承认环境权说所主张的核心理论部分即①的观点的判决;同时,在学界,该种主张也不是日本民法学说中的多数说。其主要原因是,环境权说将原告的个别利益认为是难以理解的环境利益,并将之作为私权。为此,对环境权说持批判意见的人认为,为解决这一疑难问题,有必要从立法上明确规定环境权诉讼不是所谓的以私权即环境权为基础的,通常意义上的民事诉讼,而是以公共权利为基础的特别诉讼。[43]

(二)停止行为民事责任方式的适用

从1965年开始,日本公害事件的受害人请求加害者承担有关停止行为民事责任的民事诉讼不断增加。在下级审判决中,出现了承认请求停止公共事业行为或大规模建设行为的停止行为的民事责任方式。其中,大阪国际机场公害诉讼上诉审判决,承认了以噪声等公害造成周围居民健康被害为理由,判令该机场的航空器在晚上9时至翌日上午7时之间不许起飞和降落。[44] 这一判决曾引起学界的注目。但是,1975年以后,在日本判例中,出现了对民事上的停止行为请求权进行限制的判例。大阪国际机场公害诉讼判决认为,运输大臣对国际机场享有航空行政权,并对国家的建筑物——机场享有管理权等两种权限,该二者不可分割,并且,该权力是作为一个完整的统一体而加以实现的。因此,有

---

[42] 参见[日]大直:《生活妨害的停止侵害的基础考察》,法学协会杂志1986年第103卷3号,第670页。

[43] 参见[日]阿部泰隆等:《环境法》,有斐阁1995年版,第273页。

[44] 参见《大阪高等法院1975年1月27日判决》,载《判例时报》797号,第36页。

关涉及运输大臣对国家建筑物的管理权的民事请求,不可避免地包含“请求取消变更甚至行使航空行政权”,无论原告是否能够根据行政诉讼来行使其权利,但在民事诉讼上该请求是不合法的。根据这种理论,日本最高法院对原告的请求未予受理。㊺ 之后,在有关对自卫队飞机噪声的停止行为的民事诉讼中,也作出了同样的判决结论。

另外,在日本司法实践中,还存在原告不请求被告具体的作为行为,只是请求被告在原告居住地域不要发出超过一定程度(如不超过65分贝以上)的噪声或不使一定浓度以上的污染物质侵入其居住地域,即所谓抽象的停止行为请求是否合法的问题。日本下级法院的判决中,有的认为该请求不合法。㊻ 但是,近年来,关于噪声,最高法院认为,在有数个污染源,特别是都市型大气污染的情况下,虽然存在一些没有解决的遗留问题,但上述请求的方法是合法的。特别是,自2000年1月31日神户地方法院作出了承认被害人具有请求他人停止抽象不作为的请求权以后,与曾在请求停止行为的民事诉讼中追随行政政策的倾向相反,法院越来越显示出司法忠实地依照法律价值进行判决的司法态度。㊼

四、小　　结

以上,我们从判例和学说的两个方面,对日本环境侵权民事责任制度的变迁进行了大致考察。从上述考察中,不难发现日本环境侵权民事责任制度具有以下几个特点:

第一,在追究责任方面,实行无过错责任的归责原则和过错责任原则相结合。日本公害方面的无过错责任的适用,肇始于1939年所制定的《矿业法》。后来,日本相继在1958年制定的《关于水洗炭业的法律》、1961年制定的《关于

㊺　参见《最高法院大法庭1981年12月16日判决》,载《民事判例集》35卷10号,第1369页。

㊻　参见《关于大气污染,国道43号线诉讼第一审判决,神户地方法院1986年7月17日判决》,载《判例时报临时增刊》1986年10月15日,第1页等。

㊼　参见《横田基地第1、2次诉讼判决,最高法院1993年2月25日判决》,载《判例时报》1456号,第53页;《神户地方法院2000年1月31日判决》,载《判例时报》1726号,第20页等。

原子能损害赔偿的法律》、1976年施行的《油浊损害赔偿保障法》、1972年制定的《大气污染防止法》《水质污染防止法》等特别法中规定了事业者承担无过错责任。此外,其他公害问题的处理,依据一般侵权行为理论即仍实行过错责任原则。

第二,在实行利益衡量原则的基础上,承认停止行为的民事责任方式。为防止环境污染事件的恶化、人们身体健康侵害的持续扩展,日本判例和多数说对被害人具有停止行为请求权并无异议。但是,日本司法实践中,法院在判断是否应该处以加害人承担停止行为的民事责任方式时,一般是以公共性或公益性为考虑要素的。即日本判例和学说均认为,请求停止行为与请求损害赔偿并非完全一致,在请求停止行为的情况下,一般应该考虑被侵害利益的社会公共性,即该被侵害利益乃至被侵害利益的性质与其重要性之间的关系等社会公共性因素,在此基础上决定是否承认停止行为请求权。

第三,环境再生和解金的支付。在由于大气污染等环境公害事件的发生,被害人提起的追究加害人损害赔偿民事责任的诉讼中,一般是以原告与被告达成和解,原告胜诉而结束。并且,在和解的基础上,被告对原告患者除支付患者因公害而实际受到损失的损害赔偿金外,还支付一定数量的恢复被破坏环境或使被恶化环境得以再生的环境再生金额。[48] 环境再生和解金的支付,为被破坏环境或被恶化环境的及时恢复和再生提供了物质保证,因而具有重要的现实意义。

第四,司法救济与社会救济并存。在日本,在公害事件发生时,被害人除可以依民事诉讼程序,即通过请求追究加害人承担环境侵权民事责任方式获得救济之外,被害人还可依据日本现行《公害健康被害补偿法》等有关法律规定,通过行政程序获得损害赔偿救济。

与此相对,尽管我国《民法通则》《环境保护法》《海洋环境保护法》《大气污染防治法》等现行立法对环境侵权行为与民事救济方式、归责原则、免责要件等进行了规定,但由于我国环境立法是遵循"成熟一个制定一个"的立法指导思

---

[48] 参见[日]淡路刚久:《大气污染公害诉讼与停止行为论》,载《法律时报》2001年3月5日。

想,因此,无论是在立法的具体内容上,还是在环境立法的体系上均未形成系统的、较完善的环境立法体系。[49] 同时,我国目前关于环境侵权民事责任的理论研究,通常是以我国现有立法为理论基础而展开的,因此,难免出现局限性问题。鉴于此,日本环境侵权民事责任制度的立法、理论研究成果,以及该制度的特色之处如救济公害被害人、改善和再生环境的措施等对于我国的环境立法来说,具有较重大的借鉴意义。

㊾　参见金瑞林:《环境侵权与民事救济——兼论环境立法中存在的问题》,载《中国环境科学》1997年第3期;吕忠梅:《环境法新视野》,中国政法大学出版社2000年版,第3页。

侵权损害赔偿的几个理论及实践问题*

侵权损害赔偿是一种常见的民事纠纷，在人民法院每年审理的案件中都占据很高的比例。我国《民法通则》在第六章“民事责任”中，除规定承担民事责任的“一般规定”外，还专门设了“侵权的民事责任”一节。这是我国法院审理侵权损害赔偿案件的法律依据。今天，由于时间关系，准备就侵权损害赔偿案件的几个理论和实践问题，作一些粗略的介绍。

一、中国侵权损害赔偿制度概述

我想先对我国侵权损害赔偿制度的总体情况作一下概括。侵权损害赔偿，是加害人因侵权行为造成他人财产或人身损害依法承担的以给付金钱或实物补偿受害人所受损害的民事责任。这是一般的侵权损害赔偿概念。而侵权损害赔偿制度，是指因侵权行为发生损害赔偿权利义务关系的法律制度。我国的侵权损害赔偿制度主要规定在《民法通则》第六章第三节的原则规定中和第三节“侵权的民事责任”的具体规定之中，此外，刑法、行政法上的损害赔偿规定，也属于侵权损害赔偿制度的内容。

侵权损害赔偿的发生根据是侵权行为。当加害人实施侵权行为，造成受害人财产权利，人身权利损害时，即发生损害赔偿的民事法律关系，加害人应当对

* 本文系根据作者应邀于2000年5月在北京市某机关作的法制讲座稿整理。

受害人的损害负赔偿损失的责任，确定赔偿责任的归责原则，主要是过错责任原则，在特殊的场合，适用无过错责任原则和公平责任原则。侵权损害赔偿责任分为一般的侵权责任和特殊的侵权责任，前者是为自己的行为负责，适用过错责任原则确定民事责任，责任构成须具备损害事实、违法行为、因果关系和主观过错的必备条件；后者是由法律特别规定的为他人的行为或其他事物所致损害负责，有的适用过错推定原则，有的适用无过失责任原则。适用过错推定责任原则的，责任构成要件仍为四个，但主观过错要件实为推定，适用无过失责任原则的，责任构成要件无须具备主观过错的要件即可构成。

侵权损害赔偿的范围，是以损失范围大小为标准，实行全部赔偿，赔偿的方法采用财产赔偿方式，但也可以适用恢复原状、返还财产等方式替代赔偿损失。《民法通则》第117条至第120条共用4个条文，规定了财产损害赔偿、知识产权损害赔偿、人身损害赔偿和精神损害赔偿的具体范围和方法。此外，如刑法对正当防卫造成的损害、紧急避险造成的损害、二人以上共同侵权造成的损害和受害人对损害的发生也有过错的情况，都作了具体的规定。同时，也规定侵权损害赔偿请求权的行使，受诉讼时效期间的限制、逾期请求行使权利的，人民法院不予保护。

二、侵权损害赔偿案件的种类

依照《民法通则》的有关规定，以侵权行为所侵害的客体为标准来划分，侵权损害赔偿案件可分为四大类。

（一）人身伤害赔偿案件

侵权行为侵害公民生命权、健康权、造成公民伤害、死亡后果，侵权人依法应当赔偿受害人因此造成财产损失的案件，是人身损害赔偿案件。《民法通则》第119条规定："侵害公民身体造成伤害的，应当赔偿医疗费，因误工减少的收入，残废者生活补助费费用；造成死亡的，并应当支付丧葬费、死者生前扶养的人必要的生活费等费用。”这一规定是人身伤害赔偿案件确定赔偿责任范围的法律依据。

人身伤害赔偿案件是侵权案件中的主要类型，占大多数。案件的发生，多是因为打架斗殴、产品造成的意外事故、动物伤人、未成年人致人损害等。侵权造成的人身损害，表现为致伤、致残、死亡。工伤事故、医疗事故、交通事故致伤残致死的案件，人民法院也作为人身伤害赔偿案件受理，除依照《民法通则》的有关规定处理外，国家还制定了专门的行政法规进行调整。因而人民法院在审理这类案件时，也应一并适用。其中，由国务院公布的《道路交通事故处理办法》对道路交通事故致人伤残死亡的，较详细地规定了赔偿范围和赔偿的计算方法。这个法规，对于处理其他人身损害赔偿案件有借鉴意义。

（二）财产损害赔偿案件

侵权行为人侵占或者损坏公民、法人财产，造成受害人现有财产减少或可得利益丧失的后果，侵权人依法应该赔偿受害人因此所受损失的案件，是财产损害赔偿案件。《民法通则》第 117 条规定：“侵占国家的、集体的财产或者他人财产的，应当返还财产，不能返还财产的，应当折价赔偿。损坏国家的、集体的财产或者他人财产的，应当恢复原状或者折价赔偿。受害人因此遭受其他重大损失的，侵害人并应当赔偿损失。”这是确定财产损害赔偿案件的赔偿责任范围的法定依据。

财产损害赔偿案件中的侵权方式：一是侵占财产，二是损坏财产。这两种侵权行为，都侵害了受害人的财产权。所造成的财产损失，既可以表现为直接损失，使受害人有的财产减少，也可以表现为间接损失，使受害人可得利益丧失。被侵占的财产和被损坏的财产，既可以是生活资料，也可以是生产资料。对赔偿的范围应注意，侵占或损坏生活资料，一般只赔偿直接损失；侵占或损失生产资料，除赔偿直接损失外，也应赔偿间接损失。

（三）精神损害赔偿案件

侵权行为侵害公民的姓名权、肖像权、名誉权、荣誉权和法人的名称权、名誉权、荣誉权,造成受害人精神利益损害后果,侵权人依法应当承担停止侵害、消除影响、恢复名誉、赔礼道歉、赔偿损失民事责任的案件,习惯上称为精神损害赔偿案件。《民法通则》第 120 条规定:"公民的姓名权、肖像权、名誉权、荣誉权受到侵犯的,适用前款规定。"这是处理人身损害赔偿案件的法定依据。

(四)知识产权损害赔偿案件

《民法通则》第 118 条规定了侵害知识产权的民事责任。

凡未经知识产权人的同意或授权,又没有法律上的根据,非法使用他人受法律保护的作品、商标、专利的行为,是侵害知识产权行为。由此构成的民事诉讼案件,就是知识产权损害赔偿案件。其特征是,侵权行为所侵犯的对象是受法律保护的著作、商标、专利,侵害的客体是权利人所享有的知识产权。对侵害知识产权行为,著作权法、商标法和专利法作了具体规定。侵权人承担民事责任,既可以是停止侵害、消除影响、赔礼道歉,也可以是赔偿损失。其中,赔偿损失是主要的民事责任方式。赔偿的范围可以按照侵权行为人在侵权期间所获得的利益为标准,也可以按照受害人在侵权期间受到的损失为标准,合理地予以确定。

在民法学理论上,侵权损害赔偿案件最基本的划分,是分为一般侵权损害赔偿案件和特殊侵权损害赔偿案件。这两种案件划分的标准,学术界认识并不一致。第一种观点认为,是构成要件不同;第二种观点认为,是适用归责原则不同;第三种观点认为,是适用法律不同;第四种观点认为,是责任承担形式不同。笔者认为,两种侵权案件最根本的区别在于责任承担形式不同,其次是适用法律和适用归责原则不同。第一种观点不能对两种案件作完整的划分,因此是不正确的。

(1)一般侵权损害赔偿案件。一般侵权损害赔偿案件的责任承担方式称为直接责任,即侵权人为自己的侵权行为承担赔偿责任。在雇工于执行雇佣活动中致他人损害,雇主承担赔偿责任,这种情况是责任人为他人的行为所损害承担责任,因此,这不是一般的侵权损害赔偿案件。一般侵权损害赔偿案件适用严格的过错责任原则。确定赔偿责任的有无,适用《民法通则》第 106 条第 2 款等一般性的规定，不适用该法关于侵权民事责任的特殊规定。

(2)特殊侵权损害赔偿案件。特殊侵害赔偿案件的责任承担方式为转承责任，也叫作间接责任、替代责任、延伸责任。所谓的转承责任，是指责任人为他人的行为和为人的行为以外的事实所致损害负有的赔偿责任，而不是为自己的行为所致损害负有的赔偿责任。这是一般侵权责任与特殊侵权的基本区别。另外，特殊侵权赔偿责任的确定适用推定过错责任原则和无过错责任原则，在适用法律上，应适用《民法通则》明文规定的特殊侵权责任的条文。

三、侵权损害赔偿的构成要件

侵权行为的构成必须具备一定的条件。在一般情况下，这些要件缺一不可。

(一)损害事实的客观存在

损害事实，是指一定的行为致使公共的或公民的财产、非财产的减少或损失的客观事实。损害事实的客观存在，是侵权损害赔偿法律关系赖以发生的根据。也就是说，赔偿责任只有在构成条件的情况下，才能发生。如果仅有违法行为而无损害的结果，侵权损害赔偿的民事责任是无从产生的。这是因为，这种民事责的双方当事人，是从造成损害之时起；发生特定关系时，债权债务关系只有在这个时候才得以发生。

损害事实按照不同的标准，可以作不同的划分，其中最重要的分类是直接损失和间接损失。

直接损失是受害人现有财产的减少，也就是加害人的不法行为侵害受害人的财产权利、人身权利，致使受害人现有财产价值的直接减少。例如，财物被毁损而使受害人财富的减少，致伤、致残后受害人医疗费用的支出，人格权受到侵害后支出的必要费用等，都是直接损失。

间接损失，是指加害人侵害受害人所有的财产权利或人身权利，致使受害人在一定范围内的未来财产利益的损失,它属于"其他重大损失"的范围。

(二)行为的违法性

行为人只对违法行为承担责任。构成侵权损害赔偿责任的行为,必须是违反法律的,那么行为人就具备了对这项损害承担赔偿责任的要件之一。相反,行为人的行为是合乎法律规定的行为(正当防卫、紧急避险),即使这种行为造成了损害,行为人也不承担赔偿责任。

违法行为,就是有责任能力的自然人、法人及其他社会组织,违反法律规定,从而给社会造成某种危害的行为。违法行为有两种形式,一种是作为的违法行为,另一种是不作为的违法行为。

凡是法律所禁止的行为,如果违反法律而作为时,便是作为的违法行为。例如,法律禁止侵害公共财产,行为人违反了这一规定,损害了公共财产,就是作为的违法行为,应当承担赔偿的民事责任。

凡是法律要求人们在某种情况下必须做某种行为时,如果负有这种义务的人不履行其义务,便是不作为的违法行为。例如,清理完马路的污水井应当盖好盖子,某清洁工清理后忘记盖好井盖,孙某晚上骑自行车上夜校,连人带车跌进井内,身体和车子都造成了损害。该清洁工没盖好污水井盖子的行为,就是不作为的违法行为。

(三)违法行为与损害事实之间的因果关系

这是侵权损害赔偿责任构成要件中最复杂的一个要件。在违法行为与损害事实之间的前者引起后者的这种引起与被引起的客观联系,就是违法行为与损害事实之间的因果关系。

违法行为与损害事实之间的因果关系,表现为两种形态:

一是直接因果关系,是指违法行为不需要与其他因素相结合,就可以直接引起损害事实发生的因果关系。

二是因果关系,是指某一违法行为并不直接引起损害结果的发生,只有在另外的原因作用下,才可能产生损害事实的因果关系。在这种因果关系中,损害事实并不是间接原因的直接、必然的结果。违法行为作为一种诱因或者条件,在其他直接的或较直接的原因作用下,使这一损害结果得以发生。

(四)行为人的主观过错

主观过错是构成侵权赔偿责任的主观要件,包括故意和过失。对于故意,没有更多的问题需要研究。对于过失,在民法学界和实务界多以刑法过失的概念来套用,以区分疏忽大意的过失和过于自信的过失,这种划分及概念对于确定民事赔偿责任意义不大。

民法的过失,就其本质而言,是行为人对于自己注意义务的违反,即“过失者,行为人对自己之行为,所生一定之结果,如为相当注意,既可避免,而欠缺此注意之心理状态也”。这一定义是准确的。

应当指出的是,具备以上四个要件才能构成侵权责任的,是指一般侵权案件和特殊侵权案件中适用过错推定原则的案件。适用无过错责任原则的特殊侵权损害赔偿案件,责任的构成只需具备前三个要件,无须具备主观过错的要件。

四、侵权损害赔偿的归责原则

归责原则,就是确定侵权行为人承担侵权损害赔偿责任的一般准则。它是在损害事实已经发生的情况下,为确定侵权行为人对自己的行为所造成的损害是否需要承担赔偿责任的原则。

侵权损害赔偿的归责原则到底有几个,这是一个在理论上尚未最后解决的问题。笔者主张三个归责原则的提法。在我国的民事立法和侵权损害赔偿理论中,基本的归责原则是过错责任原则和无过错责任;而责任原则既不否定过错责任原则和无过错责任原则,又不墨守成规,唯以公平处理当事人双方都没有过错的侵权损害赔偿的责任归属问题,应当是独立于这两个原则之外的一个归责原则。

(一)过错责任原则

《民法通则》第106条第2款将过错责任原则以法律的形式固定下来,确认了它的法律地位。过错原则是我国民事立法和司法实践中通用的一般归责原则:占据主导地位,调整绝大多数的侵权损害赔偿法律关系。

适用过错责任原则,应当把握以下4个问题:

(1)赔偿责任的构成要件是四个,即损害事实、违法行为、因果关系及主观过错。这四个要件缺一不可。

(2)在一般情况下,应当把过错作为不法行为人事赔偿责任的根据,而不是作为确定赔偿范围的根据。

(3)当过错出现在几个不同的当事人之间时,加害人一般只对自己的过错为承担赔偿责任。例如,共同过错的共同加害人对外共同承担连带赔偿责任,对内则各自按比例分担责任;受害人具有故意或重大过失而加害人无过错的,加害人不承担赔偿责任;混合过错中双方当事人各有过错,加害人只对自己的过错负责,对因受害人的过错造成的损失不承担赔偿责任。

(4)举证责任由权利人即受害人负担。例如,甲的违法行为导致财物损害,乙作为受害人,应在提起诉讼时,向人民法院提供证据。在受害人举不出证据或证据不足时,受害人应承担败诉后果。

过错责任原则有一种特殊表现形式,就是过错推定。它是指在适用过错责任原则的前提下,在某些特殊的时候,由损害事实本身推定加害人有过错,并据此确定过错行为人的赔偿责任。

(二)无过错责任原则

《民法通则》第106条第3款规定的无过错责任原则,也叫作客观责任、严格责任,它要求在特殊情况下,行为人无论有无过错都要承担民事责任。

适用无过错责任原则的意义,在于加重行为人的责任。在适用无过错责任原则的情况下,并不是所有的行为人都没有过错。在很多情况下,可以从损害事实中推定出他们的故意或者过失。法律确认无过错责任原则,一是说明他们的过错不用证明;二是说明即使无过错也要承担赔偿责任,有过错当然应承担赔偿责任。这样就将行为置于严格的责任监督之下,而将受害人置于更妥善的保护之中。

适用无过错责任原则的范围可以确定为:

(1)因产品质量不合格致人损害的;

(2)从事高度危险作业造成他人损害的;

(3)污染环境造成他人损害的;

(4)动物致人损害的。

无过错责任的构成,必须具备三个要件:

(1)损害事实的存在;

(2)行为人的行为须违法;

(3)行为人的行为与损害事实具有因果关系。

在适用无过错责任原则的情况下,只要具备三个要件,行为人就应当承担赔偿责任,而无须具备主观过错这个构成要件。

适用无过错责任原则的举证责任也实行倒置,就是由行为人承担举证责任,所要证明的不是自己无过错,而受害人的故意是致害的原因,这也是无过错责任原则与推定过错原则的一个区别。行为人如能证明损害是由于受害人的故意引起的,则不负赔偿责任。

(三)公平责任原则

公平责任原则,是指致害人和受害人对损害的发生都没有过错,根据实际情况和可能,由双方当事人公平地分担损失的原则。《民法通则》在第 132 条中对这一归责原则加以确认。

公平责任原则的含义:一是公平责任原则不从行为人的主观心理状态上的过错来确定赔偿责任,而是依据社会主义公平和团结原则以及社会共同生活规则的要求;二是公平责任原则并不主张无过错的行为人对其所造成的损失必须负全部赔偿责任,而根据双方当事人的具体财产状况或其他情况,公平地分担损失;三是公平责任原则的适用是有严格的前提条件的,它必须是加害人、受害人都无过错,缺少这种条件,就不能适用这一原则。

适用公平责任原则,应当注意以下四个问题:

(1)适用范围。应当限制在侵权行为的双方当事人均无过错,并且不属于无过错责任原则调整的那一部分侵权损害赔偿法律关系,超出这个范围的,不能适用《民法通则》第132条的规定。

(2)所谓的实际情况,主要是指双方当事人的经济状况,包括经济收入、家庭人口、生活富裕程度等。其他需要考虑的因素还有社会的同情,双方各自所属单位的福利等。适用公平责任原则,就是要根据这些实际情况,确定双方的民事责任。

(3)民事责任在一般情况下实行"分担"。即根据双方所列举的情况以及其他情况加以综合判断,情况相似或相近的,可以平均分担:一方情况好而另一方情况差的,可以一方负担大部分而另一方负担小部分。

(4)适用公平责任原则是在双方均无过错的情况下分担民事责任,因此,应当注重调解,把道理说清,争取双方达成谅解的协议。这样不但有利于双方的团结,而且有利于协议的执行。如果调解不成需要判决时,则更慎重,应使责任的分担更公正、合理。

侵权损害赔偿案件涉及的理论问题很多,审判实践中不断出现的新问题、新型实例,都对我国现在的侵权损害赔偿提出挑战,如"告记者热""告作家热"等,在人身损害赔偿中,医疗事故赔偿、工伤事故赔偿、交通事故赔偿也出现了一些新问题。

五、我国法律的规定及在实践中的做法

(一)财产损害赔偿方面

1. 侵害所有权的赔偿

我国《民法通则》第117条第2款规定:"损坏国家的、集体的财产或者他人财产的,应当恢复原状或者折价赔偿。"依此规定,凡能恢复原状的,应优先采用

恢复原状的责任方式。不能恢复原状的,采用折价赔偿方式。

2. 侵害其他物权的赔偿

《担保法》第58条规定:“抵押因抵押物灭失而消灭。因灭失所得的赔偿金,应当作为抵押财产。”该法第73条规定:“质权因质物灭失而消灭,因灭失所得的赔偿金,应当作为出质财产。”依如上规定,抵押权因抵押物灭失或质权因质物灭失而消灭,是相对客体物而言的,并非绝对的消灭,若因灭失得到赔偿金时,对赔偿金仍可享有抵押权或质权。

(二)人身损害赔偿方面

1. 我国《民法通则》第98条规定:“公民享有生命健康权。”生命健康权具体可分为生命权和健康权,我国《民法通则》第119条规定:“侵害公民身体,造成伤害的,应当赔偿医疗费,因设工减少的收入,残废者生活补助费等费用;造成死亡的,还应当支付丧葬费、死者生前扶养的人必要的生活费等费用。”这里的“人身损害赔偿”,是指致人伤残、致人残废的赔偿,不包括精神损害赔偿。

2. 致人残废的赔偿

对致人残废的赔偿,国外有两种学说和立法例:一是所得丧失说,又称差额说,认为损害赔偿的目的在于填补受害人实际损失,因此主张赔偿受害人受伤前收入与受伤后收入的差额,如无减少差额,则不予赔偿。采此说者为德国民法。二是劳动能力丧失说,认为受害人劳动能力丧失即为损害,无论受害人受害前是否有收入所得,只要有劳动能力,加害人就应赔偿此种能力丧失或减少的损失,其损失参照社会劳动力的价值及受害人具体情况计算。

我国现行民事法律,与上述两种学说及立法例不同,对致人伤残仅规定赔偿生活补助费和靠其扶养的人的生活费。当然,也包括治疗期间的费用及特别法规定的残废用具费和残废赔偿金。

我国《民法通则》第119条规定,对致残者除赔偿医疗费外,还应赔偿残废者的生活补助费等费用。最高人民法院《关于贯彻执行〈中华人民共和国民法通则〉若干问题的意见(试行)》第146条规定:“侵害他人身体致使其全部或部分丧失劳动能力的,赔偿的生活补助费,一般应补足到不低于当地居民基本生活费的标准。”我国《道路交通事故处理办法》第37条对此费用规定为:“根据伤残等级,按照交通事故发生地平均生活费计算。”我国《消费者权益保护法》第41条规定,经营者提供商品或服务,造成消费者或者他人人身伤害的,除支付医疗、护理,误工等费用外,“造成残疾的,还应当支付残疾者生活自助具费、生活补助费、残疾赔偿金以及由其扶养的人所必须的生活费等费用”。

此外,我国现行法律,还有支付靠受害人扶养的人的生活费的规定。最高人民法院《关于贯彻执行〈中华人民共和国民法通则〉若干问题的意见(试行)》第147条规定:“侵害他人身体致人死亡或者丧失劳动能力的,依靠受害人实际扶养又没有其他生活来源的人要求侵害人支付必要生活费的,应当予以支持,其数额根据实际情况确定。”我国《道路交通事故处理办法》第37条第9项规定,对不满18周岁的人抚养到18周岁,对无劳动能力的人扶养20年,50周岁以上的,每增加1岁减少1年,最低不少于10年,70周岁以上的按5年计算。

(三)精神损害赔偿方面

精神损害,是指精神利益损害,又可称非财产利益损害。通说认为,非财产上损害或精神损害,以精神痛苦为主,也包括肉体上的痛苦。

精神损害赔偿,以支付赔偿金为基本形式,给付货币以外的物质因其可用货币衡量,可视为支付赔偿金的特别形式。

我国民法理论由于受苏联的影响,长期以来一直否认精神损害赔偿。直到1986年《民法通则》颁布,精神损害赔偿才被立法正式确认。《民法通则》第120条第1款规定:“公民的姓名权、肖像权、名誉权、荣誉权受到侵犯的,有权要求停止侵害,恢复名誉、消除影响、赔礼道歉,并可要求赔偿损失。”该条第2款规定:“法人的名称权、名誉权、荣誉权受到侵害的,适用前款规定。”我们认为,这两个条款中的“赔偿损失”与《民法通则》第134条规定中民事责任方式的“赔偿损失”是同一概念,因此可以理解为我国的赔偿损失责任方式包括财产损失的赔偿和精神损害的赔偿。

第三人侵害合同缔结的侵权责任论纲*

第三人侵害合同缔结,是指从要约人发出要约时始到收到受要约人的承诺时止这段时间内,第三人以破坏双方缔约为目的,侵害受要约人的承诺权,使缔约双方的权利和利益受到损害的行为。这种行为,既不能适用违约责任,也不能适用缔约过失责任和第三人侵害债权侵权责任的规定,有必要创立一个独立的第三人侵害合同缔结的侵权责任制度,以遏制侵害合同缔结的行为,弥补当事人因此遭受的损失,维护正常的交易秩序。

本文从第三人侵害合同缔结的行为形态入手,论证其适用侵权责任制度的必要性。并按照受损权利、受损法律关系、所造成之损害的顺序分析这种行为应承担侵权责任的理论基础,同时提出这种侵权责任的构成要件和在我国建立第三人侵害合同缔结的侵权责任的构想。

一、第三人侵害合同缔结行为的形态

第三人侵害合同缔结的行为,可根据其发生的时间分为不同阶段,并表现为不同的行为形态。

---

* 原载《法商研究》2000年第5期。

(一)要约发出后,尚未到达受要约人之前

在这一阶段,第三人侵害合同缔结的行为主要表现在:(1)第三人采用隐匿、毁弃的方法中途截获要约信件,破坏缔约当事人使用的传真、电话线路或用于电子商务的计算机网络,使受要约人根本得不到要约信息,从根本上排除了受要约人行使承诺权的可能。(2)采取涂改、伪造的要约信件,或修改电子数据的手段篡改要约内容,使受要约人将篡改后的要约误认为是要约人发出的缔结合同的条件。在这种条件下,受要约人要么权衡利弊后决定不承诺该“要约”,从而丧失订约机会;要么迫于需要而承诺该“要约”,接受这宗不合算的“交易”。总之,在这一阶段中,无论在表面上,缔约双方是否缔结合同,受要约人都由于第三人的侵害丧失了与他人订立合同的机会,遭受了财产上的不利益。

(二)从要约到达受要约人后到受要约人发出承诺之前

在这一阶段,第三人侵害合同缔结的行为主要表现为,第三人采取种种手段诱使或迫使受要约人“自愿”放弃或无法发出承诺,以损害受要约人的承诺权。其行为形态主要有:(1)实体侵害,即侵害受要约人的人身或要约所载要约人欲购买的货物;(2)引诱受要约人不予承诺;(3)采取影响受要约人的其他债权、债务的方法,影响受要约人的实力,使其因无力承担合同缔结后之债务,而被迫放弃承诺。

(三)承诺发出后,尚未到达要约人之前

大陆法系和英美法系对于承诺生效时间采取了不同规定。大陆法系采取了到达主义,承诺到达要约人时才生效。英美法系采取发信主义,承诺发出后就立即生效。由于承诺生效就意味着合同成立,因此,在英美法系中,侵害已经发出的承诺,并不属于侵害合同缔结的问题,而是侵害合同债权。在大陆法系,承诺发出后,合同尚未成立,第三人侵害已发出之承诺的行为即构成侵害合同缔结的行为。在这一阶段,第三人的侵害行为主要表现在:(1)第三人隐匿、毁弃承诺信件,破坏缔约当事人使用的电话、传真、计算机网络等信息传递工具,

使要约人的承诺不能在有效期内到达而无法与他人缔结合同。(2)承诺被第三人修改为反要约。这时原要约人会误将修改后的"承诺"当作原受要约人发出的反要约而接受或拒绝。这些行为都严重侵害了受要约人的承诺权,使其丧失了订约机会,应该由第三人进行赔偿。

第三人侵害合同缔结的行为在外观上容易与正常的商业竞争相混淆,但这并不意味这种行为可以不承担法律责任。在正常的商业竞争中,第三人以更优厚的条件使欲缔结合同的一方当事人转而与其订立合同的行为,只要不违反法律,就只会使交易以更有效率、更能体现价值的方式运行,对社会是有益的。况且,这种基于自身利益考虑的选择自由、缔约自由正是市场经济的优势之所在,是现代商业社会生机勃勃的内在动力,不应责之过严。

但是,第三人侵害合同缔约与正常的商业竞争是不同的。对于以有违社会正当观念和不正当竞争手段进行的侵害合同缔结行为,我们应从维护社会利益的角度出发,在立法政策上,趋向追究侵害人的法律责任并补偿受害人的损失,以实现社会公正。这是因为第三人侵害合同缔结的行为,有损于社会整体利益。它是用有违社会正当观念和不正当竞争手段进行的,可能会使第三人获利,同时却造成受要约人订约机会的丧失,承诺权行使受阻。即使受要约人以后又与其他人订立了同样内容的合同,购得了所需货物,也会另外付出许多时间和精力,更何况,并非任何标的物都具有可替代性,都可以在市场上随时买到。第三人的侵害行为还干涉了受要约人的自由意志,使其无法依自己的意愿作出选择,从而损害了缔约自由,破坏了市场经济发展的基础。因此,第三人对其侵害合同缔结的行为应当承担相应的法律责任。

二、应该用侵权法调整第三人侵害合同缔结的行为

对于第三人侵害合同缔结的行为,民法、刑法、行政法都可以使用其不同的方法追究侵害人的法律责任。行为人的同一行为符合两个或两个以上不同性质的法律责任之构成要件,应当依法承担多种不同性质的法律责任,这称为法

律责任的重合。从本质上讲,法律责任的重合是近现代法律制度区分不同部门法的结果,是当事人具有任意性的行为与高度理性的法律部门划分的法制状况相碰撞的产物。①

在惩罚第三人侵害合同缔结的行为,弥补受害人所受损失的问题上,刑法和行政法都存在一定的局限性。刑法是规定犯罪和刑罚问题的法,社会危害性是其判断罪与非罪的标准。对第三人侵害合同缔结的行为中社会危害性不大的,刑法并不认为它构成犯罪。而对于社会危害性较大的侵害行为,刑法也必须遵循罪刑法定的原则,对于法律无明文规定的行为不认为是犯罪。因此,其保护范围是有限的。更重要的是,刑罚是以国家的名义对危害社会的犯罪分子施加的惩罚,其中的人身罚与财产无关;财产罚则是将犯罪分子的财产收归国家所有,与受害人无涉。而行政法调整的是行政机关在行政活动过程中所发生的社会关系。② 对行政相对人的违法行为,行政机关会施以行政处罚,但这并不是用来填补受害人的损失的。

民法是调整平等主体之间人身、财产关系的法律规范,它遵循公平正义的理念,更多地依靠财产补偿的方法实现其功能。在平衡当事人之间的利益,防止用违法的方式取得财产,实现“矫正的正义”方面具有其他法律部门无与伦比的优势。用民法调整第三人侵害合同缔结的行为,能很好地实现惩罚和补偿的有机统一,有利于实现社会正义。民法各项制度为补偿损失和惩罚侵害行为提供了诸多途径,但适用这些制度还需要满足不同条件。因此,需要认真探讨各相关制度的适用前提,以分析在此问题上适用该制度的可能性。

(一)侵害合同缔结行为不应适用第三人侵害债权的侵权责任

早在20世纪80年代,就有学者提出:“在干涉既有合同与干涉那种尚未形成之合同的将来利益的责任之间具有明确的分界。因此,干涉合同的订立应属于‘干涉将来利益’的范畴。认定合同的订立是否受干涉必须查明对立双方当事人是否具有订立合同的诚意,如果没有被告的干预,合同是否一定成立。这

① 参见张新宝:《中国侵权行为法》,中国社会科学出版社1998年版,第85页、第209~210页。

② 参见许崇德、皮纯协主编:《新中国行政法学研究综述》,法律出版社1991年版,第38页。

样的联系有时往往错综复杂,难以确定。”[③]可见,第三人侵害合同缔结行为与第三人侵害债权行为在受侵害对象上存在明显差异。根据我国学术界的通说,合同之债是特定当事人之间得请求为特定行为的法律关系。这种关系是当事人之间的一种特别结合关系,是当事人实现其利益的法律手段。债的关系中一方当事人享有债权,另一方当事人负有相应的债务。这种关系与合同缔结期间要约人与受要约人之间的关系相比,有如下不同:(1)债的关系是当事人实现其经济利益的手段,即债的关系之目的在于给付的结果而非给付本身。而欲缔结合同的双方当事人之间的关系,则仅仅是为了缔结合同而存在。经济利益的取得还需要通过下一个环节即合同之债的成立方可实现。(2)债的关系中,一方当事人享有债权,另一方当事人必相应负有债务。债权与债务严格对应。而欲缔结合同的双方当事人之间的权利义务则并不是一一对应的。受要约人有承诺权,而要约人则仅有不随意撤回、撤销要约的义务。这与要约是单方意思表示,重在为对方设定权利的基本属性相关,与合同所固有的双方意思表示一致,为双方设定权利义务的性质形成了鲜明对比。(3)债权人的债权是请求权,而受要约人的承诺权则为形成权(下文对此有详细论证),二者的根本性质、行使方式有很大的差异。(4)债权人的债权可为双方当事人合意取得,而要约人的承诺权则依法律规定产生,不受当事人约定的影响。可见,债是特定人之间的关系,但特定人之间的关系并非全是债。第三人侵害缔约关系并不能适用第三人侵害债权的理论。

(二)侵害合同缔结行为不应适用缔约过失责任

缔约过失责任是1861年德国法学家耶林提出的,它是指在合同订立过程中,一方因违反其依据诚实信用原则所应负担的义务,而致另一方信赖利益的损失,应承担民事责任。与第三人侵害合同缔结行为相比,它在主体、主观因素和损害上都有不同。(1)从主体上看,缔约过失责任应限于缔约一方的当事人,而侵害合同缔结行为的主体则无此限制,可以是与受害人并无特殊关系的任何

③ 朱泉鹰:《美国干涉合同法的特征和发展趋势》,载《比较法研究》1988年第3期。

社会个人和团体。(2)从主观因素上看,缔约过失责任要求一方违反基于诚实信用原则所产生的义务,而侵害合同缔结行为则无此要求。两者相比,缔约过失责任对当事人要求较严。(3)从受损利益来看,缔约过失责任只有信赖利益的损失。④ 信赖利益赔偿的结果,是使当事人达到合同未曾发生时的状态,而产生该损害发生的前提则是“法律行为外形上成立,但实质上无效”。⑤ 第三人侵害合同缔结的行为造成了当事人缔约关系的破坏。这种损害的发生是以当事人正处在缔结合同阶段,合同无论在实质上还是在形式上均未成立为前提。这种损害绝非信赖利益损失。总之,第三人侵害合同缔结行为不能适用缔约过失责任。

(三)应该运用侵权责任制度调整侵害合同缔结行为

第三人侵害合同缔结的行为是以合同尚未成立为前提的,它不可能适用违约责任,同时,它又与第三人侵害债权制度和缔约过失责任有所不同。因此,我们有必要运用侵权行为法来调整这种侵害行为。合同缔结的过程就是要约、承诺的过程,是合同从酝酿到成立的过程。这一过程的起点是要约人发出要约,终点是受要约人的承诺到达要约人,合同成立。通过这一过程,双方当事人由社会上的一般人关系逐步转化为互负债权债务的合同当事人关系。在这一过程中当事人则享有承诺权并受要约的形式之拘束力约束,双方处于缔约法律关系,对该法律关系的侵害会造成当事人将来可得利益的损害,应该承担侵权责任。

三、第三人侵害合同缔结行为的侵害对象

侵权责任是以加害行为侵犯了当事人的权利,破坏了正常的法律关系,造

---

④ 关于信赖利益的概念,参见[美]L. L. 富勒、小威廉·R. 帕迪尤:《合同损害赔偿中的信赖利益》,韩世远译,载梁慧星主编:《民商法论丛》(第7卷),法律出版社1997年版。

⑤ 林诚二:《民法理论与问题研究》,台北,瑞兴图书股份有限公司1991年版,第271页。

成当事人的损失为前提的，因此我们只有明确该侵害行为的侵害对象，才能使第三人侵害合同缔结行为的侵权责任制度具有坚实的理论基础。

（一）侵害合同缔结行为侵犯了受要约人的承诺权和缔约法律关系

大陆法系民法认为，要约发出后，当事人处于缔约法律关系中，其权利义务如下：(1)受要约人取得依其承诺使合同成立的地位，即承诺适格。但受要约人并没有作出承诺或拒绝的义务。(2)要约人在要约效力发生后，不能随意撤回或撤销要约或对要约加以限制、变更和扩张，即要约具有形式拘束力。[⑥] 在要约发出后，到合同成立之前这一过程中，要约人仅享有义务而没有权利。要约人负担义务的目的是保证受要约人依其地位所作承诺的效力不因要约人撤回、撤销要约而受影响，即“要约人不能妨碍相对人依其承诺而使契约成立”。[⑦] 因此，在整个缔约过程中，受要约人是利益享有人，也是第三人侵害合同缔结行为的受害人。

对于受要约人的承诺适格的地位是否为一种权利的问题，学术界尚有争论。史尚宽先生认为：“此地位并非权利，故为承诺非为权利之行使。”[⑧]而梅仲协先生则认为：“相对人对于要约人，尚未取得任何请求权，但有为承诺以订立契约之权利，此项权利，系形成权，以其只须相对人一方行为，即生效力故也。”[⑨]王泽鉴先生也认为：“此种相对人得对要约为承诺的地位，学说上有认为系属期待权，有认为系属形成权。”且形成权说是当前德国的通说。[⑩]

笔者认为，受要约人的承诺权应该是一种形成权。形成权，是指权利人利用法律所赋予的地位，以单方行为使权利产生、变更、消灭的权利。民法中的承认权、选择权、撤销权、解除权等都属于形成权。[⑪] 形成权与支配权的区别就在

---

⑥ 参见王家福主编：《中国民法学·民法债权》，法律出版社 1991 年版，第 290 ~ 291 页。
⑦ 王泽鉴：《债法原理》（第 1 册），台北，三民书局 1999 年版，第 185 页。
⑧ 史尚宽：《债法总论》，中国政法大学出版社 2000 年版，第 26 页、第 115 页、第 120 页、第 145 页。
⑨ 梅仲协：《民法要义》，中国政法大学出版社 1998 年版，第 123 页。
⑩ 参见胡长清：《中国民法总论》，中国政法大学出版社 1997 年版，第 41 页、第 185 页。
⑪ 同上。

于形成权的享有人不需要他人协助就可以实现其权利。[12] 要约发出后,受要约人只要作出有效承诺,其与受要约人之间就成立了合同关系。这种完全接受要约所载内容的意思表示无须要约人和第三人协助就可以发生法律效力,完全符合形成权的特征,应该认定为形成权。

形成权同样具有不可侵犯性,能够成为侵权行为的侵害客体。形成权并没有与之相对应的义务,因此,第三人的侵害行为也不能像第三人侵害债权一样,从外部导致义务人违反其义务,而直接表现为损害了权利人所享有的法律所赋予的利益。但是,这并不意味着第三人在侵害合同缔结的过程中,没有违反义务的现象发生。第三人破坏缔约关系,本身就违反了社会一般人之间应负的不侵犯他人利益的普遍义务,与侵害他人的物权、知识产权并无不同。正如史尚宽先生所言:“然形成权无对立之义务,不过谓无须相对人之行为,得仅由权利人一方之意思表示而实现其权利内容之意,并不因此而否定其有不可侵犯性。”[13]在目前的民法制度里,也有许多因侵害形成权,应承担侵权责任的例子。如为了侵害他人的买回权而毁坏不动产;妨害他人行使撤销权从而使该权利因超过除斥期间而归于消灭。总之,受要约人的承诺权虽然是一种形成权,它完全可以像支配权一样成为侵权行为的侵害客体。

法律关系是人类社会生活关系中,受法律调整而产生的关系,它是因法律的规定而在当事人间发生的权利义务关系,在法学理论研究中占有重要地位。[14]法学理论一般认为,法律关系分为动的因素和静的因素。静的因素分为主体和客体,动的因素分为权利义务及其变动。侵权行为从本质上讲便是对法律关系的损害,其表现为主体的权利行使受阻而遭受不利益。

在缔约过程中,当事人双方形成了以形成权为内容的缔约法律关系。该法律关系的主体是要约人与受要约人,内容是一方当事人的承诺权和对方的不得任意撤回、撤销要约的义务。对这种法律关系的侵害,会导致权利人承诺权受到侵害,从而引起财产损害。缔约过程中双方当事人之间的关系既不同于社会

---

[12] 参见史尚宽:《债法总论》,中国政法大学出版社 2000 年版,第 36 页、第 115 ~ 116 页。

[13] 史尚宽:《债法总论》,中国政法大学出版社 2000 年版,第 26 页、第 115 页、第 120 页、第 145 页。

[14] 参见孙国华:《马克思主义法理学研究》,群众出版社 1996 年版,第 350 ~ 368 页。

一般人的关系,又不同于债权债务人的“紧密型”关系,是一种介于两者之间的“半紧密型”的关系。这种关系可以在20世纪中期出现的“关系契约说”中得到印证。“关系契约说”是日本学者内田贵在美国麦克尼尔教授的关系型契约法概念基础上,用解释学的方法对它进行了重构而创立的。他认为,契约当事人从开始谈判时就进入了一种确定的地位,他们之间通过诚实信用原则而相互制约,形成了一种确定的地位,他们之间通过诚实信用原则而相互制约,形成了一个共同性。⑮ 这种从开始谈判就进入的共同体就是缔约法律关系,第三人侵害合同缔结所侵害的社会关系正是这种法律关系。对这种法律关系的侵害也必然引起权利人的利益损失。

(二)侵害合同缔结的行为造成了“纯粹经济上的损失”

第三人侵害合同缔结行为侵害的是受要约人的承诺权,破坏的是缔约法律关系,造成的损害主要体现在“纯粹经济上的损失”。

所谓“纯粹经济上的损失”(pure economic loss)是英美法的用语,在德国法上称为“纯粹财产上的损害”(reines Vermogenschaden),⑯是指“被害人直接遭受财产上的不利益,而非因人身或物被侵害而发生”。⑰ 例如,由于甲、乙两人发生车祸而导致交通堵塞,致使丙延误了飞机。甲、乙两人所造成的丙的这种损失就是“纯粹经济上的损失”。由于这种损失的范围带有不确定性,长期以来都被认为行为与损害间不具有因果关系,而不构成侵权行为。美国著名法官卡多佐(Cardozo)也认为,这种损失是“对不确定的人,于不确定期间,而负不确定数额的责任”。⑱ 但是当这种损害是行为人出于故意造成时,各国立法及判例大都认为其应构成侵权责任。⑲

如果我们将这种损害的前提确定为故意所为,那么,行为人在行为之前就已经大体明确了自己的侵害行为所可能造成的损害之大小,这就避免了使侵权

---

⑮ 参见[日]内田贵:《契约的再生》,载梁慧星主编:《民商法论丛》(第5卷),法律出版社1996年版。

⑯ 参见王泽鉴:《侵权行为法》,台北,三民书局1998年版,第110页、第111页。

⑰ 王泽鉴:《民法学说与判例研究》(第7册),中国政法大学出版社1998年版,第79页。

⑱ 原文为“Liability in an indeterminate amount for an indeterminate time to an indeterminate class.”。

⑲ 参见王泽鉴:《侵权行为法》,台北,三民书局1998年版,第110页、第111页。

行为成立的条件过宽,使行为人为自己无法预见的损失负责的不合理现象,保证了法律的公平,实现了法律价值中自由与秩序的和谐。

如上文所述,第三人侵害合同缔结的侵权行为侵害的是受要约人的承诺权,破坏的是当事人的缔约法律关系。无论第三人侵害合同缔结行为的形态如何,它都会造成一个共同结果,即受要约人无法依其意志自由地缔结合同。在其丧失了与要约人缔结合同的机会之后,它便不得不另外花费时间、精力去另行缔结合同,以满足自己的需要。这种订约机会的丧失就是一种法益的损害,属于“纯粹财产上的损失”,侵害人理应因此而承担侵权责任。

四、第三人侵害合同缔结的侵权责任之构成要件

第三人侵害合同缔结行为的侵权责任是民法一般侵权责任的类型之一,理应具备一般侵权责任的构成要件。同时,作为一种因侵犯形成权而成立,且以补偿“纯粹经济上的损失”为目的的侵权责任,它必然在责任构成要件上显现出其独特个性。

(一)主观上必须存在故意

众所周知,成立侵权行为均须有主观的故意或过失要件。但在认定第三人侵害合同缔结行为的侵权责任时,主观要件的标准则有相应的提高,即须行为人在主观上存在故意,方承担责任。

提高第三人侵害合同缔结的侵权行为的主观要件标准,是侵权法的基本社会功能所决定的。从理论上讲,侵权法的基本功能有二:遏制和补偿。遏制是对违反义务的不法行为或反社会行为来说的,补偿是对受到侵犯的权利和利益以及实际损害后果来说的。[20] 自侵权法产生以来,遏制和补偿对这两种功能就

---

⑳ 参见王家福主编:《中国民法学·民法债权》,法律出版社 1991 年版,第 441 页。另外,张新宝先生也认为,现代侵权法的社会功能应该是多方位的,只有顺应这种历史潮流,才不会哀叹侵权法走上穷途末路。参见张新宝:《中国侵权行为法》,中国社会科学出版社 1998 年版,第 13 页。

在共同发挥调整社会关系的作用。侵权法制度的每一步发展都是这两种功能之一的确认和体现,侵权法理论的每一个突破都是对这两种功能的作用有了更深的认识而已。要坚持侵权法的双重功能,就要在立法时明确,法律要对什么样的行为进行遏制,对受害者在多大程度上予以补偿。这就是侵权行为的标准问题,即对达到什么程度的侵害行为,侵权法才将它纳入调整范畴。在各国的侵权法中,决定侵权行为成立标准的任务是由侵权行为构成要件特别是主观要件所完成的。第三人侵害合同缔结的行为破坏了缔约当事人的共同体关系。这种共同体关系是特定人之间的关系,并不具有"社会典型公开性",我们不应对影响该权利者责之过甚,以免过分限制人们行动的自由。另外,对于这些造成"纯粹经济上的损失"的行为,我们只有提高主观状态的标准,才能确定损害的范围,追究行为人的侵权责任才有正当性的基础,行为与损害之间的因果关系才有可能存在。可见,第三人侵害合同缔结的侵权责任的主观要件有必要提高。

提高侵害合同缔结行为的主观要件标准,就意味着将承担侵权责任之侵害行为限定为故意。侵权责任中的主观故意,是指"认识到自己行为发生或可发生一定之结果,而容认的心理状态"。[21] 关于故意的含义,有两种说法:一是行为人不但预见行为结果而且希望追求某种结果的发生就是故意,即意思主义;二是认识或预见某种结果的发生就构成故意,即观念主义。[22] 这种区分颇类似于刑法中的直接故意和间接故意。当行为与结果之间是一种必然因果关系时,两者的实际效果差异并不大。但当行为与结果为可能的因果关系时,意思说则抬高了故意的门槛,较好地平衡了行为人与受害人的利益,较合理。在商业交往中,第三人往往主要是为了自己的商业利益而争取定约机会,即使引起受要约人损害也听之任之。这种行为具有一定的不道德性,但并不违反"经济理性人"的行为准则,我们不宜笼统地说这种行为构成侵权。

第三人侵害合同缔结的侵权行为中的故意是对加害的故意,且"不仅在加害行为,而且在损害之引起,但并不须依此为目的,对于损害之程度及范围,不

---

[21] 史尚宽:《债法总论》,中国政法大学出版社 2000 年版,第 26 页、第 115 页、第 120 页、第 145 页。
[22] 参见史尚宽:《债法总论》,中国政法大学出版社 2000 年版,第 36 页、第 115 ~ 116 页。

必有预见”。[23] 也就是说,第三人侵害合同缔结时,应该积极追求侵害行为的成功且希望侵害结果的发生。但如此行为的目的并不限于损害对方利益,也可以是为了己方的利益,甚至是为了捉弄别人,或显示自己的能力。如“黑客”利用技术手段妨碍缔约当事人利用电子商务系统缔结合同,在很多情况下这种行为不会给“黑客”本人带来利益,但也并不影响认定其承担侵权责任。另外,这种故意也并不表明行为人精确预见到了损害的大小,只要其大体预见到了损害,就可以成立侵权责任。

(二)行为的不法性

侵权责任的构成要件中,行为的不法性不仅包括违反法律具体规定,还包括违反民法的基本原则。这是由成文法所固有的特点所决定的。成文法具有普遍性、确定性、规范性等技术性特点,这些特点有助于防止法官滥用自由裁量权,但同时也会导致法律的局限性:过于确定的法律无法调整所有亟待法律规范的社会关系,也无法体现时代的要求。可见,将侵权行为的不法性标准确定为违反法律的具体规定,是无法满足司法实践需要的,我们必须对侵权行为不法性的概念予以扩展。为了使这种扩展取得实定法上的依据,就必须借助法律上的弹性条款。这种弹性条款就是民法的基本原则。因此,有学者主张,侵权行为的违法性,是指侵权行为在最广泛意义上违反了法律(法规、司法解释、判例)规定或民法的基本原则。[24]

并非所有第三人影响合同缔结的行为都可构成侵权,只有那些手段恶劣、行为具有违法性的才有必要加以制裁。相反,对于那些正常的忠告或提供信息的行为,即使导致了本应成立的合同不能缔结,也不应该追究行为人的任何责任。[25] 另外,对于履行职责行为,如律师和咨询公司对客户提供咨询意见,医生从医学角度提出建议,即使客观上导致了合同无法成立,也因职务的原因而阻

---

[23] 史尚宽:《债法总论》,中国政法大学出版社 2000 年版,第 26 页、第 115 页、第 120 页、第 145 页。

[24] 参见张新宝:《中国侵权行为法》,中国社会科学出版社 1998 年版,第 209 ~ 210 页、第 85 页。

[25] 当律师、咨询公司提供意见错误,导致客户损失时,应承担专家责任。这与本文讨论的侵害合同缔结的责任不同。参见张新宝:《中国侵权行为法》,中国社会科学出版社 1998 年版,第 417 ~ 419 页。

却违法性,不应承担侵权责任。另外,违法性的考察也应该从社会一般观念和认识出发。美国关于干涉合同订立的侵权行为判例就将工会组织为争取工人的利益,反对企业缔结不利于工人的合同而组织的罢工、游行、联合抵制等排除在干涉合同订立的侵权责任之外。㉖ 这是因为,民法所保护的利益既包括财产,也包括劳动利益。而当两者发生冲突的时候,劳动利益就会成为立法者优先考虑的因素,海商法中船员工资、海难救助费用等请求权优先于船舶抵押权而具有优先性的原因就在于此。从社会一般观念上去考察行为人是否有悖于民法公平正义的理念,从而灵活运用民法基本原则的做法在这里得到了充分的体现。在当前的国有企业改革与企业重组、兼并中,一些工人从职工利益出发,对本厂与其他公民、法人将要缔结的事关企业存亡的合同,予以反对和阻挠,就不能认为构成了侵权行为,即使行为有轻微的过失也不应追究其侵权责任。

(三)以“纯粹经济上损失”为主的损害

在第三人侵害合同缔结的侵权行为的三个阶段中,每一阶段都存在受要约人由于侵权行为的妨碍而无法或不能很好地行使承诺权的情况,这种妨碍导致受要约人丧失了通过合同取得利益的机会。这种将来可得利益的丧失就是“纯粹经济上的损失”。在受要约人收到要约之后到其发出承诺之前的阶段,侵权行为人的行为可能还造成了受要约人的人身、财产权和名誉权的损失,受害人还可以就此提出侵权损害赔偿。这种损害赔偿请求权与受要约人对“纯粹经济上损失”的损害赔偿请求权之间并不构成请求权的竞合。这是因为,请求权竞合,“是指某一违法行为引起了两种以上的民事法律关系同时产生,该行为的受害人就同一给付内容依法享有多重的彼此相冲突的请求权”。㉗ 发生原因在于,(1)近代私法在财产法上设有所有、占有、侵权行为、不当得利、契约、债务不履行、契约解除等制度,而以此诸制度来保护财产之归属及其移转,并设各种请求权之规范以为其保护手段。唯在设各该制度时,对诸制度及各种请求权之规范间之关系,并未作缜密之考虑,于是所制定者,成为各自独立不相关联之规则,

---

㉖ 参见朱泉鹰:《美国干涉合同法的特征和发展趋势》,载《比较法研究》1988 年第 3 期。

㉗ 王利明主编:《民法·侵权行为法》,中国人民大学出版社 1993 年版,第 214 页。

而发生社会生活所生之一个事实,可适用复数请求权规范之情形。(2)近代私法学者间,已确定苟有合于抽象的法律要件之具体生活事实存在时,在理论上必然地发生法律效果之共识。以上两点相互结合,于是发生请求权竞合之问题。[28] 可见,请求权竞合制度是法律为了调和法律体系中不同制度的矛盾而设立的调节机制,同一种类的请求权不存在竞合问题。对不同侵权行为的赔偿要求,应该一并提出,不可择一适用。

总之,在第三人侵害合同缔结的侵权责任的构成要件中,“故意”、违法性与造成“纯粹经济上的损失”三者之间是互相联系、互为前提的。它们共同构成了第三人侵害合同缔结的侵权责任的成立标准和理论框架。至于行为与损害之间的因果关系,这种侵权责任并无特殊之处,不再赘述。

五、尽快建立我国第三人侵害合同缔结的侵权责任制度

建立保护承诺权、保护缔约法律关系、补偿“纯粹经济上的损害”的侵权责任制度,就是要将这种以形成权为侵害客体的侵权行为纳入侵权行为法的体系中去,使之成为我国侵权法的有机组成部分。

在第三人侵害合同缔结的侵权责任中,由于他人侵害受要约人的形成权而导致的损害,既非人身损害,也非现有的财产权受损,而是一种将来有可能得到利益的丧失。将其归入当事人财产权的损害有些勉强,认定为法律保护的利益比较合适。因此,将此类对形成权的侵害适用侵权法中保护法益的规定是适当的。

不同国家的侵权法为受害人请求法益损害赔偿提供了不同的请求权规范基础,它们在充分保护当事人权益方面的作用也并不完全相同。1804 年《法国民法典》将侵权行为的界定建立在概括与抽象的一般原则上,分自己责任、非自己责任及无过失责任。[29] 德国的立法者则在吸收《法国民法典》的一般概括与

---

[28] 参见王泽鉴:《民法学说与判例研究》(第 2 册),中国政法大学出版社 1998 年版,第 264 页。

[29] 参见《法国民法典》第 1382 ~ 1386 条。

德国普通法的个别列举的优点基础上，形成《德国民法典》个别列举与一般概括相结合的侵权法体系。《德国民法典》第823条第1项规定："因故意或过失，不法侵害他人之生命、身体、健康、所有权或其他权利者，对所生之损害，应负赔偿责任。"该条第2项规定："违反以保护他人为目的之法律者，亦应负同一义务。"第286条规定："故意以背于善良风俗加损害于他人者，应负损害赔偿责任。"《日本民法典》虽然采取了"因故意或过失侵害他人之权利者，负因此所生损害之赔偿责任"的一般概括法，但在司法实践中也出现了"相关关联"的理论，以扩大对"权利"的解释，满足扩大侵权行为法保护客体的需要，实现"由个人人本的思想进入损害公平妥当的负担分配，以实现侵权构成要件上，从权利侵害到违法性的转移"。[30] 可见，各国民法均意识到对在法律明定的权利之外的法益进行保护的必要。从这个意义上讲，以德国民法为代表的一般概括与个别列举相结合的立法模式为保护法益提供了更确定的法律依据，似乎更有利于实现侵权法弥补损失的功能，值得借鉴。我国台湾地区学者也认为，"对于形成权之侵害，一般为间接侵害。"[31]也就是说，对于由形成权受损而引起的将来可能利益的损失，只有运用"故意背于善良风俗加损害于他人"的规定，才能更好地保护要约人，弥补其承诺权遭受的损害，维护社会的私法秩序。

既然德国法的模式有利于弥补法益损失，不妨在建立第三人侵害合同缔结的侵权制度上吸取其经验。具体来讲，以"故意背于善良风俗加损害于他人"作为第三人侵害合同缔结的一般性规定。同时，借鉴"违反保护他人之法律"的规定，将完善后的《反不正当竞争法》的规范作为调整商业领域侵害合同缔结行为的特别规定，形成完善的第三人侵害合同缔结的侵权责任制度。

吸收国外立法的有益经验，建立我国的第三人侵害合同缔结的侵权责任制度，以遏制第三人侵害合同缔结的行为，恢复当事人受损的利益，保护缔约当事人的缔约关系和受要约人的承诺权。我们应该尽快设计出调整这种侵权行为的完整的制度体系，以维护社会交易秩序，打击不正当竞争行为，促进社会财产的流转，实现民法调整市场经济关系的基本目标。

---

[30] 参见王泽鉴：《侵权行为法》，台北，三民书局1998年版，第54页。

[31] 史尚宽：《债法总论》，中国政法大学出版社2000年版，第26页、第115页、第120页、第145页。

论附条件买卖买受人期待权效力的扩张*

——兼论其在破产法上的影响

一

附条件买卖是19世纪中叶在欧美国家得到普遍运用的一种交易方式。它通常体现在一些耐用消费品的销售上,如住房、汽车、家用电器等商品多采用分期付款买卖的方式。从历史上看,该制度由来已久,远在罗马法时代就有类似制度,德国普通法亦承认之,唯在当时利用者寡,并不为世人所重视。① 及至19世纪末期,伴随工业革命而来的供求膨胀使信用经济勃然兴起,附条件买卖制度始"抖落历史的风尘,重新粉墨登场了"。② 附条件买卖何以能在现代社会能在现代社会"重焕生机"? 主要原因在于,较之其他交易方式,它能提供一种更便捷的信用担保。商品出卖人无须履行繁琐复杂的担保手续,仅凭对商品享有的所有权就能担保价金债权的实现;商品买受人亦无须准备足额的资金,仅凭少量的头期价金就可以如愿地占有商品,进行消费。在附条件买卖法律制度中,法律出于权利公平配置的考虑,在赋予出卖人得取回标的物以担保价金债

---

* 原载《清华法律评论》(第3辑),清华大学出版社2000年版。

① 参见王泽鉴:《附条件买卖买受人之期待权》,载王泽鉴:《民法学说与判例研究》(第1辑),中国政法大学出版社1997年版,第124页。

② 王轶:《所有权保留制度研究》,载梁慧星主编:《民商法论丛》(第6卷),法律出版社1996年版,第594页。

权实现的同时,还赋予买受人一种特殊的权利——期待权,以使买受人基于对标的物的实际占有而对抗相对人及第三人对期待权益的妨害。然而在实践中,作为一种权利的期待权,其地位和法律性质尚存诸多争议,在出卖人明确而强劲的所有权效力映照下,买受人期待权的效力常存模糊、微弱之态,其现存效力尚不足以维护其交易权益。在法学潮流日倡物权由占有向利用转变的同时,附条件买卖期待权的效力也有强化的必要,以真正实现交易中权利架构的平衡,完善附条件买卖法律制度的信用功能。为此,本文拟在对买受人期待权效力进行考察的基础上,阐明期待权效力应值加强的法理,并在破产法环境下具体分析期待权效力日趋强化的趋势。

二

所谓附条件买卖,是指在买卖契约中,买卖双方约定买受人先占有动产的标的物。至支付一部或全部价金时,始取得该标的物所有权的交易。仅从概念上看,人们极易把附条件买卖视为买卖契约附有条件,即将其等同于买卖法律行为本身附有条件。其实,附条件买卖不同于附条件的法律行为。我国台湾地区学者王泽鉴先生认为,在附条件买卖中,买卖契约本身完全成立,并未附有条件,附条件的是移转所有权的物权行为。③ 学者梁慧星亦认为,附条件买卖应准确地称为保留所有权的分期付款买卖,或保留所有权买卖。④ 因此缘由,本文所指称的附条件买卖,即特指附保留所有权约款的分期付款买卖。行文之初,明确论证对象的确切意旨,显有必要。

为了保证分期付款买卖交易的公平,法律精确地设计出一种法律结构,在允许出卖人保留转移占有标的物所有权的同时,还赋予买受人一种特殊的法律地位——期待权,以实现买受人、出卖人、第三人相互之间的利益平衡。通过对

③ 参见王泽鉴:《附条件买卖买受人之期待权》,载王泽鉴:《民法学说与判例研究》(第1辑),中国政法大学出版1997年版,第128~219页。

④ 参见梁慧星:《民法总论》,法律出版社1996年版,第173页。

买卖双方上述权利的平衡定位,附条件买卖法律结构中的权利配置臻于完美,双方的权利保障也近乎周密。然而,随着该种方式大量被采用,人们发现它的优越性远没有如法律所设计的那样被体现出来。由于交易中买受人一方多是分散的弱小个体,他们与作为出卖方的商品生产者或销售者相比,其地位至微,因而在交易中常处于不利境地。另外,出卖人因所保留的所有权具有物权的效力,故享有基于物权之上的请求权,得在买受人延期支付价金时,径直从买受人处取回标的物;出卖人同时还享有债权法上的权利保障,即享有契约解除权,得在买受人违约时解除契约并就标的物损失求得赔偿。以附条件买卖中定型化契约为例,出卖人常借保留所有权约款强化取回标的物的效力,如加重买受人取得所有权的条件,规定买受人履行契约后,须再经出卖人书面承诺,始取得标的物所有权;面对这些规定,作为买受人的个体由于消费的急迫需要,时常无法拒绝。[⑤] 相对于出卖人得取回权,虽然法律亦赋予买受人一些特殊的权利,如经预告登记的契约中期待权人可有效对抗出卖人对标的物的处置行为;在第三人侵犯债权时,期待权人得基于其标的物占有人之地位,请求排除妨害、返还财产,并可主张赔偿损失。但是,这些权利的行使由于缺乏如同物权和债权那样明确、肯定的权利属性,因而显得零乱而孤立,难以形成对买受人权益的完整保护,由于立法理论至今对期待权性质、内容没有明确定论,期待权的权利状态相当模糊。因此,在探究买受人利益的保护上,买受人期待权的研究处于一种至关重要的地位。德国的 Bauer 教授曾言,在民法学上,没有哪个问题像保留所有权买卖买受人期待权这样受到重视,这样值得被深入研究。[⑥] 在权利保护的法制进程中,"司法判例实现了对出租人所有权的限制,实现了租赁权的物权化"。[⑦] 笔者认为,同样的保护趋势,极有可能会出现在买受人权益的保护上。本文正是遵循这一思路,考察买受人期待权的性质、地位及效力,利用破产状况下破产关系人各方利益剧烈冲突的背景,运用现行法的规定(不局限于本国)和

---

⑤ 参见王泽鉴:《附条件买卖买受人之期待权》,载王泽鉴:《民法学说与判例研究》(第1辑),中国政法大学出版社1997年版,第189页。

⑥ 参见王泽鉴:《民法学说与判例研究》(第1辑),中国政法大学出版社1997年版,第142页。

⑦ 王轶:《所有权保留制度研究》,载梁慧星主编:《民商法论丛》(第6卷),法律出版社1996年版,第608页。

民法普遍法理，并结合破产法这一特别法精神，具体考察买受人期待权效力得以强化的由因。

在将附条件买卖买受人期待权纳入破产法考察之前，首先应清楚买受人期待权何以被作为一种权利来对待，其法律地位和效力如何？性质怎样等问题，以使我们在明确买受人权利状态的基础上，展开对买受人期待权的进一步考察。

（一）买受人期待权的地位和效力

在附条件买卖契约中，买受人在占有出卖人标的物的同时，必须按期支付价金，履行合同义务。在合同所附条件未成就之前（价金未完全清偿之前），买受人尚不能享有对标的物的所有权，只具有一种将取得所有权的期待。此种期待究属何种性质？它与盼妻生子、农夫之收获期望等“期待”有何不同？它如何经由“期待”而至“权利”，这些都是值得认真思考的问题。买受人之期待，是一种取得物权的期待，且这种期待具备了一些取得权利的现实要件，即买受人已实际占有标的物，并已分期支付部分价金于出卖人，因此，买受人的这种期待与一般“妻子获子希望、农夫收获希望”的“期待”显有区别，后者并不处于取得一种权利的过程中，故不可能享有一种即将实现其期待的稳定地位。德国学者赖扎认为，期待，是指已实现了取得权利的部分必要条件，但尚未实现其全部必要条件的一种暂时的权利状态，因此，买受人的“期待”与单纯的“取得希望”明显不同。[⑧] 那么，买受人的这种“期待”何以具备了权利的要件而成为期待权？要回答这一问题，需要考察法律上权利通常须具备的要素。澳大利亚学者佩顿认为，一个适当的法律权利应包括以下三个要素，“权利是法定的因为它受到法律制度的保护，至少是获得法律制度承认的”，“权利的占有者以一定方式行使它的意志，而其意志是实现某种利益”。[⑨] 我国台湾地区学者王伯琦亦认为，构成权利的要素有两个：一是利益；二是实现利益之力。实现利益之力即法律主体

---

⑧ 参见刘得宽：《民法诸问题与新展望》，台北，三民书局1980年版，第483页。

⑨ 张文显：《当代西方法哲学》，吉林大学出版社1987年版，第129页。

自由选择的保护(规定和承认)。[⑩] 对照上述权利的要素,笔者认为,附条件买卖买受人的期待具备了上述要素,具体来讲,期待权人的利益体现为其在取得特定权利过程中的优势地位,即得随着法律规定和当事人约定条件的满足而取得特定权利,从而使其指向特定权利的选择和意志优越于他人的选择和意志。法律的保护要素则体现为法律对被称为期待权的法律地位与被称为特定权利的法律地位之间关联的认可和保护,并设置具体的规定排除任何人随意改变这种关联的可能,使此法律地位向彼法律地位的过渡得以顺利进行,从而使期待权内容的利益成为一种稳定性存在。[⑪] 因此,买受人的期待经由法律的赋予而具有了一种权利的地位。这种权利具有经济价值,当买受人支付价金越高时,其地位的财产价值越高,故法律对买受人的这种地位专设保护。

买受人期待权的效力可以体现在两个方面:一是对内的效力;二是对外的效力。对内的效力主要是指买受人相对保留所有权的出卖人如何行使期待权的问题。它体现在以下几个方面。

1. 买受人期待权的先效力

我国台湾地区学者王泽鉴先生认为,附条件买卖契约达成后,买受人的权利因不具备法律所规定的全部要件,不能取得契约赋予买受人的全部权利,然法律为保护此时买受人之利益,特赋予其一种先效力。该种先效力能确保将来权利的顺利取得,如同要约拘束力一样,要约一经生效,要约人即受其拘束,在要约结束期间,要约人不得撤销、扩张、限制或变更其要约。[⑫] 这种先效力体现在附条件买卖中,即为出卖人不得单方撤回其意思表示而使条件无法成就,在附条件买卖中,买受人期待权因法律的特殊保护实际上取得了约束要约相对人权利的先效力。

2. 买受人期待权在标的物上的效力

出卖人将标的物移转于买受人之后,买受人即依买卖契约的效力对标的物

---

⑩ 参见王伯琦:《民法总则》,台北,正中书局1979年版,第21页。

⑪ 参见王轶:《所有权保留制度研究》,载梁慧星主编:《民商法论丛》(第6卷),法律出版社1996年版,第641页。

⑫ 参见梅仲协:《民法要义》,中国政法大学出版社1998年版,第89页。

享有占有权,并基于其占有而对标的物享有使用、收益的权利。[13] 在此值得研究的,是期待权人能否处置占有的标的物,即能否将标的物转让、出质、抵押。期待权人在条件成就前,将标的物所有权擅自转让与第三人时,学说通说认为属无权处分。[14] 依民法法理,无权处分系属一种效力未定行为,在出卖人事后予以承认时,出让行为有效;如出卖人拒绝承认,则出让行为不生效力。当期待权人在转让标的物之后即完成所附条件时,则其处分标的物的行为自然有效。对于给善意第三人转让的标的物,第三人能否取得标的物所有权,则必须区别情况而定:在附条件买卖已经进行预告登记的情况下,出卖人对标的物的保留所有权具有对抗任何第三人的效力,故出卖人可依法律的规定,径直从第三人处取回标的物;[15]在这个问题上,我国台湾地区学者刘德宽则提出了不同的观点,他认为,对于出卖人来说,解除契约取回标的物,还不如请求买卖价金之全部给付有利,因为买受人在转让标的物后即能够付清残余的贷款,若出卖人不顾买受人或第三人将剩余贷款全部准备给付或提存的要求,坚持解除契约并要求返还标的物,就会构成权利的滥用或违反诚信原则。[16] 另外,若附条件买卖没有进行预告登记,则依法律规定,出卖人所有权则只能对抗恶意第三人,不能对抗善意第三人。若第三人取得标的物出于善意,则应取得标的物的所有权。对于期待权人得否对标的物设定质权和质押权,学界通说认为期待权人无此权利。但笔者认为,以买受人"将标的物出卖、出质或为其他处分者"为前提,"致生损害债权人"时,才须承担其责任。由此看来,现行法律亦肯定买受人在标的物上设定质权和抵押权的现实存在。此外,从买受人对标的物行使用益物权以及融通资金的需要上看,承认买受人对标的物设定担保确有必要。当买受人在支付价金上有困难时,就可以在标的物上设定质权获得资金以清偿剩余价金。但是在主张买受人对标的物可设定质权和抵押权时,还应当视附条件买卖是否已登记及质权人是否为善意而定。

---

[13] 参见刘春堂:《动产担保交易法研究》,台北,三民书局1990年版,第104页。

[14] 参见刘得宽:《分期付款买卖之法律上效力》,载《民法诸问题与新展望》,台北,三民书局1980年版,第17页。

[15] 参见刘春堂:《动产担保交易法研究》,台北,三民书局1990年版,第147页。

[16] 参见刘得宽:《民法诸问题与新展望》,台北,三民书局1980年版,第18页。

3. 买受人期待权能否转让

如前文所述,保留所有权买卖买受人于条件成就前处于期待权人的地位,这种地位具有财产价值,价金偿还越多,其价值越大。这种地位能否成为法律交易上的客体,即买受人能否将期待权让与他人?学术界对此争论极大。在德国法上,这一问题的争论经历了长期的发展阶段,最初判例认为买受人不能让与期待权,其后帝国法院于1933年承认期待权可成为让与的客体,但须经出卖人得同意。直至1956年,联邦法院(BGHZ 20,88f)才宣布买受人转让其期待权可不经出卖人同意。[17] 我国台湾地区学者在这一问题上,均一致肯定买受人期待权得为转让。从买受人角度讲,其期待权人的地位,得因条件的成就而转化为标的物所有权,随着价金义务的不断履行,期待权内含的财产价值越来越高,若将其作为交易之客体,买受人可因转让期待权而获利,亦可利用出让期待权的价金对出卖人的剩余债权为一次清偿。从出卖人角度看,期待权的让与仅改变了价金清偿的义务人,对出卖人所保留所有权的担保效力毫无损害。因此,从各方利益衡量考虑,允许买受人让与其期待权实是使各方利益得到均衡保护的举措。

买受人期待权对外的效力同样可从以下两个方面分析考察。

1. 出卖人再让与标的物于他人

在移转所有权的条件未成就时,出卖人行使所有物的让与权是否有效?买受人的期待权享有何种效力对抗出卖人让与权?对这些问题各国法律尚无明文规定。学说通说认为,应依原附条件买卖是否已登记以及受让人是否为善意而定。具体分为两种情况:当附条件买卖业经预告登记时,出卖人将标的物所有权让与第三人,则买受人可依其期待权对抗善意第三人,主张出卖人转让标的物所有权的行为无效,第三人应返还所有权与出卖人。当附条件买卖未经预告登记时,则应视出卖人移转所有权属于何种方式而定,出卖人若以现实交付方式移转标的物所有权,第三人为善意时,应取得所有权;若为恶意,则不能取得所有权,即此时买受人期待权得对抗恶意第三人。若出卖人未占有标的物而

---

[17] 参见王泽鉴:《民法学说与判例研究》(第1辑),中国政法大学出版社1997年版,第192页。

以指示方式移转所有权时,买受人得基于其期待权对抗所有第三人,不问对方系出于善意或恶意。

2. 第三人侵害标的物

在附条件买卖中,期待权人直接占有标的物,故第三人侵害标的物时,期待权人得基于其占有人地位行使自力防御。当占有物被侵夺时,买受人得加以追索直至从加害人处取回标的物。此外,买受人还可行使占有物返还请求权及妨害除去或预防请求权。而作为标的物所有权人的出卖人,也得向侵权人主张上述权利,但其权利主张应服务于买受人对标的物的直接占有,即不能因此而代买受人成为直接占有人。⑱

另外,在标的物毁损灭失的情况下,出卖人与买受人究竟何人得向加害人请求损害赔偿?因为所有权和期待权均为侵权行为法所保护的客体,出卖人和买受人基于各自权利都可向加害人请求损害赔偿。对于这一问题,学说和判例曾提出各种可能的解决办法,但均未形成一致见解。⑲ 我国台湾地区学者王泽鉴先生认为,应类推不可分连带之债的规定解决此问题,即保留所有权人和买受人就他们的共同利益向加害人请求损害赔偿,而加害人只能向债权人全体履行赔偿义务,这种方法不仅符合各方当事人的利益,而且能不损及附条件买卖当事人的内部清偿关系,至于赔偿金如何分配,出卖人和买受人可根据契约履行情况自由议定。⑳ 笔者认为,此种观点有其合理性,然在损害赔偿采请求回复原状时,不可分连带债权的解决方案就无法得到适用这一问题还有待学术界继续探究。

(二)买受人期待权的性质

买受人期待权作为一种独立的权利受到保护,民法学说和司法判解均确认无疑。唯对此权利究属何种性质,即究为物权,还是债权,法学界众说纷纭,莫

---

⑱ 参见王轶:《所有权保留制度研究》,载梁慧星主编:《民商法论丛》(第6卷),法律出版社1996年版,第639页。

⑲ 参见刘春堂:《动产担保交易法研究》,台北,三民书局1990年版,第154页。

⑳ 同上。

衷一是。其尤有代表性的,是两位德国法学家的见解。一位是 Blomeyer 教授,他认为,附条件买卖中出卖人所拥有的不是物之所有权,而是一种特殊质权,出卖人附条件移转所有权的是担保未获清偿之价金债权,因而出卖人保留的不是所有权,真正的所有权已随物之交付于买受人占有而转移,买受人实际上享有的是所有人的地位。可以看出,Blomeyer 教授的学说实际上是买受人期待权否定说。[21] 另一种观点是以德国杜平根大学的 Raiser 教授为代表的"买受人期待权物权说"。Raiser 教授认为,买受人期待权具有特殊性质,它不能简单地划归民法上对物权的传统分类——所有权和定限物权,它不属于二者中的任一种。因而 Raiser 教授提出了时间区分所有权之理论,认为买受人与出卖人依时间先后共有所有权,故二者为前后所有人。而权利随时间之经过,逐渐变更其主体。[22] 与 Raiser 教授的观点相合的,是日本铃木教授提出的所有权"削梨"说,[23] 他认为,随着条件的不断成就,时间的持续经过,附着在买受人一方的所有权就像"削梨"似的一圈圈被剥离,并逐渐地移转到买受人一方。与上述观点不同的是,我国台湾地区学者王泽鉴先生提出了"买受人期待权特殊权利说"。他认为,期待权是"在现行法律体系上,横跨债权与物权二个领域,兼具债权与物权二种因素之特殊权利,系一种物权,但具有债权之附从性,系一种债权,但具有物权之若干特点"。[24] 我国内地学者王轶立于中国内地不承认物权行为独立性的实际,提出了买受人的期待权性质属于债权的见解。他认为,买受人的期待权,就其本质属性而言,属债权,但因受所有权保留制度特性的影响,作为债权的期待权的效力已有所扩张,包容了原本归属于物权效力的部分效力,因此,买受人的期待权为物权化的债权或效力扩张的债权。[25] 上述各方见解均从不同角度,按照传统民法上权利分为物权和债权两大类别的划分方法,力图在现行权

---

[21] 参见王泽鉴:《民法学说与判例研究》(第1辑),中国政法大学出版社1997年版,第159~160页。

[22] 同上书,第161~163页。

[23] 参见刘得宽:《民法诸问题与新展望》,台北,三民书局1980年版,第7页。

[24] 王泽鉴:《民法学说与判例研究》(第1辑),中国政法大学出版社1997年版,第166页。

[25] 参见王轶:《所有权保留制度研究》,载梁慧星主编:《民商法论丛》(第6卷),法律出版社1996年版,第629页。

利划分架构内为买受人的期待权确定一明确定位,以求为立法、司法提供一种可资依据的定型理论。

实际上,期待权这一权利从它取得权利的原因来看,它就不应单属物权或债权的某类,法律对它的创设,本身就是在现行的权利分类之外,作为一种特殊权利来处理的。因此,完全没有必要在这种权利创设之后去设法论证它究属传统分类法中的哪一种。因此,笔者较赞同王泽鉴先生的见解,即买受人期待权是一种法律创设的特殊权利,兼具物权和债权的特征。在某些特定情况下,它具有了很强的物权效力,这种强化的物权效力源于法律对其特殊地位的专门保护,以及民法禁止权利滥用原则和诚信原则对交易双方利益的具体衡量。当附条件买卖当事人破产时,买受人期待权物权化的趋势体现得尤为明显。在此,拟将买受人期待权置于破产法环境下,运用类型化研究方法具体分析出卖人保留所有权和买受人期待权在兼顾破产法各方利益的基础上效力的限制和扩张,以求准确地把握买受人期待权未来发展的趋势。

三

附条件买卖出现破产时,一般存在两种情况,即出卖人破产和买受人破产的情况,无论哪一方出现破产,附条件买卖在破产法上的处理都具有特殊性。依一般民法法理分析,当附条件买卖尚未履行完毕时,一方面,出卖人所保留的标的物所有权尚在,故出卖人对之享有所有权的标的物在出卖人破产时理应成为破产财产;另一方面,买受人实际占有标的物,并基于其期待权得对标的物为转让、出质等处分,并得排除第三人之干扰。实际上,无论是出卖人还是买受人哪一方破产,在认定并处理破产债权时,都会对附条件买卖中的期待权带来影响,其实质是一种出卖人保留所有权的效力和买受人期待权效力之间的对抗,而决定这二者对抗效力强弱的,除诚实信用和禁止权利滥用的原则外,尚有总体上利益衡量和破产法上维护债权人受偿公平的目的在起作用,为阐明上述论断,本文拟从以下两方面进行考察。

(一)买受人破产时

1. 未到清偿期的分期付款是否视为已到期从而需一次给付

保留所有权买卖的买受人于条件成就前宣告破产的,应认为双方当事人对契约尚未履行完毕,对于买受人尚未到期的价金,是否得依破产法规定视为已经到期而需一次付清? 我国台湾地区学者王泽鉴在论述该问题时认为:"在附条件买卖价金系分期为之,尚未到期之价款依破产法第 100 条规定于破产时,视为已到期,故须一次给付,但可扣除自破产宣告时至到期时止之法定利息。"[26]笔者认为,此见解可值商榷。理由如下所示。

首先,从现行法上检索,法律对附条件债权在破产情况下尚无视为条件已成就的规定。而对附条件债权条件未成就时应如何处理,破产法没有规定。附条件买卖中的付款期限很明显属于附条件而不是附期限的法律行为中的期限。对于附条件债权在破产时是否应视为条件已成就,日本破产法和我国企业破产法都没有明文规定。

其次,上述王泽鉴先生的论断实际上是混淆了分期付款买卖中的期限与民法上附期限法律行为中的期限。附条件买卖中的期限究其实质应为所附条件中的一项内容,这项内容在附条件买卖中没有独立于条件之外的意义,它必须与买受人的付款行为相结合才能构成完全的买受人条件。如果期限已到,而买受人未履行付款义务,则所附条件终未成就。正因为付款行为不具有必然性,附条件买卖行为中的付款期限才具有了附条件的性质。附期限法律行为中的期限是一种对法律行为效力的限制。它与附条件法律行为中的条件具有同样性质,即都对法律行为的效力施加影响,但附期限法律行为中的期限是必然会到来的,而附条件法律行为中的条件的成就时不确定的。再者,附条件法律行为中的条件与附条件买卖中的附条件也是有区别的,"切不可将此所谓附条件法律行为混同于所谓附条件买卖。英美法上所谓'附条件买卖',并非买卖(法律行为)附有条件,而是买卖标的物所有权之移转附有条件,因此应准确地称之

[26] 王泽鉴:《民法学说与判例研究》(第1辑),中国政法大学出版社 1997 年版,第 217 页。

为保留所有权的分期付款买卖,或保留所有权买卖”。[27]

最后,附条件买卖在买受人破产时履行期限未到,尽管现行法上无此处理规定,但依破产法上的规则和一般民法法理,还是可以解决这一问题的。在条件未成就时,破产管理人可决定是否继续履行契约,若继续履行时,破产管理人可代替破产人按期支付价款,直到条件成就为止。若决定不再履行契约出卖人可就剩余未受偿的价金成立别除权,以维护其利益。

2. 出卖人在买受人破产宣告后解除契约的,出卖人能否行使标的物取回权

有学者认为:“买受人在破产宣告后给付延迟的,出卖人可解除契约,解除后条件不能成就遂告确定,故破产管理人无权继续占有标的物,出卖人得向破产财产取回标的物。”[28]对此问题,另有不同观点认为,以买受人债务不履行为理由,契约被解除后,买受人才受到破产宣告的,出卖人有取回权无疑,然买受人受破产宣告当时,契约犹存,或受到破产宣告契约被解除时,则出卖人不得行使取回权,只能行使别除权,要求就拍卖价金优先受偿。[29] 德国学者赖扎教授由于不承认破产管理人之解除权,认为:物之所有权本分属于所有权人及期待权人,故所有人破产时,所有人之破产管理人不得从“期待权人”处取回之;反之,“期待权人”破产时,所有人得行使别除权请求优先受偿。[30]

笔者认为,在考虑出卖人对破产的买受人占有的标的物到底行使何种权利时,不能机械地只看到出卖人所保留的所有权效力。对于上述三种观点,笔者较赞同第二种观点,即出卖人只能对破产财团中的标的物行使别除权,要求就拍卖价金优先受偿。其理由如下。

首先,附条件买卖中出卖人保留所有权的目的是担保债权的实现,它采用这样交易的真实意图并不是想重新取回标的物,而是谋求价金债权的实现,如果客观情况下其价金债权能得到清偿,出卖人自然不强求重新取回标的物。而赋予出卖人别除权,就拍卖财产的价金中优先受偿,足以保证出卖人价金债权

---

[27] 梁慧星:《民法总论》,法律出版社 1996 年版,第 173 页。

[28] 王泽鉴:《民法学说与判例研究》(第 1 辑),中国政法大学出版社 1997 年版,第 217 页。

[29] 同上。

[30] 参见刘得宽:《民法诸问题与新展望》,台北,三民书局 1980 年版,第 21 ~ 22 页。

的实现,所以,基于出卖人保留所有权的担保目的,限制出卖人得取回权而赋予其别除权,实是让出卖人和买受人双方受益的恰当处理。

其次,当买受人违约而致附条件买卖契约接触时,依法律规定:出卖人得基于其保留所有权取回标的物,买受人已交付的价款不能返还,此外,买受人还要承担赔偿责任。这样的处理将使买受人遭受损失极大,从而会减损破产财产的价值。损及其他破产债权人的利益。若限制出卖人之取回权而赋予其别除权,不仅买受人已支付的价金利益不会丧失,作为破产财产的标的物也不会招致不必要的变动,以保证其价值不受减损。

最后,从现行法律的规定上,限制出卖人的取回权而赋予其别除权的合理性也能证成。德国法规定当买受人将标的物转让与他人时,出卖人只能领受买受人的对待给付。[31] 这些规定,足以说明附条件买卖中出卖人保留所有权的目的是担保价金的清偿,而不太在意能否重新取回标的物。

笔者认为,在破产法上,主张出卖人应行使标的物取回权而不是别除权的见解完全漠视了附条件买卖中买受人期待权的中心位置,同时也没有看到破产法中保护债权人受偿利益的一面,更没有用利益衡量的思考方式去周详考虑,在买受人破产的情况下,由于买受人实际占有标的物,在行使物的效用的同时,其在破产前可能移转标的物于第三人,也可能将标的物设担保,更有可能灭失标的物。正是通过买受人对标的物的处置,买受人期待权才体现出作为一种权利的效力。在破产处理的情况下,期待权的这种效力同样需要法律的保护以维护其安全性和稳定性,若出卖人在条件未成就时可任意将标的物取回,则期待权的效力就毫无稳定性可言,法律赋予期待权人的特殊法律地位也将毫无意义。因此,在买受人破产情况下解除契约时,限制出卖人对标的物行使取回权而赋予其别除权,是利益衡量原则在破产法环境下的具体运用,对买受人利益和其他破产债权人利益的保护均具有积极意义。

---

[31] 王泽鉴:《民法学说与判例研究》(第1辑),中国政法大学出版社1997年版,第220页。

(二)出卖人破产时

1. 保留所有权能否作为破产财产纳入破产分配

出卖人破产时,首先面临的问题,是出卖人手中仍保留的所有权能否作为破产财产纳入破产分配。这需依契约得否解除而论。若选择继续履行契约,则出卖人手中的保留所有权只具担保性质,它不能取回标的物,只能依其担保作用,获得剩余价金的清偿,这些剩余价金理应作为破产财产纳入分配;若契约解除,出于对买受人期待权效力的保护和破产各方关系人利益的衡量,应限制出卖人径直取回标的物,而由买受人基于对标的物的占有而行使"留置权",以此对所付之价金,行使别除权。由此观之,出卖人破产时,出卖人仍保有的保留所有权实际上是空的所有权,对于该所有权的客体所有权人已不能自如地实施控制,即该所有权的效力受到了期待权效力的强力限制,保留所有权实际上只体现出一种对价金债权的担保。由此,我们似乎应同意这样的观点:在出卖人破产时,保留所有权的物权效力已逐渐与出卖人所有权相剥离而转入买受人权利一边,买受人的期待权相对应地被赋予了较强的物权特性,从而凸显期待权人的优势地位。

2. 破产管理人能否单方面行使解约权

出卖人破产时,破产管理人能否决定解除契约?从现行立法看,多数国家认为破产管理人得行使解约权,我国《企业破产法》第20条规定:对破产企业未履行的合同,清算组可以解除或者继续履行。日本《破产法》第59条亦作了类似之规定。出卖人之破产管理人行使解约权不能一概而论,通常破产管理人在考虑行使解约权时,都是基于己方立场,斟酌利益得失而决定,在决定履行或解除契约时,破产管理人唯一考虑的,是解除或履行契约能否对破产财产增值有利,以便使无担保债权获得更多清偿。在一般买卖契约中,当出卖人破产时,大多数买卖契约无法继续履行,或继续履行对双方没有实际意义,在这种情况下,赋予破产管理人解约权应无疑义,唯在附条件买卖中,情势则发生变化。附条件买卖与一般买卖的区别,在于一般买卖在出卖人破产时若未履行完毕,可能出现出卖人因被宣告破产而不能继续履行或继续履行对出卖人利益显有不利的情况,因此出卖人应被赋予解约的权利,以避免破产财产的减损;而在附条件买卖中,出卖人唯一可能招致损失的是买受人延期交付或不交付价款,即使在这种情况下,出卖人尚有保留所有权作担保,以实现其价金利益。因此,附条件买卖中出卖人破产时,合同的继续履行难有对出卖人不利的影响,只要买受人按期交付价金,出卖人得到利益即可得到完全保护;若出卖人选择解约,一方面,会造成买受人期待利益的丧失;另一方面,出卖人绝不会因此而获益,因为附条件买卖中出卖人保留所有权的目的不是取回标的物,而是为了担保价金的全部给付。因此,笔者认为,在附条件买卖出卖人破产的情况下,立法以不赋予出卖人破产管理人解约权为宜。

在理论界,有学者提出限制附条件买卖出卖人破产管理人解约权的意见。其认为:“出卖人破产时,若买受人已给付大部分价金,则依诚信原则和权利不得滥用原则,出卖人得破产管理人不能拒绝履行。”“是否请求履行,本应由破产管理人斟酌其利益以定,但若买受人主动履行,即使不利,破产人只有被迫接受。”[32]很明显,上述见解是基于诚信原则和权利不得滥用原则,并结合破产关系人各方利益衡量而作出的判断,其限制破产管理人解约权的倾向颇值赞同。

从破产法上的考察可以看出,作为一种特殊权利的期待权,虽然它既不属于物权,也不属于债权,但它却显示出很强的物权特性,“其所受之保护,与享有物权之人相当,类如承租人之租赁权因物权化而具有物权效力,可谓为期待权之物权化”。[33] 在买受人破产的情况下,买受人的期待权效力限制了出卖人依保留标的物所有权而行使取回权。在出卖人破产时,买受人基于期待权可限制出卖人行使契约解除权。买受人期待权在破产法上的效力似乎传递了这样的一个信息:从利益衡量的角度出发,诚有这样一种必要,即赋予买受人期待权扩张效力,这种扩张的效力足以对抗保留所有权的所有权效力。而出卖人得保留所有权实际上退缩到一种担保物权的效力空间。这样的一种趋势渗透到具体附条件买卖类型中,无疑会对现阶段分期付款买卖中各方当事人的利益保护产生一些影响。

---

[32] 王泽鉴:《民法学说与判例研究》(第1辑),中国政法大学出版社1997年版,第221页。

[33] 刘春堂:《动产担保交易法研究》,台北,三民书局1990年版,第136页。

四、结　语

在我国的商业贸易中,由于商品经济发展历史较短,信用经济尚未充分发育,商品销售中附条件买卖制度仅是零星采用。作为一种有效促进消费增长,缓解购买方资金短缺的制度性工具,附条件买卖远没有起到它应有的作用。鉴于国内目前居民储蓄额居高不下,社会购买力萎缩的局面,政府正竭力出台一些鼓励消费、拉动内需的宏观经济政策,以促成信用经济的发达,缓解目前令人担忧的消费状况。作为与信用经济关系密切的附条件买卖制度,其生命力就在于对信用供的有效保障,它能弥补消费者消费时信用不足缺陷,能有效促进信用消费。因此,有理由相信,分期付款买卖业必将成为今后国内生活中的一个热点,而附条件买卖法律制度的研究也必将逐步走向深入。

三个合同、两个仲裁与一个标的*

一个要考虑的是三个合同的关系,如果双方当事人表明这三个合同是一整体,那么前面的协议应该以后面的为准,如前面合同有变更的部分,以后面的为准。没有变更的部分还是以前面为准。三个合同如果是相互独立的,那就是另外一回事。但从案件事实来看,后面的就是补充协议,补充什么?补充前面的合同。从这方面来看,这个材料的本身还是比较清楚的,三个合同一回事。再一个就是后来发生的这两个仲裁,仲裁的是什么事情,看来是一码事、一个标的。三个合同是一回事,两个仲裁涉及的也是一回事,然而实际又发生了两个仲裁,这样就涉及管辖的问题。现在出现了两个仲裁,北京总会不应该再审理,即使进行了,知道了这事,也应该终止。笔者觉得深圳的仲裁从程序和管辖上来说是没问题的。程序法可能存在一个平等管辖权的问题,但仲裁法应该是不存在的,是双方当事人当时约定好的,约定不清楚就无效。如果约定得清楚了,就不应该发生这样的问题,看来只有法院来裁决了。通过法院应该可以得到公正的处理。

---

* 原载《法制日报》2000 年 9 月 10 日,第 2 版。

浅评我国统一合同法的制定和发展*

合同法是债法的重要组成部分,也是规范财产流转关系的基本法律制度,在我国法律体系中占有十分重要的地位。因此,改革开放以后,合同的立法和修改一直备受理论和实务界的关注。甚至可以说,与我国民事法研究中的其他领域相比,合同法的研究是最深入、最系统,因此也是最富有成绩的。第九届全国人民代表大会第二次全体会议通过的《合同法》,从一定程度上说是对这一成绩的承认,也是对这一成绩的总结。《合同法》无论是从其制定过程还是具体内容,乃至其所体现的立法精神等,与过去的民事立法相比都有很大的进步。笔者在此谈一下自己的看法和体会。

一、《合同法》的制定体现了立法的民主化和公开化

新合同法的制定大致始于对原《经济合同法》进行修改时,当时学者们认识到仅对《经济合同法》作局部的修补是无法实现合同法规范交易行为的目标的,而且个别的修补也不足以改变《经济合同法》《涉外经济合同法》《技术合同法》三者之间的冲突和不协调。因此,学者们在对原《经济合同法》进行了一定修订之后,就开始构想新的合同立法方案。同时全国人大常委会法制工作委员会也委托学者们提出一个合同法的立法草案。1995 年 1 月学者们起草的合同法建

* 原载漆多俊主编:《经济法论丛》(第 2 卷),中国方正出版社 1999 年版。

议草案提交给了全国人大常委会法制工作委员会。1995年5月全国人大常委会法制工作委员会民法室也提出了自己的试拟稿(一般所称的第二稿);1996年5~6月全国人大常委会法制工作委员会又召开会议,邀请一些学者、专家和相关部门负责人共同讨论,对学者建议草案和第二稿进行逐条对照比较,仔细研究和争论,并形成了草案的第三稿。在该稿制定过程中,全国人大常委会法制工作委员会的领导还特别指示,该次修改工作要充分尊重专家学者的意见,对于学者建议草案中的新制度,凡是符合中国实际的要尽可能予以采纳。1998年9月立法机关更将合同法草案在各大报刊载出,供全国人民讨论。该稿即全民讨论稿的公布,产生了积极影响,不少人都从不同的角度对这一草稿提出各种看法,并向全国人大常委会法制工作委员会提出自己的意见。随后,全国人大常委会法制工作委员会又在吸纳各方意见的基础上,形成了新草案,并于1999年3月第九届全国人大第二次会议召开时提交给大会,大会在对草案又作了一定的修改后,这一草案终于获得通过。从这次立法的过程可以看出,合同法的制定不仅体现了立法的民主化,也体现了立法的公开化。它改变了过去立法大多由某一部门负责,立法过程不公开,从而造成立法中的部门保护主义滋生,法律不能充分体现民意的弊端。而且这次合同立法的做法,不仅使合同立法本身得以民主化和公开化,更是为探索如何完善我国立法程序问题在实践中带了一个好头,这对我国社会主义法治建设必将产生深远影响。

二、《合同法》的体系相对完善,可操作性增强

《合同法》的制定也称为合同法的“统一”。之所以需要“统一”是因为原来的三个合同法,一方面既存在一些互相矛盾之处,另一方面还有些互相重复的地方,而且无一例外地都有大面积的立法漏洞存在。如《经济合同法》和《涉外经济合同法》的主体均不得以普通自然人,然而作为经济合同之一的技术合同的主体却可以是普通的自然人。再如,由于各合同法的调整对象仅仅是特定主体之间的“经济”合同,从而使诸多“非经济”合同在现实中无法可依。因此,大

面积的法律自始漏洞使这些法律在实践中面临诸多矛盾。甚至实践中一些法院依《经济合同法》来处理。“非经济”合同也不少见。而严格地说,这种做法是不合法的。再说原来的三个合同法条文相加也不过才155条,其中还有很多内容是空泛的规定,以此来规范日益复杂的市场交易行为,显然是不能适应需要的。

首先,新的《合同法》,一方面扩大了合同法的调整范围,摒弃了“经济”合同与“非经济”合同的划分,将一切关于平等主体之间财产关系的合同作为对象,抛弃了过去合同立法中人为地条块分割的做法;另一方面也遵循大陆法系法典化的传统,将关于合同行为的一般适用规则作为总则加以规定,而对各种有名合同则分别以专章在分则中加以规定。这符合大陆法系传统的由一般到特殊、由普遍到具体的思维模式。其优点是,有名合同可以直接适用相应的有名合同的规定,无名合同则可以根据其特点适用相应合同的规定,在无相应合同规定时,合同总则的详细规定可以对该合同规则的适用起到指导作用,从而避免了某些合同完全无法可依的情形出现。

其次,《合同法》的条文数目与过去相比有了很大增加,达到428条,而过去三个合同法条数相加才155条。条文的增多意味规定的细密化,也意味着法律条文的可操作性增强。而法律条文可操作性的增强,一方面可以减少在实践中某些合同行为无法可依的局面,另一方面也可以在较大程度上防止执法者滥用自由裁量权,随意解释法律条文,从而能更有效地保护合同当事人的合法权益。这也是大陆法系法典化努力的重要目标之一。《合同法》条文的细密化较好地实现了这一目标。

最后,条文的细密和完备为合同法体系的科学化和系统化提供了可靠保证。如过去的合同法仅强调违约责任部分,对合同的订立和履行等部分则重视不够。而《合同法》的相关规定则体现了将合同视为一个逐渐发展的过程,将合同法的发展过程视为一种权利、义务群的演进过程,进而从合同的要约、承诺到合同的效力、合同的变更、转让到合同的履行、合同的消灭等,都作了较详细的规定。同时规定了缔约上过失责任、有我国特色的预期违约制度,还规定了违约的补救方法,违约责任与侵权责任的竞合处理,债的保全以及合同当事人的协助义务,保护义务及后合同义务等基于诚实信用这一一般原则产生的各种附随义务,从而使合同从订立开始直到合同消失为止,双方当事人的权利都有必要的保护方法和手段。

由此可以看到,《合同法》与过去的合同立法相比,在形式上实现了统一,在体系结构上也显得相对科学、完善、可操作性大大增强,这也为以后制定统一的民法典(债编部分)打下了较好的基础。

三、《合同法》的精神和内容合理化

《合同法》不仅在形式上实现了统一,建立了较科学的体系结构,而且就其具体内容而言,与过去的几个合同立法相比也有极大进步。

从立法规定的几个原则看,《合同法》规定了平等原则(第3条)、自愿原则(第4条)、公平原则(第5条)、诚信原则(第6条)及公序良俗原则(第7条),而在合同法中合同自由、自愿原则是最重要的原则,在具体内容上,《合同法》也较好地体现了"合同自由"的原则,比较符合在私法领域,尤其是合同法领域的意思自治精神。具体体现为:在合同形式问题上,《合同法》完全改变了过去的几个合同法强调书面形式,规定合同不采用书面形式将影响合同效力(使合同无效等)的做法,甚至也没有采纳特定金额以上的合同应采取书面形式的做法,而是规定当事人订立合同,可采用书面形式、口头形式和其他形式。除非法律另有规定或当事人另有约定(第10条)。因此,在合同形式问题上,合同当事人享有充分的意思自治,而不必担心因合同形式问题过分影响合同的效力;在合同的生效问题上,原《经济合同法》等将受欺诈、胁迫的合同都规定为无效合同,将无权代理合同规定为无效合同等。而《合同法》则将受欺诈、胁迫的合同规定为无效、可变更、可撤销的合同;将无权代理等合同规定为效力未定的合同。这样关于不完全具备合同生效要件的合同就被有层次地分为无效、效力未定及可变更、可撤销四种,当事人对合同生效与否有了更大的选择自由,意思自治也得到了较好尊重。

另外,《合同法》的内容比过去更充实、合理。如原来的几个合同法对于合同的订立规定极为简略,缺少关于要约、承诺的规则。而《合同法》则以 20 多条来详细规定了要约、要约邀请、要约的撤回、撤销,承诺及其撤回等。这样不仅使合同订立的过程有了较详细的规则,而且也在法律上为明确缔约过失责任的起点提供了依据,因为缔约上过失责任一般要从要约生效时起计算。此外,还有关于合同效力的规定,原合同法将不完全具备生效要件的合同如受欺诈、胁迫及无权代理、未成年人所签合同等均归于无效之列,这样不仅是限制了合同当事人的意思自由,而且在许多情况下也损害了合同当事人本应受到保护的权利。尽管当初立法者将这些合同全部归为无效的出发点可能也是为了有效保护合同当事人的权利,但由于条文过于简单划一,因此流于主观武断,往往不能真正有效地达到其目的。而《合同法》则将这些不完全具备生效要件的合同区分为无效、效力未定、可变更及可撤销几种,使当事人对自己在具体合同中的利害关系自行作出判断,从而决定是令该合同生效、无效、撤销、变更等,而不致使当事人在权衡利害之后欲使该合同有效,但却因为合同法统一强制规定该类合同为无效而达不到其希望的目的,从而导致其利益受到损害。《合同法》在这一问题上采取的态度是非常可取的。因为这一问题既是实践中极易产生纠纷的问题,也是直接关系合同的效率、公平原则的重要问题,是合同法的核心问题,其意义十分重要。再如,《合同法》在分则中较详细地规定了十几种有名合同,这些合同有的是过去立法虽有规定,但过于简陋是起不到多大实际作用的,有的在过去立法中根本就没有规定。前者如买卖合同,后者如融资租赁合同等。在《合同法》中对于有名合同的规定占条数的 2/3 以上,其详尽程度显然是过去合同立法无法比拟的。此外,《合同法》规定同时履行抗辩权、预期违约制度等,在完善合同法体系的同时,有的规定填补了过去立法空白,有的规定与过去立法比较,内容也得以充实,合理性增强。

实际上,法律的精神是通过法律的条文(及其解释)来体现的,法律条文的完备有助于使人全面理解法律的精神。《合同法》与过去立法相比,内容更完善、合理,较好地体现了合同法所强调的意思自治。但同时又不放任当事人无限制地强调其“合同自由”的精神,从而在整体上较好地实现了二者之间的平衡。

四、《合同法》的不足和局限

《合同法》尽管与过去的合同立法相比,有了很大进步和完善,但并非已尽善尽美,它的一些具体规定中仍存在不妥当之处,而且也还有一些制度尚付之阙如。前一情形,如第59条规定:“当事人恶意串通,损害国家、集体或者第三人利益的,因此取得的财产收归国家所有或者返还集体、第三人。”实际上,该条规定情形完全可以依第52条第2项“恶意串通损害国家、集体或者第三人利益的”合同归于无效来处理,而合同无效的后果是第58条规定的返还财产、赔偿损失等。因此,第59条的规定完全不必要存在。在分则中,许多有名合同没有规定,已规定的有各合同也不够完善。如供用电、水、气、热合同,应该强调双方当事人的协助和保护义务,才足以体现该合同的特点,但《合同法》还欠缺相应的详细内容;此外,有些该规定的制度却未规定,如第三人侵害债权制度在全民讨论稿以前就有规定,但新《合同法》则删除了这一规定。这势必不利于保护债权人的合法利益,也不利于规范竞争行为。此外,《合同法》立法的目标虽希望达到现代化,但从其规定中不易看出这一点。因为《合同法》对各种制度的规定几乎都可以在其他国家已经实行多年的制度中找到,而面对电子、通信、生物、医学等领域的发展而带来的新课题,除规定电子数据也可作为合同书面形式之外也少有反映。这当然也与我国现实中此类问题发生不多,因此与经验欠缺有关,但这毕竟是一种遗憾。

在目前可能的情况下,《合同法》较好地总结了近年来学术研究的成果和实践的经验,为以后民法典的“债编”确定了大致的框架。不过,作为民法典“债编”的过渡,无论是将来法典编纂的需要,还是将来经济发展实际的需要,《合同法》的进一步完善都是必然的。通过这一“过渡”阶段,《合同法》中吸收其他国家立法经验所作的规定是否合理,就可以在我国的实践中得到检验,从而为我们进一步完善立法积累宝贵的素材和经验。因此,总体来说,《合同法》的制定为规范我国社会主义市场经济中的合同行为提供了较完善的法律依据,是我国法制建设中一件值得庆祝的大事。《合同法》制定过程中体现出来的民主化和公开化，也标志着我国民事立法已经开始走上科学化、民主化和现代化的道路，不仅如此，这一过程本身也表明我国社会主义法治建设已经取得了很大成绩，而且必将会不断取得更大进步。

关于统一合同法的制定及其主要内容*

同志们好!

《合同法》也就是我们常说的统一合同法,经过了5年半的时间,一曲三折,历经磨难(费尽周折,反复锤炼)终于在今年(1999年)3月15日,由全国人大九届二次会议通过了(见报是1999年3月22日),现已经公布,1999年10月1日起施行。《合同法》实施之日恰好是我国50周年国庆之时。《合同法》是最贴近社会经济生活的法律,所以对全国人民是件大事,对我国改革开放是件大事,对我国的法制建设是件大事,对我国司法工作者更是一件大事。今天,我和大家一起学习这个合同法,我作为一个民法学者,作为一个曾经参加过一些这次立法活动的成员,心情无比欣慰。

这部合同法的公布来之不易!从1993年8月,应全国人大常委会法工委的委托由部分专家学者开始起草《中国合同法立法方案》;随后于1994年1月邀请全国12个单位(11所高校、1个研究所)的专家学者论证,并分工起草合同总则、分则、附则;于1995年1月完成了合同法的建议草案,这就是第一稿;于1995年10月完成了第二稿;1996年6月又完成了第三稿;1997年5月又完成了第四稿;(按李鹏同志意见)1998年9月又将合同法草案全文公布,在全国范围内征求意见,这就是第五稿了,其间又多次召开专家学者、司法工作者的研讨会。直到今年(1999年)3月提交全国人大审议通过。

---

* 本文系根据作者1999年4月在北京检察院系统的合同法讲稿整理。此后在中央广电集团、清华大学、河南师范大学、湖北省、浙江省、福建省部分地市法院系统进行过相同或相似内容的讲座。

我记得,1994 年 1 月我们 12 个单位的专家学者集中北京,大家讨论起草合同法的方案和分工,心情都非常激动。因为这是第一次依靠专家立法。有的学者说,19 世纪是《法国民法典》的精神和原则统治了各国民事立法;20 世纪是《德国民法典》以它完备、精确、抽象的风格独领风骚;21 世纪应该是中国的民法典了,其中合同法就是民法典的重要组成部分。所以,我们这个合同法应该是面向 21 世纪的,它应该是代表 21 世纪民法发展方向的,是应该引导 21 世纪新潮流的。

这是一个多么崇高的目标,参加草拟合同法的专家也还是围绕这个目标,当时提出一些重要的立法的指导思想。在这些指导思想中,也体现了这个合同法的一些重要的基本原则。下面,我们讲一下这次制定统一合同法的指导思想和这次合同法的基本原则。

同志们知道,我国改革开放以来,先后制定了经济合同法、海外经济合同法和技术合同法。这三部合同法对于规范市场交易行为,保护当事人的合法权益,促进市场经济的发展,发挥了重要作用。但是,因为这 3 部合同法各自规范不同的合同关系,公布实施的时间也不同,所以相互之间也存在一些不一致和不协调的地方,而且遗漏的合同规范也很多,许多合同形式没有规定进来。

特别在 1992 年我国国政府确定以建立社会主义市场经济体制以来,社会的迫切需要,促使我们必须尽快制定一部统一的、较完备的、现代化的、与国际上通行的规则、惯例接轨的合同法。在立法之初,就提出一个重要问题,就是我们按照怎样的指导思想来制定这部合同法。当时,我们确定了以下几点指导思想:

第一,从中国建立社会主义市场经济出发,我们建立的是全国统一的大市场,是与国际接轨的市场经济,所以我们一方面要总结中国的合同立法和司法实践经验,另一方面也要充分借鉴市场经济发达国家和地区的立法经验,要与国际惯例一致,要与国际公约一致。

第二,充分体现合同自由原则,我国通常称作自愿原则。这就是,合同当事人的地位平等,依法享有自愿订立合同的权利,一方不得将自己的意志强加给另一方,任何单位和个人不得非法干预。这一原则在《合同法》第 4 条得到了体现。我们知道,近代契约自由的起点是1804年的《法国民法典》,它包含三层意思:一是缔约自由,即当事人双方有权决定是否订立合同,法律不应限制当事人订约或不订约;二是选择合同相对方的自由,即当事人有权自主决定与谁订立合同;三是决定合同内容的自由,即当事人有权订立任何种类的合同和合同的具体条款,法律不得随便加以干预。以上合同自由原则在20世纪发生了许多重要的变化,合同自由受到了限制。我国在把握20世纪以来合同法发展的基础上,规定了合同自由,比如,当事人是否签订合同、和谁签订、合同的内容、如何承担违约责任,这些方面由当事人双方在不违反法律的情况下,自愿协商约定;当然,也不是所有的合同都是由当事人说了算,比如,国防军工、重点建设、防洪工程等,就得按照特别的法律签订有关合同。要求当事人订立、履行合同应当遵守法律,不得扰乱社会经济秩序,损害社会公共利益。

第三,统一合同法要贯彻公平、诚实信用原则。当事人在行使权利、履行义务时应当遵守诚实信用原则。公平、诚实信用原则不仅是合同法的原则,也是整个民法的基本原则。1907年制定的《瑞士民法典》第2条规定:“任何人都必须诚实、信用地行使权利并履行义务。”诚实信用是市场经济活动的道德准则,通过法律的明文规定,这一道德准则法律化了。瑞士民法第一次以一般条款的形式确立了这一原则,从而拉开了现代合同法一般条款繁荣的序幕,随后意大利、阿根廷、日本以及我国《民法通则》皆借鉴《瑞士民法典》,使诚实信用原则成为大陆法系民法,特别是合同法的“帝王法则”。我国制定的统一合同法又一次规定了诚实信用原则。要求当事人在行使权利、履行义务时,应当遵循诚实信用原则,不得擅自变更或者解除合同,不得有欺诈和胁迫的行为,这一条规定在我国初步建立市场经济之时更有重要的意义。

另外,《合同法》第5条,再次提出了公平原则,要求合同当事人应当遵循公平原则确定双方的权利和义务,这一原则是市场经济关系中价值规律的体现和要求。在民事活动中,当事人要讲公平,显失公平的合同有可能被撤销。法官在处理合同纠纷中,也要贯彻公平的原则。公平原则的内容还具体表现在由其派生的情势变更原则(这次尚未规定)和公平责任原则(在当事人双方对造成损害的无过错的情况下,由法院根据公平观念,在考虑当事人的财产状况及其他情况的基础上,责令加害人对财产损失给予适当补偿)。

以上诚实信用原则,也包括公平原则,对法官运用自由裁量权有重要的现实意义。因为今天在座的,有检察官、有法官,我想谈谈法官的自由裁量权的问题。

我们知道,在19世纪以《法国民法典》为代表,发达国家在处理民事关系时,是采取严格规则主义,也就是要绝对依据法律条文办事,法律没有规定的不办。但是,人们发现社会生活丰富多彩、变幻莫测,法律不可能概全(这一认识符合马克思主义,法律源于社会生活,法律是上层建筑,它反映和作用的是经济基础)。实际上,立法机关最重要的任务恐怕是从大处着眼确立法律的一般规则,当然法官要正确运用法律就必须去深刻理解立法的精神,去理解这一法律部门的基本原则。就民法而言,各国开始是采取严格规则主义,但不久就发现这样不行,之后逐渐向严格规则与自由裁量相结合的方式发展;到20世纪初,人们开始否定法典的绝对化和神秘化,认为法律不可避免地具有缺漏,需要法官和法学家进行填补,并主张实行自由裁量主义。在这种背景下,司法中的严格规则主义在法国、德国等欧洲大陆国家逐渐被打破,当时形成了一种思潮,这种思潮在20世纪的法典创制中得到了反映,其中《瑞士民法典》就此树起了一面旗帜。《瑞士民法典》第1条第2款规定:“如本法无相应规定时,法官应依据惯例;如无惯例时,依据自己作为立法人所提出的规则裁判。”这实际上是在一定的前提下,承认了法官立法(因为这在英美法系并不是新鲜事,因为他们是判例法),《瑞士民法典》之后,引起了一些国家的注意和模仿,其中最典型的是《意大利民法典》。《意大利民法典》规定:“若一条明确的规定不足以解决争议,可以适用解决同类案件或相似案件的规定;若仍然不够清楚,则根据国家和社会秩序的一般原则进行判决。”以上,表现了一种世界的立法倾向,也体现出两大法系的不断融合。

也正是在这种思潮的影响下,20世纪也相应产生了民法的两项基本原则:一是诚实信用原则;二是公序良俗原则。公序良俗即我国通常所指维护社会公共利益、维护社会经济秩序的原则(《民法通则》第7条,这次《合同法》也是第7条)。现在,我们也时常碰到一些十分棘手的案件,几乎无法可循,立法者也没有这样的预见性,那么这些问题、这些矛盾就不处理了吗?显然不是,这就要给法官留下充分的余地,让法官根据民法的基本原则,根据公平、正义的理念,凭借自己对法律科学的理解去处理案件。所以,把自由裁量权给了法官,法官的权力大了,要求也高了——思想品德要求高了,业务水平要求也高了。我接触的一些法官,他们不愿意要这个自由裁量权,认为还是按法律条文办案保险。但是,时代的发展,立法的趋势,你不要也得给你。的确,诚实信用原则一方面对当事人进行民事活动起指导作用,另一方面是对法官自由裁量权的授予。由于公平、诚实信用概念没有确定的内涵和外延,这就自然而然地需要法官在审判实务中依据公平、诚实信用原则的基本要求,结合实际来解释这一原则的具体适用,把自由裁量权赋予法官。因此,这一原则意味着承认司法活动的创造性和能动性,具有客服成文法局限性的功能。

第四,在价值取向上要兼顾经济效率和社会公正,既要有利于交易便捷,又要有利于交易安全。我们在制定法律时,要从提高经济效率出发,不要过于繁琐,民法的特点要体现出来,给当事人充分自主的权利;同时也要注意维护市场经济秩序,保护消费者权益和劳动者权益(例如,抵消、提存——效率;格式条款限制——公正;口头、第三人履行、合同转让——便捷;表见代理、缔约过失、后合同义务、当事人合并、分立的债务承担——安全)。立法就要在各种利益、各种权利中,找到一个适当的平衡点,比如,债权人与债务人就是一对矛盾,要保持债权人的权利,当然,债务人的合法权益也要保护(注:抗辩权是从保护债务人的角度出发的;而债的概念是从债权人债权实现的角度设立的代位权、撤销权)。这个平衡点找得准、符合实际,就促进发展;否则会造成矛盾、激化矛盾,影响社会经济的发展。

第五,在立法技术上,注意可操作性,概念准确,规范明确,便于适用。

一、统一合同法的调整范围

如何确定合同法的调整范围,实际上就是要给合同下一个什么样的概念,应该如何理解合同的意义。世界上两大法系,对合同的理解有明显差异。大陆法学者一般认为,合同是一种协议,英美法学者一般认为合同是一种允诺。比较而言,大陆法对合同的理解较全面。我国民法基本属于大陆法系,所以人们一致认为,合同是一种协议,这似乎没有什么问题。但是在社会实际生活中,协议本身所包含的内容纷繁复杂,要约、承诺的订约方式可以广泛应用在民事、行政、劳动甚至亲属等各种关系之中。那么,我国统一合同法应如何定义合同并确定其规范的对象,这是这次立法一开始就遇到的一个重要问题。

制定统一合同法以来,学界大致存在三种对合同的理解。

(1)广义的理解。认为合同是指以确定权利、义务内容的协议,它不仅包括民法中的合同,还应包括行政法上的行政合同、劳动法中的劳动合同、国际法上的国家合同等。在这次讨论合同法的过程中,对行政合同问题还引起一场激烈的争论。(行政合同,日本学者认为是指让你订立合同必须订立,是对自由的限制。德国、法国,自 20 世纪 60 年代以来,政府首先在公共企业推行合同制;20 世纪 80 年代建立了计划合同制,这种合同涉及企业、政府,如中央政府、地方政府签订的合同就是行政合同。)一些研究行政法的学者提出,这个合同法草稿混淆了民事合同与行政合同的界限,比如,有关粮食、棉花、烟草定购合同,国有土地使用权出让合同,国营企业承包经营合同,国营企业租赁合同,国家订货合同,公共工程承包合同,只要是按照指令性计划签订的合同,均属于行政合同。我们这次合同法没有把行政合同放入其中,但有些合同,如工程承包合同(三峡工程、国家大剧院、西客站工程)还放在合同法中,大家对行政合同的认识也不一致。从基本观点分析,调整市场交易行为的是民事合同,调整国家对市场交易的管理行为的是行政合同。如果仅仅是国家通过行政机关对某些市场交易行为进行一定的干预,并不改变这些市场交易行为的性质,当然,这些交易行为产生的关系也不能算行政关系,这个合同法还是能够调整的,这个问题有争议,所以许多有争议的合同没有规定在其中,如国有土地使用权转让合同、企业承包、租赁合同(比如,计生办与生育人签订的合同;环保局与企业的执法合同;学校与学生签订的分配协议,是行政合同,起码不是民事合同。还有一个基本判断标准,当事人之间是否平等。比如,国家与自然人之间的债务关系,公债的发行,这是平等关系;环保局与企业签订的守法合同是行政合同)。

(2)狭义的理解。认为合同是将合同视为民事合同,只要是确立、变更、终止民事权利义务关系的就是合同,德国学者称为“私法合同”。这样它不仅包括债权合同,也包括物权合同(当然,我国很多学者不承认物权行为、物权合同,认为就只有债权合同,即使设立物权变动的合同还是债权合同,如买卖合同),也包括身份合同(如婚姻合同,是否承认婚约的法律效力?)。身份合同我国一般不认为是合同法的关系。但是,我国的合同法中是否包括物权合同,争议很大。但是,这个争议主要是在学术界,如法学所孙宪忠研究员在德国留学,他对物权行为、物权合同的理论认识比较深刻,认可这一理论的现实意义。一般认为,以变动物权为内容,双方意思表示达成一致就是物权合同,比如,我国现实的经济生活中频繁出现的买卖合同、土地使用权出让合同、各种抵押及质押合同,以及以生产资料、自然资源的利用、开发为标的承包合同,都是用合同形式来约定的物权变动,所以是物权合同。在这次合同法中,除买卖合同外,上述的其他合同均没有规定。

(3)最狭义的理解。认为合同应该仅指债权合同,不包括物权合同。原《民法通则》第 85 条对合同的规定是:“合同是当事人之间设立、变更、终止民事关系的协议。”在这里,通常理解民事关系仅指债权债务关系。这次合同法征求意见稿,第 2 条规定得就更明确了:“合同是平等主体的公民、法人、其他组织之间设立、变更、终止债权债务关系的协议。”但是从合同法的公布后看,回到《民法通则》第 2 条的提法改为“设立、变更、终止、民事权利义务关系”——似乎调整范围又扩大了。由于代表的意见,第 2 条加了第 2 款“婚姻、收养、监护等有关身份关系的协议,适用其他法律的规定”。在这里排除了身份关系的合同,但没有排除物权合同,只是没有规定物权变动的具体合同形式。

从以上三种观点看,这次合同法实际上采取了第三种观点,它调整的范围不是全部合同,也不是全部民事合同,而仅仅是债权合同。刚才我们所指出的合同法的第 2 条规定,它表明了三个意思。第一个意思:合同法调整的是平等主体之间的民事权利义务关系,属于民事合同。政府对经济的管理活动,属于行政管理关系;企业、单位内部的管理关系,都不是平等主体之间的关系,不适用这个合同法,合伙内部适用。第二个意思:合同是设立、变更、终止民事权利义务关系的协议,所以不承认有关婚姻、收养、监护关系的协议是合同,但是对物权合同没有否定,只是在分则中,除买卖合同外,没有规定物权合同的形式,这为今后合同法的发展留下余地。第三个意思:合同法主要是调整自然人之间、法人之间,特别是企业之间的经济贸易关系,同时还包括自然人之间因买卖、租赁、借贷、赠与等产生的合同关系。与原 3 部合同法的调整范围相比,大致相当,多少有些扩大。这次合同法主要是在总则部分增加的内容较多,一些具体合同的规定较详细,但合同种类没有增加太多。

所以,因为这次统一合同法把合同的定义,一直确定在设立、变更、终止债权债务关系上,这样就把许多合同形式排除在外了(但是,按照不承认物权合同的观点,也同样把这些合同看作债权合同),比如,一些带有行政因素、具有物权性质的国有土地使用权出让、转让合同、抵押合同、质押合同、承包合同,具有共同行为的合伙合同、联营合同,另外在人格权的行使方面——如肖像权、名称权的让与问题,在亲属关系领域中也有一些合同关系。以上这些合同都没有在统一合同法中加以规定,那么这些合同规定在哪里?还不清楚,按照比较多的学者的意见,如王利明教授主张采取狭义的合同概念,比较符合合同法的实际和发展趋势,我比较同意这种意见。这次合同法的最后公布,给合同下的定义较宽阔,是狭义的合同,不是最狭义的合同定义;可是较多的人还是主张对合同作最狭义的理解,如梁慧星教授坚持是债权合同,王利明教授主张是民事合同。

二、合同订立和效力(第二章、第三章的内容)

合同的订立十分重要,它是合同履行的前提。如果当事人在订立合同时考虑得周到一些,有利于合同的履行,有利于维护当事人的合法权益,也能减少纠纷、提高效率。

关于合同主体。《合同法》第 9 条规定,当事人订立合同,应当具有相应的民事权利能力和民事行为能力。当事人可以依法委托代理人订立合同。

关于合同形式。《合同法》第 10 条、第 11 条作了规定,凡法律、行政法规规定采用书面形式的,应当采用书面形式。当事人约定采用书面形式的,应当采用书面形式。另外,还特别规定数据电文(包括传真、电子数据交换和电子邮件等)也包括在书面形式之中。

关于订立方式。这次合同法把要约、承诺制度详细地规定在这一章中。在这里,首先是对要约的理解,我国合同法按照大陆法的传统把合同看作一种合意、一种协议,把要约看作一方当事人的意思表示,不是法律行为;而英美国家则认为要约是一种允诺,我国也有的学者认为要约是一种附条件的法律行为,这是不妥当的。但是,我们必须看到,要约虽然不是法律行为,但仍具有法律意识,但并不发生实在的法律后果,如商店柜台上摆放的商品就是要约,人家看看不发生效力。但对要约人商店自己有约束力,人家要买就必须卖给人家。一旦一方当事人向对方发出要约,对自己就有了约束力,就不得随便撤回,也不得随便撤销。所谓要约的撤回,是指要约人在发出要约后,达到受要约人之前,有权宣告取消要约;所谓要约的撤销,是指要约人在要约到达受要约人以后,实际上要约生效了,这是将该项要约取消。显然,要约的撤销问题大一些。对此,大陆法与英美法又有不同的处理意见。按照大陆法系,如德国、法国就规定,要约人不得对要约随意撤销,如果要约人在要约生效以后撤销要约,就要承担损害赔偿责任,法院甚至有可能因宣告撤销无效而确认合同成立。而英美法,要约可以随时撤回或者撤销。以此分析起来,这次立法认为两种处理办法似乎都有缺欠。后来,我们发现《联合国国际货物销售合同公约》第 16 条规定,在未订立合同前,如果撤销通知于受约人(已收到要约)发出接收通知之前送达被要约人,要约得予撤销。就是要抓住这个空当,对要约人较有利,原则上也不损害受约人的利益,但是,无论要约人是要撤回,还是要撤销,根据《合同法》第 17 条、第 18 条的规定,都要及时通知对方,否则给对方造成损害,要约人要承担缔约过失责任。关于要约的有效条件,强调要约的内容要具体确定,否则对方无法承诺,即使承诺也会因不符合合同主要条款而无效,但没有限制受要约人必须是特定人。对要约邀请也作了规定,要约邀请是希望他人向自己发出要约的意思表示,如拍卖公告、招标公告、招股说明书、商品广告都是要约邀请,要约邀请一般不能产生预期的法律后果,大陆法是这样理解的,而英美法则不同,如它们把招标看作是合同成立的条件。

什么是承诺?《合同法》第 21 条规定:“承诺是受要约人同意要约的意思表示。”为什么是意思表示,学说上也称为准法律行为,只有和它的意思表示相对应,才能产生法律后果。除非有约定或有习惯,承诺应当以明确的方式作出。以往我们在学理上是这样解释的——承诺的内容与要约的内容要完全一致,否则就认为是新的要约。但是这次合同法借鉴了英美法的有关规则,不要求内容完全一致。《合同法》第 31 条规定:“承诺对要约的内容作出非实质性变更的,除要约人及时表示反对或者要约表明承诺不得对要约的内容作出任何变更的以外,该承诺有效,合同的内容以承诺的内容为准。”但是,在这里如何理解非实质性变更?有些难度,比如,你向我卖一台机械,运到北京东站,我承诺时要求你运到北站,其他条款不变,这恐怕就是非实质性的,得承认合同的履行以北京北站为准;你要卖我 100 斤大米,提出了要约,我承诺,但我要 80 斤,要约人也没表示反对,这项买卖大米的合同就成立了(但你只要 5 斤,可能就会不同意)。另外,合同法还对承诺的方式、承诺生效地点作出了规定。

关于格式合同(前几稿称标准条款)。近些年,因为采用格式条款订立合同而发生的纠纷逐渐增多。所谓格式条款,是指当事人为了重复使用而预先拟定,并在订立合同时未与对方协商的条款。显然,制作格式条款的都是大单位、大企业、有垄断地位的组织,对方当事人往往是弱者。所以,这次合同法从维护公平、保护弱者权利出发,对格式条款作了 3 项限制:(1)《合同法》第 39 条规定,“提供格式条款的一方应当遵循公平的原则确定当事人之间的权利和义务”,并有提示、说明的义务,应当提请对方注意免除或者限制其责任的条款,并按照对方的要求予以说明;(2)《合同法》第 40 条规定,“提供格式条款的一方免除其责任、加重对方责任、排除对方主要权利的,该条款无效”;(3)《合同法》第 41 条规定:“对格式条款有两种以上理解的,应当作出不利于提供格式条款一方的解释。”(讲上海银行贷款案件)如果同一合同关系有两个文本,一个是格式条款文本,另一个是非格式条款文本,两者又不一致,应当采用非格式条款文本(合同法公布后,据说各银行已经着手修改过去的格式条款了)。

关于缔约过失责任。什么是缔约过失责任?就是在订立合同的过程中,有的合同虽然还没有成立,但因一方当事人的过错给对方造成损失,有过错的当事人应当承担赔偿责任(比如,顾客在商场滑倒摔伤,商场如果有过错就要承担赔偿责任)。在这里,缔约的过失应该理解为有过错的意思,它包括过失和故意。这个概念是德国法学家耶林在1816年创造的,后来被大陆法系各国接受,也影响到英美国家。这次我国合同法对此规定了两条(专家稿是两条,第三稿时改为一条,最后又确定为两条)。《合同法》第42条规定:当事人在订立合同过程中,假借订立合同,恶意进行磋商,或者有其他违背诚实信用原则的行为,给对方造成损失的,应当承担赔偿责任。《合同法》第43条规定:当事人在订立合同过程中知悉的商业秘密,无论合同是否成立,不得泄露或者不正当地使用。否则,给对方造成损失的,应当承担损害赔偿责任。另外,如前所述,当事人如意擅自变更、撤销要约,也属缔约过失。对缔约过失责任的性质,在学说上意见还不一致,有的说是合同责任(如王泽鉴、崔建远);有的说是侵权责任(按照中国政法大学隋彭生的观点,如以胁迫、欺诈等手段订立合同,就可以认定构成侵权行为);有的说是独立责任。

关于合同效力,即合同法第三章的规定。

第一,这里遇到一个问题。合同从什么时候生效?《合同法》第44条规定:自成立时生效。这是一般情况。但是还规定了第2款:法律、行政法规规定应当办理批准、登记等手续生效的,依照其规定。以上规定,与我国《民法通则》第57条和《经济合同法》第6条的规定是一致的,这也是大多数立法者的意见。但对这个问题,有学者也有不同看法,认为合同的成立与合同的生效不是同一概念,在学理上,合同的成立,是指合同因符合一定的要件而客观存在,合同是否成立,是根据是否符合成立要件(如双方当事人意思表示一致,合同的一般条款等)来判断合同是否成立,这是属于事实判断问题;合同的生效,是根据已经成立的合同是否符合法定的生效要件来决定(实际上就是法律行为的生效要件,如当事人有民事行为能力、意思表示真实、不违法),有的学者认为这属于价值判断问题。合同成立是合同生效的前提,如果合同都没有成立,也就谈不上生效的问题了。但是,有些已经成立的合同因欠缺法定的生效要件,可能成为无效合同,或成为可撤销合同,或成为效力待定的合同。当然,合同不成立就谈不上无效;合同不生效,就谈不上可撤销。对于可撤销合同,当事人不行使撤销的权利,合同就视为有效;效力待定的合同,是指某个事实不发生(如追认的事实),合同就无效,事实发生了就有效。又如,附条件的合同也不是自合同成立时生效,而是自合同规定的条件成就时生效,当然这种情况实际上在《合同法》第45条已经作了规定。有的学者研究得更深入一些,认为我们不区分合同的成立与合同的生效,导致将大量的合同不成立问题作为无效合同对待,混淆了两种不同责任的性质。因此,这次《合同法》第44条第2款的规定,基本问题解决了。当然也有的学者认为还不够周延。

第二,在征求意见稿中,在认定合同效力时,规定不要只注重形式,还要看内容实质,要看具体情况。原征求意见稿第45条规定:“法律规定应当采用书面形式的合同,当事人未采用书面形式但已经履行主要义务或者能够证明当事人对合同内容协商一致的,该合同有效。”原征求意见稿第46条又规定:“没有签字或者盖章的当事人已经履行主要义务的,该合同有效。”这些都是英美法上的规则。但是,以上这些规定在这次通过的合同法中删去了,说明我们还是比较重视形式的,该有书面合同的,没有还是不行;该盖章签字的,没有盖章签字,还是不发生效力。

第三,关于代理问题。首次在《合同法》第48条规定了一般的无权代理,对被代理人不发生效力,由行为人承担责任。接着又规定了第2款,即如果被代理人追认的,即认为有效,被代理人未作表示的,视为拒绝追认。所以,如果出现了这种情况,实际上是一种效力待定的行为,效力待定的合同,它要等待一个事实的出现(追认行为)才有效,这个事实不出现(不追认)就无效。什么是待定的法律行为?是指已经成立的民事法律行为(合同),当时意思表示的内容还不发生效力,只有在等待事后一定事实、一定的行为发生之时才产生法律效力的民事法律行为(合同)。(1)无行为、限制行为能力人实施法律行为要经法定代理人的同意才能发生效力;(2)代理权的欠缺,要经被代理人的追认才发生效力;(3)处分权限的欠缺,无权处分一般不发生效力,但是得到有处分权人的承认,有效;(4)债权人同意的欠缺,债务人移转债务不经债权人同意,无效,但经债权人追认统一的,有效。这与可撤销的法律行为、可撤销的合同不同,如果一个事实(撤销行为)不出现,合同就有效;相反,撤销行为出现、发生,合同就无效了。

《合同法》第49条规定的是表见代理问题。第49条规定:"行为人没有代理权、超越代理权或者代理权终止后以被代理人名义订立合同,相对人有理由相信行为人有代理权的,该代理行为有效。"为什么这样规定,是为保护交易安全,维持代理制度的信用,保护善意相对人的利益。但是,我们要注意,依照法理,被代理人向善意相对人承担了责任之后,被代理人由此所受到的损失,其有权向表见代理人请求赔偿。

表见代理的类型,主要有三种:(1)由代理权限制所产生的表见代理,代理人是有代理权的,但是其超过了代理权,其中超过的部分可能构成表见代理。(2)由授权表示所产生的表见代理,是指本人表示将代理权授予他人,或者知道他人为其代理人没有作出反对表示的。所以这种表示既可能是作为,也可能是不作为。比如,作为的表示,本人对第三人表示已将代理权授予行为人,"他代理我,找他签订合同吧",但事实上并未授权,在这种情况下,对本人构成表见代理,要承担法律后果。不作为的方式,如《民法通则》第66条规定:"本人知道他人以本人名义实施民事行为(显然包括代理行为)而不作否认表示的,视为同意。"所以代理行为有效,本人要承担其法律后果。(3)因代理权的撤回或消灭所产生的表见代理,是指代理权撤回或消灭后,代理人为代理行为,第三人不知道的,是善意的。在有的情况下,给第三人造成一种假象,还相信某人有代理权,被代理人也没有采取措施,如收回代理证书、证件,公告声明代理权终止,或者直接通知相关的相对人,没有这些措施,第三人不知道原代理权已经撤回,或原代理权已经终止,而继续与原代理人实施民事法律行为、签订合同,即构成表见代理。

第四,关于法定代表人的越权行为问题。我们知道,在《民法通则》颁布之后的很长时间,法院对法人法定代表人超越权限所订立的合同,在实践中倾向认定为无效,但是进入20世纪90年代以来,法院在实践中则开始采取灵活的态度,关键要看相对人是否知道其是超越权限的。所以,这次《合同法》第50条明确规定:“法人或者其他组织的法定代表人、负责人超越权限订立的合同,除相对人知道或应当知道其超越权限的以外,该代表行为有效。”这次合同法作这样的规定,也是和公司法的发展有关的。近些年来,公司法上的越权理论(一个公司超越了公司章程和一般法律赋予的权力,所进行的交易行为无效)的弊端日益明显,一是不利于企业、公司的经营;二是不利于保护相对人的利益。所以各国立法都在改变这种规则,如英国公司法在 1989 年修改后,几乎完全取消了越权理论。我国合同法的这条规定,符合民商法的发展趋势。

第五,关于合同无效和合同可撤销问题。在订立合同过程中,主要对于欺诈和胁迫发生的分歧。我们知道,按照《民法通则》的规定,欺诈和胁迫都是合同无效的原因。合同法第一稿,把它改为合同可撤销的原因;第二稿又恢复为合同无效的原因;第三稿再改为可撤销的原因;第四稿(征求意见稿)再次恢复为无效的原因。在争议过程中,少数学者主张欺诈和胁迫为无效原因。其主要理由是《民法通则》的规定,并认为这种规定有利于受欺诈、受胁迫一方,也符合对欺诈和胁迫的惩罚;而多数学者主张欺诈、胁迫为可撤销原因。其主要理由是:从法律政策的角度讲,凡是影响合同效力的原因直接损害社会公共利益的,应使合同无效,这种规定是以维护社会公共利益为目的的。凡是影响合同效力的原因一般仅仅是损害当事人个人利益的,则应使合同为可撤销。这时,法律应该赋予受害一方当事人以撤销权,至于其行使不行使撤销权,应由其衡量利弊来决定,当然,如果其不行使撤销权,就使这项合同变为有效。如果硬性规定因欺诈和胁迫订立的合同为无效,那就说明这个合同自始无效、当然无效、绝对无效,这样就使受害人可能得到的利益也得不到了,所以规定合同无效,不见得对受害人有利。另外,硬性规定因欺诈和胁迫订立的合同无效,在程序上也存在问题,法庭或仲裁机构仅从合同本身来客观地判断受害一方是否受了欺诈或胁迫有困难,实际上还得由受欺诈人、受胁迫人来证明,如果这些人不到法院起诉,不到仲裁机构提出仲裁,还是无法认定这项合同无效。所以,我同意把因欺诈、胁迫订立合同确定为可撤销的合同比较有利。这次合同法采取了折中意义的规定方法,把它分为两种情况,即《合同法》第 52 条和第 54 条的规定。《合同法》第 52 条规定,如果以欺诈、胁迫的手段订立合同,损害国家利益的,合同无效;第54条规定,如果以欺诈、胁迫的手段或者乘人之危,使对方在违背真实意思的情况下订立的合同,受损害方有权请求人民法院或者仲裁机构变更或撤销。这种折中主义的规定,是有矛盾的,若对方是国有企业法人,都会涉及国家利益,那就是无效了。这样还是没有解决问题。

三、合同的履行(第四章)

首先,关于合同履行的原则。《合同法》第60条强调了当事人应当遵循诚实信用原则,按照双方的约定履行自己的义务,这就是要坚持全面履行原则。除约定外,还要履行及时通知、协助保密的义务。这是附随义务的规定,是诚实信用原则的要求。在合同中没有约定或约定不明确的,按照第61条的规定,双方可以再达成补充协议;如果合同内容不能确定的,《合同法》第62条则根据不能确定的各个方面,如质量要求不能确定,按照通常标准履行;货款报酬不确定,按照当时的市场定价;对履行地点、履行期限、履行方式、履行费用不明确的,也分别作出解决问题的明确规定。应该说,比较便于实际操作。

其次,关于履行主体的要求方面。在一般情况下,当事人应当亲自履行合同。这是大陆法系民法通常的要求,也就是在履行合同时,要由债务人亲自履行,而且只能向债权人履行,因为在理论上认定,债的关系是特定人之间的关系。在实践中,有些合同确实也不能转换当事人,如委托技术开发合同的委托方在订立合同时,必然要考虑开发方的技术开发能力,这种技术开发能力就是特定履行能力。但是,在市场经济不断发展的情况下,合同法也不能仅从概念出发,也不能不考虑合同的实际,而应当在意思自治、公正、效率观念的指导下,采取灵活的态度,在保证债权人履行利益的前提下,应该允许债务人按照约定可以向第三人履行,也应该允许按照约定由第三人向债权人履行债务。这样,会使当事人得到更多的交易机会,也便于提高交易速度,有利社会经济发展。《合同法》第64条、第65条分别对此作了规定,如第64条规定:“当事人约定由债务人向第三人履行债务的,债务人未向第三人履行债务或者履行债务不符合约定,应当向债权人承担违约责任。”第65条规定:“当事人约定由第三人向债权人履行债务的,第三人不履行债务或者履行债务不符合约定的,债务人应当向债权人承担违约责任。”

最后,关于双务合同的抗辩权问题。履行抗辩权,是指当事人在符合条件时,将自己的给付暂时保留的权利。履行抗辩权是从债务人角度设置的权利,也可以说,履行抗辩权是债务人的抗辩权。另外,履行抗辩权也是合同效力的体现,它的行使使合同履行效力发生改变,但抗辩权本身并不能消灭合同的履行效力,只是中止履行,在产生抗辩权的原因消失后,债务人应当履行合同,履行抗辩权是一时的抗辩权,不是永久抗辩权,也不是合同解除的原因。履行抗辩权在实质上是一种自助权,它的行使不需要借助于对方的意思表示与合作,也不必经过诉讼或仲裁程序,当事人在符合法定条件的情况下,就可以自己行使这种权利,当然,也可以放弃这种权利。

在学理上,履行抗辩权分为同时履行抗辩权和不安抗辩权。也有的学者(中国政法大学隋彭生)把同时履行抗辩权又分为二种情况:一是合同当事人双方负有同时履行的义务,一方当事人未为对待给付之前,另一方当事人可以拒绝履行自己的给付,这种情况是一种真实意义的同时抗辩权;二是一方当事人有先为对待给付的义务,而未为给付时,另一方当事人可以拒绝自己的给付,这种情况也称为先履行抗辩权。除以上所说同时履行抗辩权、先履行抗辩权外,还有不安履行抗辩权。不安履行抗辩权,是指具有先给付义务的一方当事人,当其发现对方财产明显减少,不能保证对待给付时,则可以拒绝先行给付的权利。这次《合同法》第66条规定的是同时履行抗辩权,第67条规定的是先履行抗辩权,第68条、第69条规定的是不安抗辩权。

我们看第66条的规定,即“当事人互负债务(双务合同),没有先后履行顺序的,应当同时履行。一方在对方未履行之前有权拒绝其履行要求。一方在对方履行债务不符合约定时,有权拒绝其相应的履行要求”。分析以上规定,构成同时履行抗辩权的条件应该包括这样几点:(1)当事人互负债务,显然是在同一个有效的双务合同之中;(2)双方的给付没有约定履行的先后,应该是同时履行,所以同时履行抗辩权是双方当事人都享有的权利;(3)须一方当事人未履行债务,或履行债务不符合约定时,另一方当事人才可以行使同时履行抗辩权;(4)须对方的对待给付是可能履行的,如果对方根本就不能履行,运用同时履行抗辩权也解决不了问题,因为行使同时履行抗辩权的目的在于促使对方履行合同,从而达到双方同时履行债务。也有的著作中(崔建远)还提出一个条件,就是双方互负的债务均已到清偿期,这一点合同法规定得不是很明确,当然也可以理解互负债务就是指一种已经到了清偿期的有效债务。

下面,我们看《合同法》第 67 条的规定,即"当事人互负债务,有先后履行顺序的,先履行一方未履行的,后履行一方有权拒绝其履行要求,先履行一方债务不符合约定的,后履行一方有权拒绝其相应的履行要求"。这一条规定的是先履行抗辩权,它是指依照合同的约定或者直接由法律规定,负有先履行义务的一方当事人,履行期到了,但未履行义务或履行义务中有重大瑕疵,这时,另一方当事人为保护自己的利益(期限利益、顺序利益),就可以中止履行合同的权利。我们分析一下,先履行抗辩权的构成条件中,有一方当事人是应该先履行合同义务的,而同时履行抗辩权的构成条件中,双方当事人履行合同义务没有先后顺序。另外,先履行抗辩权是谁的权利?实际上是后履行合同义务当事人的权利;而我们随后要讲的不安抗辩权,实际上是负有先履行合同义务当事人的权利。

什么是不安抗辩权?它是指具有先履行义务的一方当事人,当其发现对方财产明显减少,不能保证随后向他履行义务(对待给付)时,拒绝自己履行义务的权利。英美法中称"中途止付权",如合同成立后,若卖方发现买方无偿付能力时,具有采取措施停止支付货物的权利。这方面,《联合国国际货物销售合同公约》《香港合同法—货品售卖条例》中都有类似规定。这次我国《合同法》第 68 条、第 69 条作了规定:应当先履行债务的当事人,有确切证据证明对方有下列情形之一的,可以中止履行:(1)经营状况严重恶化的;(2)转移财产、抽逃资金,以逃避债务的;等等。但是合同法又要求,因以上情况而中止履行债务的当事人要及时通知对方当事人。如果对方提供了担保的,这方当事人应当恢复履行;如果中止履行后,对方在合理期限内未能恢复履行能力的,也未能提供担保的,中止履行的一方当事人可以解除合同。我觉得,这次合同法对不安抗辩权的规定较完善,也较合乎情理。总之,以上三种抗辩权的规定,提高了合同当事人在某些情况下自我保护的能力。随后,我们进一步再讲一下合同法中债的保全问题。

关于合同的保全,是这次合同法非常重视的问题。《合同法》第73条规定:“因债务人怠于行使其债权,对债权人造成伤害的,债权人可以向人民法院请求以自己的名义代位行使债务人的债权。”第74条规定:“因债务人放弃其到期债权或者无偿转让财产,对债权人造成损害的,债权人可以请求人民法院撤销债务人的行为。债务人以明显不合理的低价转让财产,对债权人造成损害,并且受让人知道该情形的,债权人也可以请求人民法院撤销债务人的行为。”以上两条规定,较完整地概括了债的保全制度的全部内容,打破了保全制度规定于债权总则的立法常规,把债的保全制度在合同法中加以固定化、条文化,这在立法例上是一项创新。

我们知道,在民法理论上,债的担保分为特殊担保和一般担保。特殊担保,是一种狭义上的担保,是指督促债务人履行债务,保障债权实现的一种法律手段,具体担保的形式有保证、定金、抵押、质押和留置;一般担保,是指广义上的担保,即督促债务人履行债务,保证债权实现的所有民事法律手段,这包括刚才讲的狭义上的各项担保形式,还包括债的保全制度和民事责任制度。这三种民事法律制度,是从不同方面保障债权人债权的实现。在这三种民事法律制度中,民事责任制度是债的一般担保的最普通形式,当事人不履行债务就要承担民事责任,不履行合同义务就要承担违约责任,这是法院以其法律的强制力保障债权实现最常运用的制度。债的特殊担保,像我国《担保法》上规定的担保形式,我们不多讲了。债的保全,是民事责任制度的补充,它的作用在于保全债权人债权的实施,它是为保全债务人履行债务或承担民事责任的财产基础,先把债务人的财产保全住,不让它流失,这样才能使债务人能够履行债务,也为民事责任的执行做好财产准备。如果债务人的财产不当减少、不断流失,让它承担民事责任也就成为一句空话,所以采取债的保全这项制度非常重要。它与民事责任制度、债的特殊担保制度之间,是相辅相成、互相承接、互相促进的关系,作为一项完整民法制度来讲,是不能缺少的。过去,我们没有债的保全制度的规定,这是一个立法漏洞,这次合同法解决了这个问题。

债的保全制度,由债权人代位权和撤销权组成。

债权人代位权,是指债权人依法享有的为保全其债权,以自己的名义行使属于债权人权利的实体权利。它包括这样几点特征:(1)债权人的代位权是债权的从权利,它随着债权的产生而产生,随着债权的移转而移转,随着债权的消灭而消灭。债权人的代位权是不能独立存在的。(2)债权人代位权,是债权人以自己的名义,代债务人的地位向债务人的债务人主张权利,所以,这里不是代理关系。(3)行使代位权的结果是怎样的?是债务人的债务人向债务人清偿债务,而不是直接向债权人清偿债务。因为债的保全,实际上是保全债务人的财产,进而增大了债权的一般财产担保能力,也是为强制执行做了财产准备,所以债权人行使代位权取得的财产,先归债务人之后再向债权人清偿债务。(4)债权人的代位权不是请求权,因为债权人与债务人的债务人之间并不存在债的关系,它是债权人行使他人的权利,这种权利的性质很值得研究,好像是一种形成权,但也不完全是,有的学者(杨立新)认为是一种管理权。

什么是债权人的撤销权?它是指债权人依法享有的为保全其债权,对债务人处分其财产的行为予以撤销的实体权利。当债务人实施减少自己财产而损害债权人债权的民事行为时,如将自己财产赠予他人,这时债权人可以请求法院对该民事行为予以撤销,使已经处分了的财产再恢复原状,以保护债权人债权实现的物质基础的权利。具体来说,它包括这样几个特点:(1)债权人的撤销权,也是一种从权利,它是以撤销债务人与第三人之间的民事行为为特点的,包括三个方面:一是放弃到期债权;二是无偿转移财产;三是债务人以明显不合理的低价转让财产。这3种情况,又对债权人造成损失的债权人可以请求法院予以撤销,并不是所有的民事行为都能撤销。(2)这种撤销权着眼于债的不履行之后,是由法院按照法定程序依法裁决才能撤销的权利。(3)代位权是债权人基于债务人的消极行为而采取的措施,撤销权是债权人基于债务人的积极行为而采取的措施。所以,这两种保全方法就从两个方面:消极的、积极的,都堵塞住其漏洞,保障了债权人债权的实现,其核心是保全住债务人的财产、保全住债务人履行债务的基础。另外,还要注意,虽然债的保全我们在《合同法》中规定了,但也适用于其他的债权关系,如对侵权行为之债、不当得利之债、无因管理之债,也同样适用。当然,这里要掌握一个标准问题,并不是债务人因为欠了你的债,就不能再处分自己的财产。而是债务人处分自己的财产以致不能满足债权人的债权要求了,学理上叫作债务支付不能,在这种情况下,债权人才能行使撤销权。

以上债权人代位权、撤销权,在行使时是件较复杂的问题,在我国理论上研究得还不十分深入,所以我这里只能一般地讲一讲,估计最高人民法院今后还得进一步作出司法解释。我暂且讲到这种程度吧。

最后一个问题是情势变更问题。我记得 1994 年元月,在合同法起草的讨论会上,大家对情势变更就提出不同意见,有一番争论,所以在大家起草的建议稿中没有规定情势变更原则。随后几年,在审判实践中则有了适用情势变更原则的事例(见最高人民法院 1992 年第 27 号函),因此立法者觉得有必要规定情势变更原则,英美国家叫"合同"原则,意思大致相同。所以第三稿、第四稿(征求意见稿)、包括送全国人大的送审稿都规定了情势变更,直到召开这次人大之前,李鹏同志在丰台区人民法院专门还听取了各方面专家的意见。最后让全国人大给否定了,主要担心规定了情势变更会使合同的效力发生动摇,债权人的债权更难实现了,法院、法官的权威还需进一步加强。情势变更原则实际上是扩大了法官的自由裁量权,其实我接触一部分法官,他们并不愿意要这种权力,觉得风险大,难以把握,所以这次否定掉了,也不见得一定是件坏事,以后再议。这也表现在这次合同立法,我们不仅坚持一方面听取专家学者的意见,听取司法工作者的意见,而且也坚持了群众路线,真正听取广大人民代表的意见。

四、合同的变更和转让(第五章)

只要双方当事人协商一致,合同是可以变更的,但是变更的内容必须明确,否则就视为没有变更。另外,法律有特别规定的,有些合同的变更还要经过办理批准和登记手续。

这一章用了大量的条款规定了合同的转让问题,它包括合同权利义务一并转让,学理上称作概括转让(见《合同法》第88条、第89条);包括合同的全部权利或部分权利的转让(见《合同法》第79条至第83条);还包括合同的全部义务或部分义务的转让(见《合同法》第84条至第86条)。

我们知道,合同转让(无论是权利的转让,还是义务的转让,或者是权利义务的概括转让)它实际是合同主体的变更。从这个意义上,合同转让也是合同变更的一种。它或是以新的债权人代替原合同的债权人,或是新的债务人代替原合同的债务人。合同转让与合同的第三人履行或接受履行不同。这次"合同法"在"合同履行"一章中的第64条、第65条就规定了"由债务人向第三人履行债务"或"由第三人向债权人履行债务"的情况。在这种情况下,发生了合同责任不是由第三人承担,因为第三人尽管可以接受权利或履行债务,但它并不是合同的当事人,原来合同关系并没有发生变更。但是合同转让就不同了——合同转让虽然在合同内容上没有发生变更,但出现了新的债权人、新的债务人,所以实际上成立了新的合同关系,新合同成立、原合同消灭,由新的债务人履行合同,或者由新的债权人享受权利。

合同转让,有以下两个问题讨论得比较多:

一是合同转让,是否须经对方当事人同意?

在讨论这个问题时,相当多的学者认为,债权的转让一般不必经债务人同意,因为只要不增加债务人的负担,仅是改变受清偿人,一般也不会增加债务人的负担;而债务的转让就须经过债权人的同意,因为债务人的履行能力与能否满足债权有密切关系。但是,这次合同法还是从实务出发,坚持了《民法通则》第91条规定的原则,新《合同法》第80条规定:"债权人转让权利的,应当通知债务人,未经通知,该转让对债务人不发生效力。"第84条规定:"债务人将合同的义务全部或者部分转移给第三人的,应当经债权人同意。"这两条,我觉得规定得好,权利转让,只要通知债务人就行了,主要考虑债务人履行方便,但债务人一般无权否定;而义务转让就必须要得到债权人的同意了。

二是合同转让是否允许牟利?

我们知道,《民法通则》第91条规定,不得牟利。具体地说,是禁止转让债权牟利。其目的在于防止有人利用债权让与而倒卖合同,取得非法利益。对这个问题,人们有不同看法,从法理上看,债权人借转让债权而牟取利益,仅使受让人遭受损失,而对债务人的利益并无影响,债务人并不因为让与人从中获利而增加义务。对债权让与的双方当事人来说,只要其中无欺诈、胁迫、乘人之危、重大误解的情形,依合同自由的原则,法律也不必过多干涉。在实践中,特别在市场经济条件下,允许适度的投机,允许以商业目的而转让合同,对加快商品的流通速度,是有积极意义的。我们知道,当事人订立一个合同,总是要付出一定成本的,现在把这个合同转让了,当事人也应该收回这个成本,又适当牟取一些利益,也是符合交易规则的。所以,这次合同法去掉了“不准牟利”这个规定。

从债务人的角度看,《合同法》第 82 条规定:“债务人接到债权转让通知后,债务人对让与人(债权人)的抗辩,可以向受让人主张。”这就是说,抗辩权是一种自助权利,它不应因为债权人的债权转让,使债务人丧失这种自助权利。同样道理,《合同法》第 85 条规定:“债务人转移义务的,新债务人可以主张原债务人对债权人的抗辩。”以上两条说明,无论你是权利转让也好,义务转让也好,对债务人或新债务人来说,它们所拥有的抗辩权不能没有,不能消失。

从债权人的角度看,《合同法》第 81 条规定:“债权人转让权利的,受让人取得与债权有关的从权利。”按照民法的一般原理,从权利随主权利的移转而移转,随主权利的消失而消失,所以主权利让与他人,从权利也应让与他人。这里特别多见的是担保债权与主债权的不能分离,同时移转。不过,从权利是不能单独移转的。但是第 81 条又规定:“但该从权利专属于债权人自身的除外。”比如,甲、乙订立买卖 50 台电视机的合同,甲为买方将其中 10 台转让给丙,但甲、乙之间有个约定,成交 40 台以上即可获得洗衣机一台,甲获得了这台洗衣机,是他自身的权利,与受让人丙无关。但是如果甲、乙约定的是买 50 台电视给洗衣机一台,那么在没有其他约定的情况下,丙就有获得该洗衣机 1/5 份额的权利。

债权人转让权利时,要注意有 3 种情况不得转让,这就是第 79 条的规定:(1)根据合同性质不得转让,如特定演员签订的演出合同,某个作家与出版社签订的出版合同;(2)按照当事人的约定不得转让,这是贯彻合同自由原则,有了这种不得转让的合同,如果转让了,就构成违约行为;(3)依照法律规定不得转让,根据法律规定应由国家批准的合同,当事人在转让权利时,必须经过原批准机关批准,否则这一转让是违法的。正如第87条所规定:"法律、行政法规规定转让权利或转让义务应当办理批准、登记等手续的,依照其规定。"这说明,从法律的总体设计上,对权利转让还是规定了一定限制的。

本章的最后一条,规定了在当事人合并或分立时权利义务的移转问题。这是法律规定的移转。《合同法》第90条规定:"当事人(主要指的是企业)订立合同后合并的,由合并后的法人或者其他组织行使合同权利,履行合同义务。当事人订立合同后分立的,除债权人和债务人另有约定的以外,由分立的法人或者其他组织对合同的权利和义务享有连带债权,承担连带债务。"以上规定,比起《民法通则》第44条"企业法人分立、合并,它的权利义务由变更后的法人享有或承担"之规定,显得更具体,更便于操作。

五、合同的权利义务终止(第六章)

合同关系就是一种动态关系,它是有时间性的。所以,当合同债务已经履行,或者合同被解除、债务被抵销等原因发生时,合同也就不复存在了,合同终止了。第91条规定的合同终止原因有这样几种情况:"(一)债务已经按照约定履行;(二)合同解除;(三)债务相互抵销;(四)债务人依法将标的物提存;(五)债务人免除债务;(六)债权债务同归于一人(混同);(七)法律规定或者当事人约定终止的其他情形。"

在以上的几种情形中,合同法特别对合同解除作了较详细的规定。我们知道,合同解除是指合同有效成立以后,当具备合同解除条件时,因当事人一方或双方的意思表示而使合同关系自始消灭或向将来消灭的行为。合同解除的效力是有溯及力的,所以合同一旦解除,就涉及恢复原状的问题,双方已经受领的给付均应当互相返还。当然,这是在理论上,往往在实践中做不到,至少不要损害第三人的利益,作一些变通的规定。但是对约定解除来说,只要当事人同意,也可以没有溯及力。合同解除分为约定解除和法定解除。第93条规定:“当事人协商一致,可以解除合同。当事人可以约定一方解除合同的条件。解除合同的条件成就时,解除权人可以解除合同。”这一条规定的是按当事人的意思解除合同的,又分为两种情况:(1)协商解除——是当事人双方根据已经发生的情况,通过协商作出解除的决定;(2)约定解除——是当事人事前的约定,当某种情况发生时,一方享有解除权,但它并不当然解除,必须由享有解除权的人行使解除权,才解除。原来我国的合同法没有规定事先约定解除,新合同法则作了专门规定,这是非常必要的。一方面它充分体现了法律对当事人的合同自由的尊重;另一方面允许当事人通过行使约定解除权,能够及时解决各种分歧和纠纷。

第94条规定了法定解除。所谓法定解除,是指由法律直接规定解除的条件,当此种条件具备时,当事人可以解除合同。也可以这样说,在何种情况下,当事人就享有了法定解除权,通过行使解除权,而使合同关系解除。只要符合法律规定的条件,解除权人可以直接行使解除权,不必征得对方同意,这是法定解除与协商解除的不同之处。

总的来说,法律对解除合同应当采取慎重态度,对法定解除权的行使应当作严格限制。修改后的《经济合同法》第26条规定,“由于另一方在合同约定的期限内没有履行合同”的,无论此种不履行是否给对方债权人造成严重后果,债权人均可以解除合同。意思是,一方在迟延履行后,另一方即可自由行使解除权。这次新合同法对此作了两个限制:一是经催告在合理期限内仍未履行;二是致使不能实现合同目的的。

另外,法定解除权与约定解除权是可以并存的。一方面,约定解除权可以对法定解除权作出具体的补充、具体的解释,如对不可抗力作出解释,根据某项合同的具体情况,约定如在履行期间遇上寒流(零下20摄氏度)债务人无法履行送货,因为该货物怕低温,这里低温成为解除这项合同的一个约定条件;另一方面,当事人之间的约定也可以改变法定解除权,如双方约定无论违约是否严重,只要违反合同规定的某一项义务,均可导致合同解除。从合同自由原则出发,这些约定不影响社会公共利益,不影响他人的利益,就应该认为是有效的。

新合同法还对解除的生效时间以及解除的效力分别作了规定。第 96 条规定:“主张解除合同的,应当通知对方。合同自通知到对方时解除。对方有异议的,可以请求人民法院或者仲裁机构确认合同的效力。”第 97 条规定:“合同解除后,尚未履行的,终止履行;已经履行的,根据履行情况和合同性质,当事人可以要求恢复原状、采取其他补救措施,并有权要求赔偿损失。”合同解除又尚未履行的,好处理一些,既然合同关系都已归于消灭,原合同自然也就没有履行的必要了,实际上也无法再履行。但是合同已经履行的,应该如何解决遗留问题?这要分为三种情况:(1)如果非违约方已经作出了履行,对方违约的主要表现是不作出相应履行或履行不适当,在此种情况下,只有使非违约方取回已经作出的履行,即要求恢复原状,才能使其避免损失;(2)如果违约方作出了履行,通常作出的履行有瑕疵,在这种情况下,非违约方可以拒绝接受,或将其履行标的物返还给违约人,或者(将有瑕疵之物)接受下来,但要求对方支付相应的价款;(3)如果双方都作出了履行,那么双方各自返还其接受的履行标的,这对双方都没有造成利益损害。

这里,还有一个问题——合同解除是否可以发生损害赔偿的责任。各国立法并不一致:(1)按照德国民法,认为合同解除与损害赔偿不能同时并存,在债务人不履行债务时,债权人可以在解除合同和要求赔偿损失之间作出选择,如果要求解除合同,就不能再请求赔偿。因为德国的立法者认为,解除合同已经足以使合同关系恢复到订约前的状态,似乎已不可能再有损害了。(2)按照日本、意大利民法,则认为合同的解除与债务不履行的损害赔偿是可以并存的,即在一方不履行合同时,债权人除能够解除合同外,还可以请求因债务不履行而产生的损害赔偿。其根据在于,因债务不履行而发生的损害赔偿在合同解除之前就已经存在,不因合同解除而消失。我国对此是采取日本的立法例,认为可以并存,从《民法通则》第 115 条、《经济合同法》第 26 条,到这次新《合同法》第 97 条,均是这样规定的。在学界有不同的意见,崔建远教授即主张德国的立法和学说,他认为在许多情况下,损害赔偿与合同解除一般是相互排斥的,选择了损害赔偿或选择了合同解除都足以使合同当事人的权利得到充分保护,没有必要同时采用两种方式。

新合同法对合同解除的规定,最后一条,即第 98 条规定:“合同的权利义务终止,不影响合同中结算和清理条款的效力。”为什么要规定这一条？我们知道,合同解除之后,双方当事人往往还要进行结算和清理工作。但是从理论上讲,合同一解除双方之间的合同关系已经不存在,那么怎么结算和清理？依据什么？而实际上双方当事人在签订合同时,事先就要规定一些结算和清理条款,这是为了在合同解除或纠纷发生后发挥效力的,这些条款平时并不起作用,如果合同正常履行了,也不会发生作用。但是合同一旦出现解除的情况,这些条款就能产生作用了。所以,我国合同法规定,合同的权利义务终止,不影响合同中结算和清理条款的效力。

在《合同法》第六章,从第 99 条以后,还对抵销、提存(4 条)、免除、混合分别作了规定。从方便交易、加速流转出发,对以上各项都作了比较灵活的规定,比如,第 100 条对抵销的规定,即“当事人互负债务,标的物种类、品质不相同的,经双方协商一致,也可以抵销”。提存制度,我国用得比较少,但又少不了,因为它涉及三方当事人,即提存人(债务人)、提存机关(国家设立的)、债权人。这样就出现三方面的法律关系:提存人与债权人之间为私法上的债权债务关系;提存人与提存机关是公法上的关系,提存机关所尽的是公法上的义务;提存人与债权人之间也是公法上的关系。设立这种制度,是从方便债务人履行债务出发的。第 101 条规定了这样几种情况:“(一)债权人无正当理由拒绝受领;(二)债权人下落不明;(三)债权人死亡未确定继承人或者丧失民事行为能力未确定监护人;(四)法律规定的其他情形。”特别还规定了第 2 款:“标的物不适于提存或者提存费用过高的,债务人依法可以拍卖或者变卖标的物,提存所得的价款。”提存以后,债务人就负一项通知义务,下落不明的连通知都不用,就完全解脱了。而提存以后,提存标的物的风险责任、提存费用都归债权人,当然标的物所产生的孳息也归债权人。

六、违约责任(第七章)

在这一章有三个问题应当注意:(1)归责原则问题。《合同法》第 107 条规定:“当事人一方不履行合同义务或者履行合同义务不符合约定的,应当承担继续履行、采取补救措施或者赔偿损失等违约责任。”在这里,实际上是说只要不履行合同义务,或不适当履行合同义务,就应当承担违约责任。这一原则与《民法通则》第106条第1款、第111条的规定是一致的。《民法通则》第106条规定:“没有过错,但法律规定应当承担民事责任的,应当承担民事责任。”对上述规定的理解,通常认为是采取了无过错责任,或称严格责任,认为这是一种发展趋势。在这次立法过程中争论很大,连国外学者如日本冉谷俊都不太理解,但他非常感兴趣,认为比日本合同法要先进,也有的学者认为这是英美的东西。第107条规定承担违约责任的具体方式,提出了三个方面:一是继续履行;二是采取补救措施;三是赔偿损失。(2)关于违约金的问题。讨论中争论较大的是惩罚性的?还是补偿性的?还是两者兼而有之?从第114条的规定来看,基本上是补偿性。第114条第2款规定:“约定的违约金低于造成的损失的,当事人可以请求人民法院或者仲裁机构予以增加(得够补偿损失的);约定得违约金过分高于造成的损失得,当事人可以请求人民法院或者仲裁机构予以适当减少。(可见不能有过高的惩罚性)”正是出于这种考虑,第116条规定:“当事人既约定违约金,又约定定金的,一方违约时,对方可以选择适用违约金或者定金条款。”对于这一条讨论时,也引起很大争论,最高人民法院的同志同意和支持这种意见,而有学者认为没有理由让当事人选择,应当尊重当事人原有的合同意愿。我想,如果违约金实际上是补偿性,而定金的惩罚性较强(取得定金,或双倍返还),所以既然可以选择,恐怕通常要选择定金了。这样,有可能形成只要出现既约定违约金又有定金的,肯定是选择定金了。(3)第121条的规定我们也要注意。第121条规定:“当事人一方因第三人的原因造成违约的,应当向对方承担违约责任。当事人一方和第三人之间的纠纷,依照法律规定或者按照约定解决。”这实际上是规定对第三人阻碍合同正常履行的,要承担侵权责任的问题。关于侵害债权的问题,在学理上有否认说、肯定说、折中说。一般来讲,违反合同的行为构成了对债权的侵害,可以不作侵权行为对待。否则,会出现使合同责任纳入侵权责任的范围。但是,如果是第三人侵害债权的行为,应当认为这是一种侵权行为,那么债权人应当向第三人直接要求赔偿或承担责任。不过,我国合同法实际上还没有完全承认是侵权,而是由债务人根据合同向债权人承担违约责任,然后,债务人再根据法律(包括侵权法)向第三人追究其责任。

七、其他规定(第八章的内容,原是附则内容)

在这一章涉及这样几个问题:(1)无名合同问题,第124条规定:“本法分则或者其他法律没有明文规定的合同,适用本法总则的规定,并可以参照本法分则或其他法律最相类似的规定。”这条规定给订立合同带来一定的灵活性,这是符合现实社会经济生活的。规定无名合同,是北京大学魏振瀛教授的一再提议,反反复复,最后通过了这一条。(2)第125条规定了合同解释的原则,原来打算制定一章,最后保留了这样一条,是非常概括的:“当事人对合同条款的理解有争议的,应当按照合同所使用的词句、合同的有关条款、合同目的、交易习惯以及诚实信用原则,确定该条款的真实意思。”如果一项合同条款可以作两种以上解释时,就应当以符合合同目的的解释为准(如上海发生过一个案件,在一个抵押合同中约定了一条,由抵押人提出一个保证,保证在借款人不能履行债务时,由抵押人及时、足额地代偿全部债务,这个抵押合同因为没有登记,所以抵押无效,但是法院认为这个保证条款有效,实际上是对抵押权人的一种陈述保证,必须按其真实的意思来解释,否则就有偏差)。(3)在涉外合同方面,这次统一合同法在第八章中保留了原涉外经济合同法的一条原则,即“涉外合同的当事人可以选择处理合同争议所适用的法律,但法律另有规定的除外。涉外合同的当事人没有选择的,适用与合同有最密切联系的国家的法律”。我国法律还规定,涉外合同的当事人选择的法律不得违背我国的公共秩序;在我国境内履行的中外合资、中外合作企业合同,中外合作勘探开发自然资源合同适用我国法律。以上这些规定,既体现了合同自由的原则,也体现了对这一自由原则在适用上的限制。实际上,这些限制在各国对国际商事合同的调整中,包括1986年的《海牙公约》,如对某些特殊合同,如涉外消费者合同(消费者常居地法)、雇佣合同(劳务履行地法)当事人的法律选择方面,都作了限制性规定。再者,我国合同法在规定了自由原则、自愿原则之外,还规定了不得违反国家、社会公共利益和他人利益。涉外合同的法律适用问题。第126条规定:“涉外合同的当事人可以选择处理合同争议所适用的法律,但法律另有规定的除外。涉外合同的当事人没有选择的,适用与合同有最密切联系的国家的法律。”第2款规定:“在中华人民共和国境内履行的中外合资经营企业合同、中外合作经营企业合同、中外合作勘探开发自然资源合同,适用中华人民共和国法律。”(4)工商行政管理部门对合同的监督问题,开始要设一章,最后交给人大代表讨论的是两条,人民代表不完全赞同,最后只保留了一条,这就是第127条的规定,即对利用合同危害国家公共利益的违约行为,工商行政管理部门负责监督处理,在这里,对一般民事合同,只涉及自然人、法人利益的,似乎工商行政管理部门没有监督的义务,但涉及国家公共利益的违约行为,实际上检察院也会出面,甚至会提出公诉。所以,这一条规定得还不十分明确。

在总则部分,还应该有“合同担保”一章,这是合同法的一个主要方面,但是我们现在有了《担保法》,已经对抵押、质押、留置、保证、定金作了规定。另外,我们现在还在制定物权法,这要考虑把抵押、质押、留置放在担保物权中规定,当然这也是可以的。如果按照大陆法系的传统体系,物权法中设担保物权,那么保证、定金还得放在合同法总则规定的。看来,等着几个部分都制定出来以后,还得再作调整。

我国这次合同法,既借鉴了国外立法的经验,又注重中国国情和司法实践的实际,也广泛听取了人民代表的意见,制定了许多适应社会主义市场经济发展,适应司法实践中所急需的合同规范。这部合同法是不是21世纪最先进的合同法?这得让世人去评价。但我个人的看法是,这是一部在我国市场经济初步建立,法学界经过20年来对民法理论的研究,特别是对债法的研究,对司法实践经验的总结的重大成果,这是一部成功的合同法,也是我国民事立法的一个重要的里程碑。12年前,我们通过和实施了《民法通则》,现在我们通过了统一合同法,现在物权法的立法方案已经搞成了一个草稿,再过几年,《物权法》通过,那时,我们最终会有我们的《民法典》。中国的民事立法、民事司法大有希望,中国的法制建设、建设社会主义的法治国家大有希望。

我国新《合同法》介评*

各位老师、各位同学：

大家好！

今年（1999 年）3 月 15 日中国颁布了一部重要的法律——《合同法》。在此之前，中国有 3 个合同法，即《经济合同法》《涉外经济合同法》《技术合同法》。由于它们是在改革开放之初制定的，因而还不同程度地保留了计划经济的色彩。1992 年中国政府确定建立和发展社会主义市场经济之后，原有的 3 个合同法已经不能适应这种形势的要求，所以在中国要制定一部统一合同法的呼声越来越高。从 1993 年 8 月开始，全国人民代表大会常委会法制工作委员会（以下简称人大法工委）组织了一部分专家学者进行合同法的起草工作。1995 年 1 月专家学者提交了合同法建议稿；1995 年 10 月人大法工委民法室提出了合同法试拟稿；1996 年 6 月在前两稿的基础上形成了合同法第三稿；1997 年 5 月又形成了第四稿；1998 年 9 月将合同法草案全文公布，在全国范围内征求意见；直到 1999 年 3 月，将再次修改的合同法草案，提交第九届全国人大第二次会议通过。

一、新《合同法》的立法思想

这次合同法在立法思想上有明显的进步，表现在这样几个方面：（1）在建立

---

* 本文系由作者 1999 年 5 月 23 日应邀在北京国家广播电视总局干部学习合同法会议的讲座提纲整理。

和发展社会主义市场经济的背景下,参考、借鉴市场经济发达国家和地区立法的成功经验和判例学说,尽量采用反映现代市场经济客观规律的共同规则,并与国际公约和国际惯例相协调。例如,合同法规定的附随义务、后合同义务、各种特种买卖和融资租赁等,都体现了借鉴、吸收。(2)在中国即将制定民法典的立法背景下,合同法是作为民法的"债编"的基干而设计的,因而它关注的是科学性和妥当性,并不拘泥于现行法的规定。例如,合同法关于合同无效、可撤销、效力待定的规定,关于表见代理的规定等,都与《民法通则》和前 3 个合同法的规定不同。(3)在价值取向上兼顾经济效率与社会公正、交易便捷与交易安全。例如,合同法关于违约解除、抵销、提存等规定,就是出于效率的考虑;关于合同法各项基本原则的规定,关于格式条款的规定,则是从维护社会公正、社会公共利益出发的;关于合同订立形式可以采用口头、书面或当事人约定的其他形式,规定合同转让以后原债务可以由第三人履行或由第三人接受履行,这些是强调了交易便捷;而承认表见代理、缔约过失责任、当事人合并或分立后的债务承担,则是强调了交易安全。(4)注重法律的规范性和可操作性,合同法的条文总体来说比较详尽。原来 3 个合同法一共是 155 条,现在的合同法是 428 条(不过,还是没有《法国民法典》中关于契约方面的规定详细,《法国民法典》总则和分则共约 700 条),所以,这次立法已经不再坚持宜粗不宜细的思想了,而是以规范性和可操作性为原则。

二、新《合同法》的结构安排

这次合同法在结构安排上,遵循从抽象到具体,从一般到特殊先原则后例外的逻辑顺序。《合同法》总则,129 条;分则,298 条;附则,1 条,共 428 条。总则共八章,第一章设一般规定,包括立法宗旨、调整范围和基本原则;第二章是合同的订立;第三章是合同的效力;第四章是合同的履行;此后还分章对合同的变更、转让、终止、违约责任作了规定。第八章其他规定,这方面的内容在第五稿时还是作为附则的规定,通过稿提到了总则部分。所谓其他规定大致包括这几项内容：一是无名合同（第 124 条）；二是合同解释（第 125 条）；三是涉外合同法律适用（第 126 条）；四是行政监督问题（第 127 条）；五是关于特殊时效的一条规定（第 129 条）。分则尽量将性质相近的合同种类安排在相邻近的章、节，各种合同的条文尽量依其逻辑顺序排列。分则共 15 章，规定了 15 种合同，包括买卖合同，供用电、水、气、热力合同，赠与合同，借款合同，租赁合同，融资租赁合同，承揽合同等。其中规定条款最多的是买卖合同（54 条）、技术合同（42 条）、运输合同（33 条）。最后，第 428 条是附则，它规定本合同法自 1999 年 10 月 1 日起施行，与此同时，中国《经济合同法》《涉外经济合同法》《技术合同法》废止。

三、新《合同法》的调整范围

《合同法》第 2 条规定："本法所称合同是平等主体的自然人、法人、其他组织之间设立、变更、终止民事权利义务关系的协议。"首先，强调合同法调整的是平等主体之间的协议关系，属于民事关系。政府对经济的管理活动，属于行政管理关系，不是民事关系，不适用合同法；企业、单位内部的管理关系，也不是平等主体之间的关系，也不适用合同法。在我国，立法者和多数学者认为，行政合同、劳动合同不属于本合同法调整的范围。其次，合同是设立、变更、终止民事权利义务关系，不包括有关婚姻、收养、监护等身份关系的协议。在合同法的制定中，始终贯彻一个思想，就是把合同的概念仅仅放在调整债权债务关系上。在我国理论界，基本上是否定物权行为、物权合同理论的，所以，本合同法极少规定关于物权变动的合同种类。如土地使用权出让和转让合同、企业承包和租赁合同、农村土地承包经营合同、抵押合同、质押合同，合同法中均没有规定。最后，本合同法主要调整企业法人和其他经济组织之间的经济贸易关系，同时还包括自然人之间买卖、租赁、借贷、赠与等发生的合同关系。相比之下，这部合同法比原来三部合同法的调整范围有所扩大。

四、新《合同法》的基本原则

中国《合同法》第一章第3条至第7条是规定基本原则的。这里主要包括三个方面的原则:第一,平等、自愿。合同当事人的地位平等,依法有自由订立合同的权利,一方不得将自己的意志强加给另一方任何单位和个人不得非法干预。第二,公平、诚实信用。当事人应当遵循公平原则确定双方的权利和义务,在行使权利、履行义务时,应当遵循诚实信用的原则,不得有欺诈和胁迫的行为。贯彻公平、诚实信用原则,在一定程度上也是对法官自由裁量权力的授予。第三,遵守法律。当事人订立、履行合同,应当遵守法律、行政法规,尊重社会公德,不得扰乱社会经济秩序,损害社会公共利益,这也是对合同自由的限制。在我国,随着经济体制改革的不断深入,国家指令性计划的范围缩小、品种和数量大幅减少,但是为保证国家重点建设、国防建设,国家还必须掌握一定的重要物资。在此种情况下,国家根据需要向企业下达指令性计划的,有关企业之间应当依照有关法律、行政法规规定的企业的权利和义务签订合同。这种合同,在行政法学者看来,是行政合同的一种重要形式。

五、关于合同的订立的规定

新《合同法》对合同订立作了专章规定,包括对合同的主体、形式、订立方式、合同的一般内容、合同的成立和效力等问题,都作了规定。在这一部分,规定了要约、承诺制度,这是前三个合同法所没有的。合同法对要约的必要条件、要约的生效、要约的撤回和撤销、承诺的期限、承诺的撤回、承诺的生效,以及要约邀请均作了规定。在第31条还规定,承诺对要约的内容作出非实质性变更的,除要约人及时表示反对的,该承诺有效,这是借鉴了英美法上的规则。在格式条款方面,合同法从维护公平、保护弱者出发,对格式条款作了三方面的限制:一是提供格式条款的一方有提示、说明的义务;二是提供格式条款一方免除其责任、加重对方责任、排除对方主要权利的,该条款无效;三是对格式条款有两种以上解释的,应当作出不利于提供格式条款一方的解释。关于缔约过失问题,在订立合同的过程中,有的合同虽然还没有成立,但是因一方当事人的过错也会给对方造成损失,有过错的当事人应当承担赔偿责任。《合同法》第 42 条、第 43 条作了规定当事人在订立合同过程中假借订立合同,以损害对方利益为目的,恶意进行磋商,或者有其他违背诚实信用原则的行为,给对方造成损失的,应当承担赔偿责任。

六、关于合同的效力的规定

新《合同法》第三章对合同效力作了规定。其中有三个问题值得注意:第一个问题,在第 49 条规定了表见代理。第 49 条规定:"行为人没有代理权、超越代理权或者代理权终止后以被代理人名义订立合同,相对人有理由相信行为人有代理权的,该代理行为有效。"第二个问题,第 50 条规定:"法人或者其他组织的法定代表人、负责人超越权限订立的合同,除相对人知道或者应当知道其超越权限的以外,该代表行为有效。"第三个问题,关于以欺诈、胁迫的手段订立合同效力的规定,这次在立法中争论得很激烈。有的专家学者认为应当为无效,有的专家学者认为应当为可撤销。所以,第一稿规定为可撤销,第二稿规定为无效,第三稿规定为可撤销,第四稿规定为无效。最后采取折中办法,将一方以欺诈、胁迫的手段订立合同,损害了国家利益的为无效,仅损害当事人个人利益的受损害方有权请求人民法院或者仲裁机构变更或者撤销该合同。

七、关于合同的履行问题

合同的履行问题是《合同法》第四章的规定。为了防范合同欺诈,保护债权人和债务人的合法权益,合同法增加规定了不安抗辩权、代位权和撤销权。第68条、第69条规定,在双务合同中,应当先履行债务的当事人,有证据证明对方经营状况严重恶化的转移财产、抽逃资金以逃避债务的;严重丧失商业信誉或者丧失履行债务能力的,可以中止履行自己的债务。当然,该当事人中止履行时,应当及时通知对方,对方提供适当担保的,应当恢复履行合同。第73条规定了代位权,因债务人怠于行使其债权,给债权人造成损害的,债权人可以请求人民法院以自己的名义代位行使债务人的债权。第74条规定了撤销权,因债务人放弃债权或者无偿转让财产,对债权人造成损害的,债权人可以请求人民法院撤销债务人的行为;债务人以明显不合理的低价转让财产,对债权人造成损害,并且受让人知道该情形的,债权人也可以请求人民法院撤销债务人的行为。另外,在这一章还规定了由第三人履行债务或者由第三人接受履行债务的情形,这主要是从有利于交易便捷出发的。

八、关于违约责任的问题

这次《合同法》在《民法通则》和原三个合同法规定的基础上,对违约责任主要作了以下规定:第一,当事人一方不履行合同义务或者履行合同义务不符合约定的,应当承担继续履行、采取补救措施或者赔偿损失等违约责任。第二,当事人可以约定违约金,一方当事人违约时,应当支付违约金。在立法过程中,对违约金的性质曾进行多次讨论,最后认定违约金是补偿性的,从而形成了《合同法》第114条的规定,即约定的违约金低于所造成损失的,当事人可以请求人民法院或者仲裁机构予以增加;约定的违约金过分高于造成的损失的,当事人可以请求人民法院或者仲裁机构予以适当减少。第三,为了切实保护受损害方的利益,合同法规定损失赔偿额应当相当于因违约所造成的损失,包括合同履行后可以获得的利益。第四,当事人可以依照《担保法》约定一方向对方给付定金。债务人履行债务后,定金应当抵作价款或者收回。给付定金的一方不履行约定债务的,无权要求返还定金;收受定金的一方不履行约定的债务的,应当双倍返还定金。第 116 条规定,当事人既约定违约金,又约定定金的,一方违约时,对方可以选择适用违约金或者定金条款。第五,增加规定了预期违约制度。第 108 条规定,当事人一方明确表示或者以自己的行为表明不履行合同义务的,对方可以在履行期限届满之前要求其承担违约责任。另外,第 121 条还规定,当事人一方因第三人的原因造成违约的,应当向对方承担违约责任。当事人一方和第三人之间的纠纷,依照法律规定或者按照约定解决。依据一些学者意见,在这种情况下第三人应当承担侵权(侵害他人债权)责任。有这样的情况,即违约行为侵害了对方人身、财产权益的,受损害方有权选择要求违约(侵害人)承担违约责任或者承担侵权责任。

九、关于《合同法》分则的规定

新《合同法》对现行合同法中规定的购销、供用电、借款、租赁、承揽、建设工程、运输、仓储保管、技术等合同种类,均予以保留,并根据经济贸易的审判实践中出现的新情况,进一步规定了融资租赁、赠与、委托、行纪、居间等合同。以上这些合同是企事业单位和自然人在生产经营和生活中普遍发生的。当然,也还有许多合同没有规定进来,如土地使用权转让合同、土地承包经营合同、抵押合同、合伙合同、联营合同等,其原因主要是理论上研究不够、实践中经验不足。我们也考虑到,各国民法中通常也规定十几种合同,都不可能概全的。现实生活中的合同多种多样,今后还会出现一些新类型的合同,现在不可能都在分则中作出规定。实际上,在总则的第八章“其他规定”中,我们规定了无名合同。第 124 条规定,本法分则或者其他法律没有明文规定的合同,适用本法总则的规定,并可以参照本法分则或者其他法律最相类似的规定。这样为处理一些新合同关系提供了法律依据。另外,中国还有许多单行法,如海商法、保险法、担保法、著作权法等法律,对海上运输合同、保险合同、保证合同、著作权许可使用合同的有关特殊问题已作了规定,或者今后进一步在该法中作出补充和修改,但本合同法就不再进行规定了。

结语:《合同法》通过后,自施行之日起,现行的《经济合同法》《涉外经济合同法》《技术合同法》同时废止。对过去根据上述3个合同法制定的行政法规、地方性法规、规章有关合同的规定,要进行清理。凡是与合同法规定不符合的,要加以修改,有些要废除。自《合同法》通过到开始实施,共七个半月时间,这是个过渡时期,以便做好衔接工作。讲座开始时,我已经向各位介绍了中国这次制定《合同法》的指导思想,它既坚持从中国实际出发,又注意借鉴国外的有益经验,所以这部《合同法》比起现行三个合同法要完备许多,也具可操作性。这部《合同法》将构成中国民法典债权篇的基干。现在中国正在制定物权法,预计几年之后,物权法将要出台,那时中国民法典诞生的日子就不会远了。作为一个中国民法学者,我殷切地期望着这一天。

关于起草中的统一合同法若干问题的讲授大纲*

一、我国的合同法概况

新中国成立以后,历经资本主义向社会主义的过渡;计划经济体制到有计划的商品经济,再到今天的社会主义市场经济体制。合同法也随之或废或兴,经历了近50年的动荡:

1. 新中国成立初期,宣布废除旧法统,国民政府制定的民法典随之在中国大陆被废止。

2. 1950~1956年为适应当时多种经济成分并存的经济结构,颁布有《机关、国营企业、合作社签订合同契约暂行办法》(1950年9月27日)等40件合同规章。

3. 1958年以后,我国实行集中统一的计划经济体制,作为商品交换法律形式的合同制度被取消。

4. 从1961年开始,中国又恢复和推广合同制,并制定了《关于工矿产品订货合同基本条款的暂行办法》(1963年8月30日)等合同规章。

5. 1966年以后,合同制度再遭废弃。

---

* 本文系根据作者1998年11月在中央党校函授学院的专题讲座的讲稿整理。

6. 1978 年我国开始改革开放,合同的作用重新被认识,1981 年 12 月 13 日第五届人大第四次会议通过了《经济合同法》,1982 年 7 月 1 日施行,共 7 章 57 条。

7. 为解决涉外经济合同无法可依的问题,1985 年 3 月 21 日第六届人大第十次常委会通过了《涉外经济合同法》,同年 7 月 1 日施行。该法较多地吸收与国际通用规则,共七章 43 条。

8. 1986 年 4 月 12 日第六届人大第四次会议通过了《民法通则》,1987 年 1 月 1 日施行,这是我国第一部基本的民事立法,其中"债权"中包含许多合同规范,第六章有违约责任的规定。

9. 1987 年 6 月 23 日第六届人大第二十一次常务会通过了《技术合同法》,同年 11 月 1 日施行,共 7 章 55 条。

10. 1993 年修订《经济合同法》,使其更接近于《民法通则》。

11. 1995 年《担保法》施行,其中包含保证合同及其他类担保合同的规定。

大致看来,我国关于合同的立法历史已如上述,当然还有《农副产品购销条例》《工矿产品购销条例》等许多单行条例。但总的来说,这些关于合同的立法还存在诸多弊端。

第一,许多合同法中含有计划经济的要求,这是与一些合同法制定于 20 世纪 80 年代初,新体制尚未形成,受旧体制影响较大所致,以至于强调国家指令性计划,对当事人合同自由限制太多,行政干预过强烈。

第二,因立法体制上的原因造成的弊端。现行民事立法除《民法通则》是由人大常委会法制工作委组织起草外,大多数单行法和条例均有国务院所属一个或几个部委负责起草制定。这样就往往不能兼顾全局,过多考虑本部门、本系统的利益,导致合同法的不协调,重复规定及被人为肢解等缺点。如 3 个合同法的并立即是如此。

第三,立法指导思想的原因造成的弊端,我国的立法指导思想一贯是"成熟一个制定一个""宜粗不宜细",这不仅造成合同法的分散凌乱、互相冲突,而且造成许多重要规则没有规定出来,如关于合同成立的要约和承诺,关于合同履行的抗辩权等,较原则化和笼统,造成法条缺乏可操作性,无法适用,或者给法官的任意解释留下很大的空子。

第四,政治上存在的问题也造成一些弊端。即原有民法理论是继受苏联来的。改革开放以后的社会发展已使社会生活发生了很大变化,如经济合同与非经济合同的区分已根本无法适应新的需要,而且就民法理论本身的发展来说,也有不少是已经突破了原有理论框架的。这些在旧的立法中未得到体现。

鉴于现行合同法存在的诸多弊端,制定一部比较完备、先进的合同法就成为新时期的必然要求。即这一进程是以对旧《经济合同法》的修改为契机开始的。

二、《经济合同法》的修改

由于体制和思想认识上的原因,中国合同法的改进、完善,起初体现在对《经济合同法》的修改上。自 1987 年开始,先由国家工商局牵头,后由国务院法制局负责,开始了《经济合同法》的修改工作,其间产生了若干修改草案,但计划原则始终未能放弃。

1992 年邓小平南方谈话传达以后,这一修改工作加快了进度,并且指导思想也有了较大变化,曾有将该法修订成合同法总则性质的法律。1993 年春产生了一个名为中华人民共和国合同法的草案,但后来考虑到通过单纯的修改工作难以统一思想及较好地解决市场经济条件下合同法的统一问题,于是决定对经济合同法作小修订,并随即组织研究草拟统一合同法。

1993 年第八届人大常委会二次会议和三次会议经过两次审议,于 1993 年 9 月 2 日作出了《关于修改〈中华人民共和国经济合同法〉的决定》,这次修改的主要内容为:

第一,变更立法目的。将原立法目的由“保证国家计划的执行”改为“保障社会主义市场经济的健康发展”,删去诸如“订立合同必须符合国家计划及违反国家计划的合同无效”等规定。在涉及计划的 10 个条文中,基本上保留了两条关于计划的规定,其余 8 条规定则删去了有关计划的内容。

第二,减少政府对合同关系的行政干预。原《经济合同法》十分强调政府的行政干预。如第17条规定:“产品数量,按国家和上级主管部门批准的计划签订。”第34条规定,发生了不可抗力,含必须取得主管机关的证明才能被减轻或免除责任。第28条规定,变更或解除经济合同的建议或答复,应当在有关业务主管部门规定的期限内提出。这些规定显然加强了政府对合同关系干预的权限,不利于贯彻合同自由原则。新《经济合同法》对此予以修改。

第三,原《经济合同法》赋予了行政机关确认合同效力的权限。如该法第7条的规定:“无效经济合同的确认权,归合同管理机关和人民法院。”合同管理机关实际就是工商行政机关享有确认合同效力、处理合同纠纷的权限,与行政机关的职能完全不符合。新《经济合同法》修改对无效合同的确认由人民法院或仲裁机关确认。并且规定对仲裁结果不服的不得再行向法院起诉。

第四,扩大使用范围。即扩大到“平等民事主体的法人、其他经济组织,个体工农商户,农村承包经营户相互之间”的合同,但仍不包括公民之间的合同和消费合同。

第五,对与《民法通则》不一致的规定作了一些修改。就《经济合同法》有许多规定与《民法通则》的规定不一致,而后者相对前者显得比较合理,因此新《经济合同法》对此有了修改,如就将《经济合同法》第15条规定:“被保证的当事人不履行合同的时候,由保证单位连带承担赔偿损失的。”即《民法通则》第89条规定,债务人不履行债务的,按照约定由保证人履行或承担连带责任。

尽管新《经济合同法》对原法作了上述一些修改,但已如前述,要想更多地改变合同法的诸多弊端,显然相差太远,于是就有了制定统一合同法的必要。

三、统一合同法建议草案

在修改《经济合同法》后不久,全国人大常委会法制工作委员会便召开了由王家福、谢怀栻等先生参加的专家研讨会。与会专家认为,制定统一合同法的时机已经成熟,建议由专家学者承担起起草工作,并委托部分学者先提出一个立法方案。

1993年10月18～19日全国人大常委会法工委邀请江平教授、梁慧星研究员、王利民教授、崔建远教授、郭明瑞教授、张广兴副编审、李凡审判员、何忻审判员，研究和拟定统一合同法的立法方案，包括立法指导思想、调整范围及与其他法律的关系，基本框架及起草提要、起草的技术性要求。

1. 立法方案确定的指导思想

第一，从中国改革开放和发展社会主义市场，建立全国统一的大市场及与国际接轨的实际出发，总结中国合同法、司法实践和理论研究成果，广泛参考借鉴市场发达国家和地区立法的成功经验和判例学说，尽量采用反映现代市场经济客观规律的共同规则，并与国际公约和国际惯例协调一致。

第二，充分体现当事人意思自治。在不违反法律和公序良俗的前提下，保障当事人享有充分的合同自由，不受行政机关及其他组织的干预。非基于重大的正当理由，不得对当事人的合同自由予以限制。

第三，考虑到本法制定和实施的时代特点，本法能适应中国建成社会主义市场经济后对法律调整的要求，同时应兼顾目前计划经济体制向市场经济体制过渡时期的特点，但对落后的现实不应迁就。

第四，本法在价值取向上应兼顾经济效益和社会公正、交易便捷与交易安全。即在拟定法律规则时，既要注重有利于提高效率，促进生产力发展，又要注重维护社会公共利益，保护消费者和劳动者利益，维护市场经济的道德秩序，不允许损害国家、社会利益，损害消费者和劳动者而谋取不义之财；既要体现现代市场经济对交易便捷的要求，力求便捷和迅速，又不可因此损及交易安全，应规定必要的形式和手续。

第五，应注意法律的规范性和可操作性，条文繁简适当，概念尽量准确，有明确适用范围，构成条件和法律后果，以便于正确适用。

2. 调整范围及与其他法律关系

第一，本法调整平等主体之间的合同关系。

第二，本法仍维持狭义合同概念，即本法所称合同为债权合同。

第三，本法坚持统一的概念，不区分经济合同与非经济合同，商事合同与民事合同，国内合同与涉外合同。

第四,非平等主体之间的承包关系,如企业内部承包、企业承包等,尽量采取合同形式,但不受本法调整。

第五,本法在坚持民商合一体制的前提下,处理与民商事特别法的关系:凡特别法有规定的适用该特殊规定。

3. 立法方案确定的立法技术要求

第一,每一个条文均要拟一个条名。

第二,每个条文均要附立法理由,内容包括现行法律法规的规定,国际公约及主要国家和地区合同法的参考条文和起草条文。起草理由中要提出实践中存在的问题、尚未解决的难点、不同学说及取舍理由。对理论上或者实践中有意见分歧的问题,还要如实反映。

第三,各章节的条文安排依从一般到特殊、从抽象到具体的逻辑顺序。

第四,概念须准确,尽量使用合同法上固有的概念,创新概念要说明理由。适用同一概念,其内涵外延应保持一致。

4. 立法方案确定的合同法基本结构。

分为总则、分则和附则三部分。

总则 9 章:一般规定、合同的成立、合同的效力、合同的履行、合同权利义务的转让、合同的解除与终止、合同的消灭、违约责任、合同的解除。

分则 28 章:买卖、赠与、土地使用权转让、企业经营权转让、租赁、融资租赁、借贷、借用、承揽、运送、委托、行纪、居间、保管、医疗、旅游、住宿、饮食服务、邮政通讯、服务、培训、出版、演出、储蓄、结算、合伙、雇佣、保证、保险、技术成果转让与使用许可。

附则 1 章。

上述方案经 1993 年 11 月 4 日全国人大常委会法工委邀请北京部分专家出息的讨论会,以及 1994 年 1 月 7 日邀请全国 12 个单位的学者专家出席的讨论会征求意见和论证,最后确定下来。全国人大常委会法工委委托中国政法大学、北京大学、中国人民大学、对外经济贸易大学、吉林大学、烟台大学、武汉大学、西南政法学院、西北政法学院、华东政法大学、中南政法学院和中国社会科学院研究所 12 个单位的专家分别起草一章或几章。1994 年 11 月各单位起草的条文汇总,全国人大常委会法工委委托梁慧星、张广兴、傅静坤3人统稿合同法建议草案,并于1995年提交全国人大常委会法制工作委员会审议。

该草案实际上分34章528条,分为总则、分则、附则三部分。其中,总则分一般规定、合同的成立、合同的效力、合同的履行、合同权利义务的转让、合同的解除和终止、合同的消灭、违约责任、合同解释9章,共164条。分则分别规定买卖、赠与、租赁、融资租赁、土地使用权出让与转让、企业经营、借贷、借用、承揽、运送、储蓄、结算、演出、委托、居间、行纪、保管、合伙、雇佣、保证、技术开发与技术服务、保险24种合同,24章,共371条;附则1章3条,分别规定涉外合同的法律适用、过渡条款和施行及废除条款。

四、建议草案的特点

1. 建议草案作为我国完全由学者起草的重要法律草案,其在我国立法史及民法发展史上都有重大的意义,必将对以后我国的立法工作产生重大的影响。

2. 充分尊重实践经验,大胆吸收借鉴发达国家立法经验,兼顾现实,又不迁就落后的现实。

3. 注意协调和兼顾当事人利益与国家社会利益。例如,对于合同自由受到"在法律允许的范围内"的限制,另外特别强调诚实信用原则,强调公序良俗原则等。这两个原则已经被各国所采纳。

4. 注意兼顾交易便捷和交易安全。市场经济的基本原则是"效率优先,兼顾公平"。因此,如何保障交易的迅捷,保证交易的安全,是建议草案中重要关注的问题。例如,不那么严格地要求合同的形式对合同效力的决定作用等,不要将所有的合同都作为无效。

5. 注重法律的科学性和实用性。建议草案的制定,依照从一般到特殊,从抽象到具体的思路,先制定总则再制定分则,并且注重概念、原则、制度之间的上下位阶关系和同位阶概念、原则、制度相互关系。并且,特别注重法律的规范和可操作性,法律条文尽量使用精确的语言,尽量规定明确的构成条件和法律后果,并尽可能为法院裁判案件确立计算基础。

五、1995 年 10 月统一合同法草案试拟稿(第二稿)

全国人大常委会法工委以学者提出的建议草案为基础,进行删减修改形成全国人大常委会法工委 1995 年 10 月试拟稿,即第二稿。该草案总则 7 章,分则 22 章,附则 1 章,共 30 章。总则包括一般规定、合同的订立、合同的效力、合同的履行、合同的变更和转让、合同的终止、违约责任。分则包括买卖、供电供水供热供气、农村土地承包经营权、许可使用或转让、承揽、工程建设、运输、储蓄、结算、租赁、租赁合同、保管、仓储、供用、技术、出版、雇佣、合伙、赠与、委托、居间、经济。

与建议草案相比,增加了供电供水供热供气、农村土地承包经营权、许可使用或转让,另从保管合同中分出仓储合同。从承揽合同中分出工程建设合同,将运送合同改为运输合同,行纪合同改为经济合同,将技术开发与技术服务公司合同以及技术商标转让和使用许可合同合并,仅称技术合同,删去企业经营合同、保证合同、保险合同。

但是,该稿过多地照顾《民法通则》和《经济合同法》的规定,与建议草案“不迁就落后的现实”的目标相悖,并在与国际接轨方面后退了,因此招致了众多学者强烈批评。

鉴于学者们的强烈反对,全国人大常委会法工委为了听取各方面的意见,于 1996 年 5 月 27 日至 6 月 7 日在京郊龙泉馆召开会议,修改统一合同法草案。参加会议的专家学者们有:中国社会科学院法学研究所梁慧星研究员、张广兴副主编,中国人民大学王利明教授,中国政法大学徐杰教授,对外经贸大学王军教授,中国国际贸易促进会高隼来教授,北京市高级人民法院告申庭何忻副庭长、民事审判庭李凡副庭长,国家工商行政管理局法规司司长王学政等。

修改工作是将前述二稿加以对照、修改并形成新的草案。全国人大常委会法工委领导特别指示,此次修改工作应充分尊重专家学者的意见,对于学者建议草案中的新制度,凡是符合中国实际的,要尽可能予以采用。

会议经过两周时间,对建议草案和第二稿逐条加以对照比较,仔细研究和争论,最后形成第三稿。该稿包括总则 7 章、分则 21 章和附则 1 章,共 376 条。与一稿相比条文减少 152 条,在结构上也有所不同。总则由 9 章减为 7 章,去掉了"合同权利与义务的转让"和"合同的解释"二章。分则由 24 章减为 21 章,买卖、电力自来水热力燃气供应合同、承揽、工程建设、运输、租赁、融资租赁、委托、行纪、居间、保管、仓储、储蓄、借贷、借用、技术开发与技术转让、咨询、服务、赠与、合伙、雇佣。附则为第 29 章。

六、1997 年 5 月征求意见稿(第四稿)

全国人大常委会法工委对第三稿稍加修改形成了 1997 年 5 月 4 日法人合同法征求意见稿,即第四稿,发给各地法院、各部门和法律院系征求修改意见。该稿包括总则 7 章、分则 22 章、附则 1 章,共 30 章,390 条,比第三稿 26 章增加了第 26 章旅游合同。

1997 年 6 月 9 ~ 18 日全国人大常委会法工委邀请北京的民法学者召开会议讨论该稿,出席会议的学者专家有:中国社会科学院法学研究所王家福、谢怀栻、梁慧星教授,中国政法大学江平教授,中国人民大学王利民教授,清华大学崔建远教授,北京大学魏振瀛教授,最高人民法院审判委员会费宗祎、经济审判庭庭长黄赤东、民事审判庭副庭长李凡,国家工商行政管理局法规司司长王学政,外经贸部条约法规司司长张月姣,国家科委法规司司长段瑞春,国务院法制局顾问郭田齐。这次讨论会只是将各种修改意见记录在案,并未形成新的草案,会上对若干问题有较激烈的争论,主要争点如下所示。

1. 关于技术合同法是否纳入统一合同法

将三个合同法统一起来的意见,国家科委不同意将技术合同法纳入此中,主张保留现在的技术合同法和技术合同法体系。其主要理由是:其一,现行技术合同法体系是改革开放的成果,具有中国特色,实践证明是成功的,已形成一个完整体系,符合科教兴国和加速科技成果转让的要求;其二,虽然将一般法规统一起来是必要的,但技术合同应在此基础上作为一个独立体系,作为单行法存在,因为后者区别于一般民事合同;其三,现行技术合同法体系是与技术市场管理体系结合在一起的,各地大多都建有技术合同管理机构,形成管理队伍,如废除技术合同法,这些现行法制、制度江北推倒,管理队伍将被解散,但与会其他部门、法官、学者均赞成三法合一,认为技术合同法特殊性可以在同一合同法中得到充分反映。

2. 关于是否规定合同管理问题

国家工商局法规司王学政司长认为,应增加一章规定合同管理和合同管理机关。前四稿均未对此规定,这次也有很多人反对,也有个别人提出折中意义,建议在附则中设一条文对此加以规定。谢怀栻教授的方案是,“国家对于企业与企业间、企业与个人间的重大合同进行必要管理的办法,由国务院制订”;王家福教授的建议是,“国家工商行政管理机关依据《反不正当竞争法》和《消费者权益保护法》,对合同进行必要管理”。梁慧星教授的建议主要是,“利用合同进行的违法行为,由工商行政管理机关依法查处,构成犯罪由人民法院依法追究刑事责任”。

3. 关于外贸代理问题

外贸代理中存在许多间接代理,即代理人以自己的名义对外签订合同,合同权利义务直接归于被代理人。学者建议草案认为,这种代理本质上属于行纪,因此在行纪合同中专门设有一节“对外贸易行纪”5 个条文,但后来被二稿删除,第三、四稿也未涉及这一问题,在本次讨论会上,张月姣司长建议规定外贸代理。但鉴于这一问题涉及英美法系与大陆法系衔接问题,涉及大陆法系的一些根本理论,较多数人持慎重态度。

4. 关于违约责任原则

有学者不同意将违约责任原则由过失推定改为严格责任,但也有不少人同意,因为严格责任在现行法中除经济合同法外早已普遍适用,另外也是国际趋势,再说违约与当事人的过错与否并无多大关系,采取严格责任有利于增强当事人的责任心与合同意识。

5. 关于欺诈和胁迫

现行民法将欺诈和胁迫都作为合同无效的原因,建议草案一稿改为可撤销的原因,二稿恢复为无效的原因,三稿再改为可撤销的原因,四稿则再恢复为无效原因。由此可见争议之激烈。作为无效原因的主要是认为这样会有利于受欺诈、胁迫一方。但是,受欺诈受胁迫一方实际上并未总是希望合同无效,所以主张撤销与否由其自行选择更合适,在其认为合同于自己不利时就可以行使撤销权,申请撤销;否则就无必要申请撤销。因为无效只是自始无效,而撤销以后合同当然无效,效果差别并不太大,但如果受欺诈、胁迫一方不欲合同无效,而法律强行规定为无效,反而对其不利。此外,因受欺诈、胁迫与否影响当事人意思表示的真实性,客观不易判断,故而实践中极少有所主张者,所以规定为可撤销是大多数人的意见。

6. 关于行政合同问题

1997 年 6 月 9 日《法制日报》第一版刊载应松年教授《行政合同不容忽视》一文,建议统一合同法对行政合同作出规定,并提出判断行政合同的标准。座谈会上也有参与者指责统一合同法混淆了行政合同与民事合同的区别,遭到多数人的反对,因为行政合同概念本身十分模糊,国家对市场交易的适度干预并不等同于市场交易行为就是行政行为,其所为粮、棉订购合同等属于行政合同,显然混淆了行政合同与民事合同,将民事合同等同于行政合同。因此,这种说法根本不足以采纳,遭到大多数人的反对。

7. 关于情势变更原则

第三稿和第四稿对此都有规定,但是否应规定一直有争论。不同意规定者认为,事情变更已含于不可抗力之内,既已规定不可抗力,就不必再规定情势变更,另外认为情势变更没有客观标准,担心被滥用,但情势变更原则与不可抗力是两个不同的制度和概念,比如,不可抗力导致的后果是已经构成履行不能,而情势变更则是导致履行十分困难,继续履行显失公平而已。二者是不同的。至于防止滥用,则不过是如何规定才好的问题,不能在此就不规定。

七、提交全国人大常委会稿(新公布稿)

这是由全国人大常委会法工委民法室在前述意见的基础上又加以多次修改形成的新草案,本稿分为总则 7 章、分则 16 章(包括了附则一章),共 441 条,其中总则 126 条、分则 215 条(其中附则 10 条),总则内各有:一般规定、合同的订立、合同的效力、合同的履行、合同的变更和转让、合同的终止、违约责任。分则内有:买卖,供用电、水气、热力,赠与,借款,租赁,融资租赁,承揽,建设合同,运输,技术,保管,仓储,委托,居间合同和附则。

依全国人大常委会法工委副主任胡康生同志在向全国人大常委会所作的关于统一合同法的说明,起草合同法草案的主要原则是:第一,制定一部统一的、较完备的合同法,对有关合同共性问题作出统一规定,把 10 多年来行之有效的有关合同的行政法规和司法解释的规定,尽量吸收进来。第二,以三个合同法为基础,总结实践经验,加以补充完善,同时注意保持法律的连续性和稳定性。第三,针对经济贸易活动和司法实践中出现的新情况、新问题,充分借鉴国外的有益经验,对原来比较原则的规定,尽可能作出具体规定,对需要增加的内容,尽可能作出补充规定。

关于合同法草案中的几个问题,胡康生同志也作了说明:

第一,关于调整范围。

草案规定合同是平等主体的公民、法人、其他组织之间设立、变更、终止债权债务关系的协议。不调整行政管理关系,也不调整企业、单位内部的管理关系;不调整婚姻、收养、监护等身份关系的协议。这一点基本上始终应坚持的。

第二,规定平等自愿,公平、诚实信用,遵守法律原则。

承认在不违法前提下的意思自治,但还保留国家指定性计划的存在,草案规定,国家根据需要向企业下达指令性计划的,有关企业之间应当按照有关法律、行政法规规定的企业权利和义务签订合同,这也是能为许多人接受的。

第三,关于合同订立和效力。

关于这一点的介绍较多。在主题方面要求有相应的民事权利能力和民事行为能力;在合同形式上对重大合同要求书面形式;在订立方式问题上规定了要约承诺等内容;在标准条款问题上要求标准条款提供者一方有将其免责或限制责任条款向对方提请注意,并按对方要求加以说明,此外免除标准条款一方当事人主要义务,排除对方当事人主要权利的标准条款无效,关于缔约过失责任,草案予以规定;关于合同效力问题,对受欺诈胁迫,签订的合同仍然规定为无效,重大误解、显失公平的则为可撤销。

第四,关于合同履行问题。

强调了全部履行原则和诚实信用原则,包括规定后合同义务等,另外规定了不安抗辩权、代位权和撤销权。

第五,关于违约责任。

迟延履行者要承担逾期履行利息;拒不履行和不适当履行的非金钱债务可以请求强制履行;承认可得利益的赔偿,同时限制以"应当预见规则";增加预期违约制度。

第六,关于对合同的监督。

承认工商行政管理机关等的行政监督,但一般应是事后监督。

第七,关于分则。

规定了 15 类合同,以前合同法中合同多数保留并进一步完善,另外,根据需要增加一些合同类型,如融资租赁等,对于特别法有规定的,如保险法、担保法、劳动法、著作权法等法已规定的合同类型则不再规定。对于目前经验尚不成熟且需进一步研究的暂不规定。

八、统一合同法体现出来的特色

统一合同法的制定过程及其草案本身体现出许多特色,按照多数学者的看法可以归纳为以下一些特点。

1. 制定统一合同法的进程中所表现出来的特色

(1) 由专家学者草拟法律草案的草案稿,这在中国的立法史上尚为首次,历史意义重大。

(2) 坚决摒弃部门利益,排斥部门利益的法律。

(3) 思想最解放的一次立法活动。无论是人大的领导还是草拟者,均认为立法应不迁就落后的现实,不拘泥于不适当的现行法规,尽量采用反映市场经济客观规律的共同规则。

(4) 首次备有立法理由书,使统一合同法的制定建立在科学性和妥当性的基础上,也为统一合同法的解释和适用提供了客观依据。

2. 同现行法相比体现出的特色

(1) 立法指导思想新,其一,明确提出要面向21世纪,广泛参考和借鉴利用成功经验和判例,尽量与国际接轨,不然就落后于现实生活。如合同的附随义务、后合同义务、融资租赁等。其二,本立法是在将制定的民法典的大思路下开始草拟的,它是作为民法典债编的基干而设计的,因而更关注的是科学性、妥当性,而不拘泥于现行法的规定。其三,注重兼顾经济效率和社会公正、交易便捷和交易安全,如不再严格要求合同形式等。其四,注重法律的规范性和可操作性,条文较详尽。其五,排除计划经济思想的影响,坚持统一的合同概念。

(2) 全面规划业已普遍的合同类型,即根据现实发展情况,制定出许多典型合同的规则。

(3) 采纳成功立法经验,补充法律漏洞,完善典型制度。原合同法存在制度缺失和法律漏洞,如缺少要约承诺制度等,统一合同法新增了要约承诺制度、定式合同、合同履行抗辩权等。

(4) 立法技术明显提高,既注重从一般到特殊的逻辑顺序,又注重概念的精确,注重概念、原则、制度间的上下位阶关系,及同位阶概念、原则、制度间的关系。

3. 与外国合同法相比表现出来的特色

统一合同法在基本上采纳大陆法系框架的同时,借鉴了许多英美法系的制度和精神,如根本违约、先期违约等。另外,在大陆法系的不可抗辩权制度中吸收了英美法系的先期违约精神,如明确“中止履行后,对方在合理的期限内未恢复履行能力或者未能提供适当担保的,中止履行方可以解除合同”[大陆法系对于对方不提供担保时,中止履行有无解除合同权并未规定,模糊不清,而预期违约制度则认为中止履行方可视情形解除或不解除合同。此外,在合同损害赔偿上,也不同于大陆法系的德国、日本等国民法,即虽也采取完全补偿原则,但又有合理预见规则(英美法系规定)的限制,此外,缔约过失责任、后合同义务也是大陆法系判例和学说中的理论,统一合同法直接对此加以确认]。

九、总　　结

统一合同法的起草到目前为止并未画上句号,仍在征询意见和讨论之中,全国人大常委会法工委于 1998 年 8 月底向全国人大常委会作了草案说明,并于 1998 年 9 月 7 日将该草案在《人民日报》《法制日报》等报纸上加以公布,征询各方意见。

从目前的草案来看,也未必尽如人意,如仍规定了工商机关对合同的管理权,将行政管理纳入强调平等主体之间交易的共同法中这难说是合理的;另外,坚持将受欺诈、胁迫而否定的合同列为无效也不尽科学合理,此外一些具体制度的规定也未必严密,如第 124 条规定:“当事人一方因第三人的原因造成违约的,应当向对方承担违约责任。当事人一方和第三人之间的纠纷,依照法律规定或者约定解决。”而第 125 条则规定:“第三人明知当事人之间的债权债务关系,采取不正当手段,故意阻碍债务人履行义务,侵害债权人权利的,应当向债权人承担损害赔偿责任。”第 125 条是关于第三人侵害债权的规定,且不说基本条文表述是否精当、准确,仅就该条与第 124 条而言,而这明显存在规范竞合,因为第 124 条规定了合同因第三人原因导致不能履行的,该方当事人得向对方承担责任,这里的第三人并不直接向另一方当事人承担责任。而第三人侵害债权中合同不能得到履行,同样也是由第三人造成的,这种情形可以被包括于第 124 条规定的情况当中,而在此情况下依据第 125 条,第三人都要直接向合同的另一方当事人承担责任。如出现此类情况时,必然会发生规范竞合,但实际上适用上述两个不同的条文的法律后果是不同的,对不能履行方及第三人来说,其所承受的法律后果也是不同的。

总之,这次合同法草案虽然较之现行法还是有了相当大的进步,但也不能说已经没有大的缺陷了。因此,我们都还应该继续关注合同法的立法进程,积极地为制定好这部法律贡献力量。

合同法制定是最能体现民法的根本特征的制度,它充分尊重和肯定当事人的意志自由,承认人之为人的应有地位,促进人的自由发展和追求进步;但在同时,合同制度又能兼顾社会公正,制止破坏违背市场经济道德的行为;合同法不仅深深地关注交易的迅捷,同时也深深地关注交易的安全。在意志自由和社会公正之间,在交易便捷和交易安全之间,合同法始终在寻求一种平衡,这不仅是现在我们合同法的努力目标,而且还是合同法的一个永恒目标。而这一目标的实现,实际上也不仅是合同法制度的健全和完善就可以达到的,法律不是万能的,它无法代替自发的道德意识对人们行为产生的更有效的约束作用。因此,即使我们的合同法制定得比较完备、科学,同样需要培养我们国民的契约意识,只有将契约意识深深地根植于国民心中,我们的法律才会起到更大作用,社会主义市场经济的建设才会更加迅速的发展,而在我们强调的契约意识中,更关键的是与社会公正相映成趣的“平等”和“自由”。

关于我国制定统一合同法应该注意的几个原则性问题*

各位专家、各位教授：

我国统一合同法的制定，从开始准备到学者的建议稿以及后来的两个稿子，至今已经3年多了，这次能不能提交今年（1997年）即将召开的全国人大或常委会审议还不确定。不过，从上午梁慧星教授所介绍的合同法第三稿的情况来看，有些障碍正在克服之中，但也没有完全得到解决。

一、保持中国特色与采纳国际上通行做法的关系

很长时间以来，我国有学者认为，既然我国的商品经济还不发达，我们制定统一合同法时就要适应这种现实，从20世纪80年代初开始，我们已经颁布实施了三个合同法，这是制定统一合同法的基础，实际上把这三个合同法重新编纂一下似乎就行了，无须作大的变动。

对于这个问题，我只想重复这样三个观点：（1）因为合同法越来越具有国际化的特点，我们的统一合同法也应当反映或揭示市场经济的一般规律，要符合合同法国际化的趋势。（2）法律除促进、保障和制约作用外，还有一个重要的作

---

* 本文系根据作者1997年2月在全国人大常委会法工委讨论《合同法（草案第三稿）》时的发言整理。

用,即它的引导作用。我们制定法律的目的,不单纯是去确认已经存在的事实,而主要是调整现在和将来各种主体之间的各种关系,其重点不是针对过去,而是着眼未来。我国的统一合同法要发挥它对市场经济的引导功能,就必须真实地反映市场经济的客观规律,保持适当的超前性。(3)我国现行的三个合同法基本上是原来高度集中体制下计划经济的产物,虽然有的是自改革开放以来制定的,但仍带着计划经济的烙印。我们为什么要制定统一的合同法(或者说,我们为什么重新制定合同法)?就是因为我们要从计划经济的轨道转向市场经济的轨道,这是我们制定统一合同法的根本性原因。

二、意思自治与国家适当干预的关系

我们要制定的统一合同法要不要贯彻意思自治,或者叫作合同自由的原则?这是一个非常重要的问题,它是反映合同本质的一个核心问题。强调意思自治已经不再意味着当事人意志的绝对性,而只是强调当事人可以在法律规定的范围内,以"自治"的方式,掌握和运用自己的各种权利,在不违反国家法律强制性规定的前提下,当事人有意思的自由。以我的认识,现代合同法中的意思自治原则与国家的适当干预之间并无实质上的矛盾。

我们强调意思自治,对我国是有针对性的。在我国,过去由于实行高度集权的政治、经济体制,强化指令性计划的管理,和对经济过高的行政干预,当事人的意志成为国家行政权力的附属物,合同法律制度中过多地强调计划原则,不强调,甚至否定意思自治原则——这样的问题现在并没有得到很好的解决。现在有的学者认为,现代民法就是一种公法下的民法。我认为,民法就是私法,再公法化,它也是私法,它是调整个人包括法人之间关系的。在我国,我们解决的侧重面是改变政府对企业的管理方式,或者叫作转变职能,要克服行政权力对经济生活过多的不当干预,充分发挥市场主体的积极性和能动性。

我们强调合同法的意思自治原则,当然就要在合同法的具体规范中体现出来。比如,合同的订立、合同的内容、合同的形式、合同的解除和撤销、无效合同的确定、违约责任的承担等方面，都要注意贯彻意思自治原则。

三、交易的安全与效率的关系

显然，这是一个很麻烦的问题。解决这个问题既要注意现状，也要注意发展趋势，这就是我们所说的要面向21世纪。就我国的情况而言，统一合同法的制定，既要考虑我国目前的经济发展状况和法制建设水平，又要从有利于培养和发展社会主义市场经济出发。在一定程度上，我们可以适当考虑这种过渡性的状况。但是，统一合同法不应该是过渡性立法，它应该是社会主义市场经济的合同立法。

应该看到，我国目前现有的合同立法，片面强调了保护交易安全，而忽视了对交易效率的提高，比如，对合同的形式要件要求非常严格，对合同的生效要件规定得也较苛刻，大量的合同被确认为无效，从而影响了交易效率的提高。所以，在制定我国统一合同法时，除注重交易的安全外，如规定了缔约上的过失责任，这是对的，但也要注意提高交易的效率，特别在这样竞争十分激烈的时代，如果我们过于谨慎，就有可能失去许多交易的机会。

因此，我想强调这样几点，也是建议：(1)合同的形式问题，应当采取以不要式主义为主、要式主义为辅的原则，除法律规定非采取法定形式外，应当认为合同有效。(2)合同的内容问题，除违反法律的强制性规定或者违反了公序良俗原则外，合同一般应认为有效。(3)情势变更原则的适用，要作严格的限制，也可以不把它作为一个基本原则，可以考虑赋予法院权限作个案处理。(4)不要强调合同的实际履行，要看双方当事人的意愿，如果对双方当事人都有好处，也有可能不反对以金钱或其他的方式履行。(5)债权的转让应当放松，只要不增加债务人的负担，债权人有自由转让债权的权利，但事后必须告知债务人。(6)适当减轻保证人的责任，保证人一般只对担保债务负补充责任，享有先诉抗辩权。比如，保证人因主债务人的欺诈、胁迫或主债权人与主债务人恶意串通所订立的保证合同，应当适当减轻或免除保证人的责任。

四、维护当事人利益与国家整体利益的关系

我认为,不要把这两种利益对立起来,不要绝对化。在许多情况下,维护当事人的利益,这本身也就直接或间接地维护了国家利益。比如,对一个企业来说,维护了这个企业的利益,也会无形中增加了国家的收益;各个企业发展不好,国家也难以富强。

具体到合同法而言,合同的有效、无效,是否可以撤销?这就直接涉及这个问题。我国现行的《合同法》,包括《民法通则》,对无效合同的范围规定得过宽,列举了七八条,都是无效。只有显失公平或重大误解的合同才属于可撤销的合同。这种现行立法的规定,实质上只是片面强调了对国家整体利益的维护,而忽视了对有关当事人合法权益的保护。比如,欺诈、胁迫的合同规定为无效的合同,这样虽然有利于维护社会正常的经济秩序,但有时对被欺诈、被胁迫者是极为不利的。这次第三稿基本解决这个问题。

所以,我国在制定统一合同法时,可采取目前世界上大多数国家的立法体例,只把那些违反法律的强制性规定和公序良俗原则的合同认定为无效合同;对于因欺诈、胁迫、乘人之危、重大误解等意思表示有瑕疵或欠缺的合同,认定为可撤销的合同,赋予相对人以从维护自己利益出发的撤销权;对于欠缺民事行为能力的合同,可以认定为可撤销或效力待定的合同,由它的法定代理人或已经具备民事行为能力的本人来决定其效力;对于欠缺代理权或处分权的人所订立的合同,可以认定为效力待定的合同,由被代理人或有处分权的人,从维护自己利益的角度出发,来决定其效力。

我对合同法研究不够。所以,只能谈些原则的看法,很粗浅。谢谢各位!

我国债法中情势变更原则的确立*

情势变更原则是现代债法中关于合同之债效力的重要原则。它是随着社会经济的发展,为协调合同当事人之间的利益冲突,维护社会公平及经济流转秩序,逐步建立和完善的一项民法制度。无论大陆法系国家,还是英美法系国家,均把情势变更视为免除合同当事人债务的条件。

在我国,由于长期实行计划经济体制,解决情势变更问题主要是采取行政手段。改革以来,随着商品经济的发展,因情势变更所致的各种合同纠纷不断发生,因而引起法律界人士的关注。一些学者开始研究国外解决情势变更问题的理论与实践,同时也借鉴我国台湾地区学者的研究成果,逐步形成对情势变更原则的基本认识。在立法方面,虽然《民法通则》《经济合同法》中有关条款包含情势变更原则的精神,但其规定欠明确、具体,因此不便于实务上的适用。1993 年 5 月最高人民法院以《全国经济审判工作座谈会纪要》的形式,肯定了债法中的情势变更原则,这为我国解决情势变更问题提供了一个明确的指导思想。

一、情势变更原则的实质

情势变更原则,是指合同有效成立后至履行完毕前,因发生当事人不可预

---

* 原载《法学评论》1994 年第 6 期。

见、不可防止的客观情况,致合同存在的基础支援或丧失,若继续按原合同履行,必然显失公平,故允许变更合同内容或者解除合同。这一原则的实质在于,维护民法诚实信用原则的公正性,消除合同因情势变更所产生的不公平后果。这一原则的确立与发展经历了一个长期过程。

罗马法时代,当意外事件致使物品灭失或者给付不能时,债务人即可得到解脱,除非有相反的协议。① 但是,当时对意外事件的理解,仅限于不可抗力,而情势变更并未成为免责的原则。13 世纪注释法学派提出"情势不变条款"学说,即假定一个合同在成立时均以当时作为合同基础的客观情况的继续存在为默示条件,一旦这种客观情况不存在,就准许当事人变更或解除合同并免除责任。进入 20 世纪后,德国学者欧特曼(Oertman)提出"法律行为基础"学说,认为因法律行为基础有瑕疵,即合同依存的特定环境发生重大变化或不复存在,则合同的履行应予变更。该学说一经提出,当即为法院判例所采纳,成为裁判上之固定见解,至今未变。② 按照"法律行为基础"理论,法院的裁判主要是用来处理因经济或社会情况的剧变,如货币贬值、物价上涨等因素而发生的情势变更问题。但随着时间的迁流,该原则的适用范围实际上正在变化、扩大。

英美法国家解决情势变更问题采用的是"合同落空"(Frustration)原则。它是指由于出现了使合同无法履行,或者至少无法实现原定合同目的,以致合同双方再受合同约束就是不合理的情况,而致使合同过早地终止。该原则又源于另一原则,即因不归因于任何一方过错的事实和法律上的无法履行情况,而解除合同的原则。③ 从司法实践看,合同落空原则主要适用以下情况:(1)因法律修改而不能履行;(2)因特定物灭失而不能履行;(3)因情势发生根本性变化而不能履行;(4)因当事人不具有特定行为能力而不能履行。④ 相比之下,合同落空原则适用的范围要比大陆法国家的情势变更原则适用范围更广泛。实际上

① [意]彼德罗·彭梵得:《罗马法教科书》(中译本),黄风译,中国政法大学出版社 1992 年版,第 331 页。

② 参见彭凤至:《情事变更原则之研究》,台北,五南图书出版股份有限公司 1986 年版,第 25 页。

③ 参见[英]沃等:《牛津法律大词典》,北京社会与科技发展所译,光明日报出版社 1988 年版,第 362 页。

④ 参见董安生等编译:《英国商法》,法律出版社 1991 年版,第 159~161 页。

合同落空包括了大陆法上的不可抗力和情势变更。英美法学者对合同落空原则的理解不尽一致，有"默示条款"说、"合同基础丧失"说、"公正合理解决"说、"义务改变"说等。但是，在同一案件上适用不同的学说所得出的结论几乎没有差别。大多数法官认为，如果所发生的事实确已使合同失去其根据或基础，即使仍然存在履行可能，法院也可以认定该合同因受挫而失效。

在大陆法国家，关于情势变更原则的立法方式可分为3类。一是民事特别法方式，如德国在第一次世界大战以后陆续颁布的"法官协助契约"法规。二是民事实体法方式，如法国、意大利、希腊等国均在民法典中，对情势变更原则作出了概括性规定。三是民事诉讼方式。应该说，情势变更原则的适用不仅限于特定时期和特别关系，而且这一原则的效力必然涉及当事人的实体权利。所以近年来，德国司法部已经提出《债法修正之审查意见及建议书》，建议将情势变更原则立法化，作为民法典第242条关于诚实信用原则规定的第2款加以规定；[⑤]我国台湾地区一些学者也认为，情势变更原则按照其诉讼之本质，只应该在当事人声明或抗辩的范围内适用，这实际上是诉之变更及追加问题。[⑥] 以上立法经验及其发展趋势，将会对我国关于情势变更原则的立法产生重要影响。

在我国，《民法通则》第4条规定："民事活动应当遵循自愿、公平、等价有偿、诚实信用的原则。"显然，对于因情势变更未能履行债务的当事人来说，如果不能免除其责任是显失公平的，而坚持公平原则又是民法调整民事法律行为的核心原则。另外，对于诚实信用的理解，首先，双方意思表示要真实、合法，符合订立合同时依据的特定环境，若此种特定环境发生了重大变化或者不复存在，就意味着失去了原订合同存续的基础。进而否定了双方意思表示的真实性。其次，双方坚守信用是有条件的，是建筑在一定客观基础上的，若这种条件和基础发生了重大变化或者不复存在，以致继续履行合同诺言会给一方当事人带来重大损失时，就会直接违背民法的公平原则，进而坚守信用就成为纯主观的赌咒，其本身就是不可信任的。因此，情势变更原则的实质就是公平观念、公平原则在债法中的切实体现。

---

⑤　参见梁慧星：《合同法上的情事变更问题》，载《法学研究》1988年第6期。

⑥　参见何孝元主编：《云五社会科学大辞典》（第6册），商务印书馆1971年版，第301页。

在贯彻民法基本原则的前提下,《民法通则》《经济合同法》均把过错作为当事人承担合同责任的主要条件,当发生因不可归责于当事人的事件致使合同不能履行时,当事人原则上是不承担责任的。由此看来,我国现行民事法律已经包含了情势变更原则的精神。但是,我国民事法律并没有赋予情势变更原则以法律效力,民法的基本原则还没有和具体的制度规范相连接。由于有些制度的欠缺或不完善,又影响了基本原则的贯彻,其中情势变更原则没有明确立法就是重要的一项。为了尽快弥补这一欠缺,最高人民法院在其《全国经济审判工作座谈会纪要》(以下简称《纪要》)中指出:"由于不可归责于当事人双方的原因,作为合同基础的客观情况发生了非当事人所能预见的根本性变化,以致按原合同履行显失公平的,可以根据当事人的申请,接情势变更的原则变更或解除合同。"这一司法解释性文件,对全国经济审判工作具有指导意义。实践中,有些人民法院已经开始将情势变更原则具体运用在案件审理及解决之中,对原来合同之债效力的理解以及形式主义的合同概念正在更新、正在扬弃。

二、情势变更与不可抗力

情势变更作为一种法律事实,包括两个相互关联的因素:一是情势,即订立合同时所依据的特定环境,它是合同存续的必要条件和基础;二是变更,即该特定环境发生了异常的重大变化,以致合同订立时的行为基础丧失。情势变更是合同当事人无法预见、无法确定的客观事实,它对当事人来说是一种经济风险,即在生产和销售过程中发生的风险。一般来说,人们对情势变更的理解是狭义的,主要是指因不可抗力之外的意外事件,如国家法律、政策的改变、货币贬值、物价上涨所引起的合同危机。在实践中,法院在处理因不可归责于当事人的原因致合同不能履行的案件时,除采用狭义的情势变更原则外,还往往采用类推方式适用相近的法律,如适用给付不能、瑕疵担保、发生误解的规定来处理合同纠纷。对于后者,人们也称为广义的情势变更。

不可抗力,是指不能预见、不可避免并不能克服的客观情况。在合同关系中,它是指当事人在订立合同时不能预见,对其发生和后果不能避免并不能克服的事件。所以,当事人的不可预见性、不可避免性、不可克服性以及履行期间性是不可抗力必备的构成条件。因此,各国均把自然灾害、战争、严重的动乱和其他灾害性事故看作不可抗力。但是,由于各国的法律传统、习惯不同,对于政府干预、行政命令、罢工、市场剧变等情况是否作为不可抗力?各国认识是不一致的。这样就给处理国际间合同纠纷带来困难。

情势变更与不可抗力在本质上是一致的。因为两者都是不可预见、无法防止的客观事实,都是不可归责于当事人的原因。另外,两者都是违反合同的免责条件,其法律后果是相同或相似的。广义上的情势变更,应该包含不可抗力。在狭义的情势变更中,它与不可抗力又有所区别。这些区别表现在:(1)不可抗力具有不可克服性,情势变更则是可以克服的,只是会给债务人带来很大的经济损失。(2)不可抗力主要是指与自然灾害、战争行为等相关的异常事件,情势变更则主要是指社会经济形势的剧变事件。(3)不可抗力导致合同不能履行或迟延履行时,对债务人责任的免除是绝对的。情势变更导致合同变更或解除时,对其责任的承担要充分考虑公平原则。在处理案件时,往往由债务人与债权人分担损失或由一方给予另一方一定的补偿。⑦ (4)不可抗力既可以免除违约责任,又可以免除侵权责任。

在我国,一般对情势变更的理解是狭义的,因此,应当对不可抗力与情势变更加以区别。这些区别也必须反映在民事立法上。我国《经济合同法》第27条中出现了"不可抗力"和"一方当事人虽无过失但无法防止的外因"两个概念,它们虽然能够产生同样或类似的法律后果,即变更或解除合同,但两者所涉及的内容和范围又是不同的。这些不同应当在立法上有所反映和体现。现在,《民法通则》对不可抗力作了明确规定,而对"一方当事人虽无过失但无法防止的外因"未作规定。《经济合同法》也没有把这种"外因"规定为免除的条件。显然,我国在以往的民事立法中,虽试图把情势变更和不可抗力加以区别,但因为对情势变更还缺乏实践的感受,还不能对其作出明确的法律界定。近年来,

---

⑦ 参见陈平安、吴德桥:《债法中的情势变更原则探讨》(1991年全国法院系统首届民法学术讨论会论文)。

由于经济活动异常活跃以及法院审判实践的需要,在司法界、理论界对情势变更原则的讨论逐步深入,为确立这一民法原则打下了基础,目前正在起草的《统一合同法》中,已经把情势变更作为一项重要原则加以规定。

在英美法国家,不使用“不可抗力”和“情势变更”这两个术语,合同落空规则实际上包含了大陆法上的不可抗力制度和情势变更制度。在合同落空规则中,无论是自然灾害、战争状况造成的不可抗力,还是货币贬值、价格暴涨造成的情势变更,适用的法律规则和处理措施往往是相同的,所产生的法律后果也不外乎变更或解除合同。当然,并不是在订立合同之后所发生的任何意外的情况变化都能够适用合同落空规则。适用合同落空规则,除已变化的情况要符合合同落空的特征外,还应当符合适用合同落空的规则的标准,即合同存在的基础已经完全改变,以致在一个通情达理的人看来,合同的当事人倘若事先知道会发生这样的变化,就不会签订这项合同,或者签订与此项合同内容完全不同的合同。⑧

在国际上,为了调和两大法系的立法差异,在1980年的《联合国国际货物买卖合同公约》中,摆脱了不可抗力、情势变更、合同落空等概念,提出了一个“非所能控制的障碍”的概念。该公约第79条规定,如果一方当事人能证明他不履行合同义务是由于某种非他所能控制的障碍,而且对于这种障碍没有理由预期他在订立合同时能考虑或能避免或能克服它及其后果,那么,他对此就不负任何责任。但该公约规定,只有在“非所能控制的障碍”存在期间,才可免责,而且该当事人应将所发生的这种障碍及其对履行合同义务的影响通知另一方当事人,否则该当事人应对其损失负责。⑨ 该公约的这一规定,既适用于不可抗力的情况,也适用于情势变更的情况,所以,它所适用的范围相当于合同落空规则的适用范围。

---

⑧ 参见谢邦宇、李静堂:《民事责任》,法律出版社1991年版,第142页。

⑨ 参见韩德培:《国际私法》,武汉大学出版社1989年版,第213页。

三、情势变更的适用条件和情况

根据民法的基本理论和基本原则,结合最高人民法院《纪要》中总结的做法,我国学者普遍认为,情势变更的适用条件应有四个方面。

(一)须有情势的变更

情势发生变更,是适用情势变更原则的基本条件和前提。在我国,近年来发生的情势变更主要涉及以下情况:(1)因物价大幅上涨,造成一方当事人履行合同困难或需承受严重的经济损失;(2)因信息失实,造成当事人间重大误解,致合同基础自始欠缺;(3)因国家经济调整或政策发生变化,或各种经济行政管理措施的实行,致合同基础丧失或对价关系失衡;(4)因国际市场发生重大的变化,影响了国内某些出口产品或进口产品的购销合同的履行,或因外国货币的大幅贬值或大幅升值,致合同对价关系被破坏。上述情况的发生,使合同依据的社会环境改变成客观基础丧失,给当事人履行合同造成严重困难或根本无法履行,这就构成了适用情势变更的基本条件。

在市场经济条件下,由于市场所固有的风险,如物价的上下波动、货币值的一般变化,虽然能给当事人的经济状况造成一定影响,但并未严重损害当事人的经济利益,也未妨碍合同的正常履行,所以不能适用情势变更原则。对此,国外在司法实践中往往掌握一定的衡量尺度。如德国帝国法院 1933 年的一个判例,认为英镑贬值 20% ~30% 属于情势重大变更,成立补偿请求权,1935 年的一个判例认为外币贬值 13%,即使法律行为基础动摇,补偿请求权得以成立。[10] 我国在确立情势变更原则的同时,人民法院也应针对市场的实际情况,既要考虑合同履行的困难,又要维护合同关系的稳定,拟定出适用情势变更各市场因素的一个量的界限。对于未达到规定界限的市场变化,属于正常的商业风险,

---

[10] 参见梁慧星:《合同法上的情事变更问题》,载《法学研究》1988 年第 6 期。

其风险应由一方当事人自己承担,除双方当事人有约定外,另一方当事人没有义务与其共担风险。至于非市场因素的情势变更,已造成合同基础丧失的,只要情况属实,又符合其他适用条件的,即可按情势变更原则处理。

(二)情势变更须因不可归责于双方当事人的事由而发生

合同的免责条件主要包括情势变更和不可抗力。它们都是当事人在签订合同时所不能预见的,对其发生和后果又是不可避免的。在情势发生变更时,双方当事人主观上是没有过错的,所以应予变更或解除合同并免除其合同不履行的责任。在签订合同时,当事人对今后可能出现的某种情势变更已经预见,并对此进行了讨论或已在合同中载明的,当合同履行期间确实出现了所预见的情况,则不能适用情势变更原则。如果合同的不履行,是因为对方当事人的过错造成的,无过错一方当事人不承担合同不履行的责任。如果合同的不能履行,是因为不可预见的第三人行为造成的,其本人则应向另一方当事人承担相应的赔偿责任,但有向该第三人追偿的权利。

如前所述,虽然情势变更与不可抗力都是不可归责于双方当事人的事实,可以产生相同或类似的法律后果,但是在克服事由影响的主观能动性上有所不同。一般来说,情势变更并非合同绝对不能履行的原因,只是此种情况下继续履行合同会给债务人造成严重的经济损失;而不可抗力则是当事人无法克服,致合同丧失继续履行的基本条件的事件。

(三)须维持合同原有效力显失公平

情势变更原则的宗旨,在于维持社会公平及经济流转秩序,所以判断情势的变更是否给当事人间带来显失公平的后果,就成为适用情势变更原则的实质性条件。显失公平是司法机关根据客观存在的明显的不公平事实,为正确处理民事案件的一种评判,它所体现的道德标准和法律标准应有客观的尺度。但是,究竟不公平的具体标准如何确定,是很难统一的。有的学者提出,只要发生下列情形,即可适用情势变更原则:(1)因情势变更使双方当事人的利害关系发生巨大变动,如果不适用情势变更原则,就会使交易安全受到损害;(2)主张适用情势变更原则的一方,可以避免不当损害,但也不可因此而使对方蒙受不当损害的结果,应使对方原则上仅先去其未预料的利益;(3)导致其他显失公平的结果。⑪

(四)情势变更须发生在合同有效期间

只有在合同生效后至合同消灭前,才有可能适用情势变更原则。如果在合同生效前,就曾发生情势变更,则该合同是在变更后的情势基础上成立的,所以不涉及情势变更问题。如果在合同消灭后,已有情势变更发生,因已与原合同履行无关,所以也不涉及情势变更问题。由于债务人的过失,致使合同迟延履行,在其迟延履行期间发生情势变更的,不适用情势变更原则。

因此,人民法院受理以情势变更为由要求免除合同履行义务的案件,应以从严为原则。只有发生不可归咎于债务人的不可预见情况,并使债务人在相当时期内不可能履行合同或履行合同会遭受沉重的损失时,才能解除债务人的履行义务。

四、情势变更的法律效力

情势变更的法律效力,即指变更合同内容和解除合同。当情势变更发生时,为了消除由此产生的不公平后果和稳定合同关系,首先应考虑采取变更合同内容的措施。只要通过变更合同内容,即可排除不公平的后果,双方当事人就应在新的条件下,继续维持合同的存在和履行。只有在变更合同内容已经不可能或仍不足以排除不公平的后果时,才应采取解除合同的方式。

变更合同内容,通常要经双方当事人的协商一致。但根据《民法通则》第59条的规定,因重大误解、显失公平而发生的合同变更中,其一方当事人有变更权。情势变更发生后,应允许双方当事人协商变更合同,也应赋予一方当事人

---

⑪　参见杨振山:《试论我国民法确立“情势变更”原则的必要性》,载《中国法学》1990年第5期。

有请求变更合同的权利。合同内容的变更主要表现为增减给付,延期或分期给付、变更给付物等方面。在司法实务中,遇到较多的是增减给付这种量的变更,这也是法院较难掌握的一种"公平裁量权"。目前,我国各地经济发展不平衡,每一个案件的具体情况又不尽相同。所以不可能制定统一的裁量标准,但在某一时期,最高人民法院仍然可以根据典型案例,以批复、复函等方式指导各级人民法院行使"公平裁量权"。处理这一类问题,首先要考虑合同变更后的内容是债务人一方能够继续履行时的,其次是合同变更后的内容对双方当事人是公平的、是符合双方当事人的利益的。从量的变更的角度,它应大体符合原合同规定的分享比例,以达到当事人当初所预期的目的。

当无法用变更合同内容以弥补合同之不足时,应赋予当事人单方解除权,允许一方当事人在其提出变更合同的建议遭对方拒绝时,以书面通知方式解除合同而无须对方的同意,并免除其相应责任。在当事人双方协商变更合同不成引起诉讼,或因一方当事人行使解除权而引起诉讼时,人民法院可以作出变更合同或解除合同并免除当事人责任的判决。⑫

因情事变更而引起的合同解除,是否考虑其溯及力的问题,在我国还没有明文规定,学者之间也有不同意见。在大陆法系,多数国家认为解除合同时,除非当事人有特别约定外,应视为合同终止,即合同自始无效,已履行的部分应予返还;在英美法系,因履约受挫解除合同的,即认为合同解除时自动失去效力,而不是自合同订立时起开始无效。合同解除有无溯及力,关系当事人双方的物质利益分配,又涉及宏观经济效益,但又不好一概而论。从我国实际情况出发,因情事变更而发生的合同解除应以无溯及力为原则。但是,属当事人双方同意解除有溯及力的,只要不因此损害国家利益,法律应该允许;因非继续性合同的解除能够恢复原状,而恢复原状又是合同解除有溯及力的效果及标志,所以此类合同作为解除的标的,为解除有溯及力提供了可能。⑬

---

⑫　参见陈平安、吴德桥:《债法由的情势变更原则的探讨》(1991 年全国法院系统首届民法学术讨论会论文)。

⑬　参见崔建远:《合同解除与溯及力——〈经济合同法〉的修改问题》,载《当代法学》1988 年第 4 期。

在合同解除情况下，我国立法承认当事人请求损害赔偿。《民法通则》第115条规定："合同的变更或者解除，不能影响当事人要求赔偿损失的权利。"但是根据《经济合同法》第27条规定的精神，依法可以免除责任的除外。基于情势变更而解除合同，应属免除责任的范围，其债权人不得因此而请求因不履行的损害赔偿。在司法实务中，对于此类因合同解除而给债权人带来的损害，应由双方当事人均担或由债务人给予一定的补偿。债权人不得就合同存续期间的可得利益提出请求，而只能就其所受的积极损害提出请求。如果债务人行使解除权而受到积极损害的，其债权人有义务给予相应补偿。总之，在解决当事人间的损害补偿问题上，应坚持公平均担为原则。

在我国，情势变更原则正在确立之中，因立法尚无明确规定，实务经验也还不足，所以对此问题的探讨十分必要。目前正在草拟中的《统一合同法》已确定将情势变更作为一项重要原则，该法的最终颁布和实施将标志我国情势变更原则的正式确立。

论文合作者

主体制度篇

论文题目	合作者
民事主体功能论——兼论国家作为民事主体	宋　刚
论国家在市场经济下的民事主体地位	吕小武
合伙民事主体地位的再探讨	余延满

合同债法篇

论文题目	合作者
罗马法契约自由思想的形成及对后世法律的影响	陈本寒
日本环境侵权民事责任研究	罗　丽
第三人侵害合同缔结的侵权责任论纲	白飞鹏
论附条件买卖买受人期待权效力的扩张——兼论其在破产法上的影响	陈　洪

馬俊駒法学文集

第 3 卷

马俊驹 著

法律出版社
LAW PRESS · CHINA

马俊驹

1941年生，北京市人，当代著名民法学家。1966年毕业于北京政法学院法律系，曾在基层人民法院从事民事审判工作。1982年毕业于中国政法大学，获民法学硕士学位。1982～1997年3月在武汉大学法律系任教，曾任武汉大学法律系主任、副教授、教授、法学院院长。1997年3～9月在中国政法大学任教。1997年9月在清华大学法学院任教，曾任清华大学学术委员会副主任和法学院学术委员会主任。2008年退休后在西南财经大学法学院任教至今，担任民商法学专业博士研究生导师。曾兼任中国法学会民法经济法学研究会副会长、中国法学会民法学研究会顾问、中国国际经济贸易仲裁委员会委员等职务。

目　录

第三卷

物权与财产制度篇

第三卷

物权与财产制度篇

财产权制度的历史评析和现实思考*

财产权制度是民法的基石。近年来,我国法学界对民法各项财产权制度的研究有了很大进展,但从宽泛意义上的财产权角度进行整体的、系统的研究,还未给予足够重视,这对我国民法的完善是不利的。基于此,笔者不揣浅陋,拟从物、财产和财产权概念入手,分析大陆法系财产法理论的几个误区,在此基础上,通过对两大法系财产权制度的比较和评析,为在理论上重塑我国财产权体系提出一种思路。

一、物、财产和财产权

"财产"一词在不同的历史阶段具有不同的法律内涵和形式。在古罗马社会,财产主要表现为物质实体形态的有形物,法律中还据以创造了抽象的"物"的概念。物依自然属性的不同分为动产和不动产,其中奴隶作为客体被纳入动产的范畴。与此同时,罗马法也提出了"有体物"和"无体物"的划分。盖尤士(Gaius)认为,有体物是以实体存在,并可以凭人们感官触觉的物,如动产和不动产;无体物则仅指没有实体存在,为人们拟制的物,如债权、用益权、地役权等权利①。这说明罗马法已注意到权利的性质及其归类问题,但由于当时财产唯

---

* 原载《中国社会科学》1999 年第 1 期。

① 参见周枏:《罗马法原论》(上册),商务印书馆 1994 年版,第 28 页。

一可能存在的形式是对有体物的占有和使用,罗马法只能在有体物的范畴中解决所有权以及其他财产权利的法律问题。由此可以得出结论,罗马法中所有权客体主要限于有体物范围,债权、用益权和地役权仅作为一种例外的“物”而存在。

西欧封建社会仍沿袭罗马法物和财产的概念,财产主要表现为不动产以及于土地上设立的诸权利,财产范围并未扩大。随着资本主义商品经济的发展,西方诸国财产的范围迅猛拓宽。为了加快资本积累和生产集中,合理配置生产要素,股票、债券等有价证券大量出现,成为新的物的形式,知识产品也成为民事权利的保护对象。大陆法系各国有关财产的立法例虽各具特色,但都反映了这一发展趋势。1804 年《法国民法典》第 516 条规定:“财产或为动产,或为不动产。”第 526 条规定,“不动产的用益权、地役权或土地使用权,旨在请求返还不动产的诉权”,均指不动产。第 529 条规定:“以请求偿还到期款项或动产之目的之债权及诉权,金融商业或产业公司的股份及持份……均依法律规定为动产。”因而,该法沿用罗马法关于物的概念,把物分为有体物和无体物,并且把债权及股权等作为无体物归为动产一类。1896 年《德国民法典》第 903 条则仅谈及有体物(Sachen)的所有权,且第 90 条规定:“本法所称之物,仅指有体物”。《瑞士民法典》第 655 条明确规定某些权利也可以成为所有权的客体。《荷兰民法典》则规定债的转让应根据取得财产的方法进行,这意味着一个人能够作为债的所有者。② 因此,除德国、日本外,大陆法系国家大多沿袭罗马法关于物的概念和分类,并企图在所有权及物的范畴中完善财产制度,这种情况导致所有权以外具体财产权利的独立性相应地被忽视。

在我国法律用语中,“物”的含义与德国法、日本法相应的规定相同,且立法在不同的意义上使用“财产”这一概念。《民法通则》第 5 章第 1 条题为“财产所有权和与财产所有权有关的财产权”,此处的“财产”显然指物。而《继承法》第 3 条规定,“遗产是公民死亡时遗留的个人合法财产”,其“财产”则泛指有体

---

② 参见[荷]雅各·H. 毕克惠斯:《荷兰财产法结构的演进》,载梁慧星主编:《民商法论丛》(第 7 卷),法律出版社 1997 年版,第 284 页。

物、财产权利与财产义务。[③]

由于法律传统的差异,英美法系普遍采用“财产”的概念,而较少使用“物”的概念。如同大陆法系,英美财产法也有具体物和抽象物的划分,地产权、债权、股份、信托基金以及权利证书等均被视为抽象物。“作为交易对象的任何有价值的资产均被恰当地当作物,就像公司股票之类的抽象物当作轮船和汽车之类的有体物一样。”[④]“财产”一词也常常被不加区别地用来表示有货币价值的所有权客体,同时也指人们对物的权利。土地、动产以及所有权、终身财产权、地役权等均可被称为财产。在美国,“所有权”一词常被用作财产的同义词。[⑤]在英国普通法形成时期,财产也被分为动产和不动产,并表现为诉讼程序上的差异,前者通过损害赔偿为目的的个人诉讼来保护,后者则旨在收回实物财产。[⑥] 英美法同时承认财产权一定条件下在受益人和受托人之间分割的可能性,受益人享有衡平法上的所有权,而受托人则享有法定所有权。因而,英美法系中的“财产”一词具有宽泛的意义,财产权利的取得方式及其分类,也远不如大陆法系严格。

由上观之,在传统立法中,无论大陆法系还是英美法系,对物、财产常常不加区分,通常都在不同的意义上使用。这在理论上造成了一些存在至今的误区。

误区一:物即财产。

大陆法系基于将有体物作为财富主要构成的认识,赋予物与财产同等意义,并力图将无形物也纳入其中。我国有的民法教材至今仍沿袭“民法上的物即财产”的结论。[⑦] 但从实质意义上财产权的本体和客体角度出发,“物即财产”必然导致理论上的不合逻辑:若取狭义上“物”的概念,即物仅指有体物,那么无体物便不能包括在“物”的范围之中,因此,作为各种权利形式的利益便被

---

③ 参见吴汉东:《无形财产权的若干理论问题》,载《法学研究》1997 年第 4 期。

④ [英]F. H. 劳森、B. 拉登:《财产法》,施天涛等译,中国大百科全书出版社 1998 年版,第 15 页。

⑤ 参见英国《不列颠百科全书》第 15 版第 15 卷,载周枏主编:《国外法学知识译丛 · 民法》,知识出版社 1981 年版,第 56 页。

⑥ 同上书,第 65 页。

⑦ 彭万林主编:《民法学》,中国政法大学出版社 1996 年版,第 49 页。

排除在财产之外;若取广义上“物”的概念,即无体物也是物,那么肯定会出现这样一个问题,即有体物和设立于有体物上的无体物均是“物”。这必然导致广义上“物权”的客体有两种:一是有体物,二是无体物。若无体物是一种在有体物上设定的他物权(如地役权),那么,基于这种无体物形成的物权便会产生这样一种结果:一种物权(如地役权)成为另一种物权的客体,从而陷入了“物权的物权”的怪圈,物权的概念便无法明确。而大陆法系“物权”概念具有特定的含义,即其客体限于“有体物”,是一种基于有体物形成的绝对权。显然,广义上的“物”的概念使“物权”的客体不单一,从而使物权概念失去其特定意义。由此可知:前一种假设将导致否认无体物的财产性质;后一种假设则会导致与物权概念本身相矛盾。其症结在于,罗马法理论中的所有权与所有权的客体常常不加区分而相互替代使用。

严格来讲,一人拥有某物,在法律上的完整表述应是,一人对该物享有所有权,若未在该物上设定所有权,自然谈不上物成为财产的问题。从这个意义说,物本身并不是财产。由此可知,由于习惯上所有权与所有权的客体在表达上是一致的,因而往往把所有权的客体与设于其上的其他权利并列而论,从而产生了无体物归属的困难。由于罗马法学理论尚没有达到高度抽象概括的水平,权利和权利客体不分,从而将无体物的所有权也作为有体物。实质上,物与权利不是一个范畴的概念,前者属于权利客体范畴,后者属于权利本体范畴。若正确区分两者性质,就权利角度而言,所有权与无体物(他物权)是一个层面上的东西,则所谓的无体物的归属问题便不存在了。在物与财产的辨析上,德国民法典是一大进步。该法典把所有权限于有体物上,而以“物”与“客体”区分有体物和无体物,后者包括各种权利,但这些权利不能同时被拥有。⑧ 可以认为,真正原本意义上的物权制度应始于德国民法典。事实上,随着经济的发展,知识产权、股权以及企业信誉权等财产权客观上已无法在“物”和“所有权”的范畴得到完满的解释。因此,关于财产可得出如下结论:财产即主体在物上的权利或加于其他人的非人身性权利,前者包括主体在物上的所有权或其他排他性

---

⑧　参见[荷]雅各·H.毕克惠斯:《荷兰财产法结构的演进》,载梁慧星主编:《民商法论丛》(第7卷),法律出版社1997年版,第284页。

权利,后者则包括债权和其他含有财产内容的请求权。

误区二:财产权是对已有财产利益的法律保护。

传统观念常常将财产和财产权加以区别,分别在不同的意义上使用。前者表示主体已享有的实际利益,后者则是前者的法律体现,两者是内容和形式的关系。这又陷入另一个误区。现代西方产权经济学学者罗纳德·科斯(R. Coase)从谈判理论出发,对财产有独到的见解。他认为,交易双方通过博弈达成的合作会给双方均带来收益。但若对物质利益的排他性占有通过武力来维护,则其威胁远比依靠法律制约严重。因此,建立强有力的财产法律制度可使交易失败造成的损害达到最小,财产法的中心任务即是消除交易的障碍。罗纳德·科斯进一步认为,“交易双方的权利越明确,合作的可能性则越大,因监督和控制所需交易成本越低,因此财产法热衷于简单而又明确的所有权准则便可得到合理解释”。[⑨] 上述理论对我们不无启示,也就是说,财产法在以财产权界定物质利益的同时,产生了法律意义的财产。财产在本质上是法律概念,只能以财产权形式表现出来。因而,财产与财产权相伴而生,且是同质同义的,属于同一范畴。

英美普通法至今认为,“财产是一组权利。这些权利描述一个人对其所有的资源可能占有、使用、改变、馈赠、转让或阻止他人侵犯”。[⑩] 这里财产也是作为法律制度上的财产权使用。罗马法学家将法律的概念与权利相联系,乌尔比安(UIpianus)指出,法律的所有内容与权利有关,权利和义务是实体法要解决的问题。[⑪] 这从一个侧面说明了财产制度的首要价值目标是界定交易主体的权利界限,从而形成属于主体的财产。奥斯汀(Austin)的实证主义法学则只承认法定权利,否定任何自然权利,“权利的含义就是指法律权利,即严格地或简单地由所谓法律设定的权利”。[⑫] 凯尔森(Kelsen)在批判英国法学家布莱克斯通(Blackstone)的“绝对权利先于法律存在”的观点时认为:“如果法律秩序不能

---

⑨ 参见[美]罗伯特·考特、托马斯·尤伦:《法和经济学》,史晋川、董雪兵译,上海三联书店1996年版,第136页。

⑩ 同上书,第125页。

⑪ 参见张乃根:《西方法哲学史纲》,中国政法大学出版社1997年版,第82页。

⑫ Austin, *Lectures on Jurisprudence*, p. 160.

创造而仅能保证权利,那么它就不能取消现存的权利。因而取消私有财产制度在法律上就是不可能的,不仅如此,立法也就不能剥夺任何一个人的任何特定财产权。”⑬因而自然状态下的财产是不存在的,财产自其产生时起便表现为具体法律制度所保护的各项权利利益。大陆法系将物和权利视为不同财产加以区分,是对财产和财产权两者加以混淆的结果。实际上,并不存在所谓的具体的物和权利之间的对立,民法上所有的交易均表现为权利的让渡,即互换权利利益的行为。大陆法系的上述区分在理论上为物权和债权之间设下了一道不可逾越的鸿沟。

误区三:财产权可分离出新的权利。

所有权与他物权制度的分野最终由德国民法典完成。针对所有物往往由他人占有、使用、收益甚或处分而所有人仍保留所有权的情况,多数大陆法系国家认为,所有人可以把所有权的部分甚至全部权能分离出去,由他人行使这些权能或在这些权能基础上形成具体他物权,而这种分离正是所有权实现的方式。虽然有的国家立法(如德国)把所有权抽象概括为一般支配权,但这种支配权只不过被视为“他物权的源泉”而存在。⑭ 并且,所有权可进行量的分割,分割后的所有权与分割前的所有权具有相同性质,仅范围有所不同。这种权能分离理论有如下三种内涵:(1)所有权由各种具体权能组成,若某种权能经分离让渡给他人,所有人仍保留其他权能;(2)他物权与所有权是不平等的,所有权优于他物权;(3)他物权由所有人设定,由于前者渊源于后者,两者存在依附关系。我国目前的立法和理论均继承了上述传统观点。对此,需要就权利的性质从法理上进行论证。

首先,关于权利是否平等。权利的概念和实质,中外有诸多学说。这些学说大多认为权利是由法律赋予的,并由法律强制力予以保护。法律赋予主体一定范围内的自由并排除他人干涉。因而在法律面前,权利在各自领域内是平等的,无大小优劣之分。诚然,当权利相冲突时存在效力优劣之别,但其实质只是法律规范对其中某一权利的限制,并不影响各种权利实质上的平等。

---

⑬ [奥地利]凯尔森:《法与国家的一般理论》,沈宗灵译,中国大百科全书出版社 1996 年版,第 89 页。

⑭ 参见史尚宽:《物权法论》,中国政法大学出版社 2000 年版,第 55 页。

其次,关于权利是否可分为诸权能。由于权利是民事主体享有的利益范围或实施一定行为实现某种利益的可能性,因而这种可能性本身应是完整的和单一的。法律规定权利人的利益范围具有确定的法律界限,但却具有不确定的实现方式。当所有权以某一种方式表现出来,便体现了所有权的全部含义。因而,所有权仅表现为诸如占有、使用、收益和处分等多种可能性,并非同时表现为多种权能。权利与权能只是本质与形式的关系,而非传统意义上的整体与部分的关系。若承认权能与主体分离,那么实质上两者即是完全分离。关于权利的单一性,史尚宽先生曾有精彩的论述:"所有权就标的物有统一支配力,而非物之利用、收益、处分等权能的总和,于法律限制内有自由利用之单一的内容,其情形有如人格的自由权,非得为任何事之权能的集合,乃于一定限制内得为所欲为之单一权利。"⑮

最后,关于他物权是否产生于所有权。严格来讲,权利之间不能互相创设,权利是法律创设的结果。如果经所有人允许,他人有权对所有物进行占有和利用,并不表示所有人创设了他物权。在这种情况下,他物权的取得是他人依据合法的法律关系(如租赁、借用等),并通过实际占有而最后由法律确认的结果。从这个意义上看,他物权是依法取得的,与原所有权无任何渊源关系。因此,合同日益成为权利产生的重要手段。

大陆法系上述三个误区导致了物、财产和财产权概念运用上的混乱,从而忽视了财产权实际上表现为一系列独立的、完整的和平行的具体财产权利。这决定了传统大陆法系物权法理论具有先天的局限性,即权利人的既得利益受物和所有权框架的约束,对于不涉及"物"和"所有权"的财产权利,或者纳入依附地位,或者无法调整。英美法系也有具体物和抽象物的划分,因而在"物"与"财产"的关系上也存在混乱现象,但是这并不能说明英美财产法也具有同样的局限性。它与大陆法系的主要区别在于,具体物和抽象物在被主体同时拥有时,并无主次之分,抽象物被视为基本的财产权利,并不依附于所有权。尤为重要的是,英美法给予抽象物比有体物更多的关注,法律常常倾向于像对待抽象物

---

⑮ 史尚宽:《物权法论》,中国政法大学出版社 2000 年版,第 54 页。

那样对待有体物,[16]这说明抽象物是实际利益的体现,在法律上是独立的和单一的,并且享受法律的充分保护,而对有体物所有权的保护并没有优先性和特殊性。这样抽象物获得了广阔的发展空间,财产权利主体可以根据用途任意选择其类型,其功能也可以相互结合。可以说,抽象物的基础地位和与所有权平等的地位,使英美法系绕过了上述三个误区。

二、两大法系的财产权制度

大陆法系财产权制度在罗马法中已经取得较固定的形式,并经德国民法典的发展而臻于完善。概括地讲,大陆法系财产权制度表现为物权和债权二元结构,它们分别调整物的静态占有和动态流转关系,在物权制度中确立了所有权至高无上的地位,他物权依附所有权而存在。在此架构上形成了一套抽象的概念体系,任何具体权利均可纳入上述各种权利范畴中。后来,大陆法系诸国均沿袭上述理论,没有根本改动。英美法系的财产权制度则大异其趣。古日耳曼法财产权表现为基于土地而形成的各种具体权利,即在同一财产上同时存在若干互不矛盾的占有权。基于血缘关系和人身依附关系,这些具体权利对所有物进行质的分割而形成团体内部财产权的分层结构,同时,不动产的使用和买卖被严加限制。这一传统完全由英美法沿袭,并形成了财产法这一独立的法律部门。虽然资本主义社会不动产流通的限制已减少,并且个人可以拥有土地,但财产权制度仍保留以前的体系。英美普通法也没有债权概念,相关权利以合同法进行调整。

两大法系财产法在根本上的差别是不同的法律文化长期积淀形成的,对于它们的具体底蕴可进行经济、文化和实证分析。

在古罗马社会中,农牧业仍是社会的基础,土地成为罗马社会的主要财富,这决定了法律必须对土地的占有加以保护,同时,土地的不可替代性和不能再

---

⑯　[英]F. H. 劳森、B. 拉登:《财产法》,施天涛等译,中国大百科全书出版社1998年版,第15页。

生性使对土地处分权的保护成为罗马私法的核心使命。因而,土地和动产的个人所有权在古罗马获得绝对所有权的地位。而在西方文明漫长的财产法历史中,单纯而没有附加义务的所有权几乎只在罗马时代初期和末期存在过[17]。就立法形成过程而言,最初罗马私法在形式上及内容上均未形成一个统一的整体。罗马私法的出发点在于,法律秩序必须向个人提供通过诉讼的方法而使他的诉讼要求得以实现的可能性,因而作为救济手段的诉讼行为在实体法中如同在程序法中一样占据了中心地位。基于此,罗马私法把诉讼分为对物的诉讼和对人的诉讼。前者指拥有排他性权利的人可以对任何侵犯其占有权的人提起诉讼,以保护其对实物的占有;后者则指个人对负有义务的人提起诉讼请求,以促使对方履行义务。因此,基于物的诉讼,物权法最初的设计目标为调整人与物之间的关系,自然先产生了所有权的概念。只是后来随着对物的利用和收益的保护,他物权也可通过物权诉讼予以保护。但罗马人像对待物一样对待他物权,他物权只作为所有权的部分权能而存在。[18] 就立法指导思想而言,罗马私法理论的形成与职业法学家及其信奉的自然法观念不无关系。古希腊斯多噶学派的自然法思想经西塞罗传给罗马法学家,并为罗马法哲学及私法所吸收。西塞罗倡导的保护自由公民的权利、建立合乎自然精神的法律秩序等思想,奠定了抽象的财产权制度的理论基础。

罗马私法是在小商品经济高度发达的情况下形成的。与此不同,早期日耳曼法是在商品经济不发达的条件下,在村落共同体对土地进行团体占有的基础上发展而成的。英国法律史学家梅因(Maine)对财产早期史做过有价值的研究。他发现团体共同所有权是古代正常状态的所有权,“没有人能够违背团体意志而被保留在共同所有制中”,“如果把我们的注意力仅限于个人所有的所有权,则就先天地极少可能对早期的财产史获得任何线索”。[19] 在此基础上财产逐渐从团体共同所有权向个人所有权发展,并经历了几个形态:第一种形态是共

---

⑰ 参见英国《不列颠百科全书》第15版第15卷,载周枏主编:《国外法学知识译丛·民法》,知识出版社1981年版,第49页。

⑱ 参见《国际比较法百科全书·财产法在结构上的变化》,载中国人民大学法律系编:《外国民法论文选》,1984年版,第177页。

⑲ [英]梅因:《古代法》,沈景一译,商务印书馆1984年版,第147~148页。

有财产权在观念上和事实上都不可分割的塞尔维亚和克罗地亚村社;第二种形态是共有财产权虽可分割,但在观念上和事实上被经常重新集中分配财产的做法所限制的俄国村社;第三种形态是共有财产权在观念上可不受限制地分割,但事实上受到根深蒂固的习惯所限制的印度村落。[20] 这种对团体财产权进行质的分割的做法,因日耳曼人入侵而继续在西欧封建所有制中得到充分反映,地主对土地的"高级所有权"和佃农对土地的"低级所有权"构成了"双重所有权"。在早期立法上,英国普通法是诺曼征服后在当地日耳曼人习惯的基础上形成的,经验主义、实用主义以及历史主义法学观使判例法成为主要的法律渊源。以裁判实践为中心的立法精神立足于从具体的案件中设定规范,以便在任何情况下都能适应现实的需要,其结果是排斥了抽象理论体系的构建。

从概念本身的逻辑看,英美法并无严格的"所有权"概念,亦未形成固定的人和物两种观念。其主要原因在于英美法中的所有权具有社会性和附带义务性。封建所有权观念在于,"所有权并非仅仅是各种经济特权的结合,而是一项负有责任的特权。其存在理由不仅在于收入,还在于服务"。[21] 因此,在日耳曼法体系下,始终不存在离开对物的现实支配或现实占有而成立的本权(具体权利)。人对物享有所有权,必须以该人对标的物实际占有为依据,这在学说上被称为"权利的外衣"。否则,该人便不能对标的物享有所有权。[22] 应该说,日耳曼习惯法的所有权概念尚处于私法学发展的低级阶段。随着商品经济的发展,这种财产权体制一定程度上阻碍了不动产(尤其是土地)的个人拥有和自由流通。后来的英美普通法在封建体制解体时纷纷修订不动产法,使之类似动产能自由流通。动产与不动产之间私法上的显著区别在英国已因1925年的成文法而不复存在,其结果基本上与大陆法系相同。美国也对不动产变更程序予以简化,动产与不动产的区别已部分失去原来的意义。[23] 正如梅因所言,"欧洲大陆

---

[20] 参见史际春:《国有企业法论》,中国法制出版社1997年版,第196页。

[21] [美]泰格、利维:《法律与资本主义的兴起》,学林出版社1996年版,第189页。

[22] 参见梁慧星等编著:《物权法》,法律出版社1997年版,第109页。

[23] 参见英国《不列颠百科全书》(第15版第15卷),载周枏主编:《国外法学知识译丛·民法》,知识出版社1981年版,第65页。

上的‘财产史’是罗马法的动产法消灭封建化的土地法的历史”。[24] 英美土地法虽然吸收、借鉴了罗马法的有益因素，但仍未形成大陆法系中相应的物权制度。

由上述分析可以得出两个结论。第一，两大法系财产法的主要区别在于是否存在“绝对的所有权”。大陆法系以对有体物的绝对所有为基础，使各种利用权处于依附地位。而英美法系却是以抽象物（所有权以外的具体的财产权利）为基准，对各种具体财产权利予以平等保护。英美法系“所有权一词纯粹是作为占有的对应词，其意义并不比产权包含更多的含义，所有者比单纯的占有者地位要高一些，但在恢复占有的诉讼中，所有权并无任何技术性的意义”。“至于物的利用，则很少会发生所有权的问题。基于物的所有权而派生出来的使用权和收益权由多人分享，因而将所有权归诸其中的任何人都是不合适的。”[25]因而，所有权在英美法上并不代表任何特别的意义，只是一种抽象的存在。由于抽象物不受有体物和所有权的束缚，因而可以进行人为创造和设计，因此，英美法系财产法获得了广阔的发展空间。第二，两大法系财产法重心不同，决定了合同法与财产法的分野有很大差异。大陆法系调整基于物而产生的合同关系时，特定主体之间的权利义务属于合同法调整的范畴，但由于物权法对于所有权和他物权的严格从属关系已有强制规定，因而实际上合同行为必须在不违反物权法的前提下进行，并且其法律后果也受物权效力的影响。大陆法系的物权法已渗透到合同法中，合同法成为物权转移的前提和手段。而英美法系则相反，特定主体之间的关系均属于合同法的调整对象，只有当合同关系涉及享有排他性物权的第三人时，才有可能成为财产法的内容。合同法并不受财产法的过多束缚。当事人基于物而创设的关系几乎是不加限制的。“如果合同所创设的权利可以转让，法律就将其作为一种财产来对待。”[26]因而，由合同创设的新财产权利便同等地受财产法保护，合同法因此成为英美法系一个独立的法律部门。

英美财产法在今天仍有重要的借鉴意义。其一，英美财产法以在团体占有

---

[24] ［英］梅因：《古代法》，沈景一译，商务印书馆 1984 年版，第 155 页。

[25] ［英］F. H. 劳森、B. 拉登：《财产法》，施天涛等译，中国大百科全书出版社 1998 年版，第 79 页。

[26] 同上书，第 3 页。

的前提下对土地充分利用为宗旨,避免了大陆法系在强调物的归属的同时筑起阻碍财产相互利用的樊篱,这一点对以资源有效配置和充分利用为中心的现代市场经济制度尤具重要意义。其二,英美财产法缺乏严密的理论体系,反而摆脱了概念法学的束缚。如它不局限于"物权法定原则",可以根据社会需要,以契约形式设定财产权,以保证人们对财产的充分利用。因而,英美财产法具有更强的适应性、包容性和生命力,其在发展过程中所具有的历史连贯性即为例证。

三、大陆法系财产法的当代困境

现代市场经济时代已不同于"风车、水磨、马车"时代,大陆法系从罗马法沿袭下来的一套财产法概念逻辑体系在纷繁复杂的商品世界受到了强有力的挑战,在理论上和实践中常常陷入困境。这主要表现为以下几种情况。

(一)股份公司的兴起

在股份公司中,所有人对其所有物的支配权,转化为仅对财产价值形态享有收益权为主的股权。关于股权的性质,理论界主要有股东所有权说和债权说两种观点。[27] 关于公司财产权性质,学术界更是仁者见仁,智者见智,在物权范围内通过权能组合和折中以寻找其法律性质的答案。对于股东所有权说,无法解释的问题是,股东个人实际上丧失了对公司财产最终处分权。在传统所有权理论中,这种核心权能的丧失使股东的"所有权"至少是很不完整的。对于股权债权说,存在的问题是,股权并不仅仅表现为一种分配股息、红利的请求权,而主要表现为股东的表决权、新股认购优先权及股份处置权等,这些均超出了债权的范围。因而,传统大陆法理论关于股权的性质很难得出准确结论。

关于法人财产权的性质,目前学术界占主导地位的是法人所有权说。但这

---

[27] 参见史际春:《国有企业法论》,中国法制出版社 1997 年版,第 190 页。

种学说也存在明显缺陷。一是在国有企业中,会出现国家的所有权与法人所有权并存的“双重所有权”现象,这违反了“一物一权”的物权法则;二是在公司法人中,大股东并未超然于公司之外,仍直接牢牢控制着公司,股东对财产的支配控制权并未完全转移给公司法人。其他各种观点,如“占有权说”“经营权说”,又都不能完整解释法人为何可以以自身名义处分法人财产而不需要经过股东或出资人的授权或认可。因此,在传统的所有权理论和债权理论中,对于股权和法人财产权的性质在理论上的解释,很难令人完全信服。

(二)物权与债权相互交融,二者界限日益模糊

一方面,法律赋予某些债权具有对抗第三人的效力,即“债权物权化”。如“买卖不破租赁”这一原则的确立,使租赁权具有物权性质。又如我国台湾地区“民法”第79条设有预告登记制度,即所有人将其已设预告登记出卖但尚未转让的土地转卖予第三人,该行为因妨害已登记的买受人的请求权而无效,[28]因此买受人的请求权也具有对抗第三人的物权效力。另一方面,“物权债权化”趋势也开始出现,如大量的有价证券成为所有权的客体,权利质押开始出现等。这两种趋势揭示了物权效力逐渐淡化,债权效力逐渐强化的趋向。但在法律上简单地将上述新权利归于“物权”或“债权”均显失当。如租赁权,其成立的基础租赁关系是一种典型的债权关系,而非物权关系。租赁权原本只是一种相对权,并不具有绝对效力。但目前各国立法均赋予租赁权具有对抗所有人的物权效力,使租赁权成为一种混合性的新型权利,不能绝对地称其为“债权”或“物权”;又如,有价证券和权利质押问题,其标的均为一种“债权”,因而可称之为“权利上的物权”。《德国民法典》便规定了权利用益权和权利质押权,但是这种“权利上的物权”显然不能被视为传统含义上的“物权”。《德国民法典》把物限于有体物,但在此问题上又不得不把“权利”当作物来看待,这一方面是客观实践的需要;另一方面也是理论上的一种牵强和无奈,对于“权利上的物权”的法律性质不可能给出明确答案,只能作为物权的“一种例外”。

---

[28] 参见王泽鉴:《民法学说与判例研究》,中国政法大学出版社1998年版,第77页。

(三)信托业的蓬勃发展

英美法中信托人将信托财产交给受托人管理或处理,受托人取得该项财产的处分权,信托人或受益人则享有信托利益的收益权。对于受托人和受益第三人享有的权利属何种性质,英美法通过"双重财产权"获得与其传统理论一致的解释,而大陆法系学者则一筹莫展,终不能自圆其说。依传统民法理论,有两种解释。一种解释认为,"受托人享有信托财产的所有权,受益人则享有针对受托人的债权"。[29] 这种解释不妥之处在于,受托人的权利只限制在财产管理的范围内,并不能随意处分信托财产,这与民法上的"所有权"相差甚远。而受益人除了享有请求受托人支付信托利益的债权外,也享有对信托财产的物权性支配权利(如撤销权和追及权),因此,受益权也不是单纯的债权概念。另一种解释则认为,受益第三人享有信托财产的所有权,而受托人则仅享有代理权限。[30] 这种解释又存在新的问题。受益人由于缺乏管理处分权,信托关系也并非由受益第三人设定,因此很难认为受益第三人享有传统民法上的所有权;而依委托人的意图,受托人决非仅享有代理权,民法上的代理结构与信托法律结构完全不同。因此,信托关系虽然权利义务明确,传统大陆法系民法却很难作出正确解释。信托关系无疑兼有物权性和债权性,对受益第三人和受托人权利的法律性质仍值得探究。

大陆法系财产制度陷入困境,是由于它赖以存在的经济条件发生了显著变化。第一,经济形态由"相对静态"到"频繁交易"。古罗马主要是处于农业社会阶段,罗马法在此基础上形成了以实物的静态占有为目的的物权制度,以及为实现该目的而形成的债权制度。当现代市场经济动态交易中的价值形态与实物形态并存,且以前者为主时,价值形态的财产或无形财产便成为权利客体,而它在法律上却难以定位。传统物权通常不能反映以价值形式存在而又非属债权的利益,从而无形中留下了一片真空。第二,价值目标由"归属"到"利用"。古罗马物权法以确定物的最终归属为宗旨,且以保护处分权为核心,使财

---

[29] 周小明:《信托制度比较研究》,法律出版社1995年版,第30页。

[30] 同上书,第34页。

产无法突破所有人意思和所有物固体形态归属的限制。而现代市场经济的社会化、高效化,使物的充分利用成为首要价值目标。要求摆脱所有权的羁绊,由支付等价来获取权利已成为一种趋势,这种要求目前只能由他物权优位化获得部分满足。第三,利益实现由“自主管理”到“价值支配”。传统财产权制度并未注意到财产经营管理者同财产价值支配是可以分开的,物的最终处分权也可由他人行使。显然,当这种核心支配权依法可让渡给他人时,原所有人是否仍享有所有权便值得怀疑。同时,罗马法中个人主义理念也未充分注意日后出现的团体占有财产的情况。这两点在信托制度和公司财产制度中表现得尤为明显。

大陆法系财产法的局限性从根本上涉及一个深层问题:财产法的功能和目的究竟是什么。鉴于英美财产法具有较强的适应性和连贯性,或许可从中找到一些答案。现代英美法学者普遍认为,财产的法律概念就是所有者自由行使并且其行使不受他人干涉的一组关于资源的权利。这种不受他人干涉的权利通常被称为“自由”。[31] 因此,财产法实质上是一种将利益分配于人并给予人以自由的制度。现代产权经济学从最根本的意义着眼,认为财产法应当有助于交易并使交易成本及损害降到最低限度,因而财产法是借助交易来消除资源配置障碍的限制,其中,排他性和让渡性是财产权的主要内容。由此,我们可以得出如下结论:在任何社会任何时代,财产法的目的在于社会资源的最优配置及充分利用。财产法的一个主要功能便是创造、保护以及促进这种交易结构。这种以利用为中心的观点似乎不合乎古罗马的实际情况。实际上,在任何制度下,“利用”是财产价值实现的唯一途径。从实质意义上考察,所有权的归属意义也不单纯为归属本身,而在于对物的使用,即“因利用而归属”。失去利用的终极目的,归属便无任何意义,而归属只是财产利用在历史阶段中的特殊表现。“在野蛮人那里,财产唯一可能的和可以理解的依据就是使用”,“使用是个人占取的主要条件,即使是某个人制造的物品,也只有当使用它,并借助使用表现它们的

---

[31] 参见[美]罗伯特·考特、托马斯·尤伦:《法和经济学》,上海三联书店1996年版,第125页、第136页。

归属时,才被认为是属于他的。"[32]大陆法系的"所有权"是一种抽象的支配权,这种支配权所具有的完整性和弹力性阻止了财产的自由让渡,使多数情况下利用人无法摆脱所有权人的控制。因而可以认为,传统大陆法系物权法的局限体现为物的支配性与互换性的矛盾。英美法系无他物权制度,所有权概念具有与"物权"相类似的含义,因而实际上它已确立了占有人之间权利的平等。

从技术上考虑,任何财产法必须就两方面作出调整:一是界定利益归属;二是保证财产充分利用,避免交易障碍。一方面,由于小商品经济的局限性使人们无法预见现代市场交易的深度和广度,因而罗马法对第二个问题即财产利用相对忽视,债法只是依附于物权法而存在。另一方面,罗马私法的基点不在于财产效益的最大化,而是从自然理性出发,企图建立一套亘古不变的自然秩序,因而在物权法里所有权作为自然权利被抬到至尊的地位。客观地讲,大陆法系从财富控制的自然状态到确立所有权本是社会的进步,体现了人类对经济过程的控制能力,但这一进步在当代社会却阻碍了物质的充分利用和所有者利益的实现。[33] 市场经济财产运行的复杂性是罗马人、拿破仑当年无法想象的。财产利用不再局限于资源的自然使用价值的释放,而是依靠科技和管理组织起来的一个创造性过程。在此过程中,财产利用所创造的物质财富往往高于财产原有价值。同时,由于财产的利用更多地需要科技和管理系统的辅助,非所有人利用财产已成为经济常态。因而传统的理论已不合时宜,财产法为了实现其功能也需要在理论上有所创新。

四、我国财产权体系的理论重构

首先应接受这一命题:财产法是一个开放的权利体系。法律的真实生命不是逻辑,而是它所要调整的社会现实。[34] 虽然大多数现实中的具体财产权利可

---

[32] [法]保尔·拉法格:《财产及其起源》,上海三联书店1962年版,第45页、第62页。

[33] 参见顾培东:《法学与经济学的探索》,中国人民公安大学出版社1994年版,第101页。

[34] 周小明:《信托制度比较研究》,法律出版社1995年版,第35页。

以逻辑地归入固有的传统权利体系中，但仍有许多新型财产关系无法在其中找到相应的位置。因而，在技术上和理论上，财产法应给新的财产关系留下足够的空间。虽然“意思自治”原则提供了当事人依据意愿组合权利义务关系的自由，但其自由度是有限的，即仍须在“物权法定”“一物一权”“所有权优位”等原则下进行。我国在立法上引进和强调超然于物权和债权之上的财产权概念是必要的。在我国目前的民法理论中，财产权概念仅在作为权利分类的一种类型的意义上使用，在实际立法中并无特定意义，顶多只是充当理论争端的调和者（如法人财产权）。“财产权”这一概念比所有权具有更广泛的内涵，因而更能恰当反映经济运行中主体与财产联结的程度。较之大陆法系，英美法财产权制度务实性更突出。同时，英美财产法对于重建财产法理论体系的基本启示是，不固守所有权客体及支配过程的完整形态，并不会导致经济运行的无序化。[35]

重塑我国财产法体系是一个在理论上和技术上都相当复杂的问题。针对目前传统制度的弊端，一些学者也提出了解决措施，主要表现为以下两种思路。(1)保留所有权制度，不引入财产权概念，但另外建立与所有权平行的占有制度，[36]强调他物权的平等性、独立性和占有性，即建立财产归属制度和财产利用制度并重的二元结构。(2)放弃传统所有权的概念，完全借鉴英美法中财产法概念。依此设想，物权、债权将不复存在，而代之以各种具体财产权利的组合。[37]

第一种思路为目前较多学者所接受，它将对《物权法》的制定产生一定影响。这种思路不同于两权分离的观点。两权分离仍是沿袭传统物权理论，经营权只是作为一种特别类型的他物权依附于所有权而存在。而上述思路旨在确立他物权的独立地位，从而保护和促进物的利用，因而对于具体立法有现实指导意义。但这种思路仍是在狭窄的物权法范围内解决财产的利用问题，因而有一定的局限性。首先，从逻辑上讲，占有制度的确立原本是淡化所有权的绝对

---

[35] 参见顾培东：《法学与经济学的探索》，中国人民公安大学出版社 1994 年版，第 1355 页。

[36] 此处所指“占有制度”既不同于传统大陆法系中的包含于“所有权”中的“占有权能”，也不同于各国民法典规定的基于事实上的占有而形成的“占有制度”，而是法律赋予他物权人对其合法取得的利用权因享有对抗所有人的独立的绝对权利，从而形成的“占有制度”。此种观点在《(1996)民法学研究述评》(载《法学研究》1997 年第 1 期)中已有综合介绍和评述。

[37] 参见顾培东：《法学与经济学的探索》，中国人民公安大学出版社 1994 年版，第 136 页。

性,但实际上对占有权给予与所有权同等的保护,不仅没有打破所有权的绝对性,反而同时创造了另一种类型的绝对权利——占有权。这种思路忽视了占有制度本身也是基于归属的理念而提出的,并未超出归属的范畴。其次,占有制度也是就有体物的归属和利用而提出的,仍是在物权和物的范畴里寻找答案,而现代社会不再仅仅是有形物的世界,权利作为客体大量进入流通领域,价值形态财产的存在已超出所有权和占有权调整的范围。因而占有制度有可能解决物的占有和利用的部分问题,但决不能解决财产利用的根本问题。最后,二元结构必然造成所有权和占有权效力的冲突,而这种冲突会给立法带来困难,同时引起整个传统物权体系原有概念系统的混乱。

第二种思路在理论上是有创意的。其一,由于物权和债权互相渗透,二者的差别日益淡化,罗马法严格设置二者界域的历史条件已逐渐丧失,因而借鉴英美财产法在理论上有一定的合理性。但是在我国,大陆法系财产法传统已在理论上牢牢确立,若完全抛弃现有模式而照搬英美财产法理论体系,在理论上和实践上都会遇到一些困难,改变的代价也过高。其二,当前传统的所有权在实体物的范围内仍有相当的适用范围,只不过其地位和含义远不如罗马法时代罢了。

综合分析,笔者认为宜采取以下思路:保留传统的所有权制度,但引入更高层次的财产权概念,对新型财产权利则赋予它与所有权和债权平等的地位。这样,既保留了现有法律传统,又着重强调和完善了财产权的概念。具体而言,这种思路必须解决好三方面的问题。

(一)财产权范围的科学界定和法律特征

在现代社会中,财产权种类和形式日益复杂,主要表现为三种趋势。第一,财产权的多元化。这是由市场经济主体和交易的多元化决定的。各种新型财产性权利的出现客观上要求财产法予以正确引导和规范,如信托关系和融资租赁关系中各方当事人财产权的内容和效力问题,理论上历来有争议。笔者认为,立法上应把两种法律关系中涉及的综合性的财产权利均视作新型的财产权看待,而不应简单地视作“物权”或“债权”。第二,财产权的综合性。越来越多的权利已不能仅限于在“绝对性的物权”或“相对性的债权”中寻找其法律性质,而是表现为包含多种财产利益的综合权利。如股权既表现为股息分配请求权,又表现为股东的表决权,还有一些附属权利,诸如股东的代表诉讼提起权和新股认购优先权等;又如租赁权,既表现为一种债权,又具有物权属性。第三,财产权的价值化。财产权已由原来注重对标的物的现实支配的具体权利,演变为注重于收取代价或获取融资的价值权,因而对新型财产权的保护也由恢复原状和返还原物转而更多地采用赔偿损失的方式。如票据权利则表现为持有脱离实物形态的权利凭证,具有极强的流通性。由此可见,现代社会对财产的衡量已由对实物的占有让位于主体实际享有利益的多寡。财产权表现为庞大的权利系统,并可抽象为具有财产性质的利益,而传统大陆法系财产法无法涵盖这些利益的表现形式和实现方式。这些权利表现为两个特点:排他性和互换性。前者表现为法律对主体已有利益的确认,并排除他人干涉和侵犯(在这种意义上,债权也应具有“排他性”);后者则表现为权利的流通功能。在现代社会中,互换性已成为权利的主要功能,当利益以权利形式流通若干次的时候,仍探究权利人是否享有所有权,显然是不必要的。

(二)所有权的地位和效力

所有权仍作为财产权的一种重要权利而存在。这是因为在传统民事关系范畴内,所有权仍具有合理性和科学性。当主体对物实行充分占有和支配时,不赋予其享有所有权也是不合理的。但这仅局限于所有人的处分权未丧失的情形,因而诸如传统领域的用益物权关系(如承包、租赁、借用等)和担保物权等关系仍适用传统制度。在这一点上,物权法的制定仍有必要。但当所有权的最终支配权实际上已丧失,而同时并未有他人依法取得该物所有权时,其利益格局就会重组而出现新的权利(如信托关系中的权利格局)。此时这种新的权利表现为一种与原所有权平等的权利,其中所有权效力不再及于新型权利,新的权利人因支付等价而能对抗所有权。在大多数情况下,原所有人的权利因处分权的丧失实际上也变成了新的财产权形态,两个权利主体之间已表现为一种利益互换的关系,所有物已无须再回复原所有人。所有权与债权因互相渗透而界限日益模糊,在诉讼上不再有任何差别。因而,所有权仍是作为一种完整的物权存在,与其他各种财产权共同构成财产权体系。必须注意的是,在新型权利出现的法律关系中,新型权利和所有权是不兼容和互不从属的。这是因为,在所有权人丧失最终支配权而又存在一个新型财产权主体的情况下,原所有人也不再享有严格的所有权,这时财产关系已由法律清楚界定,不应再受所有权法则的约束。

(三)财产权立法体系的构建

由于《物权法》和《担保法》仍有重要的适用范围,如何与未来民法典配套以完善财产法律体系是一个重要问题。严格来讲,现代社会中新型财产权利大多产生于商事领域(如信托制度和公司制度),并且近代大陆法系立法上通行的民商分立主义使新型财产关系一定程度上超然于传统民法,而在立法上单独予以规定。现代社会的民法商事化趋势使民商合一主义成为法律发展潮流,商法的有关内容被并入民法典一同规定。如 1907 年《瑞士民法典》、1942 年《意大利民法典》以及 1947 年《荷兰民法典》,均为突出例子。但是否将商事法律全部容纳于民法典,各国的立法倾向有所不同。总的趋势是商事法律采取特别法的形式予以公布实施,这是由于商事活动的复杂性和特殊性使其需要专门的法律规则。在我国,由于物权法和债权法均不能涵盖新型关系,因而新型财产权宜用特别法予以规定,如《公司法》、《信托法》和《票据法》等分别对股权、受托人财产权、票据权予以规定,从而取得与所有权、债权平等的独立地位。但从立法上考虑,基于民法典的基本法地位,为体现民商合一的立法宗旨以及保持立法的统一性和科学性,仍应于民法典中将各种新型财产权利予以总体规定。关于财产权是否法定的问题,由于"物权法定"依然是物权法的基本原则,因而只有在法律上对新型财产权利予以法定,方能对抗既有的物权效力,从而取得独立地位。

财产法理论体系的完善是一项艰巨的工程,它有待于理论界的深入探索。笔者在这里只是提出一些初步的设想,希望对这一探索有所裨益。

国家所有权的基本理论和立法结构探讨*

由社会主义基本经济制度所决定,我国《物权法》对国家所有权作了较详细的规定。这些规定明确了国家所有权的行使主体、国有财产范围,强化了对国家财产的保护,这对壮大国有经济、增强国家的经济实力具有重要意义。但国有财产类型繁多,《物权法》并没有根据具体财产的经济和社会功能,建立有所区别的财产权制度,并规定与之相适应的法律规范。在实践中,一些地方在行使国家所有权时,不严格区分国有财产的类型,普遍运用市场机制,一味地追求经济效益,忽视了对人民群众公共财产权利的保护,助长了一些人肆意牟取个人和集团利益、毁损和侵占国有财产的行为。因此,如何认识国家所有权的性质,界定国有财产的类型,区分政府在不同场合下的法律地位和权利,协调国家所有权的内部结构,成为正确实施《物权法》的关键所在。

一、国家所有权的基本理论问题

(一)如何理解"国家所有即全民所有"

根据我国法律,国家所有的性质是全民所有。[1] 但如何理解"全民所有"

---

* 原载《中国法学》2011年第4期。

① 全民所有作为法律概念值得研究。我国有学者认为,"全民所有与其说是一种民法上的所有权形式,不如说是一种确保全民可平等地享用或享受其利益的一种制度措施,是确保社会中重要财产合理利用和实现社会平衡与持续发展的策略;其重要意义在于它的制度价值"。参见高富平:《公有和私有的法律含义》,载《清华法律评论》(第3辑),清华大学出版社2000年版。

呢？在公有制国家,国家所有权与全民所有制是两个密切相关的概念,前者是上层建筑,后者是经济基础。这里的“全民所有”,是指以维护全民所有制为价值取向,以国家所有权主体的全民性出发,确认其权利主体是全体人民。

在全民所有制的经济关系中,每一个社会成员都拥有公有权。[②] 从其内部关系看,公有权就是指拥有与生产资料“相结合”进行生产活动并取得劳动收入的权利。这种权利在法律上应属于公权利,它包括财产权,也包括管理权、就业权等。公有权的构成使每一个社会成员都是所有者,“无论从法律意义上还是从经济意义上说,共同占有的权利,是任何个人所拥有的那一部分所有权和一切其他人所同时拥有的所有权共同构成的;如果每个人都没有所有权,也就谈不上有什么公有权”。但是,他们“作为个人所拥有的公有权只有同其他一切人的所有权相结合、共同构成公有权的时候才有效,才能发挥作用”,[③]从这个意义上讲,他们又是非所有者。由此,形成了公有权的二重性的权利结构。这种权利结构对国家所有权的构成产生重要影响。一是全体人民均拥有公有权是国家所有权存在的基础。公有权的二重性结构决定了国家所有权的二重性特征:一方面,权利主体既要在法律形式上体现唯一性,又要依法设置反映民意的多元主体机制;另一方面,权利行使既要有独立性,又要接受人民群众的监督和约制。二是国家所有权的行使关系社会公共利益,必然具有公权力的强制效力,又因公共利益涵盖诸多不确定的主观因素,所以必须由法律确定判断公共利益的原则和程序。三是在法律规定或人民群众生活必需的范围内,国家所有权具有社会的公共权力属性,它使每一个社会成员对国有公共用财产享有自由、平等的使用权。

在我国,国务院和各级政府作为国家所有权的行使主体,其权利既源于全体人民的意志和利益,又独立于全体人民的一切个人或群体的意志和利益,但所有权的行使主体并没有自己的特殊利益,而全体人民才是国有财产及其收益

---

② 公有权不属于传统民法权利。我国有学者结合物权立法将国家所有权和集体所有权视为公有权(参见王利民:《我国公有权制度的物权法构建》,载《当代法学》2006 年第 2 期),这种看法符合我国基本的立法精神和实践。但需强调的是,公有权并非仅是国家和集体组织的权利,也是每一个公民和集体组织成员的权利。

③ 樊纲等:《公有制宏观经济理论大纲》,上海人民出版社 1999 年版,第 24 页。

的享有者。可见,国有财产的直接支配者与最终受益者之间是分离的。为什么会如此?这是因为全体人民中的每一个社会成员都还拥有公有权,这是产生国家所有权的经济基础,也是他们能够从国有财产中享有权利和获取收益的理论根据。

按照民法理论的内在逻辑,“全民所有”只能是一个经济或社会意义上的概念,不能成为特定个体权利上的法律概念。原捷克民法学家凯普纳就认为:“全民所有是直接的社会所有,所有者虽为全体人民,但在法律上并不是一个所有者。”④就国家所有权而言,“全体人民的任何个体成员都不可能转让其权益份额,也不可能‘退出’国家所有权。国家所有权受侵害时,全体人民的个体成员无权请求司法救济”。⑤ 显然,以上观点是按照传统所有权的基本特征和规则推导出来的,而与建立在全民所有制经济基础上的国家所有权的实现目标并不完全一致。我们应该对国家所有权有一个新的认识。

国家所有权决不是一个神话。它对于全体人民中的一切社会成员并不是一个完全空洞的、抽象的法律概念,也不是一种纯粹意志的法律幻想。全体人民中的一切社会成员是以法律主体的身份享有以下权利的。

其一,通过民主程序选择真正能够代表自己利益的所有权行使者,由其作为代表对全民的生产资料行使所有权。

按照马克思主义的理论,国家享有所有权与全体人民享有所有权的意义是不同的。资本主义国家也有国家所有权,但它与全民所有制无关,而社会主义的国家所有权是全民所有制主体形式在法律上的直接体现。⑥ 正因如此,我们强调“国家所有即全民所有”,这表明社会主义国家所有权与资本主义国家所有权本质上是不同的。在我国现行的管理体制下,全民所有的财产由国务院和各

---

④ 王利明:《物权法论》,中国政法大学出版社 1998 年版,第 454 页。

⑤ 王军:《国家所有权的法律神话》,中国政法大学 2003 年博士学位论文,第 1 页、第 2 页。

⑥ 马克思在论述国家土地所有权与人民土地所有权的不同性质时指出:“如果国家把土地所有权据为己有,而资本主义生产继续存在,Ⅱ、Ⅲ、Ⅳ的地租就会支付给国家,但地租本身还是存在。如果土地所有权归人民所有,资本主义生产的整个基础,使劳动条件变成一种独立于工人之外并同工人相对立的力量的基础,就不存在了。”参见《剩余价值论》,载《马克思恩格斯全集》(第 26 卷Ⅱ),人民出版社 1973 年版,第 108 页。

级政府代为行使所有权。在此情形下,人民群众不仅依法享有选择政府工作人员的民主权利,而且能够依法通过人大或直接控制政府对国有财产的处置权,即使政府是为了公共利益的需要处置财产也需符合法律程序并接受人民群众的监督,这是国家所有权能否正确行使的重要保障。所以,没有完善的民主制度,没有健全的民主决策、民主管理、民主监督的机制,就不会有真正意义上的、全民所有性质的国家所有权。

其二,行使国有公共用财产使用权,对那些属于国家所有的、由政府管理和维护的公共用财产于一定范围内享有直接占有和自由使用的权利。

在大陆法系国家,长期存在一个公物法的法律范畴,它是在学理和司法实践中逐渐形成的法律原则和制度。⑦ 所谓公物,通常指狭义的公物,包括公用物和共用物,泛指那些直接服务于公共事业的财产或资源,其种类繁多。⑧ 公物多属于社会性财产,通常不强调其所有权的性质和归属,除自然资源外,国家、群体和私人均可设置公物。为了实现公共功能,公物不能转让,不能适用取得时效制度,不能成为强制执行的标的。在德国、法国、日本等国,公有森林、山岭、水流、湖泊、湿地等自然资源被视为公物,是民众无须许可即可自由使用的资源。这些自然资源不是传统民法上的所有权客体,政府对于这些自然资源的管理责任,仅在于维护公物的状态和可用性,以确保民众可以平等地按照其公共用途加以使用的权利。

在我国,人民群众对公共用国有财产享有充分的使用权,这是由全民所有的社会性质决定的,是人民群众“在整个社会的生产资料的关系上处于同等的地位”决定的,这就是说,“全体公民都同样可以利用公有的生产资料、公有的土

---

⑦　参见肖泽晟:《公物法研究》,法律出版社 2009 年版,第 23 页。

⑧　早在罗马法时代,根据自然法(*jus naturalis*)将空气、流水、海洋及其海滨视为共用物,万民法也将河流、港口、公共场所、公共道路、安魂之地或圣地称为公有物,即不属于任何人而属于共同体的财产,一切人均可使用。参见[意]桑德罗·斯奇巴尼选编:《物与物权》(第 2 版),范怀俊、费安玲译,中国政法大学出版社 2009 年版,第 17 页、第 25 页、第 31 页。近现代以来,公物亦有广义和狭义之分,广义的公物泛指国家或自治团体,直接或间接为达行政目的,所必要的一切财产,包括财政财产、公用财产和共用财产。狭义的公物仅指公用财产和共用财产,前者如办公大楼、国防设施等,后者如河川、海滨、公园、道路、桥梁等。参见范扬:《行政法总论》,中国方正出版社 2005 年版,第 136 页。

地、公有的工厂等进行劳动”。[9] 显然,这些财产不是商品,它们大多属于社会成员个人可以直接占有的物质资料。从性质上讲,因公共用财产[10]发生的财产关系并不属于传统民法调整的对象,而由行政法调整。这些财产既然属于国家所有,就必须在国家所有权的立法结构上加以完善,使其能够容纳对公共用财产使用权的调整,以保证每一个社会成员对那些与其生活或劳动密切相关的公共用财产享有占有和自由使用的权利。

因此,国家所有的性质是全民所有,这意味着国家所有权与全民所有制下的公有权密切相关,公有权的二重性结构决定了国家所有权的二重性特征。在我国,全民所有表示国家所有的概念具有两层法律含义,它不仅蕴含了民法意义上的国家所有权,而且蕴含了行政法意义上的公共用国有财产管理权,这两种不同性质的财产权构成了我国国家所有权制度的基本立法结构。

(二)在国家所有权中,为什么既有私权,又有公权

马克思指出,“要想把所有权作为一个独立的关系、一种特殊的范畴、一种抽象的和永恒的观念来下定义,这只能是形而上学或法学的幻想”。[11] 但民法学者一般认为,国家所有权是私权,是物权的一种,应受民法调整。其实,情况并非完全如此,“所有权不仅是民法的专有名词,也不仅仅是民法上的权利。‘所有权’一词使用甚广,在不同的含义上,所有权指政治法律制度中的所有权制度,是调整财产所有关系的法律规范的总称”。[12] 我国有学者主张,所有权应分为宪法层面和私法层面两种类型,宪法上的所有权是所有权人和国家之间发生的公法法律关系,它所注重的是获取所有权并得到保护的资格;民法上的所有权是所有权人和其他私法主体之间发生的民事法律关系,它所注重的是权利所

---

⑨　参见[苏联]列宁:《自由派教授论平等》,载《列宁全集》(第24卷),人民出版社1990年版,第392页。

⑩　关于公物、公产、公用物、共用物等用语的使用非常繁杂,德国、法国、日本在公物法上均有自己的专用术语,其含义相互间很难完全对应。而本文以下所使用的公共用国有财产、公共用财产、国有公物、国有私物、自然公物、人工公物、公用财产、共用财产等术语也只是从笔者的一般理解出发命名的,并非有专门的研究。

⑪　[德]马克思:《哲学的贫困》,载《马克思恩格斯全集》(第4卷),人民出版社1958年版,第180页。

⑫　胡康生主编:《中华人民共和国物权法释义》,法律出版社2007年版,第97页。

指向的具体客体。[13] 有学者还特别强调,宪法上的所有权是一具有无限内容的基本人权。[14] 实际上,在行政法、经济法、刑法等公法领域也讲所有权,但因为这些法律调整的社会关系与民法不同,所以各自对所有权基本特征的理解及其设定的相关规则也有差异。如行政法上的所有权就可以对公用物和共用物作出规定,也可以对国家强制征收私人财产作出规定。随着社会的发展,所有权的界定越来越困难。"这就启发我们不能再一味地追求统一的所有权概念,而应建立一个多元化的所有权体系。所有权的弹力性学说和单一所有权概念已经无法解释当今复杂的社会现实。"[15]

从国家所有权的发展过程看,财产制度与政治制度混为一体,是古代社会国家所有权的通常表现,其内容主要表现为政治权力或行政权力,其财产往往成为能够代表国家的君主和少数统治者的私有物。至资本主义社会,国家所有权在法律形式上才得以确立。在法律上,国家是由一定的居民在一定区域内组织起来并人格化了的社会共同体。国家的人格化使其能够成为独立的实体而拥有财产,这是国家得以存在的物质基础,也是维护社会公共利益的前提条件。大多数国家又将这种独占性的财产权利区分为私法上的财产权利和公法上的财产权力(管理权),并为此设置了国家私物制度和国家公物制度。

在我国现阶段,国家承担着建设社会主义物质文明和精神文明的责任,全民所有的财产只能由国家所有并由其行政机关代为占有、使用、收益和处分。在市场经济条件下,国家通过其行政机关可以运用那些经营性财产从事工商业活动而获取收益,这时国家是民事主体,其权利的性质是私权;但在管理大多数资源性和公共性财产时,国家承担着维护社会公共利益的职责,原则上不能从中获取收益或权利的行使应受到严格的限制,这时国家是行政主体,其权利的性质是公权。我国《物权法》规定的国家所有权,显然包含了以上两种情形,国家既是民事主体,也是行政主体,其权利的性质既有私权,也有公权。

---

⑬ 参见徐涤宇:《所有权的类型及其立法结构》,载《中外法学》2006 年第 1 期。

⑭ 参见赵世义:《论财产权的宪法保障与制约》,载《法学评论》1999 年第 3 期。

⑮ [意]奥利维耶罗·迪利贝托:《论所有权的范围及其限制——从罗马法到近代民法典的历史流变与简评》,翟远见译,载《罗马法、中国法与民法法典化国际研讨会论文集》2009 年 10 月。

因此，"一切财产所有权均为私权"的论断，在国家所有权上被否定了。事实上，对私法与公法、私权与公权的区分是必要的，但此种区分仅具有相对性。[16]我国《物权法》对国家所有权的规定，就体现了这种精神和立法趋势。但是，当私权与公权集于一身时，国家所有权就可能成为一种神话。在现行的管理体制下，国家所有权只能由国务院和各级政府行使，而这些行政机关既是财产所有人的代表，又是各项政策的制定者和执行者，如何既能贯彻全体人民的意志，又能发挥政府的决策和行政功能，就成为完善国家所有权立法结构的重要指导原则。

（三）国家所有权是一种特殊的财产权

传统民法上的所有权是私权的一种，根源于社会分工和商品交换，是自然法学思想与启蒙运动相结合的产物。通常"产生于商品交易过程中自愿的契约安排，其客体是某种具体的物品或服务，具有可转让性、可分割性和可依法剥夺性等特点"。[17] 我国《物权法》上的国家所有权则不同，它已明确包含了行政权力，部分地体现了国家权力的本质特征。如对于专属国家的自然资源或公共用财产所有权，就不直接具有私权性质，这些财产不得进行转让，不适用取得时效制度，不得被纳入破产财产，不得被强制执行。可见，《物权法》上关于物权的一般规则，除国有经营性财产所有权外，对于国家专属财产所有权大多是不适用的。国家所有权与传统民法上的所有权并非仅表现在主体和客体上的不同，二者在权利性质以及权能结构、行使方式和法律保护等基本规则方面也存在实质上的差别。

那么，国家所有权有没有一般的物权特征呢？按学界通说，物权是直接支配特定物，并享受其利益的具有排他性的权利。物权这一定义所体现的特征，国家所有权并不完全具备。其一，国家所有权并不是由国家行使，也不是由全体人民直接行使，而是由国务院和各级政府代其行使。其二，国家所有权的客

---

[16] 参见尹田：《民法调整对象的理论检讨与立法表达》，载易继明主编：《私法》（第8辑·第2卷），华中科技大学出版社2010年版，第27页。

[17] 参见赵世义：《论财产权的宪法保障与制约》，载《法学评论》1999年第3期。

体既包括有体物,也包括无体物和聚合物,而多数客体并不具备特定物、独立物的特点。其三,根据马克思的理论,判断谁是真正的所有者要看谁因财产而获取了收益或利益。在我国,国务院和各级政府并不是国有财产的所有者,而是国家所有权的行使者,所以它们不应有自己的任何特殊利益,它们完全是代表全体人民的利益在行使权利和履行职责。然而,现阶段国家所有权的行使与获取利益的一致性这一所有权的本质特征还不可能完全实现,全体人民作为所有权人还不可能获得他们所应享有的全部利益。那么,物权的一般特征在国家所有权中还能保留什么呢?综观所有权制度的发展和演变,外部关系的排他性始终是历史各个阶段所有权以及不同国家、不同法域所有权的共同特征,也是国家所有权的一般特征。

物权的排他性特征源于物的归属。依据物权法的一物一权原则,一物之上不得存在两个或两个以上的所有权,这是确定物的归属的规范基础,物的归属必然导致物权的排他性。就国家所有权而言,排他性既表现为所有权人委托政府代为支配自己财产的效力,也表现为国家所有权的对世效力,即排除任何人对所有权的侵害,从而得到法律的绝对性保护。在大陆法二元财产权体系下,排他性是物权与债权相区分的基本标准之一,国家所有权也正是借助这一特征,才能作为物权或准物权在《物权法》中得以规定。但须指出,物权的各个特征并不是彼此孤立的,它们之间是一个相互关联、互相作用的逻辑整体。从这个意义上讲,国家所有权已经脱离了传统物权和所有权的构成理论和立法结构,而成为一种特殊的财产权类型。

由此看来,国家所有权在权利结构上,全体人民是权利主体,政府是权利的行使主体,而每一个社会成员对那些公共用国有财产享有自由使用权,国家所有权对人民群众不应是法律的神话。国家所有权针对不同的财产客体,其权利的性质是不同的,它们既有私权利,又有公权力,但所维护的都是社会公共利益。国家所有权已与传统所有权的概念相去甚远,它是一种特殊的财产权,我们不可能再以传统物权和所有权的构成原理去规范它,严格意义上讲,它已超出了《物权法》的调整范围。

二、我国国有财产的类型及其法律调整

依据《物权法》的规定，我国国有财产按其不同的经济和社会功能可分为三种类型：(1)国有自然资源，如矿藏、水流、海域、城市土地、无线电频谱资源，以及属于国家所有的森林、山岭、草原、荒地、滩涂、野生动植物等；(2)国有公共用财产，如国家所有的铁路、公路、电力设施、电信设施、体育和娱乐设施、油气管道设施和国家机关财产、国防财产等，以及国家兴办的学校、医院、公园、研究机构、博物馆等事业单位的财产；(3)国有营运资产，是指那些能够由国务院和各级政府代表国家用以出资并取得收益的财产。[18] 这些国有财产既包括有体物也包括无体物。

在我国，国家所有权作为一种特殊财产权，应该针对不同的财产类型，根据国家和人民群众的长远发展和现实需要，遵循和适用不同的法律原则和规范。具体而言，我国《物权法》所规定的各类国有财产，哪些属于国有私物，哪些属于国有公物，由其发生的财产关系应以何种性质的法律规范调整，人民群众就不同类型的国有财产享有何种权利和义务，政府作为国家所有权的行使者应有何种权力(权利)和责任，对这些问题的研究将有助于对国家所有权立法结构的深入思考。根据我国国有财产的分类特作以下分析。

(一)国有自然资源应区分为国有私物和国有自然公物

自然资源虽是人类生存和发展的物质基础，但它不同于传统民法上一般的"物"，以有体物为基础构建的物权体系，已不能完全实现对自然资源的法律调整。自然资源作为国家所有权的客体，具有财产属性和资源属性。国家在开发利用自然和改造自然的过程中，大多数自然资源可以在市场经济条件下进行有偿配置和转让，成为一种特殊的物质产品，具有一般商品的使用价值和价值。

---

⑱ 国有营运资产属于财政财产范畴。财政财产系指政府掌管的所有金钱物质及其收益，包括可供利用的国有自然资源、可用作行政开支的费用和财源，如国库现金、有价证券等。财政财产还应接受财政法的调整。我国《物权法》第55条仅就国有营运资产作了规定，所以本文随后也以讨论这类财产为限。

但是,并非所有的自然资源都可以通过市场机制进行资源配置,自然资源的整体性和公共性特征,使有些自然资源不宜作为商品进行交易,由此发生的财产关系也不宜接受私法性规范的调整。

我国有学者将自然资源物权分为"非对物采掘"和"对物采掘"两个基本类型。前者是以特定的自然资源为媒介完成一定的社会经济活动,其原有赋存状态不变或基本不变,如土地、海域;后者是一种消耗性的开发利用方式,将处于自然赋存状态下的自然资源转化为资源产品,如石油、煤炭、天然气、森林、水资源、野生动植物。[19] 在上述自然资源中,土地既是人类社会生存和发展最重要的物质基础,又是在诸多自然资源类型中最易划分、界定和分配的生产资料,所以最早进入私法调整的范围,成为传统物权法规范的核心内容。即使如此,随着人类自身文明程度的不断提高、代际公平和可持续发展理念的普遍接受,土地的资源属性的强化已迫使传统所有权的纯私权性质发生变化。21 世纪以来,随着科学技术的进步和陆地资源的日益枯竭,海域也由国际法调整逐渐转向由国际法与国内私法分别调整,成为物权法规范的又一重要物质资料。特别是那些"对物采掘"类型的自然资源,事实上已经成为国家的重要资产。在市场经济的条件下,政府代表国家依据所有权与经营权分离的原理,广泛进行了自然资源的社会性开发和利用,在法律上,实现了自然资源所有权向资源产品所有权的转变。显然,这些自然资源应属于国有私物。

但是,自然资源的公共性特征并未因其财产性、价值性的凸显而消失,至今还有一部分自然资源是每一个人生存和发展不可或缺的物质资料,它们无须人力加工设置便可供民众使用,如阳光、空气、湖海、河流、水域、湿地、山川、沙滩、草地、原始森林、自然环境等。这些自然资源是大自然赋予人类的恩赐,民众只要不毁坏、不妨碍他人使用,只是为了满足自身的生活或生产活动对其加以占有和使用,就不应因自然资源是国家所有的而丧失这些权利。实际上,这里存在两个层次上的权利:其一,国家对自然资源享有所有权,具有排他性;其二,民众对其享有的自然共用财产使用权,没有排他性,不得独占,只能平等享有。国

---

[19] 参见张璐:《中国自然资源物权的类型化研究》,载陈小君主编:《私法研究》(第 7 卷),法律出版社 2009 年版,第 155 页。

家对自然资源享有所有权,并不是要剥夺民众对自然资源享有的共用财产使用权,而是为了更好地确保民众平等、自由地享有这种权利。作为一个公正、民主的国家,不仅要给予那些贫困的公民以生活上的补贴,而且还需直接向每一个人提供可使用的自然资源,让每一个人都能在大自然中享受恬静、快乐的生活。可见,这些自然资源应属于国有公物。

自然资源是一个完整的生态系统的不可分割的组成部分。政府作为所有权的行使者对自然资源的开发利用,必须遵循可持续发展的理念,注重自然资源的生态功能或生态价值。在社会经济领域,我国目前最大的问题是对自然资源的过度利用和破坏,只看重自然资源的经济价值,不顾及社会的长远利益,忽视和淡化了对自然资源的资源性管理。如果一个国家的经济发展主要是依靠对自然资源的开发和利用,对一个自然资源并不富足的国家来说是很危险的。现在,一些地方的政府部门以公共利益的需要为名,先行使几乎不受任何限制的公权力,再行使民法意义上的私权利,将自然资源有偿转让给与公共利益无关的经营主体,甚至将那些民众生存与发展所必需的公共资源也作为商品转让给他人,使自然资源成为政府财政获取收益的工具。这是一种毁损资源的错误做法。

特别需要强调的是,市场原则不应侵入非市场的公共领域,那些非商品的自然资源不能商品化,否则,就等于剥夺了民众生而享有的对公共自然资源的权利,使这些自然资源成为一些特权人物和富裕人群所独占的财产。目前,这种现象在我国非常普遍,人们甚至已对此习以为常。产生上述情形的原因虽然是多方面的,但是我国国家所有权制度存在立法缺陷,以致缺乏对政府行为的有效制约是重要原因。所以,完善国家所有权的立法结构已十分紧迫。

(二)国有公共用财产应属于国有人工公物

国有公共用财产是社会公共利益的载体。由国家提供公共用财产的目的是满足公共需求、实现公共利益和追求公共利益。[20] 国有公共用财产可分为公

---

[20] 参见席恒:《利益、权力与责任》,中国社会科学出版社 2006 年版,第 9 页、第 31 页。该书从公共管理学的角度,将公共物品界定为由全体社会成员共同消费,而不是专门为任何个人所单独消费的产品或劳务。所以其涉及范围广泛,除本文所论及的公共用财产外,还包括公共安全、公共政策等。

用财产和共用财产。前者又可称行政财产,是指行政主体为达行政目的,不以收益为目的,而直接供机关公用之物;后者是指行政主体为达行政目的,而直接供一般民众使用之物。㉑ 在德国,公共用财产称公共设施,日本译为公共营造物。公共设施是一个多种组织形式的集合概念,体现了“财产”与“主体”“行为”“责任”的结合,只有如此,公共设施才能利于公共福利,具有现实的公共性。㉒

国有公共用财产因人为的设置而成立,在公物法上属于人工公物。无论是国家设置,还是群体和个人设置,均要遵循一致的法律原则,即用于公共目的。人工公物的设定、变更和废止,以及制定相应的使用规则,应为政府的行政职权,它属公法上的处分权。但这项处分权的行使必须征得民众的同意和认可,通常在一定范围举行听证会。在德国,命名是公物法的核心制度,这一法律行为使财产成为法律意义上的公共用财产,其作用在于明确这项财产的使用目的和范围,从而产生法律约束力。人工公物并非绝对不能转让或废除,只是需要严格的审批程序,但已设定了公务负担的人工公物是不能流通的。而且,国家征收由群体和个人设置的人工公物也要受到比征收一般私人财产更多的限制。

民众对人工公物的一般使用,无须特别批准,也无须支付对价。民众享有的这种使用权,是由法律规定或由命名确定的,所以具有公法性质,应属于公权利,它的行使在特定的范围内没有排他性,也不适合市场法则。公物的使用原则上是无偿的,收取费用只是例外,且需经法律的授权。这种收取费用的性质应属于公法性质,而非私法上所付的报酬。当然,对那些明显具有消费性的使用收取一定费用应属对国家投入的一种补偿;如果特定人欲利用公物进行经营活动,如在公路边设置广告、加油站、存车处等,就须得到特别的行政许可,并依法缴纳相关的税费。

我国正在“着力保障和改善民生,必须逐步完善符合国情、比较完整、覆盖

㉑ 参见范扬:《行政法总论》,中国方正出版社2005年版,第144页。

㉒ 参见刘艺:《公物法中的物、财产、产权》,载《浙江学刊》2010年第2期。

城乡、可持续的基本公共服务体系,提高政府保障能力,推进基本公共服务均等化"。[23] 完善公共服务是以国家向社会提供充足的共用财产为前提的。[24] 改革开放30多年来,我国虽然已初步形成了由政府、市场及其他组织多元提供共用财产的格局,但由于普遍存在过度放任市场法则进入公共领域的问题,为民众提供的共用财产明显不足。为了实现社会公平正义,由国家提供或资助的教育、公共卫生体系以及各种为民众服务的公共事业,将能弥补市场不平等所带来的负面后果,实现公民身份的平等价值,使每一个社会成员都能过上有尊严的生活。

随着国家经济实力的增强,政府应加大营造民众所需共用财产的资金投入,改变目前住房商品化、医疗市场化、教育产业化的过度和无序状况,无偿或低收费地向民众提供更多的共用财产或服务。通过立法明确公共服务领域的非营利性质,确认每一个社会成员对国有共用财产享有平等的、非排他性的使用权,禁止或严格限制政府利用国有公共用财产获取或变相获取财政收入的行为。

(三)国有营运资产应属国有私物

国有营运资产,是指国务院和各级政府有权直接掌控的国有企业财产,既包括有形财产,也包括无形财产。国家出资的企业,政府代表国家履行出资人职责,享有出资人权益,而企业享有法人所有权。国家出资设置的公共设置不在此列。国家出资的企业,可以分为两类:一是直接用于公共事业的公用企业,如自来水公司、煤气公司、公共交通公司等,这些企业的营运不以营利为目的,以国有资产的保值为原则;二是间接用于公共目的的商业公司,如汽车制造公司、国营百货公司、商业银行、外贸公司等,这些企业的营运以营利为目的,以国有资产的增值为原则。上述企业的营运均由私法调整,政府的出资行为和国家出资企业的营运行为均为私法行为。

国有营运资产虽属国有私物,政府代表国家对用以出资并获取收益的财产

---

[23] 中国共产党第十七届中央委员会第五次全体会议公报(2010年10月18日)。

[24] 为什么我们强调政府要为民众提供更多的共用财产,主要是从改善民生考虑。

享有所有权,但它与私人所有权还是有很大区别,特别对其财产的取得、转让和处分上要受人大、审计机关和监察机关的监督,并非完全由政府或其负责人的自由意志决定。在西方国家,所谓国有企业实际上就是政府的私产,这与我国国家所有即全民所有的性质不同,我国的政府只是代表国家行使权利,并非所有权的主体,所以其权利的行使应受到人民的监督和法律的限制。另外,国家除了出资兴办企业外,“也可以特殊的民事主体的身份,以国库的财产为基础从事某些民事活动,如发行国库券、从事对外贸易活动等”。[25] 从这个意义上讲,国库财产也应属于国有私物。

我国国有企业改革的一个重要目标,就是将政府的社会公共管理职能与国有资产出资人职能完全分开,即政府的行政权力与其作为代表行使的民事权利完全分开。但是,改革30多年来这个目标始终未能达到。原因在于:在国家出资办企业的场合下,其法律地位具有两面性,它既是公权力者,又是私权利者,两者不可能截然分开。在此场合下,国家与其他民事主体在法律上平等,共同适用于私法规范,但因服务于社会公共事业的理由,又在某些程度上须由公法调整,以保证国有资产得到正确和有效的运用。在这里,国家所有权具有二重性质:一方面,国家作为权利主体与其他主体同样享有私权;另一方面,国家于一定限度内又居优越地位享有公权。正如前文所述,国家所有权并非传统私权,是一种包含公权因素的特殊财产权,政府作为这一权利的行使者,不可能回避公法的规范和制约。

因此,对如何解决政府作为行政管理者与作为国家所有权的行使者的关系问题,应有新的思路。应该认识到,公法与私法之间不是完全隔绝的,是可以相互结合的关系;公权与私权之间不是完全分开的,是相互补充和约制的关系。政府因代表国家出资产生了民事权利和与此相关的行政权力,这两项权利应在分清性质并分别依据有关公法或私法规定的情形下行使,二者不是完全分开而是相互结合的关系。对国家所有权的有效规范应当统合包括公法、私法在内的各类相关法律规范的作用,形成法律规范和社会作用的整体合力,从而使行政

[25] 王利明:《物权法论》,中国政法大学出版社1998年版,第466~467页。

权力和民事权利相互结合,以达到两者相互补充、相互约制的目的。这种认识路径符合我国国家所有权的基本理论和实践。

三、国家所有权的二元化立法结构

(一)大陆法系主要国家的相关法制

1. 法国将国有财产区分为公物和私物

法国在大革命时期,全部国有财产属于私物范畴。之后,《法国民法典》对国有财产规定得很简单(第538~541条),未把国有财产区分为公物和私物。19世纪初,公物和私物的区别首先由民法学者提出,并很快被学术界和司法界所接受,认为公物不能转让和因时效而丧失。20世纪后,公物理论得到很大发展,除自然性质的公物外,还包括越来越多的人工公物。而且,公物和私物的区分有了相对性,公物也不完全排除政府可以获取收益,私物也不完全都能适用民法规则。由于公物的种类繁多、性质差异很大,所以长期以来没有一个完全一致的公物制度。[26]

1957年,法国制定了《国有财产法典》,对公物和私物的区分标准作了规定,但因它反映的仍是19世纪的公物观念,所以既受到学术界的批评,也不被司法界所认同,至今公物和私物的区分标准还是法院的判例。实际上,早在1947年,民法改革起草委员会就对公物和私物的区分提出了两个标准:(1)民众直接使用的财产;(2)公务作用的财产,即专门或主要用于公务所要达到目的的财产。这一标准得到学术界和司法界的普遍认同和采用。[27] 因此,公物被界定为行政主体为民众使用、执行公务所不可替代的财产,没有专门法律规定不能由私法调整,形成了所谓一元论的公物规范,即认为公物法完全属于公法范

---

[26] 参见王名扬:《法国行政法》,中国政法大学出版社1988年版,第293~296页。王名扬先生原文中使用的是公产、私产的用语,这里改用公物、私物的概念,以求全文保持用语一致,并无其他用意,本文也不对"物"与"财产"的区别加以研考。

[27] 参见刘艺:《公物法中的物、财产、产权》,载《浙江学刊》2010年第2期。

畴,否定公物的私法调整。然而,在实践中,为了满足社会发展的需要,一些公物也能进入私法的领域,一些私物也会接受公法的调整。所以,法国法也不是绝对排斥公法与私法的结合。

2. 德国将国有财产视为修正的私权客体

德国的国有财产,是指政府作为行政主体享有私法上所有权的财产。它包括以下各项:(1)行政主体直接用于执行公务的行政财产;(2)通过其本身的财产价值或收益间接用于公共行政的财政财产;(3)行政主体为实现公务目的而设置的经济设施和企业财产;(4)行政相对人可以自由使用的外部财产。其中第一项、第四项属于公物,第二项、第三项属于私物。既然德国的国有财产中包括公物,由此发生的法律关系就不能完全适用私法规范,因而形成了一种修正的私有财产权。[28] 所以,德国的公物法采取了私法和公法二元论的规定模式,即以其统一的民法上的所有权制度为前提,为了确保公物的利用设定了公法上的限制,而这种公法的限制无法涉及的部分,仍然要适用私法的规定。[29] 因此,德国公物法以适用私法规范为原则,特别是适用民法典中有关所有权的规定,同时确立了公法支配权,而此种支配权又与私法支配权相互对应并交叉重叠。这就是德国公物法的基本特征。[30] 由此可见,德国与法国的公物观念截然不同,法国公物理论一直是以否定私人所有权为特点,而德国公物理论则以存在私人所有权为前提。

在德国,公物既然属于私法意义上的财产,自然可以参与权利的转让,这实际上是在行使所有人的处分权。但是,当行政主体的私法支配权损害了命名确定的公物目的时,则其私法行为以及强制执行中的处分行为无效。当然,只要不影响公物目的的实现,行政主体有权在公物上为特定人设定使用权(独占使

---

[28] 参见[德]奥托·巴霍夫、罗尔夫·施托贝尔:《行政法》,高家伟译,商务印书馆2002年版,第474页、第476页。修正的私有财产权理论也受到学界的批判,认为这种理论在法律制度、权利人、义务人、使用规范和法院管辖权方面都对公物的发展不利。

[29] 参见[日]大桥洋一:《行政法学的结构性变革》,吕艳滨译,中国人民大学出版社2008年版,第198页、第216页。

[30] 参见[德]奥托·巴霍夫、罗尔夫·施托贝尔:《行政法》,高家伟译,商务印书馆2002年版,第474页。

用），进而形成民法上的契约关系。在公物的管理上，德国采用各种公物法规加以规范，如《公物管理法》《道路法》《联邦铁路法》《联邦水路法》，各州的《水法》《联邦污染防止法》《学校法》等。

德国公物法中最具特色的可能是对“公共设施”的规定。[31] “公共设施”是行政组织法中的概念，是公物中一个重要而独特的组成部分，指行政主体为达到一定的行政目的所设置的人与物的结合体。如医院、学校就是“公共设施”，医院由医生、护士和医疗设备、药物等构成，学校由校长、教师和教学设备、学术信息等构成。“公共设施”一词使物的因素（包括有体物、无体物）与人的因素有机结合起来，形成了组织化、机体化的公物。显然，这种“公共设施”仅依据私法调整是不够的，这就使我们进一步认识到建立公物制度的必要性。而且，“公共设施”的概念也使我们对国家所有权的构成有了更客观、全面的认识，国家所有权的客体不仅包括纯粹物的因素，也包括人及其行为的因素。在我国，对国家所有权问题的研究也只有从全民所有制经济关系的结构去考察、去探讨，才可能得出切合实际的认识。

3. 日本将国有财产分为普通财产和行政财产[32]

日本明治宪法时代引进了德国的公物理论，将公物视为国家或公共团体直接为了公共目的而提供使用的有体物。显然，将公物仅限于有体物的观念已经脱离了社会现实。日本的国有财产分为普通财产和行政财产，普通财产属于私物，行政财产属于公物。公物又分为公共用物和公用物，公共用物是指提供给一般民众使用的财产，公用物是指提供给行政主体活动使用的财产。在日本，学术界普遍强调公物的有体性，所以将以人和物为构成因素的营造物和以单纯物为构成因素的公物加以区分。[33] 这一点比德国公物法观念还显保守。

---

[31] “公共设施”（Anstalt）一词经日本行政法学者翻译成“公共营造物”，后被我国台湾地区学者引介。近年来，也有日本学者认为用“人的营造物”一词更妥当。

[32] 参见周刚志：《公物概念及其在我国的适用》，载《现代法学》2006 年第 4 期。

[33] 参见［日］大桥洋一：《行政法学的结构性变革》，吕艳滨译，中国人民大学出版社 2008 年版，第 195 ~ 196 页。

《日本民法典》虽没有规定国家所有权,但学术界普遍认可国家所有权的概念[34]。日本广义公物的一般法主要由《国有财产法》《自治法》构成,前者调整国有财产关系,后者调整社会公有财产关系。公物法的有关特别法不否定私法的调整原则。但日本公物法并没有完全按照德国以存在私人所有权为前提的立法模式,而是在公物法的特别法中多采取了德国法和法国法的混合立法规则,如《道路法》以德国法作为参考,原《河川法》则以法国法作为楷模,而现行《河川法》则采取混合的立法模式。日本公物法因此表现出自己的特色。

由此可见,因国有财产的公共使用而创制的公物法,无论是法国的一元论立法模式,还是德国的二元论立法模式,以及日本的混合型立法模式,其制度框架和功能方面具有诸多一致性。其一,政府及行政主体运用国有财产向民众提供公共服务或设施是必须履行的义务或职责,这是公物法产生和存在的社会基础和民众需求。其二,国有财产根据其种类和使用目的的不同被划分为公物和私物,已是各国法制的通例,对此无论采取任何立法技术,都无法摆脱公物法现已形成的基本制度框架。其三,民众和特定行政主体直接使用的各项公物,以及行政主体掌握的财政财产和参与企业运营的私物,分别由公法或私法调整,或由公法和私法共同调整。总之,各国在国有财产的分类和使用上,体现了财产关系的双重性,使用目的的公共性。公法与私法的区分与关联,为社会的进步与发展创造了良好的法制环境,这也是我们所需要参考和借鉴之处。

(二)国家所有权立法结构的完善

1. 国家所有权由私法和公法共同调整

国家所有权不仅接受私法的调整,而且接受公法的调整是由私法与公法的共通性而得出的认识。在大陆法系国家,有无私所有权与公所有权之分,一直存在争议。德国多数学者认为,私人财产上设置公物,其当事人就该物享有民法上的所有权,只是须受公法规范的种种限制而已,并无公所有权之说。但是,

---

[34] 参见[日]盐野宏:《行政组织法》,杨建顺译,北京大学出版社2008年版,第257页。日本学者认可的国家所有是指政府所有,即政府的支配权所涉及的财产就是国有财产。

德国也有学者主张公所有权说,[35]也有一些州对公所有权(öffentiliches Eigentum)作了规定,如汉堡的《道路法》、巴登—符腾堡州的《水法》等,但此处公所有权的成立是以行政主体作为土地所有权人为前提的,而在私人享有所有权的场合,公所有权则不可能成立。[36] 法国学者则认为,私物与公物全然不同,私物接受民法的调整,而公物只能接受公法调整,以保证民众对公物的公共使用。在设置公物的场合,原民法上的所有权已转换为公法上的所有权,无论是以私人财产设置公物,还是以国有财产设置公物,结果都是一样的。

我国的情况为:一是绝大部分公物属于国有财产,与德国一些州规定公所有权的立法基础相同;二是国家对公物的支配权受公法调整,与受私法调整的支配权性质不同。在我国,国家所有权是与公有制密切相关的特殊财产权,它既是发生商品交易关系的物质基础,又是为民众设置公物的前提条件。当政府代表国家占有和利用国有财产时,其拥有或行使的是私权,受民法调整;当由国有财产设置公物以供民众直接使用时,则接受公法调整,政府实施的是公法上的管理权,不允许由特定人独占性使用。而更多的情况是,国家参与交易关系不仅要遵守私法原则和规范,而且为了维护社会公共利益,还要同时服从诸多公法规则。因此形成了对国家所有权的私法和公法共同调整状态。

我国《物权法》有关国家所有权的规定,涵盖了对国有公共用财产的调整,这在事实上承认了私物和公物的划分。我国民法学者对公物法的理解,可能更倾向于德国的二元论。但我们不能忽视,我国的公物总体上是国有财产,而德国的公物财产大多是私人财产,即使是行政机关的办公场所、公共设施,也多是租借私人的土地和房屋。[37] 所以,如果我们一味强调国家所有权的私权性质,不

---

[35] 早在19世纪末,德国法学家迈耶(Otto Mayer)就主张"公法上的所有权",他认为,"当国家对公物的支配依公法而判断时,便发生公的物权——尤其是公所有权之思想的必要。公所有权即公法上的所有权,就是应从公法的方面去思考的所有权"。但迈耶认为,私法与公法有着完全不同的基础,否定混合的法律关系之说。参见[日]美浓部达吉:《公法与私法》,黄冯明译,中国政法大学出版社2003年版,第81~82页、第149页。

[36] 参见[日]大桥洋一:《行政法学的结构性变革》,吕艳滨译,中国人民大学出版社2008年版,第198页、第199页。

[37] 根据法国传统的公所有权理论,公物也仅限于国家、县、市町村等公共团体所有的物。参见[日]大桥洋一:《行政法学的结构性变革》,吕艳滨译,中国人民大学出版社2008年版,第199页。

符合我国法律的规定。笔者更倾向于法国公物法的一元论,对私物和公物作以明确区分,以国有财产的不同类型和使用方式,确定如何适用私法或公法。

依据各类型国有财产的经济和社会功能,将其归属于不同性质的法律调整,前文已作论述。那么同一公物是否只接受公法的调整呢? 也不是,它还会因特别的使用方式接受私法规范的调整。比如,对道路这样的公物,公法所关心和维护的是民众的公共使用,而私法所关心和调整的是财产利用和收益。当特定人借道路开展经营活动时,不仅要得到政府的行政许可或特许,还要遵循民法原则付出相应的对价。这也是为什么公物还要分为一般使用、特别使用的原因。私物与公物并非仅依财产的不同法律关系而加以区分的。国家所有权客体复杂多样,法律关系纵横交错,所以只有由私法和公法共同调整才能达到预期的立法目的。

2. 国家所有权混合法律关系[38]的构成

为什么在明确区分私法与公法的大陆法系国家,还会存在私法与公法的关联,以致产生混合法律关系。日本学者美浓部达吉对此有过精彩的解析。在他看来,"公法与私法在许多时候也是关联的。在法律现象中常常有混合的法律关系与混合的权利,即单一的法律关系可能同时含有公法和私法的性质,而单一的权利也可能同时为公权和私权的性质"。[39] 这是因为在不同性质主体之间发生私法关系并不妨碍它们之间还存在公法关系;私法的法律关系有时因公法的行为而发生,公法的法律关系有时因私法的行为而发生;那种具有财产价值的公法关系,因为某种法律原因也会转化为私法关系。[40] 所以,由此产生私法与公法混合的法律关系也就毫不奇怪了。

国家所有权以其主体的优越地位,既能与民事主体发生平等的私法关系,又能对民事主体行使公权力而发生公法关系。分清上述两种关系后,我们会发现还存在这样的情形:一方面,国家和民事主体要遵守同样的私法规则;另一方

---

[38] "混合法律关系"这一提法是借鉴日本学者美浓部达吉的相关论述。参见[日]美浓部达吉:《公法与私法》,黄冯明译,中国政法大学出版社2003年版,第151~158页。

[39] 参见[日]美浓部达吉:《公法与私法》,黄冯明译,中国政法大学出版社2003年版,第4页、第5页。

[40] 同上书,第150页、第151页。

面,因维护公共利益的理由又得共同服从公法的特别规定。二者有时甚至经常交织在一起,进而形成一种既不同于平等主体之间发生的私法关系,也不同于国家对民事主体发号施令而产生的公法关系。在此种情形下,国家与民事主体之间的法律关系具有了双重属性,即既属于私法又属于公法,混合的法律关系因此而生。

国有自然资源的利用关系就是一种混合的法律关系。在市场经济条件下,国家作为自然资源的所有者,通过政府管理部门的审批和登记,将其利用权出让给有关受让者,进而形成如下法律关系:(1)国家以出让者的身份与受让者之间形成私法关系,自然资源已具有商品或资产属性,政府得以收取出让金和自然资源使用费,实现自然资源国家所有者权益;(2)国家以管理者身份与受让者之间形成公法关系,政府依特别法的规定对自然资源的利用实行监督和管理,通过对自然资源交易市场收取交易所得税和营业税,维护国家作为自然资源管理者的利益。这两种关系同时产生、相互结合、密不可分,形成了由私法和公法共同调整的混合的法律关系。此时,受让者的自然资源利用权也具有二重性质:一方面,受让者的自然资源利用权属于私权性质的财产权,我国《物权法》把它规定为用益物权,受让者原则上可以自主开发、利用、出租、抵押、承包、转让或者以其他方式流转权利;另一方面,自然资源利用权虽然属于私权,但因其具有公共性,如水面的利用、矿产的开发、林木的砍伐等直接关系到公共利益,所以它不仅要受到政府公权力的监督和管理,而且在法律赋予或政府授权之下为了保护自然资源的长远和整体利益,还要享有不同程度、不同形式的维护权,这种维护权具有公权属性。可见,国有自然资源的利用关系并非私法关系或者仅是公法关系,而是混合的法律关系。

国有公物的利用关系于特定场合也是一种混合的法律关系。如前所述,一项国有公物对普通民众只有一般的使用价值,而对某些特定人不仅具有一般的使用价值,而且还有特别的交换价值,即经济价值。此时,国家与特定人之间所发生的法律关系既有公法性质,又有私法性质。就特定人的利用权而言,既有一般民众享有的公权利,又有因行政行为或行政合同产生的私权利,而国家作为公物的所有者,既有私法上的所有权及其收益权,又有公法上的公物管理权。

政府代表国家行使的公物管理权属于公法性质,当公物的设置或保存发生缺陷致利用人受损害时,应承担国家赔偿法规定的赔偿义务。公共设施的利用关系更复杂。因公共设施是人与物的结合体,必然在利用关系中涉及设置者、管理者和利用者三方法律关系:设置者拥有私法上的所有权;管理者拥有公法上的管理权,依据不同的法律或规则管理着人与物;利用者享有的权利也具有公法性质。民众依公共目的利用公共设施,管理者即负有"强制缔约"的义务,无正当事由不得拒绝。公共设施的管理者有制定内部规则的权力,其规则构成了此种利用关系的重要法律要素,进而将其视为"特别权力关系"。[41] 利用公共设施通常是无偿的,但为维护管理而收取一定的费用也未尝不可,在此种情形下,利用者负担费用具有"对待给付"的性质,如果利用者出于经济目的利用公共设施则会产生私法后果。随着法治的发展,民众作为利用者的法律地位权利化趋势越显突出,其权利内容还在不断扩展,如增设或改进公共设施的建议权、对公共设施管理作用的参与权等。

国有营运资产虽属国有私物,但其营运活动要受民法、行政法、经济法、劳动法、社会保障法等多种法律的调整,并发生相应的私法关系和公法关系。前文已述,政府的公共管理职能与国有资产出资人职能应加以区别,但不可能完全分开。我们发现,在这两种职能所产生的公法关系和私法关系之间,存在诸多公法与私法同时作用的区域。当国家从事经营活动时,它与一般民事主体的地位平等,不仅共同遵守私法原则及有关规定,而且同样要服从公法的相关规定。国家出资兴办和控股、参股企业的目的是国家公共利益,这与一般民事主体的经营目的不同,所以在必要的限度内,还要遵守一些特别的法律规定,其中既包括公法性质的规定,也包括私法性质的规定。从法律关系上看,国家具有公法和私法上的二重人格,它与一般民事主体发生私法关系时,并不妨碍因公共事由而行使公法权力,只是这种权力必须限定在法定范围内。从法律规定上看,国家从事经营活动主要由商法调整。而"在商法领域,采取了大量的公法干预政策,引入刑法、社会法等与经济活动有关的公法规范","在同一个法制环境

---

[41] 翁岳生:《行政法》(上册),中国法制出版社2002年版,第505页。

中，公法与私法互为环境、条件、手段"，[42]以致促成公法与私法的关联和耦合，商法成为内化了公法因素的私法。还应强调的是，现代企业是一个由不同利益相关者组成的联合体，它既容纳着物质资本所有者的利益，也包含着人力资本所有者的利益。所以，因国家营运资产而发生的法律关系，既不是单纯的私法关系，也不是单纯的公法关系，而是由不同性质法律共同调整的混合法律关系。

3. 国家所有权立法的基本设想

前述问题的讨论，为我们思考国家所有权立法结构问题确立了思想基础。归纳起来，有三点认识非常重要：(1) 国家所有权是私权与公权的结合，思考其立法结构必须立足于法律体系的全局，不能局限于私法的传统界域；(2) 在国有财产中，公物是基本的组成部分，建立公物制度是完善国家所有权立法结构的重要内容；(3) 国家所有权制度调整范围广泛、规范形式多样，是一套多层次的立法体系。

在大陆法系国家，民法典是否规定及如何规定国家所有权大致有三种模式。一是对国家所有权不作规定，仅在相邻关系的规定中，涉及道路通行、用水、流水关系等，对国有财产采取特别法规定，如德国、日本、巴西等国。二是对国家所有权仅作简单或零星规定，对国有土地资源、水资源、文物等财产的归属和保护作了相应规定，如法国、荷兰、葡萄牙、埃及、阿尔及利亚、韩国、蒙古等国。三是对国家所有权作出专门规定，除我国外，还有俄罗斯、越南、朝鲜、意大利等国。如《俄罗斯民法典》对国有土地和其他自然资源以及国库财产、国有企业财产权等作出了规定；《意大利民法典》对国家财产、公共财产放在同一节中规定，除对属于国家的森林资源、矿藏资源、文物、军事设施等作了规定外，还对海岸、沙滩、湖泊、公共水源以及公路、机场、博物馆等公共用财产作了规定，并规定私有性质的公共用财产可以转化为国有财产。显然，即使在民法典中对国家所有权作了或多或少的规定，也不可能调整全部的国家所有权关系，还必须有相配套的特别法加以规定。

我国在制定《物权法》时，学界曾对是否规定国家所有权有过争论。回顾起

---

[42] 童列春：《商法学基础理论建构》，法律出版社 2008 年版，第 127 页。

来,当时反对规定国家所有权的学者也不无道理,如孙宪忠教授主张对国家所有权进行重构,将公有财产区分为经营资产和公用物,就是一个很好的建议。《物权法》中规定了国家所有权,有一个明显的缺陷就是打乱了《物权法》私的逻辑体系。现在如何解决?我国未来的《民法典》如何完善这一立法结构?当然,简单的办法就是从《物权法》中去掉有关国家所有权的规定,另行制定专门的《国有财产法典》。但是,这可能与我国传统的法制观念有一定距离。所以,本文提出的方案是增设财产权总则,将国家所有权从《物权法》中析出,作为一项特殊财产权专章或专节规定。

起初提出设立财产权总则的建议,是基于这样的一种构想:[43]未来民法典设置"财产与财产权"编,其中第一章为"财产权总则",之后分章规定各种类型的财产权。财产权总则不仅保留物权法和债权法的一般规则,还要规定知识产权和其他无形财产权的一般规则,以体现财产权制度的统一性。在一般性和多样性、传统结构的维持与制度创新、民法典和特别法之间,财产权总则提供一个平衡点,以实现对财产关系的适度整合。现在看来,若在"财产权总则"阐明了以下问题,即区分物与财产两概念、明确物权与财产权的差异与共性、确认公有(包括国家所有和集体所有)财产权具有二重属性,国家所有权就可以与物权分离,成为独立的一章(或节)规定在"财产与财产权"编中,这样既不失传统民法财产权二元结构的逻辑体系,又可形成一部适应现实社会发展的包容性民法典。

在《物权法》对国家所有权作出规定的基础上,可在以下方面作出更明确和具体的规定。(1)对国家所有权的性质,应当作出更明确的规定。国家所有即全民所有,这不仅是对权利主体的规定,而且是对权利属性的确认,国家所有权是公有权,它不同于一般的私权利。(2)对国家所有权的行使主体,除规定国有

---

[43] 2003年,笔者和梅夏英博士集中精力研究了这一课题。我们分析了民法总则编存在的结构性缺陷,提出了设置民法财产权总则的基本理由,认为传统物权和债权的二元结构,无法适应现实社会的发展需要,无法容纳诸如商事财产权、无形财产权等新的财产权类型,通过设置财产权总则可以起到一个逻辑上的分离和整合作用,作为一个中介性的立法层次,它将有效地缓解原有概念法学体系结构的逻辑困境,也基本上可以消弭原有概念在形态上的分散和对立状态。参见马俊驹、梅夏英:《我国未来民法典中设置财产权总则编的理由和基本构想》,载《中国法学》2004年第4期。

财产由国务院代表国家行使所有权外，须规定其行使应当依法对人大负责，受人大监督。(3)对国有财产类型和范围的规定，应当区分私物和公物，明确其所有权的不同行使方式和规则，确定国家专属财产的范围，并依其性质分类作出规定。私物包括"对物采掘"型的自然资源、国有营运资产以及其他财政资产，公物包括民众生活和生产不可或缺的自然资源以及服务于民众的各种公共设施，并规定私物和公物的转换原则和规制。(4)对国有财产的保护，仍然保留《物权法》第56条、第57条的相关规定，但对国有自然公物和公共设施的保护应当有更加明确的规定，以保障民众对这些财产的平等、自由使用。

国家所有权是我国民法调整的基础性财产关系，但民法并不能涵盖国家所有权的全部内容。国家所有权制度是一个多层次的立法体系。

首先，《宪法》规定了国家所有权，这是我国社会主义基本经济制度在宪法上的体现，这是一项公权利，与私权利没有直接关联，它是一种主体资格，并不涉及具体的法律关系，它是确立国家所有权制度的根基和依据，并为此项制度的全面建立提供宪法保障。

其次，由于宪法的规定，国家取得了各种重要生产资料的所有权的资格，但是仅有这种资格是不够的，所有权的行使和保护还须有相关的部门法来加以规范，这里不仅需要私法，也需要公法。其中，民法是调整国家所有权关系的基本法律，它不仅调整私物以适应市场经济规律，充分发挥物的效用和价值，而且调整公物以直接体现社会公平与正义，满足民众使用公共性物质资料的需求。国家所有权不仅是一项权利，也是一项社会责任，它不仅会给国家带来财富和安定，也会给社会民众直接带来福利。但是，私物关系和公物关系的调整方式不同，由民法统合后的国家所有权，必然要将行政法上公物法的基本规则移入民法，从这个意义上讲，国家所有权制度是民法和行政法的混合体。而且，从行政法的需要看，还应考虑制定国有财产法或公物管理法。不仅如此，国家所有权的行使和保护，还须由商法、经济法、刑法、诉讼法、社会保障法等部门法的共同调整。

最后，以上各部门法对国家所有权的调整还是原则性的，它还需要大量的配套法律、法规作出具体规定。仅以民商法、行政法、经济法方面的法律、法规为例,关于调整私物的法律有资源类、产权类、交易类和财政类,如《资源法》《能源法》《森林法》《草原法》《国有资产管理法》《国有资产评估法》《国有资产转让法》《企业法》《公司法》《对外贸易法》《企业破产法》《财政法》《预算法》《税法》《国库法》等;调整公物的法律有自然类和人工类,如《河流法》《湖泊法》《山川法》《公园法》《公路法》《铁路法》《学校法》《医院法》等。由此可见,国家所有权制度的立法结构复杂、涉及内容广泛,是我国法律体系中最基础、最核心、最具特色的财产权体系。

公有制下国家所有权制度的变革和完善*

国家所有权是反映我国公有制经济的重要法律制度。国家所有权对增强国家综合实力、提高人民生活水平、促进经济发展、保证国家安全起到重要作用。但是,随着社会和经济的发展,部分国有资产在运营中既享有经济特权却又效率不高,甚至国有资产严重流失等问题逐渐凸显;同时,有关国家所有权的法律性质、权利主体、调整方式的争议从未间断。究其原因,在于我国公有制下的国家所有权制度还不能完全适应市场经济的要求,因此,我们需要根据发展了的社会主义理论和市场经济基本规律,总结经验教训,变革和完善国家所有权制度,准确界定其法律属性,理顺国有财产的利益关系,建立规范有序的国家财产权体系。这是当前我国经济体制改革和法治建设的重要内容。

一、关于国家所有权的性质和主体之争

(一)介于公权和私权争议中的国家所有权

所谓公权,也称公权力,一般是指作为政治共同体的国家为实现社会公平正义而对公共物品、公共服务的生产、供给、分配及对公共事务决策、立法、执行的权力。私权是指公民、组织乃至国家,在平等、自愿的社会生活中所享有的财产权和人身权。公权和私权的最大区别在于:公权领域,凡法无授权者,均不可

* 原载《社会科学研究》2015 年第 1 期。

为;而私权领域,凡法无禁止者,皆可为之。近年来,如何界定国家所有权的性质是重要的热点问题,学界众说纷纭。有学者从民法财产权的视角认为国家所有权是民事权利,应以他物权制度保护国家所有权的实现。[①] 有学者认为,“所有权”本身不仅是私法范畴,还具有宪法层面的功能,强调“所有权”是获得财产权利并得到国家保护的资格,宪法上的“所有权”是一项基本人权。日本学者美浓部达吉谈及矿业权“概属国有”时认为,国家所有权从性质上讲应属公法上的支配权,而不是民法上的所有权。[②] 从这个意义上看,“所有权”并非仅是私法概念,特别是“国家所有权”代表了全民的利益,具有公法属性应无疑义。有学者进而认为,“宪法意义上的国家所有权相对于社会主义的目的而言只是手段,是为确保政府履行消灭剥削、维护社会公平和保障公民基本权利实现的义务”而赋予政府对国有财产进行合理分配的资格。[③]

有学者认为国家所有权为公有权之一种(另一种为集体所有权)。公有权不仅是国家或集体组织的权利,更是每一个公民或集体组织成员的权利。公有权不属于传统的民事权利,是指公民或集体组织成员拥有与公有的生产资料“相结合”进行生产活动并取得劳动收入的权利,具体包括财产权、管理权、就业权等。公有权的这一属性在集体财产关系中尤为明显,因为集体组织成员对集体财产直接享有管理、收益及与之(主要是土地)结合实现就业的权利。在国有财产关系中,公民成员并不能直接行使财产权、管理权、就业权等权利,也不能要求分割或退出,从这个意义上讲,公民即全民中的每个个人则又不是国家财产的所有者;但全民又是由每个个人组成,离开了每个个人对国有财产的权利,则国家所有权也就无从成立。所以有学者认为,每个公民“作为个人所拥有的公有权只有同其他一切人的所有权相结合、共同构成公有权的时候才有效,才能发挥作用”。[④]

以上思考都有一定道理,但是并不能简单地说国家所有权就是公权或是私

---

① 参见程淑娟:《国家所有权民法保护论》,法律出版社 2013 年版,第 84 ~ 98 页。

② 参见[日]美浓部达吉:《公法与私法》,黄冯明译,中国政法大学出版社 2003 年版,第 150 页、第 161 页。

③ 参见肖泽晟:《宪法意义上的国家所有权》,载《法学》2014 年第 5 期。

④ 樊纲等:《公有制宏观经济理论大纲》,上海人民出版社 1999 年版,第 24 页。

权。在肇始于古罗马、复兴于法德的大陆法系传统观念中,所有权属于民法物权的下位概念,所以,诸如“一物一权”“所有权绝对”等理论构造都是围绕所有权的私权属性而言的。我国宪法制定时并未考虑国家所有权的公权或私权属性,当《民法通则》和《物权法》规定国家所有权时,学界按照大陆法系的传统思维自然认为国家所有权是一项物权,应属于私法的调整对象。但是事实并非如此,人们发现国家所有权的行使往往优于集体所有权和个人所有权,国家所有权不仅要受到私法调整,有时还要受到公法规范,其表现如下。首先,国家对领土、资源等享有所有权从来都是一国主权的象征,而主权的宣示具有公法意义。主权层面的国家土地所有权与民法上的集体土地所有权在性质上并不相同。其次,国家所有的财产归全民所有,每个人都有权基于公民身份对国有财产的使用行使监督权、管理权、受益权等,这些权利的实现方式需要公法作出安排。在此方面,现行制度显然存在诸多不足,如普通公民对国有财产进行监管还缺乏有效的途径,农民和城市居民之间、不同地域的居民之间还不能平等享有由国家财产提供的各种社会福利和社会保障。最后,国有财产中的非经营性财产是维护社会公共利益的物资基础,原则上不能用于营利,这些财产的使用和管理显然不能适用私法规则。当然,国有经营性财产(通过国有企业)在市场竞争中应遵守民商法的基本原则,与其他企业平等竞争,并无经济特权。鉴于以上分析,我们不难得出结论,国家所有权中既有私权,也有公权,二者并不矛盾,只是国有财产在不同社会条件下的不同法律表现。这也是学者提出构建“二元制”国家所有权的依据。⑤

(二)国家所有权的主体:国家、政府、全民

在我国,关于国家所有权的主体,法律规定很明确,但理论上却有争论。《宪法》第9条和《物权法》第45条都规定了国家所有即全民所有。有学者认为,公法上的国家作为所有权的主体,不符合民法基本原理,民法上的国家应该

---

⑤ 参见马俊驹:《国家所有权基本理论和立法结构探讨》,载《中国法学》2011年第4期;杨帆、张芳芳:《论国家所有权二元结构对物权法修订的提示》,载《嘉应学院学报》(哲学社会科学版)2011年第10期。

理解为中央政府,因此建议取消国家所有权,根据法人治理理论将国家所有权确认为各级政府的公共所有权;或者保留国家所有权的称谓,但不包含各级地方政府的所有权,仅指中央政府的所有权。⑥ 从法理上讲,“国家”“政府”“全民”具有完全不同的含义。“国家”是一个政治实体,由领土、人民和主权三个要素构成,国家的行政管理机构是其象征,对内实行国家治理,对外宣示国家主权。从这个意义上讲,“国家”是一个抽象的政治概念,不是一个具体的法律组织,无论是对内还是对外,国家都是通过其行政管理机构——广义上的政府来代行权力义务。所以,以一个抽象的政治实体作为财产所有权的主体就与所有权的私法内涵发生悖逆,因为“国家”本身并不能直接对财产行使占有、使用、收益及处分的权利。孙宪忠研究员认为,抽象的“国家”不能成为民法上具体“物”的所有权人。⑦

所谓“政府”,广义上是代表主权国家对内实行有效治理和对外进行外交活动的政权组织,狭义上是国家政权组织中行使行政权的机构。从理论上讲,作为法律上实体组织存在的狭义政府,可以作为财产所有权的主体,通常发达国家的政府即为国有财产所有权的主体。但就我国而言,法律明确规定国家所有权的主体是全民,国务院只是代表全民对国有财产行使所有权。可见,国务院和地方各级政府并不是国有财产的所有权人,但是在实践中政府却往往以所有权人的身份行使权利。在这种情况下,如果没有健全的制度,国有财产的真正所有权人——全民就很难对政府行使所有权的行为进行有效监督。

国家所有即全民所有,但让全民作为国有财产的所有权人,同样存在理论上的困境。传统理论认为,所有权是民法概念,是指权利人依法对自己的物所享有的占有、使用、收益和处分的权利;但是对于国家所有亦即全民所有的财产,全民却不能直接进行占有、使用、收益及处分,每个公民也没有自己的份额,更不能要求分割、转让、退出或继承,当国有财产受到侵害时,国家的个体成员

---

⑥ 参见李康宁、王秀英:《国家所有权法理辨析》,载《宁夏社会科学》2005 年第 7 期。

⑦ 参见孙宪忠:《“统一唯一国家所有权”理论的悖谬及改革切入点分析》,载《法律科学(西北政法大学学报)》2013 年第 3 期。

无权请求司法救济。[8] 所以,"全民"实际上并不能成为这些财产的所有权人。捷克学者凯普纳则认为全民在法律上不能成为一个所有者。[9] 另外,现行法律规定,"国家所有"就是"全民所有","全民"即"全体人民",而"人民"属政治概念,不是法律范畴,它并不能成为法律上的主体,如将全体人民作为所有权主体,其所有权的权能行使就无法落实。[10] 所以,"国家"与"全民"不论在国际法还是内国法上,均是不同的概念,二者不能等同,不能互相替代。[11]

还有学者从经济学角度进行反思,认为国家所有权很难真正实现全民的利益。其理由为:既然国家所有即全民所有,政府代表全民(国家)行使所有权,那么在全民与政府之间及政府与国有企业之间就形成一种法定的委托—代理关系,政府及国有企业行使代理权应该是为了全民的利益。但是,全民作为企业的原始所有人,不仅缺乏相关信息,也缺乏监督其代理人的有效手段,不可能有动机激励代理人,甚至连自我激励都没有。"大家都是所有人,意味着根本没有所有人。"[12]在代理链条过长、缺乏有效监督和激励的情况下,代理人很难真正为了维护委托人的利益行使代理行为,同时,代理人也难免为了自身利益而滥用代理权。

显然,上述观点主要是按照传统所有权理论及经济学原理推导得出的,然而,公有制下的国家所有权却与公有权密切相关,公有权的二重性结构决定了国家所有权的二重性特征,它与我们通常理解的民法上的所有权已经发生变化。在我国,"国家所有即全民所有"的概念包含两层法律意义:一是民法意义上的国家所有权,二是行政法意义上的公共性国有财产管理权。全民要成为法律上的主体,就要做到每一个社会成员必须是以公民身份享有以下权利:其一,通过民主程序选择真正能够代表自己利益的所有权的行使者,由其代表自己处

---

⑧ 参见王军:《国家所有权的法律神话》,中国政法大学出版社2003年版。

⑨ 参见王利明:《物权法论》,中国政法大学出版社1998年版,第454页。

⑩ 参见周林彬、李胜兰:《试论我国所有权主体制度改革与创新》,载《云南大学学报》(法学版)2001年第3期。

⑪ 参见孙宪忠:《"统一唯一国家所有权"理论的悖谬及改革切入点分析》,载《法律科学(西北政法大学学报)》2013年第3期。

⑫ 张维迎:《市场的逻辑》,世纪出版集团、上海人民出版社2010年版,第79页。

置国有财产,且必须符合法律程序并接受人民群众的监督;其二,行使国有公共用财产使用权,对那些属于国家所有的、由政府管理和维护的公共用财产享有直接占有和自由使用的权利,这些财产原则上不能进入市场,不能为私人利益设立民法上的物权关系。因此,国有财产中必须有一部分是属于社会成员能够直接占有作为生活或劳动的物质资料,这些财产不是商品,不是民法调整的对象。以上两种不同性质的财产权揭示了国家所有权是由公法和私法共同调整的,并由此构成二元的立法结构,只有在这样的立法结构中才能形成全民的公有权,进而,国家所有的财产才能真正体现为全民所有。

二、国家所有权的客体类型及其法律调整

国家所有权的客体类型具有广泛性,其种类繁多。根据我国《物权法》的规定,国家所有权的客体可以分为三种类型:(1)国有自然资源,如矿藏、水流、海域、城市土地、无线电频谱资源,以及属于国家所有的森林、山岭、草原、荒地、滩涂、野生动植物等;(2)国有公共用财产,如国家所有的铁路、公路、电力设施、电信设施、体育和娱乐设施、油气管道设施和国家机关财产、国防财产等,以及国家兴办的学校、医院、公园、研究机构、博物馆等事业单位的财产;(3)国有营运资产,是指那些能够由国务院和各级政府代表国家出资并取得收益的财产。以上各种类型的客体具有不同的经济和社会功能,应分别由相关的公法或私法调整。

(一)国有自然资源的开发须保障民众对公共自然资源的权利

国有自然资源作为国家所有权的客体,具有财产属性和资源属性。就财产属性而言,政府代表国家可以开发利用自然资源,以实现其一般商品的使用价值和价值,发生的财产关系多为私法性规范所调整;就资源属性而言,并非所有的自然资源都适合市场运作,自然资源的整体性和公共性特征,使一些自然资源不宜作为商品进行交易,由此发生的财产关系多为公法性规范所调整。

我国有学者将国有自然资源分为对物采掘型和非对物采掘型两种类型。前者属于消耗性自然资源，一旦采掘就不能恢复（如煤炭、石油）或需要很长时间才能恢复（如地下水、森林），这类自然资源的开发利用既要考虑全民的公共利益，又要坚持可持续发展和代际公平的理念，有计划、有节制地进行开发利用，将部分处于自然赋存状态下的自然资源转化为资源产品。后者属于原赋状态不变或基本不变的自然资源，这类自然资源又区分为两种情况。一是不需要人力或资金投入即可以供民众使用的，如山川、湖泊、海滩、森林、草原等自然资源，只要不毁坏、不妨碍他人使用，公民自由使用这些自然资源就不应受到限制，也不需要支付对价。现在一些地方将山川、湖泊围起来作为旅游景点经营收费，就违背了这些自然资源的公共属性，也与其全民所有的本质相悖。二是需要一定建设投入或维护的自然景观，可以在收取必要费用的基础上向公民开放，但其性质不属于经营活动，而属于公益事业。另外，阳光、空气、雨雪、雷电等人力还不能直接控制的自然资源不适合作为国家所有权的客体，这些自然资源本身已经超越了现有法律调整的范围。综上，在由自然资源要素构成的法律关系中，实际上存在两个层次的权利：其一，国家对法定的自然资源享有所有权，具有排他性；其二，公民对自然资源享有使用权，没有排他性，不得独占，只能平等享有。在市场经济条件下，那些对物采掘型的自然资源可以用来进行社会开发和利用，进而促进国民经济的发展；但对非对物采掘型自然资源不能商品化，否则就等于剥夺了公民生而享有的对公共自然资源的权利，而使这些自然资源成为一些特权人物或最富裕人群所独占的财产，这种现象与我国社会主义的本质是背道而驰的。因此，有学者认为，自然资源归国家所有“其实并不是权利，而是权力，是垄断权或专权。从服务于国家财产制的创设目的的角度来看，这种权力是管理权，即通过管理实现公共福利的权力”。⑬ 宪法上自然资源的“国家所有”不能仅理解为国家通过占有自然资源直接获益，而应首先理解为国家在充分发挥市场调节的基础上通过规制手段确保社会成员持续性共享自然资源，这源于“国家基于人民主权而产生的宪法保护义务”。⑭

⑬ 徐祥民：《自然资源国家所有权之国家所有制说》，载《法学研究》2013 年第 4 期。

⑭ 参见王旭：《论自然资源国家所有权的宪法规制功能》，载《中国法学》2013 年第 6 期。

(二)国有公共用财产的使用须有利于社会公共利益的实现

国有公共用财产应属国有人工公物,是社会公共利益的载体。由国家提供公共用财产的目的是满足公共需求、实现公共利益。[15] 政府运用这些财产主要承担公共服务职能,不以营利为目的。这些财产按其使用规则分为两种:一是授权有关单位使用和管理的财产,其他单位和个人无权擅自使用;二是群众性的文化、娱乐、体育设施,人民群众都有权平等地、非排他地进行使用。

国有公共用财产的设定、变更和废止,以及制定相应的使用规则,应为政府的行政职权,属公法上的处分权。但这项处分权的行使必须征得公民的同意和认可,通常应在一定范围举行听证会。某项财产一旦被确定为国有公共用财产,就要明确其使用目的和范围,从而产生法律约束力。公民对公共用财产的一般使用,无须特别批准,也无须支付对价,都可以按照财产的设定目的进行使用。公民享有的这种使用权,是由法律规定或命名确定的,所以具有公法性质,应属于主观公权利,它的行使在特定的范围内没有排他性,也不适合通过市场的途径来实现。国有公共用财产的使用原则也是无偿的,而收取费用只是例外,且需经正式的法律授权,并非政府或其官员就可以拍板定论。这种收取费用的性质应属于公法性质,而非私法上所付的对价。

我国改革开放30多年来,虽然已经初步形成了政府、市场及社会组织多元提供公共服务的格局,但由于普遍存在过度放任市场在一些公共领域的盲目进入,使为公民提供的公共用财产明显不足和无序。为了实现社会公平正义,由国家提供或资助的教育、公共卫生体系以及各种为公民服务的公共事业,将有助于弥补市场不平等所带来的负面后果,实现公民身份的平等价值,使每一个社会成员都能过上有尊严的生活。为保障和改善民生,政府应加大营造公民所需公共用财产的资金投入,改变目前住房商品化、医疗市场化、教育产业化的无序状况,无偿或低收费地向公民提供更多的公共用财产或服务。通过立法明确公共服务领域的非营利性质,确认每一个社会成员对未授权有关单位单独使用

---

⑮ 参见席恒:《利益、权力与责任》,中国社会科学出版社2006年版,第31页。

的国有公共用财产享有平等的、非排他的使用权，禁止或严格限制政府利用国有公共财产获取或变相获取财政收入的行为。这是健全我国社会保障体系，实现改善民生的重要法治原则。

（三）市场经济条件下国有资产的营运必须遵循私法原则

根据《物权法》第55条的规定，国家出资到企业中的财产，由国务院和地方政府代表国家履行出资人职责，享有出资人权益。根据《公司法》和国际通行的经济规则，不论由谁出资的公司，都应该以独立的经营者身份参与市场竞争，以公司财产对外承担有限责任（国外的两合公司和无限公司例外），这就要求公司有自己独立的财产，对其财产享有企业法人所有权，也称企业法人财产权。国家出资的企业，可以分为两类：一是直接用于公共事业的公用企业，如自来水公司、煤气公司、公交公司等，这些企业的营运不以营利为目的，以国有资产的保值为原则；二是间接用于公共目的商业公司，如汽车制造公司、商业银行、外贸公司等，这些企业的营运是以营利为目的，以国有资产的增值为原则。上述两类企业的营运行为均由私法调整，因企业的营运行为均为私法行为，必须遵循私法的各项基本原则；不同的是公用企业的设立方式、服务类别等还同时受公法规范。

我国国有企业改革的一个重要目标，就是理顺政府和国企的关系，政府不再对国企的财产享有所有权，而是作为出资人享有股权，行使股东权利，履行股东义务。应该说，到现在国企改制的目标还远未实现。主要表现有三点。其一，政府基于公有制的传统思维，以维护公有制的主体地位、防止国有资产流失为名，经常以企业财产所有者的身份任意调拨国企财产。其二，国企尤其是垄断国企总是借助行政权力维持其垄断地位，谋取超额利润。最典型的就是诸多大型国企，强调其对国计民生的重要作用，实质是助长了行政垄断，限制了市场竞争，降低了社会福利。[16] 其三，政府与国企权利义务不对等。政府作为国企的

---

⑯ 参见天则经济研究所：《中国原油与成品油市场放开的理论研究与改革方案》，2013年6月7日。

股东,对投资享有获得利润回报的权利,但是多年来,政府对国企投入多,回报少,[17]这种现状使政府与全民很难从国企中获得利益,也对其他经营者形成不公平竞争(还有很多垄断企业没有竞争者),因此招致广泛的批评。

三、变革与完善公有制下国家所有权制度的基本思路

(一)重构国家所有权的目的是真正实现全民权利、全民利益

"公有制下的国家所有即全民所有"是宪法的基本精神,也是重构国家所有权的制度基础。重构公有制下国家所有权的目的,在于通过相关制度的完善,使全民真正成为国家财产的权利主体,行使其权利,实现其利益。对国有财产,全民的权益主要表现为如下两个方面。

一方面,全民有权支配国有财产之使用。全民对国有财产享有支配权的基础是其成员权。虽然每个公民对国有财产不享有具体的份额、不能要求分割,但是离开了具体的公民,国有财产就没有真正的权利主体,而国家就是由全体公民构成的共同体,所以每个公民对国有财产的使用都拥有支配权,只是这种支配权不同于公司和合伙组织成员所享有的支配权,它是由公法调整的具有独特内容和实现方式的成员权,需要通过对政府代表的选任和监督来实现。在此方面,现实却不尽理想,全民对政府没有健全的选任制度,对其使用国有财产的情况也缺少有效的监督渠道,导致全民对国有财产的支配权难以真正实现。

另一方面,全民有权获得国家财产之利益。全民作为国有财产的真正权利人,有权基于国有财产获得政治、经济、文化、教育、就业及社会保障等利益。正因为现行制度中缺乏保障全民从国有财产中受益的制度,所以普通民众才会对国家所有权制度尤其是国企制度提出质疑。近年来,我国的国有财产尤其是大型国企所占有的财产增长迅速,这部分财产除由政府支配外,其收益直接或间接用于全民的却很少。因此,就需要完善国有财产的使用和监管体制,堵塞漏

---

⑰　参见熊海鸥、王晓君:《国企利润上缴将按效益定比例》,载《北京商报》2013年12月20日。

洞,理顺国有财产的使用者与政府及全民的关系,形成对国企高管和员工既能有效激励,又具社会公平的机制,使国有财产在保值增值的同时真正服务于全民。2013 年 11 月党的十八届三中全会决定划转部分国有资本充实社会保障基金和提高国有资本收益上缴公共财政比例,就是使全民获益的重要举措。另外,还需明确,全民对国有财产的权利不仅是一项经济权利,而且还是一项包括政治权利在内的综合性的权利,这些权利的实现需要通过政治体制和社会体制改革来实现。

(二)在私法领域创设民法上的财产权总则,改"国家所有权"为"国家财产权",对不同主体的财产权实行平等保护

由于国家所有权兼具私法和公法属性,所以重构国家所有权制度也要从私法和公法两个方面变革立法结构。在私法领域,重在构建新型的民法财产权制度,准确定位国家所有权在民法体系中的地位,主要包括以下三方面的内容。

首先,创设民法上的财产权总则,明确财产权的类型。我国民事立法沿袭大陆法系传统,民事主体的权利主要包括人身权和财产权两大方面,而财产权又包括物权、债权、股权、知识产权、继承权等具体类型,所有权为物权之一种。从主体角度看,财产权还可以分为个人财产权、家庭财产权、合伙组织财产权、集体财产权、法人财产权及国家财产权等。另外,随着市场经济和互联网的发展,商事财产权的独立性凸显,虚拟财产权具有实质的财产价值。然而,对于主体众多、内容繁杂的财产权体系,现行民事法律中却没有一个财产权总则予以统领,导致不同的财产权之间概念不清、界限模糊。所以,笔者建议在将来的民法典中设置"财产与财产权编",其中第一章专门规定财产权总则,以实现纲举目张。

其次,改"国家所有权"为"国家财产权",还原"国家所有权"的"财产权"本质。从内容看,私法语境的"国家所有权"其实是一种综合财产权,是指国家作为权利主体所享有的财产利益的总和,其权利内容并不局限于对有形实物所享有的所有权,还应包括国家享有的债权、股权、知识产权等财产权益。现在之所以对"国家所有权"存在不同的解读和诠释,究其原因,在于传统法上"所有权"

是“财产权”的核心,因此,近代宪法中的财产权基本就是指财产所有权,造成了我国用“国家所有权”指代“国家财产权”的现状。但是,用概括的“国家所有权”概念来表示国家所享有的全部财产权利却勉为其难。因此,对“国家所有权”的概念需要重新界定。

为科学规范地界定“国家所有权”,避免概念“打架”,应还原国家财产权的本质,扭转再用民法“所有权”概念包揽全部国家财产权的局面,用“国家财产权”替代现行“国家所有权”。这种提法言简意赅,既便于社会普遍接受,也不影响用“国家所有权”标示国家对土地、自然资源等享有“所有权”,将“国家所有权”降格为“国家财产权”的下位概念,与“国家股权”“国家知识产权”等国家享有的其他财产权利地位平等。这样,不论何种“所有权”,均是财产权中物权的一种。

最后,确立不同主体的财产权平等保护原则。平等是现代社会的基本原则,这一原则不仅体现在社会治理上,而且贯穿于财产制度中,因财产权具有人权价值。我们在坚持保护国有财产的同时,必须坚持不同所有制的财产平等保护原则。“一体承认、平等保护”是《物权法》所倡导的财产保护原则,我们在重构国家所有权制度的过程中必须坚持平等保护原则,不能为了国家利益而损害他人利益,国家财产权并不具有天然的优越地位和优先的特权保护。平等保护的前提是“一体承认”,这就需要转变压制和歧视私有财产的传统观念,不论何种主体,对其合法财产都应该平等地尊重和保护。平等保护的实现不仅需要在民法财产总则作为原则予以确认,还需要具体制度予以保障,尤其是在当前的市场经济领域,应承认国有运营财产与其他主体投资的财产具有同等法律地位,除特别规定外,国有财产不享有优先保护和优先受偿的特权。

(三)在公法领域建立公物制度,健全和完善国家所有权的立法结构

由于国有财产中的公物直接承担公共服务职能,所以就需要公物法律制度对公物的来源、管理及使用等进行规范。所谓公物,泛指那些直接服务于公共事业的财产或资源,包括公用物和共用物。公物的概念起源于法国公产(domaine public)与私产(domaine prive)的划分。公物理论认为:公物“受到特

殊的保护”;判断一项财产是否为公物,不是根据其性质,而是根据其功能来决定;公物不能转让,也不能因时效取得或丧失所有权,不能成为强制执行的标的;不得在其上为私人利益设置民法上的物权关系。[18] 法国的公物制度几经演变,至1947年民法改革起草委员会提出被广泛接受的公产区分标准(一是民众直接使用的财产,二是专门或主要用于公务目的的财产)时,[19]法国形成了一元论的公物规范,认为公物法属于公法范畴,否认其私法调整。德国法没有使用“公产”与“私产”的概念,而代之以“公物”和“私物”。德国法中的公物主要指行政主体直接用于执行公务的行政财产和行政相对人可以自由使用的外部财产,公物属国有财产的组成部分,因此发生的法律关系不完全适用私法规范,所以德国法上的公物是一种修正的私有财产权。[20] 据此,德国形成了由公法和私法共同调整的二元论公物规范,在承认统一的民法上的所有权制度前提下,对公物进行公法限制,对公法限制无法涉及的部分,仍然适用私法规范。[21] 与大陆法系不同,美国虽然也有公共的道路、河流等,但是没有概括性的公物或公物法概念,这些公共财产受《天然资源法》《水法》等个别法调整,在判例上采公共信托理论。域外经验可资借鉴,由于我国并无公共信托的传统,所以法德模式更有参考价值。

我国的国有财产也可以分为公物和私物,其公共服务性质的财产为公物,可以进入市场为国家营利的财产为私物。对国有公物,要根据非营利性、服务社会的原则进行使用;而对国有私物,要根据市场原则,与其他主体的财产在平等参与、公平竞争的前提下实现国有财产的保值增值。根据我国国情,国有公物主要包括前文所述的国有公共用自然资源和国有公共用财产(国有人工公物)。在自然资源中,能够以商品方式出让的对物采掘型国有自然资源不属于公物,非对物采掘型国有自然资源可纳入公物之共用物范畴。国有公共用财产

---

[18] 参见肖泽晟:《公物法研究》,法律出版社2009年版,第8~9页。

[19] 参见刘艺:《公物法中的物、财产、产权》,载《浙江学刊》2010年第2期。

[20] 参见[德]奥托·巴霍夫、罗尔夫·施托贝尔:《行政法》,高家伟译,商务印书馆2002年版,第474页。

[21] 参见[日]大桥洋一:《行政法学的结构性变革》,吕艳滨译,中国人民大学出版社2008年版,第198页。

中授权有关部门为公共服务而使用的财产为公用物,如国家行政机关和事业单位单独使用的国有财产;那些授权给特定部门管理、公众均可以使用的为共用物,如国家公园和博物馆等。

我国的公物主要来源于国有财产。但是,公物并不局限于国有财产,也可以将私人财产设定为公物,私人财产一旦经法定程序被确定为公物,就要承担公共服务的职能、遵守公物的相关规则,财产权人不能随意改变用途和进行处置。近年来,我国私人公物也从无到有、不断发展,如不以营利为目的的私人博物馆、私人图书馆等。私人公物是公物的重要组成部分,公物法律制度理应对其进行规范。且私人愿意以其财产为社会提供公共服务的,法律应当支持。

建立公物法律制度有利于健全和完善我国的国家所有权结构。笔者认为,公物制度的建立,主要包括以下三方面的内容。首先,要明确公物的公共服务职能,不论公物中的公用物还是共用物,国有公物还是私人公物,都应该以满足社会公共服务为前提,强调这一点至关重要,因为现实中许多公物被当成牟利的工具,背离了公共属性。其次,要加强公物的监管,这就需要公法尤其是行政法发挥作用。具体而言,又包括对公用物和共用物两个方面的监管。对公用物的监管重在赋予相关单位法人财产权。当前,公用物主要集中在国家机关和国有事业单位、社会团体及直接承担公共服务职能的公用企业,这些单位对其占用的国有财产虽然没有所有权,只有使用权,但是它们也有自己的经济利益。所以,理顺这些部门与国有财产的关系也是当务之急。许多学者建议,在承认宪法层面的国家所有权(实为国家财产权)的同时,赋予各级政府机关、事业单位、社会团体和公用企业法人财产权,[22]让这些法人主体真正成为其掌管的国有财产的财产权人,享受公法法人财产权利,承担公法法人财产义务。对共用物的监管重在保障全民无障碍、非排他地对公共的自然环境及文化、体育、交通设施等享有使用权,且应该以无偿使用为原则,以有偿使用为例外,有偿使用之费用应主要用于对共用物进行管理和维护。最后,对公物采取公法为主、私法为

---

[22] 参见李昌庚:《国家所有权理论拷辩》,载《政治与法律》2011 年第 12 期。

辅的规范原则。由于我国的公物以国有公物为主,所以宜采取类似法国公物法的一元论,以公法调整为主,但是并不排除在个别情况下采取私法手段,因为公物与私物的划分并不完全绝对,公法与私法也经常相互关联,在混合法律关系中,公权与私权往往交叉存在,在运用公法规范的同时也离不开私法调整。[23]

(四)在市场领域推进国有资产配置市场化,构建现代企业制度

除国有公物外,国有私物(国有私产)主要集中在各级国企中,是我国公有制经济的核心。由于计划经济的残余影响和国企改制的诸多困难,导致这部分国有财产保值增值和服务全民的目标远未实现,政府与国企的财产关系尚未厘清,这就需要在市场经济条件下有序推进国企改制,以市场配置国有资产,构建科学规范的现代企业制度。

第一,要有序推进垄断国企改革,使其在市场经济中公平竞争。关于国企改革,有观点认为应该实行私有化,国有资本退出垄断国企。此观点既不符合我国公有制主体的现实国情,也不利于国有资产的保值增值。笔者认为,问题的关键是取消垄断国企所享有的经济特权,取消对其特殊保护的产业政策,真正实现不同所有制的企业同等地位、公平竞争。改革路径是政府理念的转型和法律制度的变革,为民间资本的市场准入和公平竞争打开通道。在国企内部,允许其他资本入股、参股,实现同股同权、同股同利,这也是党的十八届三中全会决议提出"积极发展混合所有制经济"之意。另外,对不能公平竞争的公益性行业,实行垄断经营,但是不以营利为目的,不参与市场竞争。反行政垄断的目标体系必须与当前的经济发展、政治形势和经济学理论相适应,否则,势必将反垄断的法律制度置于危险的境地。

第二,构建现代企业制度,完善公有制资本在现代企业制度中的实现方式。首先,要真正赋予国企企业财产权,不论国家全额投资还是控股、参股的公司,国家不再对其投资享有所有权,企业以其法人财产权独立从事经营活动,承担

㉓ 参见[日]美浓部达吉:《公法与私法》,黄冯明译,中国政法大学出版社2003年版,第150页。

有限责任。这样,既有利于建立公平竞争的市场秩序,也利于实现经济领域的平等、民主,还有利于国际经济交往。其次,要理顺国家股东与企业的关系。不论政府股东还是其他股东,都应该按照市场规则行使股东权利,承担股东义务,包括表决权、知情权、建议权、监督权等法定参与公司治理的权利,[24]以及股权转让权、诉权等相关权利,以其认缴的出资额或认购的股份为限对公司承担有限责任等义务。再次,依法实现国家股东的分红权利。从理论上讲,企业只要有利润,就应按规定和约定向股东分红。为落实党的十八届三中全会精神,2014年4月17日财政部发布《关于进一步提高中央企业国有资本收益收取比例的通知》,这就是实现国家股东权利的具体体现,使国有资本收益更多地用于保障和改善民生。最后,依法确定企业的社会责任。不论由谁投资的企业,都应依法担负维护社会公平和环境保护等方面的社会责任。

第三,完善企业治理结构。有学者基于国企尤其是垄断国企现状,根据委托代理理论认为,国企名为全民所有,实际上每一个公民很难行使权利,而政府作为全民的代理人行使监管职责,但是具体部门(如国资委)和人员的监管行为与自身利益无关,所以监管的激励缺失,而国企领导亦官亦商,为保官位而怠于创新,为得提拔会竭泽而渔,由此得出全民所有实际上是"全民所无"的结论,没有人真正为国企负责。笔者认为,上述现象客观存在,但是由此得出没人为国企负责的结论有失偏颇,其关键在于构建科学的公司治理机制。当今世界大型企业中所有者和经营者分离已是常态,实行职业经理人制度,通过对经营者的有效监管和激励能够最大限度实现企业发展和股东利益,而职业经理人也会获得丰厚的回报。党的十八届三中全会决定改变国企领导亦官亦商的现状,"建立职业经理人制度,更好发挥企业家作用","建立长效激励约束机制",对职业经理人实行长效激励和长效约束,使其自身利益与企业利益休戚相关。所以,当前需要改革的是垄断国企的治理机制,依法建立既能实现股东利益,又能调动经营者积极性的激励制度。

---

[24] 参见刘俊海:《深化国有企业公司制改革的法学思考》,载《中共中央党校学报》2013年第6期。

四、结　语

当前,我国处于全面深化改革的历史性阶段,国家所有权制度的变革与完善是全面深化改革的重要内容,不仅涉及社会稳定和全民利益的实现,而且事关社会主义公有制的前途,所以,重构国家所有权意义重大。在此过程中,我们必须以坚持社会主义公有制为制度前提,以实现全民权利和全民利益为制度基础,改“国家所有权”为“国家财产权”,区分国有公物和国有私物,实行不同的治理方式,尤其是要继续深化国企改革,真正赋予国企法人财产权,打破行政垄断,理顺政府与国企的关系,使国有运营资产在公平的市场竞争中实现保值增值。

物权法基本体系和有关立法问题*

一、关于物权法的一般理论和立法问题

(一)在我国,是制定物权法,还是制定财产法?

在物权法的制定过程中,首先遇到的一个问题就是,这部法律是称为"物权法",还是"财产法"? 这不仅是一个概念之争,还涉及这个法的调整内容和调整方法。以郑成思教授为代表,倡导采用"财产法"之名称代替"物权法"。而赞成采纳"物权法"名称的学者还是占大多数。王利明教授认为,所谓采用物权法是"见物不见人"的说法是一种误解。大陆法系多数学者也认为物权是人与人之间的关系。有学者指出法国民法典就没有用物权,而是财产权,法国之所以没有使用物权法之称谓,是因为法国没有严格区分物权与债权,沿用的是广义物权的概念,没有将所有权、债权和物权严格地区分开来。现代无形财产日益成为财产的重要形式,但是这并不意味着无形财产要用"物权法"来调整。

对于"物权法""财产法"之争,应该说提出"财产法"的学者正确地看到了现代社会财产权利膨胀的问题,认为单纯采纳传统物权法的概念已经不足以涵盖新出现的财产权利。郑成思教授的"财产法"的观点基本上是基于英美法的角度,从而想将动态的知识产权纳入民法典的静态财产中,与物权一样作为财

---

* 本文系根据作者2005年10月在清华大学法学院为民商法研究生开设的专题课程讲稿整理。

产的重要组成部分。应该说,这一出发点是积极的。

物权的概念起源于罗马法。可以说,罗马法为物权与债权的区分奠定了基本框架。但直到1900年《德国民法典》才明确使用了物权的概念,并以严密的抽象思维和精湛的立法技术构建了物权的制度体系。至此,传统物权的概念得以确定化,《德国民法典》影响了大陆法系多数国家。而债权的概念较物权晚熟,只是在德国法上作为了物权与债权的精致的划分,但是,如果把这种划分作为衡量所有财产权利的模式,其弊端日渐明显。

在现代社会,财产权种类和形式日益复杂,主要表现为财产权的多元化、综合性和价值化的趋势,出现了传统民法物权、债权二元划分所无法解释的财产权。其中,兼具人身性质和财产性质的知识产权就是一例。财产权表现为庞大的权利系统,既有现实的所有权,又有之后出现的许多抽象的无形财产权。无形财产权也是一个繁杂的权利系统,它不仅包括股权、信托权和票据权利、市场经营自主权、政府特许经营权等,其中大多数无形财产权并不直接属于物权法调整的范畴,但不是没关系。我国民事立法模式与德国立法相近,已经基本建立了物权法和债权法模式,除对知识产权予以专门规定外,其他无形财产在理论和立法地位上还往往为人们所忽视,所以,在民法理论和立法上有必要正视无形财产的自身特点和独立性,逐渐建立适用当代财产权制度实际状况的财产权体系。因此,如何采取适当的方式使无形财产权制度体系化并与民法典恰如其分地衔接,这是学界需要关注和研究的问题。随着社会的发展,无形财产的价值越来越高,反映在证券、精神权利、文化产业化等方面。知识产权法在民法典中的地位,实际上只是上述问题的一个重要侧面。

但是,将知识产权归入物权法中,并冠以“财产法”之名,这会给立法带来难题。其一,传统的物权法规则建立在有体物的基础上,是对有体物占有、使用、处分的特别规则,这些制度不可能适用于知识产权。如果将知识产权纳入,形成财产法,那么财产法内部仍然会形成传统的“物权法”和“知识产权法”两个门类,财产法内部仍然无法整合。而所谓的知识产权法只是理论上的一种概括。知识产权法内部体系是开放的,随时都有可能有新的权利加入。因此,对各项知识产权进行整合并作为财产法的一部分,在立法技术上存在很大的困难。其二,如果将知识产权制度全部纳入民法典,则大量存在程序性规则和公法规范将会使民法典在体系上难以协调,相关条文在性质上难以兼容,民法典也无法实现其形式上的审美要求。其三,现代知识产权法正处于不断发展、变革的过程中,继著作权法、商标法、专利法,商业秘密和反不正当竞争也被纳入知识产权法范畴。现代知识产权体系也是一个不断创新的法律规范体系。随着现代科学技术的发展和国际经济新秩序的形成,知识产权立法日益呈现现代化、一体化的趋势。知识产权保护和国际贸易、经济有着不可分割的联系。

因此,从国际范围上来看,知识产权法领域进入了一个统一标准的阶段。在这一背景下,各国不得不"修纲变法",按照《与贸易有关的知识产权协定》等国际公约的要求,对本国知识产权制度进行修订。而将这种频频变动的法律置于相对稳定的民法典中,显然是不合时宜的。从现代民法典体例对于知识产权制度的接纳上来看,都存在巨大的问题,如《荷兰民法典》就不得不将知识产权编剔除在外。

知识产权既然不能被纳入物权法领域,那么上面提到的其他无形财产权包括知识产权,能否纳入物权编,并冠以"财产法"对之进行调整呢?这很值得研究。因为这些无形财产从诞生之日起,始终是沿着非体系化的思路在发展的。在立法上如果企图用财产法来实现对于所有财产关系的调整,必将破坏原有的物权和债权体系结构,由于由"物"、"物权"和"债权"等基本概念所架构的民法规范已经形成了稳固的立法模式,所以,任何概念上的拓展都会牵一发而动全身,很难有所突破。在理论上必须承认,物权法只是调整"物权"的法律,债法只是调整"债权"的法律,想在这二者之间通过扩展概念或改变规则以调整无形财产,就目前而言,缺乏技术上和规则上的可能性。因此,笔者赞成仍然沿用"物权法"之名称,其调整范围仍然限于"有体物"。

(二)物权法的定位和基本体系

1. 物权法的定位

物权法和整个财产权体系的关系问题,涉及整个财产权体系中物权法的定位问题:是保留传统规则,继续将物权法的调整范围限定在有体物之上;还是看到现在的发展趋势,将物权法的触角延伸至其他财产权利之上?我的观点是,只有用整合财产权的方式才能解决这类问题。为此,我们倡导设立财产权总则,以次于民法总则的地位来整合各项财产权利,同时保留传统的物权法、债权法。这样,可以解决理论上无形财产、商事财产权利等在民法典中的位置问题,同时也避免了改动传统物权法这样大的体系之争的问题。

遵循这样的思路,这里财产权总则的设定也非概念法学意义上的财产权总则,而是在完整保留物权和债权规范的前提下,为知识产权、商事财产权等在财产权总则里不断出现的新的财产权类型,包括无形财产留下存在和发展的空间,以起到法典化的整合效果。至于知识产权、商事财产权和其他无形财产,除财产权总则予以一般规定外,仍应由知识产权法、商法和其他单行法来专门规定。这样,财产权总则将一如既往地统领传统民法领域的物权法和债权法,同时,也统领了游离在法典外的知识产权法、商法和民事单行法的相关财产权规范,当然也包括了无形财产。物权法、债权法和单行法的地位一样,都是对某一类财产权的专门规定。这样,就能打破大陆法财产权体系的二元结构,建立一种多元结构、富有弹性的财产权体系,使它能够更好地适应社会经济的发展和需要。

财产权总则只是一个原则法,相应的财产权利的具体规定必须要在其他各编的单行法中去寻觅。对于财产权的大致框架,我是这样设想的:以“财产与财产权”为编,其中,第一章“财产及其分类”;第二章“财产权及其保护与限制”;第三章“物权一般规则(效力与变动)”;第四章“债权一般规则(效力与分类)”;第五章“物权、债权相互之转化”;第六章“知识产权一般规则”;第七章“其他财产权”。在这个基本设想框架下,物权法由置于财产权总则中的“物权一般规则”与紧随财产权总则之后的物权编构成。

2. 物权法的基本体系

在确定好物权法的定位问题后,我们所要面对的是物权法的体系问题,即物权法内部结构问题。关于物权法的体系,目前学界和立法界普遍赞成沿用传统民法的物权法总则、所有权、用益物权、担保物权、占有这种体系。我的设想是,在财产法总则中将物权的一般规则用单独一章进行规定。在物权编中,不再设立总则。但是,由于民法典的制定是分编通过的,因此,物权法不能没有总则,只能等待将来对各编进行整合时,再将物权法总则纳入财产权总则。物权法的基本体系也涉及概念的使用问题,所有的体系都是建立在若干概念和制度的基础上。

下面以所有权、用益物权、担保物权为例,来阐述物权法的体系问题,并对有争议的制度提出我的看法。

(1)所有权

我赞同将国家所有权、集体所有权、个人所有权分别规定(这一问题后文还会讲到)。但是,并不妨碍所有权依其他的方式进行划分,因此,在所有权一章中规定:第一节“所有权和所有权取得”;第二节“国家所有权”;第三节“集体所有权”;第四节“个人所有权”;第五节“其他所有权”;第六节“建筑区分所有权”;第七节“相邻所有权”;第八节“共有”。

关于区分所有权,业主委员会应为法团(群众团体?),有诉讼之权,这方面的实践经验还不足。实践中是以业主自愿签名,推举代表的方式诉讼。另外,在相邻关系中,基于如何保护环境,提出了环境权问题。

(2)用益物权

关于用益物权的体系,争议很大,主要是用益物权之种类构成方面。

总体来说,在用益物权中可以这样规定:第一节“土地使用权与资源保护”;第二节“农地使用权”;第三节“建设用地使用权”;第四节“宅基地使用权”;第五节“地役权”;第六节“居住权”;第七节“典权”;第八节“自然资源使用权”。关于居住权,存在一些争议。居住权在全国人大常委会法工委的物权法草案中首次提出之后(反复设置,最近又去掉了),受到了民法学者的关注。在实践中,由于住房引起的纠纷层出不穷,学界开始对这一国外通行的解决非所有人居住他人房屋制度从理论上进行探讨。居住权制度主要是解决养老、离婚或者丧偶的配偶的住房问题(要注意,现在老人多,离婚的也多)。老人在贫病的情况下,其拥有的住房应当如何处理?假设老人将房屋出卖,将出卖房屋的价金作为生活所需费用,则老人的居住问题仍然成为一个大问题。有学者提出来可以进行保留居住权的买卖,如房屋所有权人在其年老时,可以将其房屋出卖(让渡所有权),但在自己的有生之年保留其对房屋的居住权(用益物权),而房屋的受让人则一次性或分期地向其支付价款,以之作为养老金。当然,现在也有老人把房子租出去,用租金来支付住养老院的费用。丧偶者居住权的问题就更加尖锐。房屋当然属于遗产范围,而我国《继承法》将配偶、子女及父母列为第一顺序的继承人,也就是说,在无遗嘱继承,也即在法定继承的情况下,丧偶者的住房问题往往因为多个继承人主张权利而受到严重威胁。这时,应当允许当事人设定或者法律规定丧偶者对于婚姻住房享有居住权,而对婚姻住房的所有权归于法定继承人共有,一旦丧偶者死亡,再由继承人继承,这样就可以解决丧偶者的居住权问题。住房问题在离婚时表现得尤为显著,在实践中法院往往使用"暂住权""居住使用权"等法律并无明文规定的概念,导致判决生效之后受到各方当事人的质疑,使判决得不到切实执行。居住权制度有很大的适用空间。我认为,物权立法应当确定居住权制度。此外,还有典权,也有很大争议。

(3)担保物权

在担保物权方面,由于《担保法》已经规定典型的有抵押、质押、留置三种担保物权,将之纳入物权法不存疑义。但是,对于是否将让与担保、优先权及所有权保留纳入物权法引起了很大争议。在此,我简单谈谈看法。

让与担保,指债务人或第三人以担保债务履行为目的,将担保标的物的权利(通常为所有权)预先转移给债权人,由双方约定于债务清偿后,将担保标的物的权利返还于债务人或第三人;债务不履行时,债权人得从该项权利中,具体就标的物受偿的一种担保方式。让与担保在全国人大常委会法工委和社科院的物权法草案中都有规定。而在王利明教授主持的物权法草案中没有规定。我认为,应当设立让与担保制度。首先,让与担保与其他的典型担保制度相比,具有很大的优越性。它能扩大融资的可能性,可以实现集合财产(包括具有流动性的集合财产)和一些不能设定典型担保物权的权利的担保化。如各种新形成或正在形成过程中的财产权,诸如电脑软件的权利、拟购买的不动产、建设中的建筑物、老铺和招牌等特殊权利,在其上设定抵押权或质权尚有疑问,但通过让与担保可实现上述财产的担保化。其次,我国实践中已经出现了类似让与担保的按揭制度,尽管这是英美法系的制度,与大陆法系的让与担保制度存在区别,但是我们可以将之改造成为让与担保制度,使之与我们的物权体系相吻合。再次,尽管让与担保也有一些缺陷,但是可以通过法律规制加以克服。比如,对于"流质契约"缺陷的克服,可使让与担保权人以清算义务予以解决。最后,尽管让与担保制度在德国、日本是通过判例来承认发展的,但是我国适逢立法的良机,刚好可以通过立法对之加以规制。

关于优先权问题,我的观点是,优先权的实质在于破除债权人平等之原则,赋予特定债权人以优先受偿之权利,但这样只不过是一种基于推行社会政策和社会公益的考量,能否判定其是否是一项独立的担保物权?值得研究。而且,优先权内容庞杂,观之各国法律确立的优先权,多数规定属于税法、劳动法、诉讼法的制度,将其统一纳入物权法并不合适。因此,建议在物权法中不规定优先权,而将其置于特别法中予以规定。

关于所有权保留。对所有权保留之性质,理论界与实务界均有两种不同看法。一种说法认为,所有权保留在法律上为一种附条件的所有权移转。这种理论并未将所有权保留作为担保买卖价金受偿的担保物权对待,而是把它作为一种特殊买卖对待,即所有权保留买卖为所有权随着买卖价金的付清而移转于买受人。另一种说法认为,所有权保留为非典型担保物权,其主旨在通过保留标的物所有权以期保障买受人能按期支付价款或履行其他义务。但我国立法对所有权保留虽未有明确规定,但《民法通则》第 72 条与《合同法》第 134 条为其存在留下了空间,学者也大多承认有此制度。我认为,所有权保留制度仍然置于《合同法》买卖合同中,以特殊买卖合同的形式出现未尝不可,因此,没有必要将之纳入物权法。

基于以上的考虑,在担保物权的种类构成方面,我建议吸收《担保法》中抵押、质押、留置三种担保物权,再加上让与担保,而对于优先权、所有权保留则不予吸纳。因此,担保物权之大致结构如下:第一节"担保物权及其担保范围";第二节"抵押权";第三节"质押权";第四节"留置权";第五节"让与担保"。

二、所有权类型及其社会化之发展

(一)我国所有权类型与物权法平等保护原则

梁慧星教授主持拟定的物权法草案建议稿的第二章规定“所有权”。该章共分六节,即关于所有权的一般规定、土地所有权、建筑物区分所有权、不动产相邻关系、动产所有权和共有。这一体例的基础,按照民法理论,以所有权的标的为标准将所有权分为不动产所有权和动产所有权,而不是像《民法通则》那样以主体为标准,将所有权划分为国家所有权、集体所有权和公民个体所有权。他的观点是,《民法通则》所作的所有权分类,更多具有政治意味而不是法学意味。他主张,民法中所有权的主体无论是国家、集体还是个人,其所有权的性质都相同,保护的手段应当没有差异。这也是民法的基本原则——平等原则的要求,应确立合法财产一体保护的原则,以抹去带有政治意味的生产资料所有制的性质。

与此相反,王利明教授的物权法草案建议稿第二章“所有权”分节对“国家所有权”“集体所有权”“公民个体所有权”作了较全面的规定。王利明认为,我国公有制占主导地位的制度特点决定了我国正在制定的物权法,有必要对国家所有权和集体所有权作出规定。厘清国家所有权、集体所有权的具体权利归属,乃是重大的物权法立法课题。物权法作为确认和保护所有制关系的法律,必须反映现存的财产关系的需要,如果物权法中对国家所有权和集体所有权制度缺乏规定,则现实中的诸多问题将在物权法中缺乏法律依据,这不仅会使一些财产权的纠纷因缺乏规则而难以解决,同时也会使一些财产关系因不能获得法律的调整而处于不稳定的状态,物权法不能发挥其应有的作用,甚至可以说存在明显的漏洞。例如,当国有财产与集体财产发生争议时应当通过何种规则加以解决等,都是现实中迫切需要物权法予以解决的重大课题。对这些问题,物权法决不能回避。

正如前面所提到的,我的观点是,应当在物权法中规定国家所有权、集体所有权和个人所有权。但我并不认为物权法要对国家所有权作面面俱到的规定。必须承认，国家所有权与传统民法上的个人所有权在性质上区别很大，关键是国家所有权不仅是一项私权，而且还是一项全民所有的公有权，这一性质是物权概念难以包含的。我们现在承认国家所有权只是对现实社会存在的一种认可，理论的构建还需进一步地探索。就民法而言，物权法应当明确规定国家所有权的客体、国家所有权的取得与保护等国家所有权制度的基本内容，从而为公有制经济关系的法律调整提供一个基本的平台，为国有资产进入市场体制实现其保值、增值设置基本的法律规范空间。在当前的物权法草案中，立法机关也大概是按照这一思路来设计物权法体系的。

至于国家所有权行使的内容，我认为不完全由物权法来规定。国家所有权行使可以分为公法的行使和私法上的行使两个方面。公法上的行使主要借助于国家机关行使其行政职权的途径来实现的，其属于宪法、行政法、经济法等公法法律部门调整的范围，应当由公法（主要是行政法）规定。当然，这些公法上的所有权的行使在必要时也可借助私法上的手段（如土地出让和转让、矿藏开采权的有偿授予、国有资产的拍卖等）来实现，但必须认识到，一旦借助私法手段来行使国家所有权，就必须接受私法或私法规范的调整。私法上的国家所有权行使，是国家所有权行使问题的核心，其中表现最突出的就是国家通过国资委以投资者的身份形成的国有企业法人财产的行使。尽管属于私法上的行使，但因为其内容上的繁杂，应由单行法（如公司法）进行规定才妥当。

物权法的功能在于“明确物的归属，保护权利人的物权”。具体到国有资产而言，物权法的主要任务在于确认国家对于国有资产的权利，保护其权利在受到侵害时获得应有的保护。鉴于国家作为所有权人的特殊性，所有权人仅是抽象存在的，导致为私人打造的私法规则对国家所有权出现失灵的现象。而国有资产的流失问题，相当多的发生在于国有企业改革、建立现代企业制度中。上述问题不是靠物权法所能解决的，而需要不断地探索适合我国具体国情的企业治理模式，需要在此过程中不断完善公司、企业等法律制度。其具体的解决方案应该是努力推进国有企业改革，建立现代企业制度。这一任务决非物权法所能完成。至于国家如何管理国有资产并实现保值增值，如何建立完善的国家所有权行使主体制度,特别是涉及国有企业改制的问题,也已经远远超出物权法的功能范畴。对此,可行的途径,也是我国立法部门正在努力的,即制定《国有资产管理法》,以规范国有企业改制过程中的各种具体行为,来遏制形势日益严峻的国有资产流失。任何法律都有其自身的调整对象和范围,物权法的基本功能就是对“物”的权利的确认和保护。有人说,贪污腐败的财产也保护吗? (1)是不是贪污腐败,如何制止和制裁贪污腐败,物权法管不了;(2)贪污腐败所得不法财产,物权法当然不保护,那是公法的规制领域。

因此,通过以上的简单分析,我们可以看出,国有资产流失现象表现出来的问题,既非国有资产权利归属的问题,也不是物权法上的所有权保护问题,而是国有所有权如何具体行使的问题,是国家所有权保护问题和国家所有权权利主体的内部结构问题。而根据我国民商法的基本体系逻辑,这主要属于公司法、企业法以及国有资产管理法调整的范畴,而并不能由物权法来解决,因为物权法的功能并不在于此。

下面我就前一段时间争论很激烈的“国家所有权是否和个人所有权平等保护”的问题谈谈看法。尽管我国经济体制是以公有制为主体,但这并不意味着,其所有权的行使中的法律地位高于其他所有制的经济形式。既然公有制经济与非公有制经济在宪法上的地位是平等的,那么作为非公有制经济的权利语言形式的私人所有权与国家所有权也就不存在高低贵贱之分,而应当是被平等对待,一体保护。在物权法中,无论是对于国家所有权还是对私人所有权进行特殊保护都将产生严重的危险后果。因此,物权法“维护社会主义市场经济秩序,维护国家基本经济制度”的基本目标决不是仅着眼于社会主义公有制经济形式,而是着眼于社会主义国家基本经济制度的总体,即对公有制经济与非公有制经济共同组成的多种所有制结构的社会主义市场经济的保护。在于对多种经济形式所表现出来的国家所有权、集体所有权、私人所有权等物权予以平等的保护,而不是对于某种形式予以特殊保护。

我们所说的“平等对待”“一体保护”在这里的含义是,作为物权的国家所有权,与私人所有权相比的特殊性仅在于:对于特定财产,如土地、水流、矿藏等资源的专有性,而所有权本身的效力和所受到的法律保护和重视程度而言,公有制和非公有制的所有权都是“所有权”,并没有区别。公有财产的归属和支配关系,将被视为“民事权利”的关系,由物权法界定。国家尽管享有公权力,但却不能在民事领域为国家牟取民事权利之外的利益。权利主体上的差异被消除,而用以界定彼此之间关系的,仅仅是“权利”本身。

对各种所有权形式加以“平等对待”“一体保护”首先是民法调整对象的性质所决定的。理由在于:个体利益存在彼此相异性,在不涉及公共利益的前提下,法律无法对不同主体的利益取向作价值上的优劣排序,甚至无法在忽略利益者意志的情况下,判断这种利益取向本身之所在。这就决定了,法律在民法上不得不对与公益无关的成员个体的利益一视同仁,并承认利益者本人是自身利益的最佳判断者。于是,“意思自治”成为法律对这种社会关系予以调整的基本手段,而确认当事人“平等”的法律地位成为实现“自治”的基本保障。其次,对各种所有权平等保护也是社会主义市场经济目标的要求。市场经济要求各经营主体按照市场导向,排除公权力的因素来追求其财产的保值增值。把国家所有权界定为民事权利,严格厘清了国家“主权者”与“经济人”的身份界限,避免国家“主权者”与“经济人”双重身份的混同。当国家作为民事主体时,就要接受民法的调整。平等保护恰恰可以理顺非公有制主体与国家财产制之间的关系,并使之和谐发展。因为物权法界定了国家的双重身份,使相对人知道与之打交道的是“主权者”还是“经济人”。

(二)所有权制度的社会化现象之分析

谈到物权立法的趋势,所有权社会化的问题不可或缺。这一论题实际上是针对资本主义所谓的“民法三原则”之一的所有权绝对原则提出的。所有权绝对原则,在精神实质上,认为所有权先于国家而生,国家是保护所有权而存在,所有权为神圣不可侵犯之权利,所有权之行使应不受任何限制。1789 年法国《人权宣言》第 17 条明确提出:“私有财产是神圣不可侵犯的权利,任何人的这种权利都不得剥夺。”其后的法国宪法沿袭了这一思想,在《法国民法典》中更是得到了直接体现,该法典中规定:“所有权为对物完全按个人意愿使用及处分的权利”,“任何人不得被强制转让其所有权”,尽管该两个条款中还有关于“法律及规定所禁止的使用”以及“因公用并事前受公正补偿时”、“不在此限”的规定，显示出所有权应受法令限制的端倪，但其仍是以所有权绝对无限制为原则的。例如，对于土地所有权的范围“上穷碧落，下至黄泉”，土地之上下空间被视为土地所有权的自然延伸，土地所有权人对自己的土地，以地表为中心而有上下垂直的支配力，如《法国民法典》规定：“土地所有权包括该土地上空和地下的所有权。”

所有权绝对的确立与法国的社会发展和国情有关。当时法国人民久为专制政体所困，一旦革命推翻暴政，则一切典章制度，均以个人自由为最高理想，而所有权系个人充分实现其人格自由及保障资本主义自由竞争之发展所不可或缺的工具，故在法律上应进行绝对的保护。

随着资本主义的进一步发展，所有权绝对原则也日渐产生负面后果：所有权人得利用对所有物的直接、任意的支配而对无产者的人身为间接的支配，从而引发日益深重的社会矛盾；所有权人为绝对的权利而不含任何义务，有悖于社会公益发展的需要；所有权人既有行使其权利的固有自由，也有不行使权利的自由，不符合物尽其用的效益原则；等等。

于是，从社会公共利益的需要出发，对所有权的范围和行使予以一定限制并课以一定义务和负担的所有权社会化思想应运而生。所以，自 19 世纪末以来，社会化的所有权思想逐渐取代个人本位的所有权思想，物权法的本位也从所有权绝对的个人本位向社会本位转移，其所维护的利益之公共性特点日益彰显。这主要表现在：

1. 所有权效力范围的限制。现代物权法则普遍主张将土地所有权的行使利益限制在一定空间，地表之上下不属于土地所有权的效力范围。如法国矿业法规定地下矿藏为国家所有，航空法确认大气空间为公共财产。《德国民法典》虽沿袭旧制而规定“土地所有人的权利扩及地面上的空间与地面下的地层”，但同时也规定：“所有人对于他人在地下或者高空所为的干涉，无任何利益损害者不得禁止。”《日本民法典》则明确限定土地所有权的范围为“于法令限制的范围内，及于土地的上下”。这种限制，使在土地的上空架设管线、通行航空器，在地下敷设管线、通行地铁、修建车库等垂直利用成为可能，空间权制度遂得以建立;而地下矿藏等归国家所有,则使公共资源有了恰当的归属,经济发展所需要的资源供给有了充分的保障。

2. 所有权行使方面的限制。现代物权法应社会情事变迁的需要,确立了禁止权利滥用原则、诚实信用原则、公序良俗原则,要求权利的行使不得以损害他人为目的,所有权的绝对性受到了应有的限制。如《德国民法典》第 903 条规定,"以不违反法律和第三人的权利为限,物的所有人得随意处分其物,并排除他人的干涉"。

3. 所有权法定负担的设定。最早从德国魏玛宪法开始就确立了"所有权负有义务,其行使应当同时有益于公共福祉"原则以来,为公益目的的国家征收、征用和行政管理、环境保护方面的要求、物的闲置浪费方面的限制、不动产相邻关系的负担等制度不断完善,物权法的公共色彩日益增强。

应当看到的是,所有权的社会化仅是对个人本位、权利本位的调整与矫正,并不意味着弱化私有财产权或对个人权利的否定,更非义务本位法制的复活,其实质在于匡正过分强调个人权利而忽视社会利益之偏颇,谋求个人利益与社会公共利益的协调发展。为避免矫枉过正,新近之立法与学说,遂强调在坚持权利本位的基础上兼顾社会利益,贯彻个人利益与社会公益协调发展的权利思想。

在我国,土地只有国有和集体所有,其他生产资料公有化的程度也非常高,因此,就目前而言,我国缺乏私人所有权社会化的现实条件。特别值得提醒的是,作为社会主义公有制重要组成部分的集体所有的土地——这种被宪法明文规定神圣不可侵犯的公共财产——还未得到应有的保障。有的地方政府之所以热衷于侵占集体的土地,关键在于在侵占集体土地的过程中其手中的权力能变成现实的经济利益。在转让农村集体土地的收益分配中,农民只能得到很少的一部分。随着中国工业化和城镇化进程的加快,征占农村土地的势头难以遏制,失地农民越来越多。个别地方政府在征收农村土地时不仅在程序上随心所欲,在补偿标准上各地也是自行其是。在农村土地征收过程中,失地农民没有得到合理补偿和妥善安置,而个别政府却从中获得巨大的土地出让金,以致"以地生财"成为这些地方政府增加地方财政收入的主要方式。但数量庞大、失地又失业、生活无着的农民在某种程度可能成为影响社会稳定的隐患。另外,在城市,居民房屋拆迁和民营企业的财产保护等问题也比较突出。城市居民房屋在以“公共利益”(大多用于商业目的)的名义下由地方政府强制拆迁而得不到合理的补偿。居民的房屋所有权未得到应有的尊重和保护。这些问题都应该引起我们的重视。

就我国的情况而言,排除第三人对所有权的非法侵害远不是所有权的全部意义,所有权人对其财产的自由支配才是所有权的本质。因此,在国家为私人所有权提供一个安全的社会环境之后,物权法应以确立人的主体性、弘扬个体的价值和尊严为核心目标,加快意思自治的合理扩张,最大限度地保障财产所有权的自由,激发所有权人的自主性和创造性,从而使我国社会主义市场经济的活力迸发,并进一步使社会主义制度的优越性更完整、更真实地展现出来。

三、关于土地用益物权的流转问题

(一)国有土地使用权流转制度的完善

国有土地使用权是在我国土地公有的大前提下,自然人和法人、其他组织在国有土地上建筑房屋并享有建筑物的所有权的一种权利。其客体是国有土地的地表,按照我国土地法,权利的期限区分建筑物的用途分别是70年、50年、40年不等。权利的取得方式分别是行政划拨方式、有偿出让和受让的方式。目前,国家正在倡导和推行后一种方式,并扩大其使用的范围。基于土地资源的有限性,以及在我国土地公有的情况下,只有建立和完善国有土地使用权制度才能解决工业、商业和居住用地为目的的土地使用问题。我国法律关于国有土地使用权的出让和转让的规定还是存在一些问题的,需要在物权立法的过程中加以解决。

1. 国有土地使用权出让

国有土地使用权是通过土地使用者和国家土地管理部门通过签订国有土地使用权出让合同而获得的。这种出让合同,是指国家以土地所有人的身份将土地使用权在一定期限内让与土地使用者,并由土地使用者向国家支付土地使用出让金的协议。应当明确的是,出让使用权的土地必须是城镇国有土地,集体土地的所有者不得自行出让土地使用权,要想出让,只得由国家进行征收,变成国有土地后,再由国家进行出让。国有土地使用权出让合同由市、县人民政府土地管理部门与土地使用者签订,出让方式包括招标、拍卖和协议方式。土地使用人在交纳土地出让金后,应当依法办理登记,领取土地使用权证,取得土地使用权。

依据现行法律规定,出让主体为市、县人民政府,但合同的订立及履行等具体行为由市、县人民政府所属的土地行政管理部门代行。当前,不少地方出现了一些市辖区及设立的经济开发区政府直接出让土地的情况。因为市辖区、经济技术开发区非国有土地使用者的代表,所以不能自主出让土地。根据国家土地管理局的有关答复,县级人民政府不包括市辖区。对经济技术开发区出让主体的问题,经向国土资源部征询意见,其明确答复开发区和市辖区未经市县人民政府委托授权,无权出让土地。

对土地使用权出让合同的标的物,按照法律规定,应为国有土地使用权,而非集体土地使用权。有观点认为,出让的国有土地使用权应否包括国有农场的土地使用权。根据我国现行法律规定和土地立法确定的土地用途管制原则,出让的国有土地使用权是指城市规划区内的国有建设性用地使用权,而国有农场的土地属于国有的农用地,未经依法批准不得出让。

为保障土地使用权出让行为的透明度和公开性,优化土地资源配置,国土资源部依据现行法律、行政法规制定了《招标拍卖挂牌出让国有土地使用权规定》,明确要求商业、旅游、娱乐和商品住宅等各类经营性用地,必须以招标、拍卖或者挂牌方式出让。出现的问题是,如果在国有土地出让过程中未按规定采取招标、拍卖或者挂牌方式的,土地使用权出让合同的效力如何?这在司法实践中也出现了相关争议。大多数学者的观点是,以招标、拍卖方式出让土地使用权的,违反招标投标法、拍卖法强制性规定的,合同无效。

对以协议方式出让国有土地使用权时,出让金低于当地政府按国家规定所确定的最低价的,合同效力如何认定,争议的焦点主要是该合同中的出让金数额条款无效,还是合同无效。有学者认为,城市《房地产管理法》第12条已明确规定,采取双方协议方式出让土地使用权的出让金不得低于按国家规定所确定的最低价。其目的就在于防止出让人和受让人随意甚至恶意串通,以极低的价格获取土地使用权,导致“炒地”现象大量出现,损害国家和社会公共利益。主张合同无效的学者认为,《民法通则》第58条、《合同法》第52条对恶意串通、损害国家和社会公共利益的行为均明确规定为无效。另一种意见认为,由于我国地域广、各地情况差异大,再加上某些人为因素,对如何认定出让金是否低于按国家规定确定的最低价难度较大,同时,认定合同无效的依据也不是很明确,如果以出让金低于按国家规定确定的最低价为由认定合同无效,就会造成出让人滥用确认合同无效的诉权,这不仅不利于合同交易关系的稳定和对土地的有效利用,也不利于保护受让人的合法权益。另外,还存在如果当事人不主张合同无效,又应由谁来请求确认合同无效的问题,且合同无效后也难以处理。因此,在出让金低于按国家规定确定的最低价时,应当只认定出让金支付的约定条款无效,责令或者允许当事人补足价款,促使合同有效履行。上述解决这一问题的方案都有一定的道理。我认为后一种观点更有利于维持合同的效力。在司法实践中,存在个别司法机关动用司法权力,恣意判决合同无效的情形。这不仅不利于交易的安全,促进商品的流转,也大大浪费社会资源,增加社会的成本。尽管通过“炒地”而损害国家利益的现象确实存在,但也不必通过动辄便以宣告合同无效的办法来解决问题。强制性规范的目的在于管理,引导当事人的行为,违反法律规定未必都必然导致法律行为的无效。在这些合同中,承认合同有效,但同时对行为人进行行政上的处罚,比直接宣告合同无效要好得多。

2. 国有土地使用权转让

《城市房地产管理法》第39条规定:“以出让方式取得土地使用权的,转让房地产时,应当符合下列条件:(一)按照出让合同约定已经支付全部土地使用权出让金,并取得土地使用权证书;(二)按照出让合同约定进行投资,属于房屋建设工程的,完成开发投资总额的百分之二十五以上,属于成片开发土地的,形成工业用地或者其他建设用地条件。转让房地产时房屋已经建成的,还应当持有房屋所有权证书。”第37条规定,以出让方式取得的土地使用权,不符合第39

条规定的条件的,不得转让。据此,有观点认为,只要不完全具备第39条规定的条件,即应认定转让合同无效,但如果在起诉前符合转让条件,可以认定转让合同有效。这样,可有效规范土地交易行为,防止投机炒地,也符合当前的立法精神。

但也有相反观点认为,交付或登记与合同是相互独立的。对土地使用权转让合同,转让人如取得土地使用权证书后与受让人订立土地使用权转让合同的,只要符合《民法通则》所规定的民事行为有效条件,合同即成立生效,至于合同所转让的标的物是否达到《城市房地产管理法》第39条规定的投资开发条件、能否完成转让行为只是合同履行的问题,并不影响合同的效力,如果履行有问题可以通过瑕疵担保责任制度对受让人进行救济,炒地行为应由政府行政管理部门监管,不能因转让的标的物有瑕疵而认定合同无效;即使在转让人没有取得土地使用权证书的情况下,合同也不能当然无效,而只是属于无权处分行为。借鉴大陆法系和英美法系的立法例,均规定无权处分行为不能视为当然无效,只有在合同标的物客观自始不能的情况下,才认定无效,嗣后不能的合同仍为有效。因此,对不符合《城市房地产管理法》第39条规定条件的土地使用权转让合同,不能认定为无效合同。对于上述观点,我比较赞同后一种观点。

当然,对当事人转让划拨土地使用权的行为,未经有批准权的人民政府批准的,应属无效,但在起诉前经有批准权的人民政府批准转让并由受让人直接办理土地使用权出让手续,或者决定不办理土地使用权出让手续直接划拨给受让人的,对当事人订立的土地使用权转让合同,根据无效法律行为的转换理论,按照补偿性质的合同处理。

对司法实践中因"一地数转"引发的纠纷问题,最高人民法院曾经作出司法解释:土地使用者就同一土地使用权分别与几方签订土地使用权转让合同,均未办理土地使用权变更登记手续的,一般应当认定各合同无效。显然,这种过于简单的处理办法,既不利于促进合同当事人诚信履行合同,造成社会成本的增加,也违背合同法的基本原理。合同的生效不应当以是否登记为条件,而是合同双方意思表示一致,具体表现为在合同上签字为准。合同登记不过是合同履行的过程。在合同生效后,受让人可以请求出让人履行协助完成登记的义务。这和合同法上一物数卖的情况很相似,只不过是客体存在差异。因此,对在"一地数转"情况下,在认可数个土地使用权转让合同均为有效的前提下,可以分情况制定不同的处理原则。第一,根据我国立法确立的物权变动原则的规定,确认土地使用权由已经办理权属变更登记手续的受让人取得;第二,对均未办理土地使用权变更登记手续的,按照土地利用效益原则,判决先行投资开发的受让人与出让人订立的合同先行履行;第三,对均未办理土地使用权变更登记手续或者均未投资开发的,根据诚实信用的原则,判决依法成立在先的土地使用权转让合同先行履行。而无法取得土地使用权的受让人请求解除合同、返还已付转让款及利息、赔偿损失的,应予支持。

3. 合作开发房地产问题

当前实践中出现了很多合作开发房地产的情况,也引发了很多纠纷。那么,如何认定合作开发房地产行为?由于现行立法没有对合作行为作出明确界定,从而导致在理论和实务中对合作行为的特征有不同的认识。基于以往合作行为的实际做法和所形成的传统认识,现在较一致的观点认为,合作行为具有四个特征,即合作方共同出资、共同经营、共享利润、共担风险。这在最高人民法院《关于审理联营合同纠纷案件若干问题的解答》中有明确体现。大多数学者认为,合作方无论是以何种形式出资,共同出资作为认定合作的条件是毋庸置疑的,而且是必备的首要条件,但共同经营在目前的合作行为中已无足轻重,而且实际中许多合作方基于自身管理经验、能力等方面的不足,也是不参与经营的,而是由其他合作方独立经营,这也符合合同自由原则。考虑这一现实情况,尊重当事人意思自由,因此,不应再将共同经营作为认定合作的条件。对共享利润、共担风险是否为认定合作的必要条件问题,应作为认定合作行为的必备要件,因当事人共同出资合作的目的就是要对合作成果所带来的经济利益共同分享,与此相应,对合作过程中以及合作的不利益后果和风险也要共同承担,这也是民事权利义务相一致原则的内在必然要求和具体体现。也有人认为,从合同自由原则出发,应完全充分尊重当事人意愿,只要合同是在自愿平等、意思自治的基础上协商达成的,不违反法律禁止性规定,合同即为合法有效,当事人就应按照合同约定履行相应义务。据此,当事人可以在合作合同中约定共同出资,但合作一方只享有固定利润,不参与经营,也不承担亏损和风险,而这也往往又是双方进行合作的一个先决条件,否则达不成合作协议,社会生活实践中也不乏事例。此外,对共负盈亏的理解也不能局限于传统的共同分享利润就必须是对合作成果的绝对分割,如合作建房,合作一方可以不要求对房屋进行分配,只是无偿或者有偿占有使用,这也应视为分享利润的一种形式。而风险的负担,也不是一定必须要由合作各方来共同承担,特别是对经营产生的亏损,不参与经营的合作一方完全可以通过约定来排除因合作对方不当经营给其带来的不利益;合作各方也通常以合作一方少量承担或者仅以出资额承担亏损(这实际上是有限合伙)作为合作的条件,在合作合同中予以明确。合同自由原则,必然允许当事人在一个合同关系中同时设定多个民事权利义务关系,不能以合作合同约定合作一方只分享利润不承担风险为由,就断然否定合作行为的性质,这是不切实际的,也有违背当事人意思自治原则之嫌。

我比较赞成后一种观点。物权法尽管遵循物权法定的原则,但对于意思自治可以发挥作用的领域也应当承认当事人的自主安排,只要这些安排不违反国家的强制法的规定。

根据我国现行立法,不得在划拨土地上进行房地产开发,法律规定允许开发的除外,或者经有批准权的人民政府批准后,划拨土地使用权人才可以与他人进行合作开发。鉴于我国当前存在一些划拨土地使用权人违反法律规定,以划拨土地使用权投资与他人合作进行房地产开发的实际情况,为避免大量无效合同的出现和稳定社会秩序,建议对此违法行为给予补正期限,即划拨土地使用权人以划拨土地使用权作为投资与他人合作开发房地产,在起诉前经有批准权的人民政府批准的,可以认定合作开发合同有效。

国有土地使用权流转制度中比较突出的问题是,在合同无效时,应当如何处理。关于土地使用权的合同具有很大的特殊性,判定无效后会涉及该国有土地上已经建设的建筑物如何处理的问题。合同违反强制性法是不是就必定无效?合同无效就必须将合同恢复到合同未订立的状态,是不是就意味着将已经完工的建筑物夷为平地?如果这样,这将是对社会财富的极大浪费。实际上,一些强制性规定的规范目的仅在于管理需要，违反这些强制性法律规范，仅仅导致对行为人的处罚，而不应涉及法律行为的效力。即使是违反强制性规范可能导致国有土地使用权合同无效的，法律应当尽量通过补正措施来使合同有效。对于法律未明确禁止的，应当解释为允许。让意思自治在这一领域充分发挥作用。

（二）农村土地权利的架构及其争论

集体土地所有权问题既是一个如何在民法理论上将集体土地所有权科学类型化问题，更是一个如何使集体土地所有权的权利构造适应土地利用方式和农村社会经济改革的现实要求的问题。重构集体所有权理论应向增强所有权主体的独立性、健全“重在利用”的权利体系、拓展土地的价值支配形式以及逐步实现农民土地权利与农村居民身份的分离的方向努力。

新中国成立以来的农村土地制度的历史沿革，基本上可以总结为“以私有为基础的自由经营阶段；以集体所有为前提的集约型或称国家计划型的经营阶段；在集体所有的前提下，以所谓‘松绑’为开端的经营自主乃至自由发展阶段和集体所有权权能；性质明晰化和对经营自主权规范阶段”等四个阶段。这大致反映了土地所有权制度的发展历程。而在当下中国正在进行的第四轮土地制度改革中，集体土地所有权制度的弊端仍然难以得到有效克服。

1. 我国农村土地权利的现状

（1）当前的农村自治组织还不是一个真正意义上完全独立的权利—利益主体，集体土地所有权主体呈现多元化和模糊化，一方面，为在所有权与经营管理权分离的二元结构下乡（镇）行政权力和农村自治组织的自治权力与作为集体土地所有权的主体和经营管理权主体的民事权利的混同提供了可能；另一方面，则由于政治权力对村民自治组织的干涉使集体土地所有权难以成为真正意义上的独占支配权。

（2）在权利客体方面，作为集体土地所有权的客体。关于土地的分类一般有以下几种：一是根据自然属性的不同，土地可以分为地下部分、地面部分和地上部分；二是根据用途的差别，土地可以分为农用地和建设用地等；三是根据土地所有权形式的不同可以将土地分为公有土地和私有土地。由于类型化的标准不同,因此,上述分类会出现一定程度上的交叉,如土地的公有私用、私有公用等。有些土地(城市、城郊和农村的土地)法律归属的不同,也影响土地的流转和资源配置,损害农村土地所有权人和其他权利人的权利。

(3)所有权权能严重缺失是农村土地所有权的另一个重大问题。所有权的积极权能以处分权为核心,有“无处分权,无所有权”之谓。由于我国现行法律禁止土地买卖,因此,集体土地所有权处分权就表现为集体土地所有权确定的情况下的土地承包经营权、农村建设用地使用权等土地权利的流转问题。以农村建设用地使用权流转为例,现行法律规定,只有“兴办乡镇企业”、“村民建设住宅”以及“乡(镇)村公共设施和公益事业建设”才能经依法批准使用农民集体所有的土地,而且除符合土地利用总体规划并依法取得建设用地的企业,因破产、兼并等情形致使土地使用权依法发生转移的外,原则上讲,农村集体所有的土地的使用权不得出让、转让或者出租用于非农业建设。农村建设用地的使用权被排除在交易发达、需求旺盛、土地增值潜力巨大的“城市”建设用地使用权市场之外,无疑令农民集体所有的农村建设用地使用权没有与国有建设用地使用权平等的竞争机会,从而失去了在交换中充分实现其价值的机会。

(4)由城市化和工业化推进的农村人口的转移,导致集体成员的流动性和不稳定性增强,引发许多现实问题,对农村土地所有权提出新的挑战。就社会发展的总趋势而言,存在一个农业人口向城市向工业转移的过程。实际上,我国当代庞大的“农民工”群体就是处于这一转移过程中的特殊群体。农民工与农村集体的分离造成了集体土地所有权行使的新问题:这些农民工如何行使其作为集体成员的权利?在城市长期居住的农民工子女是农民工所在农村集体的成员,还是所在城市社会社区的成员?户籍制度会不会成为已有的集体成员排斥新成员加入以维护自身既得利益的手段?与此同时,在一些地方也出现了城市的人员和资金进入农村的现象,农业公司和农业工人也开始出现。那么,农村集体是否可以以及在什么样的情况下可以吸收新的集体成员?

针对集体土地所有权面临的种种问题,各界展开了关于集体土地所有权的存、废、改的长期争论,并逐步形成了五种主要的改革方案。一是国有化方案,该方案主张取消集体土地所有权,实行农村土地国有化,同时,赋予农民(以及某些地方的农民集体)以永久性的土地使用权,如永佃权。二是私有化方案,其中包括彻底私有化方案和部分私有化方案,并以后者为主。部分私有化观点认为土地私有权是最充分、最坚实的土地权利,因此,主张取消集体土地所有权,实行土地私有化,把现有的农村土地统统分配给农民个人所有。三是并存方案,即部分取消集体土地所有权,实行农村土地的国家所有、集体所有和农民私人所有三者并存(另外也有人主张实行集体所有和农民私人所有两者并存)。四是农村土地使用权改革方案,强调通过实行农村土地使用制度的改革完善集体土地所有权制度。五是集体土地所有权重构方案,认为应当保留集体土地所有权,但应对集体土地所有权本身进行重构。根据重构方案的不同,主要有共同共有说、成员共同所有说、新型总有说、合有说、法人所有说、股份合作说等学说。这些观点都各有千秋,从不同的角度提出了解决农村土地所有权问题的方案,特别值得高度肯定的是,这些研究是在科学化和规范化、权利主体的特定化和强化成员权及权利行使的民主性方面所作出的努力。

对此,我的观点为:集体土地所有权是一种由集体经济组织享有的单独所有权,较多情况应该是在现有村名小组范围内的农村社区的农民组成合作经济组织,进而行使对土地的集体所有权。集体所有权既不同于按份共有和共同共有,也不同于成员间的分别所有。集体所有权的主体是集体经济组织,该集体经济组织是由所有集体成员组成,遵循成员平等的组织原则,由其成员大会或者成员代表大会通过民主的方式形成集体意思,选举出集体经济组织的执行机构,由它直接行使集体所有权,而这种形式恰恰是典型的合作社的组织结构和财产构成模式。因此,主张按照世界通行的合作社规则和合作社基本的构成理论与实践,逐步建立和完善我国的集体经济组织,在此基础上形成集体所有权。

集体土地所有权问题既是一个如何在民法理论上将集体土地所有权科学地类型化问题,更是一个如何使集体土地所有权的权利构造适应土地利用方式和农村社会经济改革的现实要求的问题。毋庸置疑,后者应成为研究集体土地所有权问题的逻辑起点,并决定重构集体所有权理论应遵循的基本思路。

2. 重构路径之一:重塑可以与基层政权以及基层自治组织区隔的集体经济组织

作为集体土地所有权的主体只能是一个独立的经济组织,至于其与组织内部成员之间的关系,则可因地而异、因组织体的性质而有不同。虽然根据物权法定主义,土地所有权及其他土地物权的种类和内容应由法律作出强行性规定,而不容许当事人自由创设或变更其内容。“但立法规定的只是物权的内容,特别是物权间的分际,而无意规范当事人的行为。”因此,在参与经营的条件下,应明确集体土地所有权作为民事权利的私权性质,国家不应以法定的形式强行确定和分离集体土地经营管理权的主体,而应给予集体经济组织以自治的空间,选择集体意志的形成机制以及权利的行使方式。

3. 重构路径之二:建立“重在利用”的集体土地所有权权利体系

土地资源具有稀缺性。“地尽其力”是土地物权制度设计的目标。具体表现为土地利用方式对土地所有权的决定作用和土地所有权向土地用益权的让步,或者说土地用益权的优越性,即土地利用人的法律地位的强化和提升。而这种“重在利用”的土地法价值导向可以在当前我国各地土地制度创新实践中得到验证。例如,以江苏无锡为代表的村办(集体)农场模式就是为了解决责任田集中给种田大户所带来的短期行为、土地粗放经营等问题,以合理土地利用为核心,以“一纲四区”(交通水利为纲,四区为农田保护区、工业发展区、农民住宅区和生活服务区)为内容,编制土地利用规划;在条件成熟的村,对土地进行调整,将口粮田和责任田分开,把责任田全部集中到农田保护区,组建村办农场,进行承包经营。又如,以山东平度市为代表的两田制模式,也是主要针对土地规模过小、土地细碎化、土地抛荒严重等问题,按照公平和效率分离的原则,把耕地分为口粮田和商品生产田(也称“承包田”)两类。在以农户为经营单位的条件下,口粮田承担家庭保障职能,满足农民的生活需要,属于自给性的生存资源,因此体现公平原则,按人口平均分配;商品生产田则按效率原则引入竞争,实行招标,可以多包,可以少包,也可以不包,促使耕地适当集中。由于两田制体现了土地利用的公平与效率的结合,因此,在其他地方也得到普遍的推行。虽然因为存在随意提高土地承包费、收回部分承包地高价发包,或脱离实际用行政命令的办法搞规模经营而强行从农户手中收回“责任田”等诸多问题,但在确保农户对集体土地承包权利不变和农民自愿的基础上,农民自愿将部分“责任田”的使用权有偿转让或交给集体实行适度规模经营的做法仍然得到了肯定。而在江苏江阴市华西村,人多地少、工业发达、集体经济实力强,在党的十一届三中全会后,没有实行“包产到户”,而是根据中央“宜统则统、宜分则分”的精神,将全村30多公顷良田发包给30位种田能手,继续搞集体经济,搞农业集约化经营。河南省临颍县的南街村,在实行家庭联产承包责任制后,到1989年在农户自愿将土地交给村里由集体统一经营的前提下,成立了80多人的村集体农场,统一经营全村的土地。这些经验表明,在土地公有制的制度前提下,集体土地所有权仍不失为一种与土地适度规模经营相适应的所有权类型,但是,它需要以土地的科学规划和集约利用为前提,既要适应家庭承包、集体农场、农业公司等不同类型的农业生产方式对土地利用的要求,保障农地利用的效率,又要能满足反映农村基础设施建设以及城市化引发的农地转用的需要。因而,科学界定集体土地所有权的客体类型并完善“重在利用”集体土地所有权下的土地权利体系对集体土地所有权的改革至关重要。

4. 重构路径之三:进一步拓宽价值支配的形式

我国现行的农村集体土地所有权制度是建立在城乡之间生产要素停滞的城乡二元结构基础之上。法律上不允许土地所有权在农民集体和国家之间的转移,也限制农村建设用地使用权的流转,禁止其直接进入建设用地使用权的一级市场。其实质是只重视农民和农村集体经济组织对土地的现实支配而忽视了对土地的价值支配。而土地股份合作制推动力之一就是要解决现行制度框架下的农地转用和征收中利益分配的平衡问题,通过把包括土地在内的集体存量资产量化给社区农民,如股份合作社或股份公司对土地实施统一规划、管理和经营,使集体土地与工业资本有效结合,将土地非农化后的级差收益保留在集体内部,使农民既可以股东的身份实现对其集体成员权和土地承包经营权的价值支配,不仅承认了土地作为农用地时农民对土地的收益权,也保障了土地转为非农用地后农民可以分享土地的增值收益。广东省于2005年颁布的《广东省集体建设用地使用权流转管理办法》以地方立法的形式将集体建设用地使用权直接进入建设用地使用权市场合法化,并把使用集体建设用地的建设项目进一步扩大到“兴办各类工商企业,包括国有、集体、私营企业,个体工商户,外资投资企业(包括中外合资、中外合作、外商独资企业、‘三来一补’企业),股份制企业,联营企业等”(第8条),这一规定远远超出《土地管理法》的规定。尽管其作为地方立法与作为上位法的《土地管理法》冲突,这在法律效力上具有一定风险,但就法律规范本身而言,应可供《土地管理法》修改时借鉴,从而使我国集体土地所有权的价值支配得到强化。

5. 重构路径之四:逐步实现农民土地权利与农村居民身份的分离

和其他大多数发达国家一样,在我国也出现了农民职业化和“土地持有非农户”的问题。前者如苏南地区近来涌现出的三类职业农民。一是“农场主”,随着农业产业化和规模化的发展,集中了农业自然资源,以农业为产业,从事城市市郊经营园艺、鲜活食品、经济作物、创汇农业等劳动附加值高、农产品的生产和销售完全市场化的农业企业主、种养大户等。二是“专业农民”,主要直接从事农业种植、养殖,掌握丰富农业技术的传统农民,在农忙时节会到农村劳力短缺的地区帮助播种、收割,而获得务农工资的季节性的职业农民。三是“兼业农民”,农业科技的广泛运用、农业劳动生产率普遍提高,逐步离开土地和农业,转变为从事第二产业、第三产业的非农劳动者的部分农民。可以说,在一些地方已经出现了农民的职业化。而“土地持有非农户”则包括大量“离乡不离土”的农民工及其子女和自愿有偿原则下通过土地承包经营权价值化、资本化和股权化的方式组成合作社或公司后,脱离农业生产而作为社员或股东的农民。从目前关于集体土地所有权的理论来看,其他多数理论大多都强调集体成员的社区成员身份、强调户籍对成员权的决定作用。在实践中,华西村村民离开华西,其在集体中的股份将被视作放弃处理。在土地股份合作制中,虽然股权可以流转、继承、赠送和抵押,但仍限社区内。我认为,这需要改革。合作社作为人们自愿联合,通过共同所有和民主管理的企业,来满足共同的经济和社会需求的自治组织,则可以确保社员加入和退出的自由,使社员有可能摆脱居民身份的束缚,真正成为自由的土地权利人,而这种摆脱了身份束缚的自由的土地权利正是现代意义的社团的典型特征——以成员权为基础,自愿合作而不是强制合作;民主管理而非集权专制。

四、关于担保物权的两个问题

(一)抵押合同与抵押登记的效力

抵押合同是取得抵押权的一种主要方式。关于抵押合同的性质,我国学者之间存在争议。绝大多数学者认为,应当区分抵押权的设定和设定抵押权的约定,前者是抵押权从无到有的事实,后者为抵押合同,它在当事人之间产生设定抵押权的债务和请求抵押权的债权。当事人要创设抵押权,应当依法设定抵押合同。但是,抵押合同的订立,并不当然发生抵押权设定的效果。抵押权的设定是要登记的,而登记实际上是合同履行的结果,因为抵押权的设定取决于当事人依照抵押合同的约定履行设定抵押权的行为,即向抵押设定的行为,当属履行抵押合同内容的履行。因此,抵押合同实为债权合同。但这一观点仅适用于登记生效的抵押权,不适用于登记是对抗要件的抵押权。

1. 关于抵押合同的形式

我国《担保法》第 38 条规定,抵押人和抵押权人应当以书面形式订立抵押合同,书面形式不仅包括单独的抵押合同,也包括在主合同中订立的抵押权条款。这里的一个问题是,违反抵押合同法定形式,合同的效力如何?有种观点认为,书面形式仅是证明效力的证据,因此违反书面形式,合同并不必然无效。但也有人认为,书面形式是抵押合同的生效要件。我的观点是,从第 38 条规定的“应当”一词来看,书面形式在这里应当是成立要件,即如果没有采取书面形式的抵押合同不成立,合同不成立当然更不可能生效了。另外的情况是,抵押人已经自愿履行抵押合同的,该抵押合同应认为成立(《合同法》第 36 条)。

2. 关于抵押合同的效力

我国 1995 年《担保法》第 41 条规定:“当事人以本法第四十二条规定的财产抵押的,应当办理抵押物登记,抵押合同自登记之日起生效。”这条规定中的“抵押合同自登记之日起生效”显然是指抵押合同生效的形式要件,而不是抵押权设定的生效要件,也就是说,不是物权变动的登记要件。这一规定自《担保法》生效以来一直受到学者的批评。因为抵押合同是在当事人之间产生设定抵押权的债权债务关系的债权合同,它成立乃至生效之间,抵押权尚未产生。如果把登记作为抵押合同的生效要件,那么,在登记之前设定抵押权的债权合同如果还没有成立或生效,那么债权人就无权要求抵押人办理抵押登记,而这只能使订立抵押合同的目的落空,抵押人可以通过不履行登记手续而使抵押合同不生效,从而摆脱抵押合同的约束。而抵押合同的相对人因为抵押合同尚未生效也就不能追究抵押人的违约责任。因此,从《担保法》规定的立法宗旨来看,抵押物的登记应当是抵押权成立或者生效的要件,而不应当将其作为抵押合同的生效要件。对于法律规定必须进行登记的抵押,抵押合同的生效日期应当是双方当事人签字之日。抵押合同生效后,抵押权人有权请求抵押人积极履行协助抵押权人进行抵押登记的义务。如果抵押人不履行此义务,则构成违约责任,债权人可以解除主债务合同或者请求债务人提供其他担保;此外,因为抵押人不履行抵押登记义务,使抵押权人遭受损失,抵押权人可以请求赔偿。在抵押获得登记后,则抵押权成立。

最高人民法院2000年发布的《关于适用〈中华人民共和国担保法〉若干问题的解释》(以下简称《担保法解释》)第56条第2款规定:“法律规定登记生效的抵押合同签订后,抵押人违背诚实信用原则拒绝办理抵押登记致使债权人受到损失的,抵押人应当承担赔偿责任。”这一司法解释是针对上述《担保法》第41条所带来的司法实践中的问题而作出的。存在的疑问是,这里的抵押人拒绝办理登记而导致的赔偿责任的性质是什么?有学者认为,这里的赔偿责任是指因抵押人拒绝办理抵押登记之时抵押合同不能生效所产生的缔约过失责任(《合同法》第42条)。这种认识显然是以错就错。把抵押合同的生效维系在抵押人的登记义务之上,使合同生效的时间推迟,由此,使抵押人和抵押权人的权利义务出现了失衡,应该加以纠正。

应该说,最高人民法院的上述司法解释在纠正《担保法》上述规则方面作出了十分积极的努力。从法律条文上看,上述司法解释的内容与法律规定的内容不一致,它的基本要求是,抵押合同签订虽然没有进行不动产登记,但是有过错的抵押人应当承担赔偿责任。这种做法符合物权与债权相区分、物权变动与债权变动的法律根据相区分的法理，也符合正在进行的物权法和《民法典》立法方案中的做法。如果要求抵押人承担责任，就首先要承认抵押合同的约束力，这实际上就是承认了抵押合同作为债权变动根据的效果，即仅依据当事人的意思表示一致而产生的效果。这一点是非常合理的。所以，从法理上看，我赞同最高人民法院的这一解释。在这里所说的赔偿责任，不能理解为缔约过失责任，它应该是违约责任。因为，缔约过失责任是附随性或者伴随责任，如告知责任、保密责任等。而这里的责任，是合同基本义务不履行的责任——抵押合同的主要义务，就是设定抵押权，抵押人不履行自己这一方面的义务而产生的责任，不是附随责任，这一点应该是十分明确的。

3. 抵押登记存在的问题

我国担保法对抵押登记的效力和登记机关的规定颇为复杂。对于登记效力，《担保法》第 41 条、第 42 条、第 43 条规定了两种效力模式，其中一种是登记生效主义，对于以无地上定着物的土地使用权抵押的，以城市房地产或者乡(镇)、村企业的厂房等建筑物抵押的，以林木抵押的，以航空器、船舶、车辆抵押的，以企业设备抵押的，采取登记生效主义。以上述财产以外的其他财产主要指动产的抵押采取登记对抗主义。而且，登记机关因为抵押客体的不同也不同。《担保法》的规定相当复杂：以无地上定着物的土地使用权抵押的，为核发土地使用权证书的土地管理部门；城市房地产或者乡(镇)、村企业的厂房等建筑物抵押的，为县级以上地方人民政府规定的部门，如果地方政府未作规定，可在土地部门或者房产管理部门办理登记手续；以林木抵押的，为县级以上林木主管部门；以航空器、船舶、车辆抵押的，为运输工具的登记部门；以企业的设备和其他动产抵押的，为财产所在地的工商行政管理部门。登记机关的多样性，在现实生活中造成的问题很多。按照有关土地法律的规定，以依法取得的国有土地上的房屋抵押的，该房屋占用范围内的国有土地使用权同时抵押。以出让方式取得的国有土地使用权抵押的，应当将抵押时该国有土地上的房屋同时抵押。乡(镇)、村企业的土地使用权不得单独抵押。以乡(镇)、村企业的厂房等建筑物抵押的，其占用范围内的土地同时抵押。此即在我国，抵押制度中所谓的“房随地走，地随房走”。又因为房屋和土地使用权的抵押登记机关不是同一个,有时造成抵押人将房屋和土地使用权分别在两个登记机关抵押,基于"房随地走,地随房走"的原则,抵押权自动扩及土地上的房屋或者房屋下的土地使用权,因此,有时造成多重抵押的现象出现,一旦债务人不能履行债务,在债权人行使抵押权时就会发现自己的抵押物上还同时存在另一个抵押权。为了解决这种混乱局面,最高人民法院不得不通过司法解释来解决问题。为此,《担保法解释》作了一些规定,该解释第58条、第60条就是一个例子。如《担保法解释》第58条规定,当事人同一天在不同的法定登记部门办理抵押物登记的,视为顺序相同。因登记部门的原因致使抵押物进行连续登记的,抵押物第一次登记的日期,视为抵押登记的日期,并依此确定抵押权的顺序。第60条规定,以《担保法》第42条第2项规定的不动产抵押的,县级以上地方人民政府对登记部门未作规定,当事人在土地管理部门或者房产管理部门办理了抵押物登记手续,人民法院可以确认其登记的效力。这种解决问题的办法也是"头痛医头,脚痛医脚",具有很大的局限性。因此,根本的解决办法是在制定物权法的过程,对抵押登记机关作统一规定。对于应当由哪个机关作为登记机关的问题,有学者认为应当借鉴德国的制度,由基层法院担当起这个任务。对此,我认为值得商榷。因为这与我国法院的传统的审判职能相去甚远,似乎应当由市、县政府通过将原有的房屋或者土地管理部门的登记机构改建为统一的登记局为妥,因为抵押登记主要面对的是房屋或者土地使用权的登记,这些部门在过去的工作中已经积累了一些经验。这个问题的解决方案还待进一步研究。但不管怎样,建立统一的登记机关是紧迫的。建立统一的登记机关后,应当建立统一的登记簿册,对抵押信息进行公开,使登记真正的具有公示和公信作用。

(二)担保物权的并存(竞合)及其效力顺序

关于在同一个物上存在多个担保物权竞合的问题是物权法所要解决的问题,在现实生活中也经常出现。对此,还要区分担保物是动产还是不动产,因为存在两者之上的担保物权在种类、公示方法和公示的效力上存在巨大差异,决定了它们要适用不同的规则。

1. 基本规则

相比之下,动产上的担保物权的竞合比不动产上的担保物权竞合要复杂。因为动产上的担保物权种类和公示方法和效力更复杂。为了解决这一难题,确定判决效力的基本规则有三个:(1)登记优先原则;(2)直接占有优先;(3)善意第三人担保物权优先。

上述三个规则的效力顺序为,登记优先原则优先于直接占有优先原则。如先押后质的抵押权和质权并存时,已登记的抵押权优先。而从保护交易安全的角度看,善意第三人担保物权优先原则又优先于登记优先原则。

下面依据上述规则,分别对动产上相同担保物权和不同担保物权的效力顺序进行说明。

2. 相同种类担保物权在同一动产上的并存

(1)抵押权与抵押权并存。按照抵押物的价值与担保债权价值的大小,可分为"余额抵押"和"重复抵押"。余额抵押就是抵押人在抵押物价值大于所担保债权的情况下就其余额部分再设定另一个抵押权;重复抵押就是抵押人就抵押物的同一担保价值部分(含部分相同)设定另一抵押权。从我国《担保法》第35条规定来看,只承认余额抵押,而禁止重复抵押。我认为,对于重复抵押,应予承认。一方面,就立法技术而言,重复抵押并不必然损害前位抵押权人的利益。在重复抵押的情况下所成立的抵押权顺序在后,它不能先于前顺序的抵押权而实现,因此,也不会对既存的顺序在前的抵押权构成威胁(除非先设的抵押权未经登记)。该抵押权人实际上只享受有"期待利益",即只有在前位抵押权因债务清偿等原因而消灭或者抵押权的价值大幅攀升等情况下,其所担保的权益才有可能实现。既然重复抵押并不必然损害前位抵押权的利益,在后位抵押权人知情同意的情况下,按照意思自治的原则,应当承认其效力。另一方面,就现实生活而言,重复抵押现象在实践中难以避免,而且,有些原本属于余额抵押,因抵押物估价不当或者市场价格的波动,也可能会转变为重复抵押。例如,原来抵押物估价100万元,抵押人先后设定了50万元和40万元的两项担保,按照《担保法》的规定,两项抵押是合法的。但是,日后抵押物贬值,变为价值80万元,那就变为重复抵押了。对此,不能以事后发生的抵押物价值的变化否定抵押的效力。因此,即使重复抵押法律亦应认可。①

在登记的抵押权并存时的位次排序问题上,一般采取两个基本规则,即"先登记原则"和"同时同序原则"。所谓"先登记原则",也称为"设定优先原则",是指抵押权的顺序依登记的先后定之,先登记的优先于后登记的。"同时同序原则",则指同时(一般以日为单位)登记的抵押权,处于同一顺序,抵押物变卖之价款由各抵押权人按债权比例受偿。我国《担保法》第54条第1项规定也采纳了这两个公认的规则。

在未登记的抵押权并存的时候,又如何确定它们的效力顺序呢?我国《担保法》第54条第2项规定,在数个未登记的抵押权并存的情况下,如果合同生效时间不同,则以时间的先后作为受偿顺序,这就是"设定在先"原则。对于这种"设定在先"原则,我认为这是不合理的,应当采取"次序同等"原则。理由如下。第一,所谓"非经登记不得对抗第三人"中的"第三人"也应当包括动产抵押权人。既然非经登记不能对抗,则未经登记的先存抵押权便没有理由对后位抵押权主张优先权。实际上,彼此抵押权都没有成立生效,没有先后之分。第二,在司法实践中,适用"设定在先"原则,不仅危及交易安全,而且有失公平。因为如果运用"设定在先"原则,则可能发生设定人与某一抵押人恶意串通、擅自变动缔约日期以达到使该抵押权优先受偿的不法目的。如果抵押人隐瞒其某一动产已设有未登记的抵押的情况,后以抵押人因不知情又复设了未登记的抵押权,依设定在先原则,后一抵押人的利益有可能遭受不测损害。就后一抵押权人而言,由于前一抵押权未经公示,后一抵押权人往往无从得知抵押物上已存在的权利,法律也不能加给后一抵押权人漫无边际去查知那些没有公示表征的抵押权的义务。因此,采用设定在先原则容易导致后一抵押权人遭受不测损害,不但妨碍交易安全,而且有失公平。为此,《最高人民法院关于适用〈中华人民共和国担保法〉若干问题的解释》第76条规定:"同一动产向两个以上债权人抵押的,当事人未办理抵押物登记,实现抵押权时,各抵押权按照债权比例受偿。"可见,司法解释废弃了设定在先原则,改而采取"次序同

① 2007年通过的《物权法》删除了《担保法》第35条的内容,其立法思路与我的观点是吻合的。

等”原则。

(2)质权与质权并存。同一动产之上,能否存在两个以上的质权,对于我国《担保法》中规定的精神如何,学界亦有不同的理解,但以否定说居多。但是,我的观点是,质权作为担保物权的一种,其目的是保证债权的优先受偿。其一,对已经设立的质权,其债权人并不当然地需要借助于担保物权的实现来实现债权,在债务人适当履行债权的场合,质权就无须发挥作用。因此,如果能在多个质权之间确定其实现的顺序,不妨承认间接占有仍然可以成立质权。其二,占有的形式,既可以是直接的、现实的占有,也可以是间接占有。其三,最高人民法院《担保法解释》第 87 条第 1 款规定:“出质人代质权人占有质物的,质押合同不生效;质权人将质物返还于出质人后,以其质权对抗第三人的,人民法院不予支持。”第 88 条规定:“出质人以间接占有的财产出质的,质押合同自书面通知送达占有人时视为移交。……”从本条司法解释来看,尽管司法解释没有明文规定间接占有可以设立质权,但可以解释为承认其效力,只要直接占有人不是出质人,而应当是出质人以外的第三人。或者说,出质人出质后,只要自己不占有质物,可以通过后位质权人间接占有质物并通知前位质权人,即可设立质权。至于其效力顺序,按照各国立法的普遍规定,应以质权设立的先后顺序而定,设立在先的,效力优先。

除上述情形外,质权与质权的并存还体现为转质。转质,是指在质权存续期间,质权人为担保自己之债务,将质物移交于其债权人而设定新质权。在理论上及立法例上,根据转质是否征得出质人(质物所有人)的同意而将其分为承诺转质与责任转质两种情形。但各国立法关于转质问题的规定,并不相同。学理上认为,责任转质既为法律所允许,则无须经出质人同意而转质成立。最高人民法院《担保法解释》第 94 条第 2 款规定,质权人未经出质人同意的转质无效。可见,我国担保法并不承认责任转质,仅承认承诺转质。② 在承诺转质中,在一个质物上同时存在两个质权,依据《担保法解释》第 94 条第 1 款,转质权优

---

② 我在讲解这个问题时,我国法律的确是排斥责任转质的。但后来《物权法》转变了态度,对责任转质采取了默认的态度。《物权法》第 217 条规定,“质权人在质权存续期间,未经出质人同意转质,造成质押财产毁损、灭失的,应当向出质人承担赔偿责任”。

先于原质权。例如,张三把一块金表质押给李四,获得借款 3 万元,李四经张三同意又将金表转质给王五,获得借款 4 万元。现在张三和李四都不能还钱。在这里,虽然王五的质权优先于李四的质权,但因为转质所担保的范围(4 万元)已经超过原质权担保的范围,按照解释,超过原质权担保的范围(1 万元)不具有优先效力。所以即使质押的手表变卖超过 4 万元,王五也只能对其中的 3 万元优先获得清偿。

尽管《担保法解释》第 94 条第 2 款规定未经出质人的同意的转质无效,但在下面两种情况下质权人的擅自出质仍可导致第三人取得质权。第一,第三人对质权的善意取得。质权人宣称自己是质物的所有人,善意第三人接受该动产作为质物,此时,应适用《担保法解释》第 84 条关于质权的善意取得的规定。[③]第二,质权人伪造自己取得出质人同意转质的证明,而第三人善意地相信质权人有处分权。在这种情况下,同样适用第 84 条的规定。这时存在的问题是,原质权是因为原质权人丧失占有而消灭,还是继续存在,出现在同一质物上两个质权是否并存?我的观点是应当是后一种情况。在这种情况下,善意质权人的质权应当优先于原质权。

(3)留置权与留置权并存。同一动产之上能否成立数个留置权,立法上未见有明确规定,理论上则有否定和肯定两说。我对留置权的并存问题持肯定态度。理由和质权竞合的一样。从实践中来看,也存在留置权并存的现象。例如,甲将货物交给乙仓库保管,后乙仓库因为搬迁将甲的货物临时交给丙仓库保管。现在甲不能向乙给付仓储费,乙不能向丙给付仓储费。对于该货物上即同时存在两个留置权。因为甲尽管一时丧失了对标的物的直接占有,但仍居于间接占有人的地位,并未失去对标的物的控制,还可以请求返还标的物的直接占有,所以,乙、丙对甲的货物都享有留置权,留置权仍为继续而未丧失。那么,在此情况下,其效力顺序又应当如何呢?我的观点是,除非另有约定,否则,应当以后发生的留置权为优先。

---

③ 《担保法解释》第 84 条规定,“出质人以其不具有所有权但合法占有的动产出质的,不知出质人无处分权的质权人行使质权后,因此给动产所有人造成损失的,由出质人承担赔偿责任”。

3. 不同种类担保物权在同一动产上的并存

(1)抵押权与质权并存。我国担保法亦有规定抵押权与质权的并存及其效力问题。最高人民法院《担保法解释》第79条第1款规定,“同一财产法定登记的抵押权与质权并存时,抵押权人优先于质权人受偿”。对于抵押权和质权的并存,包括先押后质,先质后押,同时押、质等情形。而对于未登记的抵押权和质权并存在一个动产上的,包括抵押物被质押和质物被抵押两种情况。在这种情况下,抵押权未经登记,不具有对抗第三人的效力,当然也就不能对抗后来的质权人。也就是说,设定在后的质权可以对抗未经登记的抵押权。因此,在上述情况下,都是质权优先于抵押权。

(2)质权与留置权并存。留置权与质权的并存,有先质后留与先留后质两种情形。质物上成立留置权,又有两种情况。一是债权人取得动产质权后,又基于对质物加工、修理等原因而对该财产享有了留置权。在此种情况下,一般规则仍是留置权优先,但由于质权人与留置权人重合,所以,不妨由权利人选择先实现哪一个权利或在可能的情况下同时实现。二是质物上又成立他人的留置权。例如,质权人将质物交由第三人代为保管而自己为间接占有时,第三人得对其保管的质物依法取得留置权。在此种情况下,留置权自然应优先于质权。留置物上设定质权,因设定人的不同也可能有两种情况。一是留置权成立后,动产所有人为担保同一债权人的其他债权又以该留置物为其设定质权。在这种情况下留置权优先。二是留置权人擅自以留置物向善意之他人出质。在此种情况下,善意之他人获得质权,应优先于留置权。

(3)留置权与抵押权并存。对于抵押权和留置权的并存,通说认为留置权优先于抵押权,其理由一般为“法定担保物权优先于约定担保物权”。但实际上,这一理由是难以成立的,尽管其得出的结论正确。法律是客观的权利,权利是主观的法律,任何权利都是因法律规定而产生。从这一意义上说,法定权利和不违背法律的约定权利本身并无高低之分。因此,只有对留置权和抵押权并存的实际情况进行分析,根据合理的逻辑推理,才能得出留置权优先于抵押权的结论。根据设立的时间先后,将留置权和抵押权并存分为先押后留以及先留后押两种情形。

第一种情形:先押后留。比如,甲将一辆汽车抵押给乙,借款10万元。后甲将车交丙修理,修理费2万元。现在甲既不能向乙还款,也没钱向丙交修理费,应如何处理? 我的观点是,无论抵押权是否登记,留置权优先于抵押权。而且,留置权的优先地位不必以留置权人的善意为条件。第一,以法律规定之精神,留置权人在对标的物进行加工或服务时,无须审查标的物上是否存在其他权利负担,留置权人于正常业务活动中对客户交与的动产进行加工、修理或保管、运输,此正当行为亦不存在是否侵犯他人的抵押权之问题。留置权人纵使知道标的物已设有抵押之情事,亦不影响其对客户及标的物进行正常的业务服务行为,并对由其提供材料和服务于其中的标的物享有法定优先的留置权。第二,留置权人在对标的物进行加工或者服务时,已经加入了他的劳动价值,这种劳动价值优先于抵押权所担保的债权价值。第三,如果抵押权得对抗知情的留置权人,那么要么使"加工人、承运人、保管人为保护自己的利益而拒绝签订加工承揽、货物运输、仓储保管诸合同",要么使直接对标的物提供了服务而实际上通过修理使标的物保值或增值的债权人反居于次后受偿地位,"等于承揽人代替定作人向抵押权人承担责任"或者间接迫使留置权人要求债务人另行提供担保,或者迫使债务人另寻不知情者为其财产提供服务。这显然既不合情理,不符合"奖励经济价值的创造和保持"这一现代立法的经济价值目标,亦有悖于法律规定之本旨,"导致留置权制度功能的减弱或丧失"。第四,就法律风险成本而言,抵押权人和留置权人都要承担因担保物被分割、毁损或灭失而导致其担保权利受损的风险,但是两者的法律救济手段并不相同。抵押权具有不可分性和物上代位性,使抵押权可以在抵押物的某一部分或者变形物上存在,并且是整体存在。而留置权却没有不可分性和物上代位性的救济,其风险成本大于抵押权的风险成本,为弥补留置权法律救济手段的不足,所以应当赋予其优先地位。当然,如果是对于抵押人和他人恶意串通,以对抗抵押权的实行为目的而就已抵押的动产虚设留置权或故意发生非必要的留置权以及为隐藏、转移抵押物而保管、运输的,依《民法通则》第58条的规定,这类行为本身即属无效,因此,不发生与抵押权的并存问题。

第二种情形:先留后押。在留置物上又设定抵押权,根据设定人的不同,分为两种情况。一是动产的所有人于留置权发生后又以留置物为他人设定抵押权。在此种情况下,应当认为先发生的留置权优先于后设立的抵押权。因为在该动产已由留置权人占有的情况下,抵押权人仍然接受抵押,其效力自然应当次于留置权。二是留置权人以其占有的留置物向善意的他人(如留置权人的债权人)设定抵押权。在这种情况下,从保护善意第三人利益出发,应当认为,后成立的抵押权优先于留置权。

相比之下,不动产上的担保物权竞合的问题要简单一些。因为不动产上的担保物权以登记作为生效的要件。而登记的时间可以作为抵押权生效的时间。在同一个不动产上存在多个抵押权,抵押权的顺位按照登记的时间确定。顺位在先的效力优先顺位在后的抵押权。

这一规则也同样适用于不动产上存在其他类型的担保物权,如让与担保。例如,在房屋上为甲设定抵押权后,又将房屋让与担保给乙。因为抵押权登记在先,已经生效,效力优先于让与担保的受让人。

五、展望我国物权法的制定

物权法作为未来民法典的一编,它的制定具有重大意义。以苏永钦先生划分的三代民法典为例,法国、奥地利民法典为第一代民法典,德国、瑞士民法典为第二代民法典,而中国如果要制定民法典的话,显然属于第三代民法典。因此,作为第三代民法典的重要的一编的物权法应当担当起时代的重任,这有赖于学者和司法者的共同努力。

物权法以其“定分止争”的功能——也就是确定财产的归属和支配的功能,成为构建和谐社会的法律之一,促进财产关系的和谐乃至社会关系的和谐。因此,可以说物权法是建设社会主义和谐社会的法律,物权法立法具有时代的现实意义。

当前,对于物权法草案的讨论已经进入一个新的阶段,不仅是民商法学者在讨论物权法草案,法理学、宪法行政法学者还有经济学家们也都加入讨论的行列中。这是一个非常好的现象,这样经过充分讨论、集思广益制定出来的物权法可能更符合我国的国情和时代的要求。物权法作为民法典之一编必须遵从法典编纂的形式要求,必须满足法律安定性的要求,体现法典的体系效率,不能经常修改和变动。因此,物权法如何定位不仅直接影响物权法的体系结构,而且也使民法典的整个体系结构呈现差异。物权法必须在立法的定位与基本体系上与民法典衔接得当,承载民法典的各项功能。近现代以来,物权法呈现社会化、价值化的趋势,物权种类急剧增加,从注重物权的归属走向注重物权的利用。这要成为我们制定物权的指导思想。因此,我们在制定物权法时,应反映近现代物权法的发展趋势,在借鉴外国法制的同时,制定一部符合中国实际情况的物权法。

谈及我国国情,确实有很大的特殊性,从大的方面来说,首先,社会主义公有制为主体的社会现实不可忽视。这就决定了物权法立法中不可避免地对公有制形式的所有权类型加以规定,但鉴于我国的市场经济体制,有必要对公有制和非公有制的所有权类型"一体保护""平等保护"。在民法的大背景下,国家作为所有权主体必须脱下主权者的外衣,和市场中其他主体处于平等地位。这也是我国法律为我国参与国际经济竞争所必须采取的立法态度。其次,我国农村土地和农业人群的特殊性,也是物权法所不能不考虑的现实问题。对农村土地集体所有权的重新构建也是迫切和紧要的。近年来,集体土地所有权理论的发展在阐释和分析权利客体的不稳定性、权能的缺失以及成员的流动性和不稳定性所带来的新问题时仍显乏力。集体土地所有权问题既是一个如何在民法理论上将集体土地所有权科学类型化的问题,更是一个如何使集体土地所有权的权利构造适应土地利用方式和农村社会经济改革的现实要求的问题。重构集体所有权理论应向增强所有权主体的独立性、健全"重在利用"的权利体系、拓展土地的价值支配形式以及逐步实现农民土地权利与农村居民身份的分离的方向努力。再次,尽管所有权社会化的浪潮在整个世界范围内出现,但在我国,物权立法的任务仍应是确立人的主体性、权利内容的确定性,强调意思自治的合理扩张,保障私人财产所有权,促进社会主义市场经济的活力,而不是以所有权社会化的名义,过分强调私人所有权的义务和责任,剥夺私人财产权。

又次,建设用地的国有和农村土地不能进入市场流通的现实决定,在我国土地市场流通的只能是国有土地使用权。因此,国有土地使用权的流转必须受到物权法立法的关注。最后,担保物权的规则的技术化,确保立法水平的科学化也是物权立法的重点。总结以往的经验,确立在现实中广泛运用但法律尚未认可新的担保物权种类的地位,为企业融资提供更多的路径,对于物权登记机关的统一化问题也要借这次物权立法的大好时机一并解决。

目前,有关物权立法的讨论仍在进行中。特别是关于物权法的基本目标和定位的问题导致了学界前所未有的大辩论。这是一件好事。我国当前对物权法的需要是紧迫的。规律表明,市场经济越发达,立法,特别是私法领域的立法越趋于复杂。唯有如此,才能解决复杂的经济生活中的问题。因此,我国的市场经济需要一部体现较高立法技术水平,又能反映我国社会现实国情,解决中国实际问题的物权立法。希望在不远的将来,这样一部物权立法能够早日得以制定并尽快获得通过。

时间观念的发展与时间所有权的私法构造*

法律制度、规则和法律意义因人而生，而人本身却是时间性的存在。[①] 于是，法律因时而生，时间成为一切法律的“天网”。一部法律史，描述的就是时间中的法律规则与意义的变迁，“法律是历史(时间)的产物”成为共识。这种法律史观实际上是把时间当成了法律存在的外在条件，法律的演进表现为法律规则或者法律意义在时间轴上的说明。不仅如此，几乎所有的法律理论都是以时间为前提来理解和解释法律变化的，时间是法律生成和演化的宏大背景舞台。这是当今法学界普遍所持有的法律时间观。这种时间观只看到了时间是法律存在的外在条件，而忽视了时间本身也可以内化于法律中，成为法律调整的对象。

本文以私法的核心组成部分——民法为立论基石，试图论证时间可以内化于民法，成为民法的调整对象——私权的客体，从而达到构建起时间所有权的目的。

一、时间观念的发展

时间是个古老而多元的话题。无论是在深邃的哲学中还是在神秘的宗教中，无论是在琐碎的生活中还是在尖端的科技中，它都带给人们无尽的遐想。

---

* 原载梁慧星主编：《民商法论丛》(第57卷)，法律出版社2015年版。

① 参见[德]海德格尔：《海德格尔选集》(上卷)，孙周兴选编，上海三联书店1996年版，第663页。

时间的魅力或魔力恰恰就在于对人的限制——我们生于时间,死于时间。如何挣脱或突破这种限制成了人类自感知时间这位魔术师以来最急切的愿望。于是,所有的哲学、宗教和学科都为之努力。

今天,人们所拥有的时间观是多种合力的结果,其中,特别离不开哲学、社会学和现代经济学各自的塑造。

(一)哲学中时间观的发展

在哲学史上,时间观念大致遵循本体论时间观、认识论时间观和现象学—存在主义时间观的演进过程。由于时间与空间总是构成人们思考世界与思维的维度,因此,时间与空间一起构成了我们的分析对象。

1. 本体论时间观

在本体论时间观中,哲学家们思考时间大致有两个方向:一个是客观(唯物)主义方向;另一个是主观(唯心)主义方向。亚里士多德系统论述了空间、时间、物质、运动的相互联系,开创了客观(唯物)主义的本体论时间观。他认为,空间是物体所处的地点,是一个物体与另一个物体之间的关系;②时间是计量物体运动的并且连续的"数"。③ 空间与时间构成了运动物质的存在形式。与亚里士多德不同,奥古斯丁开创了主观(唯心)主义时间观之先河。他在《忏悔录》一书中指出,"时间不过是伸展,但是什么东西的伸展?我不知道。但如果不是思想的伸展,则更奇怪了"。④ 从此,人类在苦苦追寻时间本质的过程中,有了理解时间的两个不同的视角:其一,时间与物质运动有关,具有客观性,不以人的意志为转移;其二,时间与意识有关,具有主观性,可以通过人的意志来体

---

② 参见[古希腊]亚里士多德:《物理学》,张竹明译,商务印书馆1982年版,第92~107页。

③ 同上书,第127页。

④ [古罗马]奥古斯丁:《忏悔录》,周士良译,商务印书馆1963年版,第253页。奥古斯丁的这句话可作如下理解:其一,时间有思想(心灵、意识)的特性,而非物质的特性(在这点上对抗着亚里士多德),思想的延伸就是时间;其二,思想(心灵、意识)是指上帝的思想,还是人的思想,指代不明。不过,作为基督教教父哲学的集大成者,结合本书的写作意图——向上帝"坦白"——来看,这里的"思想"应该理解为上帝的思想,即时间是上帝思想的延伸。这样的理解无疑是给时间多一个客观唯心主义的本体论说明。但是,如果我们把这里的"思想"理解为"人"的思想,那么,时间就是人的思想的延伸。这样的理解无疑又给时间多一个主观唯心主义的本体论说明。

验感悟。[5]

2. 认识论时间观

在认识论时间观中,哲学家们对时间的认识表现为三种形式。其一,经验主义时间观,是以近代实验科学和经验观察为基础而产生的感性认识时间的观念,其代表人物是牛顿。牛顿在《自然哲学的数学原理》一书中认为,时空是“实在的存在物”,但它“与任何外在的东西无关”,[6]所以空间是与任何外在事物无关的永恒不动和相同的客观存在物;时间是与任何外在事物无关的均匀流逝(延续性)的客观存在物。牛顿看到了时空的客观存在性,却割裂了时空与物质、运动的关系,是一种机械唯物主义时空观,因而又被称为“绝对时空观”。其二,唯理主义时间观,是以消极态度看待经实验和观察得来的感性认识时间的观念,其代表人物是莱布尼茨。莱布尼茨在《人类理智新论》一书中认为,时空是“一种关系、一种秩序”,人们能感受到的时空是事物关系的经验表现,时间代表着事物的连续关系,空间代表着事物的并存关系。他坚持认为,时空这些感性直观的经验表现只有在理性思维中才能得到整理和理解,因而他的时空观被称为“唯理主义时空观”[7]。其三,先验感性论时间观,是在批判牛顿和莱布尼茨的时空观基础上的“调和”理论,其代表人物是康德和黑格尔。康德在《纯粹理性批判》一书中把时间与空间理解为“两种感性直观的纯形式”,本身是不可定义的。[8]

---

⑤　就时间存在属性而言,有两种理解方式:其一,时间是物质的存在属性之一(另一属性是空间),依赖物质而存在;其二,时间是意识的产物,存在于人的头脑中或上帝那里。在我们看来,两种时间观之间具有一定的相通性:客观主义无法抹杀时间的主观性,主观主义也无法排斥时间的客观性。两种本体论时间观都是抽象的时间观:人是抽象的,物质也是抽象的。在亚里士多德那里,作为时间“计数者”是抽象人,客观物质世界也是抽象世界。在奥古斯丁那里,“人”则是匍匐在上帝权威下的“信徒”,同样是个抽象的“信徒人”形象。

⑥　[英]牛顿:《自然哲学的数学原理》,赵振江译,商务印书馆 2006 年版,第 7 页。

⑦　[德]莱布尼茨:《人类理智新论》,陈修斋译,商务印书馆 1982 年版,第 130~138 页。

⑧　参见[德]康德:《纯粹理性批判》,邓晓芒译,人民出版社 2004 年版,第 563 页。既然不可定义,所以只能对它们进行“阐明”,即“将一个概念里所属的东西作出清晰的(哪怕并不是详尽的)介绍”。(参见康德:《纯粹理性批判》,邓晓芒译,人民出版社 2004 年版,第 28 页。)康德首先对时间与空间进行形而上学的阐明,然后进行先验的阐明,得出了时间与空间具有两个重要的特性:经验的实在性和先验的观念性。前者是说,“凡是在经验中被给予的对象(现象),时空对之有实实在在的(客观)作用和效力”;后者是说,“时空既不是客观存在的事物或者其属性,也不是经验事物‘本身’的属性的抽象,而纯粹是主体的认识能力本身具有的先天直观形式”。(参见杨祖陶、邓晓芒:《康德〈纯粹理性批判〉指要》,人民出版社 2001 年版,第 87 页。)

康德的时空观用简单的语言表述就是：我们能直观感受到的时间和空间其实是经验（现象）世界的时间和空间表象，通过这些表象不能找到时间和空间本身；时间和空间本身先天地存在于人的理性认知范围内，但要认知时空，必须通过经验（现象）世界才能得以完成。康德的时空观被称为“先验感性论时空观”。黑格尔批判地继承了康德的时间观，并赋予时间以辩证法。他认为，“时间如同空间一样，也是感性或直观的纯粹形式”，“时间是那种存在的时候不存在、不存在的时候存在的存在”。[⑨] 黑格尔对时间观念的重要哲学贡献在于他把时间赋予了辩证法。这为辩证的理解时间的法理性质奠定了哲学基础。用辩证法理解时间，其实就是用对立统一的矛盾观看待时间，这对理解时间非常重要。

这样，经过本体论时间观和认识论时间观的共同孕育，[⑩]人们对时间的认识有了大致认同的界定：时间是物质运动的延续性、间断性和次序性，其特点就是一维性（不可逆性）。

3. 现象学—存在主义时间观[⑪]

现象学时间观的代表人是胡塞尔，他认为，现象学视野中的“时间”是“排除”了客观时间的“时间”。他在《内在时间意识现象学》一书中，所做的第一件事情就是剔除客观时间。[⑫] 胡塞尔提出“客观时间”与“主观时间”并非指两种不同形式的时间，而是指认识时间的两种方法：一种是根据事物在空间中的运动去把握时间，即“客观时间”；另一种是根据时间在意识中的显现，依靠主体的体验去把握时间，即“主观时间”。在胡塞尔看来，时间不过是一种与“存在”无

---

⑨　在黑格尔看来，时间也是一种直观感性的观念性东西（这一点与康德如出一辙）。参见［德］黑格尔：《自然哲学》，梁志学等译，商务印书馆1980年版，第47页。

⑩　认识论时间观与揭示人的认识能力和认识可能性的认识论有一致的精神“内核”：无论是在经验主义者（如牛顿）那里，还是在唯理主义者（如莱布尼茨）那里，抑或是在先验感性论者（如康德）乃至辩证法论者（如黑格尔）那里，时间都是作为一种认识事物真理的前提。特别是在牛顿和康德那里，经验现象作为感受时间的必要条件，为后来的自然科学的发展奠定了哲学基础。物理时间、数学时间等自然科学时间（经验的时间现象）成了人们生活中的重要时间形式和时间体验方式。牛顿的绝对时空观对后世影响很大，至今人们都还坚持认为，时间与空间是外在于事物的存在。另外，莱布尼茨把时间理解为事物的秩序，也获得了人们的普遍接受。

⑪　现象学时间观重在探讨认识时间的方法，存在主义时间观则从另一个角度探讨时间的本体。现象学的创始人是胡塞尔，而存在主义的代表人物是海德格尔。鉴于胡塞尔与海德格尔有师承关系，且他们都对时间的理解在哲学史上有重要影响，因此，一并称为“现象学—存在主义时间观”。

⑫　参见［德］胡塞尔：《内在时间意识现象学》，杨富斌译，华夏出版社1999年版，第6页。

涉的意识现象。[13] 与胡塞尔的认识不同,海德格尔把时间直接“引入”本体,试图从本体论的视野来理解和把握时间。[14] 海德格尔的本体——存在是“此在”,“此在人的存在”。[15] 他认为,哲学的核心是探究“在的意义”,[16]而“在的意义”只能在自身显现自身去寻找;能够自身显现自身的就只有人的存在(“此在”)才符合“在的意义”。这样,西方哲学在历尽了2000多年的探索后,终于找到了“人”在本体论中的终极关怀。时间与空间在“此在”相连。人(“此在”)是在世界中存在,时空有限性乃是人的有限性——人皆有生死,向死而生。生是“入世”(进入这个世界)、死是“去世”(退出这个世界)。也可以说,“时间”进入“空间”为“生”,退出则“死”。这样,“此在”是“空间化”的时间,或是“时间化”的空间。所以,海德格尔说:“没有人就没有时间。”[17]

综上所述,我们从哲学家们坚持不懈地探索中可以得出时间具有二重性的重要结论:一方面它是客观时间,另一方面它也是主观时间;客观时间与主观时间不是两种时间形式,而是同一时间的两个方面——既客观又主观。特别是海德格尔,他认识到时间“因人而生”,而人既是客观的又是主观的。从此,人们把时间与“人”牢牢地联系起来,“人”(无论是作为类的概念还是个体概念)当仁不让地成了时间的主体。这一认识成为人们能够占有和支配时间的理论前提。

(二)社会学中时间观的发展

社会学中的时间观不同于哲学中的时间观:哲学中的时间观均秉持哲学所具有的抽象、思辨、形而上的思维特质;社会学中的时间观虽受哲学时间观的指

---

⑬ 在哲学史上,从意识角度来理解时间的开拓者是奥古斯丁,胡塞尔与奥古斯丁的不同在于以下三点。第一,时间虽然都作为一种意识,但意识的主体不同,在胡塞尔那里,时间的主体是人;在奥古斯丁那里,时间的主体是上帝。第二,两者探讨时间的目的不同,胡塞尔是为探寻时间作为认知的确定性;奥古斯丁是为回答“上帝创造世界前在做什么”的质疑。第三,两者的时间观不同,胡塞尔把时间理解为内在意识现象,与探讨时间存在的本体论无关;奥古斯丁却是在本体论意义上把时间理解为意识的特性。

⑭ 从本体论的视野来理解和把握时间,这本是由亚里士多德开始的时间哲学观,但海德格尔一反西方哲学传统,把“存在”理解为“动词”,而不是“名词”,这样,“存在”就成了“去存在”“成为存在”,从而使传统西方哲学发生了根本性转变。

⑮ [德]海德格尔:《时间概念史导论》,欧东明译,商务印书馆2009年版,第200页。

⑯ 同上书,第195页。

⑰ [德]海德格尔:《面向思的事情》,陈小文、孙周兴译,商务印书馆1999年版,第19页。

导来理解时间,但社会生活是形而下世界的“现实生活”,维持社会作为一个群体的存在、解决群体内各成员间的社会规则问题是社会学研究的首要课题。社会学中的时间具有定位性、规范性、控制性、协调性和共时性的特质,利用时间来分析、比较、说明社会事件和自然事件。而能承担此重任的时间只能是客观时间而非主观时间。此时的“人”是社会人——每个人都被设想为“适合于和别人过社会生活”。[18] 社会学中的时间之所以不能一味地“主观化”,正是由于社会对秩序的严格要求;试想,如果一个社会中的时间都是由个人从主观体验来理解和执行,那么,这个社会的秩序就很难得以建立。因此,社会学的时间观强调时间的客观性,普遍承认客观时间。以研究社会时间而闻名的社会学家乔治·古尔维奇认为,要把时间放在单纯的哲学理论之外,“社会学家不能参与从巴门尼德和柏拉图到黑格尔的许多哲学家一直兴致盎然地在作证明时间的永恒性或者否定其永恒性的论战”。[19] 可见,社会学的时间观还是刻意保持着与哲学时间观一定的距离。

综观整个人类社会对客观时间的理解,大致经历了从循环时间观向线性时间观的发展轨迹。

1. 循环时间观

循环时间观认为,时间的形状是圆形的,曾经存在过的人和事总会按照某种意志或规律在将来某个时间循环往复。在这种时间观里,“世界万物是反复出现的,逝去的必然再生,过去蕴含了未来变化的一切可能,未来无非是过去的复现”。[20]

循环时间观既可以获得生活体验和经验观察的根据,也可以获得哲学、宗教的支持。生活中的日常例行公事、每天的上下班、“日出而作、日落而息”、在固定的时间重复做某事等,无不让人体验到时间的循环性。通过经验观察,人们认识四季更替、阴晴圆缺、潮涨潮落等。这些体验和观察都是节律性的,都具

---

⑱ [德]塞缪尔·普芬道夫:《人和公民的自然法义务》,鞠成伟译,商务印书馆 2009 年版,英译本编者导言第 16 页。

⑲ [法]乔治·古尔维奇:《社会时间的频谱》,朱红文等译,北京师范大学出版社 2010 年版,第 17 页。

⑳ 熊赖虎:《时间观与法律》,载《中外法学》2011 年第 4 期。

有周期性。这些不仅外在于我们的世界有节律,就是人类自身也有一定节律,如心跳、呼吸、月经、睡眠等。“所有的有机体,从单个细胞到人类甚至整个生态系统,都展示着节律的习性。”㉑在哲学上,西方哲学源头的形而上学就是探寻万物出自本体,演化后最终又回归本体的过程。㉒ 这本身就是一个循环论思想。特别是毕达哥拉斯学派提出的人的灵魂不朽——转世论,㉓更为人们理解时间的循环性奠定了哲学基础,古希腊时期的哲学家几乎都是循环时间观论者。在东方,受佛教“轮回说”的影响,中国和印度的文化中也存在循环时间观。在中国,“五德终始”“阴阳交合”“八卦轮替”等也是循环时间观念的表现;㉔在印度,“传统的时间观是单纯的循环论,它不包含其他任何形式,完全由无休止的往复循环组成”。㉕

从根本上讲,古代社会的循环时间观是由古代农业生产方式的经济基础决定的,依靠自然赋予的条件和春耕、夏耘、秋收、冬藏的生产生活节律,注定了人们把时间理解为一种循环形式,“无论是天、季节、年度或代,所有这些时间单位都是一些前后相继的、纠缠在一起的,总是以同一面目重复出现的‘整体’。在这样的情况下,农民无疑会把时间看作在本质上是循环的”。㉖ 显然,这种时间观有明显的局限性。第一,循环时间观对待“现在”是消极的,既然“现在”发生的人和事是过去的“再现”,将来还要“出现”,那么,“当下”的抉择就没有意义,“生命也失去了它的偶然性和暂时性”。㉗ 反正“现在是这样,将来也是

㉑ [美]芭芭拉·亚当:《时间与社会理论》,金梦兰译,北京师范大学出版社2009年版,第87页。

㉒ 被誉为西方第一位哲学家泰勒斯就认为水是世界的本原,万事万物都由水发生而后又复归于水。参见汪子嵩等:《希腊哲学史》(第1卷),人民出版社1988年版,第160页。

㉓ 参见汪子嵩等:《希腊哲学史》(第1卷),人民出版社1988年版,第256页。

㉔ 严格来说,中国古人没有古希腊人意义上的循环时间观,也没有基督教意义上的线性时间观。尽管中西方的时间观本质上都反映的是人们对宇宙万物和生命的理解,但其差异恰恰在于:中国哲学包括它的时间观,走的是一条“内敛性”的中庸之道,与纯粹、极端、排他的“外向性”的西方哲学有内在的不同。所以,中国人的时间观,一方面强调“时”的循环,另一方面也强调“史”的线性。中国人的循环时间观与线性时间观能够“和平共处”,根源就在于面对时间无常:人应该如何实现“天人合一”的最高人生境界。

㉕ [印]罗米拉·塔帕尔:《早期印度的循环时间观和线性时间观》,载[英]里德伯斯编:《时间》,章邵增译,华夏出版社2006年版,第24页。

㉖ [法]孟德拉斯:《农民的终结》,李培林译,社会科学文献出版社2010年版,第62页。

㉗ [苏]A. 古列维奇:《中世纪文化范畴》,庞玉洁等译,浙江人民出版社1992年版,第107页。

这样”。[28] 第二,循环时间观对待自然界是消极的。人们看到重复循环、有规律的自然,不是积极主动去利用、改造它,而是被动承受,抹杀了人的主观能动性。因此,古代农业社会反对个性和革新行为,新生的事物对这种时间观是没有意义的,有意义的事情是从“此处”(时间内)走向“彼处”(时间外),这个过程就是超越时间,把自己置身于永恒。[29] 第三,循环时间观具有内在背反性。循环时间观的内在动机是超越流变、追求永恒和不朽,这使它在取消了时间方向性的同时,事实上也取消了时间。

因此,随着社会的发展,起主导作用的循环时间观逐渐被线性时间观所替代。

2. 线性时间观

线性时间观认为,时间的形状是直线性的,从过去经现在向未来延伸。与循环时间观不同,时间具有了方向性——一维性(不可逆性)——指向未来。

线性时间观的兴起主要有以下三个因素。第一,人对有限生命时间的深刻认识,体察到生命时间“一去不复返”,体会到时间不能完全重复。第二,现代工业生产方式的出现并取得了主导的地位。工业文明打破了循环时间对自然节律的依赖,使整个社会都处于一种流动和变化之中,客观上需要有一个新的时间标准来调整所有人的行动以形成有效的社会秩序。第三,基督教时间观的确立。[30] 在基督徒的世界里,永恒与时间被分开,永恒是上帝的属性,时间是上帝的创造,是有始有终的。人生没有“轮回”,不可重新再来,人直接面临“末日审判”这一终局裁决。“世俗化”的时间构成了人类存在的“大限”。在“时间”与“永恒”之间只有获得神的“恩赐”的人,才能“跳出”时间进入永恒。[31]

线性时间观表现的是流动变化的时间,“时间好像一条由发生的各种事件构成的河流,而且是一条湍急的河流,因为刚刚看见了一个事物,它就被带走

---

[28] [美]伊迪丝·汉密尔顿:《希腊方式:通向西方文明的源流》,徐齐平译,浙江人民出版社 1988 年版,第 153 页。

[29] 参见[法]路易·加迪等:《文化与时间》,郑乐平等译,浙江人民出版社 1988 年版,第 230 页。

[30] 关于基督教对循环时间观的打破,参见[法]路易·加迪等:《文化与时间》,郑乐平等译,浙江人民出版社 1988 年版,第 225 ~ 266 页。

[31] 参见[苏]A. 古列维奇:《中世纪文化范畴》,庞玉洁等译,浙江人民出版社 1992 年版,第 122 页。

了,而另一个事物又来代替它,而这个也将被带走”。[32] 过去、现在、将来都是时间轴上的三个时间状态,人是生逢“现在”的。因此,“现在”具有了重要的意义。过去是曾经的现在,将来是尚未实现的现在,能够“体味”的时间只有短暂的现在。把握现在的抉择是决定未来的关键。

线性时间观在现代社会也能以某种体验的形式存在。我们能感受到“时不我待”“光阴似箭”的时间之矢。如果没有线性时间观,我们在“子在川上曰:逝者如斯夫,不舍昼夜”的喟叹中就体会不到“现在”的弥足珍贵和人生的意义。

循环时间观是通过事件或者现象的周期性来展示时间,而线性时间观则是通过物理时间——钟表来展示时间。现代社会是工业文明主导的社会,社会时间以钟表时间来体现。钟表时间是机械时间、人造时间。钟表时间最大的优点在于其抽象性和均质性。格林尼治时间的确立,建立了统一的世界时间,即世界的共同时间。钟表时间成为我们这个世界通用的时间刻度,一年、一月、一日、一小时、一分钟、一秒钟[33]——无论是在国内还是在国外——在世界上任何一个角落都是同质的。正是在这个意义上,现代世界依靠着钟表完成了对社会的整合,建立起全球统一的时间标准。线性时间观更能适应现代工业社会的发展。时至今日,线性时间观取得了对社会的主导作用。在这种线性时间观中,过去、现在、未来都由钟表来安排,时间跳出了“循环”的周期。钟表时间在日常生活中取得了支配地位,是全球贸易、金融、运输和通信网络运行的先决条件,由此,支撑着全球化的组织、企业和跨国公司的日常营运、合作、交易和管理。由钟表时间所承载的线性时间在现代社会中发挥越来越重要的作用,为人们调整、支配和计算时间奠定了基础。社会学家刘易斯·蒙福德对此评论说:“工业社会的重要引擎(key-machine)是钟表而非蒸汽机。”[34]

(三)经济学中时间观的发展

与社会学的时间观一样,经济学中占主导地位的时间形式也是客观的线性

---

[32] [古罗马]马可·奥勒留:《沉思录》,何怀宏译,三联书店2002年版,第39页。

[33] 本文所使用的“秒、分、时、日、月、年”等时间刻度概念,都是在线性时间意义上讲的,是一种人为制造的钟表时间刻度,这与根据生活经历或者天体运行划分的时间刻度不同。

[34] L. Munford, *Technics and Civilization*, New York: Harcourt, Brace & World, 1934, p. 14.

时间。在经济思想史上,时间观经历了从“时间是衡量财富的手段”(以下简称时间手段观)到“时间是财富”(以下简称时间财富观)的发展过程。

1. 时间手段观

社会财富是经济学研究的核心问题,社会财富的生产和分配是经济学的永恒主题。然而,对财富的认识,经济学家们经历了一个长期的探索过程。在经济学之父亚当·斯密那里,财富就是人们创造的交换价值,衡量交换价值(财富)大小的是劳动。斯密认为,一个人的贫富,取决于他所享受人生的必需品、便利品和娱乐品;在分工的条件下,则取决于他能够购买多少劳动。因此,劳动是衡量财富交换价值的“真实尺度”。[35] 斯密正确认识了劳动是创造财富的源泉,为古典经济学的发展作出了重要贡献。沿着这个思路,大卫·李嘉图进一步区分社会财富(商品)的交换价值和价值,认识到劳动创造的是价值而非交换价值。但是,李嘉图还没有区分劳动二重性,未能得出正是抽象劳动创造商品价值的深刻道理。马克思在批判继承前人的基础上,找到了衡量一个社会财富(商品)的“内在尺度”——生产商品的社会必要劳动时间。在马克思看来:“资本主义生产方式占统治地位的社会的财富,表现为‘庞大的商品堆积’。”[36]商品作为社会最主要的财富,用社会必要劳动时间来衡量其价值在马克思那里得到了最充分、最完整的表达。

时间是衡量财富的手段,一直是西方主流经济学和我国经济学研究的基本前提。然而,随着科学技术的发展和人们时间观念的变化,时间观也从时间是衡量财富的手段逐渐向时间就是财富本身转变。

2. 时间财富观

在传统西方经济学中,时间仅是财富创造的一个外在约束条件,任何财富都是在一定的时间中创造的。在萨缪尔森(美国1970年诺贝尔经济学奖的获得者)和诺德豪斯看来,“财富就是指在一时点上,所拥有的财产的美元净

---

[35] [英]亚当·斯密:《国民财富的性质和原因的研究》(上卷),郭大力、王亚南译,商务印书馆1972年版,第26页。

[36] [德]马克思:《资本论》(第1卷),人民出版社2004年版,第47页。

值”。[37] 由于“西方经济学摒弃了价值(更准确地说是劳动价值——引者注)范畴,决定了它不能把时间作为重要的经济变量来对待;它所能做的,只是把时间作为限定的条件,分析其他经济变量的短期和长期、在连续的期间的变动”。[38]

把时间作为经济学的变量来分析时间的经济意义,开始于美国经济学家加里·贝克尔(1992 年诺贝尔经济学奖获得者)在 20 世纪 60 年代所进行的开创性研究,由此诞生了时间经济学理论。根据这一理论,“时间是一种稀缺的资源,人们把它分配给不同的活动,直到它能产生一个相等的边际收益。对于工作的人来说,时间的边际价值由工资率决定。对于不工作的人来说,它就是家庭活动的边际价值,或者是时间的‘影子价格’”。[39]

我国学者张维达把马克思的价值决定论和时间经济学结合起来,用函数模式的方式论证了时间的价值。在他看来,“时间的价值就是时间的经济价值,是标准化的劳动时间所创造的、并以货币形式表现的收入量”。[40] 时间的价值有两种形式:一种是个人的时间价值;另一种是社会的时间价值。个人的时间价值等于单位时间给他带来的收入,这取决于个人的工作效率或劳动生产率。社会的时间价值等于总产量和总劳动时间之比,表示单位时间内生产的平均产量或标准量。就社会的时间价值而言,劳动生产率越高,时间的价值越高,人们越把时间视为一种稀缺的资源。

在这里,经济学者都承认时间是一种稀缺的资源,是一种有经济价值的客观实在,它的内涵与恩格斯在《政治经济学批判大纲》中所提出的“价值是生产费用对效用的关系”[41]的意义有异曲同工之妙。从此时间从衡量财富的手段,转变成为财富本身,成了一种可以计算的资源,[42]人们可以有意识地交换或分

---

[37] [美]保罗·A. 萨缪尔森、威廉·D. 诺德豪斯:《经济学》(第 14 版上),胡代光等译,北京经济学院出版社 1996 年版,第 399 页。

[38] 张维达:《张维达文集:中国市场经济与国有企业改革的政治经济学研究》,长春出版社 2001 年版,第 242 页。

[39] [美]理查德·B. 弗里曼:《劳动经济学》,刘东一等译,商务印书馆 1987 年版,第 23 页。

[40] 张维达:《张维达文集:中国市场经济与国有企业改革的政治经济学研究》,长春出版社 2001 年版,第 251 页。

[41] 《马克思恩格斯全集》(第 1 卷),第 605 页。

[42] See E. P. Thompson, “Time, Work-Discipline and Industrial Capitalism”, *Past and Present*, Vol. 38, 1967, p. 21.

配时间了。[43]

二、时间能够成为民法调整的对象

现代民法学对时间的认识与理解离不开哲学、社会学和经济学有关时间观的指引。在哲学上，时间具有主客观二重属性，这是研究有关时间问题的理论起点；在社会学上，从现实生活出发，强调时间的客观属性，并将客观时间作为考察时间观念演进的哲学基础，得出线性时间观符合社会发展的需要；在经济学上，又以线性时间为本体，论证了时间可以成为一种具有交换价值的资源。至此，时间成为民法调整对象有了理论基础。经济学上对线性时间的二重理解，即时间既是衡量财富的手段，又是财富本身，这一普遍认可的时间观念仍具有重要的现实意义，所以，它们也必然反映到法律的调整和适用层面。

（一）法理建构——时间与现代民法之间的两个辩证命题

在时间与民法的关系上，我们看到了时间的两面性：一方面，时间涵盖民法，表现为“民法在时间中”；另一方面，时间内含于民法，表现为“时间在民法中”。这是两个极富辩证色彩的命题，但法学界只承认第一个命题而有意无意地忽略了我们所关注的第二个命题。从法理上讲，只有将上述时间的两面性均融入民法制度，才能完整地体现出时间的民法特性。

1.“时间中的民法”

第一个命题：“时间中的民法”，即“民法在时间中”，这个命题所揭示的时间与民法的关系是，时间是民法存在的宏大叙事背景，一切民法概念、规则、制度都在时间这个大尺度的框架内生长、演化、消灭；任何民法概念、规则、制度仅

---

[43] 近几年在我国兴起的“时间银行”这种社会服务管理模式就是一种人们交换时间的典型案例。“时间银行”这一概念20世纪80年代初由美国人埃德加·卡恩提出。在这个特殊的银行里，时间是唯一受认可的“货币”，会员通过为他人提供服务来储蓄时间，当自己需要帮助时，再从银行支取时间以获取他人服务。

仅是时间发展的产物,依靠时间得以证成。简言之,民法与时间“历时”。

在传统思维习惯上,法学界正是从这个角度来认识和理解时间与民法的关系的。时间无论是作为一个时点(学界通常理解为“期日”)还是作为一个时段(学界通常理解为“期间”),学者们一般都把时间看成法律关系或权利义务的前提,是民法存在的一种“外生变量”。梁慧星认为,时间属于法律事实,影响民事权利的存续、发生或消灭。[44] 刘得宽认为,凡人之出生、死亡以及权利能力、行为能力、公法上或私法上法律行为效力之发生与消灭,甚至于法令本身效力之发生或消灭,莫不与时间发生关系。[45] 龙卫球把时间作二分理解:一种是就其本质属性的抽象,规定为特定法律事实或法律关系的一种时间属性(如出生时间、死亡时间、限制行为能力期间等),这种时间具有时间标志或度量的意义;另一种是针对某种特殊事实状态的存在,由于涉及当事人利益关系的稳定,规定使其经过一定时间即赋予一定法律事实的意义,发生权利变动的效果(如时效制度等)。[46] 李锡鹤认为:“民法规定时间,只是为了表示民事权利义务的发生时间和终止时间,没有其他作用。”[47]梅迪库斯把时间理解为对权利的一种限制,[48]它所限制的是权利的发生和消灭。

可见,把时间理解为法律关系或权利义务存在的环境或条件,是学者在处理民法时间问题的一种普遍做法。这种做法的实质就是把时间从民法中剥离出去,把时间看成外在于民法的一种自然常态而非社会创造;时间成了一切权利义务关系设立、变更、终止、消灭的外在条件,而没有把时间内化于法律关系之中。

在我们所查阅的文献范围内,拉伦茨对时间与民法的关系认识较深刻。他除了像上述学者一样坚持法律关系有“时间上的开始和结束”外,还分析了权利

---

[44] 参见梁慧星:《民法总论》,法律出版社 2007 年版,第 252 页。持相同观点的还有郑玉波:《民法总则》,中国政法大学出版社 2003 年版,第 473 页;王泽鉴:《民法总则》(增订本),中国政法大学出版社 2001 年版,第 508 页;李宜琛:《民法总则》,中国方正出版社 2004 年版,第 247 页。

[45] 参见刘得宽:《民法总则》(增订 4 版),中国政法大学出版社 2005 年版,第 317 ~ 318 页。

[46] 参见龙卫球:《民法总论》,中国政法大学出版社 2001 年版,第 682 ~ 684 页。

[47] 李锡鹤:《民法原理论稿》,法律出版社 2009 年版,第 637 页。

[48] 参见[德]梅迪库斯:《德国民法总论》,邵建东译,法律出版社 2000 年版,第 88 ~ 89 页。

的时间结构。在拉伦茨看来,不同的民事权利有不同的时间结构。在债权关系中,“时间上的存在并不是债权本身的目的,而仅是达到目的的手段”。[49] 债权只要没有得到履行,它就一直存在,直到履行为止;即便是因罹于时效而丧失了法律保护的可能,债权沦为自然债权,债务人履行债务后仍不得以罹于时效为由进行抗辩,这时的债权仍然遵循因履行而消灭的法理。所以,债权存续时间是债权的重要手段。从时间意义上看,债权能够作为民法调整的对象,正是因为债权的存续时间。形成权的时间结构与债权相似,形成权一经行使它就结束了,即这种权利在行使的同时也即消灭了;如果在一定时间内没有行使,它也会消灭。

在所有权关系中,时间上的存在则与债权的情况不同。所有权不是通过履行义务来结束自己;恰恰相反,它是靠自己在时间上的存在来证明自己的意义。所有权是人对物全面支配的权利,所有权不同于债权就在于它是依靠权利主体自己的自由意志便可实现对物的支配。尽管所有权是随着特定主体对特定物的支配而共始终,但所有权是依赖自己在时间中的存在而存在的,只要权利人不死或物不灭,所有权就一直存续。所以,时间不是所有权的存在手段,而是所有权的存在目的。在人格权和亲属关系中也有类似所有权的时间结构。

通过拉伦茨对权利与时间结构的分析可以看出,权利的时间形式有两种:一是时间是权利存在的手段或条件,如债权与形成权;二是时间是权利存在的目的,如所有权和人格权。无论这两种时间形式与权利的关系如何,时间仍是外在于权利的,与梅迪库斯的认识一样,拉伦茨所理解的时间仍然是权利的限制条件。

总之,传统民法理论只是承认时间是一种影响法律关系变化的外部条件,而忽视了时间的客观性意义,没有把客观时间“内化”于民法中,使之成为民法的调整对象。正如王利明所言:“任何法律关系都可能受到时间的影响,而时效是时间对法律关系产生影响的最直接的体现。”[50]因此,在时效制度中,无论是取得时效还是消灭时效,都反映的是时间对权利的某种影响。在除斥期间、失权

---

[49] [德]卡尔·拉伦茨:《德国民法通论》(上),王晓晔等译,法律出版社2003年版,第260页。

[50] 王利明:《民法总则研究》,中国人民大学出版社2003年版,第700页。

期间等传统民法制度中,人们所关注的都是在宏大的时间背景下法律关系的演变而已。

2.“民法中的时间”

第二个命题:“民法中的时间”,即“时间在民法中”。这个命题所揭示的民法与时间的关系是,时间是民法的一个内在的组成部分;民法可以把时间纳入自己的调整对象。简言之,时间与民法“共时”。

“共时”是两者“同时在场”,其本质内涵不是民法遭遇了时间,而是时间遭遇了民法。时间与民法的共时,不是民法本身的共时;作为形式理性的民法规范,只能是人与时间的共时,不是时间占有了我们,而是我们占有了时间。民法中的“共时”,其实是作为民事主体的人与时间发生的占有关系。占有,意指时间是民事主体的身外之物,是意志支配的对象。人与时间的共时,人作为不可动摇的权利主体,理所当然地成了所有法律制度设计的目的。时间为人所生,为人所用,没有人就没有时间。

从古希腊哲学开始,人类获得了理解时间的客观主义和主观主义两种思维角度,从而使时间具有主客观的二重性。亚里士多德的客观主义时间观把时间理解为衡量事物运动的“数”,为我们构建时间内在于民法的法理奠定了哲学基础。既然时间为“数”,就意味着时间可以被计量;可以被计量的时间才能为人们所理解和控制,就如同我们可以像数珍珠一样去“粒数”时间。这种可数的时间观其实是把时间具体化,符合人类对具体事物认知的形象思维方式。

人是时间性的生物,社会是由人组成的群体。在社会学中,对线性时间的紧张感是身处时间之流的人们最真切的时间感受,有限的人生时间对于人而言是何其短暂、珍贵。出于对生命的深切感悟,没有人会觉得时间是多余的;宇宙时间是无限的,但人们控制和支配的时间是有限的,每个人过好一生是一个基本要求。在现代社会,时间(更准确地说是由钟表展示的线性时间)成为一种可控制、可支配、可交换的重要资源。在市场条件下,人们交换时间,以纸币(货币符号)为载体,“时间就是金钱”(富兰克林语)、“一寸光阴一寸金、寸金难买寸光阴”(中国俗语)是对时间交换价值的生动写照。现在,是可以考虑把时间作为民法中的一个“内生变量”的时候了。在现代社会,时间的交换价值日益凸显,人们在处理时间上有了越来越多的自主选择。时间已经成为一种可供支配和利用的珍贵资源。现代社会所表现出时间具有交换价值的现象,理应在民法制度中得到体现。然而,在传统民法理论中却找不到把时间作为调整对象的任何蛛丝马迹。何以至此? 根源就在于传统民法理论囿于时间是法律关系存在的外在条件的窠臼。

如果说社会学时间观让人真真切切感受到了时间是宝贵的话,那么,经济学则从数量上回答了时间到底有多宝贵。在时间经济学中,时间是一种有价值的变量,可以用数理模型的方式计算时间的价值量。社会学对时间珍贵的真切感受与经济学对时间价值的变量分析相结合,已为哲学时间观的发展带来新的契机,时间不仅是事物存在的条件,它还可以因其可控性和稀缺性成为人们支配和计量的对象。

因此,“时间中的民法”与“民法中的时间”之间构成这样的辩证关系:前者的时间是“无背景”的高度抽象的时间,是描述民法现象的宏大叙述方式,它构成民法产生、存在、演变和消亡的时间维度;后者的时间是“有背景”的具体的、相对的时间,是特定民事主体针对一个现世的可控时间。无论是抽象时间还是具体时间,它们都统一于现代民法适用和调整的共同时间——线性钟表时间,都具有不可逆的、可测量的、可控的和可预见的时间特性。

(二)立法依据——时间具备民事权利客体的基础要素

任何事物要成为民法调整的对象,最直接的表现就是它能够作为民事权利的客体。客体是民事权利得以成立的根据。在民法上,自由意志是权利的核心。但自由意志是无法精确地被界定的,所以,民事权利体系的构建必须依赖于立法对权利客体的认可和分类;否则,自由意志的支配力、请求力就没有明确的目标。因此,讨论和论证时间能否成为民事权利的客体,是解决立法上能否承认时间权利,进一步确认时间所有权制度的基础问题。

1. 客观存在性

民法观念上认为,民事权利的客体并非只能是有体物,一些具有经济价值而又无形体的客观存在(如无线电频谱等)也能成为民事权利的客体,而时间就是一种客观存在。时间这种客观存在性是它能够成为民事权利客体的前提条件。

在学理上,民事权利客体的客观存在性是指客体独立于人的意志,不以人的意志为转移,是一种“身外之物”的存在。那么,时间能够成为“身外之物”吗?从哲学上讲,人不可能超越时间,因为人本身就是时间性的存在。即便是把时间作为一种具有交换价值的资源,人们交换时间也不是为了超越时间或占有更多的时间。按照亚里士多德、牛顿的时间观,时间是物质存在的属性之一,是独立于人的意识,并能被人的意识所把握的客观存在。时间是无形体的客观存在,但这并不影响它的客观实在性。诚然,时间在没有进入法律调整范围前,它只是一种事实的存在。当法律将时间作为调整对象后,它就成为一种权利的客体。时间的客观存在性,是分析时间权利的起点,是将时间纳入民法调整范围的事实基础。

2. 有用性

时间要成为民事权利的客体,还必须满足权利客体的有用性。一般来讲,有用性体现为事物对人的需要的满足关系。这种关系是以人为中心来看待世界的相互作用的,正如马克思、恩格斯在《德意志意识形态》一书中所指出的那样:“凡是有某种关系存在的地方,这种关系都是为我而存在的。”[51]同样,权利作为自由意志的表现形式,从本质上讲也是权利客体对权利主体的满足关系。所以,民法的客体必须满足人们社会生活的需要,[52]即对人们有用。只有具有这种“有用”特性的客观事物,才能构成权利的客体。时间的有用性,是指时间能满足人的某种需要的特性。时间的有用性源于时间具有经济价值,是一种能够进行交易的对象。时间对每个人来说都是宝贵的,生于时间内的人大致有两种存在样态:要么劳动,要么休息。[53] 如果这是我的劳动时间,无论是为自己劳动还是因契约关系或公共关系为他人劳动,那么在这段时间内,我可以按照劳动规则和劳动要求安排好我的劳动时间;如果这是我的休息时间,那么在这段时

---

[51] 《马克思恩格斯全集》(第3卷),第34页。

[52] 参见梁慧星、陈华彬:《物权法》,法律出版社2004年版,第24页。

[53] 对于所谓的“只工作不休息”“只休息不工作”“既不工作也不休息”的非理性假设不予考虑。

间内,我可以享有支配时间的自由,至于我以什么方式休息,在所不问。社会学和经济学已经证明,线性时间是“一种建立在计算理性基础上”[54]的重要资源,有价值、能够交换,而这正是时间有用性的真切体现。时间有用性的意义在于人们能够利用时间、支配时间,满足自己创造新的生产力和对物质、文化生活的需要。

3. 有限性

时间要成为民事权利的客体,还必须满足民事权利客体的有限性。当然,有限性并不是所有民事权利客体的必备特征,如人格要素作为人格权的客体就无有限性的要求。但是时间是一种稀缺的资源,在人们普遍承认和运用线性时间的前提下,对特定的人来讲,一生的时间是有限的,时间只能向前延续,不能回转再生。即使对一个国家和民族而言,也会有不同发展阶段的历史进程,它所经由的时间也不是无限的,失去了历史机遇,社会发展必然受到挫折。时间如此宝贵,民法就应将其作为一种稀缺的资源来对待,将掌控时间作为人们普遍享有的权利来维护。

4. 可控性

时间要成为民事权利的客体,还必须满足权利客体的可控性。时间的可控性,又称时间的可支配性,时间必须保持在人的理性实践所掌控的范围内;如果超越理性实践的范围,便丧失了时间的可支配性。那么,时间的可控性应该如何理解呢? 在社会学中,线性时间观为人们支配时间提供了理论依据,而钟表的发明为人们支配时间提供了计量工具。根据钟表时间,人们可以有计划地参与活动,降低时间成本、提高时间的利用效率。

在传统民法学中,作为权利客体的物一般局限于有体物,然而,随着现代社会经济和科学技术的发展,权利客体已经不限于有体物,也不限于知识产权以及电、光、声、热、核能、频道等无形物,随着人们交易对象的日益增加,权利客体的内涵迅速拓展,甚至连空间也进入了民事权利的范围。[55] 如果要把时间作为

---

[54] N. Thrift, *Owners' Time and Our Time*: *The Making of a Capitalist Time Consciousness*, 1300 - 1880, Australia National University, p. 57.

[55] 参见梁慧星、陈华彬:《物权法》,法律出版社 2004 年版,第 156 页。

一种特殊的无形物由民法调整,那么它必须具备法律上排他的可控性或支配性。时间显然具备这样的特征。一方面,时间是可控的,这是因为钟表时间是一种物理学时间,人们可以通过控制社会生产和生活过程来实施对时间的消耗。在发达的电子信息时代,时间的计量尺度被压缩,时间的价值成倍增长。另一方面,时间是可支配的,这是因为时间与人同在,一个人支配自己的时间,其实也是支配自己的人身。在现代社会,线性时间成为人们控制和交易的对象,人们可以交换由分钟、小时、天、周等构成的钟表时间,并确定时间交换价值的大小。此种情形下,人们可以像支配自己的财物一样支配自己的时间,在支配自己时间的过程中体现自己的自由意志。

总之,时间具有客观性、有用性、有限性和可控性,符合民法的关于民事权利客体的基本特性,这为时间纳入民法的调整对象提供了立法根据。

(三)法律意义——促进和维护时间价值的实现

法理构建和法律制度是一定历史阶段的产物。正如马克思所说“每个原理都有其出现的世纪”,[56]而“我们时代的理论思维,都是一种历史的产物,在不同的时代具有非常不同的形式,并因而具有非常不同的内容”。[57] 以这样的唯物主义历史观观察和分析时间在当代社会生活中的基础地位和功能,人们发现,时间资源不仅是创造财富的基本元素,而且还是财富本身。时间作为一个独立的客体进入法律领域不仅是假设,而且将成为现实。以上认识,就为时间成为民法的调整对象并扩展出一项新的民事权利提供了理论基础和法制空间。其意义体现在以下方面。

1. 时间具有交换价值,是市场经济运行中必须应对的法律现象

在人类不同的历史阶段,人们对时间的占有和支配有不同的方式。在农业社会,农民一般只能收到或保留他们所实际产量的一部分,劳动时间没有必要转换成为货币。在工业社会,人们开始将财富与时间连接在一起,劳动力和金

---

[56] [德]马克思:《哲学的贫困》,载《马克思恩格斯选集》(第2卷),人民出版社1995年版,第146页。

[57] [德]恩格斯:《自然辩证法》,载《马克思恩格斯选集》(第2卷),人民出版社1972年版,第465页。

钱都逐步按照时间来计价，并在随后的年代里时间的锁链箍得越来越紧。[58] 到了当今社会，由于市场经济的发展，时间已经成为一种可以商品化的资源，这是线性时间观在现代社会的生动体现，为我们理解时间提供了全新的视角。通过钟表所展示的线性时间具有中立、不带任何色彩、去背景化的均质性和抽象性，给人们交易时间带来契机；由标准化劳动时间所创作的价值能够以货币形式被量化，从而使时间能够作为交易标的进入市场。当双方当事人在法律规定的范围内达成了时间交易的合意，就会形成时间交易法律关系。当代著名社会学家吉登斯正是看到了钟表时间的这种去情景化并可与他人交易的事实，认为钟表时间是“商品化时间的真正表达”。[59] 商品化时间，意味着时间不仅是一种可支配的资源，更重要的是它具有了交换价值。时间的这一特性，使它更能够适应市场经济的运行和发展，更能够适应现代工业文明的快速、高效的社会生产、生活的节奏和规律，其法律意义深远。

正如前文所述，时间价值可以分为个人时间价值和社会时间价值两种形式。个人时间价值，是指个人间不同的工作效率或劳动生产率会创造出不同数量和质量的社会财富，由此形成个人特定的时间价值。这意味着，个人在其单位时间所应取得的经济收入，即为个人的时间价值。虽然个人的时间价值会随着其工作效率或劳动生产率的变化而变化，但是在某一特定的单位时间或环境下应该是确定的或可预知的，这就为个人时间的交易奠定了基础。在任何一项劳动合同中，首先必须确定劳动者在每一单位时间的工资标准，这一标准既可能是国家限定的，也可能是用人单位自主确定的，但它必须以劳动者的劳动时间价值为根据。

从整个社会的视角考察，社会时间价值是指全社会之总产量除以总劳动时间，从而得出劳动者在单位时间的平均生产量或价格标准。显然，一个社会的劳动生产率越高，劳动者拥有的时间价值越高。社会的时间价值只体现社会总的劳动生产率带来的价值水平，通常并不作为特定时间的交易根据。但在公共

---

[58] 参见［美］阿尔文·托夫勒：《财富的革命》，吴文忠、刘微译，中信出版社2006年版，第53页。

[59] A. Giddens, *A Contemporary Critique of Historical Materialism: Power, Property, and State*, University California Press, 1981, p. 134.

秩序领域,当人们的时间因故遭受延误和损失,其价值的赔偿则可以社会的时间价值为参照。在这种情况下,时间充当着去语境化的抽象价值标准,免除了人与人之间因年龄、身份、权势差异产生的不同诉求,使赔偿得以顺利进行而不会陷入无休止地具体化中。

2. 确认时间资源的归属,是对知识和信息时代的法律回应

自20世纪以来,科学技术的不断进步,促进了社会生产力的飞跃性发展,给人们的生产和生活方式带来了广泛又深刻的变革。在知识和信息时代,人们之间、财富之间以及它们相互之间的空间距离被拉近,人们在社会经济生活中高速运行的时间维度被压缩。时空浓缩,其价值增长,人们不得不珍惜每一立方的空间和每一分钟的时间。就时间而言,劳动生产率的提高,使其单位时间的价值大幅度提升。当人们乘坐飞机或高铁时,就会轻易地比过去乘坐其他交通工具快上数倍或数十倍;当人们运用计算机或其他先进设备进行工作时,其效率就会轻松地提高数十倍、数百倍。在这种情况下,个人或社会的时间价值也随之提高数倍、数十倍甚至数百倍。时间的价值提高了,各种有关时间的新概念出现了,如"互联网时间""数码时间""时间饥荒"等。但人们并没有普遍认识到时间存在的真正价值,似乎有形财产和已经被认知的智力成果和信息才有实际意义,而时间仅是一个哲学上的抽象概念或是一种主观感受而已。虽然人们已经认识到时间的有用性和有限性,也把珍惜时间、"不虚度年华"视为一种美德、一种促进社会发展的重要因素,但浪费时间、延误时间、侵占他人时间的现象还十分普遍,这是为什么呢?原因在于法律没有将时间纳入调整范围、没有对占有和支配时间的行为加以规范。从法律意义上讲,时间仅是一项无主的客观存在、一项无主的社会资源而已。

高科技发展不仅促成经济形态的改变,而且对调整社会关系的法律也产生重大影响。在不断变化的财富体系中,时间已经以一种新的财富形式加入了进来。人们发现,21世纪的时间远远比工业时代的时间贵重得多,后一个时间段比前一个时间段更具经济价值,因为后一个时间段能够创造出更多的财富。时间价值的迅速提升,促使法律必须给予回应,而首先就是要为时间确认其归属:一个没有归属的时间就没有人对其主张权利、履行义务和承担责任,就

没有解决社会冲突和稳定社会的基础。要解决时间的归属问题,就要将时间纳入民法调整的范围,使时间成为每一个自然人自主掌控的对象。时间有了归属,人们就会更关注时间在社会和经济发展中的价值,节省时间、提高效率,在有限的时间内发挥出更大的创造力,为人类社会的进步和持续发展开辟道路。

3. 承认时间收入的合法性,是促进社会生产力最大化的现实需要

在市场经济条件下,国民收入中最大的一部分是劳动收入,剩余部分是各种形式的交易收入和财产收入,也包括由政府提供的转移支付。就个人而言,财产收入的取得是以其占有的财富为前提,财富包括有形财产,也包括无形财产,即所有有价值的东西都可以作为确定收入的生产要素。如前所述,社会学家和经济学家已经论证了时间的当代内涵,时间不仅是计算劳动量和劳动价值的尺度,而且也是一种有限的经济资源,以时间为要素投入生产的劳动者也应取得相应的回报。所以,时间的价值属性决定了时间也是生产要素,人们可以以时间直接作为生产投入而取得收入。事实上,以时间投入生产或金融领域并获取收益的经济现象早已被人们所认同。例如,因存款而取得利息,并非来自该项存款的使用收益,而是由整个社会的资金供给和需求所决定的利息率决定的。在一定的社会经济条件下,利息率与时间成正相关。所以,对资金的拥有者来讲,时间成了获取利息收入的根据。又如,窖藏陈酒价格的提升,并非厂家有了新的成本投入,而仅是时间的等待和积累。当然,等待和积累时间也有成本,这个成本就是构成陈酒价格的时间价值。一些服务行业也是以时间作为计量服务价格的,它们并不注重服务的技术成本,此时,服务者的劳动和其他付出均凝结在时间的价值中了。

时间能够成为生产要素,是劳动者取得时间收入的前提。劳动者投入生产过程的时间,包括劳动时间、休息时间和因劳动对象受自然力作用的劳动中断时间,以及生产资料的储备时间。劳动时间是直接作用于劳动对象并创造经济价值的时间,它为劳动者带来劳动收入。但是,随着社会现代化的发展,劳动者的休息时间、劳动中断时间等非劳动时间不断增加,这就为时间成为劳动者自由掌控的生产要素提供了条件,也为劳动者越来越多地取得时间收入奠定了基

础。法律应该适应经济生活的这种变化,为促进社会生产力的最大化提供法律保障。

4. 时间兼具人身属性,是法治社会实现公民人身自由的具体体现

在法治社会,时间价值具有两面性,既具有财产属性,又具有人身属性,这是时间构成权利要素的重要特征。我们将时间纳入民法的调整范围,归根结底还是解决法律如何对待人的问题。人的尊严和自由是近代法律秩序的核心理念,人有了自由的时间(还有空间)才能充分施展个人才华、最大限度地发挥其积极性和创造性;一个自由的国度才能保证它的人民在精神、心态和社会肌体上的健康和活力。所以,人生自由的取得是以个人对时间的自由支配为前提的。在法律规定的范围内,个人能够按照自己的意志自由支配时间,如自主选择职业或参与各项社会活动,而不应该受到非法的约束、控制或妨碍。

能够自由支配时间是人作为时间性存在的客观要求。随着科学技术的发展以及劳动和工作方式的改变,人们占有更多的自由时间成为需要和可能。这种因"第一生产力"发展而"腾出来"的自由时间,在现代人权运动的启迪下,成为衡量个人尊严和自由的重要尺度。自由时间成为个人的自由空间,任何人都负有尊重和不得侵犯的义务,法律(包括民法)理应对个人自由时间给予保护。民法保护个人对自由时间的占有,意味着时间必须内化于民法中,其实质是用民法的调整方式来保护个人的人身自由。就劳动者而言,他们对自己的劳动时间享有自主掌控和转让的权利,对于超出法定工作时间需要加班的,有权就其被占用的个人自由时间获得补偿。换言之,不仅劳动者的劳动时间有价值,其休息时间也有价值和交换价值。在一个法治昌明的社会,当个人的自由时间受到国家机构或个人的侵害,受害人应当得到因此而失去的时间价值的赔偿,这包括因此产生的全部财产损失的赔偿。人们会认识到,对一个获徒刑的囚犯来说,法律对他的惩罚就是剥夺其自由的时间,从而使其丧失了对个人时间的自由支配,这意味着囚犯要用自己的时间为自己的罪行"买单"。如果出现司法上的错误羁押、错误判处徒刑,均会对当事人造成自由时间的侵害。由于时间不可逆转、自由不可重返,所以为了弥补受害人的损失,只能以其失去的时间价值作为赔偿的货币计量标准,这已经成为各国法律的通常做法。这就是说,当事

人因错误羁押或者误判而被剥夺的时间是有价值的,被错误地“拿走”了多少时间,就应该赔偿多少时间的价值。在这里,虽然囚犯获徒刑失去的是自由,但徒刑计量的是时间;如果因被误判而获得赔偿,并不是对自由的赔偿,也不是对时间维度的赔偿,而是对时间价值的赔偿。

三、时间所有权的概念和基本构造

(一)为什么选择时间所有权?

本文已经论证,时间能够成为民事权利的客体,那么,时间是何种民事权利的客体呢?或者说,在具有交换价值的时间上,我们能够为它设置何种民事权利。

在传统民事权利的二元结构中,人身权是权利主体意志对自我作用的结果,财产权是权利主体对他人意志或特定物作用的结果。时间虽然“因人而生”,具有人身属性,但在社会经济生活中,时间更多的体现是客观的存在物,并在市场经济中具有交换价值,所以,我们为时间设置财产权是妥当的。在财产权的体系中,债权和物权都是调整财产关系的基本法律规范,时间作为一种经济资源,可交换性是其内在特征,债权对时间资源的流转有重要的规范作用。但是,时间作为一种特殊的经济资源,对现代人的意义不在于调整时间流转行为,而在于对时间的占有和自由支配,这是发生时间流转的前提。因此,我们把时间权利界定在物权概念的范围内更贴切。

在物权领域,所有权作为最基本的制度形式,符合时间纳入民法调整的规范要求。按照传统理论,时间是无形的客观存在,不可能进入物权的调整视野,更不可能成为所有权的客体。但是,无论是在农业社会,通过保护土地所有权,赋予农民对农耕、农业投资的积极性;还是在工业社会,通过保护知识产权,促进科技人员创造发明新技术投资的积极性;抑或是在当今社会,通过保护时间权利,激励人们更有效地利用时间资源的积极性,最终都是为了实现社会整体生产力和社会财富的最大化。所以,土地所有权、知识产权和时间权利在构造[60]上是相互平行的权利,它们在不同的社会形态中却有着相同的社会需求和相同的社会功能。时间也能够像实物和智力成果一样成为交易对象和资本投入的标的,并在市场运作中单独产生新的价值。因此,设置时间所有权有利于人们对时间的占有和支配,促进社会的进步和发展。

在构建时间所有权的过程中,我们曾考虑过使用时间权的概念,但时间权的内涵过于宽泛,具有较大的不确定性;同时,社会学中已经广泛使用了“时间所有权”的概念,[61]并且,时间作为民事权利的客体又具备民法上“物”的特征;从所有权制度的发展来看,它已经逐步形成一个多元化的权利体系。[62] 因此,将时间作为所有权客体能够顺应民法调整范围不断扩展的趋势。同时,时间成为一种所有权客体并不妨碍以此为基础的其他权利形态的扩展,因为所有权是其他财产权的基础,就如同以房屋所有权为基础可以将房屋设定用益物权和担保物权,并可以成为债权关系的交付标的一样。

(二)时间所有权的概念与特性

所有权是一种最能体现权利主体自由意志的权利。按照王泽鉴的理解:“所有权者,指于法令限制之范围内,对物为全面支配的权利。”[63]根据我国《物

---

[60] 参见[日]加藤雅信:《“所有权”的诞生》,郑芙蓉译,法律出版社2012年版,第3页。

[61] “时间所有权”概念不是我们的首创,是一些西方社会学者在研究商品化时间和资源化时间的基础上提出的概念。参见[英]查理德·惠普等编:《构建时间:现代组织中的时间与管理》,冯周卓译,北京师范大学出版社2009年版,第20~29页、第156~166页;[英]芭芭拉·亚当:《时间与社会理论》,金梦兰译,北京师范大学出版社2009年版,第123页;[英]约翰·哈萨德编:《时间社会学》,朱红文等译,北京师范大学出版社2009年版,第14~15页;G. Ingold, “Time and Idnetiy”, *Time and Society*, 1995, 4/1:5 – 28; B. Knickerbocker, More Workers Balking at Compulsory Overtime, *The Christian Science Monitor*, 22 March, p. 7; Moss Murray, Time Ownership in UK, *Industrial Management & Data System*, Vol. 84, Iss:9, pp. 25 – 27; A. Giddens, *A Contemporary Critique of Historical Materialism: Power, Property and the State*, University California Press, 1981, pp. 130 – 133。

[62] 随着社会的发展,所有权的界定越来越困难,“这就启发我们不能一味地追求统一的所有权概念,而应建立一个多元化的所有权体系。所有权的弹力性说和单一所有权概念已经无法解释当今复杂的社会现实”。参见[意]奥利维耶罗·迪利贝托:《论所有权的范围及其限制——从罗马法到近代民法典的历史流变与简评》,翟远见译,载《罗马法、中国法与民法典化国际研究会论文集》2009年版,第376页。

[63] 王泽鉴:《民法物权:通则、所有权》,中国政法大学出版社2001年版,第149页。

权法》关于所有权的规定[64]以及时间所有权的特殊性质,时间所有权是指权利人自主掌控、让渡和转让其特定的钟表时间,以及从该时间创造的价值中获得收入的财产权利。

时间所有权是建立在现代物权理论基础上的财产权。然而,它却不同于一般所有权。

第一,时间所有权的主体是自然人。人是时间性的存在,时间因人的生命出生而取得,因人的生命持续而同在,因人的生命终结而消失。人的出生、持续和终结是自然生理现象,这里的人是指能够取得民事主体资格的自然人。自然人与时间不可分隔的属性,决定了时间所有权的立法宗旨是维护自然人支配自己时间的自由,所以,时间所有权是一种具有人身属性的财产权。自然人作为时间所有权的主体,是为了维护自然人支配自己时间的自由状态,保证其时间价值的实现。自然人的时间所有权无法转让,但他可以将自己时间的使用权投入或赋予某些组织或个人,进而构成受让人有权支配的无形财产,但时间所有权仍掌控在该自然人手中。就社会组织而言,它们在法律或合同规定的条件下,可以支配和利用其成员个人的时间以组织生产和工作,并将其时间创造的价值归于本组织,但是它们只是时间使用权的主体,而不是时间所有权的主体。

第二,时间所有权的客体是钟表时间。一般所有权的客体是有形物——动产或不动产,占据一定的空间,因此能被人的感官感觉知晓。而时间所有权的客体为无形的时间,只能靠人的意识去体验。现代社会人们体验到的时间形式是钟表时间;钟表时间本身不是社会时间,[65]而是用物理学的时间形式来展示的社会时间,[66]从而使社会时间具有可度量性和可交换性。作为时间所有权客体的钟表时间,是一种描述时间的"标准"形式,这种时间是一种"去场景"的抽象

---

[64] 我国《物权法》第39条规定:"所有权人对自己的不动产或者动产,依法享有占有、使用、收益和处分的权利。"以上是以规定所有权的内容的方式来定义所有权的,至于所有权的内容包括哪些权能,在理论上意见并不完全一致,这就为我们讨论特殊的所有权形式留下了学术空间。

[65] See P. A. Sorokin and R. K. Merton, "Social Time: A Methodological and Functional Analysis", *American Journal of Sociology*, Vol. 42, 1937, pp. 615–629.

[66] See J. D. Lewis and A. J. Weigart, "The Structures and Meanings of Social Time", *Social Forces*, Vol. 60, 1981, pp. 432–462.

线性时间。现代人之所以能够交换线性时间,是因为这种时间能够凭借钟表划分成不同的时间段,在不同的时间段内,人们从事不同的活动会产生不同的物质利益或精神利益。在前工业文明社会,人们关注的是时间段内所创造的物质或精神的财富;在工业文明社会,人们已经开始关注能够创造财富的时间本身。

第三,时间所有权的行使方式是支配某一特定的时段。一般所有权的行使依靠权利主体自己的意志直接作用于外在的标的物上,因此,这种行使方式具有表象性,如对动产或不动产的直接占有和使用。时间所有权的客体是时间,时间为无形之物,它虽然具有客观实在性,但却没有实物与之相对应,我们不能在客观世界里指着某物断定它就是时间。而人本身就是时间性的存在,这是海德格尔的存在主义时间观为我们提供的最有价值的时间哲理。这意味着时间与人共时,时间所有权的行使,只体现权利主体能够自由支配自己(而非他人)的时间。在法律的限定内,或将某一时段投入劳动以取得经济利益,或将某一时段安排休息以保障身心健康。随着社会的进步,劳动时间与休息时间的界限趋于模糊,个人能够自由支配的时间将越来越充分、越长久。

第四,时间所有权是一项增长性权利。增长性是财产所有权的基本属性和功能,它是指权利人从对财产的拥有中获得收入的权利,而获得收入的途径,或者通过资源的生产性开发,或者通过资源的交换。[67] 强调时间所有权的增长性有着特别的意义。时间是无形之物,就自然人而言,从时间的拥有中获得收入时,虽不可能开发出新的时间来,但能够通过提高单位时间的利用效率创造出更多的个人的时间价值,从而获得直接的生产性收入;在社会化的生产条件下,自然人更多的是通过契约关系将其个人时间的使用权投入社会组织,由该组织统一占有和支配每一个成员的劳动和工作时间,从而创造出更高的生产力,使其成员个人从时间的交换价值中获得工资或相关收入。时间所有权的这一特性,决定了它的内容及其民法规范的构造。

---

[67] 参见[美]克里斯特曼:《财产的神话》,张绍宗译,广西师范大学出版社 2004 年版,第 3 页。我们理解的是,这里的拥有实际上就是所有之意,收入包括劳动收入和财产性收入。蒲鲁东早年所称的所有权收入是指一种意外的好处,即财产性收入,如地租、利息和利润等形式。

(三)时间所有权的基本结构

所有权的目的是得到收入,时间所有权也不例外。时间所有权可以为权利人带来生产性收益、交易性收益、财产性收入。生产性收益和交易性收益属于劳动收入,财产性收入属于劳动剩余的额外收入,这是时间所有权结构的核心内容。具体而言,时间所有权的结构由以下三组相关的权能和收入构成。

1. 时间所有权的掌控权能形成生产性收益

掌控权,是指自然人对他自己的时间拥有一种独立的权力,无须他人同意,即可以占用和使用,并能排除他人干涉。占用和使用时间是进行转让或者交易时间的先决条件。在民法上,占有的时间是一种有刻度的线性时间。现代世界凭借钟表把整个社会秩序纳入了一个极其抽象、完全可控的时间表内。时间的均衡性使生于其中的每个人都能凭借自己的意志占有一定的时间。占有时间是对时间的一种掌控。需要注意的是,个体劳动时间和休息时间是时间所有人自由掌控的时间,那么,集体劳动时间呢?时间一经投入某个社会组织的劳动就要服从管理者的指挥,就要遵守劳动纪律,此时,劳动者好像丧失了自由掌控时间的权利。其实,社会劳动时间也是以自然人的时间所有权为前提的。时间所有权关注的是时间的占有者面对时间的自由抉择——如何参与劳动和休息的权利。使用时间是把自己的时间功利化,权利人根据自己的意志,控制和改变时间的占有和使用,保持对时间支配状态的决策权,从而达到理想的实际效果。使用时间又分为相关使用和非相关使用,相关使用时间是指权利人与其他人相互进行劳动的配合和合作,进而产生共同的或共有的生产性收益,但这种配合和合作并不是时间使用权的转让和交换;非相关使用时间是权利人独自利用自己的时间去创造生产性收益,或主动将自己的时间使用权无偿让渡他人。从实质上讲,时间所有权的制度构成也是民法设置的一种收益分配机制。

当劳动还是作为正当谋生的主要手段时,社会财富的分配是以劳动时间为尺度:有劳动能力者参与社会财富的分配,是为了更好地劳动;暂无劳动能力者参与社会财富的分配,是为了将来能够有能力参与社会财富的创造;丧失劳动能力者参与社会财富的分配,是为了回报劳动者对创造社会财富的贡献。从这个意义上讲,任何一个人无论参与劳动与否,都被视为自己时间的使用者,均有权获得相应的社会财富的分配。

2. 时间所有权的转让权能形成交易性收益

转让权能是时间所有权结构中最有分量的元素之一。从本质上讲,转让权能是一种交易权,其目的在于获取收益。在社会化生产中,个人时间只有聚集为社会时间,形成最佳的时间组合,才能创造出更高的生产力。个人时间的聚集不是靠强制的力量,而是通过平等契约关系的交易来实现。在民法上,时间交易是一种双边的、有条件的时间转让行为。正如前文所述,时间所有权具有人身属性,它与权利人的人身密不可分。对于让与人来讲,特定的时段、特定的条件下所发生的时间转让,并不是所有权意义上的时间转让,只是时间所有权的一项权能即使用权的转让,而让与人并不因此而丧失时间所有权,他仍然保留着对自己时间的处置权和请求权。时间所有权的转让权能,只是让与人在法律或组织体规章规定的范围内将特定时段的身体自由,即从事某种劳动或工作的身体行动或智力开发,归由受让人管理、组织和支配。作以上限定,是为了更好地保护权利人因转让时间使用权而人身自由不受侵犯。

在上述转让关系中,让与人是为了获取收益,受让人是为了取得一种特权,即支配和使用让与人转让某段时间的权力,这是一种平等的交易关系。对于让与人而言,将自己的时间使用权转让他人,也是向市场付出的一项实际的交易成本,理应获取相应的收益。从民法角度看,让与人之所以能够获取转让收益,是他对自己的时间享有所有权的结果。这种获取收益的权利也应涵盖在时间所有权的定义中,时间的收益权与时间的占有权、使用权和转让权等共同构成了时间所有权的总和。在完善的市场中,时间所有人因转让其使用权而获取的时间收益,应该是让与人个人的时间价值的真正体现。当然,时间收益的获取也是有条件的,它还会随着当事人意志的改变而改变,所以时间收益的取得又具有偶然性。由此看来,时间使用权的转让通常具备以下条件:(1)双方当事人之间的互动;(2)市场经济的存在;(3)社会上稳定的信用关系;(4)当事人偶然性的需要和愿望。不言而喻,与时间使用权转让密切相关的是劳动关系。劳动者根据劳动合同规定将自己的时间使用权让与用人单位,接受其管理和指挥并获取相应的经济收益,在劳动者和用人单位之间,法律更应强调对劳动者合法权益的特殊保护。但是也必须承认,劳动者虽然投入了相同的劳动时间而获取的收益可能是有差异的,这是因为每个劳动者的个人时间价值是由他们的劳动生产率创造的产品和成果决定的,所以劳动者之间由此获取的收益存在一定差异也是正常的。

3. 时间所有权的相关权能形成财产性收入

由时间所有权产生的财产性收入可以分为两类。一是时间额外产生的财产增值收入。随着社会经济的发展,个人拥有的动产和不动产不断增长,这些财产即使不投入市场也可从延续的时间中取得增值收入。如房地产和收藏品的增值收入的取得,既不需要通过生产和经营,也不需要进行交易和转让,只需要权利人能够对时间自主占有和使用,由此产生的增值收入已在囊中。这里时间是产生增值收入的关键因素,是一项隐形的、实在的价值资本。在市场经济条件下,取得收入离不开生产要素的投入,时间作为一种生产要素是产生以上财产性收入的主要原因。二是时间与其他生产要素相结合产生的财产性收入。如利息收入、有价证券的股息和红利、房地产的租金收入等,这些收入是在金融或租赁市场中形成的,它们离不开财产要素与劳动力的结合,也离不开与时间要素的结合,各种要素的结合是创造价值的必要条件。

所以,增值了的价值,本质上是劳动者剩余劳动的结果,但也离不开上述各种要素的贡献,[68]包括时间在内的各种要素都应按其贡献取得相应的财产性收入。由此看来,财产性收入的取得离不开时间资本的投入,时间是产生财产性收入的不可或缺的重要因素。

(四)时间所有权的民法保护

时间是珍贵的资源,但很少被人们所重视,更缺乏法律上(包括民法)的切实保护。实际上,妨害甚至剥夺权利人对时间的自由支配的情形常有发生,而受害人却缺少法律保护的途径,也难以得到公平的补偿。就民法制度而言,时

---

[68] 参见何玉长:《财产权利与财产性收入》,载《黑龙江社会科学》2011 年第 1 期。

间所有权的保护机制既适用于物权的保护方法,也适用于债权的保护方法,有时,还适用于人格权的保护方法,这是由其特殊的存在形态和属性决定的。

1. 时间所有权的物权保护方法

时间所有权是绝对性的财产权,应准用于物权法的保护。当时间所有权的自由支配权受到妨害或有被妨害之虞时,权利人为恢复其圆满状态,有权请求妨害人为一定行为或不为一定行为。物权请求权作为一种救济方式,其基本类型包括返还原物、排除妨害和防止妨害的请求权。由于时间内在于人,时间所有权与权利人的人身不可分离,不可能出现他人占有的情形,所以返还原物请求权不适用于时间所有权的保护。

排除妨害请求权的保护方法,适用于时间所有权因自由支配状态受到妨害,以致直接或间接地影响了生产和工作的正常进行,或给权利人造成了身体上或精神上的妨害的情形。造成上述妨害可因不同的原因而产生:一是因特定人的违法行为所致,如妨害人的行为构成了对权利人自由支配自己时间的干预,或增加了权利人自由支配自己时间的负担,或妨害了权利人自由支配自己时间的行使;二是由诸如意外事件、不可抗力等情形所致,如电站因意外事件而停电影响了客户的营业时间,或航班因天气原因而延误了乘客的旅行时间,给权利人造成了不能正常的自由支配自己时间的状态,只要妨害的事实持续存在,权利人又无容忍的义务,那么妨害人无论有无过错,均负有排除妨害的责任或因其造成损害的赔偿责任。在有的情况下,虽然妨害还未发生,但时间所有权人自由支配自己时间已经面临遭受他人行为或事实上的妨害,此时,权利人有权请求该人为一定行为或不为一定行为,以防止妨害的发生。所以,时间所有权也适用于防止妨害请求权的保护。

2. 时间所有权的债权保护方法

时间所有权作为一项财产权,其经济价值一旦遭受他人因过错不法侵害,即在双方当事人间产生债权债务关系,加害人有义务向受害人赔偿由此造成的损失。时间所有权遭受损害主要表现在时间的流逝和浪费,从而妨害了其经济价值的实现。在这里,侵权行为的法律规范应作扩大解释,它包括国家赔偿法、经济法和行政法中的有关规定,只要给时间所有权造成损害,其加害人就应承担赔偿义务。如法官误判致被告人失去的自由时间、行政误罚致工商户失去的经营时间等,由此给受害人造成的时间经济价值上的损失,应依法给予赔偿。根据侵权行为原理,对时间所有权的侵害应适用一般侵权行为规则,其损害赔偿应以加害人有过错为必备的构成条件,其损害赔偿的方式是金钱赔偿,或重新调整对其时间的使用。因为时间与人生同在,失去的时间无法复原,所以不适用于恢复原状。

时间所有权遭受侵害,其权利人行使物权请求权遇到给付障碍,以致无法实现原有给付请求时,法律应允许权利人转而以债权请求权来弥补因此而造成的损害。[69] 由于物权请求权在加害人给付不能或不完全给付的场合,时间所有权的物权形态已经灭失或部分灭失,不能或不能完全再恢复圆满状态,因此,此时将物权请求权转化为债权请求权,以准用债权的相关规则,这对维护时间所有权人的合法权益有重要意义。可见,物权请求权与债权请求权之间是此长彼消、相互补充的关系。在某些情况下,时间所有权遭受的同一侵害,有可能发生物权请求权与债权请求权的竞合。[70] 如根据劳动合同,用人单位违反了关于工作时间或休息、休假时间的约定,由此,侵害了劳动者对自己时间的自由支配权,劳动者就此同一侵害事实,为达同一利益目标,既可行使物权请求权,也可行使债权请求权,但只得行使其中一项请求权,选择哪项请求权由劳动者自行决定。

3. 时间所有权的人格权保护方法

时间所有权因客体具有人身属性,决定了它在遭受侵害时,适用于人格权的保护方法。时间所有权的行使须以自由意思为前提,在民法上,权利人对自己时间的自由支配权是一种自由型的人格权,其自由的性质应作广义的理解,它既包括身体行动的自由,也包括决定意思的自由。自由型人格权的立法宗旨,在于维护人格尊严与人格的自由发展,而对时间的自由支配是其实现的基本前提。当因时间所有权遭受侵害,造成了受害人的生理和精神上的创伤,受害人就可行使人格权请求权,要求加害人承担相应的民事责任。这项民事责任

---

[69] 参见辜明安:《物权请求权制度研究》,法律出版社 2009 年版,第 178 页、第 184 页。

[70] 参见马俊驹、陈本寒:《物权法》,复旦大学出版社 2007 年版,第 102 页、第 104 页。

有两个方面:一是针对损害后果,承担损害赔偿责任,包括由此造成的财产损失,也包括精神上的损害;二是针对妨害行为,承担去除妨害行为或消除危险,恢复或保全受害人自由支配时间的圆满状态。这里,人格权请求权可能与基于同一损害事实引起的物权请求权或债权请求权发生竞合,从而使受害人为了维护自己的时间价值有了更多的法律途径。

4. 时间所有权损害赔偿的评定标准

时间所有权遭受侵害致财产损失,应以受害人个人的时间价值或以社会的时间价值为损害赔偿的评定标准。侵害时间所有权的行为,致受害人遭受财产损失是最常见的法律后果,赔偿因延误或侵害时间所有权所造成的财产损失是最基本的责任方式。损害赔偿的评定应区分两种情况。一是按受害人个人的时间价值计算赔偿数额。如以劳动合同提供的劳务时间,或专项的服务时间,或被非法剥夺的自由时间,或有固定收入人员的误工时间等,这些时间的自由支配权受到妨害并造成财产损失的,受害人有权按其个人受损时日原本能够取得的经济收入得到赔偿。二是按社会的时间价值计算赔偿数额。如在公共事件、公共物品中发生的时间妨害、或高速轨道运输和民用航空等高度危险区域中发生的时间妨害、或无固定收入人员的误工时间等,受害人应该按其受损时日当前总的社会生产量的时间价值计算个人平均时间价值的财产损失。如出现无法按个人的时间价值进行赔偿的情形,则应按社会的时间价值来计算个人所应得到的赔偿数额。如加害人因侵害(或占用)他人的时间而获得了财产利益,应以该项利益赔偿受害人因此而受到的财产损失。

四、结　语

以上是我们对时间所有权的基本私法构造的思考。自20世纪50年代始,所谓“第三次浪潮”向人们滚滚袭来,新的财富体系正在进行一次完全的重新组合,时间元素恰是这一组合中的一颗灿烂的明星。时间不再仅是衡量财富的尺度,而已经成为财富体系中不可缺少的重要成员。人们已经牢固地将财富与时间连接在了一起，从而改变了个人和时间深层原理之间的关系。现在，人们也在试探着重新协调人与时间以及因占有时间而发生在人与人之间的关系，正像阿尔文·托夫勒所言："我们正在财富创造和时间的深层原理这两者之间进行着最广泛的变革。"[71]我们还看到，人们安排的时间表也变得越来越个体化、多样化、非固定化，个人有了更多自由支配时间的能力和期盼，这本身就是人格价值的一次提升。在此种情形下，法律特别是民法应如何应对？我们的基本观点就是承认时间建构的两面性，将时间纳入民法的调整对象，以适应和促进人类社会进步和经济生活的飞跃发展。此文仅是一次初步的探索和尝试。

附：关于"时间"的法学思考的学习心得和问题要点[72]

王恒：你好！

法学作为一门社会科学，其发展的生机和活力在于学科内部范式的不断创新以及学科视野的不断开拓，不能依据某种固化的范式，甚至陈腐的观念来隔绝学科之间的联系。这就是我们应该运用和联系哲学的进步，以及社会学和其他学科的发展，来思考和建构法学（特别是民商法）理论和制度的新的模式。就时间问题的研究，我提出以下一些想法，仅供你参考。

1. 时空不仅是一种自然的常态、一种外生变量，而且是理解一切社会结构，包括法律现象和变迁的核心内容。就时间而言，时间是客观主义的、自然主义的，还是一个主观概念，还是两者兼有？这显然是一个哲学问题。

2. 要查阅牛顿经典时空观和康德虚空的时空范畴对社会观念以致民法思想的影响。

3. 如何理解时空与社会结构和社会关系的辩证关系。时空问题不仅对于理解宏观社会过程和社会制度有重要的理论与方法意义，而且也是个体和群体日常社会行为的重要分析工具，就法律现象而言，包括法律关系的位置、场所、先后、次序等，这里往往包含复杂的权利关系和社会文化意义。

---

[71] [美]阿尔文·托夫勒：《财富的革命》，吴文忠、刘微译，中信出版社2006年版，第40页。

[72] 本文系作者2011年致西南财经大学法学院民商法专业2010级博士研究生王恒的信。

4. 有一些与时间相关的用语:(35 个)

时间价值		时间特征		控制时间
时间排序		时间密码		规范时间
时间形式		时间交易		线性时间
时间尺度		时间作用		虚拟时间
时间框架		时间潜能		固有时间
时间规制		时钟时间		时间维度
流程时间		时间背景		内置时间
世界时间		统一时间		共同时间
掌控时间		弹性时间		社会时间
民法时间		自然时间		主管时间
共时	历时	时机	时序	时态

5. 何谓时间的商品化?时间商品化与民法的关系如何?通过时钟的演变和格林尼治子午线的确立,世界时间制度成为全球贸易、金融、运输和通信网络的实质性先决条件。实际上,公元前 3000 年在巴比伦尼亚就有了利息和信用的记录,而利息和信用总是预示一种与时间和未来的特殊关系。这时,从强调时间的使用价值到利用时间作为抽象的交换价值,从而进入民法关系。按照马克思的劳动价值论,产品、工作和服务之所以能够成为被衡量的交换,正是借助时间的这种共同的、去背景化的价值。也就是说,只有在这种去语境化的形式中,时间才能商品化,才能在劳动力市场中换取金钱。因此,钟表时间是商品化时间的真正表达。

时间观念的差异和演变可能对民法的价值理念、基本理论如法律关系和法律行为、具体制度要求和设计有重要的影响。它们之间会存在内在的联系,而且是本质性的。

6. 时间也是一种资源,所以是可利用和可分配的。但是,时间资源与其他自然资源和社会资源有什么异同呢?时间商品化后,时间即成为一种稀缺资源。

7. 从现有的研究成果看,社会学和管理学的目标高度相关,这个共同目标就是控制时间。那么,法学(民商法或私法)的目标是否也是如此呢?

8. 时间的开拓:过去、现在和未来。在私法关系中,现货与期货、期货与衍生产品、股票与放贷等,均在很大程度上依赖电子通信,而电子通信实际上是压缩了时间,这之间体现了时间交易。

9. 在新的科技发展和生态恶化的情况下,如何促成新的工作模式,如远程工作、虚拟团队、虚拟组织、虚拟财产,从而改变了时间规制、控制和柔性,同时也强调了信任的重要性。

当代社会和经济的发展,使线性的、不可逆的、可测量的、可预见的时间正在网络社会中被打碎,那些虚拟现实和全球电子通信的发展对时间和空间的压缩,形成一场深刻的时间转型,它会给民法带来什么影响?我们要思考:传统民法所依据的时间,在当代(或未来)是否还能完全适应?以前遥远的时间和空间的关系,现在能否还能构成全球社区、金融市场、企业公司、学术机构等日常互动的一部分?

10. 时间既然是一种可开发的资源,能够衡量、能够买卖,也能够节俭的使用,所以也应该能够加以控制。然而,谁来控制?为什么这些人能够控制?是不是他们对"时间"享有什么权利?那么,这是公权还是私权?因此,是否有必要将时间划分为公共时间与私人时间。是否也会发生对时间权利的侵害问题?私人时间有没有所有权的问题?

11. 时间的社会功能是什么?它对民法的影响在哪里?在改革开放初期,深圳的口号是:"时间就是金钱",在法律上有什么意义?

以上三言两语,没有认真思考和逻辑,仅供我们下次讨论参考。

论私人所有权自由与所有权社会化[*]

一

关于所有权问题，马克思曾精辟地指出："在每个历史时代中，所有权以各种不同的方式在完全不同的关系下面发展着。"①因此，所有权并非属于逻辑的范畴，而属于历史的范畴。所有权的历史性首先表现为法律构造物，即法律对于财产权利的赋予。原始共同体时期，财产权利不是由法律所赋予，而是由共同体成员共同遵守的"习惯"所规范，"因为公社所有者的关系不是由法律调节，

---

[*] 原载《法学》2004 年第 5 期。

目前，经济学界和民法学界都在讨论所有权（经济学界更多的是用"产权"代替"所有权"一词）的社会化问题。在经济学界，理论上认为，所有权的发展经历了一个从简单到复杂、从封闭到开放的社会化过程。所有权在经历过奴隶社会的所有权、封建社会的所有权、早期资本主义社会的所有权之后，已经进入现代资本主义社会阶段。此前的所有权虽然表现形态各异，但它们具有一个共同特征——简单性和封闭性（或者称为排他性），即所有权的各项权能集中于所有权人一人之手，所有权强调的是财产的归属意义。到了近代资本主义社会后，随着商品经济的充分发展，生产的社会化程度逐渐增大，财产所有权由以前以所为中心转变为以利用为中心。特别是股份公司的出现，更进一步导致所有权的社会化。因此，这种所有权的社会化实际上是所有权在社会经济由封闭到开放的过程中必然发生的一个结果。所有权的社会化过程本质上是指财产所有权和经营权的分离。而在民法学界，学者们所讨论的所有权社会化则是指"所有权伴有义务，其行使应同时兼顾公共福利"，即法律应对所有权的绝对性进行限制，禁止所有权人以反社会的目的行使其所有权，同时国家为公益目的可以依照法律程序强制征收私人财产。因此，两个学科所讨论的"所有权社会化"具有不同的内涵。本文仅从民法学的角度来阐述所有权的社会化问题。

① [德]马克思等：《马克思恩格斯全集》（第 4 卷），中共中央马克思恩格斯列宁斯大林著作编译局译，人民出版社 1958 年版，第 180 页。

而是由当地习俗调节的”。[2] 国家产生以后,任何财产权利最终都要表现为法权,即为一种重要的法权表现形式。另外,所有权自产生以来,其观念与制度已经历了漫长而又复杂的历史变迁,每个时代都给所有权打上了深刻的烙印。由于各民族历史、文化及社会结构的差异,各民族的所有权观念和制度的产生和变迁也表现了时空上的“非同步性”。在欧洲法制史上,经历了带有浓厚个人主义色彩的罗马法上的所有权、中世纪政教合一的封建所有权和近代资本主义社会的个人主义的所有权。应当承认,在所有权发展史上,欧洲始终引领着时代的潮流。

西方近代的个人主义所有权,乃是罗马法所有权观念与制度在近代法上的复兴与再现。伴随近代资本主义生产关系的萌芽与发展,特别是经历了 14 ~ 16 世纪新兴资产阶级以及他们的代表——人文主义者所进行的文艺复兴运动和宗教改革运动的洗礼,新兴资产阶级思想家冲破了宗教神学思想的牢笼,提出了以人为本,以人权代替神权,以国家代替教会,以民主与法制代替封建主义与宗教专制统治的新思想,认为所有权是与生俱来的、上天赋予所有人对财产予以绝对支配的权利。在这种历史背景下,古罗马法所有权观念与制度遂重新崛起,并一跃而成为自由资本主义时期的主要法律思潮,即近代法上的“个人主义所有权”观念,表现于民法上即个人主义的所有权制度。1789 年的法国《人权宣言》第 17 条宣称:“所有权为不可侵犯的神圣权利,非经合法证明确为公共需要并履行正当补偿,不得加以剥夺。”这便是关于个人主义所有权的典范性规定。1804 年《法国民法典》重申了这一思想,该法典第 544 条便是这一思想的写照。[3] 在自由资本主义的欧洲,私人所有权神圣不可侵犯成为各国宪法的一项基本原则,也是宪法的三大使命(保障每个人的生命、自由和财产)之一。

近代私人所有权的绝对性包括绝对不可侵性、绝对自由性、绝对优越性三

② 《马克思古代社会史笔记》,中共中央马克思恩格斯列宁斯大林著作编译局译,人民出版社 1996 年版,第 51 页。

③ 参见梁慧星主编:《中国物权法研究》(上),法律出版社 1998 年版,第 246 ~ 247 页。

个方面。④ 土地作为人类最基本的物质财富和生产资料,始终为所有权制度所调整的核心内容。因此,所谓的绝对不可侵性,系指土地所有权为绝对不可侵夺之权利,即该项权利具有排他的、唯我独尊的基本属性。它是对长期侵夺私有财产,从而阻碍商品经济发展的封建专制王权的根本否定。所谓绝对自由性,乃所有权人对自己所有之土地可任凭自己意志自由使用、收益和处分。在中世纪欧洲曾长时期存在着较强的制约私人财产权及其行使自由的政治制度、经济制度和意识形态。而行使私人所有权的自由,就是要彻底排除封建王权及其官吏对私人财产权利和经济自由的粗暴干涉。至于绝对优越性,指土地所有权通过契约关系而与土地利用权形成对立时,所有权应处于绝对优越之地位。这种土地所有权优越于使用权的情况是针对中世纪欧洲盛行的公地制度而言的。由于土地资源的相对充足和对土地开发的高成本,使人们满足于在占有权和使用权层次上拥有土地,容易接受封臣封土制下的土地制度。在这种封建土地制度下,公地(Common Field)和敞田制(Open Field System)在法国、德国、英国和其他欧洲国家都是一种共同现象。在当时的人们看来,公地是集体劳动的成果。草地则被看作比一切自然产物更重要,并被认为是全体人与生俱来的权利对象。法国路易十四时代,一位法学家还在说:"只有当地块里正长着庄稼时,它们才处于(耕种者的)照管和保护之下;一旦庄稼被收割,土地则如同过去一样,处于国家的法律和大家——无论富人或穷人都一样——共同的财产权之下。"⑤无论什么时候,公地被分割或出售,附着于其上的公地使用权也必须重新准确地分配到每一个村社集体成员名下。所以,无论土地怎么易主,村社成员集体的公地使用权不得被剥夺。布莱克斯通(Blackstone)说:"法律因此将集体使用权附着于土地上,土地的授予不影响佃户所拥有的与土地不可分割的权

④　参见温丰文:《现代社会与土地所有权理论之发展》,台北,五南图书出版股份有限公司1984年版,第15～16页。转引自梁慧星:《原始回归,真的可能吗?》,载梁慧星主编:《从近代民法到现代民法》,中国法制出版社2000年版。

⑤　Bloch, Marc., *French Rural History*, London, 1966, pp. 45－47. 转引自赵文洪:《私人财产权利体系的发展——西方市场经济和资本主义的起源问题研究》,中国社会科学出版社1998年版,第89页。

利。”[⑥]这种土地利用方式显然严重妨碍着土地的商业性开发，为了适应广大城乡日益发展的商品经济，一场排斥个体农户土地使用权的圈地运动终于大规模爆发。所有权之优越地位也正是为农村土地的资本主义利用方式开辟道路的。

私人所有权绝对原则，是对制约着生产力发展的封臣封土制度、公地制度、农奴制度的扬弃，是数百年来从身份到契约的权利发展及作为社会经济基础演变的成果的观念化、理论化、法制化，是资本主义市场经济存在和发展的权利基础和资本主义经济自由的前提。它最典型地体现于私人土地所有权之上。[⑦] 马克思说，资本主义生产方式“使土地所有权从统治和从属的关系下完全解放出来”，“这样，土地所有权就取得了纯粹经济的形式，因为它摆脱了以前一切政治的和社会的装饰物和混杂物，就是摆脱了它一切传统的附属物”。[⑧] 绝对私人所有权集中表现在土地私有权上——因为十七八世纪，土地依旧是最主要的财产；但作为一项原则，当然是面对所有形式的财产。因此，私人所有权绝对原则是相对于中世纪私人财产权利残缺的状况而言的。个人主义的私人所有权是得到充分认可的所有权，它不仅是相对于其他个人是有效的，相对于整个世界也是有效的(good against the world)，因而西方一般又称为绝对(absolute)所有权。“‘绝对’一词在这里是用来指这种权利不会发生无效，而且也不是相的。”[⑨]绝对私人所有权是近代西方资本主义私有制的基础，是资本主义经济运行的基础。

私人所有权的不可侵性更普遍的是在宪法条文中，而自由性和优越性则常表现于民法典中。此种不可侵性、自由性和优越性浑然成为一体的所有权绝对性原则，在昔日对于封建制度的铲除以及促进资本主义的发展具有不可磨灭的功绩。

---

⑥ Neeson J. M. , *Commoners*, *Commoners Right*, *Eclosure and Social Change in England*, Cambridge, 1993, p. 82.

⑦ 参见赵文洪:《私人财产权利体系的发展——西方市场经济和资本主义的起源问题研究》,中国社会科学出版社 1998 年版,第 255 ~ 256 页。

⑧ [德]马克思:《资本论》(第 3 卷),经济出版社 1987 年版,第 43 页。

⑨ [英]F. H. 劳森、B. 拉登:《财产法》(第 2 版),施天涛等译,中国大百科全书出版社 1998 年版,第 43 页。

早期资产阶级民法将所有权绝对列为民法三大基本原则之一,所有权地位至高无上,所有权内容宽泛无边,将所有权视为一种“主权”或“准主权权利”,是“神圣不可侵犯的”权利,是“万能的权利”,是“独有的专断的支配权”,是“实际上不受控制的对财产的使用和处置的支配权”,甚至包含了“滥用一件物品的权利”或“糟蹋物品的权利……”凡此种种,不一而足。总之,将一切美好的深切的词句加诸所有权在当时都不为过分,然而,这也就给所有权罩上了一层神圣的灵光,所有权成为民法“拱门上的拱顶石”而被人们顶礼膜拜,保护私人所有权(财产权)成为“一个自由政府的基本准则”和法律“赖以存在的基础”及“主要目标”。[10]

二

西方近代学术思潮和立法倾向大致经历了三个主要发展阶段:第一阶段,十七八世纪自然法学主导地位的历史时期,立法方面以个人权利为本位;第二阶段,19 世纪历史法学的兴起与分析法学盛极一时,立法以国家意志为依归;第三阶段,19 世纪末 20 世纪初社会法学开始流行,社会本位立法成为时尚。具体而言,十七八世纪,占主导地位的自然法学认为“个人是一切法律制度的出发点,理性是一切法律制度的基础,自由意志是理性的内涵,平等是上帝的安排,享受权利、祈求幸福是人生最终的目的……”[11]1789 年《法国人权宣言》、1804 年《法国民法典》,就是自然法学的立法典范,其他继受法国民法典的国家也都是个人本位的立法。19 世纪随着历史法学派、分析法学派兴起,自然法学的统治地位开始动摇。历史法学派的重要代表人物萨维尼(Savigny)认为,“法律决不是可以由立法者任意地、故意地制定的东西。……它深深根植于一个民族的历史之中,而且其真正的源泉乃是普遍的信念、习惯和‘民族的共同意识’。就

⑩ 王申义:《论物权的社会化》,载《法学评论》1999 年第 1 期。

⑪ 王伯琦:《近代法律思潮与中国固有文化》(第 4 版),台北,台湾法务通讯社 1989 年版,第 34 页。

像民族的语言、建筑及风俗一样，法律首先是由民族特性、'民族精神'决定的"。[12] 萨维尼的学说很大程度上延缓了德国民法典的制定和颁布。分析法学派创始人奥斯丁(Austin)将宇宙的法则分为自然法则和非自然法则，他认为，真正的法不是什么自然法，而是由人制定的实在法。同时，该学派认为，法律规则或法律规范是中性的，与道德等价值观念无必然的和内在的联系，法应该是一种纯技术和工具性的东西。[13] 分析法学派与历史法学派在立法主张方面恰恰相反，分析法学从理论上极力论证只有国家权力是唯一的立法者。至19世纪末20世纪初，社会法学派开始取代分析法学派的主导地位，该学派的兴起甚至被认为是20世纪法学领域最突出的成就。该学派主张的法律观是"活的法"，注重法律的社会过程、社会效果，认为法律不仅在于保障个人的自由和权利，而且更重要的在于保障个人利益和社会利益的和谐，保障个人利益的总和即社会总体利益，[14]主张采取社会本位的立法政策。但是这也体现出社会学法学经验主义和非理性化的一面。

社会法学思潮对民法产生了重要影响，其主要表现是对私人所有权的绝对性进行限制。在自由资本主义时期，由于坚持实行所有权绝对原则，赋予所有权以绝对效力，结果造成社会财富日益集中于少数人手中，贫富悬殊、劳资对立、财富浪费等社会问题纷至沓来，并有愈演愈烈之势。在这种背景下，唯有对个人主义的所有权制度进行检讨和修正，方能缓解上述社会问题日趋剧烈之程度。于是社会主义的或团体主义的所有权思想应运而生。他们主张，个人行使所有权时，必须合乎国家和社会的公共利益，即所有权必须为增进人类的共同需要和幸福而存在。首倡社会所有权思想的是德国著名的学者耶林(Jhering)，他在《法律的目的》一书中指出，所有权行使之目的，不独应为个人的利益，同时也应为社会的利益，因此，现今应以"社会的所有权"制度取代"个人的所有权"制度。其后，学者基尔克(Gierke)继承耶林的思想，主张以日耳曼法之传统精

---

[12] [美]E. 博登海默：《法理学——法哲学及其方法》，邓正来、姬敬武译，华夏出版社1987年版，第82页。

[13] 参见严存生、郭军明：《自然法、规则法、活的法——西方法观念变迁的三个里程碑》，载《法律科学(西北政法学院学报)》1997年第5期。

[14] 参见沈宗灵主编：《法理学》，北京大学出版社1999年版，第67页。

神为立法基石,更加力倡社会所有权思想。他在《德意志私法论》(第2卷)一书中指出,所有权绝不是一种与外界对立的丝毫不受限制的绝对性的权利,相反,所有权人应“依法律程序”并“顾及各个财产的性质与目的行使其权利”。[15]

由于受到“社会所有权”思想的影响,《德国民法典》所奉行的个人主义所有权制度开始被修正。1919年的德国《魏玛宪法》第153条规定:“所有权负有义务,其行使应同时有益于公共利益。”1949年德国制定的《基本法》(宪法),其中第14条第2项规定:“所有权伴有义务,其行使应同时兼顾公共福利。”这一规定显然是《魏玛宪法》第153条之规定的重新确认。德国联邦宪法法院的一项判决也将这一规定具体化:“根据《基本法》第14条第2项确定土地所有人的法律地位时,民法和公法起着同等作用。”[16]但这项原则非常清楚地说明,由《民法典》规定的私人土地所有权仍然是一项神圣的权利,公法对私人土地所有权的限制并非否定土地所有权的私人性。在立法者看来,公法中对土地的建筑性或其营业用途的限制,从某种程度上来说,只是具有拾遗补阙的性质,这些限制不会影响到所有权制度的核心,即所有物属于所有权人的排他的意志领域和支配范围。[17]

在法国,自19世纪下半叶起,一种敌视私人所有权(尤其是对设定于土地、房屋、生产设备上的私人所有权)的思想倾向开始显露。为了更好地保障一切人的需要(这种需要依赖于工业资本主义的发展及资本和劳动力的集中),为了反对资本家对无产者的剥削,人们开始鼓动消灭旧有生产方式的私人所有权以及倡导建构集体有权。所谓集体所有权,是与近现代个人所有权相邻而又相区别的社会化所有权。法国学者指出,这种所有权的社会化如同法律的社会化或私法之某种公法化,它与所有权的个人主义理论鼎盛时期相反,许多常源于行政权力的限制不断出现,限制所有权的行使成为所有权法的基本原则。[18]

---

⑮ 梁慧星主编:《中国物权法研究》,法律出版社1998年版,第250页。

⑯ [德]卡尔·拉伦茨:《德国民法通论》,王晓晔、邵建东、程建英、徐国建、谢怀栻译,法律出版社2003年版,第87页。

⑰ 同上。

⑱ 参见尹田:《法国物权法》,法律出版社1998年版,第121~131页。

在20世纪前半叶的美国,法律仍然强调财产所有者的权利。1922年美国的一位联邦法官说,"应该记住政府的三条基本原则,也是政府的目的,即保护生命、自由和财产,其中最主要的是财产"。在财产法中,自由意志的理论仍占统治地位,与财产有关的法律几乎完全依据所有人的意志,法院继续运用广义的无限所有权和使用权的概念。但是到了20世纪中期,布莱克斯通所说的那种财产的"绝对的和专断的支配权力",被一位法学家所说的"日益削弱的限定继承人身份的地产权"所取代。这种地产所有权只能为有限的或特殊的使用,财产所有人的权利日益服从于公共利益的调整规则。财产所有权的运用和处置不再完全由所有者自由决定,其权利的行使已经受到限制。正如庞德所说,这种限制"动摇了意志理论的基础……通过放弃自我主张的充分的个人自由,以达到维护法律秩序的目的"。法律开始对财产权作出必要的限制,制止所有者以反社会的方式使用财产,并进一步限制对财产的浪费使用,规定要适当利用土地,保护自然资源。在美国,土地所有者自由使用土地不受他人干涉的情况已被工业化和人口的压力所改变。20世纪后半期,一个人实际上绝对地随心所欲地使用土地的权利,正在被那些根据有关当局规定合理地使用土地的权利行使原则所替代。⑲

"今天,根据不同的客体以及这些客体所承担的最广泛意义上的'社会功能',所有权的内容和权利人享有权限的范围也是各不相同的。"⑳因此,在所有自由与所有权社会化之间应当依据客体的不同有所区别,遵守合理性原则,即对所有权的限制只能局限在公共利益所要求的范围之内并与所有权客体的社会功能和意义相适应,对所有权人的损害也不得超过必要的限度。所有权客体满足的社会功能越多,就可能对所有权进行越大的限制。㉑ 由于土地所负载的社会功能最多,因此,法律对所有权的限制主要表现在私人土地所有权方面,但对私人土地所有权的限制又会因其不同的用途而又有所区别,比如,法律对私

---

⑲ 参见[美]伯纳德·施瓦茨:《美国法律史》,王军等译,中国政法大学出版社1990年版,第213～214页。

⑳ [德]卡尔·拉伦茨:《德国民法通论》,王晓晔、邵建东、程建英、徐国建、谢怀栻译,法律出版社2003年版,第87页。

㉑ 参见[德]曼弗雷德·沃尔夫:《物权法》,吴越、李大雪译,法律出版社2002年版,第40页。

人生活和居住用地的保护强度要大于生产和经营用地,这一区别对待与宪法所确立的保障人的基本权利的宗旨相吻合。法律对私人所有权的限制取决于所有权客体及其所负载的社会功能,这一精神体现在联邦德国《宪法》第15条的规定之中:"土地、自然资源和生产资料可以为了社会化的目的而转为公有或其他形式的公共控制经济。"其他现代资本主义国家的情况也是大致如此。由此可见,所谓所有权的社会化,具体来说,主要是指作为私人所有者对其土地和某些生产资料的支配和使用应同社会利益相一致,所有权人负有不得以反社会的方式使用其财产;在土地的私人占有与社会利益相冲突时,所有权的排他性应让位于社会公共利益,但应获得公正的补偿。

三

古典经济学家亚当·斯密(Adam Smith)曾经说过,个人在追求自身利益的时候,"受着一只看不见的手的指导,去尽力达到一个并非他本意要达到的目的。也并不是因为事非出于本意,就会对社会有害。他追求自己的利益,往往使他能比在真正出于本意的情况下更有效地促进社会利益"。[22] 公共利益与私人利益之间并非一种此长彼消的关系,不能将二者人为地对立起来,二者并非水火不容。私人利益没有保障,个人自由创造的活力得不到发挥,社会进步将失去动力,真正的公共利益也将无法实现。私人利益得不到保障,所谓"公共利益"的实现不过是一个毫无意义的幻影。

私人所有权的绝对性在本质上是相对于封建等级所有权而言的,其矛头直指封建土地所有权的政治性和身份性,决非意指私人所有权不受任何限制。《法国民法典》第544条规定:"所有权是对于物有绝对无限制地使用、收益及处分的权利,但法令所禁止的使用不在此限。"《德国民法典》第903条规定:"在不违反法律和第三人利益的范围内,物的所有权人可以任意处分其物,并排除他

[22] [英]亚当·斯密:《国民财富的性质和原因的研究》(下册),商务印书馆1974年版,第27页。

人的任何干涉。”在英美法系也有“不损害他人所有权的前提下使用你的财产”的法律格言。[23] 法国、德国和美国都没有把所有权视为绝对不受限制的权利，相反规定了许多限制。这些限制包括：(1)行使所有权不得妨碍公共利益；(2)行使所有权不得妨碍其他公民的利益；(3)为公用之目的，国家可以依法剥夺所有权，但要公平赔偿。因此，“认为传统民法所有权绝对的观念，绝对到权利可以滥用而国家也不能干涉的地步，实在是一种误解”。[24]

所有权社会化是对绝对私人所有权弊端的矫正，是社会进步的表现。但是，社会化的所有权并非作为私人所有权的替代物出现的，其目的仅在于修正近代私人所有权，其意义是不能同近代资本主义私人所有权对欧洲中世纪封建所有权的否定相提并论的。社会所有权在本质上仍然属于私人所有权。正如日本学者北川善太郎所说：“现代的法律秩序恰恰是由近代法和那些对近代法进行了修正补充的新的法律制度的双重规范结构组成的。因此，可以说现代法就是现在的近代法，近代法也正是在维持其原有基础的同时通过将深刻的政治、经济、社会变动制度化来维持其生命力的。”[25]直到今天，所有权为完全的物权和排除他人非法干涉的不可侵犯性仍是各国民法坚持的基本理念。

保护每个公民的自由、财产和生命权仍然是现代国家宪法最重要的任务。自由意味着正当支配的自由，支配财产的自由理应是自由权的一部分。私人财产所有权是个人自治所必不可少的，它既为个人的自由提供了保护，又使个人获得了自治的能力。私人所有权的历史功绩和社会作用为西方思想家、政治家所深知。在资本主义国家，如德国，宪法保障所有权的核心，一直就是“所有权的私有性”以及“处分权归所有人享有”的原则；[26]在美国，保障私有财产权过去是，现在仍然是美国宪法的精神。[27] 无论私人所有权怎么社会化，只要没有法律

---

[23] 参见[美]伯纳德·施瓦茨：《美国法律史》，王军等译，中国政法大学出版社1990年版，第308页。

[24] 余能斌、范中超：《所有权社会化的考察与反思》，载《法学》2001年第1期。

[25] [日]北川善太郎：《关于最近之未来的法律模型》，李薇译，载梁慧星主编：《民商法论丛》（第6卷），法律出版社1997年版，第286页。

[26] 参见[德]卡尔·拉伦茨：《德国民法通论》，王晓晔、邵建东、程建英、徐国建、谢怀栻译，法律出版社2003年版，第86页。

[27] 参见张宇燕：《经济发展与制度选择》，中国人民大学出版社1992年版，第171页。

明文限制,所有权的自由还是所有权的本质特征。[28] 对私人所有权的保护仍是当代资本主义国家宪法的坚实的基石,其根本原因正如德国联邦宪法法院的一项判决所言:“所有权是一种根本性的基本权,与个人自由的保障具有内在关联性。在基本权的整体结构中,所有权负有双重任务:确保权利人在财产法领域中的自由空间,并因此使其得自我负责地形成其生活。将所有权作为法之建制,有助于确保此项基本权。个人的基本权系以‘所有权’此一法律制度为前提。若立法者以名不符实的‘所有权’取代私有财产时,则个人基本权将无法获得有效的保障。”[29]

四

“无财产,即无自由”成为千古不变的格言。[30] 财产所有权之所以就是自由,是因为它给予个人行动的范围,并且使他进一步延伸和扩展他的人格成为可能。通过他们的财产,人类征服了自然,将他们自身从自然的羁绊中解放出来,并且创建了社会制度。承认私人所有权的绝对性和保护私人所有权自由,是人类社会走出中世纪、进入近代文明的重要标志。

个人主义的私人所有权,是新生资产阶级在同封建王权进行不懈斗争并取得最终胜利之后建立起来的。它以天赋人权说为理论基础,论证了财产权是天赋的、自然的,是不可剥夺、不可让与的权利,并强调所有权不再具有政治的属性、身份制的区别,而是自然权利,因此具有神圣不可侵犯性。正如美国制度经学家康芒斯(Commons,John R.)所说:“直到1689年的革命把统权和财产权分开以后,这种权利才在英国生效。只要统治者对臣民的生命财产有任意处置的权力,就不可能存在什么不可侵犯的财产权。”[31]所有权摆脱政治权力和身份属

---

[28] 参见王泽鉴:《民法物权》,中国政法大学出版社2001年版,第162页。

[29] 王泽鉴:《民法物权》,中国政法大学出版社2001年版,第162~163页。

[30] 参见尹田:《法国物权法》,法律出版社1997年版,第110页。

[31] [美]康芒斯:《制度经济学》(下册),于树生译,商务印书馆1962年版,第11页。

性的羁绊，是人类社会文明史上的巨大进步，它为个人创造了一个不受国家控制的领域，限制了政府的行动范围及统治者的专横意志，它是抵制统治权力扩张的最牢固的屏障。因此，它成为自由、个人自治赖以根植和获取养料的土壤，它对人类的一切精神和物质文明的巨大进步产生了深远影响。㉜ 正因如此，法国经济学家布朗基才把所有权比喻为“推动人类智慧的最有力量的原动力”。㉝

中国虽然早在秦代就通过“废井田，开阡陌”实行土地私人所有，但在两千多年的专制社会里，政治权力一直就是私人土地所有权得丧变更的主导因素。土地所有权始终摆脱不了“国家主权”是最高所有权的阴影，任何看似私有的土地所有权都会受到国家的限制，历经挣扎，也仍然逃脱不了土地所有权不完全的困境。在中国传统社会，由于缺乏健全发育和法制保障的社会环境，土地所有权的发展是不充分、不独立、不完全的。㉞ 中国固有法中始终未曾有过“所有权自由原则”，㉟中国历史亦缺少个人主义的传统，20 世纪民国初期的民事立法只能从形式上照搬西方所有权社会化的规定，虽然美其名曰“社会政策之立法”，但是在国家本位主义的思想指导下，它只能演变为个人主义价值因素被阉割掉的“社会化的所有权”。

新中国成立之后，由于经受了多年的左倾路线的影响，“私”的观念和“个人自由”一直被视为资产阶级的旧思想而成为抨击的对象，私人财产和追求个人自由的思想在中国几乎没有藏身之地。直到 20 世纪 90 年代初，中国将建立社会主义市场经济体制作为中国经济体制改革的目标之后，长期的思想禁锢开始被解除，追求自由和创造财富的热情开始被激发，也正是在这种背景下，保护私人所有权才能成为公开的话题。但是，中国社会主义市场经济建设才刚刚起步，目前还只是取得阶段性的成果，法制不完备，财产缺乏安全感，尤其是占人口大多数的仍处于弱势地位的广大农民的合法财产权得不到有效保护的状况尚未改观。因此，当前讨论私人所有权社会化问题为时尚早，如果不顾中国的

㉜ 参见[奥]路德维希·冯·米瑟斯：《自由与繁荣的国度》，韩光明等译，中国社会科学出版社 1995 年版，第 104～105 页。

㉝ [法]蒲鲁东：《什么是所有权》，孙署冰译，商务印书馆 1996 年版，第 34 页。

㉞ 参见王家范：《中国历史通论》，华东师范大学出版社 2000 年版，第 98 页。

㉟ 张晋藩主编：《中国民法通史》，福建人民出版社 2003 年版，第 1160 页。

现实而刻意追赶“新潮”,[36]只会步民国初期民事立法之后尘。

发达国家的所有权社会化,主要是针对在新的条件下土地和生产资料的私人所有权而发生的。在我国,土地只有国有和集体所有,其他生产资料公有化的程度也非常高,因此,我国缺乏私人所有权社会化的现实条件。特别值得提醒的是,作为社会主义公有制重要组成部分的集体所有的土地——这种被宪法明文规定神圣不可侵犯的公共财产也未得到应有的保障。来自国土资源部的消息说,2003 年全国公开查处土地征用违法案件共 16.8 万件,相当于上一年同期的两倍,如果把尚未暴露出来的案件统计上来,其数字将大大超出 16.8 万件,针对这种近乎疯狂地侵犯集体土地所有权的行为,人们只能发出“沉重的土地轻如纸”[37]万般无奈的感叹。目前我国 80% 的违法用地是地方政府行为。[38]有的地方政府之所以热衷于侵占集体的土地,关键在于政府在侵占集体土地的过程中,其手中的权力能变成现实的经济利益。在农村集体土地用途转变增值的收益分配中,政府得 60% ~70%,村级集体组织得 25% ~30%,农民只能得到 5% ~10%。[39] 按照我国宪法的规定,农村土地属于农民集体所有,农民集体才是农村土地的所有权人,只是受到现有制度的限制,农村土地的所有权不能直观地表现为农民个人所有,农民个人对集体土地的权利只能表现为土地承包经营权和宅基地使用权。因此,地方政府对农村集体土地所有权的侵犯,虽然因为“集体”的抽象性而无法显性地表现出“集体”所遭受的损害,但其直接后果是剥夺了数以万计的农民对集体土地的承包经营权和宅基地使用权,由此导致其生存状况严重恶化。目前,全国失地农民总数在 4000 万人左右,每年还要新增 200 多万人。[40] 随着中国工业化和城镇化进程的加快,征占农村土地的势头难以遏制,失地农民越来越多。一些地方政府在征收农村土地时不仅在程序

---

[36] 正如有的学者所指出的那样,“所有权社会化是一种自视新潮的观点”,在我们这样一个所有权观念淡薄的国家不宜渲染这一观点。参见余能斌、范中超:《所有权社会化的考察与反思》,载《法学》2001 年第 1 期。

[37] “沉重的土地轻如纸”是《央视国际》2003 年 11 月 11 日“央视论坛”栏目公开讨论的“话题”。

[38] 参见刘世昕:《违法用地,地方政府占了 80%》,载《中国青年报》2004 年 3 月 16 日。

[39] 参见包永辉、陈先发:《乱征地引发无地无业之忧》,载《瞭望》(周刊)2003 年第 23 期。

[40] 参见《人民日报》理论版“观察与思考”,2004 年 2 月 3 日。

上可以随心所欲,在补偿标准上各地也是自行其是。在农村土地征收过程中,失地农民没有得到合理补偿和妥善安置,而政府却从中获得巨大的土地出让金,以致“以地生财”成为一些地方政府增加地方财政收入的主要方式。但数量庞大、失地又失业、生活无着的农民已成为影响社会稳定的严重隐患,这已引起中央政府的高度重视。另外,在城市,居民房屋拆迁和民营企业的财产保护等问题也比较集中地在 2003 年暴露出来。有的城市居民房屋在以“公共利益”(大多用于商业目的)的名义下由地方政府强制拆迁而得不到合理的补偿,居民的房屋所有权未得到应有的尊重和保护。民营企业的财产安全也成为一个问题。这些现象说明,建立一个有效保障个人财产安全的社会机制,培养全社会形成尊重他人财产权的法制观念,不是短时间内能奏效的。因此,在私人财产权(甚至包括非私有性质的集体土地所有权)得不到应有保护的情况下,讨论所有权社会化是不合时宜的。

针对有的公权力在全社会畅通无阻,乃至任意泛滥,而社会性的制衡机制尚未真正建立起来,以致私人财产权屡遭公权侵夺的状况,许多学者大声疾呼政府应加大保护私人财产权的力度,主张将保护私人财产权写入宪法。学者的呼声终于得到了国家最高领导层的认可,2004 年第十届全国人民代表大会第二次会议审议通过《宪法修正案》。修订后的《宪法》第 10 条第 3 款规定:“国家为了公共利益的需要,可以依照法律规定对土地实行征收或者征用并给予补偿。”第 13 条规定:“公民的合法的私有财产不受侵犯。国家依照法律规定保护公民的私有财产权和继承权。国家为了公共利益的需要,可以依照法律规定对公民的私有财产实行征收或者征用并给予补偿。”在宪法中明文规定国家保护私有财产以及因公共利益而被征收、征用时给予补偿,这是我国法制史上的一次巨大进步。在保护私有财产权的条款载入宪法之后,我们的任务应该是将政府对集体土地和私人财产的征收、征用限定在“公共利益”的范围内,在程序上确保政府的征收、征用权不会被滥用,同时从制度上保证私人财产被征收、征用时能获得公正合理的经济补偿,切实杜绝任何组织在“公共利益”范围之外利用行政权征收、征用集体和私人的财产,同时也要坚决制止任何组织利用权力参与他人财产利益的分配过程。

我们知道,排除第三人对所有权的非法侵害远不是所有权的全部意义,所有权人对其财产的自由支配才是所有权的本质。因此,在国家为私人所有权提供一个安全的社会环境之后,我们应以确立人的主体性、弘扬个体的价值和尊严为核心目标,加快意思自治的合理扩张,最大限度地保障财产所有权的自由,激发所有权人的自主性和创造性,从而使我国社会主义市场经济的活力喷发出来,从而使社会主义制度的优越性更完整、更真实地表现出来。

我国未来民法典中设置财产权总则编的理由和基本构想*

自法典化运动以来,权利是民法无可争辩的核心概念。没有这个概念,将会引起很多困难,对此人们的意见是一致的。① 在以形式理性和体系建构为特征的近现代民法中,民事权利和法律行为成为民法最基本的工具,若缺少其中之一,传统民法体系便很难建立。事实上,各国民法典无不以权利为线索来进行体系建构,自罗马法以来的物权和债权二分法在近现代各国的民法典中发挥了中枢作用,这种权利立法结构至今仍牢如磐石。在权利思维模式下,民事法律关系的兴变无疑也是以权利的扩展为标志的,如随着社会的发展,诸如知识产权和人格权等权利的出现,使民法的触觉进一步深入现实生活,此一现象仍日益激增。在此过程中,关于民事权利的分析和描述成为人们了解和研究新的民法领域的钥匙。但由于权利是法律的创造物,因此在法律上必须对权利作出详细的规定,以获得正当的实证法基础。其原因在于"虽然人们存在着实定法之外的权利,亦即这些权利并不取决于人类的规范活动,但是权利的具体内容却总是由实定法确定的"。② 然而,令人费解的是,在采传统潘德克顿式立法模式国家的民法总则中,仅在权利的行使和保护的相关规定中涉及权利,除此之外,我们很难在民法典总则中找到关于民事权利的一般界定,至于有关权利的

---

* 原载《中国法学》2004 年第 4 期。

① 参见[德]卡尔·拉伦茨:《德国民法通论》(上册),王晓晔等译,法律出版社 2003 年版,第 276 页。

② [德]迪特尔·梅迪库斯:《德国民法总论》,邵建东译,法律出版社 2000 年版,第 25 页。

形态和权利冲突解决的相关规定更是付之阙如。[③] 通行的做法是,民法总则不规定各种具体的民事权利,而是将其放入各编中予以规定(如物权法规定物权关系,债权法规定债权关系等)。这样的立法编排模式导致大量新型民事权利缺少与民法典连接的纽带,不得不以单行法的形式游荡在民法典周围。单行法与民法典之间、民法和商法之间以及民法典内部的权利制度之间缺少一个整合的空间和过渡地带,物权和债权的顽固性挡住了其他民事权利进入民法典的路径。

上述现象使人们产生了疑惑,《民法总则》为何对权利的规定力尽微薄?民事权利在技术上的整合是否可行,其限度在哪里?关于我国未来民法典的结构,目前学界已有充分的讨论。权利体系问题与日前流行的人法与物法的争论以及民法和商法合一原则如何体现等重大理论问题密切相关。基于此,作者拟对传统民法总则和权利体系进行一番审视和检讨,试提出我国未来民法典中设立财产权总则编的建议,并阐述其理由和基本构想,以供同仁商榷。

一、民法典总则编的结构性缺陷:权利一般规定的缺失

(一)民法总则权利制度的缺失及其后果

民法总则立法模式肇始于德国的《撒克逊民法典》,是近代潘德克顿法学的产物。[④] 总体来说,民法总则是法学家们基于概念法学的需要,为了得到普遍的、基本的原则和规则,利用非常抽象的推理方法得到的结果。相应地,民法典在结构上遵从先一般后特殊的原则,形成了总则、编、章、节的层次结构,从概念法学"提取公因式"这一特点出发,民法总则必然是概念层次结构的最终一环。

---

③ 需要说明的是,采取民法总则的国家,在总则对诸如权利的行使、保护等都有一定的规定,但对权利本身却缺少根本的界定。在此我们主要是在这一层意思上来阐述的。

④ 在民法里设置总则编,最早出现于德国的学术著作。德国学者格奥尔格·阿诺尔德·海泽(Georg Arnold Heise)在其1807年出版的《用以讲授学说汇纂课程的普通民法体系大纲》一书中,设立了总则章节。但在法典中正式设置,应自撒克逊民法开始。所以,自普芬道夫、沃尔夫等自然法学家至萨维尼以来,民法一直朝着概念化和体系化的方向发展,在此基础上,民法总则的产生有其必然性。

依据这种逻辑体系,民法总则包含的是被提取和抽象的一般内容,并且体现为可适用于各编的规则。基于德国民法总则的"优越性",其后许多国家的民事立法借鉴了这一立法模式,如日本、俄罗斯等国家都相继采纳。我国目前正在进行的民法典起草中,也是以《德国民法典》为蓝本进行设计的,所涉及的问题也主要围绕《德国民法典》的相关内容而展开。

尽管如此,民法总则设定的价值还是一直为学者所怀疑。[5] 在此我们不从法律技术和法律适用上去探讨,仅从内容上进行剖析。基于法律调整的是现实生活关系,民法总则的统领性也应着眼于法律关系,即真正的总则是对法律关系的各项要素进行最大限度的抽象,从而获得普适效果。只有这样,当新的民事关系出现以后,通过民法总则就能顺利地进入民法典的调整领域。事实上,从《德国民法典》的总则编进行分析,它大致也是以法律关系为线索设计的,如法律关系的主体、内容、客体和变动等几个必备要素,在总则中体现为人、物和法律行为制度,只是法律关系中最重要的民事权利制度却付之阙如,其他各国的民法总则亦然。仅此一条,民法总则的统领性便令人怀疑。除此之外,人法、代理、物等制度均似民法的具体制度,并非"提取公因式"的产物,很难说有足够的统领性,只有法律行为制度当之无愧地成为总则的内容,而成为民法总则的核心制度。[6]

权利内容的缺失影响了整个民法体系的统一性和完整性,具体而言,表现在以下几个方面。

1. 民法各编与总则多有脱节。民法典主要是以权利为线索展开的,在此基础上形成物法、债法和人身法等,但我们却无法在总则里找到与物权、债权和人身权对应的权利抽象物,总则与各部分之间没有真切的联系,使人产生民法总

---

⑤ 比如,拉伦茨认为,将"总则"抽象出来的做法是否合乎法典的目的是值得怀疑的。德国民法典虽然因此省去了许多重复性或援引性的规定,但在其他地方却多出了不少限制性和细分性的规定,法律适用并未因此而容易多少。参见[德]卡尔·拉伦茨:《德国民法通论》(上册),王晓晔等译,法律出版社2003年版,第40页。梅迪库斯也持此种观点。参见[德]迪特尔·梅迪库斯:《德国民法总论》、邵建东译,法律出版社2000年版,第35页。

⑥ 梅迪库斯认为,设立总则编的优点,主要反映在有关法律行为的规定方面。参见[德]迪特尔·梅迪库斯:《德国民法总论》,邵建东译,法律出版社2000年版,第30页。

则仅为规定民事权利以外的法律规则这一感觉。

2. 新型民事权利和民事关系很难通过总则进入民法典的领域。例如,知识产权制度、商事财产权制度只能在民法典之外以单行法的形式游弋;同样,人格权制度的安排之所以争论激烈,很大程度上就是因为总则对此没有留下空间,在此前提下,甚至知识产权法和商法为民法的特别法这一说法都缺少有力的实体法依据。

3. 没有民事权利的抽象,财产关系法和人身关系法在民法典里无法整合。值得注意的是,总则的绝大多数内容并不适用于人格权法、家庭法和继承法等人身关系法,我们只能从民法总则中嗅到浓厚的财产法的味道。因此,民法总则是否涵盖了人身关系,值得探讨。在体系上欲解决此一问题,就必须在财产法和人身法上进行区分。

4. 民法典对于财产权定位的缺失,使学界在新型财产权利的理解和设计上,往往陷入新型权利是"物权"抑或"债权"这一思维惯性的泥淖。以物权和债权来衡量新型财产权是民法理论的一贯做法,权利的"性质之争"一直是中外法典化国家的通病。

上述四个方面的困境足以使我们对民法总则的内容产生困惑。民法是否存在一个真正完整的、逻辑意义上的总则?就目前各国民法典现状来看,不采总则的占多数,包括修改过的荷兰民法典和意大利民法典也未采总则模式。有学者认为,民法总则并不是真正意义上的总则,分则中的许多内容并没有在总则中得到体现。反之,总则的内容也不能一以贯之地适用于分则。[⑦] 比如,就人法而言,我们并不能从其中获得一种适用于所有民事关系的人的形象,传统民法的人的形象的设计是否完全适用于亲属法、人格权法甚至商法,存有疑问。例如,德国学者梅迪库斯(Diter Medicus)认为:"民法典的人法部分仅仅是一件未完成的作品。人们几乎不可能从这些规定中推断出一般性的结论。毋宁说,

⑦ 日本学者北川善太郎从技术上对传统民法总则进行了分析,认为民法总则并未起到民法典规范体系的融合作用,在多样性与统一性的关系上,民法总则也没有很好地起到协调和整合的作用。在此基础上,他提出民法总则欲成为真正的总则,必须将分则的一般规定抽取出来,列入总则,形成民法真正的总则,亦称"多样性的整合",未来的民法典必然是技术上非常精致和倾向实用的民法典(参见中日民法典云南丽江学术会议2003年3月28日的会议记录)。

要研究这些规定,还必须考察我国法律制度中其他具有人法内容的领域,特别是《基本法》的基本权利部分、著作权法和商法。”⑧

就物的规定而言,不难发现,“物”仅是民事法律关系客体的一部分,只是物权的客体,不能充当整个民事关系的客体。事实上,单独就“物”作为客体进行规定在价值上、技术上也是值得推敲的,因为在法律上对物的规定与对物的归属的界定是同步的,与法律权利和义务相脱离谈客体并没有实际意义,民法总则中有关“物”的规定实际上全然属于物权法的范畴。至于民法总则的其他部分也或多或少地存在这种情况,这容易使人产生民法总则是融合抽象制度和具体制度的大杂烩这一感觉。另外,民事权利内容的缺失,使民法里常有的民事权利的界限、民事权利冲突的解决这些重要问题缺少了一个基本规则,而在民事权利日益受到限制以及权利冲突日益频繁的今天,这一点尤为重要。应该认为,在民法总则中“法律行为”制度是最有价值的部分,人们对民法总则的肯定和溢美之词也主要集中于此。

(二)传统民法总则权利制度缺失的解释

对于传统民法总则的全面评价可能超出了作者的能力。但可以肯定的是,民事关系内容的缺失对总则的统领性构成了根本冲击,民法总则在结构体系上并不全然是运用“几何学方法”采取“提取公因式”途径而得出的产物,其中多为相对独立的民法制度规范,与其后各编中的具体法律规范之间并无统领和指导的关系。下面我们尝试找出传统民法总则结构形成的历史因素。

从今天的观点来看,当时德国人基于潘德克顿法学方法,对罗马法进行创制的途径和目标是建立彻底的、以形式逻辑为基础的民法典。在此前提下,真正理想的结果是,民法典为运用法律逻辑对生活事实进行完全加工和制作的产物,历史上基于生活事实而逐步发育的传统法律体系将被摒弃。相应地,民法总则将成为人的总则、权利总则、行为总则、民事责任总则和人身关系总则的汇

---

⑧ [德]迪特尔·梅迪库斯:《德国民法总论》,邵建东译,法律出版社2000年版,第778页。当然,民法上的人是一个很难界定和描绘的形象,作者认为,民法上的人界定的是一个日常生活的市民形象,既缺乏对家庭关系中的伦理个人的规定,也缺乏真正商人的塑造。

聚,民法具体制度则为人法、权利法、行为法、责任法和人身法等,这些内容对于有机的生活关系具有相当的普适意义。但可以发现,立法者并没有采取这一理想的模式,而仅是对传统民法体系进行适当的逻辑改造,即在保留物法和债法完整性的前提下,民法总则只是容纳了物法和债法以外的其他规范。也就是说,除法律行为制度外,德国民法上的人法、代理、物、时效等制度都主要是沿袭了传统民法,只是以一般性规范的外在形式包容于总则之中。由于物法和债法被相对完整地保留下来,因此,总则并不能直接对其有所指涉。

考察原因,不能忽视历史传统因素。首先,从德国民法典制定时的情形来看,自古罗马法至法国民法典,民法所调整的核心内容是一致的,即民法是以民事权利为中心的法律。民法典必须以权利为线索来构建,关于这一点理论上几乎没有争议。基于罗马法的核心制度表现为相对完整的物权和债权制度,并已成为一个理所当然的制度预设,德国立法者自然就很难拆解这一坚固的规范群体,无法对于物权和债权既定体系进行有效的抽象和改造,也无法在总则中进行规范。也就是说,无论设立总则与否,物权和债权仍是民法典体系的主干,总则是不能对此有所关涉的。因此,民法总则能够包容的只能是游离在物法和债法之外的人法和行为法等制度了。

回顾德国历史上有名的法典化大争论可知,以蒂堡为代表的法学家曾一度想制定与《法国民法典》相似的法典,只是萨维尼以立法技术不足为由阻挡了这一进程,萨维尼所说的立法技术其实就是概念体系,他并不完全反对制定法典,只是认为缺乏严密的概念体系,法典不可能建立。因此,他回到古罗马法,竭力找出适用于所有社会关系的概念体系,后经学者如温德夏特等的发展,形成了概念法学。在此基础上,后来的立法参与者开始尝试以概念工具对古罗马法和法国民法典予以改造。但显然,前面述及的彻底的逻辑改造模式超出了德国学者的心理承受力,因为他们的概念源自罗马法,所以自然不能背叛罗马法的基本体系,不然自己所运用的概念的正当性将受到质疑。因而立法者在技术上适时地采取了第二种策略,即以概念法学为工具,对《法国民法典》进行了一番体系化和概念化的改造。但同时,一个结构性的矛盾开始显现:依潘德克顿理论体系,最终必然要有一个总则处于金字塔的顶端,以统领民法典其余各编,而依传统罗马法体系,物法和债法这一权利体系已经固定,学者对权利的抽象和物权、债权一般规则的创设受到极大限制。最终立法者通过将人法、物、行为、代理和时效等内容纳入民法总则,即算完成了潘德克顿学派的使命。⑨

从理论基础来看,罗马法固有的人法和物法结构也给《德国民法典》打上了烙印,这在民法总则规制的"人—物—行为"结构上表现得至为明显。在罗马法中,人法和物法是民法的主干,但罗马人并不是从权利角度去理解财产,而是从物的角度来拓展,这从罗马人将用益物权和债权都看作无形物这一规定上可见一斑。《法国民法典》仍沿袭了这一观念,整个法典也可描述为"人—财产"这一结构,其中财产仍是从物的角度去定义的,比如,债权、用益物权和其他财产权仍被定位为"无形物"。可见,物不仅充当客体,在近代民法上对物的界定也一直充当着"权利界定"的角色。⑩《德国民法典》也不例外,尽管在理论上意识到民事权利与物是不同的概念,在总则第 90 条对物的界定中,将"物"限定为"有体物",意识到了权利与物的区别,但罗马法"人—物"结构仍未有突破,只不过在此基础上创设了行为制度,而将法律关系意义上的权利和财产一定程度上仍置之度外。

综上所述,民法总则中权利制度的缺失是有其历史原因的。自罗马法以来关于财产的"物化思维模式"已根深蒂固,犹如顽固的堡垒,即使潘德克顿学说也无法拆解。与此相对应,物与财产的血缘联系阻碍了无形财产的扩展,限制了民法科学权利体系的建立,也在一定程度上忽略了生动、灵活的以行为为纽带的生活关系世界。

---

⑨ 实际上潘德克顿学派也注意到了对权利的抽象。例如,温德夏特在《潘德克顿教科书》里在关于"权利的一般"这一部分是作为总则部分进行论述的,在该教科书里,权利的一般理论包括:权利的概念和种类;权利的主体;权利的产生、消灭和改定(法律行为在此一部分);权利的行使、侵犯和保护。See Indscheid, Dirto. delle. pandette. (Vol. I). trad, it. Di Cado Fadda. e. Paolo Emilio Benaa. UTET. Torino. 1925. p. 41. 可见,理论上该学派也承认总则应将权利作为核心内容,但在立法上却付之阙如,这说明了传统罗马法体系对德国民法典的制约作用。

⑩ 关于物和权利、财产的关系,可参见马俊驹、梅夏英:《财产权制度的历史评析及现实思考》,载《中国社会科学》1999 年第 1 期;马俊驹、梅夏英:《无形财产的理论和立法问题》,载《中国法学》2001 年第 2 期,本文不再赘述。

二、设置民法财产权总则的基本理由

权利制度的缺失对我国目前民法典的体系设计提出了挑战。但可否在立法技术上对所有民事权利作一有价值的抽象,将之归于总则,以达到体系的统一？答案是否定的。民事权利本来就是法律关系类型化的产物,种类繁复,相互之间形态迥异(如物权、债权、人格权、身份权、无形财产权等),很难找到相通点。也就是说,权利本来就是关系概念,是法律关系的本体和实质,对权利的描述无异于揭示整个市民成员的生活。例如,基于权利形态的不同,民法自罗马法以来发育出了泾渭分明的物法和债法;基于授予权利的社会关系基础的不同,民法又形成了世人公认的财产法和人身法的分野;基于财产权配置和交易的市场化程度的不同,民法又形成了普通民法和作为特别民法的商法的格局。上述权利关系复杂的程度与民事关系的复杂程度是一致的,在民法总则中任何欲对权利进行本质的抽象无异于仅给民事权利下一定义,操作上的困难和抽象结果的价值不言自明。在这一问题上,总则和权利法律关系出现了两难:如果制定一些非常一般的规则,那么一般规则的普适性必然受到限制,总则对具体关系的指导作用就很难实现,反之,如果对相对具体的关系进行次一级的较高程度的抽象,那么总则又会有许多例外。人们也许从权利一般制度的困境中,可以最好地理解民法总则是否真正能够胜任统领民法的任务。⑪

这样一来,《德国民法典》总则中民事权利制度的缺失就是可以理解的了,在立法上欲通过一般权利规范的界定来统领所有民事关系并不是理想选择。但这并不意味着,对于权利关系的整合是不必要的,如果置当代民事权利的扩

---

⑪　民法总则的许多内容莫不如是。例如,民法的人法似乎更多地适用于财产法,而不太适用于人身法;民事法律行为在人身法中,也表现出诸多例外。我国董安生教授认为,民事法律行为有其适用范围,是否适用于人身法是值得思考的。人身法主要表现为一种法定主义,与行为制度属于不同的调整方式。参见董安生:《民事法律行为》,中国人民大学出版社2002年版,第36页以下。其他关于总则结构上的矛盾在此无法一一列举。

展于不顾,民法典不仅自身无法完整调整各类民事关系,而且是否可以统领特别法也令人怀疑。应当明确的是,在一般性和特殊性之间,并非只是两者选其一,非此即彼,在法典万能主义和几何学公式式的方法被打破以后,民事权利的适度整合是民法典在当代的发展要求,这种适度整合是法律碎裂化和法典功能保持两者之间的缓冲地带。关于适度整合对于未来民法典的重大意义在此不谈,但对于法典中的权利关系问题,我们认为,设立财产权总则是适度整合的可行方案,对于民法典的体系化和发挥民法典制度的最大功能具有重要意义。下面拟从两个方面提示财产权总则设立的必要性。我们所称的财产权总则主要是基于下列参照系而构成财产权总则设计的基本理由。

(一)财产关系与人身关系的结构性分野

目前,关于民法的调整对象为平等主体之间的财产关系和人身关系,这一结论已为世界性的学术通说。但是迄今为止,在民法典结构上,却很少看出这种区分的分量。物权制度和债权制度成为民法象征性的核心内容,而人身法却大多蜷缩在民法典的最后部分或人法的云隙之间,甚至有时立法上将家庭法和亲属法的相关部分单行立法,不纳入民法典。即便如此,这种分离的立法模式并没能使人怀疑民法典的完整性。但是学者却不能想象,如果现代民法缺乏法人制度、物权制度或者债的制度,民法典将会出现何种状况。这似乎揭示出,自《德国民法典》以来,传统民法的人法、物法和债法,具有内生的同质性,是在同一语境下对同一类社会现象的概括,从而形成一套稳固的、以逻辑为纽带的规范群。[12] 显然,这种规范群体现的是一种财产逻辑关系,而非人身逻辑关系。可以认为,构成民法主体结构的概念体系,在近代实际上是以财产法为核心建立起来的,相反,概念法学所创立的概念系统对人身关系并没有引起相同的重视。然而,在学说上,学者却大多倾向于将财产法的一套概念体系同样用来套用于人身关系,以致显得疑虑重重。简言之,在社会关系多层化、复杂化的今天,能够构成"民法"这一词的特殊内涵仍是以财产法规则系统为标志的,

---

⑫ 这一提法是借鉴美国艾伦·沃森的相关论述。参见[美]艾伦·沃森:《民法法系的演变及形成》,李静冰、姚新华译,中国政法大学出版社 1997 年版,第 20 页以下。

如果缺少财产法上的人、行为和权利这一套话语系统,当代民法便会被彻底解构。

值得注意的是,对罗马法的直接继承和借鉴,之中贯彻了人格平等、意思自治的基本原则,但在人身关系上则仍保留了大量的封建主义的等级性人格制度和家庭制度。直到20世纪第二次世界大战以后,随着世界人权运动的兴起,各国才逐步进行了人身法的改革。由此可见,民法上的人格一律平等原则实际上是对财产关系主体的抽象,这在各国民法典中是一致的,而在人身关系主体地位的规定上却存在相当多的差异,这是因为人身关系与一个民族的道德观念、民族习惯、文化传统密切相关,它不是单纯由经济因素决定的。所以在《德国民法典》中,几乎完全脱离了家庭法而设计民法总则,家庭法只得退居到一种独立地位。应当说,财产权与人身权的人格基础、权利形态和调整手段具有质的区别。基于此,财产权和人身权应是民事权利系统最基本的分类,对于财产法和人身法在体系上应有一个明确的区分,并在民法典上直接体现出来。但实际上,立法者可能基于人人平等这一原则,忽视了此两部分的人格基础和运行逻辑互为不同这一事实,所以没有加以深究。另外,由于在民法漫长的发展过程中,家庭法一直是其基本组成部分,所以在设计近代民法结构体系时,各国民法典并没有刻意将家庭法与财产法严格分开。

就权利体系而言,财产权和人身权成为民法权利系统的基本界限。梅迪库斯认为,亲属法和继承法规定了相互之间具有联系的、类似的生活事实。而物法和债法规则体系则不是基于生活事实的相似性,而是法律后果层面上的相似性。⑬ 换句话说,人身法的社会伦理性与财产法的形式理性之间是有严格界限的。在此前提下,财产权与人身权具有诸多本质差异。就权利形态而言,财产权表现为一种行为模式和外在资源的分配方式,而人身权主要表现为一种人身利益的认定,这种认定不是以物质载体为基础的;财产权对所有主体是同等的,而人身权则主要因人而异;财产权可以转让,而人身权具有专属性。近代以来的民法其实围绕财产关系已形成了一套独立的主体、权利和责

⑬　参见[德]迪特尔·梅迪库斯:《德国民法总论》,邵建东译,法律出版社2000年版,第20~21页。

任体系,这种体系的各项制度是同质的,并在整体上与人身法相区别。所以,在设计民法典体系时,应首先正视这一事实,在体系设计上也应有崭新的思路。

(二)民商合一的体现:财产法体系的整合

近代以来,民法和商法关系之微妙,难以言说。虽然在理论和立法上有两种主张,即民商合一和民商分立,但两者均缺乏实质意义上的说服力。就民商合一而言,倡导者虽然能列举出数条恰当理由,但无法提出有效的途径使商法和民法在规则上相通,在立法上商法事实上并不完全顾及民法原理和制度而自行运作。比如,证券和票据的规则在民法制度上就无从归宿;又如,关于股权的性质,在民法上也是无法推断。如果说商法是民法的特别法,那么即使在具体规则上无法体现,至少在总则中也应为其留下一定发展空间。在此情形下,民商合一只能成为一种理论和名义上的解说。就民商分立而言,倡导者也很难抽象出商法独立于民法的基本理论体系。虽然各国商法学者不乏努力草拟商法总则者,但都收效甚微。细言之,一则是由于商法本身是由相互不大关联的、独立的法律所构成,本来就不易从规则上找出共同的总则;二则是由于商人和商行为的本质界定,似乎又是建立在民法中人格假定和法律行为假定之上。至于其他如商业登记和商业账簿的规定,似乎又是操作规程,不构成总则的本质内容。因此,民商分立之说也是一个理论和名义上的解说。

我们认为,民法和商法的称谓从规则而言,也不外是调整现实生活中各类社会关系的法律规范的总称,在以形式理性为基本特征的法典立法上,两者的合一或分立,均离不开法律的规则基础。不可否认,民法和商法的起源和功能有很大不同。然而在现代社会,在财产占有和运行这一领域内,两者日趋统一。但在规则上如何使民法和商法融为一体,对大陆法系国家而言,仍是一个难以解决的问题。在倡导法典全面性的近现代法国、德国和日本,在民法典之外,仍旧保持着商法典这一事实就是例证。[⑭]

因此,欲真正实现民法对商法的统领和有效的规制,以实现立法的体系化,在规则上必须进行适当的整合。在保留传统民法概念体系的前提下,对于商事财产关系与民事财产关系在同一层次上进行定位是必要的。关于为何民法财产法概念体系在技术上很难适用于商法,在此试作如下分析。

自罗马法以来,传统大陆法系的财产观点是建立在朴素的财产观基础上的。民法的具体财产制度均是以“物”为基点展开的,物与财产占有及流通密不可分。至今,在大多数大陆法系国家民法典中,“物”这一概念是规范财产关系的基础,脱离物来讨论财产是不可想象的。在此基础上,早期基于物的占有形成“物权”,基于物的流通形成“债权”,已成为大陆法系源远流长的思维模式。这也是为什么仅作为一类权利客体的“物”在民法典中始终具有很高的地位的原因。这种情形在一定程度上也与罗马法以来民法所具有的品性密切相关。自罗马法至法国、德国民法典,民法始终以有形物的占有秩序的规定为其主要内容,这不仅是因为物权和债权制度原本就是欠发达的商品经济中物的占有和交换的反映,而且还因为物权和债权,不仅体现为一种纯粹的财产权,更体现为一种国家治理秩序。[⑮] 近代社会法律所对抗的是政府权力这一事实,决定了近代民法只能从最基本的关系入手,确立社会中人的最基本权利,这些权利成为社会成员对抗权力的屏障,也成为民法的语言。在此前提下,以物权为代表的财产权与生命、自由一起成为基本人权。但商法的规则却有另一番语境。西方近代商法只是特殊商人群体的金钱游戏规则,它并不肩负社会变革的使命,也不以确立社会成员的基本人权为己任,这种规则在西欧封建体制内即已存在。

---

⑭ 目前民商合一日益成为普通的立法趋势,一些原来采取民商分立的国家也采取民商合一的法典结构体系。例如,意大利曾于1865年制定民法典,1922年制定商法典,1942年的民法典则将民法和商法统一;荷兰原来民商分立主义,自1947年重新编纂民法典以来,商法的内容被分别规定在民法典各编当中。但是可以发现,民商合一更多地体现为一种结构上的融合,商法部分与传统民法部分并没有实质的联系,在法律适用上与单行立法几乎没有两样。另外,上述国家民法典中也只有限地容纳了部分商法的内容,有些内容仍无法容纳。

⑮ 例如,罗马法早期对物权的规定并不是基于一种权利,而是从自然制度角度去定义的,物权的分配和界定与社会秩序紧密相关。就近代法国和德国而言,虽然商事活动和商事规则已经形成,但民法却肩负着实现从封建社会生产关系向资本主义社会生产关系的转变这一历史使命,因而近代社会的基本秩序和基本权利的建立自然脱不了对罗马法物权制度的借鉴。

商法一定程度上的价值中立性,导致了整个商法体系并不以权利为语言,也不以概念体系为特征,而仅表现为一系列严谨的、务实的操作规范。所以,在传统民法的权利体系内,商法的财产流通形态大多表现为无形财产的特征,很难用以“物”为基点的民法权利语言进行解说。

因此,自罗马法以来的民事权利是以最贴近市民生活的财产关系为基础的,是以民法最基础的“物”的概念决定的财产权利系统作为社会关系的最基本层次。而商法制度所确立的财产规则是开放的,多层次的,在商业中,没有物的介入,仅通过无形的票据、营业权和股权的流转就能获得大量金钱财富,这在当代已成为经济的常态。所以,我们认为,当代民法和商法的矛盾主要在于民法的财产制度基点过于狭窄,不能涵盖商事财产形态,事实上导致了民法和商法在规则上很难融合。由于民法的传统规范体系很难扩展,欲实现民商合一,就须在民法典的设计上通过财产权总则将其财产形态拓展至商事财产,这也是未来民法典整合社会关系和完善立法技术的必要步骤。事实上,在现代社会中,民法和商法的功能趋于同一,近代民法的功能由早期对社会基本制度和基本人权的着重宣示,已逐渐蜕变为对高度发达市场经济中财产关系和人身关系的实际调整,民法典的工具性逐渐增强。而商法这一特殊群体的游戏规则也已全面渗透至社会的每个角落,社会经济结构在高度发达的市场条件下必将得到统一,因而市场经济条件下对民法和商法财产关系应在同一层面上进行规制。

除了上述参照系之外,设立财产权总则的构想还与现代大陆法系国家立法分散化趋势相关。当代大陆法系各国基于无形财产的大量出现,在立法上均倾向于对无形财产进行具体立法,而放弃了将之纳入民法典的努力。以此为契机,民事立法由普适性向具体性、由系统性向分散性发展成为立法潮流,传统意义上以概念建构为特征的民法典失去了往日的分量,近代《德国民法典》所构建的富于美感的概念体系和所蕴含的企图一统天下的乐观主义,受复杂的现实生活关系的冲击而支离破碎,从而使民法典成为维系传统法律关系和整合新型法律关系的立法工具,民法典的传统价值一定程度上弱化了。由于传统民法的概念的基点过于狭窄,包容性非常有限,导致民法总则的统领性先天不足,如果立法上还坚持采取法典化立法模式,那么对于特定领域的法律关系进行整合,强化中间层次的立法系统化,应成为民法法典化的重要任务。

以上分析在一定程度上说明,财产权总则在财产法和人身法、民法和商法、法典化和立法分散化之间,可以起到一个逻辑上的分离和整合作用,作为一个中介性的立法层次,它将有效地缓解原有概念法学体系结构的逻辑困境,也基本上可以消弭财产关系在形态上的分散和对立状态,尤其在新型无形财产(如知识产权、网络虚拟财产等)日显重要,以及在诸如人格权等民法权利对民法结构提出更高要求的情况下,这一整合的意义更为显著。

三、财产权总则设计的基本思路

(一)财产权总则与民法总则

财产权总则这一立法模式并非作者的创见,在立法上已有现成资料可资佐证,如新近的荷兰民法典和加拿大的魁北克省民法典就设立了财产权总则。由于两者均未设计民法总则编,因此,财产权总则和民法总则的关系是必须得面对的问题。上文关于民法总则的缺陷已进行了一定的分析,民法总则的必要性已引起了我国一些学者的怀疑。[16] 在没有采取民法总则立法模式的国家,《德国民法典》中总则的有关内容在这些国家法典中分散为具体部分的规定,而并没有引起太大的逻辑上的矛盾,这是因为现有民法总则的大多数内容原本就没有普适性和统领性,总则只是具体制度与一般制度的混合。但总则设计是否在当代就完全失去了其立法价值?这也是必须认真对待的问题。

解决这一问题必须要明确现代民法总则意义和功能的转变。传统民法总则在价值理性层面的意义逐渐坍塌,而逐渐演变为一种立法工具意义上的民法总则:上文所述的民法总则均是在概念法学的意义上使用的,是传统概念体系结构的顶端,它承载着深厚的法哲学和方法论的价值观,学者对于民法总则的批判也是从此角度进行的,怀疑民法总则实际上也在一定程度上体现了对概念

---

⑯ 参见徐国栋:《民法基本原则解释》,中国政法大学出版社1992年版,第365页。

法学的否认。我们认为,既然立法上仍采法典化的立法模式,民法典的形式和结构就应予以关注,在立法形式和结构上,民法总则对于民法典仍不失其积极的意义。应当明确的是,由于民法总则对于最基本的法律关系内容的规定(主要为权利)的缺失,民法总则的若干基本概念很难适用于无形财产,加之民法总则的统领性因立法分散化趋势而受到很大限制,从而决定了当代民法总则已不再是潘德克顿法学意义的民法总则,也不是所谓几何学公式的最后一环,而只是作为立法系统化和法律关系适度整合的工具存在。也就是说,民法总则在工具层面上仍有一定的意义,应予保留。就立法技术而言,保留总则的主要理由如下。

第一,原有民法总则的确包含有一些带有普适意义的一般规定。例如,法律行为制度如果不通过总则来进行单独规定,那么在专门的篇章结构中便无规定的余地,也许法律行为制度是总则存在的最有力的理由。当然,其他制度如时效制度、权利行使和权利保护制度、期间、期日等也都是一般性的规定,通过民法总则也可以减少立法的繁复。

第二,民法总则从立法系统化角度可以起到整合民事关系的作用。民事关系虽然其性质大体可以界定。但自罗马法以来,民事关系就显示出了超越原有体制的特点,法律关系总是无穷膨胀的。[17] 民法总则可以通过基本原则(如诚实信用原则和公序良俗原则等)的规定为普通法和特别法起到一个统率的作用,在此基础上也可以提供一个法律适用和法律解释的基点,为司法裁判正当化提供法律标准。

从上述理由可看出,现代民法总则主要是整合民事法律关系的立法技术,尤其总则中规定的诚实信用原则和公序良俗原则,已成为现代法律漏洞补充的工具,这是对传统民法形式理性的直接背离。但财产权总则是否放入民法总则中规定,即民法总则在规定传统内容时,是否还应规定财产权总则、人身权总

⑰ 苏永钦认为,民法的法典化自罗马帝国的《国法大全》开始,就显出了惊人的超越体制的特质,民法的发展印证了韦伯的形式理性学说,只有当民法和体制的其他部分不只是和平共存,而是相互包容,乃至出“社”入“资”,或出“资”入“社”,才可见其形式理性的精髓。参见苏永钦:《司法自治中的国家强制:从功能法的角度看待民事规范的类型与立法司法方向》,载《中外法学》2001 年第 1 期。

则呢?

阐述这一问题必须首先在理论上区分民法总则和财产权总则的功能。现代民法总则作为民法的整合工具,体现为对存在于民法各领域内的相关制度进行规定,这决定了民法总则的立法维度是以民事关系要素和民法适用这些具有一定普遍意义的制度规定为特征的,即它不可能涉及某一特定类型的法律关系的规定,否则就会影响总则与分则的基本逻辑关系,同时也会影响民法总则这一整合工具的价值。在法典内部,民法总则与分则是上位与下位的关系,对法典外的法律漏洞而言,则是通过基本原则在适用上予以开放。而财产权总则的立法维度有所不同,它不是从法律关系要素和法律适用角度展开的,而是体现为某一类具体法律关系的规定。财产权总则也是法典化中的整合工具,但这种整合是对法律关系内容的整合,是传统财产关系及财产权利分散化的克服,是扩大民法典财产关系适用范围的手段,因而它针对的是权利制度,属于具体制度的立法领域,财产权总则只对财产性的民事权利具有统领性,而不能成为民法的普遍制度。再则,传统民法总则本来就没有设立权利的一般规定,现代民法总则也无既有模式可以遵循,因而在民法总则之外,进行次一级的若干具体制度的整合也就成为较为合理的方法。如果民法总则确定的是一般性规范,传统民法制度如物法、债法等规定的是具体民法规范,那么在一般规定和具体制度之间,设立中间层次的财产权总则可以有效地实现一般性和多样性的整合。现代社会中的一些财产形式(如无形财产等)常常在传统民法上没有予以规定,既因过于具体而无法在总则中找到法律依据,又因物法和债法等适用范围过于明确而无法纳入民法典中的具体制度,而在民法总则和具体制度之间设立财产权总则,既弥补了总则权利规范的缺失,又发挥了整合财产关系、扩大民法典适用范围和统领作用的功能。

至于人身关系,是否可以比照财产权总则而设立人身权总则,作者持否定意见。人身关系与财产关系不同,财产关系之所以能够在一定程度上被整合,是与财产主体可以在“交易人”这一假设下统一起来相关的。在财产主体被同等对待的情形下,财产权总则可以集中对财产权利形态从行为模式上进行界定和分类,从而建立较为体系化的财产权利制度,并具有一般适用意义。而人身关系的整合则不仅涉及人身权,更与人身关系主体的地位密不可分。人身法是以人的角色具体化为基础的,在许多人身关系中(如身份权),人身权是由人身主体决定的,立法上不能脱离人身而独立地建立人身权制度,这就决定了人身权总则不属于权利制度的整合范畴,人身权总则无异于逐个描述具体人格权关系和身份权关系,无法提取适用人身权的一般规范。事实上,传统各国民法典几乎也放弃了在民法总则中对于人身关系进行一般规定的企图,人身法都是自成一体,相互独立的。既然传统民法理论对表现为生活事实的人身关系在形式上都不能有所抽象,现代社会想建立人身权总则制度的想法必然也是毫无意义的。

因此,民法总则和财产权总则在当代都只能是立法技术化的表现形式,财产权总则的设定是对民法总则法律整合性功能有所欠缺的一个补充,是解决当代法律分散化与法典化矛盾的产物。

(二)财产权总则的内容与立法模式

财产权总则的内容与设计也是一个具有挑战性的问题。财产权总则针对的是平等主体财产关系的一般内容,对财产权各编起着一个一般规定的作用。是否可以抽象出一套适用于所有财产关系的规则呢?当代各国立法早就放弃了建立财产权理想模型的努力,例如,法典化国家在民法典之外大量存在的特别法便是印证。实际上,财产法根本无法抽象出一个统一的概念、特征和效力等的理论体系。“当代(财产)权利束互不联系,没有共同语言,原来起源于物品所有权概念的法律上的‘财产权’的含义,在法学和经济学的一般理论中并没有获得统一的概念。”⑱也就是说,一般性和特殊性的矛盾在财产权总则上无法真正弥合。

在此基础上,一个明显的结论是,欲通过原有民法典财产概念的适当扩展去统领民法财产权、商法财产权和其他无形财产权的努力是徒劳的。民法上的

---

⑱ [美]托马斯·C.格雷:《论财产权的解体》,高新军译,载《经济社会体制比较》1995年第2期。关于财产权定义的不可能性和财产权体系的分裂,可参见梅夏英:《财产权构造的基础分析》,人民法院出版社2002年版,第256~260页。

财产是从“物”的角度来理解和拓展的,带有深刻的农业社会财产观的残余,至今仍决定着民法典的财产体系。而知识产权和商事财产权则直接是从利益的享有和权利的构建角度理解财产关系的,所以在对财产的界定的概念基点上,民法、商法和知识产权法的底蕴大相径庭。由此,财产权总则不可能采取抽象的方式来规定财产及财产权的一般概念及其特征,而只能通过列举的方式来进行规定。目前在国内理论界存有以“财产法”取代“物权法”的主张。[19] 该主张正确地注意到了传统民法上“物”和“权利”不分,以“物”代替“财产”这些民法典所固有的顽疾,无疑具有重要意义。但在立法上,如果企图通过物权法来实现对所有财产关系的调整,显然会破坏民法典原有的物法和债法体系结构。由于由“物”“物权”“债权”等基本概念所构架的民法规范已经形成了稳固的立法模式,所以任何概念上的拓展都会牵一发而动全身,很难有所突破。在理论上必须承认,物法只是调整“物权”的法律,债法只是调整“债权”的法律。基于财产权的特殊性,想在这二者之间通过扩展概念或改变规则以调整无形财产,缺乏技术上和规则上的可能性。由于法律关系的膨胀,单行立法的发展,民商事关系和知识产权法已经形成了分散化的格局,民法典的制定仍是对传统民法固有概念相关联的规范进行整理,故应保留传统民法原有的概念体系,在封闭的规范群里不应过多强调概念的创新、遵循这一思路,这里财产权总则的设定也非概念法学意义上的财产权总则,而是在完整保留物权和债权规范前提下,为知识产权、商事财产权等在财产权总则里留下存在和发展的空间,以起到法典化的整合效果。至于知识产权、商事财产权和其他无形财产权,除总则予以一般规定外,仍应由知识产权法、商法和其他单行法来专门规定。这样,财产权总则既一如既往地统领了传统民法领域的物法和债法,同时也统领了游离在法典之外的知识产权法、商法和民事单行法的相关规范,物法、债法和单行法的地位一样,都是对某一类财产权的专门规定。

但为何只有物法和债法能完整地保存于民法典中,而其他形式的财产则需

---

[19] 持此观点的是我国知识产权专家郑成思教授,他在《关于制定“财产法”而不是“物权法”的建议》一文中,系统提出了这一建议,该文发表在《中国社会科学院要报》(信息专版)2001 年 6 月 8 日,第 41 期。

单行立法规定？从民法历史渊源来看，传统民法理论和制度经过两千多年的发展，在概念上已形成了一套稳定的体系，这构成了我们当代称为“民法”的核心内容。罗马法建立的一套农业社会的财产权制度带有深厚的“财产物化思维”的烙印，而对于奉罗马法为圭臬的近代大陆法系国家，物权和债权作为理解全部财产关系的制度体系被完整继承下来，从而忽视了近代商事财产和无形财产所表现的其他权利形式的规范特质，法律历史发展过程中的“路径信赖”现象在此起了巨大的作用。如果当代立法者欲制定一个完全包容性的民法典，其必然的结果是，所有财产关系（包括知识产权、商事权利和其他无形财产权等）都被纳入民法典进行专章规定，从而传统物法和债法只能作为其中一个部分，而传统民法从物法和债法提取的概念和原则仅适用于物法和债法，不一定能适用于其他财产权，这样构成法典有机体的传统概念体系因不能适用于新型财产权，将面临全面解体的危险。

（三）财产权总则的具体设计

对于财产权总则在法典中的位置及主要内容，可作如下设计。

第一编　总则；

第二编　财产与财产权（财产权总则）：第一章　财产及其分类；第二章　财产权及其保护与限制；第三章　物权一般规则（效力与变动）；第四章　债权一般规则（效力与分类）；第五章　物权、债权相互之转化；第六章　知识产权一般规则；第七章　其他财产权；

第三编　物权；

第四编　合同（上编　合同总则；下编　合同分则）；

第五编　人格权；

第六编　亲属；

第七编　继承；

第八编　侵权行为；

第九编　民法的适用。

从上述关于民法典总的结构编排形式中，可以看出财产权总则在民法典当中的地位。财产权总则在此起到一个财产法律关系的整合作用,在保留传统民法总则形式及主要内容的基础上,所谓财产权总则其实处于与民法总则相对应的“分则”地位。通过列举方式,财产权总则对物权、债权、知识产权和其他财产权的一般规则进行了规定,这种法典上的宣示扩大了民法典的适用范围,为民商合一建立了一个规则上的依据。同时,通过对财产关系及财产权类型的列举,也在法律上确立了知识产权和其他财产权与物权、债权相互独立的地位,在学理和法律适用上可以一定程度地缓解困扰学者和实务工作者关于权利的“物权性”或“债权性”的无结果的争论。

在技术上,关于“财产及其分类”是财产权总则的重要内容。在这一部分里,应对财产关系及财产进行有效的界定。财产法所调整的财产关系有其特殊的内涵,它与人身关系相区分而在民法中使用。但如果仅仅以是否含有财产因素来确定财产关系,导致的必然后果就是,涉及财产的就是财产关系。实际上,涉及财产的民事关系不一定可以纳入财产权总则,如人身权利受侵害时,受害人的赔偿请求权虽表现为一种财产性,但由于其权利基础是人身权,所以在立法上不应将之列入财产关系,而应属于人身权法调整。尽管人身关系和财产关系很大程度上在财产手段上取得了统一,但我们认为,法律对各种民事关系的处理结果虽然有相似之处,但法律对其采取的态度和逻辑基础是完全不同的,它们之间在性质上仍然具有本质的区别,所以在基础法律关系上进行权利的区分是成文立法逻辑的体现,仍然具有重要意义。[20]

我们将财产界定设计为三个层次。

首先,在财产的界定中,除将传统民法总则中“物”的基本制度纳入其中外,物权和债权是两项最基本的财产形式。但在对“物”的界定上,应将“物”限于

---

⑳　关于人身权和财产权的内在统一性,有学者提出民法典的调整方法是权利—义务模式的财产手段,人法与物法并没有太大的差别,人法在很大程度上被财产化了。也就是说,人身法也遵循了财产法的调整逻辑,如人格权的调整也是通过财产方法进行的,人身关系最后还是被还原为财产关系的。参见谢鸿飞:《论人法与物法两种编排体例》,载徐国栋编:《中国民法典起草思路论战》,中国政法大学出版社2001年版,第316~317页。目前在《法国民法典》上的“人格权财产化”的趋势,也似乎反映了人身权与财产权区分的式微。但应当承认,民法以财产为调整工具的特征并不能代替权利本身价值的定位,在手段和目的之间,权利本身的界定才是手段施展的前提。

"有体物",有体物包含了物理形态上的电、热、声、光等,而任何"权利"都不能归于"物",不然在逻辑上就无法区分权利与权利客体。现有的民法理论认为,在权利质押和债权转让过程中,权利与动产质押和动产转让关系中的"动产"处于同一客体地位,这实际上忽视了动产质押和动产转让关系中,真正让渡的不是所谓的"动产"本身,而是"动产的所有权"。也就是说,物本身的转移过程遮蔽了权利的流通实质。

其次,财产权总则对财产的界定中,还应列举规定无形财产。对于知识产权应专节规定,因为知识产权在权利体系中独树一帜,且在规则上已形成了完整的体系。在"其他财产权"一节中,对于其他无形财产也应有所反映(如脱离物的流通形式的票据、证券、信托财产权等基本形式),并对调整各种财产形式的法律在民法典上予以确认,这样可以初步消弭民法和商法不能相互统一的缺憾。

最后,在对财产的界定中,还应规定以财产为纽带的典型的成员权。所谓成员权,是在团体共同占有财产情况下,财产不适于个人所有时,成员只能通过成员权的行使以获得经济利益的保障。传统民法中的所有权理论是建立在个人完全占有有体物这一前提下的,缺乏成员权这一权利形式存在和发展的理论基础。实际上,诸如股东权、合作成员的社员权、集体组织成员的权利和建筑物区分所有者的共同权利,都表现为一种成员权,并不能完全通过所有权来解释。细言之,财产所有权是极端个人主义和财产分裂的产物,所有权概念和理论体系无法真正解释具有垂直结构的财产团体占有关系,所有权与成员权的语境并不相同,因而所有权与成员权是此消彼长的关系。也就是说,财产聚合导致所有权的形态的微弱,而代之以成员权的增强,反之亦然。通过成员权的界定,民法的调整手段可以延伸至团体财产的权利规制上,并且可以使民法与公司法、建筑物区分所有权法、合作社法及集体经济组织相关法律有机地衔接起来。

基于此,财产权总则在保留物权法和债权法一般规则之外,又规定知识产权和其他无形财产的一般规则,充分体现了财产权制度的统一性。在一般性和多样性、传统结构的维持与制度创新、民法典和特别法之间,财产权总则提供了一个平衡点,实现了对财产关系的适度整合作用。

解决小产权房问题的理论突破和法律路径

——结合集体经营性建设用地平等入市进行研究*

小产权房问题由来已久。自其形成规模以来,有关部门三令五申,严禁建设和销售小产权房,对购房者也多次进行风险警示,但是小产权房的建设却屡禁不止,市场呈现购产销两旺的态势。为解决这一问题,有关部门和专家学者提出诸多建议,但是问题始终未解。2013 年 11 月党的十八届三中全会提出:"建立城乡统一的建设用地市场。"这一改革方案为解决小产权房问题提供了契机,本文结合集体经营性建设用地平等入市深入分析解决小产权房问题的理论"瓶颈"及其突破,并对两种解决路径进行比较研究。

一、小产权房问题的现状、原因及其引发的社会矛盾

(一)小产权房问题的现状

"小产权房"非严格意义上的法律概念,是多年来约定俗成的一种称谓。原建设部认为,在城市郊区,一些村集体在本集体的土地上集中建设农民住宅楼,除满足本集体成员外以较低价格向社会出售的房屋,俗称"小产权房"。[①] 这一

---

* 原载《法学评论》2014 年第 2 期。

① 参见孙荣飞:《建设部:"小产权房"不能办理房产证等合法手续》,载《第一财经日报》2007 年 6 月 20 日。

理解并不完全准确,很多小产权房并非在满足村民需要之后才对外出售,而是建设之初就是为了出售获利,其实质就是“在集体土地上开发的商品房”。[②] 小产权房不包括农民在自己宅基地上建造的房屋,也不包括在集体土地上建造用于出租的房屋。

所谓小产权房问题,是指大量的小产权房开发、建设、出售与法律对小产权房的禁令之间的矛盾冲突。当前,小产权房问题主要表现为几点。一是面积巨大。据全国工商联房地产商会统计,1995~2010年全国小产权房竣工建筑面积累计达到7.6亿平方米,北京市的小产权房面积占所有住房面积的20%,深圳市的小产权房占总建筑面积的50%。[③] 二是居者众多。小产权房多为城市低收入者和新进城人群购买,其购买原因是房价低廉,目的是居住之需。[④] 三是长期游离于政府监管之外。由于小产权房建设程序违法,所以不能取得房产证,也不能在正规的商品房市场交易,但是其体外循环、交易兴旺。四是有关部门的高调打压和小产权房的购销两旺并存,实践证明打压的效果并不理想。

(二)小产权房问题的原因

对于小产权房的形成原因,从表面上看,是农民集体组织自发维护土地利益的本能反应;是有的地方政府执法不力甚至暗地支持纵容的结果;是城镇化过程中根据市场规律自发形成的“非法”住房市场。[⑤] 其根源在于农民集体享

---

② 参见陈武元:《小产权房应该合法化》,载《经济日报》2007年9月1日。

③ 关于小产权房面积的统计有不同的版本,如国土部门不完全统计,截至2007年上半年,全国小产权房面积已经达到66亿平方米,见《中国经营报》2012年4月7日;《中华工商时报》2013年11月8日称目前全国小产权房总量或已超过70亿平方米。关于北京市小产权房面积比例,参见骆沙:《北京清理79个项目能否遏制小产权房增长势头》,载《中国青年报》2012年9月23日;关于深圳市小产权房面积,参见卢丽涛:《深圳小产权房违建面积占总建筑50%,启动土改试点》,载《第一财经日报》2012年5月25日。

④ 参见王重润、李晶晶:《小产权房现状及政策研究》,载《经济与管理》2011年第12期。另外,2013年11月22日,国土资源部与住房和城乡建设部出台“小产权房”禁令后,太原搜房网发布调查:国土部住建部叫停在建在售小产权房你怎么看?仅4天时间便有25,127人参与投票,48.72%的网友认为不应该停建和停售,它可以解决一部分低收入人群进城住房问题;52.56%的网友认为是低收入人群解决住房需求所决定,有需求即有市场;超过七成的网友认为已出售的小产权房可转大产权。参见太原搜房网:http://news.taiyuan.soufun.com/2013-11-29/11569213.htm,最后访问日期:2012年11月29日。

⑤ 参见王彦:《小产权房问题现状及对策研究》,载《河北青年管理干部学院学报》2010年第1期。

有的土地产权不完整、市场主体缺位,[⑥]法律禁止集体在其土地上自行开发建设商品房并出售,小产权房不被承认的根本原因是其使用土地的非国有性质。[⑦]如需占用集体土地进行开发或建设商品房,须由国家将土地征收之后方可进行。由于征收土地涉及政府、开发商、农民及农民集体等各方的利益,尤其是有的地方政府出于土地财政考虑,[⑧]低价征收集体土地,引发了一系列的社会矛盾。与此相反,一些城市周边的村委会自行或与开发商合作建设小产权房对外出售,却在客观上体现了和谐社会的诸多内涵,如买卖自愿、交易公平、村民受益、村委会和乡镇政府也获利颇丰(乡镇政府获利并不符合法理),同时,还带来了土地升值、解决市民住房需求等一系列的社会效益。

(三)小产权房问题引发的社会矛盾

表面上,小产权房问题是农民集体实现其土地利益和低收入人群解决住房需求的集中体现。法律禁止小产权房,但是小产权房却大量存在;法律规定只有房管部门颁发的房产证有效,但是个别村委会和个别乡镇政府却在大量颁发"房产证";政府高调警示不要购买小产权房,但是其效果不佳,也使很多原本观望的人群获得了购买的激励。总之,小产权房按其市场规则之"法"在运行。凡此种种,既不属私法自治范畴,也不是对法治的补充,都在挑战现行法律和政府的权威。另外,小产权房归根结底是因"政府垄断集体土地的发展利益"而产生,[⑨]按现行制度,农民仅能得到土地征收补偿金的5% ~10%,集体得到30% ~40%,县级以上政府得到50% ~60%。[⑩] 可见,作为集体土地所有者的农民获利最少,政府获利最多。而小产权房开发中县级以上政府却很少从中获

---

⑥ 参见徐汉明:《论公有产权的新模式》,载《法学评论》2010年第4期。

⑦ 参见刘灿、韩文龙:《小产权房的出路何在》,载《当代财经》2013年第2期。

⑧ 近年来,土地财政成为一些地方政府的"第二财政",2009年,全国土地出让金收入相当于同期地方财政总收入的46%左右,2012年有所下降,为31%。参见于猛:《今年全国土地出让金或破2万亿,地价推高房价》,载《人民日报》2010年12月27日;高伟:《报告称土地出让金明显下滑,地方财政2013年风险空前》,载《经济参考报》2013年4月2日。

⑨ 参见顾大松:《论我国房屋征收土地发展权益补偿制度的构建》,载《法学评论》2012年第6期。

⑩ 参见张占录:《小产权房的帕累托改进及土地发展权配置政策》,载《国家行政学院学报》2011年第3期;王洪亮:《小产权房与集体土地利益归属论》,载《清华法学》2009年第5期。

利。另外，众多业主出资购买的房屋不受法律保护，他们希望“转正”[11]而政府却明确表态不可能，这是潜在的社会不稳定因素。

二、解决小产权房问题的理论“瓶颈”和突破

（一）解决小产权房问题的理论“瓶颈”

1. 小产权房虽然违法但有其合理性

在小产权房形成过程中，一直存在农民集体利益与政府利益、群众的安居需求与房地产市场、政府执法与公众违法三方面的博弈。从现实看，农民集体明知自己开发、建设、出售小产权房违法却屡屡违反，公众明知购买小产权房违规而购买不断，这一事实促使我们反思农民集体和众多小产权房业主行为的合理性以及现行法律的正当性。正如黑格尔所言，“凡是存在的即是合理的”（此处“合理”是指其存在的原因），小产权房的大量存在深刻的历史根源和现实原因，有其合理性。事实也说明，小产权房使购买者、农民、集体、开发商获得利益，只有政府损失了财政收入，而此损失其实本来就不该得，所以，小产权房提升了各合法主体的利益、增进了社会公平，就现行征地制度而言，实现了社会总体效益的帕累托改进。[12] 因此，现行法律的正当性也受到质疑。

2. 法治的威严和统一决定了政府难以承认小产权房

禁止集体进行土地开发的制度是逐步形成的。从 1982 年《宪法》规定城市的土地归国家所有，到 2002 年建设部、财政部、国家税务总局联合发布了《关于加强房地产市场宏观调控促进房地产市场健康发展的若干意见》，国家通过一

---

[11] 所谓“转正”，本意为副职转为正职，非正式转为正式，不是规范的法律术语，但是在法律术语中没有一个合适的词表达其含义，所以本文也沿用该词。

[12] 参见张占录：《小产权房的帕累托改进及土地发展权配置政策》，载《国家行政学院学报》2011 年第 3 期。帕累托改进是指一种变化，在没有使任何人境况变坏的前提下，使至少一个人变得更好。帕累托最优的状态就是不可能再有更多的帕累托改进的余地。帕累托最优实际是一种理想状态，即资源配置的最优状态。帕累托最优需要通过帕累托改进来实现，承认小产权房为集体土地上的商品房就是典型的帕累托改进。

系列法律彻底禁止了集体自行开发土地,也禁止了集体建设和出售小产权房。

近年来,为打击建设和出售小产权房,一些地方也象征性地拆除了部分建成或在建的小产权房,如2010年济南市拆除格林小镇(其根本原因是京沪高铁建设的需要,拆除的同时给予居民充分的补偿,没有引发大规模的社会冲突)、2010年北京市怀柔区拆除了在建的"水岸江南"小区、2012年北京市昌平区拆除了在建的"水城御墅"项目。但是仔细考察不难发现,那些已成规模、居者众多的小产权房却不在拆除之列,究其原因,无非如果强拆必然会引发社会不稳定。但是问题没有得到解决,反而在维持现状中愈演愈烈。

毋庸置疑,任何理由都不能成为回避问题的借口,问题总要解决,并且解决得越晚,越积重难返。关于小产权房问题的解决方案,不外乎以下三种:其一,严格执法,全部拆除;其二,听之任之,顺其自然;其三,承认现实,"转正"确权。摆在政府面前的是一个两难选择,如果承认小产权房的合法地位就意味着承认了大规模违法行为的合法性,这样做会严重损害法律的权威;而全部拆除虽然于法有据但却难以执行;放任自流的现实已经使法律的权威受到严重损害。所以,在承认历史和现实的基础上,有条件地确认小产权房的合法地位是唯一选择,也是最佳选择,这就需要我们从理论上进行突破、制度上进行重构。至于采取何种方式"转正",则是具体策略问题。

(二)解决小产权房合法地位的理论突破

通过以上分析可以看出,解决小产权房问题存在两个障碍:一是承认小产权房合法地位缺乏理论依据;二是禁止集体土地开发的制度障碍。

1. 承认小产权房合法地位的理论依据

承认小产权房的合法地位必须思考之前违法行为有无正当性的问题。显然,如果我们仍然坚持原有的法律理念和制度规则,问题永远无法解决,因为我们既不能说现行法律是错误的,也不能说之前建设、出售、购买小产权房的行为是合法的。所以,需要跳出原有的法律思维,从社会学和经济学的维度进行解读。正如朱苏力教授所言:"正因为制度的合理性不是永恒的,制度就必须随着社会的变迁而变迁。只是如何变迁,我们无法推断,无法事前为之做好准备……因此,当一切不足为凭时,制度是否需要变革以及如何变革只能在人们有意无意地违反制度的行动中展现出来,并逐渐完成。”⑬也就是说,任何法律制度都是在特定的时空约束条件之下的产物,在当时的时空条件下,这一法律制度能够得到广泛支持和普遍执行,说明它符合当时的社会现实,能够实现社会福利的最大化。事实上,现行法律禁止集体土地开发对保护土地资源、规范土地市场、促进经济发展起过重要作用。但是,随着时空的变化,当这一法律制度不能实现社会福利最大化时,就会被人们有意无意地违反。当这种违反达到一定程度时,法律必须作出调整,以适应新的时空条件。小产权房问题正是如此。

从经济学的角度来看,人是理性的,理性人总是在既定的约束条件下追求效用的最大化。小产权房正是农民及其集体、低收入人群、开发商甚至乡镇政府追求效用最大化的体现。一方面,当政府从征收集体土地获取巨大财政收入而损害农民利益时,农民必然会反抗;另一方面,相对低廉的价格又是亟须解决住房问题的广大低收入人群的最佳选择,部分乡镇政府囿于土地征收之程序繁杂、利益旁落,也会转向暗中支持小产权房而获利。严格来讲,小产权房不同于其他具有隐蔽性的违法行为,如果没有地方政府的纵容,是绝对不会发展起来的。而法律作为一种激励机制,通过设定个人行为的约束条件、改变人的偏好和协调人们的预期,进而协调均衡结果。有效的法律必须满足激励相容约束,即法律的实施必须以个人追求效用最大化为前提。如果法律惩罚某一行为,但是该行为却是行为人的最优选择时,这样的法律就是无效率的;反之,法律惩罚的行为不是行为人的最优选择时,这项法律才有效率。“法律作为控制社会的工具,必须形成对民众的有效激励。”⑭小产权房相关法律的约束条件是禁止建设和买卖,但是人们的行为却是大量地违反,人们没有积极遵守这些法律的相关激励,却有违反的激励,在此约束条件下,法律的激励与人们的行为负相关,

⑬　参见朱苏力:《法律与文学》,生活·读书·新知三联书店2006年版,第112页。

⑭　参见张维迎、邓峰:《信息、激励与连带责任——对中国古代连坐、保甲制度的法和经济学解释》,载《中国社会科学》2003年第3期。

人们(包括执法者)的行为不能实现纳什均衡,[15]也就是说,这样的法律不能实现激励机制,也不能实现效用最大化。在现行法律中得到激励的是县级以上政府,实现的是土地财政。与现行法律的激励效果相似,两部委多次表示严查小产权房,警示民众不要购买。[16] 但是,其效果呈边际效益递减趋势,现在大规模入住的小产权房业主根本不担心被拆除,也不急于转正,他们以法不责众的心态静观其变;普通民众更知道买什么样的小产权房最安全;村委会和开发商也积累了对付和逃避政府查处的经验。

霍姆斯认为,"法律的生命从来也不是逻辑,法律的生命是经验"。[17] 博登海默认为,法律制度的成功,在于它"成功地达到并维持了极端任意的权力和极端受限制的权力之间的平衡"。并且"这种平衡不可能永久保持。文明的进步会不断使法律制度丧失平衡。通过理性适用于经验之上,然后又恢复这种平衡,而且也只有凭靠这种方式,政治组织和社会才能使自己得以永久地存在下去。"[18]马克思主义认为,当社会上层建筑适应社会经济基础发展要求时,它能够推动社会的发展;反之,就会阻碍社会的进步,这时就需要改变上层建筑中不适应经济基础发展的部分。应当说,现行的土地制度已经成为阻碍经济发展的障碍,不能实现"权力"之间的平衡。所以,党的十八届三中全会提出集体经营性建设用地平等入市的决定,这就给小产权房问题的解决提供了契机,我们必须抓住这一契机,顺势而为,尽快解决小产权房问题,如果仍然在原有法律逻辑的悖论中争论其正当性,只能是盲人摸象,于事无补。当然,在小产权房转正过程中,对在小产权房建设出售过程中存在违法行为的单位和个人,仍然需要根据

---

[15] 纳什均衡指的是这样一种战略组合,这种战略组合由所有参与人的最优战略组成,也就是说,给定别人战略的情况下,没有任何单个参与人有积极性选择其他战略,从而没有任何人有积极性打破这种均衡。

[16] 如2007年6月19日建设部发布《关于购买新建商品房的风险提示》,明确表示"城市居民不要购买在集体土地上建设的房屋";2012年8月8日国土资源部办公厅、住房和城乡建设部办公厅专门下发《关于坚决遏制违法建设、销售"小产权房"的通知》;2013年11月22日国土资源部办公厅、住房和城乡建设部办公厅联合发布《关于坚决遏制违法建设、销售"小产权房"的紧急通知》。另外,有关部门负责人在不同的会议和接受媒体采访中更是多次表示严查"小产权房",警示民众不要购买。

[17] See Oliver Wendell Holmes, Jr., *The Common Law*, Little, Brown and Company, 1984, p. 1.

[18] 参见[美]E. 博登海默:《法理学——法哲学及其方法》,邓正来等译,华夏出版社1987年版,第142~143页。

相关法律追究其责任,这与小产权房转正是两个不同的法律问题。

这里还有必要对小产权房转正从利弊角度进行分析。从利的方面来看,主要包括以下内容。(1)有利于维护低收入群体的小产权房业主的利益。统计显示,购买小产权房的,绝大多数是社会的低收入人群,他们因买不起商品房,只能购买小产权房解决居住问题。所以,如果能够确认他们对小产权房的合法权利、登记发证并允许其上市交易,无疑是对其利益的重大保护,也是其梦寐以求的。至于少数人通过购买小产权房谋利的问题,在现在的正规商品房市场上同样存在,是一种逐利的市场行为,无可厚非,应通过房产税及限购政策解决。(2)有利于维护集体及其农民的利益。小产权房转正就意味着将其使用的土地确认为集体建设用地,如果由国家征收转变为国有建设用地,则国家应该给集体和农民补偿;如果继续保留集体建设用地,在一定年限之后集体和农民就有权继续收取土地使用费。同时,小产权房转正也意味着农民在一定程度上可以将房屋投入市场交易,从而获得财产性收入。(3)有利于城市商品房市场的健康发展。20多年来,我国城市商品房市场发展迅速,给国家、社会和居民带来巨大利益的同时也暴露出一些问题,当前的主要问题是房价过高和上涨过快。就房价而言,随着成本提高及货币贬值,其上涨是必然的。如果允许小产权房入市,就会大量增加市场供给,短期之内能够对房价起到一定的抑制作用,长期来讲,将游离于合法市场之外的小产权房纳入体系,有助于形成统一的商品房市场。(4)有利于增加国家税收。小产权房入市之后,其交易行为纳入法治轨道,政府就可依法征税。

当前,反对小产权房转正的主要是一些开发商,因为小产权房入市必将扩大市场供应,可能导致房价下跌,房价下跌会直接影响开发商的利益。反对集体建设用地入市的主要是一些地方政府,其原因是土地财政。但是,土地财政是一种不可持续的短期行为,应该尽快停止。

2. 禁止集体进行土地开发缺乏理论依据

现行制度禁止集体进行土地开发的理由主要有:一是有利于坚持社会主义公有制;二是保护耕地资源,确保粮食安全;三是维护农民利益,因为集体土地对农民起社会保障作用;四是禁止集体建设用地入市,有利于保证国有土地的供给,国家可以通过征地和出让的差价积累土地基金,弥补国家建设和社会保障资金的不足。对这些观点进行理性分析,其实均难以成立。

关于坚持公有制的问题,集体土地属于集体所有,其本身就是我国社会主义公有制的重要组成部分,难道只有变成国有才是公有制?“公有制实现形式可以而且应当多样化”,[19]只要能够长久维护集体的土地利益、实现集体利益最大化,就是维护了集体土地的公有制。

关于确保耕地面积、维护粮食安全的问题,其实不是集体及农民所应该考虑的,集体及农民应该考虑最大限度发挥土地价值,实现最佳经济效益。众所周知,现在农民一家一户种地没有效益,那种还希望把农民牢牢固定在土地上为社会种粮的想法是计划经济思维,对农民也不公平。国家应该运用市场经济和宏观调控的手段确保耕地面积,即国家如果想保留耕地、限制农民对土地的使用方式(尤其是建设)就应该给农民合理的补偿,否则无权对农民的土地使用方式进行限制。那种以“剪刀差”的方式让农民为社会提供低价粮食的时代已经成为历史。并且,现在粮食已经是国际商品,粮价受国际市场影响,受市场规律调整,一国政府也往往难以控制。

关于基于土地对农民起社会保障作用考虑禁止集体土地开发,也是虚假命题。有学者认为,因为是集体将土地使用权配置给农民,所以农民从土地上获取的保障即为社会保障,这是农民集体土地所有权的立法政策依据。[20] 这种认识不够全面。首先,土地仅为最基本的生产条件,无论由谁提供,如果没有劳动、资金、经验和技术等生产要素的投入,是不可能单独实现保障功能的,只有这些生产要素和土地有机结合才会产生生产力,创造使用价值,很显然这种保障是农民的自我保障。其次,集体土地所有权的设置,在为防止土地所有权的私人兼并、为农民公平获得生存保障的物质资料外,更主要是为了整合社会资源,提高生产效率,保证公有制的实现。而取得一份土地的使用权,是农民作为集体成员之一本应享有的权利,与其社会保障无直接关系。从社会保障的含义

---

⑲　参见江泽民在中国共产党第十五次全国代表大会上的报告:《高举邓小平理论伟大旗帜,把建设有中国特色社会主义事业全面推向二十一世纪》第五部分“经济体制改革和经济发展战略”。

⑳　参见姚洋:《小农体系和中国长期经济发展》,载《读书》2010年第2期。

和基本人权视角进行分析，包括农民在内的所有中国公民，都享有宪法规定的获得物质帮助的社会保障权。㉑ 这一权利不因农民拥有一块集体土地的使用权而消减或抵销。与城市居民一样，农民应该享有平等的社会保障权，这是其基本人权之一。最后，将土地视为农民的社会保障，就意味着集体为每一位农民都要均等地分配一块土地，并严格禁止经营者集中，以确保其保障功能，这种均田制与小农经济相适应，符合传统农民的土地观念，也曾长期将农村与城市隔绝。但是，工业化和城市化的发展已经打破这种隔绝，农村人口向城市的转移和土地的流转已经势不可挡，再坚持土地保障的意识已经严重不适应社会的发展，遏制了土地财产权结构改革。

关于政府用土地差价弥补国家建设和社保资金不足的问题，更是难以成立。按照现代政府理论，政府的收入主要应该来自税收，政府利用手中的权力低价买进高价卖出集体土地，从事的是一种垄断经营行为，本身就与政府的职责相悖。同时，其所得价差弥补了自己的资金不足和城市居民的社保资金（而不是用在农民身上），对集体和农民而言非常不公。多少年来，农民从未享受过退休金、医疗保险、失业保险、工伤保险等社会保障。即使现在已经初步建立了农民的合作医疗制度，但是与城镇居民的医疗保险相比，其资金来源有限、保障力度不足。

近年来，有学者提出了土地换社保的建议，㉒其核心思想是在城市化过程中农民以放弃土地为代价取得城市居民的身份并获得一定的社会保障，个别地方也曾经进行试点，但是这种观点和做法也遭到广泛的批评。㉓ 首先，这种观点还是建立在城市居民的身份优于农民的基础上，是传统歧视农民的观念延续；其

㉑　我国《宪法》第45条规定，"中华人民共和国公民在年老、疾病或者丧失劳动能力的情况下，有从国家和社会获得物质帮助的权利。国家发展为公民享受这些权利所需要的社会保险、社会救济和医疗卫生事业"。

㉒　参见吴春宝：《探索中的农村综合改革——四种模式与经验研究》，载《中国土地》2010年第9期；刘康：《农村集体土地流转过程中"土地换社保"研究综述》，载《北京农业》2012年5月下旬刊；刘锐：《实施"四化"驱动勇探城乡统筹新路》，载《四川日报》2008年11月26日；侯志军：《"土地换社保"的理论与实践》，载《法制与社会》2011年第2期；漆先望：《以土地换社保——健全进城农民社保体系的基本思路》，载《四川省情》2007年第6期。

㉓　参见刘业进：《推进城市化和城乡统筹发展的几个观念辨析》，载《中国行政管理》2011年第12期；王占斌、关振明、赵广强：《"房奴"、房地产与土地管理浅析》，载《黑河学刊》2010年第3期。

次,这种做法只能在城市郊区土地价值高的地方实施,在偏远地方难以推行;最后,其实质还是农民自己为自己提供社保。而为所有公民提供一视同仁的社会保障,是现代国家的义务。㉔ 土地换社保的本质还是认为土地是农民的社会保障。

土地问题,历来是中国历史发展最重要的问题。土地被誉为“一切生产和一切存在的源泉”。㉕ 对于集体土地,《宪法》、《民法通则》和《物权法》规定集体享有所有权。而《土地管理法》《城市房地产管理法》等相关法律却没有规定集体对其土地的处分权。从这个意义上讲,集体土地的所有权是不完整的,甚至有学者直接指出,集体土地所有权是名义上的,实质是国家土地所有权。㉖ 从法理上讲,任何权利都会受到限制,但是一般的权利限制在于权利人行使自己的权利不能损害国家、社会和他人利益。如果把权利的主要权能都限制了,就等于剥夺了此项权利。现行法律禁止集体土地开发同样不能实现纳什均衡,不能有效激励土地的所有权人和使用权人,不能实现社会效用的最大化。将集体建设用地排斥在建设用地市场之外,无疑使其不能在“交易发达、需求旺盛、土地增值潜力巨大的”市场中平等竞争,“从而失去了在交换中充分实现其价值的机会”。㉗ 同时,集体土地所有权的虚化和使用权的受限,是其产权界定不清的具体表现。根据经济学理论,产权不清尤其是公有产权边界模糊是制约资源配置效率发挥的重要因素。因此,我们有必要重构集体土地的所有权和使用权制度,一方面,赋予集体真正的土地所有者地位;另一方面,引入英美法的财产权概念,将依法设置的集体土地使用权确定为一项独立的、与所有权平等的财产权,突破现行物权制度中用益物权的从属性地位,使其以独立的财产权属性入市交易,实现资源最优配置。

㉔ 参见张英洪:《给农民以宪法关怀》,九州出版社 2013 年版,第 31 ~ 32 页。

㉕ 参见[德]马克思、恩格斯:《马克思恩格斯选集》(第 2 卷),人民出版社 1972 年版,第 109 页。

㉖ 参见蔡继明:《小产权房的制度根源及治理方略》,载《理论前沿》2009 年第 22 期;窦祥铭:《基于产权视角的中国农村土地制度创新模式探讨》,载《理论探讨》2013 年第 1 期。

㉗ 参见马俊驹、杨春禧:《论集体土地所有权制度改革的目标》,载《吉林大学社会科学学报》2007 年第 3 期。

三、解决小产权房问题的路径及其比较

(一)两种路径及其比较分析

小产权房转正无非两种路径:一是将小产权房使用的土地收归国有,将小产权房转成国有土地上的商品房;二是承认小产权房为集体土地上的商品房。

第一种途径早有学者提出,即建议在将土地收归国有的同时,根据规划的要求,责令补交土地出让金后,予以确权登记。[28] 2013 年 11 月初,党的十八届三中全会召开之前国务院发展研究中心(国研中心)首次向社会公开了其为全会提交的"383"改革方案中就提出这样的建议:"对已经形成的'小产权房',按照不同情况补缴一定数量的土地出让收入,妥善解决这一历史遗留问题。"该建议没有明确指出将土地收归国有,但是建议补交土地出让收入,而传统的土地出让金是交给国家的,因此该建议应有将土地收归国有之意。随后通过的党的十八届三中全会决议当中却没有直接提及小产权房,而是提出:"建立城乡统一的建设用地市场。在符合规划和用途管制前提下,允许农村集体经营性建设用地出让、租赁、入股,实行与国有土地同等入市、同权同价。缩小征地范围,规范征地程序……""推进城乡要素平等交换和公共资源均衡配置……保障农民公平分享土地增值收益……"从以上内容可以看出,这次改革的重点之一就是建立集体建设用地和国有建设用地"同等入市、同权同价"、平等交易的新土地制度,今后,在符合规划的前提下,集体土地之上也可以进行包括商品房建设等土地开发利用,由土地使用方与供给方(农民集体)根据市场规律在土地市场上协商确定土地的使用价格及使用方式。因此,将来的商品房必然包括两种性质的商品房,即国有土地之上的商品房和集体土地之上的商品房。这里就涉及小产权房转正的第二种路径,本来现在的小产权房使用的土地就归集体所有,所以直

---

[28] 参见林依标:《小产权房:分门别类处置》,载《中国土地》2012 年第 6 期;刘冬坤:《"小产权房"的出路:新型住房福利政策的建立》,载《湖南科技学院学报》2013 年第 7 期;王重润、李晶晶:《小产权房现状及政策研究》,载《经济与管理》2011 年第 12 期。

接承认符合规划的小产权房是集体土地之上的商品房即可,由有关部门予以确认之后登记发证。

以上两种方式都会涉及补交费用的问题,采取第一种方式需要向国家补交土地出让金,相当于国家征地之后转让给开发商的出让价格。在集体建设用地正式平等入市之前将现有的小产权房使用的集体土地全部收归国有,责令购房人补交土地出让金之后再予以确权发证,既是对之前违法行为的纠正,又能维护国家的利益。但是,这样做实质上还是损害了集体的土地利益。同时,让广大小产权房业主补交土地出让金必然会造成如下结果:一部分人补交了土地出让金,其房屋顺利转正;另一部分人拒不缴纳,政府又不能没收房屋(事实上也做不到)或强迫业主补交,继续维持现状,等于问题没有解决。此种途径无疑还是坚持原有的法律思维,首先确认小产权房违法,然后责令纠正违法行为,将集体土地收归国有,责令业主补交土地出让金,再给其确权发证。这种方案从法律角度对国家财政收入有利,但是其社会和经济效益却正好相反,无疑会招致广大小产权房业主的不满和社会的批评。

采取第二种方式也存是否需要补交土地出让金以及如果补交、交给谁的问题。有人认为需要补交给国家,但是如果土地不再收归国有的话,国家再收土地出让金就失去了依据。有人认为应该补交给集体,但是集体之前在建设和出卖小产权房的时候实际上已经把其土地使用价值摊到房价中了,只是土地价值相对较低而已。当时的交易已经完成,双方完全公平自愿,所以现在集体再收取土地使用费就等于得到双份。因此,小产权房转正也不应该向集体缴纳土地出让金或土地使用费。如果需要交,也是在今后的法律确认集体土地使用权到期之后再行缴纳土地使用费,相当于国有土地上的商品房建设用地使用权 70 年到期后业主再行缴纳的土地使用费。[29]

采取第二种方式对于集体的真正意义在于承认建成的小产权房使用土地的集体经营性建设用地性质,即国家不再征收,土地永远归集体所有。集体今

---

[29] 法律没有规定到期之后是否需要再交,但是从理论上讲,是应该缴纳的,因为国家出让给开发商的土地使用年限是 70 年,开发商给国家缴纳的土地使用费也是 70 年的,业主买房的房价中仅包含了 70 年的土地使用费。

后新开发的建设用地亦同。从历史考察得知,集体土地所有权本来就是农民将自己在新中国成立前后根据土改政策和法律取得的土地所有权让渡给集体而成,尊重集体的土地利益就是对让渡土地的农民及其后代的尊重,其后代有权继承其先人的土地利益,现行制度中村民资格丧失后其土地利益一并丧失的做法不符合历史,也不利于当前城镇化过程中农民利益的保护。我们应该允许农民的后代继承其土地利益,并允许农民自由转让其土地利益,其土地利益只有真正进入市场,其价值才能真正得以实现。党的十八届三中全会决议也提出:"赋予农民更多财产权利。保障农民集体经济组织成员权利,积极发展农民股份合作,赋予农民对集体资产股份占有、收益、有偿退出及抵押、担保、继承权。"

从社会效益看,采取第二种路径无疑会使小产权房业主和农民集体的长久利益得到维护,也会使小产权房问题尽快解决(花较少的费用转正,绝大多数业主是愿意的),同时,将小产权房纳入城市房屋保障体系,利于行政管理和社会稳定。更重要的是,随着集体土地入市,在解决现有小产权房问题的同时,农民集体在符合耕地保护和用地规划的前提下,更有积极性进行土地整理,从而开发出更多的建设用地,[30]进而在平等的市场交易中最大限度地实现其土地价值。综合而言,从经济学角度看,承认小产权房为集体土地上的商品房,是将蛋糕做大,多方受益,实现帕累托最优,农民及集体、开发商、小产权房业主、潜在的购房者、房地产市场管理部门等都会在其中受到激励,政府也会在社会稳定和将来的税收等方面获得利益;相反,坚持传统思维,只是在分现有的蛋糕,难以实现效用最大化。其获得激励的只是得到土地财政的地方政府和想抬高房价谋利的开发商。

(二)路径选择后的配套措施

在确定了解决问题的路径之后,我们应该及时修改相关法律,将集体建设用地平等入市以法律形式确定下来;同时,制定相关政策,将解决小产权房问题的具体措施予以细化。从党的十八届三中全会提出集体经营性建设用地平等

---

[30] 参见徐晶、张孜仪:《土地开发整理与农民土地持有产权的耦合:参与路径与利益重组》,载《法学评论》2012 年第 4 期。

入市到作为具有执行力的法律还需要一个过程,在新的法律出台前,还要对现在正在建设出售的小产权房采取一定的措施,这里有两种选择:一是“堵”,即严格查处,坚决禁止,[31]但是,其效果不佳,在现阶段如不加大执法力度难以奏效;二是“疏”,即根据实际情况,对没有占用耕地、符合规划的建设项目,确认其集体建设用地,允许其建设销售。从长远发展来看,采取“疏”的政策符合各方利益,但是也需要有关部门制定临时性的政策。解决小产权房问题是对现实问题的一种法律处理方式,而不是对以往违法行为的认可。还要注意的是,在集体土地入市和小产权房转正过程中,要充分尊重农民的意愿和业主的利益,不要随意设计制度。任何制度都不应该是设计出来的,而是在长期的实践过程中总结出来的。制度设计得再美好,如果不适应现实生活,也终将被淘汰。在当前社会转型期,各种问题凸显,各种制度也被设计出来,如土地换社保、农民上楼腾地等不尊重农民意愿和利益的方案层出不穷,甚至现在城镇化过程中“逼”农民放弃土地进城、“逼”农民流转土地以实现集约经营,这些违背农民意愿的做法必然会损害农民的利益。而承认小产权房为集体土地上的商品房不是在设计制度,而是对现实的承认和规范。

四、结　　语

小产权房问题既涉及集体建设用地的改革,又关系诸多群体的切身利益;既事关历史遗留问题,又影响制度发展趋势,所以其解决路径的选择意义重大。我们在尊重农民集体的土地利益和社会现实的基础上,承认小产权房为集体建设用地上的商品房,能够最大限度地维护各方利益,避免社会矛盾,也有利于城镇化的进行,符合党的十八届三中全会确定的改革路线。同时,小产权房转正

---

[31] 参见裴岩:《农村小产权房法律问题研究》,载《法制与社会》2011 年第 29 期;沈萍:《小产权房违法性探析及处理》,载《中国不动产法研究》2009 年第 1 期;郭旭红:《我国农村小产权房的危害及其解决途径》,载《农业经济》2012 年第 9 期;刘冬坤:《“小产权房”的出路:新型住房福利政策的建立》,载《湖南科技学院学报》2013 年第 7 期。

是一个系统工程,本文只是从理论上结合集体经营性建设用地入市探讨了小产权房转正的理论突破和路径选择,具体实施过程中,还会涉及是否符合规划、房屋质量鉴定、缴纳哪些税费、土地使用年限、期满如何续费(土地使用费)等诸多问题,还需进一步深入研究。

城市化应以土地财产权变革为先导*

对土地保障功能和均田意识的认同是中国传统土地观念的集中表现，将土地视为农民的社会保障已经是遏制土地财产权结构变革的最大阻力。

农民土地财产权制度，特别是土地流转制度的不合理或缺陷，是进城农民始终不能彻底与土地脱钩、不能使农民尽快实现身份转化的根本原因。

应加快建立全民性、一体化的社会保障体系，努力推动土地等生产要素的自由流动，实现农业生产的规模化、产业化和社会化。

诺贝尔经济学奖得主斯蒂格利茨说：21 世纪人类最大的两件事情：一是高科技带来的产业革命；二是中国的城市化。

城市化须以人口和土地自由、有序地流动和集中为前提。中国改革开放后，亿万农民涌入城市，数万平方公里的集体土地迅速归入城镇，一个声势浩大的城市化浪潮席卷而来。在中国，与城市化直接相关的一个重要问题是土地问题，就农民而言，土地权利是他们能够跻身城市化进程的经济基础。这期间，传统土地观念与城市化对土地资源的需求发生冲突，计划经济时期遗留下来的制度缺陷与农民的身份转换、经济利益发生矛盾。农村土地财产权结构的变革已刻不容缓，它已成为解决多重社会矛盾不可或缺的关键一环。

---

* 原载《经济参考报》2014 年 7 月 23 日。

一、中国城市化应以土地财产权结构的变革为先导

现代国家随着经济的增长,人口和资源就会不断向城市集中。一大部分农民开始离开土地、离开自己世代居住的家园,转变为城市的劳动者,一部分土地资源转为城市土地。这是所有国家必经的城市化过程。城市化在一定意义上,就是“传统农民的终结”。

中国有着悠久的农业文明,农民是社会的主体,土地是农民生存的源泉。农民世代依附在特定村落的土地上,没有特殊的缘故谁也不愿意远离自己的家园。在农民的理念中,土地具有可靠性,它可以一代一代传承,取之不尽,用之不竭。中国共产党人首先认识到:“谁赢得农民,谁就会赢得中国;谁解决了土地问题,谁就能赢得农民。”鉴于此,早在民主革命时期,我们就将中国革命与土地改革结合在一起,把贫苦农民作为无产阶级在乡村的基本力量,使中国革命取得了胜利。新中国成立以来,为了实现共产主义的宏伟目标,使每一个农民能够拥有平等的土地权利,我们废除了土地私有制,建立了由国家和集体所有的土地公有制。

但是,由于受生产力发展水平的限制,广大农民还缺乏集体化的迫切感和主动性,所以人为主导的农村土地变革并未取得预想的效果。为了中国城市化的快速发展,农村土地财产权结构必须要作相应的变革。

农村土地财产权结构的变革必然会遇到观念的障碍,实施农村土地财产权结构的变革,首先要解决两个重要的认识问题。

二、将土地视为农民的社会保障是土地财产权变革的最大阻力

中国改革开放后,农民从集体土地上获取了法定的使用权,生产积极性空前高涨,带来全国农业一派欣欣向荣的景象,那一块块土地成为大部分农民生

存保障的生产手段。

从生产方式上讲,农民的土地承包经营仍符合小农经济的基本特征。一个农户就是一个独立的生产单位,它要制订农作物的生产计划和了解市场行情,规划劳动力和相关生产要素的投入,谨慎地安排全家一年的消费,保证家庭的安稳和延续。这种经营方式虽以集体配置的土地为基本的生产条件,但其他不可或缺的生产要素如劳动、资金、经验和技术还是由农民个人提供,而且这些生产要素只有有机地结合起来才会产生生产力,才会创造出适合人们需要的使用价值。所以,农民是通过在土地上劳动和其他相关生产要素的投入,才获得了生存所需要的物质产品,从而在一个个家庭范围内实现了生存保障,显然,这种保障的性质是农民的自我保障。

有学者认为,因为是集体将土地的使用权配置给农民,所以农民个体从土地上获取的保障即为社会保障,这也是农民集体土地所有权的立法政策依据。这种认识不够全面。

一是土地作为一项基本的生产要素,不管它是由谁来提供,都不可能单独实现保障功能。况且在法律上,农民所以能够取得一份土地的使用权,也是他们作为集体成员所应享有的权利,不能理解这就是社会保障。

二是农民集体所有权制度的设置,除抑制土地兼并,实现农民公平获取生存保障的物质资料外,还在于更好地整合社会资源,提高生产效率,促进民族经济现代化。从社会保障的法律含义和基本人权分析,每一位包括农民在内的中国公民,都享有宪法规定的获得物质帮助的社会保障权,我国《宪法》第45条规定,“中华人民共和国公民在年老、疾病或者丧失劳动能力的情况下,有从国家和社会获得物质帮助的权利。国家发展为公民享受这些权利所需要的社会保险、社会救济和医疗卫生事业”。这一权利不因农民拥有集体的一块土地使用权而被抵消或消减。

从逻辑上讲,如果将土地作为解决农民的基本生存的社会保障,那么国家为了社会的长治久安、为了填补公共财政在农村地区的缺位,就必然要求农村集体为每一位农民均等地分配一块土地,并长久维持着这一均等的土地占有状态。所以,土地分配要经常调整、不断均衡,并严格禁止土地向个别民间的经营者集中。

土地的均分制在中国由来已久，它与传统的小农经济相适应，与亿万农民的土地观念相契合，曾长期地为中国农村构筑了一张强大的保护网。然而，在现代社会，工业化和城市化的发展已经逐渐打破了这张保护网。随着公共社会需求的日渐急切和农村人口的不断流动和增减，农民土地的均等不可能长久地维持，土地的合理、有序的流转和集中趋势已不可避免。

实际上，对土地保障功能和均田意识的认同是中国传统土地观念的集中表现，将土地视为农民的社会保障已经是遏制土地财产权结构变革的最大阻力。对此，如果不能从发展的视角进行思考和认识，就不可能找到解决中国农村现在所面临的各种问题的方法。

三、滞后的土地财产权制度是延缓农民身份转化的根本原因

按传统土地价值理论，土地是自然产物，非劳动产品，不具备价值因素。在计划经济体制下，这种土地价值观念是分析和处理工业与农业、城市与农村生产布局的思想基础。

但在市场经济条件下，这一价值观念已经不能适应经济的快速发展，土地能够产生资本化的地租，地租用货币表现出来价格，土地有了价值就可以作为商品在市场中流转。在工业化、城市化的进程中，土地数量虽然不会改变，但土地使用的密度可以增加，一块土地有了多次体现价值的可能，在同样面积的土地上，能够产生出不同的使用价值和价值。通常，哪里集中的人力、资源和资金越多，哪里的土地价格就越高。在许多情况下，土地的使用价值和价值是与土地所处的位置远近以及城市经济活动程度直接相关联的。虽然土地的位置是固定的，但土地的价值可以通过货币资本的形式进行流转，土地有了很强的融资功能。

所以，只要社会经济发展需要，只要法律和管理体制能够尽快适应社会经济的发展，土地价值就可能得到充分的体现。

据2010年人口普查统计,中国内地总人口约13.4亿人,其中居住在城镇人口约6.7亿人,除市辖区内人户分离的流动人口约2.2亿人。这表明,中国已有很大一部分农民进入城市化的轨道,他们的生活空间和主要的收入来源均在城市,传统的人地依附关系已经发生变化。农民一旦转变为城市的劳动者,其社会身份、生产和生活方式、价值观念即发生改变,这一改变也直接或间接地影响在乡农民。农民这种身份转化是中国现代化进程中的重要事件,它的基本完成将意味着传统意义上的农民消失。

农民身份的转化与土地财产权密切相关,尤其与土地流转制度的合理配置密不可分。改革开放后,我国经济结构发生重大变化,一大部分农民已转换到非农业生产上来,但由于严格的户籍、就业和土地流转等制度的限制,进城农民长时间不能取得市民身份,也不能享受到市民所享有的权利,他们是城市的建设者,却不是城市的真正成员,更不是城市的主人。

农民身份转化的滞后已严重制约了中国现代化的进程。造成以上问题的原因是多方面的,但农民土地财产权制度特别是土地流转制度的不合理或缺陷,是进城农民始终不能彻底与土地脱钩、不能使农民尽快实现身份转化的根本原因。

我们将土地作为一项包括农民工在内的所有农民的社会保障,是以限制土地的合理流转为代价的,它的直接后果是在土地上束缚了农民的自由流动,这和国家整体经济的发展和城市化的进程是相矛盾的。

要改变这一状况,就应改变传统的土地价值观念,重新认识农民在身份转化中与土地的关联,加快建立全民性、一体化的社会保障体系,努力推动土地等生产要素在城乡之间的自由流动,促进农村土地向种田能手和专业人员有条件地集中,以实现农业生产的规模化、产业化和社会化。

与此同时,农村土地财产权结构的变革将为城市化的健康发展增添广阔空间和活力,为加快农村向城市变迁、农民向市民转化提供法律保障。农村土地财产权结构的变革须从集体土地所有权制度的改革开始,农民土地使用权制度的变革是推进我国城市化发展的根本动力。

国家所有权的法律属性和立法构想*

一、国家所有权的基本理论问题

（一）如何理解“国家所有即全民所有”

根据我国法律，国家所有的性质是全民所有。但如何理解“全民所有”呢？在公有制国家，国家所有权与全民所有制是两个密切相关的概念，前者是上层建筑，后者是经济基础。这里的“全民所有”是指以维护全民所有制为价值取向，从国家所有权主体的全民性出发，确认其权利主体是全体人民。

在全民所有制的经济关系中，每一个社会成员都拥有公有权。从其内部关系看，公有权就是指拥有与生产资料“相结合”进行生产活动并取得劳动收入的权利。这种权利既包括财产权，也包括管理权、就业权等。公有权的构成使每一个社会成员都是所有者，反过来讲，如果每个人都没有所有权，也就谈不上有公有权。但是，他们作为个人所拥有的所有权只有同其他一切人的所有权相结合、共同构成公有权的时候才有效，才能发挥作用，从这个意义上讲他们又是非所有者。由此形成了公有权的二重性的权利结构。这种权利结构对国家所有权的构成产生重要影响，包括三个方面。一是全体人民均拥有公有权是国家所有权存在的基础。公有权的二重性结构决定了国家所有权的二重性特征：一方面，权利主体既要在法律形式上体现唯一性，又要依法设置反映民意的多元主

---

* 本文系根据作者2018年10月17日在贵州大学学术讲座的内容整理。

体机制;另一方面,权利行使既要有独立性,又要接受人民群众的监督和制约。二是国家所有权的行使关系社会公共利益,必然具有公权力的强制效力,又因公共利益涵盖诸多不确定的主观因素,所以必须由法律确定判断公共利益的原则和程序。三是在法律规定或人民群众生活必需的范围内,国家所有权具有社会的公共权力属性,它使每个社会成员对国有公共用财产享有自由、平等的使用权。

按照民法理论的内在逻辑,“全民所有”只能是个经济或社会意义上的概念,不能成为特定个体权利上的法律概念。原捷克民法学家凯普纳(Kepner)就认为,全民所有是直接的社会所有,所有者虽为全体人民,但在法律上并不是每个人都是一个所有者。就国家所有权而言,全体人民的任何个体成员都不可能转让其权益份额,也不可能“退出”国家所有权。国家所有权受侵害时,全体人民的个体成员无权请求司法救济。显然,以上观点是按照传统的私人所有权的基本特征和规则推导出来的,而与建立在全民所有制经济基础上的国家所有权的实现目标并不完全一致。因此,我们应该对国家所有权有一个新的认识。

国家所有权决不应该是一个神话。它对于全体人民中的一切社会成员并不是一个完全空洞的、抽象的法律概念,也不应该是一种纯粹意志的法律幻想。全体人民中的一切社会成员是以法律主体的身份享有权利,他们是国家的主人,首先他们是国家财产的主人。因为他们有以下权利。

第一,通过民主程序选择真正能够代表自己利益的所有权行使者,由其作为代表对全民的生产资料行使所有权。按照马克思主义的理论,国家享有所有权与全体人民享有所有权的意义是不同的。资本主义国家也有国家所有权,但它与全民所有制无关,而社会主义的国家所有权是全民所有制主体形式在法律上的直接体现。正因如此,我们强调“国家所有即全民所有”。但要做到这一点,没有健全的民主制度,没有健全的民主决策、民主管理、民主监督的机制,就不会有真正意义上的、全民所有性质的国家所有权。

第二,社会成员享有国有公共用财产使用权,对于那些属于国家所有的、由政府管理和维护的公共用财产于一定范围内享有直接占有和自由使用的权利。在我国,人民群众对公共用国有财产应该享有充分的使用权,这是由全民所有的社会性质决定的,是人民群众在整个社会的生产资料的关系上处于同等的地位决定的。也就是说,全体公民都同样可以利用公有的生产资料、公有的土地、公有的工厂等进行劳动。这是列宁同志说的。显然,这些公共用财产不是商品,它们大多属于社会成员个人可以直接占有的物质资料。从性质上讲,公共用财产发生的财产关系并不属于传统民法调整的对象,而是由行政法调整。这些财产既然属于国家所有,就必须在国家所有权的立法结构上加以完善,以保证每一个社会成员对那些与其生活或劳动密切相关的公共用财产享有占有和自由使用的权利。

在我国,全民所有表示国家所有的概念具有两层法律含义,它不仅蕴含了民法意义上的国家所有权,而且蕴含了行政法意义上的公共用国有财产管理权,这两种不同性质的财产权构成了我国国家所有权制度的基本立法结构。

(二)在国家所有权中,为什么既有私权,又有公权

民法学者一般认为,国家所有权是私权,是物权的一种,应受民法调整。其实,情况并非完全如此。马克思指出,要想把所有权作为一个独立的关系、一种特殊的范畴、一种抽象的和永恒的观念来下定义,这只能是形而上学或法学的幻想。实际上,所有权并不只是民法的专有名词,也不只是民法上的权利。“所有权”一词使用甚广,在行政法、经济法、刑法等公法领域也讲所有权,但因为这些法律调整的社会关系与民法不同,所以各自对所有权基本特征的理解及其设定的相关规则也有差异。如行政法上的所有权就可以对公用物和共用物作出规定,也可以对国家强制征收集体财产和私人财产作出规定。随着社会的发展,所有权的界定越来越困难。这就启发我们不能再一味地追求统一的所有权概念,而应建立一个多元化的所有权体系。所有权的弹力性学说和单一所有权概念已经无法解释当今复杂的社会现实。

从国家所有权的发展过程来看,财产制度与政治制度混为一体是古代社会国家所有权的通常表现,其内容主要表现为政治权力或行政权力,其财产往往成为能够代表国家的君主和少数统治者的私有物。到资本主义社会,国家所有权在法律形式上才得以确认。近现代以来,大多数国家又将这种独占性的财产

权利区分为私法上的财产权利和公法上的财产权力(管理权),并为此设置了国家私物制度和国家公物制度。

在我国现阶段,国家承担着建设社会主义物质文明和精神文明的责任,全民所有的财产只能由国家所有并由其行政机关代为占有、使用、收益和处分。在市场经济条件下,国家通过其行政机关可以运用那些经营性财产从事工商业活动而获取收益,这时,国家是民事主体,其权利的性质是私权;但在管理大多数资源性和公共性财产时,国家承担着维护社会公共利益的职责,原则上不能从中获取收益或权利的行使应受到严格的限制,这时,国家是行政主体,其权利的性质是公权。我国《物权法》规定的国家所有权,显然包含了以上两种情形,国家既是民事主体,也是行政主体,其权利的性质既有私权,也有公权。

但是,当私权与公权集于一身时,国家所有权就可能成为一种神话。在现行的管理体制下,国家所有权只能由国务院和各级政府行使,而这些行政机关既是财产所有人的代表,又是各项政策的制定者和执行者,这就是我们常说的"政府既是运动员,又是裁判员"。那么,如何既能贯彻全体人民的意志,又能发挥政府的决策和行政功能,就成为完善国家所有权立法结构的重要指导原则。

由此看来,就国家所有权在权利结构而言,全体人民是权利主体,政府是权利的行使主体,而每一个社会成员对那些公共用国有财产享有自由使用权,国家所有权对人民群众不应该是法律的神话。国家所有权针对不同的财产客体,其权利的性质是不同的,它们既有私权利,又有公权力,但所维护的都是社会公共利益。国家所有权已与传统所有权的概念相去甚远,它是一种特殊的财产权,我们不可能再以传统物权和所有权的构成原理去规范它,从严格意义上讲,它已超出了《物权法》的调整范围。

二、我国国有财产的类型及其法律调整

依据《物权法》的规定,我国国有财产按其不同的经济和社会功能可分为三种类型:(1)国有自然资源,如矿藏、水流、海域、城市土地、无线电频谱资源,以

及属于国家所有的森林、山岭、草原、荒地、滩涂、野生动植物等;(2)国有公共用财产,如国家所有的铁路、公路、电力设施、电信设施、体育和娱乐设施、油气管道设施和国家机关财产、国防财产等,以及国家兴办的学校、医院、公园、研究机构、博物馆等事业单位的财产;(3)国有营运资产,是指那些能够由国务院和各级政府代表国家用以出资并取得收益的财产。以上这些国有财产既包括有体物,也包括无体物。

在我国,国家所有权作为一种特殊财产权,应该针对不同的财产类型,根据国家和人民群众的长远发展和现实需要,遵循和适用不同的法律原则和规范。具体而言,我国《物权法》所规定的各类国有财产中,哪些属于国有私物,哪些属于国有公物,由其发生的财产关系应以何种性质的法律规范调整,人民群众就不同类型的国有财产拥有何种权利和义务,政府作为国家所有权的行使者应有何种权力(权利)和责任,对这些问题的研究将有助于对国家所有权立法结构的深入思考。下面根据我国国有财产的分类作以下分析。

(一)国有自然资源应区分为国有私物和国有自然公物

自然资源虽是人类生存和发展的物质基础,但它不同于传统民法上一般的"物",以有体物为基础构建的物权体系,已不能完全实现对自然资源的法律调整。自然资源作为国家所有权的客体,具有财产属性和资源属性。国家在开发利用自然和改造自然的过程中,大多数自然资源可以在市场经济条件下进行有偿配置和转让,成为一种特殊的物质产品,具有一般商品的使用价值和价值。但是,并非所有的自然资源都可以通过市场机制进行资源配置,自然资源的整体性和公共性特征,使有些自然资源不宜作为商品进行交易,由此发生的财产关系也不宜接受私法性规范的调整。

在自然资源中,土地既是人类社会生存和发展最重要的物质基础,又是在诸多自然资源类型中最易划分、界定和分配的生产资料,所以最早进入私法调整的范围,成为传统物权法规范的核心内容。21世纪以来,随着科学技术的进步和陆地资源的日益枯竭,海域也由国际法调整逐渐转向由国际法与国内私法分别调整,成为物权法规范的又一重要物质资料。此外,石油、煤炭、森林等自然资源已经成为国家的重要资产。在市场经济的条件下,政府代表国家依据所有权与经营权分离的原理,广泛进行了自然资源的社会性开发和利用,在法律上,实现了自然资源所有权向资源产品所有权的转变。显然,这些自然资源应属于国有私物。

但是,自然资源的公共性特征并未因其财产性、价值性的凸显而消失,至今还有一部分自然资源是每一个人生存和发展不可或缺的物质资料,它们无须人力加工设置便可供民众使用,如阳光、空气、湖海、河流、水域、湿地、山川、沙滩、草地、原始森林、自然环境等。这些自然资源是大自然对人类的恩赐,民众只要不毁坏、不妨碍他人使用,只是为了满足自身的生活或生产活动对其加以占有和使用,就不应因自然资源是国家所有的而丧失这些权利。实际上,这里存在两个层次上的权利:其一,国家对自然资源享有所有权,具有排他性;其二,民众对其享有的自然共用财产使用权,没有排他性,不得独占,只能平等享有。国家对自然资源享有所有权,并不是要剥夺民众对自然资源享有的共用财产使用权,而是为了更好地确保民众平等、自由地享有这种权利。作为一个公正民主的国家,不仅要给予那些贫困的公民以生活上的补贴,而且还须直接向每一个人提供可使用的自然资源,让每一个人都能在大自然中享受恬静、快乐的生活。可见,这些自然资源应属于国有公物。

特别需要强调的是,市场原则不应该侵入非市场的公共领域。那些非商品的自然资源不能商品化,否则,就等于剥夺了民众生而享有的对公共自然资源的权利,使这些自然资源成为一些特权人物和富裕人群所独占的财产。产生上述情形的原因虽然是多方面的,但是,我国国家所有权制度存在立法缺陷,以致缺乏对政府行为的有效制约是重要原因。所以,完善国家所有权的立法结构已十分紧迫。

(二)国有公共用财产应属于国有人工公物

国有公共用财产因人为的设置而成立,在公物法上属于人工公物。对此的解释是,人工公物既可以由国家设置,也可以由群体和个人设置,但无论是国家设置,还是群体和个人设置,均要遵循一致的法律原则,即用于公共目的。人工公物的设定、变更和废止，以及制定相应的使用规则，应为政府的行政职权，它属公法上的处分权。但这项处分权的行使必须征得民众的同意和认可，通常在一定范围举行听证会。在德国，命名是公物法的核心制度，这一法律行为使财产成为法律意义上的公共用财产，其作用在于明确这项财产的使用目的和范围，从而产生法律约束力。人工公物并非绝对不能转让或废除，只是需要严格的审批程序，但已设定了公务负担的人工公物不能流通。

民众对人工公物的一般使用，无须特别批准，也无须支付对价。民众享有的这种使用权，是由法律规定或由命名确定的，所以具有公法性质，应属于公权利，它的行使在特定的范围内没有排他性，也不适合市场法则。公物的使用原则上是无偿的，收取费用只是例外，且需经法律的授权。我国改革开放 40 年来，虽然已初步形成了由政府、市场及其他组织多元提供共用财产的格局，但由于普遍存在过度放任市场法则进入公共领域的问题，为民众提供的共用财产明显不足。为了实现社会公平正义，由国家提供或资助的教育、公共卫生体系以及各种为民众服务的公共事业，将弥补市场不平等所带来的负面后果，实现公民身份的平等价值，使每一个社会成员都能过上有尊严的生活。

我国应该通过立法明确公共服务领域的非营利性质，确认每个社会成员对国有公共用财产享有平等的、非排他性的使用权，禁止或严格限制政府利用国有公共用财产获取或变相获取财政收入的行为。

（三）国有营运资产应属国有私物

国有营运资产，是指政府代表国家履行出资人职责，享有出资人权益，而企业享有法人所有权。国家出资的企业，可以分为两类：一是直接用于公共事业的公用企业，如自来水公司、煤气公司、公共交通公司等，这些企业的营运不以营利为目的，以国有资产的保值为原则；二是间接用于公共目的的商业公司，如汽车制造公司、国营百货公司、商业银行、外贸公司等，这些企业的营运以营利为目的，以国有资产的增值为原则。上述企业的营运均由私法调整，政府的出资行为和国家出资企业的行为均为私法行为。

国有营运资产虽属国有私物，政府代表国家对用以出资并获取收益的财产仍为国家所有。它与私人所有权有很大区别,特别对其财产的取得、转让和处分要受人大、审计机关和监察机关的监督,并非完全由政府或其负责人的自由意志决定。我国国家所有即全民所有的性质,我国政府只是代表国家行使权利,并非所有权的主体,政府也没有自己的独立利益,其权利的行使还要受到人民的监督和法律的限制。在国家出资办企业的场合,其法律地位具有两面性,它既是公权力者,又是私权利者,两者不可能截然分开。在此场合下,国家与其他民事主体在法律上平等,共同适用于私法规范,但因服务于社会公共事业的理由,又在某些程度上须由公法调整,以保证国有资产得到正确和有效的运用。在这里,国家所有权具有二重性质:一方面,国家作为权利主体与其他主体同样享有私权;另一方面,国家于一定限度内又居优越地位享有公权。所以,国家所有权并非传统私权,是一种包含公权因素的特殊财产权,政府作为这一权利的行使者,不可能回避公法的规范和制约。

三、国家所有权的二元化立法结构

(一)国家所有权由私法和公法共同调整

国家所有权不仅接受私法的调整,而且接受公法的调整,这是由私法与公法的共通性而得出的认识。在大陆法系国家,有无私所有权与公所有权(öffentiliches Eigentum)之分,一直存在争议。德国多数学者认为,无公所有权之说。但是,德国也有学者主张公所有权说,也有一些州对公所有权作了规定,如汉堡的《道路法》、巴登—符腾堡州的《水法》等。法国学者则认为,私物与公物全然不同,私物接受民法的调整,而公物只能接受公法调整。在我国,国家所有权是与公有制密切相关的特殊财产权,它既是发生商品交易关系的物质基础,又是为民众设置公物的前提条件。当政府代表国家占有和利用国有财产时,其拥有或行使的是私权,受民法调整;当由国有财产设置公物以供民众直接使用时,则接受公法调整,政府实施的是公法上的管理权,不允许由特定人独占性使用。而更多的情况是,国家参与交易关系不仅要遵守私法原则和规范,而且为了维护社会公共利益，还要同时服从诸多公法规则。因此，形成了对国家所有权的私法和公法共同调整状态。

我国《物权法》有关国家所有权的规定，涵盖了对国有公共用财产的调整，这在事实上承认了私物和公物的划分。我国民法学者对公物法的理解，可能更倾向于德国的二元论。但我们不能忽视，我国的公物总体上是国有财产，而德国的公物财产大多是私人财产，即使是行政机关的办公场所、公共设施，也多是租借私人的土地和房屋。所以，如果一味强调国家所有权的私权性质，不符合我国法律的规定。我更倾向于法国公物法的一元论，对私物和公物作以明确区分，以国有财产的不同类型和使用方式，确定如何适用私法或公法。

（二）国家所有权混合法律关系的构成

为什么在明确区分私法与公法的大陆法系国家，还会存在私法与公法的关联，以致产生混合法律关系。日本学者美浓部达吉对此有过精彩的解析。在他看来，公法与私法在许多时候也是关联的。在法律现象中常常有混合的法律关系与混合的权利，即单一的法律关系可能同时含有公法和私法的性质，而单一的权利也可能同时为公权和私权的性质。这是因为在不同性质的主体之间发生私法关系并不妨碍他们之间还存在公法关系；私法的法律关系有时因公法的行为而发生，公法的法律关系有时因私法的行为而发生；那种具有财产价值的公法关系，因为某种法律原因也会转化为私法关系。① 所以，由此产生私法与公法混合的法律关系也就不足为奇了。

国家所有权以其主体的优越地位，既能与民事主体发生平等的私法关系，又能对民事主体行使公权力而发生公法关系。分清上述两种关系后，我们会发现还存在这样一种情形：一方面，国家和民事主体要遵守同样的私法规则；另一方面，因维护公共利益的理由又得共向服从公法的特别规定。二者有时甚至经常交织在一起，进而形成一种既不同于平等主体之间发生的私法关系，也不同于国家对民事主体发号施令而产生的公法关系，在此种情形下，国家与民事主

---

① 参见[日]美浓部达吉：《公法与私法》，黄冯明译，中国政法大学出版社2003年版，第151页以下。

体之间的法律关系具有了双重属性,即既属于私法又属于公法,混合的法律关系因此而生。例如,国有自然资源的利用关系就是一种混合的法律关系,在市场经济条件下,国家作为自然资源的所有者,通过政府管理部门的审批和登记,将其利用权出让给有关受让者,进而形成如下法律关系:(1)国家以出让者的身份与受让者之间形成私法关系,自然资源已具有商品或资产属性,政府得以收取出让金和自然资源使用费,实现自然资源国家所有者权益;(2)国家以管理者身份与受让者之间形成公法关系,政府依特别法的规定对自然资源的利用实行监督和管理,通过对自然资源交易市场收取交易所得税和营业税,维护国家作为自然资源管理者的利益。这两种关系同时产生、相互结合、密不可分,形成了由私法和公法共同调整的混合的法律关系。

另外,国有公物的利用关系于特定场合也是一种混合的法律关系。因为一项国有公物对普通民众只有一般的使用价值,而对某些特定人不仅具有一般的使用价值,而且还有特别的交换价值,即经济价值。此时,国家与特定人之间所发生的法律关系既有公法性质,又有私法性质。政府代表国家行使的公物管理权属于公法性质,当公物的设置或保存发生缺陷致利用人受损害时,应承担国家赔偿法规定的赔偿义务。公共设施的利用关系更为复杂。因公共设施是人与物的结合体,必然在利用关系中涉及设置者、管理者和利用者多方法律关系,并接受不同的法律调整。还有国有营运资产虽属国有私物,但其营运活动要受民法、行政法、经济法、劳动法、社会保障法等多种法律的调整,并发生相应的私法关系和公法关系。如前所述,政府的公共管理职能与国有资产出资人职能应加以区别,但不可能完全分开。所以,因国家营运资产而发生的法律关系,既不是单纯的私法关系也不是单纯的公法关系,而是由不同性质法律共同调整的混合法律关系。

(三)国家所有权立法的基本设想

前述问题的讨论,为我们思考国家所有权立法结构问题确立了思想基础。归纳起来,有三点认识非常重要:(1)国家所有权是私权与公权的结合,思考其立法结构必须立足于法律体系的全局,不能局限于私法的传统界域;(2)在国有财产中,公物是基本的组成部分,建立公物制度是完善国家所有权立法结构的重要内容;(3)国家所有权制度调整范围广泛、规范形式多样,是一套多层次的立法体系。

在大陆法系国家,民法典是否规定及如何规定国家所有权大致有三种模式:一是对国家所有权不作规定,仅在相邻关系的规定中涉及道路通行、用水、流水关系等,对国有财产采取特别法规定,如德国、日本、巴西等国;二是对国家所有权仅作简单或零星规定,对国有土地资源、水资源、文物等财产的归属和保护作了相应规定,如法国、荷兰、葡萄牙、埃及、阿尔及利亚、韩国、蒙古等国;三是对国家所有权作出专门规定,除我国外,还有俄罗斯、越南、朝鲜、意大利等国。如《俄罗斯民法典》对国有土地和其他自然资源以及国库财产、国有企业财产权等作出了规定;《意大利民法典》将国家财产、公共财产放在同一节中规定,除对属于国家的森林资源、矿资源、文物、军事设施等作了规定外,还对海岸、沙滩、湖泊、公共水源以及公路、机场、博物馆等公共用财产作了规定,并规定私有性质的公共用财产可以转化为国有财产。显然,即使在民法典中对国家所有权作了或多或少的规定,也不可能调整全部的国家所有权关系,还必须有相配套的特别法加以规定。

我国在制定《物权法》时,学界曾对是否规定国家所有权有过争论。回顾起来,当时反对规定国家所有权的学者也不无道理,如孙宪忠教授主张对国家所有权进行重构,将公有财产区分为经营资产和公用物,就是一个很好的建议。《物权法》中规定了国家所有权,有一个明显的缺陷就是打乱了《物权法》私的逻辑体系。现在如何解决?我国未来的《民法典》如何完善这一立法结构?当然,简单的办法就是从《物权法》中去掉有关国家所有权的规定,另行制定专门的《国有财产法典》。但是,这可能与我国传统的法制观念有一定距离。所以,早在2003年我和梅夏英博士进行研究提出了方案,即增设财产权总则,将国家所有权从物权法中析出,作为一项特殊财产权专章或专节规定。

起初提出设立财产权总则的建议,是基于这样的一种构想:未来民法典设置"财产与财产权"编,其中第一章为"财产权总则",之后分章规定各种类型的财产权。财产权总则不仅保留物权和债权法的一般规则,还要规定知识产权和其他无形财产权的一般规则,体现财产权制度的统一性。在一般性和多样性、传统结构的维持与制度创新、民法典和特别法之间,财产权总则提供一个平衡点,以实现对财产关系的适度整合。现在看来,若在"财产权总则"阐明了以下问题,即区分物与财产两概念、明确物权与财产权的差异与共性、确认公有(包括国家所有和集体所有)财产权具有二重属性,国家所有权就可以与物权分离成为独立的一章(或节)规定在"财产与财产权"编中,这样,既不失传统民法财产权二元结构的逻辑体系,又可形成一部适应现实社会发展的包容性民法典。

在《物权法》对国家所有权作出规定的基础上,可在以下方面作出更明确和具体的规定。(1)对国家所有权的性质,应当作出更明确的规定。国家所有即全民所有,这不仅是对权利主体的规定而且是对权利属性的确认,国家所有权是公有权,它不同于一般的私权利。(2)对国家所有权的行使主体,除规定国有财产由国务院代表国家行使所有权外,须规定其行使应当依法对人大负责,受人大监督。(3)对国有财产类型和范围的规定,应当区分私物和公物,明确其所有权的不同行使方式和规则,确定国家专属财产的范围,并依其性质分类作出规定。私物包括什么,公物包括什么,都应规定清楚。(4)对国有财产的保护,仍然保留《物权法》的相关规定,但对国有自然公物和公共设施的保护应当有更明确的规定,以保障民众对这些财产的平等、自由使用。

国家所有权是我国民法调整的基础性财产关系,但民法并不能涵盖国家所有权的全部内容,国家所有权制度是一个多层次的立法体系。

首先,宪法规定了国家所有权,这是我国社会主义基本经济制度在宪法上的体现,这是一项公权利,与私权利没有直接关联,它是一种主体资格,并不涉及具体的法律关系,它是确立国家所有权制度的根基和依据,并为此项制度的全面建立提供宪法保障。

其次,由于宪法的规定,国家取得了各种重要生产资料的所有权的资格,但是,仅有这种资格是不够的,所有权的行使和保护还须有相关的部门法来加以规范,不仅需要私法,也需要公法。其中,民法是调整国家所有权关系的基本法律,它不仅调整私物以适应市场经济规律,充分发挥物的效用和价值,而且调整公物以直接体现社会公平与正义,满足民众使用公共性物质资料的需求。国家所有权不仅是一项权利,也是一项社会责任,它不仅会给国家带来财富和安定,也会给社会民众直接带来福利。但是,私物关系和公物关系的调整方式不同,由民法统合后的国家所有权,必然要将行政法上公物法的基本规则移入民法,从这个意义上讲,国家所有权制度是民法和行政法的混合体。而且,从行政法的需要看,还应考虑制定《国有财产法》或《公物管理法》,不仅如此,国家所有权的行使和保护,还须有商法、经济法、刑法、诉讼法、社会保障法等部门法的共同调整。

最后,以上各部门法对国家所有权的调整还是原则性的,还需要大量的配套法律、法规作出具体规定。仅以民商法、行政法、经济法方面的法律、法规为例,关于调整私物的法律有资源类、产权类、交易类和财政类,如《资源法》《能源法》《森林法》《草原法》《国有资产管理法》《国有资产评估法》《国有资产转让法》《企业法》《公司法》《对外贸易法》《企业破产法》《财政法》《预算法》《税法》等;调整公物的法律有自然类和人工类,如《河流法》《湖泊法》《山川法》《公园法》《公路法》《铁路法》《学校法》《医院法》等。由此可见,国家所有权制度的立法结构复杂、涉及内容广泛,是我国法律体系中最基础、最核心、最具特色的财产权体系。

物权保护方式的有益探索

——简评《物权请求权制度研究》*

请求权是民法体系构建的核心要素，是我国民法研究中重要的基础理论问题之一。在民法请求权体系中，物权请求权又是最具理论和实际意义的内容。自《德国民法典》最早规定物权请求权的内容以来，关于物权请求权性质的论争就没有停止过。在我国，是否承认物权请求权、如何界定其性质，已经成为确定整个民法体例的关键问题。因此，对其进行研究当有重要意义。辜明安博士凭着自己扎实的法学功底和不懈的学术追求，选择了这一重要而且困难的研究课题，对物权请求权制度进行了一次全面梳理和深入探讨，完成了《物权请求权制度研究》，由法律出版社出版，为物权理论的发展增添了一项具有学术意义和价值的新成果。

正如本书作者所言，物权请求权作为物权保护和救济制度的确立，无疑是对物权法理论的极大丰富。但是，因问题本身的复杂性，物权请求权在我国理论界和立法上产生分歧不可避免，显然是可以理解的。为了理论上对物权请求权的合理性作充分说明，作者颇费思量，首先从请求权概念及其合理性出发，进而论证物权请求权的合逻辑性以及其作为物权保护制度的合理性与可能性。尽管这一部分不是本书的主体和重点，但是作为本书论题的基础性研究，不失其精彩和重要性，尤其是作者对"请求权概念的理论分析和物权请求权的定位"

---

* 原载《人民法院报》2010 年 5 月 21 日，第 7 版。

及“物权请求权作为物权保护制度的合理性”等部分的论证和说理,不仅条理清楚,分析得当,而且旁征博引,破立结合,主旨明确,为后文对物权请求权的本体的分析奠定了坚实的基础。在其后对物权请求权本体内容的论证中,作者仍以全面深刻、缜密细致的笔触进行细腻的分析,颇值赞赏。

综观全书,笔者认为作者试图在以下几个方面有所创新。其一,作者将权利解析为两层含义:一是权利之本体,二是权利之实现和保护须借助的手段,后者即为请求权,因此,作者认为请求权是实现和保护基础权利的技术手段,不存在脱离基础权利的请求权。其二,作者在分析物权请求权与债权请求权二者的共性和差异时认为,即在民事权利体系中,物权请求权与债权请求权是处于同一逻辑层面的以其本权保护为本旨的请求权,对物权配置请求权是理论逻辑的当然结论。其三,作者在研究物权请求权是否适用诉讼时效时,着重分析了诉讼时效适用的现实基础,从维护现实的交易安全和社会整体秩序出发,合理解释了物权请求权能否适用诉讼时效的原因。其四,作者运用所有人——占有人关系规则,分析了所有物返还请求权的效力和返还请求权与其所涉相关请求权的关系,为研究所有物返还请求权确立了基本的分析框架。其五,结合我国物权法的规定,本书全面分析论证了基于土地承包经营权、建设用地使用权、宅基地使用权、地役权的物权请求权,为把握我国物权法上的物权请求权提供了有力的理论支持,并为我国物权请求权未来立法的完善提出了积极的、具有参考价值的初步构想。应当说,作者的这些观点和看法都具有其可取之处,尤其是对请求权的基本定位等问题的看法和观点不管其是否会对民法理论产生影响以及产生怎样的影响,都非常值得我们重视。我国民法同其他领域的变革与发展一样,在改革开放以来的 30 年中取得了显著的成效,但我们也深知在民法研究(尤其是民法基础理论研究)中要有所创新是有难度的,本书作者的观点可能有值得商榷之处,读者不见得都同意其研究结论,但其创新的意识和严谨的研究态度是值得肯定的。改革开放以来,我国民法理论获得极大发展的根本原因肯定是迅猛发展的经济体制改革以及随之而发生的社会变革之社会实践对民法的需要,但是学者的理论贡献也功不可没,离开学者们的努力和一点一滴的理论创新的汇聚,就没有今天我国民法理论日益丰富和发展的大好局面。从这个意义上说,本书或许是有值得我们所关注的理论贡献。

需要指出的是,在现实生活中,没有人会拒绝财富,没有人会轻视对自己财产和财产权利的保护,社会和谐在很大程度上是依赖于财产权利以及相应秩序的和谐,因此,确定相应的财产秩序是一件于国于民都十分必要的事情,正是在这个意义上,笔者认为物权法就是构建和保护社会主义和谐社会的法。因此,尽管物权法的制定充满了争论和不同的意见,但其颁行似乎是不可阻挡的事情。回顾物权法制定的过程,笔者认为物权法的制定和颁布不但是立法机关所做努力的结果,而且是民法学者的高度责任感和进取心的集中体现,来之不易。虽然我们的物权法还不完善,还有进一步修正和完善的必要,但保障其顺利实施至关重要,对此需要学者从理论上充分阐释物权法的相关制度和原理,以期指导实践,并为其进一步完善做好理论上的准备。正是在这个意义上,笔者同意本书作者的看法,物权法的颁行不但不是物权法研究的终结,而是物权法新的研究的开端。也正因如此,本书的研究的确是很有必要的,不失为物权保护制度与保护方式研究的有益探索。故对其进行介绍并向读者推荐。

精心修改和完善，力争《物权法》早日颁行*

我国物权法从讨论、起草至今已经9年,《物权法(草案)》已经由全国人大常委会审议了7次,终于决定将它提请第十届全国人大审议了。这个《物权法(草案)》遵循我国宪法原则,以维护公有制为主体多种所有制经济共同发展的基本经济制度为终极目标,必将成为我国社会主义法制体系的重要组成部分,它是我国人民意志的体现。

这个《物权法(草案)》顺应社会主义市场经济的客观要求,坚持物权主体的平等地位,实行平等保护原则。从我国基本经济制度出发,《物权法(草案)》突出了对国有资产的保护,强调国家所有的财产受法律保护,禁止任何单位和个人侵占、哄抢、私分、截留和破坏。该草案对国家所有权总共规定了12条之多;同时,对人民群众合法取得的私有财产,也进行切实的保护。特别应当提到的是,农民的土地承包经营权和宅基地使用权,城市居民的建筑物区分所有权,这些权利是关系我国亿万人民群众最基本的生存之权。物权法对此给予了高度重视,作出了较妥当、符合我国国情的规定。

《物权法(草案)》从具体的财产支配和交易角度阐释了市场经济的内涵,使物权主体对自己的财产权利有了比较明晰的边界,增加了对财产的安全感,将促使和鼓励人民群众创造社会财富的积极性。物权制度的建立对我国社会

---

* 本文系根据作者2007年1月20日在中国人民大学举办的物权法座谈会上的发言整理而成。

主义经济建设、精神文明建设,以致构建社会主义和谐社会都将起着十分重要的作用。所以,现在我国制定和颁行物权法正是时机。

下面对《物权法(草案)》提几点具体问题,仅供参考。

1. 关于物权法定主义与意思自治的关系。同意《物权法(草案)》第5条关于上述二者关系的规定。我国物权法采纳物权法定主义,这是由物权的性质决定的,它有利于交易安全和经济秩序的稳定。但是,这决不意味着物权法是一成不变的封闭性立法,考虑我国目前的物权立法并不完善,而且我国还处于改革探索的特殊时期,采取原则性与灵活性相结合的办法才是正确的。意思自治原则并非绝对不能适用于物权法领域,只要当事人的约定不违背民法的基本原则,又符合物权性质的权利,就应当承认其效力。所以,我希望草案的这一条规定不要再改动。①

2. 关于不动产登记制度的完善。在我国要解决不动产登记问题,其中,做到统一登记是关键。我国的《物权法(草案)》对统一登记的范围,统一登记的机构和登记办法均没有作出明确的规定。实际上,我们是回避了问题。最近,我和赵万一、陈华彬等同志参加了重庆市关于"不动产统一登记制度研究"课题的结项评审工作,我们一致认为他们的研究理论联系实际,很有些水平,他们有些意见对我国物权法关于这一制度的完善有参考价值。立法机关应当关注这些"民间"的研究成果。

3. 关于农业合作社问题。我国已经颁布了《农民专业合作社法》,并即将实施。这些年,农业合作社在我国广大农村蓬勃兴起,已经有了几十万个,它有着极好的发展前景,它已经是我国农村的一支重要的生产力。但这一组织形式有着自己特殊的财产结构,需要物权法作原则性的规定。《物权法(草案)》第66条对公司、其他企业(以及社会团体)都作了规定,唯独没有涉及合作社,我们在这部物权的基本法中,找不到合作社的影子。这对于农业合作社与农村集体经济组织的财产关系的界定将是一个极大的遗漏。它使物权法(实际上是民法)与《农民专业合作社法》无法衔接。

---

① 《物权法(草案)》第5条规定,物权的种类和内容由法律规定;法律未规定的,符合物权性质的权利,视为物权。

4. 关于物权法与土地承包法的关系。显然,物权法是基本法。《物权法(草案)》第 129 条规定:土地承包经营权人依照农村土地承包法的规定有权将土地承包经营权流转。这里实际上是把土地承包经营权的流转这个十分重要的问题推到了单行法中去了。给我的印象,似乎是回避了一个较棘手的问题。关于土地流转这么重要的问题,物权法不作明确表态、不作明确规定,实在让人费解。至少在这一问题上,物权法不仅没有为农村、农业的改革提供指导性规则,而且远远落后于农村的实践。实际上,有的地方宅基地的指标已经可以转让了。

5. 关于业主建筑物区分所有权的共有权问题。现在这个草案规定的共有范围不清晰,难以有力地保护业主的财产权利。这里,关键要分清哪些是法定共有权,哪些情况才是可以约定的共有权。首先必须确认与业主不可分割的、不可能与业主行使专有权分离的是法定共有权。法定共有权,是指在性质上和构造上属于维持整栋建筑物牢固、安全和完整的共有部分所享有的共有权。法定共有权的行使不能改变其物的本来用途,法定共有权的变动不用登记,并可以对抗第三人。而约定共有权则是在与专有权行使没有冲突的共有部分,可以通过区分所有人的约定所成立的共有权,这种共有权的变动是要登记的,不登记就不能对抗第三人。只有在分辨清楚这两个层次上的共有权后,才能确认在什么情况下,地下室、车库、车位、电梯、绿地、道路能够成为共有权的客体。

除以上几点外,这个草案有的地方还有些粗糙,一些行文表达不准确、不顺畅。我建议最后可以请两位语言学家在文字上把把关。

尽管谈了以上这些,但从总体上来讲,这个《物权法(草案)》基本成熟。必须肯定,这个草案的立法指导思想是正确的,是符合我国宪法精神的,基本体系合理,密切联系了我国实际,具有较好的可操作性,是一部比较成功的立法草案。

我们热盼着今年 3 月从全国人大传来佳音。

物权法是构建社会主义和谐社会之法*

一、引言:财产和谐是构成社会和谐的物质基础

所谓"和谐",从法律的视角以观,就是"理顺关系,并使之良性运转"。作为社会和谐的物质基础,财产和谐就意味着理顺财产关系,并使之良性运转。财产关系的良性运转,既可以表现为作为个人、法人以及合伙体的当事人双方安全、迅捷的财产交易,也可以表现为国家出于社会公共利益,对于个人、法人以及合伙体财产的依法征用,还可以表现为国家依法对上述主体征缴税收、对社会贫弱者发放补贴、救济。然而,往往为人们所忽略的是,在这种司空见惯的流转关系背后,却隐藏着一个根本性的前提条件——"财产之归属"的确定。试想:欲取得他人的财产,或者欲在他人财产上实施支配,为何不能直接据为己有、为我所用,而必须通过交易的方式来实现其目的?其原因乃在于该他人对于自身财产的拥有,即"财产之归属"的确定,杜绝了以"违背所有者意志"为根本特征的以直接支配方式取得他人财产的途径,而使交易成为实现取得和支配他人财产的必由之路。反之,倘若"财产之归属"不确定,天下财富必为强势者所得。当个人腕力或者权势成为财产占有和支配的配置手段时,则恃强凌弱、巧取豪夺肆起,谈判、交易却成为多余,财产关系的和谐乃至整个社会的和谐,也将丧失殆尽。

---

* 原载《法学杂志》2006 年第 3 期 。

由此可见,如果说财产关系的良性运转,是整个社会关系和谐发展的物质基础的话,那么"财产之归属"的确定则构成了财产关系良性运转的前提。换言之,整个社会关系的和谐,归根结底是建立在财产关系上关于"你的"还是"我的"这一基本问题的明确判断的基础之上的。

二、物权法是在市场经济条件下实现财产关系之和谐的法治基础

我国《宪法》业已确立了"依法治国"的准则。在这一宪法准则下,"理顺关系,并使之良性运转"的和谐社会的目标,必须且只能建立在法治的基础上。据此,承担起界定"财产之归属"的使命,并使之与"财产的支配"协调发展的,只能是法律。而在我国社会主义法律体系中,由各个法律部门调整对象的分工及其彼此之间的逻辑关系所决定,这个基本法律部门,就是将作为我国未来民法典重要组成部分的物权法。

恩格斯曾经指出:"民法准则只是以法律形式表现了社会的经济生活条件。"①作为民法的组成部分,物权法将"物之归属"的观念用"所有权"这一法律术语明确表达出来,并通过界定"所有权的取得方式",在界定所有权人的同时,确保其财产来源上的合法性。在此基础上,物权法赋予所有权以支配性和对世性。所有权的支配性,从正面明确了所有人有权对所有物加以支配、许可他人支配以及将所有权让渡予他人的法律权能,从而奠定了财产正常利用和良性交易的基础;而所有权的对世性,则从反面禁止了未经所有权人同意的对他人所有物的侵占与妨害,并通过物权请求权制度对这种侵占、妨害予以救济和矫正。在这一组张力的作用之下,财产的正当性得以保证、物之归属得以明确、以所有权为基础的各种财产交易得以展开,整个社会财产关系的和谐发展也就获得了坚固的法律支撑和保障。

物权法的协调物之归属与支配关系的作用,对于我国社会主义公有制的实

① 《马克思恩格斯选集》(第4卷),人民出版社1972年版,第248页。

现,具有重要意义。我国是以公有制为经济基础的社会主义国家,社会主义公有制得到有效保障并顺利实现,无疑关碍社会和谐的大局,构成财产关系和谐的重中之重。与此同时,我国的社会主义公有制,是在改革开放的进程中,在建设社会主义市场经济目标之下的社会主义公有制,这一定位决定了我国社会主义公有制之保障和实现的社会背景。如何将公有制与市场经济有机地协调起来,使公有制在市场经济的环境中枝繁叶茂、茁壮成长,乃是改革开放进程中的一项重大课题,我国从理论到实践,为此作出了长期的探索。时至今日,尽管这个探索的过程仍然在持续,但是一个基本原则已经确立,即将国家的公共权力与财产权利分割开来,使国家"主权者"的身份与"所有权人"的身份相分离,力求将国家的公共权力屏蔽于财产权利之外,纯化国家财产权利的"非权力"性,从而将国家的所有权推向市场,在市场规律的作用下保值增值。

回顾我国公有制实现方式的探索历程,从最初的农村集体土地的承包经营,到城镇国有企业的承包、租赁模式,均蕴含了改革开放的设计者以非权力的民事手段来塑造公有制经济的实现方式的理念,而 1993 年《宪法修正案》将"国营企业"改为"国有企业",正是这一理念在根本大法上的反映和确认。在这一理念的指导下,《民法通则》在"财产所有权和与财产所有权有关的财产权"一节中,明确提出了"全民所有制企业对国家授予它经营管理的财产依法享有经营权",这意味着在全民所有制的实现方式上,改革者在肯定国家的所有权人身份及其与国有财产利用者之间的民事关系的同时,大力提升后者的法律地位,使之从基于企业承包、租赁合同所生的相对债权人地位,逐渐成为拥有和支配法人财产权的享有者。这一转变的本质在于,通过赋予公有财产利用者以排他的支配权,使之能够基于权利的绝对性,排斥包括所有权人在内的一切个人和组织的不法干预和侵害,从而有力保障公共权力与财产权利相分离的公有制改革目标。在这一改革思路下,1994 年《公司法》对于"公司法人财产权"的界定,以及 2002 年《农村土地承包法》对于绝对性的"承包经营权"的界定,均表明,绝对性支配权利,即物权性质的权利,已经取代了原先的合同债权,承担起市场经济条件下塑造社会主义公有制实现方式的使命。

然而,由于我国没有系统、成文的物权法,我国的民事法律体系中也没有关于物权的概念、效力以及与此密切相关的物权的公示和公信制度的规定,因此,对于上述“企业自主经营权”、“公司法人财产权”和“农地承包经营权”的所谓绝对性效力究竟指什么,怎样才能具有这样的效力等问题,欠缺法律上的依据。在实践中,将承包经营权与租赁权等价齐观的现象屡见不鲜。物权制度的阙如以及由此所伴生的物权观念的匮乏,已经构成了以绝对性支配权塑造公有制实现方式的改革进程中的羁绊。

三、“平等对待”与“一体保护”由民法调整对象的性质所决定

以物权法作为社会主义公有制的实现手段,不仅意味着非公有制主体支配自身财产的权利,将被按照“物权”来构建,而且意味着公有制主体对于公有财产的归属权也将按照“物权”来构建。在物权法的物权体系中,国家、集体对于公有财产的归属权,将被界定为“所有权”。在此基础上,国家、集体的“所有权”就将与其他非公有制主体的“所有权”获得共生,而共同适用物权法关于“所有权”之效力和保护的规定。换言之,在物权法看来,国家、集体的所有权其特殊之处,仅在于对于特定财产,如土地、水流、矿藏等资源的专有性,而就所有权本身的效力和所受到的法律保护和重视的程度而言,公有制主体的所有权与非公有制主体的所有权都是“所有权”,在此并无二致。与此同时,在公有财产上公有制主体的归属权与非公有制主体的支配权彼此的关系上,尽管这两种权利在物权法物权体系中的类型不同,但是均属“物权”,具有共同属性。这就意味着公有财产之归属与支配的关系,将被视为“民事权利”之间的关系,应由作为“民法”组成部分的物权法所界定,应适用作为“民事权利”的物权之间的逻辑规则。在这里,国家所享有的公共权力,将无法在民事领域为国家的财产谋取民事权利之外的利益。由此所引起的结果就是,在物权法的体系下,其“权利主体”上的差异将被消除,而用以界定其彼此间关系的仅是“权利”本身。这就是所谓的物权法上的“平等对待”与“一体保护”。

从理论上讲,“平等对待”与“一体保护”,是由民法调整对象的性质所决定

的。详言之,整个社会关系,按照其所涉及的利益进行划分,可以分为事关社会公共利益的社会关系与事关个人利益的社会关系两个部分:其中,前者所涉及的社会公共利益是指大多数社会成员的共同利益;而后者所涉及的个人利益则是指特定的社会成员之间个体的、与社会公共利益无涉的特殊利益。在此,法律作为社会关系的调节器,无疑以对上述两种社会关系加以调整为其天职。这两种社会关系性质上的不同决定了法律必须分别采用不同的调整方法。就前者而言,由于其体现了社会成员中大多数人的共同意志,所以法律必然首先确保社会公共利益的实现,并以公共权力的强制性排斥少数人的异议和阻碍。在此前提下,出于对避免"多数人暴政"的考量,法律应最大限度地保护少数人的正当利益。由此可见,对于政治国家关系的调整,乃是国家公共权力直接发挥作用的领域——公共利益构成了国家公权之行使的条件。再就后者而言,基于这种个体利益彼此间的相异性,在其无涉公益的情况下,法律不仅无法对不同主体的利益取向作出价值上的优劣排序,而且甚至无法在忽略利益者意志的情况下,判断这种利益取向本身之所在。由此,就决定了法律在这里不得不对这种无涉公益的成员个体的特殊利益一视同仁,并承认利益者本人乃是其自身利益的最佳判断者。于是,"意思自治"成为法律对于这种社会关系予以调整的基本手段,而确认当事人"平等"的法律地位,则成为其实现"自治"的根本保障。

由此可以看出,法律部门的独立性,有赖于调整对象的界定,而调整对象的性质,又反过来决定了法律部门的调整方法。在我国社会主义法律体系的结构中,民法采取"确认平等""尊重自治"的调整方法。对此,我国《民法通则》第2条早已规定:"中华人民共和国民法调整平等主体的公民之间、法人之间、公民和法人之间的财产关系和人身关系。"国家或以国有资产运营的组织在进入市场后,也是特殊的民事主体或法人组织,它们所享有的包括物权在内的财产权也要遵循民法中民事主体在法律地位上彼此平等的要求,即物权法必须做到对不同民事主体所享有的合法物权"平等对待"与"一体保护"。

四、"平等对待"与"一体保护"是我国社会主义市场经济目标的要求

我国的市场经济,是社会主义国家的市场经济。因此,我国的市场经济决不是以否定社会主义公有制为其发展方向的,但与此同时,我国公有制却必须在市场经济的环境中,寻找其生存与发展的方式,即在市场中实现保值与增值。如前文所述,要将公有制之实现推向市场,就必须使一部分公共权力从公有财产的实现过程中(从市场中)退出。由此,国家的"主权者"与"所有者"的身份便发生了分离:国家主权者的身份乃是以社会公共利益的维持为特征的,国家的公共权力仅是实现国家公共利益的代表者的基本手段,而不是作为追求国家财产利益的方法。诚然,尽管国家的财产利益归根结底是服务于社会公共利益的,但是由于这种利益是在市场环境中取得的,即作为所有权人的国家,乃是"市场上的人",所以市场法则是规制包括国家在内的所有市场主体的共同准则。从法律的角度以观,民法作为市场经济规则法律语言的表述,其将国家在市场中的地位纳入"民事主体"的范畴下,将国家在市场中的权利纳入"民事权利"体系之中的过程,其实就是塑造作为公有财产所有者的国家为"市场上的人"的过程。然而,要将国家纳入民法的规制下,其就必须适用民法上的"平等"原则,在物权法上,就是"平等对待"与"一体保护"。

需要说明的是,物权法上的"平等对待"与"一体保护",是指法律对于各种所有制主体的物权采取一视同仁的保护,而决不是不予保护。民法对于物权的保护,从其所追求的实物形态上的"原状恢复"与价值形态上的"损害填平"的目标来看,如果物权法得以贯彻执行,其将足以为包括国有资产在内的各种所有制主体的物权提供充分的保护。即使在国家、国有经济组织之物权与集体组织、个人之物权发生冲突时,也必须依据民法规则进行平等保护。因此,在物权法中,区分"不可侵犯"与"神圣不可侵犯"是没有意义的。

不可否认,我国国有资产正在大量流失,社会主义的公有制基础正在受到

侵蚀，这是必须引起严重关切的问题。然而，这一严峻的现实是否与物权法具有内在的关联？回答是否定的。一个简单的现象就是，在我国至今尚未颁行物权法的情况下，国有资产流失现象已经大面积存在；而《宪法》以及《民法通则》关于公有财产"神圣不可侵犯"的宣示，也未能制止这一现象的蔓延。因此，国有资产的流失，其根源并不在于民法未提供保护的途径，也不在于民法上的保护不力。另一个简单的现象是，以明显低于市场价值的价格出售自己的财产，在正常情况下，这在普通的市场主体那里是不可能发生的，为什么此类事情在国家所有的财产上会存在，并且频繁发生？显然是国有资产的实际处置者，即国家所有权的受托人未以国家利益的最大化作为自己市场行为的指针。进言之，受托人受到了国家利益之外的其他利益的驱动，而由受托人所看管的国家利益成了其用以追求其他利益的"祭品"。

由此可以看出，民法制度所要求的，仅仅是市场经济条件下各种所有制财产的增值保值，均必须按照市场的导向，即以非权力性的方式来实现。在此，市场中的经营主体会按照自身财产利益最大化的方向去行动，这是市场规律的基本预设，也是民法的意思自治原则的基本预设。而国有资产的流失，恰恰说明上述预设并未完全在国有资产的看管者那里发生作用。因此，如何塑造国有资产的受托人制度，并通过完善的激励机制和监督、约束机制，使之以市场法则下国家财产利益的最大化为行为导向，从而有效杜绝其他利益对于受托人履行其职责的诱惑，这才是解决国有资产流失问题的关键。而否认公有财产的民事权利性质，重新为公有财产披上公共权力的外衣，借此使之获得优越于其他所有制主体财产权利的思路和设计，事实上是不能够解决公有财产的市场化问题的。恰恰相反，这种思路和设计，是以否定社会主义市场经济本身、否定改革开放作为代价的。

"平等对待"与"一体保护"不仅是市场经济的一般规律的要求，而且也是市场经济条件下理顺非公有制主体与国家之间的财产关系，并使之和谐发展的要求。如前文所述，物权法上的"平等对待"与"一体保护"，界定了主权者与所有者的双重身份。当这种区分延展到国家与其他所有制主体的财产关系上，就使如下问题的辨析成为必要：与之打交道的国家，究竟是以何种身份出现的？如果国家是为自身财产利益的需要而与其他所有制主体进行交往，作为市场主体,其应当与其他所有制主体在平等、自愿的基础上交易,而不得对后者有任何的强制。反之,如果国家是基于社会公共利益的需要而与其他所有制主体进行交往,其也应当受到如下两个方面的制约:一是由于公共利益的名目赋予了国家公权力对他人财产实施强制的可能,因此,“公共利益”的外延必须通过法定主义加以严格限制;二是即使在法定的“公共利益”范围之内,由于其他所有制主体的财产权利也具有充分的法律上的正当性,因此,国家公共权力的强制范围唯能以确保社会公共利益实现之必要为限,而不得在“公共利益”的招牌下,完全无视受到强制的其他所有制主体财产权利的正当性。

由此可见,在市场经济条件下理顺国家与其他所有制主体间的财产关系的关键,就在于物权法上的“平等对待”与“一体保护”准则。一方面,这一准则将国家所有权界定为民事权利,严格厘清了国家“主权者”与“经济人”的身份界限;另一方面,又通过确定其他所有制主体财产权利的正当性,使之不仅能够借此与作为“经济人”的国家平等交往,而且能够在作为“主权者”的国家面前,最大限度地维护自己的利益。如果不制定物权法,则国家与其他非公有制主体的财产关系的和谐便无从谈起,整个社会的和谐也就无从谈起。

五、结语:“定分”与“息争”

慎子有言:“一兔走街,百人逐之,积兔于市,过者不顾。”②我国古代法律思想,早已总结出“定分”与“息争”之间的联系。在社会主义市场经济条件下,物权法的意义恰恰就在于“定分”——它在财产的归属与支配的问题上,以“物权”的方式,明确界定了哪些是国家的,哪些是集体的,哪些是个人的,从而使社会财富的归属与支配各得其所,并使各个所有制的物权统一于严谨的法律逻辑之下,从而得以有序的发展。由此所带来的“息争”之效,不是别的,正是财产关系的和谐、社会关系的和谐。

---

② 《二十五史——隋书》。

物权法是构建和谐社会的法[*]

现在,“和谐社会”、“以人为本”和“科学发展观”是新的三面红旗。物权法是为高举这三面红旗服务的。特别是有了物权法,我们的社会才能更和谐,更快发展。为什么这样讲？原因有以下四个方面。

第一,物权法作为民法的重要组成部分,是调整社会的基本法。物权法调整的社会关系,主要不是靠国家权力,是在民众间平等协助的关系中去营造社会的和谐与稳定。其一,物权法调整的是平等主体之间的财产关系,这是营造和谐社会的基础。人间平等是法治国家追求的目标,是实现和谐社会的前提条件。其二,物权法的性质是私法,但不能说是保护私有制的法。在社会主义条件下,它是为了维护我国现有经济制度服务的。私法是要体现主体之间意思自治的精神,在法律规定的范围内,民事主体能够取得和享有物权,能够自主地占有和支配自己的财产,自主地实施各种法律行为。可以说,在现代法治国家,和谐社会的营造离不开民法(当然包括物权法)的调整。

第二,物权法是促进经济发展,保证社会稳定的基本法律。我们知道,经济发展、国家富强、人民富裕,这是营造和谐社会的物质基础。而物权法(当然也包括民法的其他部分)是强国之法、富民之法。在社会主义市场经济条件下,通过物权法对财产关系的调整,有利于促进社会财富的合理分配,有利于激发人们的创造性、积极性,有利于国有资产的保值和增值,有利于国有资源的维护和

---

* 本文系根据作者2006年2月25日在中国人民大学召开的“物权法与中国社会主义和谐社会建设理论研讨会”上的发言整理。

利用,国家经济发展了,人民的生活富裕了,生活条件改善了,所谓“国泰民安”,人间才能和谐(也包括人与自然的和谐),这样社会才能稳定。

第三,物权法所规定的各项物权,是一个科学体系,它与民法其他部分规定的民事权利,构成了一个完整的权利体系。每一个物权人的权利,都能得到法律的保护,而在人们之间的权利发生冲突时,物权法又会发挥解决权利冲突、调和社会矛盾的功能,便于人民法院和仲裁机关对法律的适用。说得通俗些,民法——包括物权法是解决人民内部矛盾的最能显示效果的法律。

第四,民法是善恶分明的法,它是一个制裁邪恶,维护善良人权利的法律,民法所坚持的基本原则,如诚实信用原则,要求每一个人、每一个法人,诚恳待人,恪守信用,这些正是营造和谐社会所应具备的伦理道德。从这个意义上来讲,民法、物权法也是促进我国社会主义文明建设的法律。

所以,物权法与营造和谐社会有着密切关系。目前,加快物权法的制定有着重要的现实意义,它是营造“和谐”社会急需的法律之一。我作为一个多年从事民法教学的教师,盼望着我国物权法早日出台。

人格与财产的关系

——兼论法国民法的“总体财产”理论*

目前，关于人格和人格权理论的讨论，已经远远超越了自身研究的领域，它涉及法哲学、法史学、伦理学等多种学科。这个问题的讨论，对于如何在我国建立起一种普遍的平等人格，实现人的尊严、精神自由、道德自律、行为自主的理想社会，并达到社会资源的分配正义和交换正义的目标，具有重要的理论和现实意义。人格和人格权制度不仅是解决人的自身地位和权利问题，而且还是解决人与自然、人与物的关系的重要前提，忽略了后者的价值体现就会割裂“人”与“物”的联系，而使整个民法体系崩溃。因此，本文拟从人格、财产以及权利这三个相互间密切联系而又存在本质不同的法律范畴的关系为角度，进行梳理，以期在彼此的对照中得出对于人格、人格权若干问题更清晰的认识。

一、作为人格基础的财产：早期国家用以取代氏族血缘身份的工具

在可考的历史上，最古老的人类社会组织为氏族，它是“一个由共同祖先传下来的血亲所组成的团体……它是按血缘关系结合起来的”。[①] 具备特定氏族

---

* 原载《法制与社会发展》2006 年第 1 期。

① ［美］路易斯·亨利·摩尔根：《古代社会》，杨东莼等译，商务印书馆 1977 年版，第 62 页。

所要求的特定血统，个体则“自然”成为该氏族的成员，享受该氏族成员所享受之权利，并承担相应的义务；反之，不具备者必将为该氏族法律（*jus gentilicium*）所排斥，没有资格成为氏族法律的受体，用现代的语言来讲，就是不符合法律上人格的要求，不能成为法律上的主体。事实上，这种以血缘作为基础的身份界定方式，乃是人类最初的社会秩序的组织手段——其根源于人类最原始的本能，甚至与动物世界有相似之处。从法的角度观察，这种“血缘身份”不是其他，其不过是法律上人格在血缘社会组织关系中的表现而已：唯有符合法律上人格要求者才可能具备某社会组织的身份；相应地，具备某种社会组织身份的人，必定符合该社会组织关于法律上人格的基本要求。

在氏族社会末期，由于人口流动、迁徙的日趋频繁，在氏族、部落的领地，混居着的外来者、未能进入当地部落联盟的衰败氏族的成员以及被释放的战俘等人员的数量，越来越多。古罗马氏族社会末期，“国人”（*populus*，氏族成员）与“平民”（*plebeians*，无族籍人）的分立，正是这种混居现象的反映。[②] 然而，在以氏族血缘为基础而构建的政治体系下，这些无族籍人却不能被纳入政治生活中，其人身与财产得不到保护，因而始终游离于当时社会的边缘。在这种背景下，当时罗马一度出现了“靠客”现象，即无族籍人认氏族成员为“靠主”，并通过靠主所属的氏族，寻求政治权利与人身财产上的保护。[③] 在几乎同期的希腊，也面临着类似的无族籍人的政治身份问题。[④] 显而易见，这个问题的根源，在于作为当时社会组织基础的氏族血缘，在新兴的社会现实面前所表现出来的狭隘与无力。冲破氏族血缘关系的纽带，而代之以一种更为包容、有力的社会组织形式，成为时代的必然要求。

最初的奴隶制国家为了适应社会发展的要求，其用以挣脱氏族血缘的束缚并重新组织社会的工具，正如摩尔根所总结的：一是地域，二是财产——“一切政治形态都可归纳为两种基本方式……先出现的方式以人身、以纯人身关系为基础，我们可以名之为社会……第二种方式以地域和财产为基础，我们可以名

② 参见［意］朱塞佩·格罗索：《罗马法史》，黄风译，中国政法大学出版社1994年版，第65页。
③ 参见［美］路易斯·亨利·摩尔根：《古代社会》，杨东莼等译，商务印书馆1977年版，第324页。
④ 同上书，第265页。

之为国家”。[⑤] 考察古希腊、古罗马的政治国家的建立过程,可以看出,奴隶制国家为了打破氏族血缘的纽带,乃将地域作为确定社会(国家)成员资格的条件;与此同时,在国家成员的内部,则根据公民的财产状况,将其划分为不同的阶级,而不同的阶级,则享有、承担着不同的权利与义务。例如,在古希腊,克莱斯瑟尼斯将原部落联盟的领地划分为一百个乡区,每一个乡区都以界碑划定范围,实行乡区自治。人们在他所在的乡区注册其财产情况,该项注册的内容,就成为其隶属于哪一个阶级,享有怎样的权利与义务的根据。[⑥] 又如,在古罗马,塞尔维乌将人划为五个阶级,进而又将每个阶级分为若干“百人团”,并在元老院之下组成百人团大会。在大会上,每一个百人团拥有一票表决权,而拥有财产较多的阶级,则拥有较多的百人团。[⑦] 由此可以看出,最初的国家对于“人格”之有无的判断,系采取属地主义原则,而对于享有怎样的“人格”的问题,则是以人拥有财产的状况作为判断的标准的。换言之,在古罗马法上,“财产”与“地域”构成了人格的最初的基本要素——其后的“自由民”(*status libertatis*)、“市民”(*status civitatis*)身份,以及诸如家族血缘、性别、国籍以及是否为被解放的奴隶等其他人格要素,[⑧]均是以此为基础发展起来的。

罗马法以财产和地域为基础的身份人格,不仅意味着人的伦理价值系被排斥于人格的构成之外,而且还意味着罗马法上的“财产”之享有,乃是“人格”享有之标志。

首先,虽然在罗马法上,对于人的身体、名誉、贞操的保护规则——“对人私犯”(*injuria*)——已经存在,“……不仅在某人被用拳头、棍棒殴打……的情况下,不法侵害被实施了,而且在某人被谩骂……或如果某人为了毁坏他人名誉,写作、编辑、出版讽刺文章或诗歌……或被主张侵害他人贞操的情况下,不法侵害也被实施了……”[⑨]因上述不法行为而遭受损害的人,有权向致害人提起诉讼,而后者所应承担的责任形式,则在罗马法上历经了一个由身体刑到罚金的

⑤ [美]路易斯·亨利·摩尔根:《古代社会》,杨东莼等译,商务印书馆1977年版,第6页。

⑥ 同上书,第268~270页。

⑦ 同上书,第329~330页。

⑧ 参见[意]彼德罗·彭梵得:《罗马法教科书》,黄风译,中国政法大学出版社1992年版,第29页。

⑨ [古罗马]优士丁尼:《法学阶梯》,徐国栋译,中国政法大学出版社1999年版,第445页。

演变。[10] 从侵害行为人的责任形态上来看,在这里,“法律将人所遭受的损害,看成是施加给个人与社会的危险”,这一制度所产生的罚金责任,“也被当成是惩罚性与威慑性的,而不是补偿性的”。[11] 换言之,这些保护规则的制定,与“人格之保护”并无关联。因为在罗马法中,人格的基础乃是基于财产和地域所生的社会身份,而与人的伦理价值无关。

其次,古代自然法学说的影响,未能渗入罗马的人格制度内部,亦未能取代罗马人格中的身份基础。自公元前,斯多葛哲学作为希腊化的文明成果在罗马帝国开始得到广泛传播,并获得上层统治阶级的信仰和支持,其影响遍及整个罗马世界。斯多葛学派把“自然”的观念置于其哲学体系的核心,认为“人作为宇宙自然的一部分,本质上就是一种理性动物。在服从理性命令的过程中,人乃是根据符合其自身本性的法则安排其生活的”。[12] 罗马法学家继承发扬了斯多葛学派的自然法思想,并用来指导罗马法的改革。西塞罗(Marcus Tullius Cicero)提出:“法律面前人人平等的一系列原则,即只要在‘世界国家’的家庭中,共同服从‘自然法’的人,不论其原来的国籍、种族、社会地位如何不同,即使是奴隶,也都是‘与上帝共同享有理性’的公民。”[13]继西塞罗之后,自然法思想进入法学理论中。在法律实践中,罗马万民法发展的一个重要方向,就是摆脱了市民法上的不平等,逐步扩大公民权,实质上是罗马公民与异邦人法律地位的逐步平等;[14]在自然法思想的影响下,奴隶制虽然得以维持,但奴隶的法律地位却得到了改善,如禁止私自处死奴隶,禁止以残酷的方式对待奴隶等法令的颁布;在家庭关系中,妇女从夫权之下逐渐获得人身和财产上的独立,父母对于子女的处置权也受到了法律的限制,这成为罗马中后期个人主体观念从家族主体观念中脱颖而出的一个重要原因;另外,罗马共和中期形成的“己法自守”的

---

⑩ 参见周枏:《罗马法原论》,商务印书馆2001年版,第864页。

⑪ Eric. H. Reiter, “Personality and Patrimony: Comparative Perspectives on the Right to One's Image”, *Tulane Law Review*, 2002, p. 2.

⑫ [美]E. 博登海默:《法理学:法律哲学与法律方法》,邓正来译,中国政法大学出版社1999年版,第13页。

⑬ 何勤华:《西方法学史》,中国政法大学出版社1996年版,第37页。

⑭ 参见江平、米健:《罗马法基础》,中国政法大学出版社2004年版,第17页。

原则,以及诉讼程序中贯彻的"自由心证"和"回避"原则等,均体现了法律的公正性、当事人人格地位的平等性。但是,尽管罗马法在改革中不断得到改进和完善,然而自然法在当时的社会条件下其作用还是有限的,事实上并未能改变罗马法上以地域和财产为基础的身份人格制度。

最后,在古罗马人看来,今日我们所称之"权利",乃是一种"物"。根据盖尤斯"有体物"与"无体物"的划分,除等值于有体物的所有权外,其他的权利,如债权、役权等,均属于无体物。就"物"的概念而言,起初"人们所称的物,是指除自由人外而存在于自然界的一切东西,不管是对人有用的,无用的,甚至是有害的,均属于广义的物……后来,法律和法学思想不断发展,罗马法逐渐把物限定为一切人力可以支配、对人有用,并能够成人们财产组成部分的事物"。[15] 此即在罗马法观念上,"物"事实上是与"财产"概念等价的。以此为出发点,如果说所谓"人格"就是成为法律主体、进而享有权利的条件的话,那么"权利之享有",即"物"或者"财产"之享有,则无疑成为人格的标志——在罗马法上,可以拥有财产的"自权人"与不得拥有财产的"他权人"的划分,以及被债权人卖至境外的债务人的人格丧失(大变更)的规则,[16]均清晰地表明了这一点。

二、伦理人格:财产要素在人格基础上的摒除

17～18世纪,在法学领域中,古典自然法学说和理性主义思潮对西方两大法系共同的法律观念以及法律的基本原则和制度产生重大影响。近代自然法的启蒙思想家们相信有一种永恒的和普遍的自然法,相信它是至高无上的理性命令,是一切实在法的依据。古典自然法学派用理性启迪人类,清除无知、迷信和偏见,为资本主义的自由发展扫清观念和制度上的障碍,并以极大的热情去建立一个合乎"自然"和"理性"的新制度。所谓"理性",是指"人类一种自然的能力,是行为或信仰的正当理由,评判善恶是非的根本标准。把自然法视为理

⑮　周枏:《罗马法原论》,商务印书馆2001年版,第298页。

⑯　同上书,第119页、第123页。

性的建构,意味着自然法是绝对有效的、不证自明的、一贯的和必然的,即使上帝也不能改变”。[17] 在古典自然法学派看来,理性的崇尚必然会指向具体的人类理想、欲望和价值追求,人们在经受了数百年的封建专制统治之后,个性解放、人格独立、平等自由是他们最美好的理想和所希望获得的自然权利。

自然法学说为近代民法基本原则的确立奠定了思想根基。在《法国民法典》的制定过程中,立法者将自然法的思想直接视为法典的效力渊源。法典的起草者认为:“立法者的预见是有限的,自然法则是无限的,它可以适用于任何可能与人有关的事。”[18]在《法国民法典》最终草案的序编中明确规定:“存在着一种普遍的永恒的法,它是一切实在法的渊源:它不过是统治着全人类的自然理性。”[19]在自然法精神的引导下,《法国民法典》毅然否定了罗马法以来法律人格的身份属性,将人在法律上的主体地位,建立在自然法的理性和伦理基础之上。该法典第8条规定:“所有法国人都享有民事权利。”第488条规定:“满21岁为成年;到达此年龄后,除结婚章规定的例外之外,有能力为一切民事生活上的行为。”以此证明,《法国民法典》已经终结了欧洲中世纪以来人格不平等的历史,确认每一个成年人拥有自由的意志,能够自主实施行为来实现自己的民事权利。从此,“人之所以为人”,不再是因为“他”是“怎样的人”,而仅仅是因为“他”是“人”,具有“人的理性与价值”。《法国民法典》从根本上颠覆了罗马法人格的构成基础,这使该法典最终成为人类法制史上弘扬自然法理念的光辉典范。

《法国民法典》将人的理性与价值作为人格的基础的结果有二。其一,法典对于人的伦理价值的保护,便不再是基于把侵害行为看作对于社会和法律的挑衅——如同罗马法那样——而是直接基于保护受害人应有的人之价值,即立足于人之本体的保护。在该法典“侵权行为与准侵权行为”一章第1382条“任何行为致他人受到损害时,因其过错致行为发生之人,应对他人负赔偿之责任”[20]

---

[17] 张文显:《二十世纪西方法哲学思潮研究》,法律出版社1996年版,第44~45页。

[18] [法]波塔利斯:《法国民法典开篇:法典起草委员会在国会就民法典草案的演讲》,殷娥、袁菁译,载何勤华主编:《20世纪外国民商法的改革》,法律出版社2004年版,第9页、第42页。

[19] [法]阿·布瓦斯泰尔:《法国民法典与法哲学》,钟继军译,载徐国栋主编:《罗马法与现代民法》(第2卷),中国法制出版社2001年版,第290页。

[20] 《法国民法典》,罗结珍译,中国法制出版社1999年版。

的开放式规定,成为法律为财产权利、也为人的伦理价值提供法律救济的基本依据。这种由《法国民法典》创立的人的价值的本体保护模式,在其后的《瑞士民法典》中被直白地表述为“人格的保护”(总则“自然人”一章)——其核心条款是:“人格受到不法侵害时,为了寻求保护,可以向法官起诉任何加害人。”㉑其二,人的财产的享有状况,被视为身份的一种,从人格的构成要素当中被清除出去。这就意味着,“穷人”与“富人”在法律上具有平等的、无差别的人格。这种人格的平等性,是由人在伦理价值上的无差别的特性所决定了的。当这种个体间无差别的伦理价值成为法律人格的基础时,近代以来法律上“人人平等、生而自由”的基本价值观遂告确立。

三、“财产权利能力”:总体财产理论的辨析

法国传统的民法学说上的总体财产(patrimoine),㉒我国有学者也称为“广义财产”,㉓是法国一定历史条件下,对罗马法上财产概念的继受和变异。总体

㉑ 《瑞士民法典》,殷生根、王燕译,中国政法大学出版社1999年版。

㉒ [法]雅克·盖斯旦、吉勒·古博:《法国民法总论》,陈鹏等译,法律出版社2004年版,第150页。

㉓ 尹田:《无财产即无人格——法国民法上广义财产理论的现代启示》,载http://www.civillaw.com.cn/weizhang/default.asp?id=15812,最后访问日期:2005年9月13日。尹田教授在这篇论文中,归纳了广义财产理论所确定的四条基本原则。(1)唯有民事主体可以拥有广义财产,无人享有的广义财产是不可能存在的。(2)一切民事主体均有其广义财产。即使当事人一无所有,即使其债务超过财产甚至于只有债务,其亦拥有广义财产。例如,婴儿一旦出生,即已有广义财产(其享有要求其父母抚养的权利);无产者(le prolétaire)亦如此。由此缺乏劳动能力,其要求生活费的债权也可构成完全的无财产者(have-not)之不可减少的财产……归根结底,无产者的广义财产表现为一项对抗社会的债权。参见[法]波塔利斯:《法国民法典开篇:法典起草委员会在国会就民法典草案的演讲》,殷娥、袁菁译,载何勤华:《20世纪外国民商法的改革》,法律出版社2004年版。实质上,广义财产为一种可以完全被“空置”的“范围”,它可以表现为获得权利的资格即主体资格。正是基于这一点,广义财产表现了它与人格的紧密联系。(3)任何人均只有一项广义财产。如同人格之不可分割,广义财产也具有不可分割性:一个人可以将其某些财产用于某种目的(如商业经营),将另外的财产用于另外的目的(如个人消费),但其广义财产只有一项。其用于商业经营的全部财产(营业资产)并不构成一项独立的广义财产,而仅只为广义财产的组成部分。广义财产的这种不可分割性具体表现为以下两条基本规则:一是继承不得为部分继承。二是当事人的任何财产都应用来清偿其债务,即“全部财产抵偿全部债务”。广义财产的这些特征,构成了其概括性特点。(4)广义财产与主体的人格同生共灭。广义财产在生者之间不可让与,仅其包含的某些因素(特定的财产)可以成为有偿转让或无偿转让的标的。

财产是指现存和未来的权利和义务的总和,其中权利保证着义务。总体财产是一个"容器"[24],"尽管它的组成部分发生了变化,总体财产依然存在而且始终保有其个体性,就像一个钱包始终不变地存在,不管里面内容如何"。[25] 根据总体财产的理论,构成这种财产总和的各个因素的"同一性"的基础,正是权利和义务主体的同一性——现在和未来权利和义务的主体是同一个人,因此总体财产必然附着于同一个人。进而可以看出,总体财产是人格的流露,是人格在经济层面上的表现,它使人格与外部事物联系起来。因此,总体财产具有这样两个特征:一个是不可分性,因为总体财产与人是同一的,所以一个人只能有一个总体财产,而且总体财产也不能分割;二是不可移转性,因为总体财产包含着人格因素,权利主体资格是不能转让的,所以总体财产也不可以移转,但某项具体的财产是可以移转的。[26]

总体财产理论从整体的角度对人的财产状况进行了抽象和概括,把一个人所拥有的全部财产权利和义务总揽在一个概念下,从而将人格与其财产状况紧密联系在一起。这一理论强调了人格与财产(总体财产)之间的相互联系,即"广义财产为人格的表现,体现了人格与外部事物的联系"。[27] 在总体财产的理论者看来,正是将全部财产权利和全部财产义务,包括现在的和未来的财产权利和财产义务,统一在这个人的人格中,从而使其全部构成因素受制于该人的自由意志。显然,上述对总体财产理论的阐述和分析,对我们理解人格、人格权与财产、财产权的关系,以及民法的相关制度与人格之间的内在联系,特别对法国民法理论的历史研究上,具有一定的参考价值。

我国有学者认为,根据总体财产理论,"整体抽象意义上的财产本身即人格的构成要素,无财产即无人格。在此,人格没有被仅仅视为一种'法律主体资格',亦即没有被视为一种无任何实质内容的'空壳地位'。人格本身就是由而

---

[24] [法]雅克·盖斯旦、吉勒·古博:《法国民法总论》,陈鹏等译,法律出版社2004年版,第151页。

[25] 同上。

[26] 同上书,第152~154页。

[27] 尹田:《无财产即无人格——法国民法上广义财产理论的现代启示》,载http://www.civillaw.com.cn/weizhang/default.asp?id=15812,最后访问日期:2005年9月13日。

且必须是由一系列实实在在的权利(自然法意义上的权利和实证法意义上的权利)所构成”。[28] 事实上,将财产之享有状况作为人格的要素,即享有人格条件的观念,这恰恰是以罗马法为代表的“前近代”人格立法所遵循的原则。如前文所述,罗马法上身份人格的最初形成,其基础便是一定地域之内的人的财产状况——财产的享有决定了人不同的人格状态,人格的不平等在法律技术上的根源也是来自于此。换言之,由于人对于财产的享有状况是千差万别的,所以当财产成为人格的要素时,就将注定人格之间的不平等性。由此可见,将人的财产状况作为人格之享有的前提的观点,最大的问题是将人格与财产完全融合为一,这与人和人之外的事物不可能完全聚合的哲学原理相违背。近代以来,人格与人在法律形式上取得一致,但人格仍有自己的含义,它是以人的伦理价值为实质基础的,而人的伦理价值只能表现为生命、身份、自由、尊严、名誉等,它不可能直接涵盖财产,这种人格因素不可能与财产因素完全融合。正因如此,人的伦理价值使其成为取得主体资格的基础,进而成为取得财产的前提。有了人格不等于就拥有财产,但没有人格是无法拥有财产的;某人是否拥有财产和拥有多少财产,并不能影响和损害该人人格的平等地位,人们正是有了这种平等地位,才会在经济上具有平等的竞争资格,他们才可能“从无到有”“有少到多”的拥有财产,否则“穷人”将永远是“穷人”。如果认为无财产即无人格,那么一个无财产的人,何时才能有人格,更何时才能有财产?拥有财产和财产的丰厚并不能判断一个人是否有人格或有怎样的人格,“穷人”与“富人”、“有产者”与“无产者”都应具有平等的人格。我们承认,拥有财产才会提升人格的品位,但人格品位只是人格的表象,并不是人格的实质内容。如果我们把财产的拥有作为取得人格的前提,那么结果就会加剧社会的不公和法治的退化,而这也是不言而喻的道理。

事实上,财产与人格是有明显区别的。财产具有经济价值并可与主体分离。人格在近代以来则体现的是人的伦理价值,通常无法进行商业化运作并与主体不可分离。诚然,财产与人格的界线并不是绝对清晰的:某些财产权利具

---

[28] 尹田:《无财产即无人格——法国民法上广义财产理论的现代启示》,载 http://www.civillaw.com.cn/weizhang/default.asp? id=15812,最后访问日期:2005年9月13日。

有与主体不可分离的人身性,如赡养、抚养请求权;某些人格要素在一定条件下能与主体脱离而具有财产性,如姓名、肖像、隐私;在构成侵权责任的情形下,无论侵害的是财产还是人格,最终都可能以损害赔偿的形式加以救济。因此,在财产与人格之间似乎形成了一个相互融合的连结点。但是,人格与财产之间存在的本质差异依然是不能否定的。在近代以来的民法人格技术上,人格是财产的"容器"——这个容器是以人的伦理价值(而不是财产)为质地的,而财产则是人格"容器"当中的"溶液",其之享有依赖于人格的存在,但是决不可能构成人格"容器"的组成部分——将财产的享有状况从人格构成当中摒除出去,乃是近代法律"生而自由、人人平等"的根本价值的基础。因此,我们应该承认人格与财产是有联系的,而且是内在的联系,但它们不是一个东西,不是相互融合的事物。

由此,一个饶有趣味的问题便产生了:既然《法国民法典》作为世所公认的近代自然法理性精神的代表,其摒除了人格要素中的身份部分,终结了以前法律人格不平等的历史,使"人之所以为人"建立在人的理性和伦理基础之上,即创建了伦理人格技术。那么,在为这部法典提供支撑的理论学说上,何以产生这种复将"人格"与"财产"联系起来的"总体财产"学说呢?依笔者所见,这个总体财产学说事实上与法国民法所张扬的理性精神并不冲突,其也并非罗马法身份人格的复辟,总体财产理论所蕴含的人格理念与罗马法上以财产为基础的人格构成之间具有本质区别。

详言之,尽管《法国民法典》在人格构成要素上,摒弃了罗马法以来的身份基础和财产基础,但是其人格作为"享有权利的前提条件"的定义,却不会也不可能发生改变。尽管自近代以来,"生物人"与"法律人"(人格人)的外延业已发生了重合,但是只要"法律生活"的范围还没有覆盖"生活"概念外延的全部,那么"人格"作为特定的法律社会参与者的内涵就不可能改变,人格所蕴含的"生物人"与"法律人"(人格人)内涵上的相异性,也就会始终持续下去。从前述《法国民法典》第8条的规定来看,法国民法当中的人格,仍然是"享有权利"的资格或者条件,即权利的载体或者"容器"。这个"容器"以人格的具备为存在的前提,是人从"外部世界"所获得的法律资源(权利)的聚集地。再从《法国民法典》“人——财产——财产的取得”的三分式结构的逻辑以观,“人”为人格的基地,“财产”则为人格在外部世界的自由的空间,而“财产的取得”就是连接人格与外部世界的桥梁或者纽带。由此可知,法国民法在权利的观念上继受了罗马法,将人在“外部世界”可获得的资源锁定在具有金钱价值的“财产”的领域。因而在总体上将人与财产在法律上的连接,视为“权利”。换言之,在法国民法上,“权利的享有”与“财产的享有”在总体上仍然是等价的。于是,“人格是拥有权利的资格”这一判断,在法国民法的权利观念下,就可以毫不费力地被解读为“人格是拥有财产的资格”了,就此就不难理解“总体财产”这一概念的由来了。

由此可以看出,“总体财产”所蕴含的人格意义,就在于“人格的具备”之于“财产的享有”的前提意义——“人格”是“财产”的“容器”,而不是“财产”本身。正因如此,可得放入人格之容器的财产,才必然既包括既得的财产,也包括未来的财产,即抽象的“总体财产”。进而,总体财产理论的逻辑,便必然是“人格是取得财产的前提”,而不可能相反。根据总体财产理论,未成年人之所以享有要求扶养的权利(财产),无收入者之所以享有要求社会救济的权利(财产),恰恰是由于其是一个“人”,应当被按照对待“人”的方式来对待。而其之所以应当得到“人”的对待,则根源于人的无差别伦理价值、根源于由此所生的平等的人格。从总体财产理论总结出“无财产即无人格”的认识,恰恰忽略了“总体财产”的含意并不是实实在在的权利,也不是实实在在的财产,而是现实既得的财产权利与尚未取得的财产权利的抽象总和。

这种将人格与财产、具体财产与抽象财产完全混同一起的理解,无法解释民法的现实问题。从“无财产则无人格”的角度出发,我们能否这样理解:一个人只要拥有人格,并成为民事主体,就必然直接拥有财产,即使是一个一无所有的人,甚至是一个负债累累的人,也包括那些刚出生的婴儿、失去任何思维能力的植物人,都拥有总体财产,在这种意义上,世上没有无产者。那些原有意义的“无产者”,也可以债权人的身份向社会请求救济,此时,总体财产即表现为一项对抗社会的债权。总体财产对个人来说,可以用他的全部财物,包括现在的还有将来的,来担保其债务的履行,甚至还会允许一个一无所有的人基于其潜在的经济能力，形成一种道德上的信用，而获得现实的财物和权利。所以，如果总体财产理论若有这样的功能，使人们都成为拥有实实在在财产、权利的“有产者”，人类社会也许确实能够平等许多。然而，这是不可能的。

总体财产理论事实上改变不了法国民法上人格在财产意义上的“空壳化”“钱包化”的特性。从《法国民法典》的人格技术来看，从伦理领域上看，人格并不是一个“空壳”。建立在伦理基础之上的人格技术，决定了人格之享有，必然意味着人的伦理价值——诸如生命、健康、自由、尊严等——业已得到法律的肯认，即已经为人所“享有”。这正是近代自然法思想上的“天赋人权”理论在民法典中的体现。然而，在财产领域，由于财产的享有状况作为身份的重要表征，其不可能作为人格的条件而存在，而只能作为人格的结果，即人格“容器”的填充物。因此，就财产而言，人格仅是一个“钱包”，而不可能是钱包里面的内容。这种财产意义上的人格“空壳化”，正是总体财产概念中财产“总体性”或“抽象性”的要义所在。基于此，法国民法理论中的总体财产，本质上不过是人基于人格之享有，而可取得财产的可能性。因而，总体财产的本质并不是“财产”，而是“财产能力”或者“财产权利能力”。

四、作为权利载体的人格——总体财产与权利能力的比较

当我们将法国民法理论上的总体财产的概念，定位为“财产能力”或者“财产权利能力”时，就必须面对这样的问题：总体财产与德国民法的“权利能力”概念之间的关系如何？从法律思想与法律技术上对其两者进行比较，对于准确把握总体财产与权利能力的概念，厘清民法中人格、财产以及人格权等重要范畴之间的关系，是大有裨益的。

第一，总体财产与权利能力概念的创建者，均意识到人格与权利之间的“容器”与“溶液”的关系，这是总体财产与权利能力的相同之处。这个相同之处，可以从民法理论对于这两个概念几乎完全相同的表述上得到证明：如前文所述，总体财产的概念，被法国民法学者比喻为权利的“容器”“钱包”；而在德国民法

学者那里,权利能力则被称为“成为权利和义务载体的能力”。[29] 这个“成为载体的能力”,还被我国民法学者进一步表述为“权利义务驻足集散之资格”。[30]“在细分化的社会里,众多的角色累加在一起,并且使其承担者在许多关系中是人格体。”[31]就此以观,无论是法国民法,还是德国民法,均将人格之享有,视为权利取得的前提条件。换言之,在近代民法上,相对权利而言,“空壳化”的人格(抽象人格)决定于人格基础的伦理性,乃是近代以来人格立法的定式。在这一点上,法国民法与德国民法并无差别。

第二,如前文所述,《法国民法典》在近代自然法思想的引导下,将自然法所确立的人的理性属性,直接作为人格的条件,从而使法律人格直接建立在人的伦理价值的基础之上,确立了伦理人格的立法模式。在这个模式下,人格的意义在于对人的“天赋”的自然理性和理论价值的认可,而总体财产理论所强调的“财产载体”的人格意义,却在这个伦理的光环下被掩盖了。与体现着18世纪理性主义思潮的《法国民法典》不同,《德国民法典》是19世纪德国学说汇纂学派(Pandectist)的产物。德国的学说汇纂学派是由历史法学派中的罗马法学派的专家组成。萨维尼和他的追随者,从普赫塔(Puchta)到温德海得(Windscheid)都偏爱罗马法《学说汇纂》体系的研究,重视史料的整理、系统化和概念化等方面的努力,于是由历史法学派又逐渐产生了学说汇纂学派。他们强调法律的系统化、抽象化和逻辑性,刻苦钻研法律概念和进行逻辑推论,从中演绎出普遍适用于市民生活的概念、法理和原则。这种由法学专家铸造的法律,呈现一个“概念的金字塔”。在这种情况下,法律的适用就将成为一种纯“技术”的过程,遇到某种社会疑难或案情,只要按下适当概念的“键钮”,就能找到相应的法律规则或判决,形成了一种“逻辑必然性”的计算机制。但由此产生的结果是,自然法对法律的形式上的直接决定作用开始隐退,实在法本身的逻辑自足性则受到重视。这一法律思想的变化在民事主体的制度安排上,就表现为

---

[29] [德]迪特尔·梅迪库斯:《德国民法总论》,邵建东译,法律出版社2000年版,第781页。

[30] [法]雅克·盖斯旦、吉勒·古博:《法国民法总论》,陈鹏等译,法律出版社2004年版,第80页。

[31] [德]京特·雅科布斯:《规范·人格体·社会——法哲学前思》,冯军译,法律出版社2001年版,第51页。

人之所以为人的那个人格原因，不应该仅停留在伦理哲学的观念当中，而必须在实在法上得到直接的体现，并成为适用的具体依据——“在关于人类本质的现代哲学沉思中，为了废除旧的等级体系的法律和论证所有人具有平等的权利能力，一个法律命令是必要的”。[32] 作为实在法上的概念，“权利能力”在《德国民法典》第1条得到确认——同时得到确认的，就是“权利能力”这一概念所表彰的德国民法的“实在法人格”技术。从此，法律人格的依据从法国民法上“人的理性”，演变为德国民法中的“权利能力”，从而完成了民事主体的实质基础从自然法向实在法的转化。从此，人的伦理属性，至少在法律技术的层面，被这个实在法的概念所掩盖了。“《德国民法典》中使用的‘人’，是一个形式上的概念。构成这一概念的必要条件只有权利能力，而不包括行为能力和过错能力。因此，这个形式上的‘人’的内涵，没有它的基础——伦理学上的‘人’那样丰富。在伦理学上的‘人’所具有的所有特性中，它只具有唯一的一个：权利能力。”[33]与总体财产理论在《法国民法典》上被冷落的命运形成鲜明对照，随着人格的伦理性色彩在《德国民法典》上的隐退，权利能力所直接蕴含的“权利载体”的意义，得以彰显。在实在法人格的确立过程中，为了给人的属性寻找到实在法上的依据，在法律领域中的人的目的就理所当然地成为制定法律时的考察对象。从这一角度来看，“人类生活于群体社会中，需要生活资源维生。民法将生活资源纳入规范，使之以权利、利益、自由资源或义务之姿态出现，简言之，以权利或义务之姿态出现”。[34] 由于人在法律上的目的，在于上述生活资源的取得，而此一目的在实在法上又表现为权利的享有与义务的承担，因而实在法上的人的属性，就被水到渠成地认作“对于权利以及义务的承载能力”。

第三，《法国民法典》强烈的人格的伦理性，除抑止了总体财产理论所蕴含的人格的“财产载体”意义外，还导致了这个理论适用范围上的局限。根据总体

---

[32] ［德］罗尔夫·克尼佩尔：《法律与历史——论〈德国民法典〉的形成与变迁》，朱岩译，法律出版社2003年版，第60页。

[33] ［德］卡尔·拉伦茨：《德国民法通论》（上册），王晓晔等译，法律出版社2003年版，第57页。

[34] 曾世雄：《民法总则之现在与未来》，中国政法大学出版社2001年版，第79～80页。

财产理论,抽象的总体财产的享有,需以人格之存在为前提,而按照法国民法的人格构造,人格之享有又依赖于人格者理性属性的具备,因而在实践效果上,总体财产理论不承认没有主体的总体财产,所以阻碍了那些随着社会发展而不断涌现的组织体,如基金会、慈善、文化和科学机构等对某些财物的使用。因为一时没有主体承接,也给某些因遗嘱继承和赠与而设立财团性机构带来障碍。公司制度的发展特别是一人公司在各国的出现,对总体财产理论也是一次很大的冲击,所以立法和司法必须对此作出灵活性、模糊性或例外的解释。总体财产的另一个特性:由单一人格性而产生的不可分性,更是对商业活动带来许多羁绊和不便,它限制了商人对其财产的分隔使用,影响了运用了财产的效率发挥。由此证明,总体财产理论的优点和弊端,均来自总体财产必然附着于主体人格这一绝对性的结论。比较而言,以权利能力为核心的德国民法的实在法人格技术,虽然在法律思想上,仍然遵循着康德哲学所倡导的人的理性属性,正如《德国民法典》第一草案说明书所诠释的,"不论现实中的人的个体性和其意志,承认其权利能力是理性和伦理的一个戒律"。[35] 但是,理性思想关于人的价值的判断,在《德国民法典》中,已经丧失了其对于《法国民法典》的直接渊源的地位。换言之,至少在法律技术逻辑的层面,德国民法上人格的基础,系直接决定于实在法的"规定",即作为实在法概念的"权利能力"。理性哲学的直接作用的消退以及人格享有的判断对于实在法依据的重视,赋予了立法者在人格塑造上以更大的主观能动性,从而为人格的范围扩展到社团和财团,创造了法律技术逻辑上的条件。尽管在德国民法上,以法人拟制说与法人实在说之争为代表的法人人格究属功利意义上的人格,还是伦理意义上的人格的探讨已历经百年,但是理论上的争鸣并不会影响立法对于法人人格的承认——"权利能力"的概念至少在形式逻辑上,为自然人人格与法人人格,提供了同一性的基础,从而使其两者在同一逻辑基础上得以并列。

第四,在上述论证的基础上,我们再来考察总体财产与权利能力所共同蕴含的人格的"权利载体(容器)"的本意。在总体财产理论上,决定于法国民法

---

[35] [法]雅克·盖斯旦、吉勒·古博:《法国民法总论》,陈鹏等译,法律出版社2004年版,第58页。

人格的伦理性,人的伦理价值之享有乃是人格之具备的应有之义,故而作为载体的人格,其所承载的事物就只有被屏蔽于人格要素之外的“财产”。人格承载物的局限性,虽然不会影响人的伦理价值通过民法的人格之保护来完成,但是却为人的伦理价值的“权利化塑造”,即“人格权”概念的产生,造成了不可逾越的障碍。面对现代社会人权运动所带来的人的价值范围的急剧扩展,以及人对于自身伦理价值中财产属性的支配之需要,总体财产理论面对社会需要的捉襟见肘之处,是显而易见的。比较而言,权利能力概念在取代了人格的伦理性而成为人格在实在法上的直接依据后,便在法律技术逻辑的层面,彻底地实现了人格的“空壳化”,因而在逻辑上其人格可得承载的范围是没有限制的,这在为人格类型的多元化提供了可能的同时,还进一步赋予了立法、司法者根据社会需要,创设新型权利的自由空间。基于此,人的伦理价值乃可成为“权利能力”基地的承载物——德国联邦法院对于“一般人格权”概念的创设,以及在此概念下对于肖像、隐私权利的确认,除以《基本法》上“人的尊严和自由发展其人格”的规定作为法律渊源上的依据外,民法典上的“权利能力”无疑为其提供了法律技术逻辑上的支撑。“人格权”的概念由此横空出世。

五、结语:人格与财产之间的因果关系

我国法学界在讨论人格、人格权与财产、财产权的关系时,经常引用黑格尔一句名言:“唯有人格才能给予对物的权利,所以人格权本质上就是物权。”[36]如何理解上述论断?黑格尔是如何将人格与财产联系在一起的?首先,黑格尔认为人格是伦理实体和法权制度的产物,并强调人格的个体性,在法律规定的自由领域,人格是享有权利和承担义务的能力,即权利能力。通过人的自由意志,使人格因权利能力的抽象内涵推进到具体的各项权利制度之中,将人格和权利联系了起来。其次,黑格尔认为只有人(因其人格的品性或能力)才具有将一切

---

[36] [法]雅克·盖斯旦、吉勒·古博:《法国民法总论》,陈鹏等译,法律出版社2004年版,第240页。

外在之物据为己有的权利,这表现为,他有权把自己的意志体现在任何物中,使该物成为“我的东西”。在人与物的关系中,自由意志的人对物具有从表面现象到深刻本质的认识能力,而物本身是被动的,人能够把他的意志通过对物的支配,而使物具有人的目的性。通过“人格”将人与生俱来的自然权利建构在自由意志实体的基础之上,进而形成实在法上的物权(财产)制度。在这种意义上,“人格”才能给予人对物的权利,这种给予人对物的权利既为人格权,也是人因此而享有的物权,所以黑格尔才会得出这样的结论:“人格权本质上就是物权”。

在这里,如何认识人格与财产二者的区别和统一?以笔者对黑格尔上述学说的理解,人因其人格而享有权利能力,能够在实在法规定的范围内,具有占有财产的能力。这一权利首先表现为创设或取得权利的能力;其后被创设或经取得的权利,即为占有财产的权利——财产权。这就是人格权与物权的连接点。但是,这两种权利——创设权利的能力与被创设的权利,显然不是同一层次上的权利,人格是创设或取得财产的前提,财产是人格创设或行使的结果。正是从这个意义上讲,人格与财产之间具有因果上的联系。但是,人格和财产毕竟不是平等的、性质相同的范畴,我们无法得出因有物才有人格、因有物权才有人格权的结论。在黑格尔所处的年代,他还不可能对“人格权”有确切的概念。所以,黑格尔所称的“人格权”,并非现代民法含义上的“人格权”,前者实际上是将人格与人格权作为一个统一的、通用的概念加以使用的,并赋予其权利能力的意义,它还不是一项现存的实际权利,后者则是民法权利体系中的重要组成部分,是一项具体的民事权利。

从法哲学的角度看,财产已经不是完全自然的、无意识的东西,它实际已与主体的自我意识相联系。在黑格尔看来,一项财产之所以是我的,说明我的意志已经体现于其中,作为单元意志的人格因素和“我的东西”在法律上达到了统一,或者说,我的人格和财产权利都得到了法律上的一致承认,进而使我能够自由的支配和转让这项外在于人的财产。因此,一个人有了自由的人格,才可能拥有自由的财产,即享有某项具体的财产权。不容否认,享有财产是一个人具有人格地位的具体表现,它使其人格的“空壳”有了实际内容,并变得越加丰润和充实，而这正是现代推崇和爱重“人格”的原因之所在。但是，人格与财产之间的法律层次上的区别以及因果上的联系，还是必须得到肯定的。须知，将财产作为人格要素的认识，乃是以否定人格平等的近代法律的基本价值作为代价的。

对财产上法益间接损害的民法救济：保护与限制[*]

财产上法益①的间接损害，是指行为人的行为造成了受害人财产上法益的损害，这种行为与损害之间只具有间接的因果关系。它是法益损害的一种类型，应受国家法律保护。民法对私人领域的人身、财产关系概括地加以保护。它以权利保护为其主要任务，但也并不对法律没有明文规定的法益另眼看待、拒绝给予救济。正是在司法机关具体运用民事普通法保护法益的过程中，那些在社会生活中日益被人们瞩目的法益逐步为判例、法解释所确认，最终在立法中体现为权利。因此，对财产上法益间接损害问题之研究，不仅可以廓清损害赔偿中的一些“灰色地带”，对于探索民事权利体系的发展规律也有所裨益，因而具有重要意义。

一、财产上法益间接损害的分类及特征

造成财产上法益间接损害的情况，可以根据加害人与受害人之间是否有合同关系分为两大类。在第一种情况下，法益损害赔偿的当事人之间不具有合同

---

* 原载《法学评论》2001 年第 2 期。

① “法益者，法律上主体得享有经法律消极承认之特定生活资源。”参见曾世雄：《民法总则之现在与未来》，台北，三民书局 1993 年版，第 69 页。也就是说，法益，是指应受法律保护，但尚未由法律明文规定的利益。它对民事主体具有较显著的益处，可分为财产上的法益与人身上的法益。

关系。例如,建筑公司在进行挖掘作业时,挖断了电力部门的电缆,造成这一区域内停电事故,致使该区域内的饭店、工厂、商店等营业部门无法营业而造成的损失。(以下简称"电缆案")在第二种情况下法益损害赔偿的当事人之间具有合同关系。例如,种鸡的出售者出售带传染病的种鸡,猪牛的饲养者出售染有口蹄疫的牲畜,造成购买人原有的禽畜染病,给购买人造成的损失。(以下简称"病鸡案")再如,雇主违反雇佣合同的约定,不给雇员办理保险,不向保险公司缴纳保险费,致使雇员发生保险事故时,因雇主的违约而丧失取得保险金补偿的可能,给雇员造成的经济损失。(以下简称"雇员未获保险金案")

这些损害发生的具体情况虽然千差万别,但它们都具有如下共同的特征。

(一)均为法益损害而非权利损害

在现代社会中,法益与权利均为民法保护的对象,但权利都由法律明文规定,其内涵比较确定,而每一种法益的内涵、外延则比较模糊,保护起来具有一定的困难。因此,20 世纪以来,各国民法都运用判例或法解释的方法竭力在民法权利保护制度的框架内加强对法益的调整,以保护权利之"名",达到保护法益之"实"。比较普遍的一个方法就是扩大解释"权利"的概念和侵害权利"行为"之内涵,并运用判例将某些法益"包装"成新的权利。在这些国家中德国最为典型。例如,德国联邦法院在 1976 年 11 月作出的一项判决认为,由生产商供货的产品因瑕疵部件导致无法使用时,该生产商侵害了买受人对本产品的所有权。② 又如,对于什么行为是侵害所有权的行为,德国法院在司法实践中也常作出扩大解释:对第三人过失造成河道阻塞,导致船舶无法正常航行的行为,也认为是第三人对船主之船舶所有权的侵害。③ 再如,1904 年德国帝国法院在一

---

② 这种由于物之部分瑕疵而导致该物其他部分的扩大损害,德国判例学说上称为"Weiterfresserschaden"。参见王泽鉴:《侵权行为法》,台北,三民书局 1998 年版,第 180 页。

③ BGHZ55,153,"水道阻塞船舶受困案",在该案中,被告因过失导致河堤崩溃,使水道受阻,一年不能通航。原告的船困于水道中,无法履行与磨面厂缔结的运送合同,原告因此而请求被告赔偿因船舶不能通行而造成的损失。

则判决中将“企业之营业不受他人以非法手段妨碍的利益”概括为“营业权”。④ 德国法院的以上做法都达到了将法益损害纳入权利保护制度的目的,但却未必能为学术界所认可。对于“部件瑕疵导致产品无法使用”的案件,我国台湾地区学者就认为,“鉴于难以区别物的瑕疵与所有权损害,并涉及契约责任与侵权责任的规范功能,仍应维持传统见解,认为出卖之物自始存有瑕疵,于交付后因此瑕疵导致该物毁损灭失时,尚不构成对买受人所有权的侵害”。⑤ 而对于“水道阻塞船舶受困案”中,将船舶受困看作对船主所有权的损害,也与我国法学界的一般观念不符。我国学者认为,对所有权的侵害,是指无权占有他人之物,损毁他人之物,以无权处分等方式侵害所有人的法律地位的行为。表现在行为的形态上就是非法侵入、妨害、侵占、毁损所有物。⑥ 依此推论,就不能认为阻塞水道使船舶受阻是对船舶所有权的侵害。对于营业权,即使在德国其适用也是受到限制的。⑦ 我国的有关企业法规中也有关于保护企业合法权益等规定,却并没有因此形成类似于德国的营业权,对于这种妨碍营业而导致的财产上法益的间接损害,当然不能以营业权受侵害为由提出赔偿请求。

总之,各国的经济文化发展和民族传统并不相同,对于生活中各种权益孰轻孰重的看法也不尽一致。在哪些法益应固化为权利,哪些法益只应作为利益保护的问题上大可不必人云亦云、削足适履。那种以保护权利之名,行保护法益之实的做法,并不完全符合我国社会发展的需要,也并不能为理论界与法官所完全接受。因此,对于受间接损害的财产上的法益,尚不能主要依靠判例或法解释的方法,将其当作权利去保护,我们仍然应将它看作一种法益损害,从民法保护法益的制度中寻找解决问题的方法。

(二)均为财产上的损害而非人身上的损害

民法是调整平等主体之间的财产关系与人身关系的法律规范。因而财产

---

④ RGZ54,24,在司法实践中,对营业权的侵害主要包括如下类型:以主张实际并不存在的专利或商标权的方式妨碍企业生产某产品;采取破坏手段和非法的罢工方法妨害企业生产经营等。

⑤ 参见王泽鉴:《侵权行为法》,台北,三民书局1998年版,第182页。

⑥ 参见张新宝:《中国侵权行为法》,中国社会科学出版社1998年版,第221~222页。

⑦ 参见王泽鉴:《民法学说与判例研究》(第7册),中国政法大学出版社1998年版,第85页。

上损害与人身上的损害均在民法的保护范围之内。但是,本文所讨论的仅为财产上的损害而非人身上的损害。这是因为,“一般人格权制度”可以将未固化为权利的人身权益涵盖在内,通过保护一般人格权,即可将人格利益保护殆尽。即使在前文所举案例中出现对法定人身权利之外的人身利益的损害,也不必按照民法保护法益的思路加以解决。

人身权益是以法定的无形利益为其客体的。主体享有这种人身权益的目的在于维护自身的人格与身份利益。身份利益在现代法中已逐渐式微,而人格利益则正方兴未艾。人格利益包括物质性人格利益与精神性人格利益,与之相应民法上规定了诸多具体的人格权,如生命权、健康权等。一般人格权是以民事主体全部人格利益为标的的综括性权利。⑧ 它具有概括性的特点,涵盖了各种具体的人格权从而体现为一种集合性权利。有学者认为,我国目前已经确立了由《宪法》的原则性规定、《民法通则》的原则性规定、单行法的具体规定相结合,共同构成的一般人格权制度。⑨ 也有学者认为,我国法律中并无“一般人格权”的规定,但对于侵害一般人格权的行为,在司法实践中是采取类推的方式对受害者进行保护的。⑩ 总之,运用一般人格权制度,民事主体的人身权益总能以权利的面目得到保护,人身上法益的保护问题也能在民法权利保护机制中得以解决,本文对此无须讨论。

(三)均为间接损害而非直接损害

间接损害,是指侵害人的行为与受害人的损害结果之间是间接的因果关系。在财产上的法益受到间接损害的情况下,受损法益与损害行为中还掺杂有外界的因素,行为人的行为并非直接指向受害人或受害客体,但其对他人或其他客体的损害引发或扩大了受害人财产上法益的损害。

王泽鉴先生认为,因果关系应该区分责任成立的因果关系与责任范围的因果关系,分别把握。其中,责任成立的因果关系,是指可归责的行为与权益受损

---

⑧ 参见王利明、杨立新、姚辉:《人格权法》,法律出版社1997年版,第26页。
⑨ 参见杨立新:《人身权法论》,中国检察出版社1996年版,第692页。
⑩ 参见王利明、杨立新、姚辉:《人格权法》,法律出版社1997年版,第42页。

之间的因果关系;而责任范围的因果关系,是指权益受损与发生损害之间的因果关系。[11] 行为人是否需要承担责任要看责任成立的因果关系是否存在,而行为人需承担多大责任则要视责任范围的因果关系之情况而定。判断有无责任成立因果关系时,需分两步,首先判断是否有"条件关系",其次判断是否有"相当性",前者以"若不,则无"(but for)为标准,后者以相当性为依据。因此,在判断条件关系时,如能证明"无此行为存在,就并非必然发生这些损害",行为与受损权利、法益间就具有条件关系。而在判断相当性时,则要证明"有此行为,通常会发生此种损害",才说明因果关系具有相当性。[12] 在判断什么情况是"通常"时,应以"一般适当条件说"即"就行为时客观的存在之条件中,以负有注意之人可得而知之者为基础,其条件一般的有发生同种之结果之可能时,其条件与结果之间为有相当因果关系"。[13] 在财产上法益间接损害问题上,行为与权益受损之间的条件关系毫无疑问是存在的,即如果没有行为存在,损害就不一定会发生。而对于行为与权益受损之间因果关系的相当性,则应具体分析。在"病鸡案"和"雇工未获保险金案"中,一方面,如果加害给付方交付的不是病鸡,或雇主为雇工办理了保险,则买受人与雇工一般都不会遭受到这种损失。另一方面,售鸡者和雇主如尽到谨慎义务便应知晓自己的行为将给对方造成的损害,因此行为与权益受损间具有相当因果关系。在"电缆案"之因果关系的相当性问题上,由于施工方即使尽到谨慎义务也只能推知自己的行为可能会给用电户带来不便,未必可推知会对营业者造成如此巨大的损害,因此,因果关系比较遥远。民法出于立法政策的考虑,限定了行为人出于主观故意这一主观要件,这就使这一因果关系具有了相当性,这一点在下文另有论述。

正是由于财产上法益的间接损害具有以上几个特征,民法对它的救济也必然是错综复杂的:在加害人与法益受损的受害人之间有合同关系时,受害人可以请求对方承担违约责任;在加害人与法益受损的受害人之间无合同关系时,

---

[11] 参见王泽鉴:《侵权行为法》,台北,三民书局1998年版,第215页。

[12] 以上判断因果关系的方法参见王泽鉴:《侵权行为法》,台北,三民书局1998年版,第231~232页。

[13] 史尚宽:《债法总论》,中国政法大学出版社2000年版,第168页。

受害人可以请求对方承担侵权责任。而在有些案件中,受害人既可追究对方侵权责任,也可追究对方违约责任。只有深入分析案件类型,根据不同情况运用不同方法,才能充分发挥民法规范的保护效能,最大限度地实现社会正义。

二、对无合同关系当事人财产上法益间接损害的保护

对于无合同关系的当事人财产上法益的间接损害之保护是通过间接受害人向加害人请求赔偿其财产损失实现的。这种赔偿应该以"故意以有悖于善良风俗的方法致人损害"为其请求权基础。

(一)保护的对象:间接受害人财产价值上的减损

在遭受财产上法益间接损害的受害人与加害人之间无合同关系的情况下,加害人的行为并未指向法益受损的受害人,而是直接指向第三方。加害人通过对该第三方人身权、财产权的侵害造成了受害人损失。因此,加害人的行为实际上同时造成了第三方的权利损害与受害人的法益损害,其中,第三方是直接受害人,法益受损的受害人是间接受害人。直接受害人的人身、财产权利受到加害人的侵害,他们也应依侵权法规则向加害人求偿。但由于他们受到的是权利损害,与财产上法益受到的间接损害并不相同,而且造成损害的直接原因也不一致,因此,不可能将二者作为同一侵权行为的共同受害人,对他们的损失应该在两个法律关系中分别求偿。求偿的范围是受害人的实际损失,对于间接受害人,即财产价值上的减损,也就是金钱的支付或可获得金钱的减少。

应该注意的是,这种财产价值上的损失并不是受害人金钱所有权的损失。这是因为所谓金钱在现代社会中就是指货币,它是一种表征人类社会财富数额的价值尺度。货币是种类物,当然可以成为所有权的客体,为所有权人占有、使用、收益、处分。但是,加害人的行为只是使受害人的金钱收入减少或金钱支出增加,这仅仅意味着受害人的财富总额遭受了减损,并不符合侵害所有权行为

的特征,不应认定为是对受害人之金钱所有权的侵犯。[14] 我国台湾地区就发生过一起银行工作人员为了贷款申请人的不法利益,对该贷款人的信用作出不实的评估,致使不符合银行放款条件的贷款人获得了银行的贷款,最终导致银行重大损失的案件。王泽鉴先生认为,银行受到的损害既非金钱所有权也非放款债权,而是"纯粹经济上的损害"。

总之,对无合同关系的当事人间发生财产上法益的间接损害的情况下,存在三方当事人和两种不同的损害,其中仅有间接受害人财产价值上的减损是财产上法益的间接损害,应该成为法益保护制度的保护对象。

(二)保护的途径:间接受害人向加害人求偿

在以"电缆案"为代表的财产上法益间接受侵害的案件中,直接受害人与间接受害人之间在很多情况下存在合同关系。由于加害人的加害导致直接受害人无法正常向间接受害人履行合同,从而造成间接受害人财产价值上的减损。也就是说,造成间接受害人损失的间接原因是加害人的行为,直接原因则是直接受害人的"违约"。在这种情况下,间接受害人能否请求直接受害人承担违约责任? 笔者认为,这种"违约"的发生,并非出自同债务人(直接受害人)自身的意志或原因,其主观上没有过错,并不具有可归责性,因此,债务人不应承担违约责任。

是否应坚持将过错作为违约责任的构成要件之一,在学术界尚存争论。这表现在对于中国合同法应实行过错责任还是严格责任的争议。[15] 事实上"由于交易关系的多样性,违约发生的原因及违约所导致后果的复杂性,如果采取单一的归责原则,使法官难以在归责过程中,根据具体需要而灵活地适用法律,从而不利于对合同当事人的利益实行平等的保护。因此,我国的违约责任的归责

---

⑭　对所有权的侵害即对所有物的侵害,表现为侵夺、盗窃、无权处分、毁损所有人所有的物。参见谢在全:《民法物权论》,中国政法大学出版社 1999 年版,第 129 ~ 138 页。导致他人收入减少或支出增加,并非对具体货币的侵夺与毁灭,因此,不是侵害货币所有权。

⑮　参见梁慧星:《从过错责任到严格责任》,载《民法学说判例与立法研究》(二),国家行政学院出版社 1999 年版,第 154 页;崔建远:《合同法》,法律出版社 1998 年版,第 197 ~ 198 页。

原则,宜采取过失责任原则和无过失原则相结合”。[16] 而其中的无过失原则仅适用于迟延履行、不可抗力责任中的个别情况。[17] 可见,我国合同法仍应将过错作为大部分违约责任的主观构成要件。在财产上法益间接受损的情况下,直接受害人的“违约行为”既无故意也无过失,并不具备违约责任的主观要件,无须承担违约责任。

(三)间接受害人的请求权基础

要实现对无合同关系当事人间财产上法益间接损害的保护,就必须明确间接受害人向加害人请求损害赔偿的请求权基础是什么。

按照王泽鉴先生的看法,民法的思维模式应该是“谁得向谁,依据何种法律规范,主张何种权利”。而解答民法问题主要“在于探寻得支持一方当事人向他方当事人有所主张的法律规范。此种可供支持一方当事人向他方当事人有所主张的法律规范,即为请求权之规范基础”。[18] 古罗马《十二铜表法》将侵权行为纳入了民法的视野,这是侵权法发展的起点。[19] 在此基础上,侵权法逐步成为民法主要的权益保护机制之一,成为受害人提出赔偿请求时主要的请求权基础。

不同国家的侵权立法,为受害人提供了不同的请求权规范基础。它们在充分保护当事人的权益方面作用也并不完全相同。在侵权法的立法规定上,大陆法系国家可以分为以下三类:一是列举式,即列举各种侵权行为的表现,如古罗马法。二是概括式,只作概括规定,而不列举各种表现。如《法国民法典》第1384条规定:“任何行为使他人受损害时,因自己的过失而致行为发生的人对该行为负赔偿责任。”三是折中式,即列举一些侵权行为,又对其他侵权行为作一概括规定。如《德国民法典》第823条规定:“因故意或过失不法侵害他人的生命、身体、健康、自由、所有权或其他权利者,负向他人赔偿因此所生损害的义

[16] 马俊驹、余延满:《民法原论》,法律出版社1998年版,第654页。

[17] 参见王利明:《违约责任论》,中国政法大学出版社1996年版,第84~87页。

[18] 王泽鉴:《法律思维与民法实例》,台北,三民书局1999年版,第60页。

[19] 参见张新宝:《中国侵权行为法》,中国社会科学出版社1998年版,第1页。[意]彼德罗·彭梵得:《罗马法教科书》,黄风译,中国政法大学出版社1992年版,第401页关于“私犯”部分。

务。”“违反以保护他人为目的的法律者,亦负同样的义务。”第 826 条规定:“以背于善良风俗的方法故意加损害于他人者,应向他人负损害赔偿的义务。”⑳《日本民法典》采取了“因故意或过失侵害他人之权利者,负因此所生损害之赔偿责任”的一般概括法,但在司法实践中也出现了“相关关联理论”,以扩大对“权利”的解释,满足扩大侵权行为法保护客体的需要,实现“由个人人本的思想进入损害公平妥当的负担分配,以实现侵权构成要件上,从权利侵害到违法性的转移”。㉑ 可见,各国民法都意识到了对法律明定的权利之外的法益进行保护的必要,从这个意义上讲,以德国为代表的折中式立法模式为保护财产上的法益提供了更确切的请求权基础,似乎更有利于实现侵权法弥补损失的功能,值得借鉴。

《民法通则》是我国目前的民事基本法,为民事领域的绝大多数诉讼提供了请求权的规范基础。但是在侵权法中,当事人可以引用以作为一般侵权行为的请求权基础的法律规范,只有第 106 条,即“公民、法人由于过错侵害国家的、集体的财产,侵害他人财产、人身的,应当承担民事责任”,将侵权行为侵害的客体限定于“财产”“人身”,并未指明是权利或利益,而我国目前尚无概括规定关于“法益”可以作为侵权客体的司法解释,这就容易给法律的适用增加困惑。因此,借鉴德国式的折中立法模式,将对法益的侵害确定为“主观故意”且行为“有背于善良风俗”,并以此作为受害人侵权赔偿请求权的规范基础,应该是一个明智选择。

三、对有合同关系当事人财产上法益间接损害的保护

当事人间有合同关系时,一方当事人违反合同义务的行为首先构成了违约,它会损害非违约方合同上的利益,导致其财产价值上的减损。对这种损失的救济,一般都可以用合同损害赔偿加以保护,但有时可由受害人选择违约责

⑳　以上 3 种分类,参见马俊驹、余延满:《民法原论》,法律出版社 1998 年版,第 998 页。

㉑　王泽鉴:《侵权行为法》,台北,三民书局 1998 年版,第 54 页。

任和侵权责任作为向加害人提出赔偿请求的基础。

(一)保护的方法:不完全给付的受害人请求违约人赔偿合同维持利益的损失

有合同关系的当事人间财产上法益受间接损害的案例中,合同债权人除因对方不良给付或违反附随义务而无法实现合同目的外,还会因为对方违约而导致其现有利益的减少。这种违约类型既非迟延履行合同,也非不履行合同,合同法称为不完全给付。一般认为,不完全给付的违约责任有如下构成要件:(1)须有给付。债务人为给付时须有向债权人为全部给付之意思。如果没有给付,则为给付不能或给付迟延,并不构成不完全给付。(2)须给付在质量上"不完全"或有瑕疵、有缺陷。(3)须有可归责于债务人之事由。(4)违约行为须违法,且不具备阻却违法的事由。㉒ 关于这种违约形态,我国立法上先后有如下规定,《经济合同法》第36条第2款第2项规定:"由于在普通货物中夹带、匿报危险货物,错报笨重货物重量等而招致吊具断裂、货物损毁、吊机倾翻、爆炸、腐蚀等事故,应承担赔偿责任。"该款第3项规定:"由于货物包装缺陷产生破损,致使其他货物或运输工具、机械设备被污染腐蚀、损坏,或造成人身伤亡的,承担赔偿责任。"我国《合同法》也在"违约责任"一章规定"不履行"与"不适当履行"合同的行为是违约行为,其中"不适当履行"在解释上被认为包括不完全给付这一类型。㉓

因不完全给付的违约行为导致的债权人的损害,分为如下两种:(1)给付本身具有瑕疵,因而减少或丧失该给付本身之价值或效用,侵害的是债权人对完全给付所具有之利益,破坏了债权人对实现合同主旨的期待。(2)不完全给付因具有瑕疵,而对债权人的人身或其他财产上的法益造成的损害。前者称为履行利益的损害,后者称为维持利益的损害。关于履行利益与维持利益的关系,学者们有不同见解。按德国学者埃瑟尔的理解:"履行利益包括'对给付价值本

㉒ 参见史尚宽:《债法总论》,中国政法大学出版社2000年版,第417页。

㉓ 参见全国人大常委会办公厅研究室编:《中华人民共和国合同法实用指南》,华文出版社1999年版,第110页。

身的利益'(InteresseanLeistungswertselbt)和'保持利益'或'完全利益'(Erhaltungsinteresseod. Integre tatsinteresse)。前者作为履行的替代,后者则为保护前者,防范因不完全给付或其他义务违反行为导致的侵害所代表的利益。"㉔而有的学者则认为,应将结果损害作为与履行利益不同的损害形态。因违反应为对方考虑之义务所发生的结果损害与履行利益损害作同样的处理是不合适的。㉕ 履行利益与维持利益的区别在于履行利益是当事人对合同的期待、信用之信赖而预期的将来收益,而维持利益则关注合同履行前后,当事人原有利益状态的维持与保护。

对维持利益的损害是因原给付具有瑕疵而导致的扩大损害,因此它也属于财产上法益的间接损害。但它是否应由合同法保护,则仍存在争论。合同是围绕"期待"而建立的"信用体系","在一个信用成为主要和永久之制度的社会里,具有执行力之允诺所形成的期待必然会被视为一种财产,而对该允诺的违反则应被视为对那种财产的损害"。㉖ 所以,理论界一般认为,对合同债权的侵害只是对合同履行利益的损害,对合同债的保护也只是对履行利益的保护,与维持利益无关。合同法以保护合同债权为主要目的,因此只应对履行利益加以保护,不应调整维持利益。这就是有的学者主张,对这种扩大损害只能用侵权制度加以保护的原因。事实上,合同法保护的范围并不只限于合同债权,正如基于诚实信用原则的附随义务是由合同法规定一样,维持利益也是合同法保护的对象。对不完全给付的受害人之维持利益用合同法的方法加以保护,要求违约人赔偿维持利益的损失就是对有合同关系当事人间财产上法益间接损害的保护。

(二)受害人请求权规范基础的竞合

受害人对加害人赔偿维持利益的损失之请求,除可以用违约责任的规定作

㉔ 韩世远:《违约损害赔偿》,法律出版社 1999 年版,第 164 页。

㉕ 参见[日]北川善太郎:《损害赔偿序说(一)》,京都《法学论丛》73 卷 1 号,第 5 页。

㉖ [美]富勒:《合同损害赔偿中的信赖利益》,韩世远译,载梁慧星主编:《民商法论丛》(第 7 卷),法律出版社 1997 年版,第 419 页。

为其请求权基础外,是否还可以用侵权责任作为其请求权基础?对此问题,我国台湾地区学者钱国成认为,这种扩大的损害,完全可以在债务人有过失的前提下,依侵权法解决。[27] 笔者认为,鉴于这种损害为法益损害,这种损害要同时适用侵权责任也应具备主观故意,且行为"有背于善良风俗"。

当受害人以违约责任为请求权基础时,不完全给付的合同责任之成立,也要求违约人主观上具备故意或过失。但此时的"故意是行为人明知其行为可能产生某种违法的结果,却有意促成或不加防止该结果的发生。过失是对注意义务的违反"。[28] 故意仅指对于违约行为的故意而非损害结果的故意,[29]这与侵权法是存在区别的。因此,只有在那种力图造成债务人履行利益之外的扩大损害的主观状态支配下,所为的不完全给付才可能同时构成侵权行为。这是不完全给付的违约责任同时构成侵权责任的前提。

现代民法为了保护财产的归属和移转,先后设计了所有、占有、侵权行为、不当得利、契约、债务不履行、契约的解除、缔约过失等制度,并设计了各种请求权作为以上各制度的实现途径和当事人的权利保护手段。以构成要件和概念定义构筑起来的各种制度具有形式逻辑的刚性,概念法学的巨大影响以及保持法律概念同一性的需要又使我们必须遵从这种规范的约束。但社会现实要求我们在保持法律体系稳定的前提下协调各民法制度,适用请求权竞合。在故意造成债权人履行利益以外的扩大损害为目的的不完全给付案件中,债务人的行为既能适用侵权法,又符合不完全给付的违约责任的构成要件,依照请求权规范基础竞合说,权利人可择一作为请求权的基础,要求对方赔偿损失。

四、民法对财产上法益的间接损害的赔偿之限制

民法通过运用侵权责任和违约责任制度,从民事普通法的角度保护了未被

---

[27] 参见钱国文:《不完全给付与物之瑕疵担保责任》,载《法令月刊》第29卷第6期,第3页。

[28] 崔建远:《合同法》,法律出版社1998年版,第214页。

[29] 即"就债务不履行而言之,谓债务人知其行为可生债务不履行之结果而容认之"。参见史尚宽:《债法总论》,中国政法大学出版社2000年版,第355页。

纳入法定权利范围的法益,使当事人财产上的法益所受间接损害得到民法的救济。但是,财产上法益的间接损害与直接损害之间还是存在差异的。其主要不同点在于,财产上法益的间接损害与加害行为的因果关系中掺杂了其他因素,使行为与损害只具有间接的因果关系。从直观上看,这种损害是由于它的近因所引起的,只不过这种近因本身又是由一"远因",即加害人的行为所导致。由于这种"远因"具有难以准确预测的特性,不加限制地追究加害人的责任虽有利于保护受损权益,却也有可能加重行为人的负担,导致人们在社会生活中动辄得咎。

因此,有必要对财产上法益的间接损害之赔偿作出限制。

(一)对无合同关系当事人间财产上法益间接损害赔偿的限制

对无合同关系的当事人间财产上法益所受间接损害的赔偿之限制,以英国的一则案例最为著名。英国的丹宁法官在20世纪60年代曾经审理过一起因施工挖断电缆的案件。他在判决中指出,电力、瓦斯、自来水等企业是法定的供应者,因过失致不能提供电力、瓦斯、自来水时,英国立法上一向认为无须向消费者所受经济上的损失赔偿;对此等事故,一般认为属必须忍受之事件;被害人对于此等意外事故,若皆得请求经济上的赔偿,则其请求权将漫无边际,也易发生有人伪造证据以获取损失赔偿的情况。因此,只应该对那些较易查证的人身或所有权遭受的损害才应该赔偿。[30] 为了使损害较容易查证,以确保公正理念的实现,民法一般都运用了法律技术手段对损害之范围加以界定,明确何谓因加害行为而造成的全部损害,以便确定赔偿范围。这种法律技术手段就是侵权责任的构成要件。根据法国法,侵权责任的构成要件有损害、过错、因果关系,而德国法则将过错与不法区分开来,形成了四要件说。我国台湾地区学者则认为,侵权行为构成要件还包括行为人要有责任能力。我国民法理论继承了苏联民法的传统,与德国民法理论较接近,因而,大多数学者主张四要件说。近年

---

[30] 该判决参见王泽鉴:《民法学说与判例研究》(第7册),中国政法大学出版社1998年版,第89~90页。

来,也有学者主张三要件说。[31] 在财产上法益间接受损的情况下,无论是违法行为、损害、还是因果关系都已确定。唯独主观要件可以根据立法政策和社会需要予以设定,以限制损害赔偿的范围。

运用主观要件去限制赔偿范围,就是对构成侵权责任的行为根据其主观状态不同决定该行为人是否应负法律责任。主观状态包括故意与过失,其中故意是指"认识自己之行为发生或可发生一定之结果,而容认之心理状态"。过失是指"注意之欠缺。因行为人不注意,未认识其发生之结果,或虽有认识而不容认其结果之发生之心理状态"。[32] 而对于故意的概念又有意思主义与观念主义两种学说。在行为与结果仅具有可能的因果关系时,适用意思主义与适用观念主义大不相同。史尚宽先生认为,在这种情况下,"纯然采用观念主义,似有未妥。观念以外,尚须有某心理作用之存在,始为故意"。[33] 这实际上是肯定在这种情况下应适用意思主义。意思主义要求当事人有希望与意欲的心理,这种心理的作用目标根据被侵害客体而有所不同。当被侵害客体是权利时,加害人应以意欲或希望他人权利受损为其目标。当受损害为法益时则"其故意之所在为加害。不仅在加害之行为,而且在损害之引起。但并不须以此为目标"。[34] 受害人在诉讼中要证明加害人具有故意,必须证明其对造成这种损害的发生具有希望与意欲的心理。在其他要件具备的前提下,只有原告就这一点进行了充分举证,才能追究对方当事人的责任。

(二)对有合同关系的当事人间财产上法益的间接损害赔偿之限制

在国外的立法与司法实践中,对有合同关系的当事人间财产上法益的间接损害赔偿的限制,主要是通过可预见性理论与因果关系实现的。

如上文所述,因果关系可以分为责任成立的因果关系与责任范围的因果关系。在责任成立的因果关系存在的前提下,受损权利或利益与损害之间是否有

---

[31] 关于侵权行为构成要件的各种学说,参见马俊驹、余延满:《民法原论》,法律出版社 1998 年版,第 1025 页。

[32] 史尚宽:《债法总论》,中国政法大学出版社 2000 年版,第 115 页。

[33] 同上。

[34] 同上书,第 120 页。

相当性,这是责任范围的因果关系主要应考察的问题。探究责任范围的因果关系,以便认识法益损害的范围,从而将不具有相当因果关系的损害排除于赔偿范围之外,是对这种财产上法益的间接损害之赔偿进行限制的思路之一,德国法是个典型的例子。

另外,一些国家则通过设定“损害远隔”规则和“可预见性”规则来限制损害赔偿范围。英国法上的“损害远隔性”规则,是指被告对过分远隔的(too remote)损失并不负责,对远隔性的检验要看该损害是否处于当事人的合理预测(the reasonable contemplation)范围内。由于它依据当事人对事件通常进程中发生的损失与特别情事的实际了解,而判断当事人是否应对此损害负责,因而也是对预见性规则的运用。美国的《合同法重述》(第2版)第351条规定:“(1)对违约方于缔约时没有理由预见为违约之可能结果的损失,不可获取损害赔偿。(2)于下列场合,损失得作为违约之可能结果而被预见到;(a)该违约系在事物的通常的进程中发生的;或(b)该违约虽非在事物的通常进程中发生而为特别情事之结果,但违约方有理由知道该特别情事。(3)于特定情事中为避免不成比例之赔偿以符合正义之要求,法院得排除对利润损失的赔偿,通过仅允许信赖损失获取赔偿或其他方式,将损害赔偿限制于可预见的损失。”《法国民法典》第1150条规定:债务人仅就订立契约时所预见或可预见的损害和利益负赔偿责任。值得注意的是,学者们认为,泛泛而言,英美普通法上的损害远隔性规则或可预见性理论与德国的相当因果关系说二者之间均以通情达理之人作为前提,在这一点上二者有类似性。[35] 但是,可预见性与因果关系并非完全等同的两个概念。有学者指出:合理预见规则在功能上是与相当因果关系处于同一位阶的,如此,合理预见规则也应属于法律上的因果关系范畴,因而,称合理预见规则为因果关系似乎顺理成章。然而,正如法律上的因果关系并非真正的因果关系,合理预见规则也并非因果关系或因果关系的判断标准。[36] “英美法的可预见性标准与德国法的相当因果关系标准”适用的标准时是不同的,可预见

---

[35] 参见韩世远:《违约损害赔偿》,法律出版社1999年版,第271页。

[36] 参见崔建远:《合同法》,法律出版社1998年版,第258页。

性标准是依缔约时,而相当因果关系标准则是依产生责任的行为或违约发生时。[37] 另外,在限定赔偿范围上,相当因果关系说更宽泛,比可预见性标准对原告方更为有利。因此,在我国《合同法》出台之前,学者们就认为,在确定赔偿范围上,应在合理预见规则与法律上的因果关系中选择一个,不可将两者并用。我国《合同法》在吸取各国立法经验的基础上,也规定损害赔偿不得超过违反合同一方订立合同时应当预见到的因违反合同可能造成的损失。很明显,这种立法规定,采用了"可预见性"规则,是对英美法系相关内容加以借鉴的结果。

无论是英美法系的可预见性规则,还是德国法的相当因果关系理论,都着力将判断损害赔偿合理与否的标准从行为人的主观心理状态中分离出来,而用一个客观的理性人的正常思维作为准则以限制赔偿范围。这样的做法既有利于补偿损失,又有利于将惩罚的矛头对准那些一般社会观念认为应制止的行为,因而有利于平衡当事人间的利益。

---

[37] 参见韩世远:《违约损害赔偿》,法律出版社 1999 年版,第 335 页。

合伙人出资财产的法律性质刍议*

一

合伙财产在构成上分为两部分：一是合伙人的出资财产；二是合伙在存续期间经营积累的财产。我国《民法通则》第32条第2款规定："合伙经营积累的财产，归合伙人共有。"但对合伙人出资的财产，《民法通则》未明确规定其归属，仅规定由合伙人统一管理和使用。对此法学界有不同理解。一种观点认为合伙人出资的财产归合伙人共有；另一种观点认为合伙人出资的财产仍归出资人个人所有，只是由合伙人统一管理和使用；还有一种观点认为合伙人出资的财产既可归合伙人共有，也可仍归出资人个人所有，由合伙人在缔结合伙合同时具体商定。我们认为，第三种观点较为符合我国关于合伙财产的立法精神，它充分考虑到合伙人以不同的标的出资的情形。通常，合伙人是将出资财产的所有权投入合伙，其出资的财产直接构成合伙的共有财产，由全体合伙人共有，而不再属出资人个人所有。但合伙人也可将其财产所有权的一项或数项权能分离出来用于出资，较为常见的是以物的使用权出资。合伙人仅以其出资财产的使用权投入合伙时，全体合伙人对该项出资财产仅共同享有使用权，而不享有处分权，一旦合伙负有债务，合伙人不能将该项出资财产直接用于清偿合伙债务。根据合伙债务清偿的一般规则，合伙人首先应以合伙的共有财产清偿合伙

---

* 原载《法律学习与研究》1992年第2期。

债务,然后才以其个人财产清偿合伙的剩余债务。合伙人以使用权出资的财产既然不能先用于清偿合伙债务,该项出资财产便不直接构成合伙的共有财产,它仍属出资人个人所有,而不由合伙人共有。

由此看来,合伙人出资的财产既可直接构成合伙的共有财产,也可不直接构成合伙共有财产,而仍属出资人个人所有。在前者,合伙人是将其出资财产的所有权投入合伙;在后者,合伙人是将其出资财产的使用权投入合伙。我国《民法通则》考虑到合伙人出资的上述情形,没有对合伙人出资财产的归属作"一刀切"的规定。合伙人的出资财产是否直接构成合伙的共有财产,取决于当事人之间的协议和出资财产的性质。一般来说,合伙人以现金出资时,是将所有权投入合伙,其出资直接构成合伙的共有财产,合伙人以实物出资时,投入合伙的既可以是使用权,也可以是所有权,这须由出资人自行决定。

合伙人以使用权投入合伙的出资财产,从法律归属上看仍属出资人个人所有。但合伙作为相对独立的经济实体在进行商品生产和交换时,又排斥某一合伙人对其出资财产主张个人所有。因此,仅仅认为以使用权出资的财产仍属出资人个人所有还不够。法律明确财产的归属,确认一定主体对其财产的独占权,意义在于使主体能够在商品生产和交换中根据自己的意志和利益支配其财产,以达到一定的经济目的,而不是为了使之单纯控制其财产。要完整说明以使用权出资财产的法律性质,就不仅应明确这种出资财产的法律归属,以保证商品生产和交换的正常秩序,同时还应揭示其在商品生产和交换活动中的法律属性,以充分发挥合伙出资财产的实际效用。

我国《民法通则》第 32 条第 1 款规定:"合伙人投入的财产,由合伙人统一管理和使用。"根据这一规定,合伙人的出资财产即使仍属个人所有,也不能再由个人充分任意支配,更不能随意抽回。相反,个人对其出资财产的意志应受到法律规定或合伙合同约定的限制。这种限制是出于合伙实际经营活动的需要,集中体现为按全体合伙人的共同意志和利益对出资财产进行统一管理和使用,而不是由各合伙人对其出资财产进行单独分散管理和使用。合伙人妨碍其他合伙人对其出资财产的统一管理和使用,便是侵权行为,其他合伙人有权制止。这表明,合伙人将其财产的使用权投入合伙时,其出资财产虽不直接构成合伙的共有财产,却直接构成合伙的共用财产。所谓合伙的共用财产,是指全体合伙人共同占有和使用的财产。合伙人因对同一财产共同占有和使用而发生的关系,便是合伙的共用关系。合伙共用关系和合伙共有关系既有联系又有区别。合伙共用关系意味着权利主体对共用关系的客体共同享有使用权,而合伙共有关系意味着权利主体对共有关系的客体共同享有所有权,它们是两种不同层次的财产关系。此外,共有关系包含了共用关系的内容,某项财产为共有财产,同时必然也是共用财产,从这个意义上说,共有关系是更高层次的财产关系。

区分合伙人的出资财产为共有财产还是共用财产,具有以下三方面的意义:

首先,出资人退伙或合伙解散时对出资财产的处理不同。如果出资的财产为合伙共有财产,出资人退伙或合伙解散时无权要求返还其出资原物,而仅能与其他合伙人一起,以分割共有财产的形式来收回出资财产的价值。如果出资的财产为共用财产,出资人退伙或合伙解散时则有权要求返还其出资原物。在返还出资原物后,出资人还有权与其他合伙人一起参加对合伙共有财产的分割。

其次,合伙负担债务时对出资财产的处理不同。合伙对外负有债务时,如果出资财产为共有财产,那么该项财产应首先用来清偿合伙债务。在合伙的债权人就合伙共有财产得到清偿之前,合伙人个人的债权人无权要求该合伙人以其在合伙共有财产中的应有份额来偿还债务,即不能求偿于该合伙人投入合伙而成为合伙共有财产的出资。如果合伙人出资的财产仅为共用财产,那么,该项出资财产就不能先用来清偿合伙债务,而应作为出资合伙人的个人财产,先用于清偿该合伙人个人的债务。在合伙人个人的债权人就该合伙人个人的财产得到清偿之前,合伙的债权人无权要求该合伙人以其个人财产来偿还债务,即不能求偿于该合伙人已投入合伙而仅形成合伙共用财产的出资。

最后,出资财产发生意外毁损灭失时的责任承担不同。一般来说,构成合伙共有财产的出资,其意外毁损灭失的责任由全体合伙人按各自的出资在合伙出资总额中所占的比例共同承担。合伙人出资的财产仅为合伙共用财产时,出资财产一旦发生意外毁损灭失，则由出资人独自承担责任，其他合伙人不承担责任。

有人认为，将合伙人出资的财产分为共有财产与共用财产，可能会损害合伙债权人的合法权益，其理由是：全体合伙人仅将财产的使用权出资时，合伙无最初共有财产，一旦合伙经营亏损，合伙债权人的合法权益就难以切实保障。我们认为，这种担忧是不必要的。合伙人出资的财产部不构成合伙的共有财产，但合伙经营积累的财产为合伙的共有财产。合伙因经营不善而没有积累或虽有积累的财产但不足以清偿合伙的债务，便依法由各合伙人以其个人财产就合伙的债务或剩余债务对外承担连带无限责任。这根本不会影响或损害合伙债权人的合法权益。相反，合伙债权人的合法权益因合伙人的连带无限责任而具有法律和财产上的保障性。

二

合伙人的出资财产直接构成合伙的共有财产时，是按份共有还是共同共有？我们认为应为共同共有。这是因为：

第一，合伙人投入合伙的财产，由合伙人统一管理和使用。合伙人出资的财产在投入合伙时可能存在份额的差异，但一经投入合伙，便由全体合伙人不分份额、平等地统一管理和使用，而不是由各合伙人按其出资份额进行管理和使用，更不是各合伙人仅对其出资的财产分别管理和使用。

第二，合伙人对出资财产的管理和使用，须体现全体合伙人的共同意志和利益。一般情况下，出资财产的管理和使用，应由全体合伙人平等协商决定。一旦对出资财产的管理和使用存在分歧，则由全体合伙人平等表决。无论合伙人的出资数额如何，一人一票，效力同等。

第三，明确合伙人出资的份额，旨在确定合伙人内部分担损益的比例。合伙人出资的份额只表明其出资在合伙出资总额中所占的比例，而不意味着某一合伙人对全体合伙人的出资财产享有权利和承担义务的份额。相反，在合伙存续期间,合伙人对全体合伙人的出资财产平等地进行管理和使用。只有在合伙解散或清算时,各合伙人以其出资份额对合伙的经营活动共担损益。

第四,合伙人不能任意支配其出资。合伙人一旦将其财产投入合伙并构成合伙的共有财产,便不能在合伙存续期间随意请求分割共有财产,也不能任意抽回其出资。否则就是退伙。合伙人转让自己的出资份额应受严格的限制。一般来说,合伙人将其出资份额转让给第三人时有两个限制条件:一是转让出资须经其他合伙人一致同意,因为转让出资份额意味着接纳新的合伙人;二是在同等条件下,其他合伙人对转让的出资享有优先购买权。

第五,合伙人就合伙的债务对外负连带无限责任。合伙对外负有债务时,如果合伙的共有财产不足清偿或根本无共有财产可供清偿,各合伙人须以自己的个人财产就合伙的剩余债务或合伙的全部债务对外承担连带无限责任。合伙的债权人有权请求合伙人中的任何一个清偿合伙的剩余债务或合伙的全部债务,被清求的合伙人负有义务满足合伙债权人的要求,不能以自己的出资份额为由拒绝履行义务。否则就是侵犯合伙债权人的合法权益。

从合伙财产的发展历史来看,合伙人出资财产构成合伙的共有财产,其共有性质经历了一个由按份共有到共同共有的过程。最初的合伙财产都是按份共有,因为早期的合伙组织规模小、存续时间短,一般也不存在财产的积累,而且合伙的成立和退伙也比较自由。例如,在罗马法时代,合伙便采取按份共有,合伙人根据各自对共有财产所拥有的份额,分享权益和履行义务,有权按照自己的份额使用和处分共有财产,享有自由退伙的权利。随着商品经济的发展,合伙作为比较活跃的商业组织,要求合伙的共有财产更能适应商品生产和交换的需要,具有必要的稳定性和相对独立性,而不能由共有人充分自由支配。于是,近代的合伙立法一般都规定合伙的财产为共同共有,如日本民法等。合伙的财产为共同共有,意味着合伙人在合伙存续期间对全部共有财产不分份额、平等地享有权利并承担义务。这样,合伙人也就实际失去了自由支配、处分其投入合伙的财产的权利。只有在合伙解散或清算时,才能根据各合伙人的出资份额确定各自损益分担的比例。合伙财产性质的上述演变,说明随着商品经济的发展,合伙的财产趋于更加独立和集中。

合伙人的出资财产构成合伙的共同共有财产，这是就合伙作为一种商业组织进行经营活动的一般情况而言。由于社会经济生活的复杂性，合伙人出资财产构成共有财产时，其性质并不完全一致。有些合伙人的出资财产仍属按份共有，这主要是指一些非营利性的合伙。《民法通则》规定合伙为共同从事经营活动的组织，实践中合伙也多为营利性质，因此从我国实际出发，应强调合伙人的共同经济利益，合伙人出资的财产构成合伙的共有财产时，其共有应为共同共有。这样更有利于促进我国合伙的稳定发展。

三

全民所有制企业依照国家有关法律和政策的规定，以国家授予它经营管理的财产投入合伙型联营组织时，其出资财产的性质如何？按照传统理解，该项出资财产不能构成合伙型联营组织的共有财产，因为出资的财产权不是所有权。这种理解无法解释下列现象：实践中，全民所有制企业参加的合伙型联营组织对外负担债务时，全民所有制企业以其财产经营权的出资应首先用于清偿联营组织的债务，而不是先用于清偿该全民所有制企业自身的债务。根据合伙的一般原理，合伙人对债权人是首先以合伙的共有财产承担共同责任，然后以个人财产承担连带责任，因此，某项财产若首先用于清偿合伙债务，就应为合伙的共有财产。全民所有制企业以其财产经营权的出资既然可直接用于清偿联营组织的债务，也就成为合伙型联营组织的共有财产。

民法作为调整商品经济关系的基本法，必然要反映社会经济生活的变化。在简单商品经济条件下，合伙人通常将归其所有的财产出资。随着商品经济的发展，合伙人可将其不拥有所有权的财产出资。合伙人出资方式、深度和广度的变化，要求民法突破关于共有的某些传统理论，承认合伙人不以其所有权出资的财产也能构成合伙的共有财产，以保证合伙财产的相对独立性。合伙人将其不享有所有权的财产投入合伙，只要全体合伙人对该项出资财产共同占有、使用，且有权依法处分，可直接用来对外承担共同债务，该项出资就应为合伙的共有财产。全民所有制企业以其经营管理财产的经营权出资时,全体合伙人有权占有,使用该项出资财产,并可依法进行处分,直接用于清偿合伙人的共同债务,因此它应直接构成合伙的共有财产,由全体合伙人共有。当然,这种共有不是传统民法上的共有,而是在社会主义有计划商品经济下全民所有制企业以国家授予它经营管理的财产出资联营时所形成的新型共有,它不表现为全体合伙人对同一财产共同享有所有权,而仅表现为共同享有经营权。这种新型共有坚持了国家所有权的唯一性,国家仍是全民所有制企业出资财产的唯一所有权主体。同时,它还适应了合伙型联营组织财产相对独立性的要求,合伙型联营组织可直接用全民所有制企业以经营权出资的财产对外承担责任。这有利于推动企业间的横向经济联合。

全民所有制企业出资的财产直接构成合伙型联营组织的共有财产时,仅指全民所有制企业将其财产的经营权出资。除此之外,全民所有制企业还可仅将其经营管理财产的使用权出资而不构成共有财产,仅构成合伙型联营组织的共用财产。将全民所有制企业的出资财产区别为共有财产与共用财产,适用前面所述将财产所有人的出资区别为共有财产与共用财产的意义。

物权法的定位及基本体系分析*

随着《民法典》在2002年年底被提上议事日程，今年物权法的制定将作为民法典编纂的一部分。物权法作为民法典之一编与作为单行立法存在重大的区别。前者是一种法典编纂行为，必须遵从法典编纂的形式和要求，对于后者则无须如此。前者必须满足法律安定性的要求，体现法典的体系效率，不能经常修改和变动，而后者则要简单得多。因此，物权法如何定位不仅直接影响物权法的体系结构，而且也使民法典的整个体系结构呈现差异。作为法典之一编的物权法必须在立法的定位与基本体系上与民法典衔接得当，承载民法典的各项功能。近现代以来，随着民法三原则的修正，整个物权法呈现社会化、价值化的趋势，物权种类急剧增加，从注重物权的归属走向注重物权的利用。因此，我们在制定物权法时，应反映近现代物权法的发展趋势，在借鉴外国法制的同时，充分虑及中国的实际情况。下文就物权法的定位及基本体系作以分析。

一、物权法的定位

物权法与整个财产权体系的关系问题，涉及整个财产权体系中物权法的定位问题：是保留传统规则，继续将物权法的调整范围限定在有体物之上；还是看

---

* 原载《法学杂志》2004年第3期。

到现在的发展趋势,将物权法的触角延伸至其他财产权利之上?在物权法的制定过程中,对此问题多有讨论。以郑成思教授为代表,倡导采用“财产法”之名称代替“物权法”。而赞成采纳“物权法”名称的学者还是占大多数,王利明教授认为,所谓采用物权法是“见物不见人”的说法是一种误解。大陆法系多数学者也认为物权是人与人之间的关系。而法国之所以没有使用物权法之称谓,是因为法国没有严格区分物权与债权,沿袭的是广义物权的概念,所有权、债权和物权没有严格地区别开来。现代无形财产日益成为财产的重要形式,但是这并不意味着无形财产要用“物权法”来调整。[①] 就此问题,笔者也谈一下看法。

对于“物权法”“财产法”之争,我们可以看到,提出“财产法”的学者正确地看到了现代社会财产权利膨胀的问题,认为单纯采纳传统物权的概念不足以涵盖新出现的财产权利,郑成思教授的“财产法”的观点基本上是基于英美法的角度,从而想将知识产权纳入民法典的静态财产中,与物权一样作为财产的重要组成部分。应当说,这一出发点是积极的。

物权的概念起源于罗马法,罗马法为物权与债权的区分奠定了基本框架。1900 年《德国民法典》明确使用了物权的概念,并以缜密的抽象思维和精湛的立法技术建构了物权的制度体系。至此,传统物权的概念得以确定化并通过《德国民法典》影响了大陆法系多数国家。而债权的概念较物权为晚熟,只是在德国法上作了物权与债权的精致的划分,但是如果把这种划分作为衡量任何财产权利的模式,其弊端日渐明显。在现代社会中,财产权种类和形式日益复杂,主要表现为财产权的多元化、综合性和价值化的趋势,出现了传统民法物权、债权二元划分所无法解释的财产权。其中,兼具人身性质和财产性质的知识产权就是一例。财产权表现为庞大的权利系统,既有现实的所有权,又有抽象的无形财产权。无形财产权也是一个繁杂的权利系统,它不仅包括股权、信托权和票据权利等,还包括知识产权、市场经营自由权、政府特许权等,其中大多数无形财产权并不属于物权法调整的范畴。我国民事立法模式与德国立法相近,已

① 参见王利明:《物权法研究》,中国人民大学出版社 2002 年版,第 19 页。

经基本上建立了物权法和债权法模式,除对知识产权予以专门规定外,其他无形财产在理论和立法地位上还往往被人们所忽视,所以在民法理论和立法上有必要正视无形财产的自身特点和独立性,逐渐建立适应当代财产权制度实际状况的财产权体系。因此,如何采取适当的方式使无形财产权制度体系化并与民法典恰如其分地衔接,这是学界亟须关注和研究的问题。知识产权法在民法典中的地位,实际上只是上述问题的一个重要侧面。

但是,将知识产权纳入物权法中,并冠以"财产法"之名,这会给立法带来难题。其一,传统的物权法规则是建立在有体物的基础之上,是对有体物占有、使用、处分的特别规则,这些制度不可能适用于知识产权。如果将知识产权纳入,形成财产法,那么财产法内部仍然会形成传统的"物权法"和"知识产权法"两个门类,财产法内部仍然无法整合。而所谓的知识产权法是理论上的一种概括。知识产权法内部体系是开放的,随时都有可能有新的权利加入。因此,对各项知识产权进行整合并作为财产法的一部分,在立法技术上存在很大的困难。其二,如果将知识产权制度全部纳入民法典,则大量存在的程序性规范和公法规范将会使民法典在体系上难以协调,相关条文在性质上难以兼容,民法典也无法实现其形式上的审美要求。其三,现代知识产权法正处于不断发展、变革的过程中,继著作权法、商标法、专利法后,商业秘密和反不正当竞争也纳入知识产权法范畴。现代知识产权体系也是一个不断创新的法律规范体系。随着现代科学技术的发展和国际经济新秩序的形成,知识产权立法日益呈现现代化、一体化的趋势。知识产权保护与国际贸易、经济有着不可分割的联系。因此,从国际范围上来看,知识产权法领域进入了一个统一标准的阶段。在这一背景之下,各国不得不"修纲变法",按照《知识产权协议》等国际公约的要求,对本国知识产权制度进行修订。而将这种频频变动的法律置于一个相对稳定的民法典,显然是不合时宜的。从现代民法典体例对于知识产权制度的接纳上来看,都存在巨大的问题,如荷兰民法典就不得不将知识产权编剔除于民法典之外。②

---

② 参见吴汉东:《知识产权法编纂体例与民法典编纂》,载吴汉东主编:《私法研究》(第3卷),中国政法大学出版社2003年版,第65~68页。

知识产权既然不能被纳入物权法领域,那么其他财产权利(指除物权、债权、知识产权以外的无形财产权)能否被纳入物权编,并冠以“财产法”对之进行调整呢？答案是否定的。因为这些无形财产从诞生之日起,始终是沿着非体系化的思路在发展的。在立法上如果企图用财产法来实现对于所有财产关系的调整,必将破坏原有的物权和债权体系结构,由于由“物”、“物权”和“债权”等基本概念所构架的民法规范已经形成了稳固的立法模式,所以,任何概念上的拓展都会牵一发而动全身,很难有所突破。在理论上必须承认,物权法只是调整“物权”的法律,债法只是调整“债权”的法律,想在这二者之间通过扩展概念或改变规则以调整无形财产,就目前而言,缺乏技术上和规则上的可能性。因此,笔者赞成仍然沿用“物权法”之名称,其调整范围仍然限于“有体物”。

但是,大量的物权、债权之外的财产权利涌现出来,这是一个不争的事实。如上所述,笔者认为,在传统物权法的领域,不可能实现对于这些财产权利的调整。那么这些权利需不需要在民法典中予以体现呢？以苏永钦先生划分的三代民法典为例,法国、奥地利的民法典为第一代民法典,德国、瑞士的民法典是第二代民法典,而中国如果要制定民法典,显然属于第三代民法典。如果我们在民法典的财产权制度中,仍然只规定物权、债权两类财产权,面对铺天盖地的新气象视而不见,那么我们的民法典实难担当“第三代民法典”之重任。因此,我们必须发挥创造与整合能力,使民法典充满时代的气息,与社会的进步保持相应的弹性。此外,基于民法典是基本法,其与单行法是一般法与特别法的关系,我们也必须在民法典中找到这些财产权利的位置,否则法典的体系性效率无从得到体现。但是,是否在民法典中单独设一编进行规定呢？这是各国在迈入新世纪时,修改民法典所碰到的共同的问题。将物权、债权之外的财产权利全部纳入民法典会使民法典杂乱。这些财产权利都有一些特殊性,带有强烈的技术色彩,变动较快。因此,详尽地在民法典中予以规定肯定是不合时宜的。然而,只作原则性、一般性的规定也不可取。

笔者认为,只有用整合财产权的方式才能解决这类问题。为此,我们倡导设立财产权总则,以次于民法总则的地位来整合各项财产权利,同时,保留传统的物权法、债权法。这样,可以解决理论上无形财产、商事财产权利等在民法典中的位置问题,同时,也避免了改动传统物权法这样大的体系之争的问题。遵循此一思路,这里财产权总则的设定也非概念法学意义上的财产权总则,而是在完整保留物权和债权规范的前提下,为知识产权、商事财产权等在财产权总则里留下存在和发展的空间,以起到法典化的整合效果。至于知识产权、商事财产权和其他无形财产,除财产权总则予以一般规定外,仍应由知识产权法、商法和其他单行法来专门规定。这样,财产权总则将一如既往地统领传统民法领域的物权法和债权法,同时,也统领了游离在法典之外的知识产权法、商法和民事单行法的相关财产权规范,物权法、债权法和单行法的地位一样,都是对某一类财产权的专门规定。这样,就能打破大陆法财产权体系的二元结构,建立一种多元结构、富有弹性的财产权体系,使它能够更好地适应社会经济的发展和需要。此外,也解决了理论上困扰已久的"民商合一"的问题。

如上所述,财产权总则只是一个原则法,相应的财产权利的具体规定必须要到其他各编和单行法中去寻觅。对于财产权总则的大致框架,笔者是这样设想的:以"财产与财产权"为编,其中第一章"财产及其分类";第二章"财产权及其保护与限制";第三章"物权一般规则(效力与变动)";第四章"债权一般规则(效力与分类)";第五章"物权、债权相互之转化,";第六章"知识产权一般规则";第七章"其他财产权"。在这个基本设想框架下,物权法是由置于财产权总则中的"物权一般规则"与紧随财产权总则之后的物权编构成。

二、物权法的基本体系

在确定好物权法的定位问题后,我们所要面对的即是物权法内部结构问题。也就是通常所说,如何确定物权法的体系问题。关于物权法的体系,目前学界和立法界普遍赞成沿用传统民法的物权法总则、所有权、用益物权、担保物权、占有这种体系。[③]

笔者的设想是在财产法总则中将物权的一般规则予以单独一章进行规定。因此在物权编中，不再设立总则。但是，由于民法典的制定是分编通过的，因此，物权法不能没有总则，只能等待将来对各编进行整合时，再将物权法总则纳入财产权总则。物权法的基本体系也涉及概念的使用问题，所有的体系都是建立在若干概念和制度的基础之上。在物权法的制定过程中，几个草案运用的概念似曾相同，却又略有不同。尤其是在用益物权制度方面，是继续沿用在我国现行法律法规中已经使用的术语，还是完全遵从传统民法的概念或对其进行适当的改造，学界存在很大争议。笔者认为，对于已经在我国立法和实践中长期使用的概念，如果与传统民法中的概念不存在本质性的冲突，是可以继续沿用的，如宅基地使用权、建设用地使用权等。对于我国立法上尚未借鉴的制度，如地役权、居住权等，还是采纳传统民法的概念为宜，没有必要再造概念；[④]下面以所有权、用益物权、担保物权为例，来阐述物权法的体系问题，并对有争议的制度提出自己的看法。

（一）所有权

笔者赞同将国家所有权、集体所有权、个人所有权分别规定（此问题将在专文中论述），但是并不妨碍所有权依其他的方式进行划分，因此在所有权一章中规定：第一节“所有权和所有权取得”；第二节“国家所有权”；第三节“集体所有

---

③　参见中国政法大学课题组：《关于物权法的整体结构》，载《人大复印资料》（民商法学）2003 年第 1 期，第 30 页；王利明：《中国物权法草案建议稿及说明》，中国法制出版社 2001 年版，第 150 页。全国人大常委会法工委的《中国物权法》（征求意见稿）、梁慧星教授组织编写的《中国物权法草案建议稿》中虽然没有以用益物权、担保物权的名称列出来，而是用各项用益物权、担保物权单独成章的形式，但是实际上仍是以这两项总的类型来予以区分的。笔者以前曾就民法典的草案结构予以初步设想，在物权编中以所有权、土地使用权、担保物权、占有这四部分来予以规定。在笔者所列专章土地使用权中，不仅包括土地使用权的各种类型，还包括其他不动产使用权，实际上也是在传统民法中的用益物权门类之下。考虑与传统概念系统的一致性，笔者认为还是改为用益物权较为妥当。

④　关于地役权，有采用邻地利用权之提法的，参见全国人大常委会法工委的《中国物权法》（征求意见稿）；梁慧星教授组织编写的《中国物权法草案建议稿》。但是，邻地利用这个制度是完全借鉴大陆法系之地役权，采邻地利用权一说还会给人造成误解，认为土地必须要“相邻”，这不符合现代地役权的发展趋势，因此，还是采纳传统地役权比较合适。笔者也曾经设想将地役权改为邻地使用权，现在看来这个概念必须纠正。

权”;第四节“个人所有权”;第五节“其他所有权”;第六节“建筑物区分所有权”;第七节“相邻关系”;第八节“共有”。

(二)用益物权

关于用益物权的体系,争议很大,主要是用益物权之种类构成方面。居住权在全国人大常委会法工委的物权法草案中首次提出之后,受到了民法学者的关注。在实践中,由于住房引起的纠纷层出不穷,学界开始对这一国外通行的解决非所有人居住他人房屋制度从理论上进行探讨。居住权制度主要是解决养老、离婚或者丧偶的配偶的住房问题,我国现在养老的职能仍然由家庭承担,社会承担的程度非常小。这就带来一个问题,老人在贫病的情况下,其拥有的住房应当如何处理?假设老人将房屋出卖,将出卖房屋的价金作为生活所需费用,则老人的居住问题仍然成为一个重大问题。有学者提出来可以进行保留居住权的买卖,如房屋所有权人在其年老时,可以将其房屋出卖,但在自己的有生之年保留对房屋的居住权,而房屋的受让人则一次性或分期地向其支付价款,以之作为养老金。⑤ 而丧偶的配偶居住权的问题就更尖锐。房屋当然属于遗产范围,而我国《继承法》将配偶、子女及父母列为第一顺序的继承人,也就是说,在无遗嘱继承,也即法定继承的情况下,丧偶配偶的住房问题往往因为多个继承人主张权利而受到严重威胁。这时,应当允许当事人设定或者法律规定丧偶配偶对于婚姻住房享有居住权,而对婚姻住房的所有权归于法定继承人共有,一旦配偶死亡,再由继承人继承,就可以解决丧偶配偶的居住权问题。而住房问题在离婚时表现得尤为显著,实践中法院往往使用“暂住权”“居住使用权”等法律并无明文规定的概念,导致判决生效之后受到各方当事人的权利质疑,使判决得不到切实地执行。因此,居住权制度仍然有很大的适用空间。笔者认为,应当确定居住权制度。但问题是,采纳居住权制度之后,是否能与现行框架融合。由于居住权自罗马法起,就隶属于“用益权—使用权—居住权”的人役权制度框架之下,因此,我们能否单独借鉴居住权,而不采纳人役、地役之划分?

---

⑤ 参见钱明星:《关于在我国物权法中设置居住权的几个问题》,载《中国法学》2001 年第 5 期。

这个问题值得讨论,目前学界也有学者对人役权进行了研究,同时认为应当扩充"用益权"的传统含义,引入用益权制度。从居住权与使用权、用益权的关系上来看,居住权与使用权、用益权存在千丝万缕的联系,从各国民法典的诸多准用条款中可见端倪。但是这并不意味着,脱离了人役权、地役权二元划分的土壤,居住权就难以生存。立法并非照搬其他国家的法律,在我国一直沿用所有权与他物权的划分,并将他物权划分为用益物权与担保物权的框架下,将居住权划归为用益物权一类也是合乎逻辑的。

因此,笔者认为,在用益物权中可以这样规定:第一节"土地使用权与资源保护";第二节"农地使用权";第三节"建设用地使用权";第四节"宅基地使用权";第五节"地役权";第六节"居住权";第七节"典权";第八节"自然资源使用权"。

(三)担保物权

在担保物权方面,由于《担保法》已经规定了抵押、质押、留置三种担保物权,将之纳入不存疑义。但是,让与担保、优先权及所有权保留是否纳入物权法中引起了很大争议。在此,笔者简单谈谈看法。

让与担保,指债务人或第三人为担保债务履行的目的,将担保标的物的权利(通常为所有权)预先转移给债权人,由双方约定于债务清偿后,将担保标的物返还于债务人或第三人;债务不履行时,债务人得就该担保标的物受偿的一种担保方式。让与担保在全国人大常委会法工委和社科院的物权法草案中都有规定。而在王利明教授主持的《物权法(草案)》中没有规定。笔者认为,应当设立让与担保制度。首先,让与担保与其他的典型担保制度相比,具有很大的优越性。它能扩大融资的可能性,可以实现集合财产(包括具有流动性的集合财产)和一些不能设定典型担保物权的权利的担保化。如各种新形成或正在形成过程中的财产权,诸如电脑软件的权利、拟购买的不动产、建设中的建筑物、老铺和招牌等特殊权利,在其上设定抵押权或质权尚有疑问,但通过让与担保可实现上述财产的担保化。其次,我国实践中已经出现了类似让与担保的按揭制度,尽管这是英美法系的制度,与大陆法系的让与担保制度存在区别,但是我们可以将之改造成为让与担保制度,使之与我们的物权体系相吻合。再次,尽管让与担保也有一些缺陷,但是可以通过法律规制克服。比如,对于“流质契约”缺陷的克服,可使让与担保权人以清算义务予以解决。最后,尽管让与担保制度在德国、日本是通过判例来承认发展的,但是我国适逢立法的良机,刚好可以通过立法对之加以规制。

在优先权问题方面,肯定优先权的学者认为优先权是由法律直接规定的特种债权的债权人,就债务人的全部或特定财产优先受偿的担保物权。而否定优先权为担保物权的学者认为,优先权是基于立法政策上之考虑,为保障某些特种债权与其他权利的实现而赋予权利人得就债务人的一般财产或特定财产优先受偿的权利。在三个物权法草案中,唯有王利明教授的草案详尽规定了优先权。笔者认为,优先权的实质在于破除债权人平等之原则,赋予特种债权人以优先受偿之权利,但这样只不过是一种基于推行社会政策和社会公益的考量,能否判定其是不是一项独立的担保物权?而且,优先权内容庞杂,观之各国法律确立的优先权,诸多规定属于税法、劳动法、诉讼法之制度,统一纳入物权法存在疑问。因此,建议在物权法中不要规定优先权,而置于特别法中予以规定。关于此点,我国的《民事诉讼法》《企业破产法》《海商法》已经有了先例。

此外,学界对于所有权保留探讨的也比较多。所有权保留是在买卖合同中,买受人虽先占有、使用标的物,但在双方当事人约定特定条件(通常是价金的一部或全部清偿)成就之前,出卖人仍保留标的物的所有权;条件成就后,标的物的所有权始移转于买受人。对所有权保留之性质,理论界与实务界均有两种不同看法。一说认为,所有权保留在法律上为一种附条件的所有权移转。此种理论并未将所有权保留作为担保买卖价金受偿的担保权对待,仍然将之作为一种特殊买卖对待,即所有权保留买卖为所有权随着买卖价金的付清而移转于买受人。另一说认为,所有权保留为非典型担保物权,其主旨在通过保留标的物所有权以期保障买受人能按期支付价款或履行其他义务。所有权保留制度能够很好地解决买受人资金不足和如何保障债权人价金债权实现的问题,因此,无论英美法系还是大陆法系国家都通过立法对之进行确认,只是名称不一样。我国立法对所有权保留虽未有明确规定,但《民法通则》第 72 条与《合同法》第134条为其存在留下了空间,学者也大多承认有此制度。笔者认为,所有权保留制度仍然置于《合同法》买卖合同中,以特殊买卖合同的形式出现未尝不可,没有必要将之纳入物权法。

基于以上的考虑,在担保物权的种类构成方面,笔者建议吸收《担保法》中抵押、质押、留置三种担保物权,再加上让与担保,而对于优先权、所有权保留则不予吸纳。因此,担保物权之大致结构如下:第一节“担保物权及其担保范围”;第二节“抵押权”;第三节“质押权”;第四节“留置权”;第五节“让与担保”。

民法典担保权编的立法模式研究*

担保权法制在现代经济体系中扮演着不可或缺的角色。借由担保法制以创造信用或降低授信风险，乃是现代社会中拓展经济活动的一大手段。① 担保物权被规定在《物权法》第四编中，《民法总则》也将其置于物权概念下，虽然全国人大常委会法制工作委员会对民法典各分编的基本框架已作出立法规划，担保物权被列入物权编中，但回顾学界关于担保物权的性质论争，仍有探讨的价值。或许该问题在未来民法典的修订中，还有讨论的意义和空间。笔者从物权的概念、特征和效力入手，就物的担保的性质问题作出思考，并结合现行担保法律制度，借鉴域外担保立法改革的最新动向，提出关于民法典担保权编立法模式的建议。

一、物的担保不宜被纳入民法典物权编

大陆法系的担保制度源于罗马法的债权的担保，分为人保和物保。② 我国学者认为，债的担保分为一般担保和特别担保，其中债的特别担保在现代法上

---

* 本文选题由马俊驹教授提出，两作者分别收集查阅资料，经讨论形成一致观点，并商定写作提纲，由邵和平完成论文初稿，经马俊驹修改定稿。感谢西南财经大学法学院辜明安教授提供关于法国担保法改革的学术资料，感谢匿名评审专家的宝贵意见。原载《法制与社会发展》2019 年第 1 期。

① 参见王文宇：《建构资讯时代之担保权法制》，载《月旦法学杂志》2003 年第 4 期。

② 参见周枏：《罗马法原论》（上册），商务印书馆 2014 年版，第 438～439 页。

包括人的担保、物的担保和金钱担保。[③] 目前通说认为,人的担保在性质上属于债权性质的担保,而物的担保的性质为担保物权。[④] 大陆法系还存有担保物权是对物的交换价值的支配权、[⑤]变价权、[⑥]价值权[⑦]等观点。我国民法学者谢怀栻先生在总结西方主要国家民商法中有关担保物权的规定时认为,“担保物权是以担保债权为目的,即以确保债权的履行为目的的限制物权。担保物权所利用的是物的交换价值”。[⑧] 国内大多数学者将物的担保中的抵押权、质权、留置权界定为“担保物权”,认为应将其纳入民法典物权编。

(一)关于“担保物权”性质的论争

即使在德国学界,对担保物权的性质也存在争论。以德国不动产担保物权(Grundpfan-drecht)为例,《德国民法典》中并没有直接规定其概念,在学理上认为,其主要是概括抵押权、土地债务、定期金土地债务等制度而形成的简约化的总称。[⑨] 在此基础上形成了关于土地担保权法律性质的不同理论,通说认为其是一种物权性变价权(dingliche Verwertung-srechte),少数观点则主张物上债务理论(Theorie der dinglicher Schuld)。[⑩] 其他国家和地区关于担保权的性质主要

③ 参见高圣平:《担保法论》,法律出版社2009年版,第2~3页。本文的讨论是针对债的特别担保而言的。

④ 参见王利明:《物权法研究》(修订版)(下卷),中国人民大学出版社2007年版,第356~357页。

⑤ 参见[日]我妻荣:《民法讲义Ⅲ新订担保物权法》,申政武、封涛、郑芙蓉译,中国法制出版社2008年版,第2~6页。

⑥ 参见[日]近江幸治:《担保物权法》,祝娅、王卫军、房兆融译,沈国明、李康民审校,法律出版社1999年版,第2~3页。

⑦ 参见谢在全:《民法物权论》(修订五版)(中册),中国政法大学出版社2011年版,第608页。

⑧ 谢怀栻:《外国民商法精要》(第3版),程啸增订,法律出版社2014年版,第182页。

⑨ 参见[德]鲍尔、施蒂尔纳:《德国物权法》(下册),申卫星、王洪亮译,法律出版社2006年版,第5页。

⑩ 同上书,第31页。

有"债权说"[11]"物权说"[12]和"中间权利说"。[13] 我国《物权法》出台前,学界也曾有"债权说"[14]"物权说"。[15]《物权法》颁行后,又出现了"优先权说"[16]"未来所有权说"[17]"形成权说"[18]等。可见,关于担保权性质的论争由来已久,且众说纷纭。

判断一项权利是不是物权,应当回归到物权的基本构造上来加以分析。对于物权的基本构造,日本学者近江幸治概括得简明清晰:人与外界的关系包括对"物"的"支配"与对"人"的"要求"(请求)两类。在"人"对"物"的关系上,表现为"人"对"物"可以所有、使用、处分,其关系构造表现为"支配"形式,即在"人"对"物"的关系中存在"人支配物"的权利构造。对物的支配关系是物权制度的基础,对人的要求(请求)关系是债权制度的基础。物权的本质是对物的排他性支配。[19]

运用以上物权构造理论分析,有学者认为,所有权和用益物权属于物权自无问题,所有权体现了物权人对物的最终支配力,用益物权体现了物权人对物的现实支配力。而物的担保,既没有所有权那样的最终支配力,也没有用益物权那样的现实支配力。抵押权人不占有物,对物从来不能实施传统物权理论所说的直接支配;质押权和留置权虽以占有为要件,但是这种占有支配力不是为

---

⑪ 参见[日]加贺山茂:《担保物权法的定位》,于敏译,载梁慧星主编:《民商法论丛》(第15卷),法律出版社2000年版,第483页。

⑫ 参见[日]伊藤进:《民法·担保物权》,评论社1987年版,第8页。转引自陈本寒:《担保物权法比较研究》,武汉大学出版社2003年版,第111页。

⑬ 参见陈本寒:《担保物权法比较研究》,武汉大学出版社2003年版,第116~117页。

⑭ 参见尹田:《民法思维之展开:尹田民法学演讲集》(修订版),北京大学出版社2014年版,第47页。

⑮ 参见王利明:《物权法研究》(修订版)(下卷),中国人民大学出版社2007年版,第332~335页。

⑯ 参见王婷婷、范卫国:《担保物权的性质辨析及立法定位——兼与郑冠宇、赵守江教授商榷》,载《东南大学学报》(哲学社会科学版)2010年6月增刊。

⑰ 参见徐洁:《论担保物权——关于性质与立法的思考》,载《广西社会科学》2007年第5期;张鹏飞:《试析抵押权的性质》,载《郑州航空工业管理学院学报》(社会科学版)2008年第5期。

⑱ 参见申勇兵:《担保权的性质另有看法》,载《西安石油大学学报》(社会科学版)2011年第1期。

⑲ 参见[日]近江幸治:《民法讲义Ⅱ物权法》,王茵译,渠涛审校,北京大学出版社2006年版,第1~5页。

了物的直接支配,而是为了固定担保物以便债权的实现。[20] 持“物权说”的学者也认为,担保权利人对特定担保物并没有直接的排他的支配力。但在解释“物权”属性时,其将担保权利人对物的支配关系理解为人对物的交换价值的支配关系。王利明教授认为,所有权是对物的全面支配,用益物权则是对物的使用价值的支配,而担保物权所支配的则是物的交换价值;交换价值是一个抽象的概念,普遍存在于各种物之上;担保物权人对于物的支配表现在对其交换价值的支配,而不同于用益物权中对物的使用价值的支配。[21] 孟勤国教授则提出:“担保权支配物的交换价值”是个伪命题;担保权为确保债权的实现而设立,不以直接支配担保物为目的;担保权的本质是优先受偿权;担保权应置于民法典的债权编或优先权编。[22] 而持“物权说”的学者认为,从国外担保物权制度的发展动向和我国现实经济生活的需要来看,抵押权人对抵押物的支配范围、支配能力有逐渐扩张的趋势,特定情况下会对抵押物的实体进行全面的、事实上的控制和支配。[23] 就抵押权人对抵押物价值的法律上的支配而言,在抵押权实现之前,即使抵押人转让抵押物,抵押权人仍然没有丧失对抵押物价值的直接支配,而在抵押权的实现过程中,抵押权人对抵押物价值的直接支配力表现得更为明显。担保物权具备了物权的核心法律特征,将其纳入《物权法》并无不妥之处。[24]

以上争论与交锋,均见仁见智。然而,尹田教授指出问题的关键所在,即对于传统民法学概念的反思。物权与债权的区分是德国民法创造出来的,德国人在抽象技术和逻辑推理的运用上,有时是非常不讲道理的,他们实际上只讲一个目的,那就是形式完备,为此,他们有点“不择手段”。他们把地役权、地上权等对他人不动产享有的使用权利归纳抽象为所谓的用益物权,这是有道理的。

---

[20] 参见孟勤国、冯桂:《论担保权的性质及其在民法典中的地位》,载《甘肃社会科学》2004 年第 5 期。

[21] 参见王利明:《物权法研究》(修订版)(下卷),中国人民大学出版社 2007 年版,第 321 页。

[22] 参见孟勤国、冯桂:《论担保权的性质及其在民法典中的地位》,载《甘肃社会科学》2004 年第 5 期。

[23] 参见郑冠宇、赵守江:《担保物权的物权属性解读——与孟勤国教授商榷》,载《河南省政法管理干部学院学报》2009 年第 1 期。

[24] 同上。

但是,他们把抵押权、质权、留置权归纳抽象为所谓的担保物权,这实际上是没有道理的。[25]

《物权法》出台后,担保物权被写入《物权法》中,主要立法理由如下:[26]第一,担保物权具有物权的特点。物权的本质特点是支配性,支配性不仅体现在对物的占有和处分上,还体现在对物的交换价值的支配和对物的处分行为的控制上。第二,担保物权依附于主债权,但从功能上来讲,其又独立于主债权。担保物权具有优先受偿性,优先于一般债权或者其他权利受偿,反映了物权对于债权的优先效力。第三,国内民法学界的通说及司法实践均认可了担保物权是物权。立法推倒大多数人的共识,将浪费立法资源,降低立法效力,对于《物权法》通过后的普法和执法都是不利的。第四,从国外的立法例来看,确实有的国家没有将担保物权放于物权编,例如,法国将担保物权放在保护权利的各种方法中。[27] 但需要注意的是,《法国民法典》立法时,并没有严格地区分物权和债权。[28] 之后,其他国家进行民法典立法时,基本上都将担保物权置于物权编中。对于学界关于担保物权性质的论争,立法机关通过立法行为给予了最终解释。这似乎会使学者们的争论销声匿迹,但学界对于担保物权性质的质疑依然连绵不绝。[29] 事实上,立法的选择并不能决定担保权的根本性质,也不必然反映社会

---

[25] 参见尹田:《民法思维之展开:尹田民法学演讲集》(修订版),北京大学出版社 2014 年版,第 45 ~ 50 页。

[26] 参见全国人大常委会法制工作委员会民法室编:《中华人民共和国物权法条文说明、立法理由及相关规定》(第 2 版),北京大学出版社 2017 年版,第 342 ~ 343 页。

[27] 参见全国人大常委会法制工作委员会民法室编:《中华人民共和国物权法条文说明、立法理由及相关规定》(第 2 版),北京大学出版社 2017 年版,第 343 页。需说明,2006 年 3 月 23 日第 2006 - 346 号法令(ordonnance)对《法国民法典》进行了修改,修改和增加部分条文,"担保"被移到第四卷。参见[法]弗朗索瓦·泰雷、菲利普·森勒尔:《法国财产法》(下册),罗结珍译,中国法制出版社 2008 年版,第 1177 页。

[28] 《法国民法典》在 2006 年修订时,物权和债权早已在大陆法系学说上形成了成熟的体系,但法国最终没有采纳担保物权,除了和法国的历史传统有关联,再就是对物权概念本身的困惑使然。法国现代社会、经济和司法实务领域的现实,都要求构建开放性的财产权体系,担保独立成编是对现代财产权利开放性的回应。

[29] 按照时间先后排序,对担保物权性质的质疑,参见王婷婷、范卫国:《担保物权的性质辨析及立法定位——兼与郑冠宇、赵守江教授商榷》,载《东南大学学报》(哲学社会科学版)2010 年 6 月增刊。谢怀栻:《外国民商法精要》(第 3 版),程啸增订,法律出版社 2014 年版,第 72 ~ 76 页;胡吕银:《担保权属性与各种担保方式的重新界定》,载《法学》2013 年第 8 期。

经济发展的走向。从学术研究角度来讲,我们应本着严谨和求实的态度,对此问题作较深层次的探讨。

(二)物的担保并不是物权

1. 物的担保未对物支配,也未对物的交换价值支配

(1)关于对物的支配的思考。物是物权存在的前提条件。没有物,当然无物权。从《物权法》规定“物,包括不动产和动产”来看,我国法律关于“物”的定义,不是以概念的内涵方式来界定的,而是以概念的外延方式来限定的。在人类生活史上,有体物是最早被人类认识的资源,也是人类最容易支配和掌控的客观物质。有体物主要表现为动产和不动产,将二者作为物权的客体,没有问题。但是,随着社会经济发展,将权利作为物权的客体,或者将权利“视为物”,就会给人们带来困惑。在民法理论上,“物权”“对物权”“支配权”等概念的含义不可简单等同。对物权是以客观存在的物为客体的权利,区别于对人权。对人权是以人的行为为客体的权利。对物权是一种支配权,对人权是一种请求权。对物权意味着物被置于权利主体的意思支配之下,这种权利被认为是绝对的、完全由权利人支配的权利。通常物权法上所讲的物权,仅仅是对物权的一种,是对有体物的支配权。另外,在无形物上也可成立对物权,例如,知识产权也是对物权。因此,物权不是对物权的全部,对物权也不能被简化为物权。支配权是一种排他性的直接控制客体的权利。此类权利有以下两方面的作用:积极方面,可直接支配其标的物,不须依靠他人行为介入;消极方面,可禁止他人妨碍其支配,具有排他性。物权是典型的支配权。此外,知识产权、人格权及身份权也是支配权。[30] 支配权是相对于请求权的一个概念。请求权是请求他人为某种行为(作为、不作为)的权利,先有基础权利,而后有请求权。依基础权利不同,请求权可分为债权上请求权、物权上请求权、知识产权上请求权、人格权上请求权、身份权上请求权。唯债权上请求权是从债权成立时当然发生,债权人可以直接向债务人行使请求权。而其余的请求权,则多于基础权利受侵害时方

---

[30] 参见梁慧星:《民法总论》(第4版),法律出版社2015年版,第72页以下。

才发生。综上所述,物权是对物权的一种,物权又属于支配权中的一类。在理论上,对物权、支配权和物权的逻辑关系是:物权是对物权和支配权,但绝不可反向推导出对物权和支配权是物权。对于物的担保,当担保行为客体是有体物时,抵押、质押和留置权利人对该物并没有排他的支配力;当担保行为客体是权利,即权利抵押、权利质押时,根本没有有体物的形态存在,更谈不上直接支配问题。而当债务履行期限届满后无法得到清偿时,由抵押权人、质权人和留置权人请求法院介入,只能从对该动产、不动产或权利进行拍卖、变卖的所得价款中优先受偿。如此看来,物的担保更类似对人权和请求权。

(2)关于对物的交换价值支配的思考。交换价值是价值的表现形式。[31] 价值是人类劳动的结晶,也是客观需求。在对自然界的认识和改造过程中,人们一定认识到了物的使用价值之外还存在交换价值,否则,交换将丧失人的客观需求的基础,人们之间便不会产生交换行为。对于这种主观认识和客观需求之间的裂隙,一定要通过交易行为来弥合,交易是实现交换价值的路径和桥梁,人的目的性行为本身无法支配蕴含在交易中的交换价值。即使按照政治经济学的解释,商品的"二重性"使用价值和交换价值也是对立统一的关系,权利主体拥有了使用价值就会失去交换价值;反之,拥有了交换价值就会失去使用价值。显然,前述学者所谓的"物的交换价值"不同于政治经济学上的商品交换价值。法学中的交换价值是什么?法学中所讲的交换价值一定产生于交易行为中,随着交易行为所指向的特定财产上的权利转移而实现;但是在交易完成之前,法学视野下并不存在客观的交换价值,特定财产的交换价值隐含于其自身价值中,仅仅是一种对于未来受让者而言的主观上的有用性,就担保权人而言,其何以支配?担保权人不可能支配存在于他人主观上的交换价值,即有用性。最终担保权人获得价款的行为,只是一种债务给付的变相受领,而非支配。传统物的担保中提及的交换价值,充其量不过是一种担保权人的期待性利益。设定担保时,权利主体无法具体支配这种期待性利益,只能说是在满足当事人约定的实现担保权的条件或者债务履行期限届满没有清偿时,担保标的物经过法定程

---

[31] 参见辞海编辑委员会编:《辞海》,上海辞书出版社1979年版,第797页。

序顺利得到变现后,才能从拍卖、变卖所得的对价价款中取得相应的利益。这种利益在担保法律关系设立时,抽象层面是确定的;但是在实现担保权时具有很高的或然性,且担保权人也要付出巨大的成本。担保权人经过拍卖、变卖后所得的对价很可能无法覆盖债权的全部利益。所以,这种期待性、或然性利益又如何能由担保权利人来支配呢? 这仅是对特定义务主体的特定财产利益之上设定的一种负担,以此来给债务人施加心理上的压力,促使其积极履行债务,担保权利人并不希望通过实现担保权来满足债权。

综上所述,在物的担保上形成担保物权的提法,是对担保权利人实际支配对象模糊不清的认识,将"对物权""对物的支配权""对物的交换价值的支配权"等同,认为其都是物权,这在逻辑层次上是一种简化处理,并非严谨科学。

2. 权利不是物权的客体,权利抵押权、权利质权不应被纳入担保物权编

从法律规范角度分析,依据《物权法》的规定,物权概念的核心要素是"权利人""物""直接支配""排他性"。[32] 担保物权概念中的核心要素是"权利人""实现条件""担保财产""优先受偿"。[33] 二者对比如下:物权的客体是物,权能表现是排他性直接支配;担保物权的客体是担保财产,权能表现是优先受偿。二者的核心要素区别明显。

按照概念法学的逻辑推演,物权的客体为物,担保物权的客体为担保财产。我国《物权法》将物权的客体从物(动产与不动产)扩大到权利,是为与其分则"担保物权"中的抵押权、质权的客体担保财产(包含动产、不动产和权利)相呼应,但是物权和担保物权的这两类客体根本不是同一层次的权利客体。依照德国民法的权利客体理论,权利客体在两种意义上被使用,第一种是指支配权或利用权的标的,是狭义的权利客体,为第一顺位的权利客体;第二种是指权利主体可以通过法律行为予以处分的标的,为第二顺位的权利客体。第二顺位的权利客体是权利和法律关系(权利关系)。[34] 可见,我国物权理论涵盖两个顺位的

---

[32] 参见《物权法》第2条。

[33] 参见《物权法》第170条。

[34] 参见[德]卡尔·拉伦茨:《德国民法通论》(上册),王晓晔、邵建东等译,法律出版社2003年版,第377~380页。

权利客体：一是物的表现形式；二是(财产)权利。在民法理论上，物权理应是财产权利的下位概念，而物权客体又包含其他财产权利，这将导致财产权和物权边界不清。《物权法》将权利纳入物权客体，虽然仅是特例，即将其限缩在权利抵押权、权利质权这两种担保物权客体上，但却会给整个财产权利体系带来混乱。

罗马法上对有形物和无形物的划分本质上是在回答人们可以拥有哪些财产，可以支配哪些东西的问题，于是，将对他人之物的使用权也称为一种财产形态。又由于罗马法区分了对物的诉讼和对人的诉讼，在后来的民法演进中，逐渐使大陆法系民法在财产体系上分为物权和债权。这里的疑问就在于物权法意义上的个人可支配的客体是否可以分为两类：一类是客观存在的有价值的物；另一类是法律拟制出来的物，如权利。我们认为，当代社会的物权法不是广义上的财产法，物权法是调整因物的归属和利用产生的民事关系的法律，物权客体只能是第一类客观存在的有价值的物。主体对物的支配不同于对权利的支配。与其说权利抵押权、权利质权是担保权利人对他人权利的支配，不如说是担保义务人对自己权利的利用。而财产权利的归属和利用，应当属于物权法、债权法、知识产权法等之上的财产权法的调整对象。目前，我国在立法上还没有明确给出财产权的概念，让权利借助物化的手段，使其准用物权规则，纳入物权法调整，只是一种立法上的认可。而我国民法典编纂，应当改变传统民法的民事权利结构，构建一个包含物权、债权、知识产权等在内的财产权体系。担保权既不是物权也不是债权，而应是一种单独的财产权，担保权的客体恰是第二顺位的权利客体——权利和法律关系(权利关系)之上的财产利益。

3. 抵押权、质权和留置权不具备物权的效力和救济方式

我们对照大多数学者所讲的“担保物权是对物支配、对物的交换价值支配”的逻辑，再对担保物权各权利主体支配的实际内容、行为效力和救济方式作具体分析。

(1)抵押权人对抵押财产的“支配”。抵押设定不转移抵押物的占有，不存在直接对物的支配问题。我们认为，抵押权是对抵押物的观念的支配、间接的支配。这种抽象意义的支配，已经脱离了人对物的支配的原意，法律也没有赋

予抵押权人对抵押物享有占有、使用、收益和处分的权能。当抵押权生效后,可能发生两种效果:其一,主债务到期前,抵押人处分该财产时受到了某种限制。而这种限制也远远没有达到禁止处分的地步。抵押人可以通过将转让抵押财产后的所得价款提前清偿债务或者提存、受让人代为清偿等方式,从而完成对抵押财产的处分。[35] 其二,主债务到期后,若主债权获得清偿,则抵押权人的权利一并消灭;若主债权未获得清偿,则债权人依法享有就担保财产拍卖、变卖所得价款优先受偿的权利。主债权无论到期前或到期后,均不必然体现抵押权人支配特定物的交换价值。支持"物权说"的学者认为,抵押期间抵押权人享有的权利如下:一是处分性权利。包括同债权一并转让抵押权、同债权一并设定权利质权、同债权一并抛弃抵押权或者单独抛弃抵押权。二是保全性权利。针对抵押人的不当行为,抵押权人享有抵押财产价值减少防止权、恢复抵押财产的价值请求权、增担保请求权。三是侵权损害赔偿请求权。四是物权请求权。[36]

我们认为,以上提及的处分性权利和保全性权利并非物权的支配力和排他力的体现。如当抵押权人行使处分性权利时,必须和主债权一同处分,这显然不同于一般物权的支配力;当抵押权人行使保全性权利时,仅针对抵押人而为,具有对人性,没有对世性。以上抵押权人的侵权损害赔偿请求权和物权请求权也不是物权绝对权的表现。首先,学界对于抵押权人是否有侵权损害赔偿请求权一直是有争议的。[37] 抵押权人的损害赔偿权[38]的学理表述应为抵押权人对担保财产的物上代位权,而享有物的侵权损害赔偿请求权的主体依然是抵押财产的所有权人或用益物权人。其次,学界对于整个他物权是否都适用物权请求权也早有争议。[39]《物权法》总则规定的"返还原物请求权""排除妨害请求权""消除危险请求权"三类物权请求权,理应适用于抵押权人。但是我们认为,由于抵押权人不实际占有抵押财产,所以,这三项权利应当由占有抵押财产的所

---

[35] 参见《物权法》第191条。

[36] 参见程啸:《担保物权研究》,中国人民大学出版社2017年版,第323~338页。

[37] 同上书,第333~334页。

[38] 参见《物权法》第174条。

[39] 参见辜明安:《物权请求权制度研究》,法律出版社2008年版,第295~305页。

有人或者用益物权人享有。

再看抵押期间抵押权人的义务：第一，对于抵押人正当使用抵押财产的行为抵押权人不能干预。抵押权人对抵押财产的支配是观念的支配、间接的支配，不具有绝对性、排他性。第二，对于抵押人将抵押财产再次抵押，抵押权人必须容忍。一物之上设立数个抵押权，是抵押人行使权利的自由，抵押权人无法阻止和干预。同一财产上各抵押权人仅能在债权到期没有实现的情况下，按照抵押权顺位依次优先受偿。可见，抵押权不具有物权的排他性。

（2）质权人对质物的"支配"。质权分为动产质权和权利质权。动产质权以实际占有质物为生效条件，权利质权需要交付权利凭证或将权利登记到质权人名下，方可生效。其一，动产质权人对质物的占有是质权发生效力的基础。在质押期间，动产质权人对质物仅是一种占有状态的实际管控，若其丧失对质物的占有，则质权消灭。而所有权人、用益物权人对物的支配是全面的、终极的、排他的支配，权利主体即使丧失了对物的实际管领，也不丧失所有权和用益物权，仍可以享有物权的支配力、排他力、追及力。其二，关于权利质权，汇票、支票、本票、债券、存单、仓单、提单、基金份额、股权、知识产权和应收账款等财产权利均可质押，这些权利类别涵盖物权、债权、股权、知识产权、特许经营权、排放权和期待利益等，我们很难说经过交付权利凭证或登记后的以上各权利的性质会转变为物权，仅能表明经过交付权利凭证或登记后的财产权利上存在他项权利，而这一他项权利不等于物权，不等于权利质权人排他性地支配了以上不同类型的权利。

（3）留置权对留置物的"支配"。留置权是法定的担保"物"权，看似是对动产留置物的实体的支配、直接的支配，但留置权不具有追及效力，留置权人一旦丧失对留置物的占有，留置权就会消灭，因此，留置权也不存在返还原物的物权请求权。留置物受到第三人侵害时，留置权人是基于占有的事实状态而享有排除妨害请求权、妨害预防请求权，适用的是物权法上的占有保护规则，而非基于物权请求权。[40] 另外，留置权的重要特点是其"二次效力"，这不同于抵押权和

---

[40] 参见程啸：《担保物权研究》，中国人民大学出版社2017年版，第610页。

质权。一定是在履行期限届满后债务人不履行债务时,留置权才产生“一次效力”,即生效;当宽限期限届满后,若债务人仍不履行债务,留置权才产生“二次效力”,即优先受偿效力。可见,留置权的效力弱于物权的支配力、排他力、追及力。

4. 优先受偿的非物权属性

立法机关认为,担保物权具有优先受偿性,优先于一般债权或者其他权利受偿,反映了物权对于债权的优先效力。而崔建远教授认为,物权具有支配力,而无受清偿的效力,担保物权也不例外。受清偿是债权的效力。在某债权上附有担保“物”权的场合,实际上是担保“物”权担保的某特定债权具有优先受偿的效力,该债权于是具有了相对于其他债权的优先性。[41] 此类同时具有给付受领力和优先效力的债权,自然能优先于普通债权。我们不能简单地说是“物权优先于债权”。

在解释学上,主债权债务形成担保权的基础法律关系,主债权债务到期无法履行,作为第二层次的法律关系才有实际发生法律后果的可能。而主债权和其他没有设立担保物权的债权在性质上同质,本应具有平等性,但由于事先将债务人或者第三人的特定财产作为主债权实现的保障,使债权平等原则发生了例外,使该主债权人具有了优先于其他债权人的受偿效力。这种优先受偿效力仅是相对于其他的普通债权而言,不是相对于担保财产上存在的物权而言的。对于该特定财产的所有人和用益物权人来说,其所享有的物权并不受影响,他们依然享有物权,只是在拍卖、变卖该财产时从所得的价款中让主债权人在其债权范围内优先获得清偿,用于消灭第一层次的基础法律关系。可见,担保制度中并不存在“物权优先于债权”的理论基础。物的担保,使主债权人优先于其他普通债权人受偿,从性质上提升为物权进行保护,在逻辑上是说不通的。物权与债权是两种异质权利,仅依据对债务人或第三人特定财产利益的交付占有或登记宣示,就认为是对物(或其交换价值)支配,进而在立法上定性为物权,这是很牵强的。我们认为,优先受偿是债权平等受偿原则的例外规则,本身不涉

㊶ 参见崔建远:《物权:规范与学说——以中国物权法的解释论为中心》(上册),清华大学出版社2011年版,第67页。

及权利性质问题。比如,在其他单行法中还存在法定优先权,[42]也有优先受偿力;甚至在一些情形下,法定优先受偿要先于担保物权。[43] 可见,优先受偿并非物权的专属属性。

(三)物的担保被纳入物权编带来的问题

《担保法》及其司法解释系统规定了保证、抵押、质押、留置和定金等担保制度,《物权法》将抵押权、质权和留置权纳入担保物权编。至此,物的担保和人的担保、金钱担保相分离,给担保制度带来以下问题。

1. 统一的担保制度体系被人为切割

在原担保法体系下,保证、抵押、质押、留置和定金,均为增加主债权实现可能性的制度选择。这些担保类型虽各具特色,但作为担保制度的一部分,有如下共同点:(1)各担保制度的目的是保障债权的实现。其中,人的担保是通过增加责任主体的人数来保障债权实现,物的担保是通过增加特定物(或财产)来满足债权的优先受偿,金钱担保是通过事先交纳一定比例的货币来敦促债务人按时履行债务。(2)各担保制度由两个层次的法律关系组成。基础法律关系为债权人和债务人之间的主债权债务关系,从属法律关系为债权人与债务人或第三人之间的担保法律关系。(3)各担保制度发生作用的前提是债务人到期不履行债务,债权人积极行使担保法律关系中双方事先约定的权利或法律直接规定的权利。(4)各担保制度一般以满足主债权实现的利益范围为限度,但定金除外。综上所述,我国担保制度在目的功能、法律构造、作用前提和行使限度等方面高度统一。从立法演进来看,担保制度立法从统一走向分离,更多地体现了我国民事立法对德国民法中物权、债权二元财产权利结构的形式逻辑的过度因应。而担保制度被形式逻辑人为分割成物权性担保和债权性担保,这给法律适用和社会生活都带来了不同程度的困惑和不便。

---

[42] 比如,《海商法》规定的船舶优先权、《民用航空法》规定的民用航空器优先权等。

[43] 《最高人民法院关于建设工程价款优先受偿权问题的批复》(法释〔2002〕16号)第1条规定:"人民法院在审理房地产纠纷案件和办理执行案件中,应当依照《合同法》第二百八十六条的规定,认定建筑工程的承包人的优先受偿权优于抵押权和其他债权。"

2. 增加法条理解和法律适用的难度

立法机关将担保制度一分为二,并在《物权法》中规定了效力衔接条款:“当担保法与本法的规定不一致的,适用本法。”这在一定程度上消弭了《物权法》和《担保法》因法条竞合产生的适用冲突,但二者之间不是简单的新法与旧法的关系。《担保法》依然有效,这又给法条理解和法律适用带来了困难。首先,无法避免在同一部《物权法》中“担保”的语义不同,理解时要在具体条文中具体分析。例如,《物权法》第171条第1款和第2款中“担保”的含义各不相同。[44] 其次,同一担保制度要同时适用两部法律才能构成完整的规范体系。例如,动产抵押登记制度既要适用《物权法》,又要适用《担保法》的有关规定。《物权法》规定动产抵押权登记效力统一采取登记对抗主义,《担保法》规定动产抵押权的登记机关(第42条)和登记材料(第44条)却依然有效。可见,将担保制度一分为二,增加了法条理解和法律适用的难度。

3. 将权利纳入物权客体,致使物权的逻辑基础被破坏

目前,我国民法关于“物”的规定,主要体现在《物权法》《担保法》《民法总则》中。[45] 法律并没有对物的概念作出具体规定。由于物的担保中包含权利抵押权、权利质权,因此,《物权法》不得不把权利纳入物权客体中。我们认为,权利不宜作为物权的客体,这会导致权利和权利客体发生混淆,进而导致物权与其他民事权利的区分发生混乱。以权利质权为例,提供票据用于质押的票据权利人本身享有的是债权,经过质押后,质权人享有的权利质权却是担保物权。票据权利本身没有发生变化,但却因质押关系的成立,导致质押前后的不同权利主体享有的权利性质发生改变,这在逻辑上是有问题的。难道仅仅因为票据质权人有优先受偿的权利,法律就将原票据权利人的债权改变为质权人的物权吗?当然,有学者据此在学理上解释说,权利质押的客体不是权利本身,而是权利对应的利益,这种利益是特定的可变价的交换价值(如前文所述)。“由于权利的利益属性,使其在法律有规定的情况下可以成为民事法律关系的客体。由

---

[44] 参见《物权法》第171条第1款及第2款。

[45] 我国民法有关“物”的规定,参见《物权法》第2条第2款、《担保法》第92条及《民法总则》第115条。

此推断,权利本身也有可能成为权利(包括物权)的客体。”[46]但是,有学者则认为,大陆法系财产法的当代困境之一是物权与债权相互交融,二者界限日益模糊;如将权利质押称为“权利上的物权”,显然不能视之为传统含义上的“物权”。[47] 我们认为,权利具有利益属性,可以成为民事法律关系的客体,不等于权利就能成为物权的客体。物权客体应坚持以有体物为准则,这是纯化物权和债权的前提之一。否则,物权体系的逻辑基础将被破坏,民法权利体系将变得模糊。

4. 非典型担保无法优先受偿

在物权法定原则下,现有担保物权的种类受限,无法满足资本市场和信贷实践的需要,而我国经济快速发展催生了大量新型融资担保形式。例如,让与担保、所有权保留等非典型担保方式,在实务界得到较广泛的应用。在理论上和裁判中,对非典型担保的优先受偿效力一直有不同的看法,“否定说”的基本理由是其违背物权法定原则。若将物的担保从《物权法》中剔除,那么,非典型担保可以和人的担保、物的担保、金钱担保一同构成独立的担保权制度,在该制度下,担保权作为一项财产权,不受物权法定原则的限制,使当事人能够自主设立维护个人利益的财产关系。同时,物权法定主义还能继续发挥其在《物权法》中的基础作用,为维护交易安全作出贡献。

综上所述,如果将物的担保从《物权法》中抽离,以上问题就可迎刃而解。权利无须作为《物权法》拟制的物权客体,物权的概念更加确定。值此《民法典》编纂“物权编”之际,正好对物的概念加以明确,我们认为,物是具有独立经济价值且具有排他性的可支配的客观物质。将物的概念内涵界定为客观存在的事物,具有有体性;外延回归到客观存在的传统物理学意义上的固态、液态、气态物质,这完全符合传统民法物权制度设计的初衷。民法典各分编既坚持物权、债权、人格权、婚姻家庭、继承、侵权责任等基本结构,同时又为新型财产权分编作出规范体系上的留白,进而提高我国民法典的开放性和生命力。

---

[46] 孙宪忠主编:《中国物权法:原理释义和立法解读》,经济管理出版社2008年版,第52页。

[47] 参见马俊驹、梅夏英:《财产权制度的历史评析和现实思考》,载《中国社会科学》1999年第1期。

二、担保权独立成编的可行性

理论上,担保权独立成编要求担保权能够形成独立的概念和体系,各类型担保有共同的权利客体,有相同的特性;实践中,担保权独立成编要有立法引领和审判指导的经验基础。担保权具备充分的理论基础和实践条件,有独立成编的可行性。

(一)担保权的理论基础

虽然在学理上,人的担保、物的担保、金钱担保在法律关系构成要素、法律关系成立和法律效力等方面有差异,但这三类担保也有着共同的特征,它们能够构成区别于物权和债权制度的一类独立的财产权制度。

1. 担保权的客体为财产利益

人的担保、物的担保和金钱担保,表现为民事主体经由意思表示或法律直接规定而形成的不同形式的担保法律关系。如保证、抵押、质押、留置、定金等,单从主体行为角度来看,均属于为了保障债权实现而选择的一种手段,各担保方式在行为产生的目的上相同。当人们把担保行为形成的民事法律关系作为民事权利进行保护的时候,往往就会按人类的类型化思维,将这种权利放在传统民法物权、债权二元架构内,进一步判断它属于哪一类。在这一惯性思维下,学者们才会陷入担保权的"物权说"或"债权说"的长久争论之中。其实,三类担保有共同的独立品格,其客体均为财产利益。

人的担保,是指由债务人以外的第三人以其财产和信用为债务清偿所提供的担保。在人类社会早期,债权纯粹体现债权人与债务人之间的人身关系,一般经济关系的性质甚微。在近代法中,随着交易发展和法律演进,债务人对债权人所负担的人身责任逐渐弱化,并完全变为一种经济责任。[48] 在现代社会,于

---

[48] 参见[日]我妻荣:《债权在近代法中的优越地位》,王书江等译,中国大百科全书出版社1999年版,第20~22页。

债务人的责任财产之外,通过人的担保制度,使责任财产的范围扩大至第三人的一般财产之上,使债权的实现得到更大的保障。自20世纪以来,随着国际贸易的繁荣和银行业务的拓展,保证日趋活跃,如“见索即付”单证、独立保函、以保证原则为基础的担保基金等。由于银行资金实力雄厚,信用良好,保证手续简便,网络遍及世界各地,债权人往往愿意接受由银行提供的保证业务。银行的独立保证被广泛应用于国际招投标、国际贸易和国际借贷等经济活动中,具有独立性。这是独立保证对传统民法担保理论的突破。[49] 可见,人的担保只是一种表象,实际上是以债务人之外第三人的一般财产向债权人提供的保障,属于财产利益上的担保。

物的担保,是指在债务人或第三人所提供的特定财产上设定的担保。[50] 大陆法系传统民法理论上和实践中并不经常使用“财产”概念,而把设于财产上的担保简称为“物的担保”。我们应该注意,移植的概念往往与历史的和社会的语境有着密切联系。“财产”与“物”在概念的内涵和外延上并不等同,按一般理解,物权法上的物通常是有体物,传统民法和物权法的大多数具体制度和表述都以有体物为出发点和归宿点。在罗马法中,物不仅包括有体物,也包括无体物。但是,罗马法上物的语义和《物权法》中的物是不同的。而“财产”一词的含义是不确定的,其在法国法中就有以下三种表现:财产为服务于人的物;财产为“权利”,设定于物之上;财产包括物、物权、无形产权和债权。[51] 到了现代,财产的范围还在不断扩大。物的担保之标的物,时而为物,时而为权利,但它们都能统一在“财产利益”的概念之下。

金钱担保,是指以一定的金钱为标的物而设定的担保。学理上,金钱担保的典型方式为定金。有学者认为,金钱担保是一种特殊的物的担保方式。[52] 还有学者以“货币属于其占有者”的法谚,认为金钱是一种特殊的物,金钱的占有

---

[49] 如国际商会1987年第325号《合同担保统一规则》《国际商会见索即付保函统一规则(URDG758)》(2010年修订本)和1995年《联合国独立担保与备用信用证公约》等条约规定,载http://www.pkulaw.com,最后访问日期:2017年10月9日。

[50] 参见高圣平:《担保法论》,法律出版社2009年版,第3页。

[51] 参见尹田:《法国物权法》(第2版),法律出版社2009年版,第14~17页。

[52] 参见邹海林、常敏:《债权担保的理论与实务》,社会科学文献出版社2005年版,第20页。

移转即为金钱所有权的移转。所以,金钱担保在设定时,债权人应当已经取得对金钱的所有权,不同于担保物权型的物的担保。[53] 我们认为,在现代社会,金钱表现为货币,是一般等价物,作为定金的货币本身就是现实的财产利益。一方面,定金要预先支付;另一方面,定金有双重担保性,对双方当事人都有担保作用,这是定金不同于人的担保也不同于物的担保的独特之处。但毫无疑问,金钱担保也是以货币所体现的财产利益作为权利客体的。

综上所述,人的担保、物的担保和金钱担保虽各有不同,但是在各自形成的法律关系中,担保权利人享有的权利有共同的客体——财产利益。各担保方式对应的客体不再陷入是物还是行为的二元归类的窠臼。担保实践中,从人的担保、物的担保并存时的责任承担来看,人的担保和物的担保也处于同一效力层级,没有谁先谁后。虽然学理上关于这种混合担保的责任优先问题有不同意见,如存在“物的担保责任绝对优先说”“物的担保责任相对优先说”“物的担保责任与人的担保责任平等说”等,[54]但我们认为,人的担保和物的担保都有共同的制度目的、实现途径和救济方式,在混合担保中,若各方当事人约定了清偿顺序,到期承担担保责任可以依其意思按约定顺序承担;若没有约定,物的担保和人的担保宜采“责任平等说”,具体由债权人享有选择权,根据实际情况进行主张。司法中,债权人的债权到期无法清偿,往往也均是将保证人、抵押人、质押人等作为共同被告起诉,由法院一并审理并作出裁判,待裁判生效后,当事人会根据各方的实际财产情况选择被执行人申请法院执行,而非物的担保责任绝对优先于人的担保责任。可见,人的担保、物的担保和金钱担保形成的担保法律关系的客体就是各自财产形式上对应的财产利益。如此,担保权客体的表现形式便具有很强的开放性,担保权可以设定于物(动产和不动产)、物权(所有权和用益物权)、债权、知识产权、继承权、股权、其他投资性权利、数据和网络虚拟财产等可转让的财产权利上,[55]因此,担保权本身也就具有了财产属性。而担保权

---

[53] 参见高圣平:《担保法论》,法律出版社 2009 年版,第 3 页。

[54] 同上书,第 68 ~ 76 页。

[55] 参见《民法总则》第 125 条、第 127 条。

本身的财产属性,也为独立性担保[56]等制度的设置拓宽了立法思路。

2. 担保权的特性

我国学者从担保的权利内涵构造归纳担保的性质,观点主要如下:王利明教授认为,担保物权的属性有从属性、不可分性和物上代位性等特征;[57]崔建远教授归纳出从属性、补充性和保障债权切实实现性三项特性,并提出判断一项法律行为是否构成担保就看其是否符合此三项标准;[58]郭明瑞教授、房绍坤教授认为,担保的特点包括特定性、效力补充性与从属性;[59]叶金强教授认为,担保的共同特征包括从属性、补充性和相对独立性。[60] 另有学者从财产权利的对抗力角度构建物上负担制度,将以人的视角为基础构建的传统财产法研究转向以物的视角来对财产权利加以分析,发现正是基于物的稀缺性导致权利的复杂性与层叠性:物上权利的层叠实际上是解决稀缺资源分配的重要制度设计。[61] 该学者区分了直接支配性权利和非直接支配性权利,在对非直接支配性权利进行整合后,发现了传统担保物权的非物权性,[62]并认为担保的本质是促成缔约。这一提法超越了传统的担保目的层面,看到了担保制度存在的原因。当代担保的本质是通过信用强化来实现缔约,变现和清偿只是担保的一种结果。担保权的实现,优先受偿顺位的取得,仅是以特定当事人的财产权利对债权人的承诺的兑现,这一承诺的功效是为了主债权债务之间的缔约成功,而不是为了主债违约之后的变现。担保权本身具有传统属性之外的一些特性,完全可以自成一体。

(1)特定功能性。从制度设立的功能角度分析,担保权的设立功能可以分为目的功能和结果功能。首先,在目的功能上,表面上,设立担保权的目的是保障主债权的切实实现,敦促债务人积极履行债务;实际上,当事人之间设立担保权的首要目的是达成交易、促成缔约。易言之,若没有设定担保权就可能取消

---

[56] 我国司法实务中只在国际贸易领域承认独立性担保制度,如见索即付保函、独立信用证等。

[57] 参见王利明:《物权法研究》(修订版)(下卷),中国人民大学出版社 2007 年版,第 323 ~ 326 页。

[58] 参见崔建远:《担保辨——基于担保泛化弊端严重的思考》,载《政治与法律》2015 年第 12 期。

[59] 参见郭明瑞、房绍坤:《担保法》,中国政法大学出版社 2008 年版,第 8 页。

[60] 参见叶金强:《担保法原理》,科学出版社 2002 年版,第 2 ~ 3 页。

[61] 参见张淞纶:《论物上负担制度——财产法的对抗力革命》,法律出版社 2012 年版,第 29 页。

[62] 同上书,第 302 ~ 351 页。

主债权的交易,无法缔约。其次,在结果功能上,担保权是对主债权效力的二次实现。主债权到期无法实现时,通过增加责任主体人数、特定化债务人的责任财产和把第三人财产纳入责任财产范围的方式,达到债权人所期望的与债务履行相当的效果。在现代担保发展中,我们发现,担保权实现缔约的目的功能逐渐得到强化,并且越来越突出;相反,结果功能日益弱化。(2)自身财产性。由于担保权的客体是财产利益,担保权相应也就有了财产性。人的担保、物的担保和金钱担保形成的担保关系本质上是财产关系。在民事领域,财产性权利具有可转让性,这是古老的民法意思自治和所有权绝对理念衍生出来的权利的性质。但是,由于涉及债务清偿顺位和第三人利益平衡的秩序价值问题,所以,担保权的可转让性是受到一定限制的,它不同于物权和债权的转让。这个属性可以通过两方面表现出来:一是除了双方另有约定或法律另有规定外,从属性担保权均可以随主债权一并转让;二是在个别情形下,独立性的担保权亦可以脱离主债权独立转让,如不可撤销的信用证等。(3)优先性。担保权的优先性,是指被担保的主债权优先于其他债权获得清偿,并非担保权本身优于债权或物权。优先性既不是物权的属性,也不体现在同一主体的不同权利上。如主债权人和担保权人同为一人时,一人享有的两种权利如何谈及孰先孰后?担保权的优先性仅体现为当同一债务人的其他普通债权人出现后,享有担保权的债权人与其他普通债权人相比,其权利实现的顺序处于优位,这是自然界和社会中普遍存在的排队现象在法律领域中的表现。为了赋予清偿顺序优先安排的法律效力,也可将顺序利益称为“权利”。[63] 但我们认为,这种“优先受偿权”不具有民事权利的性质,缺乏权利的主体、客体、内容和效力,因此,优先性仅是担保权的属性之一。需要说明的是,保证和定金的优先性体现得较为特殊。保证的优先性主要体现在担保权人(或称债权人)胜诉后,可对债务人和保证人的一般财产进行筛选,从中优先选择可执行财产,甚至可绕过保证人已经设定重复抵押的财产,优先选择更为有效的财产来强制执行;而定金的优先性则体现在主合同履行后,定金可以直接计入预付款中用于主债务清偿,无须退还。

---

[63] 部分学者认为,担保权本质是优先受偿权。参见王婷婷、范卫国:《担保物权的性质辨析及立法定位——兼与郑冠宇、赵守江教授商榷》,载《东南大学学报》(哲学社会科学版)2010年6月增刊。

综上所述,担保权在理论上具有特定功能性、自身财产性和优先性。其有自身独特的法律关系构造,可以独立于物权编、债权编、知识产权编等权利编,构成单独一编,自成体系。

(二)担保制度的应用发展

担保制度主要应用在借贷领域。银行业务中的担保贷款业务包括保证贷款、抵押贷款、质押贷款。[64] 其担保形式有保证、抵押权和质权。在银行业务中,并未区分物权性担保和债权性担保。若立法机关将担保制度分立,会导致银行和借款人对担保的认识变得复杂,致使彼此间过度依赖通过物保方式建立信任,而放弃对人保方式的选择。法律界关于物的担保和人的担保的效力优位尚有不同认识,普通市民很难看到人的信用在经济与法律上的价值和作用,更难理解信用担保对自身生活和社会经济发展的重大意义。本文认为,物的担保是传统所有权支配理念在经济交往中的反映,其发端于大陆法系传统农业社会时期的"不动产抵押"和"动产质押"模式。在工业化时期的社会经济生活中,动产的价值日益凸显,且形式多种多样,各国动产担保客体的表现形式不断扩大。进入后工业化时期,社会政治经济发生了变革,信用经济逐步产生并得到发展。如果法律依然引导民事主体在担保交易中注重于物的担保,就会对人的担保主导下的信用经济的发展构成阻碍,法律制度对经济的促进和激励作用不能得到施展。

生活中大量存在民间借贷。中小企业在国民经济中是重要组成部分,但它们往往是"轻资产"型企业,自身没有雄厚的不动产或动产等资产作担保品。广大中小企业向金融机构借款时,金融机构因偏重于向提供物的担保的借款人授信,所以,中小企业没有办法获得商业银行相对低利率的贷款,只有转而向民间进行高息借款。信用担保体系的完善,是解决这一问题的良策。而信用担保体系的制度基础是民法担保制度中人的担保制度的重视和加强。[65] 时至今日,金融借贷制度供给侧对中小企业融资担保法律制度的供给乏力,中小企业融资难

---

[64] 参见《贷款通则》第9条。

[65] 参见朱凡:《人的担保基本制度研究》,中国检察出版社2005年版,第24~26页。

的问题依然突出。

非典型担保在各国担保实践中不断涌现,如让与担保、所有权保留、假登记担保、账户质押、代理受领、回赎等。在我国现行法律背景下,让与担保在商品房按揭实务中已有使用,所有权保留也被《合同法》承认,其他非典型担保方式在法律上尚未体现。[66] 同时,民间借款的债权人在无典型担保可选择的情形下,会设计出合同组合来达到担保的目的,如“担保型买卖合同”。[67] 这些含有担保目的的合同组合,一方面,使非典型担保的合同结构不断复杂化;另一方面,对债权人而言,合同结构越复杂,债权得到有效清偿的风险就越大。因此,当前担保制度的立法逻辑应当贴近现实社会经济发展的需要,将非典型担保纳入担保权体系,将其所形成的担保单独归为一类。

当前,域外两大法系不同国家在本国的担保制度上或统一立法,或进行改革。例如,美国摒弃传统动产担保交易制度陈旧繁冗的分类,构建一元化担保交易体系。《美国统一商法典》第九编避开了被大多数动产担保国内法所采纳的形式主义的物权法定原则,依务实的观点展开,不管交易的形式如何,只要在市场上有相同的功能,就应适用相同的法律。[68] 又如法国,2006 年 3 月保持了 200 多年体系不变的《法国民法典》独立出担保卷作为第 4 卷。[69] 此次改革有四个突出变化:第一,人的担保,增加了独立担保、[70]意图信[71]的规定,突破了担保的从属性原则;第二,物的担保,不是按照抵押、质押和留置的担保行为划分,而

---

[66] 参见曹士兵:《中国担保制度与担保方法》(第 3 版),中国法制出版社 2015 年版,第 278 ~ 280 页。

[67] 参见杨立新主编:《〈最高人民法院关于审理民间借贷案件适用法律若干问题的规定〉理解与运用》,中国法制出版社 2015 年版,第 144 页。

[68] 参见高圣平:《物权担保新制度新问题理解与适用》,人民法院出版社 2013 年版,第 165 页。

[69] 参见《法国民法典》,罗结珍译,北京大学出版社 2010 年版,第 504 ~ 555 页。

[70] 《法国民法典》第 2321 条规定:“独立担保是指,担保人基于第三人缔结的债务,承担义务按照约定的方式或者见索即付一定款项的承诺。在此种担保的受益人滥用权利或者明显欺诈的情况下,或者在其与命令发出人相互串通的情况下,担保人不承担义务。担保人不得提出来自受担保的债务的任何抗辩。除有相反约定外,独立担保并不跟随受担保的债务。”关于保证与独立担保的区别:银行对某一公司承诺见票即付之义务,并不是保证(cautionnement),而是“独立担保”(garantie autonome)(最高司法法院商事庭,1982 年 12 月 20 日)。参见《法国民法典》,罗结珍译,北京大学出版社 2010 年版,第 509 页。

[71] “意图信”又译为意向书。参见李世刚:《法国担保法改革》,法律出版社 2011 年版,第 76 ~ 82 页。法条依据为《法国民法典》第 2322 条:意向书是指“以支持债务人履行其对债权人的债务为目的”的作为或不作为的义务承诺。参见《法国民法典》,罗结珍译,北京大学出版社 2010 年版,第 510 页。

是按照担保标的物类型划分为动产担保(权利担保视为动产担保,如“债权挪押”)和不动产担保;第三,用于担保的动产可以是“一个有体动产或是一并多个有体动产”“现在的或是将来的动产”;第四,关于担保的实现,债权人可以要求法官判决其直接获得担保财产的所有权,也可以在没有法官介入的情况下,获得担保财产的所有权,即不再禁止“流质”“流抵”条款。法国担保法改革反映的是立法观念的变化,即国内法由保全担保向投资担保转变。目的是有效刺激投资和消费,提高法国的国内消费信贷对经济发展的贡献。[72]

与此同时,联合国国际贸易委员会致力于推广统一动产担保交易,大陆法系国家也积极响应、逐步跟进,我国也参与了相关规则的讨论。[73] 在民法典编纂中,应当关注国内立法与国际条约、公约间的关系,对性质相近、功能相当的统一动产担保制度加以借鉴和学习。

(三)担保权编的逻辑位置

民法典总则是以法律关系为“中心轴”来构建的,把各种法律关系的共同要素以“提取公因式”的方式加以抽象。[74] 而民法典分则各编的逻辑,基本上依民事权利的客体和民事权利的救济范式不同而设计。[75] 基于此,我们对“担保权编”的逻辑位置作如下分析。

1. 从民事权利客体角度分析

通说认为,民事法律关系的客体为物、行为、智力成果。学理上,对应产生了三大权利体系——物权、债权和知识产权体系。而担保权的客体是设定在物权、债权和知识产权之上的第二层次民事权利的客体。前者为基础权利,担保权为派生权利。将担保权分置于物权、债权的做法,似有不妥。社会经济生活中涌现出的在新型财产利益上设定担保的情况,如特许经营权抵押、排污权抵

---

[72] 参见李世刚:《法国担保法改革》,法律出版社 2011 年版,第 136 ~ 151 页。

[73] 参见中国国际贸易促进委员会网:《联合国国际贸易委员会(UNCITRAL)通过〈贸易法委员会担保交易示范法立法指南〉》,载 http://www.ccpit.org/Contents/Channel_3466/2017/0821/863629/content_863629.htm,最后访问日期:2017 年 10 月 9 日。

[74] 参见王利明:《民法典体系研究》,中国人民大学出版社 2008 年版,第 190 ~ 202 页。

[75] 同上书,第 186 ~ 189 页。

押等,均表明作为担保权客体之财产利益有很强的开放性,一切可以依法流通转让的财产利益都可以设定担保。因此,担保权应为财产权体系中的一部分,应与财产权各编相邻。在立法机关大致认可的民法典分编框架下,[76]"担保权编"应被置于"物权编""债权编"(或"合同编")[77]之后;同时,鉴于"人格权编""婚姻家庭编""继承编"的相关权利具有较强的人身属性,应当将其置于"人格权编""婚姻家庭编"和"继承编"之前;而"侵权责任编"作为民事权利的救济编,按照"先权利,后救济"的逻辑,应当被列为最末编。

2. 从各编权利自治和管制强弱角度分析

"物权编"各权利类型及其变动均实行物权法定原则,具有较强的管制特征;"债权编"各类合同债权多遵循意思自治原则,具有较强的自治特征;"婚姻家庭编"和"继承编"相关权益的取得和丧失,多基于婚姻和血缘关系,有其特殊性。而"担保权编"各项权利的设立具有较强的合同自治品格,担保权的得丧变更与行使又有相应"管制"色彩,从担保制度的发展来看,呈现"有约定,从约定"的管制缓和迹象。因此,从民法典各分编权利的得丧变更与行使的自治与管制之强弱对比上考量,"担保权编"应当被置于"物权编""债权编"之后,并被置于"人格权编""婚姻家庭编""继承编""侵权责任编"之前。

3. 从民事权利实现角度分析

民事权利享有和民事权利实现存在差异,前者是一种法律状态,后者是一种事实状态。我们发现,所有权人和用益物权人直接占有某物,便享有权利,基本上也等于实现权利;而物的担保、金钱担保,即使权利人占有担保物或金钱,也不等于实现担保权。在债法体系中,由权利享有到权利实现需要一个过程,债权客观上存在权利无法实现的可能:债权的积极实现是通过债务人的积极给

---

[76] 民法典各分编现在初步的考虑有物权编、合同编、侵权责任编、婚姻家庭编和继承编等。目前,学界关于"人格权是否独立成编""知识产权是否独立成编"尚有很大的争议,作者在本文中对上述争议不发表意见,提及相关分编名称并不代表支持或反对的立场,仅为各分编位置安排整体思考的解释之便。

[77] 设立债权编还是合同编,与债法总则的存废有关系。若是设置债法总则,合同规则就成为债法分则之内容而不再独立成编。对于债法总则的存废,学界争论较大。参见张素华:《请求权与债权的关系及请求权体系的重构——以债法总则的存废为中心》,中国社会科学出版社 2012 年版,第 180 ~ 220 页。

付行为完成的,消极实现是通过公权力对债务人的强制执行完成的。但是物的担保、人的担保和金钱担保的实现,是因主债务人消极给付,通过债权人积极请求公力救济才得以实现的,正好与债权的权利实现相反。可见,物的担保、人的担保和金钱担保所形成的担保权,与物权、债权在权利实现上存在不同之处——担保权自身一般不具备像其他权利那样的自力实现。而人格权、亲属权、继承权在权利实现上,因其既有财产属性又有人身属性,财产性权利的实现可以参考物权、债权的自力实现规则,而人身性权利往往不可转让,人身性义务往往不可强制执行,其权利实现均不同于物权、债权和担保权的权利实现。因此,"担保权编"应当被置于"物权编""债权编"之后,并被置于"人格权编""婚姻家庭编""继承编""侵权责任编"之前。

三、"担保权编"的立法框架

"担保权编"的制度设计,既要考虑对我国《物权法》《担保法》等法律的扬弃,又要结合域外法有关担保制度一体化的趋势来斟酌。作为有大陆法系立法传统的国家,我国在统一担保制度规范时,还要考虑历史惯性和现实发展的双重问题。

(一)明确规定担保权

我们不宜继续使用"物权性担保"和"债权性担保"这种并立的称谓。为了避免担保的具体形式和担保权发生概念上的混淆,我们建议将抵押权、质权和留置权三者的上位概念称为"特定财产担保权";将保证中一般保证、连带保证、独立保证的上位概念称为"一般财产担保权";因货币财产的特殊性,将定金和保证金的上位概念称为"货币财产担保权";将其他诸如让与担保、所有权保留、优先权等的上位概念称为"非典型担保权"。以上各类型担保权共同组成担保权编,这在物权、债权理论和财产权体系建构上都会产生积极作用。

首先,理论上,使"物权编"的逻辑更加清晰和严谨。物回归到客观物质上。物权就是对客观物质的排他性的支配权利。物权法以调整客观物质的"归属"(所有权)和"利用"(用益物权)为内容。"物权编"下设总则分编、所有权分编、用益物权分编、占有分编;删除担保物权分编;"物权编"总则不再将权利扩充到物权客体中来。物权的概念得以纯化,物的归属和利用体系更加简明科学。

其次,实践上,为担保权提供开放性的发展空间。物的担保脱离物权后,摆脱"物权法定"原则的约束,在担保实务领域可以根据商业习惯和发展需要,较为自由地创设新的担保方式。在非典型担保中,若做好善意第三人利益的维护和救济,便不会发生显失公正的现象。否则,新型的担保方式也不会在法治相对发达的其他国家和地区得到法律上的认可。

最后,制度上,促成我国"财产权总则"的创立。我国早有学者提出关于财产权总则的构想,保留传统的物权和债权二元结构,同时引入更高层次的财产权概念,并赋予新型财产权利与物权、债权平等的地位,这样既不失传统民法财产权二元结构的逻辑体系,又可以形成一部适应现实社会发展的包容性民法典。[78]

(二)担保权立法框架构想

我们所构想的"担保权编"大致包括以下内容:第一章是总则;分则下,第二章是一般财产担保权;第三章是特定财产担保权;第四章是货币财产担保权;第五章是非典型担保权;第六章是附则等。

总则部分:在概念、原则层面确立担保权的理论基础。如担保法律关系中债权人、债务人、担保人(保证人)和第三人等各主体的概念,各具体担保形式之上的共同概念以及法律关系的构成要素,如担保合同、担保权、担保义务、担保责任等概念。担保的目的以主债权得以实现为主,以促成当事人缔约关系为辅。担保权的基本原则包括民法基本原则和担保特有原则。民法基本原则有平等、自愿、公平、诚实信用原则。担保特有原则包括担保权种类内容的法定和

---

[78] 参见马俊驹、梅夏英:《我国未来民法典中设置财产权总则编的理由和基本构想》,载《中国法学》2004 年第 4 期。

意定相结合原则、公示效力区分原则、共同担保与混合担保优先受偿行使次序原则、担保法律关系中各主体和第三人之间的利益平衡原则、禁止过度担保原则、担保义务人利益保护和相互追偿原则等。

分则部分:在制度规则层面设计各类担保权的基本法律规则。包括对一般保证、连带保证、独立保证、抵押权、质权、留置权、定金、保证金、让与担保、所有权保留和优先权等规则的重新整合,尝试构建以下主要内容:一般财产担保权中担保人的资格界定规则,特定财产担保权中担保财产的范围界定规则,货币财产担保权中货币的特定化规则,各种担保权的法律关系设立、变更和终止规则,各种担保权的优先受偿顺位实现规则,各种担保权中的抗辩规则,共同担保、混合担保中优先顺位规则,担保人之间的追偿规则,各种非典型担保法律制度的创设规则和权利行使规则等。[79]

---

[79] 构想的“担保权编”立法框架如下:

第一章 总则

基本概念、基本原则、基本法律关系

第二章 一般财产担保权

第一节 一般保证

第二节 连带保证

第三节 独立保证

第三章 特定财产担保权

第一节 不动产担保权(不动产所有权抵押、不动产用益物权抵押、不动产最高额抵押)

第二节 动产担保权(动产抵押权、动产质权、动产浮动抵押权、动产最高额抵押、留置权)

第三节 权利担保权(一切可以合法转让的权利均可担保,如债权、知识产权、股权、数据和网络虚拟财产、其他投资性权利等之上的担保权)

第四章 货币财产担保权

第一节 定金

第二节 保证金

第五章 非典型担保权

第一节 让与担保

第二节 所有权保留

第三节 优先权

第六章 附则

四、结　语

关于担保物权性质的论争是传统民法物权、债权二元财产权利体系的固有缺陷所导致的。我国担保制度规则呈现立法碎片化现状,是立法过程中过分保守的路径依赖做法的必然结果。将担保物权剥离出《物权法》,可以使《物权法》回归人对物的支配之上所形成的人与人的法律关系的本初。将传统人的担保、物的担保和金钱担保所形成的担保制度与非典型担保整合并统一立法,既有一定的理论基础,又符合社会经济发展的现实需要,也存在域外立法先例,符合国际贸易领域统一动产担保交易的动向。担保权独立成编,把对担保权的立法研究带入民法财产权总则的构建中来,必然会有深远意义。

动产上担保物权并存之效力顺序*

在同一担保物上同时存在数个担保物权的情况下,必须解决何者效力优先的问题,才能避免数个担保物权之间的效力冲突,这就需要设立一定的秩序与规则。动产由于其公示方式的简单、流转上的便捷,常常发生数个担保物权并存而引发担保物权之间受偿效力顺序问题。笔者拟对动产上担保物权并存作具体分析,并在此基础上抽象出解决效力顺序问题的基本规则。

一、动产上担保物权并存的成立要件与基本样态

动产上担保物权的并存,必须具备以下条件。(1)必须是同一件动产。存在于同一动产上的数项担保物权之种类,既可为异类(如抵押权与质权),也可为同类(如两项抵押权)。但它们必须附着于同一件动产之上。存在于不同动产之上的各个担保物权之间,则不发生并存问题。(2)数个担保物权在存续期间上须有交叉。如果一项财产上前设的某一担保物权消灭之后又设定或成立新的担保物权,则不发生并存的问题;原有并存关系的两个担保物权中的任何一个消灭时,并存关系也随之解除。(3)并存的数个担保物权,各因不同的法律事实而成立。同一个法律事实不可能引起两个担保物权的产生,自然更不可能引起并存问题。并且,担保物权所担保的债权彼此独立。(4)并存的数个担保

* 原载《江西社会科学》2004年第1期。

物权之间,须发生或可能发生效力上的冲突。其效力冲突,主要表现为效力的实现顺序。在担保物权发生并存的情况下,无论哪一个担保物权优先行使与实现,都将对其他担保物权的行使与实现产生消极影响,导致其削弱乃至丧失,因此,各担保物权人都希望自己之权利能优先行使并最大限度地实现。如果没有一定的解决规则,必将发生数个权利及权利人之间的直接的、绝对的冲撞,因而需要对其加以规定。

根据担保物权之间的关系,可分为同类担保物权之间的并存和不同类担保物权之间的并存。其基本样态有:抵押权与抵押权之间的并存、转质、留置权与留置权的并存、抵押权和质权的并存、抵押权和留置权的并存、质权与留置权的并存。

二、同类担保物权的并存

同类担保物权并存的情形,主要有抵押权与抵押权的并存、质权与质权的并存、留置权与留置权的并存。

(一)抵押权与抵押权的并存的类型及其效力

抵押权并存的情况,按照抵押物的价值与担保债权价值的大小,可分为“余额抵押”和“重复抵押”。(1)余额抵押。就是抵押人在抵押物的价值大于所担保债权的情况下就其价值余额部分再设定另一抵押,这就是余额抵押。对此,各国理论上及立法上均一致认可,我国《担保法》也同样承认。这是因为,抵押权作为物权的一种,具有排他性,但这并不意味着一物之上只能成立一个抵押权,它只是指不能出现相冲突的抵押权。事实上,抵押人就某项动产设定抵押后,其作为所有人继续占有该动产。这时,只要无害于先设定的抵押权,抵押人可将该动产在此设定抵押。这既符合生活逻辑,也有利于实现“物尽其用”,充分发挥动产的担保效用,促进社会资金融通。(2)重复抵押。此即抵押人就抵押物的同一担保价值部分(含部分相同)重复设定另一抵押。此种情况是否允许,理论上及立法上,则有肯定与否定两种不同的态度。多数国家的立法并不否定重复抵押的效力,而是通过规定抵押权的顺位来解决并存的抵押权之间的关系。但德国、瑞士等国对重复抵押持否定态度。我国《担保法》第35条规定:抵押人所担保的债权不得超出其抵押物的价值。财产抵押后,该财产的价值大于所担保债权的余额部分,可以再次抵押,但不得超出其余额部分。从本条的规定可以看出,我国担保法允许余额抵押,但禁止重复抵押。笔者认为,对于重复抵押,应予承认。理由如下。

一方面,就立法技术而言,重复抵押并不必然损害前位抵押权人的利益。在重复抵押的情况下所成立的抵押权顺序在后,它不能先于前顺序的抵押权而实现,因此,也不会对既存的顺序在前的抵押权构成威胁(除非先设的抵押权未经登记)。该抵押权人实际上只享有"期待利益",即只有在前位抵押权因债务清偿等原因而消灭或者抵押物的价值大幅攀升等情况下,其所担保的权益才有可能实现。从国外立法来看,多数国家的立法已对一物数押情况下抵押权的效力顺序有明确规定,立法、学说及判例也大多采纳前位抵押权消灭时后位抵押权位次升进的规则,重复抵押及由此引起的抵押权并存问题是能够得到妥善解决的。既然重复抵押并不必然损害前位抵押权人的利益,在后位抵押权人知情同意的情况下,按照意思自治的原则,应当承认其效力。

另一方面,就现实生活而言,重复抵押现象在实践中难以避免,而且,有些原本属于余额抵押,因抵押物估价不当或者市场价格的波动,也可能会转变为重复抵押。例如,原来抵押物估价为100万元,抵押人先后设定了50万元和40万元的两项担保,按照《担保法》的规定,是合法的。但是,日后抵押物贬值,变为价值80万元,那就变为重复抵押了。

抵押的设定,应当公示。公示的方法,限于登记。但登记的效力如何,学说及立法主张不一,概有登记要件主义与登记对抗主义之别。前者以《瑞士民法典》第799条为适例,后者当以《日本民法典》第177条为代表。我国《担保法》根据抵押物的性质与种类的不同,规定了强制登记和自愿登记的两类抵押权,与此相应的是以登记要件主义为原则,以登记对抗主义为例外(第41~43条)。就动产而言,登记生效主义的主要有林木、航空器、船舶、车辆和企业的一些设备和动产,其余的为采登记对抗主义。所以,动产抵押权的并存,包括有登记的抵押权并存、未登记的抵押权并存、登记的抵押权与未登记的抵押权并存三种类型。而后两种类型,仅可发生于采取自愿登记的普通动产之上。

在登记的抵押权并存时的位次排序问题上,一般采取两个基本规则,即"先登记原则"和"同时同序原则"。所谓"先登记原则",也称为"设定优先原则"。即抵押权的顺序依登记的先后定之,先登记的优先于后登记的。而"同时同序原则"则指同时(一般以日为单位)登记的抵押权,处于同一顺序,抵押物变卖之价款由各抵押权人按债权比例受偿。我国《担保法》也采纳了这两个公认的规则。第54条第1项规定,抵押合同已登记生效的,按照抵押物登记的先后顺序清偿。

在数个抵押权中,有些已登记,有些未登记竞合时的位序规则。在此种情况下,依非登记不得对抗原则的固有精神,同时考虑与先登记原则保持一致,理论及各立法上均采"登记在先"原则,即已登记的抵押权优先于未登记的抵押权。我国《担保法》第54条也采纳了这一原则。

在未登记的抵押权并存的时候,又如何确定它们的效力顺序呢?对此,理论和立法上有两种观点。一种观点认为,应当按设定在先的原则来办理,即应以书面契约订立的先后来确定其效力顺序。在立法上,《美国统一商法典》第9-312条第5款规定:"……b.如果冲突的各项担保权益均未获完善,首先发生附着的具有优先权。"而另一种观点则认为,如果按照登记对抗主义,应当认为未登记的数个动产抵押权处于同一次序。此即次序同等原则。我国《担保法》第54条第2项规定,抵押合同未登记的,按照合同生效时间的先后顺序清偿,顺序相同的,按照债权比例清偿。抵押物已登记的先于未登记的受偿。可见,在数个未登记的抵押权并存的情况下,如果合同生效时间不同,则以时间的先后作为受偿顺序,这就是"设定在先"原则。对于这种"设定在先"原则,许多学者认为其是不合理的,应当采取"次序同等"原则。理由如下。第一,所谓"非经登记不得对抗第三人"中的"第三人"也应当包括动产抵押权人。既然非经登记不能对抗,则未经登记的先存抵押权便没有理由对后位抵押权主张优先权。第二,在司法实践中,适用"设定在先"原则,不仅危及交易安全,而且有失公平。

因为如果运用“设定在先”原则,则可能发生设定人与某一抵押权人恶意串通、擅自变动缔约日期以达到使该抵押权优先受偿的不法目的。如果抵押人隐瞒其某一动产已设有未登记的抵押的情况,后一抵押权人因不知情又复设了未登记的抵押权,依设定在先原则,后一抵押权人的利益有可能遭受不测损害。就后一抵押权人而言,由于前一抵押权未经公示,后一抵押权人往往无从得知抵押物上已存在的权利,法律也不能加给后一抵押权人漫无边际地去查知那些没有公示表征的抵押权的义务。因此,采用设定在先原则容易导致后一抵押权人遭受不测损害,不但妨碍交易安全,而且有失公平。为此,最高人民法院《关于适用〈中华人民共和国担保法〉若干问题的解释》第 76 条规定:“同一动产向两个以上债权人抵押的,当事人未办理抵押物登记,实在现抵押权时,各抵押权按照债权比例受偿。”可见,司法解释废弃了设定在先原则,改而采取“次序同等”原则。此一解释,实在值得赞同。

(二)质权与质权并存

在同一动产之上,能否存在两个以上的质权,立法及理论上态度并不一致。德国、瑞士、日本等国立法上采肯定说。在学界主要有两种观点。一种观点认为,质权既以移转占有为成立生效要件,而于一物之上,不可能有两个以上的占有,也就不能成立两个以上的质权,相应地也不会产生质权顺序问题。而另一种观点则认为,动产质权可以就同一物同时成立数个质权,其典型情形就是出质人将质于甲之物,依间接占有让与及通知甲,对于乙再行设质。后成立之质权,若系依间接占有之让与而设定者,则先成立的质权,无论如何,优先于后成立之质权。可见,肯定一物数质的立法和学说,是以允许依指示交付的方式设定质权为前提和基础的。所谓指示交付,是指动产由第三人占有时,出让人将其对于第三人的返还请求权让与受让人,以代交付。相对现实交付而言,指示交付与简易交付、占有改定等同为观念交付,是为了交易上的便利而采取的变通交付方法。质权设定中的指示交付,是指“处于所有人间接占有的物,得由所有人将间接占有移转于质权人,并将质权的设定通知占有人以代替移交”。因此,出质人即得将已出质之物,依指示交付的方式再行出质,设定后位质权;亦得将已出租、出借或交由他人保管之物的返还请求权让与质权人,并将设定质权之情事通知直接占有人,以代替质物的实际交付,并且可以依同样的方式再设定后位质权。这样,一物之上即能设定数个质权,并发生质权并存时的顺位问题,而其顺位,原则上应依质权设定的先后定之。对于我国《担保法》中规定的精神如何,学界亦有不同的理解,但以否定说居多。其理由如下。第一,依指示交付的方式设定质权,不符合质权的特性及担保机能。质权的优势就在于,质权人通过直接占有、控制着质物,并得于其债权受偿前留置质物,这既对出质人产生较大心理压力从而促使债务的积极履行,又能在债务届期未能履行时可靠地保障债权的实现。而依指示交付的方式设定质权,质权人不直接占有质物,会导致质权的这一优势丧失。第二,允许以指示交付的方式设定质权,违反了物权法的公示公信原则。动产物权的变动,以占有和交付为公示方法。而这里的占有和交付系指直接占有和现实交付。以占有改定的方式代替标的物的现实移交,一般认为是纯粹的观念交付,不具有公示性和公信力。第三,从担保制度整体设计来看,各国立法已普遍接受了动产抵押制度,我国《担保法》中亦是如此。因此,对于不便转移占有的动产,当事人可以设立抵押作为担保,而不必采用"指示交付"来设立质权,徒增法律适用之复杂性。第四,允许以指示交付的方式设定动产质权并允许质权的并存,还会带来一系列难以解决的现实问题。如对于有关当事人恶意串通,虚设质押或补签设质契约,以对抗、排斥他人之正当权利的现象,如何防止?前一质权人未直接占有质物,出质人或物之占有媒介人又擅自将该物向善意之他人出质并移交物的占有,他人得否善意取得该质权,哪一个质权优先?发生质权并存情况后,前位质权人还得否转质,后位质权人又有无转质的权利?依指示交付设定的质权与登记的动产抵押权并存时,何者效力优先?其与未登记的动产抵押权并存时,其效力关系又如何?这些问题,虽"假设性"稍强,但决非不会发生。据上所论,有学者认为,《担保法》第64条第2款"质押合同自质物移于质权人占有时生效"之规定及第65条中所称的"质物的移交时间",系指质物占有的现实移交及其移交时间,指示交付不得作为移交质物的代行方式。依指示交付方式而设定的"后位质权",只能在"前位质权"所担保的债权受偿后方可取得质物的占有并使质权开始生效,而此时“前位质权”已经消灭,故不发生质权的并存及其顺位问题。至于订立一份质押合同而担保数个债权人的债权并移交质物归数个债权人共同占有的情况,也不发生质权并存问题,因此种情况下设定的是一个质权,唯该质权归数个债权人“准共有”而已。

但是,笔者认为,质权作为担保物权的一种,其目的是保证债权的优先受偿。其一,已经设立的质权,其债权人并不当然地需要借助于担保物权的实现来实现债权,在债务人适当履行债务的场合,质权就无须发挥作用。因此,如果能在数个质权之间确定其实现的顺序,不妨承认间接占有仍然可以成立质权。其二,占有的形式,既可以是直接的、现实的占有,也可以是间接占有。这在留置权与留置权并存的情况下也是如此。其三,最高人民法院《关于适用〈中华人民共和国担保法〉若干问题的解释》第87条第1款规定:“出质人代质权人占有质物的,质押合同不生效;质权人将质物返还于出质人后,以其质权对抗第三人的,人民法院不予支持。”第88条规定:“出质人以间接占有的财产出质的,质押合同自书面通知送达占有人时视为移交……”从本条司法解释来看,尽管司法解释没有明文规定间接占有可以设立质权,但可以解释为承认其效力,但直接占有人不得是出质人,而应当是出质人以外的第三人。换言之,出质人出质后,只要自己不占有质物,可以通过后位质权人间接占有质物并通知前位质权人,而设立质权。至于其效力顺序,按照各国立法的普遍规定,为以质权设立的先后顺序而定,设立在先的,效力优先。

除上述情形外,质权与质权的并存还体现为转质。转质,是指在质权存续期间,质权人为担保自己之债务,将质物移交于其债权人而设定新质权。在理论上及立法例上,根据转质是否征得出质人(质物所有人)的同意而将其分为承诺转质与责任转质两种情形。但各国立法关于转质问题的规定,并不相同。《意大利民法典》中对质权人使用和处分质物持否定态度并明确规定“债权人不得以质物设定质押”(第2792条)。《瑞士民法典》中则明文规定了承诺转质且只承认承诺转质(第887条)。德国、法国等绝大多数国家的民法对承诺转质虽未作规定,但解释上均予认可。《日本民法典》则既规定了承诺转质(《日本民法典》第298条、第350条),又规定了责任转质(第348条)。最高人民法院《关于适用〈中华人民共和国担保法〉若干问题的解释》第94条第2款规定,质权人未经出质人同意的转质无效。其理由可能是:责任转质中的原质权人未经过出质人同意,就擅自将质物出质,乃是擅自处分质物的行为,这一行为将使出质人的利益处于不利状态,因而法律不能赋予原质权人以转质权。但是,这种担心是不必要的。

其一,在责任转质中,转质权所担保的债权额应在原质权所担保的债权额的范围内,这是责任转质的要件之一。由于转质权在转质的范围上受到原质权的限制,除质物是由转质权人直接占有这一点外,对于出质人来说,其利益并未受到什么影响,并不因为转质而在债权额与清偿期限上承受额外的负担。并且,即便是转质权人不知原质权的范围,其善意超过原担保债权额的部分亦不适用善意取得,因为,此属质权范围之问题,而非质权之取得之问题,自无善意取得的适用。

其二,一般说来,转质权的实行有两个条件:一是转质权担保的债权已届清偿期;二是原质权具备实行条件,而原质权具备实行条件的前提就是原质权所担保的债权也已届清偿期。此时,如果主债务人具备清偿能力,可先向转质权人清偿。由于转质权所担保的债权数额在原质权所担保的债权数额范围内,主债务人向转质权人清偿之后,对其余额再向原质权人清偿,而后出质人取回质物。如果主债务人不具备清偿能力,转质权人可拍卖质物,就价格优先受偿。这时,转质权的实行与原质权的实行对于出质人来说并无差异,不管有无转质,质物都因主债务人欠缺清偿能力而被拍卖,出质人都无法取回质物。因此,从理论上来看,责任转质并非置出质人于不利地位。相反,责任转质在充分利用物的交换价值的同时,亦是对出质人利益的法律保护,因为在现实中质权人擅自处分质物的交换价值的情况并不少见,法律对这种现象进行规制是必然的,而责任转质严密的效力规则不失为解决这一问题的良方。

并且,最高人民法院《关于适用〈中华人民共和国担保法〉若干问题的解释》第94条第2款关于"质权人未经出质人同意的转质无效"的规定,体现了立法对当事人行为的引导,即立法者希望质权人就质物再度出质的方式是承诺转质,否则将导致无效的后果。但在下面两种情况下质权人的擅自出质仍可导致第三人取得质权。第一,质权人宣称自己是质物的所有人,善意第三人接受该动产作为质物,此时,应适用最高人民法院《关于适用〈中华人民共和国担保法〉若干问题的解释》第84条关于质权的善意取得的规定。第二,质权人伪造自己取得出质人同意转质的证明,而第三人善意地相信质权人有处分权。在这种情况下,同样适用该解释第84条的规定。

既然我国已规定了承诺转质,且质权人擅自出质是现实中无法消除的问题,我们就应当通过对责任转质规定严密的效力规则来加以解决,而不应当回避这一问题或者简单地将其规定为无效。

至于转质权的效力顺序问题,由于质权人将质物转质的行为本身即意味着其放弃对后设定的转质权的对抗力与优先力,所以在该两种质权并存的情况下,转质权的效力当然优先于原质权。

(三)留置权与留置权并存

同一动产之上能否成立数个留置权,立法上未见有明确规定,理论上则有否定与肯定两说。否定说认为,留置权的成立和存续以债权人依合同关系占有留置物为前提,并以继续占有留置物为必要,而同一留置物上,不能成立两个占有,故不能同时存在两个留置权。肯定说则认为,留置权因具备法定要件而成立,同一标的物可以因为数个债权与该标的物有牵连关系而成立数个留置权。《日本民法典》第302条规定,留置权人经债务人承诺而将留置物出租、出质等而丧失直接占有的,留置权不消灭。

笔者对留置权的并存问题持肯定态度。其一,从理论上来说,既然承认占有既可以是直接占有,也可以是间接占有,那么,留置权就可能存在并存的情况。其二,从实践来看,也存在留置权并存的现象。如在因加工承揽合同而发生的留置权关系中,留置权人将对标的物的某一方面或某些部件的加工、制作、修理等工作又转交由他人完成,标的物上即得再成立该他人之留置权;在因运输、保管而发生的留置权关系中,留置权人若将标的物或部分交与他人转运、转存的,留置物上亦同样得再发生他人之留置权。在前述情况下,转加工承揽人和转运人、转存人依法当然得对标的物取得留置权(除非该项权利被约定排除),而前一留置权人虽一时丧失了对标的物的直接占有,但仍居于间接占有人的地位,并未失去对标的物的控制,亦非不得请求返还标的物之直接占有,故其留置权仍为继续而未丧失。

所以,留置权原则上可以发生并存。那么,其效力顺序又应当如何呢?有人认为,留置权行使的先后次序,因留置权类似于质权,故于法无明文时得准用质权的规则,以成立的先后确定其次序。笔者认为,这种观点是不正确的。理由如下。首先,从物权的公示和公信原则来看,后留置权人直接占有留置物,其对外公示的效力应当强于间接占有的前留置权人。其次,正是因为后留置权人的劳务,使标的物得以保值增值,前留置权人的权利实现会更有保障。最后,从前留置权人来看,他将标的物交由后留置权人,意味着他对自己的权利可能比后留置权人更为列后持认可态度。遵循私法自治的原则,法律无须对其过多干预。

至于前留置权人和后留置权人效力实现的顺序,除非另有约定,否则应当以后发生的留置权为优先。

三、不同类担保物权的并存

(一)抵押权与质权并存

在同一动产上,是否允许发生抵押权与质权的并存,理论上及立法上的态度亦是聚讼纷纭。从理论观点看,有允许并存的肯定说、不允许并存的否定说和部分允许的折中说。折中说中又有不同的观点,有的认为应承认先押后质的并存而禁止先质后押的并存,有的认为则相反,还有的认为应允许善意的并存和以担保物的不同价值部分分别押、质情况下发生的并存,而不能承认非善意的并存和重复押、质的并存。从立法上看,绝大多数国家和地区的立法对抵押权与质权的并存问题未作规定,但解释上多予认可。也有少数国家和地区立法上对抵押权与质权的并存持否定态度,如日本关于动产抵押制度的立法和商事法中,即设有“质权设定之禁止”条款,规定某些动产(如汽车、航空器、经登记的建筑机械和船舶等）仅得为抵押权之标的，而不得为质权之标的。依此规定，此类动产之上自不得发生质权与抵押权的并存。

我国《担保法》亦有规定抵押权与质权的并存及其效力问题。最高人民法院《关于适用〈中华人民共和国担保法〉若干问题的解释》第79条规定，“同一财产法定登记的抵押权与质权并存时，抵押权人优先于质权人受偿”。可见，我国司法实践也承认同一财产之上抵押权与质权是可以并存的，无论是先押后质还是先质后押。笔者认为，为充分发挥物的担保效用，应允许对抵押物的剩余担保价值再予出质或对质物的剩余担保价值再设抵押；对于重复押、质的情况，法律上固不应持积极态度，但也不宜对后设立的抵押或质押以无效论，如果能对抵押权与质权并存时的效力关系作出规制，则其并存不无适用的余地。

对于抵押权和质权的并存，包括先押后质、先质后押、同时押质的情形。《关于适用〈中华人民共和国担保法〉若干问题的解释》第79条规定登记的抵押权优先于质权，其主要理由是，抵押权登记设定的时间是确定的，质权的设定时间难以认定，当事人可以在设定质押后与第三人恶意串通，以更改质权的设定时间，对抗抵押权人行使抵押权。有学者认为，该解释不区分抵押权与质权的设定先后顺序，一律承认法定登记的抵押权优先于质权，有失妥当，违背了物权法的公示原则。按照物权法公示原则的要求，公示方法包括登记和交付占有。一般来说，不动产和一些特殊的动产实行登记的公示方法，而一般的动产则实行交付占有的公示方法。公示方法本身没有效力优劣之分。按照物权之间的优先效力，物权之间的效力应遵循“时间在先，权利在先”的规则。也就是说，先设立的物权优先于后设立的物权。在抵押权与质权并存时，如果抵押权设立登记在先，则其效力也应优先。因此，在法定登记的抵押权设立在先而质权设立在后，即先押后质的情况下，法定登记的抵押权应当优先于质权人受偿。但是，在先质后押的情况下，赋予法定登记的抵押权以优先的效力，不具说服力。第一，在先质后押的情况下，即使抵押权已经登记产生对抗效力，但这种对抗效力只能向后发生，而不能对抗先设定的物权。第二，在物权法中，占有和登记是两种不同的公示方法，两者具有同等的法律效力，其本身没有优劣之分，不能认为登记优先于交付占有。因此，在先质后押的情况下，即使抵押权已经登记，也不能对抗设立在先的质权,而是应当按照设立先后而定,即质权优先于抵押权。至于防止质权人与出质人恶意串通损害已登记抵押权的问题,可以通过合同无效制度、证据规则以及证据鉴定制度加以解决。第三,从保护交易安全的角度来看,质权人往往直接占有质押的动产,抵押权人很容易知晓质权设立的事实,他再接受该项动产的抵押,实际上已经默认了已经设立的质权的优先效力。所以,在先质后押的情况下,应当认为质权优先于抵押权。同理,如果先设立的抵押权未登记,则后设立的质权的效力优先。因为无论抵押是否先于质押设定,均因未登记而无对抗第三人的效力,而质押则因转移占有的公示方法取得了对抗第三人包括抵押权人的效力,二者并存发生效力冲突时,应以质权效力优先。

(二)质权与留置权并存

留置权与质权的并存,也有先质后留与先留后质两种情形。质物上又成立留置权,又有两种情况:一是债权人取得动产质权后,又基于对质物加工、修理等原因而对该财产享有了留置权。在此种情况下,一般规则仍是留置权优先,但由于质权人与留置权人重合,所以不妨由权利人选择先实现哪一个权利或在可能的情况下同时实现。二是质物上又成立他人的留置权。例如,质权人将质物交由第三人代为保管而自己为间接占有时,第三人得对其保管的质物依法取得留置权。在此种情况下,留置权自然应优先于质权。留置物上又设定质权,因设定人的不同也可能有两种情况:一是留置权成立后,动产所有人为担保同一债权人的其他债权又以该留置物为其设定质权。这种情况下留置权优先;二是留置权人擅自以留置物向善意之他人出质。在此种情况下,善意之他人获得的质权,应优先于留置权。

(三)留置权与抵押权

对于抵押权和留置权的并存,通说认为留置权优先于抵押权,其理由一般为“法定担保物权优先于约定担保物权”。但实际上,这一理由是难以成立的,尽管其得出的结论正确。法律是客观的权利,权利是主观的法律,任何权利都是因法律规定而产生。从这一意义上说,法定权利和不违背法律的约定权利本身并无高低之分。因此,只有对留置权和抵押权并存的实际情况进行分析,根据合理的逻辑推理,才能得出留置权优先于抵押权的结论。根据设立的时间先后,将留置权和抵押权并存分为先押后留以及先留后押两种情形。

1. 先押后留

在实践中,先押后留并不鲜见。如某一动产上设定抵押权后,抵押人将该动产交与他人加工、维修、保管或运送时,即可能因其未清偿与此相关的费用而于该动产上依法成立他人的留置权,从而发生抵押权与留置权的并存。对此,将留置权作为担保方式的国家或地区,一般均不顾动产抵押的登记对抗效力,而例外确定留置权优先于动产抵押权的原则。典型的如美国《统一商法典》第9－310条规定:"如果任何人在正常的业务过程中就设有担保权益的货物提供服务或者提供原材料,且制定法或法律原则规定该人可以就此种服务或材料对占有的货物享有留置权,则此种留置权具有对抗前存完善担保权益的优先权,除非规定此种留置权的是制定法且该法明确作出其他规定。"我国《海商法》第25条中有"船舶抵押权后于留置权受偿"的规定,我国最高人民法院《关于适用〈中华人民共和国担保法〉若干问题的解释》第79条第2款规定,同一财产抵押权和留置权并存时,留置权人优先于抵押权人受偿。但也有人认为,留置权人如为善意,则留置权虽后于抵押权而发生,其效力也优先于抵押权,否则,其效力应次后于先设的抵押权。在美国《统一商法典》中的"正常的业务过程"指的就是"善意"。

那么,留置权的优先地位是否必须以留置权人的善意为条件?笔者认为不需要。第一,依法律规定之精神,留置权人在对标的物进行加工或服务时,无须审查标的物上是否存在其他权利负担,留置权人于正常业务活动中对客户交与的动产进行加工、修理或保管、运输,此正当行为亦不存在是否侵犯他人的抵押权之问题。留置权人纵使知道标的物已设有抵押之情事,亦不影响其对客户及标的物进行正常的业务服务行为,并对由其提供材料和服务于其中的标的物享有法定优先的留置权。第二,留置权人在对标的物进行加工或者服务时,已经加入了他的劳动价值,这种劳动价值优先于抵押权所担保的债权价值。第三,如果抵押权得对抗知情的留置权人,那么要么使"加工人、承运人、保管人为保护自己的利益而拒绝签订加工承揽、货物运输、仓储保管诸合同”,要么使直接对标的物提供了服务而使其保值或增值的债权人反居于次后受偿地位,“等于承揽人代替定作人向抵押权人承担责任”或者间接迫使留置权人要求债务人另行提供担保,或迫使债务人另寻不知情者为其财产提供服务。这显然既不合情理,不符“奖励经济价值的创造和保持”这一现代立法的经济价值目标,亦有悖法律规定之本旨,“导致留置权制度功能的减弱或丧失”。第四,就法律风险成本而言,抵押权人和留置权人都要承担因担保物被分割、毁损或灭失而导致其担保权益受损的风险,但是两者的法律救济手段并不相同。抵押权具有不可分性和物上代位性,使抵押权可以在抵押物的某一部分或者变形物上存在,并且是整体存在。而留置权却没有不可分性和物上代位性的救济,其风险成本大于抵押权的风险成本,为弥补留置权法律救济手段的不足,应当赋予其优先地位。第五,对于抵押人与他人恶意串通,以对抗抵押权的实行为目的而就已抵押的动产虚设留置权或故意发生非必要的留置权以及为隐藏、转移抵押物而保管、运输的,依据《民法通则》第 58 条的规定,这类行为本身即属无效,因此不发生与抵押权的并存问题。

2. 先留后押

在留置物上又设定抵押权,根据设定人的不同,分为两种情况。一是动产的所有人于留置权发生后又以留置物为他人设定抵押权。在此种情况下,应当认为先发生的留置权优先于后设立的抵押权。因为在该动产已由留置权人占有的情况下,抵押权人仍然接受抵押,其效力自然应当次于留置权。理由同先质后押,不再赘述。二是留置权人以其占有的留置物向善意之他人(如留置权人的债权人)设定抵押权。在这种情况下,从保护善意第三人利益出发,应当认为,后成立的抵押权优先于留置权。

四、结论:基本规则的抽象

通过纷繁复杂的担保物权并存,我们能否抽象出一种共通性的规则,以便在对其效力顺序进行判断时更便捷呢？通过上述问题的具体分析，我们不难得出一些基本的规则。

（一）登记优先原则

如在抵押权与抵押权并存时，如果抵押权都已登记，那么先登记的优先，同时登记的，次序同等。在已登记和未登记的抵押权之间，已登记的抵押权优先。

（二）直接占有优先

质权与质权并存时，先设定的质权优先。这实际上是因为先设定的质权人现实上占有质物，而后质权人只是间接占有。而在转质中，转质权人优先。这是因为，转质是以原质权人将质物转交给转质权人，转质权人直接占有质物，因而转质权人优先。同理，留置权与留置权并存时，后发生的留置权优先。质权和留置权并存时，留置权优先。有人将其解释为因为留置权是法定担保物权，所以优先。实际上，通过前文的分析，这种优先实际上是基于留置权人对标的物的直接占有。抵押权和留置权并存时，留置权优先。

（三）善意第三人担保物权优先

如在先留后质中，留置权人擅自以留置物向善意之他人出质时，善意之他人获得的质权，应优先于留置权。留置权与质权并存时，留置权人以其占有的留置物向善意之他人（如留置权人的债权人）设定抵押权，后成立的抵押权优先于留置权。

上述三个规则的效力顺序为，登记优先原则优先于直接占有优先原则。如先押后质的抵押权和质权并存时，已登记的抵押权优先。而从保护交易安全来看，善意第三人担保物权优先原则又优先于登记优先原则。

罗马法财产权构造的形成机制及近代的演变*

一、罗马法上的"所有权"

(一)绝对所有权形成的两个条件

罗马法绝对所有权概念的产生经历了一个漫长的过程。早期的"*mancipium*""*potestas*"均有财产权的含义,但主要是指家长对物和家长支配的权力。共和国后期所有权称为"*dominium*",它除指家长对财产的支配权,还包括家长的一般权力或对于任何主体权利的拥有。① 显然"*dominium*"并不是私法上的一种财产权。古罗马法与近代所有权最接近的词语是"*proprietas*",这是在帝国晚期出现的表示对物的最高权利的技术性术语,即相对完整的个人所有权。在罗马早期土地即已分裂由家庭私有,而且商品交易又相对发达的条件下,为何个人的"绝对所有权"直至帝国晚期才具有较完整的意义值得探讨。确切地讲,罗马法所有权的概念也只是事实上个人所有权的一种经验性确认,即使在罗马帝国后期的《民法大全》中,既没有一章专门论述"所有权",也没有明确的关于所有权的定义。因此罗马法在相当长时间内理论上并不存在近代意

---

* 原载《罗马法·中国法与民法法典化——物权和债权之研究》,中国政法大学出版社 2001 年版。

① 参见[意]彼德罗·彭梵得:《罗马法教科书》,黄风译,中国政法大学出版社 1993 年版,第 196 页。

义上的大陆法系所有权的概念和理论。所以,探索罗马法所有权的产生过程与特点必须结合古罗马的实际社会条件,找出个人所有权演变的轨迹。

1. 绝对所有权形成的前提:个人与家庭财产的分离

在古罗马早期,不动产为家族共同体所有,在家族解体后家庭的共同财产由家长统一支配,家子和其他成员并无独立的财产支配权。"'家父'是财产权利的惟一主体,他不仅随心所欲处置家庭财产,而且所有由'家子'取得的财产也归属于他。"[②]这种独断的家父权是由罗马家庭的社会职能决定的。古罗马家庭在很长一段时间是与国家对应的小的政治单元,在罗马人的观念中,财产往往视为家庭的共同权利,它是为共同福利服务的。家父在财产方面的权力并不具有私法上的意义,而是体现一种公共秩序。因此,不动产在家庭之间的让渡严格按照繁琐的法定程序进行,财产的交易体现的是家庭之间的关系,而非个人之间的关系。在这种情形下,个人所有权缺乏其产生所依赖的制度基础,罗马法关于财产的支配权均是对家父的权力的确认,并未体现为一种民商事主体的财产权。

真正的个人所有权产生依赖于一个前提条件,即家庭的单个成员在财产方面成为独立的主体,这一改变最终由《优士丁尼法典》完成。罗马共和时期存在一种"特有产"制度,"家父"常常给予"家子"一定数量的财产任其经营,称为"父予特有产"。虽然家子并不能对于该项财产最终予以处分,但这意味着该项财产开始从家庭中分裂,具有相对的独立性。另外,早期奥古斯都允许作为军人的"家子"通过遗嘱处分其服役期间取得的一切财产,这部分财产构成"军营特有产",实际上家子对军营特有产具有最终处分权,类似于家父的权利。[③] 最有意义的是君士坦丁皇帝于公元319年颁布的一项谕令,该谕令将母亲的遗产(*bona materna*)只保留给儿子,并剥夺了父亲随意转让这些财产的权利,父亲的享用权和经营权被视为一种法定用益权,而家子的期待权利则被视为真正的所有权。优士丁尼最终完成了这项工作,明确允许家子对自己的劳动所得享有所有权。

---

② [意]彼德罗·彭梵得:《罗马法教科书》,黄风译,中国政法大学出版社1993年版,第129页。

③ 同上书,第130页。

由上分析得知,真正意义上的私法上的个人所有权是在罗马帝国后期,随着罗马的财产统一观念和专制的家父权的衰落而最终确立。家子的所有权体现的是个人与财产的紧密结合,并成为实质意义上平等私法主体的私权,这种权利从对财产"支配权力"的笼罩下解放出来。家庭的财产的解体实际上使家长以外的自由民取得了自主财产权,从而私法上的主体平等和财产交易获得了物质上的保障,私法上个人的出现使财产权首先表现为一种"个人所有权"。

2. 绝对所有权形成途径:万民法规则的扩展

在以家庭作为社会单元的罗马早期,很难存在个人主义和权利观念,家庭之间财产的转移并不是权利的让渡,而是体现为一种团体间的神圣交易,因此,土地等重要财产的转让必须履行严格的程序和手续。早期市民法将物分为"要式物"和"略式物",要式物的买卖表现为"曼兮帕蓄"和"拟诉弃权"两种方式。"曼兮帕蓄"(*macipatio*)是交易双方在证人的配合下,完成复杂的行为和言辞后,财产方正式转移的方式。而"拟诉弃权"则是在执政官面前进行的转让,它采取返还之诉的模拟形式,转让者在诉讼中不提出异议,诉讼便告终结,此时,财产便正式移交。上述市民法上认可和保护的所有物交易方式,具有狭隘和形式主义的特征。在所有权主体的规定上,市民法上的所有权主要由罗马城邦市民和贵族享有,外国人则无法享有市民法上的所有权,这说明市民法所有权仍是一种身份和特权的象征。在所有权客体上,早期人们转移被罗马征服的行省土地与转移罗马本土的土地是不同的,它还须向国家交纳赋税且不受市民法保护,除非皇帝将特权授予个别行省。

市民法要式交易的繁杂性和对所有权客体的区别对待,体现了古罗马所有权是与身份和特权紧密相连的,商品的力量并未很快冲破罗马人之间以及罗马人与外邦人之间的樊篱。只有当罗马帝国版图日益扩大,自然法思想的充分吸收和万民法规则的建立,罗马人的兴趣才集中于发展和规定那些作为私有财产的抽象的法律关系,完全基于简单商品经济发展需要而形成一种统一商品所有权理论。而万民法则适时地迎合了当时的需要,其规定物的转让主要表现为一种简便的交付方式。这种规则的确立主要是由于商品经济的发展和市场范围的扩大,交易双方更倾向于采用一手交钱一手交货的简单方式来转移所有权。

但由于市民法不承认“交付”能产生移转要式物所有权的效力,因此,罗马人创造了“裁判所有权”,内事裁判官依据“衡平”和“拟制”使交付具有要式买卖的法律后果,外事裁判官则通过告示赋予外国人享有万民法上的所有权,对于外国人在交易中通过交付取得的财产,按万民法予以保护。在帝政之前,这种二元的所有权体制一直延续了许多年,但后来人们还是相继抛弃了要式买卖和拟诉弃权,到优士丁尼一世时,所有权制度已经合二为一,外国人所有权与市民法所有权的区别也不复存在。

罗马早期只有市民法和万民法之分,虽然万民法规则更能反映商品经济交易的一般规律,但此种规则仍局限于罗马人与外邦人之间的利益调整范围,某种程度上可认为万民法规则是一种市民法的例外和变通。自然法理论自希腊的传入则使万民法规则逐渐扩大,并一步步地取代了市民法而成为近现代民法的主要渊源。显然,早期古罗马法对主体和客体的区别对待,也明显地与市场机制及其相关的基本原则相悖,在缺乏平等的私法主体和同一的客体交易方式条件下,平等市场主体应享有的绝对所有权因缺乏相应的环境很难形成。自然法则适时地揭示了商品经济的普遍客观规律。彼德罗·彭梵得认为:“自然法是指不为体现立法者意志而产生的法,而市民法则是至少部分表现为立法者的任意创制的法。”④西塞罗认为,法是根植于自然的最高理性,它规定人们如何去行为,因而自然法的本质便是最高的理性。⑤ 依照自然法理论万民法成为合乎理性的制定法。虽然自然法思想只把万民法所有权及其转移方式看作合乎正义的理性安排,并不强调所有权是平等主体的一种权利,但它无疑为使财产的个人占有提供了一个坚实的理论基础和宽广的发展空间,最终使个人所有权成为私法上的一个基本制度和必然结果。正是自然法思想冲破了市民法身份和特权的种种限制,才使公法和私法的划分成为可能,个人绝对所有权因而成为私法上超越国界和种族的一种重要权利。

---

④ [意]彼德罗·彭梵得:《罗马法教科书》,黄风译,中国政法大学出版社 1993 年版,第 14 页。

⑤ 参见张乃根:《西方法哲学史纲》,中国政法大学出版社 1993 年版,第 62 页。

(二)罗马法“所有权”与“他物权”的关系

罗马法中起先并不存在单独而完整的绝对所有权概念。自近代以来,通常的说法是先有了所有权的科学界定才有他物权的出现,这种观点是值得怀疑的。按照许多罗马法学家的看法,所有权(*dominium*)的形成是地役权(*servitus*)和用益物权(*ususfructus*)产生的结果。⑥ 彼德罗·彭梵得也认为,作为对物的最高权利的“*proprietas*”(所有权)产生于帝国晚期,主要相对于用益权(*ususfructus*)被使用,享有用益权的人称作“用益权人”,用益权标的物的所有主叫“用益物所有主”。因此,所有权与役权自始便是一对互相依存的概念。从时间上分析,地役权和用益权大约是在公元前3世纪或公元前2世纪左右形成的。从《学说汇纂》的一些片段来看,前古典的法学家曾讨论过用益物权。⑦ 他物权的产生客观上需要从法律上明确土地所有权人的地位,“*Dominium*”和“*Proprietas*”便是适应这种要求而产生的。

近代大陆法系各国在建立物权法体系时,常将物权划分为所有权与他物权,并且,后来有的国家形成了权能分离学说,即他物权是由所有权分离出去的某些权能。但在罗马法中,并不存在“物权”的概念,罗马法并未抽象出基于对物的支配和利用而形成的物权体系,甚至罗马法在法学昌明时代关于所有权也未有一个非常明确的法律上的意义。那么用益权和地役权相对于所有权是处于何种地位呢?这需要对地役权和所有权的相互作用过程进行分析。

罗马最早产生的役权是耕作地役,各个土地使用者为了耕种的便利和其他需要,对已分割的土地在使用时仍保留未分割前的状态,当时尚未形成地役权的观念,而认为役权即为所有权。如对供役地有通行权的,即认为对其通行的土地与他人享有共有权。地役权因而也被列为要式物而进行要式转让,其法律地位和转移方式与所有权相同。⑧ 因此,早期地役权与所有权处于混沌状态,并

---

⑥ 参见王利明:《物权法论》,中国政法大学出版社1998年版,第209页。

⑦ 同上书,第229页。

⑧ 参见周枏:《罗马法原论》,商务印书馆1994年版,第360页。

无明确界限。但当役权脱离其行使所依赖的特定地域时（如涉及公共牧场的牧畜权），则无法用共有来解释，役权始才独立出来。但当时并未将其作为一种独立的权利，而是作为“无形物”纳入物的范畴，这种“无形物”与土地、房屋、畜牧等有形物同时成为所有人拥有的对象。人役权的出现则稍晚，用益权是其中最重要的一种，罗马人常以遗嘱将其遗产的使用收益权遗赠给需要他照顾的人，而保留虚有权给其继承人，此时用益权也是一种无形物。值得注意的是，古罗马他物权的分离并未产生类似今天的权能分离制度。他物权无一例外地被作为“无形物”与有形物一样地为法律所调整，只是其取得和让与方式与有形物不完全一致。在法律上，几乎所有的无形物的交易方式都是略式的。盖尤斯认为，城市土地权和用益权只能通过拟诉弃权转让。[9] 他物权虽强化了所有人的地位，但始终未取得自身独立地位，而一直作所有权的客体，与有形物同属“财产”范围。赫尔莫杰尼安认为，财产这一名称不仅包括现金而且包括像动产和不动产、有体物和权利这样所有的物。[10] 但另一法学家保罗则认为物的范围应比财产的范围广，物包括有形物以外的无形物，而财产则仅限于有形物。[11] 罗马法学家虽在观点上对于“物”和“财产”界定不一，但是在他物权作为所有人拥有的对象这一点是一致的。事实上，罗马法抽象出来的物是有非常广泛的含义，与广义的财产范围是相同的，“一个物不仅意味着物质客体，而且是一种‘财产’，即能够表明个人财产状况的财产清单中反映出来的任何物，以及他的对世权和从债中产生的对人权”。[12]

由上得知，罗马人并未将役权视为从所有权中分离出来的某项权能，而是将其作为权利人拥有的对象。罗马法是从“物”这一概念出发拓展物权的思路，他物权某种程度上是一个“无形物”的法律问题。这必然导致下列两种结果：一是既然他物权并非与所有权同属权利范畴，自然“物权”这一概念无法抽象出来，相反，在“物”的范畴中，“无形物”常作为略式物进行交易；二是所有权的内

---

⑨ 参见［意］桑德罗·斯奇巴尼编：《物与物权》，范怀俊译，中国政法大学出版社1993年版，第86页。

⑩ 同上书，第24页。

⑪ 同上书，第23页。

⑫ 中国人民大学法律系编：《外国民法论文选》，1984年版，第178页。

涵相当模糊,很难形成近代意义上的定义。因为物同时包括“物体”和“权利”,所有人在拥有两者的同时,不可能得出所有权是一种“对物的支配权”的结论。所有权的概念基本上是对“我拥有什么”的确认,表现为对“有形物”和“无形物”的归属不加区分地进行界定。因此,“所有权结果被表述为可以合法地使用(*usare*)、获取孳息(*tarre frutti*)、拥有(*avere*)和占有(*possedere*),但这不是一个科学的定义”⑬。由此可知,所有权和物权在罗马法里仍未有一近代意义上的清晰表述,权能分离理论也未有萌芽。但他物权的出现事实上不可避免地限制了所有人权利的充分行使,罗马法学者也充分意识到这一点。如就用益权而言,所有人将使用收益权转让给他人,仅保留处分权,盖尤斯在《法学阶梯》中称此时所有权为赤裸所有权(*nuda propritas*)。⑭ 用益权虽在理论上未上升到与所有权的平等地位,但是客观上法律却将用益权人与所有权人的关系在双方平等的基础上予以界定,双方均为独立的物权享有人,互负不侵害对方利益的义务。所有权人在未获用益权人同意的情况下,不得设定地上权或其他可能限制用益权的地役权等。对于役权的保护,法学昌明时期确认了两种方式,即“役权确认诉”和“准役权确认诉”,以充分对抗所有权人。⑮ 这说明,罗马法上的“所有”与“占有”是关于物的归属和利用两套平行的制度,只是理论上尚未形成成熟的所有权和占有权制度,因而不能简单地认为役权只是所有权派生出来的权利,而完全附属于的所有权。

二、罗马法上的所有权与债的法律构造

(一)所有权与债的融合和逐渐分离

罗马法上债的产生晚于所有权,这是因为债的产生的前提是财产的流转。

---

⑬ [意]桑德罗·斯奇巴尼选编:《民法大全选译·物与物权》,范怀俊译,中国政法大学出版社1994年版,第2页。

⑭ 参见[古罗马]盖尤斯:《法学阶梯》,黄风译,中国政法大学出版社1996年版,第86页。

⑮ 参见周枏:《罗马法原论》,商务印书馆1994年版,第379页。

"自古以来,无论何处,基于契约关系所生的人的债务,其发达较有体物之权利,为期稍迟。"⑯早期的罗马尽管存在财产的让渡,但起先并不存在契约和债的概念。在罗马王政时期,家庭之间的财产转让必须严格遵循市民法上的繁琐程序和固定仪式,这种方式被称为耐克逊(Nexum)。从拉丁考古学家考证的结果看,耐克逊是指一种用铜片和铜具的交易。⑰ 在此过程中,当事人必须亲自到场,另外还需5位证人和1位司秤参加,在完成了固定的套语和动作后,交易便已完成并有效。由于耐克逊是一种现场所有权转移方式,可以认为耐克逊本身并不存在一种作为期待权的债的关系,物的交付和债的合意全部浓缩于一个复杂的固定仪式中。因而,耐克逊实际上是一种纯粹的所有权即时交付行为,在此过程中"契约"与"让与"是合二为一的。但值得注意的是,罗马法学者后来却将耐克逊专门用以表示使契约庄严化的仪式,而不再是所有权转移的原始描述,而转移过程本身则由"曼兮帕蓄"来表示。"曼兮帕蓄"即罗马市民法上的要式买卖,是一种所有权的让与取得方式,与耐克逊极为相似,如何解释两者的这种渊源关系?这是因为,"契约"与"让与"后来产生了适度的分离。

罗马最早阶段一切要式行为只可能依赖于耐克逊,合意是不存在的。"仪式不但和允约本身有同样的重要性,甚至比允约更为重要。"⑱如果有一个固定形式被遗漏或误用,转让过程便失去效力。相反,如果所有程序和仪式均已正确进行完毕,至于转让是否反映了当事人的真实意思,法律并不重视。这是由于当时人们对财产交易安全的关注甚于交易的便捷,庄严的让与过程排除了契约合意的存在。但随着财产个人化程度的提高以及商品交易的扩大,不可能一切财产都能在现货交易下即时完成,客观上交易双方的相互作为和交付在时间上和空间上产生了分离。假如买卖双方一方交付了财产,但另一方尚未付钱,那么以形式而论,出卖方完成了耐克逊,而买受人耐克逊仍在继续。这时耐克逊便已超出了让与的范畴,而具有了"债务"的意义。梅因认为,从此时起,耐克

---

⑯ [英]孟罗等:《欧陆法律发达史》,姚梅镇译,商务印书馆1994年版,第54页。

⑰ 参见[英]梅因:《古代法》,商务印书馆1984年版,第179页。

⑱ 同上书,第177页。

逊倾向于契约庄严化的目的,而让与过程便转由“曼兮帕蓄”去完成了。[19] 这充分说明让与过程的错位使合意成为必要,从而复杂程序之外的合意便成为交付的依据,而实际让与过程也只是为保证交易的真实性和安全性才加以保留。在此基础上,契约的观念开始发展,用罗马人的用语来说,“契约”是吸收于“合约”中了。早期的让与财产时的程序和仪式,后来恰恰被用于缔结一个契约。[20]

但是,契约与让与的分离是缓慢的,在很长一段时间内契约长期被认为是一种不完全的让与,是耐克逊被人为地延长以便使债务人有一定的时间。由于让与的理念仍然统治着契约,因而古罗马早期重视的仍是实际财产的占有,而非债务。这导致了法律对于债务人异乎寻常的苛刻,债权人对债务人享有过分的权力。如《十二铜表法》第三表“债务法”几乎全是对债务人的处置方式,而未有关于契约合意以及债权人义务的规定,这说明庄严和神圣的“让与”程序仍直接笼罩和影响着债务的履行,债务的延迟履行被视为不应有的例外,是对于严格仪式的歪曲。这就不难理解为何交易双方的合意效力远不及让与的手续和程序。早期合意或协议的软约束以及不安全性,客观上要求自身必须获得法律上的特殊支持,只有通过这种支持才能使债权债务关系脱离于让与程序。值得注意的是,罗马人正是通过“债”来解决了这一问题。优士丁尼在《法学纲要》中明确指出:“债是依国法使他人为一定给付的法锁”;[21]盖尤斯在《法学阶梯》里明确定义:“债是一种迫使我们必须根据我们城邦的法律制度履行某种给付义务的法律约束。”[22]由此可知,债是法律通过某种方式把人结合在一起的锁链,亦即合意本身并不能产生给付后果,其能否成为一个有效契约,还得附加某种法律束缚,梅因认为这种束缚就是“债”,即“一个‘契约’是一个‘合约’加上一个‘债’。在合约还未附带着‘债’的时候,它便成为空合约”。[23] 因此,“债”必须体现为某种法律的实际约束和锁链,这种锁链只有通过清偿才能最终解除,而锁链本身即表现为若干既定手段。罗马法契约先后经历了口头契约、文

---

[19] 参见[英]梅因:《古代法》,商务印书馆 1984 年版,第 177 ~ 178 页。

[20] 同上书,第 177 页。

[21] 周枏:《罗马法原论》,商务印书馆 1994 年版,第 628 页。

[22] [意]彼德罗·彭梵得:《罗马法教科书》,黄风译,中国政法大学出版社 1995 年版,第 284 页。

[23] [英]梅因:《古代法》,商务印书馆 1984 年版,第 182 页。

书契约、要物契约和诺成契约,每一种手段实际上都是根据某种手续命名的,这些手续是合意之外必需的。[24] 诺成契约虽不需要特定的手续和顺序,但可以认为"债"此时是附着于诺成的,诺成执行着与文书、口头约定或要物同样的职能,亦即契约发展到诺成契约阶段,诺成和特定手续已合二为一了。诺成合同的出现,使双方合意摆脱了外部行为的束缚,而相对抽象地由法律赋予法律的效力,不再借助于具体的锁链,合意本身成为最有效的约束。这种过程使债权债务彻底从"物的转让"的阴影中解放出来,成为一种相对独立的法律关系。如罗马法学家保罗认为:"债的本质不在于我们取得某物的所有权或者获得役权,而在于其他人必须给我们某物或者做某事。"[25]也就是说,所有权只是债权实现的后果,债权本身具有相对独立的地位和意义,即仅限于获得给付的一种期待权。

(二)关于罗马法所有权与债权地位的评价

罗马人关于财产权利是否已经形成近代大陆法系民法上物权与债权的二元分野,颇值得思考。至帝国后期,罗马法仍未有物权和债权的清晰定义,罗马法的体系仍是以人法、物法和诉讼法来安排,债法附属于物法。这充分说明,债权未能取得与物权平等的地位,不足以类似近代民法构成一个相对独立的法律制度。也可以认为,罗马法并未在私法上就财产权体系建立一套稳定而抽象的构造模式,近现代大陆法系民法上具体权利的形成轨迹虽可追溯到罗马法,从中找出其渊源,但民事权利体系的构造却很难在罗马法中寻找出今天的模式。

一方面,必须明确的一个事实是,罗马人并不擅于以权利为线索来构筑法律结构体系。这是由于罗马人并未形成彻底的"权利"观念,而主要是依照正义和理性来安排社会秩序,一切实际权利的享有均是自然理性的反映,而不是个人私域的凸现,法律、权利和正义具有同一层面的意义。因此,罗马法可以就小商品经济的复杂关系形成事实上完善而科学的制度,但在体系上却只能基于人

---

[24] "口头契约"是指协议完成后,必须由双方经过一定的言辞才是有效力的;"文书契约"则需要经过将其登入总账簿和记事簿的程序;要物契约则必须将标的实际交付才生效;但诺成合同不需要履行任何方式或实际交付,是一种万民法的交易方式。

[25] [意]彼德罗·彭梵得:《罗马法教科书》,黄风译,中国政法大学出版社1993年版,第283页。

与人之间的实际财产关系形成一种法律秩序的安排,而不能从私权角度来统领法律体系。另一方面,罗马法并未发展到高度理论抽象的阶段,仍带有强烈的实践性,尚不能把许多具体的重要法律关系概括出普遍原则。“法学家最初的课题是将社会性的法律提升到审判规范,并进而发现能解决法律纠纷的审判规范。……因为,罗马法在历史上是关于法的知识、适用法的技术,发展法的手段的总和。”㉖罗马私法最初既没在形式上也没在内容上形成一个整体,它的出发点是基于这样一个理念,即法律必须提供在任何情况下通过诉的手段得以主张权利的可能性。从这点看,权利只不过是法律程序对实际利益保护的反映,权利必须有诉讼的保障,否则形同虚设。古罗马人认为,先有诉讼而后才有权利,因此《十二铜表法》便将审判规范置于实体规范之前予以规定。在此前提下,法律规定了各种诉权,并各有特定的名称,各有自身的适用条件和程序,权利则体现于程序救济之中。大法官利用他在诉讼中的主导地位,创设新的诉讼方法和程序,从而确立与其相适应的实体权利。权利源于诉讼这一特点,使权利依赖于诉讼模式,无法独立形成自身的理论体系。这也是为什么罗马法对所有权和债权的取得和保护方法均作了详细规定,却唯独没有关于所有权和债权的完整定义的原因,更不用说就物权和债权两种财产权的构造格局及两者关系进行详细论证了。

罗马法程式诉讼的一个重要分类是对人之诉(*actiones in personan*)和对物之诉(*actiones in rem*),这是否可以认为罗马法已明确区分了物权和债权?不可否认的是,这种分类很容易使人将其与“对人权”和“对世权”相联系。实际上,这种程序上的划分是基于诉讼的客观需要而形成的,即依据对物之诉来保护对物的权利以及身份权利,依据对人之诉来迫使他人履行义务。这种诉讼程序的分类纯粹是一种技术上的安排,以便利诉讼,其目的并不在于区分物权和债权。盖尤斯认为,对人的诉讼是向负债人要求其“应当给、做或履行”,对物的诉讼是主张自己享有某种权利。㉗ 因此,这完全是一种操作层面上的表述和分类。虽然客观上这两种诉权也在一定程度上反映了实体法上“对人的权利”和

㉖ E. Ehrich, *Fundamental Principle of the Sociology of Law*, p.248.

㉗ 参见[古罗马]盖尤斯:《法学阶梯》,黄风译,中国政法大学出版社1996年版,第288页。

“对物的权利”,但并未在实体上形成物权和债权的理论体系。在罗马法理论上,“债权”一直未被作为一个独立的权利加以规定,整个债的规范是作为所有权让渡和取得方式确定的,债也主要是从义务人的角度进行定义的,其目的只是使有形物的所有权最终转让,而债其本身的价值和地位往往被忽略。

值得一提的是,罗马法也不存在物权法和债权法的概念,物与物权、权利的概念都没有严格区分,如《法学总论》中将物与用益物权、所有权、地役权混淆一起,[28]盖尤斯在《法学阶梯》里也将“债”归于“无形物”。[29] 这样,债权和役权、有形物都可能成为所有人拥有的对象,这种抽象的利益拥有充分说明当时权利的分类和定位均处于一种幼稚状态。其原因在于罗马法最终的一个落脚点是,我拥有何物。这“物”的含义是广义的,既包括有形物,又包括无形物,债权是其中一种无形物而已。

三、近代大陆法系财产权构造的演进

(一)“物权”概念的缘起

“物权”一词是由中世纪的注释法学家在解释罗马法时形成的,他们在“对物之诉”的基础上,建立了物权(jus in re)学说。[30] 当 17 世纪罗马法在德国得到广泛传播时,德国法学家便开始探讨物与财产的区别,关注物上的权利。18 世纪的《马克西米连 - 巴伐利亚民法典》和《普鲁士普通邦法》便采取了与罗马法完全不同的模式,并提出和使用了“物权”(*Sachenrcht*)这一概念。[31] 1811 年的《奥地利民法典》则明确使用了“物权”一词,目前,通说认为该法典是近代物权制度的先导。但不可忽视的是,该法典所提“物权”仍不具备近代意义。依该法典第 307 条:“物权,是属于个人在财产上的权利,以对抗任何人。”这里的“财

---

[28] 参见[古罗马]查士丁尼:《民法总论》,张企泰译,商务印书馆 1993 年版,第 48 页以下。
[29] [古罗马]盖尤斯:《法学阶梯》,黄风译,中国政法大学出版社 1996 年版,第 82 页。
[30] 参见王利明等:《民法新论》(下册),中国政法大学出版社 1991 年版,第 1 页。
[31] 参见孙宪忠:《德国当代物权法》,法律出版社 1997 年版,第 39 页。

产”并未明确是一种客观的有形物。该法典中的物权包括两部分权利,即对物物权和对人物权,后者包括了全部契约法和侵权行为法。[32] 依该法典第 307 条、第 859 条,依据对人物权,某人须向他人履行承担义务。因此,《奥地利民法典》并未抽象出科学的物权概念,物权的客体仍包括有形物和债权等无形物,并未超出罗马法的理论框架。

《法国民法典》仍未提出“物权”概念,该法典也是直接沿袭罗马法广义的物的概念,所有权、债权和物仍未明确区分开来,显然这很难形成独特的统一的“物权”概念。在法国民法上,“物权仅是一种权利,有关权利的执有人在使用这些权利时直接作用于物质的物。物权把人——权利执有人,和物——权利客体联系在一起”。[33] 直到《德国民法典》,物权才具有目前学理上公认的意义,独立的物权体系才得以完整建立。值得注意的是,德国民法上物权概念的确立是与“物”的界定浑然不可分割的。德国立法将物限于“有体物”,而将罗马法和法国法上的“无形物”(各种权利)完全剔除出去,使物权成为一种纯粹的对有形物的支配权。而正是“无形物”的存在,使德国民法典以前的理论和立法没有找到物权的科学定位,物权始终与债权、物等纠缠在一起。

物权概念的确立具有多方面的原因。第一,近代市场经济的发展需要在私法上确立财产的归属。近代工商业的发展和第三等级的出现,使财产的流通成为经济常态,经济关系日益多样化和复杂化,其发达程度已与罗马法时期大相径庭。因此,对于物的归属的明确界定成为私法的首要问题。但所有权只是一种最重要的物权,并不能涵盖整个物权制度。在古罗马法中,相对简单的无形物无法再充分明晰复杂的财产归属和流通。因此,近代现实经济生活的复杂化要求民法对所有权和物的理论进行更科学的整理和分化。第二,近代民法重心已转向民事权利及其体系的安排。随着社会与国家的分离,对个人的自由和财产权的保护被视为法律的首要价值目标。古罗马的自然法思想并不是以个人权利为中心,而是对自然理性和抽象正义的一种反映,权利观念与正义和秩序

---

[32] 参见孙宪忠:《德国当代物权法》,法律出版社 1997 年版,第 40 页。

[33] [法]茹利欧·莫兰杰尔:《法国民法教程》。转引自《外国民法资料选编》,法律出版社 1983 年版,第 227 页。

密不可分。随着教会和世俗社会的分离,近代自然法思想打破了以往以义务体系为目标的传统模式,权利更体现为一种主观权利,而法或自然法只不过是权利的来源和前提。与此相适应,个人的自由和权利被置于首要地位,近代各国民法典对于人的一般权利能力的规定便是突出反映,这决定了民法开始成为一部权利法。如黑格尔认为,“法的本质是意志自由和权利……而财产是自由的最初定位,它本身是本质的目的”。㉞ 耶林则认为权利“是在法律上受保护的利益,权利的保护是法的目的……权利一方面从法律内获得自己的生命;另一方面也反过来给予法律以生命”。㉟ 因此,耶林强调,主观权利必须放在制定法下进行法学上的技术创造,这为“物权”这一法学技术术语的提炼提供了理论基础。

(二)“物权”与“权能分离”理论的渊源关系

近代“物权”制度最终确立的一个相应后果是“权能分离”理论的出现,即用所有权的权能分离来解释所有权与他物权的关系。关于权能分离理论的起源,学术界往往将其追溯至罗马法时期,其主要理由是,古罗马已出现了与所有权相对的人役权和地役权,这与近代的他物权具有共同特点。对此,笔者不敢予以苟同,笔者认为权能分离学说是近代物权法理论的产物,严格来讲,只有在真正确立“物权”概念以后才有可能形成权能分离学说。

古罗马法无明确的所有权定义,彼德罗·彭梵得将其定义为:“对物最一般的实际主宰或潜在主宰。”㊱尽管一切他物权均以所有权的存在为前提,但罗马人并不认为役权的取得是所有权权能分离的结果,役权仍是作为一种独立于所有权的利益存在,“役权也被视为有体物,其取得条件也和所有权的取得条件一样”。㊲ 尤为重要的是,他物权人对物的占有类似于所有人的所有而独立地由“占有之诉”予以保护。这是由于罗马法中所有权、物与役权等概念未在法律关

㉞ [德]黑格尔:《法哲学原理》,商务印书馆1979年版,第45页以下。

㉟ [德]耶林:《为权利而斗争》,胡宝海译,载梁慧星主编:《民商法论丛》(第2卷),法律出版社1994年版,第22页以下。

㊱ [意]彼德罗·彭梵得:《罗马法教科书》,黄风译,中国政法大学出版社1993年版,第194页。

㊲ 周枏:《罗法马原论》(上册),商务印书馆1994年版,第376页。

系角度进行科学的抽象,所有权人与他物权人的关系在法学上很难深入讨论,“权能”一词也从未实际构成所有权理论的组成部分,自然也就无权能分离理论,因而对于所有权人与他物权人关系的描述,只能停在实际操作层面。虽然所有权也有“回复性”和“弹力性”,但这与权能分离学说仍有很大距离。近代《法国民法典》实际上与罗马法同出一辙,物权的概念尚未形成,他物权与所有权的关系往往是一种权利与物的关系,他物权常作为“无形物”看待。在所有权的客体尚未确定为“有体物”的情况下,基于有体物占有的“所有权”和“他物权”自然也就不成其为同一层次的一个问题。就利益角度而言,法国传统理论认为,用益权人和虚有权人互不相关。[38] 两者并不存在法律地位上的从属关系。《法国民法典》第578条也规定:“用益权如同所有人一样,在所有权属于他人之物上享有权利,但用益人负有保存该物本体的义务。”因此,当“物”是有体物时,用益物权除处分权外,与所有权人具有大致相同的权利。但值得注意的是,该法典关于用益权的定义并未明确将其界定为一种物权,在用益权存续期间,所有人负有尊重用益权的义务,并对用益权人滥用权利的行为有权请求制裁。除此之外,双方之间不存在任何相互的义务。[39] 因此,法国民法典仍未认为他物权是由所有权的若干权能分离而形成的限制物权。

《德国民法典》中“物权”概念的正式确立为权能分离学说提供了理论基础。物权在被界定成主体对有形物支配关系的同时,使理论上不得不面临一个问题:所有权和他物权的关系。在用益权等被纳入“无形物”范畴的情形下,所有权和用益权并不处于对等的理论范畴,而在“物权”概念出现以后,两者关系才成为一个回避不了的理论问题。因为只有将“物”限于“有体物”,所有权才成为一种现代意义上的完全物权,以往作为“无形物”的他物权和债权才真正在理论上成为具体的权利。权能分离的另一前提是所有权被定义为若干权能的集合,这样所有权和他物权表现为整体和部分的关系。而《德国民法典》是通过抽象概括式给所有权下定义,其第903条规定:“所有权是指物之所有人,在不违反法律或第三人权利之范围内,得自由处分其物,并得排除他人对物之一切

[38] 参见尹田:《法国物权法》,法律出版社1998年版,第345页。

[39] 同上。

干涉。”因此，德国“物权”概念的建立只为权能分离理论提供了一个理论前提和可能性，德国物权法理论却无明确的权能分离学说。真正采取权能集合说的是苏俄民法。1922 年《苏俄民法典》第 56 条规定：“所有人在法律规定的限度内有占有、使用和处分财产的权利。”一些苏联学者认为，“各种全能加总起来便构成了所有权的内容，这些权能构成所有权的要素”。[40] 因此，严格讲来，权能分离理论应始于苏俄民法。我国沿袭了《苏俄民法典》的定义模式，采用了权能集合说，《民法通则》第 71 条规定，财产所有权是指所有人依法对自己的财产享有占有、使用、收益和处分的权利。同时，我国民法学界在理论上也一度采用了权能分离理论。

目前，学术界对于所有权的“权能集合说”表示怀疑，而认为权能是所有权的不同作用方式，权能与所有权的分离不过是所有权作用的体现，因此，“权能集合说”混淆了所有权的性质与所有权作用的关系。同时，所有权是一种质的规定，其核心和灵魂在于所有物之独占性支配权，而不是一种权能上量的叠加。如果所有权体现为若干种权能的集合，那么便不能圆满解释为何一种或几种权能分离出去时，所有人仍享有完整的所有权，因此，认为所有权为所有人对于物的一种支配权已成为当今学术界通说。

（三）物权与债权二元体系的形成

在罗马法理论上，债权和他物权均作为一种“无形物”，属于所有人拥有的客体，因此，在立法上和理论上是不加区分地作为物上利益看待，整个财产权体系由一种宽泛的所有权来统领。具体权利的独立性和法律地位未能确立，自然也就无物权和债权在立法上的分野，债的关系的形成与债权地位确立有一个不小的距离。近代法国民法仍将“债”作为取得财产权的方式加以规定，其出发点和落脚点仍为“所有权”，这客观上使债权地位失去了依托。当时，法国民法理论上已存在了“对人权”和“对物权”的划分。如近代法国法学家波蒂埃认为：“对于商业活动中的物，人们将之归于两种类型的权利，人们在物上所享有的权

---

[40] ［苏联］B. П. 格里巴诺夫等：《苏联民法》（上册），中国社会科学院法学研究所民法经济法研究室译，法律出版社 1984 年版，第 278 页。

利,被称为'对物权'。人们相对于物而享有的权利,称为'受领物'的给付的权利。"[41]但在立法上仍未使物权和债权明确区分。真正使物权和债权完全区分开的是《德国民法典》,该法典不但正式提出了"债权"的概念,而且把债权置于物权之前予以专章规定。

具体分析,该法典的上述编排揭示了三方面内容。一是债权关系优位化。该法典以前的立法均视债的关系为所有权流转的中介,隶属于物的占有关系的变动。但该法典在此基础上将债权独立化,这是因为现代社会中"物的归属"的理念让位于"物的利用"的理念,频繁流通成为一种经济常态,而非一种例外。因此,债权成为一种现代市场经济的主要权利形式。"债权关系之首要法律目的,乃在将债权转变成物权或与债权具有相等价值之权利。"[42]二是"物权"概念的科学确立相应地使债权的法律地位第一次充分独立。在不承认统一的"物权"时,债权并不具有特定地位,往往作为一种对"无形物"的拥有,在德国民法典正式将物限于"有形物"时,不能再被归于"无形物"的范畴,便只能作为一种相对物权的对人权而存在。三是民法上的财产权正式确立了物权和债权两大体系。依此模式,任何具体财产权利均宜纳入两种权利范畴。可以认为,只有在德国民法上,才真正存在物权和债权的归类问题,法国民法理论只是在吸收德国民法的上述划分之后才存在此种分类。而且,德国在此划分基础上建立了现行物权理论和债权理论,今天大陆法系各国的物权和债权理论均直接发轫于德国民法。债权的相对性和物权的绝对性成为物权和债权的最主要区别,绝对权不依赖于两个人之间的某种关系,而是依附于某种特定的个人,并主要由物权法规定。根据《德国民法典》第823条第1款之规定,法律保护绝对权不受侵害,而相对权利不受这种保护。另外,债权关系可以自由地以契约形式创设,而物权则由法律规定几种形式,人们只能在有限的法定范围内享有物权权利,而不能被创设新的物权形式。

---

[41] A. M. Patault, Introduction Historique Audrioit res Biens. 转引自尹田:《法国物权法》,法律出版社1998年版,第23页。

[42] 林诚二:《论债之本质与责任》,载郑玉波主编:《民法债编论文选辑》(上册),五南图书出版公司1984年版,第32页。

物权和债权制度的系统建立使大陆法系法的财产权体系构架得以最终确立,后来的日本、瑞士、荷兰、苏俄以及中国等国民事立法直接继承和发展了这种划分。笔者认为,物权和债权作为两种性质和表现形式迥异的权利其区别是显而易见的,也是具有一定的生命力和适应性的。但是,如果把这种划分作为衡量所有民事权利的模式,则其弊端日渐显现,现当代社会人们实际享有利益的范围和种类日益丰富,并非完全表现为"物的支配权"或"请求权",而又往往是游离于两者之外的。如知识产权、股权等则无法将其确立为"物权"抑或"债权"。目前,大陆法系国家理论界已逐步意识到这一点,在理论上对这种划分的涵盖性提出质疑,甚至怀疑这种划分本身的科学性。笔者认为,物权和债权这种划分方法本身仍有其合理的一面,主要问题在于理论上形成了过于僵化的分析模式,即企图将所有民事权利囊括其中,而不允许某些权利在性质上超脱于"物权"或"债权"。因而,民法理论对于财产权体系应予以足够的重视,研究建立适应当代财产权实际状况的民事权利体系。目前,中国正酝酿制定物权法,这正是需要我们进一步深入研究的另一重要问题。

财政管理纳入法制化轨道*

依法理财，就是依照宪法、法律、法规和财政规章的规定，综合运用法律手段、经济手段和必要的行政手段，行使国家赋予的行政职权，实现财政管理的法治化、规范化和制度化。

依法理财的内涵是什么？笔者认为，主要包括财政的依法立法、依法执法和依法司法三个方面，这三个方面相互影响、相互依托，共同构成一个有机的整体。

依法立法，是指在财政的立法活动中严格地按照法定规则和程序，同时将立法权主要集中于立法机关，尽量减少行政机关的受托立法，以克服行政机关自己约束自己的某些缺陷，使财政的立法体现出民意，实现民主和科学立法。财政立法要立足国情，紧紧围绕经济发展和财税改革的实际，注重解决国家经济生活中遇到的实际问题。法律法规要明确、具体，备而不繁，具有可操作性，对惩治违法行为的规定要有力度，能够真正解决实际问题。要重视立法预测和规划，加强调查研究和论证，吸收和借鉴国外立法的成功经验。

依法执法，是指承担财政收支执行职责的政府部门在具体的财政收支活动中严格地依照法律办事，真正体现出法律的权威，在执法过程中还要兼顾相关财政成文法与财政非成文法，而不是随意执法。依法执法是依法立法的必然延续，切实做到依法办事，严格执法，必须建立一支高素质的财政执法队伍。还需要建立健全财政执法责任制、执法考核评议制和过错责任追究制等内部约束机

---

* 原载《中国财经报》2001 年 12 月 4 日。

制,进一步规范执法行为。要建立健全财政执法的内部监督机制,认真落实好行政处罚规定的行政处罚听证制度、错案追究制度和较重财政处罚的领导集体决定制度,认真做好财政行政复议、财税法规执行情况监督监察等工作,坚持实行财政行政复议案件、较重财政行政处罚案件和地方性财税法规、规章及规范性文件备案制度。要从制度约束和监督检查两个方面规范财政执法行为,建立并落实财政执法责任制和评议考核制,把依法理财落到实处。

依法司法,是指司法部门在处理财政分配主体的违法过程中准确、科学、公正地适用法律,以事实为根据,以法律为准绳,维护法律的尊严。司法机关的独立表现在它只遵循自己特有的司法规则,表现在他的观念和行为不被其他政治机构和社会团体的观念和行为所左右。作为介于政府和人民之间中立的裁判者,法院必须超然于政府。同时,就政府而言,应当自觉、积极维护法院的审判独立,为法院创造一个良好的独立审判的整体环境。具体到财政司法,一方主体是政府财政部门,而在目前我国法院体制下,财政部门掌管着法院的经济命脉,因此,法院判决极易受到不当的影响。所以,如何保证司法机关在政府与社会主体之间的司法公正,在很大程度上依赖于法制环境的优良与否,是关系依法司法能否真正贯彻实施的重要问题。

无形财产的理论和立法问题*

无形财产是一个在民法中尚未深入研究的问题。在传统大陆法系财产权体系中，无形财产常被纳入物权和债权领域，作为一个特殊问题对待，其结果是使无形财产只能局限于有限的理论空间，并常常与传统理论相抵触。目前，大陆法系国家的一些学者开始重新对无形财产予以审视，逐步意识到无形财产对于理解和重塑物权制度以及财产权制度具有重要的意义。本文试对无形财产的理论和立法问题作一探讨。

一、无形财产的概念诠释

无形财产渊源于古罗马法。公元 2 世纪罗马法学家盖尤斯在其所著《法学阶梯》里将物划分为“有体物”(*Corporales*，也称有形物)和“无体物”(*Incorporales*，也称无形物)。他认为，有体物是可以触摸的物品，如土地、衣服、金银；无体物则是不能触摸的物品，它们体现为某种权利，如继承权、债权和用益权等。① 因此，在罗马法中所有权之外的权利常被拟制为“无体物”，被纳入物和客体的范畴。近代《法国民法典》继承了罗马法的上述分类，该法典第 526 条、第 529 条分别规定建立于不动产之上的权利为不动产，而将债权和股权等

---

* 原载《中国法学》2001 年第 2 期。

① 参见[古罗马]盖尤斯：《法学阶梯》，黄风译，中国政法大学出版社 1996 年版，第 82 页。

视为动产。后来的意大利、奥地利和荷兰民法典也有类似规定。1900年《德国民法典》则未采纳无形物的相关规定,而将物限于"有形物",因此,权利作为无形物与物是严格分开的。日本、泰国等国民法典从其立法例。很多学者意识到,将无形物视为物混淆了权利和权利客体的界限。美国经济学家麦克劳德(Macleod)认为:"大多数人在说到或听到财产的时候,想到某种物质的东西。……但财产这个名词的真正和原来的意义不是指物质的东西,而是指使用和处理一件东西的绝对权利。财产的真正意义是完全指一种权利、利益或所有权。"因此,他认为把权利当作物同把物当作财产或权利一样是荒谬的。② 随着知识产权、有价证券等无形权利的出现和流转,人们往往也在这些意义上使用无形财产,"无形物"或"无形财产"的意义和运用也与传统无形物有较大差别。目前在理论上,学术界对于无形物、无形财产、无形财产权和无形产权等概念的使用极不稳定,在多种场合和多种意义上使用,在论述时无形财产并无固定的内涵和外延。

具体而言,"无形财产"在实际运用中常代表三种不同含义。(1)无形财产指不具备一定形状,但占有一定空间或能为人们所支配的物。这主要是基于物理学上的物质存在形式而言,如随着科学技术的进步和发展,电、热、声、光等能源以及空间等,在当代已具备了独立的经济价值,并能为人们进行排他性的支配,因而也成为所有权的客体。③ (2)无形财产特指知识产权,这主要是基于知识产品的非物质性而作出的界定。另外,通常基于知识产品的无形性,在习惯上学术界将知识产品本身也视为"无形物"或"无形财产"。如德国在不承认传统的"无形物"前提下,将知识产品从客体角度视为"狭义的无体物"。④ (3)无形财产沿袭罗马法的定义和模式,将有形物的所有权之外的任何权利称为"无形财产",知识产权仅是其中一种"无形财产"。

笔者认为,虽然可以从不同角度称某种客体或某种权利为无形财产,但就

---

② 参见[美]康芒斯:《制度经济学》(下册),商务印书馆1997年版,第19页。

③ 对于电力、天然气等客观存在的无形体物,目前,许多国家均予以立法确认为所有权的客体。如《瑞士民法典》第713条规定,性质上可移动的物及法律上可支配的不属土地的自然力,为动产所有权的标的物。1901年4月9日德国专门颁布法律,确定窃电为盗窃行为。

④ 孙宪忠:《德国当代物权法》,法律出版社1997年版,第3页。

大陆法系早期罗马法以及近代法国民法典而言,无形物、无形财产体现的是一种有别于有形物所有权的权利,罗马法上的无形物即是一种将具体权利进行“物的主观拟制”的结果。否则,无论客体形状和性质如何,均不能视为“无形物”。因为无形财产“无形”性表现为主观权利的无形,其已脱离了感官的感知范畴。虽然权利客体如知识产品也有无形的特点,但仍属于权利附着的对象,而不能直接体现为一种财产。因为若法律不于客体之上赋予权利,自然客体其本身并不能体现财产价值。因此,作为权利对象的知识产品,只是一种有别于有形物的特殊客体。但能否将类似电力、天然气等纳入有形物范畴?回答是否定的。知识产品与无形体物仍有质的区别:无形的知识产品是一种非物质的精神成果,不能产生类似客观物的占有和支配,客观物的自然损耗、处分等也不适用于知识产品。⑤ 因而,知识产品的占有是人为的一种法定垄断利用权,不同于客观物的自然占有。由于知识产权的绝对性类似于有体物的物权,因而知识产权也常被称为“准物权”。

由上得知,知识产品作为特殊类型的客体仅具有客体意义,而对于财产权体系的研究和构建并没有更大的影响。因此,我们认为,无形财产应指“权利”。但这种权利的范围如何,是否仅限于知识产权,则值得思考。依上述分析,既然就权利角度而言,知识产权和其他权利均是无形的权利利益,并不因具体客体的不同而导致权利性质上的任何差别,所以把“无形财产”局限于知识产权并不妥当。在当代法国民法中,无形财产不仅包括罗马法上的“无形物”所指具体权利,还包括权利人就营业资产、顾客、知识产品以及现代商业信息等所享有的权利。⑥ 我国学术界针对有价证券、股票的流通无法用传统理论予以解释,往往也将票据权利和股权等称为无形财产。所以在理论上宜采取第三种意义上的无

⑤ 目前,由于广义的知识产权不仅包括著作权、商标权和专利权,还包括商业秘密权、商号权、植物新品种权以及禁止不正当竞争方面的权利。有些学者认为,其客体已不限于知识领域,而是扩大到商业活动的经验、信誉等领域,因此,知识产权已很难涵盖所有上述权利。参见吴汉东:《无形财产权的若干理论问题》,载《法学研究》1997 年第 4 期。

⑥ 在法国法上,营业资产包括对于“顾客”的一种权利,即营业资产的价值取决于其对顾客的吸引力。因此,对于顾客的权利也成为一种“无形财产”而受法律保护。参见尹田:《法国物权法》,法律出版社 1998 年版,第 63 页以下。

形财产,即无形财产不仅是一种财产形式,而且是相对有形物所有权的一种财产权体系,除所有权以外的其他权利均属于无形财产范畴。

英美财产法中也有“有形物”和“无形物”的划分,这与罗马法的传统分类具有基本相同的意义。如动产被分为有形动产(tangible personal property)和无形动产(Intangible personal property),其中,债务、商业证券、商誉、知识产权和不属于债权的合同权利被视为无形动产。[⑦] 因此,英美财产法上的无形财产也是一庞大的权利体系。虽然存在这些差别,但英美财产法和罗马法在这一点上是共同的,即两种法律体系中无形物中的“无形”之意义,都是指权利本身的无形,并不是指客体的“无形”。所以,将无形财产界定为有形物所有权以外的权利体系不但是与早期罗马法和近代法国民法典的立法精神相一致,也是与英美法系的理论和立法传统相符的,这也是本文论述的前提和基础。

二、无形财产的性质和法律地位

早期无形物的出现实际上是法学理论中所有权和物思维模式的产物。自罗马法创造“物”和“所有权”概念以来,有形物便是衡量财富多寡的唯一标准,而其他财产权利(如用益物权和债权)则因其无形而很难为人们更好地理解。因此,人们习惯于将权利转化为物时,才更真切地感受到对该权利的拥有。将权利拟制为物,权利的转让便如物的交付一样形象生动,易于理解。如法国学者马洛里和埃勒斯认为,“如果我们要对财产权利作生动而实际的想象,则区分有形物与无形财产权利是必要的”。[⑧] 因此,规范理念上的权利通过法律拟制而取得了“无形物”的地位。

通过实在物来把握权利的概念与法律发展早期人们的实体化思维有关。例如,英国学者波洛克(Pollock)和梅特兰(Maitland)曾指出:“古代日耳曼法如同古代罗马法,在处理债和其他合同利益转让时遇到很大的困难,除非权利是

⑦　参见[英]劳森等:《财产法》,施天涛等译,中国大百科全书出版社1998年版,第25页以下。

⑧　尹田:《法国物权法》,法律出版社1998年版,第55页。

包含在一种有形实体中,人们就不难理解权利是如何被转让的。……只有当受让人获得了实体,将牲畜放入牧场,将职员送入教堂,权利才真正被转让。如有人想转让教堂的受益人推荐权,他会说他在转让教堂。"[9]通过法律拟制,任何私法上的财产利益均体现为一种对"物"的所有,这样自然"无形物"也便成了所有权的客体。可以认为,罗马法是以所有权来统领财产体系,只要主体享有某种利益,便当然认为是对该种利益的所有,所有权成为所有财产的法律衡量标准,具体权利的独立享有并不为人们所接受,这样把具体权利物化为"无形物"也许就不难理解了。

这种不习惯从法律关系的角度理解财产权的思维方式至今仍在大陆法系根深蒂固,其主要表现是在理论上权利仍可属于某种客体,即使在德国民法上也不例外。如在《德国民法典》中一般的权利客体为"Gegenstände",指的是各种物品和对象,即除有形物之外,民事法律关系的客体还包括无体物、收益和使用等。[10] 目前,国内外学术界虽普遍认为,将无形财产作为客体混淆了权利和权利客体的界限,令人难以把握,且导致所有权与其他民事权利的区分混乱不堪,但是在一定情形下又不得不把无形财产视为客体,如在权利转让、权利质押等法律关系中,常把权利当作上述法律关系的客体。[11] 我国大多数学者也认为,无形财产不能成为所有权的客体,但可以成为其他无形权利的客体,主要体现为权利担保和有价证券的流通转让等情形。

将无形财产置于物的地位已受到学者的强烈批评。法国学者佛鲁尔(J. Flour)和罗倍尔(J. Aubert)指出:"物和权利具有完全不同的性质,将之放在同一范畴里进行论述是毫无道理的。从逻辑上看,不应将物视为财产,因为具有经济价值的是物所包含的'财富'而非物自身,物仅仅是权利的标的。无任何人

---

⑨ Hist. Eng. law 2nd ed. , 1905, p. 226.

⑩ 参见孙宪忠:《德国当代物权法》,法律出版社1997年版,第2页。

⑪ 在德国物权法中,将权利质权和权利用益权的客体视为权利,而与其他典型的物权(如所有权)的客体"物"相区别,这在理论上产生了一个矛盾,即物权"是对有形物的支配权"这一判断难以适用于上述权利质权和权利用益权,这种情形在德国民法中被称为"物权概念的有限性"。参见孙宪忠:《德国当代物权法》,法律出版社1997年版,第20页。

享有权利的物根本就不是财产。”[12]因此，从某种意义上说，一切财产都是无形的，这主要是因为我们在表述物成为财产的时候，实际上是在表述“物的所有权”是一种财产。美国经济学家康芒斯(Commons)也认为，“从约翰·洛克到今天的正统派这些经济学家主张了两种矛盾的财富的定义：既说财产是物，又说是物的所有权”。[13]

英国学者萨尔蒙德(Salmond)在论述所有权与无形财产的关系时认为，如果所有权是一个人拥有权利的象征，那么在任何情况下所有人拥有的全是权利，所有权自身也只能是无形财产权。[14] 因此，将无形财产作为所有权的客体时，所有权实际上已不具原来的意义，而是一种“拥有”或“享有”，拥有无形财产同拥有所有权一样自然。另一英国学者丹尼斯(Dennis)分析更为中肯，他认为，“如果无形财产也成为所有权的客体，那么势必把物的所有人形容为‘所有权的所有人’”。[15] 无形财产作为一种独立的权利，与所有权具有相同的性质和地位。当人为地将其作为所有权客体时，所有权不再是一种严格意义上的对物的自由支配权。享有物的所有权和享有某种权利属于同一层次的表述，无形财产与所有权本都是权利人拥有的权利利益，而物与所有权不分的思维习惯是导致将无形财产与物并列而论的主要原因。

依照上述逻辑分析，我们可以对传统大陆法学中一些表述进行整理和解释。如罗马法里债权作为无形物成为所有权的标的时，其表述应是，“主体享有债权的所有权”，我们现在便可直接表述为“主体享有债权”，两种表述毫无二致。同样，“土地使用权的所有权”也可直接表述为“土地使用权”。值得注意的是，传统理论认为，土地买卖合同的标的是土地，而土地使用权转让合同的标的则是土地使用权。这显然也是不妥当的。在土地买卖过程中转让的不仅是物，严格讲应是转移土地的所有权，未附加权利的单纯物的移交是毫无意义的，如果土地使用权转让合同的标的是土地使用权，那么依此类推，土地买卖合同

---

[12] 转引自尹田：《法国物权法》，法律出版社1998年版，第55页。

[13] ［美］康芒斯：《制度经济学》（上册），商务印书馆1997年版，第11页。

[14] See Sahnond on Jurisprudence, 12th ed., pp. 246－264.

[15] ［英］丹尼斯：《法律的理念》，张茂柏译，台北，联经出版事业公司1984年版，第310页。

的标的应是土地所有权,而不应是土地了。同样,传统理论对于权利质权颇为迷惘,认为与动产质权不同,动产质权的标的是动产,权利质权的标的是权利。实际上在动产质权中,质押的对象应理解为动产的所有权,在债务人未能依法清偿债务时,债权人取得的是动产的所有权,而在相同情形下,权利质押中债权人取得的是出质的权利,两者具有类似的意义。因此,权利质押与动产质押并没有本质的不同,以致在理论上无法解释。上述分析充分说明物仅仅是权利产生和依赖的一种客观形式,权利并不仅依赖有形物而产生,而是一种法定利益,其表现形式多种多样,如果以物和所有权的思维习惯去涵盖其他无形财产,则必然会产生理论上的困境。民事关系中所有的财产流转均表现为权利的让渡,只要法律界定了权利的归属,便只能从权利归属和流转的角度去分析和理解无形财产,不必再囿于物和所有权的框架。

三、无形财产的功能

(一)利益界定:无形财产的衡量功能

当罗马人形成一种思维观念,即"这个东西是我的"(*res inbonis meis est*, *res men est*)时,[16]绝对所有权便成为罗马人的主宰,一切财产均以有形物的实际占有量来衡量。随着土地利用关系的复杂化,在他人土地上进行有限利用的权利(如地役权和人役权等)开始出现,这种无形利益无法通过物的所有权来衡量,只能被纳入"无形物"范畴,在相对简单的有形物和所有权体系中获得自己的法律地位。但必须承认的是,正是通过"无形物",才使所有权以外的财产权利寻得了一个生存和发展空间,在此基础上才有可能形成后来大陆法系的权能分离体系以及物权和债权二元结构。无形物由于没有特定的范围限制,所有权以外的权利便均可纳入其中。后来的大陆法系国家对于一些权利在传统理论框架中无法获得合理解释时,仍借助于"无形物"来加以解决,在客观上也使无

---

⑯ 参见[意]彼德罗·彭梵得:《罗马法教科书》,黄风译,中国政法大学出版社1996年版,第196页。

形财产获得了法律上的承认和保护。可以认为,无形物正是基于其对财产利益调整的必要性和弹性才一直为理论和立法所偏爱。

无形财产在英美法系对于利益的分割和界定的功能尤为突出。这是因为英美财产法并无类似大陆法系的"绝对所有权"概念,无形财产受所有权和物的束缚相对较小,两者均统领于"财产"这一概念下。美国法学家科利贝特(Cribbet)曾言,在英美法系中,有趣的事实是可以不提到所有权而讨论财产权的法律问题。[17] "财产"一词不仅常常不加区分地用来指有货币价值的权利客体,而且常用来指人们对财物的权利,因此,土地和动产、所有权和地上权等均可说成是财产,[18]这种无形财产的相对独立性极有利于其对利益的分割和界定。英美财产法是各种具体财产权利的组合,如就一块土地而言,可能同时涉及共有、抵押、租赁、信托、买卖、相邻关系等,表现为诸多无形财产的集合,笼统地讲谁享有所有权则很难回答,但通过各种无形权利已将土地的权益界定得极为清楚,并不需要"绝对所有权"来最终定位。而大陆法系则在理论上解释上述权利格局时远不如英美法轻松,它不能脱离有形物的占有和所有来理解无形财产,也不能想象除掌握物外,还有比物更重要的无形权利正在逐渐成为主要财富。

无形财产对利益的界定较所有权作用范围更广,所有权仅在有体物范围内具有可操作性,而无形财产则对于无形的利益空间可进行人为界定。这表现为无形财产日益具有严格的法定性,它不是基于物的自然占有而是由法律赋予的一种对物的支配性权利,是由立法者人为界定的一个无形的利益边界。如知识产权即是对于非物质性的知识产品在法律上人为划定的一种垄断利用权,当代的市场自由权更是完全表现为脱离了"物"的范畴的一种行政许可。通过上述方式界定的无形财产显然具有独特的取得、行使、转让和保护方式,物权法中关于占有及时效的规定在此不能适用。无形财产经界定后受法律严格保护,具有

---

[17] 参见李进之等:《美国财产法》,法律出版社1999年版,第8页。

[18] 参见英国《不列颠百科全书》(第15版第15卷),载周枏主编:《国外法学知识译丛·民法》,知识出版社1981年版,第56页。

排他性。[19] 并且,大多无形财产在一定条件下可类似物进行交易。

(二)财产利益的广延:无形财产的扩张功能

近代以来,无形财产表现为一系列不同类型、不同性质的财产权利总和,使财产范围大大扩展。19世纪法国法学家奥布里和劳(Auhry et Rau)基于财产越来越多地以无形权利的形式表现出来,创设了广义财产理论。所谓广义财产(Patrimoine),即指民事主体拥有的财产和债务的总和。他们甚至把广义财产延伸至财产权利以外的非财产性权利,认为政治权利和人格权等也属于财产形式。[20] 英美法系至20世纪末,布莱克斯通(Balckstone)原来创立的"绝对权"和"财产有体性"理论已经很难适用。美国学者弗里德曼认为,20世纪已经出现了"新财产"(new property)的概念,应当将就业机会、养老金、政府特许作为新财产对待。[21] 美国法学家雷齐(Reich)则认为,"在过去的几十年里,美国所发生的最重要的变化就是,政府已成为财富的最主要来源,政府就像一个巨大的吸管,它聚敛着财税和权力,然后吐出财物"。[22] 因此,当代政府创造出的福利、专营特许、政府合同、公共资源的使用权都成为新的财产形式,财产日益具有无体性的特点,任何潜在利益都可成为无形财产。无形财产在当代的膨胀不仅改变了原有财产和非财产的分类,而且使"绝对财产权"限于一个很小的范围。无形财产的扩张功能源于无形财产固有的包容性和适应性。

无形财产的包容性正在于其"无形性"。其一,无形财产除围绕有形物而设定外,还可以基于各种不同的行为形成,即便民法里常见的一些权利也是基于特定的行为而设,如代理权、撤销权、代位权和否认权等,行为的多样性决定了无形财产类型的多样性。其二,权利界定原因多样化也导致无形财产多元化。如为制止环境污染,各国均不同程度地限制企业排污的程度,因而企业在一定

---

[19] 传统大陆法系基于义务人的不特定性,依据权利的对世性来解释"排他性"。但就权利本身而言,无论是"绝对权"还是"相对权",均受法律保护不受他人侵犯,因此无形物也应具有"排他性"。目前,学术界对于"债权的不可侵犯性"较关注,并逐步形成肯定的观点。

[20] 参见尹田:《法国物权法》,法律出版社1998年版,第3页。

[21] See Friedman, "Property, Succession, and Society", 1996 *Wis. L. Rev.* 34a.

[22] Chales A. Reich, "The New Property", *The Yale Law Journal*, Vol. 73, 1964. p. 733.

范围内享有的排污权即成为一种无形财产权利,且这种权利在一定情况下是可以转让的。又如,为确保票据的交易安全,法律赋予票据流通的无因性,票据持有人便获得了一种对抗支付人的抗辩权。其三,在当代,无形财产也不仅局限于市场机制自发的权利调整,而且也反映国家的宏观导向和价值取向,公权和私权界限的模糊化在无形财产上也表现得最充分,如知识产权、营业资产、销售特许权等均不再是纯粹的"私权",而是同时具有公权和私权的属性。无形财产通过权利界定衡量利益,也体现了当代财产观念的变化,如劳森(Lawson)说过:"从最广义上说,英国财产法的确已变成了财富法。"㉓无形财产的适应性体现于无形财产的历史发展和演变过程中。康芒斯(Commons)认为:"在封建和农业时代,财产是有形体的。在重商主义时代,财产成为可以转让的那种无形体财产。在资本主义阶段最近四十年,财产又可以成为卖者、买者可以自由规定价格的那种无形的财产。"㉔当代市场主体享有的经营自由权利成为财产的重要形式,这在传统财产权领域里是不可想象的。古代和近代的财产制度侧重于实际利益或期待利益的取得和保护,而当代财产则体现为取得财产的资格和手段本身,并不直接体现为一种可即时享有的利益。

(三)财产权利的重组:无形财产的制度调整功能

物权和债权的分野排斥了两者之外的无形财产的存在,近现代以来,此种模式遭到了许多人的批评,很多学者倾向于将财产权视为一体,不加以人为区别和分割。如法国学者普拉尼奥(Planiol)认为,"传统理论关于物权的分析纯粹是表面的,它显得简单、讨人喜欢……但从根本上讲,它是错误的,它认为物权确定了人与物之间的关系,其实这种关系仅是一种事实。法律关系不可能存在于人与物之间,因为它毫无意义"。㉕ 事实上,物权应被置于与债权同一形式下去加以认识,人与物的联系只是一种事实。对物权和对人权具有相同的性质,只不过义务人多寡不同而已。传统财产权分类面临的挑战之一便是当无形

㉓ [英]劳森等:《财产法》,施天涛等译,中国大百科全书出版社 1998 年版,第 6 页。

㉔ [美]康芒斯:《制度经济学》(上册),商务印书馆 1997 年版,第 95 页。

㉕ 尹田:《法国物权法》,法律出版社 1998 年版,第 30 页。

财产成为交易或占有对象时,其性质无法定位。德国民法常用对物权(dingliches Recht)来扩展物权的概念,对物权包括特定的人对有体物和无体物的直接支配权。[26] 因此对物权是比物权更上位的概念,物权只是对物权的一种类型,这样知识产权、票据权等也可成为对物权的支配对象。显然,这种对物权标的的扩充仍落入了罗马法上"无形物"的窠臼。此外,对人权也不仅表现为债权,亲属法和继承法里也存在人权,如父母对未成年子女的养育权。二元划分框架对无形财产的涵盖量是极为有限的。

物权和债权二元划分的权利结构面临的另一挑战便是物权和债权区别的相对性。如房屋租赁权,传统理论认为基于租赁合同而形成的租赁权是一种对人权,承租人有权请求出租人使其获得租赁物使用权。但租赁人对于房屋的占有和使用又具有物权性。[27] 另外,在很多情况下,两种权利并不存在根本的差异,在法定条件下两者可相互转化。如债权在获得担保物权时,这种债权因享有优先权和追及权,也具有"物权性"。就不动产用益物权而言,从理论上讲用益物权人依法从所有权人取得用益物权以后,用益物权人享有的是一种独立的排他性的用益物权,其在行使用益物权时,并不受包括所有人在内的其他任何人的干涉。但在实际生活中基于管理的需要,所有人与用益人往往通过合同或依法产生某些相对关系,如就不动产的保管和维修在双方形成一定的权利和义务,这样用益物权又融入了"对人权"因素。值得注意的另一现象是,现实生活中存在大量的中间状态的权利类型。如分界共有墙所有人,往往承担一定维修义务,使所有权中间又包含债权成分。又如,《法国民法典》第698条规定,当供役地的所有人根据约定应以自己的费用修建必要的设施,以使他人行使地役权时,其承担的义务显然又是一种债务。就义务人的数量而言,也存在中间状态,有些权利的义务人既不对抗所有人,亦不限于一人,其效力仅局限于一定范围,如特定区域内的著作权,很难界定其为对人权或对世权。

目前,大陆法系的财产权的二元划分体系已很难覆盖形式各异的无形财

---

[26] 参见孙宪忠:《德国当代物权法》,法律出版社1997年版,第22页。

[27] 《法国民法典》第1743条赋予不动产租赁人对不动产受让人的抗辩权。1975年新颁布的该法第2225条又规定,允许承租人提起占有之诉。

产,虽然目前学术界在传统理论基础上尽量予以变通解释,但无形财产的独立性和分散性却成为一种不可避免的发展趋势,无形财产逐渐表现为财产利益的总和,其法律体系在当代变得极不稳定和支离破碎。正如科宾(Cobin)所言:"我们的财产观念已经改变,它已不再被视为物或作为某种客体而存在,而已经变成了单纯的法律关系的集束——权利、特权和义务免除。"㉘就传统大陆法系二元划分体系而言,笔者认为,物权和债权这种划分方法有其合理的一面,主要问题在于理论上形成了过于僵化的思维模式,即企图将所有财产权利囊括其中,而不允许某种无形财产超脱于"物权"或"债权"外。因而,在民法理论和立法上有必要正视无形财产的自身特点和独立性,建立适应当代财产权制度实际状况的财产权体系。

四、无形财产的立法模式

无形财产立法在当代引起了普遍关注,各国立法呈现两个明显的趋势。一是立法规范由普适性逐步转向具体性。各国均意识到无形财产具有自身的占有方式和流通规则,传统基于有体物的占有、使用、收益和处分而形成的物权法规则已不适应非物质性无形财产法律调整的需要,因此,立法上已倾向于具体规定无形财产。如当代各国均制定了知识产权法以规范知识产权。就同类型财产权利而言,法律规则也有不同。在法国立法上,债的一般原理对于具体合同的支配作用日益降低,而对于特殊合同予以特殊调整。在物权领域,德国和法国事实上已形成了动产和不动产两套法律规则。传统民法许多规则可以在百余年中不丧失其价值,而现代和当代的一些财产立法往往是"昙花一现",其规定的对象范围越来越狭窄。二是立法体系由系统性转向分散性。这是由立法的具体性决定的。随着各种无形财产差异的扩大和相关单独立法的增多,建立统一的财产立法体系显得非常困难。大陆法系商事立法主要表现为单独立

㉘　[美]科宾:《对股票交换的评论》,载《耶鲁法律评论》1942年第31期。

法,如公司法、票据法、信托法等。同一财产权领域法律规则分散性也十分明显,在法国立法上,城市不动产和乡村不动产并不完全具有相同的法律地位,家庭住宅和农业经营的特殊地位也正逐步被立法所确定。在知识产权领域,文学作品、广告、计算机程序甚至植物品种等均予以独立立法,相互构成不同的、相互配合的保护体系。现代德国不动产也颁布了一系列法规,如《地上权条例》《住宅所有权和长期居住条例》《已登记船舶和建造中船舶的权利法》《土地交易法》等。由于英美财产法是对具体权利进行具体立法,所以给人一种内容杂乱、结构分散的感觉,实际上,大陆法系财产立法也逐渐具有了类似的特征。

我国沿袭了大陆法系的理论和立法体系,已形成了相对稳定的物权法和债权法二元立法模式,民事权利体系也颇为单调,无形财产常被纳入物权或债权范畴予以讨论,并未有独立的理论和立法地位。这既不利于无形财产自身的理论研究和立法设计,同时,又容易使人怀疑甚至否认传统财产分类理论的相对合理性。因此,我国立法须给予无形财产一个正确的定位。

其一,便是无形财产的立法地位问题。依上文分析,无形财产作为独立的权利与所有权、债权具有同样的性质和法律地位,因而也应对其立法的独立性予以充分的关注。在法学界,人们对于特殊无形财产进行物权抑或债权式的论争从未有明确的结果。因此,在立法观念上应一定程度地抛弃把物法规则和债法规则涵盖无形财产的方式,重新审视无形财产的特点,予以具体立法。事实上,我国已制定了《公司法》《票据法》《知识产权法》《证券法》等单行法律,这些法律对股权、票据权利、知识产权和有价证券等无形财产进行了充分调整,并不勉强纳入物权法和债权法原理进行论证,却丝毫不影响其所发挥的效用。从某种程度上讲,正是由于单独立法才避免了传统理论上的困惑对无形财产立法的不良影响。另外,无形财产对于传统公权和私权的分类也有很大的影响,如特许经营权、市场自由权和顾客权利等在民法私权领域是很难定位的,但毫无疑问它们都是当代经营主体的重要财产权形式,这些权利通过单独立法,如《企业登记法》、《反不正当竞争法》和《反垄断法》等获得了充分的保护。

其二,无形财产对于我国目前正酝酿制定的物权法的影响也值得思考。就物权体系而言,依传统理论他物权也是一种"无形物"、无形财产,那么是否也应予以单独立法呢？笔者认为，无形财产虽是相对于所有权而形成的范畴，但从权利角度看，所有权和他物权均是无形的。由于基于有体物而形成的所有权和他物权具有共同的基本原则、调整方法和主要法律规则，因而在立法上传统物权体系仍有其合理性和稳定性，对于所有权和他物权仍应保留其传统立法框架，不应人为割裂开来。但不可否认的是，他物权均是作为独立的权利存在，具有独立的法律地位，并不依附于所有权。目前物权立法应着眼于他物权的完整性和独立性，对具体物权予以充分的调整。随着他物权种类的增多和复杂程度的提高，不妨对其单独立法予以具体详细的规定。对于物权法的立法设计，目前有一种观点认为，由于股权等成为实现所有权的新的方式，传统的物权概念已不能适应所有权形式的发展变化，建议把物权法改变为产权法。[29] 也有一种因此认为可以把物权法就有形财产和无形财产分别立法的观点。笔者认为，上述思路有一定的合理性，但忽视了物权和无形财产之间的合理边界，仍企图通过物权法的扩展和变通来解决无形财产立法的问题。实际上无形财产并不限于股权、票据权利等，而是一庞大的权利系统，如无形财产还包括知识产权、信托财产权、市场经营自由权、政府特许权等，其中，大多数无形财产并不属于物权法的范畴。如若通过物权法的扩张来制定产权法，那么，一方面使无形财产仍束缚于物权理论和立法体系之下，另一方面也使现行物权法本身的调整规则失去已有价值。因此，笔者认为，无形财产立法问题的提出对制定物权法的最大意义在于，真正科学界定物权法的调整空间，即物权法的调整范围应限于对“有形物”的调整。物权法理论是于有形物的占有、流通和保护而形成的，具有自身的特点，如若将其扩展至独立的无形财产领域则很难达到合理调整的结果。

就无形财产自身立法体系而言，目前在立法上应首先实现一个观念上的更新，即不应将无形财产视为大陆法系传统民事权利体系之外的特例，从而在立法上将其与传统物权法和债权法割裂开来。事实上，无形财产是从更高层次上对于包括物权和债权在内的财产权利的一种抽象，它充分揭示了权利人财产利

---

[29] 参见谢次昌、佟强、姚辉、孙宪忠：《笔谈会》，载《中外法学》1997 年第 2 期。

益的实质,从而为当代财产权利体系的构建提供了一个崭新的视角。因此,可以认为,无形财产的立法问题是整个财产权立法体系的构建问题,物权法和债权法只是其中的重要的两个组成部分,它们与无形财产的立法是浑然一体、不可分割的。具体而言,物权法和债权法分别调整特定的物权关系和债权关系,其他的无形财产则由知识产权法、公司法、票据法、信托法等分别予以调整,上述各种立法相互配合、相互补充,从而逐步形成一个完整的无形财产立法体系。

中国物权法的制定及其相关问题探讨*

在国内,当统一合同法的草稿还在讨论中,物权法的起草工作实际上已经开始。1999 年 3 月 15 日通过了统一合同法。此后,全国人大立法机关、民法学界的学者们,几乎把主要的关注点都放在了物权法的制定上。

物权法是民法的重要组成部分。它不仅关系各类民事主体的切身利益,而且涉及国家和社会的公共利益与稳定。所以,物权法规范多为强制性的规范,从这个意义上讲,物权法不纯粹是私法。现在,要制定物权法,首先要解决立法的指导思想。国内学者比较一致的看法如下。(1)必须立足于中国的实际,考虑中国的国情。中国最根本的国情是公有制,所以无论经济改革如何发展,土地和国家的其他重要资源不能私有。(2)适应世界物权法的发展趋势,不守旧、不僵化,特别在用益物权和担保物权方面积极借鉴各国和地区的先进立法经验。(3)坚持以所有权为核心的物权体系,以保持财产关系的稳定化和特定化。在物权的归属与利用关系上,必须注重对社会资源的最优配量和充分利用。在我们看来,失去利用的终极目的,归属是无意义的,而归属只是财产利用在历史阶段中的特殊表现。因此,可以得出第四点认识:(4)强调用益物权、担保物权在法律上的独立性,限制所有权效力的无度扩张,坚持在法律规定的范围内,平等保护各类物权人的合法权益。

---

* 原载《法律制度研究与比较(论文集)》,北京大学出版社 2000 年版。

目前,我国已经有了一个物权法建议草案,它是由中国社会科学院法学研究所中国物权法研究课题组实施完成的。这个草案提交给全国人大法制工作委员会初步研究后,正在积极地修改和完善之中。

由学者草拟的物权法建议草案,分为五个部分共十一章。

第一部分即第一章总则,包括物的概念、物权法的基本原则、物权变动的基本规则、物权的保护。在物权变动方面,强调了非依法律行为引起物权变动的效力,分别就不动产和动产的公众制度作了详尽规定。

第二部分即第二章所有权,首先明确所有权的概念,规定所有权是指权利人在法令的范围内自由地占有、使用、收益、处分权的物并排除他人干预的权利。根据物权法定原则,不允许依当事人的意思自由创设所有权。不以权利人的性质不同专门规定国家所有权、集体所有权和个人所有权。在不动产所有权方面,强调土地归国家所有或集体所有,将有关建筑物区分所有权的规定作为一节在动产所有权方面,规定了善意取得和先占制度。另外,还规定了宗教财产、相邻关系和共有。

第三部分用益物权,即第三章基地使用权、第四章农地使用权、第五章邻地利用权、第六章典权。基地使用权相当于地上权,也与我国现行的土地使用权出让、转让、租赁的管理制度,以及农村实行的土地承包经营权制度相关,它是指使用他人土地营造建筑物或其他附着物的权利,也可以对地上或地下一定的空间享有权利。农地使用权,是指以农业为目的,使用国家或集体土地的权利,其权利人既可以是自然人,也可以是法人。农地使用权依合同设立,其使用人要按约定支付租金,并有一定的使用期限。农地使用权人可以将其土地出租,农地使用权也可以继承。邻地利用权相当于地役权,是指土地所有人、基地或农地使用人为了使用自己土地的方便和利益而利用他人土地的权利,也包括一定的空间。它与相邻关系最明显的不同,是依合同而设立,有租金和利用期限的相应约定。最后,关于典权问题。典权是我国的一项专有民法制度,但实践上已经很少适用,为了保持中国特色,所以也作了规定。

第四部分担保物权,即第七章抵押权、第八章质权、第九章留置权、第十章让与担保。在抵押权方面,抵押物的范围规定较为广泛,但土地所有权、以公众为目的设置的财产不能没有抵押,对抵押登记的效力、抵押权的转让和清偿顺序进一步明确,规定了抵押权的物上代位权以及最高级抵押、财团抵押等。在质权方面,明确规定了转让规则,转让签订流质契约。关于动产质权,强调了动产质权的善意取得和质权人对质物的留置权,较为详细地规定了典当的规则,关于权利质权,强调了股份质权和知识产权质权的登记制度,对以上两种质权的处分作了限制。在留置权方面,基本承继了我国担保法的有关规定。最后,还规定了让与担保问题。

第五部分即第十一章占有,占有为对物事实上的控制与支配。占有推定以所有的意思、善意、和平与公开占有为要件。详细地规定了善意取得规则,对盗赃、遗失物也作了特别规定。另外,还规定了占有人的自力救济权和占有保护请求权。

笔者对中国物权法的制定,在总体方面有以下想法。

第一,前些时,我国在全国人大的主持下,已经成立了一个制定民法典的工作小组,这次物权法的制定实际上是未来民法典的一部分。所以,我们必须考虑物权法在民法典中的位置,物权在权利体系中的位置。笔者不认为传统民法或传统民法学划定的权利体系是最科学的。比如,民事权利分为财产权和人身权,就过于绝对,其实对继承权的性质也始终存在争议。大陆法系财产权的二元结构,即分为物权和债权的理论和法则,也越来越多地受到挑战,一些新生的财产权利已经无法在物权或债权的概念中找到自己的位置。笔者曾设想,能否打破大陆法系财产权体系的二元结构,建立一种多元结构的财产权体系。

第二,笔者认为在世界两大法系中,大陆法系有它科学的一面,也有它保守的一面;英美法系有它缺少系统的一面,也有它适应性强的一面。近几十年来,英美法系的财产法观念日益受到大陆法系的重视,两大法系的财产法在不断融合。现在我们制定的是 21 世纪的物权法,如果我们还仅局限在 19 世纪末制定的德国民法典的体系框架内,是不可取的。即使没有能力创新,至少也应在两大法系中选择对我国最有用的东西。

第三,无形财产问题。这次物权法草案的第一条就规定:“本法中的物,指能够为人力控制并具有价值的有体物。”显然,我们采取了《德国民法典》和《日本民法典》中的主张,这也是我国民法学界的通说。但是,我们谁也不会否认,在当今的世界,无形财产(这里并非只指知识产权)所体现的各种权利,正在普遍地、有效地支持着社会生产力的发展,而且无形财产也像有体物一样,在经济生活中频繁地流转着,从发展的角度看,今后无形财产的价值和社会的推动力可能不会比有体物、有形财产差许多,因此,我们不能轻视这个问题。当然,如果真把无形财产放在物的概念中,整个物权法的体系,以至于整个财产法体系也就必须作重新调整,甚至作根本性调整。

不动产制度与物权法的理论和立法构造*

一、不动产与物权法体系形成与演变的历史考察

把财产分为若干类别的做法，是大多数早期社会自发产生的。不动产与动产的划分可追溯至古罗马时代。但早期古罗马关于“物”最重要的分类却是“要式物”(*resmancipi*)和“略式物”(*nesmancipi*)的区分，即依据物是否有重大价值以及其转让是否履行法定形式的标准而进行的分类。这是与当时财产属团体占有，尚不存在生产资料个人所有的实际情形相符的。在帝政后期，个人所有权的出现使要式物已失去其合理性，优士丁尼一世便废除了这种区分，仅根据物可否移动这一物理特性为标准，把物划分为动产和不动产。不动产和动产的划分对古日耳曼法产生很大影响并最后由其继承，但早期日耳曼法并不存在这种划分，而是依能否转让把物划分为“取得物”和“继承物”。当时，财产除受团体限制外，还受到宗族继承的限制，长辈转移财产必须经过男性继承人的同意，并只能对“取得物”自由转让。由于继承物主要包括土地等不动物，因而这一分类与不动产和动产的分类有些相近似。西欧封建时期，由于家庭自由财产的消失，封建法受罗马法影响，抛弃原有分类，正式采用了不动产和动产的分类。历

---

* 原载《中国法学》1999年第4期。本文同时涉及大陆法系的物权法和英美法系的财产法。但英美法系只有“财产法”部门，而无物权法制度，为行文和表述方便，文中均统称为“物权法”，不再予以区分。

史上各国对不动产和动产的划分不外考虑两种因素:[1]一是依据物的价值大小,即不动产是重要的并能够产生收益的物;二是依据物理性质,即不动产不能移动,若移动会变更其性质并损害其原有价值。通常,这两个标准是统一的,这表现为土地成为不动产的核心。[2] 两大法系对该项分类一直沿用至今,并对财产法理论和立法产生深远影响。但仅具有纯粹物理意义的分类何以导致两者社会属性和法律意义上的巨大差异,是令各国学者费解的一个问题。梅因认为,探索物的分类的理由不属于法律哲学而属法律历史。[3] 法国学者马洛里和埃勒斯也认为,"这种分类的重要性并不能以其分类本身解释,而只能从历史的角度予以解释"。[4] 亦即只有通过该项分类对古代和近代物权法理论和立法的影响去了解其价值,而不是仅通过抽象笼统的历史规律去分析,这使我们意识到考察该项分类是了解物权法历史发展的一条重要线索。

(一)不动产与所有权观念和制度的形成

所有权观念和制度的形成是古老而复杂的问题。学者普遍认为,古代各民族的一切所有权制度大多始于财产的共有,梅因认为古代重要财产是属于按照宗法模型组成的较大社会共同所有。[5] 共有形态又经历了村落共有和家庭共有,但这种共有关系仅指对土地、房屋、牲畜等的共有,而简单生活资料(如衣物、武器和装饰品等)则事实上已由个人拥有,个体使用者的支配地位受到了团体的承认和尊重。基于此,马克思认为,古代财产的占有同时存在财产共有和个人所有并存的局面,即土地实行共有制,动产则实行个人所有制。[6] 这说明,古代早已存在少数个人持有动产的现象,但却未因此形成法律上的所有权制

---

① 也有学者认为,两者的分类更取决于商业的原因,将动产区别于不动产,其实只是基于商品交换的需要。

② 基于土地一直是不动产的核心,古代曾经历这样一种划分,即"土地"和"其他物"。如《十二铜表法》依据时效取得时间把物分为"土地"(*fundus*)和所有"其他物"(*ceteraeres*)。中世纪英国把物大体上分为"土地"和"物件"。但这些分类后来均为不动产和动产划分所代替。

③ 参见[英]梅因:《古代法》,沈景一译,商务印书馆1996年版,第155页。

④ Malaurie et Aynès, les biens, p. 29. 转引自尹田:《法国物权法》,法律出版社1998年版,第68页。

⑤ 参见[英]梅因:《古代法》,沈景一译,商务印书馆1996年版,第152页。

⑥ 参见《马克思恩格斯全集》(第46卷上),第491页。

度，早期人类仅把此种个人对简单生活资料的持有看作自身存在的前提。只有当共同体分化，共同财产分裂导致个人占有不动产时，所有权才真正形成。

就古罗马早期而言，要式物为家族共同体所有。在当时要式物是早期所有权的真正体现，[⑦]略式物则并未被纳入人们所有权观念的萌芽。当古典家庭逐渐解体，公有土地便分配给个人占有，个人便成为家族财产的独立主体。土地对古代人类的至关重要地位使人们首先产生了对土地的权利意识。当个人永久占有土地的时候，这个事实必然导致占有者毫无限制地使用，并排除他人使用这块土地，从而形成了土地所有权产生的前提。一般认为，罗马法所有权概念源于罗马法的"*dominium*"，[⑧]它意味着从有限的家父权转化为对物的完全控制权，其产生的过程实质是罗马土地公有制与私人所有的斗争过程。[⑨] 从这个意义上说，"*dominium*"实际上就是法律对土地私人所有的确认。当土地私人占有被置于法律保护下，且同其他财产一样可以买卖和交换，私人所有权才正式形成。因此，在当时占有土地成为政治和经济权利的源泉和尊贵地位的象征。"只要对罗马共和国稍有了解就会知道，土地所有权的历史构成了罗马共和国的秘史。"[⑩]

古代日耳曼人从游牧社会进入农耕社会以后，适应农业社会的需要而建立了所有权制度，因而其所有权观念是完全基于对土地的占有而形成的。早期日耳曼马尔克公社存在一种总有制度，土地主要由公社和家庭占有，团体则给予成员某种使用收益的权利。马尔克公社依据对物的利用的具体形态来确定各种权利，在土地上最早产生了所有权观念的萌芽。但由于日耳曼人强调不动产只是团体成员通过具体占有使用而获得某种收益的源泉，因而不存在统一的

---

⑦ 参见[意]彼德罗·彭梵得：《罗马法教科书》，黄风译，中国政法大学出版社1996年版，第191页。

⑧ 罗马法中"所有权"一词称谓不一。早期正式称谓是"*mancipium*"，而随后的"*proprietas*"则是作为对物享有最高权利的技术性术语，主要相对于用益权"*ususfrutus*"而使用。"*dominium*"则于罗马共和时代后期出现，主要指个人所有权形成过程中家父权或个人财产权的享有，因而"*dominium*"应为私人所有权的来源。（具体论述可参见[意]彼德罗·彭梵得：《罗马法教科书》，黄风译，中国政法大学出版社1996年版，第194～197页。）

⑨ 参见王利明：《物权法论》，中国政法大学出版社1997年版，第209页。

⑩ [德]马克思：《资本论》（第1卷），中国社会科学出版社1983年版，第61页。

"所有权"概念。但可以断定,基于土地的团体占有形成的独特的"所有权"制度,正好印证了这种所有权观念源于对土地的占有的观点,而与动产无太大关系。因此,"古代日耳曼土地制度是整个中世纪所有一切公共制度的基础和典范,它不仅渗透到德意志的全部生活,而且渗透到法兰西北部、英格兰、瑞典、挪威和丹麦的全部生活"。[11]

因此,马克思得出如下结论:"地产是私有财产的第一个形式"。[12] 古老的土地所有权理论与制度,构成了早期所有权制度的核心。究其原因,其一,因为土地是人类生存和发展的基础,从古代起直至工业革命时代,土地一直就被认为是最重要的财产,土地所有权制度直接决定了一个社会本质的社会关系,土地所有制度的变化决定社会最基本财产关系性质的变革。其二,早期人类私有制的形成只有当集合财产(主要是土地)分裂时才能发生。在土地仍为部落、氏族共有时,私有制缺乏最根本的基础。只有在野蛮时代的高级阶段,随着社会大分工和交换的发展,共同耕作土地已成为不可能的事情时,公有的土地才逐渐分配给单个的家庭占有。在土地个人占有的前提下,才有可能使大量财富集中于私人手中,并成为一种普遍现象。

(二)不动产制度对物权法结构形成的影响

古罗马土地的完全私人占有使罗马法形成了"绝对所有权"概念,罗马法把所有权定义为"对物的最一般的实际主宰或潜在主宰",[13]土地及其附着物成为私人意志的专有领域,排斥其他一切人的支配,这样,便形成了罗马法所有权的绝对性、对世性和排斥性。但所有权的绝对性一开始便导致了土地的占有和利用的矛盾,法律对土地所有权界定的同时也必须担负起有效使用土地资源的经济功能。因而,"完全自由的土地所有权不仅意味着毫无阻碍地占有土地的可能性,而且意味着将其出让的可能性"。[14] 在保留所有权的同时给他人在私有土

---

[11] 《马克思恩格斯论国家与法》,法律出版社 1958 年版,第 167 页。
[12] [德]马克思:《1844 年经济学哲学手稿》,人民出版社 1985 年版,第 71 页。
[13] [意]彼德罗·彭梵得:《罗马法教科书》,黄风译,中国政法大学出版社 1996 年版,第 194 页。
[14] 《马克思恩格斯选集》(第 4 卷),人民出版社 1973 年版,第 163 页。

地上设置他物权便成为古罗马人的创造,古罗马因此在不动产上形成了所有权与他物权的独特构造体系。如土地、房屋的所有权和使用权分离形成用益权;土地所有权与使用权、收益权分离构成永佃权;建筑用地的所有权与使用权分离形成地上权;基于相邻不动产使用的便利形成地役权。上述不动产权能分离的诸种方式构成了罗马法完整的用益物权体系,而担保物权罗马法则归于“债”中予以规定,当时并不认为其属于物权法范畴。可以认为,古罗马物权法体系其实是完全构筑于不动产制度之上的。

日耳曼法基于团体主义的思想基础,财产体系表现为基于土地而形成的各种互不矛盾的不动产权利。这种做法因日耳曼人入侵继续在西欧封建制中得到反映。领主对土地的“高级所有权”和佃农的“低级所有权”构成了“双重所有权”。因此,日耳曼财产权制度始终离不开对土地的现实支配与占有。早期英美法所确认的有关土地的原则就是创设了一个被称作地产的抽象存在,这种法则首先是为土地设计的,但通常并不适用于动产。[15] 这种做法的初衷是将同一块土地用以满足具有不同利益的若干人的需要,但在英美法对不动产的支配严格限制的同时,却使动产仍按照一种较为简便的方式流转,于土地上形成的所有权质的分割理论并不当然适用于动产。当立法者试图把这些规则适用于有体动产时,它很少会发生实际效果。如古代法国法关于不动产和动产形成了两个原则:[16]一是“将财产(不动产)保存于家庭内部”;二是“动产是债务清偿的核心”。但为何土地之上能形成复杂的财产权结构,而动产却不能。英美法学家认识到,所有权的分离客体应该是能够在相当长时间内产生一种收益,并可随时确定其存在的物,即物是不可移动和不可破坏的。所以,只有不动产符合这种要求,而实物动产极易受破坏和抛弃,因而不值得在若干人之间分解其所有权。[17]

由以上分析可得出如下结论:物权体系的产生和发展是围绕土地权利展开的。古罗马和古日耳曼对土地利用方式的不同使其产生了迥然不同的两大财

---

⑮ [英]F. H. 劳森、B. 拉登:《财产法》,施天涛等译,中国大百科全书出版社 1998 年版,第 86 页。

⑯ 参见尹田:《法国物权法》,法律出版社 1998 年版,第 86 页。

⑰ [英]F. H. 劳森、B. 拉登:《财产法》,施天涛等译,中国大百科全书出版社 1998 年版,第 76 页。

产法制度:构筑于所有权权能分离理论基础上的古罗马物权法和构建于地产分割原则基础上的日耳曼财产法。迄今为止,在大多数国家的物权法或财产法中,土地权利体系占有极其重要地位,若抽出不动产法,整个物权法便会黯然失色。

(三)不动产制度对近现代物权立法的作用

近代西欧罗马法的复兴使大陆法系国家继承了罗马法的立法模式并有所发展。1804年的《法国民法典》以《法学阶梯》为模式,其第二编"物法"包括"财产及对于所有权的各种限制"。该编将不动产和动产视为主要的物的分类,并专辟第一章用来确定不动产与动产的范围,同时,在后面相关章节就具体制度分别对不动产与动产予以规定(如第二章里的"添附权")。但总体而言,该法典的物权制度是按物权的性质和种类来设计的,在物的取得方式和物权的种类中并未将两者区分开来。但必须注意的是,该法典中用益物权包括用益权、使用权及居住权、役权或地役权,实际上基本上是不动产制度,[18]关于动产的规定却很少。因此,《法国民法典》虽然未就不动产形成通则,但立法事实上就物的分类已形成了各自不同的具体制度,不动产与动产也开始成为了解该法典的一条较清晰的线索。其中,不动产成为物权法的核心。拿破仑在讨论《法国民法典》时说:"个人如何处分其宝石或图画意义甚小,但是个人处分其土地的方式事关整个社会,这正是社会需要制定规则并对其处分权加以限制的理由。"[19]

1900年《德国民法典》的物权制度是资本主义国家最为完备的物权法,也是现代意义上物权法的起始点。与以往法典不同的是,不动产和动产的划分对于该法典的物权法有着根本性的意义,[20]该法典整个物权编完全建立在对不动

---

[18] 《法国民法典》第581条规定,"用益权得就各种动产或不动产设定之",即关于动产也设定了用益权。但是这里规定的用益权是一个广泛的权利制度,其中关于"动产用益权"的条款实际上是动产借贷和借用的关系,与近代其他大陆法国家的用益权有很大差距。

[19] [法]范力特:《民法典的准备工作》(第14卷),第57页。转引自[英]F. H. 劳森等:《财产法》,施天涛等译,中国大百科全书出版社1998年版,第118页。

[20] 在《德国民法典》中,不动产的通行解释是"地产"(Grundstück),但"地产"包括了土地及附着物等不动产应有的范围。如该法典第94条第1款规定:"土地的必要组成部分为固定于土地的物,特别是建筑物以及与土地尚未分离的物。"因而,"土地"与"不动产"具有相同的范围和意义。

产和动产的区别对待上面，不动产和动产的法律规范也有明显的区分。该法典物权法包括占有、土地和动产所有权以及限制物权等。在所有权制度中头等重要的区分了土地和动产所有权。其后，并没有按照物权的种类和性质而编排他物权结构，而是分别具体规定不动产物权和动产物权，而对于不动产和动产均适用的条款则被分解出来，单独列出。㉑ 此外，不动产法在《德国民法典》中占据了绝对重点地位。除第一章“占有”和第九章的“动产质权”和“权利质权”外，其余各部分均是对不动产制度的规定，因而不动产制度在法规数量上远远多于动产规则。值得注意的是，喜好抽象思维和善于概括归纳的德国法学家在该法典中倾向于对于诸项制度尽量首先归纳出一般规则，再作具体规定。而对于不动产和动产并没有抽象出两者共同适用的一般通则，相反，对于具体的不动产和动产制度，却抽象出了不动产通则和动产通则。这意味着，不动产法和动产法是物权法里差别很大的两套制度，两者在立法上的分野最终由《德国民法典》完成。

不动产与动产的划分对日耳曼法的影响甚于罗马法。由于早期日耳曼部落商品经济不发达，土地上只形成了“相对所有权”，这与对动产的“绝对拥有”差别很大，因此，在日耳曼人的观念上不动产远比动产高贵。日耳曼法也异常注重区分不动产与动产，可以认为，古日耳曼法一开始便把不动产与动产看作完全不同的两种权利客体，严格区分设立于两者之上权利的法律效力和保护方法，并在此基础上构建了二元财产法体系。虽然日耳曼财产法表现民族习惯，无系统的成文形式，但这种二元体系的确定性却成为贯穿日耳曼财产法的线索。日耳曼地产原则被西欧封建立法充分继承，其主要表现之一便是规定了复杂的地产制度。基于封建人身依附和等级制度，土地权利体现为一种金字塔结构，名目繁多的保有地和地产权使土地上的权利义务关系异常复杂，而这些均与动产无关。与此同时，实物动产法排斥了地产原则，而采用了一种绝对所有权理论，关于动产的习惯和判例则简便易行得多。近代英国 1925 年的成文立法虽然使不动产与动产的显著区别已有所减弱，但保有地制度仍为近代英国土

㉑ 参见［德］罗伯特·霍恩等：《德国民商法导论》，楚建译，中国大百科全书出版社 1996 年版，第 186 页。

地制度的基础。除保有地形式外,近代英国法中也存在一种租借地产权。现代英国地产制度也是由中世纪和近代地产制度发展而形成的。英王仍是名义上的土地所有者,土地占有者享有的各种设在土地上的权益称为“地产所有权”。在现代英国普通法中,个人可以享有的“地产所有权”有若干种,并且可以在同一土地上并存。这些“地产所有权”主要包括不限身份继承的完全占有地的地产所有权、限嗣继承的地产所有权和租赁持有权等。

综上所述,两大法系的所有权观念及物权法体系均直接源于不动产制度,不动产法成为两大法系的核心。之所以罗马法和近代大陆法立法未能完全围绕两者区分构建法体系,是因为不动产绝对所有权一定程度上也适用于动产,同时,动产相对不发达也使其被不动产法所涵盖。应该说,《德国民法典》对不动产和动产的严格区分,并非不动产日显重要,而只是使不动产取得了原本应有的地位,从英美法系对该项划分的历史连贯性中也可找到强有力的证明。

二、不动产与动产的“同化”趋势及其评价

(一)不动产与动产的“同化”趋势

所谓不动产与动产的“同化”现象早期便已存在,这种现象早期主要通过拟制和衡平来实现。在古罗马早期,要式物的转让最初必然通过复杂的“曼兮帕蓄”(*mancipatio*)和“拟诉弃权”[22]方式进行,形成了对市民法上所有权的严格保护。当时基于调整罗马人与外邦人以及外邦人之间交易的需要,罗马法形成了独特的万民法制度。万民法上物的转让则主要依据简易交付方式进行,并因此形成了与市民法所有权并列的万民法所有权。基于市民法的局限性和涉外关系的多样性,古罗马设置了内外事裁判官来处理一些新型和复杂的交易案件。由于当时罗马人认为万民法与自然理性有天然的联系,且动产法主要与万民法

---

[22] “拟诉弃权”又称“法庭让与”,即通过模拟确认所有权的诉讼而取得所有权的方式。这种方式比要式买卖简便,对当事人的语言和形式并无严格要求。

相关,[23]裁判官常倾向于依据“万民法”原则创制告示。经过裁判官的衡平,帝政后期,要式买卖和“拟诉弃权”均已被交付所代替。随着外邦人取得罗马公民权,万民法和市民法的差异便不复存在。

近代英国法律也经历了一个“地产动态化”的过程。早期日耳曼地产制度严重束缚了地产的流通简化,远不能适应中世纪后期商品经济的发展。基于普通法院令状制度的固定性和局限性,15 世纪后半期英国设立了与大法官法院平行的衡平法院。衡平法院依据抽象的公平观在具体条件中使不动产流通简化。对于未履行严格手续而不能取得“普通法所有权”的主体(如信托受益人、抵押人以及买受人),赋予其享有“衡平法上的所有权”。通过衡平法院,地产的流通吸取了动产的流通方式,已大大简化了。

梅因在分析古代财产法的拟制和衡平时认为,“罗马财产法的历史就是‘要式物’和‘非要式物’同化的历史,在欧洲大陆上的财产法史则是罗马法的动产法消灭封建化的土地法的历史”。同时,梅因预言,在英国所有权的历史还没有完成,但可以看出,动产法将可能要吞并和毁灭不动产法。[24] 近代财产法一定程度上对梅因的预言有所反映。英美法系在封建体制解体时改订不动产法(如英国 1925 年成文立法),吸收了一些动产的流通方式,简化了不动产的变更程序。

当代也出现了一些不动产和动产融合的现象,主要表现如下。(1)不动产动产化。现代市场经济的高度发展使动产已取代不动产成为主要财产,土地所有权在财产法中的垄断地位被打破,传统依据价值大小对两者进行的区分已失去意义。同时,传统不动产法的价值目标已由“归属”转向“利用”,设定于不动产之上的权利也进入了流通领域。如《德国民法典》设定了土地债务制度、证券式抵押制度以及证券土地债务制度。通过这些制度,不动产物权的流通已非常灵活。《瑞士民法典》规定的不动产抵押债务与定期债务也有类似特征。法国则在司法实践和判例中承认了“预置动产”制度,即对一些即将成为动产的不动

---

[23] 古罗马法,认为万民法是基于自然法而形成的普遍适用的规则,但这种规则并不适用于市民法。早期要式物严格依照市民方式转让,而略式物则可依自然方式,即万民法规则转让。因而私法上的交付方式最初体现为万民法规则,后来才逐渐适用于要式物。

[24] 参见[英]梅因:《古代法》,沈景一译,商务印书馆 1996 年版,第 155 页。

产(如砍伐前的林木)预先视为动产。[25] (2)某些动产适用不动产的法律调整方法。传统依据是否可以移动这一物理属性的划分标准在当代也受到一定的修正,如价值巨大的船舶、航空器等也适用不动产法律规则。法国为之设立了公告制度,并称其为“注册动产”。[26] 德国则把船舶、飞机等视为不动产的特殊形态,并通过登记公示制度、物权法定制度等使之与不动产一致。[27] 英美法也不例外,对一些动产也予以登记。有些登记是属于私人性质的,如种马血统系谱;有些登记是属于公共性质,如船舶和航空器的登记。从某种意义上几乎将船舶当作水上土地来看待。[28] (3)不动产和动产形成独立的集合物。各国立法实践中将许多集合财产(如失踪人的财产、企业财产和营业财产)等作为一个整体的财产看待,从而使其独立成为交易或抵押的对象。因此,集合物在特殊情况下成为物权的客体。[29]

(二)关于“不动产与动产同化趋势”的评价

不动产与动产“同化”趋势是否将进一步印证梅因的结论,并最终使此分类将失去其意义或其意义大大削弱则是一个值得思考的问题。所谓不动产和动产的“同化”现象与两者的最终融合是两个不同的问题,两者法律规则的互相渗透只是两种法律规则的局部调整,并不意味着其根本差异的消失。这可从以下几方面加以评述。

1. 不动产和动产法律规则的根本差别依然存在

不动产法虽然汲取了动产交易的一些规则,简化了不动产流转的繁琐手续,但不动产特有的物权法定原则、登记和公示制度以及法律特殊保护的方式

---

[25] 参见尹田:《法国物权法》,法律出版社1998年版,第72页。

[26] 同上书,第81页。

[27] 参见孙宪忠:《德国当代物权法》,法律出版社1997年版,第223页。

[28] 参见[英]F. H. 劳森、B. 拉登:《财产法》,施天涛等译,中国大百科全书出版社1998年版,第25页。

[29] 集合物能否成为独立的权利客体,也有多种不同意见。如有的学者认为物权分别存在于集合物的各部分,有的认为仅限于特殊情形可看作独立财产,如工场财团、矿业财团,还有人认为集合物只是交易上的一般习惯而已。详细陈述可参见胡长清:《中国民法总论》,中国政法大学出版社1998年版,第160页。

并未有根本改变。实际上,所谓动产“同化”不动产的过程只是不动产法自身由早期限制逐步向便利流转的调整过程,属于不动产法自身的发展和完善,与动产制度并无本质上的联系。古罗马法虽然废除了“要式物”和“略式物”的划分方法,但基于不动产的特殊性,仍采用了不动产和动产的划分,并沿用至今。英美法立法上虽然大大简化了地产转让的繁琐程序,但仍保留严格的保有地和地产权制度。迄今为止,不动产与动产在两大法系均已发展成为两套成熟的规则,两者在物的转让、取得以及利用方式上仍存在很大差异。英美法近年来意图找出不动产和动产共同适用的规律,尝试将传统地产权分离原则一般化。但首先面临的便是,诸如土地保有的概念和地产的原则一开始便被排除在各种动产原则之外。与此相反,动产的一些规则也同样不适用于不动产。[30] 因而英美法学家并不能得到将普遍承认的不动产原则适用于动产而形成的基本法律。在英美法将两者统一化的努力受挫的同时,德国民法却强化了这种区分,并以此种区分设计了物法体系。究其原因,是因为不动产对人类的特殊价值仍未有根本改变,这主要体现为“财产的实体占有”和“金钱财富”之间的矛盾。不动产的有限性、永久性及不可替代性使不动产仍然成为人类生存的基础和取得收益的源泉,因而不动产和动产并不能完全在金钱价值形态上体现一致,金钱财富并不能代替和削弱人们使用和保留不动产的欲望。这种差异不消失,两者在法律上的地位便很难改变。如在当今法国,虽然近代不动产和动产的分类遭到一些学者的批评,但事实上,不动产的定义在法国民法上并没有得到改变。法国社会中不动产仍然是人们的最重要财富,不动产在法国现代家庭财产价值中所占比例仍高达 62.5% 。[31]

2. 不动产法在当今社会具有更突出的公法色彩

严格来讲,不动产绝对所有权自始并不存在。当人们把土地当作财富的源泉时,土地的滥用便开始了。早期的罗马法便存在对土地所有权的诸种限制,如法律规定为保护社会公共利益和保护相邻土地利益而对土地所有人设置一定的义务。日耳曼法关于土地则更是把公法义务和私法义务混淆一起。近代

---

[30] 参见[英]F. H. 劳森、B. 拉登:《财产法》,施天涛等译,中国大百科全书出版社 1998 年版,第 75 页

[31] 参见尹田:《法国物权法》,法律出版社 1998 年版,第 88 页。

《法国民法典》确立了"所有权神圣"原则,但对于不动产所有权的行使仍进行了许多限制,[32]其后的大陆法系立法亦无一例外。"迄今实用的一个根本命题是,没有绝对意义上的土地所有权,只有绝对意义上的动产所有权。"[33]20世纪以来,随着资本主义由自由竞争阶段向垄断阶段的发展,各国立法对所有权的限制大大增强,所有权的公法色彩更为浓厚。[34] 如对土地所有权的内容增加更多的法定义务;颁布一些单行法规,建立矿藏开采、水资源利用的特许制度;对铁路、银行、邮电、煤炭、电力等行业实行"国有化"等。基于此,德国学者耶林提出以"社会的所有权"取代"个人所有权",并成为当时通行观点。必须提出的是,近现代对所有权予以限制绝大多数限于不动产,极少涉及动产领域。就英美法而言,已由过去只单一关注财产法而转而更多关注公法。"议会的干预不断增加,几乎所有的干预皆与土地有关。就动产而言……财产法中有关动产的规定几乎没有公共力量的影响。"[35]

与此同时,物权立法也出现了与"不动产流通化"相反的趋势。20世纪80年代末期以来,日本关于不动产利用权的立法又出现了修改回归的趋势,即出现了从保护利用权人(如地上权人、租赁权人)利益转而注意保护所有人利益。[36] 当代英国的租金法对租户的不动产占有的保护已完全抛弃了商业原则,即禁止地主要求租户缴纳超出其承受能力的租金,以防止租户丧失不动产租用权。同时,英国法律还强制性地对农民农业保有地的占有以及地产权益提供永久性的法律保护。因此,土地所有权成为跨越公法和私法领域的权利,现代各国宪法大多把土地所有权作为国家的构成要素。仅就这一点而言,不动产法远非动产法所能同化。

---

[32] 该法典第671条规定,种植的作物要与两块地的分界线保持一定的距离;第674条规定,在地面建造设施,应当采取防预措施;第640条规定,低地对高地须接受从高地不假人力、自然流下的水。同时,第644条在赋予所有权绝对的同时,明文规定"法令所禁止的使用不在此限"。

[33] 参见[英]R. J. 沃克:《英国法渊源》,夏勇译,西南政法学院编译,第39页。

[34] 目前学术界普遍认为,传统的"所有权神圣"原则已被"所有权受限制"原则所修正。这固然可揭示物权法的发展趋势,但我们认为,基于不动产所有权具有天然的相对性和公法性,当代物权法所有权并非由"自由"向"限制"转变,而是所有权较以往具有更浓厚的公法色彩。

[35] 尹田:《法国物权法》,法律出版社1998年版,第118页。

[36] 参见[日]铃木禄弥:《日本私有不动产使用关系法的修改趋向》,载《法学译丛》1991年第4期。

3. 当代物权立法已具有明显的分化趋势

20世纪60年代以来,各国出现了诸多新型物权问题。如基于高层住宅而产生的建筑物区分所有权;基于土地而产生的空间利用权;高速公路、航空用地问题和环境污染问题;此外还有有限资源和荒地权属之争等,这些均产生于不动产领域。不动产上利益的对立和价值的多元化是现代不动产利用的核心问题。传统立法对新型问题很难包容并作出具体规定,当代物权立法因而体现出一种分散化的趋势。英国1925年后制定了一系列有关土地保护的法律,如《财产法》《土地登记法》《土地负担法》等。大陆法系国家立法除在民法典物权篇中对不动产和动产作出规定之外,还颁布了一系列单行法规。德国在20世纪先后颁布《地上权条例》、《住宅所有权和长期居住法》、《土地交易法》和《土地登记法》等。日本第二次世界大战后针对不动产和动产也颁布了一系列单行法规,如针对不动产颁布了《土地租用法与房屋租用法》《建筑物保护法》《不动产登记法》等,针对动产颁布了《遗失物法》《利息限制法》等。物权立法呈现的另外一种趋势是,不动产立法和一些资源管理法紧密结合,成为一种"纯粹"的公法。如当今各国大多规定了环境保护法、土地管理法、航空法、交通法等。这说明当代立法对不动产和动产的调整方法和手段趋向于多样化和专门化,两者独立立法的趋势日益明显。从这个意义上说,两者完全同化从而适用同一规则仍遥遥无期。

三、不动产制度与我国物权立法

从我国物权立法的现状看,不动产与动产的法律区分并没有引起立法者的充分重视。自1922年《苏俄民法典》废弃不动产和动产的区分以后,我国曾长期仿效,不承认这种区分,但近年来这种立法状况已有所改变。虽然目前我国《民法通则》并未采用这一划分,但《担保法》却予以明文规定。[37] 同时,关于两

---

[37] 我国《担保法》第92条规定:"本法所称不动产是指土地以及房屋、林木等地上定着物。"不动产以外的物则为动产。

者适用的法律规则已在学理上有广泛和较深入的研究。但迄今为止,学术界就二元划分对物权法体系的构造和物权立法的影响仍未引起足够的重视。笔者认为,当前我国正酝酿制定物权法,物的二元划分对物权法的制定尤具重要的现实意义。

(一)二元划分是科学构建当代物权法体系的重要指导

通过上文得知,物权法的主干构造其实是基于不动产制度形成的。历史上我国物权立法借鉴大陆法系的立法模式建立了自己的物权体系,并实质上已形成了分别适用于不动产和动产的具体法律规则:在所有权转移和流通上,不动产必须经登记公示和采用书面形式,动产则直接依交付生效;在物的利用上,于不动产上设定了用益物权(农地使用权、基地使用权、邻地利用和典权等)和抵押权,在动产上由设定了担保物权(质权、抵押权和留置权);在物的取得方式上,不动产取得仅限于继受取得(主要是转让),动产取得则包括原始取得和继受取得,如先占、添附、加工和善意取得等。整个物权体系除"所有权"为共同规定外,并无两者共同适用的通则,两种法律制度的分野仍清晰可见。不动产制度仍是物权法的主干,如用益物权仅限于不动产,担保物权中对于在不动产和动产上设定的担保物权种类区分非常明显。但传统立法完全依物权种类和性质来安排物权法体系的做法,在一定程度上削弱了两种法律规则的明显差异,同时也不利于不动产和动产充分发育形成自己完整的体系。尤为重要的是,随着新型物权的产生和物权体系的扩大,传统基于所有权权能分离理论而形成的自物权和他物权体系日益暴露局限性,并受到学术界广泛的质疑和批驳,财产权的平等性、单一性和独立性已为学者达成共识。如果传统理论不再能担当构建物权法体系的重任,那么如何选择科学的物权结构便成为主要问题。否则,物权法便变成了无序规则的堆积。因而,从长远看,不动产和动产的划分对物权法体系的创新具有相当的价值。

(二)二元划分与"所有权公法化"趋势和我国国情相适应

在我国,不动产的公法性也越来越受到重视,这固然是源于不动产对人类亘古不变的重要价值，同时，也是由于当代社会一些突出的人类存在问题均源于不动产的利用过程。从某种程度上讲，公法性已成为不动产和动产划分的又一个强有力的理由。不动产法表现为对公益和私益的平衡和调合，同时，执行着公共事务和私人收益的双重职能。就我国目前情况而言，我国立法确定了土地的国家所有和集体所有制度，国家对土地一直予以严格控制，较其他国家更具有公法色彩。我国人口众多，而土地及其他可供利用的资源相当有限，供需矛盾突出，因而不动产法的价值目标更倾向于维持生存的合理分配，而不能完全依据商业手段来流通和运作。当前强调不动产的“利用”并非不动产流通的“市场化”，而是在国家控制下对社会利益和个人利益的调和过程。因此，若不明确不动产制度的特殊性而抛弃二元划分，显然对我国当前立法是不利的。

(三)二元划分有利于与国际立法接轨

近代以来，各国对不动产和动产独立立法尤为关注，在立法中不明确区分两种法律规则。就动产所有权制度而论，1900 年《德国民法典》将“动产所有权”集中规定于第 3 章第 3 节；1907 年《瑞士民法典》设“动产所有权”专章规定；1896 年《日本民法典》则在第 3 章第 2 节“所有权的取得”中集中规定动产所有权等。不动产与动产已成为国际通行的物的分类方法，在诉讼法和国际私法上，不动产与动产的区分也是确定诉讼管辖和冲突规则的一个基础。当前两大法系财产法规则的融合也成为一种趋势，在物的担保领域内尤为明显。不动产与动产分立规则在世界各国具有很大的共性，与此相反，英美法系的地产分割原则和大陆法系的所有权权能分离理论则在短期内是不可能融合的。我国只有完善不动产和动产的法律制度，才能适应物权国际化趋势。

目前，不动产与动产划分的重要性已为我国民法学界一些学者所认识，并意识到不动产法是物权立法的核心，[38]但关于二元划分对于物权体系构建的意

---

[38] 目前，很多学者已意识到这一点。参见孙宪忠：《德国当代物权法》，法律出版社 1997 年版，第 10 页；王利明：《物权法论》，中国政法大学出版社 1997 年版，第 85 页；王卫国：《中国土地权利研究》，中国政法大学出版社 1997 年版，第 5 页。

义颇有分歧。有的学者明确提出依二元划分来构建物权法体系。[39] 也有些学者认为,虽然不动产与动产的区分的确非常重要,但目前有的物权(如抵押权)同时适用动产和不动产,而一些不动产的公示方法也适用于某些动产,如果以物的划分来构建物权法体系,便会出现不必要的重复。[40] 笔者认为,以物的划分来构建物权法体系并不意味着漠视上述问题,而是在根本上应强调以此项划分作为构建物权法体系的线索,即在体系上应抛弃过去完全依照物权种类和性质设计物权法体系的做法。两种规则重合的地方可以共同规定或以特别规定的形式解决。依据二元划分,物权法不外三大部分:占有、不动产和动产所有权以及限制物权,但如何科学而行之有效地具体安排仍是一件不易之事。我国社科院法学研究所曾拟定《制定中国物权法的基本思路》,这种思路借鉴大陆法系各国立法经验,采用了不动产和动产划分方法,并在"所有权"一章中予以区分规定,在一定程度上突出了二元划分对物权法体系的构建作用,具有相当的科学性。笔者认为,我国物权法体系的编排仍应包括如下五部分:总则、所有权、用益物权、担保物权、占有。但在设计具体内容时,需注意如下一些问题。

一是总则问题。关于物权法总则的设立,大陆法系各国立法各异。《日本民法典》便设有总则;《瑞士民法典》只对于所有权制度形成通则,形式上并无总则;《德国民法典》则无总则。究其原因,《瑞士民法典》在"所有权"一章中已就物权整体性问题作了概括规定,实际上已担负了总则的职能。而《德国民法典》则坚持土地和动产规则的根本区别,无法形成总则。

我国物权法是否需要总则?顾名思义,总则即是对其统辖的法律制度的一种总体的概括的规定,其根本特点是具有统领整个法律领域的涵盖性。应当认为,物权法中动产和不动产制度虽然存在巨大差异,但仍具有一些共同之处,在具体制度上最大的共同点便是所有权制度上的一致。但所有权制度又被单独予以专章规定,因而总则只能在宏观领域进行一些抽象概括。尤其在我国尚不

---

[39] 这种观点主要由孙宪忠先生等在《中外法学》关于物权法制定的笔谈会上提出。(载《中外法学》1997 年第 2 期)钱明星先生对未来物权法制定也作过相关思考。(参见钱明星:《论用益物权的特征及其社会作用》,载《法制与社会发展》1998 年第 3 期。)

[40] 参见郭明瑞:《关于中国物权立法的三点思考》,载《中国法学》1998 年第 2 期。

存在民法典的情况下,总则更为必要。因为原来应由民法典总则规定的内容,在独立的物权法中必须由物权法总则来完成。《德国民法典》之所以未设物权法总则,便是因为共同适用的条款在该法典第一编总则中已有一定的规定。在决定总则的内容时予以严格界定,总则的内容必须能同时适用于不动产和动产制度。因而总则主要规定下列内容:物权法的基本原则;物权的主体、客体和效力;物权的保护方法(如物上请求权);物权的行使原则,如物权的行使不能损害他人和社会利益等,而对专属于不动产或动产的具体制度则应分开规定为宜。

二是所有权与用益权制度的内容和编排问题。所有权制度中,应突出动产和不动产的划分,并以此作为所有权制度的框架。当然,所有权也有通则,但通则也仅限于所有权的定义、孳息的归属、所有人的义务、取得时效制度、征收条件和补偿等。而对于所有权的取得、转移方式等则不宜在通则中规定,应依动产和不动产的划分而分别规定。具体而言,在"不动产所有权"中应规定:不动产的范围、不动产的取得方式和公示方式、不动产的相邻关系和建筑物相邻关系;关于土地还应就国家土地所有权和农村集体土地所有权作特别规定。在"动产所有权"中则主要规定:动产所有权的取得方式,如先占、拾得物、埋藏物、添附、附合、混合、善意取得制度等。关于用益物权,由于其仅适用于不动产,我国物权法应就四种用益物权予以规定,即农地使用权、基地使用权、地役权、典权。但用益物权可否与"不动产所有权"一起规定,从而形成较完整的不动产物权制度?这种设想在理论上是可行的,但在立法上却值得斟酌。纵观近现代各国民法典,用益物权均在"所有权"制度后单独规定。其原因有二:其一,为体现所有权制度的完整性和立法上的科学性,不动产和动产很难在"所有权"这一共同制度上产生分离;其二,由于用益物权体系庞大、内容丰富,若把相对简单的动产物权制度与不动产物权制度(包括所有权和用益物权)并列规定,则显得畸轻畸重。一个值得注意的现象是,在各国民法典中,"用益物权"的法律条文远多于"所有权"所规定的条文。正因如此,大多数大陆法系国家在民法典里(如日本、法国)并未在体系上对用益权类型进行概括,并抽象为"用益物权",而是对独立的用益物权予以分别规定,从而使每一种用益物权与"所有权"制度并列规定。但这在《瑞士民法典》中已有所改变,该法典以第二部分"限制物权"统领用益物权和担保物权并使之与第一部分“所有权”并列。我国应以“用益物权”一章统领具体用益物权,不应松散地给每一种用益物权予以单独规定。但也不宜以“限制物权”来涵盖“用益物权”和“担保物权”,因为“用益物权”作为适用于不动产的专门制度具有独立特点和独立地位,应与担保物权在法律范畴在立法体系上区分开来。

三是不动产的范围确定。这里仅谈设立于不动产之上的权利是否应规定为不动产。古罗马法和《法国民法典》规定某些权利也为无形物。[41] 笔者认为,不动产和动产仅作为客体物的一种分类,如果某些物权本身也作为客体看待,那么便混淆了“权利”和“权利客体”的界限,在理论上和立法上便无法解释在“不动产权利”之上设定的物权的性质和地位,从而使有体物的调整方法人为地适用于无形物,导致体系上的混乱。一些“无形物”在物法中实际可以安排在用益物权中规定(如地役权、用益权等),还有一些无形物如(股权、债权)等已超出物法调整方法之外。因而,我国立法应把不动产和动产限定于有体物。

---

[41] 罗马法学家盖尤士(Gaius)认为,无体物是指没有实体存在,为人们所拟制的物,如债权、用益权、地役权等。参见周枏:《罗马法原论》(上册),商务印书馆 1994 年版,第 28 页;《法国民法典》第 526 条规定,以不动产物为客体的用益权、地役权及基于其上诉权也为不动产。

物权法的发展与我国物权法的制定*

一、物权法的历史沿革与当代发展趋势

物权法最初形成以古罗马法为标志,罗马法是简单商品关系的第一个世界性法律,它将物权分为所有权和定限物权两类,定限物权又分为役权和永佃权、地上权、质权和抵押权,担保物权并不发达。与罗马同时期的日耳曼各国则在以土地为中心的农业经济基础上,贯彻团体本位原则,形成了以对物的利用为核心、强调物权的相对性以及所有权质的分割的物权法制度,并成为后来英美法系财产法的重要渊源之一。罗马法随着古罗马帝国的衰亡而湮没达几个世纪,后由中世纪注释法学派解释罗马法而被欧洲大陆立法所采用。其中以《法国民法典》为代表,它规定了较完备的物权法体系,并在内容和编纂技术方面取得了很大成就。除规定了所有权,亦规定了役权和担保物权,役权沿袭罗马法被分为人役权和地役权,对用益物权也作了详尽的规定。《法国民法典》建立的物权体系是自由资本主义时期最为完整的体系。

《德国民法典》代表物权法的发达时期,它正式从立法上创立了物权的概念,增加了物权的种类(如规定了权利上的用益权、权利质权),将先买权和土地债权等也视为物权,在担保物权中将抵押权和质权严格区分开来。这部物权法适应了由自由资本主义走向垄断资本主义时期新的需要,具有由“个人本位”向

---

* 本文系根据作者1998年11月在中央党校函授学院青岛备课会上的专题报告的部分内容整理。

“社会本位”的过渡性质,且已形成了逻辑严密的物权法体系,对瑞士、日本等国立法产生了深远的影响。

由于各国民法的物权制度所依赖的社会经济条件不同,因而在立法思想上均有自己的特色。由于物权法直接规范人们对物的占有、利用关系,故其作为所有制的表现形式,具有一定的稳定性。因此,传统大陆法系的二分法,自古罗马直到德国民法典仍未有根本的改变。

20 世纪以来,随着资本主义由自由竞争阶段向垄断阶段的发展,传统的物权理论发生了显著的变化,表现在如下方面。(1)所有权社会化趋势和浓厚的“公法”色彩。私人财产的所有权有所限制。各国民法均对土地所有权的内容规定了一些法定义务,责成所有人必须容忍来自他人土地上侵入的烟气、焦味、气味、噪声等;建立矿藏开采、水资源利用的特许制度;禁止滥用民事权利,即法律规定权利的行使不得以损害社会公共利益和他人利益为目的,必须符合公序良俗的要求。(2)物权法的立法重心由“归属”转向“利用”。一是法律强调了所有人对物的利用义务,同时也注重保护物的利用人的利益和地位,使其不受所有人任意干涉。二是股份公司里资本的所有权与经营权的分离。小股东被排斥在公司的生产经营范围之外,而具有专门才干的经理人员成了资本的经营者。三是物权和债权相互交融。如“买卖不破租赁”原则的确立便是“租赁权物权化”的体现。又如有价证券以及一些权利也成为交易的客体,从而又是“物权债权化”的明显表现。四是新的物权形式大量出现。如信托业的蓬勃发展,使其涉及的财产权已超出传统民法调整范围之外;又如,建筑物区分所有权、空间上的利用权已开始出现。上述物权发展趋势是由传统物权理论的局限性决定的。传统物权理论会导致两种不利后果:一是资源受所有人制约而产生的闲置和浪费;二是排斥了有能力的人对物实施的占有,从而不能获得最大经济效益。物权理论从以“所有”为中心向“利用”为中心转变,既是生产社会化和资源利用高效化发展的结果,也是物权社会发展趋势的体现。

二、我国物权立法现状及评价

由于认识上的禁区和误区,“物权”这一术语是我国法学界长期回避的。随着认识上模糊观念的澄清,物权概念才得以恢复其本来面目,逐渐在法学研究及司法实践中被使用。《民法通则》颁布,是我国民事立法发展史上的一个里程碑。《民法通则》与相关法律法规配套,使我国逐步确立了初步的物权法体系。其中,《民法通则》对财产所有权、用益物权、国有土地使用权、土地承包经营权、全民所有制企业经营权、采矿权、相邻权、共有等作了概括性规定。第二节“债权”中规定了抵押权和留置权两种担保物权。一些民事特别法如《土地管理法》《森林法》《渔业法》《草原法》《担保法》等也规定了一些具体的物权形态。上述物权体系主要受苏联立法影响,但也进行了一定程度的创新,主要表现在以法的形式确立了我国进行经济体制改革以来的一些新成果。具体来讲,现阶段的物权立法可以说有两个特点:一是维护社会主义公有制的主导地位,并在物权理论问题上继受苏联多数学者的主张,认为对社会主义公有制所赖以依存的国家财产所有权应实行特殊原则;二是结合我国具体国情,创造性的设定了一些新的物权,如一直存在争议的国有企业经营权,土地承包经营权等他物权形态。

中国共产党第十四次代表大会以后,随着我国社会主义市场经济体制的逐步确立,上述物权体系显得越来越不满足社会经济发展的需要,这主要表现在以下几个方面。

1. 物权立法滞后,规定过于简单,无法规范复杂变化的经济生活

《民法通则》的条文十分原则,“有法似无法”,许多具体案件在司法上依据弹性的法律原则、地方政策和风俗习惯来进行处理;对一些基本物权法律制度缺乏规定,如物权公示制度、善意取得制度、占有制度等。由于缺乏适当的超前性,对改革开放中出现的一些新型财产关系没有相应的法律规范予以调整,如建筑物区分所有权关系;公房制度改革中出现的公房有限产权问题;公司财产权的建构问题;集体财产权的界定问题等。这些财产关系只好通过司法解释或

其他途径来予以补救。

2. 仍按所有制形式的不同规定所有权制度,使物权制度仍带有鲜明的计划经济的烙印

在过去高度集权的计划经济体制下,由于社会财产的绝大部分为国家所有或集体所有,反映在物权法上便是对国家所有权的异常关注。其后实行的经济体制改革在确认公有制为主体的同时,也承认了其他经济成分的法律地位,但仍停留在以国家所有权为核心的物权理论上。这主要表现如下。(1)对于不同类型所有权予以区别对待,偏重国家所有权。《民法通则》规定国家财产“神圣不可侵犯”,而对集体和个人财产只规定不可侵犯,这种法律上的不平等有悖于社会主义市场经济对平等主体权利予以平等保护的要求,不利于其他法律主体积极性的提高。(2)在国家所有权与相关他物权的关系上,重归属,轻利用,并使国有资产流通阻滞,资源浪费严重,经济效益低下。

3. 物权概念不科学、体系不严谨,导致法律上的混乱

我国以往的民事立法仍不敢借鉴、继承其他国家或地区民法中的合理因素,过分追求自己特色,因此,在概念和体系上都存在明显缺陷。就概念而言,为回避“物权”这一称谓,《民法通则》使用“财产所有权和与财产所有权有关的财产权”的表述,并以土地使用权、自然资源承包经营权取代传统民法上的地上权、用益权等概念,其结果是漏洞甚多,大有歧义。就体系而言,把担保物权割裂出去,置于债权篇中,以至于他物权与整个物权法体系的内在逻辑、关系都被破坏;现行法将相邻权并入他物权亦不甚合理,相邻权应当被纳入所有权体系,将相邻权认作他物权显然混淆了自物权与他物权的界限。

4. 他物权弱化,流动性不强,不利于物的效用的发挥

他物权的流动性,在地产流通(如土地使用权的转让)已被肯定,但在整个物权制度中尚未普遍。《民法通则》对农村承包经营权、国有企业经营权规定极其简单,关于其效力和权利义务的内容也未能明确。

综上所述,市场经济体制的建立,需要健全、科学的物权制度,物权法的制定已成为迫在眉睫的重要任务。

三、关于物权法制定的一些问题

(一)制定物权法的指导思想

1. 贯彻个人利益与社会公益协调发展的所有权思想

传统民法所有权思想,注重权利人的利益,即所有权神圣不可侵犯,但也衍生出贫富悬殊、劳资冲突以及资源不能有效配置等问题。此外,否认个人所有权(如苏俄模式),以及狄骥的社会连带学说只承认所有权的义务性也会导致抹杀私人财产权,戕害个人自由。因此,"个人与社会调和"的所有权理论应强调对公民、法人所有权的保障,同时又不能走极端,也应对所有权作适当限制,以谋求个人利益与社会公益之协调发展。

2. 适应物权的价值化和国际化发展趋势

物权人从对标的物的现实支配,演变为收取代价或获取融资之价值利益,即当代物权的价值化现象。随着国际贸易发达,交通日益便利,物权国际化日益明显:如担保物权世界趋势已很明显,英美法等的动产担保制度已被大陆法系国家吸收并已根深蒂固。又如,信托行为、让与担保、浮动担保也相继为大陆法系各国所采纳。因此,我国应适应这一趋势,尽量规定适应我国市场要求的担保物权种类,如最高额抵押、最高额质押、企业财团抵押、动产抵押、权利质权、浮动担保等,其他可等条件具备时再作规定。

3. 规定国家征收土地的条件及公正补偿

土地征收必须具备两个要件:其一,必须具备为公共需要之正当目的;其二,必须履行公正补偿。"为公共需要"主要指国防、交通水利、公共卫生、学校、医院、车站、公共道路等,而为建商店、写字楼及建企业则不属于公需,应该由市场自行调节;公正补偿即指适当补偿。

4. 以物权关系固定农地使用关系

20 世纪 80 年代承包责任制的实行,使农民取得了土地承包经营权,调动了农民的积极性。但土地使用权和所有权的分离,在以往更具有债权性质,使其难以对抗所有权,从而发生了诸如任意撕毁合同,未到期限即中止合同等侵犯农民利益的事件。另外,若期限过短,会造成农民掠夺经营、毁坏农田以及其他动荡等。因此,应规定一较长年限(30 年或 50 年)。合同一经签订,即不应受所有权人的干涉。这种农地使用权可考虑规定为一种用益物权,以用益物权关系取代承包合同关系。

5. 关于是否应具有中国特色

梁慧星认为,物权法不存在中国特色,移植外国制度当属无疑。但一些学者(如北大朱苏力)认为民事立法应从传统出发,逐渐实现法律现代化。当前的任务是力争使立法内化于社会,使现有法律本土化。应当认为,我国物权立法并非在一片空白地上建立,而是对现有制度的一种完善。立法的科学化,并不能代替现行法律仍需强大的传统力量支撑。

(二)基本原则和一些具体制度的存废

1. 关于物权法定主义

民法采物权法定主义,主要因为物权是绝对权,具有极强的效力,且物权与社会经济密切相关,自由创设会影响所有权的独立性,影响流通;另外,法定主义便于物权明文公示以保障交易安全。但市场经济的发展使担保物权并不能满足经济生活的需要,于是产生了新的担保物权的形式,如最高额抵押、让渡担保等,各国均不同程度承认其效力,虽然未明文规定。但物权法定主义仍应是我国物权法制定的基本原则,只是应尽量将新型物权形式纳入本法。

2. 关于物权行为独立性和无因性理论

物权行为理论由萨维尼首创。把物权变动分为债权契约和物权契约。前者产生债权债务关系,并不能发生物权变动。后者则以直接发生物权变动为目的,两者是相互独立的。物权行为独立性必然导致物权行为的无因性,物权行为的效力不受债权行为效力的影响,因此,前者无效并不排除后者的效力,物的取得人仍合法取得物。

债权合同+物权合同+登记=取得所有权。

我国民法通则未承认物权行为,前者无效,后者亦无效。物权行为理论的最大缺点在于严重损害出卖人利益,违背交易活动中的公平正义。目前,一些学者提倡引进该项制度(如社科院孙宪忠教授),但考虑我国历史习惯和法律知识水准,依现有制度可根据登记公信力和善意取得制度分别对于不动产和动产的交易安全予以保护,不宜引进该项制度。

3. 物权变动采用登记(交付)要件主义

关于公示方法(登记、交付)的效力,有两种情况:一为登记对抗主义(如日本),买卖契约一经成立,标的物所有权即行转移,但只有经登记或交付才能对抗善意第三人;二为登记要件主义(奥、匈、俄),所有权的移转必须以登记或交付为要件。我国即为此种。目前,由于登记要件主义,既便于实行又能保障安全,且为我国《民法通则》采用因此无必要变更,应在物权法明确规定。同时,由于《海商法》已经规定船舶物权变动采用登记对抗主义,符合国际惯例,应维持不变,为我国物权法登记要件之例外。

4. 典权的发展

典权为我国所独有。历史上,典权的兴起是由于变卖祖产为败家之举,为众人不齿,但又不能不解决生计,因此,以此折中方法以求“两全其美”。民国时期已对典权作了明文规定,我国最高人民法院肯定典权的司法解释约有 10 多件,但物权法是否应保留此制度有两种不同意见:一种观点(梁慧星等持此种观点)主张废除典权,认为目前变卖祖产的羞耻观已逐渐改变,土地的公有使土地已不可能典当,房子出典尚少且意义不大,当前社会急需资金也有多种渠道解决。从法律上讲,实在不行还可遵照债法关于附买回特约之买卖的规定,而获得妥善解决。因此,典权无存在必要。另一种观点(崔建远等持此种观点)认为,物权法应体现中国特色,典权即为明显反映。且房改的实施使私有房产增多,人口流动加强使空房的出典有利无害。因为出租房产仍有诸多麻烦,典权对于空房的处理仍是其他制度不可代替的。

5. 在土地与建筑的关系上仍采分别主义

各国在处理土地与建筑物的关系时有两种模式:一是将土地和建筑物结合作为一个不动产(结合主义);二是当作不同的两个不动产(分别主义)。如德国、我国台湾地区立法采取结合主义,日本、法国民法采取分别主义,考虑分别主义立法,使建筑物作为独立不动产有利流通的特点,由于我国现行体制已采分别主义,因此,应在物权法制定中采分别主义。但在此前提下,土地和建筑物相互联系,两者一同转移。立法应设立统一办理土地权属登记和建筑登记的登记机关,以方便当事人。

(三)物权立法体系的思路

关于物权立法体系的构建,从不同的角度出发,学者中存在几种思路。

第一种思路是沿袭传统体系,再进行一些适当调整和补充。社科院课题组便实施此种方案,即分别规定所有权(动产和不动产、共有)、用益物权(宅基地使用权、农地使用权等)和担保物权(抵押权、质权、留置制度),此种思路自然坚持物权法的基本原则,如物权法定原则、物权公示原则,一物一权原则。

第二种思路认为当前财产利用已成为经济生活中的主要问题,因而应建立财产归属和财产利用并重的二元制度,以打破传统物权法偏重于财产归属的僵局。具体而言,在规定所有制度同时,应在立法中建立与所有平行的占有制度,对用益物权种类、效力以及法律地位予以强调,这一思路以武汉大学孟勤国教授为代表。

第三种思路则倾向于科学借鉴英美立法模式,即认为在无形物高度发达的今天,传统的所有权和实体物占有制度很难再涵盖无形物涉及的大量法律关系,尤其是一些商事领域中的财产权利已非债权和物权所能科学表达(如股权、有价证券、信托关系中的财产权等)。因此,立法上对无形物的特殊性应有专门体现。全面照搬英美法当然也是不现实的,但江平教授认为,应当把有体物和无形物在立法上予以适当区分,分别调整为宜。还有一些学者认为应引进抽象的"财产权"制度,以包含诸多独立、平等的财产权利,并在立法上用特殊法对特殊权利予以详细规定。

论物权法的发展与我国物权法体系的完善*

物权法规范在于解决社会中财产的归属和利用问题,决定社会经济结构的全貌。在现阶段,与我国有计划商品经济发展相适应的初步的财产法体系已不能适应时势发展的需要,其弊端日益明显。为适应市场经济发展的要求,完善我国的物权法体系已经刻不容缓。本文仅就与此相关的问题谈些认识。

一、物权法的形成与发展

物权法决定于一定社会的客观经济基础,但同时又确认、维护一定社会的经济基础。在原始社会,个人作为社会的肢体,人们对物的占有、利用处于自然的无权利意识的状态。自进入私有社会,产生私有观念以来,为了使已经取得的财产或利益得到法律的认可和保障,消除社会的混乱状态,最初确认权利主体对财产的归属和支配的物权法律制度便应运而生(当然,初期主要为所有权法律制度)。

物权法从萌芽、形成到发展完善可以分为三个阶段。

(1)物权法的雏形时期,物权法体系的最初形成以古罗马法为标志。罗马

* 原载《武汉大学学报》(哲学社会科学版)1996 年第 5 期。

法是简单商品关系的第一个世界性法律。与简单商品经济相适应,它将物权分为所有权和定限物权两类,定限物权又分为役权、永佃权、地上权、质权、抵押权。罗马法的担保物权不发达,典权及留置权并未形成独立的制度。由于早期罗马法权利、物的概念尚不成熟,因而无明确的定义。罗马法的物权法是西方奴隶社会最完备的物权法体系。与其同时期的日耳曼各国则在以土地为中心的农业经济基础上建立起别具一格的物权法。日耳曼法贯彻团体本位原则,形成了以对自然物的利用为核心的强调物权相对性及所有权质的分割的物权法制度,成为后来英美法系财产法的重要渊源之一。

(2)物权法的发展、完善时期。物权法在罗马法时期初步形成后,随着古罗马帝国的衰亡而湮没达几个世纪,后由中世纪注释法学派在解释罗马法时明确提出,由于其能适应简单商品关系的需要,因而被欧洲大陆各国的民事立法所采用。物权法的完善则以《法国民法典》为代表,它规定了较完备的物权法体系,并在内容和编纂技术方面取得了很大成就。除规定所有权外,亦规定了役权和担保物权。役权按罗马法分类为人役权和地役权。用益物权也作详尽的规定,并将使用权单独作为物权,但未将地役权作为单独物权,而将其列入土地租赁中。担保物权发达,但对不动产质权和抵押权未加以严格区分。《法国民法典》建立的物权法体系是自由资本主义时期最为完善的体系。

(3)物权法的发达时期。以《德国民法典》为代表,它正式从立法上创立了物权的概念。物权法中除《法国民法典》规定外,增加了诸物权的种类:规定了权利上的用益权,权利质权,第一次将权利作为物权的客体,并将一些债权如先买权、土地债权等,亦视为物权。担保物权中将抵押权和质权严格区分开来。这部物权法适应了自由资本主义走向垄断资本主义时期新的需要,具有从“个人本位”向“社会本位”的过渡性质,它已形成逻辑严谨、周密的物权法体系,对瑞士、日本等国物权法产生了深远影响。

物权法律制度是人类共同创造的法律文化和精神财富,传统的物权法体系对于构建和完善我国的物权法具有很大的吸收、借鉴作用,离开国际性共同的物权法律制度,而主张在中国范围内构筑纯属“中国特色”的物权法,既不可能也无必要,因为它与市场经济发展的要求不相适应。

二、物权的发展趋势及物权立法重心的转移

现代市场经济,并不是纯粹自由放任的经济,由于国家宏观调控、干预的加强,使传统的私法“公法化”,传统的物权理论也有了重大突破,被赋予了新的时代内容,物权也出现了社会化、价值化甚至国际化发展趋势。

传统的物权理论都把维护所有权的绝对性和优势地位视为自己的核心使命,在法律上赋予所有权神圣不可侵犯的尊崇地位,人们对所有权概念推崇备至,形成了对所有权概念的崇拜心理。相应地,传统的物权法尤其注重财产的归属关系,维护权利主体对所有物的占有和支配,而忽视财产动态实现方式。

这种理论的形成有其深刻的历史背景。资本主义初期为了扫除发展道路上的封建残余,启蒙思想家强调主体人格的独立和自由,高扬人权的旗帜,尊重个人的权利,把人的财产与人格尊严相联系,认为财产权是人格权的延伸和拓展,侵犯了主体的财产权也即侵犯了主体的人格尊严。理性主义、个人主义、自由主义成了近代资本主义社会的普遍思潮,反映在法律上,便是确立了无限私有权、契约绝对自由等民法的一般原则。

传统的物权理论以所有权的绝对性为基点构建,符合自由资本主义契约自由、自由竞争、自由贸易的要求,促成了近代资本主义经济的繁荣和主体人格独立化,因而功不可没。但它的原点和核心都始终围绕所有权存在状态及行使过程的严格规范和保护,着眼于最有效地保护财产的静态归属,保护财产所有权本体的完整性,在效力上则表现为所有权被彻底优化,利用权被相对弱化的现象。随着市场经济的大规模发展,传统的物权理论及立法制约了社会物资和自然资源的优化配置和充分、合理、高效的利用,在实际经济运行中越来越表现出其致命的缺陷。

我们知道,所有权概念只是社会物质财富的法律抽象而已,它着重表明了财产的静态归属,即权利主体对财产的支配或控制状态获得了法律的认可和保障,但这一确认并不意味着一定能够促进社会财富的增长。现代高度发达的市

场经济和社会化大生产,使人类对本来就不太丰富的资源需求量成倍增长,因而资源显得非常短缺。只有合理利用和分配资源,使资源的配置处于最优状态时,才能取得最好的经济效果和物质利益,而资源的优化配置和充分利用又必须以资源最大限度地自由运动为前提。可是传统的物权理论却在资源的合理利用、优化配置途径上设置了诸多障碍。这主要体现如下两点:一是依照传统的物权理论,只要所有人不损害社会或他人利益,就可以对其物任意行使支配权,而可以排除来自国家或他人干涉。这样,只要所有人不愿意实际财产的流转和权能的分离,即使财产长期闲置,甚至明显的浪费、毁损,法律也不过问,从而使资源的优化配置并在运动中实现增值的可能性受到所有人占有欲和支配的制约。二是资源最大限度地发挥效用,应当由最有能力利用资源的人来充分占有、利用。可是,依照传统的物权理论,在所有权人依法设定他物权时,无论他物权人的权能多么广泛,他物权人最终不享有对所有物的处分权,因而总是受到所有权人意志的制约。这样,所有权人所拥有的财产价值就不能充分体现出来,当然也谈不上最大限度地发挥社会效益了。

物权理论从所有为中心向利用为中心转变,是生产社会化和资源利用的高效化发展的结果,也是物权社会化发展趋势的体现。社会资源的优化配置和利用已被置于现代物权理论的基础地位。在界定财产归属、明晰产权从而保证经济运行有序化的同时,实现资源的充分游移,保证财产利用的畅通性,最大可能地发挥资源的效用,寻求最佳的社会经济效益,业已成为现代物权理论的首要价值目标和立法重心。

物权理论从所有向利用的转变主要体现如下几点:

(1)股份公司的兴起。在股份制下,所有人让渡出财产所有权,其所有物由专门经营人员管理、使用,但所有人并未丧失其在所有物上的财产利益,而是所有人对所有物的权利逐渐从对财产实物状态的支配权转化为仅对财产价值形态享有收益权(股东权的重要内容)。

(2)信托业的蓬勃发展。信托,是一种基于信任而产生的财产关系。在这种关系中,信托人将信托财产转移给受托人并委托其管理或处理,受托人享有该项财产的所有权,但有义务将信托利益交付给受益人。在社会生活中,有相当多的财产所有人并不具备运用其财产并使之产生收益的能力、精力、兴趣、时间以及其他条件。这样,他可以通过设立信托,将其有关财产作为信托财产而转移给受托人占有,并以订立契约的方式要求该受托人按照特定方式来运用该项财产和向其交付由此所生收益,从而即使自己能获得收益,又无须亲自运用该项财产,使财产所有人的投资能够卓有成效地进行,并促进社会财产的动态利用,使其免于闲置或浪费。

(3)他物权优位化的趋势。现代物权理论中所有权的色彩被大大淡化,而他物权范围则逐步扩大。他物权是财产的一种积极实现方式,是所有权权能分离和组合的结果,它基本适应了市场经济发展的需要。他物权在于利用他人财产组织生产经营,从而最大限度地发挥财产的社会经济效益,是当今国际社会优化配置和充分利用有限的社会资源的普遍做法。

(4)物权制度和债权制度相互交融。传统的理论认为,物权与债权的性质是完全不同的,物权具有绝对性,是对世权,而债权具有相对性,是对人权,两者界限分明。但是,由于社会的发展,物权法从“所有”为中心向“利用”为中心转变,债权法(调整财产流转关系的法)在市场经济中作用增强,出于维护社会经济的稳定发展,最大限度地发挥财产的社会经济效益的共同需要,现代法确认某些债权具有对抗第三人的效力,即赋予债权以强化效力。最典型的是现今的“买卖不破租赁”已取代了传统的“买卖击破租赁”。租赁权本是债权,但法律使它具有了物权的效力。同时,代表债权方式的有价证券也开始成为物权的客体,即物权债权化的现象也已产生。

三、我国物权法的现状及评价

由于认识上的禁区与误区,“物权”这一法律术语是我国法学界长期所忌讳并予回避的。今天随着认识上模糊观念的澄清,物权概念才得以恢复其本来面目,逐渐在法学研究及司法实践中使用。《民法通则》颁布前,我国财产法领域(单一的所有权制度)主要靠国家政策及风俗习惯加以调整,物权立法可以说是处于空白、虚无状态。《民法通则》的颁布,是我国民事立法发展史上的一个里程碑。以《民法通则》为主导,结合相关的法律法规,可以说我国确立了初步的物权法体系(虽然立法上用"财产所有权和与财产所有权有关的财产权"代替,然而物权法体系的初步形成却是不争的事实)。

我国现阶段的物权立法继受了许多传统概念,也进行了一定程度的创新(主要表现在以法律形式确立了我国进行经济体制改革以来的一些新成果)。具体来讲,现阶段的物权立法有两个特点:一是,为维护社会主义公有制的领导地位,在法律上确立了国家所有权的优势主导地位,并在物权理论问题上继受苏联多数学者的主张,认为对社会主义公有制所赖以依存的国家财产所有权实行特殊原则;二是,结合我国具体国情,创造性地设定了一些新的物权,如一直存在争议的国有企业经营权、土地承包经营权等他物权形态。

我国现阶段的物权法体系与当时实行的有计划的商品经济基本上是协调一致的,但在实行市场经济的今天,其弊端日益显露出来,已无法适应市场经济发展的要求。

我国现阶段物权法体系主要缺陷有以下3点:

(1)物权法体系中国家所有权的核心地位的确立,为其打上了鲜明的计划经济烙印,这与我国当时的经济条件是分不开的。在实行高度集权的计划经济体制下,社会财产的绝大部分为国家所有或集体所有,个人财产仅限于维持日常生活的消费资料,这反映在物权法上便是单一的所有权制度。20世纪70年代末80年代初的经济体制改革,在确认公有制为主体的同时,也承认了其他多种经济成分的法律地位,反映在物权上便有所松动,规定了私有财产权等法律制度。由于深受计划经济的影响,我国现阶段的物权理论还停留在国家所有权为核心的传统物权理论上,所有权制度也大大滞后。这主要表现为:其一,注重国家所有权,而忽视公民私人所有权,两者在法律地位上不平等;其二,在国家所有权与相关他物权的关系上,重归属、轻利用,重视维护实物的安全,只作财产的消极保护者,而不做财产价值的积极创造者,从而使国有资产流通阻滞、混乱,资源浪费严重,经济效益低下,大量可得而且应该得到的动态利益白白地丧失了。

(2)物权法过于简单,无法规范、指引复杂的经济生活。虽然《民法通则》规定了财产法的基本制度,但由于其条文十分原则,“有法好似无法”,在日常经济活动中未能给人们以良好的指向作用,在司法实践中也未能给法官审理财产纠纷案件提供翔实的立法根据和参照资料,许多案件的审理往往是凭具有弹性的法律上的原则、地方政策、风俗习惯来进行。同时,在现代经济生活中新出现的财产关系和财产问题的立法也未能予以规定,只好通过司法解释或其他途径来予以补救,这也体现了我国物权法的滞后性。

(3)物权法非常杂乱,没有一个逻辑严谨、周密完善的体系。这主要体现在以下四点。一是概念很不准确。《民法通则》为回避“物权”的概念,而使用“财产所有权和与财产所有权有关的财产权”的表述,结果漏洞很多,大有歧义。二是物权法体系结构不合理,担保物权在《民法通则》中被割裂出去,置于债权篇幅中,以至于他物权与整个物权法体系的内在逻辑关系被破坏。三是《民法通则》中将抵押权与质权合二为一,显属失当。抵押权与质权虽同为担保物权,然而其适用对象、成立条件及权利的行使方式均不相同,二者混同必然会造成日常理解及适用上的混乱。(现在,抵押权与质权在《担保法》中已区分开来。)四是现代法将相邻权并入他物权亦不甚合理,相邻权作为所有权的延伸扩展或必要限制,自罗马法创设时起,均将其纳入所有权体系,《民法通则》中将相邻权认作他物权显然混淆了自物权与他物权的界限等。

总之,我国现行的物权法体系比较杂乱、简单,立法时间较晚,还不完善、发达,而需要在现代市场经济的伟大实践中予以逐渐充实、修正、丰富和完善。现今,市场经济制度在我国逐步确立,为完善我国的物权制度创造了成熟的条件。同时,为适应市场经济发展要求,发展和完善物权制度也已成了迫在眉睫的任务。

四、完善我国物权法体系的设想

物权法体系的完善是一项创造性的活动。立法即把现实经济关系翻译成法律语言。

我国物权法体系的完善应立足于我国现实的经济生活条件。20 世纪 70 年代末开始的经济体制改革,尤其是在确立实行社会主义市场经济以来,我国经济迅猛发展,已大大突破了计划经济时期的单一所有制的框架。以公有制为主体,多种经济成分并存,同时也认识到社会主义经济关系仍是一种物质利益关系,商品经济的充分发展是社会主义经济发展不可逾越的阶段,物权法对商品生产社会的一些本质的法律关系所作的无比明确的规定,已成为商品经济十分精巧的调整工具。总之,我国现阶段多种所有制结构的并存,财产动态实现方式的多样性,以及为适应市场经济迅猛发展的要求,都要求我国现存的物权法体系有较大的变革。完善我国物权法体系应该遵循的指导思想为:(1)立足于我国国情,着眼于市场经济的发展;既要继承我国立法传统,又要借鉴国外立法经验,这将对完善我国物权法体系具有重要而便捷的意义;(2)首先明晰产权,即界定财产的法律归属,从而使经济运行稳定安全、正常有序,故而在物权立法时应采物权法定主义、一物一权主义,物权变动采登记(交付)要件主义;(3)着重发挥市场对资源配置所起的基础性作用,从而保证高速、高效利用,最大限度地利用现有财产和资源为人类创造更多的财富。

为适应市场经济要求,笔者认为我国物权法应建立如图 1 所示物权法体系较合适。

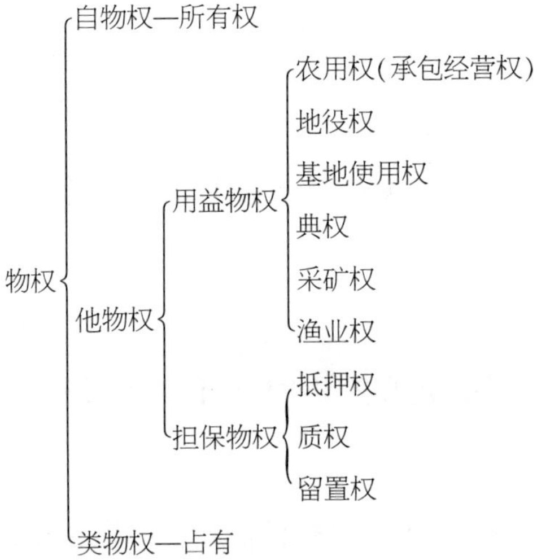

图 1　物权法体系

(一)关于我国所有权的完善

所有权制度是物权法体系的核心内容。根据不同的标准,所有权可以作不同角度的划分。

1. 从客体角度分,所有权可分为不动产所有权和动产的所有权

根据《最高人民法院关于贯彻执行〈中华人民共和国民法通则〉若干问题的意见(试行)》第186条的规定,"土地,附着于土地上的建筑物及其他定着物、建筑物的固定附属设备为不动产……"我国现行制度,基于管理体制上的原因,系将土地与建设物分别作为不同的不动产,这与法国、日本的立法相同,采用分别主义立法模式。在此前提下,使建筑物所有权与基地使用权相互联系,即基地使用权移转时,建筑物所有权随之转移,建筑物所有权移转时,基地使用权亦随之移转;并设立统一办理土地权属登记和建筑物权属登记的登记机关,有利于方便当事人,建立法律秩序。

动产所有权,法律也应设定一般规则,此不赘述。

2. 依主体角度分,包括国家所有权、法人所有权和个人所有权

毫无疑问,在我国必须确立公有制的主导地位,但同时也须确立其他经济成分,如法人所有权、个人所有权与国家所有权在法律上的平等地位,并给予同等程度的一体保护,而不应厚此薄彼。

关于国有企业的财产权性质问题,经济学界、法学界争论良久,也未能达成共识。1986年颁行的《民法通则》第82条规定:"全民所有制企业对国家授予它经营管理的财产依法享有经营权,受法律保护。"此后很多学者认为国有企业的财产权属于经营权。但是,经营权赋予国有企业后,却未能真正解决所有权与利用权的问题,并且很难解释实践中的很多情事,故而部分学者持反对意见。1993年《公司法》第4条规定:"公司享有由股东投资形成的全部法人财产权,依法享有民事权利,承担民事责任。公司中的国有资产所有权属于国家。"在这里,"法人财产权"是一个很模糊的概念,不过,笔者认为"法人财产权"应该是包括法人所有权在内的综合性的财产权利。作为社会资源的国有资产,对于国家来说最重要的是使其最大限度地保值增值,所有权的法律性质在于对以价值

形态存在的财产利益的享有和保护,因而对国家所有财产的保护不应再像以往那样,只注重实物的安全,而应转而保护财产的动态利益,明确保证国家对国有资产享有价值形态的财产利益,也就确保了根本意义上的国家所有权。

(二)关于我国他物权制度的完善

他物权制度的完善主要是对用益物权制度和担保物权制度的完善。

(1)传统的地役权,中外立法均比较完善,理论上也很成熟,可遵循传统立法模式,而无须大的修改。在我国,关于地役权的最大问题,是将地役权与相邻权相混淆,只规定相邻权,以相邻权取代地役权。《民法通则》第 83 条的规定即是如此。地役权与相邻权是两种不同的物权制度,自古以来就有明确界限。地役权是具体的他物权,而相邻权则是对不动产相毗邻处行使所有权的限制或延伸。此外,相邻权是法定权利,地役权一般是约定权利;相邻权既适用于土地相邻,也适用于房屋建筑物相邻,而地役权只发生在土地所有人或使用人之间,亦不受土地是否毗邻的限制;地役权的内容只是为自己土地的便利而使用他人土地,相邻权则包括流水、滴水、道路、通行、采光、通风、噪声等方面内容。因此,应当严格区分地役权与相邻权的界限。

(2)农用权(包括经营权),系指农用权人(承包人)以耕作、牧畜或经营其他农业商品项目为目的使用收益集体所有或国有的土地、森林、山岭、草原、荒地、滩涂、水面之权。在立法中,要特别注意农用权的特定性,这事关国计民生、不可忽视。我国也有学者认为原承包经营权不是一个严格的法律用语,应以“永佃权”代替之,但学者中赞同的甚寥。

(3)基地使用权。为使国有土地的所有和国有土地的使用的分离获得最有利的法律形式,使土地资源得到合理开发利用和维护,宜以物权关系固定国有土地使用关系,应由物权法规定国有土地使用权属于一种用益物权。作为用益物权的国有土地使用权,相当于德国、日本及我国台湾地区民法上的地上权,但考虑我国习惯,拟称为基地使用权,以区别于农地使用权。

(4)典权。典权,是指承典人支付典价,占有、使用他人不动产并进行收益的权利,出典人可在一定期限内返还典价以赎回典物。典权我国古已有之,但在我国立法上却始终没有确认。由于现实生活中典权关系的大量存在,只好通过诸多司法解释来承认其效力。我国应在立法中明确典权的法律地位。部分学者认为应动“废除习惯法上的典权”,这并不可取。法律对现实存在的经济关系应予保护,典权制度的目的在于通过出典不动产而融通资金,在现实生活中意义重大,法律应予明文规定。至于未来典权之存废,则有待于实践证明。

(5)采矿权、渔业权、狩猎权等乃是基于法定而产生的他物权,这里不复多述。

另外,《担保法》颁布以前,由于立法上不甚明了,担保物权在我国争议颇大。1995年《担保法》基本上使旷日持久之争有了结论。担保物权应为抵押权、质权、留置权。

(三)关于类物权制度的完善

我国物权法应建立占有制度,占有制度乃是民法中依外观上的事实而对占有予以一定保护的法律制度,其目的在于保护他物权有效地行使,从而促进财产的动态利用。占有以占有事实为基础,占有权与物权的基础不同,故被称为类物权。为促进财产的合理流动及高效利用,保护现实占有权,我国应在法律上确立占有制度的合法地位,并规定相应的司法救济程序。

实现国家财产所有权与政府行政权的分离*

为什么实行承包、租赁经营责任制后，企业作为行政机构附属物的局面仍难以改变？两权分离仍难以实现？笔者认为，这主要是由于国家政府机关“两位一体”的局面没有改变：政府机关一方面是社会经济管理职能的执行者，另一方面是国家财产所有权的代表者。国家所有权权能混杂在政府机关的行政管理职能中，致使国有企业无法摆脱政府机关不适当的行政干预。因此，把国家政府机关执行社会经济管理职能所行使的行政权，与作为国家财产所有权主体所享有的所有权分开，将是实现所有权与经营权分离的基本前提。

一

所有权与行政权属于两种性质决然不同的权利（或权力），它们分别属于民法与行政法调整。其主要区别有如下几点。

（1）两者产生的条件不同。所有权是基于对物的支配和统管所产生的权利，所有权的核心或灵魂是对物的支配权。行政权则是掌握国家政权的统治阶级为了维护其统治所必须执行的一种社会管理职能。

---

* 原载《北京社会科学》1989 年第 1 期。

（2）两者的性质不同。所有权是一种财产权，不同的所有权主体之间以及所有权与它派生出来的他物权主体之间，法律地位是平等的。行政权则是一种管理权，只有国家政府机关才有这种权力，行政法律关系主体之间是一种命令与服从的隶属关系。

（3）两者的内容不同。所有权是指所有者对其所有的财产在法律允许的范围内行使占有、使用、收益和处分的权利，并通过对财产的支配派生出对人的间接支配关系，它表明的是资产的最终归属问题和所有者的主体资格；而行政权则是指国家政府机构对社会的政治、经济、文化等领域进行管理的权力，以协调、控制公民个人、组织的活动为内容，表现为对人和社会组织的支配关系，并通过对人和社会组织的支配关系，派生出对物的间接支配关系，它表明的是政权的承担者和管理者的主体资格。

（4）两者的范围不同。所有权是所有制形式在法律上的表现。由于我国目前生产力水平还不高，因而形成了多种所有制并存的局面，它决定了所有权主体的多维性。各所有权主体只能在法律允许的范围内行使所有权，不能超越自己所有权范围而非法干预、破坏他人所有权的行使。而行政权，由于国家政权主体的唯一性，决定了国家政权机关在行使它时，可以遍及国家主权范围内的一切领域及企、事业单位和公民个人。

（5）两者实现的途径不同。所有权的实现，从人类历史的发展过程来看，随着生产力的发展，大致经过了所有权由所有人亲自行使到由他人协助行使的过程。在社会主义国家，不仅国家所有权的实现要实行所有权与经营权分离，而且其他形式所有权的实现也有实行两权分离的趋势。而行政权一般由国家行政机关及其工作人员直接行使，除了特别授权的之外，任何其他单位或公民个人都无权行使。

（6）两者的直接目的不同。所有权行使的直接目的在于实现"物"的最大效益，使物成为真正构成社会财富的物资。而行政权的行使，其直接目的是维护和巩固有利于统治阶级统治的正常的政治、经济和社会秩序。

二

那么,如何实现所有权与行政权的分离呢?在我国经济学界曾对此进行过探讨。归结起来大致有如下两种意见:(1)完全实行国有资产的股份化;(2)建立国有资产管理机构,专门负责代表国家行使所有权。笔者认为,在我国目前情况下,完全实行国有资产的股份化,似乎还不大可能。因为有些涉及国计民生的企业现在还必须由国家直接经营。根据我国目前的实际情况,后一种意见似乎更可行。建立国有资产管理机构,是为了从根本上转变政府的职能,改变原来政府机构"两位一体"的局面,使国有资产管理机构专门负责行使国家所有权,政府有关部门负责对整个社会进行管理,使它们各司其职,从而切断政府有关部门对企业进行非法干预的"脐带",真正实现政企分开和两权分离。这将一方面有利于实现国有资产的最大增值,维护国家合法权益,实现国家所有权;另一方面将有利于搞活企业,实现社会主义生产目的。然而,国有资产管理机构应该是什么性质的机构?国有资产管理机构在组织方式、管理手段等方面会不会与国家行政机关大同小异而成为"第二政府"呢?国家与国有资产管理机构之间的关系怎样?以下仅就这些问题谈一些粗浅的看法。

(一)国有资产管理机构与政府机关的关系

国有资产管理机构建立后,它与政府的关系怎样呢?它应属于哪一国家机关领导呢?这个问题直接关系国有资产管理机构的性质,以及建立国有资产管理机构的目的能否实现。对于这个问题在我国目前大致有两种思路或做法:一是国有资产管理机构直接由国务院领导,即将国务院所属的某一机构或专门机构(原有的或改建的、新建的)来负责行使国家所有权;二是国有资产管理机构直接对全国人大负责,而不隶属于国务院。在我们看来,第二种思路似乎更合适。因为,如果采取第一种做法,那仍不过是"新瓶装老酒",国有资产管理机构仍是一个行政性机构,所有权与行政权仍是合一的。这正如世界银行关于中国经济问题的研究报告中指出的:“有人建议成立集中管理企业所有权的国有资产部。这个建议不会带来与过去相比多大变化。为了监督约40万个国有企业,该部需要大量的工作人员,也许将同样按行业设置司局机构。而且国务院将成为该部的最高机构。这种办法带来的最棘手的问题是所有权与经营权统一于政府的最高层次。”不过,我们说国有资产管理机构不隶属于国务院,并不意味着国有资产管理机构及其所属公司、企业有什么超越法律的特权,它们在代表国家行使所有权时,同样应遵守国家有关法律的规定。

国有资产管理机构的最高机构是国有资产管理委员会,管理委员会的主要领导人应由全国人大及其常委会任命。该管理委员会集管理、监督、投资于一身,内可设国有资产投资总公司,在全国各省、市设立分公司,专门负责国有资产的投资业务。

国有资产管理机构成立后,应免除政府行政机关行使国家财产所有权的有关事务,并将其权利转移给国有资产管理机构。使政府机关成为单纯的行政权力的主体,统辖全国的行政管理和国民经营管理,严格执行国家的法律、法令、政策,实现管理和监督国有经济、集体经济、个体经济、涉外经济、外资经济以及国民经济有计划协调发展的任务。国家其他经济主管部门在国有资产使用方面,根据国民经济发展计划和平衡经济的需要,提出本部门、本行业所需国家投资的项目、规模以及技术经济目标的要求等,然后再由国有资产管理机构根据各部门的需要,具体确定国有资产的投资方向、方式与规模;以彻底解决国有资产管理上谁都有权而又谁都无法承担实质性责任、权责脱节、责任模糊的混乱状况。国有资产管理机构成立后,主要负责国有资产的增值和再投资,所属企业实现利润的递增和资金利润率或资金利税率的提高;其主要权利有投资决策权、审计监督权和发包招标权等。

国有资产管理机构成立后,应当将利税分流。税收由国家有关行政机构负责统一征收;国有资产所生孳息,应按调整不同法律关系的有关规定由国有资产管理机构收益和管理。

(二)国有资产管理机构的性质

为了确保国有资产管理机构在代表国家行使所有权时,与其他类型的所有权主体处于平等的地位，笔者认为国有资产管理委员会既不应是一级行政机构，也不应是银行、金融性质的经济实体，而应在法律上享有企业法人资格。该管理委员会所属的分支机构，也应具有企业法人资格，它们在各自的范围内代表国家行使所有权。国有资产管理委员会及其分支机构应以法人的面目和国有资产代表者的身份管理企业，不再以行政手段干预企业合法的经营活动，从而保证企业能够依法独立自主地进行生产经营。

(三)国有资产管理机构代表国家行使所有权的方式与方法

国有资产管理机构成立后，它们代表国家行使所有权，并根据不同的情况采取不同的方式与方法：(1)对于那些涉及国计民生的企业、部门，如铁路、航空、通信、大型厂矿等可以采取直接经营或全员承包的方式；(2)对于一般的大中型企业可以采取承包、租赁、资产经营责任制等形式；(3)对于某些试行股份化的企业，可以实行国有股权与企业股权并存的股份制公司的办法；(4)对于那些社会化程度不高，产品在国民经济中不起重要作用的小型企业，可以采取拍卖、租赁等形式。国有资产管理机构代表国家行使所有权的方式不同，同企业的权利义务也不尽相同。采取承包、租赁形式的，国有资产管理机构只享有发包方或出租方的权利；当采取股份制时，国有资产管理机构只能以股东身份参与和监督企业的经营管理活动，并按照股份多少享受盈利分配和承担相应的风险，而无权直接干预企业的经营活动。

论国家企业法人的财产权性质*

法人制度是商品经济发展的产物。法人能够以民事主体的资格,直接参与民事法律关系,就应具备一定的独立财产,特别企业法人是自主经营、自负盈亏的经济组织,就更须以这一条件为存在的前提和基础。但是,企业法人的则产权性质是什么?这一问题在私有制条件下,似乎还比较容易得到解释。而在公有制条件下,国有企业的财产属于国家所有,那么,国家企业法人的独立财产的性质是什么?或者说,国家企业法人独立存在的基础是什么?这样的问题就很难从理论上得到阐述。可是这一问题不解决,就会影响我国法人制度的实行,进而影响我国经济改革的深入发展。因此,从理论上如何解决国家企业法人的财产权性质问题,就必然成为我国法学界、经济学界讨论的重要问题。本文试图就此问题谈谈看法。

一

法人拥有独立财产,是法人本质不可缺少的属性。在法律上,所谓独立财产,是指该法人的财产不仅独立于其他社会组织和自然人的财产,而且独立于自己成员的其他个人财产,也独立于创立人(包括国家)的其他财产。这就是说,法人财产与法人成员的个人财产,以及创立人的其他财产是分开的。既然

---

* 原载《中国法学》1987年第6期。

如此,除法律另有规定外,国家、个人对法人的债务不承担财产责任,只有在法人发生破产时,国家、个人才在事实上以自己的投资或其份额承担有限责任。在大陆法系国家,虽然把法人分为社团法人和财团法人,社团法人被视为人的组合,财团法人视为财产的组合,但在实际上,任何法人都不能没有自己的财产,否则,它们就不可能在商品经济生活中存在。所以拥有独立的财产,是法人能够独立生存的基本条件。

法人财产独立化的程度,是各国民法学界普遍关注的问题。一般理论认为,法人的独立财产直接归结为股东的有限责任。在资本主义国家,法人是随着股份有限公司的出现而逐步完备的,股份有限公司成为法人的最高组织形式。股份有限公司以及较晚出现的有限公司,都是以自己的财产为限对外承担债务责任,而各股东对公司的财产责任只限于他们各自在公司中所占的股份或出资额。公司法人的财产与股东法人的财产已经分离,对于资本家来说,他们除存在于股票证券上的一点联系外,与社会生产简直毫不相关。特别是到了帝国主义阶段,股份公司得到进一步的发展,极少数的金融寡头通过持股公司或其所控制的母公司来控制其他子公司和孙公司,从而支配了比自己资本大几倍以至几十倍的他人资本。在这里,以生产资料和劳动力的社会集中为前提的资本,直接取得了社会资本的形式,而与私人企业相对立。这是作为私人财产的资本在资本主义生产方式本身范围内的扬弃。① 可见,法人的财产已经具有了社会财产的性质。这种财产已经不完全是私人生产的资料,它只有在联合起来的生产者手里才能发挥生产资料的作用,它是资本再转化为生产者的财产的过渡点。② 从这个意义上讲,法人财产是一种较小范围内的公有性财产,它与个人独有财产和共有财产已经有了质的不同。

在资本主义国家,国家公共企业、国有公司均享有法人资格,能够独立地执行各种公益事业和经济任务。当然,人们对于政府介入这种企业的经济活动的作用和必要性问题,始终也是有争论的。在多数资本主义国家,国家所有权可以通过拥有股份来实现,当一个公司的全部股份或依照法律达到规定比例的股

---

① 参见《马克思恩格斯全集》(第25卷),第400页。

② 参见梁慧星:《论企业法人与企业法人所有权》,载《法学研究》1981年第1期。

份被国家所拥有,它便是一个国有公司。另外一种情况是通过国家立法,政府对企业、公司享有完全的法律控制权,而不直接拥有这些企业、公司的财产,使它们与其他企业置于平等的地位,也使国家在企业经营困难时减少不必要的责任。国家对国有企业、公司的控制并不取代企业、公司进行经营决策,也不介入企业、公司的日常管理事务。国有企业、公司享有充分的法人自主权,具有完全的缔约能力,以及处分自己所拥有的财产的权利。政府的控制和监督,一方面,体现在事先的批准,包括企业、公司的方向、目标、发展规划,必要时还有预算;另一方面,体现在对企业,公司经营效果的评价上。通常情况下,这些企业、公司的计划和发展目标一旦获得批准,企业、公司的领导人就掌握了经营管理的大权,无人对他们的经营活动进行干预。最终,政府只需根据他们履行自己职责的结果作出判断就够了。

这样,国家所有权与国有企业、公司的财产权分离了。对于国家认购股份的公司来说,公司享有的财产权与私人股份有限公司享有的财产权性质相类似。在这种情况下,政府是以股东的身份来行使和实现国家所有权的,或者说,国家所有权被转化为公司股东权,而国有公司则享有了事实上的财产所有权。对于第二种情况,国家对企业、公司拥有法律控制权,而企业、公司享有完全的经营管理权,即法人自主权。一般说来,国家控制与企业、公司自主之间的平衡点是不稳定的,所以调整这方面关系的立法也不得不时常变动或更新。同时,也有些资本主义国家对国有企业控制过严,致使企业完全成为政府的附属物,其经营状况普遍不佳。

还有一点值得注意,就是资本主义国家的国有企业、公司在正常的经济秩序下,是不可能破产的,也就是说,国家还要为那些濒临破产的企业、公司承担补充性的财产责任。这恐怕也是国家始终没有放弃企业、公司财产所有权的缘故,也是国家往往感到国有企业是一个沉重的财政负担,以致近年来形成了国有企业向私有企业转化趋势的原因。由此可见,资本主义国家在解决国家企业法人的财产权性质问题上,也没有令人满意的答案。

在苏联,长期通行的观点为:国家是一切国家财产的唯一所有人,各国有企业只是享有经营管理权,即在法律规定的范围内,根据其活动目的、计划任务和财产的用途,行使占有、使用和处分财产的权利。由于法人的本质属性是拥有独立财产,所以苏联的法律规定:国家对于国家企业法人的债务不负责任,这些企业法人对于国家的债务也不负责任。③ 显然,国家所有权又是与企业的经营管理权分开的,国家企业法人的财产权性质,是国家通过行政手段授予企业的经营管理权。苏联有关法律还规定:国家企业法人无权处分自己占有的固定资产,人民法院也不能根据债权人的请求对其固定资产强制执行。④ 而且,国家企业法人处分自己占有的流动资金的权限,也是十分有限的。实际上,国家企业法人还没有自己真正的独立财产,还无法独立地对外承担财产责任。在东欧各社会主义国家,除南斯拉夫外,关于国家所有权和企业法人财产权的理论和立法,大致和苏联相似。

自20世纪60年代开始,各公有制国家随着经济改革的兴起,传统的理论和立法已经无法适应新的形势发展,无法表明国家企业法人在商品经济中的确切地位,以致各国法学家不得不重新探讨已被法律确定的原则,提出各种关于国家企业法人财产权性质的理论构思。其中,有一些法学家对传统的理论观点提出了批判性的意见。他们认为,经营管理权的范畴应被废弃,而企业应被赋予确定的所有权主体资格。至于这种所有权的性质怎样?它与国家所有权的关系怎样?对此,又众说纷纭,尚无定论。无疑,这种讨论对国家的经济立法起着不可低估的影响。1987年2月8日公布的《苏联社会主义国营企业法(草案)》,明显地体现了改革的思想,在经营管理体制上发生了重大变化,扩大了企业的自主权。该草案明文规定,企业的流动资金全部归企业支配,企业有权把闲置的财产转交、出售、交换、租赁给其他企业和组织。该草案还规定,上级机关不得干涉企业的经营管理活动,禁止修改经济定额和将法律没有规定的定额下达给企业。如果企业由于执行上级机关侵犯企业权利的指示而蒙受损失,应由下达指示的机关赔偿。苏联这种立法上的变化,为完善公有制国家的法人制度,起一定积极的促进作用。但是,由于它没有明确国家企业法人的财产权性质,所以在排除经济改革中遇到的一些障碍方面,仍有很大的局限性。

---

③ 参见《苏联和各加盟共和国民事立法纲要》第13条、《苏俄民法典》第33条。

④ 参见《苏俄民法典》第6条、第98条,《苏俄民众诉讼法典》第411条。

我们还可以考察一下南斯拉夫的情况。第二次世界大战后,南斯拉夫也是以集中制的国家所有制,作为社会主义所有制的主要形式。当时,从企业的法人身份来看,虽然也有经营管理权,但实际上对国家所有的财产并无主体的权利。自20世纪50年代初开始,南斯拉夫逐渐形成了自己的社会所有制的理论体系,并反映在国家的各项立法上。按照通常的理论,社会所有的财产属于整个社会,任何人对社会所有的财产都不得享有所有权,企业对社会所有的生产资料仅享有使用权。尽管如此,南斯拉夫的社会法人仍然享有较多的财产支配权,它们可以把社会所有的财产转让给其他社会法人,以所有权代表者的名义增加社会所有的财产。当社会法人的财产权受到侵犯和阻碍时,可以向法院提起产权申诉,其法律上的保护措施类似于对所有权的保护。当社会法人破产时,其破产财产包括该法人支配的属于社会所有的各种资产,即一切生产资料和其他劳动工具、公益金等,只有尚未花掉的贷款资金和其他专用贷款不列入破产财产。⑤ 可见,南斯拉夫的社会法人,尽管不享有对其生产资料的所有权,但是法人享有的财产权是充分独立的,与其他社会所有的财产是严格分开的。

通过对上述各国国家企业法人(包括南斯拉夫的社会法人)财产权性质的分析,我们可以得出这样的认识。第一,从总的方面来看,国家是国有企业财产的所有人,国家企业法人对其财产不享有所有权,国家总是通过某种手段不同程度地干涉企业的经营活动,并为其承担必要的财产责任。第二,国家企业法人的财产又是与国家的其他财产分开的,进而形成企业法人的独立财产。这种财产的独立性越强,或者说,越接近于所有权的性质,就越有利于企业自主意志的发挥和企业自身的发展。第三,国家所有权与企业经营管理权的分界点,是根据不同国家在不同时期的经济发展状况决定的。在一个国家,企业经营管理权的内容,是可以为一个时期的法律确定的,但却无法用含义确切的定义来概括这种财产权的本质。实际上,“经营管理权”一词是一个很难确定行使范围的弹性语。经营管理权是由国家所有权派生出来的一种民事财产权,又是国家机关授予的一种行政管理权,这种双重性质的财产权内容,就决定了企业在商品

⑤ 《南斯拉夫破产法》第145条、第146条。

经济中的地位是不稳定的,它往往给企业的自身发展带来障碍,而国家也无法从中取得最佳效益。

二

根据我国《民法通则》的有关规定,国家企业法人应当具备必要的财产。这些财产是国有企业能够成为独立的民事主体,直接参与民事法律关系的基础和前提条件。在我国,法人是指具有民事权利能力和民事行为能力,依法独立享有民事权利和承担民事义务的组织。所以,任何法人组织都必须拥有自己能够独立支配的财产或经费,否则,它们就不可能在商品经济的交往中,独立享有民事权利和承担民事义务。对于国家企业法人来讲,它们对于一定的财产享有充分的占有、使用、收益和处分的权利,是保障企业能够发挥其主动性和创造性,增加自我发展能力,真正成为一个充满生机和活力的经济实体的关键。

在商品经济社会中,企业法人是以商品所有者的身份,参加商品交换活动的。所谓商品交换,就是指商品的相互让渡和转手。马克思非常明确地指出:"一切商品对它们的所有者是非使用价值,对它们的非所有者是使用价值。因此,商品必须全面转手,这种转手就形成商品交换。"⑥可见,商品交换的本意,应该是所有者之间让渡和转手商品所有权的过程。所以,企业法人参加正常的商品交换,也必须以享有独立的商品所有权为前提。在复杂的商品经济关系中,所有权和经营权是时常发生分离的,到了资本主义时代,这种分离现象就更普遍。不过,在笔者看来,所有权和经营权的分离,并没有改变商品交换的性质。一个国有企业的财产所有权是属于国家的,而企业仍被看作在一定财产范围内行使国家所有权的代表。企业要以法人身份参加商品交换,它就必须在法律上是有全权支配自己财产的主体,它所让渡和转手的必然是商品所有权。很难设想,国有企业与其他企业之间、国有企业与公民之间、国有企业相互之间的商品

⑥ 《马克思恩格斯全集》(第23卷),第103页。

交换,如果不是转让的商品所有权,而是转让的商品经营权,那会给商品经济秩序带来怎样的混乱。既然国有企业有权转让商品的所有权,那么,它首先就要享有对这些商品的处分权,且在它违约时能够以自己拥有的全部财产独立承担责任。所以,国有企业的财产虽然在法律上属于国家所有,但是企业在以法人资格参加商品交换时,它就必须以“独立的商品所有者”的面貌出现。正像马克思指出的那样,为了相互让渡商品,“人们只须默默地彼此当作被让渡的物的私有者”。⑦

在我国公有制条件下,由于商品经济规律的要求,每一个国有企业都是相对独立的经济实体,在法律上是法人。它们在参加商品生产和商品交换时,也必须以相对财产所有者的身份,运用和转让那些并非属于它们所有的财产。这就是说,在法律上,国有企业的财产所有权仍属于国家,在经营中,国有企业对这些财产又必须享有相对所有权。前者,国家所有权不再是传统的所有人的三项具体权能,而是通过某种直接或间接的方式作用于企业经济活动的经济权能。例如,国家以委派企业负责人的方式,或通过必要的计划、投资和经济政策,对企业经济活动进行合理的干预与指导。在必要时,国家也可以决定企业的创建和关、停、并、转、迁。后者,国有企业享有的相对所有权,则是指在商品生产和商品交换中每一个主体都应享有的财产权利,它应包括对这些财产的占有、使用、收益和处分的权能。在现实的经济生活中,国有企业如果不能享有以上各项权能,就不可能与其他企业、事业组织或公民进行平等的交易,它们在法律上也就不可能是法人,或不可能是完全意义上的法人。所以,国家企业法人作为商品经营者,是以其享有独立的商品所有权为前提的,它们只有成为商品所有者,才能成为商品经营者,并能与其他法人和公民之间发生商品的交换。⑧

《民法通则》规定,民法调整作为平等主体的公民之间、法人之间、公民和法人之间的财产关系和人身关系。这一规定清楚地表明,民法有很大一部分是以法律形式反映商品经济关系的,而企业法人则是参加商品交换的平等当事人。在商品经济关系中,每一个企业必须是独立的或相对独立的商品生产者和经营

---

⑦ 《马克思恩格斯全集》(第3卷),第103页。

⑧ 参见王利明:《试论企业法人的财产》,载《中国法学》1986年第6期。

者,在法律上享有平等主体的资格。

企业法人可以分为国家企业法人、集体企业法人、私有企业法人、联营企业法人,这些不同类型的法人组织,虽然资产取得、财政渠道、组织机构、经营和分配方式等各不相同,但是,它们在民事活动中的地位是平等的。任何法人组织不能因其所有制性质不同、经济实力上的强弱不同,而在法律地位上有高低之分。国家企业法人参加民事活动时,它与另一方当事人之间权利、义务是对等的,不能只享有权利而不承担义务,也不能只承担义务而不享有权利。这种平等的主体地位,就要求任何企业法人必须能自主地支配自己拥有的财产,并能独立地承受自己的亏损,实行真正的自主经营、自负盈亏。要做到这一点,各类企业法人就必须拥有独立的财产,而这种独立财产的法律性质应该是相同的、类似的。它们在商品生产和商品交换的过程中,应表现出其共同属性,即所有权所应体现的基本内容和特点。

任何企业法人享有的财产权,都应包括对其财产的占有、使用、收益和处分的权能,它具有排他性和不可侵犯性,在法律上与所有权受同等保护。人们一般不会怀疑,对集体企业法人、私有企业法人来讲,它们对自己的财产是享有所有权的。不过,这种法人所有权已与个人独有财产权的性质不同,因为它的行使不是体现一个人的意志,而是体现一个组织的集体意志,它的行使还必须受到法人成员个人或法人创立人不同程度的制约。从严格意义上讲,这种法人所有权的含义与传统所有权的概念之间已发生了差异。同样,国家企业法人和其他企业法人一样,它们享有的财产权也应具有所有权的性质,不过,这种权利的行使还须受到创立人国家的制约。也就是说,国家企业法人享有的所有权,也与传统所有权的概念有了不同。当然,现代国家所有权与古代国家所有权相比,在主体结构、行使方式等方面有了发展,这是因为它们所依存的社会经济条件已发生了巨大变化。近年来,国内外一些学者认为所有权的观念应该更新,提出法人所有权或相对所有权的理论,应该说,这是民法学又一个进步的起点。在我国,由于经济改革的不断深入,商品经济的日益发展,经济理论正在更新,这就必然要求有其相应的所有权理论和实践。在这种情况下,我们承认国家企业法人财产所有权,即国有企业在商品生产和商品交换中应对自己拥有的财产享有相对所有权,是符合现实社会经济发展需要的。

企业法人如何承担责任,是法人理论的又一个重要问题。建立国家企业法人的目的,就是要使国有企业同国库分开,使它们能够独立承担民事责任。国家作为国家企业法人的创立人,只对企业的经营亏损或总债务负有限责任,而不直接对企业的日常债务负责。如果国家是以股东身份参加股份有限公司时,国家应以自己的投资份额对公司债务负责,企业法人正是采取有限责任制,才使企业能够成为相对独立的经济实体。但是,国家企业法人以什么范围的财产承担责任,却一直是人们所争论的问题。我国《民法通则》第 48 条作了这样的规定:“全民所有制企业法人以国家授予它经营管理的财产承担民事责任。”这里所指经营管理的财产,包括企业的固定资产和流动资金。显然,这一条规定就在法律上确认了国家企业法人对于自己所拥有的全部财产享有处分权。虽然,我们还不能说享有处分权就是享有所有权。但是,处分权毕竟是所有权中的一项核心权能,在一般情况下,处分权应由所有人行使。所以,这在我国是一项突破性的立法。这一规定,是国有企业财产独立性的法律体现,是为那些主张国家企业法人享有相对所有权的学者,提供了一个重要的思考依据。

实际上,我国有些涉外经济立法已经明确承认,国有企业享有财产所有权,例如,《对外合作开采海洋石油资源条例》第 2 条规定:“……按计划和预算所购置和建造的全部资产,当外国合作者的投资按照规定得到补偿后,其所有权属于中国海洋石油总公司。”这里直接规定了法人享有所有权。又如,《民法通则》第 48 条规定:“中外合资经营企业法人、中外合作经营企业法人和外资企业法人以企业所有的财产承担民事责任。”这说明,我国已经承认中外合资经营企业法人等是其财产的所有权主体。中外合资经营企业的法律形式是有限责任公司,享有中国国籍法人的资格,按照投资比例应属于我国国有企业,其参加企业的中方投资人,无论它是国家还是国家法人或集体法人,均在法律上使国家或集体组织丧失了其投资财产的所有权,这些投资财产则成为中外合资经营企业所有的财产。至于企业在经营中的自身积累,更应看作企业法人所有的财产。

近年来,我国有些地区打破所有制的界限,成立了股份有限公司形式的企业组织,这些公司的股份有:国家股,即国家以股份所有人的名义参与公司活动,成为公司的股东。法人股,即法人以自己的财产加入公司股份,并享有股东权。它又分为国家法人股、集体法人股、私有法人股。个人股,即公民加入公司的股份;外国股。因为股份来源不同所有制的财产,就使股份有限公司形成了混合所有制的状况,这种混合所有制实质上就是相对独立的企业所有制。与相对企业所有制相适应,就应确认企业法人所有权,或称企业相对所有权。在外国,关于股份有限公司的财产权性质问题,人们也有不同的认识。较多学者认为,公司享有公司财产(资本)所有权,股东享有股份的所有权,股份又是公司财产的一部分。但须说明,公司财产已经不是股东的共有财产,而是公司独立享有的社会性财产,股份所表示的只是股东的财产利益,即在公司盈利时获取红利的权利,此外,股东通过股东大会享有对公司营业的最后控制权。在我国,人们由于思考问题的方法和侧重不同,大致产生这样三种见解:第一种见解是,公司享有公司财产所有权,股东享有股东权,而股东权的公益权方面越来越趋于淡化,所以股东权实际上具有了债权性质;第二种见解是,公司对公司财产仅是享有经营管理权,而股东才是公司财产的真正所有人,不过,股东权已经不同于传统意义上的所有权,而是一种动态形式的所有权,但仍属物权;第三种见解是,在公有制国家,股份有限公司的股东主要是国家或国家法人,国家或国家法人决不因参加公司而使国家完全丧失对其股份财产的所有权,同时,股份有限公司的法人地位,又要求公司财产与其他国家财产相分离,而在事实上形成公司所有的财产。这样,有些学者就把国家所有权分为两个层次:一个层次是国家对公司企业的全部财产或部分财产享有所有权;另一个层次是公司、企业对其经营管理的财产享有相对所有权。当然,笔者赞同第三种见解的。

是否可以这样认为,股份有限公司在我国的出现,就在事实上,使国家所有权的唯一主体结构,变成了国家所有权与其所属各公司所有权的二元主体结构。又因为参与公司股份的还有集体组织、公民个人和外国人,就使公司财产所有权主体呈现多元化、复杂化的状况。在这种情况下,如果我们仅强调国家对其股份财产享有所有权,自然也要承认其他股东对其股份财产享有所有权。

显然,这种财产组合形式的公司就不是有限公司和股份有限公司,而是以合伙财产为基础的无限公司了。所以,由于股份有限公司的性质决定,各股东对其股份财产的所有权必然淡化,而形成复合型的法人单一所有权结构,这就需要承认公司、企业也是其财产所有权的主体。在确认股份有限公司的相对所有权后,公司的经营决策权和风险责任理所当然归企业,公司由董事会行使决策权,总经理执行董事会的经营决策,使公司成为独立的经营和核算实体,从而削弱国家从微观上控制公司、企业的机能,而转化或加强从宏观上管理公司、企业的机能,以更好地适应商品经济的客观要求。应该说,股份有限公司是强化企业商品经济机制和经营机制的好形式,它使国家所有权的静态形式转化为生机勃勃的动态形式,进而加速了资产的周转和增值。⑨

法人制度与破产制度又是紧密联系的,他们都是商品经济社会中必不可少的法律制度。国有企业取得法人资格,就意味着它要自负盈亏,要对自己的债务独立承担财产责任。这是所有商品生产者的本质特征之一,也是各类企业法人应当具备的基本条件之一。企业法人在社会主义竞争中,必然会出现优胜劣汰的现象。如果一个国家企业法人因非政策性原因,而长期经营不善,造成严重亏损,以致资不抵债,它就应被宣告破产。这样,企业法人的自负盈亏就不再是一条抽象的原则,而是一项法律制度的具体要求了。所以确立国有企业的法人地位,是承认其有可能破产的根据,而个别国有企业发生破产,又是企业法人财产独立、自负盈亏的法律体现。按照我国《企业破产法》的有关规定,企业法人被宣告破产时,就应以属于它所有的财产,以及由所有人授权、委托企业经营管理的财产,这里包括国家授予企业的固定资产和流动资金、企业所吸收的股份资金等,对债权人承担财产责任。当国有企业法人破产时,如果其债权人均是国有单位(这种情况是很少的),其破产财产的所有权并不因清偿债务而改变性质,这些财产始终还是国家所有权的客体。但是,如果其债权人中有集体组织或其他非国有单位,其破产财产的清偿就会发生所有权的转移,进而使其财产所有权的形式发生改变。也就是说,国有企业要成为经济实体,就应像所有

⑨ 参见李静堂:《股份制是使经营权同国家所有权分离的重要形式》,载《法学评论》1987 年第 2 期。

人那样能够处分自己拥有的财产,并能够以自己的名义转移其财产的所有权,至少在它发生破产时应如此。所以从国有企业能够破产这一点出发,也须承认国家企业法人是相对所有权的主体。企业法人作为享有权利和承担义务的民事主体,它首先就应是其财产所有权或相对所有权的主体,否认这一点,企业的民事主体资格就难以从理论上和实践上确立。只有承认国家企业法人享有相对所有权,企业才可能在经营中真正自负盈亏,在破产时独立清偿债务,以满足各方面债权人的合法权益。

由此,得出结论:国家企业法人是独立的商品生产者和经营者,它须以平等主体的身份参加民事活动。在商品交换中,每一次商品交换都意味着所有权的转移,而转移所有权又必须以转让者享有商品所有权为前提。国家企业法人只有以商品所有者的资格,进行商品生产和商品交换活动,才有可能与其他法人组织和公民处于平等的法律地位,独立地承担财产责任。国家企业法人享有商品所有权,并不排除和削弱国家对企业的财产所有权。国家对国有企业财产的所有权,反映的是社会主义公有制条件下的生产关系的总和,在通常情况下,它的行使是通过国家行政手段作用于企业的经济活动,而又由各所属企业在自己拥有的财产范围内,代表国家具体行使所有权的各项权能。国家企业法人享有的商品所有权,是在国家充分授权的范围内,在商品生产和商品交换的过程中,以自己的名义直接占有、使用和处分企业财产,并从中取得收益的权利。这种权利不仅与集体企业法人所有权、公民个人所有权一样,其行使要受国家行政权力的干预和限制,而且在特殊情况下,国家还能够以财产所有人的身份,变更或终止国家企业法人的财产权利,即国家对企业财产享有最终处置权。应当说,国家所有权在这里分成了两个层次:第一层是国家对企业财产的所有权,它的行使应以行政手段为主,而以民事手段为辅,主要是属于行政法或经济法调整的内容;第二层是国家企业法人对其财产享有的所有权,它直接反映了社会主义商品经济关系,完全是属于民法调整的内容,具有财产所有权的一般属性。正是从这个意义上讲,国家企业法人享有的财产权,是一种相对商义的所有权。在这里,我们用“相对所有权”的概念,只是对国家所有权的内部结构进行一次重新设计,并无取消国家所有权之意,也不因此否定所有权与债权相比较所体现的绝对性。总之,我们承认国有企业的法人资格,就须确认其相对所有权主体的地位,否则法人的基本特征就无法体现。因此,我国传统的国家所有权唯一主体观念应该改变,逐步创立一种双层次或多元主体结构的国家所有权理论,以适应国家经济改革和社会主义经济建设的需要。

论文合作者

物权与财产制度篇

论文题目	合作者
财产权制度的历史评析和现实思考	梅夏英
公有制下国家所有权制度的变革和完善	王　彦
论私人所有权自由与所有权社会化	江海波
我国未来民法典中设置财产权总则编的理由和基本构想	梅夏英
解决小产权房问题的理论突破和法律路径——结合集体经营性建设用地平等入市进行研究	王　彦
对财产上法益间接损害的民法救济:保护与限制	白飞鹏
合伙人出资财产的法律性质刍议	冷铁勋
物权法的定位及基本体系分析	刘阅春
民法典担保权编的立法模式研究	邵和平
动产上担保物权并存之效力顺序	李茂年、欧阳琛
无形财产的理论和立法问题	梅夏英
不动产制度与物权法的理论和立法构造	梅夏英
论物权法的发展与我国物权法体系的完善	尹　梅
实现国家财产所有权与政府行政权的分离	余延满

馬俊駒法学文集

第 4 卷

马俊驹 著

法律出版社
LAW PRESS·CHINA

马俊驹

1941年生，北京市人，当代著名民法学家。1966年毕业于北京政法学院法律系，曾在基层人民法院从事民事审判工作。1982年毕业于中国政法大学，获民法学硕士学位。1982～1997年3月在武汉大学法律系任教，曾任武汉大学法律系主任、副教授、教授、法学院院长。1997年3～9月在中国政法大学任教。1997年9月在清华大学法学院任教，曾任清华大学学术委员会副主任和法学院学术委员会主任。2008年退休后在西南财经大学法学院任教至今，担任民商法学专业博士研究生导师。曾兼任中国法学会民法经济法学研究会副会长、中国法学会民法学研究会顾问、中国国际经济贸易仲裁委员会委员等职务。

目　　录

第四卷

企业制度篇

第四卷

企业制度篇

公司法人治理结构的当代发展

——兼论我国公司法人治理结构的重构*

公司作为一个法律上的“人”，虽然被法律赋予了独立的人格——法人，但公司实质上是一个组织，在现实中代表公司从事民商事行为的是公司的成员，即能够代表公司的自然人。① 因此，如何在法律上让某些成员在以公司名义从事经营活动时不损害公司法人和其他成员的利益，则是公司法人治理结构所要解决的问题。由于传统的公司理论将公司定义为一个由物质资本所有者或股东组成的联合体，因此，传统公司法人治理结构所要处理的问题是，公司在营运中如何确保物质资本所有者获得投资回报，即物质资本所有者通过什么机制迫使经营者将公司利润的一部分作为回报返还给自己，以及如何约束经营者的行为并使其在物质资本所有者的利益范围内从事经营活动。② 但是，自 20 世纪中叶以来，现代公司理论发生了重大变化，一些学者将公司定义为一个由物质资本所有者、人力资本所有者以及债权人等利害关系人组成的契约组织。③ 在这一理论背景下，公司法人治理结构可以理解为股东、债权人、职工等利害关系人

---

* 原载《法学研究》2000 年第 2 期。

① 参见[奥]凯尔森：《法与国家的一般理论》，沈宗灵译，中国大百科全书出版社 1996 年版，第 120 页以下。

② See A. Sheleifer, R. Vishny, "A Survey of Coporate Governance", *The Journal of Finance*, June 1997.

③ See M. C. Jensen, W. H. Meckling, "Theory of the Firm: Managerial, Agency Costs and Ownership Structure", *Journal of Financial Economic*, 3, pp. 305 – 360.

之间有关公司经营及权利配置的机制。④ 现代公司法人治理结构所要解决的问题包括两个方面：一是基于“所有权与控制权”分离而形成的物质资本所有者或股东对公司经理的约束与监控问题；二是基于“公司的利益相关者理论”而形成的“非股东的利害关系人”参与公司治理问题，其中包括“职工参与制”(employee participation)。本文从公司法人治理结构的传统理论及其局限性入手，分析当今世界公司法人治理结构的发展趋势，并对我国公司法人治理结构的重构提出自己的看法。

一、传统公司法人治理结构存在的法理学基础

公司法人治理结构是随着公司制企业的出现而形成的。公司制企业，尤其是股份公司的一个主要特点是所有权与经营权的分离。在股份公司中，一方面，由于物质资本所有权主体人数众多，每个所有者不可能亲自参与企业的经营，即使他们付出极高的成本，也难以保证迅速有效的决策；另一方面，由于企业自身规模的扩大和市场的复杂化，对企业的经营管理提出了更高的要求，使早期由出资者兼任经营者的做法无法满足企业自身生存发展的需要。这就迫使物质资本所有者放弃对企业的直接占有和控制，而把经营权委托给具有经营能力的经理，于是便出现了所有权与经营权的分离。在这种情况下，如何既保证让那些具有经营才干的高层经理人员放手经营，又不至于让物质资本所有者失去对公司的最终控制，则是早期公司法人治理结构所要解决的问题。溯其渊源，公司法人治理结构的最初确立始于1600～1602年英国和荷兰的特许贸易公司。这些公司建立了一种对日后公司法人治理结构产生重大影响的董事会领导下的经理人员经营制度。⑤ 此后，股东大会、董事会以及高层经理三位一体的权力结构，便成为传统公司法人治理结构的主要模式。这种模式存在和运行

④ 参见[日]青木昌彦等：《经济体制的比较制度分析》，魏加宁等译，中国发展出版社1999年版，第175页。

⑤ 参见梅慎实：《现代公司机关权力构造论》，中国政法大学出版社1996年版，第83页以下。

的理论基础为：

1. 股东本位。即只有公司的物质资本所有者才是公司的成员，公司本身纯粹是物质资本所有者组成的联合体。这样，对公司经理行为进行约束与监督的重担便落在了股东身上。认为只有股东才是公司法人治理结构的主体，那些被现代公司理论称为“非股东的利害关系人”则被排除在公司法人治理结构之外。所以，经理层的懈怠、无能及道德风险（moral hazard）等问题只能由股东来校正。为了体现这种股东本位的神化，股东大会被认为是公司的最高权力机关。

2. 董事会与股东大会之间被认为是一种信托关系（fiduciary relationship），即董事会作为股东的受托人（trustees），对股东负有信托义务（fiduciary duty），负责托管股东的财产并对公司经理人员的行为进行监督，以维护股东的利益。⑥

3. 董事会与高层经理之间被认为是一种委托代理关系（principle-agent relation ship），即董事会以经营管理知识、经验和创造能力为“标准”，选择和任命适合于本公司的经理人员。而经理人员作为董事会的代理人，在董事会的授权范围内从事经营活动并接受董事会的监督。

这样，传统的公司法人治理结构试图通过股东大会、董事会和经理人员之间的责权划分，来形成它们三者之间的制衡关系，以实现物质资本所有者对公司的最终控制。但是，在实践中，这种制度设置并没有遏制住公司“控制权的转移”（control transitions），即公司的控制权从物质资本所有者手中逐渐转移到高层经理人员的手中，⑦从而为高层经理侵蚀物质资本所有者或者股东的权益提供了可能。在历史上，最早觉察这一模式存在问题的学者首推亚当·斯密。他在论述代表股东对经理人员的行为进行监控的董事会时写道：“股份公司的经营，例由董事会处理。董事会在执行业务上固不免受股东大会的支配，但股东们对公司的业务多无所知，如他们没有派别，他们大抵心满意足地接受董事会每年或半年分配给他们的红利，不找董事会的麻烦。所以，要想股份公司董事

---

⑥ See Northey, Leight's, *Introduction of Company Law*, Butter worth and Co. Ltd. p. 189.

⑦ See H. Easterbrook, R. Fischer, "Corporate Control Transaction", *Yale Law Journal*, (91)4, March, pp. 698－737.

们监视钱财用途,像私人合伙公司合伙人那样用意周到,是很难做到的。”[⑧]到了20世纪初,随着规模巨大的开放型公司的大量出现,美国学者伯利和米恩斯于1937年在《现代公司与私有财产》一书中直言,经营者权力的增大有损害物质资本所有者利益的危险。他们担心,由于正在发生的所有权与控制权的持续分离,可能会使经营者对公司进行掠夺。[⑨] 20世纪70年代,R. J. 拉纳通过实证研究表明,近30年来(1929~1963年),经营者对公司的控制得到了进一步强化,并且已经成为大型公众公司中不可逆转的支配形态。[⑩] 可见,以股东本位理论为支柱而构建的公司法人治理结构无法通过股东大会、董事会以及高层经理之间的相互制衡,来实现物质资本所有者对公司最终控制的目的。如何评价这种模式的得失,并对此提出改进对策,则成为现代公司理论的一个基本问题。[⑪]

二、传统公司法人治理模式的两个神化及困境

如前所述,传统公司法人治理模式在实践中并没有收到人们所预期的效果。究其原因,主要在于这种模式赖以存在和运行的理论基础被神化,已难以适应现代公司发展的需要。

(一)股东本位的神化

股东本位作为一种固有的观念,即认为公司仅是物质资本所有者组成的联合体和为他们赚钱的“工具”。在传统观念看来,劳动与资本这两个基本的生产要素中,为公司提供物质资本的“资本家”的权利是资本所有权,为公司提供劳

---

⑧ [英]亚当·斯密:《国民财富的性质和原因的研究》(下卷),郭大力等译,商务印书馆1974年版,第303页。

⑨ See A. Berle, G. Means, *The Modern Corporation and Private Property*, Harcourt Brace Jovanovich, New York.

⑩ See R. T. Larner, “Ownership and Control in the 200 Largest Non-Financial Corporation, 1929 and 1963”, *America Economic Review*, Sept. 1966.

⑪ See O. Williamson, “Corporate Governance”, *Yale Law Journal* 1993(17), June, p. 1199.

动的"雇员"的权利只是一种对资本运用的他物权。由于所有权主宰所有的他物权(一切他物权均从属于所有权或体现所有权),⑫就必然要求作为企业主的资本家控制整个公司,公司作为企业主的"东西",在法律上的表现便是为所有权确立并被理论化。⑬ 所以,传统公司法人治理结构为了体现这种所有权的神化,便确立了股东本位的原则,⑭即股东对公司的经营享有最高直接控制权,他们是选择并控制公司董事的"市民",这些被称为董事的"议员"是股东的代表并为股东的利益而工作;董事会选择公司的最高管理者,最高管理者再选择其他人员并主持公司的日常工作。然而,这种股东本位的神化正面临着理论与实践的挑战。

首先,从社会经济发展的进程来看,受所有权保护的生产要素(所有权的客体)是随着经济环境的变化而不断调整的,谁拥有这些生产要素的所有权,谁就拥有相应的权力。⑮ 在封建社会,土地是最重要的生产要素,而土地主是这一要素的所有者,所以土地主是最有权势的;在资本主义社会发展的初期,资本代替了土地成为最重要的生产要素,而资本家是资本的所有者,因而公司的权力也应当由资本家来行使和控制。随着科学技术的进步,资本供给日益丰裕,而工业和技术发展所需要的专门知识越来越复杂,于是专门知识就成为公司发展决定性的生产要素,谁拥有这样的生产要素,谁就能使公司兴旺发达。显然,这些生产要素的所有者往往是公司中的雇员而非股东,并且现代社会的一般情况是雇员所拥有的高素质的劳动比物质资本更为稀缺。⑯ 由于资本与劳动等生产要素的"经济地位"的变迁,必然要求扩大雇员在公司中的法定权利,而在此过程中物质资本所有者的部分权利则被剥夺。⑰

---

⑫ 参见[意]彼德罗·彭梵得:《罗马法教科书》,黄风译,中国政法大学出版社 1992 年版,第 195 页。

⑬ 参见[日]富永健一:《经济社会学》,孙日明等译,南开大学出版社 1984 年版,第 117 页。

⑭ 参见[美]大卫·P. 艾勒曼:《民主的公司制》,李大光译,新华出版社 1998 年版,第 45 页。

⑮ See Kelvin Jones, *Law and Economy*: *The Legal Regulation of Corporate Capital*, Academic Press, 1982, pp. 70 – 80.

⑯ 参见[日]今井贤一等主编:《现代日本企业制度》,陈晋等译,经济科学出版社 1995 年版,第 53 页。

⑰ 参见[美]西奥多·W. 舒尔茨:《论人力资本投资》,吴珠华等译,北京经济学院出版社 1990 年版,第 175 页。

其次,股东本位所折射的只是一种“资本民主”,即只有那些拥有公司物质资本的人才有权利选举和被选举为公司权力机关的组成人员;而公司中从事财富创造的雇员,虽然在社会生活中享有政治权利,其中包括选举权和被选举权,但在公司制度中本应享有的“当然的权利”则被剥夺。⑱ 这样,公司利润的创造者却被排除在公司法人治理结构之外。这种模式一方面可能激化劳资冲突,不利于提高雇员的劳动积极性;另一方面又增加了公司的管理成本,损害了公司的组织效率,并且与现代民主理念格格不入。⑲

另外,股东本位只是“资本基本主义”这一特定历史条件下的产物,它难以适应当今“以知识为基础的经济”(knowledge based economy)社会。在资本主义发展的初期,由于当时经济增长对物质资本的依赖,人们普遍接受的观点是“资本基本主义”,即认为物质资本以及物质资本积累是经济增长的唯一源泉,经济增长主要靠投资增长的推动,而物质资本短缺则是经济增长的主要制约。因此,为了实现经济增长,必须对物质资本所有者的权利进行强有力的法律保护,于是股东本位的公司体制便应运而生。但自20世纪末期以来,在国家经济和政治生活中,物质资本的价值和重要性正在明显下降,知识、技术等“精神力量”正在各方面超越物质资本的力量而呈上升趋势。随着经济增长从对物质资本的依赖转向对知识等“精神力量”的依赖,以物质资本为基础的规模生产也随之转向了以知识为基础的创造活动,⑳使公司的成长取决于拥有知识并创造这些知识的人以及人的劳动。这样,建立在“资本基本主义”基础之上的传统模式,已难以适应当今“知识社会”的需要。

(二)董事会中心主义的神化

公司法人治理结构的传统理论认为,由于股份公司物质资本所有者人数众多,他们不可能都亲自参与公司的经营,于是股东大会便选举董事会,并由董事会代表股东行使公司权力,其中包括为公司选择有经营能力的高层经理和对经

---

⑱ 参见[美]迈克尔·比尔等:《管理人力资本》,程化等译,华夏出版社1998年版,第49页。

⑲ 参见[美]大卫·P.艾勒曼:《民主的公司制》,李大光译,新华出版社1998年版,第163页以下。

⑳ 参见[美]达尔·尼夫主编:《知识经济》,樊春良等译,珠海出版社1998年版,第124页以下。

理的行为进行监督等。董事会是股东的受托人，负责公司的业务执行，并对公司经理的经营行为进行监督，这使董事会在公司的营运中起着核心作用。然而，这种墨守成规的董事会中心主义的神化已经不符合20世纪末的现实，[21]它正受到以下问题的困扰：

首先，董事会或董事会成员是否为物质资本所有者的唯一受托人，或者说，董事会或董事会成员是否仅仅代表股东的利益。传统理论认为，董事会及其成员应由股东选举产生并作为股东的受托人维护股东的利益。然而，上述理论已经受到当今社会的冲击。在实行单一董事会的英美法系国家，虽然从历史上看董事会应由股东选举产生，并且股东的利益在董事会进行决策时得到了优先考虑，但自20世纪末期以来，人们普遍地认识到董事会的职责既要引导公司朝着实现股东利益的目标努力，同时又要考虑雇员的利益、社会的利益和公司本身生存的需要，并制定实现这些目标的战略。[22] 而在实行双层董事会的德国等欧洲国家，自第二次世界大战以来，选举董事已非股东们的专利，并且董事会还应对股东以外的其他利益主体负责。因此，董事会仅为股东的受托人的理论已经与当代主要发达国家的公司立法和现实不符。

其次，信息不对称问题。董事会的一项重要职责就是选择公司的经营者和对经营者的行为进行监督。而这一职责的实现，有赖于董事会能否获得有关经营者行为和行为结果的信息，这是董事会具备相应监督能力的前提。实践中，董事会获取经营者行为的信息，存在很大的局限性，其原因在于一方面经营者的很多行为是难以直接观测到的；另一方面董事会的成员受到专业知识的限制。[23] 所以，董事会不可能得到有关经营者行为的完全信息，而且信息在董事会与经营者之间的分布是不对称的，即后者相对于前者具有信息优势。从理论上讲，这种信息不对称包括两种情况：一种情况是公司经理掌握着不为董事会知晓的私有信息（包括经营者的经营能力等），这样有可能使一些不称职的经营者

---

[21] 参见［美］埃达·登勃等：《董事会：如何应付错综复杂的经济社会》，赵鑫福等译，新华出版社1996年版，第20页。

[22] 同上书，第75页。

[23] 参见段文斌：《公司中的委托——代理和治理结构》，载《中国工业经济》1998年第1期。

被董事会选择为高层经理,这种行为叫作逆向选择(adverse selection);另一种情况是经营者被董事会选择后,会对董事会采取阳奉阴违的机会主义态度,而董事会又无法亲临现场监督经营者的活动,这种机会主义行为叫作道德风险(moral hazard)。[24] 因此,尽管传统的公司法人治理结构设置了董事会,但是在现实中由于受信息不对称的困扰,经营者甚至可以决定董事会的活动日程以及董事会所获取公司经营信息的类型和数量,这种状况严重地影响了董事会监督、估价经营者的能力和了解公司的真实经营状况。[25]

最后,"搭便车"问题。"搭便车"作为现代公共选择学派中的一个常用术语,意指"即使个人没有支付成本,他也自动地享受到团体所提供的服务"。[26] 考虑到对经营者的行为进行监控是维护股东利益的需要,因而传统的公司法人治理模式认为,只有股东才最有可能对经营者的行为进行控制,以体现所有权所具有的权力。但是,在现代公司中,由于股东人数众多,这些股东不可能亲自管理公司的日常事务和时时监控经营者的行为,特别是就那些众多的小股东而言,他们亲自监控经营者的成本将超出他们的收益。于是他们选举董事会并由董事会来监控经营者。这就造成了一个"搭便车"问题:因为经营改善所得的收益将由全体股东分享,而监督的成本却只由那些去积极监督经理行为的股东来承担,所以单个股东没有监督经营的积极性;[27]同时,每个股东又希望其他股东去过问公司的经营,以便"坐享"公司经营提高所带来的收益。由于"搭便车"问题的存在,使物质资本所有者对公司的监控从总体上出现了弱化的趋势,而公司经营者则可以相当自由地去追求他们自己的目标,包括建造帝国和享受特权。[28]

---

[24] 参见张维迎:《博弈论与信息经济学》,上海三联书店1996年版,第398页以下。

[25] See M. C. Jensen, "The Modern Industrial Revolution, Exit, and the Failure of Internal Control Systems", *Journal of Finance*, No. 3, pp. 831 – 880.

[26] 林毅夫:《关于制度变迁的经济学理论》,载[美]R. 科斯等:《财产权利与制度变迁》,胡庄君等译,上海三联书店1994年版,第405页。

[27] 参见[美]O. 哈特:《企业、合同与财务结构》,费方域等译,上海三联书店1998年版,第11页。

[28] 同上。

三、公司法人治理结构在当代的发展

由于股东本位的局限性，再加上信息不对称以及“搭便车”等问题的困扰，传统的公司法人治理结构已经难以适应当今经济社会发展的需要。因此，自20世纪末期以来，如何建立一套新的公司法人治理结构日益受到各国立法机关和法律组织的重视。在美国，美国法律协会在总结有关公司法人治理结构的理论成果以及20世纪80年代末期以来各州公司法变革的基础上，于1992年公布了《公司治理结构原理：分析与建议》(*Principle of Corporate Governance：Analysis and Recommendations*)的“白皮书”；在英国，1992年发表了《公司治理结构中的财务问题》(*The Financial Aspects of Corporate Governance*)的Cadbury报告；在欧盟，深受德国法影响并对传统股东本位的公司体制有着根本性否定的《第5号公司法指令草案》，尽管尚未被欧盟立法机关通过，但该草案中有关“双层委员会制度”和“职工参与制”等条款，则为新的公司法人治理结构提供了范本；[29]在日本，随着“双向式”的公司法人治理结构受到人们的关注，法人治理结构论坛于1997年公布了《法人治理结构的原则——关于新日本型法人治理结构》的中期报告。[30] 尽管各国法律传统与公司理论存在一定的差异，但从总体上看当代公司法人治理结构的发展趋势呈现以下特点：

（一）股东的主权地位日趋衰落

受“资本基本主义”发展模式的影响，传统理论将公司看作由股东组成的联合体和为股东赚钱的工具。然而，这种传统理论日益受到了公司契约理论和公司能力理论的挑战。公司契约理论认为，公司是一种有效率的契约组织，是各

---

[29] 该草案最初发表于1972年，后经1975年、1983年、1990年以及1991年修正后，形成了最后文本。See Klaus J. Hopt, Eddy Wymeersch, *European Company and Financial Law*, Walterde Gruyter. Berlin. New York(Second Edition), pp. 781 – 807.

[30] 参见[日]洒卷俊雄：《日本企业治理结构论与公司法的修改》，载李黎明主编：《中日企业法律制度比较》，法律出版社1998年版。

种生产要素(包括劳动、资本等)投入者为了各自的目的联合起来达成的一种具有法人资格和地位的契约关系网络。尽管有关公司契约理论对公司含义的表述不尽一致,但这种理论的兴趣均在于公司不仅是一个由物质资本所有者组成的联合体,更重要的是在本质上它为劳动要素提供者、物质投入和资本投入的提供者等利害关系人之间的契约关系充当连接点。[31] 公司能力理论则认为,物质资本所有者以所有权的形式对公司的投入虽然是公司获取利润的一个因素,但不是关键因素。公司作为一个知识集合体而非物质资本的集合体,它通过知识积累过程获取新的知识,并将该知识融入公司中去,形成公司发展的主导力量。因此,公司内部的特型智力资本、资源、知识的积累是公司获得超额利润的关键。[32] 在公司能力理论看来,既然公司产生长期收益的原因在于公司内部的特型智力资本,所以,如果仍然固守传统的股东本位理论,忽视智力资本所有者在公司法人治理结构中的地位和作用,将会严重影响公司产生长期的收益。股东本位论不仅受到理论的挑战,而且在立法和实践中也日益被修正。在美国,自20世纪80年代以来,美国各州对以往的公司立法进行了修改,现行法律规定公司的经营者除了对股东负责外,还应对非股东的利害关系人承担责任并受他们的治理。[33] 在德国,自第二次世界大战以来,新的公司立法更倾向于将公司定义为劳动与资本之间的一种伙伴关系,[34]1976年,根据德国法律,监事会中劳动要素与物质资本参与者之间的比例调整到1∶1,从而全面地实现了劳动与资本共同治理公司这一基本原则。[35] 在日本,尽管传统的商法将公司定义为由物质资本所有者组成的实体,但这显然只是法律上的概念,作为一种社会现实,公

---

[31] See M. C. Jensen, W. H. Meckling, *Theory of the Firm*: *Managerial*, Agency Costs and Ownership Strueture.

[32] See H. Demsetz, "The Theory of the Firm Revised", *Journal of Law*, *Economics and Organization* 4, pp. 141 – 162.

[33] 参见崔之元:《美国二十九州公司法变革的理论背景及对我国的启示》,载《经济研究》1996年第4期。

[34] 参见[美]埃达·登勃等:《董事会:如何应付错综复杂的经济社会》,赵鑫福等译,新华出版社1996年版,第40页。

[35] 参见[德]罗伯特·霍恩等:《德国民商法导论》,楚建等译,中国大百科全书出版社1996年版,第306页以下。

司是指它的从业人员组成的实体，[36]因而人们更习惯于将日本的公司理解为“人本主义”的体制，[37]以区别基于“资本基本主义”而形成的公司理念，从而使日本的公司法人治理结构在总体上呈现劳动与资本共同治理的特征。[38]

（二）职工参与制度日益得到认同与重视

随着股东的主权地位日益衰落，作为人力资本所有者的雇员在公司法人治理结构中的地位日趋增强，职工参与制度日益得到各国立法的认同与重视。职工参与公司法人治理结构，其理论基础主要源于两个方面：一是人力资本所有权理论。这种理论认为，随着经济增长越来越依赖于技术以及技术创新，一个国家的经济发展会更多地取决于人力资本而非物质资本；与物质资本相比，现代社会中的人力资本正发挥着更加重要的作用。[39] 由于人的“经济价值”的提高，必然要求对以往的公司法人治理结构作出新的调整，以反映人力资本所有者在公司体制中的地位和作用。二是经济民主理论。众所周知，民主的首要含义在于参与，[40]然而在股东本位的公司体制中，公司民主只是体现了一种资本民主，参与公司治理只是股东们的专利，从而使从事利润创造的雇员被排除在公司民主和法人治理结构之外。随着民主理念不断向公司内部延伸，这必然要求在社会政治生活中享有民主权利的雇员参与公司的治理。职工参与制度的实施，尽管是一种历史发展的必然趋势，但是由于传统公司法人治理结构中的董事会和股东不愿意看到自己固有的决策权受到公司雇员的制衡与监督，更不愿意雇员与自己平起平坐并把他们的意志转化为公司行为，因此各主要发达国家职工参与公司治理仍然受到不同程度的限制，其规则呈现各自的特色。在德国，职工在公司最高权力机关中所占的比例与股东相同，而且职工代表还有选

---

[36] 参见［日］松本厚治：《企业主义》，程玲珠等译，企业管理出版社1997年版，第1页。

[37] 参见［日］今井贤一等主编：《现代日本企业制度》，陈晋等译，经济科学出版社1995年版，第43页以下。

[38] 参见［日］青木昌彦等：《经济体制的比较制度分析》，魏加宁等译，中国发展出版社1999年版，第181页。

[39] 参见聂德宗：《人力资本所有权理论与实践探析》，载《人文杂志》1998年第5期。

[40] 参见［美］科恩：《论民主》，聂崇信等译，商务印书馆1988年版，第13页。

择与监督经营董事的权利。在欧盟,为了体现其强制推行职工参与制度的决心,《公司法第五号指令(草案)》规定了四种可供成员国选择的模式,即德国模式、荷兰模式、通过公司职工的专门机构实现其参与公司机关的模式,以及通过集体协议制度参与公司机关的模式。在日本,尽管职工参与制度尚未被立法正式认可,但是那些应由"资本家"兼经营者承担的责任,其中包括分担公司风险、组织公司经营以及采取革新措施等"企业家的职能",却早已被广泛地分配给从业人员了,"全员参与"已被看作日本公司制的根本特征,[41]由于公司属于"企业人"即在长期雇佣制度下的从业人员,当公司财务状况良好时,从业人员成为公司治理的主体和剩余索取者;只有公司财务状况恶化时,银行才以机构股东和治理主体的身份对公司的行为进行监督。[42] 在美国,对雇员权利的维护习惯采用集体谈判制度和民事诉讼程序来解决,但从1947年《瓦格纳法》(Taft-Hartly Act)开始,联邦政府就着手支持雇员摆脱雇主控制的权利,[43]到了20世纪80年代,美国公司立法的一个新的动向就是让经营者对包括雇员在内的非股东利益关系人承担责任,从而将公司法的调整范围辐射到劳资关系方面。尽管目前看来,美国有关雇员参与公司治理的法案尚未正式出现,但是在实践中从"管理人力资本"的角度让雇员参与公司的经营已成为美国公司的一种时尚,[44]一些学者认为,在美国实现雇员参与公司法人治理结构只是一个时间问题。[45]

(三)银行等金融机构在公司法人治理结构中的地位和作用日趋增强

由于银行和公司各自的法律地位不同,两者间的关系形成了不同模式。以银行能否参与公司法人治理结构为标准,两者间的关系又可分为两种类型:大

---

[41] 参见[日]松本厚治:《企业主义》,程玲珠等译,企业管理出版社1997年版,第67页。

[42] 参见[日]青木昌彦等:《经济体制的比较制度分析》,魏加宁等译,中国发展出版社1999年版,第200页。

[43] 参见[美]道格拉斯·L.莱斯利:《劳动法概论》,张强等译,中国社会科学出版社1997年版,第4页。

[44] 参见[美]迈克尔·比尔等:《管理人力资本》,程化等译,华夏出版社1998年版。

[45] See M. Blair, *Ownership and Control: Rethinking Corporate Governance for the Twenty First Century*, Brooking Institute, Washing D. C.

陆法系中的德日模式和英美法系中的美国模式。[46] 德日模式的特点在于允许银行参与公司法人治理结构，并且银行在其结构中往往起着决定性作用。但是，由于德国和日本经济环境不同，银行参与公司法人治理结构的方式和治理手段又存在一定的差异。在日本，银行参与公司法人治理结构虽然是日本的固有传统，然而，在第二次世界大战结束后的一段时间，日本政府被迫采用美国模式，即限制金融机构持有其他公司的股票、禁止商业银行承销、持有其他公司的股票，从而将银行等金融机构排除在公司法人治理结构之外。但是，上述设计最终因日本1949年8月的股市崩溃而破灭。此后，日本重新允许银行等金融机构持股并参与公司治理，[47]并为日本银行参与公司法人治理结构提供新的法律支持，由此而形成了一种被学术界描述为“主银行体制”(main bank system)的银企关系。在这种体制下，日本公司法人治理结构呈现以下特点：[48]一是主银行的统一监督职能，即对公司的事前监督、事后监督和事中监督的责任，不是像英美法系那样由分散的、不同的监督主体来实施，而是被高度统一化地、唯一地赋予了该公司的主银行。二是相机治理或二元的治理结构，即在公司财务状况良好时，公司治理由雇员组织来进行，由主银行所代表的投资者的控制不会表现得十分明显；反之，公司陷入财务危机时，主银行对公司的控制将会变得明晰起来，此时，雇员组织在治理结构中只能处于从属地位了。德国银行与英美国家的银行相比，它们与其提供融资支持的公司之间的联系更为紧密。这种联系包括：银行在贷款公司中拥有股东权益、派遣其职员进驻客户公司的监事会、代理其保管的股份行使投票权(委托投票制度)，以及作为客户公司资金和其他金融服务的唯一提供者。[49] 银行与客户公司的这种联系对公司法人治理结构的影响主要表现在：一是由于银行特别是居家银行往往是客户公司各种金融服务的唯

---

[46] 参见[日]青木昌彦等：《经济体制的比较制度分析》，魏加宁等译，中国发展出版社1999年版，第220页。

[47] 参见[日]青木昌彦等主编：《转轨经济中的公司治理结构》，张春霖等译，中国经济出版社1995年版，第209页以下。

[48] 参见[日]青木昌彦：《主银行体制下的监控特征：从分析到发展的角度进行研究》，载[日]青木昌彦等主编：《日本主银行体制》，张橹等译，中国金融出版社1998年版，第125页以下。

[49] 参见 Theodar Baums：《德国的银行体制及其对公司融资和公司治理的影响》，载[日]青木昌彦等主编：《日本主银行体制》，第503页以下。

一提供者,同时又是公司监事会中的重要成员,有利于银行随时了解公司的财务状况,以克服信息不对称条件下公司经营者的行为难以监督的问题;二是委托投票制度的适用,一方面使银行可以就任何事宜行使代理股份的投票权,另一方面由于许多小股东将自己的投票权委托给了银行,致使这些小股东无须花费精力去监督经营者;三是无论由于银行的股权投资,或者银行作为股份投票代理人,或者银行与公司的长期业务关系,银行通常拥有半数以上的投票权,因而它们能够左右股东大会的决定。银行代表通常由股东大会选举进入公司监事会,从而成为银行控制德国公司机关的权威实体。在美国,以银行为主体的金融机构之所以不能在公司法人治理结构中处于主导地位,主要受制于 1933 年通过的《银行法》中的"格拉斯 - 斯蒂格条款"(Glass Steagall)的限制,从而抑制了银行等金融机构在公司法人治理结构中的权力膨胀。所以,在美国模式中,尽管法律规定董事会是公司法人治理结构的核心组织,由于"搭便车"以及信息不对称等问题的困扰,致使董事会并没有在公司陷入危机时摆脱困境。[50]不过,美国法中的"格拉斯 - 斯蒂格条款"实施后,一直受到美国学者的批评,不少学者认为正式废除这一条款只是时间问题;[51]自 20 世纪 70 年代以来,美国政府已通过了一系列的法律,使早期的"格拉斯 - 斯蒂格条款"所规定的内容已出现名存实亡之势。随着美国政府和法律对银行等金融机构管制的松动,以年金基金、商业银行、人寿保险公司、共同基金为主体的金融机构已成为一些大公司的主要持股人。据统计,美国金融机构等法人的持股比例在 20 世纪 90 年代发生了根本性的转折,已经超过个人股东持股比例而居优势。[52] 由于金融机构取代了战前的个人或家族股东而成为公司的主要出资人,各公司的股权也进一步集中到少数金融机构等法人股东之手,这样,在当代美国公司中,银行等金融机构在公司法人治理结构中的地位和作用也出现了强化的趋势,并且日益得到了美国学理和实践的认同。这正如英国学者萨德沙纳姆在评价这一现象时所指

---

[50] See M. C. Jensen, "The Modern Industrial Revolution, Exit, and the Failure of Internal Control Systems", *Journal of Finance*, No. 3, 1993, pp. 831 - 880.

[51] 参见潘攀:《格拉斯 - 斯蒂格尔法的演化》,载《外国法译评》1999 年第 1 期。

[52] 参见何自力:《美国大公司股份资本占有结构的新变化》,载《世界经济》1997 年第 4 期。

出的那样:“进入九十年代,美国出现了一股股东活跃主义的倾向,管理者要接受活跃股东集团非常多的监视与提问,金融机构对回答他们早期面对‘管理者的暴行’失之体察的批评发挥了积极作用”。[53]

四、我国公司法人治理结构的重构

在重构我国公司法人治理结构的问题上,国外有两种正在完善中的模式可供我们参考。一种是英美等国的公司法人治理结构模式。这些国家的资本流通活跃,证券市场发展充分,其公司法人治理结构的优化在很大程度上凭借证券市场对公司经营者的激励和监督,即主要依靠证券法规制的公司收购实现。另一种是德国、日本等国的公司法人治理结构。这些国家由于资本流通性差,证券市场相对不活跃,公司法上有形的公司治理结构起着主要作用。我国证券市场不发达,因而现阶段通过完善公司法上的有形公司组织结构健全公司法人治理结构应该是解决问题的不二法门。反观我国公司法的规定,可以看到,我国公司法是在股东本位这一公司理念指导下,除遵循传统的股东大会、董事会与高层经理之间的权力制约关系外,还对职工参与公司法人治理结构进行了“例外”规定。这种法律设计,无论与我国国情还是与现代公司法人治理结构的演进方向都存在较大差距,这主要表现在:

一是我国公司的股权非常集中,国有股比例的平均值为44.9%。[54] 在国外,日本和德国通过公司间相互持股以及银行的作用,形成了一种较集中的股权形式,美国的各类养老基金等机构也出现了对个别公司集中投资的情形,其目的是强化机构股东在公司法人治理结构中的作用,以克服信息不对称、“搭便车”等问题,从而提高了公司法人治理结构的运行效率。但我国公司法人治理的效率并没有因国有股的绝对控股地位而改善;相反,国有股所占比例越高的

---

[53] 参见[英]P.S.萨德沙纳姆:《兼并与收购》,胡海峰等译,中信出版社1998年版,第24页。

[54] 参见田志龙等:《我国股份公司治理结构的基本特征研究》,载《管理世界》1998年第2期。

公司,其治理效率越差。[55]

二是我国公司特别是国有性质公司的主要债权人为商业银行,本来银行可以在公司治理结构中发挥重要的作用,但我国现行的商业银行法和证券法却禁止国有商业银行持有其他公司的股票,从而将商业银行排除在公司法人治理结构之外。由于资本市场尚不发达,公司融资在相当长的时间内还将主要依赖于商业银行信贷资金的支持,因而上述法律规则形成的股权与债权的分离,致使商业银行等主要债权人的利益难以在目前的公司法人治理结构的框架内得到有效保护。

三是职工参与公司法人治理结构已是当今世界企业经济发展的基本方向,但在我国,公司法中关于职工参与公司法人治理结构的情况却只是一种例外。

由于我国公司法人治理结构的上述缺陷,使公司治理在实践中出现了种种问题。如何立足于我国的基本国情,并在此基础上借鉴国外公司法人治理结构的一些经验,来重构我国公司法人治理结构,则是我国当前法学研究和公司立法的一个重要课题。

(一)重构我国公司法人治理结构的指导思想

尽管传统的股东联合体的公司定义形成于“资本基本主义”这一特定历史时期,并且已经受到当代主要发达国家公司理论的扬弃,但是由于这一定义突出了对物质资本所有权的优先保护和股东在公司法人治理结构中的优越地位,从而成为我国法学界有关公司定义的范式和公司立法的指导思想。究其原因,我国国有资产一直是各类公司资产的主要组成部分,人们似乎认为在公司理论和公司立法中突出股东的主权地位,有利于保护国有资产。因此,无论是我国的国有企业改革还是公司法人治理结构的制度建设,都受到了这种传统理论的影响,使我国的国企改革和公司立法陷入难以摆脱的困境。[56] 笔者认为,重构我国公司法人治理结构,首先应当彻底地摒弃那种股东或物质资本所有者联合体的公司理念,而代之以公司的利益相关者理论。以公司的利益相关者理论为指

---

[55] 参见许小年:《以法人为主体构造公司治理机制和资本市场》,载《改革》1997年第5期。

[56] 参见聂德宗:《人力资本所有权与我国国有企业改革》,载《天津社会科学》1998年第6期。

导来重构我国公司法人治理结构,以弥补我国现行公司理论研究和公司立法的不足,摆脱股东主权论的不利影响,因而具有极重要的理论与现实意义。这主要表现在:

一是有利于理顺公司中物质资本所有者与人力资本所有者之间的关系。应该说股东本位的公司理念是与资本雇佣劳动制相适应的,如果从资本与劳动这两个因素来考察,股东本位制的实质在于:物质资本所有者为公司提供物质资本,通过物质资本来雇用劳动力并组织社会化大生产;在此理念基础上形成的公司体制中,物质资本所有者始终处于主导地位并成为公司治理的主体,而作为公司剩余价值创造者的劳动者,则处于一种从属地位。显然,当前我国法学界所崇尚的物质资本所有者联合体的公司理念不仅与马克思主义的劳动价值论相悖,而且与我国人民当家作主的基本国情不符。而公司的利益相关者理论则强调劳动与资本的合作关系,一方面有利于鼓励物质资本所有者投资的积极性和保护他们的利益;另一方面劳动者通过参与公司法人治理结构,既能激发他们从事剩余价值创造的积极性,又能体现他们的主人翁地位。

二是公司的利益相关者理论强调公司是由不同的利益相关者组成的长期性交易关系,公司经营的成败不仅关系股东的利益,而且影响债权人和职工的利益;无论是股东还是债权人和职工,他们均对公司的营运投入了资产,并且这些资产的价值均依赖于其他相关的资产,任何一方的随意退出或机会主义行为均可以使对方的利益蒙受损失。因此,为了保护这些投资者的利益,无论是股东、债权人还是职工,都应当具有平等的机会去参与公司治理。而在我国现行的以股东本位理论为基础而构建的公司法人治理结构中恰恰否定了这些权利主体的平等性;从形式上看是在保护股东的利益,但其实质在于重申所有权,特别是国家所有权绝对性的神化理念。其结果是债权人、职工在公司法人治理结构中的“声音”越来越小,他们的利益不能在公司法人治理结构的框架内得到有效保护。笔者认为,在公司的资产中,国有资产固然重要,需要得到法律保护,但国有资产一旦失去劳动者的劳动以及劳动者所拥有的专用性技能即人力资本,它将在经济上毫无意义。

三是公司的利益相关理论强调经营者在以公司的名义从事经营活动时,不仅要考虑股东的利益,还应考虑债权人和职工的利益;公司经营者的行为除了应受股东集团的约束外,还应受债权人以及职工集团的控制。在这种理论指导下构建的公司法人治理结构,将有利于克服股东本位理念下公司法人治理结构的局限性。特别是由于职工在公司内部能比较"廉价"地观察到经营者的行为以及银行天生所具有的信息优势,有助于解决信息非对称条件下难以监控经营者行为的难题。

(二)重构我国公司法人治理结构的具体措施

按照公司的利益相关者理论来重塑我国公司法人治理结构,就要求我们在对国有企业进行公司制改造和公司立法时,不仅要重视股东的权益,还要重视其他利益相关者的权益;不仅要强调股东在公司法人治理结构中的地位,还要关注其他利益相关者对公司治理的实际参与。在这一思想的指导下,重构我国公司法人治理结构的具体措施主要包括以下内容:

1. 实行国有股权的法人化

在我国,目前有相当一部分公司是经过国有企业改制而成的。但是,由于我国现行的国有资产管理体制遵循着国家所有、分级管理的原则,致使国有股权的主体缺位、[57]国家股的股权代表素质低下而缺乏相应的监督能力,[58]以及现行的国家所有权与国家行政权合一而导致的随意干预。而且更重要的是,国有企业公司化改造的实践表明:国有股比例越高的公司,效益越差;法人股比例越高的公司,效益越好;个人股比例与公司的效益基本无关。[59] 为了改变这种状况,笔者认为当务之急是实行国有股权的法人化。其具体思路为:一是将一部

---

[57] 在我国,国有大中型企业的公司化改制往往是由原企业的经理人员主持的,这种做法至少从改革的开始就存在所有权主体缺位,在这种条件下建立起来的公司法人治理结构,几乎没有所有者的地位,因而谈不上国家所有权对经营权的监督问题。参见吴敬琏:《建立有效的公司治理结构》,载《天津社会科学》1996 年第 1 期。

[58] 在我国有些公司制企业中,由于国有股在公司股权结构中占有绝对的份额,国有股的代表必然在公司董事会占有控制地位,这为国有股权的代表在实质上监督公司的经营者提供了条件。但在实践中,国有股的代表却缺乏相应的能力和知识,因而严重地影响了国有股所具有的监控能力。参见田志龙等:《我国公司治理内部监督机制有效运作的思路》,载《经济体制改革》1997 年第 5 期。

[59] 参见许小年:《以法人为主体构造公司治理机制和资本市场》,载《改革》1997 年第 5 期。

分国有股出售或转让给有关法人，变国家所有权为法人所有权，这既有利于降低国有股权在公司股权结构中所占的比例，又能够进一步发挥法人股东在公司法人治理结构中的优势；二是在不改变国有股性质的情况下，将一部分国有股委托给一些专业性的投资公司或企业集团经营，让它们来行使国有股所具有的各项权力，其中包括以国有股代表的身份参与公司法人治理结构；三是以一定范围内的国有资产（包括国有股权）为基础，成立国有资产控股公司，将原先由各级政府行使的国有资产的所有权，统一委托给这些国有资产控股公司，让这些控股公司出任国有股的股权代表，参与公司法人的治理。

2. 允许银行参与公司法人治理结构

在大陆法系的德国和日本，银行通常既是公司的最大债权人，同时又是最大的股东，银行通过与公司之间日常的财务联系使银行容易得到有关公司经营的更多的信息，使信息不对称和"搭便车"问题得到了较好的解决。银行具有的信息优势和监控能力，也受到了美国学界与实践部门的重视。那么，我国的商业银行能否参与公司法人的治理结构呢？从信息优势上来看，我国1994年《银行账户管理办法》已明确规定，企业只能选择一家银行作为基本开户银行，从而为我国商业银行拥有公司更多的财务信息提供了法律依据；同时，1996年6月中国人民银行发出的《关于进一步改进对国有大中型企业金融服务的通知》中所规定的主办银行制度，现已逐步在我国试行，这说明我国政府有意让商业银行成为公司的监控主体。从这个角度讲，优先利用银行的信息生产能力并将银行作为公司法人的治理主体，在我国已具备了相应的法律基础。但从另一个角度来看，我国的商业银行法和证券法又受美国法中的"格拉斯－斯蒂格条款"的影响，即禁止商业银行拥有公司的股票和实行银行与证券业分离，结果形成的债权人与股东的分离，从而将商业银行排除在公司法人治理结构之外。禁止商业银行持有公司的股票，在我国既可能出于控制金融风险和保持银行贷款业务的稳定等方面的考虑，又可能出于我国国有商业银行还不是利润最大化的追求者等方面的担忧，因而这一规定在制定的当时具有一定的积极意义。但是，鉴于银行在公司法人治理结构中所具有的信息优势和较强的监控能力，因此，我国目前的国有银行商业化改造的措施逐步到位后，适时地修改现行商业银行法和证券法的有关条款,使商业银行战略性持股得到法律许可,并让银行参与公司法人治理结构,将是一件十分明智而又经济的选择。

3. 大力推行职工董事制度

从国外公司法人治理结构的发展趋势看,职工参与公司治理,既是人的“经济价值”提高和民主理念向公司内部延伸的结果,也是缓和劳资冲突以提高公司的组织效率的需要。按照企业社会责任论的观点,职工是企业的重大利害关系人。他们对公司有长期的人力投入,并承担了相应的风险,应该有自己的代表参与公司的决策。我国是一个人民当家作主的社会主义国家,“全心全意依靠工人阶级”是党中央的一贯主张,为了充分发挥职工的主人翁意识,更应当创造条件让职工参与公司法人的治理,而大力推行职工董事制度则是一种有效的选择。笔者认为,在我国推行职工董事制度首先应遵循两个原则:一是普遍性原则,即职工董事制度原则上应适用于职工人数达到一定规模的所有的公司制企业,将现行公司法中有关职工参与公司法人治理的“例外”规定变为“一般性”规定,扩大职工参与制度的适用范围;二是平等性原则,即将公司权力机关所拥有的权力平等地分配给人力资本所有者和非人力资本所有者,让生产要素的所有者能平等地涉入公司的权力机关,根据平等原则来共同组建公司的最高权力机关,彻底改变公司权力机关由物质资本所有者垄断或者向物质资本所有者倾斜的局面。在上述原则的指导下,笔者认为德国模式在我国具有较为直接的借鉴意义,即由职工大会选举的职工代表和股东大会选举的股东代表充任公司的监督董事,并由他们平等地组成公司的最高权力实体即监事会(相当于我国的董事会);再由监事会选择公司的经营董事,由这些经营董事组成公司的经营机关。在这种治理结构中:(1)监事会为公司的最高权力机关,其成员由职工与股东的代表对等组成;无论是职工代表还是股东代表,其权利应当平等,以体现劳动要素所有者与资本要素所有者对公司的“共同治理”。监事会应对职工、股东以及公司法人负责,其职责应当是“监督型”的,即充当公司所有活动的监督人。代表职工、股东以及公司法人对经营董事的活动进行“全方位、一揽子”监督。(2)由经营董事组成的高层经理组织是公司的经营机关,它只对监事会负责,并受监事会监督,其职责应是“经营型”的,即负责整个公司的经营。

(3)职工大会和股东大会是两个平行的机关,相互之间不存在依附关系,其职责是独立地选举各自的代表(监督董事)进入监事会。值得注意的是,在建立现代企业制度的过程中,出现了一种不同于股份制试点初期的“内部职工股”的“员工持股制”。所谓“员工持股制”,即公司内部员工个人出资购买本公司的股份,并委托公司持股会进行集中管理的一种新型的公有制产权组织形式;持股员工选举产生员工股东代表,按照公司法进入股东大会、董事会、监事会。“员工持股制”可以使员工股份的制衡力量在公司法人治理结构中得到长期、充分的体现,增强员工对公司的关心与参与,达到劳动与资本有机结合的目的。这种通过改变公司产权结构,来改善公司法人治理结构的做法,值得中小型企业借鉴。

有限责任公司股东的法律救济*

建立、健全有效的股东救济制度是维护股东权利的必然要求，正如英美法谚所云，“救济先于权利”，一项权利，如果没有法律的保障，那只等于一纸空文。有效的股东救济制度必须与公司的特性相适应，脱离公司实际需要的救济方式不仅不能保护股东的权益，而且可能会额外增加股东的负担。有限责任公司是一种不同于股份有限公司的重要企业组织形式，然而“现行公司法的规定，没有突出两者的区别”。① 尤其在股东权的法律救济上，公司法只是一味搬用股份公司的模式，忽视了有限责任公司股东的特殊要求。当前，我国正着手修订公司法，如何针对有限责任公司的特性，完善股东权的法律救济应是其中重点考虑的内容之一。

一、有限责任公司的特性与股东面临的困境

有限责任公司是1892年由德国在综合、选择各公司的特殊性质，尤其是吸收股份公司制度的优点而创立的新型公司组织形式。它一经创立，便在整个欧洲和欧洲以外大陆法系国家普及开来。大陆法系国家中至今只有瑞士和希腊少见有限责任公司这种形式。② 英美法系虽没有从名称和实质都与大陆法系的

---

* 原载《河南师范大学学报》2001年第4期。

① 王保树：《经济体制转变中的公司法面临的转变》，载《商事法论集》第5卷。

② 参见张仲福：《联邦德国企业制度》，中国法制出版社1990年版，第23页。

有限责任公司完全相同的商业组织形式,但其企业体系中的“封闭公司”(closely—held corporation,close corporation)或“私公司”(private company)实质上与其相当。与股份有限公司相同,无论有限责任公司还是封闭公司,在决策和经营管理上都是实行资本多数决和公司董事集中管理,股份有限公司所存在的多数股东滥用表决权现象和公司董事以公司之名为自己谋取利益的自利行为在有限责任公司同样存在。另外,有限责任公司和封闭公司又有不同于股份有限公司的特性,这使照搬股份有限公司的股东权救济措施无法充分发挥作用,有限责任公司股东面临股份公司股东未有的困境。

首先,公司封闭,股东的出资被长期“锁定”。有限责任公司与股份有限公司的最大区别就在于股份有限公司的股份可以自由转让,一旦少数股东认为自己的利益受到损害,即可抛售股份,“用脚投票”。而有限责任公司股东要转让出资必须征得其他股东的同意,在同等条件下,其他股东享有优先购买权。为维持公司的封闭性,许多公司甚至以合同的形式禁止向外部人转让出资。即使没有法定或约定的限制,由于没有公开交易的市场,价格不易确定,有限责任公司股东的出资也难有与股份一样的流动性。这样,股东的出资就被长期锁定。少数股东即使深受多数股东的压制、剥削也无退出的途径。

其次,股东表决权和董事人数对等化,公司容易陷入僵局。为保证公司的所有成员均可参加公司事务的管理,加强对其他成员的驾控,防止公司落入其中某一方之手,公司股东往往通过各种手段使公司的表决权对等化或保留少数股东对表决的否决权,并保证双方担任董事的人数相等。这样,当公司股东之间出现了认识上的分歧,公司即陷入僵局。僵局既可能出现在股东层面,也可产生在董事层面。如果股东陷入僵局,公司还可以继续运作,因为此时董事会将无限期任职。而董事会层面出现的僵局就可能阻止公司继续运营。

再次,公司所有与经营一致,股东派生诉讼失去效用。股东派生诉讼是股份公司股东非常重要的一项救济措施。现代法人理论认为,公司具有自己独立的法律人格,公司的利益区别于股东的利益。因此,当公司利益遭受侵害时,原则上只能由有权代表公司的董事和监事向责任人要求损害赔偿,而不能由公司的股东提请救济。这既是公司人格独立的必然要求,也是阻止多重诉讼的实践需要。然而,由董事或监事控制诉讼的提起权常常不能使责任人受到追究,因为责任人往往是董事或监事自己,而他们与其他董事或监事总有千丝万缕的联系。为此,英国和美国率先在衡平法上创设了股东代表诉讼制度,即当公司怠于通过诉讼追究公司机关成员责任及实现其他权利时,允许具备法定资格的股东为了公司的利益依据法定程序代公司提起诉讼。现代各国公司法大多仿照英美法设此救济措施。

尽管股东代表诉讼对于股份公司少数股东监督公司的经营管理,防止董事滥用权力具有十分重要的意义,但对于有限责任公司来说,其效用却要大打折扣。由于股东系代公司提起诉讼,因此胜诉判决的利益应归属于公司,提诉股东只是与其他股东一起间接从公司受益。而在有限责任公司,所有与经营往往是一致的,公司的董事即是公司的控制股东,董事既控制公司的经营,也控制公司的决策。这样,即使董事在股东代表诉讼中败诉,须承担对公司的损害赔偿责任,那也只不过是将损害赔偿从自己的左手交到右手,少数股东能否从挽回的公司利益里间接受益,很值得怀疑。

最后,公司注重人合因素,普通救济难以奏效。有限责任公司比股份有限公司更强调人合性。公司的存续以股东间的良好信用和合作关系为纽带。因此,一旦股东间的关系破裂,不可修补,股东的共同经营、共同发展即失去了存续的基础。这时,仅仅要求损害赔偿或撤销滥权行为已不足以解决股东间的争议。

二、立法与司法对策:比较法考察

有限责任公司股东面临的困境引起各国公司法的广泛重视。近10年来,各国在立法上或司法上采取了许多顺应有限责任公司特殊要求的股东救济措施。

(一)美国法

针对封闭公司的特性,美国公司法在制定法上规定了强制解散公司及其替代救济措施,并允许股东通过事先协商自由确定合理的救济措施。这些条款虽规定于一般公司法,原则上对开放公开和封闭公司都适用,但实际上大多只在封闭公司中运用。此外,普通法还要求封闭公司的控制股东对少数股东负严格的诚信义务。

1. 强制解散公司及其替代救济

早期的公司法规定,公司经 2/3 以上的股东表决同意可以解散,但股东不享有强制解散公司的权利。直到 1933 年,伊利诺伊州和宾夕法尼亚州的公司法才率先允许股东享有强制解散公司的请求权。现在美国有 37 个州规定了强制解散公司请求权或类似制度。③

行使解散公司请求权可以基于许许多多的理由,《示范商业公司法修订本》规定了四类:董事会或股东僵局,存在压制行为,公司资产被滥用。这些用语大多较笼统,法官在审理具体案件时有较大的自由裁量权。早期的司法观念认为,不能鼓励对经营兴旺的公司不负责任的破坏,因此对解散理由的司法解释较严格,并要求在允许解散前提出确实的有关潜在或实际的滥用或损害的证据。甚至在股东已经证明确实发生了这些法律所规定的行为的情况下,法院也可能会拒绝批准解散。④ 但现在司法界的态度已发生很大转变。一些州认为,营业有利可图,不是否定解散的理由。法院应考虑,解散是不是给予请求者投资公平回报的唯一、可行办法,对保护股东利益是不是合理必需的。⑤ 为了保护封闭公司少数股东的权益,法院已愿意对"压制"或"不可弥补的损害"等用语作广义的解释。

当股东的请求证明存在解散事由时,传统的救济方式即是解散公司。然而近十几年来,越来越多州的立法或法院倾向以其他救济措施代替解散。⑥ 立法规定最普遍和法院最常采用的替代救济措施是要求公司或多数派股东买取少数股东的股份。现在有一半的州法律规定或法院采取了强制收买股份这一救

---

③ See Robert B. ,"The Shareholder's Cause of Action For Oppression", *Bus Law*, 1993, p. 709.

④ See Robert W. , *Hamilton. The Law of Corporations*, West Group, 1996, pp. 301 – 302.

⑤ See Robert C. Clark, *Corporate law*, Little, Brown and Company, 1986, p. 795.

⑥ See Robert B. Thompson,"The Shareholder's Cause of Action For Oppression", *Bus Law*, 1993, p. 718.

济措施。[⑦] 州立法和司法的这些发展促使美国法学会在 1991 年修订《示范商业公司法》时,在“强制解散”一章中增补第 14.34 节。该节规定,在强制解散诉讼中,公司一个或多个股东可在诉讼提起后 90 天之内选择是否买取提诉股东的全部股份。一旦公司或股东选择买取股东股份,即不可反悔。

2. 强化大股东和董事义务,扩大股东直接诉讼范围

美国传统公司法认为,董事和控制股东是公司的受托人,必须也仅对公司承担忠实和注意义务。因此,当董事和控制股东违反忠实和注意义务时,只能由公司追究其责任。但近几十年来,这种理论在封闭公司受到了强大冲击。司法判决和一些法规越来越倾向要求封闭公司董事和股东直接对其他股东承担严格的信托义务,并允许股东对违反信托义务的行为提起直接诉讼。例如,因控制股东滥用控制权侵占公司资产而提起的诉讼原先被认为应是派生性的,但现在许多州已允许股东就此提起直接诉讼。同样,董事违反注意和忠实义务也被认为应提起派生诉讼,但在封闭公司,允许就此提起直接诉讼也很普遍。许多案件表明,对于那些只有两个股东,其中之一占据了控制地位的公司而言,要求少数股东为公司的利益提起派生诉讼完全是多余的,而且也不会产生良好效果。[⑧] 美国法学会制定的公司治理原则也支持就封闭公司的相关情形提起直接诉讼。该原则规定,在不损害债权人和其他股东的前提下,法院可以允许直接诉讼。

3. 允许当事人依意思自治确定救济措施

除制定法上的强制解散公司和普通法上的严格信托义务外,美国法关于封闭公司股东救济的另一个特点是给予股东完全的自由以协商确定相应的救济措施。对于股东协议的合法性问题,立法和司法原先是持谨慎态度的。[⑨] 但就

---

⑦ See Harry J. Haynsworth, “The Effectiveness of Involuntary Dissolution as A Remedy for Close Corporation Dissension”, 35 *Clev. St. L. Rev.* 1986, p. 50; Hetherington & Dooley, “Illiquidity and Exploitation: A Proposed Statutory Solution to The Remaining Close Corporation Problem”, 63 *Va. L. Rev.* 1977, pp. 30 – 34.

⑧ See Robert B. Thompson, “The Shareholder's Cause of Action for Oppression”, *Bus Law*, 1993, pp. 735 – 736.

⑨ See Robert W. Hamilton, *The Law of Corporations*, West Group, 1996, pp. 294 – 295.

封闭公司的股东救济而言,立场是越来越倾向允许当事人意思自治。1991年美国法学会公司法委员会在《示范公司法》中增补7.32一节,规定:"公司的股东之间根据本节签署的协议在股东之间是有效,即使该协议和本法的一条或多条其他规定有不一致处,这种协议有……(7)按照一个或多个股东请求或者依据某一特殊事件或意外事件的发生要求公司的解散。"该节虽规定于一般公司法中,但该节(d)部分明文规定,本节认可的协议在某公司的股票被列入国家批准的证券交易所交易或正常地在市场上交易时就停止生效。由此可见,该节主要是针对封闭公司而规定的。一些州也增补条款,承认股东对救济措施的约定的有效性。这些约定不必和制定法上公司强制解散制度的规定相同。⑩

(二)英国法

在多数股东和少数股东的利益衡量上,英国传统公司法遵循的是严格的"多数原则"。这一原则排除了公司少数股东对多数股东和董事会滥权行为提起诉讼的可能,等于允许控制者对公司犯错却不受惩罚。尽管英国普通法对这一规则作了许多例外规定,但都是十分有限的。为了改变这种状况,英国公司法引入了强制解散公司救济和"不公平损害"(unfairly prejudicial)救济。

强制解散公司和不公平损害救济虽不限适用于私公司,但报道适用此救济的案例中大部分是适用于私公司,很少有案例对公众公司适用强制解散。贸工委为修订公司法设立的法律委员会对1994~1995年的不公平损害救济案作的调查显示,85%案件都是发生在股东只有5人或5人以下的公司。⑪

近年来,英国贸工委又准备对股东救济的有关制度进行修订,为此专门成立了一个法律委员会。该委员会于1997年提交一份报告,提出了许多修改意见,其中重要一项即是建议在小型的私公司(Small Private Company)章程范本中增订标准的退出条款(Model Exit Right),允许股东约定在一定情形下由其他股东依公平价格收买其股份,退出公司。

---

⑩ See Sandra Miller, "How Should U. K and U. S Minority Shareholder Remedies for Unfairly Prejudicial or Oppressive Conduct Be Reformed", *Am. B. L. J.* 1998, p. 595.

⑪ See U. K. Commission. Consultation Paper No. 142, 1996.

1. 强制解散公司

1986 年英国《破产法》第 122(1)节规定:"法院有权解散公司,如果它认为解散公司是'公正和公平'(just and equitable)的。"任何少数股东,甚至单个股东均有权向法院提出这一要求,但原则上,其应当持有公司股份连续达 6 个月以上。解散公司的依据在于"公正和公平",但何谓"公正和公平",法院并没有明确的定义。在关于公司解散的权威案例"Ebrahimi v. Westbourne Galleries, Ltd. 案"中,英国上议院认为,不可能给"公正和公平"下统一的定义,法院在审理时应考虑多种因素,包括股东之间的信赖关系,股东间是否存在所有股东都将参与公司经营管理的协议和共识,以及在信任丧失或一个成员被排挤出管理层时,其能否撤资退出等。[12] 从英国判例法来看,法庭颁发公司解散令的依据大致可分为以下几类:(1)公司股东的合理期待落空;(2)对公司管理层失去信心;(3)公司事务陷入僵局;(4)公司基础丧失。[13]

1986 年英国《破产法》第 125(2)节进一步阐述了强制公司解散与其他救济的竞合问题。依该节规定,仅仅存在其他救济方式这一事实并不排除法院作出解散公司的命令,除非起诉人不寻求其他救济是不合理的。但是,司法实践强调的是后半句话。在公司董事或控制人从事不适行为,而对此种不适行为可以采取诸如由公司或大多数股东以公平价格收买少数股东的股份等替代性法律救济措施时,如果起诉股东一定要坚持由法院颁发公司解散令,法院会认为起诉股东的要求是不合理的而予以拒绝。学者认为,"无论何时,只要公司解散令能够被一种可替代性的法律救济所代替,则公司股东的申请解散令就会被法庭驳回。因为,公司解散是一种造成严重后果的行为"。[14]

2. 不公平损害救济

1985 年英国《公司法》第 459 节规定:"公司的成员可以向法庭提起诉讼,要求法庭发布任何它认为是适当的命令,如果公司的事务的执行正在或已经不公正地损害公司全体成员或部分成员(至少包括他自己)的利益,或者公司的任

---

⑫ 1973 AC 360(Eng. H. L.)379.

⑬ See Hollington, Robin, *Minority Shareholders Rights*, London: Sweet & Maxwell, 1994, pp. 33 – 42.

⑭ 张民安:《现代英美董事法律地位研究》,法律出版社 2000 年版,第 571 ~ 572 页。

何现实的或拟进行的行为、不行为已经或将造成不公平损害。”根据此规定，构成不公平损害行为必须具备以下条件：（1）造成不公平损害的必须是公司的行为；（2）损害的必须是公司成员的利益；（3）受损害的是公司全体成员或部分成员（至少包括其本人）；（4）行为必须对相关利益具损害性；（5）行为必须是不公平的。

从法院的判例分析，不公平损害行为的范围很广，包括排挤股东参与公司的管理、严重不当管理公司、滥用公司的资产，侵占公司的财产等。[15] 其中，在私公司中，最普遍的不公平损害行为是排挤股东参与公司的管理。根据英国法律委员会对 1994～1995 年不公平损害救济的调查，大约 67% 的案件是因起诉者被排挤出管理层。为了增加不公平损害行为含义的明确性，加强对小型公司股东参与公司经营管理权利的保护，英国公司法修改委员会于 1997 年提交的关于股东救济修改的第 246 号报告中，建议在公司法第 459 节中增列这样一条：如果某私公司的所有或几乎所有的股东都是董事，而持有公司 10% 以上有表决权股份的股东被排挤参与公司的管理，则即可推定该行为构成不公平损害，除非公司能提出相反的证据。

当股东的诉求具备公司法第 459 节所规定的条件，法庭可以根据第 461 节颁发其认为对该案情合适的命令。但实际上，法庭最经常和最广泛使用的救济手段是颁发收买股份命令。根据前述英国法律委员会所作的调查，大约 70% 的案件要求公司或其他股东收买原告股份，大约 20% 的案件要求被告出售其股份。[16]

3. 示范退出条款（Model Exit Article）

1997 年英国贸工委委任的法律委员会提交的研究报告建议在 1985 年《公司法》表 A 中增加示范退出条款。该条款允许私公司股东约定，在一定情形下由一方股东依公平的价格收买另一方股东的股份。股东双方可以自由约定收

---

⑮ See Sandra Miller, "Minority Shareholder Oppression in the Private Company in the European Community: A Comparative Analysis of the Germany, United Kingdom, and French 'Close Corporation Problem'", *Cornell Int'l L. J.* 1997, pp. 403－404.

⑯ See U. K. Law Commission. Report No. 246, 1997.

买股份的情形、价格。这种约定只有经全体股东一致同意才有效。

(三)德国法

与美国法一样,德国成文法给予有限责任公司股东的特有救济也是强制解散公司。然而,这种救济过于严厉,它导致企业关闭,就业机会减少,因而受到广泛批评。为此,德国法院通过判例法创立了两种较缓和的救济方式:退出权(Austritt,withdrawal)和除名权(Ausschlie Bung,expulsion)。[17]

退出权,是指在一定条件下,股东可以要求公司或其他股东买取其股份从而退出公司的权利。退出权对于那些要求脱离公司的股东是一种理想的救济方式,但一旦行使退出权,股东即只有将公司拱手相让,对于那些愿意继续留在公司的股东来说,是个重大的损失。为弥补此不足,满足那些愿意留在公司的受害股东的要求,德国法院创立了另一种救济——除名权。它是指在一定条件下,股东有权要求其他股东向其或公司出售股份,并予以除名的权利。与退出权不同,除名权不是为了除名股东的意愿让其撤资,而是违背其意愿剥夺其在公司的权利,排除其对公司的参与。尽管能否违背股东的意愿将其驱逐出公司以及其理论基础为何尚存争论,但近半个世纪以来,除名权已经被认为是有限责任公司股东的一项普通权利。与退出权一样,除名权可由公司章程赋予,但公司章程不能限制或取消股东的退出权。

行使退出和除名权必须具备前述第 61 条规定的"重大事由"(Wichtige Grund,Substantial basis)。至于何谓"重大事由",由法院根据具体情况自由裁量。法院和评论者通常使用模糊的语言。如果股东,无论其本身或其行为,使公司的目的无法实现或受到严重威胁,或者使其继续留在公司无法为其他股东所忍受,那么即可认定存在重大事由。从法院的判例分析,有权退出和除名的重大事由包括以下三个方面:一是股东个人的原因。这些原因使其无法继续留在公司。例如,经济严重拮据、长期患病、迁居国外、无力履行股东应尽的义务等。二是其他股东的恣意管理行为。例如,滥用资本多数决、与股东发生无法

---

[17] See Hugh T. Scogin. Jr.,"Withdraw l And Expulsion in Germany:A Comparative Perspective on the 'Close Corporate Problem'",15 *Mich J. Int'c L.* 1993,p.127.

调和的争端等。三是公司的原因。例如,长时期没有营利,公司目的改变使投资风险增大。

无论退出还是被开除股东的股份都应依公平价格予以收买。公司首先有权赎回。如果公司不行使赎回权,可将其转让给第三人,或按比例转让给现有股东。如果公司、现有股东或第三人都不能或不愿购买退出或被除名股东的股份,公司即必须解散。

(四)小结

由美国、英国、德国等国的立法和司法实践可以看出,有限责任公司少数股东的法律救济存在这样几个特点。

1. 普遍承认股东享有解散公司或收买股份的请求权。无论英国、美国还是德国,公司法都允许股东在一定条件下,提起解散公司或收买股份之诉。而且,3 个国家都更倾向以股份收买替代公司解散。只有在无法采取别的救济方式的情况下,法庭才会基于公平和合理的理由颁发解散公司命令。所不同的是,有股份收买之诉中,英国、美国、法国一般只能由公司或其他股东买取原告的股份,而不允许相反的情况;而德国法不仅赋予股东退出的权利,而且允许股东在一定条件下要求其他股东向其或公司出售股份,并予以除名。在解散公司或收买股份的事由上,英国、美国、法国强调的是大股东、董事的行为。如果他们的行为是压制性的,剥夺了少数股东的合理期待,法庭就会给予少数股东法律救济。而德国法在强调大股东、董事的行为同时,也注重股东个人的特性,如长期患病、年龄过大等事由都可能成为股东退出或被除名的原因。

2. 股东直接诉讼的范围大大拓宽。美国法要求封闭公司董事和控制股东直接对其他股东承担严格的信托义务,将许多在开放公司本应提起派生诉讼的事项纳入直接诉讼的范围。英国法虽不承认“严格的信托义务”概念,但其“不公平损害救济”却有异曲同工之妙。根据英国《公司法》第 459 节的规定,即使公司事务的执行侵害的是公司全体成员的利益,股东也可寻求不公平损害救济。这实际上意味着,如果公司董事违反忠实和注意义务,股东也可提起不公平损害之诉。正是基于此,英国一些公司法学者对派生诉讼是否有继续生存的空间提出了质疑。⑱

3. 鼓励以协议的方式解决股东争端。美国《示范公司法》1991 年增补第 7. 32 节,承认股东对救济措施约定有效,英国法则拟在示范公司章程中增加退出条款,鼓励当事人予以采用,这都反映了公司法允许有限责任公司股东意思自治的倾向。

三、我国立法的完善:代结论

我国公司法对有限责任公司少数股东的法律救济缺乏明确规定,而且没有考虑有限责任公司自身的特性。尽管公司法规定,有限责任公司股东有分取红利、参与表决、查阅股东会会议记录和公司财务会计报告等权利,董事、监事和经理执行公司职务时违反法律、行政法规或者公司章程的规定,给公司造成损害的,应当承担赔偿责任,但一旦股东权利遭受侵害,如何寻求救济?董事、监事和经理的责任如何追究?股东能否提起诉讼?是依直接诉讼还是派生诉讼程序?都无律可循。有限责任公司少数股东在受大股东、董事压制时,也不能享有解散公司和收买股份的权利。至于能否以双方协议的方式解决争议也没有明文规定。考虑有限责任公司的特性,我国有必要借鉴经验,从以下三个方面,完善少数股东的法律救济。

(一)赋予股东强制解散公司与收买股份请求权,突出后者在股东救济中的地位

当有限责任公司出现僵局,不能正常运营;或者股东关系破裂,无法弥补时,最好的出路即是解散公司或由一方收买另一方的股份。收买股份不仅使受害股东取得公平合理的价值退出公司,而且不影响公司的继续存续,可以说是一种“双赢”的救济措施。完善我国有限责任公司少数股东的法律救济,应该优

---

⑱ See Jill Poole, Pauline Roberts, “Shareholder Remedies—Corporate Wrongs and the Derivative Action”, *J. B. L.* 1999, pp. 111 – 118.

先考虑设立此制度。收买股份既可由公司或公司其他股东收买提诉股东的股份,也应允许提诉股东收买其他股东的股份。否则利益受侵害但又不愿退出公司的股东的起诉权即受到限制,因为一旦提起诉讼,起诉者就必须出售自己的股份。在这一方面,德国法的模式值得我们借鉴。

与收买股份相比,强制解散公司虽也可使受害股东摆脱出资长期被锁定的困境,但它将损害公司的营运价值。公司一旦被解散,就要进行清算。在清算过程中,公司之资财可能以破产财产的价值予以出售而很少甚至根本没有考虑公司的商誉和公司专有技术的价值。因此,只有在其他救济方式无法奏效的情况下,方应允许解散公司。

(二)增强可诉性,扩大直接诉讼的范围

权利的实质在于它最终可以通过诉讼,寻求国家强制力的保护。完善少数股东的权利保护机制,必须健全股东权的诉讼规则。这要求对起诉的条件、原告的资格、责任人的确定、诉讼费用的承担以及胜诉利益的归属等作出具体的规定。依胜诉利益的归属不同,股东诉讼大致可分为直接诉讼和派生诉讼。如前所述,对于有限责任公司,尤其是就只有两个股东的公司而言,要求少数股东为公司的利益提起派生诉讼完全是多余的,而且也不会产生良好的效果。因此,对于这些公司有必要将原本应提起派生诉讼的案件纳入直接诉讼的范围。

(三)在法定救济的基础上,鼓励以协议方式解决争端

有限责任公司与股份有限公司的一大区别在于前者人数较少,人合因素较强,因而更容易通过协商确定公司的各项具体制度。因此,对于有限责任公司,法律不应过多限制股东的自由协议权,而应赋予其较多的权利,让他们通过谈判达成彼此都能接受的较理想的“合同”条款。[19] 在股东权的救济上,由股东事先进行协商,对公司未来可能发生的争议及其解决办法作出约定已成为解决有限责任公司股东争议的新趋势。它不仅有助于争议的合理解决,而且可减少诉

---

⑲ 汤欣:《公司法的性格——强制法抑或任意法》,载《中国法学会民法学经济法学研究会 2000 年年会论文》。

讼的发生,降低成本。这应成为我国有限责任公司法完善的一个方向。不过,以协议方式解决争议也有自身的弊端。争议问题千变万化,有些事先很难预见,要想通过协议作出全面、具体的约定既不现实,也不可能。因此,在鼓励以协议方式解决争端的同时,仍有必要通过法律作出规定。

消除经济特权与实现营业自由*

特权与自由，从来就是一对矛盾，一部分人的特权相对就是另一部分人的枷锁，经济特权与营业自由亦不例外。市场经济的本质要求是营业自由，只有平等参与、公平竞争，才能确保市场经济的健康有序、持续发展，最终实现经济正义。由于历史和现实原因，在中国经济发展过程中，逐步形成了以行政垄断（administrative monopoly）和权力寻租（rent seeking）为代表的经济特权，并进而形成相对固化的利益群体。经济特权的存在和泛滥，严重限制了其他市场主体的营业自由，损害经济良性发展，而且影响社会的公平正义。2013 年 11 月，中共十八届三中全会《中共中央关于全面深化改革若干重大问题的决定》提出，着力清除市场壁垒，实行统一的市场准入制度，建立公平开放透明的市场规则，建设法治化营商环境，使市场在资源配置中起决定性作用，加快形成企业自主经营、公平竞争的现代市场体系。2014 年 10 月，中共十八届四中全会《中共中央关于全面推进依法治国若干重大问题的决定》提出，“社会主义市场经济本质上是法治经济”；完善社会主义市场经济法律制度必须以“统一市场、平等交换、公平竞争”等为基本导向；“国家保护企业以法人财产权依法自主经营、自负盈亏……”可见，消除经济特权和实现营业自由是建设社会主义市场经济的重要任务之一。因此，有必要厘清营业自由与经济特权在中国经济体制中的博弈关系及其法理依据，并在法治轨道上消除经济特权，实现营业自由，促进经济社会良性发展。

---

* 原载《河北学刊》2015 年第 4 期。

一、营业自由的理论基础

“营业”一词,最初是从事某种职业之意。[①] 当今有主观和客观两种意义上的理解,前者是指动态的营业活动,即以营利为目的有计划且连续进行的同类行为;后者指进行营业之用的一切财产及在营业活动中形成的各种有价值的事实关系的总体。[②] 而“营业自由”是个体经济自由的组成部分,泛指个体平等、自主、独立地从事商业性生产经营活动的权利,既包括个体设立企业从事经营活动或从事合法职业的自由,也包括有权拒绝违背自愿从事经营或职业的自由。[③] 在许多市场经济国家,营业自由是宪法确认和法律保护的一项基本人权,[④]是其公民从事营业活动的权利来源,这种权利不以是否取得政府的营业许可或商业登记为前提。[⑤] 作为基本人权,营业自由以“自由”为基础,以“营业”为内容,是个体通过营业活动追求财富以实现自身价值的本能需求,是市场经济与人性本能相结合的产物。[⑥] 从主体角度看,首先,营业自由是公民个体的基本权利;其次,企业是市场的重要主体,所以营业自由也是企业的一项基本权利。除国家投资设立的企业外,绝大多数企业都是由个人直接或间接投资设立,因此,这些企业的营业自由也是个体营业自由的延伸。对于国家投资的企业,除了为公共利益需要垄断经营外,与其他主体投资设立的企业在平等竞争的前提下,也有营业自由。营业自由是个体和企业在市场经济中起点自由与过

---

① 语出《三国志·吴志·骆统传》:“百姓虚竭,嗷然愁扰,愁扰则不营业,不营业则致穷困”。

② 谢怀栻:《外国民商法精要》,法律出版社 2002 年版,第 236 页。

③ 吴越:《经济法思维的宪法指向——兼论经济法学的历史命运》,载《法学论坛》2013 年第 3 期。

④ 早期的人权观念中没有直接提出营业自由,营业自由作为其组成部分包含在人的财产自由和契约自由当中。例如,1689 年英国的《权利法案》以限制王权的形式确认了人民广泛的自由。1789 年法国《人权宣言》第 2 条宣告:自由、财产、安全和反抗压迫的权利是人自然的、不可动摇的权利,保护这些权利是任何政治结合的目的。1791 年宪法第 5 修正案规定:“未经正当法律程序,不得剥夺生命、自由或财产;人民私有产业,如无合理赔偿,不得被征收为公用。”第二次世界大战以后,营业自由作为一项基本人权,被各国法律直接规定。

⑤ 张翔:《商业登记与营业自由》,载《政治与法律》2008 年第 2 期。

⑥ [法]孟德斯鸠:《论法的精神》(上卷),商务印书馆 1959 年版,第 183 页。

程自由的结合，是公平竞争的市场原则使然。但这种自由并非绝对，应建立在不损害他人利益和不违背公序良俗的基础之上，即法律秩序之下的自由。如果自由与秩序发生冲突，则秩序绝对优先，自由市场经济的法也仅仅是在秩序的范围之内承认自由。[7] 法律对营业自由不可能无所限制，但其限制应秉持上述原则，而不是相反。

世界经济史和中国改革开放的实践证明，"市场经济是人类社会迄今所发现的最有效率的资源配置方式"。[8] 虽然也存在所谓的"市场失灵"等问题，[9]但是市场经济在调动市场主体的积极性、实现资源的合理分配、促进经济发展等方面具有无可替代的优势。营业自由是市场经济的基本法则，它是建立在经济平等和经济民主基础上的一项经济原则，是在承认和尊重人人平等的基础上赋予市场主体平等参与各种经营活动，使之能够通过公平竞争实现财产增值和自身价值。其核心理念是平等参与、公平竞争。营业自由原则还是主体参与市场活动实质的经济合法性的重要体现，亦即契合自然法向度的根本道德原则和伦理规范，符合实质正义，而不是局限于形式的经济合法性的实定法规范。[10]

中国实行社会主义市场经济，是在总结计划经济和改革开放的历史经验与教训之后的理性选择，是"社会主义"条件下的"市场经济"。营业自由对社会主义市场经济具有重要意义。第一，营业自由能够最大限度地降低交易成本、提高交易效率。早在 18 世纪，亚当·斯密在《国富论》中已提出社会分工是提高效率和创造财富的重要方式，现代市场经济更离不开社会分工和市场交易。交易费用的高低直接决定了市场的效率，建立在平等参与、公平竞争基础上的营业自由能够有效涤除非经营性的成本支出（如向官员行贿），减少因信息不对称导致的效率损失，降低交易费用。第二，营业自由是实现市场配置资源的重

⑦ 吴越：《经济宪法学导论》，法律出版社 2007 年版，第 65 页。

⑧ 韦森：《从发现市场的逻辑到构建制度基础》，载《河北学刊》2011 年第 2 期。

⑨ 关于"市场失灵"，理论上有不同的解释，凯恩斯主义将经济危机归结为自由市场的失灵，特别是经济自由化使然；而以米塞斯、哈耶克和罗斯伯德等为代表的奥地利学派则认为是政府货币政策的失败所致。张维迎：《理解经济危机》，载《读书》2009 年第 5 期。

⑩ 张敬、张念明：《房产税授权立法之"经济合法性"研究》，载《河北学刊》2015 年第 1 期。

要方式。“市场决定资源配置是市场经济的本质”,⑪营业自由是市场经济的重要表现,其核心是通过有效的市场竞争实现优胜劣汰,最大限度地发挥资源的效益。第三,营业自由能够有效激发创新。创新是社会发展的重要动力,早在2006年中共中央就提出建设创新型国家的理念,而提高社会的创新能力离不开充分的产权保护、平等的市场准入和公平的市场竞争。现在企业创新能力不足主要表现为两个方面:一是垄断国企的垄断地位对创新激励不足;二是不公平的市场待遇对民营企业的“挤出效应”制约了其创新能力。而真正实现营业自由和公平竞争的市场环境必然会激发企业的创新能力,否则其将难以生存。第四,营业自由有助于建立廉洁政府。要实现营业自由就要尊重市场规律,政府须最大限度地退出市场,减少权力寻租的机会。第五,营业自由还具有利益分配和社会控制的功能。现代社会的典型特征是积极创造利益(包括各种社会利益)和合理分配利益,在人尽其才和社会公平之间达致平衡,既能激发创造力,维护稳定,又能达到理想的社会控制;反之,能者不愿创新,弱者不得其所,各种矛盾凸显的社会必然是社会利益分配不公的社会。而市场主体通过平等参与、公平竞争的途径参与经济活动,在经济活动中创造财富和获得利益,这是最有效率的利益分配和社会控制手段,只有当其营业自由有损于社会发展和公共利益时,政府才有必要进行干预。第六,营业自由有助于培养社会的民主意识,其中的平等参与、公平竞争、民主表决、遵守规则、信守承诺等观念也是社会主义民主政治的必然要求。

二、经济特权是实现营业自由的最大障碍

(一)中国当前主要的经济特权

1. 行政垄断

改革开放至今,从个人可以从事个体经营到投资设立公司,再到通过多种

---

⑪　高尚全:《市场决定资源配置是市场经济的本质》,载《社会科学报》2013年12月5日。

渠道进行投资,营业的方式实现了多样化。但是,营业自由的局面并未完全形成。餐饮、食品、服装、房地产、机械、化工、电子、网络营销等部分行业基本实现了以市场竞争为特征的营业自由,而在电力、电信、石油、石化、金融等诸多行业中仍由一家或几家国有公司控制市场,依靠国资背景,以涉及国家安全和国计民生为由形成行政垄断,禁止或限制其他资本进入本行业与其竞争。其典型例证,如2014年3月的"余额宝"事件,因"余额宝"吸收存款的功能对传统银行业造成冲击,于是银行业动用各种手段围堵"余额宝"。这些企业形成行业壁垒,限制有效竞争,获取高额利润,反垄断法对之也往往无能为力。⑫ 现在,这些垄断行业已形成一个固化的利益格局,对可能影响其利益的新生事物,无论对社会、公众是否有利,都会被无情打压。

从理论上讲,垄断有三种形式:自然垄断、行政垄断和竞争性垄断。上述国企显然不是依靠竞争取得垄断地位,而究竟是自然垄断还是行政垄断以及其合理性的争议也可谓激烈。部分学者认为,中国真正的行政垄断"数量极其有限,主要集中在石油、盐业、电信、铁路、银行等领域",且石油、电信的行政垄断"都是合理并且必要的";而另一些央企属于自然垄断,"主要体现为对管网设施的经营",如国家电网,如果建设更多的电网,就会导致浪费。⑬ 而另一部分学者认为,由于存在依靠政府行政权力(而不是靠市场竞争)限制其他企业进入的行政垄断,"垄断国企不仅无效率而且不公正",还带来"社会福利损失"的副产品;当经济低迷时,垄断国企会更加严厉排斥其他竞争者进入它们的"领地",导致经济进一步恶化甚至社会动荡。⑭ 因此,"行政性垄断通常对经济发展和消费者都是不利的,必须通过改革予以破除"。⑮

有学者认为,当前中国存在政府对垄断国企矛盾的两个目标:一是通过控

---

⑫ 如2011年国家发改委反垄断局发起对中国电信和中国联通没有充分实现互联互通的反垄断调查,但遭到这两家央企强烈反击,最后不了了之。高静:《靓丽成绩单难掩反垄断调查艰难处境》,载《中国商报》2014年2月25日。

⑬ 吴杰:《反垄断还是反国企?对〈中国行政性垄断的原因、行为与破除〉报告的讨论》,载《国企》2012年第8期。

⑭ 盛洪:《垄断国企与经济滞胀》,载《企业家日报》2013年8月24日。

⑮ 魏志强:《国企离市场主体有多远》,载《中国新时代》2014年第2期。

制垄断国企实现对国民经济和国家安全的控制;二是希望引入竞争机制提高经济效率。[16] 这种矛盾造成对垄断国企的两难态度。有学者对中国电力行业进行研究得出结论,中国电力领域的“国有资本垄断是行政垄断主导下的经济垄断与自然垄断”,实质是政府不当行使权力和企业借助政府权力抑制民间资本的结合。[17] 有学者研究发现,现在中国垄断国企能够保持其垄断地位的主要原因是这些国企承担了政府的公共职能。企业承担了政府职能,其经营成本就会增加,就需要政府进行补贴,但在信息不对称情况下,政府无法判断企业亏损的原因,只能包揽其损失,这就是政府的预算软约束和企业的道德风险问题。当政府倚重于企业的社会职能时,政府为减轻预算软约束和企业道德风险的损失,就会有意加强企业的垄断地位,其本质是政府追求经济利益之外额外政策收益的必然选择。[18] 所以,现在垄断国企经常以涉及国家安全、国计民生为由来巩固其垄断地位,究其实质,是政府与垄断国企形成“双向依赖”,维持现状就是最优选择。[19] 然而,随着垄断国企的负外部性不断加强,垄断国企改革已成为经济体制改革无法回避的重大问题。

2. 权力寻租

权力寻租是指利用公共权力谋取私人利益的行为,其中大多涉及滥用社会资源。申言之,任何试图攫取并将国家、社会和经济领域的公权商品化的行为都是权力寻租,而无论其执行者是政府官员、社会精英还是谋取私利的普通民众。[20] 当前,中国经济领域的权力寻租主要有两种表现:第一种表现为政府过多的市场管制。一方面,政府可以通过管制获得利益,如政府通过集体土地的征收出让程序获得巨额价差,却破坏了公平交易的市场秩序;另一方面,每一项管制措施都会成为政府及其官员权力寻租的机会,如对企业的设立和准入设置繁

---

⑯ 刘志成、武常岐:《论中国反垄断的目标模式》,载《制度经济学研究》2013 年第 4 期。

⑰ 董溯战:《中国电力领域民间资本准入法律问题研究》,载《经济体制改革》2014 年第 1 期。

⑱ 徐朝阳:《作为政策工具的国有企业与国企改革:基于预算软约束的视角》,载《中国软科学》2014 年第 3 期。

⑲ 刘灿、韩文龙:《国企改革的困境及出路:基于动态关系治理的新视角》,载《当代经济研究》2014 年第 2 期。

⑳ Nasir Iqbal, Vince Daly, "Rent Seeking Opportunities and Economic Growth in Transitional Economies", *Economic Modelling* 37, 2014, pp. 16 – 22.

琐的审批手续,导致企业和个人不得不通过“行贿”来“赎买”本属自己的经营权利。第二种表现为一些企业(实际是企业背后的相关个人)凭借与政府官员和垄断国企的特殊关系,通过串通招投标等手段,低价取得土地,高价承揽项目(一般是先低价中标后再变更合同内容,提高项目价格),甚至直接倒卖批文、指标,谋取不法利益。上述权力寻租可以分为“合法”的权力寻租和非法的权力寻租两种形态,“合法”的权力寻租是政府在现行法律制度下利用掌握的权力干预市场活动,为其自身谋取利益;非法的权力寻租是掌握公权的人员利用其职权向经营者索取利益或者与部分经营者合谋而攫取利益。

(二)经济特权的存在阻碍了营业自由的实现

1. 经济特权违背了法治精神

上述两种经济特权与中国社会主义民主、平等和人民利益至上的法治原则相悖。毋庸置疑,垄断国企在过去和现在都在为经济发展作出了重要贡献,如为社会提供普遍服务,维护社会稳定,能够集中力量办大事等。但是,近年来垄断国企排挤竞争对手、维持垄断地位的负外部性逐步表现出来,已成为现代经济发展的障碍。第一,其高利润和低服务并存。如电信服务价格普遍高于其他国家和地区,但其网速却远远低于后者;㉑居民存款利率远远低于民间金融市场,而中小型民营企业又很难获得银行贷款。第二,垄断国企腐败频发。近年来,查处的贪腐大案很多与垄断国企相关,给国家和社会造成重大损失。第三,垄断国企高管和员工多年来远远高于社会平均水平的收入和福利造成极大的社会不公,㉒是一种“全员寻租”;㉓是一种建立在官僚等级、权力、身份及财富之

㉑ 张锐:《破除垄断:改革中鏖战》,载《决策与信息》2014 年第 1 期。

㉒ 统计显示,中央企业职工占全国职工总数的 8%,但工资和福利占全国的 50% 以上;2012 年央企职工工资为城镇非私营单位职工平均工资的 2.4 倍,为城镇私营单位职工的 3.8 倍。另外,于良春、张俊双的研究表明,在影响平均工资的诸多因素中,行政垄断的影响程度最大,而受教育程度对垄断性行业和竞争性行业的收入差距没有太大的解释力,垄断性行业与竞争性行业之间的收入差距不合理。于良春、张俊双:《中国垄断行业收入分配效应的实证研究》,载《财经问题研究》2013 年第 1 期;岳希明等:《垄断行业高收入问题探讨》,载《中国社会科学》2010 年第 3 期;郭纯英:《我国行业收入差距问题研究》,载《中国证券期货》2013 年第 8 期;孙妍、吴江:《转型期国有企业收入分配问题及对策探讨》,载《现代经济探讨》2014 年第 3 期。

㉓ 张维迎:《市场的逻辑》,世纪出版集团、上海人民出版社 2010 年版,第 153 页。

上的被现行制度所确认的制度内的特权。[24] 因为其收入和福利不是凭借自身努力和才智获得,所以其他社会群体难以认同。第四,垄断国企的经营理念远远落后于现代市场经济。如某油田的员工集体要求公司继续为子女安排工作,这与市场经济格格不入。其实此种现象并非个例,在其他国企也不同程度地存在。第五,垄断国企虽为全民所有,其股东是政府代表的全国人民,但是其上缴利润很少,[25]人民很难从其盈利中获得利益。现在许多垄断国企已经上市,其资本来源多样化,根据公司为股东盈利的原理,其依靠垄断地位获得的超额利润却部分地流入其他社会股东的腰包,那么其垄断地位的合理性和合法性也就受到质疑。第六,造成社会福利净损失和民间投资下降。据天则经济研究所计算,2011 年之前的 10 年间,由于石油行业的垄断体制给全社会造成 3.477 万亿元的损失。[26] 另有数据显示,由于国企对民企的“挤出效应”,近 5 年来民间投资的比重下降,增速从 5 年前的 35% 降至 24.8% 。[27] 总之,垄断国企的这些负外部性的根源就是建立在其垄断地位之上的经济特权。

权力寻租与现代法治精神格格不入。在非法的权力寻租中,一方为掌握公权的官员(包括垄断国企的官员),另一方为不法获利的企业,双方结成利益联盟(或称分利联盟),互相寻租。中国近年来的腐败窝案中都有官商勾结的权力寻租现象,一些垄断国企在自己垄断得利的同时却在为权贵阶层输送利益。这些利益联盟的存在,“降低了社会效率或总收入,并且加剧了政治生活中的分歧”,“减缓社会采用新技术的能力,减缓为回应不断变化的条件而对资源的再分配,并因此而降低经济增长率”。[28]

---

[24] 杨力:《以法治之道削弱“制度特权”》,载《法学》2014 年第 7 期。

[25] 数据显示,2010 年国企累计实现利润近 2 万亿元,上缴比例仅占 5% 左右。2012 年国企利润 2.1 万亿元,上缴比例降至 4.6% 。国外大型国企上缴利润比例大多高于 30% ,最高可达 70% 以上。另外,央行原副行长吴晓灵曾指出,目前国有资本上缴利润比例太低,上缴的利润 90% 又返回国有企业。熊海鸥、王晓君:《国企利润上缴将按效益定比例》,载《北京商报》2013 年 12 月 20 日。

[26] 天则经济研究所:《中国原油与成品油市场放开的理论研究与改革方案》,2013 年 6 月 7 日。

[27] 张锐:《让市场决定性配置资源当从反垄断开始》,载《中国经济导报》2013 年 11 月 19 日。

[28] [美]曼瑟·奥尔森:《国家的兴衰:经济增长、滞胀和社会僵化》,世纪出版集团 2007 年版,第 47 页、第 63 页。

2. "经济特权"对"营业自由"而言构成侵权

根据以上所述,营业自由不仅是一项个体参与经济生活、获取经济利益的经济人权,还是经营者在市场竞争中具体享有的一项民事权利。而经济特权的存在,无论是国企的垄断特权,还是一些政府及其官员的权力寻租,都使一部分人依靠特权获得不该得到的经济利益,进而剥夺他人平等参与、公平竞争的机会,损害他人通过正当竞争获得经济利益的权利,因此构成侵权。需说明的是,经济特权不仅严重损害其他经营者的权利,而且严重损害社会公众利益。因为经济特权并不是经济利益总量不变前提下的利益再分配,而是减少了总体经济利益的再创造,还带来腐败等消极社会影响,是社会福利(包括经济利益和政治利益等社会利益)的净损失,而社会公众必然要共同分担这些社会福利的损失。总体而言,这种侵权行为不同于传统侵权法上的侵权,而是类似于反垄断法和反不正当竞争法上的侵权,其侵权人较明确,是垄断企业和权力寻租方;而受害人却是不特定的经营者和社会公众。所以,依靠个体力量追究和防范这种侵权行为往往难以奏效,需要通过法律的系统设计和社会的综合改革才能实现。

三、依法消除经济特权是实现营业自由的必由之路

(一)营业自由入宪有助于中国经济的健康发展

将作为基本经济人权的营业自由纳入宪法体系,是对国民社会经济权利的尊重和体现,具有形式上的宣示功能和实质上的激励价值,尤其是就"重农抑商"和官本位传统浓厚的中国而言,更具有特殊意义。虽然在中国古代社会中有商业活动,甚至在个别时期还非常活跃,但几千年来发展缓慢的农业技术制约了粮食产量的提高,为维护社会稳定,统治者不可能允许太多的人离开土地去从事商业活动。为对社会进行有效控制,一些重要的战略物资如食盐、铁器、瓷器、纺织品等由官府实行专营制度。这样,代表先进生产方式的社会分工被限制在一定的范围之内。应该说,在社会约束条件之下,"重农抑商"就成为一以贯之的基本国策,是统治者的最佳选择,这是由农业社会生产力发展水平所

决定的。同时,“重农抑商”政策又反过来制约了农业技术的发展和社会分工的进行,形成恶性循环。这也是资本主义没有在中国得到发展的重要原因。民国时期,为摆脱落后发展局面,发展资本主义,营业自由先后被写入1912年《中华民国临时约法》、1914年《中华民国约法》和1929年《中华民国训政时期约法》,但这些规定在当时历史条件下很难得到真正实施。中华人民共和国成立后,长期排斥私有制发展,计划经济时代的营业活动只有国家才能进行,无营业自由存在的社会基础,也造成了经济长期发展缓慢的局面。改革开放之后的历史证明,营业自由的观念逐渐为世人所接受,非公有制经济逐步得到全社会认可,与公有制经济共同成为中国经济发展的重要力量。但不可忽视的是,现在经营活动中大量存在的非市场风险制约着普通民众的创业热情,近年来大学毕业生“考公务员热”和“进国企热”说明官本位思想及官商体制依然牢固,其根本原因在于营业自由并未真正实施,民众创业的积极性远未被激发出来。因此,在以宪法形式赋予营业自由基本人权地位的同时,为国民提供能够激发创业、营业的法治化营商环境,成为当前深化经济体制改革的重要任务。

(二)有序推进国企改制,依法构建公平竞争的现代市场秩序

垄断国企的经济特权问题实质上是公有制与市场经济的关系问题,即在市场经济条件下,建立在公有制基础上的垄断国企应否继续保持其垄断地位的问题,而国企改革必须赋予其他市场主体平等参与营业的权利,放开市场准入,形成充分有效的竞争,才能实现经济发展和社会公平。为此,建议采取以下改革措施:

第一,依法界定自然垄断和行政垄断。所谓自然垄断,是指其他主体因无利可图而不愿投资或实行市场竞争会导致大量资源浪费,且又是国计民生必不可少的项目,如自来水、供热、铁路、电力传输等。对自然垄断行业,应当根据行政授权,由一家或几家公司独占经营。客观来讲,任何重复建设都可能造成资源浪费,但绝不能以此作为禁止他人加入某一行业的合法理由,如果他人有能力投资入行,并且能够创造更加有效的市场竞争,则应该允许。对于那些确实无利可图,但是社会又不可或缺的、重复建设确实会浪费大量土地等不可再生

资源的“成本次可加性”项目(成本次可加性是指由一家企业生产某种产品的成本小于由多家企业生产此种产品的成本),应采取自然垄断。可见,自然垄断应该局限于为社会提供公益性基础服务的行业。现在对公益性垄断国企改制的目标就是使之回归公益的本质,通过行政壁垒维持其垄断地位,但是要将其可竞争业务剥离,做到“清洁蜕变”。㉙ 如电力行业中的输电、配电属于自然垄断,但发电、售电是可以自由竞争的。当然,自然垄断可以授权国有公司经营,也可以授权符合条件的其他公司经营,前提是必须坚持其公益性,加强政府监管。“自然垄断行业所处领域是最为典型的市场失灵领域,因此政府监管成为必要。对自然垄断行业的监管主要表现为市场进入监管和价格监管。”㉚上述公益性自然垄断之外的行业,都应属于营利性行业,政府可以投资经营,也应该允许其他主体投资经营,甚至可以由政府与其他主体共同投资经营。目前,诸多上市央企实际上成为政府和其他投资主体甚至是国外投资主体共同投资的企业。

第二,有序推进垄断国企改革,赋予其他企业与国企同等市场地位。垄断国企的改革重在消除其经济特权。有观点认为,应该实行私有化,国有资本退出垄断国企。此观点既不符合中国公有制主体的现实国情,也不利于国有资产的保值增值。笔者认为,问题的关键不是“国进民退”或“国退民进”,而是取消垄断国企所享有的经济特权,取消对其特殊保护的产业政策,㉛并在此基础上给予其他主体充分的、平等的营业自由,包括行业准入、公平参与、平等竞争。其改革路径是政府理念的转型和法律制度的变革,由此才能为民间资本准入和公平竞争打开通道。中共十八届三中全会《中共中央关于全面深化改革若干重大问题的决定》提出:“根据不同行业特点实行网运分开、放开竞争性业务,推进公共资源配置市场化。进一步破除各种形式的行政垄断。”在国企内部,允许其他资本入股、参股,实现同股同权、同股同利,这也是中共十八届三中全会决议提

㉙ 赵惠萍:《国有资本收益分配、机制改革与路径分析——基于过有资本预算“新政”实施的路径探析》,载《财经问题研究》2014 年第 1 期。

㉚ 王先林:《垄断行业监管与反垄断执法之协调》,载《法学》2014 年第 2 期。

㉛ 2014 年 5 月,国家发改委价格监督检查与反垄断局局长许昆林指出,大量的产业政策应该退出,而让竞争性政策发挥基础性作用,鼓励创新、促进经济发展。另外,打破行政垄断和地区封锁也是当前反垄断工作的重点。

出的“积极发展混合所有制经济”的本意。另外,对不能公平竞争的公益性行业,实行垄断经营,但是不以营利为目的。同时,国企改革必须有序推进。反行政垄断的目标体系必须与当前的经济发展、政治形势和经济学理论相适应,否则,势必将反垄断的法律制度置于危险的境地,损害经济运行的效率和社会福利。

第三,依法构建现代企业制度,完善公有制资本在现代企业制度中的实现方式。多年来国企改制的核心就在于公有制的实现方式。从传统的“国家所有、国家经营”到“国家所有、企业经营”,再到“企业所有、企业经营”,[32]公有制的实现方式经历了国家对国企财产从“物权所有”到“债权控制”再到“股权实现”的演变,国家依法通过股权方式对企业实行间接控制是企业经营方式市场化和国际化的重要变革,也是实现国家利益、企业利益、社会利益及职业经理人和员工利益有效协调的现代化治理方式。在垄断国企的改革过程中,首先,要取消其行政特权和政府职能,还原其平等的市场主体地位,真正实现政企分离。其次,理顺股东与企业的治理关系。垄断国企由政府(代表人民)投资,就是为政府(人民)创造利润的机构,与私人兴办公司为了个人营利性质相同。所以,无论政府全额投资还是参股控股,政府都应该按照市场规则与其他股东一样对公司行使股东权利,承担股东义务,如分红权、知情权、转股权、退股权、解散公司诉权、通过法定方式参与公司治理等权利,以其认缴的出资额或认购的股份为限对公司承担有限责任等义务。再次,依法实现国家股东的分红权利。从理论上讲,企业只要从事经营活动,就应依法纳税;只要有利润,就应按规定和约定向股东分红。而不能一味地为做大做强公司而不顾股东(人民)的利益,否则对其他公司也是一种不公平竞争。绝不能再维持政府与国企的利益关系不清、人民很难得利的现状。最后,依法确定企业的社会责任。企业无论由谁投资,都应依法担负维护社会公正和环境保护等方面的社会责任。

(三)减少政府对市场的过度干预,消除权力寻租的制度根源

权力寻租存在的根本原因在于政府对市场的过度干预,只要政府拥有操控

---

[32] 刘俊海:《深化国有企业公司制改革的法学思考》,载《中共中央党校学报》2013年第6期。

市场的权力,市场主体“赎买”经营权就是其次优选择,权力寻租就难以彻底根除,营业自由也难以真正实现。所以,最大限度地减少审批,把本属于市场主体包括营业自由在内的经济权利还给市场主体,是消除权力寻租的治本之策。政府的职责在于创造和维护公平竞争的市场环境,而不是主动参与市场活动。中共十八届三中全会提出,“进一步简政放权……市场机制能有效调节的经济活动,一律取消审批,对保留的行政审批事项要规范管理、提高效率……”为此,国务院先后决定取消公司法定资本制和企业年检制度,实行认缴登记制和企业年度报告公示制度。截至 2014 年 2 月 15 日,国务院《关于取消和下放一批行政审批项目的决定》发布时,本届政府取消和下放了约 400 项行政审批事项。2014 年 10 月 23 日,国务院再次决定取消和下放 58 项行政审批项目,将 82 项工商登记前置审批事项调整或明确为后置审批。这些措施都是简政放权的具体体现。但必须明确的是,由于官本位观念的深远影响、急功近利的政绩观和地方利益、部门利益的考量,政府对市场的不当干预和权力寻租还会以各种名目或形式出现。所以,正确处理政府与市场的关系、消除权力寻租的制度根源必将是一个艰难的过程,需要法治来保障和推进,这也是中共十八届四中全会提出建设社会主义法治国家的应有之义。

关于权力寻租中的腐败问题,需要在消除权力寻租根源的同时加强制度反腐来解决。制度反腐的关键在于腐败行为的隐蔽性和查处概率,当腐败难以被发现和被查处时,腐败成本就低,腐败就会泛滥。所以,大力加强社会监督、拓宽信息来源和加大查处力度,提高腐败成本,才能有效遏制腐败。

四、结　语

只有消除经济特权,才能实现营业自由。经济特权违背现代社会民主、平等的法治精神,制约营业自由的顺利实现和市场经济的良性发展,所以反对经济特权就成为当前中国进行经济体制改革的重要任务,也是建设社会主义市场经济的关键所在。而要实现这一目标,必须构建有效遏制经济特权、激发营业自由的法治体制。第一,在宪法层面,将营业自由作为基本经济人权予以确认,对社会起宣示和引导作用;第二,依法区分现有自然垄断和行政垄断行业,除少数确有必要保持垄断经营外,都应该向社会开放,鼓励民间资本平等进入;第三,在民商事法律领域,确立不同投资主体设立的企业公平竞争的市场原则,实现营业自由;第四,依法建立现代企业治理机制,完善公有制财产在独资企业、混合制经济中国家利益和其他股东利益平等实现的方式,既维护国家利益,又保证社会公平;第五,减少政府对经济的过度干预,消除权力寻租的制度根源。总之,上述改革须在法治轨道上有序推进,真正实现市场在资源配置中的决定作用,才能更好地发挥政府职能,激发全社会的创造潜力,实现社会的公平正义。

无店铺直销立法思考*

一、我国无店铺直销业的立法现状和为加入 WTO 所做的相关承诺

直销(direct selling)又名“无店铺销售”,是不通过商场或零售店直接向消费者推销产品的销售方式。美国直销协会(Direct Selling Association,DSA)将无店铺直销定义为:“在固定的零售场所外以面对面的方式出售消费品或提供服务的行为。”无店铺直销是以市场倍增学为基础,以人际传播为基本形式的商品营销方式。这种营销方式在我国一般被称为传销。

直销进入我国的初期,由于有些企业不正当的短期行为,不法分子在传销活动中偷税漏税、推销质次价高、假冒伪劣产品以牟取暴利等违法行为屡屡发生,严重地扰乱了经济秩序和社会安定。因此,政府相继颁布了一系列法规,对传销行为中出现的问题予以规制。1994 年 8 月 10 日,国家工商行政管理局发布了《关于制止多层次传销活动中违法行为的通知》;1995 年 9 月 22 日,国务院办公厅发布了《关于停止发展多层次传销企业的通知》;1996 年颁发了《准许多层次传销意见书》,正式批准了 41 家企业可以进行传销;1997 年 1 月 10 日,国家工商行政管理局颁发了《传销管理办法》,这是我国首次对传销这一营销方式进行比较全面的规定,标志着我国在这一领域立法上的突破。然而,传销活动

---

* 原载《山西经济日报》2001 年 8 月 22 日。

中产生的负面现象并未因该法规的颁布而迅速减少,反而因为其他因素的介入,又为传销这一活动蒙上了一层影响社会稳定的潜在阴影,传销也逐渐成为商业诈骗的代名词。最终导致 1998 年国务院颁布了《关于禁止传销经营活动的通知》,对传销(包括直销)活动加以全面地禁止。

根据中美之间关于中国加入 WTO 的协议,中国将首次向美国公司提供贸易权和分销权。关于直销的问题,中方在协议中没有作出具体的承诺,但表示在入世三年内"将同 WTO 成员磋商并按照服务贸易减让表中的承诺,制定有关直销的法规"。我国政府的该项承诺为今后制定有关无店铺直销的法律法规奠定了决策基础。

二、对无店铺直销立法的思考

有关无店铺直销的立法,主要应在区分合法的直销与非法传销的基础上,重点规制有害于市场和消费者的欺诈及不正当竞争等行为,逐渐在人们头脑中建立一种正当的直销模式,并在潜移默化中逐步改变人们的消费观念。

该项法律可以从总则、主体、行为、法律责任四个大方面进行规定。第一,总则部分。主要规定直销的概念、分类、体现直销理念的一般性原则等。第二,主体部分。主要规定以直销为主业的直销公司,包括其设立资格、公司的性质、相关部门的审批,如果必要的话,还可规定公司的内部机关等治理结构问题。另外,主体部分还需要对直接从事直销活动的人(销售商)加以规定,包括其资格(及禁止从事该行业的人)、行为规范等。此外,需要规定直销公司与经销商之间"直销商协议"的主要条款(包括申请资格、佣金、公司的授权、双方的权利义务、产品质量责任、纳税、协议的终止与解除、违约及侵权责任等)。第三,行为部门。重点区分合法的和非法的直销行为,可以作如下规定:禁止收取入门费及变相的类似做法(认购商品等);经销商及顾客的自由退货权;经销商报酬的取得方式(主要来自营销商品的业绩,而非来自其所发展的下线);直销商品的价格须合理;产品质量责任(由直销公司或经销商承担);经销商应遵守直销公司内部规范及行业协会的行为规范及诚实信用原则,在营销时不得误导消费者等。第四,法律责任。同所有的商事法规类似,直销的法律在责任承担形式上体现了综合性的特征,即不只是民事责任,同时还应综合运用行政及刑事等责任形式来制裁各种违反上述规定的行为。

与传统的营销方式相比,直销具有减少流通环节、降低交易费用等优点,并可使企业较快地接受市场信息,并及时调整经营策略。除雇用经销商的方式外,直销方式还包括商品目录营销、电话营销、电视直接反应营销、电子购物、数据库营销,等等。随着互联网络、数据库系统等信息技术以及互动媒体技术的发展,直销方式将会更加普及,深入我们的日常生活之中。与此相应,立法也应当作出相应的更新和调整,为入世后我国的经济发展提供完善的法律制度依托。

改善我国公司法人治理结构*

党的十五届四中全会明确指出:“公司制是现代企业制度的一种有效组织形式。公司法人治理结构是公司制的核心。”因此,对国有大中型企业进行规范的公司制改革,已经成为我国国有企业改革的重要内容。将国有企业改革为公司制企业后,由于公司的控制权被经营者掌握,经营者损害公司法人及其成员利益的现象,在我国也难以避免。如何探索建立一套责任明确、协调运转、有效制衡的公司法人治理结构,具有十分重要的理论与现实意义。

一、改善我国公司法人治理结构的思想

尽管股东联合体的公司理论形成于“资本基本主义”这一特定历史时期,并且日益受到了当代主要发达国家公司理论与制度的扬弃,但是,由于这一理论突出了对物质资本所有权的优先保护和股东在公司法人治理结构中的优越地位,从而成为我国法学界有关公司定义的范式和公司立法的指导思想。究其原因,主要在于自新中国成立以来,国有资产一直是现行各类公司资产的主要组成部分,人们似乎认为,在公司理论和公司立法中突出股东的主权地位,有利于保护国有资产,因此,无论是我国的国有企业改革还是公司法人治理结构的制度建设,都受到了这种传统理论的影响,使我国的国企改革和公司立法陷入了

---

* 原载《理论与实践》2001 年第 2 期。

难以摆脱的困境。笔者认为,重构我国的公司法人治理结构,首先在理论上应彻底地摒弃那种股东联合体的公司理念,而以公司的利益相关者理论代之,以公司利益相关者理论为指导来重构我国的公司法人治理结构,不能简单地理解为仅仅是适应当今世界公司法人治理结构发展的需要,更重要的是这能够弥补我国现行公司立法和公司理论研究的不足,以摆脱股东主权论的阴影,因而具有极为重要的理论与现实意义。这主要体现在以下方面:

1. 有利于理顺公司中物质资本所有者与人力资本所有者之间的关系。应该说产生了"资本基本主义"时代的股东本位的公司理念是与资本雇佣制相适应的,如果从资本与劳动这两个因素来考察,股东本位制的实质在于:物质资本所有者为公司提供物质资本,通过物质资本来雇佣劳动者并组织社会化大生产;在以这种理念为基础而构建的公司体制中,物质资本所有者始终处于主导地位并成为公司法人治理结构的主体,而作为公司剩余价值创造者的雇员,则处于一种从属地位。显然,我国现在法学界所崇尚的股东联合体的公司理念,不仅与马克思主义的劳动价值论相悖,与我国人民当家作主的基本国情不符,而且不能适应当今以知识为基础的经济社会的需要。而利益相关者的公司理论则强调劳动与资本之间的合作关系,一方面,有利于鼓励物质资本所有者投资的积极性和保护他们的利益;另一方面,劳动者通过参与公司法人治理结构,这既能激发他们从事剩余价值创造的积极性,又体现了他们的主人翁地位。

2. 公司的利益相关者理论强调:公司是由不同利益相关者组成的长期性交易关系,公司经营的成败不仅关系股东的利益,而且影响债权人和职工的利益;无论是股东,还是债权人和职工,他们均为公司的营运投入了专用性资产,并且这些资产的价值均依赖于其他相关的资产而存在,任何一方的随意退出或者机会主义行为均可以使对方的利益蒙受损失。因此,为了保护这些专用性资产投入者的利益,无论是股东、债权人还是职工,都应当有平等的机会去参与公司法人治理结构。而我国现行的以股东本位理念为基础而构建起来的公司法人治理结构,恰恰是否定了产权主体的平等性,从形式上看是在保护股东的利益,但其实质在于重申所有权特别是国家所有权的神话。结果是债权人、职工在公司法人治理结构中的"声音"越来越小,他们的利益不能在公司法人治理结构的框架内得到有效的保护。笔者认为,在公司的资产中,国有资产固然重要,需要得到强有力的法律保护,但国有资产一旦失去了劳动者的有效劳动以及劳动者所拥有的专用性技能,它将失去应有的经济学含义。

3. 公司的利益相关者理论认为:经营者在以公司的名义从事经营活动时,不仅要考虑股东的利益,还要平等地考虑债权人和职工的要求;经营者的行为除应受股东的控制外,还应受债权人及职工的约束。因此,在这种理论指导下构建的公司法人治理结构,有利于克服股东本位制下公司经营者的行为难以监督的困难,特别是公司职工在公司内部能比较"廉价"地观察到经营者的行为和银行所具有的信息优势,有助于解决信息非对称条件下经营者行为难以监控的问题。

二、改善我国公司法人治理结构的具体措施

按照公司的利益相关者理论来重构我国公司法人治理结构,就是要求我们在公司立法和对国有企业进行公司制改造时,不仅要重视股东的权益,而且要重视其他利益相关者的利益;不仅要强调股东在公司法人治理结构中的地位,而且要关注其他利益相关者对公司治理的实际参与。在这一理论的指导下,笔者认为,改善我国公司法人治理结构的主要措施包括以下方面。

(一)实现国有股权的法人化

在我国,有相当一部分的公司是对原国有企业改制后而形成的。但是,由于我国现行国有资产的管理体制遵循国家所有、分级管理的原则,国有股权的地方化和行政化趋势明显,致使国有股权的主体缺位、国有股的股权代表的素质低下而缺乏相应的监督能力,以及现行的国家所有权与国家行政权的合一而导致的随意干预。而且让人担忧的是,国有股所占份额越高的公司,效益越差;法人股所占份额越高的公司,其效益越好;个人股所占份额与公司的效益无关。

为了改变这种状况,笔者认为实现国有股权的法人化是一种较为有效的选

择。其具体思路为:

一是将一部分国有股权转让给有关企业法人,变国家所有权为企业法人所有权。这既有利于降低国有股权在公司股权结构中的比例,又能进一步发挥法人股东在公司法人治理结构中的优势。在当前的情况下,考虑我国资本市场尚不发达,用于购买国有股权的民族资本的数量相对不足,因此,有必要向国外投资者开放国有股权的转让市场,在一定范围内,允许并鼓励外国资本收购或购买国有股权。笔者相信,在我国加入 WTO 后,外国资本进入我国国有股权的转让市场只是一个时间问题。

二是在不改变国有股权的性质的情况下,将一部分国有股委托给一些企业集团经营。笔者认为,应改革目前的国有资产管理体制,变政府分级管理为国家集中管理,即设立一个独立于政府的国有资产委员会,由其代表国有资产所有权的真正主体——全体人民,来行使国有资产所有权的各项权能,这既能克服国有资产管理过程中的地方保护主义、部门保护主义和行业保护主义的倾向,又能够加速国有股权法人化的步伐。

三是以一定范围内的国有资产(包括国有股权)为基础,成立国有资产控股公司,将原先由政府行使的国有资产的各项权利,统一委托给这些国有资产控股公司,让这些控股公司出任国有股的股权代表,来参与公司法人的治理。

(二)允许银行参与公司法人治理结构

在大陆法系的德国和日本,银行通常既是公司最大的债权人,又是最大的股东。由于银行与公司之间日常的财务联系,使银行更容易得到有关公司经营的信息,由此使信息不对称和“搭便车”问题在德国和日本的公司法人治理结构中显得不那么严重,从而提高了公司法人治理结构的运行效率。银行所具有的信息优势和监控能力,也受到了美国立法和学理的重视。那么,我国的商业银行能否担当此重任呢?首先,从信息优势上看,我国 1994 年《银行账户管理办法》已明确规定,企业只能选择一家银行作为其基本的开户银行,从而为我国商业银行拥有其客户公司更多的财务信息提供了法律依据;其次,1996 年 6 月中国人民银行发出的《关于进一步改进对国有大中型企业金融服务的通知》中所规定的主办银行制度,现已开始在我国试行,这说明我国政府有意让国有商业银行成为公司法人的监控主体。从这个角度来讲,优先利用银行的信息生产能力并将银行作为公司法人治理结构的主体,在我国已经具备了相应的法律基础。因此,在我国国有银行商业化改革的措施逐步到位后,适时地修改现行《商业银行法》和《证券法》的有关条款,使商业银行战略性持股得到法律许可,无疑是一个十分明智而又经济的选择。

(三)大力推行职工董事制度

从国外公司法人治理结构的发展趋势来看,职工参与公司法人治理结构,既是人的“经济价值”提高和民主理念向公司内部延伸的结果,也是为了缓和劳资冲突以提高公司组织效率的需要。我国是一个人民当家作主的社会主义国家,“全心全意依靠工人阶级”是中国共产党的一贯主张,为了充分发挥职工的主人翁意识,更应当创造条件让职工参与公司法人的治理结构,而大力推行职工董事制度则是一种有效的选择。

我国股份回购的现实意义与立法完善*

股份回购是当前我国证券市场的新课题。1999 年云天化以协议回购的方式收买公司第一大股东所持国有法人股中的 2 亿股,开创了我国上市公司以注销为目的回购公司股份的先河。紧接着,申能股份、青岛啤酒等上市公司也相继宣布了股份回购计划,引起证券市场的强烈反响。对于股份回购,我国《公司法》和《上市公司章程指引》都有所规定,但还不完善。如何规范、完善股份回购立法已成为我国公司、证券法制建设的一项紧迫的任务。

一、我国股份回购的现实意义

股份回购,是指公司通过一定的途径购回已发行在外股份的行为。尽管股东在公司成立后不能撤回投资是公司制度的一项基本要求,但为调节资本构造、安定股市行情、防卫敌对性企业收购等目的,各国无不根据本国具体情况,在一定条件下容许公司回购自己股份。① 就我国实际情况考察,股份回购对于国有公司股本结构的优化、职工持股计划的实施以及少数股东利益的保护等方面具有更现实的意义。

首先,股份回购是公司国有股退出的重要途径。众所周知,在我国相当数

---

* 原载《法学》2000 年第 11 期。

① 参见柯菊:《禁止公司取得自己股份缓和论之研究》,载《台大法学论丛》第 24 卷第 2 期。

量的股份有限公司中,国有股占据相当大的比例。[②] 由于国有股股本过大、持股比例过高且不能流通,一方面,股东多元化的目标无法实现,公司法人治理结构不能真正建立;另一方面,证券市场优化配置资源的功能无法充分发挥,上市公司的质量得不到提高。根据党的十五届四中全会通过的《中共中央关于国有企业改革和发展若干重大问题的决定》的要求,国有经济必须进行战略性大调整,采取有进有退、有所为有所不为的策略。在一些关系国计民生的重要行业,国有经济将继续占据主导地位。而在其他行业,国有经济将有步骤地退出。国有或国家控股的股份公司是国有经济的重要组成部分,如何就其国有股进行转让或置换,适当降低其比例,以优化公司股权结构,就成为实现国有经济战略性大调整的一个重要环节与步骤。

国有股退出的途径很多。股份回购是其中非常重要的途径之一。[③] 动用股份回购一是可以解决国家股、法人股与社会公众股价格上的双轨制问题。我国的上市公司在发行股票时,对国有股股东采取按面值发行,对社会公众股股东则采取高溢价发行。这样,如果贸然放开对国有股的流通限制,使其与社会公众股一起并轨流通,对社会公众股股东是不公平的。而通过股份回购则可以针对国有股与社会公众股在发行价格上的区别,依各自公平、合理的价格予以收买,解决二者的价格差异问题。二是对证券二级市场的冲击较小。制约国有股流通的一个重要因素即国有股数额巨大,而证券市场的承受能力相对较小。目前,市场上的1836亿国有股,按每股净资产值计算,其总价值为4602.57亿元。即使只将其中的一半按每股净资产值配售出去,我国目前的证券市场也无法承受。而股份回购一方面可减少国家股、法人股的数量,提高社会公众股在公司中所占的比例;另一方面却不增加二级市场股份的流通量,从而减少国有股退出给证券市场带来的冲击。

其次,股份回购便于职工持股制度的运用。职工加入公司成为股东,不仅

---

② 目前,我国上市公司的国有股比例约为62%。参见《国有股减持是机遇》,载《人民日报》2000年9月11日,第10版。

③ 除股份回购外,国有股退出的途径还有发行可转换公司债、国有股配售、国有股的协议转让,等等。参见王华莹:《上市公司中的国有股退出模式比较》,载《中南财经大学学报》2000年第1期。

有利于提高企业经营绩效,而且有助于实现经济民主。④ 正因如此,职工持股制自法国开创以来,一直为欧美各国所青睐。⑤ 我国自实行股份制改革开始企业即有内部职工持股。⑥ 尽管它在现实经济生活中还存在许许多多的问题,但不能因噎废食,而应予以完善,并积极引导和利用这一制度为我国建立现代企业制度服务却已是人们的共识。⑦ 为便于职工持股计划的实施,公司必须有买回股份的权利。一方面,股份回购可为员工持股充分提供股份来源。我国企业原有的职工持股均依靠新股发行。而新股的发行需经行政审批等严格程序,难以达此目的。股份回购较之新股发行更具圆滑化、弹性化,可以满足职工持股的灵活性要求。另一方面,股份回购可为退职员工的股份提供退出途径或收回渠道。职工持股制度的目的在于为员工谋取福利,争取职工向心力,减少劳资对立。一旦职工失去其雇员身份,其持有的股份就可能有返还或收回的必要。对公司而言,有数项理由愿将该股份收回:(1)公司可能不愿将股份保留在现为竞争者所雇用之人的手中;(2)其可能希望收回该股份,以使公司得再出售于职工之继任者而无须增资;(3)若该股份原系以低于其本来之价值提供给职工,公司得防止其因离职而就该较低之股份获益。⑧ 对职工而言,在情势变更下,也很可能希望公司收回股份,返还股金。在股份转让受限制、欠缺交易市场的有限责任公司尤其是如此。我国职工入股后不能退股,只允许在一定条件下将其转让。⑨ 允许转让虽可使职工收回投资,但没有考虑公司收回职工股的要求。一

---

④ 参见[美]基恩·布拉德利、艾伦·盖布尔:《职工股份所有制》,李晓莘等译,四川省社会科学院出版社 1989 年版,第 3 页以下;[美]大卫·P. 艾勒曼:《民主的公司制》,李大光译,新华出版社 1989 年版,第 68 页以下。

⑤ 截至 1997 年,美国职工持股计划已发展到 10,000 个,约有 10% 的非农业劳动力加入了该计划。参见[美]大卫·P. 艾勒曼:《民主与公司制》,李大光译,新华出版社 1998 年版,第 107 页。而在日本,截至 1992 年,在全部上市公司的 2123 家中有 2011 家实施了该制度。参见[日]奥岛孝康:《市场经济与职工参考》,白国栋译,载《外国法译评》1994 年第 3 期。

⑥ 参见王晋斌、李振仲:《内部职工持股计划与企业绩效》,载《经济研究》1998 年第 5 期。

⑦ 参见李伯桥、林碧艳:《股份公司职工持股制度立法研究》,载《法学研究》1999 年第 3 期;李国海:《职工持股的法律调整》,载《法商研究》1998 年第 4 期。

⑧ 费玲玲:《股份有限公司取得自己股份之研究》,台湾大学硕士学位论文,第 138 页。

⑨ 根据国家体改委发布的《定向募集股份有限公司内部持股管理规定》,内部职工持有的股份从配售之日起,满 3 年才能在内部职工之间转让。1997 年 1 月 18 日,中国证监会《关于股票发行若干规定的通知》规定,内部职工股从发行之日起,期满 3 年方可上市流通。

些国家公司法为实施职工持股计划,对股份回购多设例外性缓和禁止之规定。[⑩]为便于职工持股制度的运作,容许公司回购自己股份在我国有其必要。

最后,股份回购是保护公司少数股东利益的需要。当公司的决定或多数股东的行为有损少数股东的利益时,允许少数股东强制要求公司或多数股东回购其股份,有其他救济权无法实现的独特功效。其一,股份回购解决了股东间"搭便车"的问题。"搭便车"是公司法上股东行为的一个痼疾。在股东许多救济手段中,由于单个股东的努力会使其他股东受益,所以每个股东都不愿耗费很多的时间和金钱去行使权利,制止不正当行为,而寄希望于他人出面干预,自己"搭个便车"。股东大会决议无效确认诉权、公司合并无效确认诉权等即属此类。股份回购的受益者只是要求回购的股东自身,其他股东不可能"搭便车"。这促使少数股东积极行使自己的权利。其二,股份回购在保护公司少数股东利益的同时并不妨碍企业的维持和发展。当公司合并有违公平时,赋予少数股东合并无效确认诉权虽有力地保护少数股东的权益,但也难免有阻碍公司规模扩张之虞;当有限责任公司股东间产生僵局,或少数股东受多数股东压迫、排挤无法与其共处时,简单地通过解散公司不免有损企业维持的经济效益。而股份回购一方面使少数股东依公平合理的价格退出公司,免受不公平损害;另一方面又无须解散公司或停止公司合并、营业转让等重组方案,有利于公司经营扩张和企业维持。其三,股份强制回购克服了少数股东举证上的困难。在公司合并、营业转让等场合,股东要提起公司无效之诉必须承担举证责任。而在公司多数股东控制公司内部信息的情况下,这对少数股东显然是不易克服的障碍。行使股份收买请求权无须举证,只要股东认为公司交易不符合自己的预期即可。这使股东利益在更大程度上得到保护。正因如此,股份回购作为保护少数股东利益的方式越来越受到各国公司立法的重视。作为少数股东法律救济最重要的规定,英国1985年《公司法》第459节指出:"如果公司的事务正在或已

---

⑩　参见《美国示范公司法》第6条第31款,《德国股份法》第71条第1款第2项,《法国公司法》第211条之一,《欧洲公司法》第二号指令第19条第3款。日本原未设此种例外规定,后因企业要求放宽的呼声不断,日本遂于平和六年(1994年)增订商法第210条之三。参见邱秋芳:《公司为员工持股取得自己股份之法制探讨》,载《财经法专论》,台北,五南图书出版股份有限公司1997年版。

经以一种不公正地损害公司成员利益的方式加以执行，或者如果公司成员中的某些人（至少包括他自己）将要遭到公司实际上的或拟进行的行为的不公正的损害的话，公司的成员可以向法庭提起诉讼，要求法庭发布它认为是适当的命令。”而法庭最经常和最广泛使用的命令就是要求收购异议一方所拥有的股份。[11]《美国修订示范商事公司法》（RMBCA）第13.02节规定，在公司合并、公司全部或实质是全部财产的出售、公司股票的交换、会对持不同意见者的权利产生重大不利影响的公司组织章程的修订以及公司章程、工作细则或董事会决议规定的其他情形，异议股东有权要求公司依公平合理的价格收买其股份。作为传统大陆法国家的日本和韩国在公司法修订时，也借鉴美国的立法，规定在公司营业转让和合并时，反对股东享有股份收买请求权。[12] 在我国公司实践中，少数股东遭受多数股东侵害的案例屡见不鲜。确认股份回购作为保护少数股东利益的方式实有必要。尤其在有限责任公司中，由于出资无法自由转让，同时，股东又缺乏要求强制解散公司的权利，[13]少数股东深受多数股东的压制、排挤却找不到退出的途径。如果允许少数股东强制要求多数股东收买其股份，则既可维持企业的存在，又使少数股东得以收回其投资退出公司，可谓两全其美。

二、我国股份回购面临的法律问题

股份回购虽益处颇多，但也面临诸多法律问题。

（一）债权人利益的保护问题

股份有限公司股东只承担有限责任，因而公司的资产就成为承担债务的全部担保。如果公司以资本或资本公积金作为财源有偿回购自己的股份，其结果

---

⑪ See Hollington Robin, *Minority Shareholders' Rights*, Sweet & Maxwell Press, 1994, p. 52.

⑫ 参见《日本商法》第245条第2款、第3款、第4款，第408条第3款；《韩国商法》第374条第1款、第2款，第522条。

⑬ 我国《公司法》第190条规定可以解散公司的情形只有三种：(1)公司章程规定的营业期限届满或者公司章程规定的其他解散事由出现时；(2)股东会决议解散；(3)公司合并或分立需要解散的。

无异于返还出资或违法分配,必然导致公司资本的减少,危害债权人的利益。虽然从理论上说,回购的股份如果不注销,公司可以将其再出售,收回先前支付的回购价款以充实公司资本。但公司是否愿意或是否能够在未来再出售,并不确定。而且股票市场行情瞬息万变,再度出售的价格未必与回购的价款相当。⑭如果公司以资本或资本公积金以外的其他财产为财源有偿回购自己股份,这虽不会导致公司资本的"空壳化",但毕竟会使其资产相应减少,导致公司偿债能力的削弱。而且如果公司大量取得自己股份,为防止股价下滑,往往在短期内不能或不敢出售,公司的流动资金因此固定化,无法发挥灵活调度的功能,这对公司及债权人均属不利。更为严重的是,公司为达目的,通常多在高价位或以高于企业实际价值买入,公司财产已蒙受损失;若逢公司营运欠佳,股市行情下跌,股票不易脱手时,公司将受双重的损失。⑮

(二)股东平等问题

在股份回购中,公司只能取得已发行股份总数的一部分。若公司不按股东的持股比例回购自己股份,而是恣意地从一部分股东或一个股东买取自己股份,则势必导致股东间机会的不平等。⑯ 机会的不平等使部分股东得以获得出资返还,退出公司。剩余股东则可能因公司资金减少而负担较大的经营风险。尤其在公司经营不善、发生危机时,如果不按比例回购股份,则等于将被回购股份承担的公司风险转嫁于其他股东。

股份回购的不平等也可能表现在价格的不公正上。当公司回购股份的价格高于实际价值时,未被回购股东的股价就相应地被稀释;相反,当回购的价格低于真实价值时,则剩余股份的价值就相应被提高。无论哪种情形,都是不平等的。股份回购的不平等还可能表现在股东表决控制权的变化上。⑰ 由于股份回购将减少已发行股份的总数,因而公司内的表决控制权会随之而改变。若回

⑭　参见柯芳权:《公司法专题研究》,1987 年版,第 52 页。

⑮　参见[日]秋田二郎:《会社法概论》,第 175 页。转引自柯菊:《禁止公司取得自己股份缓和论之研究》,载《台大法学论丛》第 24 卷第 2 期。

⑯　参见刘俊海:《股东权法律保护概论》,人民法院出版社 1995 年版,第 278 页。

⑰　参见费玲玲:《股份有限公司取得自己股份之研究》,台湾大学硕士学位论文,第 154 ~ 155 页。

购的股份仍有表决权,控制权将直接受到影响。即使回购的股份在公司持股期间并无表决权,但由于不计入股份总额,控制公司所需表决权较之在股份回购前也会相应降低。这样,公司股东即可通过股份回购提高自己表决权的控制力。当公司大股东面临反对股东威胁时,亦可以公司的资金买取反对派的持股,巩固其在公司中的地位。如此,公司大股东不必出巨额资金,即可坐享其表决权之利,有违股东平等原则。⑱

当前,我国股份回购多是定向回购国有法人股。如云天化、申能股份案均是。而国有法人股,如前所述,在认股时与社会公众股又实行的是“价格双轨制”。因此,如何公平合理地确定回购价格,保证国有法人股与社会公众股风险负担和利益分配的平等更应为我们所关注。

(三)市场操纵与内幕交易问题

股份回购将引起证券市场行情的涨落,若不予以限制,则难免为不法者所利用,并以此操纵市场,扰乱秩序,影响一般投资大众的正确判断。此外,公司内部人士还可能利用股份回购的内部信息,谋取非法利益。在我国证券市场,不少股价在一定程度上被高估,市场存在一定的过度投机现象。容许股份回购极有可能加重股市的投机性。而且,在我国已经发生的几起股票回购中,信息披露不充分、内幕交易的情况相当严重。许多公司的股价在回购信息公告前便早有反映。如何确保股份回购的公开、公平、公正也是我国立法应正视的问题。

三、我国股份回购立法的完善

对于股份回购,我国除《公司法》第 149 条、国务院证券委员会 1997 年年底

---

⑱　参见柯菊:《禁止公司取得自己股份缓和论之研究》,载《台大法学论丛》第 24 卷第 2 期。

颁布的《上市公司章程指引》第24条、第25条有所反映外,别无其他规定。[19] 从现行规定来看,我国股份回购方法一方面比较简单粗略。除对股份回购的事由、回购方式作了限制外,对回购的资金来源、价格、比例、程序以及违法回购的法律效果等均未涉及。另一方面,对股份回购合法事由的限制过于严格。除为减少资本而注销股份和公司合并以外,公司不得收购本公司股票。为适应我国股份的回购的现实需要并解决股份回购面临的法律问题,我国有必要从以下几方面完善股份回购立法。

(一)增加股份回购的合法理由

如果只允许公司因减资和公司合并而回购自己股份的规定与我国当时公司制度刚刚起步、证券市场和交易不成熟的国情还相适应,那么,在经济生活日趋多样化和复杂化,公司、证券制度逐渐走向成熟的今天,这样的规定已经难以适应现实的需要。从各国现行立法的比较来看,发达国家容许股份回购的合法事由较宽。而且,缓和公司回购自己股份的禁止规定,增加合法回购的事由也是当前国际发展的趋势。[20] 为满足本国实际需要,有必要扩大容许股份回购的幅度。当然,在放宽回购合法事由的同时,必须从各个方面完善对公司债权人、股东利益以及证券交易市场的保护措施,否则将会适得其反。

对股份回购合法事由的规定有两种方式:一是一般概括式。如《德国股份法》第71条第1款第1项所述"为避免公司之重大而立即的损害所必要者"以及美国判例法确定的,股份回购必须基于"合法正当的商业目的",且须"善意"为之的原则即属此类。二是限定列举式。如瑞士、日本。一般概括式虽有助于弥补限定列举式的不足,但因其含义较为抽象,尚需解释,易滋生滥用危险。限定列举式虽难以穷尽,欠缺应急性和灵活性,但条文明确、具体,便于理解和把

---

[19] 我国《公司法》第149条规定:"公司不得收购本公司股票,但为减少公司资本而注销股份或者与持有本公司股票的其他公司合并时除外。公司依照前款规定收购本公司的股票后,必须在十日内注销该部分股份,依照法律、行政法规规定办理登记,并公告。"《上市公司章程指引》的规定与《公司法》第149条基本相同,只是增加了对股份回购方式的规定。

[20] 参见柯菊:《禁止公司取得自己股份缓和论之研究》,载《台大法学论丛》第24卷第2期。

握。㉑ 在我国司法解释尚不规范、自由裁量权易受滥用的现实国情下,限定列举式不失为一种切实可行的选择。

当前,容许公司回购股份的例外规定主要应增加前述为国有股退出、为提供职工持股以及因收买请求权之行使等事项。对于一些国家和学者所主张的为调节市场行情和防卫敌意收购而回购股份等事由不宜予以认可。股市的维持振兴虽有必要,但若允许为此而回购股份,将有害股价的公正形成,损害股份市场机能。我国股市投机成分已重,一旦放宽此限度,更会为经营者操纵行情、进行内幕交易创造便利。就为防卫敌意收购事由而言,回购股份虽有利于企业现行政策的维持,然而此是否经常符合股东的利益极为令人怀疑。㉒ 公司经营权争夺之际,董事或控制股东为纷争利害关系人,难保其不为巩固自己地位,运用公司资金收买公司股份。而且公司为防卫企业回购股份,一般均可能导致股份急剧上升。公司以远超过真实价值的暴涨股价回购股份,即使防卫成功,也往往因随后股价回跌而致公司股东及债权人利益蒙受损失。㉓ 因此,上述两种事由不增列为佳。

(二)限定股份回购的财源与数量

股份回购的财源不仅直接关系公司债权的安全,而且可能影响不同类别股东的利益分配。例如,以资本或资本剩余金买回自己股份则有损优先股股东利益。"因为资本剩余金包括发行优先股所得之资金。由于其并非名义资本(stated capital)之一部分,若容许消耗而作为买回公司普通股的资金来源,优先股股东实际上被迫负担部分普通股表决权股之风险,这是违反优先股较普通股负担较少风险的原则。"㉔因此,各国对股份回购的财源多有限制。尽管限制的程度因国家、回购事由不同而有差异,但总体来说,除因减资及合并而回购股份

㉑ 参见冯果:《现代公司资本制度比较研究》,武汉大学出版社 2000 年版,第 109 页。

㉒ See Robert Clark, *Corporate Law*, Little, Brown and Company, 1986, p. 628.

㉓ 参见柯菊:《禁止公司取得自己股份缓和论之研究》,载《台大法学论丛》第 24 卷第 2 期。

㉔ Dodd, "Purchase and Redemption by a Corporation of Its Own Shares: The Substantive Law", 89 *U. of Pen. L. Rew.*, pp. 697, 707.

外,取得财源限于可分配盈余者居多。[25] 以可分配盈余为取得财源既符合公司资本维持原则,也有助于防止不同类股东之间的不平等。至于因减资或合并而回购股份,虽不限于可分配盈余为取得财源,但由于无论减资还是合并都要经股东会特别决议并履行保护债权人程序,因此对股东、债权人利益也有保障。我国公司立法在增加股份回购事由的同时,对不需经股东会特别决议及不需履行保护债权人程序的股份回购,应限于可分配盈余取得。

然而,仅限定以可分配盈余作为回购财源,持有大量可分配盈余的公司仍可大批回购自己股份。这仍难达公司资本维持、资产结构健全的目的。因此,德国、法国等国在规定回购财源的同时,也限制回购的比例。[26] 在我国,对股份回购,尤其是为提供职工持股而回购股份施加比例限制也有必要。限制的比例,参照各国规定,以不得超过公司股份总数10%为宜。

(三)确定合理的回购价格

确定合理的回购价格既可实现股东平等、资本维持之目的,也可防止市场操纵之行为。由于我国国有股和社会公众股的发行价格实行双轨制,因此二者的回购价格也应该区别对待。

对国有股来说,股份回购价格的基准应是每股净产值。云天化此次协议回购就是以该公司1998年年末每股净资产2.01元作为回购价格。净资产值是

---

[25] 美国1984年修订后的《美国示范公司法》,将股份回购视为盈余分配方法之一。因此,条文虽未明定财源限制,实际上将其限定在可分配盈余范围之内。《德国股份法》规定,为避免公司之重大而立即的损害、为提供职工持股以及为对反对股东补偿而回购股份时,不得使用资本及不能分配于股东的法定章程上的准备金(第71条第2款第2项)。《法国商事公司法》规定,为提供职工持股和为调整市场行情,经股东会议回购自己股份时,不得使公司的“实际资本”减少到低于加上不可分配的储备金的资本总额的数额。除法定的储备金外,公司应拥有一笔至少等于该公司持有的所有股份决价值的款额的准备金(第217条之3第2项、第3项)。《欧共体关于公司法的第2号指令》也将购买自己股份的资金来源限定为可分配利润(第19条第12项)。

[26] 《德国股份法》第71条第2款规定,除无偿取得、减资、继受取得以及信托代购取得自己股份外,为其他目的而购进股份(包括业已取得、现仍持有部分)的票面额总计不得超过基本资本的10%。《法国商事公司法》第217条之3第1项规定,公司直接或间接所持有的自身股份不得超过公司股份总数的10%。《欧共体关于公司法的第2号指令》第20条第1款C项规定,基于股东会决议同意,为避免公司重大而立即的损害以及为提供职工持股等事由而取得自己股份,其取得后所保有自己股份的票面额总计不得超过认募资本额的1/10。

国有股东应享有的股东权益,以此为回购价格依据既可防止国有资产流失,又不会损害社会公众股股东的权益。国有资产管理局1997年第32号文明确规定国有股权转让不能低于其净资产值。这一规定的精神也应为国家、法人股回购所遵循。

对社会公众股来说,当通过证券市场回购股份时,回购价格可由市场来决定。但在市场外回购股份时,由谁确定及如何确定其买受价格始为合理存有争议。[27] 根据经济学的分析,股份回购较为合理的定价公式为:$P = NP_0(N - n)$。[28] 其中P表示回购价格,N表示回购前股份数量,n表示回购数量,P_0表示回购前市价。我国股份回购定价可参照此公式。

(四)健全回购的程序

股份回购的程序包括回购的决定程序和债权人保护程序两方面。对于股份回购的决定程序,各国规定不一。欧共体、意大利、卢森堡等国家和地区由股东会决定或批准;美国、德国、法国、比利时、瑞士、荷兰等国由董事会决定。两种立法体制,各有优劣。[29] 但就我国立法而言,考虑前后条文的一致,应采股东会决议程序为妥。根据我国公司法规定,无论是公司减资还是公司合并都应经股东大会批准。(第103条第8项、第10项)。除减资、合并外,股份回购的财源如前所述应限定为可分配盈余,而盈余分配依我国公司也应经股东大会决议(第103条第7项)。若股份回购由董事会决定,则难免为董事会所利用而成为规避盈余分配的脱法行为。

就债权人保护程序而言,我国公司法规定公司减资和合并应履行债权人保护程序(第184条、第186条),不可通过股份回购而规避此规定。除减资和合并外,为其他目的回购股份系以可分配盈余为财源,并不违背资本维持原则,无须履行债权人保护程序。

---

[27] 参见费玲玲:《股份有限公司取得自己股份之研究》,台湾大学硕士学位论文,第243~245页。

[28] 参见陈峥嵘:《股份回购的运作空间和实施对策》,载《经济导刊》1999年第5期。

[29] 参见费玲玲:《股份有限公司取得自己股份之研究》,台湾大学硕士学位论文,第246~248页。

(五)规范回购的方式与信息的披露

《公司法》并未对回购方式作出明确规定。国务院证券委员会 1997 年年底颁布的《上市公司章程指引》规定的回购方式有三种:一是向全体股东按照相同比例发出回购要约;二是通过公开交易方式回购;三是法律、行政法规规定和国务院证券主管部门批准的其他情形。前两种方式是通过证券市场买卖,有利于保证价格的公正、股东机会的平等。我国除流通股无法通过证券市场回购股份外,社会公众股的回购应遵循前两种方式。同时,为防止股市操纵、内幕交易,可以借鉴美国证券法,设立"安全港"规则(Safe Harbor Rule),以资防范。

规范信息披露也是防止股市操纵和内幕交易的重要一环。公司在股东大会通过回购股份的决议后应公布其内容。在决议内容公布之前,知悉该事实的公司关系人不得买卖该公司股份。为防止股份上扬,给公司回购股份造成困难,各国一般不要求公司在回购股份前公布具体的回购日、回购数量、回购方式。但在回购成功之后,董事会应对现在保有的自己股份的数目、票面额、占股份总数的比例、取得时期、取得价格等作详细说明。

(六)明定违法回购的法律效力与责任

公司违法回购自己股份的行为是否有效,国外理论界争议较大。但实践中多采相对有效说,即当出卖人为善意时有效,为恶意时无效。此外,对于违法回购股份的公司和董事,各国立法还科以相应的民事责任。我国实践中的做法一般是不判定回购行为无效,而是采取罚没违法所得以及对相关责任人予以行政制裁等措施。认定违法回购行为有效虽有助于保护善意出卖股东的利益,维护交易的安全,但是,一概认定违法回购行为有效,对于那些明知回购违法仍出卖股份的恶意股东来说,未免太宽,而且,仅对公司及相关责任人采取行政制裁措施也无以补偿公司及第三人的损失。因此,在违法回购自己股份的行为上采用相对有效说较为合理。同时,对于违法回购股份的公司和董事,还应科以相应的民事责任。

平等与效率的抉择

——从公司合并看公司法的价值定位*

平等与效率是法律价值体系中的一对基本矛盾,如何权衡二者的关系一直是法哲学的永恒命题。近年来,随着我国社会主义市场经济的不断发展,主张效率优先、兼顾平等的观点在我国法学界颇为流行。① 在公司法上,要求以效率为首要价值取向,甚至不惜牺牲股东平等的呼声也越来越高。效率真的那么重要,以至于可以以牺牲平等为代价?本文仅就公司合并的理论、立法和司法实践进行考察、分析,以探寻对这一问题的答案。或许从这一公司法的具体制度,我们可以得出一些对公司法价值选择有益的启示。

一、公司合并中的平等、效率及其问题

公司合并,是指两个或两个以上的公司依法变更为一个公司的法律行为。公司合并的平等指公司股东之间的平等。何谓股东平等?不同时代、不同阶级的人固然有不同的平等观念,同一时代、同一阶级的人也可能由于认识的基点、方法、手段、角度不同而迥然相异。但从基本含义来看,平等可以以下面这句格

---

* 原载《民商法纵论——江平教授七十华诞祝贺文集》,中国法制出版社 2000 年版。

① 参见张少瑜:《法理学研究述评》,载《法学研究》1995 年第 1 期。但也有一些学者对此提出质疑,参见李兵:《“法律价值效益优先论”质疑》,载《法学研究》1995 年第 5 期。

言表示:"相同之事同样对待"(Treat like cases alike)。当然还可以补上"不同之事不同对待"(Treat different cases differently)。由平等的含义,我们不难得出这样的股东平等概念:相同股东同样对待。然而,公司②与一般的个人不同。根据责任与利益相一致的原则,股东之间的平等不可能实行按人头的平等,而应以股东对公司的投资比例为衡量标准,实行比例的平等。在股份有限责任公司中,资本被分为等额的股份,因而股东平等实质上是股份平等。股东平等是股份平等在股份归属者层面的表现。

公司合并的平等是股东平等在合并制度上的具体化,其核心是要求公司股东在合并中获得与其所持的股份成比例的财产数额。这不仅要求公司股东获得其股份合并前的价值,而且意味着必须按比例分享合并的收益。公司合并由于经营协同、财务协同以及市场份额等效应,往往产生巨大的收益。③ 这些收益是所有股东的共同成果,由公司股东共同分享,符合贡献和收益相一致的原则。

何谓公司合并的效率?效率原本为经济学的范畴,它是指从一个给定的投入量中获得最佳的产出或以最少的投入量获得既定水平的产出,即尽可能减少成本,多创效益,实现社会财富的最大化。效率引入法律领域导源于19世纪末、20世纪初经济学对法学的渗透,亦即法律的经济分析方法的运用。作为经济学的舶来品,法律的效率概念与其一脉相承,即以实现社会财富的最大化为价值取向。所不同的是,经济学的效率是从资源的配置出发,法律学的效率是以权利义务的分配为对象。公司合并的效率即指最有效地分配权利和义务、实现股东财富的最大化。

公司合并中的平等与效率的问题就在于,要求平等分配合并财产,尤其是平等分享合并的收益是否会阻碍股东财富的最大化?如果会,那么应如何权衡?

二、"效率优先论"质疑

对公司合并中的平等与效率问题,理论界有这样一种看法:股东平等会阻

② 这里的公司限指有限责任公司和股份有限责任公司。我国公司法也只规定这两种公司形态。

③ 参见王韬光、胡海峰:《企业兼并》,上海人民出版社1995年版,第6~18页。

碍交易效率,而有效率的交易,即使不平等,也符合股东利益的,因此在平等与效率之间应选择后者。④ 本文称之为"效率优先论"。

为什么股东平等会阻碍交易效率?"效率优先论"者认为,合并在很多情况下是有效率的,它可以降低代理成本,扩大经济规模,实现公司资产的更优化配置,而实行平等待遇将提高合并的成本,从而迫使潜在的购并者放弃一些本来有效益的合并计划。例如,假设一控制公司花 10 美元与受控制公司合并,就有 50% 的可能创造 30 美元的收益。如果这一控制公司持风险中立(不爱冒风险也不过分害怕风险),那么合并就会进行,因为 15 美元(30 美元 ×50%)的收益超过 10 美元的成本。而如果一旦合并成功,按平等原则,20 美元的利润(30 美元的收益减去 10 美元的成本)应由双方分享,一旦合并失败,控制公司须独自承担损失,那么,合并就会变得无利可图,因为这时预期的收益只有 10 美元,只刚好与成本相抵。⑤

为什么有效率的交易即使不平等,也符合股东利益呢?"效率优先论"者举了这样的例子说明。假设有三个投资方案,方案一有 100 美元的利润,但必须由公司的每一位投资者平等分享。这样,如果有 10 位投资者,每位股东预计可获得 10 美元。方案二有 150 美元的利润,但多出的 50 美元只能分给其中的 5 位投资者。这样被选中的 5 位"幸运"的投资者可获得 20 美元,而不幸运的另 5 位只能获得 10 美元。如果每个投资者都有 50% 的机会入选,那么他的预期利润就变成 15 美元(10 美元 +50 美元 ÷5 ×50%)。由于方案二产生更大的利润同时分配又不使任何一位投资者变得更糟,因而每位投资者宁愿选择第二种方案而不是第一种。方案三能创造 200 美元的利润,但所有的利润只能分给其中的 5 位投资者,其他 5 位将一无所获。如果在方案二和方案三之间选择,持风险中立的投资者将选择第三种方案。因为在第三种方案中,每位投资者的预期利润为 20 美元,而方案二只有 15 美元,而且,即使在单项投资中,股东没有平

④ See Easterbrook & Fischer, *The Economic Structure of corporate Law*, Harvard University Press, 1991, pp. 109–124.

⑤ Ibid., p. 117. 作者举此例时系针对所有控制权交易而言。本文考虑到例子的针对性,只限于指公司合并。

等的机会被选为“幸运”投资者,也可以通过分散投资来避免损失。如果投资者购买多家公司的股票,那么在这家公司合并中,他可能是获利最少的股东,但在另一家公司合并中,可能是获利最多的股东。从总体来看,分散投资后,股东得失可相抵。

“效率优先论”者的观点虽有一定道理,但总体而言,未免有些偏颇。

第一,股东平等会在多大程度上阻碍交易效率?就这问题,不平等论者前述所举的例子并没有太大说服力。在以股换股的合并中,公司合并失败时的损失是由合并双方股东按比例分摊的,而不是由控制公司独自承担;在现金合并中,表面上看,控制公司承担更大的风险⑥要求平等分享合并收益会使控制公司放弃交易。但实际上,在关联合并中,一方面控制公司对被控制公司的产品市场、财务、经营状况都有深入的了解;另一方面它对合并有控制权,可以选取对自己最有利的时机,因而合并产生盈利的概率极大,没有必要给予控制公司更多的补偿。“效率优先论”者自己也承认,多数情形,盈利是否必须不平等分配对于交易的成功没有太大影响。⑦ 虽然不能否认二者在某些情况下会发生冲突,但这些情形不易认定。这样,如果为了追求效率可以牺牲平等,那么很容易使不平等被滥用。平等的优点就在于它易于被辨别,有客观的标准,因而是难以滥用的。⑧

第二,不平等就一定有效率吗?虽然就某项合并而言,不平等可能会增加盈利,但不平等同样会提高投资的成本。如果允许股东之间不平等对待,那么小股东向一个有控制股东的公司投资,他就会意识到自己将面临被剥削的危险;如果他投资的是一个股权高度分散化的公司,该公司也可能因股权转让等原因而为其他股东所控制,小股东仍处于困境。这样,普通投资者的预期回报率就要打个折扣。投资者将会要求为此折扣提供补偿。不平等的威胁越大,他

⑥ 现金合并,是指以支付现金为对价的合并。在现金合并中,少数股东取得的是现金,而不是继承公司股票,因而不受合并成败的影响,所以从表面上看,控制公司承担更大的风险。

⑦ See Easterbrook & Fischer, *The Economic Structure of Corporate Law*, Harvard University Press, 1991, p. 117.

⑧ 参见[美]阿瑟·奥肯:《平等与效率》(第2版),王奔洲等译,华夏出版社1999年版,第10页。

们所要求的平均回报就越大。因而,不平等会提高资本的成本,损害效率。⑨

第三,不平等真的符合股东的利益吗？从“效率优先论”者所举例子可看出,股东愿意选择不平等必须以他有机会成为多获利者为前提。然而,在公司合并中,小股东并没有机会成为多获利一方。那么,不平等的损失是否能够通过分散投资来避免呢？应该说,分散投资在一定程度上有助于避免损失,但不能完全避免。难以想象有这样完美的分散投资:在这家公司投资的利润恰好弥补在另一家公司投资的亏损。还应提出的是,分散投资也需要成本。哪怕成本再低,也要影响股东的利益。而且分散投资在许多情况下是不可行的,这也许是因为缺乏足以分散的资本,也可能是因为没有分散风险的工具。一个有利于分散风险的投资环境必须有众多的投资基金这类的机构投资者,而在我国,这种环境还不具备。

第四,有效率但不平等符合正义吗？罗尔斯指出,“仅仅效率原则本身不可能成为一种正义观”,“正义否认为了一些人分享更大利益而剥夺一些人的自由是正当的,不承认许多人享受的较大利益能够绰绰有余地补偿施加于少数人的牺牲”。⑩ 即使主张效率优先的学者也有人承认,效率“作为社会决策伦理准则是有其局限性的……一个人在快乐方面比另一个人能力更强这一事实并不能作为将第二人的财富强制转让给第一人的正当理由”。⑪ 效率本是经济学的概念,而经济学家无法讲现行的收入和财富分配是否正义,尽管他们可能讲改变这种分配的代价以及各种不同政策的分配后果。⑫

因此,笔者认为,在公司合并中,平等应是优先考虑的价值,平等是正义的永恒理念。早在古希腊时代,人们就把平等看作人类社会追求的目标,亚里士多德认为正义就是平等。资产阶级启蒙思想家孟德斯鸠、洛克、卢梭等人视平

---

⑨ See Victor Brudney,“Equal Treatment of Shareholders in Corporate Distributions and Reorganizations”, 71 *Calif. L. Rev.* ,1983,p.1081.

⑩ [美]约翰·罗尔斯:《正义论》,何怀宏等译,中国社会科学出版社1988年版,第1页、第2页、第67页。

⑪ [美]波斯纳:《法律的经济分析》,蒋兆康译,中国大百科全书出版社1997年版,第15页。

⑫ 参见沈宗灵:《现代西方法理学》,北京大学出版社1995年版,第399页。不过,波斯纳后来在另一篇文章中又认为“正义的第二种意义,简单地说,就是效益”。参见[美]波斯纳:《法律经济方法》,载《得克萨斯法学评论》1975年。

等为天赋人权,主张人生而平等。当代西方价值法学的代表人物罗尔斯、德沃金同样主张平等是首要的权利。⑬ 在现代社会,法律面前人人平等早已写入各国宪法。在民商立法中,平等也已成为一项基本原则。股东平等是民法平等原则在公司法上的具体体现,世界大多国家公司法均有规定。

三、结　　语

公司合并中的平等与效率问题,反映的思想不只限于这一具体制度。从整个公司法的视角看,平等仍应是优先考虑的价值。在很大程度上,强调平等并不会阻碍效率。现实生活中平等与效率的冲突大多是就单项交易、某些股东的利益而言。从公司整个经济环境来看,不平等将会提高投资的成本,损害效率。即使平等与效率存在冲突,正义的观念也不容许我们为了一些人的更大利益而剥夺少数人的权利。正如日本公司法学者久保欣哉所说:"经济效率本身并无法成为法秩序所应体现的终极价值,我们的法秩序之终极价值乃是'人性的尊严',其内容则为自由与平等。"⑭

⑬　罗尔斯认为,正义是社会制度的首要价值,而他所谓的正义的核心就是平等,他认为正义体现为两个原则,第一个原则,每个人对与所有人所拥有的最广泛平等的基本自由体系相容的类似自由体系都应有一种平等的权利。第二个原则,社会和经济的不平等应这样安排使他们:在与正义的储存原则一致的情况下,适合于最少受惠者的最大利益;并且,依系于在机会公平、平等的条件下职务和地位向所有人开放。这两个原则是按照先后次序安排的,第一个原则优行于第二个原则。这一次序意味着:对第一个原则所要求的平等自由制度的违反不可能因较大的社会经济利益而得到辩护或补偿。财富和收入的分配及权力的等级制,必须同时符合平等公民的自由和机会的自由。参见[美]约翰·罗尔斯:《正义论》,何怀宏等译,中国社会科学出版社 1988 年版,第 57 页、第 292 页。德沃金也指出,在所有个人权利中,最重要的是平等的权利,也就是关怀和尊重的平等权利。参见[美]德沃金:《认真对待权利》,信春鹰等译,中国大百科全书出版社 1998 年版,第 272 ~ 273 页。

⑭　[日]久保欣哉:《公司法学之理念:自由与效率之间》,载《台大法学论丛》1994 年第 23 卷第 2 期。

现代企业制度的当代发展*

引　言

自20世纪80年代以来，国有企业改革一直是中国经济改革的主题，受到国内外理论界的关注。回顾20多年的改革实践，尽管国有企业改革取得了一定的成绩，但迄今为止，国有企业存在的问题也不少。国有企业改革的成效不佳，其原因是多方面的，而其中一个较重要的因素就是人们对现代企业的理论和法律制度问题认识还不够深入和全面。中国国有企业改革及其相应的立法迫切需要一套科学的企业理论为指导，这需要法学界和经济学界的共同努力。现结合中外学者对企业的分析，来对现代企业的有关理论和法律制度问题谈谈自己的看法。

一、企业的利益相关者

劳动与资本，既是企业存在和从事民商事行为的基础，也是企业的基本构

* 原载《现代企业法律制度研究》，法律出版社2000年版。

成要素之一。在单一型企业体制(unitary firm)[①]里面,由于劳动要素的提供者和资本要素的提供者均为同一主体,因此,无论法律制度是侧重于保护物质资本所有者的权益还是人力资本所有者的权益,或者是保护企业自身的权益,事实上均在保护同一主体的利益。但是,在现代产业社会里面,单一型企业尽管是一个独立的民事主体,但已经不是很重要的经济组织形式。在大多数经济部门起决定作用的是一些资源所有者联合的企业,在这些企业中,不仅物质资本的提供者和人力资本提供者发生了分离,而且无论是物质资本提供者还是人力资本提供者均人数众多。正是在这一意义上,现代企业理论的一个核心观点是:企业本身是一些不同资源所有者组成的联合体,各种要素所有者之所以自愿走到一起来组成企业,是想通过企业这种组织形式来共同协作创造出一种比任何单个生产要素的所有者“单干”更高的效率。因此,企业的本质是各种利益相关者组成的耦合体。由于各利益相关者存在不同的利益目标,因而它需要一套企业法律制度来协调。

从历史上看,早期的企业制度(包括法律制度)更多地倾向于保护物质资本所有者的利益,以致人们形成了这样一种企业理念,即企业是物质资本所有者“所有的”,并且在法律上遵循“所有权绝对”原则。究其原因在于:当时物质资本的相对短缺和社会经济增长对物质资本的依赖程度较高,以及当时的经济发展是在劳动力的无限供给的条件下进行的。然而,自20世纪以来,由于社会经济增长对技术的依赖程度的提高,而拥有技术并且创造技术的是劳动者的劳动,因此,在现代社会中的一般情况是人力资本所有者所拥有的高素质的劳动比物质资本更稀缺。[②] 由于企业的各利益相关者“经济地位”的变迁,对企业制度提出了新要求,与此相适应,发达国家企业制度及其法律制度出现了新的调整,其总的趋向是:人力资本所有者在企业中的法定权利正在被扩大,而在此过程中物质资本所有者的部分权利正在被减弱,劳动者似乎比以往变得更像“资

---

① 单一型企业,是指构成企业的劳动要素和资本要素均为一人提供,即企业的劳动要素提供者、资本要素提供者和经营者同为一人。参见[冰]思拉恩·埃格特森:《新制度经济学》,吴经邦等译,商务印书馆1996年版,第140~142页。

② 参见[日]今井贤一等主编:《日本现行企业制度》,陈晋等译,经济科学出版社1995年版,第53页。

本家”[3]了。

明确企业是一个由不同利益相关者组成的联合体,其实践意义在于在设置企业法律制度时,必须充分考虑不同利益主体的利益要求。但是,纵观我国企业立法及国有企业改革的实践,侧重对物质资本所有者的利益的保护或者强化物质资本所有权的思路始终成为我国国有企业改革和法律制度建设的主线,人力资本所有者在企业中的权利没有引起应有的重视。因此,国企改革应突破物质资本本位论的历史逻辑,并且运用利益相关者的企业理论来重塑我国的企业立法。当然,我们这里所要塑造的企业立法,不仅要遵循民商法的基本原理和规则,而且要适用经济法、行政法、劳动法等的调整原则和手段。实际上,现代企业法律制度是一个庞大的法律体系。

二、企业的财产权

由于受物质资本本位论这一传统企业理论的影响,关于企业的财产权,在我国的学术界人们更加倾向于从物质资本所有权的角度来分析,并且在此基础上主要形成了两种不同的观点:

一种观点认为,企业财产权就是企业所有权,是企业对自己法定财产所应享有的占有、使用、收益及处分的权利。这种理论认为,物质资本所有者将自己的资本以所有权的形式投入企业之中去后,由此而形成了两个不同并且彼此独立的法律主体:一是物质资本所有者变成了股东,全体股东成了企业的终极所有者,物质资本所有者对企业的所有权表现为投票权(包括“用手投票”的权利和“用脚投票”的权利)和剩余索取权(参与企业“剩余收益”的分配权);二是企业所有权,即企业对物质资本所有者对其以所有权的形式投入企业中的财产所享有的占有、使用、收益及处分的权利。因此,在企业的财产上存在双重所有权问题,即物质资本所有者的所有权与企业所有权。而双重所有权理论又与传统

③ 参见[美]西奥多·W.舒尔茨:《论人力资本投资》,吴珠华等译,北京经济学院出版社1990年版,第175页。

民法的“一物一权”原则相矛盾,于是学者们对股东权的性质又发生了严重的分歧,有的认为股东权是物权性质,有的认为股东权是债权性质,然而无论哪种学说都无法圆满回答这个问题。显然,大陆法系财产权的传统体系在这里受到了强烈的冲击。

另一种观点认为,企业财产权的实质是经营权。这种理论认为,企业所拥有的法人财产权是财产的实际支配权而不是所有权;只是部分的财产支配权,并且这种支配权是在物质资本所有者的监控下企业对财产的支配权。因此,企业财产权的实质是经营权。④ 同时,持这种观点的学者还指出,经营权是依据“两权分离”而产生的,物质资本所有者兴办企业,绝不是让渡其对物质资本的所有权,只是让渡了经营权,而企业法人所获得的只是对物质资本的经营权,这种权利不具备完整的所有权的权能。因此,将企业的财产权等同于所有权的观点是错误的。人们对上述观点也会表示怀疑,如果企业财产权的实质是经营权,那么我国有关表述企业财产权性质的法律为什么从使用“经营权”而改变为使用“企业法人财产权”呢?在这里,难道经营权与财产权是同语反复吗?显然不是。按照我们的理解,既然提出企业法人财产权的概念,其本身就是对原来经营权概念的否定。

对企业财产权的认识尽管在国内存在分歧,但笔者认为,理解企业财产权还应从以下两个方面把握:

一是企业财产的范围,即企业财产权的客体问题。由于现代企业理论通常将企业界定为一个由物质资本所有者与人力资本所有者的联合体,因此,从理论上讲,企业财产权的客体应当包括人力资本和物质资本。所以,那种仅仅从物质资本的角度来分析理解企业财产权的观点在理论上是片面的。同时,从现实中企业存在的实际情况来看,物质资本所有者并没有像这种理论所假定的那样承担企业的全部风险,其他要素的参与者也没有脱离自己对企业所承担的风险或责任。特别是企业的职工在一个企业工作多年之后,会形成一种只能在这家企业才有用的人力资本的投资。这是一种专用性(firm-specific)的资产。如

④ 参见刘诗白:《法人财产权辨析》,载《经济社会体制比较》1994年第4期。

果企业经营失败,这些职工将离开企业,他们的这种专用性人力资本将化为乌有。因此,投入了这种专用性人力资本的职工实际上也在与物质资本所有者一起承担着企业的风险。⑤ 所以,这种专用性的人力资本也是企业财产的组成部分。

二是企业财产权的性质。企业财产权不具备所有权的完整权能,因而单纯从传统民法中的所有权理论来理解企业财产权的内涵,难以自圆其说。从一般的意义上讲,将所有权界定为所有者对于属于他所有的物的占有和完整的支配权利,是理解所有权的基本出发点。从历史上看,1804 年颁布的《拿破仑法典》将所有权定义为"对物的绝对无限制的使用、收益及处分的权利",在这里,所有权包括使用权、收益权和处分权。在我国《民法通则》中,所有权被定义为"所有人依法对自己的财产享有占有、使用、收益和处分的权利"。如果将企业财产权理解为所有权,那么这种"企业所有权"将与物质资本所有者的所有权和人力资本所有者的所有权均应具有相同的所有权含义,这样将会形成一种所有权的"积极冲突"和加剧企业利益相关者的利益对抗,并且违背了传统民法理论中的"一物一权"原则。因此,不能把企业的财产权理解为所有权。另外,将企业财产权理解为经营权,但经营权是一个什么性质的权利,它与物质资本所有者和人力资本所有者的所有权处于一个什么样的关系,显然需要我们作进一步研究和探讨。值得注意的是,在国外近期的有关文献中,由于许多学者将企业理解为一个由不同资源所有者组成的利益相关者的契约组织;同时,由于契约本身的不完备性,因而对于签约的当事人(人力资本所有者和物质资本所有者)而言,肯定存在一些在契约中没有明确约定的"剩余权利"(residual rights)。所以,他们认为企业财产权是指企业对财产的"剩余控制权"(residual rights of control)。⑥ 正当我们在解释企业财产权性质发生困难之时,上述契约组织论的提出,恰恰为我们打开一个新的思路。所以,本书⑦在第一章将继续对这个问题做些讨论。

---

⑤ M. Blair, "Owership and Control, Rethinking Corporate Governance for the Twenty-First Century", *The Brookings Instiute*, Washington D. C. , 1995, p. 93.

⑥ O. Hart, *Firms, Contracts and Financial Structure*, Oxford University Press, 1995.

⑦ 即《现代企业法律制度研究》。——编者注

三、企业治理结构

企业治理结构是一个具有重要理论和实践价值的研究主题。在国外企业理论中,尽管人们对这一问题存在不同的理解,但这一问题日益受到人们的重视。在美国,美国法律协会在总结有关企业治理结构的理论成果以及对20世纪80年代末期以来各州公司法变革的基础上,于1992年公布了《公司治理结构原理:分析与建议》(*Principle of Corporate Governance: Analysis and Recommendations*)的"白皮书";在英国,1992年发表了《公司治理结构中的公司财务》(*The Financial Aspects of Corporate Governance*)的Cadbury报告;在日本,日本企业治理结构论坛于1997年公布了《法人治理结构的原则——关于新日本型法人治理结构的思考》的中期报告;[⑧]在中国,于1999年年初在海口专门召开了有关"公司治理结构"的国际研讨会。可见,企业治理结构问题是现代企业理论和立法中又一重要问题。

企业治理结构理论的内容相当广泛和综合,它既涉及企业的定义、企业的所有权结构、企业财产权、代理人问题等理论性很强的方面,也涉及企业内部体制、国别比较和市场体制的作用等方面的问题。在传统的企业治理结构理论看来,由于企业被定义为一个由物质资本所有者组成的联合体,因此,企业治理要处理的是企业物质资本所有者确保自己可以得到投资回报的方法问题。同时,由于企业财产权被理解为剩余控制权,因此,企业治理结构实质上要解决的是因物质资本所有权与控制权相分离而产生的代理人问题,[⑨]即物质资本所有者与企业高层管理人员之间的约束与控制问题。不过,由于更多的文献将企业理解为不同资源所有者(其中包括人力资本所有者和物质资本所有者)组成的契约组织,因此,从更广泛的角度上讲,企业治理结构被认为是指在物质资

---

⑧ 参见[日]酒卷俊雄:《日本企业治理结构论与公司法的修改》,载李黎明主编:《中日企业法律制度比较》,法律出版社1998年版。

⑨ A. Shleifer, R. Vishny, "A Survey of Corporate Govenance", *the Journal of Finance*, June 1997.

本所有者、债权人、职工等企业利益相关者之间有关经营与权利的配置机制。[10]

从国别方面来看,企业治理结构主要存在两大不同流派:一是英美法系中的美国模式。美国模式的主要特点是:(1)以股东主权为主体的单一控制制。在美国传统的企业理念中,由于企业被定义为由物质资本所有者组成的联合体,因此企业经营绩效的提高以及代理人问题的解决主要通过股东以及由股东大会所推选的董事会来实现的。如果经营者不能对股东尽法律上的义务,或者股东认为经营者因道德风险而不能使企业有效经营,就可以通过董事会来更换企业的经营者。但问题在于,董事会是否真的具备监督经营者的能力?即便具备这种能力又怎样才能使之正确发挥?正是因为这些问题的存在,董事会的构成与职责问题日益受美国学者的关注与检讨。[11] (2)企业控制权市场理论。美国学理中的新古典学派认为,法人控制权市场可以解决股东控制经营者的问题。如果企业经营效率不高,或者董事会不能起到监控者的作用,企业的股票价格便会低于正常情况。若外部投资者能够正确查知股票下跌的原因,就会在股票市场上收购这家企业的股票而取得控制权,并且以股东的身份行使发言权,通过更换经营者或董事会等措施而使企业恢复活力。同时,这种理论还认为,即使没有监督者,经营者也会因为害怕被更换而自觉地按照股东的利益和要求,从事经营活动。但是,即使是在被认为已建立了近似于新古典理论所设想的法人控制权市场的美国,在进入20世纪80年代以后,人们也对其功能产生了疑问,其存在的合理性也日益受到人们的怀疑。[12] 二是大陆法系中的日本模式。日本模式主要特点是:(1)双向控制模式。在日本商法中,企业的定义就是以物质资本所有者为其成员的实体,但在日本的现实中这显然只是法律上的

---

⑩ 参见[日]青木昌彦:《经济体制的比较制度分析》,魏加宁等译,中国发展出版社1999年版,第175页。

⑪ 参见[美]埃达·登勃等:《董事会:如何应付错综复杂的经济社会》,赵鑫福等译,新华出版社1996年版。

⑫ 参见[美]J.弗雷德·威斯通等:《兼并、重组与公司控制》,唐旭等译,经济科学出版社1998年版。

概念,作为一种社会现实,企业是指它的从业人员组成的实体。[13] 由于法律制度与现实社会的差距,在日本企业中,对经营者多少有些控制权的集团有两个:一个集团是作为企业剩余请求者的股东和债权人,这种集团主要包括由个人股东和以主银行为首的机构股东与债权人组成;另一个集团是企业职工即职工集团,即在终身雇佣制度下的劳动者。因此,如果从治理主体这一角度来考察,日本企业遵循的是双向式的共同治理机制。(2)相机治理。相机治理为日本学者青木昌彦于1994年提出,[14]它是指将企业的控制权和企业生存的决定权等企业各种经营方面的权利随着企业财务状况而转移的治理形态:当企业业绩好时,组成企业的从业人员成为企业的治理主体和剩余权的控制者;否则,以银行为主体的机构股东和债权人将成为企业剩余权的控制者,而当企业业绩非常差时,他们甚至可以解散企业或对企业进行重组,以达到更换不称职的经营者的目的。[15]

在我国,随着国有企业改革措施的不断推进和企业自主权的扩大,出现了诸如对企业经理人员激励机制扭曲、国有资产流失等问题,于是,企业治理结构问题日益受到人们重视。但是,在设计我国企业治理机构的总体方向方面,人们又存在分歧。一种观点认为,应强化物质资本所有权对企业的约束,即从确保国有资产保值和增值的角度出发,来构造我国国有企业的治理结构。另一种观点则认为,企业治理结构的构造应突破"股东至上主义"的历史逻辑,以实现"共同治理",即在构造我国国有企业治理结构时,不仅要重视物质资本所有者的权益,而且要重视其他利益相关者对企业的监控;不仅要强调经营者的权威,还要关注其他利益相关者的实际参与。笔者认为,企业的本质在于企业是由不同利益相关者组成的联合体,企业经营的成败不仅只关系物质资本所有者或者股东的利益,而且关系其他利益相关者的利益。因此,在我国实现"共同治理"不仅具备相应的理论基础,而且与我国的社会主义基本国情相适应。同时,"共

---

[13] 参见[日]松木厚治:《企业主义》,程玲珠等译,企业管理出版社1997年版,第1页。

[14] M. Aoki, "The Contingent Governance of Teams: Analysis of Institutional Complementarity", *International Economic Review* 35, 1994, pp. 657 – 676.

[15] 参见[日]青木昌彦等:《经济体制的比较制度分析》,中国发展出版社2005年版,第200页。

同治理”的企业治理模式还是世界主要国家法人治理结构变迁的一个基本方向。因此,在企业治理结构方面,实现不同利益相关者的“共同治理”应是构建我国企业治理结构的一种明智选择。

关于企业法的几个理论和实践问题*

企业法律制度方面的问题很多，也显得有些杂乱。广东省法院的同志让我用一天的时间，给大家厘清一个头绪，有点难，我只能试试看。

同志们知道，我国企业法的不断完善是与我国企业改革的不断深入相适应的。1978 年以前，我国经济建设的基本指导思想是以计划经济理论为基础的，那时的企业只是一个生产单位，既不是经营主体，也不是民事主体，所以，也没有企业法。法院也没有这方面的案件。20 世纪六七十年代，我在基层法院工作过 12 年，其中有 6 年在民庭工作，但是，没有办理过一起企业产权和有关经济合同的案件。

企业改革的第一阶段，1979 ~ 1984 年，以党的十一届三中全会为标志，我国传统的计划经济理论开始变革。当时，国务院发布了《关于扩大国营工业企业经营管理自主权的若干规定》等一系列改革管理体制的文件，提出扩大企业经

---

* 1999 年 1 月受广东省高级人民法院的邀请，江平教授、崔健远教授和作者在广州市花都培训中心，为法院系统干部进行了为期三天的法律培训。本文系根据作者 1999 年 1 月 27 日在这次培训课上的讲稿整理。

营管理自主权。[①] 但是这一阶段,调整企业关系的规制,主要是靠国家政策和行政性文件。虽然当时已经有了《经济合同法》,除《中外合资企业法》是 1983 年 9 月公布的以外,这一阶段,企业法几乎空白。1982 年曾经搞了一个“法人条例”草案,很快被否定掉了,其原因关键是不承认企业的主体地位。

企业改革的第二阶段,1984 ~ 1992 年,以《中共中央关于经济体制改革的决定》精神为指导思想,加快了改革的步伐,提出发展社会主义的有计划的商品经济,要使企业真正成为相对独立的经济实体,成为自主经营、自负盈亏的社会主义商品生产者和经营者,具有自我改造和自我发展能力,成为具有一定权利和义务的法人。[②] 也就是说,我们开始承认了法人制度,开始确认企业的法律地位。在民法上,形成了所有权和经营权分离的理论。对国营企业而言,国家对企业财产享有所有权,企业对企业财产享有经营权。这一阶段,我国 1986 年颁布了《民法通则》,确认了国有企业的法人地位。另外,《全民所有制工业企业法》《企业破产法》也颁布实施了。企业改革就要实现两权分离,如何分离?分离的途径是什么?一是承包;二是租赁;三是股份制。实事求是地讲,我们实行的企业承包制、租赁并不是很成功,这方面的法律规定也很有限,产生的纠纷很

---

① 国务院《关于扩大国营工业企业经营管理自主权的若干规定》于 1979 年 7 月 13 日颁布。目的是“为了进一步调动工业交通企业的积极性,改善经营管理,提高经济效果,为社会主义现代化建设做出更大贡献”。全文包括“企业必须保证完成国家下达的各项经济计划”“实行企业利润留成”“逐步提高固定资产折旧率”“实行固定资产有偿占用制度”“实行流动资金全额信贷制度”“鼓励企业发展新产品”“企业有权向中央或地方有关主管部门申请出口自己的产品,并按国家规定取得外汇分成”“企业有权按国家劳动计划指标择优录用职工”“企业在定员、定额内,有权根据精简和提高效率的原则,按照实际需要,决定自己的机构设置,任免中层和中层以下的干部”“减轻企业额外负担”以及企业在主管部门领导正确行使权利时应承担的义务 11 个方面。虽然该规定是为扩大企业自主权,但实际上仅仅是有限的“放权”,企业离市场主体还有相当的距离。

② 中国共产党第十二届中央委员会第三次全体会议,分析了我国当前的经济和政治形势,总结了我国社会主义建设正反两方面的经验,特别是这几年城乡经济体制改革的经验。会议认为,必须按照把马克思主义基本原理同中国实际结合起来,建设有中国特色的社会主义的总要求,进一步贯彻执行对内搞活经济、对外实行开放的方针,加快以城市为重点的整个经济体制改革的步伐,以利于更好地开创社会主义现代化建设的新局面。会议于 1984 年 10 月 20 日通过《中共中央关于经济体制改革的决定》指出,增强企业活力是经济体制改革的中心环节。过去国家对企业管得太多太死,通过改革“要使企业真正成为相对独立的经济实体,成为自主经营、自负盈亏的社会主义商品生产者和经营者,具有自我改造和自我发展的能力,成为具有一定权利的义务的法人”。该决定是我国经济体制全面改革的纲领性文件,具有重要的意义。

多,法院处理起来也很棘手。至于股份制,还是在试行阶段,数量较少,涉及的案件也较少。

企业改革的第三阶段,1992 年至今。这一阶段是以党的十四届三中全会的公报精神为指导思想的。在这个公报上,确立要发展社会主义市场经济,一方面,提出建立现代企业制度;另一方面,提出企业法人财产权的概念。[③] 这比两权分离的理论又向前走了一步。与此相适应,企业法制建设的速度加快了。1992 年 7 月颁布了《全民所有制工业企业转换经营机制条例》。这一时期公司大量出现,我们先颁布了两个规范意见:一个是有限责任公司规范意见,另一个是股份有限责任公司规范意见。[④] 随后在 1993 年 12 月公布了《公司法》。到现在,我们应当说,我国企业法律基本形成。

什么是现代企业制度? 概念的定义并不好下。但是,我知道传统企业制度、近代企业制度和现代企业制度在历史上递次出现,在当代市场经济条件下又同时并存、互为补充。传统企业制度是以所有权与经营权的高度统一为基本特征的,如个体、私人企业,一个企业主、资本家,我国的私人独资企业;近代企业制度是以两权一定程度的分离为基本特征的,如合伙企业、合作制企业,甚至有限责任公司,在这些企业中不同程度地实现了两权分离;现代企业制度则是以两权的彻底分离为基本特征的,企业产权已经到了企业集中,与投资者完全分离的程度。我国公司法的实施是向现代企业制度迈进的一大步,有人把合伙,甚至私人企业都看作现代企业的类型。这种理解是不对的,没有抓到现代

③　中国共产党第十四届中央委员会第三次全体会议审议并通过了《中共中央关于建立社会主义市场经济体制若干问题的决定》。全会认为,该决定把党的十四大确定的经济体制改革的目标和基本原则加以系统化、具体化,是我国建立社会主义市场经济体制的总体规划,是 20 世纪 90 年代进行经济体制改革的行动纲领。全会指出,社会主义市场经济体制是同社会主义基本制度结合在一起的。建立社会主义市场经济体制,就是要使市场在国家宏观调控下对资源配置起基础性作用。为实现这个目标,必须坚持以公有制为主体、多种经济成分共同发展的方针,进一步转换国有企业经营机制,建立适应市场经济要求,产权清晰、权责明确、政企分开、管理科学的现代企业制度……当前要紧紧抓住建立现代企业制度、市场体系和金融、财税、计划、投资、外贸等重点领域的改革,制定具体方案,采取实际步骤,取得新的突破。这次会议公报高度评价会议通过的决定,认为其必将对我国的改革开放和社会主义现代化建设产生重大而深远的影响。

④　《股份有限责任公司规范意见》和《有限责任公司规范意见》由国家经济体制改革委员会 1992 年 5 月 15 日印发。两份意见对股份有限责任公司和有限责任公司作了初步规范。

企业制度的基本特征。

以上,就是我国改革开放以来,有关企业法律制度逐步建立、不断完善的大致过程。不过,我想归纳为几个问题,向同志们谈谈我的看法。第一个问题,关于法人理论的几个问题;第二个问题,关于公司法及其公司股东权的保护等问题;第三个问题,关于合伙法及其合伙债务的承担;第四个问题,关于股份合作制企业的法律问题;第五个问题,企业承包与企业租赁问题;第六个问题,企业的兼并与破产。

一、法人制度的理论问题

(一)什么是法人?

在法人问题这个部分,我们首先遇到的问题便是,什么是法人?我国《民法通则》第36条有一个定义:“法人是具有民事权利能力和民事行为能力,依法独立享有民事权利和承担民事义务的组织。”我们认为法人是一种社会组织,但不是所有的社会组织都是法人,法人必须具备一定的条件,《民法通则》第37条对此规定了四个条件。这里最重要的一条就是能够独立承担民事责任,当然,要能够独立承担民事责任,必然要求法人具有自己能够独立处分的财产。那么,一个社会组织、团体享有了法人的资格,是不是它参加任何法律关系时,都是以法人的面貌出现的呢?比如,一个学校是法人,有民事能力,可以参加一定范围的民事活动,但它并不是任何时候都是以法人的面貌出现的,如参加文艺汇演;人民法院也是法人,但在进行审判工作时并不是法人。

(二)法人的民事能力问题

众所周知,我国法人制度是以大陆法系的法人实在说理论为基础的。法人的本质是什么?我们认为法人并不是法律虚构的,法人是一个有自己的团体意识和自己的利益的、实实在在主体。所以,法人也像自然人一样,不仅具有民事权利能力,还具有民事行为能力,而且它在违法给他方造成损害时,还有独立承担民事责任的能力。按照传统的民法理论,法人的权利能力是特殊的、特定的,称为特殊权利能力;与此相适应,法人的行为能力也是特殊的、特定的,称为特殊的行为能力。过去,我们通常认为企业法人的经营范围是确定的,如果超过经营范围认为是违法行为,所以,由此推导出我国的企业法人的权利能力是特定的。现在,我向大家介绍两点:

1. 在学术界,已经有人提出法人的权利能力和自然人的权利能力都是普遍一致的,法人之间的权利能力也没有区别;对于企业法人来说,它们只是从事商事活动的能力不同,这就是经营范围各不相同,其实,自然人也一样,自然人之间的权利能力是普遍一致的,但是他们一旦以商人的身份出现,其商事能力的范围就又各不相同了。这个理论上的突破极为重要,因为法人权利能力、行为能力是特殊的,那么对于超过其范围的活动就不可能承担责任;现在,我们打破了法人特殊权利能力的理论,这样法人必须对它的侵权行为承担责任,对它的工作人员的违法行为负责。

2. 公司法上的越权理论的基本趋势。什么是公司法上的越权理论?它是指公司是为追求公司章程中规定的目的而设立的,公司的行为不能超越公司章程中规定的目的条款和一般法律赋予的权力,公司超越了这种权限而进行的交易行为属于越权行为,是无效的。我国实际上也是遵循这一原则、这一理论的。但是,这些年来,这一理论的弊端正在日益明显,一是对企业经营不利、对公司股东不利;二是对保护债权人的利益也不利。所以各国立法还在作相应的改变。其中最突出的是英国1989年《公司法》的修改,几乎取消了越权理论,公司的经营几乎不受章程大纲(最初确立的目标)的限制;超越公司经营范围的行为,公司还可以通过特别决议加以追认;另外,按照英国现行《公司法》第110条的规定,公司章程大纲可以这样订立:“公司的宗旨是从事一般商业公司的业务。”这样一来,实际上公司可以从事任何业务和交易活动了。所以,我们再说法人是特殊权利能力、特殊行为能力,已经逐渐不符合社会发展的趋势了。

(三)法人的机关、意思和过错

我们按照法人的实在说,法人应该有自己的团体意志。但是,法人又是社会组织,它是由许多自然人组成的,那么法人的团体意志是哪部分人的意志呢?我们认为,应当是法人机关表示出来的意思,法人机关的意思,就是法人的意思;法人机关的行为,就是法人的行为;法人机关对外签订的合同,就认为是法人签订的合同,对法人就发生效力;法人机关在行使法人职务时有了过错,就认为是法人的过错,法人还要承担责任。但是,法人机关的工作人员,包括董事长、总经理,他们在执行法人事务时,法人就要承担责任;他们在进行与法人事务无关的事务,自己负责。实际上,法人机关工作人员是有两种身份:一是代表法人;二是代表他自己,如果法人机关的工作人员违了法、犯了罪,那是他自己的事。这就引出第四个问题。

(四)法人责任、法人成员的有限责任以及法人人格否认理论

法人承担责任的基本规则,现在我们都比较清楚了。法人的责任是一种独立责任,它与法人成员的责任是分离的;法人的责任,是一种独立责任,意味着是用它所有的或经营管理的全部财产对外承担责任。法人的责任既有代表责任,又有代理责任。这里指的是,法人为它自身的法人机关承担这责任,是代表责任;法人为它的代理人承担的责任,是代理责任。法人成员的责任呢?法人成员的责任是有限责任,是以它的出资对法人的债务承担有限责任。严格来说,法人与法人成员是相互独立的两层人格,法人成员履行出资义务以后,法人成员与法人的财产是相互独立的、分离的,法人成员与法人的责任、义务也是分离的、独立的。所以,只有在法人成员的出资最终被用于法人债务的清偿时,才认为法人成员对法人的债务承担有限责任。

下面,我们着重谈谈法人人格否认的理论和实践问题。法人人格否认主要发生在公司法人中,所以也称为公司法人格否认。我们知道,法人制度之所以得到发展,关键是法人成员的有限责任和法人的独立人格、独立责任。虽然法人制度对于促成现代社会物质文明起到很大作用,但是也有一部分人利用法人的这种独立人格、利用法人成员(股东)的有限责任,逃避法律,侵害债权人的利益。为了克服这些弊端,纠正这种法人人格的滥用,世界各国开始运用“法人人格否认理论”,在司法实践上让法人的成员、股东对公司债务承担责任。这方

面,是由美国法院首先创立的所谓“刺穿法人面纱”的原则,随后其他国家也承认了这一原则。

关于法人人格否认的理论,现在我国已经有了专著,今天我们只能介绍一些情况。比如,在什么情况下,可以适用法人人格否认的理论?

我们大致可以归纳为以下几种情况:

第一种情况,公司出资不实或不充分,致使合同债权人的请求权无法满足,而公司的股东则承担有限责任,这显然是不公正的。在这种情况下,有些国家的公司法规定,股东要承担公司资本的充实责任,因为它们允许出资人分次缴纳股款。而在我国,公司的投资者在成为股东之前,就应该缴清认购的股款,⑤所以,如果一个公司资本显著不足时,在理论上就可以否认公司的法人格,要由股东(特别是那些没有缴足股款的股东)补足其资本。也就是说,资本不实、不足,不能让股东、法人的成员享受有限责任的优惠。

第二种情况,我国公司规避法律义务的场合。我们这里指的是具有强制性的法律规范,如股东为了逃避自己的财产免于被强制执行,而设立一家新公司,把财产转移到新的公司中;董事、经理为了规避《公司法》第 61 条所规定的竞业禁止业务(董事、经理不能经营与公司相同的业务),支持它的股东设立另一家新公司从事竞业交易。因此,为了确保法律的尊严和实效性,就有必要揭开公司的面纱,恢复躲在公司法人格面纱后面的股东的真实面目,让他承担规避法律的责任。

---

⑤ 我国《公司法》对公司资本制度有一个从法定资本制到授权资本制的变化过程。1993 年《公司法》规定“有限责任公司的注册资本为在公司登记机关登记的全体股东实缴的出资额。有限责任公司的注册资本不得少于下列最低限额”;“股份有限公司发起人,必须按照本法规定认购其应认购的股份,并承担公司筹办事务”;“股份有限公司的注册资本为在公司登记机关登记的实收股本总额”。换言之,实行法定资本制度,公司章程记载的注册资本数额,必须在公司成立时全部实缴,否则,公司不得成立。当然,在此期间国务院的有关规定以及一些地方性规章对此规定不尽一致。但总的来说,在法律层面是严格的法定资本制。2005 年修订后的《公司法》虽然实行法定资本制,但对资本缴纳改采“认缴制”和“实缴制”并存(或称有限制的认缴制),除要求有限责任公司和发起设立股份公司首次实缴资本不得低于注册资本的 20% 外,其余部分可以自公司成立之日起 2 年之内缴清,投资公司可宽限至 5 年内缴清,募集设立的股份有限公司依然实行实缴制。2013 年《公司法》将有限责任公司与发起设立股份有限公司的资本缴纳由有限制的认缴制改为完全认缴制。在认缴完毕注册资本后,股东(发起人)对于认缴资本的缴纳期限、缴纳方式由公司章程自主约定。本文是在 2005 年之前的严格法定资本制下简述投资本认缴制度的。

第三种情况,利用公司回避合同义务的场合。比如,一个公司负有交易上的巨额债务,然后支配股东通过抽逃资金(如向股东发放高额的“鼓励”“报酬”“奖金”等),或者解散该公司,或者宣告破产,再以原有的营业场所、董事会,即全盘人员设立另一个新公司,以达到逃脱原公司巨额债务的目的。我国称这种方式为“脱壳经营”。

第四种情况,股东与公司的人格混为一体。比如,公司与股东或母公司与子公司的财产混同一起,这样极易导致公司财产的隐匿、非法转移或被股东私吞、挪作他用。现在我国也有发生,一个公司完全由它背后的股东(包括个人股东和公司股东)控制或支配,这个股东把自己的意志强加于公司之上,把公司视为实现自己目标的工具。我国常有这种情况,母公司的董事长是甲、子公司的董事长也是甲,甚至又成立一个孙公司的董事长还是甲。这种情况就非常糟糕,几层人格混合,会产生财产的混同、权利的混同、责任的混同,从此损害债权人、他人的利益。

在国外还发生过这样一个案子,被告是原告从前的雇员,曾承诺不拉走原告的客户。结果这个雇员为了规避这项义务,成立了一家公司,并由这家公司挖原告的墙角。法院判决这是一种诡计,是一种骗局,否定了这个雇员成立的公司的法人格,直接要这个雇员承担责任。在我国现实生活中,公司的劳动者、技术人员离开公司后,违反他与公司之间的合同约定,利用公司的营业秘密及客户网络另设公司从事竞业活动的也不少。

近几年来,学术界普遍感到,确立公司法人格否认理论具有实践意义。公司法人格否认不是否定法人制度,是在完善法人制度。实际上,就是不能让一些有不良动机的人,凭借公司的独立人格、股东的有限责任,而损害他人的利益。虽然我国还没有明确规定,⑥但是,可以在实践中按照诚实信用原则运用这个原理。起码我们按照《民法通则》第 7 条的规定,民事活动应当尊重社会公德,不得损害社会公共利益。所以,规避法律、回避合同义务、逃避债务、欺骗债

---

⑥ 2005 年《公司法》第 20 条规定:“……不得滥用公司法人独立地位和股东有限责任损害公司债权人的利益”;“公司股东滥用公司法人独立地位和股东有限责任,逃避债务,严重损害公司债权人利益的,应当对公司债务承担连带责任”。从而在法律上确立了公司人格否认制度。

权人,我们是不能支持的,法律是不应当允许的。

(五)法人的分支机构

我国在《公司法》实施以前的有关法律和政策,把企业法人的分支机构分为两种:有法人资格的分支机构、没有法人资格的分支机构。严格说这种划分是不科学的,企业法人的分支机构不可能具有法人资格,否则成了母公司与子公司的关系了。总公司与分公司,分公司不具法人资格,是分支机构。既然这样,分支机构还不是真正的民事主体,也不可能独立承担责任。但是,他可以在公司法人的授权之下,以一定的财产为基础开展一定的业务活动,发生了纠纷也可以作为诉讼主体参加诉讼,公司法人对他的分支机构授权,是公司内部活动;而对第三人来说,公司与分支机构是一体,公司法人要对分支机构的债务承担责任,这不是保证的问题,而是公司法人就是承担责任的主体。如果分支机构是法人,那就应该认为它是与从属(上级)公司法人是相互独立,是出资关系,是母公司与子公司的关系。一般情况,也就是说没有发生法人人格否定的情况,母公司是不为子公司承担责任的。

二、公司法及其公司股东权的保护

我们知道,公司是企业的一种形式。企业在法律上可以分为三种类型:一是独资企业;二是合伙企业;三是公司企业。现在我们讲的是公司,公司必须是法人,要有独立的财产,对外要能独立的承担责任。

在我国不承认一人公司,但是承认国有独资公司。公司的财产与股东的财产在法律上是严格分开的,公司的财产是由股东投资的,但一旦股东投资后,财产即属于公司,股东及失去控制权;而独资企业的企业主仍然直接控制了企业的财产,所以对企业的债务要承担无限责任。合伙企业一般也不是法人,所以合伙人对合伙债务要承担无限责任,合伙强调的是共同经营、共同劳动,是人合性质,公司(主要)是资合性质。

公司又可以分为四类:无限公司、有限责任公司、股份有限公司、两合公司。我国公司法只规定了两种公司形式:一是有限责任公司;二是股份有限公司。无限公司没有规定,认为可以按照合伙企业法去调整。为什么没有两合公司?实践上是存在的,两合公司与有限合伙、隐名合伙非常相似,但是合伙法上也没有规定。所以,这恐怕是我国企业立法上的欠缺。一方面,我国公司法是不允许设立无限公司和两合公司的;另一方面,在实践中往往存在这样的企业,甚至它就叫公司。但在处理它们的纠纷时,只能在合伙法中去找根据,合伙的一个重要特点是依据合伙合同成立,所以就可以根据当事人之间的协议,找出解决问题的办法。

(一)有限责任公司与股份有限公司的区别

这两种公司的基本的共同点,是具备法人资格,能够独立对外承担责任。但是在成立条件、资金的募集方式、财务公开程度、内部管理机构方面都有明显的区别,我不准备全面去讲。我们只讲资本流转的问题,两种公司的股权证明形式不同:在有限责任公司中,股东的股权证明是出资证明书,当然其份额是可以转让的,出资证明书是不能转让、不能流通的;在股份有限公司中,股东的股权证明是股票,即股东所持有的股份是以股票的形式体现出来的,股票是公司签发的证明股东所持股份的凭证,股票是可以转让、可以流通的。

在股份的转让方面,在有限责任公司中,股东要转让自己的股份,也就是转让自己的出资,受到的限制较多。比如,我国《公司法》第35条规定:"股东之间可以相互转让其全部出资或者部分出资。股东向股东以外的人转让其出资时,必须经全体股东过半数同意;但是不同意转让的股东应当购买该转让的出资,如果不购买该转让的出资,视为同意转让。经股东同意转让的出资,在同等条件下,其他股东对该出资有优先购买权。"在股份有限公司中,股东转让自己的股份比较自由,特别是无记名股票的转让,由股东在依法设立的证券交易场所将该股票交付给受让人后即发生转让的效力。但是公司的发起人所持有本公司的股份,在公司成立之日起3年内不得转让。公司的董事、监事、经理应当向公司申报自己持有本公司的股份,而且在任职期内不得转让。

总之,股份有限公司,是典型的资合公司,是一种开放性的公司;有限责任公司,是一种具有人合性质的资合公司,与股份公司相比较,是一种封闭性公司。有限责任公司不仅注重资合因素,而且注重人合因素,如当有的股东不能缴付出资时,其他的股东就应当具有"填补出资"的义务,实际上是一种连带责任,不过这只是涉及出资而已,公司对外承担债务还是独立承担的。

(二)公司资本三原则

1. 资本确定原则

资本确定原则,是指公司资本总额应当记载在公司章程中,并在公司成立时认足、募足。根据我国公司法的规定,公司的注册资本不得低于法律规定的最终限额,并且要在公司成立时认足、缴足。公司注册资本必须是实有的、自有的。

公司成立时,虚报注册资本的,或者在一定时间内资本不到位的,责令改正,处以虚报注册资本金额的5%以上10%以下的罚款;情节严重的,撤销公司登记,甚至构成犯罪,我国刑法规定了"虚报注册资本罪"。

在实务中,虚报注册资本,出资不实的,如何保护债权人的利益呢?如果情节不严重,虚报注册资本的数额较少,仍然可以责令股东在注册资本金的范围内承担有限责任;如果情节严重的,就可以剥去法人的面纱,由股东承担连带责任。

2. 资本维持原则

资本维持原则,是指公司应当维持与资本数额相应的财产,以维持公司的清偿债务的能力,保证债权人的利益。比如,我国公司法规定,累计转投资不得超过净资产的50%;有限责任公司的初始股东对现款之外的出资价值要负连带保证责任;股份公司不得以低于股票面额的价格发行股份,但是为了减少公司资本而注销股份或与持有本公司股票的其他公司合并时除外;公司在弥补亏损、提取公积金、公益金之前,不得向股东分配利润。以上都是强制性规范。

3. 资本不变原则

资本不变原则,是指公司资本总额,非依法定程序不得改变资本总额。如果要减少资本应当编制资产负债表、财产清单,向债权人发出通知,在30日内至少在报纸上公告3次。不按规定通知公告的,对公司罚款,数额在1万~10万元。

我国设立公司,资本不实、假出资、抽逃资金情况不少,我们要坚持资本三原则的精神。

(三)公司的对外投资

这里有两个问题需要明确:一是公司不能投资于使公司承担无限责任的企业。对此,《公司法》与《民法通则》规定不同,《民法通则》规定了法人的联营,现在的问题是公司能不能成为合伙人?现在的理论认为,公司参加合伙,对公司股东不利,对债权人不利,而我觉得在法律上并没有障碍。二是公司转投资数额不得超过公司净资产的50%,但接受被投资公司以利润转增的资本,其增加额不包括在内。

中国银行天津市分行贷了款给公司,公司成立子公司。那么,公司能否用股权承担债务:原则上是可以的,如果是有限公司还需要得到其他股东的同意,这涉及股份转让的问题。股东权包括自益权、公益权。自益权是财产性权利,清偿债务没有问题;公益权主要是表决权,能否用以清偿债务?说到底,银行能不能接收公司,成为公司的成员、董事,甚至当董事长,这是可以讨论的。这也涉及法人人格否定的理论。在涉及债转股的问题时,债权是可以转成股权或股份的。

(四)股东权利的保护

在一定的意义上,公司是为了股东的利益而设立的,尽管公司具有独立的人格。但是,各国公司法均为股东规定了广泛的权利,并为权利的保护设置了一整套严密的保护体系。我国公司法对股东权保护规定了多项内容,有些直接赋予股东特定的权利,包括各种请求权和起诉权,如《公司法》第32条规定的文件查阅权、第33条规定的分红权、第111条规定的股东会、董事会侵犯股东权益时的起诉权;有些通过赋予监察机关的监察权而间接地维护股东权;有些通过赋予董事、监事、经理义务的方式,实际上是维护股东的权益。

股东权利的性质,我国学界讨论了10余年,没有一个明确的结论。但是,股东权利是由自益权和共益权组成的,大家对此几乎没有异议。自益权包括股利分配请求权、利息分配请求权、剩余财产分配请求权、新股认购优先权;共益权主要指表决权、知情权等。我国现在有了《公司法》,但许多公司并没有规范化,股东的权利没有得到切实的保障。在司法实践中,存在以下问题:(1)有的法院对公司内部组织和内部行为纠纷一般以属于企业内部管理纠纷为由不予受理,当然《公司法》颁布后这种情况越来越少了。(2)公司监事会没有起到监督董事、经理的作用,公司法也规定得不明确,如监事会能否代表公司起诉董事会?(3)股份公司的情况对股东不公开,股东的知情权往往还没有保障。比如,发行股票,公司向社会公开的信息应当是真实的、准确的、及时的,让股东蒙在鼓里,这是违背法治精神的。

(五)关联企业问题

中国关联企业的兴起是中国改革开放的结果。其主要表现形式是企业集团。企业集团是党的十一届三中全会后经济体制改革的产物,并随着改革的不断深化而逐渐发展壮大。我国的企业集团,具备这样四个特征:(1)企业集团要有多层次的组织结构,一般包括四个层次:集团核心——具有母公司性质的集团公司;紧密层——由集团公司控股的子公司组成;半紧密层——由集团公司的参股企业组成(当然还达不到控制集团公司的程度);松散层——由与集团公司有优惠性稳定的协作关系的企业组成。(2)企业集团内部要有一定的联系纽带。集团公司与紧密层、半紧密层企业的联系纽带主要是资产纽带;与松散层企业的联系纽带主要是合同关系。(3)企业集团要有一个能起主导作用的核心企业。这个核心企业必须具有统一的发展战略和发展规划,必须具有投资中心功能。(4)企业集团的核心企业与成员企业各自都是独立的法人,企业集团则是这些企业法人所组成的联合,而企业集团并不是法人。

企业集团的组成应该是自愿的结合,它或是资本的结果,或是合同关系的结合。而我国企业集团的形成主要是通过行政手段组建成的,实行的是"人、财、物、产、供、销、党、工、团”九统一,其中大多是凑拼在一起的,企业集团内部并没有真正形成稳定的资产联合和法律机制。所以,企业集团往往还没有达到资源的优化配置,企业集团还没有很好地发生规模经济的效应。今后,我国的企业集团应逐步依靠资本参与和外部兼并的方式进行组合,而主要须依靠资本市场的发展和完善。当然,利用合同机制形成关联企业也是可行的,但是这种合同——也称为一种支配性合同,或叫控制性合同,要约定一方享有指挥支配另一企业的权利,另一企业要服从这种指挥支配的义务。对于我国现有的联营合同、承包合同、委托经营合同等,这方面的立法还不完善。

在关联企业中,我们特别要注意母公司与子公司的关系。我们知道,母公司与子公司一般都是根据有限责任原则组成的各自独立的法律实体,在通常情况下,让母公司对子公司的债务承担责任并无法律上的根据。但是,除有限责任这个一般规则外,还应考虑母公司与子公司的特殊关系,在某些情况下,要让母公司对破产子公司的债务担负一定的责任。这又涉及揭开公司面纱的问题:(1)子公司实际上是母公司的傀儡部门,母公司具有过分的控制权,为子公司决策;(2)母公司为了自身的利益,对子公司进行不当的管理、不当的干涉;(3)双方资产和事务过度混合,实际上已经没有子公司的独立财产,说调拨就调拨,雇员也混合,甚至都是一个董事长。在这种情况下,就要考虑母公司承担责任了,否则对债权人是不利的,是不公平的。

三、合伙法与合伙债务的承担

(一)合伙的法律地位

合伙企业有自己的字号,对外活动是以合伙组织的名义,不是以合伙人个人的名义;合伙企业拥有一定的资产,这是相对独立的财产,尽管所有权仍然还在合伙人手中,但是,经营管理、支配甚至处分的权利已经转到合伙企业中。所以,从理论上讲,合伙一样可以被宣告破产。合伙企业有了独立当事人的地位,可以作为一个诉讼当事人起诉和应诉——可见,合伙是一种组织联合体。

但是,合伙是不是民事主体?国内理论界的意见不同:(1)合伙不是主体(谢怀栻、余能斌等);(2)合伙是第三民事主体(江平,我也同意);(3)合伙的主体资格应区别对待,一些简单的合伙不能成为主体,而有字号、有组织的合伙应成为主体。实际上,第三种观点只是在第二种观点上作了一点解释。国外有关合伙法律地位有两种观点:第一种以法国为代表,在民法典中明确规定合伙享有法人资格;第二种以德国、日本为代表,认为合伙只是主体间的合同关系,并于民法债篇中规定。

我认为合伙企业是主体,但是它与法人又不同:一是合伙企业是合同关系的产物,法人是法律赋予的产物,设立合伙企业主要是依据合伙协议并进行登记即可,而设立法人则必须依照法定的条件、程序和方式进行;二是法人责任不涉及法人的成员,所以成员是负有限责任,但在合伙关系中,合伙责任与合伙人的责任是不可分离的,合伙人要对合伙和债务负连带无限责任,合伙人的责任范围涉及每个合伙人的全部个人财产。

(二)合伙的分类

在大陆法系国家,合伙往往被分为民事合伙和商业合伙。在民商分立的国家,商业合伙规定在商法典中。实际上,当今的合伙绝大部分是商业合伙,我国就叫合伙企业。现在由于民商合一的趋势,这种划分的意义已经不大。大陆法系国家,除一般合伙外,还有一种称为隐名合伙;与隐名合伙相类似的,英美法系国家称为有限合伙。在我国,隐名合伙、有限合伙在实践中都存在,只是国家法律没有规定,我国《合伙企业法》的前几个稿子中都有有限合伙的规定,最后还是去掉了,觉得不成熟。

什么是隐名合伙?是合伙的一种特殊形式,它是指一方仅向他方所经营的事业出资,并不参加执行业务,但分享盈利,并以出资额为限承担亏损责任的合伙。其中,出资的一方称隐名合伙人,接受出资的一方称出名营业人。

隐名合伙与一般合伙的不同之处有四点:

1. 在出资财产方面,一般合伙中合伙人各自出资,财产属于合伙人共有。在隐名合伙中,隐名合伙人对他方出资,财产属于出名营业人所有,如果有几个出名营业人时，财产即属于这几个出名营业人所共有。

2. 在主体资格方面，在隐名合伙中，只有出名营业人才是权利主体、才出名，隐名合伙人不出名，不是权利主体。所以隐名合伙人的变更或死亡，不会影响合伙营业的继续进行。

3. 在事务执行方面，隐名合伙人一般不得执行合伙业务，没有表决权，不能干涉合伙的重大事务。

4. 在承担责任方面，一般合伙的合伙人对合伙债务负无限的连带责任。而隐名合伙的出名营业人对合伙债务负无限责任，隐名合伙人仅以自己的出资对其负有限责任。

另外，隐名合伙与两合公司有许多相同之处，它们都是由一方负有限责任，另一方负无限责任的当事人组成的。但是，两合公司的财产属于有限责任股东和无限责任股东共有，而且双方都出名。而隐名合伙的财产是专属于出名营业人的，只有一方出名。

什么是有限合伙？它是由至少一名普通合伙人和至少一名有限合伙人组成的合伙。普通合伙人负责合伙业务的经营，并对合伙债务负无限责任；有限合伙人则不参加合伙业务的经营，也不能以其行为约束商号或撤回其所出资本，对合伙债务仅负有限责任。

这里有两个问题：(1)有限合伙人(隐名合伙人)为什么要加入这个合伙？因为这是一种比较稳妥的投资方式，按投资取得盈利，又不参加经营，只负有限责任，在得到普通合伙人同意后，也可以转让自己的份额，与参加公司几乎是一样的。(2)普通合伙人、一般合伙人为什么愿意接受有限合伙人呢？因为扩大了资金，而且又不干预他们的经营。这就是它能长久不衰的原因。

1994 年 3 月深圳人大通过了一个合伙条例。⑦ 该条例限制外国人成为合伙人。另外，该条例第 53 条规定，允许有有限合伙。吸纳有限合伙的目的在于吸收资金，所以该条例没有设置限制条件。根据该条例第 57 条的规定，自然

---

⑦ 这里所说的《合伙条例》，是指 1994 年 3 月 1 日深圳市第一届人民代表大会常务委员会第二十七次会议通过的《深圳经济特区合伙条例》。该条例分总则、普通合伙、有限合伙、附则 4 章 73 条，自 1994 年 5 月 1 日起施行；2012 年 5 月 4 日，深圳市第五届人民代表大会常务委员会公告第八十一号公布废止。

人、法人、非法人经济组织,都可以成为有限合伙人,而且采用国民待遇原则,没有区分中资和外资。

(三)法人能否充当合伙人?

我国《民法通则》只规定了个人合伙,但是在"联营"一节中,规定了合伙型联营。学者一般认为,联营就是法人的合伙。从外国的规定看,美国是明文准许法人为合伙人的,苏联也准许法人为合伙人,德国、日本、瑞士等国的民法,也没有对合伙人的资格作限制。但我国在公司法上,对此作了限制,前边我们已经提到了这个问题。为什么要做这样的限制?一般认为,合伙人要负无限责任,公司充当合伙人后一旦合伙经营不善,公司必将受到影响。有人认为,法人成为合伙人后,法人的经营活动将受制于全体合伙人,公司将失去作为法人的独立性,使董事会失去对公司的控制力。这些理由都是很牵强的。我认为,法人应当允许加入合伙成为合伙人。

(四)事实合伙

什么是事实合伙?通俗地说,其名义上不称为合伙,但在法律性质上是合伙。比如,称之为"集体企业""股份合作制企业""工厂""公司",而事实上是合伙。下面,我们举些案例加以说明。案例(实际上是一个"挂靠"的例子):6 名被告成立了一个"集体企业",乡政府是名义上的唯一投资者和"主管部门"。但没有证据表明,乡政府或者其他任何公立机构曾对公司进行过投资。在以后的几年中,6 名被告总共从公司分得 38 万元的利润。几年后地方检察院以贪污罪对 6 名被告提起公诉,一审法院认定 6 名被告均犯有贪污罪,其中 1 名被告判死刑(缓期执行),其余 5 名被告分别判处了 3 ~ 12 年有期徒刑。二审法院(安徽省高级人民法院)认为,公司名为集体企业,实为个人合伙,被告是分配合伙利润而不是贪污集体财产,故宣告 6 名被告无罪。还有一个案例,与这个案例情节相似。一个企业,其中 20% 股权为乡政府所有,80% 股权为几个自然人个人所有,这样成立的"集体企业"实为"个人合伙"。因为《城镇集体企业条例》第 4 条规定,在集体所有制企业中,集体所有的财产应不低于 51%,而这个企业集体只占20%，不能算集体企业，因此，几个被告虚报支出而占有企业财产只是“私分个人合伙财产”，并不构成贪污罪。

还有一个案例，被告二人经营一家挂靠在县广播站的镭射影视厅。1995 年二被告与原告丙达成协议，被告以 30 万元将影视厅转让给原告，原告先付 20 万元，其余在 1996 年付清。结果在原告付清 20 万元后，上级通知禁止放映激光视盘故事片的营业。原告随后向法院起诉，要求法院确认自己和二被告之间的合同无效，由被告返还 20 万元转让金。法院认为，被告二人的影视厅名义上隶属广播站，而实际上是合伙投资、合伙经营的私人企业。根据上级通知，被告无权经营镭射影视业务，当然更无权转让，被告与原告的协议无效，应当返还原物，退还其 20 万元。

(五)合伙外部的债务承担

了解合伙债务的承担，我们首先要说明什么是合伙债务。合伙债务，是指以合伙组织的字号或者全体合伙人的名义，在与第三人发生民事法律关系中所承担的债务。在这里，承担合伙债务的主体是合伙，不是合伙人。但承担债务的财产，不仅涉及合伙中的共有财产，也涉及各个合伙人的个人财产。而合伙人以个人名义所为的行为，由此产生的债务与合伙和其他合伙人无关，那只是合伙人个人的债务。因为合伙人对合伙债务要负无限责任，所以，当合伙财产不足以承担债务时，还要由合伙人以其个人的财产承担无限责任。反之，当合伙人用个人财产偿还个人债务不足时，从法理上讲，应当允许这个合伙人以他投入合伙的财产份额偿还。但是，为保障合伙的正常运营，现在的合伙法一般对合伙人用合伙财产偿还个人债务，作了一些限制。比如，我国《合伙企业法》第 43 条规定，合伙人个人财产不足清偿其个人所负债务的，该合伙人只能以其从合伙企业中分取的收益用于清偿。也就是说，在一般情况下，不能用出资承担个人债务；但债权人也可以依法请求人民法院强制执行该合伙人在合伙企业中的财产份额用于清偿。这是对过去合伙法的一个修正。从保护生产力角度出发，恐怕应以不影响合伙的正常运营为标准。

有人提出，如果合伙的债权人、合伙人的债权人同时分别向合伙、向合伙人请求清偿债务,怎么办?而且合伙财产已经不能清偿合伙的债务了,合伙人的个人财产也已经不能清偿个人债务了。这种情况下应该先清偿哪一边的债务?我想不出好办法。从公正出发,只能各自清偿各自的,能清偿多少算多少。不过,我们要注意,合伙财产不足清偿时,这一个合伙人因为清偿个人债务,不能再用个人财产去清偿合伙债务时,其他合伙人还要负连带责任;合伙人个人财产不足以清偿其债务时,与其他合伙人无关,只能由个人解决。

合伙人对合伙的债务承担无限责任,对无限责任的理解不一致:(1)以现有的所有的财产去承担责任;(2)现有财产不足,把账记下,以后也要清偿,这辈子还不了,下辈子也要还;(3)以现有能够清偿的财产去清偿,要留有生活用品,这就是采取个人破产的办法,什么是破产财产由法律加以规定。从理论上讲,第一种理解比较合乎情理,但操作比较困难,因为往往搞不清楚这个合伙人到底有多少个人财产,所以通常就采取第二种理解了。

至于连带责任,实际上是合伙人共同对债权人的担保。这是由合伙经营的规模、出资方式、分配方式决定的。

(六)合伙内部的损益分配

我国《合伙企业法》第32条规定:“合伙企业的利润和亏损,由合伙人依照合伙协议约定的比例分配和分担;合伙协议未约定利润分配和亏损分担比例的,由各合伙人平均分配和分担。”

我们知道,最高人民法院《关于贯彻执行〈中华人民共和国民法通则〉若干问题的意见》第44条规定,在没有约定的情况下,应当按照合伙人出资的比例分配。在这个问题上,法国、日本民法规定的是按照合伙人的出资比例分配;德国民法则规定一律平均分配。我国是先采取法国模式,这次又改为德国模式。

另外,还必须强调一点,就是合伙人协议不得约定将全部利润分配给部分合伙人,或者由部分合伙人承担全部亏损。因为这样约定,实际上是剥夺了部分合伙人的合伙人资格。

还有,以不同的出资方式,如以技术、劳务、知识产权出资,怎么进行损益分配?多数国家规定这些合伙人可以参加盈余分配,但要不要承担亏损责任,各国的规定就不同了。例如,瑞士民法规定,要承担亏损责任;法国民法规定,以出资额最少的合伙人的比例承担。我国司法解释规定,无论用什么出资,都要评估,只提供技术、劳务出资,不提供资金、实物出资的合伙人,对于合伙经营的亏损额,对外也要承担连带责任,对内则应当按照协议约定的比例承担亏损,如果合伙协议中没有约定承担比例的,应按照其余合伙人平均出资的比例承担亏损责任。

四、股份合作制企业的法律问题

长期以来,股份合作制被视为集体企业和中小型国有企业改造的重要形式。截至1997年,全国已有400多万家各种形式的股份合作制企业,仅乡村股份合作制企业就达300多万家。股份合作制是农民自下而上的自发创造,理论研究和法律的规定都比较滞后。时至今日,理论界的认识仍相去甚远,无法制定出一部全国统一的股份合作企业法。实践中,对股份合作制影响最大的是农业部1992年印发的《关于推行和完善乡镇企业股份合作制的通知》。该通知给股份合作制下的定义是:"股份合作企业是指两个以上劳动者或投资者,按照章程或协议,以实物、技术、土地使用权等作为股份,自愿组织起来,依法从事各种生产经营服务活动,实行民主管理、按劳分配和按股分配相结合,并留有公共积累的企业法人或经济实体。"其特点有:(1)营利性与互助性的兼顾,以互助性为主;(2)资金联合与劳动联合的统一,职工自愿入股;(3)股份民主与劳动民主的适当结合,以劳动民主为主;(4)按劳分配与按资分红的同时并存,但限制股金分红;(5)在股份设置上以职工个人股为主,股份的转让受到限制;(6)在股权结构上主张入股相对均衡,因为实行一人一票制;(7)对外承担有限责任;(8)在非常严格的条件下,股东可以退股。

我们知道,由于很多地方股份合作制的实践在先,而相应规定在后,更缺少全国性的股份合作制立法,导致各地股份合作制形式多样,出现了一些比较有名的地区模式,如温州模式、深圳模式、周村模式、诸城模式等,其中周村模式是集体企业改制的代表。

周村模式的做法是,在确定乡镇集体企业股权上,主要实行"三七"比例和量化到人的做法。即对于集体兴办的老企业在清产核资的基础上,对企业资产进行评估,确定现值。然后,企业资产净值按"三七"比例分别划为职工基本股和乡(镇)村集体股,并将职工基本股分别按照职工的工龄长短、工资级别和岗位职务等条件量化到人;职工的基本股作为对创业者的劳动补偿,其个人享有按股分红的收益权,但没有所有权、处分权,不得买卖、转让和继承,而且享有基本股的职工,必须向企业购买一定的个人股。另外,还可以向职工、村民和社团法人等招股。这样,就把集体兴办的老企业转换为股份合作企业。

在积累分配机制方面,周村股份合作企业在分配中明显坚持以按劳分配为主、按股分红为辅的原则。据统计,1991 年在股份合作企业职工的总收入中,按劳收入占 93.4%,息红收入占 6.6%。

在企业内部管理体制方面,大部分企业都建立了股东会、董事会和监事会,并尝试按照现代企业制度进行运作。实行一人一票制,不按股份确定权力,这种做法,比较适合于由集体企业转换而来的职工全员持股型的股份合作企业。

周村从 1994 年起深化改革,允许法人股、个人股超过集体股;允许突破职工分配股与集体股的"三七"比例的界限,根据情况可以"五五"开,也可以倒"三七"开;允许以原 70% 的集体股中再拿出 35% 左右量化到社区范围内的全体劳动成员。周村的深化改革意味着股份合作企业内部产权结构的改革拉开了序幕。但是,在《公司法》颁布、股份制的法律地位受到明确肯定和保护之后,我们有理由怀疑:股份合作企业能否抵挡住责、权、利更加明确,而组建和运行成本更加低廉的股份制的诱惑?事实究竟如何,让我们拭目以待。

现在,重要的是对股份合作制企业法律地位的认识。

目前,理论界和实务界虽然在股份合作制研究方面做了大量工作,也取得了不少成果。但是在股份合作制的法律地位这个根本性的问题上,尽管很多同志认为它是一种"独立的企业形态",但至今还没有什么观点能够就此进行真正有说服力的论证。而围绕股份合作企业的股份设置、股权结构、表决机制等具体制度,也是众说纷纭,无法形成一致意见。全国人大曾把股份合作制立法列入立法规划，但由于争论太大，在试拟稿进入第六稿后也被搁置了。我认为，造成这一切的最根本的原因就在于：股份合作制不是一种独立的企业形态。原因如下：

第一，被视为经典的前述农业部通知对股份合作制的界定就是不准确的。这个定义中我们几乎不能发现股份合作制与股份制的区别。股份制企业也是"两个以上劳动者或投资者"入股设立的；也要实行民主管理、按股分配；也要留有公共积累；也是企业法人或经济实体。同样，这个定义与合作社的特点也有很大的交叉，没有成功地界定出股份合作制自身的特点。合作社也能按股份筹集资金，并可支付利息，外国的股份式合作社就是最好的范例。而现代合作社同样要根据制衡原则设立权力机关、执行机关和监督机关，不能说这些特点是从股份制中吸收过来的。而"股东参加劳动"和"提取公共积累"也不是合作社独有的特点，股份制中也有这样的因素。公司所要提取的公积金就是最典型的"公共积累"。因此，农业部通知实际上也只是对股份制和合作制一些特点的累加，而没有，也不可能真正界定出股份合作制固有的特征。

第二，在组织机构和管理模式方面，股份合作制中的股份因素和合作因素很难协调，即使勉强设计出一个比较精巧的模型，其运行成本也比较高昂，与其所带来的收益相比，也显得很不经济。而且这种制度对职工股东的民主意识和议事能力都有较高的要求，在广大农村地区的乡镇企业和"老集体"企业中，大多数农民职工很难达到如此高的要求。而强行要求"一人一票"，与其说是合作民主的体现，还不如说是对大股东权益的侵害，大股东承担了较大的风险，却只有平均的表决权，这也是不公平的。另外，职工入股，往往偏重于短期利益，在股份合作企业中，职工是有表决权的，这就往往使经理层（管理层）屈服于职工对短期利益的要求，而做出不利于企业长期发展的决策，这就是股份合作制无法避免的"自我循环"悖论。

第三，从股份合作制的产生来看，股份合作制最早产生于 20 世纪 80 年代中期的浙江温州地区，当时的社会环境不利于股份制的健康发展，当地农民对股份合作制的选择实际上是为了在利用股份制优势的同时避免相应的政治风险。

第四,我国正在努力建立的“现代企业制度”的核心也是股份制,股份制的地位已不再尴尬,完全可以堂堂正正地为建设社会主义市场经济做出自己的贡献,而不必再给自己蒙上“合作制”的面纱。可以说,股份合作制是在当时的社会环境下的一种变通物,如今新的社会环境已使这种变通不再必要,历史应该让股份合作制退出舞台,而恢复股份制应有的位置。

第五,一种企业形态要能生存发展,首先要看它能给人们带来什么好处。换言之,在众多的企业形态中,人们为什么要选择它?它的好处是不是现有的制度不能提供、不能代替的?这些好处是否足以让人们为之专门设立一项企业制度?它具有什么缺点?人们能否以比较经济的成本克服这些缺点,或是以不太高昂的代价容忍这些缺点?就这一点看,股份合作制的地位的稳固性也值得怀疑。历史上,公司的发展是因为有限责任带来的革命,合作社的产生源于人们对经济上人格平等的追求,而股份合作制要想成为与它们并列的独立的企业形态,却很难发现一个牢固的宏观支撑点:它微观上不多的优越性大多已被其过于高昂的成本抵消,而且能被其他的企业形态代替——即使因此要对其他的企业形态加以一定的改革,其成本也比单独制定并推广一部比较复杂的股份合作企业法要小得多,何况那些改革还能带来其他方面的更多的益处。

综上所述,从理论和实证角度看,股份合作制都不能成为独立的企业形态。随着社会主义市场经济的发展和企业规模的壮大,现有的股份合作企业终将冲破“股份合作制”这种过渡产品的束缚,它们中的绝大多数将走向规范的股份制,在农林牧副渔业等领域也会有少部分选择合作社的形式,当然,那还需要相应的法律法规的配合。

五、企业承包和企业租赁的法律问题

(一)企业承包经营

1. 承包经营的含义

承包经营,是在坚持企业的社会主义全民所有制的基础上,按照所有权和经营权分离的原则,以承包合同形式,确定国家和企业之间的责权利关系,使企业做到自主经营、自负盈亏的经营管理制度。其基本特征:包死基数,确保上缴,超收多留,歉收自补。

我国农村的家庭联产承包制,是在土地等基本生产资料公有制基础上实行所有权与经营权分离的有效形式。它的一条主要经验,就是理顺了农民个人和集体的关系,在“两权”分离的基础上使农民有了充分的经营自主权。目前,城市中企业推行的承包制,也正是把农村中承包制的成功经验引进企业,用承包合同的形式,把国家与企业、企业和职工的责权利结合在一起,使国家、集体、个人利益相统一,职工的劳动所得与劳动成果相联系,打破职工吃企业“大锅饭”,企业吃国家“大锅饭”的弊病。这种承包制没有改变企业的所有制性质,而是在企业的经营管理关系和分配关系方面进行了适度变革,从而理顺了国家、企业、职工之间的关系。在这一定意义上,承包经营已经成为搞活企业的有效法律形式(但是,并不是一包就灵),并在以下几个方面显示了它的突出作用:

(1)理顺了国家和企业的关系;

(2)推动了企业内部的配套改革;

(3)促进了生产力的发展;

(4)调动了企业经营者和职工的积极性。

2. 企业承包经营的法律特征和法律形式

企业的承包经营责任制,是指所有者和承包者通过签订经济合同的形式,明确企业所有者和企业经营者或其全体成员之间的经济责任、经济利益的一种经济责任制度。企业承包经营合同是我国社会主义民法的合同制度在经济体制改革中的一个创新,是民法上的一种新型的、特殊的承包经济合同。这种新型的承包合同,不仅具有一般经济合同共有的法律特征,而且具有其自身独有的特征。但是,统一合同法(草案)没有将其纳入,有的学者认为它不是民事合同。一般来说,企业承包经营合同反映到企业身上,有如下几个方面:

第一,承包合同的中心内容是使企业承包者具有明确经济责任,逼着他们眼睛向内挖掘潜力,依靠自己的努力,加快技术改造,实现资产的补偿、更新和增值,从而保证企业兴旺发达。但是,承包经营者不负经营性亏损责任和财产增值责任,经营后果仍由所有者承受。所以,订立承包合同,合同双方必须坚持平等、自愿和协商的原则。

第二,承包合同一经确立即具有法律效力,双方应该严格遵照合同规定承担义务和享有权利,不能随意撕毁合同。发包方主要运用经济手段和法律手段,对企业进行间接管理。承包方则要充分运用对企业生产资料的支配权和使用权,层层落实对国家承担的责任和义务,确保合同的兑现。完不成承包合同任务的,应当承担违约责任。

案例一(浙江省的案例):

原告:海口金航企业发展有限公司(私营)

被告:大连华讯国际空运有限公司(中外合营)

宁波市中级人民法院经审理查明:1990 年 5 且 15 日被告大连华讯国际空运有限公司董事会为扩大国际空运业务,决定在宁波等市设立分支机构。1990 年 5 月 17 日华讯公司副董事长罗某某与原告的代表李某在大连草签了一份《分支机构承包合同》。合同规定,由金航企业发展有限公司承包经营大连华讯国际空运有限公司宁波分公司,并规定由被告方办理上级机关的批文、财务汇总等事项,由原告负责宁波分公司的投资、经营、人员招聘。宁波分公司每年向被告缴纳 6 万元管理费,暂定 2 年,当宁波分公司经营效益提高后再议。合同由被告代表罗某某签字后由原告代表李某带回。直至 1991 年下半年李某以原告代表的身份在合同上签字后用传真送给了被告,并将签字日期提前写为“1990 年 6 月 9 日”。此日系宁波分公司第一次经国家工商局批准成立的日期。1990 年 7 月 13 日,对外经济贸易部发出(90)外经贸部进出运字第 538 号文件,规定凡需进行国际货运代理业务的企业必须申领《国际货物运输代理企业认可证书》。由此,宁波分公司中止了经营活动。为取得国际货运代理业务的资格,原告通过各个环节,花费了大量的精力和物力,积极进行申报活动。1990 年 12 月 10 日,宁波外商投资管理局同意华讯公司在宁波设立宁波分公司。同日,被告董事长与原告代表李某又签订一份协议书。协议规定,由原告负责对宁波分公司的报批、注册、成立,并筹集资金,实行全面管理,经营期限为 5 年。1991 年 5 月 9 日对外经济贸易部以(1991)外经贸进出发第 281 号公布了宁波分公司作为我国第二批国际货运代理企业。通过原告的积极工作,1992 年 6 月 9 日,国家工商局向宁波分公司正式颁发了具备国际货运代理业务范围的营业执照,宁波分公司的负责人为李某。但不久,即同年 7 月 13 日,华讯公司代表写信给宁波分公司负责人李某,提出了“总公司接管宁波分公司”的董事会意见,又于同年 9 月 1 日向各客户和其他分会司宣布“宁波分公司经理李某从即日起不能代表宁波分公司对外行使一切有关合同的签署和业务联络”,从而使宁波分公司的经营活动陷入困境,双方遂起纠纷。

一审法院根据事实作出判决:

(1)金航企业发展有限公司对大连华讯国际空运有限公司宁波分公司的承包经营应继续履行,至 1995 年 12 月 9 日止。显然,法院认为合同有效。

(2)金航公司从 1992 年 6 月 9 日起,至 1993 年 12 月底止,应缴被告的管理费予以免缴。

(3)本案案件受理费 7160 元,由被告大连华讯国际空运有限公司负担。

被告大连华讯国际空运有限公司不服一审判决上诉称:(1)金航企业(海口)发展有限公司不能成为本案的诉讼主体即原告。因为,1990 年 6 月 9 日合同中由李某代表签约的一方当事人为金航企业公司,这与金航企业发展有限公司之间不能等同。所以金航企业(海口)发展有限公司不具备诉权,建议裁定驳回起诉。(2)承包合同的主体和客体不存在。在签订《分支机构承包合同》之时,宁波分公司还在筹建之中,这就缺乏承包合同的客体。同时,金航企业(海口)发展有限公司是在 1991 年 1 月 14 日领取法人营业执照的,那又如何成为签约主体?(3)协议的内容不合法。对外经贸部、国家工商行政管理局早在 1990 年颁布的外经贸法字第 22 号《关于承包经营中外合资经营企业的规定》中指出,合营企业属于国家重点项目,特别是能源和交通项目不得实行承包。而宁波分公司正是专业从事货物运输的特殊行业,故此,宁波分公司不能作为承包的客体。(4)法庭经过质证证实了宁波分公司是由私营企业承包经营的事实,这显然与外经贸部(90)外经贸进出运字第 538 号文关于私人企业一律不得经营国际货物代理业务的规定相抵触。故请求撤销原判,依法改判。

二审法院认为,大连华讯与海口金航之间签订的由海口金航筹建并承包经营宁波分公司的合同和协议,是双方真实的意思表示,内容不违反国家法律有关规定,依法应确认有效。大连公司在海口公司已经履行了承包合同所约定义务的情况下,无正当理由,单方提出解除承包关系,应当承担相应的民事责任。所以判决如下:

(1)驳回上诉,维持原判。

(2)二审案件受理费7160元,由上诉人大连公司负担。

问题:为什么这样处理?

就本案来说,关键的问题是这份"分支机构承包合同"是否有效。我们可以从以下几个方面来分析:

第一,此份承包合同是否具备主、客体的实质要件?

企业承包合同应该具有合同的一般特征,但它又不同于传统的合同,还应具有自己的法律特征。(1)主体具有特定性。企业承包经营合同的主体是发包方和承包方,在签订合同时,发包方和承包方应该已经客观存在。(2)客体也具有特殊性。企业承包合同的客体是企业或企业的某个部分。

从1990年12月10日双方当事人签订承包合同之时看,应该说,这个承包合同完全不具备承包合同主客体的实质要件。因为,当时发包方尚未建立宁波分公司,也就是说,双方当事人签订承包合同的客体根本不存在。同时,承包方尚在筹建之中,其真正成立的时间是1991年1月14日。如果事情仅此为止,那么,由于这份承包合同缺乏主客体实质要件,理所当然是无效承包合同。原告的行为至多只是建立宁波分公司的筹建行为,根据具体情况,取得一定的酬劳费即可。然而,这个案子的情况并非如此简单,从草签合同到1992年6月9日正式成立宁波分公司这段时间内发生了一系列事情。1991年1月14日,原告领取了企业法人营业执照;1992年6月9日宁波分公司也成立了。也就是说,到1992年6月9日那天,这份承包合同完全具备了主客体实质要件。况且,原告于1992年6月9日之前按协议的规定为设立宁波分公司做出了不懈的努力,花费了大量的心血。如果我们在审理此案时,简单地视之为无效承包合同,这与民法上的公平、合理原则是背道而驰的,同时在情理上也是说不过去的。

正因为承包合同与其他合同有所不同,我们才不应该只是简单地套用一般合同处理原则来解决此案。在此种情况下,我们要考虑民法的基本原则、基本精神,有些合同实际上是无名合同[在统一合同法(草案)中已经得到确认],我们要从公正评判的角度,有利于社会经济发展的角度来分析问题。另外,大连公司从草签合同到1992年7月这么长的时间,从未提出海口公司名称的异议,双方都知道情况,这从法律上讲,实际上大连公司也是采取了默认的态度。

第二,承包合同的内容是否合法?

(1)被告提出根据(1990)外经贸法字第22号《关于承包经营中外合资经营企业的规定》规定,宁波分公司作为合营企业不能进行承包。上述法规是这么规定的:“不鼓励,不提倡合营企业在正常情况下采取承包经营方式”,“属于国家重点项目特别是能源和交通项目,不得实行承包经营”。从本案看,被告的确是中外合资企业。但是,上述法规并没有规定合营企业一律不准承包经营,而是采取不鼓励、不提倡的态度。另外,根据对外经济贸易部(1991)外经贸进出发第281号文件,宁波分公司是我国第二批国际货物运输代理企业,它所从事的业务只是与交通运输业相关的服务业,而不是直接经营交通运输业。因此,被告有权承包宁波分公司。

(2)被告也曾提出按(90)外经贸进出运字第538号文《关于私营企业一律不得经营国际货物运输代理业务的规定》规定,原告承包经营宁波分公司也是不合法的。我认为,被告同样又是犯了一个概念性错误。从本案证据看:原告确实是私营企业,但原告是在依法取得承包经营权后,以宁波分公司为主体对外从事民事活动的。这时从事国际运输代理业务的不是私营企业,而是宁波分公司。

第三,关于损失赔偿问题。

从上面两个方面分析看来,此份承包合同依法有效,合同一旦有效成立,合同当事人任何一方都不能无故作出单方解除合同的行为。除非有法定事由出现,才能行使单方解除权。根据《经济合同法》的规定,出现第26条第1款第2项或第3项规定的事由,当事人一方有权通知另一方解除合同。但是从本案整个过程看,并未出现单方解除合同的法定事由。因此,被告作出单方解除承包关系的行为是一种严重的违约行为,应该根据过错责任原则追究被告的责任。

法院判决承包合同继续履行,并且免除原告自1992年6月9日至1993年12月底上缴被告的管理费是合理的。

综上所述,本案的判决在法律上是有根有据的,也是合情合理的。

处理这个案件,我们应有这样一个认识,或者说,是一个体会:企业实行承包经营是我国经济体制改革的一项重要内容,也是搞活企业,实现企业扭亏转盈的一条有效途径。但是,由于我国目前有关企业承包经营的法律尚不健全,大量复杂的承包纠纷出现后,法院在处理这类纠纷时往往也认识不一。因此,我们在处理这类纠纷时,不仅需要根据现有的法律、法规,同时还必须运用民法的基本原理作依据,以便公正、合理地处理这类纠纷,取得较好的社会效益。

(二)企业租赁经营

从法律关系上面看,企业实行租赁经营,就是企业所有者与经营者之间就企业经营管理权的转移订立的一种合同。具体地说,就是国家通过自己的经济职能机构,即企业的主管部门将企业以租赁的方式交给个人、集体或法人、合伙经营。

它应该具有以下几个特点:

1. 企业租赁合同的核心是转让经营权

企业租赁经营合同中所涉及的经营权是整个租赁企业经营权行使的结果,不但直接涉及承租人本身的经济利益,而且关系国家利益、社会利益以及租赁企业全体职工的切身利益。企业租赁经营和一般租赁合同中对一定财物的租赁是不同的。在企业租赁合同中,承租方在合同规定的合法范围内,可以独立自主、完整地享有并行使企业经营权,比起企业承包经营更具有完整性和独立自主性。

2. 企业租赁经营合同的主体具有广泛性、选择性和固定性的特点

首先,企业租赁经营合同的承租方包括个人承租、合伙承租、集体承租及企业法人承租等多种形式。承租人符合主体条件后,还要经过出租方公开招标,根据承租人的投标情况,从中择优聘用,才能最后确定。因此,企业租赁经营合同的承租方具有广泛性和严格选择的特点。

其次,企业租赁经营合同的出租方又具有明确的固定性。租赁企业是国有企业的,必须由企业的主管部门作为国家代表担任出租方,租赁企业是集体企业的,必须由其职工代表大会选出的代表或委托主管部门代表担任出租方。

3. 企业租赁经营合同的标的是整个企业

企业租赁经营合同的出租方是将整个企业交给承租方生产经营,承租方也只取得租赁企业的经营权,因此,租赁的企业就成为双方当事人权利义务所指向的对象。职工作为企业整体系统组成部分,是生产力的基本要素,应当与整个企业一起转移。企业租赁经营合同的标的。但是,企业职工并非作为商品而出租的,它只是依附于整个企业的存在而随企业一起转移给承租方经营管理,企业的职工仍然保持其独立的人格权。

4. 企业租赁经营合同中的租赁对象有其特定的适用范围

企业租赁经营合同的租赁对象原则上适用于小型国有企业和集体所有制企业,实行租赁的企业在现存状况上基本上是保本或微利以及长期亏损的企业,在行业上以商业、服务业、饮食业、修理业等居多。虽然随着经济改革的深入和租赁经营的发展,一些工业企业和中型企业也实行租赁经营制,但租赁经营合同的适用范围还是以小型企业为主。

在实践中,企业租赁经营合同还存在不少问题。通过调查一些经过公证后的合同,我们发现,有的企业租赁经营合同对承租人的工资分配、产值、利润指标没有明确,属于存在明显缺陷的合同。有的企业租赁经营合同只规定承租方的违约责任,而没有出租方违约责任的相应条款。有的集体承租经营的企业租赁经营合同规定以全体职工的工资为抵押,这是不现实的,没有取得的财产怎么能做抵押?况且全体职工(承租人)的工资只能作为经营风险金存入企业,属于当然的抵押。实际上,在这里全体承租人根本就没有抵押什么财产。另外,合同中权利义务规定差别很大,含混不清也屡有出现。这些问题的解决除要有全国统一的企业租赁经营试行条例作指导外,还需要大力加强对企业租赁经营合同的管理和公证,帮助有关当事人完善合同条款,修改错误的内容,以利于企业租赁经营合同真正发挥作用,减少当事人间不必要的纠纷发生。

案例二(四川省的案例):

原告:内江市联运服务公司(市司联)

被告:内江市田家镇政府(田家镇)

被告:吴某某,原田家镇木制品厂承包人

1. 原审一审情况

法院根据以下事实:1987年3月,原告下属非独立核算单位汽车修理厂与被告吴某某商议联合承包经营田家镇所属的木制品厂。在此之前,吴某某是这个木制品厂的承包人。1987年4月,被告吴某某以汽车修理厂的名义与田家镇政府签订了一份租赁承包木制品厂的协议,吴某某同时代表甲、乙双方在协议上签了字,汽车修理厂的负责人李某某也代表乙方签了字。随后不久,吴某某又与汽车修理厂草拟了一份联合租赁承包经营木制品厂的协议书。租赁木制品厂,李某某是厂长,吴某某是副厂长,在办理财产移交过程中,原被告发生分歧,又因8.8万元的款项问题,原告起诉至法院。这一审,被告只有吴某某。

内江市市中区人民法院认为:被告吴某某与汽修厂所签订的联合租赁承包经营合同不仅双方意见分歧,且汽修厂不具备法人资格,无权对外签订经济合同。据此,该联营合同违反法律规定,是无效的;被告吴某某主张该合同有效,所欠8.8万元系投资款等理由不成立,法院不予支持;原被告双方在联营合同未生效时轻率地汇出和接收款项,双方都有过错,应各自承担相应的经济责任。

原审一审法院判决被告败诉,被告吴某某应偿还原告8.8万元;资金利息原告承担3800元,被告承担9000元;诉讼费被告负担530元,原告负担230元。被告不服判决上诉。

2. 原审二审情况

内江市中级人民法院认为,应追加田家镇政府为本案当事人参加诉讼,所以撤销原判,发回重审。

3. 重审一审情况

法院进一步查明:1984年8月21日,吴某某与田家镇政府签订了一份承包合同,规定吴某某承包木制品厂,期限3年,从1984年9月1日至1987年9月1日。1987年4月初,木制品厂出现经营亏损。吴某某与原告协商于1987年4

月2日签订了“联合经营协议”,主要内容是吴某某与原告下属分支机构汽修厂联合承包木制品厂。同年4月4日汽修厂、第一被告与田家镇政府签订了租赁承包合同书,提前5个月解除了与吴某某的承包合同,田家镇政府同时将木制品厂租赁承包给汽修厂,期限2年,从1987年4月5日起至1989年4月5日止。承包费5500元(包括每年房租费500元),第一被告承包期间二被告(吴某某、田家镇政府)拟了一份财产移交表,要求汽修厂接收财产并清偿第一被告承包期间所欠债务,但汽修厂迟迟不在移交表上盖章,经第一被告催促,汽修厂和原告才在移交表上盖章,但拒绝签字接收财产及债权债务,为此,双方对财产作价及债权债务的接收等问题发生了争执。

重审一审法院认为:第一被告应对其承包期间的债务承担清偿责任,第二被告应承担连带责任。但两被告却将应由自己负责的债务通过承包合同转嫁给汽修厂,应属无效;汽修厂不具备法人资格,无权对外签订合同,因此,该承包合同无效。特判决:资金及其利息,共95,576.42元,由第一被告于判决生效后20日内付清,第二被告承担连带责任。逾期不付,按银行规定处滞纳金。被告不服判决,请求二审法院改判。

4. 重审二审情况

重审二审法院没有查明新的事实,认为田家镇政府在解除与吴某某承包关系之前,又将木制品厂发包(租赁)给汽车修理厂,这一合同为无效合同。判决内容做了一些调整,但总体上,被告又一次败诉。被告仍然不服,向四川省检察院提出抗诉申请。

5. 再审情况

1993年12月16日,四川省人民检察院就本案向四川省高级人民法院提出抗诉。1994年1月7日,四川省高级人民法院以(1994)川高法告申经字第1号民事裁定,指令内江市中级人民法院对本案进行再审。

四川省人民检察院抗诉称:市联司与吴某某、田家镇政府之间的租赁承包企业经营纠纷,是因市联司在租赁经营过程中擅自毁约酿成的,市联司对因纠纷造成的损失应负全部责任。二审判决认定事实错误,适用法律不当,程序违法。

内江市中级人民法院再审认为:二审判决事实基本清楚,但适用法律不当。

市联司、田家镇政府、吴某某三方所签租赁承包合同意思表示真实,属有效合同,并已实际履行一段时间。纠纷是市联司擅自毁约造成的,共损失理应由市联司自行承担。田家镇政府在签约时并无欺诈行为,吴某某在本案中亦无过错,故不应承担责任。四川省人民检察院抗诉的主要理由成立。

对于这个案件的审理,我们能够得到什么启示呢?

正确处理本案的关键,是对租赁承包经营合同效力的认定。本案一审、二审、再审中认定的案件事实和采纳的证据基本上是一致的,但在认定案件事实的性质和处理结果上截然相反,关键是对承包租赁经营合同效力的认定不同。该合同是经市联司、田家镇政府和吴某某三方达成的合意行为,合同对提前解除吴某某与田家镇政府之间关于木制品厂的承包合同、另行租赁经营的内容翔实充分,形式合法,当事人三方意思表示真实,权利义务清楚,该租赁经营合同属有效合同,各方应当依约履行义务。1987 年 11 月履约过程中,由于市联司新任法定代表人无意继续经营木制品厂,在未经各方当事人协商的情况下,撤走全部工作人员,是酿成纠纷的根本原因。因此,应承担毁约造成损失的全部责任。

然而,本案的诉讼却耗时 6 年多,经历了 5 次审判,且经过 2 次二审后,生效判决还是不正确。在这种情况下,当事人要依靠自己的力量求得公正的判决结果是比较困难的。当四川省人民检察院依法提出抗诉后,本案引起了四川省高级人民法院的高度重视,四川省高级人民法院及时依法裁定,指令内江市中级人民法院再审。内江市中级人民法院依法再审改判,纠正了错案,挽回了不良的社会影响。

(三)承包经营和租赁经营的区别

回顾我国的企业改革历程,可以看出我国的租赁经营是在承包的基础上发展起来的,因此它同承包经营有很多相似之处。例如,都是在所有权与经营权相分离、企业的所有者仍保留所有权的前提下,用签订合同的办法明确规定企业主管部门和企业经营者与职工集体之间的责权利关系,把企业经营权让渡给经营者,突出经营者、企业家的作用,实行包干性奖惩。但两者还是不同的两种

概念,主要表现在以下方面:

1. 管理上不同。租赁经营使企业和主管部门之间关系发生变化,不再是上下级之间的隶属关系,而是“出租方”和“承租方”的经济关系。这种关系通过合同契约的方式规定下来,经过公证,具有法律效力。所有者对企业的管理主要通过经济手段和法律手段进行。承包则不改变企业和所有者原有的隶属关系。虽然双方也签订合同,但这种合同基本上是一种类似所有者用指标来管理企业的一种管理方式。

2. 所有权和经营权分离的程度不同。租赁经营者使承租者有较多的经营权力,可以自主决定企业机构的设置、分配形式的选择、生产经营的决策、职工聘用和解聘、企业干部的任免,无须经所有者批准。因此,企业的所有权与经营权明显分离。承包经营在两权分离上则不如租赁经营。尽管承包经营者也有一些生产经营、劳动人事管理、职工奖惩等方面的权力,但这些权力是在所有者的控制下行使的,难以避免受到所有者影响。

3. 经营者承担的责任不同。在实行租赁的企业中,经营者要用财产作抵押。由于经营者的个人收入完全取决于企业的经营状况,企业如果亏损,则由他们赔偿并负法律责任,所以他们承担的风险就多,责任也大。在实行承包的企业中,他们承担的风险不如租赁企业,经营者一般不需要抵押财产,遇到合同难以执行的情况时,他们可以通过“谈判”来修改或者中止合同,承担的法律和经济责任不如承租人,主要是扣发一些奖金和部分工资。

4. 经营成果的分配不同。在租赁经营中,承租人除主要按期缴纳租金和照章纳税以外,如果企业盈利,概为承租人所得,这就像如果企业亏损,概由承租人负责一样;而在承包经营中,经营得好和坏则为所有者与经营者所共担。

上述租赁经营和承包经营的区别,只是从理论上,从一般的典型的租赁经营和承包经营的形式上来讲的。在实践中,由于理解上的偏差和其他原因,有的租赁经营同承包经营在实际做法上又很少有区别了。另外,承包经营也在发展,如山西省等地广泛实行的招标抵押承包。这样的承包经营和租赁经营的区别就不是上述的四点了,因为承包也有了财产抵押。但是从总体上讲,两者在管理、两权分离、风险责任和利益分配上还是有很大区别的。

六、企业兼并与破产

(一)企业兼并

什么是企业兼并？它是指在两个具有法人资格的企业之间,通过市场竞争,优势企业有偿地概括承受劣势企业的全部资产(包括债权债务),实现企业产权的转移,从而使被兼并的企业法人资格消灭。

从上述概念,我大致可以把企业兼并归纳为五个特点:(1)企业兼并的双方主体具有法人资格,合伙组织没有兼并的问题;(2)被兼并企业的全部资产、债权债务转移,在我国目前情况下,职工也随之转移,但是职工的转移不应涵盖在这个概念之中;(3)兼并企业对于被兼并企业的产权必须是有偿取得的;(4)被兼并的法人资格消灭;(5)企业兼并是通过市场竞争、优胜劣汰来实现的,所以它和行政性的合并、行政性的兼并的性质是不同的。

企业兼并与企业合并不同。企业合并,是指两个或两个以上企业合为一个新企业,参与合并的两个以上的企业的法人资格全归消灭,新设企业取得法人资格;或者其中一个企业法人继续存在,其他被合并的企业法人归于消灭。企业兼并则只是被兼并企业法人资格消灭,兼并企业法人资格存续。企业兼并与企业联合、联营也不同,企业联合、联营不发生一方企业存续和一方消灭的问题,企业联合,双方的主体资格、法人资格仍然独立存在。企业兼并也不同于一般的产权转让,有的企业把自己的一部分,如一个车间、一个分厂有偿转让给另一企业,并不能称为企业兼并,只能算财产的转让。另外,企业兼并也不同于企业的破产。企业兼并是基于经营上的需要发生的,是企业双方自主、自愿进行的法律行为。企业破产则是基于该企业出现破产原因而发生的。企业破产后,需要进行破产清算,以它的破产财产偿还破产债权,显然这对于破产企业而言不是自主、自愿的法律行为,因为这时破产企业的财产处分权已转入破产清算人的手中了。

在我国,企业兼并的主要方式:(1)购买式兼并,一般是针对被兼并企业濒于破产或出现严重亏损的情况。(2)控股式兼并,是指一个企业通过投资、收买股份等方式,由控股他方企业的多数股份到掌握其全部股份,最终使他方企业的法人资格归于消灭。控股式兼并不同于一般的控股,如果只是控股,被控股的企业仍有法人资格。(3)承担债务式兼并,是指一个企业以承担他方企业的全部债务或者同时还须负责安置他方企业的职工和退休人员为条件,取得他方企业产权的兼并方式。

企业兼并对于双方企业来说,都是一件大事情,所以有严格的法律程序,如提出申请、民主审议、组织论证、清产核资、财产移交、办理登记,有的企业兼并还采取招标的方式进行。

(二)企业破产

关于企业破产的一般性问题,我们就不讲了。我们主要讨论几个与法院工作直接有关的问题。

1. 破产的申请和受理

(1)破产申请,是指债务人或债权人向法院请求宣告债务人破产的意思表示。债务人不能清偿债务,债务人、债权人都有权向法院提起破产申请。在我国,破产申请虽然不是破产程序的标志,但它是人民法院开始破产程序的绝对要件。我国《企业破产法(试行)》第7条第1款规定:"债务人不能清偿到期债务,债权人可以申请宣告债务人破产。"第8条第1款规定:"债务人经上级主管部门同意后,可以申请宣告破产。"最高人民法院《关于贯彻执行〈中华人民共和国企业破产法(试行)〉若干问题的意见》第15条规定:"债务人不能清偿到期债务,非由债务人或债权人向有管理管辖权的法院提出申请,不得开始破产程序。"(有些国家出于公益考虑,国家公职人员在某些情况下,有申请宣告债务人破产的权力。)

(2)破产申请的受理。法院收到破产申请后,应在法定期限内(14日内),对破产申请予以形式的审查和实质的审查,并作出是否接受破产申请的裁定。

法院对破产申请的审查包括形式审查和实质审查。

形式审查是对破产申请的程序和手续所进行的合法性审查,主要包括:

①破产申请人的适格问题。法院应审查提出破产申请的人有无破产申请权、申请人有无行为能力或者其代理人的权限有无欠缺等事项。

②破产申请的形式要件问题。依破产法及其司法解释,破产申请除须以书面形式提出外,还应当履行相应的举证义务。在司法实践中,人民法院经审查认为破产申请需要更正、补充材料的,可以责令申请人限期更正、补充,按期更正、补充材料的,自收到更正或补充材料的次日起7日内决定是否立案;逾期未予更正、补充的,视为撤回申请。

③接受申请的法院对破产案件有无管辖权。对破产案件有管辖权的法院,才能够受理破产申请。管辖分级别管辖和地域管辖,根据最高人民法院《关于贯彻执行〈中华人民共和国企业破产法(试行)〉若干问题的意见》的规定,基层人民法院一般管辖县、县级市或区的工商行政管理机关核准登记企业的破产案件。中级人民法院一般管辖地区、地级市(含本级)以上工商行政管理机关核准登记企业的破产案件。作为特别情况,个别案件的级别管辖,也可以依《民事诉讼法》第39条的规定处理,即上级人民法院有权处理下级人民法院管辖的破产案件,也可以把本院审理的第一审破产案件交由下级人民法院处理,下级人民法院对它所管辖的第一审民事案件,认为需要由上级人民法院审理的,可以报请上级人民法院审理。

《企业破产法(试行)》第5条规定:"破产案件由债务人所在地人民法院管辖。"《民事诉讼法》第205条规定:"企业法人破产还债,由该企业法人所在地人民法院管辖。"在这里,"债务人所在地"与"企业法人所在地"含义相同,即企业法人主要办事机构所在地。

实质审查,是对破产申请得以成立的基础方面所进行的审查,主要有:

①债务人有无破产能力。破产能力指债务人应具备的破产宣告的资格。依《企业破产法(试行)》及《民事诉讼法》第二编第十九章的规定看:我国破产制度在适用范围上采用的是商人破产主义而不是一般破产主义,与此同时,我国还限定适用于企业法人。也就是说,从事工商活动的企业有破产能力,从事工商活动的个人、个体户等不具有破产能力,这就比民事诉讼能力的享有者的范围窄多了。只有企业法人才能宣告破产,不是法人的企业、个体工商户、农村

承包经营户、个人合伙等不宜被宣告破产。因此,人民法院收到破产申请后,对债务人有无破产能力的审查包括两个方面的内容:被申请宣告破产的债务人,是否为企业?该企业是否具备法人资格?只要在这两个问题中有一个是否定的,就不能受理破产申请。

②债务人有无破产原因。破产原因又称破产界限,并非指导致债务人经济陷入困境而不能清偿债务的原因,而是指法院在何种情况下宣告债务人破产的状态,也是法院判断是否宣告债务人破产的根据和理由。我国《企业破产法(试行)》第3条第1款规定:"企业因经营管理不善造成严重亏损,不能清偿到期债务的,依本法规定宣告破产。"可见"不能清偿到期债务"是我国企业破产程序开始的法定原因。"不能清偿到期债务"具有以下三个基本特征:债务清偿期已经届至;债权人已要求清偿;债务人明显缺乏清偿能力。

在破产案件的受理阶段,法院对有关破产原因的审查(这种审查还是初步的),只以债务人或债权人所提供的债务人不能清偿债务的证据进行初步审查为限。已有证据证明债务人不能清偿债务或者证明债务人有不能清偿债务的可能性,可以基本确认存在破产原因。至于债务人是否真正存在破产原因而应受破产宣告,只能在法院受理案件后经调查予以确定。

2. 法院受理破产案件后,产生哪些法律后果?

(1)中断诉讼时效。根据《民法通则》第140条的规定:"人民法院受理破产案件后,就会中断诉讼时效的进行。"《企业破产法(试行)》第12条规定:"人民法院受理破产案件后,债务人对部分债权人的清偿无效。"这主要是为维护破产清偿的公正性,维护债权人的合法权益。

(2)诉讼程序中止。破产案件受理后,有关破产债务人的民事诉讼程序中止,有时表现为民事案件管辖权的转移,但它们都仅限于同破产财产和破产债权相关的民事诉讼,对于债权人的其他性质的民事诉讼(如侵权事件),一般不产生影响。

(3)破产债务人正在诉讼程序中,如果是诉讼债权人时,受诉法院在破产案件受理后3个月内能够审结的,则应由其继续审理;3个月内不能够审结的,则应移送至破产案件受理法院处理。破产债务人所享有的债权,其破产企业的债务人要向清算组清偿债务或交付财产。如果受理破产案件的法院发现破产企业作为债权人的案件在其他法院3个月内难以审结的，则应通知该法院移送案件，受诉法院在接到通知后应当及时移送。

（4）破产债务人正在诉讼程序中，如果是诉讼的债务人时，要根据不同情况分别处理。

①已经审结，但未执行的，应当中止执行，由债权人凭生效的法律文书向受理破产案件的人民法院申报债权；

②尚未审结且另无连带责任人的，应当终结诉讼，由债权人向受理破产案件的人民法院申报债权；

③尚未审结但有连带责任人的，应当中止诉讼，先由债权人向受理破产案件的人民法院申报债权。破产程序终结后，如果该债权人已通过破产程序充分实现了债权，就无须恢复诉讼程序，而应由人民法院作出诉讼终结的裁定。如果债权人不能满足其债权，应恢复诉讼程序由原债权人继续向连带责任人请求满足剩余债权的实现。

（5）民事执行程序中止。破产案件受理后，对民事执行程序也将产生影响。我国《企业破产法（试行）》第11条规定："人民法院受理破产案件后，对债务人财产的其他民事执行程序必须中止。"这里之所以规定民事执行程序"中止"，而非"终结"，原因就在于破产程序虽然已经开始，但并不一定以宣告债务人破产而告终，如果债务人实际上具有清偿债务的能力而没有达到破产界限，或者通过和解整顿而能够按和解协议切实履行义务，债务人可免于破产宣告。在这种情形下，破产程序终结后，债务人就应自觉履行原判决所确定的义务，对债务人财产的民事执行程序应当中止，但是担保物权人对债务人财产的执行，不在此限。也就是说，对债务人的财产有担保物权的债权人，可以在破产程序外，通过民事诉讼程序优先受偿。否则，人民法院应当恢复强制执行程序的进行。反之，若债务人确有破产原因而被宣告破产，或者破产程序终结后能够自觉履行原判决所确定的义务，处于中止状态的强制执行程序就没有必要恢复，法院应对此作出终结执行的裁定。

（6）冻结债务人在银行的各项存款。破产案件受理后，债务人的开户银行在收到人民法院受理破产案件的通知后,即应冻结债务人的各项存款,包括既存款和汇入款,而不得扣划存款以抵贷款。已经扣划的,应作无效处理,银行应退回扣划的款项,拒不退还的,人民法院应裁定其退回并向该银行发出协助执行的通知书,并可依据《民事诉讼法》第 102 条、第 104 条的规定对有关人员和直接责任者予以处罚。如银行拒绝协助执行,法院可根据《民事诉讼法》第 103 条的规定,追究相关人员法律责任。

3. 关于清算组的有关问题

清算组,是指在破产宣告后,由人民法院指定成立以接管破产企业,负责破产财产的保管、清理、估价以及处理和分配的专门机构。清算组的职权主要有两方面:其一,接管破产企业及其财产;其二,对破产企业的财产进行清算。由于清算组是一种独立于债权人和债务人,与破产财产没有利害关系的专门机构,因此,从理论上说,它能够保证公正合理地进行破产清算。

《企业破产法(试行)》第 24 条第 1 款规定:"人民法院应当自宣告企业破产之日起十五日内成立清算组,接管破产企业。清算组负责破产企业的保管、清理、估价、处理和分配。清算组可以依法进行必要的民事活动。"

可以看出,清算组成立的时间原则上是在破产宣告之日起 15 日内。因为清算组成立得越早,清算就进行得越早,对债权人和债务人都是有利的。但在特殊情况下,如企业不具备和解、整顿的条件,且有可能人为地造成进一步亏损及转移财产的,可以在人民法院宣告企业破产前成立清算组接管企业。

清算组由人民法院成立,其组成人员也由人民法院指定。清算组成员,应当以能够胜任破产财产的管理、变价和分配工作的人员为限。根据《企业破产法(试行)》第 24 条的规定,企业的上级主管部门和政府的财政部门是清算组的当然成员。至于是否指定其他部门的工作人员或专业人员作为清算组的成员,则由人民法院决定。在具体工作程序上,人民法院应商同企业的主管部门、财政部门、工商部门、计划部门、税务部门、审计部门、物价部门、劳动部门、人事部门,并同时考虑相关专业人员的需求,来指定清算组成员。人民法院指定清算组成员应当以公函的形式进行。清算组成员一经人民法院指定,被指定的人员不得无故推托或擅离职守。其所在单位也不得无故推托或擅离职守,不得阻挠其执行职务。确有客观原因不能履行职务的,人民法院也可另行指定。但是,现在法院的权威性还不够,必须还得找其他部门商量确定。

经人民法院指定的清算组工作人员并非一人,因此,就必须设立一位组长负责清算组的全面事务。清算组组长,亦由人民法院从清算组成员中指定。

清算组成立后也可以变更。清算组成员的变更,是指经人民法院指定成立清算组后,某成员不宜再作为清算组成员履行职务,或者因客观原因不能继续履行职务,则由人民法另行指定。

现在清算组的工作,因成员的素质差、人员关系复杂、职责不明,执法难以保证公正,应该不断改进清算组的组成方式。

为改进清算过程中存在的种种争端,可采用以下策略:

(1)使清算组的组建市场化

清算组的组建不再通过有关部门的协助,而是由人民法院通过公开方式直接从市场中的专业公司中指定。这种组建方式有利于实现清算工作的客观公正,有利于保证清算工作的质量以及提高清算工作的效率。

(2)实现清算工作的专业化

这是和清算的市场化结合在一起的,可以通过使清算成为清算中介组织或者律师事务所、会计师事务所等服务行业的一项专门业务来实现。

(3)清算组织人格化

法律应该规定,清算组织成员不仅可以是自然人,而且可以是法人;同时,清算中的责任应以清算组织成员的个人责任为基础;为此,必须具体规定各成员的具体工作范围、权利和义务。

人民法院和清算组是监督与被监督关系。清算组对人民法院负责,向人民法院报告清算进程。法院不应过细地干预清算组的工作,而是对整个清算过程进行法律监督。清算组有损害债权人利益的行为或其他违法行为的,人民法院应予以纠正,并可以解除不称职的清算组成员的职务,另行指定新的成员。清算组的决定违背债权人利益的,债权人可以申请人民法院裁定撤销清算组的决定,清算组必须接受人民法院的裁定。

企业破产法的基本问题*

《企业破产法(试行)》(以下简称《企业破产法》)自1988年11月1日正式实施,[①]至今将近6年了。武汉市近年来申请破产的企业有逐渐增多的趋势,但真正由法院宣告破产的企业还是极少数。总之,我们对企业破产的承认和宣告还是采取十分谨慎的态度。另外,关于企业破产的法律知识还不普及,许多领导干部和企业负责人还不太了解企业破产是怎么回事。所以,市人大法工委的同志让我给各位委员介绍一些这方面的知识。今天,我们大致讲以下几个问题:

一、我国实施破产法的一般情况

破产作为一个法律概念,它是指债务人因经营管理不善造成严重亏损,以致不能清偿债务时,法院以它的全部财产依法抵偿其所拖欠的债务,不足的部分不再清偿。这里所说的不能清偿债务,包括以下一些情况:一是债务人已经没有足够的资金偿还债务;二是债务人没有必要的财产和信誉能够取得贷款来

---

* 本文系根据作者1994年9月23日在湖北省武汉市人大常委会上的法律讲座整理。作者1992年至1997年曾任武汉市人大常委会委员、法制工作委员会委员。

① 在《企业破产法(试行)》于1986年12月2日颁布,自《全民所有制工业企业法》施行满3个月即1988年11月1日施行;在时隔近20年后,《企业破产法》由第十届全国人民代表大会常务委员会第二十三次会议于2006年8月27日通过,自2007年6月1日起施行,《企业破产法(试行)》同时废止。

偿还债务的,甚至延期偿还也不可能了;三是没有政府部门或其他组织给予资助的,也没有办法通过其他途径取得担保的;四是得不到债权人的谅解,债权人也不愿意减免它的债务。这样,这个债务人、这个企业已经完全排除了按期清偿债务的可能性了。在这种情况下,这个债务人、这个企业就是破产了。

那么,什么是破产法呢?破产法是指在债务人不能清偿其债务的情况下,关于宣告破产,并对它的财产进行清理、分配以及和解等方面法律规范的总称。破产法一般划在民商法的范畴。在我国,破产法也可以看作一个独立的法律部门,因为它是一个混合法。破产法在调整债权债务关系时,涉及民法、刑法、行政法、劳动法、诉讼法、强制执行法等调整的方法。如果从广义上来理解,破产法不仅包括《企业破产法》这一个法律,还应包括一些与破产法有关的法律,比如,劳动合同、招用职工、待业保险等方面的法律、法规。只有一个破产法,没有相应的配套法,破产是难以调整的,破产法也难以实施。

每一个民事、经济法律,都保护双方当事人的合法权益。破产法是保护双方当事人利益的,债务人从宣告破产中,只用它现有资金、财产偿还部分债务,从而得到解脱,是件好事;对债权人也是一件好事,现在债务企业被宣告破产,债权人还能够得到一定的补偿,如果再延续下去,连这点补偿也没有了。另外,每一个债权人都应该密切注意债务人的经营情况,不能等债务人已经完全没有清偿能力时,再去申请其破产,那样,当然损失就大了。如果能够及时宣告破产,对双方都有利。

我们在这里强调这个问题很重要,如果是正常实施破产法,那么对债务人、债权人都是有好处的。我们在宣告一个企业破产时,应当是从双方的利益出发的,当然也是从国家的利益出发的。但是,目前,我们还做不到这一点,是因为调整破产关系还没有正常化。

就现代的破产法而言,它的基本职能就是,当债务人不能清偿债务时,则应依照法律规定的程序宣告破产,保证各个债权人在不能充分实现自己的权益时得到公平的清偿,既然想得到全部清偿已经不可能了,得到部分清偿也是一件好事。另外,对于债务人来说,在被宣告破产后,用仅有的资金财产清偿债务后,即得到解脱。这样债务人就可以另辟蹊径,重新设立新企业,再组织经营。

破产法还可以用和解的方法、整顿的方法来帮助债务人,重新投入新的生产和经营。

我们知道,在我国,长期以来把企业破产看作资本主义社会特有的经济现象,而不承认我国的企业会有破产。从(20世纪)80年代初开始,随着经济体制改革的不断深入,我国一些理论工作者开始探讨这个问题,就是我国的企业能否破产? 我对这个问题很感兴趣,早在1982年我在一篇论文中就主张企业能够破产。② 1984年9月我在江西大学还做过一次关于破产法的演讲,希望积极推动我国破产法的制定。现在这么多年过去了,对破产法的研究已经受到国家有关部门的重视,一些城市也开始试点工作,比较大胆的是沈阳,武汉、重庆、南昌等地也做了一些试点。武汉在当时还算先进的,思想比较解放。1985年,国家有关部门成立了企业破产法起草小组,当时有位叫曹思源的青年人非常积极,到处游说。他是体改委的一位干部,学经济学的研究生,应该说他做了许多工作,是立法小组的日常工作的负责人。当时赵紫阳同志也很重视、很支持。结果在1985年10月就拟出了《企业破产法(草案)》征求意见稿。1986年6月在沈阳举行了全国关于破产法问题的一次讨论,我参加了这次讨论会。这次讨论会集中了一些经济学界的权威,法学界去的人不多,中央部门、辽宁省的一些负责人都参加了讨论,从理论上基本定型了,破产法一定要出台。1986年12月2日在第六届全国人民代表大会常务委员会第十八次会议上通过了《企业破产法》。不过,这个《企业破产法》只适用于全民所有制企业。应当说,在这次人大常委会上对破产法的讨论非常激烈,一些老同志从朴素的感情出发,慷慨激昂,反对这个破产法,但是,他们没有从经济的本质规律去考虑这个问题。破产法的通过十分艰难,有相当一部分常委是不同意的,但还是通过了。

《企业破产法》通过了,但是没有很快实施,因为《企业破产法》第43条规定,本法自《全民所有制工业企业法》实施满3个月之日起试行。而当时,《全民

② 马俊驹:《试论我国法人的独立财产和有限责任》,载《北京政法学院学报》1982年第3期。在该文中作者主张“集体企业法人存在破产问题”“私人企业法人存在破产问题”,但是,从理论上讲,国家企业法人可以不破产,因为国家作为国家财产所有权的统一主体,在必要时能够统一调度、支配和使用国家所有的财产,以此预防和阻止国家企业破产。不过,国家企业法人一旦成为独立的经营者,对其财产有了独立的处分权,那么,它也会发生破产的问题。

所有制工业企业法》还没有制定出来,《全民所有制工业企业法》的制定也遇到很多困难,《全民所有制工业企业法》早在 20 世纪 70 年代末就开始讨论了,但是一直没有出台,困难主要在两点上:一是企业的法律地位,企业享有经营权,经营权包括什么;二是企业的领导体制迟迟确定不下来。直到 1988 年 4 月 13 日,由第七届全国人民代表大会第一次会议才通过了《全民所有制工业企业法》。《全民所有制工业企业法》是 1988 年 8 月 1 日开始实施,其实施 3 个月,即到 1988 年 11 月 1 日《企业破产法》才算在法律上可以正式实施了。

从法律上讲,《企业破产法》可以实施了,但是实际上还有许多困难。困难来自经济上的和观念上的,由于相配套的措施不力,社会保险、商业保险给职工生活上的保障不够,没有一个部门能够为企业的风险承担保险,企业破产了不知道怎么办,企业破产了职工不知道怎么办。加上我国亏损企业、濒临破产的企业,甚至早已达到破产界限的企业所占比重极大,如果这些企业都破产,其后果是难以想象的。另外,观念上也还不能为广大吃惯了国家、企业“大锅饭”的干部、职工所接受。说实在的,当职工生活上没有基本保障的时候,他们首先想到的是过去,虽然生活不算好,但是大家都一样。这样,他们就不理解“破产”,甚至持反对态度,所以为了社会的稳定,各地也不敢认真地执行破产法,中央也不敢那么要求。所以,这些年来,只有一部分地区针对少数企业,采取宣告破产的方式解决了问题。

自中央提出建立市场经济以来,《企业破产法》怎么实施,又逐渐成为一个热点。各地人民法院受理的破产案件明显增多,一些地方的法院已经开始设立破产审判庭,专门处理这方面的案件。全国人大、国务院也加强了破产法的修订工作,要制定一个适用于各种类型企业的破产法,这个破产法正在拟定之中。另外,也有人提出还要有公民个人破产,主要是指私营企业、个体户的破产问题,当然是指那些拥有生产资料所有权、经营权的公民,像我们当干部的、当教师的只有生活资料没有什么破产的可能,想破产也破不了,因为没什么可破。

现在,对待企业破产仍然有不同认识,或者有不同态度。一方面,一些同志确实认识到,在市场经济条件下,一些企业要破产已经成为一种规律,想阻止,或者想帮助它们不破产,实际上也办不到了。另外我们也发现,让一些企业破产,不仅减轻了我们的压力,企业又重新组合、重整,甩掉了许多无法承受的债务,又轻装上阵了。并不是一个企业破产了,它的机械设备、厂房全都不存在了,实际上这些资产又派上了新的用场,所以有些企业现在也愿意破产了。对于职工来说,也是一样,何必非守着一个企业呢?特别对于有技术、有能力的职工,他们也不怕企业破产,他可以到别的地方去。这就是说企业职工的素质要提高,他们的承受能力也会加强。现在,企业破产影响最大的是银行,因为我们企业的资金主要是靠银行贷款取得的,银行是企业最大的债权人,所以银行不愿意企业破产,贷款本金不还都行,但是你们别破产,所以这些企业每年把利息还给银行,而企业承担银行的利息都很困难。甚至有些银行,利息都可以不要,也不希望企业破产。这是一种非常保守的做法。所以,给人的印象就是这些濒临破产的企业,本来按照法律,它们应该得到解脱,破产了就解脱了,但是银行不让它们解脱,这是不行的。这种做法,只让一般企业承担风险,实际上银行不承担风险。这不对,银行也是企业,也要承担经营风险,国家银行也是如此。这种做法和商品经济、市场经济相差太远了。当然另一方面,有些企业宣告破产,并不经过认真的财产清理,为了逃避银行债务而私下转移财产,改头换面,使国家资产大量流失,银行为此承担着大量的风险。这也是银行怕企业破产、阻止企业破产的原因。

以我的看法,银行阻止企业破产不对,企业甚至是行政主管部门支持企业以宣告破产为名、转移财产也不对。关键应该依法办事,首先,要看这个企业是否达到了破产界限,也就是符不符合破产条件;其次,要看宣告破产是否按法律规定的程序去办。

二、企业破产宣告的界限

什么是破产界限?破产界限也称破产原因,是指债务人被宣告破产应当具备的条件。关于这个问题,世界各国破产法规定得不同。有的国家规定,只要债务人的全部财产不足以清偿其全部债务,也就是通常所说的达到“资不抵债”

的境地时,就可以宣告它破产,这也称事实上的破产。另外一些国家则规定,债务人的资产虽然大于负债,但不能马上转换为现金偿债,即认为是无力偿还到期债务的,就可以宣告它破产。以上这两种情况,有一个共同点,就是都说明债务人不能清偿到期债务,即具备了破产原因。

那么,我国破产法是怎么规定的呢?《企业破产法》第 3 条规定,企业因经营管理不善造成严重亏损,不能清偿到期债务的,就可以依法宣告破产。这里我们可以从三个方面来加以分析:

第一,企业不能清偿债务。我国破产法把这一条作为一个企业是否破产的标准。我们没有把“资不抵债”作为破产的标准,是考虑到这样一些原因:一是在实际上,许多企业经营是“资不抵债”的,但是由于经营得好,资金周转得快,并没有出现不能清偿到期债务的情况,所以“资不抵债”不一定破产;二是我国不少企业在创业初期主要是依靠银行贷款,自有资金或财产很少,由于经营得法,不仅能够偿还债务,还能及时盈利,如果把“资不抵债”作为破产原因,那么这些企业从一开始就该破产了,这不符合我国的实际。所以,我国破产法把“不能清偿债务”作为破产条件,是符合我国实际的,国外也有先例。当然,也有人认为,这个标准对债权人不利,这方面也有讨论。

第二,企业不能清偿的债务,是指到期债务,不是把所有的债务都算在内。如果债权人同意延续债务履行的,就不能算到期债务;如果是附条件的债务,当条件未成就时也不能算到期债务。

第三,企业“不能清偿到期债务”,必须是因经营管理不善造成“严重亏损”的。这里所说的严重亏损,是指亏损严重到不能清偿到期债务的。按照破产法的规定,这种严重亏损,必须是一种经营性亏损,是一种因主观因素造成的亏损现象。所以,如果是政策性亏损,不能算破产条件。比如,电厂发电,电力国家不让涨价,但是煤涨价了,所以有的电厂一年亏损数百万元,这种亏损不能作为破产条件。对于这一条,也有人有不同意见,认为破产条件只能看客观条件,不能看主观条件。按照一般法理,除了能够免责的原因,如不可抗力、情势变更可以免责之外,其他方面的亏损都应该算破产条件。这些问题,还有研究的必要。现在,我们还必须考虑,我国的破产法要与国际上通行的破产规则相一致。

另外,按照一般通例,公用企业和涉及国计民生的企业,保险公司、国家银行特别中央银行不破产。[③] 有亏损,国家要给予补助,国外、国内都是这样的,不是什么企业都能破产的。

三、企业破产申请的提出和受理

(一)企业破产申请

破产申请,是指当事人向人民法院提出的关于宣告债务人破产的请求。对这个问题,我们应该注意三个方面:第一,对破产申请的提出人有一定的限制,不是任何人都可以提出破产申请的。根据我国《企业破产法》第7条、第8条的规定,债务人和债权人都可以成为破产申请人。债务人依法提出宣告自身破产的申请,可以维护自身的经济利益,可以解决财产状况的进一步恶化。债务人主动提出破产请求,也可以免除债权人的分别追诉,这样不仅可以大大节省诉讼费用的开支,通过宣告破产也可以在一定程度上按比例保障自己职工的生活。债权人为什么也可以提出对债务人的破产请求呢?有些债务人长期拖欠债务,使一些债权人实现不了自己的债权,还不如通过破产程序,能够要回来多少算多少。有的债权人企业本来是营利企业,但是要不回来账,这个企业的债权人来要账,企业也还不了人家的。这就是我国的企业三角债,有的营利企业被迫限产、停产,甚至自己也破产了。我听说武钢,人家欠它6个亿,武钢欠别人2个亿,这种情况发展下去,盈利的企业也可能破产的,因为你清偿不了人家的债务。这就是破产法中的一条重要的条件。目前,这是一种恶性循环,我的看法,要下决心让一些企业破产,不要把大家都拉下水。再不下决心,危机还在后边。在竞争的条件下,你不让别人破产,你可能就要破产,应该说实施破产法

③ 我国2006年《企业破产法》第134条规定:"商业银行、证券公司、保险公司等金融机构有本法第二条规定情形的,国务院金融监督管理机构可以向人民法院提出对该金融机构进行重整或者破产清算的申请。国务院金融监督管理机构依法对出现重大经营风险的金融机构采取接管、托管等措施的,可以向人民法院申请中止以该金融机构为被告或者被执行人的民事诉讼程序或者执行程序。金融机构实施破产的,国务院可以依据本法和其他有关法律的规定制定实施办法。"

不仅是为了保护债权人的利益,也是为了维护整个的社会经济秩序和国民经济的发展。

第二,当事人的破产申请,只能向有管辖权的人民法院提出。根据《企业破产法》第5条的规定,破产案件由债务人所在地人民法院管辖。否则找错法院,人家就不会受理。

第三,当事人向人民法院提出破产申请,是一种请求,至于债务人是否能够破产,要看法院最后是否进行宣告。

(二)企业破产申请的受理

总的来说,法院受理案件的条件宜简不宜繁,决定是否受理的时间宜早不宜迟,当然法院有法院的难处,有时当事人也不合作。对于破产案件,如果受理太迟,可能会发生财产转移,亏损进一步扩大,给最后的解决带来许多麻烦。所以,只要符合条件,还是快点受理为好,对法院处理案件也有利。

法院一经受理,就应开始诉讼程序。这时就应该开展以下工作:

第一,人民法院要发出通知和公告。《企业破产法》第9条规定:"人民法院受理破产案件后,应当在十日内通知债务人并且发布公告。人民法院在收到债务人提交的债务清册后十日内,应当通知已知的债权人。公告和通知中应当规定第一次债权人会议召开的日期。"第9条还规定:"债权人应当在收到通知后一个月内,未收到通知的债权人应当自公告之日起三个月内,向人民法院申报债权,说明债权的数额和有无财产担保,并且提交有关证明材料。逾期未申报债权的,视为自动放弃债权。"

第二,人民法院对已申报的债权要分别进行登记。《企业破产法》第9条第3款规定:"人民法院对有财产担保债权和无财产担保债权的申报,应当分别登记。"为什么要分别登记呢?这是因为债权的性质并不完全相同。根据民法的债权理论,债权通常可以分为有担保债权和无担保债权。两者的性质和地位有很大不同。有财产担保债权的债权人享有就担保物优先受偿的权利,可以不通过破产程序获得清偿,但是他在债权人会议上没有表决权。而无财产担保债权的债权人只能依照破产程序受偿,他们在债权人会议上当然有表决权。所以,法院对债权申报分类登记是很有必要的。

第三，破产案件受理后，债务人即应履行的义务。这主要包括这样一些方面：其一，如果是债权人提出破产申请的，债务人应当在收到法院通知后15日内，向法院提交有关的会计报表、债务清册和债权清册。其二，债务人为其他单位担任保证人的，应当在收到人民法院通知后5日内转告有关当事人，应及时解除它对其他单位的保证协议。其三，债务人不得无偿转让财产，不得进行内部私分、隐匿财产。这些都是违法的，情节严重的是属于破产犯罪，有关负责人是要承担刑事责任的；另外，债务人也不得对部分债权人清偿债务。破产案件受理后，债务人对部分债权人超出正常生产经营的清偿无效。这是因为破产诉讼程序一开始，全体债权人为一方，除有财产担保的债权人可以优先以外，其他债权人都必须通过破产程序获得清偿，这样才能保证债权人之间获得平等的受偿。在这里，全民的、集体的、个人的，他们享有的破产债权的地位是相同的。其四，破产案件受理后，对债务人财产的其他民事执行程序必须中止，这是破产案件受理后引起的一个重要的法律后果。为什么在人民法院受理破产案件之后，对债务人财产的其他民事执行程序必须中止呢？理由主要有两条：一是为了维护所有债权人的平等追偿权。如果在这期间，把这个债务人的财产都执行偿还了个别债权人，其他债权人就得不到了，这显然是不公平的。破产案件一受理，就应当把民事执行中的债权人的债权，列为破产债权，参加破产财产的分配。二是考虑到特别法与一般法的关系。按照法理，破产法属于特别法，民事执行是依照民事诉讼法执行的，而民事诉讼法是一般法。特别法优于一般法。因此，作为特别程序的破产程序，其效力高于民事执行程序。

四、债权人会议

债权人会议是企业破产法中的一个特定的概念，它是指债权人根据人民法院的通知或者公告而组成的一个行使债权和破产处理参与权的决议机构。这个机构是在法院受理破产案件之后，债权人为全面表达自己的意志而参与破产程序的组织。

那么,债权人会议是一个什么性质的机构呢?我们可以这样理解它的性质:其一,它是一个清理债权债务的决议机构,但不是执行机关。破产程序中的强制执行程序,是由人民法院直接依法实施的。其二,债权人会议又是一个监督性机构。因为在债权人申请破产的情况下,可能会与债务人达成和解协议,如果债权人发现债务人不执行和解协议,有权向人民法院申请终结和解整顿,在这中间,债权人对债务人的行为是有监督的权利的。其三,债权人会议作为一个决议机构,对处理和分配破产财产、确认债权的性质和数额、决定是否通过和解协议等问题有表决权,但没有最高的决定权、执行权。所以,在破产案件的诉讼程序中,债权人会议绝不是最高权力机关,只有人民法院才能在破产案件的诉讼程序中发挥中心作用,掌握最高的、最后的权力。这点要注意。

但是,债权人会议还是有自己的职权的。它有三项职权:第一项职权,就是确认债权数额,这是最基本的职权。债权人会议要审查每一个债权人提出的有关债权的证明材料,看它是否确切可靠。它要审查所提出的债权数额中有无财产担保的债权。第二项职权,就是讨论和通过和解协议草案。这项职权不是每一个破产案件都必须行使的。只有那些当债务人的上级主管部门提出申请破产企业进行整顿的,债权人会议才进行讨论。第三项职权,就是讨论并通过破产财产的处理和分配方案。破产财产能否公平合理的处理和分配,这直接关系债权人的实际经济利益,所以不能少数债权人说了算,必须通过债权人会议讨论决定。

关于债权人会议的组成人员、如何召开、如何表决、谁当会议主席等方面都在《企业破产法》中有明确的规定。总之,召开债权人会议的程序还相当复杂,每一步都必须按法律办事。

五、和解与整顿

什么是和解?《企业破产法》中规定的和解,是指在人民法院受理由债权人提出的破产申请之后，根据案件的具体情况，同意被申请破产企业的上级主管部门所提出的对其进行整顿的申请，然后由被申请破产企业（债务人企业）和债权人会议，就企业延期清偿债务、如何清偿债务、企业整顿的设想等问题共同协商，达成和解协议。

和解协议送人民法院认可后，法院即发布公告中止破产程序。从公告之日起，和解协议即具有法律效力，对协议双方都有约束力，任何一方违反协议都要承担相应的法律责任。

只有债权人提出破产申请的，才有可能有和解问题。是债务人自己提出破产申请的，它自己就不会再提出和解，出尔反尔也不行。现在的破产案件绝大部分是债务人自己提出破产的，所以涉及和解协议的很少。

那么，什么是整顿呢？《企业破产法》中规定的整顿，是指被申请破产企业和债权人会议达成的和解协议产生法律效力以后，由被申请破产企业的上级主管部门主持，分析导致企业濒临破产的主要原因，结合社会经济形势，制定切实可行的整顿方案，对企业进行限期的整顿，要扭亏为盈，最后有能力清偿债权人的债务。这里所说的整顿与一般意义上的整顿不同。一般意义上的整顿，是它的主管机关进行的一种行政措施；破产法中规定的整顿是一种法律意义的整顿，它不仅向主管部门负责，更要向债权人会议负责，整顿期限最长不得超过2年，整顿期限满后，企业达不到整顿要求的，法院就要宣告它破产。

和解与整顿制度，在外国也有，而且成为各国破产法中的一种普遍倾向。最初，破产法主要目的就是解决债权人与债务人的纠纷问题，特别是解决各债权人之间公平分配债务人的财产的问题，最大限度地减少债权人的损失，所以保护的重点是债权人。但是后来人们发现，只保证债权人之间公平受偿是不够的，因为在债务人破产的情况下，债权人虽然会受损失，但是如果给债务人一些时间让它复苏，将来能够完全偿还债务，对债权人、债务人都是有好处的。这样做，对整个社会经济的发展、对维护社会经济秩序都有积极的意义。

但是，和解与整顿不是破产案件中的必经程序，它需要条件，有的债务人企业已经没有条件复苏了，当然还是让它早一些破产更好。

现在在实践中，还有一种做法，即各个债权人一商量，让这个企业破产，固定设备也卖不了多少钱,干脆成立一个股份公司,每个债权人都是它的股东,濒临破产的企业也是股东,实际上原企业不存在了,解决了职工问题,对债权人、债务人都有利,债务人一跃变成债权人,这在法理上没有什么障碍,但是它实际还是原来的企业破产。前些年,采取兼并的办法,职工的问题也好解决,但是往往是行政干预的结果,有的并不自愿。

六、破产宣告

破产宣告是由人民法院作出的,它是依照法律规定的程序宣告债务人破产的法律行为。一经宣告破产,这个债务人、这个企业就不再具有处分自己财产的能力,随后就要对现有财产进行清算,清理其债权,清偿其债务。行政机关不能宣告企业破产,而且行政机关不能干涉法院的裁决工作。

人民法院是根据《企业破产法》的规定,依照条件进行裁决的,关键还是要达到破产界限,要通过对案件的调查,初步估算债权人享有的债权数额,确认债务人是否具备破产宣告的条件。

破产宣告裁定之后,人民法院应当发出公告,向社会宣告债务人企业破产。公告中要指明裁定的主要内容,比如,成立清算组负责处理破产企业的财产方面的事项,破产债权的申报时间和债权人会议召开的时间。同时,为保证清算的顺利进行,公告中应明确指明,在人民法院和清算组未正式处理之前,任何人不得动用破产财产。破产宣告后,债务人企业就成为破产人。破产人就丧失了管理和处分财产的权利,但是在清算组没有到位工作之前,原企业的法定代表人有义务保管好破产财产。

七、破产清算

破产清算,是指依法成立的清算组在人民法院的主持下,对破产企业的业务和财产进行清理,并按照有关法律程序对企业债务进行清偿,对破产财产进行处理和分配等一系列的活动。这里有这样几方面的问题。

(一)清算组

清算组必须要在人民法院宣告破产之日起 15 日内成立。清算组的成员由人民法院从企业的上级主管部门、政府的财政部门和有关专业人员中指定。这些成员都应该具备某一方面的专业知识和技能。国外有的国家有所谓破产总局,有专门的机构。

清算组的主要职权,我国《企业破产法》规定得比较详细:一是由清算组接管破产企业,负责破产财产的保管、清理、估价、处理和分配。由清算组接管破产企业,是非常必要的,要防止哄抢、盗窃,临时安排职工破产后的生产、生活,把企业的财产、账册、文书、资料、印章等接管过来,必要时把仓库也可以封起来。当然,对财产的估价,都有相当的专业性,关键是要实事求是,要真实。对财产的分配,从法律的角度考虑,清算组提出一个合法的、公平的分配方案,交债权人会议通过,报请人民法院裁定后执行。这里,我们要注意在破产关系中,债权人会议、清算组、人民法院的关系,法院始终处于主导地位。

二是依法进行必要的民事活动。企业被宣告破产后,企业的法人资格虽未丧失,但企业的法定代表人已无权再进行有关的民事活动了,然而债务企业还是有一些民事活动要进行,如对原来签订的合同要变更或撤销、企业破产财产的拍卖,这些事务只能由清算组代表企业来处理。那么,在这个时候,清算组是以什么名义处理这些问题呢? 理论上遇到一个难题,各国有不同的学说。清算法人,我国没有定论。

三是清算组有权申请人民法院追回破产企业的财产。如果企业在破产宣告之前,具体说在法院受理破产案件前 6 个月至破产宣告之日的期间内,大家注意是在法院受理前 6 个月,还有受理后的时间,如果受理至宣告之间也是 6 个月,那么就是破产宣告前 1 年。前文,我们讲过这一点,法院在受理破产案件时不能拖拉,要尽快决定到底受理不受理。在这期间,破产企业如果隐匿、私分或者无偿转让财产,或者非正常压价出售财产,以为反正也要破产了,把财产处理或者分给职工。还有一种情况,或者对原来没有财产担保的债务提供财产担保;或者对未到期的债务提前清偿;或者放弃自己的债权。这些行为统统无效。清算组有权向人民法院申请追回财产。追回的财产,并列入破产财产,作为各债权人可以分配的财产。现在,投机的不少,看样子不行了,先在法院受理前半年把财产转移了。有的属于债权人打草惊蛇,有的找法院通融,晚点受理,拖一段时间,结果企业早把财产转移了。所以,有人说半年的时间短了,应修改成1年。有些地方搞了一批企业破产,就是投这机,把欠国家的债甩脱了,财产提早转移了。这就叫钻法律的“空子”。

四是清算组有权提请人民法院终结破产程序。清算组把破产企业的财产分配完毕,向人民法院提交分配报告后,就应该提请人民法院裁定终结破产程序。清算组不提请,法院就难以裁定,因为在破产清算中,清算组是具体的执行者,不清算不能终结破产程序。破产程序终结后,清算组向原登记机关办理注销登记,全部工作就算结束了。

所以,一个企业的破产过程就这样几步:当事人提出申请,法院受理、宣告破产、进行清算,最后破产终结。

(二)破产财产

什么是破产财产?它是指企业破产后,可以供清偿债权人的债权而进行分配的财产。按照《企业破产法》第28条的规定,破产财产包括这样几个方面:

1. 宣告破产时,破产企业经营管理的全部财产。对于国营企业来说,包括国家在企业成立时的全部投资,也包括这个企业在经营过程中的收益,当然也应减去设备的折旧。这样规定,与《民法通则》的规定是一致的,每一个企业都应该以它的全部财产来承担债务。但是,企业内属于他人的财产,如租赁别人的汽车、机器设备,为他人保管的财产,不能算破产财产。

2. 破产企业在破产宣告后至破产程序终结前所取得的财产。因为企业被宣告破产了,在清算结束前,这段时间内还有一些民事活动发生,有时还会取得一些财产,追回一些债权,这些都得算破产财产。

3. 应当由破产企业行使的其他财产权利。这包括企业享有的自然资源的使用权，如刚才我们说的土地使用权、专利权、商标权、相邻权，以及在转让这些权利时企业所得到的物质利益，都要列为破产财产。

4. 担保物的价款超出所担保债务的部分。我们知道，用物作担保，如果债务人不能清偿到期债务时，担保的物就要用来抵债。一般来说，担保物的价款与所担保的债权数额相当，或者大于担保债权。（比如，一个企业用一个车间向银行作担保贷款30万元，车间价值50万元，也就是说还有20万元可以作为破产财产，由其他债权人分配。）前面我们讲了，有财产担保的债权人可以享有优先受偿权，这部分财产不能算破产财产，不参加破产程序，可以提前提走。现在，银行贷款都很注意这一条，要有相应的财产作抵押。

5. 因破产企业的行为无效而被追回的财产。刚才我们讲到这个问题，破产企业在法院受理破产案件前6个月内，私下转移财产的，这都属于无效的法律行为，清算组追回后，应列为破产财产。

关于破产财产的构成，这个问题很重要，因为它是破产还债的基础。我们也要注意，也不要把那些与破产财产无关的财产都划进来。比如，人家在企业内存放的财产，或者属于他人的被加工的财产，不能列为破产财产。比如，我的木材让某家具厂加工成家具，就在加工期间这个家具厂破产了，木材还得给我，做成的家具还得给我，但是我要付的加工费要给，这部分加工费就成为破产财产了。

（三）破产债权

破产债权，是指破产企业的债权人所享有的，应当在破产清算阶段得到受偿的债权。破产债权的内容包括这样一些方面：

1. 破产宣告前成立的债权。这项债权包括无财产担保的债权，也包括虽然有财产担保但已经放弃了优先受偿权的债权。[④] 这种债权必须是在破产宣告之前成立的，而且是已经到期的债权，到期的债权还应该包括利息在内，这都属有效债权。

---

④ 根据2006年《企业破产法》的规定，破产债权包括无担保债权和担保债权。

2. 财产担保的债权数额超过了担保物价款的部分,也属于破产债权。比如,银行向企业贷款50万元,企业用一件价值30万元的设备向银行作抵押,那么,当这个企业破产时,银行的有财产担保的债权就是30万元,这属于一般债权;另外20万元就属于破产债权。当然这种情况不多。

3. 因违约使对方当事人受到损害的赔偿数额作为破产债权。这个规定似乎对受到损害的当事人有些不利。比如,因为破产企业不履行合同,给一家债权人带来20万元的损失,他就有权提出请求赔偿,但属于破产债权;一个人被企业的汽车压伤,应赔偿1万元,正在这时企业被宣告破产了,结果只能把这1万元列入破产债权,那么当事人就得不到1万元的赔偿了,只能与其他债权人一起按比例从破产财产中取得赔偿。不过在实践中,如果受害人需要治疗,等着住院,总不能等破产清算终结时再赔,应该有些弹性或照顾。

4. 破产宣告时未到期的债权。为什么这一部分债权也要列入破产债权中呢?主要是从稳定社会经济生活出发的。应该说,未到期的债权与这个企业破产无关,不应该清偿,但是因为该企业破产后,不把这项债权列为破产债权,以后就无法再得到清偿,所以这也是为了保护这些债权人的利益而规定的。但是未到期债权的利息不能列入。

5. 保证人享有的债权,也应列入破产债权。我国《企业破产法》第13条规定:"债务人的保证人,在代替债务人清偿债务后可以作为债权人,享有表决权。"根据这一条规定的精神,说明对保证人享有的债权,也是应该列为破产债权的。

另外,要说明一点,债权人参加破产程序时的费用,不属于破产债权。因为这些费用的支出是在企业宣告破产之后,不能列入破产债权。还有一个概念,叫破产费用,它是由清算组掌控的。它是指由破产企业从破产财产中优先拨付的,用于解决和处理破产事务而进行活动所需要的费用。这包括财产管理费、诉讼费等,清算组应精打细算,不能乱用,这方面的花费也要向债权人会议报告的。甚至可能发生这样的事,整个破产财产都支付不了破产费用。就像现在一些企业想打官司,一算账剩下这点资产,还不够打官司。

（四）破产后，如何清偿债务？

首先，把一般债权清偿了，然后再考虑破产债权。一般债权包括以下三个方面：

1. 破产费用要优先拨付，这是一般债权。

2. 有财产担保的债权，也有优先受偿权，这也是一般债权。

3. 债权人对破产企业负有债务的，可以在破产清算前抵销。比如，一个债权人对破产企业享有 20 万元债权，但是这个债权人还欠这个企业 10 万元，这样一抵销，这个债权人只享 10 万元的债权。当然，在抵销时还有许多具体的要求，我们不详细讲了。

下面，再谈两个问题：清偿顺序、按比例清偿。

第一，我们谈一下清偿顺序。一个企业破产，它的债权人很多，但是他们的性质又不同，所以就必须规定一个清偿的顺序。按照我国破产法的规定，分为三个顺序：首先，要清偿破产企业所欠职工的工资和劳动保险费用。现在亏损企业破产，要在这个问题上作文章，所以有的企业把职工的这些问题一解决，财产几乎没了，这是第一个顺序，有好处。所以，可以这样认为，我国的破产法着重是保护债务人利益，是保护亏损企业利益的；事实上也是这样，债权人提出破产的很少。其次，清偿破产企业所欠的税款。有一些国家（如美国）是作为第一顺序的。最后，清偿破产债权，银行的贷款也是放在第三个层次的。但是现在银行贷款一般是有担保抵押的，所以大部分划到一般债权，可以先提走的。这三个顺序只有清偿了第一顺序的债务之后，才能再清偿第二顺序、第三顺序的债务。

第二，按比例清偿。企业之所以破产，就是不能清偿全部债务了，这样各债权人只能按照各自的比例，先计算破产债权的总额，一共还有多少破产财产，大家按比例平等地分配给各债权人。当然，这里还有许多麻烦事，要对破产财产先进行变价处理。这我们就不讲了。

八、法律责任

这是最后一个问题,我们只谈几个要点:

1. 企业破产后要查明责任。主要的目的在于明确有关人员的责任,并予以追究,以严肃政纪和法纪,防止企业的负责人或上级主管部门的领导人对国家的财产掉以轻心的现象发生。这件工作由政府监督部门和审计部门负责查明,作出结论。

2. 行政处分。对于有违反《企业破产法》禁止性条款的,尚未构成犯罪的行为,要给予行政处分;另外,对企业破产负有直接责任的人员,包括企业负责人,主管部门的负责人,比如,主观主义、瞎指挥,使企业亏损。这方面要有制度,不能企业搞破产,越亏损,负责人的收入越多,一调了事,这不行,群众的意见很大。

3. 刑事处罚。在破产案件中,对其负责人处以刑事责任的有两种情况:一是实施了《企业破产法》第35条所列行为之一的,并构成犯罪的,如隐匿财产、私分财产达到一定数额的,或发动群众哄抢企业财产的,给国家造成重大损失的,要负刑事责任;二是因负责人玩忽职守造成企业破产的,这就可能构成玩忽职守罪,要追究。

4. 还要说明一点:破产企业在人民法院受理破产案件前6个月至破产宣告之日的期间,如存在隐匿财产、私分、非正常压价出售财产的行为,一旦在破产程序终结后1年内被查出,还要处理。把这些财产追回来,还要算是破产财产,债权人还有权利要求追偿。

企业破产还涉及对职工生活的安排、待业期间的培训,还有许多工作要做。特别是对职工生活、工作安排问题,社会保障问题。《企业破产法》第一顺序的安排,本身是一种照顾,企业去补交保险金。关于财产流失——我的看法是,如果是在破产程序中解决职工的基本生活问题,不能算流失。职工的基本生活,国家不管用哪一部分钱,都是要解决的。这个问题也要想得通。另外,有的企业不破产,很困难,职工的生活长久下去也不是个事,这种利害要向职工讲清楚。

总之,《企业破产法》的实施,必将涉及广大债权人、债务人的利益,涉及破产企业的法定代表人和它的上级主管部门领导人的法律责任问题,与广大职工的切身利益息息相关。现在,我们的亏损企业还很多,对于那些恢复整顿无望的严重亏损企业,应该大胆地让它们破产;但是工作要做细,企业破产是个法律问题,它应主要依靠法院来处理,法院要加强一些力量,法院的审判人员首先要学习好破产法,法院在企业破产案件的处理中处于核心的主导地位,其他部门是配合的问题,更不能采取行政干预。一定要按法律程序来办。近些年,许多地方,包括北京,对亏损企业的解决办法是靠行政手段,但是在市场经济初步建立的条件下,行政手段越来越不能解决问题。只有靠法律手段,破产就是一个法律手段。

我的看法,武汉市可以大胆地尝试一小批企业破产,这也是调整整顿、轻装上阵,这也是实事求是;但是不能一下子搞得很多,那样我们不见得有相应的承受能力,法院的力量也很有限,破产案件的处理花费时间、花费人力都很大,况且我们的经验也不足。还有,国家对《企业破产法》正在修订中,我们在这方面的进展也不能太快。

论我国国有企业自主权的完善

——兼评欧美对中国产品实施反倾销诉讼的不公平性*

自1979年我国出口的闹钟在欧共体遭受反倾销调查以来，中国出口商品在欧美受到反倾销诉讼的数量呈递增趋势。目前我国产品被判征反倾销税的已有160多种，这严重影响了我国的出口潜力。在反倾销问题上，欧美把中国列为"国家控制经济"或"非市场经济"国家，在确定中国产品公平价值时采取的是替代国方法，其基本理由是否认中国企业在法律和事实上真正享有自主权。① 替代国方法使我国产品更容易遭受反倾销诉讼，且确定的倾销幅度很高。采用这种方法，对于改革开放10余年来中国企业的发展现状来说，是极不公平的。

一、我国国有企业产权制度的变革

我国经济体制改革是从落实企业自主权、实行政企分开入手的，而理顺产权关系、建立完善的产权制度，则是国有企业改革的中心环节。

产权是以财产所有权为基础，反映不同经济主体对一定财产的不同方面、

---

* 原载《法商研究(中南财政学院学报)》1994年第5期。

① 参见欧共体理事会对我国出口自行车反倾销一案裁决的第19条。

不同程度的权利及相应义务的法律形式。按照民法学观点,产权即相当于物权。产权体系具有可分性,在一项财产上可能存在多项特定产权。这种可分性,不仅表现在原始产权可以派生出派生产权来,而且派生产权根据商品经济的发展要求还可以再派生出其他产权。在原始产权与派生产权的关系上,原始产权的性质决定了派生产权的基本内容和属性,同时在商品经济条件下,原始产权主体与派生产权主体又具有平等的法律地位,分别享有民事权利主体的资格。

1978 年以前,我国经济建设的基本指导思想是以产品计划经济理论为基础的。在产权理论上,否认财产存在方式和运动方式的多样性,否认产权体系的可分性,认为一项财产上的产权只能是单一的,产权就是财产所有权。在我国民法上,也是只承认财产所有权,而不承认物权体系的存在。这一时期,产权合一地集中在一个产权主体即财产所有者手中,产权体系也只以财产所有权来表示,从而否认国有企业的独立产权,否认国有企业的独立法律地位。但是,在商品生产和交换的过程中,国有资产的产权必然发生分解,国家拥有国有资产的所有权,又称原始产权,而实际支配国有资产的价值形态或使用价值形态的各类企业,则拥有国有资产的派生产权。如何确定上述原始产权和派生产权的关系,界定两者具体内容,实际上成为国有企业改革的实质性问题。

我国的经济体制改革有一个不断深化、完善的过程,与此相适应,我国国有企业产权制度的改革,也经历了大体三个演变阶段。

第一个阶段是在 1979 年至 1984 年。党的十一届三中全会以后,传统的产品计划经济理论开始得到变革。为了调动企业和职工的积极性,促进企业关心生产、改善经营管理、提高经济效益,从 1979 年 7 月起,国务院发布了《关于扩大国营工业企业经营自主权的若干规定》等一系列改革管理体制的文件,提出在保证完成国家财政收入任务的前提下,兼顾国家、企业和职工个人三方面的利益,适当扩大企业经营管理自主权。这一阶段的大部分国营企业除开始实行利润留成以外,在生产计划、产品销售、奖金分配、资金使用、机构设置和中层干部任免等方面,不同程度地有了一些权利。但总的来说,这一时期国家作为行政管理机构和资产所有者,只是初步地、尝试性地给予企业部分自主权,且许多权利并未得到很好的落实,企业的产量、产值、利润、劳动、物资等计划指标仍然是分头下发、互不衔接,企业是作为政府主管部门的行政附属物来参与国民经济整体运行的。

第二个阶段是在1984年至1991年。《中共中央关于经济体制改革的决定》指出:社会主义经济是公有制基础上有计划的商品经济,并据此确立了国有企业的改革目标,即“要使企业真正成为相对独立的经济实体,成为自主经营、自负盈亏的社会主义商品生产者和经营者,具有自我改造和自我发展能力,成为具有一定权利和义务的法人”。从而使我国国有企业产权制度发生了重大变革,形成了所有权和经营权分离的理论。

所谓所有权和经营权分离,实际上就是在同一项财产上分离为两个相互区别又互相联系的财产权利,所有权归属国家,而企业享有经营权。国家通过在自己的财产上设置经营权的方式,以企业经营者的行为来实现人和生产资料的结合。经营权是国有企业对国家授予它经营管理的财产依法享有的支配权,它是从国家所有权中派生出的一种民事权利,它同所有权一样具有排他性,一方面,国家一旦把某项财产授予给某一国有企业,就不能再随意抽回该项财产;另一方面,国有企业有自主地支配该项国有财产的权利,有权享有占有、使用、处分等所有权的各项权能。企业承包经营责任制和租赁经营责任制是两权分离的主要法律形式。

作为经济体制的微观基础,这一阶段的国有企业有这样一些特点:国家对国有企业的约束从原来靠行政指令实现,转变为靠承包、租赁合同来实现;国家对国有企业经营活动也从原来的直接日常控制逐步转变为间接总量控制,行业管理部门对其承包、租赁企业不能再随意干预;承包、租赁使企业内部形成了相对独立的经营者利益,企业利润实行留存,工资总额与经济效益挂钩;企业在定价、购销、劳动用工、奖金分配等方面,自主权不断扩大。

第三个阶段是从20世纪90年代以来。国有企业产权制度的改革实现了从扩权让利到确认企业财产权利的重大突破,理顺产权关系,建立现代企业制度被摆在突出的位置上。党的十四届三中全会公报指出,“企业拥有包括国家在内的出资者投资形成的全部法人财产权”,这是当前国有企业产权制度的根本点，也是法学界广泛讨论的热点问题。我们认为，实行现代企业制度后，国家或它的行使资产所有权的代表作为企业的投资者，只能享有一个投资者的权利即股权，对其股份享有所有权；而企业（公司）享有由股东投资形成的全部法人财产权，即法人所有权。在事实上，国家和其他股东一样，对其投入公司的现金、实物等已丧失直接支配的权利，而只能将其投资折抵成股份享有股权。国有企业法人财产权的行使，只受到国家法律、法规和投资者参与拟订的企业章程的限制，政府不可能再直接干预企业。

建立在法人财产权基础上的现代企业制度，有这样一些基本特点：(1)企业完全独立，彻底割断了与政府的行政隶属关系；(2)企业以获取利润为生产和经营的主要目标；(3)企业完全自主经营，拥有打一大再生产的自主权；(4)企业完全自负盈亏，独立核算，并依法实行破产制度；(5)企业有自主用工权，实行自由雇佣劳动制度和相应的社会保障制度；(6)企业自主分配，职工收入与经济效益挂钩，留利要能保证企业扩大再生产；(7)企业采取股份制或其他符合市场经济要求的法律形式，并相应改变财务会计制度。

二、我国法律从多方面保障了国有企业的自主权

法律是调节和管理社会经济所必须借助的最基本的规则。自 20 世纪 70 年代末以来，为了指导和保障经济体制改革的顺利进行，在借鉴改革经验的基础上，我国陆续颁布了一系列法律法规，其中有许多直接涉及对国有企业自主权的保障。

《宪法(修正案)》确立了社会主义市场经济体制。该修正案第 8 条明确规定：“国有企业在法律规定的范围内有权自主经营。”这就以根本大法的形式，确认了国有企业的经营自主权，为国有企业依法以商品生产者和经营者的身份自主地参加商品经济关系，提供了根本的法律保障。

1986 年颁布的《民法通则》确认了国有企业的法人地位。该法第 82 条规定：“全民所有制企业对国家授予它经营管理的财产依法享有经营权，受法律保护。”第 48

条规定:“全民所有制企业法人以国家授予它经营管理的财产承担民事责任。”

1988 年颁布的《全民所有制工业企业法》第 2 条确认“全民所有制工业企业是依法自主经营、自负盈亏、独立核算的社会主义商品生产和经营单位”,规定国有企业享有经营权,采取承包、租赁等经营责任制形式,同时具体确定国有企业享有自主定价、购销、持有其他企业股份以及发行债券等权利。企业和政府的关系是“国家调节市场、市场引导企业”。

1986 年 12 月颁布了适用于全民所有制企业的《企业破产法(试行)》,规定国有企业可依法宣告破产,其财产作为破产财产按法律程序偿还给债权人,这进一步促进了国有企业的自主经营。

1992 年 6 月颁布的《全民所有制工业企业转换经营机制条例》(以下简称《条例》),是保障国有企业改革的重要的行政法规。《条例》第 2 条规定:“企业转换经营机制的目标是:使企业适应市场的要求,成为依法自主经营、自负盈亏、自我发展、自我约束的商品生产和经营单位,成为独立享有民事权利和承担民事义务的企业法人。”同时具体确认国有企业享有生产经营决策权、产品劳务定价权、产品销售权、物资采购权、进出口权、投资决策权、资金支配权、资产处置权、联营兼并权、劳动用工权、人事管理权、工资奖金分配权、内部机构设置权、拒绝摊派权等覆盖几乎整个经营过程的 14 项权利,规定政府的主要职能是为企业提供社会保障和社会服务。

为了建立现代企业制度,1992 年颁布了《股份有限公司规范意见》和《有限责任公司规范意见》。1993 年 12 月 29 日又颁布了《公司法》,规定国有企业可改建为公司,公司股东以其所持股份或出资额为限对公司承担责任,公司以其全部财产对公司的债务承担责任。《公司法》第 72 条还规定:“经营管理制度健全、经营状况较好的大型的国有独资公司,可以由国务院授权行使资产所有者的权利。”

1994 年 5 月 12 日颁布的《对外贸易法》是规范货物进出口、技术进出口和国际服务贸易的专门法律。该法第 4 条明确规定:“国家鼓励发展对外贸易,发挥地方的积极性,保障对外贸易经营者的经营自主权。”第 1 条规定:“对外贸易经营者依法自主经营、自负盈亏。”

此外,国务院还陆续颁布了许多规范性文件,保障国有企业自主权,特别是进出口经营权。1991 年 5 月 16 日发布了《国务院关于进一步增强国营大中型企业活力的通知》,给予有条件的企业外贸自主权;1992 年发布了《国务院批转经贸部、国务院生产办关于赋予生产企业进出口经营权有关通知》;1993 年 5 月 12 日又发布了《国务院关于促进生产企业搞好自营进出口工作的通知》,在外汇留成、外汇调剂、出口信贷等方面给予企业更大的自主权。

三、国有企业自主权状况的实证描述

(一)改革以来企业自主权的变化及主要特点

扩大自主权一直是国有企业改革的核心环节。改革开放以来,国有企业转换机制的改革过程是循着国家对企业放权让利、扩大企业经营决策自主权开始,逐渐深入界定所有者和经营者的地位、关系,确立国家、企业、职工三者的责、权、利关系,强化约束机制,再进入明确国有企业产权关系,改革国有企业产权制度的轨道进行的。

经过 10 多年的改革,国有企业自主权不断扩大,根据中国社会科学院经济研究所、英国牛津大学、美国密歇根大学、圣地亚哥加州大学于 1987 年组成的"中国国有企业改革与效率"合作研究课题组的调查表明,享有经营自主权企业的比例,1980 年为 5% ~10% ,而 1990 年则达到 70% ~80% ,1990 年以后又有进一步的提高。②

同传统计划经济体制下国有企业机制相比,改革以来,特别是近年来,国有企业经营机制发生了极其明显的变化,它们已能较充分地享有自主权,尽管在一些方面同市场经济的规范化标准相比还有差距,但从整体上看已接近于国外市场经济中的一般企业。

第一,从产品生产机制来看,国有企业较为普遍地享有了与其他市场经济

② 参见杜海燕等:《中国国有企业改革:制度、行为与效率》,载《东岳论丛》1993 年第 1 期。

企业相当的生产经营决策权。现在,国家指令性计划仅对少数重要的国有企业下达一定比例的数额,产品生产机制方面的市场化在国有企业已经基本完成。这可以从近年来许多国有企业逐步打破单一的产品生产结构,不断调整产品品种,以及实行经营、服务多元化等方面得到验证,也可从国有企业与国有企业、国有企业与非国有企业之间,在产品生产合作、联营、协作配套等方面的发展体现。

第二,从购销与定价机制来看,国有企业基本上享有与其他市场经济企业相同的自主权。目前,国有企业实际上具备了购销与定价的自主权,这可以从一些突出的现象中得到证明,例如,各类国有企业普遍强化了购销队伍的建设,注重建立针对销售服务人员的激励和约束机制;国有企业比较普遍地注意到价格竞争的重要性,学会利用价格杠杆,刺激和调节供求。应当说明的是,特别时期的特定阶段,政府为了国家的整体利益,维护市场竞争的公正秩序,暂时冻结某些商品的物价也是现代市场经济中许多发达国家均采用的方法,这并不意味侵犯企业自主权。

第三,从劳动力配置机制上看,国有企业普遍具备了内部的竞争性劳动力配置机制。我国已确定劳动力是商品,劳动力市场已广泛建立并完善起来。从目前企业劳动力配置机制的形成看,许多国有企业新招劳动力也都打破了固定工制度,实行了合同工制度;从劳动者同国有企业的关系上看,劳动者自由选择进入和退出国有企业的权利已经具备,国有企业自主选择进入企业的劳动者和辞退不合格劳动者的机制也已形成;从对劳动力的激励机制方面来看,工资、奖金、福利等分配权在宏观政策范围内,国有企业基本上有权自主决定。

(二)法律规定的国有企业自主权的落实情况

在《条例》颁布实施1周年时,1993年5月上旬,国家经贸委等部门联合组成6个调查组,分赴全国各地进行了为期半个多月的贯彻《条例》情况调查。6个组对总体形势的基本评估是,贯彻落实《条例》取得明显进展,已经初见成效。③

---

③ 参见《国务院贯彻〈条例〉调查组提出,转换企业经营机制仍需下大气力》,载《人民日报》1993年6月2日。

1.《条例》赋予企业的14项自主权逐步落实,企业的市场主体地位得到加强。根据对15个省、自治区、直辖市的调查统计表明,在企业14项自主权中,基本落实的有8项,部分落实的有4项,落实情况不理想的有2项。15个省、自治区、直辖市一致反映,目前最难以落实的是拒绝摊派权,④国家现正在创造条件加以解决。

2.转变政府职能的步伐加快,转换企业经营机制的社会环境有所改善。通过转变职能,政府对企业干预大量减少。主要表现在:商品价格进一步放开,国家定价部分已降至20%左右,各省、自治区、直辖市管理价格的工业产品品种也大幅减少,国家物价局已撤销,工业、物资、商业、外贸的指令性计划指标比1992年同期减少了49%,一些地区已取消省级指令性计划,在企业经营范围、工商注册登记、资金使用、劳动、人事、内部分配等方面,各级政府已减少对企业干预。⑤生产要素市场建设有较大发展,各类社会保障制度在逐步建立和健全。

此外,承包经营责任制进一步完善,净资产承包制、进档达标承包制、资产经营承包制等试点都有了新的发展,利税分流制普通推广,股份制改造在不断规范中发展,三项制度改革进一步深化完善。

四、将中国列为非市场经济国家的不公平性

美国1988年贸易法将"国家控制经济国家"定义为:不按成本原则或不按市场价格体制经营的国家,其商品内销价格不反映商品的公平价值。欧共体反倾销法没有给什么是"非市场经济国家"下定义,而是通过法律来具体指定,中国被列为非市场经济国家。它们认为非市场经济国家的价格不合理,不存在把生产国市场的销售价格与进口国市场价格加以比较的前提,因而应采用替代国

④ 参见《国务院贯彻〈条例〉调查组提出,转换企业经营机制仍需下大气力》,载《人民日报》1993年6月2日。

⑤ 参见陈清泰:《加大力度、加快速度,坚定不移地全面贯彻落实〈条例〉》,载《经济工作通讯》1993年第17期。

做法。

(一)替代国制度的不合理性

替代国制度是反倾销法在确定非市场经济国家出口产品的正常价格时所采取的一种特殊制度。它在经济学上的依据是基于这样一个假设:出口国与替代国经济发展水平相近,它们生产某一产品所花的成本也应当是相近的。这种假定是以不同国家间生产要素的同质性为基础的。但实际上各国的生产要素具有明显的异质性,而这种具有异质性的生产要素对产品的价格构成具有决定性的影响,将一国的价格水平与另一国的价格水平作直接的比较,就会不可避免地存在极大的不合理性。正如世界银行在其世界发展报告中指出的,即使"替代国的因素比例及价格十分相似,仍没有理由认为它的产品会有同等的竞争力。研究进一步证明,按国内生产总值衡量,发展水平与有关价格之间的关系是很小的"。⑥

根据欧美反倾销法关于替代国制度的规定,替代国是在反倾销诉讼以后才选定的,出口商事先并不知道将来可能选定的替代国是哪一国,也无从进行合理的价格分析,这无疑有悖于法律的可预测性。此外,从反倾销实践来看,替代国制度的实施具有极大的随意性,这和法律的公正性和客观性也是不相符的。

替代国制度实际上是在进口产品的不同来源国家之间人为地造成一种歧视待遇,因而从根本上讲是违背国际法,特别是关贸总协定所标榜的平等和非歧视待遇原则的。替代国制度的不合理性已越来越受到人们的注意,早在1981年美国审计长对国会所作的报告《可以改进适用于非市场经济的美国法律和规定》中就指出,美国反倾销法中的这类规定及其适用对于来自非市场经济国家的产品来说是"多余累赘的不可预见的和不公平的"。⑦

(二)我国已具备市场经济国家的一般特征

美国反倾销法中没有具体列出哪些国家是非市场经济国家,在具体案件

---

⑥ 世界银行:《1987年世界发展报告》(中文本),财政经济出版社1987年版,第164页。

⑦ GA. 1. BID - 81,1981年第35页。

中,一般考虑以下因素:(1)货币与其他国家货币的兑换程度;(2)政府对工资水平的控制程度;(3)政府对生产资料所有或控制程度;(4)允许合资企业或其他形式外资进入程度;(5)政府通过进口许可证和外汇管制对国际贸易的控制程度;(6)政府对资源分配、企业的价格、产量决定权上的控制程度等。

建立市场经济体制,已经在我国《宪法》中予以确立,成为我国经济体制改革的目标。近年来,我国正向市场经济体制全面转轨,已基本具备了市场经济国家的一般特征:在价格改革方面,我国正建立由市场形成价格的机制,现在大部分商品价格已放开,只有少数生产资料价格“双轨制”仍然存在;在劳动制度改革方面,我国已逐步形成劳动力市场,形成用人单位和劳动者双向选择、合理流动的就业机制;在财税体制改革方面,推行以增值税为主体的流转税制度,把地方财政包干制改为分税制,建立中央和地方税收体系,对各类企业实行统一的企业所得税税率,改进和规范复式预算制度,建立政府公共预算和国有资产经营预算;在外汇管理体制改革方面,摒弃“双轨制”,已建立以市场为基础的有管理的浮动汇率制度和统一规范的外汇市场,人民币正逐步成为可兑换的货币;在投资体制改革方面,竞争性项目投资已由企业自主决策、自担风险,所需贷款由商业银行自主决定、自负盈亏,鼓励外商投资;在进出口管理制度改革方面,取消指令性计划和不必要的行政干预,对少数实行数量限制的进出口商品的管理,按照效益、公正和公开原则,实行配额招标、拍卖或规则化分配,海关、商检等口岸工作正向国际通行做法靠拢。

当前,金融市场、劳动力市场、技术市场等市场体系已建立,社会保障制度逐步完善。政府管理经济的职能,主要是制定和执行宏观调控政策,不直接干预企业的生产经营活动。企业已享有充分的自主权,研究调查表明,在“八五”期末将有80%左右的国有企业、在“九五”期末将有90%左右的国有企业能实现自主经营。⑧ 综上所述,中国已基本具备欧美在反倾销问题上认定市场经济国家的条件。

---

⑧ 参见国家体改委课题组:《关于国有大中型企业转换经营机制的研究报告》,载《改革》1993年第2期。

(三)国有企业的大量存在,不能成为否认市场经济的根据

国有企业大量存在并非我国独有的特色,事实上在许多工业化国家和工业发展中国家,国有企业在国家的工业和贸易中充当着重要的角色。

荷兰学者 M. SS. EL－拉马克,考察韩国、新加坡、巴西三个国家的国有企业后,得出的结论是,这些国家的国有企业在大力发展出口的政策中发挥了特别重要的作用。它们为以对外为中心的贸易和工业政策提供了强有力的保证,其中韩国的国有企业在其经济发展过程中充当了非常重要的角色,发挥了显著的作用,这些部门或企业被认为是"领导性部门",它们代表了国家经济发展的主方向和主流,并且比经济领域中其他任何企业都成长得快。新加坡的国有企业"在经济建设中所起的作用巨大,对经济发展的影响也是显著的"。巴西的经济"也许是具有'国家特色'的,它的经济被国家控制的最为牢固和强有力,"巴西的"这些国有企业掌握了国家的经济命脉,不管是对于出口业和进口业,它们都具有重大的影响"。[⑨] 而这些事实并不妨碍上述三国成为市场经济国家。

正如 M. SS. EL－拉马克所指出的,"国有"并不完全指国家拥有或国家和政府直接经营管理企业,国家可能拥有企业的大部分或一部分,这正如股份公司的控股一样。"国有"也不一定是指由国家出面直接经营管理企业。[⑩] 国有企业完全可以成为自主经营、自负盈亏、自我发展、自我约束的独立的企业法人,在市场经济中发挥积极作用。

可见,国有企业与市场经济体制并不矛盾,在反倾销问题上,过分怀疑国家对国有企业的控制关系,给予国有企业歧视待遇,是不公平的。当前我国市场经济体制已初步建立起来,具备了市场经济国家的基本特征。欧美应正视中国经济体制改革 10 余年的成就,在反倾销问题上,依照中国市场价格来确定中国出口产品的正常价格。

---

⑨　[荷兰]M. SS. EL－拉马克:《国营企业:对外贸易和工业政策的工具——韩国、新加坡和巴西现状》,载荷兰 RVB 研究报告《管理与发展》1990 年第 1 期 X 卷。

⑩　同上。

建立与社会主义市场经济体制相适应的现代企业法人制度*

如何尽快转换企业机制，让数十万家企业成为真正意义上的市场主体，是我国经济体制改革的中心环节。多年来，理论界、企业界和政府部门的有识之士为此进行了不懈的探索。党的十四届三中全会通过的《关于建立社会主义市场经济体制若干问题的决定》，把推动企业改革的深化，建立现代企业制度作为重要内容之一。随着党的十四届三中全会精神的贯彻和落实，中国企业必将再次掀起一个改革新高潮，目前，中国企业改革正面临一场新的攻坚战。

一、现代企业制度是社会主义市场经济体制的基础

十几年来，我国国有企业的改革经历了由放权让利到转换企业机制两大阶段。这两大阶段的发展，无论在理论上还是在实践中，都是一种重大突破。其间，我国政府在用新的管理体制和方法改进国有企业方面进行了大量的试点工作。然而，时至今日，由于多种因素的影响和各种条件的制约，许多国有大中型企业远没有真正成为独立自主的法人实体。整体来看，产权关系尚未理顺、政府干预并未弱化、大多数企业尚缺乏有效的激励机制和约束机制。显然，要解

---

* 原载《武汉大学学报》1994 年第 3 期。

决这些深层的矛盾,必须拓宽企业改革的思路,必须从企业制度的总体上进行研究,进行制度创新。

建立现代企业制度是建立社会主义市场经济体制的根本问题。我们改革的目标,是建立社会主义市场经济体制。市场经济是由无数个市场主体构成的。市场主体必须是拥有独立财产权和竞争自主权的经济组织和个人,它们的经济活动构成了市场经济的运行。在一个国家,市场经济的活力和效率源于市场主体的活力和效率,而企业是市场的基本经济单元,是最活跃的经济细胞。企业的活力和效率直接关系经济体制运行效果的好坏。发展市场经济,首先要塑造市场主体,企业的主体地位不确立,社会主义市场经济就无从建立。所以,在我们构造市场经济体制宏观框架的同时,必须构建市场经济体制的基础,建立与社会主义市场经济体制相适应的现代企业制度。

建立现代企业制度是社会化大生产的必然要求。现代经济早已突破了自然经济的樊篱。分散、落后的小生产已经被统一的、高效的社会化大生产取代。进入资本主义社会以后,发达国家随着机器大工业的诞生,社会分工、协作的扩大,已把生产和交换的广度和深度推到了前所未有的程度,首先形成了统一的国内市场,商品竞争又进一步突破了各个民族的疆界,形成了世界市场。世界经济一体化客观上要求我们吸收和借鉴世界发达国家的有益经验,尽快建立与国际企业制度接轨的、富于生机和活力的、产权明晰、责权分明的现代企业制度。

但在传统经济体制下,国有企业是国家行政机构的附属物,没有独立的市场主体地位。国家是唯一的投资主体,不可能形成竞争机制。在实行有计划商品经济的过程中,国家虽然通过立法形式建立了企业法人制度,但这是一种不完整的法人制度,国有企业并没有真正取得自主参加市场经济活动的权利。现在,我们要建立市场经济体制,就要有千万个独立的市场经济主体。因此,对原有的企业体制必须进行创新性的改革,对企业特别是国有企业进行改组、改造,使它们真正作为独立的法人实体,活跃在社会主义市场经济的舞台上已刻不容缓。

二、完善企业法人制度是保障我国实现经济体制改革目标的关键

建立现代企业制度的直接目的是实现企业全面进入市场,按照市场供求关系和价值规律进行经营,成为真正的市场竞争主体。要实现这一目的,必须使企业享有民事权利能力和民事行为能力,成为能够自负盈亏的法人实体。完善企业法人制度是建立现代企业的关键和核心所在。

企业法人制度是商品经济发展到一定阶段的产物。随着商品经济的高度发展,主要由自然人构成的社会生产单位逐渐为越来越多的企业组织所替代。商品交换的频繁进行,需要企业在市场面前具有形同自然人的主体资格,将成员个人意志凝聚成同一的集体意志,并由统一机构来行使各项权利。企业法人制度就是适应这一需要而产生,并随着股份有限公司的出现而逐步完善。它的实质在于法人成员(或创立人)的有限责任制度,从而使法人组织与法人成员(或创立人)在法律人格上完全分离,法人组织拥有自己独立财产,享有民事责任。

企业法人制度首先赋予企业组织独立的人格。法人企业经合法成立后就取得了独立的人格权,法人不是以出资人的名义而是以自己的名义相对任何当事人,同时也以自己的名义相对出资人个人。法人人格的独立必然决定着企业法人责任的独立,即企业法人应以自己的财产对自己的行为承担责任。

企业法人人格及责任独立的基础是企业享有法人财产权。法人与出资人两者相互之所以得以构成相对当事人,是因为他们各自作为自己财产权利的代表。法人有权并且必须以自己的人格来全面行使财产权利、承担相应的义务。同样,企业法人要真正能独立地承担起财产责任来,也须拥有一定的财产并对这些财产享有充分的支配权。否则,企业责任也只能是一纸空谈。

十几年来,我们在改革的思路上主要是围绕“放权让利”展开的,在改革的步骤上是抽象地强调“两权分离”,结果出现的仅仅是一种形式上的“企业法人”称谓而已。在“两权分离”的条件下尽可能使企业成为独立的经济实体,只

能实行承包制和租赁制。从改革的实践来看,由于承包制和租赁制以合同的形式明确了国家(所有制)与企业(经营者)各自的权利义务关系,在一定程度上确定了国家与企业的利益分配方式和比例。因而承包、租赁后的国有企业与旧体制下的国有企业相比,其经营运行机制较为合理,具有一定的活力。但这种"两权分离"是企业外部的分离。企业的经营权是从所有权中派生出来的一种他物权,不管其独立程度如何都无从摆脱所有权人的干预。而且,还产生了许多始料不及的弊病:一是由于政府部门直接以合同一方当事人身份介入,合同成为直接控制和干预企业的合法形式。政府部门以此身份还能收回许多原先法律、政策已经明确给予企业的自主权。二是企业与国家在订立合同中,政府作为发包方与企业作为承包方的法律地位本身就不平等,企业与国家在订立合同中讨价还价,经营权的内容从一开始就不具有法定化、规范化、标准化的形式,造成了不同企业间的不平等竞争。三是国有企业的主体资格及其应有的财产权成为承包租赁的客体,政府放权让利的得主是承包者和租赁者,政府与国有企业的关系转变为政府与承包者、租赁者的关系,使政府与国有企业之间的宏观调控关系无法得到正确处理。四是企业产权关系不明,使企业对财产增值的愿望减弱甚至丧失;国家利益与企业自己追求短期利益之间发生尖锐冲突,这种冲突使企业产生了一系列诸如企业经营行为短期化;负盈不负亏等阻碍深化改革的经济和社会问题。随后在理论界出现了"经营权法定化"的主张。①这一主张对我国企业改革具有一定的推动意义。但是,关于经营权制度的一些问题至今也无法作出令人信服的解释。经营权法定以《民法通则》为分界线,也有数年的历史,即使是《全民所有制工业企业转换经营机制暂行条例》(以下简称《企业转换经营机制暂行条例》)的颁布也有一年多的时间。然而,经营权在企业制度建设和经营管理中却始终像一个幽灵,摇来晃去,似乎存在,却有难以捉摸,企业改革仍然在权利的"收—放—收"的怪圈中徘徊。上述现象和问题的存在告诉我们:企业行为与国家行为的冲突绝非单纯地放权所能解决的。经营者只有在经营者利益和所有者利益得到统一时,才可能拥有属于自己的财产利

① 参见覃天云:《经营权与企业法人产权辩析》,载《中国法学》1991 年第 2 期;孟勤国:《再论法定经营权》,载《企业·证券·合同》,人民法院出版社 1992 年版,第 54 ~69 页。

益,进而成为符合市场经济发展的民事主体,其行为才不会构成对所有权的侵害,所有权人的利益才能得到最大限度的维护和保障。国家只有放弃直接干预,企业的行为才不至于丧失活力。在国家保持所有权,企业仅享有经营权的前提下,是无法实现经营者利益和所有者利益的统一的。我们认为,企业改革中需要解决的首要问题是明确企业法人财产权的性质,实现企业经营者和所有者利益的统一。

关于企业法人财产权的性质,在理论上始终没有普遍一致的看法。以公司法人为例,股东是否对出资财产享有所有权?学者间的认识大不相同。其中,有些学者认为,股东权是以股东对其出资财产享有所有权为基础的,公司对其独立财产不可能享有所有权;有些学者认为,股东对其出资财产已经丧失所有权,而公司对其独立财产享有法人所有权。如果按照前者的观点,公司财产实际上是各个股东共有的财产,当然股东要对公司债务承担无限责任。然而,按照法人制度的要求和公司组织的规则,股东仅以其出资财产为限对公司债务承担有限责任。事实上,所有权的含义并不是永恒不变的,各国立法对所有权内容的理解并不一致,我们在总的认识上,同意后一种观点。关于赋予国有企业以法人所有权,并以此作为全民所有制的法律实现方式之一,这一观点在我国法学界早就有人提出。② 但是,这一观点受到理论界的广泛反对,也没有被我国立法采纳。坚决否定企业法人所有权观点者大多数都以企业法人所有权会导致国家所有权丧失,从而导致全民所有制变为法人所有制或者企业所有制为由,而且这些学者都认为坚持国家所有权是保留全民所有制的基本条件。其实,所有权是所有制的表现形式,但绝非唯一形式。所有制也应该有其他的法律实现方式,只要这种方式——财产权利能够表现生产关系中的支配力量即可。国家成为国有企业的股东之后,它所享有的股东权照样可以实现公有制,表现社会对生产的操纵和控制,完成国家的产业方针。

我们认为,赋予企业法人所有权是企业改革的关键所在,企业法人所有权至少应包括以下内容:(1)法人所有权所指向的对象是企业财产的全部,包括不

---

② 参见梁慧星:《论企业法人与企业法人所有权》,载《中国法学》1981年第1期。

动产、动产和工业产权以及国家投资的财产的统一拥有和合法行使。(2)法人所有权是排他性的财产属独立的主物权。法人因经营需要有权以所有权人资格设定法律规定的其他物权,如为相对当事人设定同益权、抵押权、质权、留置权以及向另外的企业投资持股等。(3)国家仅以出资人身份享有股东权,即资产受益、重大决策和选择管理者等权利,但不直接干预企业的生产经营活动。(4)企业以其全部财产依法自主经营、自负盈亏和照章纳税,并对国家承担资产保值增值的责任。企业因破产而承担破产法规定的有关责任,不能累及出资人或任何主管部门的连带责任。(5)企业法人所有权受法律保护,表现为国家意志而非政府意志。任何行政机关、法人组织和自然人不得侵害。

三、公司制是建立现代企业法人制度的有益探索

企业构成独立主体的基础必须是一种统一的、稳定的、有法律保障的权利,这种权利的存在,应迫使社会认可其权利主体具有独立性,并从而允许其独立进入商品的生产和流通。这就是所有权的商品经济意义。如前所述,我们认为我国企业改革的根本出路在于进行企业产权制度的改革,使国有企业与企业法人所有权统一起来。但企业法人所有权的形成与真正落实还须借助一定的企业组织形态。否则,一切不管多么具体的法律规定,都可能会流于表面。经营权立法与实践之间的反差已是足证。公司制度为我国现代企业制度的建立提供了一种理想的模式。

公司制度是商品经济运动的必然结果,“正是因为它的出现,才使得法人制度得以真正确立和完善”。在我们看来,公司法人内部形成了所有权与经营权的分离,使公司法人不仅具有自身的经济利益和独立于出资人的自由意志,又使公司灵活地开展经营,进行科学、高效地管理。

(一)公司制可以是法人摆脱政府干预,解决长期以来一直无法解决的“政企不分”问题

首先,公司成立后,公司便取得了法人资格,形成公司独立的财产,实现出

资人出资财产所有权的转移。财产所有权属于公司法人,其完整的具体支配权转入公司法人机构。出资人的权利内容则发生了很大变化,他们丧失了资产的所有权而换取股东权。股东权是公司法人财产所有权的一个有机组成部分。各股东对公司财产的支配意思,须通过股东会以集体决议形式表达,股东个人已不能随意处分自己的出资,更不能抽回出资,股东个人意志已无法直接左右公司的意志。其次,公司财产在实现了股东个人财产与公司法人财产的第一次分离后,公司内部还实行所有权与经营权的分离,但是,公司内部所有权与经营权的分离也根本不同于承包与租赁制下的两权分离。承包、租赁制下的两权分离是来自企业外部的国家与企业之间所有权与经营权的分离,而公司所有权与经营权是统一于公司法人的。公司的经营权是相对于法人财产所有权而言,是针对内部机构权利具体行使而作出的。相对于原投资人的财产所有权而言,不是直接分离,而是间接分离。同时,公司制的两权分离是由公司法和公司章程规定的,具有较强的规范性。加之,公司制度在国际上已实行几百年,已形成比较合理而确定的制度。公司经营权的界限比较明确。因此,公司制度能保障经营人拥有充分权利。这样,国有企业改行公司制后,国家作为公司的一个股东,不能直接干预公司经营权的行使,最多只能通过公司内部股东会或董事会的决议去影响公司的决策。即使所有全部资产主要或全部仍为国家所有,国家也只能执行股东职能,不得干预企业经营,国家对企业的管理体制将发生根本性变革,即国家对企业从直接管理变为间接管理。而公司既然同时行使经营权和所有权,那么它完全能够独立承担经营后果,成为真正自负盈亏的企业法人。所有这些,都说明实行公司制度较承包租赁制更能确立和保障企业独立自主的法律地位,解决“政企不分”问题。

(二)公司制给我们提供一套科学、完善的企业组织制度和管理制度

现代企业制度不仅要求产权清晰,而且要求有一套科学的管理体系和管理方法。公司在数百年的发展过程中,适应社会化大生产需要,实行所有权与管理权相分离。决策机关与执行机关相分离,建立管理机构,推行科学管理方法。公司由全体股东组成股东会作为公司的权力机关,决定公司的重大事项;由股

东会选举产生的董事会是公司的执行机关,公司由董事会负责管理,在不侵犯股东权利的前提下,董事会有权采取必要方法以实现公司的宗旨,并聘任经理实施股东和董事会的决议,全面负责公司具体生产经营,公司设监事会,对董事会及其成员和经理等管理人员的业务活动进行监督。股东会、董事会、监事会相互制衡的机制,既保证了企业的民主管理,所有权与经营权的分离,又保证了董事会及经理等管理人员充分行使管理权,确保企业高速、有效运行。

(三)公司产权商品化、证券化,有利于促进资产的合理流动

在独资企业中,生产要素的流动只能采取实物转让的形式,所有人权利客体的实物化,加剧了权利转移的困难。公司企业出现后,股东权利客体向证券化演变,特别是伴随信用经济的发展,证券市场的发展使股权客体成为可以在市场上自由流动的有价证券,权利的转让日益简单。股票交易及股东权的转让,有利于打破资产凝固的状态,使资产运动起来,并形成合理调整资产的机制,为资源的合理配置找到最佳的企业组织形式。同时,公司又是一种极富活力的扩张性企业,它通过参股、控股购买其他公司的股份以及兼并其他企业等方式扩大经营规模,提高经济实力和竞争力。

综上所述,公司是最具完整机制的经济组织体,它产权关系明确、投资主体多元、产权商品化、管理科学化,是反映了现代社会化生产规律的先进的经营方式和管理方法。在过去几百年中,它为资本主义制度创造了巨大财产,但它决非资本主义所独有,资本主义社会更无其"专利权",它是人类共同的文明成果。正如《关于建立社会主义市场经济体制若干问题的决定》所指出的:"国有企业实行公司制,是建立现代企业制度的有益探索。"我们应该进一步解放思想,大胆推行国有企业公司化的试点工作。

四、现代企业法人制度的建立是一项复杂的系统工程

建立现代企业法人制度标志着我国国有企业将最终摆脱传统经济体制的

束缚,真正成为在市场竞争中求生存、求发展的独立的市场经济主体。这不仅是微观经济基础的根本性变革,而且是涉及宏观经济体制的一次全面、深刻的革命,因此,其任务是艰巨的,其过程是长久的。我们应该扎扎实实地做好准备工作,为现代企业法人制度的建立打下坚实的基础。

(一)要继续贯彻落实《企业转换经营机制暂行条例》

公司制是国有企业改革的方向。但公司制的推行必须具备一定的法律条件。国有企业经营自主权是国有企业实行公司制的法权基础。如果一个企业对外财产不享有包括决定投资入股在内的处分权,那就很难设想它能够作为企业法人股东而存在。因此。当前我们首要的工作并不是急于把所有的企业都一夜之间改组为公司,而是应该继续贯彻《企业转换经营机制暂行条例》,把企业的各项权利和责任不折不扣地落到实处。《企业转换经营机制暂行条例》是建立社会主义市场经济体制的基石。只有把这一基石落实好,才能为现代企业制度打好基础。

(二)要把深化企业改革同财税、金融、投资计划体制的改革衔接起来,为企业改革创造一个宽松的外部环境

市场经济体制的建立是一个复杂的系统工程,企业体制改革是经济体制改革的核心,因此,企业改革不能孤立进行,它离不开其他配套改革。企业法人制度的建立需要有良好的外部环境,企业改革必须同我国的财税、金融、投资、计划体制的改革配套进行。

(三)加强国有资产改革,实行国家所有权与行政权的分离

国家应尽快落实国有资产代表人,填补国有资产所有人代表的“缺位”,成立统一的国有资产代表机构,并真正行使国有资产经营管理职能,与国家行政管理机关彻底脱钩。这是关系国有企业体制改革成败的一件大事。

(四)对具备条件的国有企业可以逐步推行公司制

公司可以有不同类型,不可“一刀切”。对具备条件的属于单一投资主体性质的国有大中型企业,可依法将其改组为国有独资公司,对于属于多个投资主体性质的国有大中型企业,可依法将其改组为有限责任公司或股份有限公司,对现有全国性行业总公司可以逐步改组为控股公司。在改组公司的过程中,要注意以下几个问题:第一,加强企业中的国有资产管理,做好清资核算工作,不能在公司形式下瓜分和支解国有财产。第二,国有股权在公司中所占份额比例要合适。可按不同产业和股权分散程度区别处理。生产某些特殊产品的公司和军工企业应由国家独资经营,支柱产业和基础产业中的骨干企业,由国家控股并吸收非国有资金入股,以扩大国有经济的主导作用和影响范围。第三,切忌形式主义。实行公司制不是简单地更换名称,也不是单纯为筹集资金,而是着重于转换机制。因此,一定要防止搞形式主义,不能一哄而上,不能把不具备条件的企业硬改组为公司。第四,推行公司制。并不是把所有的国有企业都改组为公司。一般小型国有企业可以实行承包经营、租赁经营,有的可以改组为股份合作制,也可以出售给集体或个人。应该允许多种经营形式同时存在。第五,国有企业公司化,应规范化,必须严格按照《公司法》等有关法规进行。

中国国有企业股份制改造与股份有限公司*

股份有限公司是生产社会化程度提高和商品经济发展到一定阶段的产物，它在以公有制为主体的中国，对于搞活企业，培育与发展社会主义市场经济具有重要意义。目前，我国改革开放步伐加快，为了转换经营机制，政府陆续颁布了由3个层次、15个文件组成的关于股份制企业试点全套政策法规，这标志着我国股份有限公司开始走向规范化道路。

一

国有企业尤其是国有大中型企业，是我国现代化建设的重要支柱和骨干力量，财政收入的主要来源。增强企业活力，尤其是国有大中型企业的活力，是实现我国经济发展战略目标的关键所在。10多年的改革实践证明，要使企业真正成为市场的利益主体，成为自主经营、自负盈亏、自我发展、自我约束的商品生产者和经营者，就必须找到一种国有资产产权的有效实现形式。现代股份制是一种企业财产组织制度，经济发达国家的发展史和我国试行股份制以来的实践证明：股份制是一种适应市场经济发展的先进企业财产组织形式和企业制度。

---

* 原载《政法论坛》1994年第1期。

根据《股份制企业试点办法》(以下简称《办法》)的规定,股份制企业,是指全部注册资本由全体股东共同出资,并以股份形式构成的企业。股东依其在股份制企业中所拥有的股份参加管理,享受权益、承担风险,股份可在规定条件下或范围内转让,但不得退股。我国的股份制企业主要有股份有限公司和有限责任公司两种组织形式。

作为企业法律形态之一的股份有限公司,由于具有聚集资金,集中资本,分散投资者风险,扩大企业经营规模,股票可以自由转让,适应所有权与经营权相分离的生产方式的需要,被我国一些企业进行股份制改造时所采用。国有企业实行股份制改造,应在法律法规允许的范围内进行。国有企业股份制改造后,将从根本上改变原来的投资格局,开创一条减轻国家财政负担、提高投资效益的新途径。国家、法人、自然人都可以成为企业的投资主体和股东,从而实现投资主体多元化、投资渠道多样化和产权多元化、股东多家化。由于投资主体多元化、股东多家化,就产生了多种利益的相互约束,迫使经营者重视投资的有效使用,降低损耗,克服短期行为。在企业要生存、发展而资金不可能完全依赖国家的情况下,国有企业实行股份制改造,就可以筹集大额资金,通过股份的发行开拓投资场所,发展生产,提高技术水平,增强企业自我发展的能力。如深圳纺织品工业公司的下属企业金田公司,原来是一个供销科,后来成为供销企业,再后来成为上市公司,发行股票后,企业利润大幅度增加。现在金田股份有限公司的经济实力和规模都超过了纺织品工业公司。

企业所需资金从以银行贷款为主的间接融资形式到通过发行股票(或股权证)直接融资为主的发展过程,是世界上任何一个国家和地区筹集建设资金的必经途径。我国也不例外。近年来,股份有限公司是我国国有企业试行股份制的重要形式之一,这是由国有企业股份制改造的方法、企业资金来源的多渠道、投资主体的多元化决定的。根据《股份有限公司规范意见》(以下简称《意见》)的规定,股份有限公司是指注册资金由等额股份构成并通过发行股票(或股权证)筹集资本,股东以其所认购股份对公司承担有限责任的企业法人。它具有如下法律特征:(1)公司的资本总额平分为金额相等的股份;(2)股东以其所认购的股份对公司承担有限责任,公司以其全部资产对公司债务承担责任;(3)公司可以向社会公开发行股票,股票可以交易或转让;(4)股东数不得少于规定的数目,但没有上限,每一股有一表决权,股东以其持有的股份,享受权利,承担义务;(5)公司应将经注册会计师检查验证过的会计报告公开。

二

我国股份有限公司的设立,可采取发起方式或募集方式,但只有国家大型建设项目方可采用发起方式。募集方式包括定向募集和社会募集两种。定向募集公司成立一年后增资扩股时,经批准可转为社会募集公司。股份有限公司注册资本的最低限额为 1000 万元人民币,有外商投资的公司注册资本不少于 3000 万元人民币。公有制企业新建或改组成股份有限公司,一般采取以下方式:(1)企业新建、扩建时,可将多方投资的份额转换成股份;(2)在企业兼并中,兼并企业和被兼并企业将其财产转换成股份;(3)需要新增投资的企业,可通过发行股票筹集资金,并将原企业资产评估核为股份;(4)企业集团的核心企业可以通过参股、控股发展为股份有限公司;(5)经批准,企业也可通过发行股票改变不合理的资本结构。企业无论改组为哪种公司形式,都必须通过严格的审批程序,对企业资产进行认真清查,清理债权债务,凡涉及国有资产的须由国有资产管理部门进行核资、确认,并由会计师事务所或审计事务所对企业财务状况进行审计,对其结果给予验证。

在我国,股份有限公司的设立,要经过严格的审批。《办法》规定,股份制企业的组建,由国家体改委或省、自治区、直辖市体改委部门牵头,会同有关部门审批。股份制企业向社会公开发行股票还必须经中国人民银行批准。

目前我国股份制试点的范围为:(1)涉及国家安全、国家尖端技术的企业,具有战略意义和稀有金属的开采项目,以及必须由国家专卖的企业和行业,不进行股份制试点;(2)国家产业政策重点发展的能源、交通、通信等垄断性较强的行业,可以进行股份制试点,但公有资产股在这些企业中必须达到控股程度;(3)符合国家产业政策的竞争性较强的行业,尤其是资金技术密集型和规模经济要求高的行业,鼓励进行股份制企业试点。在目前情况下,国有企业股份制改造必须在规定范围内进行。

随着政府职能的转变、证券市场的完善和国家经济发展的需要,国有企业股份制改造的范围将有所扩大。聚集资金是股份制企业产生的契机,可以说一定数量投资者的存在是公司存在的必备条件。但是事物并不是一成不变的。第二次世界大战以后,西方一些国家出现了国家为唯一股东(投资者)的商业性公司,这些国家的公司法一般认可这种公司,认为当某一股东拥有公司的全部股份时,并不导致公司的解散。这些国家的立法不仅给予这种公司以有限责任公司相同的法律地位,而且规定可以采取变通方法设立一人公司,甚至个别国家的立法规定国家设立公司可以不受有限责任公司需要一定数量成员的一般原则的限制。日本公司法允许公司从设立阶段就以一人公司的形式存在。一人公司已经成为国家进行经济活动,干预经济生活,直接控制有关国计民生企业和行业的法律形式。一人公司具有既便于国家对某些行业、企业的直接控制,以达到社会安定和经济发展的目的,又可充分发挥公司组织、运营财产的巨大功能,并且股东只承担有限责任。近年来,我国有的学者在推进股份制的改革中提出,将一部分国有企业改造为一人公司形式的国家独资公司,这主张已经引起学术界的普遍关注。

三

股权设置,是指股份制企业对股东权利的确定办法。大体有两种划分方式:一是按股东对象(投资主体)划分;二是按股东权益划分。在股权设置方面,按投资主体划分,我国股份有限公司的股份可分为国家股、法人股、个人股和外资股。国家股为有权代表国家投资的政府部门或机构以国有资产向公司投资形成的股份。目前,国家股由国务院授权部门或机构,或根据国务院决定,由地方政府授权的部门或机构持有,并委派股权代表。法人股为企业法人以其依法可以支配的资产向公司投资形成的股份,或具有法人资格的事业单位和社会团体以国家允许用于经营的资产向公司投资形成的股份。个人股为以个人合法财产向公司投资形成的股份。个人股东可能是社会个人或公司内部职工个人。外资股为境外投资者以购买人民币特种股票形式向公司投资形成的股份。根据资产的性质,国有资产投资形成的股份和集体所有投资形成的股份统一称为公有资产股,这种股份不允许转让或派送给本公司的职工和其他人。关于国家股、外资股的转让,政府有关部门也作了相应规定。在股权设置方面,按股东权益划分,我国股份有限公司的股份可划分普通股和优先股。普通股是随着企业利润变动而变动的一种股份,是股份中最普通、构成股份有限公司资金的基础部分。普通股最大的特点是股息不固定,随公司盈利的多少而起伏,以及持有普通股的股东享有公司经营管理的决策权。国家股一般为普通股。优先股是股份有限公司发行的在分配股利和剩余财产时比普通股具有优先权的股份。优先股的最大特点是可以优先分得股息和公司解散后的剩余财产,收入稳定,投资风险小,但持有优先股的股东没有表决权,不参与企业的经营管理。

美国和日本的股份有限公司股权结构中私人持股比例共同经历了一个从上升到下降的过程;与此同时,集团法人持股的比例则共同经历了一个比例迅速上升的时期。可以说,股权从私人持股转向法人持股是一个共同趋势。我国运用公司制度改造国有企业时,应以发展法人持股为主的股权结构,这既有利于巩固公有制的主导地位,也体现和符合股权结构发展变化的世界性趋势。

从我国目前一些试行股份制地区的情况看,由于担心国有股(国家股和国有法人股的统称)交易而导致国有股比例下降,就禁止公股自由交易或者规定只可在公有人之间交易。如深圳股市就有两个市场:公股市场与私人股市场。在政策上,这两个市场井水不犯河水;在运作上,私人股市场活跃,公股市场冷清,公股在某些方面类似于债券和优先股,不参与交易,只领取股息。这些实践中的做法同"股权平等、同股同利、利益共享、风险共担"的原则不一致,以致带来了一些不利后果:(1)国有股处于凝固状态,单方面承担了股市风险,不能利用股票发行市场和交易市场的差价,收回比原投资高出数倍或数十倍的现金,不能通过高卖低买在股市中获利增值。国有股失去了在市场竞争中平等盈利的机会。目前,我国的国产资产处于双重凝固状态:一是国有股不能将部分股票兑现而投资于其他企业和行业,以实现国有证券资产与国有实物资产之间的优化配置;二是国有股股东不能根据上市公司的业绩、发展前景及发展规划来调整所持股的种类,实现国有股股权在不同上市公司之间的优化配置。(2)国有股占据股票市场的大头而不能流通,使股市上流通的股票大为减少,而成为自然人的市场,容易受私人大户的操纵,从而使股价波动过于频繁并且幅度过大,无法发挥公有股的主导作用和能力。从世界各国和地区的股票市场来看,股票市场上的自然人越多,法人持股越少,投机性越强,股价波动越大,对社会经济发展的影响也越大。因此,许多国家和地区都逐步鼓励和发展机构持股者,尽量减少过分的投机。(3)我国的股份有限公司都处于成长发育期,需要不断扩股增资,扩大生产经营规模。国有股持股企业必须筹措资金,需要投入为数甚大的扩股资金。如新扩股份不能转手卖出去,自然就缺乏筹资购股的动力,致使国有股股东往往放弃或转让其认购权,每扩一次股,国有股的比例就被动下降。为了克服上述弊端,我国的股份有限公司中的国有股必须进入流通。这样将有双重好处:一方面,政府可以通过有计划地吞吐公有股份来平抑股票价格。防止股价的暴涨暴跌与股市的过冷过热,使股市健康发展,并使国有资产得到增殖,壮大公有制的力量。另一方面,国有股的转移与投资可作为实现产业结构倾斜政策的有力手段,政府可将国有资产转移到更重要和更关键的行业和企业。

内部职工持股问题。在我国,所谓内部职工持股就是指定向募集股份有限公司的内部职工作为投资者持有本公司发行的股份。职工拥有本公司的股份,以股东身份参与公司管理,有利于调动职工的积极性,增强公司的内部凝聚力。我国一些股份有限公司,并不向社会公开发行股票,而是采取内部职工持股方式成立。按照现行试点办法,凡属这类公司内部职工持有的股份,均采用记名股权证形式,不印制股票。而这些记名股权证,要严格限定在本公司内部,不得向公司以外的任何个人发放和转让。内部职工股的转让范围,仅限于可以持有企业内部职工股份的人员,并且必须按规定的程序办理手续。不向社会公开发行股票的股份有限公司,在转为向社会公开发行股票时,其内部职工持的股权证,应换发成股票,并按规定转让和交易。这类股份有限公司转为有限责任公司的,内部职工所持股份可以转为“职工合股基金”,以“职工合股基金”组成的法人成为本有限责任公司的股东,而原持股职工成为“职工合股基金”组织的创立人。

四

我国股份有限公司的组织机构,采用国际上较为通行的组织方式,股份有限公司设股东会,作为公司的最高权力机构,实行双重管理体制,既设立董事会和经理,又设立监事会。董事会作为执行机构,负责公司的业务经营,董事长由董事担任,由全部董事选举和罢免,董事长为公司的法定代表人,董事长不能出任法定代表人时,由公司章程作出规定。在实践中,公司经理出任法定代表人的,也不在少数。有些公司的董事长兼任经理,行使董事长和经理的全部职权。在一般公司法的规定中,董事会是公司业务的执行机关,它既负责制定业务决策,也负责实际管理和代表公司对外活动。至于经理,则是可以任意设置的执行业务的公司代理人。而我国的《意见》规定,董事会是公司的常设权力机构,是决策机构,经理是执行机构,即除《意见》或公司章程规定由股东会决议事项外,董事会对公司重大业务和行政事项有权作出决定,而具体业务活动包括对内管理对外代表公司处理业务都由经理负责。这实际上是把传统公司法的董事会权力一分为二,决策权归董事会,执行权归经理,经理就不再是公司的代理人,而成为公司所常设的执行机关。谁是公司的法定代表人?是董事长还是经理?《民法通则》规定,法定代表人是“代表法人行使职权的负责人”,那么谁是公司的负责人呢?一般认为,董事长是法定代表人,经理经董事会或董事长授权,也可以对外代表公司。也有人认为,在各自职权范围内,董事长和经理都可以作为公司法定代表人。董事长和经理对公司负有诚信和勤勉义务,不得从事与本公司有竞争或损害本公司利益的活动。

监事会为公司经营活动的监督机构,行使对董事会及其成员和经理的监督职能。监事会成员中有一定数量的职工代表担任。监事会成员有权列席董事会会议,对董事长、经理的决定提出质询并要求答复。监督董事、经理等管理人员有无违反法律、法规、公司章程以及股东会决议的行为,检查公司经营和财务状况等。监事会要向股东会或全体股东和全体职工报告工作。法人股东可以担任公司董事或监事成员,但必须任命一位有行为能力的自然人作为代表。《意见》对董事、经理和监事会成员的国籍未作限制规定,但外国人担任我国公司董事、经理、监事会成员的,一般应持有商人身份证明。《意见》还规定,监事会有权代表公司与董事交涉或对董事起诉,可见其在公司中的特殊地位和作用。但是监事会是以什么身份代表公司与董事交涉或对董事起诉?还有待于探讨。

在实践中,不少股份制企业名不符实,股东会、董事会形同虚设,企业经理仍由上级任命,基本上沿袭传统企业组织体制的弊端。我们试行股份制改革,运用股份有限公司这种法律形式,其目的是转换企业经营机制,增强企业活力,如果股份制企业的组织机构不符合法律规定,或与国际惯例相违背,要实现改革目标是不可能的。在发达国家,股份有限公司的基本构造是股东大会、董事会和监事会三种机构并存。这三种机构的关系主要有三种类型:(1)股东大会选举董事会和监事会,董事和监事的任免权由股东大会行使,董事会和监事会都对股东大会负责。这种方式被西方在多数国家采用,我国也是采用这种方式。(2)股东大会选举监事会,监事会选举董事会,监事的任免权由股东大会行使,董事任免权由监事会行使,监事会对股东大会负责,董事会对监事会负责。这种方式,主要被联邦德国采用。(3)在上述两种方式中,公司采用哪种方式,法律上不作规定,而由公司章程确定。在同一公司中,只能选择其中的一种方式,但可通过修改公司章程,由一种方式转为另一种方式。这种方式,主要被法国采用。

中国的企业走向国际市场的一个重要条件就是按照国际惯例和发展趋势来规范公司的组织机构。从国外的情况看,虽然公司法和公司章程都规定股东会为最高权力机构,董事会为常设权力机构,但由于公司股权分散,企业管理日趋复杂和专业化,使职业经理人员控制公司事务正成为现实,越来越普遍的情况是,支配公司事务的不是股东会,有的甚至也不是董事会,而是以总经理为代表的职业经理人员。他们的突出特点是,经过系统的专门训练,具备高水平的专门管理知识和能力,凭借这些优势,无须拥有对公司财产所有权,便可拥有公司各种事务的管理权和裁判权。在一些国家和地区,经理形成了一个阶层,通过竞争选用,通过竞争淘汰。如果公司经营不好,它的经营者的社会声誉就大大降低,从而威胁他再谋求其他公司的高级职位,这是一种比任何物质惩罚都要严重的惩罚。正是这种竞争机制促使他们尽职尽责。同时,由于经营者的原因导致公司破产,还要承担相应的法律责任。这些国家和地区的成熟经验,是我们在试行股份制改造过程中需要认真参考和借鉴的。

企业家的产生和职业经理可以操纵公司是与股份有限公司的组织机构有关。股份有限公司的基本特征之一就是两权分离,这种产权结构为经理人员自主经营活动提供了广阔的空间,为企业家的产生和成长造就了适宜的土壤。产权主体多元化和股权分散化,使职业经理人员对公司事务实行控制成为可能。管理公司所必需的现代化管理知识和技术,使经过长期学习和科学培训的经理人员成为公司的决策和运营的核心领导力量。政府从对企业的直接管理转变为对其间接管理后,可以真正实现政企分开,为经理人员施展才能提供了较大的自由度。

五

由政府发布的《股票发行与交易管理暂行条例》对我国股份有限公司发行股票的条件作了规定。股票发行人必须是具有股票发行资格的股份有限公司。设立股份有限公司申请公开发行股票,应当符合下列条件:(1)其生产经营符合国家产业政策。(2)其发行的普通股限于一种,同股同权。(3)发起人认购的股本数额不少于公司拟发行的股本总额的35%。(4)在公司拟发行的股本总额中,发起人认购的部分不少于3000万元人民币,但是国家另有规定的除外。(5)向社会公众发行的部分不少于公司拟发行的股本总额的25%,其中公司职工认购股本数额不得超过拟向公众发行的股本总额的10%。公司拟发行的股本总额超过人民币4亿元的,证监会按照规定可以酌情降低向社会公众发行部分的比例,但是最低不少于公司拟发行的股本总额的10%。(6)发起人在近3年没有重大违法行为。(7)证券委规定的其他条件。企业改组设立股份有限公司申请公开发行股票,除应当符合上列条件外,还应当符合下述条件:(1)发行前一年末,净资产在总资产中所占比例不低于30%,无形资产在总资产中所占比例不高于20%,但是证券委另有规定的除外;(2)近3年连续盈利。国有企业改组设立股份有限公司公开发行股票的,国家拥有的股份在总公司拟发行的股本总额中所占的比例由国务院或者国务院授权的部门规定。

在日本,股票上市要向证券交易所提出上市申请,并要接受证券交易所的审查。东京证券交易所规定的股票上市标准,主要有以下几个方面:(1)上市股数;(2)持股最多的10个少数特殊股东及对发行公司有特殊利益之个持股数;(3)除上述少数特殊股东以外,持有一个交易单位以上之股东人数;(4)发行公司成立年限;(5)股东权益;(6)税前净利;(7)股利。由于上市要经过严格审查,因而可以提高股票的信用;由于公司名称经过报纸、电台等宣传媒介的广泛报道,因而知名度和资信度较高;由于公司股票的市场价格与票面价格之间存在较大差额,易于吸引投资,因而上市公司比不上市公司具有相当大的优势。

包括中国在内的各个国家和地区的公司立法对公司上市条件的要求是极其严格的。严格的审查制度对社会经济的正常运行有三个方面的重要作用:(1)制定统一的规则,使所有企业处于同一竞争起跑线上,避免了竞争规则的随意性。(2)公司股票能否上市的唯一标准,就是符合法律规定的条件。为了能达到上市条件,可供选择的唯一途径就是改善公司的经营管理。(3)公司股票价格波动的决定性因素就是公司自身的状况。为了提高本公司股票的市场价格从而在市场竞争中处于有利地位,唯一的途径也是不断改善企业的经营管理。严格的上市条件,既是一种压力,也是一种动力,是股份有限公司充满活力的源泉之一。

企业破产法适用中若干问题研究*

一

人民法院受理破产案件后，对债务人财产的其他民事执行程序必须中止。这是破产案件受理之后引起的一项重要法律后果。破产案件的受理，标志着破产程序的正式开始。这时，民事执行程序中的被执行人可能成为破产债务人，其财产可能构成破产财产。如果继续进行原已确定的民事执行，就会减少债务人的财产，从而损害多数债权人的合法权益。而且，破产法属于特别法，民事诉讼法属于一般法，特别法优于一般法，破产程序作为法律的特别程序，其效力应高于民事执行程序。中止执行只是执行程序的暂时停止，与终结执行不同。如果人民法院经过审理，认为被申请宣告破产的企业不符合宣告破产条件，可以不对其进行破产宣告。在这种情况下，造成中止执行的事实已经消失，应当恢复原执行程序。

根据我国《企业破产法（试行）》第11条的规定，中止民事执行程序的效力，是从人民法院受理破产案件后开始的。可见，申请人提出破产申请，并不能随即开始破产程序，也不能立刻中止其他民事执行。只有当人民法院对破产申请的有关事项，进行全面审查并作出受理破产案件的正式决定时，破产程序才能正式开始，中止民事执行的效力才能发生。人民法院受理破产案件后，只是对

---

* 原载《法学评论》1992年第2期。

债务人财产的民事执行程序中止,而纯属人身关系内容的民事执行,以及该债务人对他人财产的民事执行不应受到影响,即使在宣告债务人破产后,债务人所享有的权利也应由清算组行使;只是对已经开始进行的民事执行程序中止,尚未开始的民事执行不存在中止问题,毫无疑问,在受理破产案件后也不能再开始其他民事执行;只是对未终结的民事执行程序中止,已终结的民事执行不因受理破产案件而失去效力。因为已作为担保物的财产不属于破产财产,有财产担保的债权是一种优先受偿权,债务人占有他人的财产也不属于破产财产,应由该财产的权利人优先取回。显然,以上优先受偿权的行使不会影响各债权人对破产财产的公平分配,所以对有财产担保债权和享有取回权的民事执行不应中止。

人民法院受理破产案件后,债务人作为当事人参加的民事诉讼、行政诉讼程序不应中止,经由这些诉讼确认的债权,若为债务人享有的应归于破产财产,若为债权人享有的而又非属优先受偿范围的应属于破产债权。可见,这些诉讼的继续进行不会对破产财产的完整性产生影响,也不会产生使个别或部分债权人优先受偿的结果。相反,这些诉讼的继续进行有利于破产程序的顺利实施。在实践中,对债务人财产已执行诉讼保全的,也应在破产案件受理后转入破产程序处理。人民法院宣告债务人破产后,债务人便丧失了对有关破产财产的诉讼权利,在此之前已经开始的这类诉讼即应终结,须由清算组织承受其权利和义务。

二

企业由债务人申请破产的,其上级主管部门能否向人民法院申请对该企业进行整顿,该企业能否再向债权人会议提出和解?根据我国《企业破产法(试行)》第17条的规定,提出和解与整顿的申请只适用于由债权人对债务人申请破产的情况。这是因为,一般来说,债务人提出破产申请的,是在企业财务状况、生产经营条件极其恶化的情况下提出的,而且已经得到该企业的上级主管部门的审查同意。人民法院接到申请后,必须对该企业的亏损情况,有关会计报表、债务清册和债权清册进行认真的审查,确认其符合破产条件时才予受理。实际上,申请破产的企业已无复苏振兴的可能,再提出和解与整顿已无必要。在我国,和解与整顿不是破产宣告的必经程序。债务人经其上级主管部门同意后,向人民法院申请破产的,已说明债务人失去恢复正常经营的能力和信心,其上级主管部门也认为没有整顿的必要,人民法院可以按照法律规定直接裁定宣告其破产,而不需经过和解与整顿程序。

按照《企业破产法(试行)》的规定,企业破产的申请分为由债权人提出或由债务人自己提出两种,前者称为非自愿破产申请,后者称为自愿破产申请。在自愿破产申请情况下,完全出于债务人和其上级主管部门的自愿,而且又经人民法院审查受理,如果再允许债务人和其上级主管部门提出和解与整顿,就会有损于法律的严肃性,增加人民法院的负担,浪费各债权人的精力和时间,影响社会经济秩序的稳定。所以,我国《企业破产法(试行)》的立法精神,应理解为债务人申请破产的,其上级主管部门不能再申请企业整顿,该债务人也不能再提出和解。

三

《企业破产法(试行)》第 33 条规定:“破产宣告前成立的有财产担保的债权,债权人享有就该担保物优先受偿的权利。”《民事诉讼法》第 203 条规定:“已作为银行贷款等债权的抵押物或者其他担保物的财产,银行和其他债权人享有就该抵押物或者其他担保物优先受偿的权利。”根据这些规定,有财产担保的债权不属于破产债权,它所涉及的担保物也不属于破产财产,债权人可以不通过破产程序优先获得清偿。

在我国,有财产担保的债权包括以下几种形式:

1. 抵押权,是指债务人或者第三人提供一定的抵押物作为清偿债务的担保,债务人不履行债务时,债权人享有就该抵押物折价或变价优先受偿的权利。

当抵押人企业破产时,享有优先受偿权的债权人一般还须申请法院执行,才能实现自己的权利。如果抵押人将抵押物转让给他人时,抵押权人对该抵押物可以行使追及权。对同一项财产上是否可以设定几次抵押的问题,我国最高人民法院曾在有关司法解释中规定,在具备抵押的其他条件下,对同一项财产上首次设定的抵押有效,而后设定的抵押无效。但许多国家和地区的法律规定,对同一项财产可以设定几次抵押。当抵押人企业破产时,后设定的抵押权只能在先设定的抵押权人全部受偿后,才能就抵押财产的剩余部分受偿。我国某些经济特区在实践中,存在对同一项财产上设定几次抵押的情况。

2. 留置权,是指债权人依照合同约定占有债务人的财产,当债务人不履行合同或者超过约定期限时,债权人有权留置财产,并根据法律规定享有就该财产折价或变价优先受偿的权利。这就是说,为债权人设定留置权的财产不属于破产财产,债权人在一定的条件下,可以从中优先获得清偿。

3. 定金,是指债权人在双方约定或法律规定的范围内向债务人给付的一定金钱。定金是一种有财产担保的形式。在破产程序中,收取定金又不履行合同的一方企业破产时,依照《民法通则》的有关规定,该企业应当向对方双倍返还定金。但是,有财产担保必须是以实物或有保证的金钱为基础,所以在破产还债中,应将已实际交付的定金款项和应予处罚的定金数额区别处理:若接收定金的企业未履行自己的债务的,其定金不属于该企业的破产财产,债权人可以就此定金享有优先受偿权,而应处罚的定金数额则属于债权人享有的破产债权,即债权人可以就相同的定金数额享有破产债权;若破产企业已履行自己债务的,该定金即属破产财产;若交付定金的企业破产时,该企业或者清算组能继续履行原定义务的,该定金仍可充抵货款,若已不可能再履行义务的,该定金应为接收定金的企业所有。

有财产担保的债权人享有优先受偿权,必须注意以下几点:第一,有财产担保的债权是在破产宣告之前成立的。这是因为企业被宣告破产后,便丧失了对自己财产的经营管理权,不能再以财产去做担保,否则该行为是无效的。另外,根据《企业破产法(试行)》第 35 条的规定,人民法院受理破产案件前 6 个月至破产宣告之日的期间内,对原来没有财产担保的债务提供财产担保是无效行为。这是因为个别债权人在破产程序开始前不久,设定财产担保就会减少债务人的破产财产,影响破产案件中债权人的利益,阻碍破产程序的正常进行。第二,有财产担保的债权只能就特定的担保物享有优先受偿权。一般来说,该担保物应属于破产企业所有或经营管理,并为破产企业的特定财产。一旦该项担保物灭失,债权人享有的优先受偿权即丧失,进而转为一般的破产债权,按破产清算程序受偿。但担保物转移,并不影响债权人相应的追及权利。定金作为一种有财产担保较为特殊,它是以特定数额的种类物——货币作为担保物的。所以破产企业首先应用流动资金清偿该项债务,不足时才能以相应的实物折价或变价进行清偿。第三,有财产担保的债权数额与担保物的价值不一致时,若担保物的价款超过有财产担保的债权数额的,超过部分属于破产财产,供其他债权人公平受偿;若担保物的价款不足有财产担保的债权数额的,不足部分作为破产债权,该债权人应依破产程序受偿。第四,有财产担保的债权人,在未放弃优先受偿权之前,不能在债权人会议上享有表决权。但债权人放弃优先受偿权的,就应将其列为破产债权,债权人进而享有表决权。

四

根据《企业破产法(试行)》第30条的规定,破产宣告前成立的无财产担保的债权为破产债权。在我国,除无担保的普通债权外,无财产担保的债权还包括保证债权和违约债权。债务人的保证人,在债务人不能履行债务时,有义务代债务人履行债务。当保证人履行了这种义务,他便取得了债权人的地位,在破产程序中,在其清偿的范围内享有破产债权,并可成为债权人会议的成员,享有表决权。但是,若保证人未履行保证债务,未代替债务人清偿债务,那么,它在保证债务的范围内,便处于债务人的地位,他所承担的债务数额应列入债务人的破产财产。在这种情况下,保证人不是债务人的债权人,当然不能成为债权人会议的成员。

债务人为他人担任保证人的,当他收到人民法院关于受理破产案件的通知后,应于5日内转告有关当事人。这里所指的当事人包括主债务中的债权人和债务人。保证关系是保证人与债权人之间订立的协议。对于主债务来说,保证债务是一种从债务,当主债务人不能履行债务时,保证人就应代其履行债务或承担连带责任,所以保证人必须具备必要的财产,否则,他就不能履行保证人应尽的义务。担任保证人的企业如被申请宣告破产,即说明它的财产状况已处关濒临破产的境地,以至于连自身债务都无法清偿,更无可能再为他人履行债务或承担连带责任。这时,该债务人已经丧失为他人做保证人的资格,按照法律规定的期限,破产债务人必须将被申请宣告破产的情况转告有关当事人,使他们能够及时对保证事项进行处理。在主债务人方面,破产债务人担任保证人若是无条件的,通知后保证关系即应解除;若是附有条件的,在正常情况下,主债务人还须负一定的义务,但在保证人被申请宣告破产后,主债务人的有关义务应因保证人不能再履行担保义务而予免除。在主债权人方面,若通过协商,主债权人同意解除保证协议,则保证人不再负有对该债权人保证的义务;若该债权人不同意解除保证协议,则保证人还须继续负有保证的义务。但在这种情况下,主债权人对破产债务人所享有的债权,是一种无财产担保的债权,是普通破产债权,而不是优先受偿权。他应和其他普通债权人一样,参加对破产债务人的破产程序,从中获得按比例的清偿。

违约金是不是无财产担保的形式?我国《民法通则》将支付违约金作为一种承担民事责任的方式。在合同关系中,双方约定或依照法律规定一方违约必须向对方给付违约金,它实际上也是一种无财产担保的形式。支付违约金是以不履行合同为前提的,它是违约一方承担合同义务之外的一种从属义务或额外义务。当破产债务人因不能履行合同,而应支付违约金时,债权人应取得的违约金数额与因合同不能履行而享有的债权数额,均应列为破产债权。这时,该合同关系的债权人,与其他普通债权人一样,对破产债务人享有按比例获得清偿的权利。

五

关于联营企业的破产问题，已经引起法学界、企业界和司法部门的广泛注意。根据我国《民法通则》的有关规定，联营分为法人型联营、合伙型联营、合同型联营。不同类型的联营企业，在投资的形式、财产的独立性质、联营各方的权利义务，以及承担民事责任的方式上有很大的区别。所以，在讨论联营企业的破产问题时，必须分别类型进行探讨。

法人型的联营企业具有两个最明显的特点：其一，组成新的经济实体，由联营者投资构成与其完全分离的独立财产，按照联营者新的共同目标开展经营活动；其二，独立承担民事责任，联营者仅以自己的投资金额对联营企业的债务承担有限责任，而不负连带责任。所以，这种联营企业经主管机关核准登记后，即取得法人资格。当联营企业被宣告破产时，联营企业应以自己所有或者经营管理的全部财产，以及《企业破产法（试行）》中规定的其他破产财产，独立地向其债权人清偿债务。联营者各方对此不承担民事责任，但其投资应列为该企业的破产财产，一般情况下，投资财产已不能再收回，只有在破产财产分配完毕后仍有剩余时，其剩余财产部分才应由各联营者收回。当联营者一方被宣告破产时，该联营者应以自己的全部财产独立承担民事责任，在破产程序上与联营企业和其他联营者无关。为了不影响联营企业的正常经营，破产联营者不能直接收回向联营企业的投资，只能以转让的方式收回对等金额的财产，以作为破产财产清偿其债务。

合伙型的联营企业具有以下两个特点：其一，联营的财产与联营企业的财产没有完全分开，所以联营企业还没有形成真正独立的财产权利，它还不是一个完全独立的经济实体；其二，当联营企业经营管理的财产不能清偿其到期债务时，应由联营各方按照出资比例或者协议的约定，以各自所有的或者经营管理的财产承担民事责任，有法律规定或者协议约定负连带责任的，还要承担连带责任，所以，联营企业不是完全独立地承担民事责任。至于合伙型的联营企业能否被宣告破产？这在法学界有不同意见。在实践中,这类联营企业既然是一个经营组织,就应具有相对独立的财产,能够在一定的范围内对外承担民事责任,它也同样会遇到不能清偿到期债务的情形,所以也会有被宣告破产的可能,只是其破产还债的程序比较复杂。

一般来说,当合伙型联营企业经营管理的财产不能清偿到期债务时,该企业即可能被宣告破产。当该企业被宣告破产后,它应将其全部经营管理的财产列为破产财产,其不足清偿债务的部分由各联营者按出资比例或者协议的约定,以各自所有或者经营管理的财产承担无限清偿责任。若有的联营者无能力按比例或者协议的约定进行清偿的,该联营者也就处于破产的地位。该联营者因此被宣告破产后,其不足清偿债务的部分即应转为破产债权,债权人只能依照破产程序得到相应比例的清偿,而不得再向其他联营者求偿。若有法律规定或者协议约定负连带责任的,其他联营者还要向其债权人承担连带责任。合伙型联营企业破产前,联营者代偿联营企业的债务,超过了自己按出资比例或者协议约定的债务部分,在联营企业被宣告破产后,即应成为破产债权,该联营者即成为破产联营企业的债权人并参加破产的程序。合伙型联营企业破产后,因负有连带责任的义务,联营者代偿联营企业的债务,超过了自己按出资比例或者协议约定的债务部分,则应向其他联营者追偿。从实践中看,为有利于合伙型联营企业的存在和发展,法律上应规定其承担无限责任,而不宜强调或者规定联营者负连带责任。当联营企业的经营正常,而某联营者被宣告破产时,通常不应影响联营企业的继续存在。破产联营者的出资部分优先可以转让给其他联营者,也可以转让给联营者以外的人。当然,该联营者也可以直接收回出资。在这种情况下,联营企业仍有继续存在和发展的条件时,经过变更登记后,即能取得相应的经营能力。破产联营者应以自己所有或者经营管理的财产清偿债务,而其他联营者没有向其债权人承担连带责任的义务。若因该联营者收回出资,而使联营企业丧失经营能力或者不能清偿到期债务的,该联营企业即应宣布解散或者被宣告破产。

合同型的联营企业是一种松散的结合。在这种联营中,联营者通过签订合同的方式,在生产、销售、供货、信息等方面进行合作,实际上并没有形成经济实体。虽然,联营者之间可能有了某种程度的约束,但各自仍是独立的经营组织,并应对自己的经营状况负责。所以,当某联营者被宣告破产时,该联营者应以自己所有或者经营管理的财产,独立地承担民事责任,而在破产程序上与其他联营者无关。当然,这种联营企业也不会发生破产。

六

企业法人与其分支机构被宣告破产时,应如何处理其相互间的财产关系和清偿债务?这也是实施企业破产法中遇到的一个重要问题。我国对企业法人的分支机构还无确切的定义,一般来说,它是指企业法人在其住所以外的一定地域,为实现其全部或部分职能而单独出资设立的经济组织。企业法人的分支机构虽然具有从属性,在经营方针和重要经营项目上,均受企业法人的控制和支配,但它们能够在核准登记的权限范围内从事经营活动,具有相对的独立性。在我国,依据企业法人对其分支机构的控制程度,以及分支机构具有独立性的状况,可以将企业法人的分支机构分为三种类型:非独立性的分支机构、半独立性的分支机构、独立性的分支机构。它们分别与企业法人的依赖关联不同,其财产独立性的程度和承担民事责任的能力也不同。因此,在被宣告破产的情况下,对于不同类型的分支机构来说,企业法人与其相互间的财产关系和承担清偿责任的方式方面,必然存在明显的差异。

非独立性的分支机构,属于企业法人实体中的有机组成部分。它没有形成自己相对独立的财产,不能独立的承担民事责任,不具有独立开展经营活动的能力,法律上不能取得法人资格。这些企业法人对其分支机构的财产进行全面支配,分支机构的营利要全部或绝大部分上交企业法人,分支机构所需资金和设备要由企业法人统一划拨。所以,企业法人要对自己设立的这类分支机构的债务,承担无限清偿责任。上述分支机构不具有破产能力,不可能发生破产。但是,现在有些企业法人以自己的部分财产作为分支机构的注册资本,而这部分注册资本又未在企业法人注册总资本中注销,实际上为分支机构申报的注册资本是虚假的。这些企业在为自己的分支机构骗取法人资格后,又往往是以两个法人的名义开展经营活动,并试图在分支机构营利时,获取其全部或绝大部分营利,而在分支机构不能清偿到期债务或者资不抵债时,则以企业法人负有限责任为理由,推脱自己应负的法律责任。尽管这类分支机构可能有自己的名称、场所、组织机构和章程,甚至通过登记取得了法人资格,但它实际上是一种“三无”企业(无资金、无设备、无人员),不完全具备法人成立的实质要件,不可能具有独立承担责任的能力。

半独立性的分支机构,是与企业法人相对独立的经济组织,它能够根据法律的有关规定或企业法人的委托,在其拨给或核准的资金范围内,以自己的名义从事经营活动,实行企业内部核算,对外负盈亏责任。目前,半独立性的分支机构在我国大致有三种情况:

1. 工业企业法人由单一生产型转化为生产经营型,商业企业法人由单一的集中经营型转向多层次多地域经营型,如一些企业法人设立的分厂、分公司、商店、门市部、营业部等。从严格意义上讲,这些分支机构也不完全具备法人的条件,但在法律规定的某些情况下可以取得法人资格,并以自己的名义开展经营活动。在此种情况下,若因企业法人过多,错误的行政干预,导致分支机构经营亏损、不能清偿到期债务的,该企业法人要负连带的清偿责任;企业法人仅是向分支机构收得利润提成,而无其他责任的,当分支机构发生不能清偿到期债务时,该企业法人应在收取的全部营利中承担连带清偿责任。这种分支机构在法律上、事实上都还不是完全独立的经营组织,一般来说,在企业法人被宣告破产后,其享有法人资格的分支机构可能会随之破产,其不享有法人资格的分支机构可能会随之撤销。在企业法人和享有法人资格的分支机构均发生破产的情况下,各自应将在法律上属于自己所有或者经营管理的财产作为破产财产,并按两个互相独立的破产主体进行清算,企业法人应将分支机构承担连带责任的债务部分,列入其破产债权。在企业法人破产、分支机构随之撤销的情况下,应将分支机构经营管理的全部财产以及享有的其他权利,列入企业法人的破产财产,应将分支机构有财产担保以外的全部债务,列入其破产债权。

2. 银行、保险、铁路、邮电等特殊行业设立的分行、分公司、铁路局、分局、邮电局等属于分支机构,它们根据各行业的专门规程,或根据有关承包合同,在总行、总公司、铁道部、邮电部核准确定的资金范围内,能够以自己的名义独立开展业务活动,并按规定的比例和方法提取留利。在我国,这种企业法人及其分支机构不会发生破产,企业法人对其分支机构不能清偿的到期债务要统一负责。

3. 外国企业在我国经济特区、某些沿海城市设立的不具有法人资格的分支机构。这些分支机构在我国法律允许的范围内,可以开展一定的经营活动,但外国企业要为其债务承担连带责任。

上述各种分支机构,无论是否具有法人资格,均有权以自己的名义签订合同,参加诉讼,能够在规定的范围内承担财产责任。当分支机构不能单独承担民事责任时,应由其主管企业法人承担连带责任。

独立性的分支机构,具备法人条件,享有法人资格。它在法律上、财产上与企业法人完全脱钩,拥有自己所有或经营管理的财产,实行独立核算,自负盈亏,对外独立承担民事责任。所以,这是一种广义的上企业法人分支机构,从法律上讲,它本身就是一种独立的企业法人。这种分支机构主要有以下设立方式:

1. 由企业法人无偿划拨固定资产和流动资金,设立与其分离的经济实体,在法律上享有法人资格,如一些大中型企业为解决职工子女就业问题,兴办的劳动服务公司、加工厂、运输队、商店、旅社等。它们多数为独立的集体所有制企业,对其划拨的财产享有所有权,也无须向企业法人上交营利,但要自己承担民事责任。虽然,企业法人与分支机构之间存在一定的从属关系,企业法人在人事安排、财产管理、经营方针等方面,可能还会对分支机构进行不同程度的干预,但这并不能影响其法律地位和承担责任的性质。

2. 由企业法人单独投资设立的分支机构。单独投资设立的分支机构,类似于一些国家“一人公司”的组织形式,虽然投资财产的所有权(或者第一层次的经营管理权)仍属于企业法人,但这些财产在法律上已属于分支机构占有和分配。企业法人无权直接干预分支机构的经营活动。同时,企业法人除投资以外不再为分支机构的债务承担责任,或者说,企业法人对分支机构的债务仅负有限责任。从这个意义上讲,子公司也是附属于母公司的分支机构,一般来说,母公司、子公司都是法人,都能独立地进行民事活动,母公司是子公司的投资者、控股者,但不直接干预子公司的经营活动,也不为子公司的债务承担责任。在上述设立方式的情况下,虽然企业法人能够从分支机构的营利中获取收益,如股息、红利等,但它并不会改变分支机构独立的法律地位。

3. 由企业法人提供担保设立的分支机构。目前,我国有许多分支机构的设立,不是由企业法人直接投资,而是由企业法人为分支机构的注册资金提供担保,或者以分支机构的名义向银行贷款,企业法人为此提供偿还贷款的担保。既然,企业法人为分支机构提供了担保,就要在担保资金的范围内承担连带责任,但必须明确,它并不是对分支机构所有的债务承担连带责任。在担保关系中,担保人与被担保人是互相独立的民事主体,担保人除在约定的范围内承担担保责任外,对被担保人的经营状况、债务清偿情况,不承担任何法律责任。所以,这种分支机构必须独立开展经营活动,并对自己未设立担保的债务独立承担责任。

上述独立性的分支机构,是与企业法人相分离的法律实体。这类分支机构应以自己所有或者经营管理的财产承担民事责任,不能将其债务转嫁到企业法人身上;反之,企业法人也不能将其债务转嫁到分支机构身上。在分支机构被宣告破产时,企业法人仅能以其投资、股份,对分支机构的债务承担有限责任。

企业集团的基本法律问题*

一、企业集团的产生与发展

(一)国外企业集团的产生

在国外,由于商品经济的发展,工业发达国家是按照企业法律责任形式,确立他们的企业组织形式的。具体说有三种:(1)独资企业,是由单个人出资兴办的企业,企业的全部财产归个人所有,收益归个人所有,责任也由之个人承担,所以企业与业主在法律上为一体。(2)合伙企业,是由两个以上合伙人共同出资,签订合同共同经营,共同承担经济损失责任的企业。合伙企业的合伙人要对债务负无限连带责任,每个合伙人都可以代表合伙企业对外,当然,也可以由合伙人推举代表作为合伙事务的执行人对外代表合伙企业进行经营活动。合伙人可以退出合伙企业,合伙企业也可以宣告解散。合伙企业与合伙人在法律上仍是一个主体,合伙企业的财产是属于合伙人所有的,合伙企业只是对这些大家出资的财产有经营管理权。(3)公司企业,是由若干出资者创办并组成一个法人的企业。公司在法律上是独立的权利义务主体,与创办人完全分开,股东一旦将资产投入公司法人,就意味着将资产的所有权让渡给公司法人,而股

---

* 20世纪90年代初,中国国际航空公司有意与南方航空公司、西南航空公司和东方航空公司组建企业集团,曾邀请本人和公司管理层及其有关工作人员座谈讨论相关法律问题。本文系根据作者1990年4月在中国国际航空公司举办的有关企业集团法律问题研讨会上的主题演讲的手稿整理而成。此次演讲历时3天。

东得到的是股东权;对股份公司而言,股东权又具体体现在股票上。我们知道,股票是可以公开转让的,而这种转让对公司法人并不产生什么影响。反正,谁持有股票,谁就是股东,谁就参加股东大会,谁就有股东权;而公司法人是完全独立的,它有独立的财产,独立的责任,股东们只以自己的投资对公司债务承担有限责任。所以,公司叫有限公司、股份有限公司。至于无限公司、两合公司,实际上在法律上还属于合伙企业。在英美国家,公司一般就是指的股份有限责任公司。

公司的出现,特别是股份有限责任公司的出现,加速了资本集中的进程,而股份投资,大量的单个资本与社会闲散资金被聚集起来,投入生产领域,进而促进了资本主义商品经济的飞速发展。所以,一些经济学家、法学家呼吁:公司法人是新时代最伟大的发明,其革命意义远远超过了蒸汽机和电力的发明。马克思在《资本论》中,也运用了大量篇幅对股份公司进行研究。

我们知道,公司法人制度的形成和发展,一方面,极大地促进了商品经济的发展和社会化生产的进程;另一方面,也导致市场竞争的趋势激烈。到 19 世纪半叶,资本主义开始由自由资本主义竞争阶段向垄断阶段过渡,出现了公司之间的经济联合体。

1856 年首先在德国出现了卡特尔。卡特尔是指生产同类产品的企业,在划分销售市场、制定商品价格等方面,通过签订合同而形成的联盟。可以说,卡特尔是这一阶段最初出现的垄断形式。之后,德国又出现了辛迪加。辛迪加是指同行业的企业,通过签订产品销售和原材料采购的协定,而建立的供销联合组织。这种联合组织,我们称为联合公司。它通常是由参加者(成员企业)投资入股形成的。所以,这种联合组织有自己的独立资产,具有法人的地位。这就是我们所说的由法人组成了(新的)法人。参加企业和联合组织都有独立法人地位,参加者也保持着生产上和法律上的独立性,供销业务由辛迪加本部统一办理。相比之下,辛迪加比卡特尔的独立性、稳定性要强,但它并不都具备法人地位。

1882 年,美国出现了世界上第一个托拉斯。托拉斯是由若干个生产同类产品或生产上具有密切联系的企业,通过合并组成的大公司。这种公司是统负盈亏,统一缴纳所得税的经济实体,而各方参加者(参加联合的企业)在法律上、经济上丧失了独立性,也无自愿退出可言(已经合并在一起了),公司的生产、销售的财务活动皆由托拉斯董事会控制。通过合并,各成员企业的所有者只能以托拉斯的股东身份参加管理。实际上,是把原本的企业作为投资投入托拉斯,原来的企业不存在了,成了托拉斯一家大公司。这在事实上,就实现了公司法人之间从合同型的联合到资产合并的大公司的飞跃。

20 世纪 20 年代,在托拉斯的基础上,一种新的巨型垄断组织——康采恩集团(企业集团)在德国出现。企业集团是发达国家企业联合体中最主要、最复杂的形式,它是资本主义商品经济高度发达的产物。那么,在发达国家,企业集团的基本含义是什么呢?什么是企业集团呢?可以这样概括:通过持股、控股方式把分属于不同部门的许多企业联合在一起,以其中实力最雄厚的一家或几家巨型企业为核心组成的经济联合体。

在发达国家,企业集团是以资本控制为基础的。它的核心可以是大银行,也可以是大工业企业,它们除从事本身的经营业务外,还是持股公司,通过持股、控股参与所属企业董事会的经营决策活动,这样将所属企业置于自己的控制之下。通过这种股份参与制,大银行或大企业因而能控制比它自身资本额大许多倍的企业群体,从而在竞争中居于更强的优势地位。

我们说,德国叫康采恩集团,日本叫企业集团。这种企业集团向巨型发展,向外向型发展,形成大的跨国公司。目前,世界上最大的 50 家工业企业,美国占 20 家,欧洲占 20 家,整个南半球只有 1 家,亚洲有 9 家,其中日本有 8 家,韩国有 1 家。我国台湾地区、香港地区是以中小企业为主,显然后劲不足,在国际市场上的竞争力不强。世界上这种企业发展趋势,我们不得不注意。一方面,我们可以依据我国台湾地区、香港地区的经验,以及这些年珠江三角洲等沿海地区外向型经济发展的实践,发展中小企业;另一方面,我们不能忽视依靠大中型骨干企业组建的企业集团。这主要在内地一些工业基础比较雄厚的地区,应该说,我们这些年对发展内地大中型企业,如何使之组建企业集团发挥其优势,注意不够。

从上边简要介绍的情况看,企业集团有这样的一些基本特点:(1)企业集团是以大中型骨干企业或银行等金融机构为核心,许多中小型企业为外围,集结群体优势,发挥规模效益。(2)企业集团不是外部力量(如行政部门的干预)的直接控制下形成的,而是以企业集团内部成员之间产品、生产要素的联合和互相持股、资金融通为媒介有机地结合起来的。(3)企业集团实行"一体化"的管理,进行以集团为单位的共同投资和开发,但是,各成员企业仍然相对独立地进行生产经营活动。因此,企业集团内部数个法人并存,它们之间存在商品交换和竞争关系。(4)企业集团是跨地区、跨行业、多层次的经济组织,具有生产、科研、开发、配套、销售和服务多种功能。我记得美国的石油企业集团、航空集团,都不是一个行业的企业集团,涉及的经营范围十分宽广,基于石油企业、航空企业也可以组成企业集团。

(二)我国企业集团的兴起

在我国社会主义条件下,随着商品经济的发展,经济组织形式也在不断发展。近年来,横向经济联合在我国得到了广泛的发展,从而为企业集团的产生提供了条件。有的学者说,近年来,我国的康采恩现象得到了发展,它是我国企业联合的产物。在我国,有一批比较稳定的企业集团出现在各个行业。据不准确统计,(1993年)全国有1700家以上的企业集团。它们已经不满足于一般地建立企业之间的经济联系,而是实行控股和持股,争取有控制内容、有约束力的协调措施,建立企业间既有统一管理,又能保持多数企业法人地位的集团关系。为什么会出现这种情况,分析起来,企业集团在我国的产生,有着深刻的社会背景和主、客观原因,当然,主要是经济原因。

首先,企业集团是社会化生产不断发展的客观要求。其实,社会主义生产就是社会化大生产,这是目标。所以,在生产专业化和协作的基础上,联合的趋势进一步发展,各种经济联合体应运而生。但是,生产力的提高不仅要求有广泛的生产联系,还要求把各种生产要素在更大范围内进行优化组合,结果就产生了企业集团。

其次,企业集团是商品经济发展的客观要求。发展商品经济就要竞争中发展,随着竞争的日趋激烈,横向经济联合必然会向更大范围、更大规模、更高层次发展。的确,我们发展社会主义商品经济,必然需要规模经济,而规模经济的发展则依赖于经营规模的扩张,没有经营规模的扩张,只有一个个势单力薄的企业的经营,既不可能有生产力的迅速提高,也不可能有社会主义市场的有效竞争。在国家市场上,面临发达国家企业国际化、大批跨国公司出现的冲击,仍以我国企业狭小的规模,即使技术先进,产品质量再好,也很难挤入国际市场;即使挤入国际市场,也很难保持优势。因此,我国企业(当然不是全部)也要向大规模发展。实现规模经营可以采取两种形式:一是扩大现有企业的投资规模。比如,南航有40架飞机,我们可以继续扩大规模,扩大到100架,甚至更多,但这往往很困难。二是采取集团经营。这种方法不但可以减少投资,而且可以集中各个企业的优势于一体。从效率上说,企业规模经营,必须要组建有组织领导、有内部控制关系、比较稳定的企业集团。

最后,企业集团是调整经济结构,实现资源合理配置的需要。长期以来,我国的经济结构处于落后状态,资源分布的不平衡使单体企业的生产效率差。各个企业进行分散的生产,往往容易出现重复和不合理的现象,对一些需要资金多、技术强的产品,单体企业往往条件又难以具备。现在,人们的消费需求层次普遍提高,要求合理调整和配置生产力,迅速发展中、高档产品和名优新产品,要求企业在更高层次上实现联合。真正的联合、大规模的联合就需要打破条块分割为特征的管理体制,这就为企业之间的横向联合制造了由低级到高级、由松散到精密发展的条件。近年来,我们在经济体制改革的过程中,政企分开和企业自主经营、自负盈亏机制逐步确立,部门所有与地区封锁的打破或局部的打破,社会主义市场体系的逐步建立,为企业集团的兴起开创了良好的外部条件。与此同时,发展横向的经济联合本身也是对旧体制的冲击,对条块分割的挑战。企业集团的产生和发展必然会促进包括计划体制、财政体制、金融体制、物资供应和流通体制在内的整个经济体制改革的进程。这样看来,企业集团既是我国经济体制改革的必然产物,也是进一步深化我国经济体制改革的动力。

(三)我国有关企业集团的立法情况

近年来,我国关于企业集团的立法,主要包括以下三个部分:一是国务院制定的鼓励发展企业集团的法规,如国务院 1986 年 3 月 23 日发布的《关于进一步推动横向经济联合若干问题的规定》;二是国务院有关部、委、局依据上述规定制定的规章,如财政部 1986 年 3 月 23 日公布的《关于促进横向经济联合若干税收问题的暂行办法》,中国人民银行 1986 年 3 月 29 日印发的《关于搞好资金融通支持横向经济联合的暂行办法》,国家工商行政管理局 1986 年 3 月 31 日发布的《经济联合组织登记管理暂行办法》,国家体改委和国家经委 1987 年 12 月 16 日公布的《关于组建和发展企业集团的几点意见》等;三是地方人民政府关于上述"法规"和"规章"制定的规范经济联合行为和企业集团的规章,如北京市、武汉市、四川省就有一些关于发展企业集团的规定。

以上这三个方面的立法,大致可以归纳为这样几点,或者说,就目前而言,我国政府机关对企业集团是这样理解的:

第一,企业集团是一种具有多层次组织结构的经济组织。其中,紧密联合层由作为集团核心的集团公司和被它控股的公司或全资分公司组成。半紧密联合层由互相参股的企业组成。企业间以资金、设备形式、专利、商标等作价互相投资,并在企业集团的统一经营下,按出资的比例或协议规定享受利益并承担责任。松散联合层,由与集团公司仅有联合合同关系而没有持股、参股关系的企业组成,在集团经营方针指导下,依照章程、合同的规定享有权利,承担义务,并独立经营,各自承担民事责任。在这里,集团公司与控股子公司或分公司的存在,是企业集团存在与发展的关键因素。

我先简单解释一下,企业集团与集团公司这两个概念。集团公司是企业集团中的一部分,是企业集团的核心企业,它享有法人的资格,而企业集团一般认为是不享有法人资格的,这个问题我在下面讲企业集团的内部结构时,还要详细地讲。

第二,企业集团的内部管理,既要从充分发挥集团的整体优势,又要充分调动成员企业的积极性和创造性。也就是说,企业集团内部要按照集权、分权相结合的原则进行管理。特别是要努力做到统一经营战略、统一发展规划、统一开发主导产品。对于重大经营决策,重大投资项目的确定,主要管理人员的任免等,一般应该集中统一管理。

第三,对企业集团实行不重复征税的原则。凡实行统一核算的,其内部各单位之间相互提供的协作产品,不缴产品税。不实行统一核算的,除某些高税率产品外,可实行增值税。成员企业分配所得,按照"先分后税"的原则缴纳所得税。

第四,在企业集团贷款方面,其固定资产投资贷款,可以用于内部互相投资;其流动资金部分贷款可以"上贷下拨",统贷统还;也可以由成员企业分别贷款,横向划拨,谁贷谁还。

第五,在国民经济中具有重要地位和作用的大型集团公司,可以在国家计划中实行单列。

从这五个方面的情况来看,以上这些规定为确立集团公司的核心地位,建立控股、持股关系,实行集团统一管理,创造了初步的条件。虽然以上这些法规、规章对我国组建企业集团起了很大的促进作用,但是我们的立法还不完善,甚至什么是企业集团,还很不明确。当然,法律的不完善与组建企业集团的实践相关,反过来说,组建企业集团的不完善,甚至关系混乱,又与我国的法律不完善,不健全有关。总而言之,我国的经济立法如何适应经济体制改革的实践需要,为企业集团健康发展创造良好的法律环境,成为民商法学、经济法学研究的重要课题。

二、企业集团的法律概念、特征和形式

(一)企业集团的法律概念

现在许多企业都想组建企业集团。但是,什么是企业集团?好像又很难说清楚。前面我们介绍了一下外国的企业集团,但是我们中国的企业集团是怎么样的,这都需要研究。

什么是企业集团?1987 年 12 月,国家体改委、国家经委颁布的《关于组建和发展企业集团的几点意见》中对我国企业集团的概念是这样表述的:"企业集团是适应社会主义有计划商品经济和社会化大生产的客观需求而出现的一种

具有多层次组织结构的经济组织。它的核心层是自主经营、独立核算、自负盈亏、照章纳税,能够独立承担经济责任,具有法人资格的经济实体。"[①]这里,我们要注意,具有法人资格的是它的核心企业,实际上是指集团公司,而企业集团是不是法人?没有讲。我们知道,集团公司是一个单一的企业,集团公司与企业集团是部分与整体的关系,集团公司也是企业集团的一个成员企业,只是它是企业集团的核心企业,核心企业对整个集团的支配权是所有成员企业赋予的。所以,不能把企业集团与集团公司混淆起来。

我们上文给企业集团下的概念只反映了它的经济属性。现在,我们从法律意义上,给企业集团下个概念,可以这样概括:企业集团是由若干个具有独立法人地位的法律实体,为共同的生产经营目的,在统一管理的基础上组成的具有多层次组织结构的经济联合组织。在这个概念中,企业集团有四个基本要素:一是若干个企业的联合;二是成员企业的独立法人地位;三是企业集团内部的多层次性;四是企业集团内部的统一管理。这可以说是企业集团的四个基本特征。在这里,我们对这四个基本特征略作解释。

(二)企业集团的法律特征

1.企业集团由两个以上企业联合而成

由两个以上的企业联合是企业集团形成的前提条件。企业集团是复合型经济组织,它区别于单个企业。这个特征是很明显的。

2.参加企业集团的成员企业具有独立的法人地位

企业集团内部的成员企业不同于企业兼并和企业合并。企业兼并和企业合并,成员企业便丧失了法人资格。也就是说,它们已经在法律上不存在。当

---

① 参见国家体改委、国家经委《关于组建和发展企业集团的几点意见》之"企业集团的含义"第1条。需要注意的是,该意见还在"企业集团的含义"项下规定:"2.企业集团是以公有制为基础,以名牌优质产品或国民经济中的重大产品为龙头,以一个或若干个大中型骨干企业、独立科研设计单位为主体,由多个有内在经济技术联系的企业和科研设计单位组成;它在某个行业或某类产品的生产经营活动中占有举足轻重的地位,有较强大的科研开发能力,具有科研、生产、销售、信息、服务等综合功能。""3.组建企业集团,对深化经济体制改革、发展生产力具有深远意义……"从这些文件的内容,我们可以加深对于20世纪80年代经济体制改革背景下如何推进企业改制的认识和理解。

然,企业集团在形成时,也可能出现企业合并和企业兼并的情况,但它必须在内部还有多个具有法人实体地位的经济实体。比如,10 个企业要联合组建成企业集团,其中有 3 个企业要合并组成集团公司,这可以,那么结果在这个企业集团中还有 8 个法人企业。

问题是,企业集团有没有法人资格?能不能独立对外?这是需要研究的。可以这样说,外国的企业集团没有法人地位,我国的企业集团有没有法人地位?这在学术界有分歧,法律上也没有规定。我认为,企业集团不可能具有法人地位。理由十分明显,法人既然是以独立财产和独立承担责任为基本标志,现在我们肯定了成员企业是法人,它的联合体、集合体怎么还能是法人呢?企业集团如果是法人,也必须有自己的独立财产,而恰恰这些财产是属于成员企业的。

但是,如果具有若干个企业法人,通过投资成立一个独立的联营是可以的。比如,有 3 个企业法人联营,每个企业原本各有 50 万元资产,现在每个企业投资 10 万元,构成 30 万元是联营企业的独立账户,而 3 个成员企业还各有 40 万元资产。这就是说,把财产分开,法人是可以组成法人的。而现在,几个企业全部参加进来,又不失法人资格,企业集团就形成不了具有法律意义的独立财产,不可能是法人了。

3. 企业集团内部组织结构多层次性

企业集团的这一特征是根源于企业之间联合时形成的不同状态的财产关系。可能有人会问,企业之间联合,是不是一定要形成企业集团?当然不是,企业之间也可以联营,我国《民法通则》就规定了法人型联营、合伙型联营和合同型联营三种联营形式。② 企业集团不是一般的联营,它区别于一般联营企业,内部具有多层次性,很可能三种联营的形式并存于一个企业集团的内部。比如,由 10 个企业组成的企业集团,其中,有 3 个企业组成紧密型的,也就是法人型

② 《民法通则》第 51 条规定:“企业之间或者企业、事业单位之间联营,组成新的经济实体,独立承担民事责任、具备法人条件的,经主管机关核准登记,取得法人资格。”第 52 条规定:“企业之间或者企业、事业单位之间联营,共同经营、不具备法人条件的,由联营各方按照出资比例或者协议的约定,以各自所有的或者经营管理的财产承担民事责任。依照法律的规定或者协议的约定负连带责任的,承担连带责任。”第 53 条规定:“企业之间或者企业、事业单位之间联营,按照合同的约定各自独立经营的,它的权利和义务由合同约定,各自承担民事责任。”

的联合;有3个组成半紧密型的,也就是合伙型的联合;有4个组成松散型的,也就是合同型的联合。而在整体上这10个企业组成一个企业群体,即企业集团。当然,那3个紧密型的企业必然会形成集团公司,成为企业集团的核心。另外,也可能出现这种情况,如国际航空公司和其他企业联合,与东方航空公司是紧密型联合,与南方航空公司是半紧密型联合,与西南航空公司是松散型联合;而南方航空与东方航空之间是紧密型联合,南方航空与西南航空是半紧密型联合,这样组成一个复杂的企业群体。不过,不管怎么组合,都要形成一个核心,即一个集团公司,也就是要有几个形式紧密型的核心。

这里,我们以东风汽车工业联营公司(东风集团)为例,说明一下企业集团的层次性。东风集团(也称二汽集团)现有210家联营企业。这个集团是1981年4月成立的,是我国汽车行业第一家企业集团。二汽集团是以第二汽车制造厂为核心,以东风汽车系列产品为龙头,以产品、技术、市场、资产为纽带,自愿组织起来的,跨越全国28个省、自治区、直辖市。在这些联营企业中,互相之间的紧密程度是不同的,有时也发生一些变化。按照二汽集团对它们的管理权限可以分为三类:一是紧密联合型,二汽集团对它们实行人、财、物、产、供、销六统一的管理;二是半紧密型,二汽集团对它们实行产品方向、规划改造、生产计划、经营管理的统一的管理;三是松散型,二汽集团不对它们进行直接的管理,实际上是在某些方面有协作关系,通过合同有所制约。这三种企业与二汽集团分层次聚合,二汽集团对它们分层次指挥,形成了一个企业集团内部的比较完善的管理体制。

4. 企业集团的统一管理性

目前,法学界趋向将统一管理性视为企业集团的根本法律属性。这里所谓的统一管理性,是指在企业集团的管理机构或支配企业,对集团所属成员企业的生产、经营活动实行统一指挥、指导和协调。统一管理一经确立,集团管理机构或支配企业就取得了管理的权利,而集团所属成员企业具有服从管理的义务。当然,统一管理的内容也可能各企业集团有所不同。统一管理可以是必要经营活动的全面管理,如生产、供应、销售的统一管理,也可以是某种必要生产经营活动的特定方面的管理,如统一生产管理。我们认为,正是因为统一管理的特征才使若干企业之间的关系,具有了管理与服从的内容,从而使这些企业共同对外表现出整体的状态。

我们要说明一点,就是企业集团的统一管理,与以往我国行政机关对企业进行的管理在性质上是不同的。企业集团的统一管理是集团整体生产经营活动的有机组成部分,各成员企业的经营活动正是通过统一管理的环节,而达到其共同的目的的。企业集团管理机构的管理活动,本质上是一种经济活动,而不是一种行政管理活动,管理机构本身也不是行政机关,更不是行政性公司。但是,国家经济管理机关,虽然也从事经济管理活动,但它是代表国家执行经济管理的职能。这种关系的形式和存在是国家意志直接作用的结果,其内在机制是行政权力和行政手段。

所以,我们说企业集团管理机构的管理活动,是属于经济组织自身的活动。它建立在股权控制和合同约定的基础上,是控股企业行使自己的民事权利,或者是成员企业自愿地限制和放弃自己的部分民事权利。因为要联合,企业之间总要对自己的权利有所限制,不然联合不到一起的,这完全是自愿的,这种管理与被管理是来自各方的自由意志,是一种民事法律手段。企业集团内部的管理服从关系并不否定集团成员企业独立的法人地位。企业加入企业集团并不代表丧失其法人资格,而只是在一定程度上丧失了经营管理的独立性。企业集团的统一管理与各成员企业的独立法人地位,有没有矛盾?我认为会有,问题是这两个因素是客观的条件决定的,企业集团的统一管理是需要的,没有这种统一管理怎么能形成集团的优势?近年来,我国有些企业集团矛盾重重,名存实亡,其原因就是企业集团赖以存在的基本条件消失了,没有形成真正的统一管理,所以,没有统一管理就没有就不是企业集团。另外,各成员还要保持法人的地位,为什么要保持这种地位呢?全统一了不行吗?全统一应该是合并,就不是联合了。联合才能发挥各企业的优势,各显其能,这样做也是现在经济条件决定的。比如,前面东风集团的例子,全国 28 个省市都有它的成员企业,如果所有这些企业做什么事、签订合同、参加其他的民事法律关系,都只能以二汽集团的名义对外,怎么能行呢?还应发挥这些成员企业独立经营、独立承担责任的能力,不能事事都听从企业集团管理机构的指令。

(三)企业集团的法律形式

企业集团的类型很多。比如,以行业为标准,可以将企业集团分为工业企业集团、商业企业集团、运输企业集团以及跨行业的工商企业集团、工贸企业集团等。国航的企业集团就属运输企业集团。按所有制划分,可以将企业集团分为全民所有制企业集团、集体所有制集团、全民所有制集团、各集团所有制集合的企业集团,以及外资企业集团等。当然,这些划分的方法还不是法律上的方法。

我们这里划分企业集团的法律形式,是按企业集团的成员企业之间采取什么样的联结方式来划分的。也就是说,这些成员企业用什么方式联结在一起,是行政命令、自愿组合,还是其他什么力量?

在发达国家企业集团中,占主导地位的法律关系联结形式是集团母公司与子公司之间的股权占有。我是母公司,你是子公司,我占有你的股份,我就能控制你。除了母公司与子公司的关系,也有关联公司等。进入 20 世纪 90 年代以后,发达国家的大企业的经营战略向综合化、全球化和高级化方向转变,相应地企业集团的结构、联结方式也有一些变化。就目前而言,企业集团以大型生产企业为中心和顶点,成员企业之间形成母公司—子公司—关联公司的"金字塔"结构。下面,我们以日本的情况为例,说明几个概念,但不是下定义,只是作解释。

先说母公司,如果一个公司对另一家公司拥有 50% 以上表决权,即拥有 50% 以上的股份的公司,就称为母公司,另一家公司就称为子公司。在商法上,母公司与子公司的概念仅适用于股份公司,但在财务报表等规则上,也适用于其他类型公司。

再谈关联公司,它不是商法上的概念,但在财务报表等规制上指持有 20% ~50% 股份的公司。说明关联公司没有母公司占有的股份多,不能享有母公司那么多的控制权,但也仅是稍有逊色,实际上控制权也不小。

关系公司也不是商法上的概念,它是母公司、子公司、关联公司的统称,即持有 20% 以上股份的公司,无论哪方持有,他们之间都是关系公司。比如,A 公司持有 B 公司 20% 以上股份,B 公司持有 C 公司 20% 以上股份,那么,这 3 家公司就互为关系公司。但是,在理解上,人们一般认为被持有股份的公司是股东公司的关系公司。在关系公司中,根据持有股份的多少,股东公司享有不同的权利。总的来说,持股比例与权利是呈正比的,持股比例大,权利也就越大。例如,占有 2/3 以上股份的,享有完全支配权;占有 1/2 以上股份的,享有经营支配权;占有 1/3 以上股份的,享有经营权;占有 10% 以上股份的,享有查阅账簿、材料的权利;占有 1% 以上股份的,享有股东提案权;等等。

我们以上所谈论的是发达国家的企业集团以股权占有形式,联结各成员企业的问题。除此之外,是以契约形式(合同形式)联结的方式。在国外,以契约联结组成的企业集团较少。但是在我国,目前已经成立的企业集团则大多是采取了合同形式的联结,因为我们对股份制企业,特别是股份公司还存有戒心,所以,以股权联结的企业集团还为数不多。

下面,我们分别就股权式联结和契约式联结形式做一些介绍:

1. 股权式联结形式

股权式联结形式的特点在于,它通过集团总公司(母公司)对集团成员(子公司)的股权占有来实现对其成员的统一管理。正像我们前面所讲的,按照股东权利平等、有股即有权、股份的多少决定权利的大小、董事会由股东按多数表决原则选举产生的公司法原则,当一个公司拥有了另一个公司 50% 以上的股份时,它就成了另一个公司的母公司;当一个公司拥有了另一个公司 20% 以上的股份时,它对这个公司就有了相当大的控制权,成为关联公司。实际上由于股份的分散,只要拥有一定的比例以上的控制股份,就能够获得股东表决权的多数,即可取得控制的地位。从而在它们之间形成母子公司的关系,或者形成关联公司的关系。如果母公司支配着若干个子公司,子公司还可能支配着孙公司,这种支配关系得到稳定性的发展并表现出统一管理和联合一致的整体性活动时,那么,也就形成了以母公司为核心、下属许多子公司的企业集团。我们还要了解,母公司对子公司的支配并非基于法律的直接规定。公司法并没有赋予母公司直接干预子公司事务的任何权利。这种管理实际上是一种资本控制的结果,母公司作为大股东行使自己的股权,并进而控制子公司董事会的途径来实现集团的统一管理。

运用股权式联结方式,组建企业集团在我国行不行?这些年有不少学者提出"企业集团的股份化改造势在必行",呼唤"集团与成员企业应当是母公司与子公司的关系模式"。③ 但是,问题也不那么简单,我们知道,股权联结形式的基本前提是总公司必须具备相应的控股或持股能力,必须拥有雄厚的对外投资的财产。而集团规模的大小、成员的多少也能取决于总公司的控股能力。在我国,对于绝大多数正从事直接生产经营业务的企业(包括大中型企业)来说,这种能力是不足的。现在有人提出一些方案,但都不是我们自己能解决的。当然,这种方式使企业集团比较稳定,统一管理比较顺利。

2. 契约式(合同式)联结方式

企业之间通过签订合同也可以作为企业集团赖以存在的法律形式。即使发达国家的企业也不是都通过股权式的形式组建的,如意大利、比利时、瑞典等国往往就是把契约基础上的支配当作形成母子公司关系的方式;在德国,康采恩立法(也就是企业集团的立法)是最完善的,但是,企业集团内部的支配与被支配关系的确立就有签订协议、实行股权控制两种并行的组成方式。

而在我国,这种协议的集团形式不仅广泛地存在,应当说,组建企业集团采用这种方式有它的合理性和现实性。为什么这样说呢?

首先,企业之间通过签订协议的方式组建企业集团,这是企业行使自主权进行横向联合的一种法律形式。虽然,这些企业加入集团之后,企业在生产经营的各个方面要受到集团管理机构的统一管理,自己权利受到一定限制,但这种限制并不是来自外部的强制,而是企业在自愿基础上与他人的经济联合。当然,这些企业只有认为加入集团有利时,才会参加。

其次,签订合同也是设定统一管理的根据。我们知道,当事人之间签订合同,在这些当事人之间就是法律,各方都必须严格遵守,不履行合同是要承担法律责任的。所以,通过签订合同组建企业集团,必须要有诚意,一旦合同签订,就要使联合合同取得不容动摇的法律地位。不然,合合分分,分分合合,都会给各方企业带来极大的经济损失。行政性的强制联合不好。

③ 李肃、洪小源、因兰天、何志东:《企业集团的股份制改造势在必行——关于二汽集团深化改革的几点建议》,载《法学评论》1987 年第 4 期。

这些年我们讲“两权分离”，也就是所有权和经营权分离，即企业的财产是属于国家所有的，但经营权给了企业这仅仅是第一次分离。企业有了经营权并不算就到了底，当他认为应该参加企业集团时，它又会以合同的形式限制自己的权利、服从企业集团的统一管理，这又是企业经营权、管理权的管理权从企业经营机构向集团管理机构转移的第二次分离，而这些分离并不以触动企业原来的财产所有权为前提。国营企业，它的财产还是属于国家所有；集体企业，它的财产还是属于集体组织所有。

最后，实事求是讲，企业之间以签订协议、合同的形式组建企业集团，可能是最能迅速奏效的选择。

以上我们讲了组建企业集团的两种方式，股权式、契约式（合同式）都可以达到组建企业集团的目的，那么，这两种方式同时采用如何？其实，这两种方式并不矛盾。我们可以这样设想，采取持股或参股的方式，前面我们讲了关联公司、关系公司这些概念，不能参大股，可以参中股、小股，只要参股、持股就应享有相应的股东权利。比如，我投入的股份占你企业的一半以上，我就是你的母公司，你当然要听我统一管理，这是一种紧密型的联合关系；我投入的股份占你企业股份的20%以上，不到50%，你就是我的关联公司，在多方面也得听我的管理，这可以是半紧密型的联合；如果我投入的股份在20%以下，占比10%，我既然投入了股份，也就会享有相应的权利，这样，你还是我的关系公司，这可以说是松散型的联合。

不过，我们要说明一点，在我国法制不健全的情况下，虽然持股或参股对联合企业集团会起重要的作用，但是，仅有持股关系本身还不能当然成为企业集团，还要各方达成协议。所以，在资金、资产充沛的情况下，将持股、参股与签订协议结合起来，可能是联结企业集团的好办法。

我们这里谈的企业集团的类型，是从它们怎么联结的，是股权式联结，还是协议式联结，还是两种方式兼而有之而讨论的。在这里不是讲的联营，《民法通则》讲的三种联营方式如下：(1)法人型法人，联营体是法人，联营者还是法人。它们只要给出一部分资产，投资组成一个新的法人，而原本的法人企业还存在。这显然与企业集团有所不同，企业集团不是法人，而是一个企业群体。(2)合伙型联营,联营体是合伙,联营者还是法人,但它能不能形成集团?合伙型联营仍是各联营者创办了一个企业,不过性质是合伙,还不能算是集团,而且合伙的联营者是平等的,也不会形成以一个联营者为核心,形成统一的管理。合伙型联营,权利是多数的,是互为代理关系的。(3)合同型联营,显然这种组织形式过于分散,联营的形式太松散,不能形成集团。不过有的学者认为,只有合同型联营,才能联结形成企业集团。

三、企业集团的法律结构

前面我们讲企业集团的法律特征时,曾指出多层次性是企业集团的一个重要特征。这种多层次组织结构,是由集团内的成员企业或者公司在财产关系上的紧密程度不同决定的,是由合同关系的约定决定的。

如果只是大家平等地签个合同,联合起来,那就是联营,而不是企业集团。既然是集团,就必须有若干个企业形成一个大的群体。显然两家不叫群体,三家勉强叫群体,有群体就必须有个头,也就是核心。所以,集团一般有紧密层、半紧密层、松散联合层形式。其中,集团公司是企业集团的核心部分,进而形成紧密联合层,是企业集团的实体部分,企业集团实行资产、经营一体化,就要靠这个核心。一般要有一个实力雄厚的大企业领头,形成与它关系最密切的紧密层企业。我个人认为,紧密层的企业与核心企业之间应当是投资关系,享有股权关系,实际上就是形成母公司与子公司的关系,这才能叫集团公司;如果用合同来联接,很难形成紧密层的关系。半紧密联合层的企业可以以一定的资金或设备、技术、专利、商标等作价互相投资,但是这种投资没有达到母、子公司的关系,也可以使用签订合同的形式,来达到联结的目的。这样,使它们在集团统一经营管理下,按出资的比例或者协议规定享受利益并承担责任。松散联合层的企业在集团经营方针指导下,按合同的约定、章程的规定享有权利、承担义务,并独立经营,各种承担责任。如果从企业集团所涉及的主体成分来分析企业集团的内部结构,企业集团应该由集团公司、集团成员企业(成员公司)、企业集团中的其他成员企业三个层次构成。这三个层次的企业联合在一起形成一个群体,这个群体就是企业集团。这三个不同层次的主体,相互联系、相互依赖,同时又具有相对独立的不同法律地位。下面,我们分别来谈一谈它们的法律地位。

(一)集团总公司的法律地位

集团总公司(以下简称集团公司),是处于企业集团核心层、紧密层的经济组织、经济实体,在法律上具有法人的资格。企业集团为什么一定要有集团公司这个核心呢?集团的形成和存在必须有一个凝聚的力量,这也是经济发展的必然规律。在商品经济的竞争中,必然要形成以某一个实力雄厚的企业为核心,以若干个企业为外围的群体。形成核心有两种情况:有的时候一个企业、一个公司就是一个核心,但这个不能称为集团公司;有的时候要有几个企业联合起来,但一定是紧密型联合形成一个法人组织,而且要有一个处于核心地位的母公司,它必须拥有一定数量的子公司,这是集团公司与一般公司的不同。这样形成了集团公司,形成了法人组织,甚至是几个企业合并在一起形成了核心企业,有的也称为集团公司。所以,在这里实际上又分为两种情况:一是联合。联合以后形成集团公司,而各个联合企业在总公司、集团公司内还保持相对独立性,如采取法人型联营的方式。但是这种办法,往往把集团总公司的成员公司、成员企业看作整个企业集团的一般性的成员企业,这是不一样的,层次性就不一样。我们可以用图1来表示这种集团公司的基本结构:

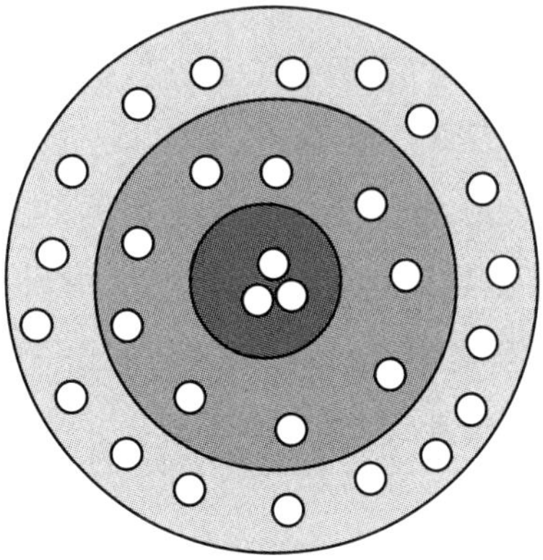

图1 集团公司的基本结构

二是合并、兼并。这种办法组成集团总公司,一旦组成之后,原来各个参加者、各个企业就不存在了,财产合在一起,它们只是集团公司的组成部分。不过,这种情况与集团公司的一般含义有些差距,[4]但在实践中是存在的。

下面,我们归纳一下集团总公司的特点:

1. 集团公司是一个经济实体。所谓经济实体,就是有自己经营管理的财产,具有独立的经营性和营利性,实行独立核算、自负盈亏,独立地承担法律责任。

2. 集团公司是具有法人地位的经济组织。在法律上具有独立的人格,它具有民事权利能力和民事行为能力,可以对外签订合同、参加诉讼。所以,企业集团不是法人,可集团公司是法人,这个核心部分要具有法人的资格。

3. 集团公司的组成有两种方法:一是通过资金联合,各个投资企业还得保持自己的法人地位,而投资之后又组成一个新的法人,实质上是法人型联合的办法;二是企业合并的办法,企业一合并就组成了一个新的企业,而原来的企业就不存在了。

4. 集团公司具有对整个企业集团进行组织管理的职能。组建企业集团,就是为了实行统一管理,那么,谁来实现统一管理呢?当然是集团公司。它起着一种组织、领导和协调的作用,对企业有一定的控制能力,这种控制能力使企业集团成员的独立性相对削弱,从而使众多的企业在管理上形成统一性的特征。

除分析介绍以上四个特点之外,还有一个问题要讲一下,即集团公司的管理机构同时也就是企业集团的管理机构。当然,在具体管理的实施上,可以设置专门的机构主管企业集团事务,但这种机构也只能是集团公司管理机构的组成部分或者下属机构。总之,企业集团没有自己单独的管理机构。

另外,由于集团公司的特殊地位,决定了它的经营管理不能只是为了自身的利益,还要兼顾整个企业集团的利益,即所有企业集团成员的利益。所以,如何处理和协调好集团公司与各成员企业的权利、义务关系,是企业集团稳定发

---

④ 已经合并为一个企业了,怎么还能叫集团公司呢?实际上,它只能是一个公司,即使有集团之名,也无集团之实。

展的重要问题、关键性问题。

(二)成员企业的法律地位

我们这里所说的是集团公司以外的其他企业集团的成员企业,不是指集团公司内的成员,而是指半紧密层和松散层中的各个成员企业。这些成员企业加入集团后,仍然保留着独立的法人资格。这种法人地位,与企业集团内部的统一管理并不矛盾。在扩大企业自主权和发展横向经济联合的经济实践和理论探讨中,常有把二者对立起来的倾向,好像是具有法人地位就不能从属于任何组织,而存在管理关系就必然会否定被管理者的法人地位。这种认识过于绝对、机械了。实际上,法人组织的独立性并不一定什么都由自己负责管理,它的管理权可以转让,也可以通过签订协议进行限制。在国外,采取营业租赁或委托经营的方式,把一定财产,甚至整个企业让别人经营管理,难道它就不是法人吗?在我国,这些年我们的企业承包、企业投资也实际上转让了经营权、管理权。所以,在商品经济中,思想要灵活一些。在这里,我们应该把成员企业经营管理上的独立性与它在法律上的法人地位区分开来。虽然成员企业在集团统一管理下,一定程度上丧失了管理上的独立性,但它的法人资格并没有消灭。大家知道,一个企业是经济实体、法律实体,这是两个概念,当然一般情况下它们是融合的、统一的。一个企业加入集团,这个企业的管理权受到限制,或者说,权利被削弱了,这要看减弱的程度,如果减弱到突破法律规定的限度,当然不行。法人的存续须满足一定的条件,如果一个企业法人参加集团,最后连经营场所都没有了,也不能独自独立对外签订合同了,不能对外承担民事责任了,那它就不是法人了。这时,起码这个企业已经是集团公司的组成部分了,也就是说,它与企业集团联合得太紧密了,以致形成了合并或兼并的关系。这种情况,不是我们这里讲的成员企业。

成员企业与集团公司的关系,是不是都是一个模式,或者一个样?当然不是的。实际上存在两种情况:一是成员企业与集团公司之间存在相互投资、参股的关系,应该说这种联合紧密一些、稳定一些;二是在成员企业与集团公司之间建立一种长期的对外关系,实际上是合同关系,这种联系相对来说弱一些,在我国有时也不大稳定。所以,有人把这两种联结的方法,当成企业集团内部结构的两个层次,我个人觉得,有些道理。我们之所以将处于两个层次的成员企业按一个层次看待,主要是因为两种情况下成员企业的法律地位是相同的,它们都具有法人资格,仍然是独立的民事主体。它们与集团公司之间,成员企业之间的法律地位是平等的,它们之间都有自己的经济利益,而整个集团又有自己整体的经济利益。在企业集团的经济交往也不是无偿的,即使是集团公司也不能无偿地调拨其他成员企业的财产。在企业集团中,各个参加者都还保留着各自独立的经济利益。因此,由于企业集团内存在许多成员企业,大家的联结方式又可能不同,所以内部关系非常复杂,有时难免会发生一些矛盾,这都是非常正常的。但是,要保证这个企业集团的稳定发展,我认为有几点十分重要:第一,一定要有一个起主导作用、经济实力雄厚的核心企业才能办成企业集团。第二,联结方式,不管是持股、参股、投资还是签订协议,一定要自愿,不要"大轰大嗡",更不要行政性强制命令。第三,一定把集团公司、各成员企业的权利、义务、责任规定清楚,要有法制观念,联合的程序、章程应规规矩矩、准确。要符合现有法律,现在还没有法律的,要符合法的原理,即使将来国家制定出来的法律,如公司法出台了,我们的企业集团仍然站得住。同时,也要符合国际上的一般惯例。

下面还有一个问题,就是两级法人的问题。近年来,有人认为,集团公司是法人,各成员公司也是法人,似乎存在"两级法人"的现象。也有人认为,企业集团如集团公司是一级法人,其他成员企业是二级法人。对于这个问题,我认为在理论上不符合法的一般原理。法人之间都是平等的民事主体,这是《民法通则》规定的,成员企业接受集团公司的统一管理,并不是不平等,这也不是分级的问题。另外,在实践中也不能那样做。

(三)企业集团的法人地位

前面我们讲到企业集团的法律特征,其中有一个特征就是多层次的联合。如果一个所谓的企业集团就一个层次,或者是紧密型的,或者是半紧密型的,或者是松散型的,就一个层次那是一般意义上的联营。应当说,单一形式的联营不是企业集团,即使称为企业集团,也是联营。企业集团要有多层次性,有核心企业,有集团公司,有一般的成员企业,在成员企业中可能联结的方法不同,又分成不同层次。

前面我们讲了,集团公司应当是法人,各个成员企业也得保留着法人的资格。那么,它们组成的整个企业集团呢?绝大多数人认为,企业集团相当于国外的康采恩集团,而康采恩集团不是法人,所以,我们的企业集团也不应该是法人。在我国,有的企业集团可能有法人资格,因为大家还不太懂,要去登记,工商行政管理局也不太懂,认为有领导人签字就可以登记,登记了就是法人。实际上,具备法人条件又进行了法人登记的企业组织已经不再是企业集团了。我们想,法人既然是以独立的财产权利和财产责任为标志的,那么,法人之间的财产权利和财产责任就必然是相互独立的。对于企业集团来说,集团公司、成员企业与企业集团之间是部分和整体的关系,我们已经肯定了集团公司是法人,各成员企业也是法人,也就是否定了集团具有法人地位的可能性。有人会说,法人不是也可以办法人吗?可以,如一个企业有1000万元的资产,现在给出200万元办一个公司,这个企业还有800万元,还可以在法律上形成两个法人,财产要分开,每个法人都有自己的独立财产。现在,我国在实践中非常混乱,一家企业办几个公司,重复申报资产等现象层出不穷。现在,国家想要统计一个企业的资产总额是很艰难的,弄不清这些企业到底有多少独立财产。

企业集团不是法人,也就不能实行独立核算,对外也不能单独承担财产责任。所以,有人说,企业集团还不是一个严格意义上的企业组织形式,是一种势力范围,是在竞争中形成的一种联盟。这个说法有一定道理。当然,这种看法不见得确切。

这里有一个问题,企业集团如果什么都不能以整体的名义对外,组建集团还有什么意义呢?我们说,企业集团不具有法人资格,不等于它没有法律地位。现在有人提出企业集团是法律主体,也有人提出企业集团也是民事主体。这个问题正在探讨中,我们不想多从理论上去探讨了,但是现实生活中,企业集团在一定程度上具有民事主体的性质,还是应该承认的。现在有同志认为,企业集

团是民事主体,他们所列举的表现有以下几点:

第一,企业集团在特定情况下能够以自己的名义对外进行民事活动。刚才我们讲到,由于企业集团的成员企业是独立的法人,因此,对外进行商品经济活动,一般是由成员企业各自进行,企业集团的统一管理的主要是内部关系,并不直接对外发生经济关系。但是在特定的情况下,由于统一管理的需要,也可能以企业集团的名义对外发生民事活动。比如,我们说集团公司是法人,可以对外,它又是整个企业集团的核心企业,一般来说,它的组织机构就是企业集团的组织机构,所以,在许多情况下,这个组织机构对外发生经济联系,并不是代表集团公司,而是代表整个企业集团。这时,集团公司应以企业集团的名义而不是以自己的名义对外的,由此产生的法律后果也不能只由集团公司单独承担,而应由企业集团的所有成员企业,也包括集团公司共同承担。

由此我们可以看出,集团公司有双重身份,作为一个经济实体进行经营活动,它必须以集团公司的名义对外;而它又作为企业集团的管理者,因管理的需要对外发生经济活动,则应以企业集团的名义进行。只有这样,两种不同的责任才能得以分清。比如,集团公司为企业集团的系列产品做广告,和电视台、报纸签订的广告合同,就应看成以整个企业集团签订的合同。另外,集团公司因管理活动而对其他企业、个人造成的损害,也应以企业集团的名义对受害方承担责任。

第二,企业集团承担民事责任具有相对的独立性。成员企业独自参与的民事活动所产生的责任,当然完全由成员企业承担,与其他成员企业无关;如果因企业集团整体性活动而产生的责任,全体成员要负全部清偿的责任,实际上在各成员企业之间对外形成了连带责任。不过,它首先应该由企业集团中各成员企业集中的那一部分财产对外进行清偿,只有当这部分财产不足以清偿时,各成员企业才以其自身的财产承担连带责任。所以,这样看来,企业集团虽然不能完全独立的对外承担责任,但也不能说一点也不能独立承担责任,所以,什么事情都不是绝对的。

第三,要承认企业集团是个组织体,这样才能进行统一管理、统一指挥。企业集团整体是稳定的，但个别成员企业可以是变化的，企业集团可能不断扩大，不断有新的企业参加进来，也可能有个别企业退出，或个别企业破产，但企业集团依然存在，这就是法律上的稳定性。

根据以上三个方面的特点和情况，有同志认为，企业集团也是民事主体。这些同志认为，只有法律赋予企业集团以民事主体资格，才能使企业集团真正发挥与其性质和地位相应的作用。我认为这种认识也是有道理的。当然，现在法律没有明确规定，企业集团是否是法人，企业集团是否是民事主体。可以这样说，企业集团在事实上具有一定的民事主体的因素，如何从理论上进行研究的确是很重要的。

四、企业集团的组织管理

（一）国外企业集团的组织管理概况

在国外，企业集团的内部联结纽带有三种：一是母公司内部的行政管理；二是母公司和子公司、关联公司之间的股份化资本联结；三是具有法律效力的长期优惠性、互惠性合同联结。以这样三种纽带，形成了企业集团内部的几个层次：首先，是核心企业——母公司；其次，是控股层，占有股份 50% 以上——子公司；再次，是持股层——关联公司，与子公司相比，关系比较松散了一些，因为核心企业持它的股份不多，还不能完全控制；最后，是协作层——主要指下属的承包企业。

我们以松下集团为例，见图 2：

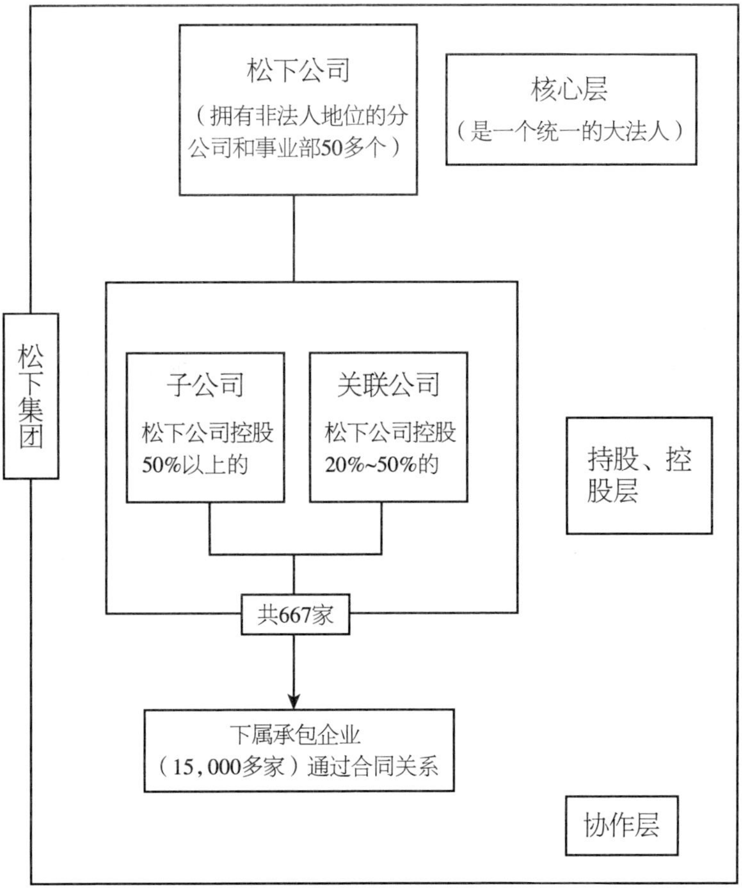

图2　松下集团内部组织结构

下面,我们来谈企业集团的管理问题。

企业集团的内部管理包括两个方面:(1)集团公司的内部管理,也就是核心层中的内部管理,它是指集团公司对它的不具有法人地位的分公司、事业部和工厂进行的管理,这是内部的直接管理;(2)整个企业集团内部的领导体制和管理方式,主要指集团公司与各自公司、关联公司和下属承包企业的股份关系。

我们先谈第一方面的问题:集团公司的内部管理。集团公司一般属于混合控股公司的性质。也就是说,一方面,它掌握着一些子公司、关联公司的股份;另一方面,它自身也进行生产经营和商贸活动,通常都掌握着具有强大竞争力的产品或产品系列。同时,这些企业集团在向外扩张中也常兼并一些企业,使这些企业放弃法人地位而进入集团公司实体,成为集团公司内部的生产经营单位。在国外,由于集团公司本身就相当庞大,所以,决定了仅仅靠那种车间、分厂式的集权管理体制是不够的。因此,国外企业集团的集团公司中“事业部制”十分普遍。

我们解释一下什么是事业部?它是指按产品或地区划分,并实行单独核算的大公司内部的生产经营单位。事业部没有独立的法人地位,只是集团公司的一个组成部分,而不是集团公司之外的一个企业。在通常情况下,事业部的负责人可以全权处理该部的业务,包括安排所属分厂、车间、职能科室的生产经营计划,在一定范围内可以根据市场需求及时调整产品的品种与产量等。这些方面,母公司确实一切“说了算”,总公司、集团总公司也就是集团公司不加干涉,而且授予事业部相当于具有法人地位的企业一样的权力,因此被称为企业中“企业”。具体讲,事业部是三个中心的统一:一是企业责任中心,各事业部都可以独立参与市场竞争,必须保持营业额的不断增长,负有经营责任;二是利润责任中心,这就意味着事业部不能单纯追求自身利益,必须尽可能地谋求更多的利润向总公司也就是集团公司负责,确保集团公司下达的利润指标的完成;三是分权化中心,集团公司的经理为了使事业部部长能对本部的企业负责,利润责任更好地负责,尽可能大幅度将各种权力下放给事业部部长。集团公司对事业部的管理就抓两权:第一种权力,就是各事业部部长的任免权;第二种权力,就是对各事业部的财务管理权。人权、财权这两权掌握了,其他方面大胆放手让人家去做。

我们再谈第二方面的问题:关于企业集团的领导体制与管理方式问题。在企业集团中的集团公司和其子公司、关联公司之间,由于股份化资本联结纽带的存在,事实上在企业集团内部存在进行统一管理的基础。特别在工业企业集团中,集团公司对所属公司的纵向持股十分明显,这样就确立了集团公司董事会必然成为整个企业集团的最高决策机构。

那么,集团公司怎么对它的子公司、关联公司进行控制呢?一般有以下一些办法。

第一个办法,是资本参与,控制股份。由于集团公司拥有子公司的多数股票,就可以控制子公司的董事会,使各个子公司、关联公司能够按照集团公司的战略意图行事,并且让所属的子公司、关联公司定期提供财务报表和中长期计划,以供集团公司了解情况。

第二个办法,在持股基础上向子公司和关联公司派遣干部,对于子公司它可以派去重要职员,包括董事长、总经理。有的是由集团公司的领导成员兼任了。对于关联公司它可以派遣监管人员,这些人员是受过特别训练,是一些生产技术和财务管理的专家,了解情况,指导工作。另外,要说明在企业集团中,投资决策是高度集中的,只有集团公司是投资决策中心,尽管从法律上看,各子公司也是独立的法人,完全可以独立进行投资决策,实际上是不行的,分散投资是不能形成“拳头”的。这是一个经验,我们国家的企业集团也要注意这一点,不能分散投资。我国有关法规也规定,经中国人民银行批准,企业集团可以设立财务公司,有的好像也称为企业银行,财务公司在集团内部融通资金,并可以委托某些专业银行代理金融业务。这个给企业集团的特权,也是便于能够集中投资的。这些办法,就使子公司的扩大和发展必须依赖于集团公司的资本注入或者是集团公司财务公司的贷款。这就决定了集团公司对所属子公司、关联公司可以实行强有力的控制和影响。

第三个办法,通过签订合同,控制一大批下属承包企业。在通常情况下,大公司往往能控制主动权。现在,发达国家在一大批大公司下,还有许许多多的小企业,甚至是独资企业、合伙企业,互相之间都离不开。但是大公司往往掌握着主动权,如果企业不听话、产品质量太差,就淘汰它,解除合同比从公司抽出股份要容易一些。所以,在一些国家(如日本),小企业主有协会,也得争取一些共同行动,国家也有专门的小企业法。有人问,大公司把这些小企业吃掉不可以吗?实际上,大公司也愿意有许多小企业存在,今天我让这个企业给我做一个零件,明天让另一个小企业做另外一个零件,没有我,你们谁也不能独立,所以就得听我的,太不听话我就淘汰你,反正还有其他的企业可以选择。这样多方便、多划算呢?这也是一种管理办法。

还有一个问题,就是企业集团的整体性和统一管理,还体现在综合报表上。企业集团应该主动制备集团综合财务报表,以便让集团成员企业和公众能了解企业集团的综合经营状况，取得社会的信任。

当然，世界上各国企业集团的管理办法也不尽相同，但是它们都注意了一条，就是“分散经营与集中管理相结合”的管理原则和管理体制，这一点我们也同样要注意。

（二）我国企业集团的组织管理体制

我们知道，企业集团的领导体制是企业集团组织管理体制核心的内容，它是关于企业集团内部领导权的分配，各单位、各部分、各环节之间的相互关系和领导形式、领导制度方面的基本规定。在我国，单体的企业的领导体制经过许多年的确认，《企业法》总算作了规定，一般采用“厂长（经理）负责制”。⑤ 而对企业集团来说，我国法律至今没有规定，而且可以作参照的公司法也没有，可是企业集团还要做，所以大家就创造它。不过，应该说都还有些道理。就目前而言，我国的企业集团都根据自己的实际情况，选择自己的领导制度的形式。概括起来，主要有以下五种管理体制：一是董事会领导下的总经理负责制；二是理事会领导下的理事长负责制（以上两种体制相差不多，董事会与理事会在概念上并没有明确不同）；三是管理委员会领导下的经理负责制；四是厂长负责制；五是总经理或经理负责制。

总的来说，采取董事会领导下的经理负责制的比较多。因为它能比较多地体现集权与分权的关系。它的优点是什么呢？这主要表现在，重大问题由集团决策，总经理执行，使参加集团的各方企业处于平等的地位；通过董事会有利于反映各方企业的利益和意志。这种领导体制适用面广，尤其适用于跨地区、部门、行业与不同所有制企业的企业集团，特别对于实行股份制的企业集团更适用。

下面，我们就谈一下这种领导体制：

---

⑤ 这部《企业法》是指 1988 年 4 月 13 日第七届全国人民代表大会第一次会议通过并于 1988 年 8 月 1 日起施行的《全民所有制工业企业法》。该法第 7 条规定，企业实行厂长（经理）负责制。厂长依法行使职权，受法律保护。

1. 权力机构

(1)董事会。董事会是企业集团的最高权力机构，它是企业集团生产经营的最高权力机构和集团的决策机构。它的主要职责有这样几点：第一，决定集团的经营方针和经营战略；第二，听取并审议总经理的工作报告，审议通过集团的中、长期规划，年度财务预算方案；第三，任免集团的总经理并根据总经理的提名、审查、批准副总经理的任免；第四，审议通过集团公司的机构设置方案和人事、财务等重大的管理制度；第五，审议集团公司的分立、合并、清算，以及成员企业的加入、退出等重要事务；第六，非常关键的是制定和修改集团公司的章程。集团公司是法人，所以要有章程；整个企业集团要不要有章程，法律上没有要求章程在性质上应该属于内部关系的协议性质的东西，既然是由大家订出来的协议，当然就应该遵守。但章程对外的效力值得研究，这要看国家今后的法律怎么规定。集团公司肯定要有章程的，因为它是法人——章程是企业法人的必备的条件。我的看法，企业集团应该有章程。

至于董事会应如何产生？它应该由参加企业集团的各成员企业派代表参加，一般是企业的法人代表，也有职工代表、正副总经理、总工程师、工会主席以及外部聘请的专家顾问（经济顾问、法律顾问）等共同组成。其中，设董事长1人，副董事长3～5人，常务董事若干人，均由董事会选举产生。董事会成员的任期以3年或5年为宜，有章程在章程中规定，当然也可以由董事会确定，可以连选连任，也可以由派出的企业中途撤换。董事会闭会期间，由常务董事行使董事会全体会议的职责。这个方面也可以有些限制，有些重大事务必须在董事会全体会议上决定。

(2)总经理。总经理是企业集团经营的总指挥。总经理是企业集团日常生产经营活动的组织者、领导者和总指挥，对董事会负责，任务是实现董事会确定的经营目标。它的主要职责如下：第一，定期向董事会报告工作，提出董事会讨论决定的重大问题及其方案，如集团的长短期目标和实施方案、组织机构的调整方案等；第二，全面领导集团的各项日常生产经营工作，负责处理成员企业提出的有关重大问题，如资源的调配、资金的融通、计划的调整、各部门及成员企业间矛盾的处理；第三，提出副总经理、集团总经济师、会计师、工程师的人选，任免直属工厂、部门的领导干部，招聘高级经营管理人员；第四，代表集团公司对外进行业务谈判及签署重大的经济活动的权利；第五，组织拟订并贯彻执行企业集团的各项管理制度，其中属于人事、财务等重大的管理制度，须经董事会审议通过。

我们说，当董事会确定了企业集团的总目标后，总经理就是集团经营的最高指挥者，他肩负企业集团成败兴衰的责任。因此，他应该是个有才华的企业家，一般来讲。总经理可以从董事中挑选，也可以采用招聘或其他方式。

在这里有一个问题不太好解决。集团公司中谁是法人代表？我们知道，各成员企业的厂长（经理）就是这个企业的法人代表，企业集团不是法人，无所谓法人代表的问题，但是集团公司呢？法人代表是董事长，还是总经理呢？从法理上讲，总经理不是公司的法人代表，董事长（或称常务董事）是法人代表；总经理只是董事会任命的高级管理人员，是集团公司经营权的代表者，而不是所有权或叫产权的代表者。但是，也有另一种意见认为，总经理应该是法人代表，因为他要代表集团公司对外签订合同、进行业务谈判。可如果总经理是法人代表，董事长是什么法律地位呢？所以，在我国许多公司，董事长兼总经理，这种模式也可以考虑。

（3）监委会（或称监察会、监事会）。它是企业集团的监督机构。企业集团是大型的经济组织形式，要设立专门的监督机构，一般情况下，它由集团内部审计人员、执法人员组成，董事和高级管理人员不能担任监事职务。监委会实行监督独立，它的基本职能就是监督集团的一切经营管理活动。监委会职权如下：第一，参加董事会，有发表意见的权利，但无表决权；第二，对企业集团贯彻执行方针、政策、法律、法规进行监督；第三，随时调查企业集团的业务和财务状况，审查账册文件，并有权要求董事会通过情况的权力，也有权审核董事会的编制的各种报表；第四，受集团委托可以参加经济仲裁和经济诉讼活动。从目前我国的情况看，企业集团大都设有专门的监督机构，但这方面还需要不断完善。总的来说，监督机构的独立性应日益增强，以防止集团的管理人员滥用权力。

另外一个问题，就是在实行董事会领导的总经理负责制的企业集团中，职代会和企业党的组织处于什么样的地位呢？

先谈一下职代会。职工代表大会是企业实现民主管理的基本形式,是职工行使民主管理权力的机构。在各个成员企业中都有自己的职代会,在这种情况下,是否还要建立集团一级的职代会呢?我认为没有必要,因为企业集团主要是经济利益上的共同体,而不是一个独立的法律实体,可以不成立专门的职代会。职代会建立在各成员企业之中,集团公司中应有职代会,职工参加自己所在企业的活动,职工代表通过参与本企业的民主管理和派遣代表参加集团公司董事会的方式来实现企业集团的管理和监督。如果企业集团再成立专门的职代会,就会与董事会的职能相冲突,从而不利于企业集团的管理。

关于党组织问题,我国有的企业集团设有专门的党组织机构,有的企业集团党的工作由它们的主管行政部门的党组织负责,这两种形式都可以。但是应该注意一点,企业集团的组织机构的职能与党的组织职能要分开,各司其职。

2. 内部管理机构,即企业集团的职能部门

在建立了企业集团的领导体制、权力机构以后,还必须建立必要的集团内部组织机构。一般来讲,企业集团的管理是分层次的,集团的领导机构不可能负责集团的全部经营管理工作,集团的领导机构要通过对不同层次职能机构的控制和管理,才能达到实现集团战略目标和有效地发挥集团优势的目的。

我在这里所说的组织机构,是指企业集团一级的或集团本部所设置的各专业部门和职能部门。它们的主要职能,包括编制集团的中长期规划和分阶段的实施计划,为集团领导进行正确决策提供信息和参考,对成员企业的生产、技术与管理工作进行指导及协调,等等。

前面我讲到国外企业集团和管理模式,我们的企业集团应该采取什么样的管理、领导模式?这个需要探讨,没有立法上的根据,可以加上我们自己的创造性。比如,把企业集团内分为三个层次:一是集团公司;二是分公司(相当于事业部);三是工厂。分公司是企业集团内部的一个相对独立的经营单位,在不违背总的经营目标和决策的范围内,拥有对本部门人财务的调配权,产供销的组织管理权,可以根据集团的决策,独立地制订本部门的经营计划和财务计划;分公司下属工厂有自己相对独立的经济利益,在接受主管分公司的指导和管理下,独立地开展经营活动。

在法律上有一个问题,分公司是不是法人?按照国外讲,分公司、事业部都是属于非法人地位的一层组织。可是在我国,因为很少有母公司、子公司的概念,通常讲分公司有法人资格。所以,集团公司与分公司的关系相当于国外母公司与子公司、关联公司之间的关系。既然分公司有法人地位,它所属的工厂就丧失了法人资格,这与国外有所不同。国外的承包工厂是独立的企业单位,它们与子公司、关联公司的关系是协议关系,是独立的民事主体。

如果分公司不是法人,那么,这些分公司实际上是集团公司管理的职能部门,不是独立的经济核算单位,实际上它是集团公司的组成部分,所以不享有法人的资格。在这种情况下,第二层的各个工厂,就应享有法人资格,这时,这些工厂相当于国外的承包工厂的地位。当然这些工厂也可以再通过签订协议,与其他的工厂、企业建立协议关系,也可以是承包关系。

因为企业集团的组织管理、领导体制比较复杂,是多层次的,也只有采取多层次的联合关系,才能把一大批企业联合起来,形成群体力量,成为一个大的企业集团。在这样一个复杂的集团中,必须在有利于企业集团实行统一管理,有利于各成员企业发挥自主性、主动性,即处理好集权与分权的关系的指导思想下,设计、制造企业集团的体制模式。同时,必须符合一般的法律原则,与我国现行有关法律不相违背。

五、企业集团的财产责任

企业集团是个复杂的组织体。前面我们讲到,它应该由集团公司、集团成员企业、企业集团本身三个层次构成。也就是说,在一个企业集团中,可以分为紧密联合层、半紧密联合层、松散联合层。下面我们就以这个层次为顺序谈谈它们的财产责任。

(一)企业集团紧密联合层的财产责任

在这个层次中,企业集团紧密联合层的结果是构成新的法人,这就是人们通常称的集团公司,它是整个企业的核心,是一个新的经济实体、法律实体。这种核心的形成又往往采取合并的方式,也就是说,原来参加合并的企业法人已不存在。在这种情况下,这一层次的企业财产责任完全是一个新企业法人的财产责任。但是,在紧密联合层的概念中,也应包括各企业法人的股权方式形成的集团,这种情况是法人组成的法人,原企业法人并不消失,而又通过参股形成了新的法人。这就类似于联营中的法人型联营。如果是合并组成新的法人,当然有关的财产责任应由这个新的法人承担,因为原来的参加企业已不存在。问题是若干个独立法人又组成一个新的法人,它们之间的责任怎么划分?这在理论上也好说,各自以自己所有或经营管理的财产对外承担责任。在这里,参加紧密层的企业,一旦投资或入股构成新的企业,这些投资和入股的财产就成为企业集团紧密层的财产,还应实行资产经营一体化。紧密层内的各成员企业仅以他们的投资、入股财产负有限责任,而紧密层归为一个企业法人,独立对外承担责任,这种责任不涉及各成员企业出资外的其他财产,而且,各成员企业都是独立的法人,对自己的经营状况负责,其他成员企业对此不承担责任。

这里还要讨论的是破产问题。如果紧密层(新的法人)破产,会不会影响其他成员企业的持续存在?一般不影响,当然在经营上的收益肯定受到影响;如果成员企业破产,对紧密层企业影响较大,因为这个成员企业还要用它的投资、入股财产清偿债务。在这种情况下,其他成员可以共同增补或由那个成员企业单独增补或接受转让,这样仍可持续保持紧密层的持续存在。当然,紧密层破产的情况下,企业集团也就解体了,各成员企业之间的联合关系也就不存在了。

(二)企业集团半紧密层的财产责任

在企业集团中,可能有一些企业进行半紧密的联合,它们可以依据合同(协议),在各方联合经营业务范围内,各方以各自所有或经营管理的财产承担连带责任。这是国家工商总局下发的《经济联合组织登记管理暂行办法》中规定的。实际上,这些企业在集团的统一经营下,按出资比例或协议规定享受利益,并承担责任,这是一种资合性的企业联合,不能像普通合伙人那样。

(三)企业集团松散联合层的财产责任

企业集团的松散联合层,是它的最外层,是一种协议关系产生的结构。一般来说,它们是依据合同关系(如承包合同关系)形成的配套企业,虽然与紧密联合层发生生产协议关系,但并不发生财产关系,也不投资。这些企业都是经济、法律实体,只是通过合同受到一些限制。所以,在实际上,它们与集团紧密联合层企业的固定协议是一种以债权形式界定的权利义务关系。当然,这一层次企业的财产责任应由自己承担,这些企业经营不善,甚至破产都要自己负责。

松散联合层只是一种生产协议关系,与紧密联合层之间的权利义务关系以及其他层次间的权利义务关系,都可以在集团的章程中加以规定,或者另外以合同的形式加以规定。它必须服从企业集团总的统一经营上的指挥,虽然各自承担责任,仍然是一个统一体,只是层次不同,联结的方式不同,进而承担财产责任的方式也不同。

论全民所有制企业法人的机关*

一

企业法人作为民事主体，是由自然人和一定独立财产组合的经济组织。企业法人机关是企业法人的有机组成部分。一般来说，法人机关是根据国家法律、法人组织章程的规定，不需要经过特别委托即能够对法人事务作出决策，以法人名义参加各项民事法律关系，并具有自我约束能力的组织机构。企业法人机关对内管理法人事务，对外代表法人实施法律行为。但是，法人机关只有在法人权利能力范围内所实施的行为，才能视为该法人的行为，其法律后果由法人承担，实施超出该法人权利能力范围的行为，则只能看作法人机关的有关成员的行为，其法律后果由其个人承担。

企业法人机关没有独立的人格，不是独立的权利主体。在法人权利能力范围内，它只能以法人的名义对外进行活动即执行其法人机关职能。同时，作为法人机关的组织机构，并非时时处处都是以法人机关身份出现的，只有在它执行法人机关职能时才是以法人机关身份出现的。

法人机关的设置，因法人的种类不同而各有所异。按照大陆法系传统民法的规定，法人分为社团法人和财团法人。它们各自机关的设置不尽相同。一般来说，法人机关应包括以下三层机构：(1) 意思机关。又称决策机关，它是决定

---

* 原载《法律学习与研究》1989 年第 6 期。

法人重大事务,形成法人意志的决策机构。财团法人的意思机关为法人创立人或捐助人聘任的董事长和若干董事组成的董事会。社团法人的意思机关为股东大会或社员大会以及由它们选出的董事会。在法律上,全体股东(社员)组成的股东大会(社员大会)是企业法人的最高权力机构,董事会是仅次于股东大会(社员大会)的权力机构,在股东大会(社员大会)闭会期间总揽企业大权。(2)执行机关。又称代表机关,它有权根据意思机关的决策或决定,代表法人对外进行各项民事活动和民事诉讼活动,对内负责法人事务的管理工作。社团法人和财团法人的执行机关均受聘于董事会,负责执行董事会的决策和指示。意思机关和执行机关均为法人的必要机关。(3)监督机关。又称监察机关,它是代表全体法人成员、法人创立人或国家负责监督法人执行机关履行职务的机构,但不是法人的必设机关。监督机关对外无代表法人的权利,不能以法人的名义进行任何民事活动和民事诉讼活动。在通常情况下,意思机关和监督机关为企业法人的内设机关,只有当它们在行使法人决策和监督职能时,才具有法人机关的意义。正因如此,我们一般讲法人机关,往往就是指法人的执行机关。

通过上述分析,我们不难发现,法人机关的设置受资本主义经济管理理论的影响,表现出企业内部权力的分工与制约,以完善企业的管理。但是,随着商品经济的迅速发展,公司规模的不断扩大,股东人数剧增、居住分散,加之决策程序复杂,股东对公司事务的兴趣逐渐淡漠,股东大会(社员大会)的决策作用趋于减弱。特别是近几十年来,为了提高股份有限公司的灵活性和工作效率,各国立法大多强化了公司执行机关的权力,把原属于股东大会(社员大会)和监督机关的权力逐渐转移到执行机关,这既是商品经济活动的实际需要,又是生产资料所有权与经营权进一步分离的反映。

在我国,全民所有制企业是由国家投资设立的,其创立人为国家,其财产属于国家所有。全民所有制企业的经营权为企业依法享有,并受到国家法律的保护,同时,也要受到所有者国家的制约。集体企业法人则不同,它们是由劳动者集体投资设立的,其创立人为最早发起或参加集体企业的劳动者个人,其财产属于该企业组织所有,因而集体企业法人享有的经营权与所有权是结合的,所以一般不受国家干预。从法学意义上讲,二者不同在于:(1)在组成人员方面,前者由国家委任或招聘的人员组成,他们既是本法人组织的工作人员,又是为国家尽职的工作人员,而后者是由对法人债务承担有限责任的法人成员组成,他们虽然是法人组织的工作人员,但不是国家工作人员。(2)在我国目前情况下,职工代表大会是前者的权力机构,但不是最高权力机构,国家在听取职工意见的基础上任命行政领导人,其工作既要对法人组织负责,又要对国家负责;而后者则不同,职工代表大会或职工大会为其最高权力机构,由它选出或聘任的执行机关,仅对法人组织负责。

结合我国的实际情况,全民所有制企业法人的机关设置,应与全民所有制企业的领导体制相适应。依据我国有关法律、法规和条例的规定及长期以来形成的实践经验,全民所有制企业法人的机关设置应分为决策、执行和监督三机关。之所以要这样设置,是由完善我国全民所有制企业领导体制的内在要求决定的。在我们看来,企业领导体制完善的一个重要标准,就是实现企业决策权、指挥权和监督权的合理分配。一个企业如果能做到及时科学地决策、合理有效地指挥、全面严格地监督,那么这个企业的领导体制就充满生机和活力。这正是我们改革全民所有制企业的领导体制所要达到的目的。

二

职工代表大会是我国企业实行民主管理的基本形式,是职工行使民主管理权力的机构,能够依法享有审议企业重大决策、监督行政领导、维护职工合法权益的权力。这表明职工代表大会不是一个咨询性机构,而是一个有法定权力的机构,它对企业重大问题的审议决定,企业法人的执行机关及全体成员必须贯彻执行。基于上述看法,我们认为职工代表大会应为我国全民所有制企业法人的决策机关。

企业实行厂长负责制后,有人认为,企业的决策权应该属于厂长。持这种意见的同志,对决策这一概念存在模糊认识,把企业领导的任何决定都不加区别地统称为决策,这不利于我们说清问题。要讨论企业决策机构的决策权,须首先区分两种不同性质的决策。一种决策是确定企业经营方针，制订企业长远规划，批准重大技术改造方案，订立重要规章制度，以及改变经营方针，实行重大改革等事关企业全局和命运的重大决策，这类决策，称为经营战略决策；另一种决策则是在企业日常生产指挥和经营管理过程中，对层出不穷的问题和矛盾及时决定和拍板，对众说纷纭的工作方案果断选择和批准，以及对干部的任免，对职工的奖惩等，这也是一种决策，它为高效率指挥、合理组织生产活动所必需的，称为日常管理决策。上述两种决策在性质、范围和影响程度上都不同。经营战略决策事关全局，影响深远，一次决策成功，有可能导致企业兴旺发达，否则有可能导致企业倒闭。而日常管理决策虽然也影响企业的效益，但影响较小，作用时间较短即使错了也易于挽回，而且日常管理决策的问题往往时间紧迫，须当机立断。相比之下，经营战略决策则可以从容计议、周密运筹。就这两种决策的关系来看，经营战略决策是根本原则的决策，而日常管理决策，更多属于按照原则具体实施的决策。我们说企业决策机构的决策权往往就是指经营战略的决策权。

各国企业管理的实践说明，经营战略的决策权不能由个人行使。这是因为。第一，现代化企业技术的复杂性和细致的分工决定了厂长个人不可能各方面都懂，只有集思广益，群策群力，才能实现正确的决策；第二，由于经营战略决策具有影响的深远性，为了对国家和企业负责，不能由厂长个人决策；第三，从资本主义企业来看，经营战略决策权也是属于由股东选出的董事会，而不属于经理个人。我们是社会主义国家，更应该使企业职工充分行使民主权利，实行集体决策。这个集体决策的机构应是职工代表大会。

职工代表大会作为决策机关应积极行使决策企业重大事务的权力。职工代表大会对企业的决策权，应包括以下内容：(1)经营战略决策权。即在国家统一的方针、政策、计划下，决定企业的经营方针、长远规划、年度计划、基本建设方案、重大技术改造方案、职工培训计划、留用资金分配和使用方案、承包和租赁经营责任制方案。(2)劳动成果分配决策权。即审查同意或者否决企业的工资调整方案、奖金分配方案等。(3)规章制度决策权。即审查同意或者否决劳动保护措施、奖惩办法以及其他重要的规章制度。(4)职工生活福利决策权。

即审议决定职工福利基金使用方案、职工住宅分配方案和其他有关职工生活福利的重大事项。另外,职工代表大会还依法享有:评议监督企业各级行政领导干部,提出奖惩和任免的建议;根据政府主管部门的决定选举厂长等。

依照我国《全民所有制工业企业职工代表大会工作条例》的规定,职工代表大会选举主席主持会议。职工代表大会至少每半年召开一次,每次会议须有2/3以上的职工代表出席。遇有重大事项,经厂长、企业工会或1/3以上职工代表的提议,可召开临时会议。职工代表大会实行民主集中制,进行选举和作出决策,须经全体职工代表过半数通过。另外,职工代表大会可根据需要,设立若干临时的或经常性的专门小组或专门委员会,完成职工代表大会交办的有关事项。职工代表大会闭会期间,由工会委员会行使职工代表大会的职权,因为企业工会委员会为职工代表大会的工作机构。那种认为职工代表大会仅吸收工人参加管理,最多只限于一般咨询、监督以及主要解决职工福利的观点,都是不正确的。相反,职工代表大会以审议企业重大问题决策为重点,在开发企业活力源泉上下功夫,才能发挥职工代表大会的作用,使企业的活力源源而来。

随着改革的深入,全民所有制企业之间及和其他所有制企业之间的经济联合体即联营不断涌现,企业经营方式也多样化、灵活化,有承包、租赁等。面对这些新情况,企业的决策权又应如何行使?对于取得法人资格的经济联合体来说,召开职工代表大会比较困难,尤其是跨地区、跨行业的经济联合体,这时应由参加联合体的各单位推选的代表组成一个联合委员会(或董事会),行使经济联合体的决策权。对于实行承包和租赁的全民所有制企业,我们认为,职工代表大会仍为其决策机关,因为承包和租赁只是二权分离的有益形式,它们并不改变企业的全民所有制性质,同时也不改变企业的法人地位,只是厂长由承包人或租赁人充当而已。厂长乃是一种法人组织机构的承担者,职工代表大会仍是企业职工实行民主管理权力的机构,而企业的生命在于其组织机构的稳定存在,至于什么人在这一机构上任职行使其权力,对于企业的存在是无关紧要的。所以,全民所有制企业承包或租赁后,职工代表大会仍为企业的决策机关,只是其权限范围、决策程序等,须由双方在承包或租赁时,依照国家有关法律、法规或条例的规定,以合同方式明确规定下来。

三

《全民所有制工业企业法》规定，厂长是企业的法定代表人。根据这一规定，我国全民所有制企业法人的执行机关应为厂长。

厂长作为全民所有制企业法人的执行机关，在对内关系上是企业法人的最高行政领导人，享有集中统一的指挥权。这体现在以下方面：(1)生产指挥权。厂长的生产指挥权体现在建立企业整个生产经营活动的秩序上。(2)行政管理权。厂长有权决定企业行政机构的设置，有权依法任免、管理、考核本企业的行政干部。(3)奖惩权。厂长有权依照法律和本企业的规章制度，对职工进行奖惩。(4)保护权。厂长依法行使职权时，受到国家法律的保护，任何组织和个人不得威胁、压制、阻挠和打击报复。(5)保留权。厂长对职工代表大会决议有不同意见时，可提请复议。如对复议仍不同意，则有权保留，向上级主管部门报告。(6)调处权。即在国家规定的范围内，对企业各类人员、各项资金、各种物资、有权调度。(7)临时处置权。即在紧急情况下，厂长对不属于自己职权范围内而又必须立即决定的问题有临时处置权，但事后应向有决定权的单位报告。(8)拒绝权。厂长对不符合国家方针、政策和有关规定的指令或要求有权拒绝。对无偿抽调企业人员、资金、物资及各种不合理的劳务和费用摊派有权拒绝。(9)授予权。厂长因故不能执行职务时，可由其临时指定副厂长、总经济师或总工程师代行其职务，以保证各项工作的顺利进行。(10)辞职权。厂长在任职期限内，如力不胜任，可向委派单位或选举单位提出辞职，但未经批准的不得擅自离职。(11)召集权。即遇有重大事项，经厂长提议，可召开职工代表大会临时会议。

厂长对内行使职权，在受法律保护的同时，还要受到国家法律的制约。我国《全民所有制工业企业厂长工作条例》设立专章对厂长的奖励与处罚予以规定。对于厂长因工作上的错误，视情节轻重，分别给予不同的处罚。这种处罚是行政性质的责任。对于厂长的违法行为，则要依据民法或刑法的有关规定，依法追究其法律责任。

厂长作为全民所有制企业法人的执行机关,在对外关系上,是企业的法定代表人,享有法定代表权即有权代表法人对外进行活动。一般来讲,厂长以法人名义进行的活动,即视为该法人的活动,其后果由法人承担。但是,并不是厂长的一切活动都视为其代表的法人的活动,厂长行使代表权时,须遵守法人特别权利能力的原则,若厂长行使代表权超出了其代表的法人的权利能力范围,那么其行为就不看作法人的行为,而看作厂长自己的行为,由其自己承担责任。相反,厂长在法人权利能力范围内以法人名义实施的行为,即视为法人的行为,若该行为给他人造成损害,便由法人负责赔偿损害,即使该损害的发生是由于厂长的过错所致。这样便能更好地保护第三人合法权益,督促法人机关成员执行职务时尽自己的最大注意。因此,厂长作为执行机关,其代表行为具有明显的限制性。

作为法定代表人,厂长对外进行的活动一般有以下几种:(1)代表法人实施民事法律行为。如签订合同、接受赠与等。对于重大的法律行为,则可委托他人代理实施。(2)代表法人申请改变经营范围、缴纳税款、注册登记及办理其他有法律意义的事务。(3)代表法人出面解决与其他社会组织或公民之间发生的经济纠纷,并有权作出相应的决定。(4)代表法人参加诉讼即到人民的法院起诉或应诉。在诉讼中,诉讼活动产生的法律后果,归属于厂长所代表的法人。

厂长作为执行机关,就企业法人的内外关系上所享有的指挥权和代表权是相辅相成、不可分割的。指挥权是就企业内部的经营管理活动而言,而代表权则是就企业外部的经济联系活动而言。一个企业的内部经营管理活动和外部的经济联系活动,它们是企业商品经济活动的两个方面。而商品交换作为中间环节,则把企业的内部活动和外部活动有机地结合在一起。厂长通过拥有对内的指挥权和对外的代表权,把全民所有制企业的经济活动纳入了社会主义商品经济活动的轨道,使全民所有制企业在经济上是依法自主经营、自负盈亏、独立核算的社会主义商品生产和经营单位,在法律上成为具有一定权利义务的法人。

四

我国全民所有制企业为了独立经营，须具备必要的自主权，同时，我国的企业还须遵守国家方针、政策和法律规定。为使企业活动合法化，保护国家、集体和公民个人合法权益免受不法侵害，对企业的活动须进行监督。行使这种监督权的机构，称为企业的监督机关。

我国实践中对全民所有制企业的监督有以下几种情况：(1)企业党委监督。依据《中国共产党全民所有制工业基层组织工作条例》的规定，企业党委的第一项主要任务便是保证和监督党和国家各项方针、政策的贯彻实施。企业党委发挥保证监督作用，不再行使决策权，是厂长负责制的客观要求。(2)职工代表大会监督。职工代表大会具有的几项职权中，其中之一便是监督企业的领导干部正确地行使权力。另外，职工代表大会作为决策机关，有权审议企业重大问题，作出决议，并监督其执行。(3)上级主管部门和业务部门的监督。如果说前两种监督是从企业内部监督的话，那么上级主管部门和业务部门的监督，则是从企业的外部对厂长负责制的监督。

上述监督虽实际存在且发挥了不小作用，但由于分散且又各自独立，故其作用的发挥受到限制，有时还不利于企业的生产经营决策和指挥。如党委监督易出现两种倾向：一是把监督视为消极限制、干预，从而束缚厂长的手脚；二是撒手不管，任其所为。职工代表大会虽有民主监督权，但没有很好地做好监督工作。上级主管部门的监督常变成变相的非法干预等。针对这些状况，我们认为在全民所有制企业内部应专门设立一个监督委员会，它负责对企业的生产经营管理工作等实行监督。但是企业的监督委员会不能干涉执行机关的日常事务，也不能代表法人对外进行活动。

我国全民所有制企业法人的监督委员会应由下列人员构成：(1)企业党委代表。一般由企业党委书记或副书记担任。作为监督委员会成员的企业党委代表，在行使监督权时，不是以企业党委名义进行，而是以监督委员会名义进行。(2)职工代表。一般由工会主席担任,也可由职工代表大会选举产生。(3)上级主管部门代表。一般由上级主管部门任命,他可以是企业的成员,也可以是企业外的成员。至于业务部门,则不需再设监督代表,因为他们的工作量大,他们通过本身的业务工作,便是在对企业实行有效的监督。在企业监督委员会的组成上,厂长、总经济师、总工程师、总会计师不能参加。至于监督委员会的成员不宜过多,三人至五人为宜,一般由党委代表担任监督委员会主任。这样,企业党委通过自己的代表主持监督委员会的工作,以保证党的政治路线和国家方针、政策、法令、计划在企业内的贯彻实施。

企业监督委员会作为监督机关,应积极行使以下职权:(1)定期听取决策机关的汇报,监督决策机关的工作,看其有无违反法律和违反国家政策、法人组织章程的行为,决策的程序是否民主。对于决策机关作出的违反有关规定的决议或决定,应宣告其无效。(2)定期听取厂长的工作汇报,监督厂长是否正确执行决策机关依法作出的决策、生产经营指挥是否合法;是否依法行使其他权力。(3)通过监督决策机关和执行机关的工作,确定有无侵犯职工民主权利的行为。(4)监督企业的财会等其他方面的工作。总之,企业监督委员会通过自己的监督工作,保证全民所有制企业生产经营的社会主义方向,保护企业全体职工的合法权益。

企业法人的监督机关,并不是必设机关。全民所有制企业法人设监督委员会,要根据需要和可能进行。对于具备条件的大中型企业,比较适宜,但对于小型全民所有制企业,则可能不妥。

我国企业破产程序若干问题探讨*

破产程序是指债务人不能清偿到期债务时，一方面以对债务人全部财产强制管理和变价使债权人得到公平满足，另一方面通过和解与整顿给予债务人复兴经济的机会，防止社会经济秩序混乱的一种特殊法律程序。它要包括破产申请与受理程序、和解整顿程序、破产宣告程序和清产还债程序等。《企业破产法(试行)》(以下简称《破产法》)对我国全民所有制企业破产程序的主要内容作了规定。本文就我国企业破产程序中的若干问题作些粗浅探讨。

一、宣告破产的申请哪些人有权提出的问题

有权提出破产宣告申请的人提出宣告破产的申请，是人民法院受理破产案件并开始破产程序的必要条件之一。那么，哪些人有权提出破产宣告的申请呢？我国《破产法》第 7 条、第 8 条规定，债务人不能清偿到期债务时，债权人可以申请宣告债务人破产。债务人经其上级主管部门同意后，也可以申请宣告破产。因此，有权提出破产宣告申请的人，只能是债权人和债务人，其他任何单位和个人都无权提出破产宣告申请，人民法院也不得在没有任何申请人的情况下，依职权开始破产程序。

既然有权提出破产宣告申请的人只能是债权人和债务人，那么这是否意味

---

* 原载《政法论坛》1989 年第 5 期。

着当债务人不能清偿到期债务时,任何债权人都可以提出破产宣告的申请呢?这在理论上是有争议的。

(一)享有别除权、取回权的债权人是否有权提破产宣告的申请?

我国有的学者认为,由于破产制度的目的并不在于保护个别债权人,而在于保护所有债权人的整体,因而有财产担保的债权人也应视为有权申请人;有的学者则认为,对取回权有请求权的人以及在破产宣告前所生的有财产担保的债权人,都没有提出破产申请的权利。依我们看来,享有取回权、别除权的债权人因其能在破产程序之外实现其权利,故不能也没有必要作为破产申请人。但是,放弃取回权、别除权的债权人、破产人于破产宣告前将取回权的标的物转让给第三人,并受对待给付,但对待给付已不存在,不得行使赔偿取回权的债权人,以及有财产担保但其债权数额超过担保物价款的债权人,因其债权的全部或部分仍为破产债权,这些债权只有经过破产程序才可能从破产财产中得到公平清偿。因此,他们也有权提出破产申请。

(二)附期限、附条件的债权人,在破产原因生成而期限未届满、条件尚未成就时,是否有权提出破产申请?

我国有的学者认为,由于这类债权属于预期债权,在民事诉讼法中这种债权人无权提出执行之请求,在破产程序中亦同。但若部分债权期限已届至或部分债权条件已成就时,也享有申请破产的权利,有的学者则认为附期限与附条件的债权人即使在期限未到来或条件未成就时也能提出破产申请。依我们看来,由于企业在破产原因产生时已丧失了清偿债务的能力,因而附期限与附条件的债权,尽管在破产原因生成时期限并未届满、条件尚未成就,但可以肯定在将来其权利会受到侵害,而法律也是应保护附期限与附条件的债权的合法权益的。正因如此,我国《破产法》第31条明确规定:“破产宣告时未到期的债权,视为已到期债权,但是应该减去未到期的利息。”其次从世界各国破产法的规定来看,债权人申请宣告破产并不受其债权期限是否届满、条件是否成就的限制。因此,在我国,附条件与附期限的债权人,即使在破产原因生成时条件尚未成就或期限尚未届满,他们仍有权提出破产申请。

(三)债权人提出破产申请是否受其人数及债权数额的限制?

对于这个问题,从世界各国破产法的规定来看,有两种截然对立的立法例。一类是无限制的,大陆法系各国多采取此种立法例。如《荷兰破产法》第1条规定,债务人对自己的负债认为不能支付时,根据自己或者一个或数个债权人的申请得宣告破产。另一类是有一定限制的,以英美法系各国为代表。如美国破产法规定,债权人有12人或12人以上时,就必须要有3个或者3个以上债权人的无担保债权的总额达到5000美元,才能提出破产申请。我国《破产法》对此没有明确规定,但根据我国《破产法》规定的基本精神,应该说债权人提出破产申请是不受其人数及债权数额限制的。不过,对于当债务人只有一个债权人时,该债权人在债务人不能清偿到期债务时能否提出破产申请?这在我国理论界一直是个争论不休的问题。如有的学者认为,如果只有一个债权人,只须采取一般民事执行程序即可清偿债务。根据我国《破产法》第13条和第16条的有关规定,似乎可以理解为多数债权人的存在是破产程序开始的前提。因为,债权人如仅为1人,就不可能组成债权人会议,也不可能实行债权人会议的表决规则,从而使债权人会议的职权难以执行,整个破产程序也难进行下去。依我们看来,上述看法是不够全面的。在实践中,凡进行破产和解或破产清偿的案件,一般均有多数债权人。但是,并不能以此排除一个债权人时破产程序的适用。因为适用破产程序,并不仅仅是为了使多数债权人得到一定数额的公平受偿。而且破产法一般都规定,破产程序终结后,未得到清偿的债权不再清偿。我国《破产法》第38条也有类似规定。至于说债权人如仅为1人,就不可能组成债权人会议等,这显然是一种多余的疑虑。因为债权人会议是债权人的议事机构,如债权人仅为1人债权人会议也就不仅没有成立的可能,而且没有成立的必要。当然,从某种意义上讲,可理解为这时债权人会议只有1个成员。

(四)其他国家的债权人是否有权提出破产申请?

对于这个问题,我国《破产法》没有作出明确规定。依我们看来,我国应采取大多数国家的做法,按对等原则来处理这一问题,即外国债权人的所属国如允许我国债权人对该国的债务人提出破产申请的,我国也应允许外国债权人对我国企业提出破产申请。

此外,在实践中也可能遇到这种情况:债权人向人民法院提出要求债务人履行债务的请求后,人民法院作为普通民事案件立案受理,经审查发现,债务人实际上已达破产界限,而尚有很多债权人并不知情,也未提起诉讼时,人民法院可否终结民事诉讼程序,要求债权人提出破产宣告申请,开始破产程序?或直接依职权开始破产程序呢?这个问题在我国起草《破产法》时就有过争议。如有的学者主张,人民法院在审理民事案件过程中,或者在执行程序中,发现债务人的财产不足以清偿债务时,可以依职权宣告债务人破产还债,由审判程序或执行程序改为破产还债程序。但是,从我国《破产法》的规定来看,显然没有采纳这个观点。鉴于此,我们认为,在上述情况下,人民法院可以要求提起民事诉讼的债权人提出破产宣告申请,人民法院再按破产程序审理。如果提起民事诉讼的债权人坚持要求按普通程序进行审理,人民法院就应按照民事诉讼程序来处理债权人和债务人之间的民事法律关系,而不得依职权直接开始破产程序。

二、破产案件应由哪个人民法院管辖的问题

在破产案件中,由于债权人和债务人都可以提出宣告破产的申请,因而无“原告”与“被告”之分。民事诉讼法中的“原告就被告的原则”很难以执行,加之,破产程序的最终结果往往是对债务人的财产清理、变价与分配,从而使债权人公平受偿。因此,世界各国一般均以债务人所在地为划分法院管辖的范围。我国《破产法》第5条也规定了“破产案件由债务人所在地人民法院管辖”。

那么,何谓“债务人所在地”呢?我国有的学者认为,债务人所在地是指债务人的住所在;有的学者则认为,债务人所在地是指债务人的主要营业地。依我们看来,这两种观点都有一定的合理性,因为债务人的主要营业地,往往是其财产的所在地,由此地人民法院管辖破产案件,便于对破产财产的管理与清算。

但是,债务人的住所地是指债务人主要办事机构所在地,即执行债务人的业务活动、决定和处理债务人事务的机构所在地。不仅债务人的债权债务多发生在债务人的住所地,而且债务人的账册、文件、银行账户等也多在其住所地,因而,破产案件由债务人住所地人民法院管辖,便于人民法院查清和确认债权债务。鉴于大多数债务人的住所地即其主要营业地的事实,当它们二者一致时,可由债务人主要营业地人民法院管辖,当它们二者不一致时,可由债务人住所地人民法院管辖。

以上所谈的只是破产案件的地域管辖问题,至于破产案件的级别管辖,移送管辖和指定管辖等问题,根据我国《破产法》第 6 条的规定,可适用我国民事诉讼法中的有关规定来解决。即一般的破产案件,可由基层人民法院管辖,重大的破产案件,可由中级或高级人民法院管辖。在人民法院受理破产案件后进行调查时,如果发现管辖错误,应将案件移送给有管辖权的人民法院。但是,受理破产案件的法院已经作出破产宣告裁定的,一般不得再行移送。两个以上人民法院对破产案件的管辖权发生争议时,由争议双方协商解决;协商解决不了的,报他们的共同上级人民法院指定管辖。

三、关于人民法院驳回破产申请的裁定申请人能否上诉的问题

对人民法院驳回破产申请的裁定申请人能否上诉的问题,我国《破产法》没有明文规定,学者们也认识不一。如有的学者认为,在人民法院决定不受理破产案件的情况下,申请人如不服,应该允许其向上一级人民法院提出再申请。但如申请人的两次申请被拒绝,则无权再提出申请,有的学者则认为申请人能够对此项裁定提起上诉。

我们认为,要正确回答这一问题,必须首先解决破产程序的性质问题。在传统的破产理论中,对破产程序的性质向来就有“诉讼事件说”“非诉讼事件说”“特别程序说”等不同观点。这些不同的学说虽然从各自不同的侧面反映了破产程序的某些特点,但又都失之片面。根据现代各国破产法,所谓的“破产程

序”,一方面是指依靠国家的强制力而不向债权人的意愿如何强制使债务人的财产满足债权人实现其债权的程序。从这点上看,破产程序具有强制执行程序的性质。另一方面是指在债务人不能清偿到期债务的情况下,对债务人的财产进行清理、变卖、分配,以使全体债权人得到公平清偿。从这点上看,破产程序又具有清算程序的性质。此外,破产程序虽与一般民事执行程序有许多共同点,但它们又在对象、内容、实施机关和法律后果等方面有许多不同。因此,应当认为破产程序兼有特别民事诉讼强制执行程序、特别程序和清算程序三种性质。既然如此,法院在审理破产案件时,破产法没有规定的适用民事诉讼法的规定,也就无可厚非了。实际上,这也是世界各国破产法确认的一条公认的原则。我国《破产法》第 6 条同样规定“破产案件的诉讼程序,本法没有规定的适用民事诉讼程序的法律规定”。

根据我国《破产法》第 9 条的规定,我国企业的破产程序是从人民法院受理破产案件之日起开始的。而所谓破产案件的受理,实质上是指对破产申请的受理。因为没有破产申请的受理,就不可能有破产案件的受理,也就无所谓破产程序的开始。因此,可以说当事人申请破产具有与当事人提起诉讼类似的性质,它们都是人民法院受理有关案件的必要前提条件之一。鉴于此,对人民法院驳回破产申请的裁定申请人能否上诉的问题,就可参照民事诉讼法中有关人民法院驳回起诉的裁定当事人能否上诉的规定来处理。根据我国《民事诉讼法(试行)》第 122 条的规定,当事人对驳回起诉的裁定是可以上诉的。因此,对人民法院驳回破产申请的裁定,破产申请人可参照我国《民事诉讼法(试行)》第 122 条、第 144 条的规定上诉。上级人民法院如认为第一审法院的裁定确有错误,应当撤销原裁定,发回原审人民法院重新审理,如认为原裁定没有错误,就应驳回申请人的上诉。

四、债权申报问题

债权申报同题,不仅直接关系破产程序能否顺利进行,而且关系债权人的合法权益能否得到公平合理的清偿。因而各国破产法一般都对债权申报问题作了明确规定,我国《破产法》也不例外,如《破产法》第9条第2款规定:“债权人应当在收到通知后一个月内,未收到通知的债权人应当自公告之日起三个月内,向人民法院申报债权,说明债权的数额和财产担保,并且提交有关证明材料。逾期未申报债权的,视为自动放弃债权。”那么,我国《破产法》规定的债权申报制度是否科学呢?我们认为,我国《破产法》所规定的债权申报制度显然是有待于完善的。

首先,根据《破产法》第30条的规定,破产债权是指破产宣告前成立的无财产担保的债权和放弃优先受偿权的有财产担保的债权。即确定破产债权的时间是破产宣告的时间,而非破产程序开始的时间。既然如此,在破产程序开始之时,破产债权尚不确定,在破产债权的范围就根本无法确认。

其次,根据《破产法》第22条的规定,企业经过整顿,可能出现两种后果:一是企业能够按照和解协议清偿债务,人民法院应当终结对该企业的破产程序并予以公告。既然对该企业的破产程序终结了,那么原所进行的债权申报就没有任何现实意义。如仅因债务人经过破产申请,便允许其不清偿逾期未申报的债权,这不仅是对债权人合法权益的侵害,而且将刺激债务人通过假破产的方式,达到既不被宣告破产又可规避法律谋利的目的。二是整顿期满,企业不能按照和解协议清偿债务的,人民法院应当宣告该企业破产,并按照《破产法》第9条的规定重新登记债权。既然要重新登记债权,那么就意味着原来的债权申报因整顿程序的插入而失去了法律效力,曾因逾期未申报而被视为自动放弃债权的债权人,就有权重新申报登记债权。如以经和解整顿为由剥夺这部分债权人的合法权益,显然与我国《破产法》所确定的保护债权人合法权益的宗旨相矛盾。

再次,《破产法》第9条把债权人申报债权的期限规定为除斥期间,显然也是不合理的。因为倘若债权人因住地遥远,消息闭塞,或当事人因外出未归,而未能如期申报债权,这时便丧失了其债权,这对债权人来说实为显失公平。

最后,从世界各国破产法的规定来看,债权人申报债权的期限一般是从破产宣告后开始,且大多数国家并不把申报债权的期限规定为除斥期间。破产法一般都规定法院有权在特殊情况下、在一定限度内作出申报时间的决定。债权人逾期未申报债权的,并不推定其放弃债权,而是只能参加其申报时尚未分配的财产分配。

因此,宜将我国《破产法》第 9 条规定的申报债权的期限改为一般期限。为了与《破产法》第 22 条、第 30 条保持一致,应在破产宣告时,再规定一个申报债权的期限。至于逾期未申报债权的法律后果,可以采取目前世界上大多数国家的做法,即只能参加其申报时尚未分配的财产分配。

五、债权人会议的组成、职权及其决议的效力问题

债权人会议,是指人民法院受理破产案件后,所有债权人为实现按比例受偿的权利,表达债权人意志而组成的一种议事机构。债权人会议的设立,不仅有利于维护债权人的合法权益,而且有利于破产程序的顺利进行。我国《破产法》设专章规定了债权会议。

(一)债权人会议的组成

我国《破产法》第 13 条规定,所有债权人和代替债务人清偿了债务的保证人是债权人会议的成员。那么,除以上两种人可以作为债权人会议的成员外,是否再没有其他人可以成为债权人会议的成员呢?我们认为并非如此。如根据我国《民法通则》第 87 条的规定:"负有连带义务的每个债务人,都负有清偿全部债务的义务,履行了义务的人,有权要求其他负有连带义务的人偿付他应当承担的份额。"当"其负有连带义务的人"破产时,代其履行债务的连带债务人,当然应作为债权人会议的成员。又根据我国《经济合同法》第 25 条第 3 款的规定,"被保险财产的损失,应由第三人负责赔偿的,如果投保方向保险方提出要求,保险方可以按合同规定先予赔偿,但担保方必须将追偿转权转让给保险方,并协助保险方向第三者追偿"。当保险方的代位求偿权还没有实现,而应负赔偿责任的。"第三人"破产时,保险方也无疑是债权人会议的成员。鉴于此,应该说认为债权人会议的成员是由所有债权人,包括取得代位求偿权的债

权人组成的观点，显然更科学。

（二）债权人会议的职权

我国《破产法》第15条规定，债权人会议的职权有：（1）审查有关债权人的证明材料、确认债权人有无财产担保及其数额；（2）讨论通过和解协议草案；（3）讨论通过破产的处理和分配方案。债权人会议作为维护债权人合法权益的议事机构，享有上述第（2）项、第（3）项职权是无可非议的。至于能否享有第（1）项职权确是一个值得研究的问题。这主要是因为：第一，根据《破产法》第13条、第16条的规定，参加债权人会议的债权人，必须是在其债权被确认之后，债权人参加表决及表决效力的大小，又是以其债权的性质及数额被确认为前提，那么，在债权人出席债权人会议和参加表决的权利都没有被确认之前，债权人会议如何召集？又如何进行表决呢？第二，从理论上讲，审查确认债权及性质的职权，应该属国家权威机关享有。债权人会议作为债权人的议事机构，从性质上说，不应具有能作出有裁决效力决议的权力。假如规定由某种议事机构来行使本应属国家机关享有的裁决权，显然是极不合理的。第三，从世界大多数国家的破产法的规定来看，一般均不把此项权力赋予债权人会议，而是将此项权力授予法院或法院的代表，如受理法官、接管官乃至破产管理人等。有些国家，如比利时，即使规定审查债权人属于债权人会议，但仍将确认债权的权力授予法院。在我国的司法实践中，有关确认债权的纠纷一般都是通过人民法院来解决的。鉴于此，我们认为，审查有关债权的证明文件。确认债权有无担保及数额的职权应归人民法院享有。

（三）债权人会议决议的效力

我国《破产法》第16条第2款规定："债权人会议的决议，对于全体债权人均有约束力。"既然是对全体债权人，那么当然包括未放弃优先受偿权的有财产担保的债权人。但是，根据《破产法》第13条的规定，未放弃优先受偿权的有财产担保的债权人，在债权人会议上没有表决权。我们认为，不享有表决权的债权人受债权人会议讨论通过的决议的约束，这不仅与权、责、利相统一的原则相矛盾,而且在实践中也很难以行得通。实际上,债权人会议的决议只应对该项决议享有表决权的债权人有约束力。不过,这里还有一个值得研究的问题是:未放弃优先受偿权的有财产担保的债权人,是不是对债权人会议的任何决议都不享有表决权?依我们看来,对此不能一概而论。对于有财产担保但其债权数额超过担保物价款的债权人,因根据《破产法》第32条的规定,未受清偿的部分仍是破产债权,因此他们应同其他破产债权人一样享有表决权。对于不属于这种情况的未放弃优先受偿权的有财产担保的债权人,应在债权人会议和解协议草案时享有表决权。因为注重和解整顿不仅是我国《破产法》的特点。而且是我国破产制度的优点。而要求达到和解整顿的目的,就要求债权人作必要的让步。如果享有财产担保的债权人,在被申请破产企业整顿期间行使优先权,就可能给整顿企业的复苏带来困难。

六、清算组的法律地位问题

根据我国《破产法》第24条的规定,清算组是人民法院在宣告企业破产之日起15日内从企业上级主管部门、政府财政部门等有关部门和专业人员中指定有关人员组成的负责破产的保管、清理、估价、处理、分配和依法进行必要民事活动的组织。在国外,在破产程序中担任占有、管理、分配破产财产任务的机构,一般均称为破产管理人。

关于清算组(破产管理人)的法律地位问题,一直是各国法学界争论不休的一个法学理论问题。归纳起来主要有破产人代理说、债权人代理说、破产人发债权人同时代理说、破产财产代理说、财团代表说和公务说等,我国《破产法》对清算组的法律地位没有作明确规定。根据我国《破产法》及其他有关法律、法规和政策的基本精神,我们认为,清算组是清算法人的机关。其理由有如下几点:

首先,根据我国《民法通则》第36条、第45条的规定,法人的民事权利能力和民事行为能力,从法人成立时产生,到法人终止时消灭。而企业法人又可因依法被宣告破产而终止。因此,企业法人一旦被宣告破产就丧失了民事主体的资格。既然如此,破产人代理说和破产人与债权人同时代理说就缺乏基本的前提条件。当然有人会说:“清算是使被解散企业的法人人格归于消灭的程序,而企业破产,亦不可能不经一定程序便使其法人人格立即归于消灭。按照企业法的有关原则,企业在解散时,在清算的范围内,其法人人格视为存续。”这种观点不仅没有被我国有关立法(包括企业法)采纳,而且在逻辑上也难以说通。因为按照这种观点清算组就成了破产企业的法定代表人或代理人。但根据我国《破产法》第35条的规定,否认权由清算组行使。这就使作为破产企业的代理人或代表人对破产企业的民事行为行使否认权,即代理或代表破产企业对自己的行为行使否认权。这显然是自相矛盾的。

其次,企业法人被宣告破产后,完全可以成立一种清算法人。这种清算法人以破产财产为其具有法人资格的财产权基础,并在此基础上能独立进行必要的民事活动。清算法人与被宣告破产的企业法人虽有一定的内在联系,但它们的区别是明显的,这主要表现在清算法人不能从事原来的生产经营活动,只能围绕法人的清算进行活动,如收回债权、偿还债务、参加有关诉讼等。

最后,根据我国《破产法》第2条的规定,《破产法》仅适用于全民所有制企业。而全民所有制企业虽然对国家授予其经营财产依法享有经营权,但最终处分属于作为国有财产的所有者国家。因此,国家为了防止企业被宣告破产后,可能出现对国有财产无人负责的局面,完全有权通过立法以破产财产为基础成立一种以清算为内容与目的的法人,并赋予清算组为该清算法人的机关的资格。如我国《破产法》第24条就规定“清算组可以依法进行必要的民事活动”;最高人民法院《关于贯彻执行〈中华人民共和国民法通则〉若干问题的意见》第60条也规定:“对于涉及终止的企业法人债权、债务的民事诉讼,清算组可以以自己的名义参加诉讼。”清算组虽然与一般法人的机构有所不同,如清算组成员是由人民法院从企业上级主管部门、政府财政部门等有关部门和专业人员中指定的,而且清算组应对人民法院负责并报告工作。但是,这绝不意味着清算组是在破产程序中为执行法律而设置的临时性国家机关,因为如果这样,就无法解释清算组的行为效果和参加的诉讼结果归属于谁的问题。也就是说,公务说也是站不住脚的。

当然,我们以上所说的清算组是指破产清算组。至于企业法人因非破产的原因解散而成立的清算组,它们大多数属于企业法人自己成立的或由主管部门负责组成的,在清算过程中企业法人的权利能力与行为能力仍然存在。因此,在这种情况下的清算组织与破产清算组有本质的不同。

七、破产财产的构成及其清偿顺序问题

破产财产,是指破产企业在宣告破产时及在破产程序进行中,所经营管理或取得的、可以扣押的财产及财产性权利的总称。根据我国《破产法》第 28 条的规定,全民所有制企业破产时破产财产由下列财产构成:宣告破产时破产企业经营管理的全部财产;破产企业在破产宣告后至破产程序终结前所取得的财产;应当由破产企业行使的其他财产权利;作为担保物的价款超过其所担保的债权数额部分。

根据我国的司法实践,我们认为在确认破产财产时应该注意如下几点:(1)破产财产既包括破产企业经营管理的流动资金,也包括其拥有的固定资产;(2)国有企业在生产经营中所使用的国家专有的土地、矿藏等不能作为破产财产,但破产企业依法取得的对国有土地、矿藏等的使用权或开采权,或其有偿转让费应作为破产财产;(3)破产企业兴办的学校、医院、托儿所等公共福利事业的财产,能否参照我国《民事诉讼法(试行)》第 171 条和第 172 条适用还有待于研究;(4)我国全民所有制企业依我国《破产法》宣告破产的,其在外国的财产一般不能作为破产财产,但外国承认我国破产宣告效力的,也应将被宣告破产的全民所有制企业在该国的财产列入破产财产。

由于被宣告破产的企业往往都是资不抵债的企业,因此,为了保证债权人得到公平清偿,破产债权的清偿一般是按一定顺序进行的,在一定顺序不足以清偿的情况下,就按一定比例进行。我国《破产法》第 37 条规定破产财产优先拨付破产费用后,按下列顺序清偿:(1)破产企业所欠职工工资和劳动保险费用;(2)破产企业所欠税款;(3)破产债权。然而,这显然与我国《民事诉讼法

(试行)》第180条相冲突,这主要表现在以下方面:(1)《破产法》规定的是三个清偿顺序,而《民事诉讼法(试行)》规定的是四个清偿顺序;(2)《破产法》把国家银行和信用合作社贷款作为普通债权,而《民事诉讼法》则把它们规定为优先债权;(3)《破产法》第三顺序使用的“破产债权”的字样,似乎前两个顺序不属于破产债权,而《民事诉讼法(试行)》第四顺序使用“其他债权”字样。那么,二者哪个更为科学合理呢?或者说在适用法律时应适用哪个法律呢?

首先,《破产法》规定第三清偿顺序是“破产债权”,这是否意味着前两个清偿顺序所指应清偿的不属于破产债权呢?这个问题在我国起草《破产法》时就有过争议。如有的学者认为,破产企业所欠职工工资、劳动保险费用和所欠的税款,是由于劳动关系或财政关系产生的不同于普通民法中的债权债务关系。因此,它们不应列入破产还债的清偿顺序范围。在破产法中,应当规定破产财团的分配顺序,而不叫作清偿顺序。在分配顺序中,第一为职工工资、生活费;第二为国家税收。在满足了以上两项之后,方可出现所谓清偿顺序,即对国家银行和信用合作社贷款及其他债务的清偿问题。我们认为,破产企业所欠职工工资、劳动保险费用,尤其是破产企业所欠税款,与一般的债权债务确有许多不同,但与传统理论中的破产债权又有许多相同点。从理论上讲,纵向关系也可以用横向关系的形式固定下来并予以调整。因此也不妨将其称为破产债权。

其次,把国家银行和信用合作社贷款作为一般债务,列入普通债权的清偿顺序是否科学?我们认为,这样规定是科学的。因为银行、信用合作社都是独立核算、自负盈亏的经营货币的经济实体,是普通的民事主体,与其他经济组织进行信贷时,是以平等自愿、等价有偿为基础的。因此,它们在进行民事活动时,不应享有任何特权,当然在债务清偿时,也没有理由比其他普通债权优先受偿,否则就与我国《民法通则》规定的平等原则相悖。从我国经济体制改革的实践来看,把国家银行和信用合作社贷款作为普通债权,能促使银行和信用合作社进行信贷活动时充分考虑到贷款方的资信能力,并尽可能要求对方提供各种担保,从而防止一些不必要的民事纠纷的发生,确保经济体制改革的顺利进行。

关于我国企业破产法若干问题的研究*

《企业破产法(试行)》(以下简称《破产法》)第43条规定“本法自全民所有制工业企业法实施满三个月之日起试行”,而《中华人民共和国全民所有制工业企业法》于1988年8月1日已开始实施,这就意味着我国《破产法》现已开始试行。为了配合我国《破产法》的贯彻执行,本文仅就我国《破产法》中的若干问题,谈谈我们的看法。

一、关于《破产法》的适用范围问题

我国《破产法》第2条规定“本法适用于全民所有制企业”,这就明确了我国《破产法》的适用范围是全民所有制企业。那么,这是否意味着所有的全民所有制企业都可适用《破产法》呢?这是一个在理论上和实践中都有争议的问题。以下仅就几个主要问题加以探讨。

(一)公用企业和与国计民生有重大关系的企业能否适用《破产法》?

公用企业和与国计民生有重大关系的企业一般是指铁路、邮电、航空、交通、电力等部门的企业。

我国《破产法》一方面规定公用企业和与国计民生有重大关系的企业,与其

---

* 原载《中南政法学院学报》1989年第4期。

他全民所有制企业一样,都具有破产能力;另一方面又鉴于其特殊性,对人民法院宣告这类企业破产作了一定的限制。根据《破产法》第3条的规定,当这类企业因经营管理不善造成严重亏损,不能清偿到期债务时,人民法院对其不能宣告破产必须具备两个条件:一是破产申请是由债权人提出的;二是政府有关部门给予资助或者采取其他措施帮助清偿债务。当然,根据《破产法》第8条的规定,债务人也可申请破产,但须经上级主管部门同意。而上级主管部门同意债务人破产,实际上就意味着政府有关部门拒绝资助或者采取其他措施帮助清偿债务。

(二)因政策性原因或不可抗力使企业不能清偿到期债务的,能否适用《破产法》?

在我国,由于国家是国有企业生产资料的所有者,因而国家有权根据国民经济发展的需要,对国有企业实行必要的指令性计划和行政管理。因此,因国家计划或政策失误使企业不能清偿到期债务的,政府有关部门应给予资助或采取其他措施帮助其清偿债务,使其免予被宣告破产。

由于我国经济发展的不平衡,以及某些产品或行业的特殊性,国家按照社会主义建设全局的需要,根据"高级盈利"原则,也是允许一些政策性亏损的企业存在的。但是,为了帮助这类企业的存在和发展,和维护债权人的合法权益,国家对于这类企业一般都给予一定数量或比例的财政补贴。不过,这种补贴并不是无限制的,而是按计划进行的。在计划范围内的亏损给予补贴,超计划的亏损不予补贴。因此,国家按计划给予补贴后,仍不能清偿到期债务,又不具备《破产法》第3条第2款规定的条件之一的,也应按《破产法》宣告破产。

至于由于不可抗力使企业不能清偿到期债务的,根据《民法通则》第107条及《经济合同法》第27条、第34条规定的基本精神,债务人这时有权请求延期履行债务。既然债务履行已延期,那么也就无所谓"不能清偿到期债务"。但在延缓期限届满时,债务人仍不能履行债务,又没有法定破产障碍的,应适用《破产法》宣告破产。

(三)法人型联合经济组织是否适用《破产法》?

当参加法人型联合经济组织的各方都属于全民所有制性质时,这种法人型联合经济组织当然属于全民所有制性质的,因此,《破产法》适用于法人型联合经济组织,这是毫无疑义的;当参加法人型联合经济组织的各方属于不同的所有制性质时,《破产法》是否也能对它们适用呢? 有的学者认为,应根据参加联合体的主体单位的性质来确定。如主体单位是全民所有制性质的,联合体也就属于全民所有制性质的,因而它们原则上可适用《破产法》。否则,联合体就不能适用《破产法》;[①]有的学者则认为,多种所有制成分组织的法人型联合经济组织,其性质属于一种新型的所有制形式一混合所有制,而我国《破产法》仅适用于全民所有制企业,故这类企业没有破产能力。[②] 应当说,后一种观点有其合理的成分,因为法人型联合经济组织,即使其主体单位是全民所有制性质的,但是其领导机构、资金来源及经营、管理方式等仍与全民所有制企业有较大的差别,因此,《破产法》不适用于多种所有制成分组成的法人型联合经济组织。但是,这绝非意味着它们没有破产能力。因为企业破产根源于商品经济,而不取决于企业的所有制形式。实际上,它们只不过不适用于这个《破产法》,但应属于其他有关的破产法律、法规调整。

(四)租赁经营的全民所有制企业能否适用《破产法》?

有的学者认为,租赁经营的企业破产时,只能以承租人的担保财产作为破产财产,原企业的财产应由出租方根据《破产法》第 39 条的规定,通过清算组取回,即出租的企业并无倒闭破产的风险,《破产法》不适用租赁经营的全民所有制企业。

我们认为,这种观点值得商榷。首先,根据我国《全民所有制小型工业企业租赁经营暂行条例》第 3 条的规定,我国全民所有制企业实行租赁是在不改变企业的全民所有制性质的情况下进行的,而且租赁经营只不过是依照两权分离

---

① 参见柯善芳、潘志恒:《破产法概论》,广东高等教育出版社 1988 年版,第 55 页、第 87 页、第 162 页、第 167 页。

② 参见谢邦宇主编:《破产法通论》,湖南大学出版社 1987 年版,第 157 页、第 166 页。

的原则实行的一种全民所有制企业经营管理的新方式，原有的企业法人地位并不因被租赁而消灭。其次，全民所有制企业租赁经营以后，经营权仍归被租赁的企业，承租者只是代表企业行使经营权。既然承租者只是租赁企业的法定代表人，那么根据《民法通则》第 42 条的规定，租赁经营的全民所有制企业就应对其法定代表人的经营活动承担民事责任，当然也包括破产责任。承租者除向国家（出租人）依租赁合同承担责任外，对租赁企业的经营风险和第三者的债务不直接承担责任。也就是说，租赁经营企业的财产仍是国家授予其经营管理并承担责任的财产，而不是属于《破产法》第 29 条所说的"他人的财产"。最后，承租者作为责、权、利的统一体，一般都会尽力去经营管理。即使当承租者经营管理不善出现亏损时，出租方可给予"黄牌警告"，并可根据《全民所有制小型工业企业租赁经营暂行条例》第 20 条第 2 项的规定，解除租赁经营合同，从而防止给全民财产带来不必要的损失。因此，《破产法》也是适用于租赁经营的全民所有制企业。

二、关于破产原因问题

破产原因，又称破产界限，它是法律确定的应当开始破产程序的事由，是债务人资力不够充分、财务状况恶化有必要开始破产程序的客观状态。

我国《破产法》根据我国的实际情况及世界各国破产立法的趋势，采取了概括式立法例，把"经营管理不善造成严重亏损，不能清偿到期债务"作为我国全民所有制企业破产的原因。

（一）如何理解"不能清偿到期债务"？

我国学者对我国《破产法》第 3 条规定的"不能清偿到期债务"理解不一。大致可以归纳为如下几种观点：（1）"不能清偿"应解释为停止清偿（支付）；[③]（2）"不能清偿"既包括清偿不能，又包括停止支付，或者说停止支付应推定为

③　参见潘琪：《论债务人提出破产申请的实质要件》，载《法学杂志》1988 年第 4 期。

不能清偿;[4](3)“不能清偿”是唯一的破产原因,停止支付与债务超过只是《破产法》第7条第2款所述的“债务人不能清偿到期债务的有关证据”之一。[5]

笔者认为,我国《破产法》第3条所说的“不能清偿到期债务”仅指不能清偿或清偿不能,并不包括停止支付,或者说停止支付不能推定为清偿不能。但是,由于停止支付可能是债务人不能清偿的外在表现形式,因而它可以作为债权人申请破产的事实根据或理由之一。人民法院在受理有关当事人破产申请之前,应按照我国《民事诉讼法(试行)》第56条、第57条的规定,如确认该破产申请不仅符合开始破产程序的形式要件,而且具有法定的破产原因,即清偿不能,人民法院就应受理,并依法开始破产程序;否则,应驳回这种破产申请。

(二)《破产法》规定的我国企业破产原因是否科学?

我国《破产法》把“因经营管理不善造成严重亏损,不能清偿到期债务”作为我国全民所有制企业破产的原因。那么这种规定是否科学呢?有的学者认为,它“具有自己的特色”;有的学者则认为,它不一定科学,因为不能清偿到期债务未必是企业破产的现实界限,资不抵债才是企业破产的理论界限。[6]

资不抵债,又称债务超过,是指债务人所有财产不足以完全清偿其债务。资不抵债在一定程度上反映了债务人的财产及经营状况。因而有些国家把资不抵债作为破产原因或原因之一。但是,资不抵债并不能全面地反映债务人的财产及经营状况,因为资不抵债并没有考虑到债务人的信用和生产力两个要素,而这两个要素又直接关系债务人是否有清偿能力。如果债务人能凭信用得到融资清偿债务,就不能认为债务人是清偿不能。因此,资不抵债不宜作为我国企业的破产原因。但由于资不抵债可能是清偿不能的直接原因,因而它可以作为债权人申请债务人破产的事实根据或理由之一。当然,随着我国经济的发展,为了防止信用膨胀,我国在将来修改《破产法》时,也可把资不抵债与清偿不

---

④ 参见柯善芳、潘志恒:《破产法概论》,广东高等教育出版社1988年版,第55页、第87页、第162页、第167页。

⑤ 参见谢邦宇主编:《破产法通论》,湖南大学出版社1987年版,第157页、第166页。

⑥ 参见冯恭祺:《深化企业破产问题的认识》,载《财贸经济资料》1988年第2期。

能共同作为具有法人资格的全民所有制企业的破产原因。

那么,这是否意味着我国《破产法》规定的企业破产原因是科学的呢?这的确是一个值得研究的问题。从我国《破产法》第3条的规定来看,我国企业破产原因是一个"三位一体"的结构,即破产原因由下列三个部分组成:(1)不能清偿到期债务;(2)不能清偿到期债务是由于企业出现了严重亏损;(3)企业出现严重亏损是由于企业经营管理不善。我们认为,这种"三位一体"的结构是不妥的,首先,严重亏损不是破产的直接或唯一原因,即严重亏损与不能清偿到期债务之间并没有什么内在的必然联系。的确,严重亏损常常是不能清偿到期债务的主要原因,但不是全部原因。盈利企业如把大量资金积压在呆账和呆滞商品上,或把流动资金不适当地用于固定资产的购建上,也可能不能清偿到期债务。这时,法律也应保护债权人及时受偿的权利。其次,经营管理不善,虽然能使企业不能清偿到期债务,但它有可能没有给企业造成亏损,严重亏损更说不上。再次,经营管理是好是坏,弹性很大,难以掌握。同时,从我国的实际情况来看,造成企业严重亏损的原因是多种多样的,经营管理不善造成的亏损与其他因素造成的亏损是难以分辨的。假如把"经营管理不善"作为我国企业破产原因的构成要件之一,那么,债权人在申请债务人破产时,就应对此负举证责任,这实际上就大大限制了债权人的破产申请权。最后,从立法者的原意来看,之所以把"经营管理不善造成严重亏损,不能清偿到期债务"作为我国企业的破产原因,主要是为了把由于经营管理不善造成严重亏损导致的清偿不能,与政策性原因和不可抗力等因素引起亏损而导致的清偿不能区别开来,因为后者并非出于债务人本身的原因。

因此,我国《破产法》把"经营管理不善造成严重亏损,不能清偿到期债务"作为我国企业的破产原因,是值得商榷的。建议在修改《破产法》时,把"不能清偿到期债务"规定为我国全民所有制企业的破产原因。

三、关于破产债权问题

根据我国《破产法》第30条的规定,破产债权是基于破产宣告前的原因成立、依破产程序申报并确认、能够凭借国家强制力通过破产程序从破产财产中受到清偿的无财产担保的债权和放弃优先受偿权的有财产担保的债权。

(一)关于破产债权的申报

破产债权的申报,不仅直接关系破产程序能否顺利进行,而且关系债权人的合法权益能否得到公平合理的清偿。我国《破产法》第9条第2款对我国的破产债权申报制度作了明确规定,认为"债权人应当在收到通知后一个月内,未收到通知的债权人应当自公告之日起三个月内,向人民法院申报债权,说明债权的数额和有无财产担保,并且提交有关证明材料。逾期未申报者,视为自动放弃债权"。

笔者认为,这种破产债权申报制度是值得商榷的。首先,根据《破产法》第30条的规定,确定破产债权的时间是破产宣告的时间,而非破产程序的时间。既然在破产程序开始之时,破产债权尚不确定,那么这时根本无法确定破产债权的范围。《破产法》第9条规定的破产债权申报制度是与《破产法》第30条相矛盾的。其次,根据《破产法》第22条的规定,企业经过整顿,可能出现两种后果。一是企业按照和解协议清偿了债务,人民法院终结了对该企业的破产程序。既然终结了破产程序,那么原所进行的债权申报就没有任何意义了。否则,不仅是对债权人合法权益的侵害,而且将刺激债务人通过假破产的方式,达到既不被宣告破产,又可规避法律谋利的目的。二是整顿期满,企业不能按和解协议清偿债务的,人民法院应当宣告该企业破产,并且按照《破产法》第9条的规定重新登记债权。既然如此,原来的债权申报就因整顿秩序的插入而失去了法律效力。如以经和解整顿为由剥夺曾逾期未申报债权的债权人的合法权益,显然是错误的。最后,《破产法》第9条把债权人申报债权的期限规定为除斥期间,显然也是不合理的。因为倘若债权人因住地遥远,消息闭塞,或当事人因事外出未归,而未能如期申报债权,这时便丧失了其债权,这不仅对债权人来说实为显失公平,而且也与我国《破产法》规定的保护债权人合法权益的宗旨不符。

因此,宜将我国《破产法》第9条规定的债权人申报债权的期限改为一般期限。为了与《破产法》第22条、第30条保持一致，在破产宣告时，应再规定一个申报债权的期限。至于逾期未申报的法律后果，可以采取目前世界上大多数国家的做法，即只能参加其申报时尚未分配的财产分配。

（二）关于连带之债所生的破产债权

连带之债所生的破产债权，是指连带债务人中的一人或数人破产时，所产生的它的债权人以及其他连带债务人对破产财产的请求权。

关于连带之债所生的破产债权问题，我国《破产法》对此没有作出明确规定。从世界各国破产法的规定来看，大致有三种立法例。一是德国法的做法。依这种做法，债务于完全清偿前，对各破产财团得以破产开始时的债权额加入分配。二是法国法的做法。依此做法，债权人虽然于完全清偿前，得到债权的总额加入各破产财团的分配，但在任何债务人未受破产宣告前已受有一部分清偿时，仅得将其额扣除之后的债权余额，加入各破产财团的分配。三是瑞士法的做法。依此做法，债权人在未受全部债权额清偿以前，即使已得到其他债务人一部分清偿，也必须以原来清偿过的债权总额加入破产债权，即不问债权已部分消灭而以债权成立时的全额作为破产债权的数额。

笔者认为，我国采取德国法的做法是比较合适的。因为从理论上讲，既然债权人得对任一债务人请求清偿全部债务，那么在债务人破产时，债权人就得以债权全额作为破产债权，参与破产财产的分配，这样更有利于保护债权人的利益。当然，债权人从各破产财产中受偿的财产不能超过债权总额。此外，连带债务人中的一人或数人破产时，除债权人已经以他的债权总额为破产债权行使权利外，其他的连带债务人得以其将来可能发生的求偿权的总额为破产债权行使权利。

（三）关于破产债权的审查、确认

我国《破产法》第15条规定，债权人会议负责“审查有关债权的证明材料，确认债权有无财产担保及其数额”。这实际上就赋予了债权人会议审查、确认破产债权的职权。

笔者认为,《破产法》把审查、确认破产债权的职权赋予债权人会议,这不仅逻辑上难以说通,而且也与债权人会议的性质相矛盾。首先,根据《破产法》第13条的规定,参加债权人会议的必须是债权人,享有表决权的一般是无财产担保的债权人和放弃优先受偿权的债权人。又根据《破产法》第16条的规定,债权人债权数额的大小,又直接涉及其表决权的效力。这就产生了一个问题:债权人出席债权人会议,必须是在其债权被确认之后;债权人参加表决及表决效力的大小,又必须在其债权的性质及数额被确认之后。那么在债权人出席会议的权利和参加表决的权利与效力都没有确认之前,债权人会议如何召集?又如何进行表决呢?其次,从理论讲,审查确认债权这项职权,应是国家权威机关所享有的。债权人会议作为债权人的议事机构,从性质上讲不应具有作出裁决效力的决定的权力。最后,从世界大多数国家破产法的规定来看,一般均不把此项职权赋予债权人会议,而是将此项权力授予法院或法院的代表。从我国目前已开始的破产试点来看,有关确认债权的纠纷一般都是通过人民法院来解决的。

因此,我国《破产法》应将审查、确认破产债权的权利赋予人民法院。

(四)关于破产债权的清偿

我国《破产法》第37条规定破产财产优先拨付破产费用后,按下列顺序清偿:(1)破产企业所欠职工工资和劳动保险费用;(2)破产企业所欠税款;(3)破产债权。

《破产法》规定破产财产清偿的第三顺序是"破产债权",这是否意味着第一与第二顺序的破产企业所欠职工工资和劳动保险费,及破产企业所欠税款,不属于破产债权呢?这个问题在我国理论界是有争议的。有的学者认为,"职工工资、生活费和国家税收,都不应列入破产还债的清偿顺序范围。在破产法中,应当规定为破产财团的分配顺序,而不叫作清偿顺序";[⑦]有的学者则认为它

---

⑦ 参见江伟、刘春田、甄占川:《论破产法》,载佟柔主编:《经济体制改革中的若干民法问题》,第192~194页。

们也属于破产债权。[⑧] 从我国《民事诉讼法》第 180 条的规定来看,也是把它们视为破产债权的。

依笔者看,纵向关系与横向关系虽有本质区别,但纵向关系也可通过调整横向关系的形式固定下来。破产企业所欠的职工工资、劳动保险费用,尤其是破产企业所欠税款,与一般的债权债务确有许多不同。但是,它们与传统民法理论中的破产债权有许多相同点,而且都是用“债”的形式表现出来。鉴于此,也不妨将其视为破产债权。

四、关于破产财产问题

破产财产,又称破产财团,是指破产企业在破产宣告时及在破产程序进行中,所经营管理或取得的、能依法清偿破产债权、共益债权的财产及财产性权利的总称。

(一)全民所有制企业破产的财产权基础

为了发展有计划的商品经济,我党提出了所有权与经营权可以适当分开的原则,并认为全民所有制企业享有的经营权就是其破产的财产权基础,并用法律形式加以固定下来。《企业法》第 2 条规定“企业对国家授予其经营管理的财产享有占有、使用和依法处分的权利”,“企业依法取得法人资格,以国家授予其经营管理的财产承担民事责任”;我国《破产法》第 28 条进一步反映了这一点。

依笔者来看,仅仅运用传统的国家所有权理论,来探讨全民所有制企业的破产问题,是很难取得满意结果的。虽然,所有权与经营权适当分开的理论,可以成为全民所有制企业破产的一个重要根据。但是,它还不能说明国家生产资料所有权转让问题。实际上,我们还必须从所有制改革方面进行研究,即研究不同所有制形式之间的相互关系和转化,以及我国社会主义所有制形式的新发

⑧ 吴卫国:《破产法律关系研究》,载《法学季刊》1987 年第 3 期。

展,并在此基础上,研究和建立我国新的所有权理论,只有这样全民所有制企业破产问题的探讨才可能深入下去。目前,我国所进行的股份制试点,应该说是关于这个方面的一种有益尝试。

(二)全民所有制企业破产财产的构成

我国《破产法》第28条规定,全民所有制企业破产时破产财产由下列财产构成:宣告破产时破产企业经营管理的全部财产;破产企业在破产宣告后至破产程序终结前所取得的财产;应当由破产企业行使的其他财产权利;作为担保物的价款超过其所担保的债务数额部分。

流动资金属于破产财产,这在理论界中争议不大,有争议的倒是固定资产应否列入破产财产。依我们看,固定资产也应属于破产财产。因为全民所有制企业在进行民事活动时,是以经营管理的全部财产为基础享受权利的,那么理所应当以其经营管理的全部财产承担义务。否则,不仅很难保证全民所有制企业与其他民事主体在商品交换上的等价有偿及债权债务的稳定,而且使全民所有制企业与其他所有制类型的企业处于一种不平等地位。当然,至于全民所有制企业使用的国有土地、矿藏等是否能列入破产财产?回答显然是否定的,因为它们只属于《破产法》所说的"应当由破产企业行使的其他财产权利",也就是说,作为破产财产的一个组成部分的只是破产企业依法取得的对国有土地、矿藏的使用权或开采权。

对于破产企业兴办的学校、医院、托儿所等公共福利事业的财产,能否列入破产财产?从我国目前已发表的著述来看,绝大多数学者都认为它们不能列入破产财产。因为:其一,它们属于国家公益事业。其二,根据我国民事诉讼法的规定,人民法院决定扣留、提取劳动收入时,应当保留被执行人及其所供养家属的生活必需费用(第171条)。查封、扣押、冻结、变卖被执行人的财产,应当保留被执行人必要的生产工具和他本人及其所供养家属的生活必需品(第172条)。上述禁止扣留物品,在处理企业破产过程中也应参照执行。[9] 依我们看,

---

⑨ 参见柯善芳、潘志恒:《破产法概论》,广东高等教育出版社1988年版,第55页、第87页、第162页、第167页。

上述民事诉讼法的规定,对作为民事主体的公民(或自然人)来说,无疑具有十分重要的意义。然而对于经济组织来说,能否参照执行,还有待于研究。

此外,我国有的学者还认为,我国《破产法》所说的"破产企业经营管理的全部财产","既包括国内的财产,也包括国外的财产"。[⑩] 那么,破产企业在国外的财产能否列入破产财产呢?依我们看,对这个问题不能一概而论。从世界各国破产法的规定来看,一般都对内国对外国法人所作的破产宣告,其效力可否及于该法人在外国的财产作了明确规定,概括起来有两种不同的主张和规定:一是采取所谓普及破产主义国家,认为只要是该法人的主营业所在地国家所作的破产宣告,即有域外的效力,这时破产人在他国的财产,均并入破产人的财产。如《布斯塔曼特法典》。二是采取所谓属地破产主义国家,认为破产宣告的效力,仅及于破产人在内国所有的财产,他国所作的破产宣告,内国也不承认它的效力。同时,国内宣告的破产,也只对破产人在内国的财产有效。如日本《破产法》。从我国的实际情况来看,不仅我国《破产法》对此没有作出明确规定,而且没有和其他国家签订过有关这方面的条约,实践中一般都采取属地破产主义原则。因此,我国的全民所有制企业依我国《破产法》宣告破产的,其在外国的财产一般不能作为破产财产。当然,外国承认我国破产宣告效力的,这时应将被宣告破产的全民所有制企业在该国的财产列入破产财产。

---

⑩ 参见柯善芳、潘志恒:《破产法概论》,广东高等教育出版社 1988 年版,第 55 页、第 87 页、第 162 页、第 167 页。

论实现所有权与经营权分离的基本前提*

实行所有权与经营权分离，把经营权真正交给企业，这是增强企业活力，创建有计划的商品经济体制的内在要求。近年来，我们实行承包、租赁等经营责任制，为两权分离的真正实现走出了可喜的一步。但是，我们也应当看到，现行的改革并没有真正触动企业对政府的行政依赖关系，两权分离还没有真正实现。对此，人们不得不思索：为什么实行了承包、租赁经营责任制后，企业作为行政机构附属物的局面仍难以改变？两权分离仍难以实现？我们认为，这主要是由于国家政府机关“两位一体”的局面没有改变，政府机关一方面是社会经济管理职能的执行者，另一方面是国家财产所有权的代表者。国家所有权职能混杂在政府机关的行政管理职能之中，致使国有企业无法摆脱政府机关不适当的行政干预。因此，把国家政府机关执行社会经济管理职能所行使的行政机，与作为国家财产所有权主体享有的所有权分开，将是实现所有权与经营权分离的基本前提。

一

所有权与行政权属于两种性质截然不同的权利（或权力），它们分别属于民

---

* 原载《法治论丛》1989 年第 3 期。

法与行政法调整。其主要区别有如下几点：

1. 两者产生的条件不同。所有权是基于对物的支配和统管所产生的权利，所有权的核心或灵魂是对物的支配权，如果离开了对一定物的支配，那么，也就无所谓对该物的所有权。行政权则是基于掌握了国家政权的基础上，统治阶级为了维护其统治所必须执行的一种社会管理职能。一定的国家行政机构，如果丧失了其统治地位，那么，它完全丧失了行使行政权的基础。

2. 两者的性质不同。所有权是一种财产权，不同的所有权主体之间，以及所有权与它派生出来的他物权主体之间，法律地位是平等的，他们在商品交换的过程中，遵循等价有偿的原则，相互之间的权利义务处于一种相对稳定的状态。行政机则是一种管理权，只有国家政府机关才有这种权力，行政法律关系主体之间是一种命令与服从的隶属关系，而且彼此之间的权利义务，一般随客观情况的变化而变化，随统治阶级利益的转移而转移。

3. 两者的内容不同。所有权，是指所有者对其所有的财产在法律允许的范围内行使占有、使用、收益和处分的权利，并通过对财产的支配派生出对人的间接支配关系，它表明的是资产的最终归属问题和所有者的主体资格。行政权则是指国家政府机构对社会的政治、经济、文化等领域进行管理的权力，以协调、控制公民个人、组织的活动为内容，表现为对人和社会组织的支配关系，并通过对人和社会组织的支配关系，派生出对物的间接支配关系，它表明的是政权的承担者和管理的主体资格。

4. 两者的范围不同。所有权是所有制形式在法律上的表现。由于我国目前生产力水平还不高，因而形成了多种所有制并存的局面，它决定了所有权主体的多维性。各个所有权主体只能在法律允许的范围内行使所有权，不能超越自已所有权范围而非法干预、破坏他人所有权的行使。而行政权，由于国家政机主体的唯一性，决定了国家政权机关在行使它时，可以遍及国家主权范围内的一切领域及企、事业单位和公民个人。

5. 两者实现的途径与条件不同。所有权的实现，从人类历史的发展过程来看，随着生产力的发展，大致经过了所有权由所有人亲自行使到由他人协助行使的过程。在社会主义国家，不仅国家所有权的实现要实行所有权与经营权分离,而且其他形式所有权的实现也有实行两权分离为必要的趋势。同时,所有权是一种对世权,只要不特定的义务主体不积极作为干扰、破坏其行使所有权,其所有权就能实现。国家法律对所有权保护的强制性,也只是表现为一种可能性。而行政权一般由国家行政机关及其工作人员直接行使,除特别授权的外,任何其他单位或公民个人都无权行使。同时,行政权往往是与国家强制力直接联系在一起的,它的行使具有明显的不可抗拒、不可通融的性质。

6. 两者的直接目的不尽相同。所有权行使的直接目的在于实现"物"的最大效益,使物成为真正构成社会财富的物资。在社会主义国家,所有权的行使是以满足人们日益增长的物质和文化生活的需要为目的。而行政权的行使,其直接目的是维护和巩固有利于统治阶级统治的正常的政治、经济和社会秩序,以维护自己的政权。

从以上分析中,我们可以看出所有权与行政权,无论在产生的条件、性质、内容、范围,还是在实现的途径、条件和直接目的等方面,都有很大差别,因此,不应把二者混淆起来。

二

所有权与行政权,在一般情况下,特别是在私有制的条件下是比较容易分开的。然而,在社会主义条件下,由于国家的特殊身份,使国家所有权与行政权容易混同起来。国家的这种特殊身份主要表现在以下方面:(1)国家不仅是政权的承担者,而且是国有财产的所有者。同时,行使这两种职能的机构往往是同一的。这就使国家管理经济的行政职能与其作为所有者行使所有权的各项权能。国家作为政权机关的行政意志与其作为所有者的利益要求,相互重叠,互为作用,从而导致国家所有权无论在内在结构还是在行使方式上,都具有浓厚的行政色彩。(2)国家作为政权的承担者,它的意志决定着国家财产所有权主体及其周围所有第三人的行为,它规定了调整自身支配财产的法律制度,即规定国家所有权的主体、内容及保护方法等。这就导致了国家往往用密切联系政治权力的行政手段来实现所有权,诚如有的国外学者所指出的“国家财产的经营管理权的范畴主要也是为行政手段的应用而塑造出来的”。[①]

为了适应苏联改革的需要,苏联著名法学家维涅吉克托夫在1948年提出了经营管理权理论。该理论尽管有许多值得我们借鉴的地方,但它有一个致命的弱点,即混淆了行政权与所有权的界限。维涅吉克托夫承认“管理是国家机关的行政活动”,其基础是马克思的“行政是国家组织活动的概念”。但他又认为:“社会主义国家对于国营企业,是把全部国家权力同所有人的一切权利结合起来掌握在自己手中。国家社会主义所有权最突出的特点之一,就在于这一国家权力同所有人的一切权利的密切的不可分割的结合。”[②]于是他得出结论,认为经营管理权是“行政法的要素和民法要素的结合,前者表现在国家机关的领导并向内部单位下发‘下达计划任务和工资定额’的文件,而后者要求‘各种各样的民事法律行为’”。[③] 国有企业作为国家所设立的机关系统,国家把财产交给它们经营管理,国家所有权通过国家机关对企业的行政活动来实现,所有权也就随之行政化了。在现代苏联占统治地位的现代经济法学派,基本上继承了维涅吉克托夫的经营管理权理论,认为由于“社会主义国家既是政治权力的执掌者,同时又是生产资料的所有者”,所以“政治领导和经济领导的统一,是社会主义制度的特点”,[④]并且“在宣传仅仅保证政治领导和经济领导统一的要求的条件下,它可以从这种意义上加以解释,即任何一级的任何管理机关都负有把这种领导同样地兼任起来的使命”,[⑤]而且往往用密切联系着政治权力的行政手段来行使所有权。

苏联的这种把行政权与所有权混淆在一起的经营管理权理论,被苏联的民事立法采纳,如苏联《民事立法规要》第26条便规定了所谓的“财产管理权”。然而,这种经营管理权的缺点,正如苏联学者B. H. 莫佐林指出的,“它基本上是

---

① [苏联]B. H. 莫佐林:《民法与经济机制》,载《法学译丛》1985年第3期。

② [苏联]A. B. 维涅吉克托夫:《社会主义国家所有权》,第116~117页。

③ [苏联]C. C. 约菲:《关于所有权的学说》,载中国人民大学法律系编:《外国民法论文选》,第131页。

④ [苏联]B. B. 拉普捷夫主编:《经济法》,第19页。

⑤ [苏联]H. M. 科兹洛夫等主编:《苏联国民经济管理的行政法原则》,第31页。

以行政手段来领导经济为着眼点的”,经营管理权不拥有免受上级行政机关侵犯的法律上的保障。结果,现时这种经营管理权已失去调整职能而变成了纯学术上的法律范畴。[⑥] 因此,这种理论在指导改革的实践中不可避免地产生了各种各样的矛盾。比如,从纯经济观点来看,有时把资金用来满足这样一些需要是适宜的,但从政治观点来看,此时把资金用于满足另外一些需要则是适宜的。第一种方法要求采取一条解决经济任务的道路,而第二种方法则要求采取另一条道路。为了解决这种矛盾,根据苏联有些学者的观点,这时“应当保证实现必要的政治目标,哪怕这样做在一定程度上会降低经济效率”。[⑦] 然而,在实践中这样做在一系列情况下就意味着拒绝彻底实行经济核算制原则,制止人们去寻找从节约的观点来看最为有效的解决办法,甚至有时能够成为经营不善的辩解理由,或者相反,能够妨碍政治任务的解决。[⑧] 正因如此,苏联学者 C. H. 勃拉图西指出,在苏联过去虽进行了不同程度的改革,但“由于客观上和主观上的种种原因,企业的经济核算制曾经受到限制,而有时还徒具形式,上级机关对企业活动的行政干预曾有所扩大,这样,也就限制了企业的经营管理权”。[⑨]

随着苏联改革的深入,特别是进入戈尔巴乔夫时代以后,“新思维”逐渐形成,许多学者已开始对传统的经营管理权理论进行反思。比如,有的学者已明确提出“对于政治领导和经济领导统一的原则,应当考虑到现代社会主义经济的实际情况作出正确的解释”;“社会主义国家所行使的政治领导和经济领导的统一,并不意味着这些原则是同一的。国家本身并不直接进行生产经营活动。国家通过为数众多的基层企业和其他组织进行经济活动,这些企业和组织按经济核算制的原则,根据经营管理权,不是以国家的名义,而是以自己的名义作为

⑥ 参见[苏联]B. H. 莫佐林:《苏联的经济管理和民事立法》,载《法学译丛》1986 年第 1 期。

⑦ [苏联]H. M. 科兹洛夫等主编:《苏联国民经济管理的行政法原则》,第 30 ~31 页。

⑧ 同上。

⑨ [苏联]C. H. 勃拉图西:《论社会主义所有制与经营管理权的相互关系》,载《法学译丛》1986 年第 4 期。

法人进行活动”。[⑩] 这都说明了苏联一些学者已开始认识到传统的经营管理权理论的不足,可是直到现在人们仍没有找到一个解决问题的根本方法。这可以从苏联新近颁布的《企业法》中得到印证。苏联《企业法》虽然规定了上级机关应借助经济方法来领导企业的工作,而不应干预企业的业务经营活动;而由于执行侵犯企业权利的上级机关的指示,以及由上级机关对企业行使职责不当而使企业发生的损失,应由上级机关予以赔偿。但领导企业的“上级机关”仍然是行政机关,这就决定了企业不可能从根本上摆脱行政机关的过多干预。

匈牙利是进行经济体制改革比较早的社会主义国家,其改革的基本思路是在坚持国家所有制的前提下,把所有者的职能与经营管理者的职能分开,对国有企业实行所有权与经营权分离。加强职能部门的建设,强调各级国家管理部门应以经济手段为主要手段来管理国民经济。匈牙利按照这种思路进行的改革,虽然已取得了一定的成绩,但从现在看来,匈牙利改革也并非尽如人意。按匈牙利经济学者的观点,造成这种现象,除政策失误是其主要原因外,还有“经济体制方面的问题,例如大量的行政干预以及价格和税收方面的问题也产生了影响”。[⑪] 在我们看来,行政干预的大量存在与经济体制本身的不完善是联系在一起的。匈牙利现有的经济体制之所以还不能克服政府有关部门对企业的行政干预,主要是由于所有权与行政权没有分开。这主要表现在:(1)仍是行政机构指导和领导一切国家所有的生产单位、服务单位和分配单位、代表国家行使所有权,这就不可避免地导致所有权的行政化。(2)在企业经营决策方面实行中央与企业分权原则。匈牙利认为,“扩大企业自主权和在这种意义上减少经济决策权的集中程度本身并不是目的。作为所有者,社会主义国家原则上可以无限度地支配其企业,但在什么方面给予企业多大的自主权,这要根据实际情况,也就是根据用什么样的解决办法能更好地为社会主义计划经济的有效活动和实现根本的经济政策目的服务来决定”。[⑫] 这实际上并没有明确界定政府各

---

⑩ [苏联]C. H. 勃拉图西:《论社会主义所有制与经营管理权的相互关系》,载《法学译丛》1986年第4期。

⑪ 《匈经济现代化进程慢主因是政策失误》,载《参考消息》1988年5月3日。

⑫ 周新城:《匈牙利经济体制研究》,第38页。

主管部门与企业各自享有的权利的界限,为政府主管部门对企业实施大量的行政干预留下了很大的余地。正因如此,匈牙利有些经济学者指出,要使改革顺利进行,就“还必须采取新的措施,对有些决定还要重新加以研究”。⑬

综上所述,苏联和东欧国家的改革实践告诉我们:要增强企业活力,使企业摆脱行政机关附属物的局面,非改变国家机关“两位一体”的局面不可。

三

在我国,无论是政府有关改革或立法,还是有关学者的理论,无不受苏联经营管理权理论的影响。近年来,为了适应经济体制改革的需要,使企业真正成为一个独立核算的商品生产者,理顺国家与企业的财产关系,我国法学界关于企业财产权的性质提出了各种看法,随着经济体制改革的不断深入,我们不得不对这些学说再做认真的思考。

经营管理权说。持这种学说的一个最重要的论据是列宁关于国家土地所有权及其行使的一段论述。列宁认为:“所谓国家所有,就是说国家政权机关有获得地租的权利,并且由国家政权规定全国共同的土地占有和土地使用的规则……在全国性的法律规范内把土地转交地方和省区自治机关支配”。⑭ 经营管理权论者根据列宁的这一论述,得出以下结论,即国家以全民财产所有人,国家政权承担者和社会经济领导者的身份行使所有权,管理经济,使要求国民经济有计划发展的国家意志得以对企业的生产经营活动直接或间接地发生作用。这种学说考虑了企业在经营管理国家财产过程中形成的多种社会关系,并力图从整体上将计划组织因素和财产因素相融合,将国家、集体和职工个人的利益汇集到一起。但它没有明确国家两种不同的职能,并且强调的是国家通过政权的力量来实现国家所有权。实际上,列宁这段论述主要是针对无产阶级刚刚夺取政权时说的。因为,在无产阶级夺取政权的初期,把国家所有权与国家权力

⑬ 《匈经济现代化进程慢主因是政策失误》,载《参考消息》1988年5月3日。

⑭ 《列宁全集》(第13卷)第313页、第314页。

结合起来,是十分必要的,这对于保护全民所有权——国家所有制的形成具有重要意义。但是,在生产资料全民所有制确立和巩固以后,如果仍然片面强调通过行政手段实现国家所有权,把国家所有权混同于国家政权,那么势必导致“政企不分”“以政代企”,使国有企业最终成为行政机构的附属物。我国多年来社会主义建设的实践经验就证明了这一点。经营管理权论者可能正是没有认识到这一点,提出了这种改革方案:现在需要做到的是,不能政出多门,一个企业只能有一个“婆婆”,它一方面执行所有人和国家政权的意志,以国家代表的身份影响所属企业,另一方面用多种服务功能来引导和满足企业的需求,使自己成为中心城市多种开放性功能的承担者和组织者。我们认为,这种改革方案是不妥的。因为它们无法使企业摆脱政府有关部门的不适当干预,企业不可能成为独立的商品生产者和经营者。

占有权说。这种学说在肯定国家所有制前提下,认为国家所有制经济是一种“二层楼式”的经济,国家与国营企业的财产权关系中,国家既是主权者,又是全民财产的所有者。作为所有者,国家享有所有权,它应当平等地与其他民事主体发生财产关系:作为主权者,它又应当“超脱”于一切民事主体之上,以行政权力同等地干预、调整财产关系。“占有权说”避免了否定国家所有权和否定企业财产权利的两种极端倾向,在某种程度上明确了国家作为企业财产的所有者与企业作为国家财产的占有者之间的财产权利义务关系。但随着改革的深入,这种理论有待于做突破性的深入研究,因为它仍是以同一的国家机关行使两种不同性质的职能为基础,这决定必然会导致所有权的行政化。而且,持占有权说的同志还认为,企业享有的占有权,不是基于双方民事法律行为,而是基于国家的授权。这种单方授权,可能使企业总是处于“等权”“要权”的被动地位,进而会导致企业应有的权利往往被政府有关部门“层层截留”,企业应享有的所谓“占有权”也就很难实现。

委托经营权说。这种学说认为,在国家与国营企业的财产权关系中,国家享有所有权,包括占有、使用、收益、处分和委托经营五项权能。而国营企业则依据国家所有权而享有“受托经营权”。这种“受托经营权”又具体表现为“经营占有”“经营使用”“经营处分”“经营收益”四项权能。这种学说在摒弃原有的集权体制、探索建立一种适合中国国情的经济模式方面做了勇敢的探索,但在论述经营权的特性时,又认为,委托经营权又具有强制性。这就是说,在委托经营关系中,双方当事人除平等的关系之外,还有一定的从属关系,如国家与国有企业之间就存在一种权力服从关系。很明显,主张这种学说的同志,之所以把具有双重性质的委托经营权作为国家所有权的一项权能,主要是把国家所有权与行政权混淆在一起的结果。可能正是由于这种原因,这些同志认为,国有既是生产资料的所有者,又是政权的承担者,从而决定国家可以利用必要的行政权力来实现自己的所有权,而且在国家权力的实际运用中,往往是经济手段、行政手段和法律手段交织在一起,很难从其中划出哪些是基于所有者而产生的权利,哪些是国有行政权力的体现。

相对所有权说。这种学说认为企业经营管理的财产是国家财产的一部分,国家享有所有权,但这部分财产一旦划归企业经营管理,即具有一定的独立性,企业对它享有一定的自由支配权。这种自由支配权实际上是所有权。前一种所有权称为绝对所有权,后一种所有权称为相对所有权。这样,在企业的财产上产生了两种所有权,国家的意志与企业的意志又是并存的,其中国家的意志具有决定性。这种学说突破了传统所有权的理论,从全民所有制企业应成为独立的经济实体,成为具有一定权利和义务的法人的角度出发,将国家领导的统一性与企业一定程度的独立性较好地结合起来了。但这种学说同时又认为,绝对所有权的行使以行政手段为主,以民事手段为辅,只是相对所有权的行使才采取民事手段,直接反映社会主义商品经济关系。因此,这显然就可能使国家财产的所有者与经营者在商品生产经营活动中处于不平等的地位,使国有企业很难成为一个完整意义的法人。

从我国改革的实践来看,可以说完全忽视了政府两种职能的分开,甚至有时加强了用行政手段去实现国家所有权。

我国到目前为止的改革大体上可以分为两个阶段。第一阶段是在简政放权的思路指导下,实行利改税,扩大企业自主权。这种改革的结果,使企业的自主权有所扩大。但由于它注重的是在国家和企业之间划分经济管理权限,基本上局限在行政性分权的框子内,并不触动企业对政府的行政依赖关系,政府有关部门实际上仍干预企业的生产经营活动。同时,在扩大企业自主权以后,由于缺乏一种内在的行为机制,企业短期行为现象严重。国家为了控制这些短期行为,于是出现了国家对企业的"放权—收权—再放权—再收权"的波状运动。为了解决这一问题,人们又提出了增强企业活力的最根本点,在于完善企业的经营机制,寻找所有权与经营权分离的有效途径。承包、租赁等经营责任制的出现与推广,标志着第二阶段改革的展开。

承包、租赁等经营责任制的实行,使企业经营自主权有所扩大,行政机关对企业的干预有所减轻。但要达到承包、租赁等经营责任制用合同形式具体界定经营权,所有权与行政权的界限还很困难。实际上政府与企业的关系仍没有完全理顺。这主要表现在,政府行政主管部门超出合同规定的责任权利界限,继续向企业压产值、摊利润的现象不断发生;通过行政命令,在经营中将企业经营者调离或罢免,随后又重新任命新的经营者,让其承担前任鉴定的"合同",而后任总是不情愿接受前任的经营责任,以种种理由与政府行政主管部门讨价还价,最终以降低指标或基数的代价来满足这种要求,因而使法律的严肃性让位于行政措施的"硬约束";企业行为短期化的事实,以及事实上难以做到"既负盈又负亏",又使政府行政主管部门时时担心"分离过度""约束太软",不得不越出合同对企业实行行政干预,忙于对企业的直接控制等。

现在,越来越多的人认识到,造成上述现象的主要原因,是由于国家"两位一体"的局面没有改变,因此导致所有权行政化的结果。国家所有权的行政化主要表现在:

第一,从行使国家所有权的主体来看。由于我国立法上没有明确规定行使国家所有权的机关,致使在理论上认识不一,实践中做法也不尽相同。如在对国有企业实行承包、租赁经营时,谁代表国家作为发包方或出租方,就有不同的认识:有的认为是企业主管机关,有的认为是财政机关,有的则认为应包括企业主管机关、财政、审计,税务机关等。无论何种认识都是把行政机关作为国家代表来行使国家所有权,而且各自代表国家行使所有权权能与它们的行政职权范围相一致。这样,就使具有两重身份的国家行政机关,对企业的不适当干预合理化。因为当企业以经营权主体资格向政府有关部门主张权利时,该政府有关部门则以行使行政权的面目出现;当企业以“政企分开”的原则来排斥、对抗政府有关部门的非法干预时,该政府有关部门又会以代表国家行使所有权的面目出现。这种“兵来将挡,水来土掩”的格局,使企业根本无法摆脱政府有关部门不适当的干预,不可能成为独立的商品生产者和经营者。

第二,从国家所有权行使的方式来看,国家有关立法对此大多采取“授权论”的观点,即由政府有关部门代表国家将一定范围的财产授给企业经营管理,这实际上就给政府有关部门随时更改授权或对企业进行非法干预留下了余地。政府有关部门可以根据自身的需要,通过对经营权作出不同的解释和规定,对企业施加影响和进行行政干预。尽管在实行承包、租赁经营责任制中采用了合同形式,规定了双方的权责利,但由于政府有关部门双重身份没有改变,以及它们实际上对非法干预行为根本无法承担法律责任的现实,致使本来“硬性”的合同也“软化”了,政府有关部门单方撕毁合同的情况常有发生。

第三,从国家所有权实现的手段与方法来看。它们大多采用的仍是行政手段。这方面最明显的例子,是采取利改税以后,将国家以社会管理者身份征收的“税”与国家以所有者身份享有的“收益”混淆在一起,并以统一的“税”的形出现,而税的显著特征就在于它的强制性、固定性、无偿性,在于它是国家行政权力的表现。利改税,这实际上表明了国家仍采用的是用行政手段来实现国家所有权,这就进一步强化了行政权的作用,把国家行政权力与财产所有权,无论从内容上,还是在形式上,进一步混淆起来,助长了政企不分。

第四,从国家所有权保护的手段来看。它仍注重的是行政制裁。如根据我国《企业法》的规定,政府有关部门的领导干部玩忽职守的,只有在致使企业财产、国家和人民利益遭受重大损失的情况下,才追究刑事责任,否则充其量也只不过是给予有关当事人一定的行政处分。这种保护方法,不是建立在平等、等价有偿原则基础上,它根本不可能堵住政府有关部门及领导人对企业不适当的行政干预。

因此,国家所有权的行政化是两权分离难以实现的症结所在。要进一步深化改革,增强企业活力,使企业成为一个独立核算的商品生产者和经营者,就必须将国家两种不同性质的职能分开,即所有权与行政权分开。

四

那么,如何实现所有权与行政权的分离呢?在我国经济学界曾对此进行过探讨。归结起来大致有如下两种意见:(1)完全实行国有资产的股份化。(2)建立国有资产管理机构,专门负责代表国家行使所有权。我们认为,在我国目前情况下,完全实行国有资产的股份化,似乎还大不可能。因为有些涉及国计民生的企业现在还必须由国家直接经营。根据我国目前的实际情况,建立一个国有资产管理机构来专门负责代表国家行使所有权,似乎更加可行。

(一)建立国有资产管理机构的法律根据

建立国有资产管理机构,涉及国家机构的重塑,因此它应该有一定的法律根据。我国《宪法》第14条规定:"国家通过提高劳动者的积极性和技术水平;推广先进的科学技术,完善经济管理体制和企业经营管理制度,实行各种形式的社会主义责任制,改进劳动组织,以不断提高劳动生产率和经济效益,发展社会生产力。"改革中修改的《宪法》已赋予了我们以"不断提高劳动生产率和经济效益,发展社会生产力"为目的来"完善经济管理体制和企业经营管理制度"的历史重任。按我们理解,完善经济管理体制和企业经营管理制度,就是要彻底地改变过去按照苏联模式建立起来的高度集权化的、僵化的经济模式,实行政企职责分开,改变过去那种把国家所有理解为国家直接经营的观念,对国有企业实行所有权与经营权分离,以建立一个充满生机与活力的社会主义新型的经济体制。建立国有资产管理机构,正是为了从根本上转变政府的职能,改变原来政府机构"两位一体"的局面,使国有资产管理机构专门负责行使国家所有权,政府有关部门负责对整个社会进行管理,使它们各司其职,从而割断政府有关部门对企业进行非法干预的"脐带",真正实现政企分开和两权分离。这将一方面有利于实现国有资产的最大增值,维护国家合法权益,实现国家所有权;另一方面将有利于搞活企业,实现社会主义生产目的。

(二)国有资产管理机构与政府机关的关系

对于这个问题在我国目前大致有两种思路或做法:一是国有资产管理机构直属于国务院领导,即将国务院所属的某一机构或专门机构(原有的或改建的、新建的)来负责行使国家所有权;二是国有资产管理机构直接对全国人大负责,而不隶属于国务院。在我们看来,第二种思路似乎更合适。因为,如果采取第一种做法,那仍不过是"新瓶装老酒",国有资产管理机构仍是一个行政性机构,所有权与行政权仍是合一的。这正如世界银行在关于中国经济问题的研究报告中指出的:"有人建议成立集中管理企业所有权的国有资产部,这个建议不会带来与过去相比多大变化。为了监督约40万个国有企业,该部需要大量的工作人员,也许将同样按行业设置司局机构。而且国务院将成为该部的最高机构。这种办法带来的最大棘手的问题是所有权与经营权统一于政府的最高层次。"[15]不过,我们说国有资产管理机构不隶属于国务院,并不意味着国有资产管理机构及其所属分司、企业有什么超越法律之外的特权,它们在代表国家行使所有权时,同样应遵守国家有关法律的规定。

国有资产管理机构的最高机构是国有资产管理委员会,管理委员会的主要领导人应由全国人大及其常委会任命。该管理委员会集管理、监督、投资于一身,内可设国有资产投资总公司,在全国各省、市设立分公司,专门负责国有资产的投资业务。

国有资产管理机构成立以后,应免除政府行政机关行使国家财产所有权的有关事务,并将其权利转移给国有资产管理机构,使政府机关成为单纯的行政权力的主体,统辖全国的行政管理和国民经营管理,严格执行国家的法律,法令、政策,实现管理和监督国有经济、集体经济、个体经济、涉外经济、外资经济以及国民经济有计划协调发展的任务。国家其他经济主管部门在国有资产使用方面,只有根据国民经济发展计划和平衡经济的需要,提出本部门、本行业所

---

⑮　载《经济工作者学习资料》1988年第11期。

需国家投资的项目、规模以及技术经济目标的要求等。然后再由国有资产管理机构根据各部门的需要,具体确定国有资产的投资方向、方式与规模,以彻底解决国有资产管理上谁都有权而又谁都无法承担实质性责任、权责脱节、责任模糊的混乱状况。国有资产管理机构成立后,它主要负责国有资产的增值和再投资,所属企业实现利润的递增和资金利润率或资金利税率的提高;其主要权利有投资决策权、审计监督权和发包招标权等。

国有资产管查机构成立后,应当将利税分流,税收由国家有关行政机构负责统一征收;国有资产的孳息,应按调整不同法律关系的有关规定由国有资产管理机构收益和管理。

(三)国有资产管理机构的性质

为了确保国有资产管理机构在代表国家行使所有权时,与其他类型的所有权主体处于平等的地位,我们认为国有资产管理委员会,既不是一级行政机构,也不是银行、金融性质的经济实体,而是在法律上享有企业法人资格。该管理委员会所属的分支机构,也应具有企业法人资格,它们在各自的范围内代表国家行使所有权。国有资产管理委员会及其分支机构应以法人的面目和国有资产代表者的身份管理企业,不再以行政手段干预企业合法的经营活动,从而保证企业能够依法进行独立自主地进行生产经营。

(四)国有资产管理机构代表国家行使所有权的方式与方法

国有资产管理机构成立后,它们代表国家行使所有权,并根据不同的情况决定采取不同的方式与方法。(1)对于那些涉及国计民生的企业,部门,如铁路、航空、通信、大型厂矿等可以采取直接经营或全员承包的方式;(2)对于一般的大中型企业可以采取承包、租赁、资产经营责任制等形式;(3)对于某些试行股份化的企业,可以实行国有股权与企业股权并存的股份制公司的办法;(4)对于那些社会化程度不高,产品在国民经济中不起重要作用的小型企业,可以采取拍卖、租赁等形式。国有资产管理机构代表国家行使所有权的方式不同,同企业的权利义务也不尽相同。采取承包、租赁形式的,国有资产管理机构只享有发包方式或出租方的权利;当采取股份制时,国有资产管理机构只能以股东身份参与和监督企业的经营管理活动,并按照股份多少享受盈利分配和承担相应的风险,而无权直接干预企业的经营活动。

所有权和经营权分离是企业法的灵魂*

一

第七届全国人大第一次会议审议通过的《全民所有制工业企业法》(以下简称《企业法》),不仅是经济体制改革的产物,而且是加快和深化改革的需要。一方面,它总结了经济体制改革的经验;另一方面,它为深化企业改革提供了法律依据。该法在总则中进一步明确了全民所有制工业企业的性质,其后,突出地规定了“国家对企业实行所有权和经营权分离的原则”。同时,规定“企业根据政府主管部门的决定,可以采取承包、租赁等经营责任制形式”。《企业法》的颁布和实施,将使我国已有的企业改革成果得到法律保护,企业改革再上一个新台阶,使企业真正成为自主经营、自负盈亏的社会主义商品生产者和经营者,成为具有一定权利义务的法人。

党的十三大报告指出,“全民所有制企业不可能由全体人民经营,一般也不适宜由国家直接经营”,应“实行所有权与经营权分离,把经营权真正交给企业”。这是马克思主义的理论和社会主义实践相结合所得出的必然结论。近年来,我国的改革实践也表明,实行所有权和经营权分离,完善企业的经营责任制,优化全民所有制的内部结构,把经营权真正交给企业,强化企业的经营权,淡化国家的所有权,理顺企业所有者、经营者和生产者的关系,切实保护企业的

---

* 原载《法学评论》1988 年第 3 期。

合法权益,使企业真正做到自主经营、自负盈亏,是建设有计划商品经济体制的内在要求。它决不会改变全民所有制的性质,而只会使企业更加生气蓬勃,使公有制经济的优越性得到充分发挥。

从社会主义初级阶段的实际出发,我国还须充分发展有计划的商品经济,这是实现我国经济现代化的必要条件。全民所有制工业企业作为社会主义商品生产经营的基本单位,广泛地加入社会主义商品生产和交换的过程,并在各个参加者之间形成了具有民事法律形式的财产价值关系,加之商品生产和交换的日趋复杂,使企业必须具备民事权利主体的资格,即取得法人地位。这就要求企业必须具备相对独立的财产,以便使企业能够以自己的名义独立地对外进行民事活动,并独立地承担民事责任。然而,企业具备相对独立的财产,必须以所有权和经营权分离为前提。企业只有享有充分的经营权,才能真正做到自主经营、自负盈亏,成为参加民事法律关系的主体。

我国《企业法》以中共中央关于经济体制改革的决定和党的十三大精神为指导思想,总结了新中国成立以来正反两方面的经验,特别是党的十一届三中全会以来改革、开放、搞活的成功经验,在确立所有权和经营权分离的基础上,明确规定"企业对国家授予其经营管理的财产享有依法占有、使用和处分的权利","企业依法自主经营、自负盈亏,以国家授予其经营管理的财产承担民事责任"。这就使企业依法排除一切外来的不正当干预和侵害,真正成为独立核算的社会主义商品生产者和经营者,具有法人地位成为现实。

二

我国《企业法》以所有权和经营权分离的原则为灵魂,并贯穿于全法各章条款的始终。应当说,《企业法》的内容都是围绕着所有权和经营权分离的问题展开的。这主要还表现在以下几个方面:

第一,经营责任制、经济责任制的引入,进一步完善了企业的经营机制,成为实现所有权和经营权分离的有效形式。

经济体制改革以来扩大企业自主权的实践告诉我们：单纯的扩大企业自主权并没有从制度上给予切实保证，一些企业与国家争夺利益，造成基建投资和消费基金的失控，需求膨胀，企业普遍出现行为短期化的倾向；同时，由于企业行为短期化和缺乏自我约束机制，又形成“放权—收权—再放权—再收权”的微波运动。这充分说明了增强企业活力，实现所有权和经营权的真正分离，不仅要扩大企业的自主权，最根本的是要解决企业的经营机制问题，探索所有权和经营权分离的有效形式，寻找一种最佳的法律形式来确定国家与企业之间、企业所有者与企业经营者之间的责权利关系，建立合理的企业行为机制。只有这样，企业才能成为自主经营、自负盈亏的社会主义商品生产者和经营者。

承包、租赁等经营责任制形式，都是在我国改革实践中依据两权分离的原则建立起来的以硬化企业责任约束为中心、责权利相结合的新型国有制的经营模式。实践证明，这些经营模式都是我国全民所有制工业企业所有权和经营权分离的有效形式。一方面，它们用契约形式明确了国家与企业、企业所有者与企业经营者的责权利关系，使国家与企业之间的行政隶属关系转变为平等主体之间的民事法律关系，这就有利于企业排除政府有关部门不必要的行政干预，维护企业的合法权益；另一方面，它们体现了我们多年来提倡的“优胜劣汰”和“扬长避短、保护竞争、促进联合”的原则，有利于用经济办法打破地区封锁、条块分割。在企业内部推行承包等经济责任制，使责、权、利层层落实到全体职工，职工劳动所得与劳动成果相联系，把蕴藏在企业中巨大的人力、物力和财力的潜力充分发挥起来。我国《企业法》总结了我国经济体制改革实践的经验，明确规定“企业根据政府有关部门的决定，可以采取承包、租赁等经营责任制形式”，为企业采取承包、租赁等所有权和经营权分离的有效形式提供了法律依据。

第二，《企业法》明确规定企业享有广泛的权利和承担相应的义务，进一步明确了企业所享有的经营权的内涵，它既是所有权和经营权分离的具体表现，也是两权分离能得以实现的可靠保证。

我国《企业法》明确规定“国家对企业实行所有权和经营权分离的原则”，但是，所有权和经营权到底分离到什么程度？是一定程度上的分离还是完全的分离？这必须通过企业享有的具体权利义务表现出来。同时,国家对企业要真正实行所有权和经营权的分离,也客观地要求采用法律形式划清作为企业财产所有者国家与经营权享有者企业的职责权限,以理顺国家与企业的关系。目前,我国全民所有制工业企业几经扩权与松绑,企业的自主权有了扩大,但大中型企业的活力仍不够,企业的自我发展、自我改造、自我积累的能力仍很差,一些应该下放企业的权力被中间环节截留,还没有真正落实到企业。更由于企业所享有的经营权的内涵与外延没有从立法上给予明确下来,企业的经营权受到来自社会各个方面的非法干预,政企职责不分、以政代企的现象仍很严重。从某种程度上说,并没有从根本上改变过去那种高度集权模式下形成的所有权与经营权统一被国家掌握的局面。

我国《企业法》为了确保所有权和经营权的真正分离,在总结扩权实践的基础上,设专章规定了企业的权利和义务,明确规定了企业在完成国家计划和遵守国家法律、政策的前提下,享有一定程度上的生产计划权、产品购销权、定价权、资金使用权、固定资产处分权、工资和奖金分配权、横向经济联合权、机构设置权、人事任免权、奖惩权等。这一方面扩大了企业的经营自主权,明确了企业经营权的内容与范围,是所有权和经营权分离的具体表现;另一方面划清了国家同企业在经营决策和利益分配上的职责权限,明确了国家与企业的责权利关系,有利于企业排除不必要的行政干预,使企业摆脱国家行政机关附属物的地位,成为真正享有企业财产经营权,能够独立进行生产和经营活动的基本单位。

第三,政企职责分开,政府有关部门的职责从原来主要对企业的直接管理转变为为企业服务,这既是所有权和经营权分离的前提条件,也是所有权和经营权分离的必然结果。

在我国过去,全民所有制工业企业所有权和经营权长期合一,这既是受苏联高度集权经济模式影响的结果,也是我国政企职责不分产生的直接后果。因而要实现企业所有权和经营权的分离,不仅要改变高度集权的经济管理体制,还要使政企职责分开,明确政府有关部门的职责,使政府有关部门从对企业的直接的微观的控制转化为间接的宏观的调节,从直接管理企业转变为为企业服务,从而排除政府有关部门对企业不必要的行政干预。

在企业所有权和经营权分离之后,企业成为相对独立的商品生产经营者,它能够依法独立自主地进行生产经营活动。企业依法享有的经营权,尽管它是从国家所有权中派生出来的,但是一旦派生出来,就具有的与国家所有权同样的属性——排他性。企业所享有的经营权的排他性,主要表现在以下几个方面:(1)国家一旦把财产交给企业,就不再直接支配该项财产,不直接参与企业的经营。除非依法定程序,国家不得抽回该项财产,也不得将一个企业的财产无偿调拨给另一个企业。(2)国家不允许在同一企业的财产上存在平行或重叠的经营权,无论企业的上级主管部门,还是地区、行业的领导机关都不享有经营权。(3)经营权是一个企业享有的专有权,具有相对独立性。任何单位或个人都负有不妨碍企业正当行使经营权的义务,不得非法占有和平调其财产。企业所享有的经营权的排他性,决定了政企职责非分开不可,政府有关部门的职责必须要发生转变。

我国《企业法》为了使政企职责真正分开,以确保所有权和经营权的分离,设专章规定了政府有关部门的职责,明确了政府有关部门的职责权限,尽管仍保留了政府有关部门统一下达指令性计划等直接控制的权利,但其主要职能已转移到"按照国家调节市场,市场引导企业的目标,依据法律,政府为企业提供服务,并按照各自的分工,运用经济、法律和必要的行政手段对企业实行管理和监督"上来。《企业法》确立的国家对企业实行所有权和经营权分离的原则,将从根本上改变因政府有关部门直接管理企业而带来的政企职责不分和企业成为行政机关的附属物的局面,克服机构重叠、人浮于事、职责不明、互相扯皮的官僚主义和对企业过多的行政干预,进一步理顺企业的所有者与经营者——国家与企业的关系。反过来,以上因素又是所有权和经营权真正分离的前提条件。

第四,实行厂长负责制,厂长为企业的法定代表人。这是以所有权和经营权分离作为其理论出发点的。

厂长负责制是指厂长作为企业的法定代表人,成为企业生产经营管理系统的中心,对企业实行统一领导、全权负责。厂长负责制不同于任何一种我国过去曾实行过的企业的领导体制。在旧体制下,由于所有权和经营权统一于国家手中,企业成为行政机构的附属物,其本身不具有法人资格。“皮之不存,毛将焉附?”厂长也不是企业真正的法定代表人,根本没有代表企业独立地对外进行经济活动的职权,厂长的任务只是执行国家的指令,管理企业的内部生产,充当企业的“内勤部长”。厂长有职无权,企业的主要负责人是党委书记,企业的一切生产经营活动都应由企业党委讨论决定。结果使企业出现了无人负责、无法负责的现象,不仅使企业不能适应现代化大生产的需要,而且严重遏制了企业的生机与活力。

实践证明,要大力发展社会主义商品经济,就必须赋予社会主义商品生产和经营的基本单位全民所有制工业企业以法人资格,而这正如前面所论述的,它又必须以国家对企业实行所有权和经营权分离作为前提条件。当所有权和经营权分离以后,企业具有法人资格成为现实,厂长作为企业法定代表人的条件基本具备。当企业成为相对独立的商品生产者和经营者后,由于现代企业分工细密,生产具有高度的连续性,技术要求严格,协作关系复杂,企业要得以生存和发展,就必须建立统一的、强有力的、高效率的生产指挥和经营系统,以协调个人的活动和各方面的工作。这正如马克思曾指出的:“凡是有许多人进行协作劳动,过程的联系和统一都必须要表现在一个指挥的意志上,表现在各种与局部劳动无关而与工场全部活动有关的职能上,就像一个乐队要有一个指挥一样。”企业实行厂长负责制正是为了适应这种要求。

我国《企业法》明确规定全民所有制工业企业实行厂长负责制,有利于提高企业经营决策的及时性、准确性和应变能力,适应现代化大生产的需要。企业的党组织行使保证监督和支持厂长行使职权的职能,通过支部的战斗堡垒作用、党员的模范作用和党的群众工作、思想政治工作、带动全体职工,保证党的路线、方针、政策和国家法令、计划的贯彻执行,保证企业各项任务的完成。在事实上,这样做又保障了所有权和经营权分离的顺利实行。

第五,《企业法》规定企业在实行厂长负责制的同时,还应建立职工代表大会等各项民主管理制度。它是国家对企业实行所有权和经营权分离目的得以实现的重要措施。

国家对企业实行所有权和经营权分离的原则,它本身只是一种手段,而并非目的。其目的在于打破过去那种僵化的经济模式，完善企业的经营机制，改变那种企业吃国家的“大锅饭”和职工吃企业“大锅饭”的现象，增强企业活力。而企业活力的源泉，在于脑力劳动者和体力劳动者的积极性、智慧和创造力。

我国《企业法》规定了企业应建立职工代表大会制度等各项民主管理制度，规定职工能通过职工代表大会等方式参加企业的民主管理，有权对企业的生产和工作提出意见和建议，厂长在行使职权时，也要尊重广大职工的意见等。同时，《企业法》还明确规定了职工代表大会的职权，为职工参与决策提供了法律依据。这些都有利于充分发挥工会组织和职工代表在审议企业重大决策、监督行政领导和维护职工合法权益等方面的权力和作用，有利于使经营者的管理权威和职工群众的主人翁地位相统一，形成经营者和生产相互依靠密切合作的新型关系。因而，为调动广大职工的积极性、主动性和创造性，增强企业活力，实现两权分离创造了重要条件。

三

根据马克思主义法学观点，任何法律规范，都必须以国家强制力为后盾，否则只能是一个“毫无意义的空气震动而已”。我国改革的实践充分证明了这一点。如我国自改革以来，尽管党中央和国务院多次强调国家有关机关不能过多地干预企业的生产经营活动，侵犯企业的经营自主权。但是，由于没有从法律上明确规定违反该项规定的法律责任，在现实生活中，政府有关部门及其负责人非法干预企业的生产经营活动，并给国家、企业和职工造成重大损失的事件屡有发生。此外，又如国务院三令五申任何单位或个人不得向企业“乱摊派”，但也由于对摊派者没有明确规定法律责任，摊派之风直到现在仍很猖獗。因此，为了保障国家建设和经济改革的秩序，使改革的成果得以巩固，使企业经营权得以行使，必须用法律形式把各方责任加以明确。我国《企业法》总结了改革实践的经验，明确规定了企业法律责任，成为所有权和经营权分离的法律保障，使两权分离从可能性转变为现实性。该法主要从以下方面来确保所有权和经营权分离的。

在企业方面,明确规定企业必须严格依法从事生产经营活动,特别强调了产品责任,这利于保护广大消费者的利益,保证企业正确地行使经营权和坚持社会主义方向。

在企业领导方面,明确规定了企业领导干部必须依法行使职权。对那些滥用职权、假公济私,对职工实行报复陷害的,应依照《刑法》第 187 条的规定追究刑事责任;对那些因工作过失给企业和国家造成较大损失的,应给予行政处分。玩忽职守,致使企业财产、国家和人民利益遭受重大损失的,应依照《刑法》第 157 条的规定追究刑事责任。这些规定有利于促使企业的领导人忠于职守,认真负责地行使企业法赋予的职权,维护国家、企业和职工的合法权益。

在政府有关部门及其领导人方面,明确规定了政府有关部门不得侵犯企业依法享有的经营管理自主权。同时,又规定了相应的法律秩序来处理这类纠纷。此外,对政府有关部门的领导人因工作过失或玩忽职守给国家、企业和人民利益造成较大或重大损失应负的法律责任。这些规定有利于真正实现政企职责分开,排除政府有关部门及其领导人对企业的非法干预,使企业能够依法行使企业法所赋予企业的经营权,真正享有一个商品生产经营者所应享有的权利。

在企业职工及其他公民方面,明确规定了广大职工应积极支持厂长依法行使职权。对那些阻碍企业领导干部依法执行职务的公民,规定了相应的行政责任和刑事责任,有利于企业领导干部排除后顾之忧,使之能充分依法行使职权,维护国家、企业和职工的合法权益。同时《企业法》对于那些扰乱企业的秩序,致使生产、营业、工作不能正常进行者规定了相应的法律责任,有利于为企业开展生产经营活动创造一个良好的社会环境。

总之,所有权和经营权分离是企业法的灵魂。在《企业法》的实施中,也必须坚决贯彻两权分离的原则,始终把转变企业经营机制作为中心环节,进一步扩大企业经营管理自主权,而不是扩大、强化资产所有者对企业的制约,使企业真正成为独立的商品生产者和经营者。

关于国营企业破产的几个理论和实践问题*

一

在社会主义条件下，国营企业能否发生破产？这是经济学、法学理论上始终未能很好解决的问题。在我国，长期以来把企业破产看作资本主义社会独有的经济现象，而不承认我国企业会有破产，特别是不承认国营企业会有破产。近年来，随着经济体制改革的不断深入，我国一些理论工作者开始探讨企业破产问题，并很快引起各方面的重视。国家有关部门成立了企业破产法起草小组，于 1985 年 10 月拟出了《企业破产法（草案）》征求意见稿。与此同时，沈阳和武汉两城市，先后进行企业破产的试点工作，力求从实践上取得经验。由此看来，在我国建立企业破产制度已经势在必行。

为什么我国的国营企业也会发生破产？其根本原因是商品生产和商品交换的存在。众所周知，我国经济体制改革的基本方向是发展有计划的社会主义商品经济，自觉运用价值规律，增强企业活力，特别是增强大中型国营企业的活力。在此种情况下，国营企业必须真正成为相对独立的经济实体，成为自主经营，自负盈亏的社会主义商品生产者和经营者，成为具有一定权利和义务的法

---

* 原载《企业破产倒闭初探》（论文集），辽宁人民出版社 1987 年版。

人。国营企业享有法人资格,就说明它的财产已经与国家的其他财产相分离,在一般情况下,国家不再为企业的债务承担责任。这样一来,国营企业一方面扩大了经营自主权,另一方面也增加了自身责任。在这里,所体现的责任、权利和利益的统一,是国营企业实现自我发展的动力,也是国营企业有可能发生破产的内在因素。

从历史上看,有商品经济就有竞争。我国既然还要大力发展商品生产和商品交换,就必须自觉依据和运用价值规律,而价值规律又是通过竞争来实现的。在现阶段,我国仍然存在社会主义竞争。竞争就意味着,那些产品符合社会需要、质量好、成本低的企业,就会取得高于一般企业的经济利益;反之,那些产品不对路、质量差、成本高的企业,就会相对减少企业的经济科益。国营企业作为民事主体,具有参加竞争的法律资格,而且,只有在竞争中才能求得生存和发展,在竞争中,先进的企业将会得到发展,落后的企业就会被淘汰。一个国营企业如果发生经营危机,长期亏损,虽经过整顿自救,仍不能转亏为盈,以至于出现资不抵债的情形时,就应被宣告破产。可见,社会主义竞争是国营企业奋发图强,力争先进的动力,也是国营企业有可能发生破产的外在条件。

在我国,个别国营企业出现的破产现象,并不违背社会主义原则,也不是完全消极的因素。应该认为,企业破产是社会主义商品经济运动的一种必然结果,是价值规律、供求规律、竞争规律发生作用的最终体现。如果一个国营企业不积极提高劳动生产率,不认真研究市场供求,不注意提高产品竞争能力,以至于出现无力偿还债务或资不抵债的情况时,就会有破产的危险。如果我们不加分析研究,一律采取国家拨款、财政维持或靠先进企业调拨的方法,去避免国营企业的破产,恰恰违背商品经济规律的内在要求,在国家与企业或企业与企业之间,造成吃“大锅饭”的反常现象。我国建立破产制度的宗旨和目的,正在于鼓励企业竞争和联合,打破阻碍生产发展的封锁和垄断,增强企业的活力,繁荣社会主义的商品经济,维护社会主义的经济秩序。

二

探讨国营企业能否发生破产时,还会遇到一个重要的理论问题,即国营企业如果破产,它将用什么财产来清偿债务?因为国营企业的财产属于国家所有,如果用其生产资料折卖抵债,是否与国家所有权原理相抵触?这个理论问题的解决,是搞清国营企业能否发生破产的关键。

国营企业享有法人资格,其最基本的法律特征是拥有独立财产。国营企业在参加民事活动时,应该是以自己的独立财产为限,对外承担债务清偿责任的。那么,国营企业法人的独立财产是指哪些财产?我国《民法通则》第48条明确规定:“全民所有制企业法人以国家授予它经营管理的财产承担民事责任。”凡是国营企业经营管理的财产,包括国家拨付的各种资产,企业支配的各项基金、自有资金,同时还包括其他单位和个人的投资和股金,都属于它的独立财产。当国营企业被宣告破产时,就应该以上述财产作为破产资财,向各债权人承担债务清偿责任,即使是国家拨付的固定资产也可以依法变卖,以便合理分配破产资财,满足各债权人的合法要求和利益。

既然如此,就会涉及两个问题:一是国家所有权与企业经营权的关系问题;二是属于国家所有的企业生产资料,是否可以转让集体组织或他人所有?

在以生产资料公有制为基础的社会里,由于生产社会化的扩大,有计划商品经济的发展,社会主义社会经济规律体系的客观存在,必然要求国家所有权与企业经营权适当分开。在一般情况下,国家虽然保留对其生产资料的所有权,但不再直接经营企业,国营企业虽然不享有对其生产资料的所有权,但能够独立开展经营活动。“两权”的适当分开,使国营企业对国家所有的生产资料享有经营使用权,并成为自主经营、自负盈亏的经济实体,其生产经营活动由企业本身承担全部责任,这是国营企业能够发生破产的一个重要的理论根据。当某个国营企业破产时,它应以全部国家拨付的生产资料,以及其他各项财产和资金,作为破产资财清偿各债权人的债务。如果其债权人是国家组织或其他国营企业,就意味着该企业丧失的仅是经营使用权。在这一过程中,国家对其生产资料的所有权并没有发生变化,从总体上看,国家并没有因此减少国家所有的生产资料的总量,只不过是经营使用权在国家统一所有权内部的再分配。显然,在这种情况下,属于国家所有的生产资料并没有受到损失,相反,国家所有的生产资料经这一再分配之后将会发挥更好的经济效用。

但是,当某个破产国营企业用国家拨付的生产资料清偿债务时,如果其债权人是集体组织,公民个人或其他非国家组织,非国营企业,就意味着国家因此而丧失了对其生产资料的所有权。应该承认,在这一过程中,国家所有的生产资料因所有权的转让,而实际数量直接减少。这样,在理论上就须阐明国家授予国营企业的经营权,包不包括对其生产资料的最终处分权。不言而喻,处分权是所有权内容中的一项核心权能,它的行使必须受到所有人国家的制约或支配。但是,国营企业要成为真正的经济实体,切实做到自主经营、自负盈亏,又必须享有对其生产资料的最终处分权。一旦国营企业破产,它就可以用其生产资料来清偿非国家组织、非国营企业债权人的债务,对国家所有的生产资料进行最后的实际处分。当然,在此之前,国家始终是国营企业财产的所有人,不仅有权管理、监督国营企业的经营活动,并通过税收等形式从中取得经济收益,而且有权决定国营企业的创建和关、停、并、转、迁。这就说明,在整个国营企业存续期间,它所经营管理的财产始终是属于国家所有的,只有在它破产清算时,才可能因债权债务关系而转让全部或部分国家财产的所有权。但是,这时国家仍然保留着一项重要的权利,这就是对其破产资财享有优先购买权,以防止国家重要生产资料的外流,有利于维护国家的整体利益。

关于国家所有的生产资料,能否因破产企业的债权债务关系而转让他人?这还涉及社会主义所有制各种形式的关系问题和互为转化问题。在我国存在几种所有制形式的条件下,要发展社会主义商品经济,就必须承认各种所有制组织、企业、个人之间,存在频繁的财产流转关系。在平时,国家财产所有权的转让是经常发生的,不过这种财产所有权的转让并不发生所有制形式的改变。在这方面,我国已经有了比较完善的法律制度加以调整。但是,在国营企业破产时,国家所有的生产资料的转让,其性质就有所不同。在这种情况下,国家所有并授权国营企业经营的生产资料,将转让给集体组织、公民个人或其他非国家组织、非国营企业所有并经营,这种生产资料归属上的变化,必然引起所有制形式的相应改变。应该认为,在社会主义各种所有制形式之间,并不是彼此不相转化的,也不是只能从低级形式向高级形式转化。在有的时候,所有制的高级形式也可以转化为低级形式,而国营企业破产带来的法律后果,就有可能出现这种所有制形式的转化。

我们知道,马克思主义的基本思想是,生产关系的选择要适合当时当地生产力的水平和社会生产发展的要求。这一指导思想正是我国进行经济体制改革的基本出发点。在我国,经济体制的改革能否成功,最关键的问题是取决于所有制的改革,是取决于建立真正自负盈亏的公有制企业。显然,我国建立企业破产制度将是这一改革的突破口,而企业破产制度的建立又必须依赖于所有制关系的改革,否则关于企业破产的有关理论问题就无法阐述清楚。

在我看来,仅仅运用传统的国家所有权理论,来探讨国营企业的破产问题,是很难取得满意结果的。虽然,所有权与经营权适当分开的理论,可以成为国营企业破产的一个重要根据。但是,它还不能完全说明国家生产资料所有权的转让问题。实际上,我们还必须从所有制的改革方面进行研究,即研究不同所有制形式之间的相互关系和转化,以及我国社会主义所有制形式的新发展,并在此基础上,研究和建立我国新的所有权理论,只有这样才有可能使破产问题的讨论深入一步。

三

毫无疑问,国营企业破产会给国家和有关债权人带来经济上的损失。所以,宣告某些国营企业破产决不是我们的目的。我们制定《企业破产法》的真正意图在于:正视社会主义竞争中的企业破产现象,运用必要的法律手段预防破产,尽量减少破产,并通过对少数企业的破产宣告,激励和唤起多数企业的振兴。可见,《企业破产法》不是一项消极的法律,不是等待企业经营恶化直至破产。而是把宣告企业破产作为一项极端措施,在采取这项措施之前,充分发挥社会主义公有制的优越性,调动广大企业干部、职工的积极性,进行全面整顿和拯救,尽力避免企业破产发生。因此,《企业破产法》是一项积极的法律,它的实行是对我国经济体制改革的推动和促进。

那么,我们应该采取怎样的措施来预防或减少国营企业破产呢?我认为,在宣告国营企业破产之前,应采取两种预防措施:

1. 行政性措施,可称为清理。在社会主义公有制的条件下,由于国家经济计划的需要、预定任务的完成、企业经营管理不善等原因,国家有关主管机关认为某国营企业继续存在或按原来方式存在已经不适当时,就能决定它关、停、并、转、迁,如果是企业关、停就须进行结业清理。清理属于财务清算性质,它并非资不抵债而发生的清偿程序。当国营企业清理时,实际上还有足够的财产清偿全部债务,一般来说,它与破产倒闭界限还有一定距离。在清理过程中,如果发生债务纠纷,应按一般诉讼程序加以解决。

2. 司法性措施,可称为整理。在资本主义国家,为了预防公司破产,即采取公司整理(重整)的制度。《波兰国营企业改善经营及破产法》第二章规定,在企业的经济状况迫使企业将停止活动时,企业将首先实行内部自救。在我国,所谓企业的整理,应理解为企业达到破产倒闭界限,以至于出现破产的状况时,为了使其复苏或为复苏创造一定条件,给予企业为期一年或稍长一些的时间,进行司法整顿的制度。整理主要是依靠企业自身努力起死回生、再度复兴,是我国破产制度的重要组成部分。

国营企业通过整理,将会出现三种结果:其一,企业在法定期限内恢复了正常,并以原法人资格继续营业,其全部债务能够陆续清偿,从而避免了破产发生。其二,采取企业法人改组的方式,即通过转产或合并实现对企业的整顿。在这种情况下,新的企业法人要承担原企业法人的全部债务。如果企业转产成功,营业回升,也就避免了破产发生。如果在各方协商一致的基础上,该企业与其他国营企业合并,就会出现债务转移,而由合并企业承受全部债务的情况,这样也能防止破产的发生。不过,采取以上整理方式特别是合并的整理方式,须受到国家和法律的严格限制,特别要注意坚持自愿的原则,不能采取行政命令的方法。在通常的情况下,合并的整理方式应该少用。但是,我们也不同意完全排除这种方式。其三,企业经过整理仍无起色,以至于其资财继续减少,而债务不断增多,当整理期限届满时,就应宣告其破产,依照破产程序清偿债务。

由此可见,我们在预防国营企业破产方面,可以从它们不同的财产状况出发,设立两道防线:一是清理,它可理解为防止破产的预防性措施;二是整理,它可理解为防止破产的紧急性措施。有了这样两道防线,就有可以最大限度地避免或减少国营企业破产发生。

在这里,还有一个问题值得研究,就是我们建立了企业破产整顿制度,是否国家还有权决定国营企业的关、停、并、转? 现在有些同志认为,国营企业的关、停、并、转制度弊病较多,不宜继续实行。我认为,这些同志的看法有一定道理,如果我们仅采取关、停、并、转一种措施,国营企业就不可能成为真正的经济实体,这正是我国为什么要建立企业破产整顿制度的原因。但是,还必须看到,我国经济的一个基本特征是计划经济,国家是国营企业财产的所有者,当国营企业在经营中出现产品长期无销路,产品质量低劣、原材料和能源消耗过高经营管理不善、严重污染环境等情况时,就应按照关于开办企业批准权限的分工,由有关国家机关责令或根据国营企业申请批准其关、停、并、转。

非常明显,决定国营企业关、停、并、转的标准,并不是以企业破产关闭的界限为准,在一般情况下,它是在国营企业未达到破产关闭界限时所采取的行政措施。当然,在国营企业整理期间,也不能排除转产或合并的可能性,也不能没有国家的扶助和支持,但这时就须坚持企业意志自主原则,主要依靠企业自身的力量挽回濒临破产的局面。在我国,无论是忽视法律调整手段的作用,还是否定国家行政措施的意义,都是不全面、不现实的。我们既不能用企业的关、停、并、转代替企业破产整理,也不能用企业破产整理代替企业的关、停、并、转,虽然它们在法律上有着密切的联系,但是又不是一回事。

综上所述,说明在我国现实的经济条件下,一方面应该正视国营企业破产的存在,另一方面还要充分发挥社会主义经济制度的优越性,采取积极有力的预防措施,最大限度地避免和减少破产的发生。因此,我们建立企业破产制度,承认和允许少数企业破产,也正是为了避免和减少企业破产。

四

在我国,实行国营企业破产制度,还必须对破产企业干部、职工的安排作出相应的规定。我国与有些国家不同,如波兰劳动力不足,当一个企业破产后,职工就可以安排到其他企业就业,而不存在职工失业的问题。我国的国营企业一旦破产,其干部、职工就会暂时失去工作的机会,而成为待业者。所以,如何使这些人员在停发工资后,仍然在生活上得到必要保障,并能在较短时间内就业就成为人们普遍关心的大事。

首先,发放破产企业干部、职工救济金,就是一项政策性很强的工作。一方面,要体现社会主义制度的优越性,使破产企业干部、职工能够维持基本的生活;另一方面,发放破产救济金额,必须明显低于一般亏损企业干部,职工的工资,以激发人们关心企业命运,人人注意企业兴衰。在我国目前情况下,企业干部、职工的工资还不高,如果破产救济金的数额比例过低,就不能使这些人员维持起码的生活,势必造成社会不安定的因素。根据我国目前多数家庭的消费比例,一般食用费约占工资收入的60%,我想破产救济金也不能低于这个标准,特别在我们开始实行破产法的阶段,整个社会和个人还有一个逐步适应的过程,所以一切有关政策的制定必须实事求是,不能操之过急。

关于救济金的来源问题,我们可以采取统一征集的办法。在这方面,沈阳市已经取得了很好的经验。统一征集救济金不是搞“平调”,而是一种积集社会保险基金的方式。马克思在《哥达纲领批判》一书中,曾指出在社会主义社会中从社会总产品中拨出后备基金或保险基金的必要性。在商品经济条件下,任何企业在竞争中都有发生破产的可能性。所以,为了解决因企业破产给广大干部,职工带来的生活困难,每个企业都必须参加社会保险,按法律规定的比例交纳保险费,这既是企业的一种权利也是企业的一种义务。在我国,国营企业也是独立的商品生产者和经营者,在法律上享有民事主体地位,它们发生破产时所需要的救济金也不应由国家财政支付,而应以自己的名义和经费参加社会保险。国营企业参加的社会保险,是一种具有强制性的义务保险,无论是盈利企业还是亏损企业都必须按照在册干部、职工工资总额的一定比例交纳保险费,并随工资基数的变化而变化。企业交纳的保险费由保险公司统一管理,实行专款专用,主要用于因企业破产待业的干部、职工救济金的发放。

其次,如何安排待业干部、职工的就业问题,也是一项不可忽视的工作。多年来,我国的劳动就业制度,是一种"铁饭碗"式的劳动制度,特别是国营企业的干部、职工更有一层优越感,只要当上全民所有制职工,一辈子也不会因失业担忧。同时,干部、职工又往往被固定在一个企业上,阻碍了人才的合理流动,使个人能力的发挥受到限制。实践证明,这种劳动制度已经束缚了广大职工主观能动性的发挥,对提高社会生产力是极为不利的。因此,我国正在着手进行劳动制度的改革,但因消除传统观念和解决一系列实际问题的复杂性,使这一改革的步伐十分缓慢。现在,我们实行企业破产制度将会为此打开一个缺口,有力地推动这一改革的进行。

不可否认,企业破产会给干部、职工带来暂时的困难,这一困难的解决仅仅依靠发放救济金是不能长久的,而重要的问题在于尽快帮助他们合理就业。破产企业所在地劳动人事部门,应对待业职工进行管理、培训,提高他们的技术和业务水平,并在有接收单位的情况下,通过考试择优录用,劳动人事部门可以考虑成立职业介绍所,作为人才交流的信息和调剂中心,积极向用人企业和单位推荐人才。逐步敞开人才流动的大门,鼓励破产企业干部、职工到边远地区工作,并有相应的政策作保障,有去有归,往返自由。积极鼓励和支持破产企业职工,组织起来就业或自谋职业。对于退休职工及因工致残人员,应在政策上给予照顾,保证他们的基本生活需要,并在自愿基础上组织他们做些力所能及的工作。

在我国,存在两种公有制形式的企业,即国营企业和集体企业,进而也就存在两种不同所有制籍的职工。多年以来,全民籍职工与集体籍职工在取得劳动报酬的方式,享有社会福利的内容,实际社会地位等方面是存在差别的,而且在不同籍别职工之间形成了严格的界限,一般情况下,双方职工彼此不能改变这种籍别。这种做法对于技术人才的充分交流和合理使用造成了人为的阻碍。近几年来,随着经济体制改革的深入,全民籍职工与集体籍职工之间的差别,正在某些方面消除,人们开始不大理会什么籍别了。我们要实行企业破产制度,就应打破这种在职工中划分籍别的现象。应当说,有不同所有制性质的企业,但无不同所有制籍别的职工,职工只有参加具体企业的工作,才能成为这一企业的成员,而他们个人并没有某种所有制籍别的固定资格。实际上,因企业破产待业的职工,已经与原企业的所有制性质毫无关系。既然原企业已经破产而不存在,再去划分全民籍职工与集体籍职工也就失去了意义。所以,待业职工不应分所有制籍别,一律应由国家有关劳动人事部门统一考虑安排就业。

关于对破产的国营企业干部的工作安排问题,也必须打破以往的传统做法。应该明确,所有的国家干部职务(包括国家领导人的职务)都不是终身的,当厂长,经理、书记也不是终身的。过去,厂长、书记这里干不好,调到另一个工厂还是厂长、书记,甚至职务还可能提升,似乎这些干部已经有了一种固定的身份,走到哪里都必须有他相应的职务。这种带有封建等级色彩的干部管理制度必须改革。如果厂长把企业引向破产的边缘,又没有其他方面的原因,就说明他是不称职的,下台是完全应该的。当然,这并不排除他还可以作其他工作,但是国家绝没有包下来的义务。现在科技人员,教师已经开始实行聘任制,国家的干部和工作人员也应考虑实行相应的制度。可以设想,如果国营企业领导干部的选任,采取实行职工选举和国家,企业招聘相结合的制度,可能会在一定程度解决我国目前干部管理制度上的弊病。总之,一个国营企业被宣告破产,其厂长、经理、书记也应和广大职工一样,同时转入待业,并在谋求就业机会上一律平等。

在我国,实行企业破产制度是一项深刻的社会变革。它涉及国家经济制度、法律制度和行政管理制度的改革,涉及国家劳动就业制度、干部管理制度、社会福利制度的改革。破产制度作为一项法律制度,它涉及民法、民事诉讼法、强制执行法、行政法、刑法、刑事诉讼法、劳动法等法律部门,也涉及国际私法方面的有关问题,所以它是一项综合性的法律制度。可见,制定和实施企业破产法是一项十分复杂而艰巨的工作。特别在我国,由于历史的原因,30 多年来关于破产法的研究是一片空白,这就为我们完成这一项工作,带来更多的困难和障碍。但是,由于客观经济规律的必然要求,祖国"四化"建设的急迫需要,党和国家的大力支持,广大干部、群众的理解和拥护,将是我们最终取得成功的基本条件。可以预见,不用很长时间,一部较为完善的企业破产法将在我国诞生和实施。

论　合　伙*

一

合伙起源于家族共有，早在远古的血缘家族里，由于人们劳动的必然聚合，人身关系上的互为约制，共有财产不便分散，家族就有了共产合伙的一般特征。公元前18世纪在古巴比伦，《汉谟拉比法典》第一次规定了合伙的原则，即"某人按合伙方式将银子交给他人，则以后不论盈亏，他们在神前平均摊分"（见第99条）。在罗马共和国时期，法律对合伙的性质及合伙人的权利与义务，已有相当明确的规定。当时，合伙是指二人以上互约出资、经营共同事业，共同分配损益的契约。到了中世纪，随着商品经济成分的增加，合伙经营日益普遍。可见，合伙是一种古老的共同经营方式。

近代和现代，随着资本主义生产规模的不断扩大，独资经营企业的发展受到局限，法人的经营方式得到充分的发展，但是合伙企业在经济生活中仍然占据重要地位。到了帝国主义时期，法人与合伙更加密切地联系在一起，共同成为加速资本垄断的法律工具。例如，卡特尔就是若干企业法人，通过契约的形式，结合而成的合伙同盟；财团就是若干法人按照合伙原则，联合而成的金融资本集团。特别是近年来，由于深刻的政治和经济原因，发达的资本主义国家越来越重视发展小型企业，合伙经营更普遍受到重视。

---

* 原载《法学研究》1986年第5期。原文署名"丁岩"，为马俊驹笔名。

关于合伙的定义，各国法律规定有所不同。《德国民法典》第 705 条规定："各合伙人依合伙契约，互负以契约所定的方法促进共同目的事业的完成，特别负履行约定出资的义务。"英国《合伙法》第 1 条规定："为了营利而从事业务活动的个人之间所建立的关系。"《日本民法典》第 667 条规定："组合契约因各当事者约定出资经营的共同事业而生效。"美国、荷兰比较强调合伙的商业性质，合伙一般应用商号的名义从事经济活动，而不强调合伙人所负的共同责任和个人责任。法国、意大利则认为合伙所具有的重要特征，就是合伙人所负的共同责任和个人的无限责任。相比之下，比利时对合伙所下的定义比较全面：合伙是一种具有商号名称的业务联合体，它由两个或两个以上的人组成，合伙人对合伙的全部债务负无限的共同责任和个别责任。

苏联 1978 年修订的民法典，承认集体农庄共有的或国营和集体农庄合营的企业或机构可以是合伙，但必须以进行某些公共事业为限；公民只有为了满足个人日常生活需要，才能签订合伙合同。匈牙利 1959 年的民法典，则规定任何合伙事业都不得以商业为目的，有关股金付息和个人入伙报酬的协议，一律无效。捷克斯洛伐克 1964 年的民法典，则完全取消了有关合伙的规定。显然，在这些国家，合伙组织及其活动受到严格的限制，法律对合伙也无明确的定义。

在我国，合伙是指两个或两个以上的合伙人，为了共同的经济目的，自愿签订合同，共同出资，共同经营，共负盈亏，共担风险，对合伙债务承担无限责任的联合。合伙人可以以现金、实物、技艺或其他财产出资，也可以以劳务代替。合伙人是公民时，出资财产仍归合伙人所有，合伙经营积累的财产，归全体合伙人共有。合伙合同应明确规定合伙人的出资数额、盈余分配、债务承担以及入伙退伙的要求和限制。合伙人对合伙内部事务享有平等的管理和监督权。合伙的外部事务由合伙人共同推举的负责人代理进行，其法律后果由全体合伙人承担。一般情况下，合伙债务应以合伙人的全部财产承担清偿责任，各合伙人之间负连带责任。

因此，我们可以得出合伙的几点基本特征：

1. 合伙须经签订合伙合同而确立。这一特征与享有法人资格的公司不同，公司是以章程作为共同行为的标准，凡是同意者即可加入。合伙合同的成立则必须有当事人间的共同协议。合伙合同不同于一般合同,它的当事人之间的权利、义务是互相平行的,即互享性质相同的权利,互负性质相同的义务。大陆法系国家规定合伙合同是合伙成立的必要条件,有的国家还规定合同须经注册登记,才能发生法律效力。但是在美国,在某些情况下,合伙也可以不经签订合同,而通过当事人的行为或活动成立。我国合伙的成立应以合伙人的共同协议为条件,并在进行注册登记后开展业务活动。同时,我们也应在一定范围内承认那些事实上的合伙。

2. 合伙是一种共同经营、共担风险的联合。当事人有了共同的经济目的,通过协议确定了合伙的宗旨、形式、名称、资金、期限等内容并得到国家允许后,便以合伙人的身份共同从事合伙事业,并与第三人发生法律关系。所以,合伙人对于合伙共同事业所欠之债,向债权人承担无限清偿责任。这一特征与股份有限公司和有限公司不同,它们的所有股东仅对公司的债务承担有限责任。

3. 合伙是一种共同出资、分享利益的关系。合伙人在共同出资的基础上,共同享有财产、共同管理财产、共同分配损益。《法国民法典》第 1833 条规定:"合伙契约应有合法的标的,并为当事人共同利益而订立之。"在多数国家看来,没有获得利润、分配利润的联合都不能构成合伙。例如,甲乙双方协议兴办企业,规定甲方只拿固定工资,乙方获取全部利润,这种协议关系就不是合伙。在我国,同样应该强调合伙人的共同经济利益,明确合伙人间分享利益、承担亏损的平等关系。

二

合伙是一种经济联合体,必须具备一定相对独立的财产,作为对外进行业务活动的物质基础,所以成立合伙首先遇到的是合伙人出资问题。一般情况下,合伙人出资可以是现金和实物,也可以是提供技艺或劳务,在有些国家还可以是商业信誉。但是,在英美法系国家的有限合伙中,有限合伙人的出资则必须是现金和实物,不得以技艺或劳务作为出资;在大陆法系国家的隐名合伙和两合公司中,隐名合伙人或有限责任股东也只能以现金或实物作为出资。

合伙人出资的义务,应在合同中明确规定。在确定普通合伙出资方式和比例时,应考虑以下一些因素:现金出资应在合伙合同约定的时间或期限内缴纳,未能按期缴纳者,应自其应付之日起计算利息,并且不能影响支付较大数额的损害赔偿;实物出资的标的可以是所有权,也可以是使用权。如果出资标的是所有权,应及时将实物过户于合伙,而成为合伙人的共有财产,出资人要为其标的物负担保责任。如果出资标的是使用权,该物的所有权仍然属于原所有人,但要明确该物在使用过程中的正常损耗由何方承担,而且出资人同样要为其标的物负担保责任;以技艺或劳务出资时,要以社会同等技艺或劳务的价值计算,不得损害出资者的利益。

合伙人按照合同约定出资后,即享有不增资的权利,如果多数合伙人决定增资时,可以补充规定增资的方式和比例以及合伙内部的权利、义务关系,但不得损害不增资合伙人的利益,而且,一些国家因为考虑到合伙对外承担责任的性质,规定合伙人必须以自己的资产出资,不得公开征集资金或发行流通证券,否则所缔结的合同或发行的证券无效;另外,因为考虑合伙具有人身信任性质,则规定合伙人出资的份额不得任意转让。如果合伙人要转让自己的出资份额,必须征得全体合伙人的同意,但如果是转让给其他合伙人,则无须全体同意,因为它不涉及接纳新合伙人的问题。以上这些规定,对我国有一定的参考价值。

合伙财产是指哪些财产?这个问题不仅对于合伙的债权人或合伙人的债权人关系重大,而且对于合伙人之间的相互关系也十分重要。一般来说,合伙财产是指合伙为经营共同事业所构成的一切财产、权利和利益,既包括合伙人的最初出资(含出资请求权),以及用出资财产购买和以其他方式取得的财产,也包括在合伙经营期间所取得的盈利和孳息。

在这里,特别需要讨论的是合伙人能否以实物的使用权作为出资的标的?如果可以,那么这些标的物是否合伙的财产?我们认为,实物的使用权是可以作为出资的,这不仅国外有先例,而且符合我国情况。《苏俄民法典》第434条的规定中,就承认在国营和集体农庄之间成立的合伙。显然,因为国家所有权的特征所决定,国营农庄是不可能以所有权作为出资的。在我国,也会遇到同样的情况,国营企业既然对企业财产不享有所有权,它们参加合伙的出资标的也不可能是所有权,而只能是以使用权为基本内容的某些所有权权能。我们承认实物的使用权可以作为出资,也就应该承认这些标的物是合伙的财产,如果合同中没有特殊的规定,也就应该像其他合伙财产一样可以进行转让和处分。

合伙财产是合伙人的共有财产。在罗马法时代,合伙采取按份共有制度,合伙人根据各自对共有财产所拥有的份额,分享权益和履行义务,有权按照自己的份额使用和处分共有财产,享有自由退出合伙的权利。近代各国立法,一般规定合伙财产为共同共有财产。例如,《日本民法典》第668条规定:"由各组合社员出资及其他方式形成的组合财产,属于整个组合社员共同所有。"合伙人在合伙存续期间,对于全部共有财产不分份额地、平等地享有所有权,正是如此,合伙人也就实际失去了自由支配、处分个人所有的财产的权利,只有在合伙解散时,才能确定各自所应得的份额。这说明随着社会经济的发展,为了便于合伙经营活动的开展,合伙财产必然趋向于更加独立和集中。但是,因为社会经济生活的复杂性,合伙财产的性质并不完全一致,有些合伙的财产仍属于按份共有。另外,在隐名合伙中,隐名合伙人为对方出资,财产就不是共有,而是仍属于出名营业人。在两合公司中,有限责任股东为公司出资,财产也不是共有,而是属于全体无限责任股东。

合伙虽然不是合伙财产的所有者,但它的财产在很大程度上已经脱离合伙人,所以合伙的财产具有相对的独立性,这主要表现在以下一些方面:在合伙存续期间,合伙人不得请求对合伙财产进行分割,未经合伙人全体同意不得将自己的股份转让给第三人,也不能无故提出退伙。合伙往往是以自己商号的名义对外进行活动的,并首先以合伙财产对外担负债务或责任。偿还合伙债务不能与合伙人的债权相抵销,只有在合伙财产不足清偿债务时,各合伙人才有义务按出资份额比例补足不足的数额。所以,在通常的情况下,合伙财产与法人财产相比,有着相似的独立性。可能这是一个重要原因,促使了许多大陆法系国家承认商业合伙是法人。在英美法系国家,虽然认为合伙是非法人团体,但法律也规定合伙可以用商号名义起诉或应诉,承认合伙是一种经济实体。在美国,如果是针对合伙资产的保险,保险单就是以合伙的名义签发的,并用合伙基金支付保险费,而保险的收益仍属于合伙财产。(不过美国税法规定,合伙不是独立的征税单位,合伙本身不须交纳所得税,而只是由其合伙人按其分配份额交纳个人所得税。)在我国实践中,为了便于合伙业务的开展,承认合伙有当事人的权利能力,并在诉讼上成为原告或被告。

如前所述,合伙财产分为共同共有和按份共有两种性质。多数情况下,合伙财产属于共同共有,合伙人对于合伙共同事业所欠的债务负连带的无限责任,营利性的商业合伙多属于这一类。少数情况下,合伙财产属于按份共有,合伙人对于合伙债务应按合同规定的比例负无限责任,但不负连带责任,非营利性的合伙多属于这一类。合伙对第三人所应承担的债务,就是合伙人共同的债务,在通常情况下,应以合伙财产向第三人偿还。当合伙财产不足偿还债务时,合伙人应按出资比例以自己的个人财产向第三人负无限责任;如果是共同共有性质的合伙,当有的合伙人确无偿还能力时,其他合伙人有责任代其偿还,从而在合伙人之间发生新的债务关系,暂无偿还能力的合伙人将永久负偿还其债务的责任。另外,仅以技艺或劳务出资的合伙人,对于合伙债务应以合同约定的比例承担责任(法国民法规定,此类合伙人对于合伙债务应和出资份额最少的合伙人负同等数额的责任)。至于隐名合伙人或有限合伙人,虽然也要分担合伙债务,但不承担连带无限责任。

对合伙责任,在外国立法上有三种不同的规定:大陆法系国家多强调合伙人对合伙债务负连带无限责任;英美法系国家和苏联等国,基于不同的原因,都不强调合伙人对合伙债务负连带责任;有些国家的法律则规定,营利性合伙的合伙人对合伙债务负连带责任。非营利性合伙的合伙人对合伙债务负无限责任,但不负连带责任。我们认为,第三种规定较符合我国的实际情况。

三

合伙的一个重要特点是合伙人共同管理、共同经营。合伙是在合伙人协商一致基础上建立的联合体,所以合伙人对合伙的内部事务享有充分的民主权利。各国合伙法均规定,除合同另有约定外,合伙人均有执行合伙事务的权利和义务。在处理合伙的重大事务时,原则上须经全体合伙人的协商一致。例如,法国民法典规定,凡延长合伙、先期解散合伙须经全体合伙人同意;英国合伙法规定,若接纳新的合伙人、改变章程须经合伙人的一致同意。在处理合伙的日常事务中,若合伙人之间发生争议时,应由多数合伙人的意见决定。多数国家立法,一方面规定合伙事务的共同执行原则,另一方面规定对某些事务采用过半数通过的办法,对具体的事务也可以由合伙人单独执行,但其他合伙人有声明异议的权利。如果合同没有特别规定,合伙人不论出资多少和以何物出资,对合伙事务均有同等的表决权。

结合我国情况,确定合伙事务的执行原则,必须兼顾两个方面:一是充分保障合伙人的个人权利;二是积极促进合伙业务的顺利开展。首先,合伙是一种个人权利的联合,并非个人权利的合并,每一个合伙人在合伙内部始终保持着独立的主体地位。所以,合伙事务必须坚持共同执行的原则,对于合伙的重大事务的执行,必须经合伙人全体的一致同意,也就是说,每一个合伙人对于他不同意的事项均有否决权。所谓合伙的重大事务,应指合伙经营范围的改变、合伙人的变动、合伙人出资份额的向外转让、盈亏分配办法的改变、合伙的延长和解散。其次,合伙是一种相对独立的联合体,必须在经营活动中表现为合伙人集体的意志,合伙人的个人意志因此而受到约制。在日常业务活动中,对于企业生产资料和生产基金的使用、经营方式的改变、合伙业务执行人的推举,应坚持少数服从多数的原则,不能因为少数或个别合伙人的不同意见,影响合伙企业的决策和日常业务的执行。

按照合伙的一般规则,每个合伙人都有代表合伙执行业务的权利,所以对于不知情的第三人来说,任何一个合伙人都是合伙经营和其他合伙人的代理人,合伙或其他合伙人都要为其执行行为的后果承担责任。但是,合伙作为一种社会组织,要正常地开展业务活动不可能由各个合伙人分别执行,而必须设有一定的执行机构,具体负责合伙的内外事务。通常在签订合伙合同时,各合伙人就应民主推举出能力较强、威信较高的合伙人作为执行人,并在合伙章程中加以明确。在法理上,合伙执行人应视为合伙代理人,没有正当理由不得辞职或解任。合伙执行人在执行业务时,必须以和处理自己事务相同的注意,否则给第三人产生的法律后果,应由合伙或其他合伙人共同承担,任何一个合伙人都不能以执行人的过错而推卸自己的责任。但在合伙内部,合伙或各合伙人有权要求故意或疏忽的执行人赔偿其损失。不执行业务的合伙人,有权随时检查合伙事务和查阅有关账册,以监督合伙事务的执行。

合伙的性质决定,合伙利益就是全体合伙人的利益,为了切实维护合伙的利益起见,各合伙人于执行合伙业务完成前,都有声明异议的权利。一般来说,一旦有合伙人声明异议,合伙业务就须暂行中止执行。但是,异议有可能不当,执行人也可置异议而不顾,那么由此给合伙造成的损失,应由何方承担呢?讨论这个问题是有实际意义的。一方面,合伙人声明异议要慎重,否则如果异议不当,因异议而中止业务给合伙造成的损失,应由该合伙人承担。另一方面,执行人要慎重考虑不同意见。在有人声明异议时,应中止业务的执行,急速召集全体合伙人会议,征得多数合伙人同意后,再继续完成执行的业务,否则因置异议而不顾给合伙造成的损失,应由执行人承担。只有这样明确双方的责任,才能保证合伙业务的顺利执行。

合伙内部的损益分配,直接关系各合伙人的切身利益,所以其分配方法必须在合同中明确规定。通常情况下,各合伙人应按其在合伙中出资份额的比例分享盈利和分担亏损;在有合同约定时,也可以采取由各合伙人平均分配的办法。但是,合同不能约定将全部利益或全部损失归于一个合伙人,也不能约定排除某一合伙人享受利益或负担全部损失。如果合伙人仅以技艺或劳务出资时,因为考虑到合伙人的技艺高低,劳务类别各不相同,所以其盈利的分配比例应在合同中具体约定。各国立法对此规定有所不同,《法国民法典》第 1853 条规定:“劳务出资的合伙人,其分配利益或损失的比率与出资数额最少的含伙人的比率相同。”《德国民法典》第 722 条规定:“各合伙人不论出资种类及数额大小,按平等成数分配其损益。”我们认为,如果合同没有约定的,应按各合伙人出资的平均比例进行分配,但一般可不受损失分配。

为了保证合伙业务的正常开展,各合伙人在行使权利时,还应注意以下几点:(1)任何合伙人未经其他合伙人同意,而又没有正当理由时,以合伙名义或财产对外进行民事活动所取得的利益,应全部归于合伙,若给合伙造成损失的,还应给予赔偿;(2)任何合伙人都不得经营与合伙业务相竞争的事业,因为他们最了解合伙的内部情况,容易以自己的有利地位损害合伙的利益,所以由此所取得的盈利应归于合伙;(3)任何合伙人不能再加入其他合伙,否则应视为退出合伙,并应承担由此给合伙造成的损失,这是因为合伙不同手法人,合伙人之间是负连带责任的,所以不能允许让两个合伙的成员都为同一合伙人承担连带责任;(4)任何合伙人都不得为个人密谋私利,合伙人不能与本合伙签订合同,从中取得其他合伙人不能取得的利益应归于合伙。以上对合伙人权利的限制,正是为了维护全体合伙人的利益,促使各合伙人同心协力,共同办好合伙事业。

四

合伙是因合伙人彼此信任而成立的,所以法律和合同应允许合伙人自愿退伙,同样理由,第三人要求入伙也须经合伙人全体的同意。

所谓退伙,是指合伙人与其他合伙人脱离合伙关系,丧失合伙人的资格。退伙又分声明退伙(又称任意退伙)和法定退伙。声明退伙原则上有合伙人自己的意思表示,即可发生退伙效力。这一点正是合伙经营方式的一个优点。但各国对此规定也不尽相同,如德国立法规定退伙人只需告知其他合伙人,而法国立法则要求其他合伙人的同意。实际上,合伙人退伙也应受到一定的限制:必须先期(一般为两个月前)通知全体合伙人,不得于不利于合伙事务时提出。合伙合同定有存续期间的,合伙人在期满前一般不得退伙,只有重大理由时才能声明退伙。合伙合同未定有期间的,原则上随时可声明退伙,但不能因此影响合伙事务的正常开展,若给其他合伙人造成损失的应予赔偿。法定退伙的条件应由法律规定,这主要是指合伙人死亡(除合同规定由他继承人继承者外)、合伙人破产或丧失行为能力、合伙人被开除等。开除合伙人是件慎重的事情,必须经全体合伙人的一致同意才能生效。

退伙的后果应由法律规定。英美法基于合伙与法人的严格界限,一直认为合伙全凭当事人间的信用,所以合伙人中有一人退伙,合伙关系即应解除,如果其他合伙人继续合伙时,应认为是新的合伙关系,而不是原合伙的赓续。法国1804年的民法典也作过类似规定。在法理上,这样规定是符合合伙性质的。但在实践上,随着社会经济的发展,它已经越来越不利于合伙业务的开展,影响社会经济生活的稳定。所以,现代一些国家法律规定,声明退伙只终止退伙人的权利和义务,合伙并不因此解散。法国于1978年也对原规定作了修改,承认合伙不因个别合伙人的死亡或退出而解散。显然,这种立法的改变使合伙的独立性加强了,合伙与法人的距离接近了,这也正是大陆法系国家为什么承认商业合伙是法人的一个原因。

合伙人退伙必然涉及财产结算和损益分配等问题。在结算标准方面,退伙人与其他合伙人之间的结算,应以退伙时的财产状况为准,如果合伙事务尚未了结时,应在以后了结时计算;在返还出资及损益分配方面,除有特别约定外,返还退伙人的出资份额,不问其出资的种类,应以合伙的现金抵还,不得请求返还生产资料或其他固定资产。退伙人的损益分配,应以当时合伙财产减除合伙债务之后的剩余为限,如果合伙财产不足清偿合伙债务时,退伙人也应分担其损失;在分担合伙债务的责任方面,合伙人退伙后,对于退伙前合伙的债务仍应负责。

所谓入伙,是指合伙成立后,第三人加人合伙并取得合伙人的资格。第三人入伙必须以接受原合伙合同为前提,并经全体合伙人的一致同意,签订入伙合同后成为新的合伙人。新合伙人对于合伙原有的债务如何承担责任?各国立法大致有两种规定:第一种是新合伙人应与其他合伙人一样承担连带责任;第二种是新合伙人对于合伙原有债务不承担责任。我们认为,从合伙财产是合伙人的共同共有财产出发,新合伙人既然成为共同共有人而享有权利,也应对原合伙债务承担连带责任,但是,如果是加入按份共有性质的合伙,新合伙人是否对合伙的债务承担责任,应以入伙合同的约定为准。

合伙的解散,是指由于法律规定的原因而使合伙事业终结,合伙关系归于消灭。各国法律规定解散的原因主要有:(1)合伙存续期限届满;(2)合伙人全体同意解散;(3)合伙事业已经完成或不能完成;(4)合伙事业违反法律而被撤销;(5)国际的合伙,如果因爆发战争,合伙人之一系敌国公民或法人时,即应解散。上述各点是合伙解散的基本原因,为多数国家所适用,而且较符合我国情况。另外,有的国家法律还规定:如果合伙人中有一人被宣告无行为能力,或者合伙人的死亡或破产,或者合伙人声明退伙或解约,或者合伙标的物出卖或消灭,合伙也应解散。实际上,这些规定多是指合伙人的退伙,不能看作合伙的解散。合伙标的物的出卖或消灭,固然能造成合伙解散,但它只属于合伙事业不能完成的情况之一,法律不必再单独规定。

合伙依法解散后,必须办理清算事务。这主要包括:了结现行的合伙业务,收取债权,清偿债务,返还出资,以及分配剩余财产。在清算期间,为了便于清算起见,仍应视为合伙存续。但是,合伙因解散就丧失了执行业务权,不能再进行积极的经营活动。

多数国家法律规定,清算人一经选任,便在清算目的的范围内,有权实施了结合伙尚未终结的事务,请求合伙人债权的履行,变换合伙财产偿还合伙债务,并将剩余财产移交给合伙人等行为。如果没有特殊情况,不能使清算人丧失权限,也不能允许清算人辞任。如果清算人是数人时,应以共同处理清算事务为原则。

清算人在清偿合伙债务时,应按以下顺序进行:首先,以合伙财产清偿合伙的债务。如果某项债务还没有到清偿期或正在诉讼中,也必须在合伙财产中将清偿债务所必需的部分划出保留,如果合伙财产不足清偿合伙的债务时,合伙人就应对合伙的债务承担连带的无限责任。其次,以剩余的合伙的财产偿还各合伙人的出资。为便于清偿债务和偿还出资起见,可将合伙财产变换或折合现钱给予偿还。偿还实物出资应以出资时的价格为准。如果剩余的合伙财产不足偿还各合伙人的出资时,其不足部分应由各合伙人按分配损失的比例担负。最后,在清偿合伙债务和偿还各合伙人出资后,如果合伙财产还有剩余,就应按分配盈利的比例分给合伙人。

五

合伙的各项规则表明,合伙与独资经营相比,最明显的优越性就在于:合伙可以集中比独资经营为多的资金,便于各合伙人互相取长补短,充分发挥各自的优势,从而形成一种新的生产力。合伙与法人相比,虽然合伙的人数有限,不容易像法人那样集聚更多的资金,而且合伙人对债务要负连带责任、无限责任,使合伙人承担的风险较大,以致使合伙的发展受到一定局限,但是,合伙也具有一般法人所不能具有的优越之处:(1)合伙设立具有灵活性。当事人在国家法律允许的范围内,可以根据实际情况、按照各方意愿签订合同,灵活地规定出资方式、合伙期间、经营范围、损益分配和出资份额转让办法、入伙退伙和解散条件等。(2)合伙便于经营管理,各合伙人都有权参与合伙的经营管理,对外有权代表合伙签订合同,便于合伙在业务上及时做出决定。各合伙人可以根据自己的专长分管有关业务,便于发挥各合伙人的才干和特长。(3)合伙的信用较高。合伙是在不多的合伙人之间相互信任基础上设立的,而且他们对外负有无限责任、连带责任,这样就使合伙比较稳定、可靠,为社会各方所信任。合伙由于这些优点,特别适用于各种小型企业、事业的组合,这也是为什么在当今法人制度普遍实行的情况下,合伙还能广泛存在而具有生命力的原因。

长期以来,我国在“左”的思想束缚下,否定或歧视个体经济、合作经济的积极作用,强调所有制与经营方式的一致性,所以合伙经营几乎绝迹。一些人错误地认为,合伙是一种落后的经营方式,它的发展必然有损于社会主义公有制。其实,合伙并不是一种独立的所有制形式,无论是相同所有制经济之间的合伙,还是不同所有制经济之间的合伙,它们都没有改变其原所有制的性质。可能正是这个原因,从古至今在不同经济制度的国家,都把合伙看作发展社会生产力的有效经营方式,即使社会主义国家也不例外。近年来,我国随着社会主义商品经济的发展,为适应多层次生产力结构的客观要求,在城市和农村,各种形式的经济联合形体不断涌现,其中合伙组织就是重要的联合形式之一。这一形式不仅发生在我国公民个人之间、社会主义经济组织之间,以及它们相互之间,而且在涉外经济活动中,也出现了一批与外国合营者联合举办的中外合营企业,以及其他合作经营的联合组织,这些组织有的就具有合伙性质。

目前,我国城乡劳动者合作经营组织,正以惊人的速度向前发展。关于合作经营组织的法律性质问题,人们还没有一致的看法。一种看法认为,合作经营组织既然是在自愿协商基础上,共同出资、共同经营、共同承担债务责任,所以它的经营方式应是合伙;另一种看法认为,合作经营组织属于劳动人民集体所有制的经济组织,有自己的公共积累,并以实行按劳分配为主,所以它的经营方式应是法人,或是一种除公民、法人之外的第三民事主体。

下面谈谈我们的看法:我国合作经营组织的联合形式多种多样,有长期的、固定的联合体,也有在某些环节上的联合体,还有临时的、季节性的联合体。总的来说,松散型的联合体占大多数,而且今后相当长时期内,松散型的联合体还要存在下去。这种联合体的法律特征主要有三个:(1)自愿联合,并以合同形式将参加者的权利、义务确定下来;(2)财产共有,参加者对其投资的份额并不丧失所有权;(3)共同责任,参加者对合作经营组织的债务承担无限责任。其优点是在于简便、灵活,适应市场能力强。所以,我国现阶段的合作经营组织在法律上应是合伙。如果是公民个人之间的合伙,就属于个体性质的经济组织,如果是集体、国家组织之间的合伙,就属于集体所有制或全民所有制的经济组织。合作经营组织并不因此改变任何一方参加者的所有制性质。

随着经济体制改革的深入开展,参加联合的企业都保持着相对的独立性,仍分别享有法人资格。联合组织的形式多种多样,有的可以采取法人的经营方式,有的可以采取合伙的联营方式。那些松散型的联营组织,在法律上具备合伙的基本特征,它们往往是企业联合的初级形式。

从所有制形式上划分,这些联营组织有三类:一是集体企业间的合伙。如农村集体经济组织联合兴建规模较大的农田、造林、水电设施、社队企业等。二是国营企业间的合伙。国营企业之间成立的联合企业,有一些是采取共同投资、共同决策、共负盈亏的经营方式,它们的法律形式应该是合伙。三是混合合伙,即指不同所有制企业之间的联营。各方企业按照合同规定,投入的厂房、设备和资金的所有权性质不变,各自保持自己的财政渠道,并按投资比例分享企业利润,共负风险责任。所以,这种合伙形式并不会改变原企业所有制的性质。今后,我国还应在自愿互利的基础上,广泛发展国营、集体,个体经济相互之间灵活多样的合作经营和经济联合,显然合伙是它们最适宜的法律形式之一。

在涉外经济方面,我国实行对外开放政策,积极发展各种形式的国际经济、技术合作。其中,中外合资经营企业是股份式的合营企业,合营各方对合营企业仅负有限责任。合营企业具有权利能力和行为能力,能以自己名义享有民事权利和负有民事义务,并能独立对外承担民事责任。所以,中外合资经营企业是中国法人。中外合作经营企业是合同式合营企业,合营各方在平等互利的原则下,按照合同约定的比例,共同投资、分享收益、分担亏损,与中外合资经营企业相比,具有简便灵活、投资少、见效快的特点,所以近年来发展很快。这类合营企业有的采取责任有限公司形式,它们具有中国法人的资格;有的则采取股份有限合伙形式,它们各方按照约定分成比例分配收益,除有限责任股东外,其他各方要对合营企业的债务承担连带责任。可见,合伙作为一种重要的经营方式,在涉外经济活动中也有积极的现实意义。

综上所述,合伙是商品经济发展的必然产物,是促进人类财富社会化的重要法律形式。合伙与法人相比,合伙是人们联合的初级形式,法人是人们联合的高级形式,它们的财产都在不同程度上脱离了个人,成为一定范围内社会化的财产。如果说合伙与法人还有所区别,那就是合伙财产是共有化的财产,法人财产是公有化的财产。但是,到了法人能够成为合伙人的时代,这种区别正在逐渐消失,合伙与法人的界限越来越模糊。在法律上,合伙的优越性始终没有被磨灭,它具有法人与独资经营所不能具有的特殊作用,越来越受到人们的重视。正是这个原因,我国在进行合作经营、企业联合、经济合作的过程中,把合伙作为重要的法律形式之一,特别那些小型的合作企业和初设的经济联合体,往往把合伙作为联合的第一步模式,成为联合的捷径和必经之路。可以预料,随着我国经济体制改革的进一步展开,随着实践的不断深化,合伙问题将会成为我国民法学研究的一个重要课题。

论我国企业法人的条件和能力*

虽然我国民法典尚未颁布，还没有完备的法人制度，但是近几年来颁发的一些重要法规，已经规定企业是法人。特别是党的十二届三中全会通过的《中共中央关于经济体制改革的决定》，阐明了我国实行法人制度的必要性。该决定指出："要使企业真正成为相对独立的经济实体，成为自主经营、自负盈亏的社会主义商品生产者和经营者，具有自我改造和自我发展的能力，成为具有一定权利和义务的法人。"因此，国家立法机关尽快对法人作出法律解释，并在较短时间内对法人作出全面规定就成为一项十分紧迫的任务。本文试图从我国实际出发，运用法人的一般原理，就企业法人的基本条件和能力问题，谈些自己的看法。

一

企业成为法人应有两个最显著的特点：一是意志自主。企业法人能够以平等当事人的身份，根据自己的意志和愿望设定、变更和消灭民事权利和义务。二是财产独立。企业法人能够以自己所有或经营管理的财产，对其债务承担责任。有了以上两点，企业法人必定是自主经营、自负盈亏的经济实体。我们讨论企业法人的条件，确定哪些企业给以法人资格，哪些企业不能给以法人资格，

---

* 原载《法学评论》1985年第3期。

也应以此作为衡量的标准。

企业法人必须是意志自主的经济组织。在社会化大生产的条件下，由于社会需求十分复杂而且经常处于变动之中，企业条件千差万别，企业之间的经济联系错综繁复。所以，企业不能没有必要的意志自主，不能没有独立处理自身事务以适应社会经济生活瞬息万变的能力。没有这一点，就会压抑企业的生机和活力，影响整个社会经济的发展。多年来，我国经济体制的弊端主要就在于：国家对企业统得过多过死，企业缺乏应有的自主权，往往是企业的产供销计划由国家下达，经营方式由上级决定，企业资金由上级支配，企业处处要听从有关国家机构的安排，按照有关国家机构的指令办事。在这种情况下，企业没有或很少有自己的意志，不能或很少能以主体资格参加民事活动，当然它们不可能或不完全是法人。

我国目前以城市为重点的整个经济体制改革的中心环节，是增强企业的活力，特别是增强全民所有制的大中型企业的活力。解决这一问题的关键是赋予企业自主权，使它们具有自我改造和自我发展的能力。实现了这一点，也就使企业具备了法人的一个基本条件。企业法人的意志自主，具体表现为企业在遵守国家法律的前提下，享有各项经营管理的权能，如有权选择灵活多样的经营方式，有权安排自己的产供销活动，有权支配和处分自留资金，有权自行任免、聘用和选举本企业的工作人员，有权自行决定用工办法和工资奖励方式，有权确定本企业产品的价格等，应该说，实现经济体制改革的目标，是我国完备法人制度的条件和前提，实行法人制度是经济体制改革得以顺利进行的法律保障。所以，企业能否成为符合条件的法人，关键在于通过经济体制改革，企业能否取得经营自主权。

企业法人的意志自主，是由国家赋予。法人机关具体实现的，它包括两方面的内容：一方面，企业法人作为民事主体，对外能够以自己的意志，参加各项民事法律关系，享有民事权利和承担民事义务。此时，法人机关的意志就是法人的意志，法人机关的意志自主就是法人的意志自主。另一方面，企业法人作为有机组织，内部能够以自己的意志，进行自我调整和改造，以适应多变的社会需求，实现自身的不断发展。此时，法人机关的意志同样表现为法人的意志，但法人只是作为一个经济组织存在,而不是作为民事主体存在,它的法人机关对内的意志自主,也不是民法意义上的意志自主,一般则表现为行政性质的意志和权力,所以不属民法调整的范围。这样,人们会发现一个有趣的问题:企业法人一旦走出自己的大门,作为一个民事主体出现在商品流转的社会中时,它的各项外部活动是由民法调整的:而同样是这个法人,当它仅仅作为一个经济组织进行各项内部活动时,又是由行政法、劳动法等法律部门调整的。但是,无论是法人组织的外部活动,还是法人组织的内部活动,都是由同一个法人机关行使着领导职能,这一职能的行使又依赖于统一的,不可分割的意志自主。可以说,企业法人对外的意志自主,是其享有民事主体资格的表现,企业法人对内的意志自主,是其确立民事主体资格的基础,它们二者互相区别、相互依存,共同构成了企业法人的条件之一。

企业能否成为意志自主的法人,不仅决定于国家和有关国家机构是否放权,而且决定于自身是否具备意志自主的能力。如前所述,企业法人的意志自主,集中体现为法人机关的意志自主。所以,企业法人是否具备意志自主的能力,又决定于法人机关的素质。我们审核一个企业是否具备法人条件时,不能忽视对其机关素质的了解。如果一个企业没有胜任工作的法人机关,那么就应认为它是不符合法人条件的。特别在新的形势下,企业的厂长或经理,必须从一切听命于上级行政机关指挥的执行者,向自主经营的决策指挥者转变;必须有能力使企业从生产型的封闭式,向经营开拓型的开放式转变:必须从小生产自然经济色彩的旧式管理,向现代化管理转变。这些变化,要求厂长或经理不仅要有自主指挥的才能,还要有经营决策的能力以及应变、创新的能力;不仅要有领导企业不断技术改造和技术进步的经验,还要有现代化管理思想、方法和手段。可见,随着社会经济的发展,对法人机关素质的要求越来越高。在这种情况下,我们只有对企业法人机关的素质从严要求,才有可能保证企业法人的意志自主。

法人的一般原理认为,企业法人的意志自主,只有通过它的法人机关加以实现。作为法人机关的成员,在实现法人意志时,必然发挥着自己的智慧和才干。但是,我们的认识并不能到此为止。实际上,法人机关在实现法人意志时,还必须倾听本企业广大职工的意见，并按照职工代表大会或职工大会所确定的经营战略和管理方针进行工作。尤其重要的是，法人机关应由企业职工选举产生，而这本身就是法人意志自主的重要内容。正如《中共中央关于经济体制改革的决定》指出："在社会主义条件下，企业领导者的权威同劳动者的主人翁地位是统一的，同劳动者的主动性创造性是统一的。"因此，我们一方面要强调现代企业必须有集中统一的领导和生产指挥，企业法人的意志自主必须由法人机关集中加以实现；另一方面也要强调必须保证广大职工和他们选出的代表参加企业民主管理的权利，维护企业法人内部广大成员和工作人员的利益。应该说，没有企业法人的意志自主，固然不可能有广大职工管理企业的民主权利，但是没有广大职工的这种权利，也不可能有企业法人的真正意志自主。它们二者的统一，正是企业法人得以实现意志自主的必要前提。

企业法人必须是拥有独立财产的经济组织。企业法人拥有独立财产，享有充分的财产自主权，是它们意志自主的一项核心内容。同时，企业法人享有意志自主，能够独立进行民事活动，又必须以一定的独立财产为基础和条件。在法律上，所谓独立财产，是指企业法人的财产不仅独立于其他社会组织和公民的财产，而且独立于自己成员的其他个人财产，也独立于创立人国家的其他财产。所以，企业法人的财产与法人成员的个人财产，以及创立人国家的其他财产是分开的。没有这一点，企业法人就不可能在民事活动中独立承担财产责任，而不能独立承担财产责任的企业，也就不可能在法律上取得法人地位。因此，一个企业是否拥有独立财产，就成为它能否享有法人资格的必要条件。

在我国，企业能否拥有独立财产？这是多年来在理论上、实践中未能很好解决的问题。特别是过去把全民所有同国家机构直接经营企业混为一谈，这样在事实上就否定了国营企业拥有和支配独立财产的权利。同时，即使是对自己财产享有所有权的集体企业，由于受到各种"左"倾错误做法的影响，也在不同程度上丧失了企业的独立财产。这样，企业便成为既不享有财产权利，也不承担财产责任，事事靠吃国家"大锅饭"的僵化组织。但是，根据马克思主义的理论和社会主义的实践，所有权同经营权是可以适当分开的。在全民所有制内部，一方面，国家保持着对生产资料的所有权，并凭借这种所有权向企业收取生产资料的租金、占用费、利润、税收等,有权决定企业的创建和关、停、并、转、迁,行使对生产资料的最终处置权;另一方面,国家授权企业直接占有、使用和支配生产资料,使企业拥有自身的财产利益,能够独立自主地开展经营活动。在集体所有制内部,每一个企业都是自己财产的所有者,它们既能够自己独立经营,也能够将其财产转让他人代为经营,从中取得的财产收益仍为集体所有权的客体。因此,无论是全民所有制企业,还是集体所有制企业,都应是拥有独立财产的经济实体。

企业法人拥有独立财产,是企业实现自负盈亏的基本条件。自负盈亏是商品经济的产物。在社会主义条件下,自负盈亏是企业的一项基本的经营原则。它的基本要求是以收抵支,取得盈利。一个企业在经营中,盈了,其生产就能发展;亏了,就有破产的危险。企业只有实行自负盈亏,才能实现责、权、利三者的统一,调动企业和广大职工的积极性、主动性、创造性。企业实行自负盈亏,对外就须独立承担财产责任,国家、个人没有为其承担财产责任的义务。这样,企业作为法人组织,它的财产必须是独立的,即使企业的财产已经不足偿还债务,以致出现破产的情况时,国家、个人在一般情况下,也没有为其承担财产责任的义务。在我国,过去企业的经济亏损,往往要由上级国家组织承担债务的补充责任,甚至承担债务的全部责任,其直接原因就在于企业没有自己的独立财产,所以形成企业吃国家“大锅饭”、职工吃企业“大锅饭”的局面。现在,我们进行经济体制改革,实行“独立核算、国家征税、自负盈亏”的办法,首先就须承认企业的法人地位,明确它们能够自主经营的独立财产。

那么,在我国社会主义公有制的条件下,哪些财产属于企业法人的独立财产呢?或者说,哪些财产是企业法人能够用来承担债务责任的财产呢?在法律上,国家企业法人的独立财产,是指国家交给它们经营管理的全部财产,既包括固定资产,也包括流动资产。在对外经济活动中,国家企业法人是以自己经营管理的财产为限,对外承担债务责任,国家为此不承担任何债务责任。在国内的经济活动中,为了贯彻和执行国家的经济计划,则严格限制企业法人对自己固定资产的处分。但是,这种限制并不是否定企业法人拥有独立财产,也不是国家为其承担债务责任,而是国家预防企业法人破产的一种措施。集体企业法人的独立财产,是指它们自己所有的全部财产。在经济活动中,集体企业法人应以自己所有的全部财产,对外承担债务责任,而集体企业法人的成员仅以自己投资的份额承担有限责任。我们承认企业法人拥有独立财产,就应该在它们的财产不足偿还债务时,允许其破产。因此,企业必须拥有独立财产,才能成为自主经营、自负盈亏的社会主义商品生产者和经营者,才能对自己的债务独立承担责任。

企业法人的独立财产,不仅在法律上有它确定的含义,而且在实践中有它具体的内容。由于企业的类型很多,规模大小不同,具有多少独立财产才能独立进行民事活动,达到取得法人资格的标准,不可能由一个法律加以规定,必须要由国务院或者国务院授权部门分别作出规定。所以,只有那些具备国务院规定的最低限度资金的企业,才能考虑准予进行法人登记。这样,一个企业有无独立财产,又有多少独立财产,就成为能否取得法人资格的关键。从目前的情况看,不是所有的企业,都能成为企业法人。例如,一些国营企业正在扩权之中,现在还没有自己的独立财产,还没有自主经营、自负盈亏的能力;一些国营公司是行政性的,并不是经济实体;一些联合企业是合伙组织,并不是民事主体。所以,对这些企业不能赋予法人资格。特别是一些集体企业只有空名,并没有资金,实际上是“皮包”公司、“三无”工厂。它们的经营活动没有物质基础,往往使他方当事人遭受财产损失。当然,对这些企业也不能赋予法人资格。又如,目前许多地方成立的智力开发公司、技艺开发公司等。在开办时没有资金,甚至也没有固定的工作人员和活动场所,那么它们是否可以取得法人资格,也是值得研究的。智力成果是一种无形财产,虽然可以作为一种投资形式,但是一个公司只有智力成果,而没有一定数额的资金,是难以开展各项业务活动的,也不能对外承担债务责任。所以,这样的公司也不符合法人的条件。

我们强调企业是法人,但不是说所有的企业都能成为法人,也不能要求所有的企业必须是法人。实际上,由于社会经济生活的复杂性,一些非法人团体是客观存在的。例如,合伙就是世界各国普遍存在的经济组织形式。特别随着商品经济的高度发展,本来仅以公民为分子组合的合伙,进而出现以法人为分子组合的合伙。如果说法人的最大优点是法人成员对债务承担有限责任,那么合伙的最大优点则是合伙人对债务承担连带责任,从而加强了人们对于社会的共同责任感,推动了社会生产力的发展。因此,我们在健全和完善法人制度的同时,也不能忽视对非法人团体的研究,并尽快制定相应的法规。

二

企业取得了法人资格,便成为具有一定权利能力的民事主体,并在具体的民事法律关系中,享有民事权利和承担民事义务。企业法人的能力,是指对外参加民事活动、享有民事权利、义务和承担民事责任的能力,它与企业内部的各项职能不同,因为后者只是进行职能上的活动,不涉及民事主体的权利和义务。企业法人的能力,包括权利能力、行为能力和责任能力。

企业法人的权利能力,是国家赋予企业参加民事法律关系取得权利、承担义务的资格。企业法人的权利能力同公民的权利能力的基本含义是一致的,但是它们也有不同:(1)公民的权利能力自出生时发生,至死亡时消灭,而企业法人的权利能力则从成立时发生,至撤销或解散时消灭。(2)企业法人既然是一种经济组织,它就不可能享受某些公民享有的人身权利,如继承权利、接受扶养和婚姻的权利等。但是有些人身权利,企业法人是能够享有的,如著作权、发明权、专利权等。(3)公民具有普遍平等一致的权利能力,企业法人则由于各自设立的目的和业务范围不同,分别受到国家法令和自己章程的限制,其权利能力备有所别。在法律上,企业法人不能进行违背自己宗旨和超越其业务范围的活动,否则就认为是违法的。所以,企业法人的权利能力是特定的,人们一般称为特殊权利能力。

企业法人权利能力的特定性,就要求企业法人在筹建或开业时,必须根据国家计划和市场需要,首先确定自己的经营范围。也就是说,开办一个工厂要生产什么产品,开办一个商店要经营什么商品,都要预先作出明确的规定。企业法人的经营范围。一旦得到国家的承认,就有了相对的稳定性,而不能随意加以改变。这样做,既是社会分工和专业化生产的客观要求,也是法人理论的一项基本内容。特别在社会主义国家。法人特殊权利能力的理论,有助于加强企业生产经营活动的计划性、减少其盲目性。所以,企业法人任意超越经营范围和改变经营方式的做法,是违背国家经济政策的,也是一种违法行为。同时,我们也不能把这一理论绝对化。事实上,随着经济的发展,企业生产经营范围也会发生变化。例如。一些地方的旅游点和宾馆,过去只经营游乐项目和住客,吸引不了游客,企业收入少,甚至亏本。后来在各旅游点和宾馆开设商场、商店,经销生活用品和纪念品等,结果企业增加了收入,也方便了游客。当然,这种情况本就应该允许。但是,这种变化必须经过国家主管部门的批准和登记,才能获得法律效力。一般来说,如果企业经营范围只在本行业内作局部改变的,或者仅改变了企业经营范围的,应进行变更登记,原法人资格继续存在;如果企业经营范围完全超越了本行业大类的,或者改变了企业主营范围的,应认为是原法人资格的消灭,新法人资格的确立,要进行重新登记。

虽然,企业法人具有特殊的权利能力,但它们在法律地位上仍然是平等的。这主要表现在:(1)适用法律平等。同类法人适用特定的法律时,享受权利和承担义务的资格是平等的,它们之间没有任何特权法人的存在。(2)坚持自愿原则。企业法人以平等当事人的身份参加民事活动,双方当事人须本着自愿互利和协商一致的原则,实现其各自的愿望与要求,任何一方都不得强制他方接受自己的意志。(3)坚持等价有偿原则。企业法人在经济往来中,必须坚持等价有偿,反对无偿平调,这是价值规律的客观要求,是它们法律地位平等在财产利益上的体现。(4)权利义务对等。企业法人参加民事活动时,当事人间的权利、义务内容是对等的,即任何一方享有权利必须同时承担相应的义务,承担义务必须同时享有相应的权利,若不履行自己的义务就必须向他方承担民事责任。(5)享受平等保护。当企业法人的权利受到他人损害时,有权请求法院给予强制保护,这一请求权对于任何企业法人来说都是平等的。在企业法人之间,没有"大法人"与"小法人"、"国家法人"与"集体法人"、"上级法人"与"下级法人"之分,它们都是平等的民事权利主体。

企业法人的行为能力,是国家赋予企业独立进行民事活动的资格。企业法人的行为能力与它的权利能力同时发生和消灭,即自成立时发生,至撤销或解散时消灭。而且,企业法人的行为能力与它的权利能力在范围上是一致的,即一个企业法人有什么样的权利能力,也就有什么样的行为能力。所以,企业法人的行为能力也是特殊的行为能力。

企业法人是由公民和一定财产组合的实体,它的行为能力只能由一定的组织机构来行使。这种组织机构一般就称为法人机关,它是由法律,章程或条例规定的不需要特别委托而能够以法人的名义进行民事活动的集体或个人,如管理委员会、厂长、经理、董事等。法人机关根据法律、章程或条例而进行的民事行为,就应认为是企业法人的行为,企业法人就要承担其法律后果。但是,法人机关若超出该法人的权利能力,就应认为是超出了自己的职权范围,而成为法人机关自己的行为,其法律后果应由法人机关的成员来承担,而企业法人不应承担民事责任。

企业法人的责任能力,是指企业法人在自己权利能力的范围内,对于自己所为的一定违法行为,应当承担一定民事责任的能力。当然,这种能力是企业法人承担民事责任的前提,还不是民事责任本身。只有当企业法人由于自己的过错,构成各项民事责任的条件时,承担责任的可能性才变成现实性,它的责任能力才变成具有财产内容的民事责任。企业法人如果没有责任能力,也就不可能自己承担任何民事责任。

企业法人的责任能力,是和它的权利能力同时产生的,它们共同存在于企业法人存续期间的始终,二者是互相不可分割的法律统一体。任何一个企业法人,一方面要有权利能力,才能进行各项民事活动,享有民事权利和义务;另一方面要有责任能力,才能承担民事责任,保证民事活动的正常进行。这两个方面都是不可缺少的。如果在两个企业组织之间,一方只享有权利而不承担责任,另一方只承担责任而不享有权利,那么,它们之间的关系就不是民法所调整的关系,这样的企业组织也就不是法人。我们知道,企业法人作为民事权利的主体是商品生产和商品交换的独立参加者。在民事法律地位上,企业法人之间以及企业法人与其他民事主体之间的责任能力,也和它们之间的权利能力一样是平等的。也就是说,在它们之间,无论任何一方侵犯了他方的权利或不履行自己的义务时,都要承担相应的民事责任。例如,合同定金的法律关系就要求,给付定金一方违约而不履行合同时,无权请求返还它的定金;收受定金一方违约而不履行合同时,根据平等的原则,应加倍返还定金。这就说明在民事活动中,企业法人和其他民事主体一样,都不能只享有权利,而不承担责任,或只承担责任,而不享有权利。

企业法人的责任能力,不能超出其权利能力的范围。我们知道,企业法人的权利能力,是特殊权利能力,它的范围决定于法律、法令、章程所规定的具体成立目的。企业法人的责任能力,也是特殊责任能力,它的范围决定于同样的成立目的。企业法人具有责任能力。不是说明它对自己的有关责任人员的任何行为,都承担民事责任。而是,有关责任人员只有在企业法人的权利能力范围内进行活动,才能代表其法人的意志,该企业法人才能承担由此产生的民事责任。反之,有关责任人员超出企业法人权利能力所为的行为,原则上已经不是法人组织的行为,而是这些人员自己的行为,当然其责任也应自负。所以,从企业法人取得权利、义务和承担的范围上讲,其责任能力和权利能力是一致的,即企业法人有什么样的权利能力,就应有相应的责任能力。

如前所述,企业法人的责任能力,是专指违法行为能力而言。那么,什么是法人的违法行为呢?我理解,法人的违法行为,与公民违法行为的意义不完全一致,它不仅包括违反一般民法规范的行为,而且包括违反本法人的章程和条例的行为。所以,法人的行为实际上受到严格的限制。任何法人的机关或其他工作人员所为的法律行为,都必须严格按照他们的职权范围和一定的方式进行,否则就是违法的。例如,法人机关超越企业法人权利能力的范围,与第三人签订合同的行为就是违法行为;法人工作人员超越本人职权范围,即使不超越企业法人的权利能力,与第三人签订合同的行为也是违法的。这些违法行为不能视为企业法人的行为,而是法人机关成员或其他工作人员自己的行为。所以,他们签订的违法合同,对企业法人不产生权利和义务,当然企业法人也不为此承担民事责任。但是,如果法人机关成员或其他工作人员不超出企业法人的权利能力,是在执行法人职务的过程中,由于本人的违法行为,造成侵犯他人权利或不履行债务的损害事实,这时,他们的违法行为是在企业法人责任能力范围内发生的,所以应视为企业法人自己的违法行为,并由该法人承担民事责任。

在我国,就总体说,实行的是计划经济,即有计划的商品经济。所以,我们实行的法人制度,必须以此作为最基本的出发点。就企业法人而言,它们的行为不是随心所欲地盲目进行,而是要受到自身能力的限制。任何企业法人的机关或其他工作人员所为的法律行为都必须严格按照他们的职权范围和一定的方式进行。我们从法律上强调企业法人权利能力和责任能力的一致,不是限制它们的经营自主权,也不是限制它们搞活经济,而是为了保证它们的权利实现,明确它们的责任范围,以便实现其责、权、利的统一,调动各方面的积极因素,进一步促进社会主义商品经济的发展。

试论我国企业法人的清产还债制度*

一

清产还债不是民法和民事诉讼法的传统概念。它是我国在讨论起草民法和民事诉讼法的过程中,曾有同志根据一些从事企业和司法实际工作的同志的意见,而提出的一种索偿诉讼程序。这些同志认为,人民法院应依照清产还债程序,审理债务人资不抵债的案件:有权提起清产还债诉讼的人是债权人、债务人、上级主管机关、财政监督机关,人民法院若发现债务人资不抵债不能清偿债务时,可以直接宣告债务人清产还债;属于清理的财产应包括债务人在宣告清产还债时的一切财产,但依法不得执行的财产除外;宣告清产还债时,应设立清理委员会,制定债务清偿的分配方案,按法律规定的顺序清偿。同时,还应建立与此相邻接的和解制度,等等。显然,这种清产还债程序,实际上是一种简化了的破产制度。

我国是社会主义国家,能够充分发挥社会主义公有制的优越性,最大限度地避免或减少企业破产现象。在法律上,我们采用"清产还债"这个概念,不是简单地把它与破产等同起来,而是使它具有自己的特殊含义。笔者认为,所谓清产还债,是指一套完整的清产还债和清偿诉讼程序。它应根据企业不同的财产状况分为三种情况,或者说,它应主要包括以下三种互相邻接的法律制度:

---

* 原载《法学评论》1984 年第 3 期。

(1)在足有偿还债务能力的情况下,适用于企业法人的清理;(2)在出现无力偿还债务的情况下,适用于企业法人的整理;(3)在全部资产不足偿还债务的情况下,适用于企业法人的破产。下面依次加以说明。

(一)清理

在社会主义公有制的条件下,由于国家经济计划的需要、预定任务的完成、企业经营管理不善等原因,企业的主管机关认为某国家企业法人继续存在已经不适当时,就能决定它结业清理;某些城镇集体企业法人,由于长期盈利甚微以致亏损,其法人成员自愿结束企业的经营活动,就可以向它的主管机关提示清理的申请。企业法人的清理,并非资不抵债而发生的清偿程序。企业法人清理时,还有足够的财产清偿全部债务,一般来说,它与破产状况还相去甚远。

企业法人清理后,应停止各种经营活动,由清理委员会(清理清算人)查清该法人组织的全部资产和负债,并向各债权人发出公告。债权人在公告规定的期限内提出的请求,应以依法可以变卖的法人财产给予清偿。法人成员缴纳的股金应予返还。在实施上述行为后,国家、集体企业法人所剩余的财产,应移交国家有关主管机关或上级集体组织。至此该企业法人消灭。企业法人的清理,一般发生在社会主义公有制的企业中,它在实质上属于财务清算性质,但是为了保障清理的顺利进行,清理委员会应及时将工作情况报告法院,以便接受法院的监督和保护,所以它又具有司法清理的性质。在清理过程中,若发生债务纠纷,应按一般诉讼程序加以解决。

(二)整理

近几十年来,在资本主义国家,为了预防公司破产,保护债权人的利益,规定了“公司整理”的制度。所谓“公司整理”,是指公司濒于破产时,利害关系人可以请求法院对公司宣告整理。公司被宣告整理后,由法院指定专人对其财务进行整理,以便使公司业务逐渐恢复正常。在整理过程中,公司仍旧保留原法人的资格。在社会主义国家,针对企业在财务上所发生的严重困难,一般在企业基本法和有关企业条例中,规定有各种整理的办法。例如,由社会政治组织提供不需偿还资金,或通过整顿贷款,用来支付企业无力偿还的债务,等等。有的国家还设立专门的预防破产委员会,直接负责监督企业法人的整理工作。

在我国,所谓企业法人的整理,应理解为企业法人由于无力偿还债务,以致出现破产危险时,进行司法整顿的制度。在社会主义公有制条件下,国家企业法人处分固定资产和流动资金、集体企业法人处分固定资产,都要受到国家的严格限制,所以这里说的无力偿还债务,并不是指法人的全部资产已经不足偿还债务了。事实上,当国家企业法人用完了自己流动资金中的自有资金,或者集体法人用完了自己的流动资金,即这些企业法人偿还债务用完了一般执行财产范围所规定的财产时,就应认为是无力偿还债务了。显然,这时这些企业法人还不是破产,只是临近破产或有了破产的危险。在这种情况下,我们如果能够及时采取措施,对它们进行整理,就会避免和预防破产的发生。

企业法人的整理,应由法院审查和宣告。宣告整理后,应立即成立整理委员会,负责对企业各项事务进行调整和整顿,这些工作都应在法院和有关主管机关的监督之下进行。企业在整理期间,仍然享有法人资格,有继续经营业务的行为能力,而且能够与有关债权人达成和解协议,或者请求法院以强制和解的方法,延缓偿还债务,其债权人的执行权受到限制。至于最后如何偿还债务,应以整理的结果而定。

企业法人通过整理,将会出现三种结果:其一,企业逐渐恢复了正常,并以原法人资格继续营业,其全部债务能够陆续清偿。其二,采取法人改组的方式,即通过转产或合并实现对企业的整理。在这种情况下,企业的原法人资格消灭,新法人资格随即确立,但这不等于消灭了原法人的债务。新法人一方面承受原法人的全部资产,另一方面也要承担原法人的全部债务,所以其全部债务也能够进行清偿。其三,企业经过整理仍无起色,便应及时宣告企业关停,即以法人清算的方式清理财产、偿还债务。一般来说,企业关停并不是破产,而是主动预防破产的措施。但企业在整理过程中,如果不能很快转亏为盈,其资产继续减少,而债务不断增多,就有可能出现资不抵债的情况,这时所采取的关停措施就应视为破产。

(三)破产

在资本主义国家,普遍实行破产制度。所谓破产,是指当债务人的全部资产不足以偿还债务时,为使债权人得到公平合理的清偿,并使整个清理过程有条不紊而建立的一种诉讼程序。但它又不单纯是诉讼程序,其中还包括民法、商法、强制执行法以及刑法、行政法的有关规范。所以,有学者把破产法称为上述诸法的混合法。

一般来说,构成破产的实质要件有两个:一是债务人已无清偿全部债务的能力,这不仅表现在财产上,而且表现在信用上、技能上。如果债务人的资产已经小于负债,但他仍然享有信誉,有人还愿意借钱给他清偿债务,或债权人还愿意与他达成和解,这时就不能视为破产。二是必须存在两个或两个以上的债权人时,为了均衡地保护各债权人的利益,才适用破产程序。如果只有一个债权人,即使发生不能全部清偿债务的情况,也不能视为破产,而只能依一般民事诉讼(清偿债务)程序以至于实施强制执行来解决。

在我国,破产应主要适用于私有企业法人和外资企业法人。当企业法人出现资不抵债的情况时,债务人或利害关系人可以向法院提出破产申请。法院调查属实后,即可宣告其企业破产,并成立破产委员会(破产清算人),规定债权人可以提出请求的期限以及作出保全处分的措施。自宣告破产时起,债务人的法人资格消灭,成为受种种法律限制的破产人。除法律规定为破产人自由支配的财产外,其余财产便构成了破产财团(清算财产)。破产财团的财产,由破产委员会负责整理、管理、估价与处分。破产人的各个债权人,应向破产委员会提出清偿请求,并只能以破产财团财产为限,依照法律规定的顺序得到清偿。

破产宣告的效力有两个:一是破产人丧失了对自己财产的管理权和处分权,这些权利移转给破产委员会。但破产人仍旧保留着对自己财产的所有权(或占有权),待满足各债权人请求之后,若有剩余,仍应返还破产人。或者说,破产人因破产宣告而丧失了法人的活力,但它仍然保留着原法人的躯壳,成为无行为能力的“死法人”。直到公告破产终结时止,破产人无权经营或参加一切商业、工业和其他企业,也无权承揽和供售。二是破产人负有提出财产说明书和随时答复询问的义务,所以破产人自宣告破产后,其居住受到限制。不经法院的许可,破产企业的有关责任人员不得离开原居住地,若以上人员有逃亡或隐匿毁弃财产的危险时,法院可以对其拘留。显然,宣告破产使负债企业在财产上、人身上受到严格的限制,这主要是为保护债权人利益所设立的法律制度。

由此可见,清理、整理、破产是我国清产还债制度的三个重要环节,它们既互相联系,密不可分,又互相区别,彼此不可代替。在我国,只有把以上三种制度结合起来,作为清产还债的基本制度,才有可能完整地理解清产还债的概念,以及建立符合我国国情的清产还债制度。

二

我国要不要建立清产还债制度?

我的意见:要建立。而且应当包括清理、整理、破产三项基本制度。

我国现阶段的经济,是在社会主义公有制经济占统治地位的前提下,多种经济成分并存的计划经济,也就是存在商品生产和交换的计划经济。社会主义公有制经济是计划经济,其优点之一是,能够根据社会化大生产的要求,自觉调整不适当的经济结构,使生产力布局协调平衡,保证国家取得最大的经济效益。实践表明,企业的"关、停、并、转",是及时调整经济结构的重要方面和方法,而企业的关、停、并、转就必然涉及清产还债问题;由于我国是多种经济成分并存的国家,就要求在立法上作出多层次的调整办法,以适应不同经济成分的特点。所以,我国的清产还债制度,不仅要设有清理和整理制度,而且要设立破产程序;在我国,既然存在商品经济,价值规律具有调节作用,那么在国家计划指导下,各企业法人之间就会存在特殊形式的竞争。在竞争中,必然出现先进与落后。对于那些长期亏损的落后企业,国家就应使其停产整顿,或者予以淘汰,这样就需要在法律上建立相应的清产还债制度。

随着我国经济改革的逐步深入,各种公有制企业在经济上的独立性相对加强;由于发展国民经济的客观要求,各种外资、侨资、中外合资企业以及私有联合企业还将得到发展。在经济活动中,这些企业是独立的或相对独立的商品生产者,在法律上享有法人资格,能够以自己的名义参加各种经济关系,并独立承担民事义务和责任。国家无须为之分担责任。也就是说,企业法人是以自己独立的财产,对外承担有限责任的。在这种情况下,某些企业法人由于经营管理不善或其他原因,就有可能出现无力偿还或资不抵债的状况。因此,我们要实行法人制度,也必然会遇到清产还债问题。

我国国民经济发展的实践表明,无论在经济调整时期,还是在经济稳步发展的年代,都会或多或少地出现清产还债问题。这对于全国成千上万的企业法人,在非常广阔的经济领域里,不时地发生着错综复杂、千差万别的经济关系来说,个别企业法人由于经营管理上和其他方面的原因,发生了清产还债的情况是不足为奇的。但问题在于:我们没有必要的完整的法律制度,不能用法律去调整这些经济关系,而往往给清产还债工作带来混乱,使国家和集体财产蒙受不应有的损失。例如,1979 年 10 月衡水地区铁厂下马,由于国家没有相应的严格制度,有关领导干部不负责任,在清产之中全厂一片混乱,哄抢、盗窃、贪污、送人情、随意变卖,竟使一个拥有数百万元资产的中型企业,转瞬之间几乎化为乌有;湖北省大悟县肥皂厂,自 1977 年 6 月建成投产以来,连年亏损累计 74.3 万元,共负外债 314 万元。据测算,该厂已经吃掉国家流动资金的 57%,即使关厂抵债,尚有大约 100 万元的缺口。发生以上情况的原因固然是多方面的,但因为我们没有完善的清产还债制度则是重要的原因之一。

近几年,我国已经有了关于清产还债的法律规定。1982 年 3 月,我国颁布的《民事诉讼法》第 181 条规定:被执行人被执行的财产,不能满足所有申请人要求的,应按法定顺序清偿。不足清偿同一顺序的申请人要求的,按比例分配。显然,这是针对债务人有多个债权人而出现无力偿还或资不抵债的情况所作出的规定。1983 年 4 月,国务院颁发的《国营工业企业暂行条例》规定:有关主管机关对那些因经营管理不善,限期整顿后无明显好转,仍连续两年以上亏损的企业,应责令或批准其"关、停、并、转";并由主管机关负责,监督这些企业清理财产和债权、债务,等等。以上规定对于解决我国清产还债问题无疑是非常必要的,不过这些规定还有待于在立法上加以完善才能构成完整的法律制度,它毕竟说明我国立法已经开始重视清产还债问题了。

在讨论我国是否建立清产还债制度时，人们特别关注的是破产问题。实际上，近几年我国法学界和有关人士已经开始注意和研究这个问题。我以为，我国一方面应建立破产制度，另一方面又要严格限制破产的发生，对于不同所有制性质的企业法人，还要从理论上、实践中作具体分析，以便在法律上作出相应的规定。下面谈谈我个人的看法：

1. 国家企业法人的破产问题。国家是国家财产所有权的统一主体，它能够统一调度、支配和使用国家的所有财产；国家企业法人能够在国家授权的范围内，对企业财产执行占有、使用和处分的权能。所以，当企业法人有了破产危险时，国家就能所有权主体的身份对自己财产行使统一的调整，从而防止其破产发生。也就是说，一个企业法人能否破产，不仅决定于本企业的负债情况，还要决定于国家意志。如果国家不希望一个企业破产，就能够运用自己所有权的权能，改变其破产状况。在清产还债制度上，我们从不同财产状况的角度出发，为国家企业法人设立两道防线：一是清理，它可理解为防止破产的预防性措施；二是整理，它可理解为防止破产的紧急性措施。有了这样两道防线，国家完全有可能防止企业法人的破产。

尽管如此，我们仍然不能断言国家企业法人根本不会发生破产。因为在理论上，企业法人是民事权利主体，应该独立承担财产责任，国家并没有为其清偿还债的义务：在实践中，个别的企业法人由于种种原因，仍有可能发生资不抵债的情况。特别是在对外经济活动中，企业法人应该是以自己的名义开展活动，国家没有必要一定为其承担风险，实际上，有些时候某些企业法人宣告破产，恰恰是对国家有好处的。因此，我们为什么要把问题绝对化呢？难道把决定国家企业法人能否破产的主动权，完全掌握在国家手中岂不更好吗？

2. 集体企业法人的破产问题。集体企业法人是自己财产的所有者，是法律上完全独立的经济实体。它们对自己的生产经营、收益分配享有全权，同时对自己经营中的亏损也要以自己的全部财产承担有限责任。所以，它们是名副其实的自负盈亏的经济组织。自负盈亏本身就意味着有两种可能：盈了，生产就能发展；亏了，就有破产的危险。在实际生活中，集体企业法人的破产是存在的。

过去,我们为了避免它们的破产,其经济损失往往要由国家包下来,或者在集体企业组织之间进行无偿调拨。实践证明,这种做法是不利于社会生产力发展的。由于集体企业法人的所有权性质所决定,它们不可能像国家企业法人那样有力地预防破产,所以我们应该承认集体企业法人有破产。但是在实践上,我们又应该根据它们的不同种类和特点,采取不同的对待办法。例如,在城镇,由主管局直接领导的大、中型集体企业,就应采取类似预防国营企业破产的措施,一般不要让它们破产。对于城镇的街道工厂、合作社组织,就应允许它们破产。在农村,由于社队法人具有地域性,其资产主要是土地,其生产又受自然条件的影响较大,所以在我国目前经济体制下,还不能允许它们破产。

3. 私有企业法人的破产问题。近年来,一些城市成立的爱国有限公司,经济特区成立的外资企业,以及侨资企业、私人联合企业等,都属于私有性质的企业法人。它们的经营特点是私人投资、独立核算、自负盈亏,对外以法人自己所有的财产承担有限责任。显然,它们存在破产问题是毫无疑问的。目前在经济特区,已经发现有的私有企业法人发生了破产。但因为我们没有相应的法律制度,而给清产还债工作带来许多被动。有的国外投资者濒于破产之际,为了逃避清偿债务,乘机隐匿财产或携资逃遁,致使国内债权人蒙受不应有的损失。所以,我们在法律上应该研究相应的对策,把有关破产立法的工作尽快提到议事日程上来。

4. 中外合营企业法人的破产问题。中外合营企业是中国法人,它是对外担负有限责任的经济实体,各方合营者都不会为它承担清偿债务的责任。所以,中外合营企业是有可能发生破产的。1983 年 9 月,我国颁布的《中外合资经营企业法实施条例》规定,凡合营企业发生严重亏损,或因自然灾害、战争等不可抗力遭受严重损失,无法继续经营时,应由董事会向有关审批机构提出解散申请。合营企业宣告解散后,清算委员会应在企业主管部门的监督下,对其财产、债权、债务进行全面清查,并向董事会负责并报告工作。我理解,以上规定只适用于合营企业非破产状况下的财务清算;若合营企业发生了破产,这些规定显然是不够的,它既没有制定保护债权人利益的条款,又没有规定法院在宣告解散和清算中的作用,当然,我们不可能要求一项单行法规能够包罗整个清产还债制度。这种情况也恰恰说明,我国需要建立一个完整的清产还债制度,如果只拘囿于某些法规中作出的具体规定,就不能全面地、统一地调整各种清产还债关系。

三

我国应该建立怎样的清产还债制度?或者说,我国的清产还债制度应该体现怎样的原则和特点?这是一个非常重要的问题。

我国是社会主义国家。我们建立的清产还债制度,也和其他法律制度一样,必须把保护、巩固和发展社会主义公有制作为一项根本任务:我国经济的一个基本特征是计划经济,这就要求清产还债制度必须把服从国家统一计划的指导作为一项基本原则;我国存在社会主义商品经济,每个企业法人都是独立的或相对独立的商品生产者,这就要求清产还债制度必须贯彻民事权利、义务一致的原则;在我国,各个企业法人生产、经营的根本目的是一致的,这就决定了它们之间所发生的民事法律关系本质上是一种互助协作的关系,因此提倡和发扬互助协作精神,也就必然要贯彻到清产还债制度中来。上述原则应该具体体现在我国清产还债制度的各个方面,进而形成我国清产还债制度自己的特点。下边本人仅就其主要方面谈几点设想。

(一)清产还债制度对哪些企业法人适用

一般来说,清产还债制度适用于各类企业法人。但是,对于那些与国计民生关系重大的关键性企业,还须作出特殊的规定。例如,国家金融机构(包括信用合作社)、交通、邮电等公用事业、保险和信托业务、农村社队、农垦和林业企业,以及实行企业化管理的国家机构等,就不能适用破产制变。某些企业法人进行结业清理,还必须接受有关特殊法规的管辖:甚至有的企业法人进行整理,也必须以不停止营业为原则。这样做的目的在于:维护国家的经济秩序,保障国民经济计划的实现,满足全体人民日常生活的需要。

(二)哪些人有权提出和决定清产还债

清产还债包括三项彼此邻接的法律制度,它们对债务人、有关利害关系人会产生不同的法律效果,所以研究这个问题还须分别情况加以探讨:要清理时,国家企业法人应由企业主管机关直接决定,其他企业法人应由企业提出申请报主管机关批准,因为清理属于财务清算性质,不发生损害债权人利益的问题,所以债权人无须提出清理的要求;需整理时,企业的主管机关或主管财政机关根据企业法人的请求或实际负债情况,有权决定并向法院提出整理的申请。债权人为了维护自己的利益,有权对负债企业向法院提出整理的诉讼,法院应将其申请理由通知债务人的主管机关,并要求其主管机关对此提出意见,以便法院作出裁决;应破产时,债权人、债务人、债务人的主管机关或主管财政机关,均有权向法院提出破产的申请。但在破产诉讼中,为了适应我国计划经济体制的要求,债权人不能占主导地位,而国家主管机关应起关键性作用。法院在审理追索欠款案件中,如果发现企业法人资不抵债时,可于征求该企业主管机关的意见后宣告其破产。

(三)企业法人的清算财产

在我国,企业法人拥有独立的财产,并以此独立承担民事义务和责任,企业法人的独立财产,应包括它自己所有或由它经营管理的全部财产。在清产还债中,属于企业法人清算的财产,应包活宣告清产还债时属于它的一切现存财产和它对第三人有请求权的财产,以及它在清算终结前能够取得或者因为它的法律行为宣告无效而应退还的一切财产。企业法人在清理时,因为不发生无力偿还债务的情况,所以通常情况下应按一般财产执行措施,用依法能够执行的财产偿还债务;在整理时,因为能够通过和解延缓偿还债务,所以应以整理的结果确定偿还债务的方法;在破产时,应以全部清算财产偿还债务,但是国家企业法人的主管机关,则有权以合理价额留用它认为所需要的变卖财产。这样确定清算财产,我们才能真正保证企业法人依法承担义务和责任,保障债权人的合法权益,促其按照社会主义经济规律办事,加强经济核算,改善经营管理。

(四)债权人请求权的清偿顺序

清产还债的主要目标之一,是在债权人之间有秩序地分配清算财产的收益,所以确定债权人的请求权的类别,以及规定其请求权的清偿顺序,就成为清产还债制度的重要组成部分。依据我国民事诉讼法的一般规定,其清偿顺序是:(1)工资,生活费;(2)国家税收;(3)国家银行和信用合作社贷款;(4)其他债务。这一规定表明,我国法律首先把保障人民群众的生活放在第一位,其次把关系到国家整体利益的请求权放在优先清偿的顺序,在破产清算中,我们还应根据清算财产的不同构成,规定出不同的清偿顺序。例如,用其流动资金部分清偿债务的,就可以按照一般规定的顺序清偿;用其固定资产部分清偿债务的,还应从有利于公有制的巩固和发展,以及各种生产设备的合理使用出发,规定出更加切实可行的清偿顺序。

(五)清算人的选定和任务

这里所说的清算人,包括清理清算人和破产清算人。清理清算人由企业的主管机关选定,一般由主管机关、法人机关成员、职工代表大会的代表组成;破产清算人由有管辖权的法院选定,具体由企业的主管机关、债权人、法人机关成员、职工代表大会的代表组成。对于清理或破产的国家企业法人,其主管财政机关有权派出自己的代表参加清算工作,清算人的基本任务是:保护企业的现有财产,全面查明企业的资产和负债,调查、估价和变卖该企业的财产,追索债务、制作清算资产负债表,制定债权的人清偿顺序和数额的计算书。在清算过程中,清算人有权实施企业所必需的一切法律行为,并可以代表该企业对他人向法院起诉和应诉。为了加强统一领导,清算工作必须受国家有关主管机关的监督,接受其必要的指示,并且应当向它报告工作。

(六)对清产还债财产的司法监督

这种司法监督应区别清产还债的不同情况加以规定。企业的主管机关决定或批准企业法人清理后,对其违反行政纪律的法人工作人员,应依情形酌予行政处分。法院在清理过程中,有权监督清理委员会的工作,采取有效措施保护清理企业的财产。法院宣告企业法人整理后,除了监督整理委员会的工作外,还应主持和监督债务人、债权人间的和解工作,必要时也可依法采取强制和解。对整理无效濒于破产的企业法人,法院应及时将情况告知其上级国家机关或上级集体经济组织。在清理或整理中,法院若发现有渎职行为的国家工作人员,应随时将情况通知检察院、法院宣告国家或集体企业法人破产后,应及时将其情形通知检察院。以便对它进行检查,查明它的破产是否由于企业法人的工作人员玩忽职守或者其他犯罪行为所引起,从而决定对其工作人员是否提起公诉,采取以上司法监督措施的目的在于:加强企业法人及其工作人员的责任,维护社会主义公有制企业以及其他企业的财产,保障清产还债工作的顺利进行。

法人组织能否成为犯罪主体*

近年来,我国法学界对于法人组织能否成为犯罪主体的问题展开了讨论。这个问题不仅在理论上涉及民法学、刑法学两个基本学科,而且在实践中也有一定的意义,所以,确有认真探讨的必要。

一

法人是一种法律制度,它是指法律赋予一定社会组织以民事主体的资格,从而使具有法人资格的社会组织,享有特定的权利能力和行为能力,能够以自己的名义参加一定的民事法律关系,并成为这些民事法律关系的主体。但是,并不是任何社会组织都能取得法人资格,只有那些具备法定的条件,并且得到国家认可或批准的社会组织,才能取得法人资格;已经取得了法人资格的社会组织,也不是在任何情况下都是以法人名义进行活动的,只有当它们从事民事活动或进行民事诉讼活动时,才是以民事主体资格出现的法人组织。

在我国,凡经国家法定程序核准,拥有一定的独立财产,设有一定的组织机构,能够以自己的名义享受民事权利和承担民事义务的社会组织,都能取得法人资格。

法人组织与自然人不同。在权利能力方面,一切自然人在法律上享有普

---

* 原载《新疆社会科学》1984 年第 3 期。

遍的、同等的权利能力,而法人组织之间则因业务范围不同,并分别受到国家法令和自己章程的限制,其权利能力的具体内容各不相同。所以说,法人组织的权利能力是一种特殊的权利能力。在行为能力方面,各国民法学者对于法人组织有无行为能力看法不一:持法人拟制说者认为,法人是法律的拟制物,没有意思能力,也没有行为能力,并由此得出法人机关是法人组织的代理机关的结论;持实在说者认为,法人是社会的实在物,有意思能力,也有行为能力,并由此得出法人机关是法人组织的代表机关的结论。在我国,为了有利于调动法人组织整体的活力,保证其实现自己的权利和义务,无论在民法学界,还是在司法实践中,都承认法人组织有行为能力,其实施范围跟它的权利能力范围相一致,任何超出法人组织权利能力的行为,都不能认为再是该法人组织的行为,自然也不能为此承担法律后果。所以说,法人组织的行为能力也是一种特殊行为能力。

在民事活动中,法人组织要行使权利,就必须设立由自然人组成的一定机关。这种能够代表法人组织行使权利的机关,民法上称法人机关,其组成法人机关的自然人称法人机关成员。在这里,法人机关和法人组织应视为一体,二者只有一层人格。一个取得法人资格的社会组织,不等于它的所有活动都受法律调整,即使在某些方面受法律规范的调整,也不等于在一切方面都受民法规范的调整。然而,只有这些社会组织在民法规范调整的范围内,作为民事流转的参加人、财产权利和义务的体现者时,才是以法人的身份进行活动的。所以,法人的概念,一方面必须依附于具体的社会组织之上才有意义,另一方面法人的概念又不能与社会组织等同。同样道理,这些法人组织的领导人,并不是在任何情况下,都是以法人机关的面貌出现的,实际上只有当他们在有关民事法规和法人章程规定的范围内,代表法人组织行使民事权利和承担民事义务时,才是法人机关。只有在这种情况下,法人机关所表示的意思,才是法人的意思,而不是法人机关成员个人的意思。正因如此,法人机关所为的法律行为,就应视为法人组织所为的行为,由此产生的法律后果应由该法人组织承担。

法人组织不仅拥有一定的独立财产,还必须享有一定的意志自由,这是法人组织能够享受权利和担负责任的重要前提。法人组织有意志自由,就应具有意思能力,既然有意思能力,就有可能发生过错。所谓意思能力,是指人类大脑活动的自然功能,它只能为自然人所具有。因此,法人组织的意思能力,实际上是指法人组织内部某些自然人的意思能力,法人组织的过错,实际上是指法人组织内部某些自然人的过错。一般来说,有三种自然人可能成为法人组织过错的直接行为人,即法人机关成员、法人组织的工作人员、法人组织的代理人。但是,这并不是说,上述人员不论什么时间、什么地点、什么情况下发生的过错都是法人组织的过错,只有当法人机关成员和法人组织的工作人员在执行法人职务时所发生的过错,才是法人组织的过错;只有当法人组织的代理人,在行使代理权时所发生的过错,才是法人组织的过错。所谓法人职务,是指在法人组织权利能力范围内的各项业务活动。因此,法人机关成员和法人组织的工作人员,如果超越法人组织权利能力范围所为的行为,就不能视为是执行法人的职务。自然,法人机关授予代理人的代理权,也不能超越其法人组织权利能力的范围。法人机关成员、法人组织工作人员或法人组织的代理人超越法人组织权利能力所发生的过错,属于他们个人的过错,其法律后果应由作为自然人的他们个人去承担。

我国民法学界多数同志认为,在法律规定的某些场合下,法人组织也能够成为违法行为的主体。但是,法人作为民法的特有概念,法人组织的违法行为只能是指违反民法规范的行为。法人机关成员和法人组织的工作人员在执行法人职务中,或法人组织的代理人在行使其代理权的过程中,由于他们的过错造成违反民法规范的事实时,应认为是法人组织的违法行为,并由法人组织直接承担民事责任。同时,法人组织还有依据有关法律和自己章程的规定,向组织内部违法人员追偿的权利,如果由于这些人员的过错造成违反刑法规范的事实时,则认为已经超出法人组织民法上行为能力和责任能力的范围,自然法人组织也没有承担其责任的能力,所以只能认为是这些人员个人的违法行为。当这种违法行为已经构成犯罪时,其刑事责任也应由这些人员个人承担。只有在这种违法行为或犯罪行为涉及民事赔偿和行政责任时,①为了保证经济活动的正常秩序,加强法人组织监督管理的责任,法人组织才应承担民事赔偿责任或

① 本文所用行政责任的概念,都是指广义的解释,它符合民法、经济法、劳动法中责任的概念。

承担相应的行政责任。但是,承担这种责任与承担刑事责任不同。如果法人机关成员和法人组织的工作人员不是在执行法人职务时,或法人组织的代理人超越其代理权的范围时,无论是实施了民事违法行为,还是实施了刑事违法行为,都应认为是他们个人的违法行为,并由他们个人承担法律责任。在这里,民事违法行为与刑事违法、犯罪行为之间,往往有着密切的联系,许多人的犯罪正是从民事违法行为开始的。但是,并不能以此为由,把民事违法行为与刑事犯罪行为混为一谈。一般来说,刑事犯罪行为比民事违法行为所造成的社会危害程度要严重得多,这也正是刑事犯罪行为和民事违法行为适用不同法律部门罚则的主要根据。

综上所述,我们从法人是民法特有的概念出发,不难看出:法人组织与自然人不同,它只能在自己的权利能力范围内开展各项民事活动,它的行为能力只能是民法上的,它只能具有承担民事责任和有关行政责任的能力,法人组织与它的机关只有在自己权利能力范围内行使民事权利时,才是统一在一个民事权利主体之中的,若超越这个范围,则认为法人机关成员已经独立于法人组织之外,法人组织也就不能为这些人员承担任何法律责任;法人机关成员在执行法人职务过程中,若违反刑法规范构成犯罪,就在事实上超越了法人组织的行为能力和权利能力的范围,故只能认为是他们个人的行为,并由他们个人承担刑事责任。所以,法人组织不能成为犯罪的主体。

二

对于法人组织能否成为犯罪主体问题,大陆法系国家的刑法,多持否定态度,即否定法人组织有犯罪能力;英美法系国家的刑法,多持肯定的态度,即肯定法人组织有犯罪能力。至于各国资产阶级法学家,对这个问题,自来见解各异,众说纷纭。之所以不能取得一致意见主要是因为对法人本质的学说过于歧异。

关于法人本质的学说,主要分为拟制说、否认说、实在说。否认说又分为无主财产说、管理者主体说、受益者主体说。实在说又分为有机体说、组织体说。这些不同的法人学说，对法人本质有着明显不同或截然相反的认识。当人们从不同的学说出发，论断法人组织有无犯罪能力时，自然就会得出不同的或相反的结论。

按照拟制说的观点，"权利义务之主体，应以自然人为限"，法人组织之所以取得主体资格，是法律将其拟制为自然人的结果。法人本体并非实在，并无意思能力与行为能力，所以不能成为犯罪主体。

按照否认说的观点，法人组织现实并不存在。虽然否认说的各派，对法人的本质还有不同的解释，但是因为它们都从根本上否定了法人组织的人格，自然也就否定了法人组织的犯罪能力。

按照实在说的观点，法人并非法律所拟制的空虚物，而与自然人同属实体存在。所以，法人组织作为权利主体的实体，自然应有意思能力和行为能力。但是，有意思能力和行为能力，是否就一定有犯罪能力？实在说中的各派又有不同的见解。持有机体说者认为：法人组织的代表是法人机关，法人机关对外所表示的意思，即为法人组织的意思；所为之行为，即为法人组织的行为，所以法人组织在民法上有行为能力及违法行为能力，在刑法上也应有犯罪能力。持组织体说者则认为：法人组织虽为社会的实在，但毕竟与自然人不同，它必须依其法人机关行使权利，而法人机关中的自然人，又与法人组织有很大区别，它们虽然统一在同一主体之中，但往往又会发生分离的情况，这与自然人的身体与人格完全合为一体的情况明显不同。当法人机关成员实施了犯罪行为时，他们便与法人组织相分离，而成为自己独立的行为。此时，法人机关成员与法人组织便成为互相独立的两个主体。在这种情况下，法人机关成员就不是以法人组织的名义进行活动，而是以自己自然人的名义进行活动了。所以，自然人身体上的犯罪能力，不能为法人组织所具有。

各国刑法学界，对于法人组织能否成为犯罪主体的争论，由来已久。在1929年布加勒斯特第二次国际刑法会议上，关于法人组织的刑事责任问题，曾被作为大会的重要议题。这次会议的决议中写道："在国内刑法中，以满足法人团体的利益而实施的犯罪，或利用由法人供给的手段而实施的犯罪，在承认法人责任的场合下,希望确立对法人有效的社会防卫处分。”但是,这项决议对各国刑事立法并没有产生重要影响,也没有解决刑法学界的争论问题。至今,多数国家刑法仍不承认法人组织是犯罪主体。

在日本刑法中,一方面承认“刑罚的一身专属性”原则,另一方面还有“由于他人的行为的刑事责任”,这种所谓“两罚原则”的场合,在行政法规中遇到较多。例如,日本《道路法》第105条、《所得税法》第72条、《未成年者饮酒禁止法》第4条第2项,规定他人的行为也被处罚的场合,往往是指业主与从业者同被论处的情况。有的学者认为,这种场合不是刑罚,而是“公法上的代当责任”。有的学者认为,这种场合应当解释为可以阻止他人犯罪而怠于监督所承担的刑事责任。实际上,不管在任何情况下,由法人组织为它的机关成员或代理人的犯罪行为承担刑事责任,都是不妥当的。这样做,也恰恰与日本民法学界所公认的法人组织体说相违背,在法理上缺乏充分的根据。

在我国刑法中,犯罪主体必须是自然人,法人组织是不能成为犯罪主体的。我国《刑法》第127条规定:“违反商标管理法规,工商企业假冒其他企业已经注册的商标的,对直接责任人员,处三年以下有期徒刑、拘役或者罚金。”1980年发生的闻名全国的渤海2号案件,经人民法院审理后,担负刑事责任的是直接责任人员,而不是法人组织。这就表明,法人组织对它机关成员(直接责任人员)的犯罪行为,是不承担刑事责任的。

我国刑法学界普遍认为:让法人组织负刑事责任,必然会违背“罪责自负”的原则。这是因为:在不同种类的法人组织中,自然人又可分为法人成员、法人机关成员、法人工作人员。这些人员虽然在财产利益上与法人组织是统一体,但他们在法人组织中的地位和作用却是不同的。例如,在国家创立的法人组织中,只有法人机关成员才能代表法人意思和行使法人权利,一般工作人员只是执行各自不同的法人职务。所以在法人机关成员与法人工作人员之间,以及在法人工作人员相互之间,他们的意思和行为既是互相联系的,又是互相独立的。不能认为,法人机关成员或某些工作人员的罪过,就是法人组织的罪过,进而就是法人组织中所有人员的罪过,这样就会株连无辜的法人工作人员。在民法上,有“连带责任”和“补充责任”,但在刑法上,只能是“一人犯罪一人当”,而不能有所谓“两罚原则”。承认“两罚原则”,即在刑法上承认“由于他人的行为的刑事责任”,就会导致株连无辜。承认这一原则,就会否定法人组织的一层人格性,进而得出法人机关是法人组织代理人的错误结论。在集体法人组织中,法人机关某些成员的罪过,同样不能视为法人组织的罪过。不能以法人机关成员是由全体法人成员民主选举产生的为由,让全体法人成员为法人机关成员的罪过承担刑事责任。因为这种关系并非构成犯罪的内在的、必然的因果关系,它不能作为承担刑事责任的根据。也不能以某些法人成员或一般法人工作人员曾向法人机关提过错误的建议为由,让全体法人成员为法人机关成员的罪过承担刑事责任。因为在法人组织中,能够代表法人组织行使权利的只能是法人机关,法人成员的建议有时会对法人机关成员犯罪产生一定的影响,但它毕竟不是起决定作用的因素。同时,即使是法人成员或法人工作人员集体的错误决定,也只有可能构成犯罪的主观条件,而不可能直接构成犯罪的客观条件,这种错误的意志也只能通过法人机关成员的具体行为才能表现出来。正因如此,我国刑法对违反税收法规,偷税、抗税,挪用国家救灾、抢险、防汛、优抚、救济款物,以及违法侵犯公民的人身权利、民主权利等犯罪行为,都规定只处罚有关法人组织中的直接责任人员,绝对不允许株连无辜。这些规定清楚地表明:我国刑法不承认法人组织是犯罪主体。

在外国,无论对法人组织犯罪能力持否定说还是持肯定说的人,都承认作为对法人组织进行刑罚的财产刑,特别是罚金刑的有效性。但在我国社会主义条件下,对法人组织适用财产刑,必将受到严格的限制,因而也就不可能成为制裁法人组织的有效方法。在我国,罚金是一种较轻的刑罚方法,在独立适用时,只能适用于那些性质和情节较轻的犯罪行为,所以罚金数额不可能过高,而少量的罚金对于法人组织来说往往是无关痛痒的;对于那些性质和情节严重的犯罪行为,罚金只能作为附加刑同主刑一起适用,而对法人组织来说,适用主刑又是不可能的。在资本主义国家,因为能够“以钱赎罪”,以罚金代替其他刑罚,似乎还可以“有效”地制裁法人组织。但是这种做法,显然又是和我国刑罚性质不相容的。至于没收财产,它必须以犯罪分子所有的财产为对象,如果没收属于国家所有的法人组织的财产归国家,在刑法上没有积极意义。没收财产的重要目的之一,就是剥夺犯罪分子的物质基础,使他们与其财产分离,从而失去继续犯罪的条件。但在我国没收法人组织的财产,并不能达到此种目的。若没收法人组织的部分财产,实施犯罪人员仍可以法人组织的名义继续犯罪;若没收法人组织的全部财产,就等于判处法人组织“死刑”,一方面会严重影响生产和工作,另一方面会使广大无辜法人成员遭受失业之苦,而真正的犯罪分子却趁此逃脱刑事责任。另外,在我国立法和司法实践中,独立适用没收财产刑的情形很少见。按照我国刑法分则规定,在可以适用没收财产的25个条款中,只有2条规定可以单独没收财产。所以,要想以此种刑罚有效地制裁法人组织,显然也是不可能的。

三

有人认为,不承认法人组织是犯罪主体,就会造成有罪由法人责任人员承担,有利由法人集体享有,从而保护和放纵了真正的罪犯。其实,这种认识是不对的,起码是不全面的。

打击经济犯罪所揭露的事实证明,一些法人组织的直接责任人员和代理人,正是以合法的身份和法人组织的名义,打着“为公牟利,搞活经济”的旗号,直接进行犯罪活动的。由于他们有职有权,能够支配和运用法人组织的人力和财力,甚至于能够通过各种“合法”的途径超越法人组织的业务范围,实施各种犯罪行为,所以与其他单独的或共同的经济犯罪相比,犯罪情节更为恶劣,对国家和人民的危害也十分严重。我们只有严惩法人组织中这些犯罪分子,才能真正打击经济犯罪,保障社会主义建设事业的顺利进行,保护和教育广大群众。反之,如果承认法人组织是犯罪主体,就会直接损害法人组织和无辜群众的利益,而使真正的犯罪分子逍遥法外。当然,这并不是说法人组织在其直接责任人员犯罪的过程中所取得的财产和利益,就可以归为己有。恰恰相反,对于用犯罪手段得来的财产和利益,应当无条件地上交国家或返还受害人。这种上交或返还的性质既不是民事责任,也不是刑事责任,而是根据民法有关规定,履行因不当得利而产生的义务。同样道理,由于法人责任人员的故意,造成法人组织违反税法,偷税、抗税,情节严重的,直接责任人员要承担刑事责任,而法人组织应按照税法补税和交纳罚款,不过后者并不是对法人组织的刑罚,而是法人组织应尽的一种义务。

法人组织若因自己的行为,造成污染环境的后果时,就应根据环境保护法的有关规定,不论有无过失,都应承担民事责任。这是民法的“过失责任”原则和“无过失责任”原则在环境保护法中的体现。我们知道,“无过失责任”原则只能适用于民事赔偿,不可能涉及刑罚的问题;而“过失责任”原则不仅适用于民事赔偿和罚款,还可能涉及刑罚的问题。如果由于法人组织中有关责任人员的故意或过失,使法人组织造成污染环境的严重后果时,其直接责任人员应以犯罪主体的身份承担刑事责任,在这种情况下,仍然不能把法人组织视为犯罪主体。法人组织只对污染环境的后果承担“无过失责任”,也就是承担民事赔偿责任,由直接责任人员承担刑事责任。这种划分责任的方法,既能有力地打击严重污染环境的犯罪分子,又能及时地赔偿受害人的实际损害;既符合环境保护法损害赔偿的一般原则,又符合实际,切实可行。

有人认为,只有承认法人组织是犯罪主体,才能更好地制裁法人组织犯罪。这种看法不仅在理论上缺乏充分根据,而且在实践中也并非如此。1980 年 3 月,美国犯罪和少年犯法行为全国理事会编写的《刑事审判文稿》上说:在美国单单一个法人犯罪案件就可能涉及 10 亿美元之巨;单单一个案件因产品瑕疵或危险毒品引起的损害就可能涉及数以千计的人。对于如此严重危害社会的案件,对法人组织的惩罚却常常是警告、公开认错或有限的罚金,而法人机关成员则很少被定罪,即使定罪也往往是适用缓刑和罚金。但是,对自然人盗窃几百美元的案件,就要被判处 5 年至 10 年的徒刑。这样又怎能有力地制裁法人组织的犯罪呢？该文稿说:据对美国 582 家企业的调查,两年中,60% 以上的企业都有至少一起对它们提起的强制诉讼案件。300 家制造业母公司犯法诉讼案件平均每家为 4.8 件,其中有一家为 62 件。② 可见,美国的法人组织并不怕犯

② 参见《国外法学》1980 年第 5 期,《美国的法人犯罪》(储槐植摘译自美国犯罪和少年犯罪行为全国理事会编:《刑事审判文稿》1980 年版)。

罪和刑罚。产生这种情况,除了有根本制度上的原因之外,在法律上处理法人组织犯罪案件的复杂性,特别对法人组织科刑要受到种种限制也是重要原因。它一方面给适用刑罚制裁法人组织带来很多困难,实际上很难达到制裁犯罪的目的;另一方面又使一些真正的犯罪分子得不到应有的惩罚。事实证明:把法人组织当作犯罪主体,不仅不能制裁犯罪,而且容易放纵犯罪分子,因此,法人不能成为犯罪的主体。

试论我国实行法人制度问题*

现在,法人制度已经为世界各国所普遍采用,并已成为推动各国经济繁荣、科学发达、技术进步的巨大力量。在我国,通过对以往历史的经验教训总结,已有越来越多的人认识到,法人制度的产生、存在和发展,是基于人类社会发展的客观规律,而不以人们的主观意志为转移。特别是,随着经济体制改革的日益深入,社会主义企业在经济上的"独立性"相对加强,法人制度的积极作用越来越显著和重要。近几年来,我国立法已经开始重视实行法人制度。例如,1982年7月1日公布实施的《经济合同法》便提到了法人的概念。该法第2条规定:"经济合同是法人之间为实现一定经济目的,明确相互权利义务关系的协议。"第54条规定:"个体经营户、农村社员同法人之间签订经济合同,应参照本法执行。"但是,我国法人制度的建立毕竟还处于酝酿阶段,有许多理论问题和实际问题还有待于研究和解决。其中,我国为什么要实行法人制度就是人们所普遍关心的重要问题之一。本文试图从我国经济制度和经济现状出发,对我国实行法人制度的必然性、必要性和可能性加以论述。

一

我国是一个社会主义国家,发展国民经济需要建立法人制度。这是社会主

---

* 原载《新疆社会科学》1983年第3期。

义的生产力发展水平和社会主义经济规律的客观要求。恩格斯指出:"民法准则只是以法律形式表现了社会的经济生活条件。"①所以,我们要认识在我国实行法人制度的必然性,只有从我国的社会经济生活条件中去寻找答案。

在我国社会主义条件下,仍然存在商品经济,这是我国实行法人制度最基本的社会经济条件。在现阶段,我国商品经济的存在和发展,是客观的现实并有其必然性。这是因为社会主义社会还存在商品生产和商品交换。就社会分工来说,社会主义生产的高度社会化,使以公有制为基础的社会分工进一步发展了。社会主义的工业和农业之间,城市和乡村之间,以及国民经济各部门之间,都存在分工和协作关系。就所有制来说,我国不仅存在两种公有制形式,而且存在外资企业和中外合营企业以及各种个体性质的企业形式。这些不同性质的企业都是自负盈亏的不同所有者,它们之间相互取得对方的产品,只能通过商品交换的形式来实现。社会主义集体所有制企业和社会主义全民所有制企业也是不同的所有者,它们之间也只能把产品作为商品来交换。所以说,在全民所有制企业与集体所有制企业之间,以及在社会主义企业与外资企业之间,还必须作为彼此独立的商品生产者或所有者,根据等价有偿的原则,通过商品交换来满足各自的需要,以达到共同发展国民经济的目的。这一点现在已经为多数人所认识。

现在的问题在于:各个全民所有制企业都归国家统一所有,它们是同属一个所有者而不是两个所有者,那么它们之间的产品交换是否也是商品交换呢?我们认为,在全民所有制企业之间的产品交换,也是一种商品交换。这是因为,在社会主义社会,生产力还没有达到极高的发展水平,劳动在客观上还是一种谋生的手段,所以还存在劳动力的部分个人所有制,个人劳动还必须通过交换才能转化为社会劳动。这一特点说明,虽然生产资料已经属于劳动者公有,但每一个劳动者还必须把自己的劳动作为谋生手段同公有制的生产资料结合起来,才能进行社会生产。这样,就决定了社会主义在分配中必须实行按劳取酬和物质利益原则。由于每一个劳动者的劳动能力和贡献不同,就会产生物质利

---

①《马克思恩格斯选集》(第4卷),第248~249页。

益上的差别。因为劳动者的物质利益和企业的经营状况是紧密相关的,所以这种差别不仅表现在个人与个人之间,还表现在全民所有制的各个企业之间。在企业之间存在社会分工的条件下,为了实现企业各自的物质利益,调动企业和广大职工的生产积极性,就要求在企业之间实行等量劳动的交换,进而就要求每一个企业必须是相对独立的商品生产者。同时,为了实现企业之间的等量劳动的交换,就必须把不同形式的具体劳动转化为相同的抽象劳动,把企业集体耗费的局部劳动转化为社会必要劳动。要做到这一点,企业生产的产品就必然表现为商品价值形式;企业之间的产品交换就必然要采取商品交换的方式进行。因此,在全民所有制企业之间发生的经济关系,也必然是商品经济关系。

过去,我国长期受“商品外壳论”的影响,不承认全民所有制是相对独立的商品生产者,不承认价值规律在生产和流通中的调节作用,而认为生产资料在全民所有制企业之间的流通,只能实行计划调拨,而不能通过市场买卖。否则,就是搞“自由化”,搞资本主义。这是我国长期不愿意承认全民所有制企业具有法人地位的一个重要原因。因此,企业盈利得不到经济利益,亏损不承担经济责任,以致阻碍了国民经济的发展。现在,已经有越来越多的人认识到,在不同所有制企业之间以及企业与公民个人之间所发生的财产关系,只能采取等价有偿的交换形式,而不能进行无价无偿的调拨。在全民所有制企业之间,虽然不存在财产所有权的让渡,但是财产转移也必须以商品对待,要通过核算和计价。这样,就从客观上要求我们在经济活动中,更多地采用民法的平等和等价有偿原则,来调整由财产的所有和商品流通而产生的权利义务关系。要做到这一点,就必须首先在法律上承认各种所有制企业的法人地位,就要使企业真正成为一个独立的经济核算单位,在法律上使它享有法人的资格,成为真正的民事权利的主体,否则,民法的各项原则就不能付诸实现。由此可知,社会主义商品经济的存在和发展,是我国民法存在和发展的基础,也是我国建立法人制度的经济前提和条件。

在全民所有制经济中,由于社会主义商品经济的存在,每一个企业都是相对独立的商品生产者,这就决定它具有拥有一定的独立财产,具有自己的特殊利益和负有独立的财产责任的特点。这些特点决定了在全民所有制经济内部,即国家与企业、企业与企业之间的经济关系,以及由此形成的民事法律关系,必然是国家代表全体人民享有生产资料的所有权,是民事法律关系的特殊主体,它要负责有计划按比例地组织和协调社会再生产的总过程;必然是由劳动者作为生产资料的主人组成的生产部门和企业,以民事权利主体的资格对生产资料行使占有、使用、收益和处分的权利,并要做到对国家承担经济责任,保证生产经营的经济效果;必然是各个生产部门和企业既都是国家计划的执行者,又都是独立的商品生产者,在它们之间要按照等价交换和等价补偿原则进行经济联系,互相承担经济责任。因此,社会主义全民所有制经济不仅是一个统一的整体,它的财产所有权只属于国家,而且各个企业是相对独立的基本经济单位,能够在国家授权的范围内,行使所有权的各项权能。在它们之间,这种既统一又矛盾的特殊关系,构成了生产资料全民所有制内部的经济核算关系,而经济核算关系实际上是一种商品经济关系,它是确认社会主义全民所有制企业为法人的基础。

在集体所有制经济中,由于社会主义商品经济的存在,每个经济组织都是一个独立的商品生产者和所有者。它们各自对一部分生产资料和产品享有所有权,能够独立自主地发展对国家、对自己最有利的生产事业。它们在扣除生产中的物质资料消耗和向国家提供的积累之后,剩余部分完全由集体自己支配。这样,国家与集体、集体与集体、集体与个体之间的经济联系,必须实行自愿互利、等价交换的原则。在集体经济组织内部、劳动者个人虽然已经失去了对生产资料的所有权,但在按劳分配的原则下,却获得了平等的收益权。由此可见,集体经济组织不仅具有自己的独立财产,而且能够以自己的名义参与各项民事活动。因此,它们在客观上始终具备着法人的基本特征。在我国,如果说集体所有制经济的存在是不以人们意志为转移的客观要求,那么,在法律上确认集体经济组织的法人地位,其必然性就是不言而喻的了。

同时,在我国,国家机关、事业单位以及其他社会团体,虽然不直接参加生产和流通过程,但是它们所从事的活动是发展社会生产力,繁荣社会主义经济和科学文化事业,增进社会主义福利,进行社会化生产所不可缺少的。机关事业单位在日常工作中,必须占有和消费一定的物质资料,而这些物资资料不可能完全由国家发放下来,它们也必须和个人消费者一样,到市场上去购买。这样,就使机关事业单位参加商品交换,成为商品交换的当事人。在这一过程中,机关事业单位一方面要有一定归自己支配使用的资金,另一方面在法律上必须是民事权利主体,否则商品交换就不能实现。为此,国家对机关事业单位的活动和发展,也要进行统筹的计划和预算,以便为它们开展业务活动创造必要的物质条件。机关事业单位在工作和业务活动中,一般要从国家预算中领取所必需的经费,也有一些收入要上缴预算。为了克服以往办事不讲经济效益,“吃大锅饭”的现象,坚持按客观规律办事,充分调动机关和单位理财的积极性对机关事业单位逐步实行了经费包干办法,把权和责结合起来,使花钱单位承担经济责任,超支了财政不报销,结余了单位可以自行安排用于发展事业或改善工作条件。这样,机关事业单位也就具备了法人的基本特征,它一方面通过国家预算拨款,有了自己相对独立的财产,能够通过机关和单位领导人独立进行处分,并独立承担经济责任;另一方面由于商品经济社会的客观要求,机关事业单位不得不以民事权利主体的资格,参加一定的民事法律关系。因此,这些机关事业单位成为法人就不仅是可能的,而且是必然的。

此外,外资企业、中外合营企业以及由公民个人投资成立的股份有限公司和其他一些社会组织,也都是拥有独立财产和能够独立承担经济责任,也都是按照我国法律设立并受我国法律管辖的经济组织,只要具备法人的各种条件,就应该承认它们的法人地位。

通过以上分析说明,社会主义企业无论是集体所有制,还是全民所有制的,都是一个个相对独立的经济实体,它们除了共同担负着维护国家利益的任务以外,对企业的盈亏享有经济权利,承担经济责任。行政事业单位包括国家机关和群众团体,它们也有相对独立的财产,也要对这部分财产行使权利和负担责任,也都具有民事权利主体的资格。外资企业、中外合资企业以及其他一些依法成立的社会组织,也都是如此。我国现在经济的这种特点,就必然要求与之相适应的法律表现形式,无疑,最科学、最正确的法律表现形式就是法人制度。

二

在我国,实行法人制度是社会主义经济规律的客观要求,是促进社会主义经济全面高涨的迫切需要。因此,尽快在我国建立和健全法人制度是非常必要的。长期以来,由于“左”倾错误的影响,使我们对社会主义经济发展的客观规律缺乏深刻的认识,忽视社会主义法制在社会主义建设中的积极作用,尤其忽视法律在经济管理工作中的重要地位,所以我国至今还没有一项比较完备的法人制度。尽管各种社会组织在事实上往往以法人资格进行民事活动,但在人们的思想中还是很不自觉的。特别在经济活动中,由于过多地采用行政手段解决问题,如过去对国营企业实行统收统支,无偿调拨;对集体经济单位搞“穷过渡”,“一平二调”,致使国家和集体的财产得不到切实的保障,机关和企业、事业单位的正常经济关系遭到不应有的破坏。这种状况,已经严重地影响了社会主义建设的顺利进行,其教训是非常深刻的。为了促进社会主义经济的全面高涨,保障“四个现代化”的顺利实现,在我国实行法人制度,就成了法制建设方面一项非常必要和十分迫切的任务。

首先,实行法人制度是保护社会主义公有制,实现国家经济计划的重要保障。众所周知:我国是公有制为基础的社会主义国家。国家具有组织社会主义经济文化建设的重要职能。但是,国家应该怎样对整个国民经济进行有效的组织管理呢?就我国现阶段的全民所有制经济来说,由于受生产力发展水平的限制,实际上还是国家所有制性质,其所属企业、事业和其他组织的财产所有权属于国家,毫无疑义,这些单位和组织原则上是应该由国家来统一管理的。但是,在社会化大生产的条件下,社会分工异常细密,各生产部门和单位的生产条件千差万别,社会产品的种类和规格极其浩繁,如果都要集中由国家直接管理是不可能的。因此,唯一的办法就是对这些社会组织在法律上给以法人资格,使它们在经济生活中享有一定的权利义务和承担相应的责任,分别对国家财产进行管理。只有这样,它们才能在国家统一领导下,依照国家计划,分工负责,各司其职，充分发挥自己的积极性和创造性，完成各自承担的经济、政治、科学技术和文化教育等任务。

实行法人制度，国家就可以通过法律程序，对法人组织的任务和宗旨是否符合整个国民经济和社会的需要进行审核和检查，从而成为国家对经济实行计划管理和监督的一个重要法律工具。例如，企业法人的登记虽然不是经济上的综合平衡，但它可以为综合平衡提供依据，从法律上控制企业的盲目发展。近年来，一些地区出现重复建厂、盲目建设的现象十分严重，浪费了国家和集体的大量钱财；一些单位以搞活经济为名，随意超越经营范围，有的学校办起旅社，有的饭店卖起粮食，严重破坏了国家正常的经济秩序，影响了国民经济计划的实现。如果我们确立和健全了法人制度，国家就可以根据国民经济发展的客观需要，对各项事业进行合理布局，有计划地创办和批准那些对国民经济和整个社会有益的企业、事业单位和其他组织；同时，对于准许存在的各种社会组织的业务活动的性质和规模，也可以施加积极的影响，使它们在经济活动中保持必要的统一和正常的秩序。

实行法人制度，还有利于维护社会主义的社会秩序。现在，社会上存在一些"地下包工队""皮包公司""三无工厂"等非法组织，它们冒充法人组织，欺骗公民和法人，危害国家和人民。虽然造成这些非法组织存在的原因是多方面的，但是我国没有完善的法人制度，对经济活动中出现的非法行为缺乏严格的法律监督，更不能及时依法处理，则是一个重要原因。所以，为了保障社会主义公有制经济的顺利发展，促进社会主义商品流通的正常进行，维护社会秩序和经济秩序，确立法人制度是非常必要的。

其次，实行法人制度是实行社会主义经济责任制的一项重要法律内容。近几年来，为了发挥企业和劳动者的积极性，无论在国营企业或集体企业中，都在认真实行经营管理上的责任制。特别是一部分国营企业实行盈亏承包制，大大增强了劳动者的主人翁责任感，推动了生产力的发展。经济责任制是一种管理经济的有效的手段和方法，它一方面依靠于社会主义的物质利益原则，另一方面依靠于社会主义法制，其中法人制度就是一个重要方面。在这里，经济责任制不仅是一个经济概念，而且应看作一个法律概念。当前，由于生产力的迅速发展,经营管理直接依靠法律手段来调整,已经成为一种世界趋势。这样,经济基础和上层建筑的距离缩小了,经济管理中的法律成分增加了。在传统理论中,法律仅仅与商品关系相联系,而与经营管理没有直接的联系,现在这种理论已经不能再适应实际的需要。事实上,经济责任制与法人制度已经成为密切相连的一个整体。一方面经济责任制体现着社会主义法人制度的实质,另一方面法人制度是经济责任制的一项重要内容。在我国,每一个全民所有制单位,应是以国家拨给它经营管理的财产为限,按照国家规定进行预算包干或者实行独立经济核算的,并要独立地对国家负责;作为法人的集体所有制组织,国家承认它们享有独立的财产所有权,它们在民事活动中独立承担财产责任。这就说明,我们实行法人制度,其实质就是在国家与企业之间、企业与企业之间实行经济责任制,它们的内容不仅是一致的,而且两者也是不能分离的。现在,人们一谈起经济责任制,似乎它只是一种经济概念,而往往忽视它所包含的法律意义,这是不全面的。实际上,如果没有法人制度,经济责任制不仅没有法律保障,而且连它本身也是不完整的。因为经济责任制并不仅是单纯以物质利益原则为基础的经济手段,而且还是以社会主义法制为基础的法律手段,必须依照法人制度的有关原则和规定,才能真正得以实行。因此,为了进一步完善经济责任制,就必须实行法人制度。

再次,实行法人制度是实现经济管理体制改革的需要。党的十一届三中全会以来,我们对国民经济实行了以调整为中心的调整、改革、整顿、提高的八字方针,这是我国社会主义经济建设发展中的一次伟大战略措施。多年来,我国经济管理体制的一个严重缺点是权力过于集中,不利于调动各企业、事业单位和职工的积极性,不利于在国家计划指导下自觉运用价值规律发展社会主义的商品经济,以致延缓了社会主义建设的速度,其教训是非常深刻的。当前,经济管理体制的改革正在进行,并在不断总结经验进行推广。改革的内容主要有三个方面:一是扩大企业和其他经济组织经营管理的自主权,使它们成为有相对独立性的商品生产者,并逐步把统收统支,统一核算,改为各企业和经济组织独立核算,独立承担财产责任;二是充分利用价值规律,在国家计划指导下发挥市场调节的作用,使企业和其他经济组织有可能发挥各自的优势,进行正当竞争,提高经济效益;三是一些企业和经济组织根据自愿、平等互利原则,突破高度集中的经济管理体制,打破行政区划的封锁和部门分割,实现各种形式的经济联合,以便有效地提高社会已有生产力的经济效果。但是,以上这些经济管理体制改革的成果,必须通过法人制度加以确认,才能获得法律保障,并进而推动这一改革的继续发展。法人制度一方面确认企业和其他经济组织的商品生产者的法律地位,确认它们的财产所有权或相对所有权,使其成为享有平等法律地位的民事权利主体,不受来自上级领导机关和业务主管部门不适当的干涉;另一方面从法律上制止企业和其他经济组织以自己的某种优势损害其他法人组织和公民的合法权益,从而保障社会主义经济活动的正确方向和正常秩序。我们不仅承认那些参加联合的企业和其他经济组织的法人地位,而且承认那些具备条件的经济联合体的法人资格,使它们各自成为"独立核算,自负盈亏"的经济单位,这样既能调动各个企业和经济组织的积极性,推动生产力的发展,又能够促进经济体制的改革。因此,我们实行法人制度,不仅有利于巩固经济管理体制改革的成果,而且为进一步实行经济体制改革提供了法律依据。

最后,实行法人制度是我国不断扩大对外经济技术、科学文化交流的需要。我们进行社会主义现代化建设,必须立足于自力更生,主要靠自己的艰苦奋斗。但是,也必须实行对外开放,按照平等互利的原则,不断扩大对外经济技术、科学文化交流。近几年来,我国已经同 170 多个国家和地区有了贸易往来,同 100 多个国家进行科学文化交流。这就不可避免地会遇到各种各样的法律问题,其中首先遇到的就是法人问题。按照国际惯例,相互间洽谈贸易、签订合同、交流技术、贷款结算,都必须是各自国家所批准和认可的法人组织,否则以上各项活动就不能进行。过去,我们的外贸工作完全由国家垄断,对外签订每一项协定和合同,都是以国家作为主体,结果往往给我们带来许多不便和造成不应有的经济损失。自实行对外开放政策以来,除了国家机构进行国际的交往外,还有越来越多的工厂、企业、学校、科研机关、文艺团体等以法人的资格,对外进行经济技术、科学文化交流活动;在举办中外合资经营企业和引进境外资金时,也是承认这些合营者和投资者的境外法人地位的。但是,因为我们没有法人方面完整的法律制度,使他们对自己的合法权益是否能够得到法律的保障产生疑虑。

因此,我们尽快确立和完善法人制度,对于我国和境外的经济技术交流、科学文化合作,以及引进境外资金,都是非常必要的。

三

党的十一届三中全会和党的第十二次全国代表大会从根本上冲破了"左"倾错误的束缚,端正了党的指导思想,重新确立了马克思主义的思想路线、政治路线和组织路线,从而为社会主义法制建设的健康发展提供了根本保证,也为我国建立和健全法人制度提供了实际可能。

原因之一是,随着经济管理体制改革的不断深入,企业和其他经济组织在事实上有了自己相对独立的财产,从而为实行法人制度提供了物质条件。根据国务院 1979 年 7 月 13 日发布的 5 个改革管理体制文件的精神,进行试点的国营企业有了以下一些财产权利:在固定资产方面,国家允许企业对固定资产有一定的处分权。企业对多余、闲置的固定资产有权出租或有偿转让,并在增加盈利的基础上逐步提高固定资产的折旧率。在流动资金方面,国家对企业实行流动资金全额信贷的办法,并逐步实行利润留成制度。这样既扩大了企业的财产权限,也增强了企业的经济责任,因此使它们在财产权利上的独立性得到加强。

原因之二是,当前,发展各个企业、事业单位的民主管理,是建设高度社会主义民主的重要方面,也是这些单位建立健全民主管理机构和监督机构,进而成为法人组织的重要前提。在社会主义社会中,广大劳动者是国家的真正主人。各种企业作为法人的领导机构的工作,不仅要向国家或集体负责,而且还要直接向本企业的广大职工群众负责,并要吸收他们参加企业管理,接受他们的经常性监督。胡耀邦同志说:"社会主义民主要扩展到政治生活、经济生活、文化生活和社会生活的各个方面,发展各个企业事业单位的民主管理,发展基层社会生活的群众自治。"②这样就为进一步发扬社会主义民主,落实企业事业

② 胡耀邦:《全面开创社会主义现代化建设的新局面》,载《中国共产党第十二次全国代表大会文件汇编》,第 37 页。

单位的民主管理,确立和完善法人制度提供了前提和条件。

原因之三是,我国法制建设的显著成就,也促使法人制度必须尽快实行。近几年来,我国相继修订或制定了宪法、刑法、刑事诉讼法、民事诉讼法、经济合同法、商标法、环境保护法等法律。特别是有关民事立法和经济立法的实施,都要求我们尽快确立企业、事业单位和其他社会组织的民事主体资格。实际上,有的立法已经确认法人为权利主体或涉及有关法人问题,从而为实行法人制度打下了基础。但是,如果我们再迟迟不实行法人制度,不仅不利于本制度所调整的各种关系,而且会直接影响其他法律的实施。所以,在我国实行法人制度已经成为法制建设上的一项刻不容缓的任务。

原因之四是,我国已有一定的实行法人制度的实践和经验。新中国成立以来,我国虽然还没有就法人问题作过统一的完整的规定,但并不是说根本就不承认法人制度。实际上,在我国的不少单行法规中,已经对企业、事业单位,国家机关,社会团体和其他组织在民事活动中的法律地位和权利义务作过有关规定。这些规定对社会主义改造和社会主义建设的顺利进行,曾起过重要的保障作用和促进作用。尽管法人制度的制定和其他立法工作一样,长期被停顿下来,但是在事实上,我国绝大多数的机关和单位还是以法人资格进行民事活动的。

综上所述,我国实行法人制度是社会主义经济规律的客观要求,它是社会主义商品经济条件下所产生的必然结果。在我国,实行法人制度不仅是必然的、必要的,而且是可能的。我们相信,随着国民经济的日益发展,随着国家法制建设的不断加强,一个适合我国国情,内容比较完善的法人制度,一定会很快在我国确立和实行。而法人制度的确立和实行,又必将促进社会主义各项事业的蓬勃发展。

试论法人组织内部责任的划分*

多年以来,在我国的法人组织内部,因法人与个人的责任界限不明,部分工作人员减弱了关心集体事业的责任心,同时也放纵了某些违法行为。因此,如何运用法人的基本理论,来阐明法人责任与法人内部个人责任的界限,是司法实践中急需解决的问题,也是民法科学中急需研究的课题。

本文试从三个方面,谈谈个人的认识。

一、法人与法人机关成员之间责任的划分

法人是一种抽象的生命,它不可能自己进行活动。法人要行使权利,就必须设立由自然人组成的一定机关来行使。这种能够代表法人行使权利的机关,一般称为法人机关。组成法人机关的自然人,一般称为法人机关成员,他们是直接执行法人领导职务的工作人员。法人机关以法人的名义所为的行为,就是法人本身所为的行为,法人要对此承担法律责任。在实践中,由于法人与法人机关成员的责任界限不明,时常出现两种情况:其一,法人机关成员的违法、违章行为,一律被认为是法人的行为,由法人承担全部法律责任,给国家和集体财产带来严重损失;其二,法人机关成员实施职务上的行为,给第三人造成损害事实,本应法人承担责任,因责任界限不清,法人组织却乘机推卸责任,给善意第

---

* 原载《法学研究》1983 年第 2 期。

三人造成损失,这也不利于民事流转的正常进行。

(一)以是否超越法人的权利能力划分责任

法人是具有特别权利能力和行为能力的民事权利主体。法人机关成员所为的行为,若超越法人的权利能力,也就超越了法人的行为能力,这时他们所为的行为已经不再是法人的行为,而是他们自己的行为,法人不能对此承担责任,而只能由他们个人承担责任。例如,一个化工厂不经有关部门批准,私造鞭炮出售,若造成他人损失或发生责任事故,就应追究该厂法人机关中有关成员的法律责任;作为法人的工厂不应直接承担责任,但它的收入是不当得利,应返还善意第三人或者上缴国库。法人机关成员超越法人权利能力的现象是经常发生的,对国家实行计划经济和稳定经济秩序非常不利,必须采取有力措施扭转这种状况。

人们对于上述划分责任的方法往往存在顾虑,认为法人机关成员不可能承担得起赔偿责任,第三人的财产损失可能得不到应有的赔偿,这种办法实践中行不通。我认为,产生这一顾虑的原因,主要是对法人机关成员在这里承担责任的性质和内容缺乏全面的了解。不妨作些简略的分析。在承担合同责任方面:法人机关成员超越法人权利能力订立合同,在法律上都是无效的法律行为。法人机关成员所应承担的赔偿责任,只是受损害人在得到法人返还不当得利的收入后的损失差额。一般情况下,这种损失差额不常出现,或者数额不大。法人机关成员承担民事责任,主要指的不是这种赔偿责任,而是指要承担经济惩罚和其他法律责任。在承担侵权责任方面:法人机关成员超越法人权利能力所进行的业务活动,如果给第三人造成财产损害时,应由谁承担侵权责任呢?我认为,在这种情况下,法人是没有过错的,所以不应承担责任,而法人机关成员以及实施了该项违法行为的某些工作人员是有过错的,他们应直接向受害人连带承担赔偿责任。这里有必要说明一下第三人本身的责任问题。在经济司法实践中常常发现,第三人在签订合同时是有过错的。他们有的对对方经营范围不作必要的了解,有的明知对方越权。他们遭受损害时,自己应承担一定责任。这符合民法的过错责任原则,对于督促第三人慎重守法、精心经管业务是有积极作用的。

另外,有的同志认为,法人机关成员或其他工作人员超越职权办错了事,说明法人对他们没有尽到管理教育的责任,所以法人也是有过错的,也应承担赔偿责任。我认为,这种认识不仅混淆了行政管理责任和民事赔偿责任之间的界限,而且实际上是把法人当作法人机关成员和其他工作人员的监护人,剥夺了这些人员个人在民法上的公民资格。按照这种认识处理问题,对于健全法制,促进有关工作人员主动关心社会主义公有财产,提高守法的自觉性,是非常不利的。

(二)以是否执行法人职务划分责任

法人机关成员实施不超越法人权利能力的行为,是否就一定是法人的行为,一定要由法人承担其法律后果呢?当然不是。这还要看法人机关成员实施的行为,是否是在执行法人的职务。

法人机关成员执行职务时所为的行为,不管是违法行为还是合法行为,都应视为法人的行为,其法律后果都应由法人承担。但是,为了加强法人机关成员的责任,使他们的权利和责任统一起来,他们对于自己所为的违法行为,也应对共损害后果承担部分责任。旧中国民法规定,法人机关成员或有关工作人员因执行职务上的行为,如造成第三人的损害,要由法人和行为人连带负赔偿责任。这样,固然可以促使法人机关成员慎重守法,有利于加强他们的责任,但在法理上却有了矛盾。既然法人机关成员在执行职务时所为的行为就是法人的行为。行为后果也理应由法人承担,不应该又要让法人机关成员共同承担连带责任。我认为,在执行法人职务过程中,法人与法人机关成员是置于一个民事主体之中,对外是不可能承担连带责任的;只要是法人机关成员执行法人职务的行为,都应看作法人的行为。

从实践中看,法人机关成员一般赔偿能力有限,只有由法人承担责任,才能减少执行中的纠葛,充分保证第三人的合法权益。例如,《经济参考》曾报道这样一起经济责任案件:山东省章丘县庆元大队不执行购销合同,把应卖给国家的 150 万斤大葱全部卖给了“关系户”,使国家收购单位蒙受很大经济损失。该县有关部门进行了严肃处理,对该大队处以 5775 元的罚款,并令退回全部定金。但是法人机关中的有关责任人员即大队有关干部没有得到任何经济制裁,显然也是不妥当的。法人机关成员在法人组织内部,既然享有特别的权利,就应承担相应的责任。这种责任的性质,属于法人内部的责任,应由法人的有关章程和条例加以规定。法人机关成员违反了这些规定,就应根据给法人带来经济损失的大小以及自己所负责任的轻重,直接向法人承担经济责任。法人在对外承担责任后,有权向有过错的法人机关成员进行追偿。毫无疑问,如果法人组织实行了这种办法,必定会得到良好的效果。有的工人同志说,“罚工厂万元,不如罚厂长百元”,是有深刻道理的。至于法人机关成员非执行法人职务的行为,其法律后果当然应由他们个人承担。

二、法人与法人代理人之间责任的划分

在我国民事实践中,代理制度已经成为法人参加民事流转的重要辅助手段。在法人委托的代理活动中,分清法人与其代理人的责任,是民事流转能够顺利进行的重要保证。而分清二者责任的关键又在于代理人是否在其代理权的权限内行事。下面,我们分别三种情况进行讨论。

1. 代理人在法人授予的代理权限内所实施的法律行为,其法律后果由法人承担。法人作为被代理人,不仅通过代理产生权利和义务,而且应承担因代理人在代理权限内实施违法行为而产生的责任。只有一种情况可以例外,即代理人利用享有代理权的便利条件,和第三人恶意串通进行的法律行为,则是无效的法律行为。这种行为如果给被代理人带来财产损害时,代理人和第三人应连带承担赔偿责任。除此情况以外,作为被代理人的法人,不能因某项代理行为对自己不利,而以代理人滥用职权为理由,推卸自己的责任。例如,当代理人将应给予第三人的财产据为己有时,法人并不能免除对第三人的财产损失承担赔偿责任。法人有权请求代理人赔偿自己的损失,但这对于第三人来说没有任何关系。在实践中,这样划分责任有利于保护善意第三人的利益,有利于维护民

事流转的正常秩序,便于追究违法代理人的责任。

2. 代理人超出法人授予的代理权权限所实施的法律行为,其法律后果由代理人承担。法人代理人超出代理权限或没有代理权而进行的代理活动,民法上叫作无权代理。属于无权代理而实施的法律行为,原则上是不能成立的。这种代理行为,并不是法人的授权行为,而是无权代理人自己的行为,所以由此产生的法律后果,应由法人的代理人承担责任。无权代理行为如果不被法人追认,不知情的第三人由此而遭受损失时,依法应由代理人负赔偿责任;第三人如果知情时,其后果应由他自己负责。在实践中,代理人在代理活动中超出代理权限的现象常有发生,并往往造成经济责任案件。例如,新乡市某商店,授权本店业务员赵某到南方购买木材,可是赵某以该店名义,私自购回成衣4000件,价值5万余元。该商店拒付退货,卖方则要求赔偿损失和偿付违约金1万余元。很明显,这次损失本应由赵某承担,因为赵某无偿还能力,法院只得判决由该商店承担主要责任。类似这种情况很多,常给法人组织带来很大的经济损失,而代理人的违法行为却得不到应有的制裁。我认为,应该在有关法规中明确规定代理的责任,要加强对有关业务人员的法制教育,要求代理人必须按委托书上规定的权限进行代理活动;同时,在签订合同时,第三人也应要求业务人员出示授权委托书,核明代理人姓名、代理事项、权限范围、被代理人的签名盖章等,以逐步减少和避免各种过错和纠纷的发生。

还须说明,法人代理人超出代理权限所为的行为,并非绝对无效。只要该行为得到本法人的追认,仍应视为有效,其法律后果由法人承担。特别应指出的是,如果法人知道代理人超出代理权限后未在一定期限内明示拒绝,就应视为默认,也应承担法律后果。现在有的企业组织对于代理人的无权代理采取放纵的态度,先予默认,而后见有利就算追认,见无利就推卸责任。这有时给审判工作带来一定困难。例如,新乡市某商店授权业务员王某到外地采购稳压器,可是王某通过私人关系,与某电扇厂签订代销台式电扇120台的合同,价值1.8万元,商店当时并未拒绝合同,后来电扇滞销,商店领导和职工私分20台,结果长期拖欠对方货款不付。当对方起诉法院后,该店还无理狡辩,说是业务员签订合同未经商店同意,不愿承担责任。法院认为,该店知道王某签订合同后未明示拒绝,并已按合同进行代销,实际是默认了该项合同,应承担法律后果,判决该店限期偿还货款和赔偿经济损失。

法人作为代理人进行代理活动时,必须符合法人特别权利能力的原则,否则,代理行为无效,还要承担一定责任。例如,新乡市某日杂商店依据代购合同,为北京市某商场代购解放牌汽车 18 辆、高锡 2 吨,价值共 35 万元。结果没有买到汽车和高锡,却花掉 6 万余元。日杂商店根本无代购汽车、高锡的权利能力,签订这种代购合同是违法的,应承担主要责任。北京某商场的经营范围是电器、机动车零件等,也无经营汽车、高锡的业务,签订这项合同也超出了它的权利能力,同样负有重要责任。对于双方负有直接责任的成员,还应给予必要的经济制裁和法律制裁。

3. 法人机关成员授予代理人的代理权,超出了本法人的权利能力,代理人按其授权实施法律行为后,其法律后果应由法人机关的有关成员和代理人共同承担。近几年来,一些地区的法人组织超越自己的经营范围(严格地讲,是法人机关成员超越自己的职权),授权自己的代理人随便签订合同,骗取钱财,明目张胆地进行违法活动。在处理这种违法活动时,法人机关的有关成员和代理人应共同对其法律后果承担责任。他们要连带担负经济赔偿责任,特别是违法的法人机关成员,更应承担主要责任。当然,法人从中取得的非法营利,应上缴国库。

三、法人与法人成员和工作人员之间责任的划分

一般来说,组成法人的自然人或法人,就称为法人的成员。在法人内部工作的人员,并不都是法人的成员。由法人机关委任或招聘的人,与法人建立了一定的劳动法律关系,他们只是法人的工作人员。法人与它的成员之间同法人与它的工作人员之间,在责任关系上并不完全相同。

(一) 法人与法人成员之间的责任关系

在我国,农村人民公社组织、城镇合作社组织以及社会团体,是由社员或会

员所组成的,也就是以人的集合为基础所成立的法人。在这些法人中,社员或会员是法人的组成成员,是法人有机整体的一分子。在一般情况下,法人成员与第三人不单独发生关系,他们对外也不直接承担责任。只有当法人资产不足清偿债务而发生破产时,各法人成员才以自己出资额为限,间接承担有限责任。事实上,我国的集体法人与国家法人一样,都没有破产的,所以法人成员担负有限责任也就失去了意义,法人成员与法人的工作人员在享有权利和承担责任方面已经混同起来,除非当法人成员本身是法人时,承担间接有限责任才具有实际意义。

(二)法人与法人工作人员之间的责任关系

法人与它的工作人员(包括法人机关成员在内)之间的关系是劳动关系,这种关系由劳动法来调整,双方享有权利和承担义务。

在法人组织内部,法人工作人员因为自己的过错给法人造成财产损害,就有义务向法人承担赔偿责任。但是,应分别两种情况:若工作人员是在非执行法人职务时造成了对法人的财产损害,这时这种损害是在两个民事权利主体间发生的,该工作人员应向法人承担全部赔偿责任;若工作人员是在执行法人职务时造成了对法人的财产损害,这时这种损害是在同一民事权利主体内发生的,该工作人员虽然也要向法人承担赔偿责任,但它不是一般民法意义上的民事责任。这两种赔偿责任在性质上是不同的,前者是由民法调整的,后者是由劳动法调整的。在后一种情况下,法人在向它的工作人员请求追偿时,应考虑责任人的经济状况,必要时可以适当减缓,但不能完全免除其赔偿责任。我们举一案例加以说明。四川某矿区汽车司机杨某,倒车时疏忽大意,将罐装车的罐子碰坏,致使12吨高浓度的冰醋酸全部外流,造成附近社队农田、鱼池的严重损害。因为杨某是在执行职务过程中发生的损害,所以矿区直接向社队承担赔偿责任。经当地法院调解,矿区赔偿社队9000元。同时,矿区对司机杨某也进行了追究,令其赔偿矿区损失300元,并吊销了驾驶执照,给予了行政处分。这样处理,既保护了受损害一方的经济利益,又教育了直接责任人,肇事单位也从中吸取了教训。很多地方处理这类问题,对工作人员往往用行政处分代替经济赔偿,是不完全妥当的。笔者认为,凡由于自己的过错给法人带来财产损害的工作人员,必须承担一定的赔偿责任;行政处分和赔偿责任不能互相代替,即便进行了全部赔偿,也不能排除行政处分乃至刑事处分。

法人制度的缘起和演进*

法人是民法上的特有概念。法人的主要特征在于：一方面它是由自然人或社会集团组成的稳定的集合体，另一方面它又具有自己独立的财产。所谓独立的财产，是指法人的财产与法人成员的个人财产以及法人创立人的财产截然分离。法人的这种财产地位被国家和法律承认之后，便具备了承担以自己的名义进行民事活动所引起法律后果的资格。法人的民事权利，任何个人和社会集团都不得干预，法人的民事义务，任何个人和社会集团（包括国家）也没有责任承担。法人是除自然人以外的民事权利主体。

为了论述方便，可将法人演进的过程分为3个历史阶段：（1）法人制度的萌芽时代；（2）法人制度的形成时代；（3）法人制度的发达时代。

一、萌芽时代

在原始社会，由于生产力极其低下，人类只有依靠集体的力量，才能获得生存与发展。因而任何个人始终不是被视为一个单独的个人而是被视为一个特定团体的成员。

在氏族社会，开始了剩余产品的交换。但是以独立资格进行交换产品或商品的主体，一般不是个人，而往往是家族，氏族和部落。每个氏族由一个酋长负

---

* 原载《百科知识》1983年第1期。

责氏族的管理工作,死者的财产必须留在本氏族,不能转归外族。这些习俗表明:氏族不仅是人的组合,而且有了自己独立的财产,以及代表全体氏族成员管理氏族的机关。对外商品交换总体上是以氏族的名义进行,其利益由氏族整体享受,其义务由氏族本身承担。每个氏族成员对氏族的共产制财产不享有所有权。氏族的财产与氏族的个别成员相脱离。社会进一步发展,家庭和家族逐渐代替了氏族,成为社会组织的基本细胞。初期,族长是家族权利和义务的代表者,家族财产与包括族长在内的个别成员相脱离,是完全独立的社会财产。后来,随着私有财产和阶级的产生,族长一跃变为统治者——奴隶主。家族的权利为族长个人所垄断,家族的财产几乎成了族长自己的财产。家族具有的某种法人性质发生了变化。

由此可见,在这一时期尽管不存在现在意义上的国家与法,但是,氏族和家族已经在不同程度上,具备了法人的某些特征。法人制度已处于萌芽时代。

二、形成时代

人类进入阶级社会后,家庭和家族原有的法人特征逐渐在消失,但是对外进行民事活动时仍保留着整体性,并一直延续到封建社会。第三次社会大分工的出现,商业成为独立的部门,人们的社会生活也逐渐复杂化,各种民间和私人团体相继产生,开始出现了法人团体和合伙团体。在有的国家,如罗马,法人和合伙几乎是同时产生的,氏族为国家代替之后,国家对外的经济活动以及各自治政府之间的经济联系,也逐渐形成法人的观念。

法人制度最早起源于罗马法。罗马的法人团体大致有6种:公团体(系国家或国家其他政治团体),宗教团体,慈善团体,商业团体及实业团体(如商业公司、船夫团体和手工业组合等),共同利益组织及民间政治团体等。上述分类,与近代法人分为社团、财团相类似。罗马的各种民间或私人团体,曾经受到国家统治者多次禁止和多种限制,但几经纷扰,隐而复现。最后,公元313年,"米兰诏令"第一次在法律上建立了教会财产,并把一种新的财产类目,即团体机关的财产,列入罗马法内。公元 321 年,法律准许基督教会享有收取受赠或传给教会作为基金的财产之权。至此,法人财产的法律地位才算初步确立。

进入封建社会后,商品经济得到显著发展,各种民法规范进一步完善。法人制度逐渐成为经济发展和社会生活不可缺少的一项重要法律制度。

10 ~ 12 世纪,在欧洲各国,寺院势力达到了高峰,而寺院本身就是一个法团。寺院的财产,也像近代商业公司的资本那样,分成为固定资产和流动资产。创建人能够从寺院的进款中获取产业,并可以传给子孙和让与他人,但他们的捐赠投资不能全部被还俗化或撤销。寺院财产与其创建人财产分离。作为寺院的任何个人,都是没有财产的,作为一个整体,他们的进款是很大的。有的寺院不仅从事农业,还从事手工业和商业,甚至发展到抵押和放款,其经济十分繁荣,剩余产品数额非常庞大。而且,寺院的人事组织严谨细密。所以,中世纪的寺院,已经是一种相当完善的法人团体,它的基本特征已与近代法人相类似。

12 世纪初,意大利国家仍占据商业史上的优先和卓越地位。当时,有一种被称为"海上协会"的股份公司,不仅有自己的独立财产,而且有了自己的代表机关,每个入股人仅以自己的投资承担风险,而又按投资比例分享利润。15 世纪末,尼德兰和英国的资本主义工商业迅速成长,它们先后成立了各种商业公司。其中,英国东印度公司资金最雄厚,活动时期最长久。它已经具备这样的特点:第一,在国家允许的情况下,有自己的章程和条例,规定宗旨、性质和活动范围;第二,股东的个人财产与公司财产已经分离,公司有了自己独立支配的财产;第三,股东大会是最高权力机关,并没有处理日常事务的管理机关;第四,各股东按股份享受权利和承担义务;第五,有自己的名称。以上两种公司,都已经具备了现代法人的基本特征。

但是,封建社会始终以自然经济占主导地位。这种经济特点,决定封建主义的法权是"武力法权"和"特权法权"。所以,作为调整商品经济关系的民法,一般还不可能有更大的发展,法人的社会组织还不普遍,法人财产的独立程度还比较低,法人制度还处在形成的时代。

三、发达时代

在封建社会后期,资本主义的商品经济已经广泛发展。16~18世纪,西欧各国经过一系列政治革命,封建主义生产关系逐渐解体,资本主义生产关系日益形成和巩固。在资本积集和集中的过程中,商品经济的主要活动者已经不是手工业主和个体商人,而是以资本的结合为基础的各种联合。19世纪的工业革命,进一步促进了资本主义商品经济的发展,各种以法人资格进行工业、商业、合融、科研、教育活动的专业公司和社会组织,如"雨后春笋"一般大量涌现。从而,法人制度进入了发达时代。

1804年,拿破仑公布了《法国民法典》。由于当时的历史条件,该法典中还没有关于法人的一般规定,但在事实上,却承认商业和工业团体的法人地位。直到1867年,法国规定了有关股份公司的法律,从而明确了股份公司的法人地位,1901年,公布了《结社自由法》,把社会团体视为独立的权利主体。自此以后,法国在法人学说上有了更进一步的发展。

在德国,由于政治割据,民法极不统一。18世纪,普鲁士的"普通法",对社团法人已有若干规定;奥地利的民法典,对法人也有数条规定;萨克森的民法典,第一次将社团、财团分别规定。1896年,德国公布了统一的民法典。它在第一编,把法人列为专章专节,对社团和财团法人的成立、登记、章程、权利能力、法人机关、破产和清算等,都分别作了详尽的规定。从而,在德国建立了世界上第一个完整的法人制度。这个法人制度的体系后来为瑞士、日本、意大利、中国、巴西等多国仿效。1897年,德国商法典作为民法典的补编,重新修订公布,从而使法人制度更加完善和发达。

在英国,民法渊源于普通法。法人的法律地位,受一般习惯法的支配。除1908年的公司法外,没有一般法人的规定。但是,因为有发达的信托制度,可以同样达到设立财团法人的目的,而公司法上的公司概念,其内容要比其他国家广泛得多,如科研机关、大学、养老院等都认为是公司。因此,英国的法人制度是另具特色的。在美国,有关法人的问题是由单行的法规和条例调整,比起英国有较大的灵活性。其他一些英联邦国家,如澳大利亚、印度、南非等国,大致采取英美法的体系。

在旧中国,由于半封建半殖民地性质的国情,法人制度不可能有较快的发展。1903 年以后,清政府和北洋军阀政府时期,曾先后制定和颁布了一些有关法规,但始终没有认真实行过。1930 年,国民党政府陆续公布了民法典。这部法典的总则部分,规定有关法人条款 41 条。这是中国第一次公布的法人制度,它在一定程度上促进了工商业的发展。

法人制度不仅在资本主义性质的国家里得到空前发展,而且在社会主义国家,也同样被采用,并且逐渐成为一项重要的法律制度。1922 年,由列宁领导制定的苏俄民法典,第一次确认了社会主义国家的法人制度。它首次为法人的概念下了定义,第 13 条规定:"一切享有取得财产权利和能够承担义务,并且能够在法院起诉和应诉的机关、社会团体和其他组织,都是法人。"尽管当时关于法人的规定只有 8 条,但它为社会主义国家建立法人制度奠定了基础。以后,蒙古、捷克、匈牙利等国的民法中关于法人的规定大体都是采用这一体系。随着社会生产力的提高,法人制度在社会主义国家民法中的地位也越来越重要。

近代以来,世界各国法人制度的日益发达,对提高社会生产力,增强经济交流,加速资本集中和生产社会化起了重要作用。法人像自然人一样遍于全世界。资本主义国家建立法人制度,满足了资产者联合起来以求生存和发展的企望,使之成为这些国家民法体系中三大基本制度(私有权、法人、契约)之一。社会主义国家运用法人制度,则达到了充分发挥和调动企业生产积极性的目的,对推动工农业生产和科学技术进步起到重要作用。法人制度发展到高级阶段的主要标志是:第一,法人成为社会最基本的经济单位,以至于没有法人就没有社会化和专业化的生产。因此,法人已经成为社会物质生产的基础。第二,法人拥有属于自己或完全归自己支配的财产。因此,法人在法权形式上与其他法人和个人完全脱离,成为真正独立的民事权利主体。法人财产的不断社会化,进一步促使社会经济力摆脱人类意志的束缚和统治,从而在更广泛的范围内服从于客观的规律性。第三,各国普遍明文立法,使法人制度不断得到完善和发展。因此,法人制度成为世界上普遍运用的法律工具。

历史实践证明,法人制度是人类社会物质生产力发展到一定阶段的必然产物,在存在商品经济的各种社会形态中,它将不以人们的意志为转移而存在,其发达程度与商品经济的发展水平相适应。法人制度一旦形成和建立,又具有相对的独立性,并循着本身所固有的规律运行,反过来对社会经济基础发生巨大的推动作用。可以预见,随着社会经济的不断发展,法人制度将在原有意义上逐渐退化,而在新生意义中继续演进。

试论我国法人的独立财产和有限责任*

一

法人最基本的法律特征，是拥有独立的财产。在法律上，所谓独立的财产，是指法人的财产不仅独立于其他社会组织的财产，而且独立于自己成员的其他个人财产，同时也独立于创立人国家的其他财产。拥有独立的财产，是法人参加民事法律关系和担负物质责任的前提和根据。既然法人的财产与法人成员的个人财产以及创立法人的国家财产是分离的，那么除法律另有规定外，国家、个人对法人的债务仅负有限责任。

在我国，由于存在生产资料的两种公有制，同时还保存着劳动力的部分个人所有，以及由此产生的按劳分配制度和物质利益原则；在广泛的经济活动中，还要利用商品货币关系，发展社会主义的商品经济。因此，就决定了国家经济组织、国营企业和国家机关，以及各种集体经济组织和社会团体，在财产上必须保持相对的独立性，在法律上享有法人资格。

我国现阶段的全民所有制经济组织，其财产的所有权属于国家。毫无疑义，这些财产原则上是应该由国家来统一管理的。但是，在社会化大生产的条件下，社会分工异常细密，各生产部门和单位的生产条件千差万别，社会产品的种类和规格极其繁杂，如果都要集中由国家直接管理是不可能的。因此，社会

---

* 原载《北京政法学院学报》1982年第3期。

主义全民所有制经济不仅是一个统一的整体,它的财产所有权只属于国家,而且各个企业是相对独立的基本经济单位,在财产上能够于国家授权范围内,独立享有所有权的各项权能。在它们之间,这种既统一又矛盾的特殊关系,构成了生产资料全民所有制内部的经济核算关系,而经济核算关系实际上是一种商品经济关系,它是确认社会主义企业为法人的基础。这些法人组织在财产上的独立性,便成为它们能够独立承担责任的前提和条件。

在集体所有制经济组织中,每个经济组织都是一个独立的所有者。它们各自对一部分生产资料和产品享有所有权,能够独立自主地发展对国家、对自己最有利的生产事业。它们在经营活动中,实行独立核算、自负盈亏。一方面,集体经济组织的生产和流通,要服从国家计划的指导;另一方面,国家要确实保护集体经济组织的所有权和自主权。国家与集体、集体与集体、集体与个体之间的经济联系,必须实行自愿互利、等价交换的民事原则。由此可见,集体经济组织不仅具有自己的独立财产,而且能够在民事活动中独立承担责任,它们在客观上始终具备法人的基本条件。

那么,在我国社会主义公有制的条件下,哪些财产属于法人的独立财产呢?或者说,哪些财产是法人能够用来承担民事义务和责任的财产呢?回答这个问题,要根据法人的不同种类和特点,分别加以说明。

1. 国家企业法人的独立财产。国家企业法人的独立财产,是指国家以所有人的资格,交给企业独立经营管理的一定财产。近几年来,我国关于国营企业财产权性质的讨论,主要形成三种观点,即占有权说、相对所有权说、用益权说。本文不可能在这方面多作论述。我认为,所谓国营企业的独立财产,是从相对意义上讲的,是指企业在法律和国家指令性计划规定的范围内,能够直接行使占有、使用和处分权利的那些财产。也就是说,企业法人的财产如果缺少所有权的三项权能中的一项,就谈不上是独立的财产。这就说明,一方面企业法人拥有的财产归根到底是国家所有权的客体,国家保留对企业财产的最高支配权;另一方面企业法人对自己拥有的国家财产享有相对意义的所有权。事实上,这里所有权已经被分成了两个层次,第一层是国家绝对性质的所有权,它决定和掌握着国家财产的支配和使用方向;第二层是国家企业法人相对性质的所有权,它体现和实现着对国家财产的具体支配和使用。所以,国家企业法人与所有权人享有相类似的财产权利,当它不履行债务或发生侵权行为时,也应与所有权人相似独立承担民事责任,当它的财产权利遭受侵犯时,也应得到类似保护所有权的法律保护。1982 年,中共内蒙古自治区党委和政府作出决定,将现有草牧场的所有权分别固定到国营农牧场、人民公社的基本核算单位。我理解,这种固定到国营农牧场的土地所有权,就是一种相对性质的所有权。从法律上讲,国家企业法人的独立财产,是指国家交给它经营管理的全部财产,即包括固定资产和流动资产。在外贸活动中,国家企业法人是以自己的全部独立财产为限承担有限责任的。在国内的经济活动中,为了贯彻和执行国家的经济计划,则严格限制企业法人对自己固定资产的处分。这种限制实际上是国家预防企业破产的一种强制性措施,它不能说明国家企业法人的独立财产只能是流动资金,并仅仅以此承担有限责任。

2. 集体企业法人的独立财产。集体企业法人的全部财产,都是它自己的独立财产。集体企业法人是独立经营、单独核算、自负盈亏的经济组织。它们在经营活动中,应以自己所有的独立财产,对外偿还合同债务和承担民事责任。因此,它们对于自己的债务,是以自己的全部财产负有限责任的。

3. 国家机关和国家事业法人的独立财产。国家机关和事业单位,为了进行工作和开展业务活动,必须具备一定的独立财产。这些财产主要是由国家预算拨款组成。我国自 1980 年起,根据财政部的规定,国家机关和事业单位的财政管理,试行预算包干的办法,年终如有结余,可结转下年度继续使用。这些法人组织对国家财产的占有、使用和处分,主要限于对财产使用价值的消耗上,一般不允许进行营利性的经营活动。所以,它们在承担债务方面,一般不会出现资不抵债的情况,若出现了这种情况应按财政法或其他立法规定,进行另行拨款偿还债务。在承担民事责任时,一般应从预算包干的节余经费中负担。若无节余经费时,应从本单位的预算拨款中借支担负赔偿责任,而后从下年度的节余经费中加以偿还。由此可见,国家机关和国家事业法人,在进行民事活动中,是以自己独立的经费预算为限,对外独立承担民事责任的。

二

在一般情况下,法人如何用自己的独立财产偿还债务呢？这须从两个方面加以分析和探讨:

(一)法人财产的构成以及它与债务偿还的关系

在我国,企业法人一般多是公有制性质的社会组织,它的财产有以下各项:(1)固定资产,包括生产用和非生产用房屋和设施、设备、运输工具和其他长期使用的客体。(2)流动资产,包括原材料、半成品和成品以及其他劳动对象的货币形态,再加上经营用的货币资金。(3)另外,在国家企业法人中,还有专用基金,它是指按照规定的程序为了特定目的而设立的基金。其中,固定资产和流动资产构成企业法人的独立财产。企业法人的独立财产的数额是经常变动的,它应反映在该法人的独立资产负债表上。

固定资产是国家和集体财产的重要组成部分,是社会主义建设的物质基础。因此,国家企业法人的固定资产的分配和转移,必须按照国家行政机关的命令进行。在一般情况下,企业法人不能用固定资产偿还债务。同时,属于固定资产的财产也不得为债权人所追索,也不得成为抵押品。集体企业法人的固定资产因为归集体所有,所以它们对于固定资产有较多的处分权。但是,为了保证国家经济的计划性,维护集体企业的自身利益,对于重要的固定资产进行处分时,也应报请有关主管部门审核。

流动资产是企业进行生产活动的必要前提。企业法人按照国家的有关规定,有计划地使用流动资产,对流动资产享有占有、使用和处分的权利。流动资金(资产)分为自有资金和借入资金两个部分。法院在执行中,首先应该执行企业的自有资金;自有资金不足时,再执行借入资金。如果企业实行全额信贷制度,没有自有资金,也就不发生区别执行的问题。流动资产与固定资产不同,它可以成为债权人追索的对象,就是说为了偿还企业债务可以强制变卖。但是必须是在企业没有货币资金的情况下,才能对其流动资产强制执行。在法律上,国家企业法人的流动资产和固定资产共同构成法人的独立财产,并以此对外担负有限责任;在实践中,在一般情况下,固定资产是不能用作偿还债务的。所以,流动资产便被看作国家企业法人享有自主权的主要财产对象。集体企业法人在用流动资产偿还债务的程序和顺序方面,应与国家企业法人相类似,但是因为它们的流动资产的取得,主要是依靠自身的盈利和积累,是集体所有的财产,所以它们在处分自己的流动资产时,有较多的自主权。

国家机关和事业法人占用的财产包括两个方面:(1)固定资产。固定资产是国家机关办公的必需物资,是事业单位直接为群众服务的公用物资。国家机关和事业法人对于这些财产只有占有权和使用权,没有处分权和受益权,即使需要对其变价处理时,还须报请主管部门审查批准。所以,我理解,固定资产不是国家机关和事业法人的独立财产,而是它们使用和代管的国家财产,不能用作偿还债务。(2)国家预算拨款和专用资金。这些资金是国家机关和事业法人的独立财产。但是,在使用和处分这些财产时,必须坚持专款专用的原则。所以,国家机关和事业法人在偿还债务时,必须在该项专用资金范围内承担债务。

(二)法人债务的分类以及它与债务偿还的关系

这里讲的法人债务分类,是指以法人行为是否合法为依据所产生的不同性质的债务。按照这种划分方法,法人的债务可以分为两类:一是合法行为产生的债务,通常称为义务,主要是指合同义务,或称合同债务;二是违法行为产生的债务,通常称为责任,主要是指合同责任和侵权责任。这两类债务的性质不同,它们偿还债务的方法也不同。

1. 法人对义务债务的偿还。在正常的民事往来中,法人履行合同而偿还债务,是它向对方应尽的义务。法人承担义务,同时也享有权利,在这一过程中它并无所失。法人偿还合同债务,是它合法行为产生的义务,不存在任何受到制裁的意思。目前,国家企业法人的流动资金主要成分是借入资金,所以经常会发生用借入资金偿还合同债务的情况。集体企业法人的流动资金主要成分是自有资金,它们在偿还合同债务时,主要是用自有资金偿还。国家机关和事业法人偿还合同债务,应从国家预算拨款的有关专项资金中加以偿还。实行企业化管理和差额预算管理的事业法人,一般应从自己能够独立支配的周转金中加以偿还。很明显,这种偿还债务并没有直接影响法人以及法人的成员和工作人员的物质利益。

2. 法人对责任债务的偿还。法人如果不履行自己的义务而损害了第三人的权利,就应向其承担民事责任。法人的民事责任,也是一种债务关系。但是,这类债务与义务债务不同,法人在偿还这类债务时,并没有享有或取得任何民事权利,而仅是承担了民事责任,并会直接影响法人以及法人成员和工作人员的物质利益。根据《经济合同法》第36条的规定:“违约金、赔偿金,企业应从企业基金、利润留成或盈亏包干分成中开支,不得计入成本;行政、事业单位应从预算包干的节余经费中开支。”目前,我国国营企业实行企业基金、利润留成和盈亏包干的财务制度,其目的都在于巩固企业经济核算制,鼓励企业改善经营管理。无论是企业基金,还是利润留成和盈亏包干资金,都与法人和法人工作人员有着直接的物质利害关系。企业法人担负违约金、赔偿金,只有从这些资金中加以开支,才能真正达到制裁违法的目的。现在有些企业法人往往把违约金、赔偿金计入成本,以转嫁到国家和人民群众的身上,这种做法是违法的,必须加以纠正。集体企业法人在向国家缴纳税收之后,其余资金收入都与法人和法人成员有着直接的物质利害关系。所以,对它们来说,无论用哪一部分资金支付违约金和赔偿金,都是可以达到民事制裁目的的。国家机关和事业法人在偿还责任债务时,应从预算包干的节余经费中开支,这是对的。但是,人们要问:怎么能够知道这些法人本年度有无节余经费,以及有多少节余经费呢?在实践上,现在这些法人都还是用国家预算拨款偿还责任债务的。这个问题需要进一步加以研究。

三

法人作为民事权利主体,在参加民事活动时,应该是以自己的独立财产为限,对外承担债务清偿责任的。那么,在我国,当法人的独立财产不足以抵偿债务时,它们是否也像许多国家的法人那样发生破产呢?这既是一个重要的理论问题,又是一个复杂的实践问题。下面谈谈我个人的认识。

1. 国家企业法人没有破产问题。从理论上讲,国家是国家财产所有权的统一主体,在必要时,它能够统一调度、支配和使用国家的所有财产,预防其所属企业破产,以保证国家经济计划的实现。企业法人是企业财产的相对所有权主体,它只能对国家授予的企业财产享有相对的所有权。这种关系说明,一个企业法人能否破产,不仅决定于本企业的负债情况,还要决定于国家的主观意志。如果国家不希望一个企业破产,就能够运用自己所有权的权能,改变其破产状况。从实践上讲,国家可以建立财政监督机关,及时发现企业经营上的问题,及时采取积极措施,避免企业破产的发生。例如,某企业法人的经营状况不好或负债较多时,国家就可以通过加强企业领导、整顿企业管理、增加国家支援和银行贷款等办法,以促使该企业转亏为盈。但是虽经一再努力,而该企业的经营状况仍无起色,以至于连续两年亏损,或产品无销路的,国家就有权责令其关闭、停业、合并或转产。国家作为财产所有权的统一主体享有这种处分权利,是理所当然的事。有的同志讲,这是用行政管理经济的办法。对这种说法我不能完全同意,因为国家一方面是行政权力机关,另一方面也是国家财产的所有者,为什么它不能从民法角度,行使处分和支配自己所属企业的财产呢?实际上,国家采取以上办法,就是预防企业破产的强制措施,这种措施既是国家的行政权力,又是国家的民事权利。很明显,除了特殊的需要外,当企业的经营已经没有或很少有经济意义时,就应令其关、停、并、转。这种关、停并不是破产,因为企业的固定资产仍然存在,它是在远远没有达到破产程度时,就已经采取的主动预防破产措施,以此来避免在经济上给国家造成更大损失。这一点,正是国家所有制经济的优越性之所在。所以,在我国,无论从理论上讲,还是从实践上看,国家企业法人都是不应该发生破产的。

2. 集体企业法人存在破产问题。长期以来,我国是否认破产制度的,认为集体企业是社会主义公有制经济,不应该有破产。但是,在实际生活中,集体企业又确实存在破产问题。不过,我们是用行政办法把矛盾掩盖了起来。集体企业法人能否破产？从理论上讲,集体企业是自己财产的所有者,是法律上完全独立的经济实体。它们对自己的生产经营、收益分配享有全部的权利,同时对自己经营中的亏损也要以自己的全部财产承担有限责任。它们是名副其实的自负盈亏的经济组织,自负盈亏本身就意味着有两种可能:盈了,生产就能发展;亏了,就有破产的危险。从实践中看,我国在相当长的时期内,既然还要发展社会主义商品经济,各种竞争因素还须存在,那么少数集体企业出现资不抵债的情况,即发生破产,就不是什么奇怪的事。现在的问题在于:我们允许不允许它们破产？如果允许,破产后又如何办？在我国,一直是不允许集体企业破产的。为了避免它们的破产,其经济损失往往要由国家包下来,或在集体企业之间进行无偿调拨。实践证明,这种做法是不利于社会生产力发展的。因为,其一,违背了社会主义的客观经济规律,掩盖了商品经济中必然会发生的矛盾,掩盖了真正的社会需求,使社会生产无的放矢,把社会主义的计划经济,变成主观意念的盲目经济了;其二,企业的生产和经营,既然不用担风险,不用负责任,自然养成"吃大锅饭"的惰习,影响其主动精神的发挥,减弱了发展生产的经济动力。反之,我们如果允许集体企业破产,就会使社会生产随时得到自然调整,更好地满足社会需要;就会促使企业和职工主动关心生产成果,积极改善经营管理,不断提高经济效果。当然,我们也必须看到,破产会给社会带来一些问题:一是直接给企业带来经济损失;二是给职工带来失业威胁;三是在农村,如果允许生产队破产的话,就会影响集体经济的发展方向。这些问题的确是需要认真加以研究的。我的看法是,破产给企业带来经济损失毕竟是局部的,从整个国家的经济发展上看,采用破产制度只能使国家少受损失。对于破产所造成的失业现象,国家应建立相应的资助机关和职业介绍机关,帮助失业人员尽快找到工作,并从经济上给予他们补助。我们社会主义国家,能够利用公有制的优越条件,尽量减少企业破产。例如,我们对集体企业加强计划性指导,及时提供国内外经济情报,建立有关监督机构,采取预防破产措施等,就有可能最大限度地减少破产发生。在我国目前经济体制下,破产更要受到严格限制,企业在向法院申请破产之前,必须得到上级主管机关的批准。在农村人民公社,由于生产受自然条件的影响较大,国家对于灾区社队应及时给予经济援助。对于经营不善的社队应在主管部门领导下,及时从组织上进行调整,以防止它们的破产发生。在它们实在无力偿还债务时,应该能够得到人民法院的“强制调解”,允许缓期偿还债务,并可免除延期偿还的债款利息。在城镇,由主管局直接领导的大、中型集体企业,应采取类似预防国营企业破产的措施,一般不要让它们破产。对于城镇的街道工厂、合作社组织,可以允许它们破产,这也是现在经常发生的。

3. 私人企业法人存在破产问题。目前,一些城市成立的爱国有限公司、经济特区成立的外资企业,以及侨资企业、个体联合企业等,都属于私人性质企业。它们的经营特点是私人投资、独立核算、自负盈亏,对外以自己的独立财产承担责任。所以,它们存在破产问题是毫无疑问的。在我国《民事诉讼法》没有规定破产诉讼程序的情况下,为了保护私人投资者和各债权人的经济利益,可以先制定有关私人企业清产还债的试行办法,以维护社会主义的经济秩序。总之,在我国,关于企业法人破产问题,是个极其复杂的问题,我们必须在经济体制改革取得的成果基础上,逐步建立起适合我国实际的企业破产程序,或者叫作企业清产还债程序。

至于国家机关和事业法人,偿还合同债务,是在有关专项资金中进行偿还,承担民事责任,是在预算包干的节余经费中支付。这些法人虽然根据国家需要可以进行清算和改组,但不存在破产问题。

四

在我国,企业法人在关、停、并、转中,是怎样以自己的独立财产去承担有限责任的呢? 我们知道,关停并转都是企业法人消灭的方式。这四种方式又可分为两类:(1)关、停属于法人清算,它要求法人必须进行业务清算和财产清算,在满足债权人的合理要求后,法人的剩余财产可用于章程规定的目的,或按章程或法律规定的程序移交给相应的机构;(2)并、转属于法人改组,它是我国法人消灭的主要方式,它不用进行业务清算和财产清算,而把一切资产和负债直接转移给接收法人或新立法人，因此发生法人权利的承受。

（一）企业关停中的债务偿还责任

根据国家经济计划的需要，法人创立人或成员大会（或代表大会）可以决定企业关停。在我国，企业关停就是法人的清算，它并不一定就是法人的破产。当某个企业法人宣布关停后，应由法人的主管机关指定或由法人的最高权力机关选定清算委员会，并随即开始业务和财产清算工作。根据我国财政部 1981 年 2 月下达的有关文件精神，关停企业清偿债务时，应首先偿还集体单位或个人的债务，然后再偿还国营企业的债务；若债权、债务双方都是国营关停企业，确实没有偿还能力，逾期不能还清的，在取得对方证明并报请主管部门和同级财政部门批准后，可作为呆账损失处理，双方注销账目。这实际上是由国家为法人承担了债务偿还责任。

在一般情况下，国营企业的固定资产是不能变卖偿还债务的。但是，国营企业在关停时，也可以变卖自己的固定资产，因而也能出现类似破产的情景。正像财政部有关文件所规定的那样，国家允许关停企业处分自己财产物资（包括固定资产）的收入，用来清偿债务。这就说明，我们既然允许国营企业处分自己的固定资产，并用来偿还债务，这就意味着当这些资产不足以偿还债务时，国营企业就可能发生破产。目前，处理这类问题有两个办法：一是由财政部门或主管机关拨款代为偿还；二是在国营企业之间，以呆账处理，即由国家承担了清偿债务责任。实际上，这样做就等于是由国家对法人的债务承担了无限责任。显然，我们只有平时加强财政监督，发现问题及时采取预防破产措施，才有可能防止以上情况发生。

关停的集体企业，在进行业务清算和财产清算中，如果流动资金不足以清偿债务时，可以变卖自己的固定资产，用来清偿债权人的请求。所以，在经济调整和改革时期，集体企业发生破产的现象并不少见。但是，因为我国没有关于破产诉讼程序的规定，以致给处理这类债务问题带来很多困难。在司法实践中，遇有出现集体企业破产的情况，除了给债权人做思想工作，动员其放弃债权请求外，再无别的办法。由于在清偿债务中各债权人得不到公平的清偿，以致造成无谓纠纷的情况也经常发生。所以,在我国建立破产诉讼程序是必要的。

(二)企业并转后的债务偿还责任

在社会主义国家,法人消灭的主要方式是法人改组,即不连带业务清算和财产清算的法人消灭。在这种情况下,法人的消灭并不意味着法人本身业务活动的停止,也不意味着法人与债权人之间债务关系的消灭和改变。在这里,原法人的权利和义务由另一法人所承受,它对于债权人的债权并无影响。法人改组的形式主要有合并和分立两种。目前,在我国经济调整时期,企业法人改组的主要形式是合并和转产。

企业法人的合并,是指两个或两个以上企业法人合并为一个法人。企业法人合并后,原法人资格随即消灭,新法人资格随即确立。新法人一方面接受参加合并企业的全部资产,另一方面承担参加合并企业的所有债务。在我国,由于经济成分的多样性,企业法人在合并时,还会遇到许多理论问题和实际问题。例如,在不同所有制的企业法人之间能否合并?企业法人合并与企业法人联合有何区别?对于这些问题,我的看法是:(1)在不同所有制的企业之间,是不能进行法人合并的。这是因为法人合并就等于原法人资格的消灭,新的统一的法人产生。而在一个统一的法人中,不可能混淆着两种性质的所有权,否则从民法理论上就无法解释,在实践中也无法兼顾两种所有权的利益。如果承认了这种合并,就等于通过合并能够改变企业所有制的性质,这显然是违背我国经济政策的。(2)法人的联合与法人的合并不同,它是以法人为分子组成的法人集合体。在联合企业中,联合企业本身是法人,参加联合的各个企业也是法人。这就说明,参加联合的各个企业还要对自己的侵权行为和不履行合同承担相应的责任,只有因为联合企业的过错或变更计划产生的民事责任,才能由联合企业承担。因此,参加联合的企业法人,仍要保持原有的财政渠道,保持其所有制性质不变。

企业法人的转产,是指法人经营范围的改变,即法人的特殊的权利能力内容的变更,也属于法人改组的一种。企业法人转产时,应向国家有关部门登记,注销原法人资格,取得新法人资格。这种法人改组,虽然新旧法人在财产上没有变动,但是在权利能力上已经发生了变更。我们知道,法人的权利能力是特殊权利能力,既然权利能力发生了变更,那么从法律实质上讲,原来意义上的法人已经消灭,而新生意义上的法人已经成立。企业法人转产后,原法人的一切财产(资产和负债)转归新法人。新法人要对原法人的一切债务负责清偿,不能以法人转产为理由推卸自己的责任。这就说明,因法人改组引起的法人消灭,并不等于消灭了该法人的债务,新旧法人在财产上的连续性是法人改组的重要特点。

论法人与合伙的特征与分类*

在民法上,法人与合伙属于两种不同的范畴。但在经济活动中,二者同为社会集团和经济组织的存在形式。法人是现代世界各国公认的民事权利主体。在资本主义国家,法人组织虽然以资本社会化的形式出现,但是生产资料所有权和剩余劳动所有权,仍掌握在资本家手里。在社会主义国家,法人组织虽然能够以权利主体的资格,进行独立的民事活动,但是生产资料所有权和剩余劳动所有权,仍属于社会主义公有制的性质。合伙是世界各国普遍存在的经济组织形式。随着商品经济的高度发展,本来仅以公民为分子组合的合伙,进而出现以法人为分子组合的合伙。因此,法人与合伙的依存关系更为密切,它们在社会经济活动中的地位更加重要。

一

在我国,凡经国家法定程序核准,拥有一定的独立财产,设有一定的组织机构,能够以自己的名义享受民事权利和承担民事义务的社会组织,即为法人。法人的基本法律特征,可以归纳为四点:

第一,法人是一种社会组织,即公民或法人组合的整体。它的产生来自三种程序:(1)依命令创立的国家法人;(2)依准则组织的集体法人;(3)依准许成

---

* 原载《北京政法学院学报》1981年第4期。

立的社会团体。法人无论由哪种程序产生,都必须具备经国家批准的章程或条例,按其规定的方式,为一定的目的进行活动。法人必须有一定的组织机构,负责对内执行法人事务,对外代表法人意志。法人的民事活动正是通过自己的组织机构进行的。

第二,法人拥有独立的财产。在法律上,所谓独立的财产,是指法人的财产不仅独立于其他社会组织的财产,而且独立于自己成员的其他个人财产,同时也独立于创立人国家的其他财产。在一个国家,衡量法人是否完善和发达,重要的标志就体现在法人财产独立性的程度上。在我国,由于存在生产资料的两种公有制,同时还保存着劳动力的部分个人所有,以及由此产生的按劳分配制度和物质利益原则;在广泛的经济活动中,还要利用商品货币关系,发展社会主义的商品经济。因此,就决定国家经济组织、国营企业和国家机关,在财产上必须保持相对的独立性,在法律上享有法人资格。但是,这些法人组织在财产上的独立性,并不意味着对财产享有所有权,而只是表现为在国家授权的范围内,代表国家对国家财产行使占有、使用、处分的权利。这些权利又是通过经济核算制的形式实现的。每一个国家经济组织、国营企业和国家机关,在国家的方针政策和计划的指导下,结合本单位职工的物质利益,有权占有、使用、处分公有财产,进行独立的经营,并承担相应的经济责任。它们对自己的独立财产所享有的上述权利,非依法律不受第三者的干预。至于集体法人组织,它们的独立财产属于集体所有的财产,任何组织和个人都是无权侵犯的。另外,社会团体要开展正常的活动,也必须有自己独立的财产,在民事法律关系中,它们也是法人。显然,拥有独立的财产,是法人独立参加民事法律关系和独立负担物质责任的前提和根据。

第三,独立负担财产责任。这一特征是由上一特征派生而来的。正因为法人有独立的财产,所以理所当然要独立负担由自己活动所生债务的财产责任。既然法人的财产与法人成员的个人财产以及创立法人的国家财产是分离的,那么除法律另有规定外,国家、个人对法人的债务就不承担责任。在我国,法人所负的独立责任还不是绝对的责任。国家法人的经济亏损,上级国家组织往往还要承担债务的补充责任,这是因为它们同是国家所有权性质决定的。但是实行经济核算制的国家企业法人,必须首先担负财产责任,并使企业职工的实际收入和企业生产的经济效果联系起来,即实行自负盈亏的原则;集体企业法人的经营亏损,尤其因为自然原因引起的债务,国家还有责任给予扶助,但是它不是民法上的债务补充责任,仅属于社会资助的性质。通过多年的实践,证明完全采用以上办法弊病很多,有碍于生产力的发展。随着经济体制改革的不断深入,今后应逐步实行"独立核算、国家征税、自负盈亏"的办法,以利于调动企业的积极性,巩固社会主义的公有制。

第四,法人能够以自己组织的名义参加民事活动,并对自己的民事行为负完全的法律责任。因此,它也就能够以自己的名义在法院起诉或应诉。

在我国,合伙是指由两个或两个以上公民或法人,互相签订合同,共同出资,共同经营,以期达到共同目的而进行的法律行为。合伙的基本法律特征,也可以归纳为四点:

第一,合伙是一种合同。但是它与一般合同不同,在一般合同的当事人之间,权利和义务是互相对立的;在合伙当事人(合伙人)之间,权利和义务是互相平行的,即互享性质相同的权利,互负性质相同的义务。他们(它们)依据合同,按约定成数或平均分摊出资。在公民间或公民与法人间的合伙中,公民一般应以自己的劳务直接参加合伙,并以按劳取酬原则分享权益,出资高于平均出资数的合伙公民,对于多出部分可取得平于银行同类贷款的利息额;法人间的合伙,一般应采取股份合伙形式,按股份获取红利和承担相应的经济责任。劳务能否作为出资,应根据实际情况,依合同而定。

第二,合伙财产是共有财产。合伙人的共同出资及合伙事业的营业收入,构成合伙的共有财产。共有财产意味着有两个或两个以上的权利主体,所以合伙的经营活动应以合伙人的共同执行为原则,各项业务的实施也须有全体合伙人的同意。但是,为了执行业务的方便,法律允许由个别合伙人专行某项职权,此职权须由全体合伙人赋予,其执行职权情况应接受全体合伙人的监督。对于重要业务上的决策和实施,也须经过半数合伙人的同意。合伙财产是按份共有的财产,各合伙人应按合同约定的比例分担开支和分享权益,在合伙业务年终或解散时,应实行决算和分配损益。

第三,对于合伙事业的债务,合伙人担负连带责任。因为合伙财产是共有财产,合伙人对合伙财产均享有所有权。那么,他们就不仅能够分享合伙财产的全部收益,而且要分担合伙财产的全部亏损。所以,在合伙财产不足偿还债务时,各合伙人先应按出资比例,以自己的个别财产偿还之;若有的合伙人确实无力偿还时,其他合伙人有责任代其偿还,并且在合伙人之间形成新的债务债权关系。因此,合伙人连带承担债务责任,实质上就是个人(公民或法人)直接承受经济效果的一种责任制。这一特点,虽然往往限制资金的积聚,影响事业的扩展。但是在一定的条件和范围内,它有利于加强各合伙人的责任感,有利于提高合伙事业的信誉,对经济发展是有好处的。

第四,合伙是一种独立的社会组织。合伙财产不是一般的共有财产,它在某种程度上与合伙人的个别财产相分离而独立,各合伙人在合伙存续期间都不得请求对合伙财产的分割,也不能无故提出退伙。合伙不是法人,理论上无权利能力,但是事实上,为了合伙业务的需要,合伙人不可能参加所有的营业活动,必然要由个别合伙人代表全体合伙人,以合伙名义进行各种民事活动。实质上,这是一种在合伙人之间建立的代理关系。在民事诉讼中,也往往承认合伙是一种独立的社会组织,有当事人的权利能力,可为诉讼上的原告或被告。这样不仅便于合伙组织参加民事活动,而且有利于加强对合伙事业的监督。

从以上分别列举的法人与合伙的法律特征,不难看出它们在法律上的主要区别,有以下一些方面:在财产上,因为合伙财产既不属于合伙,也不属于个别合伙人,而为全体合伙人所共有,它是脱离合伙与合伙人其他财产而独立的财产。所以,合伙并没有自己的独立财产,没有自己真正的权利能力,它不是民事权利的主体。因为法人财产不仅脱离于其他社会组织的财产,而且脱离于组成法人成员的个人财产以及法人创立人的财产。所以,法人具有自己的独立财产,能够以自己的名义参加民事法律关系,是民事权利的主体;在担负债务上,因为合伙的活动所产生的债务,首先从合伙财产中偿付,当合伙财产不够清偿时,各合伙人都有用自己的全部财产偿付的责任。所以,合伙人对合伙债务担负连带责任。因为法人对自己的债务要负独立责任,债权人对于债务所享有的请求权,应该直接向法人提出,但是法人只以属于自己所有或归自己有权处分的财产担负责任,至于法人的成员,或加入该法人或领导该法人的上级法人,或加入该法人的下级法人,对于该法人的债务都不担负偿付责任。所以,法人成员只以自己的投资股份,对法人债务担负有限责任;在内部权利上,因为合伙不是单一的权利主体,没有自己的代表机关,因此合伙事务应依全体合伙人的共同意思处理。虽然处理合伙事业的权限,也可以赋予合伙人中的某些人,但是这种代理权限应当在合同中或者特别委托书中加以规定。所以,合伙是以共同经营为原则,合伙人在内部权利上是平等的。因为法人是权利主体,一切民事活动要通过它的代表机关进行,而法人成员往往是不参加法人管理的,它们只是按投资比例获取股息而已,即便参加法人的管理,它也已经不是自己意思的代表,而是整个法人意思的代表了。所以,法人成员参加法人后,便失去了对自己所有或归自己独立享有财产的民事权利,此时法人的权利已经同法人成员的财产所有权相分离了;在成立和存在的条件上,因为合伙是一种合同,它体现着全体合伙人的意志,因此在合伙存续期间,合伙人不得无故退伙,其他人也不得随便入伙,一旦有人退伙或入伙,合伙即当解散,而且合伙人参加合伙的权利,也不得随意转让他人。所以,合伙的成立和存在受着严格的人身束缚,表现为更多的个人权利的性质。因为法人是一种人和财产的集合体,在这种组织中,个人财产和法人财产已经分离,个人的权利和法人的权利已经分离,因此只要遵守和符合国家批准的章程和条例,允许甚至欢迎新的成员加入法人组织,同时也允许法人成员自愿退出,而法人决不因个别成员退出或成员增加而解散。所以,法人的成立和存在只受自己章程或条例的束缚,表现为更多的社会权利的性质。

二

法人的种类繁多,合伙的分类纷繁。

在我国,法人应以创设目的和活动内容划分为两大类,即企业法人和事业法人。企业法人又可分为国家企业法人、集体企业法人、联合企业法人、中外合资经营企业法人四种;事业法人又可分为国家事业法人、集体事业法人、社会团体法人三种。

企业法人是我国推动现代化建设的有力法律形式,它以从事生产、流通、科技等活动为内容,以获取盈利和增加积累、创造社会财富为目的,是一种营利性的社会经济组织。国营企业为了有效地进行经济活动,必须具有归自己独立掌握的财产,并切实地贯彻经济核算制,在法律上取得国家企业法人资格,在国家计划指导下,以自己的意思组织生产和参加民事流转。集体企业是拥有自己独立财产的民事权利主体,享有法人资格。它们转让属于自己所有的财产,必须遵循等价有偿的原则。在对外经济活动中,集体企业实行独立核算、自负盈亏,是独立的商品生产者,能够以自己名义享有民事权利和承担经济责任。在集体企业内部,法人机关代表的是集体意志,而非直接国家意志,它应由全体成员选举产生,并能随时罢免。在企业法人中,农村人民公社、生产大队、生产队三级都是独立的企业,三级之间不是上级与下级之间的隶属关系,而是集体企业之间的平等关系,三级都是享有财产所有权的民事权利主体,都是集体企业法人。但是,目前多数农村社队企业还不是法人。这是因为它们多数还没有自己的独立财产,不能独立负担财产责任;还没有代表自己的组织机构,不是统一的社会组织。虽然,社队企业在取得主管部门审查同意、工商行政部门审核发给营业执照之后,可以成为一种财产法律关系的特殊经济组织,能够直接参加各项民事活动,但社队必须为社队企业担负债务的连带责任。在城镇,无论是“大集体”还是“小集体”企业,都是独立的法人。它们有自己统一的组织,有属于自己的独立财产,有由职工选举产生的法人机关。近年来,以待业青年为主自愿组织的合作社发展很快。它们都是集体所有制企业,在法律上应取得法人资格。随着经济体制的改革,各种类型的联合企业在全国陆续出现。这些联合企业打破了所有制和行政区划的界限,组织形式多种多样,联合内容丰富多彩,法律地位参差不齐。如果按它们在经济上和法律上的不同独立程度,可以划分为统一型的联合企业、松散型的联合企业、形式上的联合企业、股份公司、合伙联营企业五类。其中松散型的联合企业是目前的主要联合形式,这种联合企业实行公司、工厂两级核算,它们都有自己独立的财产,都是相对独立的商品生产者,都可以以自己的名义签订经济合同,并在银行中立有自己的账户,两级都是法人。在试办的农工商联合公司中,许多是采取“集资联办,入股分红”的办法。它们有的立章程、发股票、建立领导机构,入股人对于公司债务仅以自己投资股金为限负责,显然是一种股份有限公司的法人形式。中外合资经营企业法人属于中国国籍法人,也具有我国一般法人的法律特征,但是因为它含有“外国参加”的因素,是一种特殊范畴的法人。在这种合资企业中,我方国营企业和集体企业的投资财产,本质上属于社会主义的公有财产。但是,合资经营企业一旦成立,各方投资的财产和以后获得的财产,便成为该企业所有的财产,因而它成为独立的法人。这时,合营企业的各方参加人,在实际上便失去了所有权,而得到的是以股东身份分享的一定债权,即分享该企业资产所获收益的权利。在合资企业经营过程中,社会主义的公有财产并没有受到损失,恰恰从中得到了好处,这就如同我们在对外贸易中得到好处一样。如果说,在合资企业存续期间,我们得到的主要好处是按股分享企业利润,那么在企业结业时,我们则可以获得对企业资产的优先购买权,这在一定意义上是更重要的权利。因为它将最终保证国家财产的统一性。所以,中外合资经营企业是一种实行独立经营,按我国税法缴纳所得税的特殊经济实体。

事业法人,是指从事生产活动以外的社会活动,如学校、幼儿园、医院、剧团、博物馆、运动场、学术单位以及地方国家行政机关和社会团体。这些机关和单位的活动由国家经费开支,或由集体和个人筹款进行,它们的活动目的主要不是营利,而是为了公益事业,所以不搞经济核算或不完全搞经济核算。现在,为了满足人民群众日益增长的社会需要,减轻国家的经济负担,特别应重视发展集体文化福利事业。国家在信贷资金和物资设备、房屋场地等方面应给予支持,同时对于那些具备法人条件的事业单位,在法律上要承认它们的法人地位。

在我国,合伙应有企业合伙和事业合伙之分。企业合伙又可按不同所有制形式分为个体合伙、集体企业合伙、国家企业合伙、混合合伙四种。本文仅对各种企业合伙略作说明。

个体合伙是一种个体性质的经济组织形式。在社会主义条件下,个体合伙不仅经营的项目和规模有限,而且依赖于社会主义经济的支持,并接受国家的行政管理,因此它必然从属于社会主义经济,并成为社会主义经济体系中的一个组成部分。近一两年来,全国各地的合作社组织和个体合伙得到迅速的发展,那么这两者在法律上有什么区别呢?(1)所有权性质不同。合作社组织的财产是公有制,其所有权的主体是单一的,它只能属于一定的集体经济组织,而社员个人不能对合作社财产享有所有权,所以它是独立的法人。个体合伙的财产是共有制,其所有权的主体是两个或两个以上的公民个人,而合伙本身并没有自己的财产,所以它不是法人。(2)担负责任不同。参加合作社组织的社员,对于该组织的债务担负有限责任,而合伙人对于合伙的债务要担负连带责任。(3)分配方式不同。合作社组织实行按劳分配,企业利润除缴纳国家税收和提取公益金外,其余作为公积金用于扩大再生产。个体合伙所获收入在缴纳国家税收后,合伙人根据合同直接进行分配,一般很少余留积累。(4)设立程序不同。合作社组织是按照国家制定的有关法规设立,所以具有广泛的社会性,它能够形成统一的经济力量。个体合伙是根据国家批准的合伙人之间签订的合同设立,虽然具有一定的灵活性,但它们的经济力量是分散的。(5)在组织规模上不同。合作社组织应具有相当的组织规模,我国《合作社法(草案)》规定"集体劳动的手工业、工业生产合作社以十五人以上为原则"(第15条),这是因为在我国生产力水平还不高,如果组织规模过小,就不能形成集体的生产能力,很难发挥集体经济组织的优越性。但是个体合伙则与此相反,它的组织规模不可能过大,这是因为合伙的法律形式本身决定的,既然合伙的财产是共有财产,每个合伙人对合伙的共同债务都要承担连带责任,那么合伙人过多便会造成经营上的困难。最近一些省份规定,合伙经营应以二三人为限,这个数字似乎过严了。由此可见,合作社组织在许多方面优越于个体合伙,我们应该在力所能及的情况下,多发展合作社组织。但是个体合伙也有自己的一定长处,它可以充分调动群众的分散资金,减轻国家和集体的负担,不仅组织起来简单,而且经营起来灵活,在经济上能够起到拾遗补阙的作用。因此,适当发展个体合伙事业,是符合国家和人民利益的,我们应在法律上加以保护。

集体合伙,是指合伙人是集体经济组织,它们按照平等互利的原则,合股投资建立企业组织或从事一定的经济活动,而联合体并不是一个独立的民事权利主体。目前,尤其在广大农村,人民公社组织之间联合兴办社队企业和兴建规模较大的农田、水电设施,一般即采取签订合同,共同投资,共同经营,共负盈亏,分享利润和权益的合伙形式。

国家合伙,是指国营企业或国家机关之间,通过签订合同的方式,投资入股,共同经营,共负盈亏,以达到共同经济目的而成立的企业组织。现在,这种形式的合伙企业已经出现,但是似乎遇到一个难解的理论问题。在社会主义国家,全民所有的财产只能由国家作为唯一的主体,那么同为一个所有权主体的国家组织之间,能否成立合伙呢?我认为是可以的,其道理就如同国家组织虽然对自己的财产没有所有权,但仍能取得法人资格一样。国家组织无论是法人,还是合伙,都必须在国家提供的一定财产基础上进行活动,虽然国家组织对这些财产没有所有权,但是都应享有相对的占有、使用、处分的权利,这种权利便是它们能够以自己的名义参加各种合同关系的资格,在这里当然也应包括合伙合同在内。

混合合伙的主要形式是国家企业与集体企业之间建立的联合企业组织。其中最常见的是工农联营企业。在这种联营企业中,双方按合同规定,投入企业的厂房、设备和资金的所有权不变,各方所投,分别记录,不允许一方无偿地占有另一方的财产。并且双方能够在经济上凭借各自投入生产资料的比例分享企业的利润。但是双方一旦把物资和资金投入联营企业,就由企业统一调度、支配和使用,从而生产资料的所有权与支配权、使用权已经在一定程度上相分离。不过,这种分离还只能说明联营企业所能支配、使用的财产,已经成为参加联营双方的共有财产,这种财产既脱离于参加人,同时也脱离于联营企业本身。因此,联营企业起码在建立初期,是没有自己独立财产的,它还不可能是民事权利的主体,它不是法人而只能是合伙性质的企业组织。

人们一般认为法人比合伙的组织形式要优越得多,所以为了推动经济联合体的发展,似乎都应承认它们是法人。其实并不尽然。许多联合企业,尤其是不同所有制之间建立的联合企业,它们在建立初期往往还不能使企业具有独立的财产,这时采取合伙性质的联合,更能调动全民和集体两方面的积极性,增强双方的责任感,加强企业的信誉,从而促进生产力的发展。当然,随着联合企业规模的不断扩大，本身积累的不断增多，逐步向实行独立核算、自负盈亏的企业模式过渡，也是必然的趋势。

当前，我国经济联合体的形式多种多样，不能硬套某种模式。有的联合体只有两三个经济组织参加，就可以签订合同，采取合伙的经营方式，这样既方便又灵活，容易扬长补短发挥各自的优势。有的联合体由多方（甚至有的相距遥远）合股组成，如果仍以合伙方式经营活动，就会感到十分不便，这时就应考虑采用股份有限公司的方式，这样便于筹集资金，有助于把地方、企业的物力、财力吸引到国家建设最需要的方面来。

通过以上分析，可以得出这样的认识：法人与合伙作为法律范畴，都有自己存在的客观依据，它们都是一定的经济基础之上的必然产物。法人与合伙都是促进人类财富社会化的法律阶梯，合伙是初级阶段，法人是高级阶段，它们的财产都在不同程度上脱离了个人。法人与合伙的本质区别在于，法人财产是公有化的财产，它基本属于社会性的财产；合伙财产是共有化的财产，它基本属于个体性的财产。但是，到了法人能够成为合伙人的时代，这个本质区别就逐渐消失。在社会主义国家，法人财产是社会公有财产，合伙财产中占统治地位的也是社会公有财产，它们只是各自保留了不同的法律形式而已。从整个社会的发展趋势讲，法人优于合伙；从社会的具体实际讲，合伙有时又优于法人。如果说法人的最大优点是法人成员对债务担负有限责任，从而带来社会财富的集中利用，进而创造出巨大的生产力；那么合伙的最大优点则是合伙人对债务担负连带责任，从而加强了人们对于社会的共同责任感，进而推动了生产力的发展。正因如此，在法人蓬勃发展的时代，合伙仍然保持着自己的生命力。因此我认为，我国在民事立法中，不仅要建立完善的法人制度，而且应制定有关的合伙法规。

论文合作者

企业制度篇

论文题目	合作者
公司法人治理结构的当代发展——兼论我国公司法人治理结构的重构	聂德宗
有限责任公司股东的法律救济	林晓镍
消除经济特权与实现营业自由	王　彦
改善我国公司法人治理结构	聂德宗
我国股份回购的现实意义与立法完善	林晓镍
论我国国有企业自主权的完善——兼评欧美对中国产品实施反倾销诉讼的不公平性	彭庆伟
建立与社会主义市场经济体制相适应的现代企业法人制度	冯　果
论全民所有制企业法人的机关	冷铁勋
我国企业破产程序若干问题探讨	余延满
关于我国企业破产法若干问题的研究	余延满
论实现所有权与经营权分离的基本前提	余延满
所有权和经营权分离是企业法的灵魂	余延满
论合伙	戴錞隆

馬俊駒法学文集

第 5 卷

马俊驹　著

法律出版社
LAW PRESS·CHINA

马俊驹

1941年生，北京市人，当代著名民法学家。1966年毕业于北京政法学院法律系，曾在基层人民法院从事民事审判工作。1982年毕业于中国政法大学，获民法学硕士学位。1982～1997年3月在武汉大学法律系任教，曾任武汉大学法律系主任、副教授、教授、法学院院长。1997年3～9月在中国政法大学任教。1997年9月在清华大学法学院任教，曾任清华大学学术委员会副主任和法学院学术委员会主任。2008年退休后在西南财经大学法学院任教至今，担任民商法学专业博士研究生导师。曾兼任中国法学会民法经济法学研究会副会长、中国法学会民法学研究会顾问、中国国际经济贸易仲裁委员会委员等职务。

目　　录

第五卷

人格权篇

第五卷

人 格 权 篇

人格与人格权立法模式探讨*

一、从人格、权利能力到人格权的确立

人格是罗马法的创造。但罗马时代还是严格整体主义的社会，个人不能脱离群体，每个人是家庭、家族的一分子，又是城邦的一部分，还没有以个人意志为标志的个人权利观念，所以罗马法中的“人格”不是近现代法中所理解的那种个人理性人格。当时，享有主体资格即有人格的是家庭、家族，其内外事务由家父统领和代表。一个生物意义上的人不具备法律主体条件，即使有着处置家庭、家族财产和负担家子行为后果的家父也不是法律主体，只有家庭或家族作为一个整体才是法律主体，才是拥有“人格”面具的人格体①。

“人格”一开始就有私法和公法层面的两重法律含义。以家父为轴心的家庭、家族内部关系和以家庭、家族为主体的对外交易关系，均由私法调整。在交易关系中，家庭、家族显现的“人格”形象为“私法人格”；当家庭、家族的某些成员以“公民”身份进入城邦参与公共事务时，家父、家子等的“人格”地位是自主的、平等的，其显现的“人格”形象为“公法人格”。由此可见，罗马法上的“人格”并非具有共同的一般法律属性，它既不完全属于私法，也不完全属于公法，

---

* 原载《重庆大学学报》(社会科学版)2016 年第 1 期。

① 冯军在翻译德国学者雅克布斯所著《规范·人格体·社会——法哲学前思》一书时，将“persona”译为人格体，指戴“人格”面具的人；有学者也译为人格人。可以理解，人格体或人格人就是我们现在所说的法律主体。

在不同的社会场域“人格”由私法或公法分别塑造和调整。在罗马,身份等级制度下的“私法人格”是由公法规定的。家庭、家族作为“私法人格”的载体,能够以家父为代表参与商品经济活动,以解决生产和生活的自然需求,当其成员以“公民”身份即“公法人格”参与城邦政治活动时,他们所享有的公法权利并不以其具有“私法人格”为前提。这就是罗马法上人格制度的复杂性,公法与“私法人格”、“私法人格”与“公法人格”、公法权利与私法权利处于相互关联而又相互分离的二元法律状态。但它们的功能均在于协调身份社会与商品经济之间的矛盾和冲突,进而促进和保障家庭经济与社会秩序的稳定和发展。

罗马人的人格取得以社会身份和等级为先决条件。“人格”的不平等是罗马法中人法的基本特征。在当时,人的内在价值如尊严、平等、自由等伦理性要素,还被排斥在认定“人格”的条件之外。虽然希腊斯多葛哲学的自然法观念已经在罗马社会传播和产生影响,但是滞后的社会观念和法律规范并未很快接受“人生而平等”的思想,即使到了罗马法中晚期,罗马仍然处在原始家庭、家族思想与正在形成中的个人意识和个人“人格”相互对峙、相互交错的社会状态。正如美国学者施密特所言:“真正的自由、个人之权利以及对个性的尊重,在希腊和罗马的文化里无处可寻。”②中国学者龙卫球也指出,“罗马法的个人主义,还停留在社会技术而不是价值的认识阶段,并不是后世的统一自然人制度的思想基础”③。

近现代“人格”伦理价值的塑造和人格主体资格的确立,经过了从13世纪到18世纪的漫长历史过程。这期间经历了四次人类思想解放运动:一是文艺复兴倡导以人为本,为思想自由、个性解放和树立人类中心主义世界观提供了理论前提;二是宗教改革动摇了基督教会的权威,进一步增强了个人信仰的自由观念;三是启蒙运动的思想家以自然权利理论为批判武器,改造了传统的国家(城邦)观念,为现代个人权利的确立奠定了坚实的理性主义基础;四是近代自然科学的进步,为人类认识世界和征服世界增进了信心和能力。④ 16世纪以

---

② [美]施密特:《基督教对文明的影响》,汪晓丹、赵巍译,北京大学出版社2004年版,第239页。

③ 龙卫球:《民法总论》,中国法制出版社2002年版,第177页。

④ 参见王恒:《现代民法“人”的境遇论》,西南财经大学2015年博士学位论文,第27~30页。

后，古典自然法学派用理性启迪人类，清除无知、迷信和偏见，推崇个性解放、人格独立、平等自由，使之成为资产阶级革命的理论武器。自然法上的理性就是人的本质属性，人格就是有思想、有自由意志的理性存在。所谓理性，是指“人类一种自然的能力，是行为或信仰的正当理由，评判善恶是非的根本标准。把自然法视为理性的建构，意味着自然法是绝对有效的、不证自明的、一贯的和必然的，即使上帝也不能改变”⑤。在古典自然法学派看来，理性的崇尚必然会指向具体的人类思想、欲望和价值追求，进而使平等、自由、独立等理念成为构建人格伦理的价值核心，使自然权利的获得成为人们最美好的理想和希望。

因此，由理性建构的自然法的基本理念，就是把人看成平等、自由、有尊严的人。人格成为人所拥有的一种法律资格、地位，是一种直接体现个人尊严的法律工具。归结为一点就是所有的人都享有人格，人格成为做人的根本，成为自然法上的权利，这种权利不能改变和侵犯。在这里，人格的内涵不仅构成主体思想和制度的源泉和内容，而且统领包括整个民法在内的近现代法的精神内核和价值基础。

17～18 世纪，是资产阶级兴起和革命的时代。1789 年法国大革命和《人权宣言》是资产阶级革命胜利的伟大创举和历史践证。《人权宣言》所宣称的传统上的自然权利，即人人平等、人身自由、财产自由等，被 1804 年的《法国民法典》全盘移用，使其自然法精神得到了突出体现。《法国民法典》虽然注重了“人格”自然理性的伦理内涵，却忽视了“人格”主体地位的法律意义。拿破仑主持下制定的民法典，为实现“塑造民法生活”的政治目的，刻意地要求法条条理清楚、简单易懂，能为广大民众所理解和运用，放弃了形式抽象而内容丰富的“人格”概念，导致在自然理性与实在法上的民事权利之间，缺少了必要的逻辑环节，即缺少了法律对人（自然人和法人）的主体地位或权利资格的确认，而直接在第 8 条规定“所有法国人均享有民事权利”，从而回避了法律上的人的资格问题。

18 世纪后半叶，曾风靡一时的自然法学说遭到了英国休谟和德国康德等学

⑤ 张文显：《二十世纪西方法哲学思潮研究》，法律出版社 1996 年版，第 44～45 页。

者的批判。在德国,有学者主张法律并非发源于抽象的理性,而是来自于民,形成于史,并呈现了不断变化的天性[⑥]。以上理论思潮取代了自然法之理性主义,促成了历史法学派在德国的兴起。之后,由历史法学派中偏爱罗马法《学说汇纂》体系研究的罗马法学派承担了制定《德国民法典》的任务,他们强调法律的体系化、抽象化和逻辑性,试图铸造一个“概念的金字塔”。在这样的立法背景下,《德国民法典》在民事主体的制度安排上,就要解决如何解释人之所以为人即享有“人格”的法律原因,人的主体地位不应该仅仅停留在伦理哲学的观念中,而必须在实在法上得到直接的体现,并成为司法适用的具体依据。正是为了符合这种立法需要,“权利能力”作为一项实践理性的法律命令而被规定在《德国民法典》中。

德国民法为什么创制权利能力制度?这已经成为民法学界的一个难解的问题。为了解决这个问题,除要了解和认识制定《德国民法典》的立法和理论背景外,还要考察和分析权利能力制度的功能和意义。笔者认为,“权利能力”能够成为一项重要的民法制度,是由它的以下三点功能所决定的。

功能一,权利能力是在人格的“民族走廊”中建构“民事主体”的基础制度。人格概念如同一个“民族走廊”,被许多观念“定居”过,由此造成它在不同的时代甚至相同的时代有不同的含义[⑦]。的确如此,人格不仅是私法概念,而且也是公法概念,许多大陆法学者认为人格具有太多的公法因素;人格不仅表示人的主体资格,而且涵盖着自由、平等和尊严等丰富的伦理价值,是以人为本的法治社会的精神基石,也是组织社会的有力工具;人格不仅为自然人所享有,而且法人也需要享有主体资格;人格是一种自然权利,但有时也被人们理解为法定权利。可见,人格可能是法学上最难定义的概念,它具有多重含义,不可能直接、准确地表达民事主体的意义。人格的这种不确定性是德国立法者不能允许的,他们必须从人格的含义中找到或抽象出一个私法意义上的、清晰而精确的民事

---

⑥ 参见[德]K.茨威格特、H.克茨:《比较法总论》,潘汉典等译,法律出版社2003年版,第211~212页。

⑦ 参见徐国栋:《寻找丢失的人格——从罗马、德国、拉丁法族国家、前苏联、俄罗斯到中国》,载《法律科学》2004年第6期。转引自张善斌:《权利能力论》,武汉大学2014年博士学位论文,第81页。

主体资格的概念来。在这种法律技术背景下,权利能力终于在私法上取代了人格概念,成为包括法人在内的二元“民事主体”的基础制度。

功能二,权利能力是将“生物人”认定为“法律人”的法律命令。《法国民法典》与《德国民法典》均沿袭了罗马法将“生物人”与“法律人”相区分的立法技术。也就是说,“生物人”要成为“法律人”必须要符合条件,即要“适格”。不过《法国民法典》规定要适“人的理性”之格,适“法国人”之格,《德国民法典》规定要适“权利能力”之格,适“完全出生”之格。“权利能力”的概念如同《法国民法典》中的“人的理性”的自然法观念一样,是连接“生物人”与“法律人”的逻辑桥梁,是一条实在法上的“命令”。有了这条“命令”,“生物人”才能成为“法律人”,“法律人”只是法律主体、民事主体,他们通过参与法律关系才能取得民事权利和承担义务,进而成为实际的法律关系主体。因此,“权利能力”成为《德国民法典》强调以实在法“命令”取代自然法观念作为“法律人”的依据这一背景下所创制的特有概念⑧。

功能三,权利能力是“人格”转化为“人格权”的逻辑通道。人格与人格权是两个不同的概念。中国有学者认为,“按照康德的权利体系,人格属于‘天赋权利’,人格权属于‘获得的权利’。两类法律现象处于不同的层次:一个是前提;一个是结果”⑨。依笔者的理解,人格本是一个自然法上的概念,它体现的是人的伦理价值;人格权应是一个实在法上的概念,它体现了法律对人的伦理价值的保护方式。从这个意义上讲,人格与人格权之间既有联系又有区别:一是根源性、原则性的理性信念;二是结果性、制度性的法律规范。⑩ 由此看来,人的伦理价值要得到法律的保护,还须通过构建人格权制度,即将“人格”所涵盖的原则理念转化为实在法上的具体法律规定,才能实现。“人格”转化为“人格权”需要解决三个问题:一是将“人格”的私法内涵抽象出来,建构一个纯的私法概念;二是要创设一个将理性的“人格”转化为法定的、具体的、可以赋予人享有

---

⑧ 参见马俊驹:《人格和人格权理论讲稿》,法律出版社 2009 年版,第 62 ~ 63 页。

⑨ 徐国栋:《再论人身关系——兼评民法典总则编条文建议稿第 3 条》,载《中国法学》2002 年第 4 期。

⑩ 参见马俊驹:《人格和人格权理论讲稿》,法律出版社 2009 年版,第 72 页。

权利和承担义务的能力也可以限制其能力范围的法律规范;三是要解决传统人格学说不能接纳团体主体的困境,设置一个能够包容自然人和法人主体资格的上位概念。为了解决上述问题,“权利能力”应运而生。权利能力制度的创设使抽象的自然法的伦理价值实现了法律化、制度化,“权利能力”不仅成为民法上的人的判断标准,而且在人与包括人格权在内的所有民事权利之间构筑了一条逻辑通道。作为民事主体的人有了“权利能力”才能步入权利的殿堂,人所享有的“人格”伦理价值才能在逻辑上转化为一项私法上的权利,即人格权。

现代民法,特别是20世纪中叶以来制定或修订的各国民法,不同程度地把人格权作为一项重要制度加以规定。但是,在大陆法系国家,立法者遇到的传统法学理论的障碍和立法技术的困难颇多,使这一立法进程并不顺利。在中国,民法学界对人格权有关理论和立法技术问题都进行了广泛的讨论,但始终未能形成较统一的意见。这里显然有两个方面的问题需要解决:一是我们要建构的是一个什么样的人格权,法学上的理论障碍能否克服;二是我们的人格权制度应该选择或创建一个什么样的立法模式。

二、人格权应该具有的基本属性和内容

(一)人格权的本质属性是法定权利,不是固有权利

中国多数学者认为,人格权是对人之生命、健康、身体完整、名誉和隐私等伦理价值的保护,除了姓名权外,均为人之固有权利、与生俱来的天赋权利。笔者认为,人格权作为一项民法制度,它是某一时代民族精神在历史演进中形成的法规则,是法律对社会生活的客观反映。人格权只能是法律后天赋予人的权利,它是法律外在的加于人之身的东西,并非人所固有的权利。在法律没有规定的情况下,人的各项“人格”伦理价值就无法实现和得到保护。当一种新类型的“人格”伦理价值产生时,也只有被法律确认之后,才可能成为一项新的人格权。因此,人格权并非人之固有权利,而是立法者为适应社会需要而创设的法定权利。

为什么产生人格权是固有权利的观念？原因还在于没有区分“人格”与“人格权”这两个概念之间的差异与联系。人格是一种形而上的自然权利、天赋权利。自然权利、天赋权利代表着自然法的理念世界，体现的是一种抽象的伦理价值。人格权是一种形而下的法律权利，法律权利代表着实在法的实证世界，是一种具体的法律规则。人格作为人所拥有的法律地位，是人格权产生的根据和前提，体现的是发生法律关系的抽象可能性，但人格不能等同于人格权。自然权利、天赋权利向法律权利转化，也包括人格向人格权转化的过程，就是权利被主观化、实证化的过程，这一过程造就了现代权利观念的形成。我们今天在理解权利时，是从权利主观意义的角度来界定权利，是把权利理解为具体法律关系当事人个人的自由意志。[11] 权利不再是高高在上的抽象的理念，而是被用于立法实践的产物，成为个人自由意志的外在表现形式。现在，一些学者所理解的人格权，实际上还是人格概念中所涵盖的那些抽象的天赋权利、原生的固有权利，不是现实意义上的主观权利，不是被实证化、世俗化了的权利。如今，法学界和立法界之所以对人格权的立法模式的理解出现分歧，正是因为人们往往在“人格”与“人格权”的概念之间徘徊。

我们的人格权立法，既要在“人格”理念的指引下进行，又要摆脱“人格”内涵中那些属于自然法的权利观念的影响。在权利与法律的关系上，笔者赞同权利是由法律赋予的、是由法律规定的，所以“先有法律，后有权利”，不存在固有的权利。反之，那些主张“权利在前，法律在后”的学者，他们只是对自然法存在一种美好理想，只是对天赋权利观念的一种信赖。然而，这种理想和信赖是不符合实际的，权利永远与实证的法律相关，“权利是法律赋予主体的意志的支配力”[12]。

（二）人格权是与主体自身不能分离的人身权，不可能归入财产权

人格权为人身权，也称非财产权，这是中国法学界的通说。但该说是否绝对，人格权真的不允许有任何财产之痕迹，显然不是。传统民法学以权利客体

---

⑪ 参见王恒：《现代民法“人”的境遇论》，西南财经大学 2015 年博士学位论文，第 91 页。

⑫ 方新军：《为权利的意志说正名——一个类型化的视角》，载《法制与社会发展》2010 年第 6 期。

为标尺,将权利分为人身权和财产权。可是,在某些法律关系中,人身权和财产权的边界模糊,如继承权和社员权就兼具人身权和财产权的双重属性⑬。

从人格权的基本属性看,生命、健康、自由、名誉、隐私等伦理价值,是每一个自然人所必须具备的,这些人的伦理价值不可以金钱代替,是一种非财产性的权利。但是,随着现代社会的市场化、信息化,各种人的伦理价值的利用则可产生间接的经济效益,并可通过市场评价,衍生出人格权的财产属性。最突出的是“人格商品化”现象,它已经成为商业活动中不可缺少的经济手段。人格商品化是权利人将某些人的伦理价值运用于商品中,使其人格要素与商品发生连接,从而在一定程度上促成商品经济的发展。这一现象模糊了长期以来人们心目中人格与商品之间泾渭分明的分隔关系。尽管如此,从本质上讲,人格商品化只是人的伦理价值即人格要素在商品经济中的延伸,其内涵在于人利用自己的人格要素,使其人格权的内容得以扩张而已。在人格商品化中,变动和转移的是某些人格要素,而非人格权的变动或转移,人格权不能商品化。对于人格权而言,人格要素是本,而经济利益是末。

由此可见,所有权利类型的划分标准都是相对的。人格权的基本属性是与主体自身不能分离且不可转让和放弃的非财产权利。但是,这一基本属性不是绝对的,也会有例外的情形发生。人格权是一种绝对权,所以应具有排他性和支配力,构成一个排他的自由保护区域,并通过权利人的自由意志控制着自身的运行方向和方式。人格权为人身权或非财产权,不仅使其与债权相区别,也使其与其他财产权相区别。也有学者认为,具有一定经济意义的人的伦理价值应该视为无形财产,以此为对象而产生的权利应该视为无形财产权。这种认识有一定道理,不过人格权与知识产权和信息财产权等无形财产权之间还存在明显的差异。所以在大陆法系国家,人格权是人身权利的基本属性没有改变。⑭

---

⑬　参见郑玉波:《民法总则》,中国政法大学出版社 2003 年版,第 66 页。

⑭　英美法系国家因为不存在所谓人身权与财产权的严格区分,所以对此问题的认识不同。在人格权的保护方面,英国普通法将人格权的商品化问题归属于财产法的范畴,好的商誉所带来的利益被视为一种特殊的财产,它与债权、商业证券、股份、知识产权等一起被视为无形财产。在美国学者眼中,隐私权和公开权实质上也属于无形财产权。

（三）人格权的客体是人格要素，不是人格利益

传统理论中有个说法，即"任何可成为法律关系客体者为物"，而物又是独立或单独的存在，且多为有形物。实际上，人本身、给付、人格方面的行为方式或法益，也可为客体，这一认识是我们讨论人格权客体的思想基础。应该说，人格权与其他权利最明显的差异是其客体即权利指向的对象的区别。只有承认人在法律规定的范围，拥有和支配自身的身体、健康、平等、自由等人格要素的权利，才能使这些要素成为权利的客体，人格权才能为法律所确认。我国通说认为，人格权的客体是人格利益，这一认识来自对权利本质学说的理解。由于"享受特定利益"是"法律上之力"的目的所在，所以人们容易将权利的客体理解为"特定的利益"，自然也会认为人格权的客体是"人格利益"。实际上，"特定的利益"或"人格利益"只是其权利的目的，是权利作用于它的对象所要达到的效果，并非权利的对象即客体。即使按照耶林的观点，权利是一种"法律保护的利益"，也只是说明权利是为了保护权利人的某种利益，并不能解释权利的客体本身就是利益。所以，权利之目的与其客体，二者的含义相去甚远。

当然，中国一些学者将"人格利益"解释为人格权的客体，还有另外一番更深层的考虑。他们认为，人格要素即各项人格伦理价值是与权利人自身不能分离的，这些要素是内在于权利人的，是权利人的有机组成部分，不可能成为外在于权利人的权利对象或客体。在传统理论看来，权利的客体只能是"身外之物"，而人的伦理价值是"内在于人"的构成要素，自然不能成为权利的客体。这样又触及一个最实质的问题，人格权能成为权利吗？诚然，我们如果将人格权置于民法的权利体系之中，就会打破各种权利之间的逻辑关系。可能正是如此，这些学者才使用了一个模糊的"人格利益"的表述方式。但是，这解决不了实质问题。

笔者的看法是，人格权的客体只能是人格要素。其理由可以从以下两个方面分析：一是人格权是人格及其要素在实在法上的体现。人格要素的构成是基于一定社会条件下，人在物质和精神上的自然需要，法律对上述自然需求的确认和保护即构成人格权。所以，人格权与人格要素之间体现着两层意义上的内

在联系,一方面人格要素是人格权人之自由意志赖以存在的基础,另一方面又是人格权人自由意志的对象。二是人的伦理价值即人格要素已非完全“内在于人”,其“外在于人”已成为社会发展的客观需要。人格要素的可支配性使其“外在化”观念进一步形成,由此造成的结果是,某些人格要素与人自身发生部分分离,甚至完全分离,从而成为人格权的客体,人格权成为连接人格要素与人的纽带。⑮

在这里,我们想到知识产权的有关问题。知识产权的客体是智慧成果,智慧成果来源于人之智慧与人之外部事物之间发生的精神性的巧妙结合,并存在于特定人的头脑之中,它可以通过语言、形体或文字等表达于外部世界,在法律允许或确认的前提下,成为特定人所占有和支配的权利客体。可见,智慧成果本质上是“内在于人”的,具有鲜明的人身属性,那么,这样“内在于人”的东西怎么能够成为权利的客体呢?在传统民法的权利理论中,这样的“客体”显然不能进入民法的权利体系之中。所以德国、法国和日本等国的民事立法均不愿意将知识产权纳入民法典,尽管它们并不否认知识产权是一项重要的民事权利。自20世纪中叶以来,先后有大陆法系国家将知识产权纳入民法典,这是对现实社会生活的客观反映,是对传统民法理论和制度体系的重大突破。⑯ 虽然这些立法有的并不成功,学界非议甚多,但是人们终于看到,“内在于人”的东西是可以“外在化”的,进而成为民事权利的客体,成为权利人可以占有和支配的对象,使知识产权成为民法权利体系中的重要一员。知识产权在民法中逐步确立,为权利客体的不断扩张以及相关“内在于人”价值因素的“外在化”和无形物的“权利化”开辟了道路。

---

⑮ 参见马俊驹:《人格和人格权理论讲稿》,法律出版社2009年版,第101页。

⑯ 将知识产权整体或部分纳入民法典的有《意大利民法典》(1942年)、《苏联和各加盟共和国民事立法纲要》(1961年)、《苏俄民法典》(1964年)、《白俄罗斯民法典》(1994年)、《越南民法典》(1995年)、《蒙古国民法典》(1995年)、《土库曼斯坦民法典》(1999年)、《乌克兰民法典》(2004年)、《俄罗斯民法典》(2008年)等。荷兰1947年起草新民法典时规划第九编为智力产品法,但随着欧洲统一专利法以及欧盟范围内部分国家统一商标法的实施,荷兰将知识产权纳入民法典的构想至今未能实现。本文并不讨论知识产权的立法模式,也不讨论是否将知识产权纳入民法典的问题。笔者看重的是,知识产权立法终于将“内在于人”的因素确立为民事权利的客体。至于知识产权的无形性问题,也不在本文的讨论之中。

从更深层的角度看，如果我们把权利的客体仅限于“外部事物”，必然形成“法律之保护”的两种方式：一是用“权利的保护”方式，来针对那些“外在于人”的事物；二是用“人之本体”的保护方式，来保护那些“内在于人”的主体自身，即“内在于人”的各种伦理价值。现在中国多数学者对人格权的立法思想属于后一种方式，他们把人格权看作主体制度的一部分，对人格伦理价值采取“人之本体”的保护方式，而且这种立法思路恰与一些国家的人格权立法状况相吻合。但是，这种立法模式并不可取。原因在于，人的伦理价值在近现代社会的扩张，已造成了这样一个令人无法回避的事实，即那些新型的伦理价值，如肖像、隐私、知情以及居住环境等，已经远远超越了“人之所以为人”的底线。与此同时，人的伦理价值之于人的意义，现在也并非只局限于静态的“受到保护”，而且包含着动态的“支配对象”，有的伦理价值甚至已经延伸至“交易”的领域。可见，人的伦理价值“外在化”已经成为社会发展的一种趋势。然而，“内在化”的伦理价值观念，却无疑成为这种社会发展的理论障碍。要解决这个问题，就要重新定位人的伦理价值与人之间的关系，即将人的伦理价值由“我之所是”重构为“我之所有”。只有如此，法律才可能将那些无法列入“我之所是”的伦理价值纳入保护范围，人对自身的伦理价值才可能有支配的权利。以上是笔者由对人格权客体的理解而引申出的对人格权立法模式的相关思考。

（四）人格权的内容应作广义理解，不应局限于侵权法上的理解

《德国民法典》在侵权行为一节中作出了侵害人的生命、身体、健康和自由应承担损害赔偿责任的规定，从而为人的伦理价值的法律救济提供了实在法上的依据。这种将人对自己伦理价值的权利及其保护完全委诸侵权法的做法，是德国立法者因对权利性质认识上的局限，特别是对权利客体理解上的狭隘而表现出来的务实与无奈。

我们在重新认识了人格权的客体属性之后，就会发现人格权的内容不能仅限于笼统的、无实际内容的“人格权”术语，也不能仅限于“他人不得侵害人格权的消极义务”。按照当代德国学者提出的“广义的法律关系内容”的观点，法律

关系的内容,包括单个权利和权能、预期取得、法律义务和其他约束、负担性义务以及权限等[17]。从法律关系的“法律模式”意义上讲,这个“广义的法律关系内容”的理论,无疑是合理的。从这一理论出发,人格权的有关“权能”以及基于这些权能对他人所产生的影响,均应被纳入人格权法律关系的内容之中。中国有学者依据百年前《德国民法典》的有关规定,主张将“人格权”放在侵权法的章节内加以规定,显然是不现实的。

人格权作为一种绝对性支配权,它的权能可以分为“支配权能”和“请求权能”两个方面。前者为人格权的积极权能,后者为其救济性的消极权能。

人格权的支配权能,包括“事实支配”和“法律支配”两种形态。“事实支配”是指权利人在法律规定的范围内,有权对人格权的客体加以处置和利用,如以自己的生命、健康、身体从事冒险活动,在文件上签名,在网络上公开自己的肖像,对外暴露自己的隐私等。上述对人格要素的处置行为,并不是对相关人格权的“抛弃”;人格权事关人的主体性、伦理性,它允许对客体的某些人格要素进行处置,但是对具有非特定性的人格要素之整体不得抛弃和放弃。总之,人格权的事实支配并不妨碍人格权的继续存在。

人格权的“法律支配”是指权利人可以通过法律行为,有偿或无偿地将自己的某些人格权的客体要素设置暂时性的限制。这是一种以交易形式对人格权所进行的支配,也是近年来民商法学界所讨论的“人格商品化”或“商事人格权”问题。应该指出,由于人之存在与其人格的伦理价值之整体存在不能分离,人格权的法律支配只可能表现为一种“限制性”的或者“使用许可性”的债权意义上的支配,而不可能表现为“转让性”的支配。按照法律行为“负担行为”与“处分行为”的划分,人格权的法律支配行为,应属“负担行为”而不是“处分行为”,正如人格权是不能“放弃”的一样,人格权是不能“转让”的。

至于人对自己的哪些人格要素能够进行支配?如何支配?法律应以什么标准加以限定?这是复杂的社会伦理的判断问题。实际上,法律必须根据

---

⑰　参见[德]卡尔·拉伦茨:《德国民法通论》(上册),王晓晔等译,法律出版社2003年版,第263～271页。

当前社会伦理道德的要求尺度，对人格权的客体要素进行一个明确的划分，哪些是“可以支配”的，哪些是“不能支配”的或现在还“不能支配”的。从法律上讲，这里问题的实质是解决人的意思自治与公序良俗原则的关系问题。具体来说，是通过设置法律行为的规则，如设置相关的成立或生效要件来解决。

人格权的请求权能，是指人格权受到他人的妨害或者损害时，权利人有权请求该特定的侵害者停止或排除妨害，以及对其享有损害赔偿的权利。显然“具有人格权的人需要请求权，使他们有可能在他人妨碍自己行使权利时，或在他人保持一个和自己权利相反状态时，通过司法程序保护自己，从而使自己的权利得以实现”⑱。

上述讨论，使我们必须明确，人格权与其他民事权利一样，有着丰富的权利义务内容，这些内容的界定还需要法律具体加以规定。人格权在民法权利体系中是重要的新成员，绝非在主体制度或侵权法部分稍加规定就能解决问题的。人格权立法将是中国民法典制定中一项宏大而艰巨的工作。

以上对人格权基本属性和相关内容的论述是不全面的。笔者就上述几个问题进行讨论，主要是要说明这样的观点：人格权不再是人格内涵中所体现的自然权利、天赋权利、原生的固有权利，而是实在法上的法定权利、实证的法律制度，它虽然吸取了“人格”的有益伦理价值因素，却摆脱了抽象人格的自然法约束，成为实在法上的具体法律规则。从逻辑上讲，人格权与人格不同，人格权不再是主体制度的一部分；人格权与财产权不同，人格权不可能归入财产权；人格权与人格权请求权能不同，人格权的“广义内容”不可能仅限于侵权法上的规定。在法律观念上，人的伦理价值由“内在于人”改变为“外在于人”已经成为社会发展的客观需要，只有将人的伦理价值“外在化”才会构成对人格权的“权利的保护”模式，才会有实在法意义上的“人格权”存在，人格权才会在民法权利体系中占有一席之地。

---

⑱ ［德］卡尔·拉伦茨：《德国民法通论》（上册），王晓晔等译，法律出版社2003年版，第322页。

三、人格权立法模式的选择

(一)对各国立法模式的分析与评价

人格权是民法重要的调整内容。各国在立法上采取了不同的观念和立法体例,表现了不同历史时期、不同国情之下各国对人格权保护的方式和力度。近现代以来,随着“身份到契约”的历史演变,各国民法对传统意义上的身份权进行了限制,这表现在家长权的逐渐消亡、夫权的最终废除以及对各种社会特权的限制,从而使主体之间获得了法律上的平等地位,这是人格权得以确立和发展的前提条件。特别是自20世纪中叶以来,各国开始重视人格权的立法。但是应该承认,这一时期的人格权立法还处于形成和不断发展的过程中,法学家还没有为它的存在和发展做好充分的理论准备。目前,各国人格权的立法模式各异,不成熟的立法细节颇多,各国法学家和立法者还在探讨和摸索之中。归纳起来,各国人格权立法大致有以下模式。

1.法国民法对纯自然理性的保护

在《法国民法典》中,既没有“人格”的术语,也没有“权利能力”的概念,不存在人的伦理价值权利化的任何影子。在立法者看来,人的自由与尊严等伦理价值完全是基于自然理性而产生的,是人的固有要素,实在法不可能创制出“人可享有的东西”。有学者指出:“《法国民法典》虽不是以权利的观念来看待人格,但从更高的自然地位看待人格。法律虽然不能在法定权利的意义上规定人格权,但是法律要比保护法定权利还要高地维护人格。”⑲这一分析和认识有其正确的一面,也有过早断言并非准确的一面。实际上,法国人也逐渐发现了自己立法上的不足,于20世纪70年代和90年代,《法国民法典》对其人法制度就作过两次重要的修订,曾分别规定“任何人均享有其私生活受到尊重的权利”(见《法国民法典》第9条,1970年7月17日第70-643号法律),“任何人均享

---

⑲ 龙卫球:《民法总论》,中国法制出版社2002年版,第305~306页。

有身体受到尊重的权利”(见《法国民法典》第16－1条第1款、第2款)。这表明了法国民法对人格尊严的重视,已经开始把人的伦理价值作为权利的对象进行保护。当然,这也只是从保护人的自然理性朝着保护人的人格权利的方向发展的起点。

2. 德国民法对人的伦理价值的保护

《德国民法典》虽然没有使用“人格”术语,但是创制了“权利能力”的概念,从而使自然人和法人自出生之时或成立之时便享有了实在法上的主体资格,这为从“人格”向“人格权”过渡提供了法律前提。不过,有了“权利能力”并不意味着人的伦理价值观念已经完全让位于法律技术。德国的立法者仍然认为,每一个人都应该取得“自然权利”,平等、自由、尊严等伦理价值是人本身所“固有的东西”,而不是外在于人的“可得享有的东西”,在对权利的认识上,他们认为权利只是人与外在事物在法律上的连接纽带,那些内在于人的事物即人的伦理价值不可能成为权利的客体。所以,为了维持传统的立法观念,特别是为了在逻辑上不打破传统民法权利构造和体系,从来不愿意将人的伦理价值作为权利客体。虽然《德国民法典》第823条明确规定了法律保护人的生命、身体、健康和自由,却始终不愿意称其为权利。《德国民法典》除了在总则部分规定了姓名权之外,始终没有使用人格权这一概念。

《德国民法典》基于对实在法依据的强调,抛弃了《法国民法典》将人的伦理价值的救济依据完全委诸自然法的做法,而采用侵权损害赔偿的责任方式来保护人的伦理价值,这是立法的一大进步。由此表明,《德国民法典》虽然坚持将人的伦理价值视为人的固有因素并拒绝将伦理价值视为权利客体的立法观念,但毕竟在立法上为建立保护人的伦理价值的请求权制度作出了贡献,这一立法模式被多国效仿。

3.《瑞士民法典》将伦理人格法律化

瑞士民法首次将伦理人格法律化,实现了对法律人格的保护。《瑞士民法典》不仅规定“权利能力”,而且首次将“人格”术语引入实在法,标志着法律上人格概念的最终形成。[20] 此时的"人格"不同于康德伦理人格主义哲学上的"人格",不再是哲学上、伦理学上和法学上的用语,而是一个法律上的概念。所以,《瑞士民法典》实现了伦理人格向法律人格的转变,标志着人格的法律化,为以后在法律上确立人格权制度提供了新的路径和范式,对中国未来立法有着重要的参考价值。[21]

《瑞士民法典》第一章"自然人"的第一节"人格法"规定了"人格的一般规定""人格的保护""人格的形成及终止"。"人格的一般规定"规定了权利能力、行为能力、血亲及姻亲、籍贯与住所等;该法第二章"法人"第一节"一般规定"首先规定法人人格,然后规定权利能力、行为能力等内容。该法典还建立了较全面的保护人格的请求权制度,还特别规定了保护人格所应采取的预防措施。由此可见,该法典有关人格的规定已经相当详尽,这是它的进步方面。但是,由于立法者受到自然法学和立法传统的影响,并没有将人格与人格权两个概念相区分,视人格为人格权,视对人格的保护为对人格权的保护。在《瑞士民法典》中,没有明确规定人格权的概念,有关人格的规定还仅限于民事主体制度的有关内容,人格内涵中体现的是主体资格,而不是权利。因此,该法典是一项只有人格保护而没有权利设定的立法例,这是其不足之处。在这里,有两个问题非常重要:一是要认识到没有权利的明确规定,就缺少了"权利宣示"的功能,既然权利是什么都不清楚,那么权利的保护也就必然陷入无的放矢的境地;二是要认识到人格权是一项独立的权利类型,它不仅体现在权利受到侵害时能够获得救济,而且它还具有各项积极的支配权能,这才是人格权的重要价值所在。所以,仅想通过侵权法来解决人格权的规制问题还不全面,不可能达到目的。

4. 埃塞俄比亚民法正式使用人格权的概念

埃塞俄比亚民法正式使用人格权的概念,确认人格权是"内在于人"的权利,这是人格权制度初步形成的重要标志。《埃塞俄比亚民法典》是1960年国王海尔·塞拉西邀请法国著名比较法学家勒内·达维起草的。总体来说,该法典受《法国民法典》影响较大。徐国栋教授评价指出:"如果法国由一些比较激

---

[20] 参见王森波:《人格——源流、涵义及功能》,载《甘肃政法学院学报》2010年第3期。

[21] 参见张善斌:《权利能力论》,武汉大学2014年博士学位论文,第135~136页。

进的人当政，他们打算重订法国民法典，这部民法典将是什么样子？答曰：八成就是《埃塞俄比亚民法典》的样子。因此，埃塞俄比亚之法典，尚可窥视法国未来民法典的可能样态。”㉒

《埃塞俄比亚民法典》中对于人格权的规定相当完善，并且在法典中占有重要地位。从结构上看，该法典第一编第一题第一章为“人格与内在于人格的权利”，其中明确以“人格权”为该章的第一节，其后“人格的归属”是第二节，共24条。上述结构是对《法国民法典》的改进。《埃塞俄比亚民法典》把《法国民法典》第一编“人”分成了第一、第二两编，分别为“人”和“家庭与继承”，把关于主体的规定与关于以自然人的家庭为核心发生的人身关系和财产关系的规定分别开来，突出了主体制度的规定，为扩充对人格与人格权的规定留下了空间。

从内容上讲，该法典首先规定的是“人格的效力”（第8条），规定任何自然人都享有人格权和自由权，这个规定表明该法典规定的人格权有广义和狭义之分，自由权属于广义上的人格权。应该说，自由权中的有些权利已经具有公权性质，这些权利放在民法典中规定，也是公法与私法、公权与私权相互交融的一种表现。第9条为“对人格效力的限制”，规定人格权与自由权不得流通。第10条为“非法妨害的禁止”，确认了人格权的停止侵害请求权。第11条为“对自由权的限制与搜查”，随后依次规定了居住自由、思想自由、宗教自由、通信自由、人身完整、肖像使用等权利类型。值得注意的是，该法典在第一章“人格与内在于人格的权利”之后，单独用一章来规定人格权。这表明立法者是将姓名权视为一种“外在于人格”的权利，故不能将其纳入该法典所规定的“内在于人格”的权利之中。

《埃塞俄比亚民法典》关于人格与人格权的规定，具有重要的理论和现实意义，呈现了当代人格权立法的一种发展趋势。在理论上，它突破了“内在于人格”的伦理价值不能成为人格权客体的传统观念；在立法上，它将人格权的客体分为两类：一是“内在于人格”的伦理价值，如身体、人身完整、自由、肖像等；二是“外在于人格”的伦理价值，如姓名。由此解决了自德国民法以来因对人的伦

㉒　徐国栋：《埃塞俄比亚民法典：两股改革热情碰撞的结晶》，载《埃塞俄比亚民法典》，薛军译，中国法制出版社2002年版。

理价值不能成为权利客体而产生的法理纠结,终于在立法上将其“内在于人”的保护方式与“外在于人”的保护方式统一起来,为建立统一的人格权制度奠定了基础。从此“人格权”名正言顺地纳入多国或地区的民法典的权利范围之中。如《葡萄牙民法典》(1966 年)、《匈牙利民法典》(1978 年)、加拿大《魁北克民法典》(1991 年)、《越南民法典》(1995 年)、中国《澳门民法典》(1999 年)、《巴西民法典》(2001 年)等,均将人格权作为重要内容加以规定。但是,《埃塞俄比亚民法典》和以后制定或修订的各国或地区的民法典中,并没有将人格与人格权作出严格区分,它们所规定的人格权在很大程度上还是自然法上“天赋的权利”、固有的权利,所以只能在主体制度中加以规定。在一定意义上讲,这些国家和地区民法典所规定的人格权还不是实在法上的权利,而是自然法上的权利。

5.《俄罗斯民法典》将人格权放置于权利客体部分规定

《俄罗斯民法典》将人格权放置于权利客体部分规定,突破了大陆法系中人格权只属于主体制度的传统思维,为人格的权利化开辟了另一条立法模式。《俄罗斯民法典》(分别于 1995 年和 1996 年施行,知识产权部分于 2008 年施行)分为四编,分别是“总则”“所有权和其他物权”“债法总则”“债的种类”。第一编“总则”下分为第一至第五分编,其中第三分编为“民事权利的客体”,其下又分为三章,分别是“一般规定”(第六章)、“有价证券”(第七章)、“非物质利益及其保护”(第八章)。人格权的相关内容就在其第八章中规定。

该法典第八章第 150 条规定:“公民与生俱来的或依法享有的生命权和健康权,个人尊严权,人身不受侵犯权,个人秘密和家庭秘密、自由往来、选择居所和住所的权利,姓名权,著作权,其他人身非财产权利和其他非物质利益是不可转让的,并且不得以其他方式移转……”第 151 条规定了“精神损害赔偿”,第 152 条规定了“名誉、尊严和商业信誉的保护”。从上述规定看,《俄罗斯民法典》所规定的人格权中,既有与生俱来的自然权利,又有依法享有的法定权利;既有具体的人格权,又有抽象的其他非物质利益(内含人格要素)。此外,人格权内容还包括有限的自由权以及部分与人身密切相关的知识产权。

《俄罗斯民法典》明确使用了人格权的概念,但是对人格权的规定并不是以权利的形式作出的，而是与其他人身非财产权利、非物质利益一并以权利客体的形式作出的。显然，该法典作为一项民商合一的立法例，重视人格权的财产权利和物质利益属性，将其作为一类无形财产放置于“权利客体”部分规定，这与英美法系国家的认识和做法相同。该法典将一些含有人格要素的非物质利益放置于“权利客体”部分规定，显示它并不顾及大陆法系关于权利客体只能是“身外之物”的“戒律”，而且，该法典将“其他人身非财产权利和其他非物质利益”的规定作为“兜底”条款，在功能上与“一般人格权”的规定相类似，为将来可能出现的暂时无法具体化的新型权利留下发展空间。所以，《俄罗斯民法典》不仅突破了人格权只属于主体制度范畴的传统思维，而且在一定程度上改变了权利客体只能是“身外之物”的旧有观念，这是一部创新型、开放式的法典。这一立法模式把人格权和其他非物质利益一并纳入《民事权利的客体》(第三分编)部分加以规定，再联系之前的第一分编“基本规定”、第二分编“人”和其后的第四分编“法律行为与代理”。就总体而言，这样的结构安排与民事权利的主体、客体、民事行为构成法律关系的逻辑相一致，其立法层次清楚。

通过以上考察和分析，我们大致可以看出，人格权制度已经在世界各国得到急剧发展，是对传统法律观念和制度体系最具挑战性的思维碰撞与革新。人格权立法遇到的理论障碍主要有两个：一是人格的天赋性、固有性不能动摇，人格权与人格不可分，人格权制度只能属于主体制度的一部分；二是人格属于“内在于人”的事物，不能作为权利的客体，因此认为，人格权不能纳入民事权利体系，它还不是一项真正的实在法上的权利。可是，各国的立法趋势表明，民法长期坚守的传统理论正在松动，人格权与人格已经成为两个不同层次的概念，有的国家立法已经使人格权脱离主体制度而另寻归宿，有的国家立法已经将部分“内在于人”的事物纳入权利客体范畴。由此再次证明，人类的社会生活最终会替代法律的逻辑方式，法律的逻辑方式总是为社会的现实和发展服务的。

(二)中国立法模式的选择和创新

民法上人格权制度的立法模式，应分为四个层次。

第一个层次：民法的基本原则构成人格伦理价值的法治基础。

中国民法的基本原则是以宪法精神为纲,以一般条款形式宣示的最高伦理价值准则。民法原则中与构成人格伦理价值关系最密切的是“人格平等原则”和“私法自治原则”。人格平等,意味着近现代民法上的人是理性之人、抽象之人,每个人均拥有平等的主体资格和主体地位,并享有法律平等保护的权利;私法自治的核心理念是尊重个人的自由意志,维护个人形象的独立性。这些原则是塑造现代人格伦理价值的基本准则。民法原则虽然在司法裁判中没有直接的适用性,但其储存的人格伦理价值是指导和制定包括主体制度和人格权制度在内的各项民法制度的灵魂。我们也意识到,随着社会的发展和新问题的出现,人格的伦理价值也在变化,民法原则也要适应这种变化,传统的平等、自由的抽象人格也逐渐向具体人格转变,民法上的人的“个人”形象也在向群体内的“个体”形象转变。民法原则塑造的人格伦理价值,并非完全属于私法上的人格,有的还具有一定的公法属性,而且人格的伦理价值也并非只由民法原则来塑造,有的还直接来自宪法上的规定。人格权,是公法、私法交融最重要的法律领域。

由于宪法中规定的基本权利和民法中的民事权利均涉及人格利益的保护,在制定人格权制度时,必须要解决民法与宪法的关系问题。宪法是国家的根本法,总体上是公法,但也有规范私人关系的内容,并为私法的制定提供依据。在宪法规定的“基本权利”中,有的是作为个人(民法称自然人、法人)所享有的权利,其性质属于私权;有的是作为公民所享有的权利,其性质属于公权利。宪法中规定的私权与民法中规定的私权不同,前者私权在于个人对抗公权力非法的侵害,为国家权力的行使设定限度;后者私权在于界定个人之间私人生活空间的边界,从而达到社会的和谐发展。作为民法重要内容的人格权制度,是对宪法“基本权利”中具有私权性质内容的具体化。由此看来,人格权是一项二元性的权利,它既是宪法上的权利,也是民法上的权利,但权利的性质属于私权,即使当它直接适用于宪法时,也是私权,也应按民法的调整方法来处理问题。人格权作为民法的重要内容,具有明确的规范性、可操作性以及司法适用性,它是真正落实宪法“基本权利”的重要法律制度。

第二个层次:民法的主体制度是人格伦理价值具体化、实证化的结果,也是实现主体人格伦理价值权利化的逻辑前提。

民法上主体制度的功能在于落实权利的承担者,以及该承担者主体资格的取得、存在方式和终止条件。以《德国民法典》为代表的大陆法系民法,将权利能力作为自然人和法人享有权利和承担义务的资格,是其拥有主体资格的基本条件。权利能力的设置使人格伦理价值中主体构成和私法因素具体化、实证化,使其成为一项真正私法意义上的法律命令。权利能力并非权利本身,只是享有权利和承担义务的资格,而且权利能力所涉及的内容也呈现多元化,不同的主体还可能享有不同的权利能力。行为能力是主体取得权利所应具有的认识和判断能力,是主体能够自主实施法律行为并产生法律效果的能力。立法者考虑到自然人之间在生理和精神上的差异,又将行为能力区分为完全行为能力、限制行为能力和无行为能力。为了维护行为能力缺陷人以及失踪人和有关利害关系人的合法权益,主体制度中又分别设置监护制度和失踪、死亡宣告制度。主体制度还为法人主体资格的取得、权利能力的限制、责任方式和清算终止程序作出了规定。总体而言,主体制度是规定主体地位和资格的规则体系,它并不直接涉及主体应享有的权利和承担的义务。人格权是一项民法上的权利类型,不应在主体制度中规定。但是,主体在权利关系中是关键因素,没有主体又何谈权利,所以主体制度的确立是建构人格权制度的必要逻辑前提。

第三个层次:人格权与主体制度分离,建构独立的权利体系和制度规则。

现代民法虽然已经有了人格权的规定,但它与其他权利的性质不同,这里的人格权仅是一种对人格伦理价值的“内在于人”的保护方式,所以大多数国家的民法都将人格和人格权放置于主体制度中加以规定。这种立法模式,是内在化的伦理价值观念促成的结果。民法关于内在化的伦理价值观念的形成,根源于以自然法为代表的理性主义哲学思想。理性主义哲学下,人在被赋予理性的属性后,即根据这一属性的要求,判断出人的伦理价值的“应然状态”。因此,与其说人的伦理价值来自人之本身,不如说来自理性观念的赋予。现代反理性主义思想的兴起,向我们揭示出这样一个事实:内在化的伦理价值观念,并不是人的主体性哲学当中的“铁律”。在中国,以儒家精神为主导的道德伦理长期植根于社会与民众心理,从来就没有在实在法之外的价值预设。中国人格权制度的建立,不会像西方国家民法那样遇到人格伦理价值“内在于人”的理论难题,也不会像西方现代民法经历人格伦理价值由“内在于人”向“外在于人”转变的历史阵痛。这种情况下,我们在主体制度之外建立统一的、独立的人格权制度不会遇到难以克服的理论障碍。

人格权与主体制度分离后,人格权如何在民法的权利体系中找到自己的位置?由于人格权具有独特的价值属性,它不可能与任何传统民事权利类型相融合,只能作为独立的一编加以规定,这不是人为的创制,而是逻辑上的必然要求。也有学者提出,民法典设置人身权编,将人格权和身份权包容其中,这个提议承续了中国《民法通则》的立法经验,是可以考虑的。但是,至今关于民法中身份权关系的范围和调整方法还很少有人研究,也没有传统意义上的立法实践可循,要建构一个较为完整的身份权体系是困难的;再者,如果未来民法典还要设置亲属编,那么身份权显然应该归属亲属编,而人格权与亲属编中所体现的价值观念存在明显差异,人格权不可能融入亲属法。所以,笔者还是同意将人格权独立成编。

另外,中国《民法通则》明确规定了法人享有名称权、名誉权、荣誉权等人格权。法人人格权与自然人人格权有共性,也有不同的法律特征,这主要表现在法人是社会组织,它不可能享有与自然人自然属性相关的人格权。对于企业法人而言,它所享有的名称权、名誉权等,具有一定的财产权属性,但并非所有的法人类型都是如此。中国民法学界,就法人有人格、有独立的法律地位,已达成共识。但是法人是否享有人格权存在争议。这个问题说到底,还是对法人本质的理解不同造成的认识差异。关于法人本质的学说,本文不再讨论。本文只是强调法人是由自然人联合起来的或由自然人控制的社会共同体,它与自然人的人格伦理价值有着内在的结构性关联,完全否定这种关联是不妥的。法人人格权也应该从主体制度中分离,与自然人的人格权一并在人格权编加以规定。

人格权立法中还有一个争议很大的问题,就是要不要设置“一般人格权”。中国多数民法学者认为,一般人格权是主体对其人格的独立、自由、平等和尊严等享有的一般人格利益,较之具体人格权,一般人格权具有高度的概括性、抽象性和广泛性,是人格权制度首要作出规定的内容。这些学者还往往以德国民法有“一般人格权”的规定作为设置一般人格权重要性和必要性的论据。其实，德国的所谓一般人格权并非其《基本法》所规定的，而是法院依据其《基本法》的精神在司法实践中创制的，至于《德国民法典》中更无一般人格权的规定。德国学者也认为，所谓一般人格权仅具有一般条款的性质，并逐渐成为今天的习惯法。㉓

据一些学者分析，一般人格权具有两个主要的功能：一是统率、指导已经产生和将要产生的所有的具体人格权；二是可以不断衍生出新的具体人格权。显然，这两项功能是宪法精神和民法原则应该完成的使命，具体到法律规范的层面，也是一般条款就能解决的问题。从逻辑上讲，法律的最高伦理价值如人的尊严和人性的发展等不能直接作为权利客体，正如我们不可能在法律上设置一项单独的尊严权一样。尊严的内涵十分宽泛，具体表现为生命尊严、心理尊严和社会尊严。生命尊严需设置生命权、身体权、健康权等加以维护；心理尊严需设置名誉权、隐私权、肖像权等加以维护；社会尊严需设置发展自由权、创作自由权、社会知情权等加以维护。可见，那些由宪法或民法原则（有的价值也可能规定在主体制度中）所规定的伦理价值，只有通过法律的具体化、规范化，“转换”成一项项有确定边界的权利类型，才能适用于司法实践或行政执法过程。所以笔者主张人格权立法不规定“一般人格权”而规定“一般条款”即可。

在人格权领域中，权利体系的开放性特征十分明显，如何从理论上和立法上对其进行基本的分类，有助于对人格权制度的整体设计，有助于深入对人格权本质的理解和认识，有助于推动人格权新种类的定位和有序发展。目前，民法学界比较一致的意见是，根据现有人格权的种类，依其权利客体和保护方法的不同，可分为物质性人格权和精神性人格权。物质性人格权是指自然人对其生命有机体及伴生的心理之健全健康而享有的一种权利，如生命权、身体权、健康权等，这类权利相对比较固定，其开放性程度较低。精神性人格权指自然人对其精神需要而确立的一种权利，这类权利又可分为标表型人格权，如姓名权、

㉓ 参见［德］霍尔斯特·埃曼：《德国民法上的一般人格权》，梁慧星、邵建东译，载梁慧星主编：《民商法论丛》（第23卷），金桥文化出版（香港）有限公司2002年版。又见［德］卡尔·拉伦茨：《德国民法通论》（上册），王晓晔等译，法律出版社2003年版，第110页、第171页。

肖像权等;自由型人格权,如身体自由权和思想自由权等;尊严型人格权,如名誉权、荣誉权、隐私权等,这类权利存在于无形的精神价值之中,其开放性程度较高。在精神性人格权的立法中,如何确立和界定自由型人格权是一个十分关键的部分。

我国《宪法》规定的公民"基本权利"中,大部分属于人身自由权方面的规定㉔。另外,中国《刑法》、《刑事诉讼法》、《治安管理处罚法》以及《妇女权益保障法》、《消费者权益保护法》等也对维护"人身自由权"作出了规定。但是,唯独中国《民法通则》对自由型人格权未作规定,由此导致自然人的自由型人格权在民事领域难以得到完整的保护。现在要解决两个问题:一是中国未来《民法典》要不要规定自由型人格权;二是在民法上,自由型人格权的客体范围如何界定。之所以提出第一个问题,是因为一些学者认为,自由型人格权属于宪法权利,民法没有必要规定。这种认识显然不妥。就现实的情况看,宪法所规定的人身自由权经常会发生在民事领域,而宪法又不能用来直接调整私人之间人身自由权的法律关系,如果没有民法和相关法律法规对宪法规定的人身自由权进行具体化和规范化,宪法就容易沦为一纸空文。所以,宪法所规定的那些具有私权性质的人身自由权只有通过民事立法的途径才能实现。第二个问题,法学界对于如何界定民法规定的人身自由权的范围争议较大,大致有狭义说和广义说之分。狭义说认为,民法上人身自由权的客体只限定在身体自由方面,如非依法律,不得对公民进行逮捕、拘禁、搜查、审问或处罚等。实际上,这些情况均属于公法的调整范畴。广义说认为,民法上人身自由权的客体不仅包括身体自由,还包括精神自由。精神自由所指的"自由"并不是自然人的内心活动,而是指精神活动的自由,即自然人的心理活动表达于外部的自由和意思决定的自由。精神自由权保护的是自然人的思想由主观见之于客观的过程,而不是单纯指自然人的内心活动。这种外化的精神活动自然不同于自然人的内心活动,为保护自然人精神活动和意思决定免遭他人干涉或非法限制,民法应当对此种自由权益予以保护。

㉔ 参见我国《宪法》第35~37条、第40条、第47条、第49条。

笔者同意广义说,认为人身自由的含义既包括身体自由,还包括精神自由。对于身体自由而言,不仅是指身体不受非法限制的权利,而且包括居住自由、迁徙自由、择业自由等;对于精神自由而言,不局限于意思决定自由,还包括以保障人的精神利益为目的的权利,如思想自由、表达自由、信仰自由和创作自由。当然,我们在强调自然人(公民)精神白由的同时,也不能忽视对权利存在的其他因素(如道德因素、社会因素)的关注,不能放弃对群体利益和社会公共领域的维护。自由不是绝对的,只有在法律允许的范围内,自由才能得到伸张。

人格权最重要的权能是支配权。由于人格要素涉及种类繁多,各具特点,人格权的支配权也表现出明显差异。依一般社会伦理观念,主体可以注销或者变更自己的一项姓名,但一个人不大可能没有姓名;肖像和声音经过录像、录音也可自主支配(包括转让),但这种支配与转让的实质在于对其肖像、声音的使用,并因此产生一定的商业价值,这都是行使人格权的支配权的情形。在精神性的人格权方面,主体对其知情、隐私等人格要素可以于一定范围放弃或转让;但对名誉、信用、贞操等来自社会评价的人格要素,则更具社会伦理意义,权利人很少有支配的余地。在物质性人格权方面,主体能否自由支配自己的生命、身体和健康,应以其行为对社会伦理和秩序造成何种影响来判断。显然,一个正常的现代社会,为了保障自然人能够过完整体面的生活,法律都不会去鼓励或放纵权利人自杀、自残、决斗或故意损害自己健康的行为。由此可见,具体到每一项人格权都应该根据其客体的不同属性,对主体支配权的行使范围、支配程度和支配方法作出规定,使各项人格权成为符合当代人的伦理价值要求,能够促进社会发展和进步的权利类型。

第四个层次:人格权保护体系的基本框架和立法模式。

人格权与所有权等绝对性权利一样,也会在其支配领域遭受侵害。所以,法律须根据权利人受侵害的不同程度作出相应救济方式的规定。权利的侵害可以分为两种情况:一是妨害,二是损害,由此形成权利保护的二元体系。在法律上,人格权可以被看作一块自由的领地,对它的侵害就是对这块领地的入侵。这种入侵可以分为三种救济方式:第一种,如果这种入侵并没有造成人格权丧失,侵权人“退出”就行;第二种,如果这种入侵已经造成“领地”部分丧失,则侵权人不仅要退出,还得赔偿人格权人因丧失部分领地所遭受的损害;第三种,如果这种入侵已经致使人格权人的"领地"全部丧失,已经不可能恢复了,那只有进行全面的损害赔偿。在传统的侵权法中,侵害人格权导致的损害赔偿,应包括对财产损害的赔偿,也包括对非财产损害的赔偿。此二者之中,尤能体现人格权的性质和特色的,应为非财产损害赔偿。

当人格权遭受侵害时,多数情况下也会造成严重的、难以恢复的生理的或者精神上的创伤,因此应当建立严密的事前防御或者事中排除的措施,尽可能减少侵害造成的伤害。在有足够证据证明的情况下,应当赋予受害人消除危险请求权;当对人格权有妨害时,应当赋予受害人停止侵害、排除妨害请求权,以上这几种请求权均属于人格权上的请求权。

人格权保护体系的立法模式主要有两种方式:其一,以救济权的性质为基础,采用债权形式的"割让式"救济权,将其纳入"债权"编;采用非债权性质的"退出式"救济权,将其仍保留在相应的"人格权"编或章节之中。按照上述立法模式,实际上是将对人格权的救济措施"化整为零"分别规定在"债权"编和"侵权行为"编中,所以不可能再提炼出独立的"民事责任"的法律制度。其二,以"民事责任"为基础,将人格权在遭受侵害时所产生的"退出式"责任与"割让式"责任均纳入独立的"侵权责任"编中。由此产生的结果就是,"退出式"责任与"割让式"责任在性质上的区别,被掩盖在"侵权责任"的共性之下,而成为"侵权责任"的诸种形态。相应地,人格权请求权的概念,将因脱离其原权的体系,而丧失法律制度上的独立性。由此看来,在人格权保护体系的立法模式选择上,只有两种路径可走,要么以救济权的性质为基础,采取"退出式"与"割让式"救济路径相分离的传统理论模式,要么以救济权的内容即民事责任为基础,将"退出式"与"割让式"救济路径统一到侵权责任法之下。

上述两种路径各有利弊。两害相权取其轻,笔者赞同以统一的救济权请求权为基础,采用"退出式"与"割让式"救济路径相结合的立法模式。应该看到,传统侵权法之所以被纳入债法中,主要是因为侵权法被等同于损害赔偿法,因而是债法的内容。而今天,当我们树立了所有对权利的不法侵害均应当予以救济的观念之后,就能建立起一个统一的侵害权利救济法。人格权遭受侵害而获取的法律救济当然也在其中。再者,这一立法模式也较为符合中国多年来的民事立法和司法实践的传统。但是,在这种立法模式下,应该将两种不同性质的救济权加以区分,"退出式"与"割让式"请求权各有不同的构成要件和责任承担方式,这些不同在立法中应该有所体现。这样我们的立法,既能充分发挥以请求权为基础的法律思维优势,又能方便司法实践的运行,进而形成符合时代发展且更加健全和完善的侵权责任法体系。

综上所述,在新的人文主义精神在中国得以弘扬的历史背景下,加强人格权的立法和保护已成为中国民事立法的核心内容之一。在进一步厘清人格与人格权关系的基础上,为适应权利人保护和利用其人格要素的需求日益增多的社会实际,在中国即将制定的民法典中将人格权独立成编不仅可行,而且必要。将人格权独立成编,不仅能将宪法精神在民法中予以真正体现,而且也是对宪法规定的"基本权利"的具体化和规范化。就民法本身而言,当人格权摆脱了财产权的偏狭走向独立,甚至从更高的视野表现出与财产权同等重要的倾向时,我们好像又听到了学者曾深情宣告:民法的"人格性正在向财产夺回桂冠"[25]了。

---

[25] [日]星野英一:《私法中的人——以民法财产法为中心》,王闯译,载梁慧星主编:《民商法论丛》(第8卷),法律出版社1997年版,第182页。

构建人格与人格权理论的哲学思考*

一、哲学上关于人的学说

我们在讨论人格和人格权之前,须对人的本质有足够的认识。人是法的形成的中心点,是承载人格的实体,是人格权的享有者和支配者。人由物质的身体和自我的心灵构成,具有天然的能力、本能冲动、意志目标等品质,他的各种活动领域或参与群体所应遵循的客观规律性,决定着法的基本原则和具体制度的内容。人如果没有需要和能力去拥有财产,就不会有财产法律制度;如果没有荣誉感和个人的创造性,就不会有法律对名誉权、知识产权的保护。我们考察人的时候,还必须重视对人的周围环境状况的了解。人生活在万物之中,必然产生与自然界、群体、他人的关系,人不仅要遵守个人行为的个体伦理,还要维护人世间共同的生活秩序。人的智慧、渴望和追求,是他独立自主地塑造自己生活的前提和条件,是法必须尊重的价值尺度。我们无论是认识法的本质,还是解释法的原则,包括对人格权法的构建都"需要到人的本质中去寻找"①答案,并以此作为研究的起点。

人是什么?这是个很深奥且永恒的课题。一般认为,对人的本质的认识是哲学研究的出发点和核心内容。西方哲学史上围绕人的研究,产生过多种学

---

* 原载马俊驹:《人格和人格权理论讲稿》(法律出版社 2009 年版)一书("构建人格与人格权理论的哲学基础"部分)。

① [德]H. 科殷:《法哲学》,林荣远译,华夏出版社 2003 年版,第 150 页。

说。古希腊人由最初关心的自然问题,逐渐转入对人本身的关怀。真正开始"人学"研究的是苏格拉底(Socrates),他提出的著名命题是"认识你自己",就是要人探求人本身是什么。苏格拉底从公正、勇敢、节制、善等概念出发,揭示出人的各种品质,把人定位在求知和求善的德性之上。他认为,人应该是一个不断审视、追问其自身的存在物。早期斯多葛学派以伦理学为中心,强调人是自然的一部分,以为只有善才能和理性和谐,成为有美德的人,否则就只是恶。在斯多葛学派看来,人是以其内在固有的判断力即理性,获得了一个温情世界的宁静秩序,获得了支撑其坚强活下去的生命本身的价值和力量。但是,随着基督教被罗马帝国尊崇为国教,人的理性被逐出了它最后的乐园,并被看作人的最根本的罪恶和错误。直到近代,由于工业和科学技术的蓬勃发展,极大地激发了人的无限理性,一批以主张理性和人本主义为标志的近代哲学家终于出现了。他们对人大致形成了一个较早的定义:人指有理性的存在。某物如果既有理性又是整个人类的属员,它就是人。

公元14~18世纪,欧洲经历了两次大的精神洗礼,即文艺复兴和启蒙思想运动。此后,人文主义兴起,高扬人的理性本质和自由意志,人学研究进入一个新的历史阶段。人文主义以世俗的人为中心,肯定人的价值,注重人的现世生活,要求人的个性解放和自由平等,推崇人的感性经验和理性思维,其思想基础是抽象的人性论。

法国笛卡儿(René Descartes)是近代西方哲学的创始人。他从理性主义的认识论出发,提出"我思故我在",以此证明主体的存在,其二元的本体论将物质实体和心灵实体相区别,人格就是心灵实体,并因而与其肉体相独立,此说对后世产生重大影响。英国洛克(John Locke)从经验主义的认识出发,提出了所谓人格同一性理论,②将人与人格的概念加以区分,人不包含理性,只指特定的身体形状和大小;人格则是有思想、有智慧的理性东西。从这个意义上来讲,洛克将原本属于人的因素,即自我意识抽出来构成人格,形成一种抽象的、超越自然

---

② 洛克研究人格同一性的目的是实用主义的,他并不是要确立一个形而上学的人的本质,而是要确立社会生活中的道德和法律行为的主体,从而保证赏罚的公正。在洛克那里,人格、自我及道德、法律责任主体,基于一个共同的意识而成为同一的东西了。

的存在实体。洛克和笛卡儿虽然对理性主义哲学持有不同的立场,但均对人与人格的分离作出本体论的思考,这对我们今天理解人与人格的关系以及人格的实质仍有一定的启发性。德国康德(Immanuel Kant)认为,人是一种双重存在物,既是感性的,也是理性的,但其本质在于理性。康德强调人的伦理性和人格的伦理内容,虽然这里所说的伦理性是指人的理性对神圣道德法则的绝对遵从,而这些道德法则又是先验的,但他没有将人格抽象为独立于人的实体。③ 这不同于笛卡儿的心灵实体、洛克的自我意识以及古罗马法上的身份。可见,康德是坚持人与人格同一性的。在康德看来,人格是"把人类与只有知性才能思考的事物秩序联系起来的东西,这个事物秩序主宰着整个感官世界,与此同时还主宰着人在实践中的可经验性地规定的存有及一切目的的整体"。④ 这些观点影响其后法律上关于人格属性的定位。黑格尔(Geory Wilhelm Friedrich Hegel)认为,人作为最高级的有机体是自然界发展的最高阶段,是精神在自然界中最完善的表现,而精神虽出于自然又高于自然。人格是一个完全抽象的概念,用它可以取代近代自然法哲学中的"天赋权利"的概念,将人与生俱来的权利建立在自由意志实体的基础之上。人格的内涵包括两个方面:一是个人的欲望和行为是受限的,它须在一定的规定性范围内形成自我意识,构成人格的精神发展阶段;二是个人是在有限性中享有无限的、普遍的自由的,当"自在自为"存在的精神以抽象的、自由的自我为其目的时,人格的概念才能成立。黑格尔指出:"人实质上不同于主体,因为主体只是人格的可能性,所有的生物一般说来都是主体。所以人是意识到这种主体性的主体。人格的要义在于,我作为这个人,在一切方面都完全是被规定了的和有限的……我是在有限性中知道自己是某种无限的、普遍的、自由的东西。"⑤根据黑格尔的观点,可见"人格"指的就是真正自由的个体性,它具有自我实体的性质。⑥ 黑格尔还认识到人可以通过制造工具和劳动,从改造自然界中获得自由。

③　参见[德]康德:《道德形而上学的原理》,苗力田译,上海人民出版社1986年版,第80页、第88页。

④　[德]康德:《实践理性批判》,邓晓芒译,人民出版社2001年版,第352页。

⑤　[德]黑格尔:《法哲学原理》,范扬、张企泰译,商务印书馆1982年版,第45～46页。

⑥　参见林喆:《权利的法哲学》,山东人民出版社1999年版,第236页。

马克思批判地吸取了黑格尔哲学中的“合理内核”,不把人的历史当作静态的、抽象的东西来看,而是通过人的能动的实践来考察。同时,马克思又不像黑格尔那样把人视为绝对性的形式,仅从某种观念、精神的原则出发,而是从现实的人和他必须生活于其中的经济环境和社会环境出发来审视人和人类历史。马克思认为人和动物的本质区别在于:生产劳动是人首要的最根本的特征;人作为一种理性的动物,其劳动是有计划、有目的的自觉的能动的活动;人是社会化的动物,只有在一定的物质生活条件下,彼此结成一定的社会关系和联系,才能存在和发展;作为社会存在物,人是历史活动的主体。

现代哲学界对人学研究的热情仍然不减。美国波温(Borden Parker Bowne)是人格主义的创始人之一。他认为意识、情感和意志活动的主体,即人格是首要的存在,反对唯物主义和对自我(或称人格)独立存在强调不够的其他类型的唯心主义,主张把个人当作人格,认为人格的基本属性是能动性和自我统一性,人格处于活动变化之中而又保持本身的不变和统一。个人的人格是有限的,它以无限人格即上帝为源泉,而以上帝为主宰的世界体系是一种伦理体系,个人与世界、社会、他人的关系则是一种道德关系。⑦ 法国萨特(Jean - Paul Sartre)是一位存在主义的杰出代表。他认为应注重个人的价值和独立自主性,给予人以尊严,提出以人的自由活动为内容的历史发展哲学。存在主义推崇人道主义或个人至上论,认为法的最高价值是个人的生存和自由,自由是人的本质。但个人自由与一切人的自由是不能分割的,保证个人自由的必要条件是所有别人也都自由。⑧ 德国卡西尔(Ernst Cassirer)认为,人与动物的根本不同在于人能创造和运用各种符号,从而创造并生活于一个与动物生活的自然世界不同的符号世界,即“人是文化的动物”。⑨ 以奥地利S.弗洛伊德(Sigmund Freud)、弗罗姆(Erich Fromm)为代表的“精神分析学派”,提出了有关人的“人性—人格”的心理学理论,产生巨大影响。弗罗姆认为,对人的基本社会需要的理解是研究人类自身的基础。他认为马克思主义仅从社会经济方面

---

⑦ 参见冯契、徐孝通主编:《外国哲学大辞典》,上海辞书出版社2000年版,第552页。

⑧ 参见张文显:《二十世纪西方法哲学思潮研究》,法律出版社1996年版,第326页、第328页。

⑨ 参见[德]恩斯特·卡西尔:《人论》,甘阳译,西苑出版社2003年版,第3页。

考虑人类行为的愿望和志趣,强调理性方面的因素,忽视了非理性的方面。而S.弗洛伊德强调欲望、冲动等心理因素对人的行为的意义,看重非理性的方面,但忽视了社会环境对人的个性的影响,进而主张将两者结合起来,建立"弗洛伊德的马克思主义"。他还认为个体的人格是文化的产物,而不是生物学的产物。

我们对人可以得出这样的基本认识,即人作为一种自然存在物与其他动物具有相同的自然属性和生理机能,但作为生物进化的最高形态,经过长期的有意识的生命活动,已经成为与其他自然存在物相对立的社会存在物。正如马克思所说,人的本质"在其现实性上,它是一切社会关系的总和"。[⑩] 人具有抽象的思维能力,能够认识事物的本质和规律,是自然界的改造者和人类社会的创造者。就人的自然属性而言,人是肉体的、有自然力的、有生命的、现实的、感性的、对象性的存在物。然而,这些自然属性又必须与人的高级运动形式即社会实践相结合,才能真正体现人的本质和价值,成为法律加以规范的对象。就人的社会属性而言,人只有在一定的社会关系中,才会构成其与自然界、社会、群体和他人的关系,才会存在生产实践、阶级划分、团体组合、家庭亲情等。在不同的历史环境下,具体的个人有其不同于他人的品质、标志或特征,人的理性也要求其具有一定的自主性、自律性和创造性,社会的发展也需要个人在人格上享有充分的自由和平等。人们还表现出具有时代特征的共同特性,即人的一般本性——共性。人的共性与个性是不能分割的,共性只能通过具体的、特殊的人的个性表现出来。所谓人性,是指人的个性和共性的具体的历史的统一。因此,法律就是运用不同的调整方法,界定和维护人的个性、共性以及二者的关系,以协调和促进社会的发展和个人理想人格的实现。

---

⑩　参见《马克思恩格斯选集》(第1卷),中共中央马克思恩格斯列宁斯大林著作编译局编译,人民出版社1972年版,第18页。

二、马克思主义人学理论及其现实意义

马克思主义人学是马克思主义哲学的重要组成部分,至今对我国社会主义事业仍有现实的指导意义。为此,我们有必要澄清和阐述以下几个基本观点。

(一)马克思主义哲学的立足点是人不是物

马克思主义的本体论是唯物主义,但不是机械的唯物主义。马克思主义哲学的"唯物主义基础",不是感性的物质、自然界,而是"人类生存的基本条件",这一基本条件虽然是指物质条件,但它是以人的历史实践为内容的,人类历史始终是它研究的出发点和归宿。正如马克思所说:"我们的出发点是从事实际活动的人,而且从他们的现实生活过程中我们还可以揭示这一生活过程在意识形态上的反射和回声的发展。"[11]可见,马克思的哲学思想是以人的实践活动为核心的,总是围绕着人如何能动地作用于自然界和社会生活方面。[12] 长期以来,人们时常对"物质第一性"作出浅薄的理解,似乎马克思主义强调的就是有了物质,什么都可以有。但实际上,马克思主义哲学认为,人们的生产方式决定着人们的思想和欲望,但它绝不认为人们的主要欲望就是想获得最大的物质利益,它还可能是对某些纯粹精神价值的关注。马克思主义并不关心人的心理动因,而注重的是生产方式,即人们为生存而谋得必需的生活资料的方式,它所反映的是人与自然界和人与人之间的相互关系。就生产方式的构成而言,生产力必须在一定的生产关系中存在和发展,而生产关系必定是人们在物质资料生产过程中所结成的最基本的一种社会关系。因此,我们断定马克思主义哲学的立足点是人不是物,这一结论是符合历史唯物主义的基本认识的。

---

⑪ 中共中央马克思恩格斯列宁斯大林著作编译局编:《马克思恩格斯全集》(第3卷),人民出版社1972年版,第30页。

⑫ 严格来讲,恩格斯侧重自然科学得出的直接结论,坚持"唯物主义"是第一位的,认识的最高价值须与"实在"相符合。而马克思最关注的是"历史过程",即人类行为的总和。

(二)人本主义精神是马克思主义人学的基本内容[13]

现在越来越多的人认为,马克思主义是一种人学理论的体系,是一种关于人的解放的学说,它表现了对人的生存境况的深层关切和终极眷注。弗罗姆(Erich Fromm)在他著述的《马克思关于人的概念》一书中,论述了对马克思主义的实质和目标、人的本质及其异化等问题的看法。他极力推崇早期马克思关于人道主义的主张,强调马克思主义的实质是人道主义,它的目标是实现人道主义的社会主义。应该说,这一看法是有道理的。马克思对资本主义的批判正是针对它对人性的毁灭,要使人性获得解放就必须进行改造社会的实践,这正是马克思强调阶级对立和无产阶级革命的原因。在马克思看来,阶级斗争也好,无产阶级专政也罢,只不过是人类无限延伸的历史中的一个特殊阶段而已,其终极目标是实现历史由必然王国走向自然王国,人从一切奴役和束缚中逐步获得解放,最终成为自由的和全面发展的新人。由此可见,马克思主义的着眼点是人类的生存、发展和未来,其理想是人间大同与和谐、个性自由与人格独立,这不正是我们通常所理解的人本主义精神之所在吗?

(三)个性自由是马克思主义新的历史观的重要范畴

马克思早在19世纪40年代就提出人的本质是“自由自觉的活动”。自由就是个人的意志自由和个人才能的尽情发展,就是人的自我主宰、自我决定。自由是一个民族成熟、文明、进步的基本标志。[14] 马克思是一位热切推崇人的主

---

[13] 人本主义是我国当代学术界广泛使用的术语。一般在与“科学主义”相对应的意义上使用。也有学者认为,科学主义和人本主义并不是双峰对峙、势不两立的,实际上很难找到纯粹的科学主义和人本主义,两者已开始融合。(参见冯俊:《从现代走向后现代》,北京师范大学出版社2008年版,第412~413页)人本主义有时泛指一种以人为本、以人为目的和以人为尺度的思潮,与汉语“人文主义”和“人道主义”的含义相同或相近。在我国,学界早有对西方20世纪中叶兴起的所谓马克思主义人本主义化思潮的批判,认为该种思潮已经成为资产阶级反对马克思主义的一种新策略,因而否定马克思主义主体论的唯物史观和剩余价值学说。(参见张光博:《马克思主义法理学》,清华大学出版社2002年版,第十四章第二节)我认为,马克思主义是一种人本主义,但“人”在马克思那里,指的是“从事实际活动的人”,或指的是“人类社会和社会化了的人类”。简单地断言马克思早期关注的只是抽象的人,进而断言那是“不成熟的”“尚未摆脱唯心主义影响的”思想,这种判断是没有说服力的。

[14] 参见王人博、程燎原:《法治论》,山东人民出版社1998年版,第37页。

体性和自由的哲学家。他认为，以自我创造为基础的自由和独立，是人生的第一要义，个性自由和人格独立对于社会发展具有深远意义。[15] 同时，他也强调人是社会的存在物，“只有在集体中，个人才能获得全面发展其才能的手段，也就是说，只有在集体中才可能有个人自由”。[16] 毫无疑问，在浩荡的人类历史洪流中，作为个人要实现其价值就必须享有一定程度的独立性和自由。人有了自由的空间才能充分施展个人才华、最大限度地发挥其积极性和创造性；一个自由的国度才能保证它的人民在精神、心志和社会肌体上的健康和活力，使国家蒸蒸日上、富足强盛。而过于强调人民在思想观念和行为方式上的一致性、统一性，就会压抑许多人的个性发展，使人民的人格产生缺陷、创发能力萎缩。作为学者，现在我们都主张多给予人们以自由，并希望通过法律赋予人们以各项自由的权利。我们也意识到，自由是一种高尚纯净的精神价值，只有物质的丰富并不一定就能使人们获得自由。当今，人们对商品和金钱的偶像崇拜又一次证明了马克思的异化理论是如此之灵验，以致一些人不得不被自己所创造的物质财富俘虏，并因而失去真正的自由。马克思曾极有远见地指出，人的自由解放就是人从一切物对人的奴役形式中解放出来，只有在这时，人才能够真正获得独立和自由的地位。今天，在我国个性自由不断得到弘扬之时，人们不应忘记马克思的上述教导。

（四）人本主义与自然主义的统一是马克思主义的理想人格范式

100 多年前，马克思就为我们描绘过一幅人与自然和谐共处的美好生活和品格的图景。人与自然不是相互对立的，其实人也是自然的一部分，自然的存在与变化是有规律性的，它能被人认识和运用；违反规律、鼠目寸光地对待自然，必然会受到它严厉的惩罚。[17] 马克思认为在私有制下（或在私有制观念的影

---

⑮　参见陶渝苏、徐圻：《人的解读与重塑》，重庆出版社 2002 年版，第 74 页。

⑯　参见《马克思恩格斯全集》（第 42 卷），中共中央马克思恩格斯列宁斯大林著作编译局译，人民出版社 1979 年版，第 122 页。

⑰　所谓自然，广义是指自然界和人类社会的活动，狭义是指自然界。在这里，所谓自然主义是指运用马克思和恩格斯所创立的辩证唯物主义的自然观，强调人和自然界的统一，但又指出人不是消极地适应而是积极地作用于自然界的基本认识。它与 20 世纪后在美国产生的自然主义哲学流派还不是一回事。

响下),人们理所当然地把自然界当成自己征服和掠夺的对象,使人与自然严重疏离和对抗。而在公有制下,人们自应放弃独占自然物的奢望,可以平和地对待自然并享受着大自然所赐予的种种恩惠,并积极地参与到自然界的改造和运动之中,那将是一片人与自然共生互融、宁静祥和的秀丽风光。今天看来,上述理想主义的预期目标还远远没有达到。特别是随着后工业社会的到来,对自然界的毁损和破坏几乎达到了极限,以致当偏激的"后现代主义"的理论学说出现之后,人们一时对如何解决人与自然的关系越加不知所措,甚至完全失去了应有的信心。

然而,人本主义的主旨是人类中心主义,在一切为了人类自身利益而盲目奋进的气氛之下,世界开始变得面目憔悴、资源枯竭,随之人心颓靡、意志消沉,这就为世人提出了人类如何才能可持续发展的大课题。所以,我们今天回顾马克思所叮咛的"人本主义须与自然主义相结合"的教导,[18]具有重大的现实意义。当我们开始重视并运用法治来实现人本主义理想之时,不能忘记人类是生活在自然之中,践踏了自然也就损伤甚至毁灭了人类自己。我们在尊重人格、称颂自由的同时,也必须尊重自然、顺遂自然的规则,只有这样,才能使我们真正获得崇高的人格和美好的生活。

(五)马克思主义人学理论是中国传统文化与西方人文精神的巧妙契合

自晚清西学东渐以来,中国如何既要尊重本国历史和传统,又要借鉴和吸收西方思想文化,一直是困扰国人醒悟和行进的难题。当马克思主义传入中国之后,人们欣喜地发现,它与自己的文化竟有如此多的相似之处。马克思主义人学思想来源于西方、诞生于西方,却能与中国传统文化如此投缘,并成为中国社会变革的指针和武器,这恐怕是马克思、恩格斯自己也没有想到的。

中国与西方在人学理论上有着两套不同的哲学与文化体系。以儒学为代表的中国人文主义以性善论为基础,以强调"整体"精神为本位,视仁、义、礼、智为人心所固有的本性,将"道德自律"作为自由人的最高精神境界,注重自我修

---

⑱　参见[德]马克思:《1844年经济学——哲学手稿》,刘丕坤译,人民出版社1979年版,第73页。

养、克己复礼,倡导人格尊严和浩然气节,这可以说是我国优良的文化传统和宝贵的精神财富。但我们也须承认,人世间邪恶和伪善的行为是层出不穷的,如何来遏制这些丑恶现象?儒学相信道德教化对人心向上和社会安定具有根本性的作用,所以得出以德治国的方略。然而,道德教化并不是万能的,它是靠人来实现的,而教化别人之人的品德和资格又必须先验地由人事先加以确定。因此,德治从来就和人治相关联。[19] 西方文明与儒学文化不同,它是以性恶论为根基的,以强调"个体"精神为本位,认为人的天性是追名逐利,而追名逐利不能被完全看作恶的东西,它固然会破坏社会的和谐与稳定,但同时也是推进社会文明的动力。近代西方人为顾全这两个方面,通过法律为其划定一个界限,从外部来强制性地框范人的行为,这就逐渐形成了依法治国的制度模式。

马克思是一位西方哲学家,他跟许多启蒙思想家一样,也把张扬人的自我意识、追求自由与法治作为一面旗帜。但他也认为:"道德的基础是人类精神的自律,而宗教的基础则是人类精神的他律。"[20]道德自律同样是人的最高境界。道德与法律相比,作为人类行为的基本规范是永存的,而法律会随着阶级的消灭而消灭。既然承认道德自律的普适性,就必然会把人的天性假设为善良的。所以在性善论与性恶论之间、在强调"整体"性与"个体"性之间,马克思的立场是偏向于中国儒家思想的。这也恐怕正是马克思学说与儒家人性论结缘的原因。不过,马克思比儒家学人要高明得多,他指出这种性善论是有条件的,即只有当社会的物质财富极大丰富,而且这些财富属于社会公有的情况下,于人的自私心理消解、根除之后,至善至美的人间天国才会实现。在整体(或社会)与个体(或个人)的关系上,马克思也特别提醒世人:"应当避免重新把'社会'当做抽象的东西同个人对立起来。"[21]没有孤立的、抽象的整体,个体存在于整体之中,整体又是由有个性的个体构成。今天,我们从文化渊源的角度分析,为什么

---

[19] 参见陶渝苏、徐圻:《人的解读与重塑》,重庆出版社2002年版,第86页。

[20] 参见《马克思恩格斯全集》(第1卷),中共中央马克思恩格斯列宁斯大林著作编译局编,人民出版社1972年版,第15页。

[21] 参见《马克思恩格斯全集》(第42卷),中共中央马克思恩格斯列宁斯大林著作编译局编,人民出版社1979年版,第122页。

深受儒家思想影响的中国革命家和知识分子能够欣然接受西方的马克思主义,而马克思主义又能在远离欧洲的中国得到实践并取得成就。这不能不说是一件历史奇迹。应当承认,我们在以往的革命和建设中,注重运用了那些与中国革命密切相关的原则以及那些能够与中国传统文化相融合的理念。然而,我们对马克思早期的哲学思想特别是人学理论的学习和理解是不够的。现在看来,在我国改革开放不断深入的今天,当东西方文化又一次发生猛烈碰撞之时,我们还是要到马克思、恩格斯那里去找答案,尽管那不是全部答案。

三、后现代主义对人格权理论研究的启示及其引发的思考

后现代主义是一场思想运动,也是一种时代哲学,它既是对现代哲学的反思,也是对后工业社会的回应。后现代主义学说众态纷呈,表现形态扑朔迷离,并未形成完整的理论体系。但它作为当代一股文化思潮和思维方式,必将对我国人文社会科学的研究产生重要影响。

后现代主义并不是突然出现的,也没有一下子展露它的全貌。19 世纪,哲学界出现了两个独立的声音,一是丹麦学者索伦·克尔凯郭尔(Soren Kierkegaard)对黑格尔体系的批判和他的“主体性理论”;二是德国学者弗里德里希·尼采(Friedrich Nietzsche)的解构主义和生命哲学,后来演变为 20 世纪的存在主义。存在主义的代表人物是萨特,他从“意识的绝对自由”出发,断定个人自我先验地或天然地就是绝对自由的,因而每个人都以自己为中心,人与人之间的冲突也就不可避免。他的名言是“存在先于本质”。这些思想逐渐显现后现代主义的前兆。之后,经过路德维希·维特根斯坦(Ludwig Wittgenstein)、马丁·海德格尔(Matin Heidegger)、托马斯·库恩(Thomas Kuhn)等一批学者的思想发展和转变,后现代主义思潮得以兴起。

下面,我们列举几位后现代思想的代表人物。法国学者米歇尔·福柯(Michel Foucault)是一位结构主义者,他否认人的主体性,反对传统的人道

主义，[22]主张文化的多元论和文化的差异化；他对权力功能的历史分析，对权力产生真理、产生知识的揭示，这在当时可谓是惊世之论；法裔阿尔及利亚学者雅克·德里达（Jacques Derrida）的解构主义，也称后结构主义，所谓解构旨在“解析”或“剖析”某一特定的命题，以发现命题当中的矛盾因素，是一种从内部分析问题的方法论，并非“建构”或“拆毁”任何类型的客观真理，他所批判的对象是无条件的、非相对的或无对立者的真理；德国学者海德格尔认为，人的基本特征在于他是世界中的存在。人并非从自我的孤立中通过窗户来看外部世界，他本身就在门外。人在世界之中，因为他完全处于存在之中。存在本身意味着置于自身之外，超越自身。我的存在并不是某种发生在我的皮肤之中的东西，而是延伸于一个场或者领域，即其所关注的世界。德国学者海德格尔把这个存在的场称为“此在”（Dasein）。[23] 还有一位美国学者理查德·罗蒂（Richard Rorty），他是一位新实用主义者，其思想属于一种不可知论。他对布鲁门贝格（Blumenberg）、尼采、弗洛伊德和戴维森的观点进行总结时，说过一句名言：“我们应该向前迈进一步，不再崇拜任何东西，不再把任何东西视为具有准神性（quasi - divinity），我们应该把所有东西——我们的语言、我们的良知、我们的群体——都视为时间和机缘的产物。”[24]他以“解释学的实践家”的面目出现，倡导开放、平等的“对话”和沟通，鼓励人们去思考、去感受、去创造，倡导对世界的关爱，克服现代人对世界态度的冷漠。显然，这些思想对于社会的进步、人性的理解具有哲学价值。

就正面评价而言，这些学者善于从现有的理论和体系中发现矛盾，从不同的时间、地点和文化因素去分析事物的真实性，反对仅从某一绝对的毋庸置疑

---

[22] 福柯这里所称的“人道主义”，指的是一切限制权力欲望的因素。这种限制是通过鼓励个人对上帝、社会或其他类型的权威的服从来实现的。其核心是主体理论，所以我们的文化就是以主体理论为依据，强烈反对任何会削弱对我们的控制的因素。有两种方式可以消除文化对我们个人的控制。一种是强力意志的“非主体化”（desubjectification），另一种是摧毁作为伪统治者的主体。（参见［美］米勒德·J.艾利克森：《后现代主义的承诺与危险》，叶丽贤、苏欲晓译，北京大学出版社2006年版，第173页）

[23] 海德格尔的“此在的解释学”认为，自古希腊以来的西方传统存在论从未找到解决存在问题的正当途径。存在问题的解释须得从“此在”入手，“此在”是存在问题的出发点，只有从具有优先地位的“此在”身上，才能得出一般存在的意义。从“此在”到一般“存在”，这是前期海德格尔哲学的基本思路。此种“存在主义”思潮也是“极端主观主义”的，所以也受到后起一些学者的指责和批判。

[24] ［美］理查德·罗蒂：《偶然、反讽与团结》，徐文瑞译，商务印书馆2003年版，第35页。

的基点出发就武断作结论的基础主义,运用大量的事实揭露了强权对真理的亵渎和对知识的伪造,强调群体对个人影响的重要意义。在他们看来,并不存在什么普遍一般的永恒不变的人性和人的本质。在方法论上,他们拒斥简单化地看事物。在对唯心主义抽象的人的本质展开批判这一点上,他们与马克思主义经典作家殊途同归。但是,我们也认为,在人类社会现代化的过程中,还必须将那些传统启蒙中有活力的遗产与当代文明结合起来,而不是批判一切,放弃一切。就目前而言,后现代主义的许多观点我们还无法接受,它往往还只是对传统理论的否弃,还没有形成完整的理论去建构和创新,所以对它的任何形式的批判和讨论也是可以理解的,我们没有理由去漠视它、诋毁它。实际上,后现代主义的那些富有生命力的思想已经随着我们进入21世纪。

后现代主义是一个十分宽泛的文化概念,其深层上的现实意义在于它是人类对于解放的期望。它强调人与自然和谐共处,主张"他人的人道主义"和智性论,重新发掘人的潜能,继续解放人类的文化智性,人性由此被赋予了一种新的使命。现在,后现代主义者对社会展示出更广泛的关注焦点,诸如人权、女权、生态、污染、环保等人们所面临的生存困惑。应该说,后现代主义时期的到来已成为人类进程中的一个转折点。在我国,曾有一位资深的学者打了这样一个形象的比喻:"对中国人来说,现代派就像一架迟到的班机,而后现代则像一架早到的班机,它们现在共同拥挤在中国这个大航空港里。"㉕无论是迟到的还是早到的,毕竟它已经来到了中国。当然,后现代主义和它之前所有的意识形态一样,也终将被新的主义(如有学者所称的后后现代主义)取而代之。同时,我们也必须看到,任何一个特定的历史时期,不可能存在一个纯一的主义,往往各种意识形态是并存的,就如同现代主义与后现代主义,甚至还有前现代主义和后现代主义并存一样,它们既共生而又此消彼长。就中国而言,不管人们如何理解后现代主义,"后现代"都不应是对现代人本主义的扬弃和否定,现代性的根本特征依然没有过时。㉖ 中国仍处在向现代社会发展的历史阶段。

㉕　顾铮编著:《国外后现代摄影》,江苏美术出版社2000年版,前言,第9页。

㉖　后现代主义的根本问题是过于偏激,对于现代主义采取完全否定的态度,把自己和现代主义看作完全对立的两极。(参见冯俊:《从现代走向后现代》,北京师范大学出版社2008年版,第282页)

(一)人本主义与法国的结构主义

现代主义概念的基本要素有这样两点最不能忽视:一是人类中心主义,强调征服自然的世界观;二是个人中心主义,强调个人尊严和自由的价值观。二者的区别在于:人类中心主义是就人类与宇宙自然的关系而言,个人中心主义是就个人与国家、与社会的关系而言。在哲学上,对人本主义的概念存在多种理解,其基本含义是指承认人的价值和尊严,把人看作万物的尺度,或以人性、人的有限性和人的利益为本。所以,人本主义包含人类中心主义和个人中心主义,但"现代性"的个人中心主义对抗的是专权统治,向往的是个人解放和个人本能的解放,它与征服和统治自然的人类中心主义不能完全等同。当人类中心主义因能源和资源危机、生态和环境破坏而越来越多地遭到抨击和唾弃时,个人中心主义的存在基础并没有发生动摇。至今,现代主义的根本特征仍然是个人中心主义,它意味着个人的自我意识和自主意识、个人独立、个人自由、个人价值得到充分的肯定,"平等""民主""自由""人权"等伦理要素和观念成为个人享有的天然的和不可剥夺的权利的内容。自20世纪60年代后期以来,西方思想界出现了一股很具声势的反人本主义思潮,其中法国的结构主义就是这一思潮的主要代表。

反人本主义现象的出现,不仅与关于人本主义与"科学主义"、主体与客体、"我思"与"存在"、主体哲学与系统理论等基础哲学问题的长期争论有关,而且与现实社会中尊崇自然、回归自然的反人类中心主义的民间情绪有关。在与人本主义对立的理论观点中,结构主义可能是一支最突出的流派。结构主义最初在法国流行,继后在全球范围内传播开来。结构主义作为分析文化与社会现象的研究方法,试图帮助人们从生活中的混乱的表象中,揭示出隐藏其中的完整结构,即一事物中各种元素之间的潜在关系。结构主义坚持科学和意识形态之间的"认识论断裂",并作为科学主义的典型,否定人的主体性,反对人性自由、人性解放。从对结构主义最集中的观点加以分析,我们发现,结构主义思想家反人本主义的出发点在于:把人从"自然界的统治者"和"意义的唯一合法的指定者"的宝座上拉下来,"结构主义把人归并到自然之中去",认为人类只是自然这个“结构”中的普通一分子,应与自然万物平等共存、和谐共处。[27] 在大多数结构主义的主张中,并不反对现代人格平等、自由、尊严等伦理价值的存在。德国学者海德格尔是反对人本主义的,他谴责任何停留于人这个存在者而不回溯到存在本身的哲学为欠缺基础的哲学,但他不排除对人作为最具价值的存在者的尊重,只是将这种尊重的伦理观附着于其上的主体形而上学。可见,这些学者所反对和担忧的是人类中心主义给人类生存带来的“现代化世界的危机”,是那些颓化为享乐主义又导向虚无主义的极端个人主义者给世界带来的深重焦虑。应该说,后现代主义主要批判的是人类中心主义,其关注的中心已从人类自身移到自然万物,进而出现“宇宙中心主义”或“宇宙伦理”。在此意义上,这场由后现代主义特别是由结构主义引发的争议,并没有使现代人格的伦理价值受到诋毁和限制,而其内容将会更加完善、更加丰富、更加符合人类的根本利益。

个人中心主义或个人主义作为现代主义文化要素之一,并没有过时。我们仍然信仰马克思在《共产党宣言》中所讲的那句话:“每一个人的自由发展是一切人的自由发展的条件。”马克思如此地把个人的自我实现视为人类解放的崇高目标,无疑是一个现代主义的人本主义者。但马克思也认为个人离不开集体、离不开社会,“人是最名副其实的社会动物”。[28] 在革命的实践中,马克思也意识到个人的自由和解放必须在现实的社会中去实现,无产阶级只有解放全人类,才能最终解放自己。因此,我们反对极端的个人主义或利己主义。在资本主义制度之下,滋生了一批极端个人主义者,他们不要他人,不要社会,不要过去,不要将来,只是为自己活着。就像现代的自恋主义者那样,只贪恋眼前的享乐,对后代毫无兴趣,他们只关心自己,只关心自己每一个生理和心理的冲动得到满足。无怪乎有人说:“20 世纪末的现实是:千年盛世(物质的)与世纪末日(精神的)二者同步而来。冲突的结果是现代的危机:思想的危机、传统的危

---

[27] 参见河清:《现代与后现代》,中国美术学院出版社 1998 年版,第 355 页。

[28] [德]马克思:《〈政治经济学批判〉导言》附录一。参见中共中央马克思恩格斯列宁斯大林著作编译局编译:《马克思恩格斯全集》(第 12 卷),人民出版社 1968 年版,第 734 页。

机。”[29]在这种情形下，我们不得不正视人类精神危机的严峻，不得不正视个人中心主义那些严重偏离跑道的现实，我们应当倾听和思考后现代主义的那些严正呼吁和“提议”，重新探究人格价值要素的构成和法律如何对其界定与调整。诚然，人本主义特别是个人中心主义与现代人格诸价值要素的形成和确认关系密切，当人本主义遭到后现代主义的责难和批判时，我们应有准确的立场和清醒的思考。我国现阶段还处于现代化的发展时期，我们可以借鉴后现代主义开放的思维方式和发达国家解决他们所面临问题的经验，维护和发扬那些世人所公认的现代文化传统，避免人性因自由无度而走入歧途。

（二）人格平等与群体角色的地位

当人们极力赞扬和推崇人格平等、人格自由、人格独立的现代文化之时，后现代主义者却十分强调群体（community）与个人的关系，这是值得我们认真思考和探讨的现象。在当今社会，我们不赞成某些后现代主义者把个人中心主义说得一无是处，尽管我们反对极端的个人主义和利己主义，赞赏“他人哲学”的基本理念。个人中心主义是现代主义文化的核心内容，有了这个主义才有了世人公认的伦理价值：人格平等、自由和独立；个人才能自己主宰自己的命运，在政治上才有了“人权”和“自由”“平等”“民主”之权，从而人的智能和创造性才得以充分地发挥。但是，我们也承认“人类在最大多数的文化形态和历史形态中，都是一种群居的造物。在群体中感受个体的存在，本来是人的一种自然本能”。[30] 事实上，在任何社会，个人脱离群体、脱离社会是无法生存、无所作为的，当一群人有了共同的目标而聚集在一起时，就必须具有一定的组织性，并形成一系列的行为规范，每个群体成员都必须将个人的愿望和意志置于管辖之下，以形成整体意志和力量。

群体是指人们彼此之间因共同的目标、共同的利益，以一定的方式结合在一起，相互合作、相互作用，心理上存在共同感并具有情感联系的人群。苏联的一些学者认为，集体是群体发展的最高形式，当群体的目标与社会的根本利益

---

[29] 葛鹏仁：《西方现代艺术 · 后现代艺术》，吉林美术出版社2005年版，第164页。

[30] 参见河清：《现代与后现代》，中国美术学院出版社1998年版，第89页。

相一致,而不只局限于群体内部时,群体就成了集体。在后现代主义者看来,群体是一个非常宽泛的概念,其形态多种多样,小至家庭、社团,大至种族、国家,甚至国家集合体,当一群人只要具有共同的信念、共同的价值观,甚至共同的感悟、共同的处境就可能组成群体。所以,集体组织也应属于群体的一种类型。就群体的性质和内部规则而言,"后现代有关群体的观念其实只是一种更大基础上的个体,也就是说,是个人主义的集体表现。在群体中的这些个人可以行使他们的自由权,选择成为群体中的一分子,同时如果愿意的话,也可以保留退出这个群体的权利"。㉛ 由此可见,在个人主义占主导的社会里,人格平等、人格自由与人格独立总是与一定群体的宗旨和结构结合在一起的,不可能存在游离于群体、完全自由、毫无拘束的个人。

自20世纪以来,世界上的群体纷纷从小单位快速地扩展为大单位,有的已经扩展为超大群体单位。在群体还是小单位时,人与人之间面对面地接触,还有情感的维系,个人在群体中如鱼得水。但是当群体成为超大的单位时,个人在群体中变成渺小不足道的小粒子,因此产生了所谓寂寞人群的观念,也造成了个人疏离的痛苦。㉜ 这种情形之下,如何全面、正确地认识群体与个人之间的关系问题,便成为后现代主义者所关注的焦点之一。后现代主义者阿拉斯代尔·麦金太尔(Alasdair Maclntyre)在论述群体与个人关系时指出:"要维护公共利益,唯一的途径是,必须将社会视做集体性的或有机性的。根据这种看法,社会的个体成员之间存在着互补关系。"㉝这种关系形成和造就了群体内相对稳定的伦理和道德,进而在个人与群体(如家庭、团体、国家等)的关系上产生影响,而非仅对独立的个人产生影响。所以麦金太尔不赞同"那类认为个人在逻辑上优先于群体,个人利益与群体利益相互对立的观点"。㉞ 我们赞同上述这些

㉛ 参见[美]米勒德·J. 艾利克森:《后现代主义的承诺与危险》,叶丽贤、苏欲晓译,北京大学出版社2006年版,第363页。

㉜ 参见[美]许倬云:《中国文化与世界文化》,贵州人民出版社1991年版,第188页。

㉝ See Nanccey Murphy and James W. McClendor Jr., "Distinguishing Modern and Postmodern Theologies", *Modern Theology* 5, No. 3(1989), pp. 203-204. 转引自[美]米勒德·J. 艾利克森:《后现代主义的承诺与危险》,叶丽贤、苏欲晓译,北京大学出版社2006年版,第25~26页。

㉞ 同上。

看法。

我们所理解的现代群体，不是一群人因某一事件而暂时结集的聚合体，也不是一群人因强制力而被迫形成的集合体。它是由一群具有平等人格的自由人，因共同的目标和利益或共同的信仰和信念，自愿地结合在一起，依据其成员彼此约定的或者大家所能认同的规则，相互沟通、相互影响、相互合作，结成一个具有组织性和凝聚力的团体。现代人的人格是平等的、自由的，他们有权自愿参加或退出一个群体，但一旦成为一个群体的成员，就必须受这个群体规则的约束。群体的规则不是为某一个或某些成员而设，是为实现群体的共同目标和整体利益而设，所以其成员个人必须遵守。可见，群体是一个组织化的人群，具有明显的结构性，在群体内，每个成员均占据一定的位置，具有一定的身份。他们的法律人格是平等的，但在群体结构中所扮演的角色是不平等的。一个群体要形成整体意志非常重要，它是群体顺利运行的关键，而真正能够代表群体的整体意志来自民主机制下的个人智慧的充分发挥。群体的运行还需要领导者权力的行使和其成员的配合，在群体内，权威的力量也是无穷的。群体的每一个成员的人格是平等的，他们都享有权利和承担义务，而每一个成员在群体结构中所具有的身份则不同，人格平等是不变的法律地位，身份差异则是可变的结构定位。如果我们把社会也看作一个群体的话，人们会发现，每个人在社会结构中所占据的位置，所扮演的角色，所能产生的影响和作用是何等的不同。

群体是由个人组成的，群体内还有个人意志和利益的存在，所以发生群体与其成员以及成员彼此之间的矛盾和冲突就在所难免。解决这类问题的基本做法应该是，承认群体的意志高于个人的意志，群体的利益先于个人的利益，但并非不考虑和不保护个人的意志和利益。“个人并不因为是群体的一部分，而丧失个体的自我。”[35]在解决群体与个人矛盾方面，关键在于群体内民主机制的健全和运用，以使每个成员的智慧和能力得以发挥。

总体而言，群体与个体关系是一个十分复杂的命题，涉及哲学、社会学、心理学等学科的知识，我本人还不可能准确地把握它。但我已经意识到，研究人

㉟ 参见[美]许倬云:《中国文化与世界文化》,贵州人民出版社 1991 年版,第 194 页。

格和人格权问题,不能仅从个人的角度出发,还必须从群体的结构乃至社会层面思考人格与身份、个人与群体关系问题。群体由平等的、自由的个人组成,个人又须凝结在群体的结构之中。

(三)人格平等与人的独特性和多元性

现代法律关心人的本性、创造性潜能、人的自由与选择,这与后现代主义思潮中主张的许多观点是不谋而合的。人格平等是人的一种普遍的伦理价值,法律上具有一致性。但人却是独特存在的个体,人与人之间存在差异性与多元性。确立人格平等的逻辑前提是把人看作理性的人、抽象的人,然而,人的存在又是具体的,如何将这种抽象的"平等"落实在人的现实生活中,即实现人的实质平等是法学上的一大课题。

人格平等与身份差异是人类社会结构中两个不可分割的元素,它体现了人与人之间的共性与个性的共存。一方面,我们须在人的社会中树立一个普遍的、一致的平等理念,以此作为人们保护自身利益、实现个体权利的原则和尺度;另一方面,我们也须承认人性是独特的也是多元的,在任何的社会和群体中,每个人都有自己的位置,即不同的角色或身份。这种不同身份不仅是社会和群体得以构成和运行的需要,也是人的差异性和多元性所导致的结果。每个人因先天和后天的身心发展因素不同,智力和劳动能力、创造能力不可能相同,在一个竞争性社会,他们所遇到的机遇也不可能相同。所以,每个人从社会中所能获取的资源和利益也相去甚远。我们为了维护社会的公平与和谐,就要承认人的身份差异,在此基础上,针对不同身份人群的切实需求以及社会现有资源和储存,运用法律与政策的强制力,调整和引导社会的分配和占有关系,强调和规制人与人之间的团结与协作关系,使每一个人都能有尊严地生活在这个世界上,从而实现人格平等、人格自由的人类理想。

人格平等的伦理价值是个永恒的真理吗?后现代主义者特别强调这样一个观念,即一切知识都受到历史与文化情境的限定,伦理道德的基础在于各社会群体而不在于事物的本质。并指出那些试图从某个绝对的、不容置疑的基点出发,由此导出结论,这在今天的许多人中已行不通。我们赞同上述的基本观点,却又认为"人格平等"在当代的历史与文化条件下,仍是实现人间和谐、社会进步的一个基本理念。如果从不同的文化视角考察,人们对"人格平等"可能会有不同的理解,但其内涵不会存在任何自相矛盾的因素,它应该是现今世人所能公认的一项真理。我们认为,世界各地的文化是多元的,但不等于真理也是多元的,因为不是所有的文化都能促进社会的发展与进步;也没有哪种单一的文化能够拥有世上的全部真理,只有通过有效的交流,才可能形成不同文化之间的借鉴与融通。我们和后现代主义者都赞同相对真理,包括"人格平等"在内的任何一项真理都不可能是永恒的、全面的、无可挑剔的意识。"人格平等"的观念还会发展,"人格平等"的内容还会丰富,在这种变化之中,它的基本内涵始终是和社会的客观现实相适应的,从这个意义上来讲,"人格平等"作为一项基本的社会伦理,非个人和权威所能改变和抛弃,它对社会和绝大多数人的生存发展仍具有重大意义和价值,仍然是评判人间伦理价值真伪和善恶的一项标准。

我们和后现代主义在对待人性的看法上还有一个共同之处,就是都认为人是"正在成长中的存在",人类有能力改变自己的命运历程和价值。后现代主义者相信,人的最佳状态应该是在前人活动的影响下,自主的、有选择倾向的和易变的,因而是持续不断成长的运动过程。在理想的社会里,正是因为人的人格是平等的,思想和行为是自由的、自主的,所以每个人都可能通过自己的努力改变既有的身份,找到适合自己施展才干的最佳社会阶位,从总体上来看,社会结构中的每一个个体细胞是那样地富有活力,他们竟如此有序地运动着,朝着实现自己价值的方向流动着。然而,这种生动、有序的社会结构并不会完全自行形成,它还需要上层建筑层面的积极作用,特别是法律意识的提升和相应法律规范的调整,每个人都要遵守法律,在法律规定的条件下去实现自己的人生目标。因此,建立一个社会主义的法治国家,构建一个开放、自由、民主的社会结构,实现人格平等和承认人的独特性、多元性,将是我国相当长的历史时期内的一个艰巨任务。

(四)私法死亡与后现代主义的叛逆性

在我国,已有私法学者郑重地宣称:私法死亡,私法的整个法律体系正在全线崩溃。这个论断是和后现代主义激进的思维方式联系在一起的。后现代主义思潮已经风靡世界30余年,它在批判现代主义的种种弊端上作出了贡献,但也对一系列基本哲理和社会现象作出了不切实际的评判。后现代主义按其不同的讨论主题、不同的思想脉络,大致可以分为激进型和保守型两类。激进型的后现代主义怀疑一切、推翻一切,具有一种与生俱来的叛逆性,在他们看来,世界上一切都没有定论,一切都没有权威,有的只是不断的斗争、不断的创新。显然,这种观点与人类社会发展的历史和现状不相符合,不可能被大多数人所接受。保守型的后现代主义推崇现实主义,主张天人和谐,提倡文化的相对论和多元论,承认科学的局限性,一般来讲,这些观点对我们全面认识世界、解读社会是有益的。如果运用激进型后现代主义的思维方式,去分析和判断私法的现状和走向,进而得出私法死亡的结论并不奇怪。但是,当我们把以下几个问题澄清之后,就会发现,私法死亡这个结论是错误的。

(1)要“法治”还是要“人治”。这是现代法学与后现代法学最根本的分歧点,它直接影响我们对包括私法在内的各个法律部门发展前景的思考。现代法学的理论认为,法治优于人治,法治是靠社会大多数人的意志创造和维护的,法律是稳定的、公平的,而不是统治者或个别人的恣意主张,它是一项最富成效的社会管理模式。后现代法学的理论认为,社会绝不是依法而治的,法律必须由人来制定、解释和实施,而人则可以随心所欲地来完成上述的各项工作,所以,真正的统治者才是法律的制定者、解释者和实施者。自20世纪90年代以来,后现代法学已经形成了一股强大的法学力量,例如,在美国出现了五大法学批判思潮,即法律与经济学、批判法律研究、女权主义法学、法律与女权以及批判种族理论,在此之前,美国学者吉尔莫(Grant Gilmore)已经向世界宣告了“契约法死亡”。他们认为“现代法学没落了”“后现代法律思想已经到来”。如此声势浩大的后现代法学运动,让当代法学家一时措手不及、无从应对、招架不住。在此情境之下,德国著名学者哈贝马斯(Jüergen Habermas)选择了与后现代进行不屈不挠的斗争,他坚持现代性的立场,将现代性看作没有完成的理想,是一项未竟的事业,他的使命就是将现代性的事业进行到底。但是,哈贝马斯并不完全拒绝后现代思想的那些合理的成分和正确的判断。我们认为,这种态度是非常可取的。

在我国，关于对“法治”与“人治”的选择，是没有中间路线可走的，历史是最好的导师，也是最好的清醒剂，对此选择，我们已经从历史经验和教训中得出了结论。而要实行“法治”就不可能没有“私法”，没有“私法”的国家不可能是法治国家。所以，私法的死亡是不现实的判断。但是，这并不影响我们借鉴和吸收后现代主义某些有价值的思想和积极的思维方式。我们大致也可以接受德国学者考夫曼（Arthur Kaufmann）的观点：现代虽然会终结，但现代的成就一定要加以维护和保卫，尤其是认识论上的理性主义。我们对私法的认识也应如此。在私法存在的诸多问题和缺欠面前，我们应该积极寻求解决的方法，而不是彻底摧毁现代私法的累累硕果。

（2）要坚持“平等主体”和“意思自治”，还是要放弃私法的上述原则。私法上的平等主体和意思自治原则，是法律面前人人平等、自由理念在私法上的体现。在西方国家，经过启蒙运动，人们不再相信超个人的权威，不再惧怕上帝和神权，从而“天赋人权”以及“平等”“自由”“民主”的观念逐渐深入人心，并于18世纪末叶先后在美国的《独立宣言》和法国的《人权和公民权宣言》中得到了法律的确认。从此，个人成为“自由平等”的公民，成为国家的“主权者”、社会关系的“主体”。确认个人的主体性是社会的一大进步，但是，我们的认识不能到此为止。马克思主义除了强调个人主体性的崇高之外，也强调个人的社会存在和经济存在，强调经济基础对于个人的决定作用。当今社会，只要存在商品经济和市场经济，个人（包括法人和其他具有主体资格的社会组织）的平等主体地位就不能改变，意思自治原则就不能放弃。

后现代法学通常并不直接反对“平等主体”，却认为“意思自治”已经过时，所以契约法走向死亡，物权法趋向公法化。这种认识是当代西方反人本主义思潮的具体表现，而反人本主义的思想家并不是绝对地否定个人的独立地位和权利，而是认为极端的、纯粹的个人主义必定会走向反动，以至彻底地消灭个性、毁灭个人。某些后现代思想家所创立的“他人哲学”，主张将“自我”和“主体”加以区分，还有哈贝马斯弘扬的“交流理性”，强调人与人之间的交流，都有利于克服现代社会极端个人主义的泛滥。这些学者并没有完全否定人的主体性。

我们不赞成那些对传统怀有成见、思想过于偏激、喜欢标新立异的学术倾向。

在现代社会经济条件下,人的平等性是由生产力发展水平和发展趋向决定的,人们只有在平等人格的前提下,才能公平地参与社会经济生活,为社会和个人创造更多的财富。在商品经济社会,人们只能以平等主体的资格,通过自由协商、自主交易才能获得社会的补偿,满足个人的生活需求。但是,平等主体只能解决参与社会经济关系的资格问题,意思自治只能提供施展个人才干和智慧的渠道,它们却不能解决或完全解决社会利益分配的不公和差异。依据各法律部门的调整对象和方法的不同,社会利益分配的不公主要由公法和社会法加以解决,由此产生的社会矛盾也应由这些法律加以调整。在解决上述社会矛盾方面,可能存在两种方法:一是加强法治,运用经济法、社会保障法等,适当干预经济生活,扶助社会弱势群体;二是通过革命,建立和坚持一统的公有制,否定私有经济,从而消除私的个体性人群和组织,实现人类社会的公平与正义。显然,在我国现阶段只能适用第一种方法,既然如此,私法在我国法律体系中的地位就不容被忽视。

还有一种误解,认为人类社会在经历了从身份到契约的历史进步之后,现在又一次实现了从契约到身份的变革。这里似乎存在这样一个简单的判断:契约与身份是两个相互对立、互不相容的社会概念,契约存在的前提是人格平等,身份存在的表象是等级特权。按照后现代法学者的逻辑,那些通过人格平等的个人之间的自主合意和协商,进而有了民主国家和私人之间经济关系的契约社会,但它正在变革中消亡。变革后的身份社会是不平等的个人之间通过法律和国家政策的强制力,使每个人都能获得均等的社会资源和劳动机会,从而实现民本国家和社会和谐。这样的理解肯定是不全面的。事实上,在任何社会,人格与身份都是共存的。罗马法上的人格与身份融合一体,人格依附于身份之上。进入近代社会,人格与身份分离,这一分离成为人人平等、建立契约社会的逻辑前提,人格平等使每一个个人成为天然的或固有的法律主体,能够自主地参与契约关系,形成近现代社会的基本组织和运行模式;身份是每个人在社会和群体结构中的定位,人们依据自己不同的身份取得利益配置,并根据自己的意愿和能力寻找、确定新的身份,从而使各种身份的人能够各得其所,使社会获得和谐秩序和发展动力的理想状态。由此看来,人格与身份都有自己的存在价值。当我们承认身份的社会功能时,不能因此否定平等人格的现实意义,进而否定契约制度和契约社会,否定私法的存在。

(3)要“现代私法”还是要“后现代私法”。从一定意义上来讲,这个命题是一种概念之争,很少有实际意义。但是,既然有学者提出“后现代私法时代正在或已经到来”,我们也不得不重视这个问题了。现在,人们要问,从对现代私法的基本原则和制度的“解构”中,能否得出私法死亡、后现代私法已经到来的结论呢?我们承认,私法和世上任何事物一样,都是一个不断变革自身,不断发展的客观存在,但在大陆法系,私法自罗马法以来,经过了漫长的中世纪、近代和现代的发展历程,其基本原则和制度框架没有改变。“意思自治”原则的哲学基础是“主体”与“客体”对立的二分理论,这一理论在社会实践中并没有发生根本的动摇。后现代主义否定人的主体性,因此,对个性理念施以猛烈攻击,某些学者称“人人生而平等”“自由”“民主”这些抽象的、形而上的断言,从来都不可能在经验现实中得到验证。如此,人类的美好理想破灭了,“意思自治”成为虚无缥缈的东西,私法只有死亡。事实上并非如此,“意思自治”从来没有在私法的主导精神中消失,它始终是文明社会私法的灵魂,特别在现代世界性的市场经济中,没有“意思自治”这一原则是不可想象的。当然,对“意思自治”也不能作绝对的、僵化的理解,现在“意思”所涉及的范围已在发生变化,“自治”实现的方式也在受到限制,“意思自治”并非为所欲为、毫无节制的“自由论坛”。就民法而言,契约法中,契约自由必须受到一定限制,债的相对性原则已被立法所突破;物权法中,物权法定主义进一步被确认,对资源物权加强了公法性保护;侵权行为法中,出现了责任原则多元化与责任承担社会化的趋势。对于这些现象,我们只能认为是私法基本原则对新的社会关系的适应和发展,是私法具体制度在新的社会条件下的健全和完善,社会的变革没有给私法带来危机,而是带来了新的发展机遇,私法的自治精神和法律体系并没有因此发生根本的改变。

而且后现代私法是一个什么样子的私法?至今,没有人对它的基本特征和制度框架做过系统的描述和总结。据后现代法学者的看法,后现代私法是指一种没有传统意义上的私法。从逻辑上推理,这种所谓的传统自然是指现代私法的传统,它包括对近代私法的改造和发展,也包括当代对现代私法的完善和修正。然而,这样的现代传统不正是后现代私法所应推崇和继承的传统吗?如果他们所要破除的传统是指近代或近代之前的传统,那实际上正是现代私法已经完成的工作,没有必要再确立后现代私法的概念了。如果他们所要破除的传统是人类社会所能保留下来的一切传统,这是不可能办到的。在世界上,没有传统的社会是不存在的,没有传统的私法也是不存在的。我们发现,许多后现代主义思想家有时思维是混乱的、观点是模糊的,他们有的要抛弃传统,有的要回归传统,就一位思想家而言,往往也会不时地变换自己的观点。他们善于深刻地揭露和批判现存社会的各种矛盾和问题,却又提不出解决问题的方法和出路。那些激进的后现代主义者,喜欢用一些光彩夺目、故弄玄虚的辞藻去批判那些根本不存在的假想论敌,所能提出的一些论点又往往来源于对社会缺欠的夸张,来源于对各种公认观念的随便颠倒,来源于对现代人的奚落和对各种偏激理念的颂扬。我们只能说现代私法的传统还有生命力,私法还远没有走到"日薄西山,气息奄奄"的地步。

尽管如此,我们还是要肯定后现代主义在批判现代主义的弊端方面所作出的贡献,要借鉴后现代主义那种积极的思考和倾听的方式。笔者作为一个应用法学的学者,对后现代主义的了解很有限,对它到底是何主义、到底应该如何评价它,并没有准确的判断,更没有真知灼见。我只是想,一个学者不能盲目类比和追随任何一个新的思潮,也不能不加分析地一概否定那些还不甚了解的新思想、新观念,只要和自己的研究工作有关,就要尽量去学习它、认识它,从中吸取一些有用的东西。通过这段学习,反省自己的学术立场和思想观念,如果给自己作一个思想定位,那么最多算是一个平常的现代主义私法学者。

人格权不应在民法主体制度中规定*

各位同仁：

大家好！

法学会和法学所分别起草了《民法总则》（建议稿），法学会的稿子共 219 条，法学所的稿子共 233 条，两个稿子各有特点，各有所长。今天的会议是讨论主体制度，而且以法学会的稿子为主线。所以，我的发言对法学会的稿子提些想法和修改建议。

在"自然人"一章，我们遇到的第一个问题，就是要不要设置"人格权"部分，因为我看到法学所的稿子是把"人格权"列为一节补充"自然人"部分的。我觉得这个问题值得研究。"人格权"放在此处据说有三个理由：一是人格权与人格、与权利主体是不可分离的；二是人格权的对象是人之本体，不符合民事权利客体只能是身外之物的要求；三是人格权在"自然人"一章中加以规定，一些国家已有立法先例。

下面，我对这三个理由加以分析。

第一个理由能否成立，关键在于如何认识人格权与人格的关系问题。按照康德的权利体系，人格属于"天赋权利"，人格权属于"获得的权利"。两类法律现象处于不同的层次，一个是前提，另一个是结果。人格与人格权之间既有联系又相区别，前者是根源性、原则性的理性信念，后者是结果性制度性的法律规

---

* 本文系作者 2016 年 4 月在西南政法大学《民法总则》（建议稿）主体制度问题研讨会上的发言整理而成。

范。《德国民法典》在“总则”部分有一项重要内容,就是规定了民事法律关系的三个条件:主体、客体和法律事实(以法律关系为中心)。有了这三个条件就能形成民事法律关系,即产生分则部分所规定的各种民事权利。可见,主体制度只是规定自然人和法人等组织主体资格的取得,以及相关构成方式、终止条件等,从中体现了现代主体人格的价值理念,如“人人生而自由,在尊严和权利上一律平等”,但这些价值理念并非权利,也并非权利的客体。以尊严为例,尊严作为人的一项最高价值标准,就不能作为权利的客体,我们不可能在法律上设置一项尊严权。尊严的内涵具体表现为生命尊严、心理尊严和社会尊严。生命尊严需设置生命权、健康权、身体权等;心理尊严需设置名誉权、隐私权、肖像权等;社会尊严需设置发展自由权、创造自由权、社会知情权等。因此,正是主体人格与人格权存在明显的理论差异,所以德国人才为它们搭起了一架桥梁,这就是“权利能力”。有了“权利能力”这个概念,理性的“天赋权利”终于可以使“获得的权利”以法定的形式得以实现。

第二个理由能否成立,关键在于对权利客体不断拓展趋势的认识。自罗马法以来,民事权利的客体只限于“身外之物”,“内在于人”的各种伦理价值不能充当权利的客体。正因如此,近现代大陆法系民法均不愿意承认人格权是一项民事权利,即使要对人的“生命、身体、健康和自由”给予法律保护,也不是把“人格权”作为民事权利加以保护的,而是把“人格权”归入人格的范畴,将其视为一项天赋权利,在主体制度中加以规定。什么是民事权利?简单来说,权利就是连接权利主体与权利客体,即“人”与“人所拥有的东西”的法律上的纽带。按照传统民法的观念,权利客体只能是“外在于人”的事物。但是,人的伦理价值在近现代社会的扩张,却造成了这样一个令人无法回避的事实,即那些新型的人的伦理价值,如肖像、隐私、知情以及居住的环境,已经远远超越了“人之所以为人”的底线。人的伦理价值外在化已经成为社会发展的客观需要。针对这些法律现象,我们需要考虑的是如何重新界定人的伦理价值与人之间的关系,即由“我之所是”重构为“我之所有”,从而使人对其伦理价值具有更强的支配性。本质上讲,人的伦理价值并非来自人之本体,而是来自社会“权威”所赋予的“人可得享有的东西”,即外在于人的事物。所谓人的伦理价值“内在于人”的认识只是一个历史范畴，不是一个永恒的、绝对的真理。既然如此，除了受传统观念的制约外，人的伦理价值外在化在理论上和实践中是能够成立的，进而人的伦理价值成为权利的客体也就顺理成章了。当然，即使这些人格价值能够成为客体，也不可能像其他权利客体“物”那样可以自由转让，因为多数人格价值与其权利主体之间是难以分离的。不过，这是人格权的一个特点而已，并不能因此否定人格权是一项法定的民事权利。

第三个理由能否成立，关键在于考察和评价这些国家作出上述立法安排的原因和价值。在“自然人”一章中规定“人格权”的典型立法，是《葡萄牙民法典》和《巴西民法典》。葡巴两国民法典的外壳似德国法结构，但其法理基础和内容主要借鉴法国法。《法国民法典》不设“总则”，首先规定“人法”，而且“人法”内容丰富，涉及多种人法制度。这部分关于自然人权利的规定中，既有“公权利”，也有“私权利”，既有“应有权利”，也有“法定权利”，在法逻辑上并未形成权利类型的概念体系。所以，葡萄牙、巴西等受法国法影响较大的国家和地区的民法典，不严格区分“应有权利”与“法定权利”、不严格区分“人格”与“人格权”也就不足为奇了。但是，我国的《民法典》不能如此。100 多年来，我国《民法典》始终是以德国法的“总则加分则”的立法模式为样板，将主体制度与各项民事权利的设置和维护分别加以规范的，这种逻辑关系已经成为我国民事立法的传统。我们不可能再比照法国法的法理思维和立法经验来改造自己的立法，而只能在德国法模式的基础上改造和完善我们的立法。

我们还应看到，随着社会的发展和进步，人格权的内涵层次在扩张，人格权的类型在增多，人格权的内容在丰富，人格权的救济方式在完善，将这样一类急剧发展的法律领域放在“自然人”部分加以规定，只限于规定天赋权利，只是阐明主体人格的尊严、自由和平等价值观念，而不能包含调整人格权关系的法定权利，显然会束缚这一权利类型的发展。所以，我主张在民法的权利体系中，规定人格权并单独成编，为人格权开辟一个新的空间，为人格权的发展创造条件。

以上意见和想法仅供参考。

谢谢各位。

关于我国人格权立法模式的选择*

各位代表：

大家好！

我是个民法学者，所以还会时常关注本学科的一些学术动向。最近，在讨论《民法总则》和《民法典》的立法过程中，关于人格权立法模式的探讨成为突出的焦点，也发生了一些学术碰撞，有点像六级地震，不大不小，引人注目。

当前在民法学界有两位学者影响很大，他们都为我国民事立法作出过积极贡献。一位是梁慧星教授，他在民法学界70多岁这个年龄档次的学者中是极具影响力的、理论功底深厚的老学者。另一位是王利明教授，他是我国民法学界青年学者的核心代表人物。王利明教授有突出的研究能力和学术成果。他们两人在人格权立法上发生了分歧。实际上民法学界长期以来对人格权立法模式就存在不同意见，他们两人只是代表而已。他们的主要分歧在于，人格权要不要单独成编？这在很大程度上是立法技术问题。从学术角度讲，有不同意见、不同观点很正常。如果大家就一种观点，还研究、讨论什么呢？

在这里，有两个理论问题需要讨论。第一个问题是，人格与人格权的关系。对这个问题有不同的理解，就会提出人格权立法模式的不同建构方案。我先谈谈我的观点，人格与人格权是两个相互关联又相互区别的概念，按照康德的权

---

* 本文系作者2015年10月31日在四川省法学会民法学研究会、经济法学研究会、国际经济法学研究会和消费者权益保护法学研究会年会暨学术研讨会上所作的主旨发言整理而成。

利体系,人格属于“天赋的权利”,人格权属于“获得的权利”,即法律赋予的权利,像物权、债权、继承权、身份权就是“获得的权利”。这两个法律概念属于不同的层次,人格是前提,人格权是结果。人格本是自然法上的概念,是形而上的抽象的人的伦理价值;人格权是一个实在法上的概念,是形而下的法律权利,即对人的伦理价值的保护方式。法律权利代表着实在法的实证世界,是一种具体的法律规则。所以,人格作为人所拥有的法律地位,是人格权产生的根据和前提。但人格不能等同于人格权,人格与人格权不同质。自然权利、天赋权利向法律权利转化,也包括人格向人格权转化的过程,就是权利被主观化、实证化的过程。这一过程造就了现代权利观念的形成。

从这个认识出发,我认为人格权的本质是法定权利,不是天赋的、固有的权利。近现代人的理论价值和主体资格的确立,是经过漫长的历史过程演进而来的。从希腊自然法产生,到罗马法创制人格,再从 13 世纪到 18 世纪的四次人类思想解放运动(文艺复兴、宗教改革、启蒙运动、自然科学发展),建构了这样的基本理念,就是把人看作人,人在世上是平等的人、是自由的人、是有尊严的人。归结一点就是所有的人都享有人格,人格成为做人的根本,成为自然法上的权利,成为“天赋的权利”,这种权利是包括上帝在内的任何人和神都不能改变和侵犯的,因为它是“天赋”的最高权利。这一理念成为民法和整个近现代法的精神内核和价值基础,历史意义重大。这一理念是我国可以借鉴的。

但是,这种理念、这种权利果真是天赋的、人所固有的吗?我看值得思考。这种理念来自以自然法为代表的理性主义哲学思想,既是理性观念赋予的,也是理性“权威”赋予的,它怎么可能是天赋的呢?按照马克思主义的理论,这些理念和权利作为上层建筑,归根结底是一定经济基础的产物。中国的传统文化是儒家、道家的思想。中国古代讲的是礼治,不是法治。人也还不具备完整的“人格”,这种“人格”更不可能是天赋的。在中国,人的伦理价值和主体资格的确立,只能靠法治,只能通过强有力而循序渐进的法治,用法律确定人格权,把它明明白白规定在法律上,白纸黑字,这样才能推动和最终实现人人平等,建立起民主自由、欣欣向荣的和谐社会。应该说,如今民法学界之所以对人格权的立法模式出现严重分歧,正是人们在“人格”与“人格权”概念之间徘徊的结果。

第二个问题是,人格要素是否可以成为权利客体?按照传统理论讲,人格要素是内在于人的,是权利人的有机组成部分,不可能成为权利的客体、对象,所以权利客体只能是“身外之物”。把人格权放入权利体系中,特别作为独立的一编,就会与民法(特别是德国民法)的理论逻辑体系发生冲突。但是,我们必须看到人的理论价值、人格要素在不断扩张,这是一种趋势。从19世纪末开始,美国人创设了隐私权,德国人创设了肖像权。第二次世界大战以后,生活安宁、居住环境、信用关系等,都逐步进入了人的伦理价值之中,这些伦理价值显然不是内在于人的,而是外在于人的,它们和姓名一样,是可以脱离人的自身,是可以作为权利客体的。有的伦理价值是可以转让的,甚至是可以进行交易的,所以才出现了人格商品化的问题。当然这里转让、交易的只能是人格要素,而人格权是不能转让的。再者,原本是“内在于人”的伦理价值,如身体、健康、自由等伦理价值也不是绝对不能由权利人来支配的,人格权也是一种支配权,只是这种支配权受限制而已。可是哪里又有不受限制的权利呢?只是它们受限制程度不同罢了。我们的立法应该根据不同时代、不同社会的伦理道德要求尺度,对这种支配权作出相应的限制,仅此而已。这里的问题的实质是解决人的意思自治与公序良俗原则的关系问题,如自由就受限制,你要自由,也必须让别人也能自由才行。所以,自由往往是以维护良好的社会秩序为条件的。实际上,我们规定人格权不就是规范、限制这种支配行为的吗?

以上这两个理论问题如果能够解决,就好给人格权在民法中找到位置了。那么,我们是把人格权放在“主体”部分呢?还是放在“侵权”部分呢?还是将它独立成编呢?我是赞成独立成编的。

大陆法各国民法典中关于人格权的立法规定,梁慧星教授归纳了五种模式,我基本同意。实际上,从法国民法对人的纯自然理论的保护,到各国民法典对人格权的承认经过了一个很长的理论探讨、立法实践的过程。其中,《德国民法典》创制的“权利能力”的概念十分重要。“权利能力”的概念解决了三个问题:(1)“人格”从创制时起就是一个兼具公法和私法双重法律含义的概念,有了“权利能力”得以将“人格”的私法内涵抽象出来,建构一个纯的私法概念;

(2)“权利能力”将伦理的“人格”转化为法定的、具体的、可以赋予人享有权利和承担义务的能力或资格;(3)“权利能力”给自然人人格和团体人格找到了一个上位的概念。所以,“权利能力”为“人格”转化为“人格权”构建了一个法律的逻辑通道。但是,《德国民法典》除了承认姓名权外,还没有正式承认和使用人格权的概念。后来的《瑞士民法典》也大致如此。

真正在立法上正式承认人格权的是 1960 年法国比较法学家勒内·达维德编纂的《埃塞俄比亚民法典》。这部民法典第一次承认了“内在于人”的权利,并将人格权规定在主体制度中,之后匈牙利、葡萄牙、加拿大的魁北克、越南、巴西的民法典等均采取了这种模式。就我现在掌握的资料,20 世纪末编纂、21 世纪初开始实施的民法典有两部,第一部是《俄罗斯民法典》,它将人格权放在“权利客体”部分加以规定,可见俄罗斯作为一个民商合一立法例的国家,十分重视人格权的财产属性,这与英美国家的认识和做法相似。第二部是 2004 年实施的《乌克兰民法典》,它将“人格权”独立成编。

以上各国的立法趋势表明,民法长期坚守的传统理论正在松动,人格与人格权已经成为两个不同层次的概念,有的国家立法已经将人格权从主体制度中分离出来,有的国家立法已经将部分“内在于人”的伦理价值作为人格权客体的范畴,有的国家甚至将人格权独立成编。这就证明,人类的社会生活最终会替代法律的逻辑,而法律的逻辑总是为社会的现实和发展服务的。

在我国,较多学者主张将人格权放在主体制度中规定,这也是至今许多国家民法典的做法,但我认为这不是最佳的选择。主体制度的功能在于落实权利的承担者,解决谁能做主体的问题,以及规定主体资格的取得、存在方式和终止条件。有了主体资格即有了权利能力,并非就有了权利。我建议人格伦理价值的核心内容可以留在主体制度中,甚至可以在民法的相关原则中加以体现。这就使这些规定成为现实对人格伦理价值权利化的一个逻辑前提,但仅是逻辑前提,还不是权利规则本身。

一般来讲,主体制度中是不直接规定权利的内容的。那么为什么许多国家的民法典还将人格权规定在主体制度中呢?显然,它们是把人格与人格权视为一个东西,把人格权视为一种天赋的、固有的人的伦理价值,即人格;进而认为人格是“内在于人”的,人格权也是“内在于人”的,所以人格权应该是主体制度的一部分。可是我们注意到,反理性主义思想的兴起,已经向我们揭示出这样一个事实,所谓“内在于人”的人的伦理价值并不是人的主体性哲学当中的“铁律”,人们的理性观念正在改变中、发展中。这不是激进、妄想的思潮,是理性主义的发展趋向。还有,如果我们把人格权视为一项实在法上的权利放在主体制度中加以规定,这不同样破坏了德国法的逻辑体系吗?所以,德国人是不会这样做的。我们只有把人格和人格权加以区分(实际上它们已经不是一个东西了,只是人们受着传统理性观念的影响,还不易发现而已),这个问题才得以解决。人格权是一个实在法上的概念,它就能够理直气壮地成为权利体系中的一员。按照这样的设想,我们将人格权的具体规则放在权利体系中加以规定。但是,因为人格权的特殊属性,它又不可能与其他权利类型相混同,所以只能将“人格权”作为单独的一编,这样给人格权的发展留下充分的空间。这是最好的立法选择。

也有学者主张,将人格权放在“侵权责任”部分加以规定,这是100年前《德国民法典》的做法。我认为这种将人对自身伦理价值的权利及其保护完全委诸侵权法的做法,是德国立法者因对权利性质认识上的局限,特别是对权利客体理解上的狭隘,而表现出来的务实与无奈。这已经不是最好的立法方案,实际上降低了人格权在民法中的地位。现在,人的伦理价值之于人的意义,并非只局限于静态的“受到保护”,而是包含着动态的“支配对象”,人格权不仅是一项受到损害以后享有的消极的救济性权利,而且是一项积极的支配性权利;积极权利放在侵权法中规定是不恰当的。所以,我还是认为人格权应该独立成编为好。

总之,我的基本观点是:加强人格权立法是我国历史经验和立法实践所促成的结果,它是我国民事立法的核心内容之一。人格权独立成编,符合基本法理和各国人格权立法的发展趋势,有利于我国《宪法》规定的公民基本权利的具体化和规范化,有利于促进我国社会主义法治的发展和完善。

以上讲得不对的地方,还请各位批评。谢谢。

我国人格权基础理论与立法建构的再思考*

我国应确立人格权制度,这一点在立法实践和民法学界并无多大争议。然而,人格权制度的理论基础是什么?我国人格权制度应当如何立法?学界一直存在争议。多年来,作者一直积极参与讨论,至今未曾停止对这些问题的思考。

一、人格权基础理论的几个问题

关于我国人格权基本理论的争论,民法学界涉及这样几个问题:(1)人格权的性质是自然法权利还是实在法权利?(2)宪法规定了人格权,民法还要不要规定人格权?(3)人格权的客体是什么?(4)人格、人格权与财产、财产权的内在联系与区别是什么?

(一)人格权是自然法权利还是实在法权利

17~18 世纪,古典自然法学说对两大法系共同的法律观念以及法律的基本原则和制度产生了重大影响。在《法国民法典》中,法律人格的依据是"人的自然理性"。在法国人看来,人的自由与尊严不是由实在法创制的,不是司法实践

---

* 原载《晋阳学刊》2014 年第 2 期。

的产物,也不是实在法上“人可享有的东西”,而是“人的固有要素”。因此,《法国民法典》全然承受了自然法精神,完整地将自然法的自然理性和平等自由观念贯彻到了立法之中,人的平等自由人格经私法和公法的巧妙分工和精细规制得以确立。在《德国民法典》中,法律人格的依据从“人的自然理性”,演变为“权利能力”,从而完成了民事主体的基础从自然法向实在法的转化。自然法涉及正义的一些原则,但只有将这些原则进行具体化,使它变成切实可行的、有约束力的法的规则,才能适用于某些特定的生活情景。基于此种认识,为了给人的自然理性寻找到实在法上的依据,德国法学家从人的生活需要资源出发,主张民法应“将生活资源纳入规范,使之以权利、法益、自由资源或义务之姿态出现,简言之,以权利或义务之姿态出现”①。由于人在法律上的目的,莫不在于对生活资源的取得,而此一目的在实在法上又表现为权利的享有和义务的承担,因而实在法上的人的自然理性,就被水到渠成地认作为“对于权利以及义务的承载能力”,即“权利能力”。从此,人的伦理属性,至少在法律技术的层面,被“权利能力”这个实在法的概念呈现。

但“权利能力”只解决了“生物人”向“法律人”的过渡问题,并没有发展出具体人格权制度。德国法上的“法律人”是指在法律层面具有人格的人,是一种具有规范意义的法律主体,是权利义务的承担者。它从法律上对生物人进行了主体身份的确认。怎样保护这个主体呢?德国《基本法》规定了人的尊严和人拥有发展自己人格的权利,并以此为基础,司法上产生了一般人格权的概念和实践。正是《德国民法典》规定的“权利能力”与德国《基本法》司法实践中“一般人格权”相互配合,生物人作为“人”的资格得到了实在法的一般界定和具体保护。

虽然“一般人格权”保护的只是人格而不是人格权,但这提出了人格权的概念,这就引发了人格与人格权的概念区分。在我国,这个问题事关重大,因为它涉及人格权的理论基础和立法体例问题。关于人格和人格权的区分,我国学者有两种观点:

---

① [德]罗尔夫·克尼佩尔:《法律与历史——论〈德国民法典〉的形成与变迁》,朱岩译,法律出版社2003年版,第60页。

第一种观点认为,人格与人格权是不同层面的概念,前者是前提,在自然法层面;后者是结果,在实在法层面。例如,有学者认为;"按照康德的权利体系,人格属'天赋权利',人格权属于'获得的权利',两类法律现象处于不同的层次:一个是前提;另一个是结果。"[②]还有学者认为:"人格与人格权的关系问题可以简化为作为主体资格的'抽象人格'与作为人的身体和精神要素的'具体人格'之间的关系问题。抽象人格由人本身(人的存在)和身份要素构成,而人本身则由具体的人格要素构成,具体的人格要素乃是人本身乃至抽象人格存在的根本前提,所以必须加以保护,这就是人格权"。[③]

第二种观点认为,人格与人格权实质相同,只是表现方式不同。康德认为"自由"是一种具有天赋的一般行为的权利,即支配自身、享有意思自由的权利。[④] 有学者据此认为这种"天赋的一般行为的权利"就是人格权,它也应属于"天赋的权利"范畴,因此,人格权与人格实质相同,这也符合大陆法系传统民法的理论。在传统民法理论看来,权利的客体只能是"身外之物","内在于人"的各种人格的伦理价值要素不能成为权利的客体[⑤],如果将人格权置于民法的权利体系之中,就会打破各种权利之间的逻辑关系。可能正是基于这种认识,各国民法长久没有采用"人格权"的概念。即使现在,各国民法也将人格权的内容多置于"主体"部分或"侵权行为"部分规定,这更使我国一些学者认为人格权独立成编不可能与物权、债权、亲属权、继承权一样得到民法理论的支持。

我同意上述第一种观点,同时也有进一步思考。我赞成人格是一个自然法上的概念,它体现人的伦理价值;人格权是一个实在法上的权利,它体现了法律对人的伦理价值的保护。从这个意义上讲,人格是根源性、原则性的理性信念,

---

② 徐国栋:《再论人身关系——兼评民法典总则编条文建议稿第 3 条》,载《中国法学》2002 年第 4 期。

③ 李中原:《人身关系六题》,载《法学》2003 年第 1 期。

④ 参见[德]康德:《法的形而上学原理》,沈叔平译,商务印书馆 1991 年版,第 50 页。

⑤ 人格权首先表现为权利主体对自己的支配,这与深受康德"伦理人格主义哲学"的权利观念相冲突。在康德看来,人"永远要当作目的,不论是对自己还是对他人"(康德:《法的形而上学原理》,沈叔平译,商务印书馆 1991 年版,第 57 页),这一启蒙理性思想使自由意志作用于人自身的人格权,缺少了人身客体化的哲学基础。康德的权利理论为萨维尼所接受,之后负责起草《德国民法典》的温德沙伊德又继承了萨维尼的衣钵,坚持权利是对外在世界(包括他人意志)的支配而不是对自己的支配的观点,所以人格的伦理价值要素不能成为权利的客体,最终使《德国民法典》没有规定人格权。

人格权是结果性、制度性的法律规范。我的进一步思考是,人格权是自然法层面上人格伦理价值外化的结果,是人格的实在法保护方式之一。

那么,我们为什么要确立“人格权”的概念来保护法律上的人呢?这必须从民法上法律保护的两种模式说起。民法对人的保护有两种模式:一是“权利保护”模式。当客体“外在于人”时,通过法律为其设置“权利”,并以此沟通主体、客体的关系,形成以权利为保护的手段;二是“本体保护”模式。大陆法系传统民法理论认为,只能通过“本体保护”方式来实现对人的伦理价值要素的保护。因为当客体“内在于人”时,就意味着“权利”的对象将“仅指”主体本身,从而使主体与客体发生混同,权利便丧失了存在的意义。据此,各国民法对人格的保护均采用“本体保护”模式。

但是,我们发现人的伦理价值在近现代社会的逐渐扩张,已造成了目前这样一个令人无法回避的事实,即人的伦理价值外在化已经成为客观社会事实。这表现在两个方面:一是人的伦理价值已经突破作为人之本体的属性。如果说传统的人的伦理价值作为人的不可或缺的属性,可以被视为“人之所以为人”的底线,那么现代社会中这些扩展了的人的价值,事实上已经与人的本体渐行渐远了。人是否能够在法律上享有肖像、名誉、隐私、知情、生活安宁以及居住环境等方面的价值利益,与其能否成为一个法律上的人事实上已无多大关联。二是人的伦理价值开始增加了财产属性。随着商品经济关系在整个社会领域的蔓延,越来越多的人的伦理属性,开始具有了可以金钱价值衡量的财产属性,人的伦理价值有的已经延伸至商品交易领域。

如此,基于由罗马法所确立的人的伦理价值与物的对立,以及由近代民法所确立的人的伦理价值的内在化观念便发生了动摇,近代民法典对于人的伦理价值所采取的“人之本体的保护”模式受到了强烈冲击。看来,只有将人的伦理价值由“我之所是”,重构为“我之所有”,才能使人对自身的一些伦理价值要素享有支配的权利,才能构成“权利保护”模式以应对社会的发展。这样,随着人在其伦理价值上应当享有如同在自己的财产上所享有的权利的观念的出现,人格权的概念真正走进了民法的视野。

(二)人格权是公权利还是私权利

经过上面的讨论,我们可以认定人格权是一种实在法上的权利。需要进一步追问的是人格权的法律性质,即人格权是宪法(公)权利还是民事(私)权利?

有学者通过考察和研究,断定人格权是宪法权利而不是民事权利,因而认为人格权是公权利而不是私权利。显然,这一看法不能完全让人信服。

首先,人格权受到宪法保护,但不能据此断定人格权就是公权利。人格权从宪法调整的社会结构看,它应具有界定和平衡社会与国家之间关系的功能。宪法从总体上看是公法,但也有规范私人关系的内容,并为私法制定提供依据。由于社会与国家的分离,个人均具有两重身份,在不同的场合会以不同的身份出现。在宪法规定的"基本权利"中,有的是作为社会的个人(民法上称自然人、法人)所享有的权利,其性质属于私权;有的是作为政治生活主体的公民所享有的权利,其性质属于公权。宪法中规定的私权与民法中规定的私权不同,前者所设私权的目的在于个人对抗公权力非法的侵害,为国家权力的行使设定限度;后者所设私权的目的在于界定个人与个人之间私人生活的空间界限,从而达到社会的和谐发展。但是,无论是由宪法规定的私权,还是由民法规定的私权,对于社会的个人(自然人或法人)来讲,性质是一样的,它们都是在法律上享有或取得某种利益和人格价值的资格或可能性。应该注意到,法律调整的社会关系是权利义务关系,并不是调整"权利"本身,任何法律都不可能直接影响"权利"的性质。同样道理,私权上的财产权和人身权,也受公法性质的刑法和行政法的保护,但我们不能说,因上述私权受到刑法或行政法的保护就是公权利。

其次,进入 20 世纪以来,由于公私法之分的动摇或公私法之间的相互渗透,人们对宪法的认识也在发生变化。我国有学者就认为,随着现代法治社会的发展,特别是人权保障的需要,宪法的调整范围已大为扩展,已适用于调整私法关系,能直接解决私人之间的争议。因此,宪法既不属于公法,也不属于私法,而是处于两者之上的法律。⑥ 这种观点值得重视。现在一些国家,在人民群

⑥ 参见蔡定剑:《关于宪法是什么》,载《中外法学》2002 年第 1 期。

众的压力下,对公民权利的保护也日益从私法领域扩展到宪法、行政法等公法领域。⑦ 但这只能说明一种趋势,私权的保护越来越受到重视,它的一些领域开始受到宪法和其他公法的直接保护,以至于有的国家的宪法可以直接适用于私人之间的关系。⑧ 与此同时,作为调整私权关系的传统民法并没有因此减弱保护私权的力度;恰恰相反,新的民法(商法更是如此)制度在建立,原有的制度在完善。上述情形,只能说明宪法在一定范围具有了直接调整社会关系的作用和功能,而不能简单地认为某些"私权"已经开始回归宪法。

我认为,人格权就属于二元性的权利,它既是宪法权利,也是民法权利,而权利的性质属于私权,即使当它直接适用于宪法时,也是私权,也应按民法的调整方法来处理。我国有学者指出:"有些宪法权利,既可以指向于国家,也可以指向于私人团体,也就是说,具有国家与私人的二元取向。如人身自由权、人格尊严、财产权、选举权等。"⑨人格权是一个不断发展的历史性概念,具有极强的包容性,有些人格价值要素虽然并未在民法上明文规定为权利的标的,但仍可以依据民法相关原则甚至宪法精神,来维护法律主体的人格价值。宪法与民法在对人格权的规定上有一致性,它们都对人的生命、健康、尊严、隐私等人格价值要素进行保护。但是,宪法是国家的根本法,具有高度的原则性、概括性以及广阔的弹性空间,因此不可能包罗人格权的各个方面。民法是调整私权关系主要的部门法,具有明确的规范性、可操作性以及司法适用性。人格权由民法规范和保护,既符合法理,也便于司法实践。

还有一个与人格权密切相关的问题是人权问题。因为人权也是宪法调整的重要基本权利,故在此对人权与人格权的关系作一简要阐述。人权与人格权的产生均受自然法学说的影响,是人本主义不断发展的重要体现。人权与人格权都是人所享有的一种受伦理道德支持和认可的自由、平等的权利,它们不受任何身份和能力的限制。从权利的一般性质上讲,人权与人格权都属于绝对权,人权的义务主体是指国家权力机关,人格权的义务主体是指不特定的人。

---

⑦ 参见沈宗灵:《比较法研究》,北京大学出版社1998年版,第93页。

⑧ 参见韩大元:《外国宪法》,中国人民大学出版社2000年版,第378页。

⑨ 刘志刚:《宪法"私法"适用的法理分析》,载《法学研究》2004年第2期。

人权运动的兴起是人格权制度得以发展和完善的历史前提,人格权是人权中最基本、最基础的内容和类型;没有完善的人格权制度,就没有真正意义上的人权。比较而言,人权是人格权的上位概念,人格权是人权的重要组成部分;人权以应有权利为基本的存在形态,人格权以法定权利为基本的存在形态;人权涉及范围广泛,它包括不同性质、不同层次、不同形式的人权,既有公权利,又有私权利,而人格权是指与个人生活关系密切的那部分人权,所以人格权是一种私权;人权的法定权利几乎涵盖整个法律体系,不仅包括实体权利,也包括诉讼权利,而人格权仅为一种实体权利;一般人权的保护既受国内法调整,也为国际法所规范,国家作为保护人权的义务主体,还要承担相应的国际法上的义务,而人格权的确立则直接受本国历史文化传统和现实国情的影响和限制,所以仅受国内法(主要是民法)的调整。

(三)人格权的客体是人格利益还是人格诸要素

人格权的客体,是指"法律关系中权利和义务所指向的对象"。人格权客体的界定直接关系到人对自身人格要素的维护和支配。人格权与其他权利最明显的差异是其客体上的区别,正因如此,对人格权客体的正确阐述就是对其基本特征的认同。只有承认人在法律规定的范围内拥有和支配自身的身体、健康、自由、尊严等人格要素的权利,即明确人格要素是其权利的客体,才能在法律上认可人格权的存在。否则,在逻辑上,人格权的概念就无法得到确认。

将人格权客体认定为"人格利益"是我国民法理论的通说。在我国民法理论上,关于法律关系的客体应如何表述,存在多种学说。其中一些学者主张将客体抽象为一个统一的概念,以和法律关系的抽象内涵相匹配。在这一学术背景下,有学者提出"抽象客体之利益说"[⑩],其出发点是在物、行为、智力成果等不同的具体法律关系客体之中,寻找到一个"共同点",而这个"共同点"最终理所当然地锁定在"利益"上,因为任何权利的设立都是为获取某种利益提供条件。现在这一学说在法学界有着广泛的影响,并使人格权客体认定为"人格利

---

⑩ 麻昌华、李明、刘引玲:《论民法中的客体利益》,载《法商研究》1997年第2期。

益"成为通说。

"人格利益说"难以成立,它的不妥之处在于混淆了权利客体与权利目的之间的区别。就"权利"与"利益"的关系而言,耶林所讲的"权利是受法律保护的利益",显然是从"权利的目的"出发的。利益应当是权利"目的"所在,是权利作用于它的对象即客体之后所达到的效果,而不应当是权利的客体本身。例如物权,其客体是物,而不是因物之支配所得的利益;又如债权,其客体是债务人之给付行为,而因给付的实施,债权人所受领的结果,才是债权的利益。因此,我们应当认识到,利益本身并不能作为权利的客体。

诚然,我国一些学者将"人格利益"作为人格权的客体,还有另外的重要考虑,即人格内在于人的诸要素,不可能成为人之外的权利对象(客体),所以只有用一个模糊的表示方式,即"人格利益"来排除表层论述的逻辑障碍。实际上,一些学者之所以回避人格权的客体是人之人格诸要素,而将"人格利益"作为人格权的客体,是与近代民法刻意回避"人格权"概念的原因相一致的,即都不愿意承认一项"人对于自身的权利"。换言之,由于人的伦理价值要素在我国民法理论中属于"主体"的范畴,其作为权利的起点,就不可能再成为权利的客体。这样,就只能以"人格利益"的表述来填补人格权客体在逻辑上的缺位。但这一做法并不能解决实质问题。对此,我国曾有学者提出异议,认为"权利的客体是权利主体的支配对象。利益是主体的身外之物,可与主体的人身分离,支配利益的权利也当然可与主体的人身相分离"。然而,人身权却具有和权利主体的人身不可分离的基本性质,所以"无论什么利益,都不可能成为人身权的客体"[11]。由此,指出了利益的属性——外在性、与人身的可分离性,如以人格利益作为人格权的客体,则与人格权不得与人身相分离的属性相冲突,从而揭示了人格利益作为人格权客体在传统理论的逻辑上是矛盾的。

我认为,人格权的客体仍然在于人之人格即人格诸要素,不是所谓的"人格利益"。其理由可以从两个方面分析:一是人格权是人格及其诸要素在实在法上的体现。人格诸要素的构成是基于一定社会条件下,人在物质和精神上的自

⑪ 江平:《民法学》,中国政法大学出版社2000年版,第280页。

然需要,法律对上述自然需求的确认和保护即构成人格权。所以,人格权与人格诸要素之间具有不可分割的内在联系,一方面人格诸要素是人格权人之自由意志赖以存在的基础,另一方面又是人格权人自由意志的对象。二是人的伦理价值即人格诸要素已非完全“内在于人”,其“外在于人”已成为社会发展的客观需要。人格诸要素的可支配性使其“外在化”的观念进一步形成,由此造成的结果是人格诸要素与人自身的分离,人格诸要素从而成为人格权的客体,人格权成为连接人格诸要素与人之间的纽带。

就其功能而言,人格权不仅在于对权利人之人格诸要素的消极保护,即对业已既有事实的维持,更在于权利人得通过各种外在的、不断发展的手段,挖掘和运用人格诸要素所蕴藏的无限价值,以促进社会不断进步。正是如此,创设人格权才有现实的意义。否则,通过一些禁止性法律规范足以达到消极保护人格诸要素的目的,就无须创设人格权的概念了。由此可见,人格诸要素作为人格权的客体是人格权得以成立的重要前提,也是人格权最显著的特征。

(四)人格、人格权与财产、财产权的内在联系与区别

10 年前,法学界在讨论我国《民法典》的立法体系时,曾发生过一场所谓的“人文主义”与“物文主义”的“论战”。当时就有学者提出“无财产即无人格”的观点,之后又有学者以法国传统民法学说上的“总体财产(Patrimony)理论”为据,论证上述观点的正确性。总体财产是指现存和未来的权利和义务的总和,其中权利保证着义务。根据这一概念,构成这种总和的各个因素的同一性正是权利和义务主体的同一性,因此推论出总体财产必然附着于人,是人格在经济层面上的表现,从而使人格与外部事物联系起来,并且两者不可分割、不可移转。所以认为总体财产为人格的表现,没有财产就没有人格。[12] 总体财产理论从整体的角度对人的财产状况进行了抽象和概括,把一个人所拥有的全部财产权利和义务总揽在一个概念之下,对我们理解人格权与财产、财产权的关系以及民法的相关制度与人格之间的内在联系,具有一定的参考价值。但是,总体

---

[12] 总体财产,我国有学者也称为“广义财产”,参见尹田:《无财产即无人格——法国民法上广义财产理论的现代启示》,载《法学家》2004 年第 2 期。

财产理论的最大问题,是将人格与财产完全融合为一,形成所谓的“法律总和”,这与人和人之外的事物不可能完全聚合的哲学原理相违背。人格是以人的伦理价值为实质基础的,而人的伦理价值只能表现为生命、身体、自由、尊严、名誉等,它不可能直接涵盖财产,这种人格要素不可能与财产要素完全融合。正因如此,人的伦理价值使其成为取得主体资格的基础,进而成为取得财产的前提。有了人格不等于就拥有财产,但没有人格是无法拥有财产的;某人是否拥有财产和拥有多少财产,并不能影响和损害该人人格的平等地位,人们正是有了这种平等地位,才会在经济上具有平等的竞争资格,他们才可能“从无到有”“从少到多”地拥有财产,否则“穷人”将永远是“穷人”。如果认为无财产即无人格,那么一个无财产的人,何时才能有人格,更何时才能有财产权?拥有财产和财产的丰厚并不能判断一个人是否有人格或有怎样的人格,“穷人”与“富人”、“无产者”与“有产者”都应具有平等的人格。我们承认,拥有财产才会提升人格的品位,但人格品位只是人格的表象,并不是人格的实质内容。如果我们把财产的拥有作为取得人格的前提,那么结果就会加剧社会的不公和法治的退化,这已是不言而喻的道理。

如何认识人格、人格权与财产、财产权的内在联系与区别?由于人格与人格权不是一个层次上的概念,我们必须分别来讨论它们与财产、财产权的关系。

首先,我们先讨论人格与财产、财产权的关系问题。人因其人格而具有权利能力,能够在实在法规定的范围内,享有占有财产的权利。人格是取得或创设财产、财产权的前提,它是一项自然权利。从法哲学的角度看,财产已经不是完全自然的、无意识的东西,它实际已与主体的自我意识相联系。一项财产之所以是“我”的,说明“我”的意识已经体现于其中,作为单元意志的人格要素和“我的东西”在法律上达到了统一;或者说,“我”的人格和财产权利都得到了法律上的一致承认,进而使“我”能够自由地支配和转让这项外在于“我”的财产。一个人有了自由的人格,才可能拥有自由的财产,即享有某项具体的财产权;一个人拥有一定的财产,是其具有人格地位的具体表现,使其人格的“空壳”有了实际的内容。从这个意义上讲,人格才能给予人占有财产的权利,人格与财产权是融为一体的。

其次,我们再来讨论人格权与财产权的关系。我国法学界的通说认为,人格权为非财产权,不能直接体现为商品价值,也不能作为财产加以消耗、分割或转让。但人格权是否绝对地为非财产权,而不允许有任何财产之痕迹,当然也不能如此断言。当人们尚未认识到人格权的某些人格要素可以带来丰厚的经济利益时,法律认其为非财产权尚属符合实际;但当人们(特别是社会公众人物)能够支配和利用自己的人格要素,获得重大经济利益的现象出现时,仍然坚持人格权只具有非财产权特征,确已不符合社会发展的现实。应该看到,人格权的某些人格要素已明显具有双重性格,即兼具非财产权与财产权的属性。一方面,生命、健康、自由、名誉等人格要素,是每一个自然的人、伦理的人、法律的人所必须具备的,上述人格要素仅仅具有强烈的伦理价值,此种价值不可以以金钱代替,这是一种非财产性的权利标的,也是人格权的基本属性。另一方面,随着社会的信息化,虽然人格要素本身不具有财产性,但是各种人格要素之利用可以产生间接的经济效益,并可以通过经济手段使其得以评价,从而衍生出人格权的财产属性。当然,人格权以上两种属性并不是平行的、同质的,各项人格要素所体现的非财产性或财产性也非整齐划一,并随时间推移还会不时地发生变化。总体而言,非财产权之属性是人格权的基本特征,它维系着人能够体面地生存和发展;财产权之属性是人格权第二位的特征,它在法律所允许的范围内能够为人带来经济效益,从而促进人的生活质量和工作环境的改善。

在民法的权利体系中,物权与债权有着比较确定的边界,知识产权的定位也趋于明确,而人格权是一种最晚出现的权利类型,一直还是法学界争论的焦点。但是,有一点是必须肯定的,人格权已不可能再转变为财产权,尽管它可能具有财产性要素,但其基本属性是人身性的权利,它的客体是人的伦理价值要素,不可能将其归入财产权。而且,人格权与知识产权也差别甚大,如将那些具有财产性要素的人格权视为无形财产权也是不妥当的。

二、人格权立法建构的几个问题

我国应该制定什么样的《民法典》? 民法学界长期存在“松散式民法典”与

“理想主义民法典”“现实主义民法典”的争论,我主张对传统民法典的体系作较大修正,建议将《民法典》按序分为总则、人格权、亲属、物权、合同、继承、侵权行为等编。为此,本文在这一部分讨论以下几个问题:(1)为什么“人格权法”独立成编?(2)人格权的立法体系和基本种类。(3)人格权法如何完善维护人格尊严和人格自由的法律规范将成为人们关注的焦点。(4)法人人格权是人格权法中不可或缺的重要内容。

(一)我为什么赞成“人格权法”独立成编

关于人格权能否独立成编,学者持反对意见的理由主要有两点:一是人格权是自然人作为民事主体资格的题中应有之义,人格以及人格权与自然人本身不可分离,人格权单独成编会出现立法架构上的分裂;二是人格权的内容简单,无非就是宣示一下相关权利,单独成编会导致民法典章节的畸轻畸重,再者也会发生总则和分则内容的重叠,破坏了传统民法典的科学体系。

上述观点的立足点,在于人的伦理价值是人的组成部分,是内在于人的,而忽视了人格在其发展中基于伦理性又超越伦理性的历程。从逻辑的角度看,这个观点事实上是对“人格权”概念的否定,因为一旦主体与客体发生混同,权利的存在也就丧失了意义。在现代社会,人的伦理价值急剧扩张。由于那些扩展了的人的新型伦理价值与“人”的距离渐行渐远,已难以被纳入“人的本体”之中。但在伦理价值内在化的观念之下,那些新型伦理价值无法被纳入法律保护的轨道;与此同时,人的一些伦理价值逐渐成为经济活动的重要客体,兼具财产价值和财产的可转让性,这样内在化的立法模式已无法满足人们对自身伦理价值进行支配的需要。如果我国未来的《民法典》将带有具体权利内容的人格权置于“总则”编,而将其他具体权利如物权、债权单独设编,就不能体现民法典的体系性和逻辑性。人格权相对于其他权利而言,的确与主体的关系更为密切,如果我国民事立法有《法国民法典》的“人—物”二元结构的传统,也可由主体制度和人格权制度共同构成人法的内容,但我国既要兼顾《德国民法典》的近代传统,又要反映民法人格权的发展趋势,也只能作出将人格权与主体制度相分离的选择。这一选择不会影响主体制度的完整性和重要地位,也不会影响人格权的界定和构成，而且，分离后的人格权独立成编也不会破坏我国《民法典》的整体结构。

人格权独立成编意味着它要成为一个系统化的规则体系，要有该编的一般规定以及各项具体人格权的界定，人格权关系的构成及其内容，以及确认权利与权力之间的关系等。人格权是一项支配权，不是一项单纯的防御性权利，它的存在和行使不是完全消极的，许多情况下，也是一项积极的权利。根据社会的发展和需要，我们会列举出二十几种或更多种类的人格权，若以每种人格权规定五个条款计算，也有百余条的规模了，这不能说内容过于简单。所谓会形成总则与分则内容的重叠也是误解。总则规定的是人格，是作为法律上主体的资格，如自然人的出生、权利能力和行为能力，法人的成立条件和种类等；分则规定的是人格权，是法律上主体所享有的权利，它要规定各种具体人格权的构成条件和行使规则，这是不同层次上的问题。再者，人格权是绝对权，它的保护在侵权法部分加以规定，也是理所当然；侵权法主要是解决权利之间发生冲突和遭受侵害的救济问题，这在内容上也不会与人格权部分存在重叠。从该理论上讲，产生以上误解主要是没有把人格与人格权的概念理解清楚。在实在法上，人格与人格权不可分离，仅是指人格是人格权存在的基础（当然也是其他权利存在的基础），人格权是维护人格存在的重要形式，两者关系密不可分。但是人格不等于就是人格权，人格权也不能代替人格的存在。只要这个问题解决了，关于人格权立法上的许多争论即可取得一致。

总之，人格权独立成编是理想与现实权衡中所作的较佳选择，它将影响我国《民法典》在21世纪树立何种形象，起到何种历史作用。人格权独立，将使整个民法的重心从“财产”转向“财产和人身并重”，进而实现法律人格平等的内涵，促进民法的全面平等。更重要的是，在中国这个国度里，它举起了“保护人格权”的大旗，进一步引导着人们在尊重自己和尊重他人的人性关怀中捍卫起自由和平等。

（二）人格权的立法体系和基本种类

我们首先遇到的问题就是“人格权”编中要不要规定“一般人格权”。长期以来,法学界似乎“没有人否认我国民法确立了一般人格权”⑬。无论是在学者制定的民法典草案中,还是在全国人大常委会法工委提交审议的民法典草案里,“一般人格权”都是构成人格权体系的重要组成部分。但是,也早有学者对人格权区分为一般人格权和个别(具体)人格权提出质疑⑭。近年来,随着对人格权立法问题研究的深入,如何认识和理解“一般人格权”已成为法学界讨论的一个重要议题。

我国赞成规定“一般人格权”的学者,通常认为这一权利类型源于德国民法,其实并非如此。20世纪中叶,德国联邦最高法院在审判实践中依据德国《基本法》第1条(人的尊严)和第2条(发展人格)规定的立法精神创制了所谓的“一般人格权”,但是,德国《基本法》上规定的“指示性的概括条款”并没有确认出任何权利,更谈不上一般人格权。所以《德国民法典》的立法者始终也没有在法典中规定一般人格权,因为难以给这种权利划界,而划界则明显取决于有关主体在法律关系中所针对的对象,即能够把具体的权利客体落实到具体的主体上,这样才能构成具体的权利类型。也就是说,民法中的人格权必须是具体的、可行的权利样态,而“一般人格权”做不到这一点。

有学者认为,一般人格权是在对各种具体人格权进行比较分析总结的基础上抽象出来的,它是民事主体对其人格的独立、自由、平等和尊严等享有的一般人格利益,因此较之具体人格权,一般人格权具有高度概括性、抽象性和广泛性。上述观点可以归纳为两点:一是一般人格权没有明确的权利客体,这不同于以具体人格要素为客体的具体人格权;二是一般人格权以抽象的人格独立、人格平等和人格自由等一般人格利益为客体。这可能就是抽象人格权的大致含义。然而在我看来,我国《宪法》中规定的人格权才是一种抽象权利、一种宣示性的权利,它通常具有高度的原则性和抽象性。民法中规定的人格权只能是一种具体的、可行的权利,它负责把宪法规定的权利落到实处。在德国主流的民法学者眼中,“一般人格权”是一个极其抽象的概念,它不像具体人格权那样

---

⑬　杨立新、刘召成:《抽象人格权与人格权体系之构建》,载《法学研究》2011年第1期。

⑭　参见谢怀栻:《论民事权利体系》,载《法学研究》1996年第2期;马俊驹、余延满:《民法原论》,法律出版社2005年版,第110~111页。

具有明确的内涵和确定的外延，是一种效力较弱的“框架权利”；它还不是一种真正意义上的民事权利，而勉强算是一种“权利”。[15] 这种只有权利之样、没有权利之实的“一般人格权”，当然不能写进民法。

我赞成以“一般条款”代替“一般人格权”。“一般条款”是《德国民法典》为改善概括立法模式所带来的局限和不能适应社会生活的复杂状况而创立的一个概念。一般条款极具抽象性，不是权利。拉伦茨认为，“这些条款具有指令的特点，属于判断标准，其内容还需要加以填补”。[16] 谢怀栻认为，“所谓一般条款是一种抽象的原则性的规定，与那些规定具体情况的条文不同的是，法官可以把一般条款运用到各种具体案件中去，以解决他要解决的问题”。[17] 因此，我们可以大致给出“一般性条款”的含义：其内涵与外延都具有不确定性，有极高的抽象性，是法官根据个案情形需要以价值判断方式予以填补的条款。一般条款总是处于开放状态，我们完全可以把保护人之尊严、人之自由、人之平等的人格伦理要素作为一般条款加以规定。一般条款具有“兜底”作用，人格权立法可以采取“具体列举＋兜底条款”的模式，[18]这样既能克服法律规定的不周延性，弥补立法可能出现的“法律漏洞”，有助于完善人格权体系，又能更好地适应社会生活的不断变化，给予法官更多的自由裁量权，便于公正处理各种案件，维护那些新型的人格伦理要素。

在我国未来的民法典中，人格权作为独立一编，其立法体系和基本种类可作如下建构：

第一章　一般条款

第二章　人身完整（第一节　生命权；第二节　身体权；第三节　健康权）

---

[15] 参见［德］迪特尔·梅迪库斯：《德国民法总论》，邵建东译，法律出版社2000年版，第64页。“框架权利”作为一种权利类型是德国民法学的独特创造。“框架权利”概念的提出，是为了弥补传统侵权法关于侵权行为“不法性”认定的不足。在《德国民法典》的实施过程中，“框架权利”作为一种权利类型逐渐确立，主要包括“一般人格权”和“企业经营权”两种权利。按梅迪库斯的理解，这种所谓的“框架权利”其实不是真正的权利，是被视为“权利”的“权利”。

[16] ［德］卡尔·拉伦茨：《德国民法通论》（上册），王晓晔等译，法律出版社2003年版，第34页。

[17] 谢怀栻：《外国民商法精要》，法律出版社2002年版，第96页。

[18] 张新宝：《人格权法的基本理论》，载《私法研究》（第13卷），法律出版社2012年版。

第三章　人格标识(第一节　姓名权;第二节　肖像权;第三节　形象权;第四节　声音权)

第四章　人格尊严(第一节　名誉权;第二节　隐私权;第三节　信用权;第四节　荣誉权;第五节　知情权;第六节　环境权;第七节　精神纯正权)

第五章　人格自由(第一节　身体自由权;第二节　迁徙自由与居住自由权;第三节　住宅自由权;第四节　性自由权;第五节　工作自由权;第六节　意思决定自由权;第七节　通信自由权;第八节　表达自由权;第九节　创造自由权;第十节　信仰自由权;第十一节　思想自由权)

第六章　法人人格权(第一节　法人名称权;第二节　法人名誉权;第三节　法人荣誉权;第四节　法人秘密权)

第七章　特殊人格权(第一节　人格商品化权;第二节　器官捐赠权;第三节　死者生前人格权)

第八章　人格与身份的确定(第一节　户籍和身份证;第二节　身份登记及效力;第三节　身份公证)

(三)如何完善维护人格尊严和人格自由的法律规范

在我国,人格尊严型和人格自由型人格权对个人(自然人、法人)更有尊严、更有自由、更有主人翁感的生活和工作有重要意义。在私法中,人格尊严是人的一种伦理地位,是指生物人能够被他人和国家作为民事主体并被赋予和保障自主决定私人事务的潜在能力。个人尊严既不应依赖于人的财产状况和社会地位,也不应依赖于人的工作性质和实际能力,而应以人的人格平等为前提,是通过人的自由意志来实现的自我肯定。人的尊严被视为私法的精神基石,是人格权和财产权的共同价值基础。人的尊严虽然不能直接作为权利的客体,但自20世纪中期以后,人的尊严被提升为根本价值并迅速法律化,同时被许多国际条约、宪法确认,也在一些国家的民法典中得到宣示。那么,如何在人格权法中保护人的尊严?我想,一是将那些不断外化和独立的人格价值要素如名誉、隐私、信用、荣誉、知情等确认为具体人格权；二是将那些尚未外化和独立的人格价值要素作为总体伦理价值由具功能性的一般条款加以规定。当然，维护人的尊严是公法和私法的共同任务，以上仅是私法（民法）对人格尊严的保护方式。

与尊严密切相关的人的伦理价值是自由。私法尊严主要体现为能自主决定私人事务，这就是要求自由。现代社会，每个人均应享有自由，其范围只能以他人的自由为界，这就要求人之间的平等。因此，没有平等也就没有自由，没有自由又何谈尊严？这就是尊严、自由、平等三者价值的相互关系。平等作为私法（民法）的一项基本原则，已贯彻在整个私法制度之中。而对人的尊严和自由的维护，则可以相对集中地在人格权法中加以规定，这也是一些国家民法的一个重要发展趋向。

自由是一个民族成熟、文明、进步的基本标志。[19] 马克思是一位热切推崇人的主体性和自由的哲学家。他认为，以自我创造为基础的自由和独立，是人生的第一要义。[20] 人有了自由的空间才能充分施展个人才华、最大限度地发挥其积极性和创造性；一个自由的国度才能保证它的人民在精神、心志和社会肌体上的健康和活力，使国家蒸蒸日上、富足强盛。而过于强调人民在思想观念和行为方式上的一致性、统一性，就会压抑许多人的个性发展，使人们的人格产生缺陷、创发能力萎缩。自由是个人人格伦理价值的重要内容，也是近现代法律秩序的核心理念。但是，自由也不是绝对的，它必然受到各种社会因素的限制。除政治意义上的限制外，人们只要不伤及他人和社会利益，不违反法律的特别规定，自由就应该成为一项最基本的人权、一项重要的人格权。随着社会的进步以及人们对客观规律性的自觉把握，自由权的内容不断丰富，并越来越受到国家法律的切实保护。因此，我国人格权法的制定应当将有关自由型的人格权作为该法的重要内容。

自由是多种法律、法规的保护对象。我国《宪法》对包括公民人身自由在内的各种自由权作了较为全面的规定。我国《刑法》《刑事诉讼法》《治安管理处

---

[19] 参见王人博、程燎原：《法治论》，山东人民出版社1998年版，第37页。

[20] 参见陶渝苏、徐圻：《人的解读与重塑》，重庆出版社2002年版，第74页。

罚法》等公法均有对公民人身自由权加以保护的规定。但是,唯独《民法通则》没有对公民人身自由权(自由型人格权)作出规定。20世纪80年代,《民法第三稿》曾在第16条第2款规定了公民的人身自由受法律保护,仅此1条之规定也在该法第4稿中被删除。到了2002年12月,全国人大常委会法工委提交审议的民法典草案在“一般规定”中规定:自然人、法人的人格尊严和人身自由不受侵犯;但没有关于自由型人格权的具体规定。

我国目前的私法制度中,对公民(自然人)人身自由的保护主要是由单行法作出规定,如《妇女权益保障法》《消费者权益保护法》《老年人权益保障法》,但这些单行法中对人身自由的认识一般局限于对身体自由的保护。有学者也认为,应将人身自由权的客体限定在身体自由方面,身体自由就是指“身体的行为不受非法的约束或妨碍;非依法律,不得对公民进行逮捕、拘禁、搜查、审问或处罚”。[21] 其理由主要是精神自由的范围过于宽泛,又很难与公法上的自由权相区分,在司法实践中也没有对精神自由加以保护的先例。但我国多数学者主张对人身自由权作扩大解释,不必局限于身体自由,还应包括精神自由。有学者认为,“公民的人身自由包括身体自由与精神自由。身体自由是指民事主体之身体(动作、行走等)在法律允许的时空内的自由运动;精神自由是指民事主体决策(思维过程)之自主及情感上的安宁”。[22] 也有学者认为,要突破狭隘的民法实证主义,可将宪法规定的公民基本权利条款作为人格权的创制基础,民法上的自由权应包括人身自由、通信自由、住宅自由、言论自由、宗教信仰自由、文化活动自由等。

本文赞成对个人的人身自由作扩大解释,人身自由应包括身体自由和精神自由。精神自由是指精神活动的自由,即个人的心理活动表达于外部的自由和意思决定的自由。精神自由保护的是个人的思想由主观见之于客观的过程,而不是单纯指个人的内心活动。这种外化的精神活动自然不同于个人的内心活动,为保护个人精神活动和意思决定免遭他人干涉或非法限制,法律当然应对此种自由权予以保护。以思想自由权为例,它所强调的是个人内心活动的自主

---

[21] 参见王利明:《人格权法研究》,中国人民大学出版社2005年版,第398页。

[22] 参见张新宝:《中国侵权行为法》,中国社会科学出版社1998年版,第398页。

性,它是保证个人依照自己的世界观和思维能力进行独立思考和独立判断,作出各种自主性决策的行为。当然,也不是所有的宪法权利都要在民法中规定,如罢工自由、新闻自由、言论自由、游行示威自由等宪法权利,对这些权利的侵害只能产生公法上的后果。所以,到底哪些自由权可以作为自由型的人格权规定在未来的民法典中,是值得认真研究的。

(四)法人人格权是人格权法不可或缺的内容

在讨论法人的人格权问题时,我们所遇到的最大理论障碍,就是人的伦理价值与法人的“团体”本质之间的断裂。详言之,所谓人格权,不过是人的伦理价值的权利客体化。“人的伦理价值”的观念,自近代产生时起,就是针对具有生命和意志的“万物之灵”自然人的。而法人,作为一种团体和法律观念上的“人”,其作为人的伦理价值的承担者的“资格”,受到许多学者的质疑和否定。有的学者就认为,“团体人格不过是对自然人人格在私法主体资格意义上的模仿,是一种纯粹法律抽象技术的产物。团体人格与体现人类自由、尊严和社会平等的自然人人格之间在性质上毫无共同之处”。

对于法人人格权的否定,一个重要原因就是将法人的人格、目的与法人的成员的人格、目的绝对地对立起来。法人作为组织体、一种群体,就其性质和内部规则而言,当代有关群体(包括法人组织)的观念其实只是一种更大基础上的个体。在个人主义占主导的社会里,人格平等、自由和独立总是与一定群体(包括法人组织)的宗旨和结构结合在一起的,并形成和造就了其内部相对稳定的伦理和道德,不可能存在游离于群体(包括法人组织)、完全自由、毫无拘束的个人。所以在哲学层面,将法人与法人成员在人格的伦理价值和利益目标上完全对立起来是不符合社会现实的。

从人的伦理价值上讲,法人成员的价值实现与法人的目的实现,并不是对立的,而是统一的。的确,人格权制度的实施最终是为了保护自然人的财产利益和伦理价值,但是承认法人享有人格权与对自然人上述利益和价值的保护并不矛盾,它不仅有利于维护法人的顺利发展,而且有利于法人成员(自然人)个人利益和伦理价值的实现。当法人组织遭受他人的精神侵害时,其成员的总括性伦理价值要素必然受到损害或影响,但在法律关系上,这些成员无权请求救济,而只能由法人以自己的名义来承载和请求保护,否则,法人的存在价值和目的就不能顺利实现,法人成员凝结在法人中的伦理价值要素就得不到法律的保护。因此,我们只有允许法人享有人格权,才能适应和满足伦理的基本要求和社会需要。

从法理上讲,如果站在法人拟制说的立场上,就会认为,与自然人人格相联系的那些要素,是伦理观念的产物,它与人之间的联系,是一种伦理上的纽带。而法人在法律上的存在,则是为了自然人目的之实现。法人的"目的事业"概念本身,就是它的"工具性"标志。在团体之上,并无自然人那样伦理的色彩可言,而人格权,又是以人的伦理价值为权利客体的,所以,在法人这个工具性主体之上,不可能有人格权的存在。但是,如果站在法人实在说的立场上,就会认为,当初促使法律对法人从漠视到肯定的态度转变的社会原因,在今天也是法人人格权有必要存在的原因。具体来讲,法人制度在民法上得以确立,根源于社会生活之中,团体具有的意义是如此的令人瞩目,以致不能不让人认识到,个人价值必须依托于团体的存在才能够实现。自然人必须放弃部分"个性",包括限制个人基于伦理所产生的价值,而将其交给团体,由团体来承载成员的伦理价值,这包含自然人能够享有的尊严、自由和平等价值。法人目的事业实现的意义,也已远远超越了法人成员的个人价值,而及于更为广阔的空间。因此,法人目的事业的实现,理应成为法人自身的价值所在,它已成为一种独立于个人的伦理价值,我们不应该再把它看成是法人成员价值的替代和附庸。以法人的商号和商誉为例,商号是法人的人格要素,在动态的市场环境中,商号的支配成为一种交易形态,成为权利的客体,它已不仅是法人的构成条件。商誉通常是法人运营后才能获得的社会评价,所以商誉一开始就无法立足于人的本体而展开,它只能是权利的客体。因此,只有在人格权制度下,商号、商誉才能作为法人独立的人格价值要素,并成为权利客体,进而成为法人可以支配的对象,受到法律的保护。由此看来,法人实在说是确认法人拥有独立的伦理价值和理解法人享有人格权的理论基础。

确立法人人格权有利于维护法人的合法权益,有利于更好地适应时代的变迁。法人所享有的名称权、名誉权等具有财产权属性,又具有人格权属性,而非营利性法人则只具有人格权属性。当法人人格权遭受侵害时,虽然法人没有自然人遭受损害时那种心灵的精神痛苦,但并非不能产生非财产损害。实际上,我们同样可以通过非财产损害赔偿使其得到救济。此外,还应看到,由于法人人格会随着社会的发展而丰富其内涵,其人格权的形式和种类也在逐渐增多。法人人格起源于伦理性(自然人人格的确立),超越于伦理性(法人拟制说),最终又走向对伦理的复归(法人实在说)。在复归这一环节中,赋予团体人格的实践开创了一种存在于理性意愿基础之上的社会意志关系。正是这种理性的力量(社团法人机关的意志、财团法人的公益性目的等)使法人人格产生了实质性内涵,具有了受人格权法所保护的权益内容。

在人格权法的体系中,各种法人人格权应专节作出规定。人格权主体从自然人扩大到法人,是一个法制发展的历史过程。为什么在人们普遍承认自然人人格权的情况下,会有学者坚决地否认法人人格权?这是因为法人作为团体与自然人存在明显区别。虽然那些源于自然人的伦理价值(如尊严、自由和平等)已经成为法人存在和发展的基础理念,但自然人所能享有的大多数人格权,法人却不可能享有。现在多数学者能够认可的法人人格权,主要是名称权、名誉权、荣誉权和秘密权。这些法人人格权与自然人类似的人格权还是有许多区别,如营利法人的名称权具有无形财产属性,可以转让,而自然人的姓名权则不能;法人名誉权所针对的内容是其商业信用、资产状况、科研能力、工作成果等方面的情况评价,而自然人的名誉权仅涉及个人品行、思想、作风、才干等内容;法人秘密权也与自然人的隐私权有所不同,在规范法人秘密权时还须平衡对公众知情权的调整,而自然人的隐私权则不必。随着社会的发展和变迁,法人人格权的种类还会增多,凡属于自然人专属的人格权外,其他的人格权均有可能成为法人人格权的新种类。我们的人格权法应为这些未来的法人人格权留出一定的立法空间。

三、结　　语

人格权基础理论和立法问题是民法学者不能回避的问题。我们经过10多年的讨论,已经取得了许多为国家立法所参考的重要成果,但还很不够。在我国,人们在物质生活基本满足之后,对人格尊严和自由的渴望更为强烈,对精神文化需求比对财产的直接享有更为迫切。我们是社会主义国家,我们的革命目标就是建立人格平等、自由、尊严的祥和社会。所以,我们应该在未来的民法典中突出地、完整地规定人格权,来促进国家和民族的文明与进步。

赞同人格权在民法典中独立成编*

这次年会,人格权有关理论和立法问题仍然是重要议题。我听了一些学者关于这方面的发言,也看了一些与人格权相关的论文,很受启发。实际上,关于人格权的理论和立法问题我们讨论了10多年了,原来许多学术上的疑虑已经逐步得到消除和解决。下面,我谈谈自己的基本认识。

现在,学界已经区分了人格与人格权的概念。人格是主体地位问题,属于主体法,本质上属于自然法上的概念。人格权是民事权利体系中的一种实体权利,是实在法上的概念。

那么,人格权是不是权利呢？显然,人格权和物权、债权、继承权这些权利不同,这些权利的对象是外在于人的事物,而人格权的对象是内在于人的自身。这就有了一个问题:内在于人的自身能作为权利的对象(或者客体)吗？比如,我对我的鼻子、眼睛是否有所有权,或者引出人有没有自杀的权利？按照传统的权利理论解决不了这个问题。所以各国民法在规定人格权的时候都十分谨慎,最明显的是《德国民法典》第823条,对这一条大家很有争议,暂且不论。当然,我们的《民法通则》对人格权规定得很大胆,在人身权中把人格权直接就放到权利体系中了。说这是重大突破,实际上我们也是"初生牛犊不怕虎"啊！后来,我们逐渐学习多了,深入了,发现这里有逻辑问题。现在,我们要制定民法典了,大家的学术水平也提高了,就得解决这个问题:民事权利能不能直接针对人自身。也就是说,"我"对自身能不能享有权利？如能,这就是人格权了。

---

* 本文系根据作者2013年9月29日在中国民法学研究会年会上的小组发言整理。

我的观点是,人自身,也就是“内在于人”的东西,是可以或可能外在化的。事实上,随着社会的发展,有些人格要素已经外在化了,这是发展趋势。比如,肖像、形象、声音、隐私、知识、环境等人格要素就已经超出了“人之所以为人”的底线。不能说,我的肖像受到损害,我就不是人了,因为这些人格要素不比生命和自由。甚至,现在一些人格要素已经可以进入“交易领域”了,你看,现在美好的人体形象、名人的肖像或声音多值钱啊,做个广告几秒钟几十万元、上百万元。所以,我认为许多人格要素是可以“外在化”的,既然能够外在化,当然它就可以或可能成为权利的对象、权利的客体。人格权的概念就能够成立。

那么,人格权既然能够成为一种民事权利,就得在权利体系中给它找个位置。人格权的有些要素虽然可以转化为财产权,但它在基本属性方面还是人身权,所以我赞成人格权独立成编。但是,又有一个问题,是人格权独立成编,还是包括人格权和身份权在内的人身权独立成编?如果按照传统的逻辑,人格权与人格概念是等同的,将人格权看作天赋权利、自然权利;而身份权是法律赋予的权利,是获得的权利。那么,人格权和身份权就不在一个逻辑层次上,当然不能把二者放在一起。如果我们把人格权看作法律赋予的实在法上的权利,它们二者就可以放在一起成为一编。还存在的问题是,身份权包括哪些?是不是只有亲属身份问题,其他民法调整的身份还有哪些?这方面我们研究太少。在我的印象里,似乎民法只看重人格,鄙视身份,把身份和特权等同起来了。实际上,在社会结构中,在任何一种共同体中,人们都有不同的角色、不同的身份,这是社会有序稳定和发展的基础。这方面我们研究得太少了,我们应该多向社会学界的同仁学习。他们对社会层次的分析越来越深入,而我们民法学界还只关注自己的民法,还是传统民法。

至于人格权的重要性,没有学者否定,大家争议的还是立法理念、立法技术问题。我认为,我们讨论人格权问题也有 10 多年了,恐怕基本达成了共识,还是先将人格权独立成编,把一些具体的人格权,特别涉及人的自由、人的尊严的内容放在里边,让民法对我国的社会进步和文明多做一些贡献。

未来我国民法典不宜采用“一般人格权”概念*

否认人格权在未来我国民法典中独立成编的大有人在，“但没有人否认我国民法确立了一般人格权”①。无论是在学者制定的民法典草案中，还是在全国人大常委会法工委提交审议的民法典草案里，“一般人格权”都是构成人格权体系的重要组成部分。然而，随着对人格权与“一般人格权”的认识、理解的深入，我们发现“一般人格权”是人格权理论中最为特殊的一种“权利”，它的存在，给学界带来了更多的争议与混乱，为完善人格权体系计，未来我国民法典不宜采用“一般人格权”概念。

一、“一般人格权”的法律属性：民法“生出”的宪法权利

（一）“公私兼顾、公大于私”的罗马法中的人格

人格权是人格的法律状态。法律人格是罗马法的创造，是指生物人被承认为法律人的地位。通说认为法律人格包括自由、市民和家族三种身份，同时具备这三种身份，在法律上就拥有完全的人格；缺失其中任何一种身份都会导致人格减等。人格就成了“生物人”与“法律人”之间的分拣机，造成生物人只有

---

* 原载《河北法学》2012 年第 8 期。

① 杨立新、刘召成：《抽象人格权与人格权体系之构建》，载《法学研究》2011 年第 1 期。

经过“挑选”,合格后才能上升为法律人的制度效果。因此,拥有人格的人,就相当于拥有了法律赋予的全部特权:公权如选举权、被选举权、祭祀权,私权如婚姻权、财产权、遗嘱能力和诉讼权;没有人格的人,无论在经济上多么富有,在法律上只是工具。

罗马法熟练地使用人格制度,实现对社会成员的规整。通过自由身份,把所有的生物人划分为自由人和奴隶,前者是拥有自由的人,是统治阶级;后者是违背自然受制于他人的所有权的人,是被统治的对象。自由身份对生物人来说是最大、最有价值的身份。自由身份具有两面性:一方面,它是公法上的,反映了一种阶级统治划分;另一方面,它又以否定的方式在奴隶的身份中得到体现,以把人作为客体的方式体现所有权问题,是私法上的。[②]

通过市民身份,把所有的自由人划分为市民(我族,本城邦人)和非市民(他族,外邦人,包括无邦人——相当于现代社会中的无国籍人)。罗马法中的市民,其实就是被一个城邦承认为本城邦人(我族)的人,用现代语言描述就是拥有某个国籍的人。所以,这里的市民就是今天的公民。正是从这个意义上讲,萨维尼正确地看到了市民身份的公法性[③]。

通过家族身份,把所有的生物人分为自权人和他权人,自权人就是享有家族权的家父,他权人是处于家父支配下的家子或奴隶。当时的罗马社会结构,不是个人与城邦的二元格局,而是家庭与城邦的二元对峙,交易主体表面上看是作为个人的家父,其实质是家父代表着家庭行使家父权力,家子被剥夺了交易资格;不仅如此,家子结婚的意志也要通过家父的同意。所以,罗马法描述的法律主体形象其实是家父代表家庭从事交换的集体主义形象。家父的这种“集体形象”在交易中仅具有形式意义上的平等;个人(包括家子和奴隶)远未走出家庭,活跃于社会。

这样,在构成人格的三种身份中,自由是公私兼顾的身份,市民是公法身份,家族是私法身份。公法身份张扬的是城邦政权掌控在谁手中,谁是自己人;

---

② 参见徐国栋:《罗马法私法要论——文本与分析》,科学出版社 2007 年版,第 22 页。

③ Cfr. Federico Carlo di Savigny, Sistema del Diritto Romano Attuale, Traduzione Italiana di Vittorio Scialoja, Volume, secondo, Torino, Unione Tiporgrafico-Editore, 1888, S. 453.

私法身份张扬的是家父“关起门来”对自己管领的人行使权力,城邦原则上不得染指。表面上看,自由身份“脚踩两只船”,会使人以为法律人格的性质是公私对半分;其实不然,自由身份涉及的是城邦阶级划分问题,说穿了是关涉城邦的“国体”,如此重要的“劈腿”决定了两腿大小不一。我们认为,是“公腿”大于“私腿”。

所以,严格说来,认为“罗马法上的‘人格’是一个公法上的概念”④的观点值得商榷,只能说罗马法中的人格是一个“公私兼顾、公大于私”的概念。

(二)当代法中的人格:宪法赋予的人的法律地位

罗马法开创的具有公法属性的人格制度并没有被滴水不漏地传到现在。随着罗马帝国的坍塌和人类社会的进步,构成罗马法人格的要素发生了变化:在古典自然法思想的孕育下,“人人生而自由”的卢梭式理念深入人心,奴隶制度被废除;个人与国家的关系按“社会契约论”的方式得以理解,罗马法中的市民概念彻底变成了现代法中的公民;家庭(家族)解体,家子从家父的权威下走出,家庭变成了一个以伦理为主导的社会细胞。这样,后世法律从罗马法中所继受的人格其实就是宪法所确认的本国公民在法律中的地位,虽然构成人格的身份要素变了,但人格本身所体现的人的法律主体地位的本质内涵并没有变。因此,“19 世纪大陆法系国家的民法典都普遍承认了人格作为一种平等的法律地位而存在”。⑤

(三)人格权是宪法“生出”的民事权利

法律人格是宪法所确认的人的法律地位资格,人格权是具有法律主体地位资格的人所具有的权利。尽管学界对人格权客体的理解还存在争议,⑥但通常的理解是,人格权是以人格利益为标的的权利,人格利益是保障“人之为人”所

---

④ 尹田:《民法思维之展开》,北京大学出版社 2008 年版,第 90 页。

⑤ 参见王利明:《人格权法研究》,中国人民大学出版社 2005 年版,第 6 页。

⑥ 马俊驹:《从人格利益到人格要素:人格权法律关系客体之界定》,载《河北法学》2006 年第 10 期。

应具有的利益,表现为有关生命、身体、健康、自由……利益。因此,人格权作为一种体现宪法精神的权利,本质上是宪法权利。

然而,许多学者认为,人格权虽然是宪法上的权利,但民法也可以规定人格权,就如同宪法规定了个人财产权,民法照样也规定了个人财产权一样。我们基本赞同这种观点。但是,我们理解这两者的关系并不一样:宪法是国家的根本大法,在我国,宪法不具有司法性,因此,宪法中的权利是一种宣示性的权利,要把宪法权利落到实处,还得需要像民法这样的具体部门法来具体规定。所以,宪法中的人格权是个抽象的、原则性的权利;而民法中的人格权,必须是具体的、可行的权利样态。从这个意义上讲,前几年关于人格权的宪法性以及能否在民法典中规定的争论,论辩双方所理解的人格权并不相同:主张人格权是宪法权利的一方,其理解的人格权是抽象人格权;主张人格权可以在民法典中规定的一方,其理解的人格权是具体人格权。只看到人格权的具体性而无视人格权的抽象性,无疑会偏离人格权是宪法权利的本质;同样,只看到人格权的抽象性而否认人格权的具体性,无疑会得出人格权不应该在民法典中规定的过激结论。

(四)“一般人格权”是民法“生出”的宪法权利

对于听惯了宪法是“母法”的人来说,可能对“‘一般人格权’是民法‘生出’的宪法权利”的命题会感到很惊讶!自新中国成立以来,人们一般认为:“在宪法中通常都规定了一国的立法原则,使立法机关在日常立法活动时有所遵循;同时,又只能规定立法原则,而不能代替普通立法。所以许多宪法学家把宪法称为‘母法’、‘最高法’,把普通法律称为‘子法’。”[⑦]毫无疑问,正常的逻辑关系应该是:宪法“生出”民法,“生出”民事权利。民法何以能够“生出”宪法权利,它所生的宪法权利——“一般人格权”到底是何方神圣?

原来,“一般人格权”的“产生地”不是我国而是他国,准确说不是法国而是德国。标志着近代民法典诞生的 1804 年《法国民法典》高举自由、理性的个人

⑦　吴家麟:《宪法学》,群众出版社 1992 年版,第 22 页。

主义大旗,为后世的民法提供了蓝本,但该法典没有任何人格权、一般人格权的概念。之所以如此,不是因为法国人的愚钝,不注重人的保护。事实上,在法国人看来,关乎人之生命、自由、尊严、平等的东西,是理所当然的自然法理念,甚或是宪法的规定,无须由民法典来规定。当然,极富激情与理智的法国人并没有被浪漫主义情愫裹挟,他们还是很快找到了现实中需要保护“人之为人”的那套办法:扩张解释第1382条、第1383条关于侵权范围和损害的定义,使对人格利益的保护纳入其中。但无论怎样,《法国民法典》没有人格权的记录。

在德国,由于人格权首先表现为权利主体对自己的支配,这与深受康德“伦理人格主义哲学”的权利观念相冲突。在康德看来,只有人才具有理性,没有理性的东西是物件,是理性支配的对象。所以,人本身绝不可能成为理性意志支配的对象。在康德设计的权利体系中,人格权是没有存在的余地的。康德把自由意志作用的对象分成三种:“具有形体的外在于我的物;别人去履行一种特殊行为的自由意志;别人与我的关系中,他所处的状态。”⑧根据康德的法哲学原理,近代民法发展出了物权(具有形体的外在于我的物)、债权(一种特殊行为的自由意志)、身份权(别人与我的关系中,他所处的状态)。正是由于康德坚持把人“永远要当作目的,不论是对自己还是对于他人”⑨的启蒙理性思想,使得自由意志作用于人自身的人格权,就缺少了人身客体化的哲学基础。因此,在康德那里,权利主体以自己的人身作为客体的人格权是不存在的。康德的权利理论被萨维尼接受,在《当代罗马法体系》第1卷里,他认为人无法对自己精神利益享有所有权,并且也无法占有自己的身体和肢体。⑩ 所以,尽管以基尔克、耶林等为代表的人格权派据理力争,但负责起草《德国民法典》的温德沙伊德还是继承了萨维尼的衣钵,坚持权利是对外在世界(包括他人意志)的支配而不是对自己的支配的观点,最终使《德国民法典》没有规定人格权——第823条第1款以列举的方式规定了对侵犯生命、身体、健康以及自由应承担赔偿义务,这条被学者们反推出规定了具体人格权。

---

⑧ [德]康德:《法的形而上学原理——权利的科学》,沈叔平译,商务印书馆1991年版,第57页。

⑨ [德]康德:《道德形而上学原理》,苗力田译,上海人民出版社2005年版,第118页。

⑩ 参见王利明:《民法典体系研究》,中国人民大学出版社2008年版,第423页。

一般人格权的诞生要等半个多世纪后的20世纪中叶。德国联邦最高法院在审理诸如"读者来信案""骑士案""人参案""索菲娅案"等一系列案件时于20世纪50年代依据德国《基本法》第1条和第2条规定的精神创立了所谓的"一般人格权"。

学界几乎一致认为,"一般人格权"最早在民法典中规定的国家是瑞士。与德国只列举具体人格权不同,《瑞士民法典》第28条和《瑞士债务法》第49条以一般条款的方式整饬对人格权的侵害。第28条规定:"人格受到不法侵害时,为了寻求保护,可以向法官起诉任何加害人。除受害人允许的,或因重要的私利益或公利益或依法规定能提供正当理由的情形外,其他侵害均为不法。"第49条规定:"任何人在其人格受到不法侵害时,于其有重大侵害及重大过失时,有抚慰金请求权。抚慰金可替代或补充损害赔偿金。"因这两条规定,后世学者认为《瑞士民法典》以立法的方式确立了"一般人格权"。其实,从条文本身的角度看,瑞士民法并没有在字面上规定所谓的"一般人格权",后世学者解读出的"一般人格权"主要依据是《瑞士民法典》第28条"人格保护的一般规定"部分。

那么,"人格保护的一般规定"是否就是"一般人格权"的内涵呢?众所周知,《德国民法典》的模板是温德沙伊德的《潘德克顿教科书》,它是按照《学说汇纂》的体例编写的,该教科书有六个部分,其中第一部分是"关于法的一般",第二部分是"关于权利的一般"。为什么学界没有就此提出民法还应该有一个叫"一般法"的法律或者叫"一般权利"的权利呢?所以,单凭瑞士民法中的这些条文很难推出"一般人格权"的概念。一些学者对此的质疑是有道理的,有学者认为该条只是规定了一般人格利益,并没有真正确认一般人格权;[11]有学者认为该条"只是规定了一个保护人格的一般条款"[12];还有学者认为,该条非但不是规定了一般人格权,而是规定了"具体人格权"[13]。

所以,真正确立所谓"一般人格权"是第二次世界大战后《德国民法典》的实践。然而,有意思的是,这个民法典实践的产物,却在一开始就被定性为一种

---

⑪　参见王利明:《人格权法研究》,中国人民大学出版社2005年版,第166页。

⑫　马俊驹:《人格和人格权理论讲稿》,法律出版社2009年版,第199页。

⑬　徐国栋:《中国民法典起草思路论战》,中国政法大学出版社2001年版,第174页。

宪法权利,“一般人格权”被“联邦宪法法院(《新法学周刊》,1980 年,第 2070 页)认为系具有宪法依据的法律地位”。⑭

为什么要把“一般人格权”定性为宪法权利呢?这与德国人的集体历史记忆有关。拉伦茨在《德国民法通论》中给出了答案:第二次世界大战之后,人们普遍认为,民法典所规定的特别人格权不足以保护所有方面的人格,凭着对纳粹独裁统治的经验,人们对任何不尊重人的尊严和人格的行为都变得敏感起来,这种不尊重行为既有来自国家方面的,也有来自团体和私人方面的;同时,随着现代技术的发展,侵害人的尊严和人格的行为日益多样化。为了广泛保护受害人的人格尊严,联邦最高法院援引了《基本法》第 1 条和第 2 条来规定了“一般人格权”。它被认为具有超越民法典性质的法的发展,成为今天的习惯法。⑮

所以,“一般人格权”是德国民法在实施过程中通过判例而“生出”的宪法权利。

二、“一般人格权”无法“私法化”

(一)宪法权利私法化的前提条件

汉语中的“化”有“变成、使变成”的意思,“私法化”即是“变成私法”或者“变得像私法”之意。用一个逻辑公式表示:在事物 A≠事物 B 的条件下,当 A 变成 B 或者变得像 B 时,我们就认为事物 A 实现了事物 B 化。在民法学中,我们也正是在这个意义上理解“债权物权化”“物权债权化”“人格权商品化”的。

在“宪法权利私法化”的命题中,宪法权利就是事物 A,私法就是事物 B,无论是在宪法学界还是在民法学界,宪法≠私法。因此,要实现宪法权利私法化,关键在于正确理解“宪法权利”与“私法权利”的关系。前文已经分析指出:宪

⑭ [德]迪特尔·施瓦布:《民法导论》,郑冲译,法律出版社 2006 年版,第 209 页。

⑮ 参见[德]卡尔·拉伦茨:《德国民法通论》(上册),王晓晔等译,法律出版社 2003 年版,第 170 ~ 171 页。

法是一个国家的根本大法,它"规定国家根本制度和根本任务、集中表现各种政治力量对比关系、保障公民权利"[16]。因此,宪法中规定的公民基本权利带有高度的原则性和抽象性,往往是一种宣示性的权利。民法中的权利是具体的、可行的权利,民法负责把宪法规定的公民权利落到实处。

因此,"宪法权利私法化"的基本含义就是:把宪法规定的公民基本权利在民法等私法部门中再具体化规定,以体现宪法之精神的过程。"宪法是规范国家权力,以'限制政府不得为非'从而保障公民基本权利为根本目的"[17],这条现代宪法基本原理,为我们理解宪法权利私法化找到了理论支持。

可是,并不是所有的宪法权利都能在民法中规定,如罢工自由、新闻自由、言论自由等宪法权利,对这些权利的侵害只能产生公法上的后果。[18]

因此,宪法权利要在民法中实现私法化,还需要一定的前提条件。这个条件就是:宪法权利一定要能够具体化于私法中的权利类型;否则,宪法权利就无法立足于私法,即便强力立足,也不是一种"私法化"的权利,顶多是对宪法权利在私法中的重述。

人格权之所以能在民法典中规定,就是因为人格权可以表现为具体的权利形式。判断一项权利是具体还是抽象,最简捷的方法就是看权利的主体、客体或内容是否具体。如果一项权利的主体、客体或内容是具体的,那么该项权利就是具体权利;反之,就是抽象权利。如无关主体、客体或内容,仅仅给出一个"所有权"概念,无疑这个所有权是抽象权利;但如果是"我的所有权""某张桌子的所有权""赠与(交换)某本书的所有权",这些所有权就是具体的所有权。

民法是私法,又是权利法。私法中的权利有一个共同的特性:那就是所有的权利必须有特定的标的。无论这种标的是物、行为、智力成果,还是关系。仅以物为例,民法中的物,无论是有形的还是无形的,要成为权利的客体,必须是特定的。即便是有些债权以所谓的"种类物"为标的,这种物也是在双方当事人可以理解和掌控的认知范围内的。可以这样讲,民法中的"财产"是奉"个人本

---

⑯ 许崇德:《中国宪法》,中国人民大学出版社1989年版,第27页。

⑰ 蔡定剑:《中国宪法实施的私法化之路》,载《中国社会科学》2004年第2期。

⑱ 参见尹田:《民法思维之展开》,北京大学出版社2008年版,第95页。

位"为圭臬，凡是能把权利客体落实到具体的主体上，就构成了一项具体财产或一项具体权利；反之，凡是不能把权利客体落实到具体的主体上，如落在不特定的人身上，这项财产即便属于民法中的"财产"，也不是一项具体财产或一项具体权利，而是一项抽象财产或抽象权利。

(二)"一般人格权"的抽象性

前文述及，人格权可以在民法典中规定，但并不意味着"一般人格权"也可以在民法典中规定，尽管后者是民法"生出"的。

"一般人格权"是民法中的具体权利还是抽象权利呢？有学者认为"具体人格权是对各种具体人格要素的保护，存在明确的权利客体；一般人格权并非这种意义上的权利，它是对更加抽象的一般人格的保护，包括人格独立、人格平等和人格自由"。[⑲] 引文讲了两点：其一，一般人格权没有明确的权利客体，这不同于以具体人格要素为客体的具体人格权；其二，一般人格权以抽象的人格独立、人格平等和人格自由等一般人格利益为客体。

"一般人格权"没有具体的权利客体，根据上文的分析可以看出，对于没有具体客体的权利，也就意味着无法满足私法权利的具体化的要求。考虑上述引文的作者曾公开发表过《论作为抽象人格权的一般人格权》[⑳]一文，我们有理由认为，该作者的"一般人格权"就是抽象人格权。

学界对"抽象人格权"的认识好像不太感兴趣，在我们能查阅到的资料范围内，目前研究"抽象人格权"的只有杨立新、刘召成两位学者，他们先后发表了三篇有关论文，除了本文引用到的两篇外，还曾发表过一篇题为"论作为抽象人格权的自我决定权"的文章(《学海》2010年第5期)。他们对抽象人格权的研究是以体系论的方法，将抽象人格权作为"一般人格权"、人格商业利用权以及自我决定权的上位概念，界定为"以发展人格为目的，对各种外在的和内在的人格要素进行支配，予以塑造和适用的自由"[㉑]。简单地理解，抽象人格权就是对意

---

⑲ 参见杨立新、刘召成：《抽象人格权与人格权体系之构建》，载《法学研究》2011年第1期。

⑳ 参见杨立新、刘召成：《论作为抽象人格权的一般人格权》，载《广东社会科学》2010年第6期。

㉑ 杨立新、刘召成：《论作为抽象人格权的一般人格权》，载《广东社会科学》2010年第6期。

志自由的保护。

如果从这个角度看“一般人格权”,与我们理解的“一般人格权”的抽象性就有了差别。我们认为,人格权的抽象性不是从意志论角度讲的,而是从宪法权利与民法权利的对比关系上讲的。自19世纪以来,意志论一直是我们理解权利、认识私法的不二法门。19世纪法律思想的一个特点就是“权利是以意志进行抽象界定的,而不是按照权利的承认所服务的目的进行界定”[22]。这就意味着,我们可以把所有的私法权利都理解为自由意志的伸张。这样,不用说抽象人格权如此,就是所有权也如此。

所以,“一般人格权”应该按照它与宪法权利的关系,以是否具体化为标准来理解。马克思曾说过:“人格脱离了人,自然就是一个抽象。”同样,人格权如果脱离了人、脱离了客体也是一个抽象;“一般人格权”如果脱离了人、脱离了客体,照样是一个抽象。但是,作为抽象物,“一般人格权”与“人格权”各自“抽象”的前提并不相同:前者是无法具体化的抽象;后者是可以具体化的抽象。正是由于前者无法具体化,决定了它虽产生于民法,却只能在宪法中得以维系;正是由于后者能具体化,决定了它虽产生于宪法,却能凭借其在民法中的具体人格权利样态,成为民法切实落实宪法精神的有力工具。

(三)“一般人格权”与《德国民法典》第823条第1款中的“其他权利”内涵的冲突

“一般人格权”这个概念已经在德国司法判例和理论研究中存续了半个多世纪了,“最初是在1954年——根据《基本法》第1条和第2条把‘个人的要求尊重其人之尊严和要求发展其个人人格的权利’作为一项一般人格权而认可为第823条第1款所指的‘其他权利’”。[23] 2002年,《德国民法典》面临自颁行以来最大的一次修改,一向以“体系性和逻辑性”著称的德国人却没有利用这一历史性机遇把“一般人格权”写入法典。

---

[22] [美]詹姆斯·高德利:《法国民法典的奥秘》,张晓军译,载梁慧星主编:《民商法论丛》(第5卷),法律出版社1996年版,第562页。

[23] 参见[德]迪特尔·施瓦布:《民法导论》,郑冲译,法律出版社2006年版,第209页。

为何如此"固执"地让这一人格理论中的"关键词"游离于民法典之外呢?我们认为,主要因为"一般人格权"是一种"框架权利"。

"框架权利"作为一种权利类型是德国民法学的独特创造。"框架权利"概念的提出,是为了弥补传统侵权法关于侵权行为"不法性"认定的不足。传统侵权行为理论认为,侵权责任的构成要件包括不法行为、损害事实、因果关系和主观过错四个要件。因此,某一加害行为要产生一个损害赔偿请求权,除了要求加害行为、损害事实、因果关系和主观过错外,还要求加害行为本身具有"不法性"。《德国民法典》第823条第1款明确规定"故意或有过失地不法侵害他人的生命、身体、健康、自由、所有权或者其他权利者,对被害人负有赔偿损害的义务。"传统的侵权法理论认为,一项行为只要侵犯了上述条文规定的权利且无阻却情形(阻却"不法性"的情形主要有:紧急避险、正当防卫、自助行为等),当然自动就具备了"不法性",这就是德国侵权法中有名的"结果不法性"。"不法性"成了"德国侵权责任法关于责任构成要件的一个重要特征"。然而,"框架权利"的存在,却不适用"结果不法性"规定,也就是说,某一行为即便是侵犯了某种权利,也不能根据权利被侵害的结果(事实)认为该行为具有"不法性",是否具有"不法性"需要根据具体案情权衡多方利益来决定。这就是修正传统侵权法的"结果不法性"后所确立的"积极确定不法性"规则。德国民法理论把这些遭受侵害但不适用"结果不法性"(适用"积极确定不法性")的权利统称为"框架权利"。《德国民法典》在实施过程中,逐渐确立了"框架权利"这种权利类型,其主要包括"一般人格权"和"企业营业权"两种权利。按梅迪库斯的理解,这种所谓的"框架权利"其实不是真正的权利㉔,而是被视为"权利"的"权利"。

而"一般人格权"是一个极具抽象性的概念,它不像具体人格权那样具有明确的内涵和确定的外延,采用高度概括的方式实现对人格利益的保护,是一种效力较弱的"框架权利"。在德国主流的民法学者眼中,"一般人格权"还不是一种真正的民事权利,而是勉为其难的一种"权利"。这种只有权利之样、没有

㉔　参见[德]迪特尔·梅迪库斯:《德国民法总论》,邵建东译,法律出版社2000年版,第64页。

权利之实的"一般人格权"不写进民法才是正常的。

退一步讲,即便是把"一般人格权"写进《德国民法典》第823条第1款的"其他权利"中去,也会造成一种"体系违反"局面。根据德国侵权法原理,侵权法适用的权利类型是绝对权(如所有权),相对权(如债权)不适用侵权法。所以,《德国民法典》第823条第1款规定的生命、身体、健康、自由、所有权都是绝对权。然而,问题却出在"其他权利"这里。根据体系性和逻辑性的基本原理,"其他权利"也应该是某种"绝对权"。撇开已有的营业权是不是一种绝对权不谈,仅"一般人格权"一项就让人难以信服。从条文字面上看,"一般人格权"肯定不包括生命、身体、健康、自由这四种人格权益,否则就对不住"其他"二字了。既然如此,人格利益除了列举的这四种之外,还有很多,到现在都还没有一个具体的界限,甚至连划定界限的方法都不明朗。因此,人格利益非常宽泛,很难在这些利益上设置所谓的"权利";即便非要把某种利益当成"权利",也很难保证这种"权利"就是"绝对权"。也许,德国民法理论正是注意到"一般人格权"具有的这种特性,一方面把"一般人格权"归属于"其他权利",把它理解为私法中的一种权利类型,像其他绝对权(如生命、身体、健康、自由、所有权等)一样作为侵权法适用的对象;另一方面又注意区分"一般人格权",毕竟不同于其他绝对权:其他绝对权被侵犯适用"结果不法性"规则,而"一般人格权"则适用"积极确定不法性"规则。

在这里,我们再一次见识到了《德国民法典》常常被人有意无意忽略的一面:为了体系性和逻辑性,在某些时候又不顾体系性和逻辑性:为了实现体系性,强行把"一般人格权"解释为第823条第1款中的"其他权利";为了逻辑性,必须把"一般人格权"当成"绝对权"以适应侵权行为的侵害对象原理。而强行把"一般人格权"理解为民法中的"宪法权利"则不顾体系性;"创造性"地发明了一种"框架权利",以实现对传统侵权责任构成要件之一的"不法性"认定的修正,则不顾逻辑性。

对于这样一个多少有些"另类"的"一般人格权"概念,颇有自知之明的德国人终于还是没有把它写入民法典,2002年的《德国债法现代化法》就是最好的证明。

三、“一般人格权”与人格权体系相龃龉：一个方法论的视角

德国人开创的“一般人格权”制度传入我国不过20年时间。这个地地道道的“舶来品”带着一身特有的民族气质，在还没有来得及被仔细审视一番时就成了我国民法学界研究的“宠儿”。一时间，有关“一般人格权”研究的文章和著述汗牛充栋，它们都表达着一个类似的声音：“一般人格权有助于完善我国人格权体系。”㉕然而，有学者却严正地指出，“到目前为止，中国民法理论关于一般人格权的种种立法构想，在很大程度上建立在这一概念的错误理解的基础之上”。㉖ 那么，我国人格权体系构建到底有怎样的错误呢？

关于我国人格权体系的构成，大致有两种表述：一种主张认为，人格权体系是由一般人格权和具体人格权组成，这是通说；另一种主张认为，人格权体系是由抽象人格权和具体人格权组成，抽象人格权包括一般人格权、人格商业利用权以及自我决定权㉗，这是新说。不管哪种主张，构建我国人格权体系的方法不外乎两种：一种是从上到下的思维方法；另一种是从下往上的思维方法。前一种是演绎法，后一种是归纳法，演绎法和归纳法都是人类获取知识的基本方法。

（一）演绎法下的我国人格权体系构建

演绎法遵循的基本逻辑是这样：从事先规定的上位概念或事物入手，运用一定的演绎方法，建立起构成概念或事物的体系。用一个逻辑公式表示就是：$A \rightarrow a_1, a_2, a_3, a_4, a_5 \cdots a_n$，其中：A是需要构建体系的事物，也就是关于事物规定性的上位概念，$a_1, a_2, a_3, a_4, a_5 \cdots a_n$是构成概念或事物的体系的各个组成部分。毫无疑问，$a_1, a_2, a_3, a_4, a_5 \cdots a_n$是构成概念或事物体系的亚概念或子事物，相对

㉕　王利明：《人格权法研究》，中国人民大学出版社2005年版，第173页。

㉖　参见薛军：《揭开“一般人格权”的面纱——兼论比较法研究中的“体系意识”》，载《比较法研究》2008年第5期。

㉗　参见杨立新、刘召成：《抽象人格权与人格权体系之构建》，载《法学研究》2011年第1期。

于上位概念 A 来说,它们是具体的概念或具体的事物。所以,A 与 $a_1,a_2,a_3,a_4,a_5\cdots a_n$是整体与部分的关系。

用演绎法构建概念或事物的体系的逻辑运动的出发点是上位概念或事物 A,终点是 a_n。在演绎法中,最为关键的不是上位概念 A,也不是 $a_1,a_2,a_3,a_4,a_5\cdots$而是 a_n。因为,如果 a_n是穷尽了所有组成部分得出来的具体概念或事物,那么,上位概念 A 就是一个圆满封闭的体系;反之,如果 a_n不是穷尽了所有组成部分得出来的具体概念或事物,那么,上位概念 A 就是一个开放的体系。能否穷尽所有的组成部分,涉及人类对自己的理解力的自信程度。

用演绎法构建人格权体系就应该遵循这样的逻辑关系:人格权是上位概念,它包括诸如生命权、身体权、健康权、肖像权、姓名权"等人格权"。其中,最关键的是"等人格权",它相当于逻辑公式中的 a_n。"等人格权"应该是个什么样的概念呢?

(二)归纳法下的我国人格权体系构建

归纳法遵循的基本逻辑是这样:从事先找到的具体概念或事物入手,运用一定的归纳方法,得出需要构建体系的上位概念或事物。用一个逻辑公式表示就是:$a_1,a_2,a_3,a_4,a_5\cdots a_n\rightarrow A$,其中:$a_1,a_2,a_3,a_4,a_5\cdots a_n$是构成概念或事物体系的各个组成部分,A 是需要构建体系的事物,也就是关于事物规定性的上位概念。毫无疑问,$a_1,a_2,a_3,a_4,a_5\cdots a_n$是构成概念或事物体系的亚概念或子事物,相对于归纳出体系的上位概念或事物 A 来说,它们是具体的概念或具体的事物。同样,$a_1,a_2,a_3,a_4,a_5\cdots a_n$与 A 是部分与整体的关系。

用归纳法构建概念或事物的体系的逻辑运动的出发点是 a_n,终点是需要归纳出体系的上位概念或事物 A。在归纳法中,最为关键的不是归纳出体系的上位概念或事物 A,也不是 $a_1,a_2,a_3,a_4,a_5\cdots$而是 a_n。因为,如果 a_n是穷尽了所有组成部分得出来的具体事物,那么,归纳得出体系的上位概念 A 就是一个圆满封闭的体系;反之,如果 a_n不是穷尽了所有组成部分得出来的具体事物,那么,归纳得出体系的上位概念 A 就是一个开放的体系。能否穷尽所有的组成部分,涉及人类对自己的理解力的自信程度。

用归纳法构建人格权体系的逻辑关系正好与演绎法相反:正是由于有了诸如生命权、身体权、健康权、肖像权、姓名权“等人格权”,我们才得以构建起人格权体系。其中,最为关键的是“等人格权”,它相当于逻辑公式中的 a_n。“等人格权”应该是个什么样的概念呢?

(三)两种方法论中的“等人格权”——a_n的定性与解析

学界普遍接受了人格权的保护过程遵循由“一般人格权”→“具体人格权”的发展轨迹,且没有人怀疑构建人格权体系本身的必要性。因此,无论是以演绎法还是以归纳法构建我国人格权体系,所有的问题都转化为 a_n 与 $a_1,a_2,a_3,a_4,a_5\cdots$的关系如何认定了。

前述的逻辑符号 $a_1,a_2,a_3,a_4,a_5\cdots$被理解为具体人格权,学界应该不会有异议(因为这是一个列举的方法),那么 a_n应该被界定为什么人格权呢?从逻辑上讲,构成上位概念或事物的体系的各个组成部分,必须满足一个逻辑前提,即 $a_1\neq a_2\neq a_3\neq a_4\neq a_5\neq\cdots\neq a_n$,这就意味着 a_n 与前面作为具体人格权的 $a_1,a_2,a_3,a_4,a_5\cdots$具有共同的属性(都是构成概念或事物的体系的亚概念或子事物),但它又不同于 $a_1,a_2,a_3,a_4,a_5\cdots$(具体人格权)。结合上文“一般人格权”诞生的历史过程,把 a_n定性为“一般人格权”是没有问题的(因为“一般人格权”就是为克服民法典列举的具体人格权而设定的)。这样,a_n 与 $a_1,a_2,a_3,a_4,a_5\cdots$的关系就表现为作为“一般人格权”与具体人格权的关系。而恰恰是在这个问题上,学界对“一般人格权”及其与具体人格权的关系的理解是混乱的,甚至是错误的。

本来,从纯粹的逻辑关系上看,无论是演绎法中的“等人格权”,还是归纳法中的“等人格权”,作为逻辑公式中的关键项 a_n,都应该是“等具体人格权”的意思(理解这一点非常重要)。可是,民法理论把“等人格权”不顾逻辑推理地、人为地理解成“一般人格权”(“一般人格权”在德国法中的诞生过程,喻示着它不是一个逻辑发展的结果,而是历史事件的结果)。一旦“等人格权”变成“一般人格权”,a_n的内涵就由具体人格权变成了一个属性“待定”的人格权。因为,在人格权体系 $a_1,a_2,a_3,a_4,a_5\cdots a_n$中,扣除了 $a_1,a_2,a_3,a_4,a_5\cdots$这些具体人格权,剩下的所谓“一般人格权”既可以是具体的人格权,也可以是非具体的人格权(抽象人格权),甚至是具体人格权和抽象人格权的上位概念。这样,对“一般人格权”的界定无论是从哪个方面(从具体方面还是抽象方面)都不能准确概括“一般人格权”的内涵。

这种左、中、右都不是的“一般人格权”,在学者对它的定义上反映得淋漓尽致。无论是在主张人格权独立成编的学者眼中,还是在反对人格权独立成编的学者眼中,相较于具体人格权,“一般人格权”内涵有三个版本:第一个版本,“一般人格权”是各种具体人格权的概括[28],我们称之为“概括说”。第二个版本,“一般人格权,指关于人之存在价值及尊严之权利,其标的包括生命、身体、健康、名誉、自由、姓名、贞操、肖像、隐私等全部人格利益。因此,一般人格权是以主体全部人格利益为标的的总括性权利”。[29] 这种观点既包含了具体人格权又包含了抽象人格权,可称为“具体+概括说”。第三个版本,“一般人格权”不包括具体人格权,是对具体人格权以外的人格利益的保护[30],言下之意,“一般人格权”是独立于具体人格权的,我们把这种观点称为“独立说”。

无论哪种版本理解的“一般人格权”内涵,在界定概念时都是顾此失彼的。“概括说”和“具体+概括说”都照顾到了具体人格权,却漏掉了不具体的诸如人格尊严、人格平等、人格自由等抽象人格利益;退一万步讲,即便这两种观点都涵摄了“抽象人格利益”,那么,这个既包括具体人格利益又包括抽象人格利益的“一般人格权”不正是$a_1,a_2,a_3,a_4,a_5\cdots a_n$的上位概念吗?我们知道,$a_1,a_2,a_3,a_4,a_5\cdots a_n$的上位概念正是人格权,所以,根据这两种对“一般人格权”的界定观点,我们推出了“一般人格权”=“人格权”的结论。

“独立说”看到了“一般人格权”与具体人格权的不同,却对扣除所列举的具体人格利益后剩下的其他人格利益无法作出是具体人格利益还是抽象人格利益的判断:如果其他人格利益是具体人格利益,则(可能)漏掉了抽象人格利益;反之,如果其他人格利益是抽象人格利益,则(可能)漏掉具体人格利益;如果既有抽象人格利益又有具体人格利益,那么,就在其他人格利益上建立了一

---

[28] 王利明:《人格权法研究》,中国人民大学出版社2005年版,第177页。

[29] 参见梁慧星:《民法总论》(第3版),法律出版社2007年版,第92~93页。

[30] 参见尹田:《论人格权独立成编的理论漏洞》,载《法学杂志》2007年第5期。

个上位概念，这个上位概念与列举的具体人格利益如 $a_1, a_2, a_3, a_4, a_5 \cdots$ 是什么关系呢？在一个概念体系中，不可能存在比 $a_1, a_2, a_3, a_4, a_5 \cdots$ 高出半截，又比上位概念 A 矮半截的一个所谓的“半上位概念”吧！“独立说”也没有理顺人格权体系。

综上所述，以“一般人格权”作为我国人格权体系的一个组成部分，在逻辑上会出现两个龃龉：一个是“一般人格权”就是“人格权”，造成了人格权体系的违反；另一个是人格权体系中存在一个“半上位概念”，又一次造成了人格权体系的违反。

四、“一般人格权”的功能可以被“一般条款”替代

“一般人格权”的功能，是指确立“一般人格权”所具有的作用。学界对“一般人格权”的功能描述基本统一，都认为“一般人格权”具有创设功能、解释功能、补充功能[31]。在前述的三项功能中，遵循学者所界定的“一般人格权”的内涵，解释功能和补充功能成立，但创设功能未必成立。

（一）“一般人格权”没有“创设功能”

按学界的通常说法，“一般人格权”的创设功能，又被称为“权利创设功能”，它的基本内涵是：一般人格权制度为生成新的具体人格权提供了条件或基础，可以使某些具体人格利益先于一般人格权受到保护，在条件成熟之后，再提升为具体人格权[32]。还有的学者把“一般人格权”的创设功能理解为：“一般人格权作为母权利，是具体人格权的渊源，从中可以引出各种具体人格权。”[33]这些关于“权利创设”的观点实际上表达了两层意思：其一，“创设”过程有先后，具

---

[31] 参见王利明：《人格权法》，中国人民大学出版社 2009 年版，第 92 ~ 93 页；马特、袁雪石：《人格权法教程》，中国人民大学出版社 2007 年版，第 193 ~ 194 页；杨立新：《人身权法论》，人民法院出版社 2002 年版，第 375 ~ 377 页。

[32] 参见王利明：《人格权法》，中国人民大学出版社 2009 年版，第 92 页。

[33] 马特、袁雪石：《人格权法教程》，中国人民大学出版社 2007 年版，第 194 页。

体人格利益先以"一般人格权"予以保护,条件成熟后再以具体人格权予以保护;其二,"一般人格权"是一种"渊源权",可以从中引出各种具体的人格权。

具体人格利益,本就是具体人格权的标的,完全可以以具体人格权保护,为何中间要"插入"一个"一般人格权"呢?如果说"插入"的"一般人格权"只是为了等待"条件成熟",那么,"条件成熟"的判断无疑是一个解释的标准。换句话说,从"具体人格利益"→"具体人格权"本就是一个逻辑严密的推演,没有必要存在一个具有过渡性的中间环节——"一般人格权"。退一步讲,就算具体人格利益保护还没有上升为具体人格权,这中间还存在一个"上升"的过程,只是基于保护的需要,必须先有个保护的依据。那么,这个保护的依据非得是"一般人格权"不可吗?难道没有其他的替代?如前所述,在法国,出于对人的全面保护的需要,法国人扩大解释了有关民法典的规定,同样实现了对具体人格利益的保护而无须创造一个"一般人格权"。所以,对具体人格利益的保护并不能必然地推出需要一个"一般人格权"概念。《法国民法典》关于人格权保护的立法模式为我们提供了一种"一般人格权"的替代方案。

把"一般人格权"理解为"母权",更挑战着传统的民法理论。一般来说,从19世纪开始,法律实证主义就成为我们理解现代权利的观念基础。尽管还存在权利"天赋说"与"法定说"之争议。但是,至少在我国,法律实证主义是主流学说。就与人之权利(人权)密切相连的人格权而言,学界都承认"法定说"。那就意味着,民法中的权利(包括人格权、"一般人格权"、具体人格权)都是法律赋予,准确说是宪法赋予的,这就是宪法常常被理解为"母法"的原因。我们一般不把民法中那些能够推导出其他权利的权利称为"母权",比如他物权,包括用益物权和担保物权"是由所有权派生出来的权利,以所有权的存在为前提"[34],可学界并没有把所有权称为"母权"。为何单单把"一般人格权"称为"母权"呢?就算从其中能够"引出各种具体人格权",那么,这个过程是"创设"过程还是解释过程?

事实上,"一般人格权"的所谓"创设功能"其实是解释功能。"一般人格

---

[34] 王利明、尹飞、程啸:《中国物权法教程》,人民法院出版社2007年版,第11页。

权”只有两大功能:解释功能和补充功能。

(二)民法草案中的“一般条款”与“一般人格权”

学界把“一般人格权”的权利客体理解为人格平等、人格尊严、人格自由,这些客体都是高度抽象的概念。一般来说,概念的抽象程度是由其内涵与外延决定的,概念的内涵越少、外延越宽,概念的抽象程度越高。高度抽象的概念外延非常宽,决定了它的适用范围非常广;高度抽象的概念内涵非常少,决定了它的涵摄能力非常强。内涵少、外延宽、涵摄强、适用广是高度抽象概念的特性。高度抽象概念的这些特性,使它像哲学中的“存在”概念一样,是个“空虚”的概念,正因为是“中空”概念,所以特能“装”。

而民法作为一种形式理性工具,构建体系的基础就是概念。概念是用民法的思维方法或者语言对生活世界认识、整理的结果,由此决定了民法中所有概念都具有抽象性。在民法的世界里,概念与概念之间构成了法律规则;法律规则以一定的逻辑关系编排就构成了体系;完善的法律体系就是一部民法典。在民法典中,人们得以了解自己生活的法律正当性正是通过对法律概念的理解而开始的。正是人赋予了生活世界的意义,注定了民法的概念、规则、体系也必须反映人对意义的追求。人之尊严、人之自由、人之平等恰恰是人在所有法律世界(包括民法世界)应该具有的“人之为人”的要素。尽管古今中外对尊严、自由、平等的理解会有各种不同的差异,但追求对人的终极关怀的理想一刻也未停止过,正如埃利希在评价正义时所言:“正义没有公式,它只是一条道路和一个目标的表达:一个在阳光灿烂的远方、为人类精神所能预感但却不能认知的目标,一条人们必须蹒跚踉跄、不确定地进行的道路。”[35]

从这个意义上讲,把关于人之尊严、人之自由、人之平等作为人格利益纳入法律保护的对象本无可厚非,然而,民法中的权利应该有具体的内容和形式,把这样一个个宏大的抽象概念,作为一个权利客体,构建起所谓的“一般人格权”,实在不符民法权利的构成要求。

---

[35] [奥]欧根·埃利希:《法社会学原理》,舒国滢译,中国大百科全书出版社2009年版,第225页。

也许正是看到了"一般人格权"的宏大叙事方式,曾支持"一般人格权"的学者现在转而要求"废除"它,如尹田认为:"在我国民法典设置人格权保护一般条款下,应当废除'一般人格权'的概念。"[36]他主张保留"一般条款"而废除"一般人格权"。那么,"一般条款"与"一般人格权"是什么关系呢?

关于"一般条款"与"一般人格权"的关系,学界研究得不多,其表现在不同学者对人格权保护方式立法的不同理解上。在我国学界关于人格权保护立法草案中,"一般人格权"和"一般条款"的规定并不相同。在梁慧星主编的《中国民法典草案建议稿》中,仅规定了"一般人格权"(第46条)而无"一般条款";在徐国栋主编的《绿色民法典草案》中,仅有类似"一般条款"(第303条"人格权的开放性")的规定;在王利明主编的《中国民法典学者建议稿及立法理由·人格权编、婚姻家庭编、继承编》中,不仅规定了"一般人格权"(第292条),而且规定了"一般条款"(第388条);在全国人大常委会法工委的《中华人民共和国民法典(草案)》中,"一般人格权"(第2条)和"一般条款"(第7条)同时规定。

可见,在人格权保护方式的立法草案中,有的学者和机构认为"一般人格权"与"一般条款"相冲突,二者只能选择其一,如梁慧星和徐国栋;有的学者和机构认为"一般人格权"与"一般条款"可以兼用,如王利明和全国人大常委会法工委。

(三)以"一般条款"代替"一般人格权"

《德国民法典》中"一般条款"的出现,反映了人们对法典形式理性认知的"确信之丧失"。法典化初期,受启蒙运动以来所塑造的"理性万能"思潮的鼓动,法学家和立法者都认为,法典必须事无巨细地规定所有法律应调整的社会生活,法典必须能够预见到社会生活在未来可能发生的变化,而法官必须严格依据法律条文作出判决。与此种立法思想相适应,《法国民法典》列举式的立法模式构成了法律规定的基本模型。然而,理想终归是理想,它绝不等于现实。

---

[36] 尹田:《论人格权概括保护的立法模式——"一般人格权"概念的废除》,载《河南省政法管理干部学院学报》2011年第1期。

列举式的立法模式被现实生活的纷繁复杂击破,"有限理性"得到了哲学和科学的论证。到了《德国民法典》时代,注重逻辑严密与体系完整的法典品格,创造性地引入了"一般条款",以改善抽象概括立法所带来的局限和适应日益复杂的社会生活。

诞生于《德国民法典》中的"一般条款",被后继的国家如瑞士、日本等采用。然而,就如同"一般人格权"一样,一般条款极其抽象,没有具体的内涵和外延,很难给出一个具体的概念。学者多是通过一般条款的一些特征或功能来阐述一般条款。拉伦茨认为:"为了减少抽象概括立法体裁的缺点,立法者在法典中规定了一些'一般条款',这些条款具有指令的特点,属于判断标准,其内容还需要加以填补。"[37]谢怀栻认为:"所谓一般条款是一种抽象的原则性的规定,与那些规定具体情况的条文不同的是,法官可以把一般条款运用到各种具体案件中去,以解决他要解决的问题。"[38]梁慧星认为,所谓一般条款是指法律中的某些不具有确定内涵、外延的开放性的指导性规定,其文义是空泛的、抽象的,表达立法者的价值倾向,其具体内涵需要法官于具体个案中依据价值判断予以具体化[39]。

综上所述,我们可以大致给出"一般条款"的含义:内涵与外延都具有不确定性,有极高的抽象性,需要法官根据个案情形以价值判断方式予以填补的条款。学者公认的一般条款主要包括诚实信用条款、善良风俗条款、一般交易习惯条款、权利不得滥用条款等。

那么,人格权保护是否可以适用一般条款呢？前文所述,一般人格权是对人之尊严、自由、平等的保护,这些概念本身就是非常抽象的概念,具有一般条款适用的"内涵不确定、外延很宽泛"的特性。因此,这种类型的人格利益完全可以适用一般条款。何况,一般条款处于开放状态,《德国民法典》在实践过程中,又发展出了"缔约过失、情势变更、法律行为基础丧失等"[40]。因此,我们有

---

[37] [德]卡尔·拉伦茨:《德国民法通论》(上册),王晓晔等译,法律出版社2003年版,第34页。

[38] 谢怀栻:《外国民商法精要》,法律出版社2002年版,第96页。

[39] 梁慧星:《民法解释学》,中国政法大学出版社1995年版,第292页以下。

[40] 谢怀栻:《外国民商法精要》,法律出版社2002年版,第98页。

理由相信,保护人之尊严、人之自由、人之平等这样的抽象人格利益也可以作为一般条款。

事实上,也许正是由于认识到"一般条款"与"一般人格权"都具有类似"兜底"的作用,梁慧星和徐国栋在其各自主编的民法典草案中只规定了其中一个;而把两者同时规定的草案,无疑是重复。

用一般条款来保护人格利益符合我国国情。第一,我国国民的维权意识日益高涨,如果把那些高度抽象的概念作为权利客体构建起一种所谓的"一般权利",容易导致这样的权利被滥用,无端增加诉讼活动,浪费司法成本;第二,用一般条款可以避免把抽象人格利益作为权利规定而引发的正面冲突,给法官更多的自由裁量权,促使其结合案情权衡各方利益,给出一个公正判决;第三,把抽象人格利益作为一般条款保护的对象,有助于完善人格权体系,使我国人格权体系形成以具体人格权为主、以一般条款为辅的立法模式;第四,我国的《侵权责任法》《合同法》《物权法》中都有一般条款的规定,在人格权法中规定一般条款,有利于扩大一般条款的适用范围,促进对一般条款的总结研究。

身份制度的私法构造*

近代以来,私法理论界对于身份制度存在一种误解。人们将身份与契约对立,将身份与特权捆绑,以至今日,身份在法律文本中没有得到应有的体现。究其原因,一是身份制度的私法构造存在特殊性,其构成要素不同于人格、契约与物权制度;二是它与民法的基本假定存在差异,传统私法理论无法圆满解释身份现象,若坚持传统私法理论的逻辑,就必然排斥身份。

德国学者迪特尔·梅迪库斯指出,《德国民法典》总则中对人法的规定显得非常单薄,法律对自然人的规范过于简单,其人法部分是一部未完成的作品;要进行研究,必须考察其他具有人法内容的领域,特别是德国基本法的基本权利部分、著作权法和商法。① 就梅迪库斯的思路可以作出两点推测:其一,德国私法理论尚未对基本法的基本权利部分、著作权法和商法中涉及人法内容的领域进行有效的理论整合,身份等人法领域的理论需要进一步研究;其二,《德国民法典》中人格权内容规定不足,而有关身份权的规定更匮乏,导致本该在人法与财产法共同基础上抽象的民法总则存在缺陷。我国学者也认为,德国民法典式的总则并非民法的总则,仅能作为财产法总则。而在身份法秩序上,亲属身份关系以人伦秩序为基础,在法律对其规范以前即已存在,具有事实先在的性质,这与财产法关系可由行为人依法创设显然不同。② 更进一步,即使在财产法关系领域,民法制度规则设计的模拟对象也仅仅是一般交易领域中的财产关系,

---

* 原载《法学研究》2010 年第 2 期。本文获西南财经大学第 3 期“211”建设项目资助。

① 参见[德]迪特尔·梅迪库斯:《德国民法总论》,邵建东译,法律出版社 2001 年版,第 777 页。

② 参见余延满:《亲属法原论》,法律出版社 2007 年版,第 45 页。

并非私法财产关系的全部。对于企业等团体内部以组织化形态存在的非交易财产关系、商事活动中的程式化交易财产关系,因为它们渗透身份关系,民法总则同样无法有效适用。

至此,可以认为,民法典总则不能有效统领身份制度规则,不能有效解释其固有的身份关系及相关问题,从交易关系领域提炼的传统私法理论也不能有效地指导身份立法和司法实践,无法全面构造身份权利、义务、权力、责任体系。本文试图分析身份制度私法构造的法理基础和基本要素,探索身份私法关系中的主体、客体、内容与特定的法律事实,揭示私法一般理论与身份法原理的脱节问题,为实现私法制度对身份人伦秩序的有效调整作些探讨。

一、身份制度私法构造的法理基础

身份制度私法构造的法理基础受制于两种决定性因素:一是身份关系本身的特质,即个人之间相互依存且彼此地位差异的一种稳定性联系,各种身份关系形成社会的具有层次结构的身份关系体系;二是身份制度设计的宗旨,即针对特定身份种类设计制度规则所要实现的目的。身份制度私法构造的基本方法是在特定范围的利益基础上建立身份体,通过确定成员身份界定其内外关系,在身份体内设置身份岗位,制定行为规则,形成特定人群的私法秩序。

(一)个人间的组织状态与社会的结构性存在

传统私法制度规则设计的假定前提是抽象、均质、独立的个人以及平面化的社会。这种假定只能反映个人与社会现状的一个方面,而不能反映个人间的组织状态与社会的结构性存在,由此设计的相关规则也无法容纳身份制度规则。本文对身份制度私法构造的讨论就是基于上述认识展开的。

从个人视角出发,个人以身份体为中介进入并存在于社会之中。人首先是生命体,受到自然法则的规制,身份安排体现了一种自然秩序。生命是一个自然过程,从弱小到强壮再到衰亡,每个阶段都有差异,多数幼小动物依赖于与父母的身份联系获得生存条件。私法中的个人在没有能力参加劳动、进入市场参加交易从而获得财产的生命阶段,只能依赖身份关系而生活。人又是社会性存在,社会已经为其预设了各种身份体。身份体是人们赖以生存和发展的组织或群体,是私法秩序的重要载体。身份体为人们布局了结构化的生存空间,设定了法律化的行为规范。在有能力参加劳动、进入市场参加交易并拥有财产的阶段,私法中的个人同样处于各种身份联系之中,例如,以劳动者身份进入职业社团,获得薪俸;在社会与国家逐渐融合的前提下,通过国家福利机制获得政府支付。这种身份联系不可能适用那些基于交易行为而设计的契约、物权制度规则,而只能依据身份制度所特有的规则加以调整。

从社会视角出发,抽离了身份体,社会将变为一个抽象的与个人生活没有实际联系的存在。社会是一种以个体理性为基础、以市场机制为核心的社会关系的网络,也是人们生产、交换和分配的特定场所。但是,社会总体却无法直接组织个体的人,而是需要并且实际上总是由各种类型的身份体把人们组织起来,形成一个复杂而庞大的身份体系。个人要成为社会的一员,须在身份体系中找到适于自己生存和发展的具体活动空间——身份体,并且遵守其行为规范,保持身份体的内部秩序,进而维护社会的总体秩序。

身份体系的复杂程度与社会关系的复杂程度相对应。在古代社会,家庭(家族)是主要的身份体,由此构造了农业社会关系。近代以来的工业社会则通过企业等职业社团中的成员身份安排生产与财产分配关系,通过生活社区中的居民身份安排人们的日常生活利益,通过福利国家中的公民身份弥补市场缺陷、提供生存安全保障。在身份制度与相关社会制度的共同调整下,个人身份利益得以无限放大,人们可以通过市场制度拥有亿万元财产,掌有统领和支配数万名乃至数十万名成员的身份权力。

社会关系的发展变化需要新的身份制度与之相适应,通过建构新的身份关系固定社会变化的成果;社会关系的变革又会促成身份制度的变迁,形成新的身份关系和社会调整机制。近代以来,社会关系的复杂化导致人们获取利益的方式以及身份关系的复杂化,具体表现在:其一,家庭身份发生结构功能上的演变,社团身份成为社会主导性的身份种类;其二,城市社区作用范围和功能得以扩张,自然人、公民等基本保障身份形成;其三,市场机制成为主要的身份分层机制,身份流动渠道拓宽,身份流动越发频繁;其四,特定身份者(如消费者、经营者)的权利义务在法律上有明确界定。

总之,个人间的组织状态是身份关系的存在基础,社会的结构性存在是身份关系发展变化的结果,而身份体则是个人与社会的中间环节。

(二)身份体作为相对独立的利益配置单位

身份制度规则作用于社会生活的基本方式是综合调整,[③]被综合调整的身份关系形成了众多小社会,每一小社会即为一个身份体。人类生活中的身份利益具有多元性,需要若干不同功能的身份体予以满足,例如,家庭身份体、社团身份体、社区身份体均反映了人们不同层面的利益需求,而不同功能的身份体又需不同内容的身份制度规则加以调整。身份制度针对每一身份体的身份利益设计相应的制度规则,其内部成员依据各自在身份体中享有的地位、权利和权力拥有利益份额。此外,各成员之间的利益关系还取决于当时社会意识的影响和社会制度的安排。

身份体的典型形态是分配型身份体,如家庭、社团、社区,一般通过可以支配的利益范围和参与利益分配的成员范围两个边界确定其独立存在。身份体内部设置身份岗位,通过赋予个人不同的身份以实现差异秩序。身份体的功能在于充当利益配置单位,将特定范围的利益归属于特定的身份体,以满足其成员生存和发展的需要。每个成员的利益与身份体的整体利益直接相关,各成员按其份额从身份体内获得各自的利益,与身份体形成依赖关系。分配型身份体的种类也是私法划分基本身份种类的基础,如在家庭、社团、社区等身份体上形成家庭成员身份、社员身份、居民或村民身份等。

古代家庭既配置生活利益又安排生产事务。近代以来,家庭的生产功能逐

---

③　某种特定的身份在法律上可能意味着权利、义务、权力、职责等诸多方面的利益安排,也意味着在社会结构中处于特定地位,社会为每种身份角色设计了模式化的行为方式。所以,对于个人来说,身份安排是最重要的利益配置手段;对于社会来说,身份秩序是最基础的社会秩序。

渐转移到企业等团体之中,家庭仍然是基本的生活单位,配置生活消费资料。家庭作为身份体为其成员提供诸多的利益依赖,为老幼病残人员提供基本生存保证。现代社会中,物质资料的生产和分配大多被企业等社团所掌管,在社团职业身份体内,拥有成员身份意味着可以从中获得薪俸收入,分享其中的基本福利,因而职业身份地位成为人们最基本的社会地位。城市居民社区为住户配置日常生活利益,将社区身份体内的利益分配给成员身份者。在一定意义上,服务型国家也是一种身份体,它要为公民配置社会福利,提供制度性对抗风险的措施。此种情形下,公民也成为一种私法身份,成为国家为其提供基本福利的依据。

一方面,每个身份体均以特定范围的利益为基础,对于特定的人群进行利益配置,身份体之间具有相对独立性;另一方面,每个身份体的成员依据法律事实或需要,还会成为其他类型身份体的成员,从而使不同身份体之间因其成员相互交错而形成彼此联通的结构状态。但是,每一家庭、社团、社区身份体的利益边界是实体性的,它们均能清楚地确定其家庭成员、社团成员、社区居民和村社社员的范围。

私法有时也需要确认身份体的独立主体资格,法人就是具有独立人格的身份体。具有独立人格的身份体既独立于其他法律主体,也独立于其内部成员。从既有法律制度观察,有些身份体拥有独立的主体资格,如公司;有些身份体则否,如家庭;有些是否存在独立的法人资格则存在争议,如农业村组、居民社区。在市场经济条件下,是否赋予身份体以主体资格取决于它们是否为独立的、经常的交易单位,其内在标准主要是效率。法人的功能在于独立地对外开展活动,享有独立利益、具有独立意志、拥有独立名义、对财产进行整合与统一运用,交易者可以与单一的法人打交道而不是与其众多成员打交道。

除分配型身份体外,尚有一类矫正型身份体。这类身份体以社会正义为价值导向,以获取部分社会利益为存在基础,依据某种自然的、社会的属性确认其相同质性的成员,形成具有共同权利要求的一类成员身份。如未成年人(对应于成年人)、残疾人(对应于健全人)、妇女(对应于成年男子)、消费者(对应于经营者),他们的利益基础是社会总体利益中应有的份额,他们构成的身份利益共同体没有明确边界,成员是特定范围的弹性人群。显然这种身份体是非实体性的。但在这种身份体中,同样存在可以察知的社会利益份额。矫正型身份体能够确认和保护某类群体成员分享社会利益的权利,矫正分配型身份体运行所造成的社会不平等,并将这种不平等维持在社会可接受的范围之内。近代以来,随着社会化程度的提高,利益分配差异加剧,形成多种具有共同权利要求的社会群体,矫正型身份体大量生成。

(三)身份体及其成员与外部人的关系

以身份体为视角,存在四个层次的关系:身份体与其成员的关系、身份体中各成员之间的关系、身份体与外部人之间的关系以及身份体成员与外部人之间的关系。

在个人与身份体的关系方面,通过确认身份体及其成员,个人被区分为身份体的内部成员和外部人。一个人拥有成员身份就属于身份体的内部成员,有资格参与身份体利益的分配,在身份体内部享有权利、承担义务,其生存发展依托于身份体。同时,身份体的成员受到身份体内部规则的约束,身份规则直接调整身份体成员之间的关系,形成身份体内部秩序。

一个人如果不具有成员身份,就属于身份体外部人,没有资格分享该身份体所拥有的利益,当然也不必遵守该身份体的内部规则。但是,外部人不得侵害该身份体的存在及其成员的身份资格与身份利益。外部人与某一特定身份体及其成员可能涉及三种法律关系:其一,外部人与某一身份体成员之间形成纯粹的个人关系,不涉及身份体。例如,某公司经理去理发店理发,此时经理身份不发挥作用,发挥作用的身份是消费者,公司这个身份体不具有法律意义。其二,外部人与某一身份体之间形成法律关系。例如,张三购买李四家的房屋,张三的交易对象是"家庭"这个身份体,直接签约的李四仅是家庭的代表。其三,外部人与某一身份体内部成员之间形成法律关系,并在外部人与身份体之间产生私法效果。例如,甲、乙两家公司均从事相同的保险业务,甲公司高薪聘用乙公司的客户经理王五,王五因其特殊身份掌握乙公司的客户网络,这种客户网络构成了乙公司的重要无形财产,因此甲公司聘用王五构成了对乙公司商业利益的侵犯。

(四)身份体内部身份关系的安排

身份体内部直接进行身份关系安排,其遵循的逻辑线索是“身份地位—身份权力—身份利益份额”。

身份地位是身份关系的静态安排。身份体的各个成员具有彼此不同的身份地位,形成相互差异和相对稳定的身份角色,每个身份角色具有规范化的行为模式。不同的身份角色在地位差异的基础上形成彼此之间的依赖、协作、限制关系,并依此获得身份权力和身份利益份额。身份体根据自身的功能和需要设计身份地位的层次体系,不同的身份地位形成了身份体的静态结构,同时塑造了身份关系所需的各式行为主体——不同身份地位的角色。就成员个人而言,获得某种身份地位就意味着充当某种相应的身份角色,享有相应的身份权利、权力,承担相应的身份义务、责任。

身份权力是身份关系的动态安排。身份体内部依据身份地位分配身份权力,优势地位者与劣势地位者之间存在支配控制关系,以保障身份体的存续与运行秩序。社会秩序以各个身份体的微观秩序为基础,国家一般容忍、尊重并依赖这种支配控制权力的存在。特定身份者的权力范围既受制于该身份体协调内部关系的需要,又取决于社会授权、政府授权的实际范围。在古代家庭中,家长拥有对家属的支配权力。在现代企业中,经营者管理指挥生产操作者,他们之间是“命令—服从”关系;投资者控制监督经营者,他们之间是“控制—被控制”关系。

获取利益份额是身份关系的结果安排。利益份额的分配使身份体所拥有的总体利益落实到具体成员。身份安排的基本逻辑是依“身”定“份”,不同身份获得相应的利益份额,身份差异促成利益份额分配上的差异。由此,不同身份者之间存在身份利益冲突,身份关系的稳定依赖将身份利益冲突控制在均衡范围内。一旦这种冲突突破了均衡范围,就会导致身份关系的变迁,任何一次社会变革均表现为身份制度的重新建构和身份利益份额的重新配置。

二、身份制度私法构造的基本要素

在身份制度的私法构造中,身份体利益与其成员的利益份额是其物质要素,价值体系是其主导思想,区分机制实现身份分化,行为规则定义人们在身份关系中的交往方式,外部标志是其形象化的象征并据此进行身份区分以便于识别。这些基本要素决定了身份制度的形成和发展。

(一)身份利益

身份利益,是指通过身份关系配置的利益,表现为身份体利益和特定身份者按其享有的份额分取的利益。身份利益的配置是身份制度调整的基本内容。

社会的总体利益可以分解为诸多身份体的利益,身份体形成利益共同体。近现代家庭是生活共同体,一些国家的农村家庭还是生产单位,家庭集中了个人主要的生存利益。现代社会中,生产功能大多从家庭外移到社团之中,人们在这些组织中获得生存资源,企业等人类进行职业活动的社团组织成为另一种基本的利益共同体。社区在农村表现为村社,在城市表现为居民区,成员对社区的公共资源、公共设施、环境资源、社区治理享有权益,形成社区利益共同体。现代福利国家中,国家通过税收从社会中集聚巨大财富,通过提供福利为市民输送利益,国家的功能演变使其本身成为利益共同体,在这个利益共同体中,"公民"身份获得了私法意义。在人权保护的背景下,社会救济使社会本身也成为某种利益共同体,只要是"自然人"就有资格分享其中的利益。所以,在现代法制中,"自然人"和"公民"也成为基本保障身份。

身份制度将社会分解为不同的利益共同体,表现为存在利益差异的层次结构,人们分别进入相对固定的利益共同体,获得成员资格和身份地位,并依据其身份位阶获得利益份额,从而使共同体中的总体利益落实到具体的身份者。

(二)价值体系

价值是身份制度的伦理导向,它使身份制度具备可评价性和可完善性。价值选择可以塑造不同的社会身份类型。传统社会缺少发展观念,身份制度的主导价值是秩序,因此身份关系呈现稳定的等级差序格局,人们的机会、起点不平等,生来就处于身份等级制度之中。近代以来,身份制度的建构遵循平等、自由、公平、安全、秩序、效率等原则,这些原则构成了现代社会身份正义的内容。法律确认了自然人的独立人格,宣布法律面前人人平等,构成对身份制度的制约机制。

价值选择影响身份制度的功能。在等级社会中,身份制度的特质是将特权制度固定化,形成一定的身份利益集团,优势的身份利益集团会进一步强化权利,扩展利益,并且滥用权力,形成对劣势身份者利益的侵夺。[④] 在现代社会,身份制度一方面使人被稳定地类型化,其中的利益区位易于观察,公平与否易于凸显,便于依据实质正义的价值取向矫正不公的身份现象;另一方面使人有了更多的自由选择,能够主动实现身份流动,从而有可能找到更适合自己生存和发展的身份位阶和角色。现代法一般将个人权利与人格尊严作为矫正身份制度的准星,身份立法成为追求实质正义的重要方式。

(三)区分机制

差异标准是进行区分的依据,选择机制则能够实现身份区分。自然标准与社会标准均具有在相应领域区分身份的功能,并形成用以区分身份差异的参数。身份可以从水平方向和垂直方向进行区分。如果按照性别、种族、宗教、职业、住地、国籍等类别参数分类,社会成员在水平方向上得以区分为不同群体。如果按照教育、收入、财富、权力等等级参数分类,社会成员则在垂直方向上拥有不同地位。[⑤]

人类等级性社会身份区分的主要机制有血缘机制、科举选拔机制、暴力机制、市场机制和教育机制。在古代社会正常运行时期,血缘机制是主要的身份

---

④　但是这种身份制度也包含个人利益的提供机制。古代的等级身份制度仍然以对各个身份者的利益提供为前提基础,只是这种利益提供违背公平价值,存在很大差异性。

⑤　参见[美]彼特・布劳:《不平等和异质性》,王春光、谢圣赞译,中国社会科学出版社 1991 年版,第 14 页。

分层机制,不同血缘背景的家族在社会中拥有不同的身份等级,君主、贵族、平民、奴隶身份区分的主要依据是血缘。血缘机制的特点是否认身份流动,强调不同血统之间尊卑贵贱差异的神圣性,要求各身份阶层严守本分以形成有序的社会。在中国古代社会,自隋唐以来,君主通过科举制度选拔官僚阶层,形成一定的身份流动空间。⑥ 在改朝换代时期,社会身份会出现集中的大规模流动,暴力机制成为主导机制,整个社会处于亢奋状态,平民也被卷入这种周期性的动乱之中,直至新的王朝建立。

现代社会中的身份区分时常运用市场机制,积累财富往往成为人们获得优势地位的重要手段。市场机制在区分身份的同时,引导社会剩余财富投入再生产,社会财富总量处于扩张状态,由此推动社会的发展与进步。所以,市场机制成为现代社会中区分身份的正当的主导性机制,人们参与市场的职业地位成为最主要的身份地位。与此同时,教育机制也成为选拔人才、区分身份的重要方式,为人们更好地进入和运用市场机制创造了条件。

(四)行为规则

每一种身份体内部均存在一套相应的行为规则保障其内部运行秩序,进而间接维护整个社会的秩序。行为规则不仅确定不同身份者之间的权利、权力、义务、责任关系,而且保障不同身份者获得不同的利益份额。在公司内部,投资者有权控制监督经营者;经营者有权对内管理和组织生产,对外代表公司开展经营活动;工人直接运用生产资料进行劳动;不同身份者在公司内部的行为模式也存在差异。即使在新股东与原有股东之间也会存有差异,公司发行新股时,原有股东享有优先认股权,身份地位决定了认购股份的利益顺序。

行为规则在身份差异的基础上为人们设定不同的社会角色,由角色践行特定身份地位所要求的模式化行为,并由此构成了与某种社会身份要求相一致的社会关系。角色是身份的具体体现,是社会地位的外显形式,角色转换与身份的转换具有一致性。

---

⑥　正是这种身份流动机制使中国古代社会可以将人才吸收到权力体系之中,缓和了社会冲突,促成皇权专制社会的超稳态结构。

(五)外部标志

身份差异需要外部标志,以便进行身份识别,判断具体的身份地位并选择运用相应的身份规则。外观表征是强化身份认同的重要手段,特定人群的服饰、礼仪与仪式、行为模式选择等均具有标志身份的功能,体现了身份意识与身份认同。现代社会中教育学历也具有身份象征功能,“好学历高学历不仅仅意味着高收入,也是荣誉和骄傲感的来源,更是社会身份感的来源”。⑦ 在现代私法中,荣誉也往往需要通过权威机构授予的证书、奖章等外部标志予以确认,而各种职业技能和专业资质证书则是获得特定营业资格的法定要件,如开办会计师事务所、证券交易所等均需要提供特定数量的专业人员资质证明。

三、身份私法关系的制度构造

身份关系纳入私法调整即形成身份私法关系。身份私法关系的构成因素包括主体、客体、内容以及法律事实。身份关系的私法制度构造突破了传统私法理论假设,依据身份关系的特有性质,运用身份调整的特有技术,回应身份调整的特殊诉求,形成身份制度私法构造的独特属性。

(一)身份调整对原子化主体假设的突破

在传统私法理论中,为了保证主体享有独立、平等、自由的人格,私法调整的对象被假定为原子化个人,他们孤立存在并没有身份约束。每一个自然人均拥有独立的法律地位,某些组织体在法律上也通过个体化处理被塑造为法人,人格问题在私法理论中具有突出地位。身份调整则以特定的组织或群体为对象,在特定的身份体内部构造身份,在身份结构和身份联系中规范个人行为,突破了原子化的主体假设。

---

⑦ [illegible]派中:《论教育的身份赋予》,载《华东师范大学学报》(教育科学版)2004 年第 4 期。

身份体的各成员处于身份联系之中，身份立法的宗旨不在于突出个体人格，而是重在从身份体内部结构和外部联系中确认和保护其成员的身份资格、岗位和利益份额。身份私法关系的主体构造涉及身份体的确认及其成员的选择和确认。首先，身份私法需要划定某类组织或群体的利益边界和成员边界，确认身份体。利益边界确认特定身份体所拥有的社会资源和利益分配范围，成员资格确定身份体中人的组成范围，确定哪些人可以进入身份体，拥有身份，哪些人被排除在外，只是身份体的外部人。此外，身份私法在身份体内部设置身份岗位并分配给特定成员，确认身份体与成员之间以及各成员相互之间的关系。例如，婚姻法在家庭身份体中设置了配偶、父母、子女、兄弟姐妹、祖父母、外祖父母等身份岗位；公司法在公司中设置了董事、监事、经理、职员、工人等个体身份岗位，以及董事会、监事会等机构；社区身份体中设置了居民、村民身份以及业主委员会、村民委员会等机构。

身份调整方式在立法中如何体现？如果以宏观视角考察我国私法制度可以发现，有些法律文件的名称已经表明该法所调整身份关系的范围。如婚姻法调整家庭身份关系，公司法调整公司身份关系。在理论上，物权法中的区分所有权制度规则结合物业管理的相关规范可以构成城市社区法的基本内容，由此确认城市社区身份；村民自治法结合农村土地权利规则可以构成乡村社区法的基本内容，调整以地域为利益边界的乡村社区身份。

对于那些依年龄、性别、交易地位形成的身份类别，立法从矫正社会不公的角度出发，采用补充性的特别法加以确认。这些立法着重保护或限制特定群体的利益份额，主要从权利行使、财产取得、分配规则等角度进行调整。例如，未成年人保护法、妇女权益保护法、消费者权益保护法均属于身份保护法；而反垄断法、消费税法则属于身份限制法。在现代社会，公民构成一个国家最广泛的人群，其利益要求是获得“符合文明性生存标准”的利益份额，公民身份形成一个兜底保护的身份机制。公民身份主要由宪法确认，以国籍划分成员边界，享有利益的范围主要以国民财富为基础。自然人身份主要由内国宪法、民法与国际人权公约确认，在国际社会开展国际援助活动时，自然人的身份利益范围会超出国民财富的范围。

对于已经为社会习惯所认可的身份岗位,立法者只需进行以下工作:一是名称的规范化,如用“配偶”概括日常生活中的丈夫和妻子。二是确定身份利益的配置范围,如配偶仅限于合法夫妻,而子女包括婚生子女、非婚生子女、养子女和继子女。三是依据能力确定身份位置关系,如未成年子女与成年子女在亲子关系中处于不同的身份位置:未成年子女有权要求父母抚养,而成年子女有义务赡养父母。

(二)强弱共存现实的回应与对均质强者假设的背离

传统私法按照商人的形象设计人,[⑧]私法中具有行为能力的人均被假定为“强有力的智者”,[⑨]个人之间的强弱差别被忽略,现实生活中的强弱共存状态在传统私法理论中没有得到应有回应。相反,身份制度事实上否认了“均质强者”的假设,部分反映了社会成员之间强弱共存的现实。人们已经意识到,身份关系中的利益往来并不适用等价有偿原则,而是注重依据伦理规则对弱者给予扶助。

在身份制度安排中,身份体内部强弱有别的各个成员拥有不同的身份地位,享有不同的身份权利和权力,负有不同的身份义务和责任。身份体和强势身份者对于弱势身份者所负的身份义务是提供相应的利益以维持其生存和发展;弱势身份者对于强势身份者所负的身份义务是在符合当前人伦价值前提下的服从义务,以实现身份体内部的运行秩序。另外,由于身份关系是稳定的长期联系,利益需求复杂,私法能够预先设定的只能是特定的身份联系,对于身份义务的规定一般是提供一种社会性的基准并例示性地列举主要类型,并不穷尽义务的具体内容,许多义务随着各成员的具体情境而产生。

(三)身份权利的特殊形式

身份权利只能在特定身份体中存在。如果将身份权利的主体定位为个体,

---

⑧ 德国学者拉德布鲁赫认为,近代法律人格是“模仿着始终追求和打算着利润的商人像创造出的概念,并非出于义务,而是受利益诱导的个人”。转引自[日]星野英一:《私法中的人》,王闯译,中国法制出版社 2004 年版,第 35 页。

⑨ [日]星野英一:《私法中的人》,王闯译,中国法制出版社 2004 年版,第 35 页。

权利有时指向身份体,主要是请求身份体按其应有份额向其提供身份利益;有时指向其他成员,主要是请求其他成员依据身份规则向其履行身份义务;有时指向外部人,主要是要求外部人承担不侵害身份利益的消极义务或者侵权责任。如果将权利主体定位为身份体,其权利有时指向内部成员,要求其遵守身份规则并作出必要的利益付出;有时指向外部人,主要是要求其承担不侵害身份体利益的消极义务或者侵权责任。由于身份权利须在特定的身份体中形成,所以成员权、财产权和请求权成为身份权利的三种特殊形式。

身份体中最基本的权利是成员权。成员权,是指基于身份体中的成员地位而享有的概括性集合权利,包括参与权、收益权、优先权、诉权以及对非成员的排斥权。成员权可以指向身份体、其他成员以及外部人,包含程序性权利(如参与权)和实体性权利(如收益权),也包含自我保护和救济的权利内容。成员权乃成员在身份体中的地位,[⑩]特定地位的成员享有相应权利,所以身份法上的成员权具有专属性,只能随成员地位的变化而变化,一般不能继承和转让。成员权在身份体内表现为一种综合性权利,在具体的法律关系中会表现为具体的权利形式,成为各种请求权的基础。例如,社团身份中的成员权表现为社员权,社员权主要有 3 种功能:其一,区分内部人与外部人,社员是身份体的内部人,享有身份体所拥有的利益;其二,社员在身份体内部享有参与权等基本权利;其三,作为母权,在社员身份基础上,可以衍生出具体的身份岗位与身份权利。每一类型的社员权又可衍生出众多的子权利,如股东权可衍生出表决权、股东会召集请求权、股息分配请求权、剩余财产分配请求权、新股认购权、股份收购请求权、股东诉权等。

身份体中另一个基本的权利是财产权。民法一般运用所有权解决财产归属问题,包括运用共有权解决家庭、社区的财产归属问题,如合伙财产、夫妻共有财产、未分割遗产等。民法还设置他物权解决财产利用问题,如家庭中的居住权等。值得注意的是,身份财产依附身份关系而存在,具体财产被特定的身

---

⑩　我国台湾地区学者李宜琛认为,“是以所谓社员权(成员权的一种——引者注)者,与其谓为一种权利,毋宁解为一种法律上之地位也”。参见李宜琛:《民法总则》,中国方正出版社 2004 年版,第 110 页。

份体以及特定的成员结构、规则所塑造，财产丧失同质性，形成具有不同功能、服务于特定目的的财产。在企业身份体中，存在固定资产、流动资产等功能不同的财产；股权也可以分为普通股、优先股等在利益分配和表决权行使上存在差异的种类。在破产程序中，债权被区分为保障程序运行的破产费用和共益债务，维持职工基本生存的工资、保险以及补偿金，体现公共利益的社会保险费与税款，体现商业利益的普通债权。法律对这些债权的保护也并非采取一体主义，而是衡量每种财产所代表的身份利益，在立法上设定权利行使顺序，实行差异化保护。⑪ 另外，民事强制执行中的自由财产制度、海商法中的船舶优先权制度等均体现了对人们基本生存利益的优先保护。

身份请求权既是身份关系的运行方式又是身份关系的救济手段，旨在解决身份利益流转和身份权利的保护问题。在身份体内部，权利方成员可以对身份体或义务方成员行使请求权，这种请求权实现后，抽象的身份利益便转化为实际的财产利益。在外部关系中，请求权沿着身份关系扩展，既可能导致请求权人的扩展，也可能导致作为请求对象的责任人的扩展。例如，在人身伤害导致丧失劳动能力的情形中，被受害人扶养的人可以对侵权者提出请求权；未成年人的侵权损害赔偿责任一般由其父母或监护人承担；雇员在职务工作中产生的侵权损害赔偿责任由雇主承担。身份体的整体利益也可能受到来自内部成员或外部人的侵害。在遭到内部成员侵害时，身份体（常常通过其成员）可以依据法律或身份体内部规则获得救济，当身份体的自治权不足时，也可以通过诉讼将内部问题带入司法程序。在遭到外部人侵害时，有些身份体即使不具有法人资格，在诉讼法上也享有主体资格，可以通过诉讼获得法律救济。

---

⑪ 《企业破产法》第 113 条规定："破产财产在优先清偿破产费用和共益债务后，依照下列顺序清偿：(一)破产人所欠职工的工资和医疗、伤残补助、抚恤费用，所欠的应当划入职工个人账户的基本养老保险、基本医疗保险费用，以及法律、行政法规规定应当支付给职工的补偿金；(二)破产人欠缴的除前项规定以外的社会保险费用和破产人所欠税款；(三)普通破产债权。破产财产不足以清偿同一顺序的清偿要求的，按照比例分配。破产企业的董事、监事和高级管理人员的工资按照该企业职工的平均工资计算。"

(四)身份关系中的所有权对传统所有权理论的偏离

传统私法理论认为,“所有权的权能是所有人为利用所有物以实现对所有物的独占利益,而于法律规定范围内可以采取的各种措施与手段。其积极权能包括占有、使用、收益、处分;消极权能即排除他人干涉的权能”。[12] 由于私法权利主体的个人化设计,因而所有权的各项权能都围绕权利人的利益而设,其中处分权能又是核心。而在身份关系中,所有权的权能结构与行使方式有了明显变化,有些名为所有权的财产制度已经与传统的所有权理论发生偏离。

家庭财产所有权并非只为权利人的利益而存在。现代家庭不是私法上的法人,不是一般法律意义上的所有权主体。但是,在我国农村承包经营户、个体工商户法律制度中,家庭又是一个独立的经营单位,家庭财产成为支持对外经营活动的责任财产。在一般情形中,家庭关系中享有所有权的主体是夫妻或者一方,未成年子女一般不享有财产所有权,只能依据身份权获得父母的抚养和监护。因而父母并非仅仅为了自己的利益享有财产所有权,他们拥有的所有权实质上为了整个家庭的利益而存在的。

农村集体土地所有权以排除功能为核心。在我国农村身份共同体中,土地所有权由村集体享有。村集体是一个集合性概念,其财产不能份额化到村民个人,由此带来土地利用的低效。改革开放后,我国运用承包经营权来调整农村集体土地的利用关系,承包经营权的主体是农户——中国传统的生产经营单位。土地承包经营权具有占有、使用、收益和依法处分的权能,承包经营权人的意志可以有效作用于土地上,土地利用效率得到提高,这也导致村集体作为生产经营单位的作用在弱化。从身份法的角度分析,村集体与其成员的身份关系是构建集体土地所有权制度的关键因素,农村集体土地所有权制度的功能在于设置一个身份利益边界,将集体所有财产权益的分享圈定在特定的村民范围之内,该范围之外的人均被排除对本集体土地权益的享有。只有为了集体和集体成员的共同利益,并通过严格的民主程序,村集体对集体土地才能依法处分;在

---

[12] 杨立新主编:《民法》,中国人民大学出版社2005年版,第130页。

集体和集体成员的共同利益受到侵害时，村集体能够依法享有独立诉权。在目前我国城乡二元结构下，这种制度设计是保护农民身份者财产权益的重要措施，也是为农民身份者生存安全设定的一道防线。在农村集体土地所有权的行使中，村集体享有的主要权能是排除非成员身份者分享集体利益，其他各项权能大多已归属农户，而具体的行使主体又是具有集体成员身份的村民。上述规则反映和印证了财产制度与身份制度不可绝对分割，在许多情况下，只有二者相结合才能有效调整财产关系。

企业财产所有权无法有效地调整企业内部财产运作关系。企业是生产经营组织，进入企业的每一个独立的物和权利即构成企业财产，按照生产经营的需要进行使用。因此，企业财产关系的常态是生产经营，企业中的财产属于社会化运作的营业资产，营业资产的性质为营业所塑造，营业又是一种以营利为目的、独立的、持续的、不间断的职业身份行为。企业为了营业的需要，针对预计的市场空间，必须将其所拥有的各类财产与科学技术、经营能力和企业身份关系、人员分工等进行全面、系统的整合，使每一单项财产进入营业身份规则主导的范围，才能真正发挥所有权的整体功能。所以，从营业性质上分析，企业的营业资产须整体发挥功能，单项财产只能依据身份制度安排发挥预定的功能。因此，主体个人化前提下的财产所有权制度本身无法全面规范企业财产关系，围绕营业展开的财产关系必须与企业身份关系相结合才能构成企业法调整的对象。总之，传统所有权理论无法有效解释企业内部财产运作关系，无法有效保障和规范企业生产经营活动，只有通过企业内部的身份规则整合身份秩序与财产秩序，才能规范和保障企业财产权的行使。

(五)以身份利益份额为私法身份关系的客体

私法关系的客体通常包括物、行为、智力成果和与人身不可分离的非物质利益；而私法身份关系的客体则是身份利益份额。身份制度中的利益配置是综合的，与其他法律制度相比，⑬利益界限相对模糊，利益空间广阔而具有弹性。

---

⑬ 例如，在所有权制度中，财产利益直接与权利主体相联系，形成一种利益配置关系，这种配置的边界是明确的，其范围是具体的，并可以清晰地分解为占有、使用、收益、处分各项权能。

身份法以其特有方式,将界限模糊的身份利益转换为可辨识的“份额”,并据此换算出各身份者所应享有的身份利益。私法身份关系的客体范围也会随着社会的发展和人伦价值的变化而改变。古代社会中,身份利益源于家庭和家族,身份请求权只能指向家庭、家族中的利益份额;现代社会中,身份请求权的对象呈多元化,它可以指向家庭、社团、社区以及各种身份群体,身份成员从中取得利益份额作为权利实现的手段。

在具体的私法身份关系中,个体的身份利益份额有三个基本层次。其一,指向身份体。成员资格是取得身份利益份额的前提条件,个人只有拥有成员资格才能在该身份体中享有特定的利益份额。如在我国农村,外嫁女能否在本村或丈夫所在村取得一定份额的土地承包经营权,取决于她属于何方身份体的成员。其二,指向身份体内部的其他成员。如在父母与子女之间的身份利益关系中,身份权是相对权,身份利益由特定身份义务人提供。身份权利人可以依据其所享有的利益份额请求身份义务人为给付行为,身份义务人负有向其提供该特定利益份额的义务。其三,指向身份体之外的人。身份体成员有权排除身份体之外的人分享其身份利益。因此,外部人作为义务主体负有不作为义务,不得分享或侵害身份权利人拥有的身份利益份额。

需要指出的是,当身份体作为权利主体时,身份体独立于其内部成员和外部人,享有对总体身份利益的支配权。总体身份利益可以在交易领域成为被一体处分的标的,如企业法人财产就属于这种客体。但身份体存在的最终法律意义在于满足其成员的利益需求,所以身份体在支配其总体身份利益时必须遵循当前的伦理导向和各项身份规则。

在私法身份关系中,权利客体也可能是现已存在的法律关系,“如果通过一个法律行为废止或改变一个法律关系的全部……人们把这称为对法律关系的处分”。[14] 这种处分可能是通过一个法律行为废止或改变现存私法身份关系的全部。例如,签订离婚协议,这种身份行为所要处分的就是特定主体自身享有的身份权利和现有的特定身份关系。

---

⑭ [德]卡尔·拉伦茨:《德国民法通论》(上册),王晓晔等译,法律出版社2003年版,第402页。

(六)“命令—服从”模式对平等协商机制的替代

以市场交易为基础设立的私法关系是平等者之间的法律关系,平等者之间处理相互关系多采用平等协商方式。立法者相信每个人是自己利益的最好维护者,在充分意思自治的条件下,人们有能力通过平等协商达成符合各自利益和社会公平的利益均衡状态。因此,私法理论一般不认同“命令—服从”方式。应该承认,那些通过实施身份行为设立或参与身份体的当事人也是通过平等协商达到目的的。但是,身份体或其身份成员资格一旦确立,身份体内部必然产生治理关系,此时,地位平等和能力充分的假定即被突破。身份体内部成员的地位和能力存在明显差异,优越身份者拥有权力,其个人意志借助职位得以扩张,在不违反法律和身份体内部规则的前提下,能够支配身份体内的财产利益和成员行为。劣势身份者的个人意志受到限制,其行为受到优势身份者的制约。在这种关系中,平等协商方式通常不适用,“命令—服从”方式成为处理身份体内部关系的基本方法。广泛存在的身份权力、责任关系是“命令—服从”方式的基础,拥有身份权力是施行“命令”的前提条件,负有身份责任是防止滥行“命令”的保障。

身份权力安排身份体成员之间的相互关系,维护身份体内的生产、生活秩序。身份体秩序包括财产运行秩序和人事关系秩序。针对财产运行的权力包括对特定财产的占有、支配、管理和处分等方面,财产的社会化运作通过身份权力得以实现。针对人事关系的权力包括要求相关成员为或者不为某种行为,以实现身份规则的强行性约束。身份权力依据身份体的功能范围和治理需要而配置,其存在基础是效率理性,其行使方式是支配和命令。身份权力的内容随着身份体的功能演变而改变。自近代以来,传统“全能”家庭中的身份权力逐渐外移,部分交由政府行使,成为行政管理权,部分转变为社团内部的自治管理权。

身份责任与身份权力相对应,其性质属于法定职责。在现有民事法律中,有些名为权利的制度实质为身份职责,如监护权。这种职责是法律分配的第一性义务,而非基于义务违反而产生的是第二性义务。在身份体中,身份责任者必须依法履行职责,如在公司内部,董事、监事、经理、大股东对公司和一般股东承担法定的身份责任;又如,在家庭关系中,父母对未成年子女承担法定的身份责任。可见,身份体成员依据自己的意思设置或改变私法身份关系的可能性被排除,在此意义上讲,平等协商机制已被“命令—服从”模式所替代。

(七)身份法律事实与意思自治的限制

传统私法的基本理念是意思自治,主体的自由意志得到充分尊重,当事人通过法律行为设立彼此之间的权利义务关系,法律行为是私法中的主要法律事实。但是,法律行为制度假设当事人拥有行为能力,并且仅仅考虑在当事人之间达成利益均衡而不安排第三人利益与社会公共利益。在私法身份关系的产生、变更、消灭中,意思自治的实现形式与功能范围受到限制,大量身份关系的产生并非依赖当事人的意志因素;在依赖意志因素发生的身份关系中,其作用范围也是有限的。

大量的身份关系依据先在的身份联系事实而产生,法律在此基础上肯认特定的身份权利义务关系。以出生为例,基于出生的事实所具有的血缘和亲缘联系形成亲属法意义上的亲子身份和亲属身份;基于出生地或者父母所属国籍取得特定国家的公民身份。主体的特定自然状态也会产生身份法效果,如年满18周岁即获得成年人身份。主体在特定社会结构中所处的实际状态同样会产生身份法效果,例如,依据企业的生产经营规模可以区分大企业与中小企业,依据企业市场占有率可以确认垄断企业;依据个人收入情况可以确认富裕者与贫困者身份,贫困线以下的人群成为救济对象。

在通过行为发生的私法身份关系中,当事人的意志因素只能发生有限作用。身份制度一般预设典型的行为方式、程式要求和法律后果。身份契约属于典型的关系契约,“在关系性契约中,内容和责任的渊源都来自关系本身,是缓慢进化的习俗与法律模式的结果,个人的承诺只有微不足道的意义”。[15] 例如,甲公司聘用乙担任公司经理,乙依据协议获得经理身份。薪酬、任期、业绩要求

---

[15] [美]麦克尼尔:《新社会契约论》,雷喜宁、潘勤译,中国政法大学出版社1994年版,第16页。

等内容由聘用协议确定，而经理的基本职权和职责则由公司法直接规定，其他权责关系由公司章程规定。法律对身份关系的这种安排具有强制约束力，不允许当事人通过自由意志加以改变，如缔结婚姻时当事人不得约定不与对方父母形成亲属关系。

自近现代以来，私法身份制度规范的身份行为及其效果趋于标准化、社会化，意志因素设置身份关系的功能范围进一步缩小。身份者意识到，他们所实施的法律行为必须符合标准化、社会化的要求，身份行为产生的权利义务内容被确定化，不为身份者的意志所左右。例如，甲收养未成年人乙必须经过法定程序，一旦甲乙之间形成亲子关系，被收养人与其生父母之间的身份关系随即消灭，甲因收养行为成为乙的监护人，承担对乙的抚养教育义务。依据法律或者法理，职业身份者的职责和行为标准无须当事人之间约定，均为法律所规定或适用推定规则。例如，经理被推定精通市场规则，不能因为个人的能力欠缺而降低其注意义务的标准；医疗服务合同中包含医院提供具备资质的医生、依据医疗规范提供服务的内容，而执业医生无论实际水平如何，均须承担专家责任。可见，私法身份制度虽为每一身份者预定了广阔的权益空间，但要求身份者在参与私法身份关系时遵循既定的行为规则，这些规则是针对特定身份的社会安排。

论私法上人格平等与身份差异*

人格与身份是人身关系的基本内容。从人身法角度看,人格与身份都是资格的分配技术,发挥各自功能。自近代以来,人格表彰和确认人的私法主体地位,宣誓法律面前人人平等,离开人格平等,交易无法开展,人格平等成为调整人格关系乃至人身关系的基本理念和原则。身份确认和表彰人们之间的差异,身份制度调整结构化的社会关系,忽视身份差异,复杂的社会生活无法有序进行。因此,人格平等与身份差异是人类社会结构中两个不可或缺和分割的元素,他们体现了人与人之间的共性与个性的共存。一方面,我们须在人的社会中树立一个普遍、一致的平等观念,以此作为人们保护自身利益、实现个体权利的原则和尺度;另一方面,我们也须承认人性是独特的又是多元的,在任何的社会和群体中,每个人都有自己的位置,即不同的角色或身份。这种不同身份不仅是社会和群体得以构成或运行的需要,也是人的差异性和多元性所导致的结果。①

一、人格平等与身份差异的私法功能

人格平等的思想源头非常久远。16 世纪以后,古典自然法学强调,理性的

---

* 原载《河北法学》2009 年第 11 期。

① 参见马俊驹:《人格和人格权理论讲稿》,法律出版社 2009 年版,第 21 页。

力量普遍适用于任何人、任何国家、任何时代;其侧重点也从理性的客观基础——人的社会性转向强调这样一个原则,即人的“自然权利”、个别志向和幸福具有主导作用。[②] 经过近代文艺复兴和启蒙思想运动,个性解放、人格独立、平等自由成为人们最美好的理想和所希望获得的自然权利。这些思想促进了近代私法制度的完善和发展。《法国民法典》首先完整地将自然法的自然理性和平等自由观念贯彻在立法之中,人的平等自由人格经私法与公法的巧妙分工和精细规制得以确立。以后,这一立法经验成为所有大陆法系国家民事立法的共同传统,人格平等成为每个人享有的一项权利和地位。

人格平等理念产生于一定的社会经济基础,决定于人们之间平等交易关系的需要。就私法而言,人格平等是一种法律地位上的平等,是参与经济生活和获得社会资源的机会平等。人格平等作为一种理念和原则,有两点重要功能:一是为个人在社会生活中提供一个立足点,可以对抗强势的他人、团体和国家的不合理支配;二是进一步保障个人的自由意志,为社会结构的更新和发展提供动力。人格平等虽然否定了身份特权所代表的不平等,为解放社会生产力和发挥个人的创造力起了决定性作用。

人格平等的功能同样存在局限,它的内容是随着社会历史发展而变化的,平等只能在同一个阶层和成员层次范围内来实现。现阶段,在经济商品化、市场化的背景下,无论是何种性质的立法模式都还无法摆脱人格平等的形式化特征。由于人格平等的先天缺陷在于主体假设的片面化,使“生而平等”只能处于理想状态,并非自然事实。有学者指出:人在政治国家中的平等只是一种抽象的、虚幻的平等,而在社会中的不平等却是实实在在的不平等。因此,政治解放的一个实际结果,就是以表面上的平等掩盖了事实上的不平等。[③] 随着现代科学技术的发展和社会组织形式的多样化,进一步放大和强化了个人之间的差异,某些个人的支配力借助制度规则几乎可以无限扩张,通过市场规则,某些个人的财产可以超过成千上万人的财产;另外,弱势群体因失业被排除出生产领

② 参见[美]E.博登海默:《法理学——法哲学及其方法》,邓正来、姬敬武译,华夏出版社2000年版,第35页。

③ 参见刘同舫:《人类解放的进程与社会形态的嬗变》,载《中国社会科学》2008年第3期。

域,因不合理的"民主代表机制"被排除出社会表达过程。因此,从法律确认"人格平等"到实现人间的"实质平等"还有一条漫长的路要走。

私法身份制度是对人进行类别化调整的规范体系。对于每个人来说,身份是最重要的综合形态的生存利益,获得一定的身份即意味着拥有一定的社会利益份额。身份差异具有三点基本功能:一是塑造身份关系中角色化的主体类型;二是设置身份权利和身份义务,设置身份权力和身份责任;三是确定不同身份者的利益份额和利益顺序。从积极的方面考察,身份差异对形成层次性的社会结构,维护稳定性的社会秩序,增强社会生活的可预期性,减少协商成本和社会冲突有重要意义。在参与私法关系时,每个人在力量上和才智上是有差异的,他们所遇到的市场机遇也不可能相同;所以,为了维护社会的公平与和谐,就要承认人之间的身份差异,并针对这种差异,运用法律与政策的强制力,调整和引导社会的分配和占有关系。

在现代法治社会,身份特权被人们所厌弃,但在一定的社会条件下,身份差异却被人们所接受。人们逐渐意识到,人格平等与身份差异并非完全对立的事物,它们拥有各自的功能领域,并在其中发挥作用;而且,它们之间功能互补,从不同方面满足个人生活与社会运行的需要。人格平等回应每个人在法律上的存在,体现了全体的共同性诉求;身份差异回应特定人或人群在法律上的利益,体现了特定主体的个别性诉求。人格平等体现在人们的基本权利、基本自由、机会均等方面,人格平等的所有内容具有理想化色彩;身份差异则具有现实的冷峻,为人们安排了许多结构化的生活空间,随着人们相互关联领域的变化,对个人生活安排的空间也随之变化。人格平等与身份差异在功能上又具有互补性,在市场机制中,人格平等最大限度地保证了市场主体的独立地位,促成了市场竞争与活力;同时,伴随竞争的是优胜劣汰机制,它使身份分化不断扩大,一部分竞争失利者的基本生存受到威胁。为了缓和这种身份差异,国家即应以人格平等为价值尺度,运用国家干预机制解决这些不良后果,为每一个受到生存威胁的弱者提供社会保障。

一些具体法律现象也需要在人格平等与身份差异两个制度框架下加以解决。例如,在人格标志商业化领域,肖像、姓名以及声音,都可能具有巨大的经济价值。在此种情形下,人格标志属于人格权关系的客体;但是,这些标志的商业价值大小取决于个人身份的知名度和市场号召力。法国学者 Acquarone 将肖像区分为“视为人的固有组成部分”与“视为可以利用的财产”,指出“前者主要适用于普通人的领域,旨在阻却他人的擅自利用;而后者则主要是‘名人’的领域,旨在赋予该名人利用(或者不利用)他或她的肖像以取得商业利益的自由”。[④] 在这里,“视为人的固有组成部分”对应人格平等,人人拥有,彼此没有差别;“视为可以利用的财产”部分对应身份差异,名人与普通人之间存在差异,名人身份和市场价值才真正具有商业意义。

二、人格平等与身份差异的价值衡量

人格平等与身份差异存在各自固有的功能优势领域,两者均不具有无条件的合理性。当人格平等与身份差异之间在一定范围内发生冲突时,我们需要研究两者在什么程度上和什么条件下符合现代法治的价值取向,可以接受自由、效率、公平等价值衡量。

(一)自由领域中的人格平等与身份差异

自由是人类社会的价值追求,也是私法的价值之一。人格平等的前提是人格独立,只有独立的个人,才能摆脱身份束缚,在社会生活中获得真正的自由。在私法上,个人的自由表现为意志自由,依据自由意志设立、变更和消灭私法关系,并为自己参加的法律关系确定内容。在市场经济条件下,个人之间展开自由竞争。所以,人格平等是自由的保障,在全社会范围内,人格平等最大限度地保障了人的自由。但在现实社会中,并非每个人在每个生命阶段均有能力独立生活、有能力参与自由竞争,人在幼年和老年阶段需要依赖身份关系,获得生存利益。个人的先天禀赋和后天形成的能力存在差异,无限制的自由竞争会毁灭

---

④ 马俊驹、张翔:《人格权的理论基础及其立法体例》,载《法学研究》2004 年第 6 期。

弱者的生活,放纵强者获取非分利益。在此种情形中,自由的重要性远不及身份关系所提供的生存保障,而且弱者的身份依赖必然会使强势身份者的权利受到限制。社会生活中的各种身份制度为人们的自由设定了具体空间,特定社会的身份规则为个人自由提供了具体的实现形式;同时,也为其自由的范围设定了身份限制,个人的自由无法超越这种身份限制。正如卢梭所言,“人是生而自由的,但却无往不在枷锁之中。自以为是其他一切的主人的人,反而比其他一切更是奴隶”。[⑤] 所以,在自由领域,人格平等提供了基础保障,身份差异提供了实现形式。

(二)效率领域中的人格平等与身份差异

人格平等与身份差异均能够通过各自的运行规则促进效率,但也能在特定条件下损害效率。人格平等对于效率的促进机制在于:人格平等保证了人的独立主体地位,保证了人们能够独立自主地作出决策,进而发挥人的积极性与主动性,保证社会活力的源头,从而避免社会整体的无效率。在市场中,只有人格平等才能保证自由竞争,人格平等成为市场活力与效率的保障。人格平等机制也存在对于效率的阻碍因素,在协作领域、市场组织领域,人格平等就应进行适当限制,不适时宜地强调人格平等会妨碍效率,因为这些领域超出了人格平等发挥功能的范围。例如,计划经济体制下,我国的国有企业中,片面强调工人是企业的主人,忽视企业内部身份权力的行使,成为国有企业低效率的原因之一。身份差异安排对于效率的促进机制在于:身份体[⑥]内部依据效率价值配置权力,不同能力者获得不同的身份位置,支配不同份额的经济和人力资源;能力强者占据优势身份地位、拥有身份权力,主导身份关系运行,支配大份额的经济和人力资源,就能够实现资源的优化配置。因为特定资源在不同的人手中具有不同的利用效率,身份差异安排能够将资源配置给最能够实现其价值的人来掌管,从而促进效率。从整个社会角度,身份体系结构和身份流动机制也能促进社会

---

⑤　[法]卢梭:《社会契约论》,何兆武译,商务印书馆2005年版,第7页。

⑥　身份体是人们赖以生存和发展的组织或群体,是私法的秩序的重要载体。身份体为人们布局了结构化的生存空间,设定了法律化的行为规范。

效率。一旦出现社会停滞低效,就需要通过社会变革调整身份体系结构和身份流动机制,以产生社会活力与效率。例如,中国的改革开放过程中,逐渐突破了依据行政手段设计的单位制身份体系,市场机制塑造的新的身份体系逐渐取得主导性地位,身份结构体系和身份运作机制得以调整。作为一种社会利益配置机制,社会身份体系结构的变化代表利益结构的变化;而身份运作机制的变化则意味着社会交往与流动方式的变化。相反,一旦身份特权阶层牢固地控制社会资源,社会身份结构出现硬化和僵化,导致社会身份流动困难,整个社会就会丧失活力,此时,身份差异就会妨碍社会效率。

(三)公平领域中的人格平等与身份差异

人格平等直接对应形式公平,它强调起点公平,否定先赋身份,提倡自致身份。但是,人格平等结合私权保护,借助整体效率的公平观,也会带来实际的不公平。自近代以来,按照"占有式个人主义"的洛克式理论,个体自己决定自己,获取社会地位,并主要通过私有财产制度、契约制度以及市场制度而与他人联系起来,这些制度帮助创造财富,同时也导致合法的不平等。⑦ 身份在社会生活中的自然演化趋势就是形成特权,在近代以前的社会中,身份差异与特权制度相互依存并得到实定法律制度规则的确认和保障,损害了社会公平。近代以来,人们追求人格平等,但是始终无法消除不平等的现实社会结构,可见,单纯提倡人格平等也不能有效地实现公平。在不平等社会结构无法消除的前提下,我们只能改变不平等产生的依据,以一种看似更公平合理的依据取代原有依据以确定新的不平等,不平等产生的依据所发生的这种变化也能够在一定时期、一定程度上支持公平观。"公平与更大的不平等共存的观点也通过观察到收入水平越来越取决于教育、贡献和能力等方面的水平这个事实得以证明。如果在特定阶层之间,甚至在特定阶层内部虽然不平等增加了,但种族和性别之间的差距却相对缩小了,那么人们就不能谴责这种不平等。相反,随着劳动力的能力对收入水平起到越来越大的影响,收入水平取决于诸如种族、性别等因素的

---

⑦ 参见[英]彼特·H.舒克:《自由主义公民权》,载[英]恩斯·F.伊辛、布雷恩·S.特纳:《公民权研究手册》,王小章译,浙江人民出版社2007年版,第180页。

状况就消失了。”[⑧]

人格平等无法直接保障实质公平,需要借助身份调整,才可能达至实质公平。单纯的人格平等不能满足人们的全部需要,形式公平本身会带来实质上的不公平。因为形式公平所衍生的工具价值理性,一味追求效率,将市场机制的作用推向极致,带来贫困、失业、阶级对立,一部分社会成员丧失生存基础。由此,我们不得不面对这样的一个现实:形式公平给部分社会成员带来实质性的伤害。当然,这种困境并非无解,人类本性中所具有的社会性与利他性倾向会缓和这种不平等。有学者在考察农业社会进入工业社会的过程后,发现在工业化的第一阶段中产生了高度不平等,这种不平等在程度上后来又有所回落,这是一个 U 形曲线。虽然农业社会是一个总体收入较低、相对平均主义的社会;工业社会产生比农业社会更大的收入差距。但是,从总体上讲,工业化改善了所有人的状况。然而,这个过程并非自发出现的,而是在实质公平理念指导下,通过不同社会群体之间的反复博弈,人类社会不断完善制度规则的结果。正是因为认识到社会发展需要付出代价,而这种代价过多地强加在弱势群体身上,所以需要通过甄别身份差异,重视“自然人”“公民”等基本保障身份,矫正利益失衡。近现代法律设计中,通过社会福利制度为所有人提供公共产品;通过社会优抚制度,对于社会中的特殊人群提供帮助。针对国家之间的差别以及全球性的人权与环境问题,有学者提出世界公民权理论。认为个人应该将自己理解为是从属于两个共同体的:一是特定的城邦或国家;二是人类。他们认为,国民的利益必须放在首位的主权民族国家,不可能处理解决好日益上升的国际经济地位不平等、越来越升级的国内暴力和人权侵害、持续不断的环境衰退等问题,[⑨]这就意味着要在超出国家范围的更大领域矫正社会差异,在更大程度上实现实质公平。

---

⑧　[德]赖纳·汉克:《平等的终结——为什么资本主义更需要竞争》,王薇译,社会科学文献出版社2005年版,第1页、第164页。

⑨　参见[英]安德鲁·林克莱特:《世界公民权》,载[英]恩斯·F. 伊辛、布雷恩·S. 特纳:《公民权研究手册》,王小章译,浙江人民出版社2007年版,第436页。

三、人格平等与身份差异的相互关联

人格平等与身份差异相互关联的逻辑基础在于：两者同为私法确认和调整的人身关系，存在同样的经济基础之上；各自拥有相应的功能领域以及价值目标，但是，两者之间存在妥协、兼容与功能互补，从不同方面满足个人生活与社会秩序需要。现代私法中，人格平等已经成为一项法律原则，并构成对身份差异的严格限制，身份差异不能突破人的生存与伦理底线，一种领域的身份不能泛化到另一个领域。但是，也不能舍弃身份差异，否则，复杂的社会关系无法组织和调整，强者的才智无以发挥，弱者的困境无从救助。所以，身份差异需要不断矫正，人格平等需要精心维护，使两者更好地服务于特定的社会需要。

（一）人格平等对身份差异的矫正

人格平等不能取代和克服身份差异，只能对身份差异进行限制与矫正。

1. 人格平等为身份差异设置了限制

人人平等地享有人格尊严，为身份差异设置了底线。德国学者拉伦茨认为，人正因为是伦理学意义上的“人”，因此其本身具有一种价值，即人不能作为其他人达到目的的手段，人具有其尊严。⑩ 因此，任何身份差异不能导致对人格尊严的否定，即不得对卑微身份者进行非人对待。法律中的人格权也因此具有不同于财产权的属性，通常不能依权利人的意思、行为而取得或处分，不能适用民法总则编关于法律行为、代理、时效和期日期间的规定，人格权原则上不能处分，不能转让、赠与、抵销、抛弃。

人格平等奉行个人主义，与私法调整单位的个人化相一致，为个人的存在与发展在法律上创设了条件，成为私法中的基本原则及各项制度的基础。任何人无论原来具有何种身份，进入交易等私人领域，彼此之间就变为舍弃身份差

---

⑩ ［德］卡尔·拉伦茨：《德国民法通论》，王晓晔等译，法律出版社2003年版，第45～47页。

异的同质的抽象的人。由于私人间人格平等,在此基础上进行协商和自由竞争,以决定私人产品的得失。

单纯依靠人格平等制度不足以应对复杂的社会关系,需要求助于身份制度规则才能进行有效规范。但是,在近代法律确认人格平等以后,人格平等也为身份差异设置了限制,防止身份差异演变为身份特权、身份歧视,身份差异必须存在于合理范围之内,强势身份必须得到法律制约,弱势身份必须得到法律扶助,以防止身份差异损害人格平等。

在市场进程中,公平与不平等总是统一的,竞争本身就是对差别的承认,只有能够忍受差别的人,才能参加经济增长的过程。竞争中所有人都应该机会平等,然而,现实情况是参与竞争者所具备的条件就不平等,机会平等的假设前提也是不存在的;并且,其差异还会在市场运行中被放大,例如,竞争失败者由于失业被隔绝在经济发展进程之外。我们只能尽量保证市场的运行是公平的,不能保证这一运行的结果是公平的。因此,平等竞争本身就包含结果的不平等,产生或扩大了身份差异。人格平等作为调整市场关系的基本准则,须对竞争产生的身份差异进行矫正。其方法是通过重新分配进行调节,如设置收入所得税和养老、疾病、失业保险等。应该看到“竞争制造差异,造成分配的不平等,当然也不会让人享有一劳永逸的获利特权”。[11]

2. 人格平等导致了身份差异状况的均衡化

为了实现人格平等,社会分享会在一定程度上顾及或维护弱势身份者的利益。在社会生活中,存在所有人均能够分享社会成果的情形。“工人和老板欣赏相同的电视节目、打字员和雇主的女儿打扮得一样妩媚、黑人开着‘卡迪拉克’等等”,虽然这并不表明身份差异的消失,但是,可以表明弱势身份者也能分享“用来维持现存制度的各种需要和满足所达到的那种程度”。[12]

自近代以来,针对市场力量的滥用与越位,形成了一种将人还原为人,社会

⑪　[德]赖纳·汉克:《平等的终结——为什么资本主义更需要竞争》,王薇译,社会科学文献出版社2005年版,第1页、第164页。

⑫　[德]马尔库塞:《单面人》,张伟译,载上海社会科学院哲学研究所外国哲学研究室编:《法兰克福学派论著选辑·上卷》,商务印书馆1998年版,第496页。

还原为社会,将市场嵌入于社会中的身份,这就是公民身份。“公民身份包括的权利具有两个互相依赖的层面:一方面是其普遍性,应对人们基本权利要求的平等;另一方面是其境遇性,应对人们在现实社会中实际存在的差异。”⑬公民身份具有利益配置功能,它与政府机制对接,平衡市场机制运行的结果。现代国家一般设定特定的符合文明性的生活标准,对于该国的公民,国家、政府负有道义和法律责任;弱势群体一旦丧失获得收入的能力或者收入不足以维持基本生活,公民身份成为利益输送的依据,政府机制应通过各种方式予以补助,从而使他们能够维持基本生活。

3. 人格平等导致了身份差异功能的特定化

在社会生活中,各种身份角色之间存在严格界限,每个人在不同的身份场合要遵循不同的身份规则。如在公司中,如果在生产经营管理关系中,经理与工人之间是“命令—服从”关系;但在生产经营管理关系之外,经理与工人之间均是权利平等的公民或自然人,不存在相互的隶属支配关系。又如,国家领导人在执行公务时拥有优越的身份地位,但在生活中也是作为私的“人”“居民”“公民”身份存在的,与平民百姓的人格平等。人格平等作为一项法律原则限定了身份差异存在的功能范围,超出了这一范围,身份差异就不能再发挥作用。因此,“人格平等”阻止了特定领域的强势身份者的权势扩展到与之无关的领域。在人格平等的基础上,私法中制度化的身份不再含有任何特权或受歧视的含义,而仅是为满足维系身份体中的身份秩序需要,设计只能在特定人群特定场合中发挥功能的身份制度。人格平等并不排斥身份,而是需要保证身份流动与防止身份转换的僵化。在一种领域确定的身份,其效果不应该泛化到不相关领域,不得将特定身份差异泛化作为“人”的全面差异,如果在“人”的层面上承认差异,就会促成人格不平等。所以,保障人格平等,无须否定身份,只需将某种特定的身份差异效果限制在其特定范围内即可。

4. 人格平等改变了特定身份关系的内容

在家庭等固有身份体内部,近代以来,法律所确认的人格平等为这些身份

---

⑬ [美]托马斯·雅诺斯基、布雷恩·格兰:《政治公民权:权利的根基》,载[英]恩斯·F.伊辛、布雷恩·S.特纳:《公民权研究手册》,王小章译,浙江人民出版社2007年版,第58页。

关系提供了新的基础,改变了其中身份关系的内容。家长概念在许多国家的正式法律制度中消失,未成年子女同样获得独立人格,在法律上并不隶属于父母;在夫妻关系中,男女双方互为配偶,夫权演变为配偶权。妇女的独立人格与独立财产还引起侵权法上一系列的新变化。例如,在美国传统侵权法中对家庭内的侵权免责。但自1984年起,已婚妇女保护法赋予了妇女独立的人格和对个人财产的独立所有权以后,许多州已准许夫妻间提起侵权赔偿的诉讼了⑭。劳动关系中解除了人身依附,实现了就业自由。政治权利系统中,世袭贵族被废除,通过公开程序选拔强势者成为其地位正当性的依据。

5. 人格平等与身份差异在制度上的弥补

人格平等不能仅仅停留在抽象的假定和立法的纸面宣言上,它作为私法基本原则,应对实际社会生活的调整发挥作用。

现代社会中,资本主导的生产方式对个人加诸了生活风险。技术、产业、经济和其他社会变革进程使一部分人付出了代价,经济社会进步给一部分人带来危害或不利益,市场的运行结果造就了身份分层,扩大和强化了身份差异。同时,单个的自主交换过程的实现受制于整体经济行为,货币贬值剥夺了存款人的财产,市场垄断强加给经营者、消费者和劳动者不利条件,交易公平被强势者操纵所扭曲。显然,这些问题不能依靠市场机制自行解决,而需要一种强有力的社会协调。

在这方面,社会保障能够对身份差异作出制度性弥补。社会保障主要是通过立法与行政措施设立各种保证社会成员基本生活安全项目,通过提供补贴、津贴,补偿公民由于退休、失业、生病、伤残、丧偶、生育等原因造成的收入损失。有的国家把获得这些必要的社会物质条件转化为公民享有的权利。各国宪法一般也规定保障健康权、劳动权、个人及家庭发展权、物质帮助权等社会权利。社会成员享有的社会保障利益不再被认为是一种恩惠,而是法律确认的一种权利。“如果是一种权利,那么,符合获得某种社会保障待遇条件的人,就有权请求社会保障机构给予某种待遇。有权利必有救济,当社会保障机构不履行给付

⑭　参见张继承:《亲属身份权研究》,武汉大学2008年博士学位论文,第128页。

义务时，该公民可以向行政机关或法院提出请求，并通过法律的执行机制强制实现其权利。”[⑮]由此，身份差异带来的社会弊端和不公得到了制度上的弥补。

（二）身份差异对人格平等的完善

1. 在身份差异基础上才能实际解读人格平等

近现代法律中的人格平等只有在身份差异的语境中才能正确表述，也只有在身份差异基础上才能实际解读人格平等。如联合国大会 1948 年 12 月通过的《世界人权宣言》是这样表述人格平等的：“人人有资格享受本宣言所载的一切权利和自由，不分种族、肤色、性别、语言、宗教、政治或其他见解、国籍或社会出身、财产、出生或其他身份等任何区别。”在这里，虽然强调了人人有资格享有权利，满足了抽象的形式平等，但是其内容只能存在于有限的领域，并不能否定种族等身份差异。如果要实现实质上的人格平等，就要针对现实中存在的身份差异作出决策，对于强势身份者的行为进行约束，对于弱势身份者的困难进行救助。可见，实质意义上人格平等的实现需要以身份差异的实际状况为基础。如果从身份视角解读，人格平等，是指所有的人在作为“人”的层面上获得相同的身份，因而是平等的，并且所有的人在“人的身份”所包含的利益范围内平等；一国之内的国民在“公民身份”层面上获得相同的身份，因而是平等的，并且是在公民身份所包含的利益范围内平等。而“人”和“公民”身份所包含的利益范围，又是由当时的社会状况所决定的。在特定社会中，身份差异中的身份变动现象可以用来解释个人或群体人格平等的实现状况。例如，美国黑人公民奥巴马当选为美国总统，获得了政治上最高的元首身份地位，这种身份现象在一定程度上说明了美国社会对黑人的歧视有所改善，人格平等水平有所提高。

2. 身份差异与人格平等的适用范围

人格平等不否定身份差异的存在，身份差异也不影响对人格平等的适用。身份调整一般需要设置固定的身份岗位，不同的身份岗位之间存在权益差别；但身份岗位之间的差别并不影响人格平等，因为任何身份者的人格都是平等

---

⑮　种明钊主编：《社会保障法律制度研究》，法律出版社 2000 年版，第 10 页。

的,而且每个人都有机会通过努力改变自己的身份状况;如果将某些人与特定的身份岗位凝固化,例如,一些人一生必为奴隶,一些人一生定为贵族,这就违背了人格平等的宗旨。有些身份岗位与当事人之间的关联松散,是一种流动性社会关系,当事人之间的身份岗位易于互换,如工人与农民;有些身份岗位依据自然事实而形成,不存在身份竞争与互换问题,如父母子女之间的身份安排就不损害人格平等。有些身份岗位具有某种独占性,在此种情形下,平等仅存在于机会层面,不可能存在于结果层面。可见,不同身份岗位形成的身份差异,原则上不影响人格平等的适用,只有在身份岗位凝固化、造成社会分配不公时,才会影响人格平等。

人格平等伴随身份差异的演变而演变,人格平等的适用范围决定于身份差异的现实状态。在古代法中,人格平等只能在特定身份者之间存在。在中世纪,市民社会的等级和政治意义上的等级是同一的,所以,无法形成普遍的人格平等。自近代以来,人们更关注普遍的个人,个人被赋予独立的法律人格。但是,这种普遍的法律人格仍需在历史发展中逐步实现并扩大其范围。如美国 1866 年才将公民资格扩大到黑人,1924 年扩大到印第安人。法国 1944 年才确认妇女选举权。⑯

3. 身份差异与人格平等的实现

身份差异中固然包含否定、侵害人格平等的一面,但是身份差异中同样存在支持人格平等的一面。剥离身份差异,人格平等只能退缩到“形式平等、抽象平等”的虚幻空间;借助身份差异的区分功能,人格平等才可能获得实质意义。总之,追求人格的形式平等需要超越身份差异,追求人格的实质平等需要借助身份差异,人格平等是在身份差异的不同层次上实现的。

人格平等的实现依赖身份差异所提供的空间。人格制度是以原子化个人为调整对象的规范体系,身份制度是以团体法、组织法逻辑为基础构建的规范体系。所以,社会中团体、组织体的运行需要对于人格平等作出某种限制,这种限制的合理性因素是效率追求。正如在公司组织框架中,为了能够满足市场高

---

⑯ [瑞士]胜雅律:《从有限的人权概念到普遍的人权概念——人权的两个阶段》,载沈宗灵、王晨光编:《比较法学的新动向》,北京大学出版社 1993 年版,第 139 页、第 142 页。

效率的要求,只认“身份”不认“人格”,每个公司成员都是依据身份职权职责实施行为的,使公司获得了生产秩序和生产效率。

身份差异中体现的人格平等还表现为同一基本保障身份上的平等。在这里,同一基本保障身份指的就是民族国家中的“公民”和人权保护中的“自然人”,这两种身份者的最低生活保障,成为现代社会中的人们所应获得生活保障的底线。在社会基本福利方面,禁止和避免“身份歧视与身份排斥”和“非人待遇”的现象发生。特别是公民身份的确立,为全体国民赋予了统一的身份资格,提供同质的公民权。对于一个普通的公民来说,公民权就是一种法律担保,就是一种实现人格平等的保证。

至于那些由于失业、疾病或退休而无力通过劳动力市场获得足够收入来维持生活的人们,正是在甄别身份差异的基础上获得国家和社会救助的。显然,这种由国家提供财政支持或通过“社会援助”所救助的对象不是普遍的社会人群,而是那些真正处境艰难的人们,即因失业、疾病、退休而无法维持生活的身份者。由此可见,身份差异与人格平等密切关联,彼此兼容、互补,共同构成人身法制的基础。

私法中身份的再发现*

身份是人们的日常行为准则之一,人们别无选择地生活于身份制度之中,它本应处于私法的显要位置。但是,在近代民法兴起的过程中,身份像恐龙一样遭受了劫难,因对梅因“从身份到契约”论断的片面理解,身份似乎成为民法学者的禁忌。结果是,私法中的身份仅仅残存于亲属法的保留地中,身份与落后、非正义发生捆绑,几乎无人问津。甚至在其功能范围之内应该出现的地方,身份也被遮掩了,不能以真实名义面世,成为当下私法中最飘忽不定的问题。身份是消失了还是被忽视了?身份是死亡了还是演变了?抛开身份,私法中的“形式平等”是否会演变为虚幻的口号?所谓“从契约到身份的反向运动”的含义是什么?本文以人格、契约与身份制度相互影响的演变过程为视角,通过对近现代私法中身份变迁与再生现象的解读,突破对身份狭义理解的局限,界定私法中身份,探索其调整方式与社会功能,以解释身份在私法中的应然位置并澄清法学界对身份的误解。

一、何谓私法中的身份

“身份”在《辞海》中表述为“人的出身、地位或资格”。“出身”,是指血缘联

* 原载《法学研究》2008年第5期。本文系国家社科基金项目“和谐语境中第三部门社会矛盾的应对机制:侧重于私权与公权界限模糊领域的实证分析”(07CFX002)的部分成果。

系,包括血缘体内部的结构与联系,以及血缘基础上的特定家族在社会中的位置;"地位",是指在纵向的社会分层结构中的定位。而"资格"主要有两种含义:一是指以具备特定技能为确定条件的职业资格;二是指具备参与某种利益分配可能性的成员资格。社会学家认为身份主要有6种含义:在社会上的位置;在等级制度中的位置;一种继承来的社会地位;任何一种用客观的特点(如职业、收入等)测量的地位;声望;权利与义务的集合。① 法律身份,是指具有法律意义的身份,身份关系为法律所调整,能够在当事人之间配置权利、权力、义务和责任,能够作为请求权发生的基础,并且作为司法判决的依据。

私法身份是个人在社会关系中具有私法意义的定位与相应的利益份额,是身份关系为私法所规制的结果。社会中的身份标明人们的个性、群体位置和利益份额,并且使人们归属特定团体与社会。由于人类社会生活的复杂性,个人存在于不同领域的身份关系之中,可以在诸多身份体系中确定自己的位置。私法中的身份制度是建立在社会身份关系基础上的一套由法律、法规认可的制度体系。它处于私法领域,以权利保护为中心。私法通过身份规则调整个人之间关系,就特定行为而言,当事人之间的不同身份关系决定了不同的法律性质。如两性关系,发生在夫妻之间是行使同居权,发生在夫妻之外就是非法姘居。在立法中,身份用于解决实质平等问题;在司法实践中,身份往往成为决定诉讼结果的关键,身份差异有时决定判决内容和诉讼胜败。

(一)私法中身份的法律性质

身份是一种社会组织技术。通过身份可以构建社会关系的结构框架,这些制度框架提供利益划分机制、行为规则体系、权利义务责任关系,为个人行为提供指引,形成社会秩序。作为组织技术的身份服务于社会组织需要,一旦出现新的社会关系,就会产生相应的身份;社会关系发展变化的表现形态之一就是身份体系发生变化,一些特定的身份种类衰落,另一些新的身份种类就会出现。

身份调整结构化的社会关系。私人之间的关系有一部分存在于社会组织

---

① 参见李强:《当代中国社会分层与流动》,中国经济出版社1993年版,第2页。

结构中,家庭、社团、社区和社会本身就是人们生活在其中的组织结构。身份体系将人们安置在不同的身份框架之内,每种身份对应于不同的利益空间,遵循不同的规则体系。

身份调整稳定的社会关系。人们之间存在一些长期、稳定的身份联系,身份相对契约制度的功能优势在于其稳定性。如果说契约的本质是当事人之间的合意,身份的本质则是社会的安排。私法中存在的身份一定与当时的社会基本结构相适应,在社会基本结构发生变化之前,身份结构一般不会发生变化。人类社会中的基本身份种类(如夫妻身份)具有超越时间和地域的稳定性。

身份调整差异化的社会关系。身份视角中的人是类别化的人,身份制度对社会成员所处的位置和角色进行类别区分,通过赋予不同类别及角色以不同的权利、义务和责任,在群体的公共生活中形成"支配—服从"的社会秩序。② 美国社会学家彼特・布劳(Peter M. Blau)认为:"社会成员如果按照类别参数如性别、职业、宗教、住地、工作地来分类,被定义为群体,它从水平方向对社会位置进行区分;如果按等级参数来分类,如收入、财富、教育、权力等,被定义为地位,从垂直方向对社会位置进行区分。"③横向的类别身份区分的结果是产生具有不同局部共同利益的团体身份,在相应的利益团体中分享不同的利益份额。纵向的等级身份区分的结果是产生不同身份之间的对应关系:平民对应贵族,弱者对应强者,经营者对应消费者,雇主对应劳动者。身份制度以人与人之间的差别为前提,以区别对待为基本调整方法。在身份差异基础上存在不同的社会角色,角色是身份地位的外显形式,包含特定身份所要求的行为模式。

在人法中,身份法与人格法共同调整人身关系,共同确认主体的法律地位。个人拥有人格意味着在私法上"被当作人对待",获得一般的法律主体资格。人格制度保证自然人、法人成为独立的法律主体,通过意思自治享有权利、承担义务,将个体直接对应于整体性的社会共同体来进行考察、保障与规制。而身份

---

② 参见张静主编:《身份认同研究:观念　态度　理据》,上海人民出版社 2006 年版,第 3 页。

③ [美]彼特・布劳:《不平等和异质性》,王春光、谢圣赞译,中国社会科学出版社 1991 年版,第 160 页。

则解决“被当作什么人对待”的问题，特定身份意味着在法律上被当作特定类别人对待的资格。身份法将社会看作结构化的存在，在社会的层次结构中界定个人利益，即先将社会分解为存在差异的利益结构，形成不同的身份位阶，而后让人们获得不同的身份以实现类别化。人法关系直接体现伦理性，涉及人的尊严，对于身份的价值性误解即源于此。

在财产法中，作为社会利益协调机制的身份与契约相对应，体现为财产整合、运用与分配技术。在此领域中，身份与契约共同存在、功能互补，并在特定领域可以相互替代。身份制度依据个体之间的身份关系和个体的身份位阶在利益共同体中确定利益份额。现代社会中，财产关系主要通过市场中的契约关系和社团内部关系两种机制进行调整，其中主要的社团是企业。美国学者科斯认为，组织生产有两种基本形式，即市场交易制度和企业制度。“在企业之外，价格变动引导生产，通过一系列的市场交易进行协调。在企业之内，这些市场交易被排除，指挥生产的企业家式协调代替了复杂的交换所构成的市场结构。”④在企业内部，投资者控制经营管理者，经营管理者支配劳动者，依据不同身份岗位配置不同的职权、职责，这些身份权力秩序规范了企业内部的财产秩序。

（二）私法中身份法律关系的特征

私法中的身份法律关系是对生活中的特定身份事实，赋予私法效力。其特征如下所示。

1. 主体范围的特定性

身份关系产生于特定范围的主体之间，这些主体归属于特定的身份体；通过个人与身份体的归属关系确定主体范围。现代社会中，存在家庭、社团、社区、社会这些利益共同体，身份制度在其内部构建相应的身份体系，通过身份调整利益关系，这些身份体的边界将特定人圈在内部，成为身份主体。如家庭身份存在于特定范围的亲属之间，社团身份存在于特定的社员之间，社区身份存

---

④ R. H. Coase, *The Firm, the Market, and the Law*, The University of Chicago Press, 1988, pp. 35 – 36.

在于特定范围的居民之间,社会一般以国家为利益配置单位,享受福利的范围限于具有该国公民身份者。

2. 内容上的利益综合性

私法身份的内容表现为权利、义务、权力、职责所表达的利益综合,包括权利化利益与非权利化利益。权利化利益归属明确,在侵害身份权的情形中可以认定明确的身份利益损失并进行损害赔偿,如著作权中的署名权。非权利化利益即身份法益,其利益界限相对模糊,只能依据具体情境予以认定。在狭小的身份体内部,利益关系紧密,相互之间的利益可以转化为实体权利,如亲子身份中的抚养权与继承权;在宽泛的身份共同体中,个体之间的利益联系较弱,在有些身份关系中,权利确认是抽象的、非实体性的,仅仅表现为一种解释规则,例如,在市场共同体中,合同当事人对格式条款有两种以上解释的,应作出不利于合同提供方(商人)的解释。

3. 结构性与差异性

从利益配置角度,“身份”二字可以拆开理解为“身”和“份”,“身”是指特定个体在群体中的定位,“份”是指依据地位所享有的利益份额。不同的身份意味着不同的利益份额,包括财产、精神、伦理等方面。既有身份框架提供了不同的身份岗位,形成结构性身份体系,个人依据自然性或社会性事实获得特定身份。身份制度的基础是差异性,身份制度的功能在于调整差异性的社会关系,身份制度的运作方式是区别对待,身份调整的结果是形成差序格局。身份划分中所选取的任何一项标准都必须具备将对象进行区分的功能,一旦某一标准不能将人群加以区分,它就会被废除。例如,在古罗马法上,自由是一种身份标准,依据有无自由可以区分自由民与奴隶;而在现代法中,自由已经丧失了作为一般社会身份区分标准的意义。

4. 定型化

身份关系中的意思并非纯粹的个人意思。相对国家意志而言,私法中的身份关系内容属于社会意思;相对当事人意思而言,私法中的身份关系内容是在团体规则约束下的制度化意思,是依据社会一般判断和基准设计的社会化意思。“民事规范最特别的,是绝大部分源于人民自己的创造——主要是契约,一部分民事规范是'社会'形成的。"[5]特定身份上的利益一般是由处于主导地位的社会政治、经济、意识形态、宗教、文化习惯所界定的,它是社会性的一般判断和整体安排;私法上的身份关系是定型化的,相互之间的权利、义务、权力、责任由法律作出安排,不容许当事人进行个人意思自治。

二、近代私法中身份的变迁

近代社会的变化是,农业社会转向资本社会,生产和社会生活的基本组织单位从家庭到社团、社区,交易关系盛行,个人的活动空间和利益空间拓展,出现新的身份体;个人普遍从家庭中析出,获得独立人格,依据契约进入新的身份体。社会身份由基本固定到大规模流动,私法中的契约、人格与身份制度发生相应的变迁。

(一)近代社会结构变迁与新的私法身份

近代社会演变的基础是经济领域,以土地为中心的自然经济转变为以资本为中心的市场经济,原有基本社会组织——家庭的功能发生裂变,生产、福利等功能逐渐从家庭转移到社团。农业社会的基本组织单位是家庭,家庭既是生产单位,又是生活共同体,人们的生活关系主要在家庭范围内展开,家庭身份是社会中最基本的身份安排,并在此基础上形成社会身份结构,所以家庭法成为古代法中最重要的组成部分。工商业发展带来企业等社团的勃兴,企业单位、社会团体等人类进行职业活动的社团组织成为另一个基本的利益共同体,人们在这些组织中获得生存资源。人们的基本生存方式是与企业及相关社团形成劳动关系,取得劳动报酬,生产在家庭之外的企业等社团中组织。企业及在其基础上衍生的其他社团形成新的身份体,产生各种社团身份。

---

⑤ 苏永钦:《私法自治中的国家强制》,中国法制出版社2005年版,第22页。

(二)社团身份演变与独立平等人格形成

在古代私法中,人格表现为身份人格,不同的身份者具有不同人格。平等人格是在社会的身份演变过程中逐渐生成的,这个过程从家庭功能裂变开始。在血缘身份社会中,家长与家属之间人格不平等,家长具有完全的人格,家属的人格是残缺的;这种人格结构与家庭身份共同体的行为方式相适应,家长对内组织生产、安排生活。从外部观察,家庭是一个统一的功能体,类似于当今的法人组织,家长是"法人代表",家长代表家庭进行为数不多的市场交易,家属一般不能独立对外交往。"只要是自然经济,其生产单位(家庭)例外的同外部的联系就只能通过家长来进行,这就意味着家庭共同体的财产在外部关系是属于家庭和家长的。成员和家长的关系作为家庭协同体内部关系并没有外在地以法律形式表现出来。"⑥此时,自由意志、意思能力对于法律人格的形成并不具有意义,身份决定人格状况,具有意思能力的成年男子,如果处于家子(或者奴仆)的身份地位,仍然不具有完全的人格;例外情况是,如果这个家子担任社会公共职务,实际摆脱家长的约束,在社会中独立活动,其就拥有了独立人格。可见,人格是否独立取决于是否独立对外交往,一般的人格独立平等之前提是个人普遍从家庭中析出,独立参加社会生活。工商业兴起之后,生产主要在家庭之外的企业中组织,企业成为主要的利益配置单位,大量处于依附地位的奴仆和家子脱离家庭,进入企业或与其相关的社团之中。这个过程促使个人从家庭中析出,成为独立的法律主体,获得独立人格,由此,奴仆、家子与原来的家长之间的身份地位发生变化,在生活上解除了依附关系,彼此平等。由此可见,成年的家子、奴仆获得与原家长同样独立人格的过程与社会生产组织演变的过程相呼应。独立平等人格的功能意义首先是对于非家长的成年人,开始是成年男子,后来扩张到成年女性。随后,这种人格平等扩展到包括意志不能独立、生活上依赖家长的未成年人在内的所有自然人。社会的变迁,结合基督教的人在神面

---

⑥ [奥地利]埃利希:《权利能力论》。转引自[日]星野英一:《私法中的人》,王闯译,中国法制出版社2004年版,第17页。

前平等思想,导致人格独立平等成为私法原则,在各国民法中得到普遍确认。[⑦]总之,平等人格代替了差异人格。

但是,独立的个人并非终极存在,而是需要进入新的身份团体,形成新的身份关系。在这些新的身份团体内部依据什么来安排利益关系和行为规则?当然,还是设置特定的身份。在此,近代社会的变迁可以总结为"从家族血缘身份到团体身份"的变迁。新的身份团体包含新的身份岗位,个人与这种身份体内部的身份岗位通过契约联结,契约意味着平等,意味着人们有进出这些身份体的自由。此时,平等人格在身份体内如何体现?其一,身份体内部形成人格的实际存在空间,理想化的平等人格受到限制。在企业组织过程中,人被对象化,成为商事组织中的要素——人力资本,从而丧失了独立的主体地位,人格在团体身份空间内部发生折叠,或者说,受制于身份结构的安排。其二,独立平等人格构成法律底线,将身份安排产生的约束与不平等限定在既定的功能范围之中,以防止优势身份权力的全面支配,限制身份权力的滥用。特定身份规则只能在固有范围内发生作用,例如,经理在组织生产之外的活动中对职工没有支配权。其三,平等人格形成新的基础,影响身份关系内容。如夫妻身份关系中,由单方享有的夫权转变为男女双方互相享有的配偶权。

(三)契约勃兴与身份勃兴

在近代社会的演变中,契约关系与新的身份关系同时勃兴,而私法理论仅仅关注于契约,契约的光芒掩盖了身份演变的事实。私法中的身份在阴影中自在自为地生长,眼中只有契约的私法学者大多以为身份已随着梅因"从身份到契约"的论断神秘消失了。

理想化的契约发掘并契合了近代以来的私法精神,从法理上界定了契约的一般内涵、外延及制度环境。契约关系中对立的双方是人格独立、行为自主、彼

---

⑦ 这一进程一直延续到现代,范围从内国扩展到整个国际社会,人权保护最终成为共识。1948 年 12 月 10 日联合国大会通过并公布了《世界人权宣言》,形成所有人民和所有国家努力实现的共同标准。"人人生而自由,在尊严和权利上一律平等。"这样,通过各层次的法律规范,在法律上设定了一个底线:所有的自然人在法律上被当作人对待。

此没有差异并且不带任何社会背景的人,他们为了实现私权进行交易,可以决定是否缔约、与谁缔约、以何种条件缔约。因为他们“强”而“智”,所以可以独立地设立相互之间的权利和义务。于是,与契约伴生的独立、平等、自由、自愿,成为契约的社会性内涵。契约制度还被泛化,扩展到其不能调整和解释的法律领域,被用来解释其解释不了的法律现象。为了确认自主婚姻,有些私法学者就主张婚姻的本质是契约;为了否认君权国家,确认民权国家,公法学者就杜撰社会契约论。其实,这些所谓契约的真实意旨只剩下与其伴生的独立、平等、自由、自愿等价值性要素。

近代契约的勃兴包含了身份契约的勃兴。[⑧] 所谓身份契约,是指以产生、变更、消灭身份关系为目的的契约,其功能是形成身份关系。身份契约的适用范围在于自致身份领域,[⑨]为当事人进出特定的身份关系提供了法律手段。古代社会有严格的等级秩序,身份地位固定,阶层流动性小,私法身份的产生主要依据自然事实——血缘关系,但有些身份关系的产生也依据契约,例如,奴仆与主人、地主与佃户之间的身份关系。近代以来,自然事实在身份形成中的作用范围发生变化,血缘关系保留在固有的家庭身份领域,它在社会身份的形成中逐渐丧失了法律意义。大量的身份契约出现在新兴社团组织关系之中,法律上独立的个体通过契约关系重新组合,进入新的身份体,获得新的身份利益。这种契约的本质是身份行为,功能在于建立新的身份关系。企业现象最典型,发起协议产生发起人身份,章程和认购协议产生股东身份,委任协议产生经理身份,劳动协议产生劳动者身份。企业中已经预设了身份岗位,身份契约将人引进特定的身份位置。身份岗位及其相互关系依据企业运行的功能需要而设定,每种身份所包含的行为规则和利益综合由企业法依据社会性标准直接确定,身份契约对身份关系的基本内容并不产生影响。

---

⑧　契约是双方法律行为,法律行为是意效行为,即依当事人的意思发生法律效力,依据意思的内容可以分为财产契约与身份契约。

⑨　自致身份指后天达致的社会身份,可以通过自己的努力得到或改变,如选举的总统、评聘的教授等;与之相对应的是先赋身份,指出生时就被赋予的社会身份,这种身份的取得无须自己努力,如基于出生的国籍、贵族身份等。

商业组织的勃兴塑造了经营者与消费者、雇主与劳动者等身份。[10] "资本主义生产方式的前提是为贸易而生产,是大规模的销售,而不是面向个别顾客的销售,因而需要有这样的商人,他不是为了满足个人的需要而购买,而是把许多人的购买行为集中到他的购买行为上。"[11]这种固定、连续和集中的制度化交易将商业活动进行整合。"经济过程的制度化与一个社会的联合与稳定的过程紧密相联。这个过程会产生一种结构,这种结构具有一种由社会定义的功能……在这样一种相互关联的过程中,人类的经济活动被制度化。"[12]商场将买卖活动集中,公共交通将客运服务进行整合,证券交易将投资、融资活动规范化。特定商人在固定地点长期从事同一种营业,交易过程被程式化,交易的成立、生效、履行均被制度化为商人与顾客共用的习惯规则。营业中包含了具有特定功能的行为束,其中,每一个具体行为均被作为社会性行为而标准化,被法律和习惯赋予特定含义,成为社会共识。例如,公共汽车沿预定的线路行驶,即为要约(有谓要约邀请);个人在公共汽车站上车,即是缔结和履行城市交通服务合同。这些行为嵌入一系列物化的制度事实之中:确定的站点和站牌、运行线路、汽车编号、依据载客需要设计的汽车、具备驾驶技术资质的驾驶员、规定的票价,甚至咨询电话和交通图等。营业关系中产生身份化的行为主体,包括商人(相对劳动者是雇主,相对消费者是经营者)、劳动者、消费者、政府和社会中介组织。

市场运行造就强弱、贫富差异的身份结构。在市场中,主体平等只是理想状态,即使初始状态中交易双方平等,契约运行的长期结果必然导致交易当事人的分化,契约运作具有破坏契约平等前提的倾向,近代以中小企业为主的市场主体结构逐渐演变为垄断企业占支配地位的市场主体结构。创造和积累财富成为人们获得优势地位的基本手段,根据占有财富的多少,人被区分为不同

---

⑩ 虽然这些身份是在近代的社会演变过程中逐渐形成的,但在私法上得到正式确认已经是现代立法现象。劳动法、消费者权益保护法的大量制定就是第二次世界大战以后的事情。特别法的制定也推动了民法的完善,如现在的《德国民法典》第13条规定,消费者是"为一定的目的订立法律行为,而该一定的目的既不能够归属于自己的营利事业活动,又不能够归属于自己独立职业活动的任何自然人"。

⑪ [德]马克思:《资本论》(第3卷),人民出版社1975年版,第365页。

⑫ K. Polanyi, *The Economy as Instituted Process*, in Mark Granovetter & Richard Swedberg(eds.), *The Sociology of Economical Life*, Boulder, Colo.: Westview Press, 1992, p. 34. 转引自李汉林等:《组织和制度变迁的社会过程——一种拟议的综合分析》,载《中国社会科学》2005年第1期。

的等级,隔离于不同的消费结构之中。市场条件下,在个体所扮演的众多角色中,职业是最主要的正式角色。“当一个人获得了某种职业,他就具体地扮演这个社会角色,随之也获得了相应的社会身份,在社会中占据了一定位置。”⑬市场机制成为身份区分的主导机制,贫富对立是身份结构的基本状态,劳动者、消费者等弱势身份群体随之出现。

(四)私法身份价值基础的第一次转变:从身份特权到形式平等

古代社会以秩序为主导价值,身份安排的目的是形成固定的等级秩序,血缘身份是主导身份形态。在这种等级性差序格局制度安排中,人们的机会、起点并不平等,人生来就处于身份等级制度之中。近代以来的社会进步体现为逐步消除身份制度的不合理因素,去除身份制度对人的不合理约束,自由、平等、人权成为私法身份的价值基础。社会基本结构单位由家庭演变为独立的个人,私法直接以个人为调整的基本单位,个人是私法的唯一基础。在此基础上,私法身份完成了从特权维护到形式平等的转变。

与形式平等相应,近代私法包括三个基本假设:其一,抽象均质的、“强”而“智”的人。⑭ 德国学者古斯塔夫・博莫尔(Gustave Boehmer)认为,《德国民法典》所描述的人像,“乃是植根于启蒙时代、尽可能地自由平等、既理性又利己的抽象个人,是兼容市民及商人感受力的经济人”。⑮ 这种同质化人的假设,掩盖了人与人之间的差异性,使身份丧失了存在的余地。私法仅仅设计行为能力制度来解决平等人格者之间的差异,⑯人们在任何一项法律行为开始之前的起点——人们在社会结构中所处的地位差别被私法忽视了。同时,这种同质的人

---

⑬ 朱力:《准市民的身份定位》,载《南京大学学报》(哲学・人文科学・社会科学版)2000年第6期。

⑭ 在影响近代民法的康德的思想中,实践理性领域中的人是强而智的,“一个人按照自己的表述去行动的能力,就构成这个人的生命”。参见[德]康德:《法的形而上学原理》,沈叔平译,商务印书馆1991年版,第14页。

⑮ Boehmer, *Einfuhrung in das burgerliche Recht*, 2. Aufl., 1965, S. 83. 转引自[日]星野英一:《私法中的人》,王闯译,中国法制出版社2004年版,第7页。

⑯ 行为能力差异的依据是意思能力的差异,这仅仅是私法关系中人们之间诸多差异的一个方面。在由法律行为产生的私法关系中,行为能力制度可以在一定程度上矫正人们之间的差异,弥补意思能力的不足。在非依法律行为产生的私法关系中,行为能力制度无法发挥规范功能,无法矫正人们之间的差异。

是依据商人的标准设立的，拔高了生活中的人，导致私法背离社会生活。其二，假定人的生存状态是独立、个体的自由人。这种假设使人并不生活于身份体之中，既无须身份提供约束，也无须身份提供依赖。身份体内部所包含的利益综合会因此而丧失法律意义。其三，平面化、无风险的社会。近代私法所假定的社会是无结构的，人们在其中自由交易，实现生活目的。市场中的风险和部分人的无助，至少在近代民法中被基本忽略了。[17]

在近代私法追求形式平等的过程中，身份被误解为特权制度，被人为地从法治思想中排除，人们对于契约的过度关注以及对于平等、自由、意思自治的偏好，形成了一种排除身份的思维定式。但是，要反对特权、追求平等，只需否定那些作为特权载体的旧身份种类。事实上，在血缘身份制度衰退的同时，新的身份体、身份制度规则和身份种类大量生成。

三、现代私法中身份的存在状态

在现代私法中，身份正逐渐回到自己的应然位置。婚姻法、亲属法本来就属于身份法域；监护制度、集体所有权、区分所有权、优先权制度中都包含了身份制度；知识产权法甚至公开承认署名权为身份权；商法中身份规则也大量存在。这种变化与其说是“从契约到身份”，不如说是“身份从阴影中走到阳光下”。

（一）现代私法去身份化的隐患

现代私法承认所有人的法律人格平等，有权依据自由意志安排私法关系，知识、社会及经济差异被忽略，即现代私法中的人是去身份化的。然而，忽略私法中固有的身份带来了严重后果，导致私法制度规则、机制、功能的结构性缺失，以致社会失范。其一，身份向潜规则转化。从积极意义上看，潜规则比正式

[17] 商法中的风险准备金制度就是对于市场风险的反应，但是其保护的对象是企业。

规则更贴近生活本身,潜规则状态对于身份制度的贡献在于保证了它的存在与发展,并默默地规范社会生活;其负面影响在于得不到正式制度的有效规范,必要身份利益不能依法得到保护。其二,放任形式平等给普通人带来伤害。近代民法以"强者"为前提,但法律上平等、自由的抽象人不能取代社会中有强弱之分的现实人。由于私法排斥身份,无法通过身份制度为弱者提供依赖和救济,给弱者带来伤害。其三,身份制度规则缺位,非理性地解决社会纠纷。近代以来,世界在经济发展方面取得了巨大成就,但是,社会并不和谐。由于身份制度规则缺位,身份关系得不到有效调整,弱势身份群体的生存利益诉求普遍采取非理性的表达方式。[18] 在我国,近年来引起广泛关注的社会事件大多与身份有关,例如,"宝马撞人案""孙志刚致死案""深圳警方公处卖淫女案""重庆最牛钉子户案""山西砖煤窑奴工案"等。

(二)现代私法中身份的发展完善

现代私法中身份领域的变化是,自然人、公民等基本社会身份形成,社团成为主要的身份载体,市场机制成为主要的身份分层机制,身份流动渠道拓宽。主要身份规则及特定身份(如消费者、经营者)的权利义务在法律上有明确界定。

其一,现代私法中的基本身份体系。家庭身份、社团身份、社区身份、社会身份是私法中基本的身份形态,这些身份在现代社会中成型,并开始得到私法确认。家庭仍然是最重要的身份体,家庭身份在亲属法中得到明确规定。

社团所缔造的商人身份与劳动者、消费者、中小投资者身份成为现代社会的基本身份。社会财富的实际占有、支配者主要是公司等社团组织,生产资料为工厂实际支配,生活资料存放在商场之中,货币主要存在于银行、保险基金、

---

⑱ 如个别农民工以自杀、自残或暴力方式讨薪的现象。用传统民法观点来看,这本是由劳动合同产生的债权债务问题,当事人之间地位平等,法律上要求作为债务人的用工方必须履行义务,作为债权人的农民工有权进行自力救济,也可以进行公力救济。一切似乎很完美,农民工根本用不着采取非理性方式。问题的关键在于农民工的弱势群体身份没有得到法律等正式制度规则的确认。在没有对弱势身份群体(农民工)提供特殊救助、没有针对特定优势群体(用工方)出台约束政策的前提下,私法中形式平等的效果表现为直接损害弱者的生存利益并间接损害社会利益。

信托基金、证券市场。个人只直接支配与日常生活需要相应规模的使用价值形态的财产。人与人之间的经济交往以公司等社团组织为中介来展开，单个人的技能、科学技术、自然资源、社会性劳动都嵌入公司等社团组织的营业体系之中。公司等社团组织运作本身成为一种制度规则和法律秩序，为个人预设了生存空间、行为模式。个人的生活状况取决于其市场能力，美国学者吉登斯(A. Giddens)认为，市场能力是以人们所占有的财产，所拥有的教育、技术和劳动力为基础的，是"个人可以据以讨价还价的任何形式的有关品性"。[19]

社区是家庭之外的生活空间。人们的日常生活在社区中展开，社区在农村表现为村社，在城市表现为居民区。社区所界定的利益共同体中产生了村民或社员身份，村民或社员对于公共资源、公共设施、环境利益、治理权益享有身份利益。身份确认了成员与整体之间存在利益联系，这种联系通过具体的财产份额化发生实际作用，身份共同体中存在利益分配关系。例如，某一居民小区的所有业主对于本社区拥有共同利益，单纯的所有权只能确认细碎化的财产份额，无法解释财产的整体效用。从区分所有权中可以发现一种理解思路：财产围绕人的生活需要，实现人的利益，这种利益的实现需要发生多重关系，产生多种利益诉求，形成不同的权利需要。业主的专有权具有对于财产的归属效力，共有权反映了业主对于整体财产的依赖利益，成员权则是业主在身份体内管理财产事务并享受公共利益的权利。可见，区分所有权中依据专有权来确认成员身份，身份体内的利益将分配给该团体内的各个成员，专有权、共有权与成员权一起存在于一个总体联系的身份共同体内。

社会中充满风险，残疾人群、失业人群无法通过市场机制获得生存利益，在个人本位的私法制度下，家庭、家族的救济功能衰退，必须在社会中形成社会保障与救济机制，这种机制通过传统国家演变为现代福利国家的途径实现。与社会相伴而生的对应物是政治国家，一方面，社会的存在以划清与政治国家的界限为前提；另一方面，恰恰是政治国家的功能演变使社会作为利益共同体得以

---

[19] A. Giddens, *The Class Structure of the Advanced Societies*, London: Hutehinson & Co. Ltd., 1973, p. 103. 转引自刘欣：《当前中国社会阶层分化的多元动力基础——一种权力衍生论的解释》，载《中国社会科学》2005 年第 4 期。

形成。现代福利国家的发展使政府逐渐成为公益政府,政府通过税收从社会中集聚巨大财富,通过提供福利为社会中的各个成员输送利益。[20] 因此,社会本身也成为一个大的利益共同体,其成员能够获得确定的私法利益,自然人、公民就是其基本成员。

其二,身份调整诉求凸显。每一个特定的身份群体均有特定的群体利益诉求,私法必须作出回应。身份法的权威性并非仅仅因为它是由国家制定的,而是应源于它能适应社会需要,回应特定群体的需求,并为他们所适用。现代社会对私法身份有两种最基本的功能诉求:一是通过组织中的身份满足人们追求效率的需要;二是通过身份满足保护弱者、抑制强者以实现公平的需要。

在市场中,商人拥有普通人所没有的营业权,大公司通过规模与组织优化拥有市场优势。因而在需要追求效率的身份关系领域,法律政策是"扶优助强"。在社团组织法中,为了保证团体的运作,应对优势身份岗位(如董事长、经理)作出有利的制度设计,赋予身份权力,允许其支配大份额的社会资源,以实现治理功能。在公司法、保险法、银行法等涉及社团组织的私法制度中,均需要建构职能身份,确认不同身份之间的管理支配关系,确认身份权力并划清权力界限。

商事关系当事人之间的商事能力和市场势力不平等。商人具有专业的商事能力,成为强势群体;他们是商业游戏规则的制定者、掌握者,处于主动地位;私法需要对这些强势身份进行抑制。由于现代社会大规模生产、大规模消费,公众被广泛卷入商事关系之中,他们将自己作为劳动力的载体加入企业的运行过程,获得报酬;又用报酬换取企业的产品和服务,满足生活需要。普通人通过消费者、劳动者、小投资者身份进入商事关系,他们信息匮乏,不懂得商业术语和专业知识,易受欺诈和强制,构成弱势群体。如果私法仅仅提供形式的平等保护,无疑是放纵商人利用市场机制掠夺公众。此外,老年人、未成年人是天然的弱者。私法需要针对特定身份,制定消费者权益保护法、劳动法、中小企业促进法、妇女权益保障法、老年人权益保障法、未成年人保护法等进行倾斜保护。

---

[20] 例如,成为一国公民就有权享受该国的社会福利,获得福利具有依据公民身份获得财产权的私法效果;成为一国公民就要向该国政府纳税,纳税具有依据公民身份义务丧失财产权的私法效果。

其三,身份在私法理论中再现。一般认为,身份法的范围正在萎缩,似乎只残存于婚姻法、亲属法领域。这种认识不能反映社会生活的客观情形。现代社会关系日益复杂,组织结构日益多样化、精细化,身份关系也进一步发展,身份制度规则随之完善。在民法中,既有私法理论的缺陷日益彰显:在人法领域,由于将身份限制在亲属法领域,那些需要对身份进行类别化调整的社会关系只能利用"具体人格"学说来解释;在财产法领域,不用身份加以解释就无法说明集体所有权的基本法律性质;建筑物区分所有权中的共有权、成员权均是身份问题;体现政策性的优先权制度就是考量和解决身份利益差异的结果。在侵权法发展过程中,保险制度的引进带来了侵权责任社会化的趋势,背后的理性是突破侵权人是"孤立的均质的强人"的假设,考虑不同侵权人承担责任能力的有限性以及受害者补偿落空的危险。已有学者试图找回私法中的身份,法国学者里佩尔在《职业民法》(*droit civil professionnel*)中指出,"法律不是为了一个国家内的全体国民乃至居住在一个国家内的全体人们,而是以各种职业集团为对象而制定的","我们必须给法律上的抽象人(例如所有权人、债权人、债务人)以及为进行论证而架空了的人(例如甲、乙)穿上西装和工作服,看清他们所从事的职业究竟是什么"。[21] 梅因提出的"从身份到契约"的发展近年来已经表现出相反趋向,它表明私人间法律关系的一些领域越来越多地通过身份关系来确定。"法律社会学注重法律与社会之间的因果关系,依据规律判断法律是否或者在什么条件下能够调整人类的行为,以及法律在这方面怎样对社会变革作出反应。"[22]当然,现代私法中身份的特质有待进一步的理论研究。但无论如何,现代生活中的身份已不是亨利·梅因所指的身份,它是现实社会的制度构成。

(三)私法身份价值基础的再转变:从形式平等到实质平等

民事主体的平等性与互换性在劳动、消费、环境等有个人强弱特征的社会关系中丧失。在商事组织内部,"管理者命令,员工服从"为基本行为模式;依据资本多数决规则,大股东的意志可以强加于小股东;大小公司之间市场能力、市

---

[21] [日]星野英一:《私法中的人》,王闯译,中国法制出版社2004年版,第74页。

[22] 参见[德]K.茨威格特、H.克茨:《比较法总论》,潘汉典等译,法律出版社2003年版,第15页。

场势力不对等;在市场交易过程中,商人操纵交易制度,消费者处于被动、顺应位置;在劳动关系中,企业处于强势,劳动者处于弱势地位,无法通过谈判有效维护自身利益。总之,强弱对应是社会的基本状态。现代民法在抽象人格、财产权保护、私法自治和自己责任等传统模式发挥作用的同时,也开始重视身份制度对于实质正义的功能。

身份可用于追求实质平等。身份既存在侵夺个人权益的倾向,也包含对个人利益的保护功能,身份能否促进实质公平取决于奉行何种价值。现代私法追求实质平等,身份机制对此能发挥积极作用。在身份之中,人被稳定地类型化,处于差序格局之中,利益差别易于观察,公平与否易于凸显,便于矫正,由此,身份立法成为追求实质正义的一种好形式。现代私法界定强者是为了制约其滥用身份权力,通过立法控制其身份权力。现代私法界定弱者是为了提供倾斜保护,提供更多扶助,通过立法规定基本的社会保障基准。

身份可与平等人格相兼容与补充。现代法学对人的认识发生了变化,从完全理性假设走向有限理性假设。行为法经济学(Behavioral Law and Economics)者以"现实人"(Real Person)而非假设的"经济人"(Economic Person)为研究起点,提出了有限理性、有限意志力、有限自利。[23] 一旦从"现实人"的视角观察,身份所代表的差异就成为当然内容。但是,平等人格赋予每个人在法律上被当作人来对待的资格,构成了任何私法制度不得突破的底线。德国学者拉德布鲁赫(Gustav Radbruch)认为,当今的"社会性法律观不会将平等性概念分解成雇主、雇员、工人、职员,之所以是雇主、雇员、工人、职员,只是因为他们不同的身份背景,但即使在这些背景中,他们也被视为平等的人"。[24] 不能让不同身份将"平等"消解掉。问题是,近代以来的私法片面强调人格平等,没有认识其功能局限。虽然平等人格制度有效地确认了人格尊严,解决了所有人的法律上平等问题,但是平等人格不能反映和矫正人与人之间的现实差异,不能独自实现对强者的约束、对弱者的救济,也不能满足社会生活的组织化需

㉓ 参见[美]凯斯·R.桑斯坦主编:《行为法律经济学》,涂永前、成凡、康娜译,北京大学出版社2006年版,第16页以下。

㉔ 参见[德]拉德布鲁赫:《法哲学》,王朴译,法律出版社2005年版,第133页。

要。所以,需要身份来为不同类别的人划定利益份额,为不同的角色制定行为规则,正是身份的差别对待可以防止平等人格流于形式,可以防止强者侵害弱者。身份与平等人格之间的兼容与补充关系在立法上表现为:通过民法典确认平等人格,在民法典之外制定消费者权益保护法、劳动法等专门保护弱者;制定中小企业促进法、反垄断法等专门抑制强者。在司法中,对于一项交易,如果直接考量的是买方和卖方,是人格平等视角;如果考量的是经营者与消费者,则是身份视角。

四、现代私法中的身份调整

在私法中,身份具备特有的调整功能。一是构造共同体。每产生一种新的社会关系必然形成相应的身份共同体和新的身份种类,形成新的生活空间。二是利益配置。拥有身份意味着有资格参与特定范围内的利益分配,身份制度通过利益安排保证个体的存续。三是自治功能。身份制度能够安排身份体的内部秩序,实现局部的社会治理。四是区分功能。身份制度可以将某类特定主体与其他主体区别开来,身份以类别为识别单位,具有很强的区分度,方便了人们的日常生活,职业身份具有公示功能。

(一)身份调整方式

1. 综合调整方式

身份制度作用于社会生活的基本方式是综合调整。私法中的身份制度功能在于分配人们之间的利益,在利益共同体中划分利益份额。每种身份体系均为满足人们的生存需要而存在,它们依据不同关系的性质、主体的不同利益形态和利益需求而设计,并通过长期的社会实践反复试错而提炼出来。在身份安排中,法律为人们提供的并非单一的权利义务,而是特定身份的利益综合,包含了法律上的权利、权力、义务、责任,请求权随着不同情境中个人的具体需要而随时发生。父母对于未成年子女的身份关系就体现了这种利益综合性,父母需要随时满足子女的生活要求。被综合调整的身份体内部形成拥有特殊规则的小社会,这种安排获得了秩序与效率。

2. 依“身”定“份”方式

身份调整中包括分配机制、顺序机制和矫正机制。身份分配机制将人区分为具体身份类型,依据不同“身”所处的位置配置不同的“份”额利益。在每一种身份体中,均存在一套相应的身份行为规则,这些行为规则从程序上保障了身份体内部的运行秩序,不同的行为顺序保障了不同的利益份额,体现并保障了利益份额差别。如公司发行新股,原有股东享有优先认股权,由身份地位决定认购顺序。而身份矫正机制区别人的身份,判明其中的强弱地位,针对强势一方设置限制,对于弱势一方倾斜保护,矫正机制将依据特定“身”所获得的“份”额差距控制在合理范围内。

3. 法定主义方式

身份所包含的意思并非单个人的意思,而是一种社会形成的意思,这种意思的效果是安排了社会基本结构,需要借助国家的权威予以确认,表现为法定主义。“全部民事法律关系从调整方法角度可以分为两部分:其中一部分可以直接借助法定主义方式确定其权利义务内容并直接得以实现,另一部分法律关系则必须通过法律行为制度才能完成其内容确定和实现过程。”㉕早期社会敌视公权,主要倾向是从公权的阴影下独立,形成完整的社会;直到制度经济学开始,经济学家才认识到,国家在私法关系的形成到消灭的过程中,从来就不是一个旁观者。㉖ 身份法定主义使国家权力进入社会,成为社会运行的一种机制。㉗

(二)身份制度框架

身份法的技术特点在于通过制度框架进行调整。不同结构的身份制度框架可以提供不同的制度功能,人类的多元化身份利益需要不同的制度框架予以

㉕ 董安生:《民事法律行为》,中国人民大学出版社 2002 年版,第 8 页。

㉖ D. C. North, *Institutions, Institutional Change and Economic Performance*, Cambridge University Press,1990. 转引自苏永钦:《私法自治中的国家强制》,中国法制出版社 2005 年版,第 2 页。

㉗ 如今,社会要利用国家来实现收入的再分配。税收发生私人财产丧失的私法效果,福利支出发生私人财产取得的私法效果。国家机制的加入可以形成相对完善的社会。

满足。身份关系利益边界的划定，身份种类之间利益冲突的解决，身份利益的实现，均依赖具有可操作性的制度框架，由其综合运用权利、义务、权力、责任安排身份关系。

1. 身份权利

身份权利是基于特定的身份获得某种利益的法律可能性。身份权利是一个集合概念，它总是基于特定的身份事实而产生，是特定的身份利益在法律上的表现。身份权是绝对权还是相对权？身份权是在身份关系中设定的权利，与绝对权、相对权之间没有严格的对应性；况且，身份关系有不同的利益层次，有些对应特定的人，表现为相对权；有些对应特定的事，表现为绝对权。在身份成员之间是相对关系；在身份成员与外人之间是绝对关系，其身份利益可以对抗成员之外的一切人。

2. 身份义务

身份义务，是指主体基于身份事实必须为或不为某种行为，以满足身份权利人需要的约束。“父亲、子女、兄弟、姊妹等称呼，并不是单纯的荣誉称号，而是代表着完全确定的、异常郑重的相互义务，这些义务的总和构成这些民族的社会制度的实质部分。”[28]在身份制度安排中，不同主体之间负有义务，身份义务是身份体内部的利益提供方式。身份义务大多基于自然事实而产生，在得到实定法确认后即转化为法律义务。如父母对未成年子女的义务，类似于动物对幼仔的义务，后提升为法律义务。由于身份关系是稳定的长期联系，利益需求错综复杂，许多义务随着当事人的具体情境而产生，能够预先设定的只是特定的身份联系，这是具体身份义务的发生源。制定法对于身份义务的规定方式一般是提供一种社会性的基准，并示例性地列举其主要类型，但无法穷尽具体义务。

3. 身份权力

身份制度依据地位分配权力，优势地位者与卑微地位者之间存在支配控制关系。这种权力的性质是自治权，通过身份权力的运行实现身份体内部的治理功能。社会、国家一般容忍和尊重这种权力的存在，它的运行可以带来身份体

---

[28] ［德］恩格斯：《家庭、私有制和国家的起源》，人民出版社1999年版，第27页。

的内部秩序。身份权力的范围取决于社会认可、国家授权的范围,或者说,社会、国家对其干预的程度,这是客观社会条件制约下的社会政策选择。身份权力存在的逻辑基础是效率理性,分配身份权力所依据的自然基础在于成员的思想智能、身体状况和机遇的不平等,制度基础是当时主导制度所确认的地位差异,社会基础是当时社会环境对于特定身份体所设定的治理功能。

4. 身份责任

身份责任与控制权相对应,拥有优势地位的身份者负有责任,承担责任是拥有控制权的合理性基础,而控制权是履行责任的前提。在公司内部,经营者、控制人对于员工、投资者负有信义义务;在家庭关系中,父母对于未成年子女或者成年子女对于年老且丧失谋生能力的父母负有身份责任。每种具体身份责任的范围一般是由当时的社会经济、文化、道德、宗教、法律制度决定的,某种身份责任的设置是否合理,取决于在当时社会条件下能否有效落实。例如,在当前我国社会中,由于社会福利制度不完善,政府的公益提供不足,未成年人、老年人、精神病人、残疾人的救济与扶养都成为家庭成员的身份责任。这种规定的合理性值得反思,因为这些弱者的利益需要与其作为"自然人"或"公民"的身份直接对应,而与亲属身份之间的联系逐渐弱化。在现代社会中,家庭功能已经衰退,将为弱者提供生存利益的责任完全强加在狭小范围的亲属身上,有失社会公平;并且,家庭承担能力有限,对弱者利益的提供存在落空的风险,不能有效保护弱者的生存利益;而政府与社会聚集了大量财富,有能力为弱者提供符合文明性生存的统一基准的生存保障。可以预见,随着社会的成熟,福利国家的建成,自然人、公民身份利益的落实,对弱者生存利益的保障责任将从亲属身份责任中移出,变为政府对自然人、公民的身份责任。

从身份人格到伦理人格

——论个人法律人格基础的历史演变*

一、作为最初的身份人格基础的氏族血缘

从人类进化的历史考察,最初的阶段,人类并没有与其他存在(生物性的存在,甚至是非生物性的存在)相区分,因为这时的人类尚缺乏发现、甄别自身与他物区别的能力,进而人类在这种物我一体的状态下,适用统一的自然法。① 在这样的混沌状态中,也是没有区分"法律人格"的必要和可能的。只有当人类度过最后冰期,基于人特有的大脑能力,不仅与其他生物得以区分,同时不同的人群也被区分之后,关于法律上人格的区分才显现出其必要性。在那个可能是原罪由来的时期,②出于生存的需要(但并不以此为限),人类超量捕杀其他动物,甚至在资源匮乏时期,屠杀其他人群。此时,基于原始、本能的生存和种族的繁衍的需要,群体及其初级观念得以产生。"在一个群体中,个体是非主体性的、非人格的、非自我的,只有群才是独立的、自我的、绝对的。"③这种原始的群本位观念,在随后的漫长历史中得到了严格遵守,即使有所演化,也总是万变不离其

---

* 原载《湖南社会科学》2005 年第 6 期。

① 参见江山:《人际同构的法哲学》,中国政法大学出版社 2002 年版,第 145 页。江山先生称这一时期的所谓统一的自然人为"自在法"或"生物性的法"。

② 同上书,第 147 页。江山先生称这一时期的所谓统一的自然人为"自在法"或"生物性的法"。

③ 同上书,第 14 页。

宗。这种群本位的观念及因此而形成的“群自我”的社会结构的根源,在于人的根本利益(此时表现为生存)对于群的存在的仰仗。彼时,游离于群体之外的个体,必然成为众多群体猎杀的对象,从而根本不可能存在。因而,是不可能存在以个体为本位的“人格”观念的。

与历史上的状况不同,由于现代社会以个体人为本位,研究者在考察历史时,其关注点当然地集中于人的个体在历史上的存在状况,而忽略上述个体对原初的群体(以及后来的家族等群体形式)的必然依赖,从而对于此等团体颇多微词。殊不知,个体从属于团体,是个体的幸运。个体在团体中的结合方式、各个体之间的关系本身并不像后来人们所想象的那么不合理。

既然如此,单个的人,何以成为群体之一分子?在群体中的各个体之间是怎样的关系?根据对古代社会的考察,“一切政治形态都可归纳为两种基本方式……先出现的方式以人身、以纯人身关系为基础,我们可以名之为社会……第二种方式以地域和财产为基础,我们可以名之为国家”。[④] 由此笔者认为,至少在古代历史上,个体莫不是通过血缘、地域和财产,结合为群体的。这些基本的因素不仅是特定群体借以维持其特性、区别于其他群体的手段,同时也是群体内部秩序的血脉。事实上,氏族法的法律上人格以血统为内容,乃是氏族内部之组织以血缘关系为尺度的外在表现;正因为氏族内部将以血缘为媒介维持氏族之组织秩序,氏族法上的准入尺度——法律上人格,才要求特定的血统。

在可考的历史上,最古老的系统的人类社会组织为氏族,它是“一个由共同祖先传下来的血亲所组成的团体……它是按血缘关系结合起来的”。[⑤] 这一标准就是特定的血统,这正是我们现代所研究的法律上人格的最初内容。具备特定氏族所要求的特定血统,个体则“自然”成为该氏族的成员,享受该氏族成员所享受之权利,并承担相应义务。反之,不具备者必将为该氏族法律(jus gentilicium)所排斥,没有资格成为氏族法律的受体,用现代的语言来讲,不符合法律上人格的要求,也不能成为法律上的主体。

由此可以看出,血缘关系之根本属性即在于身份,这种以血缘关系为秩序

---

④ [美]路易斯·亨利·摩尔根:《古代社会》,杨东莼等译,商务印书馆1977年版,第6页。

⑤ 同上书,第62页。

组织工具的社会,必将是一种身份社会。事实上,这种以血缘作为基础的身份界定方式,乃是人类最初的社会秩序的组织手段——其根源于人类最原始的本能,甚至与动物世界有相似之处。从法的角度观察,这种“血缘身份”不是其他,其不过是法律上人格在血缘社会组织关系中的表现而已:唯有符合法律上人格要求者才可能具备某社会组织的身份;相应地,具备某种社会组织身份的人,必定符合该社会组织关于法律上人格的基本要求。可见,法律上人格首先是作为一个特定社会组织的“准入”条件而存在的,这是与古代社会人类的生存状况有密切关系的。在这一意义上的法律上人格本质上是一个标准,是特定个体能否成为特定社会组织成员的标准。这种法律上人格制度的直接结果,在于形成了最早的、最初意义上的身份——社会组织成员身份。与此同时,法律上人格在作为特定组织准入条件发挥作用之后,仍然作为该组织内部秩序组织工具发挥巨大作用。

二、身份人格由血缘身份向社会身份的变迁

随着氏族社会为奴隶制国家所取代,氏族社会中的血缘身份,遂演化为奴隶制国家中的社会身份——这种社会身份,按照摩尔根的论断,是以“地域”和“财产”为基础的⑥——并继续发挥界定社会成员的范围、协调社会成员的内部关系的作用。在古巴比伦,汉谟拉比国王(在位于公元前 1792 ~ 前 1750 年)颁布了现存人类历史上最早的有条理的法律文集,即《汉谟拉比法典》。在这部古代法典中,配置社会资源以及国家成员的权利义务的坐标,就是人的社会身份。根据《汉谟拉比法典》,人按照其社会身份的不同,在法律上是分阶层的:国王汉谟拉比是“众王之神”“巴比伦的太阳”;奴隶主、高级官吏和部分自耕农、独立手工业者为“阿维鲁”,可得享有法律上的完整权利;而被战争中征服的居民和在王室田产上劳作的佃耕者为“穆什根努”,只可享有部分权利;至于奴隶,则是

⑥ [美]路易斯·亨利·摩尔根:《古代社会》,杨东莼等译,商务印书馆 1977 年版,第 6 页。

不作为“人”看待的。在发生侵权行为时,高阶层“人”侵犯了低阶层“人”的权利,则不受惩罚或受到较轻的惩罚;反之,低阶层“人”侵犯了高阶层“人”的权利,则会受到严厉的或较重的惩罚;而“人”伤害了奴隶则与他损坏了奴隶主的财产所受到的惩罚相同。

由此可见,在早期的国家形态中,身份依然是作为法律用以组织社会、配置资源的一种基本手段。较之以氏族社会,奴隶制国家只不过是以具有较强包容性的社会身份,取代了氏族社会中狭隘的血缘身份罢了。在古罗马奴隶制国家,同样是出于这种以社会身份来配置资源的需要,在法律技术上使用了“人格”一词——古罗马法中的“人格”,被认为是今日民法上人格概念的源头。在罗马法上,“人格”(persona)一词,具有“面具”之意。这种“面具”并非所有的“人”(man)都能拥有,它只能由法律赋予那些具备一定条件的“适格者”才能拥有。这些“适格者”成为“人格人”(“person”,或译成人格体),有时也称它为“法律人”“社会人”,⑦进而能够成为法律关系中权利的享有者与义务的承担者,即社会资源的占有者或流转者。在当时,人格人乃是户籍登记册上的一章,因此,人格人这一概念最初的意义在于,是否为罗马城邦所承认为其正式成员,如果是,则在户籍登记册上列为“caput”,相应地,未列为“caput”的,则不是罗马城邦的正式成员。罗马城邦的成员当然为市民法的受体,从现代人本主义的语言角度讲,这些正式成员即为罗马私法上的权利义务主体,所有的权利义务都是为他们所创设的。那些未列为“caput”的(包括人和物),因为其不是罗马城邦的市民,则不能成为罗马私法上的权利义务主体。

可见,在罗马法上,“人格”是法律给予那些具备一定条件的“适格者”承受法律上权利与义务的依据。而“适格者”所需具备的条件,恰恰就是其社会身

---

⑦　如何理解“人格人”(person)的概念?本文在有的地方将“人格人”(person)一词译作“法律人”,也是便于中国读者更容易理解。关于“社会人”一词,学界也有不同解释。如郑少华教授指出:“所谓社会人,是指根据现代社会分工与合作机制,在法律上将人按不同的社会分工与角色设计成不同类型的人模式,如生产者、经营者、消费者、非营利者、雇主、雇员等,并依此设计不同的权利与义务。因此,我们可以看出:社会人之模式远比市民模式、公民模式丰富多彩。”(参见郑少华:《生态主义法哲学》,法律出版社2002年版,第74页。)显然,本文中所称“社会人”仅指具有人格地位的人,所以还属于“市民模式”“公民模式”层面上的概念。

份。质言之,罗马私法上的法律人格,无非就是一种社会身份而已。具体来讲,罗马法上的人,“除了是人以外,还需要具备其他基本条件:是自由的(status libertatis),而且,就市民法关系而言,还应当是市民(status civitatis)”。[⑧] 针对家庭权利和财产权利的取得,“人格”又被进一步细化为“婚姻资格”(connubium)和“交易资格”(commercium)。也就是说,一个人在取得一般人格的基础上,“还有许多决定人是否能够取得特定权利的条件……其中一些条件具有相当普遍的价值”。[⑨] 这些限制特定权利取得的条件,包括家族血缘、性别、国籍以及是否为被解放的奴隶等身份要素。所以在罗马法中,人根据其社会身份,被分为三六九等:人们之间存在有无人格、有或高或低人格之分,不同等级(阶层)的人享有不同的自由权、市民权和家族权。相应地,人的社会身份的改变,又将导致对自由权、市民权和家族权的享有状况的改变,即所谓人格的变更:个人丧失自由权即沦为奴隶,奴隶是罗马法中的权利客体,不享有权利,当然丧失市民权和家族权,此为人格大变更;丧失市民权而成为拉丁人或外国人,丧失市民权即同时丧失家族权,但仍享有自由权,此为人格中变更;丧失家族权而仍享有自由权和市民权,它是人格变更中最轻微的一种,此为人格小变更。可见,罗马法上的人格由其社会身份的基础所决定,带有强烈的等级性、身份性和一定的可变性。在这种意义上,“人格”一方面成为划分社会阶层或者阶级的工具,另一方面又在私法领域发挥确定交易主体的功能。所以有学者认为,罗马法上的“人格”概念具有“公私法兼容、人格与身份并列、财产关系和人身关系合为一体”的性质。[⑩]

根据罗马法上的以社会身份为基础的人格技术,可以说明以下几点:

第一,人的身份乃是界定“人格”的标准。较之于氏族社会原始的以血缘身份为纽带的群体观念,罗马法以社会身份为基础的人格技术,将血缘关系压缩在家族法的范围之内,同时将地域与财产作为国家成员的界定标准,适应了人

⑧ [意]彼德罗·彭梵得:《罗马法教科书》,黄风译,中国政法大学出版社 1992 年版,第 29 页。

⑨ 同上。

⑩ 参见姚辉:《人格权的研究》,载杨与龄主编:《民法总则争议问题研究》,台北,五南图书出版股份有限公司 1998 年版。

口流动频繁、社会活动范围扩大的需要,是人类社会组织形式的一大进步。然而与此同时,罗马法仍然是以身份作为判断“人格”的适格标准的纽带,因而诸如血缘、性别、国籍等外在于人的身份,仍然是决定人具备怎样的法律人格的决定性因素。这就意味着,不同身份和地位的人能否取得人格,以及能够取得什么样的人格,不是由他们的内在属性和价值所决定的,更不会由他们自己的意志来决定,而是由他们所处的社会环境和地位决定的。实际上,许多人的身份是从他们出生时就已经确定了。所以,身份就是某人在社会关系中的客观定位,它是一种外在于人的东西,但它决定“人格”的赋予和品第。换言之,在以身份为基础的人格技术中,人格的取得并不取决于“他是人”,而是取决于“他是怎样的人”。

第二,以身份为基础的人格技术,促使“生物人”与“人格”相分离的观念得以产生。由于并无差别的生物人,在罗马法的人格技术之下,会由于其社会身份的不同,而具有不同的人格,所以罗马法便顺理成章地衍生出了“生物人”与“人格”相分离的观念。于是,“人格”就成为一种“面具”,且有大小和颜色不同之分,它可以按照一定的标准戴在不同“人”的头上,从而这些“人”在法律上分成严格的等级,成为统治者维护社会秩序和分配社会资源的工具。这个观念进一步延伸的结果就是,“人格”与“生物人”既然能够分离,那么“人格”这种面具就不见得一定戴在“生物人”头上,它还可以根据社会需要戴在某些团体或财产之上,使其具有民事主体的资格,并可以像“人格人”一样参加各种各样的民事活动。正因如此,判断“生物人”是否拥有“人格”,并不是以其“生命”的有无为唯一标准的。一个有生命的奴隶并不能成为拥有“人格”的法律人,而一个没有生命的社会体或财产则可能被赋予“人格”而成为民事主体。可见,“人格”是人类运用法技术的一大发明,随着它的内容不断丰富,促进了人间秩序的安定,扩大了人的活动领域,增进了人与自然的密切联系,使人类的历史舞台更加宽阔和艳丽。

第三,以身份为基础的人格技术,还决定了“人格”的不平等性是罗马法人法的基本特征。既然“人格”的确认完全基于人的身份,那么由此产生的人格必然是不平等的。罗马法上人格的不平等,从根本上讲,是由于当时生产力条件限制的结果。在当时,人的内在价值、尊严等伦理性要素,还被排斥在认定“人格”的条件之外,所有的人在取得“人格”以及取得何种“人格内容”,完全取决于他们所隶属的社会身份和等级。我国有学者指出:“致使罗马帝国衰亡的根本原因……在于马克斯·韦伯所揭示的罗马帝国停止向外扩张后奴隶来源的枯竭(奴隶制经济无以为继)。也就是说罗马帝国最终亡于其人法。”⑪这是一个很有分析价值的论断。但笔者认为,正是因为罗马法人法的不平等性,从反面激发了社会阶层的动荡和重新整合,即奴隶和自耕农、手工业从不同的社会地位向农奴身份的转化,从而破坏了原奴隶制的阶级基础,逐渐形成了欧洲中世纪封建的社会结构。

三、伦理人格的理性思想及其在近代法上的实现

就在古罗马奴隶制国家确立以身份为基础的人格法律技术的同时,古代自然法关于“人的本质”的思考也开始起步,并就此为法律人格与伦理相结合的漫漫征程,点亮了最初的理性之光。

古代自然法发端于古希腊。苏格拉底(Sokrates)提出的著名命题“认识你自己”,就是要人探求人的本质是什么。苏格拉底从公正、勇敢、节制、善等概念出发,揭示出人的各种品质,把人定位在求知和求善的德性之上。早期斯多葛学派同样以伦理学为起点,把“自然”的观念置于其哲学体系的核心,认为“人作为宇宙自然的一部分,本质上就是一种理性动物。在服从理性命令的过程中,人乃是根据符合其自身本性的法则安排其生活的”。⑫ 斯多葛学派断言,所有人在本性上都是平等的,均享受人的所有基本权利;强调人的理性是自然的一部分,人类平等是世上永恒的客观事实和自然规律,任何人都不得违反。这些观念作为一种主观信仰、理想与价值追求,向我们展示出古希腊的自然法思想,通

⑪ 马洪:《法律上的人》,载《上海财经大学学报》2000 年第 2 卷第 3 期。

⑫ [美]E. 博登海默:《法理学——法律哲学与法律方法》,邓正来译,中国政法大学出版社 1999 年版,第 13 页。

过人的各种具体的社会身份,直指无差别人的本质,并将人放置在“自然”与“理性”的坐标上加以考量,从而揭示出人本身所应具备的伦理性。

自公元前300年左右始,斯多葛哲学作为希腊化的文明成果在罗马帝国开始得以广泛传播,并获得上层统治阶级的信仰和支持,其影响遍及整个罗马世界。罗马法学家继承发扬了斯多葛学派的自然法思想,并用来指导罗马法的改革。西塞罗(Marcus Tullius Cicero)提出了“法律面前人人平等的一系列原则,即只要在‘世界国家’的家庭中,共同服从‘自然法’的人,不论其原来的国籍、种族、社会地位如何不同,即使是奴隶,也都是‘与上帝共同享有理性’的公民”。[13] 继西塞罗之后,自然法思想进入法学理论中。在法律实践上,罗马万民法发展的一个重要方向,就是摆脱了市民法上的不平等,逐步扩大公民权,实质上是罗马公民与异邦人法律地位的逐步平等[14]——万民法不仅承认罗马人享有独立的权利,而且承认非罗马人享有与罗马人平等的人格权、财产权和诉讼权利,从这个意义上讲,万民法原则与自然法理念是同义的。所以,当时大多数人都相信,万民法源于自然法的“自然理性”。[15] 与此同时,在自然法思想的影响下,奴隶制虽然得以维持,但奴隶的法律地位却得以改善,如禁止私自处死奴隶,禁止以残酷的方式对待奴隶等法令的颁布;在家庭关系中,妇女从夫权之下逐渐获得人身和财产上的独立,父母对于子女的处置权也受到了法律限制,这成为罗马中后期个人主体观念从家族主体观念中脱颖而出的一个重要原因;另外,罗马共和中期形成的“己法自守”的原则,以及诉讼程序中贯彻的“自由心证”和“回避”原则等,均体现了法律的公正性、当事人人格地位的平等性。

然而,尽管罗马法在改革中不断得到改进和完善,然而自然法在当时的社会条件下其作用还是有限的,事实上不可能完全以自然法上的“理性”与“伦理”来取代作为当时实定法人格基础的社会身份。换言之,希腊自然法思想在古罗马的传播和实践,并未真正导致法律人格与伦理的真正结合。但是,哲学

---

[13] 何勤华:《西方法学史》,中国政法大学出版社1996年版,第37页。

[14] 参见江平、米健:《罗马法基础》,中国政法大学出版社2004年版,第17页。

[15] 罗马法学家盖尤士认为,罗马法分为市民法和万民法,万民法便等于自然法;而乌尔比安则认为,自然法绝不等于万民法,因为适用于奴隶制度的万民法是违反自然理性的。

与法学毕竟是不同的,哲学家的思想可以像鸟一样在天上自由飞翔,法学家的行动却只能在现实的社会框架上奋力攀援。此时,罗马法学家能够将希腊哲学家的自然法变为罗马法上的自然法,已经是完成了一项伟大的法律变革。自然法作为一项抽象的法律原则在罗马法上的确立和发展,并影响以后2000多年的世界法律史,这是罗马文明的一个最卓越的成就。

中世纪,由于维护社会稳定的需要,基督教会成为凌驾于国家之上的主权力量。基督教为了自身发展,便成了自然法的积极拥护者。著名的经院哲学家托马斯·阿奎那(Thomas Aquinas)对自然法的内容进行了系统化,赋予教会权利和教会法合法的"外衣"和至上的效力。从而使自然法与上帝的法统一起来,继续保留了自然法观念的一般特征。虽然这一时期,自然法总体讲是处于低潮、潜居状态,但是,经过经院哲学家的一番精心安排,自然法观念得到了一个更高理性的永恒法的支撑与维护。在这里,自然法作为一颗炫目的火种即理性的思维模式被保存了下来。

16世纪以后,随着欧洲封建社会的解体和新的社会力量的出现,自然法一跃成为政治革命的理论武器。这一时期的自然法学说称为古典自然法理论,其代表人物有格劳秀斯(Hugo Grotius)、霍布斯(Thomas Hobbes)、洛克(John Locke)、孟德斯鸠(Charles Louis de Secondat, de Montesquieu)、卢梭(Jean Jacques Rousseau)等,这些启蒙思想家相信,有一种永恒的和普遍的自然法,相信它是至高无上的理性命令,是一切实在法的依据。古典自然法学派用理性启迪人类,清除无知、迷信和偏见,为资本主义的自由发展扫清观念和制度上的障碍,并以极大的热情去建立一个合乎"自然"和"理性"的新制度。所谓"理性",是指"人类一种自然的能力,是行为或信仰的正当理由,评判善恶是非的根本标准。把自然法视为理性的建构,意味着自然法是绝对有效的、不证自明的、一贯的和必然的,即使上帝也不能改变"。[16] 在古典自然法学派看来,理性的崇尚必然会指向具体的人类理想、欲望和价值追求,人们在经受了数百年的封建专制统治之后,个性解放、人格独立、平等自由是他们最美好的理想和所希望获得的

---

⑯ 张文显:《二十世纪西方法哲学思潮研究》,法律出版社1996年版,第44~45页。

自然权利。

17世纪至18世纪,在法学领域中,古典自然法学说和理性主义思潮对西方两大法系共同的法律观念以及法律的基本原则和制度产生了重大影响。就大陆法系而言,自然法思想主要渗透在三部民法典中,即《普鲁士邦法》(1796年)、《法国民法典》(1804年)、《奥地利普通民法》(1811年)。在法国,由于资产阶级革命的胜利为私法领域的重大变革提供了政治基础,自然法学说为近代民法基本原则的确立奠定了思想根基,使《法国民法典》最终成为人类法制史上传承罗马法精神和弘扬自然法理念的光辉典范。

在《法国民法典》的制定过程中,近代自然法的思想发挥了决定性作用。这个作用,在《法国民法典》最终草案的序编中得到了明确的表述:"存在着一种普遍的永恒的法,它是一切实在法的渊源:它不过是统治着全人类的自然理性。"⑰《法国民法典》的起草者认为,"立法者的预见是有限的,自然法则是无限的,它可以适用于任何可能与人有关的事"。⑱ 自然法不是司法实践的产物,而是哲学的结晶。但在法国人看来,实在法绝不会完全取代生活中的自然法则,因为社会的需求是多样的,人们的利益是多变的,立法者不可能穷尽所有的一切。实际上,许多具体问题是靠法官和法律顾问按照自然法则来解决的,所以自然法则的效力高于实在法的效力,它可以在不必通过实在法规定作为中介的情况下,直接成为后者的法律渊源和运用依据。正是《法国民法典》对自然法精神的全然承受,形成了法典的一个开放性格局,使其能够顺应时势,不断修订和完善,保持了法典的灵活性和充分活力。

自然法精神在《法国民法典》人法部分的表现,就在于其经由法典的形式,颠覆了人类法律文明史上以身份作为人格界定基础的立法模式,标志着古代的自然法思想先驱们的将伦理与法律人格相互结合的理性梦想在实在法上的实现。因此,因理性所生的人的伦理价值开始成为人格的基础,相应地,人的各种

---

⑰ [法]阿·布瓦斯泰尔:《法国民法典与法哲学》,钟继军译,载徐国栋主编:《罗马法与现代民法》(第2卷),中国法制出版社2001年版,第290页。

⑱ [法]特隆歇等:《法国民法典开篇:法典起草委员会在国会就民法典草案的演讲》,殷喆、袁菁译,载何勤华主编:《20世纪外国民商法的变革》,法律出版社2004年版,第9页、第42页。

具体而相异的身份，则从此被排斥在人格的构成之外。《法国民法典》第 8 条“所有法国人都享有民事权利”的规定，以及第 488 条“满 21 岁为成年；到达此年龄后，除结婚章规定的例外之外，有能力为一切民事生活上的行为”的规定，足以表明，在《法国民法典》之上，人格之取得，已经不再取决于“他是怎样的人”了，而是仅仅取决于“他是人”——该法典第 7 条的规定，恰好是对于这种以人的伦理作为人格基础的立法思想的一个诠释，该条的内容是，“民事权利的行使不以按照宪法取得并保持的公民资格为条件”。[19] 这表明，每一个法国人，其民事权利的行使完全独立于政治权利，从而体现出立法者将人的自然理性视为享有私权利的基础，并力图把公权利与私权利分开的用意，以此强调人的平等人格，维护人的民事权利。[20] 显然，上述规定完全是自然法关于人的自然理性在实在法上的确认和具体表述。换言之，作为这种人格与伦理相结合的结果，人生而自由、相互平等的自然法根本准则，在民法典上得以确立。

在婚姻家庭关系中，《法国民法典》认为，婚姻是一种天生的自然行为，婚姻关系产生于爱的帝国；家庭是一种道德的圣殿，家庭关系是受夫、妻、子、女之间自然的亲情所牵系；承认离婚自由；扩大子女权利；等等。其中，法典在上述亲属领域，还有一些保守甚至倒退的规定，不过这恰恰反映了当时的历史现实。我们应该承认，《法国民法典》在总体上贯彻了自然法的先进理念，确认和维护了人的平等人格和尊严，这是它在世界法律史上始终光彩照人的原因。

总之，《法国民法典》完整地将自然法的自然理论和平等自由观念贯彻在立法之中，人的平等自由人格经私法与公法的巧妙分工和精细规制得以确立。此后，这一立法经验成为所有或大多数大陆法系国家法制建设特别是民事立法的共同传统。正如美国学者艾伦·沃森所说：“在整个大陆法系的历史中，民法典诞生的深远意义，是无与伦比的。（法国）民法典的问世，开辟了一个新纪元，整

---

[19] 本文所引法典规定，均为李浩培等译的《拿破仑法典》（商务印书馆 1981 年版）的相关条文，以更好地反映 1804 年该法典的实际状况。

[20] 应当认为，宪法中规定的权利并非都是公权利。以公民身份享有的权利，通常与公权利有关，如选举权与被选举权；而作为自然人所享有的权利为私权利（民事权利），如人格权和财产权。在性质上，将公权利与私权利分开，重要的意义就在于确定和更好地维护人格平等，保证私权利的实现。此问题作者将另行撰文，再作深入讨论。

个大陆法系都因此产生了深刻的变化。”[21]

四、契约:推动身份人格转向伦理人格的驱动力

英国著名法学家梅因爵士把人格塑造的历史归纳为“从身份到契约”,[22]虽然这只是一种人文主义者一厢情愿的政治解释,但它确实与人格塑造的过程相吻合。所以,当我们回顾人格的历史演进时,以此作为一个考察问题的视角是十分恰当的。毋庸置疑,契约关系存在的根本前提,就是契约主体全面符合法律人格的要求。因此认为,在契约制度适用范围扩大的历史的演进过程中,人格基础上身份要素的消退与伦理要素的递增,是其根本性的运动规律。由于人类社会的发展正是这样一个契约适用范围不断扩大的历史,因而也正是一个法律人格标准不断普遍化、人的伦理价值最终成为人格基础的进程。从马克思主义哲学中经济基础与上层建筑的辩证关系来看,契约恰恰构成了促使人格基础由身份走向伦理的驱动力。

罗马私法上,契约的真正主体是家父,当然从本质上讲,是以家父为代表的家庭。因此,罗马私法上的契约制度根本上所体现的是一种家庭之间的关系。随着一些较大政治组织的解体、罗马城邦统治能力的增强,加之对市民籍的普遍授予,[23]家庭成为罗马城邦政治社会的最后障碍。为了促成罗马家庭的瓦解,

---

[21] [美]艾伦·沃森:《民法法系的演变及形成》,李静冰等译,中国政法大学出版社1992年版,第169页。

[22] 参见[英]亨利·梅因:《古代法》,沈景一译,商务印馆1959年版,第97页。

[23] 在罗马,家长的身份是因为《卡拉卡拉告示》对市民籍的普遍授予和罗马家庭的逐步解体而失去其实质意义的。《卡拉卡拉告示》的正式名称为“安托尼亚那敕令”(Constitutio Antoniniana),乃是以其颁布者卡拉卡拉皇帝的名字命名的,汉语著作(包括译著)多使用“卡拉卡拉告示”一词。该敕令的原文笔者尚未发现,笔者阅历范围以内的著者都没有直接引用该告示的内容。值得玩味的是,虽然该告示在人法上标志着一次转折,但其颁布原因却与法律没有关系。至于该告示颁布的原因大致有以下几种说法:一是认为出于扩大纳税人的基数,以增加财政收入;二是增加信奉罗马教人数以抵制基督教的扩张;三是增强境内居民的感情以保卫日益受到威胁的罗马帝国领土。参见周枏:《罗马法原论》(上),商务印书馆1994年版,第114页;A. Borkowski, *Textbook on Roman Law*, London: Blackstone Press Limited, 1994, pp. 93-94。

罗马私法一方面逐步限制家父的特权,另一方面不断赋予家子的独立性,借助家子的不断分化来瓦解罗马家庭的势力。所以在罗马,关于法律人格范围的扩张实际上是一种政治运动的副产品。嗣后,经过几百年的演变,家子作为财产的所有者而成为交易活动的主体,法律人格在事实上已经开始了普遍化的进程。由罗马私法发端的法律人格的塑造,是由其契约关系的内在要求而产生的平等主体之间的自由合意,并进而使"平等""自由"观念作为法律人格的最根本的规定性被确定下来,这不仅揭示了法律人格的伦理属性,而且奠定了后世法律人格制度进一步发展的基础。

近代欧洲,在经过了宗教改革和文艺复兴的双重启迪之后,人格的伦理化塑造才得到实质性进展。"通过宣传人由神创造、由基督拯救、因而在神面前的人是平等的说教,确立了人类尊严思想,是基督教给西欧乃至更广阔地给世界带来的贡献,它构成了中世纪以后西欧人类观的基本哲学。"[24]宗教改革所提供的是众生平等这样一个关于人格的理念,从而导致了这样一种思维的倾向,即人格就是要确定一种至少在理念上所有人都应是平等的价值取向。这一价值取向的确立,无论从人类的解放角度,还是从社会发展的角度来讲,都曾经有过积极的意义。但是不应忘却的是,这一价值取向是以宗教的确信,而非现实的生活为基础的,因此具有相当的局限性。当人们从理想的国度回到现实的生活时,总会觉得伦理的人格是玄而又玄的东西,并没有给自己提供任何现实的帮助,而这恰恰成为现实主义者批判以伦理为基础的法律人格制度的口实。

与宗教改革的效果相比,文艺复兴与资产阶级启蒙运动从一开始就是一种思想的革命。从人类进步的宏观层面思考,启蒙思想家所主张的"天赋人权""社会契约"等观念都曾经在革命过程中发挥了巨大的精神鼓舞作用。但是真正导致以契约的这一交易工具作为社会中人际关系的媒介者,还是商品经济的内在要求使然,而非这些思想家的理想和宣传口号。事实上,契约产生于一定的社会经济基础,决定人们之间的平等交易关系,是塑造以伦理作为基础的、彼此平等的法律人格的内在动力。虽然契约广泛地媒介着商品社会中的人际关

---

[24] [日]星野英一:《私法中的人——以民法财产法为中心》,王闯译,载梁慧星主编:《民商法论丛》(第8卷),法律出版社1999年版,第159页。

系,好像形成了无数契约组成社会契约的画面,与某些启蒙思想家勾画的社会契约图谱如此相似。但它们的区别却在于,现实中无数的彼此毫不相干的契约关系主体,只是为了他们个别的交易目的而缔约,他们从来都没有达成过那个产生国家的合意。因此,以卢梭(Rousseau)为代表的思想家们所勾画的社会契约实属政治国家的范畴,它与民众的现实生活和愿望是分离的。在这里,契约既能成为维系社会秩序的工具,也能成为民众争取自我解放的手段,但这些仍属于社会的运作范围。

虽然宗教改革、文艺复兴及启蒙运动远离现实生活,但是正是这种思想层面的启迪,促进了人们思想的觉醒和契约规则的普遍运用,使伦理人格的塑造脱离了政治运动的色彩,而逐渐成为人们有意识地、自觉地要求平等待遇的自我解放过程。也正是在此种情形下,法律人格的伦理性孕育了从全体的形式平等走向个别的实质平等的因子。近代商品经济的迅速发展,无疑促进了以契约为表征的伦理人格塑造进程。抽象的、以意志自由为基本内容、以形式平等为价值取向的法律人格成为交易社会的基础,具体交易主体的个性差异并非法律人格所关注及解决的问题。因为从本质上讲,近代以伦理为基础的法律人格仅仅规定进入交易社会的最低标准,它所能承载的是意志自由、形式平等这些最基本的法律价值。

如前所述,法律人格的塑造经历了从作为政治运动的副产品到人们自觉追求平等的自我解放活动的转变。在这一转变中,部分人群对全体一律平等的理想产生怀疑和抵触,他们开始从理想的国度回到现实的生活中来,并从自身的利益出发要求获得“区别对待”的权利。这部分人群因在社会生活中长期扮演特定角色而形成的利害关系,使他们从要求形式的一体平等到要求具体的区别待遇,这种逆向的运动过程能否被称为“从契约到身份”?还值得思考。

综观法律人格的发展过程,我们可以看出,近现代民法所秉承的抽象人格制度,乃是法律将人的伦理价值作为人格构成基础的产物,而以伦理为基础的法律人格,恰恰是近现代社会人人平等与自由的根本价值的法律基石。伦理作为一般的道德准则,其对于近代以前法律中人格的身份基础的取代,表明了道德准则整体上是社会历史必然性的反映。道德不是功利主义的,它是用概括的形式反映社会的价值标准的。我们之所以强调理性与法律的关系、人格与伦理的缘结，从本质的意义上讲，原因在于法律既然只是“理性的某种命令”，法律与理性实际上是一回事，并具有同样的归属关系。[25] 在这里，法律的价值追求与理性的信念和理想应该是一致的。如果我们承认理性是对事物本质和规律性的客观把握，承认自然法思想存在的社会基础及其进步意义，就应该认为人类在一些做人的基本方面是具有共同的理性和伦理道德标准的，只是它并不构成其标准的全部。确定这些共同标准的首要前提是把人看作人，人在世上是平等的人、是自由的人。归结一点就是，所有的人都享有人格，这是近现代伦理要素的核心内容和价值取向。

诚然，伦理上人的平等不是绝对的，它的历史内容是随着社会发展而变化的。封建的伦理公开对不同阶层和成员提出各种不同的行为规范，所以平等只能在同一个阶层和成员层次范围内来实现。资产阶级启蒙思想家提出“人的普遍平等”，这是一个激励人心、促进社会进步的“宣言”，但它仍然是一种纯粹形式主义的平等，从法律意义上讲，仅是人格上的平等。法学家的高明之处在于，将现实的社会存在与远大的人类理想结合起来，运用构建人格的法律技术，将人的平等地位确定下来。显然这种人格平等是形式上的，是每一个人在法律范围内享有权利、从事活动的资格平等和机会平等。我们要实现人间的实质平等还是一件遥远的事，还是一种信念、一种理想。虽然，法律可以作一些局部调整，如完善程序公正制度和加强对社会弱者权益的保护等，以此点滴地向人类实质平等的理想迈步，也仅此而已。

“前天的隐喻便是昨天的类推和今天的概念。”[26]“从身份到契约”就是前天的隐喻，它指的是以特权的身份为表现形式转向以契约为媒介的伦理人格塑造的进程。这一隐喻在近代法学上的类推是成功的，但它能不能成为今天的法律概念？从社会发展的客观规律考察，当前乃至相当长的历史阶段，人类社会秩序的组织工具仍将表现为契约，而绝不可能是身份，这是作为经济基础的商品

㉕ 参见梁治平：《法辨：中国法的过去、现在与未来》，中国政法大学出版社 2003 年版，第 185 页。

㉖ ［美］哈罗德・J. 伯尔曼：《法律与革命：西方法律传统的形成》，中国大百科全书出版社 1993 年版，第 200 页。

经济的本质所决定的。事实上,这种要求区别对待的呼声,仍然是以意志自由的法律人格为基础的,而唯有契约才能正确反映这一要求。问题的解决不是放弃契约而走向身份,而必须是在保障以契约为社会秩序组织工具的基础之上,创设新的矫正机制。所以,宣称"从契约到身份"的命题确有夸大其词、不切实际的倾向,而且这一"从契约到身份"的主张,在很大程度上也是对"从身份到契约"论断的误解。

论民法个人人格构造中的伦理与技术*

任何法律部门,均是以人作为适用的对象。民法这一规范私人社会关系的法律部门,更是关注于人的本体。人作为具有理性思维能力的“万物之灵”,自其产生之日起,对于“我是什么?”“我应该是怎样的?”这样的哲学思考便从未停止过。思考的结果就是,人的概念被深刻地打上了道德伦理的烙印。“理性的思潮,例如人本主义,从实质上影响着法律传统。只要世俗社会和思想的王国存在着律令,理性的思潮就对法律的成长发生着实际的,或许深不可测的影响。”①于是,民法上的人的构造,自始便被笼罩在人的这种伦理性的背景之中,并最终建立在伦理思想基础之上。因此,将我们今天所看到的由古至今民法上多姿、诡秘并且富于争议的人格法律技术,放置于其伦理思想的背景之下来进行考察,将有助于破解民法的人格构造法律技术之谜,并且把握这一技术的脉络与要义。

一、人的身份:“界定适格者并使其成为法律主体”的方法

古罗马法的人法制度,以“人格的身份化”为其基础。这首先表现为,并非所有的人皆可以成为罗马法的主体。“除了是人以外,还需要具备其他基本条

---

* 原载《法律科学》(西北政法学院学报)2005 年第 2 期。

① [美]艾伦·沃森:《民法法系的演变及形成》,李静冰等译,中国政法大学出版社 1992 年版,第 120 页。

件:是自由的(status libertatis),而且,就市民法关系而言,还应当是市民(status civitatis)。”②其次,在法律主体的领域内,针对家庭权利和财产权利的取得,法律人格又被进一步细化为“婚姻资格”(connubium)和“交易资格”(commercium)。即在罗马法上,除取得一般人格(persona)的基本要件外,“还有许多决定人是否能够取得特定权利的条件……其中一些条件具有相当普遍的价值”。③ 这种限制特定权利取得的条件,包括家族血缘、性别、国籍以及是否为被解放的奴隶等身份要素。由此可以看出:

第一,罗马法上存在鲜明的“生物人”与“法律人”的对立。罗马法上“homo”(生物人)与“persona”(人格、面具)二词的区分,就精确地道出了生物人与法律人的这种犹如“演员本人”与“所演角色”之间的分离——“正如‘人生如戏’,每一个人在戏剧中扮演如所戴面具之角色,每一个人在社会生活之法律关系中,同样演出面具所象征之角色。”④这种“人”与“人格”的分离,意味着这样一种法律技术,那就是法律人乃是法律从生物人中“界定适格者并使之成为法律主体”的结果。

第二,在这个“界定适格者并使之成为法律主体”的技术中,法律的“界定标准”乃是不可或缺的逻辑环节。如前所述,这一标准在罗马法上,就是“身份”。换言之,诸如血缘、国籍、性别等人的身份,在罗马法中,是连接生物人与法律人的逻辑桥梁。由此可见,正是由于罗马法的人格界定标准是“外在”于人的身份,而不是人的某种“内在”属性,如“资格”或者“能力”,所以罗马法中的“人格”的取得,并非所谓的“权利能力的取得”。标志着罗马法上人格或人格取得的“persona”以及“personalita”一词,亦不能认作今天“权利能力”最早的渊源。事实上,一个人是否具备承载法律权利和义务的内在属性,从来就不是罗马法所考虑的问题。

第三,在罗马法上,法律人格只是“拥有特定身份的生物人”。由于人的各种各样的身份,系直接来自社会生活,因而罗马法上的人格,是以生物人的身份

---

② [意]彼德罗·彭梵得:《罗马法教科书》,黄风译,中国政法大学出版社1992年版,第29页。

③ 同上。

④ 曾世雄:《民法总则之现在与未来》,中国政法大学出版社2001年版,第75页。

个性为基础的"具体人格"。罗马法上身份的多元性以及由此所导致的人格状态的多元性,又进一步强化了其法律上的具体人格的特性。与此同时,在这个特征之下,人一般的、内在的价值、尊严等"伦理性"要素被当然地排斥在法律上人格取得的依据之外。

罗马法这种建立在身份基础之上的不平等的人格制度,与当时对于罗马社会影响甚大的希腊斯多葛哲学的自然法观念,形成了强烈反差。

斯多葛哲学把"自然"的观念置于其哲学体系的核心。"所谓自然……就是支配性原则……这种支配性原则在本质上具有一种理性的品格。""人作为宇宙自然的一部分,本质上就是一种理性动物。在服从理性命令的过程中,人乃是根据符合其自身本性的法则安排其生活的。"⑤根据斯多葛哲学的自然法观念,古罗马法学家西塞罗"又演化出了法律面前人人平等的一系列原则,即只要在'世界国家'的家庭中,共同服从'自然法'的人,不论其原来的国籍、种族、社会地位如何不同,即便是奴隶,也都是'与上帝共同享有理性'的公民"。⑥

然而,斯多葛哲学的平等思想,事实上并未改变罗马法人格的不平等性。在罗马法上,自然法的作用是有限的,它的意义仅仅在于"如果一项实定法规来自于自然法,它则可能表现出更强的权威性;或者,如果法律尚不明确的话,可以从自然法中探讨出一个具体的答案"。⑦ 由于自然法并没有被看作实定法必须遵守的法源,所以罗马法学家可以非常坦然地面对实定法与自然法所发生的冲突。正如乌尔比安所指出的,"就市民法来说,奴隶被认为不是人;但是根据自然法,情形便不同了,因为自然法认为所有的人都是平等的"。⑧

但是,我们并不能就此得出古罗马的实定法制度是游离于自然法之外,并且完全不受人的伦理思想影响的结论。事实上,"尽管这一被假定的人人平等

---

⑤ [美]E. 博登海默:《法理学——法律哲学与法律方法》,邓正来译,中国政法大学出版社 1999 年版,第 13 页。

⑥ 何勤华:《西方法学史》,中国政法大学出版社 1996 年版,第 37 页。

⑦ [美]艾伦·沃森:《民法法系的演变及形成》,李静冰等译,中国政法大学出版社 1992 年版,第 127 页。

⑧ [美]E. 博登海默:《法理学——法律哲学与法律方法》,邓正来译,中国政法大学出版社 1999 年版,第 17 页。

的原则在罗马帝国从未得以付诸实践,但却可能是法律改革的一个部分”。⑨ 当时奴隶制虽然得以维持,但是在自然法思想的影响下,奴隶的法律地位却得到了一定的改善,如禁止私自处死奴隶,禁止以残酷的方式对待奴隶等法令的颁布。与此同时,在家庭关系中,妇女从夫权之下逐渐获得人身和财产的独立,父母对于子女的处置权也受到了法律的限制,这成为罗马中后期个人主体观念从家族主体观念中脱颖而出的一个重要原因。⑩

二、人的理性:直接作为实定法依据的自然法伦理观念

欧洲中世纪时期,虽然自然法的思想对于当时占统治地位的教会法仍然保持相当的影响,但是“在中世纪以来的封建身份制的社会秩序中,这种(自然法)思想却无法在社会和法的层面上得以实现,在那种秩序中,得到宣扬的只是宗教和道德意义上的人类尊重”。⑪ 直到 17 ~ 18 世纪,随着欧洲启蒙运动与罗马法的复兴,“(近代古典)自然法的影响力迅猛异常地发展到了那种程度,它成了现代民法传统里的一种生机勃勃的因素”。⑫ 与中世纪宗教上的自然法观念相比较,“经院主义哲学家坚决趋向于把自然法的范围局限在少数几项首要原则和基本要求之内,而古典自然法学家倾向于对那些被认为可以直接从人的理性中推导出来的具体而详细的规则体系做精微的阐释”。⑬ 对于近代的自然法学家们来讲,自然法这个理性的法则“可以赤裸裸地把人看成是至高无上的社会

⑨ 参见[美]E. 博登海默:《法理学——法律哲学与法律方法》,邓正来译,中国政法大学出版社 1999 年版,第 17 页。

⑩ 参见[美]E. 博登海默:《法理学——法律哲学与法律方法》,邓正来译,中国政法大学出版社 1999 年版,第 18 ~ 19 页;龙卫球:《民法总论》,中国法制出版社 2001 年版,第 198 页。

⑪ [日]星野英一:《私法中的人——以民法财产法为中心》,王闯译,载梁慧星主编:《民商法论丛》(第 8 卷),法律出版社 1998 年版,第 159 页。

⑫ [美]艾伦·沃森:《民法法系的演变及形成》,李静冰等译,中国政法大学出版社 1992 年版,第 127 页。

⑬ [美]E. 博登海默:《法理学——法律哲学与法律方法》,邓正来译,中国政法大学出版社 1999 年版,第 39 页。

动物,把法律概括为在对人类需求理解的基础上,合理地和逻辑地演化的结果”。[14] 在这里,人基于其理性所“需求”的最根本的那一点——已不再是伦理上的新生事物了——它就是“生而自由”与“人人平等”。

与更早的斯多葛哲学相比较,17~18世纪的古典自然法观念对于法律的影响力,是前者所无法比拟的。导致这种差异的原因,至少有以下两个方面:首先,罗马法复兴运动前期,虽然“在欧洲多数地方,更产生一种理论,谓古代罗马法系一种尚生存于当时之有效法律(Living law),凡当一问题发生时,如不能参考采用任何既成之中世(纪)法制以资解决者,则可采用最后之手段,诉诸罗马法以解决之”。[15] 但是,作为一种古代法律,罗马法毕竟无法与当时的社会关系和法学思潮完全合拍,“伴随着法律人本主义的出现和不断承认属地法律习俗,《民法大全》的权威性衰落了。此刻,自然法,以试图为法律寻找一个新权威的面目而出现”。[16] 其次,较之于古罗马法时代,在古典自然法学的影响下,法律的制定者的任意与独断性受到了极大限制。“古典自然法哲学家还渐渐发现,法律不仅是抑制无政府状态而且也是抵御专制主义的堡垒。”[17]基于此,孟德斯鸠将专制主义扩张之预防系于政府权力的分立与制衡;而洛克、霍布斯及卢梭则试图以(社会)契约理论来解释国家权力的来源。[18] 换言之,如何“抵御专制主义”,乃是古典自然法学最关注的问题之一。

古典自然法学在肯认人的理性的基础上,肯认人对于自然法则的发现与归纳能力。并以此为哲学基础而掀起了法典化运动,产生了一系列深受古典自然法思想影响,并且在内容上反映出其基本要求的法典。而首当其冲者,就是《法国民法典》。

在古典自然法学思想的背景之下,考察《法国民法典》第8条“所有法国人

---

⑭ [美]艾伦·沃森:《民法法系的演变及形成》,李静冰等译,中国政法大学出版社1992年版,第129页。

⑮ [美]孟罗·斯密:《欧陆法律发达史》,姚梅镇译,中国政法大学出版社1999年版,第7页。

⑯ [美]艾伦·沃森:《民法法系的演变及形成》,李静冰等译,中国政法大学出版社1992年版,第128页。

⑰ [美]E.博登海默:《法理学——法律哲学与法律方法》,邓正来译,中国政法大学出版社1999年版,第63页。

⑱ 同上书,第46~55页、第62页。

均享有民事权利”的规定,[19]可以得出如下结论:

第一,作为古典自然法观念的产物,自然法对于《法国民法典》的影响,远非一般意义上的“指导思想”所发挥的作用。在法国人看来,自然法原则具有高于实定法的效力,其不必通过实定法的规定作为中介,直接成为后者的法律渊源与适用依据。这一立法思想曾经清晰地反映在《法国民法典》最终草案序编的规定当中:“存在着一种普遍的永恒的法,它是一切实在法的渊源:它不过是统治着全人类的自然理性。”[20]基于这一认识,波塔利斯(Portalis)明确指出:“当法官得不到任何明确和众所周知的规则之指引时,当他遇到的是一个全新的事实时,他只能回到自然法的规则。”[21]这种以自然法作为实定法之渊源的思想,在法律主体的构造技术上,就表现为,一个生物人之所以能够成为法律主体,原因就在于这个生物人,具备了一个成为法律主体的条件——这个条件由于在自然法中早已明确,因而无须通过实定法再加以规定——它就是“人的理性属性”。由此可见,“以自然法观念作为实定法上法律主体的依据”,乃是《法国民法典》主体制度构造的根本特征。

第二,这一主体构造的特征,意味着《法国民法典》从此塑造出了超越于个体的人的具体形态的“抽象法律人格”。《法国民法典》的抽象人格,建立在“一般的”人的伦理属性基础之上,进而又将这种一般的人类伦理,反过来看作每一个“具体的”个人的人格依据。于是具有各种特质的人,在这种无差别的伦理价值之上,实现了真正的法律上的平等。这一技术逻辑终结了18世纪以前“人的私法地位是依其性别、其所属的身份、职业团体、宗教的共同体等不同而有差异”[22]的身份制社会的人格的不平等性。于是,法国民法上的法律主体,不仅在范围上涵盖所有的法国公民,实现了生物人与法律人外延上的统一,而且在法律人的范围之内,其法律主体资格也实现了平等与划一。由此可见,“抽象人

---

[19] 参见《法国民法典》,罗结珍译,中国法制出版社1999年版。

[20] [法]阿·布瓦斯泰尔:《法国民法典与法哲学》,钟继军译,载徐国栋主编:《罗马法与现代民法》(第2卷),中国法制出版社2001年版,第290页。

[21] 同上。

[22] [日]星野英一:《私法中的人——以民法财产法为中心》,王闯译,载梁慧星主编:《民商法论丛》(第8卷),法律出版社1998年版,第157页。

格”乃是以伦理作为人格基础的法律逻辑的必然结果。

第三,显然,“所有法国人均享有民事权利”的规定,本质上不过是基于自然法上人的理性属性所产生的“人人平等与生而自由”的价值判断在实定法上的一种表述。然而不能忽略的是,这种表述依然具有实定法上的意义。详言之,“所有法国人均享有民事权利”的规定,在实定法的技术上并非意味着“凡法国人均已经享受到了民法典所规定的客观权利”这一结果,而是意味着“凡法国人均可以享有私权”这一潜在的可能。换言之,这个规定的法律技术意义在于就此塑造出“权利的载体”,这个载体可以成为人现实取得的权利的“聚集地”。由此可见,在法律技术层面,人格之塑造,就是权利载体之塑造;人格之平等,就是权利载体的“容量”,即“可得享有的权利的范围”之平等。

第四,这种“以自然法观念作为实定法上法律主体的依据”的立法技术同时意味着,虽然在《法国民法典》中,生物人与法律人具有了统一外延,但是这种外延上的统一并不能掩盖其内涵上的分立。换言之,虽然在《法国民法典》上,所有的生物人均是法律人,但是作为“现实存在”的生物人,与作为“法律存在”的法律人,其两者之间本质的分立却仍然存在。在这个分立的格局之下,生物人要成为法律人并不是当然的,而是有条件的。只不过这个条件存在于自然法对于人的理性属性的肯定当中,实定法未予明确而已。因此,《法国民法典》中生物人与法律人内涵上的逻辑关系,并不是“因为是生物人,所以是法律人”,而是“法律人必须具备理性。因为生物人(依自然法)有此属性,所以生物人是法律人”。由此可见,《法国民法典》沿袭了罗马法“界定适格者并使其成为法律主体”的法律技术,只不过由于界定的标准发生了从身份到伦理的转变,从而导致界定的结果出现了不同。

三、权利能力:建立在伦理基础之上的“法律命令”

《法国民法典》以自然法的理性作为实定法中人格基础的法律技术思想,在随后诞生的《奥地利民法典》中,得到了更清晰的表述:“每个人与生俱来都拥有理性所取得的权利,并在此之后被视为一个人格人。”(第16条)[23]然而不同在于,《奥地利民法典》将在《法国民法典》中被认为是根据自然法不言自明的人的理性,直接规定在了实定法当中,这似乎折射出在《法国民法典》之后,古典自然法理论在法典化运动中权威地位的微妙变化。事实上,自然法学派的哲学体系,在19世纪受到来自以萨维尼为代表的历史法学和以康德为代表的先验唯心主义哲学的挑战。

萨维尼的历史法学坚持法律乃是“民族精神”的化身,而不是“理性”的产物。他“否认存在有一种不变的,适于所有民族的共同之法,因为每一个民族有自己独特的个性,自己独特的‘民族之魂’”。[24] 与此同时,康德的先验唯心主义哲学则从人的自身意志的概念出发,证明了“抛开经验,仅单从形式的先天原理中,不可能推导出形而上学——自然法的内容,因而内容上的形而上学从来不可能是普遍的和十分精确的。那种从‘自然’中可以构建一个适于所有时代的,具有明确内容的自然法的主张,同时也被驳倒”。[25]

但是,我们必须明确,对于上述自然法理论之批判,其所针对的主要是古典自然法学的那种“以非历史的简单程式和任意的假设为特点”[26]的研究方法,以及古典自然法学将通过这种研究方法所得出的若干原则,认定为可以适用于一切社会关系的永恒的法律准则的结论。至于自然法学所倡导的根本价值观念本身,上述的批判并没有给予否定,而是从另一个角度予以继承。

就德国的先验唯心主义哲学而言,它将人的本质规定为人所具有的内在意志。这种内在意识的存在,使人获得了主体的属性。这就意味着,一方面,人理应成为由人类所构建的一切社会范畴的目的,“不能把你自己仅仅成为供别人使用的手段,对他们来说,你自己同样是一个目的”。[27] 另一方面,自由成为人的

㉓ [德]罗尔夫·克尼佩尔:《法律与历史——论〈德国民法典〉的形成与变迁》,朱岩译,法律出版社2003年版,第60页。

㉔ [德]阿图尔·考夫曼、温弗里德·哈斯默尔:《当代法哲学和法律理论导论》,郑永流译,法律出版社2001年版,第89页。

㉕ 同上书,第93页。

㉖ [美]E.博登海默:《法理学——法律哲学与法律方法》,邓正来译,中国政法大学出版社1999年版,第63页。

㉗ [德]康德:《法的形而上学原理——权利的科学》,沈叔平译,商务印书馆1991年版,第48页。

主体性要素中不可或缺的要素,“自由是意志的根本规定,正如重量是物体的根本规定一样”。[28] 由于“自由是独立于别人的强制意志”,[29]所以人进而取得了其主体性当中的另一要素——尊严。意志不仅是作为个体的人的主体性的伦理基础,而且也为作为群体的人的彼此交往提供了伦理上的准则。在康德看来,人与人之间的关系,就是“他的自由行为与别人行为的自由的关系”,[30]而“任何一个行为,如果它本身是正确的……那么,这个行为根据一条普遍法则,能够在行为上和每一个人的意志自由同时并存”。[31] 这个“自由并存”法则的实现,无疑仍然是以人的理性为基础的。因为“那种可以有纯粹理性决定的选择行为,构成了自由意志的行为……有意选择行为的自由,在于它不受感官冲动或刺激的决定”。[32]

由此可见,自然法学所强调的“理性、自由、尊严”等价值,在这里依然是人的伦理属性的组成部分。自然法学的这些思想,“虽是由法国大革命中的《人权宣言》明快地表明的,但却是在康德的哲学中作为典型定式接受下来的”。[33] 因此,与其说德国先验唯心主义哲学和近代自然法学在对于人的认识上是殊途同归的,倒不如说它们其实是对同一个人文主义的价值观念,各自提供了一套理论解释罢了。与此同时,深受康德哲学影响的萨维尼也承认,“人格、法主体这种根源性概念必须与人的概念相契合”,[34]历史法学所主张的民族精神,也不是以背离人文主义思想为代价的。

在这场古典自然法学的批判中,一方面,如上文所述,自然法学所蕴含的人的伦理属性和价值,并没有被触动,相反,在启蒙思想和人文主义的作用下,它早已成为近代法律大厦的基石。另一方面,由于先验唯心主义哲学对于自然理性观念的批驳,加之在历史法学的推动下,随后产生的学说汇纂学派(pandek

---

[28] [德]黑格尔:《法哲学原理》,范扬等译,商务印书馆 1961 年版,第 11 页。

[29] [德]康德:《法的形而上学原理——权利的科学》,沈叔平译,商务印书馆 1991 年版,第 50 页。

[30] 同上书,第 40 页。

[31] 同上。

[32] 同上书,第 13 页。

[33] [日]星野英一:《私法中的人——以民法财产法为中心》,王闯译,载梁慧星主编:《民商法论丛》(第 8 卷),法律出版社 1998 年版,第 159 页。

[34] 同上书,第 163 页。

ten wissen schaft)开始立足于“逻辑”(而不是“理性”)来对罗马法进行整理。于是,“法律的适用就降为一种纯‘技术’过程,一种只听从于抽象概念那种臆想的‘逻辑必然性’的计算过程”。[35] 由此产生的结果就是,自然法对于法律的形式上的直接决定作用开始隐退,实定法本身的逻辑自足性则受到重视。这一法律思想的变化在民事主体的制度安排上,就表现为人之所以为人的那个原因,不应该仅仅停留在伦理哲学的观念当中,而必须在实定法上获得依据、并得到体现。“在关于人类本质的现代哲学沉思中……一个法律命令是必要的。”[36]于是,在这个“法律命令”的要求下,“权利能力”概念,随着《德国民法典》进入了法学的殿堂。

将“权利能力”的概念置于上述法律思想的背景之下,我们就可以对《德国民法典》的主体制度构造得出一个清晰的认识。

第一,由于自然法在实定法中作为直接渊源的地位受到否定,所以《法国民法典》中直接作为法律人的依据的自然法观念,在德国人看来是不充分的。为了给人的属性寻找到实定法上的依据,人的目的就被理所当然地放置在实定法的领域当中来加以考察。从这一角度来看,“人类生活于群体社会中,需要生活资源维生。民法将生活资源纳入规范,使之以权利、法益、自由资源或义务之姿态出现,简言之,以权利或义务之姿态出现”。[37] 由于人在法律上的目的,在于上述生活资源的取得,而此一目的在实定法上又表现为权利的享有与义务的承担,因而实定法上的人的属性,就被水到渠成地认作“对于权利以及义务的承载能力”,即“权利能力”。于是,法律人格的依据从法国民法上“人的理性”,演变为德国民法中的“权利能力”,从而完成了法律人的依据从自然法向实定法的转化。从此,人的伦理属性,至少在法律技术的层面,被这个实定法的概念所掩盖了。“《德国民法典》中使用的‘人’,是一个形式上的概念……这个形式上的‘人’的内涵,没有它的基础——伦理学上的‘人’那样丰富。在伦理学上的

---

[35] [德]K. 茨威格特、H. 克茨:《比较法总论》,潘汉典等译,法律出版社2003年版,第214页。

[36] [德]罗尔夫·克尼佩尔:《法律与历史——论〈德国民法典〉的形成与变迁》,朱岩译,法律出版社2003年版,第60页。

[37] 曾世雄:《民法总则之现在与未来》,中国政法大学出版社2001年版,第79~80页。

‘人’所具有的所有特征中,他只有唯一的一个:权利能力。”㊳

第二,“权利能力”乃是民法人格技术中一个不可或缺的概念。很多学者持有一种观点,认为“自然人不分国内外,均为人,均有人格,均具有权利能力,则权利能力之制度,在自然人之范围内,几无价值可言”。㊴ 换言之,“既然公民民事权利能力一律平等,‘民事权利能力’概念最初用于区别主体法律地位的功能也就消失了,在法律面前人人平等观念深入人心的现代社会,‘民事权利能力’概念作为价值宣示的功能也显得多余了”。㊵ 这种观点显然是出于对民法人格技术的误读。首先,继受罗马法的《德国民法典》与《法国民法典》,均沿袭了罗马法区分“生物人”与“法律人”的人格技术,将法律人仍然看作法律在生物人当中“界定适格者并使其成为法律主体”的结果。那么,这个“适格者”之“格”,即“法律人格的条件”,则成为这一技术逻辑上的必要环节。对于这一问题,如果说法国民法的回答还是隐晦的实定法之外的自然法观念,那么德国民法的回答就是实定法上的“权利能力”。换言之,在法律技术的逻辑上,“权利能力”的概念,如同《法国民法典》中“人的理性”的自然法观念一样,是连接生物人与法律人的逻辑桥梁。其次,更重要的是,如前文所述,在人与主观权利的关系上,人格意味着权利的载体,是人所现实地享有的主观权利的“聚集地”。就此而言,如果说法国民法仅仅是在立法思想上反映出人格的权利载体意义,德国民法则是直接将这一意义作为人格条件,通过以“成为权利和义务载体的能力”㊶为内容的“权利能力”这一实定法概念,表达了出来。

第三,应当明确的是,《德国民法典》以“权利能力”作为“民法上的人”的基础或者说条件,并不意味着人的伦理价值观念已经完全让位于法律技术,从而不再对《德国民法典》产生影响。恰恰相反,《德国民法典》“生而具有权利能力”的规则,本质上就是对“生而为人、生而平等”的伦理思想的实定法诠释。事

㊳ [德]卡尔·拉伦茨:《德国民法通论》,王晓晔等译,法律出版社2003年版,第57页。

㊴ 曾世雄:《民法总则之现在与未来》,中国政法大学出版社2001年版,第78页。

㊵ 李军、袁文波:《试论自然人“民事权利能力”》,载《河南省政法管理干部学院学报》1998年第3期。

㊶ [德]迪特尔·梅迪库斯:《德国民法总论》,邵建东译,法律出版社2000年版,第781页。

实上,德国法学从来未曾将人的伦理属性与法律主体地位相互割裂。在德国法学看来,“内在于作为种属物的人的道德的自由及其意志,该自由与意志的因素证明人具有资格成为人格人”。[42] 与此同时,《德国民法典》第一草案说明书认为:“不论现实中的人的个体性和其意志,承认其权利能力是理性和伦理的一个戒律。”[43]由此可见,虽然由于“权利能力”概念的阻隔,《德国民法典》上人的伦理属性不能再成为实定法上人的直接依据,但是“权利能力”这一概念本身仍然是建立在人的伦理属性之上,这却是不争之事实。换言之,人的平等、自由、尊严等价值观念,无论其来自自然法学上的理性,还是来自康德所称的人的自身意志,其在《德国民法典》中犹如在《法国民法典》中一样,构成了民法典的基石。

四、“抽象的智者”:民法个人人格结构的精髓

较之于罗马法以人在现实生活中的具体身份作为人格基础的法律技术,以《法国民法典》《德国民法典》为代表的近代民法,为了使“人人平等”的伦理要求在法律上获得实证,通过将作为种属物的人类的一般、普遍的伦理价值,看作每一个具体的人的人格依据,使具有千差万别的个性的人在其无差别的伦理价值之下实现了真正的平等,人的伦理属性成为法律价值上人的本质。就人格的存在之于权利而言,意味着“权利的载体”(主体)的存在,所以以伦理观念为基础的人格制度的要义就在于,一方面,作为法律事先预留的权利载体,人格所提供给人的,是人所取得的主观权利的聚集地。但是,主观权利要现实地聚集于这个人格载体之上,却必须以概念上存在于人格之外的“法律事实”作为中介。换言之,人格自身并不能通向主观权利。另一方面,存在于伦理观念之外的人的其他特质,诸如血缘、宗教、民族、性别、职业等,既不会对人可得享有的权利

---

[42] [德]罗尔夫·克尼佩尔:《法律与历史——论〈德国民法典〉的形成与变迁》,朱岩译,法律出版社2003年版,第63页。

[43] 同上书,第58页。

的范围产生影响,同时更不可能具有"法律事实"的意义,并成为这个特质的具备者现实地取得、享有主观权利的依据。

因此,权利的取得,不可能在"人格"的范畴当中去实现。在"人"与"(主观)权利"之间,需要一个沟通中介,这就是人格范畴之外的"法律事实",它的基本表现形式就是人的行为。在此,"权利的载体"与"权利载体的实现"之间的分离,就意味着人不能够再依据其诸种特质获得先天伦理价值以外的利益,法律上的"幸福生活"必须依靠自己的行为去争取。

与此同时,法律技术认识到不同的人,其通过自身行为,现实地取得权利的能力是存在差异的。这种差异的存在,将会导致人在其平等的"可得享有权利的范围"上,最终出现不平等的权利享有结果。所以,为了使人人平等的"权利载体"最终能够实现对权利公平地承载,如何对这种人与人权利取得能力之差异予以描述并加以补正,则是法律技术必须面对的问题。那么,究竟是哪些因素导致了人与人之间的这种差别?这个问题的背面就是,到底有哪些因素决定人的权利取得能力?

近代民法人格技术对于这一问题的回答是,既然取得权利的基本手段在于"行为",而支配行为的则是具体的人的"理性",包括自我控制与合理判断的能力,那么,具体的理性在此被认作权利取得能力上的决定性因素。如果说人们之间有权利取得能力上的差别,那么这种差别就来自其具体理性的差异。导致了人们之间这种具体理性能力的差异的因素是什么?由于健全的理性立足于健全的心理与生理,所以因"生理原因"以及"恶习"所致的心智不足者因此被法律锁定。法律在维护其与他人平等的"权利载体"的前提下,在"权利取得"这一环节约束其自主设权行为的实施,同时通过监护制度,以监护人完整的理性能力弥补其理性之不足,从而使其最终获得与他人平等的取得权利的机会与能力。

由此可见,以对一般的人类理性的肯定为基础的"抽象人格技术",其实并不否认具体的人的理性能力之间的差异。只不过由于平等的伦理观念禁止法律将这种差异体现在人格构成当中,所以法律用另一个"外在于人格"的范畴对这种人与人权利取得能力之间的差异予以表述和补正。《法国民法典》在“均悉享有私权”的法律人格地位之外,另行设计“交易能力”“婚姻能力”制度,正是这种补正的结果。而更清晰地表明这种补正的,则是《德国民法典》上“权利能力”与“行为能力”之间的分立。因此,近代民法的无差别的“抽象人格”,事实上是包含了对于人“取得权利能力”之差异的肯定判断的。

与此同时,将人的“理性”看作设权行为的支配性要素,反映出了这样一个公平观念:在私法领域,人具有判断设权行为结果利弊的能力,而且其自己是其自身利益的最佳判断者。因此,其以健全的理性为基础所为的自主自由之决定,无论怎样,对于其来讲,都是公平的。换言之,民法的“抽象人格制度”的确是建立在“强而智”的人的假定基础之上的,这种“强而智”的人的判断背后,就是对人的理性与自治能力的肯定。

然而,截至目前,仍然作为整个民法制度建构的出发点的人格技术,面对当今社会在诸如劳动合同、消费合同等当事人经济力量存在悬殊差异的领域,“经济强者”对于“经济弱者”的恃强凌弱与巧取豪夺的事实,正在面临严峻考验。在这里,理论上的指责是严厉的,“在近代民法典中,人被作为抽象掉了种种能力的个人并且是以平等的自由意思行动的主体被对待。这种处理导致在各种情况下从人与人之间实际上的不平等、尤其是贫富差距中产生的诸问题表面化,从而产生了令人难以忍受的结果”。[44] 批判锋芒之所向,以人的伦理属性为基础的民法“抽象人格”技术及其赖以建立的一系列价值判断,俨然已被视为导致了那种“令人难以忍受的结果”的诱因。

将当今社会上存在的“强者”对于“弱者”的压榨事实,与上述民法的公平价值实现机制进行比照,可以发现,这些恃强凌弱的现象,其实都是在“弱者”一方“自主决定”的名义之下进行的。那么,“弱者”一方为什么会接受对于自己来说是“不公平”的结果?原来,基于对“强者”经济地位上的悬殊劣势所导致的“别无选择”的窘境,限制了“弱者”作为公平实现基本保证的“决定自由”,这是“弱者”在法律早已赋予其具有平等于“强者”的“抽象人格”的条件下,仍然

---

[44] [日]星野英一:《私法中的人——以民法财产法为中心》,王闯译,载梁慧星主编:《民商法论丛》(第8卷),法律出版社1998年版,第182页。

无法拒绝“强者”不公平的要求的根本原因。

因此,我们可以发现上述的民法技术,的确存在一个问题。今天社会生活的事实已经告诉我们,人要作出真正符合自身利益的决定,除需要具备健全的心智水平外,由经济地位所界定的自主选择的余地,无疑同样构成了人的心智自由发挥的必要条件。对此,近代民法技术仅仅将自主决定的实现,系于人的正常心智,因而忽略了受制于经济地位的选择余地对于自主决定的关键性影响。这不能不说是民法公平保护机制当中的一个设计疏漏。

在今天“弱化强者,强化弱者”的法学理论与立法实践的背景之下,面对广泛流行的“人的法律形象业已从近代民法所认为的‘智者’还原为‘愚者’的面目”,因而“近代民法的‘抽象人格’应为‘具体人格’所取代”,甚至“‘从身份到契约’的社会发展轨迹在今天已经呈现出‘从契约到身份’的逆转”等诸多似是而非的观念,我们的确需要认真思考,这个公平保护机制上的疏漏,是否根源于近代民法的“抽象人格”技术?换言之,能否基于这个疏漏的存在,就解构乃至于否定近代民法“抽象的”个人人格构造及其价值判断?回答是否定的。在这里,需要辨析的有三个问题。

第一,“抽象人格”,还是“具体人格”?在针对近代民法的个人人格构建各个方面的批判之中,首当其冲的就是建立在无差别的人的伦理基础之上,故而不可能体现出“农民、手工业者、制造业者、企业家、劳动者之间的区别”的“抽象人格”法律技术。[45] 因为据说平等的“抽象的人格技术”所掩盖的,正是具体的人的不平等。然而问题是,那些正在以社会中诸多“事实上的不平等”现象为视角,并用批判的眼光挑剔“抽象人格”技术的学说,所忽略的一个基本事实就是,这些学说立论上的基本价值判断——人人平等——其实却是以其批判的对象——“抽象人格”——作为前提的。换言之,倘若建立在伦理的一致性基础之上的抽象人格技术,被以“农民、手工业者、制造业者、企业家、劳动者”等具体的人格所取代,那么这种“多元化”人格的直接结果,就是引出“人由于其职业的不同,可得享有的权利的范围也将因而不同”的判断。然而,我们知道,正如《德国

---

[45] 参见[日]星野英一:《私法中的人——以民法财产法为中心》,王闯译,载梁慧星主编:《民商法论丛》(第8卷),法律出版社1998年版,第168页。

民法典》上的“权利能力”概念所昭示的那样,“权利”乃是人在法律上的全部目的,法律地位的高下,本质上就是可得享有权利的范围的宽窄。我们之所以讲罗马法上的人格之间,其法律地位也是不平等的,原因并不是当时社会对于男与女、父与子、夫与妻、平民与贵族、罗马市民与外国人之间所存在的观念上的贵贱之分,而是源自这种观念所产生的法律上基于身份所产生的权利享有范围的差异。于是我们知道,当一个社会中人在法律上可得享有的权利的范围,会由于其身份——无论是性别、血缘、国籍身份,还是职业身份、官职身份——的不同而有所不同,这个社会的“人人平等”的宣示——假如这个社会还作如此的宣示——便已成为不折不扣的道德谎言了。由此可以看出,“具体人格”的本质,是将人的若干特质,跨越本应作为中介的“行为”,而直接与权利相连接。这样,主观权利的享有不再是自主决定的设权行为争取的结果,而是成为直接依附于人的特质的专属之物。由于人的特质本身所具有的不平等的性质,无论是近代民法,还是现代民法,其制度大厦所赖以构筑的自由与平等的基石,在“具体人格”之下将不复存在。

第二,“契约”,还是“身份”?有学者主张,英国历史法学家梅因所概括的“从身份到契约”的人类社会发展的历程,当今社会法律强调“消费者”“劳动者”保护的趋势之下,开始反其道而行之,“契约”对于“权利取得”的手段性意义,开始为“身份”所取代。这种观点就“身份”方面而言,就是“具体人格”的观念,对它的评析兹不复赘。而就“契约”方面而言,这种观点所表现出的,就是至少在诸如消费合同、劳动合同等存在悬殊经济力量对比的场合,对于通过“契约”方式来取得主观权利的公平性的怀疑,而这种怀疑直接指向的,就是法律人格构造中“自主决定的自由可以实现决定结果的公平”的判断。然而,事实上,存在于上述场合的诸多不公平的事实,并没有否定“决定自由”与“结果公平”之间的因果关系。其问题之所在,乃是在这些场合之中,消费者、劳动者的“决定自由”实际上并没有真正实现。详言之,“决定自由”的实现,如前文所述,不仅取决于人判断得失利害的理性,而且取决于根据这种判断的结果作出选择的余地,此余地的大小无疑依赖人的经济地位的强弱。的确,近代民法的人格技术只看到了前者,但是被其所忽略的后者,事实上却仍然是属于“决定自由”的范畴之中的。如果说,就前者而言,其行为能力制度以及禁治产制度诚然旨在保证具有心智水平低下的人,能够借助代理人的理性获得平等于交易对方的议约能力,从而实现其“决定自由”,那么就后者而言,现代合同法、消费者保护法以及劳动法所普遍确立的“弱化强者,强化弱者”的倾斜保护原则,其出发点仍然在于加强那些虽然具备充足的心智,但是由于经济地位之窘迫而难以依其理性的判断来采取行动,而不得不受制于“经济强者”的“弱者”的议约能力,即法律的目的仍然在于实现其“决定自由”。由于“决定自由”附着于“契约”这个外在于人的行为之上的,所以作为现代社会的“弱者权益保护”立法的技术思路,事实上仍旧遵循近代民法所确立的“决定自由——结果公平”这一个人利益公平实现的模型,其仍然是将人的设权行为,而不是人本身,作为衡平不公平的利益的着眼点的。换言之,由于现代民法依然是将“自主决定”作为公平地取得权利的前提,所以起到连接人与权利的桥梁作用的,就仍然是以“自主决定”为灵魂的契约,而不是其他的要素,如身份。事实上,“消费者”“劳动者”这种称谓,到底是不是一种“身份”,是颇值得推敲的。一个表面现象就是,当“劳动者”的对立面,个人企业的业主,进入商场购买物品之时,他立刻由“强者”变成“弱者”。这个现象告诉我们,所谓的“消费者——工商业者”“劳动者——雇佣者”,其本质乃是存在于特定的法律关系当中的当事人的地位,而与这个当事人具体是谁无关。换言之,在这里只是存在有可能导致不平等的“具体的法律关系”,而不存在“不平等的具体的人”——这正是“抽象人格”技术的必然结果。[46]进而,人之所以会获得这种地位,恰恰是因为其选择了作为进入这个法律关系之门的法律事实——契约。因此,“弱者之保护”的法律技术的切入点,是契约以及由契约所引起的法律关系,而与契约的订立者以及法律关系的参加者的身份无关。

第三,“智者”,还是“愚者”?现代各国立法,为了充分保护消费者的利益,

---

[46] [日]星野英一:《私法中的人——以民法财产法为中心》,王闯译,载梁慧星主编:《民商法论丛》(第8卷),法律出版社1998年版,第182页。

往往通过民事特别法对于特定的消费合同规定了“冷却期”制度。[47] 有学者将此解释为将现代社会中法律对于“人”的态度的转变,即“从理性的、意思表示强而智的人向弱而愚的人的转变”。[48] 在这种观点看来,这些经济地位上的弱者之所以需要法律的特别保护,原因不仅在于处于劣势的经济地位,难以让他们依照利弊的判断去自由地决定,而且他们的利弊判断能力也是值得怀疑的,因为他们通常是“被对方的花言巧语所蒙骗而进行交易的人,还有难于拒绝他人但又后悔的那种易受人支配的感情用事、轻率行事的意志上弱的人。一言以蔽之,他们是‘愚的人’”。[49] 然而,这种以一个“冷却期”规则就推导出“愚的人”的观点,其所忽略的,就是这个依法适用“冷却期”的合同,正是这个“愚者”自主决定的结果;在“冷却期”内是否行使那个单方解除权,还是这个“愚者”自主决定的结果;在“冷却期”满后,这个“愚者”所要享有之权利与承担之义务,仍然是其自主之决定而受到法律尊重的表现。因此,如果说“冷却期”规则的确有促使交易的消费者一方冷静从事、谨慎判断的寓意,那么这一寓意目的之实现,恰恰需要这样一个前提——该消费者在冷静、谨慎的状态下,是能够作出理性的利弊判断的。进而,由于这个消费者实际上是具备这种理性的判断能力的,因此其仍然是一个“智者”。

五、结　　语

民法人格从古罗马私法到现代民法的发展,历经了由具体的身份基础到抽象的伦理基础的演变。抽象人格的确立,使近现代民法上人与人之间的关系,

---

[47] 所谓“冷却期”制度,是指根据民事特别法的规定,法律给予消费者在签订合同后的一定时期内,在不负违约责任的前提下单方解除合同的权利。这种制度的设立目的,在于允许消费者在订立合同之后再行反悔,防止因匆忙缔约而对其造成损害。“冷却期”制度最初产生于“上门兜售”的交易中,后来适用范围逐渐扩展,在一些不动产交易之中,也出现了“冷却期”的规则。参见周显志、陈小龙:《试论消费信用合同的“冷却期”制度》,载《法商研究》2002年第5期。

[48] [日]星野英一:《私法中的人——以民法财产法为中心》,王闯译,载梁慧星主编:《民商法论丛》(第8卷),法律出版社1998年版,第175页。

[49] 同上书,第188页。

在无差别人类的伦理之上实现了真正平等——身份等具体的人的特质,被排除于权利取得的依据之外。随着以契约为代表的设权行为,成为通往主观权利之路的主要途径,人的理性获得了法律的认同与尊重,意思自治因而成为法律调整私人关系的根本手段。在近现代民法的"抽象人格"以及"意思自治"的基本框架之下,民法并不否认人与人之间的差异。体现这种差异性的行为能力制度表明,民法所认许的人的差异性,必须限定在抽象人格的"权利取得"这一环节之上,而不得导致人格本身的差异性;同时,这种差异性还必须限定在"意思自治"的实现能力之上,而不得掺杂人具体的"身份"差异。事实上,民法基于现代社会关系在特定领域新的发展所引起的法律调整方式新的动态,就是针对人格的"权利取得"环节,来加强因经济上的劣势地位而无法自由选择的人的"意思自治"能力的——其与行为能力制度具有完全相同的性质,只不过法律在导致"意思自治"能力不足的事实范围的判断上,由"心智欠缺"扩展到了"别无选择"而已。可见,现代民法在特定领域法律调整方式上的改变,并没有突破"抽象人格"和"意思自治"的框架。

因此,当我们面对现今民法学说中在"实质公平"名目下出现的林林总总的"具体人格说"、"从契约到身份说"以及"愚人说"的时候,在此"乱花渐欲迷人眼"之际,我们不能忘记的是,对于抽象人格的否定,是以否定民法的平等原则这一基石为代价的;而对于契约的权利取得手段的否定,则是以否定人的理性、否定民法的意思自治原则、否定市场的社会资源配置作用、否定现代政治国家的构建理论为代价的。

对私法上人格平等与身份差异问题的思考*

今天这个专题讲座涉及四个问题:第一,何谓私法中的身份;第二,私法中身份的变迁和现状;第三,私法中身份关系的基本构成;第四,现代私法中的身份调整。

近些年来,社会学界对身份问题的研究较多,也较深入。人们认识到,任何一个社会(甚至包括动物"社会"),都是由处于不同地位、不同利益关系中的成员构成的。任何人都不可能脱离社会,不可能摆脱身份制度对他的约束。在人类社会,不同身份的人必须遵循一定的行为规则,才能构成一个有序的社会结构。当然,身份也具两面性,一个社会如果有好的身份序列和规则,就能够稳定社会和促进社会发展;相反,则可能带来社会的动荡或社会的倒退。

多年来,身份问题并没有引起私法学界的重视,只是近几年才有学者开始思考这个问题。因为人们总在想,近现代私法所遵循的基本原则和理念是人人平等,如果讲身份就要讲人之间的差异,就要讲人的不同地位,就要讲对人的差别对待,而这些似乎与私法原则、私法理念相违背。所以,有些学者便对梅因"从身份到契约"的论断作了片面理解,认为身份是旧社会的丑恶象征,是欺压平民、造成特权的根源。在私法研究中,"身份"成为民法学者的禁忌,似乎私法是与身份相排斥的,结果仅在亲属法中才会涉及一点身份相关问题。现在,我

---

* 本文系根据作者2010年11月11日在贵州大学所作的学术讲座整理。

们要问：在现代社会，人之间是否还存在身份的差异？如果存在，身份有何社会功能？身份是没有了还是演变了？私法中所强调的“形式平等”，怎样才能实现“实质平等”？有学者提出所谓“从契约到身份的反向运动”的观点，这是什么意思？针对这些问题，我想以契约与身份制度相互影响的演变过程为视角，对私法中身份的界定、变迁、存在状态（调整方式和社会功能）作一个粗略的分析和探讨。

下面，我按顺序就以上几个问题和大家交流。

一、何谓私法中的身份

从社会学的角度讲，身份指的是人的出身、地位或资格。具体而言，身份指的是一个人在社会上的位置，这个位置既可能是由登记制度确定的，也可能是由血缘与继承关系确定的。另外，职业、学识、财产状况、权威和声望等因素也能形成人之间的不同身份。其中，有些身份关系是由法律所确认的，这样就会在人之间形成稳定的权利、义务、权力、责任关系，并且能够成为请求权发生的基础，成为法律调整和保护的对象。当然，身份也受道德规范的调整，也受传统文化的影响。

私法身份又谓何呢？我们大致下个定义：私法身份是个人在社会关系中具有私法意义的定位和相应的利益份额，是身份关系为私法所规制的结果。身份使每一个人成为特定团体或组织、群体（在这里，我们把这些团体、组织、群体称为身份体）的成员，并且确定了这些成员在各团体、组织、群体中的位置，同时，也标明了他们在其中的利益份额。私法通过身份规则调整个人之间的关系。就特定行为而言，当事人之间不同的身份关系会表现出不同的法律性质，比如，两性关系，发生在夫妻之间是行使权利；发生在夫妻之外就是非法姘居。财产继承也必须以一定的身份关系为基础。在司法实践中，不同身份的人虽然遇到同样的法律事实，但诉讼程序和处理的结果则可能不同。

任何一个社会，都是由不同身份的人组成的。身份是一种社会组织技术，通过身份可以构建社会关系的结构框架。在这些结构框架中，身份为每一个人确定了利益份额、行为规范、权利义务和责任，这样才能形成一个有序、稳定的社会。一旦社会关系发生了变化，就会产生相应的身份结构上的变化，这时，一些旧有的身份种类衰落了，一些新的身份种类产生了。

身份关系与契约关系相比较，身份关系的优势在于稳定性，特别是一些基本的身份种类，如夫妻身份、父母与子女身份、师生身份就较稳定。身份关系通常表现为人之间形成的支配与服从关系，由此形成社会秩序。具体而言，身份的划分方法很多，如性别、职业、宗教、住地、工作地不同，均可以形成不同的群体；如因收入、财富、教育、权力不同，也可以形成不同的地位。我们应该承认人的个性，人的差异性，而身份制度就是以人之间的差异为设置前提的，它又是以区别对待为基本的调整方法的。可以说，每一个人在不同的环境下都承担着不同的、繁多的社会角色。如一个成年男子，在家是丈夫，是父亲，在工作单位是科员，在俱乐部是会员，在党内是支部委员，在一个国家是公民，在地球上他就是人，是人就享有人权。所以，在身份差异基础上产生了不同的社会角色，要求他们必须遵循一定的行为规则，甚至包括穿衣、仪表、举止、说话口气等外显形式。

有人认为，人格与身份关系是对立的，实际是指人格平等与身份特权是对立的，但身份不等于特权，尽管身份可能会发展为特权。其实，就私法中的人法而言，人格法与身份法共同调整人身关系，由人格和身份共同确认主体的法律地位。个人拥有人格意味着在私法上“被当作人对待”，从而获得一般的法律主体资格(按德国法，就有了权利能力)。所以，人格法保证自然人、法人成为独立的法律主体，通过意思自治享有权利、承担义务。个人拥有特定的身份是解决个人“被当作什么人对待”的问题(人格是指抽象的人，身份是指具体的人，在现代社会，人格——人的平等人格是不变的，社会性身份通常是可变的，也就是说，通过主观努力，或者偶然性机会下，身份是可以改变的)。一个人拥有特定身份意味着他在结构化的社会中，在法律上所享有的地位和与此相应的利益份额，当然，这就在人们之间形成了不同的身份位阶。在现代社会，身份位阶的确定具有重要的功能，为法律的调整和社会的救济明确了目标和方向。

也可以这样理解,我们把“身份”拆解开来。“身”是指特定个体在群体中的定位,“份”是指依据地位所享有的利益份额。不同的身份意味着不同的利益份额,这种利益份额包括财产、精神、伦理等方面的利益。既有的身份框架提供了不同的身份岗位,形成结构性的身份体系,每个人在这种身份体系中都有自己的位置、自己的岗位,这就是具有特定的身份。一个人具有特定的身份,可能是依据自然性的原因获得的,如家庭出身、性别就是谁都无法选择的;身份也可能是依据社会性的原因获得的,如由政治、经济、意识形态、宗教、文化习惯界定的身份。他们的身份是特定的,但人格是平等的。有一点需要提出,私法上的身份关系是定型化的,是由法律直接作出安排的,它和契约关系不同,它是不容许当事人进行个人意思自治的,因为身份所体现的意思是社会意思,是群体意思。

二、私法中身份的变迁和现状

漫长的古代社会是身份社会,是特权社会,那时有着非常稳定的身份结构,很少发生改变。我们知道,在罗马法上的人格与身份是融合一起的,人格实质上就是身份人格,有了一定身份的人才有独立参加民事活动、社会活动的人格,所以享有不同身份的人具有不同的人格,人格是不平等的。只有到了近代,私法中的身份和人格才发生了明显的分离。

近代社会的变化是这样的:由农业社会转向资本社会;生产和社会生活的基本组织单位由家庭转向社团、转向社区,交易关系盛行;个人的活动空间和利益空间拓展了,个人普遍从家庭中走了出来(就像我们现在的农民工从家庭中走出来,到城市去打工,进入了更广阔的社会空间,成为一个企业的成员,实际上他们已经有了一种新的身份)。我们可以这样说,当一个人获得独立人格之后,他就会非常容易地依据契约进入一个新的天地,契约似乎是一个传送器,人们会由一个身份转移到另一个身份中去,从而有了新的身份。我们把每一个家庭看作一个身份体,把每一个企业也看作一个身份体,所以近代以来,人们很容易从一个身份体跳到另一个身份体(我们有时将其叫作跳槽)。因而每个人的身份是在不断变化的,这是社会进步的表现。社会身份由基本固定到大规模的流动,人们因此得以自由迁徙。私法中的契约、人格与身份制度必然发生相应的变迁,这主要表现在以下方面:

第一,近代社会,人们的生存方式发生了变化,家庭功能弱化了,由于工商业发展带来企业等社团的勃兴,企业单位、社会团体成为职业性的基本的利益共同体,人们在这些社会组织中获得生存资源,也获得了新的身份。

第二,近代社会,平等人格代替了差异人格。但是,平等人格代替不了身份差异。平等不是平均,前边我们已经提到,由于经济的发展,个人从家庭析出,成为独立的法律主体,获得了独立人格。但是,我们对平等人格并不能作绝对的理解,一个人在他所处的身份体内,他的自由必然会受到活动空间的限制,也就是说,那种理想化的平等会受到身份结构的限制。从另外的角度看,平等人格也为身份结构的安排布防了法律的底线。如我国《公司法》,就对公司高管身份的职权作了限制,并明确经理在组织生产之外的活动中对职工没有支配权。可见,身份权力是有限制的。

第三,近代社会,契约关系与新的身份关系同时勃兴,而私法理论仅仅关注了契约,可以这样说,契约的光芒掩盖了身份演变的事实。在许多私法学者的眼中,身份似乎已经随着梅因"从身份到契约"的论断消失了。实际上,身份并没有消失,它在人们误解的阴影中自由自在地生长着。

我们知道,契约的运用契合了近代以来的私法精神,与契约伴生的独立、平等、自由、自愿,成为契约的社会性内涵。契约制度有时还被泛化,有些私法学者为了确认自主婚姻,就主张婚姻的本质是契约;有些公法学者为了否认君权国家,确认民权国家,就杜撰了社会契约论。事实上,私法的平等自由理念并没有完全排斥身份构成,近代契约的勃兴也包含了身份契约的勃兴。下面我们讲讲身份契约。

近代以来,大量的身份契约出现在新兴的社团组织关系之中,法律上独立的个体通过契约关系重新组合,个体进入新的身份体,获得了新的身份利益。这种契约的本质是身份行为,功能在于建立新的身份关系。其中,企业现象最为典型。比如,发起协议产生发起人身份,章程和认购协议产生股东身份,委任协议产生经理身份,劳动协议产生劳动者身份。每个企业都预设了各种身份岗位,即特定的身份位置,进而在企业的身份体内,形成了各种各样不同身份的成员。其实,我们在学校也一样,按照一定的规则行使着自己的权利(包括权力),担负着自己的义务、责任。除此之外,商业组织的勃兴也塑造了经营者与消费者的身份,商人与顾客的身份,雇主与劳动者的身份等。

应当承认,市场运行造就了强弱、贫富差异的身份结构。在市场中,主体平等只是理想状态,仅享有权利能力而已,市场是不管你有没有行为能力的,即使初始状态中交易双方是平等的,但是经过一段时间的运行,其结果也会导致当事人的分化。契约关系的形成要以人格平等为前提,但契约的运作又会破坏这种平等的前提。在市场条件下,市场机制成为身份区分的主导机制,贫富对立是身份结构的基本状态,这在劳动者、消费者等弱势身份群里随之出现。

第四,私法身份的价值基础发生了转变:从身份特权到形式平等。古代社会以秩序为主导价值,身份安排的目的是形成固定的等级秩序,其中血缘身份是主导的身份形态。在这种等级性差序格局的安排中,人们的机会、起点并不平等,人生来就处于身份等级的制度之中。近代以来的社会进步就体现为逐步消除了身份制度的不合理因素,除去了身份制度对人的不合理约束。自由、平等、人权成为私法身份的价值基础。

但是,形式平等只是为人们提供了参与社会活动的机会,只是人们获得自由的起点。形式平等之下的人,是一种抽象化的个人,是一种同质化的个人,这是一种假设,它掩盖了人与人之间的差异性,掩盖了社会本身的结构性。实际上,每一个具体的人在社会结构中所处的地位的差别被私法忽视了。同时,这种抽象化、同质化的人,通常是按照强势人群的标准设置的,从而拔高了现实中生活的人,导致私法背离社会生活。所以,我们不能满足于从身份特权到形式平等,这只是实现社会公平正义、人人平等的第一步。

有人因反对特权而忽视几乎所有身份的存在(除亲属身份之外),这是现代私法的一大问题,它带来的后果是私法制度规则、机制、功能的结构性缺失,以致社会失去规范。这表现在以下两个方面:(1)身份向潜规则转化。虽然潜规则能够贴近生活,但它使一些身份利益不能依法得到保护;(2)放任形式平等给社会弱者带来的伤害。强调人之间的平等,不承认社会弱者,是不现实的。由于私法排斥身份,无法通过身份制度为弱者提供依据和救济,从而给弱者带来伤害。这方面,社会法在解决这些因身份问题造成的社会弊端,具有较好的功能。实际上,私法的理念和制度也应作出调整。

现在,现代私法的身份体系正在形成,最基本的身份形态有这样几种:家庭身份、社团身份、社区身份、市民身份、公民身份(关于公民身份,在我国,公民意识还很不够,公民自己也认为是臣民,人们还没有清晰地认识到,做一个公民意味着什么,有什么权利,有什么义务和责任;在学术上,我们还很少研究公民身份问题,比如公民身份的构成要素是什么?公民责任、社会诚信、平等意识、个人权利是什么?公民的权利又包括哪些政治权利、民事权利和社会权利等问题),这些身份也应得到私法的确认。在个人本位的私法制度下,家庭、家族的救济功能在衰退,必须要在社会中形成救济机制,国家要为此设立社会保障机制,政府必须是一种服务性的公益性政府。

现代社会对私法身份有两个方面的要求:一是要符合追求效率的需要,为此法律政策上一定要"扶优助强"。如在一个社会组织中,为了保证组织体的运作,就要对优势身份岗位作出有利的制度设计,赋予强势身份者以较大的权力,让他们支配较多的资源份额,有些资源也是他们凭着自己的能力取得的,符合社会主义按劳分配的原则。二是要满足保护弱者的需要,抑制强者以实现公平,为此法律政策上又要"扶弱制强"。如通过制定消费者权益保护法、劳动法、中小企业促进法、妇女权益保护法、未成年人保护法等,对社会弱者进行倾斜性保护。以上这两个方面的要求,恰是我们设计私法身份制度必须考虑的因素,不能顾此失彼。我们民法学的研究目标之一就是要找到这两者之间的平衡点,既要支持强者,又要照顾弱者。进一步讲,这里有个很困难的问题,就是如何从形式平等到实质平等。实际上,现代民法已经开始重视身份制度对于实现实质公平的功能了。我们发现,身份不仅存在侵夺他人权益的倾向,有可能演变为特权,而且它也包含对个人利益的保护功能,会对实质平等的实现发挥积极的作用。为什么这样讲,这是因为在身份关系之中,每一个人都被稳定地类型化了,明确地处于一定的差序格局之中,这种差序格局所产生的利益差别容易被察觉,公平与否易于凸显,而这恰是解决和弥补不同身份者利益差别的前提,因此才便于矫正。从身份功能上看,现代私法界定强者是为了鼓动他们,支持他们,也是为了限制他们滥用身份权力。界定弱者是为了便于向他们提供倾斜性保护和扶助。

可见,在现代私法中,身份正逐渐回到自己的应然位置。婚姻法、亲属法本来就属于身份法域;监护制度、集体所有权、区分所有权、优先权制度中都包含了身份规则;知识产权法甚至公开承认署名权为身份权;商法中身份规则更是大量存在。这种变化与其说是"从契约到身份",不如说现在"身份权又从阴影中走到了阳光下"。我们承认,平等人格能够有效地确认人格尊严,解决了所有的人在法律上平等的问题。但是,平等人格往往还是一种社会理想,它并不能反映人与人之间的现实差异,不能独自实现对强者的约束、对弱者的救济,也不能满足人们社会生活的组织化需要。现代社会,需要身份来为不同类别的人划定利益份额,为不同的角色制定行为规则,正是这种身份的差别对待可以防止平等人格流于形式,可以防止强者侵害弱者,实现社会的实质正义、实质平等。所以,我认为身份差异与人格平等这两者之间应该是相互兼容和补充的关系。

三、私法中身份关系的基本构成

私法中身份关系,是指在一定的身份结构中,不同身份者之间的权利、义务、权力、责任关系。我们可以从外部关系、内部关系两个方面来考察。

(一)外部关系构成了具体身份制度的运行条件

近代社会以来,社会关系的复杂化导致人们的利益存在与实现方式发生了变化,表现在身份制度领域所引起的变化就是:家庭身份结构功能演变了,家庭变小了,四世同堂几乎没有了,城市社区作用范围和功能扩张了,人、公民等基本社会身份形成或正在形成,社团成为主要的身份载体;市场成为主要的身份分层机制,身份流动的渠道拓宽了,身份改变频繁了。

身份制度会受到政治、文化和宗教的影响。政治方面,一场革命和社会改革往往会从根本上改造社会中的身份状况。文化方面,文化认同能够使身份体系、身份地位得以确立,它使身份关系成为社会生活中活的规则;有的可能是潜规则,虽然法律、规章都没有规定,但大家都知道应该怎么去做。宗教也是一种文化,在不同的宗教里就会使人有不同的身份地位,享有不同的身份利益。在人类的社会生活中,特定人群的身份外观、礼仪、发式、服装、行为模式、与人交际的规则,还有话语、称谓、座次、顺序等,都能体现人们的身份差异和身份认同,这些又进一步强化了各种身份功能和身份意识。在现代社会,人们也曾试图超越和打破身份区分和身份限制,但是大家始终摆脱不了身份观念、身份规则的约束,每个人都不得不生活在一定的身份关系之中。

(二)内部关系决定了具体身份制度的实际运作

人性包含自然性和社会性,这个观点是马克思主义的,我们以此作为标准,可以把身份分为先赋身份和自致身份(这是朱苏力教授的提法):先赋身份是指个人由生理原因而自然获得的身份,如性别身份、血缘身份;自致身份是指个人通过努力或拼搏而获得的身份,如职业身份、学位身份,也包括革命家、改革家的身份,等等。在现代社会,一个人身份的改变,主要是靠自致身份来实现的。

由于自然环境和社会环境存在差异,人与人之间,甚至包括许多同类动物之间,都存在身份上的差异,这种差异表现他们在同一身份内的利益共存和冲突。也就是说,在身份共同体中,人与人之间的利益既有共存的一面,又有相互冲突的一面。人类的高明之处,就在于他能够在许多场合之下,通过社会规范包括法律规范解决冲突,维护和扩大共存的一面。如家庭身份就为其成员提供了许多的利益依据,他们生活在这样一个身份体内就会感到安全,尽管家中有父权、夫权,人们仍然愿意回家,那是一个避风港;又如在区分所有权关系中,每个成员就会从共有权中获得公共利益。这些都是共存的方面。但是,身份利益最终要落实到具体的人,而利益又是有限的,它的增减具有相互性,你多了,我就少,我多了,你就少。所以身份利益冲突是无法完全避免的,这也为身份制度的发展提供了动力。一旦身份利益的冲突突破了均衡线,就会导致身份制度的变迁。这时就会产生新的身份体,形成人与人之间新的共存关系,或者在原有的身份体内发生人与人之间身份地位的改变和共存关系的重新组合。

在身份体内部运行中,除了成员之间的权利义务关系外,也包括治理关系,这一点很重要。在一个身份体中,依据各成员的身份地位,他们之间存在支配控制关系,即优势身份者支配控制着卑微身份者,这里体现着身份权力的存在,这是一种领导与服从的关系。显然,有这种权力是必要的,它的功能就在于保障身份体的存在和其内部运行的秩序和效率,通常卑微身份者能够容忍、尊重并依赖这种支配控制权力的存在,这种权力的运行可以带来身份体内部的稳定秩序。在现代社会,企业是一种重要的身份体,它内部的经营者就管理着、指挥着生产操作者,企业的投资者就控制着、监督着经营者。

身份体内部存在这种支配控制关系,就会产生两个问题:一是被支配控制者能够认同或者容忍,服从这种支配和控制,通常情况下,只要不突破人们生理、伦理和心理能够忍受的界限,他们就会接受这种支配和控制;二是支配者的权力必须受到制约,因为这种权力在身份体内部具有一定的强制力,它还往往和压制与暴力相联系,它容易形成特权,形成一种统治性权力,从而导致人格的不平等,产生不正义的身份秩序。所以,现代社会通过法律(如宪法、劳动法、家庭法)对身份权力加以制约,这样才能保障身份体内部的和谐和稳定,实现身份差异和人格平等之间的兼容和互补。

四、现代私法中的身份调整

(一)私法中身份制度的调整功能

归纳起来,身份制度有四个功能:

一是构造身份体(共同体)的功能。每产生一种新的社会关系必然就会形成相应的身份体和新的身份种类,形成新的生活空间。

二是利益配置功能。拥有身份意味着有资格参与特定范围内的利益分配,身份制度通过利益安排保证个体的存续。

三是身份体的自治功能。身份制度能够安排、维护身份体的内部秩序,实现局部的社会治理。

四是区分身份差异的功能。身份制度可以将某类特定个体与其他个体区分开来。身份以类别为识别单位,具有很显明的区分度,像职业身份、学位身份还具有公示的功能,方便了人们的社会生活,促进了社会的稳定和发展。

(二)私法中身份制度的调整

其调整方式有三大特点:

一是综合调整方式。身份制度在身份体内划分利益份额,这种利益份额的确定是根据人们的生存需要,依据人们之间不同关系的性质、人们之间的不同利益形态而设计的。在身份关系的安排中,法律为人们所确定的调整方式并不是某项单一的权利或单一的义务,而是为他们提供一套综合的调整方式。它包含了法律上的权利、义务,也包含了权力、责任,每个身份体成员会随着不同的情境和个人的具体需要而享有法律上的请求权。父母对于未成年子女的身份关系,就体现了这种综合性的调整方式。比如,父母需要基本满足子女的各种生活要求。可是,被综合调整的身份体内形成了拥有特殊规则的一个一个小社会,它们被那些综合性的调整方式结成具有凝聚力的利益共同体,这些共同体构成了一个民族、一个国家的社会结构,这是一种多层次的、错综复杂的社会结构,那些合理的身份体系和类型不仅维护了社会秩序,而且促进了社会运行的效率。

二是身份调整中包括了分配机制、顺序机制和矫正机制。所谓分配机制,是指导人区分为具体身份类型,依据他们不同身份所处的位置配置不同的利益份额。在每一种身份体中,均存在一套相应的身份行为规则,这些规则从程序上保障了身份体内部的运行秩序,而不同的行为顺序又保障了不同利益份额的实现。如公司发行新股,原有股东享有优先认股权,这就是由身份地位决定了认购顺序,从而保障了公司内部的利益分配秩序。通过身份的区分,就能够判明谁处于强势地位,谁处于弱势地位,这样身份制度就可以针对强势一方设置限制,或让他们多承担义务或责任,就可以针对弱势一方进行倾斜性保护。这就是身份制度的矫正功能,运用这种机制就能使不同身份者的利益份额控制在合理的范围以内。

三是表现为法定主义方式。因为身份所包含的法律意识或地位的确定,不是由某些个人的意志决定的,它是由社会意志、社会意思直接形成的,这种意志、意思促成了社会的基本结构,其中那些需要法律调整的身份关系,就要借助国家的权威予以确认,因此由法律调整的身份关系一定会表现为法定主义方式,不可能由个人意志、个人意思来决定。在这里,我们发现一个问题,早期的社会为了从公权的阴影中获得自由的独立,排斥国家,甚至敌视公权,但是人们逐渐认识到国家、公权的形式,在私法关系的形成和完善的过程中,并不是一个旁观者,也不是一个绝对起负面作用的对立方。实际上,社会并不能完全脱离国家运用公权力的支持和干预。如今,社会要利用国家来实现收入的再分配,身份法定主义也使国家权力进入了社会,成为社会运行的一种必要的机制。

(三)私法中身份制度的调整内容

身份制度是通过综合运用权利、义务、权力、责任安排身份关系,解决身份体内各种利益冲突,实现个人各自身份利益的。现在,我们分别对上述综合调整的内容加以说明:

1. 身份权利

身份权利是一种集合概念,它是基于特定的身份事实而产生的特殊权利,它是特定的身份利益在法律上的表现。有人会问,身份权利是绝对权还是相对权?事实上,身份权利是在身份关系中为个人设定的权利,它与绝对权和相对权没有对应性,当身份权利对应的是特定的人,就是相对权,如夫妻之间的身份权;当身份权利对应的是特定的事,就是绝对权,如父母对其未成年子女的监护权,经理享有的经营管理权。另外,在一个身份体内,各个成员之间存在的身份权利就具有相对性,应理解为相对权,而身份体成员与其外部人员存在的身份权利就具有绝对性,应理解为绝对权,所以其成员的身份利益可以对抗该身份体外的一切人。

2. 身份义务

身份义务是指个人基于身份事实而应满足权利人需要的法律约束。如父母、子女、兄妹相互之间就负有身份义务。在身份制度的安排中,身份义务是身份体内部的利益提供方式。身份义务大多基于自然事实而产生,在得到实在法的确认后即转化为法律义务。身份关系中存在的利益需求错综复杂,谁都说不清身份义务的具体内容,我们只能先设定特定的身份联系,当权利人出现某种需要时才能确定相应的具体身份义务。所以实在法只能规定身份义务的一般社会性的(也就是道德性的)义务基准。如成年子女应当赡养年老的父母,而如何赡养并没有统一的、具体的标准,这得看子女的赡养能力和当时的具体情境。

3. 身份权力

身份权力通常是一个身份体的存在的自治权,它是优势身份者对卑微身份者的支配控制权。一个身份体通过身份权力的运行实现内部治理的效果。身份权力的范围取决于社会的认可、国家和社会干预的程度,这是客观社会条件制约下的社会政策选择。有人要问,为什么要设定身份权力?这是效率理性的现实要求,所以身份权力依据的是个人能力和机遇,这种权力可能是合理的,也可能是不合理的,当然,身份体的发展和社会的进步需要合理的身份权力的设置机制。

4. 身份责任

身份责任与身份权力相对应,有权力就应负有责任。所以,身份责任是优势身份者拥有支配控制权的合理性基础。身份责任的范围一般是由当时的社会经济、文化、道德、宗教、法律制度决定的,我们这里当然是指被实在法所确认的身份责任。我国长期以来,身份责任主要体现在家庭关系中,但是在现代社会,家庭功能已经在衰退,人们纷纷脱离家庭而直接地为社会工作,如果还要把为弱者提供生存利益的责任强加在狭小的亲属、家庭的范围内,是不公平的,家庭甚至一个单位能够承担责任的能力也是有限的;而国家政府从民众那里聚集了大量的社会财富,应该有能力为弱者提供符合社会文明的生存保障。我们可以预见,随着社会的发展与进步,自然人、公民身份利益的落实,对弱者(甚至一般人)生存利益的保障责任将从亲属、从单位的身份责任中移出,变为政府对自然人、对公民的身份责任。

以上是我讲的主要内容。最后，我想再简单总结一下，也提出一些问题供大家思考。总的来说，任何社会、任何社会群体，都是由不同身份的个人构成的，这是否定不了的事实。近现代以来，由于私法学界（也包括立法界）在认识上有误解、有偏差，总体来讲，对身份问题是忽视的，尽管它始终离不开身份问题，离不开身份的原理，但是身份区分和调整规则在立法上缺乏系统性，也是不完善、不健全的。因此，我提出身份问题，让学界同仁思考一下身份制度在私法中的地位，现有的民商合一的私法体例如何规范身份的种类和规则？是不是可以这样考虑，如身份的私法定义、功能、基本分类在民法中规定，传统的亲属法还在民法中规定，这样就可以打破现有民法的结构体系，至于其他具体的身份体由相关的单行法去规定。我们现在对私法中身份问题的研究还是很初步的，也只能说是提出了问题。如在理论上，如何论证人格平等与身份差异的关系，如何论证身份利益与财产取得的关系，身份利益的性质，它是不是包含一种无形财产？并且由此引出许多问题，如民法的权利体系分为人身权和财产权的意义何在，它们之间划分的标准是什么？还有精神财富与物质财富的划分和转化问题，等等。在现代社会或后现代社会，身份在私法上到底会承担什么角色？我们现在谁也说不大清楚，而这一点正是我们需要认真研究的。

今天我的讲座该告一段落了。目前，我也就有这么一点思考。我也谢谢你们能够认真地坐在这里，这不是一个很好听的讲座，既缺乏逻辑性，也缺少充分的论证，也没有太明确的观点，你们能够认真地听下来，真谢谢你们了！

关于人格权基础理论问题的探讨[*]

近年来,法学界对于人格权的理论和立法体例展开了一系列探讨。虽然学界对人格权保护是民法的重要任务已达成共识,但是关于人格权在民法典中的设置和在权利体系中的地位,意见不尽一致。显然,人格权与物权、债权、亲属权不同,与这些传统民法上的权利类型不在同一逻辑层面之上。要想证成人格权独立成编,必须承认人格权是一种民事权利,它与其他民事权利有着共同的属性、有着共同的逻辑起点。这样,人格权才有可能成为民法权利体系中的一员,才有可能成为民法典的独立一编。本文围绕该问题展开论证。

一、从"人格"和"权利能力"的概念开始

"人格"是指法律上做人的资格,是自然法上的概念;"权利能力"是指享有权利和承担义务的地位,是实在法上的概念。显然,"人格""权利能力"自身都不会构成民法权利体系中的权利类型,它们都不是民事权利。

回顾历史,从《汉谟拉比法典》到罗马法界定"人格"的标准都是人的身份。在不同的血缘关系、不同等级的人之间,他们的"人格"是不平等的。所以,罗马法的"人格"带有强烈的等级性、身份性和一定的可变性。但是到了罗马帝国时期,斯多葛派的自然法哲学作为希腊化的文明成果,开始在罗马得到传播,并促

---

* 原载《法学杂志》2007 年第 5 期。

使罗马法改革。直至西塞罗提出了“法律面前人人平等”的一系列原则,罗马法逐渐摆脱了市民法上的不平等,扩展为万民法,逐步地扩大了公民权。实质上是罗马公民与异邦人法律地位的逐渐平等,促成了罗马私法的发达与进步。16世纪以后,随着欧洲封建社会的解体和新的社会力量的出现,自然法一跃成为政治革命的理论武器,这一时期的自然法学说称为古典自然法理论。这一理论对西方两大法系共同的法律观念以及法律的基本原则和制度产生了重大影响。就大陆法系而言,自然法思想主要渗透在三部民法典中,这就是1796年《普鲁士邦法》、1804年《法国民法典》、1811年《奥地利普通民法典》。其中,《法国民法典》完整地将自然法的自然理论和平等自由观念贯彻在立法之中,人的平等自由人格、私法与公法的巧妙分工在法律上得以确立。在法国人看来,自然法不是司法实践的产物,而是哲学的结晶,实在法绝不会完全取代生活中的自然法则,因为社会的需求是多样的、多变的。正是《法国民法典》对自然法精神的全面承受,形成了法典的一个开放性的格局,使它能够顺应时势,不断修订和完善,保持了法典的灵活性和充分的活力。由于人格平等、自由、尊严在《法国民法典》中的充分体现,在立法技术上,实现了“生物人”与“法律人”在外延上的统一,并且在法律人的范围内也实现了人格的平等,当然这是法律形式上的平等。

19世纪末,《德国民法典》创制了“权利能力”的概念。为什么在德国,“人格”一词一下就蜕变为完全的法律词汇“权利能力”,而且几乎所有的东方国家——日本、中国、韩国等,毫不犹疑地全盘继受了该项制度?“权利能力”在理念上代替了“人格”的概念。人们(包括德国人)往往只注意了这项制度的结果,而忽视了这项立法的理论背景。揆诸立法背景,《德国民法典》的颁布和实施,晚于《法国民法典》近百年,它们的理论基础和所处的社会环境有所不同。

一方面,18世纪后半叶的古典自然法学说已经遭到一些哲学家、思想家的批判。如英国学者休谟认为,一切知识来自感觉,知觉之外是否有永恒的精神实体,是不可知的。人类的最初状态就是社会的,所谓“自然状态”不过是哲学家的虚构。正义的法则不是自然形成的,而是通过人们之间的协议建立的。又如德国学者康德认为,有约束力的道德律条,只能先验地在纯理性的各种概念中去寻找,人的本质在于人的内在意志,从而也否定自然法学说。特别是在黑格尔的哲学体系中,逻辑学是它的重要组成部分,他认为整个逻辑范畴的推演过程是按序排列的,它构成了一个有机联系的概念系统。而概念是什么?概念应是内在于一切事物的本质或核心问题。这些学说逐渐成为当时法哲学的主要流派。正是在这些理论的冲击下,自然法学说在一定程度上开始衰落。在法学上的表现为,19 世纪初,历史法学派在德国兴起。历史法学派分为罗马法学派和日耳曼法学派,罗马法学派逐渐又形成了学说汇纂派。学说汇纂派主张,构建法律的"概念的金字塔",使其形成一种"逻辑必然性"的计算机制,进而认为人格地位不能总是抽象的,不能在适用法律时是一种看不见的东西,它应该成为一项法律命令,是一种法律的具体规定,要在实在法上真正得到体现,使自然法上的理性原则具体化,变成切实可行的、有约束力的法的规则。

另一方面,由于人在法律上的目的,最重要的就在于对生活资源的取得,而这一目的在实在法上表现为权利的享有与义务的承担,因此实在法上人的属性,就被水到渠成地认作为"对于权利以及义务的承载能力",这种"承载能力"要表述为法律用语,这就形成了"权利能力"的概念。于是,法律人格的依据从法国民法上抽象的、看不见的"人的理性"演变为德国民法上实实在在的法律规定的"权利能力",从而完成了民事主体的实质基础从自然法向实在法的转化。相较而言,法国法对人格是一种原则性的体现,如《法国民法典》第 8 条规定:"所有法国人都享有民事权利"这一规定显然较为笼统。德国法则集概念法学之大成,其不仅设有权利能力的概念,还设有行为能力的概念。权利能力以"出生"为标准,行为能力以"意思能力"为标准。行为能力的设置是向着法律人"实质上的平等"即实质上的人格平等迈进了一步。这样,一个法律人有权利能力、有行为能力就能独自地参加具体的法律关系。一个法律人的独立意思会涉及三个对象:本人、无意思的自然、他人,由此便产生了亲属、物权、债权法律关系,进而形成了民法科学的逻辑体系。

综上所述,我们可以得出结论:人格,抑或权利能力,它们只能是"生物人"与"法律人"之间的桥梁,所体现的是一种法律地位,是一种法律资格,它们本身并不是权利。这种资格使"生物人"成为"法律人",从而在具体的法律关系中产生权利。所以,人格不等于权利,人格不等于人格权,人格法不等于人格权法,人格是主体制度上的问题,人格权是民法权利体系中的一种权利类型。

二、人格权与传统民事权利在内涵上的区别

人格权是否能成为一项民事权利?这是争论的最重要的问题。如果人格权是一项民事权利,它的客体是人格?还是人格要素?抑或人格利益?

在近代民法上,人格是以人的伦理价值为实质基础的,而人的伦理价值又具体表现为“生命、身体、健康、自由、尊严、名誉”等范畴,这些范畴又需要得到实在法的保护,于是在民法上逐渐形成了对人格伦理价值的保护方式。现代以降,各国民法虽然开始使用“人格权”的概念,但它仍然与物权、债权、亲属权、继承权这些传统的民法权利不同。传统意义上的民法权利是“外在于人”的,“人格权”则是“内在于人”的,“人格权”的内涵与罗马法以及承继罗马法的各国的权利观念相距甚远,尽管都称为“权利”,但两者并不是一回事。由此产生的两个问题值得研究:一是人格与人格权的关系;二是人格权与其他民事权利的性质差异。

关于第一个问题,有学者认为:“按照康德的权利体系,人格属‘天赋权利’,人格权属于‘获得的权利’,两类法律现象处于不同的层次:一个是前提,另一个是结果。”①也有学者认为:“人格与人格权的关系问题可以简化为作为主体资格的‘抽象人格’与作为人的身体和精神要素的‘具体人格’之间的关系问题。”②笔者认为,人格本是一个自然法上的概念,它体现的是人的伦理价值;人格权应是一个实在法上的概念,它体现了法律对人的伦理价值的保护方式。从这个意义上讲,人格与人格权之间既有联系又相区别,一个是根源性、原则性的理性信念;另一个是结果性、制度性的法律规范。

---

① 徐国栋:《再论人身关系——兼评民法典总则编条文建议稿第3条》,载《中国法学》2002年第4期。

② 李中原:《人身关系六题》,载《法学》2003年第1期。

在康德的权利体系中,分为“天赋的权利”和“获得的权利”,人格被视为“天赋的权利”即与生俱来的自由与平等;物权、债权、亲属权被视为“获得的权利”,这些权利属于实在法(民法)保护的对象。在康德的权利体系中,除身份权和财产权属于“获得的权利”之外,人格权并不包括在内,所以人格权只能归入人格的内涵之中,这样人格、人格权同属于“天赋权利”。基于这种认识,各国民法长久以来没有采用“人格权”的概念。在大陆法系,不仅《法国民法典》《奥地利普通民法典》没有规定人格权,而且《德国民法典》对人格权也没有明确的规定,例如,《德国民法典》第823条规定:“故意或过失地不法侵害他人的生命、身体、健康、自由、所有权或其他权利的人,负有向该他人赔偿因此而发生的损害的义务。”从该条规定来看,人的“生命、身体、健康、自由”并没有定名为“权利”但它们又要像“权利”一样受法律保护,所以只得将它们与所有权或其他权利并列。显然,这是一种似是而非的立法现象。此后,《瑞士民法典》也没有规定“人格权”,只是在“自然人”一章中规定了“人格的保护”。这种现象的原因何在?到底为什么各国民法都不敢轻易使用“人格权”的概念呢?

应该说,在这里立法者遭遇到一个重要的难解的理论问题。因为在传统理论看来,权利的客体只能是“身外之物”,“内在于人”的各种伦理价值要素不可能成为权利的客体,也就是说,一个人对“身外之物”、对他人都可能享有权利,但不能对自己享有什么权利,这就是一种自罗马法以来形成的传统的权利观念。在这种情况下,如果将人格权置于民法的权利体系中,就会打破各种权利之间的逻辑关系,这恐怕就是近代大陆法系民法,一方面给予人的“生命、身体、健康和自由”等伦理价值以法律保护;另一方面又将它与“所有权或其他权利”相区别的原因了。

但是现在,几乎没有人再否定“人格权”的存在了。通常,各国民法大多把“人格权”的保护或相关内容,放在主体部分或侵权行为部分加以规定,因为理论上的障碍,不可能将“人格权”像“物权”“债权”一样独立成编。这种“人格权”的现实需要与传统民法权利体系在逻辑上的矛盾,如何解决?这是各国民事立法遇到的一个共同的问题。有的国家民法就这个问题表述得非常清楚,比如,《埃塞俄比亚民法典》就把人格权与人格放在“自然人”一题下同一章中加以规定,称为“内在于人格的权利”,这是一项十分有代表性的立法例。它表明,就现代各国民法而言,所谓“人格权”与其他民事权利的性质是不同的,这里的“人格权”保护,只是一种对人格伦理价值“内在于人”的保护方式。简言之,人格权只是对人本体的一种保护方式,是对人的法律地位的一种保护方式,它与人格都还属于主体制度的内容,在现有理论框架内还不可能归入民法权利体系之中,否则,将会导致原有的传统理论框架被颠覆。

关于第二个问题,即“人格权”与其他民法权利的关系,首先需要明确,在民法上,权利是什么?“人格权”是不是权利?“人格权”如果是权利,它的客体是什么?

关于“权利”的本质,这是一个长久以来众说纷纭的问题。荷兰法学家格劳秀斯把权利视为“道德资格”;霍布斯、斯宾诺莎把自由视为权利的本质;康德、黑格尔也是用自由来解说权利的,但更偏重于“意志”。这些学者的共同之处在于都强调权利的伦理道德因素。也有一些法学家从实证主义和功利主义的角度看,认为权利应是实在法上的概念,对权利应在现实的利益关系中去理解。德国法学家耶林是权利利益说的代表,他认为权利就是以法律保护的利益目的。还有萨维尼、普赫塔持权利意思说。目前,法力说是大陆法系民法学界的通说。不过,权利利益说对我国法学界的影响也较为广泛。

对于权利的概念,笔者认为,权利的内在根据来自人的本性。人的本性表现在两个方面,一是自然属性,二是社会属性。这两个方面构成了人的本性两个统一的不可分割的方面。就自然属性而言,权利反映着人的利益需求,它既可能是物质的,也可能是精神的,这是权利存在的重要基础,如果一个人不怕饿、不怕冷,毫无欲望,生存都无所谓,还要权利干什么呢?就社会属性而言,权利体现为人的社会理性,人只能在社会规范特别是法律规范调整的权利义务关系中生活。所以,权利永远不能超越和违反社会的经济结构以及由此结构所制约的伦理道德观念和相应的社会规范。按照上述对人的理解,显然权利利益说有片面性,人的社会属性是非常重要的,人必然要反映一个时代的人的伦理价值,即人的社会理性。

从人与外在资源的关系角度来看,人要生存和发展,必须占有自然的、社会的资源。在法治社会,人必须享有法律上的权利,才能支配外部世界。所谓权利,就是在法律上用以表彰外部事物上人的意志存在的载体,或者说,权利是连接权利主体与权利客体,即“人”与“人所拥有的东西”的法律上的纽带。人格权既然是民事权利,它当然也应当是连接主体与客体的纽带。

在民法上,人格权是以自身的要素为客体的权利,属于支配权和绝对权的范畴。所谓人自身的要素,指人的伦理价值,而不宜用所谓人格利益来表达人格权的客体。因为人格尊严和自由的内涵很难用利益作准确的表达,况且权利的客体不同于权利的目的,人格利益实际上是人格权存在和实现的目的,而非客体。如果我们实证地去片面强调人格权的利益因素,还可能因此降低了人之所以为人的社会品格。

三、人格权概念的确立须以人的伦理价值外在化为前提

如上文所述,在人的有序的社会中,“人”与“人所拥有的东西”之间是由“权利”连接的,因此,当一个人想要使某项外部事物成为自己拥有的东西,他必须在法律上享有权利。这项外部事物从而也就成为权利的客体。我们把权利的客体仅限于“外部事物”,这就形成了传统民法“权利保护”的模式。但是,那些“内在于人”的事物实际上是人的自身,它包括肉体的、意志的伦理价值因素,这些因素也是人所应拥有的,也需要法律来保护,不过按照传统民法理论的逻辑,“内在于人”的事物不能成为权利的客体,所以它的保护不能采取权利的保护手段,而只能通过“人之本体的保护”方式来实现。虽然“权利的保护”与“人之本体的保护”归根结底都是法律对于人的保护,但是两者之间还是具有明显的差异的,这表现在法律保护的目的和路径上。权利的保护,是一种“外扩性”的法律保护,它的目的在于界定人的自由的“外部空间”以及与他人自由之间的界限;人之本体的保护,则是一种“内敛性”的法律保护,它的目的在于约束自身,在于维护人之本体的“内在完整性”。所谓人格权的保护,在现有的理论框架内,即属于后一种保护方式。实际上,我们虽然称“人格权”,但并没有把它作

为传统意义上的权利来对待。

正是基于此种考虑,在《法国民法典》中不可能存在人的伦理价值权利化,在实在法上不可能确认"人格权"的概念,这在当时理论上、实践中都不可能。《德国民法典》延续了《法国民法典》的价值观念,仍然是将人的自由、尊严等范畴视为人的要素——人本身"内在的东西"。这种认识导致了《德国民法典》仍旧不可能将生命、身体、健康和自由等人的内在价值因素视为权利的客体,正如《德国民法典》的立法者所提出的,"不可能承认一项'对自身的原始权利'"[③]。《德国民法典》之后,《瑞士民法典》仍然坚持的是"人的伦理价值的内在化"观念,它在"自然人"一节中关于"人格的保护",仍然是通过"人之本体的保护"模式来实现的。包括我国《民法通则》在内,虽然采纳了"人格权"的法律用语,并将它规定在第五章"民事权利"体系之中——这已经是一个重大的突破——但是当时只是一项不自觉的突破。不过《民法通则》并没有明确它的"权利保护的方式",在理论上,也未能将人的伦理价值作为人格权的客体。所以,在近代民法中,在事实上并不存在真正的"人格权"的概念。

"人的伦理价值因素"即使在民法上不成为权利,也可以采取"人之本体的保护"的方式,那为什么还要将这些伦理价值因素权利化呢?应该说,20世纪之前该问题并不突出,各国民法也无须明确规定人格权。[④] 但是现在情况有所不同,原因在于,人的伦理价值在近现代社会的扩张,造成了一个令人无法回避的事实,即那些新兴的人的价值,已经远远超越了"人之所以为人"的底线。可以说,人的伦理价值的"外在化"是社会发展的大势所趋。新兴的伦理价值的出现,促使了"伦理价值外在化"观念的形成。实际上,早在19世纪末《德国民法典》还在制定之时,同期的一些理论、学说已经开始显现出人的伦理价值的扩张

---

③ [德]霍尔斯特·埃曼:《德国民法中的一般人格权制度——论从非道德行为到侵权行为的转变》,邵建东等译,载梁慧星主编:《民商法论丛》(第23卷),金桥文化出版(香港)有限公司2002年版,第413页。

④ 当初《德国民法典》拒绝承认人格权的一个重要原因,就在于回避由此而来的人格价值的支配问题——"否则就会得出存在一项'自杀权'的结论"。但《德国民法典》第12条还是规定了"姓名权"并具体规定了"姓名的可利用性",这表明在《德国民法典》制定中已经遇到了如何界定"人格权"的问题,只是当时"人的伦理价值外在化"的情形还不清晰。

倾向。例如,这一时期美国学者布兰代斯和沃伦在 1890 年提出了隐私权的概念,并很快为立法所接受,现在成为各国法律普遍承认的权利。1896 年,德国学者克思奈提出了肖像权利的概念,随后一些国家也为保护公民的肖像权制定了法律。⑤ 特别是 20 世纪第二次世界大战以后,随着“人权运动”的高涨,人的伦理价值所涵盖的范围,更是急剧扩展,现在已经远远超越了近代民法的伦理哲学所固有的生命、身体、健康和自由等领域,而扩展到诸如知情、信用、生活安宁乃至居住环境等方方面面。比较而言,如果说传统的人的伦理价值——作为人的不可或缺的属性,像人的生命、身体、健康,包括自由就是人不可或缺的伦理价值,这些价值可以视为“人之所以为人”的底线,没有这些伦理价值就不是法律人,但是,现代社会中那些被扩展了的人的伦理价值,如肖像、隐私、知情、生活安宁等价值因素,在事实上已经与人的本体渐行渐远了。所以说,这些价值已经无法包容在“人所固有的东西”的范畴之内,而更大程度上应当被视为“外在于人的事物”了。

而且,人的伦理价值对于人的意义,现在也并非只局限于静态,只静态地“受法律保护”已然不足。有的伦理价值因素已经延伸到“交易的领域”,比如肖像、形象、技能(体育、表演)商品化问题已经十分突出。随着商品经济关系在整个社会领域的蔓延,越来越多的人的伦理属性,开始具有了可以用金钱价值衡量的财产属性。一方面,人们开始对自身的部分人格价值进行支配,犹如他们当初支配财产那样。另一方面,未经本人同意而支配其人格要素的现象也出现了,这实际上构成了一种侵权,这在一定程度上就像侵害他人的财产一样。所以,传统民法中人格价值与财产的鲜明对立开始在某些领域模糊起来,人像拥有财产那样而拥有某些人格价值,这已经不再是不可想象的事情。然而,“内在化”的伦理价值观念,却无疑成为这种交易的社会需要的障碍。因为在“内在化”观念之下,人的伦理价值是作为“人”的组成部分的,是不能与人分开的,是不能交易的。如果我们严守“内在化”的观念,那么就必须否定这种交易的合法性——显然,这与社会的发展和需要相违背。而要解决这个症结,就必须重新

---

⑤ 吕光:《大众传播与法律》,台北,商务印书馆 1981 年版,第 63 页。转引自杨立新、孙博:《国外人格权的历史发展》,载《河北法学》1995 年第 4 期。

定位人的伦理价值与人之间的关系,也就是说,将人的伦理价值由“我之所是”重构为“我之所有”。只有在这种情况下,人对自身的伦理价值因素才可能有真正的支配的权利,法律才能够赋予某些人的伦理价值以交易的可能。将人格权视为一种支配权,将人的伦理价值由“我之所是”改变为“我之所有”,一个人更能自主地掌握自身,从总的发展来看将是一种进步;而体现在法律上,就是将“内在于人”改变为“外在于人”。这种观念的改变,将意味着对于近代民法上人的伦理价值“本体的保护”模式的否定。由此可见,只有将人的伦理价值外在化,才会构成“权利的保护”模式,才会有真正现代意义上的“人格权”的存在。

人的伦理价值“外在化”的原因,除了客观的社会需要之外,还有其思想背景的转化。我们历史地考察近代民法中内在化的伦理价值观念的由来,可见其来源于近代的以自然法为代表的理性主义的哲学思想。在理性主义哲学下,人在被赋予了理性后,接着又根据这一属性的要求,判断出人的价值的“应然状态”。因此,与其说人的伦理价值来自人之本身、来自人之本体,不如说来自理性观念的赋予。从这个意义上讲,人的伦理价值也是外来的,难说就是人所固有的。只有在以实在法为参照系时,人的伦理价值才成为人所固有的了。

从理论上讲,传统的理性主义思想在现代社会,已经受到反理性主义哲学的质疑和批判。反理性主义的代表人物尼采认为,不能把人的特性给予人,人不是一个特别意图、一个意志、一个目的的产物,不能用他去通过实验实现一种“人的理想”,或一种“幸福的理想”,或一种“道德的理想”——如果要按照某一目的去铸造人的天性是荒谬的。另一个反理性主义的代表人物萨特进一步提出了“存在先于本质”的著名论断。现代西方社会反理性主义思想的兴起,向我们揭示出这样一个事实:内在化的伦理价值观念,并不是人的主体性哲学当中的“铁律”。人的价值与人的可分性论断,不仅可以存在于西方现代社会的反理性主义思潮中,而且同样可以存在于中国社会中。西方国家的民法观念和立法技术,是建立在自然法观念之上的,而这种自然法观念有着悠久的历史文化传统,并且与宗教信仰密切相关。他们相信世界是由人格化的上帝依据自己的设计而创造的,所以认为现实之上还存在“上帝之法”——自然法。而中国的传统文化谈到最高的神的形象,强调“天”的神圣特征,而不是人格化的“上帝”,

“天”的观念是非人格化的。另外,在中国的世俗文化中,无论儒家思想、法家思想都是以社会秩序的维持为本位的,否认社会是整齐平一的,认为人有智愚贤不肖之分,社会应该有贵贱上下的差异。所以,在中国的历史上没有自然法的影响,民间也缺少平等人格的观念。笔者认为,对中国社会而言,人格平等、自由等自然法的价值观念,只能直接由实在法来完成了。从这个意义上说,中国制定民法不会像西方近代民法那样,存在从“内在于人”向“外在于人”的转变。在我国,那些先进的人的伦理价值,只有通过“实在法”的直接规定、法律的直接介入才能得到实现,这本身就是一种“外在于人”的法律赋予,所以在我国制定民法是一种“外在化”的过程,最终通过民法的制定和实施也起到启蒙社会的作用。

基于以上考虑,笔者认为,通过建立统一的、独立的“人格权”制度,将“人所固有的东西”如生命、身体、健康、自由与尊严等伦理价值,通过实在法(民法)设置“权利”(人格权),直接规定为“外在于人的”“人可享有的东西”“人可以支配的东西”,甚至某些伦理价值因素是可以进行交易的对象。这样,使这些“外在于人”的价值与人连接起来,也就是以实在法的权利宣示方式告诉社会,人到底有哪些依法能够享有、能够支配、能够受到法律保护的人格价值,从而达到适应和促进社会进步的立法目的。

四、人格权在我国未来民法典中的地位及其立法体例

因为人格权可以确立为独立的民事权利,所以,笔者同意在民法典中设立“人格权”编。理由如下:(1)人格权制度独立成编顺应社会进步,是人文精神和人权保护在民法典中的体现,对于丰富与完善民法典的体系具有积极意义。(2)人格权制度不能包容在主体制度之中,因为这不利于人格权的开放体系,将限制人格权制度的发展。特别是近些年来,随着互联网和生命科学的进步,人格权得到广泛的发展,人格权的类型呈多样性、复杂性,包容在主体制度中已经是不可能的了。(3)侵权行为法也替代不了人格权制度。侵权行为法是民事权

利的保护法，主要保护包括人格权在内的绝对权。它只能对侵害某种权利所造成的后果规定承担责任，不应该是规范权利规则的法，即侵权行为法不具有确认和规范权利的功能。(4)“人格权”独立成编，其内容是丰富的。除一般人格权外，可能涉及至少有二十几种人格权的规定，它们都有自己的特点、适用范围和调整方法。而且新的人格权还在不断涌现，为什么不能用一个开放式的人格权制度作为一编，以适应社会的发展呢？

立法不可能摆脱历史陈迹，继承前人和他人的经验是现今立法的基础和前提，但这并不意味着要受传统民法理论和现有立法例的束缚。应当看到，在我国民法典中创制“人格权”编有着非常现实的意义。在我国人格平等、自由、尊严的观念，应当主要靠实在法来规范和推动。社会主义法治的目标是建立一个人格平等、自由、尊严的和谐社会，因此我们应在民法典中突出地、完整地规定人格权，以促进社会的文明与进步。无须犹疑，人格权法——民法典“人格权”编的创设，不仅是时代的要求，也是我国现实发展的需要，是社会进步的重要体现，它应成为我国未来民法典中最具特色的一部分。

民法上支配权与请求权的不同逻辑构成

——兼论人格权请求权之独立性*

一、主体、客体的区分与支配权、请求权的不同逻辑构成

民事权利,犹如一条法律上的绳索。绳索的一端,操纵在权利主体的手中,其可得决定是否行使或放弃权利;绳索的另一端,则连接着权利的客体,即这条权利绳索上所附着的法律强力作用的对象。基于主体与客体在法律上的严格分离,权利这条绳索必定从权利主体出发,指向外部世界。换言之,权利的客体必须是外在于权利主体的事物。外在于权利主体的事物,可分为两类:一是非人格性的其他事物;二是他人。两者的不同性质,决定了其在作为权利的对象时,具有不同的法律逻辑构成。

在非人格性的其他事物作为权利作用的对象时,基于法律上主体与客体的严格区分,该事物的非人格性决定了其可得成为权利的客体,但却不具有承担义务的适格性,因为权利的享有和义务的承担系属于主体的范畴。在法律逻辑上,“法律关系总是法律规定的人与人之间的关系”,①所以这种非人格性的事物为客体的权利,在作用于该外部事物时,主体必然能够直接支配其特定的客

---

* 原载《法学研究》2007 年第 3 期。

① [德]卡尔·拉伦茨:《德国民法通论》(上册),王晓晔等译,中国政法大学出版社 2003 年版,第 257 页。

体并排斥他人的干涉,因而此类权利所对应的义务只能由权利人以外的不特定人承担。这种对世性的权利即为支配权。比较而言,在“他人”作为权利作用的对象时,情况恰恰相反:同样是基于法律上主体与客体的严格区分,该“他人”作为权利作用的对象,实际上是指该权利的实现需要借助于该他人的特定行为。换言之,这时该他人只是在充当权利所对应义务的承担者,而其本身并不能成为权利的客体,其权利的客体只能是他人的“行为”,而且只有该他人的“行为”才能对权利主体具有意义。因此在发达国家,基督教教义以及近代自然法思想所确立的平等观念,使“对债务人直接强制,使其屈服于契约债权人之意思及实力之因素,渐次消逝,当为给付(Leisten sollen)之伦理因素,渐次增强”。[②] 根据民法主体平等之原则,特定主体之间的权利关系必然表现为一方主体对他方行为的请求关系,所以这种以他人行为(而非他人本身)为客体的权利,则被界定为“请求他人为或不为一定行为的权利”,这种权利只能发生在具有相对性的特定主体之间,即为请求权。

由此可见,基于法律上主体与客体的严格区分,在“非人格化的其他事物”作为权利的对象时,可以形成支配权法律关系;而在“他人”作为权利的对象时,只能形成请求权法律关系。换言之,请求权法律关系,是特定人之间权利义务关系在法律逻辑上的必然安排。

二、原权、救济权视角下的支配权与请求权

从法律的社会关系调整功能角度来看,原权法律关系彰显着由法律塑造的正常的社会关系的运行模式。在这一模式之下,若权利顺利实现,义务顺利履行,则社会关系就会按照立法者所预设的轨道有序发展。因此,在“法律事实—法律关系”的民法逻辑结构中,原权法律关系系基于适法的法律事实所引起。而由此引起的原权法律关系,既可能以他人作为权利的对象,如合同之债法律

② 参见王泽鉴:《债之关系的结构分析》,载王泽鉴:《民法学说与判例研究》(第4册),中国政法大学出版社1998年版,第123页。

关系,也可能以非人格的事物作为权利的对象,如物权法律关系。换言之,原权法律关系仅仅是以其法律事实基础的适法性为条件,针对不同的权利对象,既可以表现为请求权法律关系,也可以表现为支配权法律关系。

较之于原权法律关系,救济权法律关系是法律用以矫正逾越正常运行原权轨道的社会关系的手段。所谓逾越正常运行原权轨道,是指在原权法律关系中,因义务之违背而导致的权利不能顺利实现。在这种场合下,由于原先法律预设的社会关系运转模式被破坏,社会关系开始朝着有悖于立法者所期望的方向发展,法律必须采取矫正措施,将越轨的社会关系重新置于正常的法律轨道之上。这种措施的采用,即形成救济权法律关系。在“法律事实—法律关系”的民法逻辑结构中,救济权法律关系只能基于非法的法律事实——“原权义务之违背”所引起。进而,无论是作为请求权的原权法律关系,还是作为支配权的原权法律关系,即无论原权法律关系中的义务人是否特定,由于违反原权义务的人必定是特定的,救济权法律关系都具有特定性:其不仅必定在特定的主体之间展开,而且义务主体的义务行为的内容也是特定的。因此,救济权只能表现为请求权法律关系。

因此,就作为支配权而言,其在原权法律关系中表现为权利人直接支配非人格化的客体,不特定的义务人对于这种直接支配承担消极的不作为义务。在此,倘若这些不特定的义务人中有人违反自己的消极义务,对权利人的支配造成侵害,那么在特定的权利人与不特定的义务人之间展开的支配性的原权法律关系,必将就此转化为救济权法律关系,即形成以请求权为内容的特定的受害人(原特定的权利人)与特定的侵害人之间的责任关系。在这里,史尚宽先生就直接将民事义务与民事责任,表述为“第一次义务”与“第二次义务”。③

三、救济请求权与民事责任制度的确立

在“原权”与“民事责任”的关系上,笼统地讲,原权被侵害,将导致民事责

③　参见史尚宽:《民法总论》,中国政法大学出版社2000年版,第37页。

任的产生。从历史的角度观之,罗马法关于权利被侵害的救济体制,采用的是“原权—诉权”的二元模式。按照这种模式,一旦正常的民事权利受到侵害,法律赋予受害人的权利,就是寻求国家采取公力救济的措施。因此,在罗马法上,原权被侵害将导致私法上的(原)权利义务关系演变为公法上的诉讼关系,而在这两者之间,没有任何私法上的过渡。从私法的角度以观,罗马法上的诉讼,“只不过是通过审判要求获得自己应得之物的权利”④。因此,能否通过诉讼获得应得之物,成为权利人对该物是否应得的前提条件,即“可诉性”成为罗马法上的私权的基本特征。这种以诉讼作为私权基本要素的观念,是由古代罗马的法律制度运作方式决定的。“在罗马法发展的最昌盛时期,罗马法是在执法官手中不断形成的,而执法官并不拥有立法权,而只是为执法而设立的。当时,裁判官在引进自己的革新时……通常是一次一次地允许或在其告示中宣布在其当政之年根据特定条件可以合法地进行哪些诉讼或审判;因此,那些产生于裁判官的权利连自己的称谓都没有,而是以诉权来表示,如‘善意占有诉讼(actio Publiciana)’和‘抵押担保诉讼(actio Serviana)’”。⑤ 可见,罗马法上的私权体系,在相当大的程度上,是在诉讼活动中发展起来的,因而将诉权视为私权的基本要素,进而将私法义务的约束力,归诸国家主权的强制性,乃是罗马法律生长方式的当然结果。在古代罗马,“人们经常用说有没有诉讼权利或诉权,表示有还是没有权利”。⑥

由此所产生的结果就是,罗马法上的“民事责任”观念,是与“诉讼”密切联系的,即所谓的民事责任,就是指通过诉讼手段,强制原权的侵害人实施特定行为,以救济被侵害的原权。从这个意义上讲,罗马法上的“民事责任”,产生于公法上的观念。

《德国民法典》通过其物权请求权制度,确立了作为救济权的请求权概念,由此突破了罗马法“原权—诉权”的二元救济模式,而将救济请求权引入其间,从而形成了“原权—救济请求权—诉权”的三元救济模式。这种模式的确立,其

---

④ [意]彼德罗·彭梵得:《罗马法教科书》,黄风译,中国政法大学出版社 1992 年版,第 85 页。

⑤ 同上书,第 86 页。

⑥ 同上书,第 85 页。

法律技术上的意义在于:

第一,救济请求权作为一项私法上的实体权利嵌入传统的"原权—诉权"模式中间,意味着在原权被侵害之后,原权权利人与侵害人之间的关系仅仅发生了由"原权法律关系"向"救济权法律关系"的转变,却依然保留着民事实体法上关系的性质。换言之,在原权被侵害的情况下,原权权利人与侵害人之间发生的是民法上的救济关系,从而避免了被直接付诸诉讼手段的束缚,而在民事实体法中得到了调整。

第二,民事实体法上的救济观念和救济方式,使"民事责任"的概念得以确立。在法律逻辑上,民事实体法意义上的"民事责任",直接存在于救济权法律关系之中,即在"救济权—救济权所对应的义务"的内容排列中,救济权所对应的义务就是民事责任。这种民事责任,同样摆脱了对诉讼手段的依赖,而得以在实体法领域中独立存在。

第三,实体法意义上的民事责任,其作为救济权法律关系的内容,在民事实体法中表现为一种责任追究人与责任人之间的请求与被请求的法律关系。进而,由其实体性决定,这个请求权法律关系中的双方,仍然保持着彼此平等的法律地位。换言之,就实体法意义上的民事责任观念而言,所谓民事责任的承担,就是救济权法律关系中民事义务的履行;而所谓追究民事责任,就是救济权法律关系中的权利人向义务人所提出的实体法上的请求。

第四,基于民事责任的民事实体法性质和当事人双方法律地位的平等性,作为救济权法律关系的义务,与原权法律关系的义务具有同质性,其本身并不具有强制性的色彩,而仅仅是以来自公法上的直接强制作为保障。而这一点,恰恰是民事义务与民事责任两个概念的区别所在。但就其性质而言,私法上的义务——无论是原权所对应的义务,还是救济权所对应的责任——均彰显着私法上义务人对与之平等的权利人的"应为"的观念,因而在私权的层面上,不存在平等主体间的强制问题。只有在责任人不履行自己义务时,才会受到公法意义上的强制执行。事实上,强制性乃是公法的效力所在,只有国家公共权力才能够超越当事人的意志,强制当事人实施特定的行为。

第五,在诉诸国家公力强制责任人承担民事责任的场合,上述二元与三元的救济模式,其实体权利与诉讼目的的逻辑关系是不同的:在“原权—诉权”的二元救济模式中,原权被侵害是直接发生诉权的法律事实,因此诉讼目的系直接在于原权的恢复;而在“原权—救济请求权—诉权”的三元救济模式中,原权被侵害所引起的不是诉权,而是救济权,因此诉讼目的就不再是原权的恢复,而是救济权的实现。

四、民法的抽象技术与民事责任的二元区分

民法的抽象技术,是指以《德国民法典》立法技术为代表的提取公因式法律思维模式。具体而言,就是将民法各个制度当中的共性部分,作为公因式,从各个制度中提取出来,成为一项独立的制度,并可得适用于原先的各个制度当中。相应地,原先的各个制度,只需规定其彼此不同的个性内容,而无须再重复规定其共性部分。这种立法技术在极大地节省立法成本的同时,也为民法典带来了鲜明的逻辑层次性。自《德国民法典》以降的大陆法系民法中,民法原则—民法制度、民法总则—民法分则、法律行为—债权合同、物权合同、婚姻行为、收养行为、遗嘱以及民法分则中进一步区分的物权总则—物权分则、债权总则—债权分则等结构,就是这种抽象立法技术的产物。这种抽象立法技术,在为民法典的体系带来一系列的总—分结构的同时,也形成了民事责任的二元区分。

在原权受到侵害的情况下,救济权既然以原权的救济为目的,民事责任的内容(亦即救济权可得请求的内容),就应根据原权的属性及其所受侵害的具体情形而定。在原权为支配权的场合,当需要以消除该妨碍来恢复原权时,民事责任则表现为返还原物责任、排除妨害责任和消除危险责任;当原权受到损害而需以金钱予以弥补时,民事责任则表现为损害赔偿责任。相应地,在原权为请求权的场合,当作为请求权的原权受到侵害时,民事责任即表现为继续履行责任、损害赔偿责任以及由此所衍生的违约金责任。

根据救济权所请求的对象不同,上述民事责任可以分为两类:一是退出式

责任,即在侵害者非法入侵原权的支配领地的场合,前者必须承担从后者的领地内“退出”的责任,其包括返还原物责任、排除妨害责任和消除危险责任。二是割让式责任,即侵害者必须从其自身的支配领地中“割让”相应的财产给原权人,从而使受到损害的原权得到恢复,其包括损害赔偿责任、继续履行责任以及违约金责任。由此可见,作为请求权的原权受到侵害时,如果以对方的财产给付为内容,由此产生的民事责任均属于割让式责任。与此不同的是,作为支配权的原权受到侵害而产生的民事责任,既可以表现为退出式责任,如返还原物、排除妨害和消除危险,又可以表现为割让式责任,如损害赔偿。具体区分应以侵害人的入侵是否造成原权支配领地的缺失作为依据:若不法入侵未造成原权支配领地的缺失,则只有退出式责任,而无割让式责任;若不法入侵造成原权支配领地的部分缺失,则既有退出式责任,又有割让式责任;而倘若不法入侵造成原权支配领地的完全缺失,则只有割让式责任,而无退出式责任。

在民法上,“取得他人财产”的权利,即为债权。从历史的角度以观,在静态的物之支配的事实秩序与法律秩序得以确立之后,随着社会生产分工的增进,人们“就其直接所生产支配之物资,益觉经济上有有无相通之必要……”⑦而为了实现“有无相通”的交换需求,以合意为本质的契约,便成为克服物之支配所固有的排他性阻碍的工具。随着远期交换的出现,契约约定上的信用特征日益突出,而信用之维持在此时无疑成为商品交换顺利进行的关键。基于此,以保障“法律上可期待的信用”⑧为目标的契约观念,遂告产生。进而,债权的概念便在契约之上经过抽象得以形成:如果说由契约而生的信用,是以交易一方依约让渡其生产支配之物资为内容的话,那么一旦将信用维持的目的加以屏蔽,债权就可以被抽象为“取得他人物资的权利”。债权的这个界定,显然使它能够摆脱信用维持的局限,有了进一步扩展其外延的可能,而这恰恰为某些社会关系的调整找到了逻辑上的归宿。正是在此基础上,德国民法采取提取公因式的立法技术,将其所涉及的所有的“取得他人物资的权利”,均纳入债权的范畴之中,这样,民事责任当中的割让式责任所对应的救济权,自然也就成为债权的组

⑦　史尚宽:《债法总论》,中国政法大学出版社2000年版,第4页。

⑧　张俊浩主编:《民法学原理》,中国政法大学出版社1997年版,第542页。

成部分。由此所导致的结果就是:

第一,作为请求权的原权及其所派生的割让式救济权,在传统民法的逻辑体系之下,均被纳入债权,进而在债权内部形成了"原权之债务"(先合同义务、合同义务)——"债务性质的责任"(缔约过失责任、违约责任)的关系。如图1所示:

图1 "原权之债务"——"债务性质的责任"的关系

第二,作为支配权的原权所派生的救济权,则被一分为二:其中割让式责任部分进入债权,在传统民法上被称为侵权之债;而退出式责任部分则无法抽象为债权,故仍保留于原权支配权所属章节,成为民法支配权章节中存在的请求权,故在民法上被称为支配权请求权,如物权请求权、人格权请求权等。如图2所示:

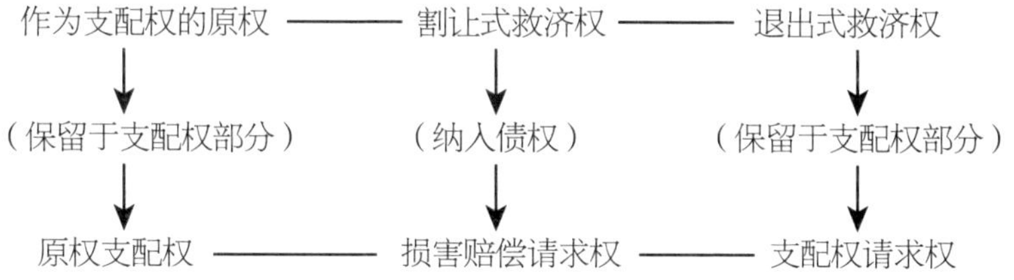

图2 原权支配权及其派生的救济权

五、人格权请求权的基本含义

所谓人格权请求权,是将人格权定性为原权性质的支配权,并将其纳入上述的原权、救济权、民事责任的逻辑关系和立法技术框架之内的当然结果。详言之,在人的伦理价值外在化的观念下,⑨人的伦理价值获得了权利的客体的地位,从而使连接主体与该项客体的权利在逻辑上成为可能。人格权既然是一种民事权利,它必然也就是连接主体与该主体之外客体事物的一条绳索,而该客体事物即为一项特定化、能够为权利人直接支配的人的伦理价值,因此人格权便获得了支配权的属性。由此就产生了这样的结果:一方面,人格权法律关系被认为是在特定的权利主体与不特定的义务主体之间展开;另一方面,不特定的义务主体中的特定的人,如果违反其消极的不作为义务而侵害人格权,则必然在特定的侵害人与特定的人格权人之间,形成以请求权为内容的人格权救济权法律关系。在这一关系中,救济权人有权请求侵害人为或不为特定的行为,相应地,侵害人所应实施的作为或不作为,即为人格权侵害所导致的民事责任。

如前文所述,侵害作为支配权的人格权,首先意味着侵害人侵入了人格权的支配领地,并可能对这一领地造成了损害。因此,人格权的救济权可得请求侵害人承担的民事责任,也就随之分为非债权性质的退出式请求权(包括停止侵害、赔礼道歉、恢复名誉和消除影响)与债权性质的割让式请求权(损害赔偿)两种类型。同样,后者所具有的债权性质,使其在民法的抽象技术之下,能够被纳入债权之中,成为侵权之债的组成部分,而前者则保留于人格权章节之中,成为人格权请求权。

由此可见,所谓人格权请求权,是指因作为原权的人格权受到侵害,而产生的上述两种人格救济请求权中的退出式责任请求权,它是割让式救济请求权在法律逻辑上被债权所吸收,而退出式救济请求权却依然保留在人格权章节中的结果。

六、人格权请求权的独立性判断

人格权请求权是否为一项独立的权利?这首先应当是一个判断标准的界

⑨ 参见马俊驹、张翔:《人格权的理论基础及其立法体例》,载《法学研究》2004年第6期。

定问题。在此,人格权请求权的独立性标准,应当有三个层面:一是人格权请求权在概念上是否能够独立,即是否会被其他概念吸收或者取代?二是人格权请求权在逻辑上是否独立,即是否依赖于其他权利的存在而存在?三是人格权请求权在立法上是否独立,即是否能够成为一项专门的法律制度?

首先,从概念上看,人格权请求权构成一项独立的权利概念。一方面,人格权请求权在概念上不同于人格权。前者是请求权,反映的是特定民事主体之间的关系,其以一方的"请求"与另一方的"应为"为其内容;而后者则是支配权,反映的是特定的权利主体与不特定的义务主体之间的关系,其以权利人的"自主支配"与义务人的"消极不干预"为其内容。因此,人格权请求权不可能融入人格权的概念之中——民法上救济权与原权的概念分离,早已说明了这一点。另一方面,人格权请求权在概念上也不同于损害赔偿请求权。尽管两者均属于人格权救济请求权,但是其各自所请求救济的内容却截然不同。如前文所述,人格权请求权所追究的民事责任,是退出式责任,其以入侵者退出人格权的支配范围为其请求的内容;而损害赔偿请求权所追究的民事责任,则是割让式责任,其以责任人割让自己支配的"领地"给权利人为请求的内容。因此,人格权请求权同样不可能融入损害赔偿请求权的概念之中——民法上债权性质的请求权与非债权性质的请求权概念的分离,也已说明了这一点。

其次,从逻辑上看,人格权请求权也构成一项独立的权利。较之于物权请求权,由于人对物之支配的存在,不仅取决于物权的有效性,而且取决于物本身的存在,因此在物权受到侵害的场合,只有当物本身并未因侵害而毁损灭失,物权支配的领地依然存在的情况下,才会有退出式救济方式的存在,方可以适用物权请求权作为救济的方式。反之,倘若物因侵害而毁损灭失,物权就会因而消灭,物权请求权也便丧失了适用的余地。由此可见,在物权请求权需依赖于物权的意义上,得出物权请求权不具有独立性的判断,是于理有据的。然而,人格权请求权却并不具有这一特征。其原因在于,与物权的客体不同,人格权的客体是人的伦理价值,而人的伦理价值是基于伦理观念所产生出的道德判断,因而不像物权的客体那样具有客观性。所以,物权的客体可能因受侵害而毁损灭失,但是人格权的客体不会。一方面,即便在"物质性人格权"受到侵害的情况下,实际受到损害的,仅仅是人的伦理价值在物质上的载体,而不是伦理价值本身,例如侵害健康权时,所损害的是人具体的健康状况,而该受害人"有权保有健康"的伦理价值,并未因此而受损,后者才是作为人格权的健康权的客体所在。若不如此解释,就会得出"不同的健康状况的人,享有不同的健康权"的荒谬结论。另一方面,尽管人格权的侵害,也会衍生出割让式的民事责任,即损害赔偿责任,但是这里的损害赔偿,其法律意义与物权救济中的损害赔偿不同:物权救济中的损害赔偿,是基于物与金钱在财产价值上的同质性,而以金钱的给付来弥补原权客体——"物"上的损失;但是人格权救济中的损害赔偿,因人的伦理价值与金钱之间丝毫不具有上述的同质性,而且人的伦理价值也不会因侵害而受到损失,故这种损害赔偿乃是针对因侵害所导致的精神痛苦和由此产生的财产损失而设定的,并不具有原权客体上的损失弥补性质,与伦理价值属性相异的金钱也不可能对人格权之客体进行补偿。基于此,在人格权受到侵害的情况下,由于人格权本身不存在因损害而灭失的情况,[⑩]即人格权的支配领地依然故我,因此以退出式救济为内容的人格权请求权,总是有其适用的余地。换言之,在这里讨论人格权请求权需以人格权的存在为其前提的问题,是没有意义的。就此以观,人格权请求权具有逻辑上的独立性。

最后,从立法上看,人格权请求权可否成为一项独立的民法制度,事实上取决于民法典规定侵权责任的方式。如前文所述,在人格权受到侵害的情况下,与其他的支配权情形相同,由此所引起的请求救济权,可以划分为债权性质的割让式救济权与非债权性质的退出式救济权。从民法的抽象技术出发,对于这两种救济方式,可以有两种归纳方式。

第一种归纳方式是以救济权的性质为基础,这就是以《德国民法典》为代表的传统民法的归纳方式。仍如前文所述,按照传统民法的逻辑构成,其债权性质的割让式救济权,将被纳入债权一编,而非债权性质的退出式救济权,将继续

---

⑩　需要说明的是,在生命权侵害导致受害人死亡的情况下,尽管人格权会因此而归于消灭,人格权请求权也因而不能适用,但是此时人格权的消灭,乃是由权利主体的消灭所致,而并非基于侵害本身。同样,此时人格权请求权不能行使,也是基于权利主体的不复存在,而与人格权请求权是否具有独立性的问题没有关系。因此,在生命侵害并未导致生命丧失的情况下,只要权利主体存在,在该主体上的伦理价值判断就会存在,即受害人依然享有完整的生命权,进而依然可以主张人格权请求权(如停止侵害)。

由相应的支配权(原权)规范调整。又由于保留于支配权之下的退出式救济权,与其原权之间存在支配权与请求权的性质分野,所以退出式救济权在其原权支配权的体系框架内,将或以“支配权的保护”(如物权的保护、人格权的保护),或以“支配权请求权”(如物权请求权、人格权请求权)的名义,得以形成独立的制度。与此相适应,在这种对于支配权的保护分别采取两种不同的救济措施的立法技术之下,不可能再提炼出独立的“侵权责任”法律制度。

第二种归纳方式的着眼点不放在救济权的性质的辨别上,而是直接以救济权的具体内容作为基础进行民法抽象,支配权(包括人格权)受到侵害时所产生的退出式责任与割让式责任将被共同纳入独立的“侵权责任”一编中。由此所产生的结果就是,在一个独立的侵权责任制度之下,包容了退出式责任与割让式责任这两种不同性质的责任形态。与此相适应,无论是需依赖于物权存在的物权请求权,还是不需依赖于人格权存在的人格权请求权,均将脱离其原权的体系,而结合成一项独立的法律制度。我国《民法通则》和民法典草案[11]所采取的,就是这种抽象方式。

由于侵权责任(侵权行为法)调整范围的不断扩展,以及其在民法典中地位的明显增强,又考虑到由《民法通则》所奠定的我国民事立法的传统做法,也考虑到民事司法活动对于民法典便于查询、操作的要求,我本人是赞同“侵权责任”独立成编的。但是,需要明确的是,这种侵权责任独立成编的立法方式,否定了人格权请求权在法律制度上的独立性,而实际上,人格权请求权在民法整体权利体系和逻辑关系中不容忽视的独立性,又须在侵权责任制度中得到体现,因此,在统一的侵权责任制度中,必须正视其包容的退出式责任与割让式责任性质上的差异。须知,在以《德国民法典》为代表的大陆法系立法模式之下,基于其着眼于“救济权性质”的抽象立法技术,所谓“侵权”一词,系仅就侵权之债即作为割让式责任的侵权损害赔偿而言的,而并不涉及作为退出式责任的支配权请求权制度上的安排。相应地,我国《民法通则》以及民法典草案对于“侵权责任”独立成编的立法模式,则恰恰是立足于这样一种抽象的立法技术,即由

---

⑪　民法典草案指全国人大常委会法工委于2002年12月23日提交给全国人大常委会审议的《中华人民共和国民法典(草案)》。

救济权不同性质而分散的立法结构直接转向救济权所涉内容集中的立法模式。显然,我们不能够一方面以救济权作为立法抽象的基础,采取"侵权责任"独立成编的立法模式,将不同性质的割让式责任与退出式责任一统于"侵权责任"的概念之下;另一方面却又将大陆法系侵权之债的法律原理,作为这个统一的侵权责任制度的法律准则。倘若如此,就将产生一种困境:以过错为基本前提、以损害赔偿为责任方式、以诉讼时效为责任限制的"侵权之债"理论,事实上只可能适用于独立的侵权责任之一部分——其中的割让式责任,而在退出式责任之中却无法适用。以我国《民法通则》为例,其第134条规定了以下8种侵权责任:停止侵害,排除妨碍,消除危险,返还财产,恢复原状,赔偿损失,消除影响、恢复名誉,赔礼道歉,而民法通则的一般侵权制度、特殊侵权制度,《最高人民法院关于贯彻执行〈民法通则〉若干问题的意见(试行)》中关于民事责任部分的解释,《最高人民法院关于确定民事侵权精神损害赔偿责任若干问题的解释》以及《最高人民法院关于审理人身损害赔偿案件适用法律若干问题的解释》等构建了我国侵权责任体系的重要法律渊源,事实上却皆是围绕着"赔偿损失"这一种责任类型来展开的。换言之,我国侵权责任体系中的8种法定侵权责任,其中有7种责任类型实际上无法适用大陆法系侵权之债的基本规定。

由此可见,人格权请求权(支配权请求权)是否能够获得立法上的独立性,并不仅仅是一个概念和逻辑的问题,而且是一个立法体例的问题。在我国以救济权为基础的民事立法技术之下,在救济权意义上具有同质性的人格权请求权(支配权请求权)与损害赔偿请求权将被共同置入统一的侵权责任制度之中,人格权请求权将丧失制度上的独立性。但是,这种立法体例,依然无法抹平这两种救济权在性质上的差异,以及这种性质差异所导致的法律构成上的不同。因此,鉴于这种救济权性质差异的责任形态及其承担责任方式的不同,应当对其在统一的民事责任制度中分别加以规定。也就是说,民事责任的二元区分产生的不同规则,必须在民事责任(或侵权责任)制度的设计中得到体现。

七、结　　论

第一，在原权与救济权的关系中，救济权是以原权受到侵害为法律事实所引起的权利。在救济权法律关系之中，救济权所对应的义务，即为民事责任。因此，救济权就是一个民事主体追究另一个民事主体的民事责任的权利。作为救济权义务的“民事责任”观念，表彰着脱离了诉权的、实体法意义上的、真正私法性的责任观念的建立。

第二，救济权的概念外延，包容于请求权的概念之中。无论原权是以不特定人为义务人的支配权，还是以特定人为义务人的请求权，由于原权的侵害人，必定是特定的人，所以因原权之侵害所导致的救济权法律关系，必然是发生在特定的民事主体之间，进而必定是以请求作为救济权法律关系的内容。因而，救济权，确切地讲，是请求原权的侵害人承担民事责任的权利；在这里，请求权的概念外延，除包括原权请求权之外，还包括救济请求权。

第三，显然，债权请求权的概念外延，同样包容于请求权的概念之中。所谓请求权关系，不过是民法上对于特定主体之间法律关系的一种安排，其所反映的无非是特定主体之间在法律上非支配性的联系方式。进而，特定主体之间的请求关系，基于其请求的内容不同，可以分为两类：一类是“这里是我的领地，请你退出”，即退出式请求；另一类是“请将你的领地之一部，让渡给我”，即割让式请求。其中后者，为债权性质的请求，前者则否。就此以观，债权请求权，不过是两种请求类型中的一种。请求权除债权性质的割让式请求的类型之外，还包括退出式请求的类型。所谓债权请求权，仅指债权性质即割让式的请求权。

第四，救济权的概念外延，与债权请求权概念呈复杂交错的关系。在作为请求权的原权受到侵害时，由于原权的请求权与作为救济权的请求权，在性质上均以割让式请求作为内容，故属于债权请求权；而作为支配权的原权受到侵害时，由此所产生的救济权，则可区分为割让式救济请求与退出式救济请求两类。其中，前者在性质上属于债权请求权，后者则与其原权性质相同，而非属债权请求权。由此,在支配权(包括人格权)遭受侵害的场合,必然形成作为原权的支配权(包括人格权)、支配权请求权(包括人格权请求权)的非债权性质的退出式救济权,以及作为债权性质的割让式救济权三个含义不同的概念。

第五,关于“人格权有无请求权”的讨论,实际上是要解决人格权请求权的概念能否独立的问题。而这一问题首先是人格权请求权在概念上、逻辑上能否独立存在?就概念以观,因人格权请求权与人格权之间存在请求权—支配权的差别,人格权请求权与债权请求权之间又存在非债权请求权—债权请求权的差别,故人格权请求权在概念上,不可能为人格权或债权请求权所吸收,因而具有概念上的独立性。就逻辑以观,基于人格权客体的观念性,人格权请求权始终与其人格权同时存在,因而不存在如物权请求权所面临的“原权不复存在,支配权请求权能否存在”的判断问题,因此人格权请求权具有逻辑上的独立性。

第六,“人格权有无请求权”的问题,不仅是概念、逻辑的问题,而且是立法体例的问题。人格权请求权能否成为一项独立的法律制度,取决于民法立法技术对其加以抽象的方式。如果立法技术以救济权的权利性质为着眼点,则人格权侵害时所产生的割让式救济请求权,将被纳入债权,形成侵权之债,而退出式救济请求权,则保留于原权部分,进而表现为人格权的保护或人格权请求权,其法律制度上的独立性得以存在;反之,如果立法技术以救济权整体或其相对应的民事责任为着眼点,将人格权侵害所产生的割让式责任与退出式责任共同置于独立成编的“侵权责任”之中,就会使人格权的保护或人格权请求权的退出式救济方式统一于“侵权责任”之中。因此,在我国未来民法典“侵权责任”一编,应以救济权为统一调整的外延,并行设置体现包括人格权请求权在内的数种侵权责任形态,并对这些不同责任形态作出相应的规定,即将各类型支配权上的退出式责任,以及债权性质的割让式责任,在立法上并列规定。当然,在此种情况下,人格权请求权就没有必要再作为一项独立的法律制度而存在。

从人格利益到人格要素

——人格权法律关系客体之界定*

自20世纪中叶以来,自然法复兴成为一种世界性潮流,人的伦理价值再次提升并为世人所关注。在我国,随着改革与开放,人们摆脱了等级严格、职业单一、思想怠惰、缺乏活力的结构性社会,获得了选择生活的自由,有了张扬个性的权利,从而激发了积极性和创造性。此种情形下,一个充满人间和谐、个性自由、人格平等的理想社会必将成为中国的现实。

目前,我国民法学界关于人格与人格权理论的讨论,无论于个人意志支配范围(表现为权利)抑或群体自由空间(表现为法律关系),最根本的问题在于什么是法律上可欲的客体,是人格?是人格利益?还是其他?从法学的角度来看,没有可欲的、正确的客体界定,无论是作为个人意志支配范围中存在的人格权,还是群体自由空间中的人格权法律关系,都将是无源之水、无本之木。在此,考察法律上可欲之客体,我们首先应予关注的是20世纪80年代发生并延续至今的那场关于法律关系客体的论争。

---

* 原载《河北法学》2006年第10期。

一、法律关系客体的论争:人格利益作为人格权法律关系客体的理论背景

法律关系的客体,即“法律关系中权利和义务所指向的对象”。至于这个“对象”到底是什么,在我国民法理论上,存在多种学说。如果对这些学说加以分类,可分为“多元客体论”与“一元客体论”两大类。

多元客体论,即根据不同法律关系,将法律关系的客体作不同的划分,“包括人格和身份、物、行为和智力成果”[①],法律关系的客体是“具有多样性的,如物、行为、智力成果、人的名誉、荣誉,人的身体、劳动力、财产权利,某些法律关系本身等多种多样。”[②]多元客体论,是我国民法学界普遍接受的通说。

随着社会关系的不断丰富,新的民事法律关系的不断涌现,特别是一些商事财产法律关系,如股权关系就无法界定于物、行为、智力成果等传统的法律关系的客体类型之内。于是有学者开始考虑运用民法的抽象思维,在各种具体的法律关系客体的基础上,抽象出一个统一的法律关系的客体。事实上,塑造一个抽象、单一的法律关系客体的想法在我国民法理论中由来已久。在20世纪80年代,即有学者认为:“单纯的物和行为都不能概括民事法律关系的客体,如果把物和行为都作为民事法律关系的客体,则高度抽象的民事法律关系,就没有统一的、高度抽象的客体概念与之相对应……”[③]近年来在民法典制定的过程中,这一主张又与民法典的体例问题结合起来,有学者认为:“我们既然在总则里面已经把如合同、遗嘱等高度抽象为法律行为,那么客体为什么就不能抽象为一个一般的抽象客体的概念呢?如果法律关系缺少了客体的话,它就缺少了一个非常重要的要素,特别是我们考虑到,采用这种抽象的客体概念,在总则里

---

① 彭万林主编:《民法学》,中国政法大学出版社1997年版,第75页。

② 刘士国:《民法总论》,上海人民出版社2001年版,第242页。

③ 佟柔主编:《中国民法学·民法总则》,中国人民公安大学出版社1990年版,第56页;佟柔:《民法原理》,法律出版社1987年版,第35页。

做出一般性的规定,它能够很好地适应各种新财产发展的需要。”④

在这一背景下,学者开始提出抽象的法律关系客体的见解。第一种见解认为,抽象的法律关系的客体,应当是“行为”。此种“抽象客体之行为说”认为:“单纯的物和行为一样都不能作为民事法律关系的要素。只有把它们结合起来,即结合成‘体现一定物质利益的行为’才能成为民事法律关系的客体”⑤。在此基础上,有学者从另外一个角度,即“法是调整行为关系的规范”的角度,对此加以论证,提出了“既然法律通过调整人的行为来调整社会关系,那么权利义务的对象就应该是行为”⑥的观点。第二种见解认为,抽象的法律关系的客体,应当是“民法所调整的社会关系”⑦。其实,此项“抽象客体之社会关系说”与前述的“行为说”的认识逻辑如出一辙:前者将法律视为“行为的调整工具”,由此产生的权利和义务指向的对象,就是行为;后者则将法律看成是“社会关系的调整工具”,那么由此产生的权利和义务指向的对象,自然就是社会关系了。第三种见解认为,抽象的法律关系的客体,应当是“利益”⑧。这种“抽象客体之利益说”的出发点,在于试图在物、行为、智力成果等不同的具体法律关系客体之中,寻找到一个“共同点”。而这个共同点最终理所当然地锁定在“利益”之上,因为“任何权利的设立都是为获取某种利益提供条件。正如马克思所说的‘人们奋斗所争取的一切,都同他们的利益有关’”。⑨

分析上述“抽象法律关系客体”的三种见解,我们会发现,这些主张均难以成立。“抽象客体之行为说”,既无法包含法律关系中权利对象的全部,也无法包含义务对象的全部。就权利的对象而言,以物权的对象为例,按照“行为说”,物权法律关系的客体,就是权利人“物之支配的行为”。事实上,“物之支配”并不以“行为”为限,取得“自然孳息”的收益,作为物之支配形态之一种,就是基

---

④ 王利明等:《中国民法典的立法思路和立法体例》,载中国民商法律网:http://www.civillaw.com.cn/elisor/content.asp? type = “立法聚集”&programid = 1&id = 53,2006 年 1 月 10 日最后访问。

⑤ 佟柔:《民法原理》,法律出版社 1987 年版,第 35 页。

⑥ 高健:《试论民事法律关系的抽象客体》,载《政法论丛》2003 年第 2 期。

⑦ 刘翠霄:《论法律关系的客体》,载《法学研究》1988 年第 4 期。

⑧ 麻昌华、李明、刘引玲:《论民法中的客体利益》,载《法商研究》1997 年第 2 期。

⑨ 同上。

于“事件”而产生的。再就义务的对象而言,在绝对权法律关系中,按照“行为说”,义务的对象就是“以不侵害他人权利为内容的消极行为”。但是,在动物致人损害的场合,动物管理人需要承担的侵权责任,并不以其“行为”——包括挑唆“行为”或者疏忽“行为”为条件。如此,倘若按照“行为说”,上述的“自然孳息”和“动物致损”,恐怕都要被排除在法律关系的范围之外了。

如果将法律关系定义为“人类社会生活关系中,受法律所支配的关系”⑩,那么“抽象客体之社会关系说”将法律关系之客体界定为社会关系,则存在两方面的错误。一方面,正如法律关系之定义所显示的那样,法律关系仅仅是社会生活关系之一部分,是“对一部分现实生活的撷取”⑪。无论从内涵还是外延上来考察,法律关系都只是社会关系之下位概念,而不能成为其上位概念。“抽象客体之社会关系说”恰好颠倒了社会关系和法律关系之间的种属逻辑关系,错将作为上位概念的社会关系当作下位概念,将作为下位概念的法律关系当作上位概念。另一方面,从社会关系的构成角度来讲,社会关系也是以主体、客体和内容作为其基本的构成要素。当此社会关系有必要转而受法律规范时,社会关系中的主体、客体及内容,整体或者其中的一部分将转化为法律关系中的主体、客体与内容。也就是说,具有法律上可规范性的社会关系之主体、客体及内容,分别是法律关系的主体、客体与内容的原型。若按照“抽象客体之社会关系说”,以包含了主体、客体及内容在内的社会关系作为法律关系的客体,那么法律关系的结构就从三要素转变为五要素了:主体、客体(其中,包括了主体、客体和内容)、内容。据此可见,此种将社会关系作为法律关系的客体的主张,有叠床架屋之嫌,不仅未能理顺社会关系与法律关系之间的逻辑关系,也未能深入考量二者在内部结构上的对应性。

“抽象客体之利益说”,其错误之处在于混淆了权利的客体与权利的目的之间的区别。就“权利”与“利益”的关系而言,耶林所讲的“权利是受到法律保护的利益”,是从“权利的目的”出发的。耶林的理论“明晰了权利的目的或目的

---

⑩　梁慧星:《民法总论》,法律出版社2001年版,第55页。

⑪　[德]迪特尔·梅迪库斯:《德国民法总论》,邵建东译,法律出版社2001年版,第51页。

之一……但概念本身却仍然是相当深奥莫测的。”[12]利益乃权利之“目的”所在，是权利作用于客体所达到的效果，而不应当是权利的客体本身。例如，债权，其客体是债务人之给付行为，而因给付的实施，债权人所受领的结果，才是债权的利益；再如物权，其客体是物，而不是物之支配所得之利益。由此我们可以认识到，利益本身并不能作为权利的客体。

至此，我们可以认为试图建立一个“抽象的法律关系客体”的思路，在理论上并不可行。如前文所述，这一思路的出发点，在于“法律关系是抽象的，因此法律关系的各个要素也应当抽象出来，从而与法律关系匹配”。将此与民法典的体例结合起来，便会形成这样一种认识：在总则—分则结构的民法典中，分则中各个具体的法律关系及其各个要素，都必须在总则中找到与之相对应的“抽象物”。然而这种认识所忽略的是，虽然现代民法典的总分结构存在较大缺陷[13]，但俯瞰整个民法典的结构，一幅庞大的法律关系图景仍然依稀可见：在总则中，民法典主要规定的就是“人”以及“人的工具（法律行为）”，而人基于法律行为这一贯穿民法典始终的设权工具，以及因其他的法律事实所取得的各个具体的权利，则按照其不同的性质，规定于分则之中。进而，对于各种具体的权利而言，法律按照其不同的权利客体，界定出不同的效力状况，从而形成各种法律上人与人之间的关系，即法律关系。“例如，对于物，可以以支配的方式，不至于影响他人的基本自由，故传统民法允许成立绝对支配物的法律关系，称物权方式。但是对特定行为的支配，超出一定程度就会涉及其所属的人的基本自由，故传统民法建立的是一种请求程度的作用方式，称债权方式。”[14]显然，民法关于权利种类的划分，在很大程度上是以其作用的对象即权利客体为界定标准的。

可见，“法律关系”作为界定人与人之间关系的法律模式，其必须是具体的，而不能是抽象的，否则就无法发挥其法律模式的作用。“法律关系的内容”，作为法律上界定人我之间自由界限的标志，其必须是与具体的权利主体相结合的

---

⑫ ［法］雅克·盖斯旦、吉勒·古博：《法国民法总论》，陈鹏等译，法律出版社2004年版，第135页。

⑬ 马俊驹、梅夏英：《我国未来民法典中设置财产权总则编的理由和基本构想》，载《中国法学》2004年第4期。

⑭ 龙卫球：《民法总论》，中国法制出版社2001年版，第128页。

"主观权利",而不能是泛指一切主体的"客观权利";而"法律关系的客体",作为权利与义务共同指向的对象,其必须是针对特定权利的特性即该权利的效力而言的——权利效力之所及,才是权利客体之所在。基于此,我们可以将作为支配权的人格权法律关系,与同样作为支配权的物权、知识产权法律关系进行类比。如果说物权、知识产权法律关系的客体,就是权利的支配对象——物或者智力成果的话,人格权法律关系的客体,就只能是"人的伦理价值"——其有具体性的一面,如生命、健康、身体、自由、尊严等,如果说它还有概括的一面,也只能是指其客体所呈现的开放性。换言之,人格权法律关系的客体,不应是"权利人享有人格权的行为",不应是"受民法调整的人格权社会关系",也不应是"人格利益"。然而在我国民法理论中,人格权法律关系的客体是"人格上的利益"(简称人格利益)的观点业已成为通说。具体的学说观点与指导理论之间出现如此严重的脱节,原因何在?

二、人格利益作为人格权法律关系客体的原因分析

将人格权的客体,定位为"人格利益"的见解,并不是"抽象法律关系客体"思维的结果,而是在"具体法律关系客体"理论下的产物。亦即,在前述通说理论之下,人格利益,是与物、智力成果、行为一道,并列为各个具体的法律关系的客体的。但存在的问题是,既然都以"具体的法律关系客体"理论为指导确定法律关系之客体,那么为什么物权关系、知识产权关系、债权债务关系均以具体之"物、智力成果、行为"为其客体,而人格权法律关系却不以具体之"人格"、"伦理价值"或"人格要素"为客体,却运用"抽象客体之利益说"将"人格"这一具体概念解释为"人格利益",以此作为人格权法律关系的客体?为什么"具体的法律关系客体"理论始终坚持"物权的客体是物",而没有滑向"物权的客体是物上利益"呢?在"具体法律关系客体"的理论背景下,又为什么会在"人格权的客体应该是人之伦理价值"的判断上闪烁其词,并通过似是而非的"人格利益"的概念予以回避呢?

我想这个问题的根源,就在于生命、健康、自由等人格要素乃“人之所以为人”之根本观念与近代人权运动之体现的人格保护诉求之间的冲突。

事实上,人格(及其要素)并非天然地作为人之所以为人之根本的。在古代社会,作为高等动物的人并非都具有人格,此以罗马法中的人格制度为典型⑮。即使笛卡尔、洛克也将人格与人相分离。笛卡尔根据其二元论将物质实体和心灵实体相区别,人格就等于是心灵实体,并因而独立于其肉体。洛克从经验主义的认识出发,提出了所谓人格同一性理论,将人与人格的概念加以区分,人不包含理性,只指特定的身体形状和大小;人格则是有思想、有智慧的理性东西。从这个意义上讲,洛克将原本属于人的因素,即自我意识抽出来构成人格,形成一种抽象的、超越自然的存在实体。洛克和笛卡尔虽然对理性主义哲学持有不同的立场,但均对人与人格的分离进行了本体论的思考,这对我们今天理解人与人格的关系以及人格的实质仍有一定的启发性。

人格作为人之所以为人之根本,其观念来源于文艺复兴与启蒙思想运动以来的人文主义思潮。人文主义高扬人的理性本质和自由意志,以世俗的人为核心,肯定人的价值,注重人的现世生活,要求人的个性解放和自由平等,推崇人的感性经验和理性思维,其思想基础是抽象的人性论。

康德强调人的伦理性和人格的伦理内容,虽然其所谓的伦理性是指人的理性对神圣道德法则的绝对遵从,而这些道德法则又是先验的,但他没有将人格抽象为独立于人的实体。这不同于笛卡尔的心灵实体、洛克的自我意识,以及古罗马法的身份。可见,康德是坚持人与人格同一性的。正因如此,才有后人所谓“康德的法学理论,概括起来就是尊重人”的褒扬⑯。黑格尔认为人格是一个完全抽象的东西,用它可以取代近代自然法哲学中的“天赋权利”的概念,将人与生俱来的权利建立在自由意志实体的基础之上。“人格的要义在于,我作为这个人,在一切方面都完全是被规定了的和有限的……我是在有限性中知道

⑮ 马俊驹:《从身份人格到伦理人格——论个人法律人格基础的历史演变》,载《湖南社会科学》2005年第6期。

⑯ 参见[德]康德:《法的形而上学原理——权利的科学》,沈叔平译,商务印书馆1991年版,第1页。

自己是某种无限的、普遍的、自由的东西。”[17]根据黑格尔的观点,“人格”指的就是真正自由的个体性,它具有自我实体的性质,被自然法哲学称为“天赋权利”的自由、生命、人格尊严等从而都建立在了自由意志这一唯心主义哲学主体概念之上,人格与人合而为一了。人格主义的创始人之一波温(Borden Parker Bowne)认为意识、情感和意志活动的主体即人格是首要的存在,主张把个人当作人格,认为人格的基本属性是能动性和自我统一性,人格处于活动变化之中而又保持本身的不变和统一。存在主义的杰出代表萨特注重个人的价值和个人独立自主性,给予人以尊严,提出以人的自由活动为内容的历史发展哲学。存在主义推崇人道主义或个人至上论,认为法的最高价值是个人的生存和自由,自由是人的本质。但个人自由与一切人的自由是不能分割的,保证个人自由的必要条件是所有别人也都自由。

人文主义复兴以来的哲人道出了这样一个基本的事实:作为一种自然存在物,人与其他动物具有相同的自然属性和生理机能;但作为生物进化的最高形态,人乃是与自然存在物相对立的社会存在物。正如马克思所言,人的本质“是一切社会关系的总和”[18]。人的生命、肉体等自然属性必须与人的高级运动形式即社会实践相结合,如此才能真正体现人的本质和价值,成为法律加以规范的对象。人的自由、尊严、隐私等社会属性,也只有在基本的自然生命运作基础上,才能够真正作为人之基本属性而存在,构筑人与人之间的基本伦理与法权关系。可见,人格要素与人的结合并非出于偶然,而是奠基于对人之本质的哲学沉思的基础之上的,具有其历史的合理性。但是应当谨记的是,人类社会的历史发展并不遵循理论观念预设的逻辑,人与人格要素之间的关系乃是由历史塑造的。

第二次世界大战后人权运动兴起,《联合国宪章》在序言中“重申基本权利、人格尊严与价值之信念”。1948 年 12 月通过并宣布的《世界人权宣言》申明:“人人生而自由,在尊严和权利上一律平等”,并列举和说明了各项权利和自由,其中包括人所享有的生命、自由、人格尊严和人身安全等各种人格权。人格权

---

⑰ [德]黑格尔:《法哲学原理》,范扬、张企泰译,商务印书馆 1982 年版,第 45～46 页。

⑱ 《马克思恩格斯选集》(第 1 卷),人民出版社 1972 年版,第 18 页。

成为人权的法定权利中最基本、最基础的权利,成为人权运动中核心的内容和举世瞩目的焦点。现今《世界人权宣言》已经具有一定的国际习惯法的地位,它关于人权的基本内容和规则方面,对国际法和国内法的发展产生了重要影响[19]。

自此人们不再仅仅是将人格要素笼而统之地视为人之所以为人之根本,寻求对作为社会之核心的人的基本尊重,而是将人格要素转化为具体的权利并依据法律对其进行更全面的保护。正是在这一基础上,生命、自由、人格尊严、人身安全、隐私等才转化为具体的权利话语,并构建起新的权利类型——人格权。由此可见,人格权这一权利类型的产生,一定程度上是政治诉求在私法上的反映,与政治意义上的人权具有密切的关联,而非权利学说的理论推演结果。正是人格权所由产生的政治诉求,致使传统的权利学说,特别是权利客体与法律关系客体理论在解释人格权时,陷入了困境之中。

基本的权利学说主张,在人的有序社会中,"人"与"人所拥有的东西"之间是由"权利"连接的,因此,当特定人欲在法律上享有某种权利,基本的前提就是其预期之权利所指向的对象必须是作为外部事物而存在的。换言之,当某一事物被认为是"权利的客体"时,不仅意味着人对外部事物拥有的意志得到了法律的确认,而且还意味着这一"外部事物"作为权利纽带的另外一端存在于人的本体之外。这就是说,只有当"受法律保护"的事物来自人的"外部"时,才可能形成主体与客体的法律关系,进而使该事物成为权利的客体,人对该"外部"客体的权利才得以成立。而人格权的产生却根本上违反了这一原则:作为人之所以为人之根本的人格要素是内在于作为主体的人之内的,人格权成立所应具备的基本要件之一的外部事物并不存在。但是,人格权确实作为客观的存在而产生了,这就给法学家们提出了一个难题;不可能不承认人格权的存在,那么其客体是什么呢?

至此,"人格利益"何以作为人格权法律关系之客体的原因就非常清晰了:在人格理论下,人格要素不能成为已经事实产生的人格权的客体;那么寻找新

---

⑲ 参见王可菊:《国际人权规范在中国的实施机制》,载刘海年、李林、[丹麦]莫尔顿·克耶若姆主编:《人权与司法——中国—丹麦司法中的人权保障学术研讨会文集》,中国法制出版社 1999 年版,第 2 页。

的概念来代替人格要素,并且尽可能使这一概念既与人格要素相关又处于主体之外。在这一认识前提下,抽象法律关系理论发挥了重要作用。其所提供的重要概念"利益"被视为必然外在于人的东西,并且由于"利益"本身乃是作为主体的人对于任何事物(包括自身的人格要素)的评价结论,自然可与人格相联系且处于主体之外的世界之中。由此"人格利益"概念登堂入室,成为人格权(法律关系)之客体了。

三、伦理价值外在化:人格权法律关系客体确认之前提

但所有这些都是对法律上主体与客体的误解。在作为近代人格法律技术之智识基础的理性哲学中,也包括在马克思主义哲学中,主体与客体的界定及二者之间的关系均非现今一些法学者们所理解的那样,社会的现实发展也并非这些学者们想象的那样。那些为学者们所崇拜的人之所以为人的伦理价值,在法律保护模式上,也并非必须采取对"人的本体保护模式"。事实上,伦理价值自始至终都是外在于主体而存在的,内在化的伦理价值仅仅存在于人文主义复兴所设定的理想之中。

(一)意志与一般意义的物的区分:伦理价值外在化的哲理基础

作为马克思主义法哲学的主要理论来源,黑格尔法哲学对于意志与一般意义的物的区分,乃是研究人、人格及人格权理论的根基所在。在合理借鉴、吸收黑格尔法哲学的有益构成之前,有必要首先回顾马克思主义经典作家对黑格尔法哲学的态度,以保障我们能够沿着正确的理论方向前进。正如恩格斯曾经指出的那样,"黑格尔是一个富于创造性的天才,他在包括法哲学在内的每个领域都起了划时代的作用"[20]。人们只要不无谓地停留在他的体系的强制性结构面前,而是深入其中,"那就会发现无数的珍宝。这些珍宝就是在今天也还具有充

---

⑳ 杜万华:《马克思法哲学与法律社会学理论研究》,法律出版社 2003 年版,第 31 页。

分的价值”。[21] 法的意志说就是马克思所寻获的珍宝之一，马克思主义法哲学继受了法与意志之间的内在关联，马克思主义经典作家对此问题的贡献则在于，“第一次明确地指出了这种国家意志的阶级性及其经济根源”[22]。因此，在确认意志的阶级性与经济根源的前提下，吸收黑格尔法哲学理论中的合理内核，是完全符合马克思主义法哲学的基本立场的。

在黑格尔的法哲学体系中，人与人格是完全不同的概念。作为主体的不是人，而是自由意志。首先“法的基地一般说来是精神的东西，它的确定的地位和出发点是意志”。而作为法的实体和规定性的自由同时也是“意志的根本规定，正如重量是物体的根本规定一样”[23]。自由意志是两个辩证环节的统一体。一方面，意志“包含纯无规定性或自我在自身中纯反思的要素”，这是一种绝对抽象或普遍性的无限性否定意志，这种抽象自由的意志“能摆脱一切东西，放弃一切目的，从一切东西中抽象出来”。[24] 另一方面，由于此种否定的自由意志的片面性导致其实现的只能是破坏性的状态，因而作为现实的自由意志必须从没有差别的无规定性转变到在内容和对象上一定的规定性，即意志的特殊化或者有限性。因为意志要成为真正自由的意志，就必须一般性地限制自己，从而获得规定性，因为没有规定性的意志，是纯粹否定的意志，如同仅仅具有规定性的东西一样，都是片面的，而非辩证的。这两个环节的统一体现出意志“普遍的、规定自己的”本质。在此基础上，意志被作为主体与本质来对待。据此，在理性哲学中，意志即为主体，主体即是意志，二者是同一的。即使将真正的意志界定为一种抽象与具体的统一，也绝不影响意志作为主体的基本判断。因而，一个基本的判断即是：唯有意志才是主体，除此之外再无其他。苏永钦先生曾经指出：“人已经被抽空到把客观化的自然人的意志（财团法人）也可以和自然人等量齐观”[25]，事实上这一断言可以进一步深入下去：民法中的人已经被抽空为意志了。

---

[21] 《马克思恩格斯选集》（第4卷），人民出版社1972年版，第215页。

[22] 张乃根：《西方法哲学史纲》，中国政法大学出版社2002年版，第279页。

[23] ［德］黑格尔：《法哲学原理》，范扬、张企泰译，商务印书馆1982年版，第10～11页。

[24] 同上书，第15页。

[25] 苏永钦：《无色无味的民法人》，载李富成主编：《北大法治之路论坛》，法律出版社2002年版，第79页。

所有其他的事物,都是外在于意志的东西,都不是主体本身的要素,即使生命也是主体可以抛弃的外部事物。

在黑格尔看来,那些与自由意志不同的东西,都是外在的东西,即为一般意义的物。此种一般意义的物,不仅包括本身是绝对外在的自然界,同时亦包括空间性的和时间性的"我"的自身,甚至包括自由意志所赖以存在的身体生命在内。自然界作为意志之外在的东西并不存在任何疑问,但是将作为意志之最基本载体的身体、生命等作为外在的东西则是必须予以释明的。虽然从自然哲学和人类学的角度来看,主体所栖居的有机身体乃是主体"普遍的、不可分割的、外部的定在,而且是一切再进一步被规定了的定在的实在可能性"。"但是作为人,我像拥有其他东西一样拥有我的生命和身体,只要有我的意志在其中就行。"㉖正如"法的基地一般说来是精神的东西,它的确定的地位和出发点是意志"与"任何定在,只要是自由意志的定在,就叫做法"㉗两个著名论断所显示的那样,在法的世界或者说是规范的世界中,作为核心和主体的不是具备了真正意志的纯自然的人,而是真正的自由的意志。诚如在法律规范的世界中,从来看到的都是一个"始终是无色无味,不笑不愠"㉘的抽象主体,而不是有血有肉、不一而足的具体的人的形象,这不仅仅是规范普适性所要求的,更是自在自为的意志作为规范上主体的自足性的命令。因而,包括身体、生命在内位于意志之外的物,作为外在的东西,作为与主体相对的客体而存在,则是可以理解的了。

在关于法哲学的基本范畴的研究方面,我国法理学者早就正确地指出,"按照辩证唯物主义的世界观,世界上一切客观存在的事物都是可能的、潜在的客体。"㉙可见,人身、人格作为法律关系的客体并不是匪夷所思的,而是建立在严谨的哲学基础之上的判断。马克思主义经典作家曾经清晰地指出,法权关系"是一种反映着经济关系的意志关系。这种法权关系或意志关系的内容是由这

㉖ [德]黑格尔:《法哲学原理》,范扬、张企泰译,商务印书馆1982年版,第55~56页。

㉗ 同上书,第36页。

㉘ 苏永钦:《无色无味的民法人》,载李富成主编:《北大法治之路论坛》,法律出版社2002年版,第79页。

㉙ 张文显:《法哲学范畴研究》,中国政法大学出版社2001年版,第108页。

种经济关系本身决定的”。[30] 从法学家的角度出发,第一眼看到的正是法权关系以及其后隐藏着的意志关系,那在最深层次决定着意志关系与法权关系的经济关系,并非所有的法学家都能够意识到的。但是这并不影响法哲学家关于意志理论的思考在法规范层面上的合理性。对此,马克思主义经典作家关于法与意志关系的一系列著名论断,乃是最有力的佐证。当然,在当代中国认识人、人格及人格权的问题,就不能局限于理性哲学的视野,而应以社会经济关系对于法权关系的决定性理论为指导。事实上,人的伦理价值外在于人并不纯粹是哲理上沉思的结果,同时也是客观历史发展的必然进程。

(二)伦理价值外在化:作为社会发展的客观事实

在文艺复兴之前,那些在当代被视为人之所以为人之根本的伦理价值,无论在事实上抑或在理念上都并非作为主体的内部要素而存在。这一点只要对古代法、中世纪寺院法作一番考察即可明白显现出来。另外,对此的一个基本的反证是,正是因为其在之前并非作为人之所以为人的底线而存在,所以在资产阶级革命的过程中,天赋人权的口号才能够产生如其所表现出来的那样巨大的号召力。

在文艺复兴之后的法律世界中,那些被塑造为天赋人权的人的伦理价值在理念上,的确成为人之所以为人的根本底线,但是这一理念还未来得及全面转化为社会的现实,人的伦理价值在近代社会的扩张即彻底否定了将人的伦理价值内在于人的想象。人类社会的迅猛发展促成了那些潜在的伦理价值逐渐浮出水面,而这些如肖像、隐私等伦理价值追求,已经远远超越了“人之所以为人”的底线。而强行采取扩张解释的方法将诸如肖像、隐私等价值纳入人之本体之中,只能更加彰显其并非人之所以为人的根本,毋宁是一种“体面的生活”的伦理诉求。所有这些新型的人的伦理价值,在民法上已经无法再被视为“内在于人”的事物了。及至第二次世界大战以后,随着“人权运动”的高涨,人的伦理价值所应涵盖的范围,更是急剧扩展,现在已经远远超越了近代民法的伦理哲学

---

[30] 参见《马克思恩格斯选集》(第23卷),人民出版社1972年版,第102页。

所固有的生命、身体、健康和自由等领域,而扩展至诸如知情、信用、生活安宁乃至居住环境等方方面面。

与此同时,人的伦理价值之于人的意义,现在也已并非只局限于静态的"受到保护",而是延伸至"交易的领域"。随着商品经济关系在整个社会领域的蔓延,越来越多的人的伦理属性,逐渐外化,进而成为人们借以谋求幸福生活的根据之一,从而抛却了由人文主义所赋予的至高无上的地位,从纯粹的理想世界进入现实的世俗社会之中了。一方面,人们开始对自身的部分人格价值进行支配,犹如他们当初支配财产那样。另一方面,未经本人同意而支配他人人格要素的现象也出现了,从法律上看,这种现象与未经主人同意而对其物的擅自使用,具有相当的同质性。这样,传统民法中所预设的伦理价值与作为主体的人格之间的同一性已经难以为继了,人格价值与财产的鲜明对立开始模糊起来,人像拥有财产那样地拥有某些人格价值,已经不再是不可想象的事情。所有这些社会现象的发生,我们可以名之为:伦理价值的外在化。

伦理价值外在化的理性哲学基础与客观历史的重申,再次警醒人们,规范的世界虽然以道德生活为基础,却根本不同于感性的生活世界。那种将生活世界中的模糊观念直接移植到规范世界中作为科学概念的做法,是导致规范科学性降低的重要原因。无视伦理价值、人格要素是独立于自由意志的存在,而将规范世界中的主体、客体混淆于人类学、伦理学上的人的概念,从而似是而非地以"人格利益"这样一个模糊概念作为人格权法律关系的客体,也就可想而知了。如果说在启蒙时期这一做法尚一定程度上促进了对人的基本权利的保护,那么在人的伦理价值外在化日渐凸显的当代,唯有承认规范上伦理价值外在于主体的基本前提,才可能形成对人的伦理价值之科学保护体系,促进人的伦理价值之最大化实现。具体到当前的私法理论与立法的发展而言,我们必须对人格权法律关系之客体作出重新界定,明确人格权法律关系之客体是"人格要素"而非"人格利益",恢复人格权法律关系的真面目;在以法律关系客体为线索构建的民法典体系中,将以"人格要素"为客体的人格权作为独立的部分加以规定,从而彰显人格权在当代权利体系中的重要地位。

四、人格要素:作为人格权法律关系之客体

毋庸置疑,恢复人格要素作为人格权法律关系客体的本来面目,业已成为理论与实践的必然要求。人格要素作为人格权法律关系之客体,不仅使法律关系客体学说在抽象理论层面获得逻辑上的自治,同时也使其在具体的权利类型体系中得以全面贯彻。人格要素作为人格权法律关系之客体,厘清了主体人格理论与人格权法律关系之间的体系界限,为人格权在民法典上寻求独立的体系地位奠定了坚实的基础。

以人格要素作为人格权、人格权法律关系之客体,将确保法律关系客体理论在整个权利体系中得以贯彻始终。根据具体的法律关系客体理论,物权之客体为物、债权之客体为给付,人格权之客体亦应为独立、具体的外部事物。诚如上文所述,人格要素乃是独立的、具体的外部事物,因此乃是具体法律关系客体理论所要求的人格权的恰当客体。以自由意志为根本规定的人格权主体,针对作为独立的外部事物的人格要素的独立支配,即为其人格权之享有,即为初始状态的人格权法律关系;排除他人对于作为其人格权客体之人格要素的侵害,即为人格权之保护和救济性的人格权法律关系。人格权之最基本的内容是授予权利主体独立的、无须他人积极配合的支配其人格要素的法律上之力,通过此种对于人格要素之独立支配,人格权主体即可享受因其支配所得之"人格利益"。可见,"人格利益"的本质是人格权、人格权法律关系之结果,将之界定为人格权、人格权法律关系之构成要素,有倒果为因之嫌疑。

此外,以外在于主体之人格要素为客体,人格权即为沟通主体与人格要素之间的桥梁,在权利结构上至为圆通,具体法律关系客体理论的主张亦能够得以贯彻。具体人格权、人格权法律关系,如生命权(法律关系)、健康权(法律关系)、隐私权(法律关系)、名誉权(法律关系)等,均分别直接以生命、健康、隐私与名誉为其客体,而无须勉强将各种要素解释为某种利益,亦避免了在生命、健康、隐私、名誉等人格要素与生命利益、健康利益、隐私利益、名誉利益之间不必

要的纠葛,不仅使法律关系客体理论清晰、明快,而且也防止了在私法实践中可能出现的、不必要的争议。

以人格要素作为人格权、人格权法律关系之客体,不仅理顺了法律关系客体理论在权利类型体系中的一贯性,同时也澄清了长久以来人们对于人格权法律关系与主体人格理论之间的含混认识。作为主体人格理论之"人格"概念来源于罗马法,用以总称作为完全的权利义务主体所必需之自由权、市民权和家族权[31]。当现代成文法消除了等级界限与等级差别而将权利能力赋予所有人的时候,源于罗马法上的"人格"概念所具备的规范人之所以为人的条件、功能已经消失了,人格、权利能力乃至法律上的人已经仅仅具有形式上的意义,不再如伦理意义上的人那样具备丰富的内涵了。而作为人格权、人格权法律关系之客体的"人格(要素)"则具备着丰富的内涵,这些内涵正是在构建民法上的形式上的人的概念时被剔除的人的伦理属性。可以说,在构建起现代抽象法律人格的同时,即已经在逻辑上产生了对人之伦理属性加以独立规范的必然要求。作为人格权、人格权法律关系客体之"人格(要素)"与作为法律上之人的抽象"人格体"之间存在伦理意义与规范意义上的显著差别,不容混淆。由于概念本身的含混不清,以"人格利益"作为人格权、人格权法律关系之客体,不仅不利于厘清人格权法与主体制度之间的关系,反而在客观上潜藏着将人格权法引入主体制度的倾向。此种倾向的根源即在于,"人格利益"概念对抽象的法律人格理论的依赖性。

综上所述,受人文主义关于人格乃人之所以为人之根本的影响,学者们结合"人格"与作为权利本质之"利益",形成"人格利益"概念,将其作为人格权、人格权法律关系之客体;虽然在一定程度上实现了对人格要素的权利保护,但"人格利益"概念的模糊性、对人格理论的依赖性,使得人格权法在理论体系和法典体系中时常倾向于主体制度,人格权法的独立地位因此受到质疑。事实上,"所谓利益,无非是主体与客体之间特定的价值评价关系"[32]。非常明确的

---

[31] 参见周枏:《罗马法原论》(上),商务印书馆1994年版,第98页。

[32] 王利明:《中国民法典学者建议稿及立法理由·人格权编、婚姻家庭编、继承编》,法律出版社2005年版,第25页。

是,人格利益既然是主体与客体之关联,甚或就是法律关系本身,也就无法成为法律关系的客体了。

通过对当代法律之哲理基础的考察,可以看到,作为主体的乃是自由意志,除此之外包括生命、健康、名誉等在内的一般意义的物,都是自由意志支配之对象。19 世纪的德国法学家萨维尼也明确将法律关系的本质定义为“私人意志独立统治的领域”㉝,从而“法律主体与意志、理性天赋的人格人与人无条件的等同在法律理论中得以贯彻”㉞。生命、健康、名誉等伦理价值(人格要素)不仅仅在理性哲学与法律理论上是独立存在的,而且人类社会的历史发展也逐渐向人们展示了伦理价值外在化的客观历史现实。在伦理价值外在化的背景下,恢复人格要素作为人格权、人格权法律关系客体之本来面目,已经是大势所趋了。人格要素作为人格权、人格权法律关系之客体,不仅在法律理论上使具体的法律关系客体理论得以贯彻以客体为标准建构的权利类型体系,而且在这一理论下,物权之客体为物、债权之客体为给付、人格权之客体为人格要素,所有权利、法律关系之客体都是具体的,而不存在抽象的利益。人格要素作为人格权、人格权法律关系之客体,再一次向人们展示了作为法律上的主体的人的本质,即法律主体意义上的人是形式上的人,那些需要保护其生命、健康、隐私的人是伦理意义上的人,二者之间泾渭分明、不可混淆。恢复人格要素作为人格权、人格权法律关系之客体地位,摆脱了人格权、人格权法律关系客体与主体人格间的纠缠,从而净化了人格权法的基地,确立了人格权在民法典体系中的独立地位。唯有从根本上否定人格利益作为人格权、人格权法律关系之客体,代之以人格要素,才能够从根本上奠定“人格权”独立成编的理论基础。

㉝ [德]罗尔夫·克尼佩尔:《法律与历史:论〈德国民法典〉的形成与变迁》,朱岩译,法律出版社 2005 年版,第 64 页。

㉞ 同上书,第 65 页。

关于人格权的保护体系与立法模式问题*

我这次提交的会议论文是《人格权保护的理论体系与立法模式》。下面,我介绍一下这篇文章的主要内容和基本观点。

自20世纪第二次世界大战以后,世界上人权运动兴起。而人格权是人权的重要组成部分。在我国,人们开始寻求人格尊严在法律上的切实保障。早在1986年,《民法通则》就首次明确了生命、健康、姓名、名誉和荣誉等人身权在法律体系中的地位。进入21世纪,我国民法典的制定,又力图将人格权像物权、债权一样作为一编加以全面的规定。

但是,学术界有争议:人格权是权利还是法律地位?人格权是放在权利体系中去规定,还是在主体制度中加以规定?如果说人格权是权利,它是公权利,还是私权利?是由宪法规定还是由民法规定?是不是一定要独立成编?这些问题在理论上还没有完全解决。

我今天只围绕"人格权的保护"谈几个观点。

第一,先要在理论上确定人格权是一类新型的民事权利。

显然,在传统民法中,人格难成为一种权利。因为权利的一个含义,就是指人对人以外的事物享有的权利。也就是说,权利的客体必须是外在于人的。人格如果被确定为权利,它的客体只能是人的伦理价值,而这些人的伦理价值却

---

* 本文系根据作者2006年8月20日在福州"海峡法学论坛"上的演讲稿整理。

被认为是内在于人的,所以人格只能被视为一种法律地位,而不是权利。

但是近现代以来,人的伦理价值不断扩张,出现了许多新的人格要素,如肖像、形象、隐私、知情、信用、声音、环境,这些要素在某些时候,可以脱离人之自身,成为一种"外在于人"的东西,甚至具有财产属性,可以交易。传统民法中人格价值与财产价值的鲜明对立开始模糊了,人的伦理价值的可支配性越来越明显。因此在这种背景下,现代民法不得不创立"人格权"的概念,并逐渐为一些国家的立法所接受。

德国民法上,实际是法官在司法实践中创制了"一般人格权"的概念,德国人称之为"框架性"权利。有了这个抽象的一般人格权,就有了派生"特别人格权"的可能性。如今,我们有了这么多种类的人格权,应当承认,就是从这里开始的。

第二,我们来分析一下人格权受他人侵害的情况。

现在我们常使用一个概念,叫"类型化"。的确,对权利侵害需要进行类型化的处理,对人格权的侵害也应该这样。我们知道,权利的侵害可以分为两种情况:一是妨害,二是损害。所谓妨害,是指权利的圆满状态和行使受到阻碍;所谓损害,是指权利不仅圆满状态和行使受到阻碍,而且还对权利人造成物质上的或者精神上的损害。

就人格权而言,它是一种支配权、绝对权,我们可以把人格权看作一块自由的领地,对它的侵害就是对这块领地的入侵。这种入侵可以分为三种救济方式:第一种,如果这种入侵并没有造成人格权人丧失这块领地,侵权人"退出"就行了;第二种,如果这种入侵已经造成"领地"的部分丧失,这种情况下,侵权人不仅要退出,还得赔偿人格权人因丧失部分领地所遭受的损害;第三种,如果这种入侵已经致使人格权人的"领地"全部丧失,已经不可能恢复了,那只有进行全面的损害赔偿。我们应当注意到,在对人格权的损害赔偿中,当然最具有特色的是非财产损害,而非财产损害的难点,则在于对损害存在的证明和金钱赔偿的确定。

第三,关于人格权的保护体系。

总的来讲,人格权的保护体系和其他权利是一样的,它也是以救济权、民事责任为核心内容;具体一点讲,人格权的保护体系是由以损害赔偿请求权、不当得利请求权构成的“割让式”救济权和以人格权请求权(在这里,也包括物权请求权)为“退出式”救济权这二者相结合的二元保护体系。

对人格权的侵权构成要件上,我们应当承认,只要发生了特定人格权的侵害事实,就应赋予受害人损害赔偿请求权,并随着社会的发展逐步提高对非财产损害的赔偿数额。这还要借助司法实践,由法官逐步探索公平的损害赔偿的计算方法。

另外,关于人格权请求权也是一个值得研究的问题。因为对人格权的侵害大多数情况下,也会造成严重的、难以恢复的生理的或者精神上的创伤,因此应当建立严密的事前防御和事中排除的措施,尽可能减轻侵害造成的创伤。在有足够证据证明的情况下,应当赋予受害人消除危险请求权。当对人格权有妨害时,应当赋予受害人停止侵害、排除妨害请求权。以上几项请求权均属于人格权上的请求权。

至于消除影响、恢复名誉、赔礼道歉是人格权上的请求权,还是损害赔偿请求权?我倾向是损害赔偿请求权,因为这些请求权所针对的是已经发生了损害的情况,它是损害,不是妨害,只不过它是“非金钱赔偿”而已。还有,人格权受到侵害后不可能“恢复原状”,这一点显然与物权保护不同。

有人问人格权的损害赔偿请求权是否适用时效制度。我的观点是应当适用。因为“精神损害赔偿”是对造成了精神损害的结果而言的,它针对的是损害后果,而不是损害行为本身。人格权上的请求权是否适用诉讼时效,我同意崔建远教授的观点。

第四,关于人格权保护的立法模式问题。

前面我们从理论上分析了人格权的保护体系应当是二元的。但是立法上怎么运用理论,还要看我们的立法现状和适用法律的便捷性。

结合我国的实际,我认为,可以考虑将人格权的保护方式集中规定在侵权法当中。实际上,从我国自《民法通则》以来的立法、司法经验及我国目前民法典的制定情况来看,已经将人格权保护方式统一规定在侵权法当中了。

但是,要在统一的侵权法中体现二元救济权的理论,过去我们的《民法通则》没有这样做;《民法通则》规定了 8 种承担侵权责任的方式,但它规定的归责原则和要件只适用于损害赔偿,其他 7 种责任方式却不适用。

现在,在我国民法典的制定中,侵权法独立已成大势所趋。侵权法独立,使得对人格权、物权、知识产权、包括第三人对合同债权的侵害,乃至对继承权等权利的侵害都可以纳入侵权法之中,这是一个大侵权法。传统侵权法之所以纳入债法中,主要原因就在于侵权法被等同于损害赔偿法,因此,它是债法的内容。当我们树立了所有对权利的不法侵害均应当予以救济的观念之后,损害赔偿就不是权利救济的唯一方式了,这样就会形成统一的侵害权利救济法。

昨天,我的同事崔建远教授,还有今天刚刚作了报告的陈荣隆教授,对有关物权请求权的讲述非常清晰、非常准确,尤其是崔建远教授把物权请求权的保护(这里也包括人格权请求权的保护)比作中医,把侵权保护比作西医,这种比喻很生动。我想,中医、西医是不能合一的,也不能相互替代,因为它们有着截然不同的医学理论和不同的防治方法。但是中、西医是可以结合的,那么,传统民法中绝对权请求权与侵权产生的请求权能不能结合呢?我看能够结合。它们的结合点、共同点就是都是对绝对权、支配权的救济,我们以一个统一的救济权理论为基点,就会形成除了合同责任之外的、包括上述两种保护方式的民事责任,或者叫侵权责任。实际上,这仅是立法体系、内容安排上的一种调整、一种变动,是立法技术问题,它并不违背德国法在理论上的逻辑性,也不影响对不同性质的民事责任的调整规则。在这部侵权法中,二元结构的人格权保护模式完全可以体现在统一的侵权法中——将那些各种救济权都能够共同适用的规则,置于侵权法的总则部分,将那些无法适用的规则,则分别规定在两个部分:一是侵害预防与排除,二是损害赔偿。实际上,在侵权法中把不同性质的请求权,分别加以规定,与在整个民法典中将有关编分开规定,在效果上是一样的。所以,我赞成制定大侵权法。

以上就是我的发言。谢谢主持人,谢谢各位。

人权视野中的人格权*

人格权是社会个体生存和发展的基础,是整个法律体系中的一种基础性权利。现代世界各国宪法均将人格权的保护放在重要位置,民法中也有特别人格权或一般人格权的规定。同时,根据各种人权国际公约和人权法学理论,人格权也是人权的重要组成部分。在现代社会,尽管人们已经充分认识到确认和保护人格权的重要性,但对其性质仍有争论,即人格权究竟是人权、宪法权利还是民事权利,众说纷纭。本文拟通过对人权、宪法权利与民事权利三者关系的分析,探讨不同法领域中的人格权性质有无差异。

一、何谓人权

在现代社会,"人权"概念既是一个非常流行的用语,也是一个理解上非常混乱的概念。有学者通过考察,指出人们往往在不同的意义上使用"人权"一词,用来表述不尽相同甚至截然相反的主张。例如,有的在道德意义上使用,将人权与人性、人道、自由等概念联系起来;有的在法律意义上使用,将人权与公民权利甚至国家意志等同;有的强调人权中的个人自由和政治权利,以致仅在此意义上使用;有的则强调经济、社会、文化权利,尤其是民族自决权、发展权。①

* 原载《政治与法律》2006 年第 5 期。

① 参见夏勇:《人权概念起源》,中国政法大学出版社 2001 年版,原版序言部分,第 176 页、第 221 ~ 222 页。

正如国外学者赫里曼(Holleman)所言,“人权的神圣名义,不论其可能意味着什么,都能被人们用来维护或反对任何一个事物”,“人权似乎就是一切,又似乎什么都不是”。[②] 这句话既道出了人权概念之所以纷繁复杂的原因,也表明了理解人权概念的不易。确实,各个国家、民族、阶级、派别、个人,由于经济利益、政治立场、文化背景、价值取向以及发展水平等方面的差异,对人权概念的理解也会有所不同;同时人权本身作为一个学术概念也过于宽泛和复杂,对人权及其历史的解释,实际上包含着对政治、经济、法律、哲学、宗教、伦理诸问题乃至整个人类历史的解释。[③]

但是,人权作为一个被人们接受的概念,对其内涵和外延的理解应有一个最低限度的共识。有学者通过对西方人权历史和学说的考察,认为第二次世界大战以前西方的人权学说主要以自然法和功利主义两种思想为基础,战后的人权学说除了继承和改造战前的自然法学说和功利主义思想之外,还增加了从自然法思想演变而来的抽象的正义论和人本主义思想;通过分析西方学者对人权的定义,可见其最明显的共同点就是:(1)大多以人本主义思想为基础,也即人权是人之所以为人所享有的权利;(2)大多主张人权是一种道德或伦理权利,只有当它由实在法加以规定时,才同时具有法定权利的性质。[④] 在对人权概念的认识上,对人权哲学有深入研究的英国法学家米尔恩(A. J. M. Milne)认为,联合国《世界人权宣言》中对人权的认识主要是以西方的背景为基础,其所提出的人权的理想标准主要是由体现自由主义民主工业社会的价值和制度的权利构成的,但基于社会和文化的多样性,其他国家并不一定采取西方社会的模式,其所确定的人权标准也不一定适合这些国家,它们应该根据自己的国情确定自己的人权制度;但毕竟所有的国家都是人类社会,每一个国家的成员都应享有仅仅因为是人而享有的权利,这就是米尔恩所说的“最低限度标准的概念”,“它是这样一种观念:有某些权利,尊重它们,是普遍的最低限度的道德标准的要求”,

---

② Holleman, *The Natural Right Movement*, Prager Publishers, 1987, p. 4. 转引自沈宗灵:《比较宪法》,北京大学出版社 2002 年版。

③ 参见夏勇:《人权概念起源》,中国政法大学出版社 2001 年版,原版序言部分,第 176 页、第 221 ~ 222 页。

④ 参见沈宗灵:《比较宪法》,北京大学出版社 2002 年版,第 60 页、第 67 页。

而这样的最低限度的道德标准是以社会和文化的多样性为前提的,它的普遍适用需要它所要求的予以尊重的权利获得普遍承认,但同时它所要求的普遍权利也必须根据特定场合来解释。[⑤] 由此可见,米尔恩所主张的人权是一种最低限度的道德权利,同时它也是要求各个国家根据自己的国情变通吸收的权利。从这种意义上讲,虽然这种人权并不对各个国家的法律制度有直接的效力,但它是促使各国采纳人权制度的指导思想和价值基础。美国学者杰克·唐纳利(Jack Donald)通过对权利行使的分析,认为人权是个人仅仅因为他是人而拥有的权利,但它是一种"最终诉求",即只有在法律方法或者其他方法看来不能发挥作用或者已经失效的地方,才能求助于人权的保护;同时,人权是一种道德上的权利,其要求在本质上是超法律的,它的主要目的是向现存的制度、实际活动或者规范,尤其是法律制度挑战,或者改变它们。[⑥] 因此,他所讲的人权也不是一种法律权利,而是一种与法律权利并列的并对法律权利起补充作用的道德权利。

我国学者在对人权概念的分析上,虽然具体的认识不尽一致,但在对人权包括应有权利这一点的认识却是相同的。这里的应有权利中"应有"的含义就是指,根据某种渊源或基础人们应该享有的权利。如有学者认为,人权有三种基本形态,即应有权利、法定权利和实有权利,其中人权在它的本来意义上是一种应有权利,法定权利是应有权利的法律化,是一种更有保障的人权,实有权利是人们实际能够享有的权利;从本质上讲,人权是受一定伦理道德支持和认可的人应当享有的各种权益。[⑦] 也有学者认为,人权有四种存在的形态:(1)应有权利;(2)法定权利;(3)习惯权利;(4)现实权利。[⑧] 还有学者认为,人权是每个人都享有或应该享有的权利,它是在道德权利、普遍权利和反抗权利这三种意

⑤ 参见[英]A. J. M. 米尔恩:《人的权利与人的多样性——人权哲学》,夏勇、张志铭译,中国大百科全书出版社1995年版,导论部分。

⑥ 参见[美]杰克·唐纳利:《普遍人权的理论与实践》,王浦劬等译,中国社会科学出版社2001年版,第7~12页。

⑦ 参见李步云主编:《宪法比较研究》,法律出版社1998年版,第435~438页。

⑧ 参见张文显:《论人权的主体与主体的人权》,载《中国法学》1991年第5期。

义上使用的。[⑨] 还有学者通过对西方和我国学者对人权的认识的分析,认为人权即人的权利,是人(或其结合)应当享有和实际享有的,并被社会承认的权利的总和。[⑩] 一般来说,西方的学者多从自然法的角度来论证人权的应有的含义,而以马克思主义作指导的我国学者多从社会发展的角度来论证,但无论如何,都认为人权与实定法所确认的,特别是宪法所确认的具体权利是不同的,人权虽然有一部分表现为法定权利,而且人权发展的最终目的就是不断地将其转化为法定权利,但人权始终是高于法定权利的,它既可以用来为法定权利的存在提供合理性依据,也可以用来批判法定权利,促使法定权利的制定符合人权的要求。

二、人权:宪法和民法的共同价值基础

在现代社会,人权与宪法的关系日益密切,因为宪法从法律效力秩序上来讲是具有最高法律效力的规范,为体现对人权的重视,多数国家都在宪法中对基本人权有所规定,有的国家甚至将宪法权利直接视为"基本人权",如日本。从现代世界各国宪法所规定的人权内容来看,宪法规定基本人权原则主要有以下几种形式:[⑪]一是既明确规定基本人权原则,又以公民具体权利的形式规定基本人权的内容,这是多数国家宪法采取的形式,如《日本国宪法》和《孟加拉国宪法》。二是不明文规定基本人权原则,只是规定公民的基本权利,如《美国宪法》虽然没有明确规定基本人权的原则,却在修正案中具体规定了公民的权利。此外,还有比利时、丹麦和荷兰等国的宪法也是如此。三是原则上确认基本人权,但对公民基本权利的内容却较少规定,如法国现行宪法虽然在序言中确认人权原则,但只对公民的选举权利作了规定。各国宪法对人权的规定并没有改变人

---

⑨　参见夏勇:《人权概念起源》,中国政法大学出版社 2001 年版,原版序言部分,第 176 页、第 221 ~ 222 页。

⑩　参见罗玉中、万其刚、刘松山:《人权与法制》,北京大学出版社 2001 年版,第 11 页。

⑪　参见殷啸虎主编:《宪法学》,上海人民出版社 2003 年版,第 77 ~ 78 页。

权的性质,人权在本质上仍是一种道德权利,不是法定权利。人权作为道德权利与法定权利之间存在辩证关系:"作为道德权利,人权只有表现为社会的(国内社会和国际社会)权利,才会取得实效;作为法定权利,社会权利只有以人权为根据,才能保持其道德上的正当性并增强其适应效力。"就人权与宪法规定的公民权来讲,"公民权是人权在法律上的表现,人权是公民权的道德根据,宪法则是公民权的法律根据"。[12] 人权入宪虽然没有改变其本质,但却为宪法中公民基本权利体系的发展提供了新的契机。由于宪法是特定历史阶段的社会政治、经济条件的产物,随着社会经济文化的发展,宪法对公民基本权利体系的规定应该呈现开放性,不断地吸纳新的人权为法定权利,而人权保障条款的入宪则为公民基本权利体系的开放性提供了宪法根据和制度保障。[13] 因此人权作为一个内涵和外延都在发展的概念,其入宪有利于立法者或者宪法的适用者根据社会发展确认新的宪法权利。

无论现代法律制度如何发展,人权在本质上都是一种道德权利,它不仅是作为公法的宪法的价值基础,也是整个法律秩序的价值基础,对包括公法和私法在内的整个法律体系都会产生影响。有学者指出,根据考察基本权利的历史时期和考察重点的不同,对基本权利性质的问题得到的答案也不一样:我们可以证明,基本权利仅以国家为规范对象;或者相反,我们也可以确认,在更早以前时代关于自由的讨论中,法(包含私法)的牵连是广泛的,如康德认为私法适用一个人的自由与其他人的自由一致的原则;《普鲁士一般邦法》则保障人民(译者此处所指的"人民"应与"公民"同义——笔者注)的当然自由,得以在不损及他人权利的情况下追求并营造自身的幸福;卡尔·罗特塞克(Carl v. Rottceck)也指出,国家作为法的机制应承认并维护所有人民的自由,且应将自由认为是在所有活动领域中人民仅以其作为人的地位就已经拥有的权利;如果国家并没有侵犯人民的权利,它还须保护人民不受到来自人民相互间、在其交往关系上可能发生的侵害;国家还应该通过完善的法律以及法律的认真执行,

---

[12] 参见夏勇:《人权概念起源》,中国政法大学出版社2001年版,原版序言部分,第176页、第221~222页。

[13] 参见焦洪昌:《"国家尊重和保障人权"的宪法分析》,载《中国法学》2004年第3期。

来消除对于人民一直存在的其他自由侵害，特别是在家庭中私人权力以及社会权力的滥用。[14] 因此，在早期的法律制度中，自由呈现出多面向的特征，它既反对国家权力对其加以限制，也反对私人之间的相互侵害。

但是随着时间的经过，个人之间的私法关系却越来越少被一般自由权以及基本权的讨论触及。这与实证主义以及按照当时的社会情境能保障自由与平等的私法法典的制定有关。根据当时的自然法思想，对于个人自由与平等权的保护而言，主要关注的是对国家权力的限制，并通过立法加以表达，这种思想反映在欧洲各国的基本权利宣言中，就形成了近代宪法为"限权法"的理念；以这些宣言为导向的古典基本权利概念，被认为是维护个人的消极自由地位、反制公权力、个人拥有某种不受国家干预领域的权利，并以限制国家侵害个人权利领域的权限为主。[15] 因此，从历史沿革来看，人权或者上述引文中的基本权利本来是整个法律体系所要保护的对象，不仅应该受到公法的保护，在私法中也应该有所体现。但由于当时处于资产阶级革命时期，基于强调个人主义、反对封建专制的需要，就把人权或者基本权利仅仅视为是针对国家的权利，将之载入宪法，并基于公私法的划分，将其称为公民享有的公权利。但就其本质而言，人权并不是宪法中所规定的法定权利而是一种道德权利，它是公法和私法共同的价值基础，如德国《基本法》和《德国民法典》都以伦理人格为精神基础，并以之指导各自的发展。

三、人格权：宪法权利抑或民事权利

人权作为人之所以为人所享有的权利，其内容广泛，而人格权则是人权最为重要的内容。现代世界各国基于对人格权的重视，都在宪法和民法中规定了人格权制度。从其内容来看，宪法中的人格权和民法中的人格权大部分在名

---

⑭ 参见[德]克里斯提安·史塔克：《基本权利与私法》，林三钦译，载翁岳生教授祝寿论文编辑委员会编辑：《当代公法新论》(上册)，台北，元照出版有限公司2002年版，第400～401页。

⑮ 同上。

称、内容方面都是相同的,如两者都对生命、健康、身体、隐私等人格权作出规定。在民法上的人格权制度不完善的国家,司法者通过引用宪法中的人格权条款来发展民法中的人格权制度,最为典型的就是德国联邦最高法院依据德国《基本法》第1条和第2条关于人格尊严和人格自由的规定创制出民法上的一般人格权制度。因此,民法上规定和保护的人格权与宪法关系密切,但能否得出人格权就是宪法权利的结论呢?这需要我们具体分析。

(一)对人格权性质的争议及其具体分析

有学者通过考察认为,早期各国民法典之所以未对人格权作出正面的赋权性规定,而仅仅作出概括的或者具体的保护性规定,是因为在这些民法典的编纂者看来,自然人人格的普遍确认是整个近代法律制度的基础和起点,而人格权或者为一种自然权利,或者为一种法定权利,根本就不是源于民法的授予,人格权的地位高于民事权利,民法的任务仅仅在于用产生损害赔偿之债的方式对之予以私法领域的法律保护;同时,该学者还通过考察德国联邦最高法院借助《基本法》的规定创制一般人格权的事实,认为人格权从来就不是一种由民法典创制的权利,而是一种具有宪法性质的权利。该学者还认为,德国民法中在侵权行为法中已经规定了具体的人格权类型,如生命、身体、健康、自由、信用、妇女贞操等,如果《德国民法典》的编纂者不是将人格权真正视为民事权利,那么,具有“抽象化偏好”的德国人没有理由不去建构内容如此丰富的人格权体系。之所以如此,就是因为人格权是一种应该由《基本法》直接规定的权利,民法可以“分解”这种权利加以保护,但民法不是“创设”这种权利的上帝。⑯ 也有学者认为,根据德国法院创制“一般人格权”的思维,人格权的观念发生了根本性的革命,由以前的“民法典权利”一跃而成为“由宪法保障的基本权利”,人格权的类型及其内容不再是狭窄地以民法典为基础,而是可以直接援引宪法规范为支持。⑰

---

⑯ 参见尹田:《论人格权的本质》,载《法学研究》2003年第4期。

⑰ 参见龙卫球:《论自然人人格权及其当代发展进路——兼论宪法秩序与民法实证主义》,载《清华法学》(第2辑),清华大学出版社2003年版,第137页。

笔者认为仅凭上述考察,就认为人格权不是民事权利而是宪法权利是不充分的。早期《法国民法典》之所以没有对人格权加以规定,是因为此时以维护人格尊严思想为基础的人格权概念尚未产生,它直到康德的伦理主义哲学将人类尊严与法律人格概念结合之后才有可能出现,如此要求《法国民法典》的编纂者规定人格权,未免不切实际。因此,当时法国的立宪议会议员从未想过要就人格权提出什么宣言。⑱

其实《德国民法典》中之所以没有规定一般人格权,主要不是因为人格权是所谓的宪法权利,而主要是因为以下三个方面的考虑:第一,不可能承认一项"对自身的原始权利",否则就会得出存在一项"自杀权"的结论;第二,债的产生以财产价值受到侵害为前提,而对人格权的侵犯如果产生金钱损害赔偿之债,在当时人们看来是不可接受的,认为这将会导致人格价值的商品化,贬低了人格尊严;第三,人格权的内容和范围无法予以充分明确的确定。⑲ 正因如此,《德国民法典》的立法者才未采取当时已经有学者提出的一般人格权概念。而且,对于一般人格权的保护及规定问题,第42届德国法学会议于1957年提出讨论,汇为专册,并建议制定特别法以保护人格权,联邦德国司法部接受法学会议的决议,于1958年起草"修正民法上保护人格及名誉规定草案",但该草案于1959年提交国会后,也未能为国会所接受。⑳ 即使是到现在,虽然第一个理由和第二个理由随着社会的发展已经不再是反对制定一般人格权条款的主要理由,但第三个理由即人格权的内容和范围难以界定的问题一直到今天依然存在,这个法学理论上的特别是法律技术上和实践中的难题仍然阻碍着一条保护

---

⑱ 参见[法]萨瓦第埃:《当代私法的社会与经济条件的变化》,第336页。转引自[日]星野英一:《私法中的人——以民法财产法为中心》,王闯译,载梁慧星主编:《民商法论丛》(第8卷),法律出版社1997年版,第176页。

⑲ 参见[德]穆格丹:《德国民法典立法资料汇编》(第2卷),第1072页、第1077页、第1119页;《德国民法典立法资料汇编》(第3卷),第61页。转引自[德]霍尔斯特·埃曼:《德国民法中的一般人格权制度——论从非道德行为到侵权行为的转变》,邵建东等译,载梁慧星主编:《民商法论丛》(第23卷),金桥文化出版(香港)有限公司2002年版,第413页、第469~471页。

⑳ 参见施启扬:《从个别人格权到一般人格权》,载郑玉波主编:《民法总则论文选辑》(上),台北,五南图书出版股份有限公司1984年版,第381页。

人格的一般性法律规定的产生。[21] 也正因为这些难题,偏好抽象的德国人难以抽象出人格权,因为《德国民法典》的编纂者关注的不仅是概念的抽象性,还有概念的确定性和可把握性,而一般人格权的概念难以符合这些要求。

对于人格权在民法制度中的发展,有些学者仅仅看到了德国依据《基本法》创制一般人格权的情形,而忽视了考察其他国家的民法典中的人格权制度发展的实际。如《瑞士民法典》明确规定了一般人格权,其人格权制度的发展中,并不需要依据宪法来创制民法上的一般人格权。虽说德国法创制一般人格权的依据是《基本法》,但一般人格权并不是直接依据《基本法》的条文创造的,而仅是依据《基本法》第 1 条和第 2 条所体现的客观价值创造的,这种客观价值是整个法律秩序而不仅仅是作为宪法的《基本法》的价值基础,联邦最高法院最终认定的一般人格权也不是宪法上的权利而是一种民事权利。因此,对人格权性质的认定,我们不能仅凭德国民法制度中一般人格权的确立和发展模式,就认定人格权是宪法权利,这样理解是不妥当的。

(二)宪法中的人格权与民法中的人格权

人格权作为社会个体享有的一项基本人权,不仅私人之间会互相损害它,而且掌握着比私人大得多的强制力量的国家对它造成损害可能会更大,因此,对于人格权的保护不仅是调整平等主体之间的民法的任务,也是限制国家权力的宪法的任务,相应地也就会产生民法上的人格权和宪法上的人格权,因其人格权所调整的社会关系不同,两者应属于性质不同的权利。当我们将人格权看作自然人(和法人)针对其他私人所享有的权利时,它是一项民事权利;当我们将其看作公民个人对抗国家公权力的权利时,它是一项宪法权利。宪法上的人格权虽然与民法上的人格权名称相同,但我们不能将两者混同,前者作为公民享有的基本权利,旨在保护公民免受国家强制力的损害;后者作为自然人(和法

---

[21] 参见[德]穆格丹:《德国民法典立法资料汇编》(第 2 卷),第 1072 页、第 1077 页、第 1119 页;《德国民法典立法资料汇编》(第 3 卷),第 61 页。转引自[德]霍尔斯特·埃曼:《德国民法中的一般人格权制度——论从非道德行为到侵权行为的转变》,邵建东等译,载梁慧星主编:《民商法论丛》(第 23 卷),法律出版社 2002 年版,第 413 页、第 469 ~ 471 页。

人)所享有的人格权,旨在调整民事主体之间发生损害的情形。在德国,对于民法上的一般人格权,"联邦宪法法院仅仅是认为,并不存在宪法层面上的反对民事司法判例的理由"。但是,由于两者有着同样的名称,这就隐藏着一种危险,"即在法律适用时忽略它们之间存在的差异";而且两者之间的区别在某种程度上正变得模糊,这是因为"一般人格基本权利被赋予了直接的辐射效力",而且即使"我们拒绝承认具有这种直接的辐射效力,我们仍然可以通过下列方式影响民法上的一般人格权,即根据宪法上的一般人格权,确立积极的给付请求权:要么使用合宪性解释的方法,要么选择清晰无比的法治国家途径即修改法律";当然,在许多情况下,"人们往往通过混淆侵权法上的一般人格权概念与宪法上的一般人格基本权利概念的方法,来达到后者的直接辐射效力",但这种混淆概念的做法却存在下述危险:即法官法过分强烈地干预立法者的职责。[22] 因此,宪法上的一般人格权与民法上的一般人格权性质不同,保持两者的区别对于整个法律体系秩序的维护具有重要的意义,即坚持立法权与司法权的合理分立,有利于防止法官拥有过度的自由裁量权,以维护私人领域的自治性。

对于人格权而言,虽然可以将其区分为宪法上一般人格权与民法上一般人格权,但两者又因为人权而发生必然的联系,即宪法基本权利通过其所体现的人权价值影响民法人格权制度的发展。这点在德国宪法法院"路特案"的判决中表现得比较明显。在该案的审理中,宪法法院认为,在基本权利中可以发现"客观价值秩序",这种价值秩序遍及全部的法律体系,特别强烈地影响那些以有约束力的规则代替当事人意志的法律领域;这些客观价值对公共利益是根本性的,应该被保护防止不管来自何方——公的或私的侵害;在这里,宪法法院不再宣称基本权利的规定对私人关系具有直接效力,而是主张宪法秩序"影响而不是管制私法规范"。[23] 这里所谓的"客观价值秩序"实际上就是道德意义上的

---

[22] 参见[德]穆格丹:《德国民法典立法资料汇编》(第2卷),第1072页、第1077页、第1119页;《德国民法典立法资料汇编》(第3卷),第61页。转引自[德]霍尔斯特·埃曼:《德国民法中的一般人格权制度——论从非道德行为到侵权行为的转变》,邵建东等译,载梁慧星主编:《民商法论丛》(第23卷),法律出版社2002年版,第413页、第469~471页。

[23] B. S. Markesinis: *Always on the Same Path: Essays on Foreign Law and Comparative Methodology*, Vol. 2. Hart, 2001, p. 135.

人权,宪法规范不能直接适用于私人之间的法律关系,只能通过其所体现的人权价值影响私法的解释和适用。有学者认为,私人之间在彼此的交往时之所以必须相互尊重对方的生命、名誉与财产,并非因为所有人都应受宪法基本权利拘束的结果,而是源自人类共同生活的传统常规,这个传统常规是最基本的,连基本权利都要以它为基础来建构;同时,“无论是根据基本权利的客观法面向或其他方法,都举不出坚强理由说明为何基本权利也可以在私法领域类推适用。只有支配整个法秩序,同时也表现在基本权利上的有关人类图像(Menschenbild)的价值判断,才能影响民法的立法者以及适用概括条款的民事法院的法官”。[24] 这里的“传统常规”“人类图像的价值判断”实际上也是道德意义上的人权,它既影响宪法基本权利的发展也影响民法的制定。

综上所述,人格权作为人权的重要组成部分,在实证的法律体系中可以分为宪法上的人格权和民法上的人格权,两者是不同性质的权利。虽然在现代社会,人权中的法定人权主要在宪法中规定,但在本质上作为一种道德权利的人权,体现的是整个法律体系所追求的价值目标,它对宪法上的人格权和民法上的人格权都具有指导意义。现代法律实践只能根据宪法基本权利条款所体现的人权价值来影响民法人格权制度的发展,宪法在这里只是提供了民法人格权制度存在和发展的合法性、合理性依据,而民法上人格权的确认和保护仍应由民法来完成。

---

[24] Christian Starck:《基本权利的解释与影响作用》。转引自许宗力:《法与国家权力》,台北,元照出版有限公司1999年版,第501页。

人与人格分离技术的形成、发展与变迁

——兼论德国民法中的权利能力[*]

我国学者在讨论人格的本质时,提出一个十分重要的问题:德国民法为什么创制权利能力制度,如何理解权利能力的本质?[①] 由这一问题所引起的思索在于,民法对于其法律主体的表彰,为何由源自罗马法的"人格"概念,嬗变为以德国民法为代表的"权利能力"?对此,我国台湾地区有学者认为,德国民法关于权利能力之创作,稍显可笑又难以理解,该项制度并非不可或缺,甚至实属多余。[②] 权利能力之创作,真的是可笑的和多余的吗?

从大陆法系的立法来看,德国民法在设定"权利能力"概念时,并未对其加诸定义。瑞士民法在引进这一概念时,在《瑞士民法典》第11条第2项中规定"法律之范围内,人人均有同等之能力,有其权利与义务",以此算是对"权利能力"作了一点解释。而东方国家日本、中国、韩国则毫不犹疑地继受了这一概念。由此往后,"人格"的概念几乎被民法忘却,而由"权利能力"取而代之。在这一背景之下,即使在德国,关于"权利能力"制度的设计过程也几近遗忘:人们往往也是只注意了制度的结果,而忽视了立法的原因。在我国民法典的制定过程中,厘清"权利能力"一词的产生根源以及其所蕴含的立法思想和立法技术,无疑是一项具有重要理论意义的基础性工作。

---

* 原载《现代法学》2006年第4期。

① 尹田:《论人格权的本质——兼评我国民法草案关于人格权的规定》,载《法学研究》2003年第4期。

② 曾世雄:《民法总则之现在与未来》,中国政法大学出版社2001年版,第75~78页。

一、"人"与"人格"相分离的私法人格技术及其产生根源

通常认为,人格的概念是由古罗马法创设的。在当时,人格人(Caput)乃是指户籍登记册上的一章,其最初的意义在于,由此确定特定的人是否为罗马城邦所承认的正式成员。从现代人本主义的语言角度讲,罗马城邦的成员当然为市民法的受体,即权利义务主体,市民法所有的权利义务都是为他们所创设的。反之,那些未列为人格人的人(包括外国人和奴隶),因其不是罗马城邦的成员,故不能成为市民法上的权利义务主体。

就此以观,罗马法上的"人格"概念,是建立在"生物人"与"法律人"彼此分离的基础之上的。罗马法上的"人格"(persona)一词,即是对这种分离的描述与总结。从语义上讲,众所周知,古罗马的"人格"(persona)一词,具有"面具"之意。这种"法律上的面具",并非所有的"人"(man)都能拥有,而只能由法律赋予一些特定的人。这些"面具者"因而便进入法律的舞台,成为"人格人"(person,或译成人格体),有时也称它为"法律人""社会人",③进而成为权利的享有者与义务的承担者,即社会资源的占有者或流转者。至此,生物人与"法律人格"相分离,生物人与戴各种"人格"面具的"人格人"相区分,形成了罗马法上人法的基本模式和框架——就人格人而言,"正如'人生如戏',每一个人在戏剧中扮演如所戴面具之角色,每一个人在社会生活之法律关系中,同样演出面具所象征之角色。"④

人与人格的分离,意味着在人格法律技术上,会存在一个人格人的"适格判

---

③　如何理解"人格人"(person)的概念?本文在有的地方将"人格人"(person)一词译作"法律人",是为了便于中国读者更容易理解。关于"社会人"一词,学界也有不同的解释。如郑少华教授指出:"所谓社会人,是指根据现代社会分工与合作机制,在法律上将人按不同的社会分工与角色设计成不同类型的人的模式,如生产者、经营者、消费者、非营利者、雇主、雇员等,并依此设计不同的权利与义务。因此,我们可以看出:社会人之模式远比市民模式、公民模式丰富多彩。"(郑少华:《生态主义法哲学》,法律出版社2002年版,第74页)显然,本文中所称"社会人"仅指具有人格地位的人,所以还属于"市民模式、公民模式"层面上的概念。

④　曾世雄:《民法总则之现在与未来》,中国政法大学出版社2001年版,第75页。

断”问题，即怎样的生物人，才能具有成为法律人的条件，进而获得法律人格。显而易见，在罗马法上，这个判断标准就是人的“身份”，诸如自由人身份（status libertatis），市民身份（status civitatis），以及针对家庭权利和财产权利之取得的“婚姻资格”（connubium）和“交易资格”（commercium）等身份要素。[⑤] 从内容上看，这些决定着特定权利之取得的身份，包括了家族血缘、性别、国籍以及是否为被解放的奴隶等。因此，在罗马法中，人是分三六九等的，彼此间本无差别的“生物意义上的人”，在法律上则按照其各自身份的不同，存在人格之有无、高低之分，不同等级（阶层）的人享有不同的公权和私权。

可以看出，在罗马法上，分辨“生物人”与“人格人”的界定标准，同时也是连接“生物人”与“法律人”的逻辑纽带，是诸如血缘、性别、国籍等外在于人的身份。在存在等级阶层的严格划分的罗马社会，不同身份和地位的人能否取得人格，以及能够取得什么样的人格，不是由他们的内在属性和价值决定的，更不会由他们自己的意志来决定，而是由他们所处的社会环境和地位决定的。实际上，许多人的身份是从他们出生时就已经确定了。所以，身份不仅是人在社会关系中被动的定位，而且它作为一种外在于人的东西，决定着“人格”的赋予和品次。

在此基础上，如果我们将罗马法的这种人与人格相互分离的立法技术，放置在人类法律文明早期的历史背景之下来考察，就会发现，罗马法上的以身份为基础的人法，不过是古代法律用以组织社会所必然采用的“属人主义”的法律手段的一种典型表现罢了。

从人类进化的历史考察，最初的人类，因尚缺乏发现、甄别自身与他物区别的能力，进而人类在这种物我一体的状态下，适用着统一的自然法。[⑥] 在这样的混沌状态中，是没有区分“法律人格”的必要和可能的。随着蒙昧的消退，出于原始、本能的生存和种族的繁衍的需要，初级的群体观念得以产生，最初的人类社会得以形成。社会无非是作为个体的人与人之间的结合，而这种结合要成为可能，连接个体的纽带就成为不可或缺的因素。不言而喻，在最初的人类社会

---

⑤ ［意］彼德罗·彭梵得：《罗马法教科书》，黄风译，中国政法大学出版社 1992 年版，第 29 页。

⑥ 参见江山：《人际同构的法哲学》，中国政法大学出版社 2002 年版，第 145 页。

中,用以连接各个社会成员的纽带,只能是成员个体与生俱来的、天然的血缘关系;相应地,早期人类社会的法律组织手段,必然是以"属人主义"为其特征的——在可考的历史上,最古老的系统的人类社会组织为氏族,它就是"一个由共同祖先传下来的血亲所组成的团体……它是按血缘关系结合起来的":⑦具备特定氏族所要求的特定血统,个体则"自然"成为该氏族的成员,享受该氏族成员所享受之权利,并承担相应的义务;反之,不具备者必将为该氏族法律(jus-gentilicium)所排斥,没有资格成为氏族法律的受体。

从法的角度观察,由于血缘之根本属性即在于身份,这种以血缘关系为秩序组织工具的社会,仍然是一种身份社会。按照血缘关系来组织社会秩序,是人类最原始的本能,这种本能甚至与动物世界有相似之处。然而,如果我们将氏族社会的成员资格看作"氏族人格"的话,那么氏族社会中的血缘身份就不过是人与人格分离技术之下人格的"适格标准",即其不过是"属人主义"技术在血缘社会组织关系中的表现而已。换言之,在氏族社会中,其原始的习惯法对于社会的组织手段,与罗马法并无本质差异——唯有符合法律上人格要求者才可能具备某社会成员的身份,相应地,具备社会成员身份的人,必定符合该社会组织关于法律上人格的基本要求。

由此可以看出,法律上人与人格的分离,无非意味着人格人是作为一个特定社会组织的准入条件而存在的。在人类社会的早期,"身份"就是用以界定社会成员资格、协调社会内部成员间彼此关系的基本手段。由于在这个基本手段之下,相应的人格法律制度必将呈现"生物人"与"法律人"的分离特征,因此就这个意义而言,古罗马法其实并无独特之处。⑧ 只不过,罗马法将这种分离,直

---

⑦ [美]摩尔根:《古代社会》,杨东莼等译,商务印书馆1977年版,第62页。

⑧ 例如,在古巴比伦,汉谟拉比国王(在位于公元前1792~前1750年)颁布了现存人类历史上最早的有条理的法律文集,即《汉谟拉比法典》。这部法典中,奴隶是不作为"人"看待的,当然也无人格可言。而法律上的"人"又是分阶层的,国王汉谟拉比是"众王之神"、"巴比伦的太阳";奴隶主、高级官吏和部分自耕农、独立手工业者为"阿维鲁",享有法律上的人格;而在战争中被征服的居民和在王室田产上劳作的佃耕者为"穆什根努",只享有部分人格。不同阶层的"人"享有不同的法律权利,在发生侵权行为时,高阶层"人"侵犯了低阶层"人"的权利,则不受惩罚或受到较轻的惩罚;反之,低阶层"人"侵犯了高阶层"人"的权利,则会受到严厉的或较重的惩罚。而"人"伤害了奴隶则与他损坏了奴隶主的财产所受到的惩罚相同。可见,在古巴比伦的《汉谟拉比法典》上,其用以组织社会的手段,依然是人的身份——人与法律人格之间,同样存在分离。

接通过法律的语言,即"人"(man)与"人格"(person)的分离提炼、表述了出来,使之上升为一种有意识的法律技术。

虽然这种立法技术本质上是由当时的社会经济条件决定的,但是,由于立法者的能动意志得以作用于其间,这种技术便同时具有了能够为人所利用的真正的"工具"意义。在立法者娴熟的运用之下,罗马法的人法呈现出了色彩斑斓的图景。作为罗马法人格条件的身份,业已摆脱了氏族社会狭隘的血缘纽带,而与"地域"和"财产"⑨结合起来,这就使罗马国家有可能主动运用人格工具,在"人格之有无""人格之大小"的问题上进行调控,以适应社会组织的需要;相应地,人格呈现出动态的、可变更的面貌。"人格"既然与"生物人"能够分离,那么"人格"这种面具就不见得一定戴在"生物人"头上,它还可以根据社会需要戴在某些团体或财产之上,使其具有民事主体的资格,并可以像"人格人"一样参加各种各样的民事活动。于是,在罗马法的人格技术之下,"人格"甚至可以抽象到摆脱"人"的实体,而与财产或组织结合起来。由此可见,罗马法上"人格"是人类运用法技术的一大发明,其成熟的技术和逻辑,使之成为人类法律文明的一项传统,并对后世产生了深刻的影响。随着近代资本主义国家对于罗马法的继受,"人格"技术被赋予了新的内涵,内容不断丰富,促进了人间秩序的安定,扩大了人的活动领域,使人类的历史舞台更加宽阔和艳丽。

二、罗马法人格技术与自然法理性伦理的结缘

16世纪以后,随着欧洲封建社会的解体和新的社会力量的出现,自然法一跃成为政治革命的理论武器。这一时期的自然法学说称为古典自然法理论,其代表人物有格劳秀斯、霍布斯、洛克、孟德斯鸠、卢梭等,这些启蒙思想家相信,有一种永恒的和普遍的自然法,相信它是至高无上的理性命令,是一切实定法

⑨ [美]摩尔根:《古代社会》,杨东莼等译,商务印书馆1977年版,第6页。

的依据。古典自然法学派用理性启迪人类,清除无知、迷信和偏见,为资本主义的自由发展扫清观念和制度上的障碍,并以极大的热情去建立一个合乎“自然”和“理性”的新制度。在这里,所谓“理性”,是指“人类一种自然的能力,是行为或信仰的正当理由,评判善恶是非的根本标准。把自然法视为理性的建构,意味着自然法是绝对有效的、不证自明的、一贯的和必然的,即使上帝也不能改变”。⑩ 在古典自然法学派看来,理性的崇尚必然会导向具体的人类理想、欲望和价值追求,人们在经受了数百年的封建专制统治之后,个性解放、人格独立、平等自由是他们最美好的理想和所应当获得的自然权利。

17~18世纪,在法学领域中,古典自然法学说和理性主义思潮对西方两大法系共同的法律观念以及法律的基本原则和制度产生了重大影响。在法国,由于资产阶级革命的胜利为私法领域的重大变革提供了政治基础,自然法学说成为近代法国民法的思想根基,使《法国民法典》最终成为人类法制史上传承罗马法精神和弘扬自然法理念的光辉典范。在《法国民法典》的立法者看来,“自然法”具有实定法的直接的法律渊源的效力:“立法者的预见是有限的,自然法则是无限的,它可以适用于任何可能与人有关的事。”⑪基于此,实定法绝不会完全取代生活中的自然法则,因为社会的需求是多样的,人们的利益是多变的,立法者不可能穷尽这所有的一切。因此,许多具体问题是靠法官和法律顾问按照自然法则来解决的,所以自然法则的效力高于实定法的效力,它可以在不必通过实定法规定作为中介的情况下,直接成为后者的法律渊源和运用依据。自然法之于实定法的渊源地位,在《法国民法典》最终草案的序编中得到了明确的表述:“存在着一种普遍的永恒的法,它是一切实定法的渊源:它不过是统治着全人类的自然理性。”⑫

自然法精神在《法国民法典》人法部分的体现,就在于扬弃了罗马法人格技术中的身份基础,而将人格与基于自然理性所生的人的伦理价值联系起来。该

---

⑩ 张文显:《二十世纪西方法哲学思潮研究》,法律出版社1996年版,第44~45页。

⑪ [法]特隆歇等:《法国民法典开篇:法典起草委员会在国会就民法典草案的演讲》,殷喆、袁菁译,载何勤华主编:《20世纪外国民商法的变革》,法律出版社2004年版,第42页。

⑫ [法]阿·布瓦斯泰尔:《法国民法典与法哲学》,钟继军译,载徐国栋主编:《罗马法与现代民法》(第2卷),中国法制出版社2001年版,第290页。

法典第8条"所有法国人都享有民事权利"的规定，标志着人类近代社会以伦理作为法律人格基础的法律传统的形成，拉开了法律上人格平等的序幕。这一立法成为所有或大多数大陆法系国家法制的共同传统，正如美国学者艾伦·沃森所说："在整个大陆法系的历史中，民法典诞生的深远意义，是无与伦比的。（法国）民法典的问世，开辟了一个新纪元，整个大陆法系都因此产生了深刻的变化。"⑬

依据《法国民法典》第8条的规定，民事法律主体不仅在范围上涵盖了所有的法国人，即实现了生物人（man）与法律人（person）在外延上的统一，并且在法律人的范围内也实现了人格上的平等，从而"人人平等与生而自由"的自然法理念将会在实定法中成为现实。⑭ 然而，应当指出的是，生物人与法律人在外延上的统一，并不能掩盖其内涵上的分离。实际上，法国民法仍然延续着罗马法关于"生物人"与"法律人"相分离的立法技术，只是生物人之所以能够成为法律人的条件发生了变化。此时，这一条件，即"适格判断"的标准，已经不是人的某种特定的身份，而是由人的理性所决定的人的伦理价值——它不是由人的外在地位所决定，而是由人的内在价值所决定；它不是规定在实定法当中，而是存在于自然法当中。这样，当自然法中抽象的自然理性以实定法的具体的人格形态表现出来的时候，由人的一般伦理属性产生的人的普遍平等的人格，即在实定法上得以确立。因此，在《法国民法典》上，生物人与法律人内涵上的逻辑关系，并不是"因为是生物人，所以是法律人"，而是"法律人必须具备理性，因为生物人有此属性，所以生物人是法律人"。此种情况下，具有各种特质和身份的人，在人的一般的、无差别的伦理价值基础之上，只能表现为平等的法律人格了。法律人的这一界定标准从身份到伦理的转变，体现了《法国民法典》主体制度的根本特征，它是我们理解近现代关于塑造个人人格的立法技术的关键认知环节。

---

⑬ ［美］艾伦·沃森：《民法法系的演变及形成》，李静冰译，中国政法大学出版社1992年版，第169页。

⑭ 《法国民法典》第8条规定，是以有无法国国籍作为是否享有民事权利的标准，因此，排除了无法国国籍的人和法国殖民地中奴隶的权利主体资格。法国殖民地实行的奴隶制度于1848年废止。

由于在《法国民法典》中,人格的基础在于自然法上的人的伦理价值,而在自然法上,人的伦理价值系以人的理性属性为条件的,由于只有个人才具有这种理性属性,所以在《法国民法典》中,个人乃是唯一的人格体。毋庸讳言,《法国民法典》拒绝将团体以及财产视为法律主体,的确有着打击封建残余、防止封建复辟的政治考量,但是以理性作为人格基础的法律技术,无法给"非人"的人格体预留一席之地,这也无疑构成了该法典之所以形成人格一元化模式的法律技术上的原因。

三、作为实定法上的"命令"的权利能力概念的产生

在18世纪后半叶,古典自然法学说的方法论遭到英国休谟(Hume)和德国康德的批判。休谟提出,一切认识来自感觉,知觉之外是否有永恒的精神实体,是不可知的。人类的最初状态就是社会性的,所谓"自然状态"不过是哲学家的虚构。正义的法则不是自然形成的,而是通过人们的公共协议建立的。针对卢梭(Rousseau)所主张的,即人们凭借"内在之光"可以发现自己天赋的道德观念,并觉察到上帝的存在,故信仰高于理性的观念,康德从先验唯心主义立场出发,认为自然法学说不可能从经验的资料,尤其是不能从人类学的认识引申出社会道德的准则。康德指出,有约束力的道德律条,只能先验地在纯理性的各种概念里去寻找。这种先验的哲学思想,将人的本质规定为人的内在意志,而内在意志的存在使人获得了主体的属性。黑格尔唯心主义的思辨哲学,则强调精神决定自然和现实,认为世界是自我发展过程中的运动和精神。在黑格尔的哲学体系中,逻辑学是其重要的组成部分。黑格尔认为,整个逻辑范畴的推演过程按序排列,构成一个有机联系的概念系统,而概念又应是内在于一切事物的本质或核心的。这些学说逐渐成为当时法哲学的主要流派,而风靡一时的自然法学说则像一颗明星坠落了。这种理论上的变化不可避免地影响法律制度的进程,这就是《德国民法典》之制定的理论基础和所处环境,这种理论基础和所处环境作为一种重要因素,促使《德国民法典》形成了不同于《法国民法典》

的立法理念和模式。

19 世纪初,历史法学派在德国兴起,创始人是胡果(Gustav Hugo),主要代表是萨维尼。在萨维尼看来,所有真正的法律不过是自然形成的、历史上流传的、植根于民俗与民情的习惯法。萨维尼虽然倡导民族精神,却没有赞同去恢复古代的日耳曼法,而是致力于纯粹罗马法的研究,并试图在此基础上构造一门概念清楚、体系完整、逻辑严密的民法学学科,正是这种往往陷入语言的、考古学癖性的探讨,使罗马法学派开始向注释法学和概念法学发展。

正如有的学者所说,法国民法典体现了 18 世纪理性主义思潮,德国民法典是 19 世纪德国学说汇纂派(Pandectist)的产物。⑮ 萨维尼和他的追随者,从普赫塔(Puchta)到温德沙伊德(Windscheid)都偏爱罗马法《学说汇纂》体系的研究,重视史料的整理、系统化和概念化,于是由历史法学派又逐渐产生了学说汇纂学派。学说汇纂学派强调实定法的系统化、抽象化和逻辑性,钻研和营造实定法的概念及其彼此间的逻辑联系,从中演绎出普遍适用于市民生活的实定法的原则、概念和体系。于是,实定法体系成为一种"逻辑必然性"的计算机制。相应地,实定法的适用就成为一种纯粹的"法律技术逻辑"的推演过程:遇到某种社会疑难或案情,只要按下适当概念的"键钮",就能在法律的逻辑体系中得到相应的法律规则或判决。

学说汇纂学派对于实定法上的概念逻辑的强调,产生的结果之一就是,自然法对实定法渊源意义上的直接决定作用开始隐退,实定法本身的逻辑自足性则受到重视。这一法律思想的变化反映在民事主体的制度设计上,即表现为人之所以为人的那个人格原因,在学说汇纂派的视点下,就不应该仅仅停留在伦理哲学的观念当中,而必须在实定法上得到直接的体现,并成为适用的依据:"在关于人类本质的现代哲学沉思中,为了废除旧的等级体系的法律和论证所有人具有平等的权利能力,一个法律命令是必要的。"⑯在这里,这个法律命令,就是作为实定法概念的"权利能力"。

---

⑮ 参见沈宗灵:《比较法研究》,北京大学出版社 2004 年版,第 116 页。

⑯ [德]罗尔夫·克尼佩尔:《法律与历史——论〈德国民法典〉的形成与变迁》,朱岩译,法律出版社 2005 年版,第 60 页。

在实定法与自然法之间的关系上,自然法永远不可能成为一个完整的、随时随地都可以适用的制度,它仅仅涉及正义的一些原则。只有将这些原则进行具体化,使它变成切实可行的、有约束力的法的规则,才能适用于某些特定的生活情景。而"人类生活于群体社会中,需要生活资源维生。民法将生活资源纳入规范,使之以权利、利益、自由资源或义务之姿态出现,简言之,以权利或义务之姿态出现"。⑰ 换言之,由于人在法律上的目的,在于上述生活资源的取得,而此一目的在实定法上又表现为权利的享有与义务的承担,因而实定法上的人的属性,就被顺理成章地作为"对于权利以及义务的承载能力",即"权利能力"。于是,法律人格的依据,便相应地从法国民法上"人的理性",演变为德国民法中的"权利能力",从而完成了民事主体的实质基础从自然法向实定法的转化。从此,人的伦理属性,至少在法律技术的层面,被这个实定法的概念掩盖了。"《德国民法典》中使用的'人',是一个形式上的概念。构成这一概念的必要条件只有权利能力,而不包括行为能力和过错能力。因此,这个形式上的'人'的内涵,没有它的基础——伦理学上的'人'那样丰富。在伦理学上的'人'所具有的所有特性中,它只具有惟一的一个:权利能力。"⑱

就此以观,在立法技术上,与《法国民法典》相同,《德国民法典》依然沿袭了罗马法上区分"生物人"与"人格"的观念,遵循着"生物人"与"法律人"相区分的立法技术。⑲ 因此,无论是法国民法还是德国民法,均将"法律人"看作"生物人""适格"的结果,即适格者才为"法律人"。两者的区别仅仅在于,"适格"是指什么"格"?在法国民法,是要适"人的理性"之格,适"法国人"之格;在德国民法,则是要适"权利能力"之格,适"完全出生"之格。然而无论如何,生物人的"适格判断"都是人格技术逻辑上的必要环节。近代以来,虽然"生物人"与"法律人"均从出生时起存在,两者在外延上已经重合,但是在德国民法的

---

⑰ 参见曾世雄:《民法总则之现在与未来》,中国政法大学出版社2001年版,第79~80页。

⑱ [德]卡尔·拉伦茨:《德国民法通论》(上册),王晓晔等译,法律出版社2003年版,第57页。

⑲ 参见[德]雅科布斯:《规范·人格体·社会——法哲学前思》,冯军译,法律出版社2001年版。译者冯军在该书"译者后记"中就"Person"一词的中文译法,与邵建东、米健、舒国滢、郑永流等教授表示了不同的看法,本文正文中多采纳了"法律人"的用语,只从通俗一些考虑,并非一定准确。

主体技术逻辑上,“生物人”要成为“法律人”,并不是没有条件的——这个条件,就是“权利能力”的具备。所以,《德国民法典》第1条“人的权利能力自出生完成之时开始”的规定,正是基于这一法律逻辑上的需要。在这里,“权利能力”的概念如同《法国民法典》中的“人的理性”的自然法观念一样,起着连接“生物人”与“法律人”的逻辑桥梁的作用。由此可见,在德国,“权利能力”作为一个重要的民法概念,与法国民法中的伦理道德上的人格一样,是任何生物人一出生就拥有的,但两者产生的根据不同。权利能力是实定法上的规定,它在形式逻辑上抽离了具体的伦理内容,只剩下了一个资格的空壳。关于人的尊严和人格发展等伦理属性的法律确认,被交与德国《基本法》来完成。而《德国民法典》上的权利能力,与《基本法》上的伦理性规定相互补充,共同以实定法的形式承载着人格本质所界定的内容;与此不同,法国法上的人格,则是以先验的道德规则为基础的,它涵盖了平等、自由和尊严等丰富的伦理价值。

以此为出发点,我们可以看出,《德国民法典》中“权利能力始于出生”的规定,与《法国民法典》中“凡法国人均享有民事权利”的规定,是分别基于不同的法律逻辑制定的。法国民法并不区分“法律主体”与“权利主体”的界限——那时还没有萨维尼的法律关系理论,所以按照《法国民法典》的规定,每一个法国人均为“法律人”,这里“法律人”包含了法律主体和权利主体两层含义,所以才能产生“均享有民事权利”的直接结果。至于为什么每一个法国人均为“法律人”?那是“人的理性”逻辑中介的结果。德国民法则不同,它要求“生物人”先得具备“权利能力”,“权利能力”又完全是实定法上的一条“命令”,有了这条“命令”,“生物人”才能成为“法律人”,“法律人”只是法律主体,法律主体通过参加法律关系才能取得民事权利和义务,进而成为权利主体。由此看来,我们不能将《法国民法典》中“凡法国人均享有民事权利”理解为“凡法国人均享有权利能力”。事实上,法国法上“法律人”的基础是自然法上的“理性”,而不是实定法上的规定。换言之,“权利能力”乃是《德国民法典》在强调以实定法“命令”取代自然法观念作为“法律人”的依据这一背景之下特有的概念。

值得一提的是,兴起于18世纪末期的对于自然法思想的反思,其所针对的主要是自然法学的那种"以非历史的简单程式和任意的假设为特点"⑳的研究方法。在这里,所谓"非历史的简单程式"和"任意的假设",就是指自然法理论以臆断的"自然状态"为根据来演绎出"自然法则"的思维进路,这是近代自然法理论招致批判的根源。但是,对于近代伦理观念的自然法依据的怀疑,并不等于怀疑伦理观念本身。事实上,对于自然法学所倡导的根本价值观念,这些批判理论不仅没有给予否定,而且从另一角度予以继承。德国的先验唯心主义哲学认为,一方面,人理应成为由人类所构建的一切社会范畴的目的,"不能把你自己仅仅成为供别人使用的手段,对他们来说,你自己同样是一个目的"。㉑另一方面,自由成为人的主体性要素中不可或缺的要素,"自由是意志的根本规定,正如重量是物体的根本规定一样"。㉒ 由于"自由是独立于别人的强制意志"㉓,所以自由不仅为个体的人的主体性提供了伦理基础,而且也为作为群体的人的彼此交往提供了伦理的准则。由此可见,自然法学所强调的"理性、自由、尊严"等价值,在这里依然是人的伦理属性的组成部分。事实上,在启蒙思想和人文主义思潮的作用下,近代的伦理哲学实际上已成为西方各国法律大厦的基石,这对于德国民事立法也不例外,正如《德国民法典》第一草案说明书指出的那样:不论现实中的人的个体性及其意志,承认其权利能力是理性和伦理的一个戒律。因此,如果说在《德国民法典》中,法律主体依据在于"权利能力",那么这个在实定法的逻辑上决定着人之所以为人的"法律规定"本身,则是植根于伦理思想的土壤之中的。

---

⑳ [美]E.博登海默:《法理学——法律哲学与法律方法》,邓正来译,中国政法大学出版社1999年版,第63页。

㉑ [德]康德:《法的形而上学原理——权利的科学》,沈叔平译,商务印书馆1991年版,第48页。

㉒ 参见[德]黑格尔:《法哲学原理》,范扬、张企泰译,商务印书馆1961年版,第11页。

㉓ [德]康德:《法的形而上学原理——权利的科学》,沈叔平译,商务印书馆1991年版,第50页。

四、以权利能力为基础的人格技术的法律意义

"在法律上,权利能力是指一个人作为法律关系主体的能力,也即是作为权利的享有者和法律义务的承担者的能力。"㉔由于权利能力只是一种资格、一种取得法律关系主体的可能性,所以《德国民法典》将实定法意义上的概念,即"权利能力"作为人格的基础,这首先意味着在该法典的逻辑上,"法律主体"(人格)与"权利主体"(法律关系的参加者)之间出现了分离——享有权利能力的"法律人"并非都能直接参加法律关系。正如"生物人"与"法律人"之分离,需要以"权利能力"作为中介一样,当生物人因具有权利能力而成为法律人,即法律主体时,其要现实地享有法律上的权利,承担法律上的义务,即成为权利主体,还需要"法律事实"这一桥梁——这一桥梁的核心表现形式,就是法律行为。由于法律事实具有经验性,即受到人的个体差异的影响,所以"法律主体"与"权利主体"在法律逻辑上的分离,就进而意味着,如果说每一个个人从出生时起即享有权利能力,这也仅仅是取得了形式上的正义,而实质正义之获得,即以成为权利主体为标志的个人在法律上目的之实现,在现有社会形态下,尚不能不受制于人的个体差异。在这里,德国民法在人们之间无差别的"权利能力"基础上,从人的个体理性差异出发,将"法律人"划分成完全行为能力人、限制行为能力人和无行为能力人,并在法律上进一步完善了法定代理制度、禁治产制度等,以尽量消除个体理性差异所导向的权利取得上的差异,从而向"法律人格"的实质平等走近了一步。与此同时,"法律主体"与"权利主体"逻辑上的分离及其法律行为这一逻辑纽带的形成,使权利能力与法律关系之间形成了以"人的内在意志"为内容的联系。由于一个"法律人"的独立意思会涉及三个对象:本人、无意思的自然(物)、他人,因此亲属、物权、债权法律关系随之展开,民法科学的逻辑体系因而形成。

㉔ [德]卡尔·拉伦茨:《德国民法通论》(上册),王晓晔等译,法律出版社2003年版,第119~120页。

《德国民法典》将“权利能力”作为法律人格的实定法基础,同时使“人格”之具备在形式逻辑上与个人所独具的“理性”分离开来,这使“团体人格”的确认在法律上成为可能。我们知道,1804年《法国民法典》为了强调个人人格,削弱封建、宗教团体势力,未能承认法人的主体地位。1811年《奥地利普通民法典》虽然规定了所有的人都是“法律人”,但未明确“法律人”的内质是否包括法人。《德国民法典》则在“法律人”的概念之下分别规定了自然人和法人。[25] 从立法技术上看,只有克服了自然法的立法障碍,而以实定法的形式界定“人格”时,才有可能使“法律人”的范围扩大到自然人之外的领域,它既可能是社会团体,也可能是一项独立的财产,由此形成了德国法系法人的主要分类,即社团和财团。

随着人格的外延从个人扩展到团体和财产,一系列理论问题因而产生:法人的人格是否具有伦理上的意义?这涉及自然人的人格与法人的人格有何异同?为此,学术界长期争论不休。萨维尼持拟制人格说,认为权利能力与个人的概念具有因果关系,只有个人才能成为“法律人”,法人之所以能够成为“法律人”,是因为将其拟制为个人的结果。这种人为设定的主体资格,自然没有行为能力,它的一切行为只能由其代理人去行使。持此种观点的还有耶林、温德沙伊德、凯尔森等人。[26] 这一学说的主要问题在于仅将私人自治、意志自由赋予自然人,而忽视社会团体的重要意义及其法人的独立财产和自由意志,是与世上财富的社会化趋势相背离的。与萨维尼的拟制说不同,基尔克(Gierke)持实在人格说,认为由人组成的团体是一个实实在在的组织体,它在法律上的人格是团体固有的人格,因而,团体的人格具有实在性。基尔克从有机体说的立场出发,认为法人“像自然人一样,也具有思维能力,能够认识建立在物质基础之上

㉕ 法人组织源自罗马法,德国法学家胡果(Gustav Hugo)于1798年在《作为实定法哲学的自然法论》一书中明确地提出了法人(Juristische person)概念。(何勤华:《西方法学史》,中国政法大学出版社1996年版,第243页)

㉖ 人们通常将萨维尼和温德沙伊德看作法人拟制说的主要代表,对此,德国学者弗卢梅(Flume)在《萨维尼和法人学说》一文以及《民法总则》(第1卷)中表示了不同看法,认为将萨维尼的学说称为拟制说是出于误解。本文未能掌握更多资料,对此不敢妄加评论。参见[德]卡尔·拉伦茨:《德国民法通论》(上册),王晓晔等译,法律出版社2003年版,第180页。

的精神性文化发达的规律。这些文化,虽然是一个个人创造的,但个人的行为都是作为社会性行为出现的”。㉗ 基于此,在实在说看来,团体也具有无异于个人的人格,如果说团体人格是抽象的,个人人格也同样是抽象的,如果说法律上的权利主体性是法律上的人格,那么无论是个人和团体都是以法律人格的观念为基础的。㉘ 法人拟制说与法人实在说的争论达一个多世纪。我国近现代立法对法人是采取实在说,但在法理上也有许多学者是以拟制说来解释法人本质的。为什么这场争论如此长久?这是因为在这两种学说之后隐藏着长期的法哲学的争论。

以萨维尼为代表的历史法学派,多持法人人格拟制说。历史法学派及其孕育下诞生的学说汇纂法学,最初是作为一种否定自然法的方法论而产生的,后来随着与资本主义的同步发展,历史法学与自然法学在基本观点上已经趋于一致。历史法学派不仅赞同以个人主义为其价值观念,认为集体和社会是由个体组成,而且在自然法的内容上加上了人文主义、国民意识等内容。正如萨维尼所言:“所有的法律都为道德的、内在于每个人的自由而存在。因此,人格人或法律主体的源初概念必须与人的概念相一致,并且可以将这两个概念的源初同一性表述为:每个人,并且只有每个人,才具有权利能力。”㉙所以,在历史法学派(之中的罗马法学派)看来,只有个人才有自主意志的可能,才能具有权利能力,成为“人格人”或法律主体;社会团体不可能具有统一的意志,也不可能拥有自己独立性的财产,不能享有权利能力,也就不可能成为“人格人”——只是由于社会的需要,才将其拟制为个人,并具有了权利能力。

20 世纪初,西方法哲学呈现三足鼎立的格局,即新哲学、新分析法学和社会法学。而历史法学已逐渐被社会法学取代,因而法人人格实在说一时成为主流理论。在德国,基尔克是历史法学派中日耳曼法学派的主要成员,他强调自古日耳曼法律引导出来“私法的社会责任”观念,主张德国法应是社会性的法律,

---

㉗ 参见何勤华:《西方法学史》,中国政法大学出版社 1996 年版,第 256 ~ 257 页。

㉘ 同上书,第 259 页。

㉙ [德]罗尔夫·克尼佩尔:《法律与历史——论〈德国民法典〉的形成与变迁》,朱岩译,法律出版社 2003 年版,第 62 ~ 63 页。

排斥法学上的个人主义和形式主义。[30] 基尔克的社会法思想,是他认识法人本质的理论基础,也是他批驳法人人格拟制说的武器。因此从社会法思想出发,关于法人的本质所得到的认识就必然是:法人团体是社会的客观存在,把这些社会团体组织起来,让它们拥有自主意志和行动,并成为权利义务的法律主体,拥有抽象的、统一的、自由的人格,这不仅是可能的,而且是必要的。

当然,以上两种学说并未达到十全十美的境界,其理论漏洞是存在的。"拟制说"把法人人格仅看作一种法律技术的产物,并没有真正回答法人的本质是什么。"实在说"中的"有机体说"仍然是采取拟人化的比喻方法解释法人,本质上并未摆脱"拟制说"的思维模式;而"组织体说"虽然承认法人是实在的组织人格,但并未就自然生成的人格与社会产生的人格之间的差别作出论断。

当代法学对"拟制说"与"实在说"的争论已经厌烦,有的学者称"现在这个争论已消失了"。[31] 或认为"这一争论是无益之争"。[32] 然而,事情未必就这么简单。因为理论上的不同学说,会形成法律上的不同逻辑关系和规则,正如依据"拟制说"就会形成法人与法人机关成员之间的代理关系,依据"实在说"就会形成法人与法人机关成员之间的代表关系,并因此会制定出不同的法律规则来。从法律技术层面来看,法人人格的承认,关键要解决两个问题,一是团体财产的独立化,从而使一项财产从其具体形态中解放出来,形成法人的抽象的特别财产;二是法人能否有自己的自由意志,法人中哪些自然人能够代表法人行使支配权和实施法律行为。基于此,现代德国法学界对法人性质的讨论出现了所谓中性的表述(neutrale Formulierungen)。这种表述视法人为一种财产权归

---

[30] 基尔克的社会法思想,主要体现在《德意志私法论》一书中,他指出:"与人的本质一样,在法律上也存在着个人法和社会法的差别。……个人法是从主体的自由出发,规定个人相互平等对立的关系的法律;社会法将人视为拥有社会意志的成员,将人视为整体的一分子。"(转引自何勤华:《西方法学史》,中国政法大学出版社1996年版,第223页)但是,法国社会法学的创始人狄骥走到另外一个极端,则彻底否定法权主体。他认为公司、会社、财团等都没有主体资格,进而否定法人的存在。所以,狄骥关于法人本质的看法,应属法人否认说的目的说,认为人们为了追求一个合法的目的而结社时,法律应对为这一目的而做的行为进行保护,也仅此而已,没有必要承认这些团体的法律人格和主体地位。(参见[法]狄骥:《〈拿破仑法典〉以来私法的普通变迁》,徐砥平译,中国政法大学出版社2003年版,第17~18页)

[31] 参见[德]卡尔·拉伦茨:《德国民法通论》(上册),王晓晔等译,法律出版社2003年版,第180页。

[32] 参见[德]迪特尔·梅迪库斯:《德国民法总论》,邵建东译,法律出版社2000年版,第823页。

属载体,也有的学者称之为法人“特别财产说”[33]。我国也有学者提出:“财产性人格的特点是,人被完全抽象化了,个人和组织在交易关系中没有必然界限,只要能成为财产的载体,完成交易的使命,就可以是法律确认的主体。”[34]由此,我们可以得到的结论是,民法上的人格基础,并不完全限于人的理性;那些具有独立地位的社会团体(社团和财团)并不受人的伦理直接规制,它们随着财产不断社会化的趋势,而成为区别于个人的社会存在物。“人格人”作为一个法律概念总是拟制的,无论自然人还是法人,都是立法技术的产物,都是法律拟制的结果,所以用“拟制说”解释法人等于同义反复。因此,本人还是赞同法人“实在说”,当某些社会团体在客观上需要成为财产权载体时,实定法就应承认其具有权利能力,并因此成为“法律人”,使其拥有有效的社会活动空间。

五、结语:法律人格的“群体性”本质

从古代民法到近代民法,人格基础历经了由身份到伦理、由自然到法定的演变。相应地,人格的范围也逐步地由封闭走向开放,由单一走向多元。然而,在这个过程中,法律人格天然所具有的组织社会、协调社会成员关系的作用,却丝毫没有发生改变:人格,总是人在社会中的资格,总是就人与他人的关系而言的。因而,作为法律范畴的“人格”,必定是与现实的“人”相区别的。从一种假设出发,不具有人格的人的状态应该是完全靠自己的快乐或不快乐的直觉感受而生活的人,他们的生活中没有规范。而“人格人”不同于这种生活中的个人,是一种具有规范意义的社会存在。具体而言,人只要与人交往,他就必须以“人格人”的面目,在法律的世界里,按照一定的规范去行事。在这里,规范就是一种行为模式,它是仅就“人格人”来设定的。只不过,在古代法那里,这个行为规范的模式,是以血缘或社会身份作为指针的;而在近现代社会,其则是以摆脱了

---

[33] [德]迪特尔·梅迪库斯:《德国民法总论》,邵建东译,法律出版社2000年版,第823页。

[34] 梅夏英:《民法上人格的变迁与民法价值体系的衰落》,载中国民商法律网:http://www.civillaw.com.cn/weizhang/default.asp?id=7932,2005年10月8日最后访问。

身份羁绊的权利与义务取而代之罢了。所以,在近现代民法中,“法律人”依然是同他人、社会密不可分的,不受法律规范约束的人只能是“个人”,而不是“人格”。“法律人”是相对于社会的群体的存在,具有明确的社会属性——正如德国学者雅科布斯(Günther Jokobs)所指出的,“在细分化的社会里,众多的角色累加在一起,并且使其承担者在许多关系中是人格体”。[35]

---

[35] [德]雅科布斯:《规范·人格体·社会——法哲学前思》,冯军译,法律出版社2001年版,第51页。

论作为私法上权利的人格权*

对于人格与人格权的探讨,须对人的本质有足够的认识。人是法之形成的中心点,是人格承载的实体,是人格权的享有者和支配者。人由物质的身体和自我的心灵构成,具有天然的能力、本能冲动、意志目标等品质,其各种活动领域或参与的群体所应遵循的客观规律性,决定着法的基本原则和具体制度的内容。人的智慧、渴望和追求,是其独立自主地塑造自己生活的前提和条件,因而也是法必须尊重的价值尺度。我们无论认识法的本质,还是解释法的原则,包括对人格权法的构建都"需要到人的本质中去寻找"答案,①并以此作为研究的起点。

一、近代民法上的人格,是理性哲学对于人的本质认识的结果

人是什么?这是个很深奥且永恒的课题。一般认为,对人本质的认识是哲学研究的出发点和核心内容。古希腊人由最初关心的自然问题,而逐渐转入对人本身的关怀。真正开始"人学"研究的是苏格拉底,他提出的著名命题"认识你自己",就是要人探求人本身是什么。苏格拉底从公正、勇敢、节制、善等概念

---

* 原载《法学》2005 年第 12 期。

① [德]H. 科殷:《法哲学》,林荣远译,华夏出版社 2004 年版,第 150 页。

出发,揭示出人的各种品质,把人定位在求知和求善的德性之上。他认为,人应该是一个不断审视、追问其自身的存在物。早期斯多葛学派以伦理学为中心,强调人是自然的一部分,认为只有善才能和理性和谐,成为有美德的人,否则只是恶。在斯多葛学派看来,人是以其内在固有的判断力即理性,获得了一个温情世界的宁静秩序,获得了支撑其坚强活下去的生命本身的价值和力量。

公元 14 ~ 18 世纪,欧洲经历了两次大的精神洗礼,即文艺复兴和启蒙思想运动。此后,人文主义兴起,高扬人的理性本质和自由意志,人学研究进入了一个新的历史阶段。人文主义以世俗的人为中心,肯定人的价值,注重人的现世生活,要求人的个性解放和自由平等,推崇人的感性经验和理性思维,其思想基础是抽象的人性论。

法国笛卡儿是近代西方哲学的创始人。他从理性主义的认识论出发,提出"我思故我在",以此证明主体的存在。按照其二元的本体论,人的物质实体和心灵实体相互区别,其中"人格"就等于是心灵实体,并因而与其肉体相独立。英国洛克则从经验主义的认识出发,提出了所谓人格同一性理论,[②]将人与人格的概念加以区分,人不包含理性,只指特定的身体形状和大小;人格则是有思想、有智慧的理性东西。从这个意义上讲,洛克将原本属于人的因素,即自我意识抽象出来构成人格,形成一种抽象的、超越自然的存在实体。洛克和笛卡儿虽然对理性主义哲学持有不同的立场,但均对人与人格的分离作出本体论的思考。德国康德强调人的伦理性和人格的伦理内容。在康德看来,人的伦理性是指人的理性对先验的道德法则的绝对遵从,而人格则是"把人类与只有知性才能思考的事物秩序联系起来的东西,这个事物秩序主宰着整个感官世界,与此同时还主宰着人在实践中的可经验性地规定的存有及一切目的的整体"。[③] 因此,人是一种双重存在物,既是感性的,也是理性的,但其本质在于理性,而理性进一步决定了人格的内容。黑格尔认为,人作为最高级的有机体是自然界发展

② 洛克研究人格同一性的目的是实用主义的,他并不是要确立一个形而上学的人的本质,而是要确立社会生活中的道德和法律行为的主体,从而保证赏罚的公正。在洛克那里,人格、自我及道德、法律责任主体,基于一个共同的意识而成为同一的东西了。

③ 参见[德]康德:《实践理性批判》,邓晓芒译,人民出版社 2001 年版,第 352 页。

的最高阶段,是精神在自然界中最完善的表现,而精神虽出于自然又高于自然。与人的本质相适应,人格的内涵包括两个方面:一是个人的欲望和行为是受限的,它须在一定的规定性范围内形成自我意识,构成人格的精神发展阶段;二是个人是在有限性中享有无限的、普遍的自由的,当"自在自为"存在的精神以抽象的、自由的自我为其目的时,人格的概念才能成立。黑格尔指出:"人实质上不同于主体,因为主体只是人格的可能性,所有的生物一般说来都是主体。所以人是意识到这种主体性的主体。""人格的要义在于,我作为这个人,在一切方面都完全是被规定了的和有限的……我是在有限性中知道自己是某种无限的、普遍的、自由的东西。"④可见,根据黑格尔的观点,"人格"指的就是真正自由的个体性,它具有自我实体的性质。⑤

由此可以看出,虽然近代西方哲学对于人的本质的认识,众说纷纭,但是均承续了古希腊哲学思想,将人的本质与人的肉体存在相分离,而与其理性的属性相联系——人指有理性的存在。某物如果既有理性又是整个人类的属员,它就是人。在此基础上,所谓"人格"就是指作为"理性的存在"——而不是"肉体的存在"——的人,与"人格"直接联系的,是人的"理性"本质的一面。因此,在近代西方哲学中,人格不过是哲学思想上对于人的本质的总结。

从法律的层面来看,民法上所谓的"人格",是指人的法律主体的资格。自罗马法以来,民法即形成了"生物人"与"法律人"相互区分的人格技术。在这个技术中,生物人之所以能够获得法律上的主体资格,必然具有其为法律所认可的"适格条件"。在罗马法上,这个条件表现为人的各种各样的身份——罗马法上的人,"除了是人以外,还需要具备其他基本条件:是自由的(status libertatis),而且,就市民法关系而言,还应当是市民(status civitatis)"。⑥ 及至近代,工业和科学技术的蓬勃发展,极大地激发了人的理性,在主张理性和人本主义的近代哲学思想的影响下,法律将人的具体的身份摒除于人格构成的要素之

---

④ [德]黑格尔:《法哲学原理》,范扬、张企泰译,商务印书馆 1982 年版,第 45 ~ 46 页。

⑤ 参见林喆:《权利的法哲学》,山东人民出版社 1999 年版,第 236 页。

⑥ 参见[意]彼德罗·彭梵得:《罗马法教科书》,黄风译,中国政法大学出版社 1992 年版,第 29 页。

外,进而将法律主体资格的具备与哲学上抽象的、无差别的"人的理性"本质联系了起来。在法国,资产阶级革命的胜利为私法领域的重大变革提供了政治基础,自然法学说为近代民法基本原则的确立奠定了思想根基,使《法国民法典》最终成为人类法制史上弘扬自然法理念的光辉典范。该法典最终草案的序编中明确规定:"存在一种普遍的永恒的法,它是一切实在法的渊源:它不过是统治着全人类的自然理性。"⑦在近代自然法理性精神的引领之下,《法国民法典》开创了以人的自然理性为基础的人格立法模式,将人的伦理价值作为了法律人格的条件。在德国,康德哲学和历史法学派对于自然法思想的反思与批判,事实上也并未动摇近代理性哲学对于人的本质的判断;相应地,《德国民法典》虽然将"权利能力"作为法律人格的条件,但是"权利能力"这一概念本身,却仍然是以理性哲学上人的伦理价值为其基础的——作为实在法概念的"权利能力",只不过是"在关于人类本质的现代哲学沉思"基础上的一个"法律命令"。⑧

由此可以看出,理性哲学上关于人的本质的认识,对于法律人格的确立具有决定性的作用。在法律上对"人格人"适格条件的判断上,哲学思想关于人的理性本质的判断,为其提供了不容置疑的权威性标准。理性与伦理,业已成为近代民法人格制度的基石——生而自由、人人平等的法律基本价值,也正是在这个基石之上得以确立。

二、与"人格"同质的"人格权":近代民法的人格价值保护模式

在近代民法上,人格是以人的伦理价值为实质基础的,而人的伦理价值又具体表现为"生命、身体、健康、自由、尊严、名誉"等范畴。这些范畴,作为"人之

---

⑦ [法]阿·布瓦斯泰尔:《法国民法典与法哲学》,钟继军译,载徐国栋主编:《罗马法与现代民法》(第2卷),中国法制出版社2001年版,第290页。

⑧ [德]罗尔夫·克尼佩尔:《法律与历史——论〈德国民法典〉的形成与变迁》,朱岩译,法律出版社2003年版,第60页。

所以为人”的条件，构成了人格的基本伦理要素。由于这些人格要素需要得到实在法的保护，民法上形成了对人格伦理价值的“人之本体”的保护方式。详言之，这些伦理价值作为人格的组成部分，是“内在”于人格的，所以从近代理性哲学的价值判断出发，人的伦理价值成为人格概念的应有之义——人格之存在，就意味着上述伦理价值之存在。由此决定了近代法律对于人的伦理价值的保护模式，乃是以“人格的保护”为逻辑起点的，即法律通过保护人格之本体，来实现人的伦理价值的保护。这种“人之本体”的法律保护模式，与民法上物权、债权、亲属权以及继承权的立法逻辑形成强烈反差：对于后者而言，法律是通过确认人与身外之物、身外之他人的权利联系，来实现法律保护之目的。换言之，基于人之存在，并不能当然地得出人对于相应的物或者他人的支配或请求关系的存在，所以法律保护目的的实现，必须依赖于法律的权利塑造和权利确认方能完成。

在我国民法上，近代民法上基于人之本体的人格保护模式，被笼统地冠以“人格权”的概念。“人格与人格权的关系问题可以简化为作为主体资格的‘抽象人格’与作为人的身体和精神要素的‘具体人格’之间的关系问题。……抽象人格由人本身（人的存在）和身份要素构成，而人本身则由具体的人格要素构成，具体的人格要素乃是抽象人格存在的根本前提，所以必须加以保护，这就是人格权。因此，具体人格只不过是抽象人格的构成要素之一。”[⑨]但不可否认的是，这种意义上的“人格权”，与物权、债权、亲属权、继承权等诸多“外在于人”的权利不同。其作为一种“内在于人”的法律地位，或者是自然权利体系中的“天赋权利”，它的内涵与罗马法以及承继罗马法各国的传统权利观念相去甚远。

根据康德的权利体系的划分，权利分为“天赋的权利”和“获得的权利”，人格被视为“天赋的权利”，即与生俱来的自由与平等；物权、债权、亲属权被视为“获得的权利”，属于实在法（民法）确认的对象。在对“自由”的理解上，康德认为，人的自由还应具有一种天赋的一般行为的权利，[⑩]即支配自身、享有意思自

---

⑨　李中原：《人身关系六题》，载《法学》2003年第1期。

⑩　参见［德］康德：《法的形而上学原理——权利的科学》，沈叔平译，商务印书馆1991年版，第50页。

由的权利。因此,有学者认为,这种"天赋的一般行为的权利"就是人格权,它也应与人格一样归属于"天赋的权利"范畴。而且在康德的权利体系中,除身份权和财产权属于"获得的权利"之外,人格权并不包括其中,所以人格权只能归入人格的含义内,二者同属于"天赋的权利"。[11] 按照这种认识,人格与人格权实质上是一个东西,只是表现形式有所不同罢了。正是因为这种认识,各国民事立法上长久没有采用"人格权"的概念。19 世纪中期以后德国才有专门的理论论述,20 世纪初传入法国,第二次世界大战之后才在德国得到广泛的承认。[12] 我们发现,不仅《法国民法典》《奥地利普通民法》没有规定人格权,而且《德国民法典》对人格权也没有作出明确的规定,那些被我国许多学者认为是"人格权"规定的内容,实际上并非传统民法意义上的"权利",而仅仅是法律对于"人格"的保护。《德国民法典》第 823 条第 1 款规定:"故意或过失不法侵害他人生命、身体、健康和自由、所有权或其他权利者,对他人因此而产生的损害负赔偿责任。"在这里,人的"生命、身体、健康和自由"并没有定名为"权利",但它们又需要得到像"权利"一样的法律保护,所以只得将其与所有权或其他权利并列。显然,这是一种似是而非的立法现象。实际上,当新问题的出现与传统理论发生冲突时,暂时采取这种模棱两可的立法技巧也是常见的情形。此后,《瑞士民法典》也同样如此。《瑞士民法典》在开篇的"自然人"一章规定了"人格的保护",其核心条款是第 28 条第 1 款:"人格受到不法侵害时,为了寻求保护,可以向法官起诉任何加害人。"在这里,虽然人格受到侵害可以得到法律的保护,但它不是作为权利客体被保护的。在传统理论看来,权利的客体只能是"身外之物","内在于人"的各种伦理价值要素不能成为权利的客体。此种情况下,如果将人格权置于民法的权利体系之中,就会打破各种权利之间的逻辑关系,这恐怕就是近代大陆法系民法一方面给予人的"生命、身体、健康和自由"以法律保护,另一方面又将其与"所有权或者其他权利"相区别的原因。

现在,几乎没有人再否定"人格权"概念的存在了,但因为它与传统权利理

---

[11] 参见李中原:《人身关系六题》,载《法学》2003 年第 1 期。

[12] 参见[日]星野英一:《私法中的人——以民法财产法为中心》,王闯译,载梁慧星主编:《民商法论丛》(第 8 卷),法律出版社 1997 年版,第 178 ~ 179 页。

论的定式相悖，加之现行各国民法多将人格权的内容置于主体部分或侵权行为部分来规定，更使一些学者认为人格权在理论上不可能与物权、债权、亲属权、继承权一样独立成编。因为民法所规定的“权利”是“外在于人”的。意大利著名的现代罗马法学家的彼德罗·彭梵得在解释“权利”的本质时认为，它是“受法保障的，在外部世界实施活动（行为）的权能或可能性”。⑬ 这是一个有代表性、权威性的论断，但他仍然将“权利”的法力确定在“外部世界”的范围。而人格权是不符合这个法力范围的，它所保护的是人的存在，是人自身的伦理价值，是一种“内在于人”的东西。在由法国法学家勒内·达维德起草的《埃塞俄比亚民法典》中，将人格权与人格放在“自然人”一题下同一章内加以规定，并称“内在于人格的权利”。⑭ 这是一项十分有代表性的立法例，它表明，现代民法虽已有人格权的规定，但它与其他权利的性质是不同的，这里的人格权是一种对人格伦理价值“内在于人”的保护方式。简言之，人格权只是对人本体的一种保护方式，它与人格都属于主体制度的内容，在现有理论框架内还不可能归入民法权利体系之中。

显然在这里，“人格权”的现实需要与传统民法理论的逻辑体系发生了矛盾。人们要问，民法中真有“人格权”吗？如果人格权与人格是同质的，它们都属于天赋的内在于人的权利，属于自然法原则的领域，又何必要在民法中加以规定呢？

三、作为“权利”的人格权：以权利模式对于人格权的重新解读

事实上，我国已经有学者开始从“权利”的角度来审视人格权了。“人格权

---

⑬ ［意］彼德罗·彭梵得：《罗马法教科书》，黄风译，中国政法大学出版社1992年版，第23页。

⑭ 《埃塞俄比亚民法典》于1960年5月5日颁布，同年9月11日生效。这部法典是由法国著名比较法学家勒内·达维德，博采法国法、瑞士法、以色列法、葡萄牙法、南斯拉夫法、英国法和希腊、埃及民法的优良因素，经过长期工作完成的，这是一部具有典型意义的现代民法典（参见徐国栋为该法典的中译本所作的《埃塞俄比亚民法典：两股改革热情碰撞的结晶》一文）。

所指之人格与作为法律地位的人格非属同类。”⑮“按照康德的权利体系，人格属‘天赋权利’，人格权……属于‘获得的权利’，两类法律现象处于不同的层次：一个是前提；另一个是结果。”⑯这些观点可资赞同。人格本是一个自然法上的概念，它体现的是人的伦理价值；人格权应是一个实在法上的权利概念，它体现了法律对人的伦理价值的“权利”保护（而不应当是“人之本体”保护）方式。从这个意义上讲，人格与人格权之间既有联系又相区别，一是根源性、原则性的理性信念，二是结果性、权利制度性的法律规范。

在民法上，权利是什么？在近代西方思想史上，荷兰法学家格劳秀斯把权利视为“道德资格”。霍布斯、斯宾诺莎等人将自由视为权利的本质，或者认为权利就是自由。在实证主义和功利主义看来，权利应是实在法上的概念，它应在现实的利益关系中去理解。德国法学家耶林是权利利益说的代表，他认为权利就是以法律保护的利益为目的。此外，还有萨维尼、普赫塔等人的权利意思说，等等。

在黑格尔的先验哲学看来，人的本质就是人的意志，人的意志属性首先表现为人具有自我认知的能力，这是人区别于其他生物的根本规定性。但是，人的意志存在的领域，并不能仅仅局限于人的内部。也就是说，不仅“人的本身”可以成为意志的对象，而且“外在于人的事物”也同样可以成为意志的对象。“人为了作为理念而存在，必须给他的自由以外部的领域。”⑰由于这种外部领域当中的事物，是作为意志的对立面而存在的，较之于自由的意志而言，“无意志”与“不自由”成为外部领域的事物的根本特性。因此，人基于其优越于外部事物的意志，就“有权把他的意志体现在任何物中，因而使该物成为我的东西”，⑱在这种意志外化的过程中，人与外部事物由主观与客观的对立，走向了主体与客体意义上的统一。进而，人的“主体性”特征，遂在与作为“客体”的外部事物的参照之中表现出来并且得以实现。显然，存在于人本身并作用于外部事

---

⑮ 尹田：《论人格权的本质》，载《法学研究》2003 年第 4 期。

⑯ 徐国栋：《再论人身关系——兼评民法典总则编条文建议稿第 3 条》，载《中国法学》2002 年第 4 期。

⑰ ［德］黑格尔：《法哲学原理》，范扬、张企泰译，商务印书馆 1961 年版，第 50 ~ 51 页。

⑱ 同上。

物的意志,在此发挥了连接人与外部事物的桥梁的作用。

马克思主义哲学反对黑格尔将人的本质视为“纯粹的主观意志”的唯心主义观念,但是与此同时,又丝毫不否认黑格尔所强调的人的意志对于外部事物的作用,虽然这种作用从唯物主义立场看来是第二位的“反作用”。在马克思主义哲学看来,人并不仅仅是受动的、受制约和受限制的存在物,“这些个人使自己同动物区别开来的第一个历史行动并不是在于他们在思想,而是在于他们开始生产自己所必需的生活资料”。[19] 由此可见,黑格尔所主张的“人的存在”必须通过“意志外化”,在与意志对象“主体—客体”的对比中才能体现出来的思想,在被马克思主义哲学吸收的同时,还被赋予了“社会实践”的内涵。

人的意志以社会实践为依托,在反作用于外部世界的过程中,对于作为个体的人来讲,基于其“优越于外部事物的意志”,人具有“对一切物据为己有的绝对权利”。[20] 但是对于社会的人、群体的人来讲,个人的这种“绝对权利”必须要受到限制,在个人与他人、社会之间界定一定自由的意志空间。由于意志是一个主观的东西,外化的意志要在外部领域当中获得定在,“单是某物应属于我的这种我的内部表象或意志是不够的……下一步骤才是这一概念的实在化”。[21] 或者说,由于纯粹主观的意志在外界是没有意义的,因此人的外在意志要真正成为人与外部事物的中介,它必须有自己的实在化的载体。这一意志的载体在事实的层面上,通常表现为人支配于意志对象的“行为”;而在法律技术的层面上,人的意志作用于外部事物,是通过“法律”本身的实在性与公开性来体现的。确切地讲,在法律上用以表彰外部事物上人的意志存在的载体,就是“权利”。或者说,权利是连接权利主体与权利客体,即“人”与“人所拥有的东西”的法律上的纽带。人格权既然是权利,当然也是连接权利主体与权利客体的纽带。

在人的有序社会中,“人”与“人所拥有的东西”之间是由“权利”连接的,因此,当特定人想要使某项外部事物成为自己拥有的东西,他就必须在法律上享有权利,使该外部事物成为权利的客体。因而,当某一事物被认为是“权利的

---

⑲ 《马克思恩格斯全集》(第1卷),人民出版社1956年版,第24页。

⑳ 参见[德]黑格尔:《法哲学原理》,范扬、张企泰译,商务印书馆1961年版,第52页。

㉑ 同上书,第51页。

客体”时,不仅意味着人对外部事物拥有的意志得到了法律的确认,而且还意味着这一“外部事物”作为权利纽带的另外一端存在于人的本体之外。这就是说,只有当“受法律保护”的事物来自人的“外部”时,才可能形成主体与客体的法律关系,进而使该事物成为权利的客体,人对该“外部”客体的权利才得以成立。

如前所述,我们把权利的客体仅限于“外部事物”,必然在法律上形成以下逻辑结构,即“法律之保护”在民法上存在两种根本模式:一是“权利的保护”模式;二是“人之本体的保护”模式。虽然“权利的保护”与“人之本体的保护”,归根结底都是法律对于人的保护,但是其两者具有明显的法律保护的目的与路径上的差异:前者是一种“外扩”性的法律保护,其目的在于界定人的自由的“外部空间”,以及与他人自由之间的界限。后者则是一种“内敛”性的法律保护,旨在维护人之本体的“内在完整性”。只有在前一种情况下,才会有“权利”的存在。正因如此,在理性主义哲学思想的背景下,近代民法上人的伦理价值被视为生物人成为法律人的前提,因而被看作内在于人的事物。因此,在近代民法中,事实上并不存在、也不可能存在“人格权”的概念。相应地,只有将人的伦理价值外在化,法律才能够赋予人的伦理价值以“权利”的可能,进而才能有真正意义上的“人格权”概念的存在。

四、人的伦理价值“外在化”与传统民法人格构造的完善

既然近代民法已经以“人的伦理价值内在化”为出发点,采纳了“人之本体的保护”手段,为什么还要确立“人格权”的概念,使“人的伦理价值外在化”,并构建一种“权利的保护”方式呢?

人的伦理价值在近现代社会的扩张,造成了这样一个令人无法回避的事实。早在19世纪末《德国民法典》还在制定之时,存在于民法典讨论之外的同期理论、学说上,已经开始显现出人的伦理价值的扩张倾向。1890年,美国法学

家布兰代斯和沃伦在哈佛大学的《法学评论》上发表了一篇著名的论文，第一次提出隐私权的概念。1896年，德国学者克思奈出版的《肖像权论》提出了完整的肖像权保护法。[22] 及至第二次世界大战以后，随着"人权运动"的高涨，人的伦理价值所应涵盖的范围，更是急剧扩展，现在已经远远超越了近代民法的伦理哲学所固有的生命、身体、健康和自由等领域，而扩展至诸如知情、信用、生活安宁乃至居住环境等方方面面。这些新兴的人的伦理价值，如肖像、隐私、知情以及居住环境等，已经远远超越了"人之所以为人"的底线。我们如果将这些价值与人分开，并不能导致对一个法律人的否认。从人本体之存在，并不能引申出诸如肖像、隐私、知情以及居住环境等价值的存在，所以这些新型的人的价值，民法上事实上已经无法再被视为"内在于人"的事物了。我们如果仍然按照"本体保护"的模式，只能将这些新型的人的价值，排除在民法的保护之外。与此同时，人的伦理价值之于人的意义，现在也并非只局限于静态的"受到保护"，有的已经延伸至"交易的领域"。然而，"内在化"的伦理价值观念，却无疑成为这种交易的社会需要的障碍：在"内在化"观念之下，人的伦理价值是作为"人"的组成部分的。其交易，则意味着将人置于了"交易标的"的地位——这无疑是与人的主体性戒律相冲突的。相反，如果严守"内在化"的观念，那么就必须否定这种交易的合法性——这无疑又与社会的需要相违背。所以伦理价值内在化的观念，是导致上述法律背离于现实生活的症结所在。换言之，由于这些新兴的价值无法被包容于"人所固有的东西"的范畴之内，近代民法典"内在化的伦理价值"的观念，已经无法为它们提供存在的土壤。因此，将其视为"外在于人的事物"，并提供"权利"将其与人连接起来，使之成为权利的客体，则是社会发展的一种必然要求。

如前所述，内在化的伦理价值观念，是近代大陆法系民法关于人的伦理性认识的核心，其构成了近代民法人格构造的基础。那么，为了确立起"人格权"的概念，而将人的伦理价值视为外在于人的事物，则必然会产生这样的疑问：人的伦理价值，真的可以从人的属性当中被分离出来吗？这种分离，会不会导致

---

[22] 参见吕光：《大众传播与法律》，台北，商务印书馆1981年版，第63～64页。转引自杨立新、孙博：《国外人格权的历史发展》，载《河北法学》1995年第4期。

对传统民法人格构造的颠覆?这就涉及"人的伦理价值外在化"的可能性问题。

如果历史地考察近代民法中内在化的伦理价值观念的由来,我们会发现,这个观念的成立,事实上并不是没有条件的。近代民法中内在化的伦理观念的形成,根源于近代以自然法为代表的理性主义的哲学思想。理性主义哲学下,人在被赋予理性的属性后,其进而又根据这一属性的要求,判断出的人的价值的"应然状态"。因此,与其说人的伦理价值来自人之本身,不如说来自理性观念的赋予。或者说,当以近代的理性主义哲学作为参照系的时候,人的伦理价值"本来"就是由一个"权威"赋予人的"人不可享有的东西",即外在于人的事物。但是,当一个先于实在法而被赋予了伦理价值的人,转而站在实在法面前的时候,即当以实在法为参照系时,人的伦理价值当然就成了人所固有的、实在法只需加以保护而无须予以确认的人的属性了。由此可见,所谓的内在化的伦理观念,其条件就是人对其伦理价值的享有,在实在法之外的关于人的伦理哲学中,已经得到了确认。

由此反观中国社会,在中国世俗文化中,儒家根本否认社会是整齐划一的,认为人有智愚贤不肖之分,社会应该有分工,应该有贵贱上下的差异。这种"差异"的维持,就是社会秩序得以维持的基础,而"礼"就是维护这种社会差异的工具。法学也并不否认人的贵贱、尊卑、长幼、亲疏等差异,但是反对将此种差异作为法律适用的不平等的依据。从法家"有功而不能赏,有罪而不能诛,若是而能治民者,未之有也"㉓的警示中,可以看出,其所主张的"法律面前人人平等"以及对于儒家"刑不上大夫"的观念的否定,是出于社会控制的需要,即"国之所以治,端在赏罚,一以劝善,一以止奸"。㉔ 由此可见,无论是儒家还是法家,其所蕴含的世俗化的中国传统法律思想,皆是以社会秩序的维持为本位,而以人作为控制的目标的。只是在控制的方式上,儒法之间才呈现礼法之别、德刑之辨罢了。相应地,由于超越世俗社会秩序的宗教法律观念的缺乏,即"一种关于人格化的神与根据他的形象而制造的独一无二的灵魂之间关系的概念的缺乏,不

㉓ 《管子》卷二,《七法》。

㉔ 瞿同祖:《瞿同祖法学论著集》,中国政法大学出版社 1998 年版,第 309 页。

能为那些可以强调个人之间的独立性、个人相对于他所属的集团和社会的独立性的信念,提供神学理论上的支持”㉕。既然在中国传统思想上,人的那些固有的伦理价值,并不会因“人之存在”而自然地存在,那么实在法则成为确认“人的伦理价值”的基本方式。因此在我国,民法的制定在实现从“内在于人”向“外在于人”的转变时,不会形成观念上的重大冲突,也不会导致对人的伦理性的否认,恰恰相反,我国民法将会在这一“外在化”的过程中直接肩负起启蒙社会的更大责任。

再从法律技术逻辑的角度以观,近代民法秉承罗马法上“生物人与法律人相互分离”的传统,从其人格技术来看,法律人格是“有因的”,其始终是以“具备某种条件”为前提的。这种技术在现行民法体系中,不仅是自然人格的根本性构架,而且也是法律人格的根本性构架。在自然人格的场合,以《德国民法典》为例,这种构架中的逻辑关系就是“生物人—伦理价值—权利能力—法律人”。其中,“法律人”的成立是以“伦理价值”为依据的。而当我们将人的“伦理价值”从人的范畴之中抽去之后,即在“生物人—权利能力—法律人”的关系中,民法上的“法律人”就将通过“权利能力”与“生物人”的本性直接连接。于是,作为人之存在标志的“出生”事实,将直接成为“权利能力”的标志,进而成为法律人格的标志。这样一来,一方面,由于“权利能力”在形式上扮演了“法律人格依据”的角色,所以生物人与法律人相互分离的民事主体制度模式,因而得以维持。在法律人格的场合,应会形成“社会组织或独立财产—权利能力—法律人”,因而法人制度也不会因此受到冲击。另一方面,由于这事实上并没有超出“权利能力始于出生,人因权利能力的具备,而成为法律主体”的传统民法的形式逻辑,所以也不会破坏民法基本体系。

由此可见,通过建立统一的、独立的“人格体”制度,将那些在西方社会看来是不言自明的“人固有的东西”,如生命、身体、健康、自由与尊严,规定为外在的“人可享有的东西”,不仅是必要的,而且是可能的。通过实在法设置的“权利”(各种人格权)将这些“外在于人”的价值与人连接起来,就意味着以实在法的

㉕ [美]R. M. 昂格尔:《现代社会中的法律》,吴玉章、周汉华译,译林出版社2001年版,第95页。

权利宣示方式告诉社会,人到底有哪些依法能够享有、能够支配、能够受到法律保护的人格价值,从而达到适应和促进社会进步的立法目的。

五、人格权本质上属于私权,主要应由民法加以规范和保护

早期各国民法典均未对人格权作出正面的赋权性规定,而仅仅作出概括的或者具体的保护性规定,因此有观点认为,人格权或者为一种自然权利,或者为一种法定权利,但不是源于民法的授予,人格权的地位高于民事权利,民法的任务仅仅在于用产生损害赔偿之债的方式对之予以私法领域的法律保护。同时,基于德国联邦最高法院借助其《基本法》的规定创制一般人格权的事实,还存在人格权从来就不是一种由民法典创制的权利,而是一种由宪法直接创制并具宪法性质的权利的观点。[26] 另外,还有学者认为,根据德国法院创制一般人格权的思维,人格权的观念发生了根本性的革命,由以前的"民法典权利"一跃而成为"由宪法保障的基本权利",人格权的类型及其内容不再是狭窄地以民法典为基础,而是可以直接援引宪法规范支持。[27] 然而笔者认为,以上述理由为据,断定人格权是宪法权利而不是民事权利,因而认为人格权是公权利而不是私权利,似理由不足。

早期的《法国民法典》之所以没有规定人格权,是因为当时以维护人格尊严的思想为基础的"人格权"概念尚未形成,它直到康德的伦理主义哲学将人类尊严与法律人格概念结合之后才有可能出现。根据法国学者萨瓦第埃的研究,当时的立宪议会议员还从未想过就人格权提出什么宣言。[28]

---

[26] 参见尹田:《论人格权的本质——兼评我国民法草案关于人格权的规定》,载《法学研究》2003 年第 4 期。

[27] 参见龙卫球:《论自然人人格权及其当代进路——兼论宪法秩序与民法实证主义》,载《清华法学》2002 年第 2 辑。

[28] 参见[日]星野英一:《私法中的人——以民法财产法为中心》,王闯译,载梁慧星主编:《民商法论丛》(第 8 卷),法律出版社 1997 年版,第 176 页。

至于从《德国民法典》在侵权行为法中对诸如生命、身体、健康、自由、信用、妇女贞操等人格价值进行保护,却没有依此建构人格权利的体系的事实,推断出人格权是由其《基本法》直接规定的权利,民法只能就人格权"分解"后的某些人格要素进行保护的观点,其实是一种误解。事实上,《德国民法典》之所以没有正面对人格权加以规范,并非因为人格权是宪法权利,而是由于以下原因造成的:(1)在传统理论之下,不可能承认一项"对自身的原始权利",否则就会得出存在一项"自杀权"的结论;(2)债的产生以财产价值受到侵害为前提,而人格权受到侵害无法产生传统意义之债;(3)人格权的内容和范围无法予以充分明确的确定。[29] 正因如此,《德国民法典》的立法者未能采取当时已经有学者提出的"一般人格权"的概念。直到 1957 年,第 42 届德国法学会议上对一般人格权问题进行了专题讨论,并建议制定特别法以保护人格权。联邦德国司法部接受了法学会议的建议,于 1958 年起草了"修正民法上保护人格及名誉规定草案",但该草案在 1959 年提交国会后,却未能为国会所接受。[30] 即使到现在,第(1)、(2)两个原因随着社会的发展都已经逐渐排解,但第(3)个原因仍然没有在法学理论上和立法技术上得以解决,所以至今没有在民法上对人格权作出一般性规定。[31] 由此可见,《德国民法典》中之所以没有规定人格权的概念,归根结底是囿于哲学上内在化的伦理价值观念的结果,而与人格权究属私法权利或者公法权利的性质辨别无关——正如前文所述,在内在化的伦理价值观念之下,是不可能有人格权这个概念本身的存在的。

那么人格权到底是否为一项"宪法权利"呢? 宪法是国家的根本法,具有最高的法律效力,是制定其他法律的依据。"在现代,宪法的含义不仅是规定主要国家机关的组织、职权等问题,而是更强调人和公民的权利,以及对国家机关行为的监督。"[32]在宪法规定的人和公民基本权利中,大致可以分为三类:第一类是

---

[29] 参见[德]穆格丹:《德国民法典立法资料汇编》(第 2 卷),第 1072 页、第 1077 页、第 1119 页;《德国民法典立法资料汇编》(第 3 卷),第 61 页。

[30] 参见施启扬:《从个别人格权到一般人格权》,载郑玉波主编:《民法总则论文选辑》,第 394 页。

[31] 参见[德]霍尔斯特·埃曼:《德国民法中的一般人格权制度——论从非道德行为到侵权行为的转变》,邵建东等译,载梁慧星主编:《民商法论丛》(第 23 卷),金桥文化出版(香港)有限公司 2002 年版。

[32] 沈宗灵:《比较法研究》,北京大学出版社 1998 年版,第 98 页。

消极性的基本权利,主要指人和公民生命、身体、健康、尊严和自由的权利,国家对这些权利负有不加侵犯与防止侵犯的义务;第二类是积极性的基本权利,主要指人和公民受教育、就业和灾害时受国家救济的权利,国家对这些权利负有主动履行和救济的义务;第三类是参政权,如选举权、被选举权、创制权、复决权、控告权等,这些权利的行使以参与国家意思执行为内容。[33] 我国也有学者在研究人权理论时,将人和公民基本权利作出更为细致的划分。[34] 以上划分,说明一个问题:宪法所规定的公民的各类基本权利,其彼此间在性质上是有差异的。不能简单地认为,宪法是公法,它所规定的是"基本权利"就都是公权利。从宪法的调整对象来看,它具有界定社会与国家之间关系的功能——宪法不仅调整公法关系,而且也有规范私人关系的内容,并为私法的制定提供依据。由于社会与国家的分离,个人均具有两重身份,在不同的场合会以不同的身份出现。在宪法规定的"基本权利"中,有的是作为社会的个人(民法上称自然人、法人)所享有的权利,其性质属于私权利;有的是作为政治生活主体的公民所享有的权利,其性质属于公权利。宪法中规定的私权利与民法中规定的私权利不同,前者在于个人对抗公权力非法的侵害,为国家权力的行使设定限度;后者在于界定个人与个人之间私人生活的空间界限,从而达到社会的和谐发展。但是,无论是由宪法规定的私权利,还是由民法规定的私权利,对个人(自然人或法人)来讲,性质是一样的,它们都是在法律上享有或取得某种利益和人格价值的资格或可能性。

按照通行的说法,宪法是"公法",其规定的"基本权利"就应该是公权利,

---

[33] 参见王世杰、钱端升:《比较宪法》,商务印书馆1999年版,第71页。

[34] 关于基本人权的分类,归结起来,大致有以下两种:一是按主体分类,可以分为个人基本人权,包括个人权利、社会权利、经济权利、政治权利,其中个人权利大致有与人身相联系的各种人格权,此外还有集体的基本人权;二是按权利内容分类,依据基本人权与基本权利的大体一致性,以宪法规定的人和公民的基本权利来划分,也可以按照政治、经济、文化等不同内容来分类。也有学者将人和公民的基本权利分为四类:第一类,社会权利,包括劳动权、物质保障权、休息权、保健权等;第二类,政治权利与自由,包括选举权、言论、出版、集会、结社、游行、示威、请愿以及批评建议、控告权等;第三类,文化教育权利;第四类,个人权利和自由,包括宗教信仰自由、迁徙自由、人身不可侵犯、通信秘密等。显然,以上第二类是属于公民享有的公权利,其他各类中不完全是公权利(参见韩德培、李龙主编:《人权的理论与实践》,武汉大学出版社1995年版,第373~376页),因为基本人权的外延比宪法规定的"基本权利"要宽,所以以上列举的分类并不完全妥当,仅供学人参考而已。关于人格权与人权的关系,本文随后讨论。

只有在平等当事人之间才可能存在私权利,这种认识值得研究。宪法虽然是规定个人与国家关系的根本法,但个人的"权利"的性质不会因此而改变,不能因为这些"基本权利"具有限制国家权力的功能,个人"权利"就成为公权利。以笔者所见,公权利应指公民对国家政治事务和社会公共事务的参与所应享有的权利,如选举权、言论自由、集会结社、游行示威等权利。而作为社会的一员——自然人所享有的、体现私人自由与利益的各种权利均应属于私权利。当然,就具体的各项私权利而言,并不完全是由民法规定的,如宗教信仰自由、迁徙自由、通信秘密等权利则应由宪法规定,但它们仍然属于私权利,这些私权利关系也可以制定单行法加以调整,兼有个人权利和社会权利的性质,是否放在民法中规定是可以讨论的。民法固然是调整平等主体之间的权利义务关系,但"平等主体"体现的仅是调整民事关系的基本原则,而一方当事人的"权利"是单独存在的事实,其私权性质与其接受何种法律调整无关。我们应该注意到,法律调整的是社会关系、是权利义务关系,并不是调整"权利"本身,任何法律都不可能直接影响"权利"的性质。同样道理,私权上的财产权和人身权,也受公法性质的刑法和行政法的保护,但我们不能说,因上述私法受到刑法或行政法的保护,所以就是公权利了。

我们也看到,进入 20 世纪以来,由于公私法之分的动摇或公私法之间的相互渗透,人们对宪法的认识也在发生变化。我国有学者就认为,随着现代法治社会的发展,特别是人权保障的需要,宪法上的调整范围已大为扩展,已适用于调整私法的关系,能直接解决私人之间的争议,因此,宪法既不属于公法,也不属于私法,而是处于两者之上的法律。[35] 这种观点值得重视。现在一些国家,对公民权利的保护也已日益从私法领域扩展到宪法、行政法等公法领域。与此相适应,对违反宪法或其他公法行为的审查或监督制度也日益发展。[36] 这说明一种趋势,即私权的保护越来越受到重视,它的一些领域开始受到宪法和其他公

---

[35] 参见蔡定剑:《关于什么是宪法》,载《中外法学》2002 年第 1 期。

[36] 参见沈宗灵:《比较法研究》,北京大学出版社 1998 年版,第 93 页。

法的直接保护,以至于有的国家的宪法可以直接适用于私人之间的关系。[37] 与此同时,作为调整私权关系的传统民法并没有减弱对私权利保护的力度,恰恰相反,新的民法(商法更是如此)制度在建立,原有的制度在完善。上述情形,只能说明宪法在一定范围具有直接调整社会关系的作用和功能,而不能简单地认为某些“私权利”开始回归宪法。

事实上,因国家职能的结构性转移,公共职能的日益社会化,人们权利意识的觉醒,权利立法的缺位以及因国家的消极不作为引发的权利虚置现象,使“宪法司法化”问题日趋突出。至于哪些宪法权利可以司法化,即被“私法”适用?这是需要认真研究的。根据德国学者尼伯代的看法,除纯粹的、古典的宪法的基本权利外,有些基本权利具有私法性质,可以为宪法所直接调整。[38]

笔者同意这样一种认识,宪法不仅仅是一门特殊的“公法”,而且是超越简单公私分界的基本法。[39] 我国有学者特别指出,有些宪法权利,既可以指向于国家,也可以指向于私人团体。也就是说,具有国家与私人的二元取向。如人身自由权、人格尊严、财产权、选举权等。[40] 笔者认为,人格权就属于二元性的权利。受教育权应属于具体人格权。这些权利既是宪法权利,也是民法权利,而

㊲ 资料表明,有的国家的宪法规定了可以直接适用于私人之间关系的宪法条款,如德国《基本法》第9条明文规定基本权利有直接之私法适用性,即指结社自由的保护。美国《宪法》第13条修正案第1项明确规定:合众国境内或受合众国管辖的任何地区内,不准有奴役或强迫劳役的情况存在,唯用以惩罚业经定罪的罪犯不在此限。该条在私人之间也具有直接适用的效力。甚至有些国家的宪法规定其有关基本权利的所有规定对于私人具有直接适用的效力,如南非1996年制定的宪法,在第二章和第八章中,把权利法案作为“南非民主的基石”,“它铭记着南非全体人民的权利,并确认人的尊严、平等和自由的民主价值”,“国家必须尊重、保护、促进和实现权利法案中的权利”,“权利法案适用于全部法律,并对立法、行政、司法和国家所有机关都具约束力”,“对自然人或法人具有约束力”(参见韩大元:《外国宪法》,中国人民大学出版社2000年版,第378页)。不过,以上的立法情形还不能认为宪法已经在某些适用的领域代替了民法和其他部门法。

㊳ 参见刘志刚:《宪法“私法”适用的法理分析》,载《法学研究》2004年第2期。

㊴ 参考蔡定剑等教授在2001年宪法学年会上的发言。在现代社会,宪法对整个法律体系的影响是不可忽视的,脱离宪法来解释各个部门法是不可行的。各个部门法都要符合宪法的规定,在各个部门法的法律解释方法中都有合宪性解释方法,这就是奥地利学者凯尔森(Hans Kelsen)所谓的法律规范效力的位阶理论或金字塔理论。按照凯尔森的见解,法律位阶理论是从动态的法律秩序上来讲的,主要是具有形式上的意义,是具有高一级效力的规范,或仅仅是授权规范,即规定谁有权依据一定的程序制定下级规范,很少或者不对下级规范的内容作出规定。因此,宪法作为部门法的效力来源主要是形式上的。

㊵ 参考蔡定剑等教授在2001年宪法学年会上的发言。

权利的性质属于私权利，即使当它直接适用于宪法时，也是私权利，也应按民法的调整方法来处理。人格权是一个不断发展的历史性概念，具有极强的包容性，所以有些人格要素及其组合虽然并未在民法上明文规定为权利，但法官仍然可以依据民法相关原则甚至宪法精神，通过其创造性的司法活动解决相关民事纠纷，以维护法律主体的人格价值。

综上所述，无论是宪法上规定的人格权，还是民法上规定的人格权，在本质上均属于私权利。但是宪法在性质上主要还是公法，它主要规范国家权力，以防止国家权力之专断、保障个人自由。宪法规定的人和公民的基本权利包括若干类型，其中主要有两大类：一是公权利，指公民参与国家政治生活和公共事务的权利，是人权的重要组成部分；二是私权利，指自然人（或法人）维护个人人格要素的权利，即人格权。宪法与民法在对人格权的规定上有一致性，如都对人的生命、健康、尊严、隐私等进行保护。当人格权受到国家（各级政府）的侵害时，应通过行政程序适用国家赔偿法或相关法律规范处理，其主要调整方法是民法的。民法是私法，它所维护的是个人的伦理价值，规范的是个人之间发生的人格权侵害关系。一般情况下，上述情形不应直接适用于宪法规定。宪法是国家的根本法，具有高度的原则性、概括性以及广阔的弹性空间，因此不可能包罗人格权的各个方面。民法是重要的部门法，具有明确的规范性、可操作性以及司法适用性。因此，人格权由民法主要规范和保护，既符合法理，也便于司法实践。

运动员人格权商业利用及其法律保护*

长期以来,我国立法对运动员人格权的法律保护问题一直采取限制保护的态度。但是随着我国体育事业社会化、产业化、国际化的发展,体育体制及价值观已经发生了深刻的变化。[①] 与此相适应,运动员作为竞技体育运动的主要参与者,除了接受体育技能训练、参加各种体育竞赛等体育事项,还频繁出现于商品代言、广告拍摄、新闻影视等商业活动。对运动员部分人格权进行商业利用的行为,对我国既有的人格权理论及制度提出了新的问题。鉴于此,立足于我国体育事业改革的需求,明确运动员人格权商业利用的范围、特点,探讨这一现象存在的法理基础,继而为完善我国运动员法律保护制度提出可行性建议,成为体育界和法学界所共同关注的课题。

一、运动员人格权商业利用的概念及范围

运动员人格权的商业利用,是随着运动员人格权经济利益因素的增加而产生的。运动员的人格权,作为人身权的一部分,在我国传统民法理论中一般被认为是"与权利主体自身不能分离的没有财产内容的权利","财产权可以在主体之间相互转让,而人身权是不能转让的"。[②] 实际上,随着社会多元化发展,已

---

* 原载《华侨大学法学论丛》(第1卷),厦门大学出版社2005年版。

① 参见徐汶:《体育产业的发展与面临的问题》,载人大报刊复印资料《体育》1998年第9期。

② 参见佟柔:《民法原理》,法律出版社1983年版,第34页。

经产生了关于“人格权经济利益”的探讨,[③]认为部分人格权已经逐渐成为经济活动上的重要客体,兼具财产价值和财产的可转让性。以我国著名运动员邓亚萍的名字为品牌,进行商业投资的邓亚萍体育用品有限公司即其适例,事实证明“邓亚萍牌”不仅是我国体育用品的著名品牌,还因其象征的拼搏精神为公司带来很高的商誉和经济效益。基于此,所谓运动员人格权商业利用,是指运动员通过对其依法享有的体现其人格利益的人格权进行商业化利用,或者授权他人予以商业使用,进而获得财产性收益的行为。

(一)运动员人格权商业利用的主体

运动员的最大资本是技术,但是在商品经济中“明星气质”也许是运动员最为重要的资本,因为光有技术并不足以使他们成为最有“价值”的运动员。[④] 这一点在运动员人格权商业利用的过程中体现得最为明显,即并非所有运动员的人格权均具有商业利用的价值。由此学理上在确定运动员人格权商业利用主体范围时,存在三种不同的主张:其一,仅限于“知名”运动员;其二,限于已经从事人格权商业利用的运动员;其三,为所有运动员。但是这在实践中存在判定标准的问题,将获得名望、地位的运动员与没有名望、地位的运动员之间相区分,如果不是不可能的话,也是难以做到的。

1995 年我国《体育法》出台,将体育运动类型分为三种:社会体育、学校体育、竞技体育。其中的竞技体育是指在全面发展身体,最大限度地挖掘和发挥人在体力、心理、智力等方面潜力的基础上,以提高运动技术水平和创造优异运动成绩为目的的训练和竞赛活动。[⑤] 与社会体育、学校体育相比,竞技体育在体力或智力或技艺方面具有强烈的竞争性,进而具有更高的娱乐性和欣赏性,因此竞技体育运动员作为个人的社会价值更易获得承认。并且竞技体育运动员由国家体育相关部门和体育社会团体统一注册管理,故主管部门对其政策性规

---

③ 参见谢铭洋:《论人格权之经济利益》,载《固有法制与当代民事法学》,台北,三民书局 1997 年版;李开国:《民法基本问题研究》,法律出版社 1997 年版,第 9 ~ 10 页。

④ 参见张忠元、向洪:《体育资本》,中国时代经济出版社 2002 年版,第 184 页。

⑤ 参见张厚福、罗嘉司:《体育法学概要》,人民体育出版社 1998 年版,第 154 页。

范具有相似性。基于竞技体育运动员法律规范、商业机遇等方面的等同性,应将主体范围界定为全体竞技体育运动员。

(二)运动员人格权商业利用的客体

运动员人格权的商业利用客体是含有经济利益因素的人格标识,具体包括:(1)运动员的肖像。即运动员个人真实形象通过摄影、绘画、雕塑、录像等艺术方式或其他方式再现的物质形态。(2)运动员的姓名或别名。姓名是运动员区别于其他运动员或公民的符号,是一个人的自身标志。(3)运动员的声音。声音与姓名、肖像一样同属个人的重要特征。窃听器、录音机的广泛使用使声音被承认为一种特别的人格权,从而有商业价值的声音亦需要法律的保护。(4)运动员的体育动作。运动员的比赛动作绝大部分是基于竞技体育竞争性、表现性而进行的创作,如艺术体操运动员莫慧兰在高低杠比赛中"团身前空翻越杠抓杠"动作被国际体联称为"下世纪"动作,并被命名为"莫式空翻"。(5)运动员的形象。这与前面提及的肖像是不同的概念。运动员的形象是指以运动员的生活经历为素材进行电影电视创作,⑥其中演员得到公众的认可往往不是根据其自然面孔和姓名,而是根据其所扮演的角色的面孔和姓名。因此,对某一虚构人物的肖像和姓名的商业性使用,亦为运动员人格权的商业利用。(6)其他具有财产价值的人格权,如个人隐私、名誉等。但是,如果对这些人格利益的商业利用违反公序良俗原则所能接受的界限,损及个人的其他权益,则难以被商业利用。

(三)运动员人格权商业利用的内容

首先,运动员享有对其人格权的商业利用权,主要表现为两种方式:其一,运动员自身进行商业利用,例如,前文提及的以"邓亚萍"姓名进行投资设立"邓

---

⑥ 2000年我国拍摄的电视连续剧《最爱》中,"风信子"角色即是根据我国体操名将桑兰的事迹创作而成的,由莫慧兰出演,所以基于影片的播放对桑兰的形象进行商业利用的,均属于运动员人格权商业利用的客体范围。参见 http://www.movie0.com/stars_news/7639.htm,2004年6月10日最后访问。

亚萍体育用品有限公司”;其二,运动员通过授权将人格权商业利用权转让给他人行使。其次,运动员对人格权商业利用的行为享有收益的权利,例如,运动员通过授权他人将其姓名、肖像用于产品的包装、装潢广告,不仅可以扩大企业的知名度,也可以增加社会公众对其产品的认知程度和购买欲望,从而给使用人带来经济上的利益,而运动员也可以从许可合同中获得相应的许可使用费。但是这种权利内容并非绝对不受限制的。我国在2001年《国家体育总局关于运动项目管理中心工作规范化有关问题的通知》中即规定了运动员人格权商业利用须经相关部门批准,且获得经济收益应在国家、集体、个人三方之间合理分配。

二、运动员人格权商业利用的法律性质

结合我国运动员人格权商业利用的实践,一方面要求人们重新审视人格权所涉经济利益的内涵,另一方面则强调对既有权利理论的发展及相关制度的完善,进而实现对上述利益的保护。因此,我们需要对运动员人格权商业利用的法律性质有明确的认识。综观各国对人格权商业利用的规定,主要存在以下几种观点:

(一)财产权说

该学说主张,运动员作为权利主体通过自己或者授权他人对其人格权实施商业利用行为,进而取得一定财产利益,符合财产权的基本要件,且该权利具有可转让性。美国即采取这种观点。1953年,美国联邦第二巡回上诉法院在哈伊兰(Haelan)案件[⑦]中,针对篮球运动员的肖像权商业利用行为提出“公开权”概

---

⑦ 该案中的原告“哈伊兰试验室”,从一些职业篮球运动员那里获得在篮球卡片上使用他们的名字和肖像的独占许可,以促进试验室的口香糖的销售;被告为“陶普斯口香糖”,是原告的竞争对手,未经这些运动员的授权,也在卡片上使用了运动员的姓名和肖像。See Hae-lan Laboratories v. Topps Chewing Gum,202.2d 866(C.A.Z.1953).

念,其后托马斯·迈卡西(J. Thomas McCarthy)在其出版的《公开权与隐私权》一书中将公开权界定为:每一个自然人固有的、对其人格标识的商业使用进行控制的权利。⑧ 而在美国大多数司法实例中便将其完全作为一种财产权来对待。⑨

(二)人格权说

该学说存在两种观点:(1)主张人格权分为一般民事主体人格权和商事主体人格权,因此人格权内涵中经济利益因素的增加只是这两种人格权之间的过渡形态,不影响本质的认定。如我国《民法通则》在第99条第2款中规定:"法人、个体工商户、个人合伙享有名称权。企业法人、个体工商户、个人合伙有权使用、依法转让自己的名称。"(2)主张人格权分为一般人格权与具体人格权,一般人格权可以为界定新的人格权保护领域建立一个基础,以保护一些特定的人格利益不受侵犯,例如德国的一般人格权制度。⑩

(三)知识产权说

知识产权,是指民事主体对智力劳动成果依法享有的专有权利,其中智力成果的产生,一方面凝结了人类的一般劳动,具有财产价值;另一方面作为人类智慧创造的成果,具有人身专有性,因此知识产权是人身权利与财产权利的统一体。这与运动员人格权的人身专有性及商业利用后的财产价值具有相似性。在荷兰,肖像权是由作为知识产权法一部分的著作权法确认的。⑪

---

⑧ J. Thomas McCarthy, *The Right of Publicity and Privacy*, Vii (Rev. 1993).

⑨ 参见程合红:《商事人格权——人格权的经济利益内涵及其实现与保护》,中国人民大学出版社2002年版,第46页。

⑩ 德国的一般人格权已经发展出了一种作为对人格的"公开价值"特殊救济方式的"恢复原状请求权",受害人有权获得通常的许可费的赔偿,即使被告没有过错。See Hans Stoll, "The General Right to Personality in German Law: An Outline of Its Development and Present Significance", in Basil S. Markesinis ed., *Protecting Privacy (The Clifford Chance Lecture Volume Four)*, Oxford University Press, 1999, p. 41.

⑪ Julius C. S. Pinckaers, *From Privacy toward A New Intellectual Property Right in Persona*, Kluwer Law International, 1996, p. 16.

(四)商事人格权说

该学说表现为一种新的人格权说,是我国学者针对近几年凸显的人格权商业利用现象而提出的新的概念。[12] 所谓商事人格权,是指公民、法人为维护其人格中包含经济利益内涵在内的、具有商业价值的特定人格利益——商事人格利益而享有的一种民(商)事权利。[13]

以上学说均有一定的合理性,但是从运动员人格权商业利用的客体及内容来看,将其视为绝对的人格权或财产权都有所不足,人格权商业利用具有财产价值,但其价值的大小与维系其存在的运动员的声誉、形象有关,并且会随着运动员社会评价的升降而有所变化,所以上述两种学说忽视了商业利用行为中所形成的财产权和人格权难以割断的联系。相对而言,知识产权的观点似乎比较可行,但是就我国对知识产权的理论研究现状而言,知识产权是否具有人格权性质尚待论证,[14]因此其理论基础并不完善。第四种学说针对"人格商品化"现象的出现而专门提出的"商事人格权"概念似乎更具有说服力。但是笔者认为,鉴于我国人格权商业利用主体领域的多元化发展趋势,应在商事人格权理论研究中采取主体类型化分析的方法,因此本文仍审慎地采取运动员人格权商业利用概念,并未将其直接上升为运动员的商事人格权。

三、我国现行法律规定及其缺陷分析

(一)关于运动员人格权商业利用的现行规定

我国《民法通则》第99条规定:"公民享有姓名权,有权决定、使用和依照规定改变自己的姓名,禁止他人干涉、盗用、假冒。"第100条规定:"公民享有肖像

---

⑫ 参见江平、程合红:《论信用——从古罗马法到现代社会》,载《东吴法学》2000年特刊。

⑬ 参见程合红:《商事人格权——人格权的经济利益内涵及其实现与保护》,中国人民大学出版社2002年版,第13页。

⑭ 参见郑成思:《知识产权论》,法律出版社1998年版,第73~74页。

权,未经本人同意,不得以营利为目的使用公民的肖像。”《最高人民法院关于贯彻执行〈中华人民共和国民法通则〉若干问题的意见(试行)》第139条、第141条将违反上述规定的行为认定为侵权行为,进而负担停止侵害、恢复名誉、消除影响、赔礼道歉及赔偿损失等民事责任;⑮“侵害他人的姓名权、名称权、肖像权、名誉权、荣誉权而获利的,侵权人除依法赔偿受害人的损失外,其非法所得应当予以收缴。”⑯但是,对于公民同意将其肖像权或姓名权用于营利行为的情形,法律没有规定。

运动员人格权商业利用现象的出现,改变了现行民法以侵权责任方式保护人格利益的单一做法。但是我国运动员的成长凝聚着国家、集体和个人的心血,其任何行为产生的效果都会影响体育领域的整体风貌。而运动员人格权的商业利用作为我国体育产业化发展的产物,又是开发体育无形资产⑰、拓宽体育资金来源的手段之一。因此,国家在允许运动员人格权商业利用的同时,又进行了限制性规定。1996年国家体委颁发的《关于加强在役运动员从事广告等经营性活动管理的通知》中规定“在役运动员的无形资产⑱属国家所有”。2001年《国家体育总局关于运动项目管理中心工作规范化有关问题的通知》中规定,国家队运动员“从事商业性广告活动应当经所属的全国性单项体育协会批准,并由协会通过合法的广告中介机构办理;广告内容和行使要努力体现我国体育健儿朝气蓬勃、健康向上的精神风貌。运动员不得从事有损于运动员身份与行业特点不相称的广告宣传活动,任何体育组织和个人均不得使用运动员形象为烟草、酒类产品做广告。未经许可,不得使用带有奥林匹克标志的图像做广告”。

---

⑮ 参见我国《民法通则》第120条。

⑯ 《最高人民法院关于贯彻执行〈中华人民共和国民法通则〉若干问题的意见(试行)》第151条。

⑰ 体育的无形资产是指存在于体育经营活动中的具有体育特质,受特定主体控制的,不具有实物形态、价值不定并能为所有者和经营者带来预期经济效益的非货币性体育经济资源。其具体内容包括:各级各类体育竞赛表演活动的举办权和经营权;各级各类体育组织、体育社团的名称、标志的专有权、特许使用权和经营权;体育专利申请权和实施权;体育专有技术的发明权、使用权、转让权和其他体育科技成果权;体育组织、团队、明星的形象、声誉、代言权;体育场馆、设备的租赁权、土地使用权;体育彩票的发行权、专营权和销售权;在职体育名人的广告权和代理权;体育行政部门认定的体育类促销获利因素;法律法规规定的或者国际惯例承认的其他体育无形资产。参见骆红斌、李静:《我国体育无形资产特点研究》,载《成都体育学院学报》2003年第6期。

⑱ 我国运动员的无形资产主要包括3个部分,即知识产权、人力资本和可被商业利用的人格标识。

此外,“运动员的广告收益分配兼顾国家、集体和个人的利益。我国运动员的成长凝聚着国家、集体和个人的心血,因此,运动员商业性广告收入的分配应兼顾各方面的利益,使中央与地方的利益得到合理体现。原则上应当按照运动员个人50%、教练员和其他有功人员15%、全国性单项体育协会的项目发展基金15%、运动员输送单位20%的比例进行分配”。

(二)存在的问题

首先,运动员无形资产的产权混淆。计划经济体制下,我国的体育事业是一种纯福利的消费事业,体育事业经费单纯依靠政府投资,而运动员作为国家的正式职工,其生活、训练、比赛等物资及人力的投入,均由国家来承担,一定意义上形成了“运动员为国家所有”的观念,进而运动员的无形资产亦属国家所有,但是随着我国经济体制的改革,体育不仅需要政府力量的一定投入,更主要的是寻求社会力量的支持,走社会化和产业发展的道路,以实现自身发展的需要。[19] 对于日益增多的其他投资主体是否直接推定为运动员无形资产的产权主体,有必要在制度层面加以明确。

其次,关于运动员人格权商业利用经济收入的分配。运动员人格权商业价值的形成与多方面的因素有关,如投资主体的管理、教练员的培训等,但其中最重要的是运动员自身的努力,通过坚持不懈的训练提高自身的竞技水平,通过参加各种竞赛的良好表现获得荣誉,通过不断提高个人素养获得良好的社会评价等。因此,作为国家之外的投资主体不能简单依据“谁投资,谁受益”的商业规则主张对运动员人格权商业利用所创造的价值的所有权,而是应当通过与运动员之间的平等自愿协商达成合理的收益比例。但事实上,许多运动员的管理单位认识到运动员人格权商业利用的巨大经济价值,进而利用法律规定的漏洞类推享有等同国家的管理主体地位,将运动员的无形资产视为己有;抑或利用自己的优势地位,将获得运动员的姓名、肖像等无形资产使用权作为签约的条

---

⑲ 1999年国家体育总局发布的《关于加快体育俱乐部发展和加强体育俱乐部管理的意见》指出,我国应进一步改革体育管理体制,有条件的项目要推行协会制和俱乐部制,形成国家与社会共同兴办体育事业的格局,走社会化、产业化道路。

件之一,进而将其用于商业营利活动获得收益。因此,运动员人格权商业利用的收益权无法得到应有的保护。

最后,纠纷解决机制的缺失。我国《体育法》第33条设有体育仲裁制度,但是其仲裁事项仅限于"在竞技体育活动中发生的纠纷",并不涉及商业利用过程中的纠纷。而我国《民事诉讼法》明确将解决争议的范围界定为民事权利义务的争议,对于非民事权利义务的争议则不能纳入民事诉讼程序加以解决,除了刑事案件和行政案件外,伦理上的冲突、政治上的争议、体育竞赛的争议、团体组织内部的争议、宗教上的争议等也不能成为民事诉讼的对象。[20] 因此,运动员对其人格权商业利用未经批准的决定或者对所获利益的分配有异议,如何寻求救济在我国现行法律中仍属空白。

四、完善我国法律保护机制的几点建议

运动员人格权商业利用体现了运动员人格权中具有经济利益的内涵,如果法律对此不予以规范和保护,那么极易发生对运动员正当权利的侵犯。鉴于我国现行立法在运动员人格权商业利用保护方面尚存的种种缺陷,笔者不揣浅陋,提出以下几点完善建议:

(一)将运动员人格标识商业利用的权利主体类型化

从我国体育总局现行有效的规范文件来看,1996年《关于加强在役运动员从事广告等经营性活动管理的通知》调整的主体范围是"在役运动员";1998年《关于重申加强在役运动员从事广告等经营活动管理的通知》中将调整主体具体为"国家队、国家集训队在役运动员";2001年《国家体育总局关于运动项目管理中心工作规范化有关问题的通知》则进一步限定为"国家队运动员"。这种调整主体范围的变动是与我国国家队组建形式及选拔制度改革密切相关的,即

---

⑳　参见张卫平:《民事诉讼法教程》,法律出版社1998年版,第3页。

按照“稳住一头，放开一片”的原则，只对少数奥运优势项目国家队实行集中管理、长期集训，多数项目国家队放到有一定训练能力和训练条件的地方和部门，使国家重点项目布局点与承担国家队任务的单位结合起来。可见，国家对其可支配运动员人格标识商业利用的主体范围是逐步限缩的态度，但遗憾的是，该文件并没有对其他代行“原国家队”管理工作的部门和体育社会团体的权限进行明确规定，进而产生了前面提及的产权主体混淆现象。笔者认为：(1)应在法律中明确运动员对其人格权商业利用权享有的主体地位；(2)规定对运动员人格标识的经济价值进行投资的国家或其他主管部门对运动员人格标识商业利用享有优先权，并参与经济收益分配；(3)对于其他投资主体，包括部分体育社会团体及新兴的各种体育俱乐部，其权利的获得应尊重运动员的意愿，通过与运动员协商进而以合同形式加以规范。

(二)规范运动员人格权商业利用的合同签订

运动员授权他人对其人格权进行商业利用的合同为非典型合同，即法律尚未特别规定，亦未赋予一定名称的合同。这种无名合同导致运动员迫于俱乐部或其他体育社会团体的强势地位而意思表示不完备时无从适用法律。对于这类问题不能简单适用“合同自由原则”，而应首先依据民法关于法律行为的规定和合同法的总则规定；其次依据非典型合同的类型类推适用合同法分则或其他法律最相类似的规定；[21]最后可以依照诚实信用原则，并斟酌交易惯例加以确定。[22]

(三)完善体育仲裁制度

这里所说的体育仲裁不同于一般商事仲裁。后者受我国《仲裁法》的调整，是以自愿原则为前提的，即当事人之间的纠纷是否提交仲裁，交与谁仲裁，仲裁庭如何组成，以及仲裁的审理方式等都是在当事人自愿的基础上，由双方当事人协商确定的。这样广泛的自愿原则，其结果是只要体育社会团体不愿进行仲

---

[21] 参见崔建远主编：《合同法》，法律出版社2003年版，第23～24页。

[22] 参见王泽鉴：《民法债编总论》(第1册)，台北，三民书局1993年版，第95页。

裁,那么因体育社会团体拒绝批准运动员人格权商业利用或者强行要求对其收益进行分配而引起的纠纷就永远无法寻求仲裁保护。所以从理论上完善体育仲裁制度有其必要性。目前,我国的体育仲裁机构设置主要表现为体育竞赛中设立的临时体育仲裁委员会,或由体育社会团体依内部章程设立的仲裁机构;在体育仲裁范围方面也过于局限,根本无法解决运动员与体育社会团体之间就人格权商业利用而产生的纠纷。鉴于此,我国体育仲裁制度的完善可以借鉴国外成功立法例的经验,以更好地保护运动员的正当权益。

(四)司法审判权的介入

目前运动员人格权商业利用引发的纠纷,其主体不仅仅局限于体育管理机构内部,体育产业的经营者或其他商事主体亦包含在内;其侵权方式不仅仅局限于体育机构的内部管理侵权,还牵涉合同签订、商事主体之间的不正当竞争行为等;其侵犯的客体不仅包括财产利益,还有运动员的人格利益。因此对上述法律问题的解决不能仅依赖于体育仲裁制度的内部约束效力,还应引入公正、公开、公平的司法审判程序。

五、结　　语

综上所述,运动员人格权商业利用的法律问题早已突破体育法学的研究范畴,而广泛涉及民法、合同法、体育法、不正当竞争法、广告法等诸多法学领域的理论研究与制度规定。随着我国体育事业社会化、商业化、国际化的发展,运动员人格权商业利用的机遇越来越多,可能发生的法律问题也越来越多,因此如何加强与完善对运动员人格权商业利用的法律保护是摆在体育界、法学界面前的一项重要课题。

人格权的理论基础及其立法体例*

人不仅是自然的存在,也是伦理价值的存在。随着对人的价值之尊重成为世所公认的准则,法律通过各种各样的技术手段对人的伦理价值予以保护,也已成为世界各国民事立法的通例。以此为背景的中国民法典的制定,为遵循时代之潮流,也为延续《民法通则》的立法特点,选择了以“人格权”作为中国民法上人的伦理属性的保护手段这一法律技术。这意味着通过立法将人在伦理上所应享受的价值要素规定为权利的客体,进而纳入民法“权利”的轨道。基于此,一个重要的课题便摆在了法学的面前,这就是人的伦理价值的“权利化塑造”。而如何将人的伦理价值塑造为权利的客体,涉及权利的定义、权利与法律保护的关系、人的伦理价值与人的关系以及如何理解近代民法人格保护的立法模式等一系列理论问题。

一、权利:人与外部事物法律上的连接

欲明确人的伦理价值如何才能成为真正的权利,先要明确什么是“权利”。正如我们所知道的,“权利”一词,几乎可以折射出民法学乃至法学的整个内容。本文仅从“权利与人的关系”角度来论证“权利的标准”。

黑格尔的先验哲学认为,人的本质就是人的意志,“自为地存在的意志即抽

* 原载《法学研究》2004 年第 6 期。

象的意志就是人”。[①] 人的这种意志属性首先表现在人具有自我认识的能力,即人可以认识到“我”的存在,这是人区别于其他生物的根本规定性。“人实质上不同于主体,因为主体只是人格的可能性,所有的生物一般来说都是主体。所以人是意识到这种主体性的主体”[②]。

人的意志存在的领域,并不能仅仅局限于人的内部。换言之,不仅“人的本身”可以成为意志的对象,“外在于人的事物”也同样可以成为意志的对象。“人为了作为理念而存在,必须给他的自由以外部的领域。”[③]由于这种外部领域当中的事物是作为意志的对立面而存在的,较之于自由的意志而言,“无意志”与“不自由”成为外部领域的事物的根本特性。因此,人基于其优越于外部事物的意志,就“有权把他的意志体现在任何物中,因而使该物成为我的东西”,[④]于是,在这个意志外化的过程中,人与外部事物由主观与客观的对立,走向了主体与客体意义上的统一。进而,人的“主体性”特征,遂在与作为“客体”的外部事物的参照之中表现出来并且得以实现。显然,存在于人本身并作用于外部事物的意志,在此承担了连接人与外部事物的桥梁的作用。

马克思主义哲学从唯物主义立场出发,主张“人直接是自然存在物……人作为自然的、肉体的、感性的、对象性的存在物,和动植物一样,是受动的、受制约和受限制的存在物”,[⑤]反对黑格尔将人的本质视为“纯粹的主观意志”的唯心主义观念。但是与此同时,马克思主义哲学丝毫不否认黑格尔所强调的人的意志对于外部事物的作用,虽然这种作用从唯物主义立场看来是第二位的“反作用”。换言之,马克思主义哲学认为,人并不仅仅是受动的、受制约和受限制的存在物,“这些个人使自己同动物区别开来的第一个历史行动并不是在于他们有思想,而是在于他们开始生产自己所必需的生活资料”。[⑥] 可以看出,黑格尔所主张的“人的存在”必须通过“意志外化”,在与意志对象的“主体—客体”

---

① [德]黑格尔:《法哲学原理》,范扬、张企泰译,商务印书馆1961年版,第46页。

② 同上。

③ 同上书,第50页以下。

④ 同上。

⑤ 《马克思恩格斯全集》(第42卷),第167页。

⑥ 《马克思恩格斯全集》(第1卷),第24页。

的对比中才能体现出来的思想，在被马克思主义哲学吸收的同时，还被赋予了“社会实践”的内涵。人的社会实践是在人的意志支配下，“真正按照人的方式，根据自己本性的要求，来安排世界”⑦的活动，使人在本质上区别于动物的“自由的自觉的活动”的“类特性”⑧凸显出来。这就是恩格斯所讲的“劳动创造了人”。

人的意志以社会实践为依托，在反作用于外部世界的过程中，对于作为个体的人来讲，基于其“优越于外部事物的意志”，人具有“对一切物据为己有的绝对权利”。⑨ 然而，对于作为群体的人来讲，各个人的这种“绝对权利”，便产生了彼此的疆界划分问题。由于这种“绝对权利”其实就是人的意志在外部空间的范围，这里的疆界划分本质就是“意志的自由空间”的界限。然而，由于意志是一个主观的东西，外化的意志要在外部领域当中获得定在，“单是某物应属于我的这种我的内部表象或意志是不够的……下一步骤才是这一概念的实在化”。⑩ 换言之，由于纯粹主观的意志在外界是没有意义的，人的外在化的意志要真正成为人与外部事物的中介，必须有自己的实在化的载体。这种载体的意义在于克服意志的纯粹的主观性，从而使他人知晓，便于他人承认。这一意志的载体，在事实的层面上，通常表现为人支配于意志对象的“行为”；而在法律技术的层面上，外部事物上的人的意志，则是通过“法律”本身的实在性与公开性来体现的。确切地讲，在法律上用以表彰外部事物上人的意志存在的载体就是“权利”。

由此可以看出，作为人反作用于外部事物的意志在法律上的表述，权利是连接权利主体与权利客体，或者说“人”与“人所拥有的东西”的法律上的纽带。由于这种外部事物本来是“外在于人”的，所以从“我”本身为出发点，并不能得出该项事物就是“我所拥有的东西”这样的结论——它还可能是无主的，或者是归属于他人的。要使该事物成为“特定的人”所拥有的东西，就必须通过“权

---

⑦ 《马克思恩格斯全集》(第2卷)，第118页。

⑧ 《马克思恩格斯全集》(第42卷)，第96页。

⑨ [德]黑格尔：《法哲学原理》，范扬、张企泰译，商务印书馆1961年版，第51~52页。

⑩ 同上。

利”将其与人连接起来,使之成为权利的客体。因而,当某一事物被认为是“权利的客体”时,这不仅意味着人将该事物当成是“我所拥有的东西”的意志已经得到了法律的肯定,而且还意味着,“这个东西”作为人的权利这个“纽带”的另外一端,其应当是属于人(意志)的“外部领域”范畴的事物。只有当“受法律保护”的事物来自人的“外部”的时候,该事物上的法律之保护,才具有连接主体与客体——使该事物成为“我的”——的意义,进而才可以称为“权利”。

如果将这一结论放在法律概念的逻辑框架之内来考察,我们就可以清晰地看出,“法律之保护”其实存在两种根本模式。首先,如果该项事物是“外在于人”的,那么如前文所述,从“人之存在”不能够推知“人对该项事物的拥有”,所以法律必定是以沟通主体、客体的“权利”为保护的手段。这种保护模式,可以称为“权利的保护”模式。其次,我们知道,权利主体是权利的享有者,权利客体是权利指向的对象。如果权利的客体是“内在于人”的,那么这就意味着权利将“反指”主体本身。这种情况下,由于主体与客体发生了混同,权利便丧失了存在的意义。换言之,对于“内在于人”的事物而言,由于“人之存在”,就意味着“人所拥有的该项事物”的存在,所以法律对于该项事物的保护,不能以“权利”作为手段,而只能通过“人之保护’来实现。这种保护模式,可以称为“人之本体的保护”。

虽然“人之本体的保护”与“权利的保护”归根结底都是法律对于人的保护,但是其两者具有明显的法律保护的目的与路径上的差异:前者是一种“内敛”性的法律保护,旨在维护人之本体的“内在完整性”;后者则是一种“外扩”性的保护,其目的在于界定人的自由的“外部空间”以及与他人自由之间的界限。因此,只有在后一种情况下,才会有“权利”的存在。

二、权利与救济的分离:大陆法系人的伦理价值法律保护传统的形成

在罗马法上,人的伦理价值保护的规则就已经存在。罗马法中“对人私犯”

(injuria)的概念,“原指一切不法行为而言,以后罗马法对此作狭义解释,专指对身份和人格的侵害。”[11]在《法学阶梯》中,这种针对人格的不法侵害被清晰地罗列:“不仅在某人被用拳头、棍棒殴打……的情况下,不法侵害被实施了,而且在某人被谩骂……或如果某人为了毁坏他人名誉,写作、编辑、出版讽刺文章或诗歌……或被主张侵害他人贞操的情况下,不法侵害也被实施了……”[12]因上述不法行为而遭受损害的人,有权向致害人提起诉讼。而后者所应承担的责任形式,则在罗马法上历经了一个由身体刑到罚金的演变。[13]

但是,这一事实并不意味着在罗马法上就已经存在“人格权”的概念。恰恰相反,罗马法从不认为人对于其人格价值可以享有“权利”。在古罗马人看来,今日我们所称之“权利”,乃是一种“物”。根据盖尤斯“有体物”与“无体物”的划分,除了等值于有体物的所有权之外,其他的权利,如债权、役权等,均属于无体物。就“物”的概念而言,起初“人们所称的物,是指除自由人外而存在于自然界的一切东西,不管是对人有用的,无用的,甚至是有害的,均属于广义的物”。[14]换言之,罗马法上的“物”,是与“人”相对立的概念,即“外在”于人的范畴。“后来,法律和法学思想不断发展,罗马法逐渐把物限定为一切人力可以支配、对人有用,并能够成为人们财产组成部分的事物。”[15]即在罗马法观念上,“物”事实上是与“财产”概念等价的。这样,“是否具有财产价值”,成为罗马法判断某一事物是否为外在于人的“物”的关键性标志。根据这一标准,被认为不能用金钱衡量的人的伦理价值被排除于“物”的范围之外,进而被排除于“权利”的客体之外。由于在罗马法上人格并不是一种可像财产一样为人所享有的东西,所以在“私犯”制度的人格保护中,“法律将人所遭受的损害,看成是施加给个人与社会的危险”,这一制度所产生的罚金责任,“也被当成是惩罚性与威慑性的,而不

---

⑪ 周枏:《罗马法原论》,商务印书馆2001年版,第298页。
⑫ [古罗马]优士丁尼:《法学阶梯》,徐国栋译,中国政法大学出版社1999年版,第445页。
⑬ 周枏:《罗马法原论》,商务印书馆2001年版,第298页、第864页。
⑭ 同上。
⑮ 同上。

是补偿性的。因为这里所涉及的利益,与金钱问题无关”。[16]

综上所述,在罗马法上,外在于人的事物,被标志以财产价值的属性,并与“物”(权利)联系起来。在这种观念之下,伦理上的人格利益虽然没有被罗马法看作内在于人的固有要素——在罗马法上,“人格”之取得,依据在于身份,而不在于伦理——但是罗马法系将其排除于“物”的范围之外,却是确定无疑的。因此,罗马法上的人格保护,并不是基于“物”或者说应受保护的外在于人的东西,而是基于社会价值观念甚至是社会利益。这样,在人格的保护模式上,便产生了人格利益的“可诉性”与“权利化”的分离。这种救济与权利相分离的人格保护模式,对后世大陆法系民法有着深远的影响。

欧洲中世纪教会法拒绝将人格价值看成是权利的客体。“中世纪的法学家沿袭罗马的分类方法,在‘对人私犯’的名目之下对待人格之侵犯,并区别于财产法。”[17]教会法基于基督教的道德观念所给予人格的法律保护,仍然秉承着罗马法诉权与实体权利的分立模式。只不过“在基督教义之下的人格分析中,(人格的侵害)中的‘过错’变成了‘罪恶’,因而成为教会律师与学者的领地”。[18]

及至近代,在人文主义与近代自然法的影响之下,《法国民法典》开始将自然法的思想看作实定法的直接渊源。这种立法思想,正如《法国民法典》最终草案的序编曾经表述的那样:“存在一种普遍的永恒的法,它是一切实在法的渊源:它不过是统治着全人类的自然理性。”[19]基于此,在人格制度上,《法国民法典》将自然法所倡导的无差别的“人类理性”作为实定法上人格的取得依据,从而使“生而平等”的伦理价值观念在法典上得以落实。《法国民法典》将“人类理性”认作是实定法上人格的依据,意味着基于理性而派生的人的自由与尊严等范畴,只能是人获得法律人格的前提,即人的“内在”属性,而不能是取得法律人格之后的结果,即不能是“外在于人”的人可得拥有的东西。因此,在法国人

---

⑯ Eric H. Reiter, “Personality and Patrimony: Comparative Perspectives on the Right to One’s Image”, *Tulane Law Review*, February 2002.

⑰ Ibid.

⑱ Ibid.

⑲ [法]阿·布瓦斯泰尔:《法国民法典与法哲学》,钟继军译,载徐国栋主编:《罗马法与现代民法》(第2卷),中国法制出版社2001年版,第290页。

看来，人的自由与尊严的依据，只能在自然法中去寻找，即在“天赋的”人的属性当中去寻找，实定法无权对其加以规定；由此就导致了在《法国民法典》中不可能存在人的伦理价值权利化，即实定法上的“人格权”的概念。

法国民法的这一立法模式，丝毫不影响来自“自然法”的人的价值到“实定法”那里去寻求保护。《法国民法典》第1382条“任何行为致他人受到损害时，因其过错致行为发生之人，应对该他人负赔偿之责任”的开放式规定，成为法律为财产权利、也为人的伦理价值提供法律救济的基本依据。

较之于《法国民法典》以自然法观念作为法律人格依据的立法思想，《德国民法典》上的法律人格依据则是实定法的“权利能力”概念。然而，这个以“权利义务载体”为内容的概念的引入，事实上也没有使人的伦理价值就此成为这个载体“所承载的东西”，即“权利”。恰恰相反，德国民法在这一点上与法国民法相同，人的伦理价值仍然是取得法律人格的条件，它构成了权利能力的基础。对此，萨维尼曾经指出，“人格、法主体这种根源性概念必须与人的概念相契合。并且，两个概念的根源的同一性以如下的定式表现出来：每个人……皆是权利能力者。”⑳而在德国民法典第一草案说明书中，上述认识被进一步明确：“不论现实中的人的个体性和其意志，承认其权利能力是理性和伦理的一个戒律。”㉑由此可以看出，《德国民法典》延续了《法国民法典》的观念，仍然是将人的自由、尊严等范畴视为人的要素——人本身“内在的东西”，进而使之成为法律人格的伦理基础。这种认识导致了《德国民法典》仍旧不可能将生命、身体、健康和自由等人格价值视为一种权利，正如民法典的立法者所指出的，“不可能承认一项‘对自身的原始权利’”。㉒

值得一提的是德国民法中的“姓名权”。《德国民法典》在其“自然人”一节

⑳ ［日］星野英一：《私法中的人——以民法财产法为中心》，王闯译，载梁慧星主编：《民商法论丛》（第8卷），法律出版社1997年版，第163页。

㉑ ［德］罗尔夫·克尼佩尔：《法律与历史——论〈德国民法典〉的形成与变迁》，朱岩译，法律出版社2003年版，第58页。

㉒ ［德］霍尔斯特·埃曼：《德国民法中的一般人格权制度——论从非道德行为到侵权行为的转变》，邵建东等译，载梁慧星主编：《民商法论丛》（第23卷），金桥文化出版（香港）有限公司2002年版，第413页。

规定了姓名权,这是《德国民法典》中唯一被明确承认了的人格权;由此形成了德国民法上“姓名”的权利化与“生命、身体、健康和自由”的非权利化这一饶有趣味的法律面貌。其实,这种法律处理技术的差别,恰恰反映出在两者与人的关系问题上法律判断的差异。如前文所述,如果说德国民法拒绝承认人对于自己的“生命、身体、健康和自由”享有权利是由于这些伦理价值被看作人的内在要素的话,那么法律赋予人在其姓名上有权利之存在的原因,正是在立法者看来,姓名与人的本体的距离要远于生命、身体、健康和自由,因而可以被看作外在于人的事物。

与法国民法相同,在德国民法中上述的人格价值虽然没有被视为权利,但是同样不影响侵权法对它的保护。《德国民法典》的“侵权行为”一节,作出了对故意或过失侵害生命、身体、健康和自由等人格价值(第823条第1款),故意或过失侵害民法典以外其他法律所保护的包括人格在内的其他利益(第823条第2款),以违反善良风俗的方式故意侵害应受法律保护的包括人格在内的其他利益(第826条)以及侵害妇女贞操(第825条)的损害赔偿义务。其中,就后面三项而言,其在立法体例上与第823条第1款的“权利侵权”呈并列关系,因此从逻辑上可以看出,德国民法并没有赋予此类应受民法或其他法律保护的利益以“权利”的性质。再就第一项“权利侵权”(第823条第1款)而言,“生命、身体、健康和自由”等人格价值,虽然与“所有权或其他权利”共同规定于该条款当中,但是,这仅仅意味着上述人格价值在侵权法的保护上,与权利适用同样的规则——“第823条第1款还列举了四种在受到侵犯时就同权利立于同等地位的‘生活权利’……这样并不是说,有一种生命、身体、健康和自由的不可侵犯的权利……”㉓

以《德国民法典》为蓝本的《瑞士民法典》在其总则“自然人”一章规定了“人格的保护”,其核心条款是:“人格受到不法侵害时,为了寻求保护,可以向法官起诉任何加害人”(第28条第1款)。《瑞士民法典》在形式上突破了《德国民法典》将人格之保护问题规定于侵权之债当中的模式,从而将《法国民法典》

㉓ [德]卡尔·拉伦茨:《德国民法通论》(上册),王晓晔等译,法律出版社2003年版,第170页。

与《德国民法典》关于人的伦理价值“内在性”的隐晦的价值逻辑判断通过立法的形式直接表述了出来——规定于“自然人”一节的“人格的保护”,清晰地表明了法律对于人的伦理价值的保护乃是通过“人之本体的保护”模式来实现的。与此同时,我们还可以看出,在人的伦理价值之于人的关系问题上,瑞士民法所遵循的仍是德国民法的“伦理价值内在化”的观念,即使在“姓名”这一具体问题上,也与德国民法相同,“姓名权”被规定为“人格的保护”一节中唯一的人格权。

然而,《瑞士民法典》第 28 条规定了专用于人格之保护的“一般条款”。虽然该项条款并不是如同我们以往所认为的那样,开创了“一般人格权”的先河——因为在“人之本体的保护”的模式之下,没有“权利”之存在——但是该项条款的产生,却无疑折射出人的伦理价值在民法中的比重正在上升的趋势。

综上所述,以法、德民法为代表的近代大陆法系民法,沿袭了罗马法所开创的人的伦理价值保护之救济与权利相分离的模式。这种模式在近代民法上的延续,一方面,受到自罗马法以降,法律将外在于人的事物与金钱价值相联系并与人的伦理价值相对立的观念的影响;另一方面,在近代人文主义思想影响下,人的伦理价值在法律中被看作内在于人的事物,从而使法律在“人格的保护”上必然采取“人之本体的保护”模式。在这两个要素的作用下,“人格权”的概念在近代民法之中无从产生。

三、人的伦理价值外在化:现代社会人格权概念兴起的原因

几乎在近代民法从“人之本体”的角度确立起了法典上的人格保护模式的同时,同期理论学说上已经开始显现出人的伦理价值的扩张倾向。1890 年,美国法学家布兰蒂丝和华伦在哈佛大学的《法学评论》上发表了一篇著名的论文,第一次提到“隐私权”的概念。1896 年,德国学者克思奈出版《肖像权论》,提出

了完整的肖像权保护法。[24] 及至第二次世界大战以后,随着"人权运动"的高涨,人的伦理价值所欲涵盖的范围更是急剧扩展,远远超越了近代民法的伦理哲学所固有的生命、身体、健康和自由等领域,而扩展到诸如知情、信用、生活安宁乃至居住环境等方方面面。

比较而言,如果说传统的人的伦理价值作为人的不可或缺的属性,可以被视为"人之所以为人"的"底线",那么现代社会中这些扩展了的人的价值,事实上已经与人的本体渐行渐远了。由于人是否能够在法律上享有肖像、名誉、隐私、知情、生活安宁以及居住环境等方面的价值利益,与其能否成为一个法律上的人事实上已无多大关联,所以从"人的存在"出发,也就难以推导出这些"扩展价值"之存在。由于这些价值无法被包容于"人所固有的东西"的范畴之内,近代民法典对于人的伦理价值所采取的"人之本体的保护"模式受到强烈冲击。如何将现代社会中这些扩张的人的价值纳入民法保护的体系之中,成了现代民法所面临的重大课题。德国民法中的"一般人格权",就是在《德国民法典》的既有框架之下,解决这一课题的一个著例。

在《德国民法典》的侵权制度结构中,对于民法典"权利侵权"(第823条第1款)中未予列举的人的伦理价值,本可以通过"违反保护他人法律之侵权"(第823条第2款)以及"法益侵权"(第826条)予以救济,但是,由于《德国民法典》将人的伦理价值看作人的组成部分,民法典第823条第1款所列举的生命、身体、健康、自由与贞操等要素,基本上已经涵盖了当时立法者所能预见的人之所以为人的最根本的伦理要求。因此,上述"违反保护他人法律之侵权"与"法益侵权"虽然可以用于保护法定类型化之外的伦理价值,但是其侵权制度本身却并非专门为了人的伦理价值保护而设计的。当不断涌现的新型的人格价值需要法律之保护时,这一法律构架就开始显得捉襟见肘:由于这些价值往往是民法以及其他法律所未曾预见的,"违反保护他人法律之侵权"难以适用。同时,"法益侵权"却又要求具备"故意"和"违背公序良俗"的要件,难以满足保护之需求。可见,《德国民法典》缺乏一个专门用于人格保护的"一般条款"。而"一

[24] 参见吕光:《大众传播与法律》,台北,商务印书馆1981年版,第63页。转引自杨立新、孙博:《国外人格权的历史发展》,载《河北法学》1995年第4期。

般人格权”概念的确立,本质上就是德国法院在上述民法典的技术构架之下寻求这种“一般条款”的努力。德国联邦最高法院创设“一般人格权”的基本思路就是,从德国《基本法》“人的尊严和自由发展其人格”的规定出发,将基于这一规定所派生出的应受民法保护的人的价值,视为《德国民法典》第 823 条第 1 款所称的“其他权利”项下的内容,进而适用该款“故意或过失”的责任构成要件。

《德国民法典》制定之初之所以未能创设一个保护人格的一般权利规则,是因为“人格权的内容和范围无法予以充分明确的确定”。[25] 在当时的立法者看来,倘若将人的伦理价值视为人在外部领域的自由空间,那么在这个空间之内,人与人之间自由的界限将是无法界定的。在后来的“一般人格权”的塑造中,为了克服上述障碍,德国联邦最高法院借鉴了帝国法院在“尤特—普吕施案”判决中所采用的方法,[26]在“读者来信案”、“骑士案”、“录音案”以及“索拉雅案”的判决中,确立起了“一般人格权”的概念:第一阶段,联邦最高法院将一般人格权理解为自决权;第二阶段,将这项自决权限制在一个特定的领域内(认定客观载体);第三阶段,在上述特定领域内,在中等程度的抽象高度上,根据人民大众中行之有效的生活准则与礼仪规则,进行法益权利与利益权衡。[27] 从这个“一般人格权”的塑造过程,我们可以清晰地看出,上述的第一阶段,本质为将德国《基本法》中应予保护的概括的人的伦理价值,认定为意志在外部领域的自由的空间(所谓的“自决权”),从而赋予其“外在于人”的性质;在第二阶段,再将上述概括的人的伦理价值依照个案案情,确定其在人的外部领域具体的存在范围,从而使得“一般人格权”向“特别人格权”的派生转化成为可能;而当人的伦理价

---

[25] [德]霍尔斯特·埃曼:《德国民法中的一般人格权制度——论从非道德行为到侵权行为的转变》,邵建东等译,载梁慧星主编:《民商法论丛》(第 23 卷),金桥文化出版(香港)有限公司 2002 年版,第 413 页。

[26] 在这个案件中,帝国法院为了承认“已经设立和经营的营业权”是一种绝对权,其列举的理由是:“由于独立存在的营业并非仅仅与营业者的自由意思相关,而是该意思业已客观体现在该营业之中,因此存在坚实的基础,认为于该营业之上存在一项权利。”即“帝国法院将第 823 条第 1 款中的自由概念所包含的自我决定的权能尽可能地局限在一个‘存在客观载体的领域’,亦即局限在一个概念上能够把握清楚的领域内……”[德]霍尔斯特·埃曼:《德国民法中的一般人格权制度——论从非道德行为到侵权行为的转变》,邵建东等译,载梁慧星主编:《民商法论丛》(第 23 卷),金桥文化出版(香港)有限公司 2002 年版,第 417 页。

[27] 参见周晨、张惠虹:《中德民法中一般人格权制度之比较》,载《德国研究》2003 年第 2 期。

值被视为意志在外部的自由空间之后,就会产生"人我"之间的自由界限问题。因此,在第三阶段,依照一般社会观念所进行的"利益衡量"则成为确定外在化的人的伦理价值存在范围的重要手段。正是基于这一法律思想与技术,德国联邦最高法院"在1954年5月25日'读者来信案'的裁判中,第一次承认一般人格权是类似于财产所有权的其他绝对权利"。[28]

由此可以看出,"一般人格权"被称为"权利",其原因并不是"一般人格权"的创设目的是保护人的伦理价值,而是"一般人格权"的创设过程中所采用的法律技术。这种技术使基于德国《基本法》所引申出来的人的伦理价值具有了"外在化"的特性,因而可以被视为"权利的客体",并且与"生命、身体、健康、自由"等内在化的人的伦理价值相区别。

与此同时,随着商品经济关系在整个社会领域的蔓延,越来越多的人的伦理属性,开始具有了可以金钱价值衡量的财产属性。一方面,人开始对自身的部分人格价值进行支配,犹如他们当初支配财产那样。另一方面,未经本人同意而支配他人人格要素的现象也出现了。从法律上看,这种现象与未经主人同意而对于其物的擅自使用具有相当的同质性。这样,传统民法中人格价值与财产的鲜明的对立开始模糊,人像拥有财产那样拥有人格价值已经不再是不可想象的事情。法国民法理论中关于人格中财产要素的讨论即清晰地反映出这一点。

《法国民法典》是将人的伦理价值认作人的内在要素的。虽然在1994年通过第94—653号民法典修正法律中明确表示了对于人的身体之支配的否定态度:"人体、人体各组成部分及人体所生之物,不得作为财产权利之标的"(第16－1条第3款),但是面对社会日益频繁出现的人格之支配的现象,生命、身体之外的其他人格价值中的财产要素的存在,受到了法国民法理论的正视。由于《法国民法典》观念的影响,法国学者对于这一问题的认识,经历了一个递进式深化的过程。最初,学者Pierre Kayser在关于肖像性质的论述中,将这一具有财产要素的人格视为一个综合体,"它由基于私人生活所生之非财产性的核心,

---

[28] Karl Larenz, *Lehrbuch des Schuldrechts*, Band Ⅱ, Besonderer Teil, 12 Auflage, S. 623. 转引自周晨、张惠虹:《中德民法中一般人格权制度之比较》,载《德国研究》2003年第2期。

与在特定情形下所表现出的财产性的面貌所组成。其中后者是第二位的，它不能脱离前者而独立存在”。[29] 进而，学者 Emmanuel Gaillard 进一步阐明了“在人的肖像上‘独立的’财产权利的存在，这种独立性理论旨在保护那些仅仅造成财产性损害的肖像侵权案件”。[30] 在上述理论的基础之上，学者 Acquarone 开始明确地区分将肖像“视为人的固有的组成部分”与“视为可得利用的财产”在法律意义上的不同，指出“前者主要是普通人的领域，旨在阻却他人的擅自利用；而后者则主要是‘名人’的领域，旨在赋予该名人利用（或不利用）他或她的肖像以取得商业利益的自由”。[31]

人的伦理价值的可支配性的出现，是对近代民法“内在化的伦理价值观念”的又一个冲击。在这种情况下，基于由罗马法所确立的人的伦理价值与物的对立，以及由近代民法所确立的人的伦理价值的内在化观念发生了动摇，随着人在其伦理价值上应当享有如同在自己的财产上所享有的权利的观念的出现，“人格权”的概念真正走进了民法的视野。也正是在这样的背景之下，中国民法典的制定工作开始启动。

四、摆脱内在化的人的伦理价值观念：我国民法典的制度选择

我国民法典的制定是在既有的以《民法通则》为核心、若干单行法并存的“实质民法”体系基础上进行的。其对于人格权立法的体例安排，受到了《民法通则》人格权制度的影响。

与大陆法系国家对于人格权由排斥到有限地承认的曲折历程形成鲜明对照，我国《民法通则》一开始就确立了统一的人格权的概念。这种立法举措，曾

---

[29] See Eric H. Reiter, “Personality and Patrimony: Comparative Perspectives on the Right to One's Image”, *Tulane Law Review*, February 2002.

[30] Ibid.

[31] Ibid.

被认为是我国民事立法上的一大创新,并体现了现代民法人格权概念发展的趋势。但是,进一步分析可以发现,在《民法通则》所确立的诸种人格权中,除了正面规定"姓名权"的"可得支配"的属性之外,其他的人格权,如生命健康权、肖像权与名誉权,法律的条文均是立足于其"不得侵犯",并通过"侵权责任"的规定来加以保护。因此,民法通则中人格权的概念,其实仅仅是"受到法律保护的人格利益"。这样一个人格权概念的不周延之处,就在于其忽略了"法律之保护"其实有"权利的保护"与"人之本体的保护"两种模式。无论一个事物对人而言是"内在的"还是"外在的",都可以因具有"不可侵犯性"而成为法律保护的对象,但是"权利"所指向的,却必须是"外在于人"的事物。由此可见,《民法通则》人格权概念的确立,仅仅在形式上突破了传统大陆法系民法"人格的保护"的立法体例。至于人格权的客体应当是怎样的人的伦理价值,或者说,采取"内在化"还是"外在化"的伦理价值观念,对于人格权的概念之成立会具有怎样不同的影响等问题,并没有在理论上得出清晰的认识。

上述的理论认识的不充分可以从"人格权的客体"问题上得到验证。在我国民法理论中,人格权的客体被普遍看作"人格上的利益",这种观念业已成为通说。[32] 显然,这种认识受到德国法学家耶林的"权利利益说"的影响。然而,就"权利"与"利益"的关系而言,耶林所讲的"权利是受到法律保护的利益",是从"权利的目的"出发的,是与耶林的"目的法学"思想相联系的。耶林认为,"目的是全部法律的创造者。每条法律规则的产生都源于一种目的,即一种实际的动机"。[33] 在耶林看来,法律是实现立法者的目的的手段,故而权利的全部意义就当然在于立法者赋予人以权利所欲达到的目的。无疑,这个目的就是使人获得利益。换言之,从"目的法学"出发来看待权利,结果当然就是耶林所认为的,"授予权力(利)是为了满足特定的利益"[34]。就此以观,如果说利益是权利的"目的"所在,那么就是权利作用于它的对象即客体后所达到的效果,而不

---

[32] 参见刘心稳主编:《中国民法学研究述评》,中国政法大学出版社 1996 年版,第 111 页。

[33] [美]E. 博登海默:《法理学——法律哲学与法律方法》,邓正来译,中国政法大学出版社 1999 年版,第 109 页。

[34] [德]迪特尔·梅迪库斯:《德国民法总论》,邵建东译,法律出版社 2000 年版,第 63 页。

是权利的客体本身。例如,债权,其客体是债务人之给付行为,而因给付的实施,债权人所受领的结果,才是债权的利益;又如物权,其客体是物,而不是物之支配所得之利益。由此我们可以认识到,利益本身并不能作为权利的客体。就人格权而言,其实质是支配权。作为一种支配权,它的客体应当就是权利支配的对象,即基于伦理观念所生的人的价值——这种价值附着在包括生命、健康、身体、自由、姓名、肖像、名誉以及隐私等的要素之中。“人格利益”只能是人格权支配于这些伦理价值(人格权的客体)的结果,而不能成为客体本身。

由此就产生了一个问题。我国民法理论将人格权视为一种“支配权”,[35]但是与同为支配权的物权相比较,为什么在“物权的客体是物(而不是物之支配利益)”的判断已早有定论的情况下,理论上却在“人格权的客体应该是人的伦理价值”的判断上闪烁其词,并通过似是而非的“人格利益”的概念予以回避呢?其实,我国民法理论之所以刻意回避人格权的客体就是人的伦理价值,与近代民法刻意回避“人格权”的概念具有相同的原因:不愿意承认一项“人对于自身的权利”。换言之,我国民法理论沿袭了近代大陆法系民法对于人的伦理价值与人的关系的认识,将后者看成是前者的内在要素,或者称为“主体性要素”。此种观念之下,如前文所述,由于这些要素属于“主体”的范畴,其作为权利的起点,不可能再成为权利的客体,这样,便只能以“人格利益”的概念来填补逻辑上人格权客体的缺位。

我国《民法通则》虽然提出了形式上有别于传统大陆法系民法的人格权概念,但是这个概念却与传统大陆法系民法保持着相同的理论基础:它们都植根于“内在化”伦理价值的观念之上。因而,《民法通则》在立法与理论之间存在的隐蔽而尖锐的矛盾也就此暴露了出来——“内在的伦理价值”观念的结果,只能是对“人格权”概念的否定,此两者是不能两立的——正如近代大陆法系民法早已示范的那样。

---

[35] 例如,“人身权的作用,在于对本身人格和身份的支配,因而属于支配权。同时,也属于绝对权。”(张俊浩主编:《民法学原理》,中国政法大学出版社 1997 年版,第 131 页)“人身权具有非财产性、不可转让性、不可放弃性、法定性、绝对性和支配性等特征。”(王利明主编:《民法》,中国人民大学出版社 2002 年版,第 507 页)“人格权是自然人依法享有的,以其人格作为客体的专属性支配权。”(参见刘心稳主编:《中国民法学研究述评》,中国政法大学出版社 1996 年版,第 111 页)

上述视人的伦理价值为“内在于人的要素”或者“主体性要素”的观念,也延续到了我国民法典的制定过程之中。从这一观念出发,就会得出“人格权应当规定于民事主体制度当中”的结论。对这个结论的反思,首先在于逻辑:如前文所述,由于作为权利主体的组成部分的事物是不能同时成为权利的客体的,在这种立法体例之下,已经不再是“如何规定人格权”的问题,而是“要不要人格权”的问题了。其次在于这种立法体例的理论基础,即内在化的伦理价值观念,虽与传统民法理论相符,但却不应作为当代中国民法典的立法基础。其理由在于:

第一,现代社会民法理论与实践中的“人格权”概念,是在人的伦理价值的范围急剧扩展、与人之本体的距离越来越远的人的价值不断涌现,以及人对其自身价值予以支配的社会需求日益增加的背景下,为了突破近代民法人的伦理价值内在化观念的局限和困顿,以适应社会生活需要的产物。以当代社会生活为实践背景的中国民法,倘若再以近代民法作为起点,自缚于近代民法的内在化的伦理价值观念,那么必将在法典诞生之日起,便背离当今社会生活的要求,重蹈西方国家在民法典之外不得不通过判例、学说以调和法典与社会生活之间的断裂之覆辙。

第二,在中国《民法典》中,不存在人的伦理价值内在化的历史文化基础。由《法国民法典》开创的将人的伦理价值视为人的内在要素,并且作为生物人取得法律人格所依据的近代民法人格技术,乃是建立于自然法观念之上的,而自然法观念在西方社会有着悠久的历史文化传统,并且与宗教信仰密切相关。根据美国昂格尔教授的见解,“对自然法观念的另一支持来自超验性的宗教……其核心就是:相信世界是由人格化的上帝依据自己的设计而创造的。因而,超验性宗教的特殊二元性就是上帝和现实世界”。[36] 据此,必然会产生在现实世界之上还存在“上帝之法”,即自然法的观念。比较而言,在中国传统文化中,“谈到最高的神的形象,最重要的倾向就是日益强调‘天’的神圣特性而不是‘上

[36] 参见[美]R. M. 昂格尔:《现代社会中的法律》,吴玉章、周汉华译,译林出版社2001年版,第73页、第94页。

帝'。结果,神的观念渐渐地非人格化、自然化了"㊲。中国传统中非人格化的"神"的观念,一方面,使宗教对于法律的约束效应几近于无,即"在我们祖先的意识形态中,根本没有像希腊人那样以为每一法律皆为神所拟定的观念。同时我们的法律也不曾依赖巫术宗教的力量来维持"㊳。另一方面,世俗因素则因此成为法律的主宰。决定着法律制度的世俗思想,其所追求的,不会是宗教理想在世俗社会的实现,而只能是纯粹的社会秩序的维持或者控制。在中国传统思想上,人的那些固有的伦理价值,并不见得会因"人之存在"而自然地存在。

第三,新中国经由苏联引入了德国民法的"权利能力"概念。由于权利能力概念背后的伦理文化不可能随着法律概念的"无机移植"而当然地引入,西方法律概念的引进与原本附着在该概念之上的伦理思想的断裂,成为我国民法主体制度之移植的重要特征。这决定了大陆法系民法将人的伦理价值作为法律人格的基础的技术,将无法妥当地适用于我国的民事主体制度的制定。为了弥补上述法律概念与其伦理基础之间的裂痕,在法律技术上只能建立统一的、独立的"人格权"制度,将生命、身体、健康、自由与尊严规定为外在的、"人可得享有的东西",然后通过"权利"将这些价值与人连接起来,即以实定法的权利宣示方式告诉社会,人到底有哪些依法能够享有、能够支配、能够受到法律保护的人格价值。

第四,从理论层面来看,近代民法中内在化的伦理观念的形成,根源于近代的以自然法为代表的理性主义哲学思想。人在被赋予理性的属性后,进而又根据这一属性的要求,判断出的人的价值的"应然状态"。从这个意义上讲,与其说人的伦理价值来自人之本身,不如说来自理性观念的赋予。换言之,当以近代的理性主义哲学作为参照系的时候,人的伦理价值就是由一个"权威"赋予人的"人可得享有的东西",即外在于人的事物。在实在法看来,一个先于实在法而被赋予了伦理价值的人,其伦理价值当然是人所固有的,实在法只需加以保

㊲ [美]R. M. 昂格尔:《现代社会中的法律》,吴玉章、周汉华译,译林出版社 2001 年版,第 73 页、第 94 页。

㊳ 瞿同祖:《中国法律与中国社会》,载瞿同祖:《瞿同祖法学论著集》,中国政法大学出版社 1998 年版,第 273 页。

护而无须予以确认人的属性了。由此可见,所谓的内在化的伦理观念,其条件就是人对其伦理价值的享有,在实在法之外的关于人的伦理哲学中已经得到了确认。随着人对自身价值认识的发展,传统的理性主义思想在现代社会受到了反理性主义哲学的质疑和批判。反理性主义哲学代表人物尼采明确指出,“没有谁能把人的特性给予人……(人)不是一个特别意图、一个意志、一个目的的产物,不能用他去试验实现一种‘人的理想’,或一种‘幸福的理想’,或一种‘道德的理想’——想要按照某一目的铸造他的天性是荒谬的。”[39]以此为出发点,反理性主义哲学的另一代表人物萨特,进而提出了“存在先于本质”的著名论断。[40] 反理性主义思想的兴起向我们揭示出这样一个事实:内在化的伦理价值观念,并不是人的主体性哲学当中的“铁律”。人的价值与人的可分性论断,不仅可以存在于社会反理性主义思潮中,而且同样可以存在于中国社会——如果说现代反理性主义哲学对于人的价值的事先预设的否认,其立论的基础在于“上帝死了”[41]的话,那么中国社会本来就“没有上帝”——在实在法之外的人的价值预设,在中国社会从未曾发生、未曾存在过。因此,在中国,站在实在法面前的人,不可以与西方近代社会实在法面前的人相类比。在近代西方社会由自然法等理性主义哲学所完成的人的价值确认的使命,在我国则注定要由实在法来完成。因此在我国民法中,人的伦理价值只能是外在于人的、因实在法的授权而由人所享有的东西。由此可见,人的伦理价值外在化,并不会导致对人的伦理性的否认,恰恰相反,这是我国民法所肩负的社会启蒙使命的必然要求。

第五,从法律结构层面来看,将人的伦理价值外在化,并未突破传统民法的人格构造。近代民法秉承罗马法上“生物人与法律人相互分离”的传统,从其人格技术来看,法律人格是“有因的”,其始终是以“具备某种条件”为前提的。这种技术在现行民法体系中不仅是自然人格的根本性构架,而且也是法律人格的根本性构架。在自然人格的场合,以《德国民法典》为例,这种构架中的逻辑关

[39] [德]尼采:《偶像的黄昏》,周国平译,光明日报出版社2001年版,第42页。

[40] 参见[法]让-保罗·萨特:《存在与虚无》,陈宣良等译,生活·读书·新知三联书店1987年版,第726页。

[41] [德]尼采:《查拉斯图拉如是说》,尹溟译,文化艺术出版社1991年版,第6页。

系,就是"生物人—伦理价值—权利能力—自然人格"。其中,"自然人格"是以"伦理价值"为依据的。而当我们将人的"伦理价值"从人的范畴之中抽去之后,即在"生物人—权利能力—自然人格"的关系中,民法上的自然人格,就将通过权利能力与"生物人"的本体直接连接。于是,作为人之存在标志的"出生"事实,将直接成为"权利能力"的标志,进而成为法律人格的标志。这样,一方面,由于"权利能力"在形式上扮演了"法律人格依据"的角色,生物人与法律人相互分离的民事主体制度模式得以维持,法人制度也就不会因此受到冲击。另一方面,这事实上并没有超出"权利能力始于出生,人因权利能力的具备而成为法律主体"的传统民法的形式逻辑,所以也不会造成对民法基本体系的破坏。

当人的伦理价值在法律观念上由"主体性要素"成为"权利的客体"之后,作为真正意义上的"支配权"的人格权,就将与物权、继承权等支配权利并列,而成为民法分则中独立的一编。接下来,便是对人格权"支配性"的认识问题。一方面,作为民法分则的一个组成部分,"人格权编"必须满足《德国民法典》以来民法"总则—分则"结构中以"法律行为"贯穿始终的体系要求。另一方面,人的伦理价值就成为人的意志在外部领域作用的对象,被意志看作"我的","它归属于我,故我可得支配之",即在"归属"的概念之下,"支配"成为可能。事实上,《德国民法典》当初拒绝承认人格权的一个重要的原因,就是回避由此而来的人格支配问题——"否则就会得出存在一项'自杀权'的结论"。[42] 形成鲜明对照的是,《德国民法典》第 12 条关于姓名权的规定中,却清晰地显示出"姓名的可利用性"。

但是,不可否认的是,现代社会中人的伦理价值的交易要求,是表现在"部分的"人的伦理价值之上,如肖像、名誉、隐私等,而其他的人的价值如生命,则无论如何也不可能产生交易的问题。然而,当统一的人格权的概念建立之后,所有的人的伦理价值,将均被视为外在于人的事物,进而都在逻辑上引申出了"可支配性"。由此所产生的问题就是,在那些不可能成为交易对象的人的伦理

---

[42] [德]霍尔斯特·埃曼:《德国民法中的一般人格权制度——论从非道德行为到侵权行为的转变》,邵建东等译,载梁慧星主编:《民商法论丛》(第 23 卷),金桥文化出版(香港)有限公司 2002 年版,第 413 页。

价值上,有没有人的支配的存在?

回答是肯定的。支配可以分为“事实支配”与“法律支配”,前者通过事实行为来实现,后者则是由法律行为来完成的。就事实支配而言,无论法律是否承认人在事实上的支配权,在法律保护的范围之内,人对于包括生命在内的所有的人格价值的事实支配,都是存在的,我们通常所讲的“人格利益的享有”,就是一种支配。就其中最敏感的问题——生命的放弃即自杀而言,德国民法上不愿意承认人的“自杀权”,固然有其传统宗教上的原因和伦理上的合理性,但是只要人的意志能够将生命、身体作为对象,意志的自由就必然会包含对其对象的处分。在此需要特别强调的是,法律对生命、身体的支配权的承认,绝对不等同于对自杀的鼓励。这种支配权的伦理意义在于,一个有尊严的、自由的人的起点,是成为自己生命和身体的主人。再就法律支配而言,理论上应当厘清的是“能否支配”与“能否实现支配之目的”这两个层面的区别,而这两个层面所对应的,就是意思表示行为“成立”与“生效”的区别。就前者而言,其意义在于人拥有利用一切资源为自己争取利益的自由,这是意思自治原则的表现;就后者而言,其意义则在于上述的预期利益应当在法律的框架之内来实现,这是意思自治原则范围的表现。基于此,人格价值的可支配性,无疑是属于前一个层面的。由于人的伦理价值上的法律支配具有道德上的敏感性,所以对其正当与否的评价,要面临十分复杂的局面。对于生命的法律支配,如“安乐死契约”,是目前社会道德所不能接受的,但是对于身体的法律支配,是否违背道德观念,则需要视具体的情况作个案分析。故而,在人格价值的法律支配的场合,在承认其可支配性的前提下,将支配能否实现的问题交给行为的生效要件如公序良俗原则来加以考察,是符合民法的技术规律的。因此,我们不能够基于在某些场合下人的伦理价值的法律支配有悖于公序良俗原则,就否认人格权的支配性,如同我们不能够基于在某些场合下权利的行使会构成滥用,就否定权利的存在一样。

需要说明的是,人格权基于其“支配性”而“同质”于其他的支配权,如物权,但人格权的支配性仍然具有自身的特性。首先,那些可得由人格权支配的对象不同于物权所支配的物。人的伦理价值并不是一种客观的存在,而是在关于人的价值的社会伦理观念之下的产物。其次，正是基于物的纯粹客观性，人与物之间主体与客体的联系，完全依赖于作为人的意志载体的权利的连接。当人的意志不再将物看作“我的”之时，人与物之间的这种权利连接将会中断。比较而言，作为人格权支配的对象，“人的伦理价值”则必然是相对于特定的人而言的，它不可能脱离该特定的人而独立地存在或为另一个人所享有，否则，附着于其上的财产价值将丧失意义。因此，人格权的支配只能是一种负担性的、不改变支配对象“归属”的“使用许可”或者“暂时限制”意义上的支配，其支配对象与人之间伦理的纽带并不会由于支配的实施而中断。可见，人格权的支配呈现出与物权之支配截然不同的特性，故而承认人格权的支配性，并不会导致对于人格价值的伦理性的否定。恰恰相反，“人格权具有支配性”这一判断本身，就意味着对于该支配对象赖以存在的伦理观念的肯定。

附带一提的是，对我国民法典的人格价值保护的立法体例还存在一种见解，认为这个问题既不规定于主体之中，也不独立成编，而是应当在“侵权法”之中予以规定。这种观点的直接蓝本就是《德国民法典》的体例。这种观点的不足之处，首先，在于其将人的伦理价值的法律意义仅仅局限于侵权法上的保护，忽略了社会生活对于人的伦理价值的“可支配性”的要求。显然，侵权法上的保护，是无法为这种支配的社会需要提供法律上的根据的。其次，就法律保护的层面而言，在人的伦理价值的范围今日业已超越人之本体而及于人的外部领域的情况下，侵权法对于人的价值的保护必须建立在界定“人我自由之界限”的基础之上。而这种自由的界限的划分，必须依赖于权利的规则，而侵权法自身是无法完成的。最后，对于“法律保护”的强调并不能取代或者回避“法律之所以保护”的问题。事实上，在否认“人格权”独立成编的前提下，由于我国《民法总则》中民事主体制度的存在，侵权法逻辑上只能以民事主体制度作为法律保护的依据，即其在本质上仍然是“人之本体的保护”模式，其与主张将人格权规定于主体制度中的观点，具有相同的理论基础：都是将人的伦理价值视为内在于人的事物。

综上所述，我国民法典制定中的人的伦理价值保护制度的构建问题，绝不是简单的“应该规定在哪里”的问题。如何在法律上看待人的伦理价值与人的关系,才是这个问题的核心。对此的不同认识,直接决定着民法的制度选择。而这个认识既根源于历史的传统,也受制于社会的发展。在我国民法典的制定中,基于现代社会生活人格价值的扩张以及支配之需要,也基于我国人文主义传统之欠缺,以伦理价值内在化为理论基础的近代民法的人格保护体例并不可取。将人的伦理价值外在化,视其为权利的客体,建立独立、统一的人格权概念及其制度,应是我国民法典唯一的选择。

关于人格、人格权问题的讨论*

人格、人格权问题是民法的一个重要问题。现将这次讨论所涉及的问题的记录整理归纳罗列如下,欢迎学界各位老师、同学指正。

按讨论顺序整理的提纲:

一、从“人格”的历史演进,看“人之所以为人”的原因

(一)传统民法中“生物人”与“法律人格”的分离模式与“适格判断技术”

(二)《法国民法典》中的法律人格基础

(三)《德国民法典》中的法律人格基础

1.“权利能力”概念产生的原因

2.“权利能力”与“法律人格”的关系

3.“行为能力”在法律人格塑造中的意义

(四)关于“无财产,就无人格”

二、“人格权”概念辨析

(一)《德国民法典》与《瑞士民法典》中,有人格权吗

(二)“人格权”等于“法律保护”吗

(三)“人格权”的客体是“人格利益”吗

(四)什么是“人格权”

* 本文系根据作者于2003年12月1日在清华大学明理楼与清华大学法学院2003级民商法博士研究生就人格、人格权问题进行的课堂讨论记录整理,曾收入马俊驹主编:《民法典探索与展望》,中国民主法制出版社2005年版。

(五)传统民法中,“人的伦理价值”与“人”的关系

三、现代社会中,“人格权”概念兴起的原因

(一)人的“基本伦理价值”与“扩张伦理价值”

(二)德国“一般人格权”为什么是“权利”

(三)“人格商化”与“人格权”的概念

四、我国民法典人格权立法的模式选择

(一)现代大陆法系民法人格权保护的“二元模式”评析

(二)建立统一的人格权制度所需要回答的理论问题

(三)人格价值因素的可支配性:对于“自杀”、“安乐死”及“色情交易”的法律理解

(四)人格权是“宪法权利”,还是“民法权利”?

(五)法人的“人格权”问题

(六)我国民法典的人格权立法体例和内容

讨论的基本内容整理:

马俊驹:这个学期,我们2003级博士研究生把“人格与人格权”作为一个讨论的重要议题。目前,我国在制定民法典的过程中,人们对于人格权的立法体例,产生了很大的分歧,学界也出现了激烈的争论。我国民法中的人格权到底怎样来规定?是规定于总则的民事主体制度当中,还是规定于分则的侵权行为制度当中,抑或是独立成编,这涉及人格与民事主体、权利能力以及人格权之间方方面面的关系。所以,存在于学界的这些争议,实际上为我们研究人格、人格权这一民法学上的重要课题,提供了很好的契机。现在有许多基础性的工作要做,首先就是对于人格问题所涉及的一系列范畴加以梳理,认识它们各自的来龙去脉,厘清它们彼此之间的关系。要做到这一点,需要对人格概念的产生、演化和发展有一个总体的把握。

大家在讨论中,应当从动态的、发展的角度来把握这个问题。人格问题如果追根溯源,可以一直追溯到古代罗马法的制度之上。在民法长期的发展过程中,人格制度始终随着民法的演进而演进。民法的首要问题是人的问题,这是

民法一系列原则、制度的出发点和归宿。从这个意义上讲,人格制度的演变直接反映了整个民法观念、价值的发展。由于特定时期中民法的观念和价值的形成,取决于当时的社会经济条件,因此民法人格的发展过程,是一个在社会经济发展的驱动下历史发展的产物。同时,人的问题在民法中,并不仅仅是法律关系的参加者以及法律后果的承受者的问题,人,尤其是自然人,作为万物之灵,始终面临着一个"人应当怎样被看待、怎样被对待"的问题,这就涉及关于人的哲理。对于人的哲理性的思考,是影响民法的原则和制度的又一个重要的因素,因此,人格的发展和演变,同时也是人的伦理哲学发展的过程。

下面,我们就开始讨论。相信大家已对于今天的讨论,做了一些准备。讨论中同学们要畅所欲言,对于一个人所提出的认识,其他人可以质疑,也可以发表自己的观点。这次讨论由张翔负责记录和整理。

一、从"人格"的历史演进,看"人之所以为人"的原因

(一)传统民法中"生物人"与"法律人格"的分离模式与"适格判断技术"

张翔:刚才马老师讲过,民法中的人格问题,存在一个历史的发展、演进的过程。如果站在今天的角度来看待人格这个概念,正如许多学者所指出的,这个概念有着多重含义。它既意味着民事主体,即法律人格;还意味着民事主体的依据,即"人之所以为人"的那些原因;同时还意味着人格权的客体。由于今天的民法理论赋予了人格概念太多的内涵,为了在历史的考察中梳理人格概念之下各个范畴之间的关系,我们先从人格的第一层含义,即法律人格的概念入手。因为这个意义上的人格,应该是人格概念的固有含义,民法上"人格"一词的源头——古罗马法中的 persona,指的就是法律上的人。

我们知道,罗马法中的法律人格,具有鲜明的对立于生物上的人的特性。在罗马法中,一个生物人要取得人的资格,即具有 persona,除了他是生物人之外,还要具备其他基本条件:他必须是自由的,如果他要成为市民法上的人,他还必须是市民。另外,在 persona 的层面之上,法律人格又存在诸如"婚姻资格"

与“交易资格”的进一步的细化,就是说罗马法上具有法律人格的人,他们各自人格享有的状况又是有差异的,这种差异来自具体的人的家族血缘、性别、国籍以及是否为被解放的奴隶等身份要素。由此可见,在罗马法中,从生物人意义上讲毫无差异的人,在法律人格的角度上则被划分为“人与非人”“高等的人与低等的人”。罗马法上生物人与法律人格之间的差异,是极其明显的。

赵克祥:虽然我同意张翔所讲的罗马法上存在生物人与法律人的差异,但是可否将罗马法上的persona一词,即与“民事主体资格”等同,看来还需要进一步明确。因为persona一词不仅具有“人格”之意,而且具有“面具”之意。因此,罗马法上的人,就可以被形象地比喻为“一个戴着面具的生物人”,而不应当是那个“面具”本身。在罗马法上,有“面具”,就能成为法律上的人;无“面具”则不行。因此,面具并不是法律上的人,而是法律上的人的前提。这样看来,罗马法上的persona,应当是“人格”一词的第二层含义,即“人之所以为人”的条件。

蓝蓝:这个比喻很有意思,也非常贴切。如果仅仅将persona看作法律人格,就有可能忽略法律人格在现实世界中的基础。事实上,法律人格的塑造是在生物人的基础之上完成的。同时,我还是认为,罗马法上的persona一词,作为“取得法律人格的前提”,即赵克祥所讲的“有面具者有人格、无面具者无人格”,仅仅具有形式上的意义。事实上,在罗马法中,取得法律人格的条件,或者说戴上那个“面具”的条件,归根结底是人的身份,而不是persona本身。正是人在古代罗马社会中这样或者那样的身份,才导致了罗马法上生物人与法律人的二元对立以及法律人之间法律人格的相异性。

马俊驹:罗马法所奠定的生物人与法律人的分立,进一步讲,是现实存在与法律存在之间的分立。对于后世民法的主体制度,包括自然人制度,也包括法人制度的构建,具有深远的影响。这种来自生物人与法律人相互分离的立法观念的影响,并不仅仅意味着法律人是法律在生物人之中选择适格者的结果,而且意味着生物人要成为法律上的人,必须具备“适格”的条件。这就是说,在采取生物人与法律人相互分离的立法模式之下,符合怎样条件的生物人才可以成为法律人这个“适格判断”问题,是一个法律技术必然要面临,也是一定要回答的问题。显然,在罗马法中,这个问题的答案,就是人的身份。

(二)《法国民法典》中的法律人格基础

蓝蓝:我非常同意马老师的看法。将生物人与法律人的分立上升为现实存在与法律存在的分立之后,就可以将近现代民法中的法人制度包容进去,而那个"适格者的条件"问题,自然就表现为"法人的条件"。但是,我还是有一点疑虑。罗马法所开创的"生物人与法律人的分立",是以罗马法上奴隶的存在为社会背景的。进入近代以来,以《法国民法典》为先驱,在民法上实现了人与人之间平等,所有的生物人均成为法律上的人,罗马法上的生物人与法律人相互分离的社会背景,似乎不存在了。那么,我们还可以说在自然人的领域里,近现代民法仍然沿袭罗马法的生物人与法律人相分立的立法观念吗?

张鹤:我认为这是一个需要谨慎对待的问题。自近代民法以来,在自然人的领域中,是否仍然沿袭罗马法的生物人与法律人的分立模式,其判断的标准,似乎不应该是有无"非法律主体的生物人"的存在,即是否有奴隶的存在。刚才马老师说,这种分立模式必然会面临"适格者条件"的判断问题,那么反过来,在法律技术上是否存在"适格判断",就应当成为是否存在这种分立模式的标志。因此,我们应当考察的,是在近代民法之下,生物人法律人格的具备,是否也是基于某种"适格条件",这种条件是否介于生物人与法律人之间,起着沟通生物人与法律人的桥梁的作用?

张翔:这是一条非常重要的思路。如果要回答近代民法的人格塑造中,到底有没有"适格判断"问题,恐怕仍然离不开历史的考察。罗马法以身份为基础的法律人格不平等,一直延续到中世纪。虽然自古希腊开始,西方社会就产生了主张人人平等的自然法思想,这种思想对于罗马法以及后来的中世纪教会法都产生过一定的影响,但是,它并没有强大到足以改变法律上人格不平等的地步,这里的原因恐怕在于社会经济生活对法律制度有着更强大的说服力。当新兴的资本主义经济关系开始提出人人平等的要求时,它对于法律的影响,则主要是通过有关人的伦理思想来发挥作用的,这就是近代的自然法思想。近代自然法思想宣扬基于自然法则所产生的人的理性,主张理性基础之上的人人平等,强调政府的权力来自人民。这种思想对于《法国民法典》的制定,具有极其重要的影响力。据资料显示,《法国民法典》的立法草案曾经明确宣称,自然法具有法律渊源的效力。

赵克祥:我还想从另外一个角度来说明这个问题。在今天看来,人人平等的观念似乎是不言而喻的。但是,在制定《法国民法典》当时的历史背景之下,或者再远一点,在西方思想启蒙运动的背景之下,来自身份的人格不平等已经长期存在,平等观念的主张意味着对于当时社会现状的重大改变。因此,要让这种观念为人所接受,没有充足的理论支撑是不可能的。显然,近代自然法的思想在此充当了这一角色。那么,《法国民法典》既然把自然法思想看作重要的立法依据,是否可以这样讲,当时在伦理思想上支撑起人人平等观念的自然法思想,同时也是《法国民法典》上"法国人均享有私权利"这一规定的依据?

张翔:我认为这个推论是成立的。按照这个推论,我们就能够解读《法国民法典》上"法国人均享有私权利"的规定。这一规定的逻辑并不在于"因为甲是生物人,所以甲是法律人",它完整的逻辑应该是"因为甲是生物人,而生物人具有自然法上的人的理性,依照自然法应当按照法律人来对待,因此甲是法律人"。可见,作为近代民法代表的《法国民法典》,显然是存在法律人的"适格判断"问题的。由此可以看出,在自然人法律人格问题上,源自罗马法的生物人与法律人相互分离的观念,在近代民法中被沿袭下来,并且成为近代民法构建法律人格制度的基石。

将罗马法与法国法进行比较,可以发现,罗马法上的生物人与法律人的分立,是现实的、外在的。而法国法上的这种分立,则是观念上的、逻辑上的。由此可以得出的结论,就是罗马法上生物人与法律人存在"外延"上的分立,而在法国法上它们两者的分立则表现在"内涵"之上,虽然它们的外延已经重合。

马俊驹:刚才你们分析的结果,我基本上赞同。但是,大家所得出法国民法或者说近代民法,沿袭了罗马法的分立模式这一结论,它的重要性倒还在其次。这里关键的问题在于,法国民法或者说近代民法上,的确存在法律主体的"适格判断",这一点非常重要。以此为基础,就可以分析这样一个问题:法国民法的法律人格,是建立在自然法观念的基础上,那么,从民法这个实在法的角度来看,自然法所强调的理性,对于人来讲到底意味着什么?也就是说,根据自然法,一个理性的人,到底具有哪些特质,才使实在法必须要把他当成一个人来看待,使他成为法律主体?

理性的观念,意味着对人的价值的强调。强调人的价值,不仅能够在作为“群体”的人彼此之间的关系中,引申出人人平等的观念。同时,这种价值还包含了作为“个体”的人的安全、自由和尊严——从民法的角度来讲,就是人的生命、健康、身体、名誉等“伦理价值”。回到刚才讨论的问题上,如果说法国民法的法律人格,是建立在自然法观念的基础之上,那么这个基础在民法上,就意味着人的生命、健康、身体、名誉等价值,成为“适格判断”的标准,构成了人之所以为人的条件。显然,这里涉及人格概念的第二层含义了。

(三)《德国民法典》中的法律人格基础

1. “权利能力”概念产生的原因

赵克祥:人格概念的第二层次的含义,即民事主体的条件,这与马老师刚才将“生命、健康、身体、名誉”等人的价值作为法律人的基础的总结,是相符的。但是,我也看到了一些著述,有学者将上述人格的第二层面的含义与“权利能力”等价起来。权利能力作为人享有权利、承担义务的载体,也是可以被看作法律人格的前提条件的。然而,现在如果我们把法律上的人的基础,定位为人的伦理价值,那么就必须正面回答这些价值与权利能力之间的关系。也就是说,在德国民法上,暂且将法人的问题放在一边,自然人人格的基础,到底是人的权利能力,还是人的伦理价值?

张翔:对于这个问题,我的认识是,权利能力的概念,并不是凭空产生的,它有其法律思想上的背景。确切地讲,权利能力的概念是《德国民法典》的主体制度扬弃《法国民法典》的结果。《法国民法典》民事主体塑造中的“适格判断”,立足于自然法的思想,将人的自然理性作为人之所以为人的原因。但是,这个观念看来并未得到《德国民法典》的立法者的赞许。

在《德国民法典》的制定过程中,康德哲学与萨维尼的历史法学发挥了重要的影响作用。针对自然法所强调的基于自然所生的人类理性,康德哲学反对把人的理性系于自然法则之上,而是主张它来自人的内心意志。同时,萨维尼的历史法学则强调法律是民族精神的产物,而反对把自然法看作民法的法源。在这些思想的影响之下,继德国历史法学之后的学说汇纂学派,开始立足于逻辑,来诠释罗马法的技术。于是,实在法各个概念范畴之间的逻辑联系体系,备受重视。这在民事主体的制度构建上,就表现为《德国民法典》用一个人之所以为人的"实在法"依据,来替代法国民法的民事主体的"自然法"依据。这个实在法上的法律人的依据,就是权利能力。

2."权利能力"与"法律人格"的关系

张鹤:把德国民法的权利能力概念的产生与学说汇纂学派联系起来进行认识的思路,很有意思。现在似乎可以转换一个角度,对这一思路进行拓展。如果将权利能力看成是德国民法上,用于取代法国民法人的自然法依据的替代物,那么,就可以认为与权利能力的概念,其实具有与法国民法中人的自然理性相同的法律技术意义:权利能力也是一种法律人的"适格判断"标准,它标志着德国民法在自然人的民事主体塑造观念上,仍然是沿袭了罗马法的生物人与法律人相互分离的立法观念。

从这个角度来讲,我们就可以回答"人格与权利能力的关系"这个老问题了。如果把人格看成是民事主体的话,那么权利能力就应该是人格的前提,即人之所以为人的依据,在于他具备权利能力。这样看来,权利能力与民事主体的关系,似乎也不像我国学界通常认为的,"权利能力是民事主体的结果"。恰恰相反,这里的逻辑应该是,"因为他具有权利能力,所以他才是民事主体"。正如我们刚才讨论到的,这个逻辑其实是和源自罗马法的生物人与法律人相分离的模式以及"适格判断"思维相联系的。

张翔:我同意这个结论。学界一直有观点认为,当所有的生物人都成为法律人之后,权利能力的概念就没有存在的必要了。甚至有学者主张使用"民事主体"的概念来取代"权利能力"的概念。这种观点所忽略的,就是在生物人与法律人这两个分离的概念之间,权利能力恰恰起到了沟通其二者的桥梁作用。

蓝蓝:从生物人与法律人相互分离的立法观念来看,虽然可以认为德国民法上的权利能力概念,在法律逻辑上充当了"适格判断"标准的角色。但是,如果将权利能力的法律意义就此与法国民法的人的价值相提并论，并且认为前者是后者的替代品，这是不是说，德国民法上的主体，已经脱离了人在哲理上的价值，而仅仅依靠这个实在法上的权利能力概念，而得以存在了呢？在我看来，得出这个结论似乎为时尚早。在德国民法上，权利能力概念的出现，客观上并没有丝毫改变法国民法生物人均得平等地成为法律主体的效果。自然法所主张的“生而平等、生而为人”的思想，难道与德国民法中“生而具有权利能力”的规定之间，没有某种内在的联系吗？

张翔：这的确是一个需要认真思考的问题。在我看来，对《德国民法典》产生过深刻影响的德国先验唯心主义与历史法学，它们所反对的，仅仅是自然法学派的论证方法，而并不排斥其论证的结果。它们虽然不同意自然法学把法律的基础、人的价值归因于那么一种叫作“自然”的天道伦常，但是当它们用自己的理论和角度来解读法律和人的价值时，还是得出了与自然法思想相同的结论，那就是人人平等。比如，康德仍旧在强调人的“目的性”，而拒绝将人看作一种手段；黑格尔的那句名言“作为一个人，并尊重他人为人”，其实也就是对人的价值的肯定。因此，与其说德国先验唯心主义哲学和近代自然法学，在对人的认识上是殊途同归的，倒不如说它们其实是对同一个人文主义的价值观念，各自提供了一套理论解释罢了。同样，德国近代的历史法学所主张的民族精神，也不是以背离人文主义思想为代价的。正因如此，《德国民法典》第一立法草案说明中，就有了这样的宣示：承认人人都具有权利能力，是理性和伦理的戒律。因此，从法律逻辑技术的层面上看，权利能力是法律人的条件，即具有权利能力，才能成为民事主体；但是从法律思想的层面上看，人的伦理价值则是权利能力的基础，进而是法律人的基础。正是由于在法律思想上，存在对人的价值的认同，所以生物人才能基于这种价值，平等地享有权利能力，成为民事主体。

马俊驹：关于近代民法中法律人格的基础问题，我们应该认识到，法律制度的构建，一定有它的经济、文化思想等方面的基础。在民事主体制度的形成上，与经济因素的影响力相比较，哲理思想的影响力表现得更为直接，它直接地影响着法律的观念。如果我们不能够把民事主体制度的构建，放置在这一基础之上或者这一背景之下去观察，有些问题是无法得到解决的，比如，讨论中提到的权利能力这一概念在法律人格构造中的作用。

通过上面的讨论,大家似乎已经得出了这样一个论点,那就是在近代民法中,无论是法国民法,还是德国民法,其民事主体的地位,都是以人的理性为基点,建立在人的伦理价值的基础上面的。由此出发,需要考虑的问题有二:一是如何解释事实上不具有理性的人的法律主体资格?婴儿不具有理性,为什么也会成为民事主体?二是人的伦理价值,是不是法律人格唯一的基础?这个问题之所以会被提出来,是因为梅夏英博士提出的一个观点。按照他的看法,法律人格的基础,应当区分人身关系中的人格与财产关系中的人格来看待。在前者中,人格的基础就是所谓的伦理价值,而在后者中,人格的基础则是财产。

3. "行为能力"在法律人格塑造中的意义

张翔:对于前一个问题,我的理解是,人的价值伦理中所称的理性,是指作为整体的"人类理性"。近代民法在此的逻辑推论,就是将人类一般的、普遍的理性属性,反过来看成是每一个具体的、特定的人的法律人格的取得依据。这样,民法才将具有千差万别的具体的人,在整体的"人类理性"的基础之上,统一起来,进而建立了平等的法律人格制度。

事实上,民法在主体的构建中,并不是对具体的人在理性能力上存在的客观差异视而不见。只不过基于平等的伦理观念,民法不能将这种差异体现在法律人格的构成当中,而只能将这种差异的法律意义,局限在法律人格"通过行为取得权利、义务"的过程之中。基于此,民法在"权利取得"这一环节约束不具有完全理性的人自主的设权行为,同时通过监护制度,以监护人完整的理性能力弥补其理性之不足,从而使其最终获得与他人平等地取得权利的机会与能力。

由此可见,近代民法中"权利能力"与"行为能力"这两个概念,其实都与"人的理性"密切相关。只不过前者着眼于人类整体,追求人与人之间的平等;后者则着眼于人的个体,体现着人与人之间的差异。在人格平等的观念之下,法律赋予前者以"人格基础"的意义,而后者则必须与"法律人格"分离,而在"权利的现实取得"上发挥作用。

(四)关于"无财产,就无人格"

张鹤:我来谈一下马老师所提的后一个问题。梅博士的那个讲演记录,我已经拜读了。他的确很深刻地揭示出了商品经济关系对近代民法上塑造人的影响。面对商品经济的发展,近代民法主体制度设计的出发点之一,就是塑造出商品经济的参与者,通过他们来实现商品生产与交换。梅博士透过商品经济关系中的人的活动,指出其归根结底就是财产的活动,而人不过是活动中的财产的“监护人”。在近代民法的抽象法律人格技术之下,人在财产关系中的法律意义,不过是为特定范围的财产充当一个归属意义的载体,自然人如此,法人亦然。这些观点都是深刻而且独到的。

但是,梅博士最后将商品经济关系中财产对于人格的意义,置于决定性的地位,提出了商品经济关系中“无财产,就无人格”的观点,对此我心存疑虑。对于法人来讲,“无财产,就无人格”的论点,无疑是成立的。问题在于自然人那里。自然人作为法律主体的人格,能不能二分为财产关系中的人格与人身关系中的人格?

蓝蓝:我认为可以。理由是财产关系与人身关系,对于参与者的要求是不同的。就前者而言,其本质就是商品交换关系。因而参与者必须拥有可以与他人进行交换的财产。反之,没有财产,就无法参加这种交换关系,也就无从成为这种关系的主体。显然,财产的拥有,是成为财产关系主体的前提。比较而言,人身关系就不同,它的产生或者是基于出生的事实,或者是基于不以财产为内容的法律行为。人是否拥有财产,对于人身关系的参与并无影响。既然人通向财产关系与通向人身关系,事实上具有高度不同的“门槛”,那么为什么不可以认为,人成为这两类不同法律关系的主体,是建立在不同的基础之上呢?

赵克祥:在我看来,“无财产,就无人格”的观点,是对社会生活的一个大胆的揭示。在商品经济关系已经席卷了社会生活方方面面的今天,民法上法律人格的实现,越来越依赖于财产的拥有,这是显而易见的。如果把人的主体性地位的实现,单纯地依托于人的伦理价值,而对商品经济的发展与蔓延视而不见,那么,势必会产生法律上的道德哲理与现实生活的冲突。现代民法对近代民法抽象人格的反思以及社会“弱者”对法律保护的呼唤,其实正是这种冲突的表现,同时也正是对于现实生活中“无财产,即无人格”这一命题的有力诠释。

二、“人格权”概念辨析

马俊驹:刚才赵克祥的发言,向我们提出了一个问题,即在法律人格的基础上,如何认识伦理价值与财产之间的关系。我倒是认为,这两者之间,并不是非此即彼的关系,而是一个问题的两个方面。人的伦理观念对于法律人格的塑造的意义,在于从立法思想上明确“人应该怎样被对待”,由此衍生出“民法的目的”问题。同时,财产的拥有则是“人之为人”不可或缺的条件,它涉及“民法目的的实现条件”。我们知道,民法从本质上讲,就是广义的人法。人,尤其是自然人,是民法的目的所在。把人看作民法的目的,是离不开法律思想对人的价值的承认的。同时也应该看到,民法中的人本主义,绝不是单纯的道德说教。法律的使命,必定是将自身的价值贯彻到现实生活之中,形成社会行为模式。因此,法律的价值观念确定之后,必须要考虑其目的在社会生活当中的实现条件,并有针对性地设计制度,以确保法律目的、法律价值的实现。

好了,关于梅夏英博士所提出的观点,我们就先讨论到这里。下面开始人格权问题的讨论。在人格权的问题上,我们应该从“权利”的角度来对它予以把握。主流学界的观点,对人格权的概念,通常从两个方面来加以阐述。一是从逻辑上,认为人格权是把人的伦理价值,如生命、健康、姓名、肖像,看成是权利的客体;二是从法律的效果上,认为人格权是受到法律保护的人的伦理价值。那么,这里的问题在于,法律的保护能否与权利画等号?是不是只要是“法律保护的对象”,就一定是“权利的客体”?

(一)《德国民法典》与《瑞士民法典》中,有人格权吗

张鹤:马老师所提出的问题,正是我所疑惑的。目前,关于我国人格权立法体例的论著中,有观点主张人格权应当规定于侵权行为法之中。其依据之一,就是《德国民法典》的立法体例。但是,我发现在《德国民法典》上,那些被我国许多学者认为是“人格权”规定的内容,实际上并没有被当作“权利”来对待。

《德国民法典》第823条第1款规定:“故意或过失不法侵害他人生命、身体、健康和自由、所有权或者其他权利者,对他人因此而产生的损害负赔偿责任。”从这一条规定可以看出,一方面,在用语上,《德国民法典》所规定的“生命、身体、健康和自由”,它们的后面并没有附加一个“权”字。另一方面,在逻辑上,与人的“生命、身体、健康和自由”处于并列地位的,是“所有权或者其他权利”。由于前者“并列于”权利,而非“从属于”权利,因此,可以得出结论:《德国民法典》中的“生命、身体、健康和自由”,在逻辑上是不属于“权利”的范畴的。

与“生命、身体、健康和自由”的非权利化规定形成鲜明对照的是,《德国民法典》第12条明确规定了人的姓名上权利的存在,即“姓名权”。对于这个现象,我的疑问就是,既然《德国民法典》已经给予人的“生命、身体、健康和自由”以法律保护,那么,为什么还要将它们与“所有权或者其他权利”区别规定,而不是直接把前者规定为权利?同时,“生命、身体、健康和自由”之于人的意义,要比姓名重要得多,为什么《德国民法典》认可了人对于自己姓名的权利存在,反而要将“生命、身体、健康和自由”放置在权利的范畴之外呢?

蓝蓝:在《瑞士民法典》中,刚才张鹤所说的现象,同样存在。《瑞士民法典》在开篇的“自然人”一章,就规定了“人格的保护”。其核心的条款是第28条第1款:“人格受到不法侵害时,为了寻求保护,可以向法官起诉任何加害人。”在这里,立法仍然是将法律的保护,依托在“人格”,即那些人的伦理价值之上,而没有明确在这些价值上人的权利的存在。而且,与《德国民法典》如出一辙,《瑞士民法典》也是仅仅规定了“姓名权”,而对其他的人的价值未作出权利化的宣示。

(二)“人格权”等于“法律保护”吗

马俊驹:这个现象非常有意思,也非常有说服力。它首先告诉我们的是,“法律保护的对象”,并不能简单地与“权利客体”画上等号。同时,这个现象把一个问题推到了我们的面前,那就是“权利的标准问题”。在大陆法系民法中,怎样的“法律保护对象”可以成为“权利的客体”?这是我们确立科学的“人格权”概念的前提。对于这一问题,应该以“权利的客体”为切入点,来比较民法中那些典型的民事权利,如物权、债权,它们在客体上与人格权有什么不同之处。

张翔:马老师所提的这个思路,对我具有启发意义。从"人格权"的概念来看,人格权的客体,是人的伦理价值,如生命、健康、肖像。按照前面讨论的结果,这些价值恰恰又构成了近代民法中"法律人格"的依据。进而,如果再来考察"生物人"与"法律人格依据"的关系,结论自然就是"由于生物人具有这些依据,所以他可以成为法律人"。由此就可以看出,在近代民法中,法律人格的基础,是生物人"内生"的属性。这个属性,是"内在于人"的。从这个角度来看,"人格权"的概念,在近代民法的观念之下,就是人对于"内在于"自己的事物所享有的权利。从这一点出发,我们再将人格权与物权、债权进行比较。虽然物权是支配权,债权是请求权,但是它们的客体,无论是物,还是债务人的给付,对于权利人来讲,都是"外在的"。因此可以得出结论,人格权与物权、债权等其他民事权利的最大差异,就在于人格权把"内在于人的事物"作为了"权利的客体"。

蓝蓝:我提出一点质疑。关于人格权的客体,我发现张翔所讲的与我们惯常的表述,有一点差异。通常,人格权的客体,被认为是"人格利益",即人基于生命、健康等伦理价值而享有的利益。因此,如果直接将人格权的客体,定位为"人的伦理价值",那么,由于在近代民法上,它们是人之所以为人的基础,当然是内在于人的。但是,如果按照通说的理解,把人格权的客体定位为"人格利益",那么,就无法得出"人格权的客体内在于人"这个结论。

(三)"人格权"的客体是"人格利益"吗

赵克祥:"利益"可以成为权利的客体吗?从权利本质"利益说"来看,耶林所说的"权利是受到法律保护的利益",是从法律的"目的"角度来讲的,即利益是权利的目的;利益的实现,是权利行使的结果。具体来讲,"权利"是通过作用于它所"指向的对象",如物之支配、他人给付之请求,使"利益"得以实现。显然,这个"权利指向的对象",就是权利的"客体"。

由此可以看出,权利"客体"是权利中"利益"的来源与实现手段,"客体"本身并不是"利益"。比如,债权的客体,是债务人的"给付",而给付完成后,债权人受领的“给付结果”才是债权的利益。再如物权的客体,是“物”,而“物之支配的结果”才是物权的利益。因此,严格地讲,“利益”是不能作为权利的客体的。人格权的客体,只能是人的“伦理价值”本身,而不能是因伦理价值所得的“利益”。

张鹤:我觉得赵克祥讲得有道理。从这里可以看出,我国民法学界刻意回避人格权的客体就是人的伦理价值本身,与近代民法刻意回避人的伦理价值上可以存在人的权利,这两者具有相同的根源:都是不愿意承认一项“人对于自身的权利”。

这也就合理地解释了近代民法规定了“姓名权”,却拒绝将更为重要的生命、身体、健康和自由规定为权利的原因。正是由于后者对于人来讲是至关重要的,这才使民法将它们确定为人之所以为人的根本价值,看成是人的必要的组成部分。比较而言,姓名与人的距离则要远得多。姓名之享有,与人之所以为人的价值,也无太大的联系。这就使得民法可以将姓名看成是人之外的事物,使其成为权利的客体。

(四)什么是“人格权”

蓝蓝:日本学者星野英一在《私法中的人——以民法财产法为中心》那篇文章中转引登厄鲁斯的那句名言:属于我们的东西可以分为两种,一种是本来就属于我们的东西,另一种是我们所负担的东西。按照刚才的讨论,人只有在后一种“东西”上,才可以存在权利。那么现在的问题是,人在前一种“东西”上,为什么就不可以享有权利呢?那些“属于我们的东西”,无论它是前者,还是后者,都是可以受到法律保护的东西。既然它们两者在法律的效果上并没有什么差异,近代民法严格区分它们是权利与非权利的性质,到底有什么意义呢?

张翔:这个问题可以通过逻辑分析来回答。人应该是权利的主体,客体作为权利所指向的对象,它必须是人以外的事物。否则,假如它成为人的组成部分,那么权利就会指向主体自身,从而导致主体与客体的混同。这就意味着权利在这里的存在是没有必要的,因为法律对于人的保护,就足以实现人对其组成部分的享有。按照这个逻辑,近代民法既然把人的伦理价值当成人的组成部分,那么也就自然意味着否认人的权利在这里的存在。与此同时,近代民法的权利观念,也就随之显现出来。在近代民法中,权利是由主体出发,指向主体之外的事物的法律工具,它也可以被看成是人与外部事物之间的连接。它的法律意义,就是使人把本来外在于自己的事物,在法律上看作是自己可以支配、请求的对象。

赵克祥:思路正在逐渐地清晰起来。沿着这个思路,可以认为,近代民法在"属于我们的东西"上,刻意地强调权利与非权利的区分,是出于这样一种观念:人是民法的目的,民法首要的目的,即人的保护。在人的保护中,那些内在于人的,因人的存在就会当然存在的"本来就属于我们的东西",自然就隶属于"人之本体的保护"范畴。法律保护人,就是在保护那些"本来就属于我们的东西"。而那些外在于人的,并不会因为人的存在,而当然属于人的"我们所负担的东西",则需要用权利把它们与人连接起来,通过"权利的保护",使之成为在法律上属于人的事物。

(五)传统民法中,"人的伦理价值"与"人"的关系

马俊驹:从内在性与外在性关系的差异,来看待近代民法人的伦理价值非权利化的现象,这是一个有价值的思路。这不仅影响我国民法中人格权立法体例的确定,甚至还会影响人格权概念能否成立。应当注意的是,某一事物,它是所谓内在于人的,还是外在于人的,这是一个观念的产物,它总是与一定的社会观念、法律观念相联系的。那么,哪些事物是内在的,哪些事物又是外在的,这必须放在特定历史条件下的观念背景之中去加以考察。由于它是一个历史的产物,它就必定随着历史的发展而发展。这个动态的过程,是我们所要认真去把握的。

张翔:马老师所提出的以社会、法律观念及其发展为切入点,来辨别人与事物的内在性或是外在性关系及其演变。我的理解就是对这一问题继续采用历史的考察方法。如果站在罗马法的角度来看待这个问题,就会发现,在罗马法中,什么事物是内在于人的,虽然不甚明确;但是,什么事物是外在于人的,却是非常清晰的。在罗马法看来,今天我们所称之"权利",其实也就是一种"物"。

根据盖尤斯“有体物”与“无体物”的划分，除了所有权之外，其他的权利，如债权、役权等均属于无体物。我们知道，在罗马法中，“物”是与“人”相对立的概念，因此，物在观念上属于外在于人的范畴，它包括了除自由人之外而存在于自然界的一切东西。后来，随着社会和法学思想的发展，罗马法逐渐把物限定为一切人力可以支配、对人有用，并能够成为人们财产组成部分的事物。这样，“是否具有财产价值”，就成为罗马法判断某一事物是否外在于人的“物”的关键性标志。根据这一标准，可以认为那些不能用金钱衡量的人的伦理价值，必将被排除于“物”的范围之外。

赵克祥：我有一个问题。人的伦理价值在罗马法中，没有被当作“物”来看待，即没有被当成“权利”客体来看待，但是它绝对不是罗马法调整范围之外的事物。我们知道，罗马法中的“私犯”制度，就有侵害他人身体、名誉、贞操等人格价值的责任性规定。因此，我的问题就是，罗马法之所以保护人的价值，其依据到底是什么？换言之，当我们对罗马法对于伦理价值上是否存在权利的问题，持有否定态度时，我们就必须要回答，罗马法为什么还要对这些价值予以法律上的保护？难道罗马法也像近代民法一样，也是将人的伦理价值看作人的组成要素，通过保护人，来保护人的价值吗？

张鹤：我认为，正如我们在前面的讨论中所说的，将人的伦理价值看作人的组成要素，这是近代民法中人格平等原则的理论基础，它是与自启蒙运动以来，产生于西方社会的一系列人文主义思想观念息息相关的。虽然早期的自然法思想，对于罗马法也产生了一定的影响，但是，它从未形成主导性的力量。因此我感到，罗马法保护那些在今天我们看来是人的价值的东西，很难解释为是出于人之保护的目的。

蓝蓝：对这个问题，我谈谈我的看法。我认为，我们应该把罗马法“诸法合体”的特点纳入视野之中。之所以会提到诸法合体的问题，是因为罗马法上人格侵害的责任形式富有启迪意义，它经历了一个“由身体刑向罚金刑”的转变。这种责任形式，与罗马法上的侵害财产的责任，如“损害赔偿之诉”，形成了鲜明的对照。这个对照告诉我们，首先，人的伦理价值在罗马法上的确是“无价”的，因而无法适用损害赔偿的责任形式。其次，更为重要的是，由于在罗马法上，人的伦理价值并不是一种可以像财产一样为人所享有的东西,所以“私犯”制度在这个问题上,并不像对所有者的财产利益进行“保护”一样,而是更侧重于“惩戒”与“威慑”。

马俊驹:事实上,在罗马法中,并没有明确的权利的概念。我们今天所讲的权利以及权利的客体,在罗马法中都是被当成“物”来看待的。如果把罗马法中“物”的范围,局限在具有财产价值的事物之内,那么这个“物”,就是存在于人的外部,并可由人所享有的事物,它基本上相当于我们今天所讲的“财产”。这就说明了,在罗马法上,所谓的外在于人的事物,就是指具有金钱价值的事物。财产性,是外在于人的事物的标志。这个观念,对于以后的大陆法系民法,是有着深远影响的。在近代民法中,人的伦理价值没有被看成是外在于人的事物,一方面,当然在于这些价值奠定了法律人格的基础,因此它只能内在于人,而不能外在于人。另一方面,人的伦理价值不具有财产性,也是近代民法拒绝把它看成是外在于人的权利客体的原因。这样看来,在近代民法传统的构架之下,“人格权”这一概念的确是没有存在的基础的。

当民法发展到了现代社会以后,人格权的概念逐渐兴起,这是有目共睹的事实。这就表明,近代民法拒绝承认人格权的理论基础,如人的伦理价值是内在于人的,且不具有财产性,在现代社会中已经发生了动摇,这就为人格权的概念,提供了存在的空间。那么,这个空间是怎样形成的?或者说,现代社会人格权概念得以兴起的原因,到底是什么?

三、现代社会中,“人格权”概念兴起的原因

(一)人的“基本伦理价值”与“扩张伦理价值”

张鹤:现代社会人格权概念的兴起,与第二次世界大战之后的人权运动是分不开的。基于第二次世界大战和法西斯主义的惨痛教训,在全球范围之内,人们开始重新强调人的自由与尊严,并且给予人权以极高的价值地位。人权运动在民法中的反映,就是所谓的“人格正在向财产夺回皇冠”。一方面,一向以

财产关系为核心调整对象的民法,其法律价值的重心开始向人格方向偏移;另一方面,与此相关的,基于社会观念对于人的本体的重视,法律上人的伦理价值的范围,出现了急剧扩张之势。近代民法所确立的若干最为基本的价值,如生命、身体、健康和自由,已经不能满足现代社会中,人之尊重的道德观念的要求。人的价值,已经涉及诸如肖像、名誉、隐私、知情、生活安宁乃至居住环境等方方面面。这就对民法提出了这样一个要求,即应该将这些扩展的价值,纳入法律保护的体系。

赵克祥:这也是一个法律保护的问题,这个问题又要涉及法律保护的模式。在近代民法中,人的伦理价值,本来是通过"人之本体的保护"而受到保护的。在现代社会,这个模式还能适应这些扩展了的人的价值的保护吗?对于这个问题,我认为需要思考的是,现代社会这些扩展了的人的价值,能不能再像近代民法中那样,被看成是内在于人的事物?进一步讲,近代民法之所以把人的那些最为基本的伦理价值,看成是内在于人的事物,原因在于这种价值的"基本性",决定了它们在近代民法中承担起了人之所以为人的依据的作用。基于此,这个问题就演变为,现代社会这些扩展了的人的价值,具不具有人之所以为人的基础的作用?

蓝蓝:我认为,无论是近代民法中的人的最基本的价值,还是现代社会中扩展了的人的价值,它们有一点是相同的,即都是在对人的伦理思考的基础上得出的结论。具体来讲,在近代社会,基于当时的伦理价值,人应当具备的自然就是那些基本价值。而在现代社会,根据现在的伦理价值,人的价值则应当在原有的基础之上,进一步扩展。由于其两者都根源于人的伦理价值,只不过在不同的社会发展时期,这种伦理价值的要求不同罢了,所以它们与人的关系是不会变的:它们都是内在于人的固有价值,均是人之所以为人的基础。

张翔:蓝蓝的这个认识,无疑是站在维护人权的高度来看待这个问题的。但是我仍然感到,在辨别这种扩展的价值与人的关系时,首先应该明确,怎样才算是一个法律上的人。近代民法在设计法律人格时,其出发点是为了实现生物人范围内法律人格的普遍化,力图厘清人与物之间的界限。这个界限的把握,就是人的那些基本价值。换言之,由近代民法所确立的如生命、身体、健康、自由等价值,是人的底线,是一个法律人格不可或缺的、区别于物的标志。比较而言,现代社会中扩展了的人的价值伦理的产生,其实并不是为了把握"人"的底线,而是为了在此基础上,进一步拔高人应得的待遇,提升人的地位。因此,如果说前者是一个"人与非人"的界限问题,后者则是一个对"人"的保护程度的问题。这些人的价值与人的本体之间的距离,可以说是渐行渐远的。因此,把现代社会扩展了的人的价值,也看成是人之所以为人的前提的观点,是不恰当的。

张鹤:把现代社会中扩展了的人的价值,看成是法律人格的基础,这也不符合现实的情况。比如说假设一个人没有"居住环境"或者"知情"乃至"隐私",我们也仍然可以说他不失为一个"人",但是,如果没有"生命""自由"就不行。因此,在现代社会中,法律要对这些扩展的人的价值予以保护,就不能再采取近代民法中"人之保护"的模式。因为从人的概念,并不能推出这些扩展的价值来。在这种情况下,法律面对这些外在于人的价值,恐怕只剩下另外一个办法,那就是要承认人对于这些价值享有权利。通过权利,把这些价值与人连接起来。我认为,这正是现代民法中"人格权"概念产生的根源。

(二)德国"一般人格权"为什么是"权利"

马俊驹:从人的伦理价值范围的扩张,来分析现代民法中人格权的产生,且不说以此是否能揭示其中的全部原因,但是,就这个思路本身来讲是正确的。在刚才的讨论中,我发现大家更多采用逻辑分析的方法,来解释现代民法上人格权出现的原因。但是,我们不能忽略的是,所谓的现代民法,不过是在近代民法基础上的必要修正。现代民法对于当前社会变迁的适应,是受到近代民法框架的制约的。由此就决定了,我们考察现代民法,不能割裂它与近代民法的联系。从这个角度来看,一方面,现代社会中人的伦理价值的内容,已经超越了近代民法所给予保护的范围;另一方面,现代民法要把这些价值置于法律保护的轨道,却又必须照顾近代民法的逻辑体系。这就产生了一个通过何种"法律技术",以调和这两个方面的问题。因此,我们在分析现代民法中人格权概念产生的原因时,还应该同时看到"法律技术"在这里所发挥的作用。

张鹤：马老师所讲的从法律技术来考察人格权产生的原因，令我想起了德国法院创设的“一般人格权”。“一般人格权”的概念在德国司法实践中的作用，就体现在《德国民法典》的基础上，把立法者当时所未曾考虑到的，但是在今天已经产生的那些人的价值，纳入法典保护体系中来的一个法律技术工具。客观地讲，《德国民法典》的侵权行为制度所采取的法律技术，其实具有很大的包容性。《德国民法典》的侵权之债的类型，可以分成三类：一是“法定侵权”，以民法典所明确列举的权利和非权利的利益为保护的目标，以故意或过失为责任的构成要件。这一类型，因以民法典的列举为适用的条件，而具有很强的刚性。我们前面所讨论到的德国民法对于“生命、身体、健康和自由”等基本价值的保护，即属于此类。二是“违反保护他人法律之侵权”，它以民法典之外的“其他法律”所保护的利益为目标，仍然以故意或过失为要件。这一类型中所涉及的利益，由于受到“其他法律”，如刑法的保护，所以虽然它们在民法典列举的“法定侵权”的范围之外，仍然可以按照民法典所规定的侵权损害赔偿规则加以救济。可见，“违反保护他人法律之侵权”，虽然并没有违背民法典的有关规则，但已经具有了一定的弹性。三是“法益侵权”，这种类型不再以“民法典的列举”以及“其他法律的保护”为条件，凡在法律价值上属于“应受保护”的利益，均是“法益侵权”的保护目标。显然，此类侵权类型具有极大的弹性，因此，必须以故意和违反善良风俗为要件。

从覆盖范围看，《德国民法典》所采用的上述“开放式”的技术，虽然可以将现代社会新型的人格价值涵摄进来，但是即便如此，在民法典的固有体系之下，它的操作仍然有捉襟见肘之感。具体来讲，新型的伦理价值，必定是民法典“列举”之外的，所以“法定侵权”无法适用，而只有依赖于具有弹性的“违反保护他人法律之侵权”与“法益侵权”这两个类型。对于“违反保护他人法律之侵权”来讲，它的适用以“其他法律”已经对于该人格价值予以保护为前提，但是对于新型的人的价值来讲，既然民法中对它未予列举，那么它往往也就在其他法律中付之阙如。对于“法益侵权”来讲，它的构成以“故意”和“违反善良风俗”为要件，因而也难以满足社会生活的需要。

由此可以看出，德国民法面对新型人格价值的法律保护要求，的确需要一个以“法定侵权”的“故意、过失”为要件,并且能够克服此类型中“民法列举”之限制的开放式的法律保护模式。这就是德国联邦法院以民法典“法定侵权”的类型中所称的“其他权利”为基础,创设“一般人格权”的原因。

赵克祥:的确。“一般人格权”的出现,典型地反映出了现代民法是如何在近代法典的基础上,适应现代社会的发展的。《德国民法典》的侵权之债,之所以对现代人的价值保护有所疏漏,原因在于这种三元结构的侵权类型,没有为人的新型价值的保护,提供“一般条款”,“一般人格权”在此正是充当了这样一个条款的作用。由此就使人联想起《瑞士民法典》。在人的价值的保护上,《瑞士民法典》最突出的特色,就是直接规定了这样的“一般条款”,并且仅仅以故意或过失为要件。在学界,这个条款也被认为是《瑞士民法典》中的“一般人格权”。然而,在我们前面的讨论中已经提到,《瑞士民法典》其实仅仅确认了“姓名权”,对于其他的人的价值,它是立足于人之本体的保护来保护其所称的“人格”的。因此,《瑞士民法典》中人格保护的“一般条款”,是难以被认为是人格权的。由此就出现了这样一个问题:为什么同是人格保护的“一般条款”,它在瑞士民法中不能被看成是权利,而在德国司法实践中则可以被称为“一般人格权”?难道仅仅是由于德国联邦法院宣称了“一般人格权”是建立在民法典第823条第1款(权利侵权)所称的“其他权利”的基础之上吗?

蓝蓝:这不是一个令人信服的理由。《德国民法典》第823条第1款中的“其他权利”,是否包含法院所创设的“一般人格权”,值得怀疑。但是,我认为在法律技术的意义上,把它看作“一般人格权”与《德国民法典》的连结点还是可行的。从民法理论逻辑的一致性要求来看,并不能由于自称是权利,就是权利。一个事物,是否能够成为权利的客体,理论上的标准,除了法律是否予以保护之外,还应该考察法律在此的保护,是基于“人”本身的保护,还是基于“权利”的保护。从这个角度来看,由于德国法院创制的“一般人格权”所针对的,是其民法典保护之外的人的价值,而这些价值应该包括那些外在于人的价值。所以,我认为可以将德国司法实践中所保护的这些人的价值视为权利客体。比较而言,瑞士民法“人格之保护”中的人格,至少包括了人的基本价值,这些价值是内在于人的。至于其“人格”的概念之下,是否还包括了人的基本价值之外的可以被视为外在于人的其他价值？从瑞士民法仅仅对“姓名权”予以承认的立法来看，回答是否定的。因为，这种立法，与《德国民法典》相同，只能够被解读为，只有“姓名”，才是外在于人的。

张翔：我同意蓝蓝的分析方法。事实上，德国联邦法院正是按照这个思路来创建“一般人格权”的。根据德国学者霍尔斯特·埃曼在《德国民法中的一般人格权制度》里的介绍，在《德国民法典》制定之时，立法者拒绝承认人在其伦理价值上享有权利的原因之一，就是对它的“内容和范围无法予以充分明确的确定”。这个问题在后来德国联邦法院关于“一般人格权”的判决中，就表现为如何将“一般人格权”对本人的保护，与他人自由的空间划清界限，从而引出了利益衡量的问题。由此就可以看出，“一般人格权”的立足点，在于界定权利人在其外部空间利益的领域。这就清晰地表明了，“一般人格权”中涉及的利益，是人在其自身之外应当享有的利益，也只有这种外在的利益，才可能产生与他人自由的分野问题。因而这种利益，作为外在于人的事物，它不可能通过人的存在本身来实现，而必须依赖于人与这种利益之间权利的连接。

（三）“人格商化”与“人格权”的概念

马俊驹：通过刚才的讨论，大家已经认识到，近代民法中不存在人格权的概念，原因在于人的根本性伦理价值被看作人的属性，而现代民法中人格权概念的提出，也正是由于人的扩张性伦理价值，被看成了外在于人的事物。但是，一个事物，是否为权利的客体，或者，是不是外在于人的，这仅仅是一个哲理上的思辨问题。如果这种思辨，不存在法律上的实益，那么以此来说明人格权产生的原因，仍然是不充分的。因为，法律虽然以理论为基础，但是它的首要使命，仍然是社会关系的调整；法律并不是纯粹思辨的产物。

我在这里为大家提供一条线索。在前面的讨论中，我们曾经提到过，自罗马法以来，法律观念在判断一项事物是否能够外在于人时，有一条重要的标准，那就是这个事物的财产价值。将财产价值看成权利客体的标志，意义在于法律是否有确认人在这个事物上存在权利的必要。这本身就是出于法律的实益性的考虑。那么，现代社会人格权概念的产生，有没有这个方面的因素在发挥作用？

赵克祥:马老师的这个提示,令我想起目前为一些学者所关注的“商事人格权”。在这个概念之下,人的若干伦理价值在商品经济环境中的财产价值受到重视。如在肖像、姓名、名誉,甚至身体、自由之上,都出现了可得产生财产收益的利用价值。作为当今商品经济社会中无法否认的事实,这个现象直接冲击了近代民法认为人的伦理价值不具有财产价值的传统观点。在传统观念之下,人身与财产的界限原本是清晰的。然而,“商事人格权”现象的出现,却使得近代民法所认定的这个界限,开始模糊起来。在这一背景下,侵犯他人的名誉就有可能引起财产损害,这已经不再是不可想象的事情;而擅自利用他人肖像,也可以被认为是对他人财产的擅自利用,可见,对某些人的伦理价值的侵害与对其财产的侵害具有相当的同质性。显然,这种现象为现代社会人格权的产生和发展,创造了条件。

张翔:人的伦理价值上财产利益的出现,一方面,就如赵克祥所讲的,使自罗马法以来,人格与财产之间相互对峙的基础,发生了动摇。另一方面,人的价值之于人而言,它的法律意义也发生了变化。在传统民法观念中,人的伦理价值的法律意义,就是“不可侵犯性”,因此,只要求法律课予侵害者以相应的责任即可。当人的价值中的财产利益产生之后,它在法律上的意义,除了固有的“不可侵犯性”之外,又出现了“支配性”,即人对于可以带来财产利益的人格价值,产生了利用并且收益的要求。比较“不可侵犯性”与“支配性”,我们可以发现,无论是将人的伦理价值看成是内在于人的,还是外在于人的,“不可侵犯性”都可以实现。但是,就“支配性”而言,如果仍旧把人的伦理价值看成是内在于人的事物,那么在通过法律行为对它进行支配的场合中,人就将沦为交易的对象或者标的。因此,从这个意义上讲,现代社会中人格权的出现更应该解读为,这是人的伦理价值中财产意义凸显的结果。

四、我国民法典人格权立法的模式选择

(一)现代大陆法系民法人格权保护的“二元模式”评析

马俊驹:大家对于现代社会人格权产生的原因的分析,为我们下面将要讨

论的我国民法典中人格权的立法体例问题,无疑提供了一个比较好的基础。不知大家意识到了没有,一种二元结构的人的伦理价值的思路,始终贯彻在前面的讨论当中。我们在讨论人的伦理价值与人的关系时,曾把它分为"内在于人的伦理价值"与"外在于人的伦理价值";我们在讨论人的伦理价值是否具有财产性质时,又把它分为"有财产利益的伦理价值"与"无财产利益的伦理价值"。根据我们讨论中所确定的标准,外在于人的伦理价值,或者具有财产利益的伦理价值,应当被看成是"人格权"的客体;而内在于人的,并且无法通过支配带来财产利益的价值,则应该被视为人的组成部分。那么,从这个二元观念出发,来审视我国民法典的制定,是否意味着我国民法,应该构建一个二元的,或者说割裂的人的伦理价值的保护、支配制度?

张鹤:我理解马老师所讲的二元或割裂的人格制度,是指按照人的伦理价值的不同性质,在民法典中对其区别对待、分别规定。这种立法模式,我表示赞同。具体来讲,对于不存在财产利益并与人的本体密不可分的人的价值,应该把它们视为人的要素,而规定于人的制度中。对于具有财产利益,或者可以与人的本体相互分离的人的价值,则应把它们规定于人格权的制度中,从而满足法律保护或者人的支配的需要。这个立法模式,保持了大陆法系民法对于人的伦理价值的认识理论,以及人格权理论中的逻辑一贯性,反映了大陆法系民法自近代到现代的发展历程。而且在我国民法典的"人格权是否独立成编"的争论中,这种模式也可以看作一种"折中观点",容易被争论的各方接受。

蓝蓝:这个观点,我不能赞同。马老师刚才所指出的人的伦理价值的二元划分,无疑是对大陆法系民法对于人的伦理价值的态度的总结。但是这种内部割裂、区别对待的模式,是一个历史的产物。它是在近代民法的既定框架内,现代民法因应社会发展,而对前者进行调整的结果。它的产生本身就表现出近代民法不适应现代社会关系的调整。

由于这种二元划分的存在,人的伦理价值始终要面临它到底是内在于人还是外在于人,是有财产价值还是无财产价值的判断问题。从理论上讲,像张鹤所说的那样,这个判断的标准是存在的,但是在实践中,这个标准却几乎无法把握。因为人在哪些伦理价值上可能享有财产利益,这是一个发展的、动态的问题。例如,人的自由,这在近代民法中被认为是人的最为基本的价值之一,因而被当然地视为内在于人的事物。但是,时至今日,为娱乐节目制作、心理实验以及行为艺术等目的,通过法律行为对人的自由有偿地、暂时地限制,这一现象已经屡见不鲜。又如,人的身体,也是被近代民法当然地视为内在于人的根本性价值。然而,我们已经可以预见到,随着生物科技的发展,人对于自己身体的支配方式,将会更加多样。鉴于此,我认为,以现代社会为背景的我国民法典,不应再以一二百年以前的观念为出发点,而应该立足于当今的社会生活,将人的伦理价值完全视为外在于人的事物,从而在统一的人格权概念之下,将它们涵摄进去。

(二)建立统一的人格权制度所需要回答的理论问题

张鹤:将人的伦理价值一概视为外在于人的事物,诚然为将来它们有可能产生的财产利益的支配,扫清了道路。但是,这同时也就意味着,人的伦理价值因此都具有了"可支配"的性质。那么,假如我国民法在统一的人格权制度中,把所有的人的伦理价值视为权利的客体,"自杀权"的问题该如何看待?再有,社会生活中有些违法行为,如色情交易,其本质上就是对人身体的支配。那么,作为人格权的"身体权"的赋予,是否意味着对这种支配权的默认?

(三)人格价值因素的可支配性:对于"自杀"、"安乐死"及"色情交易"的法律理解

张翔:这个问题,它涉及对于人的伦理价值的支配的认识。我们知道,支配可以分为两种,一是事实支配,即通过事实行为或者事件来支配,这通常表现为对人伦理价值的静态支配,如享有、放弃;二是法律支配,即通过法律行为来支配,这通常表现为针对人的伦理价值中财产利益的交易。显然,刚才张鹤所提的"自杀"问题,属于前者,而"色情交易"问题,则属于后者。

首先,就前者而言,事实上,人的伦理价值的享有状态,如保有生命、健康,享受自由、尊严,就是静态支配的结果。至于自杀,这是人对于生命的放弃。近代民法中不愿承认自杀权,并不意味着自杀行为的实施,就是一种违法行为。

自杀未遂者,只要对他人不造成损害,也不会承担法律责任。因此,我认为,对人的伦理价值事实上的支配权的承认,其实并不会导致对现有秩序的破坏。相反,它在伦理上的意义,是人应当成为自己生命的主人。其次,对于后者来讲,人的伦理价值可否交易与这种交易是否违法、是否有悖于公序良俗,其实是两码事。借助法律行为的理论来分析,可否交易,是行为可否成立的问题,是否违法败俗,则应是行为可否生效的问题。由于实现人的伦理价值上的财产利益,是当今社会生活的要求,因此不应该以其有可能违法败俗,就否认它的可支配性。所以,我认为,鉴于此类交易的形式日趋多样,法律应当在确认它的"可支配性"的同时,将"能否实现交易的结果"的问题,交给法律行为的生效要件来加以考察。

赵克祥:我提一个问题,如果"支配"包含了"放弃"的概念,那么人的伦理价值是可以放弃的吗?这是否也意味着对"人格价值不得放弃"的传统观点的否定?

张翔:我认为,所谓"人格价值不得放弃",是就伦理价值的"法律行为支配"的层面而言的,是指人不得通过意思表示向他人允诺,放弃自己的人格价值——即使这样做了,也会因行为无效而不能达到放弃的法律效果。如"安乐死",它之所以被禁止,并不是因为人没有支配自己生命的权利,而是因为他无法通过"授权他人"的意思表示,由他人来结束自己的生命。由此也就可以看出,人的伦理价值的法律行为支配,并不是一种可以导致该支配对象脱离主体的"我无你有"式的支配,而仅仅意味着"暂时限制"或"利用许可"式的债权性质的支配。

另外,蓝蓝所提出的建立统一的人格权制度的主张,我是同意的。因为它与我国文化传统也是适应的。在前面的讨论中,我们已经提到过,内在于人的伦理价值,它在哲理上的要义,就在于从"人"的概念出发,就可以推知这些价值的存在。无可辩驳的是,这个哲理要义,是与思想启蒙运动以及自然法的传统密切联系的。同样无可辩驳的是,这些观念在我国文化传统中,始终不占据主导地位。也就是说,从我国的传统文化出发,是难以把人的伦理价值看成是人与生俱来的东西的。因此,将人的基本伦理价值视为内在于人的要素,在我国并不具备文化上的基础。在这个客观事实面前,我国民法典要承担起思想启蒙和人的价值塑造的使命,应该直接通过“法律赋权”的方式告诉人们,他们到底有哪些依法能够享有、能够支配、能够受到法律保护的人格权。

张鹤:对于这个看法,我依旧有一个疑虑。我们知道,近代民法的法律主体制度,是以生物人与法律人的相互分离为基础,通过法律人的“适格判断”而构建起来的。因此,作为这个“适格判断”标准的人的根本性伦理价值,是近代民法上人之所以为人的原因。现在,如果将人的伦理价值的全部内容从主体中抽出,看成是外在于人的事物,那么,人的伦理价值就将在整体上被看成是“人的结果”,而不再是“人的原因”了。由此所产生的问题就是,在我国民法中,人之所以为人的基础到底是什么呢?

张翔:这也是一个非常犀利的问题,并且击中了要害。从罗马法以来的传统民法的人格技术来看,可以认为人是“有因的”:法律人格始终是以“适格判断”为出发点的。这不仅是自然人人格的依据,而且是法人人格的基础。在自然人人格的场合,正如我们前面所讨论的,近代民法上存在这样一个逻辑关系:“生物人—伦理价值—权利能力—自然人人格”。其中,“自然人人格”是以“伦理价值”为“适格判断”依据的,而当我们将人的伦理价值从人的范畴之中抽去之后,即在“生物人—权利能力—自然人人格”的关系中。民法上的自然人人格,就将通过权利能力,与“生物人”的本体直接连接。于是,作为人之存在标志的“出生”事实,将直接成为“权利能力”的标志,进而成为法律人格的标志。这样一来,一方面,由于“权利能力”在形式上扮演了“适格判断”标准的角色,所以生物人与法律人相互分离的民事主体制度模式,因而得以维持,法人制度也就不会因此受到冲击。另一方面,由于这在事实上并没有超出“权利能力始于出生,人因权利能力的具备而成为法律主体”的传统民法的形式逻辑,所以也不会造成对现存体系的破坏。

(四)人格权是“宪法权利”,还是“民法权利”?

马俊驹:近代民法把人的伦理价值视为内在于人的事物,固然有它遵循罗马法思维传统的因素,但是它的这种做法,更重要的是针对封建社会身份等级制度下的人格不平等,通过严密的理论论证与法律逻辑,创造出崭新的人人平等的观念。因此,这种做法在近代民法产生之时,是人人平等观念的基础。从今天的社会伦理观念来看,在世界范围内,人人平等、生而自由等起源于近代的人的价值,已经脱离了它在近代的各种各样的论证基础,而作为一项公理,获得了独立的存在。在这个背景下,将人的伦理价值从人的本体中抽出,而仅仅在逻辑上维持民事主体构造的基本框架,是不会导致人的伦理危机的,也是可行的。

然而与此同时,要提醒大家的是,在提出应该把人的伦理价值的内容,通过民法的民事权利宣示的方式予以确定的观点时,必须要考虑民法与宪法的关系问题。我们知道,宪法中也存在人的伦理价值的规定,如我国《宪法》规定的"人格尊严不受侵犯",这本身也是一种人的价值的直接宣示,而且具有根本法的效力。那么,当《宪法》已经对人的伦理价值的内容作了最高效力的规定之后,民法是否还有必要通过"人格权"概念,对它再予以确认?

赵克祥:我谈一点我的认识。宪法中对于人的伦理价值的规定与民法中的人的伦理价值的规定,它们两者的出发点是截然不同的。宪法中关于人格的规定,调整的是公民同国家之间的关系,或者说是公权力和私权利的边界问题。具体而言,宪法的核心问题就是划清社会与国家的界限,约束国家权力,应以法律制约政治权力并将政治权力的施行置于法律的调整之下,这也是法治社会的需要。《宪法》通过规定公民的基本权利,使公民不仅能够有若干参与国家管理、监督政治权力的权利,而且享有若干不得为权力侵害和剥夺的权利。比较而言,如果说《宪法》中关于人格尊严的规定,其出发点是设置一个"公权禁区"的话,那么民法中的人格权规定,则旨在开辟一个"私人自由的空间"。

张鹤:对于宪法与民法关于人的伦理价值的规定的关系,我虽然同意赵克祥所说的,宪法具有设置公权禁区的意义,但是,这个禁区不仅仅是针对公权而设置,任何人当然包括公权者,也包括私权者,均不得逾越这一禁区而侵害人格价值。从这个意义来讲,宪法对人的伦理价值,也具有保护的意义。同样,虽然民法是从"外部自由"的角度来规定人格权的,但是这也同时意味着禁止他人的不法侵害。因此,从法律的客观效力来看,宪法与民法在这一问题上的关系,仍然是重叠的。

赵克祥:张鹤的这个疑问,实际上提出了一个不同位阶的法律分工的问题。宪法作为国家的根本大法,构建了国家、社会各个方面根本关系的准则。而这些方面具体、完备的法律制度体系,则要依靠部门法,在宪法这个统一的法制基石之上来构建,从而最终形成一个国家的法律体系。宪法的根本准则,在各个方面的社会生活之中的实施,是通过适用各个部门法的具体规则来实现的。在我们今天所讨论的问题上,我国《宪法》关于人格权的规定,基于其根本大法的地位,为保证其稳定性和普适性,注定只能是原则性的、概括性的。在此基础上,民法则面对内涵不断丰富的人的伦理价值,面对不断变化的社会现实对人格价值进行法律保护越来越高的要求,通过对各有特色的具体人格权进行规定,特别是对不同人格权的含义予以区别,并予以区别保护,从而使宪法准则在社会生活中得以实现。

蓝蓝:刚才赵克祥提到这样一个观点,就是宪法的准则必须通过部门法,才能在社会生活中得以实现。当然,从宪法与部门法的关系来看,本应如此。但是问题在于,假如部门法的具体制度构建并不完善,以致无法确认、保护本应属于宪法保护之列的人的伦理价值,那么,可否直接以宪法为依据,对这一价值予以保护呢?假如为了维持宪法的根本大法地位,一味固守宪法的“非司法化”准则,那么在这种情况下,宪法的精神无法落实到社会生活之中,其根本法地位,又如何彰显呢?

赵克祥:关于宪法准则是否可以直接适用于具体案件,理论上有三种学说:一是直接效力说,认为宪法基本权利条款可以直接适用于私法领域;二是宪法对私法行为的无效理论,认为宪法基本权利是针对国家权力而制定的,不能适用于私法关系中;三是德国学者杜力希提出的间接效力说,认为宪法基本权利是针对国家权力而制定的,并非为了私法关系而设,宪法基本权利对私法的效力是通过私法的基本原则间接实现的。这三种学说中,直接效力说,由于其可能侵犯私法自治、契约自由等私法体系的基本价值,导致私法和公法的混同以及宪法和其他法律部门的法功能的重叠,故不足取。宪法对私法行为的无效理论,又可能导致刚才蓝蓝所讲的宪法准则与社会生活之间的断裂。因而间接效力说，则堪称允洽，德国法院就采取此种学说。间接效力说的要义，在于宪法基本准则系通过民法的基本原则等具有弹性的条款来发挥效力，德国联邦法院创设的“一般人格权”，正是此学说的代表之作。

在前面的讨论中，我们已经提到过，德国的“一般人格权”，是以《德国民法典》第823条第1款中所称的“其他权利”为载体而创建的“框架式的权利”。然而，在这个框架中，“其他权利”的范围到底是什么，其依据则是德国《基本法》“人格尊严”与“人格发展”之保护的规定。在“一般人格权”的构造中，宪法与民法的关系，可以非常清晰地显现出来。德国《基本法》，充当了应予保护的权利的“发生器”，而“一般人格权”的概念，则充当将宪法应予保护的价值，转变为民事权利的“转换器”。于是，在具体的案件中，逻辑上所适用的法律，就是民法，而不是宪法。反过来讲，如果采取直接效力说，那么德国的“一般人格权”概念，将丧失产生的必要和空间。这个事例给予我们的启示就是，如果我国民法的人格权制度，能够做到法定类型列举与一般规则并重，做到“刚柔相济”的话，蓝蓝所提出的问题，是可以在维持法律体系逻辑结构的前提下得到解决的。

（五）法人的“人格权”问题

马俊驹：把人的伦理价值从人的本体当中抽出，使之成为人格权的客体，一方面导致了人格权的内容，不能够再被视为人内生的价值，而只能看成是法律所赋予的权利，这里会涉及人格权内容的确认上民法与宪法的关系问题。这个问题，大家刚刚作了较为充分的讨论。另一方面在权利与权利能力的关系问题上，人格权的内容，则由原先的权利能力的基础转变为权利能力的结果，即人格权作为一项民事权利，理应由权利能力来承载。从这个意义上讲，法人也是权利能力的享有者，那么人格权能否为法人的权利能力所承载？换言之，法人有没有人格权？

张翔：对于法人有无人格权问题的考察，我认为法律技术的分析是不可或缺的。就法人的构造而言，无论是财团法人，还是社团法人，它们均是建立在财产的基础之上的。因此，对于法人来讲，尤其对于营利法人来讲，它依法所拥有的一切，归根结底均会落足于财产之上。因此我们可以说，有关法人的一切权利,都是财产权。由此便会产生出一个问题:如果承认法人人格权的存在,那么"法人人格权"与"法人财产权"之间的分野,究竟在哪里呢?我认为,这个界限是不存在的。

蓝蓝:这个观点我不能同意。法人人格权与财产权的分野这个问题,应当从近现代民法法律人格构造的变迁中来寻找答案。近代民法秉承罗马法传统,坚持人的伦理价值不具财产内容,恪守伦理与财产之间的界限。在这个观念之下,由于法人人格始终以财产为其要素,具有强烈的财产特性的法人"人格权"概念,必定被认为是从属于"财产"的范畴。因此,在这种观念之下,法人的人格权概念是难以产生的。

然而现代社会中,由于自然人的人格价值产生了财产利益属性,民法中人格与财产之间的对立开始发生动摇。在这个背景之下,尤其是当个人的伦理价值从人的本体之中分离出去,进而成为权利的客体之后,法律人格的伦理性意义减退,法律技术上的意义则凸显出来。这也显示出在现代社会中,所谓的"法律人格"已经不再是与人的伦理性不可分割的法律上的特别的资格。因此,法人是与私法中的自然人在完全同等的资格上存在的概念。与此同时,由于人的伦理价值中财产利益的出现,在自然人那里,也出现了"人格权"与"财产权"的分野问题,比如"肖像"之上的财产价值是非常明显的,那么"肖像权"到底是人格权,还是财产权?面对这个问题,"是否具有财产属性"的传统标准,已经难以给出明确的答案,而"是否与人的本体具有关联性",则可能是唯一正确的判断方法。这个判断方法的根本标准,即在于所涉及的权利客体,一旦脱离权利人的本体,其所包含的价值是否还具有意义。从这一标准出发,我们同样可以找到法人人格权与财产权之间的分野。因此可以说,自然人的人格权与法人的人格权在这个意义上,找到了"同质性"。因此,将这两者共同置于人格权的概念之下,是完全可能的。

张鹤:我感到蓝蓝所给出的法人人格权与自然人人格权的这个"同质性",仅仅是形式意义上的。也就是说,与自然人人格相联系的那些要素,是伦理观念的产物,它与人之间的联系,是一种伦理上的纽带。而法人不然。与法人人格相联系的那些要素,实际上是法人目的事业实现的需要,而与伦理价值无关。

正如我们所知道的,所谓团体,无非是人出于达到公法上或者私法上的目的,因个人力量的不济而结成的人的组织。这种组织自产生之日起,就具有以服务于个人为目的的“工具性”,这一点成为法人存在的特征和依据。较之于个人而言,如果说自然人在法律上存在的目的,就在于自然人本身,即人本身就是其目的所在,那么法人在法律上的存在,则是为了自然人目的之实现。法人的“目的事业”概念本身,就是它的“工具性”标志。因此,在团体之上,由于并无自然人那样伦理的色彩可言,而人格权,又是以人的伦理价值为权利客体的,在法人这个工具性主体之上,就不可能有人格权的存在。

蓝蓝:张鹤所持的观点,其实是站在法人拟制说的角度来看待法人的人格权问题的。如果我们把考察的视角,从否认说、拟制说的个人本位,调整到实在说的社会团体本位,再来考察法人的人格权问题,则会发现,当初促使法律对法人由漠视到肯定的态度转变的社会原因,在今天仍旧是法人人格权有必要存在的原因。具体来讲,法人制度在民法上得以确立,根源于社会生活之中团体所具有的意义——即使这个意义在个人本位主义者看来,是“功利性的”,而非“价值性的”。然而,这个意义是如此令人瞩目,以致不能不让人认识到,在越来越多的领域,个人价值必须依托于团体的存在才能够实现,而“共同体生活”也在越来越多的领域成为个人的生活方式。

这就意味着,为了适应团体的要求,自然人必须放弃部分“个性”,包括通过契约在必要的限度内,限制个人基于伦理所产生的价值,而将其交给团体。因而,团体是承载着成员的人格价值的。更值得一提的是,当今社会的法人,尤其是股份公司的意义与影响力,已经涉及劳动者、消费者、债权人,甚至社会经济秩序以及国民生计安全等领域,它的目的事业实现的意义,也已远远超越了法人成员的个人价值,而及于更为广阔的空间。因此,法人目的事业的实现,理应成为法人独立的价值所在,而不应该再把它看成是法人成员价值的附庸。特别是,既然我们承认如商号、商誉等与法人人格密切相关的要素是法人进行民事活动和实现目的事业的需要,那么,它们也理应具有这些独立的人格价值要素。

马俊驹:法人的人格权问题,涉及法人的商号、商誉等价值的法律定位。在前面的讨论当中,我们已经明确,法律对于人的保护,可以有两种思路:一是立足于人的本体,通过保护人,来保护人的内在价值;二是立足于权利,即通过保护权利,进一步实现附着在权利上的利益。对于法人来讲,法人的商号,是法人的人格要素,即法人成立的必备条件。在静态的环境中,通过人的保护,是可以实现商号的保护的。但是,在动态的市场环境中,商号的支配成为市场交易的一种形态。如果要确认商号的可支配性,仅仅把商号看成是法人的组成部分,就可能陷入主体与客体的逻辑混同。所以,应该把它视为权利的客体,从主体中划分出去。另外,对于法人的商誉来讲,它是法人在一定时期营业之后所获得的社会评价,而并不能随着法人的成立就当然存在,即它在法人成立时并不构成法人的人格要素。那么,对于商誉的保护,一开头就无法立足于人的本体而展开,而只能把它看成是权利的客体,否则将无法实现社会经济生活向法律提出的法人商誉保护的要求。因此,在人格权制度下,将法人的这些应予保护的价值,与法人的主体本身分开,不仅有利于法律给予它们更加充分的保护,而且也有利于对这些价值的商事化倾向的确认与规范,并为不断出现的新型人格权的法律调整,开辟空间。

下来我们要讨论的,就是我国民法典中,人格权制度应当怎样制定的问题。大家都知道,在这个问题上,基本上有三种观点,一是将人格权规定于总则之中,二是将其规定于侵权法之中,三是将其独立成编。事实上,通过刚才的讨论,这个问题的答案,似乎已经呼之欲出了。但是,我还是想听一听你们对于这个问题确切的看法。这也算是对我们讨论结果的一个总结吧。

(六)我国民法典的人格权立法体例和内容

蓝蓝:是的,从讨论的结果来看,在我国民法典的制定中,人格权显然应当独立成编。人格权成编,意味着人格权将在民法分则中,与物权、债权、继承权等民事权利并列,即成为一项真正的民事权利。这样,人的伦理价值,就成为权利的客体,成为外在于人,即外在于权利主体的事物。与人格权的独立成编体例相对立的,是主张将人格权规定于民法总则的“人”之一章。这种观点的立足点,就是人的伦理价值是人的组成部分,是内在于人的。从逻辑的角度来看,这个观点事实上是对“人格权”概念的否认,因为主体与客体的混同,将使权利丧失意义。因此,将人的伦理价值,规定于主体制度当中,意味着沿袭近代民法的立法模式,通过保护人的本体,来保护人的伦理价值,因此在这里只有“人格之保护”,而不可能有“人格权”概念的存在。

张鹤:的确是这样。在现代社会,人的伦理价值急剧扩张。由于那些扩张了的人的新型价值,与“人”的距离渐行渐远,难以纳入“人的本体”之中。在伦理价值内在化的立法观念之下,由于这些价值不能被视为人的本体、人的组成部分,也就难以纳入法律保护的轨道;与此同时,由于人的伦理价值上出现了一定的财产利益,内在化的立法模式也无法满足人的支配的需要。由此反映出近代民法的这种观念,已无法适应现代社会的要求。这也正是大陆法系现代民法开始承认“人格权”概念的缘由。

赵克祥:在这个背景之下,我国民法或许可以采取“两元”式的立法体例,即把人的基本伦理价值规定于主体制度中,而把现代社会扩张的人的价值以及具有财产属性的人的伦理价值,规定于分则“人格权”一编。但是,鉴于人格价值的财产属性在不断地发展、变化,何种伦理价值应规定于“主体”之中,何种又应规定于“人格权”之中,在操作上难以把握,所以为了满足社会之需要,必须将人的伦理价值整体视为外在于人的事物,使之成为权利的客体,从而塑造统一、独立的人格权制度。统一的人格权制度,意味着人的伦理价值的法律权利性宣示,这种宣示并不会与我国《宪法》中人格尊严的规定相冲突。相反,这两者是相互配合的关系:宪法的价值需要民法来贯彻于社会生活,而民法的人格权的外延,需要宪法来界定。

将人的伦理价值整体性地视为外在于人的事物,意味着传统民法主体制度,基于“现实存在”与“法律存在”的相互区分而产生的“适格判断”标准,由实质性的“人的伦理价值”,改变成为形式上的“权利能力”,由于并没有突破原有的基本逻辑框架,也不会影响法人制度的稳定。这种做法,也是可行的。

马俊驹:大家的发言,集中在人格权立法是独立成编,还是规定于主体制度之中这两种观点之上,似乎对第三种观点,即人格权应当规定于侵权法之中的主张,并未涉及。这个问题,你们是怎么看待的?

张鹤:我认为,主张将人格权规定于侵权法之中的看法,并不能被看成是一种独立的立法模式的选择方案。因为,无论人格权是否独立成编,人的伦理价值都需要法律的保护,也就都需要规定于侵权法之中。但是应当强调的是,有学者主张,人格权只有在受到侵犯时,才具有法律保护的意义,除此情况外,人格权是“隐性”的,甚至是“虚无”的。且不说这个观点事实上否认了人的伦理价值的支配意义,仅仅就“法律保护”的层面而言,它也忽略了凡法律保护存在之处,背后必定有法律给予保护的依据存在。就人的伦理价值而言,法律的保护,或是基于人的本体,或是基于人的权利。但是无论采取哪一种观念,都与规定在侵权法中不冲突。因此,目前关于人格权立法体例的争论,其实是针锋相对的两种观点,即制定于主体之中,还是独立成编。

张翔:主张人格权规定于侵权法之中的观点,其言下之意是人格权的保护既不规定于主体之中,也不独立成编,而是仅仅在侵权法中予以规定。这个观点的直接蓝本,就是《德国民法典》的体例。在这里需要明确的是,在法律没有作出人格权利化宣示的前提下,侵权法上的保护,就不是基于权利,而只能是基于因人之存在所生的价值。显然,这些价值,就是内生于人的本体的伦理价值。由此可见,单纯地将人的伦理价值通过侵权法来加以保护的观点,与主张将“人格权”规定于主体制度中的观点,具有相同的理论基础,都是将人的伦理价值视为内在于人的事物。

蓝蓝:关于张鹤刚才提出的,无论人格权是否独立成编,均要在侵权法中予以规定的观点,无疑是正确的。但是我感到在这个问题上,还要考虑侵权法的立法体例——这也是民法典制定中的一个争论焦点。具体来讲,由于法律对于人的伦理价值的保护方法,并不仅仅限于损害赔偿,而还有可能采用停止侵害、消除影响以及赔礼道歉等方式。其中,除了损害赔偿关系具有“债”的性质以外,其他保护方式无法纳入“债”的范畴。因此,如果侵权法得以独立成编,那么人的伦理价值之保护,可以交由独立的侵权法来实现;但是假如侵权法未能独立成编,那么人的伦理价值损害赔偿式的保护,应由侵权之债来完成,而其他的保护方式,则必须在人格权一章予以规定。

马俊驹:这是一个很有意思的观点。如果侵权法不独立,也就是说,侵权法只调整侵权之债的关系,而不调整请求权的关系,那么人格权法不想独立也不行了。既然大家讨论的结果,是人格权应当独立成编,那么你们认为在独立的人格权编中,应当规定哪些内容呢?在这里面会遇到什么问题?该如何解决?

蓝蓝:说到“人格权”编应该规定的内容,首先是自然人的特别人格权的确认,即发挥民法权利宣示的作用。特别人格权在范围上,应当涵盖由近代民法所确认的人的根本性伦理价值以及为现代社会所认同的扩张性伦理价值。与此同时,在通过宣示方式列举特别人格权之外,还应该将德国法院创设的“一般人格权”纳入法典之中,一方面以维持法典适当的弹性与开放性,另一方面协调民法与宪法在法律赋权问题上的关系。

“人格权”编除了规定自然人的人格权外,还应规定法人的人格权。法人的人格权,应当仅限于特别人格权。有学者主张法人也应该有一般人格权,这个观点我不赞同。因为法人为实现其目的事业所需的与其人格相关的利益,在现代社会中并没有如同自然人的伦理价值那样膨胀、扩张,因此采取法定主义就可以满足法人的需要。与此同时,一般人格权的外延,需要以我国《宪法》的准则为确定标准,而在法人的问题上,《宪法》并未提供相关的准则性的规定。因此,要创设法人的一般人格权,并不存在法律技术上的条件。

张鹤:前面已经讨论到,独立的“人格权”编的意义,绝不仅仅是法律的赋权,而且应当确认人格权的“支配权性”。这不仅是现代社会人格价值上财产利益的出现对法律所提出的要求,而且也是《德国民法典》“总则—分则”结构中,以“法律行为”贯穿始终的体系要求。在人格价值的法律支配问题上,“人格权”编面临着一个如何把握支配的尺度的问题。由于总则中的法律行为制度对此已经有了一般性的约束,因此这里所要考虑的,是若干具有特殊性的问题,包括“安乐死”的禁止、身体组成部分的转让等。

蓝蓝:刚才马老师还提出一个问题,即“人格权”独立成编,会遇到哪些问题。我感到,首要的问题就是人的伦理价值外在化,能否为人们所接受。这个问题,前面已经讨论得很多了。如果这个问题解决了,剩下的问题,就是枝节性的。比如,学者反对“人格权”独立成编的理由之一,是条文过少。我认为,民法典的编纂首先应当考虑内容的合理性和完整性,形式上的美感是次要的,任何时候都应当是内容决定形式,而不是形式决定内容,否则就会本末倒置。因此,条文过少不应成为“人格权”独立成编的障碍。

马俊驹:时间过得很快,我看今天也只能讨论到这儿了。下面,我谈一谈自己的基本想法,供大家思考问题时参考。

民法自罗马法发展至今,已经形成了一个相对完善的体系结构,这是民法的一笔极其宝贵的财富。与此同时,民法的体系结构,又绝非裹足不前,它必定要随着时代的发展而向前发展。在守成与创新之间的关系上,面对传统民法体系之于调整现代社会关系的若干不适应性,我们应该分析和辨别这种不适应,在原有体系框架之下,能否加以解决。如果能解决,则应该维持原有体系。如果不能解决,则应该有所突破和创新。对于体系创新来讲,它应该是对原有体系的完善,而不是完全解构,即创新部分,必须与原有体系的其他部分能够有机衔接,保持逻辑的一贯性,组成一个更为完善的整体。要做到这一点,首先应该深入了解传统民法的要义和精髓。所谓“温故而知新”,如果对传统民法缺乏准确的把握,无论是守成,还是创新,都是难以做到的。

民法典的人格权立法体例问题,在学界引起了激烈的争论。在争论中,有许多学者提出了很多有价值的、富于启迪意义的观点。因此,有争论并不是坏事,它本身就说明,法学在这一领域正在进步、发展,“百家争鸣”要好过“万马齐喑”。然而,由于民法典最终只可能采纳其中的一种观点,所以我们就必然要面对主张什么、同意什么和反对什么的问题。我们在提出自己的主张时,要善于了解他人的观点,尤其是与我们立场对立的人的观点,汲取人家观点中的合理成分。在反对他人的观点时,更要首先了解别人的观点是从怎样的角度、背景和语境之中提出的,要学会站在对方的立场上去观察问题。须知,法学作为一门社会科学,它在很多问题上的答案,并不是唯一的。如果不站在同样的基点之上,两种不同的观点之间,是没有可比性的。你提出自己观点的合理性,并不能就此得出人家不同意你的观点,就必然是错误的结论。因此,一个学者,应该具有虚怀若谷的胸襟。

我们以人格、人格权为题,最终的落脚点当然是我国民法典在这一问题上的立法体例选择。但是,作为一次课堂讨论,我们的首要目的却是学习。民法是实体法,规则与技术是它的根本。但是,民法作为一部重要的法律,它的规则与技术源远流长。同时,民法作为最贴近于人的生活的法律,它又与其他学科有着密切的联系。因此,要在民法学的领域有所创建,必须学会掌握历史分析、法律比较分析、经济分析以及哲学伦理分析等多种研究手段。如果仅仅就制度论制度,那在学术上是难以有所突破的。这次在事先准备和课堂讨论的过程中,相信大家已经体会到了这一点。在日后的民法学的研习中,希望大家不断提高从多种角度对同一问题进行观察与分析的能力,这是至关重要的。

这次讨论,同学们的发言积极,思维也很活跃。我很高兴地看到,大家为了今天的讨论,做了比较认真、充分的准备,查阅了许多资料,也进行了消化和思考。在讨论中,对一些原本不甚清晰的问题,逐渐找到了头绪,并予以拓展,甚至还提出了一些有价值的观点。因此,这次讨论还是比较成功的。课后,大家的观点,还可以进一步整理、思考和充实。

今天的讨论课到此结束。

论法律人格内涵的变迁和人格权的发展

——从民法中的人出发*

人为何物？自古以来就是人们苦苦思考的一个问题。直至近代，各种学科力图从不同的角度来把握人。哲学从人类整体及有能动的社会存在来俯瞰人；生物学从物理或化学的观点来把握人；心理学和精神分析学从精神的角度来研究人；社会学则从所谓社会构成的层面来把握人。法律作为一种人类有意识的社会活动，当然与人相关。法律对人的行为或社会关系的规范，离不开权利与义务。而在一定的社会物质生活条件下的一定权利与一定义务的综合，则体现了整个社会在秩序和正义间寻求平衡的价值追求。法律上的人，并非指有具体经验的人，与其说是一个蕴藏着无限内容，具有某种细微差别的个性的具体的人，不如说是从社会法律生活的秩序这张布裁下的一小块布而已。①

而民法中的人以何种资格存在？民法对人的哪些内容予以关注？民法对人的这些内容又以何种方式予以保护？从民法演进的过程来看，人与民法的连接点就是法律人格。人格本是一个抽象的概念，"人格脱离了人，自然就是一个抽象"②。但一旦将人格赋予法律性，赋予其主体、权利能力、受法律保护的利益等多重内涵时，人格就上升为法律人格。所谓法律人格，就是私法上的权利和

---

* 原载《法学评论》2002 年第 1 期。

① 参见[日]田中耕太郎：《作为法律学中"经济人"的商人》，载《田中耕太郎文集》（第 7 卷），日本春秋社 1964 年版，第 327 页。

② 《马克思恩格斯全集》（第 1 卷），第 277 页。

义务所归属的主体。法律人格的有无,决定了人在民法上的资格的有无;法律人格的完善程度,反映了人在民法中的地位的高低;法律人格的内涵的发展也扩展了人在民法中的权利。可以说,法律人格的不同状态,显现了人在民法中的存在方式,从而也决定了民法对人的关注程度。黑格尔说:“成为一个人,并尊敬他人为人”③。作为直接体现使人“成为一个人”的权利的人格权,是指主体为维护其独立人格而固有的基于自身人格利益的权利,如生命权、身体权、名誉权、姓名权、肖像权、隐私权等。人格权是法律人格处于趋向完满状态下理性人类所必备的法定权利,个人如果在法律上和事实上不享有人格权,则必将丧失做人的根本权利和作为人的基本价值。故置于民法保护下的人格权,是人能够真正作为一个人存在,并与社会联结在一起与他人平等、充分、协调地交往的前提。

一、法律人格不平等与人格权的萌芽

民法不是从来就有的。民法赋予一切民事主体平等地位只是从近代民法开始。在近代民法以前的相当长的时间里,民法未完全独立。即使分析诸法一体的法律中的民事规范,其展现出的“人”也只是处于身份制束缚下的不独立不自由的人,归结到法律人格上就是个人法律人格的不平等。

在古罗马法中,人是分三六九等的,不同等级的人拥有不同的公权和私权,即所谓有无人格,有或高或低人格之分。人格的内容包括自由权、市民权和家族权。“自由权是作为自由人所必须具备的基本权利。因此,享有自由权的是自由人,不享有自由权的就是奴隶。”④市民权类似于今天的公民权,是专属罗马市民享有的权利。家族权是家族团体中的成员在家族关系中所处的地位和所

③ [德]黑格尔:《法哲学原理》,范扬、张企泰译,商务印书馆1982年版,第48页;[英]梅因:《古代法》,沈景一译,商务印书馆1959年版,第72页。

④ 周枏:《罗马法原论》,商务印书馆1996年版,第98页;[英]梅因:《古代法》,沈景一译,商务印书馆1959年版,第72页。

享有的权利。罗马法根据人们在家庭中的不同地位,分为自权人和他权人。自权人是不受家父权、夫权、买主权支配的人。而受家父权、夫权、买主权支配的人就叫他权人。丧失自由权、市民权、家族权三项权利的全部或一部,就会产生人格变更。个人丧失自由权即沦为奴隶,奴隶是罗马法中的权利客体,不享有权利,当然丧失市民权和家族权,此为人格大变更;丧失市民权而成为拉丁人或外国人,丧失市民权即同时丧失家族权,但仍享有自由权,此为人格中变更;丧失家族权而仍享有自由权和市民权,它是人格变更中最轻微的一种,为人格小变更。可见,罗马法上的人格带有强烈的等级性和身份性。

“法律人格”一词来源于拉丁语 persona,原指戏剧中的假面具,进而意味着扮演剧中角色的演员。根据罗马法,persona 广义上指所有具有血肉之躯的人;在狭义上仅指自由人,即至少拥有自由权的人。正是由于近现代私法意义上的“法律人格”(平等人格)仅对应于罗马法中含有市民权的自由人地位,persona 才经过演化,转变为 personality——法律人格。persona 一词也有其哲学上的意义,来源于斯多葛哲学的“具备理性的独立实体”。关于这一点,学者布尔其乌斯认为:所谓 Persona 是具有理性之本性的个别实体。这种建立在人的伦理性之上的人的法律人格的出现,是法律人格正式确立的哲学基点。它决定了法律人格在其后的发展中将意思存在和意思自治作为法律人格独立、平等的表现。德国学者阿尔巴赫(Auerbach)就曾最先明确地指出:“意思能力对于作为伦理意义上的人格具有决定性。”但在罗马法上,人们更经常地用 caput 一词来表示法律人格,这个词原意为头颅,被罗马法学家和裁判官用来指人格,寓意人格对于人来说,犹如头颅对于人一样重要。可见,caput 表示一种身份和能力,只有具备 caput 的个人,在法律上才是一个自由人(persona)。

古罗马法人格状况中最有特色也最为重要的是家父权,它明显带有远古时期氏族首领“宗法权”的痕迹。在人类的早期阶段,没有法律,只有依靠于道德和个人权威的规范。原始社会是许多家族的集合体。与此相适应的规范,是一种有利于独立团体的行为规则。这类规范的数量不多,因为它可以由家长的专断命令来增补;它的仪式繁多,且往往带有神秘色彩,它着重处理的事务不是家族内个人之间的行为而是有关家族整体或家族对外交往中的大事。尤其重要的,它认为团体永生不灭,因此原始规范把它所关联的实体即宗法或家庭集团,视为永久的和不能消灭的。[5] 如果说现代社会的单位是个人,则原始社会的单位是家庭。一个家庭首领具有宗法权,是基于血缘(或拟制血缘)而产生的家庭集团的观念中的一个要素。不要忽视这种特性,正是它影响了随后几千年,贯穿整个奴隶社会和封建社会中人的地位。个人被家族的光环湮没了,即在权利义务制度上,对家族集团所持的态度和今天对个人所持的态度基本相同。古罗马"家父权"正是个人湮没于团体的集中体现。它禁止"在父权下之子"和"父"分开而持有财产,绝对不考虑"子"有主张一种个别所有权的可能,"父"有权取得"子"的全部取得物,并享有其契约的利益而不牵涉任何赔偿责任。"父对其子有生死之权,更毋待论,具有无限制的肉体惩罚权;他可以任意变更他们的个人身份;他可以为子娶妻,他可以将女许嫁;他可以令子女离婚;他可以用收养的方法把子女转移到其他家庭中去;他并且可以出卖他们。"[6]总之,父对于卑亲属的人身和财产有着广泛的权力。当然,更不用说在家族之内被当作物对待的奴隶。故而从某种意义上说,"古代法律可以喻为'国际法',目的只是在填补作为社会原子的各大集团之间的罅隙而已"。[7] 议会的立法和法院的审判只能及于家族首长,"家父"对于"在父权下之子"的不法行为(或侵权行为)应负责,他对其奴隶的不法行为也同样应该负责(但他原有这样一种特别的权利,就是把犯罪者本人交出以赔偿损害)。至于家族中的每一个人,其行为的准则是他的家庭的法律,"家父"是立法者。由此,这个由"家父权"结合起来的"家庭"是全部"人法"孕育产生的基础。对于各个社会单位——家族——内部人与人而言,虽然法律还没有渗透到"家族"各成员之间,但"父"对"父权下之子"有人身权利和财产权利,同时"父"对"子"的不法行为应负责任,再加上"父"和"在父权下之子"之间不能相互控诉,使"父"与"子"之间存在一种"人格统一"的倾向。依此推及于夫对妻,父对女,奴隶主对奴隶,即家族内各人的人格因身份而不同程度地统一到"家父"身上,而各人本身没有法律人格或存在法律人格不平等或

⑤ 参见[英]梅因:《古代法》,沈景一译,商务印书馆1959年版,第72页。
⑥ 同上书,第79页。
⑦ 同上书,第95页。

不独立等缺陷。因而罗马法人格制度的等级性和身份性,使近代私法意义上的"人格"无法在人法上得以确立。只是到古罗马后期,人与人之间的关系,人与家族之间的关系才出现松动。家父权日渐式微。家内惩罚的无限制的权利已变成把家庭犯罪移归于高级官吏审判的权利;主掌婚姻的特权,已下降为一种有条件的否定权,出卖子女的自由已在实际上被废止。妇女终身监护制也发生变化,妇女在人身和财产上都有了相对的独立地位,对其人身的绝对支配逐渐被废弃。

及至封建社会,生产力的发展促使封建经济基础形成,社会中个人的等级地位发生了变化。奴隶已由被否定了权利义务的客体变为享有一部分权利义务的主体——农奴(农民)。这一时期,各大主要宗教形成。其中影响广泛的基督教通过宣传人由神创造,因而在神面前人是平等的,由此确立了人类尊严的思想。教会法在对罗马法重新解释后,注入更多平等和个人自由意志的理念。教会契约法在承认承诺之效力的基础上发展出"压迫性交易违反良心"时的规则以及"违反市场规范行为的不公平竞争"时的规则。[8] 教会财产法通过"恢复原状规则"否认自力救济的合理性。在婚姻继承方面,遗嘱被看成一种意志行为,婚姻被视为一项契约,从而一定程度将个人意志引入家庭财产领域,并发展出错误、胁迫、诈欺等重要概念。教会法还反对奴隶制度,认为一个基督徒以另一个基督徒为奴隶是一项罪恶。这些都充分体现了基督教的平等精神和对个人自由意志的重视。然而,这种思想却无法在世俗社会和封建法中得以实现,世俗法上的个人依然是不平等的。在封建身份制的社会秩序中,得到尊重的只是宗教和道德意义上的人类尊重。

故总体而言,18 世纪以前的社会是一个身份制社会,人们在私法上的地位主要由其在社会中的身份决定,贵族、平民、农奴在获得财产特别是像土地那样的财产上的权利大不相同,在人身权利上也差距悬殊。此外,性别、职业团体、宗教的共同体等因素也起到一定影响。

人格权是以人格的独立为前提,并以独立人格的人格利益为客体。一旦个

---

⑧ 参见[美]哈罗德·J. 伯尔曼:《法律与革命——西方法律传统的形成》,中国大百科全书出版社 1993 年版,第 296 页。

人不再是权利客体而成为权利主体，不再是家族权支配的对象，不再受身份的束缚，而是具有自主人格的个人，则人格权就具备生长的土壤。由于古代民法中的人并不具备独立、平等的法律人格，故未有近现代意义上的人格权。只是基于自然法观念，存在一些禁止侵害人格利益的规定，但由于公法私法混合，民刑不分，这类规定很大程度上成为针对犯罪和不法行为所作的规定的一部分。[⑨]人格利益更多地受到刑法保护。《十二铜表法》第八表“伤害法”中第1条规定：“假如有人编造或歌唱含有毁谤或侮辱他人的歌词时，则认为必须执行死刑”。这里的“编造或歌唱含有毁谤或侮辱他人的歌词”即为对他人名誉的毁损。当然，也存在侵犯人格利益损害赔偿责任的规定。如公元前20世纪的《埃什嫩那国王俾拉拉马的法典》第42条规定：“倘自由民咬破自由民之鼻，应赔银一明那；伤其一眼，应赔银一明那；一齿，二分之一明那；一耳，二分之一明那；掴人之颊，银十舍客勒。”[⑩]但这并不表明有独立的、区别于刑罚制度的民事赔偿制度。此外，人格利益受到保护的主体范围很小。虽然法律人格建立在理性实体的伦理性基础上，但有理性的人并不都有法律人格。查士丁尼《法学总论》编纂之时，关于人的法律格言依然是：“一切人类不是自由人就是奴隶。”私法仅局限于自由人，也只有自由人的人格利益受保护，奴隶为私法的客体。再者，被保护的人格利益范围有限。法律所保护的仅为生命、健康、名誉等人格利益，其他人格利益往往不予保护。依据查士丁尼《法学阶梯》的解释，私犯有盗窃、强盗、对人财产的私犯和对人身与名誉的私犯四种。其中对人身与名誉的私犯，是用语言或文书毁损他人名誉，以及用殴打或其他暴行加害于他人身体的行为。人格利益还具有依附性，由于个人受宗法、家族、身份关系的种种束缚，人格利益必须依附于一定的身份和地位，因而个人的人格利益是不独立不完备的。古罗马法上名誉消灭和名誉减损是与人格变更相辅相成的。可见，其时在不平等法律人格下，人格利益受到不全面不平等的保护，既无人格权的提法，也无人格权的规定，人格权还处于萌芽之中。

---

⑨ 根据梅因在《古代法》中的观点，古代社会将损害国家的行为称为犯罪，将损害个人的行为称为不法行为。

⑩ 《外国法制史资料选编》(上册)，北京大学出版社1982年版，第9页。

二、法律人格形式平等和人格权的初步承认

近代民法[11]先后经历文艺复兴和启蒙时期思想、哲学潮流的洗礼,在资本主义经济社会政治环境中孕育而生。家父权终趋瓦解,身份制度亦遭废止。近代民法完全否定了古代民法的一切不平等身份以及由不平等身份所带来的狭隘的物法和债法的观念,实现了法律人格的形式平等。

19 世纪,欧洲各国纷纷开始了民法编纂的活动,开启了民法自成一统而与其他法分立的局面。其中影响最大的当属《法国民法典》和《德国民法典》。在人法和家庭法中:(1)宣布一切人平等,废除阶层和贵族制度(首位权,或长子权等)。法国大革命时的《人权宣言》宣称:“人们生来并且始终是自由的,在权利上是平等的;社会的差别只可基于共同的利益。”《法国民法典》第 8 条规定:“所有法国人均享有私权。”(2)婚姻世俗化。妇女取得处分财产的全部权利,不像在古代罗马丈夫通过婚姻取得了对于妻的人身和财产的多种权利。(3)限制家庭的权利。准许离婚,限制对年满 21 岁子女的父权,扩大非婚生子女的权利。在所有权方面,承认所有权是与生俱来的权利,是人的人身自由权利的继续;废除封建的和其他各种零碎的所有权,制定旨在促进不动产自由流转的规定。但在民法主张一切人不受身份束缚而自由平等的同时,女性尤其是已婚女性的实际权利并未有实际性的突破,“‘古代法’把妇女从属于她的血统至亲,而现代法律学中的一个主要现象则是把她从属于丈夫”[12]。

我们不难看出,近代民法的特点首先在于承认所有的人具有完全平等的法律地位。《德国民法典》把私法上人的地位称为“权利能力”,实为对“一般权利能力”的承认。《奥地利民法典》第 16 条规定:“在法律规定的要件之下,每个人

---

⑪ 按一般观念,近代民法是指经过十七八世纪的发展,于 19 世纪欧洲各国编纂而获得定型化的民法概念、原则、理论和思想体系。

⑫ [英]梅因:《古代法》,沈景一译,商务印书馆 1959 年版,第 88 页。引语中的“现代法律”是指我们所说的近代法律。

皆能够取得权利”,该法典在平等对待本国人和外国人的基础上,最先提出“一般性权利能力”。故“权利能力一律平等”被作为人法的核心得以确立,并成为近代民法三大原则的基础。权利能力与法律人格被同一使用。实际上,在近代民法中,两者是一个问题的两个方面。法律人格是私法上权利义务归属的主体,权利能力是私法上可作为权利义务主体的地位。法律人格体现的是“个人本位”,权利能力体现的是“权利本位”,而近代私法中个人本位和权利本位思想是浑然一体、密不可分的,两者系从不同角度解决人的地位问题。近代民法中的人被作为平等的主体对待,人与人之间的意思能力、知识水平、经济实力、社会势力的差异被完全忽略,即近代民法上的人是作为被抽象掉了各种能力和财力等的抽象的个人而存在的。故法律人格具有抽象性。正是基于这种抽象一体的法律人格,而不考虑现实中买方和卖方、出租人和承租人、企业和消费者、侵权行为者和受害人的差别,人格平等才有所谓“形式平等”之称。

值得注意的是,民法在从古代向近代的发展过程中,对人的人身权和财产权的开禁程度是不一样的。当男子的人身权利基本能保证其自由行动时,对财产权利的获取相对而言却十分缓慢,他们不能独立拥有一定财产并自由支配、处分。在土地所有权方面,所有人不完全是自己财产的主人,他们只能使用,最高权利则属于领主或国王。赋予土地所有人以种种权利,如赎买权、当然继承权,从而限制不动产的自由流转。对于受制于“家父”的男子如此,更不用说女性。已婚女性原本在财产上没有权利,在人格上没有地位,当寺院法及其释义者漠视人身权利一定程度上放松时,却顽固地把对财产权的垄断保存下来并加以巩固。妻子的财产转移到丈夫手中后,丈夫有广泛的管理权。

与此同时,近代社会在经济方面,以自由资本主义经济为特征。这是一种发达的商品经济。商品经济不同于由家庭协同体和其他农业协同体维持的自然经济。自然经济的生产单位(家庭协同体)同外部的联系是通过家长来进行的。这意味着家庭共同体的财产在外部关系上是属于家庭和家长的,而成员在家庭共同体的外部不享有对财产的权利。成员和家长之间作为家庭协同体的内部关系并没有以法律的形式表现于外部。而自由资本主义经济迫使人们走出家庭这个“堡垒”,或进行商品交换,或进行雇佣劳动。这就有了自主经营及自主缔结雇佣契约的可能性。“人一经进行自己自身的经营,便会自然地……取得权利能力和行为能力,这是一项法则”,⑬故而社会经济形态上呈现出主体行为自由化和经济关系契约化的特征。带有近代世俗主义的个人主义和自由主义色彩的18世纪启蒙哲学和近代自然法学,均直接反映出个人从家庭中获得解放的这一经济要求。

自由资本主义经济强烈地呼唤人们对财产自由的拥有,而近代民法确立前夕人们的财产权利状况又非常令人不满意,以致在近代民法中,对财产权的要求被摆到了首要地位。而人格权却因其实际状况与资本主义经济的要求并非悬殊而被忽略,致使其发展相应滞后。民法中的人与其说是一个“享有私权,在权利上平等”的人,不如更准确地说,是一个财产权平等的人。

近代民法最先确认财产权后,便将人格平等视为交易和占有财产要求的产物。人格平等的确是与契约的广泛扩张相呼应的。一方面权利能力是缔结契约的法律前提,“个人享有权利能力主体的地位,亦即表示能享有的缔结契约能力之意味”。⑭ 另一方面契约自由又反映了权利能力平等。由自由缔约权扶植起来的个人主义,为完成一项必须完成的任务——把人的力量调动起来、解放出来提供了原动力。由于契约是商品交换的主要法律形式,随着资本主义的商品生产和交换的普遍化而被推及社会生活的各个领域并在近代社会占据统治地位,故梅因认为“所有进步社会的运动,迄今为止,是一个从身份到契约的运动”。契约自由及其带来的自由合法地占有财产,成为历史上个人平等法律人格观形成的动因。这很容易形成一个倾向:将财产权视为个人人格的延伸,主张将个人意志自由和人格尊严的价值体现在个人对财产权的支配方面,人格权利就是对财产自由地占有、使用、收益和处分的权利,对他人财产的尊重代表了对人格的尊重,以至发展到“人格权本质上就是物权”⑮的地步。实际上法律人格除了存在可以拥有平等的权利义务这种抽象地位外,还有其具体的多方面保

⑬ 埃利希语,转引自[日]星野英一:《私法中的人——以民法财产法为中心》,王闯译,载梁慧星主编:《民商法论丛》(第8卷),法律出版社1997年版,第160页。

⑭ 参见苏俊雄:《契约原理及其实用》,台北,中华书局1978年版,第2页。

⑮ [德]黑格尔:《法哲学原理》,范扬、张企泰译,商务印书馆1982年版,第46页。

护内容上的义务,奥地利著名法学家埃利希列举了作为权利能力构成要素的四个能力,即"享有和行使各种政治权利的能力,进入法律承认并保护的家庭关系的能力,取得并享有财产权的能力和请求人格自由、生命和身体的法律保护的权利",除第一种权利是公法上的权利外,其他三种皆是民法上的法律人格提示的权利,既包括财产权利,也包括家庭身份权利,同时还包括人格权利。然而近代社会忽视了法律人格的完整内涵,将对平等法律人格有过历史功绩的个人财产权地位无限扩大,将平等的财产权视为平等法律人格的全部。因此,我们不难理解,在19世纪称为契约社会之时,近代民法被喻为财产法。高举"契约自由"旗帜的民法中的人作为法律人格形式平等的人,仅是财产自由并受充分保护的人,人被湮没于财产中。

此外,近代法律人格继承且深化了伦理性观念。法律人格的伦理性确立了自由主体具有承担责任的能力进而人格具有尊严这一意义。人格具有尊严,这就有力地肯定了人格权存在的基本价值。这在人格权的发展史上应是一个有重大意义的里程碑,有利于用平等的原则保护主体的人格权,以尊重一切人的人格和尊严。人格赋予伦理上的有生命的主体,这又对法律人格主体范围设定了法哲学前提。萨维尼说:"所有的权利,皆因伦理性的内在于个人的自由而存在。因此,人格、法主体这种根源性的概念相契合。并且,两个概念的根源的同一性以如下的定式表现出来:每个人皆是权利能力者。"萨维尼因此以法人的法律人格并非源于法人(伦理性)的本质,而提出法人拟制说;相应地,他对法人权利能力的范围及法人人格权都存在比较消极和模糊的看法。法律人格的伦理性还可引申出个人意思自治。既然法律人格是具有理性的独立实体,则个人只要不违反有关公序良俗的法律,就可以通过契约建立自己的权利义务关系;同时意思表示不完全的人或一般的人在意思不完全而行为的场合不产生或有时不产生除法律强制性规定的权利义务。但随着法律人格作为民法典的规定而成为实定法上的原理,其伦理性的观念被慢慢削弱,开始有学者对伦理性提出质疑,甚至高呼:"从伦理的人格中解放出来。"体现在具体民法制度上,就是近代民法基于人格的伦理性的变化而对法人从不信任到最终承认。

可见,虽然在近代民法中,人格权的发展与财产权的发展相比进展缓慢,但只要民法自主地意识到了“法律人格”,离人格权在法律上获得正式确立也就为期不远了。人格权法律概念的产生于19世纪。19世纪初,一些德国学者曾提出过人格权概念。1870年,法国学者莫勒特(Morillot)在其撰写的一本关于版权和工业产权的著作中,曾论及人格权理论。而由于对19世纪德国私法学具有支配性影响的萨维尼,对每个人虽然承认其不受他人的意思支配的独立地支配自己意思领域的权利,但却否认了对自身的实定法上的权利,使19世纪德国法学的主流失去了对人格权的关心。但这种从承认根据实定法的法律人格产生出作为所有每一个权利义务之基础的人格权的提出,意味着对作为人的各种属性的权利的关注。19世纪后半期,德国学者基尔克(Gierke)、柯尔勒(J. Koher)等就曾提出“一般人格权”的概念。

民刑分立,使人格权开始获得真正意义上的独立民法保护。民法中有了保护人格权或人格权益的规定。立法没有规定或规定不甚明确的国家或判例法国家,则根据民法理论或通过判例对人格权予以保护。随着社会身份制逐渐被击溃,人格权不再具有依附性。人格权的权利主体扩大到每一个人,人人都平等享有人格利益。人格权在民法中获得初步承认大体经历了三个阶段:

第一阶段是民法未规定人格权。1804年《法国民法典》第一编标题为“人”,它设置了关于一般利益的制度,包括国籍、身份登记、住所、家庭、无能力等,但并非关于私的利益的制度,也即它们只是作为法律人格来保护自由、平等的人,而没有提及向他人主张正因为是人才属于人的那些性质和权利——人格权。尽管如此,该法典第1382条规定:“任何行为使他人受损害时,因自己过失而致损害发生的人,对该他人负赔偿的责任。”这意味着在某种程度上,法律仍然保护公民的人格权益。自19世纪初期,法国法院就开始通过扩大对民法典第1382条的解释,来保护公民的名誉、姓名、通信秘密等权利。法院在作出损害赔偿的判决时,也把侵害人身利益作为确定赔偿数额的重要因素加以考虑。

第二阶段是承认公民的某些人格利益,并规定了某几种具体人格权。1896年《德国民法典》第12条规定:“有权使用某一姓名的人,因他人争夺该姓名的使用权,或因无权使用同一姓名的人使用此姓名,致其利益受损害,得请求除去对此的侵害。”第823条规定:“因故意或过失不法侵害他人的生命、身体、健康、自由、所有权或其他权利者，对被害人负赔偿损害的义务。”可见，《德国民法典》已对人的姓名权、生命权、身体权、健康权、自由权等人格权加以保护。由于当时德国大多数判例和法学家认为第823条中的“其他权利”不包括“人格权”，故名誉权、隐私权等人格权不获保护。

第三阶段是明确并较全面地规定了公民的人格权。1907年《瑞士民法典》首次明文规定保护“人格权”，不仅规定个别人格权，更规定了一般人格权。同时，第28条规定：“任何人在其人格受到不法侵害时，可诉请排除侵害。”“损害赔偿或满足性措施的金钱给付之诉，只有在法律规定的情况下，始得允许。”瑞士《债务法》第49条规定：“因过失侵害他人人格关系，应负赔偿责任，人格权受侵害时，以其侵害情节及加害人过失重大者为限，得请求慰抚金。”至此在民法发展史上真正确立了人格权制度。

三、法律人格趋向实质平等与人格权的进一步确立

社会正义有形式正义和实质正义之分。当社会经济生活发生变化导致社会由形式正义转向追寻实质正义时，民法的法律人格也超越形式平等而趋向实质平等。

进入20世纪，资本主义进入垄断时期，经济不再单纯由市场调节，国家对经济采取一定干预。作为企业基本组成的公司的经济力量也越来越强大，出现了跨国公司，并促进了国际经济联合市场的形成。科学技术突飞猛进，各种科学技术成果的采用，极大地提高了社会生产力，创造了丰富的物质财富。工商业的发展，造成两极分化，贫富悬殊，劳动者与企业主的对立，生产者与消费者的对立，以及企业事故、环境污染、缺陷产品致损等各种严重社会问题。此外，20世纪发生规模浩大的民主运动、民权运动、女权运动、消费者运动、环境保护运动，也集中反映了人的觉醒和人们对自身政治、经济、法律权利的主张。社会政治经济生活的重大变化，促使民法观念的更新。各国民法在由近代民法向现代民法的快速演变中，出现了民法国际化、民法社会化、民法商事化等趋势。

民法中的人出现了两个层次上的分离:一方面,是一切人,不分民族、种族、职业、财产状况等,都有资格平等地参加民事法律关系,取得民事权利,承担民事义务,合法权益平等地受到保护。尤其是随着女权运动的发展,在近代民法中对女性的歧视今天基本上被消除了。女性在继承家庭财产和婚姻自由方面与男性处于平等地位。同时法人的民事地位被认为与自然人相同。另一方面,又出现了"不平等的人,具体的人"。主要有以下几种:第一,在消费领域,由于标的物状况、商品品质等存在显著的信息掌握上的不平衡,其结果是消费者经常处于一种极为不利的地位,出现了相对于生产销售方的"消费者"。第二,在雇佣契约中,人们发现劳动者从雇主那里获得的自我解放的自由,实际上几乎只是作为雇主解雇劳动者的自由而发挥作用的,从而出现了雇主与"劳动者"。第三,在企业垄断领域,大企业以契约自由为法律依据,通过订立横向或纵向的协议等方式,采用购买股票、固定价格、划分市场等手段,挤垮或鲸吞中小企业,从而排除竞争,攫取垄断利润,由此而出现了相对于大企业的"中小企业"。第四,在供求领域,当契约标的物供求关系失衡,使一方当事人处于社会经济劣势而出现契约内容的不合理及对一方当事人相当苛刻时——这在住宅租赁和以消费金融为目的的消费借贷中表现得尤为突出——产生了相对于"出租人"的"承租人"和相对于"出借人"的"借贷人"。可以看出,以上 4 种"具体的人"是侧重于经济地位的差别,承认强者和弱者并向保护弱者权利倾斜。

对于从近代民法到现代民法的人的变化,有学者认为近代民法上的人"在本质上是作为意思对待的,它不是屈服于软弱、受欲望折磨,被经济的各种力量摧毁的肉体上的存在,而往往是强有力的,有见识的,朝向目的自由意思"⑯,或是"模仿着始终追求和打算着利润的商人人像创造出的概念,并非出于义务,而是受利益引导的人,是利已的、理性的、运动的、自由而平等的人",⑰是"强有力的智者";而认为现代民法是"坦率地承认人在各方面的不平等及其结果所产生

---

⑯ 卡邦尼埃语,转引自星野英一:《私法中的人——以民法财产法为中心》,王闯译,载梁慧星主编:《民商法论丛》(第 8 卷),法律出版社 1997 年版,第 170 页。

⑰ [德]拉德布鲁赫:《法律中的人——以民法财产法为中心》,载《拉德布鲁赫著作集 5》,东京大学出版会昭和 37 年版,第 6 页;转引自[日]星野英一:《私法中的人——以民法财产法为中心》,王闯译,载梁慧星主编:《民商法论丛》(第 8 卷),法律出版社 1997 年版,第 169 页。

的某种人享有富者的自由而另一种人遭受穷人、弱者的不自由,根据社会的经济的地位以及职业的差异把握更加具体的人,对弱者加以保护的时代",并提出了"弱而愚的人"的观点。[18] 果真如此吗? 的确,相对于古代民法中受身份奴役的人而言,近代民法中的人享有私权,每个人皆能够取得权利,他们是自由的、有力的;但同时他们在现实中仍存在一定程度的软弱与无助,如妇女的婚姻意志不自由,妇女对丈夫的遗产无继承权,只有用益权;又如一般的人在享受着"权利平等"的自由时,又发现当他们的人格权利受到侵害时,当他们在商品交换中遇到强大的经济集团时,法律却漠视这一切。所以确切地说,他们是且仅是法律人格形式平等的人。从近代到现代的转变中,民法中的人是否变得越来越弱小,越来越愚昧? 马克思说:"人是社会关系的总和"。从现实而言,现代个人社会角色的多重性和交换性,使个人不会终身处于经济实力上的弱势,如个人业主或公司企业的代表,相对于劳动者而言是处于强者地位的人,但他作为消费者时,也是被当作保护对象的。并且正是主要由于人们自主意识到自身权利受侵害这一事实而兴起各类权利运动,如消费者运动,才导致民法对弱势群体的保护。即使在契约交易中,出现了个人受蒙骗或意志薄弱,也不是现代社会的产物;近代民法也有对"欺诈"的规定。现代民法中"冷却期""反悔权"制度的规定表明民法日益成熟。故从整体考虑,现代民法上的人并不是"弱而愚"的。

基于现代民法对弱者的保护,特殊权利群体的出现,还产生了将民法的发展概括为"从契约到身份"[19]的主张。这其中很有商榷的余地。

首先,从身份和身份权的概念上来说。身份起源于古代属于"家族"所有的权力和特权,其侧重于人格上的差别,延续到现在,身份主要指由于基于一定的血亲或姻亲而产生的特殊的地位;身份调整代表国家干预,它与意思自治是相互排斥的,因而具备稳定性和法定性。"民法上身份云者,谓基于亲属法上之相

---

⑱ 参见[日]星野英一:《私法中的人——以民法财产法为中心》,王闯译,载梁慧星主编:《民商法论丛》(第8卷),法律出版社1997年版,第175页、第186页。

⑲ 参见[美]W. 弗里德曼:《变迁社会中的法律》,1959年版,第487页;Jorgensen:《作为形式的合同》,载《斯堪的纳维亚法律研究》1966年10月;邓小荣:《契约、身份与近现代民法的演变》,载梁慧星主编:《民商法论丛》(第15卷),法律出版社2000年版;史尚宽:《民法总论》,台北,正大印书馆1980年版,第16页。

对关系之身份,有一定身份后得享有权利也。”[20]可见,身份权是包括荣誉权、配偶权、亲权、亲属权以及由以上权利而派生出的抚养请求权、赡养请求权等权利;而“从契约到身份”中的“身份”仅是指基于经济地位上的差别而产生的强者或弱者地位,民事主体可通过契约对身份加以改变,它具有不稳定性与非法定性,由此而产生的身份权可以包括“消费者权”“劳动者权”等一切特殊群体权利。可见“从契约到身份”中的“身份”与现代法学上的“身份”以及梅因所称的“从身份到契约”中的“身份”是不一致的。“从契约到身份”的概括必将导致理论上的混乱和现实中的冲突。

其次,从民法上人与人的关系来看。人们通过契约发生联系,如物权契约、商品买卖契约;人们基于法律的规定发生联系,如婚姻关系、继承关系;人们基于侵权之债发生联系,如侵犯人格权、侵犯财产权。尽管出现了“不平等的人,具体的人”,但这类具体的人,雇佣者、被雇佣者、消费者所表示的,不过是法律上认为的平等的人格所处的不同地位而已。这种基于特殊群体利益所展现出的“身份”并不能将民法上的所有人联系起来。其实,特殊人类群体(弱势群体)的权利与身份特权是有区别的,前者是在社会中最易遭受打击的人为了维护其做人的尊严所应享受的权利;后者是社会中占优势地位的人所享有的高于别人的权利。对特殊群体的权利的特殊保护,并不意味着人们在权利享受方面的不平等,而是标志着对所有人的人格尊严的尊重。“被增加的部分看似弱者的特权,实则是把‘增加的部分’补充进去之后弱者才能获得的‘平权’”,[21]归根结底是为了实现社会实质正义。

最后,从民法运动的趋势来看。法律人格,随着其内涵的丰富,由抽象人格到具体人格,由形式平等人格到实质平等人格,将走出古代民法之身份和近代民法之契约的阴影,成为现代及未来民法的核心理念。“个人享有权利能力主体的地位,亦即表示能享有财产权及缔结契约能力的意味”,即人格平等是人们在财产的世界中平等缔约、自由缔约的前提;当传统民法的身份权(家父权、夫权、亲权)受到严格限制和萎缩时,独立、平等的法律人格使身份权获得了新生

[20] 史尚宽:《民法总论》,台北,正大印书馆1980年版,第16页。

[21] 徐显明:《人权主体之争引出的几个理论问题》,载《中国法学》1992年第5期。

而避免趋向消亡;人格权是权利主体以人格利益为客体、为维护权利主体的人格所必备的权利,它以人格平等为出发点又以人格平等为最终目标。现代法律“诚应透过各个人抽象的人格,而更进一步着眼于贫富、强弱、贤愚等差别之具体人类,保障其生存的能力,发挥其既有主体且有社会性之存在意义”,正是通过人格中具体人格的内容,民法调整错综复杂的社会关系,实现社会正义。

可见,在当今社会,无论在财产关系中还是人身关系中,无论是在形式正义中还是在追求形式正义中,人格(人格平等)是连接这个社会人与人的共同方式和手段。如果说古代民法由于社会等级制度决定了人们因身份而享有不同权利;近代民法由于财产权占支配地位决定了人们以契约为纽带展开在自由经济社会的一切活动;那么,我们要说,在人格权逐步发展并与财产权同样举足轻重的现代民法,(平等的)法律人格无疑是其核心精神。虽然目前我们还不能轻易下结论:近代民法向现代民法的转变,若用一个公式表示为“从契约到人格”,但总比草率地归结为“从契约到身份”要妥当。

虽然民法所规定的抽象人格,对一切民事主体作抽象的对待,造成经济地位上的强者对弱者在实质上的支配,反过来动摇了民法平等、自愿、诚实信用的基础,因而又从抽象的民法人格中,分化出若干具体的民法人格,诸如“消费者人格”“承租者人格”等,使法律人格趋近实质平等。但不能否认,法律人格的具体化首先必须以民法抽象的人格为前提。带有社会性法律观的民法在进一步追求实质正义中,必须从法律人格的平等出发,不能让各类具体的法律人格将“平等概念”消解掉。法律人格的实质平等只能在形式平等的基础上考虑各类具体人格的差别,作出相应的调整。否则,实质平等无法实现,就连形式平等也成问题。

法律人格,在近代民法上基于自然法上的权利,即人与生俱来的天赋权利而获得实定法的承认。一旦这种法律实证主义确认,久而久之,又使人们将一般的法律人格当作实定法的基础,其自然法的基础伦理性倒是十分明显地被人们忽视了,从而对法律人格的伦理性提出挑战,以致在法律人格趋近实质平等的现代,它最终从伦理性中获得解放,基于理性的个性的伦理性不再对法律人格具有决定意义。“如果说人的存在是自然的存在的话,那么,法律人格者的存

在就可谓是法律的存在。”㉒

一个比较明显的例子就是对法人的态度。基于法人日益发达的现实与民法原理关于法律人格伦理性的发展,法人本质的主流观点也由“拟制说”转向“实在说”,即承认法人是一种客观存在的主体,法人具有法律人格。正是在这个意义上,法人获得了与自然人一样的平等的权利主体资格,可以享有财产权,并享有适合于它的一定的人格权。一些学者正是以此为理论基础提出“法人的权利能力范围无限性”观点,即法人之间的权利能力平等。法人在现代民法中越来越占据重要地位,并且形成一套较完整成熟的法人制度。通过法人内部结构,我们可以发现一个有趣的现象。法人有独立的民事权利能力和民事行为能力,法人依法享有独立于其他社会组织、法人发起人以及法人成员的财产,法人以其实际拥有的全部财产为限对其行为承担法律责任。至于法人的意思,依“实在说”之观点,法人作为一种客观存在的组织体,它与组成它的自然人相分离,形成不同于自然人个人的团体意识或意志,并通过法人机关表示。联系古代民法,这不禁使我们或多或少地看到了一点“家族”的影子。“法人”之于“家族”,“法人机关”之于“家父”,“法人成员”之于“家族成员”。在“家父权”之下的家族成员丧失财产权和人身权,在“法人”之下的“法人成员”对于法人的财产和意志表达也无独立主张,这究竟是历史的倒退,个人重新被团体湮没还是另有其他曲折?仔细分析,“法人”与“家族”还是存在本质上的区别。在“法人”之下的“法人成员”虽然丧失了对法人财产和意志表达的独立主张,但并不表明其个人在这个“法人”中及其他社会关系中没有财产权和人身权。以法人的典型形态公司为例,公司的股东有独立于公司的财产,有受法律保护的人身权利,其对于公司所拥有的股权,也在不同程度上反映了对公司财产的间接处分权和对公司意志的间接表决权;而非股东的公司成员,一旦公司对其有任何合法权益上的侵害,他都能通过诉讼获得必要的保护。可见法人之下的“法人成员”并未丧失其“个人性”,尽管受到一定限制,由于“个人”在法人中具有相当的自由,今天在这个法人,明天还可到另一个法人。不似古代以血缘为基础

㉒ [日]石本雅男:《法律人格的理论和历史》,日本评论社1949年版,第33页。

的“家族”之下“家族成员”，一旦出生，其身份隶属就固定。所以整个社会即使出现了法人，并越来越强大，也不会导致在民法上法人取代个人成为社会的基本单位的历史回归的趋势。

但法律人格与伦理性的分离也带来了一定的危险，使得从伦理性引申出的意思能力在法律人格中的地位模棱两可，进而权利能力制度出现危机；使人们在探求属于人的权利尤其是作为人的各种属性的权利（人格权）时，出现丧失了理论上的本源的危险，甚至一些国家将个人的权利依附给一定的民族或奉献给国家及社会的物质繁荣。第二次世界大战时期的德国在全面剥夺犹太人权利的同时，又鼓动它的国民将自己的一切奉献给国家这个战争机器。还有的国家因为一定的文化传统，个人消融在宗法人伦中，即使新的“主义”占据主导地位，也无法在短时期内彻底根除传统文化带来的负面影响，又加上特定时期人们对新主义的片面理解和狂热追寻，以致发生连人的基本权利都不能获得保障的情况。实际上法律人格这一概念除了权利义务的归属点这种法律技术性之外，背后还有尊重人的思想。因而将法律人格从伦理的人格中解放出来，抑或将法律人格的观念与人格重新结合，无论在现在还是将来都将成为一个富有争议的问题。无论如何，法律人格总会随着时代变迁丰富其内涵。值得肯定的是，法律人格在其发展中，起源于伦理性，又最终超越于（而非脱离）伦理性；伦理性在一定层面上仍是其深层基础，完全彻底抛弃伦理性这一本源很可能会让法律人格迷失方向和丧失进一步发展的动力。

人们面对社会形式正义作出的法律人格趋近实质平等的调整，对法律人格伦理性的否定之否定的思索，以及第二次世界大战以后对纳粹轻视人的强烈反思和蓬勃发展的人权运动直接引发了对人格权日益强烈的关注，促使人格权得到进一步确立。可见，法律人格内涵的变迁为人格权的发展提供了理论支持。人格平等不仅是交易和占有财产的要求，也是维持个人的生命的存续，尊重个人的尊严与价值的要求。仅对他人财产的尊重，并不等同于对他人人格的尊重。只有同时具有平等的财产权和人格权，才具有平等的法律人格。并且相对于财产权，人格权基于其基本价值更是直接以实现和维护人格的独立和平等为目的。

人格权最先由若干学者提出,并被一定程度反映在各国民法典中。20 世纪尤其是第二次世界大战以后被广泛地承认和进一步确立。首先,人格权立法越来越受重视,人格权或作为一章出现在民法典中,或在总则或债编中出现保护人格权的专门规定。其次,人格权的权利内容越来越广泛,出现隐私权、贞操权等权利,并且各项具体人格利益的保护也越来越深入和全面。《匈牙利民法典》则专门设立一章共计 10 条规定人格权制度,极力扩大人格权范围,它包括生命、身体、健康、肖像、名誉、尊严、姓名、自由、个人生活秘密及通信秘密和营业秘密。在德国,法院于 1954 年根据宪法确认人身的一般权利属于受民法典第 823 条第 1 款保护的绝对权利,从此,名誉权和隐私权被作为绝对权利对待,从而使人格权的保护范围大大超过规定。通过 1954 年的"读者来信案",1958 年的"骑士裁判案"和"录音案",1964 年的"索拉雅案"等[23]一系列司法实践,德国法院发展出所谓的一般人格权。此外,新近颁布的《数据保护法》通过损害赔偿责任实现了对来自私人和隐秘领域却又合乎实情的信息进行保护。英美侵权法对人格权的保护,与大陆法相比要更具体、细致。由于它们没有类似大陆法系一样的"民法"概念,故对人格权的保护主要是采取判例法的模式,并体现在侵权法领域。英美侵权法的人身侵权案件主要分为殴打、胁迫、非法监禁、精神折磨、毁坏名誉和侵害他人秘密权,尤其在对名誉权和隐私权的保护上更是突出。英国颁布的 1952 年《毁灭损名誉法》(Defamation Act),1968 年《剧院法》(Theatre Act)等,都强调对名誉的保护。美国则最先提出隐私权观念,并出现了关于隐私权的制定法,如 1974 年《隐私法》(Privacy Act of 1974)。在美国的司法理论和实践中,把其他对人格利益的伤害作为民事侵权行为的,也比较盛行,如 1978 年美国的曼哈顿银行在 2000 多名女工提起的控告性别歧视的诉案中败诉。[24] 再次,人格权的权利主体及于民法的一切主体,包括自然人和法人。当然法人基于其自身特征,不具有生命权、健康权、身体权、贞操权等权利。《匈牙利民法典》就规定对人格权的保护适用于法人。最后,民法对人格权的保护

---

[23] 各案例的具体情况参见[德]霍尔斯特·埃曼:《德国法中一般人格权的概念和内涵》,杨阳译,载《南京大学法律评论》2000 年春季号。

[24] 参见王利明主编:《人格权法新论》,吉林人民出版社 1994 年版,第 45 页。

方式趋于多样化,包括停止侵害、消除影响、赔礼道歉直至精神损害赔偿。

四、加速人格权发展是对民法发展的实质性突破

人格权发展是民法发展的必然趋势,直至现代,人格权的立法和研究都远远落后于财产权。究其原因,择要分析如下:

第一,民法是商品经济的产物,民法的发展亦根源于商品经济的发展,这使得以实现人的价值为终极目标的民法单纯地演变为财产法。罗马法权利概念的核心是"财产权"。近代民法是财产权占支配地位的法律。这种传统导致人格本身一定程度上物化为商品经济范畴,"人格权本质上是物权",即人格权本质上为财产权。

第二,从文艺复兴到启蒙时期,关于人的思考更多地停留在哲学和伦理学层面。文艺复兴时期人成为时代的主题,人文主义将中世纪对神的尊严复归到对个人和人的个性的尊重,中世纪的那种对于国家的向往和追求,复归到对现实人间的关注和追求。启蒙时期主张将人的"天赋权利"或者自然权利作为达到维护"私有财产神圣不可侵犯"这一目的的手段,为西方近代民法人格权的财产化提供了哲学动因。

第三,人格权产生的主观与客观的表象对立,使人格权的理论和实践难有实质性突破。就客观而言,民法的发展是生产力不断发展的上层建筑方面的表征,作为民法基本权利的人格权固然离不开物质基础的培育,同时,人格权的一个重要救济手段是精神损害的物质赔偿。就主观而言,人格权本身是纯粹的思想创造物,同时人格权实现的客体是人格,而人格价值及人格尊严又有其无价性的一面。正是基于对这种表象对立的忧虑,使人格权尤其在保护手段上受到严重质疑。

而实际上,发展到今天,民法作为财产法的理论和实践都被否定,民法是调整财产关系和人身关系的法。虽然就与社会经济发展的联系而言,财产关系无疑显得更直接,但建立在平等人格之上的人身关系是作为民法中最活跃的人在

社会交往中必然出现且同等重要的。对于民法核心精神的平等法律人格,财产权是人格充分发展的基础和外在动力,而人格权则是人格利益静态享有、维持和利用的权利,它在强化人格要素的安全稳定的同时,制约财产权可能导致的弊端。人格权在民法上的确认,扩大了侵权法保护的范围,丰富了民事责任的内容,深化了财产权的保护。更重要的是,人格权为其他权利的行使设定了一条普遍的义务,即不得危及基本人格权利的享有,从而促进民法平等观念的深入。康德曾说,人是目的,不是手段。以人格利益为客体的人格权本身就包含着对人性的尊重。每个人一出生就被赋予人格和权利能力,应对各人的自由意思予以尊重;即使现代社会经济上的强者对弱者的支配产生了对人性的威胁,由于具体的人格及人格权对特殊群体的保护对恢复人性的尊重起到一定的作用,现代民法也获得新的生命力。可见,法律人格内涵的完善,强化了对人格权的研究,从而在实践上促进了人格权的发展。随着从不平等到形式平等再到趋近实质平等的法律人格状态的变化,法律人格经历了从来源于哲学上具有伦理性的实体,到确立以伦理性为本源,再到超越伦理性又试图以否定之否定回归伦理性的历程。人格权也相应从萌芽到初步承认再到正式确立。此外,阻碍人格权落后于财产权发展的其他重要因素基本被认识到并逐步被消除。各种人权运动从行动中将对人的关注扩展到各类现实权利上,不仅提出了人的政治权利、经济权利,也发展到人的法律权利,包括民法上的权利;人格权的客观性与主观性实质上存在统一的层次,人格权内容的扩展有利于物质领域的丰富,对人格权的精神赔偿并未否定人格的无价。

当民主社会和相应的民法理念强烈呼唤个人财产权利和人身权利的全面平等时,法律上财产权的规定已基本能满足这一要求,而人格权的现状相应却十分滞后。从罗马法保护人格利益的规定到现代社会人格权的确立,人格利益曾分别受到刑法和行政法的保护而未能置于民法的充分保护之下,法典化运动以来民法典各编中也基本忽视人格权的地位。这种矛盾使我们不禁想起了近代社会初期对财产权的迫切要求而出现的局面。加速人格权的发展,将人格权提升到与物权、债权同等的地位,是今后民法义不容辞的责任,也将为“民法制度欠完备”的批评画上一个句号。人格权带来的民法思想的转变,对民事立法和民法科学都将产生重大影响。民法在法律体系与法学发展中举足轻重。“法的其他部门只是从‘民法’的原则出发,较迟并不完备地发展起来,民法曾长期是法学的主要基础。”㉕承认生命的基本需要,对人格价值的尊重和人的全面关怀,无疑在展示民法这一“价值理性”时提升民法的地位。如果说独立自由和自决的个人作为社会生活的基本单位的出现标志着近现代社会文明的进步,那么独立充分全面的人格权的发展则是未来进步文明的反映。

人格权在今后的发展中主要表现在以下几个方面:

1. 人格权内涵层次上的扩张

人格权在内涵上将由具体人格权转向具体人格权和一般人格权并行。在人格权制度的发展上,经历了一个由具体人格权向一般人格权发展的过程,而一般人格权的产生和发展,标志着人格权制度的日趋完善。所谓具体人格权,是指由法律具体列举的由自然人和法人享有的各项人格权;一般人格权是法律采用高度概括的方式而赋予自然人和法人享有的具有权利集合性特点的人格权。一般人格权在立法上正式出现于1907年公布的《瑞士民法典》。第二次世界大战后德国法院发展了“一般人格权”的概念。时至今日,许多国家或法律上或在学术界都承认一般人格权为完善具体人格权的立法提供了切实可靠的依据,即一般人格权能够解释具体人格权,能够产生具体人格权,能够补充具体人格权。

学者对于一般人格权所高度概括的内容存在不同主张。有认为包含人身自由和人格尊严;㉖有认为包含人格独立、人格自由、人格尊严;㉗有认为包含人格独立、人格平等、人格尊严;㉘有认为其中应包含一般自决权。㉙ 以上观点我们认为第三种是较全面的,能适用于法人和自然人,即一般人格权是基于人格独立、人格自由、人格平等、人格尊严全面内容的一般人格利益而享有的基本权

㉕ [法]勒内·达维德:《当代主要法律体系》,漆竹生译,上海译文出版社1984年版,第39页。

㉖ 参见王利明主编:《人格权法新论》,吉林人民出版社1994年版,第175页。

㉗ 参见杨立新:《人身权法论》,人民检察出版社1996年版,第694页。

㉘ 参见王小能、赵英敏:《论人格权的民法保护》,载《中外法学》2000年第5期。

㉙ 参见[德]霍尔斯特·埃曼:《德国法中一般人格权的概念和内涵》,杨阳译,载《南京大学法律评论》2000年春季号。

利。至于"一般自决权"的提法,主要出现在德国,由1964年"索拉雅案"引发而来。一家小报为满足公众对皇室生活的好奇心,杜撰说当时伊朗皇帝的德国皇后索拉雅担心自己因生不出皇位继承人而被皇帝抛弃。德国联邦最高法院认定,这种杜撰虽未构成侵害名誉的行为,但它侵害了女原告的自决权,她有权"自己决定是否向公众发表有关其隐私领域的言论;以及如果她有此意愿,她也有权自己决定以什么方式向公众发表这些言论"。的确,这种"一般自决权"解决了名誉权和隐私权等无法保护女原告人格受侵害的情况,但实际上它可以归于"人格自由""人格独立"之中,即女原告的意志上的自由与独立。值得注意的是,对"一般自决权"的扩展的理解——"合同自由权和私有财产所有权是一般人格权最重要的外在表现"㉚——为我们对一般人格权,进而是人格权是否对物权和债权存在上位的、理念的指导提供了有益的启示。

2. 人格权主体的扩张

人格权主体从部分人扩大到全体人,从自然人扩大到包括法人在内的一般"人"。古罗马只有自由民才具有权利能力,并且因身份差异而享有不同的人格权。至近代基于"天赋人权"的哲学,人格权抽象地被赋予每一个自然人。对"人格权"伦理性从固守到分离的转变,导致法人也由最初不作为权利主体不享有人格权利,到法人拥有财产权而没有明确规定法人有人格权再到规定法人享有人格权。1907年《瑞士民法典》最先确立了法人的人格权。

传统民法认为,自然人的权利能力始于出生,终于死亡,公民的死亡意味着生前所享有的民事权利归于消灭,死者不可能享有任何法律意义上的权利。权利能力与人格实质均是解决人在法律上的资格,而人格又决定人格权,故可得出,自然人未出生前(胎儿期)及自然人死亡后不得享有人格权。然而,现实中无论是胎儿还是死者,都有其"人格"利益受侵害的情况。许多国家开始重视对胎儿身体和健康利益的保护。日本民法规定"关于胎儿的赔偿损失的请求权,可以看作已出生的婴儿一样"。德国高等法院1952年针对"一个婴儿的母亲在受孕之前由于医院方面的疏忽,而使毒素进入了她的血液之中致婴儿受到传

㉚ [德]霍尔斯特·埃曼:《德国法中一般人格权的概念和内涵》,杨阳译,载《南京大学法律评论》2000年春季号。

染”的诉讼案件，判决“胎儿有权在不受别人的疏忽造成的伤害的情况下被生下来，医院应承担赔偿责任”。[31] 美国法院则在著名的辛德尔案中确认未出生的胎儿在遭到“人身伤害”时，可视其为“人”而为补救的目的在其出生后就其出生前所遭受的损害提出诉讼。[32] 未出生的胎儿究竟有没有生命健康权，如果没有，则在出生后依法提起损害赔偿诉讼的依据是什么？理论界尽管对此模棱两可，却不能改变人格权主体向有生命却不具备“法律资格”的胎儿扩张的事实。

至于死者是否有人格权，争议则更大。一派学者主张，公民的全部权利能力因死亡而绝对消灭，民法绝不承认人死后还有任何权利，不可能再参与任何民事法律关系，否认死者具有人格权；另一派学者主张，民事权利能力的概念在不同历史时期应有不同理解，其观念是发展的，并非与生物意义的人格相始终，肯定死者具有人格权；还有一派学者从现实出发，但又不改变传统民法的权利能力理论，提出“死者生前利益保护说”，认为法律保护以其具备权利能力为前提，但并不是说权利能力消灭后对利益的保护丧失意义，以此间接肯定死者的人格利益受保护。[33] 第一种观点无视死者当姓名、名誉、肖像、隐私受到侵害，遗体受到非法利用后，其家人提出精神赔偿诉讼的合理性和现实性。第三种观点仅是以“死者生前利益”来回避死者是否有人格权的问题。其实，受法律保护的利益即为权利，人生前有一定权利不能当然推及其死后仍有这些权利，也就无法建立人死后其名誉、隐私等受损时法律予以保护的理论基础，归根结底还是要面对死者是否有人格权的本质问题。第二种观点由于直接动摇了人格权赖以存在的人格基础，尽管对死者具备人格权作出理论上的解释，却可能造成使人格权发展失去方向性与原动力的危险，毕竟历史上人格权是以理性实体为基础，即使是人格权及于法人也是以法人是客观实体为前提，而人格权及于死者，却是建立在客观实体消失（尽管有学者说其精神利益不随之消亡）的事实上，两者不能同等对待。也许从保护社会公益和保护与死者有密切关系的亲属的利

---

[31] 参见［英］彼得·斯坦、约翰·香德：《西方社会的法律价值》，王献平译，中国人民公安大学出版社 1990 年版，第 204 页。

[32] 参见王利明：《侵权行为法归责原则研究》，中国政法大学出版社 1992 年版，第 82 页。

[33] 参见王利明主编：《人格权法新论》，吉林人民出版社 1994 年版，第 175 页。

益的角度出发,将为我们解决这一问题提供一个思考的方向。即使我们将死者是否具有人格权这一问题搁置,却仍不得不探讨:除了姓名、肖像、隐私、名誉受损可受法律保护外,是否还存在死者的其他人格利益受法律保护的情况?死者亲属提出赔偿之诉的法理依据何在?死者利益的保护期限长短?

若法律承认胎儿和死者的人格权益,那么法人在其设立过程中及其终止后是否也存在类似利益受到保护的情况呢?如法人在设立中是否存在信用权?法人在终止后是否存在名誉权?(在母子公司情形中,即使子公司终止,其后对子公司的名誉的侵害也可能对母公司产生一定影响,反之亦然)随着科学技术的发展,出现了所谓的边缘主体和特殊情况,如试管中的受精卵、冷冻人、植物人、克隆人及网络世界中的人(具有 ID 身份)。对于他们是否具有人格权的探讨可能比前述难度更大,但又确实是未来民法必须面对的。

3. 人格权内容的扩张

这里的人格权内容是指具体人格权的种类,具体人格权由最初的身体健康权、名誉权,到现在,普遍接受的有生命权、身体权、健康权、姓名权(名称权)、肖像权、名誉权(信用权)、隐私权。这反映出人们对自身认识的发展及法律对人格权的保护的完善。关于以上权利的讨论很多,这里我们主要谈谈其他已被人们意识到但还未受到充分重视或各国在法律实践中未普遍承认的具体人格权。

(1)知情权

知情权又称为了解权,最先是由一位美国新闻记者提出来的,基本含义是公民有权知道他应该知道的事情。知情权包括知政权、社会知情权、对个人信息的知情权、法人知情权、法定知情权。知情权从法的角度体现了文明社会对人与信息关系的深刻认同,它表明依法知悉和获取信息,是人享有并不容侵犯的一项基本权利。此外,知情权作为言论自由和新闻自由的权利后盾,有利于防范一般人格权无止境扩大而产生的危及法律安定性的危险。从知情权的内容可以看出,它是一个广泛复杂的概念,既包括公法上政治权利的内容,又包括私法上人格权利的内容。因此,如果要把知情权作为一个私权利来进行规定,必须把公权、私权的内容分离开,把它自己私权的内容固定起来。至少我们可以明确,当社会中的私主体侵犯了对个人信息的知情权、法人知情权时,可以纳入知情权的私法保护中。知情权与隐私权由于各自的权利性质和权利内容，不可避免地产生冲突。可以通过公共利益与公众人物的原则来限制隐私权的绝对化，但知情权也应在依法尊重人格尊严的基础上协调权利的行使；目前关于隐私权与言论自由和新闻出版自由的关系的讨论，正是对此的有益而迫切的思考。保守秘密的利益什么时候相对于获得信息的利益享有优先权，抑或反之，这需要一定的价值判断和指导原则，并通过在个案中顾及所有情况并进行利益权衡来实现。

(2)贞操权

贞操权是以性的尊严和自由为内容的权利。男女都可以成为贞操权的主体，只是由于男性在生理和心理上都较女性占优势，贞操权对女性而言更为重要。贞操权以性自由为保护内容，其“贞操”的含义与传统上指“妇女不失身，不改嫁”的“贞操”意义不同，所以娼妓、已结婚的妇女、处女同样都有贞操权。强奸或以欺诈、胁迫迫使女性进行性交，都构成对贞操权的侵害。此外，贞操权还是一种受法律限制的权利，个人不得滥用贞操权，与他人进行不法性行为，如有违婚姻法精神的通奸，有违法律的卖淫嫖娼。对于贞操权，刑法、行政法都有规定，但大多数国家的民法没有规定。实际上，贞操权是个民法权利，是个私权利，但在民法上却没有得到体现，这不能不说是人格权进程中的缺憾。

(3)声音权

声音权是以自己的声音所体现的利益为内容的权利。声音与姓名、肖像一样同属个人的重要特征。窃听器、录音机的广泛使用使声音被承认为一种特别人格权，从而有受保护的需要。声音权被侵害的主要形态是：未经他人同意，对其声音语言录音而被保存和使用；模仿他人声音并使大众误以为是他人声音而用于营业广告；窃听他人电话或谈话，这同时也侵犯他人隐私权。当然，声音也存在合理使用的问题。如声音的强制使用，有限使用，在集会仪式等特定场合的使用。

(4)安宁权

安宁权主要指人们在生活中获得安宁而不受他人侵扰的权利。现实生活中，骚扰电话，不定期的发放各类不堪入目的传单，未经允许的上门推销和家庭问卷调查,皆使人们的生活陷入不安宁的状态,扰乱了个人和谐有序的生活秩序,从而侵害其安宁权。

此外,性骚扰,性别歧视,基于医院的过失而导致的错误怀孕、错误出生[34]也可构成对人格利益的侵害,将来由于社会生活的需要,可能会上升为具体人格权。民法上的人格权或人格权益有一些是来源于宪法上的人的权利,如安宁权,反对性骚扰和性别歧视;反过来,民法上人格权的发展又可促进人们在宪法上的权利。

4. 人格权救济方式上的扩张

人格权受到他人侵害,即权利人基于自身人格所享有的精神利益受到不法侵害,有必要采取一定措施,以救济权利人。人格权救济分为公力救济和私力救济。两者的权重反映了社会文明的发展程度。古代社会对侵权行为采取加害报复、同态血亲复仇的私力救济,随着社会发展,自由、平等及对人的尊重的观念兴起,公力救济逐步取代私力救济而占主导地位。法律不再允许"以牙还牙"的野蛮的私人报复行为,但普遍承认权利人在自己权利受侵害时一定限度内的自助行为。对人格权的公力救济,包括民法、刑法、行政法等综合的法律保护,其中民法上有停止侵害、排除妨碍、消除危险、消除影响、恢复名誉、赔礼道歉和损害赔偿等责任形式。

损害赔偿是受害人人格权受侵害时最重要的救济方式,可分为财产损害赔偿和精神损害赔偿。与人格权密切相关的是精神损害赔偿,从近代民法到现代民法对是否采用精神损害赔偿历来有否定与赞成两种对立的观点。但对精神损害予以赔偿现在已成为各国法律的一个必然选择。20世纪70年代后的英美侵权行为法通过案例确立了以"人格损害"为中心的精神损害赔偿制度。"生活乐趣丧失""与家庭成员共同生活的居住权受到侵害""可生存年限的缩短"等均可视为精神损害而获得赔偿。随着人格权内容的扩张,精神损害赔偿可适用的范围也在扩大,从姓名权、肖像权、名誉权逐步扩大到隐私权、贞操权等一切可以受到精神损害的人格权情况。在相当长一段时间里,侵害生命健康权造成

---

[34] 关于错误怀孕、错误出生的论述,可参见王泽鉴:《侵权行为法》,台北,中华书局2000年版,第159~166页。

的精神损害当事人无权要求赔偿，认为对侵害生命健康权的行为，只有引起财产上的损失时，行为人才负赔偿责任，对人身造成伤残死亡等损害是无法补偿的，不能用金钱赔偿。这种做法对于受害人而言是很不公平的。如导致了打伤、造成残疾时赔偿的比造成死亡的赔偿金要多的现象。甚至在以前一些司机的观念中形成了“若发生交通事故，轧死人比轧伤人更省事”的怪论。从实践中看，财产损失于精神损害往往是伴生的，有时财产损失是微不足道的，而精神上的痛苦却甚为巨大。故对生命健康权的精神损害的赔偿，无论是对受害人的救济，还是对整个社会行为的正确引导，都有重大意义。

法人享有人格权，当其名称权、信用权等受到侵害时，也会产生赔偿的问题，但由于法人不同于具有生命机能的自然人，不会发生精神上的感情上的痛苦，故有学者认为精神损害赔偿的提出不够妥当，容易产生逻辑上的混乱及人们对精神损害的误解，建议用非财产损害赔偿取代精神损害赔偿。[35]“非财产损害当包括损害被害人信用等无形损害，对这种损害，法人可以请求赔偿”[36]。

损害赔偿在普通法上又可分为以下几类：(1)实际损害赔偿，它又可以分为普通损害赔偿和特别损害赔偿；(2)象征性赔偿；(3)加重性赔偿；(4)惩罚性赔偿；(5)预期性赔偿。其中惩罚性赔偿制度是一项极为复杂的制度，谓为“当代侵权法中最复杂最有争议的制度之一”。[37] 它通过让加害人承担超过其在侵权行为中所得收益的额外负担，对加害人的过错行为予以强烈否定，并通过合理的制度安排，使当事人双方(从而潜在地促使社会上所有人)产生一种激励、预防侵权行为或者使侵权行为的发生控制在社会可以接受的水平。其中所含的惩罚性因素与精神损害赔偿惩罚性功能有相似之处。

实际上，人格权不仅在内涵、主体、内容、救济等内部产生各种扩张，随着社会多元化发展，产生了关于“人格权经济利益”的探讨，[38]认为部分人格权已经

---

[35] 参见王利明主编：《人格权法新论》，吉林人民出版社 1994 年版，第 647 页。

[36] 曾隆兴：《现代损害赔偿法论》，1984 年版，第 261 页。

[37] [美]罗伯特·考特、托马斯·尤伦：《法和经济学》，张军等译，上海三联书店 1994 年版，第 467 页。

[38] 参见谢铭洋：《论人格权之经济利益》，载《固有法制与当代民事法学》，台北，三民书局 1997 年版。

逐渐成为经济活动上的重要客体,兼具财产属性和财产价值,尤其以姓名权、肖像权所具有的经济利益内涵最为丰富。从德国立法和司法案例中可以看到其受到一定程度的保护。人格权的经济利益,可以通过设立授权使用契约等方式实现。通过提出“限制性让与”的概念,尝试突破人格权绝对不得让与的传统理念,肯定授权契约的效力,以兼顾人格权人与被授权人的利益,可见人格权与其人身不可分离和绝对不得让与的原则已受到挑战。此外,法学界也逐渐承认对具有人格象征意义的特定纪念物品因侵权行为而致永久性灭失或毁损,可要求精神损害赔偿。过去认为精神损害赔偿都是保护人身权的,现在将其扩展到有限的财产权上,如果损害了这些财产权,就要进行精神损害赔偿。

总之,人格权的发展已成为民法理论和实践中的不争事实,加强人格权的立法和保护,是各国民法立法的趋势。人格权已不限于一项基本的民事权利,而已成为现代民法的基本理念之一。[39] 当人格权摆脱了财产权的偏狭走向独立,甚至从更高的视野表现出与财产权同等重要的倾向时,我们好像又听到了学者曾经的深情的宣告:“人格性正在向财产夺回桂冠”[40]。

五、结语:人格权发展理论对未来中国民法典的影响

罗马法形式主义的特征对西方法律理性主义的成长产生了深远的影响,西方民法制度的形式理性,是尊奉《民法大全》的结果。[41] 民法的法典化赋予了民法以形式理性,它表达了这样一种思想,即人们应当在一部唯一的系统划分的法典中对权利清楚而明白地加以规定,以便每个人都可以知道他的权利,并且独立地对权利加以运用。近代以前作为中国自己独特的社会规范体系的“法

---

[39] 参见马俊驹:《现代民法发展趋势与我国民法典立法体系的构想》,载《法律科学》1998 年第 3 期。

[40] [日]星野英一:《私法中的人——以民法财产法为中心》,王闯译,载梁慧星主编:《民商法论丛》(第 8 卷),法律出版社 1997 年版,第 182 页。

[41] 参见[美]艾伦·沃森:《民法法系的演变及形成》,李静冰、姚新华译,中国政法大学出版社 1992 年版,第 35 页。

律”则不具备这种形式合理性，它追求道德上的正义。经由清末的法律改革运动，中国在借鉴德、日等大陆法系国家法律成果的基础上，几次制定了民法典，初步形成了大陆法系民法传统。新中国成立后，废除国民党时期的法律，进行了三次民法起草，但皆因各种原因中断。1984 年制定《民法通则》起到民事基本法的作用，但其存在的问题日益突出（如许多重要的基本民法制度欠缺）。制定一部既符合中国政治经济实际，又符合法律发展潮流的现代化民法典，是我们现在所面临的重大立法任务。

对于制定何样的民法典，学界存在三种比较鲜明的观点。一是“松散式民法”，建议中国将已有的《民法通则》《合同法》《担保法》《继承法》《婚姻法》以及将来的物权法编纂在一起，形成中国的民法典。其明显带有英美法影响的痕迹，不关注民法典的逻辑性和体系性，与中国追求基于形式理性的民法典背道而驰。二是“理想主义民法典”，建议重塑罗马法精神，将民法典基本结构分为人身关系法和财产关系法。人身关系法按序包括“自然人”“亲属法”“法人”“继承法”四个分编。财产关系法按序包括“物权”和“债权”等分编。其凸显出民法的人法色彩和浓郁的人本主义情怀，对权利观念尚不强和长期沉浸于宗法“人伦”传统的中国尤其具有意义。但其忽视中国近代继承德国法后形成的法律传统，丢掉一切另起炉灶的做法，使其在现实操作上具有不可逾越的难度。三是“现实主义民法典”，建议秉承自近代以来中国民法理论和民法实践，因循大陆法系德国法的传统，在此基础上适当变化，将民法典按序分为“总则”“物权”“债权总则”“合同”“侵权行为”“亲属”“继承”七编。[42] 理性与近代以来中国的法律传统，使其在未来中国民法典进程中具有现实可行性。但其因循近代民法财产法为核心的理念，湮没了近现代人权运动来之不易的成果，不符合“随着法律人格内涵丰富，人格权急速发展，民法至少应以人身权和财产权并重”的潮流，尤其对未来中国法治化产生潜在不利的影响。故我们提出“现实主义民法典修正”之主张，建议将民法典按序分为“总则”“人格权”“亲属”“物权”“合同”“继承”“侵权行为”等编。增设“人格权”一编。民法的人格权制度通过对

---

[42] 参见梁慧星：《制定民法典的设想》，载《现代法学》2001 年第 2 期。

一般人格权和具体人格权的保护，确认主体对其人格利益享有一种排斥他人非法干涉和侵害的力量，否定任何“轻视人、蔑视人、使人不成为人”的行为。将“亲属法”置于“人格权”编之后、“物权编”之前，使之在宏观上形成总则之下的“人—物”二元结构，防止民法沦为财产法的陈窠，体现民法对人身权和财产权保护并重的思想，通过民法典展现中国法律上的人文关怀。

对于人格权能否独立成编，学者持反对意见的理由经归纳主要有如下两点：(1)人格权是自然人作为民事主体资格的题中应有之义；人格以及人格权与自然人本身不可分离。[43] (2)人格权的内容太少，单独成编会导致民法典章节的畸轻畸重。

第一点初看有一定道理，但它忽视了人格在其发展中基于伦理性又超越伦理性的历程。法律人格不仅是私法上自然人的权利义务的归属点，也是法人的权利义务的归属点。否则，法人将失去其人格根基，丧失其在法律上的权利主体地位。相应地，不仅自然人具有人格权，法人也具有人格权，甚至在将来还会明确规定胎儿和死者在一定限度内也享有人格权。将人格权放于“自然人”一节中，无疑不利于对其他主体的人格权的保护。在这一点上，民法典只是在重复历史上德国、法国民法典的做法，未能高瞻远瞩地站在时代的最前沿。此外，制定民法典也是一个追求体系性、逻辑性的形式理性的过程，可是将带有具体权利内容的“人格权”放于“总则”编，而将其他具体权利内容(如物权、债权)单独成编，这能体现体系性与逻辑性吗？的确，人格权相对其他权利而言，与主体的关系更密切些，如果我们以前有《法国民法典》的“人—物”传统，将主体制度和人格权制度构成人法的内容倒是不错，但在既要兼顾德国法的近代法律传统又要反映民法人格权发展趋势时，我们只能作出将人格权与主体制度分离的选择。毕竟，人格权与主体的关系还不到密不可分的地步。埃利希就认为人格应包括“享有和行使各种政治权利的能力，进入法律承认并保护的家庭关系的能力，取得并享有财产权的能力和请求人格自由、生命和身体的法律保护的权利”。可见，虽然人格是民事主体资格的题中应有之义，人格权却可以和其他具

---

[43] 参见梁慧星：《制定民法典的设想》，载《现代法学》2001年第2期。

体权利一样，独立成编。

第二点则是以中国并且还是以前10年中国的民法人格权的理论和立法研究现状来看待未来的民法典进程。中国过去关于人格权的研究和立法少，并不意味着世界范围的理论研究不足，也并不意味着实践中的人格权的发展停滞。从“人格权发展的表现”的论述（基本上还只是纲领性的论述）中，我们可以看到人格权的内容何其丰富。不是十来个条文就可反映完全的。

“人格权”独立成编是理想与现实权衡中所作的较佳选择，它将影响中国民法典在新世纪树立何种形象，起到何种历史作用。人格权独立，将使整个民法的重心从“财产”转向“财产和人身并重”，进而实践法律人格平等的内涵，促进民法的全面平等。更重要的是，在中国这个国度里，它举起了“保护人格权”的大旗，引导着人们在尊重自己和尊重他人的人性关怀中捍卫自由和平等！

试论法人人格权及其民法保护*

法人人格权是与法人财产权同等重要的一项民事权利,它表现法人独立的主体资格,标志法人全部活动的总的评价,并体现一定社会评价的权益。确认并保护法人的人格权,是我国法律的一项重要的任务。尽管我国《民法通则》对法人人格权及其民法保护问题作了一些原则性规定,但由于理论上的准备不足,这些规定仍很不尽如人意。鉴于此,本文试图结合国内外关于法人人格权及其民法保护问题的理论与实践,对法人人格权及其民法保护问题作一些初步探讨。

一、法人人格权产生与发展的历史轨迹

根据当代学者的观点,法人制度萌芽于罗马法时期,其最终被法律所确立,应首推1896年《德国民法典》。从该法典的制定过程来看,法人人格权的确立经历了一个步履艰难的过程。第一次草案只规定法人具有独立的财产权利并负担独立的财产义务的能力,而法人人格权的确认与保护,还没有提到议事日程。第二次草案则赋予法人以所有财产上的能力以及完整的权利能力,在第二次委员会上又特别赋予法人一种人格权——名称权。德国多数学者主张保护法人的名称权,但也有较强的反对意见,所以《德国民法典》第12条虽然明确规

---

* 原载《法制与社会发展》1995年第4期。

定保护自然人的姓名权，但并没有明确规定该条的规定可适用于法人。直到1907年的《瑞士民法典》，才第一次对人格权作了一般规定。该法典第53条规定："法人能享受一切权利，并负一切义务。但如性别、年龄或亲属关系等，并以人类之天然性质为其前提者，不在此限。"

苏联和东欧国家比较重视对人格权的保护。1964年的《苏联民法典》虽未提到人格权的概念，但规定了保护公民和组织的名誉和威望的规则（第7条）。1978年修改的《匈牙利民法典》专门设立一章（共计10条）规定了人格权，并极力扩大人格权的范围，它包括生命、身体、健康、肖像、荣誉、名誉、尊严、姓名、自由、个人生活秘密等。"这里的新规定，是对人格权的保护规定，也必须适用于法人。"①该法典实际上已赋予法人名称权、荣誉权、名誉权等。原《东德民法典》在第327条第1款规定了公民应受尊重的人格权，特别是他的荣誉、名誉、肖像、姓名、著作权或创造性活动产生的其他类似的应予保护的权利受到侵犯时的请求权；第2款规定了企业可以比照第1款享有这种请求权。这样，该法典间接地赋予了法人名称权、名誉权、荣誉权等几种人格权。

我国《民法通则》设专节建立了人身权制度，对法人人格权问题作了迄今最为集中、全面的规定，明确规定法人享有名称权、名誉权、荣誉权等人格权。这是我国《民法通则》的独创。

通过以上对法人人格权产生与发展的历史轨迹分析，我们不难得出如下几点结论：

（1）尽管我国许多学者认为："人格权的享有，是作为权利主体的基础，是权利主体享有其他权利的前提。"②但从法人人格权产生与发展的历史过程看，在早期的有关民事立法中，法人的民事主体与其人格权的确立并不是完全同步的，法人人格权的真正确立经历了一个漫长、曲折的过程。严格地说，法人人格权的确立是20世纪的事情。

（2）如果说在以前的民事立法中，有的忽略了法人的人格权，有的仅把其作

---

① ［匈］格奥尔格·拉茨：《〈匈牙利民法典〉的修改》，载《外国民法资料选编》，法律出版社1983年版，第126页。

② 王利明等：《民法新论》（上），中国政法大学出版社1988年版，第183页。

为一项民事利益而不是一种民事权利规定在民法“债权”编“侵权行为”章节，那么现代民事立法有的已经开始把它作为民事主体的一项基本权利确定下来，而且用独立的章节加以系统地规定。

(3)法人人格权的范围越来越广泛。到目前为止，一些国家的民事立法已把名称权、名誉权、荣誉权、营业秘密等列入了法人的人格权，从某种意义上说，法人的人格权已经开始逐步实现从个别人格权到一般人格权的转变。

(4)法人人格权能否被法律确认，与该国的政治制度尤其是经济制度关系密切。就苏联和东欧国家而言，在实行高度集权管理、推行计划经济条件下，没有确认法人人格权的必要和可能。而在进行经济体制改革之后，企业逐渐成为相对独立的经济实体，在法律上享有法人资格，为维护法人的合法权益，有必要赋予法人以人格权。于是，这些国家在进行不同程度改革的同时，修改或重新制定了民法典，对法人人格权作了不同程度的规定。

(5)法人人格权的最终确认，不仅是社会生产力不断发展、法人制度不断完善的客观要求，而且也是社会进步的内在表现。

二、法人人格权的法律特征

法人与自然人虽然都具有民事主体资格，但法人毕竟不同于自然人，它是一种社会组织，法人人格权虽然与自然人人格权有共性，如都是绝对权，但它仍有自己的特性。

首先，法人作为一种社会组织，不具有与生命密切相关的人格权，如生命健康权、肖像权、婚姻自主权等。

我国有的学者认为：法人依法享有的著作人格权，可称为著作精神权，不法损害法人精神利益或精神权利者，可成立法人精神损害。③ 那么，法人究竟能否享有著作人格权呢？各国著作权法规定不尽相同，学者们认识上也有严重分

③　参见关今华：《法人人格权及其损害赔偿》，载《法学研究》1991年第6期。

歧。一种主张认为,创作是自然人的心理活动过程,只有自然人才具有创作能力,法人和非法人单位事实上不可能直接创作。因而,作者只能是自然人,只有自然人才可能享有著作人格权,多数大陆法系的国家如德国、法国等国都持此种主张。另一种主张则认为,作者原则上应为自然人,但不排除法人和非法人单位在指定情况下,也可以成为职务作品的作者。英国、美国、日本等国持此种主张。我国著作权法起草时,学者们对此也认识不一。不过,从我国《民法通则》第 94 条及《著作权法》第 11 条的规定来看,基本上采纳的是后一种观点。

尽管我国有关法律规定法人享有著作人格权,但我们认为,著作人格权虽名为人格权,却与一般人格权完全不同:(1)一般人格权是人人具有的,著作人格权仅作品的作者才享有;(2)一般人格权的客体是权利主体的人格或精神利益,著作人格权的客体是作品;(3)一般人格权与权利人人身是密切结合不可分的,著作人格权与权利人的人身是相互分离的,作品一旦完成就在人身之外而独立存在;(4)一般人格权存在于人的一生,著作人格权则始于作品形成,并不因权利人死亡而随之消灭;(5)一般人格权与人身不可分离,它不能被转让,也不能被放弃,著作人格权只是与作品直接联系,因而并非绝对不能被转让或放弃;(6)侵犯一般人格权,往往也就直接侵犯了权利人的人身或人格,而侵犯著作人格权并不是直接侵犯了权利人的人身或人格,只是有可能间接侵犯了他人的发表权或署名权,也就可能侵犯了他人的名誉权,但二者毕竟不是一回事。

其次,法人人格权一般来说与物质利益有密切的联系,尤其是企业法人,其人格权也是一种无形财产。比如,声誉较好的企业比较容易吸收社会资金,获得银行贷款,从而推进技术改造,扩大生产规模;信誉好、质量优的产品在市场上竞争力就强,就畅销;企业对社会作出了比较大的贡献,就能取得各种荣誉称号,从而进一步促进企业的发展。从这种意义上说,企业的名誉、荣誉、名称就是市场,就是财富。因此,我国许多学者认为法人的人格权既是一种人身权,又是一种财产权。1992 年财政部发布的《企业会计准则》第 31 条规定企业的无形资产包括企业的商誉。《保护工业产权巴黎公约》第 1 条第 2 款将厂商名称纳入了工业产权的范围。

最后,法人的某些人格权可以依法出售或转让,如我国《民法通则》第 99 条规定:“企业法人,个体工商户,个人合伙有权使用,依法转让自己的名称。”这主要是因为这类人格权本身也是一种财产权。

法人人格权的上述特点,决定了对法人人格权的侵害,往往只会给法人造成财产上的损失,而不会造成什么精神损害。对这个问题,学者们认识不一。如台湾学者曾世雄认为,既然通说以实在说为法人的本质,那么“在理论上法人亦因具有权利能力应同样可为赔偿权利人”,“权利能力之存在即足以支持非财产上损害赔偿请求权,痛苦之感受乃客观认定即为已足,实际上有无则非所问……更有进者,法人之人格权受侵害之结果,如其内部之自然人有痛苦之感受,以法人内部自然人为法人机关或法人机关中之配置,其痛苦之感受即为法人之感受,唯有如此认定,实在说——组织体说方始前后一贯”。④ 有些学者也认为,法人的名称被假冒,名誉、荣誉被污损,会给法人造成产品退货、合同解除等财产损失,也会严重挫伤法人决策人员的决策情绪和工人的劳动热情,造成精神上的损害。侵害法人的名称权、名誉权和荣誉的,也可给法人造成精神损害。⑤

我们认为,法人的本质采取“实在说”,并不能得出法人会产生精神损害的结论,因为实在说只能说明法人是一个实实在在的民事主体,具有民事权利能力与民事行为能力,而不能得出法人也是一个实实在在的自然人。判断决定自然人或法人能否会产生精神损害,关键并不取决于它是否具有民事主体资格或是否具有民事权利能力,而在于它是否具有产生精神损害的可能性。既然通说认为精神损害是指心理或感情上的痛苦,那么作为社会组织的法人,因其自身根本不可能产生所谓“心理或感情上的痛苦”,也就不会产生所谓的精神损害。当然侵害法人的人格权,很可能给其决策人员及其他工作人员造成心理或感情上的痛苦,但这毕竟是其工作人员的痛苦。在这种情况下,法人虽不能请求精神损害赔偿,但其工作人员则可请求精神损害赔偿。如侵害法人的名誉,致其工作人员的名誉亦受侵害时,其工作人员可以请求侵害人给付抚慰金等。

我国有的学者认为:“国外理论界有人把资产阶级的法人称为‘精神上’的

---

④　参见曾世雄:《非财产上之损害赔偿》,台北,三民书局 1989 年版,第 60 ~ 64 页。

⑤　参见史浩敏、许小澜:《精神损害的赔偿范围及数额》,载《法学杂志》1988 年第 5 期。

人,这个概念比通常把法人称为'拟制的人'具有更积极的意义,它表示法人人格具有精神上的属性,摒弃了传统民法认为'法人没有精神可言'的见解。"[⑥]既然法人也有精神,那么法人也就会产生精神损害。这种说法,是望文生义的结果。国外有人把法人称为"精神上"的人,是针对以前民法理论只承认自然人具有民事主体资格这一现实而言的,它实质上是指在观念上或思想、精神上把法人视为同自然人一样,而不是说法人也有精神。

我们还必须注意到,非财产损害与精神损害是两个不同的概念,它们二者之间的关系是属概念与种概念之间的关系。从世界各国的立法体例来看,几乎所有国家的民法典都采用的是"非财产上损害"的概念。从各国民法理论来看,德、奥、瑞等国的通说认为:非财产上损害,虽以精神痛苦为主,忧虑、绝望、怨愤、失意、悲伤、缺乏生趣,均为其表现形态,但尚应包括肉体上的痛苦在内。名誉遭受侵害者,被害人多精神上的痛苦。但身体被侵害者,依其情性,亦会产生肉体的痛苦,精神与肉体均不具有财产上的价值,其所受的痛苦,应同属非财产上的损害。我国台湾地区一些学者也认为:"所谓非财产上损害,抽象言之,系指权益受侵害,致被害人在非财产上价值遭受损失而言;就其具体内容而言,是为精神或肉体痛苦,其越本特色,在于不可以金钱价额予以计算。"[⑦]"所谓非财产上损害,指财产损害以外之所有损害而言,并非单指精神上痛苦或损害",所谓非财产上损害之范围,原较精神上损害范围为广也。[⑧] 由此可见,精神损害只是非财产上损害的一种,我们说法人不会产生精神损害,并不意味着法人不可能产生非财产上损害。

我国也有些学者认为,民法上的精神与哲学上的精神并非等同,哲学上的精神带有主观性,而民法上的精神并非全是意识形态方面的现象,它具有一定的实在内容,因而表现出一定的客观性。理论界有人把民法上的精神内容称为"精神实体",不但自然人有精神实体,法人也有精神实体,法人的名称、名誉、荣

---

⑥ 关今华:《法人人格权及其损害赔偿》,载《法学研究》1991 年第 6 期。

⑦ 王泽鉴:《民法学说与判例研究》(第 2 册),北京大学出版社 2009 年版,第 255 页。

⑧ 曾隆兴:《现代损害赔偿法论》,台北,1988 年自版发行,第 263 页、第 361 页。

誉等就是法人的精神实体,侵害了这些实体,就会给法人造成精神损害。⑨

我们认为,精神与精神实体有着本质的区别,前者带有主观性,是人脑的产物,而后者则具有客观性,同时,自然人的精神实体与法人的精神实体也并不相同。自然人的精神实体是以具有生命机能的自然人的生物形态与心理形态为基础发生的,而法人的精神实体是基于法人的社会形态和意识形态而发生的。可能正因如此,有的日本学者认为,自然人的名誉可分为主观名誉和客观名誉,而法人的名誉指客观名誉(社会评价的名誉)。⑩ 既然如此,就可得出这么一个结论:侵害自然人的精神实体可能产生精神损害,而侵害法人的精神实体不可能产生精神损害,但并不排除产生精神损害以外的其他非财产上损害,如社会评价的降低等。

三、多数国家或地区关于法人人格权保护的理论与实践

资本主义国家,虽然是确立精神损害赔偿制度的先驱,但它们无论属于大陆法系的,还是属于英美法系的,都主张对侵害法人人格权所造成的非财产上的损害,由侵害人承担非财产性的民事责任形式,如请求为谢罪广告,或交付谢罪书状,或在法庭当面谢罪(道歉),或将被害人胜诉判决书登载报纸,或登报更正或反驳等。

在大陆法系的国家,如日本,学说与判例都曾认为法人名誉受到损害,仅得请求除去其侵害及请求赔偿财产上损害,不得请求非财产上损害之赔偿。

在英美法系国家,如根据英国学者肯尼斯·斯密斯和丹尼斯·凯尼的观点:“法人,作为原告,能够对其遭受的各种侵权行为提起诉讼,但是显然对于某些类型的侵权行为如侮辱或凌辱,由于其本质属性决定了法人不可能受这种侵

---

⑨ 王前生:《精神损害赔偿之我见》,载《中南财经大学学报》1989 年第 6 期;冀凤丽、崔建远:《试论对精神损失的赔偿》,载《社会科学》1987 年第 4 期。

⑩ [日]中川善之助等:《注释民法》(19),第 186 页、第 196 ~ 197 页。

权行为的损害,不过,法人对此给其生产经营活动造成的损失,仍有权提起诉讼。”⑪

当然,随着法人地位的日益提高,对法人人格权保护的民事责任形式最近确有了一些新的变化,一些国家或地区的学说或判例肯定法人有非财产损害赔偿之请求权。如最近日本东京地方法院认为,应该承认法人在受到侵害后,对其所遭受的非财产上损害也享有不同于慰藉费的损害赔偿请求权。日本东京最高法院认为,法人因名誉被侵害而产生的无形损害,只要可以用金钱加以评价,就应承认法人有非财产损害的赔偿请求权。日本一些民法学者也一改传统的否定说,认为法人亦有非财产损害赔偿之请求权。⑫

尽管一些国家或地区的学说与判例肯定法人非财产损害赔偿请求权,但是这并不意味着法人也可以成为精神损害赔偿请求权的主体。其一,如前所述,非财产上损害与精神损害并非同一概念,精神损害只是非财产上损害的一种表现形式。我们说法人不会产生精神损害,并不意味着法人不可能产生精神损害以外的非财产损害。其二,毁损法人的名誉,可能导致该法人社会评价的降低,影响其信誉等,这只能说就是给该法人造成了精神损害以外的非财产上损害。其三,名誉权受到侵害的法人,可享有非财产上损害赔偿请求权,但这种请求权不同于给付慰藉费的损害赔偿请求权,且要以造成的非财产上损害可以用金钱评价为前提。

在苏联,民事立法的出发点,只限于赔偿物质损害。这是因为,精神损害不能用价值、货币表现来衡量。这种赔偿永远只能是大概的或者是象征性的。当然,这并不意味着不允许受害人追偿因侵犯其荣誉权和尊严权而造成的经济损失。匈牙利1977年修订并重新颁布民法典时,基于仅仅因为受害者的损害不能用金钱表示而使他得不到赔偿是不公平的,何况这种非财产方面的后果,可能比财产上的损害更为严重,于是该法典规定,人格权被侵害的人有多种请求权,他可以主张一些特别的民法上的请求权,不仅可以请求停止侵害,并通过以侵害人的费用发表声明而得到相应的名誉恢复,而且也有损害赔偿请求权,并

---

⑪　Kenreth Smith, L. Kanis Keenan, *Englian Law*, p. 200.

⑫　参见中川善之助等:《注释民法》(19),第186页、第196~197页。

规定,对人格权保护,也必须适用于法人。

南斯拉夫《债务法》(1972 年)正式以立法的形式肯定了法院的实践,在该法第 155 条中为精神损害下了一个概括性定义:“对于他人造成生理的,心理的,或引起恐惧的损害。”根据这一定义,南斯拉夫《债务法》实质上只肯定自然人有精神损害赔偿请求权,而对法人人格权的民法保护,仍然采用的是非财产性的民事责任形式。

四、我国关于法人人格权保护的立法与实践

我国《民法通则》对法人人格权及其民法保护问题作了比较系统的规定。法人人格权受法律保护,如侵害了法人人格权造成财产损失的,侵害人要承担损害赔偿的责任;如仅造成了非财产损害呢?我国学者对侵害人要承担非财产性的民事责任无异议,但对侵害人是否还要承担财产性的民事责任却有很大分歧。如有的学者根据《民法通则》第 120 条的规定,得出法人可以提起精神损害赔偿的请求,但有的学者则认为,该条款不能作为自然人和法人精神损害赔偿的依据。我们同意后者意见。

从民事损害这一概念的演变过程来看,由于早期的侵权法及合同法,一般只承认财产损害而不承认非财产损害,当时大多数民法学者均主张差额说,即以某人未受损害前之财产与已受损害后的财产相比较,所生的差额谓之损害。这时所说的损害可以说就是损失。然而,随着生产力的发展,物质文明尤其是精神文明的进步、个人人格的自觉,非财产损害逐渐受到重视,非财产损害赔偿也逐渐被大多数国家的有关立法所确认,传统的差额说已不能说明全部问题。事实上,民事损害不仅包括财产的减少和应得利益的丧失,而且包括那些没有造成损失,但确确实实存在的损害,如侵害他人的名誉,尽管不可能发生损失,却不能否认损害的存在。在这里,损失是指经济上的损害,即损害包括损失,损失只是损害的一种表现形式。

从民事损害的性质来看,财产损害总是和受害人的财产损失相联系,这种

损害表现为受害人财产价值减少,完全或部分丧失等,它属于有形损害,能用金钱加以计算,因而财产损害又可称为财产损失;而非财产损害通常和财产没有直接联系,造成的只是受害人精神上的痛苦等,它属于无形损害,不能用金钱、货币来衡量。即使法律上规定这种损害也应赔偿,但这种赔偿严格来说只是一种物质上的慰藉,因为它永远只能是大概或象征性的。因此,那种认为"损失也可以是给他人造成非财产损失,即精神损害"的观点是值得商榷的。

我们认为,《民法通则》第 120 条第 1 款规定的"并可以要求赔偿损失",并不是专门针对精神损害而言的,而是指当自然人的姓名权、肖像权、名誉权、荣誉权遭受不法侵害并造成财产损害时,才可以要求赔偿损失;如仅造成非财产损害,受害人只有权要求停止侵害,恢复名誉,消除影响,赔礼道歉;《民法通则》第 120 条第 1 款并没有规定自然人的精神损害可以用金钱赔偿。既然如此,就不能由该条第 1 款推导出第 2 款是确立法人精神损害的立法依据。

在我国的司法实践中,至今仍是否认法人有精神损害赔偿请求权的,如西安市莲湖区人民法院和市中级人民法院审理康达医疗保健用品公司诉西北工商报社、陕西省医疗器械公司侵害法人名誉权一案所作的判决中,判处省医疗器械公司赔偿康达公司 15,000 元,工商报社赔偿康达公司 5000 元,两被告所作的赔偿仅是因其侵犯了原告的名誉权,致使有的用户不再向康达公司订货,有的因此终止了购销合同,结果使康达公司遭受了经济损失,并没有因此承认法人有精神损害赔偿请求权。此外,从我国其他法院审理侵害法人人格权的案件来看,也都否认有精神损害赔偿请求权。例如,上海市静安区人民法院在审理上海新亚医用橡胶厂诉武进医疗用品厂损害法人名誉权纠纷案时就是这样;⑬我国最高审判机关对此也持否定态度,最高人民法院在 1989 年下达的《关于审理侵害名誉权案件若干问题的意见》中认为:"法人名誉权受到侵害的,不存在精神抚慰问题。"最高人民法院在 1993 年颁发的《关于审理名誉权案件若干问题的解答》中也指出:"公民、法人因名誉权受到侵害要求赔偿的,侵权人应赔偿侵权行为造成的经济损失;公民并提出精神损害赔偿要求的,人民法院可根据

---

⑬ 参见《最高人民法院公报》1988 年第 1 期、1990 年第 2 期。

侵权人的过错程度、侵权行为的具体情节、给受害人造成精神损害的后果等情况酌定。”

五、立法建议

通过以上分析,我国在修改《民法通则》或制定民法典时应考虑如下两点:

(1)加强对法人人格权的保护,肯定一定范围的非财产损害可以用金钱赔偿,使用“损害赔偿”和“非财产损害赔偿”的概念。

对为何现在强调加强对法人人格权的保护、肯定非财产损害赔偿制度的问题,我国学者对此已作了广泛而深入的讨论,但是在法律上如何肯定这种制度,还存在一些立法技术问题。由于我国《民法通则》第120条第1款采取的是“并可以要求赔偿损失”的表述,致使一个很简单的问题,却导致了一些学者陷入了自相矛盾的境地。如一方面认为该条第1款肯定了精神损害赔偿制度,另一方面又否认法人可以适用第1款而享用精神损害赔偿的请求权。一些学者则感到迷茫,一方面认为根据我国《民法通则》第120条的规定,法人应是精神损害赔偿的权利主体;另一方面又认为法人没有生命,不会发生精神上、心理上的痛苦,所以法人作为社会组织,不宜作为精神损害赔偿的权利主体。

我们认为,如果能认识到“损失”与“损害”,“非财产损害”与“精神损害”并非同一概念,可把《民法通则》第120条第1款作如下修改:“公民的姓名权、肖像权、名誉权、荣誉权受到侵害的,有权要求停止侵害,恢复名誉,消除影响,赔礼道歉,并可以要求赔偿损害。”这样问题就可能迎刃而解了。因为赔偿损害,既包括赔偿财产损害,又包括赔偿非财产损害。赔偿非财产损害,对公民而言主要是赔偿精神损害;对法人而言是指除精神损害以外的非财产损害。

(2)扩大法律所保护的法人人格权的范围,或者说扩大非财产损害赔偿适用的范围。

从各国的立法体例来看,关于非财产损害赔偿适用的范围,主要有两种立法体例:一是列举主义,即非财产损害赔偿的适用范围仅以法律有明文规定为限;二是概括主义,即非财产损害赔偿的适用范围以条文概括准许,并不以法律有明确规定的情形为限。这两种立法体例各有其优点,前者简单明了,便于适用,但难免挂一漏万;后者虽能适应形势的需要,但有无限扩大非财产损害赔偿范围之忧。所以,列举主义虽逐渐被摒弃,但概括主义也难引起共鸣。从我国的实际出发,还是采取列举主义为宜,但是列举的范围,不仅要符合历史发展的一般潮流,而且要符合我国的国情。根据这一标准,非财产损害赔偿不仅应适用于法人的名称权、名誉权、荣誉权受到侵害的情形,而且法人的信用权、营业秘密权受到侵害时,也应适用非财产损害赔偿。

论文合作者

人格权篇

论文题目	合作者
未来我国民法典不宜采用“一般人格权”概念	王　恒
身份制度的私法构造	童列春
论私法上人格平等与身份差异	童列春
私法中身份的再发现	童列春
论民法个人人格构造中的伦理与技术	张　翔
人权视野中的人格权	曹治国
人格权的理论基础及其立法体例	张　翔
论法律人格内涵的变迁和人格权的发展——从民法中的人出发	刘　卉
试论法人人格权及其民法保护	余延满

馬俊駒法学文集

第 6 卷

马俊驹 著

法律出版社
LAW PRESS · CHINA

马俊驹

1941年生，北京市人，当代著名民法学家。1966年毕业于北京政法学院法律系，曾在基层人民法院从事民事审判工作。1982年毕业于中国政法大学，获民法学硕士学位。1982～1997年3月在武汉大学法律系任教，曾任武汉大学法律系主任、副教授、教授、法学院院长。1997年3～9月在中国政法大学任教。1997年9月在清华大学法学院任教，曾任清华大学学术委员会副主任和法学院学术委员会主任。2008年退休后在西南财经大学法学院任教至今，担任民商法学专业博士研究生导师。曾兼任中国法学会民法经济法学研究会副会长、中国法学会民法学研究会顾问、中国国际经济贸易仲裁委员会委员等职务。

目　录

第六卷

农村农地篇

其 他 篇

第六卷

农村农地篇

中国城市化与农村土地财产权结构的变革*

诺贝尔经济学奖得主斯蒂格利茨说过,21 世纪人类最大的两件事情:一个是高科技带来的产业革命,另一个就是中国的城市化。① 城市化须以人口和土地自由、有序地流动和集中为前提。中国改革开放后,亿万农民涌入城市,数万平方公里的集体土地迅速归入城镇,一个声势浩大的城市化浪潮席卷而来。在我国,与城市化直接相关的一个重要问题是土地问题,对农民来说,土地权利是他们能够跻身于城市化进程的经济基础。这期间,传统土地观念和城市化对土地资源的需求发生冲突,计划经济时期遗留下来的制度缺陷和农民的身份转换及经济利益发生矛盾。人们普遍认为,农村土地财产权结构的变革已刻不容缓,它已成为解决多重社会矛盾不可或缺的关键一环。

一、中国城市化须以土地财产权结构的变革为先导

一个现代国家随着经济的增长,人口和资源就会不断向城市集中。一大部分农民开始离开土地,离开自己世代居住的家园,转变为城市的劳动者,一部分土地资源转为城市土地。这是所有国家必经的城市化过程。城市化在一定意

---

* 原载《私法研究》2014 年第 15 卷。

① 蔡金水:《中国该停止大规模征地了》,载《环球时报》2011 年 11 月 2 日,第 15 版。

义上,就是“传统农民的终结”。[②]

中国有着悠久的农业文明,农民是社会的主体,而土地是农民生存的源泉。农民世代依附在特定村落的土地上,没有特殊的缘故谁也不愿意远离自己的家园。“在农民的理念当中,土地具有可靠性,它可以一代一代地传承,取之不尽,用之不竭。”[③]中国共产党人首先认识到:“谁赢得农民,谁就会赢得中国;谁解决了土地问题,谁就能赢得农民。”[④]鉴于此,早在民主革命时期,我们就将中国革命与土地改革结合在一起,把贫苦农民作为无产阶级在乡村的基本力量,使中国革命取得了胜利。新中国成立后,为实现共产主义的宏伟目标,使每一个农民能够拥有平等的土地权利,我们废除了土地私有制,建立了由国家和集体所有的土地公有制。但是,由于受生产力发展水平的限制,广大农民还缺乏集体化的迫切感和主动性,因此,人为主导下的农村土地变革并未取得预想的效果。

现在看来,为了中国城市化的快速发展,农村土地财产权结构必须作相应的变革,在这里,首先要解决两个重要的认识问题。

(一)将土地视为对农民的社会保障是我国土地财产权结构变革的最大阻力

中国改革开放后,农民从集体土地上获取了法定的使用权,生产积极性空前高涨,带来全国农业一派欣欣向荣的景象,那一块块土地成为大部分农民生存保障的生产手段。

---

② 法国社会学家 H. 孟德拉斯语。转引自何新华:《当代中国农民的分层研究》,载《探索与争鸣》1999 年第 2 期。

③ 方烨、杨弘扬:《确定农民土地权利,促进土地流转》,载《经济参考报》2011 年 10 月 31 日,第 A08 版。

④ [美]洛伊斯·惠勒·斯诺:《斯诺眼中的中国》,王恩光等合译,中国学术出版社 1982 年版,第 47 页。

从生产方式上来讲,农民的土地承包经营仍符合小农经济的基本特征。⑤一个农户就是一个独立的生产单位,它要制订农作物的生产计划和了解市场行情,规划劳动力和相关生产要素的投入,谨慎地安排全家一年的消费,保证家庭的安稳和延续。⑥ 这种经营方式虽以集体配置的土地为基本的生产条件,但其他不可或缺的生产要素如劳动、资金、经验和技术还是由农民个人提供,而且这些生产要素只有有机地结合起来才会产生生产力。才会创造出适合人们需要的使用价值。所以,农民是通过在土地上劳动和其他相关生产要素的投入,才获得了生存所需要的物质产品,从而在一个个家庭范围内实现了生存保障,显然,这种保障的性质是农民的自我保障。

有学者认为,因为是集体将土地的使用权配置给农民,所以农民个体从土地上获取的保障即为社会保障,这也是农民集体土地所有权的立法政策依据。⑦这种认识不够全面,一是土地作为一项基本的生产要素,无论它是由谁来提供,都不可能单独实现保障功能,况且在法律上,农民之所以能够取得一份土地的使用权,也是因为他们作为集体成员所应享有的权利,不能理解这就是社会保障;二是农民集体所有权制度的设置,除抑制土地兼并,实现农民公平获取生存保障的物质资料外,还在于更好地整合社会资源,提高生产效率,促进民族经济现代化。从社会保障的法律含义和基本人权分析,每一位包括农民在内的中国公民,都享有宪法规定的获得物质帮助的社会保障权,⑧这一权利不因农民拥有集体的一块土地使用权而被抵消或削减。

---

⑤ 我国学界也有学者持不同看法。如徐勇认为:“当今的小农属于‘社会化小农’……其共同特征:一是社会化程度高;二是经营规模比较小;三是一个独立的生产形态,具有众多与其他发展阶段不同的特征。”参见徐勇:《现代国家乡土社会与制度建构》,中国物资出版社 2009 年版,第 84 ~ 89 页。李培林认为:“家庭联产承包制不是返回到而是超越了传统的小农经济,它离社会化生产不是更远了,而是更近了。”参见李培林:《中国社会》,社会科学文献出版社 2011 年版,第 9 页。姚洋认为:“在现实中,政府的目标是保证粮食供给,小农体系是服务这个目标的最好选择。到二〇三〇年……届时我们的农村仍然将是一个小农社会,就像现在的日本一样。”参见姚洋:《小农体系和中国长期经济发展》,载《读书》2010年第 2 期。

⑥ 参见姚洋:《小农体系和中国长期经济发展》,载《读书》2010 年第 2 期。

⑦ 参见韩松:《农地社保功能与农村社保制度的配套建设》,载《法学》2010 年第 6 期。

⑧ 我国《宪法》第 45 条第 1 款规定:“中华人民共和国公民在年老、疾病或者丧失劳动能力的情况下,有从国家和社会获得物质帮助的权利。国家发展为公民享受这些权利所需要的社会保险、社会救济和医疗卫生事业。”

从逻辑上讲,如果将土地作为解决农民的基本生存的社会保障,那么国家为了社会的长治久安,为了填补公共财政在农村地区的缺位,就必然要求农村集体为每一位农民均等地分配一块土地,并长久维持着这一均等的土地占有状态,所以土地分配要经常调整、不断均衡,并严格禁止土地向个别民间的经营者集中。土地的均分制在中国由来已久,它与传统的小农经济相适应,与亿万农民的土地观念相契合,曾长期地为中国农村构筑了一张强大的保护网。然而在现代社会,工业化和城市化的发展已经逐渐打破了这张保护网。随着公共社会需求的日渐急切和农村人口的不断流动和增减,农民土地的均等不可能长久地维持,土地合理、有序地流转和集中趋势已不可避免。实际上,对土地保障功能和均田意识的认同是中国传统土地观念的集中表现,将土地视为对农民的社会保障已经是遏制土地财产权结构变革的最大阻力,对此,如果不能从发展的视角进行思考和认识,就不可能解决中国农村现在所面临的各种问题。

(二)传统土地价值观念及滞后的财产权制度是延缓农民身份转化的根本原因

按传统土地价值理论,土地是自然产物,非劳动产品,不具备价值因素。在计划经济体制下,这种土地价值观念是分析和处理工业与农业、城市与农村生产布局的思想基础。但在市场经济条件下,这一价值观念已经不能适应经济的快速发展,土地能够产生资本化的地租,地租用货币表现出来价格,土地有了价值就可以作为商品在市场中流转。在工业化、城市化的进程中,土地数量虽然不会改变,但土地使用的强度可以增加,一块土地有了多次体现价值的可能,在同样面积的土地上,能够产生不同的使用价值和价值。通常哪里集中的人力、资源和资金越多,哪里的土地价格就越高。许多情况下,土地的使用价值和价值是与土地所处的位置远近以及城市经济活动程度直接相关联的。虽然土地的位置是固定的,但土地价值可以通过货币资本形式进行流转,土地有了很强的融资功能,所以只要社会经济发展需要,只要法律和管理体制能够尽快适应社会经济的发展,土地价值就可能得到充分体现。

据2010年人口普查统计,我国总人口约13.4亿,其中,居住在城镇的人口

约6.7亿,除市辖区内人户分离的流动人口约2.2亿。这表明中国已有很大一部分农民进入城市化轨道,他们的生活空间和主要的收入来源均在城市,传统的人地依附关系已经发生变化。农民一旦转变为城市的劳动者,其社会身份、生产和生活方式、价值观念即发生改变,这一改变也直接或间接地影响到在乡农民。农民这种身份转化是中国现代化进程中的重要事件,它的基本完成将意味着传统意义上的农民消失。农民身份的转化与土地财产权密切相关,尤其与土地流转制度的合理配置密不可分。改革开放后,我国的经济结构发生重大变化,一大部分农民已转换到非农业生产上来,但由于严格的户籍、就业和土地流转等制度的限制,进城农民长时间不能取得市民身份,也不能享受到市民所享有的权利。农民身份转化的滞后已严重制约中国现代化的进程。造成以上问题的原因是多方面的,但农民土地财产权制度特别是土地流转制度的不合理或缺陷,是进城农民始终不能彻底与土地脱钩、不能使其尽快实现身份转化的根本原因。由此可见,我们将土地作为一项包括农民工在内的所有农民的社会保障,是以限制土地的合理流转为代价的,它的直接后果是束缚了农民的自由流动,这和国家整体经济的发展和城市化的进程是相矛盾的。要改变这一状况,就应改变传统的土地价值观念,重新认识农民在身份转化中与土地的关联,加快建立全民性、一元化的社会保障体系,努力推动土地等生产要素在城乡之间的自由流动,促进农村土地向种田能手和专业人员有条件地集中,以实现农业生产的规模化、产业化和社会化。与此同时,农村土地财产权结构的变革将为城市化的健康发展增添广阔空间和活力,为加快农村向城市变迁、农民向市民转化提供法律保障。

二、农村土地财产权结构的变革须从集体土地所有权制度的改革开始

中国的集体土地所有权制度,是在20世纪50年代对个体农业进行社会主义改造中逐步形成的,其中典型的集体所有权主体形式是高级合作社。当合作

社过渡到人民公社后,它已不再是单纯的集体经济组织,而是一种由国家直接管理的“三级所有”“政社合一”的层级组织。在这种体制下,国家可以通过人民公社严格控制农民的村落身份,限制其职业选择和迁徙自由;直接掌握集体对土地的使用和收益,禁止集体对土地权利的处分和流转;强行获取集体的农业剩余以实现工业资本积累,阻遏包括劳动资本在内的各种形态资本对集体农业的介入,从而形成我国封闭性的农业生产模式和城乡分隔的二元社会结构。改革开放后,上述适应计划经济的制度准则还没有得到彻底改变。这些年来,集体土地所有权的绩效甚微,已越来越不能适应我国社会主义市场经济和城市化的快速发展。因此,中国农村土地财产权结构的变革须以集体土地所有权制度的改革为起点。

(一)集体土地所有权的性质和双重价值目标的实现

1. 集体土地所有权既是一项公有权,又是一项脱胎于公有权的私权

集体土地所有权并不是一项传统的私法上的所有权,它是由特定村落的农民共同占有集体土地而形成的公有权。公有权具有二重性:一方面,农民作为集体的一员,他们是集体土地的所有者,享有共同占有集体土地的权利;另一方面,农民离开集体则不能带走任何一块土地,所以他们又不是土地的所有者,只有当农民个人享有的土地所有权与本集体其他农民享有的土地所有权结合在一起时,才能构成集体所有权。[9] 这种权利结构使集体土地所有权表现为以下特点:主体多元且不特定,集体经济组织在法律形式上是权利主体,但其成员也不是利益的被施予者,而是由法律保障的实质意义上的权利者,由此形成公有权的二重权利结构;客体则以土地为基本的生产手段,但土地不是孤立的生产要素,所以与土地相关的生产要素也应随土地进入法律调整的视野;内容的双层机制,集体经济组织的权利和义务以及其成员的权利和义务交织在一起,其成员对公有财产拥有平等的权利和义务,是产生所有集体经济组织公有权的基础。

---

⑨ 参见邵彦敏:《“主体”的虚拟与“权利”的缺失——中国农村集体土地所有权研究》,载《吉林大学社会科学学报》2007年第4期。

在新的历史条件下,集体土地所有权如何与市场有机地结合起来,一方面,生产资料实现公有制;另一方面,资源配置则利用市场机制,从而既能使广大农民享有平等的土地权利,又能使农村经济高效率地运行,这就需要法律为此作出合理的设计。集体土地所有权是生产资料公有制在法律上的直接体现。一方面,它是公有权,由此确保每一个集体成员公平地、稳定地分享本集体的土地权益,从而在特定的集体经济组织内实现经济平等,也为社会主义公有制的全面发展奠定基础;另一方面,它又是一项私权,其权利主体能够运用市场手段联结和参与广泛的社会经济生活,从而打破农村集体狭隘、封闭的经济体制,为提高经济效率构成一种特殊的法律机制。从总体上来讲,集体土地所有权从内部的权利结构而言是公有权关系,而就对外的权利性质而言是一项已经脱胎于公有权的私权关系。只有这样它才可能进入市场、融入市民生活,不断壮大农村集体经济。

2. 兼顾公平与效率价值的集体土地所有权才是社会主义公有制的追求

集体土地所有权的构造以公有制为基本前提,公平和效率是公有制所追求的双重价值目标。对土地所有权制度的历史考察可以发现,当一个国家还有大量人口依赖土地生存时,为保障他们的基本生存需要,国家不得不限制土地流转与集中,以实现社会的基本公平和稳定。但是,当国家强化土地对农民的生存保障目标、限制土地流转与集中时,就必然会导致土地的零碎化,从而以牺牲效率目标为代价。[⑩] 这一矛盾如何解决、能否解决是集体土地所有权制度改革的关键所在。

在不同的历史条件下,各国往往是以单一的公平或效率价值取向来设计土地所有权制度的。我国现行集体土地所有权制度也不例外,它起始于计划经济时代,至今仍然保留了原人民公社的基本层级结构,并以传统的土地观念和对“农民、农村、农业”状况的滞后认识为依据,着重强调农民均等获取生存保障的公平价值目标,而忽视规范实现效率价值目标的法律途径。但在市场经济条件下,我国城乡经济结构已经发生巨大变化,单一强调公平或单一强调效率的价

⑩　参见刘俊:《土地所有权国家独占研究》,法律出版社 2008 年版,第 321 页。

值目标都是片面的,没有效率的公平或没有公平的效率都不是社会主义公有制所追求的价值目标。因此,建构一项同时体现公平与效率价值的集体土地所有权制度才是我们真正的目的。

(二)增强集体土地所有权主体的独立性是改革的基点

1. 完善独立、自主的集体经济组织是充分实现土地价值的关键

"改革集体土地所有权制度的关键就在于重塑可以与基层政权以及基层自治组织区隔的集体经济组织。"⑪改革开放后,我国原人民公社转变为乡(镇)政府、村委会、村民小组"三级所有"的层级体制,"政社合一"的性质并没有发生本质改变。很多场合下,村委会作为村民自治组织的执行机关,还要协助基层行政,充当"基层政权"的角色,还要经营管理集体资产,担负着"经济组织"的管理职能,而具有独立法律地位的集体经济组织并没有普遍建立,其土地经济价值不能得到充分体现。因此,如何改变和完善这种集政权、经营、管理和自治功能为一体的组织形式,就成为我国农村土地所有权主体形式改革的关键。

我国《物权法》第59条第1款规定:"农民集体所有的不动产和动产,属于本集体成员集体所有。"可见,集体土地和其他财产所有权的主体是本集体成员。在这里,本集体成员是指世代或长期稳定生活在特定村落的村民,他们具有确定的农民身份,是构成集体土地所有权主体的成员;集体是社会群体发展的一种高级形式,它不仅是特定人群为追求共同利益、为着共同目标、遵守共同规则而组合的群体,而且它的发展目标与全社会的根本利益相一致,它所遵守的规则应是法治化的社会规则。"集体"一词不是传统法律用语,但也不是不可捉摸的抽象概念,而是一种公有制性质的组织体,即具有独立法律地位的集体经济组织。

集体经济组织为什么是集体土地所有权的主体?这二者在主体结构上是什么关系?集体土地所有权作为一项财产权,只有对土地加以利用才能产生使用价值,而土地的利用必须与多种生产要素相结合才能实施;只有将土地权利

---

⑪　马俊驹、杨春禧:《论集体土地所有权制度改革的目标》,载《吉林大学社会科学学报》2007年第3期。

进行流转才能产生价值,也使土地能够转移到更为有效的用途上去。土地使用价值和价值的取得只有通过开放的、自主的集体经济组织的经营管理才可能实现,而封闭性、行政性的组织或机构无法有效地完成这项工作。集体经济组织应是一个多层次的群体组织:第一层次的集体经济组织的成员与集体土地的所有权主体的成员相吻合,二者外延一致,而概念可以互换使用,即集体经济组织的成员就是集体土地所有权主体的成员;但是当它吸纳了本集体以外的人员及其相关生产要素的投入后,即可以组成第二层次的集体经济组织。这时,集体经济组织的成员既包括土地所有权主体的成员,也包括非土地所有权主体的成员,他们自愿走到一起并按照各自对经济组织的投入和贡献取得公平的收益分配。在市场规则下,集体经济组织内可能存在多种不同法律地位的成员:一是集体内部成员,他们是构成集体所有权主体的一分子,享有集体行使甚至处置土地所有权的权利;二是集体外部成员,他们仅享有对集体土地的经营管理权。在集体内部成员中,又可分为常任成员和非常任成员,常任成员,是指直接参与经济组织的生产或经营活动的成员,非常任成员,是指只投入土地使用权,而不参加经济组织的生产和经营活动的成员,如常年在外务工人员。显然,这些不同层次的成员在经济组织内应根据他们投入生产要素的不同,享有不同的权利和承担相应的义务和责任。而且,集体经济组织还可能发生复杂得多的层次上的组合,只要财产构成清晰,各方权利义务明确,就会对集体经济组织的发展提供更多的人力资源和物质资源。

2. 集体经济组织应具有鲜明的团体性特征

集体经济组织应是一种适应市场经济、具有独立法律地位的组织,应具有鲜明的团体性特征,这表现在以下方面:

(1)法律地位的独立性。经济组织一旦成立就有了团体的独立人格,即能够以自己的名义对外开展经营活动,其成员要为经济组织的行为后果承担责任,并根据该组织的财产构成方式或契约性的共同承诺来确定承担责任的性质,它可能是有限责任,也可能是无限责任,还可能是两合责任。按照我国通常对法人概念的理解,成员承担有限责任的团体是法人,成员承担无限责任和两合责任的团体是合伙性质的非法人团体。在我国农村,集体经济组织与村民自

治组织不完全相同,村民自治属于特定村落的社区自治,集体经济组织的设立则不应受到社区的局限,它因发展需要可以跨社区、跨地域,而一社区也可以有几个或多个集体经济组织。集体经济组织只有逐步突破农村社区的封闭状态以及消除组成人员的身份限制,才能真正成为人格独立、行为自由的市场经济主体。

集体经济组织享有土地所有权是它能够以土地使用权投入运营并承担责任的法律根据。集体经济组织的法律形式由其成员在法律规定的范围自愿选择,只要这种组织形式具有独立的法律地位,没有必要加以限制或作出统一的规定。

(2)资产处置的自主性。团体拥有自主支配的资产是它存在和发展的物质基础,自主支配包括对资产进行运用以实现使用价值,也包括将资产投入流转以实现价值。只要这种支配行为符合法律规定,国家行政机构则不予干预。农村集体经济组织的基础性资产是土地,土地属于公有性质的社会财产,原则上,其所有权不能进入市场,不能进行流转;但土地使用权集中关涉集体经济组织成员的生产和消费,它包括集体统一经营的土地使用权,也包括集体发包和分配给农户的农业生产用地和宅基地的使用权,还包括承包土地向专业大户、家庭农场、农民合作社流转而形成的土地使用权。从法理上来说,这些土地使用权可以根据集体或其成员的需要或自主意志进入市场和流转,进而成为集体经济组织自主支配的资产。

(3)组织构成的开放性。团体是以自然人为基础构成的社会群体。它的成员在团体内是有独立人格的权利者,但在团体对外关系上,成员人格即融入团体的统一人格之中,成为团体有机的一分子。集体经济组织根据设立宗旨和发展需要依法设定吸纳成员的条件,这些条件是统一的、公开的,是适用于任何人的,成员的加入或退出是自愿的,集体经济组织作为团体,它与非集体成员之间是实质上的契约关系,所以团体成员的构成具有开放性。

我国农村集体经济组织的构成受历史传统的影响,多数还没有形成独立的法律人格,经济组织与其成员之间存在的法律关系是建立在特定村落身份的基础之上的,因此其成员的组成具有封闭性。这种状况与近代“从身份到契约”的

运动,与我国发展社会主义市场经济的要求相背离,是必须改变的。按照我国现行法律,集体土地所有权不能成为运行资本,其权利主体的构成也不能包含本集体以外的成员。但是,集体经济的发展需要吸纳本集体以外的人员和相关生产要素,所以我们必须找到一条出路,这就是将集体土地使用权作为一项独立的财产权,使它能够以资本形态直接参与到与其他权利主体的联合当中,而联合的法律形式可以是合资经营或合伙经营,也可以是股份制经营。在我国现阶段,这种经营组织应限定在集体经济的性质以内,并以此为原则设计制度框架,形成本文已提到的第二层次的集体经济组织。当这类经济组织需要清算时,集体土地所有权不会消除和丧失,而土地使用权仍为原土地所有权主体成员共同享有,只有在发生破产时,才可能涉及土地使用权的让与。

(4)管理机制的民主性。在团体与其成员的关系上,是成员通过民主方式决定团体意志和行为,不是团体以“整体主义”观念固化和掌控成员的思想和自由。历史证明,强调“整体主义”观念,忽视成员民主权利,是形成团体内特权、专权的思想和制度基础。集体经济组织作为公有制的重要组织形式,尊重和维护成员个人权利,不断完善民主管理体制是它自身性质的要求。集体经济组织应当具备一套严密而可行的规则和程序,建立一套决议、执行和监督三位一体的民主治理机制,不断提高运行效率,防止经济组织内的特权和专制,包括防止多数人对少数人权利的剥夺和侵害,使民主实践逐渐成为我国广大农民的一种重要生活方式。

3. 关于建立和完善农村集体经济组织的基本设想

本文的基本设想是,在农村集体土地所有权与农民土地使用权长久分离的基础上,按其土地财产权的性质分别建构基层农村综合体和农民多种形式的社会经济组织,完善农村集体的双层经营体制,实现国家行政、村民自治、土地管理和土地运营的适当分离,促进农村现代化、城镇化的顺利发展。

基层农村综合体(也可以考虑称为农会或农协)是以特定村落及其土地所有权为基础,以村委会为农民自治的权力机构,接受政府的指导,尊重农民的意愿,实行民主管理,掌握和支配包括土地在内的集体财产,为村民发展产业、建设基础设施、推进科技进步、提供公共服务而组合的公法人团体。其特征包括:

(1)村委会是农村综合体的公共权力机构。村委会的负责人具有准公务员的性质,他们虽不占国家编制,但有协助基层行政的职能,他们虽由村民选举产生,但需接受政府和上级综合机构的工作指导,并能获得政府在资金和政策上的支持,所以在法律上属于公法人团体。农村综合体的建构和运营应由国家相关特别法调整。(2)农村综合体实行双层经营体制。对于已经发包和分配给农民的土地使用权,非因不可抗力不予调整和收回,由农户或农民个人自主经营和使用。农村综合体运用集体财产,吸引外来投资,接受政府支持,鼓励村民参与,设立具有独立法律地位的集体经济组织,并不断增强可持续发展的市场竞争力,扩大集体公共资产。由此取得的发展收益主要用于扩大再生产和发展本村社区的公共事业。(3)农村综合体实行开放的村社组合,既要依托现有乡村行政区域,又要打破行政区域的界限,是一种开放式的发展要素综合体。其成员逐步形成流动式的自由组合,为人口的聚集、生产力的提升、农村城镇化的建设打下基础。(4)农村综合体具有市场运营和社会服务功能,为村民提供公共服务,如兴办服务中心、超市、影院、学校举办文化活动和科技培训班等。根据当地经济发展情况,也可以从农户或农民个人经营的经济组织和个人收益中提取一定的合理费用,用于综合体内的公共事业。因此,农村综合体兼具基层行政管理、市场运营、社会服务三种功能,贯彻国家意图,有自己的独立意志,是一种符合我国农村集体所有制经济特征的发展实体。

农村综合体又是由若干相互独立的农民集体经济组织和个体农户、专业大户、家庭农场等构成的,它们与农村综合体在财产关系上分离,是完全自主经营的民事主体,其中有的经济组织是私法人团体,或非法人团体。它们的营运应遵循民商法和经济法的调整原则。这些经济组织和个体经营者以享有集体的土地使用权为基础,接受村委会的管理和监督,执行综合体的整体发展规划,紧密连接市场,独立自主开展经济活动。在自愿原则下,可以打破村社界域,实行经济组织之间或农民个体经营者之间的联合,吸收城乡各种积极的生产要素,创新统分结合的运行机制,使我国农村集体经济组织更好地适应市场经济的快速发展。

（三）完善集体土地所有权的内容结构是改革的重心

1. 集体土地所有权是一个分层次的二元结构的权利体系

所有权不是一项单一的、不变的权利类型，而是可以分割为多项权利或权能并进而形成相互关联、相对独立的权利体系。集体土地所有权不是传统意义上的私权，不可能完全用民法上所有权的理念、标准去评判和构建其所有权的内容结构。集体土地所有权既是公有权又是私权的两重属性，决定了它的权利内容不是一个平面排列的权利组合，而是一个分层次的二元结构的立体权利体系。第一层次的权利，是集体土地所有权主体在公有权内部结构中所享有的一种具有管理性质的公共权力，这种权力是集体土地所有权能够存在和发展的基础性权能，具体可以分为公共发展权、使用分配权、土地回收权。第二层次的权利，是集体土地所有权主体在对外经济关系中所享有的一种能够自主参与市场经济活动的财产权，这种财产权的性质属于私权，它的支配方式应遵循物权法调整所有权关系的基本准则，所以按传统所有权的四项权能即占有、使用、收益和处分来构建其内容结构是可行的。当然，无论是公有权还是私权，它都必须以对土地的实际控制为前提，以对土地的积极利用为手段，以获取最大经济效益为目的。

2. 集体土地所有权第一层次的具有公有权性质的权能⑫

（1）超越市场的公共发展权。公共发展权是集体土地所有权主体基于本社区的发展和广大集体成员的公共需求所享有的一项超越市场性质的权能。这项权能是维护农村集体所有制经济，体现集体土地所有权本质属性的主要作用方式。没有这项权能，集体土地所有权将名存实亡。公共发展权包含内容广泛。根据社区土地用途和经营状况，所有权主体有权依法拟定经济发展规划，调整和实施土地的利用和开发，获取部分土地资源收益，为社区提供公共产品

---

⑫　我国有学者在重构国家土地所有权的内容结构时，将其设定为土地设定权、土地收入权、土地使用权、土地发展权、土地回归权，并将传统土地所有权的占有、使用、收益、处分四项权能注入新的权利结构之中。参见刘俊：《土地所有权国家独占研究》，法律出版社 2008 年版，第 336～355 页。笔者虽然不主张集体土地国有化，但这种对土地所有权内容结构的设计有重要现实意义，故在讨论集体土地所有权的内容结构时，有选择地借鉴了其中有益的学术见解。

和公共服务，尤其是为社区提供生产基础设施，以满足社区生产和生活的公共需要。在农村，随着经济市场化程度的提高，农民的生产和生活更加依赖于社会公共产品的供给。而事实上，自分田到户以来特别是取消农业税费以来，集体土地所有权进一步弱化，集体已无力为社区提供最基本的公共产品。虽然为农民提供公共产品需要政府的积极投入，也可以采取“公退民进”⑬的办法，但是集体兴办仍然是为农民直接提供公共产品的主要机制，我们此时强调集体公共发展权更有其现实意义。集体经济组织拥有部分公共土地是必要的，这些土地是公共发展权得以实施的基础，是集体统一经营得以进行的条件，也是落实农民土地使用权长久稳定的前提。还要提及的是，我国农村土地集体所有与国家土地全民所有的经济性质和法律边界是清楚的，当国家为了社会公共利益征收集体土地时，集体土地所有权主体依法享有与有关政府部门谈判的权利，而不是与预期使用的开发商谈判。

（2）非交易的使用分配权。使用分配权是集体土地所有权主体基于“两权分离”理论，将土地使用权分配给本集体成员的一项非交易性质的权能。这项权能是为实现社会公平价值目标、调动集体成员的积极性而设置的自治管理权能，它所对应的是集体成员享有使用集体土地的成员权。集体成员的土地使用权是集体向他们提供的生产资料和生活资料，也是他们可以自主支配的财产权。这项权能包括对农用地的发包和宅基地的分配，其行使须遵循以下原则：一是实行特定身份原则，土地使用权只能分配给本社区的集体成员个人，这是我国目前城乡二元社会结构在土地关系上的体现；二是实行平均分配原则，集体成员不分年龄、性别、劳动能力等因素，均能平等获得土地使用权，以体现土地公有制公平、正义的价值理念；三是实行无偿分配原则，集体成员取得土地使用权无须支付对价，以维护土地作为每一个集体成员生存保障的基本手段；四是实行一次分配原则，集体成员不得重复取得或随意调整初始土地使用权的分配，以保障土地稳定的使用状态。土地使用权的一次性分配，仅体现了起点的

⑬ “公退民进”，是指“由先富裕起来的农民进行维修或重新建造，在明晰产权关系的前提下，变纯公共产品为准公共产品，并由这些农民经营”。参见黄志冲：《农村公共产品供给机制创新研究》，载《现代经济探讨》2000年第10期。

平等、机会的均等，而并不意味着结果的平等。

同时，这一权能的行使也是集体所有权主体必须履行的法定义务，集体成员之间签订的承包经营合同并非交易行为。所有权主体在制定和执行分配方案时，应保留一定数量的公共用地和预留地，这是维持和发展农村集体经济，实现农村双层经营体制的重要条件。使用分配权作为一项集体经济组织内的公共权力，还有监督集体成员依法使用土地的职责。

(3)“认地不认人”的土地回收权。集体土地所有权主体基于一定法律事实的出现，有权收回已分配给集体成员的土地使用权。这项权能的存在是由农村土地使用权的财产性和身份性的双重属性决定的，是所有权主体能够将土地使用权分配给集体成员的逻辑前提，是集体土地所有权得以存在和发展的重要保障。

土地回收权以以下法律事实的出现为行使条件：一是为集体成员设定的农地使用权即土地承包经营权期限届满，而该成员未申请继续使用或虽申请未得到准许的；二是为集体成员分配的宅基地使用权虽没有期限限定，但出现宅基地使用权人放弃权利或死亡且无人继承的；三是土地使用权人违反国家法律或与所有权主体之间的约定，破坏地力、荒置土地、改变土地用途而经劝告和制止不予改正的，所有权主体有权收回该项土地使用权。行使土地回收权，“必须强调土地法中的‘认地不认人’原则，只要法定或设定的形式条件成就，无论土地使用权在谁的手中，或者土地使用权人与土地所有权人有无基础性法律关系，都不影响土地所有权人行使土地回收权”。⑭

3. 集体土地所有权第二层次的具有私权性质的权能

(1)土地占有权和使用权是集体经济组织享有的二项基本权能。占有权是所有权主体在法律上对所有物实际控制的权利。这里所讲的是集体土地所有权本权层次上的有权占有，它是所有权最基本的权能，是对土地进行使用、收益和处分的前提。在一定条件下，占有权可以与所有权分离，分离后形成受法律同样保护的非所有人享有的占有权。这一规则是集体土地所有权与土地使用

---

⑭　刘俊：《土地所有权国家独占研究》，法律出版社2008年版，第356页。

权分离的重要依据。

使用权是所有权主体依照所有物的性质和用途加以利用的权利。就集体土地所有权而言,强调权利主体必须根据土地的自然资源属性加以合理和有效利用,不得毁损土地或无故改变土地用途,不得无故放弃对土地的利用。以上所述仍然是所有权本权层次上的使用权,它仅是所有权的一项权能,并非与所有权分离而具有用益物权性质的土地使用权。

(2)土地收益权是集体经济组织存在和发展的物质来源。收益权是所有权主体收取所有物所产生的孳息的权利。因此,就所有权主体而言,所有物与收益的关系就是原物和孳息的关系。依据民法原理,集体经济组织对集体土地的占有和使用所产生的收益应归本集体成员集体所有。

问题一:集体经济组织为其成员设置土地使用权不可能直接产生土地收益。

在市场经济条件下,如果允许集体经济组织将土地使用权转让给本集体以外的权利主体,则有权取得按市场利率计算的地租。这个问题本文随后还要讨论。但是,那些为本集体成员设置的土地使用权所产生的收益,集体经济组织则不能取得地租,这是因为集体所有权是公有权,在其主体结构中,每一个集体成员本身就是这项所有权主体的构成分子,所以在集体组织与其成员之间不可能存在地租关系。

问题二:土地收益区分为资源性、劳动性和财产性收益。

集体土地所有权产生的收益可分为三种类型:一是资源性收益,是指基于土地的资源属性而未经劳动加工产生的自然收益,现阶段,这些收益原则上应归本集体成员集体所有,以便用于扩大集体再生产或长期性的公共福利事业,其性质类似于生产单位的公积金;二是劳动性收益,是指基于集体成员的劳动加工而产生的土地增值收益应归其成员个人所有;三是财产性收益,是指基于集体或集体成员将其拥有的土地使用权出让他人或投入运营而获得的利息、租金、红利等收入,这部分收入应由集体或集体成员即出让主体享有。在集体经济组织没有独立收益的情况下,为了本集体或所在社区公益事业向集体成员收取一定的合理费用,对这些费用的占有和使用实际上是在同一集体所有权主体

内部的资金周转或分配,所以不属于集体经济组织的收益。

问题三:土地增值收益的分配应是土地财产权关系的体现。

在城市化进程中,农村集体土地转变为城市建设用地所产生的土地增值收益如何分配?这是困扰我国土地利用实践的一个重要问题。从法理上讲,土地收益的分配关系是土地财产权关系的体现,既然农村集体经济组织享有土地所有权,那么因它使用土地产生的使用价值和价值就应归属集体。在我国现阶段,只要土地还没有完全国有化,只要集体所有制的土地财产权关系还长期存在,就不能以土地的增值收益是非劳动创造为由而归属于整个社会,进而成为国家资产。应认识到,只有使土地利益分配关系正确体现土地财产权关系,才能实现社会公平和提高土地利用效率,避免社会矛盾的产生和激化。

近年来,在我国农村集体土地转变为城市建设用地的过程中,政府通过征收取得了集体土地的所有权,之后有偿出让土地使用权,即通过土地批租的方式,取得土地使用人预先支付的地租,从而将土地在市场运作中的增值部分完全纳入财政收入,虽然这些财政收入的大部分运用到发展经济和城市建设中去了,但是这是以牺牲农民土地权益、减缓农村经济发展为代价的。在土地征收中,集体从政府得到的全部补偿和补助,只是部分土地使用价值的货币体现,而且在实践中,这部分补偿和补助往往又是由土地使用的受让方即开发商承担的,所以土地的增值收益几乎全部为政府所得,这就违背了财产权关系的基本原理,侵害了农民现实的切身利益,造成了农民的不满和社会的不稳定状态。因此,改变我国目前土地增值收益的分配关系已非常紧迫。

(3)土地处分权是集体经济组织有限范围内享有的权能。

问题一:关于集体经济组织有无土地处分权的思考。

处分权是所有权主体依法对所有物进行处置,从而决定物的命运的权利。按传统民法理论,土地处分权不包括所有权主体为他人设定土地使用权的行为,也不包括对土地出租、抵押、转让的行为,这些行为并不改变所有权的归属。我国《宪法》第10条第4款规定:“任何组织或者个人不得侵占、买卖或者以其他形式非法转让土地。土地的使用权可以依照法律的规定转让。”《土地管理法》第2条第3款也规定:“任何单位和个人不得侵占、买卖或者以其他形式非

法转让土地。土地使用权可以依法转让。”[15]所以在我国,严禁任何组织或者个人对土地所有权进行处分。虽然土地使用权可以依法转让,能够承担土地流转的基本功能,但转让土地使用权并不是所有权人行使处分权。就国家土地所有权而言,政府设立建设用地使用权,无论采取有偿出让还是无偿划拨,转让的都是土地使用权,并非对土地所有权的处分。就集体土地所有权而言,所有权主体为其成员设定的土地使用权,属于用益物权,其所有权主体并未发生变化。

根据学界的一般分析,认为集体土地所有权的基本权能虚化,主要指的就是集体土地所有权缺失处分权能。其实,除国家专有财产外,没有处分权能的所有权在法理上是不能成立的。那么,集体土地所有权到底有没有处分权能?我国2007年3月通过的《物权法》第41条只规定了专属国家所有的土地不得买卖,即“任何单位和个人不能取得所有权”,而对集体土地所有权有无处分权能未作明确规定。从法理上讲,集体土地所有权作为一项参与市场的私权,它的内容结构中应当包含处分权能,尽管土地的特殊属性决定了该项权能的行使须受到法律的严格限制,但并不能完全否定其处分权能的存在。

我国现阶段,还远没有实现土地全部国有化,仍存在国家所有和集体所有两种基本的土地所有制形式。在法律上,国家土地所有权的主体是唯一的,集体土地所有权的主体是多元的,而相互独立的主体之间在经济活动中、在城市化的土地变迁中,就有产生土地交易的需要和可能。实际上,我们只要坚持以下三个原则,土地交易就不会违背我国社会主义的基本经济制度。第一个原则,是坚持土地的社会主义公有制,只承认土地的国家所有和集体所有,从而排除了个人取得土地所有权的可能性;第二个原则,是坚持集体所有制经济的社会主义方向,集体所有的土地可以被征收或者转让给国家所有,而国家所有的土地则属于国家专有,不可能转让给集体所有;第三个原则,是坚持严格的土地管制制度,加强土地用途管制,控制建设用地总量,实行耕地特殊保护。我们有了这三条原则,即使有土地交易的情形,也只是在非常有限的范围内发生的土地流转,既不会影响社会主义事业的大局,也不会使土地集中到少数人手中,还

---

[15] 《民法通则》自1986年4月通过,该法第80条第3款规定:“土地不得买卖、出租、抵押或者以其他形式非法转让。”

会促进对土地的充分利用,更好地维护农民集体的土地权益。在坚持上述三条原则之条件下,我国的土地交易只能发生在国家与集体之间以及集体与集体之间。但是,这种土地交易在实践上有没有可能发生呢?就初步看法而言,笔者认为是可能的。

问题二:集体土地转由国家所有并非只有征收一种方式。

征收是国家通过政府部门以行政权取得集体土地所有权的行为,由此构成行政关系,征收及其补偿费、补助费的数额由政府决定,被征收的集体和个人必须服从。同时,国家作为特殊的民事主体,又能与任何一个集体经济组织发生平等主体之间的民事关系,国家政府部门可以签订合同的方式按市价收买集体土地。此外,还有一种介于前二者之间的方式,即政府与相关当事方先协商购买,协商不成再行使征收并按市价予以补偿。这种方式称为强制购买,是各国政府取得土地的常用办法。

我国城市化的重要问题是土地的城市化,而土地城市化的实现方式是这场社会变革能否顺利进行的关键。根据我国现行法律,农村集体无权参与土地市场交易,不可能成为土地城市化的推动者,只能被动地接受政府对集体土地作出的征收决定。征收成为集体土地转为城市土地即国有土地的唯一途径。地方政府通过征收集体土地,垄断了土地交易市场,从中获取高额的土地收益,促成地方政府不断扩张占地的冲动,造成大量的农村土地流失,农民的土地权益受到严重侵害。在市场条件下,无论国有土地使用权和集体土地使用权的流转都应该遵守统一的市场规则,国家土地所有权与集体土地所有权都是平等的民事权利,只有贯彻"土地平权、城乡一体"原则,农民才能拥有完整的土地权利,才能推动我国城市化的健康发展。结合我国现状,要解决上述土地问题,首先须彻底隔离地方政府与集体土地利益的联系。为此,有两种制度方案可供选择:方案一,征收与收买双轨制。在征收方面,严格界定"公共利益"概念,将其限定在公共使用的范围以内,并由法律明文列举公共利益的具体形式,实行农村土地和城市拆迁按市价同等补偿的原则,政府将集体土地收归国家所有后,再将土地使用权出让给特定的使用方;在收买方面,政府须制订科学的发展城市总体规划和土地利用计划,确定农用地转城市用地指标,具体的营利性组织

和其他非公益组织只有在获得相应的用地指标后才能通过与农村集体和农民平等协商,将集体土地使用权直接出让给使用方,从而使集体和农民除缴纳相关税款后获得全部土地收益。方案二,强制购买单轨制。强制购买与行政法上对财产的强制措施有所区别。强制购买以公共利益为目的、以公平补偿为内容,实现国家取得土地所有权的目的,这与行政法上为保障法律、法规和行政决定的执行,以及对相对人的财产实行强制的执行措施不同。强制购买的特点在于重购买、轻征收,先协商、后强制,强调"公共利益"的认定,严格审批和行使程序,落实按市价补偿的原则。当然,采用强制购买的前提条件,是要认可集体经济组织对其土地的所有权享有有限的处分权能。

问题三:集体与集体之间有可能发生土地交易。

在市场经济条件下,只要承认集体经济组织是集体土地所有权的主体,具有独立、自主的法律地位,其发展不受村落社区边界的限制,[16]那么,它们之间必然存在经济竞争,在优胜劣汰的规律作用下,一些集体经济组织有可能被淘汰,虽然以土地资源为主要生产资料的集体经济组织还难以适用破产程序,但强势集体经济组织兼并临近的弱势集体经济组织的情形就会发生。[17] 特别是在分散型的农村城镇化过程中,集体经济组织的变更将会越来越频繁,这种变更可能是分立,也可能是合并,但均会发生土地所有权归属上的变化。就合并而言,当两个以上的集体经济组织合并为一个新的集体经济组织,或者一个或多个集体经济组织归并到一个现存的集体经济组织中时,不仅各自主体资格发生变更,而且土地所有权和其他权利和义务均由合并后新设立的或者存续的集体经济组织概括承受。从土地权属变动的角度看,集体经济组织的合并属于转让土地

---

[16] 实际上,"随着农民流动增加,市场经济渗入,村庄边界开放,以权利本位为主导的现代法治观念及其他各种现代性观念全方位进入村庄"。参见贺雪峰:《农村边缘群体在快速崛起》,载《环球时报》2012 年 2 月 22 日。

[17] 2002 年 9 月,江苏省江阴市华西村在自愿条件下完成对毗邻 10 个落后行政村的收编工作,从此华西村扩展成拥有 5 个子村的大家庭,土地面积扩大 13 倍,人口增加 9 倍,初具一个现代化的农村型城市的规模。2012 年 5 月,我国首个"村级市"河南省濮阳县庆祖镇西辛市正式挂牌,一个只有 170 户人家、720 人的小村庄宣布加入"城市"行列。可以预见,我国农村集体经济组织之间的联合或在法律上的合并,必然带来集体土地所有权关系的变化,农村型城市的创建也将成为我国城市化中的一种新形式,它不需要改变所有制的性质。不需要庞大的管理机构,不需要众多的公务员,它是一类由农民自己管理自己的新概念城市,用农民的话说,只要"城市有啥俺有啥"就行了。

所有权即土地交易行为，其结果在不改变集体所有制的经济性质的情况下，实现了土地的适当集中，有利于农业生产的规模化和社会化经营，并促使部分农村经济发达地区较早完成农村城市化的进程。

在特殊情况下，也不排除集体经济组织之间为提高土地的利用效率或者为解决少量土地的移转问题而采取的平等协商的土地交易方式，但是土地所有权的移转必须要经过集体成员的民主审议和政府有关部门的严格审查，并按物权变动规则加以规制。

在我国，城市化不仅表现在各种生产要素和资源向大中城市集中，大量集体土地转为城市土地，而且体现在远距城市的农村集体通过自身的发展和组合，形成一批新兴的具备城市功能的大小城镇。也就是说，在我国可能出现这样一些大小城镇，它们的土地不是国家所有的，而是由某些集体土地集中而成的，在此基础上，居民实施自己的城市发展规划，并实行开放的人员流动，最终使其具备各种城市功能，农民也随之转变为城镇市民。所以，这些城镇的兴起并不以土地的国有化为前提，它们所集中和经营的土地仍然属于集体所有。但是，这些集体土地如何才能集中并形成新兴的城镇？显然，集体经济组织的发展需要的是市场、是交易，而不是国家计划和行政强制力。因此，应突破集体土地的交易禁区，开放农村社区边界，允许集体土地在公有制范围内的移转。此时，聚集一起的农民就会逐步完成由农民身份向市民身份的转化，从而成为我国实现农村型（或称分散型）城市化的一个重要方式。

三、农民土地使用权制度的变革是推进我国城市化发展的根本动力

我国农村集体经济组织实行统分结合的双层经营体制，但在全国范围内土地由农户承包经营的比例达到94.2%，而由集体统一经营的比例较低，平均只有4.3%，[18]

---

[18] 韩俊主编：《中国农村土地问题调查》，上海远东出版社2009年版，第13页。

其余1.5%的土地为农户宅基地。如此现实,使农民承包经营和住宅使用的土地使用权成为农村土地财产权结构中适用面最广、与亿万农民的利益最密切、与城市化的进程直接相关的基本制度问题。我国《物权法》将农民的土地承包经营权定性为用益物权,将其宅基地使用权定性为一种带有社会福利性质的用益物权。这为我国农民土地使用权制度的变革提供了现实的法律基础。

(一)农民土地使用权制度的变革关键是扩展其流转的合法空间

1. 农民土地使用权流转的法理基础

(1)土地所有权分割理论仍然是土地使用权流转的理论依据

从所有权的民法定义出发,一些民法学者认为:“所有权既具有整体性,则不能在内容或时间上加以分割。在所有物上设定用益物权或担保物权,不是让与所有权之一部,而是创设一个新的、独立之物权。”[19]上述观点在法的逻辑上是严谨的,对于确立民法的用益物权等他物权的独立性有重要意义。但是,所有权并不仅是民法上的概念,也不是一种特殊的范畴、一种抽象和永恒的定义,它所反映的是不同历史条件下存在的社会经济关系。所以,马克思的土地所有权分割理论仍然具有现实意义。至少我们应当承认,马克思将所有权划分为终极所有权(又称单纯所有权)与事实所有权(又称经济上的所有权)是正确的。[20]我国在“土地公有制基础上产生的土地使用权、承包经营权等权利,与传统民法的用益物权一样都是在土地所有权基础上产生的是土地所有权权能分离的产物”。[21]

从所有权与其各项权能可以分离的角度看,土地所有权分为终极所有权和事实上的所有权是完全符合社会发展实践的。土地终极所有权表明了这项权利的排他性及其土地客体的归属关系,体现了法律上最终的并非一定是当下的支配关系。事实上的“所有权”,是指所有权的部分权能甚至全部权能从原主体那里分离出来而由另外的权利主体去行使的法律现象。按照蒲鲁东的观点,所

---

⑲ 王泽鉴:《民法物权(1)通则·所有权》,中国政法大学出版社2001年版,第150页。

⑳ 参见洪名勇:《马克思土地产权制度理论研究》,人民出版社2011年版,第495~496页。

㉑ 王利明:《物权法研究》,中国人民大学出版社2002年版,第411页。

有权可以区别为单纯的所有权和占有。[22]

在公有制的经济条件下，土地终极所有权原则上是不能流转的，而土地事实上的所有权即对土地的占有是可以流转的，这一流转并不影响和消损终极所有权的存在。在我国，集体土地所有权就是实质上的一种终极所有权，而农民享有的土地使用权则是事实上的所有权，是在集体土地所有权基础上产生的，是其所有权权能分离的产物。当然，集体土地所有权并非抽象的终极意义上的支配权，它也是权利主体可以直接行使各项权能的实际权利。农民享有的土地使用权则是一种宽泛的权利束。为适应市场运营，农民享有的土地使用权可能包括对集体土地的占有权、使用权、出租权、转让权、抵押权、收益权等权能，这些权能构成了土地使用权流转的法理基础和主要方式。正因如此，我国农村才可能建构并不断完善集体经济的双层经营体制。

(2)农民土地使用权是一种新型的用益物权

在民法上，用益物权被界定为："权利人对他人所有物享有的以使用收益为目的的物权。"[23]可见，用益物权是一种以实际占有为必要的他物权、限制物权。民法学者还强调："用益物权人支配的是使用价值，物的使用价值的支配性使得用益物权人对于标的物没有法律上的处分权。"[24]我国《物权法》为用益物权所下的定义大致体现了上述民法的传统理论。[25]

但是，农民土地使用权作为用益物权还有三点与传统理论不同：一是由集体所有权的公有性质决定，农民土地使用权不是一般意义上的用益物权，农民作为集体成员是在自己所有或者是在自己与本集体其他成员共同所有的土地上取得的土地使用权，而不是或不单纯是在他人的土地上取得的权利。农民之所以能够取得这项土地使用权是他们在集体组织中享有成员权的结果。二是在城市化进程中，用益物权并不仅支配土地的使用价值，还会支配因土地流转或交易而产生的价值。在市场条件下，土地的使用必然为价值规律所调节，土

---

[22] 参见[法]蒲鲁东：《什么是所有权》，孙署冰译，商务印书馆1982年版，第68页。

[23] 梁慧星：《中国物权法研究》(下)，法律出版社1998年版，第582页。

[24] 王利明：《物权法研究》，中国人民大学出版社2002年版，第410页。

[25] 我国《物权法》第117条规定："用益物权人对他人所有的不动产或者动产，依法享有占有、使用和收益的权利。"

地是可以移转的特殊商品,它的价值不是自身形成的,是在市场需求和运行中产生的,这种价值会带来土地的级差超额利润,进而形成用益物权人的财产性收益。至于这些收益如何在用益物权人与所有权人、社会或国家之间进行分配,是由相关立法政策或有关当事人的约定决定的,但无论如何,农民作为用益物权人都是支配土地使用权流转并取得财产性收益的法律主体。三是现代民法是在不断修正和发展中的民法,用益物权的重构使它的权能不仅包含占有、使用和收益,而且还包含法律上的处分权能。㉖ 长期以来,民法学界通常认为处分是所有权的核心权能,用益物权是对他人所有之物享有的权利,所以不能包含处分权能。但从法理上讲,既然用益物权是一项法律直接规定的独立物权,那么权利人在其权利的范围内使用处分权能就不应受到所有权的限制,也无须再经所有权人同意。就处分权能的对象而言,它的行使只能直接作用于法律规定的现存权利,即权利人只能对本人享有的用益物权行使处分权,该项权能包括移转某项用益物权或为其设定负担的权利。但是,用益物权人的处分权不包含对标的物事实上的处分,因为事实上的处分只能属于所有权人。因此,相对传统的物权理论,农民土地使用权是一种新型的用益物权。以上问题的讨论,将为用益物权制度的发展和创新排除理论障碍,为土地用益物权即农民土地使用权的流转奠定法理基础。

(3)农民土地使用权流转与农村经济市场化

我国有学者指出:“农村土地承包经营权是否允许自由流转的问题,其实质是维持目前的村社集体现状还是进行市场化改造,把农民定位为村社集体成员还是将其推向市场,促使其转变为自负盈亏、自担风险的个体。”㉗上述分析集中于一点,就是农村土地财产权变革的价值取向是市场化,农民身份的转换要适应市场对民事主体的本质要求。在市场经济条件下,社会资源的配置主要通过市场进行调节,土地作为基本的社会资源和资产只有在市场化的流转中才能实

㉖ 参见钱明星:《论用益物权的特征及其社会作用》,载《法制与社会发展》1998 年第 3 期;尹飞:《物权法·用益物权》,中国法制出版社 2005 年版,第 27 页。

㉗ 马特:《社会主义新农村建设视野下的土地承包经营权》,载杨立新主编:《民商法理论争议问题——用益物权》,中国人民大学出版社 2007 年版,第 255 页。

现价值。土地实现价值的过程就是“土地资产”转化为“土地资本”的过程。土地资本化须有两个条件:一是土地能够产生预期的价值增值,二是土地能够进行有序的市场流通。我国《物权法》将土地使用权定性为用益物权,这就为土地使用权的流转和价值实现提供了基本的法律依据。

为什么土地使用权流转就能够实现价值?因为“土地本身就是生产力。就物质内容来讲,土地是生产资料,是生产力的构成要素,而是生产力的第一源泉。就价值方面,土地是商品,是一种资本,在运动中能实现增值”。[28] 土地资本是在市场流动中形成的,它所体现的是农民凝结在土地中的过去的劳动,土地的增值部分应当属于那些长期享有土地使用权的劳动者农民。但是,我们还没有做到这一点。土地使用权不能顺畅地、直接地进入市场流转,农民不能从其流转中获取应有的土地收益。除少数农村土地改革试点外,农民手中的土地资产没有实现资本化,还不能把经济发展的潜能充分发挥出来。[29] 虽然几亿名农民工已经在城市工作和生活多年,但仍然是农民身份,其身份转换的阻力来自两个方面:一是户口制度上的限制,阻碍了农民自由迁徙和身份转换的实现;二是农民轻易不愿放弃家乡的土地,这固然有传统土地观念对农民产生的影响,但重要的原因是农民的土地使用权不能在流转中实现其价值,转化为资本,农民不能把那份无形的土地财产权及其收益带入城市。近年来,由于土地使用权流转受到限制,有些地区土地抛荒面积占耕地面积的比例已达10%以上,[30]农村荒芜的宅基地和废弃的农舍处处可见,一些地方政府为了遏制耕地抛荒被迫运用行政手段,但也无济于事。对于许多农民工来说,家乡留有的那份土地使用权,不仅不能转化为财产性收益,而且反倒成为他们甩不掉的“包袱”。因此,为保障农民的土地财产权利,促进农业经济的快速发展,必须消除土地使用权流转的制度障碍,完善土地使用权流转的市场机制,这已成为我国农村土地财产权变革中的一项带有方向性的改革内容。

---

[28] 陈学法:《土地批租理论与我国土地管理制度变革》,载《马克思主义研究》2011年第2期。

[29] 参见杨劲:《农村土地资本化:基于资本、产权和制度视角的研究》,广东人民出版社2011年版,第11页。

[30] 参见谢良兵:《湖南衡阳农村耕地抛荒调查》,载《经济观察报》2011年5月9日,第14版。

2. 农民土地使用权流转须具备的基本条件

(1)基本条件之一:农民拥有独立主体资格

农民的公民资格和民事主体地位的确立是自由支配土地使用权的基本条件。在城市化的浪潮中,农民以何种主体形式融入城市,并享有哪些权利以成为平等的国家公民,这是他们能够自由支配集体土地使用权的经济和政治前提。有学者指出:“农民的权利是一个体系,不能割裂,要保护农民权益,就必须完整实现这些权利。”[31]农民的权利包括农民享有的各种经济的、社会的和政治的权利。在经济权利方面,农民是民事主体,能够自主实施法律行为,并对自己的行为承担责任,他们享有劳动收入和自由支配土地使用权所产生的财产性收入。在社会权利方面,农民作为社会的主人和行动者,具有潜在的组织和管理能力、选择符合自身需求和发展的能力,他们享有社会管理权和社会保障权是天经地义的。在政治权利方面,农民作为公民依法享有参与国家政治生活的权利,包括选举权和被选举权,以及管理国家事务、言论自由、迁徙自由和结社自由等权利,特别是对政府官员的直接选举权能够促使政府更加关注和倾听农民意见,对改变和消除农民在社会二元结构中的弱势地位将产生积极的影响。上述权利归结起来,就是农民与社会其他阶层的民众同样享有公民权利。在城市化的进程中,农民身份转换的实质就是落实其公民资格,使他们获得一视同仁的公民待遇。

农民享有集体土地使用权的主体界定,是一个事关现代社会发展趋向和农民能够顺利行使权利的重要问题。我国现行法律规定,享有集体土地使用权的主体是农村特定集体经济组织的农户,承包地的分配原则是“按户承包,按人分地”,宅基地的分配也是如此,这叫“人人有份”。上述立法精神与我国农村现存的家族结构特质和以家庭为单位的小农经济生产方式相适应。但是,传统农户的血缘性、聚居性、农耕性、自给性、封闭性和稳定性却与现代社会结构所显现的社团性、流动性、工业性、交易性、开放性和创新性相背离。[32] 虽然学界对“农户”的法律性质有不同的解读,如特殊自然人说、家庭合伙说、组织体说和准非

[31] 高新军:《从土地权利到公民权》,载《南风窗》2011 年第 18 期。

[32] 参见王沪宁:《当代中国村落家族文化》,上海人民出版社 1991 年版,第 23 ~ 29 页。

法人团体说等，[33]然而，这些学说并不能圆满回答“农户”能否成为主体的疑问。

在农村实行家庭承包经营制初期，农户的生产功能和生存功能曾得到强化。但农业生产力的发展，城市化进程的加快，为越来越多的家庭成员脱离土地创造了条件，他们开始进入城镇，逐渐融入社会体制。与此同时，农户的生产功能在降低、生存功能在削弱，农户的封闭性、农耕性和自给性特征在发生变化。在这种情形之下，家庭成员即农民个人以自己的名义对外交往的机会增加，他们开始摆脱家庭的束缚，成为独立的、自由的劳动者，从家庭成员转变为社团成员，即成为社会体制中的一员。农民这种身份转变自然影响他们对土地使用权的行使、转让和放弃，这时行使权利的主体是“农户”还是“农户成员”？实际上，“农户”只是形式上的主体，“农户成员”才是实质上的主体。如果我们仍强调土地使用权的主体是“农户”，不仅脱离实际，还会使“农户”成为“农户成员”实现权利的桎梏。

因此，为破除家庭身份关系对农民个人自由人格的束缚，使农民能够自由进入城市成为自由的劳动者，必须从法律上确认并落实农民与城市居民拥有平等的公民资格。在土地使用权的流转关系中，农民个人才是真正的权利主体，而“农户”只是社会的、社区和户籍管理的基本单位。

(2)基本条件之二:农民土地使用权长久不变

农民土地使用权流转须以其法律关系的稳定和长久不变为前提，这已经达成社会共识。所谓“长久不变”的土地使用权，是指除重大的自然灾害和国家公共建设而不可预测、不可抗拒的因素外，农民拥有对承包地和宅基地的长久使用权。只有这种长久的土地使用权才能投入流转，才能使其他投资者放心地投入。我国《物权法》对耕地、草地和林地的承包期均作了较长期限的规定，并规定权利人在承包期届满后仍可以按照国家有关规定继续承包；对宅基地使用权的取得、行使和转让则规定适用土地管理法等法律和国家有关规定，以维护国家现阶段有关农村土地的政策，保障农民基本的居住权利。[34] 然而，实现农民土地使用权长久不变所遇到的最大威胁来自对土地的调整。设立土地调整制度

---

[33] 参见周应江:《家庭承包经营权:现状、困境与出路》，法律出版社 2010 年版，第 53 ~ 56 页。

[34] 《物权法》第 126 条、第 153 条。

的初衷是保护农民平等享有土地权益,体现集体所有制经济的优越性,但从一开始其负面作用就显现出来,这包括农民对土地长期投资的忧虑和对土地使用权流转所构成的制约。

在市场经济条件下,农村土地的均分制只能体现在集体的初始分配上,一旦将土地使用权分配给农民,就成为他们受法律保护的财产性权利,这一权利不因他们是否还留在农村或已进入城镇,家庭人口的增加或减少而改变,任何人都无权剥夺。现阶段,我们能够给予农民的土地权利,只能是一种起点的平等、机会的平等,还无法实现结果的平等,所以土地重新调整没有充分的正当性和法理基础。至于在预留地或机动地上为农户新增人口调配的土地则属于初始分配,不应与土地重新调整相混同。在社会存在竞争的环境中,部分农民因各种原因在生产和生活上遇到困难,应当由国家提供的社会保障体系或其他社会互助形式加以解决,而不是再次分配或重新调整土地关系。

从长远来看,农民与市民之间、富裕农民与贫困农民之间的差距,只有通过发展教育来根除,而不是靠轮番地"均田"调整来解决,这也是应"授之以渔"而非"授之以鱼"的道理。至于那些类似"削富益贫"的办法更是阻遏社会生产力发展的拙劣之举。土地调整在本质上不是经济行为而是权力行为,这种权力行为必须受到法律的严格限制。当然,我们也不否认土地使用权只是一项限定物权,它的存续期间可以是长久的,但不可以是恒久的,因为最终它还是由集体所有权人所支配。

(3)基本条件之三:农民要有土地确权登记

农民拥有长久使用土地的权属登记和证明,是其土地流转和获取财产性收入的前提条件。集体土地权利作为不动产物权,其本质特征是排他性,它的设立、变更、转让和消灭,应依法登记才能发生效力,未经登记不发生效力。在实践中,未经登记的不动产变动会给权利人和相对人带来极大的风险,对交易安全十分不利。所以,我国学界普遍主张不动产物权变动应采取登记生效主义。但是,我国制定《物权法》时考虑到与现行法律的衔接和农村的实际情况,暂且未将农地变动登记作为生效的要件,而是规定"土地承包经营权自土地承包经营权合同生效时设立","未经登记,不得对抗善意第三人",对宅基地使用权的

变动也未规定必须登记才发生效力。[35] 现在看来,随着农村土地流转和资本化的过程加快,为保证农民独立完整的物权状态,维护土地交易的安全,便于加强土地的管理,我国立法必须进一步完善有关不动产物权变动的登记制度。

近年来,农村土地确权登记工作已在全国各地展开,集体土地所有权的登记和产权证的核发已于 2012 年年底在全国基本实现。此举意义重大,这表现在以下方面:一是从法律上确立了长久稳定的农村土地财产权格局。在国家与农村集体、国家与农民、农村集体与农民之间的财产权结构将发生重要变化,农村集体在法律上独立于国家,农民拥有的土地使用权成为他们长久化的财产权,非遇到不可预见、不可抗拒的情形,不再发生变更。二是农民的土地财产权将得到法律的保护。当农民的土地权益受到侵害时,他们能够有效地维护自己的权益。在政府的土地征收中,农村集体和持有土地产权证的农民均为当事方,都有谈判权和经济补偿请求权。三是清楚和稳定的农地财产权关系将推进土地的市场化流转。只有从土地确权开始,农民的土地使用权才可能方便地流转起来,他们所拥有的土地权益和房屋权利才可能在流转中实现资产增值。四是农地确权登记有可能打开城乡土地同权之门。[36] 所谓城乡统筹,首先意味着权利平等。农民一旦拿到土地产权证,其自主利用土地的冲动一定会增强,在人口大规模流动的年代,农民要进城,市民要来村,农民对自己拥有的土地生产享有独立的物权,而这就为人口、土地等要素在城乡之间自由流动,增加了一个重要的砝码。

(4)基本条件之四:创建土地公平交易机制

市场经济条件下,农民土地使用权商品化、配置市场化是总的发展趋势。在现行法律框架内,能够进入市场配置的不是土地而是土地权利,在我国只能是土地使用权。农民土地使用权不仅是创造物质财富的一个来源,而且是一种可以进行交易的商品。由于地租的作用,土地使用权突破了土地的不可移动性,而作为一种能够流转的交易品进入市场,通过市场机制与其他财产权进行优化组合。

---

[35] 《物权法》第 127 条、第 129 条、第 155 条。

[36] 参见《农地确权,一场静悄悄的土地革命》,载《中国新闻周刊》2012 年第 16 期。

创造良好的市场条件,建立公平的土地交易机制是农民土地使用权顺利实现流转的关键。改革至今,我国农村和城市土地制度的二元性所造成的矛盾日益突出,城市土地早已实现市场化,而农村土地却被排除在市场之外。政府拥有获得农村土地并将其转化为城市使用者的垄断权,农村土地只能被政府征收变为国有后才能进入市场,而获得的土地收益大部分成为地方政府的财政收入,农民的土地权益受到严重损害。在法理上,国家土地所有权与集体土地所有权是两项各自独立、相互平等的财产权,应该逐步打破城乡土地市场被分割的局面,建立统一的、规范的市场体系,允许农民土地使用权在二级市场上有偿转让。在适当之时,应当依照集约和节约的原则开放农村土地交易市场。目前,由于农村使用权的流转还受诸多限制,其流转范围主要限于本集体内部,所以建立土地交易所等中介机构还可能为时过早。但是从长远看,政府主导的经济模式必须改变。在农村土地交易中,集体经济组织和农民个人是真正的交易主体,他们能够根据自己的意志和愿望自主参与土地使用权的交易,这种交易既可以是指标交易,也可以是实地资产交易。而政府的职责是制定和维持交易规则,提供交易秩序的维护。

(二)农民土地使用权流转方式的多样性

由于我国区域自然资源、经济发展现状、文化历史传统的差异较大,自改革开放后,各地政府为了有效利用农地资源,以联产承包责任制为变迁的始点,鼓励土地使用权制度的不断创新,这就决定了农民土地使用权流转方式的多样性。依据我国现行法律规定,农民土地承包权的流转方式大致有转包、出租、互换、转让和入股等类型,宅基地使用权的流转则受到严格的限制。本文仅就农民土地使用权流转的部分难点问题进行讨论,并从宅基地使用权的流转谈起。

1. 放开农民宅基地使用权流转的条件已经成熟

新中国成立后,农民宅基地和房屋作为生活资料长期归农民所有。截至1962年,中共中央开始确认宅基地归集体所有,不准出租和买卖。1982年第一次把宅基地归集体所有写进《宪法》,1993年国务院通知规定“农民的住宅不得

向城市居民出售”,2004 年国务院又一次规定“严禁城镇居民在农村购置宅基地”。[37] 从此,上述管理制度一直延续至今。2007 年《物权法》第 152 条虽然规定“宅基地使用权人依法对集体所有的土地享有占有和使用的权利”,但并未规定转让、抵押等对宅基地使用权的处分权能,之后,《物权法》第 155 条却又规定宅基地转让应当及时办理登记,这种前后矛盾、意向模糊的法律规则让人无所适从,它已成为农民宅基地使用权流转的法律障碍。

严格限制农民宅基地使用权的流转,通常有三个理由:一是宅基地使用权是法律赋予、无偿取得的权利,而非通过市场流转取得的商品,如允许农民有偿转让缺乏法理基础;二是宅基地被界定为农村集体所有的建设用地,农民的宅基地使用权不应包含处分权;三是宅基地使用权是农民基本生活保障和安身立命之本,农民一旦失去宅基地和住房将丧失基本生存条件,影响社会稳定。现在看来,以上三个理由均难成立。农民只有与本社区集体土地有着历史传统的身份联结,才可能作为集体成员依法取得宅基地使用权,这属于因事实行为取得的权利。宅基地使用权已被《物权法》确定为用益物权,法理上即应包含对本权利的处分权能。随着城市化的发展,大批农民已长期工作和生活在城市,他们在政府和社会的支持下逐步有了抵御各种风险的能力,越来越多的农民开始获得城市居民享有的社会保障,而立法者为农民生存所担忧的事实正在削减和解除。

宅基地和房屋是农民的基本生活资料,不是实现所有制变革的物质对象。早在“人民公社化初期,农民土地等主要生产资料入了社,宅基地和房屋作为生活资料仍然归农民所有”,正因如此,在三年经济困难时期,“宅基地连同自留地一起,成了农民的‘保命地’。在大拨轰、大锅饭、无效率的集体生产条件下,这两块归农民自己支配的土地,其经济效率大大超过了入社的土地”。[38] 我们应当吸取历史的经验和教训,宅基地和房屋作为生活资料,永远应当归农民支配。现在农民期望享有与城市居民同等的房地产权利,将自己的房屋和宅基地使用权一起自由出租、买卖和抵押是完全正当的要求。那些看似为农民着想的政策

---

[37] 韩俊主编:《中国农村土地问题调查》,上海远东出版社 2009 年版,第 30 ~ 31 页。

[38] 同上书,第 30 页。

和法律,恰恰是未能保护农民应当享有的财产权利。因此,放开农民宅基地使用权的流转正当其时。

2. 推广土地承包经营权入股的主要法律问题

早在20世纪80年代中期,股份合作已在广东珠江三角洲,而后在江苏、山东、浙江等地发展起来。近年来,各地政府为推进农村土地集约、规模经营,加快实施农业现代化,积极探索土地承包经营权入股的改革路径。目前,农村股份制经济组织主要有三种法律形式,即股份合作社、农民专业合作社和农业有限责任公司。相比之下,有限责任公司是最具市场化的经济组织,能够有力推动土地承包经营权的资本化经营,提升农业生产的现代化水平。但是,人们也担心实行股份制特别是设立有限责任公司,可能引进了资本而排挤了农民,农民由自耕农变成了雇工,带来严重的农民失业,产生激烈的社会动荡。所以立法者和政策制定者在对待土地承包经营入股的问题上一直持相当谨慎的态度。

土地承包经营权入股的核心问题是在法律框架内切实保护农民的长期利益。为此,本文提出四个方面的问题。

(1)逐步破除农村集体经济组织的封闭性和保守性。土地承包经营权入股本身作为一种市场行为,应当通过市场化的机制来引进外部非农民股东。这对解决发展农业所需资金,引进外部的管理、技术等农村稀缺生产要素有利。[39] 从长远来看,对农民提高物质、文化生活水平,消除城乡居民拥有社会资源的差距有益。

(2)建立完善的分配机制,保障农民的合法收入。土地承包经营权入股是实现土地资本化的途径,入股农民虽然不再直接经营土地,但却有了三份可能的收入来源:一是经营收入,农民作为股东或社员,可以从股份制经济组织那里获得股息和红利;二是工资性收入,农民作为劳动者,可以进入股份制经济组织从事劳务获取工资;三是财产性收入,农民以土地承包经营权入股后,当股份制经济组织转让土地使用权时,他们可以按股权份额从土地增值的部分取得地租。农民以土地承包经营权投资有限责任公司的,农民股东与非农民股东可以

[39] 参见吴义茂:《土地承包经营权入股有限责任公司法律问题研究》,西南财经大学2012年博士学位论文,第63页、第89页。

充分运用此种公司形式的人合性和自治性原理，通过平等协商确定灵活的股权设置，以保证双方股东获得合理的经营性收入。

（3）构建民主、高效的治理结构，维护农民股东共益权的行使。不同形式的农村股份制经济组织有着各自不同的治理结构。但是有两条原则非常重要：一是股东不分先后、不分内外均对股份制经济组织的重大事项享有平等的共益权，农民股东可以自己行使共益权，也可以采用股权代理或股权信托方式行使共益权；二是在民主协商的基础上，充分发挥精通管理、拥有科学技术股东的能力，让他们为经济组织的发展作出贡献，但普通农民股东仍享有会计账簿查阅权、瑕疵决议的无效或可撤销诉讼的提起权、股东代表诉讼提起权等。

（4）创设合理的风险承担机制，提高农民防御经营风险的能力。农民以土地承包权入股产生的最大矛盾是坚持法制的公正原则与解决农民生存保障之间的冲突。在市场经济条件下，股份制经济组织作为经营主体，只有与其债权人之间实现利益平衡和坚持风险自负理念，才能自主存在和发展。目前，各地普遍实行的农民股东享有"保底分红权""退股权""土地承包经营权的回购请求权"等做法，是以牺牲债权人的利益为代价的，并不具备法理上的正当性。对此，法学界有许多解决方案和建议，但理论成熟并具可操作性的不多。笔者认为，现阶段解决股份制经济组织破产清算时，如何保证农民股东能够回收入股的土地承包经营权是问题的关键。借鉴有关学者的建议，[40]第一步，要解决农民股东缺少抗风险资金的问题，可以通过构建专项农民入股保险或专项农民社保基金，以奠定农民股东回收土地承包经营权的资金来源；第二步，应赋予农民股东对其入股的土地承包经营权享有优先购买权，从而使土地承包经营权重新回到农民手中。

土地承包经营权入股的另一个重要问题是在全国范围内保证粮食安全。我国耕地稀缺、人口众多，18 亿亩耕地红线不能突破。现在，有些股份制经济组织只考虑经济效益，不顾土地种植的承载能力，浪费和毁损了大量良田，这是值得警惕的。在农村土地股份制改造中，一定要避免先占后补，应当先补后占，保

---

[40] 参见吴义茂：《土地承包经营权入股有限责任公司法律问题研究》，西南财经大学 2012 年博士学位论文，第 117 ~ 119 页。

证农地用途类型化和其管理的规范化,不得损伤一亩耕地,这是一个重要的法制原则。另外一个问题是,我国幅员辽阔,地区经济不平衡,具体某一地区农村何时实行股份制改革以及采取何种法律形式,还应因地制宜,坚持农民自愿,不必强求一致,这样才可能取得好的效果。

3. 开禁农民土地使用权抵押是必然趋势

我国现行法律框架从农村土地使用权承载的社会保障功能出发,为维护农村土地集体所有和对耕地的切实保护,确立了严格限制农民土地使用权抵押的法律制度。这一制度以僵硬的思想方法认识土地的保障功能与其资本属性之间的关系,以弱化农民土地使用权的市场价值为代价,忽略了土地使用权以抵押方式流转对农民生存和发展的促进作用。近年来,一方面,农村人均耕地面积下降,农业经营收益减少,土地的保障功能不断弱化,严格限制土地使用权抵押的理由已经难以成立;另一方面,实现农业规模化经营和可持续发展以及增加农民在城市化中享受级差地租收益的急迫需求,使土地使用权抵押逐渐成为农地融资的基本方式。因此,开禁农民土地使用权抵押的现实条件已经具备。

农民土地使用权抵押的性质,不是实物抵押,而是权利抵押。权利成为抵押的客体,是由担保物权的价值权属性所决定的。从各国立法看,各国民法典在将抵押权的客体界定为不动产的同时,也主张某些土地上的权利可以设立抵押。在德国,这些权利被视为具有"登记能力"的权利,可以像不动产一样进行转让和设定负担,因而可以成为抵押权的客体。[41] 我国学者多赞同上述观点和立法例。显然,在土地使用权上设定抵押,只是对权利设定的负担,属于一种法律上的处分,不涉及土地本身。当抵押权人实现抵押权时,只能取得土地使用权或从其变价中优先受偿,不能取得土地所有权或从其变价中直接受偿。可见在法律上,农民土地使用权抵押的设定,不会改变土地集体所有的性质,也不会为改变土地用途留下可乘之机。

由于我国法律禁止在农民宅基地使用权上设定抵押,所以各地在进行土地使用权抵押的试验中,只涉及土地承包经营权的抵押问题。目前,各地在政府

[41] 参见马俊驹、陈本寒主编:《物权法》,复旦大学出版社2007年版,第395页。

的主导之下,以保证农民不丧失土地承包经营权为先决条件,以变通的方式规避现行法律的限制,创设了一些土地承包经营权抵押的新类型。例如,将土地承包经营权入股联营公司,再将其股权设定抵押,其实际性质是股权质押;又如,在同一集体经济组织内,设立基金担保与土地承包经营权抵押共同向银行担保以获得贷款,其实际性质是一种反担保,其抵押权实现的结果类似转包;再如,以土地承包经营权收益设定的抵押,因为抵押的标的物是土地上的农作物的出产收益,所以这一法律关系的本质是动产浮动抵押和农产品期货交易的结合。[42] 以上制度创新,在不同程度上突破了现行法律的限制,为农业产业化、规模化、规范化发展提供了新的融资渠道,为实现土地使用权的资本化与保障农民掌控土地之间的平衡探索了新的解决途径。但是这些土地使用权的抵押方式还缺乏科学、完整的法理基础,在操作中存在很大的法律隐患,也未能充分体现权利抵押的媒介融资、保全债权的担保功能。因此,探索我国农民土地使用权抵押制度的创新还有很长的路要走。

笔者对农民土地使用权抵押制度的设置,提出三点建议:(1)按照规范的抵押制度规则和程序要求完善现行立法,明确规定农民土地使用权可以抵押,不再踌躇不前;(2)扩大抵押人的范围,取消抵押人的身份限制,抵押人既可以是本集体经济组织内部的承包人,也可以是转让后取得土地使用权的本集体经济组织以外的受让人;(3)拓展土地使用权的抵押范围,排除对土地使用权抵押总额比例的限制,不仅放开对土地承包经营权抵押的限制,而且允许农民在自己的房屋和宅基地使用权上设定抵押。既然《物权法》已将农村土地使用权确定为用益物权,就应该尊重农民在私权领域的私人决策,相信农民具有充分的判断和理性选择能力,无须政府事必躬亲。

(三)农村土地财产权结构的变革将推动城乡生产要素的自由流动

中央"十二五"规划纲要提出,要"努力促进公共资源在城乡之间的均衡配置,努力推动生产要素在城乡之间的自由流动"。这一既定方针的实现须在法

---

[42] 参见张立:《土地承包经营权抵押制度的障碍与重构》,西南财经大学2012年博士学位论文,第24页、第30页。

律和体制上解决两个问题:一是农民和城市居民均有从事经济活动的自由,即处置自己劳动和财产的自由。对农民而言,拥有一定的土地财产权是他们能够进入城市的物质基础。这项自由是人们在城市化的历史变迁中最为关键和持久的因素;二是农民和城市居民均有自主选择居住地的自由,即法治国家所公认的迁徙自由。迁徙自由是人身自由不可分割的组成部分,它为人们"自身的全面自由发展及其权利的拓展提供了广阔的空间,为瓦解传统的城乡二元社会结构并去除由此而生的城乡歧视、城乡差别提供着制度上的契机与可能"。[43] 对农民来说,享有迁徙自由是他们得以合理流动和体现自身价值的重要条件。这项自由是促进城乡之间从分离、对立到统一和差距消灭的最大驱动力。一个有理性的人不会愿意以牺牲自由来换取物质上的短暂幸福,因为自由得不到保障,幸福也将化为乌有。因此,我国在解决农民问题时,只强调提高生产、增收减负、改善民生是不够的,而最重要的是在经济上和政治上赋予农民更多的自由。没有这一点,农民的积极性和创造性就不能充分发挥,我国城市化的进程就不会顺利。

1. 城市向农民"解禁",允许"农民带着土地进城"

我国第六次人口普查数据表明,截至2010年,我国城镇人口的32.1%属于城镇居住半年以上但是没有城镇户籍的人口,人数大约为21,360万人,其中北京超过700万人,上海超过900万人,这些人就是我们称谓的农民工。农民工虽然进了城,并成为城市建设的主力军,却不能享受户籍人口的各项社会保障和福利政策,在就业、子女入学、住房保障、消费贷款等方面受到歧视。这是由于我国实行封闭式的户籍管理制度造成的。这种制度下,形成了我国特有的城乡二元治理结构的管理模式,它的一个核心内容就是排斥迁徙自由,把农民牢牢地限制在各自生活的村落中。我国的户籍改革,应当将这种严格的户籍管理制度改变为户籍自由登记制度,赋予农民工与城市居民同等的社会权利。

还应看到,我国城市划分为不同的行政级别,不同级别的城市拥有不同的资源分配和公共资源占有标准,形成了每个城市的户籍都能体现为不同的财产

---

[43] 苗连营、杨会永:《权利空间的拓展》,载《法制与社会发展》2006年第1期。关于迁徙自由的概念有经济自由权利说、政治权利说、"复合性"权利说等。本文此处采"复合性"权利说。

和社会价值,所以我国的城市户籍是有各自的交易价格的,普通的城市居民要想在不同级别的城市之间自由迁徙,也是十分困难的。当前,我国社会管理体制的变革远远落后于市场经济的发展,政府的一些政策还在人为地强化着城乡之间的差距和对农民工的歧视。长期以来,我国社会已经形成了一个个不同身份阶层、不同社会群体或集体的利益关系网,他们不愿意失去自己的既得利益,这就给社会改革和城市化进程带来很大的阻力和困难。但是,我们的政府是代表最广大人民群众利益的,有决心、有能力领导人民改变这一切。

农民进城大多是两手空空而来。农民真的没有财产吗?不是,他们的财产在农村,是那一块块很值钱的土地权利,还有一幢不小的房屋。但是,这些不动产带不到城市来,只能留在家乡去转包、去出租,或者干脆就荒弃在那里。现在的办法就是通过转让、入股等流转方式将土地和房屋的财产权转化为财产收益,让农民将这些可移动的财产收益带到城市,这可能就是人们所说的"农民带着土地进城"。

显然,农民能够转让或入股的土地财产权,只能是他们在法律和承包合同规定的期限内享有的土地使用权。农民的房屋是自己的,有权出售或出租给任何人,而且房屋所占有的宅基地使用权也应"地随房走",只要房屋存在其宅基地使用权也应存在,这在法理上没有障碍。问题在于,农民能够将土地和房屋转让或出租给谁?本集体经济组织以外的人可以吗?城市居民可以吗?这也是本文前面为什么要讨论迁徙自由的原因。因为迁徙自由的问题不解决,农民土地和房屋财产权的流转问题就不可能得到真正的解决。因为财产的流转往往以其权利人能够自由流动为条件,人的流动又通常以其财产能够自由流转为基础,两者不能长久分离,不能各自孤立而为。

2. 农民向市民"开放",欢迎市民下乡投资农地

在中国,"农村和农民收入严重落后于城市和市民,是影响中国社会公平正义的主要因素,是影响人口质量和社会发展的主要因素,也是影响国民经济长期可持续增长的主要因素"。[44] 迄今为止,城乡之间生产要素流动的基本格局仍

[44] 常红晓、郭树清:《农民应拥有宅基地和承包地永久使用权》,载凤凰网:http://finance.ifeng.com/news/special/xzzsdcz/20111112/5053350.shtml,最后访问日期:2013年4月20日。

然是农村单一地向城市流动,城市的资金、管理和技术等优势要素没有积极向农村流动,城乡之间的差距没有缩小,在一些地方还有扩大趋势。城乡要素流动受阻不仅有体制原因,也受陈旧观念的影响。一方面,由于农村土地使用权流转受到法律的多重限制,生产要素从城市向农村流动的风险和成本过大,使城市要素没有下乡的积极性;另一方面,也有学者指出:“在农业蛋糕相对固定的情况下,资本下乡是要赚钱的,是要从农业蛋糕中分利的,资本下乡越多,赚钱越多,就从农民的农业收入中分去更多……只有限制资本下乡,尤其是限制外国资本进入农业,才能保护农民利益。”㊺这种观点可能具有代表性,但值得商榷。

我国农民传统的处世哲学是注重生存而忽视发展,农民喜欢享受平和和稳定的生活,不求人生利益的最大化。但在城市化的大潮中,农民的生存理念已经发生明显改变,他们开始关注外部世界,不再满足于生活现状,要摆脱农民身份的束缚,一部分农民从农村走进城市,一部分城市人也在热切盼望来到农村。农村及其集体经济组织正在发生着从血缘结合到地缘结合、从身份结合到契约结合的社会性质的转变。人们越来越认识到,只有逐步实现农村人与城市人的双向流动并带动其他生产要素的相互交流,才会激发农村集体经济组织的活力,促进城乡经济的发展和城乡差距的消除,所以集体经济组织成员的开放性是社会发展的必然。在此种情形下,我们的法律和政策不应当再固守和维护传统的社会观念和滞后的社会结构,而应积极地、有步骤地适应这种社会的变革。

实现传统农业向现代农业转型始终是我国孜孜以求的目标,而农业现代化必须要以引进现代的生产要素为条件,“不仅要引进物质要素,还要引进具有现代科学知识,能够运用生产要素的人”。㊻ 我国改革开放以来,取得了巨大的经济社会进步,但整个农业、农村与城市的发展相比差距甚大,其中一个重要原因,就是没有改变农村的生产要素继续向城市流动,而城市的生产要素不能顺畅地向农村流动的被动局面。现在不是没有城市人想下乡,而是法律和体制的

㊺ 贺雪峰:《地权的逻辑——中国农村土地制度向何处去》,中国政法大学出版社2010年版,第334页。

㊻ [美]西奥多·W.舒尔茨:《改造传统农业》,梁小民译,商务印书馆1987年版,第6页。

设阻过多,农村人也没有给予应有的理解和“欢迎”。在希望下乡的城市人中,有企业家、科学家和技师,有农业专家和学者,也有刚刚迈出校门的大学生。他们下乡能给农业、农村带来资金、技术、管理等稀缺的生产要素,能为满足农村精神文化需求提供帮助。他们不仅是农民的朋友,而且最终将成为农村一支重要的生力军。城乡要素之间的交流与融合是现代社会发展与进步的动力和基本方式,我们的法律应当为这种交流与融合提供保障,而不是阻隔与限制。

四、农民从“村民”走向“市民”是我国城市化的核心:代结语

我国城市化的核心,是农民的城市化,即“村民”走向“市民”,而不是土地的城市化,即不断扩大城市的规模。现在,我们的一些地方政府用心主导的改革,只关心一个问题,就是如何把原来的农田转变为城市用地,即土地的城市化,而没有去关心“村民”如何才能转变为“市民”,即人的城市化。然而,人的城市化问题才恰恰是城市化的核心。

在我国,城乡之间铸造了一道无形的社会壁垒,把农民与市民严格地区分在两个不同的生活领域。在城市化的浪潮中,虽然“农民”进城的数量已占全国城市的1/3以上,但是他们还没有成为“市民”。“村民”如何成为“市民”?本文前面已经讲了许多,但有一点值得强调,就是依据《宪法》赋予农民以合法的公民身份。农民无论是进城务工,还是留乡务农,都是在公有制经济结构下享有平等、自由权利的公民,这是开解所有体制、法律和文化障碍的总的阀门。

城市化的进程中,若普通的公民资格得不到落实,农民与市民不能融入一体的社会,那么市场经济秩序就无从建立,城市化的宏伟蓝图也无法实现。应当承认,我国至今在人民大众中还没有建立起统一的公民资格,特别是城乡二元结构的制度化把农民与市民严格分隔开来,致使他们在政治上、法律上、经济上和社会上受到区别对待。这个问题的解决就是要真正实现社会的公平与正义,在自由平等的条件下,为每一个人创造全面发展的机会。

城市化与农村土地财产权制度的变革,不仅是一次社会的变革和经济的变

革,也是一次政治的和国家管理体制的变革。这是我国发展社会主义事业的一次重大历史机遇。城市化促进了农村土地财产权制度的变革,其财产权制度的变革推动了社会生产力的极大提高。我们要在高速发展的物质技术的基础上,加大普及和提高全民教育的力度,不断培养出一批又一批的现代职业农民,为最终消灭工农、城乡、脑体三大差别,实现平等、自由、民主、公正社会的美好理想而不懈努力。

关于集体土地所有权制度的改革设想*

各位老师、同学们：

大家好！

很高兴与各位老师和同学见面，并有机会和你们讨论我国农村集体土地所有权的问题。关于农村集体土地所有权以及集体经济组织问题，始终是我国立法机关、政府部门和学术界关注的热门话题。我们今天讨论的题目就是“集体土地所有权制度的改革”。这是一个重要的理论问题，也是一个复杂的实践问题，我不见得讲得好、讲得对，只是和大家交流，互相学习。

现在，农村集体经济组织的运营存在两种统分形式，或两条经营路线：一是农村集体将土地承包给农户，农户享有土地承包权，而承包权与经营权又可分离，由此形成集体所有权、农户承包权和土地经营权的“三权分置”；①二是变革农村土地集体所有权，完善集体经济的统一经营管理，不断壮大和发展农村集体经济。今天我们着重谈第二条经营路线。

---

* 本文系根据作者 2018 年 10 月 16 日在贵州财经大学等地所作学术讲座整理。

① 关于集体土地“三权分置”的问题，可以参见作者和博士研究生丁晓强合作的论文：《农村集体土地所有权的分解与保留——论农地“三权分置”的法律构造》，载《法律科学（西北政法大学学报）》2017 年第 3 期。

一、集体土地所有权的性质和权利体系

中国的集体土地所有权制度,是在20世纪50年代个体农业社会主义改造中逐步形成的,其中典型的集体所有权主体形式是高级合作社,当合作社过渡到人民公社后,它已不再是单纯的集体经济组织,而是一种由国家直接控制和管理的“三级所有”“政社合一”的层级组织。在这种体制下,形成了我国封闭性的农业生产模式和城乡分隔的二元社会结构。改革开放后,我们主要走的是土地发包、承包路线,这样实现了与市场相关联的经营个体化,而直接以集体土地所有权为基础由集体经济组织统一经营的绩效甚微,但是,这已经不能适应我国社会主义市场经济和城市化的快速发展。事实上,无论走哪条路线,都必须以集体土地所有权制度的改革为起点。

(一)集体土地所有权具有既公又私的双重属性

在我国,集体土地所有权虽然在《物权法》中规定,但它并不是一项传统私法上的所有权,它是由特定村落的农民共同占有集体土地而形成的公有权。公有权通常是经济学上的概念。公有权具有二重性:一方面,农民作为集体的一员,他们是集体土地的所有权的享有者,享有共同占有集体土地的权利;另一方面,农民离开集体则不能带走任何一块土地,所以他们又不是土地的所有者。只有当农民个人享有的土地权利与本集体其他农民享有的土地权利结合在一起时,才能构成集体所有权。这种权利结构使集体土地所有权表现为以下特点:主体的构成呈多元且不特定,集体经济组织在法律上是权利主体,但它的成员也是实质意义上的权利人,由此形成公有权的二重权利结构,即集体经济组织的权利和义务与其成员的权利和义务交织在一起;成员对集体财产拥有平等的权利和义务,是产生所有集体经济组织公有权的基础。

在新的历史条件下,作为公有制的集体土地所有权如何与市场有机地结合起来?一方面,生产资料实现公有制;另一方面,资源配置则利用市场机制。从

而既能使广大农民享有平等的土地权利，又能使农村经济高效率地运行，这就需要法律为此做出合理的设计。集体土地所有权是生产资料集体所有制在法律上的直接体现。一方面，它是公有权，由此确保每一个集体成员公平地、稳定地分享本集体的土地权益，从而在特定的集体经济组织内实现经济平等；另一方面，它又是一项私权，由此促成集体所有权主体能够运用市场手段联结和参与广泛的社会经济生活，从而打破农村狭隘、封闭保守的经济体制。总体来讲，集体土地所有权以内部的权利结构而言是公有权关系，而以对外的权利性质而言是一项已经脱胎于公有权的私权关系，只有这样它才可能进入市场，不断壮大农村集体经济。

（二）集体土地所有权形成二元结构的权利体系

所有权不是一项单一的、不变的权利类型，而是可以分别为多项权利或权能并形成相互关联、相对独立的权利体系。集体土地所有权不是传统意义上的私权，不可能完全用民法上所有权的理念、标准去评判和构建其所有权的内容结构。集体土地所有权既是公有权又是私权的两重属性，决定了它的权利内容不是一个平面排列的权利组合，而是一个分层次的二元结构的权利体系。第一层次的权利，是集体土地所有权主体在公有权内部结构中所享有的一种具有管理性质的公共权力，这种权力是集体土地所有权能够存在和发展的基础性权能，具体可以设定分为公共发展、使用分配权、土地回收权。第二层次的权利，是集体土地所有权主体在对外经济关系中所享有的一种能够自主参与市场经济活动的财产权，这种财产权的性质属于私权，它的支配方式应遵循物权法调整所有权关系的基本准则，所以按传统所有权的四项权能即占有、使用、收益和处分来构建其内容结构是可行的。

1. 第一层次具有公共权性质的权利体系

（1）超市场的公共发展权

公共发展权是一项超市场性质的权能。这项权能是维护农村集体所有制经济，体现集体土地所有权本质属性的主要作用方式。公共发展权包含内容广泛，主要涉及为村落、社区提供公共产品和公共服务，满足村落、社区生产和生活的公共需要等。但是，自分田到户以来，多数农村集体经济组织基本丧失了

这项权能,集体已无力为村落、社区提供最基本的公共产品。这是必须解决的问题,否则,农村就无所谓集体所有制经济。

(2)非交易的使用分配权

基于“两权分离”理论,集体所有权主体有权将土地使用权分配给本集体成员,这是一项非交易性质的权能。这项权能旨在实现社会公平价值目标,它所对应的是集体成员享有使用集体土地的成员权。集体成员取得土地使用权是集体向他们提供的生产资料和生活资料,也是他们可以自主支配的财产权。这项权能包括对农用地的发包和宅基地的分配,其行使须遵循特定身份、平均分配、无偿分配、一次分配原则。土地使用权的一次性分配,仅体现了起点的平等,机会的平等,并不意味着结果的平等。

我们应该注意,这一权能的行使也是集体所有权主体必须履行的法定义务,它与集体成员之间签订的承包经营合同并非交易行为。所以,有学者提出农民成员使用本集体的土地应交纳使用费,我觉得不妥。这是作为集体经济组织成员的农民在使用集体的也是他们自己的土地,为什么还要交费呢?

(3)“认地不认人”的土地回收权

土地回收权是集体土地所有权主体基于一定法律事实的出现,有权收回已分配给集体成员的土地使用权。这项权能的存在是由农村土地使用权的财产性和身份性的双重属性决定的,是集体土地所有权得以存在和发展的重要保障。

2. 第二层次具有私权性质的权利体系

(1)土地占有权和使用权是两项基本的本权权利,这是私法上任何所有权都应具备的基本权能

(2)土地收益权是一项收取和分配孳息的权利

依据民法原理,集体经济组织对集体土地的占有和使用所产生的收益应归本集体成员所有。这里,需要注意以下三个问题。

第一,在市场经济条件下,如果允许集体经济组织能够将土地使用权转让给本集体以外的权利主体,则有权取得按市场利率计算的地租。土地经营权的转让就涉及这个问题。但是,那些为本集体成员设置的土地使用权,集体经济组织则不能取得地租。

第二,土地收益应区分为资源性、劳动性和财产性收益三种类型。资源型收益,原则上应归本集体成员集体所有;劳动性收益,应归劳动成员个人所有;财产性收益,是指将土地使用权出让他人或投入运营而获得的利息、租金、红利等收入,这部分收入应由出让主体享用,它可能是集体,也可能是集体成员。

第三,土地增值收益的分配应是土地财产权关系的体现。在城市化进程中,农村集体土地转变为城市建设用地所产生的土地增值收益如何分配?从法理上讲,土地收益的分配关系是土地财产权关系的体现,既然农村集体经济组织享有土地所有权,那么因使用这些土地产生的使用价值和价值都应归属集体。在我国现阶段,只要土地还没有完全国有化,只要集体所有制的土地财产权关系还长期存在,就不能以土地的增值收益是非劳动创造而归属于整个社会,进而成为国家资产。

近年来,在我国农村集体土地转变为城市建设用地的过程中,政府通过征收取得了集体土地的所有权,之后有偿出让土地使用权,即通过土地批租的方式,取得土地使用人预先支付的地租,从而将土地在市场运作中的增值部分完全纳入财政收入,虽然这些财政收入的大部分运用到发展经济和城市建设中去了,但是这是以牺牲农民土地权益、减缓农村经济发展为代价的。这违背了财产权关系的基本原理。这是一个很值得研究的问题。

(3)土地处分权是一项有限的积极权利

处分权是所有权主体依法对所有物进行处置,从而决定物的命运的权利。这里提出一个问题,我国集体土地所有权到底有没有处分权能?从法理上来讲,集体土地所有权作为一项参与市场的私权。它的内容结构中成当包含处分权能,但是,我国现行法律是禁止的,至少是未作明确规定的。

我的观点倾向于集体土地所有权应有一定的处分权能,实际上,我们只要坚持以下三个原则,土地交易就不会违背我国社会主义的基本经济制度。第一个原则,坚持土地的社会主义公有制,只承认土地的国家所有和集体所有,从而排除了个人取得所有权的可能性;第二个原则,坚持公有制经济的社会主义方向,集体所有的土地可以被征收或转让给国家所有,而国家所有的土地则属于国家专有,不可能转让给集体所有;第三个原则,坚持严格的土地管制制度,加

强土地用途管制,控制建设用地总量,实行耕地特殊保护。我们有了这三条原则,即使用土地交易的情形,也只是在非常有限的范围内发生的土地流转。在坚持上述三个原则的之下,我国的土地交易只能发生在国家与集体之间以及集体与集体之间。可是,这种土地交易在实践中有没有可能发生呢?我的看法是可能的。

这里就有一个问题,集体土地收为国家所有是否只有征收一种方式?根据我国现行法律的规定,农村集体无权参与土地市场交易,不可能成为土地城市化的推动者,只能被动地接受政府对集体土地作出的征收决定。征收成为集体土地转为城市土地即国有土地的唯一途径。地方政府通过征收集体土地,垄断了土地交易市场、从中获取高额的土地收益,而农民的土地权益受到侵害。在市场条件下,无论国有土地使用权和集体土地所有权的流转都应该遵守统一的市场规则,国家土地所有权与集体土地所有权都是同质的民事权利,只有贯彻"土地平权、城乡一体"的原则,农民才能拥有完整的土地权利。

解决这个问题,我有一个不成熟的建议,采取征收与收买双轨制。在征收方面,严格界定"公共利益"的概念,将其限定在公共使用的范围以内,并由法律明文列举公共利益的具体形式,实行农村土地和城市拆迁按当地市价同等补偿的原则;在收买方面,这里说的收买是指强制购买,即政府须制定城市总体规划和土地利用计划,确定农用地转为城市用地指标,具体的用地组织只有在获得相应的用地指标后,才能通过与农村集体和农民平等协商,使用方才能取得集体土地使用权,而集体和农民除缴纳相关税款后应获得全部的土地收益。

还有一个问题,在市场经济条件下,集体与集体之间能否可能发生土地交易呢?我认为是可能的,因为只要集体经济组织之间存在经济竞争,在优胜劣汰的规律作用下,一些集体经济组织有可能被淘汰,强势集体经济组织兼并临近的弱势集体经济组织的情形就可能发生。实际上已有先例,如华西村 2002 年就已完成了对毗邻 10 个相对落后的村落的兼并工作,这就是实例。出现这种情况并不奇怪,它符合市场经济规律,符合城市化带来土地集中的发展趋势。因此,突破集体土地的交易禁区,开发农村社区边界,应该允许集体土地在公有制范围内的移转。

二、集体土地所有权主体的独立性和组织建构

(一)集体土地所有权主体的成员构成

近年来,我国农村具有独立法律地位的集体经济组织并没有普遍建立,如何改变这种情况,就成为我国农村土地所有权主体形式改革的关键。

我国《物权法》第59条规定:“农民集体所有的不动产和动产,所有权的主体属于本集体成员集体所有。”所以,集体土地所有权的主体是本集体成员集体。在这里,本集体成员是指世代或长期稳定生活在特定村落的村民,他们是构成集体土地所有权主体的构成成员。集体是什么?集体是社会群体发展的一种高级形式,是一种公有制性质的组织体,是具有独立法律地位的集体经济组织。

集体经济组织和集体土地所有权的主体是什么关系?集体土地所有权作为一项财产权,土地使用价值和价值的取得只有通过开发的、自主的集体经济组织的经营管理才可能实现。集体经济组织应该是一个多层次的群体组织,第一层次的集体经济组织的成员与集体土地的所有权主体的成员相吻合,二者外延一致,集体经济组织的成员就是集体土地所有权主体的成员,这是典型的集体经济组织。但是,当它吸纳了本集体以外的人员及其相关生产要素后,即可以组成第二层次的集体经济组织。这时,集体经济组织的成员既包括土地所有权主体的成员,也包括非土地所有权主体的成员,他们自愿走到一起来并按照各自对经济组织的投入和贡献取得公平的收益分配。在市场规则下,集体经济组织内可能存在多种不同法律地位的成员:一是集体内部成员,他们是构成集体所有权主体的一分子,享有集体行使所有权甚至处置土地所有权的权利;二是集体外部成员,他们仅享有对集体土地的经营权。在集体内部成员中,又可分为常任成员和非常任成员:常任成员,是指直接参与经济组织的生产或经营活动的成员;非常任成员,是指只投入土地使用权,而不参加经济组织的生产和经营活动的成员。显然,这些不同层次的成员在经济组织内应根据他们投入生

产要素的不同,享有不同的权利和承担相应的义务和责任。而且,集体经济组织还可能发生更为复杂得多的层次上的组合,只要财产构成清晰,各方权利义务明确,就会对集体经济组织的发展提供更多的人力资源和物资资源。

(二)集体经济组织应具有鲜明的团体性特征

集体经济组织应是一种适应市场经济、具有独立法律地位的组织,应具有鲜明的团体性特征,这表现在以下几个方面。

1. 法律地位的独立性

经济组织一旦成立就有了团体的独立人格,即能够以自己的名义对外开展经营活动,集体经济组织可以是承担有限责任的团体法人,也可以是承担无限责任和两合责任的非法人团体。正如《民法总则》中规定的特殊法人。在我国农村,集体经济组织与村民组织不完全相同,村民自治属于特定村落的社区自治,集体经济组织的设立则不应受到社区的局限,它因发展需要可以跨社区、跨地域,并且一个村落社区也可以有几个或多个集体经济组织。集体经济组织只有突破农村社区的封闭状态以及消除组成人员的身份限制,才能真正成为人格独立、行为自由的市场经济主体。

2. 资产处置的自主性

团体拥有自主支配的资产是它存在和发展的物质基础,自主支配包括对资产进行利用以实现使用价值,也包括将资产投入流转以实现价值,只要这种支配行为符合法律规定,国家行政机构不应干预。农村集体经济组的基础性资产是土地,土地属于公有性质的社会财产。这种公有性的土地所有权原则上不能进入市场,不能进行流转,但土地使用权是可以流转的。就是在这个前提下,集体经济组织对其使用和经营的集体土地享有自主权。

3. 组织构成的开放性

集体经济组织根据设立宗旨和发展需要依法设定吸纳成员的条件,这些条件对外是统一的、公开的,是适用于任何人的,成员的加入或退出机制是自愿的,集体经济组织作为团体,它与非集体成员之间是实质上的契约关系,所以,团体成员的构成具有开放性。

我国农村集体经济组织的构成受历史传统的影响,其成员是建立在特定村落农民身份的基础之上的,因此其成员的组成具有封闭性。按照我国现行法律的规定,集体土地所有权不能成为运行资本,其权利主体的构成不能包含本集体以外的成员。但是,集体经济的发展又需要吸纳本集体以外的人员和相关生产要素,所以我们必须找出一条出路,这就是将集体土地使用权作为一项独立的财产权,使它能够以资本形态直接参与到与其他权利主体的联合当中,而联合的法律形式可以是合资经营或合伙经营,也可以是股份制经营。

4. 管理机制的民主性

在团体与其成员的关系上,是成员通过民主方式决定团体意志和行为,这里不能忽视成员民主权利。集体经济组织作为公有制的重要组织形式,要尊重和维护成员个人权利,不断完善民主管理体制是它自身性质的要求,集体经济组织应当具备一套严密而可行的规则和程序,建立一套决议、执行和监督三位一体的民主治理机制,防止经济组织内的特权和专制,包括防止多数人对少数人权利的剥夺和侵害,使民主实践逐渐成为我国广大农民的一种重要生活方式。

(三)集体经济组织建构的基本设想

我的设想是,在农村集体土地所有权与农民土地使用权长久分离的基础上,按其土地财产权的性质分别建构基层农村综合体和多种形式的集体经济组织。下面我主要谈谈基层农村综合体——当然这只是一种非常粗框架的设想。

农村综合体是以特定的村落及其土地所有权为基础,以村委会为农民自治的权力机构,这个机构接受政府的指导,尊重农民的意愿,实行民主管理、掌握和支配包括土地在内的集体财产,为村民发展产业、建设基础设施、推进科技进步、提供公共服务而构建的公法人团体。其特征有:(1)村委会是农村综合体的公共权力机构。村委会的负责人具有准公务员的性质,他们虽不占国家编制,但有协助基层行政的职能;他们虽由村民选举产生,但需接受政府和上级综合机构的工作指导。(2)农村综合体实行双层经营体制。对于已经发包和分配给农民的土地使用权,不遇不可预测、不可抗拒的情形,就不予调整和收回,由农

户或农民个人自主经营和使用,也可以实现"三权分置",转让土地经营权。农村综合体也可以设立具有民事法律地位的集体经济组织来运营集体财产,吸引外来投资,接受政府支持,鼓励村民参与,由此取得的发展收益主要用于扩大再生产和发展本村社区的公共事业。(3)农村综合体实行开放的村社组合,既要依托现有乡村行政区划,又要打破行政区划的界限,是一种开放式的发展要素综合体。其成员逐步形成流动式的自由组合,为人口的聚集、生产力的提升、农村城镇化的建设提供条件。(4)农村综合体具有市场运营和社会服务功能,为村民提供公共服务,如兴办服务中心、超市、影院、学校和举办文化活动和科技培训班等。因此,农村综合体兼具有基层行政管理、市场运营、社会服务三种功能,既能贯彻国家意图又有自己的独立意志,是一种符合我国农村集体所有制经济特征的发展实体。

在农村综合体内,既可以包容集体经济组织,也可以包容个体农户、专业大户、家庭农场等,它们与农村综合体在财产关系上相对分离,是完全自主经营的民事主体,其中有的经济组织是私法人团体,或是非法人团体。它们的营运应遵循民商法和经济法的调整原则。这些经济组织和个体经营者以享有集体的土地使用权为基础,接受综合体的权力机构即村委会的管理和监督,执行综合体的整体发展规划,紧密连接市场,独立自主开展经济活动。在自愿原则下,也可以打破村社界域,实行经济组织之间或农民个体经营者之间的联合,吸收城乡各种积极的生产要素,统分结合的运行机制,使我国农村集体经济组织更好适应市场经济的快速发展。

三、集体土地所有权分割理论与土地使用权的流转

(一)集体土地所有权与土地使用权的分离

所有权反映的是不同历史条件下存在的社会经济关系。所以,马克思的土地所有权分割理论仍然具有现实意义。马克思将所有权划分为终极所有权(又称单纯所有权)与事实所有权(又称经济上的所有权)是正确的。在公有制的经

济条件下，土地终极所有权原则上是不能流转的，而土地事实上的所有权即对土地的占有是可以流转的，这一流转并不影响和消损终极所有权的存在。在我国，集体土地所有权就是实质上的一种终极所有权，而农民享有的土地使用权则是事实上的所有权，它是在集体土地所有权基础上产生的，是其所有权权能分离的产物。我国《物权法》将农民的土地承包经营权定性为用益物权，将宅基地定性为用益物权。农民之所以能够取得上述用益物权是他们在集体经济组织中享有成员权的结果，他们不仅可以支配土地的使用价值，还可以支配因土地流转或交易而产生的交换价值。在市场条件下，土地的使用必然为价值规律所调节，土地是可以移转的特殊商品，它的价值不是自身形成的，是市场需求和运行中产生的，这种价值会带来土地的级差超额利润，进而形成用益物权人的财产性收益。

（二）土地使用权流转的基本条件，包括“三权分置”情形下经营权流转的基本条件

1. 第一个条件：农民个人拥有独立主体资格

我国现行法律规定，享有集体土地使用权的主体是农村特定集体经济组织的农户，这与我国农村长期存在的家族结构和以家庭为单位的小农经济生产方式相适应。但是，传统农户的血缘性、聚居性、农耕性、自给性、封闭性和稳定性却与现代社会结构所显现的社团性、流动性、工业性、交易性、开发性和创新性相背离。以上这几句话是王沪宁在20世纪90年代出版的《当代中国村落家族文化》一书中所说的。现在，在城市化的浪潮中，农户生产功能在降低、在削弱，农户的封闭性、农耕性和自给性特征也在发生变化。在这种情形之下，家庭成员即农民个人以自己的名义对外交往的机会增加，他们开始摆脱家庭的束缚，成为独立的、自由的劳动者，从家庭成员转变为社团成员，成为社会体制中的一员。农民这种身份的转变自然影响他们对土地使用权的行使、转让和放弃，这时行使权利的主体是“农户”还是“农户成员”？应该说，在土地使用权的流转关系中，农民个人才是真正的权利主体，而“农户”只是社会的、社区和户籍管理的基本单位。

2. 第二个条件:农民土地使用权长久不变

这是我国的长期政策,在此不再赘述。

3. 第三个条件:创建土地公平交易机制

在现行法律框架内土地作为不动产,能够进入市场配置的不是土地,而是土地权利,在我国只能是土地使用权。农民土地使用权不仅是创造物质财富的一个来源,而且是一种可以被进行交易的商品。由于地租的作用,土地使用权突破了土地的不可移动性,而成为一种能够流转的交易品进入市场,通过市场机制与其他财产权进行优化组合。这点非常重要。

(三)土地使用权流转的难点问题

依据我国现行法律的规定,农民土地承包经营权的流转方式大致有转包、出租、互换、转让和入股等类型,宅基地使用权的流转则受到严格的限制。本文仅就农民土地使用权流转的部分难点问题进行讨论。

1. 农民宅基地使用权流转问题

现在限制农民宅基地使用权的流转,通常有三个理由:一是宅基地使用权是法律赋予、无偿取得的权利,而非通过市场流转取得的商品,如允许农民有偿转让缺乏法理基础;二是宅基地被界定为农村集体所有的建设用地,农民的宅基地使用权不应包含处分权;三是宅基地使用权是农民基本生活保障和安身立命之本,农民一旦失去宅基地和住房将丧失基本生存条件,影响社会稳定。在我看来,以上三个理由均难成立。农民只有与本社区集体土地有着历史身份联结,才可能作为集体成员取得宅基地使用权,这属于因事实行为取得的权利。宅基地使用权已被《物权法》确定为用益物权,法理上即应包含对本权利的处分权能。随着城市化的发展,大批农民已长期工作和生活在城市,他们逐步有了抵御各种风险的能力,而立法者为农民生产所担忧的事实正在消减和解除。宅基地和房屋是农民的基本生活资料,不是现实所有制变革的物质对象。宅基地和房屋是农民的基本生活资料,不是实现所有制变革的物质对象。宅基地和房屋作为生活资料,永远应当归农民支配。农民的房屋是自己的,有权处分给任何人,而且房屋所占有的宅基地使用权也应“地随房走”,只要房屋存在,其宅基

地使用权也应存在,这在法理上没有障碍,现在农民期望享有与城市居民同等房地产权利,能够将自己的房屋和宅基地使用权一起自由出租、买卖和抵押是完全正当的要求。

2. 农村股份制须切实保护农民的长远利益

现在,人们担心在农村实行股份制特别是设立农业有限责任公司,可能造成引进了资本而排挤了农民,农民由自耕变成了雇工,带来严重的农民失业,产生激烈的社会动荡。在"三权分置"的情形下,如何在法律框架内切实保护农民的长期利益是土地经营权入股的一个核心问题。具体而言,包括以下三个问题:第一,建立完善的分配机制,保障农民的合法收入。土地经营权入股是实现土地资本化的途径,入股农民虽然不再直接经营土地,却有了三份可能的收入来源,即经营收入、工资性收入和财产性收入。第二,构建民主、高效的治理结构,维护农民股东共益权的行使。这里有两条原则非常重要:一是普通农民股东和其他股东一样,享有平等的共益权;二是在民主协商的基础上,普通农民股东享有会计账簿查阅权、瑕疵决议无效或可撤销诉讼的提起权、股东代表诉讼提起权等。第三,创设合理的风险承担机制。提高农民防御经营风险的能力。现阶段如何保证农民股东能够回收入股的土地经营权是问题的关键。可以考虑这样的做法:第一步,要解决农民股东缺少抗风险资金的问题,可以通过建立专项农民入股保险或专项农民社保基金;第二步,应赋予农民股东对其入股的土地经营权享有优先购买权,使土地经营权能够重新回到农民手中。

3. 开禁农民土地使用权抵押是必然趋势

我国现行法律严格限制农民土地使用权抵押。这一制度以片面的思想方法认识土地的保障功能与其资本属性之间的关系,忽略了土地使用权以抵押方式流转对农民生存和发展的促进作用。近年来,农村人均耕地面积下降,土地的保障功能不断弱化,严格限制土地使用权抵押的理由已经难以成立。另外,实现农业规模化经营和可持续发展以及增加农民在城市化中享受级差地租收益的急迫需求,使土地使用权抵押逐渐成为农地融资的基本方式。因此,开禁农民土地使用权抵押的现实条件基本具备。

农民土地使用权抵押的性质,不是实物抵押,而是权利抵押,权利成为抵押

的客体,是由担保物权的价值权属性所决定的。从各国立法看,各国民法典在将抵押权的客体界定为不动产的同时,也主张某些土地上的权利可以设立抵押。显然,在土地使用权上设定抵押,只是对权利设定的负担,属于一种法律上的处分,不涉及土地本身。当抵押权人实现抵押权时,只能取得土地使用权或从其变价中优先受偿,土地使用权仍在集体和农民手中。所以,《物权法》已将农村土地使用权确定为用益物权,就应尊重农民在私权领域的私人抉择。

在集体土地所有权和经济组织的改革中,实际上遇到了三个突出问题:一是过于强调土地保障功能从而构成制度和社会变革的阻力;二是集体土地所有权的权能缺失阻碍了农地财产价值的实现;三是农民身份固化制约了农业现代化的转型。对这些问题,我这次虽然也讲了一些自己的看法,但都不充分,观点也不成熟,还可能会引起争议和批评。作为学术交流,我欢迎各位批评指正。谢谢大家!

关于公有制下国家所有权和集体所有权的立法问题*

大家好！

刚才听了刘保玉、高富平、王丽丽、张卫英等教授和蒋子翘法官的演讲，很受启发。他们的学术观点新颖，又能联系实际，对我国民法典物权编的编纂有参考价值。我特别感兴趣的是高富平教授的演讲，他对物权编的结构安排和内容设计，是从全局性和整体性层面把握物权编的一种精细思考。我们之间有许多学术共鸣。下面我作一个发言，大致讲三个问题：一是关于国家所有权和集体所有权的立法设想；二是自然资源国家所有权问题；三是集体土地所有权制度的改革。

先讲第一个问题，是关于国家所有权和集体所有权的立法设想。

在基本经济制度方面，中国最大的特点就是坚持基础性、决定国计民生的重要生产资料公有制。所以，在物权法的立法中，国家所有权和集体所有权成为核心问题。物权法是调整私权关系的法，而国家所有权和集体所有权不完全是私权，将它装进传统的物权法中，必然是削足适履、似是而非。在市场经济条件下，苏联关于国家所有权和集体所有权的基本理论和立法模式早已过时。那么，要解决这个问题只有两条思路：一是改变物权法的纯的私法内涵和相关规则，扩大物权法的调整范围，将国家所有权和集体所有权纳入其中；二是维护传

---

* 本文系根据作者2017年8月8日在兰州举行的“《民权典》物权编立法问题”研讨会上所作的发言提纲和记录整理而成。

统物权法的私法纯粹性和基本架构,立法上为国家所有权和集体所有权另起炉灶。两者相比,第一条思路要复杂得多。所以,我主张另起炉灶,并提出两种立法方案。

第一种方案,在民法典中设置“财产权编”,“物权法”是其中的一个分编。这一编除去国家所有权和集体所有权,基本保留了《物权法》的基本内容;而“国家所有权和集体所有权”单独设置分编;其他相关商事财产权、知识产权等也可以设置分编,也可以在财产法总则中作出一般性规定。并可借鉴英美法关于财产法的界定和体系,将有关合同等的大陆法中的债权及其保护规则另设一编,大致关于民事行为法编。

第二种方案,以特别法的形式,单独制定国家财产法和村集体财产法,这两个法律属于私法和公法的混合法。

实际还存在第三种方案,在物权法规定的所有权中,不划分主体类型,不设置国家所有权和集体所有权。这就意味着,只要参加市场经济生活,无论国家、集体、个体均受统一的所有权制度调整。至于国家所有权和集体所有权中的公法调整内容,可以制定行政管理法。公物法除调整自然公物外,也包括对国家所有、集体所有、私人所有的其他公物进行调整。以上是立法的基本构想。

第二个问题,是自然资源国家所有权问题。

在国家所有权方面,我只谈一个问题,就是自然资源国家所有权的行使必须受到严格限制。我国目前最突出的社会经济问题是对自然资源的过度使用和破坏,只看重自然资源的经济价值,未顾及社会的、民众的长远利益,甚至侵害和剥夺了民众对国家自然资源的公共使用。个别地方政府以公共利益为名,先行使几乎不受限制的公权力,把土地和相关资源拿过来,再行使民法意义上的私权利,将自然资源有偿转让给经营主体或有钱的个人,造成了恶劣的社会影响。我认为,应当按照大陆法系的传统,依据不同的客体采取不同的调整方法。我国物权法已经将所有权的客体划分为三类,这是对的,但没有规定相应的、有针对性的具体规则。不同的客体要分别由公法调整和私法调整,分清自然资源的性质和民众需求,是自然公物的就由公法调整,是自然私物的就由私法调整。

前些年，据媒体报道，汉口有一个小湖，是附近市民经常游览的地方，后来政府未经市民同意把小湖及其四周土地使用权转让给开发商，开发商用墙一围，建成封闭的别墅区，从此这处美好的自然资源成为个别人独占的领地。实际上这剥夺了普通市民享受公共自然资源的权利。在这里必须强调，不是任何自然资源都能进入市场，那些非商品的自然资源不能商品化。现在有的地方，甚至把阳光、空气都视为商品，实在是不可思议。特别要强调我们是社会主义国家，国家所有权的全民性，决定了我们的法律决不允许国家的自然资源、自然环境成为一些特权人物和富裕人群所独占的资源。我们制定民法典物权编正当此时，应该作出回应。

第三个问题，是农村集体土地所有权的改革问题。

近年来，集体土地所有权制度改革方面的研究成果和文章很多，但学术观点各异，还没有达成共识。我先提两点看法：第一，中国的集体土地所有权不能用传统所有权的观念去理解，它起因于合作化运动，经济性质是公有制，是一定村社、一定范围的社会公共财产权。集体所有权与公司等企业财产权不同，劳动者是集体的直接构成元素，但他们不是集体的投资者，它所涵盖的公有权是特定村社、特定群体的一种公共权利；而公司财产权是由设立、投资、委托、劳务等私法行为而形成，即使是政府以国家财产投资并管理也属于私法行为。在我国基本经济制度下，集体所有权中所涵盖的公有权不会放弃。它是公有制生产关系在法律上的真正体现，而公有权不属于私法调整的范围。第二，在城市化和第二次产业革命的大趋势下，我国原来与劳动相结合构成集体所有权的状况在发生改变，一是大部分农民开始离开土地，传统农民走向终结；二是土地需要自由、有序地流动，以实现财产价值；三是土地需要打破原有村社地域，实现集约型，科学化的现代生产。所以，集体所有权制度面临重大改革。如何改革，众说纷纭。下面我提几个改革方面的想法。

其一，劳动可以从集体所有权结构中析出，但其公有权性质不变。农民仍然是集体土地的所有者，享有共同占有集体土地的权利，只是他们离开土地时不能带走任何一块土地，但可以带走与土地所有权相分离的土地权益。这些权益是农民能够跻身于城市化进程的经济基础。

其二,以集体土地为基本生产要素成立的集体经济组织存在两种形式:一是建立"村社一体,合股联营"的农业合作社,将本集体农民组织起来,实现土地所有权主体、经营者、劳动者的三者统一,形成劳动群众集体所有权的存在形式,这是一种典型的集体经济组织。二是吸纳集体所有权以外的社会资源和人力资源,构成的经济组织在产权结构上呈复合性,对外经济关系上呈开放性,具有了一定的现代企业特征,这是一种以集体经济为主导的混合型经济。另外,也包括与集体经济组织相分离的"三权分置"产生的经营模式。我们无论提倡或推动哪一种形式,都应当尊重当地集体农民的意见和选择。

其三,集体土地所有权是一个分层次的二元结构的权利体系。所有权不是一项单一的、不变的权利类型,而是可以分割或分解为多项权利或权能并形成相互关联、相对独立的权利体系。集体土地所有权不是传统意义上的私权,它涵盖了公有权和私权的两重属性,决定了它的权利结构不是一个平面排列的组合,而是一个分层次的二元结构的权利体系。第一层次的权利,是集体土地所有权主体在公有权结构中所享有的一种管理性质的公共权力,这种权力是集体土地所有权能够存在和发展的基础性权能,具体可以分为超市场的公共发展权、非交易的使用分配权、"认地不认人"的土地回收权。第二层次的权利,是集体土地所有权主体所享有的一种能够自主参与市场经济活动的财产权,这种财产权的性质属于私权,它的支配方式应当遵循物权法的基本准则,适用传统所有权的四项权能,即占有、使用、收益和处分。当然,无论是公有权还是私权,它都必须以对土地的实际控制为前提,以对土地的积极利用为手段,以获取最大经济效益为指向。

其四,土地所有权分割理论以及所有权分解理论,是土地经营权流转的理论依据。从所有权的民法定义出发,民法学者普遍认为,"所有权既具整体性,则不能在内容或时间上加以分割。在所有物上设定用益物权或担保物权,不是让与所有权之一部,而是创设一个新的、独立之物权"。[①] 这个观点在法的逻辑上是严谨的,对于确立民法的用益物权等他物权的独立性有重要意义。但是,

---

① 王泽鉴:《民法物权(1)通则·所有权》,中国政法大学出版社2001年版,第150页。

所有权并不仅是民法上的概念，也不是一种抽象和永恒的定义，它反映的是不同历史条件下存在的社会经济关系。所以，马克思的土地所有权分割理论仍然具有现实意义。应当承认，马克思将所有权划分为终极所有权（又称单纯所有权）与事实所有权（又称经济上的所有权）是正确的。也应该承认，所有权有完整的所有权和不完整的所有权，不完整的所有权只是失去了部分权能，并没有因此失去所有权的本体。我国在土地公有制基础上产生的土地使用权、承包经营权等权利，与传统民法的用益物权一样都是在土地所有权基础上产生的，是土地所有权权能分离的产物。就集体所有权的权能体系而言，公有权包含的权能是不能流转的，而私权性质的权能是可以流转的，因为这些权能的流转并不影响集体所有权的存在。

其五，我也谈谈“三权分置”问题。我赞成“三权分置”，认为在法理上能够解释。我仔细拜读了蔡立东教授和姜楠博士撰写的论文《农地三权分置的法实现》。[②] 这篇论文运用物权法原理，详细深入地分析了所有权的行使生成用益物权，用益物权的行使又能生成次级用益物权，以此来解释集体所有权与农民承包权，土地经营权的性质和相互关系。我十分赞同该文的基本观点，文章采用的逻辑论证方法，也很值得学习和称赞。但是，该文严格地按照所有权的整体性观念，否定所有权分割、分解理论，对此我觉得还有讨论的必要。

2017 年我发表了一篇题为《农村集体土地所有权的分解与保留——论农地“三权分置”的法律构造》的文章，[③]主要讨论的也是“三权分置”问题，评审专家认为此文违背了大陆法系关于所有权的基本法理。后来是韩松教授的学术宽容和帮助，才终于在《法律科学》上发表出来。这篇文章的主要观点是，所有权分解系指所有权的权能和其他相关要素因一定法律事实的成就而相互分离的过程和存续状态。这种分解并不会造成所有权的消灭，也不是分离、分解了所有权，它所分解出去的只是所有权的部分权能和要素，而统一的所有权依然保留。实际上，分解权利所获得的权能和要素构成了一种独立于原所有权的新物

---

② 蔡立东、姜楠：《农地三权分置的法实现》，载《中国社会科学》2017 年第 5 期。

③ 参见马俊驹、丁晓强：《农村集体土地所有权的分解与保留——论农地“三权分置”的法律构造》，载《法律科学（西北政法大学学报）》2017 年第 3 期。

权(如用益物权)。这一新物权如果再次分解,它所失去的权能或要素恰恰是再次分解权利所得到的权能和要素,这又构成了下一层级的新物权或债权(如次级用益物权或承租权等),当然这一新物权或债权所得到的权能和要素不能超过上一层级权利所拥有的权能和要素。这种物理量上的逻辑符合权利运作的实际,这一分析的结果同样可以得出与蔡立东教授一致的结论。

应该承认,“三权分置”的改革绝非要使集体公有制经济变成“空壳”,而落实集体土地所有权是“三权分置”的逻辑起点,所以,集体土地所有权中的公有性权能必须保留,如果这些权能不能保留、不能体现,集体土地所有权也就失去了存在的基础。因此,我还是认为,用所有权分解和保留理论,解释集体土地所有权的“三权分置”更具客观真实性和完整性,更具确定性和关联性。

附记:在自由发言阶段,马俊驹教授还对民法与环境法、资源法的关系发表了意见。马俊驹教授认为,传统民法以个人主义为中心,以人类统治自然为指导思想,受此理念影响,传统生产模式把自然作为取之不尽的资源仓库,导致环境污染严重,生态危机加剧。当前,节约资源,保护生态环境,实现社会经济可持续发展比以往任何一个时代都显得更迫切。《民法总则》第9条确立起的绿色原则,正是对传统民法基本理念的反思和矫正。绿色原则回应了现代社会突出的环境生态问题,传承了天地人和、人与自然和谐共生的中华优秀传统文化理念。在民法中确立绿色原则,构建生态时代人与自然和谐相处的新型关系,实现从个人本位向社会本位的转变,成为我国《民法总则》的一大亮点。但未来制定的民法典各分编,物权编、合同法编、侵权责任编应如何体现和反映绿色原则。合同违反绿色原则,其效力如何评价?绿色原则在侵权责任的认定上到底扮演何种角色?绿色原则对物权制度的设计能够发挥何种影响?这些问题都值得深入思考。

农村集体土地所有权的分解与保留

——论农地“三权分置”的法律构造*

自中共中央提出“落实集体所有权、稳定农户承包权、保护土地经营权”①的改革思路后,如何从法理上诠释土地承包权与土地经营权的分离,界定农村土地集体所有权、农户承包权、土地经营权之间的权利关系,成为法学界研讨和争议的热点问题。笔者试图运用所有权分解与保留法理,分析我国农村土地集体所有权的权能构成和相关要素。就我国农用土地财产权而言,所有权的分解意味着集体土地所有权着重以利用为中心,在其权能以及相关要素的分解中践行效益价值,借助市场机制实现资源跨区域的优化配置;所有权的保留则意味着集体土地所有权坚守其公有属性,表征着农村土地制度体系的公平价值,使其成为一定历史时期农民安身立命的保障。

一、集体土地所有权的分解

(一)所有权分解是实现农地制度变革的法理基础

所有权分解,是指所有权的权能因一定法律事实而发生的彼此分离。所有

---

* 原载《法律科学(西北政法大学学报)》2017 年第 3 期。

① 党的十八届三中全会通过的《中共中央关于全面深化改革若干重大问题的决定》提出“构建新型农业经营体系,赋予农民更多的财产性权利”,其核心就是建立“三权分置”的农地权利体系,即坚持集体土地所有权,稳定农民的承包权,保护务农者的经营权。

权分解的法律后果是所有权人与非所有权人分享所有权的权能,在前者的所有权不发生变动的前提下,使后者获得支配所有物的权利。所有权分解后,它的各项权能和要素在所有权人和分解权利人之间得以重新分配,但是这些权能和要素无论分配到哪一层级的权利人手中,所有权的归属都不会改变。且因所有权与其分解权利虽然就同一标的物而同时存在,但各自拥有的权能和要素不同,彼此之间亦不会发生冲突。

所有权分解理论在学理上存有争议。有观点认为,由所有权分解而来的权利应是一种他物权,而他物权"并非由所有权支分之一种权能,而系将所有权单一内容的一部分予以具体化,让他物权人享有而已"。[②] 有学者进一步认为,他物权的各项权能和要素并非从所有权中分离出来的,而是其自身的权能和要素。[③] 就我国的土地承包经营权而言,还有学者指出,土地所有权和土地承包经营权虽均具有收益权能,但两者的内容却截然不同,[④]而且两者在其他权能方面也有明显差异。所以,既然土地所有权与其产生的新物权在权能构成上并不一致,那么也就不能认为该物权是由原所有权分解而来。

上述学说的立论基础,是将"他物权"视为一项并列于"所有权"的独立权利类型,因而具有其自身的权利内容和权能。然而,上述学说并不能圆满解释所有权与他物权在权能和要素之间演化的承继关系。"他物权"作为一种"定限物权"或者"限制物权",不仅具有支配范围上的不完整性,而且具有限制所有权全面的支配性的特征,在"他物权"可得对物进行支配之处,就是"所有权"的支配范围受到限制之处。从物理量的角度来看,所有权分解出去多少权能,就会减少多少权能。同样,分解权利如果再次分解,其失去的权能恰恰又是再次分解权利所得到的权能或要素。而当上述分解权利人将所取得的权能或要素归还给所有权人时,那么这项不完全的所有权又回复为一个完全的所有权。应当承认,抽象的法律概念所反映的社会关系不可能完全依赖数理的增减或分割来作实质性的论证。尽管如此,所有权分解理论仍然是一种相对"物理真

② 谢在全:《民法物权论》,中国政法大学出版社2011年版,第109页。

③ 高圣平:《新型农业经营体系下农地产权结构的法律逻辑》,载《法学研究》2014年第4期。

④ 王利明:《物权法研究》(第3版),中国人民大学出版社2013年版,第781页。

实”的表述,[5]是一种客观反映权利分化和变迁、能够形象刻画这一过程的最佳表述,也是对包括用益物权在内的所有类型权利形成和确立过程的最好说明,我们自然可以将其确立为分析和解释所有权与其分解权利关系的一种有力学说。

事实上,所有权分解理论的基础,正是罗马法上的抽象所有权观念“罗马人也用一种肯定的说法表示是所有主:‘这个东西是我的’或‘这个东西是属于我的’(res in bionis meis est,res mea est)”。[6] 据此,所有权的本质在于物之归属,而物之支配则不过是所有权的衍生结果。在这种抽象观念下,由于物之归属不需要以物之支配为载体,这又使物之归属与物之支配相互分离成为可能。罗马法上的抽象所有权观念,构成了后世大陆法系民法中所有权概念的基础。在法国民法上,“所有权的分解(démembrements)理论”已经成为一种重要的民法学说,是指“所有权结构发生一种直观的、物理的分化现象”。[7] 而按照拉伦茨对于德国民法学说的梳理,“根据大多数人的观点,由所有权产生并作为最包罗万象的支配权的内容及成为独立的权利的部分权能,在受限制的确立消失以后,它必须重新回到所有权中去”。[8] 因此,抽象的所有权理论不仅为法国法系所继受,也为德国法系所继受。以所有权分解学说来反映以所有权为基础产生用益物权和相关权利设立、变更和消灭的全过程,在深受德国法学影响的我国民法理论体系中,其实并无障碍。

从所有权分解理论以观,我国的土地承包经营权即是由集体土地所有权的相关权能分解或重组而来。由于集体土地所有权的分解,使所有权“减少的权能”与承包权“获得的权能”相一致或相对应,因而形成了各方权利人之间难以割舍的权利义务关系:所有权人保障分解权利人充分支配土地并获取收益的同时,始终掌控着土地的所有权,并依法对分解权利人行使监督权;分解权利人则对土地负有维护义务,在所获得的权能范围内行使权利,并保证其权利到期后

---

⑤ 参见[法]弗朗索瓦·泰雷、菲利普·森勒尔:《法国财产法》(下册),罗结珍译,中国法制出版社2008年版,第917页。

⑥ [意]彼德罗·彭梵得:《罗马法教科书》,黄风译,中国政法大学出版社1992年版,第196页。

⑦ [法]弗朗索瓦·泰雷、菲利普·森勒尔:《法国财产法》(下册),罗结珍译,中国法制出版社2008年版,第916页。

⑧ [德]卡尔·拉伦茨:《德国民法通论》,王晓晔等译,法律出版社2003年版,第285页。

标的物完好无损,使所有权人能回复完全的所有权。由此可见,所有权的分解是在所有权之上产生各类新创设权利关系的必要条件,其基本原理是指导所有权分解以及随之产生的用益物权和其他相关权利之得丧变更的普遍性法则,也是包括我国农村土地制度变革在内的所有类型权利实现的逻辑前提。

(二)"三权分置":变革中的集体土地所有权的第二次分解

我国集体所有权形成于20世纪50年代中后期,至1962年在法律层面确立了农村土地"三级所有,队为基础"的集体所有权制度。在这种集体所有权制度下,土地归属于集体的同时,土地支配也由集体统一部署调配。所有权与其权能紧密结合、不可分解,构成了当时集体土地所有权制度的基本特征。

改革开放后,集体土地所有权迎来了它的第一次分解,即土地承包经营体制的确立。根据土地承包经营体制,农村集体经济组织在继续享有土地所有权的前提下,承包人基于集体土地所有权的分解而获得的对集体土地占有、使用和收益的权能,被法律总结为"土地承包经营权",具有用益物权性质。随着土地所有权与土地承包经营权的"两权分立"模式的形成,农民就获得了过去不曾拥有的经营自主权和农产品处置权,激励了农产充分利用家庭资源,合理配置劳动和资本,从而提高了劳动生产率。⑨

然而,随着我国市场经济和城镇化的飞速发展,以及土地稀缺现状之日益突出,土地承包经营权的制度缺陷也逐步显现。首先,土地承包经营权的权能缺失,阻碍了农地财产权价值的实现。因现行的土地承包制度重视土地静态权能的设置,轻视土地动态权能的确立,⑩对市场经济的适应性明显不足,土地的交换价值亦不能充分实现,农民的财产性收入无法真正落实。其次,土地承包经营权的细碎化经营模式,限制了新型农业经营体制的发展。从生产方式上讲,农民的土地承包经营权仍符合小农经济的基本特征,一个农户就是一个独

⑨　参见陈小君:《我国农村土地法律制度变革的思路与框架——十八届三中全会〈决定〉相关内容解读》,载《法学研究》2014年第4期。

⑩　参见赵万一、汪青松:《土地承包经营权的功能转型及权能实现:基于农村社会管理创新的视角》,载《法学研究》2014年第1期。

立的生产单位。这种细碎化的生产方式与我国由来已久的“均田制”思想和农民的传统土地观念相契合,妨碍了新型农业经营体制的建立和多种形式集约化、规模化经营的发展。最后,土地承包经营权的身份属性,制约了我国农业产业现代化的转型。土地承包经营权取得的基本条件是权利主体必须具备特定的集体成员身份,建立在特定集体或村落身份基础上的土地承包经营权,必然造成农村市场的彼此分割,阻碍土地及其权利的有序流转,制约我国农业产业现代化的转型。随着我国新一轮社会改革的进行,“三权分置”改革应运而生。

“三权分置”改革的核心目标,就是在继续保持集体土地所有权的稳定性的同时,通过土地承包经营权的进一步分解,实现承包权与经营权的分离,从而进一步解放农村生产力,加快农民身份转化的进程。

1. 纯化土地承包经营权的财产权属性是“三权分置”的主要目标

土地承包经营权自其诞生之日起,就肩负了过多的政治期望与社会功能,首先是其作为农民之生存保障的基本手段。然而在我国当今社会,随着城市扩张对农村土地的征收以及农村人口的不断流动与增减,土地的合理、有序的流转和集中趋势已不可避免,土地承包经营权内含的社会保障属性与财产权属性之间的矛盾正在日益突出。以此为背景,推行“三权分置”改革的目的,在于使土地承包经营权的社会保障功能与财产支配功能相互分离,从而在稳定土地承包经营权社会保障功能的同时,使其财产支配、收益功能摆脱身份的桎梏,作为一种纯粹的财产性权利进入市场,在交易中实现利益的最大化。

应当指出的是,土地承包经营权的社会保障功能与财产支配功能的分离,并不会弱化集体土地对于农民的生存保障作用,反而赋予了农民的生存保障方式以更为丰富的内涵。在一定的社会条件下,具体的实物性质的生存保障可以为抽象的价值性质的生存保障所替代或补充。土地支配功能通过市场交易转化为财产性收益,完全可以成为其生存保障的经济来源。

2. 土地承包经营权的再次分解是实现“三权分置”改革目标的法律手段

如前所述,土地承包经营权由集体土地申请分解而来,其作为一项法律制度,所调整并非单一的,而是复合性的法律关系。具体而言,土地承包经营权包含了两种相互关联又相互区别的法律关系:一是集体经济组织与农户之间建立

的土地承包关系;二是农户与包括集体经济组织在内的所有民事主体之间发生的土地经营关系。土地承包关系的建立旨在维护农民对土地生存保障功能的实现,它是土地经营关系发生和延续的前提。土地经营关系的确立旨在保证农民对土地使用权和一定范围之流转权的行使,它是土地承包关系存在的结果"三权分置"改革目标的实现途径,就是将土地承包经营权分解为土地承包权与土地经营权,使前者承担社会保障功能,而使后者承担财产支配功能。

土地承包经营权的分解,法律技术手段在于其权能分解。而土地承包经营权权能的可分解性,则是土地承包权与土地经营权各自成为独立权利的前提条件。根据我国现行法律,土地承包经营权拥有以下权能:(1)承包土地请求权;(2)承包土地收益权;(3)承包土地回收权;(4)承包土地占有、使用权;(5)土地经营收益权;(6)有限制的流转权。土地承包经营权分解后,其中第(1)、(2)、(3)项权能构成土地承包权,第(4)、(5)、(6)项权能构成土地经营权。据此,只要做到以下几点,从法理角度来看,上述权利的分解就能够成立:其一,分解后的土地承包权和土地经营权所拥有的权能、要素之和不超过原土地承包经营权所拥有的权能范围和有效的时间维度;其二,分解后不改变土地所有权的性质和土地的农业用途;其三,分解后的土地承包权和土地经营权各自构成一个完整的权能体系,并足以成为一项独立的权利类型,即土地承包权具备集体成员权的基本内容,土地经营权具备用益物权的基本特征;其四,分解后土地所有权人或土地承包权人能够按照约定或法定期限收回标的物。在实践中,土地承包经营权分解出两个既相互关联,又彼此独立的承包权和经营权,被分解的土地承包经营权已经消失,而土地承包权和土地经营权自此产生。经过上述过程"三权分置"在法律上才能得以确立。

由此所产生的改革结果就是,土地承包经营权的概念将因权利的分解而消亡,由这种分解而成的土地承包权与土地经营权则彼此分离。其中,土地承包权属于集体成员权,只有特定的集体成员才有资格拥有。[11] 在通常情况下,集体

---

⑪ 参见陈小君:《我国农村土地法律制度变革的思路与框架——十八届三中全会〈决定〉相关内容解读》,载《法学研究》2014 年第 4 期;陶钟太朗、杨遂全:《农村土地经营权认知与物权塑造——从既有法制到未来立法》,载《南京农业大学学报》(社会科学版)2015 年第 2 期。

经济组织应按照每户所有成员的人数来确定承包土地的份额，即“按户承包、按人分地”，这正是土地承包权所承载的农民社会保障功能的基石。相应地，土地经营权从土地承包经营权中分解出来，其成员权的身份属性被剥离后，它便可成为一项可以依法自由处分的用益物权，具有明显的开放性和可交易性。此时，集体成员既是集体土地的承包权人，又是集体土地的经营权人，这两项权利是相互独立的，权利人可以分别行使，分别实现其不同功能。农民无论是自己经营还是让与他人经营，手中始终牢牢掌握着土地承包权，这项权利自然成了稳定其集体成员身份的基础因素，也是其向新的经营权人请求承担返还标的物和其他民事责任的法律依据。

由此可见，我国集体土地所有权的改革历程，就是权利的分解历程“三权分置”所导致的土地承包权与土地经营权的分解，实现了原权利不同功能的合理分化与负担，明确了二者法律属性的差异，划定了两者之间内容的边界。因此，这一分解顺应了农民保留土地承包权，进而维护自身生存保障的意愿；亦很好地满足了农民流转土地权利，实现土地财产性收益的现实需要。对国家和社会而言，土地承包权与土地经营权的分解，是一次农村土地财产权制度的重大变革，它有利于集体土地的流转与合理集中，有利于农民从“农民”走向“市民”的身份转化，有利于我国农业现代化的实现。

二、集体土地所有权的保留

为避免重蹈“统分结合”实践中只“分”不“统”、重成员而轻集体的覆辙，在“三权分置”的改革过程中，对集体土地所有权的进一步分解，必须强调集体对一定范围的权能保留，即落实集体土地所有权是“三权分置”改革的逻辑起点。那么，在新的历史条件下，集体土地所有权如何与市场有机地结合起来，就需要法律为此作出合理的制度设计。

从性质上讲，集体土地所有权并不是一项传统私法上的所有权，它既是一项公有权，又是一项脱胎于公有权的私权。具体而言，集体土地所有权是一个

分层次的二元结构的权利体系:第一层次的权利,是集体土地所有权主体在公有权内部结构中所享有的一种具有管理性质的公共权力,这种权力是集体土地所有权能够存在和发展的基石,具体可以分为公共发展权、使用分配权、土地回收权。第二层次的权利,是集体土地所有权主体所享有的一种能够自主参与市场经济活动的财产权,这种财产权的性质属于私权,它的支配方式应遵循物权法调整所有权关系的基本准则,所以按传统所有权的四项权能,即占有、使用、收益和处分来构建其内容是可行的。⑫ 以此为基础,在"三权分置"改革中,第一层次的权利应由集体统一行使,为其成员提供公共产品和服务;第二层次的权利通过权利分解,一部分继续为集体所保留,另一部分形成土地承包经营权或未来的土地经营权,实现土地的财产价值。

(一)集体土地所有权中公有权性质的保留

1. 集体土地公共发展权

对于土地发展权的性质,学界有不同认识,大致可分为所有权"派生论"和发展权"国有论"。"派生论"认为,土地发展权由土地所有权所派生,而并非由国家的土地规划管理权产生;⑬"国有论"则认为,土地发展权并非土地所有权的派生权利,它因国家管制权的行使而成为一项独立的公权力。⑭ 综合上述两种学说,可以看出,集体土地发展权具有两方面的意义:首先,是根据国家发展战略、统一规划、用途管制等方面的法律法规,对集体土地实行征收,进而由政府代表国家对土地行使占有利用或转让开发的权力;其次,则是经济组织以土地所有权主体的资格,为本集体及其成员的公共利益,拥有自由行使土地的发展权。在此基础上,本文所讨论的土地发展权,是就后者而言的,即指那些不能分解而只能保留在集体经济组织内,即由所有权主体所拥有的公有权。

集体土地公共发展权表现为,根据土地的用途和经营状况,集体所有权主

⑫ 马俊驹:《中国城市化与农村土地财产权结构的变革》,载陈小君主编:《私法研究》(第15卷),法律出版社2014年版,第12~13页。

⑬ 程雪阳:《土地发展权与土地增值收益的分配》,载《法学研究》2014年第5期;刘俊:《土地所有权权利结构重构》,载《现代法学》2006年第3期。

⑭ 陈柏峰:《土地发展权的理论基础与制度前景》,载《法学研究》2012年第4期。

体有权拟订经济发展规划,调整和实施土地利用和开发,获取部分土地资源收益,在维持土地用途不变的前提下,为集体所在社区提供公共产品和公共服务,尤其是为本社区兴办生产基础设施,以满足集体或农产生产和生活的需要。尽管为社区提供最基本的公共产品,可以采取"公退民进"的办法,即"由先富裕起来的农民进行维修或重新建造,在明晰产权关系的前提下,变纯公共产品为准公共产品,并由这些农民经营"。[15] 但是,集体兴办仍然是为农民直接提供公共产品的主要机制。此外,集体经济组织拥有部分公共土地的直接支配权,也应作为土地公共发展权的内容之一。这些土地是公共发展权得以实施的基础,是集体统一经营得以进行的条件,也是农民土地使用权长久稳定的前提。

由此可见,公共发展权是集体土地所有权的重要组成部分。这项权能的保留,是维护农村集体所有制经济,体现集体土地所有权本质属性的主要作用方式。该权能的缺失会导致集体土地所有权名存实亡,因而它是集体土地所有权保留的首要内容。

2. 非交易性质的使用分配权

使用分配权是集体土地所有权主体将土地使用权分配给成员的一项非交易性质的权能,包括对农用地的发包和宅基地的分配。这项权能以集体经济组织对其土地的自治管理权力为基础,因而属于集体土地所有权公有权性质的组成要素,并且与集体成员所享有的使用集体土地的成员权相对应。因此,这一权利的行使,不得以营利为目的,而须以公平价值为指引,即遵循下列原则:第一,实行特定身份原则,土地使用权只能分配给本集体成员,这是我国目前城乡二元结构在土地法律关系上的体现;第二,实行平均分配原则,集体成员不分年龄、性别、劳动能力等因素均能获得等份额的土地使用权,以体现土地公有制公平、正义的价值理念;第三,实行无偿分配原则,集体成员取得土地使用权无须支付对价,因为现阶段土地依然是其生存保障的基本手段;第四,实行一次分配原则,集体成员不得重复取得或随意调整初始土地使用权的分配,以保障农用土地稳定的划分和使用状态。值得一提的是,土地使用权的一次性分配,仅体

---

⑮ 黄志冲:《农村公共产品供给机制创新研究》,载《现代经济探讨》2000 年第 10 期。

现着起点的平等、机会的均等,并不意味着结果的平等。同样,集体在制定和执行分配方案时,应保留一定数量的公共用地和预留地,这是维持和发展农村集体经济,实现农村双层经营体制的重要条件。

非交易性质的使用分配权,是集体统一调配自己所有的土地,以供成员公平支配的法律手段,因而在"三权分置"的改革中应当保留于集体所有权人。

3. 特定条件下的土地回收权

土地回收权是集体在特定情况下,有权收回已分配给个体成员的土地使用权的权利。这项权能以集体经济组织拥有土地的归属为基础,是所有权归属的永续性与非所有权人支配的期限并行的必然结果,因而也属于集体土地所有权公有权性质的要素。土地回收权以下述法律事实的成就为行使条件:第一,为集体成员设定的农地使用权即土地承包权和经营权期限届满,而该成员未申请继续使用或虽申请未得到准许的;第二,为集体成员分配的宅基地使用权虽无期限限定,但出现宅基地使用权人放弃权利或死亡且无人继承的;第三,土地使用权人违反国家法律或违反与所有权主体之间的约定,破坏地力、荒置土地、改变土地用途且经警告和制止不予改正的,所有权主体有权收回该项土地使用权。行使土地回收权"必须强调土地法中的'认地不认人'原则,只要法定或设定的形式条件成就,无论土地使用权在谁的手中,或者土地使用权人与土地所有权人有无基础性法律关系,都不影响土地所有权人行使土地回收权"。[16]

土地回收权是集体对其土地享有所有权的终极表现,是"三权分置"改革不至于导向集体所有权虚有化的法律底线,因而必须被集体所有权人保留。

(二)集体土地所有权中私权性质的保留

1. 土地收益权的保留

作为所有权人,集体对其土地上所产生的孳息享有收益权。然而,一旦将土地分配给集体成员或转让给他人占有和使用,获取土地分配的集体成员或土地使用权的相关受让人,即成为用益物权人,有权收取土地上所产生的孳息(包

---

⑯　刘俊:《土地所有权国家独占研究》,法律出版社2008年版,第356页。

括天然孳息和法定孳息)。由此产生的问题就是,集体土地所有权作为兼具有公有权和私权双重性质的财产权,为了保障集体经济的发展和维护集体公共利益,集体土地所有权尚需保留一部分土地收益权,那么,它应保留哪些土地收益权?对于这个问题的回答,可从如下两个小问题的分析作为进路。

第一个问题,集体土地所有权人是否应当享有收取地租的权利?从纯粹的市场经济关系来看,如果将集体土地所有权视为一种纯粹的经济形式,具有了一般物的价值属性,那么土地实现价值的过程就是"土地资产"转化为"土地资本"的资本化过程。在这一过程中,土地流转必然形成"土地价格",这就是资本化的地租。由此出发,有学者提出建立合理、科学的地租制度的主张。[17] 然而,如前文所述,集体土地所有权并不是一项纯粹的财产性权利,而是具有公有权性质的权利。在其权利结构中,每一个集体成员都是这项所有权主体构成的一部分。由于地租只能在商品经济或市场经济关系中产生,而土地承包权和土地经营权(也包括宅基地使用权)均由集体分配取得,这种分配关系并非市场交易关系。所以,集体与其成员之间不可能存在地租关系。因此,地租收取权应当从集体土地所有权中分解出去,由成员去享有,否则土地经营权的流转就没有意义。由于集体成员将土地经营权流转给集体以外的人,其本身就是一个纯粹的市场交易行为,故土地经营权的转让人向受让人收取地租,是顺理成章的。

第二个问题,关于集体土地的增值收益如何在个人、集体、国家之间进行分配?对于这一问题,学界认识差距较大。有的学者认为,土地增值从本质上源于社会发展,是社会大众共同努力的成果,与土地权利人投入多少关系甚微,土地发展增益应归全民共享。[18] 有学者则认为,在土地增值收益的初次分配中,政府应当尊重和承认土地权利人基于土地所有权而产生的土地发展权,保护公民基于土地所有权和发展权获得相应土地增值的权利。[19] 从法理上讲,土地收益的分配关系应当充分体现出土地财产之归属关系。既然农村集体经济组织享

---

[17] 陈小君:《我国农村土地法律制度变革的思路与框架——十八届三中全会〈决定〉相关内容解读》,载《法学研究》2014 年第 4 期。

[18] 陈柏峰:《土地发展权的理论基础与制度前景》,载《法学研究》2012 年第 4 期。

[19] 程雪阳:《土地发展权与土地增值收益的分配》,载《法学研究》2014 年第 5 期。

有土地所有权,那么因它使用土地或流转土地使用权而产生的价值或使用价值就应当归属集体。只要土地还没有完全国有化,只要集体所有制的土地财产权关系还长期存在,那么在城市化进程中产生的“级差地租”现象就不可避免,就不能以“土地的增值收益是非劳动创造”为由将这部分收益归属整个社会,进而成为国家财产。需要指出的是,上述土地增值收益的分配方式不过是土地增值收益的初次分配机制。为了实现社会公平,维护社会和国家发展的整体利益,可以在财税法和社会法领域采取相应规制,如强化税收调整力度,提高社会保障水平等,实现土地增值收益在个人、集体和国家之间的二次合理分配。

综上所述,集体土地所有权产生的收益可分为三种类型:一是资源性收益,是指基于土地的资源属性未经劳动加工而产生的自然收益;二是劳动性收益,是指基于集体成员的劳动加工而产生的土地收益;三是资本性收益,是指基于成员集体或集体成员将其所拥有的土地使用权出让他人或投入运营而获得的利息、租金、红利等收入。其中,资源性收益权在“三权分置”改革中应当由集体所有权人保留;劳动性收益权和资本性收益权则应当由集体所有权中分解出去,由集体成员享有。

2. 处分权的保留

尽管我国《宪法》与《土地管理法》均禁止土地买卖或以其他方式非法转让,但是我们并不能据此即得出“集体所有权不具有处分权能”的论断。按照民法一般原理,集体土地所有权作为一项可支配的权利,它的内容结构中就应当包括处分权能。在市场经济条件下,国家与集体之间不仅存在公法关系,而且还应存在私法关系,同样地,集体与集体之间不仅相互独立,而且必要时还会联合或合并,[20]所以在国家与集体之间、集体与集体之间就有可能发生土地交易或其他流转行为。随着农村土地法律制度改革的不断推进与深化,农村集体土地所有权的处分权能必然会得到进一步的彰显。实际上,我们只要坚持土地公有

⑳　2002年9月,江苏省江阴市华西村在自愿条件下完成了毗邻10个落后行政村的收编工作,从此华西村扩大成拥有5个子村的大家庭,土地面积扩大13倍,人口增加9倍。2012年5月,我国首个“村城市”河南省濮阳县庆祖镇西辛市正式挂牌。可以预见,我国农村集体经济组织突破地域封闭的发展局限,创建开放型社区和农业经营组织将逐渐成为趋势,而集体经济组织之间的联合或合并必然会带来集体土地所有权关系的变化。

制,坚守专属国家所有的土地不得买卖和非法转让这条底线,承认农村集体土地所有权的处分权能,并不会使土地集中到少数人手中,反之还能促进对土地的充分利用,更好地维护农民集体的土地权益。因此,民事立法应当迎合农村集体经济发展的现实需要,使集体土地所有权制度更好地体现市场经济的基本规律,应当为集体土地所有权的处分权能保留余地,为日后农村土地制度变革预留一定的发展空间。

三、实现"三权分置"的法律构建

(一)"三权分置"的基础:保障集体土地所有权

如前文所述,从所有权分解理论以观"三权分置"的法律本质,就是由集体土地所有权分解出土地承包经营权,再从土地承包经营权分解出土地承包权与土地经营权的过程。在这一过程中"三权分置"改革思路中的"保障集体土地所有权",其作为"三权分置"的基础,即要求这种集体土地所有权的逐级分解,不得以动摇集体土地所有权为代价。这一要求在法律上的实现途径在于两个方面:一方面,根据所有权分解理论,集体土地所有权部分权能的分解,本质为"财产归属"与"财产支配"的分离,并不影响集体对于其土地的所有权人的地位,也不会否定集体所有的土地性质;另一方面,如前文所述"三权分置"改革中集体土地所有权的分解,也并非全部的财产支配权能与集体土地所有权的分离,集体作为所有权人,依然保留公有权性质的权能和部分私权权能。在强调集体土地的支配与流转的土地改革中,集体土地所有权权能的保留,可以保障集体土地所有权不至于被架空或者虚化。上述两个方面的法律设计,不仅可以实现"保障集体土地所有权"的目标,而且可以为限制国家机关对集体土地征收权的滥用、塑造集体与国家之间的土地交易市场、强化"双层经营"中的"集体统一经营"等迫切需要解决的现实问题提供权利上的支撑点。由于"保障集体土地所有权"的问题,本文在"集体土地所有权的保留"部分已经作了详尽阐述,故本部分对于"三权分置"的法律构建的讨论,将着重围绕土地承包权与土地经营权

展开。

(二)“三权分置”的关键:理顺土地承包经营权分解后的权利结构

1. 关于土地承包权和土地经营权的理论分歧

土地承包经营权分解后,将形成土地承包权与土地经营权的分立。那么如何界定土地承包权和土地经营权的内涵及二者之间关系?这是学界讨论的焦点之一,也是探求“三权分置”权利结构的关键议题。对此,学界主要形成了以下两种观点。

第一种观点,土地经营权从属于土地承包经营权。该种观点认为,分离后的土地经营权是土地承包经营权的派生权利,而土地承包权在严格意义上仍然是土地承包经营权,只是因土地承包经营权的部分权能让渡使其权利行使受到限制,并非单纯承包土地这样一种权利资格。[21] 换言之,土地承包权只是行使受到限制的土地承包经营权的代称,承包权自身是不能独立存在的,它只有与经营权相结合并共同构成土地承包经营权时方可称为一项权利,这项权利的内容仍然包括占有、使用、收益和有限制的处分权能,所以它是一种土地用益物权。土地经营权从承包经营权中单独分置出来,称为承包农户之外的经营者的一项权利用益物权,它可以进行抵押、担保、信托或入股等方式进行流转。上述观点的不足之处在于,土地经营权只是转让给经营者所享有的权利,农户自己经营土地依然被限制在承包权的框架内,而承包权的身份性并没有与土地承包经营权相分离。在这种情况下,“两权分离”的权利结构并没有得到再次分解,承包农户仍然要按照土地承包经营权的法律规定开展经营活动,他们在土地权利的流转中所受到的限制并没有得到解除。质言之,既然承包农户自身都还不能拥有充分的处分权能,他们又有什么资格将那些几乎可以不受限制地流转的经营权转让给非农身份的经营者呢?所以,要赋予经营者以充分的土地流转权能,

---

[21] 潘俊:《农村土地“三权分置”:权利内容与风险防范》,载《中州学刊》2014 年第 11 期;蔡立东、姜楠:《承包权与经营权分置的法构造》,载《法学研究》2015 年第 3 期;李国强:《论农地流转中“三权分置”的法律关系》,载《法律科学(西北政法大学学报)》2015 年第 6 期;宋宗宇、何贞斌、陈舟:《农村土地经营权的确定化及其制度构建》,载《农村经济》2015 年第 7 期。

首先须以扩展承包农户的土地流转权能为前提,或者将两者即承包农户和经营者的经营权放置于同一权利架构之内加以规定,否则在法律逻辑上就是矛盾的,而"三权分置"也就失去了意义。

第二种观点,土地承包权从属于土地承包经营权。该种观点认为,土地承包权应定义为一种"可期待利益"或资格,从性质上讲,土地承包权是集体成员权的重要内容,具有身份性、从属性、保障性、过渡性等特点。[22] 依据上述观点,土地承包权名为权利,实则是一种承包土地的资格,而非一项可以长久行使的财产权利,[23]当承包农户一旦取得了土地承包经营权,作为一项过渡性权利的土地承包权也就完成了自己的使命,将不复存在。笔者认为,这种观点同样有着值得商榷之处。如果说土地承包权只是一种取得土地承包经营权的资格,且承包农户只能以成就了的土地承包经营权为基础享有自主经营权和让与他人经营的权利那么在这期间,土地承包权只是起到了一个衔接前后的中介作用,它并不能将身份性的固化因素从土地承包经营权中剥离出去,同时,现有的土地承包经营权内涵中承包与经营两个功能的价值冲突也未能得到很好的解决,通过"三权分置"实现承包权与经营权分离的制度目的也就无从实现。

以上两种观点,无论土地经营权从属于土地承包经营权,还是土地承包权从属于土地承包经营权,有一个共同的不足之处,那便是并未将土地承包经营权真正进行分解,无法解决土地承包经营权的内在矛盾,亦无法确立土地承包权和土地经营权两项相互关联又相互独立的财产权利。因此,我们应当寻求新的阐释思路。

2. 土地承包权是一项身份性财产权

身份性财产权,是指依附于一定身份关系而存在的、由特定共同体的财产权结构、规则所塑造的财产关系。对集体土地而言,农民享有的土地承包权由如下两个层次的内容构成。

第一,农民土地承包权的享有,以其集体成员资格为前提。农村集体公有制法权关系最初建立在合作社社员以自己土地入股而结成的团体性的财产结

---

[22] 丁文:《论土地承包权与土地经营权的分离》,载《中国法学》2015 年第 3 期。

[23] 朱广新:《土地承包权与经营权分离的政策意蕴与法制完善》,载《法学》2015 年第 11 期。

构中。若非人民公社体制的建立将其完全打破,这种合作社式的财产关系将成为当代我国集体土地所有权法律关系的典型构架。[24] 因此,集体成员对集体土地利益的享有,是以历史事实为基础的客观存在,并具有鲜明的身份性特征——"集体土地所有权与集体成员个人的联系只以成员权体现出来,只要具备集体成员资格就可享有集体利益,在集体利益上实现个人利益"。[25] 依照法律,农民能够基于其集体成员资格按人平等取得土地承包权的事实,已经证明了土地承包权身份属性的客观存在的,也表明拥有集体成员资格是取得土地承包权的主体性条件。因此,推行"三权分置"改革应当重新强调集体所有制经济制度应有的团体性特质,以承认和落实农民在集体经济组织中的成员权为基础,真正实现农民在集体土地所有权中的财产权利。

第二,农民土地承包权的享有,是其集体成员资格在集体土地支配过程中的实现。土地承包权是一项身份性财产权。在任何一个具有经济属性的团体中,包括我国农村的集体经济组织在内,其成员依附于特定身份关系所产生的财产权皆可以称作是一项基本的身份性财产权。这项权利的主要特点在于:其一,拥有集体成员身份是取得土地承包权的必要条件。其二,具备集体成员身份的农民均可平等、长期享有土地承包权,这项权利依法受到保护,任何组织和个人不得剥夺和侵害。其三,集体成员身份从属于特定的集体经济组织,由此产生的土地承包权也只能在该集体经济组织内行使,所以具有不可让与性,无法进行转让、抵押、担保、继承等。可见,土地承包权的身份性、保障性和封闭性,使其虽然有利于集体成员享有稳定的身份性财产权,但缺乏土地经营所需要的开放性和对市场的适应能力。

需要指出的是,有学者认为,农地承包过程中的身份属性"其实质是一种承包集体土地的资格,其是成员权的应有内涵之一……应该通过成员权制度予以

㉔　在我国,集体所有制经济的典型所有权主体是高级合作社。当合作社过渡到人民公社后,它已不再是单纯的集体经济组织,而是一种由国家直接管理的"三级所有""政社合一"的基层政治组织。我国现行的集体土地所有权制度在很大程度上仍然保留了原人民公社的层级结构。

㉕　韩松:《农民集体土地所有权的权能》,载《法学研究》2014年第6期。

解决”。[26] 相应地,土地承包权应视为一种无身份属性的用益物权。这种观点准确地界定了集体成员身份的具备与土地承包权的取得之间的关系,但是其将集体成员权与土地承包权截然割裂的阐释,则有商榷的余地。首先,从法理上讲,农民基于其集体成员资格,即应享有集体土地上的财产性权利。农民正是有了这种财产性权利才有理由从集体土地中获得相应的土地承包权。否则,农民与土地之间的法权关系就会虚化,集体土地所有权就会成为一项没有根基的空中楼阁。其次,正是由于土地承包权的取得需要以集体成员资格为前提,才导致了土地承包权具有了身份属性。农地使用权是保障农民生存利益的根本的判断,即由此而来,我国目前农地使用权流转的阻碍,也根源于此。最后,将土地承包权界定为具有身份属性的财产权,有利于在“三权分置”改革中,以土地承包权继续肩负原先土地承包经营权的身份属性和社会保障功能,从而使土地经营权的财产权利属性得以纯化,为农地流转开辟新的领域。

3. 土地经营权是一项非身份性财产权

如果说土地承包权作为一种身份性财产权利,承载着集体成员的身份性财产利益和社会保障功能的话,那么土地经营权则是一种纯粹的农地支配权。由于土地支配行为本身,无须以支配者的身份为前提,故土地经营权应界定为一项非身份性的财产权利。从来源上看,这一权利可分为通过农产承包直接获得的经营权和通过市场流转间接获得的经营权,前者可称为原始经营权,后者可称为继受经营权。[27] 原始经营权的内容,应当包括剥离出身份因素而余下的土地承包经营权所具有的各项权能。根据《物权法》的规定,土地承包经营权属于用益物权,所以原始经营权也应当属于用益物权,其权利人可依法对其耕地、林地、草地等享有占有、使用和收益的权利,有权从事种植业、林业、畜牧业等农业生产。除以上各项权利外,原始经营权作为法定的用益物权,还可依法采取转包、出租、互换、转让或其他方式流转。按照所有权分解理论,继受经营权应当

---

[26] 陈小君:《我国农村土地法律制度变革的思路与框架——十八届三中全会〈决定〉相关内容解读》,载《法学研究》2014 年第 4 期。

[27] 国务院发展研究中心农村经济研究部:《集体所有制下的产权重构》,中国发展出版社 2015 年版,第 13 页。

由原始经营权分解而来,它在权能和相关要素的内容上不能超越原始经营权的范围和期限。

那么,由原始经营权分解而来的继受经营权,它的权利性质是否如同其权源(原始经营权)相同,依然是用益物权?我们认为,这取决于创设行为的性质。原始经营权人(出让方)通过出租、转让、互换、入股等不同的流转方式,将其经营权或经营权能让渡给继受经营权人(受让方),会产生迥然相异的法律效果。具体而言,出租关系让渡的是对特定经营土地的占有、使用的经营权能,而原土地承包经营关系不变,这是一种债权性的处分;转让、互换、入股关系则是对土地经营权(这里是指原始经营权)的让渡,而土地承包经营关系发生改变,这是一种物权性的处分。进而,由于债权性的处分不会使受让方取得原始经营权,受让方无法对其享有的经营权能进行物权处分,如不能设置抵押;而物权性处分则会使受让方取得原始经营权,因为原始经营权是用益物权,所以受让方即继受经营权人有权处分这项权利,包括设置抵押等。

这样看来,在土地承包权和土地经营权分置后,土地经营权(这里是指继受经营权)并非就可以完全不受限制地进行流转,这里还须区分不同情形方可作出符合法理的判断。然而,可以确定的是,放活原始经营权是实现继受经营权的前提,因为只有对原始经营权进行重构和改制,才可能使继受经营权的内容得到拓展和充实。显然,依照现行立法,原始经营权仍旧停留在承包农户自营的范围内,只能适应家庭化、细碎化的农业经营方式,尚有较大不足。因此,立基于"三权分置"改革之目标,对土地经营权的建构就是要最大限度地允许原始经营权的流转,促进土地集中、逐步扩大农业经营规模,为资本化、集约化的现代农业创造条件。

(三)"三权分置"的保障:完善土地经营权流转的法律规范

1. 集体土地经营权主体团体化趋势应在立法上得到体现

集体土地经营权主体团体化,是指为满足土地经营权合作的现实需要,以民商法的团体法律制度为依据,对集体土地经营权主体的合作方式加以塑造。我国当前的市场经济发展,对于市场要素的规模化具有较高要求。如果土地经

营权继续采取分散且各自为政的经营方式，则无法在市场中获得最大化的利益。因此，土地经营权人之间的合作，以及经营权人以其经营权为资本与其他市场主体的合作，已成必然趋势。通过对现实的考察，我们发现农村的双层经营体制已在不同程度上发生再组合和形态转换，一些原本分散零碎的农产土地又开始趋于集中。可见，强调集体土地经营权主体的团体化，有助于发挥农业生产的规模效益，提高其营运能力，集体利益和成员的个体利益，将在集体土地的团体化经营中得到聚合和统一。集体土地经营权主体团体化趋势，就要求法律为上述经营权的合作提供途径与模式。笔者认为，以民商法的团体法律制度为依据，构建土地经营权的联合方式，其要点在于如下三个方面：

(1)经营权合作团体的成员应具有开放性。参与集体土地经营合作的主体应当实行开放的村社组合，突破农村社区的封闭状态，消解构成人员的身份限制，既要依托现有乡村行政区划，又要打破行政区域的界限，从而成为一个能够吸纳集体内外成员和生产要素的开放性经营团体。

(2)塑造经营权合作团体完善的治理结构。按照现代企业制度建立一套集决议、执行和监督三位一体的民主治理机制，使经营权合作团体的成员以共享土地使用权为基础，共同决定集体事务，并按照各自对经济组织的投入和共同分享收益。

(3)经济组织团体化的重要标志是拥有独立的法律地位。法律应当赋予集体土地经营权主体独立的团体性人格，使其能够以自己的名义对外开展经营活动，且以其财产为基础对外承担责任。在组织形式上，可以采取有限责任的股份制，也可以采取无限责任的普通合伙制，还可以采取两合责任的有限合伙制等。在多数情况下，集体土地经营权主体应当具有法人资格。

2. 过度限制土地经营权流转的法律规范应予修正

关于土地经营权流转，在"三权分置"的改革思路之下，现行的法律制度已不能适应农村土地制度变革的需要，特别是对土地经营权流转的过度限制，影响了市场经济条件下土地资源的合理配置，遏制了土地财产属性的充分发挥。本节仅就我国《物权法》《土地管理法》《农村土地承包法》的有关内容提出修改和完善建议。

(1)赋予土地承包经营权明确的处分权能《物权法》明确将农村土地承包经营权规定为用益物权,赋予土地承包经营权人占有、使用和收益权能,但是并未明确规定土地承包经营权人享有处分权能。"三权分置"改革的一个重要的价值取向,就是实现集体土地经营权的资本化,使土地经营者以其经营权参与市场,成为自负盈亏、自担风险的市场主体。[28] 土地就其物质内容而言,它是人类最基本的生产要素;就价值方面而言,作为资本的土地能够在运动中实现增值。[29] 因此,土地资本化须有两个条件:一是土地经营能够产生预期的价值增值;二是土地或土地权利能够有序流转。然而《物权法》上土地承包经营权处分权能的阙如,导致由土地承包经营权分解的土地经营权不能顺畅地进入市场流转,阻碍了农民手中的土地资产的资本化。因此,必须从法律上消除土地使用权资本化的制度障碍,为土地经营权投入市场、实现其价值提供法律依据。

(2)在立法上开禁土地承包经营权抵押。根据《物权法》第184条的规定,农户土地承包经营权禁止抵押,其目的在于严格保护耕地,保障农业持续、稳定发展。在我国当代社会,土地承包经营权之于农民的意义,并不仅限于支配土地的使用价值,还包括担保价值的支配。禁止土地承包经营权设置抵押,其后果就是阻碍该权利进入市场交易,使土地价值难以得到实现。事实上,禁止农产土地承包经营权抵押,并未对严格保护耕地起到明显作用。"三权分置"后分解出的土地经营权(这里指的是农民享有的原始经营权)应当允许设置抵押或直接为债权人设置担保,而继受经营权人能否也享有这项权利,则应依其继受取得财产权的性质而定,前文已就此作了详细论述。

(3)从放活和保护土地经营权的角度看,《土地管理法》的修订和完善有以下两个问题需要引起关注:第一,实现耕地保护不以禁止农村土地使用权的出让、转让或出租为前提。根据我国国情,严格限制农用地转为建设用地,对耕地实现特殊保护的用地原则是必要的,然而方法应当是通过立法对农用地转为非

---

[28] 马特:《社会主义新农村建设视野下的土地承包经营权》,载杨立新主编:《民商法理论争议问题——用益物权》,中国人民大学出版社2007年版,第255页。

[29] 陈学法:《土地批租理论与我国土地管理制度变革》,载《马克思主义研究》2011年第2期。

农用地设置严格的条件限制和审批程序加以治理,[30]而不是禁止包括土地经营权在内的集体土地使用权的合理流转,而使农民的土地财产价值不能在市场中加以实现。第二,发挥市场对土地资源配置的决定性作用。一方面,应当加快农村集体土地所有权、农民土地承包权和经营权、宅基地使用权的确权登记颁证工作;另一方面,通过立法建立城乡统一的建设用地市场,总结各地土地交易的试点经验,制定农村土地交易中介机构的具体办法,完善土地交易规则,维护土地交易秩序。

(4)“三权分置”改革完成后,《农村土地承包法》在规范土地经营权流转方面,应当在坚持农村土地集体所有权以及土地承包关系长久不变的基础上,通过修订立法积极推进以下几个方面的改革实践:第一,积极推进土地经营权向各种经营主体流转,包括专业大户、家庭农场、股份合作组织等。应当明确规定允许以土地经营权入股,发展农村合作经济,推动土地经营权的资本化经营,提升农业生产的现代化水平。第二,中共中央“十二五”规划纲要提出,要“努力促进公共资源在城乡之间的均衡配置,努力推动生产要素在城乡之间的自由流动”。对农民而言,拥有一定的土地财产权是他们能够进入城市的物质基础,他们通过转让、入股等流转方式将土地经营权转化为财产收益,并将这些可移动的财产收益带到城市。与此同时,还应当逐步破除农村集体经济组织的封闭性和保守性,积极鼓励引进城市工商资本、技术和管理人才等农村稀缺的生产要素,进而推动我国农村经济社会的现代化。只有逐步实现农村人与城市人的双向流动,并带动其他生产要素的相互交流,才会激发农村集体经济组织及其广大农民的积极性,促进城市经济的发展和城乡差距的消除,而立法的使命就是为这种流转和融合提供切实的保障。

---

[30] 李忠夏:《农村土地流转的合宪性分析》,载《中国法学》2015 年第 4 期。

农业专业合作社若干问题研究

——兼评我国《农民专业合作社法》*

一、在农村发展合作社的必要性

我国农村自从实行家庭联产承包制后,农业生产也得到了巨大发展。但是,随着我国市场经济的进一步深入,家庭承包经营具有明显的小农经济特征,使农业生产的进一步发展和农民的增收受到限制。

在生产环节,承包经营制度下的土地细碎化,农民在生产上难以相互配合,不仅涉及杀虫、灌溉等需要农民一致行动的生产过程,而且农业技术的推广、信息的交流都受到极大制约,从而难以提高生产效率,影响了农村发展。特别是现代农业所需要的技术和设备,一般而言成本很高,分散独立的农户也无力购买,即使购买了也大都用于本户承包的土地,利用率不高,甚至长期闲置。

在流通领域,家庭承包经营下的农业生产模式,越来越成为影响农业发展和农民增收的重要因素。具体而言有如下几个方面:第一,土地承包经营制度下,以农产为生产单位购买农药、化肥等生产资料,销售农产品,交易量小,在价格谈判上没有话语权,既减少销售收入,又提高购买成本。第二,家庭的人力和经济资源有限,不能进行农产品的深加工,农产品以最初级形态进入市场,没有

---

* 原载《浙江社会科学》2007年第5期。本文系中国法学会课题“农业专业合作社法研究”的中期成果之一。

附加价值。更无法实施品牌化生产模式,推出具有核心竞争力的农产品品牌,也没有人愿意投入资金宣传和推广,因为别的农民往往“搭便车”,分享其品牌。

但是,在相当长的时期内,以家庭承包制作为我国农村的一项基本经济制度却是不能改变的。我国《农村土地承包法》就以法律的形式确立了家庭承包制度在我国农村的基础地位。

综上所述,制约我国农民收入增加的一个主要矛盾就是农业生产特殊性所要求的分散生产与市场经济条件下所需要的集中化、规模化之间的矛盾。国家的政策导向应该在农民生产的独立性和交易的集中性之间取得平衡。这个矛盾的解决之道就是促进农民通过组建合作社,实现农民之间的横向联合,形成规模较大的市场交易单位,有效整合农民资源,以群体的力量参与生产经济。[①]在具体的生产环节依然由家庭承担,而在对外的交易环节通过合作社进行,这样有分有合,充分发挥家庭生产与团体交易的优势。在实践中,大量的农业合作社已经涌现,但是,这些合作社的组建和运作大多还处于自发状态,此方面的立法缺失,已经严重制约了合作社的发展。

2006 年 10 月 31 日通过的《农民专业合作社法》顺应现实的需求。对促进农业合作社发展,提高农业发展,增加农民收入,必将产生深远的影响。

二、立法的进步之处

2006 年《农民专业合作社法》对于合作社进行了全面系统的规定,满足了广大农民对于合作社的制度需求,密切结合现阶段农村的实际,立足现实的同

---

① 我国相关部门其实很早就意识到了这个问题,并且一直为此而不断努力。中共中央的多次文件中都非常强调农民合作社在建设社会主义新农村中的重大意义,在党的十六届三中全会通过的《中共中央关于完善社会主义市场经济体制若干问题的决定》明确指出:“支持农民按照自愿、民主的原则,发展多种形式的农村专业合作组织。”“积极建立新型农村合作医疗制度。”2004 年党中央的一号文件《关于促进农民增加收入若干政策的意见》指出:“(六)……积极发挥农业科技示范场、科技园区、龙头企业和农民专业合作组织在农业科技推广中的作用。……(十二)培育农产品营销主体。鼓励发展各类农产品专业合作组织……积极推进有关农民专业合作组织的立法工作。……有关金融机构支持农民专业合作组织建设标准化生产基地、兴办仓储设施和加工企业、购置农产品运销设备……”

时也为合作社的进一步发展留有空间。此部法律所确定的许多制度都具有非常重大的理论和现实意义,举其大者分述如下。

(一)明确了合作社的法人地位

2006年《农民专业合作社法》对于法学理论的一个重大贡献,就是第一次在我国法律上确立了合作社的法人地位。②

虽然合伙组织和合作社颇为相似,但是其间区别却很本质:第一,合伙在性质上通常具有很强的营利性,但是合作社的最根本的性质是互助组织,获得利润不是其根本设立目的。第二,合伙成员的加入和退出必须经过其他所有合伙人的同意,而合作社成员入社自愿、退社自由。合伙成员人数较少,而涵盖几百人甚至上千人的合作社非常普遍。第三,在责任承担上,合伙人对于合伙债务承担无限连带责任,合作社成员对合作社债务承担有限责任或者保证责任。第四,在管理制度上,合伙成员对于合伙事务享有平等的管理权,合伙成员对外都具有同等的代表权。而合作社中,合作社的机关(而非成员)才能够对外代表合作社。第五,合伙成员以他们向合伙的投入比例分配,而合作社成员的分配一般按照成员与合作社的交易额进行分配。合作社与合伙组织差异的产生原因在于:合伙组织运营中的交易是对外的,而合作社的交易包含对内和对外两个方面,即合作社代表所有成员的利益对外进行交易,同时合作社还与本社成员进行交易。正是由于合作社比合伙组织多一重与其成员的交易关系,导致了两者的重大差异,因此合作社本质上不可能是合伙组织。

在我国现有的民事主体制度体系下,确立团体的市场交易主体资格,只有法人、合伙以及特殊民事主体即国家三大类,因此,确立合作社的法人地位就成为逻辑的必然。不仅如此,合作社法人地位的确立有着重大的意义。

---

② 确立合作社的法人地位的规范性文件并非没有,中共中央和国务院发布的《关于深化供销合作社改革的决定》(中发〔1995〕5号),中国人民银行发布的《农村信用社管理规定》(1997年9月15日)、《城市信用社管理办法》(1997年9月4日)规定:信用合作社为企业法人;国务院住房制度改革领导小组、建设部、国家税务总局《城镇住宅合作社管理暂行办法》(1992年2月14日),其中规定:住宅合作社为公益法人。另外,《浙江省农业专业合作社条例》第4条规定,“合作社依照本条例规定登记取得法人资格,依法独立承担民事责任”。但是,以上的这些规范在效力层次都较低,只是部门法规和规章。

首先,丰富了我国的法人制度的理论和实践。我国的法人制度没有采用大陆法系传统的分类标准,而根据各类团体的主要职能把法人分为四大类,即企业法人、机关法人、社会团体法人和事业单位法人。就合作社法人而言,它本质上是"互助性质的经济组织",不具有企业法人所具有的利润最大化的目标,也不具有社会团体法人所要求的追求公益的性质,因此,我国的合作社既不属于企业法人,又不属于社会团体法人,即现有的法人种类框架下,没有合作社法人的空间。"换言之,鉴于合作社的特殊性,我们无法将其纳入现行法关于法人分类和法人登记制度的框架。"③

可见,此部合作社立法。在法律层面上确立了我国新的法人类型,即合作社法人,对于我国的法人制度具有十分重要的意义。不仅如此,本部法律中确立了合作社特有的原则、规则,从而结束了长期以来"参照企业法人的规范"组建合作社的弊端,从而为合作社的健康发展奠定了坚实的法律基础。

其次,通过确立了合作社的法人地位,明确了合作社的市场交易主体地位。一旦成为法人,合作社就具有相应的权利能力和行为能力,因此就能够以自己的名义参与市场经济中的交易活动,比如向银行贷款、向农资企业采购农药化肥以及农业生产机械,向流通企业销售农业产品或者接受农业科技知识的服务。

最后,确立了合作社的法人地位。为合作社的登记奠定了基础。在合作社法颁布之前,由于合作社的法律地位不明确,导致合作社登记中出现不少问题。有的合作社去农业部门备案,有的去民政部门以社会团体法人登记,或者去工商部门以企业法人注册,有的索性不登记,以自发组织进行生产活动。而这个问题现在得到了解决,根据2006年《农民专业合作社法》第13条之规定,合作社应该向工商行政管理部门申请登记。

(二)为资金、技术与农村劳动力的结合提供了平台

长期以来,社会中的资金、技术与农村劳动力难以有效结合一直是制约农

③　梁慧星:《合作社的法人地位》,载梁慧星主编:《民商法论丛》(第26卷),金桥文化出版(香港)有限责任公司2003年版,第348页。

业生产能力提高的“瓶颈”,一方面,社会上大量的资金、技术无法顺畅投向农村;另一方面,广大农村中的资金、技术却又十分匮乏。

大量的农业生产资金、技术没有被积极推广,在于资金和技术流向农村的渠道不畅通,也没有给予很好的回报。一方面,在于资金、技术转移至单户农民成本太高,技术推广难度大;另一方面,在于农产品增产中技术的贡献率很难计算,分散的农民不愿意支付技术的回报。对投资者来说,向单户的农民投资,收益率低,并且投资过程中耗费的考察、监督、回报分配诸多环节的交易成本过高,阻止了资本向农业生产领域的流入。

资本进入农业的途径有二:借贷与入股投资。在借贷模式下,资金所有者就可以直接与合作社谈判交易条件而不必面对分散农户,借贷期限届至也不必向迟延还款的农户一一主张权利,大大节约交易成本。在入股投资模式上,通过入股方式不仅能够取得收益,还能够参与合作社的管理,更好地保障自己的利益。

合作社与公司有本质的区别,因此资金、技术在合作社中的价值实现方式与在公司制度中会有所不同。在2006年《农民专业合作社法》中,通过以下一些制度安排,可以有效地促进合作社的资金、技术与农民的劳动力有效结合。

1. 允许某些企业、事业单位或者社会团体可以成为合作社的成员

农民合作社的组建目的就是把分散的农民联合起来面对市场,因此其成员应该是农民。但是,如上所述,单户的农民无论在资金还是在技术上都没有自己的优势,因此把拥有资金和技术的其他组织吸纳到合作社中,就能够很好地引入资金和技术,从而为资金、技术与农民劳动的有机结合创造条件。2006年《农民专业合作社法》第14条第1款明确规定,“具有民事行为能力的公民,以及从事与农民专业合作社业务直接有关的生产经营活动的企业、事业单位或者社会团体,能够利用农民专业合作社提供的服务,承认并遵守农民专业合作社章程,履行章程规定的入社手续的,可以成为农民专业合作社的成员。但是,具有管理公共事务职能的单位不得加入农民专业合作社”。

这条对于成员主体的规定,有两个方面的积极意义:其一,如上所述,企业、事业单位或者社会团体加入合作社,为资金、技术与农民的劳动的结合创造了

条件;其二,此规定也符合我国现阶段合作社的组建实践。现阶段,完全由农民自发组建起来的合作社只是一部分,更多的设立方式往往还是如下几类,即"专业大户领办型""龙头企业带动型""基层干部创办型""涉农组织扶植型"。其中龙头企业带动型和涉农组织扶植型,发起者和中坚力量是农民以外的组织体,因此,法律应该确认这些龙头企业或涉农组织的合作社成员地位,以鼓励更多的组织参与组建合作社。

2. 在合作社的管理上,兼顾了成员民主和"资本民主"

从产生之日起成员民主、一人一票就成为合作社核心原则之一。但是。如果绝对地遵循一人一票的成员民主原则。往往会挫伤对合作社投入资金或技术较多的成员的积极性,而这些成员有时候还是合作社的主要发起人。这显然与现阶段促进合作社的立法宗旨不符,也与权利义务相匹配的原则不符合。因此,立法中应该正确协调合作社的一人一票原则和市场经济中的"资本平等"原则。令人欣慰的是,在2006年《农民专业合作社法》中,立法者敏锐地关注到了这个问题。并且作出了比较合理的规定。2006年《农民专业合作社法》第17条第1款规定,"农民专业合作社成员大会选举和表决,实行一人一票制,成员各享有一票的基本表决权"。该款明确确立了一人一票的合作社原则,这也是基本原则。同时,此条第2款随即规定了"附加表决权",即"出资额或者与本社交易量(额)较大的成员按照章程规定,可以享有附加表决权。本社的附加表决权总票数,不得超过本社成员基本表决权总票数的百分之二十"。

可见,我国合作社法在确立了一人一票的基本制度后,通过有限制地附加表决权很好地弥补了一人一票制度的僵化倾向,既调动了投资者的积极性,又能坚持合作社成员的民主特性,避免了"资本民主"下出现的"一股独大"的尴尬局面,可以说是农民和投资者的"双赢"制度。

3. 在分配制度上,兼顾了劳动和资本的收益

按照交易量进行分配,是合作社的重要特征,也是国际合作社联盟确立的合作社原则之一。如前所述,合作社通过与其成员的交易,集中所有成员的产品或者整合成员的所有需求,再以合作社的名义对外进行交易,就能够提高谈判能力,降低交易成本。因此。合作社与其成员之间进行交易不是目的,而使

成员走向市场才是合作社的重要功能。

合作社对外交易过程中会产生一些盈余,这些盈利除用于合作社的发展的积累外,还应在成员之间分配,因为这些盈余的来源基础是成员与合作社的交易,该分配应以成员与合作社的交易量为标准,即与合作社的交易越多,为合作社的盈利贡献越多,获得的分配也应该更多。这与合作社是劳动者集合的本质一致,因为交易量是劳动者劳动量的物化体现,以此为标准分配盈余,就是以劳动为标准的分配。

但是,如果合作社以交易量为分配利润的唯一标准,也并不见得合理。首先,合作社的成员未必都与合作社有交易关系。如前所述,由于资金和技术的持有者也参与合作社,与合作社没有交易额,就不宜以交易量的比例进行分配。其次,即使在与合作社发生交易的成员之间,绝对按照交易量进行分配也不尽合理。合作社在某一时刻的资产及其规模,都与合作社的成员的长期积累有关。后加入合作社的成员对于以前的积累没有贡献,在分配上绝对按照当年的交易额分配,就会导致新成员搭老成员积累的“便车”。因此,按照成员对于合作社积累的贡献进行分配也是必要的。将资本投入为合作社分配的第二个标准既符合客观情况,在本质上也是对资本收益的确认。因此,在合作社中,实际存在劳动的回报和资本的回报两种情形。《农民专业合作社法》就确定了既按交易量分配,又按照成员账户中的投资和积累的混合标准的分配方式。

鉴于合作社的互助性质,以及对于资本回报限制的原则,一般合作社都把交易量作为首要的标准。我国2006年《农民专业合作社法》就充分考虑了以上情况,在第37条第2款作出了明确规定:“可分配盈余按照下列规定返还或者分配给成员……(一)按成员与本社的交易量(额)比例返还,返还总额不得低于可分配盈余的百分之六十;(二)按前项规定返还后的剩余部分,以成员账户中记载的出资额和公积金份额,以及本社接受国家财政直接补助和他人捐赠形成的财产平均量化到成员的份额,按比例分配给本社成员。”

合作社通过允许非农民成员的加入、在一人一票基础上给予资金和技术投入者附加表决权,以及兼顾交易额和投资额的分配方式,合理地处理了合作社的人合本质与资金短缺的矛盾,平衡了资金、技术持有者与农民的利益,为资

金、技术进入农村搭建了平台。

(三)通过设立成员账户确保成员财产权利

新中国成立之初,通过初级合作社、高级合作社和人民公社三个阶段的合作形式,试图以此作为实现公有制的有效途径。但是事实证明,通过合作社改变农民对于其财产的所有权关系是脱离历史条件的,也会影响农民参加合作社的积极性,也正是这段历史让农民“谈合色变”。历史告诉我们,在农村发展合作社,绝对不能影响到农民的切身利益。

农民参与合作社,保障其基本的财产权利,必须考察两个方面,其一,现有财产利益不能减损;其二,可能产生的责任控制在一定范围。只有在这两个前提之下,农民才有可能积极参与合作社,合作社才能够吸收越来越多的成员加入,从而增强其实力,减少市场风险。

1. 确保农民的现有财产不能减损

合作社在成立的时候需要一定的启动资金,这些财产主要是成员的出资,也只有通过缴纳入社资金,才能够产生成员与非成员的区别,让成员对合作社产生密切的利益关系,接受合作社的服务,享有权利。同时,合作社作为一个法人,必须有自己相对独立的财产,对其财产有完全的支配权利,也以这些财产作为其责任财产。因此,成员失去出资的所有权是肯定的,问题的关键在于,合作社成员对于其出资部分,享有何种权利将直接影响到合作社成员的利益。

合作社法采用了两个方面的措施,其一,入社自愿,退社自由。其二,退社时候可以将其入社资本退回。进退自由是合作社的一个重要原则,体现了成员的自由意志,避免了通过行政力量干涉农民生产经营,在实践上也是可行的,因为合作社与成员之间的主要关系是通过“交易”维系的,成员的退出仅仅减少内部交易量而已,并不影响合作社的利益。不仅如此。在退社的时候,必须返还成员的入社本金以及他对于合作社的公共积累的贡献,否则就不是真正的退社自由。

既然允许成员退社的时候取回其入社投入以及他对合作社公共积累的贡献,那么如何准确计量数额?入社投入部分由于数额固定容易计量,但是积累

贡献却随着入社时间长短、交易数额的多少而变化,各个成员情况不同,因此必须对每个成员单独记录。2006 年《农民专业合作社法》通过设定了成员账户很好地解决了这个问题,即合作社为每个成员设立一个账户,账户中记载成员入社时的投入,以及量化为自己份额的部分。④ 当退出合作社的时候,合作社应该退还其账户中的出资额和公积金份额。⑤ 这个制度既保障了合作社有统一支配的财产,便于其对外经济交往和承担责任,又能够准确记载成员对于合作社财产的贡献,也是成员退社时能够返还的财产之计量依据。

在法学理论上,合作社的这种财产构造区别于我国传统上的法人财产权。传统法人对于成员投入的资本以及法人经营积累的财产,享有完全的独立所有权,成员只是对于法人享有成员权,法人财产已经与其成员的财产分离。但是在合作社中,合作社对外以成员的出资以及公共积累作为责任财产,而对内,合作社的财产却被分配至每个成员的账户下,且该成员退社的时候能够将此账户下的财产取回。因此,合作社的财产所有权方式的确是一个新的制度设计,对于合作社的产权,有的学者认为是"多元所有,一元经营"的"复合产权"。其所谓复合产权是同一类主体按照一定的原则,将各自所有的资源和共同所有的资源集中到一起形成特殊的产权结构。产权主体是社员个人。各产权人拥有的产权客体基本平等,且各成员拥有的产权数量上差距不大。⑥ 此观点有一定的合理性。本文认为,即使合作社所有的财产数额已经全部记入了成员个人账户,但是这些财产依然属于合作社法人所有,故此,合作社才能够成为一个独立的市场主体,承担其市场风险,保障交易安全。成员账户所记载的数额,只是对合作社所有的财产的一个数额上的虚拟的划分,或者说一个统计意义上的数额而已,并不改变财产所有权归属。但是,一旦成员退社,那么账户上的"虚拟"数

---

④ 2006 年《农民专业合作社法》第 36 条规定:"农民专业合作社应当为每个成员设立成员账户,主要记载下列内容:(一)该成员的出资额;(二)量化为该成员的公积金份额;(三)该成员与本社的交易量(额)。"

⑤ 2006 年《农民专业合作社法》第 21 条规定:"成员资格终止的,农民专业合作社应当按照章程规定的方式和期限,退还记载在该成员账户内的出资额和公积金份额;对成员资格终止前的可分配盈余,依照本法第三十七条第二款的规定向其返还。资格终止的成员应当按照章程规定分摊资格终止前本社的亏损及债务。"

⑥ 参见谭启平:《论合作社的法律地位》,载《现代法学》2005 年第 4 期。

额就具体化,进而成员可以从合作社中取回该数量的财产。

2. 合作社成员仅以其账户内的财产为限对合作社承担有限责任

合作社的成员对于合作社所产生的债务承担何种责任,也是农民是否加入合作社所需要考虑的重要因素。一般而言,合作社成员对合作社的债务所负担的责任,有三种类型,即有限责任、无限责任和一定限度内的保证责任。其中,对于成员有利的就是有限责任,而不利的就是无限责任。在2006年《农民专业合作社法》中,立法者选择了有限责任制度,该法第5条规定:"农民专业合作社成员以其账户内记载的出资额和公积金份额为限对农民专业合作社承担责任。"有限责任的规定,一方面,与我国形成的法人成员承担有限责任的认识相一致;另一方面,大大降低了农民加入合作社的风险。

可见,农产在加入合作社后,其财产利益并不减损,他们可以通过退社的方式取回自己的财产,同时对于合作社的债务只承担有限责任。因此,这两个方面的规则,有效地保障了农民在加入合作社时其财产利益不受减损,从而增强了合作社对于农民的吸引力。

三、合作社立法的不足

2006年《农民专业合作社法》既有以上三大优点,也有个别地方不甚完美。

(一)不甚合理的地方

1. 成员资格限制的问题

如前所述,2006年《农民专业合作社法》第14条允许了农民以外的企业、事业单位甚至团体作为合作社成员,这为资金、技术与农民的劳动相结合搭建了很好的平台。但是,2006年《农民专业合作社法》第14条也有不足,最大的问题在于它严格限制了作为合作社成员的企业或者团体的范围,即只有"从事与农民专业合作社业务直接有关的生产经营活动"并且"能够利用农民专业合作社提供的服务"的企业或者团体才可以成为合作社的成员。实际上农民以外

的企业或者团体成为合作社成员,对于引进资金与技术都具有非常重要的意义,虽然许多企业未必从事与合作社有关的生产经营活动,但是他们有资金或者技术,也愿意通过合作社方式投资,在立法上应该给予认可,而不宜做如此严格的限定。立法者如此规定也许是为了确保合作社能够不被逐利的资本控制,从而保持"农民合作"的纯粹本性,但是,这个问题却可以通过限制资本的投票权和收益率,以及非农民成员的数量而得到解决,所以没有必要在成员资格问题上作过多的限制。

2. 合作社的资本金问题

2006 年《农民专业合作社法》为了促进合作社的蓬勃发展,为了吸引更多的农民加入合作社,对于入社的条件以及合作社成立的条件放得很宽。其中比较重要的措施就是,合作社法人的设立没有最低资本金的限制,只是要求合作社在章程中规定成员的出资额。

对合作社的最低资本金不作限制,一方面,固然可以降低合作社设立门槛,促使大量合作社的设立;另一方面,也是合作社的成员流动所致,因为成员进退自由,导致合作社的资本不断变动。但是,2006 年《农民专业合作社法》第 4 条第 2 款规定,"农民专业合作社对由成员出资、公积金、国家财政直接补助、他人捐赠以及合法取得的其他资产所形成的财产,享有占有、使用和处分的权利,并以上述财产对债务承担责任"。从这一规定上看,合作社的责任财产种类多样,但国家财政补助、捐赠等来源相对较少,最重要的财产还是来自成员的出资,而法律对此却没有作出任何规定,这样一来就可能产生许多资本金过少的合作社。那么,这些资金非常薄弱的合作社参与市场经济活动,如何保障交易相对方的交易安全?因此,在适当放宽设立条件的时候,似乎规定一个最低的资本金限额比较合理,以保证交易安全,促进合作社的健康发展。

(二)缺失的内容

2006 年《农民专业合作社法》作为规范我国农业合作社的基本法,应该对合作社的全部内容进行规定,即使现阶段不能具体化,但是至少对于某些制度

应该有所提及，为将来该法的发展和完善留下空间。缺失的内容主要有以下三个方面。

1. 没有合作社联社的相关规定

合作社有一定地域范围，也有一定的成员范围。相同性质和经营范围的合作社之间，或者不同的合作社之间，都有联合的必要。在日本通过农会把全国所有的农民都纳入其中，整合了全部农民的利益，起到资金、信息技术的互通有无。在充分发展合作社的基础上，合作社联社作为合作社之间的联合，至少可以起到如下作用：指导、协调、服务和监督整个系统的合作社及其下级联合社，达到行业组织的管理功能；也能更好实现农村服务的社会功能，通过合作制的不同形式为现代三农服务，建立起健全的农村、农业产业体系。⑦ 然而这个方面的内容在 2006 年《农民专业合作社法》中没有得到体现。虽然现阶段我国合作社的组建才刚刚开始，但是合作社必将会得到蓬勃发展，而合作社联社是非常必要的，因此，作为规范合作社的基本的法律，对此内容是不应该缺失的。

2. 没有关于合作社对于培训、教育以及社区服务方面的规定

我国的农业合作社的主要功能虽然在于经济领域，但是，合作社的社会功能却并非仅限于此，由于合作社强烈的互助性质以及内部的非营利性，决定了合作社比其他单纯的经济组织具有更为广泛的社会价值。关注社区、重视对成员的教育培训一直是国际合作社原则所强调的内容。通过合作社，先进的农业科学技术、良好的劳动技巧得以在广大成员之间传播，甚至许多合作社还可以用一部分公共积累资金购买图书资料等，许多社区的管理事务以及公共事务都可以通过合作社来解决。虽然现阶段我国的合作社才刚刚兴起，但它必然会对我国建设社会主义的新农村发挥积极的作用。因此，在我国合作社法中应该对此作出一些规定。

3. 合作社成员对于其份额的处分问题

合作社成员基于成员身份而享有成员权，从内容上可以分为自益权和公益权，前者如与合作社交易的权利，获得盈余分配的权利，后者如投票权、选举权

---

⑦ 参见牛宝俊：《论中国合作社联社的功能》，载《宁波职业技术学院学报》2005 年第 6 期。

与被选举权。对于成员权，成员是否可以转让、出质、是否可以继承，法律中对此没有作出规定。也许有观点认为，由于合作社成员资格开放，可以进退自由，因此没有必要规定成员权的转让。但是，由于成员账户中拥有的公共积累与成员加入合作社的时间有关系，入社时间越长其账户中的积累就越多，相应按照账户记载的积累金额分配的利益也越多。因此，不同的账户记载的积累金额实际上就是成员的一项财产，他有权自己处分，同样也应该允许继承。当然，合作社的人合性质也要求对成员份额转让作出一定限制。我国合作社法在这个方面规定的缺失，必然导致成员在处理自己的成员资格时无所适从，难以为当事人作出行为指引。

四、简短的结论

2006 年《农民专业合作社法》的颁布，必将在我国农村产生巨大而深远的影响，广大农民在确保自己的财产权不受侵犯的前提下，通过自愿组建合作社参与市场竞争，克服家庭承包经营下的不足，有效应付市场风险，一定能够促进农村经济的发展和社会进步。就整体而言，这部立法针对性强，制度合理，便于操作，并且有很多创新，虽然有一些不足，但是瑕不掩瑜，应该是一部成功的立法。

论集体土地所有权制度改革的目标*

一、集体土地所有权理论简述

在围绕集体土地所有权的存、改、废所进行的长期争论中，学界已逐步形成了国有化，[①]私有化，[②]国家所有、集体所有和农民私人所有三者并存，[③]完善农村土地使用权以及重构集体土地所有权等五种主要的改革方案。其中重构集体土地所有权的方案主要有以梁慧星教授为代表的共同共有说、[④]以王利明教授为代表的成员共同所有说、[⑤]以韩松教授等为代表的新型总有说、[⑥]以王铁雄教授为代表的合有说、[⑦]以孙宪忠教授为代表的法人所有说、[⑧]以陈小君教授为

---

* 原载《吉林大学社会科学学报》2007 年第 3 期。

① 朱晔：《我国农村土地所有权制度反思》，载《中央政法管理干部学院学报》1998 年第 1 期。

② 商春荣：《我国农村土地制度改革模式的探讨》，载《汕头大学学报》1996 年第 6 期。

③ 潘华顺、臧武芳：《关于农村土地双重所有制的理论探讨》，载《中国软科学》2000 年第 7 期。

④ 中国物权法研究课题组：《中国物权法草案建议稿》，社会科学文献出版社 2000 年版，第 269～271 页。

⑤ 王利明主编：《中国物权法草案建议稿及说明》，中国法制出版社 2001 年版，第 281 页。

⑥ 韩松：《论共同共有》，载《甘肃政法学院学报》2000 年第 4 期；温世扬、廖焕国：《物权法通论》，人民法院出版社 2005 年版，第 367 页。

⑦ 王铁雄：《集体土地所有权制度之完善——民法典制定中不容忽视的问题》，载《法学》2003 年第 2 期。

⑧ 孙宪忠：《确定我国物权种类以及内容的难点》，载《法学研究》2001 年第 1 期。

代表的股份合作说[9]和以马俊驹教授为代表的合作社所有说[10]等。

上述学说的共同点是:首先,都坚持土地公有制的宪法性规范是集体土地所有权制度改改革的基本前提;都确认集体土地所有权是物权法的当然内容,集体土地所有权是土地公有制在民法上的实现方式或形式;都努力通过保持集体土地所有权主体与作为集体成员的个体在权利的性质、内容以及行使方式上的区别以确保在集体成员权扩张的同时继续保持集体所有权的稳定性,从而保障土地公有制的实现。其次,都试图用"共有"(如共同共有说、成员共同所有说)"总有""合有""法人所有""合作社所有"等民法术语将集体土地所有权纳入规范的、科学的民法概念体系。再次,都试图把现行集体土地所有权的主体——"农民集体"纳入民法语境中科学地加以表述,并分别以"当地全体居民"(共同共有说、合有说)、"集体组织成员"(成员共同所有说)、"社区居民全体"(新型总有说)、"集体组织法人"(法人所有说、股份合作说)和合作社等予以明确。最后,上述学说都十分强调集体成员的成员权(或社员权)和权利行使的民主性。如共同共有说强调集体土地所有权行使机关由所有人选定;成员共同所有说强调集体组织的成员权以加强集体财产与成员收益的联系,并通过民主管理和民主程序来行使权利;新型总有说强调全体集体成员按照民法基本精神所确定的平等、自愿、民主、多数议决的原则形成集体意志;合有说强调了合有权主体之平等性及权利行使之民主性;法人所有说强调集体成员的股权;合作社所有说强调社员权以及通过民主的方式形成集体意思,选举出集体经济组织的执行机构直接行使集体所有权;而股份合作说也强调了股权或社员权。

然而,就所有权而言,民法学者所关心的不应仅是概念的规范化和体系化问题,而更应是所有权所蕴含的私法上的利用可能性,以及在私人之间如何对所有权实施保护的问题。[11] 这就要求研究者以开放的态度面对经济、政治和社会环境的发展变化,来实现法律制度的发展与变革。正是在这个意义上,集体

---

⑨　陈小君:《物权法制定的若干问题研究》,载王利明主编:《物权法专题研究》,吉林人民出版社2002年版,第174页。

⑩　马俊驹:《对我国民法典制定中的几个焦点问题的看法》,载马俊驹主编:《民法典探索与展望》,中国民主法制出版社2005年版,第127页。

⑪　[德]鲍尔·施蒂尔纳:《德国物权法》,张双根译,法律出版社2004年版,第513页。

土地所有权制度改革既是一个如何在民法理论上将集体土地所有权科学地类型化问题,更是一个如何使集体土地所有权的制度构造适应土地利用方式和农村社会经济改革的现实要求的问题。这就需要我们从经济社会的现实需求之中探寻制度变革的目标,以此证明法律概念及制度变革的正当性。

二、集体土地所有权制度反思

有学者将新中国成立以来的农村土地制度的历史沿革,概括为"以私有为基础的自由经营阶段、以集体所有为前提的集约型或称国家计划型的经营阶段、在集体所有的前提下,以所谓'松绑'为开端的经营自主乃至自由发展阶段和集体所有权权能、性质明晰化和对经营自主权规范阶段"⑫等四个阶段。正是在第四阶段的农村土地制度改革中,现行集体土地所有权制度对剧变的经济社会的不适应性更加突出地显现出来。

(一)"农民集体"尚未成为真正意义上的民事权利主体

我国现行的集体土地所有权制度形成于农业生产合作制⑬中,并随着政、社分开,在人民公社制度让位于新的乡(镇)、村体制后,逐步发展起来。"乡(镇)"、"村"和"村民小组"分别取代了"公社"、"大队"和"生产队"成为集体土地所有权主体。《民法通则》和《土地管理法》确定了集体土地所有权与经营管理权分离的二元结构,即乡(镇)农民集体所有、村农民集体所有和农村集体经济组织的农民集体所有土地的经营管理权分别由乡(镇)农村集体经济组织、村集体经济组织或者村民委员会,以及村集体经济组织或者村民小组经营、管理。新颁布的《物权法》第60条则进一步将这种经营管理权明确界定为是一种代表权。

---

⑫ 渠涛:《中国农村土地财产权民法典制度论》,载渠涛:《民法理论与制度比较研究》,中国政法大学出版社2004年版,第361页。

⑬ 马俊驹、宋刚:《合作制与集体所有权》,载《法学研究》2001年第6期。

然而何谓“乡(镇)农民集体”、“村农民集体”和“农村集体经济组织的农民集体”？乡(镇)作为一级政府,如何与作为土地所有权主体的乡镇农民集体以及代表集体行使所有权的乡(镇)农村集体经济组织相分离？作为农村基层群众自治组织[14]的“村民委员会”的自治权力和作为集体土地所有权行使的权力有什么不同？对于上述问题,理论上迄今仍难以达成共识。而在实践中,土地所有权变革的基本社会背景是国家权力上收、政社分离并实现村民自治。这是一个逐步放松对农民和农村基层政权的行政控制和经济控制过程,更是一个给予农民和农村基层组织经济自由的过程。[15] 但在历经20余年的发展之后,村民自治仍然存在受到内外掣肘和制约。这种现实使乡(镇)行政权力和农村自治组织的自治权力与作为集体土地所有权主体和所有权代表主体的民事权利的混同存在可能;集体土地所有权主体也难以成为真正意义上的民事权利主体。

(二)土地类型化的不科学阻碍了土地的集约利用

作为集体土地所有权的客体,土地的分类一般有以下几种:一是根据自然属性的不同,土地可以分为地下部分、地面部分和地上部分;二是根据用途的差异,土地可以分为农用地和建设用地等;三是根据土地所有权形式的不同可以将土地分为公有土地和私有土地。我国实行的是土地公有制,城市市区的土地为国家所有,除法律规定属于国家所有的土地以外的农村和城市郊区的土地属于农民集体所有。与此土地所有制相适应,形成了土地的国家所有权和集体所有权。有关土地所有权的国家和集体二元划分一定程度上反映了我国社会经济的城乡二元结构特点。然而,城市市区、城郊和农村的区位划分却不是一成不变的。随着城市的不断扩张,土地的地理区位呈现从农村向城郊再向市区的变化趋势。由此带来一系列问题,例如,如何处理城市发展、城乡融合过程中土地的权属问题？将土地按所有制区分国有土地和集体所有土地的分类与将土地按城乡地理区位区分为城市、城郊和农村土地相结合是否已经阻碍了土地这个重要的生产要素在农村和城市的流动？这种分类方法是否已经阻碍了市场

---

⑭ 张春生主编:《中华人民共和国村民委员会组织法释义》,法律出版社1999年版,第4页。

⑮ 崔智友:《中国村民自治的法学思考》,载《中国社会科学》2001年第3期。

作为主要的土地资源配置手段的功能发挥？更重要的是，这种分类方法能否会进一步损害农村集体土地所有权及其他权利人的权益。

（三）所有权权能严重缺失

传统民法理论认为，所有权的权能有积极的与消极的两方面。前者指所有人在法令限制的范围内对其所有物的支配；后者在于在法令限制范围内排除他人之干涉。所有权的积极权能以处分权为核心，有"无处分权，无所有权"之谓。由于我国现行法律禁止土地买卖，因此集体土地所有权处分权就表现为集体土地所有权下土地承包经营权、农村建设用地使用权等土地权利的流转问题。以农村建设用地使用权流转为例，现行法律规定，只有"兴办乡镇企业"、"村民建设住宅"以及"乡（镇）村公共设施和公益事业建设"才能经依法批准使用农民集体所有的土地，而且除符合土地利用总体规划并依法取得建设用地的企业，因破产、兼并等情形致使土地使用权依法发生转移等情况以外，农村集体所有的土地的使用权不得出让、转让或者出租用于非农业建设。农村建设用地的使用权被排除在交易发达、需求旺盛、土地增值潜力巨大的"城市"建设用地使用权市场之外，无疑令农民集体所有的农村建设用地使用权缺乏与国有建设用地使用权平等的竞争机会，从而失去了在交换中充分实现其价值的机会。

（四）集体成员的流动性和不稳定性增强

自1997年以来，我国第一产业在国内生产总值中的比重就长期稳定在2%以内，已达到工业化国家的产业结构标准。但截至2005年，乡村人口所占的总人口的比重仍然高达57%，城镇人口占总人口的比重仍然不到60%；在7.58亿从业人口中，第一产业的从业人口仍高达44.8%；远远超过20%的工业化标准。[16] 因此，我国的工业化进程也是一个农业人口向工业转移的过程。实际上，我国当代庞大的"农民工"群体就是处于这一转移过程中的特殊群体。他们的户籍仍在农村，主要从事非农产业，有的在农闲季节外出务工、亦工亦农，流动

---

⑯ 以上数据源于中华人民共和国统计局编：《中国统计年鉴——2006》，载 http//www. stats. gov. cn，最后访问日期：2007年4月17日。

性强,有的长期在城市就业。农民工与集体的分离造成了集体土地所有权行使的新问题:这些农民工如何行使其作为集体成员的权利?在城市长期居住的农民工的子女是农民工所在农村集体的成员,还是所在城市社会社区的成员?户籍制度会不会成为已有的集体成员排斥新成员加入以维护自身既得利益的手段?与此同时,在一些地方也出现了城市的人员和资金进入农村的现象,农业公司和农业工人开始出现。农村集体是否可以以及能够在什么样的情况下吸收新的集体成员等问题值得探讨。

三、集体土地所有权制度改革的目标

"土地所有权的正当性,和一定生产方式下的一切其他所有权形式的正当性一样,要由生产方式本身具有的历史的暂时必然性来说明,因而也要由那些由此产生的生产关系和交换关系具有的历史的暂时的必然性来说明。"⑰集体土地所有权制度改革成败的关键就在于是否真正从经济社会的现实需要出发,从应对现行集体土地所有权制度所遭遇到的现实挑战出发,深入思考集体土地所有权制度的改革目标。笔者以为,我国集体土地所有权制度改革的目标应至少包括以下几方面。

(一)增强所有权主体的独立性

"法律初生时代的特点是,由于人格权和财产权的混杂不清以及公法义务和私法义务的混淆在一起而流行着共同所有制。"⑱土地所有权的主体也不例外。在罗马法上,"早期的罗马家庭是个'政治组织'",⑲建立在家庭的主权观念之上,家父对于构成家庭主权标的的土地份额行使个人所有权。⑳ 家父的死

⑰ 《马克思恩格斯全集》(第25卷),第702页。
⑱ [英]梅因:《古代法》,沈景一译,商务印书馆1959年版,第150~151页。
⑲ [意]朱塞佩·格罗索:《罗马法史》,黄风译,中国政法大学出版社1994年版,第11页。
⑳ 同上书,第113页。

亡导致家子变为自权人(sui iuris),从而分裂形成多个家庭,通常会形成所谓“不分遗产共同体(consortium erc to noncito),该共同体的每个成员都完全拥有对共同财产的处置权”。㉑ 而在封建社会中。土地所有权则成为“为紧紧地束缚农民而对土地进行支配的权利,它是社会的经济性、政治性统治的基本手段(高级所有权)。与之并列存在的,是以耕作人农民的使用权能为中心的所有权(低级所有权)”。㉒ 在中世纪的欧洲,越来越多的传统土地都趋向于变成一种仅仅支付正常租金而不负担劳役的土地占有形式,使土地占有越来越独立于地主的控制。㉓ 在中世纪法学中,土地上的权利也被分为 dam in ium em inens 与 dom in ium utile 两种。前者既包含封建领主之政治权力,又包含封建领主所取得之一切经济利益;后者则指实际上之特有权,包括农奴对于土地有永久且可继承之权利。㉔ 然而农奴在物质上和人格上仍有很强的依赖性,他们的自由仍受到很多限制。㉕ 直到“经过现代市民革命,自由的土地所有权确立起来。”㉖以英国为例,1646 年议会通过法令,正式宣布取消“骑士领地制”(military feuds),废除领主封建军事义务。1925 年《土地授予法》(The Settled Act)、《信托法》(The Trust Act)、《财产法》(Law of Property Act)、《土地登记法》(The Land Registration Act)、《土地负担法》(The Land Charge Act)和《地产管理法》等 6 项法令的颁布彻底改变了古老的土地保有形式和不动产制度,以适应市民社会的基本要求。㉗ 可见,消除身份及与土地相关的封建义务的束缚,确立土地所有权主体的民事权利地位,乃是近代民法的自由精神在土地所有权上的体现。由此观之,我国集体土地所有权制度改革还任重道远。

在计划经济下,集体是国家控制下的政治属性与经济属性合一的组织。国

㉑ [意]朱塞佩·格罗索:《罗马法史》,黄风译,中国政法大学出版社 1994 年版,第 15~16 页。

㉒ [日]田山辉明:《物权法》,陆庆胜译,法律出版社 2001 年版,第 153 页。

㉓ [英]波斯坦:《剑桥欧洲经济史:中世纪的农业生活》(第 1 卷),王春法译,经济科学出版社 2002 年版,第 288 页。

㉔ [美]孟罗·斯密:《欧陆法律发达史》,姚梅镇译,中国政法大学出版社 1999 年版,第 173 页。

㉕ [英]波斯坦:《剑桥欧洲经济史:中世纪的农业生活》(第 1 卷),王春法译,经济科学出版社 2002 年版,第 293 页。

㉖ [日]田山辉明:《物权法》,陆庆胜译,法律出版社 2001 年版,第 154 页。

㉗ 何勤华主编:《英国法律发达史》,法律出版社 1998 年版,第 258~261 页。

家通过关闭农村要素市场以及隔绝城乡人口流动等措施,在事实上成为集体所有制下经济要素(土地、劳力和资本)的第一位决策者、支配者和收益者。而家庭联产承包责任制的推行、农村基层自治的增强以及近年来一些地方出现的土地制度创新实践正是在努力重塑地位明确、独立的农村集体土地所有权的主体。例如,广东省南海市(现为佛山市南海区)于1990年年初开始了土地股份合作制的试点,主要是把股份制引入集体土地制度,将社区集体经济改为社区股份合作制。[28] 到2003年,南海区已经建立农村股份合作组织近1870个,其中以村委会为单位组建集团公司191个,占村委会总数的80%,以村民小组为单位组建股份合作社1678个,占村民小组总数的99.8%。[29]

本文认为,改革集体土地所有权主体制度的关键就在于重塑可以与基层政权以及基层自治组织区隔的集体经济组织,它应有别且独立于社区自治组织。换言之,作为集体土地所有权的主体只能是一个独立的经济组织,而至于其与组织内部成员之间的关系,则可因地而异、因组织体的性质而可有不同。虽然根据物权法定主义,土地所有权及其他土地物权的种类和内容应由法律作出强行性规定,而不容许当事人自有创设或变更其内容。"但立法规定的只是物权的内容,特别是物权间的分际,而无意规范当事人的行为。"[30]因此,在明确了集体土地所有权作为民事权利的私权性质的前提下,国家不应以法定的形式强行分离集体土地经营管理权并确定代表集体行使所有权的主体,而应给予集体经济组织以自治的空间,选择集体意志的形成机制以及权利的行使方式。

---

[28] 其基本做法为:(1)对土地进行分区规划;(2)把土地及集体财产作价入股。将属于集体的各种固定资产和现存公共积累金扣除债务后按净值计算作价入股,将土地和鱼塘按照其农业经营收益或国家土地征用价格作价入股,以管理区(现行政村)或经济社(现村民小组)为单位组建股份合作组织,对土地实施统一规划、管理和经营。其土地入股的股权设置上,主要是以社区户口为准并按照综合因素确定配股对象和原则。大部分村社设置有基本股,承包权股和劳动贡献股等多种股份,其中的基本股是所有成员都能得到的,因而具有社区成员股的性质;承包权股则是根据每一个成员自实行家庭承包联产责任制以来承包土地年限股设置的;劳动贡献股则根据年龄配股。特约通讯员:《南海市"以土地为中心股份合作制论证会"简述》,载《南方农村》1994年第1期。

[29] 国务院发展研究中心课题组:《南海土改:农民从土地级差中受益》,载《决策咨询》2003年第4期。

[30] 苏永钦:《走入新世纪的私法自治》,中国政法大学出版社2002年版,第88页。

(二)建立"重在利用"的集体土地所有权权利体系

土地资源具有稀缺性。"地尽其力"是土地物权制度设计的目标。具体表现为土地利用方式对土地所有权的决定作用和土地所有权向土地用益权的让步,或者说土地用益权的优越性,即土地利用人的法律地位的强化和提升。[31]

历史研究表明,土地利用方式对土地所有权具有决定作用。从土地所有权的发展过程来看,人类社会关于土地的共有形态可以追溯到原始公社时期。"血缘家族"是"最原始形式的家族",是"第一个社会组织形式"。根据血缘亲族关系结合起来共同劳动形成的共同体就是氏族或氏族公社。[32] 与这种共同体相适应的就是土地的原始的集体所有和共同利用。[33] 而到中世纪,土地之耕种完全操之于劳动者之手,此种农业劳动者之生活,极不自由,不仅受其工作所在地范围之拘束,且事实上居于领主无限制的权力支配之下。[34] 这一时期,欧洲普遍执行的土地制度则是所谓的分割所有权制度,在这种制度下,领主或地主将其土地委之他人耕作,并有权向耕作人征收佃租、地租或其他一切代偿(上级所有权,obereigen tum);而耕作人对领主或地主负有支付日租、地租或其他代偿之义务,但同时享有使用收益其土地之权利(下级所有权,untereigen tum,也称利用所有权,nutzungseigen tum)。[35] 1800 年以后的英国,农业技术的发展和农业生产率的提高引发了农业革命,通过掠夺教会地产、欺骗性地出让国有土地、盗窃公有地等方法,使任意租户(按一年期限租佃土地的小租地农民)取代了独立

---

[31] 梁慧星、陈华彬编著:《物权法》,法律出版社 2003 年版,第 140 页。

[32] 陈光崇、廖德清:《中国古代史》(上),辽宁大学出版社 1985 年版,第 8 页、第 17 页。

[33] 例如,在恺撒时代,还处在氏族社会阶段的日耳曼人过着半游牧的生活,从事畜牧和狩猎,虽然已经知道农耕,但农业经营还带有原始的流动性质,氏族长老每年把必需的土地分配给氏族和居住在一起的亲属集团,过一年便迁移他地。所以,日耳曼人的土地是氏族的公有财产。土地由公社共有,公社土地的多少,以耕者口数为准;公社之内,再按贵贱分给个人。公元 1 世纪后,日耳曼人的氏族社会已出现解体的征象,开始走上形成国家的道路。土地仍由氏族公社管理,耕地定期按家族重新分配。森林、牧场、荒地、水源等仍为氏族成员所共有。家庭对耕地只有使用和收益权,管理和处分权则属于公社。陈光崇、廖德清:《中国古代史》(上),辽宁大学出版社 1985 年版,第 40 ~ 41 页。

[34] [美]孟罗·斯密:《欧陆法律发达史》,姚梅镇译,中国政法大学出版社 1999 年版,第 173 页。

[35] 李宜琛:《日耳曼法概说》,中国政法大学出版社 2003 年版,第 71 页。

的自耕农,资本租地农场或商人租地农场等大租地农场等资本主义大农场兴起,㊱而适合资本主义的土地所有权存在形态,既要保障投入到土地资本的稳定性,又要能够确立保障这种投资的回收,因而使可以安全自由流转的土地权益成为英国土地所有权制度的中心,封建土地所有权财产得以转变为现代意义上的土地所有权。

土地资源的稀缺性还使土地比其他的财产更能体现私益与公益的结合。而土地所有者私人逐利动机与社会公共利益的不一致性使土地的资源禀赋对土地所有权人所负担的社会义务或者说对土地利用的限制产生决定性的影响。考虑土地的稀缺性和资源禀赋,恐怕没有人会否认土地利用管理制度需要坚持效率的原则。例如,在农业发达且土地稀缺的以色列,其农业组织至今有并驾齐驱的三种形式:公有制集体农庄——基布兹、合作社——莫沙夫、个体农产——莫沙瓦。由于所有农业用地都是国有的,因此,土地由国家以非常低的租金长期租赁给基布兹统一经营,或再转租给农产分散经营,条件是租赁者不得无故放弃耕种和随便雇人耕种。㊲ 以色列还把除沙漠外所有存量建设用地权的土地储备都作为农业用地(无论其现状是不是农业用地)而不是如其他国家一样根据土壤的质量来划分基本农田并加以保护,并通过《以色列土地管理法》对农地的转用加以严格的限制。㊳ 又如,在日本,考虑经济的高速增长、人口向城市的集中以及工商业迅猛发展使农地的获取及向住宅地的转换出现增加的趋势,为防止出现无秩序的农地荒废和过度的土地投机以保障有计划地利用土地,先后颁布了《城市计划法》《国土利用规划法》《农振法》《农地法》《农促法》等,不仅设定了城市化区域、城市化调整区域、农业振兴区域等,将城市化区域排除在农业振兴地域之外,并鼓励在城市化调整区域内指定农业振兴地域;还通过进一步划分农业开发用地、农业现代化设施用地以及生活环境设施用地等规范村落及周边地域土地利用秩序。为了确保应作为农地利用的土地在农业上的利用,1999 年日本公布了《食品、农业、农村基本法》,将农地向"有效稳定

㊱ 马克思:《资本论》(第 1 卷),人民出版社 1975 年版,第 791 ~ 793 页。

㊲ 陈克勤:《以色列农业的魅力》,载《光明日报》1998 年 10 月 23 日,第 3 版。

㊳ 胡谨:《试析以色列经济结构和政治制度》。

的农业经营从事者”集中,促进农业经营规模化。实际上,日本的农地制度原来强调耕作者所有的“自耕农主义”已经被推动土地利用的“耕作者主义”所取代了。[39]

土地法在各国发展的经验显示,近代之土地法并非以“土地所有权”为中心,而是以“土地利用权”为中心来构成。[40] 土地权利应该有益于实际的利用者。以“利用”或“利用之必要性”来代替“支配性”。[41] 而这种“重在利用”的土地法价值导向可以在当前我国各地土地制度创新实践中得到验证。江苏无锡[42]、山东平度[43]、华西村[44]等经验表明,在土地公有制的制度前提下,集体土地所有权仍不失为一种与土地适度规模经营相适应的所有权类型,但是它需要以土地的科学规划和集约利用为前提。既要适应家庭承包、集体农场、农业公司等不同类型的农业生产方式对土地利用的要求,保障农地利用的效率,又要能满足反映农村基础设施建设以及城市化引发的农地转用的需要。因而,科学界

---

[39] [日]关谷俊作:《日本的农地制度》,金洪云译,生活·读书·新知三联书店2004年版,第1~81页。

[40] 刘得宽:《土地所有权理论之新展开》,载刘得宽:《民法诸问题与新展望》,中国政法大学出版社2002年版,第57页。

[41] 同上书,第80页。

[42] 姚建华、胡小荣、束一鸣等:《对无锡县发展村办农场的调查与思考》,载《农业经济问题》1994年第6期。

[43] 蒋中一、陈子光、贾彦海:《平度市“两田制”改革的政策效果分析》,载《中国农村经济》1994年第4期。

[44] 例如,以江苏省无锡县为代表的村办(集体)农场模式就是为了解决责任田集中给种田大户所带来的短期行为,土地粗放经营等问题,以合理土地利用为核心,以“一纲四区”(交通水利为纲,四区为农田保护区、工业发展区、农民住宅区和生活服务区)为内容,编制土地利用规划;在条件成熟的村,对土地进行调整,将口粮田和责任田分开,把责任田全部集中到农田保护区,组建村办农场,进行承包经营。又如以山东省平度市为代表的两田制模式,也是主要针对土地规模过小,土地细碎化、土地抛荒严重等问题,按照公平和效率分离的原则,把耕地分为口粮田和商品生产田(也称“承包田”)两类。口粮田承担社会保障职能,满足农民的生活需要,属于自给性的生存资源,因此体现公平原则,按人口平均分配;商品生产田则按效率原则引入竞争,实行招标,可以多包,可以少包,也可以不包,促使耕地适当集中。由于两田制体现了土地利用的公平与效率的结合,因此在其他地方也得到普遍的推行。虽然因为存在随意提高土地承包费,收回部分承包地高价发包或脱离实际用行政命令的办法搞规模经营而强行从农户手中收回“责任田”等诸多问题,但在确保农户对集体土地承包权利不变和农民自愿的基础上,农民自愿将部分“责任田”的使用权有偿转让或交给集体实行适度规模经营的做法仍然得到了肯定。而在江苏江阴市华西村,人多地少,工业发达,集体经济实力强,在党的十一届三中全会后,没有实行“包产到户”,而是根据中央“宜统则统,宜分则分”的精神,将全村30多公顷良田发包给30位种田能手,继续搞集体经济,搞农业集约化经营。参见翁仕友:《华西村政经观察》,载《决策》2006年第4期。

定集体土地所有权的客体类型并完善“重在利用”集体土地所有权下的土地权利体系对集体土地所有权的改革至关重要。

(三)进一步拓宽价值支配的形式

法律上将物归属于某人支配,在于使其享受物的全部利益。物的利益可分为物的使用价值和交换价值,前者常以用益物权的形式,表现为对标的物的现实支配;后者则常以担保物权的形式表现为收取代价或获取金钱融资的价值利益。[45] 就土地所有权而言,土地不仅可以为其所有人产生收益或节约开支而具有收益价值,还可以在进行合理管理的条件下,不至贬值,并且考虑土地的有限供给和人口增长,土地的资本价值还会不断地增值。[46] 而且在商品经济下,土地本身还可以作为一种生产要素,以资本的形式参与剩余价值分配,带来资本收益。这种近代的所有权观念与资本主义制度相关联,是一种商品所有权,“即一开始就是为了出卖而被生产出来的物所成立的所有权。资本主义社会商品交换是以全社会规模展开的社会,因此最重要的财富——商品成立的所有权,首先必须保障它的完全的流转性(处分的自由)”。[47] 而土地及土地权利作为商品生产的资本要素,其要素的流动性也应当获得充分的保障甚至鼓励,以便实现土地资源的有效配置,充分发挥土地之功效。例如,在日本2000年修改了《农地法》,承认股份公司形态的农业生产法人,使包括农事合作社法人、合股公司、合资公司、股份公司或有限公司都可以成为农业生产法人的经营形式,并使土地所有权人可以通过所有权的转移或者合同或融资租赁设定使用权的方式成为法人的成员(会员、职员或股东),如此土地所有人获得更多对土地进行价值支配的渠道。[48]

我国现行的农村集体土地所有权制度是建立在城乡之间生产要素停滞的城乡二元结构基础之上。法律上不允许土地所有权在农民集体和国家之间的

---

[45] 谢在全:《民法物权论》(上),中国政法大学出版社1999年版,第9~10页。

[46] [英]F. H. 劳森、B. 拉登:《财产法》,施天涛等译,中国大百科全书出版社1998年版,第2页。

[47] [日]田山辉明:《物权法》,陆庆胜译,法律出版社2001年版,第154页。

[48] [日]关谷俊作:《日本的农地制度》,金洪云译,生活·读书·新知三联书店2004年版,第79~80页。

转移，也限制农村建设用地使用权的流转，禁止其直接进入建设用地使用权的一级市场。其实质是只重视农民和农村集体经济组织对土地的现实支配而忽视了对土地的价值支配。而土地股份合作制推动力之一就是要解决现行制度框架下的农地转用和征收中利益分配的平衡问题，通过把包括土地在内的集体存量资产量化给社区农民，由股份合作社或股份公司对土地实施统一规划、管理和经营，使集体土地有效地与工业资本有效结合，将土地非农化后的级差收益保留在集体内部，使农民既可以股东的身份实现对其集体成员权和土地承包经营权的价值支配，不仅承认了土地作为农用地时农民对土地的收益权，也保障了土地转为非农用地后农民可以分享土地的增值收益。2005 年颁布的《广东省集体建设用地使用权流转管理办法》以地方立法的形式将集体建设用地使用权直接进入建设用地使用权市场合法化，并把使用集体建设用地的建设项目进一步扩大到"兴办各类工商企业，包括国有、集体、私营企业，个体工商户，外资投资企业（包括中外合资、中外合作、外商独资企业、'三来一补'企业），股份制企业，联营企业等"（第 8 条），远远超出了《土地管理法》的规定。尽管其作为地方立法因与作为上位法的《土地管理法》冲突而存在法律效力上的风险，但就法律规范的实体内容来说，应可供《土地管理法》修改时借鉴。而《物权法》中关于集体建设用地使用权及宅基地使用权的准用性规范也为《土地管理法》修改预留了空间。

（四）逐步实现农民土地权利与农村居民身份的分离

土地所有权是一个历史的概念。"在每个历史时代中所有权总是以各种不同的方式、在完全不同的社会关系下面发展着。"[49]法制史上，土地所有权有罗马法的土地所有权与日耳曼法的土地所有权的对立。依罗马法，土地所有权为一种排他的使用、收益和处分土地的权利，有着强烈的个人主义色彩；而依日耳曼法，土地所有权则为一种控制和支配土地的权利，有着浓厚的团体主义色彩。[50]近现代民法以个人主义为本位，在所有权上表现为以罗马法之思想为皈依。因

---

[49] 《马克思恩格斯全集》（第 4 卷），第 180 页。

[50] 梁慧星、陈华彬编著：《物权法》，法律出版社 2003 年版，第 137 页。

此,确立个人自由、废止封建制度,首先就需要使对物的支配关系与身份关系相互分离。对发达国家工业化过程的研究表明,农民是否受土地束缚、是否能自由进入城市而成为自由劳动力,即是否具有自由迁徙之权是促进人口转移的重要因素之一。以英国为例,英国农民较早摆脱了封建的人身依附关系,圈地运动把他们从土地上赶走,村社公有土地的消失打破了依赖土地的最后幻想,因而英国较早出现自由劳动力,这为英国较早较迅速地实现工业革命提供了优越条件。1811 年,英国从事农、林、渔业的劳动力约占 1/3,1831 年为 1/4,1851 年不足 1/5。[51] 另外,佃农或者农民也已经被农业人或农业从业人员的概念所取代。在日本,通过战后的农地改革,几乎所有的农地都成为自耕地,农业经营、农业劳动与农地所有"三位一体"的自耕农成为农户的主体。随着农业结构的变化,农业从业人员在质量和数量上出现了显著的变化,一方面,有大量的作为被雇佣者和作为法人组织中的高级职员等从事农业生产的人加入;另一方面,随着劳动力不足和高龄化现象,同时因扩大农地规模和促进农地流转导致出售农地或租出农地的人有持续增加的趋势。由此也引发了农事合作社法人中新成员的资格认证和"土地持有非农产"等废弃农业和已过世会员的继承人的资格问题。《农地法》《农促法》的修改确认了新型农业从业人的主体资格并保留了"土地持有非农产"在农事合作社法人中的会员资格,此外还建立了作为农地的自主管理组织的改善农用地利用团体制度,允许具有农地权利(包括所有权、地上权、永佃权、租借权以及根据融资租赁产生的权利等)的人组成农事合作社法人,解决了农业的经营及劳动与农地所有日益分离后所产生的"土地持有非农产"的问题。[52]

在我国也出现了农民职业化和"土地持有非农产"的问题。前者如苏南地区近来涌现出的三类职业农民。一是"农场主",即随着农业产业化和规模化的发展,集中了农业自然资源,以农业为产业,从事城市市郊经营园艺、鲜活食品、经济作物、创汇农业等劳动附加值高,农产品的生产和销售完全市场化的农业

---

[51] 王章辉、孙娴主编:《工业社会的勃兴》,人民出版社 1995 年版,第 88 ~ 90 页。

[52] [日]关谷俊作:《日本的农地制度》,金洪云译,生活·读书·新知三联书店 2004 年版,第 77 页。

企业主、种养大户等。二是“专业农民”，主要直接从事农业种植、养殖，掌握丰富农业技术的传统农民，在农忙时节会到农村劳力短缺的地区帮助播种、收割，而获得务农工资的季节性的职业农民。三是“兼业农民”，即随着农业科技的广泛运用、农业劳动生产率普遍提高，逐步离开土地和农业，转变为从事第二、三产业的非农劳动者的部分农民。[53] 可以说，在一些地方已经出现了农民的职业化。而“土地持有非农户”则包括大量“离乡不离土”的农民工及其子女和自愿有偿原则下通过土地承包经营权价值化、资本化和股权化的方式组成合作社或公司后，脱离农业生产而作为社员或股东的农民。从目前关于集体土地所有权的理论来看，其他多数理论大都强调集体成员的社区成员身份、强调户籍对成员权的决定作用。因而使集体土地所有权及其成员权带有很强的封闭性。在实践中，华西村村民离开华西，其在集体中的股份将被视作放弃处理。在土地股份合作制中，虽然股权可以流转、继承、赠送和抵押，但仍限社区内。而合作社作为人们自愿联合，通过共同所有和民主管理的企业，来满足共同的经济和社会需求的自治组织，则可以确保社员加入和退出的自由，使社员有可能摆脱居民身份的束缚，而真正成为自由的土地权利人，而这种摆脱了身份束缚的自由的土地权利正是现代意义的社团的典型特征——以成员权为基础，自愿合作而不是强制合作；民主管理而非集权专制。

由此观之，集体土地所有权制度改革依然任重道远，《物权法》只是谨慎地向前迈进了一步。

---

[53] 张玉庆：《苏南农村发展新探索》，载《江苏农村经济》2004 年第 10 期。

立法为合作社发展提供更大空间*

我国面临合作社的复兴,这是一次主要是自上而下的农民合作,是一次由自发到自觉的理论性探索。《农民专业合作社法》正是在这样的背景下出台,并将付诸实施。

合作社是在市场经济中产生的,它必须适应市场条件下的经济规则和法制原则。合作社是以财产的社会化、集中化为前提的,我国的合作社是在农村土地实现集体所有,全面实行家庭承包经营基础上设立的,这就决定了农民合作社在财产关系上的多层次性和基本生产资料的公有性。合作社是一种市场主体,必须要有明确的法律地位以及确定的财产结构和责任形式,我们只有通过法制途径,才能有效地整合农业资源,克服各种制约因素,促进我国合作社的健康发展。

《农民专业合作社法》的进步之处和成功之处在于立法遵照了合作社基本原则,又结合了我国农村的实际情况,充分考虑了广大农民的愿望,为合作社的进一步发展提供了空间。从以下三方面来谈。

第一,明确了合作社的特殊法人地位。合作社在本质上是一种互助性经济组织。成员入社自愿、退社自由,对合作社的债务一般承担有限责任或者一定范围的法律责任,按照成员和交易额进行分配。以上特点,是合作社与我国现存的其他几种类型法人的不同之处,是我国立法的一种创新,丰富了我国法人制度的理论和实践。

---

* 原载《中国合作经济》2007 年第 1 期。

第二,合作社立法为资金、技术与劳动力在农村中的结合提供了平台。长期以来,社会中的资金技术与农村的劳动力难以有效地结合,一直是制约农业发展能力提高的“瓶颈”。资本进入农业的途径有两条:一是借贷;二是入股投资。《农民专业合作社法》允许某些企事业单位、社会团体成为合作社成员,在合作社管理上兼顾了成员民主和资本民主,分配制度上兼顾了劳动和资本的收益,这都为资金进入农村提供了平台。

第三,合作社立法设立了成员账户来保护农民财产权,农民现有财产利益不能减损,可能产生的责任控制在一定范围内。在这两个前提下,农民才能积极参加合作社。

设立成员账户既保证了成员的基本财产,又能保在农民退出合作社时能取回其财产。合作社不同于公司,农户在加入合作社后,可以通过对债务承担有限责任,增加合作社对农目的吸引力。

浅议我国农村土地制度问题*

土地对于任何一个国家、一个民族,小到一个社会组织、一个自然人都是一项重要的资源,是生命存活的基础,是社会存在的根基。所以在法治社会,它是公法和私法共同调整的对象,也是公权力与私权利经常发生碰撞的重要方面。

在我国改革开放后,城市土地从无偿调拨到有偿出让、转让,逐渐实现了市场价值,城市的土地是属于国家的土地,主要由公法(行政法)直接调整,可以说这部分土地完全掌握在国家手中。

我们现在应该着重讨论的是农村土地——集体土地。集体土地分为三类:(1)农业用地;(2)建设用地;(3)宅基地。从总体而言,农业用地承包给农户自主经营,但不得改变用处;建设用地国家控制很严,其支配权由国家垄断,集体和农民的权利十分有限,不能自主进入市场;宅基地社区性强,为村民占有和使用,可以继承,但不得转让或设定抵押。

关于农村集体土地制度的改革,大致有以下三种思路。

1. 完善现有集体的思路,重在完善集体所有权制度,排除国家不正当的干预,终究要走集体化的道路。我基本属于这一种思路,这是一种看似保守的思路。

2. 走私有化之路,主要是一些经济学界人士的观点,他们认为这是调动人们积极性、提高生产力的办法。反映在法学界,就是把集体的土地视为共有,而

---

* 本文系根据作者2005年4月在清华大学法学院民商法博士研究生“物权法”讨论课上的讲课内容整理。

不是公有,因为公有在法律上说不清楚谁是主体。这种思路已经一定程度上影响到物权法的制定。

3. 实行土地国有化,这种思路主要考虑了这样一些理由:(1)土地是资源,对于资源性的东西,国有化是各国今后的发展趋势,国家应该加强控制;(2)从历史的考察,许多国家土地为国王所有,实际上也是国家所有;(3)英美法对所有权的认识是将所有权视为一种多层次性的权利,国家还是掌握着对土地的最终决定权。

今天,我只谈我的观点。

一、先谈现状

新中国成立后分几个阶段:

1. 新中国成立初期,实行土地改革,分田到人,私有经营;

2. 20 世纪 50 年代中期,合作化运动,实行集体化,集约型经营;

3. 改革开放后,农村土地继续集体所有,但分户经营。

问题是什么?

第一个问题:集体土地所有权成了一种公私相向的软权利。一方面,集体土地所有权主体及其构成成员不能充分发挥公有制组织的公共职能,政企合一的体制,妨碍了所有权主体自主处理集体公共事务的权力;另一方面,集体土地所有权的私权内容欠缺,其主体对自己的土地无权处分,对外经济活动受到公权的种种限制,因此与市场无法自主联结。

第二个问题:农民对集体土地的承包经营权和宅基地使用权是一种不完整的财产权。在市场经济中,财产权的一个重要特点就是能够流转,并在流转中体现价值,我国现行法律不允许农民自主转让土地的承包经营权,更不允许转让宅基地的使用权,这就不仅限制了农民支配自己财产的权利,而且限制了农民改变自己身份的自由,所以通往土地财产权流转的门必须为农民打开。

第三个问题:农民有了土地承包经营权和宅基地使用权是否就算有了社会

保障? 土地只是生产要素之一,不投入劳动就实现不了使用价值,不投入市场就体现不出交换价值,从理论上讲,单纯的土地(土地本身)不可能自己产生经济价值,也不可能成为现代意义的社会保障。在现阶段,土地对农民仍具有保障功能,但这不是社会保障,而是农民通过劳动或经营从土地上取得的自我保障或家庭保障。否则,城市人一旦有了一定的房产或其他财产,就算有了社会保障,那么政府和社会还应该向他们提供什么保障呢?

二、改革方案

关于土地国有化和私有化的方案不讲了。集体土地所有权的改革方案有这样几种。

1. 共同共有说:倾向个人所有。(梁慧星)

2. 成员所有说:看重共有关系。(王利明)

3. 新型总有说:主张村社成员集体所有。(韩松)

4. 合作社所有说:强调集体经济组织的独立性。(马俊驹)

5. 股份合作说:力推农业股份合作制。(陈小君)

6. 合有说:注重主体成员权利。(王铁雄)

作为民法学者,对集体土地所有权的思考,总是想如何在公有制的前提下,保持土地所有权的私权属性,明确和加强集体经济组织的独立自主地位,使其成为真正的所有权主体,享有完整的或较为充分的占有、使用和处分的权能。与此同时,农民作为集体经济组织的成员,也应该享有充分的财产权(有学者也称为这是一种特殊的用益物权),能够自主支配和行使这种财产权,这种财产权可以在法律规定的范围内得以转让,由此进入市场。

三、改革方向

本题目下,也包括改革的指导思想,主要有以下几点。

1. 维护集体土地所有权主体的独立性和自主性。国家只能通过法律来规范集体土地所有权的行使,政府不得进行法律外的行政干预。集体土地所有权的公有制性质主要体现在经济组织内的公共性及其成员的民主性;而集体土地所有权在对外经济活动中本质上是私权,与传统民法上的所有权概念相一致。

2. 重"土地利用"取代重"土地所有",使其成为土地权利的核心。"土地所有"仅是土地归属和最终处置权,"土地利用"才能产生经济价值。在我国,国有土地已逐步实现了从重"所有"向重"利用"的转变,而集体土地还没有做到这一点。现阶段,集体土地的"利用"指的就是农户的承包经营权和宅基地使用权,这些权利应该是农村土地权利的核心。土地是稀缺资源,只有让农民有序的充分"利用",才能"地尽其力"。

3. 从对土地的现实支配转向价值支配。应该承认,对土地的现实支配,即实现土地的使用价值是为人们提供物质生活的基础,但在市场经济条件下,增加社会财富还须向价值支配转化,即实现土地的交换价值。显然,土地的交换价值只有在权利的流转中才能实现。所以,在我国逐步解除对集体土地承包经营权和宅基地使用权流转的限制,是农村土地制度变革的中心议题。

4. 重视农村土地变革的"自发模式",尊重农民的创新精神。历史经验告诉我们,自上而下人为设计和强制推行的"变革模式"往往不符合农村实际,违背农民心愿,破坏文化传统,造成高昂的社会代价。一方面,我们要指导和鼓励农民的变革创新;另一方面,要坚持农民自愿,不搞农民还没有想通的事。

四、改革选择:一定是由实践而来

对农村土地制度的改革,我还提不出具体的方案。我只是根据自己的学习和观察,提出一些想法和同学们交流。

1. 为什么我主张维护和完善农村集体土地所有权制度?因为它是我国实现农村社会现代化的制度保障,它能为我国农村发展新型规模经济和合作经济、适应社会化生产留下一条宽阔的道路。

我们先从农户与农民的个人关系说起。在农村，谁是土地权利的主体？按照我国现行法律规定，农户是土地承包经营权和宅基地使用权的主体，这一规定符合我国农村现阶段生产方式的实际，符合我国农村以家庭为基本生产和生活单位的传统社会结构，但与现代社会的发展走向相悖。农民个人作为公民或者自然人才是国家的主权者，才是各种民事权利的主体。

我们再问，农村集体经济组织的成员是农户还是农民个人，二者谁是集体土地所有权主体的构成分子？显然在法理上，农民个人才是权利者，才是自由者，才能在市场经济中成为独立的劳动者和经营者。这里有了矛盾，为什么权利者应该是农民个人，而我们的法律又不得不规定土地权利的主体是农户？显然，从理论上解决这个涉及我国农村社会结构的问题，不是法学家能够单独完成的课题，它还需要哲学、社会学、经济学、政治学等学科的学者共同研究。但在实践上有一点是清楚的，那就是要实现农村社会的现代化必须从变革我国小农经济的生产方式着手，这也是为什么早在20世纪中叶，我国就在农村发起了合作化、集体化运动的原因。这一运动没有达到预期的效果，其原因很多，而超越了当时生产力的发展水平和违背了农民的实际心愿是主要原因。但从社会发展的视角看，这一运动的方向没有错，而实施的步骤和具体措施有误。

走到今天，我们面前有两条路：一是一退到底，从私有化的传统家庭经营起步；二是退一步，实行土地所有权与使用权的分离，逐步弥补其不足，摒弃那些不适应市场经济和社会发展的弊端。我们以"三农"现代化为分析视角，看一看应该作些什么？农民的现代化是确立其自由、独立的权利主体地位，摆脱那些村社和家族、家庭不符时代要求的束缚；农村的现代化是确立其自治的法律共同体，开拓公共产品和服务领域的空间；农业的现代化是确立其可持续发展的规模化生产方式，实现经济组织的现代化、多样化。而要达到上述目标，对于一个人多地少的国度，实行农村合作化、集体化仍然是一条可行的道路，其集体土地所有权又是实现上述目标的核心法律制度。

2. 集体土地所有制度的完善涉及两个方面：一是集体土地所有权主体的确定和构成。在我国农村，土地之上集结了复杂的权力关系和权利关系，并集中表现在集体土地所有权主体的构成上。通常理解，集体土地所有权的主体是村

社(集体),而村社不仅是农民自治组织,而且是经济组织,还是担负一定的政府行政职能,所以村社集国家、社会权力和民事权利于一身,这仍然是人民公社“政社合一”的一种变相和延续。我的初步看法,为了防止行政权力侵害农民的自治权和土地权利,政企还是要分开,治理农村的行政职能应由乡镇政府直接担负,也可以在大的自然村或几个邻近的小自然村中设置村公所作为乡镇政府的派出机构,负责联系农民、服务农民,公布、宣传和贯彻国家政策和政府指令。去除行政职能后,村社只是农民自治组织和集体经济组织。村社作为自治组织,村委会由农民直接选举产生,负责维护内部秩序和调整内部关系,如禁止赌博盗窃、调解纠纷、修筑和维护公共设施等;作为经济组织,村社(集体)是集体土地所有权的主体,其村民大会或村民代表大会是经济运行的权力机关,村委会是执行机关。以上自治职能和经济职能构成“村企合一”的合作经济模式,具体的法律形式是高级合作社,其土地为村社(集体)所有,可以按照现代合作社的宗旨和运行规则,构建集体经济组织即集体土地所有权主体的内部结构。合作社是一种自治型的经济组织,内部实行民主决策和管理,维护集体公共利益,保障集体成员权利。在法律上,合作社具有法人地位,能够独立开展内外活动,不受政府和他人不当干预。合作社有权将集体土地的使用权分给农户或农民个人,具备条件时,也有权对集体土地进行统一经营,以此增强集体经济实力,为其成员提供更好的公共产品和服务。

二是集体土地所有权既然称所有权,当然应该具备民法上所有权的基本权能。一般理解,所有权主体在不违反法律和不损害他人权利的情形下,享有全面的、不受任何限制的支配其物的权利。其实不然,因为土地不仅具有重要的社会经济价值,而且更是一种有限的和稀缺的自然资源,尤其在我国人口与土地矛盾突出,其所有权的内容和行使必然受到法律的严格限制(其实国有土地也一样);从法理上讲,土地所有权的各项权能也须有明确的界定标准,使其限定在合理使用的范围内,并不得妨害他人使用,从而维护和服从社会的和国家的公共利益。

现在的问题是,我国对土地公有制的二元结构体制并没有得到认真地贯彻,普遍漠视集体土地公有制的财产权形式,政府可以任意削弱甚至取消集体

土地所有权的相关权能,绝对禁止集体土地所有权的流转,严格限制集体土地使用权的流转,集体土地所有权和使用权的处分完全掌握在国家手中,实际上集体土地所有权已被虚化。要改变这种状况,我们必须确认集体土地所有权在民事活动中的私权属性,而集体土地所有权的公权属性仅体现在主体结构的内部权力关系中。在法律规定的范围内,集体土地所有权主体有充分的权利出让或转让其土地使用权,也应该允许村社集体以集体的土地所有权作价入股组建股份合作企业。另外,在集体与集体之间、集体与国家之间应该允许土地所有权的流转。在实践中,绝对禁止集体土地所有权的流转是不符合市场经济要求的,即使在我国也是没有这方面的法律规定。

3. 实现集体土地使用权的自由流转是我国农村土地权利变革的中心议题。集体土地所有权与其使用权的分离,是农户享有土地承包经营权和宅基地使用权的法律前提。集体土地的使用权是农户一项物权化的财产权,它为农户家庭成员所共有,每一个农民都是权利者。在市场经济条件下,由集体土地所有权派生出来的使用权具有相对的独立性,它和民法上的所有权一样也拥有占有、使用和处分的权能,当然,它所能处分的只能是土地使用权,而不是土地的所有权。这里的财产权只是一种与土地相联系的无形物,只是一项具有资本意义的抽象权利,所以它能够在市场上自由的流转,并在流转中实现价值,以间接地增加社会财富,而不会影响对土地的所有权,即对土地的最终处置权。如果这样理解土地使用权,它就是一项农民能够直接占有、使用和处分的财产权,只要农民认为需要时,就能够自主决策对它的流转和配置。显然在法理上,土地使用权的流转没有任何法律障碍。

但是,学界和政界对此争议还是很大,一些学者和政界人士坚持认为,我国农村的土地已经成为农民的社会保障,所以土地无论如何不能作为生产资料进入市场。这种看法恰恰也符合我国传统社会的农本思想,在农民的心里只要"小富即安",愿意满足现状,惧怕经营风险。然而以上认识,与现代市场经济理念相悖。关于农村土地能不能成为农民的社会保障,我前面已经讲过。实际上,我们现在应该考虑的是在市场经济条件下,怎么指导和支持农民从土地的束缚下解放出来,让他们在我国城市化的进程中提高自己的经济地位和改变自

己的社会地位。自改革开放后,农村从"一大二公"的公社体制改变为家庭联产承包责任制,生产方式改变了,农产品也逐步进入了市场,农民的劳动价值得到了体现。从经济学的角度看,农产品能进入市场,那么生产农产品的生产要素也能进入市场,土地是重要的生产要素,当然也能进入市场,进而体现土地的价值。这样看来,只要承认并参与市场经济,土地就是一种资本,它是能够产生价值的资产,这是经济规律所需,不是主观因素能够抵挡的。再从土地的产权关系看,村社集体享有土地的所有权,农户享有土地的使用权,这些土地权利是权利主体能够自主支配的财产权,这项财产权是农村建立和发展市场经济物质的和法治的基础。农民一旦有了这项权利,就能自主选择经营方式和决策对土地权利的处置,从而实现对土地权利的流转,达到农业规模化经营和提高土地利用效率的目标。

前几年(大约是2000年)我参加一次学术演讲会,当一位学者讲完农村土地问题后,我发表了看法,认为农民现在虽然有了自由,可以到城市打工了,但是他们只能空手而来,他们的财产(严格来讲是财产权)仍然放在农村家里,这个财产就是他们的土地使用权。这种人身与其财产分离的现象不能长久,因为青壮年农民去了城市,家里的土地又不能流转,只能让亲属代耕,甚至荒芜起来,这样浪费了土地资源。他们虽然长期在城市工作,但是取得不了市民身份,仍然是受土地束缚的农民。在这里,土地使用权是农民最重要的财产权,如果这项财产权不能随农民职业的转变而流转,实质上是限制了农民的人身自由,剥夺了农民正当的财产权。我们要搞市场经济,这种局面必须改变。改变的办法就是让农村的土地使用权能够自由的流转起来。我的看法并不成熟,也缺少必要的论证,但现在回想起来,我当时的基本看法并没有错。

4. 农民手中的土地使用权如何实现流转、如何进行流转也是需要讨论的问题。显然,实现流转必须有三个前提条件:(1)土地使用权的主体要明确,所以土地使用权必须登记在特定人的名下,农户不能算特定人,只有自然人和法人才是民事主体,才是法律上的特定人,这是以后不动产登记法要解决的问题;(2)土地使用权必须是长期稳定的,如果没有法律规定的原因,这种稳定的状态应该是不变的,是没有时间限制的,否则没有人会接受这种流转;(3)土地使用

权流转实际上是一种交易,需要有交易的中介机构,以实现流转对价的公正。我主张,最好的中介机构应该是综合合作社,这种合作社不仅是生产单位,而且是联结市场的销售单位;不仅可以销售产品,而且可以给土地使用权流转作中介。也有人提出,为方便土地使用权的流转,也可以建立农村土地交易所。我认为,就我国多数地区而言,现在农村土地资本化的需求还没有达到这个程度,为此普遍建立农村土地交易所还为时过早。

从法律上来讲,村社的集体土地使用权和分给农户的集体土地使用权都能参与流转,但因其种类用途不同应该遵循不同的法律规则。村社原属农业用地的流转只能在农业领域内进行,其建设用地应该与国有土地使用权的流转规则相一致。农户的土地承包经营权的流转应该坚持农业用途,若需改变用途必须保证耕地不减少的原则,其宅基地属于生活资料,不涉及生产资料公有制的问题,所以在流转问题上应该有更宽松的法律和政策。除此之外,林地或四荒土地等还应该有特殊的法律规定。

按照我国现行的管理办法,农户的土地使用权的流转主要有转让、转包、互换、入股和出租等。这些流转方式严格限制在本村社的农户之间进行,并以受让方、解包方或承租方继续履行原土地承包合同的权利义务为前提,因此原有的土地承包关系不变。至于宅基地使用权的流转主要是限于继承和出租方式。其中入股流转方式,是指同一村社的土地承包方之间为发展农业经济,将其土地承包经营权量化为股权,并以该股权自愿与其他土地承包方组建合作社或农业公司。现在的问题是,农村土地使用权的流转能否打破村社行政区划,真正使土地使用权以资本形式进入市场?从经济角度来看,应该没有问题,只有如此才能真正体现土地使用权的价值,扩大农村融资的渠道,促进农业规模化生产,提高土地利用效率,这也是发展现代农业经济的必由之路,各国的历史经验也大致如此。但我国的情况较为特殊,这主要表现在以农户为单位的小农经济对乡土社会的深刻影响,以及新中国成立后实行冒进式的集体化产生的体制障碍,进而使农村土地承包关系并不是一种单纯的经济关系,而是一种行政权力、家族联结和经济关系的集聚,市场因素与复杂的社会关系并存。要改变这一局面,需要传统观念的逐步改变,农村体制的创新变革,生产力的进一步提升,只

有这样才有可能突破农村各村社之间以及村社与城镇之间的相对隔离状态，使市场之路通向每一个村社和农户。所以，我虽然主张土地使用权的自由流转，但也认为需要时间，需要在实践中不断取得经验，逐步引导和支持农民走向市场，摆脱土地及其传统观念的束缚，更有效率地支配和处置自己的土地权利。

总之，我国农村土地制度的基本格局是，村社集体享有土地的所有权，农户或农民个人享有土地的使用权，国家对其土地拥有规划管理权，必要时保留征收权和征用权。村社集体享有土地的所有权，其功能主要在于为本村社成员提供公共产品和服务，保障本村社成员的合法土地权益。在多数情况下，农户或农民个人是土地的实际使用者，他们能够自主支配其使用权。

在市场经济条件下，农业规模化经营已经成为世界各国的发展趋势，即使那些有着浓厚小农经济传统的国家也不例外。显然，要实现农业规模化经营，土地必须适当集中，而土地集中的前提是允许土地能够自由流转。我国实行二元化的土地公有制，所以能够流转的是土地使用权，尽管如此，只要所有权与使用权的产权边界清晰，并不影响土地价值的实现，仍然能够达到规模化经营的改革目标。关键在于我们的政府应该做些什么？我认为，在保障和尊重农村土地集体所有权、引导和支持农村土地使用权流转方面，政府应该在政策上、行使权力上当促进派，而不是当阻碍和限制土地使用权流转的保守派，少受一点传统观念的约束，多来一点农业创新的实践。只要我们的政策对，并将好的政策法律化，切实保障村社集体和农民的合法财产权，真正实现农民的各项公民权利，就会从根本上解决所谓的“三农”问题。在不久的将来，农村治理环境优越，农业经济高度发达，农民的生活强于城市是肯定的。那时，大家向往的不再是城市，而是宽阔、美丽、富饶的农村。

集体经济发展中的法律问题*

×××：

你好！

我收到了你们的传真材料，最近我也从有的新闻媒体上看到了一些关于我国三个明星村的情况介绍和评论，我也谈谈自己的看法。我想到这样几个问题。

1. 由集体经济组织的分配体制问题所想到的，应该承认和保护个人财产，或称私人财产。按照社会主义的按劳分配的原则，一个集体组织应该有公共积累，这样才能扩大再生产。同时，也要向劳动者进行分配。积累和分配的比例应由法律规定，这一比例实质上也是如何处理当前利益和长远利益的问题。劳动者取得的分配物资在性质上首先是生活资料。我们搞公有制经济，是指生产资料的公有制，而生活资料是由劳动者个人所有的，比如，因劳动而相应取得的房子、轿车、现金，应该由劳动者占有、使用和处分，它可以转让、出租和继承。这些物资是劳动者合法取得的财产。根据我国《宪法》的规定，它应该属于劳动者个人所有，在我国实行市场经济的条件下，完全可以根据劳动者自己的意愿，用这些物资投资、入股，这时他所占有的生活资料也就可能因此转化为生产资料。这时，生活资料也好，以生产资料形式所体现的股权也好，或者还可能在交易活动中取得债权，这些都属于劳动者个人的私人财产，任何组织和个人不能

* 本文系根据作者2003年8月25日接受中央电视台《法制播报》节目组的采访录音整理。题目为后来添加。

剥夺,也不能加以限制或控制。也就是说,在集体经济组织中,公私财产必须分开,不能认为所有的财产都是集体的。

2. 集体经济组织必须实行民主管理。民主制度的建立和完善很重要,这也是我国经济体制改革和政治体制改革的一项重要内容。社会主义民主的建立和法制建设是联系在一起的。在社会主义国家,人民要当家作主,这是中国进行革命的重要目标。在基层单位,在一个经济组织内,在一个村里必须实行管理上的民主制,人民要能真正行使权利,要参与经济的、经营的民主管理,这也是集体经济组织一个重要特点,如合作社,每个社员都享有表决权,都有选举权和被选举权,都享有取得收益的权利。强权之下的稳定,它压制了人们的热情和积极性,实际上是不稳定的,村、单位也是如此。现在的明星村,显然在民主管理体制上要革新、要完善。

3. 劳动者的合法权益必须要得到法律的保护。作为一个农民和集体组织的成员,他们的权利不仅包括宪法规定的各项基本权利,实际上享有广泛的人权,而且还包括民法上的各项权利,他们的人身自由,人格尊严要得到保障,他们对自己劳动取得或其他合法取得的财产享有所有权或其他财产权,任何人都不能加以控制和侵犯;作为劳动者,农民还享有劳动法上规定的各项权利,如休息权、取得报酬权等。劳动者这些权利都是法律规定的,任何组织和个人都不能剥夺。另外值得注意的,这里还包括大量的外地农民来明星村打工的人,本村的农民和外地的农民是什么关系?从法律上来讲,他们应该是平等的关系,本村的农民也没有一个什么特殊的身份,外地农民和本村的农民也应该同工同酬。明星村能有今天的辉煌,外地打工农民的贡献也是巨大的,他们应该受到劳动法的保护。现在,城市开放了,对打工人的政策、法律在改变,这也符合城市化的发展趋势。农村特别是发达的农村也要改变,这样才能逐渐地形成全国统一的大市场,国家才能发展得更快。

另外,"村规"以及任何一个单位的规章制度都不能为违背法律的精神和相关规定。我国是一个正在不断完善法治的国家。从目前的一些情况来看,我们的明星村在某方面是不符合国家的法治精神的,也不符合时代的发展。在政治上,也不符合"三个代表"的指导思想。确实,它们所面临着一次变革,不能对外

是市场经济,也积极参与市场经济,对内却采取一种落后于时代的领导方式,形成了不正常的人与人之间的关系。这是不协调的,也是不能长久的。一个村是一个自治组织,或者说是从人民公社延续下来的一个集体经济组织,它必须体现人之间的平等、自由和民主。除此之外,没有别的选择。

4. 关于靠人治还是靠法治的问题。对于法治,我国这个问题在理论上解决了,不必讲了。我们正在实施法治这个目标。现在我们实行社会主义市场经济,任何一个组织、一个村都不可能是封闭的,它的成员在人身上是自由的。实行集体所有制,生产资料是集体的,但集体组织的成员——组成集体的人不是集体的;人不是财产,人是属于他自己的,人是自由的,人是由自己支配的,人是有个性的,人是有自己的思想的,人是有自己的行为的。对集体与其成员的关系把握和处理,应限定在法律允许的范围内,并且还要考虑伦理道德的约束。在集体组织内,劳动者是集体的成员,享有权利,他们也可以退出集体,人的自由我们都不能限制。劳动者除有物质的需要,还有精神上的需要。在我国广大农村,农民一旦获得了基本的生存保障之后,他们必然就会有更高的人生理想、人生要求。我们的奋斗目标,就是尽量去满足广大人民不断增长的各种需求,让每一个社会成员都能更好的发挥自己的能力,这样才能推动社会的发展。在这个过程中,我们只能靠法治,不能靠人治。靠法治,社会才能稳定的、长久的发展。这是由内在的社会发展规律决定的,我们都不能抗拒,也无法抗拒。现在实行依法治国,我们的明星村也必须走一条路。集体经济组织要变革、要进步、要与时俱进。这样,才会有更大的发展和进步。

后述

我很希望集体所有制的成功事例,我 10 多年前就非常注重对合作社法律问题的研究,但法学界很少有人关注(我 88 级的硕士研究生冷铁勋的学位论文是研究这个问题的;还有一位名叫徐国栋的硕士研究生的学位论文也研究这个问题,并发表了相关论文);但是,坦率地讲,这三个明星村的经验是不能推广的,不能推广就不能算经验。另外,强权管理在商品经济条件下是不可能成功的。

合作制与集体所有权*

我国的所有权根据主体的不同可以分成三类:国家所有权、集体所有权和公民个人所有权。前两者被认为是公有制经济在法律上的表现形式,只不过集体所有权是小范围的公有制而已。在理论上,对集体所有权的研究不是很深入,各种观点差异很大。近几年来,我国的集体经济又出现了一些新问题和新现象,也亟待理论对集体所有权作出正确的认识。笔者认为,认识集体所有权不能仅仅根据“集体”二字来探究集体的范围或者具体含义,这样的认识不免有些“望文生义”。正确认识集体所有权的来源才是正确认识集体所有权本质的前提,才能分析“集体”的真正含义,进而发展和规范我国的集体所有权。因此,我们首先对合作制作一分析。

一、合作制是集体所有权产生的前提

合作制为近代出现的一种特定的经济现象是社会发展到特定时期的产物,有其思想、理论和实践基础。集体所有权作为一种新型的所有权形式就是在合作制中产生的。

合作制思想起源很早,从古希腊柏拉图的理想国到东方儒家的大同思想都包含有朴素的合作公有思想,但一般认为,英国人托马斯·莫尔(Thomas More)

---

* 原载《法学研究》2001 年第 6 期。

发表于 1518 年的《乌托邦》和意大利人托马斯·康帕内拉(Tommaso Companelle)于 1623 年发表的《太阳城》是近代合作制思想产生的标志。两书都指出私有制是罪恶之源,提出了人类应共产的社会理想。这种“早期的空想主义理想,对合作社思想有重要影响,也可以说是合作社思想的根源。合作社思想可以说是早期空想社会主义思想的继承和发展”。[①] 随后,合作运动成为 19 世纪三四十年代欧洲一种很普遍的社会现象。其中影响最大的是“罗虚代尔公平先锋社”(Rochdale Society of Equitable Pioneer)。他们在建社初期就制定了一套切实可行、公平合理的办社原则,极为成功地勾勒出合作经济的轮廓。该原则后来被国际合作社联盟列入联盟章程,成为国际合作化运动的指南和其成员方合作社共同遵循的原则,既“罗虚代尔原则”。一般认为,该原则包括如下几项:(1)由集股办法筹集资金。(2)认股数额不限,股金不参与分红,但可以获得利息,且股金利息受到严格的限制,一般不超过银行利息。(3)自愿入社,退社自由。(4)社员人人平等,实行民主管理。合作社的大事都必须经过社员大会讨论并以一人一票(one man one vote)的方式表决通过。(5)盈余在提取公积金、公益金之外,按照成员在一年同它发生的交易量的比例返还其成员。另外,还有重视对成员的教育和对宗教的中立等原则。[②] 后来 1934 年的国际合作社联盟第 14 次代表大会又增加了“限制股金分配”原则。

以上的合作社无论从实践上还是理论上的共同特点是批判资本主义,反对剥削,但又希望保留私有制,对资本主义进行改良。因此,可以把他们归纳为资本主义时代的合作制理论。

马克思认为,“合作制度限于单个的雇用劳动奴隶,通过自己的努力所创造的这种狭小形式决不能改造资本主义社会”。[③] 但是,马克思对合作制却很欣赏,他认为合作制可以用来改造资本主义,“为了把社会生产变成一种广泛的,和谐的自由合作劳动制度,必须进行全面的社会变革、社会制度基础的变革,而

---

① 俞家宝:《农村合作经济学》,北京农业大学出版社 1994 年版,第 21 页。

② 由于该合作社的原则最早没有书面的完整的记载,有些是从其实际运作中的总结归纳,所以有个别原则的表达有出入,但基本内容是一致的。

③ 《马克思恩格斯全集》(第 16 卷),第 218 页以下。

这种变革只有把社会的有组织的力量即国家政权从资本家、大地主手中转移到生产者手中才能实现”。[④] 马克思还设想共产主义下也是存在合作制的,“如果合作制生产不是作为一句空话或者一种骗局,如果它要排除资本主义制度,如果联合起来的合作社按照总的计划组织全国的生产,从而控制全国生产,制止资本主义下不可避免的经常的无政府状态和摩擦现象,那么……这就不是共产主义,‘可能的’,共产主义吗?”[⑤]可见,在资本主义制度下产生的合作制不仅可以被用来改造资本主义,而且还可以成为共产主义公有制下的生产组织形式。这也说明了合作制是一种包容性很强的经济形式它可以存在于资本主义制度下也可以存在于社会主义或者共产主义制度下,两者的关键区别在于国家政权的不同。“强调国家政权对合作社的决定作用和根本前提是马克思主义合作社理论的核心。”[⑥]

在苏联,合作社在理论和实践上都得到极大发展。在我国,毛泽东早在1927年的《湖南农民运动考察报告》中就提出,“合作社,特别是消费、贩卖、信用三种合作社,确实是农民所需要的……合作运动可以随农会发展到各地”。[⑦]我国在社会主义改造中曾运用合作制改造了个体农民和个体手工业者。

合作制根据其在经济活动中所起到的作用类型的不同,可以分成服务型的合作社和生产型的合作社。前者又可以分成为消费者服务型合作社和为生产服务型合作社两个细类。生产型合作社,是指生产者之间以共同劳动为基础的生产合作。[⑧] 在资本主义社会中服务型合作社占很大比重;在公有制国家中生产型合作社占有更大的比重,而且为生产服务的合作社也非常之多。根据责任形式的不同,合作社还可以分为有限责任合作社、无限责任合作社和保证责任合作社。保证责任合作社,是指社员以其投资额及保证金为限对合作社的债务负责任。[⑨] 虽然合作社种类多种多样,但作为一种经济组织有其独立的组织机

---

④ 参见《马克思恩格斯全集》(第16卷),第218页以下。

⑤ 《马克思恩格斯全集》(第2卷),第379页。

⑥ 俞家宝:《农村合作经济学》,北京农业大学出版社1994年版,第44页。

⑦ 《毛泽东选集》(合订本),第40页。

⑧ 参见康德琯:《论合作经济与集体所有制的基本问题》,载《政法论坛》1990年第4期。

⑨ 参见李锡勋:《合作社法论》,台北,三民书局股份有限公司1982年版,第50页。

构、意志、财产,在社会经济生活中是一类民事主体。

无产阶级更重视生产型合作社,并把它作为改造社会的有力工具,“以合作生产代替资本主义生产”。[10] 马克思就非常重视生产合作社,在他1866年起草《临时中央委员会就若干问题给代表的指示》中指出:“我们建议工人与其从事合作贸易不如从事合作生产。前者只能触及现代经济制度的表面,而后者却动摇它的基础。”[11]在生产合作中,“工人自己的合作工厂,是在旧形式内对旧形式打开的第一个缺口……但资本主义和劳动者之间的对立在这种工厂中已经被扬弃”。[12]

股份合作制是一种比较特殊的合作形式,劳动群众按照协议资金、实物、劳务以及技术作为股份入股,收入以按劳分配为主,也有股金分红。但“如果以上述国际公认的合作社原则来衡量,就可以发现它仍然严格遵守国际公认的合作社原则”。[13]

无论哪种合作形式,也无论它被称作什么,笔者认为,只要是符合合作社的基本原则的经济组织,就可以被认为是合作社。

二、集体所有权在合作社中产生

任何合作经济组织在其成立之时,必须要有一部分资金。根据合作制的原理,这部分资金源于成员的投入。成员可以用自己财产的所有权投入,由合作社取得该财产的所有权;也可以用使用权投入合作社,在退出合作社时取回财产。因此,合作社的最初财产可以是全部属于集体所有,又可以全部属于成员所有,也可以是集体所有的财产和成员所有的财产的结合。但是即便是全部财产的所有权属于成员,其成员也不能随意支配投入到合作社的财产,而应该根

---

⑩ 《马克思恩格斯全集》(第19卷),第443页。

⑪ 同上书,第218页。

⑫ 《马克思恩格斯全集》(第25卷),第497页。

⑬ 许更生、武一:《国外股份合作社产生的背景及其特点》,载《世界经济》2000年第7期。

据合作社的原则由合作社统一支配。也就是说,合作社将形成一个集体意思来实现对出资财产的管理支配。从所有权方面来分析,如果该合作社的全部成员都以财产的使用权出资,此时的合作社没有属于自己所有的财产,因此也就没有集体所有权的问题;而如果成员以财产的所有权投入合作社,那么这时的合作社就有了属于自己的财产,因而也就产生了集体所有权。

合作社成立以后,在经营过程中,它的财产无论在数量还是在归属方面都会有变化。我们首先分析服务型的合作社,这样的非生产型的合作社在合作经济组织中占有很大比重。它们主要为生产服务,降低了生产成本,或者增加了产品销量,但不进行生产活动,不会创造新的价值。但由于合作社与成员之间也是根据市场价格交易,因此合作社也会有收入。这些收入首先减去合作社工作人员以按劳分配方式取得的报酬后(服务型的合作社工作人员不是合作社的成员,合作社的成员在合作社之外通常还有自己的工作),应该首先提取公共积累,然后按照成员与合作社的交易量将盈余分配给成员。公共积累的目的是扩大合作社的生产经营规模和提高成员的福利,主要包括公积金和公益金。无论哪类合作社,这两项都是不可缺少的。这部分公共积累,不属于任何成员个人,即使有人退出合作社也无权取回这部分财产(否则将与合伙无异),也不被分配,它将在合作社中积累存在,除非合作社解散。从所有权关系上看,这部分财产唯一的所有权主体就是合作社集体,该集体可以根据合作社的发展需要来支配处分。有了这样一条规则,在合作社经营过程中,集体所有权就自然产生了。集体财产还会随着经营的持续而不断增加,这也是公有制国家集体经济能够不断发展壮大的原因。当合作社把成员入社时投入的但保留所有权的财产全部返还时,剩下的财产就是属于合作社组织集体所有的财产。

在生产型的合作社中,劳动者与合作社成员身份高度统一,人人平等,共同劳动,利用集体管理的生产资料进行生产,创造价值。共同劳动创造的财产,首先根据按劳分配的原则分给劳动者作为报酬,然后提取公共积累,还可以分给成员股份红利。对这部分公共积累,任何个人无权享有所有权,只能由合作社根据成员的共同意志进行支配,这种由合作社享有对公共积累财产的完全的支配处分的权利就形成了集体所有权。

比较在生产合作社和非生产类的合作社中集体所有权产生过程,我们可以发现,虽然两种集体财产的来源都直接来自公共积累,但是公共积累的产生机制不同。前者,这些积累来自合作社中劳动者的合作生产,是在合作中产生的价值,但后者的公共积累是来自成员自己的单独劳动创造的价值,只不过通过合作社的服务时,有部分转移到了合作社最后成为集体财产。但无论在哪种合作社中,公共积累部分都来自合作社这种特殊的经济组织,是合作社这个独立的主体得到的收益,而合作社成员个人与合作社彼此分离,他们对这部分财产无权请求分割,否则合作社的公共积累无疑就成了成员个人财产的集合,合作社便与合伙没有实质差别了,也就否认了合作社的独立地位。在提交给 1997 年国际合作社联盟代表大会批准的文本中,合作社的第 3 条原则写明:“社员对合作社的资本做出公平的贡献并加以民主的控制,资本至少有一部分通常是作为合作社的共同财产。”国际合作社联盟在背景材料中解释这条原则时说明,随着合作社的发展壮大,它从其经济活动获取的收益中可以创造一部分积累,通常是所有的积累或相当一部分积累应集体拥有,以反映社员支持合作社的一种集体成就。许多的立法还规定,即使合作社解散,这一部分集体的“资本”也不能在成员中分配,而应转给社区企业或者其他相关的合作社。据一位参加 1999 年在北京召开的“中德农村合作社发展”双边研讨会的德国合作社专家介绍,德国合作社的集体积累不仅不可分配,而且也不能用积累支付退社股金。⑭

在这里,我们必须把集体所有制和集体所有权作一个大致的区分。集体所有制是属于经济基础,是生产关系的总和,所有制关系贯穿于社会总生产的四个环节(生产、分配、交换、消费)之中,不能仅仅理解为生产资料的所有制,更不能简单地理解为生产资料的所有权。在同一种所有制基础上,可以产生一种或两种所有权形式甚至产生多重所有权形式。⑮ 马克思也指出,“虽然一定所有制关系所特有的法的观点是从这种关系中产生出来的,但另一方面同这种关系又

---

⑭　参见潘劲:《中德农村合作社发展及所面临的问题——“中德农村合作社发展”双边研讨会综述》,载《中国农村经济》2000 年第 4 期。

⑮　参见王利明:《国家所有权研究》,中国人民大学出版社 1991 年版,第 36 页。

不完全符合,而且也不可能完全符合”。[16] 在合作社中,无论最初成员以财产所有权还是使用权出资,但合作社一旦成立,任何人均不能再以自己的个人目的来支配财产,而只能由集体组织在全体成员民主决议,形成意思一致的条件下使用处分,也就是说“由集体共同占有”,在分配盈利时,是按劳分配,没有资本剥削劳动的可能,因此我们认为,这时的合作社是属于“公有制”的。正如马克思所论述的社会主义所有制一样,“是在资本主义时代成就的基础上。也就是说,在协作和对土地及靠劳动本身生产的生产资料的共同占有基础上,重新建立个人所有制”,[17]“个人所有制始终不能脱离生产资料共同占有这个基础,只要个人所有制始终建立在生产资料的共同占有的基础上,它就是公有制”。[18] 可见,在合作社中,即使成员最初是以财产使用权投入,此时的合作社从经济基础的角度看也是公有制的,但从所有权角度看却暂时没有产生集体所有权,直到该合作社有了收益,并提取了属于集体所有的公共积累。

集体所有权作为所有权的一种,其行使方式与一般的个人所有权由自然人按照自己的意志自由支配不同。在集体组织中,集体成员在集体这个小范围内是公有,所有成员在物理上都可能直接支配财产,这一点就不同于国有财产,因为国有财产不可能所有人都可以对其进行直接支配,而只能由一个机构代表全国人民来行使。但是,集体组织成员在直接管理处分集体财产时,必须遵照全体成员以民主的方式形成的集体意思。因此,我们认为,集体意思的出现是非常重要的,集体意思是集体所有权行使的前提,法律必须保证集体组织建立一个保障成员民主权利得以充分发挥的机制,以确保集体所有权的正确行使。为此在集体经济组织中必须严格执行一人一票、民主管理等合作制原则。

---

⑯ 《马克思恩格斯全集》(第 30 卷),第 608 页。

⑰ 《马克思恩格斯全集》(第 2 卷),第 262 页。

⑱ 参见韩松:《我国农民集体所有权的实质》,载《法律科学(西北政法大学学报)》1992 年第 1 期。

三、集体所有权与相关概念的比较

(一)集体所有权与总有

总有,是指“并未赋有法律上人格之团体,以团体资格而所有物之共同所有。总有之内容,一方面为质的分割,对于共同体财产之管理处分之支配权利,属于村落共同体,其管理处分,应得到团员全体之同意或经基于团体规约之多数决定。使用收益属于各村民”。[19]“在日本民法,有以共有性质之入会权为总有权。”[20]许多学者把集体所有权的本质看成是一种总有形式。[21]与此认识相适应,则集体所有权的主体被认为是集体组织的成员个人。

笔者认为,这些观点值得商榷。把集体所有权看作是总有,是因为仅仅看到集体经济组织的成员可以通过承包等方式使用收益而无权处分集体所有的财产这种与总有极其相似的表面现象。殊不知,集体所有权和总有是“形似而神不似”。从总有的性质来看,如果把它归为共有的一类,则其主体应该是共有人,但其处分权却归于村落共同体这个团体。为什么?从某种意义上讲,“处分权能为所有权的核心,是所有权最基本的权能”。[22]传统理论认为,处分权能才是真正的所有权的标志。因此,这个问题很难从理论上得到合理解释。对于被看作是现代总有权典型的日本民法中的“入会权”,学者对其性质就有争议,“关于入会权之性质,按学者的见解,其为对支配标的物予以共同使用收益的用益物权”,[23]而并不是所有权。可见对于总有我们都有足够的理由怀疑其真正主体是否是共有人,更不能据此判断集体所有权的主体是成员个人。

从产生时间上看,集体所有权是近代出现的合作制经济的必然产物,离不开合作社原则这个先进思想的指导;而总有出现在中世纪日耳曼村落,仅仅是

---

[19] 史尚宽:《物权法论》,中国政法大学出版社2000年版,第153页。

[20] 同上书,第154页。

[21] 韩松:《我国农民集体所有权的实质》,载《法律科学(西北政法大学学报)》1992年第1期。

[22] 梁慧星等:《物权法》,法律出版社1997年版,第115页。

[23] 肖贤富主编:《现代日本法论》,法律出版社1998年版,第129页。

一种部落习惯法的体现。

关于集体所有权与总有的区别,我们还可以发现如下几点。

第一,总有的客体一般是土地、山林、水源,一旦确定后,在量上一般不会改变;但集体所有权的客体远不止于这些不动产,还包括其他如生产工具等动产,在数量上也是不断增加,从少到多,甚至是从无到有,因此是一个动态的所有权。第二,总有表示的是一种静态占有的状态,其取得主要是通过先占;而集体所有权是在共同劳动中产生,主要通过劳动创造。第三,总有虽是所有权的"质"的分割,其分割有一个固定的模式,如使用收益权能归成员而处分权能归团体;而集体所有权的主体享有完整的一个所有权,它没有被分割,有时是完全由主体行使,即使有时由成员来行使也是在集体的意思之下代集体行使所有权的。

(二)集体所有权与共同共有

一些学者"将其看作特殊的共同共有",[24]相应地,也把集体所有权的主体界定为集体成员。笔者认为,集体所有权不同于共同共有。集体所有权的主体是劳动者集体组织,所有劳动者个人并不是所有权主体,其个人原则上不得请求对集体财产的分割。共同共有关系的各个共有人对共有的财产享有平等的所有权,他们可以依个人意志解除这种共有关系,收回属于自己所有的份额或财产。当然这一权利的行使也得受到全体共有人意志的限制。可见,集体所有权与共有的最根本的区别在于:前者是法人或者其他组织的所有权,它与个人所有权已经分离。后者是若干个人的所有权的结合,而没有形成以所有权为基础的组织。但在权利的行使上,集体所有权和共有又往往形成两个方向相反的"两权分离"现象。集体所有权属于特定的集体组织,但在一定的条件下,其使用、经营、收益权能可以赋予该集体成员个人,甚至是赋予该组织以外的个人。共同共有的所有权属于个人,但在通常情况下,其财产的使用权或经营权需让与共同共有组织的全体共有人。在这种情况下,集体所有权往往需要将其权能

---

[24] 王利明主编:《中国物权法草案建议稿及说明》,中国政法大学出版社1998年版,第282页。

分散,而所有权分散的共同共有的关系则需要将其权能集中,但两者在法律性质上并不是一个概念。另外,集体所有权是一种单独所有权,其成员数应该达到法定规模,必须具有完善的内部机构,具有较强的团体性。共同共有是一种多数所有权关系,其成员人数受到其法律形式的限制,一般来说,不可能达到集体组织成员人数的规模,也无完善的内部机构,团体性较弱。㉕

把集体所有权看作共同共有的原因在于没有正确区分合作社和合伙,在合作社中产生的集体所有权与合伙中产生的共同所有混为一谈。我们一直认为,合作社的特殊之处在于它遵守通用的合作社原则,是劳动者之间的结合,"合作社若不遵守国际合作社原则是难以想象的"。㉖ 而在合伙中,合伙人却是根据他们之间自由协商订立的合伙协议来组织生产,本质上是各个合伙人个人所有的财产在使用方式上的结合,以发挥财产的规模效应或者互补效应,与合作社的本质大相径庭。如果认为集体所有权就是共同共有,将会导致在理论上集体所有权被合伙代替,在实践中取消集体所有权。

(三)集体所有权与公司法人所有权

虽然两者都排斥个人,但是集体所有权的主体可以是法人组织,也可以不是法人组织,但公司必定是法人。因此,在集体经济组织成立时,成员可以把财产的使用权投入,而保留所有权,但是在公司成立时,出资人必须用财产的所有权投入,成为公司单独的所有权,而股东只能获得股权。在股份有限公司中,公司的财产分成等额部分,由投资者认购,并且可以在证券交易场所任意转让。因此,任何不特定的社会成员都可能成为某个股份有限公司的投资者,实现了资本的社会化。由于现代大型公司的出现,一个投资者不可能在公司中占有绝对的支配地位,他们更多的是"用脚投票"。因此,公司的投资者关注的不是管理阶层对公司财产的支配管理,而是公司对自己的分红回报。投资者的个人意思在公司中的体现已很不充分,甚至不能体现(如中小股东)。这就形成了经济

㉕ 参见马俊驹:《论合作制和集体所有权》,载《吉林大学学报》(社会科学版)1993 年第 5 期。

㉖ 潘劲:《中德农村合作社发展及面临的问题——"中德农村合作社发展"双边研讨会综述》,载《中国农村经济》2000 年第 4 期。

学上所谓的公司财产的"所有和控制"相分离的现象。在有限责任公司中,由于公司的投资人人数和股份的对外转让有一定限制,因此在有限责任公司中,公司的投资人比较关注对公司财产的控制和管理,投资人的管理意思还能够比较充分地得到体现。这一点与集体组织对集体所有的财产的管理支配时体现的成员集体意思有相似之处。但是无论在哪种公司中,投资者进行意思表决或者赢利分配时都是按照持有股份的多少或出资比例来进行,因此在本质上,公司中体现的是资本的集合。

而在合作社中,虽然其成员要有一定的财产投入,但根据合作社原则,严格实行民主管理,一人一票,按劳分配,其本质上体现的是劳动者的集合。"有些合作社从对外经营活动看,与公司没有区别,但从内部机制看,与公司截然不同,根本区别在于是否坚持合作社的基本原则。"[27]因此,在组建合作社制定章程时,不能偏离合作社原则,而公司按照发起人自己制定的公司章程来组建,各个公司章程之间有很大的差异。另外,由于资本的多少在公司中非常关键,因此在公司设立时,对投资人的各项投资都必须进行评估作价,并且投资财产必须符合法律规定的形式;而在合作社设立时,有些合作社就不对成员的投入进行评估作价,投入的财产也可以是多种形式。在合作社中,成员可以根据自由原则退出合作社,但不可以转让其投资者合作社成员的资格,因为合作社是人的组合;公司与之相反,投资者不能退股,但可以转让出资使其受让者成为公司的成员,这也是公司是资本的组合的本质体现。

四、我国集体所有权状况分析

我国现阶段的合作经济主要产生于社会主义改造过程中,在农村建立了农业生产合作社、信用合作社、供销合作社;在城镇中组织手工业者和小商人成立合作企业和合作商业,街道居委会或者国营企业为了解决就业问题,也大量兴

[27] 潘劲:《中德农村合作社发展及面临的问题——"中德农村合作社发展"双边研讨会综述》,载《中国农村经济》2000年第4期。

办集体企业,地方政府也开办乡镇企业。集体所有制成为仅次于国有经济的最重要的经济形式。[28]

但随着经济的发展,经济体制的改革,集体经济暴露了一些问题。如集体企业中产权不明确,资产流失,管理混乱;农村中的许多合作经济组织已经名存实亡,特别是农村中最重要的生产资料——土地的物权一直没有明确,严重影响农业生产。有人因此否认集体所有权,或者在分析集体所有权时已经偏离集体所有权的本质。笔者认为,在对我国集体所有权分析时,应该从产生集体所有权的经济基础—合作制这个角度来进行。由于城镇和农村的集体所有权各有特点,下面我们分别论述。

(一)城镇集体所有权

对于城镇中的集体所有权,我们首先应该为集体经济组织正名。真正的集体企业是以合作社原则组织起来的劳动者的结合,而不是因为它只被称作集体企业。比如,对于国有企业开办的企业,即"全民办集体",其最初资产是国有资产,并非合作社成员共同出资,所获利润也被开办单位拿走,则我们认为这样的企业根本不是集体企业,本质上只不过是国营企业的一个分支机构罢了。当然,如果这样的企业开办以后,内部按照合作制的原则来运作,提取了公共积累,可以把资金看作国有企业借给该集体企业的启动资金,当集体企业返还其全部财产后,该企业的财产就完全成为集体所有了。对于乡镇政府开办的企业,其资金源于乡镇财政,并不是来自合作制企业成员,这样的企业原则上也不是集体企业,只不过这种企业既不是由国家开办不能够叫作全民企业,也不是任何个人投资也不能够称为个体企业,只好称作集体企业,则这样的"集体企业"的主体就是乡镇集体了。其实,乡镇是一级行政机关,不是经济组织,它开办企业的目的一方面有利于本地小城镇建设,发展农村经济,转移农业中的过剩劳动力,使其"离土不离乡",另一方面也为了增加乡镇财政。这就使乡镇企业难免受到行政机关的不当干涉,"政企不分",必然会影响企业的正常生产经

---

[28] 参见《中国经济年鉴》,中国经济年鉴社2000年版,第928页。

营。“乡村政府是乡镇企业利益的积极攫取者。它不仅要求集体企业上交大部分利润,而且以管理企业的名义对企业进行额外征收。……各种费用摊派侵占了乡镇企业的利润,导致企业无法规模扩张、技术改造、设备更新。”[29]在这类企业改制过程中,许多乡镇都把企业卖掉,所得收入列入乡镇财政,可见这类企业的主体并非集体合作经济组织而是乡镇机关,由此也可以证明这种企业并非按照合作社原则组织起来的集体企业。笔者认为,对现有的称为集体所有的企业的改革,应该以合作社的原理来分析它的性质,看它是不是集体所有。然后按照集体所有权的行使方法,由全体成员共同决定该集体财产的管理支配,使其实现增值保值,如进行转投资,或者由集体成员继续以合作制的形式进行生产,排斥任何其他个人或单位的不当干涉。

(二)农村集体所有权

农村中的集体所有权,也应该是在农村合作制中产生的。在农村实行包产到户后,法律允许农民拥有一部分生产工具,因此农村中的许多生产工具已经属于农户个人所有。其他的集体所有的财产,根据合作社的原理来分析已不成问题。但土地作为特殊的生产资料,其所有权关系很特殊,在理论上争议也最大。因此,我们着重探讨农村土地的集体所有权问题。

究竟农村的土地是不是属于集体所有,它的主体究竟是谁?有学者认为,虽然《土地管理法》第10条明确规定土地为“村农民集体”“乡(镇)农民集体”所有,但“这个‘劳动群众集体’不能是民法科学所包括的主体形式”。“按照旧的意识形态造就的‘劳动群众集体’的概念在法学上不是科学的概念”,“因为劳动群众集体的法律形态在法律上无法界定”。[30] 也有学者认为,农村集体所有权的主体“应采取农村社区全体成员所有的形式……也就是说,农村社区集体所有权的主体分别是村民小组全体成员,村内全体集体成员,乡内全体集体成

---

[29] 中国社会科学院农村发展研究所:《2000年—2001年:中国农村经济形势分析与预测》,社会科学文献出版社2001年版,第107页。

[30] 孙宪忠:《物权基本制度的基本范畴及主要制度的反思》(上),载《中国法学》1999年第5期。

员”。[31] 其他关于主体的观点还有很多。[32] 在实践中,由于主体的不确定,也发生了许多问题,如农村集体土地产权的双重模糊,严重影响土地的占有利用和有效配置,[33]耕地流失、撂荒,土地利用率低下等。[34]

笔者认为,农村中的土地作为最重要的生产资料,是在农业生产合作制形成过程中成为集体所有的。应当承认的是,土地作为最重要的生产资料有其特殊性,它在物质上不能增减,不能移动,有天然的优劣差异和稀缺性特性,是大自然的产物而不是劳动的产物。因此,我们首先必须回答这样一个问题:土地的所有权是否可以用合作社原理来解释?笔者认为,虽然土地有上述特点,但它作为一种生产资料,完全可以通过合作社转变成集体所有权的客体。如合作社成员可以把自己土地的所有权投入到合作社中(我国在农业高级合作社中就是如此)形成集体所有权,也可以把自己的土地的使用权投入到合作社中,但此时的土地不属于集体所有。

笔者通过对中国农村土地所有权的历史和农业现状、发展方向等方面的分析,认为农业合作制在中国将长期存在下去,因此,土地的集体所有将不会改变。

第一,从土地集体所有产生的历史看,在农村成立初级社时,土地所有权属于农民个人所有,此时的农业合作社是成员以土地的使用权投入的,但进入高级社后农民对土地失去了所有权,相应地,农业合作社就取得了所有权。虽然在这过程中,并没有完全遵守合作社的“自愿”原则,但不可否认的是,这个既成事实已经被广大农民和社会所接受,并且在以后的农业经营中曾长期按照合作社原则进行运作。即使后来确立“三级所有,队为基础”也没有改变土地属于合作组织的性质,只不过合作经济组织由大变小而已。后来,土地实行家庭联产承包责任制也是集体所有权的一种使用方式的改变而已,但所有权形式没有任何变化。因此我们的主要任务是考察农业继续发展合作经济的可能性或必然

---

[31] 韩松:《论集体所有权的主体形式》,载《法制与社会发展》2000年第5期。

[32] 参见王利明:《民商法研究》(第4辑),法律出版社1999年版,第321页以下。

[33] 参见叶向阳等:《农村集体土地产权制度研究》,载《中国法学》1993年第6期。

[34] 参见王卫国:《中国土地权利研究》,中国政法大学出版社1997年版,第98页以下。

性,看集体所有权的基础是否合理和巩固。

第二,农业生产最基本的特点决定了农业合作的必然性。农民之间通过合作可以形成一种抗衡力量,以改变单个农户在市场谈判中的弱势地位;合作社还可以为成员提供市场或公共部门不愿提供的服务或者要素;可以增加合作社成员及其所在社区的就业和收入。总之,只要农业生产中最基本的特点——生产的生物性、地域的分散性及规模的不均匀性存在,农民的合作就有存在的必然性,这不仅对于农业人口的地位,而且对于农产品市场更好的运行,对于一个国家乃至国际经济的发展,都具有重要作用。[35] 一个有说服力的例子就是罗马尼亚在1991年东欧剧变时,全国的农业合作社及他们之间进行协作的组织全部取消,全国86%土地和其他生产资料转给私人。但时隔不久,分地后的65%以上的农民再次走上合作经营的道路,组成各种合作农场。[36] 另一个例子就是美国,“目前,美国每6个农场主就有5个参加了各种形式的合作社,有的农场主甚至参加了几个合作社”。[37]

第三,农业经济要实现发展,产业化经营是一个必经途径。这种经营方式把生产、加工、销售环节有机结合起来,减少中间环节,降低交易成本,引导和帮助农户的商品走上专业化、社会化、一体化、集约化,产生区域规模和产业规模。[38] 那么农业产业化经营的组织模式是怎样的呢?合作社模式在我国非常适合。合作社在农业产业化经营中,是“农民自由联合的最佳模式”,“农民进入大市场的最好中介组织”,“实现小生产与大生产相结合的有效经营形式”。[39] 地少人多的日本,其农业却极其发达,原因在于国内规模庞大的农业合作组织——农协功不可没,“有人说离开了农协就无从谈起战后日本农村的发展,其原因也在于此”。[40] 可见,无论在理论还是在实践上,农业走合作化道路是必然

---

[35] 参见黄祖辉:《农民合作:必然性、变革态势与启示》,载《中国农村经济》2000年第8期。

[36] 参见唐忠:《农村土地制度比较研究》,中国农业科技出版社1999年版,第85页。

[37] 中共中央政策研究室农村组赴美农业考察组:《美国的农场主合作社》,载《中国农村经济》1998年第10期。

[38] 参见牛若峰、夏英:《农业产业化经营的组织方式和运作机制》(国家自然科学基金研究专著),北京大学出版社2000年版,第34页。

[39] 同上书,第77页。

[40] 章政:《现代日本农协》,中国农业出版社1998年版,第253页。

的。虽然农业合作有很多种形式,但笔者认为,生产合作是最根本的合作形式,同时积极发展农业的非生产合作,如供销、信用、专业服务等各种形式的合作。

第四,我国农村土地是广大农民生存的依靠。"当前我国农村的土地最根本的功能还是为每一个农村农民提供生活保障和基本福利。"[41]在社会保障体系不完善或根本不存在的情况下,土地的社会保障功能不可忽视,它作为社会保障的替代物为占中国人口绝大多数的农民提供了基本的生活保障,从而成为维护社会稳定的一个重要因素。虽然土地的社会保障功能随土地在农民收入来源中的重要性的下降,或随农民收入水平的提高而减退,因此在经济发达地区和落后地区土地的保障功能有差别,但笔者认为,在中国现有情况下坚持土地的集体所有,保证每个农业人口有最基本的来自土地的收入是最符合中国实际的。

另外,土地的集体所有对于农业人口的失业保险作用是显而易见的。农村中大量的隐性失业之所以没有造成社会动荡,很大程度上得益于土地对过量劳动力的吸纳作用。同时有学者指出,与高个人化的农地制度相比,目前的集体所有的农地制度可能更有利于劳动力的跨区流动。[42] 因为在确定了自己在集体经济中的一定权利后,农村中的过剩劳动力可以进城找临时的或者其他不稳定的工作,在找不到工作或者短期工作完成后他可以回到农村,从事农业生产。

事实上现在广大农村中就是这样一种现实情况。

许多学者还指出如果土地私有,很有可能产生土地兼并,导致农村贫富悬殊。而土地变成国有显然也会导致农村的剧烈变动,[43]同时会增加国家对农业土地的管理成本,在现阶段显然是不合适的。

可见,在我国农业中发展合作经济,坚持土地集体所有符合中国的现实情况和将来的发展趋势,我们应该坚持土地的集体所有并不断完善和发展之。现在问题的关键是正确规范土地集体所有权的主体,防止所有者缺位,保证集体所有权充分实现。对此我们有如下几点认识。

---

[41] 史际春:《论集体所有权的概念》,载《法律科学(西北政法大学学报)》1991 年第 6 期。

[42] 参见姚洋:《中国农地制度:一个分析框架》,载《中国社会科学》2000 年第 2 期。

[43] 参见王卫国:《中国土地权利研究》,中国政法大学出版社 1997 年版,第 110 页以下。

第一,只要我们在农村还坚持实行合作制,集体土地所有权的主体就应该是按照合作制的原则所确立的农业合作经济组织而不是经济组织的成员个人。

第二,农村的生产合作不同于工业或者商业合作,后者的合作只要有资金和劳动力的结合就可以了。但是农村合作必须依靠土地,以农村社区为合作基础。所谓社区,是"生活于一定地域的社会共同体"。[44] 在一定的地域范围内,人们的生活方式和经济发展各有特色,土地也必然有天然的差别。因此,各个合作经济组织可以根据自己的具体情况来使用土地,安排土地的使用方法。比如,在经济比较发达的地方,合作组织可采取集体土地入股的方法来进行农业集约化生产,提高农业的科技含量,发展高科技农业。而在经济落后的地方,合作组织可以根据本地情况发展种植农业。现在很多地方出现了多种不同的土地使用方式,就是合作组织根据本地的具体情况来行使所有权的现象。这也是现在我国土地的使用方式不断产生,不断超越家庭联产承包责任制这种唯一的使用方式的原因。[45] 只要没有违反国家对土地的强行规定(如保护耕地的规定),集体成员能够充分行使民主权利,对集体土地的任何方式的使用都是应该允许的。

第三,农村集体经济组织的成员是谁?多数人认为是农村社区范围内的个体农民,但"农民"在此不应该再理解为"长期参加农业生产的劳动者"。[46] 而应该理解为具有本社区农村户籍的人员。这样的理解有其合理性,因为现在大多数有农业户籍的人是把农业经济作为自己所从事的职业或者把它作为自己最根本的生活保障的。即使他们中的许多人进城打工或者从事非农产业,但这些工作不很稳定,他们一般都要回到农村继续从事农业生产,因此只有把他们作为农村集体合作经济组织的成员,才能够保障他们的经济利益。另外,集体经济组织还可以根据农业户籍人口的变化对其成员进行调整。应该明确的是,合作社的成员和合作社是有区别的,合作社是由一定范围内的符合一定条件的成

---

[44] 中国百科大辞典编委会:《中国百科大辞典》,华夏出版社1990年版,第275页。

[45] 根据《南方周末》2001年6月14日报道,浙江绍兴新风村以集体土地入股,成立了"土地股份合作社";湖北监利出现的"种客田"现象,都是当地集体组织根据的实际情况创造出的集体土地的新的使用方式。

[46] 《近代汉语词典》,商务印书馆1981年版,第830页。

员在自愿的基础上组成的一个开放的组织,成员的变动并不能引起合作社的变动。这点认识有助于澄清这样一种误解,即认为农村合作社成员经常变化,因此,没有一个确定的合作经济组织,则集体所有权的主体就只能是集体组织成员个人了。

但从长远来看,有两个现象是必须提到的。第一,就是我国户籍制度改革的趋势已经明朗化;[47]第二,现在许多农村出现"股田制",即把集体土地折价作股和本集体之外的资金结合,集体经济组织成员收取土地的"股金"收益。那么,没有农业户籍制度下的"农民"是谁,怎样来确定某个人就是"农民"?股田的所有权有没有改变?对此,笔者的认识是,考虑中国农村的现实和农业的社区合作的性质,在将来确定农业合作经济组织成员时,以取消户籍前的农业户籍人员为基础,以法定的居住地和主要的经济来源作为标准是可行的,即只要在农业社区有法定的住所,以在本社区的农业中获得的收入作为自己主要经济来源的人,可以认为是农业合作经济组织的成员,也就是那时的农民。对于股田制,笔者认为,虽然土地和资金都是农业生产的要素,但土地在农业生产中不会损耗,有永续性,并且根据中国法律土地的所有权是不可以投资的,因此它在与资金结合时,投入的是土地的使用权而保留所有权。这不会引起土地的所有权的改变。当然,外部资金和集体所有的土地完全可以再根据合作制原则组织新的农业生产合作社。

第四,以现有村民小组范围内的农民组成合作经济组织比较理想。因为在村民小组的范围内,农民对社区的土地信息很了解,在集体组织中行使权利时,能够作出比较正确的判断,也可以在此基础上更好地行使基层民主。如果集体经济组织的范围过大,集体组织成员对土地的信息不充分,因而难以行使相应的民主权利,不利于农村民主,也不利于农民对集体财产的监督,并且现有集体之间的利益差别就会被平均化而趋于一致,这将会影响现有条件较好的集体中群众的积极性,故以村民小组范围的农村社区组成合作经济组织比较适宜。这个安排也很符合现在农村中的实际情况,现在农村中基本上都是以村民小组范

---

[47] 参见《公安部户政部门负责人接受本报独家采访——中国户籍制度悄悄改革》,载《南方周末》2001年8月30日,第1版。

围内的农民作为一个集体来行使权利的。只不过在法律上没有给予确定而已。

实际上,农村集体所有权还不仅限于此。在农村土地集体所有情况下,承包集体土地的农户还可以建立其他的合作社,如各种专业合作社,信用合作社、供销合作社等。也就是说,同一个农户可以参加不同的合作社。但只要有合作社,也就必然有集体所有权的产生和存在。

综上所述,我们的结论就是在现有村民小组范围内的农村社区的农民组成合作经济组织,进而行使对土地的集体所有权。在合作经济组织中,充分发挥成员的民主,重要的决定都应该由成员大会以一人一票原则进行。这样安排才是真正的集体所有权的本质要求。

农村社会进步与合作社立法*

作为一种制度化的组织，合作社具有明确的内涵和外延。1984 年国际合作社联盟第 28 届代表大会通过的国际合作社联盟章程规定："只要以促进其成员的经济与社会进步为目标，以互助合作为基础所经营的企业，并遵循罗虚代尔公平先锋社所确定的、被国际合作社联盟第 23 届代表大会所修订的合作社原则的，[①]都可以被认为合作社组织。"我国经济学界对合作社所下定义是，合作社是劳动群众为了改善生产条件和生活条件，谋取或维护自身利益，按照自愿、民主、平等、互利等原则建立起来的一种经济组织和社会团体。不难发现，上述关于合作社的两个定义并无重大区别。并且二者包含了从经济和社会两种角度的考察，表明合作社是一个特殊的经济学和社会学意义上的有机体。

民法对合作社所作定义是以它的上述定义为基础的。《德国合作社法》第 1 条规定：合作社是无人数限制的，以促进社员的经济活动为目的，以共同的经营管理活动为手段的组织体。1934 年《合作社法》第 1 条规定：本法所称合作社，谓依平等原则，在互助组织基础上，以共同经营方法谋社员经济之利益与生活之改善，而其社员人数和股金总额均可变动之团体。合作社在经济和社会视角之上，再加上法律视角之后，其性质和特征更加清晰地呈现。

---

* 原载《改革》2001 年第 3 期。

① 1966 年国际合作社联盟第 23 届代表大会确定合作社的主要原则：(1)自愿原则；(2)民主管理原则；(3)限制股金分红原则；(4)盈余返还原则。参见高峰等：《发达资本主义国家的所有制研究》，清华大学出版社 1998 年版，第 167 页。

具言之,合作社的最高原则是平等,其组织基础是经济上的互助,设立目的是为社员谋经济利益和生活改善,经营方法是共同经营,而其结合方式则是自由、公开的。

一、国外合作社在农村社会进步中的重要地位

(一)一些主要国家的农业合作社的历史及现状

合作经济源于个体劳动力经济联合的需要。现代合作社最初是劳动者、小生产者为了摆脱和抵抗资本的剥削而组织起来的,罗虚代尔公平先锋社就是工人为抵制商业资本的高利盘剥而建立的消费合作组织。作为一种平民的组织和制度形式,合作社具有广泛的适应性,国外各类合作社遍及生产、流通和消费各领域,从事着工业、农业、建筑业、商业、服务业、金融保险、医疗卫生、交通运输、渔业等多种经济和社会事业。从合作社与各行业的结合情况来看,农业与合作社的结合最为广泛而深刻。

市场经济是从城市逐渐向农村渗透的,合作社在农村的发展,也比城市要晚一些。合作社在农业的广泛兴起是在19世纪末期。德国第一个真正具有现代意义的农业合作社是1864年成立的"信贷联社"。创办人赖夫艾森(Raiffeisen)是一位富有基督教博爱思想的合作社事业家,他创办的"信贷联社"向社员提供小额信贷,代购种子和农具,代销产品,是一种将合作经营、信用关系和相互承担责任的思想紧密联系在一起的综合性合作经济组织。从此,德国的农业合作社纷纷地建立起来,到赖夫艾森去世时,有423个"赖夫艾森式"合作社。②

美国的农业合作社最早成立于1810年。那一年,美国康涅狄格州农场主组织了一家加工和销售牛油的销售合作社。1841年和1851年,威斯康星州和纽约州分别成立了乳业合作社。③ 在美国,这种由农场主组织的合作社的迅速

② 张仲福:《联邦德国企业制度》,中国法制出版社1990年版,第67页。

③ 参见徐更生、刘开铭主编:《国外农村合作经济》,经济科学出版社1986年版,第97页。

发展还是在20世纪。

农业合作社的作用集中体现在它的经济贡献上。据有关资料,在以农业为主的发展中国家,合作社的产值已占国民生产总值的10%～20%。北欧的瑞典约有75%的农产品是通过合作社销售的,全国居民消费的食物中有1/2～1/3是由农业合作社的企业加工生产的,其中牛奶占99%,肉类占80%。日本的供销合作社协助农户销售了65%的农产品(其中包括95%的大米和90%的渔产品),采购了60%的生产资料。④ 联邦德国农业合作社1986年销售额约为800亿马克,其中基层合作社占53%,地区和中心合作社占47%。联邦德国农业的销售额一半以上是合作社进行的,其中奶制品供应占80%,饲料和肥料供应占60%左右,粮食占50%以上,葡萄酒占1/3以上。⑤ 表1反映了联邦德国自第二次世界大战后到1970年农业合作社的发展情况。

表1　联邦德国农业合作社的发展情况

项目	1949年(A)	1954年	1960年	1970年(B)	(B—A)/A
信用合作社数(个)	11,416	11,207	10,480	6362	-44.27%
销售供给合作社数(个)	10,333	9869	9089	6828	-33.92%
服务合作社(个)	2367	2420	2863	15,116	538.61%
社员总数(千人)	3260	3592	4089	4400	34.97%
社均社员数(人)	130	150	180	292	124.62%

资料来源:丁为民:《西方合作社的制度分析》,经济管理出版社1998年版,第29页。

发达国家农业合作社的发展,主要表现为农业中流通领域合作社的发展。

---

④ 有关资料引自俞建国:《发达国家的经济合作社及其给我们的启示》,载《经济研究参考》1996年第D5期。

⑤ 参见张仲福:《联邦德国企业制度》,中国法制出版社1990年版,第73页。

农业流通领域合作社又主要是供给合作社、销售合作社和信贷合作社三种，还包括一些影响比较小的利用型合作社，如电力合作社、电话合作社、技术服务合作社、共同灌溉合作社等。它们都是由农民或农场主组织，分别负责向社员提供种子、饲料、化肥、农药等各种农业生产物资，收集、处理和销售农产品，以及提供服务等工作。表2介绍了美国农业合作社（主要是供给和销售合作社）的发展情况。

表2　美国农业合作社的发展情况

项目	1900年	1914年	1930年	1960年	1970年	1980年	增长
合作社（个）	1000	5424	12,000	9000	7790	6211	521.10%
社员总数（人）	不详	651,000	3,100,000	7,200,000	不详	5,340,000	720.03%
社均社员数（人）	不详	120	258	800	不详	860	616.67%
营业额（百万美元）	不详	636	2500	11,000	不详	不详	1629.56%

资料来源：丁为民：《西方合作社的制度分析》，经济管理出版社1998年版，第31页。

表2显示，美国农业合作社的数量在1900～1930年经历了一个迅速增长的时期，此后合作社数量大幅度下降（1980年比1930年下降48.24%）。另一种反映是，虽然与1960年相比，1980年合作社社员总数有所下降，但社均社员数则是逐渐上升的，说明合作社运动必然要经历这样的发展过程：经过一个兼并整合的阶段然后走上稳定的规模化的轨道。

（二）合作社使农业从内部实现了双层经营

从对合作社的历史考察中我们得知，现代合作社首先兴起于城市，相隔一段时期之后才发展到乡村，这一过程是与市场经济从城市向乡村推进的步伐大致同步的。然而令人惊异的是，自从农村接受了这种组织制度之后，它的发展则显示出比其他领域的合作社更迅猛的势头和更旺盛的生命力，合作社已经成

为西方国家农业中广大农民借以实现自己的主要和普遍的组织形式。这种现象不能不诱使人们探求导致它们之间美好姻缘之根由。

1. 家庭经济是农业经营的基本组织形式。生产的组织形式和经营方式不只取决于生产工具的发展水平,还与生产对象的性质密切相关。农业生产的特殊性在于,它是经济的再生产,同时又是自然的再生产。它的生产对象是有生命的植物和动物,它必须适应生产对象的成长特性和生命周期。农业的自然再生产带来了农业生产的地域性、季节性和不稳定性,因而要求生产和经营具有极大的灵活性,要因地制宜,随时在经济管理上采取灵活的应变措施。这一特性决定了农业劳动者比工业劳动者在生产过程中要有更多的独立性和自主性。它的劳动组织宜小,同一劳动组织内部各成员之间的关系应更为密切,利益关系应当一致。历史和现实大量事实证明,以亲情关系为纽带的家庭是最符合上述要求的。从人类历史进程来看,家庭经济在不同的历史阶段可以容纳不同水平的生产力。可以确信,在农业科学技术没有取得重大突破、宜于实行工厂化生产之前,家庭作为组织农业生产的基本经营单位是不会过时的。我国农业生产力低下,主要靠手工和畜力进行田间作业;加上丘陵山地多、人均耕地少,最适宜于家庭从事小规模农业、畜牧业和手工业分散经营,家庭经营是无法替代的。过去追求“一大二公”,人为地取消家庭经济,搞强制性集中生产劳动、评工记分,结果造成劳动效率低下,经济凋敝,民不聊生。最后不得不重新返回到家庭经营上来。这种脱离实际的教训是深刻的。

2. 合作社是家庭经济的保护层。上面论证了家庭经济从来就是农业生产经营的基本组织形式。但是,如果说在自给自足的自然经济条件下,田园牧歌式的家庭经济在狭小的地域里怡然自得的话,当社会进入市场经济时代,则家庭经济很快就要面临危机。这是因为,为占领市场而发生的商品生产者之间的竞争,使商品生产的组织形式从最初的个体形式演变为合伙制、公司制形式,市场经济活动的主体越来越多地以团体身份出现,团体人格是市场中的主要人格,并且其地位越来越显赫,其势力越来越强大,其经营触角越来越深入社会的各个角落。而个人则主要借助或者依附于团体以获得经济和政治利益。个体越来越需要借助团体力量以图生存和发展。家庭经济基本上属于个体经济范

畴,个体农户在商品化经营中独木难支,越来越难以抵御组织化市场力量的冲击,其结果是生产经营难以为继,乃至破产。对于农户来说,摆脱困境的唯一的办法就是众多农户联合起来建立自己的互助性组织,将个体融入团体之中,以团体人格宣示力量,以团体力量参与市场竞争。这种从农业内部产生的互助性组织必然以容纳农业分散经营的生产方式为其特点,它不试图取消以农户为基本单位的经营,相反,它以服务和促进农户生产经营为目的,这正是合作社所具有的本质特征。

至此,我们揭开了农业与合作社之间的亲密关系,农业经营不可缺少合作社这种组织形式。在市场经济社会,农业必然是一种双层次经营的经济结构:第一层次是千千万万个从事农牧渔业生产的农户,它是农业经济的最小单元;第二层次是从事各种专业化生产、经营和服务的合作社组织,其活动宗旨是为农户提供产前、产中和产后服务。这种农户—合作社之双层经营结构以农户为基础,以合作社为依托;农户因有了合作社的依托,再不是孤立的个体,已成为整个农业经营系统中的有机组成部分,成为市场经济中一个活跃的分子。合作社在为满足农户的需要和维护农户利益的过程中自身也不断地发展壮大。二者结合,在整体上构成与市场经济相适应的农业产业化的组织形态。

在市场经济发达的国家,随着商品经济的发展,农户—合作社双层结构的农业经营体制不断得到稳固和完善,合作社的合作越来越大。适应农民需要的各种专业合作社不断出现,一个农户常常是几个合作社的社员。合作社之间也走向联合行动,出现了合作社的地区联盟和全国联盟。至此,合作社驾驭市场的能力大为增强,表现为在必要时以集体行动来对付市场失灵、过量供给引起的价格过低,抗衡买方垄断或垄断市场结构。⑥

在当今各发达国家,合作社成为各国农业部门的主要组织之一,并成为沟通政府与农户之间联系的桥梁。政府通过合作社推行其农业指导方案,亦通过合作社向农户提供财政、税收和信贷等方面的优惠待遇。更重要的是,农户因组织合作社,使自己在政治上有了强有力的发言人,形成在政治上有影响力的

⑥ 参见[美]迈克尔·L.库克:《美国农业合作社演变中的法律与金融要素》,载《合作社法国际研讨会论文集》,中国农业出版社1996年版。

声音,对国家立法和政府决策施加对自己有利的影响。也正出于对此方面的疑虑,有一些国家的当权者担心,支持农民成立合作社有可能形成社会不稳定因素。对于这种极为偏狭和反进步的思想,联合国粮农组织总部合作社与农村组织组高级官员约翰·G. 劳斯是如此评述的:"支持农民自愿的自助行动并不必然意味着一种不稳定性。相反,事实表明情况几乎恰恰相反。这种自愿的自助行动不仅为合作者和农村地区带来了可观的经济利益,而且提高了农民参与和加入经济发展进程的程度,由此减少了产生有时会导致失望和暴力的农民在经济和政治上的边缘化现象的可能性。"⑦中国作为一个人民当家作主并以法治为目标的国家,理应关注并帮助农民有效地组织起来并在市场竞争中取得一席之地,避免占人口大多数的农民在经济和政治上持续边缘化而致社会畸形发展。

二、我国农业合作社现状和对合作社立法的期待

(一)中国"三农"现状和合作经济组织的兴起

20世纪80年代初,以中共中央宣布撤销"人民公社"体制、实行家庭联产承包责任制为标志,在中国推行了20多年的合作化运动正式宣告结束,中国农村又恢复到小农经济状态。随着市场经济不断占据统治地位,个体农民亦被卷入商品生产的大潮。但分散的小农毕竟势单力孤,在与多半是作为组织化的市场主体进行交易过程中,因信息不对称而吃亏上当的事情每天都有发生。因市场信息不灵和小农的分散无序等原因,农副产品的供求关系经常处于剧烈的波动状态,20世纪80年代以来出现三次农产品供给"相对过剩"并呈周期性发作即是例证。农产品供求和价格无序波动,导致小农趋向于追求保险的"兼业经营",这又使数亿小农从事的农业经营规模更进一步"细碎化",使农业难以形成分工有序和规模化的经营格局,农产品的商品化和农业经济效益难以提高。小农经济的局限性充分地暴露出来。

---

⑦ 《合作社法国际研讨会论文集》,中国农业出版社1996年版,第137页。

在政治上,分散弱小的农民成了有的地方集团力量为了支撑不断膨胀的行政组织和进行资本原始积累而加紧剥夺的对象。中央年年下发农村政策文件要求地方减轻农民负担,但收效甚微。

社会的可持续发展必然是均衡发展,必然通过合作社这种制度安排,推动农民进行自我组织建设,以形成代表农业和农民自身的经济和社会力量。一方面,如此则可以避免国家的扶农政策面对大量分散小农,交易成本太高、政策效应太低;另一方面,通过合作社形成农民利益的自我积累、自主发展和自我保护机制,实现对地方政府权力的自主制约。

事实上,在市场经济条件下,真正意义上的合作经济组织总是要出现的。随着市场经济的进展,在农业专业化经营发展较快的地区,许多专事技术、资金、加工和运输的农业服务性合作经济组织在各个地方自发地出现了。由于过去的合作化运动使人们认定合作社就是“大个体”那个样子,新成立的合作组织多不叫“合作社”,而称“农民专业协会”(农协)。据农业部1994年组织对145个县的典型调查,农协状况反映如下。[⑧]

到1993年年底,145个县共有各种专业农协3007个,平均每个县20.7个;专业农协兴办各种服务实体401个,平均每个县2.8个。在各种专业农协中,种植业协会占63.1%,养殖业协会占19.4%,加工业协会占2.4%,运输业协会占3.7%,食用菌协会占2.4%,其他协会占9%。从业务内容看,技术服务占79.6%,购买服务占15.1%,运销占23%,信用融通占7.9%,加工储藏占5.4%,信息服务占38.3%,其他业务占14.3%。

1993年农业部在向国务院呈交的《关于支持农民专业协会发展建议的报告》中,对农民专业协会所作如此定义:由农民自愿自发组织起来的,以发展商品经济为目的,以农户经营为基础,实行资金、技术、生产、供销等互助和多项合作的新兴民间性经济组织。显然,该定义符合合作社的各个主要特征,农协无疑就是国际公认意义上的合作社了。

中共中央和国务院对农村悄悄兴起的合作经济组织给予了关注。1993年,

---

⑧ 参见农业部农村合作经济指导司编:《引导农民进入市场的新型经济组织——农民专业协会》,中国农业出版社1995年版,第35页。

国务院指定农业部为全国农业合作经济的指导和管理部门。财政部和国家税务总局联合发文,规定对于农民专业协会、专业合作社所取得的收入"暂免征收所得税"。[9] 一些地方开明的党政领导人也开始向农民宣传合作社思想、鼓动农民自主成立合作社,并给予一定的优惠政策。

(二)对山东莱芜、莱阳两市的合作社调查

1999 年 11 月初,笔者曾到山东省莱阳、莱芜两市进行了为期 10 天的农村合作社调查。之所以选择这两个市作为调查对象,是因为根据有关资料介绍,该两地农业合作组织办得较为成功,具有代表性。以下是此次调查所得。

莱芜市的农村专业合作经济组织都以"协会(研究会)"命名,如养鸡协会、养猪协会、长毛兔研究会、蔬菜协会、果树协会、生姜研究会等。据莱芜市科协提供的统计资料,莱芜市现有各类专业协会 220 个,会员 3 万户,占全市农户的 12%,协会遍布全市 30 个乡镇,涉及 730 个村庄。其中,市级协会 8 个,乡镇级协会 78 个,村级协会 134 个。莱阳市的农村合作经济组织则直接冠以"合作社"之名。根据莱阳市政府接待办提供的资料,莱阳市从 1994 年开始进行合作社的尝试,到 1995 年底办起合作社 210 个,入社农民 9 万户。到 1996 年年底合作社发展到 390 个,社员 16.5 万户,占莱阳市农户的 75%。当询问合作社现在的数字时,接待办主任王宇廷先生说有 237 个,即比 1996 年减少了 1/3。原因据说是一些合作社或者被合并或者被撤销。莱阳市合作社的兴起一定程度上带有"运动"的色彩,只不过这次"运动"相比 20 世纪 50 年代的合作化运动,其性质大有不同:它以向农民宣传合作社思想、介绍一些合作社成功的经验和制定优惠政策为诱导,尽管存在一定程度的跟风走形式之弊,但政府并没有采取行政命令或强制。

1. 合作社的类型。依合作社业务活动不同,可将现有合作社划分为以下四类。

(1)生产资料供应合作社。莱阳市新出现的一些生产资料供应合作社,最

---

⑨　参见财政部、国家税务总局《关于企业所得税若干优惠政策的通知》(财税字〔94〕001 号)。

初是农民针对农业生产资料市场经常出现假冒伪劣商品而成立的。照旺庄镇祝家童村宇敏供销合作社成立于 1995 年 3 月，是由 42 户菜农和村集体联合投资入股成立，现在社员发展到 110 户。合作社的主要业务是为社员采购化肥、农药、地膜等生产资料，也帮助社员销售蔬菜和提供技术服务。

(2)产品销售合作社。莱阳市农业以种植蔬菜和水果为主，专业化和商品化程度很高，这种情形特别需要成立产品销售合作社为农户服务。在莱阳市农村各种合作社中，销售合作社最多，典型的产品销售合作社有明聚蔬菜供销合作社、留寺庄果品销售合作社、东方果蔬供销合作社。合作社的任务是与蔬菜和果品加工厂建立稳定的产销联系、协商价格，统一供应、统一结算。一般说来，采取这种团体一致的行动可以获得较为有利的价格条件，也有利于稳定生产。

(3)技术服务合作社。技术服务型合作社多由乡镇农业技术服务部门如林果站、兽医站(隶属于市科委)牵头成立，如莱芜市牛泉镇的养猪协会、长毛兔协会是由镇兽医站牵头创办，莱阳市沐浴店镇的樱桃合作社是由该镇林果站牵头创办的。这类合作社因有专业技术人员指导，加上当地农村已有相当规模的专业养殖或种植业基础，能够起到推动产业化发展的作用。如据说莱芜市牛泉镇的养兔业已成为全镇经济的一大支柱产业，这不能说没有长毛兔协会的功劳。另外，兽医站有自己独立的牲畜物资门市部，兽医站在帮助农民搞好专业生产的同时，也增加了自己的销售收入。

(4)农工商综合合作社。农工商综合合作社是使种养业与加工和销售环节直接连接，实现产、加、销一体化形式的合作社。这类合作社在莱阳市是通过两个途径起步的：一是农民办的农产品销售合作社由销售向加工延伸，即合作社办加工企业。二是已有的农产品加工企业向原料生产延伸，组织从事原料生产的农民建立原料生产合作社，同时，加工企业对原料生产合作社采取按销售量实行利润返还和吸收合作社向加工企业投资等形式，使合作社与加工企业形成稳定的联系，使企业与合作社一体化运行。莱阳市的综合性合作社有荆阳果蔬合作社、岚子乡芋头加工销售合作社、宏富果蔬生产销售合作社、宏达果蔬加工合作社等。

考察以上实际发生的各种合作社之后我们会发现,这些合作社有一个共同特点,即都是为农户生产经营提供产前、产中或者产后服务,而没有过去那种集中劳动式的生产合作社。其原因可能正如本文第一部分揭示的那样,直接的农业生产活动由于它的自然属性、分散性和灵活性特点,所以普遍地宜于以家庭为生产经营单位。

合作社在农村的发展空间是十分广阔的,我国1935年颁布的《合作社法施行细则》第6条依业务性质规定了如下10种合作社:①生产;②运销;③供给;④利用;⑤劳动;⑥运输;⑦消费;⑧公用;⑨信用;⑩保险。[⑩] 由于尚处于起步阶段,目前我国新出现的合作社种类不多,许多宜于开展合作经营的领域还没有出现合作社组织。比如,向来居于合作社龙头老大地位并对农村各业发展起巨大扶助和推动作用的农村信用和保险合作社尚呈缺席状态,原因是受制于国家严格的金融管制政策。

2.合作社的组织化程度。合作社的组织化程度普遍较低。莱芜市各种协会有完整章程的不曾看到。从听取介绍中知道协会一般设有会员代表大会、理事会、监事会,但因处于松散状态,这些民主机制恐难有效运作。莱芜市一些协会为官办或半官办,前者如见马乡果树协会为乡政府牵头创办,历任理事长都是乡党政负责人。由乡镇科技服务部门牵头创办的协会也存在这种情况。

完全为民办的杨庄镇生姜研究会的发展历程颇有典型意义。莱芜市杨庄镇种姜农民张松泉1984年联合周围25户种姜农民成立生姜研究会,在生姜的生产、加工和销售环节互通信息,采取联合行动。在销售环节寻找大需求商,搞联合运销,生意越做越大。研究会经过10多年的积累,据说会员发展到2000人。张松泉联合十几位会员投资成立了两个食品有限公司,现有固定资产800万元,其中张松泉占股份最多,是公司的法人代表。公司生产的生姜系列产品远销韩国、日本、东南亚国家。公司完全按照股份制运作。由于绝大部分会员

---

⑩ 合作社分类不同于公司之按责任形式划分,而是按业务种类划分。之所以如此,是因为依各国合作社立法,合作社采业务法定主义,即合作社经营之业务原则上应以登记的业务范围为准,不得超越。合作社的名称依规定亦应标明其业务种类。参见李锡勋:《合作社法论》,台北,三民书局股份有限公司1982年版,第52页。

不享有公司股份,自然无由享受公司的经营利益。在这种情况下,大部分会员与研究会的关系实质上只是销售和收购的关系,研究会成了使其他多数会员依附于企业的纽带。

还有一种单纯以产品销售为活动内容的合作社,如莱阳市沐浴店镇南泊子村有个果品销售合作社,组织松散,果农只要愿意都是它的社员,不需办任何手续,也无须入股。每到水果成熟季节,社长王成军就带领一帮推销人员外出推销,组织销售。果农只要认为价钱可以接受,就可以将水果交给合作社,合作社将销售款返还果农并从中提取手续费。这种单纯从事销售、松散型合作社与销售中介组织无异,但它存在走向紧密和规范化的可能性。

合作社组织得较为规范的是莱阳市。莱阳市多数合作社都有自己较为完备的章程,设有社员大会、理事会和监事会,实行一人一票表决制。

3. 合作社的主体地位。我国现行民事法律没有关系合作社一类民事主体的规定,有关工商企业登记的法规中也没有“合作社”或类似性质的企业名称可资适用。在实践中,各地工商局对合作社之类合作经济组织的认许方式取决于当地党政领导认识水平。如莱芜市的各类协会、研究会只被允许在民政局办理社会团体法人登记,这类组织不能以自己的名义获得银行贷款,能力受到很大的限制。而在莱阳市,由于市党政领导比较重视合作社事业,在认识上承认合作社是一种独立的企业类型,故符合条件的合作社可以申请法人登记,取得“合作社法人”资格。如在莱阳市东方果蔬合作社的法人登记证上,在企业性质一栏就有“合作社法人”字样。但对于具备哪些条件方可以取得合作社法人之资格的问题上,莱阳市工商局拿不出一套独立的适用标准,主要是套用集体企业的登记标准。

4. 政府在合作社成长中的作用。在目前国家没有制定合作社法的条件下,合作社的成长很大程度上取决于地方党政领导和政府主管部门态度。莱阳市原市委书记慕永太(本文撰写时为山东省农委主任)是一位合作经济专家,他自1994年开始在莱阳发动了一场新的农村“合作社运动”。由于理论宣传和实际指导工作做得充分,合作社的原则、组织机构和运作方式等一套理论很快为农民所掌握并得到实际运用。在合作社性质的认定上,莱阳市认定其为独立的民

事主体，可以向工商局申请注册登记，确认为“合作社法人”资格。而在莱芜市，因使用“协会”或“研究会”之社会团体名称，给人一种不甚务实的感觉，实际上也只能以社会团体的身份在民政局登记，不作企业法人对待。

合作社依赖政府扶持，各国合作社在其发展过程中莫不如此。莱阳市委领导曾口头许诺给合作社免税并且得到执行。但口头上表态并非畅行无阻。1997年，东方果蔬合作社所在的镇税务所所长以没有法律依据为由责令其交税。被拒绝后，该所长收走了合作社的账本。社长亲自找市委书记反映情况后问题才得以解决。合作社虽然不交税，但税以外的各项摊派一项也少不了。

（三）制度创新——以合作社立法推动农业合作社规范化复兴

按照制度经济学的观点，制度创新，是指一种制度对另一种制度的替代、转换和交易的过程。它既是以更有效的制度替代原有制度的过程，也是新的更有效制度的产生过程。由于制度的稀缺性和“公共产品”性质，决定了在大多数情况下适宜的制度创新供给不足和时间上滞后，由此决定了在现实中，制度因素常常成为制约经济发展的主要矛盾。我国农村经济体制改革的过程实际上就是一个不断寻求适宜制度安排的过程，也就是一个动态的制度创新的过程。从农户承包经营取代农村人民公社体制，从合作社、农民专业协会出现所引起的对农户分散经营的超越，反映了农民在寻求适宜制度安排过程中的制度创新。对这一过程的实证考察表明，我国农村经济制度的创新，总体上表现为一个需求诱导型创新特征，而供给主导型的制度创新明显不足。也就是说，农村经济制度创新大多是由制度的需求者在稀缺环境下的自主选择，而不是制度的供给者（政府）主动提供的制度安排。农村现实存在的大量问题（如土地产权不明、税费负担太重、农民自组织化程度低等）表明，农民的制度需求仍十分旺盛，而制度供给不足且严重滞后。

在法治时代，制度供给主要表现为法律规范的颁布和实施。农村合作经济的实际状况表明，尽快制定和颁布合作社法很有必要，它至少在以下两个方面可以推动合作经济的发展。

第一，通过合作社法及其配套法规所提供的规范性制度设计，引导农民建

立适合自己需要的各种合作社。在市场经济条件下，农民的处境必然是不进则退，逃避市场是没有出路的。若要有效地进入市场并占有一席之地，则必须组织起来形成团体势力。很显然，这个过程如果由农民自发地完成，则进程缓慢、成本太高。国家应当充分运用法律规范的指引功能，以制度供给者的身份通过制定合作社法律法规，并辅以必要的宣传教育，引导和鼓励农民建立适合自己需要的合作社。合作社立法对合作社法人地位的确立，有利于合作社以独立市场主体资格从事各种交易活动，并以与公司、独资企业和合伙企业平等的主体地位参与市场竞争；合作社法及其配套法规所确定的扶持合作社发展的优惠政策，将会起到鼓励农民建立合作社的作用；合作社互助共济的功能和各级合作社网络的建立，有利于农民以团体的身份参与国家的民主政治生活、表达自己的声音、抵制行政滥权。

第二，通过法律的规范性条款的约束，引导合作社走上规范化健康发展的轨道。经过实际调查后我们发现，各地合作经济组织极不规范，如名称不统一，组织状况参差不齐，合作本质所决定的民主性和服务性普遍缺乏。合作组织过于注重追求自身的经济利益，忽略了其本来应有的为社员服务的功能。对于这种状况如果不尽早促其走上规范化轨道，那么，合作事业将会因失去民主运作之根基而不得发展，它最好的前途也不过是股份制企业而已（如前面提到的莱芜市杨庄镇生姜研究会）。以上问题都可以通过立法加以解决。合作社法不仅规定合作社的形式特征，还规定合作社的性质是劳动群众自主成立和民主管理的互助性经济组织，组织原则是一人一票，活动目的是资助和促进社员的经济活动，分配原则是惠顾返还等。只有具备这些特征的组织才有资格成为合作社，只有保持这些特征才允许保持“合作社”之名义。合作社法规定的审计监督和检查制度可以保证合作社持守其法律规定性。

目前在理论界和决策层，在关于制定合作社法是否成熟的问题上存在分歧。主张目前出台合作社法尚不成熟的人认为，目前我国农村合作社的实践尚处在初级阶段，情况尚不明朗、不定型，在这种情况下过早出台合作社法将有可能使无限多样的合作社实践受到人为的拘束，不利于合作社的发展。这种主张似乎占了主导地位。但必须认识到，尽管我国真正的合作社尚处于刚刚兴起阶

段,但合作社在国外已有 150 多年的历史,世界上多数国家都有合作社立法的丰富经验,我们完全可以结合本国情况,并对他国的实践经验进行研究并可以加以借鉴,这样,我们制定的合作社法就不会脱离实际。

论合作制与集体所有权*

集体所有权作为一种独立的所有权形式，是在合作制产权结构的发展中产生的。在资本主义国家条件下，合作制只能形成集体的资本主义组织，而不可能树立明确的集体所有权观念。集体所有权是集体所有制在法律上的表现。在社会主义制度条件下，合作制组织属于公有制的一种形式，它由社员的出资和共同积累构成集体所有的财产。集体所有权是以一定的团体、组织为主体，通过其组织机构形成团体、组织成员的集体意志，以共同占有、使用、收益和处分集体财产的权利。近现代，集体所有权产生的方式多种多样，但其最基本的方式是合作制。

一

合作制是近代社会的产物，萌发于资本主义发展较早的西欧国家。世界上最早的合作社，是 1844 年英国罗尔镇 44 名纺织工人发起建立的公平先锋社。他们的办社原则包括：(1) 用集股办法筹集资金；(2) 认购股金数额不限，但只付股息，不分红利；(3) 社员人人平等，实行一人一票制；(4) 盈余除提取公积金、公益金外，应按社员出资比例分配。这些原则已经成为国际合作社组织的原则。它表明：在资本主义条件下产生的合作社，是劳动者为了联合起来掌握

---

* 原载《吉林大学社会科学学报》1993 年第 5 期。

生产资料,将分散的手工劳动转化为社会化的、大规模的集体劳动,从而实现对资本主义生产方式的抗衡。但是,马克思也明确地指出,仅靠雇用劳动者通过自己的努力创造的这种狭小形式,还不可能改造资本主义社会。①

在现代社会,各国经营组织的基本形式有三种:一是合伙企业,二是股份公司,三是合作社。合作社与合伙企业不同。合伙企业,是由合伙人为举办某项事业而集资组成的企业,其财产分别属于各个合伙人所有,合伙企业并没有自己所有的财产,所以合伙人须对合伙债务负无限清偿责任。在法理上,合伙企业不同一般意义上的法人,但许多国家则从实际出发承认其民事主体地位。合作社是以促进其社员的经济与社会为目标,以互助合作为基础所经营的组织,在不同程度上形成了与社员财产分离的组织所有的财产。在法律上,这些财产属于合作社的集体财产,并以此对合作社债务独立承担责任。所以,一般来说,合作社享有法人资格。但是,合作社的产权结构溯源于财产共有关系,其社员往往对部分出资财产或部分共同积累的财产享有所有权。特别是初级形式的合作社通常具有合伙的性质。不过,合作社无论如何都必须拥有一定的属于自己的集体财产,否则它在产权结构上就等同于合伙企业。

合作社与股份公司也不同。股份公司,是指用发行股票的形式把社会上的游资集中起来举办的企业,投资者一旦将资产投入公司后,资产的所有权即视为转移给公司,其个人不得直接支配所投入的资产,而取得的是股东的身份,依法和依章程享有股东的权利和履行股东的义务。投资者即使想脱离公司,也不能将投入的资产收回,而只能将自己持有的股票转让。在公司中,普通股票持有人按股投票,一股一票。因此,公司的经营是由大股东支配的,一般零星股东参与公司的本质的经营是不可能的。合作社是劳动者之间的组合,从它创建之时起,就须拥有一定数量的集体所有的财产。所以,有些国家的合作社法规定,社员入社时应交纳一定的入社费,以作为合作社独立经营的物质基础。在合作社的经营过程中,应将一部或全部公共积累留作集体所有。合作社也可以采取股份方式集资,但合作社的股份只能由该社社员认购,不能自由转让,社员出社

---

① 参见《马克思恩格斯全集》(第16卷),第219页。

可以依照章程的规定，请求退还其股金的一部或全部。社员表决权一律平等，实行一人一票制，不因出资多少而有差异，人人都是合作社的经营者。合作社盈余既有按劳分配，又有按资分配。

我国集体所有权的传统概念，是从合作社所有权演变而来，是从苏联引进而来。在苏联，对合作社所有权的认识也曾经历了一个很长的时间。起初，法律文献中广泛流行合作社所有权是一种私人所有权，认为股金虽然受合作社支配，但它仍然是入股社员所有的财产。20 世纪 30 年代，随着苏联合作社和集体农庄公有制程度的加强，一些法学家开始提出：社员投入的股金和其他出资，实际上充当了社会组织的资本，成为合作社所有的财产。这种所有权关系已经与共有关系区别开来，合作社社员成为集体的主人，但他们个人不是合作社财产的所有人，不享有这一财产的任何份额。这一思想后来在苏联宪法中得到确认，在一些民法教科书中也得到明确的阐述，这就是，合作社—集体农庄财产所有权的主体是各个合作社、集体农庄组织本身，因此，合作社—集体农庄所有不是其组织成员的共有，而是合作社—集体农庄的公有。而且认为，合作社—集体农庄作为财产所有权的主体，也应该是经营主体、责任主体，即享有民事主体资格的法人。

在我国，合作化运动一开始就受到苏联合作社—集体农庄模式的影响。1953 年，我国开始发展初级形式的农业合作社。社员的土地实行作股入社，统一经营，耕畜与大型农具等生产资料归社统一使用。土地和其他生产资料的所有权仍属社员，其经营权、使用权则归于合作社组织。初级形式的农业合作社主要实行按劳分配，兼有一定的按资分配。1957 年，我国基本完成了高级形式的农业合作社化。这一时期的合作社取消了土地报酬，社员的耕畜、农具等生产资料作价入社，归集体所有，实行“各尽所能，按劳分配”。1958 年，全国农村以合并高级农业合作社为基本方式，进一步实现了人民公社化。人民公社实行生产资料和产品的公有，生产大队和生产队三级所有，以生产队为基本核算单位，所有土地、牲畜、农业机械等主要生产资料和劳动力都归生产队所有，并由它管理和使用。实践证明，我国过早地推行高级合作社模式是不妥的，盲目地实行人民公社化是错误的，这些做法违背了列宁的合作制思想，严重挫伤了广

大社员的积极性。

合作化是一个长期的历史进程。在产权结构上,任何形式的合作社一经创立,就须拥有一定的集体财产,并在尊重个人意愿的前提下,鼓励社员以其出资财产的所有权投入合作社,以便使合作社拥有更广泛的集体财产。但在合作社的初级阶段,应当允许社员既可以财产的所有权出资,直接形成合作社的集体财产,也可以财产的使用权出资,使社员仍保留对出资财产的个人所有权。合作社全体社员共同劳动所创造的资产,除社员按劳分配或其他方式取得的收益外,均应归合作社全体社员集体所有。随着合作社经营活动的展开,合作社的经营逐步增加,从积累中提取的归全体社员集体所有的公共财产也相应增加。当合作社的公共财产增加到足以将社员入股的全部财产偿还时,合作社财产的所有权关系就发生根本变化,社员创造的全都财产即转变为合作社所有。这时,合作社便进入到其高级阶段,在合作化的整个过程中,始终要坚持不剥夺社员个人财产和社员入社自愿的原则,在国家的组织领导和经济援助下,通过合作社自身增值的发展来积累公共财产,逐步扩大合作社集体所有权的客体范围,提高合作社经济的公有化程度。

自 1979 年以来,我国农村逐渐发展起来的农业合作组织,具有许多不同于以往农业合作社的明显特征。新型的农业合作组织完全由农民自愿组建,并可保留家庭经营方式,在土地实现公有制的条件下,不触动个人生产资料所有权,只要接受国家的计划指导,有民工管理制度,有公共提留,积累归集体所有,实行按劳分配或以按劳分配为主,同时有一定比例的股金分红,就都属于社会主义性质的集体经济。在城镇,大力发展集体所有制经济和合作制经济,实行"自愿组合、自负盈亏、民主管理、按劳分配、职工集资、适当分红、集体积累、自主分配"的原则,实行"自主经营管理"的原则。国家政策还鼓励合作经营组织所需资金、设备、场所等,由参加人自筹解决,允许入股资金或其他财产仍属个人所有,但归合作组织统一使用和管理,合作组织内实行以按劳分配为主,提留公共积累。

二

根据马克思主义政治经济学的基本原理，集体所有权是建立在生产资料集体所有制基础之上的。在社会主义国家，集体所有制是生产资料和生产成果归劳动群众集体共同占有的一种公有制形式。集体所有制作为经济范畴，是社会物质关系，它决定着集体所有权的内容，而集体所有权作为上层建筑，则是特定历史时期的集体所有制关系的法律表现。集体所有权在本质上是反映社会上一部分人共同占有他们所拥有的生产资料和生产成果的关系，其中每个人对于占有对象都具有平等的、无差别的权利，任何个人原则上无法声称他对占有对象享有特殊的权利，原则上不能将其用于个人的特殊目的。② 在私有制条件下，由于社会财产掌握在少数人手中并作为资本，成为占有和奴役他人劳动的工具，因此，不可能产生完全意义上的集体所有权关系。在社会主义公有制条件下，集体所有制经济客观存在，劳动群众集体占有生产资料成为经济生活中的重要形式，所以，集体所有权关系必然产生出来。

在公有制经济中，每个劳动者法定地拥有与生产资料"相结合"进行生产活动并取得劳动收入的权利。在通常情况下，集体经济组织的成员既是该组织的出资者，也是该组织的劳动者，集体所有权的主体则是这些出资者、劳动者组成的集体组织。从原则上来讲，集体所有制是一部分劳动者共同占有生产资料，并与此生产资料"相结合"，共同劳动，共享收益的经济制度，集体经济组织是人的组合，是直接参加该组织生产的劳动者的组合，集体所有权是以劳动者集体组织为主体的所有权形式。但是，由于社会主义商品经济的发展和集体经济的日益壮大，集体经济组织越来越多地单独投资或与其他主体联合兴办企事业，从而发生了集体所有权主体与直接劳动者分离的现象。或者说，集体所有权的主体已不一定由直接劳动者构成。尽管如此，在社会主义公有制条件下，仍须

② 参见樊纲等：《公有制宏观经济理论大纲》，上海三联书店1990年版，第20～21页。

否定任何凭借生产资料的所有权不劳而获地占有他人劳动的权利,生产资料和生产成果应归于全社会劳动人民或部分劳动者共同占有并为其谋福利。就集体经济而言,无论是劳动者直接参加集体经济组织的劳动,还是他们间接参加集体经济组织的劳动,都应肯定集体所有权的主体是由部分劳动者组成的集体组织,这一点是由集体所有制的性质决定的。

劳动者能否成为经济组织中的主体因素,是社会主义国家集体所有制经济,与资本主义国家的集体私有制经济的重要区别。在资本主义国家,股份制虽然能够形成一定的集体化、社会化财产,但它仍是资本所有者的联合,是资本的集中,是以资金额作为权利分配的原则,从而使劳动从属于资本。在社会主义国家,合作制和其他集体经济组织是以人的因素为主体,最基本的是由劳动者联合而结成为劳动集体,虽然这些经济组织也需要资金,但它是采取联合劳动者入股的形式来集中资金,每个劳动者的权利是平等的,不受入股金额的影响,因而它使资本从属于劳动。③ 由此可见,社会主义国家的集体所有权理论,实际上源于合作制的基本原则。资本主义国家的股份制,不可能形成集体所有权关于劳动者必须构成主体成员的条件。在我国,目前试行的股份制也是从资金运用、财产管理的角度提出问题,它仍是以物的因素(资金、财物)为本位。所以,一般来说,股份制企业不能列为集体所有制企业,当然它也不能形成集体所有权。

马克思指出:“虽然一定所有制关系所特有的法的观点是从这种关系中产生出来的,但另一方面同这种关系又不完全符合,而且也不可能完全符合。”④所有制是生产关系的总和,所有制关系贯穿于社会总生产的四个环节(生产、分配、交换、消费)之中,不能仅理解为生产资料所有制,更不能简单地归结为生产资料所有权。在同一种所有制基础上,可以产生出一种或者两种所有权形式,甚至产生多重的所有权形式。⑤ 在我国,随着经济体制改革的深入,同一经济组织所包含的所有权形式可能是多样的,在全民所有制经济组织内,还可能存在

③ 参见杨坚白:《合作经济学概念》,中国社会科学出版社 1990 年版,第 13 页。

④ 《马克思恩格斯全集》(第 30 卷),第 608 页。

⑤ 参见王利明:《国家所有权研究》,中国人民大学出版社 1991 年版,第 36 页。

集体所有权、个人所有权关系;在集体所有制经济组织内,还可能存在公民个人所有权关系。在集体所有制经济组织中,不一定其生产资料只能归集体所有,还可能有一部分生产资料归集体成员个人所有,也可能有一部分生产资料归集体组织以外的人所有。这样做符合我国现阶段社会经济发展的实际。但是,笔者也认为,既然是集体所有制经济组织,自然其生产资料应主要归集体所有,而且在社会生产力不断提高的基础上,要把扩大集体积累作为巩固和发展集体所有制经济的重要物质保障。

集体所有权作为一种民事权利,是在具体的民事法律关系中产生和存在的,因此,它必然与特定的主体相联系。没有明确主体的集体所有权,就无法实现权利和承担义务。按照通行的理解,集体所有权的主体应是具有权利能力和行为能力的法人组织。即使不是法人组织,也应是具有形成和执行集体意志机构的组织体。应当承认,我国集体所有权产生的方式繁多,确定其主体的标准和范围十分困难。集体所有权产生的典型方式是合作制,劳动者集资入股,形成集体所有的财产,其主体是参与入股并参加劳动的劳动者集体组织。但由于历史的原因以及发展商品经济的需要,我国农村的集体经济组织转变为乡、村和村民小组的社区组织,集体组织投资兴办集体企业或出资参加各种联营企业或与其他经济组织合并成为新的经济组织,甚至全民所有制单位也投资开办集体企业等。针对上述情况,必须对如何确定集体所有权的主体作出回答。根据我国宪法和《民法通则》的有关规定,原属人民公社三级所有的土地以及“社办企业”“队办企业”,分别归于乡、村或村民小组的农民集体所有。在实践中,许多乡、村的做法是由农民的集体经济组织行使其财产所有权,在农民集体经济组织不健全的地方,暂时由村民委员会代为行使。具有法人资格的集体组织投资兴办的集体企业,其所有权仍属于原法人组织;不具有法人资格的组织体投资兴办的集体企业,其所有权原则上属于该组织体或其上级主管部门。集体组织出资参加合伙型联营,其出资财产的所有权仍属于原集体组织;集体组织出资参加法人型联营,其出资财产应视为联营企业所有;集体组织之间进行合并,其财产应属于各合并组织的全体成员集体所有。我国现阶段,集体组织与全民所有制组织之间的合并不应提倡。全民所有制组织原则上不能开办集体企业,

它们在法律上不能成为集体所有权的主体。可以认为,在现实的社会主义商品经济的条件下,集体所有权的主体将由劳动者集体组织,向以劳动者共同所有为基础的企业型组织发展。

集体所有不同于共同共有。集体所有权的主体是劳动者集体组织,所有劳动者个人并不是所有权主体,其个人原则上不得请求对集体财产的分割。共同共有关系的各个共有人对共有财产均享有平等的所有权,他们可以个人的意志解除这种共有的关系,收回属于自己所有的份额或财产,当然,这一权利的行使也要受到全体共有人共同意志的限制。可见,集体所有权与共同共有最本质的区别在于:前者是法人组织或其他组织体的所有权,它与个人所有权已经分离;后者是若干个人所有权的结合,而没有形成以所有权为基础的组织。但在权利的行使上,集体所有权和共同共有权又往往形成两个方向相反的"两权分离"的现象。集体所有权必须属于特定的集体组织,但在一定的条件下,其使用权或经营权、部分收益权又可以赋予该集体组织成员个人,甚至可以赋予该集体组织以外的人。共同共有财产的所有权应当属于各个共有人,但在通常的情况下,其财产的使用权或经营权须让予共同共有组织的全体共有人。这种情况下,集体所有权关系需要将其权能分散,所有权分散的共同共有关系需要将其权能集中。另外,集体所有权是一种单独所有权,其成员人数应达到法定的规模,必须具有较完善的内部机构,具有较强的团体性。共同共有是一种多数所有权关系,其成员人数受到其法律形式的限制,一般来说,不可能达到集体组织成员人数的规模,也无完善的内部机构,其团体性较弱。

集体所有权是社会主义条件下产生的一种公有权。在人类历史上,公有制社会必然形成公有权,进入私有制社会以后,一些国家和地区仍然长期保留着公有习惯的旧俗。在日耳曼成文法时代,农村耕地、森林、牧场和水流仍属公社社员公有,只是分配给各个家庭使用。使用这些财产的方法和规则由全体社员决定,每个社员的利用权是平等的。后世日耳曼法学家把这些简单的规划用近代法学观念提出了"总有"的概念,认为日耳曼法中的农村公社所有权是一种特

殊的共有。[6] 在我们看来,这种“总有”实际上就是农村公社社员公有,它是与日耳曼国家长期保留的农村土地公有制相适应的。虽然,这些公有制形式与社会主义的公有制形式之间,还有许多质的区别。但是,就其公有权或集体所有权产生的经济基础而言,无论原始部落的公有权、古代农村公社的公有权,还是社会主义国家的集体所有权,都是十分相似的。它们均反映了以下经济关系:(1)一群人共同占有生产资料,进行社会生产;(2)享有与生产资料“相结合”进行生产并取得劳动收入的权利;(3)收入索取权平等,原则上只能按劳取酬,不能按资分配;(4)共同分担风险和损失。以上可以概括为“共同占有”“共同劳动”“共同收入”“共同分摊”。[7]

在我国,公有权表现为两种形式:一是国家所有权;二是集体所有权。集体所有权是一种过渡性的公有权形式。一方面,集体所有权与国家所有权相比,它所表现的是一种初级形式的公有制;另一方面,集体所有权是从个人所有权转变而来,因此不可避免地具有个人所有权的某些因素。集体所有权的形成阶段,往往与共有关系相混同,这也是为什么集体所有权与共有关系不易区分的原因。

关于集体所有权的客体是否具有不可分割性?民法学界存在两种截然相反的主张。一种主张认为,客体的不可分割性是集体所有权的基本特征之一,[8] 我国有关集体经济组织的法规采取了这一观点,另一种主张认为,集体所有权的客体是可以分割的,特别是当集体经济组织解散或终止时,其公共积累或剩余财产应在各组织成员中分配。[9] 我们认为,集体所有权既然是社会主义公有制的法律表现,它的客体在原则上是不可分割的。

集体经济组织的财产可分为两部分:

(1)出资部分。在通常情况下,组织成员是以其财产使用权出资,这些财产并未直接构成集体所有权的客体,仍然属于组织成员个人所有,所以当他们退

---

⑥ 参见由嵘:《日耳曼法简介》,法律出版社1987年版,第50页。

⑦ 陈郁:《公有制经济的性质》,载陈昕主编:《公有制经济运行的理论分析》,上海三联书店1991年版,第142~143页。

⑧ 参见B.T.斯米尔诺夫:《苏联民法》(上卷),中国人民大学出版社1987年版,第189~190页。

⑨ 参见史际春:《论集体所有权的概念》,载《法律科学(西北政法大学学报)》1991年第6期。

出集体经济组织或按规定应收回出资时,应当依照章程规定将其财产的一部分或全部退还本人。如果组织成员是以其财产所有权出资,直接构成集体所有权的客体,即属于不可分割的财产。

(2)盈余财产。集体经济组织的经营效果有二:一为盈余;二为亏损。从集体经济组织的盈余财产中,首先要支付组织成员的劳动报酬、依法提留公益金和支付其他费用,还要依法提留公积金。集体经济组织成员按劳应当取得的报酬,是公有制条件下任何组织和个人都不能剥夺的,它在性质上并非集体所有权的客体。公益金只能用于社会保险和集体福利事业,组织成员无权进行分配,但在集体组织解散或终止时,可经社员大会或社员代表大会讨论决定其使用。公积金是集体经济巩固和发展的物质基础,是集体经济组织开展经营活动的信用基础,属于不可分割的财产,即使集体经济组织解散或终止时,其组织成员也不得请求分配。在我国,社区性集体经济组织可能会发生分立、合并、迁移等情况,但不会发生解散或终止的情况。合作社或合作经济组织应依照法律或规范性章程设立,当它们解散或终止时,其剩余财产应上缴其上级联社或有关主管部门。

三

集体所有权产生于合作制组织,所以劳动群众自愿集资、自愿组合创办集体经济组织,是集体所有权取得的基本方式。这类集体经济组织,从一开始就须构成属于本组织劳动者群众所有的财产。这部分财产与集资社员的个人财产相分离,成为集体经济组织不可分割的财产。集体所有权的行使必须以一定的组织形式加以实现,抽象的“集体”是无法作为法律意义上的所有权主体的。集体经济组织的最高权力机构是社员大会或社员代表大会,由其行使决策权,决定集体经济组织生产经营中的重大问题,选举罢免、奖惩厂长(经理)。厂长(经理)是集体经济组织的法定代表人,有权代表该组织行使集体所有权,并对社员大会或社员代表大会负责。

在我国,由于农村实行合作化、人民公社化的历史原因,土地已经为社区公有。在此基础上,如何完善和健全农村社区合作经济组织是当务之急。人民公社解体后,农村恢复乡、村和村民小组体制,但从法律上讲,乡、村和村民小组不是集体经济组织,不可能成为集体所有权的主体。目前,我国一些省份和地区已经开始建立社区性合作经济组织,有的称经济联合社,实际上是按地域联系建立的综合合作社。在农村实行家庭承包为主的双层经营体制下,社区性合作经济组织作为发包一方,对土地和其他集体生产资料享有所有权,农户作为承包一方对其享有经营权。这种合作经济组织还应为农户提供产前、产中、产后服务,举办和管理所属工商企业,组织社会公益事业等。社区内凡达到法定年龄的农民,不以重新入股为必要条件,即可自愿成为合作经济组织的成员,享有社员权。建立这种合作经济组织使农村集体所有权主体进一步确定化,既能适应目前农村的现有经营体制,也能为农村集体化生产和经营的长远发展打下组织基础。在这里,我们不赞成把社区集体作为农村土地所有权的主体,社区集体是一个由不特定人组成的群体,它可能以此为基础构成某种形式的公有制社会,但不可能形成近现代法律意义上的集体所有权主体。我国农村体制的剧烈变化,带来法律上的暂时空缺和不完善,这种状况不能作为研究和解释法律现象的出发点。集体所有权的特定含义,必定要求有相应的集体组织作为其主体,并由其组织机构代为行使集体所有权。

集体经济组织或其主管部门创办集体企业,是我国壮大集体经济的一条有效途径。但也存在一些法律问题:其一,由于工业联社和二轻部门以所属集体企业的长期积累财产,投资创办新的集体企业,其财产所有权归属不明。有人认为,这类企业虽不属职工群众直接出资创办,但其财产仍源于同一主管系统的集体企业的积累,如果不是把职工集资入股作为创办集体企业的唯一方式,就应承认其财产所有权属于该企业享有,而手工业联社和二轻部门作为投资者,应享有相应的债权。也有人认为,这类企业既然属于手工业联社和二轻部门投资创办,其财产所有权仍应属于创办组织和部门所有,而集体企业只能对其财产享有经营权。其二,乡村集体企业是我国特定条件下的产物,从法律角度看,此类企业的财产所有权归属不清。根据我国 1990 年 7 月 1 日起施行的

《乡村集体所有制企业条例》的规定,乡村集体企业的财产仅应属于创办该企业的乡或者村范围内的全体农民集体所有,而不属于企业内部的职工所有。乡村企业财产所有权的行使者是乡村的农民大会,或者农民代表会议,或者是代表上述范围内全体农民的集体经济组织。乡村企业的经营者是企业的厂长(经理)。厂长(经理)对企业全面负责,代表企业行使各项职权。显然,这是一种集体所有权与经营权分离的产权结构和管理机制。

由此可见,关于解决这类集体企业财产所有权的归属问题,形成了两种不同的思路:一种思路认为,应当承认这类集体企业享有其财产所有权,创办组织或部门投资后即丧失其所有权,而转化为对企业享有债权或股东权。另一种思路认为,应当实行"谁办谁有"的原则,创办组织或部门对企业财产享有所有权,集体企业享有其经营权。我们认为,集体经济组织或其主管部门创办的集体企业存在两种情况。一是集体企业取得法人资格,已经成为独立的民事主体,就应依照《民法通则》第48条的规定,以该企业所有的财产承担民事责任。因此,该企业应对其财产享有所有权,创办组织或部门因投资而丧失其所有权,取得相应的债权。这不仅能够进一步确立集体企业的民事主体地位有利于增强企业活力和促进民事流转,而且使创办组织或部门从中取得相应的经济效益。二是集体企业不具有法人资格,虽能够在国家有关主管部门批准的范围内,相对独立的开展经营活动,但不能独立的承担民事责任,在法律上,这类企业实际上是创办组织或部门的分支机构。在这种情况下,创办组织或部门对企业财产仍然享有所有权,而集体企业仅取得经营权。

原则上,全民所有制企业、事业单位、社会团体不能创办集体企业,这是由其所有权的性质决定的。但在一定的历史条件下,国家政策对"全民办集体"又是允许的。那么,全民所有制单位创办集体企业,其财产属于国家所有还是属于集体企业所有,这是整顿"全民办集体"的一个关键问题。我们认为,全民所有制单位创办集体企业所投入的财产如果不属于集体企业所有,就仍应属于国家所有,也就不可能成为集体企业。对于那些已经实行独立核算、自负盈亏的集体企业,应当承认它们对其财产享有所有权,而创办单位享有相应的债权或股东权。就多数情况而言,可以将其财产作为集体企业向国家的借债,让企业

负债经营,逐年偿还和付息,最终使企业成为名副其实的集体企业;在企业职工有部分出资的情况下,也可以将其财产划分为若干股份,使集体企业对其财产享有所有权,创办单位作为最大的股东享有股东权,这种企业产权模式有利于确立企业的独立法律地位,但已经不是传统意义上的集体所有权。对于那些与创办单位始终没有脱钩或不便"脱钩"的"集体企业",实际上并未取得独立的法律地位,它们在人事和财产上受创办单位的控制和制约,还不能完全以自己的名义承担财产责任,这类企业仍应属于全民所有制企业,其财产属于国家所有。在法律形式上,可以将这类企业转化为独立的法律实体,按照法人分立的规则,使其成为新的全民所有制企业,也可以将这类企业转化为创办单位的分支机构,以便在核准登记的范围内开展经营活动。可见,整顿、改造"全民办集体"的法律形式很多,我们应当根据实际情况,选择最有利于发挥企业生产经营能力的方式,而不拘泥于所有制和所有权的性质。

近年来,我国广大农村和城镇陆续兴起的股份合作企业,是个体经济与公有经济夹缝中生长出的一支奇葩,是个人合伙与集体企业嫁接在一起的产物。1990 年 2 月农业部颁布的《农民股份合作企业暂行规定》指出,农民股份合作企业是劳动农民的合作经济,是社会主义群众集体所有制经济。从产权关系来看,股份合作企业的资产分为两个部分:(1)合股资产划分为股份,属于合股人股分共有,归企业统一经营使用和管理;(2)按规定提留公积金,属于企业劳动者集体所有而不是合股共同共有,它是不可分割的集体财产,也是股份合作企业集体经济成分的唯一标志。这种产权结构表明,初建时期的股份合作企业往往没有公共积累,实际上是一种普通合伙组织,每个合股人都应对企业债务承担无限责任,所以企业不应享有法人资格。通过生产、经营活动的开展,企业逐渐形成集体所有的公积金,在清偿债务方面,企业应以全部集体财产承担无限责任,合股人由开始承担无限责任,逐步向以合股资产承担有限责任转化,显然,这是一种由合伙向法人过渡的组织形式。随着企业公共积累的不断扩大,集体财产所占比例的增加,以至全部或大部分由企业承担清偿责任,而在事实上全部或大部分免去了合股人的清偿责任,这时企业便成为一种真正的法人组织。

目前,股份合作企业有很多层次、多种形式。我们只有首先研究企业的产权性质,进而明确企业承担责任的方式,才能确定其主体的性质,就多数股份合作企业而言,企业的合股资产及其新增资产,属于个体合股人按股共有,而公积金属于企业劳动者集体所有,任何合股人无权主张分割,这种混合的产权结构,必然形成企业责任的多重性。当企业以其集体财产不足清偿债务时,合股人还应以合股资产乃至个人财产承担清偿责任。合股人将个人所有的合股资产交给企业统一经营和管理,并没有从性质上摆脱合伙关系,所以不能以此作为其承担有限责任的理论根据。从总体来看,股份合作企业还是一种初级形式的合作制组织。

关于合作社的几个法律问题

——合作社应当成为我国集体经济的重要组织形式*

同学们：

大家好！

前不久，湖北省民法研究会召开年会，我和中南政法学院的几位老师见了面，讨论了一些有关民法的问题。徐国栋老师①听过我一次关于合作社问题的发言，他说他很感兴趣，并说他的学生们听了也会感兴趣，所以让我来给大家讲一讲。

合作社问题我并没有深入的研究，只是感觉合作社这种社会组织形式很特别，它与一般的企业、一般的公司不同，与一般的法人不同，它是一种集体经济组织，发展起来又很符合我国的国情，但现在法学界几乎没有人研究。今年（1991年）上半年我先后在《中国法学》《法律评论》上发表了两篇关于合作社法律问题的文章，②目的是想引起法学界的注意，也算抛砖引玉吧。现在"砖"是抛出去了，"玉"还没有引出来，今天我来这里还是抛砖引玉的，我希望能从你们中间引出几块"玉"来。接下来，我讲这样几个问题：

---

* 本文系根据作者1991年12月9日在中南政法学院等地的专题讲座整理。

① 徐国栋教授时任教中南政法学院，曾任学校科研处处长；1999年受聘厦门大学任教。

② 参见马俊驹、冷铁勋：《发展合作社的若干法律问题》，载《中国法学》1991年第3期；马俊驹：《论合作社》，载《法学评论》1991年第3期。

一、合作社的起源和发展

为什么要先讲这个问题?因为大家都很年轻,可能对合作社并不太了解,像我这样年龄的人,今年50岁,在20世纪50年代就见过合作社,但当时也不大懂事,只知道合作社只有中国才有。实际上,合作社是从外国传进来的东西,20世纪30年代我国就出现过一次合作社热,甚至提出所谓的“合作社救国”。当然,那时对合作社的理解与新中国成立后出现的合作化运动,是两种不同性质的事物。

我们说,合作社或者叫合作社运动,它的发源地是英国。总体来讲,英国出现的合作社运动是产业革命的产物,是当时工人运动的一部分。大家知道,空想社会主义者欧文就出生于英国产业革命时期,欧文的合作制思想对英国合作社的发展起了很大的推动作用。1844年,在英国北部城市曼彻斯特附近的罗虚戴尔镇,产生了世界上第一个消费合作社,当时是由28名纺织工人组成的。合作社虽然首先在英国出现,但发展主要是在法国,理论宣传也在法国。英国主要是消费合作社,法国主要是农业合作社。

在此之后,主要是20世纪初以来,德国、瑞典、丹麦、芬兰、美国、加拿大、日本、印度的合作社都出现了。比如,我看到一个材料,在以色列农村几乎农民都加入了合作社,而且合作社搞得还很成功。

在苏联的沙俄时代,合作社就已经有了很大的发展。十月革命成功以后,新政府对合作社这一组织是否应该继续存在下去有两种不同意见。以梅西卡耶可夫为代表的学者认为,合作社是建立在私有制基础上的资本主义社会的产物,建立了苏维埃新政权,废除了私有制,合作社组织实际上已经失去存在的意义;但是,以列宁为代表的另一派学者则认为,我们可以利用合作社为新建立的社会主义经济服务,应该保留。最后,列宁的主张获得多数人的支持。应当说,开始列宁对合作社的理解也不是很全面,直到1923年,列宁才在《论合作制》一文中,明确了合作社的社会主义性质,及集体所有制的企业。列宁说:“合作企

业与私人资本主义企业不同,因为合作社企业是集体企业,但它与社会主义企业没有区别,如果它占用的土地和使用的生产资料是属于国家即属工人阶级的。”苏联以后几十年的社会主义建设中,合作社的性质大体是按照列宁这一思想确定的。

1953 年党中央作出两个关于农业合作化的决议:一个是《中共中央关于农业生产互助合作的决议》;另一个是《中共中央关于发展农业生产合作社的决议》,中国农村的互助合作运动就是在这两个决议的指导下进行的。到 1955 年春,全国已有初级合作社 67 万个,一年多光景,这个发展速度已经很快了。到 1956 年年底,加入合作社的农户达到全国农户总数的96.3%,其中高级社占全国农户总数的 87.8%。原来预计 18 年完成的农业合作化,仅用了 7 年时间,提前了 11 年完成了。与此同时,手工业也随之合作化了,这种过急的做法,在还没有被广大群众所接受的情况下,1958 年又实行人民公社化了。本来很好的东西,我们没有搞好。这种历史的经验教训,我们应该了解、应该总结。

二、合作社的概念和设立条件

合作社是劳动群众为改变自身的生活和生产条件,而自愿联合起来建立的一种互助合作性经济组织。社会主义国家的合作社,表面上与资本主义国家的合作社似乎没有什么差异,但实际上它的性质及任务与资本主义国家的合作社应有极大的区别。我们的合作社,已经不是一个单纯地谋求社员的个人经济利益的组织,而是在国家指导下帮助个体劳动者完成社会主义改造,逐步实现公有制的组织形式。虽然速度不能过急,但方向是十分明确的。

从法律地位上来看,合作社是由社员组合而成的社团法人。这种法人不同于一般的企业法人,因为合作社的设立是以增进社员自身利益为目标的,其直接目的不在于营利。根据我国有关《合作社法(草案)》(1950 年 7 月)的规定,合作社还是一种具有独立组织系统的人民团体,有权选派代表参加各级人民代表大会,以及提出各级人民代表大会的代表候选人,并有权推派代表参加同级

人民政府有关的财政经济会议。所以,其不像企业法人,而是一种特殊类型的社团法人。

我们再从产权结构上来看,合作社不仅是法人,而且又往往兼具合伙的性质,特别就我国多数合作社和合作经营的组织而言,社员对自己的出资财产仍享有所有权,只是交给合作社统一占有和使用,实际上属于全体社员共有。但是,合作社必须从它所创的利润中留出一定的比例的公积金和公益金,而这部分财产被视为合作社集体所有,任何社员个人无法分割或分配。社员出资的财产被合作社折价收买,或被合作社以租金、给付报酬的方式偿还后,社员便丧失了所有权,而成为合作社集体所有的财产。

我们说,社员出资财产所有权关系的变化,归根结底是合作社生产资料所有制变化在法律上的反映。合作社在其初级阶段,社员入股的土地和其他主要生产资料虽不再是各个私人的占有,而是社会的占有了,但这一阶段的合作社还没有否定主要生产资料的个人所有权。这是一种初级合作社。随着合作社经营活动的开展,合作社的公共积累不断增加,以致当合作社的公共财产增加到足以将社员入股的全部财产偿还时(也就是说,个人的财产,已经全退给了个人,只剩下集体的财产了)。所以,到这个时候,合作社财产的所有权关系就发生了根本变化,合作社成为财产所有权的主体,社员个人已经不存在对与合作社财产的所有权了,这时,合作社就进入了高级阶段,这就是高级合作社。前面我们讲的,这是合作社财产所有权关系变化的一般方式。但是,如果将社员私有的生产资料无偿转化为合作社所有,试图以此实现社员出资财产的公有化,那么必然会造成恶劣的社会后果,因为这实际上是对社员财产的剥夺,在世界合作社的发展过程中,合作社的公共财产,都是在自身的增值发展过程中形成的,社会主义国家的互助合作组织也应该能完全通过自身增值的发展积累公共财产。这样,既不会导致对社员财产的剥夺,也能保证公有化程度的提高,并逐步使公有经济居于主导地位。

接下来,我们讲一下,合作社设立的条件。目前,我国还没有合作社立法,我们现在所谈的条件,只是一种研究性的认识。我认为应有这样四个条件。

第一,合作社的设立必须达到法定社员人数。早在20世纪50年代,我国

有关合作社立法就规定,农村供销合作社、城市消费合作社以500名社员以上为原则,以推销成品和供给原料为主要业务的手工业产销合作社须以100名社员以上为原则,集体劳动的手工业、工业生产合作社须以15人以上为原则。这是因为合作社是在互助基础上设立的组织,一般来说,人数越多就越能够发挥互助共管的作用。在我国,合作社的设立没有最多社员人数的限制,但在实践中,某些类型的合作社并不宜人数过多。应该了解,合作社设立的最低人数,是合作社设立的要件,也是合作社存续的条件。合作社成立后,如果因社员退社而致使社员人数不足法定最低限度时,即应解散。

第二,合作社的设立行为须符合法律要求。合作社是劳动群众在自愿原则下成立的经济组织,一般来说不应采取强制主义的设立方式,而应由有关设立人自行进行筹建。合作社的设立人,须根据国家颁布的有关合作社法和合作社章程准则,实施一系列的设立行为。在发起筹备时,设立人首先应向国家有关主管机关提出申请,并征求社员意见,成立筹备委员会,初步确立业务区域和中心业务,预收股金并发给临时收据;在此基础上,召集创立大会,通过章程,选举理事、监事,组织事务委员会,于法定期限内,由理事会以合作社名义向国家有关主管机关申请登记,并接受其主管机关的查实及指导。合作社的设立行为,是它成立的必经过程。在此期间,合作社还未取得法人资格,所以,设立人的一切行为后果,均由其本人直接负担。合作社成立后,创立人的权利义务才能转移给合作社。

第三,依法进行登记。应将有关登记事项,如合作社的名称,业务范围、承担责任的方式、社址、理事和监事的姓名、社股金额及缴纳办法,关于盈余处分的规定等记载于公簿上,以备公共阅览,保障交易的安全。合作社经国家有关主管机关审核并准予登记后,才能取得合法地位,否则不得以合作社名义开展业务活动。

第四,合作社要有自己的章程。合作社章程,是规范合作社内部组织及其他事项的基本规则。我们这里所说的章程,与国家权力机关和政府主管部门制定的合作社示范章程不同,比如,我国就先后制定过《农业生产合作社示范章程》《工业生产合作社章程准则》《城市消费合作社章程准则》等,这些章程是为

了便于合作社拟定章程,使其合乎法定的要件,具有指导意义的规则,示范章程不能代替各个合作社的章程。合作社章程,无论对设立人及所选出的理事、监事,还是对新加入的成员,均有约束力。

以上这四个条件,是设立合作社的要件。我们可以发现,它与一般的法人设立不同,一般法人的设立特别强调独立财产,合作社着重强调的是社员,是人的因素,在这里,我们会留下一个印象,合作社有些方面与企业、公司相似,有些方面又有不同。当然,合作社也得有一定的财产,否则也不好开展业务活动,但是财产性质不同,合作社初建时,它的财产更具有合伙的性质,这一点我前面讲过了。

三、合作社的社员和代表机关

在法理上,合作社为人的组合,社员是其构成的要素。原则上合作社社员,应以自然人为限。但在一定条件下,法人也可以加入合作社为社员。当然,我们这里仅讨论有关自然人为社员的情形。

根据《民法通则》的规定,16 周岁以上不满 18 周岁的公民,以自己的劳动收入为主要生活来源的,视为完全民事行为能力人。因此,年满 16 周岁以上的劳动者,均可加入合作社为社员。但未满 18 周岁的社员,因缺乏生产经营经验,无被选举权,不能充任理事、监事以及其他重要职务。我国在实践上,手工业、工业生产合作社的社员,以直接参加合作社生产劳动者为限,否则不得加入生产合作社。另外,不同性质、不同类型的合作社,对社员资格还有一些特殊限制,比如,业务能力上的限制,职业资格上的限制、居住区域上的限制等。多数国家的法律还规定,合作社社员不得同时参加两个对其负无限责任的合作社。

合作社的社员,入社自由、完全自愿,不能强制公民入社;而且,还应允许社员退社,退社也是自由的。但是,退社不能影响合作社业务的正常开展,要规定一定的退社预告期间。社员迁移、调动,经理事会认可,应该退还其股金。社员死亡,股金退还或转移其合法的继承人,退社社员符合入社条件,仍可以按照规

定手续,申请再次入社。

在合作社内部关系上,各社员同处于平等地位,他们均享有平等的权利和承担平等的义务,平等是指地位,而不是指数额上的一致。社员的权利可以分为两大类:(1)公益权。社员大会召开时,每个社员不问出资多寡,只有一票的表决权,这就是合作社的"一人一票"原则,这与股份公司不同,公司是一股一权,我只要占有了公司股份达到一定比例,就能完全控制这家公司。(2)自益权。社员在法律和合作社章程规定的范围内,为自身利益而行使的权利。它包括社员享有盈余分配权,享有向合作社购买和推销货物的优先权或者优待权,对本社的各种文化、卫生等设施的使用权,退社时享有股金的收回权等。

社员不仅享有权利,也要承担义务。义务方面主要有以下几点:(1)社员必须遵守社章、社规,服从社员大会、代表大会的决议。(2)社员负有缴纳入社费和社股的义务,每个社员最少要有一股。入社费由国家法律规定,股金由合作社章程确定。(3)社员负有分担合作社损失的义务,一般来说,合作社是负有限责任的社员组成,这一点与股份公司类似,所以合作社是法人,它的社员负有限责任。也就是说,社员仅以他所认股金为限,对合作社的债权人负责。这个问题,我之后还要讲到。

下面我再讲一讲合作社的代表机关。

合作社是法人,它的代表机关是理事会,法定代表人是理事主任。理事会与合作社为一层人格,它对内管理合作社的事务,对外代表合作社的意思。从法人理论上来讲,理事会在自己的职权范围内,对外所表示的意思和实施的行为,应视为合作社的意思和行为,由此产生的法律后果应由合作社承担。理事会执行职务中有过错,致使合作社或第三人受到损失时,负有责任的理事应向合作社承担内部管理性的责任,而合作社则向第三人承担民事赔偿责任。一般多认为理事与合作社是一层法律人格,理事是合作社的机关构成成员,不是两个独立的主体,不应承担连带责任。

在我国,理事会应实行民主集中制,各理事在无具体授权的情况下,不能单独对外代表合作社,只有形成理事会的集体决议后,由理事会主任(或取得授权的副主任),代表合作社签署有关文件和处理日常事务。其他理事对外不能代

表合作社整体。但因业务需要,理事主任可以委托其他理事和社员作代理人处理合作社的有关事务,而且这种委托代理,对理事社员来说也往往是一种义务。

合作社除了有理事会还有监事会,二者在合作社内部处于平行的地位。当理事会违反了合作社章程和社员大会的决议,而与合作社的利益发生冲突时,理事会及其理事主任的代表权即应停止,监事会则成为合作社的代表机关。我们说,代表机关是合作社的构成部分,是对外表示意思的机关,因此,代表机关的行为,就是合作社的行为,由此产生的民事责任,当然应由合作社承担。但是,合作社承担责任的类型,因各国立法及其财产组成方式的不同,又可分为有限责任、保证责任、无限责任以及两合责任。

当前,在我国,合作社的发展过程中也确实存在许多问题:一是法律地位不明,合作社是不是法人?是怎样的法人?法律上还没有规定。二是财产归属问题不明确,我们只提旧合作经济组织管理和使用,而回避其所有权的归属。三是社员的责任形式不明确,是承担有限责任,还是承担无限责任,法律规定也不完善。四是民主管理不够,“官办”或“准官办”的多,内部社员的权利不够。或者说,合作社内部社员的权利义务不清。五是资金普遍不足,社员入社没有相应的标准规定,所以不能激发社员入股出资的积极性。另外,还有一点,在我国,明明办的就是合作社,还不敢或不好意思叫合作社,这个问题需要我们作正面宣传。

总之,合作社问题应该提到研究的日程上来了,合作社是经济组织,首先遇到的就是法律问题,法学理论工作者不能再忽视对这个问题的研究了。30 年前,我们的合作社没有搞好和没有法律的调整有重要关系。而如今,当合作经济再度兴起的时候,我们不能再忽视法律问题的研究了。

搞经济建设、搞改革,若不重视法律,不重视法律问题的研究,是不可能达到目的的。今天讲的内容肯定有不妥当的地方,请各位老师同学指正。

发展合作社的若干法律问题*

合作社是劳动群众为改变自身的生活或生产条件而自愿联合起来建立的一种互助合作性经济组织。其基本特征是自愿组合、自筹资金,生产资料归联合起来的劳动群众集体所有;以按劳分配为主,并结合适当的按股分红;实行民主管理,一人一票,自主经营,自负盈亏。

党的十一届三中全会后,我们在建设有中国特色的社会主义实践中,深深认识到社会主义条件下商品货币关系的地位。随着商品经济的发展,曾被硬性取消过的合作社又获得了新生。如今,农村的合作社组织不断涌现,城镇中的合作社也发展很快,合作社已成为我国重要的一种集体经济组织形式和社会主义建设的一支重要力量。但是,在实践中,合作社的发展还面临着许多问题,其表现在:有些人在思想上仍歧视合作社经济,在工作中,“重全民,轻合作;先全民,后合作;保全民,挤合作”。从而严重地影响了合作社的发展。由于长期以来合作社的发展缺乏必要的法律调整,合作社的法律地位一直不明,其合法权益也得不到有效保护。为进一步依法保护和促进合作社的发展,我们应加速合作社的立法工作,尽早制定合作社法,运用法律手段,依法保护合作社的合法权益,尤其是其财产权益,以确保其沿着正确的轨道顺利发展。

---

* 原载《中国法学》1991 年第 3 期。

一、合作社的财产性质

合作社的财产,是指合作社为经营共同事业所构成的一切财产,权利和利益。它是合作社进行业务活动的物质基础。一般来说,合作社对其财产享有完整的所有权,可依法占有、使用、收益和处分。但是,过去相当长的一段时期,我们只承认合作社的财产归合作社管理和使用,而回避其所有权的归属问题,致合作社的财产归属长期处于不明确的状态,极大地阻碍了合作社的健康发展。作为商品经济下的经济组织,合作社的财产性质应在法律上作出明确的规定,也就是要确立合作社的财产应为入社的全体社员集体所有,明确合作社组织对其财产享有充分支配权,并以其对外独立承担责任。

合作社的财产为入社的劳动群众集体所有,这是就合作社财产的一般特征而言,具体到合作社财产的不同构成部分,其财产性质也不尽相同。

(一)社员出资

凡参加合作社的劳动者,都负有向合作社出资的义务,即必须以其财产向合作社认购一定数额的股金,才能加入合作社,并取得社员资格。

社员出资的方式,既可以是现金,也可以是现金以外的实物,甚至是劳务、技术等。一般来说,社员以现金出资时,其入股的部分属合作社所有,直接构成合作社的社有财产。但社员以现金以外的实物出资时,其性质如何,这在理论上有争论,各国的合作社法也规定不一。有的国家规定为个人所有,有的国家则规定为合作社所有。不过,对于社员以不动产形式的实物出资,大部分国家的合作社法都规定其仍属社员个人所有,合作社仅对其享有使用权,只有少数国家的合作社法规定社员入股的不动产形式的出资为合作社所有。至于社员以动产形式的实物出资,大部分国家的合作社法则直接规定其一律为合作社所有。但也有的国家规定,社员入股的动产形式的实物出资可以属个人所有,也可以属合作社所有,这应视入股时的具体情形而定。一般来说,入股的动产形

式的实物出资,若为可退股份,则属个人所有,合作社对其仅享有使用权。反之,则为合作社所有。另外,还有的国家规定,社员入股的动产形式的主要生产资料仍归个人所有,只是在合作社因经营需要时,社员才应将其转归为合作社所有。

由此看来,社员出资的财产既可由个人所有,也可由合作社所有。前者,社员是仅将其出资财产的使用权投入了合作社;后者,社员是将其出资财产的所有权投入了合作社。社员出资的上述情形,在各国合作社法中大多得到了体现。不过,从整体上来看,各国合作社法在尊重个人意愿的前提下,同时也强调并鼓励社员以其出资财产的所有权投入合作社;尤其是那些为实现合作社目的所必需的生产资料,如农业生产合作社中的主要农具等。我们认为,各国合作社法的这种规定是可以借鉴的,特别是当合作社作为改造个体私有者的经济形式而处于初级阶段时,更应坚持社员入社自愿的原则,在此基础上促进合作社的不断发展。

社员仅以其出资财产的使用权投入合作社时,其出资虽不构成合作社所有的财产,但它必须由合作社来统一经营管理。这表明,社员出资的财产虽然属个人所有,但已不能任意对其进行支配。实际上,社员对其出资财产的支配权应受到来自法律规定或合同约定的限制。这种限制是为了合作社经营活动的需要,它集中体现为按合作社全体社员的集体意志和共同利益对出资财产进行统一管理和使用,而不是由各个社员仅对自己出资的财产分别进行分散管理和使用。

合作社作为经济组织,须有相应规模的独立所有财产。尤其是合作社创建之初,更应具备起码的经营资金。但由于社员仅以其财产使用权出资,便使合作社的独立所有财产在总额受到影响,有的甚至可能难以形成合作社所有的财产。如为数不多的劳动者之间组成一个规模不大的合作社,所有的社员均以其财产的使用权出资,这样,合作社在成立之初,便没有自身的独立所有财产。这显然不便于合作社的经营活动和责任承担。为防止社员过多地仅以财产的使用权出资,而影响合作社自有财产的总额,有的国家的合作社法明确规定,社员入社时,还须另外交纳一定的入社费,作为合作社的所有财产,有的国家则规定

社员有现金出资的义务,还有的国家通过规定不同出资的社员承担不同的责任来激励社员以其财产的所有权出资,以扩大合作社的自有资金。如意大利的合作社法规定,在同一合作社中,一部分社员可以承担有限责任,另一部分社员可以承担无限责任。其中,负有限责任的,一般却是以财产所有权出资入股的社员,负无限责任的,则却是保留财产所有权而出资入股的社员。

社员出资的财产,尤其是社员入股的主要生产资料,一般属个人所有,这是我们就合作社的初级阶段,即合作社被用作对个体经济进行社会主义改造的阶段而言。一旦对个体经济的社会主义改造完成,合作社便步入它的高级阶段,合作社的财产关系也随之发生根本变化,这集中体现在社员出资财产的性质变化上。在合作社的高级阶段,社员出资的财产,尤其是主要的生产资料,已基本上由原来的社员个人所有转变为合作社所有,即由合作社的全体社员集体所有。

社员出资财产所有权关系的变化,归根结底是合作社生产资料所有制变化在法律上的反映。合作社在其初级阶段,社员入股的土地和其他主要生产资料虽不再是各个私人的占有,而是社会的占有了,但这一阶段的合作社还没有否定主要生产资料的个人所有权。随着合作社经营活动的展开,合作社的经营逐步增加,从积累中提取的归全体社员集体所有的公共财产也相应增加。当合作社的公共财产增加到足以将社员入股的全部财产偿还时,合作社财产的所有权关系就发生根本变化,社员入股的全部财产即转变为合作社所有。这时,合作社便进入其高级阶段。这是合作社财产所有权关系变化的一般方式。但是,有的国家在合作化的过程中,采取运动的形式,将社员私有的生产资料无偿转化为合作社所有,以实现社员出资财产的公有化。我们认为,这实际上是对社员财产的剥夺。在世界合作社的发展过程中,合作社的公共财产都是在自身的增值发展过程中形成的。社会主义国家的互助合作组织也应能完全通过自身增值的发展来积累公共有财产。这样,既不会导致对社员财产的剥夺,也能保证公有化程度的提高,并逐步使公经济居于主导地位。

(二)积累资金

积累资金,是指合作社因经营而积累起来的资金,它是合作社财产的重要

组成部分。

积累资金是合作社的全体社员经共同劳动所创造的成果,尽管社员所共同利用的生产资料可能仍属个人所有,但他们通过收取报酬或其他方式已经得到补偿,而社员在共同劳动下所形成的积累,从一开始便应由合作社的全体社员集体所有。因此,合作社的积累资金在归属上具有确定性和独立性,它既排除合作社内部部分成员对其的占有,也排除了其他经济组织的占有。但是,过去很长时期,我们没有很好地解决这个问题。在常见的诸文件上,通常只说合作社对其积累资金有权长期使用,对其所有权的归属问题却避而不谈,这是不妥的。合作社要健康发展,就必须确立合作社的积累为入股社员集体所有。在这里,我们有必要强调积累的归属为入股社员集体所有,在以往乃至现行的各类文件中,涉及合作社的积累时,多把它说成是劳动群众集体所有。笔者认为,合作社的积累归"劳动群众集体所有"这一表述并不准确。合作社是劳动者为了谋取和维护自身的经济利益,根据自愿、互利原则,在一定区域内组织起来的自己的合作经济组织。劳动者一旦加入合作社,便成为其中的一员,与不加入该合作社的劳动者的身份显然不同。社员要根据社章和规则,承担一定的义务,同时享受一定的权利。因此,我们说合作社的积累应归入股社员集体所有,这样才能体现合作社的性质。合作社的积累,只属于社会局范围内的公有,只有确认其为"入股社员集体所有",才能客观揭示其归属,显示出合作社的特点,使合作社对社员具有吸引力。

合作社在盈余分配方面,应首先扣除当年的生产费用、向国家交纳的税金等费用,然后再提留用于扩大再生产的公积金和用于集体福利的公益金。在有盈余时,应实行按劳分红和按股分红相结合的原则,进行盈余分配。一般来说,劳动分红的比例应大于股金分红,这样才符合按劳分红为主、按股分红为辅的原则。

合作社的盈余实行股金分红,是否意味着合作社性质的改变?长期以来,不少人把合作社实行股金分红看成是资本主义因素。其实,这是把劳动者以其劳动所得节约下来用作资金入股同资本家以其剥削所得进行投资、进一步剥削剩余价值混为一谈了。资本家的资本是剥削剩余价值的价值,然而,劳动者以

其劳动所得投资入股,是为了扩大再生产,进一步丰富和提高自己和劳动者集体的生活。这种股金,理所当然地要得到必要的报酬——股息、红利,这不仅不是剥削,而是热爱集体、关心集体事业的表现。所以,合作社实行股金分红并不会改变合作社的社会主义性质,而只会促进合作社事业的发展。

关于股金分红的形式,一般是使股金额得到不低于在银行储蓄的利率,在盈余分配中,再按股金比例得到相应的红利。也有的主张只付给稍高于银行储蓄利率的利息,不再在盈余分配中分红。这些可以在章程中按具体行业和资金需要情况规定。不过,一般认为,前者更有利于调动投资入股的积极性。

需要指出的是,当合作社不断发展,扩大,其公共积累达到一定程度,即足以把所有社员入股资金退还给本人时,合作社便不再有个人股金了,也不再进行股金分红了,而按社员劳动的数量和质量进行分配。这实际上是合作社发展到其高级阶段了。

(三)国家支援资金

国家支援资金,是指国家基干财政援助原则而无偿拨给合作社的财产。它也是合作社财产的一个组成部分。

国家支援资金,作为一种赠与性质财产,理所当然为合作社的社员集体所有,是合作社的公共财产。有人认为,这部分财产应属国家所有,理由是它属国家投资。我们认为,这种观点混淆了国家投资与国家援助的区别,实质上是把集体经济全民化,进而取消合作社的集体所有制。诚然,合作社的成立要遵循自愿原则,要集资入股,但这并不意味着合作社的成立足完全自发的,也不等于说合作社的发展可以离开国家的帮助。相反,合作社的健康成长一刻也离不开国家的组织领导和经济援助。早在十月革命胜利后,为了推行合作制,列宁就曾强调过要给合作社以财政援助。他说:“任何社会制度,只有在一定阶级的财政支持下才会产生……目前,我们应该特别加以支持的社会制度就是合作制度。”①所以,合作社的存在与发展离不开国家的财政帮助。合作社因国家财政

① 《列宁选集》(第4卷),第683页。

援助而形成的财产，应属合作社的全体社员集体所有，而不应属国家所有。

二、合作社的民事责任

合作社的财产和其责任承担往往是联系在一起的。所谓合作社的责任，是指合作社对其经营活动而产生的债务所负担的清偿义务。一般来说，合作社的财产便是其责任承担的前提条件。因此，在通常情况下，合作社的责任应表现为一种有限责任，即合作社仅以其独立财产对其债务承担清偿义务。但是，实际情况并不完全如此。综观世界各国的合作社法，合作社的责任除了有限责任外，还有其他责任。例如，印度合作社法规定，合作社的责任，分为无限责任与有限责任两种；日本战前公布的产业组合法，则采取无限责任、有限责任与保证责任三种制度，意大利的合作社法则规定，合作社的责任采取有限责任，无限责任和两合责任制度。由此看来，合作社的责任在类型上有多样性，它既包括了有限责任，也包括了保证责任，无限责任和两合责任。

(一)有限责任

有限责任，是指社员仅以其出资所认购的股额为限，合作社仅以其全部独立财产为限，对合作社的债务负清偿义务。通常来说，取得了法人资格的合作社，大多采取有限责任制度。这是因为，合作社作为法人，其独立财产，即为合作社的社有财产，而不为合作社全体社员的共同财产；合作社的债务，即为具备法人资格的合作社的债务，而不是全体社员的共同债务。一旦合作社因经营亏损而负担债务，合作社便应以全部社有财产加以清偿，并仅以此财产为限。社员除负有出资的义务外，对合作社的债务不负直接清偿的义务。可见，对社员而言，有限责任是一种间接责任。

实行有限责任制度的合作社中，由于社员出资的财产，在性质上既可属个人所有，也可属合作社所有，而社员又仅以其出资所认购的股额为限，对合作社的债务负间接责任，这样一来，在同一合作社中，不同出资的社会就有可能在责

任承担上出现不公。例如,某一社员以其实物的所有权投入合作社,而另一社员则仅以同样实物的使用权投入合作社,一旦他们对合作社的债务承担责任时,则极可能对前者不利。因为,在前者,出资实物为合作社所有,社员退社或合作社解散时,出资人不能请求返还,而在后者,出资实物仍属个人所有,社员退社或合作社解散时,出资人可请求返还。为避免上述不公现象的发生,可在以下两个方面予以补正:

首先,在对不同标的出资的实物作价时,应体现合理差异。社员出资实物的作价,即为该社员向合作社所认购的股金额,它是确定社员股金分红的依据。一般来说,社员以其实物的所有权出资入股时,其实物的作价应为实物本身在当时市场上的买卖价格。国家规定了统一价格的,以国家规定为准。社员仅以实物的使用权出资时,应根据公平合理原则,参照实物在当时市场上的买卖价格或国家规定的统一价格,平等协商。协商产生的作价应适当低于以同一实物所有权出资时的作价。一般来说,该作价大体应与该实物在当时情况下的租赁价格相适应。

其次,不同标的出资的实物,其意外毁损灭失的责任,应体现出公平差异。一般来说,仅以使用权出资的实物,其意外毁损灭失的风险责任应由出资人承担,合作社对此不承担责任,以所有权出资的实物,其意外毁损灭失的风险责任应由合作社承担,而不由出资人承担。

(二)保证责任

保证责任,是指社员以其所认购的股额和保证金额为限,对合作社的债务负其责任。严格来说,保证责任也是一种有限度的责任,只不过社员所负责任的限度,除其所认购的股额外,还包括其所保证的金额。与前面所述的有限责任相比,保证责任只是在责任承担的范围上扩大了,并未超出有限责任的范畴。保证责任和有限责任一样,也是一种间接责任。这种责任制度既保持了合作社在承担有限责任方面的特点,又维护并提高了合作社的对外信用。

(三)无限责任

无限责任,是指社员在合作社的财产不足清偿债务时,以其个人非出资财

产对合作社的债务负无限清偿义务。无限责任一般是一种连带责任、直接责任,即每一个社员对合作社不足清偿的债务都负有义务全部清偿,合作社的债权人也可向每一个社员请求其清偿合作社的剩余债务。当然,社员的无限责任只是就社员与合作社的债权人之间的外部关系而言。在合作社内部,社员之间对合作社债务的承担仍存在一定份额。份额的确定,一般以其认购股额为限,也可由合作社组织章程予以规定。偿还合作社的债务超过自己份额的社员有权向其他社员就其超额部分追偿,其他社员负有义务偿还。这样,在社员之间又形成新的债权债务关系。

无限责任的合作社,和合伙极为相似。在合伙中,各合伙人也是其个人财产对合伙债务负无限连带清偿义务。在这一点上,合伙和合作社完全一致。正是在这个意义上,我们说无限责任的合作社兼具合伙性质,有的学者甚至将无限责任合作社肯定为合伙。不过,这仅仅就其责任的承担方面而言,并非说合作社就是合伙。严格来说,合作社和合伙有着重大区别。尽管合伙也强调共同出资、共同劳动(在这一点上,它也和合作社相同),但它不是按照“合作制”原则组建的,通常也不提留公共积累。所以,合伙这种经济组织仍属私有经济范畴,而非公有经济。当然,合伙在合伙人自愿的前提下,通过必要的法律程序,可以改组并发展为合作社组织。

(四)两合责任

两合责任,是指社员中的一人或一人以上负无限责任,其余一人或一人以上负有限责任,即同一合作社中,有负无限责任与负有限责任的两种社员。这种承担责任的方式,即两合责任。

在两合责任的合作社中,社员之所以存在有限与无限两种不同的责任,大多是因法律的直接规定所致。有的国家为了促进社员将其出资财产的所有权投入合作社,以形成合作社的独立所有财产,便通过合作社法规定,以所有权出资的社员,对合作社的债务负有限责任,以使用权出资的社员,对合作社的债务负无限责任。我们认为,这种规定并无不妥。从法律归属看,社员保留所有权的出资,仍为个人所有。这部分财产虽投入了合作社,由合作社统一管理和使

用,但它独立于社员个人财产的程度还很低。为加强这种独立性,提高合作社对外承担责任的能力,法律应该规定,当合作社的财产不足清偿债务时,合作社的债权人为实现其债权可以对保留所有权出资的社员追索。

两合责任的合作社和两合公司极为相似。所谓两合公司,是指由一人以上对公司债务负有限责任的股东和一人以上对公司的债务负无限责任的股东所组成的公司。从共同点来看,它们的成员都为两种,即有限责任成员和无限责任成员。但二者有着根本区别。一般来说,在两合公司中,公司对外的代表权专属于无限责任股东,且不同股金额的股东对公司的管理权不同,股金额越多,享有的管理权也就越大。而合作社则不同,无论是有限责任社员还是无限责任社员,也不论其出资多少,他们的共益权是平等的,一人一票,对合作社的事务享有平等的民主管理权。

如今,大部分国家的合作社法规定,合作社应负有限责任和保证责任。我国20世纪50年代起草的《合作社法(草案)》也规定合作社的责任为有限责任。今后,随着合作社经济的发展,有限责任和保证责任将是合作社责任的发展趋势。将来,我国在制定合作社法时,也应将有限责任和保证责任作为合作社的主要责任制度。

论合作社法*

一

近年来,我国在改革和探索中,认真总结合作化的历史经验,充分尊重劳动群众的意愿和首创精神,使合作经济再度兴起。在农村,开始出现一批新型合作经济组织。它有社区性合作社,也有专业性合作社,还有综合性合作性。社区性合作社是在村民委员会所辖居住村落范围内,以集体所有土地为基础,以辖区内的农户为其成员所组建的合作组织。专业性合作社是由从事某一专业生产或专项服务的农民自愿联合组成的合作组织。综合性合作社则是在专业合作社的基础上发展起来的,它主要不以土地经营为主,生产基本上分户独立经营,农产在产品的加工、运输、销售等多方面开展综合性的合作经营。这些合作社的共同特征如下:

(1)自愿结合,自由退出。农民加入新型的农业合作社,完全出自自身发展经济的需要,自由选择对象,自愿组织起来,并可依自己的意愿自由退出。

(2)组建新型农业合作社的目的是发展商品生产,并解决发展商品经济中出现的困难。

(3)农民以相对独立的商品生产者和经私者的身份参与合作。农民加入合作社后,仍有自己独立经营的项目,并不限制其发展自营经济。

---

* 原载《法学评论》1991年第3期。

(4)农民可以拥有自己私有的大中型生产资料。新型的农业合作社除土地仍属集体公有外,农户几乎拥有从事农业生产的全部生产资料。合作社通过公共积累拥有公共财产,同时允许成员拥有私有的生产资料。

(5)新型的农业合作社,不再以土地的联合经营为主,而以为农业的产前、产中和产后提供服务为主,在内容上具有明显的广泛性和多样性。

(6)新型的农业合作社,一方面,坚持以按劳分配为主;另一方面,实行一定比例的股金分红,以鼓励农民入股投资。

上述特征,说明新型的农业合作社能够适应我国农村商品经济的发展,有利于维护农民的经济利益,因此,它构成了我国农村合作经济体系的新格局。

与此同时,城镇的各种合作社也发展、变化很大。一般来说,城镇合作社大部分是由待业青年自筹资金兴办的合作组织,也有一部分是离休、退休人员和个体劳动者、科技人员等自愿组建的合作组织,还有一部分是城镇居民为生活之改善而联合组建的合作组织,如住宅合作社等。这些合作社是按自愿组合、按劳分配和民主管理的原则建立起来的,是名副其实的合作经济,它们的特点如下:

(1)自筹资金,自负盈亏。合作社由社员集资入股兴办,并实行独立核算、自负盈亏。

(2)以经营商业和服务业为主。合作社坚持为生产、生活服务的方针,主要从事商业,饮食、建筑、运输,生产加工、修旧利废等行业,促进了生产、方便了群众生活。

(3)劳动报酬多种多样。合作社根据不同情况,采取灵活多样的报酬形式,如记分制,计件制等,把劳动报酬和合作社的收入,个人劳动成果直接联系起来,以调动社员的积极性。

从总体上来说,我国的合作社在新的社会条件下,其发展形式多样,各有优势和成功之处。但它又的确不够"规范化",使一些老合作工作者对此不免大有鱼龙混杂、似是而非之叹。从实践来看,合作社的发展过程中也确实存在许多问题:一是法律地位不明。由于缺乏专门的合作社法,合作社是否享有民事主体资格不明确,因而影响了合作社的对外经济活动。二是财产归属模糊。长期

以来,对合作社的财产,我们只提归合作社管理和使用,而回避其所有权归属问题,因而不利于合作自身的发展和壮大。三是民主管理不够。合作社的负责人往往由上级主管机关直接决定。在经营管理方式上,也往往乐于模拟官厂、官商。四是权利义务不清。由于没有必要的法律调整,合作社及其成员的权利和义务不清。五是资金普遍不足。由于缺乏必要的法律规定,合作社的成立没有被纳入法制轨道。在社员入社时,其入股资金没有相应的标准规定,致使合作社资金普遍缺乏。另外,合作社的组织机构还不完善、责任界线也不明确等。

综上所述,正是我们今天提出讨论合作社法的原因和目的所在。

二

合作社是由社员组合而成的法人。它的设立以增进社员自身利益为目标,其直接目的不在于营利,也不在于谋求社会公共利益,是一种特殊类型的法人。一般来说,以营利为目的的商业组织或以公益为目的的事业团体,不宜使用合作社的名称。根据新中国成立初期有关《合作社法(草案)》的规定,合作社还是一种具有独立组织系统的人民团体,有权选派代表参加各级人民代表会议,及提出各级人民代表大会的代表候选人,并有权推派代表参加同级人民政府有关的财政经济会议。

从产权结构上来看,合作社又往往兼具合伙性质。当前,就我国多数合作社和合作经营组织而言,社员对自己的出资财产仍享有所有权,只是交给合作社统一占有和使用,实际上属于全体社员共有。但合作社须从所创利润中留出一定比例的公积金和公益金,而这部分财产被视为合作社集体所有,任何社员个人无权分割或分配。社员出资的财产被合作社折价收买,或被合作社以租金、给付报酬的方式偿还后,社员便丧失了所有权,而成为合作社集体所有的财产。各类合作社因产权结构上存在差异,所以对外承担责任的性质也有不同。合作社享有独立财产所有权的,社员对其债务承担有限责任;合作社仅对出资资产享有占有、使用权的,社员对其债务承担无限责任。根据我国近年来有关

合作经营组织的法规规定,既承认合作社享有法人资格,又承认社员对其出资财产享有所有权,在这种情况下,合作社在承担民事责任时,应首先用集体所有的财产部分担负,不足时再用社员共有的财产部分担负,仍不足时由全体社员承担无限责任,而且是连带责任。

各国的合作社立法,对合作社的业务多采法定主义。根据我国发展合作经济的实践,合作社所经营的业务,原则上要以法律上所规定业务为要件,不能超过法定的范围,合作社与公司相比,合作社是社员共同经营的经济组织,与社会公共利益和国家政策关系极为密切,所以对其经营业务须由法律直接作出规定,公司属于营利性的企业组织,它能够在法律允许的前提下,自由确定自己的营业范围,而不受法律的直接限制。可见,合作社的经营业务是由国家授权取得的,其法定业务的内容也是合作社权利的内容。我国的合作社不仅由法律限定业务,而且直接设定相应的名称,如农业生产合作社、供销合作社、信用合作社、手工业合作社、消费合作社等。目前,我国合作社法尚不完善,关于合作社的业务类型还有待进一步明确。

我国在合作化运动初期,合作社的设立曾采取准则主义。我国先后制定《农业生产合作社示范章程》《工业生产合作社章程准则》《城市消费合作社章程准则》等,凡符合上述示范章程规定的条件,又经有关主管部门审核登记的,均可取得合作社法人的资格。后来,由于我们指导思想上"左"的错误,对合作社的设立采取了强制主义,即以强迫命令或造成舆论压力的方式,强制农民和其他个体劳动者入社,结果产生事与愿违的效果。笔者认为,我国合作社的设立一般应采取准则主义,在无法律准则的情况下,应采取许可主义,即须事先经有关主管部门的认许,再经法定程序登记,而取得法人资格。

合作社的设立须具备以下条件:

(1)合作社的设立须达到法定社员人数。早在20世纪50年代,我国有关合作社立法就规定,农村供销合作社、城市消费合作社以500名社员以上为原则,以推销成品和供给原料为主要业务的手工业产销合作社须以100名社员以上为原则,集体劳动的手工业、工业生产合作社须以15人以上为原则。这是因为合作社是在互助基础上设立的组织,一般来说,人数越多越能够发挥互助共

管的作用。反之,人数过少则难以维持其组织的存在。在我国,合作社的设立没有最多社员人数的限制,但实践中某些类型的合作社并不宜人数过多。如农村供销合作社、城市消费合作社等具有较强的地域性,因而社员人数也就相应地受到限制。至于各类生产合作社,为便于生产和经营,对最低社员人数更不宜规定过高。但须明确,合作社设立的最低社员人数,是合作社设立的要件,也是合作社存续的条件。在合作社成立后,如因社员退社而致使社员人数不足法定最低限度时,即应解散。

(2)合作社的设立行为须符合法律要求。合作社是劳动群众在自愿原则下成立的经济组织,一般来说不应采取强制主义的设立方式,而应由有关设立人自行进行筹建。合作社的设立人,须根据国家颁布的有关合作社法和合作社章程准则,实施一系列的设立行为。在发起筹备时,设立人首先应向国家有关主管机关提出申请,并征求社员意见,成立筹备委员会,初步确立业务区域和中心业务,预收股金并发给临时收据,在此基础上,召集创立大会,通过章程,选举理事、监事,组织社务委员会,于法定期限内,由理事会以合作社名义向国家有关主管机关申请登记,并接受其主管机关的调查及指导。合作社的设立行为必须合法,否则即属无效。合作社的设立行为是其成立的必经过程。在此期间,合作社还未取得法人资格,所以设立人的一切行为后果,均由其本人直接负担。合作社成立后,其权利义务才转移给合作社。

(3)依法进行设立登记。所谓设立登记,就是将有关登记事项,如合作社的名称,业务范围、承担责任方式,社址,理事和监事姓名、社股金额缴纳办法、关于盈余处分的规定等记载于公簿上,以备公共阅览,保障交易的安全。合作社经国家有关主管机关审查并准予登记后,才能取得合法地位,否则将不得使用合作社的名义,违者予以取缔。

另外,制定章程是合作社设立行为的必备形式。合作社章程,是规范合作社内部组织及其他重要事项的基本原则。这里所指的章程,与国家权力机关和政府主管部门制定的合作社示范章程不同。示范章程是为便于合作社拟订章程,使其合乎法定的要件的具有指导意义的规则。示范章程并不能代替各合作社的章程。过去,我们曾以国家制定的示范章程统一规范某一类型的合作社,

而忽视各合作社须制定自己的章程，以反映各自的个性和特色，因此不利于合作社的独立发展。在法律上，合作社章程体现了各设立人平行意思表示的一致，同时又具有团体自治意思的性质。在符合法律规定的情况下，设立人可以共同拟定合作社机关的组织，社员以股出资和盈余处分等章程的内容，经社员大会或社员代表大会通过并报请有关主管机关审核登记后，即可发生效力。合作社章程，无论对设立人及所选出的理事、监事，还是对新加入的社员，均有拘束力。非依法定手续，经社员大会或社员代表大会决议修正，任何社员不得违反合作社章程的规定。

合作社为正常开展业务，除就重要事项制定章程外，还须就一般事项订立规则。合作社章程与规则，在性质上大致相同。但有以下几点区别：(1)章程为合作社成立的要条，合作社没有章程，则不能成立和存在，规则虽属合作社必要，但非合作社成立的要件。(2)章程由社员大会或社员代表大会制定，应报请国家有关主管机关核准，规则虽原则上由社员大会或社员代表大会制定，但理事会也可以根据情况订立，不须经国家有关主管机关审核和登记。(3)章程所规定的内容，以法定事项为主，规则所规定的内容，以任意事项为主。一般来说，凡合作社章程未能规定的，则应由合作社规则加以规定。例如，社员代表选举办法，社员代表大会议事规则，理事会、监事会办事细则，业务执行和会计规程，社员劳动规则和分配办法等。合作社规则既有特殊契约的性质，又有团体自治意思的因素，所以社内社员均须遵守，而且对债权人也产生相应的效果。合作社规则必须公开，以备社员及债权人阅览。它对处理合作社内外事务有重要的法律意义。

三

在法理上，合作社为人的组合，社员是其构成的要素。原则上合作社社员，应以自然人为限。但在一定条件下，法人也可以加入合作社为社员。这里，我们仅讨论有关自然人为社员的情形。

根据我国《民法通则》第 11 条的规定,16 周岁以上不满 18 周岁的公民,以自己的劳动收入为主要生活来源的,视为完全民事行为能力人。因此,年满 16 周岁以上的劳动人民,除被剥夺政治上权利者外,不分性别、职业、种族、宗教信仰,均可加入合作社为社员。但未满 18 周岁的社员,因缺乏生产经营经验,无被选举权,不能充任理事、监事及其他重要职务。我国在实践中,手工业、工业生产合作社的社员,以直接参加合作社生产劳动者为限,否则不得加入生产合作社为社员。另外,不同性质、不同类型的合作社。对社员资格还有一些特殊限制,如业务能力上的限制、职业资格上的限制,居住区域上的限制等。多数国家的法律还规定,合作社社员不得同时参加两个负无限责任的合作社。

合作社是社员自愿组合的组织,应允许社员自由退社。在我国,社员退社应于年终决算前一个月提出,并于决算后两个月内退还其股金,如有亏损按股扣除,如有分红,按股照给。入社费一律不退。这说明,社员退社是自由的,但为了合作社业务的正常开展,则规定了一定的退社预告期间。社员迁移、调动,经理事会认可,得退还其股金。社员死亡,股金退还或转移其合法继承人。负无限责任的合作社社员,应自退社之日起经过一定的时间(如 2 年),才能解除对其退社前合作社债权人的责任。退社社员符合入社条件,仍可依照规定手续,申请再次入社。

在合作社内部关系上,各社员同处于平等地位,均享有权利和承担义务。社员的权利可分为两类:(1)公益权,即社员为自身和合作社的整体利益,执行合作社的任务,参与合作社活动的权利。依照我国有关合作社法的规定,合作社社员享有选举权和被选举权,对合作社业务、财务、组织等工作有查问、批评和建议权。于社员大会召开时,每个社员无论出资多寡,只有一票表决权。当社员不能出席社员大会时,可书面委托其他社员代理。此外,社员还应享有社员大会的召集请求权、决议取消请求权、解除理事监事职务权等。(2)自益权,即社员在法律和合作社章程规定的范围内,为自身利益而行使的权利。它包括社员享有本社各种文化、卫生等福利设施的权利,享有盈余分配的权利,享有向合作社购买和推销货物的优先权和优待权,在退社时享有股金收回权等。

为使合作社有效地开展生产和经营,提高合作社的对外信用,每个社员必

须负有以下义务:(1)社员必须遵守社章、社规、服从决议,维护合作社利益,保护合作社财产的义务。社员如违反社章、社规或决议,应根据情节轻重,予以劝告、警告、定期停止优待或开除的处分。(2)社员负有缴纳入社费和社股的义务。社员入社每人须缴入社费和社股至少一股。入社费的金额可由合作社法或有关合作社示范章程加以规定,社股每股的金额可由合作社章程具体确定。入社费和社股原则上应于社员入社时一次交纳,经济困难的社员无力一次缴清的,经理事许可,也可分期缴纳。(3)社员负有分担合作社损失的义务。因合作社负担责任的性质不同,社员分担损失的方式也不同。负有限责任的合作社,应独自担负责任,而社员仅以其所认股金为限,间接担负损失的义务。负无限责任或保证责任的合作社,当不能清偿共债务时,社员对合作社的债权人有直接支付的义务,即对合作社的债务负无限连带责任。

在我国,社员的入社费和社股除以现金缴纳外,还允许以实物、技术和劳务等作为出资。凡以货币以外的财物出资的,应估定价值,折付股款,不能与劳动合同关系相混同。以实物为标的出资的,既可以实物的所有权出资,也可以实物的使用收益权出资。以实物的使用收益权出资的,其折合现金的方法,应大致与该物的出租租金相当。各国合作社法还对社股认购的最低额和最高额作出限制,目的在于:一方面,使合作社拥有必要的资金;另一方面,也不致使合作社为少数人所统制。如果对社股认购不加限制,就可能形成一人或少数人控制合作社的局面,显然,这与合作社的民主管理原则是违背的。合作社因允许社员退社,所以社员人数增减不定,股金总额也随之变动。另外,合作社经过一定的法律程序,还可以增减每股的金额,致使合作社股金总额发生变化。这一情形与公司必须拥有一定的股金总额不同。合作社为人的组合,它是建立在社员的互助精神之上的,虽然每个社员都有出资的义务,但其性质属于附随社员资格的财产义务。所以,合作社对出资标的、出资方式,以及每股金额额的确定和变更,均享有充分的决定权。

合作社的股份,是社员缴纳股金的份额,是社员享有权利义务的总称。合作社股份不得共有,不得分割,其金额一律均等。但是,它与股份公司的股份有明显的区别:(1)合作社的股份在其组织内部,从根本上讲不是作为资本来使

用，合作社不存在资本和劳动的对立；在资本主义国家，股份公司的股份构成了资本关系的物化形式，其资本和劳动的对立依然存在。（2）合作社社员不论加入股份多少，均享有社章规定的平等权利和义务，在民主管理上，实行"一人一票"制，股份公司的股份，是表示股东法律地位的计算单位，即股东在公司中的权利义务取决于拥有的股份。从此意义上讲，合作社的股份是一种"人格股"，而股份公司的股份则是一种"权力股"。（3）合作社的股份不能以有价证券的形式进入流通领域，社员转让股份必须经合作社的同意；而股份公司的股份则表现为股票的证券形式，以发达的信用制度和证券交易市场为条件，可以自由地转让、买卖。虽然有些国家也允许合作社发行股票，但多数为记名股票，并对流通移转严加限制。（4）合作社社员退社时，若章程无另外规定，应将其全部股金返还本人，但股金的计算应以可分财产为限；股份公司的股东不存在退出的问题，因为股票可以自由转让和买卖，但不能退给公司，事实上公司的股东因股票的移转往往是不确定的。

合作社资金营运合理，将会产生合作社的盈余。此种盈余是由社员劳动或参与交易所创造，没有不劳而获的性质。我国有学者认为，消费合作社的盈余是社员的多付价款，生产合作社的盈余是社员少收的款项，均具有社员储蓄的性质，当然应返还本人。实际上，我们理解生产合作社的盈余，就是社员直接劳动的产物。当合作社年终决算有盈余时，应作成盈余分配方案，提交社员大会或社员代表大会通过后进行分配。合作社因种类不同。其盈余分配的标准也有差异。但各类合作社都应按照法律或章程所规定的比例，分别留出公积金、应向上级社缴纳的合作事业建设基金、公益金、教育基金等，并分配社员劳动返还金或红利。在我国，分配劳动返还金的计算标准，应按照每个社员全年的劳动或全年所得工资比例，由社员大会或社员代表大会以民主方式进行评定。股金分红应受到较严格的限制，一般以不超过总盈余的15%或20%为宜。

四

在通常情况下，合作社法人的代表机关是理事会，法定代表人是理事主任。

理事会与合作社为一层法律人格，它对内管理合作社的事务，对外代表合作社的意思。从法人理论上来讲，理事会在自己的职权范围内，对外所表示的意思和实施的行为，应视为合作社的意思和行为，由此产生的法律后果应由合作社承担。理事会执行职务中有过错，致使合作社或第三人受到损失时，负有责任的理事应向合作社承担内部行政性的责任，而合作社则应向第三人承担民事赔偿责任。关于这个问题，我国台湾地区“民法”和“合作社法”则规定，理事与合作社之间为委任契约或准委任契约关系，理事因执行职务有过错，致使第三人受到损失时，该理事与合作社负连带赔偿责任。而笔者认为，这种规定是与法人机关的基本理论相矛盾的，既然理事会为法人的代表机关，理事为法人机构的一分子，他们之间只有一层法律人格，怎么又会以两方主体的资格负连带责任呢?

在我国，理事会应实行民主集中制，各理事在无具体授权的情况下，不能单独对外代表合作社，只有形成理事会的集体决议后，由理事会主任(或取得授权的副主任)代表合作社签署有关文件和处理日常事务。其他理事只能在自己分管的业务范围内开展工作，不能对外代表合作社整体。但因业务需要，理事主任可以委托其他理事或社员做代理人处理合作社的有关事务。

监事会与理事会在合作社内处于平行的地位，当理事会违反合作社章程或社员大会的决议，而与合作社的利益发生冲突时，理事会及其理事主任的代表权即应停止，监事会则成为合作社的代表机关。实际上，此时理事会的成员则成为合作社人格以外的当事人。另外，合作社在清算期间，理事会已停止行使职务，而清算人基于清算事务的执行，则成为合作社的代表机关。

代表机关是合作社的构成部分，是对外表示意思的机关。因此，代表机关的行为，就是合作社的行为，由此产生的民事责任，当然应由合作社承担。但是，合作社承担责任的类型，因各国立法及其财产组成方式的不同，又可分为有限责任，保证责任、无限责任以及两合责任。

合作社的有限责任，是以合作社对社员出资财产享有所有权为基础的。新中国成立初期制定的合作社法草案，即规定合作社的财产为劳动群众集体所有，社员对合作社的债务不直接承担责任，只有在合作社破产时，社员方在事实

上以自己所认股金为限负责。这就说明,社员的出资财产与其个人完全分离,而归属合作社所有,成为其对外债务的担保财产。社员出资后就不再负担任何财产义务,合作社则应对自己的生产经营状况独立负责。这种有限责任方式,利于合作社法人地位的确立,利于合作社的自身发展,也利于减轻社员负担债务责任的压力。自第二次世界大战以后,各国合作社法多采有限责任制。从发展的趋势来看,有限责任也将是我国合作社承担责任的主要方式。

合作社的保证责任,是以社员提供一定数额的保证金为前提的,它实际上是合作社有限责任制的一种特殊形式,实行此种责任,社员仅以自己所认股额及保证金额为限,间接对合作社的债务负责。在这里,保证责任的性质,并不属于社员间的连带责任,而是各自单独负责。显然,这种方式能够增强合作社承担责任的能力,利于合作社信用的提高。

合作社的无限责任,是以社员仍对其出资财产仍享有所有权为条件的。这种类型的合作社在成立初期,往往还没有自己的独立财产,不能独立对外承担任何债务责任,此时只能由社员负担直接清偿其债务的责任。合作社随着公共积累的增多,便逐渐有了自己的独立财产,而能够在一定限度内独立对外承担债务责任。但是,当合作社的独立财产不足以清偿全部债务时,社员仍应以自己所有的财产直接负责清偿。这种责任属于合伙性质的责任,社员对合作社的债务要负无限连带责任。我国农村近年来成立的合作经营组织,多属于这类性质的合作社。虽然,目前多数劳动者还愿意以这种方式参加合作社,认为这样可以使财产的所有权永远掌握在自己手中,但他们却忽视了由此带来的风险责任有何等之大。笔者认为,当劳动者真正领会到这一点之后,定会增强走集体化道路的决心,逐渐涌向有限责任合社作的大门,这也是合作社适应商品经济发展的主要趋势。

合作社的两合责任,是指社员中有一人或一人以上负无限责任,其余的社员负有限责任的方式。在这种合作社中,有无限责任与有限责任的两种社员。此种类型的合作社,在一定程度上违背了合作制关于社员权利平等、实行民主管理的基本原则,一般不适合在我国发展。

其 他 篇

记我的老师江平先生*

我此生的一大福分,就是人到中年而幸运地成为江平老师的学生。1979年,我再次回北京政法学院(现中国政法大学)①读书,这时我已经38岁,江老师是我们民法专业研究生的指导老师,从此有机会时常聆听他的教诲,感受他在讲坛上的智慧和风采。当年,江老师给研究生班讲两门课:一是罗马法,二是西方国家民商法。法学教育刚恢复,没有教材,没有参考书,江老师也还来不及准备完整的教案,我记得他上课只带一个小笔记本,上边密密麻麻记着讲授大纲和要点。即使如此,江老师的课内容丰富、逻辑严谨、观点明确、深入浅出,又能透视社会、联系现实,深受同学们的欢迎。我们这届研究生虽多数是法律本科毕业,但大学期间正值法律实用主义盛行的年代,都没有扎实的民法和民法学基础。所以,那时我们的读研被称为专业"回炉"。正是江老师的这两门课,还有张佩霖老师、巫昌祯老师和徐杰老师讲授的相关课程,使我们了解了民法的源流和变迁,掌握了现代民法的精神和基本体系,为我们以后工作和发展奠定了知识的基础。

1982年,我到武汉大学法律系任教后,一直与江老师保持着密切联系。1983年,他和张佩霖老师到西南政法学院(现西南政法大学)讲学,随后又来武汉大学进行学术交流。记得江老师关于民法发展和国企改革的演讲受到法律

---

* 本文系作者2019年12月江平先生九十华诞所作的贺寿文章。

① 中国政法大学的前身是1952年成立的北京政法学院。1983年4月,国务院批转司法部、教育部《关于同意"中国政法大学"成立的正式报告》,北京政法学院与中央政法干校合并,组建成立中国政法大学。同年5月7日在公安部大礼堂举行中国政法大学成立大会。

系老师的高度赞赏。1984 年后,我曾多次回北京和母校参加学术活动,这时又能见到江老师。他的每次演讲和发言都会给我带来新的感受和启迪。每次到北京,我总要去政法学院北门的江老师家看望江老师,他也总是把我当成“远方的客人”接待。江老师亲自下厨炒菜,烹饪技术还相当不错。有一次陈光中老师来谈工作,可能闻到他们浙江家乡菜的醇香,索性也留下一起用餐,席间无拘无束、谈笑风生。在这种场合,师生关系简直就是朋友关系。江老师对学生的热情和真诚,也是学生对他敬仰和爱戴的重要原因。

1986 年,我已晋升副教授,有一次到苏州参加全国社会主义法制建设研讨会。会议规定每位学者不论地位高低,大会发言都不能超过 12 分钟。江老师主持会议并严格“执法”。这时吉林大学有一位法理学老教师发言超过了时间,被江老师以“敲碗警示”的方式给请了下去。接着,我发言因时间控制较好没有被“敲碗警示”,结果那位被请下去的老师意见很大,当场指责道:“江平! 我没有到时间你为什么就敲碗,你的学生超过了时间为什么不敲?”江老师没有吭声,还引起会场一阵笑声。可能就是从这个时间起,法学界越来越多的人知道我是江老师的学生,我一方面为此感到荣幸和自豪,另一方面也感到作为江老师的学生所应有的自重和责任。

江平老师自 1979 年开始担任民法研究室负责人,1983 年担任北京政法学院副院长,不久又担任中国政法大学副校长,1988 年被任命为中国政法大学校长。在这期间,他坚持原则,勤勉工作,在培养师资、课程设置、教学改革、学校建设等方面作出巨大贡献。因为他有着坚实的法学理论功底,又能熟练掌握英语和俄语,对外国法律制度有着深邃的理解和评析能力,曾多次代表学校和以访问学者的身份访问比利时根特大学、意大利第二罗马大学、美国哈佛大学和耶鲁大学、日本神户大学和早稻田大学、秘鲁天主教大学等 20 余所世界著名高校,为促进中国与这些国家法学界的交流和合作起到积极的推动作用。江老师非常重视比较法研究,到 70 岁时又担任了中国法学会比较法研究会会长。他认为,比较法研究既要强调不同法系、不同国家法律的差异性,又要寻求不同法系、不同国家法律的共同性。比较法对中国来说,就是为了吸收最优秀的国际经验,走向与国际趋势相适应的法治道路。为了实现这一目标,江老师三度参

与《中国大百科全书》的编纂工作，并任《大百科全书·法学卷》修订版和第2版的主编，这一巨著的出版和再版是我国改革开放以来法学研究成果的重要标志，是我国法律现代化发展在学术上的一个里程碑。江老师还主持"外国法律文库"和"美国法律文库"的编译工作，将国际上一大批重要的法律著作翻译过来，为我国学术研究和法律教育提供了丰富的参考资料，为国家立法提供了必要的借鉴。

1990年，江平老师不再担任政法大学校长，之后有了较多时间从事教学和科研工作。江老师对待教学是很认真的，他为本科生开设的罗马法和西方国家民商法两门课，是全国众所周知的特色课程。他的课充满知识感和现实感。江老师讲课语言生动，口才极佳，且视野开阔、知识渊博、思维敏捷，每次上课都能深入人心，不断在学生中激发出思想火花，使课堂气氛非常活跃。学生们喜欢他的课，他的课通常要安排在大礼堂里讲，而且座无虚席，连走廊里也挤满了人。这在大学讲堂上是很少见的。

1992年，在江平老师的积极策划和筹备下，中国政法大学罗马法与意大利法研究中心正式成立。这个中心组织研究人员翻译了大量罗马法原始文献，编撰了多部有关罗马法和意大利法的研究著作，在中国成功召开了多次罗马法国际会议，为我国罗马法的理论研究和中意两国之间的法学交流作出了卓越的贡献。我有幸几次被邀请参加罗马法国际研讨会，认真听取了中外法学专家的精彩演讲，收获甚大。特别是江老师在第一届罗马法研讨会上所作的"罗马法精神在中国的复兴"的主旨演讲，给我留下了深刻的印象。他指出，随着中国社会主义市场经济改革的发展，中国的法律制度和法律观念也发生了重大变化。从某种意义上可以说是罗马法精神在中国的复兴，私法精神在中国的复兴。私法精神实际上就是人文精神、人道精神、人权精神，所以在中国提倡私法精神，也就应当像欧洲文艺复兴时代那样，提倡造就一种从封建专制制度中走出来的启蒙精神，让人认识到自身的价值，并在此基础上意识到平等和自由的价值及其必要性；进而通过法治让人真正获得平等和自由。江老师就是通过这样一次次的演讲、授课和撰文，将先进的法治思想和私法精神，传播给中国学者和自己的学生，培养出一批又一批有强烈责任感的法学人才，共同构建中国民法学基本

理论体系,使人格平等和尊严、自治和合同自由、权利本位和诚实信用等民法理念和原则逐步深入人心,并融入民商法的有关立法之中。江老师不愧是中国民法理念的启蒙者。

自20世纪90年代以来,我国法学界普遍主张制定民法典,江平老师是主要的发起人和推动者。1998年3月,由江老师和王家福老师领衔成立了民法立法工作组,正式开始了艰辛的第四次民法典起草工作,并确定采取分步单行立法,然后汇总为法典的做法。在此之前,江老师曾以顾问身份全程参加了《民法通则》的起草工作,这为他这次民法典的起草积累了经验。在立法过程中,江老师既能坚持民法的基本理念和原则,也能结合中国的具体国情和司法实践,既能借鉴大陆法系的基本概念和体系,又能充分吸收英美法系中行之有效的制度。他从现代民法社会化、国际化和商事化发展趋势的视角出发,提出了许多宝贵的立法建议。他主张,民法典不要追求"大而全",应该突破僵化的德国模式,可以用财产法替代物权法,不一定要专门设侵权总则,侵权行为和人格权可以单独设编等。这些建议虽然没有被立法机关完全采纳,但对我国今后民商事立法以及民法学的研究和发展具有重要意义。现在,民法典各编主要内容:"民法总则""合同法""物权法""侵权责任法"的立法任务已经完成,立法机关正在紧锣密鼓地进行汇总编纂,以便将这个《民法典(草案)》提请2020年3月第十三届全国人大第三次会议审议。② 此时,我们不会忘记江老师和所有为此尽心尽力的法律人为中国民法典所作出的贡献。

改革开放后,江平老师是我国最早研究商法理论和开设商法课程的第一人。他认为,无论是民商合一的国家,还是民商分立的国家,随着市场经济的发展,商法总会有一个从民法中剥离出来的过程。应当承认,商法与民法在调整对象和调整方式上具有不同的特征,商法的主体是商人,客体是商行为,商事关系应由专门的商事法调整。在商事活动中,商法体现了越来越多的社会公共利益,也体现了越来越多的国家干预。所以,江老师非常重视对《公司法》、《合伙

---

② 由于受新型冠状肺炎病毒(COVID－19)的疫情影响,第十三届全国人大常委会第十六次会议决定,适当推迟召开第十三届全国人民代表大会第三次会议。因此,《民法典(草案)》没有如期提交原定于2020年3月5日召开的大会审议。

法》、《信托法》以及具有商法和行政法双重属性的《证券法》《企业破产法》《反垄断法》等专门法的研究。在此基础上，江老师积极参加我国的商事立法和相关立法活动，他先后参加了《公司法》《中外合资经营企业法》《信托法》《证券法》《企业破产法》《著作权法》《民事诉讼法》《行政诉讼法》的起草、修订工作。特别由他主导起草并几次修订的《公司法》意义重大。

中国进行经济体制改革曾遇到一个重要的理论问题，经济学界和法学界讨论十余年不得结果，这就是如何解释国家与国有企业之间的产权关系。从 1979 年的“扩大企业自主权”，到 1988 年的“国家所有权与企业经营权的分离”，到 1992 年的国有企业转换经营机制，提出“国家享有终极所有权与企业享有全部法人所有权”的双重所有权理论，始终不能合理解释国家与国有企业之间的产权关系。直到 1993 年年底通过《公司法》，在法学界尤其是民商法学界才算达成一致的看法，即“国家享有股权，公司享有其财产的所有权”，从而在根本上落实了国有企业成为公司所拥有的自主法律地位。我国《公司法》的通过和以后几次修改和完善，离不开两位学者的坚持和努力：一位是经济学家厉以宁教授；另一位是法学家江平教授。江平老师是公司法理论研究的先行者和奠基人，他认为公司作为一种企业形态，与一个国家生产资料所有制的性质无关，资本主义国家可以利用，社会主义国家也可以利用。公司就是资本化的企业，股份化就是资本权利和资本权利人格化、资本企业的灵魂就是资本信用原则，资本企业的重要特征之一就是资本社会化原则，重要特征之二就是资本流通原则。[③]这些简明而深刻的论断，成为国有财产可以转变为国有资本、国有企业应当拥有自治地位的法理基础，从而为我国实行现代企业制度清除了前行的理论障碍。

江平老师不仅是民商法学家，也是中国法治建设的积极推动者和实践者。他以学校为舞台，努力培育了一批批具有理论法治观念的，具有民主、自由精神的法律工作者和法学家；他以社会为舞台，在立法、司法、政府部门、企业等诸多领域为建立现代法治国家而竭尽全力。江平老师的法治理念可以概括为四条

③　参见江平：《现代企业的核心是资本企业》，载《中国法学》1997 年第 6 期。

主线:一是要法治不要人治。从改革开放开始,邓小平同志就指出,我们不应该以人的变动来主导国家的命运,只有制度的稳定,我们才可以保障党和国家的政策不因人的变化而变化。这是人治和法治最关键的区别。法治是一种与人治根本对立的新的理念和国家组织结构形式,它把权力严格限制在法律的控制之下,不承认任何专断的个人权力,法律既要维护作为整体利益的国家权力,也要保护社会成员的个体权利和尊严。二是从"法制"到"法治"是法治理论和建设的重大飞跃。江平老师指出,法制是制度,法治是理念。法制是一种历史现象,是一种统治阶级的"统治方法",凡有法律并主要依靠法律治理的国家,都有法制,却并非都具有法治。在理论上法制往往是"法律工具论"的体现,在本质上是人治。而法治的重要内容是它的价值追求。法治追求的价值是社会正义,是人的自由和平等。法治与民主是不能分割的联结体,民主是法治的基础,法治是民主的保障。在法治国家,不允许任何人有超越宪法和法律的权力,且以限制公权保障私权为主。三是国家与社会的关系问题。在改革开放初期,我国就曾提出"大社会、小政府"的改革目标,但是一直未能实现。近些年,有人又提出"大政府、小社会"的改革方案,国家应该加强对社会的全面管理。江老师却主张,国家功能的一部分应该改变成社会功能,强化社会的自治地位,给社会和个人留下多一些的自由空间,这是一项重要的社会改革,也是政府职能的一种转变,政府权力应该置于法律约束和社会大众监督之下,这方面是我国未来法治建设的重要内容。四是为私权呐喊。江老师讲到,改革开放以来他实际上做了一个自己分内的事情,就是为私权而呼吁。从民法的角度讲,私权包括私人企业的权利,私人财产的权利,也包括私人的人身权利和其他更广义的权利。私人的概念既包括自然人,也包括各种类型的法人。在权利享有方面,自然人专属的人身权利,法人当然不能享有。

江平老师法治观的核心是民主和自由,这是他一生中说得最多的话题。民主和自由也是中国共产党人的初心,正是在共产党的领导下,中国千百万革命者经过浴血奋战,最终在 1949 年取得了政权,这是一个人民民主的政权。从此,人民当家作主,人民拥有的选举权、监督权,成为评价国家权力的构成是否科学、形式是否有效的重要依据。从这个角度来讲,民主表达了国家权力的来

源,或者说“主权在民”的思想。法治中的自由,就是要回答人民到底享有哪些权利,国家和法律能够给予其多大的保障。法治的价值就是界定自由的尺度,协调自由与平等、秩序等其他价值的矛盾和冲突。法治既要保障人民实现自由,又要使其自由具有一个明确的、强硬的限度。法治,不是为了限制人民的自由才去立法,而是为了人民的自由得以实现并获得保障才去创建法律,否则,立法就没有意义。总之,为民主和自由而呐喊,为人民的权利而斗争,是江老师一生的信仰和最大的追求。

2009年,黄进教授到中国政法大学任校长不久,他见到我非常感慨地说,江平教授在政法大学有如此高的威望真是让人惊奇,他无论在教师中还是在学生中得到的是一致的赞誉和敬重,这在一个人才荟萃的高校里是很少见的。的确,这是一个很让人迷惑不解的问题。江平老师做政法大学校长也只有1年多的时间,而且离职至今已经过去了近30年,为什么还能得到如此爱戴和敬仰,想必一定有他内在的原因。在这里,我只能从一般意义上归纳几点浅见。

江平老师首先是一个爱国者。作为法学家,他的中国梦是“法治天下”。这把他和国家的前途和政法大学师生的心愿紧紧联结在了一起。江老师在中学时代就深受民主学生运动思想的熏陶,并成为地下党外围组织——中国民主联盟的成员,北平解放后,该联盟成员即转入中国新民主主义青年团,随后他成为新中国培养的第一批青年干部。1951年赴苏联留学期间,中国共产党被禁止在苏联公开活动,回国后又赶上“反右运动”,这使他参加共产党的愿望长期不能实现。但是,1978年当他接到右派改正结论后,他的第一个表示,就是申请加入中国共产党。1989年,他正带团在美国进行学术交流,他不受外界诱惑如期带团回国。可见,他是一个忠实于自己政治信仰的爱国者。江老师多年来反对法律实用主义,更反对法律虚无主义,主张总结历史经验和历史教训,弘扬现代法治精神,建立法治国家,认为民主和自由仍然是我们现在应追求的目标。中国政法大学的校园里竖立着一座高四米的石碑,上面有江平老师题写的四个大字:法治天下。如今这刚劲潇洒的四个大字已经成为政法大学师生的座右铭,成为政法大学师生共同的精神信仰。

江平老师一次次为法治呐喊,为私权呐喊!他的智慧和勇气令人敬佩和感

动。改革开放后,中国法治建设取得巨大的进步,但它走过的道路却是艰难而曲折的,“进两步、退一步”确是真实的写照。江老师选择“呐喊”,用自己的声音向国家和社会呼吁。在他看来,这种“呐喊”是一个法学家的责任,也是一个知识分子的良知。在私权的维护上,他把私权与人权看成一致的东西,认为其都是人必须享有的权利。他始终认为,社会主义要战胜资本主义,应该在人的解放或者人权的保障方面显示出更大的优越性。这一认识符合马克思在《共产党宣言》中所讲到的解放人、解放全人类是共产党人的最终目标的理论。

江平老师忠实于自己内心追求的坦诚与执着,使他的人格魅力大放光彩,赢得了政法大学师生的尊敬和爱戴。江老师天赋的智慧、纯净的心灵、宽阔的胸怀和敏锐的洞察力使他在关键的时刻,能够坚持正义,敢于公开表达自己的见解,勇于为自己的言行承担责任,这是一个知识分子最优秀的品格。一个知识分子应该具有独立的精神和独立思考问题的能力,以自己的学术素养和良心面对社会现实,敢于针砭时弊,善于发表自己的见解和主张。国家需要这样的知识分子,他们才是国家富强、社会进步的宝贵财富和重要动力。

现在,江平老师已到鲐背之年,他身体康健,心思敏捷,既指导博士研究生,还经常参加各种社会活动,为国家的法治建设一直在忙碌着,我们真为他高兴!不久前,我和江老师一起在北京参加一个研讨会,见他精神矍铄、神态自若,和各位代表一一握手,亲切交谈,真不像一个耄耋老人。会议中,他认真阅读资料、倾听大家讨论,他的最后发言客观中肯、思虑周到、表达严密、简洁准确,实际上是给大家的讨论作了一个很好的总结。亲眼见到江老师如此健康、明慧,让学生由衷地高兴和敬佩。在江老师 90 寿诞之际,我们衷心祝愿他老人家福如东海,寿比南山,如经霜的枫叶、峭岸的劲松,历尽悲欢,愈显生命之树常青。

回忆与马克昌教授相处的日子*

我到武汉大学法律系任教是1982年8月，第一次见到马克昌老师是同年9月的一天，在学校老二区去往行政大楼的路上。马老师当年已经56岁，但神清气朗、行走如风，交谈中就感到他性情和善、言谈质朴、待人真诚、壮志满怀，给我留下了深刻的印象。没想到，此后我在武汉大学工作的15年中，不但与他朝夕相处、同心协力地为武大法学院的建设和发展工作着，还由此结下了难以割舍的深厚情谊。

我刚到法律系时，马克昌老师是法律系系主任。1983年我开始做法律系秘书，次年任法律系副主任，成为他行政工作上的助手，从此保持了长达10余年的工作关系。1986年武汉大学成立法学院，马老师是首任院长，我任法律系主任。1991年马老师因年事已高辞去院长职务，由我接任至1997年。在这期间，马老师是我的直接领导，之后，又始终是我工作上最有力的支持者和顾问。马老师多年来呕心沥血、竭尽心力，为中国的法学教育事业，为武汉大学及其法学院全心全意地工作着。他在工作上有主见，敢于坚持原则；讲真话，始终实事求是；有谋略，规划筹措周全；讲民主，善于倾听群众意见。在武大法律系复建和法学院初建那最困难的时期，他为武汉大学法学院的建设与发展作出了巨大的贡献。

武汉大学法律系自1979年复建，至20世纪80年代，法律系和法学院在学

---

* 本文系作者2005年为马克昌教授八十华诞写的贺寿文章，原载刘明祥主编：《马克昌教授八十华诞祝贺文集》，中国方正出版社2005年版。

校党委和刘道玉校长的领导下,以及在院党总支陈明义、王秉良、兰远庆等同志的默默工作及全力支持下,在韩德培教授、姚梅镇教授、马克昌教授、梁西教授、张泉林教授等一批著名学者的带领下,全体教职工奋发图强,积极进取,终于走过了法学院的初建阶段,为以后成为国内综合性大学法学强院打下了坚实的基础。在这期间,马克昌老师作为法律系和法学院的主要负责人,引领着我们完成了开基立业的艰难重任。进入20世纪90年代,马克昌老师又敏锐地发现了教师队伍结构断层的问题和可能带来的严重影响,明确指出,为了法学教育和法学院的长远发展,必须实现教师队伍的年轻化,他又动员带领我们中年教师,把培养青年教师看作实现法治和法学教育持续发展宏图大业的基础性工作,无论在科研项目申报、职称评定,甚至生活方面都努力为他们创造条件、排除障碍,支持他们的发展和进步。在这期间,法学院涌现出一批优秀的青年学者,现在这些学者都已经步入中年,成为武大法学院、武汉大学乃至中国法律界的栋梁和中坚力量。1997年,我调往北京工作。马克昌老师虽然年事已高,仍积极支持新一届院领导的工作,不遗余力地继续为法学院的发展作贡献。他这种"甘为孺子牛"的精神永远值得我们学习。

回想起来,自武汉大学法律系复建以来,马克昌老师在刑法学上作出了突出贡献,培养了一大批德才兼备的法律人才,大力推动了本校法律系和法学院的建设和发展:一是注重教师队伍的建设。不但抓本院青年教师的培养,积极引进人才,还力排众议,大胆引进一些有争议的人才,如20世纪80年代后期引进的李龙、漆多俊、赵廷光三位教授后来成为法学院响当当的"三剑客",在他们各自的领域都具有全国性影响,对法律系以后的发展和在全国的影响起到了重要作用;不拘一格培养青年教师,使法学院的教学和科研力量不断增强,而且马老师心境开阔、不保守、不本位,先后将一些优秀青年教师推荐到国家机关和司法系统工作,这些教师许多已经成为所在部门和系统的领导骨干。二是大力进行学科建设。武汉大学法学院在马老师的领导下,在韩德培、何华辉、梁西、李双元等老先生的支持下,先后取得了七个法学博士点,硕士点遍于法学所有二级学科(后来,国际法、国际私法、国际经济法合并为国际法一个博士点),这为法学院成为法学一级学科博士学位授予单位打下了良好的基础。我特别不能

忘记的是,1995 年法学院申报民商法学博士点时,马老师协调各种矛盾、积极推荐,竭尽全力地支持我们,在当时作为国家学位评议组成员的李双元教授和李龙、刘兴国两位副院长的大力支持下,民商法学博士点终于申报成功。三是努力建设一个和谐、团结的法学院。马克昌老师为此投入了大量的时间和精力。马老师待人宽厚,不计较个人恩怨,但在是非问题上能坚持原则,勇于开展批评与自我批评,善于做细致的思想工作,及时协调和化解院内矛盾,为维护法学院的和谐与团结尽了最大的努力。使法学院形成了一种相互理解、团结向上,同心协力推动学院发展的良好风尚。

在我与马老师多年的相处中,深深感到他是中国一代杰出知识分子中的一员,是武汉大学教师队伍中最优秀的代表。半个多世纪以来,马老师最珍贵的年华是在逆境中度过的,但他坚忍不拔的精神,从未荒废时光,即使在最困难的时候,也能沉下心来,在沉默中积累和沉淀,这为他日后的发展创造了条件。20 世纪 70 年代末,中国终于迎来了春暖花开的季节,此时,他欢欣鼓舞、青春焕发,积聚一身的热情和智慧一下迸发出来,虽然年纪大了,行政和社会事务又繁重,他小小的书房时常挤满了人,但他仍每天工作到深夜,学术成果丰硕,每年都有六七篇高质量的论文发表,几乎每年都有学术专著出版,在他这样年纪的学者中,有如此多的学术著作发表,而且均由他本人独自完成,这确实很少见。马老师凭借自己的智慧、功力和勤奋,成为我国著名的法学家、国内外著名的刑法学家。

20 世纪 80 年代至 90 年代初,马老师担任武汉市人大常委,他接待来访群众,为群众主持公道,不怕麻烦,不畏权势。他还深入社会广泛调研,在点面结合的基础上,为武汉市法治建设提出了许多中肯的意见和建议。在法学院,教师无论是工作、生活发生困难,还是家庭子女遇到难题;学生无论是在学习上需要答疑,还是毕业求职或继续深造需要帮助,只要不违反原则和规章规程,他都会有求必应,全力协助。马老师这种朴质善良,助人为乐的作风,为他的同事、学生们和社会群众推崇,也为市人大机关和司法部门赞誉。

马克昌老师虽然身为国内外知名教授,学识渊博,社交广泛,但他又是一个十分平民化的人。他与人交往从不摆架子,还常常会主动和你拉拉家常,说些

轻松幽默的笑话,消除你的紧张情绪。马老师还喜欢和同事、朋友在一起喝上几杯酒。酒后情绪高涨,思绪万千,谈笑自如,笑声朗朗。我也是喜欢喝几杯的人,所以每当有这样的机会,我决不错过,而他也总是能让我们尽兴而归。在武汉大学与马老师在一起的日子,给我留下了许多美好的回忆。

10 年前的现在,是马克昌老师的七十寿辰。当时,法学院的教师和他众多弟子满怀深情地前来祝贺,二三百人的会场气氛热烈。时任武汉大学校长的陶德麟教授特来祝贺,并发表了热情洋溢的讲话,祝福马老师事业发达,健康长寿。我也代表法学院全体教师和我本人,向马老师表达了最衷心的祝福。我还说,10 年后我们再为您祝贺八十寿辰。现在这个日子来到了,我衷心祝福马老师健康长寿。我还要说,10 年后,在您九十寿辰时,我一定还要来给您祝寿!

借鉴大陆法系传统法律框架构建自然资源法律制度*

宪法与民法的关系挺有意思，但我没有深入研究。我比较同意崔建远教授的一些观点。宪法上的自然资源国家所有权与民法上的自然资源所有权是一回事，但并不完全是一回事。从整体制度层面，从基本理念，各个方面是一致的。宪法的精神与民法的精神是一致的，有的国家在没有宪法的情况下，是用民法来统帅法的体系，所以两者没有太大的区别。但宪法和民法的具体分工或功能有区别。从具体层面来看，宪法确定主体、确定客体的范围。民法一般来说涉及具体的民事法律关系，即哪些人对什么有所有权，比较具体。对自然资源来说，应该说它也涉及民法关系了，但宪法上的自然资源国家所有权要通过各个法律部门来具体调整，不同法律部门有不同的方法。所以自然资源不仅需要民法调整，可能还需要一些公法来调整，特别是行政法，其他的可能是经济法或者是环保法。各部门法调整国家所有权具体的行使方式、侵权责任的承担各个方面，和宪法是不同的，宪法解决不了这些问题。

另外，刚才徐祥民教授谈国家垄断的问题。实际上全民所有作为公有制的形式，与国家垄断不完全是一回事。国家的背后是全民。现在我们国家的法律制度就在于如何体现“全民”，这是一个问题。这可能是宪法需要解决的问题。绝不是说国家垄断，什么都是国家垄断，不是这个意思。全民所有制包括国家

* 原载《法学研究》2013 年第 4 期。

所有权也不是完全的国家垄断。

下面我谈一些个人看法。

第一，国家所有权与传统所有权的概念有很大差别。严格地讲，它不应在物权法调整的范围之内。它是一种特殊的财产权，但不是物权。这是因为，国家所有权已包含了许多行政权力，部分地体现了国家权力的本质特征。特别是专属国家的自然资源或公共用财产的所有权更是如此。它们不直接具有私权性质。这些财产不得进行转让，不适用取得时效制度，不得被纳入破产财产，不能被强制执行等。所有权产生于商品交换过程中自愿的契约安排，它的客体具有可转让性、可分割性和可依法剥夺性的特点。按照传统所有权的观念，那些不能进行商品交换的物品上怎么能设立所有权呢？可见，国家所有权和传统所有权的基本理念和构成原理是截然不同的。

第二，自然资源作为国家所有权的客体，具有双重属性。它既有财产属性，又有资源属性。在国家开发利用自然和改造自然的过程中，多数的自然资源可以在市场经济条件下进行有偿配置和转让，成为一种特殊的物质产品，具有一般商品的使用价值，所以自然资源具有财产属性。但是，并非所有的自然资源都可以通过市场机制进行资源配置。自然资源具有整体性和公共性特征。应当认识到，有一部分自然资源是当代每一个人生存和发展不可或缺的物质资源，无论他是富人还是穷人，都应该能不通过任何加工和投入就可以平等地使用，包括生活和生产经营使用。这些资源很多长久以来就是广大民众可以无偿使用的物质，如阳光、空气、湖泊、海岸、湿地、山川、原始森林等。有些物质资源本来就不是民法上的物，这些资源不能进入市场，至少不宜进入市场，不能进行商品交易，由此发生的财产关系也不应受私法调整，而是应由公法——行政法调整。

第三，调整自然资源的法律框架在大陆法系国家是现成的。早在罗马法时代，就将社会公共财产分为共用物和公用物。有些财产是老百姓可以使用的，有些财产是国家完全掌握的。共用物包括空气、流水、海洋及其海滨等，公用物包括港口、公共场所等。以上这些财产不属于任何个人，也不能随便给予任何个人，它们属于共同体的财产，一切人均可使用。

到近现代,大陆法系对国有财产(包括自然资源)设立公物制度(法国、日本等国家都有国有财产法),这些财产是由政府管理的,但不是像对其他运营性财产一样管理(就像我国国资委管的那部分财产)。这些财产是不能随便投入市场的,政府对这些自然资源的管理和维护,只是为了使广大民众能够长远和公平使用,而不让个别人独占。

自然资源应分为两个部分:一部分如石油、煤炭、森林、水资源、野生动植物等,这些自然资源能够转化为资源产品,能够实现由自然资源所有权向资源产品所有权的转变,所以这些自然资源应当属于国有私物。当它转变成资源产品后,就应由民法调整。另一部分自然资源如阳光、空气、湖泊、水流、山川、沙滩、原始森林、自然环境等,这些资源是大自然赋予人类的,民众只要不去毁坏它,也不妨碍别人使用、不独占,只是为了满足自身生活和生产活动的需要,就能够享有权利。不能因为它是国家所有的,民众就对其丧失使用的权利。因为这些财产属于国有公物,是公物制度可以解决的问题,应该由行政法调整,民法管不了。

在这里,自然资源国家所有权可能存在两个层次上的权利:首先,国家对自然资源享有所有权,具有排他性;其次,民众对某些自然资源享有使用权,这个使用权没有排他性(所以这和我们通常理解的"两权分离"不同,两权分离后的使用权是物权,是有排他性的),任何人不能独占,只能由民众平等享有。国家对这些自然资源享有所有权,并不是剥夺了民众对自然资源享有的使用权,而是为了更好地管理和维护这些资源,使民众能够平等、自由地享有这种权利。所以,我不同意黑龙江将太阳能、风能等视为国家(政府)独占的财产。这种对自然资源国家所有权的理解是片面的。

在社会经济领域,我国目前最大的问题是对自然资源的过度使用和破坏,只看重自然资源的经济价值,而不顾及社会的、民众的长远利益。现在,个别地方政府部门以公共利益的需要为名,先行使公权力,把土地和相关资源拿过来,再行使民法意义上的私权利,将自然资源有偿转让给经营主体。这个问题必须解决。笔者认为,还是按照大陆法系的传统,不同的客体要划分为公法调整的和私法调整的,分清自然资源的性质和民众的需要,是自然公物的就由公法调

整,是自然私物的就由私法调整。特别要强调的是,不是任何自然资源都能进入市场领域的,那些非商品的自然资源不能商品化。怎么判断哪些自然资源是不能商品化的呢?一是可以借鉴别国的做法。二是考虑我国是社会主义国家的基本理念,应符合人民大众的利益。不能形成社会的不公、资源分配不公的问题。这些自然资源不是私法所能调整的,而是应由公法如行政法调整的。

结合这次讨论的两个案件,自然风、光属于公物,政府不能行使私权性质的所有权。阳光、空气、自然环境也不是民法上的物,尽管它们也是资源。乌木是贵重的资源,属于国家所有,有些类似黄金(金矿),因为它十分稀缺,又很分散,政府不便发现和采掘,所以如有人发现,政府应当给予高额的奖励。但它不是无主物,不适用先占原则。即使我们把乌木看作无主物,从社会发展的趋势来讲,地球资源的有限性和人口的不断增涨,各国承认以先占原则占有自然资源的现象也越来越少,对先占制度的限制也越来越多。所以,我觉得那些发现和采掘到乌木的人,应当享有发现权较为适当。发现权也是财产权,但它不是所有权,所有权人是国家。

社会主义的核心价值观与社会管理创新*

这几年,政府提出了“社会管理”和“社会管理创新”的政策目标。其实从基本制度层面来讲,也不是什么创新,应当说,提出“社会管理”政策目标是重申我们建立一个独立的人民共和国,建立一个强大的民族国家,实现社会主义的革命理想。中国的治国理念是什么?现在通行的提法,叫社会主义的核心价值。按照党的十七届三中全会的提法,就是全面推进社会主义的核心价值建设。

那么,我们现在要通过“社会管理创新”来解决社会矛盾,是治标还是治本?如果是“治标”就简单了,我们的经验也很丰富,搞好民生,面向基层,让农村人有吃有穿,让城里人有房有车。这是传统时代解决社会问题的“软”“硬”两手。但我们要创新。

我国的事还得治本,包括反腐败也得治本。治本就要坚持社会主义的核心价值观。社会主义的核心价值是什么?最本质的东西就是人民当家作主。

要实现社会主义的核心价值,实现人民当家作主,我谈几点看法。

1. 保障人民的权利是社会管理的主旨。当前在我国如何加快改革,完善立法,是实现这一目标的关键。比如,加快改革,完善立法保障农民的土地权利,

---

* 本文系根据作者2011年11月18日下午在西北政法大学举办的“第二届中国法学名家论坛”讨论会上的发言录音整理。这次论坛的主题是“社会管理创新与依法治国”。作者在会上发言的标题是“由社会主义核心价值观所想到的”。编辑本书时编者将标题作了修改。

保障市民的就业、劳动权利,保障农民工的人格平等、人格独立。

2. 依靠人民群众,相信人民群众,实行和推进社区自治,增强社会的自治功能,扩大社会的公共空间。要注意,我们要的是“社会管理”,而不是“管理社会”,谁是社会管理的主体? 政府是,人民也是。

3. 国家实现现代化,解决所有问题的关键是靠法治。这些年,我们立法不少,法律体系基本形成,但是有了法律不见得就是法治社会了。

法治是近现代国家治理社会的基本模式,也是治理国家的一种思想。法治能够减少治理国家的成本,提高效率,人民也满意。一个社会没有公正就很糟糕,就不会太平,特别是现在,公正已经成为一个重要的、深入人心的概念,没有法治就不可能实现社会公正。我们必须认识到,只有法治才能达到社会的稳定,才能实现国家的富强,人民的安乐。

环境问题对民法的冲击与21世纪民法的回应*

回顾人类民法数千年的发展史，是一幅人类不断追求社会关系的和谐，不断争取权利，寻求平等和幸福的历史画卷。随着人类社会的进步，民法经历了一次次的冲击与碰撞，从民事主体范围的扩大到财产权体系的重构，以及人格权、知识产权的确立，民法体系在不断的发展与完善。20世纪中叶以后，人类凭借其运用核能及电子科技的能力，将人类社会推进到科技时代。这波科技革命虽带给人类前所未有的便利与文明，但对社会所造成的冲击也百十倍于过去的工业革命，特别是公害的频生、自然环境的恶化、物种灭绝的危机，不仅伴随而生，而且日趋严重。自1972年“罗马俱乐部”发表以“增长的极限”为题的报告以及第一次联合国环境大会在瑞典斯德哥尔摩德召开以来，环境问题成为人类关注的焦点，甚至已被提升到至关人与社会生死存亡的高度。① 作为调整平等主体之间关系的民法，与自然人的生存关系极为密切，自然不能对这些问题熟视无睹。但是，当民法试图帮助人们去解决这些棘手的问题时，却发现很多现有的原则和规则失去了应有的能力和作用。越来越严重的环境问题威胁着人类的生存，也冲击着民法的传统理念和制度规范。在21世纪，民法如何回应这种冲击，已经成为我们不得不深入思考的问题。

---

* 原载《民法百年学术研讨会论文集》，北京大学出版社2002年版。

① 参见[日]北川善太朗：《关于最近之未来的法律模型》，李薇译，载梁慧星主编：《民商法论丛》(第6卷)，法律出版社1997年版，第284页。

一、对民法价值的重新思考

法的价值可以有三种不同的含义。第一,它指的是法促进哪些价值;第二,指法本身有哪些价值;第三,在不同类价值之间或同类价值之间发生矛盾时,法根据什么标准进行评价。② 我们考察民法的价值,需要将法的价值的三个方面的含义综合起来考察。

传统民法理论认为,民法的价值在于对个体的尊重与保护,进而追求人与人之间关系的和谐。这种价值自罗马法以降,一直推动着社会的进步。私法最关乎人们的日常用行,私法源于生活,其本身就是生活,最富有生活的品格。它是"生活的百科全书",它告诉人们为人处世之方、待人接物之法、安身立命之术。私法配称人间指南、人生向导。③ 然而,在今天日益严重的环境问题面前,人们不得不对这种价值重新进行思考。

传统民法所尊重与保护的个体,仅限于人类社会内部之间。④ 人域之外的自然界,一概被民法作为客体,人类可对其进行任意的支配。洛克认为,"土地和其中的一切,都是给人们用来维持他们的生存和舒适生活的。土地上所有自然生产的果实和它所养育的兽类,既是自然自发的生产的,就都归人类所共有,而没有人对于这种处在自然状态中的东西原来就具有排斥其余人类的私人所有权",⑤通过某种拨归私用的方式,这些供人类使用的自然产物就被不同的人类个体或团体所分别占有、处分、使用和受益。这种价值取向可以用一句话概括——"人类利益中心主义",即以人为中心,人处于支配和统治的地位,自然物

---

② 参见沈宗灵主编:《法理学》,高等教育出版社1994年版,第46页。

③ 崔建远:《关于制定合同法的若干建议》,载《法学前沿》编辑委员会编辑:《法学前沿》(第2辑),法律出版社1998年版,第30页。

④ 参见江山:《法律革命:从传统到超现代》,载《比较法研究》2000年第1期。

⑤ 张世英:《人类中心论与民胞物与说》,载《江海学刊》2001年第4期。

处于被支配和被统治的地位，人与物的关系是不平等的关系。[⑥] 因此，有学者指出，现代民法中，世界远不是人类的“家”，而是被“图像化”的等待人们去征服的客体，是一个可以计算、预测、消耗的材料。[⑦] 今天我们认识到为了解决环境问题，实现社会的可持续发展，必须要保护自然并与其和谐共存，但根据现行法律体系，似乎只有利用国家公权力，使用行政手段才能够实现对环境的保护。然而，这种行政保护方式往往是效率低下的。于是人们开始试图运用市场手段和民法手段来进行保护。但首先，传统民法注重于保护民事主体特别是自然人的人身权和财产权，对不属于民事主体范围内的环境的保护并不是其直接的目的。这种非直接性的保护往往会受到很多掣制，其效果也大打折扣。其次，当人的利益与自然的保护发生冲突的时候，按照传统民法的价值取向，无疑是要把人的利益放在第一位的。可见，单纯的“人类利益中心主义”的民法价值显然与解决环境问题的需要存在冲突。[⑧]

当然，这种冲突并非不可调和的。一方面，探究民法的价值内涵，其也是不断发展变化的，民法以人为根本，我们研究环境，治理环境，也正是为了解决因环境恶化对人类的生存和发展造成威胁的问题。现实迫使我们不得不注重“生态利益”。从根本上说，民法要尊重生态利益，是为了求得人类生活环境的改善，以及人类社会的可持续发展，最终达到人与自然和谐共存的状态。这也是新世纪全人类的愿望，21世纪的民法所要承担的重要任务之一。

另一方面，从近代民法到现代民法，民法正在实现着一个从个人本位向社会本位的转变。现代民法已经对绝对的“人类利益中心主义”有所修正，比如，对所有权的限制，规定所有权的行使不能损害他人、社会的利益乃至破坏环境。实践证明，这种修正是必要的、有益的。结合晚近出现的法律思想的变革，将民法的价值进一步加以发展与修正是可行的。我们是否可以作出这样的推论：民法不能仅仅局限在对人类社会本身的关怀，还应该考虑对自然界与生态利益的

---

⑥ 参见解鸿飞：《现代民法中的“人”》，载《北大法律评论》编辑部编：《北大法律评论》（第3卷第2辑），法律出版社2001年版，第149～150页。

⑦ 参见汪劲：《环境法律的理念与价值追求》，法律出版社2000年版，第140页。

⑧ 参见李建良：《论环境保护与人权保障之关系》，载《东吴法律学报》2000年第12卷第2期。

关怀与注重。也有学者将这种思想称为“有责任的人类中心论”。[⑨] 人类是生物共同体中的一员,要保证人类生存和社会的可持续发展,就要保持生物圈的完善和健康,就要保存人类与其他物种相互依存、相互作用的生存状态。法律既要保护人类的自身利益,又要保护其他并存物种和生物圈的存在与完善。“有责任的人类中心论”这种思想实质上是为人类利益与其他生物利益的冲突提供了一种新的协调机制。即在绝对尊重人类的生存利益的前提下,当人类利益与生态利益发生冲突和矛盾的时候,要在一定程度上牺牲人类利益来保护其他生物的利益。这种牺牲的界限是,人的生存利益高于其他生物的非生存利益,其他生物的生存利益高于人类的非生存利益。[⑩] 即人类的一切行为,必须考虑到对其他生物利益的影响。如果人类为了自身必要的生存而剥夺其他生物的利益或生命,这是民法等法律所允许的。但是,在不涉及人类的生存利益的时候,人类的行为就必须尊重和保护其他生物的利益,特别是不能为了一部分人的私利而灭绝物种,破坏生态过程。

可见,面对环境的冲击,民法的价值有必要实现一些改变,从“人类利益中心主义”向“有责任的人类中心主义”转变。民法的价值要实现对人类利益与生态利益的并重,探求环境保护的本意。当然,这种发展并不是要否认民法对人的终极关怀,而恰恰是为了更好地促进人类的幸福。

二、对民法调整对象的冲击

与民法价值所受到的冲击直接关联,民法所调整的关系是否应继续限于人与人之间的社会关系,也成为我们值得考虑的问题。

根据传统的民法观念,法律是社会关系的调整器,[⑪]民法的调整对象,是指民法所调整的各种社会关系。具体到我国,根据《民法通则》第 2 条的规定,则

---

⑨ 刘文燕、刘滨:《生态法学的基本结构》,载《现代法学》1998 年第 6 期。

⑩ 参见彭万林主编:《民法学》,中国政法大学出版社 1996 年版,第 1 页。

⑪ 参见徐国栋:《民法典草案的基本结构》,载《法学研究》2000 年第 1 期。

是平等主体之间公民之间、法人之间、公民与法人之间的财产关系与人身关系。也有学者认为,民法调整平等主体间法律地位、人身关系和财产关系以及由此产生的法律关系。[12]

现代环境问题对这种传统观念最大的冲击是,当我们在滔滔洪水肆虐之后,在忍受着漫漫风沙之际,为了克服日益严重的环境问题,为了人类的生存,有学者试图把某些并非单纯的人与人之间的关系纳入民法的调整范围。这又必然与民法的传统调整对象的理念发生了冲突。

一种观点认为,民法的调整对象应该扩大,应该扩大主体范围,把人与自然的关系直接作为民法所调整的对象。但这种做法将是对现行民法体系的一种"颠覆",而且理论上也存在许多难以解决的问题,例如,有学者指出,法律关系具有相关性、对称性、可逆性和双向性,这"四性"是检验法律关系的标准。[13] 相关性即法律关系主体双方相互依存,缺一不可;对称性即法律关系主体有基本相同或可以制衡的权利义务能力;可逆性即主体所居的关系项可以相互转化,在一定条件下权利主体和义务主体可以相互转化;双向性即法律关系主体之间不是完全异己的对立,不是绝对单纯的"自我"或"自身",而是通过行使权利和履行义务发生作用的。具体考察认为人与其他生物、人与自然之间的关系,由于其他生物和自然自身并,故人与其他生物、自然之间也不可能存在相互制衡的权利义务能力,不具备对称性;而且其他生物和自然无法通过"行使权利与履行义务"这种方式来对人发生作用,实质上也不具有严格意义上的相互性。因此,从这个角度来看,人与其他生物,人与自然之间的关系尚不具备成为法律关系的基本条件。但是,我们可以发现,这种判断法律关系的标准也并不是绝对的。比如,婴儿和无行为能力人具有法律人格,作为民事法律关系的一方,其只有权利能力而无行为能力,因此,其自身同样无法行使权利和履行义务,也不具备对称性和相互性。对于这种情况,民法采用法定代理制度予以解决,由法定代理人代替其行使权利和履行义务。可见,人与自然之间的关系究竟能否成为

---

[12] 参见张文显:《法学基本范畴研究》,中国政法大学出版社1993年版,第161页。

[13] 参见陈娉舒:《昔日伐木者,今朝种树人——含泪重建"香格里拉"》,载《中国青年报》2001年8月30日。

法律关系并不是一个能够轻易下结论的问题,必须继续进行更深入的研究与探索。

我们试着换一种思路,民法体系是一个具有高度包容性的体系。仔细分析这些新的关系,我们可以将人与森林的关系看成依靠砍伐森林为生的人与依靠森林保护自身生存环境的人之间的关系。如此也可将人与河流的关系理解为利用上流水源的人、利用中流水源的人以及利用下流水源的人之间的关系。如此看来,环境问题对民法调整对象的冲击,仍可以被民法体系自身所消化,尚不需要对民法调整对象进行全新的变革,只是对其解释方法与解释角度的发展,即我们在考察人与自然之间的关系时,必须努力探求在这些关系之后所隐藏的人与人之间的关系。人与自然的冲突,实际上就对自然有着不同利益之间人之间的冲突。

按照这种思路继续推导下去,我们可以把人与自然、环境的关系理解为对环境具有不同利益的人们(主体)之间的关系。这些人可细分为对环境具有财产利益的人,与对环境具有人身利益(主要指健康、生存)的人。所以即可能发生三种关系。(1)对环境享有财产利益的人之间的关系。人类的生产与发展离不开自然环境,自然资源的配置深刻影响着人类的财产利益。有时候,对自然资源拥有的多少就意味着财富的多少。典型的如上下游人群对水权的需求冲突,黄河流域沿岸的竞相蓄水,致使下游断流日益频繁;不同国家人群也存在对水权需求的争端,由于中东地区水源的缺少,数次中东战争都是因争夺水权而起。(2)对环境享有人身利益的人之间的关系。例如,发达地区将污染型工业转移到不发达地区时,发达地区人群对健康的要求与不发达地区人群对健康的要求产生冲突。扩展到国际范围,则是发达国家纷纷将污染严重的生产基地建到发展中国家,甚至将垃圾倾倒到这些国家,因而产生发达国家人群与发展中国家人群对健康要求的冲突。(3)对环境享有财产利益的人与对环境享有人身利益的人之间的关系。例如,河流上游依靠砍伐森林,卖出木材为生的人与下游依靠森林防止水患、保护生命健康与生存的人之间的关系。典型的例子是长

江流域由于禁止中上游砍伐森林，造成当地伐木工人的失业。[14]

可以看出，对上述三种关系的讨论，已基本上能够将人与自然、人与环境的关系纳入现行民法调整对象的体系中来了。目前来说，这是应对环境问题冲击的一个易行的方法。

三、对民事主体范围的思考

《德国民法典》第90条规定："动物不是物。它们由特别法加以保护。除另有其他规定外，对动物准用有关物的规定。"[15]《牛津法律大词典》也认为："从逻辑上讲，并非不可能将法律人格赋予动物、群体、公共机构、基金会、协会等其他实体。"[16]美国甚至有这样一个案例，普林斯顿市有一条狗，常欺负别的家犬，导致3位居民联名起诉到法院，经过陪审团两天的审判，这条狗被无罪释放。[17]

在菲律宾，45名儿童于1990年由他们的监护人代表安东尼奥为原告，代表他们这一代及其下一代向法院提起诉讼。他们认为菲律宾政府环境资源部门所签发的木材许可证超出了森林的采伐能力，要求停止大规模的出租供采伐的森林特别是原始森林的行为。菲律宾法院确认了这42名儿童的诉讼资格，[18]这也实际上从司法上确认下一代人也是民事主体。更有学者认为，应该直接赋予非生命体以主体地位。因为既然法律可以赋予不能说话、没有意识的国家、公司、婴儿、无行为能力人、自治城市和大学以法律人格，为什么不能赋予自然物体以法律人格？

从民法的发展史来看，也是一个不断扩大民事主体范围的过程。在原始社

---

⑭ 参见《德国民法典》，郑冲、贾红梅译，法律出版社1999年版，第17页。

⑮ [英]戴维·M.沃克主编：《牛津法律大词典》，光明日报出版社1988年版，第688页。

⑯ 高利红：《动物不是物，是什么?》，载梁慧星主编：《民商法论丛》(第20卷)，金桥文化出版(香港)有限公司2001年版，第302页。

⑰ 参见[美]埃迪斯·布朗·韦斯：《环境公平与国际法》，载孙林主编：《环境法与可持续发展》，中国环境科学出版社1996年版，第14页。

⑱ 参见陈泉生：《可持续发展法律思想初探》，载《法制与社会发展》2001年第1期。

会,人类崇尚万物有灵论,人类与其他生物权利平等,共同遵循着生态自然规律而生存,与万物和睦相处,并不认为人类有比其他生物更高的权利;相反,甚至崇尚自然神,认为某些自然物的权利高于自己。[19] 此时,并不存在主体这一法律观念。主体这一法律现象的起源古罗马早期,此时,极少数贵族开始享有主体资格,法人制度也出现了萌芽。[20] 经过人类社会数千年的发展,民法赋予了全体自然人以民事主体资格。1804 年《法国民法典》作为近代大陆法系第一部典型的民法典,在其第 8 条明确规定:"所有法国人都享有民事权利。"[21]经济社会生活中日益重要的非人的组织体也越来越多地被赋予了民事主体资格,称为法人、国家或合伙等非法人团体。[22] 这样,民事主体的范围就演变成今天的自然人、法人、国家、合伙等非法人团体。[23]

从以上民事主体的这种发展历程可以看出,民事主体的范围并不是一成不变的。在不同的社会形态,或是同一社会形态的不同发展阶段,权利主体都曾发生过质的变化。面对环境问题的冲击,我们有必要探讨民事主体范围进一步扩大的可能性。

目前,认为动物、森林等自然物质、后代人不是主体的主要原因,在于认为其不具有民事权利能力和民事行为能力。从权利能力上来说,既然公司、企业乃至合伙这些本来也不具备权利能力的社会组织体随着时代的发展都被赋予了民事主体资格,为什么动物、森林、后代人就一定不行了? 可见这个"障碍"更多的只是人们的传统观念所造成的,并不具有绝对的不可逾越性。从民事行为能力上来说,尽管其不具有意思表示能力和承担义务、责任的行为能力。但也不能绝对地说没有民事行为能力就不能成为民事主体。例如,婴儿和精神病人同样也不具备民事行为能力,其民事主体资格也并未受到影响。以上认识,不能说是完全没有道理的。

马克思、恩格斯曾经指出,法的关系正像国家的形式一样,既不能从它们本

---

[19] 参见马俊驹、余延满:《民法原论》,法律出版社 1998 年版,第 141 页。

[20] 参见《法国民法典》,罗结珍译,中国法制出版社 2000 年版,第 3 页。

[21] 贾桂茹等:《市场交易的第三主体——非法人团体研究》,贵州人民出版社 1995 年版,第 82 页。

[22] 参见马俊驹、余延满:《民法原论》,法律出版社 1998 年版,第 81 页。

[23] 同上书,第 193 ~ 200 页。

身来理解,也不能从所谓人类精神的一般发展来理解。相反,它们根源于物质的生活关系。因而,自然人、法人、非法人团体之所以具有民事主体资格,既不是天赋的,也不是与生俱来的,而是法律赋予的,归根结底是由一定社会的生产方式决定的,取决于其在社会生活中的地位与作用。合伙成为民事主体的道路,便鲜明地体现了这一点。[24] 所以,在当代面临严峻的环境问题的情况下,森林、动物等生态环境在社会生活中的地位日益突出,能否将其也纳入民事主体的范围,的确值得研究,尽管它可能打破现有民法的理论体系。

假设我们将动物(当然现在最好限定在珍稀动物)不视为物,技术上可以按照《德国民法典》"不是物,准用物的规定"。但是,动物、环境要作为主体,其必须克服的问题是由谁代表环境来主张权利。对于这一点,是否可以借鉴法人拟制的方法,将森林等自然环境视为公共财产的集合体,[25]由公共受托人来代为主张各项权利,美国便有类似的公共信托理论。以大陆法系民法理论的角度来看,即运用法定代理制度来解决这个问题。按通说,法定代理制度之实质在于起到对私法自治的补充作用。在一般民法制度中,限制行为能力人和无行为能力人因为意志和识别能力的欠缺,使他们的民事权利不能具体行使而形同虚设。法定代理制度则在法律上肯认了二者的民事权利由其法定代理人来行使,在制度上保证了他们的民事权利能力和行为能力在时间上的统一。这样,他们自出生以来,不仅享有平等的民事权利能力,而且可以借助代理人的行为实际体现其权利能力,规正和弥合了他们因缺乏意志和识别能力而导致的实体权利和行为能力的分离,从而实现意思自治的补充和取得制度的完善。[26] 可见,法定代理制度在主体权利能力与行为能力相分离的"特殊"情形下起到了重要的桥梁作用,从而实现了民事主体制度在逻辑上的完整性。既然传统的被代理人——国家、法人和无行为能力及限制行为能力人能够依靠这种制度实现其行为能力,扩大被代理人的范围,将其他生物乃至环境纳入被代理人的范畴,由代

㉔ 这种财产是一个广泛的含义,意指将涉及环境、资源的整个生态利益作为人类共有的财产,并将其拟制为一个财团法人,取得享有民事权利的资格。

㉕ 参见周林彬、齐建辉:《代理制度的经济分析》,载《兰州大学学报》1998年第2期。

㉖ 参见杜群:《"生态法学"基本概念的悖论和法学回归》,载《现代法学》1999年第4期。

理人来行使其他生物、环境的权利,在理论上似乎也同样具有可行性。但对于这一点,也有学者认为,为人类以外生命体设定这种法定代理权的制度安排,由于人类以外生命体的不可对话性,其无法做出自己的意思表示。因此,该法律制度所反映的公平和正义理性并不是一切生命体的本身的权利愿望和利益,而是经过人类意思处理的涉及其他生命体的利益和权利要求。[27] 在这种情况下,就无法实现代理人以被代理人的利益为上的这个法定代理制度的宗旨,甚至在人类生存利益与环境利益发生冲突的时候,就会发生作为代理人的"人"损害被代理人——其他生物和环境的情形,这更是根本违背代理制度理论基础的。因此,将其他生物及环境作为主体所涉及的理论问题在现在的条件下并未得到完全解决。

总之,对于民事主体的范围问题,既不应囿于旧有的思维模式,也要深入进行研究,在实践中循序渐进的审慎扩大,以期界定一个合理的民事主体范围,完善民事主体制度,更好地适应人类与自然和谐发展的趋势。

四、环境权与传统民法权利体系

在环境危机的严重威胁面前,人们迅速接受了环境保护的思想。在新的环境道德和生态伦理之下,人们开始思考许多新的法律问题,其中最重要也是最为基本的问题就是公民对于环境有无权利。如果有,法律应该如何对其加以保护?20 世纪 60 年代,联合国大会以决议的方式决定召开斯德哥尔摩人类环境会议,号召全世界人民共同讨论环境保护的问题。经过世界各国多年的讨论,环境权这一概念被提出,并逐渐被一系列国际性宣言及有约束力的文件和各国法律所确认。

一般认为,环境权的经典定义是《斯德哥尔摩人类环境宣言》中原则一的宣告:"人类有权在一种能够过尊严的和福利的生活环境中,享有自由、平等和充

---

[27] 参见张嘉尹:《环境保护入宪的问题》,载《月旦法学杂志》2009 年第 38 期。

足的生活条件的基本权利,并且负有保证和改善这一代和世世代代的环境的庄严责任。"可以看出,这一环境权既包括公法上的环境权,又包括私法上的环境权。当环境权的概念提出之后,人们首先试图将其写入宪法。这种入宪模式有两种:一是在宪法中具体明确的规定环境基本权;二是仅规定环境保护的国家目标,即仅宣示保护环境的政策。[28] 但是人们很快发现仅在宪法中规定环境权,即宪法位阶的环境权,并不能充分实现保护环境的目标。有学者甚至认为,创设宪法位阶的环境权,只是政府一方面明白地表示其已经对环境问题有所行动;另一方面也是为了无须为复杂的环境问题本身提出更加具体的解决方案。[29] 因此,现在更加重视对环境权的非宪法规定。

具体探讨环境权的性质,其作为现代社会的一种新型权利,具有公权和私权的双重性格。其中通风权、采光权等,加害人和受害人容易确定,"私权性"最强;清洁空气权则很难确定加害人和受害人,"公权性"最强;至于清洁水权、宁静权等则介于两者之间。也有学者将其划分为实体性环境权和程序性环境权,[30]实体性环境权的私权性强,程序性环境权则更多地被视为公权。在这里,我们仅仅探讨作为"私权"的环境权对于民事权利体系的冲击。

对环境权进行民法保护,是民法应尽的义务。尽管民法不一定要成为保护环境的基本法,其手段也不可能是唯一手段。站在传统的民事权利体系里观察私法上的环境权,就会发现其具有强烈的社会性,存在公共性与私益性的强烈反差。要想将其纳入现有的民事权利体系大框架,就必须对原有体系进行一定的调整,为集公共性与私益性于一体的环境权留出位置。这种努力也是有其重要意义的。因为社会利益往往会由于人们追求私益而出现"公地的悲剧",[31]在

---

[28] 参见叶俊荣:《环境政策与法律》,台北,月旦出版社股份有限公司1993年版,第13页。

[29] 参见王明远:《环境侵权救济法律制度》,中国法制出版社2001年版,第26~35页。

[30] 美国的环境保护主义者加雷特·哈丁于1968年发表了一篇论文,题为《公地的悲剧》。在论文中他描述了一个对所有牧民开放的牧场,在这个简单的模型中,草地公有而畜群私有。在每个人都力求使个人利益最大化的情况下,草很快就被吃光了,公地的悲剧就不可避免地发生了。公地的悲剧表明:单个人的经济动机和公共利益之间冲突的严重存在,使导致环境问题出现的深刻原因,也是自由主义经济思想所产生的消极后果。参见吕忠梅:《论环境权的民法保护》,武汉大学民商法学2000年博士学位论文,第4页。

[31] 吕忠梅:《论环境权的民法保护》,武汉大学民商法学2000年博士学位论文,第4页。

法律上,解决这个问题的方案可以有两种选择——公法手段和私法手段。在环境问题产生之初,人们更为推崇公法手段的运用,但公法手段作为一种典型的外部控制手段,其机械性、直线性扼杀相对人的积极性、主动性和创造性,它的运行成本高昂,地方、部门间的权力竞争导致解决环境问题时的效率较低。在这种情况下,人们回到"以权利制约权力"的思路,私法手段在环境保护中的运用受到重视。但是,此时人们所要寻求的私法手段已不是过去完全以个人利益为本位,权利绝对化的手段。它所要求的是既具有私法内在激励机制和外在表现形式,又有公共利益属性的"社会性私权",权利是其外壳,社会利益是其内核。[32] 对于这样的新型权利体系,其理论基础、权利本体、权利价值以及权利运行都必然有着不同于传统民法权利体系的特性,民法权利体系如何适应这种冲击,是民法适应环境问题冲击的重要方面,也是民法能否在环境保护中起到应有作用的保证。

传统的民事权利体系经过长时期的发展与调整,现在已基本形成了人身权与财产权二元体系。大陆法系的财产权体系又分为物权、债权,英美法系则是统一的财产权体系,现在也开始出现了两大法系的融合趋势。但总体来说,也未脱出这一大的体系范围。[33] 但是如果一旦将私权性质的环境权纳入民法,这种权利在民法中应该如何设置其位置,又是一个新问题。有人认为可将其设置为人格权,也有人认为应该将其看成财产权。我们认为还是应该具体分析这一环境权的各项子权利,再确定其权利性质为妥。

虽然环境权的各项子权利都既与主体的人格又与主体的财产有关系,但正如人身权并非绝对不包含财产内容,财产权也不是都与人身无关一样。为了便于民法对其进行保护,我们认为也有必要对环境权各项子权利划分为人身权与财产权两类,分别纳入民法这两大权利体系。

对于公民以环境资源的美学价值为基础的身心健康权这一类子权利,有学者称其为"环境人格权",[34]可归于一般人格权体系。它是现代社会人真正作为

---

[32] 参见马俊驹、梅夏英:《财产权制度的历史评析和现实思考》,载《中国社会科学》1999年第1期。

[33] 参见吕忠梅:《论环境权的民法保护》,武汉大学民商法学2000年博士学位论文,第127页。

[34] 黄京娜、叶平:《20世纪末西方生态现代化思想述评》,载《国外社会科学》2001年第4期。

社会成员存在所必需的权利，是对人所享有的具体的环境人格利益的高度抽象，是一定的社会生态意识对人的行为自由和人格利益的确认。在一个国家内，所有公民都普遍地享有这种“环境人格权”。对于其损害，可运用侵权行为法进行救济。

对于以环境资源的可利用价值为基础的一类子权利，可统称为环境使用权，其目的在于利用市场、经济手段协调对环境资源的使用与保护，典型的如美国的排污交易制度、中国正在试图建立的“水权”制度，则应该将其归入财产权范围。在生态现代化思想中，“环境保护只会增加成本”这一传统意识已经让位于“防止污染有回报”这一理念。㉟ 即通过环境使用权这一制度设计，促使民事主体加强对环境污染的事前预防。目前世界各国的实践，也是这样做的。以市场的手段，达到环境资源的最合理使用，既发展了经济，又保证了环境保护的持续有效的实行。

五、物权制度的生态化

对物权制度的冲击的回应问题，即物权制度的生态化已经受到了一些学者的关注。物权法是与环境资源的生态价值和其他非经济价值直接相关的规范体系。但是，传统物权法并未将环境资源的生态价值和其他非经济价值融入其概念以及制度之中。在当代，可持续发展的前提是环境资源的可持续供应，作为资源配置的基本法律制度的物权法如果不对可持续发展作出必要的反应，并对环境资源的可持续发展作出制度性安排，可持续发展的战略的实施将会因无法落实而大打折扣。在此意义上，面对环境问题的冲击，实现物权法的生态化也是我们考虑制定物权法，乃至21世纪新民法所必须考虑的一个问题。

所谓物权法的生态化，又称物权法的“绿化”，是指整合物的经济价值、生态价值和其他非经济价值，并将环境保护义务纳入物的概念之中的过程。㊱ 具体

㉟　参见吕忠梅：《物权法的绿化》，载《中国法学》2000年第5期。

㊱　参见关涛：《作为生存法的不动产物权制度》，载《中国法学》1999年第1期。

说来,主要包括以下几个方面。

首先,自然资源不同于其他物,它不仅是物权的客体,还是整个生态环境的组成部分,且很多都具有不可再生性,对他们的利用必然会影响到其他自然资源,直至整个生态环境与可再生生态资源。所以对自然资源的利用不仅是权利人个人的事,而且是影响整个生态环境乃至全人类利益的事。因此,对自然资源的利用必须强化“禁止权利滥用”原则。权利滥用禁止是指存有加害于他人目的的权利行使被看作违法的,不被承认为正当行为。“禁止权利滥用”所包含的“不以损害他人财产之方式使用你自己的财产”“不允许没有补偿的损害行为”等观念对于环境保护都是十分有利的。禁止权利滥用原则确立于垄断资本主义阶段,是强调社会本位的结果。在我国其主要立法依据是《宪法》第51条的规定,即“中华人民共和国公民在行使自由和权利的时候,不得损害国家的、社会的、集体的利益和其他公民的合法的自由和权利”,以及《民法通则》第7条的规定:“民事活动应当尊重社会公德,不得损害社会公共利益,破坏国家经济计划,扰乱社会经济秩序。”针对环境问题的冲击,我们必须加强“禁止权利滥用”原则的运用,在判断是否“权利滥用”的标准中强化对环境的保护。例如,对土地的利用不得违反国家的土地规划,如果违反土地规划,可能造成环境的恶化,如耕地的破坏、环境污染以及水土流失等,将直接影响到可持续发展战略的实现,对这种利用土地的行为即构成权利滥用。另外,根据我国1998年《土地管理法》第74条的规定,因挖沙、取土、采矿等行为破坏耕地的种植条件或因开发土地造成沙化、盐渍化、水土流失的,即使行为人拥有土地使用权,也构成权利滥用。对于这些危害环境或有危害环境之虞的行为,损害的是社会公共利益,所以根据我国《民法通则》第58条第5项的规定,违反公共利益的行为是无效的民事行为。

其次,必须充分发挥相邻关系制度与地役制度的作用。目前在我国,维护环境是政府有关部门的职能。也就是说,公民或法人只能根据侵权行为之债直接向破坏环境者主张债权,而不能直接向破坏环境者主张物权,要想达到主张物权的效果,只能向政府有关部门反映情况,再由政府有关部门直接要求破坏环境者停止侵害、排除妨碍、恢复原状、赔偿损失。我们不难发现,就维护环境

而言,物权的保护方法比债权的保护方法更为有效,而且如果公民或法人可以直接向破坏环境者主张物权,那要比单由政府有关部门出面解决更为及时、有效。鉴于此,在土地使用权出让、划拨中,国家作为“卖方”可以为买方设定一种地役权,负担不实施危害环境行为的不作为义务。[37] 这样,尽管以后土地使用权可能再转让,但这种为保护环境而设的地役权仍然存续,对土地使用权人的权利加以必要的限制。这种思想,在国外立法中亦有实例。在19世纪中叶,英国出现了一种新的地役制度形式,即所谓限制性约据(Restrictivecovenants),即类似于大陆法系的地役权制度,它是根据土地买卖合同而产生的,经登记而对任何取得供役地的人生效,供役地所有人负有不违反城乡规划、不实施有损环境的行为等不作为义务,地役权人有权请求强制执行。更进一步大胆的设想,如果我们将整个国家的环境都视为全体国民的供役地,设立全体国民都享有的地役权。那么,对于环境破坏者来说,他侵犯的是他人乃至全体国民的物权。这样,对环境利益享有者或者因为环境的破坏会遭受损害或有遭受损害之虞的民事主体来说,均可基于其物权提起诉讼,根据物权来获得比相债权更强和更有效的保护。当然,这种设想是否可行还需长期慎重的考虑,但至少在土地使用权出让与划拨中设定保护环境义务的地役权是可行的,有利于对整个环境的保护。

最后,还可设立环境使用权这种用益物权,合理地对环境进行使用。环境使用权是环境利用人依法对环境资源占有、使用和受益的权利,可以归于物权法体系中的用益物权。在计划经济体制下,我们把环境保护单纯看成政府承担的社会公益性事业,而忽视了事实上它不仅以政府为主导的公益性活动,更是一项以企业为主体的经济活动的实质。[38] 我们保护环境,并非指对环境的不利用,而是要求环境保护与人类发展的和谐。实践证明,在环境保护中引入市场手段,是一种能够保障环境安全的效率方法。如美国的“排污交易制度”,在国

---

[37] 参见严登峰:《环保公益背后的财富》,载《新华文摘》2001年第8期。

[38] (时任)水利部副部长敬正书称,中国政府正积极筹划改变水的使用权由国家垄断所有的状况,以股份制等形式拥有并买卖用水权将成为可能。但水资源仍属于国家。具体参见《中国将开放水权交易市场》,载《中国改革》2001年第5期。

家允许的一定的排污总量最高限额的前提下,允许将各个主体的排污配额在市场中进行交易。在我国,由于水资源的稀缺性,也正在尝试建立"水权"这个用益物权,建立水权交易市场,[39]以期通过市场的手段实现水资源的合理配置,进而达到维护环境安全的目标。

六、公序良俗原则内容的扩充

公序良俗原则,是指民事主体在进行民事活动时不得违反社会公共秩序和善良风俗,不得违反社会一般道德准则和国家的一般利益。公序即公共秩序,是指"社会之存在与发展所必要之一般秩序"。[40] 一般认为,公共秩序比法秩序的概念具有更宽的外延,除现行法外,还包括作为现行法秩序基础的根本原则和根本理念。[41] 良俗,即善良风俗,它是指"社会之存在及其发展所必须之一般道德",且须为"现社会所行之一般道德""应以社会所产生的文化之道德观为依据"。[42] 关于公共秩序与善良风俗之相互关系,也有不同观点。[43] 在此不作赘述。

公序良俗之所以被称为"现代民法至高无上的基本原则",[44]在于立法者不可能就损害国家一般利益和违反社会一般道德准则的行为都作出具体的禁止性规定,因而通过规定公序良俗这样的一般条款,授权法官针对具体案件进行价值补充,禁止现行法上未作禁止的事项,以求判决的社会妥当性。由此可见,基于公序良俗原则的这种实质精神,其内容必然也是随着社会的发展而不断变迁的。自其产生以来,时代的发展不断赋予公序良俗以新的含义,它也以其巨

---

[39] 参见史尚宽:《民法总论》,中国政法大学出版社 2000 年版,第 334 页。

[40] 史尚宽:《民法总论》,中国政法大学出版社 2000 年版,第 334 页。

[41] 参见梁慧星:《市场经济与公序良俗》,载梁慧星主编:《民商法论丛》(第 1 卷),法律出版社 1995 年版,第 50 页。

[42] 史尚宽:《民法总论》,中国政法大学出版社 2000 年版,第 335 页。

[43] 参见郑玉波:《民法总则》,台北,三民书局股份有限公司 1979 年版,第 338 页。

[44] 蔡秀:《论可持续发展的基本内涵》,载《经济与管理研究》1997 年第 4 期。

大的灵活性、包容性处理着现代市场经济中发生的各种新问题,在协调各种利益冲突、保护弱者、维护社会正义方面发挥着极为重要的功能。

当代社会,人类与环境的关系、经济发展与环境保护的关系已经形成剧烈的冲突,环境恶化直接威胁着人类的生存与发展。许多破坏环境、威胁人类生存空间的活动往往是通过看似“自由”“合法”的民事行为来实现的,由于法律的滞后性特点以及环境问题的复杂性,民法也无法对这些行为一一作出禁止性规定。因此,无论是对社会的妥当性考虑,还是人类社会健康发展的要求,传统的公序良俗原则的含义都必须加以扩充。应当将可持续发展视为公共秩序的要求,将环境道德也作为现代社会的善良风俗。所谓可持续发展,是指既能满足当代人的需要,又不对子孙后代满足其需要的能力构成危害,使经济、社会、环境等相互协调的发展。[45] 所谓环境道德,又称生态道德、地球道德,是一定社会调整人与自然之间的关系的道德规范的总和,其核心是有关人类尊重、爱护、保护自然和环境的道德。[46]

在确立了可持续发展与环境道德亦属公序良俗原则内容之后,接下来需要具体考察其在公序良俗原则体系中的结构位置。按通说,公序良俗原则可分为政治的公序与经济的公序。政治的公序以保卫社会主要组织即国家和家庭为其目的;经济的公序则是为了调整当事人之间的契约关系,从而对经济自由予以限制。经济的公序又细分为指导的公序和保护的公序。指导的公序是以贯彻一定的国家经济政策为目的,从个人间的契约关系中强行排除违反国家经济政策的东西。保护的关系则指对劳动者、消费者、承租人等现代市场经济中弱者的个人利益予以特殊保护的公序。由此可见,可持续发展与环境道德均属于事关全体公民利益的政策与道德准则,其对民事行为具有十分重要的指导与约束意义,应属于经济公序中的指导性公序。

具体来说,对于民事法律行为,如以破坏环境为目的或有破坏环境之虞,即使法律没有明确规定禁止,也应根据公序良俗原则认定其不生法律效力。公序良俗原则内容的这种扩充,不仅有利于更加完善民法对环境的保护,体现新民

---

[45] 参见蔡守秋:《论环境道德与环境法的关系》,载《重庆环境科学》1999年第2期。

[46] 参见黄茂荣:《民法总则》,第537页。

法对环境的关怀,也是21世纪新民法对环境问题冲击的一种必然的回应。

七、结 语

环境问题对民法的冲击是全方位的,除了以上论及的几个方面,其他的还有如继承问题,动物能不能接受继承以及涉及环境的民事诉讼权利等,这些都是亟待我们进一步研究的。从民法角度对环境问题进行研究,不仅是体现民法学界对环境问题的关注,也是我国制定和完善21世纪新民法的一个重要理论准备。

私法与司法公正[*]

司法公正是法治国家的基本前提与目标,对于建设社会主义法治国家更有着极其重要的意义。因此,关于司法公正的理论与实证研究已成为我国法律共同体所普遍关注的问题。目前,学界对司法公正的研究主要集中在两个方面。一方面是从法理学的角度入手:法的价值或法所追求的目标是公平与正义,而实现这一目标的重要途径是司法程序,因此,司法必须公正,否则法的价值将无法实现。另一方面是从诉讼法角度进行研究:如果说法理学主要是从法的公平与正义的角度来阐述司法公正的必要性,那么诉讼法领域对司法公正的关注点则主要集中在程序方面,即如何设置一套科学、严谨的司法程序来体现或实现司法公正。

目前学界对以上两个方面的研究已经取得了很大进展,但“法律是一个带有许多大厅、房间、凹角、拐角的大厦,在同时间里想用一盏灯照亮每间房间的凹角和拐角是极为困难的,尤其是由于技术知识和经验的局限,照明系统不适当或至少不完备时,情形就更是如此了”,①随着研究的深入,对司法公正的讨论在广度与角度上也需要有所创新,才能使我们更好、更准确地把握司法公正的内涵与外延。因此,我们在这里试图从私法的角度入手,探讨私法与司法公正的互动关系,以期为司法公正的研究带来新的角度与观点。

---

* 原载张卫平、齐树洁主编:《司法改革论评》(第 4 辑),中国法制出版社 2002 年版。

① [美]E. 博登海默:《法理学——法哲学及其方法》,邓正来、姬敬武译,华夏出版社 1987 年版,第 199 页。

一、私法与司法:对司法功能的考察

法自从产生的那一天起,就必然随着一定的司法“组织”与程序。因此,作为法的一部分而存在的私法,也同司法有着密不可分的联系。在不同的历史阶段,在不同法制传统的国家,这种私法与司法的关系各有特色,集中地表现为对司法功能的不同看法。以从法律渊源考察为例,私法分为制定法形式的私法与判例法形式的私法。由于两种类型的私法形成方式与路径均有不同,其与司法的关系也存在很大差异,对司法功能的理念也大相径庭。因此,探讨不同历史阶段、不同法系、不同形式的私法与司法的互动关系,对于我们厘清对司法功能的不同理念,探寻最适合我国法治建设与“民族精神”②的私法与司法制度,从私法的制定与实施两方面入手推动司法公正有着十分重要的意义。

(一)罗马法中的私法与司法

罗马法是指公元前6世纪塞尔维乌斯·图利乌斯改革到公元7世纪中叶为止整个历史时期罗马奴隶制国家所实施的全部法律制度。③ 罗马法虽包括了罗马奴隶制国家的一切法律制度,但其中最完备、对后世影响最大的是其私法部分,被恩格斯称为“简单商品生产完善法”。④

罗马法的渊源从广义上可以划分为三大主要部分——制定法、裁判官法(执政官告示)和法学家的解释。⑤ 制定法,是指由立法者或立法机构颁布的一般规范。裁判官法,是指有司法权的执法官,尤其是裁判官发布的告示,主要在

---

② 萨维尼认为,法是民族精神的体现,如同语言、风俗一样,法也具有“民族特征”,并随着民族的成长而成长,壮大而壮大,消失而消失。参见李龙、曹南屏主编:《法理学》,武汉大学出版社1996年版,第41页。

③ 参见周枏:《罗马法原论》,商务印书馆1994年版,第3页。

④ [德]马克思、恩格斯:《马克思恩格斯全集》(第36卷),中共中央马克思恩格斯列宁斯大林著作编译局译,人民出版社1974年版,第169页。

⑤ 参见[英]巴里·尼古拉斯:《罗马法概论》,黄风译,法律出版社2000年版,第14页。

司法过程中产生。法学家的解释主要是指一些著名的法学家对法律的解释，立法者通过立法赋予其法律效力，例如，乌尔比安等“五大法学家”的解释被罗马皇帝规定为全罗马法官应遵循的准绳。[6]

罗马的司法主要通过其诉讼制度来完成。从罗马建国到优士丁尼编纂《民法大全》，罗马的司法出现了三种各具特色又前后相承的诉讼制度，即法定诉讼、程式诉讼和非常诉讼。[7] 以此为标准，可将罗马的司法分为三个历史阶段，在这三个不同的历史阶段，由于对法律理念的认识以及社会经济政治环境的不同，罗马私法与司法的关系以及它们对司法公正的影响也呈现出不同的特点。

1. 法定诉讼时期的私法与司法

法定诉讼(legis actiones)，是指原告能否提起诉讼，怎样提起诉讼，都必须严格按照法律的规定进行，当事人在诉讼中必须使用法定的言辞和动作，稍有出入，就会导致败诉。法定诉讼主要适用于罗马建国到公元前 1 世纪，公元前 17 年《优利亚公诉法》和《优利亚私诉法》的颁布则从原则上废除了法定诉讼制度。[8] 这一时期也即罗马的王政(公元前 753 年～前 510 年)与共和国时期(公元前 510 年～前 27 年)两个阶段。

法定诉讼时期罗马私法在王政时代主要是习惯法，共和时代包括制定法《十二表法》，贵族大会、军伍大会、地区大会和平民议会通过的法案，另一个重要的组成部分是执政官、大法官等长官的谕令。

法定诉讼时期的司法首先的问题是司法权由谁执行。王政时期，王专揽司法权，共和国以后，改由执政官掌握。公元前 242 年，由于公务繁忙，为了减轻执政官的负担，另设专职大法官一人处理民间纠纷，这是行政权与司法权的初步分离。除大法官外，还设立了兼职处理市场买卖奴隶、牲畜纠纷的市政官二人，但执政官仍可受理非讼事件。公元前 2 年，因外国人来罗马经商做工的日多，又增设外务大法官一人，受理外国人相互间和外国人与市民间的诉讼。因此，原来的大法官便称内务大法官。但大法官仅驻罗马办案。随着国土的扩

---

⑥　参见周枏：《罗马法原论》，商务印书馆 1994 年版，第 56 页。

⑦　参见江平、米健：《罗马法基础》，中国政法大学出版社 1987 年版，第 344 页。

⑧　参见［古罗马］盖尤斯：《法学阶梯》，黄风译，中国政法大学出版社 1996 年版，第 302 页。

张,在意大利,除少数城市保留司法特权之外,则于各市府间设置司法中心,由大法官委派代理法官代行其职权;行省则由总督兼理司法,实际上案件多由总督助理具体处理,并组织巡回审判,以解决省区辽阔的问题。

各级行使司法权的官员管辖的案件分为“诉讼事件”与“非诉讼事件”。诉讼事件,即当事人之间发生实际纠纷,需要法官解决。这类事件即大致等同于我们今天所言的诉讼案件。非讼事件,则是当事人双方并没有实际纠纷,目的仅在于利用法官的权利来完成合法的手续,以确认某项事实或行为的法律效力,实质上是一种虚拟诉讼。之所以会出现这种诉讼,是由于罗马法早期对交易的程式要件十分严格,对交易双方来说十分繁琐。于是当事人之间假装发生纠纷,在法庭上被告并不辩护或者直接承认原告的诉讼主张,于是法官即判原告胜诉,从而确认原告对交易物的所有权,实际上达到了交易的效果。这种方式又称“拟诉弃权”,除了适用于所有权的转移,也用于解放奴隶、收养等行为。

《十二表法》作为古罗马早期习惯法的结晶,是古罗马的第一个成文法,对古罗马早期的社会生活的主要方面作了比较完备的规定,具有重大的意义。而在法定诉讼制度中,法官审理案件是完全被动的,必须严格按照法律的规定处理。此时的私法与司法是一种完全的单向关系,即司法仅是为了执行私法而存在,法官完全是机械的执行者,司法对私法基本上没有反作用。

这种私法与司法间的单向关系,对当时司法公正的影响是两方面的。一方面,从形式公正的角度来说,由于《十二表法》等成文法对诉讼的各方面,如传唤、审理、执行等作了比较详细的规定,当事人双方都必须严格遵守这些规定,就连法官也不得例外。因此,从形式上来说,司法对双方当事人都是公正的。

另一方面,从实质公正意义上来说,这种私法与司法的简单单向关系,却无法实现真正的司法公正。从私法角度来说,尽管《十二表法》对早期罗马的市民生活关系作了初步的规定。但是由于立法技术的落后和罗马经济社会的迅速发展,当时的成文私法对社会生活不免存在遗漏与落后之处。而且《十二表法》等私法对形式过于注重,使整个司法过程变得十分繁琐与复杂,对形式的注重有时甚至超过了对事实真相的探求。例如,当事人在诉讼过程中,必须严格遵守法定的言辞和动作。关于砍伐葡萄的诉讼,就必须使用“树木”一词,而不得

直接称“葡萄”，否则即败诉，因为当事人据以提起诉讼所依据的《十二表法》只笼统的谈到砍树，并没有提到葡萄。在关于所有权的诉讼中，当事人必须用木杖触及讼争物，不然，即使理由充足，也会败诉。⑨ 而且由于严格实行“一案不二讼”原则，对同一案件不得再次起诉，当事人就彻底失去了司法救济的保护。再从司法的角度考察，在法定诉讼中，诉讼的主动权掌握在当事人而不是法官手中，法官完全处于被动的地位，仅能机械地执行法律，实际上类似于一个证人。对于由于私法的不足引起的不公正根本无法运用司法权予以纠正与弥补，真正的司法公正往往就此付之阙如。

进一步探讨古罗马此时期私法与司法单向关系的深层原因，还在于此时对司法功能的理念还停留在仅是自力救济的补充这一层次。此时罗马的司法处于从自力救济到公力救济的过渡阶段。自力救济阶段，遇到纠纷，双方往往请有名望的人进行仲裁。后来，古罗马国家机构逐渐健全，国家权力试图介入私力救济领域，因此规定诉讼必须经过法官形式审查，然后再交由仲裁。因此，法定诉讼也分为法律审理与事实审理两个阶段，分别由法官和双方选定的承审员（实质上即仲裁人）进行审理，而案件的传唤、执行等一律由当事人来完成。在这种情况下，如前所述，法官仅是一个证人的角色，自然也不可能通过司法来对私法施加影响。因此，这种把司法功能看作仅是私力救济的补充的理念决定了法定诉讼时期的私法与司法之间的这种联系只可能是单向而非互动的。可见，此时的司法公正更多的是形式公正而非实质公正。

2. 程式诉讼时期的私法与司法

程式诉讼（formula），是指当事人的陈述经过大法官审查认可后做成程式书状（简称程式），交由承审员根据程式所记载的争点和指示而为审判的诉讼程序。其产生于公元前二三世纪，公元前149～前126年通过的《阿布兹法》（Lex Aebutia）从立法上确认了程式诉讼的效力，直至公元294年被废止。⑩

这一时期的私法主要渊源是地区大会、元老院制定法律和皇帝的敕令以及

---

⑨　参见［古罗马］盖尤斯：《法学阶梯》，黄风译，中国政法大学出版社1996年版，第290页、第293页。

⑩　参见江平、米健：《罗马法基础》，中国政法大学出版社1987年版，第350～351页。

长官的谕令、法学家的解答。由于此时已进入罗马的帝政时期,在以上法律渊源中,皇帝的敕令是最主要的。

进入帝政以后,皇帝独揽司法大权,他可以受理民事和刑事的初审和上诉案件,由“枢密院”佐理。执政官仍被保留,有权受理非讼事件。大法官则由于国土的扩大和职务的专门化而逐渐增多,人数在 10~18 人,分为刑事大法官,处理国家与人民间纠纷的国库大法官,专司遗产信托的遗产信托大法官,税务大法官,专司监护的监护大法官,专门受理身份案件的自由身份大法官等。军政长官司令、京都保安司令、宵禁官和粮政官作为新设的官员也执行一定的司法权。地方司法权则仍由总督和地方官行使。

程式诉讼和法定诉讼一样,分法律审理和事实审理两个阶段,仍保持了公力救济与私力救济相结合的传统,但有了许多革新。首先是当事人可以自由陈述意见,不必再拘泥于法定的言辞和动作。其次是由大法官做成程式书状作为事实审理的基础,更加准确可靠。再者是大法官在诉讼中的权利扩大,已不再仅仅是一个证人的角色,法官可以主动指挥诉讼进行。他不仅可以根据社会发展的需要,制定出新的诉讼程式,而且可以拒绝适用那些虽然是由以前的法律明文规定,但实际上已经过时的诉讼程式。另外,程式诉讼允许诉讼代理人代理本人出庭,改进了“一案不二讼”原则,扩大了适用范围,无论市民和非市民均可援用。⑪

这些革新中对私法与司法关系影响最为重大的是法官可以创设新的诉讼程式。作为大陆法系的源头即罗马法而言,最先发达的是诉权,并且诉权不同程序也不同,诉权的逐渐增加意味着实体法被创制。⑫ 在现代法学理念看来,权利是先于救济手段而存在的,救济手段是权利实现的保障。但是在古罗马时代,人们认为更重要的是救济手段,一种权利只有具有法定的各不相同的救济手段才可能存在,即救济手段先于权利,诉讼程式创设权利。因此,《阿布兹法》授予大法官自行决定诉讼程式的权利之后,大法官就拥有了指挥诉讼进程的主

---

⑪ 参见周枏:《罗马法原论》,商务印书馆 1994 年版,第 879~880 页。

⑫ 参见[日]谷口安平:《程序的正义与诉讼》,王亚新译,中国政法大学出版社 1996 年版,第 8 页、第 63 页。

动权利,从而在某种程度上获得了造法的权力。首先,他有了对法律的解释权。例如,《十二表法》规定得比较简单和不完备,他可以对此加以解释和类推。其次,法律没有规定的,大法官可以根据形势的发展和社会经济发展的需要加以补充。最后,他甚至可以纠正法律的不合理之处。《十二表法》是罗马共和制初期颁布的,当时罗马尚处于自给自足的农业社会。后来罗马简单商品经济得到了迅速发展,此时该法就已经不适应简单商品经济基础上的社会生活了。但是罗马当时正处于大肆对外扩张的战争阶段,统治者无暇顾及制定新的私法。在这种情况下,罗马的大法官就担负起了补救《十二表法》之不足的任务。⑬ 例如,《十二表法》规定,家长如果三次出卖他的儿子,这个儿子就获得解放,脱离家族而不再受家长权的支配,但是对出卖女儿和孙子等则没有规定。大法官就根据他们在家庭中的地位没有儿子重要,因而宣布只要被出卖一次,就可以对他们消灭家长权。又如,大法官鉴于当时转移所有权不能采用交付方式而必须采用"要式买卖"和"拟诉弃权"的繁琐方式,极不利于经济的发展和物的流转利用,因此创设"菩布利西亚那诉"(actio punbliciana)来肯定采用交付方式移转所有权的效力,从而形成了"大法官所有权"。如前所述,古罗马的法官在程式诉讼中通过创设新的诉讼程式或把旧的诉讼程式扩展适用于新的事实,实际上就创设了新的权利。从形式上来看,出现的只是新的诉讼程式,在实质上却出现了新的法。⑭

这种法即裁判官法,它的表现形式主要是那些拥有司法权的执法官所发布的告示。裁判官法的出现标志着私法与司法互动关系的初步形成。法官不再是成文私法的机械执行者,而是可以在诉讼过程中运用司法权对成文法施加影响,乃至制定出新的"法律",即"法官造法"。这种裁判官法与市民法并驾齐驱,而且对市民法加以补充和提高,把罗马法从散见于《十二表法》中的狭窄古板的规范体系变成了一种灵活、包罗万象的新的体系。⑮ 这种私法与司法间的新型互动关系,使形式公正与实质公正第一次有可能得到了统一,实现了对司

---

⑬ 参见周枏:《罗马法原论》,商务印书馆1994年版,第42页。

⑭ 参见[英]巴里·尼古拉斯:《罗马法概论》,黄风译,法律出版社2000年版,第19页。

⑮ 同上书,第18页。

法公正追求的第一次飞跃。

3. 非常程序时期的私法与司法

非常程序(cognitio extra ordinem)也称特别诉讼程序,这是一种不采用在法定诉讼和程式诉讼必须经过法律审理和事实审理两个阶段的审理方法。也就是案件的审理不再交给承审员做事实审理,而是由裁判官全权处理案件。[16] 这种诉讼程序较之法定诉讼和程式诉讼要简单得多,在罗马帝政后期,成为唯一通行的诉讼程序。

非常程序时期正值古罗马帝政时代,此时立法权逐渐由皇帝一人掌握,议会的立法,元老院的决议、长官的谕令逐步退出历史舞台。皇帝的敕令几乎成为唯一的私法渊源,历代法学家的言论虽然仍发生拘束力,但也是由于皇帝容许才发生效力。

在程式诉讼时期的晚期,由于裁判官们通过"告示"而形成的谕令("裁判官法")越来越多,并且名义上都有法律效力,因此适用上很不方便。哈德里安努斯皇帝便命令法学家优利安努斯负责把历代大法官、市政官、外省总督等的谕令整理编撰,并经元老院批准通过,供法官一体遵行。这样,裁判官们实际上就被剥夺了创制新的法律的权利。所有法官办案,都必须依照优利安努斯编撰的谕令办理,不能有所创新,当有增删变更的需要的时候,也只有皇帝有权为之。后来,罗马皇帝开始大规模的编撰法典,如《优帝一世法典》《学说汇撰》《优帝新律》等,法官必须严格按照这些法典的规定审理案件,古罗马"法官造法"的现象便不复存在。

尽管法典的编撰体现了罗马法的成熟与进步,非常程序取代程式诉讼反映了罗马司法彻底摆脱了私力救济而进入公力救济。但是罗马私法与司法的关系在这一阶段又重新回到私法对司法的单向关系。法官必须严格按照法律的规定办案,失去了在司法中创造性地运用私法,从而补充成文私法之不足的功能。之所以罗马私法与司法的关系出现这种"反复",主要是因为此时的政治体制已经进入高度的皇帝专政阶段。立法权作为国家的最重要的权利之一,被皇

---

[16] 参见房守林、任锡君主编:《罗马法》,哈尔滨工程大学出版社1997年版,第288页。

帝牢牢地掌握在一人之手。控制了立法权,皇帝就可以自由地通过法律的形式将自己的利益和统治策略甚至个人对某一事件的看法固定下来,并通过司法和国家强制力得以推行。在这种情况下,专制的君主厌恶所有对他权力的制约。程式诉讼时代的法官能够"自由"地运用法律的权力自然是对皇帝立法权的一种制约,因此,皇帝就通过制定只有他本人才能变更修改的法典剥夺了法官们乃至法学家们"造法"的权力。司法重新沦为单纯的对私法执行与保障,从而巩固专制统治的工具。优士丁尼皇帝在其《法学阶梯》前言中直言不讳地说道,"皇帝的威严光荣不但依靠兵器,而且须用法律来巩固。这样,无论在战时或平时,总是可以将国家治理得很好;皇帝不但能在战场上取得胜利,而且能采取法律手段排除违法分子的非法行径;皇帝既是虔诚的法纪伸张者,又是征服敌人的胜利者"。⑰ 在这种工具论的时代,真正的司法公正是很难得以实现的,司法的功能并不认为是实现公平正义,更重要的是反映皇帝的意志和维护他的统治。当时的一段描述真实地反映了这一时期司法的现状:"从前朝廷上的人是极少的,但是在优士丁尼时代,由于法官已无司法的自由,他们的法庭已成为人迹罕至的地方。而在君主的宫廷内,前来恳求拜托的诉讼当事人却是吵吵嚷嚷,声音嘈杂。"⑱

(二)大陆法系的私法与司法

大陆法系,又称民法法系,罗马—日耳曼法系、法典法系,是以罗马法为基础而发展起来的法律体系。⑲ 大陆法系的发展经过 12 ~ 16 世纪罗马法在欧洲大陆的复兴,18 世纪资产阶级革命,最后于 19 世纪发展成一个影响遍及世界广大地区的法系。其代表性法典是《法国民法典》与《德国民法典》。编撰法典是大陆法系的一个普遍传统,18 世纪以后,法典化成为大陆法系私法发展的一次运动。法典的编撰不仅创造了一大批可载入史册的法典,而且对大陆法系私法与司法的关系产生了深刻的影响。因此,我们考察大陆法系私法与司法的相互

---

⑰ [古罗马]优士丁尼:《法学阶梯》,张企泰译,商务印书馆 1989 年版,第 1 页。

⑱ [法]孟德斯鸠:《论法的精神》(上册),张雁深译,商务印书馆 1961 年版,第 80 ~ 81 页。

⑲ 参见沈宗灵主编:《法理学》,高等教育出版社 1994 年版,第 105 页。

关系以及其对司法公正的影响,也分为法典化运动之前、法典化运动时期及法典化运动之后三个时期进行具体研究。

1. 法典化运动之前的私法与司法

优士丁尼皇帝编纂《民法大全》的目的,在于使罗马法继续发展,以挽救古罗马晚期的衰落局面,但是他的这一愿望并没有实现。优士丁尼死后,东罗马帝国战乱不已,基督教开始盛行,寺院法压倒罗马法。欧洲进入了一个以宗教法和封建割据为特征的时代。

然而,罗马法的伟大影响在几个世纪后终于重新显现出来,从 11 世纪末开始了一场广泛的,作为文艺复兴之一部分的罗马法复兴运动。马克思指出,"当工业和商业进一步发展了私有制(起初在意大利,随后在其他国家)的时候,详细拟定的罗马私法便立即得到恢复并重新取得威信。后来资产阶级强大起来,国王开始保护他们的利益,以便依靠他们的帮助来摧毁封建贵族,这时候法便在一些国家(法国是在 16 世纪)开始真正的发展起来了,除在英国外,这种发展到处都是以罗马法典为基础的。但是即使在英国,为了私法(特别其中关于动产的那一部分)的进一步发展,也不得不参照罗马法的诸原则"。[20] 罗马法的复兴首先是从意大利开始的,波伦那很快成为西欧罗马法的中心,欧洲各国学生纷纷到波伦那法律大学学习罗马法,并将罗马法传播到欧洲各地。罗马法复兴运动经过注释法学派、评论法学派、自然法学派三个阶段的发展,[21]罗马法终于成为当时大陆法系国家共同的法律基础。

此时的大陆法系国家,虽然罗马法得到复兴,但其并不是反映在立法上,而是通过法官在司法中"自由"援用而得以重现。其时成文私法极少,判例法占据了主要地位。这一时期的司法实践中,法官具有较大的主动权,他可以摆脱当时为数不多且很不完善的成文私法,而根据自己的信念从罗马法教科书,古代或外国的法学家的论著,上一级法院的判例中去寻找判案依据,以对案件作出他认为最合理的判决。以意大利的法庭为例,法官在审判中可以依据的渊源包

---

[20] [德]马克思、恩格斯:《马克思恩格斯全集》(第 3 卷),中共中央马克思恩格斯列宁斯大林著作编译局译,人民出版社 1974 年版,第 71 页。

[21] 由嵘主编:《外国法制史》,北京大学出版社 1994 年版,第 108 页。

括罗马法的教科书、法令和习惯法、国家最高法庭针对疑难案件而作出的审判先例、其他国家的审判先例、学者的法学著作以及已经出版的律师辩解文集。[22]由此可见,此时的成文私法对法官的束缚并不是很强,法官完全可以运用各种成文私法之外的理论与信念来补充与改进成文私法的漏洞与不足,从而达到法官造法的目的。

可以发现,此时大陆法系私法与司法的关系很接近与古罗马程式诉讼时期。即私法与司法形成了相互作用的互动关系:成文私法指导着法官对案件的判决,但法官并不拘泥于成文法,他可以运用司法权对成文法加以发展和补充。而且此时私法与司法互动关系并不仅是推动了对司法公正的追求,而且也是传播罗马法的一个重要途径,正是通过一次次的判例,罗马法才重新回到司法中,重新真正成为大陆法系共同的理论基础,大陆法系由此得以迅速发展。

2. 法典化运动时期的私法与司法

在西方法律体系里,一直存在一股促进法典化的驱动力。[23] 换句话说,作为大陆法系区别于英美法系的特征之一,无论是就法律职业而言,还是就实体法、制度结构或者法律态度而言,在民法传统里肯定潜藏着某种有利于法典化的东西。[24] 而且罗马法的复兴推动了法学理论的发展和法学家队伍的壮大,政治经济的发展也提出了私法法典化的要求。在这种背景下,18 世纪中期以降,大陆法系开始了一场持续数百年的法典化运动。

大陆法系的近代法典化运动大致可以分为两个阶段:第一个阶段是 18 世纪中期普鲁士编纂私法典开始到 1804 年《法国民法典》和 1812 年《奥地利民法典》的颁布。1746 年普鲁士腓特烈大帝下令以自然法为指导精神编纂一部私法典,1794 年《普鲁士邦法》得以施行。[25] 法国大革命前就已经出现了法律统一的

---

[22] 参见[美]艾伦·沃森:《民法法系的演变及形成》,李静冰、姚新华译,中国政法大学出版社 1992 年版,第 55 页。

[23] See A. Watson, "The Tier Law—A New Approach to Law-Making", *International and Comparative Law Quarterly*, 1978, p. 522.

[24] 参见[美]艾伦·沃森:《民法法系的演变及形成》,李静冰、姚新华译,中国政法大学出版社 1992 年版,第 145 页。

[25] 参见何勤华等撰稿:《德国法律发达史》,法律出版社 2000 年版,第 29 页。

趋势,但并未得到实现。法国革命爆发以后,资产阶级在《请愿书》和宪法中正式提出了“迅速颁布统一的民法典”“全王国共同的民法典”的要求。1800年拿破仑任命四位法学家组成民法典起草委员会,组织编纂民法典,在法学家和拿破仑的共同努力下,1804年《法国民法典》得以颁布,成为大陆法系一个具有代表性的民法典。因此,拿破仑认为他真正的光荣在于制定了这部民法典。[26] 与此差不多同时,奥地利经过长期的努力,于1812年颁布了《奥地利民法典》。

法典化运动的第二阶段是《法国民法典》的广泛传播与各国民法典的相继制定阶段。拿破仑用武力征服了欧洲的同时,也将《法国民法典》传播到被征服的各地。拿破仑虽然最后失败,但这部反映了当时新兴资产阶级需要和经济规律的民法典不仅在欧洲,而且在法属各国也产生了重要的影响。欧洲的大陆法系国家纷纷制定了自己的民法典,这其中以《德国民法典》为杰出的代表。法典化的运动不仅限于欧洲,也传入世界各地,诞生了《日本民法典》《埃塞俄比亚民法典》等一批非欧洲民法典。经过这一阶段,除极少数国家外,大陆法系诸国相继拥有了自己的成文私法典。

法典化运动是在资产阶级启蒙思想的影响下发展起来的。对于私法与司法的关系,启蒙思想家们普遍反对“法官造法”,强调成文私法神圣。孟德斯鸠认为让法官来解释法律、创造判例法,容易助长司法官的过分强大和法律解释的态意,“法官只不过是重复法律的条文,他们只是法律的工具”,判决为“法律严格之复印”,而法官系“宣告法律语言之嘴巴,须严格受法律效力所拘束,法官系无能力或无意志自行左右自己之生物”。[27] 而罗伯斯庇尔则更为极端,他在1749年11月18日的立宪会议上甚至说,“所谓‘法院的判例’之用语,必须从法语中抹掉”。[28] 在这种思想的影响下,法典化时期的大陆法系诸国概念法学盛行,普遍认为法典包罗万象,是十分完善的,一切法律问题均可以依据现行法规定,通过逻辑推理来解决。法院只有司法权,没有立法权,它必须严格受成文法的约束,不得稍有逾越。法官只是法律的机械执行者,不允许法官运用司法权

---

[26] 参见何勤华主编:《法国法律发达史》,法律出版社2001年版,第223页。
[27] 杨仁寿:《法学方法论》,中国政法大学出版社1999年版,第52页。
[28] 何勤华主编:《法国法律发达史》,法律出版社2001年版,第50页。

扩充或变更成文私法。1794年《普鲁士邦法》第46条规定：法官如果不能从已有法律推断出明确的意义，不能进行裁判；反之，第47条规定，应上呈法律委员会，由法律委员会作出普遍的解释供法官运用。如果法官对法律作出解释，将受到严厉的惩罚。[29]

之所以法典化时期私法与司法的关系又重新恢复到古罗马法定诉讼和非常程序时期那种单向关系，恰恰源于当时人们对司法公正的追求。法典化之前，由于成文私法极不完善，法官造法成为现实的需要。但是由于没有统一的标准，也容易产生法官擅权，乃至枉法的司法不公现象。如在法国大革命之前，"法官"的职位甚至可以买卖、[30]转让、继承，孟德斯鸠就是用继承的方式取得了法官职位并担任了10年的法官。法官在当时属于贵族之列，经常支持地主迫害人民，引用法律适用于具体案件时，经常做违背法律"原意"之解释，甚至歪曲法律。[31] "法院导致的混乱和不公正使得司法界成了这个王国最腐败的部分，遂成为革命所要摧毁的对象。"[32]因此，法典化时期的一个潮流就是限制法官的权力。而且法典编纂之后，人们自信的认为随着立法技术的提高，法典规定的已经足够完善，不需要法官解释和补充，法官只需要严格按照法律条文办事，就可以实现真正的司法公正。拿破仑认为："将法律化成简单的几何公式是可能的，任何一个能识字并能将两个思想联系在一起的人，就能作出法律上的裁决。"[33]可以说，这种对私法与司法关系的认识与当时的概念法学思潮相适应，符合当时法学发展的需要，对建立对私法的尊崇与信仰是有着重要意义的。在这种认识指导下的司法实践，将正义的考察点主要放在对形式正义的追求之上，并且认为形式正义必然带来实质上的正义与司法公正，尽管在我们今天看来，基于

---

[29] 参见[美]约翰·亨利·梅里曼：《大陆法系》，顾培东、禄正平译，西南政法学院印行1983年版，第42页。转引自徐国栋：《民法基本原则解释——成文法局限性之克服》，中国政法大学出版社2001年版，第119页。

[30] 法国路易十四时代，富凯曾将他的高等法院总检察官的职位以140万法郎的价格售与他人。参见[法]伏尔泰：《路易十四时代》，吴模信、沈怀洁、梁守锵译，商务印书馆1982年版，第345页。

[31] 参见杨仁寿：《法学方法论》，中国政法大学出版社1999年版，第54页。

[32] [美]H. E. 埃尔曼：《比较法律文化》，高鸿钧等译，生活·读书·新知三联书店1990年版，第52页。

[33] [美]杰罗姆·弗兰克：《法律与现代精神》，第5页。转引自沈宗灵：《现代西方法律哲学》，法律出版社1983年版，第98页。

法的不确定性、模糊性以及滞后性,这种理想是不可能真正实现的。

3. 法典化之后的私法与司法

由于社会和经济的发展,法典化时期以概念法学为理论支撑的私法与司法的机械单向关系并没有维持多久。19 世纪末,资本主义的发展进入新的时期,社会经济条件急剧变化,法典与现实之间的鸿沟开始扩大,单纯机械的执行、解释法律已经不能够解决越来越多新的法律问题,由此造成的司法不公现象也越来越明显,法典万能主义与成文法自足主义陷入窘境。

此时,自由法学、利益法学等新的法学思潮也推动了对成文私法的重新思考。法国著名学者惹尼(Geny)认为,法律的正式渊源并不能覆盖司法活动的全部领域,总是有某种领域依靠法官的自由裁量权来决定,在这种领域中,法官必须发挥其创造精神和能动性。当然,这种自由裁量权不应该根据法官那种不受控制的和专断的个人感情,而应当根据客观的原则来行使。[34] 德国学者海克(Heck)亦认为法官判案时必须摆脱机械逻辑之束缚,要采用利益衡量的方式来灵活运用法律,实现真正的公正。当然,法官这种自由裁量权的行使范围主要限制在私法范围内。

在这些法学思想的影响下,大陆法系国家对其私法与司法的关系重新进行了反思,肯定了法官在司法活动中的能动性。以德国为例,第一次世界大战以后,社会形式的剧烈变化,将许多法律的规定远远地抛在了后面。固守成文法典的规定,既不明智,事实上也无法适应社会。在此情况下,德国的帝国法院开始改变态度,弹性解释法律,作出了许多更符合实质正义的基本判决。[35] 第二次世界大战之后,这种情况有了进一步的发展。1952 年德国联邦法院成立,它在继承帝国法院弹性解释法律、创制法律原则传统的同时,鉴于社会之需要,更加积极大胆的创造法律原则,如在民法上创立一般人格权,就是突出的一例。因此,在现代德国,一些典型的判例,尤其是联邦法院作出的重要判例,在司法实践中具有重要的指导作用,填补了德国法律所暴露出来的“死角”和“空白”,实

---

[34] 参见[美]E. 博登海默:《法理学——法律哲学与法律方法》,邓正来译,中国政法大学出版社 1999 年版,第 145 页。

[35] 参见何勤华等撰稿:《德国法律发达史》,法律出版社 2000 年版,第 53 页。

质上起到了准立法的作用。这实质上是对“法官造法”某种程度上的重新承认。日本明治八年108号布告第3条规定，民事审判无成文法律者依习惯，无习惯则推考条理而裁判之。从法律上明确判例即法官造法效力的是《瑞士民法典》，其第1条规定，“无法从本法得出相应规定时，法官应依据习惯法裁判；如无习惯法时，依据自己如作为立法者应提出的规则裁判”。[36]《瑞士民法典》的这一规定后来被大陆法系各国新制定的民法典所普遍采用，《土耳其民法典》、1945年《意大利民法典》和1985年《荷兰民法典》等都规定了相似的条文。[37]

可见，在自由法学思潮的影响下，大陆法系国家私法与司法的关系，经过否定之否定，又重新呈现一种相互作用的辩证关系。一方面，比较完备的成文私法指导者司法的正常运行；另一方面，当成文法出现漏洞或与现实脱节而又来不及修改的时候，司法主动承担起了对其补充修正的创造性作用，反过来对成文私法的进一步完善又起到了很好的促进作用。在这种对司法的创造性功能的理念指导下，大陆法系国家继续朝着真正的司法公正不断追求。

（三）英美法系中的私法与司法

与大陆法系更多的追求法律理论内在的逻辑严密不同，美国大法官霍姆斯“法律不是逻辑，而是经验”的名言是英美法系普遍奉行的理念。在这种观念的影响下，英美法系十分注重司法过程中“法官造法”的功能，私法也就是在法官们一个个判例之中蕴含。这一点从英美法系私法的发展过程可以十分清晰地表现出来。

据考古发现，英国早在25万年前就已经有了人类活动的遗迹。[38] 公元43年，罗马占领英国，从此英国成为罗马的一个行省。在罗马统治阶段，除了原有的部族习惯，罗马法也成为当地适用的法律。因此，今天我们在英国衡平法中也可以找到罗马法的影响。

---

[36] 《瑞士民法典》，殷生根、王燕译，中国政法大学出版社1999年版。

[37] 参见徐国栋：《民法基本原则解释——成文法局限性之克服》，中国政法大学出版社2001年版，第326页。

[38] 参见蒋孟引主编：《英国史》，中国社会科学出版社1988年版，第1页。

普通法产生于1066年法国北部诺曼人从海上入侵征服英国之后。诺曼人当时文化发展程度较高,有大陆法系传统。但当其统治英国的时候,因为英国本土先后受到丹麦人、盎格鲁—撒克逊人等统治,已经存在各种不同风俗习惯及法律制度,各地的法律规定多有差异,标准也不相同。所以诺曼人无法将其大陆法系传统的法律制度完全适用,必须参酌英国当时各地方现有的法律制度。当时,英国各地贵族担任各地的地方首长,控制本地区的法院,对国王的王权构成了很大的威胁,当地当事人的案件也经常得不到公正的判决。为了改变这一现状,英国国王建立了国王法院,并任命"巡回官"(类似于我国古代的"钦差大臣")到地方各地去了解民情,代理国王审判当地当事人提出的诉讼。[39] 这些"巡回官"即法官在各地按照诺曼人的法律,也结合当地原有的法律审判案件,将判决的内容用文字记载在判决书中,并以判决的内容作为以后审理新的案件的标准。在判例中,常形成文字隽永、意义深沉的格言式语言风格。如在有关所有权的判例中规定"无论何人,不得以大于自己所有之物给人""占有乃所有权的基础""无论何人不得以非自己所有之物给人""在权利平等时,占有者胜"[40]等。经过多年的累积,这种依靠不同案例而形成的法律体系在英国占据了统治地位。由于这种法律是适用于整个英国境内,标准一致,与以往各地法律各异不同,因此称为"普通法",即"Common Law"。

近代以前,在普通法的系统下,案件要进入诉讼程序必须符合严格的诉讼形式。这一点有些类似于古罗马法定诉讼时代将诉讼种类固定为有限的几种的做法。当事人想要向普通法院提起诉讼,首先必须获得国王的"令状"。所谓令状,即国王特许的书面命令,其内容系国王同意某特定的人,因特定的事项得以向普通法院提起诉讼,因诉讼案件不同有许多种类型的"令状",如"非法强占的动产恢复令状(Replevin)""非法留置的动产恢复令状(Detinue)""返还确定金钱令状(Debt)"等。[41] 当事人必须选择正确的令状进行诉讼,否则即使事实上权利受到侵犯,也会败诉。正是由于普通法的诉讼形式过于严格,在很多情

---

[39] 参见潘维大、刘文琦编著:《英美法导读》,法律出版社2000年版,第2~3页。

[40] 江平:《西方国家民商法概要》,法律出版社1984年版,第26页。

[41] 参见潘维大、刘文琦编著:《英美法导读》,法律出版社2000年版,第17页。

况下,使受到委屈的当事人不能获得及时有效的司法救济。在这种背景下,大概在14世纪中叶,在英国设立了衡平法院,用来解决普通法的一些明显漏洞和不足,尤其是改革普通法中严重制约经济效益和社会发展的日益繁琐的程序主义内容和倾向,以适应已经萌芽并发展的资本关系对效益的追求。

所谓"衡平",一般被认为是指根据"正义、良心和公正"的原则来断案,它具有"依据实情,力求公平"的含义。许多在普通法院得不到诉讼救济的当事人向国王寻求司法帮助。国王就命令原来只负责颁发"令状"的国王秘书处以国王的名义来审理这些案件,并以国王的名义发布判决,这样逐步形成了与普通法院相对立的衡平法院(Court of Chancery)。衡平法院的法官并不按照普通法来判决,而是仅仅根据个人价值标准审判。因此,衡平法院的法官具有更大的能动性,他创造了许多普通法所没有的法律制度,如信托制度等。后来通过衡平法院内遵循先例原则的确立,这些由法官创造的新的法律制度也逐渐施行于全国。

由普通法与衡平法共同构成的英国私法体系在法官们充满灵性的创造力的推动下不断向前发展。与之相对应的普通法院与衡平法院两套法院体系也互动运行了几百年。但随着时代的发展,当事人觉得一个国家有两个不同的法院系统,分别采用不同的法律规定,对于他们选择合适的救济途径显得十分困难,在当代社会经济运转速度日臻快捷的情况下,这一困难十分不利于经济的发展和纠纷的迅速解决。因此,21世纪英国将这两个法院系统合而为一,只有一个法院系统,但是普通法与衡平法还是并行不悖,共同适用。

美国作为一个在英国殖民统治下独立的国家,在法律制度上基本沿用英国,并有所发展,和英国一起成为英美法系的代表。在殖民地时代,美国主要继受英国的普通法,但各州的具体方式有所不同。有的州完全不采用普通法,而采自然法为审判原则;有的州有限制的适用普通法,其必须经过州法律吸收或者判决先例中经法官引用后才能适用;有的州全部适用普通法,如纽约州;其余的州则将普通法作为补充性法规,起参考的作用。[42] 美国建国后的初期,由于感

---

[42] 参见潘维大、刘文琦编著:《英美法导读》,法律出版社2000年版,第31页。

情上对英国的反感,有一段时间弃用了英国普通法。但后来又重新走上了普通法的道路,由于普通法本来就是由法官所不断创造的法律,美国法律经过 200 余年的发展,逐渐也有了自己的特色。但是在"法官造法"、以判例法为主的这一特点上同英国仍然是一致的。

随着世界经济一体化的发展,两大法系也不断相互影响与融合。早在 18 世纪末,英国功利主义法学家边沁就从合理主义的立场出发,对历史主义的判例法进行了抨击。在这种反思的影响下,英美法系也逐渐出现了一些成文法。如英美议会立法的大量增加,美国的统一商法典运动等,都反映了英美法系这一新的变化。但是应该指出,这种变化仍没有改变英美法系对私法与司法关系的根本看法——法律不是经验,而是逻辑。

综上所述,在英美法系国家,由于历史习惯和民族精神的不同。私法与司法的关系与大陆法系国家有着不同的理念。即强调法官在法律产生过程中的能动作用,法官不必机械地执行现有法律的规定,法官审理案件的过程,也就是私法不断发展变化的过程。这种对私法与司法的看法的理论基础是经验主义哲学,与大陆法系私法产生过程体现的是一种演绎逻辑不同,英美法系私法与司法更多反映的是一种归纳逻辑。[43]

二、经验与教训;私法与司法关系的重构

正像人类对自身所生存的自然世界与精神世界的认识是随着时代的发展而不断深化,我们对私法与司法之间复杂的关系也不是轻易能够下结论的。我们只能一方面从私法发展史中寻找前人的经验与教训,另一方面结合新的法学方法论和司法实践来尽可能建立私法与司法的良性辩证关系,一步一步接近真理。在这样的理念指导下,可以对私法与司法的关系提出一些重要的命题与结论:完善的私法是我国实现私法与司法良性关系的前提;尊重司法活动的能动

---

[43] 参见谢晖:《判例法与经验主义逻辑》,载《中国法学》2000 年第 3 期。

性是社会发展的客观要求;提高法官素质是实现私法与司法良性关系的关键;私法与司法的良性互动关系是实现司法公正的基本保障。

(一)完善的成文私法是我国实现私法与司法良性关系的前提

追求理性的完善是人类与生俱来的天性,而成文私法作为人类智慧的结晶,从查士丁尼大帝费心竭力下令编撰《国法大全》到拿破仑不遗余力地推动制定《法国民法典》,乃至今天中国民法学界为民法典的诞生不懈努力,人类一直追求着他们认为最完善、最接近真理的以成文形式出现的私法。在今天的中国,完善的成文私法已经不仅是法学家们显现智慧的载体,而是我国实现私法与司法良性关系的前提。

首先,大陆法系的传统要求完善的成文私法。尽管有学者认为中国清代以前形成了成文法与判例法并行的"混合法"模式,这种模式可以称为成文法系与判例法系之外的第三种样式。[44] 但列强入侵和中国当时孱弱腐败的现实证明了这种传统的法律模式已经不能适应中国发展的需要了,因此,我国自清末变法以降,选择了一条大陆法系的道路。私法的成文化是大陆法系十分突出的一个特点,这也是大陆法系法学理论理性主义的必然要求,共同的历史渊源——罗马法自身的形式理性与相对的独立于社会实际的特性又使法律的移植成为可能。由于罗马法的规范和制度群具有相互独立和非宗教性及其合理性,"罗马法可以运用于完全不同形态的社会里:在以奴隶制为基础的经济制度里,在封建社会里,在资本主义类型的国度里等;在政治或宗教信仰各异的国家里,无论这些国家是专制政体、君主整体、寡头统治还是共和政体,也无论这些国家的人民是异教徒、天主教徒、加尔文教派还是路德教教友"。[45] 历史和现实无不证明,大陆法系具有不同历史传统和经济背景的国家,都可以在继受罗马法的基础上,结合"法治的本土资源",创造出比较完善的成文私法,同时,这也是大陆法系体系的内在要求。

---

[44] 参见武树臣:《中国古代法律样式的理论诠释》,载《中国社会科学》1997年第1期。

[45] [美]艾伦·沃森:《民法法系的演变及形成》,李静冰、姚新华译,中国政法大学出版社1992年版,第20~21页。

其次,完善的私法能够保障司法活动的顺利进行。在一个法治化的国家,法律的完备是实现司法公正的有力保障,按照中国特有的说法就是“有法可依”。一方面,便于当事人及其他关系人对司法裁判的结果作出预测,从而有利于稳定现有的政治结构和经济秩序;另一方面,有助于对司法专断起到约束作用,特别是对那些容易有偏见且既软弱又动摇不定的法官来讲,可以起到“后盾”的作用。尽管我们知道法律不可能尽善尽美,总会存在漏洞,但是不可否认,如果我们有了完善的私法,法治化的进程和司法公正的实现就会顺利得多。我国司法机关对证券市场的介入就是很明显的一个反面例子。长期以来,我国证券市场大范围存在虚假陈述、包装上市、内幕交易的现象,对证券市场的完善和广大投资者的利益保护造成了极大的威胁。由于证券相关法律规定的不完善,一直以来,我国法院都以无明确法律依据、难以判决等理由拒绝受理此类案件。这一现象充分说明了在目前我国司法实践中成文私法的重要性。可以说,在大陆法系国家,完善的成文私法是实现司法与私法良性互动关系的逻辑起点。我们讨论法官的能动作用,讨论司法对私法漏洞的补充都必须要建立在私法已经比较完备的前提下。因为一方面法官的智慧是有限度的,他不可能就所有的法律漏洞都根据基本法理加以补充;另一方面从效率上考虑,通过立法来规范一方面的社会关系比通过个案来一个个单独调整要更为有效;再者,成文私法在大陆法系的法律文化中,其权威性和公正性以及民众的接受程度都比法官的良知与学识更高。因此,在我国目前成文私法尚不完备,法官素质也不尽如人意的情况下,建立私法与司法良性互动关系的努力的重心应该放在对私法的完善上,在努力追求私法完善之前单方面强调法官的能动作用既可能达不到理想的效果,也可能根本就是一种法治建设顺序上的前后颠倒。

(二)尊重司法活动的能动性是社会发展的客观要求

从法制史的角度来讲,法律必须稳定,但又不能静止不变。一般完全的社会利益要求法律具有稳定性,而不断变化的社会生活环境则要求法律作出相应的变化。这种要求反映在司法程序中则是司法裁判必须遵守国家现存的法律,但也不能否认法官在司法中的能动作用。如果说司法裁判必须遵守国家现存

法律是为了保证法律的稳定性,那么承认司法活动的能动性和“法官造法”则是法律变化性的需要。[46] 如前所述,从历史上讲,“法官造法”的渊源始于罗马法的程式诉讼时期。如果我们以罗马私法作为大陆法系的始端,那么法国资产阶级革命的法律成果就是要求建立简单、无技巧、通俗易懂的法典,以使公民无须请教律师和法院就能读懂法律,并要求将所有的立法权都交给代议制的立法机关,这就必然要求否定自罗马法以来在法国所形成的司法机关享有立法权的传统。立法权和司法权的这种区分,要求法典必须完善、清晰、逻辑严密,并把法官的作用缩小到仅对事实适用法律(成文法规)的范围。然而,法典化时期法律制度的设计者的这种设想是极不可靠的。“法规自动适用”理论所奉行的观点(立法机关制定的法规非常清楚,以致它的适用成了一个自动实现的过程),在法典实施的过程中很快就成了弃物,实际上,“完整、清晰、逻辑严明”并且具有“预见性”的法典在司法程序中,并没有使法官摆脱对法律条文进行必要的解释和适用的负担,他们在一个生动、复杂而又充满困难的程序之中忙忙碌碌,法官必须填补立法的疏漏,解决法规之间的冲突,并使现存法律适应不断变化的情况。[47] 法典实施的实践除了重新唤醒人们的程序意识外,同时也形成了新的司法观点,人们依赖欧根·胡贝尔(Engen Huber)在瑞士民法典开始所写的文字,承认法官在司法中的能动性:“如果在本法中无可适用的条款,法官应适用习惯法;如无习惯法时,适用法官作为立法者时所会制定的规则。”因此,司法行为既是一种智慧行为,也是一种意志行为,法官负有不断发展法律的义务。[48] 我国由于受大陆法系的影响,无论是“依法治国”还是建设社会主义法治国家,人们都普遍认为应制定一套合理而又科学的成文法体系。但人类法律实施的历史表明,“徒法不足以自行”,成文法并非解决人间争议的“灵丹妙药”。大陆法系国家从法典化运动时开始的对制定法的极度推崇,转而对司法裁判功能的重视,以及在允许法官在具体的司法程序中“造法”的同时,对其“造法”行为进行必

---

[46] 参见马俊驹、聂德宗:《当前我国司法制度存在的问题与改进对策》,载《法学评论》1998 年第 6 期。

[47] 参见[美]约翰·梅利曼:《大陆法系》,顾培东等译,知识出版社 1984 年版,第 48 页。

[48] 参见[德]罗伯特·霍恩等:《德国民商法导论》,楚建译,中国大百科全书出版社 1994 年版,第 64 页。

要的制约,显然是值得我们重视的。

正如凯尔森的“法位阶说”所认为,一个国家的法律体系,就像一个圆锥形,法院的判决以及行政机关的行政行为等构成圆锥形的底层,此种底层的法规范,与实际的社会生活相接触而发生规范的作用。底层之上的法规范为民法、行政法等法律,法律之上的法规范则为宪法。[49] 宪法的规定具有高度的一般性或概括性,其用语较为抽象。法律的规定则较为具体,其下层的法院判决或行政处分,则已于实际个案接触,不再含有抽象的成分。从动态的角度来看,根据根本法——宪法来制定民法等私法的人是“立法者”;而根据法律而进行判决的法官,也未尝不是“造法者”。二者在工作的性质和原理上并没有本质的区别,都具有造法的功能,只不过立法者制定法律时拥有比法官更多的自由。因为宪法多是概括和抽象的规定,立法者立法的时候,只需要不与宪法相抵触就可以;而下位的成文法律的规定则比较具体,法官造法的空间自然也就狭隘得多了。总之,从实质上来看,法官根据法律而判决,也是在创造“下位规范”,同样具有立法的作用。

在私法领域,对法官造法权利的肯定与赋予,主要是通过私法的基本原则来完成的。所谓私法的基本原则,主要是指民法的基本原则,是效力贯穿于民法始终的民法根本规则,是对作为民法主要调整对象的社会关系的本质和规律以及立法者在民事领域所施行政策的集中反映,是克服法律局限性的工具,是20世纪的现象,是由一定的经济、政治和认识条件决定的司法机关分享立法权的产物。[50] 私法的基本原则除了具有立法准则、行为准则和审判准则的功能,而且由于其不确定规定和衡平性规定的性质,具有授权司法机关进行创造性司法活动的客观作用。民法基本原则中的法律补充原则,更是直接授予司法机关在一定范围内创立补充规则的权力。通过这些途径,私法基本原则起到了克服法律规定的有限性与社会关系的无限性的矛盾、法律的相对稳定性与社会生活的变动不居性的矛盾、法律的正义性与法律的具体规定在特殊情况下适用的非正

---

[49] 参见杨仁寿:《法学方法论》,中国政法大学出版社1999年版,第73~75页。

[50] 参见徐国栋:《民法基本原则解释——成文法局限性之克服》,中国政法大学出版社2001年版,第8页。

义性的矛盾。[51]

但是,基于“法官造法”,法官成为具体案件的立法者,有可能将案件的当事人置于司法擅断和不负责任的危险之中,因而对“法官造法”进行必要的限制就成为必要了。因此,《意大利民法典》的有关规定对“法官造法”进行了限制。该法典第12条规定:“在适用法律时,只能根据上下文的关系,按照词句的原意和立法者的意图进行解释,而不能赋予法律另外的含义;在无法根据一项明确的规则解决歧义(争议)时,应当根据调整类似情况(案件)或者类似领域的规则进行确定;如果仍然存在疑问,则应当根据国家法制的一般原则加以确定。”[52]《意大利民法典》的上述规定,为“法官造法”规定了立法性的指导方向,即适用法律首先应当根据法律的直接意思;如果它的意思不明确,法官就应该参照立法机关制定法律的意图,如果某一问题没有明确规定的,法官则应从其他相近的法规中类推适用。如果上述方法均不能解决问题时,则应当根据国家法制的一般原则加以确定。

(三)提高法官素质是实现私法与司法良性关系的关键

如前所述,私法与司法的良性互动关系一方面要求有完善的成文私法供法官遵行;另一方面也需要法官发挥主观能动性,创造性地运用法律,填补成文私法的不足与漏洞,适应社会的需要。可以看出,法官在建立这一良性关系和私法与司法的实际运行中起着关键的作用,对于司法公正的实现也具有十分重要的意义。由此可见,私法与司法良性互动关系的能否建立乃至司法公正能否实现,在很大程度上都取决于法官的素质。

我国2001年《法官法》第9条规定:“担任法官必须具备下列条件:(一)具有中华人民共和国国籍;(二)年满二十三岁;(三)拥护中华人民共和国宪法;(四)有良好的政治、业务素质和良好的品行;(五)身体健康;(六)高等院校法律专业本科毕业或者高等院校非法律专业本科毕业具有法律专业知识,从事法

---

[51] 参见徐国栋:《民法基本原则解释——成文法局限性之克服》,中国政法大学出版社2001年版,第17页。

[52] 《意大利民法典》,费安玲、丁玫译,中国政法大学出版社1997年版,第5页。

律工作满二年,其中担任高级人民法院、最高人民法院法官,应当从事法律工作满三年;获得法律专业硕士学位、博士学位或者非法律专业硕士学位、博士学位具有法律专业知识,从事法律工作满一年,其中担任高级人民法院、最高人民法院法官,应当从事法律工作满二年。”第 10 条规定,“下列人员不得担任法官:(一)曾因犯罪受过刑事处罚的;(二)曾被开除公职的”。第 12 条规定,“初任法官采用严格考核的办法,按照德才兼备的标准,从通过国家统一司法考试取得资格,并且具备法官条件的人员中择优提出人选。人民法院的院长、副院长应当从法官或者其他具备法官条件的人员中择优提出人选”。这为确保和提高法官素质提供了法律上的依据。但是,由于国情和法治建设、经济发展的相对落后,目前我国的法官素质是不容乐观的。主要表现为成人教育培养的多,正规教育培养的少;经验型的人多,知识型的人少;单一型的人多,复合型的人少。[53]

这一现状直接导致的结果就是法官法律专业水平偏低,司法腐败问题较为严重。首先,我国对法官任职资格条件的要求是比较低的。例如,我国《法官法》将法官的专业学历起点确定为大学本科以上。然而,我国现有司法人员学历的实际情况离这一要求却相距甚远。在全国法院系统 25 万多名法官中本科层次的只占 5.6% ,研究生仅占 0.25% 。而在全国检察机关系统内的 20 多万名检察官中,本科层次的更少,只占 4% 。我国司法队伍的绝大部分构成人员是在 1979 年后到司法机关的,从这支队伍的来源上看,主要由三部分组成:一是政法院校的毕业生;二是复转军人;三是通过社会招干途径考入司法机关的高中毕业生。从人数比例上看,后两部分的人数远远超过前者的人数。我国现行司法队伍中非专业化的倾向是严重的。其次,就是司法腐败。应该说,我国司法队伍在改革开放的初期还是相当廉洁的,但随着社会上日益严重的腐败现象向司法队伍渗透,司法腐败问题渐渐变得严重起来。近几年来,虽然各级司法机关在廉政建设方面做了大量的工作,但是,在司法机关内部违法违纪的问题依然存在,其中有些性质和情节还很严重。一些地方甚至出现了违法违纪领域越来

---

[53] 参见李汉昌:《司法制度改革背景下法官素质与法学教育之透视》,载《中国法学》2000 年第 1 期。

越宽,违法违纪的人职位越来越高,非法所得数额越来越大,手段越来越狡猾、恶劣的现象,[54]严重地败坏了司法机关的形象,损害了法制的权威。在这种法官素质现状的影响下,一方面,制定的成文私法得不到严格有效的遵从;另一方面,法官无法运用他们良好的学识和对法律正确的理解来创造性地解释法律、发展法律,反而有的法官往往肆意枉法裁判,严重扭曲了私法与司法良性的互动关系。因此,从不容乐观的司法现状中我们也可以看到提高法官素质对重塑私法与司法关系的关键作用。

提高法官素质,就必须建立起一整套法官选任、晋升、考核、辞退和保障制度。首先,鉴于我国各地经济发展水平的不平衡,目前《法官法》将学历门槛设在大学本科是符合现阶段实际情况的,但必须保障选任法官必须从通过全国统一司法考试的候选者中挑选,这是提高法官素质的基本保证。其次,对于法官的考核和晋升,应该设立全国性的法官考评委员会,对最高人民法院和高级人民法院的法官进行考核、评定,根据考核结果重新任命;同时在各大区设立大区法官考评委员会,负责本区中级人民法院和基层人民法院法官的考核和选拔工作。[55] 最后,还应该建立完善的法官职位保障制度和物质保障制度。[56] 只有从各方面综合入手,才能真正提升我国法官的素质,从而使私法与司法的良性互动关系的建立成为可能,最终实现司法公正的目标。

(四)私法与司法的良性互动关系是实现司法公正的基本保障

所谓司法公正,是指司法审判人员在司法和审判活动的过程和结果中应坚持和体现公平正义的原则。具体而言,司法公正是指严格依法裁判,切实保障公民、法人和其他组织的合法权益,真正做到有法必依、执法必严、违法必究。司法公正是由实体公正和程序公正的结合、一般公正与个别公正的统一、公平与效率的一致为特点的。一般来说,司法公正可包括两个方面:一是司法公正

---

[54] 参见宗河:《谱写好历史的新篇章——记全国高级法院院长会议》,载《人民司法》1997 年第 2 期。

[55] 参见章武生、张卫平等:《司法现代化与民事诉讼制度的构建》,法律出版社 2000 年版,第 714 ~ 716 页。

[56] 同上书,第 721 ~ 728 页。

要求做到严格执法,二是在确认事实的基础上作成正确的判决。[57] 司法公正是一个动态的系统工程,制约司法公正的因素很多,但要保证基本的司法公正,起码要具备以下四个条件:一是有法可依,它包括两方面含义,即要有法且是“良法”或“善法”;二是注重程序;三是高素质的司法人才;四是有良性司法机制。[58] 四个条件中,有法可依、高素质的法官和良性司法机制都是私法与司法良性互动关系的题中应有之义。由此可见,私法与司法的良性互动关系不仅是人们对私法与司法认识的一次提高,而且是实现司法公正的基本保障。

首先,私法与司法的良性互动关系能够从制度上保障司法公正的实现。在我们这样一个发展中国家,由于长期以来欠缺适合现代社会的法律文化和传统,撇开法院体制改革不谈,实现司法公正,就必须自上而下地从制度入手,一方面制定完善的法律让法官严格执行,另一方面也要从制度上赋予法官在司法中的能动性及其框架。否则,不是法官死守法条,对社会的发展与需要不闻不问;就是法官肆意曲法,打着司法的旗号牟取个人的私利。司法公正也就无从谈起。

其次,无论是大陆法系还是英美法系的法律发展历程都证明,私法与司法的良性互动关系能够保障司法公正的实现。古罗马的程式诉讼时代,一方面国家立法,另一方面准许“法官造法”,成为公认的罗马法的鼎盛时期。与此相比,法定诉讼时期和非常诉讼时期只注重成文私法,禁止法官的能动性,无论是在法学的昌明还是司法公正的实现上都不如人意。大陆法系私法与司法的关系也是经过否定之否定的辩证发展阶段,从法典化前的专注法官造法到法典化时代的独尊成文法,最后才发展成法治文明下成文私法与法官能动性并重的良性关系,与此相对应,德、法、日等主要大陆法系国家也从黑暗的中世纪司法发展成为世界上公认的司法公正做得比较好的先进国家。因此,从法律移植,向先进国家借鉴的角度来看,我们也有必要建立起私法与司法的互动关系,为实现司法公正奠定坚实的基础。

---

[57] 参见王利明:《司法改革研究》,法律出版社2000年版,第12~13页。

[58] 参见刘立宪、高克强:《论司法公正》,载信春鹰、李林主编:《依法治国和司法改革》,中国法制出版社1999年版,第245~246页。

三、私权与司法权——互动与平衡

所谓“私权”,是与“公权”相对应的一个概念。在域外法学中,公权是指公法(如宪法、行政法、刑法等)上确认、赋予公民享有的某种权利,包括国家的公权和人民的公权。前者如命令权、形成权、强制权和公物权等,后者如参政权、生存权、自由权和请求权等。[59] 作为与公权的对应,所谓私权,是指私法(如民法、商法等)上确认、赋予私人(公民)和私人团体(群体)享有的某些权利。就我国国内法学界对私权问题的研究来看,“私权”一词常被用于泛指非公共权利性质的私人权利。就这一意义而言,“私权”概念便有狭义和广义之分。狭义的“私权”是指与私法相联系的权利,而广义的“私权”所涉及的范围则极为广泛——凡是与公民的人身、健康、荣誉、财产及其私人的经济、民事活动,以及与民营企业的活动相联系的权利,均属于私权领域。在现实生活中,“私权”主要指因公民的个人活动(如生产、经营、销售等经济活动和合伙、交换、赠与、继承等民事活动),及民营企业的经济、民事活动而发生的财产权、债权、知识产权和人身权等权利。而当我们讨论私权的保护问题时,其中最重要的是公民(包括私营企业主)的人格权和财产权的保护。[60] 为什么要专门讨论私权的保护问题?从理论上讲,公民、民事组织的人格权及其一切依法获得的财产权都应当受到法律的保护。然而,当法律将某类财产特别提出,如国有财产列为特殊保护对象,从而在事实上就将财产权从性质上作了分类,容易使人们在观念上将这一类财产权与其他财产权在法的保护上分属于不同的层面,从而容易导致私权的被忽视。[61] 因此,强调对私权的保护,对于市场经济的良性运行便有着现实的

---

[59] 参见邹瑜、顾明主编:《法学大辞典》,中国政法大学出版社 1991 年版,第 222 页。

[60] 参见林喆:《论私权保护和公共责任观念的建立》,载《政治与法律》2001 年第 6 期。

[61] 梁慧星教授认为,当我们说“公有财产神圣不可侵犯”时,这实际上意味着其他财产可以侵犯。很久以来,如此的认识渗透于我们的体制和观念中,即将对财产的保护依次分为几等:国家财产、集体财产、合资财产、独资财产、个人财产。这便造成私有财产的不安全性(参见《南方周末》2000 年 2 月 15 日)。

意义。

司法以司法权享有为基础。司法权的概念最早起源于古希腊亚里士多德的《政治学》一书,孟德斯鸠在其《论法的精神》一书中,将其称为"裁判权力"(La Pulissance de Juger),1750 年的美国宪法将其称为"司法权"(Judicial Power),而法国和德国的宪法中也称为"司法权"(Le Pouvoir Judicire Rechtsprehende Gewalt)。我国宪法和法律也使用了"司法权"一词。司法权是国家主权的主要象征和组成部分,从广义上包括审判权和检察权,狭义上仅指审判权或裁判权。总体来说,审判或裁判权是司法权的核心的权能。司法本质上就是由司法机关代表国家对各类纠纷所进行的居中裁判,此种裁判对争议的双方都有拘束力,所以司法的固有权限就是裁判权。[62] 随着现代社会和司法的发展,司法权也不限于审判权,还包括宪法和法律的解释、违宪审查权,甚至还包括司法行政权。[63] 司法权在民主法治国家,是维护法律实施和社会正义的最后一道防线,它是公正的解决公民之间的各种纠纷以及公民与政府之间各类纠纷的手段。而私权是民事主体最为重要的权利,它一方面由国家通过立法的宣示来加以确立;另一方面在社会的实际运行层面中,则主要依赖司法权的行使来具体地以个案方式对公民及其他民事主体的私权予以保护,反过来,民事主体的私权是否得到了合理有效的保护又是检验司法权的正确运行与否以及司法公正是否实现的重要标准。由此可见,私权与司法权体现了一种互动与平衡的"自然而然"的关系。

(一)私权是司法权的逻辑起点

按照现代国家理论,一个国家的公权力主要分为立法权、行政权和司法权。司法权作为国家权利之一,是由一国宪法所明确规定的。按照社会契约论的观点,司法权和其他国家权力一样,其权力根本上源自公民个人权利的让渡与赋予,私权是司法权的逻辑起点。

---

[62] 参见孙笑侠:《司法权的本质是判断权——司法权与行政权的十大区别》,载《法学》1998 年第 8 期。

[63] 参见王利明:《司法改革研究》,法律出版社 2000 年版,第 8 页。

社会契约论最早起源于古希腊的思想家伊壁鸠鲁，16～18 世纪，随着西方社会资本主义生产关系的发展，特别是市场交换和契约行为的经常发生，一些古典自然法学派的思想家（如格劳秀斯、斯宾诺莎、霍布斯、洛克、卢梭等）从自然法的角度发展和完善了社会契约理论，并使之成为资产阶级进行革命的重要思想武器之一，成为现代西方国家学说的基石，在全世界都有重大的影响。社会契约理论认为，在国家产生之前，人类生活在自然状态中，并拥有与生俱来的不能转让、不可剥夺的包括生命、自由、平等、财产、安全、追求幸福、博爱和反抗压迫等自然权利，这些权利是不允许政府及任何人侵犯的。由于人们在自然状态中生活不方便或不安全，因而相互之间订定社会契约，交出自己的全部或部分权利，由此组成了国家。可见，国家是由具有天赋人权的，互相平等的人们经过平等协商，订立契约而形成的；国家的权力产生于人们相互订立契约，让渡出自己的自然权利的过程之中；根据契约产生的国家是为实现公意——共同意志、公共幸福、公共利益而存在并实行统治的。根据社会契约理论，国家政府权力源于人民的同意，源于人们相互之间订定的契约，人民的授权是国家政府及其权力存在的唯一合法根据，政府行为一旦违背人民授权的意图，就将面临失去合法统治的危险。因此，国家政权建立以后必须把其合法性植根于人民的授权之中，通过人民的授权来获得政权存在的合法根据。而人民的授权是通过契约来实现的，契约实际上是一种法制，因此，国家政府权力的行使必须遵循契约遵从法制，而不是凌驾于法制之上。权力来自权利，而不是权力产生权利。根据社会契约理论，人们的天赋自然权利在国家产生后实现了转化，即让渡出的一部分自然权利转化成了国家权力，而未让渡出的、自己保留着的另一部分自然权利则转化成了政治社会中的公民权利。这样就得出了“国家权力源于人们的权利并服从服务于公民权利”的结论。

具体探究司法权的起源，从人类司法的历史演进过程来看，最初的人类社会，是没有法院这一国家机构来对人们之间的纠纷进行居中裁判的，解决人们之间的纷争，主要靠德高望重的部落长老的协调或者通过决斗等方式来解决，即靠私权自身来自发解决。随着社会的发展，人们意识到这样的纠纷解决机制无法实现公正、合理与有效。于是人们决定让渡自己本来所拥有的解决纠纷的

那部分“私权”,将其交给一个由若干名法官组成的法院来行使这种权利。当然,这之间还有一个公民让渡权利组成政治国家,政治国家又用宪法的方式确立司法权和法院的地位这一中间过程。通过这一转换,“私权”变成了“公权”,权利也就变成了权力。司法权就这样在私权的基础上产生了,因此,我们可以得出这样的结论:私权是司法权的逻辑起点。

(二)司法权是私权的有力保障

司法权在民主法治国家,是维护法律实施和社会正义的最后一道防线,它是公正的解决公民之间的各种纠纷以及公民与政府之间各类纠纷的手段。而私权是民事主体最为重要的权利,它一方面由国家通过立法的形式来宣示,另一方面在社会的实际运行层面中,则主要依赖司法权的行使来具体地以个案方式对公民及其他民事主体的私权予以保护。

首先,司法权为公民享有充分的人身自由和财产自由提供了充分的保障,从而真正能够给予民众切实的安全感,从而顺利地行使所享有的各项私权。稳定的社会秩序和安全的生活环境不仅是经济发展的重要保障,而且是民事主体行使各项民事权利的前提。很难想象在一个犯罪横行,个人人身和财产得不到保护的社会,民事主体会有心情或可能行使和实现自己的私权。因此,彼得·斯坦指出:“法律规则的首要目标是使社会中各个成员的人身财产得到保障,使他们的精力不必因操心自我保护而消耗殆尽。为了实现这个目标,法律规则中必须包括和平解决纠纷的手段,不论纠纷是产生于个人与社会之间,还是个人与个人之间。”[64]司法通过有效地打击犯罪、制裁不法行为,并为受害人提供充分的补救,使其安全利益得到司法的充分保护,这样才能使人们对于其依法享有的人格尊严和人身自由的保障充满信心,对于其通过正当而合法的途径获取的财富产生合理的期待,[65]从而使人们在法定的范围内得以真正自由充分地行使自己的各项私权。

---

[64] [英]彼得·斯坦、约翰·香德:《西方社会的法律价值》,王献平译,中国人民公安大学出版社1990年版,第41页。

[65] 参见王利明:《司法改革研究》,法律出版社2000年版,第27页。

其次,司法权是解决私权纠纷的有力途径。司法权的主要价值是解决社会纠纷,维护公平与正义。私权之间存在不可避免的冲突与碰撞,对不同主体私权的行使具有重要影响。其解决最初是以私力救济的方式来进行的,再后来还经历了一个行政权主导的纠纷解决方式,直到近代,人们认识到司法解决纠纷实际上是以最和平、最文明、最公正的方式来解决社会中不可避免存在的各种纷争。在法治社会,必须通过司法权的行使,而非暴力的、私力救济的方法,私人主要通过一定的司法程序在法庭上与对方平等辩论,通过举证而澄清事实,由法院作出公正裁判,使私权冲突和纠纷得到缓解和解决。应该注意到的另一个方面是现代社会,替代性纠纷解决机制(ADR)的作用逐步得到重视。所谓替代性纠纷解决机制,是英文"Alternative Dispute Resolution"的译名,也有人译作"替代诉讼的争议解决方式"。实际上是除诉讼外各种解决争议的方法或技术的总称,而且这些方法或技术仍处在不断发展的过程中。[66] 因此,诉讼以外的解决争议的方式都是 ADR,主要包括传统的仲裁、法院附属仲裁(court-annexed arbitration)、建议性仲裁(advisory arbitration)、调解—仲裁、棒球仲裁、调解、微型审判、简易陪审审判、中立专家认定事实等。由于各种 ADR 程序具有灵活、快捷、费用低廉等特点,所以颇受争议当事人青睐,在现代纠纷解决机制中的作用日益突出。但是,替代性纠纷解决机制的流行并不能改变法院运用司法权来解决纠纷仍然是整个社会纠纷解决机制主导的事实。因为其一,诉讼自产生后,就逐渐成为解决争议的主导机制,而 ADR 的实践尽管长期存在,由于其解决方式在本质上是由当事人合意决定的,没有公共权力的参与或公共权力对争议解决过程影响程度不深,因此,ADR 不能有效解决的争议,最终仍要通过诉讼解决。其二,从程序上看,ADR 的程序规则相对于诉讼的程序规则而言,由于赋予了当事人更多自由,从而显得不够正式,而且实际上前者还是仿照后者根据实际需要加以制定的,有类似之处。其三,ADR 并不替代法院行使司法权来解决所有的争议,"ADR 目的是使法院免于陷入那种不需他们参与也能解决的案子中,使法院能集中精力解决必须由他们解决的争议,因此有必要保

---

[66] 参见郭玉军、甘勇:《美国选择性争议解决方式(ADR)介评》,载《中国法学》2000 年第 5 期。

留法院(诉讼)作为解决争议的最终机构”。[67] 由此可见,在现代社会,司法权仍然是解决私权纠纷、保障私权行使的有序状态的有力保障。

最后,司法权能够对国家的公权力加以有效的监督与制衡,以免私权受国家公权力侵害之虞。权力只有受到限制才能保障正当行使,而不受限制的权力必然导致腐败,这是自古而然的客观真理。国家公权力由庞大的国家机器所掌握,行使上具有天然的优越性与便利,如果不对其加以适当的限制,必然会导致国家权力对私权自觉不自觉的侵害。国家机关在行使国家公权力的时候,总是以强势的面目出现,与公民、法人之间往往形成管理与被管理者之间的关系,即一种命令与服从的关系。国家机关发布行政命令、制定规章等规范性文件、解释行政法规等都被认为是公权力的行使,作为被管理者的私主体必须遵从。至于这些公权力行使是否合法合理,是否不当侵害了私权,是很少有人去过问的。乃至“多年来依法办事仅仅被认为是司法机关的事情,行政部门不存在依法与否的问题”。[68] 因此,运用司法权来对国家权力进行必要的监督与制约,防止其对私权的不当侵害,成为世界上所有文明、法治国家的共识。一方面,法院运用司法权在行政案件中对公权力的不当使用予以纠正,这种纠正反过来又提醒着国家机关以后运用公权力的合理合法。另一方面,司法权中内含的司法审查权甚至可以对国家公权力的另一种表现方式——抽象的立法,也是对公民、法人的私权影响更为深远与广泛的一种方式加以必要的审查与纠正,为私权的合理行使提供一道更为坚实可靠的保障。

(三)对私权的尊重应是司法权的重要价值之一

讨论司法权的价值,是在法的价值这个大背景下进行的。所谓法的价值,可以有三种不同的含义。第一,它指的是法促进哪些价值;第二,指法本身有哪些价值;第三,在不同类价值之间或同类价值之间发生矛盾时,法根据什么标准进行评价。[69] 同理,讨论司法权的价值同样可以从司法权促进哪些价值,其本身

---

[67] F. Sander, *Vareities of Dispute Processing*, 70 F. D. R. Went Pub Co., 1976, pp. 130 - 133.

[68] 应松年:《依法治国的关键是依法行政》,载《法学》1996 年第 11 期。

[69] 参见沈宗灵主编:《法理学》,高等教育出版社 1994 年版,第 46 页。

的价值以及在不同类价值之间或同类价值之间发生矛盾时，司法权根据什么标准进行评价这三个方面综合起来考察。

首先，司法权能够促进私权的合理张扬。长期以来，我们偏重于对集体、国家权利与权力的尊重，不免有忽视私权的倾向。改革开放以来，我们逐渐认识到私权的充分行使不仅可以推动经济的发展，而且对于民主法治国家的建设也有着重要的作用。私权的觉醒同时带来法律意识的复苏，为权利而斗争，也就是为法律而斗争！[70] 纸面上的私权，需要用斗争去实现。个人为权利而进行的斗争，其利益决不限于私法及私生活的领域。一个国家、一个民族，要在国际法上争得地位，必须其个人于私生活领域用于主张自己的权利。耶林指出，对国民进行政治教育的不是公法，而是私法。[71] 私权的张扬与斗争对于提高整个国家的法感情与法意识都有着极大的促进作用。而司法权是为私权而斗争提供着有效的渠道，即通过个案的诉讼来纠正与惩罚对私权的侵犯。其次，司法权自身蕴含着对私法公正的追求，而对私权尊重与保护又是司法公正的逻辑终点。司法作为人类社会公正的最后一道防线，同样也是私权的最后一道保障，其公正与否，直接体现了整个国家对私权的态度。公正的私法不仅有利于维护稳定的社会秩序，更是人们实现与保护私权的最重要的保证。很难想象在一个司法不公的社会，私权能够得到有效的行使与尊重。最后，当私权与公权力发生冲突的时候，司法权能够在两者之间起到居中裁决的角色。私权与公权力的冲突主要分为两类：一类冲突是私权不当的侵犯公权力，如个人不当行为对国家安全与社会秩序的危害。对于这类冲突，司法权能够通过对个人的惩戒很好地为私权的行使划定一个合理的界限。另一类冲突是国家公权力对私权的不当侵害，如行政机关的不当行政行为对公民权利的侵害。对于此类冲突，法院通过公正地行使司法权能够很好地维护处于弱势地位的私主体的合法权利，一方面维护了私权的完整，另一方面也促进了行政机关对公权力的行使方式与程序加以改进，追求公权力的适当与有效行使。综上所述，对私权的尊重不仅是

---

[70] 参见梁慧星：《民法总论》，法律出版社 1996 年版，第 71 页。

[71] 参见［德］耶林：《为权利而斗争》，胡宝海译，载梁慧星主编：《民商法论丛》，法律出版社 1996 年版。

个体的追求,而且也是司法权的重要价值之一。

(四)司法公正是私权对司法权的核心要求

对私权的尊重与保护一方面由宪法以及私法等其他法律通过法律条文加以确认,另一方面需要法官在运用司法权进行的司法实践中得到体现。后一方面更具有将纸面上的私权体现为现实中的私权的重要任务。通过司法权的运用,公正合理地解决不同主体之间私权以及私权与公权之间的纠纷具有极其重要的作用,在这一过程中,司法公正是私权对司法权提出的核心要求。下面试图以两个看似情况相同,判决结果却大相径庭的案例印证这一观点。

案例一,2000 年年初,杭州老人叶某某病逝后,根据其生前所立遗嘱,将其全部百万元遗产遗赠给曾照顾其 10 年的小保姆吴某某。叶某某女儿不服,擅自取走遗产,受遗赠人吴某某向法院提起诉讼,要求返还遗产。一审法院判决认定,遗嘱合法有效,全部遗产应归吴某某所有。[72]

案例二,2001 年 4 月四川省泸州市黄某立下遗嘱,将其全部财产,包括住房补贴金、公积金、抚恤金及卖房款全部赠与其情人爱某,遗嘱经泸州市纳溪区公证处公证。黄某妻女在其死后拒不执行遗嘱,爱某诉至法院。法院判决认定,遗赠人黄某的遗赠行为违反了法律的原则和精神,损害了社会公德,破坏了公共秩序,应属无效行为,故原告爱某要求被告给付受遗赠财产的主张本院不予支持。[73]

同样是被继承人将其所有的财产通过订立遗嘱的方式遗赠给法定继承人之外的第三人,不同的法院却作出截然相反的判决,即对同一类型的私权纠纷,司法权作出了不同的裁决。从私权与司法权的关系的角度分析,很显然司法权可能会对被继承人的遗嘱自由,即私权行使的自由给予很大的限制,这种权力是全体公民在“社会契约”中所让渡出来,并由宪法加以确立的。这种权力同样是解决私权纠纷所必需的,但其究竟如何合理地加以运用,对私权的限制抑或

---

[72] 参见潘毓霞、伊始:《法院为何将百万遗产判归小保姆》,载《法苑》2000 年第 11 期。

[73] 详情参见《全国首例“二奶”状告死者发妻争夺遗产案纪实》,载《法制日报》2001 年 1 月 5 日,第 8 版。

尊重是否合理,直接关系这个国家的法治秩序和厘清私权的合理范围。在案例一中,作为被遗赠人的小保姆在遗赠人的子女长期不履行照顾老人的义务的情况下,10 年来悉心照料被继承人。《继承法》不对遗嘱自由加以一定的限制,不规定特留份制度的弊端还没有完全显现。[74] 因此,法官严格遵守现行《继承法》的规定,尊重被继承人完全的遗嘱自由,可以说基本上是实现了司法的公正的。而在案例二中,被继承人将其财产全部遗赠给情人,这种行为不仅违反了中华民族的传统人伦,而且助长婚外恋的不道德社会现象,更深层次将会造成一直由被继承人抚养的近亲,因为不能获得一定的遗产而使生活顿失依靠,反而需要其他亲属抚养或国家、社会救济。这样,必将不合理地增大国家、社会的负担。因此,特留份制度的缺失在这一案件中便充分暴露出来。如果机械执行继承法的纸面规定,那么无疑是有悖于真正的公平合理的。在这种情况下,法官创造性的根据《民法通则》第 7 条“民事活动应当尊重社会公德,不得损害社会公共利益”的规定,认为被继承人的遗赠行为违反了法律的原则和精神,损害了社会公德,破坏了公共秩序,应属无效行为。用司法权限制了被继承人私权的不当行使,可以说寻求到了真正的司法公正。由以上两个案例可以看出,由于司法权的行使对于私权具有极大的影响,司法公正成为私权对司法权行使的核心要求。如果法官在上述案例中不能正确地理解法律的真义,不能发挥主观能动性正确处理私法与司法的关系,就不可能实现真正的司法公正,在这种情况下,私权不是被横加限制,就是被不当地放纵滥用,对于整个社会的私权秩序与行使都会有重大的破坏性影响。因此,司法公正不仅仅是司法权内在的逻辑内涵,而且是私权对司法权提出的核心要求。

四、结　　语

司法公正是人类长期不断追寻的一个目标,其实现一方面需要有一个合理

[74] 参见舒广:《杭州百万遗赠案法律评析——兼论我国建立特留分制度的必要》,载《法学》2001 年第 2 期。

的司法制度与体制来保证整个司法过程良性、公正、合理地进行;另一方面需要我们研究、解决与司法公正相关的各项理论问题。在司法公正的理论问题中,如前所述,从法理学与诉讼法的角度进行的研究已经取得了丰硕成果。这种研究从大的分类来看,主要是从公法的角度来切入的,这是符合司法公正涉及诸多公权力的性质的。但是司法公正同样与私法以及由私法所确认的私权具有密不可分的关系,不仅司法公正的实现需要完善的私法,而且公正的司法也推动着私法的完善;司法公正不仅保障私权的实现,私权的觉醒也是司法公正的原动力之一。从某种意义上来说,司法公正的推进也是一个公权力重新配置的过程,而任何公共制度的改革与变更,必然会对私权产生积极或消极的影响。因此,从私法的角度出发进行对司法公正问题的探讨,不仅是司法公正研究达到一定阶段与程度的客观需要,也是对私法与私权尊重的一种体现。

论能源法的变革*

能源法虽久已有之,甚至可追溯到15世纪英国普通法中的财产法则,但蔚然成形则是20世纪70年代石油输出国组织(Organization of the Petroleum Exporting Countries,OPEC)禁运与油价猛涨的时候。[①] 然而,什么是能源法并没有一个被普遍接受的定义。澳大利亚学者布拉德布鲁克(Bradbrook)将能源法定义为"个人之间、个人与政府之间、政府与政府之间、州与州之间有关所有能源的权利与义务的分配"。[②] 国内有学者将能源法定义为"调整能源合理开发、加工转换、储运、供应、贸易、利用及其规制,保证能源安全、有效、持续供给的能源法律规范的总称"。[③] 笔者主张将能源法视作一个交叉领域,即有关能源开发利用的各种法律关系的总和,无论公法、私法。因为能源问题不仅涉及能源工业本身,对于经济安全、社会分配、环境保护乃至国际关系都有着牵一发而动全身的利害关系,需要以跨学科的视角来研究能源法问题。

现在,能源已经成为当今世界的焦点问题,也是我国可持续发展的核心问题甚至"瓶颈"。一方面,虽然国际国内能源的总体形势决定了中国仍能在未来相当长时期内实现能源的可持续供应,但要保证国民经济持续快速的增长,能源形势仍十分紧张;另一方面,虽然我国能源开发利用的空间与效率还有较大

---

* 原载《中国法学》2007年第3期。

① 当时,各国面对能源危机的冲击,制定了大量能源法律法规。See The Energy Law Group, *Energy Law and Policy for the 21st Century*, Rocky Mountain Mineral Law Foundation, Denver, Colorado, p. 1.

② See Martha M. Roggenkamp, Ani ta Ronne Catherine Redgwell Inigo Del Guayo, *Energy Law In European—National, Eu and International Law and Institutions*, Oxford University Press, 2000, p. 7 .

③ 肖乾刚、肖国兴编著:《能源法》,法律出版社1995年版,第56页。

挖掘潜力,但其给自然环境带来了极大的压力,也存在诸多社会问题。在这种背景下,能源法的完善无疑是中国的改革、发展与法治化进程中的一件大事。总体而言,我国的能源立法较为滞后。因此,必须在正确评估国内国际能源形势与能源立法经验的基础上,把握当今世界各国能源立法的发展趋势,加快建立健全我国能源法体系。本文拟从能源法的变革的角度探讨我国能源法的应有构建。

一、能源法调节模式的有限市场化

由于能源对经济安全与公众生活与利益的至关重要性,以及能源基础建设需要的庞大投入,各国历来对能源产业实行集中的政府介入,对作为网络型产业(Network-bounded)的电力与燃气行业尤其如此。因此,能源产业往往具有自然垄断性。这在法律上主要有两种表现。其一,能源企业的行政化,即能源企业在实际上承担政府机构的职责并行使了政府机构的权力。它们往往以国有企业的形式由政府掌控,在非营利的基础上按政府意志运营,具有法律上的垄断地位,并负有开发、生产、输送与销售能源的公共服务的职责。其二,对私有能源企业的严格管制。以电力企业为例,私人公司往往服从公用事业委员会的政治指导,其利润、定价、投资与管理结构都要接受政府监管。相应地,私人公司"获得特许经营权,或在一特定领域内供应电力的合法垄断地位"。④

总体来说,能源主要是作为一种公共服务,其次才是作为一种商品。相应地,传统的能源法律关系更多地体现行政法的特征,即以维护能源行政管理关系为基础,以政府行政命令直接管理能源事务与能源企业服从政府命令为方式,包括能源经营特许权的授予、产供销计划的执行、税收征管、企业征用或国有化和补贴等。这种国家对能源产业的介入不是现代经济法意义上的国家对市场的调节,因为没有确立市场主导能源资源配置的法律基础。在这个意义上

---

④ 参见[澳]艾德里安·J.布拉德布鲁克、理查德·L.奥汀格主编:《能源法与可持续发展》,曹明德等译,法律出版社2005年版,第337~338页。

来说,“能源法仅仅是公共行政的一个分支”。[⑤]

自20世纪70年代末以来,鉴于国有能源公司的业绩低下和过度的补贴负担和投资成本,世界上许多国家的能源法调节模式发生了转变,即“从国家垄断和所有的历史模式或具有特许权垄断与严格规制的私人所有模式,向自由化能源市场的转换”,[⑥]目的是激励竞争从而产生效率,增强私人部门所有权与投资。尽管具体方式互不相同,能源市场化通常包括两个方面:一是能源部门在所有制模式上的多元化。例如,能源产业可更多地由私人营利性企业来运营。继加拿大、芬兰、法国、意大利和英国等国家率先对国有石油公司实行私有化后,在欧洲、北美与亚非拉许多发展中国家纷纷向私人部门开放能源行业,或引入私人参与燃气运输和销售,或通过股份制经营电力。二是放松了对能源部门的政府管制,包括更少的价格控制与进出口限制,促进能源产品与服务的商品化。即使是燃气与电力这一传统上具有自然垄断的网络型产业也经历了深刻的变革,不仅使国内外企业获得出售燃气或电力给公用事业垄断者的机会,也扩大了直接零售的机会,创立以合同为基础的竞争体制。例如,阿根廷《1992年天然气法》放松对天然气开采和生产的规制,允许私人企业经营阿根廷境内的所有气田;玻利维亚《1994年电力法》推动发电、输电、配电的纵向分离,促进发电领域的竞争,保证输电领域的公开接入和价格规制,刺激电力批发市场的竞争。[⑦]

总之,能源市场化主要是打破自然垄断,鼓励竞争与开放。“垂直一体化的垄断企业、清晰界定的服务版图和锁定的顾客基础所构成的时代正让位于更灵活、更具有竞争性的市场安排。”[⑧]而且,经济全球化尤其是世界贸易组织(WTO)法律规则推动了市场经济原则的推广,对各成员国尤其是转型经济体的法律体制带来深刻的变革,能源法亦不例外。《服务贸易总协定》(General

---

⑤ 参见[澳]艾德里安·J.布拉德布鲁克、理查德·L.奥汀格主编:《能源法与可持续发展》,曹明德等译,法律出版社2005年版,序言。

⑥ Barry Barton, *Energy Security-Managing Risk in a Dynamic Legal and Regulatory Environment*, Oxford University Press, pp. 461 – 462.

⑦ See Ugaz C. and Price C. W., *Utility Reform and Regulation: a Fair Deal for Consumers?*, Edward Elgar Publishing, 2003.

⑧ 参见[美] Aaditya Mattoo, Pierre Sauve 编著:《国内管制与服务贸易自由化》,中国财政经济出版社2004年版,第172~190页。

Agreement on Trade in Sernces,GATS)推进了各国在能源领域扩展市场准入和国民待遇。虽然,在乌拉圭回合中 WTO 成员方没有将能源服务作为独立的部门进行谈判,只有少数国家在油田服务与开采等少数能源服务部门作出了有限的承诺。但是,2001 年发起的《多哈发展议程》提出了新一轮全球贸易谈判的目标,能源被置于优先地位。这意味着各国将关注清除能源市场第三方准入(Third Party Administrator,TPA)限制,增强市场与管制透明度,维护能源供应方面的竞争,设立独立管制机制。自欧共体 1998 年正式确立"内部能源市场"的目标后,推动了欧盟各国能源市场化改革。欧共体各机构颁布了大量关于能源自由化的指令,取消能源交易的垄断,要求自然垄断者以合理条件向竞争者提供无差别的使用权。⑨ 此外,《关于能源效率与相关事项的能源宪章条约附加议定书》也将"市场导向的价格信息在内的市场机制"确立为基本原则之一。⑩

值得一提的是,《京都议定书》第 2 条第 5 项规定"逐渐减少或逐步消除所有造成温室气体排放部门违背《公约》目标的市场缺陷、财政激励、税收和关税免除及补贴,并采用市场手段"。虽然它们没有直接提出各国能源法律政策的市场化要求,但从京都议定书确立的联合履约、清洁发展机制以及排放贸易三机制来看,它们最初都源于发达国家市场机制下的实践,其实际运行也离不开以市场机制作为能源资源配置的基础。此外,大量能源领域的国际"软法"也倡导能源体制市场化。例如,联合国可持续发展委员会第 9/1 号决议《能源与可持续发展》提出:"为可持续发展使市场更有效运行……通过利用完善的市场信号和消除市场扭曲,包括重建税收和消除有害补贴以反映出它们对环境的影响,减少市场扭曲的政策将促进能源体制与可持续发展的兼容……鼓励各国政府完善国家能源市场的功能。"⑪当然,这些要求主要针对各国对化石燃料的补贴。

但是,能源市场自由化也引发了争论,尤其是对能源安全的担忧,其中最主

⑨ 主要包括 1996 年电力指令、1998 年天然气指令和 2003 年两项新的电力和燃气指令。

⑩ Additional Protocol to the Energy Charter Treaty on the Energy Efficiency and Related Matters.

⑪ Decision of the Commission on Sustainable Development Ninth Session(CSD - 9),Report on the Ninth Session,Energy and Sustainable Development,UN. doc. E/CN. 17/ 2001/ 19 - E/ 2001/ 29,Decision 9/1.

要的法律问题是相关市场的规制如何刺激能源生产与运营能力的投资增长？反对者认为，在旧的模式下能源安全的法律规定可以直接施加给唯一的垄断性公用事业负责能源供应。而能源市场自由化使不可能安排单一能源实体负责能源供应安全，因为能源法扩展了第三方准入，参与能源行业的公司数目增多从而带来了管理难度；而且，市场机制不能给生产商提供足够的激励来投资新的生产能力，单个公司往往不乐意承受市场波动的风险，更不进行能源基础建设的长期投资。而赞成者根据主流经济学原理认为，自由竞争是一种实现分配效率的手段，导致能源资源的更有效开发利用和能源产业充分的投资；市场体制下的竞争均衡提供了能源企业投资的必需的经济信号，因此，长期能源安全依赖于与自由市场有关的参与者的投资激励，即供应安全的责任委托给能源运营商与市场管理者或者市场本身；自由化消除了地区或国际贸易壁垒的地方，使能源供应途径更加多样化。⑫ 巴里 · 巴顿(Parry Parton)还论证了“市场化有助于能源可持续发展”：市场制度不同于垄断性的传统体制，能够带来确切的能源价格，取消过度消费的补贴和激励，以便使消费模式受到真正生产成本的影响；市场体制下的能源公司更加注重市场份额、生产效率，也更适合推行需求侧管理(见后文)，因为“市场体制下的经济效率压力，通常会促进能源效率和节能”。⑬

当然，市场的力量并不能解决人类能源的一切问题，由于能源产业的特殊性，也因为国际能源市场易受地缘政治的扭曲，各国能源体制的市场自由化都有一定限度。例如，丹麦曾将能源领域一些最大的公司全面彻底的管制，至今仍享有对国内天然气资源的垄断权；1997 年英国曾中止以燃气为燃料的电厂建设，以保护岌岌可危的煤炭业；2001 年在电力危机冲击下，加利福尼亚公用事业委员会曾中止电力零售竞争，取消了消费者对供电商的选择权。但它们并没有终止能源市场化的进程：2002 年丹麦政府宣布新的能源政策导向，即消费者更

---

⑫ Barry Barton, *Energy Security-Managing Risk in a Dynamic Legal and Regulatory Environment*, Oxford University Press, 2004, pp. 461 - 462.

⑬ Adrian J. Bradbrook, Rosemary Lyster, Richard L. Ottinger, Wangxi, T *The Law of Energy for Sustainable Development*, New York, Cambridge University Press, 2005, pp. 457 - 469.

多的选择自由、更大的竞争与效率;2003 年英国政府发表的《能源白皮书》明确表示,能源新政策的基础是开放和竞争的市场机制;《2005 年美国能源法案》仍继续鼓励电网开放以及市场化运作,当然同时要加强电网的基础设施建设,增加它的可靠性和安全性。实际上,能源法这种市场化与管理干预之间的摇摆恰恰说明了各国稳步推进能源有限市场化的思路,将“有形之手”(政府调控)与“无形之手”(市场调节)交替并用。而能源法以健全能源市场体系、矫正市场缺陷和规范政府介入能源产业的活动为主旨。能源市场的运行当然离不开政府调控、监管和能源企业的公共义务。即便在能源市场化程度最高的美国,联邦、州与地方政府也承担了分配能源产品的职责;政府建设电力设施并介入生产、传输与分配;在美国西部与近海与大陆架,政府仍是化石燃料的主要储存者。[14]

此外,近期委内瑞拉、玻利维亚等拉美国家在能源资源领域采取了有限度的国有化举措,但这并不意味着对能源市场化的全面否定。首先,拉美国家国有化政策主要是强化国家对自然资源的永久主权,扭转外国公司垄断石油天然气利益而不能造福本国民生的局面。根据《关于自然资源之永久主权宣言》等国际法文件,在符合“为了公共利益”、“给予适当补偿”和“非歧视”等条件的情况下,国家对外国在资源领域的投资实行征收或国有化是每个主权国家的固有权利。[15] 其次,“国际法上所说的所有权与属于国内法的物权法上所说的所有权,意义大不一样”。[16] 何况当前拉美的国有化措施“并没有完全排挤外国投资者的参与,更没有采取没收外国资本或驱赶外国公司的做法,依然允许外国公司保留生产经营的份额,以谋求一种新的合作模式,使政府在资源的开发、经营和销售领域起控制的主导作用”。[17] 最后,能源市场化与私有化是两个不同的概念。世界各国的市场化都允许多种所有制成分存在,而不仅仅是单一的私有

---

⑭ 当时,各国面对能源危机的冲击,制定了大量能源法律法规。See The Energy Law Group, *Energy Law and Policy for the 21st Century*, Rocky Mountain Mineral Law Foundation, Denver, Colorado, pp. 18 – 19.

⑮ 参见杨泽伟:《论国际法上的自然资源永久主权及其发展趋势》,载《法商研究》2003 年第 4 期。

⑯ 孙宪忠:《中国物权法原理》,法律出版社 2004 年版,第 43 页。

⑰ 张明德:《国有化之路》,载《北京周报》2006 年 6 月 25 日。

制。恰恰相反,拉美各国近期的国有化动作可以说是对以往能源资源与公用事业私有化造成“市场失灵”和社会动荡的一种补救。

加入 WTO 后,中国近年来在能源领域作出了有限承诺,外国提供商如与中国国家石油公司合作便能在我国政府指定的区域涉足陆上油田服务。我国能源市场化也取得了一定进展:“煤炭生产和销售已经放开,价格初步实现了市场化。电力体制改革取得重要突破,基本实现了政企分开、厂网分开。石油天然气行业基本实现了上下游、内外贸一体化,运营效率得到提高。社会资本更多地进入能源领域。”[18]但是,“《电力法》、《矿产资源法》、《煤炭法》和对外合作开采陆上石油和海上石油条例等一系列法规体系,是在计划经济体制背景下制定的……今后相当长时期内我国能源行业改革和发展的最大障碍将是行业内的垄断经营和区域市场分割等违反市场经济规律的行为”。[19] 例如,《电力法》规定,“供电企业在批准的供电营业区内向用户供电”,“一个供电营业区内只设一个供电营业机构”。这显然不能适应市场化的要求。我国能源法在构建符合国情与能源经济规律的市场机制上任重道远。

二、气候变化与能源法的生态化

以工业化为主要特征的现代社会已经深深地依赖廉价的化石燃料,即煤炭、石油和天然气等这些增加二氧化碳浓度并最终引起气候变暖的能源资源。它们已经构成了世界经济和社会发展的关键物质基础。可以说,优先发展化石能源成了现代经济的重要特征。然而,环境污染和破坏几乎与人类对能源的开发利用相生相伴。龙卷风、暴风雨、洪水、干旱以及各种新的传染病日益频繁地出现在我们共同生活的这个地球上。究其根源,这些灾害几乎都与温室气体排

---

⑱ 《当前我国能源形势与能源安全问题——在十届全国人大常委会第十九次会议上曾培炎副总理报告》(摘登),载 http://nyj.ndrc.gov.cn/zywx/t20060123_57786.htm。

⑲ 陈清泰、刘世锦、冯飞等:《中国能源发展战略与政策研究》(项目简介),国务院发展研究中心产业经济研究部,载 http://fzj.drc.gov.cn/wenz.asp? doc_id = 32818。

放过量导致全球变暖有关。就在现代工业文明取得惊人成就的同时,气候变化问题给人类社会经济带来巨大负面影响,已经成为世界各国面临的严峻挑战。[20]

事实上,能源系统自有其客观的生态规律:太阳能给生物圈中的生命提供燃料;它历经数百年循环于化石燃料,或经过数十载再生于树木;光合作用的过程将能源转换为支撑地球上所有生命的资源。但是各国能源法并没有对这些自然法则表示应有的尊重,更鲜有机会将环境与生态评估纳入其中。受功利主义的经济观支配,传统能源法反映的是高碳经济的时代特征:即"石油和煤炭工业被看作是经济进步的关键而并非威胁到我们未来的时代",以巨额补贴促进化石能源发展。[21] 传统的能源法错失了对能源需求的管理,或对能源生产和利用效率的管理。直到今天,各国能源法仍大多认定"能源的安全、有效和持续供给是法律合理安排和实施效果的评价标准"[22],"能源的唯一法律关注是解决如何确保供应的问题,而不是如何抑制浪费利用或管理其外部性"。[23]

各国能源法缺乏对如何能够更好地对能源开发过程承担经济或生态责任作出明确规定。例如,对能源开发利用过程中产生的经济"外部性",如包括"酸雨"在内的空气污染、水电大坝发展导致的生态环境损失以及设置高密度电线的环境安全挑战,绝大多数国家只是被动地采取措施进行补偿;对于矿物燃料引起的二氧化碳浓度,更是很少关注。这导致能源成为环境恶化尤其是气候变化的最大根源。"而能源开发利用造成环境污染又与法律制度安排不合理有关:规范能源开发利用的制度不规范环境保护,规范环境保护的制度不规范能源开发利用。环境保护并未成为能源开发利用的有机组成部分,其结果是能源

---

[20] 早在1896年诺贝尔奖获得者斯凡特·阿累利乌斯(Avante Arrhenius)就预测:化石能源将会增加大气中二氧化碳的浓度,从而导致全球变暖。最新的科研报告一再证明了这一推断。研究表明,只有到2050年将大气中二氧化碳浓度增幅控制在工业化前水平的2倍以内,才可能避免发生极端的气候变化后果。See Sebasti an Oberthur hermann e. Ot t, *The Kyoto Protocol-International Climate Policy for the 21st Century*, Berlin:Springer,1999,pp. 3 – 7.

[21] 参见[美]莱斯特·R. 布朗:《B模式》,林自新、暴永宁译,东方出版社2003年版,第70页。

[22] 肖乾刚、肖国兴编著:《能源法》,法律出版社1995年版,第57页。

[23] Richard L. Ottinger, Nicholas Robinson, Victor Tafur, *Compendium of Sustainable Energy Laws*, Cambridge University Press, Introduction.

开发利用继续造成环境污染,而环境保护也只能是防治污染结果,而不是防治污染原因,即不能从根本上解决能源开发利用造成的环境污染和破坏。"㉔因此,我们要设法控制环境恶化与气候变化,就应将能源法的生态化变革作为关键的策略。

能源法的这种变革,当然离不开能源法与环境法的整合。首先,"基本的环境法原则必须适用于能源法,如能源的再利用、避免浪费、有效的环境影响评估和公众参与"。㉕ 环境法的核心理念,即可持续发展原则,对于引导以有利于气候保护的方式开发利用能源十分重要。尽管由于各国紧密地依存于化石能源的经济利益,但以更有效率和更有利于气候的方式利用能源也开始进入环境法的视野。1992 年里约联合国环境与发展会议上首次明确了可持续发展目标,并间接地涉及能源和气候的关系问题,承认现行的化石燃料循环对人类健康与环境具有长期的危险后果。2002 年在联合国可持续发展世界峰会上通过的约翰内斯堡实施计划中,将能源效率与能源选择(结构)问题作为可持续发展的一项关键因素。㉖ 最为重要的国际法是《联合国气候变化框架公约》及其《京都议定书》。前者要求能源、运输、工业等部门控制温室气体排放,后者第 2 条则明确提出,缔约方应"增强本国经济有关部门的能源效率";"研究、促进、开发和增加使用新能源和可再生能源、二氧化碳固定技术";"透过废弃物管理以及能源生产、运输和分配中的回收和使用以限制和减少甲烷排放"。其次,环境法作为国际国内层面增长最快的法律领域在控制污染和提高环境质量方面取得了较大成功,能源法在应对气候变化挑战上可从中吸取经验。环境法的发展表明,适当的法律制度能够促进清洁的能源和交通体系。例如,控制空气污染的立法确立了卫生标准,制定了具体可行的步骤遏制废气排放,促进了企业努力转向使用清洁燃料和能源效率技术。更重要的是,公众参与及环境影响评价作为环境

㉔ 肖乾刚、肖国兴编著:《能源法》,法律出版社 1995 年版,第 88 页。

㉕ Ni cholas A. Robinson, *Energy Law's potential contributions to stabi lize climate*, From Lye Lin-heng with Maria Socoro Z. Manguiat(eds.), *Towards a"Sencond Generation" in Environmental Laws in the Asian and Pacific Region-Select Trends*, p. 67.

㉖ Plan of Implementation for the United Nations World Summit on Sustainable Development, Adopted September 4, 2002 Johannesburg, SouthAf rica, UN Doc. A/ CONF. 199/20(2002).

法的重要手段,对于促进能源的可持续发展也意义重大。环境影响评价现在被许多国家用来决定应该许可何种能源。遗憾的是,环境影响评价往往流于形式,而没有深入研究污染者与潜在受影响的利益相关者的关系。即便在较好地确立了环境影响评价的地方,也很少适用于避免或减少二氧化碳排放,更未适用于现存的能源开发利用体系,如石油或煤炭的开采、加工、输送与利用。㉗

因此,我们必须通过环境法的嵌入来促进能源法的转型,将如何提高能源利用效率或管理其外部性作为重点,而不是局限于解决如何确保供应安全的问题。诚然,能源法并非环境法,除承载生态保护的功能外,它的本职是为经济社会的发展提供动力与能量。笔者并不赞成环保激进主义的思维,但是,"法律所能尽力而为的是,以一种使我们得以延长目前资源期限而不因开发利用这些资源造成环境损害的方式设法调节能源利用"。㉘ 而且,能源法的生态化并不是否定能源供应的重要性。所以说,发展能源的难题在于,如何促使经济增长与环境(气候)保护成为互相促进而不是冲突的目标。为了破解这一难题,各国尤其是发达国家与经济发展大国对能源法进行了重大的调整与创新,通常包括以下几方面。

第一,以有利于环境的方式开发利用能源,重点是减少化石能源的温室气体的排放量。"在丹麦,能源供应和利用的环境影响日益受到关注,并构成了丹麦能源法律政策的更多的组成部分"。在法国,不仅环境影响评价的法律程序"适用于所有能源设施,而且环境分区制禁止在保护区域设立重大项目"。早在1992年《联合国气候变化框架公约》签署之初,法国就设立了协调气候变化政策的部际委员会,并实施了大量减少能源排污的研究项目;《1996年清洁空气与能源合理利用法案》要求每一地区的行政长官必须准备一份界定特定敏感区域的空气质量目标的地区计划。此前必须提供排污总量清单与空气质量评估。当污染超出警戒线时,该长官将通知公众并采取必要措施控制污染的大小与后

㉗ Nicholas A. Robinson, *Energy Law's potential contributions to stabi lize climate*, From Lye Lin-heng with Maria Socoro Z. Manguiat(eds.), *Towards a"Sencond Generation" in Environmental Laws in the Asian and Pacific Region-Select Trends*, pp. 75－78.

㉘ Nancy K. Kubasek, Gary Ssilverman, *Environmental Law*, Fourth Edition, Englewood Cliffs: Prentice Hall, 2002, p. 287.

果。因此,当年法国人均二氧化碳排放量低于 1.7 公吨,而欧盟平均水平是 2.3 公吨。㉙

第二,调整能源结构,逐步减少化石能源的比例,优先发展新能源与可再生能源。“在促进能源可持续发展的法律措施中,迄今最重要的是消除化石燃料与核能补贴。”虽然取消补贴面临政治困难与当地经济转型问题,但巴西、中国、捷克、印度、荷兰、英国以及俄罗斯都成功地减少或消除了化石燃料补贴。㉚ 此外,排污权交易、碳税等制度也推进了向减少化石燃料比例的能源结构的转型。《京都议定书》通过前后,世界各国可以说进入了一个可再生能源法的“飓风时代”,“可再生能源配额制”“绿色电力营销”“强制上网”等新的法律措施在全球范围内推广。即便是拒绝签署《京都议定书》的美国也在新的能源法案中专门列入了“可再生能源”的章节,强化了可再生能源生产激励措施的规定,如加大对可再生能源设施的发电费用的财政拨款,提高联邦政府耗电总量中应拥有的可再生能源比例。㉛

第三,节约能源,抑制浪费,提高能源效率,降低能源强度。早在 20 世纪 70 年代石油危机期间,发达国家就大力采用节能与能效的法律措施。但是,在消耗物品成为首要特征的当代“消费者社会”,人们有消费愿望被给予优先地位,要转变到倡导节约的社会,是整个法律与社会文化模式转型面临的难题。对此,学者们提出了能源法律应转变到以调节能源需求和能源利用为主的模式,而需求侧管理及相关手段是能源法变革的核心。㉜ 所谓需求侧管理,就是采取有效措施及适宜方式促使能源用户提高能源效率和优化用能方式,减少能源消耗和需求,以实现节能和环保目的。例如,能源定价没有需求方参与的激励,很难反映能源供应的真正成本。美国通过《国家能源政策法》及《公共事

㉙ See Martha M. Roggenkamp, Ani ta Ronne Catherine Redgwell Inigo Del Guayo, *Energy Law In European—National, Eu and International Law and Institutions*, Oxford University Press, 2000, pp. 492 – 493.

㉚ See Adrian J. Bradbrook, Rosemary Lyster, Richard L. Ottinger, Wangxi, T *The Law of Energy for Sustainable Development, New York, Cambridge University Press*, 2005, p. 103.

㉛ Energy Policy Act of 2005, Public Law 109 – 58 – August 8, 2005. Enacted by the Senate and House of Representatives of the USA in Congress assembled. 119 STAT.

㉜ See Adrian J. Bradbrook, Rosemary Lyster, Richard L. Ottinger, Wangxi, T *The Law of Energy for Sustainable Development, New York, Cambridge University Press*, 2005, pp. 267 – 462.

业管理政策法》等法律法规以及大量强制性能效标准,对电力公司与电力用户均提出了很多明确、具体的法律要求,为需求侧管理的开展提供了强有力的保障。

须知,历史和现实的原因导致中国的生态环境更为脆弱,更易受气候变化的不利影响。同时,中国面临实现 GDP 翻两番的重任。唯一的出路在于能源法律与政策的创新,以能源为纽带促进循环经济发展。中国已经制定了《可再生能源促进法》和《节约能源法》,规则设计有待完善,具体实施需要加强,尤其是应借鉴有关国家的经验,通过法律明确需求侧管理等新的机制促进节能与能效,实现国家"十一五"规划提出的单位国内生产总值(GDP)产出能耗降低 20% 的指标。笔者认为,应在更高法律层面将节约能源确立为基本国策,并在有关的能源法中建立能源开发利用的全过程的环境影响评估体系,包括将气候影响纳入。此外,以煤为主的能源结构要求我们在清洁能源生产方面作出更严格的规定。

三、能源法的人本化趋势

布伦特兰委员会最初关于"可持续发展"的定义是经济增长、环境友好与社会发展相互促进的"三角底线"责任。然而,国际社会有一种将可持续发展仅仅理解为经济与环境的协调发展的现象,而"不是将自然、经济和社会正义结合起来"。对此,有人提出将消除贫困、推进社会发展与正义列为可持续发展的优先事项,"恢复其帮助穷人过上他们认为的更好、更健康和更公平的生活的最初本意"。[33] 而且,市场并非万能,正如孙斯坦教授指出,"自由市场并不能消除歧视","通过市场进行社会规范还是不够的";需要政府"通过为社会理想的行为

---

[33] David G. Victor, *Recovering Sustainable Development*, From Foreign Affairs 85/1, January/February 2006, pp. 91 – 103.

建立好的激励机制来改善现有市场”，实现公平、正义之类的社会承诺。[34] 因此，能源法的另一种发展趋势便是能源法的人本化。[35]

世界银行贫困问题调查小组发现，“穷人居住的地方大多缺少能源”。[36] 联合国可持续发展委员会第9/1号决议《能源与可持续发展》提出，使生活在每天1美元以下的人口脱贫，获得负担得起的能源服务是先决条件；在农村能源计划中考虑妇女儿童的卫生和安全问题；促进使穷人负担得起农村能源服务的财政安排。联合国开发计划署等发布的《世界能源评估》（2000年）提出，“便利和负担得起的能源服务能显著改善生活标准，并给人们提供更多机会。当今的不平等是不可持续的……极端不平等与不公正的社会将无法稳定，大量人口处于贫困线以下提供了社会动荡的肥沃土壤”。[37] 鉴于能源与经济社会发展的紧密关联，世界各国能源法都逐步纳入了以确保公民获得基本能源服务及实现社会公平为目标的内容与条款。即便是在根本上实行反对政府管制的能源法的国家，“政府将可能继续确立并实施环境污染标准、消费者保护与职工卫生与安全”。[38] 综观各国能源立法，往往通过公众参与、公共服务义务、弱者保护、企业社会责任等权利导向的机制来推进能源法的人本化。

第一，公众参与。过去数十年全世界经历了“参与激增”的年代，无论以“公众参与”或“公民介入”的名义，还是主张“土著人权利”或“当地社区咨询”。新

---

[34] 参见[美]凯斯·R.孙斯坦：《自由市场与社会正义》，金朝武等译，中国政法大学出版社2002年版，原著序言，第6~9页。

[35] 法律的人本化就是法律体现出人的自由、尊严与权利以及确保社会公正的价值取向，是人本主义哲学在法律中的体现。马克思曾提出著名的论断：“人是人的最高本质”“人的根本就是人的本身”。参见《马克思恩格斯全集》（第1卷），第9页。

[36] [美]迪帕·纳拉扬、罗伯特·钱伯斯、米拉·K.沙阿、帕蒂·皮特斯：《呼唤变革》，姚莉等译，中国人民大学出版社2003年版，第102~104页。此外，国际能源机构“世界能源展望”（2002年）专门阐述了能源与贫困之间的关系：全世界1/4的人口，也就是大约16亿人还没有用上电。大约24亿人口依靠传统的生物能（木材、农业残渣及粪便）来做饭和取暖。在发展中国家，生物能的使用到2030年年底仍将占居民能源总消耗的一半以上。电力短缺而过分依赖传统的生物能是发展中国家的贫困特点。电力短缺限制了许多产业发展，影响就业机会，因而使贫困加剧并且难以脱贫。

[37] World Energy Assessment：United Nations Development Programme，Uni ted Nations Department of Economic and Social Affairs，World Energy Council，World Energy Assessment and the Challenge of Sustainability（2000），New York，UNDP.

[38] 当时，各国面对能源危机的冲击，制定了大量能源法律法规。See The Energy Law Group，*Energy Law and Policy for the 21st Century*，Rocky Mountain Mineral Law Foundation，Denver，Colorado，p. 19.

的国际与国内法律与实践正在将这一新的“人类维数”注入能源资源开发利用的种类活动之中。[39] “公众参与有望界定或重新界定21世纪主要的经济发展项目—很少有部门会比采矿、能源与资源发展产业更加多地受到这种趋势的影响”;有关“控制私人开发的公众权利”可能是21世纪能源资源法律发展最重大的变化之一,因为越来越多国家的有关能源资源开发利用的法律法规中确立了公众参与的义务。[40] 例如,《日本能源政策基本法》第14条规定,“国家应在致力于对能源相关信息积极公开的同时,考虑到不以营利为目的的团体的活动和作用”。[41] 1977年修订颁布的《联邦采矿安全与卫生法》强调了矿工参与安全的权利,例如,煤矿安全监察员到现场检查时,应有一名矿工全程陪同,矿工认为有险情时,可以要求进行检查。[42]

第二,公共(普遍)服务义务。市场自由化使能源成为商品,但并未终结能源作为“公共服务”的功能。[43] 根据《世界人权宣言》第25条和《经济社会和文化权利国际公约》第11条,公民具有享受适当生活水准权,包括持久地取得“烹调、取暖、照明能源、卫生设备”等获得食物、住房、服务与基础设施的权利。[44] 许多国家将获得基本能源作为一项人权,确立让小型或贫困消费者获得能源服务的法律义务。法国2000年《公共电力服务现代化和发展法》第1条规定,“公共

---

[39] 在国际法方面,无论是《里约宣言》《21世纪议程》,还是《联合国气候变化框架公约》《奥胡斯公约》,抑或是根据《公民权利和政治权利国际公约》等人权条约,公众在环境资源方面都应享有信息获取、参加决策、表达意见和获得公道等权利。例如,《联合国气候变化框架公约》要求各成员国促进和推动“公众获取有关气候变化及其影响的信息”,就涉及能源信息公开的问题;《奥胡斯公约》要求各国在矿产、采矿、能源设施、水坝等特定发展活动中实施公众介入决策。

[40] Donald N. Zillman, Alastair R. Lucas and George Pring, *Human Rights in Natural Resource Development-Public Participation in the Sustainable Development of Mining and Energy Resources*, Oxford University Press, 2002, p. 12.

[41] 日本国会制定《日本能源政策基本法》,平成十四年六月制定施行。参见何建坤主编:《国外可再生能源法律译编》,人民法院出版社2004年版,第190~192页。

[42] 肖乾刚、肖国兴编著:《能源法》,法律出版社1995年版,第159~160页。

[43] 普遍服务(Universal Service)的概念最早出现于美国《1934年联邦电信法》提出的“尽可能为所有美国公民提供合理的价格、充足的设施,以享受快速、有效的国际国内有线与无线通信服务”的立法宗旨。现在,公民有权通过方便途径、以可承受价格、获得非歧视性的相关产品服务的普遍服务,包括电力燃气等能源服务,开始广泛地被确立为法律义务。

[44] Committee on Economic, Social and Cultural Rights, General Comment No. 4 (6th Session, 1991) Concerning the Right to Adequate Housing.

电力事业通过保证全体国民使用电力的权利，增强社会的凝聚力，并有助于减少争论，实现各方的平衡发展”。《2005年美国能源法案》对1981年《低收入家庭能源资助法》作出修订，大幅提高低收入和过冬维护资助年度金额；开展低收入社区节能示范方案；第7章涉及消费者保护，包括防止泄露电力消费者的隐私信息，变更电力设施须获得消费者同意，等等；关于“印第安部落能源开发与自决法”的篇节，规定向印第安部落提供资金和技术援助，扶持部落获得能源供应、能源服务，促进电气化。㊺

第三，职工保护。历史上，能源资源的开发利用是与大量职业的血汗分不开的。惨烈的爆炸事故和多发的职业疾病令人触目惊心。随着人权运动的兴起，各国纷纷调整了能源矿业法律制度，将职业安全与健康保护作为重要内容。例如，英国之所以成为“世界上井下开采最安全的国家”，是与其通过大量法律和指令促进矿业安全生产与保护工人健康分不开的。㊻ 它们既明确矿主、管理人员、职工的职责，也采取奖励措施，如对合格的安检人员给予奖金。值得一提的是，各国能源矿业法对职业安全与卫生的促进，已经从单纯的作业安全（如防止事故、矿山救护、人员培训）或职业卫生保护（防治职业病、企业医生、医疗补助金），发展到为职工提供健全的社会保障，包括退休保险、医疗保险、失业保险、矿工津贴等。㊼

第四，企业社会责任。长期以来，由于跨国公司对发展中国家能源资源的掠夺性开采，加剧了当地的贫困与社会不公。所以，“石油和天然气开采并未促进经济增长，相反，它似乎总是同呆滞、通货膨胀、污染、债务、收入的不平等等石油‘咒诅’联系在一起”。㊽ 虽然尚未有针对此类问题的国际条约，但联合国有关决议和各国法律法规提出了涉及非歧视、人权、劳工标准等企业社会责任

㊺ Energy Policy Act of 2005, Public Law 109 - 58 - August 8, 2005. Enacted by the Senate and House of Representatives of the USA in Congress assembled. 119 STAT.

㊻ 包括1988年《矿山法》、1989年《矿山用电法》、1992年《健康安全管理法》、1993年《矿业健康安全管理法》、《矿山法》（井筒和通风）、《煤矿法》及《防止瓦斯突出实施标准》等。

㊼ 参见国家发展和改革委员会能源局、中国法学会能源法研究会：《中国能源法律体系框架研究》（三），专业分报告，2006年5月。

㊽ See Martha M. Roggenkamp, Ani ta Ronne Catherine Redgwell Inigo Del Guayo, *Energy Law In European—National, Eu and International Law and Institutions*, Oxford University Press, 2000, pp. 66 - 67.

的问题。[49] 部分能源企业也通过了自愿性公司标准或行为准则,为能源开发利用活动确立了新型的法律框架。例如,壳牌石油公司在"Sustain Ability"的帮助下制定了有关可持续发展的目标承诺。能源、材料与信息是人类社会发展的三大要素资源,它们的不平等分配是加剧贫富差距与社会不公的根源;而且能源企业都享有不同程度的自然垄断的法律地位,因此,除追求经济利益以外,它们应在法律上负有为消费者提供"清洁、可靠与负担得起的"能源产品的"普遍服务"义务。这也是能源企业履行"在谋求股东利润最大化之外所负有的维护和增进社会利益的义务"的基本社会责任之一。[50]

尊重、保护和履行人权是现代法律的基本原则。能源法的这种人本化转型无疑有助于人的发展与经济社会的协调。我国的能源立法也正在实现这种变革。例如,1995 年《电力法》第 8 条就规定,"国家帮助和扶持少数民族地区、边远地区和贫困地区发展电力事业"。在今后的能源立法中还应进一步确立能源公用企业的"普遍服务"义务,强化对消费者权益的保护,使具有自然垄断的能源行业更好地体现公益性。当前我国能源法在确保社会公正方面最大的问题无疑是频发的矿难。《煤炭法》基本上实现了它促进煤炭经济增长的初衷后,也需要转换到以社会、经济与人的协调发展为中心。比如,按照现行的《煤炭法》,对违法开采的罚款只是 5000～20,000 元。这样的处罚力度使《煤炭法》正在偏离作为良法应有的公平的价值追求。此外,建立公众全程参与能源开发利用的机制,确立能源企业的社会责任,应纳入我国能源法的内容。

从上述对能源法三种发展趋势的分析中,我们也能看出能源法所承载的三种社会价值:市场化主要是为了提高能源的产供销效率从而增加能源供应(经济发展);生态化则是基于减少能源开发利用的外部性的要求(环境保护);社会化则更多的是考虑能源在分配正义、基本人权与健康安全等方面的公共目标(社会进步)。2002 年联合国可持续发展委员会进一步确立了"可持续能源法"

---

[49] 参见谭深、刘开明主编:《跨国公司的社会责任与中国社会》,社会科学文献出版社 2003 年版,第 119～136 页。

[50] 如联合国 1999 年提出企业界的《全球契约》,直接鼓励和促进"企业生产守则运动"的推行;2003 年通过《联合国关于跨国公司与其他企业在人权方面的责任准则》草案;2004 年欧美国家开始强制推广全球首个关于"企业社会责任"的 SA8000 标准认证体系。

的基本理念:“促进获得可靠的、买得起的、经济上可行的、社会上接受的和有利于环境的能源服务和资源。”[51]笔者认为,这种理念很好地兼顾、融合了经济增长、环境友好和社会公正三种目标,切合我党提出的科学发展观,应成为我国能源法变革的重要原则。

---

[51] Plan of Implementation for the United Nations World Summit on Sustainable Development, Adopted September 4, 2002 Johannesburg, South Af rica, UN Doc. A/ CONF. 199/20(2002).

能源法调节模式的有限市场化*

由于能源对经济安全与公众生活的至关重要性,以及能源基础建设所需要的庞大投入,各国历来对能源产业实行集中的政府介入,对作为网络型产业的电力与燃气行业尤其如此。因此,能源产业往往具有自然垄断性。这在法律上主要表现为能源企业的行政化、对私有能源企业的严格管制两种。

总体来说,能源主要是作为一种公共服务,其次才是作为一种商品。相应地,传统的能源法律关系更多地体现行政法的特征,或者说是能源行政法。这种国家对能源产业的介入不是现代经济法意义上的国家对市场的调节,因为没有确立市场主导能源资源与产品配置的法律基础。从这个意义上来说,“能源法仅仅是公共行政法的一个分支”。

自20世纪70年代末以来,鉴于国有能源公司的业绩低下和过度的补贴负担和投资成本,世界上许多国家的能源法调节模式发生了转变,即“从国家垄断和所有的历史模式或具有特许权垄断与严格规制的私人所有模式,向自由化能源市场的转换”。目的是激励竞争从而提高效率,增强私人部门所有权与投资。尽管具体方式互不相同,能源市场化通常包括两个方面:一方面是能源部门在所有制模式上的多元化;另一方面是放松了对能源部门的政府管制,包括更少的价格控制与进出口限制,促进能源产品与服务的商品化。

总之,能源市场化主要是打破自然垄断,鼓励竞争与开放。而且,经济全球化尤其是WTO法律规则促进了市场经济原则的推广,对各成员方尤其是转型

---

* 原载《中国工业报》2007年9月4日,第A02版。

经济国家的法律体制带来深刻的变革,能源法亦不例外。

值得一提的是,《联合国气候变化框架公约》之《京都议定书》虽未直接提出能源法律政策的市场化要求,但从《京都议定书》确立的联合履约(JI)、清洁发展机制(CDM)以及排放贸易(ET)三机制来看,它们最初都源于发达国家市场机制下的实践,其实际运行也离不开以市场机制作为能源资源配置的基础。此外,大量能源领域的国际"软法"也倡导能源体制市场化。

但是,能源市场化也引发了争论,尤其是对能源安全的担忧。当然,市场的力量并不能解决人类能源的一切问题,由于能源产业的特殊性,也因为国际能源市场易受地缘政治的扭曲,各国能源体制的市场化都有一定限度。即便在能源市场化程度最高的美国,联邦、州与地方政府也承担了分配能源产品的职责;政府建设电力设施并介入生产、传输与分配;在美国西部近海与大陆架,政府仍是化石燃料的主要储存者。因此,能源法开始以健全能源市场体系、矫正市场缺陷和规范政府介入能源产业的活动为主要内容。

加入WTO后,中国在能源领域作出了有限承诺,外国提供商如与中国国家石油公司合作便能在我国政府指定的区域涉足陆上油田服务。我国能源市场化也取得了一定进展:煤炭生产和销售已经放开,价格初步实现了市场化;电力体制改革取得重要突破,基本实现了政企分开、厂网分开;石油天然气行业基本实现了上下游、内外贸一体化,运营效率得到提高;社会资本更多地进入能源领域。

但是,我国的《电力法》、《矿产资源法》、《煤炭法》和对外合作开采陆上石油和海上石油条例等一系列法规体系,是在计划经济体制背景下制定的。因此,在今后相当长时期内,我国能源行业改革和发展的最大障碍将是行业内的垄断经营和区域市场分割等违反市场经济规律的行为。例如,《电力法》规定,供电企业在批准的供电营业区内向用户供电,一个供电营业区内只设一个供电营业机构。这显然不能适应市场经济的要求,因此,我国能源法在构建符合国情与能源经济规律的市场机制上任重道远。

有关期货交易的法律问题*

期货不纯粹是法律问题，它是一种特殊的经营、交易形式。期货在我国还是一个新事物，就大多数同志来说，还比较生疏，包括我自己。所以，我打算结合期货方面的基本知识，再讲一些有关的法律问题，以及对一些案件的处理原则。如果连期货是什么都不清楚，当然就对有关的规则和进行期货交易的秩序不了解，也就没有办法去解决在这中间发生的纠纷。期货交易是一项专业性很强的经营业务，律师事务所要有人懂得它，才能代理当事人参加有关案件的诉讼。

今天我想讲五个问题：

1. 期货交易或期货买卖
2. 期货交易的功能和作用
3. 期货市场的组织结构和主要规则
4. 期货交易的程序
5. 对期货纠纷案件的处理

一、期货交易或期货买卖

在人类交易史上，按时间顺序，先后出现了这样四种商品交易方式：(1)物

---

* 本文系根据作者1996年3月15日在庐山举办的律师学习班上的讲座整理。

物交换的商品交易方式。在古代很长的历史时期,人们之间的产品交换和商品交换,是采取这种方式的,因为在那个时候还没有货币,当然在货币产生之后,在一些个别场合,还有物物交换的方式。(2)现货交易方式。这是延至今日最普遍的一种交易方式。什么是现货交易、现货买卖呢?它就是指买卖双方在缔结买卖合同时,买卖标的物已经存在,正像我们到百货公司挑选东西一样,东西在货架上,货币在买者的口袋里,双方买卖的标的物都存在。这种买卖方式可以通过缔结合同确定买卖标的物,以及时间、地点等。(3)未来货交易方式,也称现货远期交易或现货远期买卖。① 它是指合同签订时,买卖标的物尚不存在,卖方在合同签订后按买卖合同生产制造合同标的物,也就是说,买卖双方预先约定买卖尚未存在的未来货,买卖标的是指具体的现货,但现在还没有生产出来,或者没有把东西转到手,所以这实际上是一种订货预约。(4)期货交易方式,这是我们今天要讲的题目。我们先简单地解释下什么是期货交易或期货买卖。

期货买卖是与实物买卖不同的一种买卖方式。我们知道,刚才讲的前三种买卖方式,都属于实货买卖。实货买卖是在合同签订后,买方就根据约定的方式、时间向卖方交付约定的价金,卖方则要按照约定的方式、时间向买方交付约定的实物,并要完成这个实物所有权的转移。而期货买卖呢,期货买卖双方目前并不在乎买卖标的物的交付,不在乎买卖标的物所有权的转移,他们的主要目的在于利用期货价格上下波动,以期投机获利或者保持所买的货物的价值,②所以买者并不真的期望得到所买的期货,也并不期待期货的交付,只是期待市场价格的上涨。比如,一个人预测从今日起 3 个月内小麦价格要上涨,所以他马上用现行期货市场价格买下一批 3 个月后交货的小麦,他的兴趣并不在小麦,而在于现在小麦价格低,到 3 个月后小麦价格果然上涨,他就把这批买卖小麦的生意转手,就会从中争取一大笔价差。一般来说,他根本不用把小麦转到手,只是为了从中牟利,这是一种商业投机,也就是我们通常所说的买空卖空。当然,这种买卖也有很大的风险。应当说,牟利和风险是相等的,有人牟利,也

---

① 参见曹厚昌、祝合良:《发展我国期货市场问题的思考》,载《杭州商学院学报》1993 年第 3 期。

② 参见谢鲁涛:《当前国际期货市场的特点》,载《国际贸易问题》1991 年第 5 期。

就有人吃亏倒霉。

为了进一步说明什么是期货买卖,我们先把它和现货买卖进行一下比较:③

第一,现货买卖是买卖双方当事人直接协商而达成的交易。期货买卖的双方当事人并不直接协商,而必须通过期货市场进行买卖。没有期货市场并不能进行期货买卖。比如,一个人到武钢买了100吨钢材是期货,如果是1996年5月交货,他拿着期货买卖的合同书,这一纸买卖合同就代表100吨钢材,他可以到期货市场把它转让,而市场是受国家管理的交易场所,没有市场无法进行期货交易。在我国,新中国成立前曾有过期货市场,新中国成立后完全取消了。所以,自新中国成立以来,我国所进行的一切买卖都是现货买卖,没有期货买卖。

第二,现货买卖的唯一目的是以价金换取货物。买方的唯一兴趣在于卖方的货物,卖方的唯一目的在于买方的价金。在计划经济体制下,合同法有个原则为实际履行原则,是针对特定现货买卖的。买卖合同要求标的物的所有权转移,而期货买卖的情况就不同了,进行期货买卖的人,是想利用价格的时间差作投机,因而许多投机商涌进了期货市场。他们纯粹作买空卖空的交易。所谓卖空,就是他在期货市场卖出期货时,他手中并无实货。所谓买空,就是他在期货市场买货时,他并不对此货本身有何需求或兴趣,更不打算在期货交付时提货。他们只是预测货物的市价走势,决定买卖,从而赚取时价之差,以此牟利。当他买期货时,说明他预测该货的未来价格是涨势;当他卖期货时,说明他预测该货的未来价格呈落势。在世界各国,时至今日,这种投机者在期货市场中占绝大多数。当然,也有一些人利用期货市场作现货远期买卖的,他们是要提货的,但占的比重很小,有3%~5%。但是,这3%~5%的现货远期买卖也很重要,是它们促成和支撑了期货买卖的进行。

第三,现货买卖在订立合同时,买方要支付价金。期货买卖的买方,必须在合同订立时支付按金或称保证金。按金是必须要交的,马上就交,所以,期货市场上的卖方才没有买方不付款的风险。什么是按金呢?按金不是价金,价金是

③ 参见柴振国:《期货买卖与期货市场刍议》,载《中国工商》1992年第12期。

什么？比如，这件衣物值 500 元，价金就是 500 元。按金不是，它只是一种起保证金作用，是防止交易者发生亏损时交不出价款的保证金。通常按金以价金的 5% ~10% 计算。也就是说，就买方而言，他若买价值 1000 元的期货，必须交付 50 ~100 元的按金。他在订立合同时并未取到货，通常期货的到期时间在一年以内，通常情况下，在这段时间里，价格的上下波动大致会在 10% 以内。按这种交按金的办法，他可以购买 10 倍于现金的期货，有 100 元就可以购买 1000 元的期货，这样能够满足他利用少量资金做较大买卖的欲望。

第四，现货买卖可以是一切商品，期货买卖的对象是有限的，期货买卖利用格式合同，合同中的商品品质也必然是固定不变的。买卖双方对商品的品质都有统一的理解。这类商品只能是大宗标准种类物，而不能是特定物。事实上，期货的种类是有限的，主要是初级产品、谷物、原材料、加工产品，也有制造产品、贵金属等。这方面国家应该有规定。从另外一个角度看，因为期货买卖是一种风险性很强的投机活动，所以国家必须对此进行严格的管理。

从以上我们对现货买卖与期货买卖的比较，可以看出，期货买卖是一种很特殊的买卖关系，它有自己的特点。现在我们归纳一下期货买卖的特点：

1. 期货交易是在市场中进行的，所以要设有专门的期货交易所，买卖双方在场所内进行，一般不允许在场外、所外交易，正像股票的交易也应在交易所进行，私下交易经常会出问题。而且，期货交易中的期货的合同，通常称为合约，这一合同的格式是标准化的。

2. 期货交易不是由实际的需要者缔结合约，而是由交易所内的经纪人代理众多的买方和卖方在期货交易所内达成签订的。可见，期货合约是由经纪人、经纪行或经纪公司专门代理买卖双方缔结的。无论是买方还是卖方，他们都只能通过场内经纪人进行交易，买卖双方之间并不直接见面。在交易所运转中，经纪人发挥着关键的作用，他们负责填写各种当事人的订单。经纪人通过公开喊价的方式由当事人竞争决定，这一点与拍卖相类似。

这样，我们会发现，期货交易与股票交易在许多方面是相似的，这表现在股票交易所和期货交易所都应该是会员组织，只有具有会员资格的人才能在交易所里进行交易，非会员想要进行期货交易，只能委托会员代理或全权委托经纪

人代理进行。期货交易与股票交易都是一种投资行为,两种交易所都是为了便于投资而成立的。但是二者仍有许多不同,一是交易的目的不同;二是价格的决定不同。期货交易与股票交易有很多不同的地方,当然,期货交易和一般的拍卖也有一些不同。

3. 期货交易的期货商品具有特殊性,许多适宜用现货交易方式的商品并不适宜期货交易,不适宜进入期货市场。比如,熟制食品、药品就不适宜进入期货市场。一般来说,适宜进行期货交易的商品,是交易量大而且价格容易波动的商品,是拥有众多的买者和卖者的商品,是能够贮藏相当长时间的商品。[④] 比如,农产品中的谷物、制造业的产品、钢材、木材制品、酒类、石油制品、车辆等。随着现代经济的发展,外汇、利率、股票指数等特殊的商品也进入了期货市场,形成了“金融期货”。

通过以上比较,将什么是期货交易,以及它的重要特点,作一些介绍,使大家有个印象。因为期货交易对我们都很生疏,新中国成立后40多年,在我国根本不存在期货交易问题。只是近几年,我国才开始讨论,才开始有了期货交易的现象。

二、期货交易的功能和作用

期货交易和期货市场的发展历史很久,当今的期货交易规则和期货市场是经过数百年的实践,不断发展而逐步形成的。当然,最早是欧洲各国先出现,后来也传到了日本,美国的期货交易晚一些,但现在都比较发达。19世纪70年代洋务运动兴起后,上海就有了股份公所。[⑤] 到了20世纪初,上海的证券、物品交易所就成立了,这个时期期货交易开始出现,张静江、蒋介石、戴季陶、陈果夫都

---

④　也有学者将期货交易商品的范围界定为:(1)供求量大且分散;(2)不易腐烂可贮存;(3)能标准化和分级;(4)自由竞争的价格。参见谢鲁涛:《当前国际期货市场的特点》,载《国际贸易问题》1991年第5期。

⑤　参见陈爱华:《旧中国期货业发展概析》,载《云南财贸学院学报》1996年第2期;薛小和:《期货市场——在中国是否应尽快发展》,载《改革》1993年第6期。

曾经是几个较为活跃的经纪人。1921年，天津也有了期货交易市场。在一个时期，中国大地，包括汉口、襄阳等中心城市，很快成立了几百家交易所，而且大多数是投机性的交易所。但是，我国的商品经济、市场经济不发达，所以期货交易的根基是相当脆弱的。

在新中国成立最初的一段时间里，交易所曾经被保留了下来，人民政府接管了交易所，大体上保留了原班人马。但是明确规定，各类交易所只允许做现货交易，杜绝期货交易。但背地里的交易仍然存在。为了打击投机商人的投机倒把行为，人民政府于1949年6月查封了上海证券大楼，[⑥]1952年7月，天津证券交易所也宣布停业。这样，期货交易就宣告进入了禁止期。就当时的认识水平，我们认为期货交易是资本主义的本质。

这些年，我们提出要建立和发展市场经济，人们逐渐意识到，期货交易的一度消失，是一个极大的失误，使我国经济发展受到很大影响。像武汉这样的城市，新中国成立前光贸易货楼就有1700家，后来一家也没有了，所以其作为物资流通中心的作用也未能发挥，商业萧条衰落，直到近些年才有所恢复和发展。

1987年，杨竞羽先生针对我国市场发育的情况及特点，向有关领导人提出“发育期货市场”的建议。在中国，期货交易中断了40年，当时国内还没有人擅闯这一禁区。杨先生的建议受到中央领导的重视，国务院发展研究中心和国家体改委联合成立了研究工作小组，考察国外，调查国内，还邀请国外专家进行专题讲座，加深了我们对现代期货市场的认识。[⑦]

在我国，改革开放以来，在整个经济生活中，指令性计划控制的范围越来越少，而市场调节的范围则越来越大。部分商品，如粮食、生猪、钢材、煤炭等农产品和部分生产资料的供求时紧时松，价格波动很大，甚至是暴涨暴落，给广大农户和经营者带来了极大风险。经济生活中突然出现这么多问题，原因不在于市场调节范围的增加，而在于我国现有市场发育极不完善。由于远期交易合同的增加，许多经济学家和政府领导人认为有可能在此基础上，发展期货交易，其中

---

⑥ 参见海峰:《期货大市场》,载《现代商贸工业》1993年第12期。

⑦ 参见鲁一:《期货贸易讲座》,载《经济师》1993年第7期。

一些地方(特区)开始组织人员进行调查,研究方案,并很快实施,结果期货交易在我国又重新出现了。

期货交易是商品经济发展的深层形式。它同经济生活中利用行政权力获取不义之财,同"奴隶制"中存在的价差专营有本质的不同。就投机行为而言,期货交易内含投机性质,但是与其消除不掉"黑市交易""灰市交易",还不如用有序、公开的交易方式进行。期货市场变背地交易为公开交易,能够限制"黑市交易"和垄断经营,有助于形成"国家引导市场,市场引导企业"的经济运行模式。

具体来讲,期货交易有这样几点作用和意义:⑧

第一,有利于治理市场混乱。市场之所以产生混乱和无序现象,有两个主要原因:一是市场功能不适应日益发展的商品生产和交换的要求,出现交换中时间和空间上的不对接。二是在已有市场透明度很低、交易分散化的条件下,大量引起市场秩序混乱,许多流通行为在暗中进行,政府无法制约,使违法行为不断增多等。在这种情况下,建立期货市场,一方面,能弥补这些不足,用新的市场机制去协调供求关系,满足商品生产交换在时间和空间上吻合的要求;另一方面,可以利用期货市场的有形市场形态,组织集中公开的交易,使不正当的流通行为无法暗地进行。所以,尽快建立期货市场完全能够起到治理流通秩序混乱的作用,从而推动正常流通秩序的形成。

第二,有利于减少流通损耗,促进流通节约。我们都知道,中国商品流通中的浪费现象非常严重,主要表现就是市场配置不合理,企业的购销活动不能随着市场变化而及时调整,我们常常可以碰到这种现象,需要什么没什么,不需要什么到处有,非正常的库存上升,浪费很大。物资的流通往往是曲线运动,运来运去,搬来搬去(湖北的货先运到广东,广东又运到四川,从四川又回到湖北),如果有期货市场,事情就变得简单了,期货市场可以为企业提供随时调整购销行为的场所,期货市场能够促进商品的流通。比如,某单位从平顶山进了100万吨煤炭,转手卖给重庆,重庆转手卖给西安,西安又转手卖给郑州,如果是订

---

⑧ 参见鲁一:《期货贸易讲座》,载《经济师》1993年第7期。但也有学者提出不同的意见,具体可参见杨德勇:《论我国非均衡条件下的期货市场建设》,载《内蒙古财经学院学报》1994年第1期。

单转一圈问题不大,如果是煤炭运转起来就麻烦了。

第三,加快我国市场经济的形成和完善。我们知道,期货交易要求真正的自由交易,它不受行政性的非法干预,本身也没有国界,它的交易量大,而且有固定的经营地点,能够提取众多的买者和卖者,使地区性的小市场,逐步发展成为全国性的甚至国际性的大市场。现在许多国家的期货市场,是通过计算机联网,全天候地开业,就像股票市场一样,商品的供求信息传递很快。现在是信息时代,如果信息不灵,商品经济、市场经济是发展不下去的。长期以来,我国商品的生产一直处于不稳定状态,这就是因为市场信息导向跟不上。尽快建立期货市场,就能够增强市场信息导向的功能,为商品生产经营者提供正确的经济参数。

第四,减少风险,可以保障商品生产者和经营者的利益。在现货买卖中,因为遇到不可抗力和其他客观原因,经常会给买卖双方带来较大的风险。如果运用期货交易,这些风险就可以避免。

例如,有一个面粉加工企业(甲)和一个食品加工厂(乙),签订了一笔现货交易合同,规定甲在8个月后向乙支付1万吨面粉。甲在签订合同后即到市场上买来小麦1.5万吨,以便加工成面粉交付给乙。但是,到8个月后交货时,小麦价格暴涨,这样在事实上甲就吃了亏,本来他是可以卖大价钱的,结果是按8个月前的价格卖出了面粉。

如果甲不这样做,而是在期货市场上当即卖出1.5万吨小麦(期货),到8个月后,也就是与他向乙交货的时间一样,这边虽然面粉交付给乙,甲是吃亏了,但是他卖出的1.5万吨小麦却沾光了。也就是说,他在现货市场的亏损正好由在期货市场上的获利平衡了,所以期货市场交易所又起到保险的作用。当事人给的10%的按金,就“保了险”。

如果反过来,到8个月后,小麦的价格下跌了很多,结果这1万吨面粉就能获取一大笔利润,而他在期货市场卖的小麦就亏了,但是两者还是抵消了。所以,从事现货交易的人如果希望取得稳定的利润,不受市价波动的影响,就可以把期货交易作为一种保险机制,这是非常有效的。

第五,期货买卖双方省去了许多强制的麻烦。我们知道,现货买卖签订合

同是件非常麻烦的事,货物的质量,交货的时间、地点和方式,付款的时间等往往是强制中的难题。期货买卖是标准格式合同的买卖,期货市场列出的商品有统一的质量标准、统一的交货付款规定,就不用强制,这样就方便了交易活动的开展。

当然,期货交易有没有缺陷?比如,它可能助长不劳而获的投机行为,它所体现的是一种虚拟的商品交易,大量的买空卖空,并不发生实物的交割,完全与计划经济是相悖的,会不会给社会主义经济的发展带来危害?尽管人们争议还很大,但是事实上已经存在了,我们要实行市场经济,也要面对现实。股票市场还不是投机行为,期货市场也大致性质是一样的,也是有价证券的一种交易。

在我国,期货交易已经出现,这些年发展极快,武汉期货交易额已达 370 多亿元,但在全国发展还是很慢的。所以为了规划、引导期货交易的正常发展,大多数发达的国家,都通过有关立法,对期货交易所的组成以及实行的各种规章制度、期货交易的方式、期货合约、期货交易程序、结算所以及交易结算、经纪人管理等进行明确的法律规定。

近年来,随着我国社会主义市场经济体制的逐步建立,各种企业与国际大市场的关系越来越密切。我们利用国内外期货市场,通过参加期货交易来避免在日常经济活动中因价格、利率、汇率波动而带来的损失,越来越受到工商界企业人士的关注。近两年,特别是邓小平同志的南方谈话以来,各种引进期货交易机制的批发市场、期货市场的开市锣声不断传来。尽管目前也有一些办法来规定、调整期货交易,如《工业品生产资料期货交易所管理暂行办法》《深圳有色金属交易所规定》《上海金属交易所管理暂行规定》《上海交易所规则》《苏州物资交易所期货交易规则》《郑州粮食批发市场交易管理暂行规则》等,但总的来说,我国还没有一部系统、协调地调整期货交易的立法。如果我们要建立和发展期货市场,就必须建立完善的法制,否则,就会为不法分子提供可乘之机,也会给我们的司法审判工作带来困难。

三、期货市场的组织结构和主要规则⑨

刚才我们已经提到,期货交易必须在期货市场中进行,不能暗自进行。可以这样说,期货交易是商品交易者委托经纪人代为进行交易,而且是在期货交易所内,按照一定的规则,通过公平竞争进行的。交易达成,还要经过结算确认后,交易才算完成。

期货市场的组织结构是由三大部分组成的:一是期货交易所;二是经纪人或经纪公司;三是结算所。现在各国在期货市场的管理方面,已经逐步实现了规范化、制度化和法律化。

(一)期货交易所⑩

期货交易所一般是以股份公司的形式由会员联合组成的非营利性的团体。⑪ 期货交易所本身不参加交易,也不拥有任何商品,它只是为期货交易提供场所、设备,并根据国家法律,制定、公布交易规则,以维护公开平等交易。期货交易所的会员可以在交易所内进行期货交易,而其他非会员如果要进行期货交易,只有委托会员代理进行。⑫ 会员还可以享受在交易上的优惠,如会员可以支付较少的佣金,还可以参加交易所的管理。一般来说,交易所的入会条件是很严格的,申请人要向交易所递交申请,交易所要对申请人的财政背景和信誉作出考察,条件符合的要经理事会批准才能入会。交易所的会员分为两种:一是普通会员(全权会员),普通会员除了自己可以从事期货的买卖交易,还可以接

---

⑨ 实践中的例子可以参照江西省人民政府办公厅《关于印发〈九江粮食批发市场交易管理暂行办法〉的通知》(赣府厅发〔1991〕91 号),发文时间:1991 年 11 月 2 日;理论上的成果可以参见杨逊:《期货交易主要规则》,载《建筑管理现代化》1994 年第 1 期。

⑩ 交易所具体的设置以及交易方式,可以参见郭鸿:《第三讲期货交易的基本程序》,载《价格理论与实践》1991 年第 5 期。

⑪ 参见杨了:《谈期货交易财务管理》,载《财会月刊》1994 年第 10 期。

⑫ 参见谢鲁涛:《当前国际期货市场的特点》,载《国际贸易问题》1991 年第 5 期。

受他人的委托,代理他人进行期货交易,这种会员也可以委派专人代表他人在期货市场行使职权,从事期货交易。在这里,就出现一个经纪人的问题,谁是经纪人呢? 普通会员如果接受他人的委托代为从事期货交易,这时,这个普通会员就是经纪人;另外,普通会员如果委派他人专门为他人从事期货交易的,这个被委派的人也是经纪人。二是特别会员(一般会员),特别会员是指只在期货市场上从事与自身生产、经营业务有关的买卖交易的会员,当然特别会员也不见得亲自到期货市场进行交易,他也可以指派其他普通会员代表自己进行交易,但特别会员不能接受委托,不能代理他人进行交易。

在发达国家的期货交易所,能够充当经纪人的普通会员是很有限的,众多非会员要进行期货交易只能通过普通会员才行。所以,在交易所大厅里,每个经纪人都有几部专用电话和其他先进的信息设备,经纪人经常与他的客户联系,与其他的经纪人进行联系,工作量很大,也很紧张。

交易所内一般设理事会,这是全体会员通过会员大会选的,由理事会处理交易所的一切有关事务。理事会之下还设置一系列的专门事务委员会,如会员资格委员会、交易行为管理委员会等。

另外,交易所的会员资格是可以转让出售的,随着交易量的不断扩大,会员资格的价码也大大提高,开始是 2 万元,过一段时间也可能变成了 10 万元,甚至几十万元,这和赛马、高尔夫球会员资格的价码可能提高是一样的。有的国家把会员分为正式会员和准会员,这要看这个交易所的规则。

(二)期货经纪人、经纪行,也称经纪公司

在期货交易所中,只有普通会员才能接受委托,代理别人进行期货交易,于是就产生了专门接收委托,代理客户做期货交易并且收取一定佣金的经纪人,并且由经纪人组成经纪行、经纪公司,专门从事代客户买卖的工作。可以这样说,大部分的期货交易是由经纪行完成的,绝大部分的期货交易者的户头都是挂在经纪行的账户上的,经纪行负责对每一个客户的财务进行结存,对每一个客户的未评论的期货合约,提供各种服务,有设施、有懂行的工作人员,正因为这样,每笔交易结束后,经纪行要向客户收取佣金。所以,经纪人成了专门的一

种行业，各个经纪行都要有众多的客户，才能取得盈利，所以经纪行之间竞争激烈，各经纪行收取的佣金也不一致，一般信誉高、实力较强的经纪行收取的佣金也较高。

具体地说，经纪人有这样几项职责：一是代客户办理期货交易的各项税收；二是向客户介绍和解释期货合约的内容和交易规则；三是经常向客户通报市场信息，并在可能的情况下提出有利的交易机会；四是报告合约的执行情况和盈亏结果。[13] 现在，经纪行的工作，特别是信息传递的工作是通过电脑在极短的时间内完成的。

（三）期货结算所

期货结算所，又称票据交换所或商品清算所。结算所的设置各国也有些不同，有的是在交易所内设一个结算机构，有的是专设结算所。不管如何设置，它都是期货市场一个不可缺少的组成部分。结算所要负责对每日在交易所内达成的期货合约的买卖进行清算、平衡。对客户来说，每天都要结算，每一回合期货交易（由甲转到乙，乙又转到丙，丙又转到丁，一天也可能进行几次转手交易，当然最后要找到最合适的交易者），每一回合期货交易完成后，结算所马上就要对买卖双方负责进行结算。结算所内有一种制度，叫作“每日无负债结算制度”——每一个交易日交易结束之后，结算所先要计算出结算价格。这个结算价格一般是依据这个交易日收盘前 10 秒钟内，所达成的某种商品期货的最高价格和最低价格，并以此计算出的平均价格。所以，交易所也好，结算所也好，工作是很紧张的，它要计算出各种期货商品在当日的价格，才能计算出买卖双方所进行的期货交易的盈亏。结算所根据双方的盈亏情况，要在他们各自的账户上进行调整，如要把盈余划入账户贷方，要把亏损记入账户借方。如果亏损的一方交纳的保证金已经不足，还要马上补交差额保证金，否则第二天就不能再进入交易。

结算的专业性比较强，所以有的人说，从事期货的人脑子得特别灵光，是高

---

[13] 参见谢鲁涛：《当前国际期货市场的特点》，载《国际贸易问题》1991 年第 5 期。

智商的工作。结算还有许多规则,主要是以方便为原则。比如,甲交易者将某项期货合约(有价证券的转让)卖给了乙交易者,乙又卖给了丙交易者,丙又卖给了丁交易者。如果这时交付商品的时间到了,甲发出支付商品通知时,因为每一次转让,结算所都已经当即结算清楚了,所以就不用再通知乙、丙,而由结算所直接通知丁,也就是最后一位承购这项合约的交易者就行了。这样看来,一项期货交易(体现在合约上)转来转去,经过多项交易,最后(在很短的时间内)找到最需要、最合适的买主或卖主。而中间环节的交易者,买卖冲销,只是起到加快流转的作用,在这中间,他们自己可能盈利,也可能吃亏,但是都与最后的交易结果无关。

(四)期货交易者

期货交易者,对经纪人来说,就是客户。我们按照交易者的不同目的,可以分为两种交易者。一种交易者称为套期保值⑭交易者。这些交易者大多是生产商、贸易商和加工商,他们的主要经济活动包括了生产、销售、加工制造等,这些人或这些企业是把期货市场当作转移价格风险的场所,起到一种保险的作用。具体的做法是,在现货市场和期货市场同时进行一项数量相等、方向相反(现货市场是买 1 万吨小麦,期货市场就卖 1 万吨小麦;现货市场是卖 1 万吨小麦,期货市场就买进 1 万吨小麦)的交易,这样经过一段时间,即使价格发生了变动,甚至是大的变动,也不怕,建立了一种减少价格风险的对冲机制。由于有了价格保障,这些商人、企业就能集中精力做好自己的生产、销售、加工制造,并且能够取得正常的生产经营利润。

另一种交易者是期货投机商。这些交易者愿意承受商品价格波动的风险,他们想以少量的资本金来博取较多的利润,当然也可能遭到相当大的损失。有这样一种说法:套期保值交易实际上是一种回避价格风险的活动。⑮ 这是产生

---

⑭　套期保值,就是买进(或卖出)与现货市场数量相当,但交易方向相反的商品期货合约,以期在未来某一时间卖出(或买进)期货合约而补偿因现货市场价格变动所带来的价格风险。套期保值交易的目的是最大限度地减少因价格波动风险所带来的不利后果。参见祝培军:《期货市场与投资风险》,载《商业会计》1994 年第 8 期。

⑮　参见曹厚昌、祝合良:《发展我国期货市场问题的思考》,载《杭州商学院学报》1993 年第 3 期。

期货交易的原动力,愿意承担价格风险,并以投机为目的想从中挣取大额的利润,便成为期货市场得以发展的推助器,是促成市场流通的润滑剂。所以,这两种交易者是期货市场上的孪生兄弟,谁也离不开谁,否则,期货市场就无法生存了。

(五)期货交易的主要规则

期货交易规则,是指指导交易所进行各种期货交易的具体手段,也是期货交易所正常开展交易的制度保障。各个交易所都要根据具体情况,制定、修改一系列的交易规则,这主要包括期货合约、保证金、期货价格等方面的规则。

1. 期货合约

期货合约是买卖双方通过交易所签订的法律凭证。它是一种标准化的、格式化的、受法律约束的合同书,并规定在将来某一特定的时间和地点交收某一种特定商品的合约。[16] 它是在现货远期合约的基础上发展起来的,无论是现货的合约,还是远期的合约,有一点是共同的,那就是都规定期限到了要交收一定的实货商品。但是它们在本质上又是不同的,现货合约必须要进行实货的交割;而在期货交易中,由于"买空卖空"的存在,使大部分期货合约在交割期限届满之前就对冲了,也就是已经转让给他人了。对于绝大部分的期货交易者来说,并不准备交收实货商品,而是想从中挣取价格波动中的差额利润。

每一张合约都是标准化的,如对某一种商品的名称、数量、质量都要规定好,假如是一种买卖黄豆的合约,黄豆的等级、数量、期限都要规定好。每一张合约都一样,看你买多少张这样的合约。这一张张的合约就成为期货交易的买卖对象或标的物,所以期货交易的买卖标的、客体是什么?一般认为,客体就是那一张张的合约,而不是具体的实物商品。当然,最后还得以实物商品为基础,如果大家都是"买空卖空"也不行。最终要体现在实物商品上,所以也有人认为

---

[16] 理论上期货标准化合约一般包括商品的数量、质量、交割时间和交割地点等,参见黄海:《办好批发市场走向期货市场》,载《中国物资》1993 年第 1 期;谢鲁涛:《当前国际期货市场的特点》,载《国际贸易问题》1991 年第 5 期;郭鸿:《第三讲　期货交易的基本程序》,载《价格理论与实践》1991 年第 5 期;文才、邓峥:《建立我国商品期货交易法律制度探讨》,载《政法学刊》1994 年第 2 期。

期货买卖的标的物还是实实在在的商品,这是一个理论问题,学界有一些争议。每一张合约都是交易所已经印好的,参加交易者只需要在合约上填上三项内容:一是姓名和编号;二是选择一定的交割月份;三是成交价格。

2. 保证金(按金)

所谓保证金制度,就是按照期货交易所的规定,期货市场的交易者在进行交易时,必须存入一定数额的履约保证金,前面我们讲过,保证金一般为商品市价的5%~10%。也就是说,在期货交易中,买卖双方只需付出一小笔保证金给经纪人,由经纪人、经纪公司转交给交易所,就可以做很大数额的生意,[17]比如,出10万元的保证金,就可以做100万元的生意,甚至做200万元的生意,这是期货交易的特点之一。这种保证金制度的作用是,保证经纪人的利益,防止交易者违约,起到一种财产担保的作用。另外,保证金的数额也不是不变的,它可以根据市场价格波动的情况,增减保证金的数额,有时保证金的数额能达到商品市价的18%以上,这对市场的调节、对投机活动的控制都有一定的制约作用。

保证金要设专门账户。在交易所里,如果是会员,就把保证金交到所里;如果不是会员,则保证金由经纪人收取,再转交交易所。保证金分为基本保证金和追加保证金,基本保证金是在交易初始核定的,如果由于交易量扩大,或者价格发生大的波动,基本保证金不足以弥补价格波动幅度时,还要另外追加保证金。

3. 期货价格制度

期货交易所对期货价格都有一些具体的规定。期货价格一般是以市场中最小的销售单位为基础的,如国内一般规定黄金以每盎司(盎司是英美的重要单位,是1磅的1/16)若干美元为单位,我国应该以每克若干人民币为单位。如果是小麦,就应该以每蒲式耳若干美分为单位。在我国,期货市场的法定报价货币为人民币,粮食计量单位为公斤,有色金属以吨为单位。

另外,各地期货交易所都还要规定,每次期货报价的最小变动幅度。比如,我国郑州粮食交易市场就规定,每一开市日的成交价格,不得高于或低于前一

---

⑰ 也称保证金的杠杆作用,即交易者以较少的资本投入控制总价值数倍投资金的合约。参见黄海:《办好批发市场走向期货市场》,载《中国物资》1993年第1期。

个开市日平均价的一定幅度,突破价幅限制时,市场停市。市场每一开市日价幅的制定、调整和公布由市场管理委员会负责确定。粮食的叫价幅度为 1 厘/公斤,也就是 1 吨的价格幅度不应超过 1 元人民币。

由于期货价格会由于一些实发消息或谣言而发生大幅度的变化,这时为了稳定市场,保障交易者的利益,使交易者有充分的时间加以思考,交易所对每一种商品价格规定了一天内的涨跌停板,即价格变化的幅度超过了一定的量,就要停止交易。

4. 报价制度

期货交易所内的报价制度基本上可以分为两类:自由叫价制和交易盘叫价制。[18] 所谓自由叫价,是指经纪人围聚在交易大厅各相关的商品交易圈内,以公开叫价的方式喊出自己手持定单的价格,来寻找可能的交易对手,并进行公开的讨价还价(注意应该是公开的),一旦双方买卖数量、价格相合时,即为成交。所谓交易盘叫价,是指先由交易所的工作人员喊出一个临时价格,场内各经纪人用手势来表示,是在这个价格水平上愿购买或愿意卖的数量(手势向内、向外、向上、向下都表示不同的意思),如果买卖数量不一致,则由工作人员进一步提高或降低临时价格,直到最后买卖数量达到一致,才拍板确定交易成交价。在我国,市场的成交方式为拍卖和协商买卖。拍卖是由交易所统一组织的。协商买卖,是由买卖双方在交易所内协商定价签订合约,经交易所登记确认,买卖成立。

5. 佣金制度

佣金是经纪行代客进行期货买卖所索要的费用。这项费用是进行期货买卖的真实成本,每从事一次买卖期货合约,就要支付一次佣金,各地交易计算佣金的办法有所不同,佣金的高低也不一样,佣金的高低取决于经纪行的成本和利润。

---

⑱ 又称"日本方式"或"集体拍板定价制"。参见黄海:《办好批发市场走向期货市场》,载《中国物资》1993 年第 1 期;文才、邓峥:《建立我国商品期货交易法律制度探讨》,载《政法学刊》1994 年第 2 期;胡双增:《期货市场的价格形成机制及其特征》,载《铁道物资科学管理》1995 年第 3 期;王询:《期货市场讲座三——期货市场的运行过程》,载《财经问题研究》1993 年第 9 期。

四、期货交易的程序

我们知道,期货市场是一个有组织的市场,参与期货交易者必须要通过各自的经纪人进行,而且必须在期货交易大厅里,按照一定的规则经过公开的价格竞争,进行期货的买卖活动。期货交易一般要经过以下几个基本的程序。

第一个程序,选择好的经纪公司和经纪人。现在的经纪公司大致分为三类,第一类是证券公司兼期货经纪公司;第二类是以经营期货交易为主的专业期货经纪公司;第三类是生产性企业、公司附带进行期货交易的业务。前面,我们曾简单地介绍了经纪公司的主要服务业务,从客户来说,要选择经纪公司,当然要看它的服务质量。比如,提供的信息是否准确,是否快速,业务是否熟练。一般来说,经纪公司应该是交易所的会员(指法人会员),这样服务起来要方便得多。另外,经纪行是公司,具体的经纪人也要做一些了解,如是否业务能力强,办事可靠等。

第二个程序,制订交易计划。对于投机交易者而言,期货交易是一项风险性很高的投资行为,因此在交易前应事先制订一个妥善的交易计划。这主要包括两个方面:一是结合交易者的财务状况,确定投入期货交易多少资金,是做大交易,还是做小交易。一般来说,净资产较少的投资者,最好投资不要超过其流动资金的 10%,即使是资产实力雄厚的投资者,不要超过其流动资产的 1/4。二是交易要有一个策略。交易者一旦决定投资期货,就要考虑如何交易。第一步,是选择什么商品期货,因为不同的商品或不同的交易方式风险程度是不同的,另外还要考虑自己的知识背景,一般是选择交易者最熟悉,而且最容易掌握的交易商品为宜。在选择了交易商品之后,第二步就要进行市场分析,了解价格的走势,当然这是一种判断,要能够盈利的,一般交易者都认为能够盈利,而且很有把握的,至少在主观上是这样判断的,才值得交易。起码,交易者在交易前应有一个利润的目标,不能盲目地碰碰运气。

第三个程序,设立账户。这个问题比较简单,要填写几张表格,交付保证

金。客户一般把账户挂在经纪行那里。

第四个程序,下达交易订单。开立账户后,当客户要进行交易时,客户应给他的经纪人交易订单。什么是交易订单呢?它是指客户给他的经纪人下达在某一时间内,依据某些特定的条件买入或卖出某一期货合约的指示。也就是说,经纪行应按照客户下达的期货订单的要求来代客户进行期货交易。

期货交易订单种类很多,而且各种类型订单的作用也有所不同。所以,交易者要了解这些订单的不同作用,这样才能下达明确的指示。无论哪一件订单,除注明客户姓名及客户在经纪行的户口号码外,还必须标明以下基本内容:如交易商品名称,是买入还是卖出,是多少张合约,商品到期月份,价格限制范围,下单日期和客户签名。客户向经纪公司下达期货交易订单时,一般应完整清楚地填写书面订单,并交给经纪人,如果时间紧迫,也可以通过电话直接向经纪人下达指示,但此类电话必须要有录音,以后再由客户补填书面的订单。

第五个程序,到交易所交易。我们知道,期货交易所的主要功能是为期货合约买卖双方提供交易的场所,通过公开叫价拍卖来达成某一特定期货合约的价格,交易所还负有传播这些价格信息的责任,负有保证交易合约按期履行的责任。这些活动都集中在期货交易大厅内进行,市场参与者,也就是交易者是通过自己经纪人间接地进行交易的。

交易大厅要有一定的设施,一般要有交易区、联络系统和显示系统。在交易所,交易者通过拍卖方式,以公开竞价来确定成交商品合约的价格。因此,对买卖双方都是平等的,这是一种完全的市场,买还是卖,完全由交易人确定。要做到这一点,首先买方、卖方都是知道市场和其他地方的成交价格,心中有数,才能采取行动。期货市场能够及时公布价格变动的情况,并且通过各种新闻媒介随时向全国、向全世界广泛传播,这不像现货市场那样会出现价格保密而造成行业垄断,交易双方谁也垄断不了,是公开的。另外,价格的确定完全是由交易者讨价还价确定的,不受别人操纵,真是完全的市场经济。

在交易所内,如果客户对于经纪人的指令的执行产生怀疑,可以向交易所申诉,一般由交易所的仲裁委员会专门处理解决。但有些情况,交易所是不受理申诉赔偿的。比如,经纪人在有很多人在场内报价时,没有听清楚,忽略了某

一个更有利的叫价,结果使客户没有得到更有利的价格,即实行过错责任原则;在激烈的竞争中,场内记录员无法及时准确地记录下每一笔交易的成交价格,电子显示系统也是如此,只要是在订单报价的范围内,客户也不能够提出异议。另外,在市场行情变化迅速的情况下,经纪人不能保证客户的订单一定能够成交,也可能失掉一些机会。这些方面容易在经纪人与交易者之间发生纠葛,对此,还要做客观的分析,关键是经纪人在现有水平下是否尽了力。特别在我国,期货交易刚刚起步,对经纪人更不能要求过高。

第六个程序,也是最后一个程序,交易结算。经纪公司在每一笔期货合约交易完成时,应立即结算,并通知客户。对于多数客户来说,是不愿意在期货合约到期的时候履行实物交割的,所以要在到期之前,把合约卖出,进行合约的买卖对销。这有两种情况,一是先买后卖,对销了;二是先卖后买,也对销了,在这中间取得了盈利。比如,一个客户以 2 万元/吨的价格买进期货商品铜,是 6 个月后交割的合约 50 吨,价值 100 万元。到第五个月时,每吨铜涨到 2.1 万元,交易者通过经纪人马上把这 50 吨合约卖出,那么一结算,交易者盈利了。这样一笔一笔地结算。如果期货合约到期了,就要进行实际的货款交割,合约可能经过几个交易者的转手,但不管到谁的手中,只要期限到了,就要到交易所规定的地点进行货物交收。此时,结算所还要对货物验收,质量、数量要抽样检验。结算所在交割日前几天,把收货通知书交给购入方,购入方在收到通知书后,在规定的交割日期之前,要将全部货款交给结算所。所以,这样看来,期货合约最后还要以实货和现款交付。

五、对期货纠纷案件的处理

(一)审理期货纠纷案件应该遵循的原则

在我国,期货纠纷案件已经不少,它又是一种新类型的案件,如何能够公

正、及时地审理好,确实有一定难度。[19] 40 多年来我国没有期货交易,忽然期货交易一下子全国遍地开花,但没有完善的规范,案件多,法院审判人员缺少期货知识,也没有处理这方面案件的经验,所以感到很为难。由于那时候,期货市场有些盲目发展,在无序状态下形成了大量的期货纠纷,如何保护当事人的合法权益,制裁非法交易行为,维护正常的期货市场秩序,[20]便成了人民法院的一项重要任务。可是,审理这类案件政策性强,又缺乏法律依据,因此首先我们要确定几项原则。最高人民法院去年在成都会议上确定了以下原则:

第一个原则,坚持正确适用法律的原则。目前,我国的期货交易法还没有公布,我国也没有民法典、商法典,所以法院在处理期货纠纷案件时,也只能以《民法通则》作为基本依据,另外还有一些相关的行政法规和地方性法规,以及国务院和地方政府制定的有关期货交易的规范性文件。虽然这些法规、文件和精神,可以作为处理案件的依据,[21]但这类文件在判决书中还不宜直接引用。另外,应当明确处理客户与经纪行、经纪公司之间的期货代理纠纷,不能简单地适用经济合同法,也不能简单地适用委托代理的规定。客户与经纪人之间的关系,在理论上还是值得研究的,似乎这种关系就是我出佣金,你给办事,像是一种劳务关系,也不是简单的委托代理,在某些方面又像行纪关系。此外,处理涉外、涉港澳的期货纠纷,还应该参照有关国际惯例。

第二个原则,要坚持风险与利益相一致的原则,这也是公平原则。期货交易的投机性和风险性都很大,期货交易者必须要有风险意识。[22] 人民法院在处理期货案件时,要按照期货交易的特点,既要保护期货双方当事人的合法利益,也要正确地确定其与当事人应当承担的风险。在期货交易中,任何一方都不能只享受利益而不承担风险,当然,也不能只承担风险而不享有利益。

第三个原则,坚持过错和责任相一致的原则。在期货交易中的各种当事人,都有自己的职责,他们之间仍然是一种权利义务关系,所以在发生纠纷时,

---

⑲ 引自 1995 年 10 月 27 日最高人民法院印发《关于审理期货纠纷案件座谈会纪要》的通知(法〔1995〕140 号),因本文后面的论述多次涉及该通知的内容,所以后文简称《座谈会纪要》。

⑳ 引自《座谈会纪要》。

㉑ 同上。

㉒ 同上。

一定要分析各方当事人是否有过错,以及过错的大小、这个过错与损失之间有没有因果关系等,确定他们各自承担的责任。[23] 过错的判断,分为故意和过失,故意好判断,过失难一些。这主要看当事人的主观判断、预测事物的能力,超过了这个能力不能算过失,当然也就没有过错。

第四个原则,坚持尊重当事人合法约定的原则。对于当事人的约定,只要不违背法律,也不违背期货交易的惯例,就可以作为处理纠纷的依据。[24]

我们从法院那里了解到,现在法院受理或还在处理的大部分期货纠纷案件,是在前一段期货市场混乱无序的情况下发生的,[25]当事人的交易行为很不规范,法律又规范不健全,审判人员自己也不熟悉,所以处理当然要慎重。

(二)期货纠纷案件的管辖

期货案件专业性较强,审理的难度大,因此,一般应由被告所在地,或期货交易所、经纪公司,或经纪公司的分支机构(是指有营业执照的分支机构)所在地的中级人民法院管辖。当然,如果某基层法院有这方面的审判人员,素质较高、有能力,经过高级人民法院批准也可以管辖。如果是涉外的纠纷,由高级人民法院作一审,还须报最高人民法院同意。[26]

(三)从事期货交易业务的资格

这里有两个规范性文件要注意。第一个规范性文件是1993年4月28日国家工商行政管理局发布的《期货经纪公司登记管理暂行办法》,如果期货经纪公司是按照这个暂行办法的规定[27]进行登记注册的,当然就有经营期货业务的主体资格。在该暂行办法公布之前设立的经纪公司,只要经有关机关的批准登记,已被获准在一定范围内从事境内期货经纪业务的,也是有主体资格的。但

---

[23] 引自《座谈会纪要》。

[24] 同上。

[25] 同上。

[26] 同上。

[27] 引自1994年1月28日公布的国家工商行政管理局对《关于期货经纪公司有关问题的请示》的答复(工商企字〔1994〕第20号)。

在该暂行办法公布后,它要重新申请登记,届期不提出重新登记申请的,或者提出申请登记机关对他作出变更或注销登记的,或者经中国证监会审核后不予批准或取消资格的,当然就不能认为他还有主体资格。[28] 第二个规范性文件是1994年5月16日国务院办公厅转发国务院证券委员会《关于坚持制止期货市场盲目发展若干意见的请示》。在这个文件下发前,经有关机关批准登记后,在获准的范围内,从事境外期货经纪业务的,可以认定他有经营主体资格。而在这个文件下发后,所有的期货经纪公司不再具有从事境外期货经纪业务的主体资格。[29] 对此类案件进行处理时,要看案件发生在什么时间,只有少数全国性的有进出口业务的公司,经中国证券监督管理委员会审核的,暂时可以认定具有主体资格。但是审核后,如果没有发给《境外期货业务许可证》,或没有发给《经营外汇业务许可证》的,就要认定他没有这方面的经营主体资格。

(四)经纪人的法律地位和民事责任的承担

期货经纪公司的从业人员,不能独立对外承担民事责任的,那么,他受委托所从事的行为发生的责任,应由他所在的期货经纪公司承担。在这里,把经纪公司看作法人,经纪人是法人的工作人员,工作人员的过错责任应该由法人承担。如果是经纪人的非职务行为,如个人帮忙、以个人名义接受委托,这样产生的民事责任,应由经纪人自己承担。

(五)违约纠纷的处理

这个问题比较复杂,它大致涉及以下一些问题。

1. 在期货交易过程中,期货交易所应承担保证期货合约履行的责任。任何一方不能如期全面履行期货合约规定的义务时,交易所都应代为履行,没有代为履行的,应承担赔偿责任。交易所在代为履行后,享有向不履行义务一方追偿的权利。

2. 关于客户下达指示不合格、有缺欠的处理。客户如果下达了违反有关法

---

[28] 引自《座谈会纪要》。

[29] 同上。

律、违反行政法规、违反部门规章或交易所规则的指示,经纪公司有权拒绝执行;由于客户下达了错误的指令,造成的损失由客户自己承担。如果客户下达的指示只是缺少商品品种的,经纪公司擅自进行交易,客户又没有认可的,发生了不良的法律后果,由经纪公司承担。如果只是缺少数量的指示,应该以实际交易量为准。如果是缺少有效期限的,应当视为当日委托有效。如果只是缺少价格的,应视为按市价交易。[30]

3. 经纪公司对客户指示的执行问题。一般来说,经纪公司应当准确及时地执行客户的指令,因错误执行客户指令而给客户造成损失的,由经纪公司承担赔偿责任。

4. 有这样一种情况,就是客户委派他的工作人员具体操作交易的,那么应当在与经纪公司的委托协议中确定操作人员的姓名,或者要向经纪公司暂存客户的法定代表人的授权委托书。进行交易时,经纪公司只能按照客户操作人员的指令进行交易。如果客户这次又直接或委派其他人下达指示的,经纪公司如果执行了,出了问题要由下指令者和经纪公司共同承担责任。客户委派其他人,经纪公司也可以不执行。

5. 交易成交后,经纪公司应当在规定的时间内(如当日)将交易的结果通知客户,如果因未及时通知而造成客户损失的,由经纪公司承担赔偿责任。[31] 当然,如果没有及时通知客户,不是经纪人的责任,而是其他原因(如电信障碍)造成的,还要分别情况区别对待。

6. 关于追加保证金问题。现在一些客户或经纪公司不愿追加保证金,这样如果超过了规定的时间,交易所可以强行对客户或经纪公司的期货合约转让(平仓),因强行平仓所造成的损失,交易所不负责任,只能由客户或经纪公司自己承担。但是交易所在进行强行平仓时,要通知客户或经纪公司,没有履行通知义务时,交易所要对其损失承担赔偿责任。

7. 关于货物和款项的交割问题。这涉及最后的清算问题。在规定的交割期限年内,卖方没有交付有效的提货凭证的,或者买方没有向交易所的账户交

---

[30] 引自《座谈会纪要》。

[31] 同上。

足货款的；交割期过后，卖方没有按时间、按质量、按数量交货的，都属于违约，违约方应当按照交易所的规则承担违约责任，这里包括交纳一定数额的罚款。另外，交易所委托的仓库接受卖方货物时，要履行验收和妥善保管的责任，否则出了问题，仓库要承担责任。在这种情况下，交易所先向买方承担违约责任，再向仓库追索，在一般情况下，买方不能直接找仓库赔偿。

8. 在期货交易所，如果因为信息设备发生故障而给会员或客户造成损失的，期货交易所应该承担赔偿责任。[32] 但是，设备故障的原因已经超出交易所合理控制范围的，如电脑突然感染病毒造成数字信息错误，就要考虑免除交易所的责任。

（六）期货交易中侵权纠纷的处理

这里还是注意两个问题：一是审查好侵权行为和损失之间是否有因果关系；二是行为人有无过错，并且应该按照过错大小来确定当事人的民事责任。按照民法的处理原则，有过错的一方应当对无过错一方的损失承担赔偿责任；如果双方都有过错，各自承担相应的责任。还有一点要注意，对经纪公司来说，要把客户交纳的保证金和自己公司的资金分户存放，专款专用，挪用客户保证金给客户造成损失的，应当赔偿。[33]

（七）期货交易中的无效民事行为及其民事责任问题[34]

期货交易中有这样几种行为是要认定无效的：

第一，没有从事期货经纪业务的主体资格，而从事期货经纪业务的，其行为无效；

第二，以欺诈手段诱骗对方违背真实意思所为的行为无效；

第三，制造、散布虚假的信息，误导客户下订单的，这个订单无效；

第四，私下对冲，与客户对赌等违反操作规程的无效；

㉜ 引自《座谈会纪要》。

㉝ 同上。

㉞ 参见夏成富、王用才：《审理期货交易纠纷案件的几个问题》，载《法律适用》1995 年第 7 期。

第五,其他一些违反法律或社会公共利益的行为,也无效。

从以上这些无效行为给当事人造成保证金或佣金等方面的损失,应当根据无效行为与损失之间的因果关系来确定责任的承担,如果一方的损失确系对方行为所致,当然应判对方承担赔偿损失的责任;如果一方的损失属于正常的风险,而不是另一方的行为所致,就不能判另一方承担责任。比如,有一个经纪公司已经按照客户的指令,进入期货交易市场进行交易了,因市场价格波动给客户造成的损失,就应当属正常的风险损失了,这个经纪公司对此不应承担民事赔偿责任。

另外,对实施无效民事行为的当事人,要根据其具体情况,按照《民法通则》的规定,给予一定的民事制裁,那些进行欺诈行为的人员,还可能构成刑事犯罪,应追究他的刑事责任。

(八)期货纠纷案件的举证责任问题

关于举证责任问题,一般来说,按照《民事诉讼法》第64条的规定,应该坚持“谁主张,谁举证”的原则。但是如果客户主张经纪公司未入市交易,经纪公司否认的,就应由经纪公司负举证责任,不能说客户主张就要由客户举证,如果经纪公司提供不出相应的证据,就应当推定没有入市交易。

总之,期货交易对我们来说是个新东西。在我国,人们的期货观念比较单薄,期货知识更不普及。

现在我们要建立市场经济,首先要完善市场机制。期货交易涉及深层的市场关系,这种交易在大多数国家都存在,市场经济越发达,期货交易也越发达。因此,我们需要推行期货交易,与国际市场接轨,并建立完善的制度,使这种交易活动真正在国家法律监督之下进行。

博士学习和研究的基本要求与目标*

初步的安排与打算:

时间安排:2002 年 9 月 20 日从北京到成都。

9 月 21 日:与西南财经大学法学院 2002 级博士研究生见面,相关老师愿意参加也可以。讲培养方案、培养计划、要求和课程安排,以及这次讲课的主要内容。要求博士生记笔记,了解博士学习的基本要求,预计半天时间。

9 月 22 日:近年来民商法研究的重要问题。

9 月 23 日:民法理念和民事主体制度。

9 月 24 日:民事法律行为与代理制度。

一、关于培养方案问题

1. 基本要求

通过三年的学习,系统、深入地掌握本学科的基础理论和专业知识,了解本学科前沿研究的新动态、新信息,了解我国的民商事立法动向,了解国内社会经济发展状况和发展趋势,了解国外的民事立法和法学研究动向。

要掌握一门外语! 这是必须做到的。要涵养具有较强的独立从事法学研

* 本文系作者 2002 年 9 月作为西南财经大学特聘教授第一次为博士研究生授课的提纲,包括向博士研究生提出学习研究的方案和要求。题目为编辑本书时添加。

究、法律实务的能力。

2. 研究方向

(1)民法学;

(2)商法学;

(3)比较民商法。

我们提出这样三个研究方向,供各位博士研究生选择,这是这次我们要确定下来的。但是,必须说明一点,民法是基础,即使你选择商法学,也必须以1/2的精力,甚至2/3的精力学习、研究民法,这是基础。另外,我们读了这个博士研究生,将来都要能够教民法!

在以上三个研究方向基础上:我们还是要具体化,比如:

民法学——总论(本质、主体、法律行为)
物权(总论、所有权、他物权)
债权合同、侵权行为
亲属法、继承法
人格权

商法学——公司法与合伙法
票据法
证券法
保险法
破产法
产品责任法
(反不正当竞争、反垄断法另选)

比较民商法——财产权制度(两大法学)的比较、主体制度的比较

比较法也是我国近年来热门的话题。比较不是简单地比较各国立法的不同、学说的不同,更应该比较其产生的背景不同、历史不同,要有充分的考察资料,要找出规律,进而知道这些国家为什么与我们不同,我们能借鉴什么以及不能借鉴什么。

3. 课程学习安排

(1)学位课(须在1年内完成,共计11分)

A. 公共必修课:案例(3学分)

外语(2学分)

B. 基础理论课:民法学(3学分)(每人选择其一)

C. 专业必修课:商法学(3学分)(商法老师承担)

(2)其他必修环节(5学分)

A. 文献综述与选题报告(1学分)(我建议于2003年年底完成,这样写论文有1年以上的时间)

B. 学科综合考试(2学分)(计划2004年上学期完成)

C. 学术活动与活动报告(2学分)

i)参加全国学术活动1~2次

ii)参加省内、重庆活动5次以上

(3)选修与补修课程

选修课程(限于法学学科,或经济学学科范围内任选,至少3学分)

补修课(是指本科和硕士为非法学专业学生的补修,清华大学法学院规定在基础性课程中选修三门。结合我们的情况,因为各位都是法学教师,可以免去补修课)

我们怎样结合西南财大人口学博士点的培养方案,变通我们的民商法学科课程的设计,这是一个很值得讨论的问题。

4. 培养环节

(1)拟定培养方案,我这次来要解决这个问题。确定基本研究方向和基本课题,具体要求按西南财大的时间表进行。

(2)中期考核问题,也按西南财大研究生院的规定,但是,导师有这样一个权利——如果综合能力太差、研究能力太差,可以终止资格——我的一个标准。在2004年春季学期仍没有重要的民商法论文发表,只限法学的或重要的综合性核心期刊发表(如果我所有共同的研究课题,而且我和你们的思路和意识是一致的,我们也可以联名发表)。这样我们把2004年春节作为中期考核,考核

不合格者,中止资格,或者按西南财大校方学籍管理规定处理。当然,可以建议法学院成立考核委员会,投票解决考核问题。

第一,确定具体研究课题。法定的是第二学年秋季学期结束之前,即2003年秋季学期(12月以前),完成选题,写出选题报告。

选题报告:包含文献综述、选题背景及其意义、研究内容、特色和难点、预期目标等,约一万字。该报告由博士研究生指导小组进行评审;如果跨学科还得找相关学科的专家评审。如需交研究生院备案,要整理好文字上交。

我再强调一下时间:2003年年底前完成。

第二,学术活动与学术报告:是指法学一级学科或二级学科的活动,前边我提出的是一个最后的要求:全国1~2次;省内5次。(清华大学要求不少于30次)参加全国性的学术活动必须要有论文,并提前将论文交导师,我要知道你写了什么?你讲了什么?到底在学术上把什么联系在一起了?其他一般的论文、文章,我不管。

学术报告,范围不限,最少一次(清华大学2次)

第三,论文的发表,按西南财大的要求。

从我的角度来说,只要求发表一篇高水平的论文,我不太考虑数目,而是质量(这里我谈文学风问题,但要写!要发表!)我个人想,希望在你们读博士研究生期间,和你们每一个人合作一篇论文,当然我也是很挑剔的人,必须选题、观点和我一致,而且文字上我能认可。

5. 博士研究生学位论文

(1)时间要求:从2003年年底完成选题报告算起,论文的写作有一年零三个月的时间,很紧!必须在2005年3月前完成,因为还要最后的修改,找专家评审。

这一年基本上很难再办更多的事,希望法学院给时间,行政职务也望暂时中止。集中力量完成一部专著。(不少于一年时间!)

(2)论文要在导师的指导下,必须独立完成,不能找别人帮忙,知识产权方面的问题自己把握,不得有抄袭等学术不端的行为!这是一个非常重要的道德问题。我要反复强调这一点。

(3)论文的基本要求是什么？一是紧密联系社会实际,民商法是应用学科；二是一定要有创新(创新可能表现很多方面,内容的创新,你是一个研究者;观点有创新,你有自己独特的主张,并且形成学说,形成一个自圆其说的体系,一个理论体系,我们不是写教材!)。

(4)文字必须规范、准确、简洁;论文结构必须严谨,有逻辑性,有说服力。

(5)论文要在正式答辩前三个月完成,并由导师组作最后一次评议,拿出意见,修改后提交研究生院,找专家匿名评审。

(6)正式答辩按西南财大的规定程序进行。最后各位穿上博士服,我和大家照相留念,博士学习就宣告结束了。

目标是美好的,路程是艰苦的。你们现在只是入门了,后面的路程会显得更艰苦一些,各位必须要有充分的准备。恐怕这三四年,我们少看一些电视,少会一些朋友,少办一些案件,多看一些书;多与学术界进行交流,多动脑筋多动笔。恐怕节假日、两休息日都要少休息一些了,不花费精力、不艰苦努力,就不会达到我们的目标。

(7)最后,我特别强调一点,整个博士学习阶段,按学校要求,不延长学习时间!

关于参考书的问题,我将清华大学的书单复印下来,供你们参考。

二、"民法学"的上课计划(商法学由高晋康老师确定)

"民法学"主要包括3个部分:总论、物权、债权

1. 总论部分

(1)民法的理念和基本原则

(2)民法的基本体系,关注我国民法典的结构和主要制度的设计

(3)民法调整对象问题

A. 人身权——应在民法典中的位置

B. 财产权——除物权、债权之外的财产权,如无形财产权

(4)民法的发展趋势以及传统民法遇到挑战

(5)民事主体制度:自然人、法人、合伙,特别是人格问题(我们入学考试就有)

(6)民事法律行为概论

A. 意思表示

B. 法律行为的效力问题:无效、有效、可撤销、效力待定

(7)代理制度

(8)诉讼时效

2. 物权部分

(1)基本概念:物、物权、财产、财产权、产权、无体物、有体物

(2)物权总论:物权与英美法的财产法比较

物权的立法主义

物权变动和物权行为理论

物权效力问题

(3)所有权理论和制度,关键是所有权概念的缘由和发展

(4)用益物权——土地权利,这是最具实际意义的

保物权——民法实务中问题最多的领域

(5)占有问题——值得研究的问题

3. 债权部分

债权部分内容很多,主要强调重点把握的内容,即合同与侵权两个领域。

★关于合同法部分(主要是总论部分,合同分论无法细讲):

(1)合同法的原则、意思自治、合同自由问题。

(2)合同的成立和有效的概念的探讨(《合同法》第44条)。

(3)合同的订立——要约和承诺,要约的撤回和撤销,承诺的撤回;合同成立时间,确认书的效力;格式条款问题(《合同法》第39条、第40条、第41条);缔约过失责任(违反订立合同过程中的义务,如告知义务、保密义务)。

(4)合同的效力——注意效力待定合同(涉及《合同法》第47条、第48条、第49条、第50条、第51条)近些年来,人们对《合同法》第51条关于无处分权

人处分他人财产的问题争议比较大,值得注意。另外,关于无效合同和可撤销合同的各种形式,以及合同撤销权行使问题也要留意。

(5)合同的履行——根据新的合同法,这一部分主要涉及合同履行的原则,债务人的抗辩权,债权人的撤销权和代位权。还有债务人向第三人履行债务和第三人向债权人履行债务的情形。

(6)合同的变更和转让。变更不说了。合同转让显然合同内容没有变化,只是主体发生变化,这里注意让与人的通知义务,转让发生效力后,权利义务关系的主体改变了。

(7)合同的终止——解除合同问题:协商解除和法定解除,解除后的法律效果。

(8)违约责任——注意《合同法》第 108 条规定的预期违约,第 111 条质量缺陷的责任,损失赔偿和违约金(其性质有所变化,补偿性的违约金)。还有一个问题,就是因为第三人的原因而违约的违约责任问题,这里,可能涉及第三人的侵权行为。

(9)其他规定:《合同法》第 124 条无名合同;第 125 条合同解释;第 126 条涉外合同的法律适用。

⋆关于侵权行为法部分:

侵权行为的对象是绝对权(在大陆法系包括物权和人身权;债权是相对权,所以,从理论上排除了侵犯债权的情形,债权只能涉及违约问题。现在,债权的相对性原则受到冲击,侵权也涉及债权了,可以说,涉及各种民事权利都可能受到侵权,所以侵权行为法保护的范围扩大了,在民法中的地位更加重要了)。

(1)现代侵权行为法:遇到的危机和机遇。

这里涉及侵权法的变化包括:

A. 无过错责任和严格责任的适用范围越来越广泛;

B. 医疗责任、交通责任、产品责任,通过保险责任的承担社会化;

C. 某些传统的侵权行为案件,如工伤事故责任,逐渐成为劳动法或社会保险法保护的内容。

由此,有人得出侵权行为法陷入危机。对于这个问题,我们看怎么认识?

是危机(按原有的传统),还是发展的机遇？这需要我们对侵权行为法中的归责原则是多元的,社会功能是多方位的,因而使侵权行为法体系更加庞大,内容更加丰富,需要侵权行为法保护的民事权利更多。

(2)侵权行为法的归责原则:形成多元化的归责原则,过错责任原则,无过错责任原则,严格责任原则公平责任原则。

(3)侵权行为的构成要件:构成要件与归责原则的关系;关于三要件说及四要件说的问题。在这里,行为的违法性、损害的存在往往是事实问题;过错和因果关系往往涉及主观判断问题,需要讨论的问题比较多。

(4)侵权的种类:除侵犯财产权、知识产权之外,侵犯人身权(特别是人格权)的内容不断扩张,这是社会的进步。因此,这就出现一个专门的课题:人格权问题,包括人格和人格的概念,人格权法的渊源,它应在民法中的地位。现在有这样几种人格权备受重视,健康权、隐私权、贞操权,死亡人是否有人格权?精神损害的赔偿问题。

(5)特殊侵权问题:国家机关和工作人员的执行职务的侵权责任——国家赔偿问题;产品责任与瑕疵担保责任问题;高度危险作业致人损害;污染环境致人损害(这是一个非常现实的问题);地面施工、饲养动物等的问题。还有前面提到的医疗事故,交通事故等。由此,近年来人们开始注意到专家责任问题——律师侵权责任、注册会计师责任等。

(6)关于损害赔偿问题,这是一个实践性很强的问题。另外,也涉及加害人的抗辩的原理和理由。如正当防卫、紧急避险以及不可抗力的范围,涉及第三人的过错问题等。

以上我只是对民法学的三个主要部分的主要内容作一个概括,这不是说亲属法、继承法、知识产权法不重要。因为,我们不可能全都涉及,我们不可能一下子就成为整个民法领域的专家了,那是极少数人的事,我们在掌握基本理论的基础上,精通一个方面我们就很满足了。比如,作一个合同法专家、物权法专家、保险法专家、公司法专家,这就很可以了。这就是我们的目标。

接下来,我们谈谈授课方式。博士研究生课程还是以讨论为主,讨论很重要。当然,老师要作引导。这次是我第一次来给大家授课,就由我来讲,或者说

是我主要来讲。以后的课程,主要是由各位来讲,我预先出题目,并由专人准备,每一个题目有主讲人,随后大家讨论。

民法学列为基础理论课,分成总论、物权、债权三个阶段,就课程而言,我预计分 3 次给大家讲课。

考试采取写论文的方式,三篇论文。这些论文不一定都集中在一个部分,也可能与自己的学位论文有联系的选题,也可能是我布置的题目——我负责给每一个人出一个题目,写得好,经修改后我们可以拿去发表。

三、民法发展面临的挑战

这是我们第一次上课,我给大家讲什么?

我国近年来民商法研究的几个重要问题:

(1)民法的本质、理念与功能(价值);

(2)民法的发展;

(3)民法典的制定(这是个大题目,我们讲上半天);

(4)民事主体制度;

(5)民事法律行为的问题;

(6)代理制度问题。

现在,人们有一个提法,叫民法的现代化,什么是民法的现代化?不好下定义。我想,关键是民法现在遇到了什么问题?或者说,民法应该适应当前怎样的形势变化?我们来归纳一下背景。

一是经济全球化带来两大法学的融合,带来各国民商法的趋同化(是武汉大学李双元老师提出的),市场经济的发展,这样就出现许多问题,比如,形象权问题,形象大使为什么有价值?对信用的要求与保护等。

二是科技进步与知识经济的出现,人力资本问题,资本家与知本家,对公司法特别是公司的治理结构产生重要影响。资合、人合、知合?当然科技进步与知识产权的保护的关系也非常密切。

三是生命科学对民法的影响。科学是生产力,直接的生产力,用上层建筑去阻止,是不会长久的,法律,尤其是民法得去适应它。

四是环境资源问题。这个问题的严重性,成为各个法律部门调整对象,但人们往往忽视民法的调整。在这样一个严峻问题面前,民法能做什么?对民法有何冲击?(我带来一篇文章,供大家参考)[①]

五是人权问题,与民法相对应的主要是人格权问题。对人权问题的关注,这是人类社会的进步,是人类进一步区别于动物的界限。人格权是人的一种精神的利益,精神性权利,是民法重要的调整内容,它和调整财产权同样重要。人不是有吃的、有穿的、有住的就行了,而且要生活得更好,生活得更自由、更自在——这是个目标。

在自然人人格权制度中,"生命权和身体权是基础,自由权则是核心"。[②]自由权是中国近代民法近代化(或者现代化)的过程中固有法与继受法冲突最为激烈、整合最为困难的关节。我们在进行民主与法制建设中,对自由权顾及得更多。自由应该是我们重要的价值追求。这里要注意政治上"自由化"这一问题。我们讲自由和自由权不是讲政治上的"自由化"。

以上这五个方面,直接冲击着民法的基本观念,冲击着民法的传统,冲击着民法规范和体系。另外,还有社会的变革,城市化的趋势,民法的社会化问题等,要和实际情况结合起来。

我们这次讲完课,请每一位同学选一个题目写成一篇文章。大家一个月完成,寄给我,也算是作业。五个人,一个人一个题目。大家注意,要广泛地收集资料,包括相关学科的资料。

接下来,我想谈及我们的学习方法、研究方法以及论文的写作。你们有自己的经验,我只是谈自己的体会,供你们参考。

1. 要有扎实的理论基础。对民法的整个理论体系有整体的把握,对那些重要的理论、重要的民法制度有较深入的了解。虽然我们不能很快就成为民法学

---

① 参见马俊驹、舒广:《环境问题对民法的冲击与21世纪民法的回应》,载《中国民法百年回顾与前瞻学术研讨会论文集》,法律出版社2003年版。

② 张俊浩:《民法原理》,中国政法大学出版社1997年版,第20页。

家,实际上对民法全面的人也很少,至少我就不是,但是,别人谈到有关民法的问题,我得知道它在民法体系中的位置,它的作用、功能和产生的背景,以及发展的状况。做到这一点要靠长期的积累,靠突击是不够的。

2. 民法的应用性、实务性。我们要关注社会的变革和发展,了解社会的矛盾和问题,否则,对民法的了解就是十分肤浅的。比如,现在世界就是一个变革的时代,我国也是在变革。我们要经常注意社会上出现的新问题,并研究这些新问题。比如:

(1)经济的变革,工商业与农业的关系,工商业要发展,农业如何发展。农业土地问题,农用地能否流转。最近我看报,四川省宜宾市南溪县杉木村24户村民将土地入股办公司,其中一个农民当上董事长,农民当上了股东——这就是所谓的股田制。这不值得研究吗?

(2)人与资源,上一代人与下一代人之间资源的分配问题。

(3)我国城市化的发展趋势(占37%,世界上平均是47%),取消城市户口与农业户口。

(4)在竞争的形势下,在加入世界贸易组织的情况下,势必有许多传统产业失去生存能力,企业的急剧变化、分立、合并增多,如何在法律简化这些程序。

(5)随着科技的发展,从传统工商业变迁为高科技产业,企业形式、调整方法都要有相应的变化。

(6)私营企业的发展,得承认个人破产,只有国有企业破产法是不行的。

(7)人力资本问题,有人甚至认为劳动力也是物权的对象。

(8)关税壁垒问题→绿色壁垒。

……新问题很多。当然,还有许多稀奇古怪的案件,这些案件主要涉及具体制度、规则层面的东西,但也有涉及理论层面的。我们更应该关注后者。

3. 要注意立法的动向。不仅是中国的民商事立法,还要注意世界各国的立法的情况和趋势(如俄罗斯、越南)。

另外,我们要注意荷兰民法典的修改。我建议多读徐国栋的一些文章和著作,很有意思,他几乎掌握大陆法系的所有民法典,且正组织一班人在翻译。

你们可能注意到了,2002年1月1日施行的《德国债法现代化法》,这是一

次对《德国民法典》进行的一次最深刻的修订和变革。它甚至动摇了德国民法的教条理论大厦的支柱,震撼了罗马法的教义(这是一位德国法学家、哥廷根大学教授文德浩的评论)。这次修改涉及消灭时效、给付障碍法、法官法(审判实践的判例),归纳和吸收了大量民事单行法规的内容。这是在《德国民法典》成功施行了100年之后,为改变这部法典中那些被认为是过时的和不完整的规定所作的一次尝试。我认为,法律的确是应该相对稳定的,但它的生命力却在于改革和发展,社会变了、经济变了、科技发展了,法律不可能不变,这是规律。法律改革就意味着法律总是要推陈出新的,这是贯穿于法律史的中心内容,这就是历史,这就是法律史、民法史。(关于《德国债法现代化法》,国内已有人翻译,③还有一些研究性的文章和著作,大家可以参考。)

我们要通过这种立法修改(也包括一些国家的立法),分析民事立法和法学发展趋势。比较法研究不是简单的比较,是要研究他们为什么不同,找出规律。

4. 关注理论前沿。要关注和了解学术研究的足心动态,了解不同的学术观点,即使有的观点可能今天看有缺失、幼稚、不成熟,我们着重看它的发展。学术上的不同观点,不要轻易去否定别人。我们要养成谦虚谨慎的学风。我们是学者了,要具有踏踏实实的学风,不要盲从,不要浮躁。文章、著作不见得要很多,教授晚两年评也没关系。更不要做不道德的事,抄袭别人的文章,要自己慢慢来,踏实地做。

最近湘潭大学法学院陈乃新副教授等三人提出的一种学说很有意思。他说:传统的民法物权法存在一定的局限性,因为它只针对外在物而言,而忽视了人对其内在物的权利。在这里,内在物是指劳动力,劳动力也属自然力。民法是外在物权,它主要是由劳动力创造出来的东西;劳动力是内在物,它是使用时才可能表现出来的东西。劳动力作为物权的客体,有三个特征:(1)是人的内在物;(2)是属于本人所有的物;(3)它是有待使用才能表现和计量的物。他们主张,这种内在物权应由经济法调整,而且认为人力资本也是物(这在一些国家,如德国、日本、美国,已经逐渐开始在公司法中确认人力资本,当然理论上还有

③　参见《德国债法现代化法》,邵建东等译,中国政法大学出版社2002年版。

障碍)。这算是物权结构的“二元论”。作者认为,这一理论将具有重大的应用前景。④

5. 写论文,最后博士学位论文还要出专著。这将是我们今后一个长期的工作。我觉得,要写成一篇论文:(1)要学习,要发现问题,选题非常重要,通常选好题是写成论文的一半,好的选题才能发表。(2)要有充分资料,要知道前人的观点,国内外对此问题的研究状况,这样我们才能有针对性地进行我们的研究。(3)有自己的观点,有创新。没有新感受、新观点不要写,不要为写论文而写论文。有创新非常重要,博士学位论文要求必须有创新,创新的东西不见得十分完善,也可能过些年,我们的认识错误了,错了要认错,我们不可能都是绝对真理,也没有绝对真理。(4)设计一个科学的、有逻辑性的文章结构。文章分几个部分,标题怎么列,当然也可以不列标题,各个自然段之间的关系非常清楚,一步一步,或由远及近,或由浅入深,或几个问题的平行排列,但没有重复,内容不重复,文字也不重复。在一个自然段内,一句话与一句话之间也应该有逻辑性。(5)文字的功夫。规范、准确、简洁,如果有些文采更好,文字写出来耐人寻味,不俗,像个学者的文风。

6. 读书笔记。读书、读论文都要记些笔记。现在有电脑了,不用记在纸上。要对阅读的文献分好类,这是一个长期积累的过程。特别把你的心得、体会、疑点、启发记下来,甚至顺便得出的一个自己的想法,我也要写下来。大家千万不要读了就忘了,读书、读论文记笔记,笔记不是仅记人家文章的内容,更重要的记自己的心得,大家要坚持,几年下来,必有收获。对大家的读书笔记我有检查的权利。如果是我布置的内容,还要交给我。

7. 学术活动。大家要尽可能参加学术交流。校内的参加,校外的、全国性的也要参加。要为会议提供论文。如果你们想参加,就去。这方面的问题,我希望学院帮助解决一定的经费。

8. 注意外语的学习。外语是我们了解世界的重要工具,特别年轻的同志,今后没有外语,很难走出去,很难和人家去交流。尤其是学术研究,不了解国外

---

④　参见徐杰主编:《海峡两岸经济法学——研讨会论文集》,中国政法大学出版社2002年版。

的研究动态,自说自话那是不行的。

附:课后作业(作为民法总论课程考试)

总题目:“中国民法改革与民法典制定”。在这个题目下,可以分解几个小题目,大家分头去做。

1. 中国民法近代化及其现状

近代中国民法发展的过程,是一个什么样的过程,现状如何。中国固有传统缺失什么,为什么学德国?学德国有哪些优点、哪些缺点?这是一个老问题,著作不少。注意资料要新,要有分析,不仅是罗列历史资料。

2. 中国民法改革的社会动力

国内外的时代背景如何?这些背景为什么对民法有影响,对两大法系甚至其他法系的影响,有哪些影响?由此使民法面临哪些挑战?

3. 世界各国和地区的立法动向

世界各国民法的改革潮流——主要是社会化问题,还有其他方面的改革。不单纯谈制度(当然,作为论证需要举例还是可以的)。要总结出民法发展的趋势,力争有新的见解、新的论述。

4. 当前中国制定民法典的主要争论

这需要对近10余年来的讨论全面汇总,并进行评论。梁慧星教授有过总结。不同学者的观点不同,甚至有争论,比如,梁慧星教授和郑成思教授、王利明教授、徐国栋教授之间的不同意见等。这里的争论不一定是具体制度上的争论,主要是指指导思想、立法体例、法典体系;追随时代还是超越时代(这是个法理的问题),或是落后时代;甚至是否需要制定法典都是有争论的。要注意法典制定的困难(可能涉及政治体制的问题,当然,要说得恰当一些),困难是什么?或者说制定民法典的有利条件和不利条件是什么?等等。需要仔细斟酌。

5. 对未来民法典的初步设想

中国的民法什么要发展、发展什么、突出什么(如人格权)?什么要坚持,什么要改革?这是一个指导思想问题、体系问题,还有时机问题。现在人民大学

等机构已经有了初稿，但还些问题还需要研究，需要进一步斟酌。

我对这个论文如何写提几点意见和要求：

第一，注意几年来法学理论的发展。

第二，注意相关学科，如关于经济的、农业的、工业的、科技的等。

第三，注意收集尽可能全面的资料，包括会议论文、报纸等，还要注意网上最新的资料和观点。特别注意文献的注释，有些背景性材料可能放在注释中（我们写文章的时候也要注意，背景材料等放在注释中，正文尽量发表自己的意见和进行论证）。

第四，小题目你们在写的时候可以改，大题目在文章汇总以后我来最后确定。

第五，论文字数不限，但不得少于一万字，须体现理论研究的特点。

第六，如果与其他学者观点不同，一定要有学者风度，不要说难听的话，学术讨论要平心静气，心态平和，不扣帽子，要谦虚谨慎。

第七，希望我们的论文有清晰的结构和好的语言表述。

第八，完成时间：10 月底，不要拖沓，什么事一拖就完了，凡事要有结果。

最后，我给大家提供一些参考资料：

（1）徐国栋：《民法典草案的基本结构——以民法的调整对象理论为中心》，载《法学研究》2000 年第 1 期；

（2）亚瑟·S. 哈特坎普：《荷兰民法典的修订：1947 ~ 1992》，汤欣译，载《外国法译评》1998 年第 1 期；

（3）邓小荣：《契约、身份与近代民法的演变：兼谈对制定中国民法典的启示》，载梁慧星主编：《民商法论丛》（第 15 卷），法律出版社 2000 年版；

（4）张生：《民国初期民法的近代化》，中国政法大学出版社 2002 年版；

（5）王云霞：《东方法律改革比较研究》，中国人民大学出版社 2002 年版；

（6）当代德国法学名著系列译著，法律出版社；

（7）易继明主编：《私法》各卷，北京大学出版社；

（8）梁慧星主编：《民商法论丛》各卷。

法学教育的教学方法*

法学教育的教学方法,必须服务和服从于法学教育的目的和任务。作为一个高等法学教育部门,主要任务是培养具有较高法学理论水平和较强实际工作能力的法律人才。在我国,法学教育的教学方法,作为一门科学、一种方法论,在长期的教学实践中,已经形成了自己的规律和一些被实践证明是行之有效的经验。但是,随着计划经济向社会主义市场经济的转变,必然要求我们对传统的法学教学方法进行改革。在这方面,武汉大学法学院近年来进行了一定的尝试和探索。下面谈谈我的一些体会。

一、转变教育观念,建立立体的法学教学模式

我国传统的教育观念是应试教育,单纯以考试成绩的好坏作为教育有主要目标和任务。所以,它所要求的不是人才的全面发展和素质的提高,培养的学生往往缺乏独立思考和分析问题、解决问题的能力。在这种教育观念之下的法学教学方法,必然是教师主导下的对现有知识的全面讲授与学生对讲授知识的死记硬背的结合。这种教育观念和教学方法可能能够适应计划经济对人才的需要,但不能适应社会主义市场经济的需要。在我们看来,社会主义市场经济需要的是集知识与能力于一身的高质量的具有竞争力的人才,而这种人才在传

* 本文系作者1992年参加“法学教育座谈会”的交流发言。

统的教育观念下,依靠传统的教学方法是培养不出来的。因此,我们必须转变教育观念,按照社会主义市场经济对人才的需求标准,侧重对学生的素质教育,建立新的教学模式。为此,我们把课堂讲授、课后自学和能力锻炼视为教学活动的完整过程,从而建立起“传习性、独立性、创造性”三结合的多层次的立体教学模式,力求使学生既打好基础,又能深化提高,并在此基础上进一步锻炼运用知识分析问题和解决问题的能力。

所谓“传习性”教育,是立体教学模式的第一层次,其主要目的是要让学生比较全面、系统地掌握各门学科的基本知识和基础理论,具有扎实的理论功底,为独立性和创造性教育打好基础。为此,我们要求教师必须和用好课堂讲授这一传授知识的基本形式,根据各种学生的不同情况,采用各种能被学生普遍接受的授课方式、方法,在极有限的时间内,最大限度地把自己所掌握的基础知识和信息传授给学生。

第二层次是“独立性”教育。它是指教师采取各种方法,培养学生的自学习惯和自学能力。让他们自己发现问题,自己解决问题,自己学有所获。我们强调教师在第二层次的教育中要发挥好引路人和“监护人”的作用,在强调认真阅读教材,指定参考资料和完成作业,指导学生课后复习与思考的同时,还应该对学生的自学情况进行检查、督促、辅导、答疑等。通过这个层次的教育,不仅能供学生消化,理解课堂讲授的知识,而且更能使学生扩大知识面,学会独立思考、独立判断,为今后的实际工作和科研工作提供方法论上的帮助。因此,这个层次的教育实质上是知识向能力转化的中间环节。

第三层次是“创造性”教育,它也是我们近年来进行法学教育教学方法改革的重点之一。这种教育,是指通过一系列的实践活动,以促进学生的书本知识向实际能力的转化,提高他们的口头表达能力、写作能力、运用知识分析问题和解决问题的能力以及其他各种综合能力。为了搞好这个层次的教育,武汉大学法学院给予了充分的重视,投入了不少财力、人力和物力,为学生的实践活动创造了比较良好的条件。首先,在时间上给予保证;其次,为学生实践提供必要的活动场所,建立固定的实习基地等;再次,在物质和经费上给予帮助;最后,我们还对取得了优秀实践成果的学生予以奖励。与此同时,我们也十分强调教师在

学生实践活动中的作用,要求教师各尽所能为学生的实践提供帮助和指导。通过这些措施,不仅极大地提高了学生们进行实践的兴趣,而且也取得了相应的成果。

应该强调的是,上述三个教学层次是相辅相成,相互制约的。第一个层次是基础,是长期以来教学方法经验的总结;第二个层次是深化提高;第三个层次是能力锻炼。只有打好了基础,才有可能进一步深化提高,并将知识转化为能力。同样,仅有基础知识而无实际运用能力,这样的人才也不能适应社会主义市场经济的需要。所以,这三个教学层次,缺一不可,切不能强调一个层次而忽视另外的教学层次。正确的方法我认为应该是,根据学生的不同特点,有针对性地把握好与各个教学层次适应的度和量。

二、注重课堂讲授,强调课后辅导

教师传授知识给学生的阵地是课堂。课堂讲授知识是最基本的教学组织形式。因此,注重课堂讲授应该是毫无疑问的。但现实情况是,随着我国社会主义法制建设的不断完善和发展,部门法日渐增多,各高等院校法律院系给学生安排的课目也相应增多,而每一学科的课时量又不能增加。所以,如何在有限的课时内最大限度地将知识和信息传授给学生,也就自然而然地对教师们提出了更高的要求。近几年来,我们为了适应这种现实情况的变化,采取了一些具体措施,不仅要求教师要有真才实学,而且还特别强调要做到以下两点。

一是要求教师要把握好讲授内容。关于这一点我们提出的基本要求是,讲授内容要围绕但不拘于教材和教学大纲,要精讲基础知识、基本理论,突出重点,兼顾一般,既要适应大多数学生的接受能力,又要照顾少数拔尖学生对知识的需求。具体来说,就是要求教师安排的讲授内容要做到科学性、先进性、实践性和可接受性的统一。所谓科学性,就是要求教师讲授的内容必须是科学的,必须保证讲授的基本概念,基本原理观点正确,论证严格,必须剖析法律这种现象的内在规律并揭示其本质;先进性,则是允许并鼓励教师讲学术界有争论的

问题,讲本学科现阶段发展的新内容及学科未来发展趋势的内容等;实践性,就是要求讲授内容要注意理论与实践相结合,特别是实用性较强的部门法,更应注意要运用典型案例来讲授理论知识;可接受性,是指教师的内容要适应学生的接受水平,要难易适度,应该使教学的内容和学生掌握的知识有机地联系起来,使学生原有的知识得到巩固,同时又能学到新知识。

二是要求教师要讲究授课方法。实践已经证明,课堂讲授作为一种单向性的思想交流方式,有它自己的不少缺点,比如,它缺少反馈回收和师生间的相互交流,如果长时间进行课堂讲授而又不注意授课方法,则可能会影响学生听课的注意力,激不起他们的学习热情,并容易养成只消极听讲、记笔记,事事依赖教师讲解的习惯,形成学习上、智力上的被动性。因此,为避免或减少课堂讲授的缺点,我们不断改进和完善授课方法,以吸引学生的注意力,活跃课堂气氛,提高教学质量和效果。具体有这样一些做法:第一,不定期地请老教师给青年教师传授授课方法,提高青年教师的授课水平;第二,强调要充分发挥案例教学的功能,以和法学这门独立的学科特点相适应;第三,鼓励教师在课堂上多向学生提问,适当增加学生压力;第四,进行图形教学等。

总之,我们法学院有不少教师将课堂讲授作为一门艺术来看待,给予高度重视,有的教师还总结出课堂讲授"十戒十要"的经验予以推广,即一戒前后脱节,突如其来,要承上启下,循序渐进;二戒题无中心,主次不分,要提纲挈领,重点突出;三戒简单罗列,缺乏分析,要逻辑严谨,善于归纳;四戒一览无余,平铺直叙,要留有余地,列而不发;五戒装腔作势,故弄玄虚,要寓理于事,深入浅出;六戒"倾盆大雨",流水如柱,要有张有弛,快慢适度;七戒说话啰唆,语言繁琐,要长话短说,简洁明晰;八戒乱吹乱讲,哗众取宠,要教风淳朴,内容充实;九戒目中无人,表情泛淡,要自然大方、和蔼可亲;十戒字迹潦草,板书混乱,要书写规范,纲目分明。

我们在注重课堂讲授的同时,也非常强调课后辅导。大学教育有别于中小学教育的一个显著特点是强调学生的自学,即所谓"先生引进门,修行靠个人"。因此,为帮助学生自学,就需要教师辅导,同时,现在的大学生不仅有自学能力,而且还有为数不少的学生在搞科研,这也需要教师辅导。另外,为弥补课时不

足的问题,帮助学生消化吸收课堂所学内容,也离不开教师的辅导。正是基于这种认识,我们近年来是十分强调教师课后对学生进行辅导的。为此,我们建立了任课教师的定期辅导和班级辅导员的不定期辅导相结合的辅导制度,基本上能满足学生的要求。

三、侧重基本理论,兼顾学科前沿

我国各高等院校的法律院系,分别承担着为国家培养各类法律人才的任务,以武汉大学法学院为例,它注重加强对学生的法学基本理论的教学。因为,唯有让学生全面掌握好法学的基本知识和基本理论,才有可能为今后的法学研究和教学工作打下牢固的基础。所以,我们无论是在课程设置上还是在讲授内容确定上,均比较侧重于法学基本理论的教育,这表现在以下几个方面:第一,专业基础课时安排较多;第二,将一些专业课的基础理论部分划出单独设置课程;第三,安排一些教学经验丰富的教师主讲基础课;第四,教师课堂讲授的重点是基本知识及基本理论;第五,对学生进行考核的重点是基本知识、基本理论和基本技能。

我们认为,抓住了"三基",也就是抓住了确保教学质量的基本前提。但是,作为社会现象的法学教育,它又要随着社会发展和科技进步而不断发展,既要求教学内容的相对稳定,传授经典性的内容,又要求去掉陈旧过时的东西,不断更新教学内容,以保持教学内容的先进性。我们要求在教学中,既要抓住基本知识和基本理论的教学,也要适当地兼顾每门学科的前沿领域。对此,一方面,我们要求教师在课堂上要对学生讲授新知识、新观点,鼓励教师讲学术界的新动向,允许和提倡学生在课外涉猎各门学科的最新研究成果;另一方面,我们还采取了一些具体措施向学生介绍、评价学术界的新观点、新看法、新成果。这包括:第一,请本院系各学科学术带头人定期给学生讲专题,介绍各学科的最新研究成果、学术动态、立法情况等;第二,邀请国内外知名法学教授、专家、学者,也包括立法、司法实际部门的专家给学生们进行各种形式、涉及各方面内容的专

题讲座。这些方法可以让学生开阔眼界，大大激发他们探求新知识的兴趣。

四、增多实践环节，强化能力训练

注重课堂讲授、课后辅导，兼顾学科前沿，有助于学生打好专业理论基础功底和拓宽知识面，在此基础上，进一步提高学生的自学能力、思维能力、表达能力、应变能力、创造能力、办案能力等综合能力，近年来，我们特别强调理论与实践相结合的教学方法，增多了实践环节，以强化学生的能力训练，培养高素质，高质量的法学专业人才。就实践环节而言，主要包括以下四个方面。

（一）教学实践环节

我们要求教师在课堂教学中应拿出一定的时间进行实践性教学活动，并将学生在实践活动的表现记入平时考核成绩。教学实践环节主要有如下四种。

1. 课堂讨论。我们的课堂讨论，有以教师为中心的讨论，但多是以学生为中心的讨论。其具体做法一般是，先由教师或学生在讨论前的一定时间内提出讨论的主题，这些主题一般是疑难的或有争议的基本理论问题的案例，然后由教师指定阅读资料和参考资料，让同学们准备一段时间，写好论证与反驳的发言提纲，然后在课堂上采取自由发言或点名发言的方式进行讨论，最后由教师进行归纳总结。从实际情况来看，课堂讨论这种方式，已被越来越多的教师采用，也越来越受学生接受和喜爱，它有助于提高学生的综合能力。

2. 观摩审判。采取“带出来”和“请进来”的方法，让学生旁听人民法院实际审判各种案件的庭审过程，学习法官、检察官、律师根据法律，运用理论、结合案件事实审理案件的技能，初步掌握审判程序。旁听审判后，又及时组织讨论，并由教师对审判活动进行评价，以提高学生的认识能力。

3. 模拟法庭。我们搞模拟法庭，既有教师组织的，也有学生学术团体组织的，其方法一般是选择一典型案例，由学生扮演法官、检察官、律师和当事人等，进行模拟审判活动。这种实践形式，形象直观，非常受学生欢迎，有助于他们进

一步学好实体法和程序法,对其今后的实际工作也大有裨益。

4. 疑案抗辩。我们法学院的民法学,刑法学和国际私法学等部门法学均单独立开设了成案研究课程。成案研究的教学方法主要是采用疑案抗辩形式,即先由教师选择典型案例,印发给学生讨论,然后由教师在课堂上组织学生互相抗辩。这种实践形式对提高学生的口头表达能力和应变能力大有帮助,正在我们法学院进行推广。

(二)社会实践环节

1. 法制宣传和法律咨询活动。与当地行政部门和社会团体相配合,利用节假日组织学生上街进行法制宣传和法律咨询活动,使学生广泛接触社会,应用所学专业知识为群众服务并接受社会实践的检验。

2. 参与诉讼。在主要的实体法和程序法课程学完后,我们鼓励高年级学生具体的诉讼活动,并为此创造不少有利的条件。如要求教师在可能的情况下带学生办案。对学生办案进行指导,并让院办律师事务所和社会弱者权利保护中心为学生办案提供基地和方便。1992 年以来,参加我院律师事务所办案的学生有 10 人,参加我院社会弱者权利保护中心服务工作的有 25 人。

3. 社会调查。每年的寒暑假,我们都给学生布置了社会调查任务,要求学生利用假期下工厂、农村、司法机关等进行调查研究,写出调查报告,开学后对学生的调查报告进行评比,择优予以奖励。

4. 毕业实习。按我们的规定,毕业实习是必修课,不仅要求在时间上予以保证,而且要求有教师带队指导。经过多年的努力,我们已和有关司法部门建立了良好的协作关系,建立了实习基地,让学生向有实际工作能力的政法干部学习办案经验,为即将开始的实际工作打下基础。

(三)写作实践环节

写作能力是法科学生必须具有的重要技能之一,我们对此非常重视,鼓励学生经常动笔写发言提纲、心得、辩论方案、实习报告、调查报告、各种司法文书、专业论文等,并强调教师在此过程中的指导作用。对于一些质量较高的文

章,我们还尽力予以推荐发表,并在我们院举办的《法学评论》杂志上开办学生专栏,鼓励学生多写作品、多发表文章,而且还将学生发表文章的数量作为评定各种奖学金和优秀学生等的硬性指标参数。

(四)科研实践环节

高年级学生在掌握了法学理论和知识之后,大多愿意参加一定的科研工作,这就要求我们负起为学生开展科研实践给予支持和帮助的责任。为此,我们采取了一些措施鼓励学生开展科研实践,如设立各种奖学金为学生的科研提供经费,要求教师帮助学生选课题,指导学生开展科研活动。另外,鼓励教师让学生特别是研究生与自己一起共同承担有关的科研任务等。这些活动取得的效果非常明显。

五、改革考试方法,加大能力测试

随着教学观念和教学方法的变革,相应地我们也改革了考试方法,也就是改变了过去依靠临时性的突击、死记硬背就可以得高分的办法,增加了能力测试。具体来说,我们考试方法的改革主要表现在以下几个方面。

第一,笔试和口试相结合。过去我们考核学生的主要方法是笔试,看学生的卷面成绩以判断学生成绩的好坏,并以此作为检验教学效果的方法。而现在,我们在保留笔试的基础上,也实行口试,由教师出题,学生抽签,抽中什么题目就回答什么题目,随机性很强,有利于考核学生的综合能力,并加大了学生的压力,促使他们全面复习。

第二,期末考试与平时考核相结合。期末考试主要是对每一学期的教学情况进行综合考核,能够比较全面地反映教与学的情况,但它具有投机性的缺点。为弥补这一缺陷,近年来我们增大了平时考核的频率,随机性增强,有利于促进学生自觉地学习,也有利于教师及时发现教学中存在的问题。

第三,基础知识考核与能力测试相结合。一般而言,比较正规的考试,我们

主要是偏重于考核学生掌握基本知识、基本理论和基本技能的情况,考核内容侧重于所谓的“三基”,而平时一般性的考试,则主要是考核学生的表达能力,应用能力等,然后将基础知识的考核成绩与能力测试成绩进行综合,给学生评定成绩。

另外,为了提高教师的教学水平,我们还实行了一种新的教学评定制度,就是让学生根据教师的教学情况给任课教师进行评定打分,并把这一评定作为了解教师教学情况的重要参考。这种双向交流方式,既有利于学生的学,也有利于教师的教。

高等法律教育与法律职业*

法律职业(legal profession),是指直接从事与法律有关的各种工作的总称,通常又指从事这些工作的人员,其中包括法官、检察官、律师、法律顾问、公证人和法学教师等。但主要指法官和律师,特别是律师。① 法律职业是社会分工不断发展的产物。当社会分工进一步复杂化,以致法律方面的工作需要专门的知识和技能时,法律职业便应运而生了。法律职业教育就是针对法律职业者的职业教育。法律职业者只有接受正规的职业教育,才能较快地获得系统的法律知识和专业技能以及从事法律职业所必须具备的基本素养。许多国家将高等法学教育作为人们从事法律职业的必经之路,正如美国法学家博登海默所说:"为了履行法律在社会中的职能,就必须对法律工作者进行严格的训练,以使他们称职。"可见,法律教育与法律职业有着不解之缘,带有强烈的职业教育色彩。

一、我国法律教育大发展的20年

从新中国成立到1976年的几十年间,全国高等院校一共才培养了2万名法科学生,这个数字还不及旧中国在1927年至1947年这段内忧外患时期所培养的法科毕业生人数的一半。② 改革开放后,我国迎来了法律教育的春天。邓

---

* 原载山东省法学会编:《法学教育比较与省思》,中国档案出版社2002年版。

① 参见沈宗灵:《比较法研究》(第1版),北京大学出版社1998年版,第184页。

② 参见霍宪丹:《法律职业与法学教育》,载《法学家》2000年第4期。

小平同志多次强调指出:搞四个现代化一定要有两手,即一手抓建设,一手抓法制。[③] 他的这一指示确立了法制建设在整个现代化建设总体布局中的地位和作用。随着法制工作的全面展开,我国的法律教育获得了蓬勃发展。1980 年设置法学专业的院、系为 4 院 14 系,到 1998 年,全国普通高等院校设立法律专业点的有 214 个;1980 年普通高校政法类在校生为 6029 人,到 1998 年年底,法学专业本、专科在校生人数约 8.5 万。[④] 近 20 年的法律教育发展大体可分为三个阶段:第一阶段 1977 ~ 1983 年是高等法律教育的重建时期。这一阶段,法律教育规模发展迅速,在校生人数增加了 14 倍,年增长率为 85.4%。1984 ~ 1992 年为第二阶段,在这一阶段,正规普通高等法律教育继续稳步增长,成人高等法律教育却获得超常规发展。1983 年前后,修订《人民法院组织法》,提出了审判员的专业资格要求,国务院关于专业技术职称改革工作也提出了学历要求,这些都促使有关部门将司法干部队伍的"学历补课"任务提到了议事日程。普通高等法律院系举办的函授、夜大根本无法满足社会需求,于是成人高等院校及其他各种形式的成人高等法学学历教育迅速发展起来。在这期间,无论是普通高校举办的函授、夜大,还是独立的函授学校、业余大学、职业大学、管理干部学院、广播电视大学、高等教育自学考试等,能办的不能办的,有条件办的没有条件办的,都一拥而上办起了法律大专学历教育。需求量大、覆盖面宽、发展迅速而秩序混乱是这一阶段的特点。第三阶段是 1993 年起的全面发展阶段。从 1993 年党的十四大确立社会主义市场经济体制的奋斗目标,到 1998 年党的十五大提出依法治国方略以来,我国进入全面加强法制建设的时期,法学教育的服务领域也从上层建筑领域向经济领域和全社会延伸,不仅为政法队伍建设服务,而且要为全社会乃至公民个人服务。其办学方向也完成了从"小政法"到"大政法"最后向全社会的过渡。[⑤]

目前开展普通高等法律教育任务的院校主要有:司法部原直属的 5 所政法院校(现已分别归属教育部和地方政府)、教育部和地方政府直属的 50 所综合

---

③ 参见《邓小平文选》(第 3 卷),人民出版社 1993 年版,第 154 页。

④ 参见霍宪丹:《法律职业与法学教育》,载《法学家》2000 年第 4 期。

⑤ 同上。

大学法学院(系)以及财经、理工、民族、师范、农林等其他科类院校设置的法律系(专业)。开展成人高等法律教育任务的除普通高校举办的法律函授、夜大和全脱产的成人学历教育外,还有独立设置的政法管理干部学院、政法干校、广播电大、业大、职大、自学考试等。根据1998年年底的统计,此时全国普通高校设立法律专业点的有214个,全国开展成人高等法律教育的专业点共有197个。1999年全国普通高校法律专业本、专科毕业生达到3.15万人,如果加上当年全国成人高等学校的法律专业毕业生,1999年全国获得法律专业本、专科毕业文凭的人就会超过6万人(1999年全国成人高等学校各专业毕业生总人数达88.82万人,而当年全国普通高校各专业毕业生总人数只有84.76万人)。⑥

二、法律教育与法律职业脱节是我国法律教育的突出问题

法律教育主要是一种法律职业教育,法律人才的培养主要是法律服务应用型人才的培养,⑦因此,我国大学本科法律教育的定位只能是职业教育。⑧ 但我国的法律教育一直未定位为职业教育,长期轻视"专业素质"的培养。在我国司法机关,法官、检察官的任职条件在过去与一般国家工作人员是一样的。而为社会大众提供法律服务的律师以前属于"国家工作者"(1980年颁布的《律师暂行条例》第1条),直到1996年《律师法》才给律师的工作性质有了一个较为正确的定位。但实际上,律师与以往"国家工作者"的定性仍有着割不断的关系。据1998年年底的统计,全国共有律师事务所8400家,其中,国办占70%,合作10%,合伙20%。在我国,律师尚不属于"自由职业者"。正是上述错误的指导思想导致我国的法官、检察官数量多于其他国家并多于本国律师(1998年统计,我国法官已达到28万余人,检察官达22万人,而专职律师只有5.1万人),而

⑥ 《中华人民共和国年鉴》(2000年),第1280页。

⑦ 参见曾令良:《21世纪法律服务贸易的发展趋势与中国法学人才培养的应用改革》,载《法学评论》2001年第1期。

⑧ 参见方流芳:《中国法学教育观察》,载《中国法律教育之路》,中国政法大学出版社1997年版,第33页。

其文化知识和业务水平又远远不及律师。法律职业在当代中国还处于正在形成的过程中,离法治社会所应具备的稳定法律职业群体还有相当一段路程要走。

由于在认识上,法律职业从来没有被看作一种具有专业性的职业,在制度上,法官、检察官从任职条件到选拔方式长期与一般干部相同,法律教育由此失去了它特定的十分重要的一个职业群体,法律教育与法律职业脱节就是再自然不过的结果。

随着知识经济和信息时代的到来,国门进一步开放,各种社会关系日趋复杂化,新问题、新现象层出不穷。在新的条件下,我国法律教育与法律职业的脱节问题显得格外突出,表现在以下方面。

(一)招生计划的盲目性

许多高校尽管在招生前都制定和上报了本校的法律专业招生计划,但在招生时,其计划并没有得到严格执行。由于法律专业在目前仍是一个热门专业,填报法律专业的考生超出计划招生数额是常有的事。于是,一些招生单位就擅自突破计划招生,而很少考虑自己是否有足够的教学设施和师资力量,更不用考虑学生毕业后的分配问题。这种盲目的招生,一方面,使法律教育在低层次上过量发展;另一方面,社会急需的高层次法律人才又严重不足。例如,目前我国 11 万名从业律师中,大学法律本科以上不到 50%,能从事国际性律师业务的律师不足 4000 人。[⑨] 1999 年,全国普通高校法律专业毕业生人数达 3.15 万人(其中本科 16,363 人、专科 15,137 人),同期毕业的研究生有 3257 人,研究生人数只占本、专科生人数的 1/10 强(这里还没有把数量巨大的成人专科毕业生算进去),招生结构极不合理。

(二)招生资格的随意性

法律教育到了 20 世纪 90 年代几乎遍地开花,不仅正规综合性大学争设法

---

⑨　参见贾午光、何敏:《"入世"后律师业:机遇大于挑战,优势胜于劣势》,载《中国律师》2000 年第 3 期。

学院(系),甚至理工院校、农林院校、师范院校、各级党校等以往与法律教育素不相涉的学校也争设法律院系。大多数理工、农林、师范院校和党校在开设法律专业点时并不具备相应的师资力量和教学设施,造成教授法律专业课程的大多数教师是以前在本校担任公共政治课教学任务的教师。截至 1992 年年底,在原国家教委备案的设置法律专业本专科教学点的 121 所普通高校中,有 14 所院校不具有高级职称的法学专业教师,还有 3 所院校法学教师在 5 人以下,其中仅 1 名副教授,这两类学校共计 17 所,占设置法学类普通高等院校的 14%;另外,法学专业教师在 7 人以下的有 13 所,占 10.7%;5 人以下的有 8 所,占 6.6%;更有 3 所院校只有 3 位法学专业教师、1 所院校仅有 2 位法学专业的专任教师。[⑩] 现在的情况与 1992 年以前相比只会是有过之而无不及。

(三)教学方法的封闭性

流行于我国大学讲坛的法律教学方法为“填鸭式”的讲授方法,这种方法几乎是千篇一律的法条逐条注释,论述其如何的合理与正当。它与寻求唯一标准答案的考试制度一起将学生本应大力培养的批判性思维扼杀了,而一个健全的法治社会所需要的正是具有独立思考能力、掌握法理精髓的真正法律人才。[⑪] 这种只注重传授知识和阐释法条的教学方法,忽视了学生素质教育和实践技能的培养,忽视了学生怀疑精神和创新精神的培养。另外,法律教学单位与司法实务界缺乏横向联系。法学是一门应用型学科,不可能脱离社会实际生活。在我国高等院校从事法学教学工作的教师中,只有很少一部分人参与法律实务工作(或者担任兼职律师、接受企业法律咨询,或者参与国家、地方的立法工作),大多数教师不参与法律实务活动,也缺乏参与法律实务活动的经验和能力。因此,教师传授给学生的知识仅限于书本知识。而在一些新设法律专业的学校里,个别教师到律师事务所兼职常常被视为一种不专注教学工作的表现。当然,教师把主要精力放在办案上是不足取的,但适度地参与法律实务对提高教师的教学能力是有益的。

---

⑩ 参见汤能松:《探索的轨迹——中国法学教育发展史略》,法律出版社 1995 年版,第 454 页。

⑪ 参见杨振山:《中国法学教育沿革之研究》,载《政法论坛》2000 年第 4 期。

(四)专业实践课的形式性

法学离不开社会实践。正因如此,各高校法律专业的教学方案均安排有模拟法庭、法律诊所、社会调查、专业实习(包括中期专业实习和毕业实习)等形式的实践课程。实践课程的目的是培养学生了解和观察社会的能力,以及运用专业知识分析和解决问题的能力,以便他们能适应未来的职业。但是,除少数学校对实践课严格要求以外,许多学校实践课程的教学流于形式。学生的社会调查、中期实习和毕业实习常常由学生自己单独完成,仅以学生事后提交实习单位出具的实习鉴定和学生自己书写的实习报告完结了事。至于学生是否弄虚作假,学校一般不会主动追查。毕业实习基本上形同虚设,大多数学生把毕业实习时间用于找工作已是不争的事实,能够边找工作边实习的学生只占少数。学校集中统一组织学生实习的困难(如有的学校每个年级的法律专业学生多达一两千人)和学生就业的压力不能成为实践课流于形式的借口,否则教学方案就仅仅是一个摆设。

三、法律教育与法律职业脱节的主要原因

其实,我国法律教育存在的这些问题早已引起学者们的关注,已有不少学者大声疾呼法律教育必须改革,但是,真正及时行动并着手实施改革的院校为数甚少,而且问题越严重的院校越缺乏改革的进取心。造成这种局面的原因主要有以下几种:

(一)国办高等教育一直处于"卖方市场"

我国在1949年以前,私立学校和公立学校并存,当时共有高等学校205所,其中公立大学124所、私立大学81所。1952年进行了全国范围的院系调整,将全部高等院校改为公立,形成了由国家(中央和地方政府)办学的单一办学体制,这一体制延续到20世纪90年代。20世纪90年代以后,高等教育办学

体制的改革正式提上日程,改革的一个重大措施就是要打破单一的政府办学格局,鼓励社会力量办学,确定了社会力量办学的基本方针为“积极鼓励、大力支持、正确引导、加强管理”。1993 年,原国家教委发布了《社会力量办学条例》。1998 年,《高等教育法》获得通过,该法第 6 条第 2 款规定:“国家鼓励企事业组织、社会团体及其他社会组织和公民等社会力量依法举办高等学校,参与和支持高等教育事业的改革和发展。”近 10 年来,社会力量办学获得了长足发展,各种民办高等教育机构已达 1300 多所,但具备颁发高等教育学历证书资格的民办高校只有 76 所(其中,普通民办高校 72 所,民办成人高校 4 所)。这 76 所民办高校与 1000 多所国办普通高校和 1000 多所国办成人高校相比是微不足道的。国办高等教育“大一统”的局面并没有真正改变,而民办高校的招生只能于国办高校之后的做法,在客观上更进一步巩固了国办高校的垄断地位。在目前的社会主义市场经济条件下,国办高等院校只要有学校就必然有学生,而民办高等学校则只能是有学生才有学校。国办高校过惯了几十年无忧无虑的好日子,要想变革它困难重重。另外,由于我国高等教育适龄青年数量高达 2000 多万人,如果以 18 ~22 岁的人算作高等教育适龄青年,我国现在和今后相当长的时期内,这个年龄段的人口将保持 1 亿多。[12] 近几年来,我国高等教育的规模虽然已经有很大的发展,但是仍然难以满足社会对高等教育的强劲需求。高等教育在相当长时期内仍将处于“卖方市场”。既然处于“卖方市场”,那么高校培养什么类型的人才当然就不是“买方”说了算。

(二)重学历、轻技能的思想在大学生当中仍有市场

传统的教育质量观是一种知识质量观,以学生掌握知识数量为标准来评价教育质量的高低。这种知识质量观根深蒂固,广泛存在于社会的传统文化观念中。教师教书就是“传道、授业、解惑”,学生上大学就是为了“读书”,书读得越多就证明教育质量越高。这种知识质量观导致大学生只注重书本知识的接受而忽视专业技能的培养。于是一些有识之士呼吁改革我国高等教育的培养方

---

[12] 参见汤能松:《探索的轨迹——中国法学教育发展史略》,法律出版社 1995 年版,第 454 页。

式,改变大学毕业生中普遍存在的"高分低能"现象。可是,这一呼吁的本意却被一些学生有意无意地曲解了:既然高分不等于能力,那么太多的知识也没有多大用;更有甚者,把"高分"与"低能"解释为一种互为因果的关系。这样,在大学里就出现了更不正常的现象——低分低能。一些学生在专业知识非常欠缺的同时,其专业能力也同样的差。考试时混个及格、毕业时混张文凭就是他们的学习目标。这种现象在成人高等教育中非常普遍。成人高等教育属于职后教育,本应该是直接为受教育者的职业技能培训服务的,但我国的成人高等教育在相当一段时期却是"学历补课"。"学历补课"接近尾声时,成人高等教育又变成"学历大甩卖"(现在的成人高校的生源主要是当年高考落选的应届高中毕业生,他们常常是在高考落选的当年进入成人高等学校,第二年参加全国成人高考后再获注册,毕业时每人拿一张文凭就离校)。成人高等教育已变成降格以求的普通高等教育。[13] 学生之所以热衷于学历,是因为学历已成为人们进入就业市场(用人单位普遍强调应聘者的学历条件)和参加各种职业资格考试(律师、会计师、税务师、保险经纪人、证券从业人员等的资格考试都要求报考者的学历达到专科或本科条件)的一道"门槛"。因此,学生向学校要的首先是文凭,其次才是能力和知识。既然学生不太在乎老师的教学方式和能力,当教师的自然少了一份压力。

(三)招生单位与考生的信息传递不对称

消费者购买商品或接受服务时,商家必须向消费者履行最低限度的信息披露义务(如商品包装上应载明该商品的产地、生产日期、性能、安全使用方法及有效期等事项),否则就构成违法行为。证券发行人也向投资者履行信息披露义务。而我国的高等院校在招生时进行信息披露是它的权利而不是义务,一些院校在招生时所作的宣传只是介绍本校是国家某某部或者某某省、市所属重点大学以及本校的个别优势学科,而对一些弱势学科却有意含糊其词、遮遮掩掩。但对考生的个人情况(如考试成绩、个人平时表现、个人特长、家庭情况等)却是

---

[13] 参见方惠坚、范德清:《中国高等教育的改革与发展》,清华大学出版社2001年版。

应知尽知。在我国,高校招生依国家教育行政部门确定的顺序(第一批、第二批、第三批、第四批等)来进行。许多院校仅因某一两个传统优势学科被国家教育行政部门定为重点院校,其他各个学科(不管这个学科的实际情况多么糟)也都乐享其成,享受第一批招生的权利。一大批重点理工、农林、师范院校的法律系不愁招不到高质量的学生,而用人单位对其培养的法律专业毕业生评价如何,对它们影响不大。

(四)我国缺乏独立的、非官方的高等教育评估机构

1990年,原国家教委发布了《普通高等学校教育评估暂行规定》,规定我国高等教育评估工作由各级人民政府及其教育行政部门组织实施,十分强调国家教育行政部门对高教评估的领导和组织作用,而教育界、用人单位等社会力量只是政府评估工作的依靠力量。我们知道,我国的高等学校都是由政府开办,各学科、专业的招生都是由政府教育行政部门审批的,这种"运动员兼任裁判员"的评估机制难以有效发挥作用。而且在我国高等教育中承担半壁江山的成人高等教育,问题最多,却连这种作用有限的行政性教育评估都免了。只是到了1999年,《高等教育法》才将成人高等教育纳入行政性教育评估的范围。高等教育本来就是为社会各行各业提供他们所需要的人才,而接受大学毕业生的社会却无资格对高校的教育质量进行评估。教育评估体系的不健全、不完善进一步切断了法律教育与法律职业的联系。

四、面向21世纪的法律教育之路

在21世纪,随着信息社会和知识经济时代的到来,高等教育大众化、高等教育职业化成为21世纪高等教育的大趋势。[14] 我国高等法律教育要做到"面向现代化、面向世界、面向未来",为社会提供更多合格人才,适应社会和经济发展

---

⑭ 参见潘懋元:《高等教育大众化的教育质量观》,载《清华大学教育研究》2000年第1期。

的需要,必须着手以下几个方面的改革。

(一)改革传统办学体制,引入市场竞争机制

在我国的高等教育体系中,要尽早改变国办高等教育“大一统”的状况,大力发展民办高等教育,逐步取消对民办高等教育的各种不合理限制(如民办高等教育限于专科层次;民办高校招生排在第四批、第五批或只能招收落榜生;民办高校绝大多数无颁发学历证书的资格等)。发展民办高等教育,有利于盘活现有高等教育资源,有利于形成国办和民办高等教育相互竞争和共同发展的局面。通过市场竞争机制的引入,一方面,可以迫使国办高校和民办高校竞相提高教学质量;另一方面,可通过竞争淘汰一批既无办学质量又无办学规模的国办高校或国办高校的法律专业教学点,减轻国家财政负担。

加入WTO后,我国高等教育面临着新的挑战。根据WTO《服务贸易总协定》的规定,“教育服务”属于服务贸易范畴。根据《服务贸易总协定》第1条的规定,除由各国政府彻底资助的教育活动以外(如军事院校等),凡收取学费、带有商业性质的教学活动均属教育服务贸易的范畴。它覆盖了基础教育、高等教育、成人教育和技术培训,所有WTO成员方均有权参与教育服务竞争。[15] 因此,开放的教育体系是我国教育事业发展的必然趋势。法律教育对外开放亦不例外,更何况我国特别急需一大批懂外语、熟悉国际贸易规则和法律的专门人才。

可以预见,随着经济领域的逐步开放,作为服务市场组成部分的高等教育市场,必将形成开放的国内、国际教育市场,我国现行的由国家主导与社会、私人有限参与的高等教育办学方式将转变为政府、社会和国外办学机构三方共同竞争的格局。因此,既是为适应社会和经济对人才的需要,也是为了适应加入WTO给我国高等教育带来的冲击,我国政府应尽早改革旧的办学体制,以迎接新的挑战。

---

⑮ 参见白仲尧:《中国服务贸易方略》,社会科学文献出版社1998年版,第231页。

（二）制定严格的法律教育准入标准

国家教育行政管理部门应结合实际情况制定高等院校各学科教学点设置的标准和条件，尤其是像法律类的社会热门专业更应从严掌握，以避免一些高校不顾实际情况，一哄而上，争设法学院（系）的现象。对于已经设置的法律专业教学点要进行一次全面的清理、整顿。对不符合条件的，限期改正；对于在招生工作中弄虚作假、欺骗广大考生的学校要及时查处，取消其法律专业招生资格。只有这样，才能提高我国高等院校法律专业的整体教学质量。

（三）建立统一的法律职业资格考试制度

2002年，我国的法官、检察官和律师资格考试将“三合为一”，实行统一的司法考试制度，彻底改变现行的法律职业资格考试各行其道的做法。这一改革将极大地扭转我国法律教育与法律职业相脱节的弊端。下一步应尽快出台具体的考试实施办法。

（四）建立独立的、非官方的高等教育质量评估制度

尽快改革目前我国单一的以政府行政部门为主体的高等教育评估制度，建立起独立的、非官方的，由教育界、学术界、用人单位等多方参与的高等教育评估制度。在这方面，可以借鉴美国的经验。美国的鉴定、评估机构是非官方的，起到了社会监督、质量保障作用，同时也维护了政府的形象，避免了政府直接干预大学学术活动和学术自由的弊端。政府在评估工作中的作用应该仅限于建立各类评估团体或机构的评估认证制度，对评估团体或机构的评估行为进行指导和监督，搞好评估的信息管理和服务工作，加强政府部门、评估机构、高等学校之间的相互交流，促进评估工作的顺利进行。只有这样，高校教育的评估工作才能真正加强高等学校主动适应社会需要的能力，发挥社会对高校教育活动的监督作用，促使高校不断提高办学水平和教学质量，进而更好地为社会和经济建设服务。

一部理论与实务相结合的新作

——评《知识产权的法律保护》*

在知识经济时代，对知识产权的保护问题日益成为法律领域的重要课题。由于现代科学技术革命飞速发展和国际经济贸易日益扩大的需要，我国知识产权立法在近20年来得到了长足的发展，有些立法已经达到了国际上很高的保护水准。目前我国基本上建立了以工业产权法(专利法、商标法)、著作权法和反不正当竞争法等为主要框架的知识产权法律保护体系。但是，在理论与实践中仍有诸多问题尚待解决。科技的飞速发展给法学家提出了新的挑战；司法实践中形形色色的侵权事件使执法者常常陷入新的困境。恰恰是这些问题，又给广大权利人带来无尽的迷茫与困惑，所以成为社会关注的热点问题。一时间，有关知识产权方面的书籍大量涌现，给权利人、司法者和法学研究人员了解知识产权保护提供了信息和帮助。在这些书籍中，刑才、刘克希等合著的《知识产权的法律保护》一书颇具特色，值得一读。

该书以传统上狭义的知识产权所涵盖的范围(著作权、专利权和商标权)为主要内容，对知识产权的法律保护问题进行了全面的论述。该书作者不仅具有知识产权方面的渊博理论知识，同时还具有丰富的实践经验。有的作者对国外，尤其是对知识产权保护的发展有重要影响的美国知识产权法律制度有深入的了解和研究，这一点从该书的内容中即可体现出来。

---

* 原载《南京大学法律评论》1998年秋季号。

综观该书,除对知识产权法基本内容进行阐释外,具有下述几个方面的独特价值。

首先,作者将知识产权定位为一种民事私权,把知识产权法律关系分为确立权利性法律关系和保护性法律关系,并对知识产权法律规范进行法理学分析,提出了一些颇有见地的观点。作者从知识产权法律规范所包含的假定、处理与制裁三个构成要素出发,以“处理”和“制裁”的结果模式为基础,对知识产权法律关系分类为确立权利性法律关系和保护性法律关系,这样使我国的法律关系同法律规范体系、权利体系统一起来。同时,作者从知识产品创造活动的属性,法律关系的主体、客体和内容几个方面对知识产权法律关系的特殊性进行了论述。这些理论分析深刻、入微,把握了知识产权的本质属性,是对知识产权的较好定位。

其次,从编排体例上看,该书结构严谨、条理清晰。在引论中,作者从整体上论述了知识产权保护制度。由知识产品出发,导入知识产权和知识产权法这一主题;继而从纵向介绍知识产权法的历史发展及现状,又从横向阐述了知识产权法的渊源;从而进一步对知识产权法律关系进行了理论分析。经过这样层层剖析,将知识产权法的内涵、外延及其理论依据清晰展现在读者面前,使人们对知识产权法有了一个整体的把握。在引论之后,该书分三编对著作权、专利权、商标权进行了详细论述,并将计算机软件的知识产权保护列单编论述,这当然是基于计算机软件在知识产权保护中日趋突出的重要性和其具有的一些独特性质的考虑。随着计算机应用的日益广泛,软件保护问题所涉技术复杂、经济利益甚巨,各国较为敏感,在知识产权法中地位突出,有许多问题值得列为专题研究。实际上,对软件的保护方式上,国际领域也曾历经反复。虽然现在大多数国家倾向于版权保护,但至今仍有一些争议和变化。现在的状况是版权法、专利法、反不正当竞争法乃至商标法多种保护方式并存。若将其分散到相关法律中论述,则不能使读者完整而系统地了解计算机软件的法律保护问题;加之由于该问题内容繁多,所需篇幅大,分入各编也会使其内容比例失调。因此,在著作权、专利权和商标权的详细论述基础上,分计算机软件保护概述、侵权认定、著作权法保护、专利法保护、合同法保护等章节进行阐述、分析和探

讨,可谓水到渠成。该书不仅在大的框架安排上条理清晰,在各编中的结构顺序安排上还体现了便于作者阐述观点和便于读者掌握知识相结合的宗旨。在保护方式上,又从民事、行政和刑事层层详述。从结构安排上即可看出作者的思路及试图阐述的重点内容,便于读者全面系统地了解作者的观点和意图。

最后,也可能是该书最重要的方面。即从该书的内容上看,主要有以下几方面特点。

(1)内容全面、重点突出。该书对知识产权保护制度作了总体介绍,对著作权、专利权、商标权、计算机软件保护分别进行了详细论述,内容全面,是一本综合性的知识产权法律保护专著。在全面论述的基础上,作者有意识地突出了"法律保护"这部分内容,在每一编中,"法律保护"所占篇幅明显大于其他方面的内容,这一点不同于一般的综合性知识产权法律问题的著作。在一般著作中,作者大多花大量篇幅论述知识产权的权利范围、主客体、内容、限制等,而对于保护方式和措施大多依著作权法、专利法、商标法等进行简要介绍。而该书则将其概括为几种不同的保护方式,分别对其法律依据、具体措施、程序、责任的竞合作了详细的阐释,并从民法、行政法、刑法的基本理论中寻找依据,还对著作权、专利权、商标权、计算机软件的侵权认定问题进行了深入而细致的探讨。这大概是针对目前知识产权法律规定条文简单、认定难、执行难、保护难的问题所作出的反应,可谓用心良苦。

(2)重实用、重操作,又不失其理论价值。这与上一特点是有一定联系的。在著作权一编中,作者详述了因违法而承担的民事责任方式、侵权责任与违约责任的竞合、侵权的认定以及受害者可选择的请求保护方式,还详细介绍了运用行政保护所采取的步骤和程序、行政管理部门相应的处理结果以及刑事责任的认定。在专利权和商标权各编中,除权利的各种保护方式和措施以及侵权和犯罪的认定外,作者还介绍了申请与获得权利的程序,对企事业单位及个人应采取的专利和商标战略,以及由此决定是否申请时所应考虑的因素,并对国内企业在国外注册商标、国外商标在国内注册时所应注意的问题和程序提出了一些好的建议。在"计算机软件法律保护"一编中,不仅对传统的著作权法、专利

法及其他法律保护方式和具体可采取的措施作了论述，还专章介绍了对计算机软件以合同进行保护中实际所应注意的问题，如权利归属约定，转让进度约定，后续修改约定等容易带来麻烦的问题。对于著作权人、专利权人、商标权人及其使用人、计算机技术人员，乃至从事知识产权法律工作的审判人员、律师都有很大的帮助作用。使他们不仅对法律的现状有所了解，而且还将其用于实践，采取合法有效的措施达到较满意的效果。当然，在重操作的同时，该书也对知识产权保护的理论依据和来源进行了探讨，介绍了各国的理论观点，虽然用笔墨不多，但言简意赅，引人深思，体现了一定的理论价值。

(3)内容新颖。这一特点主要体现于知识产权法律关系的分析和对著作权、专利权、商标权的法律保护方面，尤其是“计算机软件保护”一编，作者对数据库、多媒体、微程序的保护问题作了探讨，而这些问题在我国法律上尚无明确的规定。在该编中，还向读者介绍了反映美国计算机软件侵权判断的新焦点的典型案例与“先过滤后比较”的新的判断标准，以及举证等方面的内容，反映了对计算机软件进行保护的新问题、新观点、新进展。同时，对知识产权保护中出现的新问题也有一定程度的反映，例如，关于“对著作权人原稿的侵害是否侵犯著作权”的问题，作者表明了其肯定的态度。

(4)视野开阔、资料翔实。该书既立足于中国知识产权的法律保护，又注重外国在此方面的立法和学术观点，运用比较的方法，为读者展示了该领域的国际发展状况。作者对美国、日本、欧盟各国的法律保护制度和观点作了简要介绍，并与中国的法律制度进行比较、分析，启发读者思考。同时，对各国知识产权的法律保护也进行了详尽的论述，这为权利人和研究人员提供了了解国外该领域状况的途径，进而更好地研究中国问题，便于知识产权立法的完善和对权利人合法权益的保护。

此外，该书语言流畅，论述繁简得当，即使是深奥的理论问题也能深入浅出，便于读者理解。无论企事业单位管理人员、技术人员、作者，还是审判人员、知识产权法学研究人员均可从中获益。

当然，此书亦存在不足，由于篇幅有限，就难免对一些问题的论述失于简略，未能深入。例如，在各项知识产权的权利客体、权利内容、限制等方面有许

多可争议、可探讨之处,在该书中并未涉及。但是,瑕不掩瑜,从总体来看,该书仍不失为一部综合性的、论述系统、重点突出、资料丰富,适应社会需要的理论与实务相结合的著作。

当前我国司法制度存在的问题与改进对策*

法律不仅想成为用以评价的规范,而且欲作为产生效果的力量。① 司法制度的设置就是借以使众多的法律由精神王国进入现实王国以控制社会生活关系的桥梁;法律借助司法机关的司法活动而降临尘世。法律机器得以完善的运行,得益于程序完备的司法制度。② 我国自改革开放以来,国家立法机关制定了大量的法律,但法律的实施状况令人担忧。这种局面的形成原因除立法本身的质量有待提高外,还有一个重要的原因就是人们对司法制度之重要性的研究和重视不够。我国现行的司法制度已严重制约了法律的有效实施。因此,改革现行的司法制度已成为我国当今法制建设和法学理论研究不可回避的重大课题。

一、我国现行司法制度的弊端

从一般意义上来讲,司法制度是国家制度的重要组成部分,它是统治阶级为保证法律实施而制定的制度,包括司法机关的设置及其任务、司法机关的组织体系、组织与活动原则及工作制度等。③ 众所周知,司法权作为国家权力的重

---

* 原载《法学评论》1998 年第 6 期。

① 参见[德]拉德布鲁赫:《法学导论》,米健等译,中国大百科全书出版社 1997 年版,第 100 页。

② 参见[美]约翰 · 赞恩:《法律的故事》,刘昕等译,江苏人民出版社 1998 年版,第 142 页。

③ 参见许崇德主编:《中国宪法》,中国人民大学出版社 1990 年版,第 295 页。

要组成部分,在现代法治社会,它同立法权、行政权一起,构成了现代国家基本的权力体系。由于不同的政治制度、经济制度和文化传统等因素的影响,各国对司法权的来源、分配以及司法权在国家基本权力结构中的地位有不同的规定,由此而形成了不同的司法体制以及与之相适应的司法制度。④ 毋庸讳言,我国是人民民主专政的国家,我国的司法制度属于人民民主专政的司法制度。由于历史原因所致,我国现行司法制度主要存在三个弊端。

1. 从司法机关与其他国家机关或组织的关系上来看,司法机关在人、财、物等方面受制于其他国家机关和组织,由此导致了司法权的地方化。

我国的司法制度是随着人民政权的产生、发展而逐步产生、发展起来的。新中国成立后,根据《中央人民政府组织法》的规定,我国的各级司法机关作为同级政府的组成部分并完全隶属于人民政府。至 1954 年 9 月,我国颁布了第一部宪法,并相应颁布了《人民法院组织法》和《人民检察院组织法》,从而使我国的司法制度进入了一个新的发展时期,人民法院和人民检察院已不再是同级政府的组成部分,而是独立于政府部门的司法机关。"文化大革命"结束后,1982 年我国又颁布了新《宪法》,该部宪法重述了审判机关和检察机关地位的独立性。但是,我国自 1980 年以来,基本上实行的是以"分灶吃饭"为主要内容的财政体制。这种财政体制虽然调动并刺激了各级地方政府发展地方经济的积极性,在强化地方政府自治能力的同时,在某些领域或某种程度上减轻了中央政府的财政负担;但与此同时,在"分灶吃饭"的财政体制下,一方面,我国的行政机关掌握着整个国家的财权,各级司法机关的经费必须由同级政府决定;另一方面,司法机关在装备、办公条件、办案经费等方面会因各地经济发展及财政收入状况不同而大相径庭,导致了司法机关的财政与地方财政融为一体,而地方财政收入的好坏又取决于地方各公民、法人和其他组织的经济状况和纳税的水平,在这种情况下,地方司法机关更多地倾向于从发展地方经济的角度去执行法律和行使司法权,而不是着眼于国家法制的统一性和严肃性。即使是在

---

④　从分权的角度上来看,行使司法权的机关仅指审判机关。在我国,审判机关、检察机关、公安机关、国家安全机关、司法行政机关甚至仲裁机关等都被视为司法机关。本文所称的司法机关仅指审判机关和检察机关,与之相适应,司法制度则是指审判机关和检察机关的设置、组织体系及活动原则等。

1993 年以后的分税制的财政管理体制下,地方各级司法机关在财政上仍然依附于地方。地方司法机关除在财政上依赖于地方政府外,在人事制度等方面,不仅地方司法机关的司法行政职务由地方各级权力机关选举、委任和罢免,而且司法人员也由地方权力机关任免。由于地方各级司法机关的财政和人事权都隶属于地方,这种权力结构和权力隶属、依附关系,导致了司法权的地方化。目前,地方保护主义、部门保护主义已成为我国司法过程中难以自我克服的问题。

2. 从对司法机关进行制约与监督的机制上来看,由于缺乏具体的操作规程致使国家权力机关无法对司法机关的司法行为进行有效法律监督。

我国的一切权力属于人民,从主权的归属上来看,它在本质上是统一不可分割的整体。但是,人民组织国家机关行使权力、进行统治和管理国家的时候,须有严密的分工。根据我国宪法的规定,在我国的国家机关体系中,“两院一府”由国家权力机关产生,并受国家权力机关的监督。应该说,代表全国人民行使国家权力的国家权力机关其权力是广泛的,它有权对司法机关及其司法行为进行法律监督。但是在实践中,各级权力机关与司法机关的关系仅停留在由各级权力机关根据同级党委的意见来选举或罢免同级司法机关的负责人;各级权力机关对司法人员的任免仅习惯于履行法律手续,没有把对司法人员的任免与对他们具体的执法情况的考察有机地结合起来;各级权力机关对司法机关的监督只表现为“工作”监督,即听取和审议司法机关的年度工作报告以及视察或检查司法机关的执法工作情况。因此,我国宪法虽然赋予了国家权力机关的广泛权力,但是目前国家权力机关尚无行使权力的具体程序,特别是在国家权力机关对司法机关的监督问题上,更是如此。近年来,针对司法机关在执法过程中存在的种种问题,有些地方权力机关为了强化司法监督,将法律监督深入某些具体的案件,但这些做法遭到司法机关反对。有的地方司法机关认为,国家权力机关对司法机关的监督如果涉及具体案件,这与“两院”独立办案相矛盾,有悖“人大”工作抓“大事”的原则,并且会导致地方人民代表大会及其常委会演变为“两院”的上级主管机关。由于国家权力机关的监督不力,再加上我国现行司法体制中司法机关相互制约疲软,检察监督的作用发挥欠佳,有的上下级司法机关更是“和善相处”并一味开脱护短,这就使司法工作中的许多问题难以通

过现行的监督机制予以解决,并在客观上为司法机关滥用权力以及司法腐败等现象的产生提供了便利。

3. 从司法机关目前的管理体制、组织机构、工作程序和人员组成上来看,我国现行的司法制度主要存在以下问题。

第一,我国现行的司法机关的管辖区域与地方权力机关、地方行政的管理区域完全重合,故而强化了司法权的地方化。我国是单一制国家,理应只能存在一套统一的国家司法系统,各级司法机关应是一脉相承、统一而完整地行使国家司法权,只有这样才能维护国家法制和司法权的统一。然而,在现行的体制下,地方司法机关人财物都依赖地方、受制于地方。

第二,司法机关系统内的监督机制疲软,致使司法机关无力通过自身的监督机制来纠正各种执法不严以及司法腐败现象。目前,我国司法系统内的监督主要有检察机关对审判机关的检察监督和上级审判机关对下级审判机关的审级监督。就检察监督而言,人民检察院作为我国的法律监督机关,根据我国宪法和法律的规定,它有权对国家审判机关的审判活动是否合法进行监督。但是在实践中,检察监督存在以下问题:一是检察监督的力度软化,检察机关的执法监督意识和监督行为由于受多种因素的困扰和束缚,出现了种种障碍,有些检察机关认为当前法制不健全,监督手段不完备,致使检察监督难以展开,即使对审判机关的审判活动进行监督,不仅审判机关不理解,个别党政机关及领导对此也存在思想误区,由于出力不讨好,不如不监督。二是从我国现行法律规定的情况来看,检察机关对审判机关的审判行为进行的监督只是一种事后监督,在实践中检察机关发现审判机关的审判行为违法时,只能以抗诉的形式要求审判机关纠正。如果审判机关拒绝纠正,检察机关也无能为力。长此以往,必将严重损害检察监督的权威性和有效性。三是检察机关也是司法机关,我国现行法律只规定检察机关有权监督其他司法机关,至于如何监督检察机关的检察权问题,除国家权力机关的"工作"监督外,目前尚无其他明确规定,从而为检察机关滥用权力提供了便利。就审级监督而言:根据宪法和法律的规定,上级审判机关有权对下级审判机关的审判行为实行审级监督,在实践中,上级审判机关通过审级监督的形式对下级审判机关的违法行为确也进行了有效纠正。但是,

审级监督是审判机关系统内部的监督，由于我国实行二审终审制，再加上审判机关的审判行为受地方保护主义的困扰，因此，在少数地方，上级审判机关对下级审判机关进行审级监督的着眼点已不再是法制的统一和国家法律的有效实施，而是地方利益是否受到充分的保护。

第三，轻程序、司法机关不遵守程序约束的现象仍然存在。我国有重实体、轻程序的法律传统，往往把法律程序视为纯形式的东西，甚至看成形式主义，或者认为它束手束脚。1979 年后，我国先后颁布了《刑事诉讼法》、《民事诉讼法》和《行政诉讼法》等程序性法律。但是由于我国轻程序的法律传统的影响，在这些程序法中，存在以下问题，比如，在各种诉讼中代表国家行使司法权的司法机关始终居于绝对支配地位；刑事诉讼中控辩双方地位不平等和控告方的证据具有绝对效力；各种程序性规范对当事人和其他诉讼参与人来说是一些硬性的规范，而对司法机关则是一些软化的约束等。由于我国在立法中轻程序，有些司法机关及司法人员甚至认为，程序法只是约束当事人和其他诉讼参与人的，司法机关则可以不受法定程序和制度的约束。实际上，在我国，司法错案的发生原因往往不是适用实体法不正确，而是程序法的执行不严格和程序法本身不完善上。由于程序法中缺乏一套严密、具体、合理的程序规则，再加上司法机关在执法过程中轻程序，这样就极易造成司法活动游离于程序法所规范的轨道外。程序不严谨必然导致执法不规范，执法不规范则必然带来司法不公正。

第四，现行司法机关的内部管理体制不可能建立真正的司法责任制。由于长期受行政管理方式的影响，我国司法机关基本上是以行政管理的方式来管理司法工作，特别是审判机关往往习惯于以此方式来管理法院的审判工作。在我国的审判机关中，法官始终是以法院工作人员而不是以法官个人身份出现在审判程序中，他们对外代表法院履行职权，包括依法调查收集证据、组织并主持案件的开庭审理，却无权独立对外作出裁判。目前，有一部分法院由审判委员会或者行政性质的庭务会以集体负责的名义行使对案件的裁判权，无论该案件是否重大或者是否疑难，均由审判委员会或庭务会讨论决定。独任庭、合议庭只对案件事实负责，失去了应有的职能作用，以致形成了审者不能判、判者又不审的局面，审理与判决严重脱钩。由于庭务会和审判委员会拥有案件的实际裁判

权,因此裁判的结果和相应的责任自然也由集体承担,而所谓集体负责的结果是谁也不负责。这种采用行政管理的方式管理法院的做法,既违背了审判工作特有的规律性,也与法律规定不符。人民法院独立行使审判权固然不等于法官独立办案,但是人民法院的裁判总是应由法律规定的审判组织以法院的名义作出的。目前,随着审判机关的职能作用不断扩大和案件大幅度的上升,法院工作的效率越来越成为影响法院形象的障碍,而法院系统内现行的管理方式又导致了法官责任心的缺乏和审判工作的低效率。

第五,司法人员法律专业水平偏低,司法腐败问题较为严重。首先,我国对法官、检察官任职资格条件的要求是比较低的。例如,我国《法官法》将法官的专业学历起点确定为大学本科以上,《检察官法》的规定也是如此。然而,我国现有司法人员学历的实际情况离这一要求却相去甚远。在全国法院系统25万多名法官中,本科层次的只占5.6%,研究生仅占0.25%。而在全国检察机关系统内的20多万名检察官中,本科层次的更少,只占4%。我国司法队伍的绝大部分构成人员是在1979年后到司法机关的,从这支队伍的来源来看,其主要由三部分组成:一是政法院校的毕业生;二是复转军人;三是通过社会招干途径考入司法机关的高中毕业生。从人数比例上来看,后两部分的人数远远超过前者的人数。可见,我国现行司法队伍中非专业化的倾向是严重的。其次,我国司法队伍中的另一个问题就是司法腐败。应该说,我国司法队伍在改革开放的初期还是相当廉洁的,但随着社会上日益严重的腐败现象向司法队伍渗透,司法腐败问题渐渐变得严重起来。近几年来,虽然各级司法机关在廉政建设方面做了大量的工作,但是,在司法机关内部违法违纪的问题依然存在,其中个别性质和情节还很严重。

我国司法制度的上述弊端,使我国现行的司法制度已无法适应建设社会主义法治国家和有效实施现行法律的需要,它不仅无法使人民司法制度发扬光大,而且已严重地损害了司法形象和国家法制的权威与统一。所以,司法制度的改革势在必行。

二、我国司法制度改革的原则

明确我国司法制度改革的原则,对于我们克服司法改革的盲目性,规范改革行为,加速改革进程,提高司法改革的实效,有着重要作用。笔者认为,改革我国现行的司法制度,除加强和完善党对司法机关的领导、坚持司法主权的原则外,还应当围绕以下几个主要原则进行。

1. 司法统一的原则

司法统一的原则是现代法治国家所遵循的一条基本司法准则。其存在的理念在于:主权国家之法制统一的基础是司法统一。这种"统一化"首先是指司法体制的统一。我国是一个单一制国家,理论上讲只存在一个统一的国家司法系统(而不应存在独立的地方司法系统)。但从我国现行司法机构的设置、隶属关系以及司法人员的任免上来看,我们很难将现行的地方各级司法机关界定为"国家的"司法机关,从某种意义上来讲,新中国成立至今尚未形成一个统一的司法系统。笔者认为,改革现行司法制度,首要的原则就是朝着司法统一的方向进行,只有这样,才能维护国家法制的统一和有效实施。

2. 独立审判权、检察权原则

我国的独立审判权、检察权:一是主要是相对行政机关的行政活动而言的,即司法机关在行使司法权时不受行政机关、社会团体和个人的干涉;二是在国家权力机关监督之下独立行使审判权、检察权,司法机关依照法律行使司法权时应完整地置于国家权力机关的监督之下,司法机关在行使司法权时并不排斥、否定国家权力机关的监督;三是司法机关除接受国家权力机关的监督外,还应接受社会的民主监督。在改革司法制度的过程中,坚持独立行使审判权、检察权,首先要建立一套真正独立于行政机关和各级地方政权的司法系统,要改变目前地方司法机关在人、财、物等方面过多依赖地方特别是地方行政机关的倾向,将各级地方司法机关的人权、财权由目前的地方政权管理转变为由最高司法机关统一集中管理。

同时,由于司法程序乃是国家公平与正义的最后一道屏障,故在法治国家,均出于实现司法公正的理念而强调独立行使审判权、检察权,但这是构建在监督和制约机制上的独立行使审判权、检察权,而不是没有任何制约和监督的独立。人类历史经验一再表明:一切有权力的人都容易滥用权力,这是一条千古不变的经验。⑤ 不受监督的权力必然是腐败的权力。因此,我们在坚持独立行使审判权、检察权的同时,还必须强化对司法机关的法律监督。在我国,从形式上来看,司法监督的机制已经建立,并且这些机关或组织各司其职,各负其责,能够对司法机关的司法行为进行监督。但实践已经证明,我国目前的监督机制收效甚微,其原因在于,在这些监督中:有的是司法机关系统内的"自我"监督,如审判机关的审级监督,司法机关内设的纪检部门和法纪监督部门的自检、自醒式的监督;虽然属于系统外监督,但这种监督只是一种"事后"监督,至于具体如何监督,监督的程序和效力如何,法律对此并没有作出明确的规定,如国家权力机关对司法机关的监督;有的系统外监督缺乏制度保障和法律效力,在实践中监督力量不能形成合力,无法有效纠正司法机关滥用权力的行为。笔者认为,对司法机关的司法行为进行制约,不仅要建立一套监督机制,而且这套监督机制必须具备科学性、权威性和有效性。

3. 司法民主原则

民主,是人类社会源远流长的梦想之一。但是,受不同的文化背景和历史条件的影响,人们对民主的理解及实践也有所不同。司法民主,作为一个国家司法制度中的重要原则之一,包括公开审判、辩护、陪审、回避、上诉等内容。我国的司法民主主要包括以下几个方面的内容。

第一,司法民主的存在首先应当以承认公民、法人和其他组织独立的权利为前提条件。古往今来,若公民、法人和其他组织没有权利,也就没有司法及司法程序;同样,在司法程序中,公民、法人和其他组织没有独立而又广泛的诉讼权利,也就没有司法民主。没有确立个人独立和自由之基础而建立的司法权力,只能是一种独裁或专制制度;反之,才是一种体现了司法民主的司法权力。

---

⑤　参见[法]孟德斯鸠:《论法的精神》(上册),张雁深译,商务印书馆1963年版,第154页。

人类司法民主的实践过程也就是当事人诉讼权利的扩张过程。因此,坚持司法民主,首先应坚持个人诉讼权利的独立性和广泛性,克服程序法中的国家本位主义思想。

第二,正如民主的首要含义在于"社会成员参与"⑥一样,司法民主的实质在于社会成员参与司法。而陪审制的建立与适用,则是司法民主的表现形式之一。⑦ 陪审制作为社会分享审判权力的基本手段,它"可以把人民本身,或至少把一部分公民提到法官的地位。这实质上就是陪审制度把领导社会的权力置于人民或这一部分公民之手"。⑧ 因此,用陪审制度实现审判权的社会分享,一方面,能够给予公民一种"参与"的感受,"赋予每个公民一种主政地位,使人人感到自己对社会成员有责任和参加了自己的政府";⑨另一方面,陪审制也为公民在一定程度上实际地把握审判过程提供了手段,由此形成了公民与法官之间的实际制约。所以,陪审制既体现了职业审判机构及人员与公民对审判权的共享,也反映了社会成员对审判过程的制约与参与,因此,陪审制度是司法民主的主要表现。⑩ 在我国,陪审制度是宪法规定的一个基本原则,同时也是司法民主的主要表现形式。但在实践中,我国陪审制度的适用不是着眼于司法民主和对法官进行制约的需要,而是用于解决法院审判力量之不足。鉴于这种现状,有些学者认为,由于外国陪审制度的发展呈现日益衰退的趋势,建议在我国废除陪审制。⑪ 笔者认为,在我国,陪审制不仅不能废除,而且还应坚持和完善。国外学者主张废除陪审制的理由主要有两点:一是与法官相比,陪审员不懂法律;二是法官不易专横,用不着陪审团来加以牵制。⑫ 上述两点理由不能成为我国

---

⑥ 参见[美]科恩:《论民主》,聂崇信等译,商务印书馆1988年版,第13页。

⑦ 就陪审制的产生与发展上看,它实质上经历了一个"以法庭上的见证人演变为具有司法权的裁决人"的过程。参见[美]约翰·赞恩:《法律的故事》,刘昕等译,江苏人民出版社1998年版,第200~329页。

⑧ [法]托克维尔:《论美国的民主》(上卷),董果良译,商务印书馆1988年版,第314页。

⑨ 同上书,第316页。

⑩ 由于陪审制的极端重要性,因而托克维尔认为我们不仅仅只把陪审制当作司法制度看待,而应把它看作一个独立的民主制度。[法]托克维尔:《论美国的民主》(上卷),董果良译,商务印书馆1988年版,第313页。

⑪ 参见陈桂明:《诉讼公正与程序保障》,中国法制出版社1996年版,第33~36页。

⑫ 参见任允正等主编:《司法制度比较研究》,中国社会科学出版社1996年版,第109页。

废除陪审制的原因。首先,如果说陪审员不懂法律能够成为废除陪审制的理由的话,那么在我国法官素质普遍偏低的情况下,是否也意味着要废除审判制度呢？答案是显而易见的。在我国,正如法官素质偏低一样,陪审员的总体素质也不高,从而影响了诉讼的质量和效率,但解决问题的关键在于提高陪审员的素质,而不在于废除陪审制。其次,西方学者主张废除陪审制是以其已建立了对法官进行有效的制约机制为前提条件的,然而我国目前还没有形成一套对法官进行有效制约的机制,因而需要适用陪审制来对法官进行制约,这种制度不仅不能废除,而且还有待加强。

第三,法律职业的“巴尔干化”⑬是司法民主在当今社会的主要表现形式。从法制史的角度来看,司法权与立法权都是不分的,它们与行政权和军事权一起皆集于最高统治者一体。后来,随着社会的发展,特别是国家机器的发展越来越趋于专业化,首先出现了司法权与行政权的分离。最典型的就是自公元前3世纪之后,在古罗马出现了专职司法的法庭和“以法律为生”的职业律师。因此,罗马法律机器得以创造的两架发动机是程序完备的罗马法庭以及由法学家和辩护者组成的律师阶层。⑭ 早期法律职业阶层的出现不仅为法律的创制与完善提供了可能,而且法律阶层内部的“分工”与制约也为司法民主的产生与发展提供了契机。由于人们普遍感到能从法律阶层内部的“分工”与制约中获得“好处”,故而法律职业的“巴尔干化”现已成为各国司法民主制度的共同特征,并在法律领域内出现了独立并相互制约的审判制度、公诉制度、律师制度、仲裁制度以及民事调解制度等。法律职业的“巴尔干化”使早期在雅典形成的由法庭一统司法及法律职业阶层、“一揽子”解决冲突的历史宣告结束。尽管各国立法与实践对于法律职业以及其分工的规定有所不同,但也不乏一些具有普遍性的做法:一是民间仲裁机构的出现以及仲裁裁决的终局效力,打破了由国家司法机关“垄断”国家司法权的神化;二是国家司法行为由传统的单一审判行为分离为

---

⑬ “巴尔干化”,原指西方强国将某一地区分裂为若干对立的小地区,使其互相牵制。现指法律职业团体被分成彼此独立的部门,并彼此制约。参见柴发邦主编:《体制改革与完善诉讼制度》,中国人民公安大学出版社1991年版,第122页。

⑭ 参见[美]约翰·赞恩:《法律的故事》,刘昕等译,江苏人民出版社1998年版,第152页。

侦查行为、公诉行为和现代审判行为,这种分化在附带地提高司法效率的同时,其主要的功能在于制约传统的司法行为——法庭的审判行为;三是律师职业阶层的出现与发展,是司法民主的奠基石,律师的职业使命与其说是为了当事人的利益,倒不如说是为了对抗司法机关的不当行为。律师在诉讼中所为的一切行为或者是通过论证当事人的主张以影响法官的判断,或者是通过法定方式否定法官某种裁判的不合法性。法律的历史表明,没有职业律师阶层就不可能存在法治和司法民主。⑮

4. 依法裁判原则

司法裁判作为一种法律现象,是以一定的法律规范的存在为前提的。因此,在现代社会,司法裁判也就是依照法律规范的裁判。在大陆法系国家,由于法典化运动的影响,都把"依法治国"作为立宪的根本宗旨,反映在司法程序中则是要求依法裁判。法官的职责在于适用法律,司法裁判只能作为法律的准确复制品而不得用作其他目的,对此原则,已在大陆法系国家获得普遍接纳。即使是在以判例法为其主要法律渊源的英美法系国家,"遵循先例"(Staredicisis et non quieta mov-ere)也是司法程序中一个最为普遍的原则。在英美法系国家,遵循先例意味着,某个法律要点一经司法裁判确立,便构成一个日后不能背离的先例,或者一个恰好有关的先前案例,必须在日后的案件中得到遵循。⑯ 我国宪法和法律也要求司法裁判必须以事实为依据,以法律为准绳。依法裁判作为现代法治国家司法程序中的一项普遍原则,它主要包括三个方面的内容:一是司法裁判必须根据现存的法律。国家现存的法律是司法裁判的前提和基础,要求司法机关依据现存法律进行裁判的旨意在于:一方面,便于当事人及其他关系人对司法裁判的结果作出预测,从而有利于稳定现有的政治结构和经济秩序;另一方面,有助于对司法专断起到约束作用,特别是对那些容易有偏见且既软弱又动摇不定的法官来讲,可以起到"后盾"的作用。二是司法裁判必须客观地适用法律。司法裁判既是法官对于案件适用法律并进行个别性的法律判断

---

⑮ 参见[美]约翰·赞恩:《法律的故事》,刘昕等译,江苏人民出版社1998年版,第144页。

⑯ 参见[美]E. 博登海默:《法理学——法哲学及其方法》,邓正来等译,华夏出版社1987年版,第521页。

过程,也是一个“人为”的过程,由于现实生活关系千变万化,为了保证适用法律的客观性,现代法治国家在司法裁判上主要采用合议制,使合议庭的组成者即所有法官的判断尽可能达到一致,从而克服法官的主观性和个性,接近适用法律的客观性。三是司法裁判必须遵守法律。司法裁判无论是在内容上还是在程序上都必须遵守法律;对于司法裁判因违法(包括违反实体法和程序法)而侵犯当事人和有关关系人权益的,除由国家承担赔偿责任外,还应当追究法官个人的执法责任。在我国司法制度改革的过程中,除坚持和完善依法裁判所需具备的上述内容外,还应特别注意以下两个方面的问题。

第一,要遵守程序法并重新认识程序法的作用。我们知道,“程序优先”作为英美法系国家司法程序中的一个通用术语,它的产生及发展归功于英美法中的陪审制以及作为其前提的当事人主义诉讼结构、遵循先例原则和衡平法的发展。[17] 根据英美法中“程序优先”的理念,司法结果是否正确并不以某种外在的客观标准来衡量,充实和重视程序本身以保证结果能够得到认可才是衡量司法结果是否正确的标准。因而,“程序优先”或“没有程序就没有权利”的理念在法律实施的过程中得到了英美法系国家的普遍认同和遵守。就大陆法系而言,对欧洲大陆产生深刻影响的罗马法从未采用制定法制的形式,而且只含有相对来说数量很少的程式化法律规则,[18]因此,早期大陆法系只有程序而不存在制定法(实体法)的现象是存在的。就作为大陆法系的源头即罗马法而言,最先发达的是诉权,并且诉权不同程序也不同,诉权的逐渐增加意味着实体法被创制。[19] 随着法典化理论与实践的发展,大陆法系国家则极度推崇制定法并认为制定法是完美无缺的。他们在理论上将程序法仅理解为如何实现实体法内容的手段性规范,有时还将程序法理解为实体法的“助法”或实体法的“附带性规范”;在司法程序中,他们以“完美无缺”的实体法为前提,将司法程序仅看作以判决的

---

⑰ 参见[日]谷口安平:《程序的正义与诉讼》,王亚新等译,中国政法大学出版社1996年版,第4页。

⑱ 参见[德]罗伯特·霍恩等:《德国民商法导论》,楚建译,中国大百科出版社1996年版,第62页。

⑲ 参见[日]谷口安平:《程序的正义与诉讼》,王亚新等译,中国政法大学出版社1996年版,第8页。

形式产生其结果的机械过程或者就是这个机器本身,孟德斯鸠作为法治理想而描绘出来的"自动售货机"式的法官,正是这种程序观念的象征。然而,在大陆法系国家,法律实施的实践早已打破了实体法本身完美无缺的神化,实体法的实施更多地依赖司法程序中的法官判断这一点已是无可非议的事实。在法国,拿破仑所谓用一部包罗万象的法典即可调整人间一切关系的豪言壮语已失去意义,《法国民法典》越来越依赖被称为"一般条款"的立法技术来维护其体系,而作为一般条款的诚实信用、权利滥用、正当事由等本身并不具备明确的内容,而只能由法官在具体的司法程序中赋予其具体含义。在德国,尽管在所有的法典中,最博大精深的应当首推《德国民法典》,但该法典实施不久人们便发现了其不足之处,"法律的漏洞"要求法官在司法程序中根据具体的案情赋予实体法以具体的含义。由此而产生的结果是,在大陆法系国家对程序法与实体法相互关系的认识上出现了一种日渐被人们普遍认同的观念,即程序法乃实体法发展之母体。[20] 大陆法系国家程序观念的变化,与其说在程序观念上出现了与英美法接近的明显趋势,倒不如说是传统罗马法中程序观念的回归与勃兴。在我国,由于受轻程序这一法律传统的影响,司法程序中违反程序的现象比较普遍,尽管在目前人们对程序的认识还很难上升到上述的高度,但我们深信:随着我国法制建设的不断完善和人们对司法程序功能的认识加深,一种全新的程序观念在不久的将来一定会展示在我们的面前。

第二,要科学地处理依法裁判与司法程序中"法官造法"的关系。从法制史的角度上来讲,法律必须稳定,但又不能静止不变。一般完全的社会利益要求法律具有稳定性,而不断变化的社会生活环境则要求法律作出相应的变化。这种要求反映在司法程序中则是司法裁判必须遵守国家现存的法律,但也不否认"法官造法"。如果说司法裁判必须遵守国家现存法律是为了保证法律的稳定性的话,那么"法官造法"则是法律变化性的需要。从历史上讲,"法官造法"的渊源始于罗马法,在罗马的第二个时代(公元1~3世纪),"裁判官作为最重要的法律渊源,以其年度告示(edictum perpetuum)成为荣誉法(ius honorarium)的

---

⑳ 参见[日]谷口安平:《程序的正义与诉讼》,王亚新等译,中国政法大学出版社1996年版,第63页。

制定者”。[21] 因而,作为裁判官所制定的荣誉法或裁判官法(ius praetorium)生动地反映着公平原则,是对社会的具体要求的灵活适应;法律生活本身通过裁判官的司法活动而将这些具体要求加以汇集,并通过裁判官在司法程序中的裁量权加以解决。[22] 如果我们以罗马私法作为大陆法系的始端,那么法国资产阶级革命的法律成果就是要求建立简单、无技巧、通俗易懂的法典,以使公民无须请教律师和法院就能读懂法律,并要求将所有的立法权都交给代议制的立法机关,这就必然要求否定自罗马法以来在法国所形成的司法机关享有立法权的传统。立法权和司法权的这种区分,要求法典必须完善、清晰、逻辑严密,并把法官的作用缩小到仅对事实适用法律(成文法规)的范围。这种想把司法程序搞得过于简单化的观点,除滋生上文所述的轻视司法程序的功能外,另外一个严重的后果便是否定了法官在司法程序中解释法律和创造法律的权力。然而,法典化时期法律制度的设计者的这种设想是极不可靠的。“法规自动适用”理论所奉行的观点(立法机关制定的法规非常清楚,以致它的适用成了一个自动实现的过程),在法典实施的过程中很快就成了弃物,实际上,“完整、清晰、逻辑严明”并且具有“预见性”的法典在司法程序中并没有使法官摆脱对法律条文进行必要的解释和适用的负担,他们在一个生动、复杂而又充满困难的程序之中忙忙碌碌,法官必须填补立法的疏漏,解决法规之间的冲突,并使现存法律适应不断变化的情况。[23]

法典实施的实践除重新唤醒人们的程序意识外,同时也形成了新的司法观点,人们依赖欧根·胡贝尔(Eugen Huber)在《瑞士民法典》开始所写的文字,应有利于法官在司法程序中履行其职责,“如果在本法中无可适用的条款,法官应适用习惯法;如无习惯法时,适用法官作为立法者时所会制定的规则”。因此,在大陆法系国家中,人们现在承认,司法行为既是一种智慧行为,也是一种意志行为;法官负有不断发展法律的义务。[24] 这样,通过司法解释而表现出来的法律

---

[21] [意]彼德罗·彭梵得:《罗马法教科书》,黄风译,中国政法大学出版社1992年版,第17页。

[22] 参见[意]朱塞佩·格罗索:《罗马法史》,黄风译,中国政法大学出版社1994年版,第251页、第257页。

[23] 参见[美]约翰·梅利曼:《大陆法系》,顾培东等译,知识出版社1984年版,第48页。

[24] 参见[德]罗伯特·霍恩等:《德国民法导论》,楚建译,中国大百科出版社1996年版,第64页。

作为法的渊源之一,也就在大陆法系得到了确认。但是,基于“法官造法”容易使法官成为具体案件的立法者,并有可能将案件的当事人置于司法擅断和不负责任的危险之中,因而对“法官造法”进行必要的限制就变得更为必要了。因此,1942 年《意大利民法典》的有关规定对“法官造法”进行了限制。该法典第 12 条规定:“在适用法律时,只能根据上下文的关系,按照词句的原意和立法者的意图进行解释,而不能赋予法律另外的含义;在无法根据一项明确的规则解决歧义(争议)时,应当根据调整类似情况(案件)或者类似领域的规则进行确定;如果仍然存在疑问,则应当根据国家法制的一般原则加以确定。”㉕《意大利民法典》的上述规定,为“法官造法”规定了立法性的指导方向,即适用法律首先应当根据法律的直接意思;如果它的意思不明确,法官就应该参照立法机关制定法律的意图;如果对某一问题没有明确规定的,法官则应从其他相近的法规中类推适用。如果上述方法均不能解决问题时,则应当根据国家法制的一般原则加以确定。我国由于受大陆法系的影响,无论是“依法治国”还是建设社会主义法治国家,人们都普遍认为应制定一套合理而又科学的成文法体系。但是,人类法律实施的历史表明:“徒法不足以自行”,成文法并非解决人间争议的“灵丹妙药”。大陆法系国家从法典化运动时开始的对制定法的极度推崇,转而对司法裁判功能的重视,以及在允许法官在具体的司法程序中“造法”的同时,对其“造法”行为进行必要的制约,显然是值得我们重视的。因此,科学地处理好依法裁判与“法官造法”的关系是我国司法改革不可回避的重要问题之一。

三、我国司法制度改革的具体措施

针对我国现行司法制度中存在的问题,笔者认为,我国司法制度改革除必须遵循上述原则外,在具体措施上还应当围绕着以下几个方面进行。

㉕ 《意大利民法典》,费安玲等译,中国政法大学出版社 1997 年版,第 5 页。

1. 改革人事、财政及领导体制,在全国范围内建立一个统一而独立的司法系统,确保司法权和国家法制的统一

第一,在党的领导方面,将目前由各级地方党的组织对各级司法机关的领导改由党的中央组织对最高人民法院和最高人民检察院党组的领导;最高人民法院和最高人民检察院党组根据党的中央组织的授权代表执政党负责领导全国各地的司法机关。

第二,改变目前司法人员(包括法官、检察官以及地方各级司法机关的行政长官)的任免程序和方式。从一般理论上来讲,司法人员的任免程序和方式可以分为任命制、选举制以及任命与选举相结合的方式,但从实践来看,无论是大陆法系还是英美法系国家,在司法人员的任免上大都采用任命制。[26] 即使是有些采用选举制的国家或地区,目前也出现了转而实行任命制的趋势。[27] 我国是单一制国家,从理论上来讲,各级司法机构的司法人员的任免理应由国家元首或者最高司法行政长官依据一定的程序任免,以体现司法权的统一性。笔者认为,在司法人员的任免程序及方式上应充分考虑我国的国体并借鉴国外的有益做法,将地方司法机关的司法人员由地方权力机关选举和任免改为由国家元首或者由最高司法机关的司法行政长官根据一定的程序任命。

第三,改变各级地方司法机关的财政体制,将目前由地方政府负担地方司法机关的财政改为由中央政府负担,并由最高司法机关集中统一管理全国各级司法机关的财政经费。

2. 改革监督机制,强化司法监督,确保司法公正

对司法机关的司法权进行有效的监督,这既是我国司法民主的要求,也是我国司法制度改革的重要内容。笔者认为,改革监督机制,强化司法监督,除根据司法民主原则的内容来重塑我国现行的司法监督机制和加强社会民主监督外,目前主要应当强化国家权力机关对司法机关的监督。强化此种监督的首要

---

[26] 参见任允正等主编:《司法制度比较研究》,中国社会科学出版社1996年版,第51页、第116页。

[27] 在美国,对于联邦司法系统的司法人员,均采用任命制。但就各州而言,大部分州曾采用的是选举制。但由于受"密苏里计划"的影响,各州目前出现了司法人员任免的任命制趋势。参见[美]詹姆斯·M. 伯恩斯等:《民治政府》,陆震纶等译,中国社会科学出版社1996年版,第1081~1101页。

任务是在制度上真正落实国家权力机关的权力。笔者认为,国家权力机关对司法机关的监督不应仅仅停留在“工作”监督阶段,而应深入具体的案件中。尽管在理论上人们对国家权力机关能否介入具体案件存在争论,甚至持否定态度,[28]但实践证明:国家权力机关要监督好司法机关的司法活动,如果不涉及某些具体案件,就谈不上对司法活动的监督。为了强化国家权力机关对司法机关的监督,应赋予国家权力机关对一定范围内的案件具有准司法权。在国外,议会对国家元首、政府首脑、最高司法行政长官具有准司法权。如《日本国宪法》第64条规定,国会为审判受罢免控诉的法官,由两议院之议员组成弹劾法院。法国议会也规定,参议院可以组成最高法院,以审判共和国总统和部长,并审理危害国家安全案。[29] 我国在1980年对林彪、江青反革命集团案的审判就是全国人大常委会通过组织特别法庭行使准司法权的。当然,赋予国家权力机关准司法权,并不意味着国家权力机关替代了司法机关,国家权力机关也没有必要介入所有的司法案件。因此,国家权力机关行使准司法权时,应把握一个“度”的问题。笔者认为,从国家权力机关对司法机关的司法活动进行监督的角度上来看,国家权力机关可以对下列案件行使准司法权。

第一,涉及司法机关及其司法人员滥用权力的案件。这类案件包括两类:一类是司法机关以及司法人员在司法程序中的职务犯罪行为。对于这类案件,国家权力机关可以组织特别检察厅和特别法庭,并根据刑事诉讼程序进行审理;另一类是司法诉讼错案的赔偿案件。司法诉讼错案赔偿是指在司法程序中,司法机关及其工作人员违法行使司法权,侵犯公民、法人和其他组织的合法权益时,由国家给予受害人赔偿的一项法律制度。早在1954年《宪法》中,我国就确定了错案赔偿制度,1995年实施的《国家赔偿法》则对国家赔偿制度作出了具体而又明确的规定,要求对司法错案特别是司法诉讼错案进行国家赔偿。但是,我国的《国家赔偿法》在对司法诉讼错案进行国家赔偿的程序方面却存在重大缺陷。这种程序性的缺陷主要表现在以下两个方面:首先,未将司法诉讼

---

[28] 参见李晓斌:《对“人大”质询法院的质疑》,载《法学》1996年第9期。

[29] 董珍祥:《关于强化人大对司法案件监督的思考》,载全国人大办公厅编:《我国当前法律实施的问题和对策》,中国民主法制出版社1997年版。

错案界定为一个需要通过诉讼程序来解决的诉讼案件。司法诉讼错案其实质就是司法机关及其工作人员在司法程序中侵犯公民、法人和其他组织的合法权益,而需要对受害人进行赔偿的案件,这与一般的民事侵权案件并无实质性差别。因此,将司法诉讼错案认定为侵权赔偿案件并通过诉讼程序来解决,这是现代法治国家的通例。例如,英国 1947 年的《王权诉讼法》、美国 1946 年的《联邦侵权行为法》和德国 1981 年的《国家赔偿法》等,[30]均将司法诉讼错案界定为因侵权行为而引起的案件并通过诉讼程序来处理。但我国《国家赔偿法》的做法是通过复议程序和赔偿决定程序进行的,即如果侵权人为检察机关(赔偿义务机关),先由受害人向侵权人提出赔偿请求,侵权人逾期不予赔偿或受害人对赔偿数额有异议的,受害人有权向侵权人的上一级检察机关申请复议,经过该复议程序后受害人仍有异议的,可以向人民法院的赔偿委员会提出申请;如果侵权人为人民法院的,则直接由受害人向人民法院的赔偿委员会提出赔偿申请。赔偿委员会决定是否赔偿采取不公开的方式进行,并且受害人对该委员会的决定不服的,不得向法院起诉。其次,是将司法诉讼错案的确认权交给司法机关,甚至是实施侵权行为的原司法机关,从而使侵权者成为自己案件的“法官”。我们知道,有一句古老的法谚叫作 Nemo Judge in re sua,意为“谁也不能作为自己案件的法官”,现代术语叫作“回避制度”,其目的在于防止司法行为中的“偏私”。在对司法诉讼错案进行国家赔偿的过程中,由于司法机关是具体的侵权者,如果由其认定自己的行为是否构成侵权,其后果是不言而喻的。为此,各国为了防止上述“偏私”行为的发生,相继进行了一系列的制度设置,即给审判者设立审判者。反观我国的《国家赔偿法》,在对司法诉讼错案的认定及赔偿问题上,并未奉行“谁也不能作为自己案件的法官”这一理念,而是信守“自我批评”的政策。基于我国《国家赔偿法》的上述程序性缺陷,笔者认为将司法诉讼错案的确认权交给国家权力机关,并由国家权力机关作为审判者的审判者,这对强化国家权力机关对司法机关的制约与监督,确保司法公正,无疑具有重要作用。

第二,对法律适用产生异议而要求作出立法解释的案件。在法律适用的过

---

[30] 参见林准、马原主编:《外国国家赔偿制度》,人民法院出版社 1992 年版。

程中,由于立法的质量缺陷或者当立法跟不上司法实践的要求时,往往会出现法律适用上的空当。在出现上述情况时,我国通行的做法是由具有解释权的司法机关对法律适用问题进行司法解释。但我国的司法解释主要存在以下问题:从立法规定上来看,我国的司法解释只能是针对司法程序中的具体问题进行解释,并且这种解释没有普遍的约束力,1981 年全国人大《关于法律解释工作的决议》第 2 条规定:凡属于法院审判工作中具体应用法律、法令的问题,由最高人民法院进行解释;凡是检察院检察工作中具体应用法律、法令的问题,由最高人民检察院进行解释。显然,上述规定明确表明:司法解释只能是对司法程序中的具体问题进行解释,并且只能在本系统内有效。从实践来看,我国的司法解释往往倾向于对法律进行一般性解释,而非在具体的司法程序中针对具体案件进行解释,有的司法机关在行使上述解释权时,往往倾向于为"扩充"自己的权力而进行解释,有的甚至以损害或限制当事人及其他诉讼参与人的诉讼权利和违反我国法制的一般原则为代价。例如,我国《刑事诉讼法》颁布后,司法机关竞相进行一般性解释,作为基本法的《刑事诉讼法》只有 255 条,但最高人民法院的解释则有 342 条,最高人民检察院的实施细则更有 414 条,这些本应只能在本部门适用的"内部"规定,不仅条文的数量大大地超过了基本法,而且相互矛盾之处甚多,有许多解释超出基本法甚至严重违反了基本法。对于司法解释中的上述缺陷,我国目前尚无具体的制度对此进行纠正。笔者认为,为了克服司法解释中的上述弊端,在具体的司法程序中,如果司法解释的适用可能违反我国法制的一般原则,有关案件的当事人或关系人即可以就法律适用问题向享有立法权的国家权力机关提出申诉。享有立法权的国家权力机关根据申诉人的申诉,可以组成特别法庭,对司法解释的合法性问题进行审理,并在纠正有关司法解释的同时,对有关问题作出一般性的立法解释。

3. 改革司法机关内部的管理体制和工作程序

改革司法机关内部的管理体制和工作程序,这对在新形势下提高我国司法机关的工作效率和司法质量,杜绝司法腐败现象,无疑具有重大的现实意义。由于审判程序是司法程序中的最后一道屏障,因此,在当前形势下,改革司法机关内部的管理体制和工作程序的重点在于改革审判机关内部的管理体制和工

作程序。

第一,改变审判委员会包揽过多的现象,实行审判委员会讨论重大疑难案件的制度。《人民法院组织法》明确规定:审判委员会的任务是总结审判经验,讨论重大或者疑难的案件和其他审判工作的问题。但在实践中,由于审判委员会包揽过多,因此无论是在理论界还是在司法实践中,人们对审判委员会均异议颇多,有的甚至主张取消审判委员会。就审判委员会工作范围而言,《法院组织法》对此已作了明确规定,即只讨论重大或者疑难案件。就审判委员会的工作而言,目前尚无明确而又统一的规则,必须加快制定。笔者认为,审判委员会的工作程序应包括以下内容:一是到会的委员必须自始至终参加会议;二是委员在讨论案件时,遇有法律规定的回避情形时,应依法回避;三是有关合议庭或独任审判庭的意见与审判委员会不符,但案件的处理结果以审判委员会意见为准的,在制作裁判时,应由审判委员会的组成人员署名。

第二,加强和完善合议庭、独任庭的职能,做到审与判的统一和权与责的统一。合议庭和独任审判庭作为法院内部的两种基本审判组织形式,理应由其代表法院依法独立地行使审判权。但是,在实践中却人为地造成了审判过程中的审与判、责与权的分离,这既不利于提高审判质量和效率,也难以真正建立和实施错案责任追究制。对这种行政式的办案做法必须坚决予以废止。加强和完善合议庭、独任审判庭职能,其关键在于让案件的审理和判决的权力均集中在合议庭和独任审判庭手中,真正让他们有权审理和裁判案件;在落实合议庭或者独任审判庭权力的同时,要真正建立执法责任制,做到权与责的统一。对于那些没有能力行使审判权的人员,必须坚决地调离法院系统;对于那些滥用权力的人员,在把他们清除出法官队伍的同时,要严肃而又认真地追究其法律责任。

第三,改革庭审方式,强化庭审功能。对案件进行开庭审理,作为一项重要的审判原则在我国的三大诉讼法中均有明确的规定。但是从实践来看,法院庭审活动的形式主义现象严重,开庭审理所追求的“当庭认定事实和当庭作出裁判”的这一目标目前只能作为一种理想而留存在人们的脑海中。由于庭审活动的形式主义倾向,许多案件的“事实”在没有经过对方当事人当庭质证的情况下

就由法官与一方当事人于“庭后”加以认定；而“定期宣判”制度的适用又为法院进行“庭后”裁判提供了有力的根据。“庭后”认定案件事实和“庭后”裁判在为司法腐败提供“温床”的同时，也是我国审判效率和质量不高、审判活动公开性不够、法官素质不高的表现。为了强化庭审的功能，庭审方式的改革应包括以下几个方面的内容。

一是全面提高法官素质，使法官具备当庭认定事实和当庭作出裁判的能力。在提高法官素质方面可以采取以下方法：首先，对那些明显不能胜任审判工作的法官，要将其调离法院系统，让其另谋出路。目前我国的工人因产业结构调整和升级而面临着再就业的选择，行政工作人员因行政机构改革而面临着“分流”的压力，同样，随着我国司法制度改革的深入进行，将那些不能胜任法官工作的在职法官调离法院系统，这一趋势将不可避免。其次，应面向社会特别是面向一些政法院校公开招聘一批业务素质好、政治觉悟高，既廉政又勤勉的法官。

二是实行当庭质证和当庭认证制度，即负有举证责任的诉讼主体对自己主张的事实所提供的证据，应经对方当庭质证；庭审组织应根据双方举证、质证的情况当庭认证，对由法院依法收集、调查的证据也应当庭宣读并由双方质证。对于没有经过当庭质证和当庭认证的证据，人民法院不得作为认定案件事实的依据。实行当庭质证和当庭认证制度的目的，在于公开法院认定事实的程序和理由，将法院对证据认定的过程和结果置于当事人和社会的监督之下。

三是实行当庭裁判。所谓当庭裁判，是指合议庭或独任审判庭将当庭认定的事实，经过评议后，立即在法庭上作出裁判。实行当庭裁判，除有利于提高审判效率外，它还可以排除各种庭外因素对裁判结果的干扰，从而保证裁判结果的公正。人民法院在实行当庭裁判时，应当公开宣读以下内容：各项证据证明效力的情况及相应理由；本案所适用的具体法律及理由；法院对双方当事人所持主张的态度（支持或不予支持）及理由；当事人有无上诉权利及上诉的法院。

4. 建立错案责任追究制度

对司法诉讼错案除进行国家赔偿外，还应当追究有关承办人员的责任。实行错案责任追究制度，其目的在于规范司法人员在具体司法程序中的司法行

为,确保司法行为的合法性,这是社会主义法制原则的必然要求。司法机关及司法人员在执行法律的过程中出现错案,在根据有错必纠的原则来对案件结果或行为进行纠正的同时,对办案的责任人也应追究其法律责任,这是法律面前人人平等原则和违法必究原则的具体体现。在法律面前,司法人员没有任何特权,他们都应该忠于国家的法律并依法行使司法权,否则将承担法律责任。自1988年以来,我国部分司法机关开始试行错案责任追究制,有些地方司法机关制定了一些试行办法。实践证明,实施错案责任追究制,对保证司法机关及司法人员严肃执法、秉公办案起到了一定的作用。但是,由于我国目前对此尚无统一的立法,各地司法机关的做法不一,有些地方虽然制定了一些试行办法,但由于种种原因使该制度无法得到落实。建立严明的错案责任追究制的关键在于加紧制定相关法律。笔者认为,错案责任追究制的大体内容应包括以下几个方面:(1)适用范围。包括对哪些人适用,对哪些案件适用。(2)错案的界定、界定的标准以及认定的机关。就错案认定的机关而言,尽管实践中有些地方将导致错案的原司法机关作为认定机关,但笔者认为这种做法欠妥,并且缺乏科学性。同时,错案界定的标准不应该仅以案件的实体结果即认定的事实错误和适用法律错误为限,还应当包括各种程序违法。(3)归责原则与责任的种类。就归责原则而言,对司法人员追究法律责任应以过错责任为限,只要司法人员在办案过程中,因故意或过失导致错案的发生,都应对其追究法律责任。至于司法人员承担责任的种类,可参照我国《法官法》第十一章及《检察官法》第十一章的规定加以制定。(4)责任的划分。应按案件处理的环节分别予以明确划分,并且责任自负。(5)追究的程序。应规定错案由认定机关认定,责任人可以申辩、提出申诉或对处理结果要求复议等。

对民间金融规范化发展的几点看法*

各位专家、各位代表：

大家好！

在金融法领域，我的知识非常有限。今天参加会议主要是来学习的，下面谈些我的学习体会。

民间金融的概念比较模糊。通常说来，应该是指那些合法金融机构之外的所有民间发生的金融行为。金融行为又可以分为非经营性和经营性的两类。就非经营性的金融行为而言，它是在特定人之间，为了解决资金困难或生产急需，通过约定或签订借贷合同、偶尔发生的借贷行为，这在我国有着悠久的历史，也是民间经常发生的、具有互助性的借贷关系，这种债权债务关系是由民商法调整的。从严格意义上讲，民间的借贷只要参与当事人不多，借贷数额有限，不会发生系统性的金融风险，不会损害社会公共利益，没有必要纳入金融法调整，即使出现一些高利贷现象或有了纠纷，一般也容易在私法自治的范围加以解决。显然，这类所谓纯粹的民间金融不是我们所讨论的主要方面。

我们要讨论的是具有经营性的民间金融。事实上，民间已经存在了一些自然人或社会组织，他们虽然没有经营金融业务的资格，但是以非法的或变相的形式开展着经营性的借贷行为。他们吸收民众大量存款，集中经营客户资金。这可能带来系统性的金融风险，其中最突出的就是非法集资。近年来，各地发

---

* 本文系根据作者2015年11月28日在四川成都召开的“第五届中国民间金融规范发展论坛”上的发言记录整理而成。题目为编辑本书时添加。

生多起因非法集资引发的群体事件,给社会稳定造成了一定的影响。总的来说,我国对民间金融及其出现的问题,基本治理思路是加强监管,提高制裁力度。

我们到底应该在法律上采取什么态度?我们处理这类问题有经验,但也有教训。那么,我们是将它们合法化呢?还是有条件地承认它们部分合法化呢?还是完全禁止?

现在,我们应该思考的问题是,为什么民间金融会出现这些问题?有两个方面的原因:首先,发展民间金融是现实需要。在市场经济条件下,民间民众需要金融业为他们服务,但是国家和社会的正规金融机构还不能满足这种需要。社会上一部分人发展生产、改善生活急需资金,另一部分人则持有闲置的资金,这是民间金融存在和发展的经济和社会原因。不仅如此,还有越来越多的人希望以投资的方式取得收益,实现"以钱生钱"的愿望。然而,那些合法的金融机构设置的投资门槛太高,于是就有人适应这些人的需要,采取集资方式集中经营客户资金,特别是有价证券(主要是股票)进入市场后,民间又有了以质押贷款的形式开展借贷的配资业务。这样在民间,复杂的金融局面就形成了。

其次,调整民间金融的法制滞后。在计划经济体制下,国家严格管控金融。改革开放后,中央政府采取了"适当发展民间信用"的方针,但是没有相应的法律、法规,民间金融在相当长的一段时间处于一种无序的状态。之后,我国有关的金融法律先后出台,刑法也先后设置了"非法吸收公众存款罪""集资诈骗罪""擅自发行股票、公司、企业债券罪"三项罪名。近年来,民间金融的紧张秩序得到一定的缓和,但是并没有解决根本问题。因为现行的法律还不能适应国家和社会金融业发展的总体态势,民间金融的发展受到滞后的法律制度的约束,改革和完善金融立法已经成为当务之急。比如,制定银行业法、证券法等。

目前,我国为了适应金融体系的深化改革,逐步实现金融领域的市场化,金融立法的全面修改有这样几个方面,可能与民间金融的发展和规制直接相关:

第一,全面放松金融机构的准入,使那些符合社会需求、自发形成的民间金融组织或兼营的金融组织得到法律的确认,使它们享有经营资金的资格,其金融行为接受金融法统一的严格规范和监管,民间金融组织和兼营组织与正规的

金融机构享有平等的法律地位。这样,不仅有利于它们的金融业务的开展,而且有利于监管部门对他们的监管,使许多隐蔽的金融行为变为透明的金融行为,从而避免或减少金融系统性风险的发生。

第二,满足民间不断增长的投资需求和投资收益需求,满足小微企业信用融资的需求。一方面,允许民间的非正规金融组织在一定范围内,开展资金或有价证券质押贷款等融资业务;另一方面,对于民众投资人来讲,要放低投资门槛,缩短投资期限,以扩大公众投资,活跃金融市场。

第三,任何金融活动离不开担保制度的支撑和保障,民间金融也是如此。现在制约民间金融发展的一个重要因素是民众手中的担保物不足。其实也并非完全如此,在城市,多数市民有了商品房,可以设置不动产抵押;另外,金融机构也应该有条件的接受动产抵押和权利、有价证券的质押等担保形式。在农村,应该说,农民拥有的抵押物要比城市人丰厚得多,这就是他们的土地使用权。随着城市化的进程,农村土地的保障功能在弱化,农村土地制度在变革,开禁农民土地使用权抵押是必然趋势,这包括土地承包经营权和宅基地使用权,这种抵押不是实物抵押而是权利抵押,它不会改变土地集体所有权的性质,也不会改变农民或农户对土地权利的拥有。

第四,从长远看,民间金融将逐渐突破传统的血缘、地缘关系,从特定的熟人社会走向不特定的陌生人社会,这是部分民间金融向正规的金融业发展的趋势。具体而言,民间金融应在城乡之间,甚至东西部之间发挥金融连接的桥梁作用。特别是如何吸引城市资金向农村流动,拉动东部资金向西部流动发挥积极的作用,这方面需要政策的引导、法律的保障。

第五,实现对金融业务从机构监管向功能监管的转变。除了纯粹的民间金融由民商法调整外,包括民间金融在内的所有金融行为完全纳入金融法的调整范围。无论何种类型的金融机构,他们所有需要进行规范和监管的金融行为,包括货币流通、融通和风险分配行为,全部纳入各项金融法的调控之下。这样,改变过去按机构类型制定法律的分割模式,进而弥补了民间金融无相应法律调整的漏洞,减少和杜绝了民间金融的违法现象,从而保障国家整体金融业的发展和安全。

总之,民间金融的存在是我国经济发展的客观要求,只有将它合法化,少些限制,多些疏导,纳入民商法和金融法的规范轨道,才能使它们健康地发展、壮大,促进国家经济的繁荣和发展,满足民众参与金融活动的迫切需要。

国家赔偿法的有关问题*

我国的《国家赔偿法》于1994年5月12日正式颁布,并于1995年1月1日起施行。这部法律把我国宪法规定的国家赔偿原则具体化,对我国行政赔偿、刑事赔偿以及赔偿方式和计算标准化分别作了比较全面的规定。1995年1月16日国务院又颁布施行了《国家赔偿费用管理办法》,从而使公民、法人和其他组织所享有的依法取得国家赔偿的权利能够得到保障和实现。从根本上来说,这部法律的颁布和施行,是我国民主与法治建设的重要组成部分。

《国家赔偿法》直接与国家政府机关、审判机关、检察机关及其领导干部、公务人员有密切的关系,不懂得这部法律,我们就有可能无故地侵害公民、法人和其他组织的合法权益;或者侵害了这些人的合法权益,也不知道如何进行补救和赔偿;或者也不知道如何参加有关的诉讼。所以,作为干部、国家公务人员,了解《国家赔偿法》的基本精神和主要内容是非常重要的。

接下来,我从以下几个方面就《国家赔偿法》的有关问题和大家交流。

一、我国为什么要施行国家赔偿法?

(一)什么是国家赔偿法?

首先,我们要了解什么是国家赔偿法。国家赔偿法作为一种法律制度,它

---

* 本文系根据作者1996年4月在湖北省人大常委会所作的法律讲座稿整理。

是指国家对其公务人员在职务上的不法行为而发生的损害,或者因公有公共设施上的欠缺而发生的损害,应当承担赔偿责任的制度。国家赔偿制度是当今世界上许多国家普遍建立的制度,它对保障公民的基本权利和自由,推进国家民主政治建设,推进国家机关依法行政,起着十分重要的作用。但是,国家赔偿制度建立的历史并不长。

可以这样讲,自从人类社会产生国家至第一次世界大战以前,各国基本上是否定国家赔偿原则的,国家对它的工作人员的行为所造成的损害不承担赔偿责任。比如,在封建社会,皇帝、国王代表国家。人们知道,皇帝、国王是不会犯错误的,所以国家也不会犯错误,皇帝、国王说的话、做的事都是真理,所以国家没有作出侵权行为的可能,因而也就谈不上国家承担赔偿责任。但是,随着社会的发展和进步,从 20 世纪初叶开始,各国对国家赔偿逐渐由否定转向相对肯定阶段。

在国家机关中,行政机关与人民的关系最直接,因而国家承担赔偿责任最早出现在行政领域。在这一阶段,人们一般把行政机关的活动分为两类:一类为统治行为,如征收税款、强制拆除违章建筑等;另一类为管理行为,如国家举办邮政、航空事业或经营其他企业的行为等。在这一阶段,各国仍然奉行对统治行为给公民带来的损害国家不承担赔偿责任;而对管理行为给公民带来的损害,认为管理行为是一种非国家权力作用的行为,国家对此给公民带来的损害,由国家替代工作人员承担赔偿责任。这样就形成了一种理论,即国家“代位责任说”。① 国家赔偿开始获得肯定,并开始逐步扩大其赔偿的范围。

到了第二次世界大战以后,国家赔偿制度开始从相对肯定阶段发展到全面肯定阶段。也就是说,因公务员的不法执行职务和行为所造成的损害,国家应负损害赔偿的责任。从理论上来讲,自“民主政治”在反封建的斗争中提出后,20 世纪开始逐渐深入人心。其认为国家与人民之间的关系,并非权力服从关系,而是法律上的权利义务关系。国家权力同样应受法律的约束,国家机关也要依法进行活动,这就是所谓的“法治国”,或者叫作依法治国。无论是谁,即使

① 马怀德:《国家赔偿责任的性质》,载《法学研究》1994 年第 2 期。

是国家机关,如果违反了法律,给公民(当然也包括法人)带来损害,也要承担责任。显然,这是一种社会的进步。

国家赔偿责任最早的立法是德国1910年的《公务员责任法》,这部法律肯定了国家的代位责任。随后,德国1919年的《魏玛宪法》规定了国家负赔偿责任,从而正式确认了国家赔偿责任。以后,意大利、日本等国的宪法也先后正式地承认了国家赔偿责任。

在这方面最早立法的是德国,但是赔偿制度最发达的国家是法国。我们通常有这个说法:当代,民法最先进的国家是德国;刑法理论最有特点和长处的国家是意大利;国际法是美国,因为美国各州的法律各不相同;行政法最发达的是法国。目前在法国,国家赔偿已经成为一种重要的原则,它在各个领域得到全面肯定,在赔偿对象方面,几乎包括所有的国家行政行为,甚至包括立法职务行为和司法职务行为,如冤狱赔偿就属于这一种。一开始实行的是过错责任原则,也就是公务人员有过错,国家才承担责任;现在已经在许多方面发展到实行无过错责任原则,也就是公务人员即使没有过错,但这项职务的执行是危险的,由此给公民、法人带来的损害,国家也要承担责任,比如,公安人员在追捕犯人,击枪伤害了其他群众,国家要承担责任。赔偿的范围也逐渐扩大了,开始是赔偿物质损害,现在已经发展到对精神损害也须进行赔偿。我国对精神损害讨论了许多年,现在也逐步在民法上确认了这一原则,比如,对公民名誉权的损害要赔偿,类似的案例在我国已经有很多了。

另外,英美国家也先后从法律上确认了国家赔偿制度,比如,英国1947年制定的《王权诉讼法》;美国1946年制定的《联邦侵权赔偿法》,都属于国家赔偿法的范畴。

在公有制国家,苏联在1922年的《苏俄民法典》中,就已经确认了国家赔偿的原则,它规定:国家机关应对其公务员在履行其职责中所实施的不当行为造成的损害承担赔偿责任。另外,像波兰、匈牙利这些国家,从总体来说,是限制国家的赔偿责任,他们主要是依靠民法来调整这方面的问题。许多国家是由宪法加以原则规定,但没有专门的国家赔偿法。这样,只有一种法律原则,但实施还是比较困难的。

现在,我们知道有一些国家有专门的国家赔偿法:奥地利、英国、美国、德国、日本、韩国、瑞士。

(二)我国国家赔偿制度的发展与逐步完善

接下来我们谈谈,关于我国国家赔偿制度的发展,以及我国为什么要完善国家赔偿制度。

在我国,从新中国成立开始,就对国家赔偿制度给予了关注。早在1949年,《中国人民政治协商会议共同纲领》第19条就规定了民可以告官,即“人民和人民团体有权向人民检察机关或人民司法机关控告国家机关和任何公务人员的违法失职行为”。1954年《宪法》和1982年《宪法》都规定:“由于国家机关工作人员侵犯公民权利而受到损失的人,有取得赔偿责任的权利。”1986年颁布的《民法通则》第121条规定:“国家机关或者国家机关工作人员在执行职务中,侵犯公民、法人的合法权益造成损害的,应当承担民事责任。”1986年的《治安管理处罚条例》中也规定:“对受处罚人的合法权益造成伤害的,应当赔偿损失。”从这一系列的立法来看,我国也是承认国家赔偿制度的,当然在实行中还有许多欠缺。在实践中,这种国家赔偿还不够普遍。

应当说,国家损害是一种客观事实,国家行政机关公务人员永远不办错事,公安、法院永远不办错案,那是不可能的。应少办错事、错案,对人民负责,一旦发生损害公民、法人合法权益的情况,就要承担和赔偿。这样,才算是一个现代的、文明的国家,才算是一个对公民和法人负责的国家。社会要发展,要搞经济建设,要寻求社会稳定,完善国家赔偿制度就显得越来越重要。另外,这些年,人民的权利意识、民主意识、参政意识日益增强。这都要求我们尽快完善国家赔偿制度,制定专门的国家赔偿法。

那国家赔偿法是一个什么性质的法呢?有人认为,国家赔偿法是民法的特别法,是一种特殊侵权责任问题;有人认为,它是公法,因为国家赔偿法是宪法实施的法,与行政法有部分重合关系,诉讼法是它的基础,民法只能说是它的渊

源;[②]还有人认为,不需要给国家赔偿法定位,因为它实际上是一种兼容民法原则和公法原则的法律。无论怎样,国家赔偿法与民法的关系是十分密切的。我认为,它的核心是保护公民和法人民事权利,也就是保护私权的。当然公权也保护。所以,它和民法上的一般侵权责任不同,它们在赔偿范围、承担责任的标准、赔偿金额计算等方面均有不同。这里有一个"私法公权化"和"公法私权化"的问题,两者之间的界限模糊了。

当然,任何一种制度,包括法律制度,都可能有它的两面性,比如,国家赔偿制度的建立,有人就会认为,这样是不是会损害国家的威信、损害国家机关的威信,把国家置于同普通公民和法人一样的地位,一个普遍公民就可以对国家机关品头论足,公民还可以控告国家机关,似乎不利于国家权威的建立。其实,这种意识是非常狭隘的,如果我们的公民不敢对国家机关说个"不"字,那还有谁关心国家的事,那样,我们的工作也就失去了人民的监督,最终失去人民的支持。另外,也有人认为设立国家赔偿制度会加大国库的开支。随着国家赔偿制度的建立,国家就必然要增设赔偿费用的开支,财政负担似乎加重了,但是从另外的角度来看,人民的权利得到了保障,他们的积极性会得到加强,国家机关的工作会减少失误,这都无形中为国家创造了生产力,创造了财富。

从以上论述来看,我把《国家赔偿法》的意义归纳为四点:(1)促进国家机关革除弊端,完善制度,从而提高国家管理的效率;(2)更好地保障公民和法人的合法权益,这是国家赔偿制度最主要的作用;(3)有利于增强公民的民主意识、参政意识;(4)能够监督国家机关及其工作人员的活动,增强国家机关及其工作人员的法治观念。以上这四个作用是显而易见的。[③] 我们要建立国家赔偿制度,是社会发展的需要,是国家稳定的需要。当前,我们要克服一些观念上的障碍,改变国家至上的观念,树立国家是人民的国家、政府是人民的政府、法院是人民的法院的观念,改变权力本位的观念,改变过去那种行使权力不受制约、

---

② 学界对此的理论成果有"公法说""私法说""折中说",详细论述参见肖峋:《论国家赔偿法的法律地位》,载《行政法学研究》1993年第1期。

③ 当然还有学者认为,《国家赔偿法》的制定和实行对于健全社会主义法制和民主政治也具有重要的意义。详见顾昂然:《国家赔偿法制定情况和主要问题》,载《中国法学》1995年第2期。

滥用权力不承担任何责任的观念。所以,我们要实行国家赔偿法,首先就是要让人们的思想意识上有一个大的转变;法院是办案的,但也要宣传,使各级领导、更多公民和法人单位的负责人懂得在我国实行国家赔偿法的重要意义。

二、国家赔偿责任的构成条件

国家赔偿责任的构成条件,是国家赔偿法中一个重要问题。所谓国家赔偿责任的构成条件,是指国家在什么情况下、什么条件下才承担侵害的赔偿责任。如果这一个问题得不到明确,国家赔偿的范围就不能确定,赔偿与否以及赔偿条件就无从遵循。因此,这个问题要弄清楚。

从理论上来讲,国家机关的侵权行为在性质上属于一种特殊的民事侵权行为(当然这只是一种较为普遍的认识),我是持这种观点的,因为国家赔偿法主要运用的是民法手段,它在大多数的情况下,也是考虑等价有偿原则的,你给他人造成多大的损害,原则上也应该承担多大的赔偿责任。在这里,赔偿的数额是和受害人的实际损失相对应的。我们知道,民法上的民事责任主要是财产损害的赔偿责任。

国家机关的侵权行为,所侵害的客体是公民、法人的合法权益。所以说,它属于民事侵权的性质,因为在这种情况下,国家机关和公民、法人之间发生了侵权之债,债这种法律关系是一种民事法律关系。但是,国家侵权行为不是一般的民事侵权行为,它是一种特殊的侵权行为,必须与职务的履行相关。在责任构成上,还要考虑执行职务的特殊情况和公共利益的需要,也要统筹兼顾人民的利益、国家工作人员的利益和国家机关的利益,不能完全套用一般的侵权法则。因此,国家赔偿责任在构成上也有它自己的特点。

(一)国家赔偿责任构成的必要条件之一:侵权主体

关于侵权主体问题是构成国家赔偿责任的要件之一。只有确定侵权主体,才能确定承担赔偿责任的责任人。我国法学界对这个问题讨论得很热烈,我们

的《国家赔偿法》应该明确规定,哪些国家机关可以成为国家赔偿的侵权主体,哪些职务行为可以成为国家侵权行为的事实,1994 年《国家赔偿法》第 7 条第 1 款规定:"行政机关及其工作人员行使行政职权侵害公民、法人和其他组织的合法权益造成损害的,该行政机关为赔偿义务机关。"具体来说,哪些国家机关可以成为赔偿的义务主体,《国家赔偿法》中列举了一些机关,如行使国家侦查、检察、审判、监狱管理的机关。《民法通则》第 121 条规定:"国家机关或者国家机关工作人员在执行职务中,侵犯公民、法人的合法权益造成损害的,应当承担民事责任。"《全民所有制工业企业法》第 63 条规定:"企业和政府有关部门的领导干部,因工作过失给企业和国家造成较大损失的,由政府和主管部门或者有关上级机关给予行政处分。"但是并没有规定赔偿的问题。从总体来说,政府能够行使一定职权的部门和机关,都应当是国家赔偿义务的主体。

但是,有的国家机关是否能够成为赔偿义务机关还存在争议。

比如,国家权力机关中的立法机关,能否成为国家侵权的主体,假如某省人大制定的一部地方法规违背了宪法,侵害了某些公民的合法权益,是否应该承担赔偿责任。对于这个问题,我国学术界就有两种意见:第一,所有的国家机关,包括权力机关在内,都可以成为侵权主体;第二,除权力机关外,其他国家机关都可以成为职务侵权的主体。从这次颁布的国家赔偿法来看,规定行政赔偿和刑事赔偿,对国家权力机关是否可以作为侵权主体没有作明确的规定。④ 但有人认为,国家机关这个概念应该包括权力机关或立法机关。至于审判机关,各级人民法院以及各部门法院都能成为侵权的主体,这在理论上没有争议,但对于军事法院能否作为侵权主体是有些争议的。主要是考虑我国还没有军事赔偿,军事法院也不应涉及赔偿的问题。但是,军事法院的职务是审判,这和一般军事侵权是两码事,所以军事法院也应该算侵权主体。

在实践中,比较常见的是工商行政管理部门、电讯通信部门、卫生防疫机构、公安、检察、法院、海关等,都可能发生侵权行为。

我国法律规定,国家机关及其工作人员是国家侵权的主体。哪些人员属于

---

④ 也有学者认为,我国的《国家赔偿法》没有规定权力机关的赔偿和军事机关的赔偿,并给出了理由。详见顾昂然:《国家赔偿法制定情况和主要问题》,载《中国法学》1995 年第 2 期。

国家机关工作人员？还有一个概念叫作国家工作人员,两者的含义并不完全一致。一般来说,国家工作人员是指通过选举、任命、招聘,在国家机关担任一定的国家职务的人员。国家机关工作人员这一概念的外延比国家工作人员的外延要小,它只包括在国家机关的具体工作的人员,他们是在国家机关的编制以内,有一定级别、职称的工作人员。在国家行政机关工作的人被称为公务员,英国称“文官”,美国称“政府雇员”,就属于这一个范围。这次,我国国家赔偿法采取的是国家机关工作人员的概念,我国大陆对公务员的概念是一种狭义的概念,我国公务员有四个要素:一是任命;二是有职务;三是有正式职称;四是参加公务机关工作。如果作一个比较,国家机关工作人员的概念似乎比公务员的概念外延要大。

(二)国家赔偿责任构成的必要条件之二:职务过错

关于归责原则问题,我国《国家赔偿法》已经明确规定,我国国家赔偿的归责原则是违法原则;⑤在向作出致害行为的国家工作人员追偿时,又要遵循过错责任原则。当然,也可以这样认为,一项行为只要客观上是违法的,那么就可以推定行为人在主观上也是有过错的。不过,这只是就一般的情况而言,所以说它们两者之间没有原则上的区别。所以,这里称职务过错(但是,我们也发现有特殊情况,例如,集中多家工厂的生产区域,其排放的污染总量已超过法律规定的允许量,这是违法的,但对于每一家工厂来说,并没有过错)。

我这里提出的职务过错问题,它有以下两个要素:⑥第一,侵权行为必须发生在执行职务中,否则就是国家机关工作人员的个人行为,⑦国家不承担赔偿责任。如何判断“执行职务”行为？在理论上有主观说和客观说之分。主观说认为,应重点要考察国家工作人员的主观意思,目的须为执行职务,否则,没有明确“执行职务”的目的,有其行为,也不能称作“职务行为”;客观说认为,应重点

---

⑤　也有学者认为,我国的《国家赔偿法》没有规定权力机关的赔偿和军事机关的赔偿,并给出了理由。详见顾昂然:《国家赔偿法制定情况和主要问题》,载《中国法学》1995 年第 2 期。

⑥　参见姜明安:《论国家侵权责任的构成》,载《中外法学》1991 年第 4 期。

⑦　关于此问题更深入的探讨,可参见方世荣:《论国家公务员职务行为与个人行为界限的几个问题》,载《法商研究》1995 年第 4 期。

考察国家工作人员的外在行为。在我看来,执行职务是指根据法律赋予的职权进行的活动,比如,税务机关征税、卫生部门防疫、工商部门管理市场、军队受命救灾等,这就是执行职务了。现在,世界各国大多采取客观说。第二,侵权行为必须是违反职务义务的行为。职务行为一般是法定的,而不是一般的社会义务,比如,公务员法、法官法、检察官法,这些法律对有的国家机关工作人员的义务是明确规定的。另外,还有许多法律、法规,规定了相关的工作人员的义务。比如,紧急避险,消防队员救火,因情况紧急,毁掉了附近的住房,这不算违反义务,不承担责任。除法律规定的义务外,还有“注意义务”,传统民法称“善良管理的注意”,也就是指工作要尽心尽力,不能马马虎虎(沈阳商业城火灾,[8]有关国家机关工作人员就要承担这方面的责任)。有时候,即使没有违反(或没有直接违反)法规,法规规定也够构成职务侵权损害,还应由国家承担赔偿责任。

举个例子,法院一位工作人员受法院院长之命,去外地买一辆汽车,在回来的路上轧伤一人,这种损害就不能叫职务过错、职务侵害,这只是一般的侵权;如果是法警开着警车在押送犯人的途中轧伤了行人,才应考虑是职务侵害。职务,一般理解为是一种权力活动。从“执行职务”行为的范围来说,除执行职务本身的行为以外,它还包括许多方面,比如,与执行职务有关的行为,政府同意举行庆祝活动、焰火晚会,但因掩护不慎,发生伤亡事件,实际上政府没有作周密安排,维护秩序,这明显和政府机关的职务有关,就要赔偿,应对有关负责人给予行政甚至刑事处罚;又如,勤务时间以外的执行职务的行为,一个交警下班后继续指挥交通,但因指挥错误导致发生意外事件,由于还是以交警的名义进行的,还是应算职务侵权,而不能算警察的个人行为;再如,在有的超越职权的行为中,部分是公务人员个人的行为,但有时还得算执行职务行为,税务人员对拒不纳税的纳税义务人处以拘留处罚就超越了职权,但还得算执行职务上的侵权。

---

⑧ 1996年4月2日凌晨2时许,辽宁沈阳商业城(地上6层,地下2层,建筑面积69,189平方米)发生火灾,烧毁1层至6层的营业厅及大部分商品和设备。在火灾中,商业城内原设置的一流的自动报警装置、自动洒水灭火装置以及自动防火卷帘等,均未能发挥一点作用。事故造成直接财产损失5519.2万元。

(三)国家赔偿责任构成的必要条件之三:造成损害

职务侵权必须造成损害,国家才承担赔偿损失。按照1994年《国家赔偿法》的规定,损害是指财产损害,对纯粹的人身损害实际是精神损害,没有提出赔偿的问题,还有待今后完善。侵犯肖像权、名誉权应该赔偿,当然也存在许多问题,如不容易计算数额。这次关于第三者插足给有关婚姻当事人造成精神痛苦,赔偿2000元。我想,以后在法院办理婚姻案件时,一旦出现问题,对当事人进一步造成精神痛苦,那法院是否要进行赔偿?法院判决离婚,则对夫妻一方造成痛苦;判决维持婚姻,则夫妻另一方痛苦,这样看来,无论法院如何作出判决,都要进行赔偿。这恐怕是行不通的。

所以在这里,我们要判断是否有损害的事实,要有能够计算的财产损害。而且要考虑这种损害与职务过错是否有因果关系,也就是这种过错是否必然会造成这种损害。首先,我们得坚持过错责任原则,当然也不能绝对,有时也要适用无过失原则。比如,一个公民被错误拘留,随后又错误地被逮捕,给本人带来的损害是很清楚的,国家机关就要赔偿;受害人的妻子得知后,精神病复发,住进医院,那么国家机关是否需要对他妻子进行赔偿?这两者不存在因果关系,只是妻子病情复发的条件,即使如此,恐怕也得承担一定的责任;若受害人家中还有一位老人,患癌症后住在医院里,儿子被抓,老人又着急,结果很快死去,这两者之间没有因果关系,条件也谈不上,国家机关就不需要进行赔偿。

另外,对损害事实的性质,也很值得研究。它是指对特定人的损害,可能是一个人或几个人,抑或是某一部分人;如果是较大范围的人的共有损害,比如,在特殊情况下发布的禁严命令,给全市商店带来经营上的损害(即使有错误),国家不承担赔偿责任。

对于执行职务的行为,往往是跟它的任务相一致的,不同的国家机关及其工作人员都有自己的职权、任务,超越了这个职权范围,一般来说,就不属于执行职务了。比如,消防队员冒充公安人员搜集证据、调查犯罪、强取财物,这是他个人的过错,甚至是犯罪,国家不承担赔偿。另外,国家机关以法人的身份,与其他民事主体进行平等关系的活动,比如,签订合同,因违约对他人造成损

害,这也不是职务行为。

还有,国家机关工作人员利用职务的便利,滥用职权,谋取私利,比如,公安人员将罪犯的赃物侵吞归己;邮递员利用传递机会,私拆包裹窃取钱财。这些,国家机关要负责,当然当事者也要受到惩罚。比如,前两年发生的,湖南省某县检察院违法地将一名债务人扣留作人质,这实际上已经构成犯罪(与案件无关,受深圳之托),个人承担行政的、刑事的责任;机关还应向受害人承担赔偿责任。

关于职务侵权的种类,我国国家赔偿法规定了两大类:⑨一是行政侵权的赔偿问题;二是刑事侵权的赔偿问题。行政赔偿,是指行政机关及其工作人员行使行政职权时,发生了以下情况:(1)违法对财产采取查封、扣押、冻结、追缴的;(2)依照审判监督程序再审,改判无罪,原判罚金、没收财产已经执行的。从现有法律的规定来看,主要是指财产损害,或者因侵犯人身权带来财产损害的。

另外,还有一种情况,就是公有公共设施⑩因为自身的瑕疵造成公民、法人损害的,国家要进行赔偿。如车站、机场、体育场,汉口火车站天花板滑落击伤旅客,有关部门就有难以推卸的责任,要承担赔偿责任。在这方面,包括公路、铁路、街道、堤防、桥梁、学校宿舍、教室、影剧院、卫生设施等。这一类,《国家赔偿法》中没有明确规定,但能否理解为这些机构和设施所造成的损害应属于职务上的失职、过错,理应承担赔偿责任。这些方面还有待研究。

三、国家赔偿方式和计算标准⑪

我先谈国家赔偿方式问题。

---

⑨ 参见顾昂然:《国家赔偿法制定情况和主要问题》,载《中国法学》1995 年第 2 期。

⑩ 现代各国对共有公共设施因设置或管理欠缺而产生的损害赔偿大多扩大其范围,而对免责之规定则逐渐减少,这已然成为趋势。参见林准、马原:《国家赔偿问题研究》,人民法院出版社 1992 年版,第 114 页;另外,关于公有公共设施的概念界定等均可参见此书。

⑪ 详见 1994 年《国家赔偿法》第四章第 32 条至第 37 条,以及顾昂然:《国家赔偿法制定情况和主要问题》,载《中国法学》1995 年第 2 期。

(一)国家赔偿方式

国家赔偿方式,是指国家承担赔偿责任的各种形式。对这里的“赔偿”,不能仅仅理解为金钱的给付,还应包括返还财产、恢复原状等。

国家赔偿制度与普通的民事赔偿制度有一些不同,赔偿方式也有所不同。我们建立国家赔偿制度,一方面,是为了保障公民、法人的权利在受到国家损害时,及时地得到救济;另一方面,也不能影响国家机关及其工作人员的公务活动,如果国家公务不能得到正常履行,人民的权利也难以得到切实保障。所以选择赔偿方式时,要注意以上两个方面。

我们要切实保障人民得到救济,这是法治的要求,也是国家的目的。体现在赔偿方式上,应当遵循“同等损害,同等赔偿”的原则,要考虑当事人的具体情况,比如,人身受到损害,就要赔偿两个方面:一是他为恢复健康所需要的医疗费用和护理费用;二是他如果不受损害,在正常情况下所能得到的收入,比如,导致他人残疾,就要按照他健康时的收入来计算。

我们在处理这种赔偿时,还要保证公务的正常履行。因此,赔偿的方式要力求简便易行,不能浪费公务人员过多的精力和时间。比如,行政机关因强行拆除他人的房屋,而被判处承担赔偿责任时,如果承担的方式是恢复原状,就很难得到救济,行政机关还要组织人力去给当事人盖房、施工、验收,这样行政机关正常的工作就会受到影响,所以这种情况就应采取金钱赔偿的方式。参照各国的国家赔偿法,一般来说,原则上是采取金钱赔偿的方式。所以,我国的国家赔偿法也是以金钱赔偿为原则的。当然,这也不是绝对的,比如,扣押了公民的财产,国家机关予以返还就可以;国家机关错误的罚款,予以返还就不需要进行金钱赔偿。比如,对公民、法人罚款或没收了财产、违法摊派了法人的费用,如何处理呢?《国家赔偿费用管理办法》第5条就作出了规定:“(一)财产尚未上交财产的,由赔偿义务机关负责返还;(二)财产已经上交财产的,由赔偿义务机关负责向同级财政机关申请返还。”

(二)赔偿的计算标准

在赔偿金的计算上,1994年《国家赔偿法》有比较明确的规定。比如,其第

26 条规定："侵犯公民人身自由的，每日的赔偿金按照国家上年度职工日平均工资计算"，第 27 条第 1 款第 1 项规定："侵犯公民生命健康权的，赔偿金按照下列规定计算：(一)造成身体伤害的，应当支付医疗费，以及赔偿因误工减少的收入。减少的收入每日的赔偿金按照国家上年度职工的平均工资计算，最高额为国家上年度职工年平均工资的五倍"；此外，第 1 款第 2 项对造成部分或全部丧失劳动能力的，如何赔偿、计算标准都有了明确的规定，应当说，这些规定是便于操作的。

为了保障人民权利的实现，1994 年《国家赔偿法》第 34 条规定："赔偿请求人要求国家赔偿的，赔偿义务机关、复议机关和人民法院不得向赔偿请求人收取任何费用。对赔偿请求人取得的赔偿金不予征税。"

我国 1994 年《国家赔偿法》还规定："中级以上的人民法院要设立赔偿委员会，由人民法院三名至七名审判员组成。赔偿委员会做出的赔偿决定，是发生法律效力的决定，必须执行。"如果当事人起诉的是人民法院，那么这个案件可以由它的上一级人民法院的赔偿委员会进行处理。对这类案件，相关的国家机关或领导人不应当干预，让人民法院依法独立办案。

1994 年《国家赔偿法》在赔偿范围、赔偿方式等方面都作了明确规定。有一条很重要，第 29 条规定："赔偿费用，列入各级财政预算，具体办法由国务院规定。"这次国务院颁布的《国家赔偿费用管理办法》对此也作了明确的规定，国家赔偿费用，要列入各级财政预算，由各级财政按照财政管理体制分层负担。以上规定非常重要，这个问题不落实，等于这部法律没有制定，即使制定了，也难以执行，带来的后果更麻烦。

所以，如果经费来源没有保证，受害人的损失则难以得到赔偿，到时候老百姓就不会满意。现在有人对我们的国家赔偿法存有这一看法。在国外，许多国家的国家赔偿法都规定，国家赔偿经费由政府在预算中单独编列。我国的《行政诉讼法》也规定："赔偿费用，从各级财政列支。"这和《国家赔偿法》的规定是一致的。为什么不规定由国库统筹列支，而由各级政府从财政列支？就是要促使各级政府注意依法行政、依法司法，尽量减少这种赔偿费用。国家赔偿费用要专项列支，并单立账户，专款专用，不得移作他用。

(三)国家赔偿的免责

最后再讲一个问题,就是国家赔偿的免责问题。

国家给公民和法人造成的损害,是不是都要进行赔偿呢? 不是的,有些情况是不赔的。什么情况不赔偿,这就是免责条件,或者叫免责事由。这大致有以下几类。

第一种免责条件,是不可抗力造成的损害。不可抗力有的来自自然界,有的来自人类的社会活动。在国家赔偿法中,不可抗力适用绝对免责原则,这也是各国的通例。也就是说,因不可抗力而使国家对他人造成损害的,国家不负任何赔偿责任。国家可以救灾,提供物质支援帮助,但性质不是赔偿。比如,由于地震而使公共设施受到破坏,因而对他人造成损害,国家不赔偿。但是要注意,如果是国家有关部门运用现有的科学技术完全可以预测出来的自然灾害,或已经测量出来而未及时告知人民群众,结果造成人民群众的损害,这是失职问题,严格来说,这已经不是不可抗力。不可抗力是什么? 是指不可预测、不可克服、不可避免的自然现象或社会事件。这种情况赔不赔? 按道理来讲,也应该赔偿,不过造成的损失太大,不能全部赔偿,但至少对于渎职人员还是应该处理。

第二种免责条件,是立法行为免责的问题。立法行为产生的损害有两种形式:一种是国家机关适用某种法律而产生的损害,比如,双方当事人签订一项买卖合同。这个合同正在履行之中,其间国家制定了一部法律,规定不准许再买卖合同中约定的货物标的,像这样双方当事人因合同不能再履行造成的损失赔不赔? 还有一种形式是立法行为确立后,特定人因遵守这项法律而受到了损害,国家是否应赔偿? 对上述情况,各国在传统上都是不赔的,是免责的。但近些年来,有的国家有所改变,对此也赔偿。这个问题,我国 1994 年《国家赔偿法》没有作明确规定,只有一条任意性条款,即"法律规定的其他情形。"在学术界有讨论,有人提出可以采取有限制的免责,这样以适应国际上的发展趋势。老实讲,这一点我们还做不到。目前,也只能把立法行为作为免责事由,我们的法制仍在不断完善之中,经常修改,国家不能对此赔偿。

第三种免责条件，是政府行为。我们首先要了解什么是政府行为，也即国家行为、主权行为、统治行为。政府行为，是指政府所从事的某些因具有特殊性而不受法院管辖的行为。但是，市政府所实施的工作行为，不属于政府行为这个概念。因此，政府行为，一般是指外交行为、国防行为，国家发布的紧急措施、戒严令、动员令等，这种行为是排除责赔偿责任的。另外，政府行为在我国还有一种表现形式，就是国家计划调整(以后会少一些，但也不会没有)。由于这种调整往往是即时的，无法预测的，所以经常给企业法人，甚至公民带来损害，对于这种损害，国家是不予赔偿的。民法上称作情势变更，在双方当事人之间怎么处理，是有规可循的。但是，政府可以采取这样的原则，采取各种措施，尽量减少损失或给予政策性补偿。不过，如果对于外国自然人、法人则可能行不通的，因计划调整造成损失，还是要给予赔偿的。

1994 年《国家赔偿法》对此还没有作出明确规定。1994 年《国家赔偿法》第 33 条第 1 款作了这样的规定："外国人、外国企业和组织在中华人民共和国领域内要求我们国家赔偿的，适用本法。"这都是作的一般性的原则规定，具体实施起来，还得制定实施细则。

第四种免责条件，是指因为他人的过错造成的损害，国家免责。这一点，1994 年《国家赔偿法》第 5 条第 2 项作了规定。很简单，这里执行紧急任务，公民明知道危险，还不作出自我保护，以致受到伤害，国家当然不会作出赔偿。不过，有时是混合过错的情况，即国家有过错，公民个人也有过错，那是要进行赔偿的，但是要分担，不能都由国家负责。双方主体是平等的、公平的，对国家也是一样，不能什么都落在国家身上。

第五种免责条件，是指可以通过其他途径得到补偿的，国家也不再赔偿。比如，如果受害人可从保险公司获得赔偿，就无权再向国家请求赔偿。但是国家并没有因此而免除责任，因为保险公司在赔偿受害人后，即可请求国家赔偿因此所受的损失。另一种就是公费医疗，因为公费医疗也是由国家提供，二者只能得到一份。

此外，还有一种情况，前面已经提到，就是行政机关、司法机关的工作人员与其行政职务无关的个人行为，由个人负责，国家不予负责。这个问题要分清。

说得简单点,就是公私要分明,责任也要分清。

总之,1994 年《国家赔偿法》的颁布和施行,这是我国民主法制化的又一个重要标志,它对于我国民主法治建设,对于我国的政治体制的改革,对于保障公民法人的合法权益,提高国家机关和工作人员的效率和素质,有着非常重要的意义。我们应该在思想观念上,在对这部法律的理解上,以及在进行广泛的宣传和经费的准备方面,为其实施创造条件。当然,还有许多理论及实践问题还需要我们不断探讨、研究。这方面的问题也还很多,我也没有深入研究,所以今天只是向大家介绍一些基本情况,讲述了一些 1994 年《国家赔偿法》基础问题的不足之处,请各位原谅。

谢谢各位!

旧中国封建婚姻家庭制度的特点及当前婚姻家庭领域反封建残余斗争*

一

中国封建主义社会经历了两三千年的历史。封建主义婚姻家庭制度是封建社会制度的重要组成部分。它的性质和特点,是由封建生产关系决定的。封建社会生产关系的基础是地主阶级占有生产资料和不完全占有生产劳动者——农民,封建经济是一家一户自给自足的自然经济。以封建经济为基础的婚姻家庭乃是组织生产和消费的经济单位和教育单位。

自1840年鸦片战争起至国民党反动政府垮台时止的100多年的时间里,由于资本主义列强的侵入,中国的封建经济逐步遭到破坏,中国逐步沦为一个半封建、半殖民地的社会。民族资本主义有了某些发展,并在中国政治的、文化的生活中起了颇大作用,但是,它没有成为中国社会经济的主要形式。封建剥削制度的根基——地主阶级对农民的剥削,在中国的社会经济生活中仍占显著的优势。

中国社会的变化,使传统的封建婚姻家庭制度逐渐染上了资本主义的色彩。但是,封建的经济基础并没有摧毁,封建的生产关系依然存在,因此,建立

* 原载《北京政法学院学报》1981年第1期。

在封建经济基础之上的婚姻家庭制度,仍然保留封建主义的基本特征。

封建上层建筑,即封建的政治法律制度和宗教、哲学、道德、文学艺术等封建意识形态及风俗习惯等,对封建的婚姻家庭制度亦有多方面的制约和影响。封建婚姻家庭制度虽然属于封建上层建筑的范畴,但并不是封建上层建筑的一个单独的部门,它是寓于某些封建上层建筑部门之中,而不是独立于这些部门之外。封建生产关系对婚姻家庭的作用往往不是直接地,而是通过封建上层建筑诸部门表现出来的。

中国封建社会政治制度以中央集权制,即封建君主专制为主要特征。封建统治阶级总是把符合其阶级利益的婚姻家庭制度,作为维护其经济基础和政治统治的工具,并运用政治的力量,通过国家强制力和其他种种手段,积极干预人们的婚姻家庭生活。

封建社会的法律是封建统治阶级意志和利益的集中反映。封建统治阶级又总是把它关于婚姻家庭关系上的意志制定为法律,强制人们遵行。

封建统治阶级的道德是维护和巩固封建地主阶级专政的精神工具。封建道德和封建伦理纲常是封建婚姻家庭制度的重要内容,其对人们婚姻家庭生活的制约和影响,比起封建法律来更为广泛和深刻。

在封建上层建筑中,封建的政治制度居于首要的、支配的地位,对婚姻家庭制度的制约和影响是最大、最重要的。

由封建生产关系决定的,并受封建上层建筑制约和影响的封建婚姻家庭制度的特点,在婚姻关系上表现为传宗接代、包办强迫、一夫一妻多妾制;在家庭关系上表现为男尊女卑、夫权统治、漠视子女利益和家长专横。而宗法封建家长制则是封建婚姻家庭制度最基本的特征,居于主导的、支配的地位,男女之别、夫妇之义、父母子女之道、上下长幼之序等,无不受宗法封建家长制的制约和影响。

二

（一）传宗接代是缔结婚姻的目的

旧中国家庭制是以男子为中心的宗法封建家族制，以世代同堂，聚族而居为荣耀。传宗接代是缔结婚姻的目的。《礼记·昏义》云："昏礼者，将合二姓之好，上以祀宗厢，下以继后世也。"为了传宗接代，实行早婚、早育、多育。婚后不育或育女不育男，备受歧视。男子常以女子不能繁衍后代为理由休妻或者纳妾。另外，收养、立嗣、义子等制度，除为了生养死葬外，也是为了宗祧继承。

在封建社会，地主阶级为了世世代代维护自己的统治地位，严禁高门势族与寒门素族通婚，若有违反，不仅"婚宦失类，每排抑之"（《晋书·杨佺期传》），而且还要绳之以法。《唐律疏议》规定："杂户不得与良人为婚，违者杖一百；官户娶良人女者亦如之。"又规定："奴娶良人女为妻者，徒一年半。""门当户对"成为缔结婚姻的重要条件。对于劳动人民来说，男家为子娶妻是为了生子继承宗祧，女家为女嫁夫是为了终生得到生活上的依靠；对于统治阶级来说，结婚还是一种政治的行为，是一种借新的联婚来扩大自己势力的机会。

（二）父母包办强迫是婚姻的主要形式

正因为旧中国婚姻家庭制度是封建家长制，而结婚的目的是传宗接代，因此，父母必然主管、包办子女的婚事。历代的封建律例规定："嫁娶皆由祖父母、父母主婚。""父母之命，媒妁之言"是订婚的唯一形式和结婚的合法根据。不遵父母之命，则被视为不孝，是大逆不道的。无媒不能成亲，不得嫁娶。无媒婚姻，法律不予承认。《礼记·内则》云："子甚宜其妻，父母不悦，出。子不宜其妻，父母曰，是善事我，子行夫妇之礼焉，没身不衰。"

买卖婚姻在旧中国颇为流行。据《廿二史劄记·财婚》记载："凡婚嫁，无不以财币为事，争多竞少，恬不为怪也。"我国传统的聘娶婚制，实际上就是变相的

买卖婚姻,《六礼》中的“纳采”“纳征”两项仪式,就是男家向女家交付实物或货币的两道程序。虽然根据等级地位,其他礼序可以简化,唯独交付财礼和身价却不能取消。这种买卖婚姻是封建主义婚姻制度中不可缺少的一项内容,它在实质上必然是包办强迫的婚姻。

1930年民法“亲属篇”规定:“婚约,应由男女当事人自行订定。”并规定:“婚约不得请求强迫履行。”这比起以往封建主义的法律制度是一个显著进步,但它仍然保持着相当明显的封建主义性质,通过许多补充规定,对“婚姻自由”加以限制。例如,在社会上普遍存在早婚习惯的情况下,法律上一方面允许未成年人订定婚约,另一方面又规定“未成年人订定婚约,应得法定代理人之同意”。这就给封建包办婚姻提供了合法的根据。在结婚方面,规定“结婚应有公开之仪式及二人以上之证人”。在离婚方面,规定“夫妻两愿离婚者,得自行离婚”,“但未成年人应得法定代理人之同意”。这样就在实际上限制了一般男女青年的婚姻自由。所谓婚姻自由、男女平等的原则,除在城市资产阶级和知识分子阶层以外,在其他广大阶层,特别是在广大农村中,封建婚姻家庭制度仍占统治和支配的地位。包办强迫婚姻、买卖婚姻只能给无数青年,特别是广大妇女带来不幸和痛苦,这样的婚姻家庭根本无美满幸福可言。

(三)男尊女卑是家庭关系的准则

旧中国,妇女除与男子同受封建政权、族权、神权的支配外,还受夫权的支配。这四种权力代表了全部宗法封建的思想和制度,对广大妇女是沉重的枷锁、镣铐,致使妇女处在社会最底层。妇女受歧视、虐待是普遍现象。

男女社会地位不平等,其婚姻家庭地位也必然不平等。这种不平等,具体表现在结婚、离婚及夫妻、父母子女、家长与家庭成员之间的关系上则为权利和义务的不平等。夫妻关系是尊卑、主从、统治与被统治、依赖与被依赖的关系。

封建礼教宣扬“夫者妻之天”,要求妇女必须遵守三从四德。《礼记·郊特性》中记载:“妇人从人者也,幼从父兄,嫁从夫,夫死从子。”封建伦理纲常极力维护夫权统治。

夫妻婚姻家庭地位不平等,突出地表现在法律地位上的不平等。

在民法上,夫妻不平等之处比比皆是。男主女从,女子依附于男子,男女人身关系不平等。中国往昔,合夫妻为一体,妻之人格为夫所吸收,妻无姓名权,出嫁后以夫姓为其姓名,夫死,只要妻未再嫁,仍冠夫姓。婚后所生子女皆随夫姓。户籍从男,妻以夫的本籍为本籍。夫有自由决定住所之权,妻只有同居义务。夫妻间不能互为代理,家事皆由父或夫处理,母或妻为内助,但不能代替父或夫独自行事。夫妻在财产关系上不平权,夫拥有对家产的占有、管理、使用、收益和处置等权利,而妻则无此权利,除非经夫的同意。妻对夫的遗产无继承权,而夫对妻的遗产,事实上早因占有而取得所有权。妻的行为能力受夫权的限制,妻发生侵权行为由夫对被害人负民事赔偿责任,这正是妻无独立产权的表现。在解除婚姻关系上,男子常以女子“不顺父母”“无子”“淫”“妒”“恶疾”“多口舌”“盗窃”等所谓“七出”的理由休妻,妻则无权提出离婚。

夫妻不平等还表现在一夫一妻多妾制上。所谓一夫一妻只是对女子而言,男子并不受此约束。在封建制度下,向来是“夫有再娶之义,妇无二适之文”。男子,主要是封建统治者,实行着带有等级制度特点的多妻制。封建帝王有所谓“三宫六院”“七十二嫔妃”自不必说,豪门权贵也是“娇妻美妾”“奴婢如云”。即使是一般人有妻者可以纳妾而且可以不止一个;有妾者也可以娶妻。可是,对于女子则严格要求“从一而终”“一女不嫁二夫”。在旧中国,家族体系构成的权力极大,对于族中不守“贞节”的女子可以随便处死,对此国家概不干涉,百姓也认为是“罪所应得”。这种男尊女卑、一夫多妻的婚姻家庭制度,形成了根深蒂固的传统,直至国民党时期,仍允许纳妾。1930 年民法“亲属篇”规定:“妾不是妻子……视为家属。”纳妾不算作法定婚姻关系,当然也就不在禁止之例。这种规定便从法律上给多妻制披上了合法的外衣。

在封建刑法上,夫妻同罪不同罚。妻对夫不守贞操,与人通奸要受罚,而夫对妻不守贞操,与人通奸则不受罚。妻伤夫受罚重于夫伤妻,妻殴夫不管伤否皆为犯罪,夫殴妻必须有伤才为犯罪。由于在夫妻间的刑事责任上,公开地确定了不平等的关系,从而为丈夫打骂、虐待妻子,提供了法律根据。

在封建刑、民诉讼法上,夫妻的地位也不平等。旧制关于亲告罪的规定,妻不守贞操,夫有告诉权;反之,夫不守贞操,妻无告诉权。在夫妻财产涉诉时,夫

可代理妻起诉、应诉,而妻则无此权利。

所以,在旧中国,封建家庭就是压迫妇女的囚笼。唐代诗人白居易写道:“人生莫作妇人身,百年苦乐由他人”(《太行路》),深刻反映了在我国封建主义制度之下,广大妇女的悲惨痛苦的处境。

(四)家长制是封建专制在家庭关系上的缩影

封建家长制是封建生产关系和封建君主专制的必然产物。

封建自给自足的小农自然经济和小手工业经济,决定了婚姻家庭是一个组织生产和消费的完整的经济单位。这种封建主义生产关系确立了家长在婚姻家庭中的地位,家长负责统率、监督全家生产,其他家庭成员只有“男耕女织”的义务,而无过问家庭经济的权力。地主阶级正是依靠这样的家长制,把农民的劳动果实,通过地租、纳税、差役等方式掠为己有。

以男子为中心的宗法封建社会,一家之权操在家长之手,一族之权操在族长之手,一国之权操在国君之手。封建礼教宣扬“天无二日,地无二主,国无二君,家无二尊”。家长专制正是封建君主专制在家长与家庭成员之间关系上的缩影。家长是一家之主,拥有家产支配权、家务管理权、子女主婚权、家属代理权和家属惩戒权等项权力。父权、夫权皆是宗法封建家长制在父母子女关系、夫妻关系上的表现。

在封建社会,“父为子纲”是天经地义的信条,子女在人身上、财产上完全处于无权的地位,对家长必须“唯命是从”甚至连子女的身体和生命,也操于父母、家长手中。按清律规定:祖父母、父母非理殴杀孙子女、子女的,仅杖一百;故杀者亦仅为杖六十,徒一年。与此相反,历代封建法律都把“不孝”列为“十恶”之一,凡有犯者,均处死刑或流刑,不得请议、收赎或减轻,把所谓“君要臣死,臣不敢不死;父要子亡,子不敢不亡”的封建礼教,用法律的形式固定下来。充分反映了家长制与封建专制主义和等级制度是一脉相承的。

自20世纪以来,由于社会经济的发展变化,家长制的大家庭逐渐向小家庭转化。除地主阶级拥有一定的财产,仍保持着人口较多的大家庭以外,个体农民以及工人、手工业者,由于生计所迫或者生产条件的改变,多数已经由大家庭

向小家庭演变；资产阶级或知识阶层为了追求享乐或自由，也趋向小家庭的组织形式。家庭的这种变化趋势，逐步削弱了封建家长制的统治基础。但是，由于剥削阶级的政权性质没有根本改变，所以直至新中国成立前夕，在大多数家庭里，还保留着封建家长制的基本痕迹。

自古以来，婚姻家庭这种社会现象并非自始存在、永恒不变的。随着生产力的不断发展，生产关系的不断变革，物质财富的不断丰富和精神文明的日益高涨，家庭作为经济单位、教育单位的职能会日趋减弱，逐渐被社会代替，家庭亲属关系会日趋松散、缩小，家长专制及其残余、影响会日趋灭亡。可以断定、现今的家庭不同于过去，未来的家庭亦不同于现今，婚姻家庭关系的这种历史演变是不以人们的意志为转移的。

三

封建主义婚姻家庭制度是长期禁锢人们的沉重枷锁，它早已成为束缚生产力发展的严重桎梏。废除封建主义婚姻家庭制度，建立社会主义婚姻家庭制度，是无产阶级革命任务不可分割的重要组成部分。

民主革命时期，我们党领导的各革命根据地相继颁布了一系列调整婚姻家庭关系的法规，例如，1931 年公布实行的《中华苏维埃共和国婚姻条例》，1942 年公布的《晋冀鲁豫边区婚姻条例》，1946 年公布的《陕甘宁边区婚姻条例》等。这些法规的公布和实施，奠定了废除封建主义婚姻制度和建立新民主主义婚姻制度的原则基础，标志着中国婚姻制度的大革命开端，从而促进了革命根据地的妇女解放和生产发展，服务于当时的土地革命、抗日战争和人民解放战争。

然而那时，由于新民主主义革命还没有在全国范围内取得胜利，因此，封建主义的婚姻家庭制度仍在中国广大地区占据统治地位。

中华人民共和国的成立，标志着中国新民主主义革命的胜利和社会主义革命的开始。新中国于 1950 年 5 月 1 日颁布了《婚姻法》，这是一部社会主义的《婚姻法》。《婚姻法》规定“废除包办强迫、男尊女卑、漠视子女利益的封建主

义婚姻家庭制度”,确立了“男女婚姻自由、一夫一妻、男女权利平等、保护妇女和子女合法利益”的社会主义婚姻家庭制度的四项基本原则。毛泽东同志把这部《婚姻法》称为“普遍性仅次于宪法的根本大法”。

自《婚姻法》公布后,封建的婚姻家庭关系开始受到打击,新的婚姻家庭关系日益发展。特别是通过1953年上半年在全国范围内大张旗鼓地开展贯彻婚姻法运动,社会主义婚姻家庭制度在社会主义生产关系日益形成和巩固的基础上逐步确立起来,成为社会主义上层建筑的重要组成部分。

马列主义认为,经济基础决定上层建筑,然而上层建筑,特别是意识形态又具有一定程度的相对独立性。中国封建主义婚姻家庭制度长达数千年之久,其影响根深蒂固。新中国成立30年来,虽然封建主义的婚姻家庭制度受到沉重的打击,但是随着国家经济的起伏、政治的动荡,封建主义的伦理道德和习惯势力,也时而膨胀,时而收敛。在3年自然灾害时期,封建主义婚姻习俗,如买卖婚姻等就有所抬头。特别是在“文化大革命”期间,由于社会主义法制和社会主义道德遭到严重破坏,社会主义婚姻家庭制度也遭到严重破坏。在当前和今后一个时期内,反对封建主义残余,仍是婚姻家庭领域内斗争的主要任务。

封建主义残余在婚姻家庭领域内主要表现为包办强迫婚姻、买卖婚姻、重男轻女和结婚大操大办。

在包办强迫婚姻中,包办者、强迫者既有父母,又有一些基层单位的领导,主要是农村社队的干部,还有婚姻当事人中的男方。父母包办强迫婚姻逼死子女,社队干部动用民兵、纠集一些人进行抢婚,以及男方以暴力威逼女方与自己成婚和不准女方提出离婚的情况,时有发生。由于包办强迫,男女之间、男女双方家庭之间和父母子女之间的矛盾激化、转化,酿成刑事犯罪,甚至行凶杀人。其中,以男方杀害女方或女方亲属的情况居多。

以包办强迫为基础,以索取大量财物为目的的买卖婚姻还相当严重。买卖婚姻名目繁多,花样翻新,什么按相貌和体重论价,什么养育费、过门费等。结婚索取财物的数额也很惊人。有的办婚事使男方债台高筑影响婚后生活,造成家庭不和。

重男轻女、多子多福和传宗接代的封建传统意识,在农村还很普遍。这是

目前我国实行计划生育的最大思想障碍。有的人为了要男孩竟采取了溺杀女婴的犯罪手段。

婚礼大操大办之风在城乡都很盛行。其目的主要还不仅是讲排场、摆阔气,还有收财礼。上礼者,少则几元,多则几十元。有的一场婚礼收礼达几千元,除用以补偿买卖婚姻的支付外,还有剩余。尤其在一部分党员和干部中,为子女婚事大操大办,在群众中造成极坏的政治影响。

当然,在婚姻家庭领域内,资产阶级的思想影响也是不可忽视的。例如,有些青年人划不清无产阶级婚姻自由与资产阶级婚姻自由的界限,对恋爱结婚采取极其轻率的态度;有的一味追求钱财、地位、容貌,甚至利用婚姻进行诈骗等非法活动。另外,不敬父母、嫌弃老人、不赡养老人,甚至虐待、遗弃老人的情况,在农村也比较严重。这些都是应该加以反对的。为了巩固和完善社会主义婚姻家庭制度,发展社会主义婚姻家庭关系,促进安定团结和四化建设,必须继续开展婚姻家庭领域内反对一切剥削阶级思想的斗争,当前特别应当重视开展反封建残余的斗争。

为此,要进一步加强社会主义法制,制裁婚姻家庭领域内的各种违法犯罪活动。要按照我国《刑法》中关于妨害婚姻、家庭罪和《婚姻法》中的各项规定,对于"以暴力干涉他人婚姻自由的""有配偶而重婚的,或者明知他人有配偶而一与之结婚的""虐待家庭成员,情节恶劣的""包办买卖婚姻和借结婚索取财物"的行为,予以严肃处理。

与此同时还应广泛、深入、持久地开展社会主义法制教育和社会主义道德教育。要认真宣传贯彻执行新《婚姻法》,提倡男女平等、夫妻在家庭中地位平等,批判重男轻女、男尊女卑的封建思想;提倡喜事新办,反对结婚铺张浪费,大力宣传表彰那些带头移风易俗,破除封建陋习的先进人物。

巩固和发展社会主义婚姻家庭关系同发展经济密切联系。封建主义残余之所以能够存在并继续起作用,与我国生产力水平低、经济落后、人们物质生活不富裕相关。因此,大力发展生产,尽快把国民经济搞上去,使人民尽快地富裕起来,对于肃清婚姻家庭领域内的封建主义残余,有着决定性的意义。

由于封建主义残余在我国影响深远,婚姻家庭领域内反封建的斗争将是长

期的。我们必须从经济上、政治上、思想上等各方面造成使封建主义残余既不能再存在,又不能再扩散的条件,进一步巩固、完善和发展社会主义婚姻家庭关系,以促进生产力的发展,加速祖国"四化"建设,不断提高人民群众的物质和文化生活水平。

德法共治与践行男女实质平等*

尊敬的各位女士、各位代表：

大家好！

应邀参加这次研讨会，十分荣幸！作为一位民法学者，理应对男女平等问题给予充分的关注，但是，我对这方面确实没有多少研究，所以，这次是来向各位学习的。

男女平等问题，涉及法律层面的主要有两个方面：一是公法、社会法层面，男女在公共领域和政治生活中享有平等的权利，如接受教育、职业选择、劳动和社会保障、选举和被选举权等。从现代立法角度来看，这些方面不会有障碍，这不是我们今天要讨论的主要问题。二是私法，主要是民法层面，男女平等遇到的问题比较多一些。民法是调整市场经济的基本法，但又不以此为限。民法规定，民事主体地位一律平等，无论男女都有平等的权利能力和与年龄或智力相当的行为能力，所以男女同样可以享有各种民事权利，包括人格权、身份权和财产权，也包括民事救济权，这在法理上、法律上似乎是解决了的。但是，为什么对妇女的歧视和偏见、侵害妇女和女童合法权益的情况还在发生，甚至成为某些领域中普遍存在的问题。这里，除对法律执行不力的原因之外，就法的理论和民法制度本身，还有什么问题需要探讨、需要解决的呢？

下面我谈几点不成熟的看法。

---

* 本文系作者2018年12月22日在中华女子学院法学院、中华女子学院中国妇女人权研究中心举办的“民法典编纂与男女平等”学术研讨会上的发言。由西南财经大学民商法博士研究生禹路兵整理。略作文字修改以后，曾发表在《中华女子学院学报》2019年第2期。

一、实质平等与“差别对待”

各国宪法(包括我国宪法)都会规定,公民不分性别在法律面前一律平等。这一规定是通过法律的形式规则来保障人们能够平等的分配权利和自由。但在社会实践中,人们发现形式上的“平等的权利”却在许多情况下导致了实质上的不平等。所以,自19世纪末(中国是20世纪末)开始了一次长久的学术讨论,这就是“实质法治”与“形式法治”、“实质正义”与“形式正义”、“实质平等”与“形式平等”之间的争论。此后经历了“平等的权利”到“公正的权利”、“形式的平等”到“实质的平等”的变迁,以致影响和转化到现代立法中,这就是“差别对待”的问题。

在现代社会中,公正的平等并非指对所有人绝对平等。随着女权运动的不断深入,随着“弱势群体”概念的形成,合理的“差别对待”成为一项重要的法治原则。这是因为,毫无差别的对待往往会变成假平等,而有合理根据的差别对待却是真正的平等、实质的平等,它并不违背平等的精神实质。差别对待是法律“实质正义”的重要组成元素,在不同的人群之间,如男女之间、成年人与未成年人之间、老年人与青壮年人之间客观上存在生理和身份差别,在法律上就应该差别对待。为什么有差异还要平等对待呢?就男女之间的关系而言,因为他们在单个家庭中,甚至在人类的社会上都有同等的生存价值,没有任何一方就没有家庭、没有人类社会,这就是“男女平等”的价值所在,所以,我们必须要为妇女提供必要的特殊保护,除民法等基本法之外,还要以特别法的形式作出专门规定。

在民法上,如何看待男女平等问题呢?早在10多年前,我国就有民法学者提出平等原则应是宪法原则,而不是民法原则,所以,男女平等更不是民法所关注的问题了。这一看法值得商榷,民法在调整与市场经济相关的财产关系以及部分人身关系时,应该坚持当事人(无论男女)之间的平等主体地位,否则,市场经济活动无法进行。但是,民法并非只调整商品经济、市场经济关系,其中婚姻家庭法和继承法所调整的大多是亲缘的、伦理的关系,这种关系与市场交换无

关,它所体现的是夫妻之间、家庭成员之间的身份差序、团结合作关系,家庭的全体成员应该“各尽所能,按需分配”。实际上,民法中所强调的主体平等,只是机会的、起点的平等,而不是结果的、终点的平等;只是一种法律形式上的平等,而不是实质意义上的平等。甚至可以说,形式平等的体制和制度恰恰是造成和加深不平等的原因。我们这里讲的男女平等应是指实质意义上的,正像我们不能按照一般市场法则处理家庭、继承中所出现的财产关系一样,是要确实保障妇女在社会和婚姻家庭中所应享有的身份利益。

二、男女身份与“利益份额”分配

应该承认,身份制度具有解决实质平等的功能。在民法中,身份是个人在社会生活或者家庭关系中具有私法意义的定位与相应的利益份额,是身份关系为民法所规制的结果。身份制度以人与人间的差别为前提,以区别对待为基本调整方法。家庭法、继承法原本就属于身份法域,集体所有权、区分所有权、优先权、监护等制度以及知识产权法和商法中都存在大量的身份规则。男女之间的性别差异是产生妇女身份的自然事实基础,社会经济、意识形态、伦理传统、文化习惯是规制妇女身份的制度缘由。身份制度不以平等当事人的意思自治为先导,而以社会性的一般判断和整体安排为基准,妇女依其身份位阶在不同层次的共同体中获取相应的利益份额,包括财产、精神、伦理等方面。妇女身份是人类社会中最基本的身份类型,相对民法的其他制度具有超越时间和地域的稳定性。所以,妇女身份制度的构建和完善对实现男女长久的实质平等具有重要意义。

在人法中,身份法与人格法共同调整人身关系,共同确认主体的法律地位。一方面,人格法解决了所有人的平等法律地位问题,妇女无论具有何种身份背景,同男子一样拥有平等的独立人格,可以在私法领域参与各种法律关系,通过意思自治或者权利、承担义务;另一方面,人格平等只解决了资格问题,并不能反映和矫正男女之间的现实差异,不能独自实现男女之间的真正平等。所以,

需要身份法来调整强者与弱者、男子与妇女之间的社会关系,为不同类别或性别的人制定行为规则并划定利益份额。运用差异对待法则达到防止平等人格流于形式的目的。当今,现代法学对人的认识发生了变化,从完全理性假设走向有限理性假设,妇女身份已经巧妙地融入身份法与人格法相互兼容与补充的现实规制之中。《民法典》在调整市场关系的部分,确认平等人格,排除身份差异,在调整非市场关系的家庭法和继承法部分恰是身份法和人格法相互兼容的主要法域。以家庭法为例,家庭成员是以身份关系为基础建立的组合,他们之间既要坚持人格平等,又要重视身份差异,这样才能建设和睦文明、民主平等、幸福美满的家庭。为了保护妇女的特殊权益,在民法典之外制定《妇女权益保障法》,以特别法的形式促进男女实质平等的实现。

性别差异是男女身份差别存在的基础,是考量男女之间享有"利益份额"的根据。由于男子与妇女具有天然的不同生理特征,他们在社会和家庭中担当着不同的角色。妇女除享有与男子平等的政治和社会权利之外,在婚姻家庭关系中还要享有配偶权、生育权、监护权、家庭安宁权等身份性权利,妇女的人身自由不受侵犯,妇女在经期、孕期、哺乳期应受到特殊保护;在婚姻、家庭共有财产关系中,妇女享有与男子平等的占有权、收益权、处分权以及平等的财产继承权;在家务劳动方面,契约规则不能被泛化,也没有必要由法律加以规范,它是夫妻之间自然形成、彼此认可的分工,从而保障了一个个家庭内部的运行秩序。在通常情况下,妇女在家庭中承担着较多的身份义务,如抚养子女、赡养父母等,这些无形的付出是创造和集聚家庭财产、支持和保证其他家庭成员的社会性工作,间接地为国家和社会做出贡献。因此,现代社会中,妇女承担的家务劳动已经具有了社会属性,他们理应在社会和家庭中得到他们应享有的身份利益,并按照身份法特有的方式,将这种利益转换为可辨识的"利益份额",它随社会或家庭财富的增长而增长。当他们的权利受到不公正待遇时,在法律上,妇女享有充分的身份请求权,以保证男女平等的真正实现。

三、男女平等与践行德法共治

男女平等是我国的基本国策。德法共治是实现这一国策的基本途径和保障。近代以来,道德与法律的关系成为法哲学的核心命题,经过不同学派之间的争辩、借鉴、彼此补充和深化,最终以大陆法法典编撰为标志,道德与法律的分野得以实现。正如刘作翔教授所言,道德与法律之间是一种既互相适应,又相对保持距离的内在辩证的关系。法律是最基本的道德要求,当今我们倡导的"德治"与"法治"内涵不同,德治追求的是道德人格的塑造及对伦理道德秩序的维护,其践行方式是通过民间自我的教育、宣传和舆论;法治追求的是人格尊严的维护和社会正义的实现,其践行方式是由国家机器施行外在的引导、限制和惩戒。道德规范可以分为一般意义和特殊意义的两类:前者指相对独立于法律之外,为民间普遍认同并在民间自觉遵循的伦理道德,它与法律构成相辅相成、相互补充又相互分离的双层行为规范体系;后者指那些能够满足社会成员最低生存和发展需要的基本道德规范,由国家强制力加以确定并被纳入法律规范体系,成为被法律化的道德规范。显然,男女平等的实现既需要德治,也需要法治,两者的结合与并重是践行男女平等的重要保障。

家庭、婚姻和继承关系是民法调整的重要领域,也是道德规范营造民间文明的重要场合。家庭、婚姻和继承关系属于私人自治的领域,但不属于市场规则调整的范围,他们更多地被传统的和现代的伦理、道德规范调整;但由于人和人的家庭组合具有社会属性,国家有必要在一定范围内运用法律手段加以干预,进而形成德法共治的总体格局。在现代社会中,男女平等是统揽上述关系的基本原则,体现在家庭、婚姻和继承关系的各个方面,其中夫妻平等占据突出地位,这包括夫妻双方享有使用自己姓名、拥有共同财产、相互继承遗产、自由参加工作和社会活动的权利,以及教育和保护未成年子女的权利和义务、夫妻相互扶助义务等。以上权利和义务的设置符合人权理念和现代伦理道德准则。但是,如何理解家庭中的亲子关系,学界有不同认识。我的看法是,所有家庭成

员在作为“人”的人格上是平等的,都应受到他人的尊重,父母也不能侵害、遗弃和虐待未成年子女。亲子关系是一种结构性的家庭身份关系,父母与子女处于不同的身份位阶,享有相互对应的“利益份额”,他们存在于“权威与服从”“保护与依赖”的关系之中,看似不平等,却是各方生存的需要,是达到实质平等的必然路径,这里无所谓“权利本位”还是“义务本位”,而是“生命延续本位”。在家庭关系中,父权、夫权至上及“三纲五常”的传统固然需要破除或改造,但其积极的伦理道德还需保留和发扬,以帮助克服现代化进程中出现的物欲主义、极端个人主义,保障中华民族传统美德寓于家庭,弘扬于社会。

“道德的法律化”是践行德法共治的重要制度形态。它是指通过立法的途径把一些道德原则转化为法律原则,把一些道德规范转化为法律规范。男女平等是社会主义国家伦理道德的价值要求,也就必然成为民法和相关法律的一项基本原则,有关男女平等的伦理道德规范主要存在于人身关系、财产关系、婚姻家庭关系之中,这些部分恰是民法规范体系中的中心内容。这次全国人大公布的《民法典(草案)》较完整地体现了道德规范向法律规范的转换。在“人格权篇”,规定了包括妇女在内的民事主体的生命权、身体权、健康权、姓名权、肖像权、名誉权、荣誉权、隐私权和个人信息受到法律保护;在“物权篇”和“合同篇”,规定妇女作为权利人享有私人所有权、集体成员权、土地使用权等物权以及参与各类合同关系的权利;在“婚姻家庭篇”,规定实行婚姻自由、一夫一妻、男女平等原则,维护妇女在家庭关系中的平等地位和合法权益;在“继承篇”,规定继承权男女平等,在法定继承、遗嘱继承和遗赠关系中均对妇女作出有利的规定。为了切实保障妇女合法权益,促进男女平等,国家另行制定《妇女权益保障法》,这部法律在规定妇女的政治权利和社会权利的基础上,与民法权利体系相对应,再次在人身权利、财产权益、婚姻家庭权益各章,规定妇女的人身自由不受侵犯,禁止各种侵犯妇女人身权的违法行为;保障妇女享有与男子平等的权利,特别规定妇女在农村土地使用权方面享有与男子平等的权利,不得以妇女未婚、结婚、离婚、丧偶等为由,侵害妇女在农村集体经济组织中的各项权益,进一步强调妇女在婚姻家庭关系中的平等地位和对受害妇女提供有力的民政和司法救助。这些规定将道德规范与法律规范融为一体,即道德的法律化,使

法律由止恶而兼劝善，两者互补成为维护国家和社会有效运转的保障。

四、主体地位与维护妇女权益

农民只有拥有民事主体地位或资格，才能成为农民集体成员或农村集体经济组织成员，抑或农村社区成员，并享有相应的权利和义务。我国现行法律是将农村承包经营户作为一类民事主体的，这一制度安排使农户取得了市场主体地位，并在相当长的历史时期促进了农业经济的发展。但也须看到，“户”这一主体形式的明显弊端，它“遮蔽”了包括妇女在内的农民个人民事主体地位，并导致农民个人的土地权利被其“淹没”，还限制了农民个人直接参与市场交易和行使土地使用权，尤其是对妇女行使土地权利产生了不利影响。这一点也正是农村妇女土地权益不能得到切实保障的重要原因。农村妇女土地权益的保护与民法物权篇、合同篇、婚姻家庭篇和继承篇均密切相关，但从不同层面确立农村妇女的民事主体地位是其享有所有民事权利的前提。

在农村，妇女的民事主体地位的确立是自由支配土地使用权的基本条件，妇女与男性农民一样享有集体土地使用权的主体资格，是一个事关现代社会发展趋向和农民能够顺利行使权利的关键性问题。我国现行法律规定，享有集体土地使用权的主体是农村特定集体经济组织的农户，这与我国长期存在的家族结构和以家庭为单位的小农经济生产方式相适应。但是，传统农户的血缘性、聚居性、农耕性、自给性、封闭性和稳定性却与现代社会结构所显现的社团性、流动性、工业性、交易性、开放性和创新性相背离。近年来，在城市化的浪潮中，农户的生产功能在降低、生存功能在削弱，农户的封闭性、农耕性和自给性特征正在发生变化。在这种情形之下，家庭成员不论是妇女还是男子都开始摆脱家庭的束缚，成为独立的、自由的劳动者，他们从家庭成员逐渐转变为社团组织成员，进而成为社会体制中的一员。农民这种身份的转变自然影响妇女地位的改变，妇女已经成为独立的民事主体，在土地使用权的行使、转让和放弃中享有和男性农民同样的权利。而农户只能表明它只是社会的、社区和户籍管理的基本

单位。

保障妇女合法权益,特别是保障农村妇女的土地权益是一个重要的人权问题,是妇女享有平等的生存发展权的问题。民法如何在坚持形式正义、形式平等之上铸造男女实质平等的社会模式,是当代法治的重要使命。只有正视男女性别差异,才能找出区别对待的法治方案,从而使男女公平地享有自己应得“利益份额”。男女之间的真正平等,依赖法律的陪护,也需要道德的滋养,只有德法共治才能使男女平等之树结出丰硕之果。基于我国农村现有生产方式和宗法传统的影响,农村妇女还是现实意义上的弱势群体,我们对他们应予更多的关注和帮助。

因为时间匆忙,思考还不够深入,所以,以上看法难免有不周延与不妥当之处,还请各位同仁批评指正,谢谢大家!

漫谈民法与和谐社会*

各位老师、各位同学：

大家晚上好！

这次来西南财经大学进行学术交流，原没有打算给同学们搞讲座。后来，法学院的领导还是希望我和同学们见见面，既然见面总要讲点什么。可是讲什么呢？有位老师建议我能不能讲讲和谐社会。我一想，和谐社会和我们民法专业的确关系密切，再说又是一个当前最“时尚”的题目，不妨就试着讲讲。不过，因为准备不足，本人又水平有限，讲得不好还请你们谅解。

2004 年 9 月中共十六届四中全会正式提出“和谐社会”的概念，开始还没有引起人们的太多关注。但 2005 年春节过后，建设“和谐社会”突然成为中国宣传的重点。

现在，“和谐社会”“以人为本”“科学发展观”已经成为中国共产党新一代领导人的“三面红旗”。前不久召开“两会”，政府工作报告进一步凸显了“和谐亲民”的方针和姿态。

作为一个民法学者，我很关心国家领导人提出的“三面红旗”，与民法紧密相关的有两面——“和谐社会”和“以人为本”。“以人为本”我们已经讲过很多了，如民法学界关于民法典体系、体例的讨论，人格权的立法等。但是，关于“和谐社会”，民法学界还讨论甚少，今天我们不妨就这个问题，和大家讨论一下：民法对建设“和谐社会”能起到什么作用？

---

* 本文系根据作者 2005 年 3 月 20 日在西南财经大学所作学术讲座整理。

我理解,“和谐社会”包含人与人之间的和谐,人与政府之间的和谐,可能也包含人与自然的和谐。“和谐”体现了人间的一种“平等”“互相尊重、相互协作”的关系,它体现了人与人之间配合得当、配合默契,有一种社会平和的气氛,这是一种最理想的人类社会的境界。民法调整社会关系、财产关系也好,调整人身关系也好,还是要达到这个目的。而且民法的一项重要功能就是创造和维护社会和谐。

下面,我从几个方面,谈谈自己的看法。

一、民法是私法,建设和谐社会离不开民法

民法就是调整普通民众的关系。它不是靠权力,或者不是主要靠权力,是依靠平等协助的关系,大家共同营造着社会的和谐。

一种趋于自治的社会,主要不是靠政府权力支撑,是靠人民的自治精神,通过意思自治去完成社会关系的构成。什么是意思自治?它是指人们在法律规定的条件下,人们之间能够自由的、自觉的、自主地实施各种法律行为,支配其财产实现自己的愿望,以达到自己的目标,而不会受到国家和他人的无端干预。人们的心情是舒畅的,人们之间的关系是和谐的。我们的改革“小政府、大社会”(海南建省之初就是按照这一模式设置机构①)正是这个意思。按照一定规

① 1987年9月26日发布的《中共中央、国务院关于建立海南省及其筹建工作的通知》中要求,海南建省以后“机构的设置,要突破其他省、自治区现在的机构模式,也要比现在经济特区的机构更精干、有效一些,使海南省成为全国省一级机构全面改革的试点单位”。这就是所谓“小政府、大社会”的体制。据悉,海南省推进“小政府、大社会”新体制后,省政府按照政治保障系统、行政事务和社会服务系统、经济杠杆系统、经济发展和经济组织系统四大板块设置机构27个,比原海南行政区减少了20个。原海南行政区的农业局、林业局、水电局、水产局、热带作物局、机械工业局、轻工局、二轻局、商业局、外贸局和粮食局等11个局级专业管理部门,以及物资局、华侨农场局、燃化工业局、纺织局、建材工业局、供销合作社、医药工业局和冶金局等8个局级行政性公司,全部整体转轨,成为省属专业公司。这19个局级机构变成了省属企业单位——总公司或集团公司后,一律不定行政级别,共有800多名行政干部走向“大社会”,成为企业职工。参见周文彰:《海南“小政府、大社会”体制的实践和意义》,载《中国党政干部论坛》2008年第7期。2018年4月11日,《中共中央、国务院关于支持海南全面深化改革开放的指导意见》,在新的历史条件下,对海南全面深化改革开放提出了新的要求。

则,从而自己管理自己的这个规则就是民法。社会上每天发生许多事情,不能都靠政府,靠行政(他们也忙得很),应靠私法、民法规范去调整。这才能是一个和谐社会,做不到这一点还事事都是由国家、政府去统领,人们的生产、生活都靠国家、政府去安排,人失去自主生产能力,社会就难以和谐。

民法将每个人,以及具备一定条件的社会组织都视为民事主体。民事主体之间是平等的;国家、政府机关在许多时候也是民事主体,他们也享有民事权利,这时他们与一般民众一样,是一种平等关系;国家机关的公务员除行使职务行为外,也是平等主体。这样才可能有一个和谐的社会。

二、民法调整平等主体之间的社会关系,平等是一项民法的基本权利,它是营造和谐社会的基础

人格平等、自由是人的伦理价值的体现,是人类共同追求的理想、追求的目标。民法调整的平等关系,首先是法律形式的平等。民法给予自然人、法人的是一种地位的平等、做人资格的平等,即权利能力的平等,这也是给予人们一种平等享有权利的机会,使人们都有一个自由空间。在一个社会中,人们在法律上的这种平等地位,只要不侵害社会公共利益,不侵害他人权利,都能自由自在地生活,自主地去工作、劳动,这才是一个祥和的社会。

但是,只强调法律形式意义上的平等,还是不够的。和谐社会还包括人之间的互相协助,团结友爱,因为人的能力和智慧是有强弱的,取得社会资源的机会并不是均等的。因此,民法在具体规则上,应该保护弱者的权利和维护他们的利益,如消费者保护,残疾人权益保护,老年人、妇女儿童的权益保护等问题。再如合同法关于格式条款的规则,都是实现人类之间实质平等、公正问题的。

现在,户籍制度上的改革,城市人与农村人之间的界线逐步打破,农民工在城市应该受到平等待遇,他们的子女上学要解决。女学生就业难。

民法的基本原则,基本观念就是平等。这一理念是法治国家要解决的核心问题,这一理念如何深入人心,如何为国家、政府所关注,并在具体工作中贯穿

这一精神,这是营造和谐社会的前提条件。

和谐社会不是强制创造的。和谐社会是靠平等的人与人关系的共同理想、共同努力去营造的。

三、民法是促进经济发展、保证社会稳定和谐的基本法律

改革开放以后,民法是调整商品经济的法,是调整市场经济的法。我们以民法的合同法、法人制度为例,没有合同法,那有现在的这种繁荣的经济;没有法人制度,哪有企业公司的发展?

经济发展、国家富强、人民富裕,这是建设和谐社会的物质基础。民法是强国之法,民法是富民之法。生活富裕了,生活条件改善了,国泰民安,社会才能稳定,才能和谐。

但是,经济发展,国家富强了,不等于社会就稳定了,和谐了。贫富不均,两极分化,穷人富人对立,社会矛盾突出,社会还是和谐不了。这要靠国家政策和法治来解决。从宏观上来讲,国家可以通过政策支持,相应经济政策,通过经济法、社会保障法的完善以及税法等缓和这种矛盾;从更大的方面,国家决策发展西部地区,这是解决我国东西部发展差距、贫富不均的一个战略举措。同时,国家作为私权的主体,作为一个公有制的国家,可以资源、经营性财产、公益财产行使所有权,设立债权债务关系,合理地分配资源。所以,民法也是社会资源的一种分配方式。

特别是针对具体的法律关系,民法是平衡当事人利益的规范,甚至在每一项规范中都可能包含着平衡当事人利益的价值取向或功能。例如,合同法对债权人、债务人(特别是双务合同)的利益保护,体现了一种平衡利益的机制;在担保关系中,债权人、债务人、担保人三方也要平衡利益,如定金双倍返还。又如,时效、除斥期间,时间在民法中的意义非常重大,它一方面体现了效率,另一方面体现了权利行使和消灭的起点。我们为什么规定时效 2 年(4 年),[②]就是为

② 2017 年全国人民代表大会审议通过的《民法总则》第 188 条规定,诉讼时效为 3 年。

了协调当事人之间以及当事人与社会之间的平衡。除斥期间更是通过规定时间来平衡当事人利益。平衡利益体现了社会公正,社会公正才可能有社会的和谐。这恰恰是民法的重要功能。

四、调和社会矛盾,防止和解决权利冲突是民法另一项重要的功能

民法在为自然人、法人设定权利能力之后,每一个民事主体都可以加入法律关系之中,并享有权利。但是,这些权利经常发生冲突。对一项财产,你享有权利,我也享有权利,甚至第三人也享有权利。权利主体之间的利益产生了矛盾,冲突了,社会无法和谐。但是,民法将权利进行分类,形成一个科学的体系,如财产权,划分为物权、债权两者矛盾了,没关系,物权优先;继承关系,有数个人都要继承,没关系,根据国情和传统,规定了继承人的范围和顺序(第一、二顺位)。这样顺位的确立,就有效地解决了冲突。

相邻关系(法定)、地役权(约定)也是解决权利冲突。搬迁合同,行政性质的必须订立,民事性协议的内容就要充分协商,协商的基础是市场。另外,权利竞合,责任竞合问题,允许选举一项权利,只能请求对方承担一项责任。

民法不仅是有了矛盾,可以解决矛盾,法院、仲裁可以通过适用民法,解决这些矛盾。更重要的是,民法所确定的这些规范能够防止矛盾、防止权利冲突的发生。

民事关系是人们生活、生产中所发生的最广泛的社会关系。每一个人每天都是生活在民事法律关系之中,权利冲突随时随地就可能发生。权利冲突会带来人之间的对抗,这个问题不解决,社会还怎么和谐?

所以,很难想象,在现代社会,没有民法的社会是一个和谐社会。说得通俗一点,民法是解决人民内部矛盾的最能显示效果的法律。

五、民法善恶分明,它是一个制裁邪恶,维护善人权利的法律,从这个意义上讲,民法是一个善意法

民法的基本原则——诚实信用原则,要求人们以诚待人,恪守信用,禁止权利滥用。对恶人、恶意之人(民法——不是少数的犯罪)的欺诈、胁迫、恶意串通行为,通过无效或者可以撤销的制度规范,以维护善意人的权利;制止射幸行为、暴利行为。对善意的人民,法是有其宽厚的,如合同法有免责条款,物权法有善意取得,等等。这都是营造和谐社会的重要法制原则和具体规范。有些重要的道德规范有必要上升为民法规范,这样就能更有力地调整和协调社会关系。

六、人们相互协助、相互帮助、尊重他人、团结友爱是和谐社会的重要表现,也是民法倡导善良风俗的精神所在

民法在规范民事主体的权利义务的前提下,并不把权利和义务绝对分隔开。比如,在合同关系中,债权人在受领对方履行债务时,有协助履行的义务,否则,还要承担民事责任。所以,合同法的履行原则中,就有协助履行原则,债权人要协助对方履行,要提供相应的条件。显然,这是互助精神的体现。

在人格权中,你要受到他人的尊重,同时,你必须要尊重他人;在亲属法和继承法,有更多的民法规范是直接调整人们之间的团结和睦关系的;在侵权法中,损害赔偿、法律救济的实现,并不是以致加害人于死地为代价。我认为,在建设社会文明,营造和谐社会的法律制度中,没有比民法更直接、更具社会效果的法律了。

七、民法是保障和谐社会实现的重要手段

民法还通过民事责任制度，保障社会和谐。在民法中还有很多的责任制度。

1. 合同法的违约责任。在合同制度中：(1)缔约过失也是重要的民事责任制度；(2)后合同义务是一种侵权责任。

2. 侵权法的侵权责任。

3. 民事制裁，主要体现为惩罚性的赔偿制度。

民事责任制度是民事权利的救济手段，通过民事救济维护当事人之间的利益平衡。这些都是保障和谐社会的。通过民法的调整方法，维护社会正义，维护社会的正常的秩序，进而达到实现和谐社会的目标。

所以，民法的基本原则和具体规范，是我国构建和谐社会的重要法治基础和必备条件。可以认为，在我国建设社会主义文明和营造和谐社会的各项法律制度中，没有哪一项法律比民法对构建和谐社会的作用更为直接，更为重要，更具社会效果。我们希望，社会各界都能认识到这一点，并为我国民法的完善和实施做出不懈的努力。

今天我就讲到这里，谢谢各位。

观看学术话剧的感言*

各位与会嘉宾：

大家好！

西南财大法学院博士研究生在吴元元教授的发起和指导下，自编自演，将我国民间家喻户晓的《梁山伯与祝英台》的故事，以学术话剧的形式搬上了舞台。这是法学学子首次将法学术语理念嵌入艺术殿堂的一次可贵尝试，这是法学教育形式和学生提升理论和文学素养的一次实践和创新。这次成功的演出，是吴元元教授一次以美育推进智育的成功教学革新，是她的老师朱苏力教授在“法律社会学”上创新思维的一次具体实践。就博士研究生而言，他们以“角色参与”的方式，进行了一场潜移默化的学习创新的尝试，既提高了法理水平，又提升了文学素养，受益良多。

既然是学术话剧，我想从学术角度，仅在上层基础层面谈些感想，也是不成熟的探讨。

第一，中国婚姻制度的变迁来自整体主义和个体主义的博弈。中国古代是国家主导型的群体社会。中国社会结构以整体主义为特征，这表现在两个方面：一是整体至上、权力至上的价值观念成为中国传统的意识形态；二是家族是

* 2017年6月24日至26日，由西南财经大学研究生院主办“学术话剧学理探究及其在研究生培养模式创新中的应用”专题研讨会，该研讨会旨在以本校理论法学研究所也已开始探索的博士研究生学术话剧创作实践及其经验总结为议题，探讨学术话剧的学理意义及其对当前研究生培养模式的创新价值，深化“以美育推进智育、以智识提升美学”教育科研范式变革。作者6月24日晚上观摩了学术话剧《制度变迁中的行动者：梁山伯与祝英台》，25日参加专题研讨。本文系作者在这次研讨会上的发言，标题为后来整理时添加。

中国传统文化的堡垒,家族主义以亲属伦理、婚姻制度为建构基础。在中国,每个家族,家庭成员依据自己的身份各安其位,遵从忠孝,婚姻嫁娶听从父母安排,这是天经地义的事。婚姻从来不是个人的事,是整个家族、家庭传宗接代的大事,所以,个体必须服从整体。中国古代的宗法血缘伦理成为规制家族、家庭关系的基本准则,这是使中国社会长期稳定的重要因素,是包括包办婚姻在内等制度的积极方面。

但是,整体主义也有消极和落后的一面,包括传统的婚姻制度在内,它严重地限制了个体的自由和发展,只看重公共权力而忽视个人权利,只看重人治而忽视法治,阻碍了社会的开放和纳新,整体主义和个体主义的冲突必然产生制度的"反叛者","反叛者"的斗争和牺牲,最终会带来制度的变革。对中国而言,如何解决整体主义和个体主义的对立统一问题,是一个重大的课题,它不仅是一个哲学课题,也是一个重要的法学、社会学和政治学的课题。

第二,关于制度变迁中的行动者,任何一个时代都有。从积极的意义上来讲,行动者或者我理解的反叛者是推动社会变革和进步的中坚力量。为什么我认为梁山伯与祝英台是反叛者呢?因为他们对抗传统的婚姻制度,用跳江自杀的行动对抗父母之命,这是对旧制度的反叛,是用自己的生命对制度变迁的推动。制度变迁的行动者,如果我们不考虑行动者的理论学说,只从汉语的含义来讲,行动者就是革新者、操作者或制度变迁的实现者,从广义上讲,它也包括人民群众的创举,人民群众的造反行为,个别人的反叛行为等。"反叛"就要付出代价,就会有牺牲,悲剧可能由此产生,但悲剧本身并不值得过多的探讨,许多悲剧就是社会行进中战斗的进行曲,反叛行为映射的时代潮流及其预示,才是我们必须重视的,必须认真研究的。一旦行动者出现,一场悲剧发生,就可能预示着某种社会变革的即将到来。反叛者就是如此,我们不是简单地去压制它,诋毁它,而是抱着一种宽容的态度去研究它。现在有许多反叛者需要我们研究,比如,为什么一些著名学府的高才生入庙修行,如才学一流的王小能教授弃俗出家。这些社会现象很值得我们深思。反叛者有积极的和正面的,也有消极和反面的,也有平庸和中性的。对于反叛者的行为,我们要求客观地研究,要作为历史性的考察,作正面的或者反面的判断,要经得起历史的检验。历史是

由无数的包括反叛者在内的人民群众的实践构成的。对于反叛者或不同异见者,我们不能主观地、武断地去下结论。这方面我们有过历史教训,也作过许多错误的评判,我们应该反思。总之,我们要顺应和促进社会的变革和制度的变迁。

第三,关于人性和阶级性的判断问题。这出学术话剧关于丫鬟与小姐关系的角色处理有独到之处,这是与传统戏曲对类似人物的刻画不同的,里面多了一层阶级的现实主义的分析。但是,我觉得还应有更全面的认识。阶级性也是人性的一部分。一方面,人性是由自然属性和社会属性构成的。人的生活表现,人与人之间的关系,包括主人与奴仆,上级与下级,也包括男女之间的爱情,均内含人的自然属性,这种自然属性又在社会结构的框架中存在;另一方面,人性的流转变幻是在矛盾中进行的,人性中存在着各种悲剧几乎任何时候都有,我们今天展现的爱情故事只是体现人性悲剧的一个侧面,或者是一个载体。我们借助这个故事,来强调人性,进而承认人权,保护人权,这是我们法学者的责任。这样理解,中国的《梁山伯与祝英台》与西方的《罗密欧与朱丽叶》在本质上仍然是在人性矛盾基础上发生的悲剧,这是共性。所以这个问题,我们还可以从更高的境界或者更深刻的层面去认识它、分析它。

以上几点只是一些感言,错误还请各位批评。谢谢!

论文合作者

农村农地篇

论文题目	合作者
农村集体土地所有权的分解与保留——论农地“三权分置”的法律构造	丁晓强
农业专业合作社若干问题研究——兼评我国《农民专业合作社法》	宋　刚
论集体土地所有权制度改革的目标	杨春禧
合作制与集体所有权	宋　刚
农村社会进步与合作社立法	吴尚芝
发展合作社的若干法律问题	冷铁勋

其　他　篇

论文题目	合作者
私法与司法公正	舒　广
论能源法的变革	龚向前
当前我国司法制度存在的问题与改进对策	聂德宗
旧中国封建婚姻家庭制度的特点及当前婚姻家庭领域反封建残余斗争	程　飞

卷 后 语

时光荏苒，日月如梭，转眼迎来恩师马俊驹教授八十华诞。忆往昔，先生才华出众，中学甫成即被相中留校从教；后钟情法学，入北京政法学院（现中国政法大学）研习法律，大学毕业相继从事公安和审判工作；研究生教育恢复之初，回母校攻读硕士学位，先后执教武汉大学、清华大学。2002 年，先生本着支援西部教育之拳拳初心应邀兼职西南财经大学博士研究生导师；2008 年，从清华荣休后遂成西南财经大学“全日制”特聘教授。先生数十年教书育人，桃李天下。粗略统计，仅先生指导的硕士、博士研究生有七八十位在高校从事教学和管理工作。其中，教授、副教授逾 50 位；20 余位忝列博士研究生导师；10 余位校级管理干部；其余多供职于法、检等司法部门，企业（特别是金融业），律师，党政及新闻出版各界，为国家进步、社会发展添砖加瓦。

己亥金秋，数十位“马门”弟子与先生相聚苏州 2019 年中国法学会民法学研究会年会暨学术研讨会。在学术研讨与叙师生情缘之余，弟子们商讨庆贺先生即将到来的八十寿诞。为展现先生学术主张，传承学术之精神，弟子皆认同出版先生文集为不错的形式之一。征得先生同意，由梅夏英、张善斌、张翔、辜明安等牵头，众弟子勠力同心收集、整理、校对先生文稿并交付出版。

先生造诣深厚，著作等身，20 世纪 80 年代即以法人制度研究赢得学术声誉，学界人称“马法人”；后广涉财产法、人格与身份法、商事法及法律教育等诸领域，尤其对民法典制定甚为用心。先生的不少学术观点为学界认可，部分已成代表性学说，产生了较大学术影响。为体现先生的学术发展和思想历程，本次整理出版的文稿，包括已经发表和尚未公开发表的论文、部分学术讲座、会议

发言和课堂讲稿等。由于先生文稿众多,加之时间跨度较长,犹如沧海拾珠,有些文稿未能收罗殆尽,实为遗憾。

先生执着学术,笔耕不辍,本次出版作品多为先生独著。同时,为锻炼、提升学生研究与写作能力,先生指导学生将部分思想成果整理成文,文集中部分合作作品乃先生倾力指导、提携之见证。

先生虽已届八旬,依然文思敏捷,在本该悠游林泉享受生活之年,仍秉承桃李初心,不辍学术研究,怡享杏坛之乐。先生不仅密切关注立法进程,为立法建言献策,而且致力于学术研究,对新事物抱持浓厚兴趣,研究领域不断扩展;先生致力学术交流,在全国民法学术会议及其他相关学术会议上常见先生身影,且多有新的学术观点呈现。"鹤发银丝映日月,丹心热血沃新花",正是先生的真实写照。先生思维活跃、开放,乐于同年轻人交流,不辞辛劳点拨后辈,迄今仍为西南财经大学博士研究生授业解惑。

先生文集承蒙德高望重的江平教授拨冗作序,我们不仅深受感动,更满怀敬意,由衷感谢江平教授。先生早年的学生孟勤国、余延满亦执笔序言,展师生情谊,令人感念。

先生文集得以出版面世,得益于法律出版社的大力支持,尤其是法治与经济分社社长沈小英及诸位编辑的辛勤劳作,为此,我们深表谢意。同时,文集得以顺利出版,也要感谢各位同门师兄弟的鼎力相助。此外,对外经济贸易大学、西南财经大学部分研究生为整理文稿不辞辛劳,在此一并致谢。

庚子鼠疫,坎坷多磨。《民法典》终于 2020 年 5 月 28 日在迟延召开的第十三届全国人民代表大会第三次会议上顺利通过。这不啻是我国法治建设的重大成果,在一定意义上也是给长期关注并致力于民法典编修的先生八十寿辰的一份特别礼物。

先生数十年在民法领域不懈耕耘,成果丰硕,让弟子高山仰止;先生的智者风范,仁者襟怀,立德立言,身体力行,令弟子学步于后。我们先后忝列先生门下,虽受益匪浅,却无以为报,谨代表全体同门弟子敬祝先生福如东海长流水,寿比南山不老松。

先生与师母曹南屏教授伉俪情深,祝愿二老永远幸福美满、健康快乐!

由于时间仓促,学养有限,在先生著作整理、编校中可能有错误、遗漏,甚或误读等不足之处,还请先生和读者海涵。

梅夏英* 张善斌** 张翔*** 辜明安****

2021 年 1 月

* 对外经济贸易大学法学院教授。

** 武汉大学法学院教授。

*** 西北政法大学民商法学院教授。

**** 西南财经大学法学院教授。

图书在版编目(CIP)数据

马俊驹法学文集 ：全六卷 / 马俊驹著. -- 北京 ：法律出版社，2021

ISBN 978 - 7 - 5197 - 5121 - 0

Ⅰ. ①马… Ⅱ. ①马… Ⅲ. ①法学－文集 Ⅳ. ①D90 - 53

中国版本图书馆 CIP 数据核字(2020)第 220146 号

马俊驹法学文集(全六卷)
MAJUNJU FAXUE WENJI (QUAN LIU JUAN)

马俊驹 著

策划编辑 沈小英
责任编辑 陈 妮 毛镜澄 单 洁 刘晓萌 程王刚 黄 筝 王 鸿
装帧设计 李 瞻

出版 法律出版社
总发行 中国法律图书有限公司
经销 新华书店
印刷 中煤(北京)印务有限公司
责任校对 王 丰 郭艳萍 杨锦华 王沁陶 王晓萍 王语童
责任印制 吕亚莉

编辑统筹 法治与经济出版分社
开本 710 毫米×1000 毫米 1/16
印张 156
字数 2397 千
版本 2021 年 4 月第 1 版
印次 2021 年 4 月第 1 次印刷

法律出版社/北京市丰台区莲花池西里 7 号(100073)
网址/www.lawpress.com.cn
投稿邮箱/info@lawpress.com.cn
举报维权邮箱/jbwq@lawpress.com.cn
销售热线/400 - 660 - 8393
咨询电话/010 - 63939796

中国法律图书有限公司/北京市丰台区莲花池西里 7 号(100073)
全国各地中法图分、子公司销售电话：
统一销售客服/400 - 660 - 8393/6393
第一法律书店/010 - 83938432/8433 西安分公司/029 - 85330678 重庆分公司/023 - 67453036
上海分公司/021 - 62071639/1636 深圳分公司/0755 - 83072995

书号：ISBN 978 - 7 - 5197 - 5121 - 0
定价(全六卷)：1580.00 元